한식문화사전

주영하 외 지음

1판 1쇄 발행 | 2024. 3. 4

발행처 | **Human & Books**
발행인 | 하응백
출판등록 | 2002년 6월 5일 제2002-113호
서울특별시 종로구 삼일대로 457 1409호(경운동, 수운회관)
전화 | 02-6327-3535~7, 팩스 | 02-6327-5353
이메일 | hbooks@empas.com

ISBN 978-89-6078-776-6 93030

한식
문화
사전

주영하 외 지음

韓食
文化
事典

Human & Books

일러두기

1. 이 사전은 서두에 '한식이란 무엇인가?'라는 총설을 두어 한식에 대한 전체적인 내용을 이해하기 쉽게 풀이하였다.

2. 이 사전에서 사용되는 표제어는 학계에서 일반적으로 통용되는 명칭을 따랐다.

3. 이 사전의 표제어는 음식, 식재료, 문학, 미술, 의례, 문헌의 큰 범주로 나누어 선정하였다.

4. 이 사전의 표제어 배열은 대표 표제어를 먼저 '가나다' 순으로, 종속 표제어는 대표 표제어 아래 집결하여, 주제별로 읽기 쉽게 했다. 위 아래 줄표로 구별된 표제어가 대표 표제어다. 종속 표제어 역시 '가나다' 순으로 나열되어 있다.

5. 맞춤법과 표기법은 기본적으로 국립국어원의 '한글맞춤법'과 '외래어표기법'을 따랐으며, 작품을 인용하는 경우 등은 원문을 살리는 것을 원칙으로 하였다.

6. 문장부호 중 도서(연속간행물인 잡지 포함)는 『 』, 논문과 문학작품(시, 단편소설, 수필 등)은 「 」, 신문과 영화제목 등은 〈 〉으로 통일하였으며, 인용은 큰따옴표(“ ”), 간접 인용 및 강조는 작은따옴표(‘ ’)를 사용하였다.

7. 표제어와 인명은 한자 병기를 원칙으로 하였다.

8. 사진 등 내용을 설명하는 데 도움이 되는 자료는 본문의 해당 부분에 첨부하고 그 출처 또는 소장처(제공처)를 밝혔다.

9. 색인은 표제어를 '가나다' 순으로 배열한 표제어 색인과 분야별로 배열한 분야별 색인을 두어 본문에서 표제어를 찾아보기 쉽게 하였다. 분야별 색인의 경우 표제어는 각 분야 안에서 '가나다' 순으로 배열하였다.

10. 인용 중 내용이 많은 것은 문장부호를 사용하지 않고 여백을 본문보다 더 넣어 직관적으로 알 수 있게 했다.

| 차례 |

『한식문화사전』은
한류 '영감의 원천(fountain of inspiration)'

한식(韓食)이란 우리나라 고유의 음식을 말한다. 한식을 설명하거나 한식을 통해 우리 스스로의 고유성을 강화할 필요가 있을 때, 어떻게 해야 할까? 몇 가지 방법을 생각할 수 있다.

가령 '비빔밥'을 외국인에게 설명한다고 하자. 국어사전에는 "고기나 나물 따위와 여러 가지 양념을 넣어 비벼 먹는 밥."이라고 되어 있다. 이때 고기, 나물, 양념이 재료이며 '비비다'라는 행위가 요리 방법이다. '전주비빔밥'을 사전은 "전라북도 전주 지방의 전통적인 비빔밥. 뜸을 들일 때 밥솥에 콩나물을 넣어 밥 김으로 데쳐 솥 안에서 밥과 뒤섞은 다음에 육회, 햇김, 녹말묵, 쑥갓 따위를 곁들인다."라고 설명한다. 이 설명 속에는 역시 재료와 요리 방법이 포함되어 있다. 게다가 이 설명에는 재료와 요리 방법 외에 '전주 지방의 전통적인'이라는 문화적인 진술이 첨가되어 있다. 그렇다면 한식을 설명하는 방법에는 첫째 재료, 둘째 요리 방법(recipe), 셋째 문화적인 진술, 이 세 가지가 있다는 점이 확인된다.

첫째와 둘째의 방법, 즉 음식의 재료나 요리 방법을 통해 한식을 설명하고자 하는 노력은 많이 있어 왔고, 이미 상당한 성과도 있다. 셋째의 방법을 통해 한식을 설명하는 일은 어려운 일이고 품과 노력이 많이 든다. 하지만 그 설명이 제대로 된 문화의 온기(溫氣)를 포용했을 때는 대단한 가치를 지닌다. 대표적인 예가 바로 드라마 〈대장금〉이다. 문화를 산업적인 측면에서 이해하려고 한정하는 것은 대단히 저급한 일이지만, 저급한 만큼 효과적이기도 하다. 〈대장금〉 드라마 한 편이 가져온 여러 파급 효과들은 지속적으로 생각하면 수조 원이 넘는 환금성이 있다. 이게 바로 문화 온기의 효과다.

『한식문화사전』은 기존의 재료와 레시피 중심의 한식 설명에서 벗어나 한식에 문화의 온기를 불어넣는 기초를 마련하고자 기획되었다.

1920년대 일제식민지 상황에서 현진건의 단편소설 「운수 좋은 날」이 탄생했다. 이 소설의 주인공 김첨지는 임신한 아내가 그토록 먹고 싶어 했던 설렁탕 한 그릇을 못 먹이고 아내를 떠나보내야만 했다. 당시 극빈의 날품팔이 노동자의 현실을 현진건의 '설렁탕'은 잘 설명한다. 이때의 설렁탕 역시 문화의, 세부적으로는 문학의 온기를 가진 역할을 담당했다.

 그렇다면, 문화의 여러 하위 범주들, 즉 역사와 문학, 미술과 음악, 민속과 의례, 전설과 속담 등 여러 분야에서 한식을 총체적으로 바라본다면 어떤 일이 벌어질까? 바로 한식을 통해 한국인의 또 다른 자화상이 그려지지 않을까? 만약 타자(他者)가 본다면 그 모습은 〈대장금〉이 될 수도 있고, 〈대장금〉을 넘어서는 또 다른 무엇이 될 수도 있다. 모아놓고 내부에서 보면 제2의 〈대장금〉을 위한 원천 소스가, 영감의 원천(fountain of inspiration)이 된다.

 이러한 작업 목표를 두고 문학은 서울여대의 이숭원 교수(현대시), 홍익대의 정호웅 교수(현대소설), 서울대의 이종묵 교수(고전시가), 경희대의 차충환 교수(고전산문)가 각각 자기 분야의 글을 집필하였다. 역사와 민속과 문헌 등의 분야는 한국학중앙연구원의 주영하 교수가 총설을 집필하였고 아울러 기존의 연구 성과를 망라하면서 팀을 구성하여 새로운 연구를 추가하였다. 문학 외 분야는 주영하 교수의 주도로 김혜숙(민속학), 양미경(민속학), 이소영(식품영양학), 구혜인(미술사), 서모란(민속학), 이민재(민속학), 홍진임(한의학), 박경희(인문학), 박선미(민속학)가 각각 집필하였다. 고등어와 같은 일부 어류, 민요 부분 집필과 여러 시각자료 수집은 하응백이 담당하였다.

 많은 이들의 열정적인 노력이 뒷받침되어 이 책의 완성이 가능했다. 특히 이 책의 전체 성격에 따라 피와 살을 보탠 주영하 교수의 열정이 이 책의 완성에 결정적 역할을 했다. 이 책은 우리가 늘 먹고 사는 한식을 통시적으로 살펴 문화콘텐츠로 변환하자는 목적하에 집필되었다. 여러 문화 영역에서의 적극적인 활용을 기대한다.

휴먼앤북스 출판사 대표 하응백

한식이란 무엇인가?

주영하(한국학중앙연구원 교수)

누구나 알듯이 한식은 한국음식의 줄임말이다. 한국인이면 당연히 한국음식과 다른 나라 음식을 구분할 줄 안다. 그러나 한식을 정의하라고 하면 선뜻 답하기 어렵다. 요사이 한국인이 즐겨 먹는 음식이면 모두 한식일까? 역사적으로 보면 그렇지 않을 가능성이 더 많다. 왜냐하면 요사이 한국인이 문화적으로 생산·소비하고 있는 음식들 중에는 매우 오래 전부터 먹었던 것도 많지만, 최근에 새로 생긴 음식도 적지 않기 때문이다.

그렇다고 19세기 때의 조상들이 즐겨 먹었던 음식만을 한식이라고 규정하기도 쉽지 않다. 당시 사람들이 즐겨 사용했던 조미료 중에서 요사이 구하기 어려운 것도 있다. 심지어 당시에 존재하지 않았던 조미료를 요사이 한국인들은 당연한 것처럼 한식 조리에 사용한다. 즉, 세상이 바뀐 것처럼 한식의 맛도 바뀐 것이다.

그럼에도 한식은 이제 국내외에서 사람들의 주목을 받는 문화자원이 되었다. 역사적으로 매우 오랫동안 큰 변화 없이 지속되고 있는 한식의 핵심은 '곡물 밥+반찬'의 식사방식이다. 쌀밥은 한반도에서 가장 으뜸에 드는 주식이었다. 예나 지금이나 한국인은 쌀밥을 비롯하여 곡물로 지은 밥을 입에 넣은 채 반찬마저 입에 넣고 함께 섞어 먹어야 맛있다고 생각한다. 상추쌈밥과 비빔밥은 가장 완벽한 한식의 맛이다. 한식간장, 김치, 나물은 아마도 가장 오래된 한식의 으뜸 음식임에 틀림없다.

식사 때 숟가락과 젓가락을 사용하는 식사방식 역시 매우 오래된 것이다. 여기에 지금은 많이 사라졌지만, 바리·보시기·종지·대접·소접 등은 한식을 더욱 아름답게 담아내는 그릇들이다. 조선시대 왕실음식은 지금도 사람들의 주목을 받고 있다. 19세기 사람들이 계절이 바뀔 때마다 자연의 축복에 감사하며 먹었던 세시음식은 이제 새로운 축제음식으로 부각되고 있는 중이다. 점점 줄어들고 있지만, 설날과 추석, 그리고 조상이 돌아가신 날에 많은 한국인들은 유교식 제사를 모시고 있다. 다음에서는 오랫동안 지속되고 있는 한식의 문화자원에 주목하여 15가지의 소주제로 한식이란 무엇인가에 대해 살핀다.

1. 한식 식사의 기본 구조, '곡물 밥+반찬'

한국인의 식사방식에서 가장 큰 특징은 '곡물 밥+반찬'을 함께 먹는다는 것이다. 3첩 상차림에서 밥과 국, 그리고 김치와 간장이 포함되지 않는 이유는 이것이 식사를 하는 데 가장 기본적인 음식이기 때문이다. 그래서 '밥'이란 용어에는 곡물로 지은 밥만을 가리키기도 하고 '밥+김치'를 가리키기도 한다.[1]

이와 같이 한국인의 식사가 '곡물 밥+반찬'을 함께 먹게 된 이유는 주식으로 먹는 밥이 곡물로만 지은 '전분(starch)'이기 때문이다. 전분에는 간이 되어 있지 않아서 반드시 '비전분(nonstarch)'을 함께 먹어야 한다.[2] 그렇다면 언제부터 곡물로 지은 밥을 주식으로 먹었는지를 알면 '곡물 밥+반찬'의 식사방식이 언제부터 시작되었는지를 확인할 수 있을 것이다.

하지만 이와 관련된 구체적인 내용을 적은 역사자료를 찾기는 어렵다. 다만 쌀·보리·조 따위를 밥으로 지어 먹은 때는 대략 지금으로부터 2천 년 전으로 알려지기 때문에 그 시기부터 '곡물 밥+반찬'의 식사방식이 시작되었을 것으로 추정된다. 북한의 평안도와 황해도 일대에서 쇠로 만든 솥이 발견되었다. 솥은 밥을 짓는 데 매우 중요한 조리도구이다. 그 이후 쇠솥과 흙으로 만든 솥이 연이어 발견되었다.

한국인이 가장 좋아하는 밥은 쌀밥이다. 솥으로 쌀밥을 짓는 방법은 물을 뜨겁게 하여 쌀 속으로 수분이 들어가서 익도록 하는 기술이 필요하다. 솥을 이용해서 밥을 짓는 방법은 다음과 같다. 물의 양은 쌀이 얼마나 건조한지에 따라서 약간씩 다르다. 가령 햅쌀인 경우에는 쌀 속에 여전히 수분이 많기 때문에 쌀의 1.2배 정도 되는 물을 부으면 된다. 이에 비해서 묵은 쌀은 햅쌀에 비해 수분이 적기 때문에 쌀의 1.5배 정도 되는 물을 부으면 알맞다.

솥에서 쌀과 함께 있는 물이 없어질 때까지 불을 땐다. 물이 남아 있는 상태의 솥은 아무리 불을 때도 100℃ 이상이 되지 않는다. 물이 쌀 속으로 모두 흡수된 후인 뜸들이는 과정에서 솥의 바닥은 물기가 없어져서 200℃ 이상이 된다. 이렇게 3-4분이 지나면 위에 놓인 밥이나 아래에 놓인 밥이 골고루 수분을 머금고 부풀어오른다.

솥으로 밥을 짓는 기술을 개발하기 전에는 어떻게 밥을 지었을까? 솥이 발견되기 전에 한반도에서 가장 많이 출토된 도구는 시루이다. 시루는 겉으로 보면 토기와 비슷하게 생겼지만, 밑에 여러 개의 구멍이 나 있다. 시루

고려시대 쇠솥, 높이 16.4cm, 충청북도 청주시 서원구 사직동 출토, 국립청주박물관 소장

---

1 周永河, 「김치의 文化人類學的 硏究」, 한양대대학원석사학위청구논문, 1993, 82쪽.
2 댄 주래프스키(김병화 역), 『음식의 언어(The Language of Food)』, 서울: 어크로스, 2015, 335-336쪽.

는 곡물을 찌는 데 사용되었다. 화덕 위에 토기를 얹고, 그 토기 위에 다시 시루를 올려놓는다. 시루를 얹기 전에 아래에 놓인 토기에 물을 부어둔다. 화덕에 불을 지피면 아래의 토기에 담긴 물이 끓는다. 물은 100℃가 되면 수증기로 바뀌는데, 이 수증기가 시루의 구멍을 통해서 곡물을 찐다. 시루 구멍으로 곡물이 빠져나가지 않도록 하기 위해서 옷감으로 쓰이는 천을 시루 밑바닥에 깔아둔

화덕모양토기, 높이 17.5cm, 출토지 미상, 국립김해박물관 소장

재현 그림

다. 그러니 시루는 솥과 함께 매우 오래된 곡물 밥 조리도구였다.

요사이 시루는 곡물을 곱게 가루 내어 그것을 쪄서 떡을 만드는 데 주로 사용된다. 하지만 2천여 년 전에는 껍질을 벗긴 곡물 알맹이를 시루에 넣고 수증기로 밥을 찌기도 했다. 다만, 솥으로 익힌 밥보다는 낟알이 골고루 익혀지지 않아서 먹기에 불편했다. 그래서 곡물의 껍질을 벗긴 다음에 가루를 내서 쪄서 만들었다. 마치 떡과 비슷한 형태의 음식으로 해서 밥으로 먹었을 것이다. 신석기시대 유적지에서 시루와 함께 발견되는 갈판과 갈돌이 2천 년 전에 한반도에 살았던 사람들의 주식 조리방식을 짐작하게 해준다.

시루나 솥이 개발되기 이전에 사람들은 어떤 밥을 먹었을까? 토기는 진흙으로 모양을 빚어 가마에서 약 800℃의

쇠뿔모양손잡이시루, 높이 19.8cm, 입지름 17.5cm, 국립중앙박물관 소장

온도에서 구워낸 그릇이다. 여기에 곡물의 낟알을 곱게 가루 내어 담고 물을 붓는다. 토기를 화덕에 올려놓고 불을 때면 토기 속의 물이 끓으면서 곡물 가루도 함께 익는다. 꼬챙이로 잘 저으면서 곡물가루를 익히면 범벅이 된다. 아마도 지금으로부터 3천여 년 전에 한반도에 살았던 사람들은 곡물의 낟알이나 도토리나 밤 따위의 열매를 가루 내서 토기에 넣고 만든 범벅을 밥으로 먹었을 것이다.

빽빽한 범벅이나 떡에는 다른 재료를 넣으면 그 자체로도 식사가 된다. 하지만 밥은 그 하나만으로 먹기에는 간이 되어 있지 않다. 그렇다고 곡물의 낟알을 익히면서 다른 재료를 넣어서 간을 맞출 수도 없다. 쌀·보리·조 따위는 아무것도 넣지 않아야 맛있는 밥이 되기 때문이다. 이에 비해 밀가루로 반죽을 하려면 소금이나 효모를 넣어야 한다. 빵이나 국수는 반찬이 없어도 먹을 수 있지만, 곡물 낟알로 지은 밥은 그렇지 않다. 결국 곡물 낟알을 솥에 넣고 지은 밥을 주로 먹는 사람들은 짠 반찬을 함께 먹어야 맛도 좋고 소화도 잘된다. 그래서 솥으로 밥을 짓기 시작하면서 자연스럽게 반찬이 식탁 위에 놓였다.

2. 한식의 으뜸 주식, 쌀밥

한국인들이 가장 즐겨 먹는 주식은 쌀밥이다. 쌀밥은 벼농사를 통해서 얻은 벼를 탈곡하여 그것을 익힌 음식이다. 세계에서 벼농사가 처음으로 시작된 곳이 어디인지에 대해서는 아직 확정된 학설이 없다. 한때 인도아대륙의 적도지대가 벼의 출생지라고 보는 학설이 가장 유력했다. 하지만 최근 많은 학자들은 중국의 윈난성[雲南省]에서 인도의 아삼 지방에 이르는 아시아의 아열대 산간 지역이 벼농사의 출발지라고 주장한다. 주로 덥고 비가 많이 내리는 곳에서 쌀이 잘 자란다. 한반도에서는 겨우 일 년에 한 번밖에 수확을 못하지만, 동남아시아에서는 일 년에 두세 번 이상을 수확할 수 있다.

아시아에서 주로 재배되는 쌀은 크게 자포니카(Japonica)와 인디카(Indica)의 두 가지로 나뉜다. 자포니카 계통의 쌀은 다른 말로 일본종(日本種)이라고 부른다. 주로 일본열도를 비롯하여 한반도와 중국 북부 지방에서 재배된다. 이 자포니카 계통의 쌀은 둥글고 굵은 모양을 하고 있다. 이에 비해서 인디카 계통의 쌀은 인도종(印度種)이라고 부른다. 주로 인도를 비롯하여 동남아시아와 중국 남부 지방에서 재배된다. 인디카 계통의 쌀은 자포니카 계통의 쌀에 비해서 그 모양이 길다.

쌀은 전체 함량 중 90%가량이 전분으로 구성되어 있다. 자포니카 계통의 쌀은 찰기가 없는 전분인 아밀로오스(amylose)의 함량이 인디카 계통의 쌀에 비해서 적다. 그래서 자포니카 계통의 쌀이 인디카 계통에 비해서 훨씬 차지고 윤기가 난다. 하지만 낟알 자체의 무게는 인디카 계통의 쌀이 더 무겁다. 보통 인디카 계통의 쌀 1천 개 낟알은 그 무게가 25g인 데 비해서, 같은 개수의 자포니카 계통 쌀은 19-23g이다. 한반도에서 재배된 쌀은 대부분 자포니카 계통이다.

지금의 경기도 화성에 살았던 이옥(李鈺: 1760-1815)은 "내 일찍이 호서(湖西)에 노닐면서 시골 농부와 이야기를 나누었는데, 그 말한 바를 대략 적어본다."고 하면서 당시의 벼 품종을 글로 남겼다.

"'유두올벼[流頭早稻, 유두에 익는 벼]'는 까끄라기가 붉고 그 성질이 건조하고 딱딱하며 가장 먼저 여문다. '밤올벼[栗早稻]'는 까끄라기가 없고 쌀알이 조금 붉다. '옥저광[玉筯光]'은 마디 사이에 약간 검은빛이 돌고 쌀알은 매우 흰데, '얼음풀이올벼[氷銷早稻]'라고도 한다. '지마올벼[芝麻早稻]'는 껍질이 희다. '노인올벼[老人早稻]'는 까끄라기가 매우 길고 희며, '대궐벼[大闕稻]'라고도 한다. '보리올벼[麥早稻]'는 까끄라기가 매우 길며 '바리아[鉢里兒]'라고도 부르는데, 조금 늦되는 것은 '왜올벼[倭早稻]'라 한다. '각시올벼[閣氏早稻]'는 마디와 껍질이 모두 희다. 이상은 모두 올벼이다."[3] 이 글에서 언급하고 있는 벼는 전부 올벼로 가을에 앞서서 익는 것이다.

다음에는 찰벼이다. "'가배찰벼[嘉俳粘]'는 반점이 있어 '메추리찰벼[鶉粘]'라고도 부른다. '정금찰벼[精金粘]'는 흰벼[白稻]처럼 색이 희다. '각시찰벼[閣氏粘]'는 쌀알이 매우 하얗고 흡사 올벼처럼 생겼다. '돼지

3 이옥(실시학사고전문학연구회 역), 『완역 이옥 전집 3 벌레들의 괴롭힘에 대하여』, 서울: 휴머니스트, 2009, 240-242쪽.

찰벼[猪粘]'는 까끄라기가 검은색이어서 '까마귀찰벼[鴉粘]'라고도 부른다. '왜찰벼[倭粘]'는 허리 부분이 길어 '메추리찰벼'와 비슷하다. '꾀꼬리찰벼[鶯粘]'는 정황색(正黃色)이다. '구렁이찰벼[蟒粘]'는 얼룩반점이 있다. '비단찰벼[錦粘]'는 까끄라기가 붉은색이고, '코끼리털찰벼[象毛粘]'라고도 한다. '푸른물찰벼[水青粘]'는 얼룩반점이 있다. 이상은 모두 찰벼이다."[4]

그 다음에 벼의 색이 흰 것과 붉은 것을 언급하였다. "'올정금벼[早精金稻]'·'늦정금벼[晩精金稻]'·'흰녹두벼[白菉豆稻]'·'옥녹두벼[玉菉豆稻]'는 모두 흰 품종의 벼이다. 그런데 옥녹두는 까끄라기와 눈이 검다. '오대추벼[五大棗稻]'·'대추벼[大棗稻, 대추색벼]'·'중달대추벼[中達大棗稻]'·'거올대추벼[巨兀大棗稻]'·'홍도벼[紅桃稻: 붉은 벼]'는 모두 붉은 품종의 벼이다. 그런데 오대추는 까끄라기가 없고 일찍 여물며, 대추는 까끄라기가 있고 줄기가 길며, 거올은 까끄라기가 매우 길고 적색이며, 홍도는 '호상벼[好嘗稻]'라고도 부르는데, 조금 일찍 여문다. '등터지기벼[背坼稻]'는 껍질이 매우 얇고 희미하게 금이 가 있다. '지마벼[芝麻稻]'는 올벼와 흡사하게 생겼으므로 조금 일찍 여문다. '강올벼[羌早稻]'는 금빛처럼 누른색이고 늦게 여문다. '밀따리벼[密達稻]'는 황적색이고 쌀의 품질도 매우 좋다. 이상은 모두 좋은 품질의 쌀로 친다."[5] 또 늦벼에 대해서는 다음과 같이 적었다. "'두충벼[杜冲稻]'는 적색이다. '천상벼[天上稻]'는 색이 희고 까끄라기가 길며 이삭은 잘 끊어지지 않는다. 이상은 모두 늦벼인데 여러 번 서리를 맞은 뒤에 벤다. '옥산벼[玉山稻]'·'거올산벼[巨兀山稻]'·'올산벼[早山稻]'는 모두 마른 땅에 심는 것이다."[6]

그렇다고 이옥이 모든 벼의 품종을 조사한 것은 아니었다. "이것은 모두 그 고장에서 생업으로 삼는 품종이다. 산골 사람에게 들으면 산골에 심는 품종이 있다 하고, 경기도 사람에게 들으면 경기도에 심는 품종이 있다 하고, 영남 사람에게 들으면 영남 땅에 심는 품종이 있다고 한다. 또한 한 종류의 벼이면서 이름 붙이는 것이 다르니, 참으로 자세히 다 알 수는 없다."[7] 그러면서 자신이 살던 화성에서 재배되는 벼의 품종을 다음과 같이 적었다. "내가 사는 곳에 심은 품종으로는 사발벼[砂鉢稻]·칠승벼[七升稻, 벼 한 되를 심어 쌀 일곱 되를 얻는 벼]·왜다다벼[倭多多稻] 등이 있다. 대략 총괄하여 말한다면 성질이 찰기가 있는 것과 없는 것, 여무는 때가 이른 것과 늦은 것, 색깔이 백·흑·황·적인지, 심는 땅이 논인지 밭인지의 차이가 있을 뿐이다."[8]

밭벼는 지금의 벼와 달리 밭에 심는 벼를 가리킨다. 볍씨를 밭에 뿌려서 가꾸는데 많은 물을 필요로 하지 않는다. 비록 수확량은 적지만, 알이 굵고 재해에도 잘 견디는 장점을 지니고 있다. 논벼는 다른 말로 물벼라고도 부른다. 물의 공급이 원활한 논에 주로 심었다. 모내기를 하면 물벼는 더욱 잘 자란다. 밭벼에 비해 논벼가 수확량이 많기 때문에 18세기 이후 물벼를 재배하려는 농민들이 늘어났다. 하지만 조선 왕실에서는 모내기를 적극 권장하지 않았다. 논벼는 물 공급이 원활하지 않으면 재배가 잘되지 않는다. 밭벼는 홍수나 가뭄에도 잘 견디지만 물벼는 그렇지 않았다.

---

4 위의 책, 같은 곳.
5 위의 책, 같은 곳.
6 위의 책, 같은 곳.
7 이옥(실시학사고전문학연구회 역), 『완역 이옥 전집 3 벌레들의 괴롭힘에 대하여』, 서울: 휴머니스트, 2009, 240-242쪽.
8 위의 책, 같은 곳.

벼는 메벼와 찰벼로 나뉜다. 수확한 벼를 탈곡기에 넣고 껍질을 깎아내는 도정을 하면 멥쌀과 찹쌀이 된다. 멥쌀은 주로 밥·떡·술의 재료로 쓰인다. 이에 비해 찹쌀은 찰떡·인절미·경단·단자와 같은 떡이나 식혜·약식·술·고추장 따위를 만들 때 재료로 사용된다.

본래 쌀은 한반도에서 재배되기에 적합한 곡물이 아니었다. 한반도에서 쉽게 자라는 곡물은 기장·조·보리·메밀 따위이다. 기장은 메마른 땅에서도 잘 견디며 빨리 자란다. 그래서 옛날에는 산간지대에서 기장 재배를 많이 했다. 하지만 쌀에 비해 맛도 없고 수확량도 적어서 밥의 재료로는 적합하지 않았다. 이에 비해 조는 가뭄을 쉽게 당하는 산간지대에서 밭벼 대신에 많이 재배된 곡물이었다. 하지만 조밥은 쌀밥에 비해 맛이 없어 쌀이 부족한 때가 아니면 잘 먹지 않았다.

쌀이 부족할 때 가장 많이 먹었던 곡물은 보리였다. 보리는 북한이나 경상북도에서 주로 재배되는 겉보리와 충청남도의 남쪽인 전라남도와 전라북도에서 주로 재배되는 속보리로 나뉜다. 이 중에서 속보리는 씨알이 자라면 속껍질과 겉껍질이 잘 떨어진다. 사람들은 이 속보리를 쌀보리라고 불렀다. 쌀을 대신할 정도로 맛도 괜찮고 많이 먹었기 때문이다. 하지만 보리의 이름에 아무리 쌀이 붙어 있다고 해도 보리밥은 쌀밥에 비해 맛이 거칠었다. 쌀이 많으면 당연히 쌀밥을 짓지 보리밥을 짓지 않았다.

1960년대 초반까지만 해도 늦봄부터 늦여름까지는 거의 잡곡밥을 먹었다. 가을에 추수하여 보관해둔 쌀이 모두 떨어지면 봄에 수확한 보리밥으로 끼니를 해결했다. 보리마저도 아끼기 위해서 여름에는 고구마나 감자를 주식처럼 먹었다. 심지어 흉년이 크게 들면 산에 가서 소나무 껍질을 벗겨서 죽을 만들어 먹었던 적도 있었다. 이렇게 일 년 중에 식량이 없어서 고생하던 때를 '보릿고개'라고 불렀다. 보리밥이나 잡곡밥 혹은 다른 탄수화물을 주식으로 간신히 끼니를 해결하면 가을이 되어 쌀밥을 먹을 수 있다고 하여 그때를 넘기 어려운 '고개'에 비유했다.

메밀은 가장 짧은 기간에 재배되는 곡물이었다. 여름에 심어서 가을에 수확할 수 있기 때문에 평안도·황해도·경기도·강원도 일대의 구릉지에 많이 심었다. 겨울에 심어 한여름에 수확하는 겨울밀에 비해 재배가 쉽고 생산량이 많아서 메밀가루로 국수나 만두를 만들어 먹었다. 감자·옥수수·고구마와 같은 작물은 16세기 이후 외국에서 들어온 것이다. 이들 작물 역시 쌀이 부족할 때 주식으로 쓰였다.

한반도에 살았던 사람들이 오랫동안 먹어온 잡곡밥의 종류는 매우 많다. 보리밥·콩밥·팥밥·조밥·차조밥·율무밥·수수밥·옥수수밥과 같은 밥은 이름 앞에 붙은 재료로만 짓든지, 아니면 쌀과 함께 섞어서 밥을 지었다. 보리밥 짓는 방법은 쌀밥과 약간 다르다. 만약 통보리를 재료로 사용할 경우에는 물에 잘 씻은 다음 미리 별도로 푹 삶는다. 쌀을 씻어 일어 건진 후에 미리 삶아둔 보리를 섞어서 보통 밥을 지을 때보다 물을 조금 적게 붓는다. 왜냐하면 삶은 보리에 이미 물이 배어 있기 때문이다. 쌀밥처럼 지을 때는 뜸을 오래 들여야 보리밥이 부드럽다.

밤밥·오곡밥·고구마밥·감자밥과 같은 밥은 쌀이나 보리와 함께 이름 앞에 붙은 재료를 섞어서 짓는다. 이 중에서 밤밥 짓는 방법은 다음과 같다. 밤을 속껍질까지 깨끗이 벗겨 반으로 자른 다음, 색이 변하지 않도록 물에 담가둔다. 쌀을 씻어 건지고, 준비해둔 밤을 섞어서 솥에 안친다. 이때 소금을 조금 넣어 밤에 남아 있는 떫은맛을 없앤다. 처음에는 센 불에서 끓인 후 한소끔 끓어오르면 중간불로 끓이고 쌀알이 퍼지면 불을 약하게 하여 뜸을 들인다. 밤은 솥 안에서 일어나는 김으로 익기 때문에 쌀밥을 지을 때와 그 방법이 비슷하다.

이에 비해서 나물밥·무밥·산나물밥·죽순밥·콩나물밥·김치밥 따위는 밥에 채소를 함께 넣어서 지은 밥이다. 그중에서 무밥 짓는 방법은 다음과 같다. 무는 굵직하게 채를 썬다. 쌀을 씻어 일어 건져서 채로 썰어 놓은 무와 함께 섞는다. 무에서 물이 나오기 때문에 밥물의 양은 쌀밥 지을 때보다 적게 한다. 간장에 참기름·고춧가루·후춧가루 등을 섞어서 양념장을 만들어 이것을 무밥 위에 뿌려서 간을 맞춘다.

조선 왕조가 일본에 의해 강제로 병합되면서 한반도의 벼도 침략을 받았다. 1912년부터 일본의 쌀 품종이 보급되기 시작하면서 빠른 속도로 전국으로 퍼져나갔다. 당시 일본의 쌀은 모내기를 하면 그 수확량이 한반도의 쌀보다 훨씬 많았다. 특히 넓은 논을 가진 지주들은 일본 벼를 심어서 많은 생산량을 얻으려고 했다. 일본인 상인들 역시 이 쌀을 구입하여 일본으로 가지고 갔다. 쌀값이 일본에 비해서 쌌기 때문에 그들은 많은 이익을 낼 수 있었다. 1920년에는 일본 벼가 전체의 53%를 차지했고, 1935년이 되자 82%까지 이르렀다.

해방 이후 대한민국 정부에서는 더 많은 쌀 수확량을 확보하기 위해서 1965년부터 1971년까지 여러 차례 실험을 하여 '통일벼'라는 품종을 개발하였다. 한국인들이 즐겨 먹었던 자포니카 계통의 쌀이 아닌 통일벼는 소비자들의 큰 인기를 끌지 못했다. 이후 통일벼의 단점을 해결한 여러 가지 벼 품종이 개발되었다. 여기에 벼 위주의 농업정책, 농지개량, 수로의 정비, 그리고 기계화가 이루어지면서 1980년대 초반에 쌀의 수확량은 자급자족을 하고도 남아돌게 되었다.

요사이 대부분의 가정에서는 전기밥솥으로 밥을 짓는다. 이러다 보니 무쇠 솥이나 냄비로 밥을 짓고 나서 만들 수 있었던 숭늉은 더 이상 만들어지지 않는다. 여기에 탄산음료수가 값싸게 공급되면서 1980년대 이후, 숭늉은 식사 후 먹는 음료의 자리를 잃어버렸다. 사실 전기밥솥은 1955년에 일본의 전기제품 회사인 도시바[東芝]에 의해서 처음으로 개발되었다. 1965년 도지루시마호빈[象印マホービン]이란 회사에서 반도체를 이용한 보온방식의 전기밥솥이 개발되었다. 이 제품은 그 전의 것에 비해서 전기도 적게 들었고, 보온도 잘되어 소비자들로부터 대단한 인기를 얻었다. 1970년대 한국에도 이 전기밥솥이 수입되었고, 1970년대 후반이 되면서 국산 전기밥솥이 만들어졌다. 이후 한국의 가정마다 전기밥솥과 압력전기밥솥으로 밥을 짓게 되었다.

3. 한식 맛의 바탕, 한식간장

보통 음식을 조리할 때 간을 맞추기 위해서는 소금이 필요하다. 소금은 바닷물에서 염화나트륨(sodium chloride)이라는 물질을 추출하여 만든다. 육지에서도 염화나트륨이 많이 들어간 돌이 있다. 이것은 10만여 년 전에 지구의 육지와 바다가 변화를 겪으면서 바다가 육지로 변했기 때문에 생겨난 것이다. 염화나트륨은 몸속의 물이 균형을 맞추는 데 도움을 준다. 심지어 피가 몸속에서 옮겨다니도록 하는 데도 염화나트륨의 도움이 필요하다. 당연히 음식을 소화시키는 데도 염화나트륨이 중요한 역할을 한다.

그런데 소금은 보관하기가 여간 어렵지 않다. 습기가 찬 곳에 두면 녹아서 바로 물이 되고 만다. 오랫동안 소금을 보관하려면 따뜻한 불가에 두어야 한다. 그래서 한반도가 원산지인 콩의 식물성 단백질을 이용하여 간장을 만들었다. 간장이란 말을 사용하여 조리법을 적어 둔 책은 19세기 말에 쓰였을 것으로 여겨지는 『시의전서(是議全書)·음식방문(飮食方文)』이다. 이 책에서는 "간장(艮醬): 메주 한 말에 물 한 동이 소금 일곱 되씩 담되 늦게 담으면 소금을 좀 더 넣어라."고 했다.

간장은 소금물에 익힌 콩을 넣고 발효시켜서 만든다. 메주를 만드는 방법은 『산림경제(山林經濟)』 「치선(治膳)」 '조장(造醬)'에 자세하게 나온다. "대두를 깨끗하게 씻어서 하룻밤 물에 담가두었다가 꺼내서 약한 불에 삶아서 꺼낸다. 맷돌로 갈아서 주먹 크기로 둥글게 빚는다. 짚에 담는데 층을 두어 쌓는다. 따뜻한 곳에 두어 곰팡이[黃衣]가 필 때를 기다린다. 곰팡이가 핀 메주를 햇볕에 내어 말렸다가 다시 따뜻한 곳에 둔다. 반복하면 자연히 마른다. 이것을 사람들은 메주[末醬]라고 부른다."고 했다.

가을에 수확한 콩을 씻어 솥에 넣고 삶은 후 이를 절구에 넣고 곱게 찧는다. 이것을 메주 틀에 넣고 모양을 만든 후 짚으로 싸서 대청마루 시렁에 매단다. 이렇게 한 달쯤 매달아두면 메주가 딱딱하게 마르고 볏짚이 돌아간 자리에는 곰팡이가 낀다. 곧 볏짚과 공기 중에 있던 곰팡이가 메주에 붙어 메주 속에서 누룩곰팡이가 만들어진다. 이것을 다시 따뜻한 아랫목에 짚을 깔고 한 켜 한 켜 메주를 그 사이에 깐다. 이러면 메주 속의 누룩곰팡이는 온기 덕택에 콩의 성분을 분해할 수 있는 단백질 분해 효소(protease)와 전분 분해 효소(amylase)로 변한다. 보름 정도 지나면 메주 속까지 곰팡이가 앉아 잘 띄워진 메주가 완성된다.

보통 음력 2월이 되면 메주와 소금물을 장독에 담아 간장을 만든다. 조선 후기의 가정백과서인 『규합총서』에서는 간장 담그는 데 쓰는 물에 대해서 적어두었다. "장 담그는 물은 각별히 좋은 물을 가려야 장맛이 아름다우니 여름의 비 갓 갠 우물물을 쓰지 말고 좋은 물을 길어 큰 시루 독에 안치고 간수 죄 빠진 좋은 소금을 한 말을 시루에 붓거든 물을 큰 동이로 가득히 되야 부으면 티와 검불이 다 시루 속에 걸릴 것이니 차차 소금과 물을 그대로 되야 메주의 다소와 독을 짐작하야 소금을 푼 후 큰 막대로 여러 번 저어 덮어 수삼 일 두면 소금이 퇴청하야 냉수 같거든"이라고 했다. 메주와 소금물의 양에 따라서 간장의 맑기와 맛이 정해졌다. 이로 인해서 왕실이나 관아는 물론이고 집집마다 간장의 맛이 조금씩 달랐다.

최근까지도 이러한 재래식 방법으로 간장을 만들었다. 간수를 뺀 소금을 물과 배합하여 만든 소금물을 장독에 붓고 나서 메주를 띄운다. 장독 위에는 마른 고추와 불에 달군 숯을 넣는다. 이렇게 하면 잡균이 끼지 않는다. 마른 고추는 방부제 역할을 한다. 그런데 왜 봄에만 간장을 담갔을까? 봄볕이 들기 시작하는 음력 정월 대보름 이후 공기 중에는 미생물이 매우 풍부하다. 또 서리가 내리지 않는 정월 우수(雨水) 이후에는 공기의 기압이 겨울에 비해 상승해서 장독에 담긴 메주와 소금 물 속으로 곰팡이가 내려앉기에 좋다.

장독은 매일같이 잘 관리해야 한다. 만약 벌레의 유충이 장독에 들어가면 구더기가 끼어 간장을 버리게 된다. 약 100일 정도를 익히면 간장이 된다. 장독에서 간장물을 퍼내서 무쇠 솥에 붓고 끓인다. 냄새가 지린 오줌처럼 지독하지만, 가만히 냄새를 맡아보면 구수한 향도 난다. 이것을 다시 장독에 넣어두면 바로 간장으로 사용할 수 있다. 간장은 몇 년이 되어도 상하지 않는다. 콩 속의 단백질과 소금물이 만나서 소금보다 훨씬 진한 맛의 간장을 만들어낸 것이다.

간장을 퍼내고 남은 장독에는 분해가 된 메주 찌꺼기가 남아 있다. 이 메주를 꺼내서 절구에 넣고 소금을 뿌린 다음에 곱게 빻는다. 작은 된장독에 이것을 넣어서 한 달쯤 지나면 맛있는 된장이 된다.

간장과 된장은 국의 맛을 내는 바탕이 되는 조미료이다. 국은 채소·어류·고기 등을 넣고 물을 많이 부어 끓인 음식이다. 한자로 '갱(羹)' 혹은 '탕(湯)'이라고 불렀다. 곧 국은 '뜨거운 국물'이라는 뜻이다. 오늘날 한국인이 가장 즐겨 먹는 국은 미역국·콩나물국·북어국 등이 있다. 이 중에서 미역국은 생일에 반드시 먹는 국이다. 이미 고려시대부터 미역국을 즐겨 먹는 모습을 두고 중국인들이 미역국을 '고려국'이라고 불렀다.

국을 만들 때 가장 중요한 재료는 간장이다. 한식간장은 짠맛과 함께 깊은 맛이 나기 때문에 국물을 만드는 데 가장 알맞다. 오래된 한식간장으로 만든 국을 '맑은 장국'이라고 부른다. 국물의 색이 투명하기 때문에 맑다는 말을 붙였고, 간장으로 만든 국이라서 장국이란 말이 붙었다. 간장을 푼 물에 고기를 푹 곤 다음에 위에 떠오른 맑은 국물을 이용하는 방법과 살코기를 가늘게 썰어서 간장으로 간을 한 다음에 끓이는 방법이 있다. 이렇게 고기를 삶아서 우려낸 국물을 '육수(肉水)'라고 부른다. 당연히 육수 맛이 좋아야 국 맛도 좋다.

'뜨거운 국물'이란 의미로 쓰이는 다른 말로 '찌개'라는 것도 있다. 찌개는 뚝배기나 작은 냄비에 국물을 바특하게 잡아 고기·채소·두부 따위를 넣고, 간장·된장·고추장·젓국 따위를 쳐서 갖은 양념을 하여 끓인 음식이다. 탕이나 국이 국물이 많은 데 비해서 찌개는 국물과 함께 건더기가 많은 음식을 가리킨다. 된장찌개·김치찌개·생선찌개·두부찌개가 대표적인 찌개이다. 20세기 초반까지 서울 사람들은 찌개를 '지지미'라고 불렀다.

20세기 이후 한반도에는 재래식 조선간장과 함께 일본에서 개발된 양조간장이 도입되었다. 양조간장은 일본인 이에다[野田]가 개발한 공장제 간장이다. 미생물실에서 온도조절을 통해 간장의 발효에 영향을 끼치는 미생물을 강제로 키운 다음에 이것을 콩이나 밀가루 혹은 땅콩깻묵과 같은 다른 곡물에 접종하여 만들었다. 화학적인 방법으로 만드는 아미노산 간장도 생겨났다. 아미노산 간장은 콩가루·콩깻묵·땅콩깻묵·간장비지·밀 등의 원료에서 식물성 단백질을 뽑아내고 이것을 염산으로 가수분해하여 가성소다나 탄산소다로 중화시켜 얻은 아미노산에 소금으로 간을 맞춘 다음, 재래식 간장의 색·맛·향기를 내는 화학처리를 한 간장이다.

한식간장은 집집마다 맛이 달랐고, 그래서 한 집안의 음식 맛도 간장에 따라 달라졌다. 한식간장은 국·찌개·탕을 비롯하여 나물·조림·구이에 두루 쓰이는 가장 핵심적인 조미료이다. 이에 비해 공장에서 만든 양조간장은 균일한 맛을 가지고 있기 때문에 집안의 독특한 음식 맛을 만들어내지 못한다. 특히 한식간장에 비해 단맛이 강한 양조간장은 한식의 깊은 맛을 내지 못한다. 그러나 1970년대 이후 산업화·도시화된 한국사회에서 한식간장보다 양조간장으로 한식을 주로 만들고 있다. 1990년대 이후 한식간장을 만들어 판매하는 소규모 공장이 증가하고 있는 중이다.

4. 한식의 여름 식사, 상추쌈밥

상추쌈밥은 한국인이 가장 좋아하는 또 다른 '전분음식+비전분음식'의 결정판이다. 상추에 밥과 여러 가지 반찬을 싸서 먹는 관습은 고려 때부터 있었다고 알려진다. 고려 말 원나라의 간섭을 받으면서 고려 출신 궁녀와 시녀들이 베이징으로 강제 차출된 적이 있다. 이 과정에서 원나라에 고려의 상추 먹는 방식이 소개되었다. 고려의 상추 품질이 좋아서 '천금채(千金菜)'라고 불리기도 했다.[9]

조선시대 문인들 중에 상추쌈밥에 대한 글을 남긴 사람이 여럿 있다. 유몽인(柳夢寅: 1559-1623)은 『어우야담(於于野談)』 「김인복(金仁福)의 빼어난 입담」에서 상추쌈과 관련된 일화를 다음과 같이 적어놓았다.

"지금 그대가 앉아 있는 밭은 땅이 기름지고 비옥해 상추 심기에 딱 맞지요. 3,4월이 바뀔 즈음에 개간하여 분뇨로 거름을 주고 비와 이슬이 적시면 파초처럼 커다란 이파리가 연하고 또 부드러운데, 그 파릇한 것을 붉은 소반에 넘치게 담는다오. 봄볕이 바야흐로 따뜻해져서 열 지어 있는 항아리에 흐르는 장(醬)은 달기가 꿀 같고 색깔은 말의 피처럼 붉다오. 인천과 안산의 바다에서 그물로 밴댕이를 잡아 시장에 내다 파는데, 그것을 사다가 굽고 그 위에 기름장을 바르면 그 향기가 코를 찌른다오. 이에 손바닥에 상추잎을 올려놓고, 올벼로 지은 밥을 숟가락으로 떠서, 달짝지근한 붉은 장을 끼얹고, 거기에 잘 구운 밴댕이를 올려놓는다오. 상추쌈을 싸는데 부산포에서 왜놈이 보따리를 묶듯이 하고, 양손을 모아 그 쌈을 들어올리기를 혜임령(惠任嶺) 장사꾼이 짐바리를 들어올리듯이 하고, 입술이 째질 만큼 입을 꽉 벌리기를 종루(鍾樓)에서 파루(罷漏) 후 숭례문이 활짝 열리듯이 한다오."[10]

이옥(李鈺: 1760-1815)도 상추쌈에 대한 일화를 상세하게 적어놓았다. 그는 상추쌈 먹기 좋은 계절로 한여름에 단비가 처음 내린 후라고 했다. 비를 흠뻑 맞은 밭에는 마치 푸른 비단 치마처럼 상추가 솟아오른다. 그런데 바로 뽑아서 먹자니 왠지 찜찜하다. 잘 자라라고 인분을 잔뜩 뿌려두었기 때문이다. 이옥은 물을 채운 큰 동이에 오랫동안 담갔다 깨끗하게 씻어내면 된다고 했다. 다음은 이옥이 묘사한 상추쌈 먹는 모습이다.

"왼손을 크게 벌려 구리쟁반처럼 들고, 오른손으로 두껍고 큰 상추를 골라 두 장을 뒤집어 손바닥에 펴놓는다. 먼저 흰밥을 큰 숟가락으로 퍼서 거위 알처럼 둥글게 만들어 잎 위에 놓는다. 윗부분을 조금 평평하게 한 다음, 젓가락으로 얇게 뜬 밴댕이회를 집어 노란 겨자장에 한 자밤 찍어 밥 위에 얹는다. 미나리와 어린 시금치를 많지도 적지도 않게 밴댕이회와 나란히 놓는다. 가는 파와 날 갓 서너 줄기는 그 위에 눌러 얹는다. 여기에 방금 볶아낸 붉은 고추장을 조금 바른다. 오른손으로 상추 잎 양쪽을 말아 단단히 오므리는데 마치 연밥처럼 둥글게 한다. 이제 입을 크게 벌리는데, 잇몸을 드러내고 입술을 활처럼 펼쳐야 한다. 오른손으로 쌈을 입으로 밀어 넣으면서 왼손으로 오른손을 받친다."[11]

---

9 李盛雨, 『韓國料理文化史』, 서울: 敎文社, 1985, 317쪽.
10 유몽인(신익철·이형대·조융희·노영미 역), 『어우야담』, 파주: 돌베개, 2006, 630-631쪽.
11 이옥(실시학사고전문학연구회 역), 『완역 이옥 전집 3 벌레들의 괴롭힘에 대하여』, 서울: 휴머니스트, 2009, 324-326쪽.

다시 이옥의 묘사다. "마치 성이 난 큰 소가 섶과 꼴을 지고 사립문으로 돌진하다 문지도리에 걸려 멈추는 것과 같다. 눈을 부릅떠서 화가 난 듯하고, 뺨이 볼록하여 종기가 생긴 듯하고, 입술은 꼭 다물어 꿰맨 듯하고, 이[齒]가 빠르게 움직이니 무언가를 쪼개는 듯하다."[12] 이렇게 먹으면서 옆 사람과 우스개 이야기를 하면 안 된다. "처음 쌈을 씹을 때에 옆 사람이 우스운 이야기를 주고받는 것을 허락하지 않아야 된다. 만일 조심하지 않고 한번 크게 웃게 되면 흰밥알이 튀고 푸른 상추 잎이 주위에 흩뿌려져, 반드시 다 뱉어내고 나서야 그치게 될 것이다."[13] 이옥은 "이런 모양으로 느긋하게 씹다가 천천히 삼키면 달고 상큼하고 진실로 맛이 있어 더 바랄 것이 없다."고 했을 정도로 상추쌈밥 먹기를 좋아했다.

입속에서 이루어지는 '곡물 밥+반찬+침'의 비빔이 바로 한국식 식사의 핵심이다. 숟가락이나 젓가락으로 흰 쌀밥을 떠서 입에 넣는다. 특별한 식사를 하지 않는다면 대부분의 한국인은 밥을 입속에 넣자마자 다시 젓가락으로 반찬을 집어 입속에 넣는다. 간이 안 되어 있는 밥과 간이 되어 있는 반찬 한 가지가 입속에서 너무나 자연스럽게 비벼진다. 이것도 부족한 사람은 다시 숟가락을 들어서 국물을 떠 입속에 넣는다. '밥+반찬+국물'이 입속에서 무의식 중에 마구 비벼진다.

비빔밥은 한식의 맛의 핵심이 '밥+반찬'이라는 사실을 가장 잘 증명하는 음식이다. 지금까지 발견된 한국의 책 중에서 비빔밥 만드는 방법이 처음 기록된 책은 한글 필사본『시의전서(是議全書)·음식방문(飮食方文)』이다. 이 책은 1890년대에 쓰였고, 1910년대에야 세상에 알려졌다. 이 책에서는 비빔밥을 한자로 '골동반'이라 쓰고, 한글로 '부븸밥'이라 적었다. 그 내용은 다음과 같다.

"밥을 정히 짓고 고기는 재워 볶고 간납은 부쳐 썬다. 각색 나물을 볶아놓고 좋은 다시마로 튀각을 튀겨서 부숴놓는다. 밥에 모든 재료를 다 섞고 깨소금과 기름을 많이 넣어 비벼서 그릇에 담는다. 위에는 잡탕거리처럼 계란을 부쳐서 골패 짝만큼씩 썰어 얹는다. 완자는 고기를 곱게 다져 잘 재워 구슬만큼씩 빚은 다음 밀가루를 약간 묻혀 계란을 씌워 부쳐 얹는다."

주발이나 사발에 담긴 비빔밥에는 갖은 나물과 다시마튀각 등이 섞였고, 여기에 깨소금과 참기름을 많이 넣고 비볐다. 비빌 때는 무엇으로 비볐을까? 비빔밥은 사람에 따라 숟가락으로 비비기도 하고 젓가락으로 비비기도 한다. 재료가 밥과 잘 섞이게 하려면 젓가락이 좋고, 밥에 간을 배게 하려면 숟가락이 좋다.

1921년 출판된 방신영(方信榮: 1890-1977)의『만가필비(萬家必備) 조선요리제법(朝鮮料理製法)』에서는 젓가락으로 슬슬 저어 비빈다고 했다.[14] 아마도 "밥을 되직하게" 짓는다고 했기 때문에 젓가락이 쓰였을 것으로 보인다. 들어가는 재료도 무나물·콩나물·숙주나물·도라지나물·미나리나물·고사리나물 등이다. 이 나물을 큼직한 그릇에 먼저 펴놓고 그 위에 밥을 쏟아 붓는다. 비빌 때는 불을 조금씩 때어 덥게 한다고 했다. 아마도 큰 그릇이라는 것이 무쇠 솥 뚜껑이었던 모양이다. 들어가는 재료가 많고 밥도 된 상태라 젓가락으로 비비는 것이 훨씬 잘 섞이게 했을 것으로 여겨진다.

비빔밥에 고추장을 넣기 시작하면서 젓가락보다는 숟가락으로 비비기 시작했다. 고추장이 들어간 비빔밥 요리법은 잡지『별건곤』제24호(1929년 12월 1일자)에서 진주비빔밥을 소개하는 글에 나온다.

---

12 위의 책, 같은 곳.
13 위의 책, 같은 곳.
14 方信榮,『朝鮮料理製法』, 京城:廣益書館, 1921, 67-68쪽.

"하얀 쌀밥 위에 색(色)을 조화시켜서 날아가는 듯한 새파란 야채 옆에는 고사리나물 또 옆에는 노르스름한 숙주나물 이러한 방법으로 가지각색 나물을 둘러놓은 다음에 고기를 잘게 잘라 끓인 장국을 부어 비비기에 적당할 만큼 그 위에는 유리조각 같은 황(黃) 청포 서너 사슬을 놓은 다음 옆에 육회를 곱게 썰어놓고 입맛이 깔끔한 고추장을 조금 얹습니다."라고 했다. 한국인은 비빔밥을 먹으면서도 김치를 필요로 한다. 비빔밥 역시 밥이기 때문이다. 국도 반드시 나온다. 따라서 '밥+반찬+국'의 간편식이 바로 비빔밥이다.

회덮밥은 비빔밥이 진화된 결과다. 회덮밥은 본래 일본음식이 아니다. 한반도에서 민물이나 바다에서 나는 생선을 회로 쳐서 마치 비빔밥의 육회처럼 올려서 먹는 방식은 꽤 오래되었을 것으로 추정된다.

식민지 시기에 평양에서 살았던 시인 이인석(李仁石: 1917-1979)의 부인 임현보(林賢甫)는 1978년 5월 1일자 〈경향신문〉에 이런 글을 실었다. "월남하기 전 즐겨 먹던 그 고장음식이 숭어회덮밥이다. 대동강에 얼음이 얼면 낚시꾼들이 얼음 구멍을 뚫고 잡아 올리는 숭어는 팔뚝만큼씩한 게 펄펄 뛰어오르는 것을 횟감으로 쓰는 것이다. 차가운 물의 숭어라야만 비린내가 안 나는데, 같은 숭어라도 송림 부근 여포라는 곳에서 잡은 놈을 한 수 더 쳐줬다. 숭어회에 김장김치를 꼭 짜서 숭숭 썰어 곁들인 것을 갓 지어낸 흰밥을 일부러 차게 식혀 그 위에 얹어 참기름을 치고 비벼 먹었다. 삼동에 뜨끈한 아랫목에 앉아 먹던 그 맛이 그립다."

여기에서 주목해야 하는 대목은 '식은 밥'이다. 숭어의 식감을 느끼기 위해 흰밥을 일부러 식혔다. 바다 생선에 갖은 채소와 초고추장, 그리고 참기름을 넣어서 먹는 지금의 회덮밥은 1970년대 초반에 생긴 것이다. 일본과의 재수교가 이루어진 1965년 이후 일본음식점이 한국사회에서 재생되었고, 그 과정에서 한국식 회덮밥이 일본음식점의 메뉴로 자리를 잡았다. 한국의 일본음식점에서 이 회덮밥을 먹어본 일본인들은 생선회 자체가 지닌 식감이 완전히 무시되어버리는 현상을 보고 무척 당황한다. 숙성시킨 '사시미'마저 밥의 반찬으로 만들어 초고추장과 함께 비벼내는 회덮밥은 한국음식인 것이다.

5. 한식의 으뜸 반찬, 김치

한국어사전에서는 '김치'에 대해 다음과 같이 적어 놓았다. "무·배추·오이 등을 소금에 절여서, 고추·파·마늘·생강·젓갈 등의 양념을 버무려서 저장하면 젖산이 생성되는데, 이것을 저온에서 잘 발효시켜서 먹는 음식이다." 곧 무 혹은 배추 혹은 오이 등의 채소를 소금에 절인 후에 각종 양념을 넣어서 만든 음식이 김치이다.

세계 각국에는 오래전부터 채소를 소금이나 식초 혹은 간장이나 된장 등에 절여서 먹는 음식이 있었다. 대표적으로 오이를 재료로 만든 피클(pickle)과 양배추를 재료로 만든 사우어크라우트(sauerkraut), 중국의 파오차이[泡菜], 그리고 일본의 츠케모노[漬物] 등이 있다. 이들 음식을 학술적으로는 '채소절임음식'이라고 부를 수 있다. 김치뿐만 아니라, 장아찌와 짠지도 한국의 채소절임음식이다.

장아찌라는 말은 간장과 된장을 가리키는 장(醬)에 물건을 말하는 아(兒), 그리고 절인 음식이란 뜻의 지(漬)가 결합하여 만들어졌다. '장아지'가 되어야 하지만, 사람들이 장아찌라고 강하게 불러서 이렇게 되었다. 그러면 장아찌의 역사를 알려면 간장이나 된장을 언제부터 먹었는지를 알면 된다. 한반도의 간장과 된장은 3천여 년 전부터 있었다. 따라서 장아찌의 역사는 적어도 3천 년이 넘는다고 볼 수 있다.

그러나 구체적인 문헌기록은 13세기의 고려시대 유학자 이규보(李奎報: 1168-1241)가 지은 『동국이상국집(東國李相國集)』에서 처음으로 나온다. 이 책의 「가포육영(家圃六詠)」이란 제목이 붙은 시에는 텃밭에서 기르는 채소 여섯 가지에 대해 읊조렸다. 그중 '청(菁)'이라 제목을 붙인 부분을 옮겨보면 다음과 같다. "청을 장에 담그면 여름 3개월 동안 먹기에 매우 마땅하고, 소금에 절이면 겨울 9개월을 능히 견딜 수 있네. 뿌리는 땅 밑에 휘감겨서 약간 통통한데, 서리가 내릴 때 칼로 자르면 가장 먹기 좋은데 그 모양이 배[梨]와 비슷하다."고 했다.

여기에서 청(菁)은 순무 혹은 무를 가리키는 데, 배와 그 모양이 닮았다 했으니 순무이다. 이 내용을 통해 고려 후기 개성 사람들이 여름에는 순무 장아찌, 겨울에는 순무 짠지를 반찬으로 먹었음을 추측할 수 있다. 예전에는 간장이나 된장에 절인 음식을 장지(醬漬) 혹은 장아찌라고 적었고, 소금에 절인 것을 염지(鹽漬) 혹은 짠지라고 불렀다.

그런데 역시 고려 후기 사람인 이색(李穡: 1328-1396)은 "개성 사람 유순이 우엉·파·무와 함께 '침채장(沈菜醬)'을 보내왔다"는 시를 지었다. 여기에서 '침채장'은 일종의 장김치이다. 장김치란 조선시대 후기에도 유행했던 김치의 한 종류로 무·배추·오이 등의 채소를 간장에 하루쯤 절인 후 그것을 그릇에 담고 간장과 물로 국물을 만들어 담그는 장김치이다.

조선 초기인 세조 때 당시 어의(御醫)였던 전순의(全循義: ?-?)가 쓴 『산가요록(山家要錄)』에도 침채가 나온다. 그중 침백채(沈白菜) 조리법은 다음과 같다. "깨끗이 씻은 배추 한 동이에 소금 삼 홉을 고루 뿌려 넣고 하룻밤 지낸다. 다시 씻어서 먼저처럼 소금을 뿌리면서 항아리에 담고 물을 붓는다. 다른 침채(沈菜)법과 같다." 배추를 절이는 방법이 매우 특이하다. 북한의 평안도에서 즐겨 먹는 백김치와 닮았다. 다만 무채·미나리·잣·배·밤·마늘·생강 따위를 배추 켜켜에 넣는 백김치와 달리 소금물에 절인다고 했을 뿐이다.

사실 당시의 '침채'는 지금의 김치와 달랐다. 채소를 소금물에 절여서 국물이 흥건한 것을 '침채'라고 불렀다. 『산가요록』에서 제일 먼저 등장하는 '청침채(菁沈菜)'도 무를 재료로 하지만 들어가는 양념이 없이 오로지 소금물로 맛을 낼 뿐이다. 다만 항아리의 국물에 거품이 생기거나 넘치면 매일 걷어내고 소금물을 타서 조금씩 부어주면 좋다고 했다.

생파를 이용한 '생총침채(生蔥沈菜)' 역시 비슷한 방법을 사용하였다. "5-6월 사이에 생파를 뿌리와 겉껍질을 없애지 말고 깨끗이 씻어서 물기를 없도록 잠시 말린다. 파 한 벌에 소금 한 켜를 켜켜로 번갈아 깔아 다발을 만들어 항아리에 담고 맑은 물을 가득 붓는다. 아침저녁 물을 부어 매일 이렇게 물이 맑아질 때 바꾸어 주는데, 5-6월에 담가두면 겨울이 지나도록 쓸 수가 있다. 또 다른 방법으로 파를 깨끗이 씻어서 적당히 소금으로 버무려서 나무통에 담고 2일을 두어 소금기가 다 배여 들면 항아리를 볕이 드는 곳에 놓는다. 파는 다발로 만들어 넣는데 지저분하지 않은 것으로 꼭꼭 눌러놓는다."고 했다.

조선 중기의 최세진(崔世珍: ?-1542)이 쓴 『훈몽자회(訓蒙字會)』에는 "菹(저): 딤채 조"라는 해석이 나온다. 즉 딤채는 침채의 고어로 '저(菹)'를 가리킨다. 일찍이 서기전 100년부터 7세기까지 중국 중원에서 알려진 시 305편을 묶은 『시경(詩經)』이란 책에도 '저(菹)'라는 한자가 나온다. 곧 "밭 속에 작은 원두막이 있고, 밭두둑에 외가 열려 있다. 이 외를 깎아 저를 담가 조상께 바치면 자손이 오래 살고 하늘이 내린 복을 받는다."라는 내용의 시다.

고대 중국의 문헌에서는 신맛을 내는 음식으로 채소든 육류든 잘게 썰어서 절인 것과 통째 또는 길게 찢어서 절인 것의 두 가지가 있다고 했다. 곧 '저'란 소금·장·식초 등에 절인 채소 혹은 젓갈·장조림 등을 두루 일컫는 한자인 셈이다. 고대 중국의 저에 대한 해석을 따르면 '침채'란 말은 채소를 원료로 하기도 하지만, 동시에 육고기도 원료가 될 수 있음을 알 수 있다.

국어학자들은 '딤채→침채→짐치→김치'로 말이 바뀌었다고 본다. 하지만 침채에서 채(菜)가 단순히 채소만을 가리키지 않는다. 조선 중기의 장계향(張桂香: 1598-1680)이 지은 『음식디미방』이란 책에는 '생치딤채법(生雉沈菜法)'이란 음식이 나온다. "오이지의 껍질을 벗겨 속은 도려내고 가늘게 한 치 길이만큼 도독도독 썰어 물에 우려둔다. 꿩은 삶아 오이지와 같이 썰어 따뜻한 물에 소금을 알맞게 넣어 나박딤채같이 담가 삭혀서 먹는다." 오늘날 기준으로 보면 분명히 김치라고 보기가 어렵지만 장계향은 이것을 '꿩침채'라고 적었다.

이런 면에서 침채는 오늘날의 김치와 일맥은 상통하지만, 반드시 양념김치를 뜻하는 것은 아니다. 그보다는 소금물이나 간장물이 흥건한 음식을 침채라고 불렀을 가능성이 많다. 그러다가 점차 채소를 원료로 한 것을 침채라 불렀다. 조선 후기에 양념을 많이 넣은 배추김치가 유행하면서 침채가 배추김치를 뜻하는 단어가 되었을 가능성이 많다.

조선시대 영조 때 학자인 유중임(柳重臨: ?-?)은 태의내원(太醫內院)에 들어가 태의의약(太醫議藥)이란 직책을 맡았던 의사였다. 그가 쓴『증보산림경제(增補山林經濟)』에도 김치 조리법이 나온다. 다만, 김치를 별도의 음식 항목으로 뽑지 않고 원예작물을 재배하는 법에 관한 치포조(治圃條)에서 다루고 있다.

유중임이 적은 김치 조리법 중에서 무를 진한 농도의 소금물에 절여서 김치를 만드는 방법인 '침나포함 저법(沈蘿葡鹹葅法)'이 있다. 무에 청각·호박·가지 등의 채소와 고추·천초·겨자 등의 향신료를 넣은 후, 마늘 즙을 듬뿍 넣어서 담근다고 했다. 또 오이를 옅은 소금물에 절여서 김치를 담그는 법인 '황과담저법(黃瓜淡葅法)'도 나온다. 어린 오이의 3면에 칼자국을 낸 후 속에다 고춧가루와 마늘을 집어넣어서 삭혀 담는다고 했다. 이 책의 가치는 이러한 김치 담그는 방법을 기록해 두었다는 점 말고도 김치에 고추와 고춧가루를 양념으로 썼다는 사실을 처음으로 알려주는 데 있다.

고추는 원래 아메리카 대륙의 멕시코와 안데스 고원 일대가 원산지이다. 아메리카 대륙에서 살았던 마야와 아즈텍 주민들은 고추를 약용이나 음식의 조미료로 사용했다. 특히 액체 초콜릿에 고추를 넣어서 짜릿하고 기분 좋은 자극을 증가시킨 음료를 즐겨 마셨다. 하지만 아시아·유럽·아프리카 대륙에 살던 사람들은 고추에 대해서 알지 못했다. 1492년 이탈리아 출신의 항해가 콜럼버스(Christopher Columbus: 1451-1506)가 유럽인으로는 처음으로 아메리카 대륙에 도착한 이후 수많은 유럽인들이 아메리카 대륙에서 구한 새로운 물건들을 유럽에 전했는데, 그중에 고추가 들어 있었다.

토마토·담배·감자 등과 함께 고추도 이때의 무역선에 실려서 아프리카와 유럽, 그리고 아시아로 전해졌다. 하지만 다른 물건에 비해서 고추는 큰 인기를 누리지 못했다. 오로지 오늘날 아프리카의 에티오피아와 나이지리아, 유럽의 이탈리아·스페인·터키, 그리고 아시아의 북부인도·태국·중국서남부·한반도에 살던 사람들만이 고추를 새로운 작물로 이해했다. 하지만 지금처럼 고추가 매운맛을 내는 향신료로만 이해되지는 않았다. 16세기 스페인 출신 의사 니콜라스 모나르데스는 고추가 매우 효과적인 약재라고 생각했다. 그는 "고추를 먹으면 몸에 원기가 생기고 마음이 가라앉고 가슴의 병을 고치는 데 효과가 있다. 고추는 몸의 중요한 기관을 따뜻하게 해주어 병의 증상을 가라앉히는 데 좋다. 고추는 비록 그 맛이 맵지만 그 약효는 최상급에 가깝다."고 책에 적었다.

임진왜란 끝난 후인 1613년에 이수광(李睟光: 1563-1628)이 지은 백과사전인『지봉유설(芝峯類說)』에는 다음과 같은 기록이 나온다. "때로 고추를 심고는 술집에서 그 맹렬한 맛을 이용하여 간혹 소주에 타서 팔고 있는데 이를 마신 자는 대부분 죽었다고 한다." 이수광은 고추가 일본에서 전해져 왔다고 적었다. "남만초(南蠻椒)는 센 독이 있는데 처음에 왜국에서 들어왔다. 그래서 속칭 왜개자(倭芥子)라 하였다."는 것이다.

그런데 1709년에 발간된 일본의『대화본초(大和本草)』란 책에서는 고추가 한반도에서 전해졌다고 적었다. "고서에는 보이지 않지만 근래의 책에서 말하기를 고추가 옛날에 일본에는 없었는데, 수길공(水吉公)이 조선을 칠 때 그 나라로부터 종자를 가져왔다고 한다. 그래서 그 이름을 고려호초(高麗胡椒)라 부른다."는 것이다.

고추는 포르투갈 무역선을 통해서 적어도 1540년대에 중국의 중요한 무역항이었던 지금의 마카오와 영파(寧波)에 도착했다. 그리고 고추를 실은 그 배는 다시 일본의 오이타[大分]로 갔다. 일본의 농서인『초목

육부(草木六部)·경종법(耕種法)』에는 고추를 "1543년 포르투갈인이 가져왔다."고 적었다. 일본 큐슈[九州]의 동북에 위치한 무역항 오이타에 도착한 고추는 다시 쓰시마[對馬島]를 지나서 지금의 부산인 동래에 있던 왜관(倭館)에 도착했다. 임진왜란이 일어나기 전에 이 고추는 경상도 일대까지 퍼져나갔다. 하지만 조선의 중부지방에 살았던 사람들이나, 일본의 혼슈[本州]에 살았던 사람들은 결코 고추의 존재를 알지 못했다. 결국 임진왜란을 통해서 서울 사람들은 남쪽에서 왜군과 함께 고추가 올라왔다고 생각했고, 일본 혼슈 사람들은 전쟁에 패해 귀국한 자신들과 함께 한반도로부터 고추가 들어왔다고 믿었다.

처음 고추를 맛본 조선인들은 곧장 향신료로 사용하지 않았다. 18세기기 되면서 고추가 김치의 중요한 재료가 되었다. 그 전에 천초가루를 된장에 넣어 만들었던 천초장(川椒醬)이 이때가 되면 고추장으로 변신하였다. 당연히 매운탕이란 음식도 생겼다. 민물생선의 비린내를 고춧가루가 없애주었다. 사실 고추는 매운맛도 내지만 방부제 역할을 한다.

18세기에 소금이 많이 들어가는 젓갈이나 절인 생선이 인기를 누리면서 소금이 부족해졌다. 소금 대신에 고춧가루를 넣으면 오랫동안 음식 저장이 가능하다. 무·배추·오이 등을 짠지로 만들지 않고 소금물에 약간만 절인 후에 고춧가루와 마늘·파·생강 등의 양념으로 버무려도 김치가 겨우내 시지 않고 저장되었다. 그래서 일본의 다쿠앙이나 중국의 파오차이, 그리고 유럽의 피클과 닮았던 짠지와 장아찌가 양념김치로 변신하여 김치가 되었던 것이다.

요사이 한국인이 가장 많이 먹는 김치는 배추김치이다. 고대 중국어에서는 배추를 숭(菘)이라고 불렀지만, 구어로는 다바이차이[大白菜] 혹은 샤오바이차이[小白菜]이다. 일본어로는 하쿠사이[白菜]이다. 이를 통해서 한국어 배추가 백채(白菜)라는 한자에서 유래했음을 알 수 있다.

배추는 크게 보면 두 가지의 품종으로 나뉜다. 하나는 속이 꽉 찬 배추이고, 다른 하나는 속이 꽉 차지 않은 배추이다. 중국어에서 다바이차이라고 부르는 것은 속이 꽉 찬 배추를 가리킨다. 샤오바이차이는 속이 차지 않은 배추이다. 중국에서는 지금으로부터 약 3천여 년 전부터 샤오바이차이를 재배하기 시작했다. 서기 후 5세기가 되면 중국 남부 지역에서 가장 즐겨 먹는 채소 중의 하나가 되었다. 당나라 때 비로소 백송(白菘), 자송(紫菘), 우두숭(牛肚菘)과 같은 다양한 품종이 나타났다. 원나라 때가 되면 마침내 백채(白菜)라는 말로 불리기 시작했다.

조선 초기의 학자인 성현(成俔: 1439-1504)은 『용재총화(慵齋叢話)』라는 책에서 "조선 사람들은 송채(松菜)를 '백채'라고 부르는데, 한양 도성 동문 밖에 사는 사람들이 이것을 많이 심어 그 이익을 챙겼다."고 적었다. 성현은 '숭'을 '송'으로 썼지만, 그 뜻은 배추의 겉잎이 마치 소나무 색을 닮았기 때문이다. 이 숭 혹은 송을 일반인들은 백채라고 불렀다는 것이다. 겉잎보다 속이 하얀색이라 백채라는 이름이 붙여졌다. 성현의 글에 의하면, 당시 한양에는 배추를 전문으로 생산하고 판매하는 사람들이 있었던 것이다.

조선시대 비결구성 배추 그림, 풀무원김치박물관 소장

권문해(權文海: 1534-1591)는 『대동운부군옥(大東韻府群玉)』에서 그 생산과 판매가 어떻게 이루어졌는지를 다음과 같이 적었다. "나이 든 부녀자가 도성에서 채소를 팔고 돌아오니, 어린아이는 기뻐 맞이하며 허술한 문턱을 뛰어넘네. 왕심은 지금 도성의 동문 밖에 있는 마을 이름이며, 이곳 사람들은 대대로 채소를 파는 일을 업으로 삼는다."고 했다. 여기에서 왕심(枉尋)은 지금의 서울시 성동구 왕십리 일대를 가리킨다. 실제로 조선 후기에 지금의 서울 왕십리 일대는 배추를 비롯한 채소의 생산과 판매로 유명했던 곳이었다.

하지만 당시의 배추는 속이 꽉 차지 않은 배추였다. 농학자들은 이것을 비결구성(非結球性) 배추라고 부른다. 이에 비해 속이 꽉 찬 배추는 결구성 배추라고 불린다. 결구성 배추는 적어도 14세기까지 중국의 남부 지역에서 주로 재배되었다. 15세기가 되자 남부 지역의 결구성 배추가 북부 지역으로 전해진다. 15세기 이후에는 중국의 북부 지역에서도 결구성 배추가 많이 재배되기 시작했다. 특히 18세기가 되면 산둥[山東] 지역에서 결구성의 배추가 제일 많이 재배되었다.

홍석모(洪錫謨: 1781-1857)는 1826년에는 부친 홍희준(洪羲俊: ?-?)이 청나라의 수도 베이징에 동지사(冬至使) 대표로 갈 때 수행한 적이 있다. 의주를 떠나 요동 땅에 들어가서 심양으로 향하면서 목격한 농촌의 모습을 『유연고(游燕藁)』라는 책에서 다음과 같이 적었다.

"요동 서쪽의 풍속은 반은 상업 반은 농사를 짓네, 산천은 예로부터 오랫동안 기자(箕子)가 다스리는 땅이었네, 한 달 동안 북쪽으로 가도 기러기 무리를 볼 수 없고, 서쪽으로 천리를 가니 소나무 몇 그루가 보이네, 채소는 단 배추[甘菘]를 중하게 여기는데 흰색으로 넓적다리 크기네, 떡은 옥수수[玉秫]로 만드는데, 절구에 찧어내니 눈송이가 날리는 듯하네, 수레를 멈추고 웃으며 푸른 발 안으로 들어가니, 포도주[葡酒]와 분탕(粉湯) 맛이 매우 진하네." 그러면서 "배추[菘菜]는 토질에 잘 맞아서 큰 것은 절굿공이와 같다. 맛이 달고 사각사각하다."고 했다. 홍석모는 요동에서 바로 결구성 배추를 보았던 것이다.

결구성 배추는 1880년대에 한반도에 전해졌다. 비결구성 배추는 결구성 배추에 비해 그 양이 적다. 하지만 푸른 잎이 길고 넓어서 음식을 싸서 쌈으로 먹는 데 좋았다. 개성 사람들이 즐겨 먹는 음식으로 보쌈김치는 비결구성의 겉잎으로 만들어야 제맛이 났다. 보쌈김치는 무·미나리·낙지·잣과 같은 온갖 재료를 양념하여 비결구성 배추의 긴 잎으로 싸서 익혀서 만든다. 19세기 말에 중국의 산둥에서 결구성 배추가 도입되자, 서울에서부터 배추김치가 인기를 누리게 되었다. 결국 20세기 후반이 되면 전국에서 결구성 배추를 재배하고 그것으로 배추김치를 담갔다. 서울의 배추김치는 점차 전국으로 확산되어 오늘날 김치의 대표 주자가 되었다.

6. 한식의 으뜸 채식음식, 나물

한식의 조리법은 다음의 몇 가지로 나눌 수 있다. 갈비찜이나 떡을 만들 때 주로 사용하는 찌는 조리법, 고기나 생선 혹은 다른 먹을거리를 불에 직접 굽는 조리법, 설렁탕이나 곰탕처럼 삶는 조리법, 그리고 김치나 나물처럼 무치는 조리법이다. 최근에는 프라이팬에 식용유를 붓고 볶는 방법이나 지지는 방법도 많이 사용하지만, 예전에는 식용유가 매우 귀해서 특별한 날이 아니면 잘 사용하지 않았던 조리법이었다. 이들 조리법은 다른 나라에서도 비슷하게 있지만, 나물을 무치는 조리법은 한식에서 가장 독특하다.

한국인은 채소를 매우 즐겨 먹는다. 보통 익히거나 양념을 하지 않고 날것을 그대로 먹기도 한다. 그런데 채소가 생산되지 않는 겨울에 어떻게 채소를 먹었을까? 채소를 소금에 절이거나 그늘에 말려서 김치나 나물을 만들어 먹는 방법이 오래전부터 있었다.

그중에서도 나물은 채소뿐만 아니라, 풀·나뭇잎·뿌리 중에서 먹을 수 있는 것을 양념으로 무친 음식을 가리킨다. 나물을 만드는 방법도 다양하다. 콩나물·숙주나물·시금치와 같은 채소는 끓는 물에 잠시 넣어서 데친 다음에 양념에 무친다. 이에 비해 그늘에 말린 다음에 보관해 둔 고사리·취나물·시래기나물·가지 따위는 물에 담가두었다가 불어나면 끓는 물에 삶아서 양념을 무친다. 나물에 들어가는 양념은 간장·깨·참기름과 함께 다진 마늘과 파를 많이 사용한다. 봄에 곡식이 부족하면, 산과 들에 자라는 산나물을 캐서 나물로 무쳐 먹기도 했다. 이로 인해서 한국인이 즐겨 먹는 나물은 그 종류만 해도 100가지가 넘는다. 채소나 버섯이나 먹을 수 있는 것이면 모두 나물로 만들 수 있다.

그런데 나물은 언제부터 먹기 시작했을까? 아마도 한반도에서 사람들이 정착생활을 하면서부터 나물을 먹었을 것이라 여겨진다. 특히 불교가 한반도에 유입되면서 나물은 매우 중요한 음식이 되었다. 보통 불교에서는 육식을 하지 않도록 금한다고 알려진다. 하지만 석가모니의 가르침 중에는 결코 고기를 절대로 먹지 말라는 규정은 없었다. 지금도 동남아시아의 불교 승려들은 육식을 한다.

그런데 중국으로 불교가 전해진 이후 남조(南朝)의 양(梁)나라 무제(武帝: 464-549)가 511년에 한 무리의 승려들을 모아서, 그들과 함께 영원히 고기와 술을 먹지 않겠다는 맹세를 한 데서 불교의 육식 금기 규정이 유래하였다. 이것이 바로 '계천하사문(誠天下沙門)'이다.

또한 승려 1,448명을 자신의 궁전인 화림전(華林殿)에 모아놓고, 황실 법사인 법운(法雲)에게『열반경(涅槃經)』중의 '식육단대비종자(食肉斷大悲種子: 고기를 먹으면 부처의 큰 자비가 사라진다)'는 문장을 강론하도록 시켰다. 사실 이 이전인 유송(劉宋) 때부터 유행하기 시작했던『범강경(梵綱經)』에서 "모든 중생(衆生)들은 육고기를 먹으면 안 된다. 육고기를 먹으면 정도를 헤아릴 수 없을 만큼 많은 죄를 짓게 된다."고 명백히 규정했다.

또 "오신(五辛)"을 먹어서는 안 된다."고 하였다. 여기에서 '오신'은 마늘·파·부추·염교[薤]·흥거(興渠: 무릇)를 가리킨다. 한국의 사찰에서는 마늘·파·부추·달래·흥거의 다섯 가지를 '오신'이라 한다. 중국의 '염교'는 백합과의 다년생 풀로 달래와는 다른 것이다. 지역마다 사정에 맞추어 '오신'의 대상이 다르다. 대체로 '오신'은 자극이 강하고 냄새가 많이 나는 특징을 지녔다. 아마도 식욕을 돋우고 정력을 높여서 수양에 도움이 안 되기 때문에 생긴 규율이 아닌가 여겨진다.

이후 중국과 한반도, 그리고 일본열도의 승려들은 고기와 술을 먹지 않게 되었다. 고려왕조는 불교를 국교로 내세운 나라였다. 왕자들 중에서 승려가 되는 사람들이 많았을 정도로 불교를 신봉했다. 불교는 삼국시대에 중국의 남북조 여러 나라로부터 한반도로 들어왔고, 양무제의 맹세가 삼국시대 때부터 알려졌다. 그전부터 있었던 나물이 고려시대에 불교와 연결되면서 특별히 중요한 제물로 절에서 사용되었다. 당연히 오신에 대한 규칙도 적용되었다. 결국 채소에 간장·소금·참기름·들기름 등을 넣고 무친 나물이 일반 백성들 사이에서도 매우 유행했다. 더욱이 유학자들도 검소한 밥상을 차려야 한다고 믿었기 때문에 조선시대에도 나물은 검소함과 청빈함의 상징처럼 여겨졌다.

특히 가을에 채소를 삶거나 말린 다음에 새해 음력 1월 15일에 먹는 묵힌 나물은 건강을 위해서 좋다고 믿었다. 조선 후기 홍석모(洪錫謨: 1781-1857)는 당시의 세시풍속을 적은 『동국세시기(東國歲時記)』란 책에서 다음과 같이 적었다. "박·오이·버섯 등 각종 채소 말린 것과 콩·호박·순무와 각종 무를 저장해 둔 것을 묵은 나물(陳菜)이라고 부른다. 이날(음력 정월 대보름) 반드시 이 나물들을 만들어 먹는다. 오이꼭지·가지껍질·무잎 등도 모두 버리지 않고 말려두었다가 삶아서 먹는데, 이렇게 하면 여름에 더위를 타지 않는다고 한다."고 했다.

유교식 제사에도 세 가지 이상의 나물이 상에 올라야 어울린다고 믿었다. 불교와 유학의 영향이 있기 전에 이미 한반도의 사람들은 나물을 즐겨 먹었다. 그 이유는 먹을거리로서 나물의 재료를 가장 손쉽게 구할 수 있었기 때문이다. 가난한 밥상에 나물이 오를 수밖에 없었다. 최근 나물은 건강을 위해서 매우 좋은 음식으로 외국인들이 칭찬을 아끼지 않는다. 특히 자극적이지 않은 한국의 사찰음식은 온갖 나물로 인해서 한식의 대표가 되어가고 있다.

한국사회에서 사찰음식이 부각된 때는 1990년대 후반부터다. 국내 언론에서 사찰음식을 다룬 기사는 1977년 2월 16일자 〈경향신문〉이 거의 처음으로 여겨진다. 하지만 이 기사의 주요 내용은 사찰음식을 알리는 것과는 거리가 멀었다. 대한불교조계종의 조계사 주지 정혜산(丁慧山) 스님이 주한 외국대사 부인 17명을 초청하여 점심식사로 '절음식'을 대접하면서 한국불교의 포교를 지원해줄 것을 부탁하는 행사를 개최했다는 것이 기사의 내용이다.

▲절음식 맛보는 外國大使夫人들　대한불교조계종 曹溪寺(주지丁慧山)는 15일 駐韓外國大使부인 17명을 초청, 한국식 절음식으로 오찬을 베풀었다. 丁주지는 이들 대사부인들에게 본국에 돌아가서도 한국불교의 포교를 지원해줄것을 당부했는데 절음식을 처음 대접받은 이들은 한국의 이름있는 사찰을 순례할수있는 기회를 마련해 달라고 입을 모으기도 했다.

1977년 2월 16일자 〈경향신문〉에 소개된 절음식 사진 그런데 흥미 있는 사실은 이 기사에서 '절음식'이란 용어를 사용한 점이다. 실제로 이 기사 이전에도 몇몇 신문 자료에서 '절음식'이란 용어가 사용되었다. 비록 신문의 연재소설이지만, 1959년 7월 17일자 〈동아일보〉에 실린 이무영(李無影: 1908-1960)의 「계절의 풍속도」(252회)에서 "말이 절이지 절음식이라고는 튀각 뿐이었고 취나물도 고비나물도 없었다. 편육에 닭고기, 계란반숙, 흡사 도시의 소위 한정식이었다."라는 대목이 나온다. 사실 이 소설의 주인공인 안 박사와 양미리는 해인사로 절 구경을 갔다가 사하촌의 여관에서 음식을 먹게 되었고, 그 음식을 소설에서 앞의 내용으로 묘사했다.

식민지 시기 이후 도시 근처에 있던 사찰의 입구에는 어김없이 여관이 자리를 잡았다. 한량 남자들은 도시에서 택시를 대절하여 기생들을 대동하여 이곳에 와서 놀았다. 그래서 사하촌에는 취나물이나 고비나물, 그리고 튀각과 같은 '절음식'을 많이 내놓았다. 하지만 기생들과 노는 자리라 도시에 있던 조선요리옥의 메뉴가 함께 식탁에 올랐다. 그런 경험을 했거나 직접 보았을 이무영의 입장에서 '절음식'은 사찰 앞의 여관에서 나오는 음식을 가리켰다. 적어도 이로 미루어 절음식은 좁은 의미에서 절의 승려들과 신도들이 먹는 음식을 가리키지만, 더 넓은 의미에서는 절은 물론이고 절 앞의 사하촌 여관이나 음식점에서 판매하는 음식까지 두루 포괄하는 말로 쓰였다.

앞의 1977년 2월 16일자 〈경향신문〉 기사는 또 다른 사실을 제공해준다. 바로 조계사에서 외국대사 부인들에게 절음식을 대접하는 장면의 사진이 그것이다. 사진 속의 식탁 위에는 신선로와 구절판을 비롯하여 접시에 담긴 여러 가지 음식이 나온다. 사진만으로 접시에 담긴 음식의 이름을 확인할 수 없지만, 오신채가 들어가지 않은 나물 위주의 음식으로 구성된 식탁인 것은 분명해 보인다. 왜냐하면 조계사 주지스님이 마련한 식탁이며, 그래서 기자도 '절음식'이라고 적었기 때문이다.

사실 '사찰음식'이란 용어가 신문에 등장하는 때도 그다지 늦지 않다. 실제로 모든 내용이 실행되지는 않았지만, 1970년 8월 26일자 〈경향신문〉에서는 문화재관리국에서 불교의식에 대한 연구를 시작하면서 불교의식, 승려 방언, 복식 등과 함께 '사찰음식'에 대한 연구도 할 예정이라는 기사가 실렸다. 문화재관리국에서는 '절음식'이 지닌 유흥과 관련된 부정적인 이미지를 쇄신할 수 있는 용어로 '사찰음식'을 표기한 것으로 보인다.

사찰음식 공개강좌를 한 최초의 사람은 1961년 부산 범어사에 입산을 했던 김연식이다. 그는 1971년 부산의 〈국제신문〉에서 '산사음식' 공개강좌를 했고, 1972년 〈부산일보〉에 「절따라 맛따라」라는 칼럼을 일 년 동안 연재했다. 결국 김연식은 1980년에 서울의 후암동에 '산촌'이라는 산사음식 전문점을 개업했다. 2002년 설립된 한국불교문화사업단에서 '사찰음식'으로 용어를 정리하면서 '사찰음식'은 공식적인 용어가 되었다.

사찰음식이 한국사회에서 본격적으로 부각된 때는 2000년대다. 이 시기에 사찰음식이 대중적인 관심을 불러일으킨 계기는 스님들에 의해서 출판된 사찰음식 요리책의 대중적인 인기이다. 특히 2000년에 선재 스님이 펴낸 『선재 스님의 사찰음식』(디자인하우스)과 적문 스님의 『누구나 쉽게 만들 수 있는 전통사찰음식』(우리출판사), 그리고 2004년에 대안 스님이 펴낸 『사찰음식 다이어트』(중앙M&B)는 사찰음식의 대중적인 관심을 불러일으키는 데 결정적인 역할을 했다.

7. 한식의 최고급 음식, 조선시대 왕실음식

1829년, 조선왕조 제23대 왕 순조 29년 음력 2월 12일에 있었던 궁중연회 과정을 기록한 『조선왕조실록』에 다음과 같은 내용의 글이 나온다.

"임금이 익선관과 곤룡포를 갖추어 입고 자리에 나오니, 임금이 좋은 일을 하여 쌓은 업적과 어진 덕을 축하하는 음악이 울린다. 조선 태조 이성계가 나라를 세우기 전에 꿈에 신선이 나타나 금으로 만든 자를 주었다는 이야기를 춤으로 추었다. 임금이 자리에 올라앉자 임금이 오랫동안 살면서 나라가 발전하기를 기원하는 음악이 연주되었다. 왕세자와 왕세자빈, 그리고 왕실의 친척들과 신하들이 모두 일어나 임금에게 절을 하였다. 이윽고 나라의 평안과 화합을 기원하는 음악이 다시 연주되었다. 임금에게 음식을 바치는 상식(尙食)이란 직명을 가진 관리가 음식을 받들어 올리자 또 다시 임금과 나라의 발전을 기원하는 음악이 연주되었다. 상식이 꽃을 올리자 봄의 아름다움을 축(祝)하는 음악이 또 연주되었다. 꽃을 나누어주는 의식이 끝난 뒤에 노래를 부르는 사창(司唱) 2명이 노래를 부르고 다시 생신을 축(祝)하는 음악이 연주되었다."

이 해는 마침 순조가 임금으로 등극한 지 만 30년이 되는 해이면서, 동시에 이날은 만 40세가 되는 생신날이었다. 이것을 기념하여 순조의 왕세자였던 덕인(德寅: 후에 익종으로 추존됨)이 강력하게 권유하여 잔치를 열게 되었다. 사실 순조는 37세가 되던 1827년에 왕세자 덕인에게 직접 나랏일을 하도록 시키고 자신은 물러났다. 이로 인해 비록 공식적인 임금은 순조였지만, 실제로 나랏일은 왕세자 덕인이 맡고 있었다. 이 연회가 열린 때가 60갑자로 기축년이라 후세 사람들은 이 생신잔치를 '기축년진찬'이라 부른다.

보통 조선시대 왕실에서 열렸던 생신잔치는 진연(進宴)과 진찬(進饌)으로 나눌 수 있다. 보통 왕과 왕비 또는 왕대비의 생신이나 사순(四旬)·오순(五旬)·육순(六旬) 등 중요한 생신을 맞이하여 효(孝)를 실천하고 왕실의 위엄을 세우기 위해 이런 잔치가 열렸다. 그중에서도 진연은 왕실에서 제대로 격식을 갖추고 하는 잔치를 가리킨다. 이에 비해 진찬은 진연에 비해 절차와 의식이 간단한 잔치이다.

진연과 진찬은 다시 내외로 나누어 열렸다. 가령 진찬의 경우 내진찬(內進饌)과 외진찬(外進饌)으로 구분되었다. 내진찬에는 임금과 그 일가친척이 주로 참석하였다. 외진찬은 대신들이 참석하여 열렸다. 순조의 경우 음력 2월 9일에 외진찬을 창경궁의 법전인 명정전(明政殿)에서 개최되었다. 내진찬은 그 다음날에 순조의 비이며 왕세자 덕인의 어머니인 순원(純元) 왕후가 기거하는 자경전(慈慶殿)에서 열렸다.

순조가 주인공인 기축년진찬의 모습을 그린 『기축년진찬도병(己丑年進饌圖屛)』의 「자경전내진찬도(慈慶殿內進饌圖)」 중에서 당시의 좌석배치가 그려져 있다. 자경전의 마당에는 차양이 쳐졌다. 대청마루의 가장 북쪽 벽에는 순조를 위한 옥좌(玉座)가 마련되었고, 그 앞에는 작은 호족반(虎足盤)이 놓였다. 다시 그 앞에 큰상이 놓이고 음식들이 마치 요사이의 뷔페식당 테이블에 음식이 놓이듯이 자리잡았다. 이 상에는 잔치를 대표하는 음식들이 차려졌다. 아울러 이 큰상의 왼쪽에도 같은 규모의 음식이 놓였다.

기록에 의하면 기축년진찬에 차려진 음식은 127가지나 되었다. 약반·만두·면과 같은 밀가루로 만든 음식 4가지, 잡탕·완자탕·저포탕(猪胞湯)과 같은 국이 11가지, 신선로인 열구자탕(悅口子湯), 해삼증·전복숙·저증(猪蒸)과 같은 찜이 7가지, 각색 전유화와 해삼전이 4가지, 각종 적(炙)이 7가지, 편육이 5가지, 양념한 간장에 전복을 조린 전복초(全鰒炒)와 같은 음식이 5가지, 생복회·어만두·어채와 같은 회(膾)가 9가지, 고기를 말린 포(脯)가 4가지, 떡이 18가지, 유밀과가 8가지, 강정이 12가지, 다식(茶食)이 5가지, 정과가 7가지, 숙실과가 4가지, 옥춘당·팔보당·당과 같은 단맛의 과자가 7가지, 그리고 화채·수정과·이숙(梨熟)·작설차 등이 차려졌다. 특히 모든 음식의 제일 위에는 붉은 종이로 만든 꽃을 꽂이 경축의 의미를 더욱 강조하였다.

연회는 일곱 차례 술과 음료를 임금에게 올리는 것으로 진행되었다. 그것을 한자로 작(爵)이라고 불렀다. 곧 작은 술잔을 뜻한다. 먼저 왕세자가 제1작(第一爵)으로 술을 올렸다. 그러나 직접 임금에게 올리지 않고, 종5품 내명부(內命婦)인 상식(尙食)이 왕세자로부터 술잔을 받아서 임금에게 올렸다. 동시에 상식은 간단한 안주인 소찬(小饌)과 국, 그리고 대찬(大饌)과 만두를 올렸다. 그리고 제2작은 왕세자비가 차를 임금에게 바쳤다. 기록에 의하면 이 날 작설차(雀舌茶)가 마련되었다. 차를 임금에게 올린 후 여집사는 과자를 차린 찬과상(饌果床)을 받들고 먼저 임금에게 올린 후 왕세자와 왕세자빈 앞에도 올렸다. 제3작과 제4작은 좌명부(左命婦)와 우명부(右命婦) 중의 우두머리인 반수(班首)가 하였다. 제5작은 왕의 친척 중에서 가장 높은 사람이 맡았다. 제6작은 왕과 왕세자의 사돈 중에서 가장 높은 사람이 올렸다. 제7작은 왕실의 친척이면서 신하인 척신(戚臣) 중에서 가장 높은 사람이 바쳤다.

이렇게 복잡한 절차로 생신잔치를 하는 이유는 고대 중국의 주나라 때부터 있었던 임금에 대한 대접 방식 때문이다. 임금이 나라의 주인으로 군림했던 왕조시대에는 음식을 차려도 계급에 따라서 제공되는 것이 달랐다. 천자는 9종류의 음식을 대접받을 수 있었다. 이에 비해 그 아래인 공경(公卿)은 7종류, 대부(大夫)는 5종류, 그리고 선비인 사(士)는 3종류 이상을 차릴 수 없었다.

조선시대 임금의 생신잔치도 가장 화려할 때 아홉 번의 술이나 차를 올리는 9작이 행해졌다. 술이나 차를 올리고 임금의 덕을 칭송하고 음악이 연주되면서 춤을 추고, 다른 음식을 바치는 과정이 하나의 작에서 해야 하는 프로그램이었다. 이렇게 아홉 번을 하면 참석자들이 모두 임금에 대한 대단한 존경심을 품게 되었다. 이것이 바로 조선시대 임금의 엄격한 생신잔치의 절차였다.

조선시대 왕실음식은 한양의 양반가에서 소비했던 음식들과 결합되었다. 1751년(영조 27) 윤5월 18일 진시(辰時: 오전 7-9시)에 약방의 도제조 김약로(金若魯: 1694-1753)가 영조의 건강을 확인하기 위해 영조를 알현하였다. 대화 중에 김약로가 영조에게 다음과 같이 여쭈었다. "요사이 고초장은 수라에 계속 올라오는지요?" 그러자 영조는 그렇다고 하면서 "지난번 처음 올라온 고초장은 맛이 매우 좋았다."고 했다. 이에 김약로는 "그것은 조종부 집의 것입니다. 다시 올리라고 할까요?" 하고 말했다. 그러자 영조는 "누구, 종부는 나이가 어리지만 사람됨은 매우 훌륭한데 누구의 자식인가?" 하고 물었다. 사실 조종부(趙宗溥: 1715-?)는 조언신(趙彦臣: 1682-1731)의 아들로 당파심을 가지고 반대파를 비판하여 영조로부터 미움을 받았다. 하지만 그의 집에서 담근 고초장의 맛을 영조가 물리치기는 어려웠다.

그래도 영조가 조종부를 싫어한다는 사실을 안 내의원에서는 감히 그 집의 고초장을 올리기가 쉽지 않았다. 1752년(영조 28) 4월 10일 오시(午時: 오전 11시-오후 1시)에 약방의 도제조 등이 영조를 알현하였다. 대화 중에 영조가 조종부의 고초장 이야기를 꺼냈다. 그러자 김약로가 웃으면서 다음과 같은 말을 하였다. "조종부의 장은 정말로 잘 담근 것입니다." 이에 영조는 "고초장을 요사이도 담겠지. 옛날 것이 만약 있다면 반드시 수라에 올려라."라고 했다. 그러자 우부승지(右副承旨) 김선행(金善行: 1716-?)이 "궁궐 밖 여염집에서 성행합니다."고 했고, 김약로는 그것이라도 얻어서 들이겠다고 하니 영조도 그렇게 하라고 했다.

아마도 사옹원에서도 고추장을 담갔지만, 그 맛이 조종부의 그것에 비할 바가 안 되었다. 조종부가 미웠지만, 영조는 그 집의 고추장 맛을 잊지 못했다. 이미 조종부는 사망한 뒤라 결국 여염집의 것을 구할 수밖에 없었다.

숙종의 어의를 맡았던 이시필(李時弼: 1657-1724)이 지은 책으로 알려진 『소문사설(謏聞事說)』의 '순창고초장조법(淳昌苦草醬造法)'은 바로 조종부 집의 고초장 조리법이다. "쑤어놓은 콩 두 말과 흰 쌀가루 다섯 되를 섞고, 고운 가루가 되도록 마구 찧어서 빈 섬 속에 넣는다. 1, 2월에 이레 동안 햇볕에 말린 뒤 좋은 고춧가루 여섯 되를 섞고, 또 엿기름 한 되, 찹쌀 한 되를 모두 가루로 만들고 진하게 쑤어 빨리 식힌 뒤, 단 간장을 적당히 넣는다. 또 좋은 전복 다섯 개를 비스듬히 저미고, 대하(大蝦)와 홍합(紅蛤)을 적당히 넣고 생강을 조각내어 보름 동안 항아리에 넣어 삭힌 뒤, 시원한 곳에 두고 꺼내 먹는다. 내 생각에 꿀을 섞지 않으면 맛이 달지 않을 텐데 이 방법은 실리지 않았으니 빠진 듯하다."[15]

『소문사설』의 '순창고초장'은 아마도 조종부의 집이 순창 조씨이기 때문에 생겨난 별명일 것이다. 경화사족(京華士族) 순창 조씨 집안에서 앞의 고추장 비법을 가지고 있었으니, 60세 이후에 영조는 마음에 들지는 않았지만 그 맛을 버리지는 못했던 것이다. 이와 같이 조선시대 왕실음식은 귀한 식재료를 사용했다는 점을 빼고 나면 양반가의 조리법이 결합된 것이었다. 하지만 조선왕실에는 임금을 위한 음식을 마련하는 전문적인 부서가 있었다.

왕실은 왕과 그 친인척이 생활하면서 국가를 통치하는 공간이다. 당연히 의식주는 물론이고 각종 의례와 관련된 행정조직이 갖추어져 있었다. 그중에서 사옹원(司饔院)은 왕과 그 가족의 식생활을 지원하는 행정부서였다. 이에 비해 내의원은 왕실의 의약을 책임진 부서였다. 이들 두 부서는 왕과 그 친인척이 궁중에서 생활할 때 마련해야 할 음식과 약재, 그리고 치료를 맡았다. 그런 의미에서 이들 두 부서가 바로 왕의 장수를 위해서 마련된 조직이었다.

사옹원의 출발은 조선 초기에 사옹방(司饔房)에서 시작되었다. 『태조실록』 8권에는 1395년(태조 4) 9월 29일에 "대묘와 새 궁궐이 준공되다. 그 규모와 구성 및 배치 상황"을 소개하면서 사옹방에 대해 언급하였다. "그 밖에 주방(廚房)·등촉방(燈燭房)·인자방(引者房)·상의원(尚衣院)이며, 양전(兩殿)의 사옹방(司饔房)·상서사(尚書司)·승지방(承旨房)·내시다방(內侍茶房)·경흥부(敬興府)·중추원(中樞院)·삼군부(三軍府)와 동서루고(東西樓庫)가 무릇 390여 간이다."라고 적었다. 여기에서 '양전'은 왕이 머무는 대전(大殿)과 왕비가 머무는 중궁전(中宮殿)을 가리킨다. 곧 경복궁의 대전과 중궁전에 각각 사옹방이 설치되었다.

---

15 이시필(백승호·부유섭·장유승 역), 『소문사설, 조선의 실용지식 연구노트』, 서울: 휴머니스트, 2011, 114-115쪽.

태종은 1405년(태종 5) 10월 19일에 이궁(離宮)인 창덕궁(昌德宮)을 완공하였다. 『태종실록』10권에서는 "이궁(離宮)이 완성되었다. 정침청(正寢廳)이 3간(間), 동서 침전(東西寢殿)이 각각 2간, 동서 천랑(東西穿廊)이 각각 2간, 남천랑(南穿廊)이 6간, 동서 소횡랑(東西小橫廊)이 각각 5간인데, 동서 행랑(東西行廊)에 접(接)하였고, 북행랑(北行廊)이 11간, 연배 서별실(連排西別室)이 3간, 동서 행랑(東西行廊)이 각각 15간, 동루(東樓)가 3간, 상고(廂庫)가 3간이고, 그 나머지 양전(兩殿)의 수라간(水剌間)·사옹방(司饔房) 및 탕자세수간(湯子洗手間) 등 잡간각(雜間閣)이 총 1백 18간인데, 이상은 내전(內殿)이다."고 했다. 태종은 사옹방을 이조(吏曹)에 소속시켰다. 이로부터 사옹방은 대전과 중궁전, 그리고 세자전에 각각 설치되어 식생활을 책임졌다.

그런데 문제는 사선서(司膳署)와 중복되는 업무 때문이었다. 본래 『태종실록』1권 1392년 7월 28일자의 '문무백관 관제'에 대한 언급에서 "사선서는 내선(內膳)을 공상(供上)하는 일을 관장"하였다. 또 이곳에는 "영(令) 1명 종5품이고, 승(丞) 2명 종6품이고, 직장(直長) 2명 종7품이고, 식의(食醫) 2명 정9품이고, 사리(司吏) 2명인데, 권무(權務)로서 거관하게 된다."고 했다. 조선 초기에 사옹방이 왕과 왕비, 그리고 세자의 음식을 담당했다면, 사선서는 왕실에서 필요로 하는 식재료를 공급하는 일을 하였다. 하지만 종종 사옹방과 사선서는 업무의 혼란을 가져오기도 하여 분쟁을 일으키기도 했다. 결국 세조는 사옹방을 확대하여 사옹원으로 바꾸고 사선서를 얼음과 미곡, 그리고 왕실의 장(醬)을 관장하도록 하였다. 이후 사선서는 사도시(司䆃寺)로 정리가 되었다. 알다시피 『경국대전』은 1485년(성종 16)에 최종본이 완성되었다.

『경국대전』의 사옹원에 대한 규정은 다음과 같다. 사옹원은 "어선(御膳) 지공(支供)과 궐내 공궤(供饋) 등사를 관장"하였다. 여기에서 어선 지공은 왕·왕비·왕세자의 식사에 소용되는 식재료의 공급과 조리하는 일을 가리킨다. 공궤는 큰 행사나 의식이 있을 때 대궐에 들어오는 손님을 접대하여 음식을 공급하는 일을 말한다. 사옹원에는 공식적으로 양반이 맡는 관리책임자인 관원과 노비 출신들이 맡는 잡직이 있었다. 사옹원에 소속된 벼슬아치로는 정3품인 정(正) 1인, 종4품인 첨정(僉正) 1인, 종5품인 판관(判官) 1인, 종6품인 주부(注簿) 2인, 정4품과 종4품인 제검(提檢) 2인 등이 있었다. 또 도제조(都提調) 1인, 제조(提調) 1인, 1명은 승지인 부제조(副提調) 5인 등이 소속되었다.

관원들이 주로 관리를 맡았다면, 잡직은 오늘날 말로 조리사이다. 재부(宰夫) 1인, 선부(膳夫) 1인, 조부(調夫) 2인, 임부(飪夫) 2인, 팽부(烹夫) 7인으로 구성되었다. 재부는 종6품으로 주로 대전과 왕비전의 수라간(水剌間)을 책임진 주방장이었다. 선부는 문소전(文昭殿)과 대전다인청(大殿多人廳)의 주방장으로 종7품에 들었다. 조부는 종8품으로 왕비전 다인청의 주방장 일을 맡았다. 임부는 세자궁과 빈궁의 주방장으로 정9품이었다. 팽부는 궁궐 내의 공관에서 주방장을 맡았던 조리사로 종9품에 들었다. 이들을 통틀어서 반감(飯監)이라 불렀다. 비록 잡직이었지만 이들 주방장들은 벼슬아치였다.

이들 아래에는 구실아치로 별사옹(別司饔), 적색(炙色), 반공(飯工), 주색(酒色), 병공(餅工) 따위가 있었다. 별사옹은 육고기 담당 조리사이다. 원래 고려 때 별사옹을 '한파오치(漢波吾赤)'라고 불렀다. 파오치는 몽골어로 고기를 썰거나 조리를 담당하는 사람을 가리켰다. 이것이 태종 때 궁중의 잡역을 맡은 사람들 이름을 바꾸면서 별사옹으로 되었다. 적색은 전이나 육고기 혹은 생선을 굽는 일을 맡은 조리사이다. 반공은 밥과 국을 담당하는 조리사이다. 주색은 술과 음료를 담당한 조리사이다. 병공은 떡과 과자를 담당하는 조리사이다.

앞에서도 보았듯이 왕의 음식을 조리하는 데 필요한 식재료 공급을 담당했던 사도시에는 식의라는 직책이 있었다. 식의 제도는 고대 중국의 『주례(周禮)』에서 출발한다.[16] 식의는 음식 배합의 원리를 의도(醫道)에 근거하여 차리는 직책을 맡은 사람이었다. 식의는 이에 대한 지식을 장악하고 있었기 때문에 왕은 안심하고 음식을 먹을 수 있었다. 세조는 1463년 12월 27일에 『의약론(醫藥論)』을 지어 반포하면서 식의에 대해 다음과 같이 말했다. "식의라는 것은 입으로 달게 음식을 먹게 하는 것이니, 입이 달면 기운이 편안하고, 입이 쓰면 몸이 괴로워지는 것이다. 음식에도 차고 더운 것이 있어서 처방 치료할 수가 있는데, 어찌 쓰고 시다거나 마른 풀이나 썩은 뿌리라고 핑계하겠는가? 지나치게 먹는 것을 금지하지 않는 자가 있는데, 이것은 식의가 아니다." 그만큼 식의의 역할은 중요했다.

이처럼 스스로 식의의 중요성을 강조한 세조임에도 1466년(세조 12) 1월 15일에 왕실의 음식을 담당했던 사선시(司膳寺)를 만들면서 식의를 폐지시켰다.[17] 세조는 왜 사선시에서 식의를 폐지시킨 것이었을까? 이에 대해서는 여러 가지 의견이 있을 수 있지만, 임금의 음식을 장만하는 부서를 독립시키고 그 대신에 의약을 전담하는 내의원에 식의 역할을 맡겼을 가능성에 대한 주장이 설득력을 가지는 편이다. 조선 중기 이후 식의라는 직책은 조선왕실에서 사라졌다. 그 대신에 내의원의 의관들이 식의의 역할을 하였던 셈이다.

사용원이 일상과 의례의 음식을 장만하는 역할을 했다면 내의원(內醫院)은 궁중의 의약(醫藥)을 맡은 관청이었다. 다른 말로 내국(內局)이라고도 불렀다. 1392년(태조1)에 설치한 전의감(典醫監)을 고친 이름으로 전의원(典醫院)과 혜민서(惠民署)를 합쳐서 삼의원(三醫院)이라고 했다. 전의원은 약재를 공급하거나 의생들의 교육 및 과거를 담당하였다. 혜민서는 1392년 개국과 동시에 설치된 혜민국과 1397년에 설립된 제생원을 1460년(세조 6)에 통합한 뒤 1466년에 이름을 이렇게 하여 백성들을 위한 의료기관으로 활동하였다. 이에 비해 내의원은 본래 왕실의 의료를 전담한 내약방(內藥房)이었던 것을 세종 때 이렇게 이름을 바꾸어서 생겨났다. 내의원에는 도제조(都提調), 제조(提調), 부제조(副提調)를 각 1명씩 두었다. 다만 부제조는 승지가 겸직하였다. 아울러 정3품인 정(正) 1인, 종 4품인 첨정(僉正) 1인, 종5품인 판관(判官) 1인, 종6품인 주부(主簿) 1인이 배치되었다. 종 7품인 직장(直長)은 3인, 종8품인 봉사(奉事)는 2인, 정 9품인 부봉사(副奉事)는 2인, 종9품인 참봉(參奉)은 1인이 배치되었다.

내의원에 근무한 의원들은 철저한 심사를 거쳐 선발한 의원들이기 때문에 남보다 의술이 뛰어난 인물들로 배정되었다. "비록 왕실 의료기관이지만 왕실의 질병뿐만 아니라 왕이 아끼는 신하가 질병으로 고통을 겪고 있을 때는 구료해주거나 내의원에 소장된 약재를 하사하기도 하였다. 또한 위급할 때는 시약청, 산실청, 호산청 등을 설치하여 위급상황에 대처했으며, 그 밖에 의서습독청(醫書習讀廳), 의서찬집청(醫書撰集廳)을 마련하여 의서를 읽히거나 편찬, 간행을 주도하기도 하였다."[18] 하지만 효종 때 직장 2명을 줄이고 침의(鍼醫)와 의녀(醫女) 22명을 두었다.

16 왕런상(주영하 역), 『중국음식문화사』, 서울: 민음사, 2010, 110-111쪽.
17 『세조실록』38권, 1466년(세조12) 1월 15일자 기사.
18 金重權, 「朝鮮朝 內醫院의 醫書編刊 및 醫學資料室에 관한 硏究」, 『書誌學硏究』第42輯, 2009, 347쪽.

조선시대 왕실음식의 장만 기준은 식치(食治)와 식료(食療)가 핵심이었다. 식치 혹은 식료는 음식으로 병을 예방하고 다스린다는 뜻이다. 사실 '식료'의 방식은 고대 중국에서부터 유래한다. 고대 중국의 지식인들은 오미(五味)가 사람의 혀에 직접적인 감각을 줄 뿐만 아니라, 아울러 피부와 육체에도 중요한 조절 작용을 한다고 보았다. 오미의 조화가 잘 되지 못하면, 사람들로 하여금 음식의 맛을 불쾌하게 느끼도록 할 뿐만 아니라, 동시에 몸에도 좋지 않은 해를 입히게 된다고 믿었다.

조선 후기 식치의 규칙에서 왕에게 제공된 음식은 다음과 같다.[19] 타락죽, 녹두죽, 연자죽(蓮子粥: 수련과에 딸린 다년생의 수생식물의 열매인 연자를 넣은 죽), 산약(山藥: 마)이 들어간 연자죽, 청량미죽(靑粱米粥: 회색빛이 도는 차조를 넣은 죽), 율무죽, 부추죽, 흑임자죽, 행인죽(杏仁粥: 은행나무열매를 넣은 죽), 양죽(소의 양을 넣은 죽), 그리고 정체가 불분명한 모주죽(母酒粥) 등이다. 이 중에서 영조는 타락죽을 즐겨 먹었다. 율미죽과 행인죽은 오히려 싫어했다. 미음으로는 인삼속미죽(人蔘粟米粥: 인삼과 조를 넣은 죽)이 으뜸으로 쓰였다.

숭늉으로는 잡수라자즙(雜水刺煮汁: 잡곡밥을 물에 끓여낸 숭늉)이 있었다. 밥으로는 잡곡밥, 두수라(豆水刺: 팥밥), 보리밥, 보리밥에 콩을 넣은 밥 등이 식치용 주식으로 제공되었다. 또한 특별식으로는 구선왕도고(九仙王道糕: 연육·백복령·산약초·의의인·맥아초·능인·백변두·시상·사당·설탕과 쌀가루를 한데 섞어 찐 떡), 붕어찜, 붕어구이, 소의 양을 삶거나 찐 음식, 누런 닭과 메추라기고기, 쇠족찜, 황자계혼돈(黃雌鷄餛飩: 누런 암탉 고기를 소로 넣은 만두), 닭고기와 꿩고기, 도요새고기, 소의 양, 사슴꼬리, 메추라기고기 등을 조리해서 상에 올렸다. 바다에서 나는 식재료가 왕의 식탁에서 식치 음식으로 조리되기도 했다. 전복, 숭어나 민어의 생선회, 굴탕, 어란 등이다.

조선왕실의 식치 혹은 식료 관념의 음식 장만 규칙은 사대부의 집안에도 널리 퍼졌다. 이로 인해서 조선 후기 지배층의 음식 조리와 상차림, 그리고 시기별 음식 선택은 식치에 의해서 마련되었던 것이다. 이것이 오늘날 한식의 미래가 될 수 있다.

---

19 김호, 「조선의 食治 전통과 王室의 食治 음식」, 『朝鮮時代史學報』.

8. 한식의 향토음식, 조선시대 「도문대작」에서

허균(許筠: 1569-1618)은 자신의 문집 『성소부부고(惺所覆瓿藁)』에 「도문대작(屠門大嚼)」이란 글을 실었다. 글 제목에서 도문(屠門)은 푸줏간 문을 가리킨다. 대작(大嚼)은 입맛을 다신다는 뜻이다. 곧 고기를 잡는 푸줏간 앞을 지나가면서 입맛을 다신다는 뜻이 바로 '도문대작'이란 말에 담겨 있다. 허균은 1611년 음력 4월 21일에 「도문대작」이란 글을 썼다. 「도문대작」은 11면에 지나지 않는 짧은 글이다. 그러나 죽·과자·떡, 과실, 새와 짐승의 고기, 해초와 채소, 그리고 서울의 명절음식 등 무려 134종의 음식이 실려 있다. 특히 본인이 직접 경험했던 각 지방의 미식을 이 책에 적어두었다는 점에서 최초의 미식 책이다. 「도문대작」에 적힌 내용을 지역별로 정리하고 설명하면 다음과 같다.[20]

서울과 경기도
- 살구·오얏(서교), 앵두(잠실 부근의 저자도), 복숭아와 각시(角柿)
- 궐어·웅어·숭어·복어·뱅어: 한강 하류에 사옹원 소속 하리들이 웅어를 잡아 진상한다. 복어는 한강에서 나는 것이 맛이 좋은데 독이 있어 사람이 많이 죽는다.
- 새우·맛조개·숭어·황석어·소라·대구·민어·조기[石首魚]·준치[眞魚]·뱅댕이·낙지: 서해
- 파·부추·달래·고수: 삭녕, 모두 향신채로 마구간 앞에 움을 파고 거름과 흙을 깔아 심으면 싹이 돋아 겨울에 쓰는 나물이다. 입춘 때 오신반을 만들어 먹는다. 신선한 채소를 먹기 어려운 겨울에 비타민을 보충해주는 역할을 한다.
- 여뀌: 이태원, 매운맛이 나는 채소로 양념으로 쓰였다.
- 두부: 서울 창의문 밖 사람들이 부드럽게 잘 만든다. 당시 사람들은 두부로 국·구이·만두·밥 등을 다양하게 만들어 먹었다.
- 엿: 개성, 서울과 전주도 잘 만든다. 의례음식에 빠지지 않는 단 음식을 만들 때 쓰이므로 궁중과 양반가의 음식이 발달하고 좋은 쌀이 나는 곳에서 잘 만든다.
- 차수: 여주, 밀가루에 물과 참기름을 넣고 튀겨낸 것으로 차수과라고 한다. 유밀과의 일종으로 궁중연회 때 자주 오르던 과자다.
- 다양한 떡 종류: 서울, 쑥떡, 느티떡, 두견전, 이화전, 장미전, 수단, 쌍화, 소만두, 두텁떡, 국화병, 시율나병(곶감과 밤을 찹쌀가루에 섞어 찐 떡), 떡국 등.

---

20 한국고전번역DB 참고.

강원도

- 배(하늘배, 금색배: 강릉, 정선), 잣(내금강의 회양), 자두(삼척), 황도(춘천·홍천)
- 꿀(평창), 표고버섯(오대산·태백산), 마늘(영월에서 나는 것이 가장 좋다. 먹어도 냄새가 안 난다.)
- 붕어·열목어(강릉), 은어·송어, 북어, 말린 연어, 대구, 문어, 고등어, 게
- 녹설(사슴 혀; 회양)
- 방풍죽(강릉; 방풍은 성질이 따뜻하고 36가지 풍증을 치료하고 오장을 좋게 하는 등 약리작용이 뛰어난 풀이다. 이른 봄에 이슬 맞은 새싹을 따서, 쌀로 죽을 끓이다가 반쯤 익었을 때 방풍 싹을 넣는다. 다 끓으면 차가운 사기그릇에 담아 따뜻할 때 먹는다. 달콤한 향기가 오래도록 가시지 않는다.)
- 석용병(금강산; 귀리가루에 석이버섯과 꿀을 넣고 시루에 찐 떡)
- 산갓김치(회양, 평강)

충청도

- 감: 온양, 조홍시로 알이 잘고 씨가 없이 맛이 달고 잘 익으면 껍질이 선명한 홍색을 띤다. 우리나라 재래종 감은 단감이 아니라 떫은 감으로 곶감처럼 말리거나 소금물에 담가 떫은맛을 없앤다.
- 대추: 보은
- 수박·동아: 충주, 동아는 박과의 식물로 호박 비슷한 타원형 열매가 맺는다. 동아로는 동아누르미, 동아선, 동아정과 등을 만든다. 수박은 고려 때 홍다구가 처음 개성에다 심었다. 충주에서 나는 것이 좋으며 모양이 동아처럼 생긴 것이 좋다. 원주 것이 그 다음이다.
- 뱅어(임천과 한산 지역), 황석어

경상도

- 죽실·오시(烏柿, 지리산; 먹감. 검푸른 색에 둥글고 끝이 뾰족하고 물기가 적다. 꼬챙이에 꿰어 곶감으로 만들어 먹으면 더욱 좋다. 죽실에 감가루와 밤가루를 넣어 죽을 쑤어 먹으면 조금만 먹어도 온종일 든든하다.)
- 모과(예천), 밤(밀양·상주), 잣(안동), 토란(영남, 호남 모두 좋음)
- 청어, 복어, 은어, 대구, 멸치, 멸치젓과 멸장, 연어알젓과 대구알젓
- 꽃전복[화복, 花鰒]: 경상도 바닷가 사람들은 전복을 따서 꽃 모양으로 썰어서 상을 장식하는데 이를 화복이라 한다. 큰 것은 얇게 썰어 만두를 만드는데, 역시 좋다.
- 다식(안동), 밤다식(밀양·상주; 밤 가루를 꿀과 섞어 다식판에 찍어낸 것), 약밥(경주)

전라도

- 복숭아(승도, 표면에 털이 없는 복숭아 종류), 석류(영암·함평)
- 생강: 전주, 생산량이 많고 질이 좋아 전국에 공급. 상업성이 높은 상품 작물이었다.

- 순채: 수련과의 여러해살이 풀. 어린잎을 먹는다. 나물과 탕으로 이용.
- 무·김: 나주, 무는 서리 내린 뒤 뿌리를 캐서 큰 것을 골라 잘라서 인두로 지져 토굴에 넣어두면 봄이 되어도 싹이 트지 않고 바람이 들지 않는다. 김은 해의 또는 감태라고 불렸는데 나주·함평·무안의 김은 엿처럼 달다.
- 뱅어, 오징어, 청어, 곤쟁이, 황석어(조기젓이나 국을 끓여 먹기도 하지만 굴비가 최고)
- 영산강 일대 숭어는 크기가 최대. 숭어알을 숙성시켜 어란을 만들어 진상.
- 엿·백산자: 전주, 산자는 찹쌀가루를 익혀 꽈리가 일도록 친 다음 네모나게 만들어 말렸다가 기름에 지지고 꿀을 발라 고물을 묻힌 과자. 고물 색깔에 따라 흰색이면 백산자, 붉은색이면 홍산자라 부른다.
- 죽순김치(무안)
- 차(순천)

제주도
- 금귤·감귤·청귤·유감·감자·유자: 감귤류, 임금께 진상하면 성균관과 사학의 유생들에게 황감제 실시.
- 사슴꼬리, 대전복, 표고버섯

황해도
- 배: 황주·봉산·신계·곡산·수안·서흥의 것이 달고 시원하여 진상품. 배와 생강을 주원료로 한 술, 이강고는 생강이 유명한 전주, 배가 유명한 황해도가 명산지.
- 포도: 신천 윤대련의 집에 한 그루 있는데 맛이 매우 좋아 중국에서 나는 것에 뒤지지 않는다.
- 순채, 겨자(해서에서 나는 것이 가장 맵다.)
- 청어(해주), 소라, 곤쟁이, 죽합, 게, 청각·황각·세모 등의 해조류
- 꿀, 기름(중화부)
- 꿩
- 연안의 해조류
- 초시(황주; 초는 천초, 시는 메주로 고추장 이전의 천초장)

함경도
- 들쭉: 갑산·북청, 포도와 비슷하나 더 맛있다. 백두산에 있는데 영양가가 높아 밥을 먹지 않고 들쭉만 먹어도 끼니가 될 만한 특산물. 들쭉으로는 정과를 만든다. 정과는 식물의 뿌리·줄기·열매를 꿀에 졸인 것.
- 산딸기(갑산), 붉은 배(홍리, 안변)
- 청어: 함경도 것이 크고 좋다. 비웃[肥儒魚]이라고도 불렸는데 선비를 살찌운다는 뜻. 원래 지천으로 있어 가난한 선비도 먹을 수 있는 생선이었는데 이때는 값이 오르고 구하기 어려워졌다.
- 명태: 함흥·흥원·단천·길주·청진, 함경도 명태가 전국에 팔림. 북어라고도 불린다. 국·식해·순대·창란

젓·명란젓을 만든다.

- 동북해에서는 가자미, 은어, 꼬막, 미역, 다시마가 유명.
- 산갓김치: 산갓의 향을 살린 일종의 나박김치. 당시 김치는 무나 외가 보편적이고 가지·파·마늘·아욱이 주재료가 되기도 했다. 양념으로는 마늘·생강·부추·파·천초·청각 등이 쓰였다.

평안도

- 참외, 배[玄梨], 항화채(의주; 원추리, 국이나 나물)
- 숭어(평양 대동강, 숭어국 일미, 탕·어만두·전·구이로 이용)
- 조기: 용강·숙천·선천 등 서해 연안에서 많이 잡히는데 특히 덕산 앞바다, 국·자반·구이·젓갈로 이용했다. 평안도에서는 제수용으로 조기, 동해안에서는 명태를 사용했다.
- 고치: 양덕·맹산, 산에서 잣을 많이 먹어 기름이 오른 꿩. 꿩은 국을 끓이기도 하고 다양한 반찬으로 이용.
- 거위: 의주 사람들이 잘 굽는다. 중국의 요리와 같다.
- 대만두(의주)

9. 한식의 세시음식, 조선시대 『동국세시기』에서

조선 후기의 대표적인 명절은 설날·정월 대보름·삼월삼짇날·청명·한식·사월초파일(석가탄신일)·단오·유두·칠석·추석·중구·동지 등이었다. 조선 후기의 홍석모(洪錫謨: 1781-1857)는 당시의 세시명절과 그것의 역사를 중국과 연결 지어 『동국세시기(東國歲時記)』라는 책을 썼다. '동국'은 중국의 동쪽에 있는 나라 조선을 가리킨다. 세시기는 한 해의 달과 절기, 그리고 계절마다 하는 활동을 적은 기록이라는 뜻이다. 붓으로 직접 적은 한자 필사본인 『동국세시기』는 『경도잡지(京都雜誌)』와 『열양세시기(洌陽歲時記)』와 함께 조선 후기 한양과 지방의 세시명절을 짐작하는 데 가장 좋은 자료이다.

설날음식

정월 초하룻날, 음력 1월 1일은 원일이라고 불렀다. 모든 날 중의 으뜸이라는 뜻이다. 원일에 하는 으뜸 행사는 모든 신하들이 임금에게 새해 인사를 드리는 것이다. 신하들은 임금에게 바칠 선물을 준비한다. 보통 사람들은 사당에 가서 조상에게 새해가 되었음을 알리고 제사를 지냈다. 이것을 차례(茶禮)라고 불렀다. 원래 차례는 차를 제물로 올리는 제사를 뜻하지만, 조선시대 이후 차를 올리지 않았지만, 고려 때의 명칭을 그대로 사용했다. 설날에는 떡국, 가래떡, 시루떡을 먹었다. 차례 상에도 떡국을 올렸다. 서울에서는 가게에서 떡국을 제철음식으로 팔았다. 차례를 마치면 집안 친척 어른들을 찾아뵙고 세배를 드렸다. 설날에 찾아온 손님을 대접하려고 차린 음식을 세찬(歲饌), 술을 세주(歲酒)라고 불렀다.

그런데 18-19세기에 한반도의 모든 지역에서 설날에 떡국을 먹지는 않았다. 이옥(李鈺: 1760-1815)은 지금의 경상남도 합천군 삼가면에 충군(充軍)으로 유배되어 있을 때 그 지방 사람들이 설날에 떡국을 먹지 않는 모습을 보고 무척 놀랐다. "정월 초하룻날 떡국으로 선대(先代)에 대한 제사를 지내는 것은 비록 고례(古禮)는 아니지만 또한 우리나라 서울과 지방에 통용되는 풍속이다. 영남의 하층 백성들은 섣달 그믐날 정오에 선대에 대한 제사를 지내는데, 떡국을 사용하지 않고 밥과 국, 어육과 주과(酒果)를 차려놓고 흠향하게 하니 일반 풍속과는 다르다. 마을 아이 중에 나에게 술과 과일을 가져온 자가 있어서 내가 말했다. 웃으며 '우리나라 풍속에 떡국 그릇으로 나이를 계산하는데, 나는 금년에 떡국을 먹지 않았으니 한 해를 얻은 셈이요, 너희들은 지금까지 세월을 헛먹은 것이다.'"[21]

봄(음력 1-3월)의 명절음식

입춘(立春)은 봄이 시작되는 날이다. 보통 설날 앞뒤로 있다. 입춘에는 춘첩자라는 것을 만든다. 대궐에서는 붉은 인주로 재앙을 쫓는 글을 써서 대문에 붙이고, 관리나 백성들, 상점에서는 한 해의 행복을 기원하

---

21 이옥(실시학사고전문학연구회 역), 『완역 이옥 전집 2 그물을 찢어버린 어부』, 서울: 휴머니스트, 2009, 103쪽.

는 글자를 써서 붙였다. 경기도의 고을에서는 오신반이라 하여 움파·산겨자·승검초 따위의 매콤한 나물을 임금에게 올려서 봄기운을 느끼도록 했다.

정월 대보름날에는 약밥이나 오곡밥을 먹었다. 부럼 깨물기라 하여 날밤·호두·은행·잣·무 등을 깨물며 한 해 동안 건강하기를 빌었다. 청주를 데우지 않고 마시면 귀가 밝아진다고 하여 귀밝이술을 마셨다. 지난해에 말려둔 묵은 나물을 삶아 먹고 채소 잎이나 김으로 복쌈도 싸서 먹었다.

2월 서울의 떡집에서 백병(白餠)을 판다. 큰 것은 손바닥만 하게, 작은 것은 계란만 하게 한다. 모두 반달 옥같이 모양을 내서 팥·검은 콩·푸른콩으로 소를 삼기도 하고, 혹은 거기에 꿀을 버무려 싸기도 하고, 혹은 찐 대추나 삶은 미나리를 소로 넣는다.

삼월삼짇날은 꽃이 만발한 산과 들에 나들이하여 꽃놀이를 즐겼다. 찹쌀 반죽에 진달래꽃을 올려 기름에 지진 진달래화전, 화채에 진달래를 띄운 진달래화채를 만들어 먹었다. 그러나 한반도의 모든 지역 사람들이 삼월삼짇날의 화전을 먹었던 것은 아니다.

한식(寒食)에는 조상의 무덤을 찾아 제사를 지냈다. 당시에는 설날·한식·단오·추석 때 모두 성묘를 했는데, 그중에서도 한식과 추석 때 음식을 가장 많이 장만했다. 이날은 찬 제사음식을 주로 먹었다.

3월 서울의 떡집에서 산병(饊餠)을 판다. 멥쌀로 희고 작은 떡을 마치 방울 모양으로 만들고 콩으로 만든 소를 넣고 머리 쪽을 오므린 다음 오색 물감을 들여 다섯 개를 구슬을 꿴 것처럼 붙여놓는다. 혹은 청백색으로 반원형의 떡을 만들어서 작은 것은 다섯 개를, 큰 것은 두세 개를 이어 붙인다.

환병(環餠)도 3월에 떡집에서 판다. 오색으로 둥근 떡을 만들어 소나무 껍질과 쑥을 섞어 둥근 떡을 만든다. 큰 것을 마제병(馬蹄餠: 말굽떡)이라고 부른다.

여름(음력 4-6월)의 명절음식

여름에 가장 먼저 맞는 명절은 석가탄신일이다. 며칠 전부터 집집마다 자녀의 수에 맞추어 집 주위에 등을 매단다. 등불을 켜는 밤에는 서울 사람들이 남산이나 북악산에 올라가서 등불을 구경했다. 퉁소나 거문고를 들고 나와 연주하거나, 물동이에 바가지를 띄우고 빗자루로 두드려 소리를 내는 물장구 놀이도 했다. 시루떡이나 삶은 검정콩, 미나리나물과 같은 채소음식을 차려서 잔치를 하는 집도 있었다. 부처님 오신 날이니 고기로 만든 음식을 먹지 않았다.

4월 서울의 떡집에서 증병(蒸餠)을 판다. 찹쌀가루로 납작하게 뗀 조각들을 여러 번 발효시켜 방울 모양으로 만들고 술로 찌고 삶은 콩 소에 꿀을 버무려 방울 안에 넣고 대추 살을 방울 위에 붙인다. 푸른색과 흰색 두 가지가 있다. 푸른 것은 당귀 잎 가루를 섞었다. 또 방울을 부풀어 오르지 않게 조각으로 쪄서 먹는다.

오월은 본격적인 더위가 시작되고 힘든 김매기가 시작되는 때였다. 그래서 한여름을 이겨내고 김매기의 고단함을 잠시 잊기 위해 생겨난 명절이 단오이다. 수리취나 쑥을 넣고 수레바퀴 모양의 떡살로 찍은 수릿날떡과 앵두화채를 먹었다. 수릿날떡은 5월에 서울의 떡집에서 팔았다. 쑥을 캐서 짓찧어서 멥쌀가루에 넣고 녹색이 나도록 친다. 그런 후 수레바퀴 모양으로 떡을 만든다. 창포에 머리를 감는 일은 중국에서 유래한 단오 풍속이지만, 씨름은 한반도에서 생겨난 단오 풍속이다.

유두(流頭)는 조선에만 있는 명절로 동쪽으로 흐르는 물에 머리를 감아서 재앙을 씻어 보내기 위해 생긴 명절이다. 가래떡을 잘게 썰어서 구슬처럼 만든 뒤 꿀물에 넣고 얼음을 띄운 수단을 만들어 먹었다. 겨울에 파종한 밀이 이때 수확되어 서울과 황해도 일대에서는 만두나 밀국수를 만들어 먹었다.

초복·중복·말복의 삼복에는 개고기를 파와 함께 푹 삶은 개장국을 먹었다. 더위에 지쳐 허약해진 몸을 보호하기 위해서였다.

가을(음력 7~9월)의 명절음식

백중은 백종일이라고도 하며 불교에서 어버이의 혼을 기리며 백 가지 과일을 바치는 날이다. 승려들이 여름 수행을 마치는 날이기도 하여 절에서는 큰 명절이었다.

가을의 명절로는 추석이 으뜸이다. 시골 농가에서는 추석을 일 년 중에서 가장 소중한 명절로 여겼다. 곡식이 익어서 추수할 날이 멀지 않았고, 온갖 과일들이 익어서 일 년 중에서 가장 먹을거리가 풍성한 때였다. 추석날 아침에는 조상에게 차례를 지냈다. 차례 상에는 햇곡식으로 빚은 송편을 올렸다. 추석 때는 대부분 추수 전이라서 올벼라고 하여, 다른 벼보다 한 달 가량 앞서서 심어둔 벼를 수확하여 제사를 지냈다. 추석이 되면 쌀로 술을 빚고, 송편이나 무와 호박을 넣은 시루떡, 밤단자를 제철 음식으로 먹었다.

8월 서울의 떡집에서 인병(引餠, 인절미)을 팔았다. 찹쌀가루를 쪄서 그것을 쳐서 떡을 만들고, 검은 콩, 노란 콩, 참깨를 볶아 가루를 묻힌다. 또 햅쌀로 송편(松餠), 청근(菁根: 무)과 남과(南瓜: 호박)로 증병을 만든다. 또 꿀에 버무린 삶은 밤을 붙인 율단자(栗團子: 밤단자)도 판다. 인절미에 콩가루나 참깨가루를 묻혀서 팔았다.

구월에는 국화꽃이 만발한다. 삼짇날에 진달래 화전을 만들어 먹듯이 이때는 국화로 화전을 만들었다. 배를 가늘게 채 썰고, 유자·석류·잣 등을 꿀물에 타서 먹는 화채를 화전과 함께 먹기도 하고 제사에도 올렸다.

겨울(음력 10~12월)의 명절음식

10월은 상달이라고 불렀다. 상달에는 무당을 불러서 집안을 지키는 성주신에게 떡과 과일을 차려놓고 평안을 빌었다. 왕실이나 양반들은 신선로에 고기와 채소 등을 넣고 끓여 먹는 열구자탕(悅口子湯: 신선로)을 이때 먹었다. 맛이 너무 좋아서 입을 즐겁게 한다고 붙은 이름이다. 메밀가루로 만두를 빚어 먹기도 했다. 서울 양반들은 난로회라는 모임을 열어서 화로 주위에 둘러앉아 양념한 소고기를 숯불에 구워 먹었다. 쑥과 찹쌀가루로 경단을 만들어 콩가루와 꿀을 바른 애단자, 찹쌀가루로 동그란 떡을 만들어 삶은 콩과 꿀을 바른 밀단고도 이때 먹는 음식이다.

김장도 담갔다. 여름의 장 담그기와 겨울의 김장이 집안에서 할 일 중 가장 큰 일이라고 했다. 또 무·배추·마늘·파·고추·소금 등으로 김치를 담근다고 했다. 김치의 주재료를 무와 배추, 주요 양념을 마늘과 고추라고 적었다.

11월에는 밤의 길이가 가장 긴 동지가 있다. 동지를 작은설이라고도 불렀다. 붉은 팥죽을 끓여서 나이 수만큼 새알심을 넣어 먹기도 하고 조상 제사에 올리기도 했다. 팥죽을 문짝에 뿌려서 재앙을 막았다. 메밀국수를 동치미에 만 냉면, 메밀국수에 잡채와 배·밤·돼지고기·소고기를 썰어 넣고 기름간장을 쳐서 비빈 골동면, 동치미와 수정과도 제철음식으로 먹었다.

섣달그믐날에는 한 해를 마무리하는 뜻에서 묵은세배를 올렸다. 온 집안에 불을 밝혀두고 밤도 샜다. 이 날부터 윷놀이를 하며 윷의 패로 한 해의 좋고 나쁨을 점치기도 했다. 간혹 섣달그믐날을 이틀 앞두고 소 잡는 일을 금하는 도살금지령을 풀어주었다. 당시에는 소가 없으면 농사를 짓기 어려워 소 잡는 것을 금지했다. 서울사람들이 설날 소고기를 실컷 먹게 하려고 우금을 잠시 풀어준 것이다.

10. 한식의 제사음식

조선시대 유교식 제사는 양반 집안에서 반드시 실행해야 했던 가정행사였다. 『예서(禮書)』에 나타난 조선시대 유교식 관혼상제의 의례는 만약 그대로 실행했을 경우 그 횟수와 규모에서 엄청난 자원과 시간 및 에너지를 필요로 했을 것으로 보인다. 예를 들어 『사례편람』에 나온 대로 제례를 시행했을 경우, 1년에 사시제(四時祭) 4회, 녜제(禰祭) 1회, 장손인 경우 기일제 8회 이상, 묘제 1회, 그리고 설과 추석 때의 차례까지 합치면 일 년에 시행해야 할 제사가 모두 16회 이상이 된다.[22] 그러나 종가의 종부는 접빈객과 함께 봉제사를 부부유별의 질서에서 오는 당연한 도리로 여겼다.

제사를 지내려면 먼저 제사상을 차려야 한다. 옛날에는 높이 70cm의 전문적인 제사상이 있었다. 먼저 제사상을 놓고 병풍으로 북쪽을 가린다. 그 다음에 제사에 모실 조상의 이름을 쓴 위패와 사진을 놓는다. 그 다음에 제물을 차린다. 제물은 조상의 위패를 기준으로 하여 마치 살아있는 어른에게 밥상을 차리듯이 밥과 국, 그리고 수저를 맨 안쪽 줄에 놓는다. 그 다음 줄에는 적·생선·고기·떡·좌반·나물·포·과일·정과 등을 놓는다.

이재(李縡: 1680-1746)는 중국의 제사상 차림이 조선 사정에 맞지 않다고 보고, 『사례편람(四禮便覽)』이란 책을 썼다. 이 책에는 제사상에 올려야 하는 음식들을 표로 그려놓았다. 위패를 중심으로 가장 남쪽의 줄에는 과(果)가 네 그릇 놓였다. 그 안쪽 줄에는 오른쪽에서부터 고기를 말린 포(脯), 나물을 뜻하는 소(蔬), 간장을 가리키는 장(醬), 김치 혹은 물김치를 뜻하는 침채(沈菜), 장조림 혹은 젓갈을 가리키는 해(醢), 마시는 음료인 식혜(食醯)가 배치되었다. 다시 그 안쪽 줄에는 역시 오른쪽에서부터 밀가루 국수인 면(麵), 소고기 음식인 육(肉), 고기를 꼬치에 꿰어 구운 적(炙), 생선 음식인 어(魚), 떡인 병(餠)이 놓였다.

『주자가례』를 조선의 실정에 맞도록 조정한 『사례편람』에서는 『주자가례』에 표시된 음식에 대해서 다음과 같이 설명을 했다. 가령 고기를 말린 포(脯)는 생선을 말린 건어육(乾魚肉), 해(醢)는 식해(食醢) 혹은 젓갈, 소채(蔬菜)는 나물이나 김치, 미식(米食)은 떡, 면식(麵食)은 만두 혹은 메밀가루로 만든 국수, 갱(羹)은 고기가 들어간 국이나 쌀로 만든 죽, 어(魚)는 즉 뼈가 있는 살 혹은 회 혹은 식초를 넣고 버무린 회 혹은 생선을 사용하여 만든 국, 적(炙)은 소의 간(肝)을 꼬치로 만든 것과 소고기를 꼬치로 만든 것, 다(茶)는 마시는 차가 아니라 숭늉으로 대신하라고 했다. 『사례편람』에는 중국의 책에 보이지 않는 나물이나 김치, 숭늉 등이 들어가 있다.

『주자가례』와 『사례편람』에 등장하는 제물의 내용은 일반적인 지향점을 제외하면 결코 구체적이지 않다. 결국 이에 대한 해석이 필요하였다. 이로 인해 선비들은 각각의 내용에 대해 입을 통해서 구술(orality)하고 그것을 다시 문자(literacy)로 작성하여 가문의 『가례』로 만들었다. 여기에서 가문마다 시대마다 약간씩 차이를 보이는 '가가례(家家禮)'가 나오게 되었다.

---

22 문옥표, 「『예서(禮書)』에 나타난 유교식 관혼상제례의 의미분석」, 『한국인류학의 성과와 전망』, 서울: 집문당, 1998, 206쪽.

11. 한식의 상차림 규칙, 조선 후기 『시의전서·음식방문』에서[23]

한글로 여러 가지 요리법을 써놓은 『시의전서·음식방문』 끝부분에는 '반상식도'라는 제목으로 구첩반상·칠첩반상·오첩반상·곁상·술상·신선로상의 상차림 그림이 나온다. '반성식도'란 "상에 음식 자리는 밥의 그림"이라는 뜻이다. 모든 음식이 원 안에 표기되어 둥글게 놓여 있는 것으로 보아 둥근 소반에 음식을 차릴 때의 배치법이다. 구첩반상이나 칠첩반상이나 오첩반상에는 아래 부분에 모두 밥[반]과 국[갱]이 그려져 있다. 밥과 국이 한 그릇인 이유는 한 사람이 이 상을 받았기 때문이다.

구첩반상의 반상식도에는 아래에 밥과 국이, 밥의 위쪽 가운데에 초장·겨자·지렁[간장]·양조치·생선조치·맑은조치가 시계 방향으로 그려져 있다. 밥의 옆으로 외곽에는 시계방향으로 젓갈·좌반·전유어·숙육·김치·회·나물·쌈·생선구이·육구이가 그려져 있다. 이 독상에 놓인 음식은 모두 열여덟 가지이다. 알려진 이야기로는 첩이라고 하면 뚜껑이 있는 그릇에 담은 요리를 가리킨다. 밥을 담은 주발이나 사발에는 뚜껑이 있지만, 기본 음식이라 첩수에 넣지 않는다. 당연히 밥·국·초장·겨자·간장·김치·양조치·생선조치·맑은조치의 아홉 가지 음식은 첩에 들어가지 않는다. 구첩이 되기 위해서는 아홉 가지의 요리를 가려내야 한다. 바깥의 젓갈·좌반·전유어·숙육·회·나물·쌈·생선구이·육구이를 합하면 아홉 가지의 요리가 된다. 이것이 바로 구첩반상인 것이다.

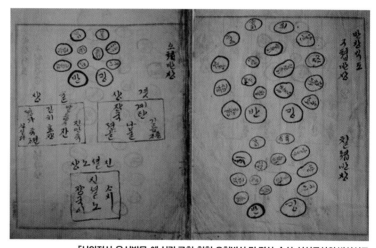

『시의전서·음식방문』에 실린 구첩·칠첩·오첩반상 및 곁상·술상·신선로상의 반상식도

칠첩반상에는 맨 아래에 밥과 국 두 가지, 가운데에 초장·겨자·지렁·토장조치·맑은조치의 다섯 가지 음식이, 밥의 왼쪽 방향으로 젓갈·좌반·회·김치·숙육·나물·쌈·구이의 여덟 가지 음식이 그려져 있다. 이것을 합치면 모두 열다섯 가지의 음식이다. 그런데 9첩반상에서처럼 밥·국·초장·겨자·지렁·토장조치·맑은조치·김치는 첩수에 들어가지 않는다. 이 여덟 가지 음식을 빼면 젓갈·좌반·회·숙육·나물·쌈·구이의 일곱 가지 요리가 남는다. 구첩반상에서 양조치·생선조치·맑은조치의 세 가지가 첩에 들어가지 않았는데, 칠첩반상에서는 조치를 두 가지로 줄였다.

---

23 이 글은 주영하, 『한국인은 왜 이렇게 먹을까?: 식사 방식으로 본 한국 음식문화사』, 휴머니스트, 2018, 248-250쪽에서 옮겨온 것이다.

오첩반상 역시 밥과 국, 그리고 지령·초장·조치의 세 가지 음식이 가운데 놓였다. 밥의 왼쪽에서 시계방향으로 젓갈·좌반·김치·나물·숙육·구이의 여섯 가지 음식이 배치되어 있다. 이 오첩반상에 차려진 음식은 모두 열한 가지이다. 여기에서 밥·국·지령·초장·조치·김치의 다섯 가지를 빼면 젓갈·좌반·나물·숙육·구이의 다섯 가지 요리만 남는다. 구첩반상에서는 첩수에 들어가지 않은 음식이 모두 아홉 가지인데, 칠첩반상에서는 여덟 가지다. 그리고 오첩반상에서는 다시 여섯 가지로 줄었다. 9첩·7첩·5첩으로 가면서 첩수에 들어가는 음식의 가지 수도 줄였지만, 첩수에 들어가지 않는 음식의 가지 수도 줄였다.

『시의전서·음식방문』의 반상식도에서 기본음식과 첩음식의 구분

구분	기본음식	첩음식
9첩반상	밥·국·초장·겨자·간장·김치·양조치·생선조치·맑은조치(9)	젓갈·나물·쌈·좌반·전유어·숙육·회·생선구이·육구이(9)
7첩반상	밥·국·초장·겨자·지령·김치·토장조치·맑은조치(8)	젓갈·쌈·나물·좌반·회·숙육·구이(7)
5첩반상	밥·국·초장·지령·조치·김치(6)	나물·젓갈·좌반·숙육·구이(5)

고대 중국의 예법 책인 『의례(儀禮)』와 『예기(禮記)』에는 제사 때 솥인 정(鼎)이 계층에 따라 다르다고 했다. 즉 천자는 구정(九鼎), 경(卿)은 칠정(七鼎), 대부(大夫)는 오정(五鼎), 사(士)는 삼정(三鼎)을 갖추어 제사상을 차려야 한다고 규정했다. 한나라 이후 제후가 구정을 차리자, 천자는 '구정+삼정'의 '십이정(十二鼎)'을 차리게 되었다. 아마도 이런 규칙이 3첩·5첩·7첩·9첩·12첩의 상차림 규칙을 만들어냈을 가능성이 많다. 왕의 일상식사가 12첩이었다는 이야기도 19세기 말 혹은 20세기 초반에 고대 중국의 예법에서 차용해온 것일지도 모른다. 나라는 쇠락하고 있었지만, 그 어느 때보다 양반들 중 일부 부자들은 대단한 사치를 누렸던 19세기 말, 식사 자리에서마저도 자신들의 위세를 내세우려고 '반상식도'의 상차림 규칙을 만들어냈을 가능성이 많다.

12. 한식의 식사도구, 숟가락과 젓가락

고구려 귀족들은 물론이고 백제와 신라 귀족들도 식사할 때 숟가락과 젓가락을 같이 사용했다. 수저는 모두 청동으로 만들었고 모양도 지금과는 약간 달랐다. 당시 중국과 일본 귀족들도 청동 숟가락과 젓가락으로 밥을 먹었다. 하지만 중국은 송나라 때가 되면 숟가락을 쓰지 않고 젓가락만을 사용하였다. 국수를 주식으로 먹으면서 생긴 습관이다. 일본 귀족들은 공식적인 자리에서는 예의를 갖추기 위해 청동 숟가락과 젓가락을 썼지만, 보통 때는 나무로 만든 젓가락만 사용했다. 나무 밥그릇을 손에 들고 차진 쌀밥을 먹었으니 굳이 숟가락이 필요하지 않다고 생각했다. 나중에는 숟가락을 아예 사용하지 않았다.

시대에 따라 모양이나 만든 재료는 바뀌었지만 한반도에서는 계속 숟가락과 젓가락을 같이 사용했다. 국물이 있는 음식과 국물이 없는 음식을 같이 먹으니 수저가 모두 있는 것이 편리했을 것이다. 숟가락으로는 국물이나 밥을 떠먹고 젓가락으로는 반찬을 집는다.

밥그릇을 손에 들고 먹을 때 반찬을 옮기는 도구로는 젓가락이 편리하다. 일본인의 경우, 밥을 먹기 전에 국물이 담긴 그릇을 들고 입에 가지고 가서 그릇째 마신 다음에 다시 밥그릇을 손에 들고 밥을 먹는다. 그러니 그들은 숟가락을 굳이 사용하지 않아도 식사가 가능하다. 이에 비해 밥을 입에 넣고서 국이나 찌개와 같은 국물음식을 동시에 먹는 한국인들은 숟가락이 반드시 있어야 한다. 아울러 조선시대까지 쌀밥은 차진 성분이 적었고, 각종 거친 잡곡밥을 자주 먹어야 했던 당시 사람들은 숟가락을 이용하여 밥을 떠먹어야 했다. 밥그릇이나 국그릇을 손으로 들지 않는 대신에 한국인들은 숟가락을 사용해서 밥과 국을 입으로 옮긴다. 그래서 지금도 세계에서 유일하게 한국인만이 숟가락과 젓가락을 모두 이용해서 식사를 한다.

요사이 한국인이 사용하는 숟가락과 젓가락은 대부분 스테인리스 스틸로 만든 것이다. 지금으로부터 50년 전만 해도 숟가락과 젓가락은 모두 놋쇠로 만들었다. 놋쇠는 구리에 아연을 10-45% 넣어 합금하여 만든 것이다. 5천 년 전인 중국의 주(周)나라 때 사람들이 구리와 주석을 합금한 청동기(靑銅器)로 수저는 물론이고 음식을 담는 식기로도 사용했다. 이것을 조선시대 성리학자들이 이어받았기 때문에 조선시대 사람들도 놋쇠로 된 수저와 식기를 가장 고급으로 여겼다.

하지만 조선 중기까지만 해도 한반도에서 구리를 쉽게 구하기 어려웠다. 당연히 놋쇠 대신에 도자기로 만든 식기를 사용할 수밖에 없었다. 그런데 임진왜란 이후 함경도에서 구리가 매장된 곳이 새로 발견되면서 청동기의 변신인 유기가 만들어졌다. 처음에는 구리와 아연을 합금한 동(銅)을 두드려서 각종 식기를 만들었다. 이것을 '방짜유기'라 부른다. 18세기 이후가 되면 경기도 안성을 중심으로 주물 틀에 동을 녹인 쇳물을 부어 그릇을 만들었다. 방짜유기에 비해 주물유기는 그 생산량이 훨씬 많았다. 그래서 부유한 양반가에서 유기 식기와 수저를 갖추게 되었다.

13. 한식의 식기, 바리 · 보시기 · 종지 · 대접 · 소접[24]

　조선시대 대표적인 식기의 종류는 바리·보시기·종지·대접·소접이다. 이것들은 크기와 형태로 인해서 생겨난 그릇의 이름이다.[25] 바리는 지름이 20cm 이상, 보시기는 지름 5-10cm, 종지는 지름 5cm 이하의 그릇을 가리킨다. 높이가 거의 1-2cm이면서 지름이 20cm 이상인 것은 대접이고, 지름이 20cm 이하인 것은 소접이다. 『세종실록』에 상례(喪禮) 때 사용하는 그릇의 그림이 나온다. 이것과 박물관에서 보관하고 있는 유물을 중심으로 그릇의 모양과 용도에 대해 알아보자.

　반발(飯鉢)은 밥을 담는 바리이다. 보통 꼭지 달린 뚜껑이 덮인 밥그릇은 여성용이고, 꼭지가 없는 것은 남성용이다.[26] 밥그릇은 재질에 따라 놋쇠로 만든 것을 주발(周鉢), 사기로 만든 것을 사발(沙鉢)이라고 불렀다. 다만 사발의 경우 대개 뚜껑이 없다.

　주발의 뚜껑은 밥에 이물질이 들어가지 않도록 하는 데 목적이 있었지만 이것 말고도 여러 가지 기능이 있었다. 먼저 밥을 지을 때 분량을 재는 용기로 뚜껑이 쓰였다. 밥그릇 뚜껑에 쌀을 수북이 담은 다음 그 분량으로 밥을 지으면 바로 그 바리에 알맞게 들어가는 밥의 양이 되었다.[27] 또 있다. 바리의 뚜껑은 위로 불룩하게 생겼다. 그릇의 전 위까지 밥을 담아도 뚜껑에 달라붙거나 눌러지지 않았다.[28] 더욱이 밥 위와 뚜껑 사이에 약간의 빈 공간이 있어 수증기가 올라갔다 내려갔다 하여 밥이 쉽게 마르지 않도록 해주었다. 그릇에 담고서도 맛있는 밥 상태가 유지되도록 고안된 생김새인 것이다.

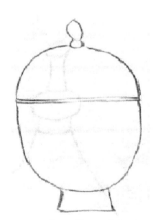

『세종실록』, 「오례」 '흉례 명기'의 반발

놋쇠로 만든 밥그릇, 뚜껑에 꼭지가 달려 있어 여성용으로 보인다. 입지름 10.9cm, 바닥지름 8cm, 높이 11cm(국립민속박물관 소장, 민속 005803)

놋쇠로 만든 밥그릇, 뚜껑에 꼭지가 없어 남성용으로 보인다. 높이 8.5cm, 입지름 8.5cm, 바닥지름 5cm(국립민속박물관 소장, 민속 001463)

---

24 이 글은 주영하, 『한국인은 왜 이렇게 먹을까?: 식사 방식으로 본 한국 음식문화사』, 휴머니스트, 2018, 173-179쪽의 내용 일부를 옮겨온 것이다.
25 강진형·안빈·홍종숙, 『이야기가 있는 아름다운 우리 식기』, 교문사, 2006, 31쪽.
26 한국평화문제연구소·조선과학백과사전출판사 공동편찬, 『조선향토백과18 민속』, 평화문제연구소, 2005, 103쪽.
27 위의 책, 같은 곳.
28 위의 책, 같은 곳.

주발이나 사발은 깊고 넓어서 물을 부으면 거의 700cc나 담긴다. 특히 놋그릇으로 만든 밥그릇인 주발은 밥이 빨리 식지 않아서 주로 겨울에 사용했다. 양반의 집안에서는 딸을 시집보낼 때 두 쌍의 놋숟가락과 놋젓가락과 함께 신랑과 신부 각각이 사용할 두 개의 놋바리를 반드시 갖추어주었다.[29] 부부가 식사 때도 사용하고, 세상을 떠난 이후에 메와 탕을 담는 그릇으로 사용하라는 뜻에서였다.

사실 조선시대 양반들의 식사에서 밥그릇과 국그릇은 모양이나 크기가 거의 같은 바리였다.『세종실록』에 그려진 갱접(羹楪) 역시 뚜껑이 없을 뿐 반발과 똑같다. 사실 국그릇은 다른 말로 탕기(湯器) 혹은 갱기(羹器)라고도 불렀다. 이 국그릇은『세종실록』의 그림처럼 밥그릇과 똑같은 모양이지만, 크기 조금 작은 것도 있다.[30] 조선 후기 서울의 고관 양반집 후손인 조자호(趙慈鎬: 1912-1976)는 1939년에 펴낸『조선요리법』에서 "반상 뚜껑을 소리 안 나게 벗기는데 그것도 순서가 있어야 됩니다. 맨 처음에는 메탕(국) 그릇으로부터 진지(밥) 뚜껑을 벗기고 가운데 김치 그릇을 벗겨, 차차로 다 벗겨"[31]라고 했다. 이로 미루어보아 국그릇에도 밥그릇과 마찬가지로 뚜껑이 있었던 모양이다. 이렇게 뚜껑이 있으면 합(盒)이란 글자를 붙였다.

서인(庶人) 가정에서 사용했던 국그릇은 밥그릇에 비해 입이 밖으로 터 있어 대접과도 비슷했다. 그래서 사기로 만든 국그릇을 국사발이라고도 불렀다. 그러나 요즈음 국을 담는 데는 이런 그릇을 사용하지 않는다.[32] 그 대신에 대접이 국그릇이 되었다. 대접은 본래 숭늉이나 국수, 만둣국을 담는 그릇이다. 대접의 모양은 사발에 비해 높이가 낮고 윗부분인 아가리가 넓적하고 아래는 평평하다. 밥그릇과 국그릇에 비해 입이 넓은 점이 대접의 특징이다. 이 대접에는 주로 지금의 찌개와 비슷한 조치를 담았다. 또 집안에 따라서 조치를 '조치보'라는 그릇에 담기도 했다. 이 조치보가 바로 보시기이다.

보시기는 반찬을 담는 그릇이다. 조선시대 반찬은 젖은 반찬과 마른 반찬으로 구분되었다. 보시기는 주로 국물이 있는 음식을 담는 데 쓰였다. 한문 문헌에서는 '보아(甫兒)'라고 적었다.『승정원일기(承政院日記)』에는 사보아(沙甫兒)·자보아(磁甫兒)·죽보아(竹甫兒), 자보아(磁甫兒) 등의 이름이 자주 나온다. 이것은 사기·자기·대나무와 같은 재질로 만든 보시기를 가리키는 말이다. 정조가 어머니 혜경궁 홍씨에게 환갑잔치를 개최한 1795년 6월 18일의『승정원일기』에는 당화문이 그려진 보시기인 화당보아(畫唐甫兒) 3개에 각각 겨자·초장(醋醬)·소주 세 가지의 음식이 담겼다고 했다.[33] 이외에도 차보아(茶甫兒)·죽보아(粥甫兒)·미음보아(米飮甫兒) 등의 이름도 나온다.

보시기는 사발과 종지의 중간 크기로 주둥이의 부위와 아래 부위가 거의 같은 크기의 그릇을 가리키는데 두루 쓰인 것으로 보인다.[34] 보시기는 주로 자기·놋·백동·은·나무 따위로 만들었다. 뚜껑이 있는 보시기는 합보시기라고 불렀다. 이 합보시기는 주로 뜨거운 찌개나 볶음류와 같은 익힌 음식을 담는 데 쓰였다.[35] 물김치를 합보시기에 담기도 했다. 앞에서 소개한 조자호의 뚜껑 있는 김치 그릇이 바로 합보시기이다. 보

29 위의 책, 102-103쪽.

30 위의 책, 103쪽.

31 조자호 지음, 정양완 풀어씀,『조선요리법: 75년 전에 쓰인 한국 전통음식문화의 정수』, 책미래, 2014, 264쪽.

32 강진형·안빈·홍종숙,『이야기가 있는 아름다운 우리 식기』, 교문사, 2006, 35쪽.

33『승정원일기』92책 (탈초본 1746책) 정조 19년 6월 18일자 기사: 畫唐甫兒芥子一器, 畫唐甫兒醋醬一器, 畫唐甫兒燒酒三鐥.

34 강진형·안빈·홍종숙,『이야기가 있는 아름다운 우리 식기』, 교문사, 2006, 32쪽; 한국평화문제연구소·조선과학백과사전출판사 공동편찬,『조선향토백과18 민속』, 평화문제연구소, 2005, 104쪽.

35 한국평화문제연구소·조선과학백과사전출판사 공동편찬,『조선향토백과 18 민속』, 평화문제연구소, 2005, 104쪽.

시기와 크기는 비슷하지만 입이 더 많이 벌어진 그릇을 '바라기'라고 부른다. 밑 부분이 입에 비해 4분의 1 정도밖에 되지 않는다.[36] 바라기는 보시기와 달리 국물이 적은 쌈김치나 짠지, 깍두기 등을 담는 데 쓰였다.[37] 다른 말로 배뚜리, 배떠리라고도 불렀는데, 아마도 입이 너무 넓어서 생긴 이름인 듯하다.

음식을 먹을 때 간을 맞추거나 찍어 먹는 간장(艮醬)·초장(醋醬)·꿀[淸]·겨자즙[芥子] 등을 담는 그릇은 종지라고 불렀다. 그 모양이 마치 작은 종을 엎어놓은 것과 닮아서 한자로 '종발(鍾鉢)' 혹은 '종자(鐘子)'라고 썼다. 종지는 부르기 편해서 생겨난 이름으로 일부 지방에서는 '종주'라고도 불렀다.[38] 종지는 탕기형과 보시기형이 있다. 그 재료는 도기·사기(자기)·유기·나무 등이다. 이 가운데 놋종지와 사기종기가 널리 쓰였다.[39]

『세종실록』 「오례」 '흉례 명기'의 갱접립.

운두가 높고 구연이 직립된 청화백자 바리. 국그릇으로도 쓰였다. 높이 15cm, 입지름 13cm, 바닥지름 11.5cm(국립민속박물관 소장, 민속 000725)

백자 바리. 국그릇으로도 쓰였다. 입지름 14.7cm, 바닥지름 8cm, 높이 8.8cm(국립민속박물관 소장, 민속 002616)

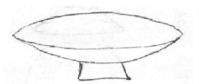

『세종실록』 「오례」 '흉례 명기'의 시접

놋그릇 대접, 입지름 17cm, 높이 6.5cm(국립민속박물관 소장, 민속 001132)

사기 대접, 입지름 5.7cm, 높이 6cm, 바닥지름 7.3cm(국립민속박물관 소장, 민속 021990)

『세종실록』 「오례」 '흉례 명기'의 찬접

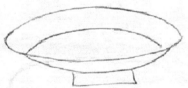

『세종실록』 「오례」 '흉례 명기'의 소채보해접

사기 보시기, 입지름 14cm, 바닥지름 6.6cm, 높이 10cm(국립민속박물관 소장, 민속 016199)

36 위의 책, 같은 곳.
37 위의 책, 105쪽.
38 강진형·안빈·홍종숙,『이야기가 있는 아름다운 우리 식기』, 교문사, 2006, 34쪽.
39 한국평화문제연구소·조선과학백과사전출판사 공동편찬,『조선향토백과 18 민속』, 평화문제연구소, 2005, 104쪽.

종지는 조선시대 상차림에서 절대 빠지지 않았던 그릇이다. 왜냐하면 국이나 반찬의 간을 강하게 하지 않은 채 소반에 차려내면 먹는 사람이 스스로 간을 맞추어서 먹었기 때문이다. 『시의전서·음식방문』의 '반상식도'에 의하면, 오첩반상에는 초장과 간장을 담은 2개의 종지, 칠첩반상과 구첩반상에는 초장·겨자·간장을 담은 3개의 종지가 놓였다. 그러니 종지는 조선 후기 상차림의 규칙을 살필 수 있는 핵심 그릇이었다.

사기 종지, 입지름 7cm, 바닥지름 3.5cm, 높이 3.8cm(국립민속박물관 소장, 민속 001072)

놋 종지, 입지름 6.4cm, 높이 4cm(국립민속박물관 소장, 민속005815)

접시는 운두가 낮고 납작한 그릇을 가리킨다.[40] 조선시대 문헌에서는 한자로 '접시(貼匙)' 혹은 '접(楪)'이라고도 적었다. 고려시대 이후 접

사기 접시, 지름 17.5cm, 바닥지름 9.5cm, 높이 4cm(국립민속박물관 소장, 민속 001044)

사기 접시, 지름 30cm, 바닥지름 12.5cm, 높이 9.5cm(국립민속박물관 소장, 민속 000768)

시는 도기·자기·놋·청동 등으로 만들어졌고, 조선시대에 들어오면 자기접시가 가장 널리 쓰였다. 주로 국물이 없는 마른 반찬을 접시에 담았다. 『시의전서·음식방문』의 '반상식도'에서 첩수를 구분하는 음식들 대부분이 접시에 담겼을 것으로 여겨진다. 조선시대 왕실에서의 연회에서 각종 고임음식을 담는 그릇도 접시였다. 그래서 조선 후기로 갈수록 화려한 청화접시가 많이 만들어졌다.[41] 대개 지름이 15-20cm의 크기로 둥근 접시, 각이 진 접시, 굽이 높은 접시, 네모난 접시 등 그 모양이 여러 가지였다.[42] 조선 후기의 접시는 대부분 약간의 볼륨과 운두가 있고 굽이 있는 모양이다. 이에 비해 서양의 접시는 완전평면형이다.[43]

밥그릇과 국그릇은 20세기를 거치면서 그 크기와 재료가 달라진 것을 빼면 기본 형태를 그대로 유지하고 있다. 이에 비해 보시기와 바라기에 담겼던 음식은 모두 서양식의 대접이나 접시에 담겨서 식탁에 오른다. 젖은 음식은 보시기에 담지 않으면 소반을 들고나면서 국물이 넘칠 수 있었다. 20세기 중반부터 도시의 가정에서 소반이 사라지면서 보시기도 자취를 감추어 버렸다.

40 위의 책, 105쪽.
41 강진형·안빈·홍종숙, 『이야기가 있는 아름다운 우리 식기』, 교문사, 2006, 34쪽.
42 위의 책, 같은 곳.
43 〈매일경제〉 1971년 2월 2일.

간장·겨자·초장·꿀 등을 담았던 종지는 보시기나 바라기에 비해서 그 생명이 오래 갔다. 특히 간장종지가 그랬다. 1960년대까지 농촌의 많은 가정에서는 조선간장을 직접 만들었고, 그것을 담은 종지가 식탁 위에 올랐다. 심지어 스테인리스 스틸로 만든 그릇이 유행할 때도 종지는 있었다. 그러나 1970년대 초반부터 가정의 식탁에서 종지가 사라지기 시작했다. 특히 MSG와 같은 공장제 조미료의 공급이 증가된 점도 종지를 사라지게 한 이유이다. 또 도시에 슬래브주택이 증가되면서 조선간장을 그 전과 달리 많이 담그지 않게 되었다. 그 대신에 1962년부터 전매품에서 해제될 정도로 값이 싸진 소금으로 음식의 간을 맞추는 가정도 늘어났다.[44] 결국 1970년대 후반부터 간장종지가 한국인의 식탁 위에서 사라졌다.

---

44 강진형·안빈·홍종숙, 『이야기가 있는 아름다운 우리 식기』, 교문사, 2006, 34쪽.

14. 한국인의 식사횟수

조선시대 왕이나 고위 관원들을 포함한 부자들은 점심을 간단하게나마 먹었다.[45] 조선 초기만 해도 백성들은 최소한 하루에 두 끼의 식사를 했다. 세종은 1418년 10월 8일 관료들과 굶주리는 백성들을 구제할 방안에 대해 논의하면서 "백성들은 하루에 두 번 먹지 않으면 배고프다."[46]고 한 말에서도 그러한 사정을 짐작할 수 있다.

그런데 15세기 중엽 이후 곡물 생산량이 늘어나면서 노동이나 여행을 하지 않아도 하루 세 끼를 먹는 관습이 생겨났다. 건국 초기부터 중국으로부터 선진 농업기술을 도입하고 농민들의 근면을 강조했던 조선왕조의 정책이 이때에 와서 빛을 발했던 것이다. 그래도 아침밥[朝飯]과 저녁밥[夕飯]이 중심에 있었고, 낮밥[午飯, 晝飯]은 다른 말로 점심(點心)이라 부를 정도로 강조되지 않았다. 다만, 곡물의 수확 정도와 보존 정도에 따라 계절마다 끼니의 횟수는 유동적이었다.[47] 정조는 민간에서 조금이라도 여유가 있는 자는 하루에 세 끼 밥을 먹는다고 했다.[48] 18세기 말 조선에서는 세 끼의 식사가 자리를 잡았던 것이다.

18세기 조선의 부유한 세도권력과 청나라를 수시로 왔다 갔다 하면서 통역을 맡았던 역관들, 그리고 나라 대신에 백성의 의료를 개인의 돈벌이로 했던 의관들 중에는 갑부가 많았다. 그들은 왕보다도 훨씬 화려한 음식을 소반에 차려놓고 배를 불렸다. 식사의 양과 질에서 그들은 '부익부(富益富)'의 원리를 식탁 위에서 실현시키고 있었다. 그들의 식사 사치가 얼마나 심했으면 영조가 음식을 사방 10자 되는 상에 차려놓고 먹는 식전방장(食前方丈)을 공개적으로 혐오한다고 했겠는가.[49]

이런 생각을 지녔던 영조는 당시 왕에게 제공되었던 하루 다섯 차례의 음식을 세 번으로 줄이도록 했다. 사실 국법에는 새벽 5-6시 사이에 죽 위주의 초조반(初朝飯), 아침 10시경에 아침 수라(水剌), 오후 1시경에 낮것상, 오후 5시경에 저녁 수라, 그리고 밤 8시경에 야별찬(夜別饌)을 차려서 왕에게 바치게 되어 있었다. '수라'라는 말이 붙은 아침식사와 저녁식사는 밥과 국, 그리고 반찬이 차려진 상차림이었다. 그러나 나머지 세 번의 상차림은 죽이나 미음·응이, 아니면 병과(餠果)였다. 영조는 검소를 강조하여 낮것상과 야별찬의 두 차례 찬선(饌膳)을 폐지시켰다. 즉 영조는 죽이나 미음이나 응이와 같은 새벽의 먹을거리와 두 끼의 공식적인 식사를 했던 것이다.

---

45 鄭演植, 「조선시대의 끼니」, 『韓國史研究』112, 2001, 68쪽.
46 『세종실록』1권, 1418년 10월 8일 4번째 기사: 凡民之生, 一日不再食則飢, 終歲不製衣則寒.
47 鄭演植, 「조선시대의 끼니」, 『韓國史研究』112, 2001, 78-79쪽: 왕실에서는 왕부터 가장 아랫사람까지 하루 세 끼의 식사를 했다. 1592년 4월 13일, 임진왜란이 일어나자 평양으로 피난을 간 선조는 5월 8일부터 시녀·수모·나인에게는 하루에 두 끼의 식사를 지급하겠다고 결정했다. 『선조실록』26권, 1592년 5월 8일 8번째 기사: 貞嬪洪氏, 靜嬪閔氏, 淑儀金氏, ?容金氏, 信城君, 定遠君及其夫人兩人則各一日三時, 侍女, 水母下內人等, 各一日兩時, 自今日宣飯供饋.
48 『정조실록』32권, 1791년 6월 5일 1번째 기사: 閭巷稍饒者, 輒欲一日三?, 而予則不過日再食. 幾年節省, 不煩經費, 團束粗成, 設施方張, 予意蓋將有待, 未?裏面者, 何能知予苦心?
49 주영하, 『장수한 영조의 식생활』, 한국학중앙연구원출판부, 2014.

그런데 조선시대 왕들 중에서는 수라상의 음식 가짓수를 줄이는 감선(減膳)을 종종 했다.『조선왕조실록』에서는 다음의 세 가지 유형을 두고 감선이라고 적었다. 첫째는 수라상에 올리는 음식의 양이나 가짓수를 줄이는 일, 둘째는 하루에 다섯 번 받는 음식의 횟수를 줄이는 일, 세 번째는 수라상에 올리는 육고기 음식의 가짓수를 줄이는 일이다. 왕이 감선을 결정하는 이유로 가장 으뜸에 드는 것은 자연재해이다. 가뭄이나 홍수, 날씨의 갑작스런 변화, 혜성이 나타나거나 벼락이 떨어지는 등의 이상한 일이 일어나면 왕은 감선을 하였다. 감선은 자연재해나 자연의 이상한 일로 인해서 생겨난 백성들의 고통을 두고 왕이 스스로 덕이 없어서 일어난 것이라고 여겨서 반성의 모습을 보여주는 행동이다. 자연재해 외에도 왕의 친척이나 아끼는 신하의 친척과 신하가 아프거나 죽거나 기일을 맞이하여도 애도의 뜻으로 감선이 행해졌다. 심지어 왕의 요구가 신하들에게 받아들여지지 않을 때도 감선이 행해지는 경우도 있었다. 감선과 철선이 혼용되어 쓰이기도 했다.

감선은 고대의 유학자들이 가졌던 하늘과 땅, 사람이 서로 연결되어 있다는 천인감응(天人感應)의 믿음에서 나온 것이다. 중국 한나라 때의 동중서(董仲舒)는 황제의 덕이 부족하면 자연도 노해서 재해를 발생시킨다고 생각했다.『진서(晉書)·성제기(成帝紀)』에서는 3월에 가뭄이 들자, 음식 장만 일을 맡은 태관(太官)에게 감선을 지시하였다는 기록이 있다. 고대 중국의 황제가 시행했던 감선의 내용은 육고기 대신에 채소 음식을 먹거나 음식의 가짓수를 줄이는 방식이 택해졌다. 즉 소선을 감선의 일종으로 보았다.『조선왕조실록』에서 감선 내용이 왕대마다 약간씩 차이를 보이는 이유도 감선의 이유와 과정에 대한 분명한 규정이 없었기 때문이다.

감선의 이유가 발생하면 왕은 신하들과 의논하여 감선을 시행하는 교지를 내렸다. 감선의 주체는 왕이지만, 왕의 식사와 건강을 책임진 부서에 교지를 내려 감선을 실시토록 알렸다. 왕의 감선은 왕비를 비롯하여 왕실의 친척과 신하들로 하여금 감선을 하도록 만들기도 했다. 대왕대비가 왕의 감선을 따라할 때는 불효가 된다고 여겨 왕이 직접 감선을 하지 못하도록 설득하는 일도 있었다. 왕의 감선기간에 도성 안에서나 바깥에서 풍악을 울리고 노는 사람에게는 상하를 따지지 않고 벌이 내려졌다. 자연재해가 발생했을 때는 감선과 더불어 정전(正殿)에서 잠을 자지 않는 피전(避殿), 음악을 울리지 않는 철악(撤樂) 등의 행위가 행해졌다.

왕이 너무 엄격하게 감선을 하면 신하들은 왕의 건강을 걱정하여 감선기간을 줄일 것을 상소했다. 만약 가뭄 중에 조금이라도 비가 내리면 왕에게 감선을 멈출 것을 청하였다. 대부분의 왕은 이를 받아들이지 않고 가뭄이 완전히 멈출 때까지 감선을 이어갔다. 심지어 가뭄이나 홍수로 감선을 할 때는 물품을 진상하는 일도 멈추도록 명령을 내렸다. 감선의 이유가 해결되면 왕은 교지를 내려서 보통 때의 식사로 되돌리는 복선(復膳)을 명령하고 감선을 멈추었다.

자연재해의 발생 외에도 여러 가지 이유로 왕이 감선을 하였다. 그중 하나는 조상의 기일에도 몸을 삼간다는 뜻으로 감선을 행한 것이다. 태조는 부친의 기일을 맞이하여 음식의 가짓수를 줄이고 중들에게 궐내에서 불경을 읽게 하였다. 역대 왕 중에서는 왕실 친척의 기일에 감선을 한 사례는 자연재해 다음으로 많다. 심지어 자연재해로 선왕의 능이 무너지거나 화재가 일어나면 왕은 불효로 여겨서 감선을 하였다. 왕의 친척이나 왕이 아끼는 신하와 그의 친척이 죽었을 때도 감선이 행해졌다. 태종은 태상왕으로 있으면서 윤곤 (尹坤)이 죽었다는 소식을 듣고 "왕이 대신이 죽었다는 말을 듣고 감선하는 것은 비록 옛날의 제도에는 없지마는, 신하가 왕을 위하여 삼년상을 행하니, 임금이 신하를 위하여 3일 동안 육선(肉膳, 육고기음식)을 먹지 않는 것이 또한 옳지 않은가."라고 했다. 그러자 신하들이 태종의 건강을 염려하여 육고기 음식을 들도록 청하니 태종은 마지못하여 따랐다. 이후 아끼는 신하가 죽을 경우에도 왕은 3일 동안 감선하는 전례가 생겨났다.

식민지 시기 이후 한반도에서는 도시를 중심으로 '산업화된 시간'[50]이 출퇴근 시간에 적용되기 시작했다. 그렇다고 지금과 같이 일 년 내내 똑같은 출퇴근 시간은 아니었다. 1922년 7월 8일 조선총독부에서 발포한 개정된 집무시간을 보면 계절마다 출퇴근 시간이 달랐다.[51] 9월 11일부터 10월 31일까지는 오전 9시부터 오후 4시까지, 11월 1일부터 그 다음해 3월 31일까지는 오전 10시부터 오후 4시까지, 4월 1일부터 7월 10일까지는 오전 9시부터 오후 3시까지, 7월 11일부터 9월 10일까지는 오전 8시부터 오후 3시까지가 근무시간이었다. 단, 토요일은 7월 11일부터 9월 10일까지만 오전 8시부터 낮 12시까지로, 나머지 기간에는 오전 8시부터 오후 3시까지 근무하도록 했다. 동절기의 출근시간이 10시인 이유는 도쿄의 표준시간을 기준에 두면 조선에서는 아직 날이 밝지 않았기 때문이다.

그러나 공장을 다니는 조선인 노동자들의 근무시간은 이와 완전히 달랐다. 보통 오전 7시에 출근하여 오후 6시까지 거의 11시간을 근무했다. 점심시간은 40분, 그리고 두 차례의 10분씩 휴식시간이 있었다. 그런데 노임을 받을 수 있는 노동시간에 점심시간과 휴식시간은 빠졌다. 그러니 편안한 점심식사를 할 수 없었다.[52]

식민지 시기 관공서에 근무하는 조선인들이나 노동자들이나 모두 집에서 아침식사를 먹고 왔다. 점심식사는 구내식당이 있는 경우 그곳에서, 그렇지 않은 경우면 도시락을 싸서 먹었다. 노동자의 경우 주먹밥이 제공되기도 했다. 학생들의 사정도 비슷하였다. 특히 통학을 하는 학생들은 반드시 도시락을 싸와야 했다. 도시락의 반찬으로 북어무침·무장아찌·콩자반·감자조리·무김치와 같은 메뉴였다.

사람의 인체조건에 맞추어져 있던 이전의 식사시간이 이 시기부터 차츰 '산업화된 사회시간'에 의해서 조정되어갔다. 출근이나 등교시각에 맞추지 못하면 지각(遲刻)이었다. '산업화된 시간'이 '지각'이란 말을 만들어낸 것이다. 도시락을 싸야 하는 주부들은 새벽에 일어나서 아침식사를 준비하고, 도시락도 마련했다. 도시의 가족들 중에서는 아침식사를 가족 모두가 함께 하지 못하는 경우도 있었다. 1927년 1월 1일자 〈동아일보〉에 신년 소망의 글을 기고한 당시 진명여고보 교사 전지자는 새해에 온 가족이 정해진 시간에 함께 식사하기를 소원했다.[53] 비록 일부에 지나지 않았지만, 각자 아침식사를 하는 풍경이 이때부터 시작되었던 것이다.

50 Adam, Barbara., Time and Social Theory, Polity, 1994, p.104.
51 〈동아일보〉 1922년 7월 9일.
52 한국의 현행 「근로기준법」(2014년 7월 1일 시행)에는 별도의 점심시간에 대한 규정이 없다. "제54조(휴게) ① 사용자는 근로시간이 4시간인 경우에는 30분 이상, 8시간인 경우에는 1시간 이상의 휴게시간을 근로시간 도중에 주어야 한다. ② 휴게시간은 근로자가 자유롭게 이용할 수 있다." 그러나 이 휴게시간은 근로시간에 포함되지 않는다.
53 〈동아일보〉 1927년 1월 1일.

이에 비해 농촌의 농민들은 자연의 이치에 따라 노동을 했다. 해가 뜨면 논과 밭에 나갔고, 해가 지면 귀가하였다. 한창 농사에 바쁠 때는 하루에 세 끼니의 식사와 두 번의 새참도 부족했다. 이런 사정은 해방 이후 1970년대까지도 큰 변함이 없었다. 1961년 8월 9일자 〈동아일보〉에 의하면, 그해 8월 전라남도 농촌 지역에서 봉사활동을 했던 한 대학생은 한여름 농사철에 농민들이 하루 보통 다섯 끼니의 식사를 하고, 그때마다 반드시 소주나 탁주를 반주로 마신다고 했다.[54] 반찬도 풋고추와 된장뿐이라면서 이렇게 식사의 횟수가 많으면서 영양 불균형의 식단은 농민들의 건강에 큰 문제가 된다고 보았다. 육체노동의 강도를 이해하지 못했던 순박한 대학생의 보고였지만, 그렇다고 농민의 건강에 문제가 없었다는 말은 아니다.

이에 비해 도시민들의 식사횟수는 오히려 줄어들었다. 빠듯한 출근과 등교시간에 맞춘다고 아침식사를 거르는 사람들이 급속하게 늘어났다. 그래도 1980년대 초반까지만 해도 많은 한국의 가정에서는 아침식사를 중요하게 여겼다. 일본인 기자 구로다 가쓰히로는 1983년 자신이 묵은 하숙집에서 아침마다 가장 푸짐한 상차림이 제공되었다고 기억했다.[55] 아침식사를 매우 간단하게 먹어왔던 당시의 일본인 입장에서 생선과 고기구이도 올라간 한국의 아침식사는 매우 어색했다. 그러나 1990년대 이후 한국인의 아침식사 역시 일본형으로 바뀌어갔다.

심지어 아침식사를 먹지 못하는 사람도 날이 갈수록 늘어났다. 특히 아침식사를 먹지 않는 사람은 19-29세의 연령대에서 매우 많다. 2005년에 이 연령대의 사람 중에서 아침식사를 먹지 않는 비율은 41.7%였지만, 2015년이 되면 51.1%로 늘어났다. 여성의 경우도 마찬가지여서 2005년에 41.1%였던 비율은 2015년에 46.9%로 늘어났다. 거의 2명 중 1명의 청년들이 아침식사를 하지 않는다는 것이다.[56] 한국인의 건강을 위해서도 아침식사는 매우 중요하다.

---

54 〈동아일보〉 1961년 8월 9일.

55 구로다 가쓰히로, 『한국인 당신은 누구인가?』, 모음사, 1983, 226쪽.

56 윤성하·김지희·오경원, 「우리나라 성인의 식생활 현황: 국민건강영양조사 결과를 중심으로」, 『주간 건강과 질병』 제10권 제7호, 2017, 157쪽. 그래도 50대 이상의 연령대 사람들은 2015년에 아침식사를 먹는 사람이 전체의 95% 이상이나 되었다.

15. 한식의 식사예절

1970년대 이전까지만 해도 대부분의 한국인들은 겨울에 온돌이 깔린 방에서 밥을 먹었다. 조선시대 양반의 경우, 남자 어른들은 소반에서 혼자서 식사를 했다. 그 위치도 온돌이 가장 따뜻한 아랫목이었다. 만약 소반에서 두 사람이 식사를 할 경우에는 할아버지와 손자만이 할 수 있었다. 교자상에서는 여러 사람이 모여서 밥을 먹었다. 보통 아랫목은 아버지의 자리이며, 그 옆으로 아들들이 자리를 잡았다. 어머니와 딸들은 별도로 부엌에서 식사를 했다. 남녀 구분과 차별이 심했던 때의 이야기다. 당시 여자들은 숟가락 하나만으로 밥을 먹었다. 식기가 부족했던 당시에 여자들은 숟가락으로 밥과 국도 먹으면서 숟가락 손잡이로 김치나 나물 등을 떠서 먹었다. 그러니 유학의 남녀유별이 식사에서 차별을 가져왔다. 이런 의미에서 한국인의 식사방식은 유학 혹은 성리학의 영향이 컸던 것이다.

조선시대 선비들은 식사를 할 때 매우 엄격하게 예법을 지켰다. 당시에 아이들을 가르치는 도덕 교과서였던 『소학(小學)』에는 밥을 먹을 때의 예절을 공자나 맹자와 같은 중국의 유학자들이 제시한 교훈을 통해 가르쳤다. 그 내용은 다음과 같다. "입에 맛있는 것과 몸에 좋다는 것만 골라 먹고 마셔서 배만을 채우면 인욕(人慾)에 머물게 되니 이치에 어긋나지 않게 절도 있게 먹고 마시어 사람으로 하여금 천리(天理)에 이르게 해야 한다."고 했다. 곧 먹는 것에 욕심을 부리는 일은 성욕(性慾)과 같은 것이기 때문에 최대한 절제된 식사를 해야 한다고 생각했다.

조선 말기의 학자 이덕무(李德懋: 1741-1793)는 『소학』이 중국의 책이라 조선 사정에 맞지 않는다고 판단했다. 그래서 그 책을 조선 사정에 맞도록 고쳐서 1675년 『사소절(士小節)』이란 책을 펴냈다. 그중에서 식사와 관련된 내용을 옮기면 다음과 같다.

"너무 크게 싸서 입안에 넣기가 어렵게 하지 마라. 볼이 크게 부르게 하는 것은 예절에 벗어난다. 무나 배나 밤을 먹을 때는 사각사각 소리를 내서 씹지 말고 먹어야 하며, 국수와 국 그리고 죽을 먹을 때는 갑자기 들이마셔 후루룩 소리를 내지 말고 먹어야 하며, 물을 마실 때는 목구멍 속에서 꿀꺽꿀꺽 소리 나게 하지 말라. 또 부스러기를 혀로 핥지 말고, 국물을 손가락으로 찍어 먹지 말고, 음식을 입에 넣고서 웃음을 터뜨리지 말라. 음식을 먹을 때는 배에 알맞게 먹어서 남은 것이 없게 하고, 특히 밥을 다 먹고 난 후 그릇에 물을 부어 먹어 한 톨의 쌀이라도 버려서는 안 된다. 숟가락을 그릇에 닿아 소리 나게 하지 말 것이며, 밥알을 남겨 뜰이나 도랑, 혹은 더럽고 습한 곳에 흘려버리지 말라."

1800년에 빙허각 이씨(憑虛閣 李氏: 1759-1824)라는 부인은 『규합총서(閨閤叢書)』라는 책에서 중국 송나라의 학자인 황정견(黃廷堅: 1045-1105)의 글을 옮겨서 선비가 식사 때 지켜야 하는 예법을 '식시오관(食時五觀)'이란 제목으로 적었다. 곧 음식을 먹을 때 가져야 하는 다섯 가지 생각이 바로 '식시오관'이다. 첫째는 노력이 얼마나 있었는지를 살펴서 음식이 어디서 왔는가 생각하여 보라. 둘째는 충효와 입신(立身)의 뜻을 살펴서 음식의 맛을 너무 따지지 말라. 셋째는 마음을 다스려서 과하게 하지 말고 탐내지도 말라. 넷째는 음식을 좋은 약으로 생각하여 모양에 너무 치우쳐 먹지 말라. 다섯째는 군자로서의 도리를 다 한 후에 음식을 받아먹어라.

조선시대 선비들은 음식을 먹을 때 검소해야 한다고 믿었다. 심지어 임금도 백성을 생각해서 한두 가지 반찬만 있어도 평소의 식사를 했다. 조선시대 임금은 밥·국·김치·간장 외에도 12가지의 음식을 평소에 먹었다고 주장하는 사람들이 있다. 이것을 12첩 상차림이라고 부른다. 그러나 실제로 많은 왕들은 세 가지 이상의 반찬을 먹지 않으려고 애썼다. 왜냐하면 먹을거리가 풍족하지 않았던 당시에 백성들의 노력에 의해서 밥상에 올라오는 음식들을 임금이라고 해서 낭비할 수 없었기 때문이다.

20세기 근대적 인쇄술을 이용해 펴낸 방신영의 『조선요리제법』(1921년 판)에서는 책의 제일 마지막에 '접빈하는 법과 상 차리는 법'을 적어두었다. 이 내용을 그대로 베낀 이용기는 1924년에 펴낸 『조선무쌍신식요리제법』에서 제일 앞부분에 이 내용을 배치했다. 조선요리옥 출입이 잦았던 이용기 입장에서는 교자상에 음식을 차리고 먹는 방식이 요리법보다 중요하다고 여겼던 것으로 추정된다. 『조선요리제법』과 『조선무쌍신식요리제법』에 실린 '음식을 먹을 때에 주의할 일이 몇 가지가 있나니'라는 내용을 여기에 옮긴다.

첫 번째로, 식사를 할 때는 "음식 그릇 위에 머리를 너무 과히 숙이지 말 일."이라고 했다. 식민지 시기 재조일본인 중에는 조선인들이 식사를 할 때 '개처럼' 머리를 상에 푹 박고 식사를 한다고 비아냥거렸다. 아마도 이 비아냥을 피하기 위해 이런 규칙을 제일 먼저 언급한 듯하다. 얼마나 중요했으면 두 번째의 지침도 "음식을 입에 넣을 때마다 머리를 굽혀 그릇 가까이하지 말 것."이라고 했다.

세 번째 지침은 "수저를 입속에 너무 깊이 넣지 말고, 수저에 밥풀이 묻은 것을 여럿이 먹는 음식 그릇에 넣지 말 일."이라고 했다. 숟가락과 젓가락을 입속에 깊이 넣는 모습은 보기에 좋지 않아서일 것이다. 또, 입속에 넣었던 수저에 여전히 밥풀이 붙어 있다면 거기에는 수저 주인의 침도 묻어 있을 것이다. 이런 수저를 여럿이 먹는 음식 그릇에 넣으면 비위생적일 수밖에 없다. 음식을 집을 때의 주의사항이 네 번째 지침이다. "음식을 집을 때에 어느 것이든지 단번에 집어 먹고 이것저것 집었다가 놓지 말 것."이라고 했다. 밥 위에 이것저것 여러 반찬을 올려놓는 모습이 좋지 않다는 것이다.

음식을 먹을 때의 태도는 다음과 같다. "음식을 너무 급히 먹지 말고, 쾌활히 이야기해가며 서서히 먹되 이야기할 때에 침이 튀어 나가지 않게 조심할 것."이라고 했다. 두루마기나 저고리를 입고 생활했던 20세기 초기에 "벌려놓은 음식을 집어 먹을 때에 소맷부리가 음식물을 건드리지 않게 할 것."은 중요한 식사 예절 가운데 하나였다. 왼손으로 오른팔의 소맷부리를 살짝 잡고서 교자상에 놓인 음식을 젓가락으로 집어야 한다는 것이다.

상대방에게 음식을 권하는 태도도 이 지침에 나온다. "음식을 억지로 먹으라고 무례히 권함이 옳지 않으며 또는 음식을 먹는 중에 다른 음식을 억지로 넣어주지 말 것이요."라고 했다. 손님에게 억지로 음식을 먹으라고 강요하지 말라는 지침이다.

식민지 시기 재조일본인들은 조선인의 입에서 나는 마늘과 파 냄새를 싫어했다. 이런 이유로 이 지침의 여덟 번째는 "연회나 혹 다른 모임 자리에 참례할 때에 파, 마늘 같은 냄새나는 음식을 먹고 가지 말고, 또

머리에나 의복에 냄새가 과히 나는 향료를 바르고 가지 말 것."이라는 내용이다. 아홉 번째 지침 역시 "음식물에 머리카락이나 의복자락이 잠기지 않게 할 것."이다.

여럿이 식사할 때 자신이 먼저 다 먹었다고 마구 행동하면 안 된다고 했다. "여러 사람이 음식을 먹는 중에 먼저 수저를 놓고 일어나지 말고 수저를 그릇에 얹어놓고 기다려서 다른 사람들이 다 먹거든 수저를 같이 내려놓고 같이 일어나는 것이 옳은 일."이라고 했다. 열한 번째와 열두 번째 지침은 "남의 앞에서 이쑤시개질을 하지 말 것."과 "다른 손님이 있을 때는 신문이나 서적을 읽지 말고 손님을 앉혀놓고 서적을 보지 말 것."이다.

일상적으로 여러 명이 둘러앉아서 식사를 하는 요즘 한국인에게 이와 같은 식사 예절은 여전히 유용한 지침이다. 급속하게 문화규칙이 바뀌고 있던 1920년대 초반에 이와 같은 식사 예절을 제시할 수 있었던 이유는 조선시대적 예법을 기본에 두고 있었기 때문이다. 그런데 현대 한국인들은 한국전쟁과 정부 주도의 경제 개발, 그리고 1980년대 이후 갑작스럽게 밀려온 식탁 위의 풍요 등 급속한 사회 변화로 인해 이전 시대의 예법을 성찰해볼 시간을 미처 갖지 못했다. 특히나 1990년대 이후 한국 사회의 식사 공동체는 다른 사람을 배려하는 식사 예절을 만들어내는 데 소홀했다. 20세기 100년간 한국인의 식탁에서 잃어버렸던 식사 예절을 지금의 사회문화적 환경에 맞도록 만들어내는 노력이 필요하다.

가례

가례(嘉禮)는 왕실 가족의 혼례를 말하지만 넓은 의미로는 오례(五禮)의 하나로 왕실의 혼례뿐 아니라 왕세자의 책봉(冊封), 왕세자와 왕세손의 관례(冠禮), 왕실 가족에게 존호를 올리거나 축하 잔치를 여는 등 경사스러운 의례이기도 하다. 왕이나 왕세자가 아닌 대군, 군, 공주, 옹주가 결혼을 하면 길례(吉禮)라고 한다.

왕실에서 왕이나 왕세자의 결혼 상대를 고르는 것을 '간택'이라고 하며, 정해진 절차가 있었다. 간택을 할 때는 전국에 혼인을 못하게 하는 금혼령(禁婚令)이 내려져 13-17세 처녀, 총각들은 결혼을 할 수 없었다. 왕비나 세자빈을 선발할 때 초간택, 재간택, 삼간택의 세 단계를 걸친다. 마지막 간택된 한 명의 처녀는 가례 날까지 별궁에 머물며 국모(國母)로서 갖추어야 할 예절교육을 마친 후 혼례를 치렀다.

혼례의 의식은 납채(納采: 약속한 혼례 요청과 허락), 납징(納徵: 국왕의 명령을 받은 사신을 통해 신부집에 가서 교서와 기러기 전달), 고기(告期: 혼례 일정 알림), 책비(冊妃: 신부를 왕비로 책봉) 혹은 책빈(冊嬪: 왕세자빈 책봉), 친영(親迎: 왕이 신부를 맞아 궁으로 돌아옴), 동뢰(同牢: 신랑과 신부가 마주 앉아 술과 음식을 나누는 의식) 등 여섯 가지 절차이다.

어린 왕세자나 왕세자빈은 친영(親迎)과 동뢰연을 앞두고 관례나 계례를 먼저 치르는 경우도 있어 혼례의 한 절차가 되기도 한다.

간택부터 혼례가 끝날 때까지 의례 때마다 음식상이 등장한다. 삼간택을 통해 왕비를 선발할 때 왕실 가족과 내빈, 그리고 간택에 참석한 처자들은 상차림을 받았다. 이른 아침에 받은 초조반(初早飯)상, 낮에 받은 주물상(晝物床)과 진지상(進止, 進支床) 등이다.

납채, 납징, 책비 등 각 의식이 거행될 때 절육, 나물, 찜 등 선온상(宣醞床)과 향온주를 마련하였다. 신부집에는 납징 하루 전날에 음식과 술, 비단, 종이 등 예물을 보냈다. 그때 오성유밀과(五星油蜜果)라 하여 약과, 료화 등 다섯 가지 종류의 유밀과가 포함되었다. 본격적인 혼례식인 동뢰연에서는 동뢰연상(同牢宴床)과, 좌측에 놓이는 별도의 상인 좌협(左挾), 우측에 놓은 우협(右挾), 면협(面俠) 등 각각 두 개의 상이 왕과 왕비 앞에 올려졌다. 왕과 왕비를 위한 술안주상으로 과자와 절육으로 차린 미수(味數)상을 마련하였다.

이와 같은 왕실 가족의 혼례를 위해 가례도감(嘉禮都監)이 설치되어 혼례를 준비, 진행하였다. 혼례가 마무리되면 관리들은 가례를 축하하는 전문(箋文)을 올렸고, 왕비는 왕실의 어른, 종묘를 방문하여 인사 올리며, 국왕은 가례에 참여한 관리들에게 상을 내렸다. 혼례의 내용을 정리하여 『가례도감의궤(嘉禮都監儀軌)』를 작성하여 남겼다.

분류 : 의례
색인어 : 동뢰연도, 약과
참고문헌 : 『국조오례의(國朝五禮儀)』; 김문식, 『조선의 국가 의례, 오례』-조선 왕실의 책례와 가례(국립고궁박물관, 2015); 주영하, 조선왕조 궁중음식 관련 고문헌 자료 소개(장서각30, 한국학중앙연구원, 2013); 김상보, 『조선왕조 혼례연향 음식문화』(신광출판사, 2003); 주영하, 『1882년 왕세자 척의 혼례 관련 왕실음식발기 연구』, 한국고문서학회, Vol.48, 2016
필자 : 이소영

가례도감의궤(1866년)

『가례도감의궤(嘉禮都監儀軌)』는 1866년(고종 3) 고종(高宗: 1852-1919)과 명성황후 민씨(明成皇后 閔氏: 1851-1895)의 혼례 과정을 기록한 의궤(儀軌)이다. 왕, 왕세자, 왕세손의 혼례를 가례(嘉禮)라고 한다.

고종은 12세에 왕이 되었으나 철종의 상중기간이라 혼례를 올릴 수가 없었다. 철종의 3년 상이 끝나고 1866년 고종의 나이 15세에 혼례를 올릴 수 있게 되었다. 신부 간택을 위해 1866년 1월 1일자로 13세부터 17세에 이르는 여자들에게 금혼령이 내려지고, 그해 2월 25일 오시(11-13시) 초간택(初揀擇), 그달 29일 손시(7-9시 사이)에 재간택(再揀擇), 3월 6일 손시에 삼간택(三揀擇)을 행하였다. 최종적으로 민치록(閔致祿: 1799-1858)의 딸이 낙점되었다.

왕실의 혼례는 육례의 절차에 따라 진행되었다. 그해 3월 9일 청혼서를 보내는 납채(納采)를 시작으로 같은 달 11일에 예물을 보내는 납징(納徵), 17일에는 혼인 날짜를 알려주는 고기(告期), 20일에는 신부를 왕비로 책봉하는 책비(冊妃) 의식이 거행되었다. 같은 달 21일에 왕비를 창덕궁으로 데려오는 친영(親迎)과 중희당에서 동뢰연(同牢宴)을 거행하였다. 동뢰연은 왕과 왕비가 술과 음식을 서로 나누어 먹는 의식이다. 공식적인 의식이 끝나고 다음날인 22일 아침에는 대왕대비, 왕대비, 대비에게 차례로 인사를 드리는 조현례(朝見禮)를 치렀다. 그다음 날 고종은 그동안 수고한 가례도감의 관원들에게 차등을 두어 상을 내렸다. 납채, 납징, 책비 등 각 의식이 거행될 때마다 차려진 선온상(宣醞床)에는 여섯 그릇의 음식이 차려졌다. 황대구와 문어, 전복 등을 익히거나 말린 절육(折肉) 한 그릇, 익힌 전복[熟全鰒] 한 그릇, 도라지나물[桔莄菜] 한 그릇, 배·감·진자를 비롯해 껍질 있는 잣 등 실과(實果) 한 그릇, 닭찜[鷄蒸] 한 그릇, 간장(艮醬)

한 그릇이다. 의식을 수행한 사람에게는 이 선온상과 함께 한 사람씩 한 잔의 향온주가 내려졌다.

동뢰연에서는 동뢰연상(同牢宴床)과, 좌측에 놓이는 별도의 상인 좌협(左挾), 우측에 놓은 우협(右挾), 면협(面俠) 등 각각 두 개의 상이 왕과 왕비 앞에 올려졌다. 동뢰연상에는 중박계(中朴桂: 약과와 비슷한 유밀과 종류), 홍산자(紅散子: 붉은색으로 물들인 산자), 백산자(白散子), 홍마조(紅亇條), 유사마조(油沙亇條), 여섯 가지 실과(六色果實: 잣, 진자, 비자, 대추, 말린 밤[황율], 홍시)를 올렸다. 이 음식들은 약 12-30센티미터 높이로 쌓았다. 좌협과 우협 상차림에는 망구소(望口消), 미자(味子), 산자(散子) 등 과자 종류를 차렸고, 동뢰연상에 오른 음식보다는 낮게 고여 차려졌다.

이때 함께 올린 면협상에는 여섯 가지 채소(더덕[山蔘], 무[菁根], 생강(生薑), 도라지[實桔莄], 동아(冬瓜), 미나리[水芹])를 4그릇에 나누어 담았고, 중포절(中脯折: 포오림), 대전복(大全鰒), 익힌 전복(熟全鰒), 말린 문어[乾文魚], 말린 꿩[乾雉], 꿩[生雉], 어린 닭[鷄兒], 계란(鷄卵), 오리[鴨子], 노루의 뒷다리[獐

「가례도감의궤」 중 가례반차도(班次圖), 서울대학교 규장각한국학연구원 소장

後脚], 중간 크기의 생선[中生鮮]을 차렸다. 면협상이라고는 하나 실제 국수는 보이지 않는다.

이외에도 동뢰의식을 거행하는 동안 고종과 명성황후는 대선상(大膳床)과 소선상(小膳床), 사방반(四方盤)·중원반(中圓盤)·과반(果盤)도 각각 받았으며, 술잔을 세 차례 받아 마시는데, 이때 미수(味數)상 역시 세 번 차례로 오르며, 각 미수상마다 여섯 그릇의 음식을 놓았다.

대왕대비, 왕대비, 대비께 아침인사를 드린 조현례의 경우 동뢰연의 과반 상차림 음식과 같았다. 문어오림[文魚折], 전복오림[全鰒折], 말린꿩오림[乾雉折], 약과(藥果), 배[生梨], 밤[實生栗], 잣[實栢子], 생강정과(生薑正果), 동아정과(冬瓜正果), 맥문동정과[天門冬正果]로 차렸으며, 절육, 과자, 과일, 정과류 등 간식이나 다과, 안주로 이용할 수 있는 음식이 주가 되었다.

분류 : 문헌
색인어 : 고종, 명성황후, 가례, 혼례, 동뢰연상, 면협상
참고문헌 : 김상보, 『조선왕조 혼례연향 음식문화』(신광출판사, 2003); 한영우, 『조선왕조 의궤, 국가의례와 그 기록』(일지사, 2005); 한복려·정길자·한복진 공저, 『한과』(궁중음식연구원, 2000); 김세은, 「1866년(고종 3) 高宗과 明成后의 國婚과 『哲宗哲仁后』嘉禮都監儀軌』, 『규장각 소장의궤 해제집 3』(서울대학교출판부, 2005)
필자 : 이소영

가례음식발기(1882년)

1882년(고종 19) 왕세자 순종(純宗: 1874-1926)과 순명효황후 민씨(純明孝皇后 閔氏: 1872-1904)의 가례에서 초간택, 재간택, 관례, 가례에 이르는 과정에 마련된 음식을 적은 발기가 있다.

왕세자 척(坧: 훗날의 순종)의 가례를 치르기 위해 시행된 간택은 1881년(고종 18) 11월 15일에 금혼령이 내려졌고, 29일 간택일이 정해졌다. 이듬해 1882년 1월 15일에 초간택, 18일에 재간택, 26일에 삼간택이 행해졌다. 이때 세자빈으로 여은부원군(驪恩府院君) 민태호(閔台鎬: 1834-1884)의 딸이자 훗날 순명효황후가 결정되었다. 1882년 2월 21일에는 중희당(重熙堂)에서 동뢰연(同牢宴)이 베풀어졌다.

1882년(고종 19) 1월 15일부터 2월 21일까지 이루어진 왕세자 순종의 초간택, 재간택, 삼간택, 관례, 가례에 이르기까지의 과정에서 마련된 음식을 적은 발기가 7건이 있다.

순종의 가례 관련 발기 중 「임오 가례시 건기(壬午 嘉禮時 件記)」에는 초간택, 재간택, 삼간택에 걸쳐 올린 상차림의 유형과 음식 및 기명이 적혀 있다.

1월 15일 초간택일에는 대조전(大造殿)의 초조반(初早飯)으로 '의이(薏苡)와 잡탕(雜湯)'이 올려졌는데, 진지(進支)는 '유발리(鍮鉢里)' 즉 유기로 된 바리그릇에 담겼고, '탕기기명(湯器器皿)'은 '사기(砂器)'였다. 주담(晝啖)으로 차린 '왜반기상(倭盤只床)'에는 '면탕신설로(麪湯新設爐)'와 '화채(花菜)', '침채(沈菜)'로 '흑칠중반(黑漆中盤)'에 올려졌다. 1월 18일 재간택일에는 처자(處子) 4인(人)에게 '진지반기상(進止盤只床)'이 올려졌다. 1월 26일 삼간택일에는 간택된 처자 1인은 '진지(進止)' 후 의대를 갖추어 입고, 나머지 처자(處子) 2인에게는 '반기상(盤只床)'이 차려졌다.

「임오 정월 십오일 초간택시 진어상 빈상 처자상 발기」는 초간택이 실행되었을 때 왕실가족과 내빈, 그리고 간택에 참석한 처자들에게 내린 상차림의 음식 내용이 적혀 있다.

어상 5상(御床五床), 자가(自家), 운현 2상(雲峴二床)은 17그릇으로 같은 종류의 수와 음식을 올렸다. 어상을 받은 대상은 고종(高宗: 재위 1863-1907), 명성황후(明成皇后: 1851-1895), 당시 대왕대비였던 신정왕후(神貞王后: 1808-1890), 당시 왕대비였던 효정왕후(孝定王后: 1831-1903)이며, 그 외 한 명은 분명하지 않다. '자가'는 헌종의 후궁인 순화궁(順和宮) 경빈 김씨(慶嬪 金氏: 1831-1907)이다. '운현 2상'은 흥선대원군(興宣大院君) 이하응(李昰應: 1820-1898)과 그 부인인 여흥부대부인(驪興府大夫人: 1818-1898)에게 올린 상을 가리킨다.

30인의 빈상(賓床)과 한성판윤(漢城判尹)과 오부관원(五部官員)에게 내린 상은 어상보다 그릇수가 적다. '처자상(處子床)' 즉 간택에 참석한 26명의 처자들에게 차린 상은 소반보다 다리가 짧은 왜반기(倭盤

進御床 五床　自家　雲峴 二床　藥食　各色餅　金鎀炒　花陽炙　胖煎油魚　生鮮煎油魚　兎肉　足餅　水卵　生梨　石榴　柚子　蹲柿　各色正果　梨熟　糆新設爐　湯新設爐　醋醬　芥子　清　賓床 三十床　各色餅　金鎀炒　花陽炙

御床 五床　自家　雲峴 二床　各色餅　金鎀炒　花陽炙　生鮮煎油魚　胖煎油魚　兎肉　足餅　水卵　生梨　石榴　柚子　蹲柿　各色正果　生梨熟　糆新設爐　湯新設爐　醋醬　芥子　清　阿只氏畫物床　各色餅　金鎀炒　花陽炙　生鮮煎油魚　胖煎油魚　兎肉　足餅　水卵　生梨　石榴

위 : 「임오 정월 십오일 초간택시 진어상 빈상 처자상 발기」 중 일부, 32.7×261.5cm, 시기 미상, 한국학중앙연구원 장서각
아래 : 「임오 정월 십팔일 재간택시 진어상 빈상 처자상 발기」 중 일부, 33×304cm, 시기 미상, 한국학중앙연구원 장서각

只)에 차렸다. 음식은 일곱 그릇으로 '면신설로(糆新設爐), 탕신설로(湯新設爐), 정과(正果), 화채(花菜), 청(淸), 개자(芥子), 초장(醋醬)'이다. 처자들에게는 진지(進支)상도 제공되었다.

재간택에 쓰인 음식내용을 적은 「임오 정월 십팔일 재간택 진어상 빈상 처자상 발기」에는 초간택 때와 달라진 점이 있다. 아기씨(阿只氏)가 받은 주물상(畫物床)과 진지상(進支床)이 새롭게 등장한 것이다. 아기씨의 주물상은 심지어 진어상과 음식 구성이 똑같다. 초간택 때 처자 26명에서 재간택 때는 7명으로 줄었다. 그런데 이 발기에 보면 처자상은 여섯 상으로 한 상이 빠진 것이다. 빠진 한 상은 바로 아기씨의 상차림이다. 아기씨는 세자빈 즉 순명효황후이다. 최종 삼간택이 이루어지기 전에 이미 세자빈이 결정되어 있었던 것이다.

분류 : 문헌
색인어 : 가례, 순종, 순명효황후, 처자상, 음식발기
참고문헌 : 「임오 정월 십오일 초간택시 진어상 빈상 처자상 발기(壬午 正月 十五日 初揀擇時 進御床 賓床 處子床 件記)」; 「임오가례시발기(壬午嘉禮時件記)」; 주영하, 『1882년 왕세자 척의 혼례 관련 왕실음식발기 연구』, 고문서연구 Vol.48(한국고문서학회, 2016)
필자 : 이소영

가물치

가물치는 저수지나 웅덩이 또는 물이 잘 흐르지 않는 하천의 물풀이 많은 곳에 산다(장민호·양현, 국립중앙과학관-어류정보). 머리가 뱀처럼 생긴 가물치는 민물고기치고 덩치도 크고, 잉어, 붕어 등 다른 물고기의 새끼는 물론이고 개구리까지 잡아먹을 정도로 식성이 좋다(〈동아일보〉 1976년 3월 16일자).

가물치는 '가물치'라는 한글 이름에서도 알 수 있듯이, 몸의 색이 검은데 이러한 특성은 한자명에서도 드러난다. 『세종실록(世宗實錄)』 「지리지(地理志)」에는 '加火魚(가화어)'로 되어 있지만, 이 밖에도 가물치의 한자 명칭은 많다. 조선 후기에 쓰인 작자 미상의 어휘사전인 『광재물보(廣才物譜)』를 보면 '鱧魚(예어)', '蠡魚(여어)', '黑鱧(흑례)', '玄鱧(현례)', '烏鱧(오례)', '鮦魚(동어)', '文魚(문어)', '火柴(화시)', '頭魚(두어)'가 모두 가물치를 지칭한다고 하였다. 이 가운데 '흑(黑)', '현(玄)', '오(烏)'와 같이 '검다'는 의미의 글자가 들어 있는 명칭이 여럿 보이며, 정약용(丁若鏞: 1762-1836)도 『아언각비(雅言覺非)』에서 한글로 '감을치'라고 하였다.

이러한 가물치의 색깔 때문에 '오동(烏銅) 숟가락에 가물칫국을 먹었나'라는 속담이 연유하였다. 이 말은 피부가 검은 사람을 두고 놀릴 때 쓰는 말인데, 피부가 그토록 검은 이유가 검은빛의 구리인 오동으로 만든 숟가락으로 몸 전체가 검은 빛을 띠는 가물치로 끓인 국을 먹어서냐고 장난을 치는 것이다.

또한 가물치는 한자 이름에 '鱧(예)' 자도 많이 들어가는데, 그 까닭을 가물치가 밤에 반드시 머리를 들고 지느러미를 모아 북쪽을 향하는 자연스런 예(禮)가 있기 때문이라고 설명하기도 한다. 다시 말해, 신하가 임금님에게, 제자가 스승을 향해 설 때 북면(北面), 즉 북쪽을 향해 서는 것과 통하기 때문에 예가 있다고 본 것이다. 또 어떤 이는 다른 물고기의 쓸개는 모두 쓰지만 오직 가물치의 쓸개가 단술처럼 달기에 단술 예(醴) 자가 들어가는 것이라고 풀이한다(서유구 저, 이두순 역, 2015: 91쪽).

이처럼 이름은 많지만 비린내가 심하여, 다른 물고기에 비해 조리법은 다양하지 않은 게 가물치다. 속담에 등장하는 가물칫국 이외에 가물치 요리는 가물치곰, 가물치회 정도가 고작이다. 가물치곰은 병약한 사람이나 산모의 산후조리용 보양식으로 주로 쓰는데, 손정규(孫貞圭: 1896-1955)의 『우리 음식』(1948) '백숙(白熟)'에서 보듯이 가물치에 물을 붓고 푹 고은 뒤 베보자기에 짜서 국물을 먹었다.

한편 가물치회는 술안주로 즐겨 먹었는데, 가물치의 살코기는 농어처럼 약간 붉은빛을 띠며 민물생선 특유의 달짝지근하고 텁텁한 맛이 난다고 한다(〈동아일보〉 1992년 9월 19일자). 가물치회를 만들 때는 19세기 말 밀양 손씨(密陽 孫氏: ?-?)가 지은 일명 『반찬등속』에서 보듯이, 가물치 살을 발라 술에 빨아서 만든다. 이와 같이 회를 떠서 막걸리 같은 술에 빨면, 가물치의 비린내와 잡내를 잡아주기 때문이다(〈동아일보〉 1976년 3월 16일자).

모양이나 성질, 맛으로 인해, 가물치는 그리 귀하게 여겨지는 식재료는 아니었다. 이러한 인식은 『홍재전서(弘齋全書)』 제85권 「경사강의(經史講義)」에 실린 정조(正祖: 재위 1776-1800)와 조윤대(曹允大: 1748-1813)의 대화에서도 엿볼 수 있다. 『시경(詩經)』의 '백화지십(白華之什)'의 내용을 두고, 정조는 잔치에 맛있는 물고기도 많은데 시인은 왜 천한 메기[鰋]와 가물치[鱧]만을 언급하였는지 물었다. 이에 조윤대가 대답하기를, 메기나 가물치같이 아주 하찮은 물고기까지 상에 올랐으니, 맛있는 물고기는 말할 것도 없이 모두 차려져 있음을 짐작할 수 있기 때문이라고 하였다. 이렇게 잔치 음식이나 밥반찬으로는 하찮게 여겨지는 가물치였지만, 조선시대의 효자들에게 가물치는 나이든 부모를 봉양하거나 병에서 회복할 수 있도록 해줄 특별한 음식이었다. 이 때문에 부모를 위해 어려움을 무릅쓰고 가물치를 구하고자 애쓰는 효자의 이야기는 문헌이나 구전으로 드물지 않게 전해진다. 그 가운데 예를 들면, 중종(中宗: 재위 1506-1544) 대 경상도 상주에 살던 박언성(朴彦誠)이 있다. 그는 홀어머니를 지극정성으로 모셨던 사람인데, 어머니가 병들자 탕약을 달여 드렸으나 차도가 없어 고심하다가 가물치가 그 병에 약이 된다는 말을 듣고 섣달인데도 얼음을 깨고 몸소 물속에 들어가 가물치를 잡아다 어머니께 드려서 어머니의 병을 낫게 하였다고 한다(『중종실록』 중종 13년 1518년 3월 26일자 기사). 정조 대 효자 명단에 이름을 올렸던 조재성(趙材成) 역시 아버지가 병이 들었는데, 땀을 내야 나아지는 병이고 가물치 삶은 물을 먹어야 땀이 날 거라는 의원의 말을 듣고 고민하다가, 문득 떠오르는 게 있어 한밤중에 이웃집을 찾아가 가물치를 얻어왔다는 일화가 보인다(『일성록(日省錄)』 정조 20년 1796년 12월 29일자 기사).

분류 : 식재료
색인어 : 반찬등속, 꼴뚜기, 수저, 농어, 막걸리
참고문헌 : 장민호·양현, 『국립중앙과학관-어류정보』('가물치'); 김익현, 유제한 공역, 『세종실록』(세종대왕기념사업회, 1972); 작자 미상, 『광재물보』; 손정규, 『우리 음식』(삼중당, 1948); 정조(正祖) 저, 이규옥 역, 『홍재전서』(한국고전번역원, 1998); 진현 역, 『일성록』(한국고전번역원, 2013); 밀양 손씨, 『반찬등속』; 『중종실록』; 서유구 저, 이두순 평역, 강우규 도판, 『평역 난호어명고』(수산경제연구원BOOKS·블루&노트, 2015); 「食品카르테〈98〉 가물치」. 〈동아일보〉 1976년 3월 16일; 「넙치 눈 왼쪽에 있다」, 〈동아일보〉 1992년 9월 19일
필자 : 김혜숙

가자미

가자미목 가자밋과에 속하는 물고기의 총칭이다. 가자미는 종류도 많고 지역에 따라 이름도 다양하다.

중국에서는 우리나라를 '접역(鰈域)'이라고도 불렀다. 우리나라에서 가자미가 많이 난다고 해서 붙여진 이름이다(『한서 교사지(漢書 郊祀志)』). 가자미는 한자어로 접어(鰈魚), 비목어(比目魚), 판어(版魚), 혜저어(鞋底魚), 겸(鰜) 등 여러 이름으로 불렀다. 서유구의 『난호어명고(蘭湖魚名考)』에 "동해에서 나며 서해와 남해에도 간혹 있지만 동해만큼 많지는 않다."고 한 것처럼 동해에서 많이 어획된다. 조선 순조 때 김려(金鑢)는 진해 앞바다로 유배되어 『우해이어보(牛海異魚譜)』라는 책을 지었는데 여기에서는 가자미를 화어(鰦魚)라 하면서 "맛은 담백하고 회로 먹거나 구이로 먹어도 맛있다."고 기록하고 있다. 특히 비슷한 어종으로 목면화(木綿)를 소개한다. "목화 열매가 달릴 때 많이 잡히므로 목면(木綿)이라는 이름이 붙은 것이다. 그 맛이 매우 달콤하다. 여러 종류의 가자미 중에서는 제일 맛있다."라고 하였다. 김려가 말한 목면화는 돌가자미로 짐작된다.

시장이나 횟집에서 흔히 볼 수 있는 가자미는 참가자미, 기름가자미, 용가자미, 노랑가자미, 줄가자미, 돌가자미, 문치가자미, 강도다리 등이다. 강원도 해안 지역에서는 노랑가자미를 참가자미, 용가자미는 어구가자미라고 부른다. 또한 경상도 해안 지역에서는 기름가자미를 물가자미로 부른다. 가자미는 전문가가 아닌 일반인도 낚시로 쉽게 잡을 수 있는 어종이다 보니 동해안 여러 지역에서 낚시 대상으로도 인기가 높다. 여름철에는 참가자미나 노랑가자미, 겨울철에는 용가자미를 낚는다. 겨울철 강원도 속초 이북의 공

낚시에 잡힌 노랑가자미, 강원도에서는 노랑가자미를 참가자미라고 부른다.ⓒ하응백

현진항, 아야진항 등지에서는 용가자미를 잡는 낚싯배가 파시를 이루기도 한다.

동해안에서는 참가자미, 노랑가자미, 기름가자미, 용가자미 등은 회·구이·조림·식해 등으로 요리해서 먹는다. 강도다리를 제외하면 자연산이다. 어획량이 많아 경상북도 울산과 영덕, 강원도 강릉 등지에서는 축제까지 열리기도 한다. 큰 것은 회, 작은 것은 뼈째로 썰어 먹는다(뼈회). 가자미는 동해안 전역에서 각종 채소와 고추장에 비벼서 물을 부어 먹는 물회로도 많이 먹는다. 물회는 어부들이 시간을 절약하기 위해 먹는 음식으로, 회와 채소에 고추장으로 간을 하고 물을 부어서 훌훌 마시던 것에서 비롯하였다. 물은 먹는 사람의 취향에 따라 많이 가감한다. 경우에 따라서는 밥이나 국수를 말기도 한다. 밥을 말면 회밥, 국수를 말면 회국수다.

경북 포항 이남 지역에서는 참가자미, 울진 이북 지역에서는 노랑가자미가 많이 잡혀 해당 지역에서 횟감으로 유명하다. 강릉 이북 지역에서는 가자미로 식해를 담가 먹는다. 이 또한 별미다. 가자미식해는 함경도에서 피란 온 실향민들에 의해 전파된 음식이다. 가자미를 꾸덕꾸덕 말려서 무와 좁쌀, 엿기름, 고춧가루, 소금 등으로 버무려 보름 이상 삭힌 후 먹는 발효 음식이다.

가자미는 크기와 계절에 따라 요리하는 방법도 다양하고 값도 싼 편이어서 대중에게 인기 있는 생선이다. 특히 동해안은 사철 여러 종류의 가자미가 연안 가까이에서 잡혀 어민들 소득 증대에도 기여를 많이 하는 생선이다. 가자미는 단백질이 풍부하고 비타민D, 비타민E 등 각종 영양소를 포함하고 있는 저칼로리식품이다. 특히 껍질 부분에는 콜라겐을 풍부하게 함유하고 있다.

분류 : 식재료
색인어 : 가자미
참고문헌 : 하응백, 『나는 낚시다』(휴먼앤북스, 2012); 최현섭·박태성, 『최초의 물고기 이야기』(경성대학교출판부, 2017); 서유구, 이두순 역, 『평역난호어명고』(수산경제연구원북스, 2015)
필자 : 하응백

가자미(역사)

가자미는 등이 검고 배가 흰 바닷물고기로, 몸통이 둥글납작한 모양이다. 단일종의 어족이 아니라 가자미목 가자밋과에 속하는 참가자미, 가시가자미, 줄가자미, 눈가자미, 기름가자미, 호가자미, 용가자미, 돌가자미, 노랑가자미 등을 통칭하여 가자미라 한다(서유구 저, 이두순 평역, 2015: 169쪽). 이 때문에 조선에서는 예로부터 열두 가지의 가자미가 있다고 전해져 왔다(〈동아일보〉 1939년 6월 24일자).

흔히 가자미는 같은 가자미목인 넙치, 즉 광어(廣魚)와 혼동되고는 한다. 하지만 넙치와 달리 가자미는 눈이 오른쪽에 쏠려 있는 것이 특징이며, 이로 인해 우리말에서 '가자미눈을 뜬다'거나 '가자미눈을 한다'고 하면 화가 난 얼굴로 옆으로 째려보는 모습을 표현한다. 함경도에서는 '가재미'라고 부르는 가자미는 한자어로는 이공(李公: ?-?)의 『사류박해(事類博解)』에서는 '加佐味(가좌미)', '鰜魚(겸어)', '魪魚(개어)', '三魚(삼어)', '比目魚(비목어)', '鏡子魚(경자어)'라고 했고, 서유구(徐有榘: 1764-1845)는 『난호어목지』「어명고(魚名攷)」에서 '鰈(접)'은 '가미', '鞋底魚(혜저어)', '比目魚(비목어)', '魪(개)', '魼(허)', '鰜(겸)', '版魚(판어)',

동해안 각 항구에서는 어획한 가자미를 말리는 모습을 흔히 볼 수 있다.© 하응백

'奴屬魚(노교어)', '婢簁魚(비사어)'라고도 한다고 소개하였다(서유구 저, 이두순 평역, 2015: 166쪽).

한편 조선시대에는 가자미가 많이 잡히는 땅이라 하여, 조선을 '접허(鰈墟)' 또는 '접강(鰈疆)'이라고 지칭하였다. 그러한 사례는 세조(世祖: 재위 1455-1468) 때 명나라 황태자에게 예물과 함께 보낸 감사를 표하는 글[箋文]에서 볼 수 있다. 1459년 명나라에 강순(康純: 1390-1468) 등을 사은사(謝恩使)로 보내면서 함께 올린 글에서 세조는 "신은 삼가 마땅히 길이 접역(鰈域)의 울타리[藩籬]가 되어 항상 용루(龍樓: 황태자의 궁전)에 거듭 축수(祝壽)를 드리겠습니다."라고 하였다(『세조실록(世祖實錄)』 세조 5년 1459년 3월 17일자 기사). 여기에서의 '접역'이 바로 조선을 가리키는 말이다.

우리나라를 '접역'이라 부르는 연유가 한치윤(韓致奫: 1765-1814)과 조카 한진서(韓鎭書)가 같이 편찬한 『해동역사(海東繹史)』「물산지」에 보인다. 여기에서는 지봉(芝峯) 이수광(李睟光: 1563-1628)을 인용하여, 비목어가 동해에서 나서 우리나라를 접역(鰈域)이라고 한다고 했다. 그러면서 '첩(鰈)'은 『집운(集韻)』에 '접(鰈)'으로 되어 있고, 『이아(爾雅)』에는 "동방(東方)에 비목어(比目魚)가 있으니, 나란히 하지 않으면 가지를 못한다."고 하였는데, 지금 세속에서는 접(鰈)을 가자미[加佐魚]라고들 한다고 하여, 접, 비목어, 가자미가 같은 것임을 설명하였다.

17세기 조선의 시인이었던 이응희(李應禧: 1579-1651)는 이러한 동방의 가자미를 두고 아래와 같은 시를 지어 『옥담시집(玉潭詩集)』에 실었다. 가자미의 맛을 묘사한 그의 시에 등장하는 가자미 구이는 주로 자반가자미로 만들었던 음식이다.

가자미가 우리 동방에 흔하여
어부들이 힘 안 들이고 잡누나
금방 잡았을 땐 신선해 먹을 만하고
수레에 실으면 냄새 나 옮기기 어렵네
꼭꼭 씹으면 사슴 뼈와 같고

구워서 먹으면 얇은 껍질뿐

이 중에 사소한 맛이 있는데

오직 이 시골 늙은이가 알 뿐

有鰈東方賤 漁人捕不疲

網頭鮮可食 車載臭難移

軋嚼徒鹿骨 燔餤但薄皮

此中些少味 惟有野翁知

*이상하 역, 「가자미[鰈魚]」, 『옥담시집』(전주이씨안양
　군파종사회, 2009)

사실 가자미는 맛이 담백하고 살이 연하며, 비린내도
적어서 한국인들이 즐겨 먹어 온 어종이다. 가자미는
그대로 먹기도 하고, 말려 두었다 먹기도 하는데 방신
영(方信榮: 1890-1977)의 『조선음식 만드는 법』(1946
년)의 '자반가자미 만드는 법'에 따르면, 가자미자반
은 가자미를 소금에 절여 두었다가 건져서 보자기에
싸서, 맷돌같이 무거운 것으로 하루쯤 눌러 두었다가
꼬챙이에 꿰거나 채반에 넣어서 바싹 말려서 만든다.
자반은 바람이 잘 통하는 데 보관했다가, 반찬이나 술
안주로 쓰는데 주로 참기름을 발라 구운 후 고추장에
찍어 먹거나, 지져 먹는다고 했다.
가자미는 고급 어종은 아니어서 격식을 차려야 하는
상에는 올리지 않는 음식이지만, 가자미찌개, 가자미
구이, 가자미양념구이, 가자미조림, 가자미회, 가자미
젓, 가자미무침, 가자미미역국, 가자미전유어, 가자미
식해(食醢) 등 다양한 방식으로 조리되어 온 식재료
이다. 가자미 음식 가운데 특히 가자미식해가 향토음
식으로 유명하다.

분류 : 식재료
색인어 : 넙치, 은어, 식해, 자반
참고문헌 : 박종국 역, 『세조실록』(세종대왕기념사업회, 1978); 한치
윤·한진서 편, 정선용 역, 『해동역사』(한국고전번역원, 1998); 이공,
『사류박해』; 방신영, 『조선음식 만드는 법』(大洋公司, 1946); 서유구
저, 이두순 평역, 강우규 도판, 『평역 난호어명고』(수산경제연구원
BOOKS·블루&노트, 2015); 이응희 저, 이상하 역, 『옥담시집』(전주이
씨안양군파종사회, 2009); 「朝鮮重要水産物(二十) 가자미〈上〉」, 〈동
아일보〉 1939년 6월 24일
필자 : 김혜숙

가자미식해

가자미식해는 가자미에 곡물로 지은 밥, 엿기름, 무
채, 고춧가루 등의 양념을 섞어 발효시킨 음식으로,
주로 겨울철 별미로 꼽힌다. 이 식해를 만들 때는 밥
을 쓰는 게 특징이어서 함경도에서는 '밥식혜'라고도
부르며, 대개 조밥을 쓰지만 강원도에서는 쌀밥을 쓰
기도 한다.
가자미식해를 만드는 법은 조선시대의 문헌에도 소
개되어 있다. 이규경(李圭景: 1788-1863)의 『오주연
문장전산고(五洲衍文長箋散稿)』에는 '생선식해[諸
魚食醢]' 만드는 법을 소개하면서 가자미를 포함하였
다. 그에 따르면, 식해는 바닷가 사람들이 많이 만들
어 먹는데, 먼저 흰 멥쌀밥에 엿기름과 누룩가루를 넣
어 잘 섞고 물도 몇 종지 넣어 발효시킨다. 그런 다음
가자미를 꺼내 물기를 제거하고 햇볕과 바람에 잘 말
린다. 그것을 잘게 썰어서 다시 소금과 버무려 두었다
가 익은 다음에 먹으라고 하였다.
지금도 가자미식해는 강원도, 경상도 등에서 향토음
식으로 전해지고 있다. 특히 생선이 귀하고 운반하기
힘들었던 경상남도의 산간 지방에서는 비교적 오래
보관할 수 있는 음식이어서 가자미식해를 만들어 먹
었다고 한다(농촌진흥청, 2008: 437쪽). 가자미식해
그리고 이와 비슷한 조리법으로 만든 생선식해는 현
재 여러 지역에서 전해지고 있지만, 일제 강점기에는
특히 함경도의 가자미식해가 유명했다.
함경도의 가자미식해는 『한국민속종합조사보고서
12-함경남북도 편』(1981: 210쪽)에 따르면, 생선과 메
조밥을 섞어 만드는 '밥식혜'의 일종이다. 밥식혜는 동
태나 도루묵으로도 만들지만, 함경도에서는 참가자
미로 만든 것을 최고로 쳤다. 맛은 큰 가자미가 나아
도, 식해는 대개 작은 가자미로 담갔다. 가자미식해는
먼저 가자미의 내장 등을 제거하고 칼집을 내어 소금
을 뿌린 뒤 하루 정도 그늘에 두었다가 꼬들꼬들해지
면, 조밥 식힌 것과 고춧가루, 마늘, 생각을 켜켜로 넣
고 꼭 눌러 이틀을 둔 뒤 소금에 절여 물기를 제거한
굵게 채 썬 무와 섞어, 일주일이 지나면 먹는다. 가자

미식해는 술안주로 인기가 높다고 한다.

이러한 가자미식해는 『한국민속종합조사보고서-향토음식 편』(1984: 214-215쪽)에도 함흥의 명산물로 나온다. 이에 따르면, 가자미식해는 얼큰하게 매우면서도 달착지근하고 산뜻한 맛이 일품인데, 12월부터 3월 초에 나는 가자미로 담가야 맛이 좋고, 꼬리 쪽에 가느다란 노란 줄이 있는 참가자미로 담그면 더욱 좋다고 했다. 만드는 법은 위에서 소개한 것과는 약간 차이가 나는데, 깨끗이 씻어서 물기를 뺀 가자미를 항아리에다 소금과 켜켜이 넣고 열흘쯤 절였다가 가자미를 꺼낸다. 먹기 좋게 자른 가자미에 좁쌀밥과 고춧가루를 넣고 버무려 항아리에다 나흘간 두었다가, 여기에 굵직하게 채 썬 무와 고춧가루와 버무린 것을 넣은 후 열흘쯤 지나면 먹으라고 했다.

분류 : 음식
참고문헌 : 이규경, 『오주연문장전산고』(한국전통지식포탈); 농촌진흥청 농업과학기술원 농촌자원개발연구소, 『한국의 전통향토음식 9-경상남도』(교문사, 2008); 윤서석 외, 『한국민속종합조사보고서 12-함경남북도 편』(문화재관리국, 1981); 황혜성 외, 『한국민속종합조사보고서 15-향토음식 편』(문화재관리국, 1984)
필자 : 김혜숙

가지

가지는 한자로 '茄子(가자)' 또는 '茄(가)'라고 하며, 한국인들이 삼국시대에도 이미 먹었던 1년생 채소이다. 가지 나무는 다 자라도 그리 크지 않아서, 우리 속담에 '가지 나무에 목을 맨다'고 하면 이것저것 따지지 못할 정도로 어려운 처지에 있음을 나타낸다.

현재 주로 먹고 있는 것은 물가지이지만, 조선시대에는 물가지[水茄]와 산가지[山茄]를 둘 다 먹었다. 같은 가지라 해도, 물가지와 산가지는 맛과 쓰임이 달랐다. 조선 정조(正祖) 때의 뛰어난 문필가로 붓 끝에 혀가 달렸다고 평가될 정도의 이옥(李鈺: 1760-1815)은 『백운필(白雲筆)』에서, 산가지는 생으로 먹을 수 없고 국을 끓이거나 구워서 먹어야 하며 물가지는 생으로 먹을 수 있는데 굴[石花]에 섞어 먹으면 아주 맛있다고 하였다(이옥, 2009: 296쪽). 즉, 산가지는 익혀 먹

었고, 물가지는 익혀도 먹지만 가지김치나 절임같이 주로 가열하지 않은 가지 요리를 만들었던 것이다.

또한 이옥은 생가지를 굴과 섞어 먹으면 맛있다고 하였지만, 이용기(李用基: 1870-1933)의 『조선무쌍신식요리제법(朝鮮無雙新式料理製法)』(1936) '굴젓'에는 굴젓[石花醢]을 새로 딴 가지와 함께 먹으면 어울린다고 하였다.

현재는 가지의 색깔이 자줏빛이 일반적이지만, 조선시대에는 다양한 색의 가지를 식용했다. 이옥의 『백운필』에 따르면, 당시 조선에는 자줏빛 가지, 흰 가지, 푸른 가지, 누런 가지, 연붉은 가지가 있었다고 한다(이옥, 2009: 296쪽). 이 가운데 푸른 가지[青茄]와 관련된 일화가 『중종실록(中宗實錄)』에 나온다. 1526년 중종(中宗: 재위 1506-1544)에게 푸른 가지를 바쳤던 아기동(阿只同)이라는 나이든 아낙이 2년 후인 1528년 다시 푸른 가지와 수박을 바치러 왔지만, 잘 타일러 그대로 돌려보냈다는 것이다. 가지와 수박을 바치는 그의 정성은 지극하나, 이번에도 받으면 앞으로 이 일을 따라하는 사람들이 이어져 폐단이 생길 수 있다는 이유였다(중종 23년 1526년 9월 19일자 기사).

가지는 조선시대 사람들이 상당히 즐겨 먹던 채소로

신사임당, 가지와 방아개비, 16세기, 지본채색, 34×28.3cm, 국립중앙박물관

서, 집 가까운 텃밭에 가지를 심어 두고 가지선, 가지
김치, 가지찜, 가지장아찌, 가지누르미, 가지나물, 가
지전, 가지국, 가지볶음 등 다양한 음식을 만들어 반
찬으로 삼았다. 특히 여름가지보다는 가을가지가 단
맛이 강하고 맛있다고 하여, '가을가지 며느리 먹이지
말라'는 옛말이 있을 정도였다.

한편 가지와 관련해서 전해지는 민간지식 중에 버섯
을 지져 먹든지 국을 끓일 때에 가지를 넣으면 어떤
버섯의 독기라도 제거된다는 이야기가 있었으나, 이
렇게 하면 독버섯에 중독되는 것을 막을 수 있다는 믿
음은 잘못된 속설임이 종종 지적되고는 했다(〈동아일
보〉 1928년 9월 11일, 1991년 5월 10일자).

가지나물ⓒ하응백

분류 : 식재료
색인어 : 조선무쌍신식요리제법, 굴, 수박, 산가요록, 음식디미방
참고문헌 : 정연탁 역,『중종실록』(한국고전번역원, 1983); 이옥 저, 실
시학사 고전문학연구회 편역,『백운필』,『完譯 李鈺 全集3-벌레들의
괴롭힘에 대하여』(휴머니스트, 2009); 이용기,『조선무쌍신식요리제
법』(영창서관, 1936);「버섯에 중독된 때에 응급치료法」,〈동아일보〉
1928년 9월 11일;「독버섯 색깔 냄새론 구별 못해」,〈동아일보〉1991
년 5월 10일
필자 : 김혜숙

가지나물

가지나물은 생가지를 쪄서 양념에 무치거나 물에 불
린 가지오가리를 볶아서 만드는 음식으로, 가지요리
가운데 가장 흔하게 만들어 먹던 반찬이다.

이용기(李用基: 1870-1933)의『조선무쌍신식요리제
법(朝鮮無雙新式料理製法)』'가지나물[茄子菜 紫瓜
菜]'을 보면, 가지나물은 가지가 제철일 때와 아닐 때
의 조리법과 양념에 차이가 난다. 생가지가 나오는 철
에는 가지의 꼭지를 떼고 크게 쪼갠 다음, 푹 쪄낸 것
을 손으로 잘게 죽죽 찢어 양념하여 무쳐서 나물을 조
리하였다. 그리고 가지가 나지 않는 겨울철에는 가지
가 흔할 때에 미리 잘 말려 두었던 가지오가리를 꺼내
가지나물을 만들었다. 말린 가지는 물에 불렸다가 물
기를 꼭 짜낸 다음 양념을 넣고 볶아서 가지나물을 만
들었다. 정월 대보름에 세시음식으로 오곡밥과 함께
먹는 아홉 가지 묵은 나물에도 꼭 들어가는 것이 바로

가지오가리로 만든 가지나물이다.

한편 생가지로 나물을 만드는 경우에 현재는 찜통을
이용해 간단히 가지를 쪄내지만, 아궁이에 가마솥을
걸고 밥을 지어 먹던 시기에는 밥솥 하나에다 밥도 짓
고 가지도 찌고 동시에 했다. 처음부터 가지를 넣고
밥을 짓는 것이 아니라, 밥이 끓을 때 깨끗한 보자기
에 싼 가지를 솥뚜껑에 매달거나 밥이 끓고 밥물이 남
아있을 때 밥 위에 반으로 가른 가지를 올려두어 뜸
들이는 동안 익히는 방법이다.

가지는 가을에 장아찌를 만들어 두었다 겨울에 꺼내
먹기도 했지만, 이보다 저장성을 더욱 확실하게 높이
는 방법은 건조였다. 가지를 말릴 때는 생가지를 잘라
그대로 채반에 널거나 실에 꿰어 햇볕에다 말렸다. 그
런데 생가지를 좀 더 오래 저장하는 방법이 없는 것은
아니었다. 조선 초기 전순의(全循義: ?-?)의『산가요
록(山家要錄)』가지저장법[藏茄子]에 따르면, 수확한
가지를 항아리에 깨끗한 재와 함께 켜켜이 넣어두면
가지를 오래 신선하게 저장할 수 있다고 했고, 이와
유사한 방법이 조선 중기 장계향(張桂香: 1598-1680)
이 지은『음식디미방』가지 간수하는 법에도 보인다.

분류 : 음식
참고문헌 : 전순의,『산가요록』(한국전통지식포탈); 장계향,『음식디
미방』, 이용기,『조선무쌍신식요리제법』(영창서관, 1936)
필자 : 김혜숙

각색당

궁중 연회나 제사에는 중국과 일본에서 건너온 다양한 사탕[砂糖]이 오른다. 사탕은 '각색당(各色糖)', '각색당당(各色唐糖)', '각색왜당(各色倭糖)'이라는 명칭으로 진찬의궤(進饌儀軌), 진연의궤(進宴儀軌) 등 궁중 연회를 기록한 의궤에 나온다.

1887년(고종 24) 연회에 오른 각색당(各色糖)의 종류는 대사당(大砂糖), 귤병(橘餅), 팔보당(八寶糖), 오화당(五花糖), 진자당(榛子糖), 밀조(蜜棗), 금전병(金箋餅), 옥춘당(玉春糖), 빙당(冰糖), 건포도(乾葡萄), 청매당(靑梅糖), 이포(梨脯), 인삼당(人蔘糖), 추이당(推耳糖), 어과자(御菓子), 수옥당(水玉糖), 설당(雪糖)이다.

팔보당, 오화당, 빙당, 옥춘당, 추이당, 수옥당과 같이 단단한 사탕류도 있지만 건포도처럼 말린 과일도 사탕류에 속하였다. 귤을 꿀이나 사탕에 조려 만든 귤병, 대추를 꿀에 조린 밀조, 배를 사탕에 조려서 포처럼 말린 이포와 같이 사탕이 아닌 꿀이나 엿에 조린 과실을 사탕류에 포함하였다. 어과자(御菓子)는 일본어로 'おかし(오카시)'로 일본 과자이다. 갑(匣)이라는 분량 단위를 쓴 것으로 보아 상자에 담겨 있었던 듯하다.

잔치마다 사탕종류를 한 그릇에 담거나 여러 그릇에 나누어 담기도 한다. 1892년 궁중 연회에서는 '각색당당(各色唐糖)', '각색왜당(各色倭糖)', 즉 중국에서 온 사탕과 일본에서 온 사탕으로 나누어 담았다. 각색당당에는 밀조, 팔보당, 금전병, 추이당, 이포, 진자당, 청매당, 인삼당, 오화당, 빙당, 설당이며, 이 사탕종류는 중국에서 건너온 것이다. 일본 사탕류를 담은 각색왜당에는 옥춘당, 수옥당, 어과자 등이 포함되었다.

그 밖에 잔치에 오른 사탕류로는 어엽자설당(於葉子雪糖), 밀당(蜜糖), 양과자(洋菓子), 회회포(回回葡)가 있다. 회회포의 '회회'는 아라비아를 말하며, 중국을 통해 들어온 아라비아산 건포도다. 서양, 중동지역에서 온 사탕이나 과자도 조선왕실 연회에 올랐다.

분류 : 음식
색인어 : 각색당, 사탕, 옥춘당, 오화당, 어과자, 각색당당, 각색왜당
참고문헌 : 『[정해]진찬의궤([丁亥]進饌儀軌)』; 『[임진]진찬의궤([壬辰]進饌儀軌)』; 황혜성 외 공저, 『한국음식대관 6권-궁중의 식생활』(한국문화재단, 1997)
필자 : 이소영

각선

각선(却膳)은 조선시대에 왕이 자신을 위해 차려놓은 수라상을 입맛이 없다든가 마음이 내키지 않는다 하여 물리치고 먹지 않는 일을 말한다. 때로는 아예 음식을 올리지 않도록 하는 '철선(撤膳)'과 혼용되기도 했다. 각선은 특히 왕이 신하들과 어떤 문제로 갈등을 빚을 때나 자신의 뜻을 관철시키고자 할 때에도 이용되었다. 예를 들면, 세종(世宗: 재위 1418-1450)은 1448년 경복궁 안에 내불당(內佛堂)을 설치하는 문제로, 영조(英祖: 1724-1776)는 탕평책(蕩平策)을 실시하는 문제로 각선한 일이 있다.

『세종실록(世宗實錄)』에 따르면, 1448년(세종 30) 7월, 세종은 문소전 서북(西北)에 불당을 설치하라고 명하였다. 이에 대하여 도승지(都承旨) 이사철(李思哲)을 비롯하여 승정원의 관리들이 궐내에 불당을 설치하는 것은 불가하며 더구나 문소전(文昭殿) 옆에 두어 승려가 머물게 하는 것은 더욱 안 된다며 반대하였으나, 세종은 뜻을 굽히지 않았다. 이어 영의정 황희를 포함한 정승들, 육조판서, 사헌부와 사간원, 집현전, 심지어는 성균관 유생들은 학업을 폐하면서까지 불당 설치가 불가하다고 명을 거두시라고 연일 간청하였다(『세종실록』 세종 30년 7월 17·18·19·20·21·22·23·24·25·26·27·28·29일, 8월 2·3일자 기사). 유교를 기반으로 성립한 조선에서 하물며 궐내에 불당을 설치하는 일은 나라를 다스리는 데 조금도 보탬이 되지 않으며, 태조(太祖: 재위 1392-1398)와 태종(太宗: 재위 1400-1418)의 뜻에도 어긋나는 일이라는 주장이었다.

내불당 설치에 대한 신하들의 격렬한 반대가 계속되자, 세종은 아예 아들 임영대군(臨瀛大君: 1420-1469)의 집으로 옮겨갔다. 사실 세종 자신도 불당을 지으라

고 명령할 때에 틀림없이 반대하는 사람이 있을 것이라는 예상은 하였다. 하지만 적당히 하다가 그만둘 줄 알았는데, 모두가 세종이 명을 거두도록 극진하게 간하니 크게 기분이 상했기 때문이다. 불쾌한 마음에 여러 번 수라상을 물리고[撤膳], 왕위를 내놓겠다는 뜻을 살짝 비쳤는데도, 신하들의 청이 이어지자 궁에서 나가 아들 집에 머문 것이다. 불당 설치에 대한 세종의 뜻이 이토록 완강하니, 신하들도 더 이상 감히 말을 꺼내지 못하였다(『세종실록』 세종 30년 1448년 8월 4일 기사). 실록에는 '철선'이라 기록되어 있으나 사실상 각선을 행한 세종은 결국 자신이 원하는 대로 내불당을 설치하였다.

한편 영조는 1737년 당파를 없애고 탕평책을 펴려고 했으나 신하들이 따라주지 않고, 임금인 자신을 우습게 본다면서 감선(減膳)과 각선(却膳)을 행하였다. 그때마다 신하들이 몸을 상할까 염려하며 음식을 드시라고 거듭 상소하였지만 영조는 조정의 신하들이 나를 이 지경이 되게 만들었다면서 각선을 멈추지 않았다(『영조실록』 영조 13년 8월 10·11일자 기사).

이러한 영조의 각선에 대해 이석표(李錫杓: 1704- ?)는 미봉책이라면서, 임금께서 그렇게 밥을 먹지 않고 각선을 한다 해도 당파는 없어지지 않으니 시비를 분명히 하라는 상소를 올렸다. 신하들도 묵은 감정을 모두 푼 것처럼 겉으로는 조정에 나와 잘 지내는 듯 굴지만, 속으로는 서로 공격할 기회만 엿보고 있으니 왕이 신하들에게 기만당하고 있다는 주장이었다. 그런데도 전하는 날마다 각선하고 술을 내리는 방책으로 당파를 제거하려 하니, 이러한 방법은 별 도움도 되지 않으면서 전하의 위엄만 손상될 뿐이라며 개탄스럽다고 아뢰었다. 그보다는 신하들이 두려워하며 복종하도록 분명하게 시비를 세우고 벌을 준다면 탕평의 기쁨을 누릴 수 있으리라고 건의하였다(『영조실록』 영조 13년 10월 14일자 기사).

이석표의 말처럼 음식을 거부하고 굶는 행위는 왕의 체모를 떨어뜨리는 일일 수도 있다. 하지만 이에 대해 영조는 옛 사첩(史牒)에도 나오지 않는 각선을 행한

것은 지나친 행동이지만, 자신이 오죽 고심스러웠으면 그랬겠느냐는 입장이었다(『영조실록』 영조 14년 1738년 1월 4일자 기사).

분류 : 의례
색인어 : 철선, 감선, 퇴선
참고문헌 :『세종실록』;『영조실록』
필자 : 김혜숙

철선

'철선(撤膳)'은 조선시대에 왕이 수라상을 차리지 않도록 하거나 육선(肉膳), 즉 고기반찬을 올리지 못하도록 하는 행위를 말하며, '철선(輟膳)'이라고도 했다. 철선은 반찬의 가짓수나 양을 줄이는 감선(減膳)과 비슷한 이유로 행해졌다. 자연재해나 아끼는 신하의 죽음, 그리고 왕의 의사를 관철시키고자 할 때 철선을 행했다.

태종(太宗: 재위 1400-1418)은 수재(水災)와 가뭄을 자책하여 철선하였고(『태종실록(太宗實錄)』 태종 4년 1404년 7월 20일, 태종 9년 1409년 윤4월 25일자 기사), 과거 합격 동기이자 자신이 왕위에 오르는 데 공을 세워 각별히 여겼던 이승상(李升商: ?-1413)이 세상을 떠나자 그를 애도하기 위해 육선(肉膳), 즉 고기반찬을 들지 않는 소선(素膳)을 하면서 이를 철선(輟膳)이라 일컫기도 했다(『태종실록』 태종 13년 1413년 2월 9일·2월 10일자 기사).

이와 같은 철선은 왕도 인간인지라 부모나 자식이 죽었을 때에 특히 오래 지속되었다. 자연재해나 국가적 변고가 일어났을 때에 왕이 근신하고 반성하는 모습을 보여야 한다는 신하들의 요청을 받아 실시하는 감선이 아니라, 왕 본인이 차마 음식을 먹을 수 없어서 저절로 하게 되는 철선이었기 때문이다. 태종의 경우에는 너무나 사랑하던 넷째아들 성녕대군(誠寧大君) 이종(李褈)이 1418년 14세의 어린 나이로 병에 걸려 사망하자 슬픔을 이기지 못하여 며칠 동안 철선을 계속하였다. 이미 위독할 때부터 철선하였던 태종이 행여 병이라도 나면 어쩌나 걱정된 세자가 눈물을 흘리면서 신하들과 함께 탄식하고, 성석린(成石璘: 1338-

1423) 등의 신하와 의정부, 육조에서 거듭 고기반찬[肉膳]을 드시라고 간청하여도 소용이 없었다(『태종실록』 태종 18년 1418년 2월 4일, 2월 6일·7일, 2월 19일자 기사).

또한 연산군(燕山君: 재위 1494-1506)은 자신의 생모 폐비 윤씨(廢妃 尹氏: ?-1482)가 폐위(廢位)되어 죽은 사실을 처음 알게 된 날, 그 충격으로 철선(輟膳)을 하였다. 이 일의 발단은 1495년 3월 16일 아버지 성종(成宗: 재위 1469-1494)의 묘지문(墓誌文)을 보던 연산군이 혹시 내용이 잘못된 것이 아닌지 승정원에게 묻는 데서 시작되었다. 묘지문의 내용 중에 '판봉상시사(判奉常寺事) 윤기견(尹起畎: ?-?)'이란 이름을 본 연산군은 이 사람이 누구냐며, 혹시 '영돈녕(領敦寧) 윤호(尹壕: 1424-1496)'를 잘못 쓴 게 아니냐고 말하였다. 그 말에 승지들이 윤기견은 폐비 윤씨의 아버지이며, 윤씨가 왕비로 책봉되기 전에 죽었다고 답변하였다. 이때 처음으로 폐비 윤씨의 죽음을 알게 된 연산군은 수라를 들지 않았던 것이다(『연산군일기(燕山君日記)』 연산 1년 1495년 3월 16일자 기사).

연산군이 윤기견과 윤호를 혼동한 것이 아니냐고 물은 데는 이유가 있다. 성종의 첫 번째 왕비 공혜왕후(恭惠王后) 한씨(韓氏: 1456-1474)가 1474년에 죽고, 이어 1476년 중전에 오른 사람이 바로 윤기견의 딸이자 연산군의 생모인 폐비 윤씨였다. 하지만 윤씨는 질투심이 강하고 성종의 얼굴에 손톱자국을 냈다는 이유로 궐 밖으로 쫓겨났다가 1482년 사약을 받고 죽었다. 윤씨가 폐출된 1479년 세 번째로 중전으로 책봉된 사람이 윤호의 딸인 정현왕후(貞顯王后: 1462-1530)였다. 폐비 윤씨도 정현왕후도 성이 마침 윤가로 같았고, 성종이 폐비 윤씨의 일을 언급하지 말라고 철저히 함구령을 내린 탓에 연산군은 생모 윤씨의 일은 전혀 알지 못하고 자신의 어머니가 정현왕후라고 생각하며 자랐다고 한다. 그러다 성종의 사후에 생모 윤씨의 일을 알게 되었으니 더욱 충격적이고 애통하여 차마 밥을 먹을 수 없었을 것이다.

분류 : 의례
색인어 : 각선, 감선, 퇴선
참고문헌 : 『태종실록』; 『연산군일기』; 이봉래, 「정현왕후」, 『한국민족문화대백과』(한국학중앙연구원, 1995); 한충희, 「폐비 윤씨 사사사건」, 『한국민족문화대백과』(한국학중앙연구원, 1999)
필자 : 김혜숙

퇴선(내가 아무리 못났어도 어찌 후궁의 퇴선을 먹겠는가)

퇴선(退膳)은 왕이나 왕비, 세자가 먹고 난 음식을 물려서 아랫사람에게 먹이는 일을 말하거나, 제사를 지내고 난 제사음식을 말한다. 윗사람이 먹고 난 밥상을 물려받아 아랫사람이 음식을 먹는 일은 흔한 일이었으나, '퇴선'이라고 일컬을 때는 왕이나 왕비, 세자가 남긴 음식을 신하나 궁인에게 물린 경우에 한하였다. 특히 왕의 퇴선을 받는다는 것은 상대방에게 특별한 의미를 부여하는 정치적 행위이기도 했다.

『미암집(眉巖集)』에 실린 유희춘(柳希春: 1513-1577)의 일기를 보면, 그가 1567년 11월 11일 선조(宣祖: 재위 1567-1608)가 보낸 퇴선을 홍문관에서 받은 일이 나온다. 마침 그날은 선조의 탄신일이어서 유희춘은 다른 신하들과 함께 왕에게 문안 말씀을 올렸다. 그런 다음 정철(鄭澈: 1536-1593)과 함께 홍문관에 돌아와 얼마 지나니 왕이 퇴상(退床)을 보내왔다. 이에 유희춘은 북쪽을 향해 땅에 엎드려 용배(龍盃), 즉 왕이 보낸 술을 받아 마시고, 왕이 먹고 남은 음식[御饌]도 먹었다. 그런데 용배를 다 마시는 바람에 많이 취하여 방으로 들어가 누웠다가, 술김에 시를 지어 정철에게 주고 화답하라고 요구했는데 그 시를 본 사람들이 입을 모아 칭찬했다고 한다.

사실 중종(中宗: 재위 1506-1544) 때인 1538년 관직생활을 시작한 유희춘은 1547년 양재역벽서사건(良才驛壁書事件)에 연루되면서 20년 가까이 유배지를 떠돌아야 했다. 그러다 이 해 7월 선조가 즉위하면서 다시 등용되었으니, 그가 11월에 홍문관에서 맞은 선조의 탄신일은 정말 감회가 남달랐을 듯하다. 더욱이 왕의 퇴선과 술까지 받았으니, 취하여 쓰러질망정 술잔을 비우지 않을 수 없었을 것이다.

한편 후궁이 음식을 보내는 것은 퇴선이라 하지 않았
는데, 이에 대해서는 유성룡(柳成龍: 1542-1607)의
『운암잡록(雲巖雜錄)』에 정철이 크게 화를 냈던 일화
가 기록되어 있다. 선조의 퇴선을 유희춘과 함께 홍문
관에서 받고 음식도 먹고 술도 마시고 같이 시도 지었
던 그였으나, 후궁의 퇴선에 대해서는 다른 태도를 취
하였다.

『운암잡록』에 따르면, 57세의 나이로 강계에서 귀양
중이던 정철은 1592년 임진왜란이 일어나면서 풀려
나, 평양에 온 선조(宣祖)를 만나 의주까지 따라갔다.
그러던 어느 날 고관(高官)들이 빈청(賓廳)에 모여 있
었는데 귀빈 김씨(貴嬪 金氏)가 안에서 퇴선(退膳)을
보내, 별감이 상을 받들고 들어와 대신들 앞에 놓았
다. 제일 위에 앉아 있던 정철은 이 상이 어디에서 보
낸 것인지 물었고, 별감은 인빈 김씨(仁嬪 金氏: 1555-
1613)가 보냈다고 대답하였다. 그 말을 들은 정철은
내가 비록 못났지만 어찌 인빈 김씨가 먹다 남은 음식
을 먹겠냐며 화를 내고, 그 자리에 함께 있던 구사맹
(具思孟)에게나 갖다주라고 했다. 구사맹은 인빈 김
씨의 아들인 정원군(定遠君: 1580-1619)의 장인 되는
사람이었는데, 별감이 그에게 상을 가져다주자 부끄
러워서 고개를 들지 못하였다고 한다.

이와 같이 정철이 격분하고 구사맹이 부끄러워한 것
은 고사(故事)에 조정에서 퇴선을 내리는 것은 오직
임금과 중전만 할 수 있고 후궁은 감히 하지 못하는
일이었기 때문이다. 비록 인빈 김씨가 후궁 중에서 선
조에게 가장 총애를 받았고 정원군과 신성군(信城君:
1579-1592) 등 왕자를 낳아 세력이 대단하였지만, 대
신들에게 퇴선을 내린 것은 해서는 안 되는 일이었다.
피난 중인지라 음식이 넉넉하지 못한 상황에서 어쩌
면 인빈 김씨는 좋은 마음에서 대신들에게 음식을 보
냈을 수도 있다. 하지만 예와 명분을 중시하는 선비에
게 인빈 김씨의 행동은 받아들이기 어려웠고, 더구나
맏누이가 인종(仁宗: 재위 1544-1545)의 후궁이어서
어릴 때부터 궁중에 출입했던 정철이 그것을 몰랐을
리 없을 테니 더욱 언짢게 여겼던 듯하다.

분류 : 의례
색인어 : 술, 밥상
참고문헌 : 유희춘 저, 안동교·박명희·김재희·김세종 공역, 『미암집』
제9권(전남대학교 호남학연구원·조선대학교 고전연구원, 2013); 유
성룡 저, 남만성 역, 『운암잡록』(한국고전번역원, 1974); 이수건, 「유
희춘」, 『한국민족문화대백과』(한국학중앙연구원, 1997); 김학성, 「정
철」, 『한국민족문화대백과』(한국학중앙연구원, 1997)
필자 : 김혜숙

퇴선(문소전의 퇴선은 내불당 스님에게로)

퇴선(退膳)은 왕이나 왕비, 세자가 먹고 난 음식을 물
려서 아랫사람에게 먹이는 일을 말하거나, 제사를 지
내고 난 제사음식을 말한다. 민간의 사가(私家)에서
도 제사를 지낸 음식을 나눠 먹고 여기저기 싸 보냈지
만, 왕실에서도 크게 다르지 않았다. 이 가운데 경복
궁 북쪽에 있었던 문소전(文昭殿)의 퇴선은 특별한
곳으로 보내졌다. 문소전은 원래 태조의 첫째 부인인
신의왕후(神懿王后: 1337-1391) 한씨(韓氏)의 신주를
모시기 위해 마련된 곳이나, 나중에는 태조와 그 위의
4대의 신위를 모시는 곳이 되었다가 임진왜란 때 소
실되었다.

이 문소전에서 제사를 지내고 남은 음식은 내불당(內
佛堂)이라는 왕실 불당으로 보내졌다. 내불당은 불심
(佛心)이 깊었던 세종(世宗: 재위 1418-1450)이 1448
년에 문소전 옆에 지은 불당인데, 연산군(燕山君: 재
위 1494-1506) 때인 1504년에 궁궐 밖으로 이전될 때
까지 경복궁 안에 있었다.

『성종실록(成宗實錄)』에 따르면, 이 내불당에 머무는
승려들은 다른 사찰의 승려와 달리 외부 출입을 마음
대로 할 수 없어서 사사로이 식량을 마련하기 어려우
므로 관에서 대신 먹을거리를 조달해주었다고 한다.
그런데 이때 가뭄이 들어 그 양을 반으로 줄였고, 게
다가 예전에는 문소전에서 제사 지낸 음식 중 소물(素
物), 즉 어육류를 제외한 나물 등의 음식을 모두 퇴선
이라 하여 내불당으로 보냈으나 이제는 끊어진 상황
이니 내불당에 주는 식량 등을 원래대로 주어야 한다
고 호조(戶曹)에서 아뢴 일이 있다(성종 13년 1482년
7월 24일자 기사).

살생이 금지되었으니 어육류는 제외하였지만 문소전의 퇴선이 내불당으로 보내졌다는 이야기는 유교식 제사음식을 불가의 스님들이 먹었다는 것이다. 이를 통해 조선이 유교를 기반으로 성립된 국가라 해도 조선 중기까지도 왕실에서조차 불교의 영향력이 지속되면서 불교와 유교가 병존하였음을 알 수 있다.

분류 · 이례
색인어 : 금육, 제사음식
참고문헌 :『성종실록』; 신지혜, 「문소전」,『조선왕조실록사전』(한국학중앙연구원); 탁현규, 「내불당」,『조선왕조실록사전』(한국학중앙연구원)
필자 : 김혜숙

간막이탕

1795년(정조 19) 화성 능행차에서 돌아오는 길에 시흥행궁에 머무르면서 혜경궁 홍씨(惠慶宮 洪氏: 1735-1815)는 15일 낮에 주다소반과(晝茶小盤果)라는 상차림을 받았다. 다소반과는 면, 탕, 찜, 적, 전, 떡, 한과, 음청류 등으로 차린 상차림을 말한다. 이 상에는 '간막이탕(間莫只湯)'이라는 생소한 음식이 올랐다.

간막이탕에 들어가는 재료를 살펴보면 저간막이(猪間莫只: 돼지 창자 간막), 황육(黃肉: 소고기), 진계(陳鷄: 묵은닭), 계란(鷄卵), 진유(眞油: 참기름), 후초말(胡椒末: 후춧가루), 실백자(實柏子: 잣), 해수(醢水: 액젓)이다. 돼지의 내장인 돼지창자의 간막을 주재료로 하여 소고기, 닭고기를 넣어 지단과 잣을 올린 탕으로 추측된다. 저간막이는 돼지의 간막(횡격막)을 둥글게 잘라낸 것으로 '도래창'이라는 명칭으로 알려진 부위이다. 간막이탕에는 간을 맞추기 위해 소금이나 간장이 아니라 새우젓국이나 액젓으로 추측되는 해수[醢水]를 넣은 것이 특징이다.

같은 이름의 음식이 1847년에 쓰인 고조리서『주식방문』에 등장한다. 이 조리서에 나오는 간막이탕은 돼지 아기집과 닭을 삶아 깨국물에 넣은 음식이다. 저간막이 대신 돼지 아기집을 사용한 것이 궁중의 간막이탕과 다르지만 공통적으로 돼지 내장과 닭을 사용하였다.

분류 : 음식
색인어 : 간막이탕, 돼지 내장, 도래창, 저간막이, 원행을묘정리의궤, 다소반과
참고문헌 :『원행을묘정리의궤(園幸乙卯整理儀軌)』;『주식방문』
필자 : 이소영

간편조선요리제법

『간편조선요리제법(簡便朝鮮料理製法)』은 1934년 삼문사(三文社)에서 간행된 조선요리책으로 저자는 이석만(李奭萬)이다. 책에는 두 가지의 서문이 있는데 첫 번째는 서(序)라는 제목으로 방철원(方哲源)의 글이 실려 있으며 두 번째는 '간편

이석만, 『간편조선요리제법』 표지, 12.5cm×18cm, 삼문사, 개인 소장

조선요리제법의 서문'이라 하여 저자 본인이 작성한 서문이 실려 있다. 방철원은 서(序)에서 이 책을 "문화의 방향을 바로잡기" 위해, 그리고 "민중생활의 개량"을 위해 출간하였다고 하였으며 저자인 이석만은 서문에서 '조선에도 요리법이 없었던 것은 아니나 비과학적이고 맛이 없고 영양이 적다.'고 지적하였다.

『간편조선요리제법』에는 국, 찌개, 지짐이, 나물, 무침, 포, 전유어, 산적, 찜, 회, 잡종(기타 음식), 다식, 정과, 어채, 화채, 유밀과, 강정, 밥, 죽, 미음, 암죽, 떡, 침채(김치), 젓, 차, 장과 초 등의 177종의 한국요리와 부록으로 총 59종의 일본요리, 서양요리, 중국요리가 실려있다. 한편『간편조선요리제법』의 내용은 방신영(方信榮: 1890-1977)의『조선요리제법(朝鮮料理製法)』과 내용 면에서 거의 일치한다. 이는 이 책이 이석만의 이모로 알려져 있는 방신영의『조선요리제법』 1917년 판을 간추려 정리한 책이기 때문이다.

예를 들어 1921년 판 조선요리제법의 꿀떡 조리법을

비교해보면 설탕을 『조선요리제법』은 '사탕(조선요리제법, 1921)'으로 표기했으나 『간편조선요리제법』은 오기(誤記)로 보이는 '철탕'으로 바꾸어 적은 것과 일부 아래아 모음이 현대 'ㅏ' 모음으로 바뀐 것 외에 문장의 내용과 구성이 일치한다.

한편, 이석만은 『간편조선요리제법』 이외에도 조리법과 함께 식재료의 종류와 보관법, 상차림, 냉장고 사용법, 일주일치 식단 등의 내용을 담은 『일일활용 신영양요리법』(1935)이라는 책도 저술하였다.

분류 : 문헌
색인어 : 이석만, 방신영, 꿀떡, 간편조선요리제법, 조선요리제법, 일일활용 신영양요리법
참고문헌 : 이석만, 『간편조선요리제법』(삼문사, 1934); 한식재단, 『근대 한식의 풍경(격동의 근대, 그 세월을 헤쳐나온 한식의 분투기)』(Hollym, 2014)
필자 : 서모란

갈비

갈비는 가축의 가슴 부분을 감싸고 있는 뼈와 살을 통칭하는 용어이다. 한자어로는 牛肋(우륵), 牛脇(우협), 曷非(갈비)라고 한다. 정약용(丁若鏞: 1762-1836)의 『아언각비(雅言覺非)』에는 "牛脇曰曷非(우협왈 갈비)" 우협 즉, '소의 옆구리 부위'가 '갈비'라고 하고 있다. 우리말로는 '가리'라고 부르기도 하였으나 현재의 표준어 규정은 갈비만을 표준어로 인정하고 있다.

소, 돼지, 닭, 양 등의 가축의 종류에 갈비라는 용어를 붙여 음식의 용어로 사용한다. 음식 용어로서의 갈비에는 두 가지 의미가 있는데 동물의 가슴뼈 부분의 고기로 만든 음식이나, 특정 방식으로 만든 음식, 즉 양념하여 볶거나 구운 음식을 뜻한다. 예를 들어 소, 돼지, 양갈비의 경우에는 특정 부위의 고기나 그 고기를 양념하여 조리한 음식을 뜻하지만 닭갈비는 부위에 상관없이 닭고기를 양념하여 재웠다가 채소와 함께 볶은 음식을 뜻한다.

생선요리 중에도 '갈비'라는 이름이 붙은 것이 있는데 바로 고갈비이다. 고갈비는 부산 지역에서 고등어구이를 달리 부르는 말로, 고등어를 구울 때 돼지갈비를 구울 때처럼 연기가 많이 나서 고갈비라고 불렀다는 설과 예전에 고등어구이를 즐겨 먹던 손님들이 학생이라서 높을 고(高)자를 붙여 고갈비라고 불렀다는 설이 있다.

소갈비로 만드는 대표적인 음식으로는 갈비탕, 갈비구이, 갈비찜, 떡갈비 등이 있으며 갈비찜을 다시 석쇠에 구워서 만든 갈비찜구이라는 음식도 있다(『한국음식대관』). 돼지의 갈비 부위로도 돼지갈비구이, 갈비찜을 만든다. 지역 향토음식으로는 경기도 포천시 이동의 이동갈비와 경기도 수원시의 수원갈비, 전라남도 광주 지역의 떡갈비가 가장 유명하다.

갈비는 조선시대 연말연시의 선물로 주고받기도 할 만큼 귀한 대접을 받았다. 지규식(池圭植: 1851-?)이 1891-1911년 사이에 기록한 글을 모은 『하재일기(荷齋日記)』에 기록된 연말연시에 주고받은 선물 목록을 살펴보면 달력, 담배, 북어, 꿩고기, 돼지다리와 함께 갈비 1짝을 선물로 주고받았다고 되어 있다.

1920년대에도 설날 세찬으로 갈비를 보냈다는 내용의 기록이 있다. 1926년 〈동아일보〉 기사에 따르면 암수 꿩 한 마리씩에 돼지다리 하나, 달걀 한 접, 갈비 한 개면 훌륭한 세찬으로 쳤다고 한다(〈동아일보〉 1926년 2월 9일자). 귀한 식재료인 만큼 갈비가 뇌물로써의 역할을 하기도 했다. 1929년 〈동아일보〉의 기사에 따르면 지주를 대신하여 소작권을 관리하는 마름, 즉 사음(舍音)이 정초에 소갈비 등의 선물을 가져오는 사람에게는 소작권을 주고 그렇지 않은 경우에는 소작권을 빼앗아 버렸다고 한다(〈동아일보〉 1929년 1월

소갈비를 굽기 전에 각종 양념에 재워 숙성시키고 있다.ⓒ하응백

19일자).

갈비가 귀한 음식이라는 인식은 속담에서도 나타난다. '냉수 먹고 갈비 트림 한다'라는 속담이 대표적인 예이다. 이는 냉수만 먹고도 귀한 음식인 갈비를 먹은 척을 한다는 뜻으로 별것 아닌 일을 해놓고 으스대는 모습을 빗댄 속담이다.

분류 : 음식
참고문헌 : 정약용, 『아언각비』; 지규식 저, 이종덕 역, 『하재일기』(서울특별시사편찬위원회, 2007); 『향토문화전자대전』; 「음력세말 二 세찬 二」, 〈동아일보〉 1926년 2월 9일; 「舍音(사음)을 撤廢(철폐)하라」, 〈동아일보〉 1929년 1월 19일
필자 : 서모란

떡갈비

떡갈비는 갈빗살을 다져 양념을 더해 치댄 뒤 넓적한 모양으로 빚어 구운 음식이다. 만들어 놓은 모양이 시루떡을 닮았다고 하여 떡갈비라는 이름이 붙었다는 설과 빚어서 구워놓은 모양이 인절미처럼 사각형이라 떡갈비로 부른다는 설이 있다. 주로 사용하는 고기는 소고기지만 돼지고기로 만들기도 하고, 소고기와 돼지고기를 섞어서 만들기도 한다.

떡갈비라는 음식은 비교적 최근에 생겨난 용어이다. 떡갈비와 유사한 음식으로는 섭산적이 있다. 섭산적과 떡갈비는 고기를 잘게 다져 양념하여 구웠다는 점에서 유사하다. 그러나 기름기 없는 부위의 소고기를 다져 사용하는 섭산적과 달리 떡갈비는 갈빗살을 주로 사용한다는 점에서 구별된다.

떡갈비라는 용어는 1976년 〈매일경제〉의 기사를 통해 등장하는데 여기서 말하는 떡갈비찜은 가래떡과 갈비를 섞어 찐 음식으로 현재 칭하는 떡갈비와는 다른 음식이다(〈매일경제〉 1976년 1월 38일자). 현재와 같은 형태의 떡갈비는 1980년대 후반이 되어야 신문 기사에 나타난다(〈동아일보〉 1988년 12월 16일자).

떡갈비는 전라남도 광주의 송정동 지역과 경기도 의정부시의 향토음식으로 분류된다. 광주 송정동의 떡갈비는 소갈비로 만들지만 경기도 의정부의 떡갈비는 돼지 갈빗살로 만드는 것이 특징이다. 재료는 다르지만 만드는 법은 유사하다. 갈비에서 살을 떼어내 다진 뒤 간장, 설탕, 다진 파, 다진 마늘, 참기름 등 일반 갈비양념과 비슷하게 양념하여 버무린 뒤 다시 떼어낸 뼈에 붙여 석쇠에 굽는다. 다만 광주 송정동 떡갈비는 일반적으로 갈비 양념에 사용하는 일반 간장(일본식 간장, 양조간장, 진간장) 대신 한식간장(국간장)을 사용한다고 한다. 또, 여전히 다진 갈빗살을 뼈에 붙여 구워서 판매하는 의정부 떡갈비 골목의 식당들과 달리 현재 송정동 일명 떡갈비 식당에서는 대부분 떡갈비를 뼈에 붙이지 않고 구워서 판매하고 있다.

분류 : 음식
참고문헌 : 『한국의 전통 향토 음식: 서울, 경기도』(교문사, 2008); 『한국의 전통 향토 음식: 전라남도』(교문사, 2008); 「韓國食生活研(한국식생활연)서 소개 舊正床(구정상)차리기」, 〈매일경제〉 1976년 1월 38일; 「漣川(연천) 才人(재인)폭포」, 〈동아일보〉 1988년 12월 16일
필자 : 서모란

별건곤의 갈비구이

갈비구이는 한식 중에서 비교적 역사가 오래된 외식 메뉴로 1920년대에는 음식점에서 팔기 시작한 것으로 보인다. 1929년 9월, 『별건곤』에서는 경성의 맛있는 음식점[京城名物集]을 소개하는 기사를 실었는데, 이 기사에 따르면 기사를 쓴 시점에서 3년 전인 1926년까지만 해도 연계백숙[白熟軟鷄: 백숙연계]이나 구운 갈비를 파는 식당이 없었으나 서울 전동의 대구탕(大邱湯, 대구탕반) 집에서 백숙과 갈비를 구워 판 이후로 집집마다 대구탕, 백숙, 구운 갈비를 팔기 시작하였다. 『별건곤』 기사는 대구탕을 大口湯[생선 대구

갈비구이ⓒ하응백

로 끓인 탕], 大邱湯[대구탕반, 소고기국밥] 두 용어를 모두 사용하였으나 앞의 大口는 오자(誤字)로 보이며 이 기사에 나타난 대구탕은 생선으로 만든 대구탕이 아닌 대구의 탕반[大邱湯]인 것으로 보인다. 따라서 1920년대 중반 서울 지역의 국밥을 파는 음식점에서 갈비구이를 팔기 시작한 것이 시초인 것으로 보인다 (『별건곤』 1929년 9월 27일자).

조풍연은 서울의 풍속을 다룬 『서울잡학사전』에서 갈비구이가 외식 메뉴화된 것은 1939년경 서울시 낙원동의 한 평양냉면집에서 가리구이(갈비구이)를 판매하면서 시작되었다고 주장하였다. 이 책에 따르면 당시 냉면 한 그릇의 가격은 20전, 갈비 한 대의 가격도 20전이었는데 냉면 한 그릇에 갈비 두 대를 시켜 먹는 것이 보통이었다고 한다.

갈비구이는 소의 가슴뼈 부분의 살을 뼈가 함께 붙도록 잘라 양념에 재웠다가 구워 먹는 음식이다. 주로 소고기와 돼지고기로 만들며 각각 소갈비구이, 돼지갈비구이라고 칭한다. 현대에는 갈비 양념에 주로 간장, 설탕, 파, 마늘 등을 사용하는데 예전에는 간장 대신 소금이나 새우젓국을 사용하기도 했다.

분류 : 음식
참고문헌 : 조풍연, 『서울잡학사전』(정동출판사, 1989); 「京城名物集(경성명물집)」, 『별건곤』, 1929년 9월 27일
필자 : 서모란

소갈비(「주막」)

토방마루에 개도 어수룩이 앉아
술방을 기웃거리는 주막…

호롱불이 밤새워 혼들려 흔들린다.

밤이 기웃이 들면
주정꾼의 싸움이 벌어지는 행길, 행길 앞 주막.

둘 사이 들어 뜯어놓는
얼굴이 바알간 새악시, 술방 아가씨.

술상이 흩어질 무렵…

마른 침에 목을 간지르던 마을이
소갈비를 구워 먹는 꿈을 꾼다더라.

1939년 11월 『문장』 지에 발표된 박남수 (朴南秀: 1918-1994) 의 시 「주막」이다. 박남수는 간결한 이미지 중심의 작품으로 출발하여 다양한 주제를 다양한 방법으로 구현하여 한국시의 현대적 감각을 높

박남수 시인(1918-1994)

인 시인이다. 평양 숭실상업학교를 거쳐 1941년 일본 주오대학[中央大學]을 졸업했다. 1939년 정지용의 추천으로 『문장』지에 「초롱불」, 「거리」, 「밤길」, 「주막」 등을 발표하면서 등단하였다. 감각적 이미지를 통해 대상을 지적으로 표현하는 작품을 많이 썼고, 현대 문명의 속성을 비판적으로 성찰하면서 존재의 세계를 탐구하는 작품도 창작했다. 1975년 미국으로 이주하여 살다가 그곳에서 타계했다. 시집으로 『초롱불』, 『갈매기 소묘』, 『새의 암장』, 『그리고, 그 이후』 등이 있다.

이 시는 궁핍하고 암울했던 식민지 시대 주막의 밤풍경을 묘사한 작품이다. 토속적인 주막의 풍경을 역동적이고 능동적인 삶의 공간으로 표현함으로써 억눌린 민족의 잠재적 생명력을 그려내고 있다. 주막의 풍경을 구체적으로 묘사하여 사실감을 높인 것이 특징이다. 소갈비는 예나 지금이나 비싸고 귀한 음식이다. 이 시의 소갈비는 당시의 궁핍한 현실 속에서 식욕을 강하게 자극하는 맛있는 음식으로 등장했다. 당시 서민들이 쉽게 접할 수 없는 귀한 음식이기에 소갈비의 꿈을 꾼다고 표현한 것이다.

분류 : 문학
색인어 : 주막, 박남수, 술방, 술상, 소갈비
필자 : 이숭원

수원갈비

수원갈비는 경기도 수원의 지역음식으로 양념한 소갈비를 숯불에 구운 음식이다. 일반적인 갈비구이와 수원갈비의 차이점은 짠맛을 내는 양념으로 간장 대신 소금을 사용한다는 점과 갈빗대를 다른 지역보다 크게 자른다는 점이다. 1967년 〈동아일보〉의 기사는 수원갈비의 특징을 자세하게 서술해놓았는데, 소금 양념이나 서울의 갈비의 두 배에 달하는 크기 외에도 볶은 깨를 첨가하는 점이 다른 갈비구이와 다르다고 하였다. 또 다 구운 갈비는 취향에 따라 식초, 소금, 간장에 찍어 먹는다고 하였다(〈동아일보〉 1967년 10월 12일자).

수원 지역에서 갈비구이가 유명해지게 된 역사적인 배경에는 정조(正祖: 1752-1800)가 있다. 정조 19년(1795년) 윤2월 28일 『정조실록』의 내용을 보면, 정조가 정리소(整理所)의 남은 돈을 전국에 보내 을묘년 정리곡을 만들게 하는 한편 탐라에 진휼 곡식을 보태 주고 화성에 둔전(屯田)을 설치하라고 명하였다. 둔전은 군량을 충당하기 위한 농지이다. 같은 해 『정조실록』 11월 7일(갑인)자 기사에는 화성의 둔전이 완성되었다는 기록이 있다. 정조는 이와 함께 둔전을 경작하는 데 필요한 소인 둔우(屯牛)를 농민들에게 한 마리씩 나눠주고 3년 후에 갚도록 하였는데 이로써 현 화성 인근에 소가 급격히 늘어나게 되었다고 한다. 이후 늘어난 숫자의 소를 거래하기 위한 우시장이 생겨나고 우시장이 번성하면서 수원갈비 탄생과 인기의 배경이 된 것으로 추정된다.

수원갈비의 원조로 꼽히는 음식점은 2018년 현재에는 영업을 하지 않고 있는 '화춘옥(華春屋)'으로 전해진다. 이귀성(1900-1964) 씨는 1945년, 미전옥(米廛屋)이라는 갈비구이 식당을 개점하여 영업을 시작하였으며 2년 후에는 상호명을 화춘옥으로 변경하였다. 메뉴도 갈비를 넣은 해장국으로 바꿨으며 이후에 양념 갈비구이를 추가하게 되었다. 화춘옥의 상호명은 이귀성 씨가 1930년대 형제들과 함께 운영하던 '화춘제과'라는 제과점의 이름을 따서 지었다고 하며 박정희(朴正熙: 1917-1979) 전 대통령이 자주 찾았다고 하여 더욱 유명세를 타기도 했다(〈연합뉴스〉 2018년 5월 19일자).

홍승면(洪承勉: 1927-1983)은 음식 에세이 책인 『백미백상』에서 "지금도 수원갈비는 이름이 높아 서울에서 차를 몰고 가는 사람들이 있지만 성명(盛名)이 예전 같지는 않게 느껴진다. 상승세에 있는 것은 해운대갈비인 것 같다."고 했는데 이 이야기에서 등장하는 해운대갈비도 역시 수원갈비를 탄생시킨 이귀성 씨가 한국전쟁 당시 부산으로 피난 가서 탄생시킨 음식이라고 한다.

분류 : 음식
참고문헌 : 이상현 역, 「정조 19년 을묘(1795) 윤 2월 28일(경술)」, 『정조실록』(한국고전번역원, 1993); 농촌자원개발연구소, 『한국의 전통향토 음식: 서울, 경기도』(교문사, 2008); 홍승면, 『백미백상』(학원사, 1983); 「소갈비」, 〈동아일보〉 1967년 10월 12일; 주영하, 『식탁위의 한국사』(휴머니스트, 2013); 「수원갈비 명가 '화춘옥' 가업 3대째 이어온 이광문 사장」, 〈인천일보〉 2016년 7월 29일; 「수원은 어떻게 갈비의 본고장이 됐나」, 〈연합뉴스〉 2018년 5월 19일
필자 : 서모란

이동갈비

이동갈비는 양념한 소갈비를 숯불에 구워 먹는 경기도 포천시 이동의 지역음식이다. 이동갈비의 양념은 일반적인 갈비와 유사하게 간장, 설탕, 참기름, 파, 마늘, 생강, 후춧가루, 청주 등을 사용한다. 특이한 점은 갈비뼈가 붙어있는 갈빗살에 뼈에서 떨어진 갈빗살을 이쑤시개로 연결한다는 점인데 이러한 방식이 이동에서 가장 먼저 시작되었다는 설이 있다. 때문에 이동갈비는 이동지역의 갈비를 뜻하기도 하고 이쑤시개로 고기를 연결하는 방식의 갈비구이를 뜻하기도 한다.

이동갈비의 역사는 1960년대 '이동갈비집', '느타리갈비집'이라는 갈비구이 식당이 문을 연 것을 시작으로 본다. 그러나 본격적으로 이동갈비가 명성을 얻기 시

작한 것은 1980년대 들어서부터로 추정된다.

그 첫 번째 요인으로는 인근의 군부대가 거론된다. 포천 지역 군부대에 면회를 온 부모님들이 자녀를 배불리 먹이기 위해 갈빗집을 즐겨 찾으면서 인근 지역에 비슷한 식당이 많이 생겨났다는 것이다.

두 번째 요인으로 '자가용 시대의 개막'을 들 수 있다. 1980년대 후반 자가용 자동차를 소유한 가정이 급증하게 되면서 주말 나들이로 가까운 경기도 지역을 찾는 일이 잦아지게 된다. 더불어 이름난 먹거리를 소개하는 신문 기사나 방송이 늘어나면서 이동갈비의 유명세는 더욱 높아지게 된다. 1989년 〈경향신문〉의 기사를 보면 경기도 포천 이동의 백운계곡 근처에 유명한 음식으로 보신탕, 토종 닭죽과 함께 "언제부턴가 구전으로 전해왔던 이동의 갈비"라는 내용이 등장한다(〈경향신문〉 1989년 7월 27일자). 1990년대 유명 식도락가였던 홍성유(洪性裕: 1928-2002)의 저서인『한국 맛있는 집 999점』에도 포천 이동갈비 전문점 중 한 곳인 '이동갈비집'을 값이 싸고 맛이 있어서 "차를 몰고 가다가 일부러" 들르게 되는 음식점으로 소개하고 있다.

1990년대 초, 이동갈비는 이동막걸리와 함께 포천을 대표하는 지역음식으로 자리를 잡으며 점점 더 인기를 얻기 시작한다. 1990년 15곳에 불과했던 이동갈비 식당도 2년여 만인 1992년에는 50여 곳으로 급증할 정도였다(〈동아일보〉 1990년 5월 25일자, 1992년 9월 24일자).『한국향토문화전자대전』에 따르면 최근에는 포천시 이동 지역에만 20여 곳, 인근 지역까지 합하면 총 200여 곳의 이동갈비집이 영업을 하고 있다고 한다.

분류 : 음식
참고문헌 : 농촌자원개발연구소,『한국의 전통 향토 음식: 서울, 경기도』(교문사, 2008); 홍성유,『한국 맛있는 집 999점 1』(문학수첩, 1994);『한국향토문화전자대전』; 「철원군 孤石亭(고석정) 1시간半(반) 快走(쾌주)…무더위 말끔히」,〈경향신문〉 1989년 7월 27일; 「史內川(사내천) 廣德(광덕)계곡」,〈동아일보〉 1990년 5월 25일; 「맛따라 길따라」,〈경향신문〉 1992년 9월 24일
필자 : 서모란

갈비찜

갈비찜은 소나 돼지의 갈비 부위를 토막 쳐 채소와 함께 끓여 조린 것을 뜻한다. 갈비찜이라고 하면 주로 소갈비찜을 뜻하며 돼지갈비로 만들었을 경우 별도로 돼지갈비찜이라고 부른다.

조선시대에는 갈비의 옛말인 '가리'라는 용어를 사용해 가리찜이라고 불렀으며 근대 이후에는 가리찜과 갈비찜을 혼용하다가 현재는 갈비찜을 단독 표준어로 하고 있다. 한자어로는 乫非蒸(갈비증)이라고 한다.

『일성록』에는 정조 19년(1795) 6월 18일 정조의 어머니인 혜경궁 홍씨(惠慶宮 洪氏: 1735-1815)의 61세 생신인 회갑(回甲)과, 그 이듬해인 진갑(進甲)의 진찬(進饌)에 갈비찜[乫非蒸, 갈비증]을 올렸다는 기록이 있다.

현재의 갈비찜에는 갈비만을 사용하지만 조선시대부터 1920년경까지는 소위, 곱창, 양 등 다양한 부위의 내장을 함께 넣어서 만들기도 하였다. 1800년대 후반의 조리서인『시의전서(是議全書)』의 조리법에는 한 치 길이로 자른 갈비와 함께 소위, 곱창, 무, 다시마, 표고, 석이, 파, 미나리가 들어간다. 방신영(方信榮: 1890-1977)의『조선요리제법(朝鮮料理製法)』(1921)에서는 갈비 외에도 양, 곤자소니(소 창자의 맨 끝 부분), 부아(폐), 창자 등의 다양한 부위의 소 내장이 함께 사용되었으며 미나리를 꼬지에 꿴 뒤 달걀 물을 입혀 부친 음식으로 고명의 일종인 '미나리 초대(미나리적)'와 표고버섯, 석이버섯도 들어간다.

갈비찜ⓒ수원문화재단

반면 『시의전서』와 비슷한 시기에 쓰인 작자 미상의 조리서 『술 만드는 법』은 갈비 외에 다른 내장 부위는 넣지 않은 갈비찜 조리법을 소개하고 있다. 같은 시기에 쓰인 『주식시의(酒食是儀)』의 갈비찜도 돼지갈비와 소갈비를 섞어서 만들지만 내장 부위는 들어가지 않는다.

한편, 방신영의 『조선요리제법』 1934년 판의 가리찜 재료에는 1921년 판에 포함되어 있던 소의 내장 부위가 전부 빠져 있다. 1930년대 이후 조리서인 『사계의 조선요리(1935)』와 『조선요리법(1939)』도 역시 내장 부위를 넣지 않은 갈비찜의 조리법을 소개하고 있다. 이를 통해 일제 강점기 시기를 지나면서 갈비 외에도 다양한 내장을 넣어 만들던 갈비찜 조리법이 점차 사라지고 갈비부위만을 사용한 갈비찜 조리법이 정착되어간 것을 확인할 수 있다.

『조선요리법(1939)』의 저자인 조자호(趙慈鎬: 1912-1976)는 대표적인 조선요리로 구자(신선로), 골탕, 애탕, 청국장 등과 함께 갈비찜을 꼽았다(〈동아일보〉 1937년 11월 24일자). 갈비찜은 최근까지도 손님을 접대할 때나 설날이나 추석 등 명절에 가정에서 만들어 먹는 대표적인 음식 중 하나로 손꼽힌다. 조선시대부터 갈비를 연말연시 선물이나 세찬으로 주고받았다는 기록이 있는 것으로 보아 조선시대에도 선물로 받은 갈비를 이용한 갈비찜, 갈비구이 등이 명절 상차림에 올랐을 것으로 추정할 수 있다.

분류 : 음식
색인어 : 갈비구이, 미나리, 시의전서, 조선요리제법, 조선무쌍신식요리제법, 추석, 석이버섯, 쑥, 진연·진찬
참고문헌 : 임희자 역, 「정조 19년 을묘(1795, 건륭)」, 『일성록』(한국고전번역원, 2012); 신하령 역, 「정조 20년 병진(1796) 6월 18일(임진)」, 『일성록』(한국고전번역원, 2013); 작자 미상, 『시의전서』; 방신영, 『조선요리제법』(廣益書館, 1921); 방신영, 『조선요리제법』(한성도서, 1934); 『사계의 조선요리』(鈴木商店, 1935); 작자 미상, 『술 만드는 법』; 작자 미상, 『주식시의』; 「음식중에는 대표적인 조선요리몇가지(下(하))」〈동아일보〉 1937년 11월 24일
필자 : 서모란

가리찜(『춘향전』)

춘향 어미 이 말 듣고 이윽히 앉았더니 몽조가 있는지라 연분인 줄 짐작하고 흔연히 허락하며, "봉이 나매 황이 나고, 장군 나매 용마 나고, 남원의 춘향이 나매 이화춘풍 꽃다웁다. 향단아 주반 등대하였느냐?" "예" 대답하고 주효를 차릴 적에 안주 등물 볼작시면 괴새도 정결하고, 대양판 가리찜 소양판 제육찜 풀풀 뛰는 숭어찜 포도동 나는 메추리 순탕에 동래 울산 대전복 대모 장도 드는 칼로 맹상군의 눈썹 체로 어슥비슥 오려놓고 염통 산적 양볶이와 춘치자명 생치다리, 적벽대접 분원기에 냉면조차 비벼놓고, 생률 숙률 잣송이며, 호도 대조 석류 유자 준시 앵도 탕기 같은 청실리를 치수 있게 괴었는데, 술병치레 볼작시면 티끌 없는 백옥병과 벽해수상 산호병과 염락금정 오동병과 목 긴 황새병 자라병 당화병 쇄금병 소상동정 죽절병 그 가운데 천은 알안자 적동자 쇄금자를 차례로 놓았는데, 구비함도 갖을시고, 술이름을 이를진대 이적선 포도주와 안기생 자하주와 산림처사 송엽주와 과하주 방문주 천일주 백일주 금로주 팔팔 뛰는 화주 약주 그 가운데 향기로운 연엽주 골라내어, 알안자 가득 부어 청동 화로 백탄불에 냄비 냉수 끓는 가운데 알안자 둘러 불한불열 데워내어 금잔 옥잔 앵무배를 그 가운데 데웠으니, 옥경 연화 피는 꽃이 태을선녀 연엽주 띄듯, 대광보국 영의정 파초선 띄듯 둥덩실 띄워 놓고, 권주가 한 곡조에 일배일배부일배라. 이도령 이른 말이 "금야에 하는 절차 보니 관청이 아니어든 어이 그리 구비한가?"

『춘향전』은 판소리계 소설로 널리 알려진 작품이다. 판소리 「춘향가」가 전승되는 과정에서 그 사설이 소설로 윤색되어 정착된 것이 판소리계 소설 『춘향전』이다. 판소리 「춘향가」는 현재까지 전승되고 있는 판소리 다섯 바탕 중 대표적인 작품이며, 소설본도 판본, 필사본, 활자본 등의 형태로 많은 이본이 전해지고 있다.

광한루에서 춘향이를 본 이몽룡은 그날 밤에 춘향의 집을 찾아간다. 춘향의 어머니 월매는 마침 청룡이 나타나는 꿈을 꾸고 이몽룡과 춘향이가 천생연분임을

확신한다. 이에 월매는 이몽룡에게 술을 겸한 음식상을 극진히 차려서 대접하는데, 그 음식상은 매우 화려했다.

위 글에는 다양한 음식이 등장하는데, 안주류만 보더라도 가리찜, 제육찜, 숭어찜, 메추리 순탕, 대전복, 염통 산적, 소의 양을 볶은 요리인 양볶이, 꿩다리 요리인 생치다리, 냉면 등이 나열되어 있다. 이 중에서 '가리찜'은 갈비찜을 말한다. 소나 돼지 따위의 갈비를 토막 쳐서 양념하여 국물을 붓고 삶거나 쪄서 만들어 먹는다.

분류 : 문학
색인어 : 가리찜, 갈비찜, 춘향전
참고문헌 : 구자균 교주, 『춘향전』(교문사, 1984)
필자 : 차충환

갈비탕

갈비탕은 소의 갈비를 토막 내어 끓인 국물음식이다. '乫伊湯(갈이탕)', '加里湯(가리탕)', '乫飛湯(갈비탕)'이라 했다.

1957년에 출간한 『이조궁정요리통고(李朝宮廷料理通攷)』를 보면, 소갈비를 5-6cm길이로 잘라 무를 함께 넣고 끓이다가 연하게 삶아지면 간장 양념을 넣어 간이 배도록 주물러 갈비 끓인 국물에 다시 끓여 계란 지단으로 고명한다.

갈비탕은 일찍이 외식업의 한식 메뉴로 자리잡았다. 갈비구이가 안주용이라면 갈비탕은 식사용으로 음식점에서 팔았다. 또한 결혼식에서 하객에게 대접하는 단골 메뉴로 갈비탕을 꼽는다. 조리법도 간단하고 가장 손쉽고 시간도 절약되며 한 그릇으로도 배를 채우기에 부족하지 않아 접대음식으로 손색이 없다.

요즘 갈비탕에는 갈비 이외에도 당면이 들어간다. 1968년 9월 기사에 보면 절미 및 분식 장려정책을 조금 완화하면서 곰탕과 갈비탕 등 탕류에 쌀 75%, 면 또는 보리 25%를 섞어 판매하도록 했다. 갈비탕에 제공되는 밥 한 그릇 대신 밥을 줄여 제공하면서 부족한 것을 면으로 대체한 것이다. 간혹 설렁탕에 소면이 들

갈비탕©하응백

어간 경우도 볼 수 있는데 이런 이유이다. 1950-60년대 국가는 쌀 부족 문제 해결을 위해 혼·분식을 장려하는 식생활개선 정책을 시행하였다. 당면이 들어간 갈비탕도 분식 장려정책을 실천하려는 노력의 산물인 것이다.

분류 : 음식
색인어 : 이조궁정요리통고, 설렁탕
참고문헌 : 한희순·황혜성·이혜경, 『이조궁정요리통고』(학총사, 1957); 「탕류에 쌀 75% 보리,면 25%」,〈동아일보〉1968년 9월 5일
필자 : 이소영

갈비탕(고종)

갈비를 주재료로 이용한 음식 중 대표 음식은 갈비탕과 갈비찜이다. 갈비찜[乫飛蒸]의 경우 1795년(정조 19) 혜경궁의 상차림에도 올랐다. 그러나 갈비탕은 1800년대 말 이후 설행된 진찬·진연에 등장한다. 1919년 고종(高宗: 재위 1863-1907)의 혼전(魂殿)인 효덕전(孝德殿)에서 올린 아침 저녁 상식(上食)과 1912년 고종의 후궁이자 영친왕을 낳은 순헌황귀비 엄씨(純獻皇貴妃 嚴氏: 1854-1911)의 주다례에도 갈비탕이 올랐다.

갈비탕은 갈비를 토막 내어 끓인 탕으로 '乫伊湯(갈이탕)', '加里湯(가리탕)', '乫飛湯(갈비탕)'이라고 한다. 궁중연회에 오른 갈비탕은 1892년(고종 29)에 설행된

진찬(進饌)에 처음으로 등장하였다. 1901년(광무 5)의 진연, 1902년 11월에 설행된 진연에도 고종에게 올린 상차림에 갈비탕이 차려졌다.

1902년 11월 8일 관명전에서 열린 내진연에 마련된 갈비탕[乫伊湯] 1그릇의 재료는 다음과 같다. 갈비[乫伊], 양(胖), 부화(腑化), 곤자손(昆者巽), 전복(全鰒), 해삼(海蔘), 계란(鷄卵), 진이(眞耳: 참버섯), 청근(菁根: 무), 수근(水芹: 미나리), 생총(生葱: 파), 실임자말(實荏子末: 깨소금), 호초말(胡椒末: 후춧가루), 간장(艮醬), 진유(眞油: 참기름), 실백자(實柏子: 잣)이다. 재료만 보아도 갈비만으로 끓인 탕이 아니라 소의 내장, 전복, 해삼, 버섯, 채소 등도 함께 넣어 끓인 탕으로 짐작된다.

1924년에 발간된 『조선무쌍신식요리제법(朝鮮無雙新式料理製法)』에는 갈비탕의 조리법을 소개하였다. '갈비를 씻지 말고 짧게 잘라 행주로 닦아서 맹물에 푹 끓여 흐늘흐늘하거든 꺼내어 장과 기름, 깨소금, 후춧가루를 치고 까불러서 다시 국에 넣어 한소끔 끓여 먹는다. 처음 까부를 때에 장을 많이 쳐야 국에 간이 맞는다. 쇄약갈비(쇠갈비)가 더욱 맛이 좋다. 양지머리와 한데 끓이면 더욱 좋다.'고 하였다.

분류 : 음식
색인어 : 갈비탕, 가리탕, 갈이탕, 음식발기, 황실 의례음식
참고문헌 : 『[임진]진찬의궤([壬辰]進饌儀軌)』; 『[신축]진연의궤([辛丑]進宴儀軌)』; 『[임인]진연의궤([壬寅]進宴儀軌)』; 『기미 음 시월 십일일 조석 상식 발기』; 『임자 사월 십일일 소상 익일 주다례 발기』
필자 : 이소영

갈치

여름과 가을이 제철인 갈치는 은백색의 긴 칼 모양으로 생겼다 하여 강원도, 경상남도, 전라남도, 충청북도와 같은 지역에서는 '칼치'라고도 부르는 바닷물고기이다. 조선시대에는 한자로 '刀魚(도어)', '劍魚(검어)', '帶魚(대어)', '裙帶魚(군대어)', '鱭魚(제어)', '葛魚(갈어)'로 쓰기도 하고, 발음 그대로 '葛峙(갈치)', '乫雉(갈치)', '葛雉(갈치)', '葛侈(갈치)', '葛致(갈치)'

낚시로 잡은 갈치. 삼치와 고등어도 보인다. ©하응백

로도 표기하였다. 또한 갈치의 새끼를 가리켜 전남 지역에서는 '풀치'라고 부른다. 이러한 갈치의 이름은 모두 갈치의 외형에서 유래한 것인데, 칼[劍, 刀]이나 허리띠[帶, 裙帶], 칡덩굴[葛]과 같이 가늘고 긴 것을 의미하는 것이다.

현재는 사정이 다르지만, 조선시대는 물론이고 일제강점기에도 갈치는 전국적으로 많이 잡히는 데다 값도 저렴하여 누구나 즐길 수 있는 생선이었다. 또한 소금에 절이거나 말리면 오랫동안 두고 먹을 수 있어서 냉장시설이 없었던 시기에는 대중적 인기가 높은 어종이 바로 갈치였다. 담백한 맛의 갈치로는 회, 젓갈, 국, 찌개, 조림, 구이, 식해, 섞박지, 김치 등 다양한 음식을 해 먹었다.

이 가운데 저장성이 높은 것은 젓갈인데, 갈치로는 갈치젓은 물론이고 갈치창젓을 만들었다. 5, 6월에 담그는 갈치젓을 방신영(方信榮: 1890-1977)의 『우리나라 음식 만드는 법』(1954)에서 보면, 갈치를 깨끗이 다듬은 후 적당히 토막 쳐 소금과 갈치를 번갈아 한 켜씩 항아리에 넣어 담그라고 했다. 이때 갈치의 내장을 버리지 않고 따로 모아서 갈치창젓을 만들기도 했다.

갈치창젓은 갈치의 식도에서 창자까지 하나도 버리지 않고 내장만으로 담갔다고 하여 '갈치속젓'이라고도 부른다(농촌자원개발연구소, 2008b: 344쪽). 갈치의 창자만 구하기는 쉽지 않으므로 흔한 젓갈은 아니지만, 갈치창젓은 대단히 맛이 좋다고 알려져 있다. 갈치의 내장을 봄에 소금에 절여 젓을 담가 두었다가

해가 지고 갈치낚시가 시작되기 직전의 갈치낚싯배ⓒ하응백

조업을 마치고 새벽에 입항한 갈치낚싯배, 제주 도두항이다.ⓒ하응백

김장할 때 꺼내면 간장보다 더 맛있는 장이 우러난다는 것이다. 이것으로 김치를 담그거나 양념하여 반찬으로 먹었는데, 특히 총각김치나 깍두기와 같이 무가 들어가는 김치나 고들빼기에 넣으면 그 맛이 잘 어울린다(〈경향신문〉 1957년 11월 14일자, 1975년 10월 23일자, 1975년 11월 4일자; 〈동아일보〉 1975년 11월 3일자).

또한 갈치는 대개 무를 넣어 조리지만, 여름철 반찬으로 즐겨 먹었기 때문에 제철인 호박과 같이 조리하는 일이 흔하였다. 갈치로 찌개나 국 등을 끓일 때는 호박과 맛이 어울린다 하여 충청남도, 경상남도, 제주도에서는 호박을 넣어 만들었고(농촌자원개발연구소, 2008a, 127쪽; 2008c, 118-119·175쪽; 2008d, 100쪽), 경상남도에서는 갈치회를 조리할 때 호박잎으로 비늘을 벗기면 깨끗이 벗겨진다 하여 호박잎을 이용하였다(2008c: 359쪽).

분류 : 식재료
색인어 : 조선무쌍신식요리제법, 호박, 고들빼기, 깍두기, 김장, 김치

참고문헌 : 「「젓갈」의 종류와 맛있게 먹는 법」, 〈경향신문〉 1957년 11월 14일; 「젓갈의 季節 맛있고 구수하게」, 〈경향신문〉 1975년 10월 23일; 「값싸고 營養 높은 別味 애벌김장」, 〈경향신문〉 1975년 11월 4일; 「全羅道 쌉쌀한 맛의 고들빼기」, 〈동아일보〉 1975년 11월 3일; 방신영, 『우리나라 음식 만드는 법』(청구문화사, 1954); 농촌진흥청 농업과학기술원 농촌자원개발연구소, 『한국의 전통향토음식5-충청남도』(교문사, 2008a); 농촌진흥청 농업과학기술원 농촌자원개발연구소, 『한국의 전통향토음식 7-전라남도』(교문사, 2008b); 농촌진흥청 농업과학기술원 농촌자원개발연구소, 『한국의 전통향토음식 9-경상남도』(교문사, 2008c); 농촌진흥청 농업과학기술원 농촌자원개발연구소, 『한국의 전통향토음식10-제주도』(교문사, 2008d)
필자 : 김혜숙

갈판과 갈돌

갈판과 갈돌은 나무열매나 곡물의 껍질을 벗기거나 갈아서 분말로 만들기 위한 가공도구이다. 갈판 위에 갈돌을 상하 또는 좌우로 움직여서 식량을 가공하는 원시적 맷돌의 하나로 두 도구가 한 쌍을 이룬다. 우리나라의 신석기시대 중기부터 도토리 같은 야생 견과류를 부수어 가루로 만드는 데 사용되었고 청동시대 농경이 본격적으로 시작되면서 곡물 가공에도 쓰이는데 특히 청동기시대의 유적에서 많이 출토된다. 그리고 초기철기시대에 이르면 갈판과 갈돌이 거의 자취를 감추는데 이는 절구와 시루가 새롭게 등장하고 목제 절구가 사용되기 시작한 변화와 관련된다.

그림의 갈판과 갈돌은 평안남도 대동군 대동강변의 청동기 유적에서 출토되었다. 갈판은 본래 판판한 돌을 이용하여 만든 타원 모양이었으나, 오랜 기간 사용되면서 많은 힘이 가해진 중간부분이 마모되면서 전체적으로 휘어져 있다. 갈돌은 장방형의 몽둥이 모양으로 갈판의 세로폭보다 길어 사람이 양쪽 끝을 쥐고 앞뒤로 밀어 사용할 수 있도록 만들어졌다.

갈판과 갈돌, 길이 34.5cm, 평안남도 대동구 대동강변 청동기유적 출토, 청동기시대, 국립중앙박물관

분류 : 미술
색인어 : 신석기, 청동기, 맷돌, 절구, 시루, 도토리, 나무열매, 갈판, 갈돌
참고문헌 : 박호석·안승모 공저, 『한국의 농기구』(어문각, 2001); 국립
중앙박물관 홈페이지
필자 : 구혜인

감

감은 감나무의 열매이다. 유희(柳僖: 1773-1837)는 『물명고(物名攷)』에서 감의 한자는 '시(枾)'라고 했다. 반시는 모양이 편편하고 넓은 것, 조홍(早紅)은 음력 6월에 익는 작은 것, 홍시(紅枾)는 아직 익지 않았을 때 따서

감ⓒ하응백

따뜻한 곳에 두어 절로 붉게 익힌 것, 건시(乾枾)는 곶감, 백시(白枾)와 황시(黃枾)는 볕에 말린 것, 오시(烏枾)는 불에 말린 것, 준시(蹲枾)는 건시를 꼬챙이에 꿰지 않고 눌러서 편편하게 만든 것인데 다른 말로 시병(枾餠)이라고 했다. 감은 조선시대 제사에 빠지면 안 되는 제물이었다. 감을 자급자족하기 위해 선비들의 살림집 마당에는 감나무가 한 그루 이상 갖추어져 있었다.

분류 : 식재료
색인어 : 두(제기), 제사음식
참고문헌 : 유희, 『물명고(物名攷)』
필자 : 주영하

곶감

곶감은 껍질을 벗긴 감을 말린 음식을 말한다. 한자로는 건시자(乾柿子), 건시(乾柿), 시저(柿藷), 시병(枾餠) 등으로 표기한다.

곶감은 세시(歲時) 때 시절(時節)음식, 제사·혼례 등 의례에 많이 쓰였기에 각종 문집과 서찰 등을 살펴보면 선물로도 자주 주고받던 물품 중 하나였다. 외국

에 선물로도 보냈다. 특히 명나라나 청나라에서 사신이 왔을 때 황제에게 바치는 선물이기도 했다. 『세종실록』 1430년 음력 12월 11일자 기사에 따르면 명나라 사신으로 조선에 온 창성(昌盛)이 석화(石花), 대하(大蝦)와 함께 곶감을 요구하므로 이 요청에 응하라는 기록이 있다. 고종 때인 1875년 음력 5월 2일자 『승정원일기』 기사에 예조에서 고종에게 1875년 3월에 효철의황후(孝哲毅皇后, 1854-1875)의 죽음을 위로하는 진향사(進香使)가 갈 때 보내는 제수물품과 관련한 보고를 했다. 원래 진향사는 제수(祭需)물품으로 곶감을 가지고 갔는데 곶감이 가는 길에 부패하기 쉬워 건륭제(乾隆帝: 1711-1799)와 도광제(道光帝: 1782-1850) 때부터 곶감을 개암으로 바꿔 보냈다. 그래서 이번 진향사도 곶감 10첩 대신 개암 10두를 준비했음을 고종에게 보고했다. 이는 건륭제 이전까지 진향사가 갈 때는 곶감을 청나라 황실에 제사에 쓸 물건으로 바쳤음을 짐작할 수 있다.

단맛을 내는 음식이 지금보다 적었던 조선시대에 곶감은 단맛을 내는 음식으로 귀한 대접을 받았다. 이익(李瀷: 1681-1763)은 『성호사설(星湖僿說)』에서 말린 여지(荔支)가 연홍수시(軟紅水枾)를 말려 만든 곶감보다 그 맛이 못했기 때문에 자신이 막 따온 여지를 먹어보지 못했지만 그 맛이 역시 연홍수시보다 못할 것이라고 판단했다. 이익이 조선에서 나지 않는 여지와 비교할 정도로 곶감을 귀한 음식으로 여겼음을 알 수 있다.

냉동·냉장 방법의 발달로 인해 반건조 홍시가 시중에 많이 판매되고 있다.
사진은 상주에서 생산된 반건조 곶감ⓒ하응백

조선시대 곶감 생산지로 유명했던 지역은 다르지만 대부분 남쪽 지역이었다. 허균(許筠: 1569-1618)은 『도문대작(屠門大嚼)』에서 지리산에서 생산되는 검푸른색에 둥글고 끝이 뾰족한 오시(烏柿)는 그냥 먹어도 맛이 좋지만 꼬챙이로 꿰어 곶감으로 만들어 먹으면 더욱 괜찮다고 했다. 『성호사설』에서는 영남의 여러 고을에서 감나무를 재배해 곶감을 판다고 했다. 이유원(李裕元: 1814-1888)은 『임하필기』에서 풍기(豐基) 은풍면(恩豐面)에서 만들어진 곶감이 가장 좋다고 하면서 은풍면 사람들은 많은 종류의 단 음식 중에서 풍기 곶감만 한 것이 없다고 말한다고 하면서 그 말에 비춰볼 때 풍기 은풍면 곶감은 세상에서 가장 좋다고 할 수 있을 정도라고 칭송했다.

곶감은 당연히 그 자체로 맛있는 먹을거리이지만 수정과, 두텁떡, 증편, 곶감죽 등 다양한 음식을 만드는 재료로도 쓰였다. 예를 들어 『식료찬요(食療纂要)』에서는 곶감을 달콤한 맛의 별미로 먹는 음식이라기보다 일종의 환자식의 재료였다. 아이의 이질[秋痢]을 치료하기 위해 곶감죽을 쑬 때는 쌀죽을 끓이다가 익을 즈음에 약간 갈아둔 곶감을 넣어서 서너 번 끓어오른 뒤 먹이고, 소리를 잘 듣지 못하는 증상과 냄새를 잘 맡지 못하는 증상을 낫게 하려면 곶감 세 개를 잘게 썰고 멥쌀 세 홉을 감즙에 넣어 죽으로 끓여서 공복에 먹으라는 것이다. 『동의보감』에서도 『본초강목(本草綱目)』을 인용하며 곶감에 연유와 꿀을 함께 달여 먹으면 음식을 잘 소화시키지 못하는 것을 치료해 준다고 했다. 『농정회요(農政會要)』에는 곶감을 이용해 만든 두터운 떡[厚餅]을 소개하면서 옛날 기이한 스님 중 한 명이 미리 곶감, 말린 밤, 대추, 호두 등을 찧어 만든 두터운 떡을 많이 모아두었다가 흉년을 이 떡을 먹으면서 버텨냈다고 기록했다.

분류 : 음식
색인어 : 도문대작, 두텁떡
참고문헌 : 최한기 저·강재준 외 2명 역, 『국역 농정회요』3(농업진흥청, 2005); 허준 저·윤석희 외 7명 역, 『동의보감』; 허균 저·최제숙 외 6명 역, 『국역 성소부고』3(민족문화추진회: 1984); 이익 저·신호열 외 2명, 『국역 성호사설』2(민족문화추진회, 1976); 『세종실록』; 『승정원일기』; 전순의 저·김종덕 역, 『우리나라 최초의 식이요법서-식료찬요』(예스민, 2008); 이유원 저·안정 외 1명 역, 『국역 임하필기』6(민족문화추진회. 2000)
필자 : 이민재

곶감(김종직)

늙은 농부가 지붕보다 높다랗게 볏단을 쌓다가
밭으로 들어간 송아지 보고 아이놈을 꾸짖네
먹감을 깎아다가 시냇가 바위 위에 말리는데
끊어진 다리 남쪽에 불그스름 석양이 비치네
老翁積稻過茅簷　黃犢蹊田叱小男
削得烏椑曬溪石　紅光橫逗斷橋南

*김종직, 「의탄 마을에서[義呑村]」

김종직(金宗直: 1431-1492)은 본관이 선산(善山)이고 자는 계온(季昷), 호는 점필재(佔畢齋)이며 조선 전기 사림의 영수로 추앙된다. 문집 『점필재집(佔畢齋集)』, 한시선집 『청구풍아(靑丘風雅)』 등 여러 저술을 남겼다. 1471년 무렵 함양(咸陽)의 군수로 있을 때 지리산 천왕봉을 오르는 도중 의탄(義呑) 마을이라는 곳에 도착해 이런 시를 지었다.

늙은 농부가 가을걷이를 한 후 볏단을 정리하여 차곡차곡 쌓아올려 놓으니 초가지붕보다 높다랗다. 시골에서는 아이도 그냥 놀 수 없으니, 송아지 키우는 일은 아이들 몫이다. 아이가 무슨 딴 짓을 하느라 한눈을 판 탓에 송아지가 아직 거두지 않은 밭으로 들어갔다. 농부는 놀라 아이에게 고함을 친다. 이럴 때면 아낙네들은 마루에 모여 앉아 감을 깎아 처마에 주렁주렁 매달고, 껍질은 광주리에 담아 개울가 볕이 잘 들고 바람이 잘 통하는 바위 위에 말린다. 이때 부서진 나무다리 저편으로 붉은 저녁 햇살이 비스듬히 비친다. 잊고 있던 아름다운 풍경을 이렇게 담았다.

김종직은 감 말랭이를 노래하였는데 이보다 고급스러운 것이 곶감이다. 조선 중기의 문인 유근(柳根: 1549-1627)은 벗이 보내온 곶감을 두고 재미난 시를 지었다. "명주 이백 개가 눈꽃 속에 생겨나니, 동글동글 규룡의 알이 변화한 것이라. 한 통 편지 따라 먼 산 속에서 왔기에, 받아보니 벗의 마음을 볼 수 있다네

[明珠二百雪花生 虬卵團團變化成 一札遠隨山水窟 看來方見故人情]." 여기서 곶감을 명주에 비유한 것은 감을 햇볕에 말려서 얼마 동안 저장해 두면 껍질에 하얀 가루가 생기기 때문이다. 잘 익은 곶감 200개를 받았기에 이렇게 말한 것이다. 또 홍시는 규룡의 알이라는 뜻의 규란(虬卵)이라고도 하고 붉은 구슬에 비유하여 홍주(紅珠)라고도 하며, 소의 심장을 닮았다 하여 우심(牛心)이라고도 하였는데, 홍시가 변하여 곶감이 되었다는 뜻에서 이른 말이다.

홍시와 곶감은 가장 흔하면서도 맛이 좋은 식재료였다. 이규보(李奎報: 1168-1241)는 "전에는 꾸러미에 싼 붉은 장을 마셨고, 지금은 꼬챙이 가득 꿴 검은 옥을 먹게 되었네. 늙은 치아에는 무른 홍시가 알맞고, 병든 입에는 마른 곶감이 더욱 좋다네. 일곱 가지 미덕을 겸하여 이름이 두루 알려졌는데, 세 번이나 보내 주어 고마움 말할 수 없다네. 우스워라 먹다가 꼬챙이만 남았는데도, 손에 들고 여전히 붙은 것 빨고 있다니[解苞昔作紅漿吸 盈貫今將黝玉吞 老齒不關含濕冷 病脣尤快咀乾溫 物兼七絶名偏重 恩及三投感可言 堪笑啖終唯串在 手持猶自舐餘痕]."라 하였다. 감은 오래 살고 그늘이 많고 새가 둥지를 짓지 않고 벌레가 끼지 않고 서리 맞은 잎을 완상할 만하고 잎이 넓어서 글자를 쓸 수 있는 여섯 가지 미덕에 열매까지 아름다워 먹을 만하다 하여 칠절(七絶)이라 한다. 지난번에는 홍시를 먹었기에 붉은 장을 마셨다고 한 것이고 지금은 꼬챙이에 꿴 곶감을 먹게 되었는데 어찌나 맛이 좋은지 꼬챙이에 붙은 것까지 핥고 있다고 하였다.

분류 : 문학
색인어 : 곶감, 감말랭이, 김종직, 유근, 이규보
참고문헌 : 김종직, 『점필재집』; 유근, 『서경집』; 이규보, 『동국이상국집』; 이종묵, 『한시마중』(태학사, 2012)
필자 : 이종묵

곶감(폐비 윤씨)

1479년 성종은 당시 왕비였던 윤씨를 폐하고 궁에서 쫓아낸다. 원래 성종의 왕후는 공혜왕후(恭惠王后:

1456-1474)였지만 공혜왕후가 1474년 19세의 나이로 자식이 없이 죽은 후 대왕대비와 왕대비의 총애를 받았고 성종과 관계도 좋았던 후궁 윤씨가 1476년 왕비에 올랐다.

왕비의 자리에 오른 윤씨는 4개월 후 연산군(燕山君: 1494-1506)을 낳았다. 그렇지만 성종의 다른 후궁들과 갈등으로 여러 문제가 발생했다. 이에 윤씨가 왕비에 오른 지 7개월 만에 폐비(廢妃) 주장이 나왔으나 여러 대신의 반대로 무산되었다.

3년 뒤인 1479년 6월 2일 성종은 폐비 논의 이후에도 왕후가 여전히 궁궐 내에서 많은 문제를 일으켰다고 하면서 여러 신하의 반대에도 윤씨를 왕후에서 폐하고 궁궐에서도 내쫓았다.

3일 후인 1479년 6월 5일 성종은 창덕궁 선정정(宣政殿)에 반대한 대신들을 불러 왜 윤씨를 폐비시켰는가에 관해 설명했다. 성종이 열거한 폐비 윤씨의 악행의 핵심 중 하나는 성종을 향한 독살 위협이 있었다. 왕대비였던 정희왕후(貞熹王后: 1418-1483)는 윤씨를 폐비시킨 일과 관련하여 그 상황을 상세히 다룬 글을 남겼다. 정희왕후에 따르면 윤씨가 왕비가 된 이후 발생한 여러 문제를 보고 향후 윤씨가 성종의 식사에 독을 넣어 죽일 수 있다고까지 여겨 윤씨가 지나가는 곳에는 식사를 놔두지 않을 정도로 윤씨의 독살을 경계했다.

그러던 중 윤씨의 폐비문제가 처음으로 불거졌던 1476년 성종이 윤씨가 작은 상자를 감추듯 숨기는 장면을 봤고 이를 의심한 성종이 윤씨가 세수를 하는 동안 그 상자를 가지고 와 살펴보니 그 안에 독약인 비상(砒霜)을 담은 주머니와 그 비상을 바른 곶감 두 개가 들어 있었다.

성종은 이후 시간이 지나면서 비상과 비상을 묻힌 곶감을 발견한 사건을 자신을 향한 독살 시도로 여기게 됐다. 처음에는 윤씨가 비상을 묻힌 곶감으로 다른 후궁을 독살하려 한다고 생각했지만 윤씨를 폐비시킨 1479년에는 오히려 성종 자신을 죽이려 했을지도 모른다고 의심하게 된다. 더 나아가 윤씨가 세자의 어머니라는 위치를 이용해 조정의 실권을 잡아 나라를 농단할 수 있다고까지 생각했다. 독살에 대한 의혹과 여러 문제가 복합적으로 작용되어 폐비가 된 윤씨는 결국 3년 뒤인 1482년 사약을 받고 죽음에 이른다.

분류 : 식재료
색인어 : 곶감, 성종, 폐비 윤씨
참고문헌 : 『세종실록』; 『성종실록』; 전순의, 『식료찬요』; 허균, 「도문대작」, 『성소부부고』; 한희숙, 「조선 초기 성종비 윤씨 폐비·폐출 논의 과정」, 『한국인물사연구 4』(한국인물사연구회, 2005)
필자 : 이민재

곶감쌈

곶감쌈은 잘 말린 곶감의 꼭지를 따고 한쪽 면을 갈라 씨를 뺀 후에 속껍질을 벗긴 호두를 펼친 곶감 사이에 넣어 꼭꼭 말아서 곶감의 앞뒤를 잘라내고 2-3등분으로 썬 것이다.

1966년에 출간된 『한국요리(韓國料理)』에서 곶감쌈은 겨울철에 먹기에 적당한 과자이며, 마른 구절판에 올려 폐백음식, 이바지음식으로 많이 사용되었고, 술 안주도로도 쓴다고 했다. 곶감쌈을 단독으로 쓰기도 하지만 수정과의 건지로 넣기도 한다고 하였다.

조선시대 문헌에는 곶감쌈을 찾아보기 어렵고 언제부터 생긴 음식인지 정확히 알 수 없다. 그러나 곶감 속에 호두가 아닌 다른 재료를 넣어 말아서 싼 음식들은 꽤 볼 수 있다.

빙허각 이씨(憑虛閣李氏: 1759-1824)가 쓴 『규합총서(閨閤叢書)』에는 '건시단자'라는 곶감을 이용한 음식이 나온다. '빛깔이 곱고 차진 곶감을 속과 껍질을 버리고 넓고 얇게 저며 사기대접에 담고 꿀에 재웠다가 황률(말린 밤)소를 만들어 곱게 틈없이 싸 잣가루를 묻힌다.'라고 했다. 곶감 속에 말린 밤에 꿀을 넣어 만든 소를 넣어 싸서 잣가루를 묻힌 음식이다. 단자는 떡의 한 종류이기도 하나 여기서는 둥글게 빚었다는 의미일 것이다.

1800년대에 쓰인 음식책인 『술 빚는 법』, 『시의전서(是議全書)』, 그리고 1952년에 방신영(方信榮: 1890-1977)이 쓴 『우리나라 음식 만드는 법』에 기록된 건시

단자도 이와 유사한 조리법이다.

건시단자와 같이 곶감을 갈라 밤소를 넣어 말아 만든 것이 1960-70년대 들어와 곶감의 소재료로 호두가 대체되면서 곶감쌈이 탄생한 것이라 생각된다.

분류 : 음식
참고문헌 : 빙허각 이씨, 『규합총서』; 작자 미상, 『시의전서』; 작자 미상, 『술 빚는 법』; 방신영, 『우리나라 음식 만드는 법』(청구문화사, 1952); 윤서석, 『한국요리』(학원사, 1966)
필자 : 이소영

곶감죽 먹고 엿목판에 엎어졌다

우리 속담에 '곶감죽 먹고 엿목판에 엎어졌다'라는 말이 있다. 이 말은 어떻게 해도 일이 좋은 쪽으로 풀릴 때 쓰는 속담이다. 달고 맛있는 곶감죽을 먹은 것도 좋은데, 어쩌다 엎어졌는데 다치거나 더러운 데 넘어지기는커녕 엿을 담아둔 엿목판에 엎어져서 달콤한 엿을 맛보았으니 일이 너무도 잘 풀린 것이다.

이와 비슷하게 '잘되는 놈은 엎어져도 떡함지'라는 속담이 있다. 엿목판처럼 떡을 담아둔 떡함지에 넘어져서 떡을 맛보게 되었으니 오히려 잘된 일이라는 뜻이다. 이와 비슷한 맥락에서 얄미울 정도로 뻔뻔하고 염치없는 사람을 두고는 '남의 떡함지에 넘어질 놈'이라든가 그 사람 '비위가 떡함지에 넘어지겠다'는 속담을 써서 표현하기도 했다.

이와 반대로 어떻게 해도 일이 나쁜 쪽으로 가고 잘 안 풀릴 때는 '안 되는 놈은 두부에도 뼈라'는 속담을 쓰는데, 두부같이 부드러운 음식에 뼈가 있을 리 없는데 안 되는 사람은 그런 뼈 있는 두부를 먹게 될 정도로 일이 안 풀린다는 뜻이다. 요즘에는 이 속담 대신에 '안 되는 놈은 자빠져도 코가 깨진다'는 속담을 많이 쓴다.

한편 곶감죽은 조선 전기의 어의(御醫)였던 전순의(全循義: ?-?)의 『식료찬요(食療纂要)』에 보이는데 달콤한 맛의 별미로 먹는 음식이라기보다는 일종의 환자식이었다. 아이의 이질[秋痢]을 치료하기 위해 곶감죽을 쑬 때는 쌀죽을 끓이다가 익을 즈음에 약간 갈아둔 곶감을 넣어서 서너 번 끓어오른 뒤 먹이고, 소리

를 잘 듣지 못하는 증상과 냄새를 잘 맡지 못하는 증상을 낫게 하려면 곶감 세 개를 잘게 썰고 멥쌀 세 홉을 감즙에 넣어 죽으로 끓여서 공복에 먹으라는 것이다.

분류 : 식재료
참고문헌 : 전순의, 『식료찬요』(한국전통지식포탈)
필자 : 김혜숙

홍시(『어우야담』)

찬성(贊成) 정응두(丁應斗)는 먹는 양이 매우 컸다. 일찍이 농장에서 한가하게 지내는데 마을 노인이 홍시 200개를 큰 동고리에 담아 술 두 병과 여러 안주와 함께 찬성에게 올렸다. 정찬성은 두 병의 술과 안주를 다 먹고 그릇을 비우고는 앉아 한가하게 이야기를 나누면서 홍시를 집어 꼭지를 따서 입에다 던져넣었는데 잠깐 사이에 다 먹어치웠다. 빈 동고리를 마을 노인에게 던져주자 노인이 인사하고 사례하며 말했다.
"제가 애초에 이것을 올릴 때는 대감께서 여러 날 잡수실 거리로 바치고자 한 것입니다. 이 자리에서 다 드실 줄은 미처 몰랐습니다."
그 마을에 이충의(李忠義)라는 사람이 있어 집안에서 철마다 제사를 지냈는데, 제사가 끝나면 찬성을 맞이해 대접하였다. 한 신위(神位)에 진설한 음식을 모두 찬성에게 올렸는데, 제기가 매우 커서 평소 사용하는 그릇의 세 배는 되었다. 과일 예닐곱 그릇, 유밀과 두세 그릇의 높이가 모두 한 자가 되었고, 떡과 적의 높이도 한 자였다. 국수 한 그릇, 어육탕 예닐곱 그릇, 기타 바다와 육지에서 나는 음식 몇 그릇, 밥과 술에 이

감나무와 소ⓒ장명확

르기까지 양껏 올렸는데 찬성은 즉시 그릇을 다 비웠다. 그 집안사람 모두가 정찬성의 양이 크다는 것을 알고 음식을 매우 풍성하게 하려고 힘썼으며 세상에 보기 드문 장관으로 여겼다.
우리 마을에 사는 김응사(金應泗)라는 이는 의관으로, 허리둘레가 열 아름이나 되었고 먹는 양 또한 대단히 컸다. 간의(諫議) 홍천민(洪天民)이 유생이었을 때 위병을 앓았는데, 김응사와 함께 절에서 지내면서 치료하였다. 김응사를 위해 두부를 큰 가마솥으로 하나, 밥 다섯 말, 탁주를 큰 동이로 하나를 마련하여 대접했다. 김응사는 단번에 그 음식을 모두 비우고 뒷짐을 지고 서성거리다가 하늘을 바라보며 탄식하여 말했다.
"요즈음 내 비위가 매우 약해졌구나."

위 이야기는 대감과 의관이라는 두 대식가에 대한 기록이다. 대감 정응두의 이야기는 주위로부터 들은 이야기를 기록한 것으로 보이고, 의관 김응사 이야기는 유몽인이 직접 목격한 것을 기록한 것이다. 두 이야기 모두 쉽사리 믿기 어려운 내용인데, 독자들의 흥미를 위하여 다소 과장되게 서술한 것이 아닌가 한다. 위의 내용은 유몽인(柳夢寅: 1559-1623)의 『어우야담』에 실려 있다.

분류 : 문학
색인어 : 홍시, 제물, 대식가, 어우야담
참고문헌 : 유몽인 저, 신익철 외 역, 『어우야담』(돌베개, 2006)
필자 : 차충환

홍시(이규보)

서리 듬뿍 맞아 막 잘 익은 홍시가
병든 내 입술을 촉촉하게 적셔주네
선홍빛 비단 같은 껍질이 터지자
붉은 옥의 진액처럼 기름이 흐르네
飽霜方爛熟 濡及病中脣
膚砑紅絹色 膏流赤玉津

　*이규보, 「낭중 하천단이 홍시를 보내준 데 감사하여 [謝河郞中千旦送紅杮]」

고려의 문호 이규보(李奎報: 1168-1241)는 홍시를 무척 좋아하였다. 이규보는 본관이 여주(驪州)고 자는 춘경(春卿), 호는 백운거사(白雲居士)라 하였다. 생전에 스스로 편집한 방대한 문집『동국이상국집(東國李相國集)』이 전한다.

이 작품에서는 붉은 비단 같은 껍질이 터지고 홍옥(紅玉)의 진액이 흐르는 홍시를 입술에 대었을 때의 흥분이 느껴진다. 조선 초기의 시인 유방선(柳方善)이 "입술에 대면 껍질이 절로 터지고, 이빨에 닿으면 맛이 더욱 달다네[近脣皮自坼 濺齒味殊甘]."라 한 것도 같은 맛을 노래한 것이다.

이 무렵 이규보는 나이가 일흔이 넘었다. 젊은 시절부터 워낙 술을 좋아하여 건강이 나빠졌지만 완전히 끊지는 못하였다. 술을 먹고 나면 아침이 편했을 리 없었을 터, 게다가 당뇨까지 있었으니 목이 무척 말랐을 것이다. 그런 이규보에게 홍시가 얼마나 맛이 있었겠는가? 병마에 찌든 얼굴이 절로 펴졌을 것이다. 시골 사람이 보내준 홍시를 먹고서 쓴 시에서도 "꿀이나 엿, 우유처럼 맛이 좋기에, 우는 아이도 달래어 웃게 한다네[味如飴蜜還如乳, 解止兒啼作笑媒]."라 하여 홍시를 먹는 즐거움을 거듭 칭송하였다.

임억령(林億齡: 1496-1568)도 홍시를 무척 좋아한 문인이다. 일찍 익은 홍시를 먹는 즐거움을 장편의 노래에 담아, "사람들 제각기 좋아하는 것 있지만, 누가 그 맛이 바른 것을 알겠는가? 문왕은 창포 김치를 좋아하였고, 증석은 대추를 즐겨 먹었지만, 나는 이들과 같지 않아서, 평생 감을 무척 좋아한다네. 늙어도 혀는 아직 어린애 것이라, 감 생각만 하면 입에 침이 흐른다네. 어제 송령(松嶺)에서 감을 보내주어, 안타깝게 벌써 다 먹어버렸더니, 아침에 자네가 또 보내었기에, 손을 먼저 내밀지 않아도 되었지. 맛보기도 전에 손가락이 까딱까딱. 규룡의 알을 던져 놓은 것인가, 단사(丹砂)가 떨어진 것 아닐까. 입술에 닿자 한입에 쏙 들어오니, 마른 폐가 이제 다시 기뻐한다네. 입에 맞아 절로 신선의 약이라, 누가 변비 생긴다 하였던가? 멋대로 보답의 글을 짓느라, 거칠어도 꾸미지는 않았다

네[人各有所嗜 孰知其正味 文王嗜蒲菹 曾晳嗜羊矢 我則異於斯 平生酷好柹 雖老舌猶兒 念之津迸齒 昨蒙松嶺遺 嗟已食之旣 朝來君又繼 未嘗先染指 恐是虯卵投 無乃辰砂墜 當脣快一吸 肺渴今復喜 適口是仙藥 誰云爲滯氣 信筆作報章 荒語不加綺]."라 하였다. 문왕(文王)은 창포 김치를, 증석(曾晳)은 대추를 좋아하였지만 자신은 어릴 때부터 홍시를 좋아한다고 하고, 그래서 생각만 해도 입에 침이 고인다고 하였다. 감 좋아한다는 것을 익히 알기에 주위에서 보내주었지만, 단숨에 먹어치우고 또 없는지 두리번거리고 좀 더 자주 많이 주기를 은근히 청하였다.

이렇게 입을 즐겁게 하는 홍시는 다른 효능도 있었다. 서거정(徐居正: 1420-1488)은 "씹으면 달싹한 맛이 입을 즐겁게 하니, 석 달 동안 고기 맛도 온통 잊겠네[嚼破甜甘能悅口, 邇來三月肉全忘]."라 하고 또 "부드러워 당뇨를 멎게 하겠고, 달아서 두통을 낮게 하겠네[軟宜消渴病, 甜可愈頭風]."라고 하였다.『동의보감』에도 홍시가 숙취를 풀어주고 심장과 폐를 튼튼하게 하며 갈증을 없애주고 소화 기능을 좋아지게 하는 효능이 있다고 하였으니, 가히 만병통치약이라 하겠다.

분류 : 문학
색인어 : 홍시, 이규보, 유방선, 임억령, 서거정
참고문헌 : 이규보,『동국이상국집』; 유방선,『태재집』; 임억령,『석천시집』; 서거정,『사가집』; 허준,『동의보감』; 이종묵,『한시마중』(태학사, 2012)
필자 : 이종묵

홍시(1635년 후금의 황태극)

1623년 광해군을 내쫓는 반정을 통해 집권한 인조와 서인들은 친명배금 정책을 지향하는 태도를 보였고 당시 명나라와 전쟁을 벌이던 후금은 물자부족 해결과 후방 안정화를 위해 1626년에 정묘호란, 1636년에 병자호란을 일으켰다. 정묘호란의 결과 후금과 조선은 후금이 형이 되고 조선을 아우로 위치시키는 형제의 맹약을 맺었고 병자호란 이후에는 임금과 신하의 관계를 맺는다.

이후 조선과의 외교관계에서 우위를 점하게 된 후금

은 본국 내의 물자부족 해결을 위해 조선에게 다양한 예물을 요구한다. 특히『인조실록(仁祖實錄)』을 보면 후금의 2대 황제이자 정묘호란과 병자호란을 지휘한 황태극(皇太極: 1592-1643)은 종종 조선의 과일을 바치도록 요구했고 황태극이 조선에 자주 바치도록 요구한 과일이 바로 홍시였다.

홍시는 당시 후금에서 고급 과일로 여겨졌다. 정묘호란 직후인 1628년 1월 6일에 비변사는 인조에게 후금의 사신이 조선정부에 예물로 요구한 과일 중 가장 귀하게 여긴 것이 홍시라고 보고할 정도였다. 그러면서 후금 사신에게 홍시·곶감·대추·알밤을 넉넉히 보낼 것을 권했고 인조 역시 이를 따랐다고 한다.

1634년 12월 29일에도 후금의 사신은 조선정부에 다양한 물품을 일방적으로 요구했고 그 가운데 황태극이 직접 구하라고 명한 물품은 배 3만개와 홍시 2만개였다. 약 1년 뒤인 1635년 11월 4일에 홍타이지는 인조에게 아예 해마다 홍시 3만 개씩을 요구하기에 이른다. 병자호란이 끝나 두 나라의 외교관계가 안정화된 이후에도 조선은 홍시를 황태극에게 보내야 했는데 가끔은 황제만이 아니라 용골대와 같은 신하들에게 뇌물로 보내지기도 했을 만큼 홍시는 귀한 과일로 대접받았다.

분류 : 식재료
색인어 : 홍시, 황태극, 인조, 용골대, 곶감, 대추, 알밤, 배, 병자호란
참고문헌 :『인조실록』; 유승주·이철성 저,『조선후기 중국과의 무역사』(경인문화사, 2002)
필자 : 이민재

감귤

감귤(柑橘)은 감귤류 나무의 열매를 뜻한다. 조선시대에는 오직 제주도에서만 생산되었으므로, 조정에서는 이를 매우 귀하게 여겨 생산량의 대부분을 공물로 바치게 했다. 그리고 감귤 생산량을 늘리고자 감귤 재배지를 확장하려는 시도도 있었다. 1412년(태종 12) 태종은 상림원별감(上林園別監) 김용(金用)을 제주에 파견하여 감귤 수백 주를 순천 등의 전라도 바닷

감귤ⓒ하응백

가 고을에 옮겨 심게 하였으나, 끝내 열매가 맺지 않아 실패하였다(『태종실록(太宗實錄)』태종 12년 11월 21일자 기사;『중종실록(中宗實錄)』중종 16년 3월 10일자 기사).

제주도에서 나는 감귤류는 감자(柑子), 당감자(唐柑子), 유감(乳柑), 유자(柚子), 동정귤(洞庭橘), 금귤(金橘), 청귤(靑橘) 등 종류가 매우 다양했고, 종류에 따라 맛과 생김새가 달랐다. 허균(許筠: 1569-1618)은『도문대작(屠門大嚼)』에서 감귤류의 맛과 크기, 생김새에 대해 다음과 같이 평하였다. 금귤은 맛이 시고, 감귤은 금귤에 비해 조금 큰데 맛이 달며, 청귤은 껍질이 푸르고 달다고 했다. 그리고 유감은 크기가 작지만 매우 달다고 평했다. 감귤은 종류에 따라 나름의 등급이 존재했다.『세조실록(世祖實錄)』세조 1년 12월 25일 기사에 의하면, 금귤, 유감, 동정귤이 가장 상품(上品)에 속했고, 감자와 청귤이 그 다음, 그리고 유자와 산귤이 가장 아래 등급으로 간주되었다.

감귤류는 또한 종류에 따라 수확 시기가 조금씩 달랐다. 감귤은 대개 중동(仲冬), 즉 음력 10월경에 생산되는 반면, 청귤은 봄이 되어서야 열매가 달게 익는다. 귀한 식재료였던 만큼 제주도에서 감귤이 진상되는 음력 10월에는 감귤을 종묘에 천신(薦新)하고, 신하들에게 나눠주었다. 또한 음력 12월경에는 황감제(黃柑製)라 하여 유생들에게 시제를 내려 시험을 치르게 하고, 술과 감귤을 하사하였다.

분류 : 식재료
색인어 : 청귤
참고문헌 : 『고려사』; 『태종실록』(양대연 역, 세종대왕기념사업회, 1976); 『세조실록』(김익현·임창재 공역, 세종대왕기념사업회, 1977); 『중종실록』(정기태 역, 한국고전번역원, 1981); 이행 외, 『신증동국여지승람』; 허균 저, 신승운 역, 『도문대작』(한국고전번역원, 1984)
필자 : 양미경

감귤(『남사록』)

선조 연간에 어사(御使) 자격으로 제주에 파견되었던 김상헌(金尙憲: 1570-1652)은 제주와 제주민의 실정을 소상히 파악하고자 힘썼고, 그 자세한 내용을 『남사록(南槎錄)』이라는 책에 기록하였다. 이 책에서 김상헌은 "군역이나 전복을 따는 역 외에도 제주 사람들은 귤을 재배하고 진상하는 역, 뱃사람의 역, 말을 기르는 역 등 수도 없이 많은 고역에 시달렸다."고 적었다. 또한 "해마다 7, 8월이면 목사는 촌가의 귤나무를 순시하며 낱낱이 장부에 적어두었다가, 감귤이 익을 때면 장부에 따라 납품할 양을 조사하고, 납품하지 못할 때는 벌을 주었다. 이 때문에 민가에서는 재배를 하지 않으려고 나무를 잘라버렸다."고도 하였다. 이러한 기록으로 볼 때, 감귤을 진상하기 위해 제주민들이 감당해야 했던 고통의 무게가 얼마나 큰 것이었는지를 짐작해볼 수 있다.

공납된 감귤은 종묘제사에 천신(薦新)하였고, 왕실 잔치나 사신 접대, 그리고 관청과 신하들에게 내려주는 하사품 등과 같이 아주 특별한 용도로만 사용되었다. 감귤이 바다 건너 궁에 들어오게 되면 왕실에서는 제주목사의 공을 높이 치하해 삼베와 비단을 내려주었다. 또한 성균관과 사학(四學)의 유생들을 상대로 감제(柑製), 혹은 황감제(黃柑製)라고 하는 임시 과거 시험을 열고, 시험이 끝나면 유생들에게 감귤을 나누어주도록 하였다. 그리고 성적을 매겨서 황감제에서 수석을 차지한 유생에게는 사제(賜第)라 하여 과거에 급제한 사람과 똑같은 자격을 부여해주었다고 한다(『동국세시기(東國歲時記)』). 이처럼, 감귤은 왕실과 조정대신들에게 크나큰 즐거움을 선사했지만, 이를 공납해야 했던 제주민들에게는 말할 수 없는 고통을 안겨주었다.

조선왕조가 몰락한 후 제주도의 감귤나무는 사실상 버려졌다. 식량작물이 아닌데다가 그간 감귤 공납으로 인해 큰 고통을 받아왔기에, 제주민들 입장에서는 더 이상 귤을 재배할 이유가 없었던 것이다. 그런데 1950년대 말에 이르러 귤이 고가에 팔리기 시작하면서 제주도에서 귤 재배가 다시 성행하게 되었고, 감귤나무 몇 그루만 있으면 자녀의 대학등록금을 마련할 수 있다고 하여 '대학나무'로도 불렸다. 조선시대까지만 해도 제주민들에게 고통을 주었던 감귤나무가 근래에 와서는 큰 수익의 기쁨을 안겨주었던 것이다(「탐라기행(7)」, 〈경향신문〉 1956년 9월 9일자).

분류 : 식재료
참고문헌 : 김상헌, 『남사록』; 홍석모 저, 최대림 역, 『동국세시기』(홍신문화사, 2006); 「탐라기행(7)」, 〈경향신문〉 1956년 9월 9일
필자 : 양미경

감귤(이규보와 최자가 감귤로 쌓은 우정)

우리나라 문헌에 감귤(柑橘)이 처음 등장하는 것은 1052년(문종 6)으로, 탐라에서 세공하는 감귤의 수량을 100포로 늘린다는 내용이다. 기사 내용으로 볼 때, 탐라에서는 그 이전부터 고려왕실에 감귤을 공납해 왔음을 알 수 있다.

그렇다면, 이렇게 진상된 감귤은 어떻게 쓰였을까? 당시만 해도 감귤은 제주에서만 생산되는 매우 귀한 과실이었다. 그래서 감귤을 맛볼 기회가 아무에게나 주어지지는 않았고, 왕실에서 연회를 베풀거나 사신을 접대할 때, 그리고 특별히 임금이 관청과 신하에게 하사해주는 선물용 등으로만 사용되었다. 그러므로 그 시절에 감귤을 맛볼 수 있다는 것은 굉장한 특권이었을 것이다.

고려시대의 이름난 문장가로 알려진 이규보(李奎報: 1168-1241)는 여러 차례 감귤을 맛볼 기회가 있었던가 보다. 그가 남긴 『동국이상국집(東國李相國集)』의 기록에 의하면, 이규보는 보광사 스님이 한밤중에 내놓은 금귤, 옛날 어전(御殿)에 있을 때 임금이 주시던 귤, 궁중연회에 참여하고 돌아올 때 임금이 하사해준

감귤, 그리고 제주태수(濟州太守) 최자(崔滋: 1188-1260)가 보내온 동정귤 등을 경험했던 것으로 보인다. 이규보는 그때의 감동과 소회를 매번 시로 읊었다.

이규보에 따르면, 감귤은 "탐라가 아니면 보기조차 어려운 것"이자, "귀인의 집에서도 얻기 어려운 것"이었다. 그러므로 감귤을 처음 접한 어린아이들은 그것이 먹는 것인 줄도 모르고, 혹 황금인가 의심하며 희롱했다고 한다. 고관대작을 지낸 이규보조차도 정말 우연한 기회에 얻어먹거나, 아니면 임금이 내려주기를 기다리는 수밖에 없었다. 그러므로 임금이 선물로 감귤을 내려줄 때는 가슴이 벅차고 찬란해졌다고 했다.

그러던 차에 동료이자 후배인 최자가 제주태수로 부임해 가면서 감귤을 본격적으로 맛볼 수 있는 기회가 생겼다. 제주태수를 지내는 동안 최자는 매년 잊지 않고 감귤을 선물로 보내주었고, 이규보도 시를 지어 화답하였다. 바다를 건너온 감귤은 상당수가 상한 채 도

달했지만, 그럼에도 반가운 마음은 희석되지 않았다. 이규보는 최자가 마지막으로 보내준 청귤(靑橘)을 받아들고서는, "은근한 정 머금은 푸른 귤 바다를 건너왔으니, 먹는 데에 중요해서가 아니라 멀리 온 것이 기특하네. 2월에 제 고향 떠나 이제 도착했는데도 사랑스럽구나! 그윽한 향기 아직도 감도네."라고 노래하였다.

그러나 모든 관직에는 임기가 있는 법. 임기가 만료되면 전근을 가거나 승진을 하게 된다. 감귤을 받아 든 이규보도 바로 이 점을 염려하여, "선생이 바뀌어 강회(江淮)를 건너오면 다시 어떤 사람이 이것을 보내주랴만, 이 과일 맛보기 어려운 것이야 정말 작은 일이라 그대가 곧 성랑(省郞)되어 돌아올 일 축하하네."라고 적었다.

분류 : 식재료
참고문헌 : 『고려사』; 이규보 저, 김학주 역,『동국이상국집』(한국고전번역원, 1979); 이규보 저, 이훈종 역,『동국이상국집』(한국고전번역원, 1979); 이규보 저, 오양 역,『동국이상국집』(한국고전번역원, 1980); 이규보 저, 홍찬유 역,『동국이상국집』(한국고전번역원, 1980)
필자 : 양미경

「귤림풍악(탐라순력도)」, 18세기, 51.5×41.5cm, 국립제주박물관, 보물 제1510호, 망경루 후원 귤림에서 풍악을 즐기는 장면을 그린 그림이다. 그림에 나타나는 열매의 색깔로 보아 과일이 익어가는 시기인 듯하다. 과수원 주위에는 대나무를 심어 방풍을 하고 있다.

감귤정과

감귤(柑橘)은 귀한 과실이었기 때문에 상하지 않게 오래 보관하는 것이 중요했다.『박해통고』에는 감귤을 보관하는 법 세 가지가 기록되어 있다. 이에 의하면 첫째, 감귤을 가지와 꼭지 채로 따서 가지를 무 위에 꽂아서 종이로 감싸 따뜻한 곳에 보관하면 봄철이 되어도 상하지 않는다. 둘째, 감귤을 마른 솔잎으로 한 층 한 층 덮어 술 냄새가 나지 않는 곳에 보관하면 썩지 않는다. 마지막으로 녹두 속에 보관하면 오랜 시간이 지나도 변하지 않는다고 했다. 그러면서 쌀과 가까운 곳에 보관하면 안 된다고도 적었다.

감귤은 대개 생과(生果)로 먹지만, 음식을 만들어 먹는 경우도 있었다. 대표적으로 감귤정과, 혹은 감자정과를 꼽을 수 있다.『규합총서(閨閤叢書)』와『시의전서(是議全書)』에는 제사에 쓸 감귤정과와 일상에서 먹을 감귤정과 만드는 법 두 가지를 각각 적어두었다.

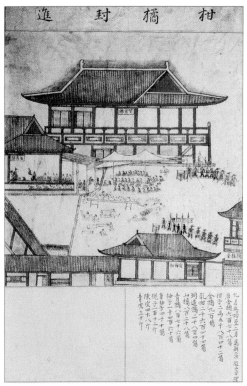

「감귤봉진(탐라순력도)」, 18세기, 51.5×41.5cm, 국립제주박물관, 보물제1510호, 망경루 앞뜰에서 각 종류의 감귤과 한약재로 사용되는 귤껍질을 봉진하는 그림이다. 영조(1724) 대 이후로는 임금의 특명으로 성균관과 사학의 유생들에게 제주 귤을 하사하면서 제술(製述)을 시험하던 황감제(黃柑製)라는 시험제도가 생겨나기도 했다.

제사에 쓸 것은 껍질을 벗긴 후 가로로 썰어 씨를 없애서 쓰고, 그렇지 않은 것은 쪽을 내어 꿀을 녹여 부어 쓴다고 하였다.

분류 : 음식
색인어 : 감귤, 감귤보관법, 감자정과, 감귤정과
참고문헌 : 빙허각 이씨, 『규합총서』; 작자 미상, 『박해통고』; 작자 미상, 『시의전서』
필자 : 양미경

감로도

감로도는 중생들에게 감로(甘露: 단 이슬)와 같은 법문을 베풀어 해탈시킨다는 의도에서 붙여진 이름으로 아귀(餓鬼)에게 감로를 베푼다는 뜻에서 '감로도'라 하였다. 조선 중기 이래 사찰에서 의식을 지낼 때면 감로도를 그려 걸어놓고 재를 지내곤 하였다. 원래

부처의 수제자인 목련존자(目連尊者)가 아귀도에서 먹지 못하는 고통에 빠진 어머니를 구하기 위해 부처에게 그 방법을 묻고 해답을 듣는 내용이다.

감로도의 구성은 도상의 내용상 상, 중, 하단으로 구분할 수 있다. 상단은 불보살의 세계, 중단은 재단과 법회의 장면, 하단은 윤회를 반복해야 하는 아귀 등 중생의 세계와 고혼이 된 망령들의 생전 모습이 묘사된다. 또 감로도의 형식은 성반(盛飯: 잘 차린 음식)을 차려놓고 재를 올리는 모습이 표현된 것과 성반이 생략된 것으로 나눌 수도 있다.

감로도에 성반인 제단이 그려져 있는 경우, 불교의례에 소용되는 공양물을 알 수 있다. 가령 영산회상도(靈山會上圖) 계열의 불화에서도 공양물이 간혹 표현되기도 하지만 감로도에서처럼 구체적이고도 중요한 모티프로 작용하지는 않는다. 감로도의 중앙에 묘사된 제단에는 다양한 공양물이 진설되어 있는데, 당시 제의를 지낼 때의 실제 모습을 반영한 것이면서도 관념적 성격을 갖고 있다.

1649년작 「보석사 감로도(寶石寺 甘露圖)」는 화면 하단에 원혼의 전생이 펼쳐지듯 전개되는 가운데, 상단에 위치한 여러 부처들이 무수한 중생들에게 천상의 음료인 감로를 베푸는 그림이다. 화면 중앙에는 영혼의 극락천도를 비는 법회장면과 그들에게 나누어질 음

작가 미상, 「보석사감로도」, 238×228cm, 1649년, 마본채색, 국립중앙박물관

식들이 그려져 있다. 그 가운데 같은 계절에 수확할 수 없는 과일이나 채소들이 함께 올려져 있어 흥미롭다. 예를 들어 가지, 복숭아, 수박, 포도, 밤, 수세미, 상수리, 감 등의 공양물이 사실적으로 묘사되어 있으며, 이 채소와 과일들은 여름부터 가을에 걸쳐 차례로 나는 것임에도 한 제단에 그려져 있다는 점이 특징적이다. 감로도에 표현된 공양물의 또 다른 특징은 모든 영혼을 위해 차별 없이 평등하게 음식을 베푼다는 불교의 종교적 속성을 잘 드러낸다는 점이다. 원칙적으로 감로도의 공양물 그림은 다수의 영혼들에게 공평하게 음식을 제공하는 것에 주안점을 두고 있다. 가능하면 공간과 시간에 구애받지 않는 곳에 후손이 있는 영혼뿐만 아니라 무주고혼(無主孤魂: 자손이 없어 불쌍하게 떠도는 혼령)을 위해서도 공양물을 항상 배설해 놓는다. 주로 16세기에 제작된 감로도에서 이와 같은 의미가 잘 반영되어 엄격한 공양물의 적용이 반영된 재단이 도상화되었다.

분류 : 미술
색인어 : 감로도, 감로탱화, 공양물, 불교, 의례, 아귀, 가지, 복숭아, 수박, 포도, 밤, 수세미, 상수리, 감, 과일
참고문헌 : 『감로-조선시대 감로탱』 상, 하(통도사성보박물관, 2005); 김승희, 「감로도에 보이는 공양물의 내용과 그 의미」, 『美術史學』 No.27(한국미술사교육학회, 2013)
필자 : 구혜인

감모여재도

「감모여재도(感慕如在圖)」는 조상의 신주를 모시는 사당이나 위패를 그린 그림이다. 사당도 중 하나이지만, '감모여재도'라는 화제(畵題)가 붙은 그림이 많이 발견되면서 「감모여재도」라고 불리고 있다. '감모여재(感慕如在)'는 조상을 사모하는 마음이 지극하면 그 모습이 실제 앞에 계신 것 같다는 의미이다. 따라서 감모여재도는 조상신을 받드는 후손의 효성 어린 마음을 표현한 그림이자 제사 도구이다. 「감모여재도」 중에는 사당과 위패 앞에 제사상을 차린 모습을 그린 경우가 있다. 이 그림은 화폭의 중심에 사당이 그려지고, 좌우로 휘장이 걷혀진 모습이다. 화면의 가

작가 미상, 「감모여재도」, 80×113cm, 종이에 채색, 국립민속박물관

운데 지방을 붙일 수 있는 빈 공간이 남겨져 있고, 그 앞에 제사상이 차려져 있다. 제사상에는 병, 잔, 향합, 향로, 촛대, 꽃병과 함께 석류, 포도 등이 차려져 있다. 이 그림 외에도 「감모여재도」의 제사상에는 수박, 참외, 포도, 석류 등 씨가 많은 과일이 자주 등장하는데 이는 자손 번창 등 집안의 화목과 영속을 기원하는 의미로 해석할 수 있다.

분류 : 미술
색인어 : 감모여재도, 사당도, 제사상, 제수, 과일
참고문헌 : 국립민속박물관, 『한국민속대백과사전』; 김시덕, 「유교식 제사 실천을 위한 감모여재도」, 『종교와 그림』(민속원, 2008)
필자 : 구혜인

감선

감선(減膳)이란 왕이 천재지변(天災地變)이 생겼거나 왕실의 궁, 능원 등에 화재나 훼손이 발생하였을 때, 특별한 애도(哀悼)를 표시하고자 할 때 자신의 밥상에 오르는 음식의 가짓수를 일시적으로 줄이는 일

을 말한다. 이미 삼국시대에도 실시되었던 감선은 조선시대의 왕들에게는 아주 익숙한 일이었다.

감선을 하는 이유는 여러 가지였는데, 가장 주된 이유는 가뭄이었다. 대표적으로 태종(太宗: 재위 1400-1418)은 가뭄 때문에 감선을 하고 약주(藥酒)도 그만두고 죄수까지 풀어주었으나 오래도록 가물자, 하늘이 비를 내리지 않는 것은 자신이 우매(愚昧)하기 때문이라며 눈물을 흘렸다(『태종실록』태종 6년 1406년 7월 23일자 기사). 이와 같이 가뭄에 왕이 적극적으로 감선했던 이유는 가뭄은 농작물의 흉년으로 이어지고 그것은 곧 백성들이 고통 받고 굶어죽는 것을 의미하는 일이어서 가능한 서둘러 해결해야 했기 때문이다. 이외에도 내릴 때가 아닌데도 내리는 눈, 서리, 우박은 물론이고 큰 바람, 긴 장마와 폭우, 천둥과 번개, 흰 무지개, 혜성의 출몰, 별자리의 이변, 전염병의 발생 등 왕이 감선했던 이유는 다양하였다. 각종 변고가 생기면 왕은 자신의 덕(德)이 부족한 탓이라 하여 감선을 하고 '철주(輟酒)'라 하여 약으로 쓰는 술조차 마시지 않았으며, '철악(撤樂)'이라 하여 음악의 연주도 멈추었다.

또한 태조(太祖: 재위 1392-1398)가 의비(懿妃), 목왕(穆王), 효비(孝妃), 경비(敬妃) 등의 기일(忌日)에 감선한 것처럼 선조의 기일인 때(『태조실록』태조 3년 1394년 2월 24일, 3월 10일, 5월 15일, 7월 21일자 기사), 아끼는 신하가 죽은 경우(『세종실록』세종 4년 1422년 3년 11월 기사), 명종(明宗: 재위 1170-1197) 때 경복궁에 화재가 나서 감선하고 선조(宣祖: 재위 1567-1608) 때 현릉(顯陵)에 불이 나서 감선한 사례에서 보듯이 궁(宮), 전각(殿閣), 능원(陵園)과 같이 왕실과 관련된 곳에 불이 난 경우에도 감선한 일이 조선왕조실록에 많이 나온다(『명종실록』명종 8년 1553년 9월 14일;『선조실록』선조 29년 1596년 3월 8일자 기사). 드물게는 광해군(光海君: 재위 1608-1623)이 1619년 심하전투(深河戰鬪), 즉 조선과 명나라의 연합군이 후금과의 전쟁에서 패하고 많은 백성들이 죽었다는 이유로 감선한 적이 있다(『광해군일기』광해

11년 1619년 3월 21일, 3월 27일자 기사).

감선의 내용은 상에 오르는 음식의 가짓수[品數]를 줄이는 것이 기본이다. 하지만 점심[晝膳]을 올리지 않는 것처럼 끼니의 수를 줄이거나(『세종실록』세종 18년 1436년 윤6월 7일자 기사), 쌀의 양을 줄이고(『성종실록』성종 13년 1482년 8월 24일자 기사), 물에 만 밥을 계속 먹는 일(『성종실록』성종 1년 1470년 6월 1일자 기사)도 감선의 일환으로 여겼다.

왕이 감선을 하면 대왕대비와 중전, 세자 등 여러 전에서도 함께 감선을 행하는 게 관례였는데(『성종실록』성종 22년 1491년 5월 5일, 성종 24년 1493년 윤5월 2일자 기사;『중종실록』중종 4년 1509년 4월 26일자 기사), 감선을 하더라도 대비전만은 예외로 하도록 명하기도 했다(『성종실록』성종 22년 1491년 7월 15일자 기사) 이렇게 예외를 둔 것은 조선시대가 효(孝)를 중시했기 때문에 어머니까지 고생하시는 걸 두고 볼 수 없었기 때문이다.

왕은 감선을 시작했던 이유가 사라지면 '복선(復膳)'이라 하여 감선하기 이전의 수준으로 밥상의 내용과 음식의 가짓수 등을 되돌렸다. 감선이 선정(善政)보다 못하며, 왕이 근신하고 감선을 한다 하여 자연재해나 전염병의 피해 등이 사라지는 것은 아니지만, 감선은 그 실제적 효과보다는 왕의 도덕적 수양과 자기반성, 백성의 고통을 함께한다는 상징적 의미가 있는 행위였다. 음식을 통해 정치를 했던 왕의 일면을 감선을 통해 엿볼 수 있다.

분류 : 의례
색인어 : 철선, 각선, 감선, 퇴선
참고문헌 :『태조실록』;『태종실록』;『세종실록』;『명종실록』;『선조실록』;『성종실록』;『중종실록』;『광해군일기』
필자 : 김혜숙

감자

감자는 가짓과에 속하는 다년생 초본식물로서 감자의 원산지는 남아메리카 안데스산맥 일대이고 감자를 한자어로는 북저(北藷), 북감(北甘), 토감저(土甘

藷), 북감저(北甘藷), 마령서(馬鈴薯), 토두(土豆) 등으로 표기한다.

감자는 감저(甘藷)에서 변환된 단어인데 감저는 조선 후기 각종 문헌에서 고구마를 가리키는 단어였다. 식민지 시기에 들어서 손진태(孫晋泰: 1900-?)는 「감저 전파고」에서 고구마와 감자가 한반도에 어떻게 전파 되었는지를 다루면서 문헌상 감저라는 표기는 고구 마를 지칭하지만 하지만 속어(俗語)에서는 마령서를 감자라 한다고 했다(손진태, 1941).

하지만 손진태 주장처럼 한반도 전 지역에서 감자가 현재 한국사회에서 통용되는 감자를 가리키는 것은 아니었다. 오구라 신페이(小倉進平: 1882-1944)가 조 사·연구한 『조선방언의 연구(朝鮮語方言の研究)』에 의하면 식민지 시기 감자라는 단어는 여러 지방에서 현재 일반적으로 지칭하는 감자와 고구마를 혼용하 는 의미로 쓰였다고 봤다. 물론 다른 작물이기 때문에 고구마의 경우 왜감자, 당감자, 사탕감자 등으로 불렸 고 감자는 하지감자, 북감자, 포리감자 등이라 지칭했 다(小倉進平, 1944). 이렇듯 감자라는 표기는 식민지 시기까지 고구마와 감자 양쪽 모두를 지칭했다. 그래 서 많은 사람이 감자라고 잘못 알고 있지만 김동인의 유명한 소설 『감자』에서 감자는 고구마를 가리킨다 (박현수, 2017).

감자는 적어도 7,000년 전에는 재배작물로 활용되다 가 스페인이 남아메리카를 식민지 경영하는 과정에 서 유럽을 시작으로 전 세계로 퍼져나갔다(래리 주커 먼 저·박영준 역, 2000). 감자 전래과정의 끄트머리에 한국이 있었다.

감자가 전래된 방향에 대해서도 두 가지 전래설이 있다. 『오주연문장전산고』의 저자 이규경(李圭景: 1788-1856)은 「북저변증설(北藷辨證說)」에서 감자와 고구마에 대해 자세히 기록해놓으면서 북방전래설 을 주장한다. 이규경은 저(藷)가 자연재해에도 강하 고 잘 자라기에 백성들이 저에 의지해 살아간다고 평 하면서 저를 고구마를 가리키는 남저(南藷)와 감자를 지칭하는 북저로 구분했다. 그리고 감자에 대해서 모

감자ⓒ하응백

양은 작은 계란같이 둥글고 그 껍질이 얇고 약간 누런 색을 띠며 속살은 부드러우면서 토란같이 하얗다고 했다. 그리고 맛은 달면서도 담백하며 물기가 있다고 평했다.

이규경은 감자가 순조(純祖)가 재위하던 1824-1825 년 사이에 북쪽에서 들어왔다고 주장했다. 북쪽을 통 한 감자 전래 방향에서도 두 가지 설을 소개했다. 하 나는 명천부(明川府) 사람으로 관상을 보는 김 모(某) 가 청나라 수도 연경(燕京)에서 감자를 가지고 왔다 는 설이었다. 또 다른 하나는 인삼을 캐기 위해 조선 으로 들어왔던 청나라인들이 산속에서 지내면서 감 자를 재배했다가 밭이랑 사이에 감자를 남겨두고 가 면서 조선에서 감자 재배가 시작했다는 설이었다.

이규경과 달리 남방전래설을 주장한 사람은 『원저보 (圓藷譜)』의 저자 김창한(金昌漢: ?-?)이다. 김창한의 주장에 따르면 1832년 전라북도 해안에 영국 상선이 와서 1개월 간 머물렀고 이때 선교사가 감자 재배 방 법을 알려줬다. 이때 김창한의 아버지가 감자 재배법 을 배웠고 이를 통해 아들인 김창한이 감자 재배법을 책으로 쓴 것이 『원저보』이다(신병주, 2013). 이 두 가 지 설 중 어느 것이 정확한지는 알 수 없으나 적어도 19세기를 전후한 시기에 감자가 한반도로 전래됐다 고 추정할 수 있다.

감자는 19세기 이후 급속히 한반도에 보급되어 1911 년 조선총독부 조사에 따르면 한반도 내 감자 재배지 는 11,303.7정보(町步)였고 생산량은 22,893,066관 (貫)에 이르렀다. 1911년 한반도 내에서 감자 재배 면

적과 생산량이 많았던 상위 세 지역은 함경남도, 함경북도, 강원도였다. 특히 함경남도는 전체 감자 재배면적의 42%, 생산량의 57%를 차지할 정도로 한반도 감자 생산의 중심지였다.

감자는 식민지 시기까지도 구황식품으로 많이 인식되었다. 〈동아일보〉 1928년 8월 1일자 기사에 따르면 전라북도 일대에 가뭄이 닥쳐 모내기를 하지 못한 지역도 적지 않았다. 이 같은 상황 속에서 당시 전라북도 농무과(農務科)에서는 가뭄 피해에 대한 대책으로 모내기가 불가능한 벼를 대신해 씨감자를 나눠줘 모내기에 실패한 논에 부족하나마 식량으로 삼도록 했다.

감자는 화전민을 다루는 기사에서 자주 등장했다. 화전민과 감자의 관계는 〈동아일보〉 1926년 6월 21일에서 같은 해 6월 28일에 끝을 맺는 「고해순례(苦海巡禮) 화전민생활조사」 시리즈에서 상세히 묘사했다. 이 시리즈는 조선총독부의 삼림령(森林令) 실시 이후 화전에 대한 단속이 엄격해지면서 팍팍해진 화전민들 삶을 살펴보자는 의미에서 함경남북도 일대를 다니면서 쓴 기획기사이다. 이 기사에 따르면 화전민들은 조·귀리와 함께 감자를 많이 심어 1년 식량으로 삼았는데 화전민들은 감자를 다른 곡물들과 비슷한 시기인 입하(立夏) 전에 심은 후 추분(秋分) 전에 수확했다.

식민지 시기 감자는 원료·감미료 및 공업용 원료·연료로 사용했다. 감자 전분의 쓰임새가 확장되면서 식민지 조선 감자 전분은 오사카 지역으로 판매됐다. 이같이 다양한 용도로 쓰일 수 있던 감자 전분의 상품 가치는 일찍부터 주목받아 1915년 『신문계(新文界)』 26호에서 감자 전분을 채취하는 방법을 자세히 기술했다. 심지어 1930년대 신문 기사에는 감자 전분을 이용해 유리와 비슷한 제품도 만들었고 그 제품이 실제 유리제품과 큰 차이가 없었다는 기사도 등장했다.

감자를 식량이자 원료로 한 만큼 조리방식도 여러 가지이다. 조림, 튀김, 삶은 감자, 감자를 넣은 감자밥 등이 전국적으로 있고 한국 내에서 감자 생산지로 유명한 강원도 내 음식으로는 최근 전국적으로 판매되는 감자떡을 대표로 하여 일종의 범벅이라 할 수 있는 감자붕생이, 감자수제비, 감자경단 등의 음식이 있다(농업진흥청, 2008).

분류 : 식재료
색인어 : 고구마
참고문헌 : 「고해순례(苦海巡禮) 화전민생활조사(1)-(8)」, 〈동아일보〉 1926년 6월 21-28일; 「農産製造, 馬鈴薯澱粉의 製法」『신문계』(1915), 1915; 래리 주커먼 저·박영준 역, 『악마가 준 선물-감자이야기』(지호, 2000); 박현수, 「감자와 고구마의 거리-김동인의 『감자』 재독」『민족문화사연구』(2017); 손진태, 「감저전파고」『진단학보』(1941); 이규경, 『오주연문장전산고』; 신병주, 『조선평전』(글항아리, 2013); 농업진흥청, 『한국의 전통향토음식 3-강원도』(농업진흥청, 2008); 小倉進平, 『朝鮮語方言의 硏究』下(岩波書店, 1944)
필자 : 이민재

감자조림(총동원체제)

『조선요리제법』의 저자 방신영이 『월간여성』 1940년 1월 호에 기고한 「한 끼에 십전으로 되는 반찬」에는 감자로 만든 요리가 등장한다. 1940년이라는 시기는 이미 중일전쟁 이후 일본정부와 조선총독부가 총동원체제를 구축하여 조선인들로부터 전쟁 자원을 수탈하고 있던 시기였다. 전시체제기에는 조선의 여성 역시 전선의 후방에서 적극적으로 동원하고자 했기 때문에 방신영의 요리법 앞뒤로 실린 박영숙의 「이 세국민의 전시교육」이라는 글과 노좌근의 「가정에서 가두로!」는 이러한 시대 분위기를 잘 드러낸다. 그리고 방신영의 요리법도 여성으로서 전쟁으로 부족한 자원을 절약하기 위한 방책 중 하나로 소개되었다.

방신영은 이 글에서 당시 물가가 상승하고 모든 물건이 귀해지면서 10전으로 한 끼의 식사를 마련하기가 상당히 어려움을 인정한다. 그러나 자신이 기고한 요리법은 자신이 직접 시장에서 10-15전 사이의 가격으로 재료를 산 후, 조리했음을 강조하므로써 실효성 있는 요리법임을 드러냈다.

이렇게 가격을 제시한 후 그녀는 조기구이, 조기조림, 명태조림, 무조림, 감자조림, 콩비지, 두부조림을 제시했고 그 조리법은 매우 간결하게 제시되어 있다. 감자조림 조리법 역시 "감자조림 - 이것도 무조림 하는 법으로 꼭 같이 하면 좋습니다."라고 적혀 있다.

무조림을 만드는 법을 보면 다음과 같다. 우선 무를

적당히 썰어 뚝배기에나 냄비에 담고 멸치 조금과 파, 마늘, 고추를 넣는다. 그리고 진간장으로 간을 맞추고 잘 끓여 잘 무른 후 다음 상에 놓는다고 되어 있다.

방신영의 조리법을 통해, 1940년대에 들어서면 이미 감자가 저렴하고 대중적 식재료로서 조선의 일상에 정착했음이 확인된다. 감자의 전파경로에 대하여, 영국상선을 통한 남방 전래설과 중국을 통한 북방 전래설이 있으나 전파 시기가 19세기 이후라는 점에 대해서는 큰 이견이 없다. 이 점을 고려하면, 감자는 불과 150년 동안 빠르게 조선인의 일상 속 식재료로 자리 잡았음이 확인된다.

감자라는 명칭도 다양한데 식민지 시기까지 감자는 마령서, 하지감자, 북저, 북감자, 북감저 등으로 다양하게 불렸다.

분류 : 음식
색인어 : 방신영, 한 끼에 십전으로 되는 반찬, 월간여성, 감자, 감자조림, 총동원체제, 감자명칭
참고문헌 : 방신영, 「한 끼에 십전으로 되는 반찬」, 『월간여성』(1940)
필자 : 이민재

갑회

진찬, 진연 등 궁중 연회에 올린 음식 중에는 '갑회(甲膾)'라는 음식이 있다. 갑회는 소의 내장으로 만든 회이다. 궁중 연회를 기록한 의궤에는 양색갑회(兩色甲膾), 삼색갑회(三色甲膾), 각색갑회(各色甲膾), 각색회(各色膾) 등의 명칭으로 쓰여 있다.

1828년(순조 28)에 베푼 진작(進爵)에 나온 양색갑회는 양깃머리[胖領], 생복(生鰒), 생강(生薑), 파[生葱], 잣[實柏子], 고추[苦椒]가 들어간다. 소의 위인 양과 전복을 함께 한 그릇에 담은 것으로 추측된다. 1892년(고종 29)에 베푼 진찬에 나온 삼색갑회는 천엽(千葉), 양깃머리[胖領], 콩팥[豆太] 즉 소의 내장 세 가지이다. 천엽은 검은색, 양깃머리는 흰색, 콩팥은 붉은색으로 삼색을 담은 것이다. 1901년(광무 5)에 베푼 진연에 나온 각색갑회는 천엽, 양깃머리, 콩팥과 잣이 들어간 것으로 1892년 진찬에 차린 삼색갑회와 비슷

하다.

궁중의 갑회는 천엽, 양, 콩팥 등 소내장류 또는 전복 같은 해물을 한 그릇에 2-3가지 종류를 함께 담았다. 갑회의 조리법은 1957년에 출간된 궁중음식책인 『이조궁정요리통고(李朝宮廷料理通考)』의 '각색회' 부분에 자세히 나온다. '염통과 콩팥은 얇은 막을 벗기고 가늘게 채로 썰어서 양념(간장, 참기름, 후춧가루, 깨소금, 설탕, 파, 마늘)을 한다. 천엽과 양은 소금으로 주물러서 여러 번 씻어 채로 썰어서 양념(간장, 참기름, 후춧가루, 깨소금, 파, 마늘)을 하고 고루 주물러 양념이 배도록 한다. 양념해놓은 각색회를 어울러 담고 잣가루를 뿌려서 겨자와 초장을 상에 놓는다.'고 하였다.

1800년대 말의 조리서인 『시의전서(是議全書)』에는 천엽회를 할 때 천엽을 갸름하게 썰어 가장자리에 잣을 하나씩 물려 말아 쓰며, 여러 내장류 회를 그릇에 옆옆이 담고 그 가운데 종이를 꽃전같이(화전처럼 동그랗게) 오려 거기에 소금과 후춧가루를 얹어놓는다고 하였다.

분류 : 음식
색인어 : 소내장회, 천엽, 양, 콩팥, 갑회, 각색회
참고문헌 : 『[무자]진작의궤([戊子]進爵儀軌)』; 『[임진]진찬의궤([壬辰]進饌儀軌)』; 『[신축]진연의궤([辛丑]進宴儀軌)』; 『이조궁정요리통고(李朝宮廷料理通考)』; 『시의전서(是議全書)』
필자 : 이소영

갓

갓은 매우면서도 쌉쌀한 맛을 내는 채소이다. 갓은 쌍떡잎식물 양귀비목 겨자과의 한해살이풀이다. 다른 이름으로는 개채(芥菜), 신채(辛菜)라고 한다. 갓은 갓 자체로도 김치를 담기도 하지만 배추 등으로 김치를 담을 때 부재료로 함께 넣으면 김치의 맛을 한층 돋궈주는 재료이기도 하다.

작자 미상의 『시의전서(是議全書)』(1800년대 말)에서는 '동개미(童芥菜, 갓)'에 대해 설명하고 있다. 종자는 움에 묻는데, 순을 베지 말고 두며, 가을에는 청

을 김치에 넣고 봄에는 순으로 나물을 한다고 하였다. 갓무의 껍질을 깨끗이 벗기고 머리털처럼 가늘게 채 친 후 꿀과 초를 넣고 간을 맞춰 주물러 항아리에 넣 어 두고 쓴다 하였는데, 갓으로 김치를 담는 설명인 듯 하다. 그릇에 담고 통갓을 얹기도 하고 석이나 고 추채도 얹어 낸다. 항아리를 추운 데 차게 보관하라고 하였다.

빙허각 이씨(憑虛閣 李氏: 1759-1824)가 지은『규합 총서(閨閤叢書)』(1809)에는 '산갓침'에 대한 설명이 있다. 입춘 때 무를 가늘게 채치고, 미나리, 순무, 움 파를 넣어 맹물을 끓여 심심한 나박김치를 담가서 더 운데 두는데, 그 김치가 익을 정도가 되면 갓을 가려 서 깨끗이 씻어 뿌리째 그릇에 담아 더운 물을 끓여 갓이 익지 않을 정도로 3-4번 물을 주어 갓을 넣고 입 으로 불기를 한참 동안 겨자 개듯이 하여 두껍게 여러 번 종이로 덮어 둔다. 그 위에 솜을 둔 옷을 눌러 더운 곳에 묻어 김이 조금도 나지 않게 하고 반시간쯤 후에 꺼내어 먼저 담근 김치에 섞어 간장을 타 먹는다고 하 였다. 이 김치가 김이 나가면 쓰고, 갓이 너무 자라면 쇠어 맛이 좋지 못하다고 하였다. 갓을 처음부터 함께 넣는 것이 아니라 살짝 데치듯 하여 더운 기운을 빠져 나가지 못하게 하여 저장하였다가 기존에 담가 두었 던 김치와 함께 섞어 먹으라고 하는 것인데, 더운 김 이 나가지 않게 꼼꼼히 막아두는 과정에서 재료의 특 성을 살리려는 정성이 느껴진다.

갓을 절여서 먹기도 하였는데, 최한기(崔漢綺: 1803- 1877)가 편찬한 『농정회요(農政會要)』(1830년경)에 '엄채개(醃菜芥)'에 대한 기록이 있다. 갓으로 절임을 한 것인데, 갓 10근에 소금을 8냥 사용하는 것이 원칙 으로, 10월에 부드럽고 신선한 갓을 따서 잘게 썰어서 끓는 물에 데쳐서 물이 있는 채로 그릇에 건져놓는다. 생 상추[萵苣], 볶은 참기름, 갓꽃[芥花], 깨, 소금 등을 골고루 버무려서 항아리에 꼭꼭 채워두는데, 3-5일 지 나서 먹으면 되고 봄에도 그 맛이 변하지 않는다고 하 였다. 절임인데도 상추와 참기름을 함께 넣는 것이 특 이하다.

갓은 김치나 절임 말고도 죽을 끓여 먹기도 하였다. 조선 후기의 의가인 이창우(李昌雨: ?-?)가 지은『수세 비결(壽世祕訣)』(1929)에는 '개채죽(芥菜粥)' 즉 갓죽 에 대해 설명하였다. 개채(갓)죽은 가래를 삭이고 좋 지 못한 기를 없애준다고 하여, 역시 갓의 매운맛을 활용한 처방을 설명하였다.

허준(許浚: 1539-1615)의『동의보감(東醫寶鑑)·탕액 편(湯液篇)』(1610)에는 '개채(芥菜: 갓 또는 겨자)'에 대한 설명이 있다. 그 성질은 따뜻하고 맛은 매우며 독이 없다고 하였는데, 신장의 나쁜 기운을 제거하고 구규(九竅: 몸의 9개의 구멍 즉 두 눈, 두 개의 콧구멍, 양쪽 귀, 입, 전음, 후음)를 잘 통하게 하며, 눈과 귀를 밝게 하고 해수와 상기를 멎게 하며, 속을 따뜻하게 하고 두면풍(頭面風)을 제거한다고 하였다. 두면풍은 머리와 얼굴에 나쁜 기운이 침입하여 땀이 나고 머리 가 아프며, 여러 가지 피부병이 생기는 증상이다. 약 미(藥味)는 코로 들어가는데, 코는 폐와 연결된 신체 부위이며, 갓의 매운맛인 신미(辛末)는 오행 중 금(金) 과 관련되며 금(金)은 장기 중에 폐와 관련되기 때문 에 매운맛이 코로 들어간다고 하는 것이다. 모양에 대 한 설명으로는 배추 비슷한데 털이 있고 맛이 매우 맵 다고 하여 잎이 큰 것이 좋다고 하였다. 삶아 먹으면 다른 어떤 채소보다 기를 잘 동하게 한다고 하였다. 기를 잘 돌려주는 것 역시 매운맛과 관련된 이야기인 데, 매운맛과 관련된 폐가 기를 주관하는 장기이기 때 문이다. 종류로는 황개(黃芥), 자개(紫芥), 백개(白芥) 가 있다고 하였는데, 황개와 자개는 절여서 먹으면 맛 이 매우 좋고, 백개는 약에 넣어 쓴다고 하였다. 볶아 서 가루 내어 장을 담그면 오장을 잘 통하게 한다고도 하였다.

분류 : 식재료
색인어 : 간장, 규합총서, 김치, 나박김치, 무, 미나리, 배추, 순무, 시의 전서, 쌈, 참기름
참고문헌 : 허준,『동의보감·탕액편』; 작자 미상,『시의전서』; 빙허각 이씨,『규합총서』; 최한기,『농정회요』; 이창우,『수세비결』
필자 : 홍진임

강정

강정[乾飣]은 유밀과(油蜜菓)의 일종으로, 찹쌀가루를 반죽하여 적당한 크기로 썰어 말렸다가 기름에 튀긴 조과(造菓)를 말한다. 필자에 따라 강정을 표기한 한자가 모두 다르게 나타나는데, 『성호사설(星湖僿說)』에서는 강정(剛飣), 『금화경독기(金華耕讀記)』와 『동국세시기(東國歲時記)』에는 강정(乾飣), 『오주연문장전산고(五洲衍文長箋散稿)』에는 강정(乾淨)으로 적혀 있다(『조선상식(朝鮮常識)』). 그리고 생긴 모양이 마치 누에고치를 닮았다 하여 견병(繭餅)이라고도 불렸다(『규합총서(閨閤叢書)』).

강정의 유래에 대해서는 대개 중국의 거여(粔籹)나 한구(寒具)에서 비롯되었다고 보는 견해가 지배적이다. 정약용(丁若鏞: 1762-1836)은 『아언각비(雅言覺非)』에서 "유밀과는 중국의 거여나 한구에서 출발하여 고려에서 발전한 것."이라고 적었다. 그리고 성호(星湖) 이익(李瀷: 1681-1763)은 『주례(周禮)』에 실린 '아침 밥 먹기 전에 먼저 한구(寒具)를 드림은 입맛을 돕는 때문이다.'라고 한 정현(鄭玄: 후한의 학자)의 주(註)를 되새기며, "맑은 아침에 드리는 음식인 까닭에 명칭을 한구라 한 듯하다."고 했다(『성호사설(星湖僿說)』).

김매순(金邁淳: 1776-1840)은 『열양세시기(洌陽歲時記)』에서 강정은 원일(元日: 설날)에 만들어 먹는 음식이라고 기록하였다. 그리고 그에 대한 근거로, 송나라 유학자 여조겸(呂祖謙)이 만든 '제사 지내는 법'에 설날에 누에고치를 올린다는 문구가 있기 때문이라고 했다. 조선 후기의 문신 최영년(崔永年: 1859-1935)도 『해동죽지(海東竹枝)』에 "옛 풍속에 설날 차례에는 강정을 좋은 제수로 삼는데, 이는 대개 불교를 숭상하는 고려시대의 풍속을 모방한 것."이라고 적었다. 그리고 "상인들이 매년 섣달 그믐 전에 팔러 다녔는데, 그것을 '강정장사'라 한다."고도 했다. 그러면서 "울긋불긋 누에 모양을 한 거여, 불교 숭상하는 고려적 풍속에서 온 것. 설날 차례에는 반드시 올려내니, 장사치들 눈 오는데 팔러 다니네."라는 같은 시를 남겼다. 한편, 『동국세시기(東國歲時記)』를 쓴 홍석모(洪錫謨: 1781-1857)는 강정을 시월 월내음식으로 보았다. 그는 "강정은 이달부터 시절음식이 되어 시장에서 많이 판다."라고 적고, 또 오색강정, 잣강정, 매화강정 등이 있는데 설날과 봄철에 민가에서 제물(祭物)로 올리며 정초에 손님을 접대하는 세찬(歲饌)으로도 없어서는 안 될 음식이라고 기록하였다.

이러한 내용을 종합해볼 때, 강정은 10월부터 봄철 사이 추운 계절에 만들어 먹는 음식임을 알 수 있다. 특히, 정초에는 설 차례에 강정을 올리거나 세배하러 온 손님을 대접하는 세찬으로 강정을 내놓았기 때문에 꼭 갖추어야 할 음식이었다. 그래서 섣달 그믐 전에 집에서 직접 강정을 만들어 쓰기도 했지만, 서울 지역에서는 강정을 팔러 다니는 강정장사나 시장에서 구입하는 경우도 있었다.

강정 만드는 법에 대해서는 『음식디미방』, 『규합총서(閨閤叢書)』, 『시의전서(是議全書)』 등과 같은 옛 조리서에 자세히 기록되어 있다. 만드는 법은 고운 찹쌀가루에 술과 꿀을 넣어서 반죽한 다음, 시루에 찐다. 쪄낸 반죽을 꽈리가 일도록 홍두깨로 마구 친다. 이렇게 해야 반죽 내부에 공기층이 형성되어 부드러운 맛을 낼 수 있다. 반죽을 반듯하게 썰어서 따뜻한 방에 넣고 자주 뒤집어가며 말린다. 반죽이 다 마르면 기름

엿강정, 찹쌀가루를 반죽하여 썰어 말렸다가 기름에 튀긴 조과로 제례, 혼례 잔치에 쓰는 필수 과정류의 하나이다. ⓒ수원문화재단

에 튀겨내는데, 이때 두벌 튀김을 해야 연하게 잘 튀겨진다고 한다. 튀겨낸 강정 바탕(반대기)에 엿이나 조청을 고루 바르고, 각색 고물을 입힌다.

이처럼, 강정은 많은 시간과 정성을 필요로 하는 음식이다. 그뿐인가? 조선시대에는 귀한 식재료였던 꿀과 기름을 다량 사용하기도 한다. 이 때문에 강정은 매우 귀하고 고급스러운 음식으로 인식되어 세찬은 물론, 잔치나 제사를 치를 때 꼭 마련해야 할 필수품으로 인식되었다.

분류 : 음식
색인어 : 강정(乾飣), 강정(剛飣), 강정(乾淨), 견병(繭餠), 거여(粔籹), 한구(寒具), 제물(祭物). 세찬(歲饌), 강정장사
참고문헌 : 장계향, 『음식디미방』; 이익 저, 김철희 역, 『성호사설』(한국고전번역원, 1976); 정약용, 『아언각비』; 빙허각 이씨, 『규합총서』; 작자 미상, 『시의전서』; 김매순, 『열양세시기』; 홍석모, 『동국세시기』; 최영년, 『해동죽지』; 최남선, 『조선상식』(동명사, 1948)
필자 : 양미경

속 빈 강정

'속 빈 강정'이라는 속담이 있다. 겉만 그럴 듯하고 실속이 없음을 비유적으로 이르는 말이다. 하지만 강정 입장에서 보면, 좀 억울할 것도 같다. 왜냐면 『청장관전서(靑莊館全書)』를 쓴 이덕무(李德懋: 1741-1793)의 말처럼, 강정은 본디 누에고치처럼 속이 텅 비어야 하기 때문이다. 그렇다면, 강정은 본분에 충실하다고 봐야 하지 않을까?

이 물음에 대한 답은 연암(燕巖) 박지원(朴趾源: 1737-1805)의 「순패서(旬稗序)」에서 찾을 수 있다. 「순패서」는 『순패(旬稗)』라고 하는 책에 대한 서평(書評)으로, 이 책은 소천암(小川菴)이라는 사람이 어릴 적 손장난 삼아 지은 책이라고 한다. 연암에게 『순패』를 보여주면서 소천암은 강정이 속이 비었다 하여 왜 비난받는지에 대해 자신의 소견을 피력한다. 그의 말에 의하면, 강정은 깨끗하고 예뻐서 먹음직스럽지만, 속이 텅 비어 있어서 아무리 먹어도 배가 부르지 않는다. 그뿐인가? 잘 부서지기까지 해서 훅 하고 불면 눈처럼 날아가버린다. 그래서 세상 사람들이 겉만 번지르르하고 실속이 없는 것을 가리켜 '속 빈 강정'이

라고 말한다고 했다. 하지만 개암이나 밤, 찹쌀, 멥쌀 등은 흔히 보고 늘 먹는 것이어서 우습게 보이지만, 실제로는 주린 배를 채워주고 또 몸에도 이롭다. 그래서 제사상에도 오르고 폐백 음식에도 쓴다고 하였다.

분류 : 음식
색인어 : 강정, 속 빈 강정, 박지원(朴趾源), 소천암(小川菴), 순패(旬稗), 순패서(旬稗序)
참고문헌 : 박지원 저, 박수밀 역, 『연암산문집』(지식을 만드는 지식, 2011)
필자 : 양미경

개고기

개고기는 갯과의 포유류인 개의 고기를 뜻한다. 한자어로는 주로 狗肉(구육)이라고 하였으나 犬肉(견육)이라고 부르는 경우도 있었다. 『예기(禮記)』는 견(犬)과 구(狗)의 차이에 대해서 큰 개는 견(犬), 작은 개는 구(狗)라 하였는데 현재의 한자에서도 견은 개 견(犬), 구는 강아지 구(狗)이므로 이 같은 구분이 현재까지도 이어지고 있다고 볼 수 있다. 문헌에 따르면 개고기로 찜, 누르미, 내장찜 등 다양한 음식을 만들어 먹었으며 그중에서도 개장국을 제일 즐겨 먹었다. 우리나라에서는 전통적으로 개고기를 약으로 여겼다. 특히 삼복(三伏) 중에는 복달임으로 개장국을 먹고 기를 보하는 풍습이 있었다.

한편 개의 고기뿐 아니라 내장이나 다른 부산물의 약효에 관한 내용도 기록에 나타난다. 1700년대 홍만선(洪萬選: 1643-1715)의 『산림경제(山林經濟)』의 치약(治藥)편의 구육(狗肉)조에서는 『증류본초』를 인용하여 백구의 젖을 눈에 넣으면 청맹(靑盲), 즉 겉으로 보기에는 문제가 없어 보이나 보이지 않는 눈을 치료할 수 있다고 하였다. 또, 같은 조에서 『동의보감』을 인용하여 백구의 똥은 가슴과 배[心腹]가 답답한 증상[積聚]이나 낙상(落傷)하여 생긴 어혈에 효과가 있다고 하였으니 '개똥도 약에 쓰려면 없다'라는 속담이 허튼 소리가 아닌 셈이다.

개고기는 약으로 이용되기도 한 반면 금기가 가장 많

은 식재료이기도 하다. 개고기를 식용하는 것은 육식 중에서도 가장 부정한 것으로 여겼기 때문에 제사를 지내기 전, 어부가 배를 타고 바다에 나가기 전 등 신성한 일을 앞두고 있을 때나 큰 일이 있을 때는 개고기 식용을 금기시하였다. 빙허각 이씨(憑虛閣李氏: 1759-1824)의 1809년『규합총서(閨閤叢書)』는 임신 중에 개고기를 먹으면 태어난 아이가 말을 하지 못한다고 하였다.

개는 우리나라 속담에서 천한 사람이나 어리석고 못난 사람을 비유하는 말로 많이 쓰이는데 못난 부모에게서 못난 아이가 태어난다는 뜻의 '개가 개를 낳는다', 돈을 벌 때는 천하게 벌어도 쓸 때는 떳떳하게 쓴다는 의미의 '개같이 벌어서 정승같이 산다' 등이 대표적이다. 양머리를 걸어놓고 개고기를 판다는 뜻의 '양두구육(羊頭狗肉)'이라는 사자성어에서도 확인할 수 있듯 천한 개의 고기이니만큼 개고기 역시 천하고 변변찮은 취급을 받았다.

조선시대까지 개는 주로 고기를 얻기 위한 가축 취급을 받았으나 드물게 반려동물로 개를 기르는 경우도 있었다. 이유원(李裕元: 1814-1888)의『임하필기(林下筆記)』에는 개를 아꼈던 익정공(翼貞公) 조상진(趙商鎭: 1740-1820)의 일화가 실려 있다. 익정공이 기르는 개가 살찐 것을 자랑하자 젊은 명관(名官)이 "복날이 머지 않았으니 안타깝습니다."라고 말하였는데 이에 대해 익정공은 성을 내며 꾸짖었다고 한다. 또, 기르던 개가 아프자 의원까지 청하여 불렀으나 그 의원이 자신은 어의(御醫)임을 밝히자 공손히 돌려보냈다고 한다.

개장국은 원래 이름 대신 보신탕, 보양탕, 영양탕, 사철탕 등의 이름으로 더 많이 불리고 있는데 이는 개고기란 용어를 직접적으로 드러내는 것을 꺼리는 인식이 있었기 때문이다. 홍승면(洪承勉: 1927-1983)의『백미백상』에는 개장국에 대한 일화가 실려 있다. 저자가 20대이던 1950년대경, 회사 중역이 개장국을 먹으러 가자는 이야기를 '떡국'을 먹으러 가자고 했다고 한다. 개의 영어 단어인 도그(dog)의 발음과 유사한 '떡'을 이

용한 말장난이었다. 개장국 먹는 것을 드러내지 않으려고 하는 한국인의 성향을 나타내는 일화이다.

한국인의 개 식용 문화는 오래전부터 국제사회의 눈총을 받았다. 특히 1988년 서울 올림픽을 앞두고 영국과 미국 등에서 한국의 개 식용을 규탄하는 집회가 벌어지기도 했다(〈동아일보〉 1983년 10월 7일자). 2000년대 이후 한국에서도 개 식용 문화는 점점 사라지고 있다.

분류 : 식재료
색인어 : 육개장, 개장국, 닭고기
참고문헌 : 이유원 저, 안정 역, "개를 아끼는 버릇", 「춘명일사」,『임하필기』;『예기』; 서호수『해동농서』; 서명응,『고사신서』; 홍승면,『백미백상』(1983, 학원사); 주영하,『음식전쟁 문화전쟁』(2000, 사계절); 「韓國(한국)보신탕 美(미) 동물보호단체서 성토」,〈동아일보〉 1983년 10월 7일
필자 : 서모란

개고기(『음식디미방』)

장계향(張桂香: 1598-1680)이 쓴『음식디미방(飮食知味方)』에는 개장(개순대), 개장꼬지 누르미, 개장국 누르미, 개장찜(내장 찜), 누렁개 삶는 법, 개장 고는 법 등 총 여섯 가지 종류의 개고기 조리법이 나온다.

개장은 살짝 삶은 개고기에 후추, 천초, 생강, 기름, 간장으로 양념을 하여 깨끗이 씻은 개 창자 속에 넣어 찐 음식으로 식초와 겨자를 곁들여 먹는다.

누르미라는 음식은 전분을 풀어 넣어 걸죽하게 만든 음식을 뜻한다. 개장꼬지 누르미는 살짝 삶은 개고기를 뼈를 발라내고 후춧가루, 기름, 간장을 섞어 재운 뒤 꼬지에 끼워 구운 것이다. 구운 다음 된장, 기름, 후춧가루, 천초가루, 생강가루에 밀가루를 조금 섞어 끓여 즙액을 만든 다음 꼬지를 담갔다 꺼낸 뒤 천초, 후춧가루를 뿌린 것이다. 개장국 누르미는 고기를 꼬지에 꿰지 않고 대접에 담아 즙액을 넣은 음식이다.

개장찜은 개의 갈비, 허파, 간을 찐 것으로 초와 겨자를 곁들인다.

개장국은 개의 갈비, 내장, 살을 고아 간장, 기름, 참깨, 후추, 천초로 양념하여 끓인 국이다.

한편,『음식디미방』에는 누렁개를 고는 법에 대해서

도 설명하고 있다. 개에게 누런 닭 한 마리를 먹이고 5-6일쯤 지난 다음 개를 잡는다. 뼈를 발라내고 고기를 잘 씻은 다음 간장, 기름과 함께 작은 항아리에 넣고 중탕한다. 파를 넣은 초간장을 곁들인다.

분류 : 식재료
색인어 : 음식디미방, 장계향, 안동 장씨, 개장국, 누르미
참고문헌 : 안동 장씨 저, 백두현 역, 『음식디미방 주해』(글누림, 2006)
필자 : 서모란

개고기(이사벨라 비숍)

개화기 조선을 방문한 외국인들은 개고기를 먹는 조선의 풍습에 대해 관심을 가졌으며 이는 다양한 기록을 통해 확인할 수 있다. 외국인의 여행기에 따르면 이 시기 조선인들은 잔치 때 개고기를 먹었다. 또, 시장에서 개고기를 파는 상점을 볼 수 있었으며 익힌 개고기를 가지고 다니며 파는 행상도 있었다고 묘사하였다. 그러나 개고기의 조리법이나 개고기 음식의 종류를 다양하게 묘사하지는 않았으며 개고기 먹는 풍습에 대해 간단히 언급하였다.

조선인의 의식주생활에 대해 비교적 자세하게 묘사하고 있는 외국인으로는 『한국과 그 이웃나라들 (Korea and Her Neighbours)』을 쓴 이사벨라 버드 비숍(Isabella Bird Bishop: 1831-1904)이 있다. 비숍은 조선인의 대식 습관을 묘사한 부분에서 개고기에 대해서 언급한다. 비숍의 글에 따르면 사계절 중 봄에 개고기를 자주 볼 수 있으며 조선에서는 식용으로 개를 많이 키운다고 하였다. 한편 개고기를 제물로 사용하는 경우에 대해서도 설명했다. 비숍은 호환(虎患)을 입어 사망한 정령이 머무는 나무에는 돼지고기 대신 개고기를 제물로 바친다고 하였다.

윌리엄 그리피스(William E. Griffis: 1843-1928)는 『은자의 나라 한국(Corea, the hermit nation)』에서 개고기에 대해 신분이 낮은 계층이 즐기는 음식이며 음력 1월에는 금기 때문에 개고기를 먹지 않는다고 하였다. 또, 손님마다 각자의 소반에 놓인 개고기를 먹는 모습도 함께 묘사하였다.

이뽀리트 프랑뎅(Hippolyte Frandin: 1852-1926)이

라는 외교관의 경험을 담은 여행기로 알려진 『프랑스 외교관이 본 개화기 조선(En Coree)』에서도 조선인의 개고기 식용에 대해 언급하고 있다. 이 책에 따르면 민간에서는 잔칫날 개를 잡아먹었으며 거리에서 굽거나 끓인 개고기 조각을 가지고 다니며 파는 행상인을 볼 수 있었다고 한다. 이 책은 다른 외국인의 조선 여행기보다 조선의 식생활에 대해 더욱 부정적으로 묘사하고 있는데 개고기에 대한 묘사도 생선젓갈 등의 음식과 함께 조선의 음식에 대한 부정적인 내용 가운데 등장한다.

에른스트 폰 헤세-바르텍(Ernst von Hesse-Wartegg: 1854-1918)이 쓴 『조선, 1894년 여름 (Korea: eine Sommerreise nach dem Lande der Morgenruhe)』에서도 개고기를 파는 시장에 대해 묘사하고 있다. 헤세-바르텍이 언급한 거리시장에서는 사람들이 날생선, 오이, 호박, 개고기 등을 먹는다.

한편, 이 시기 일부 외국인의 경우 한국을 방문하기 전에 중국, 일본 등을 방문한 경우가 많았다. 때문에 중국의 개고기 식용 습관과 조선인의 개고기 식용을 비교하기도 하였다. 바츨라프 세로셰프스키(Vatslav Seroshevskii: 1858-1945)의 『코레야, 1903년 가을 (Корея)』에서는 한국에서도 중국에서와 마찬가지로 개고기가 인기가 있다고 하였다.

분류 : 식재료
색인어 : 개고기, 이사벨라 비숍, 윌리엄 그리피스, 헤세-바르텍, 바츨라프 세로셰프스키, 이뽀리트 프랑뎅
참고문헌 : 이사벨라 버드 비숍 저, 이인화 역, 『한국과 그 이웃 나라들 - 백년 전 한국의 모든 것』(살림, 1994); W.E. 그리피스 저, 신복룡 역, 『은자의 나라 한국』(집문당, 1999); 끌라르 보티에, 이뽈리트 프랑뎅 공저, 김상희, 김성언 공역, 『프랑스 외교관이 본 개화기 조선』(태학사, 2002); 바츨라프 세로셰프스키, 김진영 등역, 『코레야, 1903년 가을』(개마고원, 2006); 에른스트 폰 헤세-바르텍 저, 정현규 역, 『조선, 1894년 여름 - 오스트리아인 헤세-바르텍의 여행기』(책과함께, 2012); 주영하, 『식탁 위의 한국사』(휴머니스트, 2013)
필자 : 서모란

개고기(정약용의 편지)

보내주신 편지에서 짐승의 고기는 전혀 먹지 못한다고 하셨는데, 이것이 어찌 생명을 연장할 수 있는 도(道)라고 하겠습니까? 섬 안에 산 개[山犬]가 천 마리

백 마리뿐이 아닐 텐데, 제가 그곳에 있었다면 5일에 한 마리씩 삶는 것을 결코 빠뜨리지 않겠습니다.…5일마다 한 마리를 삶으면 하루 이틀쯤이야 생선찌개를 먹는다 해도 어찌 기운을 잃는 데까지야 이르겠습니까? 1년 365일에 52마리의 개를 삶으면 충분히 고기를 계속 먹을 수가 있습니다. 하늘이 흑산도를 형님의 식읍지로 만들어주어 고기를 먹고 부귀를 누리게 하였는데도 오히려 고달픔과 괴로움을 스스로 택하다니, 역시 사정에 어두운 것이 아니겠습니까? 들깨한 말을 아이 편에 부쳐 드리니 볶아서 가루로 만드십시오. 채소밭에 파가 있고 방에 식초가 있으면 이제 개를 잡을 차례입니다.

또 삶는 법을 말씀드리면, 우선 티끌이 묻지 않도록 달아매어 껍질을 벗기고 창자나 밥통은 씻어도 그 나머지는 절대로 씻지 말고 곧장 가마솥 속에 넣어서 바로 맑은 물로 삶습니다. 그러고는 일단 꺼내놓고 식초, 장, 기름, 파로 양념을 하여 더러는 다시 볶기도 하고 더러는 다시 삶는데 이렇게 해야 훌륭한 맛이 나게 됩니다. 이것이 바로 초정 박제가의 개고기 요리법입니다.

전라도 강진에 유배를 가 있던 정약용(丁若鏞: 1762-1836)은 역시 흑산도에 유배를 가 있던 둘째 형 정약전(丁若銓: 1758-1816)에게 몸을 보하기 위해서는 꼭 개고기를 먹어야 한다는 내용의 위와 같은 편지를 보냈다.

위 편지에서 정약용은 형에게 개고기를 섭취하라고 하며 그 요리법까지 자세히 설명하고 있다. 위 글에 등장하는 박제가(朴齊家: 1750-1815)는 조선 후기의 문인이자 학자이다.

개고기는 예로부터 보양식으로 널리 먹던 음식이었다. 조선 후기에 홍석모(洪錫謨: 1781-1850)가 편찬한 『동국세시기』에는 개를 삶아 파를 넣고 푹 끓인 것을 구장(狗醬)이라고 하며, 당시에 시장에서 많이 파는 것이라고 기록하였다. 또 궁중기록을 모은 의궤를 보면 혜경궁 홍씨의 회갑 잔치에서도 구증(狗蒸)이라고

하여 개고기 요리가 이용되었음을 알 수 있는데, 이는 궁중에서도 개고기를 즐겼음을 알려주는 것이다.

한편, 『조선왕조실록』에는 개고기를 좋아하는 권력자에게 개고기를 뇌물로 바쳐 관직을 얻은 사례도 보인다. 중종 때 이팽수(李彭壽)는 봉상시 참봉으로 있었는데, 당시의 권력자 김안로(金安老: 1481-1537)가 개고기 구이를 좋아한다는 것을 알고 날마다 개고기 구이를 바쳐 높은 자리에 오른 적이 있고, 봉상시 주부였던 진복창(陳復昌)도 개고기 구이로 김안로의 뜻을 맞추며 온갖 요사스러운 짓을 했다는 기록이 있다(『중종실록』 중종 31년(1536) 3월 21일자).

분류 : 문학
색인어 : 개고기, 정약용, 동국세시기, 중종실록
참고문헌 : 정약용 저, 박석무·정해렴 편역, 『다산문학선집』(현대실학사, 1997)
필자 : 차충환

개고기(1534년 김안로)

1534년 9월 3일 여러 신하들이 홍문관, 사간원, 승정원의 벼슬을 받았다. 사림(士林)의 힘이 강해지던 당시 이들이 받은 벼슬들은 청반(淸班)이라 불리며 직책은 낮지만 훗날 높은 지위에 오를 수 있는 중요한 벼슬자리였다.

청반의 자리를 받은 사람들 중 승정원 주서에 오른 이팽수(李彭壽: 1520-1592)란 인물이 있었다. 세간에는 이팽수가 청반의 지위에 오른 이유를 개고기 때문이라 했다. 성종(成宗)의 열두 번째 아들인 무산군 이종(李悰: 1490-1525)이 이팽수의 아버지다. 승정원 내에서는 아무도 이팽수를 천거하지 않았던 반면 당시 권세가 있던 김안로(金安老: 1481-1537)가 급작스럽게 천거하여 이팽수가 청반의 자리에 올랐다는 소문이었다. 그러면서 이 일에 대해 실록에 기록한 사관은 김안로가 이팽수를 천거한 배경에는 개고기가 있다고 지적했다.

사관은 이팽수의 아버지를 김안로의 가신(家臣)이라고까지 표현하면서 김안로와 이종은 서로 긴밀한 관계였고 그의 아들인 이팽수를 김안로가 자식처럼 여

겼다고 했다. 그러던 중 이팽수가 제사를 담당하는 봉상시의 말단관리인 참봉이 된 후 개고기를 좋아하는 김안로를 위해 매일같이 크고 살찐 개만을 골라 맛있게 요리해서 가져다 바쳤다고 한다. 그런 이팽수를 김안로는 매우 칭찬했고 결국 이팽수가 청반의 자리에 오르는 데 힘을 썼다는 것이다. 이에 주변 사람들이 승정원 주서(注書)에 오른 그를 가장주서(家獐注書)라 불렀는데 가장이란 곧 개를 가리키는 말로 개고기를 바쳐 주서가 된 이팽수를 비꼰 별명이었다.

이팽수가 청반에 나간 이후 그를 따라 김안로에게 개고기를 갖다 바친 이가 있었으니 1536년 3월 21일 봉상시(奉常寺) 주부가 된 진복창(陳復昌: ?-1563)이다. 사관은 진복창도 김안로에게 매일같이 개고기 구이를 가져다 바쳤고 거기에 온갖 요사스러운 일을 다 했다고 기록한다. 그러나 이팽수 때와는 달리 김안로는 진복창을 중요한 벼슬에 천거하진 않았다고 했다. 사관은 그 이유로 진복창이 이팽수에 비해 솜씨가 떨어져서 김안로의 입맛을 잘 맞추지 못했기 때문이라 설명했다.

한반도에서 개를 식용으로도 쓰기 시작한 연원은 정확히 알 수 없지만 『고려사(高麗史)』 「열전(列傳)」의 김문비(金文庇: ?-?)란 사람이 개고기를 즐겨 먹었다는 이야기를 통해 이미 조선시대 이전부터 개고기를 먹기 시작했음을 짐작할 수 있다. 조선 전기에 저술된 『식료찬요(食療纂要)』에서는 개고기가 따뜻함을 더해주고 허리와 신장에 좋으며 남성의 생식능력을 증가시킨다고 했다.

『음식디미방』에서는 순대와 비슷한 요리인 개장과 개고기를 구운 개장꼬치 누름적, 개장국 누르미, 개장찜 등 개고기를 이용한 여러 요리를 소개했다. 대표적으로 개장꼬치 누름적의 조리법을 살펴보면 다음과 같다. 요리하기 전날 개를 미리 잡아 조금 삶아놓고 뼈를 바른 후 씻어서 물기가 없게 수건으로 짠다. 이것을 썰어서 후춧가루·참기름·진간장을 함께 섞어 두었다가 다음날 꼬챙이로 꿰어 타지 않도록 굽는다.

개장꼬치 누름적에 끼얹어 먹을 양념은 걸죽한 장을 걸러 기름과 가루를 낸 후추·천초·생강에 밀가루를 쳐서 양념을 만드는데 걸죽해지지 않도록 한다. 마지막으로 먹을 때 구운 누름적 위에 양념을 넣어 접시에 놓고 후춧가루를 그 위에 뿌려서 먹는다고 소개하고 있다.

분류 : 식재료
색인어 : 김안로, 이팽수, 진복창, 개고기, 개구이, 개장꼬치 누름적, 가장주서, 청반
참고문헌 : 『고려사』; 『중종실록』; 전순의, 『식료찬요』; 안동 장씨, 『음식디미방』
필자 : 이민재

개장국

개장국은 개의 갈비, 내장, 살을 푹 고아 간장, 기름, 참깨, 후추, 천초로 양념하여 끓인 국으로, 한자어로 구장(狗醬)이라고도 한다. 보신탕, 영양탕, 사철탕과 같은 명칭도 모두 개장국을 일컫는 다른 이름이다.

조선시대에는 단백질 공급원으로 개고기가 많이 식용되었다. 1600년대에 장계향(張桂香: 1598-1680)이 쓴 『음식디미방(閨壼是議方)』에는 개장국을 비롯하여 개장국 누르미, 개장꼬치 누르미, 개장찜, 누런 개 삶는 법, 개장 고는 법 등과 같이 개고기를 이용한 각종 조리법이 자세히 기록되어 있다. 이것으로 볼 때, 장계향이 살았던 17세기 무렵에는 개고기 식용이 상당히 보편적으로 이루어졌고, 또 매우 중요한 음식으로 인식되었음을 알 수 있다. 이외에도 『규합총서(閨閤叢書)』, 『임원경제지(林園經濟志)』, 『경도잡지(京都雜誌)』, 『동국세시기(東國歲時記)』 등 여러 조리서와 문헌에서 개장국 끓이는 법을 찾아볼 수 있다.

개장국은 특히 집안이나 마을에 큰 잔치가 있을 때, 그리고 삼복더위에 기운을 북돋우기 위해 만들어 먹곤 했다. 개장국을 끓이기 위해서는 우선 개를 잡아 파 밑동을 넣고 푹 삶는다. 여기에 닭고기와 죽순을 넣으면 더욱 맛이 좋다. 고기가 충분히 익어서 살이 물러지면 살과 내장을 각각 잘게 찢거나 썰어서 산초가루를 넣고 국으로 끓여서 먹었다.

개장국집, 일제 강점기, 국립민속박물관. '음식점(飲食店)', 팽구가(烹狗家), 개장국집'이라는 문구가 보임.

홍석모(洪錫謨: 1781-1857)가 살았던 19세기 서울에 서는 시장에서도 개장국을 많이 판매하였다. 홍석모 보다 후대 사람인 조풍연(趙豊衍: 1914-1991) 또한 서 울 사람들은 '복놀이'를 매우 즐겨서, 복날에는 상인들 이 세 번 모두 가게 문을 닫고 "한 상 떡 벌어지게 차려 가지고 교외 수풀 우거진 곳이나 냇가로 가서 포식하 고 놀았다."고 적었다(『서울잡학사전』).

분류 : 음식
색인어 : 개고기, 음식디미방, 경도잡지, 동국세시기
참고문헌 : 안동 장씨, 『음식디미방』(한국전통지식포탈); 빙허각 이씨, 『규합총서』(한국전통지식포탈); 서유구, 『임원경제지』(한국전통지식 포탈); 유득공 저, 최대림 역, 『경도잡지』(홍신문화사, 2006); 홍석모 저, 최대림 역, 『동국세시기』(홍신문화사, 2006); 조풍연, 『서울잡학사 전』(정동출판사, 1989)
필자 : 양미경

가장(이하진)

한여름 어린 개가 가장 먹음직스러우니
푹 삶은 먹을거리 개장국이라 한다네
가마솥은 노린내 없애는 데 큰 공을 세우고
산초와 생강은 풍미를 더하는 데 도움이 된다지
시장에서 번거롭게 떡 사먹을 것 있는가
배 채우기에 늘 먹는 오리와 닭에 비할 바 아니라네
적은 정성이나마 주인을 그리다 화를 당하였기에
젓가락 들고 나직이 읊조리며 한 번 애달파하노라
當夏猧兒最可嘗 爛蒸爲膳號家獐
功資釜鼎腥全化 佐用椒薑味更香

買市何勞餠餌引 充腸不比鴨鷄常
微誠戀主終遭禍 投著沉吟一惋傷

*이하진, 「개장국을 먹고서[食家獐]」

이하진(李夏鎭: 1628-1682)은 자가 하경(夏卿), 호가 매산(梅山) 혹은 육우당(六寓堂)이며 본관은 여주(驪 州)로 이익(李瀷)이 그의 아들이다. 한여름 어린 개를 잡아 푹 삶아놓은 것을 가장(家獐)이라 부른다고 하 였다. 집에서 키우는 노루라는 뜻과 함께 음 자체가 개장국과 닮아 있기도 하다. 산초와 생강을 넣고 가마 솥에 오래 끓여 노린내를 없애면 평상시 먹는 닭이나 오리에 비할 바가 아니라 하였다. 다만 개가 늘 주인 을 잘 따르지만 오히려 잡아먹히게 된 처지를 안타까 워하는 마음은 잊지 않았다.

지금은 혐오식품으로 꺼리는 이들이 많지만, 개장국 은 조선시대 사람들에게는 복날 먹던 일상의 음식이 었다. 성균관의 유생에게 복날이면 얼음과 함께 개고 기가 특식으로 나왔을 정도다. 홍석모(洪錫謨)의 『동 국세시기(東國歲時記)』에 "개고기를 파와 함께 푹 삶 은 것을 개장국(狗醬)이라고 한다. 여기에 닭고기와 죽순을 넣으면 더욱 좋다. 또 개장국을 만들어서 산초 가루를 치고 흰밥을 말면 계절 음식이 된다. 이것을 먹고 땀을 흘리면 더위도 물리치고 보신도 된다."라 고 소개하였다. 개장국은 복날 벗들과 어울려 즐겁게 노닐면서 먹는 음식이기에 이러한 자리에서 쓴 시는 이하진의 시에서 보이는 비감보다는 흥겨움이 많다.

김영행(金令行: 1673-1755)은 아마 개고기를 소재로 한 시를 가장 많이 지은 듯하다. 아예 가장회(家獐會) 라는 개장국을 먹는 모임까지 가졌을 정도다. 인왕산 자락 청풍계(靑楓溪)의 태고정(太古亭), 자신의 집에 서 말복 시회를 갖고 이런 시를 지었다. "초가을 물색 이 비 오고 나서 산뜻한데, 개울가 좋은 놀이는 아름 다운 명절의 일이라. 그윽한 골짜기에 꾀꼬리는 새 벗 을 부르는데, 작은 부엌에서 개장국 끓여 손님을 붙든 다. 청풍계 궁벽하니 전혀 인간 세상 아닌 듯, 태고정 한가하여 먼지 덮어쓰지 않았네. 한참 앉았노라니 삼복더위를 잊겠는데. 저녁 무렵 굽은 물가로 자리를 옮겼다네[初秋物色雨餘新 溪上佳遊屬令辰 幽谷聽鸎如喚友 小廚烹狗可留賓 靑楓洞僻疑非世 太古亭閑不染塵 坐久頓忘三伏熱 晩來移席曲池濱].”

이광덕(李匡德: 1690-1748)도 이런 모임을 좋아하였다. 「개를 삶아 조자민과 작은 모음을 갖고서[烹狗, 與趙子敏小集]」에서 “석류꽃 지고 난 후 일찍 서늘한 기운 이는데, 바둑을 두고 나자 소나무 처마에 빗소리막 들린다. 시골 나그네 노새를 멈추고 작은 모임 갖노라니, 이웃 사내들 개를 끌고 와서 새로 탕을 끓여 바치네[榴花落後早凉生 棋罷松簷始雨聲 野客住騾成小集 隣丁牽狗薦新羹].”라고 하였다. 사라진 조선 선비의 복날 풍경이 이러하였다.

분류 : 문학
색인어 : 개장국, 이하진, 김영행, 이광덕
참고문헌 : 이하진, 『육우당유고』; 김영행, 『필운고』; 이광덕, 『관양집』; 홍석모, 『동국세시기』; 이종묵, 『한시마중』(태학사, 2012)
필자 : 이종묵

개장국[삼복(三伏) 중에 가장 좋은 음식은 구장(狗醬)]

초복(初伏), 중복(中伏), 말복(末伏)은 일 년 중 가장 무더운 때이다. 양기(陽氣: 더위)가 음기(陰氣: 서늘함)를 눌러 한밤중에도 더위가 식지 않으니, ‘음기가 양기에 눌려 엎드려 있다’고 하여 복(伏)이라 했다. 한 달 남짓 되는 이 삼복지간(三伏之間)에 사람들은 더위에 지쳐 대체로 입맛이 떨어지고, 몸의 기운도 약해지기 쉽다. 오죽하면, ‘삼복지간에는 입술에 붙은 밥알도 무겁다’라는 말이 있을까? 그래서 예로부터 삼복에는 더위에 지친 몸을 보(保)하기 위해 고기를 차려 먹는 풍습이 있었다.

이러한 풍습이 생겨난 것은 중국 진·한시대 이후로 알려져 있다. 복(伏)은 원래 중국의 속절(俗節)로, 낮이 밤보다 길어지기 시작하는 하지(夏至) 이후 세 번째 경일(庚日)을 초복(初伏), 네 번째 경일은 중복(中伏), 그리고 입추(立秋)가 지난 뒤 맞는 첫 번째 경일을 말복(末伏)이라 한다. 빙허각 이씨(憑虛閣 李氏: 1759-

1824)는 『한서(漢書)』에서 복날 온갖 귀신들이 횡행하기 때문에 하루 종일 문을 닫고 바깥출입을 금하도록 했다고 하였다(『규합총서(閨閤叢書)』). 정효가 복날을 맞아 읊은 시에서도 “삼복 때에는 길 위에 수레 다니지 않네. 문을 닫고 더위를 피하여 누웠으니 서로 드나들며 찾지 않네.”라고 한 것으로 보아, 사람들이 이날 매우 근신(謹愼)하였음을 알 수 있다.

그러나 다른 한편에서는 벽사(辟邪)를 행하거나 보양식을 만들어 먹으며, 삼복을 극복하려 했다. 진나라에서는 삼복 제사를 지낸 후 제물로 받친 개고기를 찢어 충재(蟲災)를 막으려 했다(『경도잡지(京都雜誌)』, 『동국세시기(東國歲時記)』). 그리고 한나라 조정에서는 복날 더위로 고생하는 신하들에게 고기죽을 하사하였고, 일반 백성들 또한 ‘팽양포고(烹羊炮羔)’라 하여 양이나 염소 등을 잡아 잔치를 열었다고 한다(『조선상식(朝鮮常識)』). 하지만 양이나 염소가 귀했던 조선에서는 대신 개를 잡아서 장국을 끓여 먹는 방식으로 변화했던 것 같다. 유만공(柳晩恭: 1793-1869)은 이를 “부엌에선 양 요리 보이지 않고 집집마다 죄 없이 달아나는 개만 삶누나.”라고 재치있게 표현하였다(『세시풍요(歲時風謠)』).

서울의 풍속을 기록한 『경도잡지』에서 유득공(柳得恭: 1748-1807)은 복날 개장국에 흰밥을 말아서 땀을 뻘뻘 흘리며 먹으면 더위를 물리치고 기운을 북돋울 수 있다고 적었다. 성균관 유생의 면면을 기록한 윤기(尹愭: 1741-1826)도 복날 개장국을 먹은 소회를 여러 차례 시로 읊은 바 있다(『무명자집(無名子集)』).

이러한 풍습 때문일까? 조선의 선비들은 어느 곳에 있든, 복날에는 응당 개장국을 먹어야 한다고 생각했던 것 같다. 정조 임금 때 사신으로 북경에 간 심상규(沈象奎: 1766-1838)는 그곳에서 복날을 맞았다. 복날이니만큼 그가 개고기를 삶아 올리도록 했는데, 북경 사람들이 크게 놀라고 이상히 여겨 팔지 않았다. 그러자 아예 그릇을 빌려 개고기를 삶은 뒤 돌려주었더니, 북경 사람들이 그 그릇들을 모조리 내다 버렸다는 일화가 이유원(李有源: 1763-1835)의 『임하필기(林下筆

記)』에 전한다.

하지만 이러한 풍습에도, 일부 사람들은 개고기 먹는 것을 기피하였다. 대표적인 사람이 영조 때 문신 이종성(李宗城: 1692-1776)인데, 그는 개장 먹는 것을 못마땅하게 여겼다. 이처럼, 개고기를 기피하는 사람들은 소고기를 이용해 장국을 끓여 먹었는데, 이것이 바로 육개장이다. 따라서 육개장은 개장국에서 변이된 음식이라고 할 수 있다.

분류 : 음식
참고문헌 : 이유원 저, 김동현 역,『임하필기』(한국고전번역원, 2000); 빙허각 이씨,『규합총서』(한국전통지식포털); 유만공 저,『세시풍요』(『조선대세시기Ⅱ』, 국립민속박물관, 2005); 유득공 저, 최대림 역,『경도잡지』(홍신문화사, 2006); 홍석모 저, 최대림 역,『동국세시기』(홍신문화사, 2006); 최남선,『조선상식』(동명사, 1948)
필자 : 양미경

건낭병

건낭병은 소의 오줌보인 우뇨통(牛溺通)에 여러 가지 고기와 버섯류를 다져 넣어서 찐 음식이다. 1892년(고종 29) 왕실 연회에 올랐다.

1892년(고종 29)에 고종의 나이 41세, 즉위 30주년을 기념하는 연회에서 고종이 받은 음식상 중에는 소의 오줌보를 이용한 신기한 음식 하나가 등장한다.

다섯 번째 미수상에 오른 건낭병(建囊餠)이라는 음식이다. 들어가는 재료는 '우뇨통, 두골, 업진육, 제육, 계란, 표고, 소금, 녹말, 목이버섯, 황화채, 파, 참기름, 후춧가루[牛溺通(7部), 頭骨(3部), 業脂潤(3部), 猪肉(2脚), 鷄卵(2貼), 蔈古(5合), 鹽(5合), 菉末(2升), 木耳(5兩), 黃花(半封), 生葱(3丹), 眞油(3升), 胡椒末(3兩)]'이다. 오징어순대처럼 소의 오줌보에 여러 가지 고기와 버섯류를 다져 넣어서 찐 음식으로 여겨진다.

이 음식은 1902년 4월 고종황제의 51세 연회상에도 오른다. 이때의 재료를 보면 '업진육, 제육, 목이버섯, 황화채, 표고버섯, 석이버섯, 고추, 파, 녹말, 숙주나물, 계란, 잣[業脂潤(半部), 猪肉(1脚), 木耳(2兩), 黃花(2兩), 蔈古(1合 5合), 石耳(1升 5合), 苦椒(1升 5合), 生葱(10本), 菉末(3升), 綠豆菜(6合), 鷄卵(70箇),

實柏子(8夕)]'이다. 이 건낭병에는 우뇨통이 사용되지 않았고, 고추, 파, 숙주나물, 잣 등이 추가되어 사용되었다.

같은 음식명이라도 사용된 재료는 연회마다 다소 차이가 난다. 그렇다 하더라도 건낭병의 재료 중에서 가장 특별하고도 주된 재료인 우뇨통이 1902년의 연회에서는 제외된 것이다. 당시 외국 공사나 영사들까지 초대한 연회에서 우뇨통을 음식재료로 쓰는 것이 불편했을 수도 있다. 같은 해 11월 진찬에도 같은 상차림이 차려지는데, 이 상에는 건낭병이 동과문주(冬苽紋珠, 동아찜)로 대체되었다.

분류 : 음식
색인어 : 건낭병, 우뇨통, 소오줌보, 진찬, 미수
참고문헌 : 『[임진]진찬의궤([壬辰]進饌儀軌)』; 『[임인]진연의궤([壬寅]進宴儀軌)』; 『내외진연등록(內外進宴謄錄)』
필자 : 이소영

게

게는 갑각류의 총칭이다. 유희(柳僖: 1773-1837)는 『물명고(物名攷)』에서 게의 한자를 '해(蟹)'라고 했다. 다리가 짧고 어린 게를 궤(跪)·방해(螃蟹)·횡행개사(橫行介士)·무장공자(無腸公子) 등으로 불린다고 적었다. 그는 꽃게와 가재도 게에 포함시켰다.

정약전(丁若銓: 1758-1816)은 『자산어보(玆山魚譜)』에서 민꽃게를 한자로 무해(舞蟹)라고 적고 속명이 벌덕궤(伐德跪)라고 했다. 정약전은 마치 춤을 추듯이 집게발을 펼치고 일어서기 때문에 '무해'라고 이름 붙였으며, 맛은 달고 좋다고 했다. 민꽃게는 항상 돌 틈에 있기 때문에 조수가 물러가면 잡는다고도 하였다. 이외에도 시해(矢蟹: 꽃게), 농해(籠蟹: 농게), 팽활(蟛蜥: 무늬발게), 소팽(小蟛: 납작게 또는 풀게), 황소팽(黃小蟛: 납작게 또는 풀게), 백해(白蟹: 달랑게), 화랑해(花郞蟹: 칠게), 주복해(蛛腹蟹: 두드러기어리게), 천해(川蟹: 참게), 사해(蛇蟹: 도둑게), 두해(豆蟹: 엽낭게), 화해(花蟹: 농게), 율해(栗蟹: 뿔물맞이게), 고해(鼓蟹: 칠게 또는 길게), 석해(石蟹: 닭새우), 백석해(白石蟹: 갯가재) 등이 나온다. 게는 쪄서 먹든지 간장에 절여서 게장으로 먹었다.

김려(金鑢: 1766-1821)는 『우해이어보(牛海異魚譜)』에서 자해(紫蟹: 홍게 혹은 대게)를 두고 "온몸이 붉은색이고 크기는 장독만 하다. 배 속에 창자는 없고, 온통 물고기·새우·소라·고동·모래뿐이다. 껍질 속에는 7-8말이나 들어갈 수 있고, 넓적다리와 집게다리는 살이 꽉 찼고 맛도 달다."고 했다. 그러면서 이런 한시도 지었다. "진해[우해] 남문 밖 두 갈래 거리, 거리 입구 초가집 처마에 술집 표지 꽂혔네. 새로 온 붉은 연지의 기생 가냘프고 여린 손 희기만 한데, 옻칠 소반에 큰 게살 포(脯) 올려 내오네." 당시 '우해'는 현감이 머문 읍치(邑治)였다. 관아를 둘러싼 성곽이 있고, 남문 밖 동촌(東村)과 서촌(西村)으로 갈라지는 삼거리가 있었다. 아마도 이 근처에 술집이 있었던 모양이다. 술꾼이 오자 새로 온 기생은 미리 만들어 둔 '큰 게살 포'를 안주로 내왔다.

허균(許筠: 1569-1618)은 『도문대작(屠門大嚼)』에서 "게는 삼척에서 나는 것이 강아지만 하여 그 다리가 큰 대[竹]만 하다. 맛이 달고 포로 만들어 먹어도 역시 좋다."고 적었다. 대게를 포로 만드는 방법은 1854년경에 쓰였

장승업, 꽃과 새, 짐승, 게 그림 병풍 중 게 그림, 19세기, 지본채색, 127.3×31.5cm, 국립중앙박물관

을 것으로 추정되는 한글 요리책 『윤씨음식법』에 나온다. 저자는 이 음식의 이름을 해포(蟹脯)와 게포육이라고 적었다. "해포는 서울에서 만들 것이 못 되어 해변 마을에서 하나니, 한쪽[片]은 주홍 같고 한쪽은 백설 같으니 두드려 반듯하게 잘라 넣되 살이 부푸는 일 없이 부서지기 쉬우니 (물에) 축여 두드리거라."고 했다. 곧 갓 잡은 싱싱한 대게의 다리를 두드려 깨서 조심스럽게 살을 통째로 꺼낸다. 혹시 잘못하여 통째로 꺼낸 살이 부서질 수 있으니 조심해야 한다. 게살에 물을 약간 축여서 두드리면 부서지지 않는다. 이렇게 두드린 다음에 "반건(半乾: 반쯤 말림)이 좋고"라고 했으니 반쯤 말리면 된다는 말이다.

그러면서 『윤씨음식법』의 저자는 "맛이 극히 아름답고 빛이 주황색 같아 황홀하니라."고 했다. 앞에서도 보았듯이 김려 역시 "색깔이 선홍빛이라 보기 좋고, 맛도 달콤하고 부드러운데, 정말로 진귀한 음식이다."라고 했다. 게의 다리 살은 반쯤 말려도 여전히 바닷물이 약간 배어 있어 짭짤하다. 여기에 달면서도 부드러우니 그 맛이 황홀하여 진품이었을 것이다.

분류 : 식재료
색인어 : 도문대작, 자산어보, 장, 주막
참고문헌 : 『도문대작(屠門大嚼)』; 『물명고(物名攷)』; 『자산어보(玆山魚譜)』; 『우해이어보(牛海異魚譜)』; 『윤씨음식법』; 정약전·이청(정명현 옮김), 『자산어보 우리나라 최초의 해양생물 백과사전』(서해문집, 2016); 주영하, 「어해 중에서 으뜸이다: 김려의 감성돔식해」, 『조선의 미식가들』(휴머니스트, 2019)
필자 : 주영하

게감정(『이조궁정요리통고』)

『이조궁정요리통고(李朝宮廷料理通攷)』(1957)에는 '게감정'이라는 음식 이름이 나온다. 우선 소고기와 두부에 갖은 양념을 혼합하여 게장을 긁어낸 게딱지 속에 채운다. 그 위에 게장을 바르고 달걀을 칠한 뒤 된장과 고추장으로 간한 장국에 넣어 끓인다. 이때 장국 육수는 게 다리와 몸통 등으로 끓이며 고명은 달걀지단으로 한다.

『이조궁정요리통고』에는 소를 채운 게딱지를 그대로 장국물에 넣지만 최근의 요리책에는 소를 넣은 게딱

지에 달걀 물을 묻혀 지져낸 뒤 넣으라고 되어 있다. 또한 게딱지를 채울 소에 게살과 게장을 섞기도 하며 숙주를 넣기도 한다.

'감정'이란 찌개보다 국물이 적고 조림보다 국물이 많도록 바특하게 끓인 고추장찌개를 이르는 궁중의 용어로 게감정, 오이감정, 병어감정, 웅어감정 등 일부 요리에만 사용되고 있다. 찌개보다 국물이 적기 때문에 병어나 웅어, 게로 만든 감정은 상추쌈과 함께 먹기도 하였다. 일부 문헌에서는 '감정'이 민간에서 칭하는 '지짐이'라는 음식과 같다고 보고 있다. '지짐이' 역시 찌개와 조림의 중간 정도의 음식으로 찌개보다 국물이 적고 간이 센 것이 특징이다.

분류 : 음식
색인어 : 게, 이조궁정요리통고
참고문헌 : 한희순·황혜성·이혜경 공저, 『이조궁정요리통고』(학총사, 1957); 농촌진흥청 국립농업과학원, 『전통향토음식용어사전』(교문사, 2010)
필자 : 서모란

게장

게장은 장에 절인 게를 뜻한다. 조선시대에는 한글로는 게젓이라고 불렀으며 한자어로는 蟹醬(해장) 혹은 蟹醢(해해)라고 하였다.

본래 게장은 암게의 딱지 안에 있는 노란색의 장, 즉 난소를 뜻하는 말이었으나 현대에는 간장에 절인 게나 양념에 무친 게를 뜻하는 말로 변화하였다. 간장게장은 1990년대경 개발된 양념게장이라는 음식과 구분하기 위해 생겨난 용어인 것으로 보인다. 실제로 장에 절인 게를 뜻하는 게장의 의미와 맞는 음식은 간장게장이며 양념게장은 익히지 않은 게를 양념에 무친 것으로 게장이 아니라 게 무침이라고 할 수 있다.

예부터 게는 감과 꿀과는 상극인 것으로 알려졌다. 특히 1724년 경종이 게와 감을 함께 먹고 병세가 악화되었다는 기록은 유명한 이야기이다. 게와 꿀을 같이 먹으면 건강을 해친다는 믿음은 궁중뿐 아니라 민가에도 널리 알려졌던 것으로 보인다. 『일성록(日省錄)』 정조 10년(1786) 11월 11일의 효자, 열녀 등에 대

꽃게로 만든 간장게장ⓒ하응백

한 기록에 따르면 나주(羅州) 지역의 강철주(姜哲周)의 처 김씨가 남편이 사망하자 따라 죽기 위해 목을 매었으나 사람들에 의해 구출되었고 장사 지내는 날에도 자결하려 했으나 실패하였다. 마지막으로 남편의 대상(大祥) 때 7일간 굶은 뒤 게장과 꿀과 복어 알을 먹고 남편이 사망한 방에 들어가서 숨졌다고 한다. 그러나 조리서에서는 게와 꿀을 사용한 조리법이 나타나기도 하였다. 빙허각 이씨(憑虛閣 李氏: 1759-1824)의 1809년 『규합총서(閨閤叢書)』에는 게와 상극인 식품으로 감과 배, 꿀을 들고 있다. 그러나 같은 책의 게젓 담그는 방법에는 게젓에 꿀을 넣으면 맛도 있고 오래 두어도 상하지 않는다고 하는 한편, 게와 꿀이 상극이니 많이 넣으면 좋지 않다고 덧붙였다.

조선시대의 게젓 즉 게장은 소금이나 간장, 식초를 사용해 담갔다. 간장으로 만드는 게장의 경우는 씻은 게에 간장을 붓고 며칠 후에 그 간장을 따라내어 달인 뒤 다시 부어서 익히는 과정을 반복한다. 빙허각 이씨의 『부인필지(婦人必知)』(1908), 방신영(方信榮: 1890-1977)의 『조선요리제법(朝鮮料理製法)』(1921), 이용기(李用基: 1870-1933)의 『조선무쌍신식요리제법(朝鮮無雙新式料理製法)』(1924) 등 조선시대 및 일제 강점기 조리서에서는 게장이 상하는 것을 방지하기 위해서는 주로 천초를 넣도록 하고 있다. 반면, 1800년대 후반의 조리서인 『시의전서(是議全書)』와 1927년의 『보감녹』에서는 쉬나무 잎을 넣으면 게장

이 상하지 않는다고 하였다.

술지게미로 담그는 게젓은 서명응(徐命膺: 1716-1787)의 『고사십이집(攷事十二集)』에 나타난다. 이 책에는 술지게미와 소금, 초와 술을 섞어 담그는 지게미게젓[飪蟹: 임해 혹은 糟蟹: 조해]에 대한 기록이 있는데 이 지게미게젓이 비교적 고급음식이었던 것으로 보인다. 이 책은 양나라의 역사를 다룬 책인 『양사(梁史)』에 기록된 내용을 인용하여 하윤(何胤: 446-531)이 입맛이 사치스러워 뱅어포와 지게미게젓을 먹었다는 이야기를 기록하고 있다.

한편, 근대 이후 위생에 대한 문제가 대두되면서 게장이 기생충감염이나 식중독의 원인으로 꼽히기도 하였다. 1937년 〈동아일보〉 기사에 따르면 신의주 지역에서 설익은 게장을 먹고 자매가 복통을 일으켰는데 동생은 급히 병원을 찾아 치료를 받아 살아났으나 병원에 가지 않은 언니는 끝내 사망하였다(〈동아일보〉 1937년 9월 13일자). 1960년대 이후에는 게장이 기생충의 일종인 디스토마 감염의 주요 원인으로 꼽히면서 한때 민물 게로 담근 게장에 대한 경고성 기사가 신문지면에 자주 등장하였다(〈동아일보〉 1962년 3월 15일자).

분류 : 음식
참고문헌 : 김규선 역, 「정조 10년 병오(1786, 건륭)」, 『일성록』(한국고전번역원, 2001); 빙허각 이씨, 『규합총서』; 빙허각 이씨, 『부인필지』; , 방신영, 『조선요리제법』(광익서관, 1921); 이용기, 『조선무쌍신식요리제법』(영창서관, 1936); 작자 미상, 『시의전서』; 서명응, 『고사십이집』; 「설익은게장에 사람이죽엇다」〈동아일보〉 1937년 9월 13일; 「寄生虫(기생충)"警報(경보)」〈동아일보〉 1962년 3월 15일
필자 : 서모란

게장(1724년 경종)

붕당이 격렬해지던 상황에서 정치적 주도세력을 교체하는 환국을 통해 왕권을 강화시키던 숙종을 이어 왕위에 오른 이는 장희빈의 아들인 경종이었다. 새로운 왕이 즉위하였지만 노론과 소론을 중심으로 한 정권다툼은 끊이지 않았다. 오히려 경종이 즉위한 이후 당시 정치 주도권을 잡고 있던 노론과 그 주도권을 빼앗고자 하던 소론 사이의 다툼은 더욱 격화되었다.

그 과정 속에서 경종의 건강이 좋지 않다는 이유로 훗날 영조가 되는 연잉군이 왕세제로 책봉되었고 왕세제에 의한 대리청정을 시행해야 된다고 노론측은 주장했다. 그러나 노론이 경종 즉위 후에도 정치를 주도하던 상황에서 목호룡의 고발로 촉발된 신임사화로 인해 정치 주도권은 소론으로 넘어갔다.

노론과 소론의 정치 주도권이 격변하는 상황 속에서 1724년 7월 가벼운 감기증상으로 시작되었던 경종의 병이 8월 이후에는 매일 아침에 이뤄지던 간단한 조회인 상참(常參)과 조선시대 전반에 걸쳐서 중요시되던 경연(經筵)까지도 참가하지 못할 정도로 악화되었다. 이때, 경종의 건강은 식사를 못하고 잠도 잘 수 없었으며 추위를 계속해서 느끼고 있었다. 악화만 되는 경종의 병을 치료하기 위해 여러 의원이 약을 썼지만 그 효과는 미미했다.

그러던 중 1724년 8월 20일 경종의 저녁식사에 게장[蟹醬]과 생감[生柿]을 올렸고 경종이 저녁을 먹고 난 이후부터 가슴과 배가 비틀리듯이 아팠으며 심한 설사가 이어졌다. 의원들은 설사를 멈추고 설사로 인해 탈진한 경종의 기운을 북돋우기 위해 인삼과 조로 만든 미음을 먹이고 설사를 멈추기 위한 약을 올렸지만 경종의 증상은 회복되지 않았고 그의 건강은 악화만 되었다.

8월 24일 해가 질 무렵 경종의 증세가 급격히 나빠져 의원들이 급히 진찰하였다. 다른 의원들이 인삼차를 쓰자고 주장한 데 반하여 당시 의약청에서 일하던 이

꽃게찜 ⓒ하응백

공윤(李公胤: ?-?)은 설사를 멈추기 위해선 다른 약재를 써야 한다고 주장했다. 그러면서 계피나무의 어린 가지를 말려 다른 약재와 섞은 계지마황탕을 올리고자 했으나 인삼을 써야 한다고 생각하던 왕세제가 그의 처방을 허락하지 않고 오히려 꾸짖으면서 쓰지 못하게 되었다. 결국 왕세제의 말대로 인삼차를 쓴 후 콧잔등의 온기가 따뜻해지는가 싶었으나 결국 경종은 8월 25일 승하했다.

경종의 죽음 후 왕세제였던 영조는 경종의 뒤를 이어 제 21대 조선의 왕에 오르지만 경종의 죽음에서 쉬이 벗어날 수는 없었다. 대표적으로 영조가 숙종의 친아들이 아니라고 주장하며 1728년(영조 4)에 소론과 남인 과격파들이 일으킨 이인좌의 난과 1755년(영조 31)에 소론이 노론 일파를 제거할 목적으로 일으킨 역모사건인 나주괘서 사건이 있었다.

그런데 나주괘서 사건이 발생한 같은 해 5월 심정연(沈鼎衍: ?-1755), 신치운(申致雲: 1700-1755) 등이 역모를 일으키려다 발각되는 사건이 발생한다. 국문 도중 신치운은 스스로 자신이 역모할 생각이 있었음을 고하면서 영조가 즉위한 1724년부터 게장을 먹지 않았다는 말을 했고 그 말을 들은 영조는 분통을 터트리며 눈물을 보였다. 이후에도 영조는 경종의 죽음과 게장에 대해 신하들에게 직접 이야기했을 정도로 경종의 죽음에 자신을 연관시키는 것에 대해 분노했다.

19세기 빙허각 이씨가 저술한 것으로 알려진 『규합총서』동경대본에서는 게에 대해 논하면서 홍시와 게를 같이 먹으면 곽란과 설사가 온다고 경고하고 있다. 『산림경제』를 보면 『사시찬요』를 인용하여 게장 담그는 법을 기록했고 그 방법은 다음과 같다. 우선 생게[生蟹]를 부드럽게 빻은 후 장과 살을 짜내어 엉기게 한 후 찐다. 그리고 그것을 자루에 넣어 장독에 담그면 맛이 좋다고 했다.

분류 : 음식
색인어 : 경종, 영조, 게장, 산림경제, 사시찬요, 나주괘서, 경종독살, 생감, 이인좌의 난, 신치운
참고문헌 : 『경종실록』; 『승정원일기』; 빙허각 이씨, 『규합총서』동경대본; 김동율·정지훈 공저 「경종독살설 연구」, 『한국의사학회지』

27-1, (2014); 이희환, 「경종대 신축환국과 임인옥사」, 〈전북사학〉 15, 1992; 김동율·김태우·차웅석 공저, 「경종의 병력에 대한 연구 I-『승정원일기』약방기록을 중심으로」, 『한국의사학회지』 25-1, 2012
필자 : 이민재

게젓(『규합총서』)

『규합총서(閨閣叢書)』(1809)에서는 술과 식초, 소금, 간장으로 만드는 3가지 게젓 조리법이 나온다. 게젓은 게장의 다른 말이다.

간장으로 만드는 게젓은 달인 간장을 붓고 다시 그 간장을 꺼내어 달여 붓는다는 점에서 현대의 간장게장과 조리법이 유사하다. 조리법을 살펴보면 우선 검은 간장과 소고기를 항아리에 담아 달인다. 씻어서 물기를 없앤 게를 항아리에 담고 달인 간장을 붓는다. 이틀 후 다시 간장을 쏟아 달여 식혀서 붓는다. 씨 뺀 천초도 넣는다. 이 책은 이 조리법을 세상에서 흔히 쓰는 '묘방(妙方)'이라 하였다. 즉, 일반 가정에서 사용하던 방법이었을 것으로 추측할 수 있다. 덧붙여서 꿀을 넣으면 맛도 좋고 잘 상하지 않으나 꿀과 게가 상극이니 많이 넣으면 안 된다고 당부하였다. 또 게젓에 불을 비추면 쉽게 상하니 밤에 꺼낼 때 불을 비추지 말라 하였다.

소금으로 담그는 게젓은 소금물을 매우 짜게 끓여서 씻은 게를 넣고 천초를 넣어 익힌다.

독특한 점은 술과 식초로 만드는 게젓의 경우 재료의 정확한 양을 적어두었다는 점이다. 우선 큰 게를 삼나무 껍질로 싼 뒤 항아리에 넣어 따뜻한 곳에 둔다. 게가 거품을 다 뱉어내면 꺼내서 게 한 근(600g) 기준 소금 7돈(26.25g), 식초와 술 각각 반 근(300g), 참기름 두 냥(75g), 볶은 파 다섯 뿌리, 간장 반 냥(18.75g), 후춧가루 한 돈(3.75g)을 섞어 그릇 밑에 조각(皁角: 쥐엄나무 열매의 껍데기)가 들어간다. 이 책은 게를 오래 보관하는 비법으로 '쥐엄나무 열매'를 소개하였다. 그릇에 게를 수십 개 넣고 쥐엄나무 열매를 조금 넣어 두거나 수유(茱萸)나무의 열매를 넣으면 1년이 지나도 괜찮다고 하였다.

분류 : 음식
색인어 : 규합총서, 빙허각 이씨, 게젓, 게장, 게
참고문헌 : 빙허각 이씨 저, 이민수 역,『규합총서』(기린원, 1988); 빙허각 이씨 저, 정양완 역,『규합총서』(보진재, 2008)
필자 : 서모란

게탕(정운희)

둥근 배 먼저 가르고 살진 다리를 잘라서
손수 후초와 소금 치고 붉은 기름 둘러 찌니
솥 안에서 요란한 소리에 향긋한 안개 일기에
급히 여종 불러 이웃에 막걸리 얻어오게 하였네
團臍先劈折肥螯　手進椒鹽下紫膏
笙泣鼎中香霧起　急呼村婢問隣醪

*정운희,「게탕[蟹湯]을 먹으며」

정운희(丁運熙: 1566-1635)는 자가 지회(之會), 호는 고주(孤舟), 동고(東皐), 학고(鶴皐) 등을 사용했으며 본관은 영광(靈光)이다. 임진왜란 때 이순신의 휘하에서 전공을 세운 인물이며 문집『고주집(孤舟集)』이 전한다. 이 작품은 싱싱한 게를 잡아 딱지를 까고 다리를 자른 후 후추와 소금, 기름을 둘러 찌개를 끓여 먹는 장면을 그린 칠언절구다. 솥에서 김이 나면서 생황을 부는 듯, 울음을 우는 듯 요란한 소리를 내기에 여종을 시켜 재빨리 이웃집에 가서 막걸리를 얻어오게 한 표현이 웃음을 자아낸다.

지금처럼 예전에도 꽃게탕이 인기가 있었던 모양이다. 중흥의 군주 정조(正祖)도 게탕을 좋아하였는데 정민시(鄭民始: 1745-1800)의 처가가 음식을 잘한다는 소문을 듣고 부탁하였다. 정민시의 장모가 게탕을 끓이는데 장인 이창중(李昌中)이 이를 보고 군왕에게 사사로운 음식을 바치는 것이 잘못이요, 또 가을의 게는 독이 있다면서 땅에 부어버렸다. 정조가 이 말을 듣고 그의 인품을 높게 평가하였다는 일화가『임하필기(林下筆記)』에 전한다.

게탕뿐만 아니라 게장도 맛이 좋다. 정운희와 비슷한 시기의 문인 조우인(曺友仁: 1561-1625)은 게장을 선물로 받고 감사의 뜻으로 지은 시에서 "검은 껍질 열리자 누런 골수가 번드레한데, 둥근 배를 가르니 바로 붉은 진액 가득하네. 한 사발 거친 밥도 금방 다 사라져버리니, 부드러운 고사리 향긋한 미나리도 이보다 못하다네[玄甲乍開黃髓爛 團臍纔劈紫膏充 一盂蔬糲俄然盡 軟蕨香芹総下風]."라 하였다. 절로 입맛이 돌게 하는 작품이다.

물론 게는 찜으로도 먹었다. 이규보(李奎報: 1168-1241)는「게찜을 먹고[食蒸蟹]」라는 장편의 시를 지었는데 그중 한 대목에서 "삶아서 단단한 붉은 껍질을 부수었더니, 반 딱지에 노란 진액에 흐른 즙이 섞였네[烹來剖破硬紅甲 半殼黃膏雜青汁]."라 하였다. 중국 송나라의 문인 소식(蘇軾)이 "반 딱지 노란 속은 술에 넣어 먹기 알맞고, 두 집게다리 흰 살은 절로 밥을 더 먹게 하네(半殼含黃宜點酒 兩螯斫雪勸加餐)."라 한 멋진 구절의 연장선상에 있다고 하겠다. 그래서 서거정(徐居正: 1420-1488) 역시 "큰 것은 쟁반만 하고 작은 것은 동전만 하니, 술에 넣어도 좋고 쪄 먹을 만도 하구나. 동파거사는 본디 게를 유독 좋아했으니, 나 또한 근래 게가 죽도록 좋구나[大或如盤小似錢 時能點酒又堪煎 東坡居士宜偏嗜 我亦年來抵死憐]."라 과장된 시를 지은 바 있다.

그런데 임천상(任天常: 1754-1822)은 시회(詩會)에서 일(一)에서부터 조(兆)까지 숫자가 들어가는 장난기 있는 시를 지었다. 그 중간대목에서 "아홉 번 찌는 것 어려울 것 있나, 다 익히면 쉽게 잘라 먹을 수 있다네. 열흘 소금과 간장에 절이면, 구이나 볶은 것보다 훨씬 낫다네. 백 말의 술을 마시고 곤드레 취한 후면, 연하거나 단단한 것 모두 씹을 만하지[九蒸焉用勞 全烹不必拗 十日沈鹽醬 絶勝炙與炒 百觚爛醉後 脆堅盡堪齩]."라 하여, 게를 먹는 다양한 방법을 소개한 바 있는데 게장이 가장 맛이 나고 특히 안주로 최고라고 하였다.

분류 : 문학
색인어 : 게, 게탕, 게장, 정운희, 조우인, 이규보, 임천상
참고문헌 : 정운희,『고주집』; 이유원,『임하필기』; 조우인,『이재집』; 이규보,『동국이상국집』; 서거정,『사가집』; 임천상,『궁오집』
필자 : 이종묵

참게

참게는 한자로 '천해(川蟹)', '해(蟹)' 라고 하고 속칭으로 '진궤(眞跪)'라고도 한다. 또, '하해(河蟹)' 또는 '담수해(淡水蟹)'라고 불리기도 한다. 이것은 참게가 바다에서 산란, 포란하여 부화한 후에 바다와 가까운 하천, 특히 서해로 나가는 하천 부근에서 주로 서식하기 때문이다. 그러다가 산란 전인 가을철에 다시 바다로 내려가는 습성을 지녔다. 참게와 생김새가 비슷한 동남참게와 크기가 작은 애기참게도 참게에 속한다.

참게는 예로부터 한반도 지역에서 가장 널리 알려진 식용 게였다. 특히 파주 지역의 게가 유명하여 일제시대에는 참게 통조림이 제조되기도 하였으나, 특정 지역에서만 서식하는 것은 아니었다. 조선시대 성종 때 지어진 인문지리서『동국여지승람(東國輿地勝覽)』을 보면 해는 강원도를 제외한 7도, 71개 고을의 토산품이라고 기록되어 있다. 충청남도 논산의 노성(魯城)지역에서 잡히는 참게는 게장으로 만들었을 때 그 향기가 뛰어나 조선시대 초기부터 왕실에 진상되던 것으로 유명하다.

정약전(丁若銓: 1760-1816)이 저술한『자산어보(玆山魚譜)』에는 참게에 대한 설명이 나와 있다. 큰 것은 사방 0.3-0.4척이고 몸빛은 검푸른색이며 수컷은 다리에 털이 있다고 하였다. 그의 고향인 열수(洌水: 현재 팔당호가 있는 북한강과 남한강이 만나는 한강 유역)가에서도 참게를 볼 수 있는데 봄이 되면 하천을 거슬러 올라가 밭두렁 사이에 새끼를 낳고 가을이 되면 하천을 내려간다고 한다. 참게를 잡는 방법에 관해서는, 어부들이 얕은 개울에 돌을 쌓아서 담장을 만든 뒤 새끼줄을 걸치고 나서 여기에 벼 이삭을 달아 놓았다고 한다. 매일 밤 횃불을 들고 그 속에 들어와 있는 참게를 손으로 잡는다(정약전, 이청, 2016).

전남 곡성군 죽곡면에 있는 태안사 주지스님의 아들로 태어난 조태일 시인(1941-1999)은 태안사 인근의 계곡인 동리천에서 놀았던 어린 시절을 추억하면서 '강아지풀에 침을 발라 바위 밑 게구멍으로 쑤셔 넣어 손바닥만 한 참게를 끌어냈다.'고 하였다〈경향신문〉

1999년 11월 3일자).

참게를 사용한 향토음식은 전국 각지에 많이 있다. 전라남도에서는 참게매운탕이 향토음식으로 유명하고 경상남도에서는 찹쌀가루, 멥쌀가루, 들깻가루, 콩가루 등을 참게와 같이 넣고 끓인 참게가루장국을 향토음식으로 즐겨 먹는다. 참게를 넣고 끓인 수제비는 서울·경기도 지역의 향토음식이다.

그러나 참게는 1970년대에 전멸 위기에 처해졌고 오늘날도 찾아보기가 쉽지 않다. 조선시대에 왕실에 진상했던 논산 지역의 명물 노성(魯城)참게는 농약 남용으로 인한 환경오염과 남획으로 1970년대에 이미 자취를 감추었다(〈동아일보〉1979년 5월 7일자). 또, 과거 참게가 많이 있었던 금강의 경우, 그 하구에 둑을 설치하여 강물과 바닷물이 만나지 못하게 되자 참게의 산란이 불가능해졌다. 이러한 자연환경의 변화와 더불어 하천 오염, 난획도 참게의 개체수가 크게 감소한 원인으로 지적되고 있다.

분류 : 식재료
참고문헌 : 정약전, 이청(정명현 역),『자산어보』(서해문집, 2016);「횡설수설」,〈동아일보〉1979년 5월 7일;「바람결 풍경소리 흠칫 놀라, 빨갛게 단풍이 든다 곡성 태안사,〈경향신문〉1999년 11월 3일; 한국학중앙연구원,『한국향토문화전자대전』,「참게」;『한국의 전통향토음식 9. 경상남도』(교문사, 2008);『한국의 전통향토음식 7-전라남도』(교문사, 2008);『한국의 전통향토음식 2-서울·경기도』(교문사, 2008)
필자 : 박경희

경도잡지

『경도잡지(京都雜志)』는 조선 후기에 출간된 세시풍속서로, 유득공(柳得恭: 1748-1807)이 지었다. 책을 완성한 시기는 정확히 알 수 없지만, 내용으로 볼 때 정조 연간에 쓰인 것으로 추정된다. 김매순(金邁淳)의『열양세시기(洌陽歲時記)』, 홍석모(洪錫謨, 1781-1857)의『동국세시기(東國歲時記)』와 더불어 대표적인 조선 후기의 세시풍속서로 손꼽히며, 필사본으로 전하던 것을 1911년 최남선(崔南善: 1890-1957)이 주도하던 조선광문회(朝鮮光文會)에서『동국세시기』를 펴낼 때『경도잡지』와『열양세시기』를 묶어서 함께 발행한 바 있다. 유득공은 1748년 (영조 24)에 유춘 (柳春)의 서자로 태어났다. 5살에 일찍감치 부친을 여읜 후 연암학파였던 숙부 유련(柳璉: 1741-1788)의 영향을 받으며 성장하였고, 20살 무렵부터 박지원, 홍대용,

유득공, 『경도잡지』, 19.3×13.4cm, 18세기 말~19세기 초, 서울대학교 규장각한국학연구원

이덕무, 박제가, 이서구 등의 북학파 인사들과 교유하였다. 유득공은 32살에 정조에게 발탁되어 규장각 초대 검서관(檢書官)으로 일하면서 많은 서적을 검토하고 필사하는 일을 담당하였다. 또한 검서관의 업무 중에는 절일기거(節日起居)라 하여 정월 대보름이나 삼월 삼짇날 같은 절일(節日: 철이 바뀔 때마다 돌아오는 명절)에 왕의 행사를 관리하는 일도 포함되었는데, 이때의 경험이 훗날 그가 『경도잡지』를 쓸 때 큰 영향을 미쳤던 것으로 판단된다.

『경도잡지』는 2권 1책으로 구성되어 있으며, 필사본으로 전한다. 책의 제목에서 알 수 있듯이, 『경도잡지』는 당시 한양의 여러 가지 문물제도와 세시풍속을 기술하였다. 제1권 풍속편(風俗篇)에서는 의식주를 비롯하여 당대 선비들의 취미와 기호, 문인 취향과 과학 등을 19개 항목으로 분류하여 서술하였다. 그리고 제2권 세시편(歲時篇)은 정월부터 세밑까지 당시 한양의 세시풍속을 학문적 고증을 통해 역시 19개 항목으로 나누어 기록하였다.

『경도잡지』는 조선 사람들의 생활양상과 세시풍속을 이해하는 데 도움을 줄 뿐 아니라, 정월부터 12월까지 절일(節日)에 챙겨 먹는 시절음식을 소상히 기록하고 있어서 한국의 음식문화를 연구하는 데 중요한 자료가 된다. 다만, 세시풍속의 유래와 실상을 기록하는 과정에서 지나치게 중국과 결부시키려는 경향이 있다는 점은 이 책이 지닌 한계로 지적될 수 있다.

분류 : 문헌
색인어 : 경도잡지, 유득공, 동국세시기, 홍석모, 열양세시기, 절일, 세시풍속, 시절음식
참고문헌 : 유득공, 『경도잡지』; 『조선대세시기 Ⅲ』(국립민속박물관, 2007); 김윤조, 「『京都雜誌』 연구: 저술 과정과 이본 검토」, 『동양한문학연구 32』(동양한문학회, 2011)
필자 : 양미경

계피

계피(桂皮)는 녹나무과에 속하는 생달나무의 나무껍질로 약재, 과자, 음식 및 향료의 원료로 쓰인다. 후추, 정향과 함께 세계 3대 향신료 중 하나이기도 하며 시나몬이라는 이름으로 음식 재료로 활용된다. 건조된 나무껍질은 동그랗게 반쯤 말려 있다. 주로 중국의 남부, 일본 남부, 월남, 캄보디아, 태국 등에서 자생하는데, 맛은 맵고 단맛이 나고 뜨거운 성질이 있다. 이 뜨거운 성질은 비위의 기능을 활성화시키기 때문에 소화기가 차서 소화 장애가 있거나 복부가 차서 일어나는 복통 설사나 구토 등에 활용된다. 그래서인지 차가운 음료 중 하나인 수정과에 바로 이 뜨거운 성질을 가진 계피가 활용된다. 차갑게 먹지만 뜨거운 기운을 가진 계피 덕분에 수정과는 소화에 도움이 되는 음료로 인식되고 있다.

1957년에 한희순, 황혜성, 이혜경 등이 발간한 궁중음식 조리서인 『이조궁정요리통고(李朝宮廷料理通考)』(1957)에서 설명하는 수정과 만드는 방법은 생강을 얇게 썰어 물을 붓고 끓이는데 이때 계피와 통후추를 함께 넣고 끓인다. 이것을 체에 걸러 설탕을 넣고 다

계피ⓒ하응백

시 한소끔 끓여 항아리에 넣고 미지근할 때에 곶감을 넣은 후 잘 덮어서 서늘한 곳에 두었다가 하룻밤 지나면 먹는다. 상에 놓을 때에 함께 끓였던 곶감을 담고 거기에 고명으로 잣을 띄워서 먹는다.

계피를 음식이 아닌 약으로 활용된 예로는 1766년에 유중림(柳重臨: 1705-1771)이 편찬한 농서인『증보산림경제(增補山林經濟)』에 기록이 있다. 여러 가지 과일을 먹고 중독이 되었을 때는 계피나무껍질[桂皮]을 진하게 달여 먹으면 된다고 설명하였다.

그렇다고 계피가 꼭 약재로만 활용된 것은 아니었다. 수정과의 재료로 사용되었을 뿐 아니라 강정이나 다식의 재료로도 활용되었다. 이용기(李用基: 1870-1933)의『조선무쌍신식요리제법(朝鮮無雙新式料理製法)』(1924)에는 '계피강정(桂皮江丁)'에 대한 설명이 나온다. 잣강정과 같은 방법으로, 계피를 깨끗한 것으로 하여 가루를 만들어 묻힌다고 하였다. 이 위 두 가지는 일반가정에서는 만들지 않았고 궐내에서나 궁가에서 만들었다고 하였다. 이는『진연의궤(進宴儀軌)』(1902)에서 확인할 수 있는데, '계백강정(桂栢強精)'이라 하여 계백강정 1그릇의 고임높이를 1자 1치로 하고, 계피강정과 잣강정 각각 450개씩 만들 수 있는 찹쌀, 술, 꿀, 참기름, 백당, 계핏가루, 잣, 풀솜 등 재료의 분량을 설명하고 있다. 또 '계강흑임자송화차식' 2그릇을 고임높이 1자 2치로 만들기 위하여 계피, 생강, 검은깨, 송화다식 각 500개씩 만들라고 하면서, 그에 필요한 검은깨, 송화, 생강가루, 계핏가루, 꿀 등의 분량을 제시하였다.

빙허각 이씨(憑虛閣 李氏: 1759-1824)가 지은『규합총서(閨閣叢書)』(1809)에서는 '계피(桂皮), 계지(桂枝)'는 날파[生葱(葱: 익히지 않은 파)]를 꺼린다고 하였는데, 함께 먹으면 좋지 않은 재료에 대한 정보를 제공하였다. 계지는 계수나무의 가지로 계피보다는 약성이 약하지만 그래도 같은 약성을 지니고 있어 약재로 사용되거나, 차나 술의 재료로 활용되기도 하였다.『증보산림경제』에서는 크게 토하거나 크게 설사한 뒤에 원기가 부족해져서 팔다리가 싸늘해지고 얼

굴이 검어지며 숨이 차고 식은땀이 저절로 나오며 음경[外腎]이 줄어들고 인사불성이 되면, 잠깐 사이에 살리지 못하게 된다. 잔뿌리가 달린 파 밑동이나 생강을 갈아 술에 달여 먹이거나, 계지(桂枝: 계수나무의 가지) 2냥을 썰어 좋은 술에 달여 즙을 내어 먹여도 좋다고 하였다.

생강이나 계피의 성질이 글로 표현된 경우도 있었다. 다음은 17세기에 지어진 조선 후기의 문신 남구만(南九萬: 1629-1711)의 시문집『약천집(藥泉集)』(1723)에 나오는 글귀이다.

공은 선과 악을 분별함에 특별히 엄격하게 하였으니
저 생강과 계피에 비유하면 늙을수록 더욱 매워지네
효자의 가문에서 충신을 구한다는 옛날의 훈계가 있으니
공과 같이 지극한 효행은 거의 증민을 따르리라
公於淑慝　特嚴分別
譬彼薑桂　老而愈辣
求忠於孝　惟古有訓
如公至行　庶追曾閔

매서워지는 일처리를 늙을수록 매워지는 생강과 계피에 비유하였는데, 생강이나 계피의 매서운 성질에 대해 누구나 인식하고 있었던 것을 알 수 있다.

분류 : 식재료
색인어 : 강정, 곶감, 규합총서, 꿀, 다식, 생강, 수정과, 술, 이조궁정요리통고, 잣, 조선무쌍신식요리제법, 죽, 진연·진찬, 차, 참기름, 항아리, 후추
참고문헌 : 한희순, 황혜성, 이혜경,『이조궁정요리통고』; 유중림,『증보산림경제』; 이용기,『조선무쌍신식요리제법』(영창서관, 1936);『진연의궤』; 빙허각 이씨,『규합총서』; 남구만 저, 성백효 역『약천집』(한국고전번역원, 2005)
필자 : 홍진임

계강과

계강과(桂薑果)는 계피와 생강을 넣어 이름이 붙여진 음식이다. 1800년대 말의『시의전서(是議全書)』에는 '계간과(桂干果)'라고 했다. '과(果)'는 보통 약과, 다식

과처럼 유밀과에 붙는 조리법인데 계강과는 떡의 한 종류이다.

빙허각 이씨(憑虛閣李氏: 1759-1824)가 쓴 『규합총서(閨閣叢書)』라는 책에서 계강과의 조리법을 살펴볼 수 있다. 메밀가루와 찹쌀가루를 동량으로 섞어 생강을 곱게 다져 짠 즙과 계핏가루를 섞어 쪄내어 잣가루에 꿀을 섞은 소를 넣어 빚어 전유어 지지듯 지져 즙청을 묻히고 잣가루를 뿌려 만든다.

1800년대에 쓰인 음식책인 『윤씨음식법(1854 추정)』, 『시의전서(是議全書)』에 기록된 계강과도 이와 유사한 조리법이다. 다만, 이 두 책에서는 계강과의 모양을 언급하였다. '찐 후 소를 넣고 세뿔나게 곱게 빚어'라고 하였다.

방신영(方信榮: 1890-1977)이 쓴 『우리나라 음식 만드는 법』(1962년 판)에서 계강과의 용도를 알 수 있다. 이 책에서 계강과는 '편웃기'라는 항목에 속한다. 대추 크기만 하게 생강모양처럼 세뿔나게 예쁘게 빚어 편편하고 넓적한 시루편을 쌓아올린 그 위에 올렸다. 계강과는 고임떡 위에 장식하는 웃기떡인 것이다.

분류 : 음식
참고문헌 : 빙허각 이씨, 『규합총서』; 작자 미상, 『시의전서』; 방신영, 『우리나라 음식 만드는 법』(국민서관, 1962); 작자 미상, 윤서석 외 3인 공저, 『음식법(할머니가 출가하는 손녀를 위해서 쓴 책)』(아쉐뜨아인스미디어, 2008)
필자 : 이소영

계피주

친구 중에 누가 자네와 같으랴
옛날부터 내려오는 통가였네
눈 내리던 밤에 같은 직장에서 숙직했고
장마철 여관에서 밥도 함께 먹었었지
그림 잘 그리는 송 송한(宋翰)을 아우같이 여겼고
술 좋아하는 김 광수(光秀)를 친구로 따른다네
지니는 하루 걸러서 맡게 되고
계피로 담근 술 밤마다 마셨지
뜻밖에 서로 헤어지게 되니
지나간 일 역력히 생각난다

관산이 더 한층 까마득한데
세월은 왜 이렇게 빨리 가는가
멀리 귀양간 건 제 죄가 아니었고
영화를 탐내는 마음 본래부터 없었네
交友誰如子　通家匪自今
同眠直廬雪　共飯旅床霖
弟畜工畫宋　朋從嗜酒金
芝泥分日掌　桂醞趁宵斟
意外高遊散　胸中往事森
關山尤杳杳　歲月苦駸駸
謫遠非其罪　貧榮豈此心

위의 글은 고려 말의 문신이자 학자인 이제현(李齊賢: 1287-1367)의 전집 『익재집(益齋集)』(1432)에 나오는 글의 일부로 계피로 담근 술을 밤마다 마시던 친구들과의 기억을 회상하고 있다. 계피주는 친구들과 함께 자주 마셨던 술로서 친구들과의 즐거운 한때를 회상할 때 함께 기억나는 추억의 술이었던 것 같다. 이 시기에 계피주는 양반가에서 항상 담가 두었다가 손님이 오면 내오던 술이었던 듯 싶다.

고려 후기의 문신 이규보(李奎報: 1168-1241)의 『동국이상국집(東國李相國集)』(1241)에도 '계피주'와 관련된 이야기가 있다.

멍에를 풀고 고원에 들어가니
마른 입술을 축일 길이 없구려
시인의 어깨는 가을 산처럼 솟고
나그네 한은 펄럭이는 깃발처럼 흔들리네
우리 대사를 예전에 알지 못하였는데
기쁘게 맞이하여 주누나
푸른 빛 계피주 잔질하여 향기롭고
가을 배의 붉은 빛은 깎여서 사라지네
이미 영첩의 주린 것을 치료하고
다시 상여의 소갈증을 위로하였네
稅駕入古院　燥吻無由澆
詩肩秋山聳　旅恨風旌搖

吾師舊未識 欣然肯相邀
桂酒酌碧香 霜梨剝紅消
已療靈輒飢 復慰相如瘠

위 글에서는 특히 가을에 마시는 계피주로 위로를 받았던 이야기를 하고 있는데, 소갈증은 지금의 당뇨병을 말한다. 계피의 약성이 뜨거우면서도 강력하였기 때문에 술로 담가 먹기도 했겠지만, 이 맛이나 느낌도 강렬했던 것은 아닐까?

이용기(李用基: 1870-1933)의 『조선무쌍신식요리제법(朝鮮無雙新式料理製法)』(1924)에서는 '계피주(挂皮酒)' 만드는 방법을 설명하였다. 계피와 알코올을 혼합한 계피정, 설탕과 증류수로 만든 시럽인 단사리별(單舍利別), 물을 함께 섞어 3-4일 잘 봉하여 두면 좋은 계피주가 되는데, 사계절 모두 마시기 좋은 술이라고 설명하고 있다.

분류 : 음식
참고문헌 : 이제현 저, 김철희 역, 『익재집』(한국고전번역원, 1979); 이규보 저, 이식 역, 『동국이상국집』(한국고전번역원, 1980); 이용기, 『조선무쌍신식요리제법』(영창서관, 1936)
필자 : 홍진임

고구마

고구마는 조선 영조(英祖: 1724-1776) 때 일본에서 들어온 작물로, 주로 땅속의 뿌리를 먹지만 고구마 줄기와 잎도 식재료로 쓴다. 현재 재배되는 품종은 다양하지만, 일반인들은 밤고구마, 물고구마, 황토고구마 등으로 구분한다. 밤고구마는 맛이 밤과 비슷하여 붙은 이름인데, 육질이 단단하고 물기가 적어 주로 쪄먹는다. 반면 물고구마는 연하고 수분이 많아, 군고구마를 할 때 흔히 이용된다. 다만, 밤고구마와 물고구마는 따로 종자가 있는 것이 아니며, 심은 곳의 토질에 따라 밤고구마가 되기도 하고 물고구마가 되기도 한다. 유입 초기에는 감저(甘藷: 감제, 감저)라 칭했던 고구마는 1763년과 1764년 통신사 조엄(趙曮: 1719-1777)이 일본 대마도에서 조선으로 처음 도입하였고, 비슷

한 시기인 1765년과 1766년 동래부사 강필리(姜必履: 1713-1767)도 경상북도 왜관을 통해 고구마를 도입하였다. 이후 고구마는 마령서(馬鈴薯), 즉 현재의 감자와 구별하여 '고구마'라는 이름으로 정착하게 되었다. 강필리처럼 왜관에서 고구마를 구입하여 재배했던 농민층이 고구마의 대마도 명칭인 '고귀위마(古貴爲麻)' 또는 '고고이문과(古古伊文瓜)'를 사용하면서, 고구마 종자가 전파되는 과정에서 '고금아'라는 명칭도 함께 퍼졌기 때문이다(오인택, 2015: 175, 203-204쪽). 그런데 초기에 '감저(甘藷)'라는 동일한 명칭을 썼던 감자와 고구마는 감자를 '북감(北甘)', 고구마를 '남감(南甘)'이라고 하여 구분하기도 한다. 현재도 지역에 따라서 고구마와 감자의 명칭이 여전히 혼재되어 있는데, 전라남도와 제주도 그리고 충청남도 일부 지역에서는 고구마를 '감자'라고 부르고, 진짜 감자를 '북감자'나 '하지감자'라고 불러 구별한다(이익섭 외, 2008).

이러한 명칭 이외에 유중림(柳重臨: 1705-1771)의 『증보산림경제(增補山林經濟)』를 보면 고구마를 '朱藷(주저)', '蕃藷(번저)', '朱薯(주서)', '紅山藥(홍산약)', '赤芋(적우)', '琉璃芋(유리우)', '長崎芋(장기우)'라고도 한다고 소개하였다. 아울러 그는 고구마에 대해 13가지 좋은 점이 있다고 칭찬하면서, 중국이나 일본과 달리 우리나라 백성들이 전국적으로 고구마를 심는 데 힘을 기울이지 않는 것을 탄식하였다. 그가 꼽은 고구마의 좋은 점을 요약하자면, 어떤 땅에도 심을 수 있는 고구마는 흙만 북돋아주면 김을 매주지 않아도 괜찮아서 키우기가 쉽고 비바람이나 병충해에도 강하며, 조금만 심어도 수확량이 많다. 게다가 맛은 달고 오래 저장이 가능하며 술이나 떡으로도 만들 수 있다. 또한 고구마를 먹으면 사람에게 이로우며, 흉년에는 미곡(米穀)이나 마찬가지라는 것이다.

한편 조선 후기에 그 누구보다 고구마에 관심이 컸던 서유구(徐有榘: 1764-1845)는 『종저보(種藷譜)』(1834)에서, 고구마는 생으로도, 쪄서도, 삶아서도, 구워서도 먹을 수 있으며, 잘게 썰어 볕에 말려두었다

죽을 쑤거나 밥을 짓고 가루를 내어 떡, 단자, 환을 만들거나, 술을 빚어 마실 수도 있다고 했다. 특히 고구마로 밥을 짓기 위해서는 유중림의『증보산림경제』를 보면, 고구마를 쌀알 크기만큼 잘게 썰어서 볕에 말려 두었다.

서유구나 유중림이 설명한 고구마의 쓰임은 조선시대 조리서나 현재의 향토음식과 크게 다르지 않다. 고구마를 재료로 한 음식의 종류는 다양하여, 고구마를 그대로 익힌 찐 고구마나 군고구마를 제외해도 고구마떡, 고구마죽, 고구마밥, 고구마술, 고구마엿, 고구마범벅, 고구마수제비, 고구마국수, 고구마묵, 고구마장(醬), 고구마전, 고구마정과 등 다양한 음식을 만들어 먹기 때문이다.

죽, 밥, 떡, 범벅, 국수, 수제비 등과 같은 음식의 종류에서 알 수 있듯이, 고구마는 간식이나 기호식이라기보다는 끼니를 대신할 수 있는 구황식 또는 대용식으로 중요한 의미를 지니는 식재료였다. 따라서 고구마를 오래 두고 먹기 위해서 고구마를 서늘한 곳이나 움에 썩지도 얼지도 않게 잘 저장하기도 했지만, 더 확실하게 오래 보관하기 위해서 고구마를 말리거나 전분을 내는 방법을 썼다.

서유구가『김씨감저보(金氏甘藷譜)』를 인용하여『종저보』에서 서술한 바에 따르면, 고구마 가루를 내는 방법은 크게 두 가지이다. 하나는 껍질 벗긴 생고구마를 돌 위에서 곱게 갈아 물에 가라앉힌 후 전분을 얻어 볕에 말리는 방법이고, 또 하나는 고구마를 납작하게 썰어 햇볕에 말려 두었다가 필요할 때 빻아서 가루를 내는 방법이다. 이렇게 만든 고구마 가루는 꿀과 섞어 다식을 만들거나, 찹쌀가루와 섞어 떡을 찌거나, 밀가루나 메밀가루와 섞어서 국수를 만들면 별미라고 했다.

특히 고구마 가루로 만드는 고구마떡의 제법은 조선후기에 여성이 쓴 한글 필사본 조리서에 '감저병법' 또는 '남방감저병법'과 같은 이름으로 흔히 등장하는데, 그 내용은 빙허각 이씨(憑虛閣 李氏: 1759-1824)의『규합총서(閨閣叢書)』와 거의 유사하다. 이에 따르면,

수확을 앞두고 있는 강화도의 고구마밭ⓒ하응백

고구마를 절편처럼 잘라 말리는 게 아니라 껍질째 씻어 말려 가루를 만드는데, 그 가루를 찹쌀가루에 섞어 떡을 하면 달기가 꿀 섞은 것보다 더하다고 평하였다.

분류 : 식재료
색인어 : 규합총서, 감자, 국수, 떡, 김치
참고문헌 : 이익섭·전광현·이광호·이병근·최명옥, 「고구마」,『한국언어지도』(태학사, 2008); 오인택, 「조선 후기의 고구마 전래와 정착 과정」,『역사와 경계』97(부산경남사학회, 2015); 서유구,『종저보』(한국전통지식포탈); 빙허각 이씨,『규합총서』; 유중림 저, 고농국역총서 4『증보산림경제』(농촌진흥청, 2003)
필자 : 김혜숙

감자(「감자」)

가을이 되었다.

칠성문 밖 빈민굴의 여인들은 가을이 되면 칠성문 밖에 있는 중국인의 채마밭에 감자(고구마)며 배추를 도적질하러 밤에 바구니를 가지고 간다. 복녀도 감자깨나 잘 도적질하여 왔다.

어떤 날 밤, 그는 감자를 한 바구니 잘 도적질하여 가지고, 이젠 돌아오려고 일어설 때에, 그의 뒤에 시꺼먼 그림자가 서서 그를 꽉 붙들었다. 보니, 그것은 그 밭의 소작인인 중국인 왕서방이었었다. 복녀는 말도 못 하고 멀진멀진 발아래만 내려다보고 있었다.

"우리집에 가."

왕서방은 이렇게 말하였다.

"가재문 가디. 훤, 것두 못 갈까."

복녀는 엉덩이를 한번 휙 두른 뒤에 머리를 젖히고 바구니를 저으면서 왕서방을 따라갔다.

1925년 『조선문단』에 발표된 김동인의 단편소설이다. 김동인(金東仁: 1900-1951)은 한국 근대소설을 개척한 소설가 중 한 사람이다. 1910년대 동인지 문학시대를 대표하는 동인지인 『창조』를 주도하였다. 대표작에 「배따라기」, 「감자」, 「태형」, 「광화사」, 「광염소나타」 등의 단편소설과, 장편 『대수양』, 『운현궁의 봄』 등이 있다.

「감자」의 '감자'는 오늘날의 고구마이다. 「감자」의 중심 내용은 주인공인 복녀의 도덕적 전락 과정이다. 몰락한 선비(양반) 집안 출신인 복녀는 비록 가난하지만 유가(儒家)의 엄한 법도 아래서 자라났기에, 전통적인 성도덕에 젖어 있는 인물이다. 그런 그녀의 성도덕은 가난 때문에 무너지고, 그녀는 매음의 길로 나선다. 가난 때문에 매음을 시작하게 되었지만 그러나, 매음을 계속하게 된 것은 돈을 벌 수 있는데다가 매음을 통해 성적 쾌락을 맛볼 수 있었기 때문이다. 복녀는 함부로 몸을 굴려 여러 남자와 상관한다. 그러다가 마침내는 중국인 채소장수 왕서방의 손에 죽고 만다. 왕서방이 어떤 처녀를 사서 결혼한 날 신방을 찾아가 싸우다가 비참한 최후를 맞은 것이다.

그녀는 왜 왕서방의 신방으로 찾아갔을까? "마음에 생기는 검은 그림자" 때문이라고만 되어 있어 확실한 까닭을 알 수는 없지만, 이상한 웃음을 띠고, 목을 놓고 울며, 낫까지 휘두르는 광태(狂態)를 보이는 것으로 미루어, 좋은 수입원을 잃는다는 이유 때문만은 아님을 짐작할 수 있다.

인용한 부분은 복녀와 왕서방의 특별한 관계가 시작되는 장면을 그린 것이다. 두 사람의 특별한 관계를 중심으로 전개되는 소설 「감자」에서 감자의 의미는 구성의 측면에서 볼 때 결정적인 중요성을 지닌다. 두 인물의 특별한 관계에 주목할 때 이 작품의 주제는 다음 두 가지라 볼 수 있다.

첫째, 가난의 파괴성. 가난이 얼마나 파괴적인가를 그린 작품이라 읽을 수 있다. 그러나 복녀의 매음을 성적 쾌락과 관련시켜놓았고, 남편의 게으름을 크게 강조한 데서 알 수 있듯이 작가는 가난의 문제를 크게 주목하지는 않고 있다. 부르주아 작가 김동인이 하층민의 가난 문제를 다루었다고 놀란 프로 문인들이 찬사를 보내왔을 때 김동인이 코웃음을 쳤다는 사실은 이 작품의 핵심이 가난 문제가 아님을 시사한다.

둘째, 전통적인 도덕관념의 허위성 비판. 유교적 법도에 얽매인 전통적 도덕관념은 육체적 쾌락의 측면을 배제하고 정조를 강조하는 것인데, 육체적 쾌락에 눈뜨며 마침내는 광기에 휩싸이게 되는 복녀를 통해 그 같은 도덕관념이 허위적인 것이라는 사실을 주장하고자 한 것으로 해석할 수도 있다.

분류 : 문학
색인어 : 감자, 김동인, 대동강
참고문헌 : 김윤식, 『김동인 연구』(민음사, 2000); 강인숙, 『자연주의 문학론』(고려원, 1991)
필자 : 정호웅

고구마(「5학년 1반」)

5학년 1반입니다.

저는 교외에서 살고 있기 때문에 저의 학교도 교외에 있습니다.

오늘은 운동회가 열리는 날이므로 오랜만에 즐거운 날입니다.

북치는 날입니다.

우리 학곤

높은 포플라 나무줄기로 반쯤 가리어져 있습니다.

아까부터 남의 밭에서 품팔이하는 제 어머니가 가물가물하게 바라다 보입니다.

운동 경기가 한창입니다.

구경 온 제 또래의 장님이 하늘을 향해 웃음 지었습니다.

점심 때가 되었습니다.

어머니가 가져온 보자기 속엔 신문지에 싼 도시락과 삶은 고구마 몇 개와 사과 몇 개가 들어 있었습니다.

먹을 것을 옮겨 놓는 어머니의 손은 남들과 같이 즐거워 약간 떨리고 있습니다.

어머니가 품팔이하던

밭이랑을 지나가고 있었습니다. 고구마 이삭 몇 개를 주워 들었습니다.

어머니의 모습은 잠시나마 하나님보다도 숭고하게
이 땅위에 떠오르고 있었습니다.
어제 구경 왔던 제 또래의 장님은 따뜻한 이웃처럼 여
겨졌습니다.

1966년 7월 『현대시학』에 발표된 김종삼(金宗三:
1921-1984)의 시 「5학년 1반」이다. 김종삼은 1950년
대 전쟁의 폐허 속에 모더니즘 시인으로 출발했지만
자신만의 독특한 개성적 시세계를 구축하여 많은 독
자들의 사랑을 받았다. 평양의 광성보통학교를 졸업
하고 숭실중학교에 입학했으나 중퇴한 후 일본으로
건너가 일본 도요시마[豊島] 상업학교를 졸업했다.
6·25전쟁 이후 「원정(園丁)」과 「돌각담」을 발표하여
시인으로 출발했다. 1957년에는 전봉건, 김광림과 함
께 3인 공동시집 『전쟁과 음악과 희망과』를 발간하
였다. 1967년에는 문덕수(文德守)·김광림(金光林)과
함께 3인 공동시집 『본적지(本籍地)』를 출간하였고,
1969년에는 한국시인협회 후원으로 첫 개인 시집 『십
이음계(十二音階)』를 발간하였다. 그 외의 시집으로
는 『시인학교』(1977), 『북치는 소년』(1979), 『누군가
나에게 물었다』(1982) 등이 있다.
이 시는 5학년 어린이의 순박한 화법으로 때 묻지 않
은 삶의 단면을 그대로 보여주는 작품이다. 즐거운 운
동회 날의 밝은 울림과 남의 밭에서 품팔이하는 어머
니의 가물거리는 모습, 어린 장님아이의 웃음과 어머
니가 준비한 소박한 음식, 품팔이하던 밭의 고구마 이

시골장터에 펼쳐진 한 농가의 수확물. 사과 몇 알과 고구마가 보인다.©하
응백

삭과 하나님보다 숭고하게 떠오르는 어머니의 모습
등 밝음과 어두움의 교차적 구성을 통해 소외된 약자
들끼리 느끼는 공감과 사랑을 표현했다. 이 시에 등장
하는 고구마는 당시 서민들에게 친근한 구황작물로
척박한 땅에서도 잘 자라기 때문에 많은 사람들의 허
기를 달래 주었던 음식이다.

분류 : 문학
색인어 : 5학년 1반, 김종삼, 삶은 고구마, 사과, 운동회
참고문헌 : 이숭원, 『김종삼의 시를 찾아서』(태학사, 2015)
필자 : 이숭원

고구마줄기(고구마순)

고구마줄기는 고구마가 유입된 조선 후기부터 식용
하였으며, '고구마순', '고구마대'라고도 한다. 식용으
로는 고구마가 달린 원줄기가 아니라 잎이 달린 연한
부분을 쓴다. 여름에 무성하게 자라므로 여름에는 생
것을 가져다 자주색 껍질을 벗긴 후 조리하고, 가을이
되면 끓는 물에 데친 고구마줄기를 햇볕에 말려 저장
해두었다가 겨울 반찬이나 정월 대보름에 묵은 나물
로 조리하였다.
고구마줄기로는 주로 나물이나 볶음을 해 먹지만, 지
역에 따라서는 죽, 장아찌, 김치 등으로도 조리한다.
고구마순장아찌는 제주도에서 만들고(농촌진흥청,
2008a: 207쪽), 고구마줄기김치는 경기도, 경상남도,
전라도 등에서 해 먹는다. 고구마줄기를 데쳐 물기를
짜낸 후 양념으로 버무려 만드는 고구마줄기김치는
전라도에서는 여름의 별미 반찬으로 즐겨 먹지만, 경
상남도 통영에서는 일상음식만이 아니라 의례음식으
로도 썼다. 통영 지역에서는 고구마줄기김치를 제사
상에 나물의 한 가지로 올리고, 혼례 때 신부 집에서
신랑 집으로 보내는 이바지음식에도 넣는다는 것이
다(농촌진흥청, 2008b: 193쪽).

분류 : 식재료
참고문헌 : 농촌진흥청 농업과학기술원 농촌자원개발연구소, 『한국의
전통향토음식 10-제주도』, 교문사, 2008a; 농촌진흥청 농업과학기술
원 농촌자원개발연구소, 『한국의 전통향토음식 9-경상남도』, 교문사,
2008b
필자 : 김혜숙

군고구마

군고구마는 생고구마를 구워서 익힌 음식이다.

조선시대에도 먹었던 군고구마는 서유구(徐有榘: 1764-1845)의 『임원경제지(林園經濟志)』 외감저방(煨甘藷方)에도 보인다. 그에 따르면, 천성이 달고 연한 고구마는 날로 먹어도 좋고 쪄 먹어도 좋지만 화로에 둘러앉아 구워 먹으면 좋고, 고구마를 구울 때는 젖은 종이에 싸서 잿불 속에 넣었다 익으면 껍질을 벗기고 먹으라고 하였다. 하지만 서유구의 제안은 아무나 따르기 어려운 방식이었다. 지금과 달리, 조선시대에는 종이가 매우 귀했기 때문이다. 따라서 고구마를 구울 때는 대개 생고구마를 그대로 아궁이나 화로의 잿불 안에 묻어 놓고 익기를 기다렸다.

시대를 막론하고 군고구마는 가정에서도 많이 만들어 동치미 국물 같은 것과 함께 먹고는 했지만, 도시에서는 주로 겨울철 길거리 음식으로 많이 사먹던 음식이다. 근래에는 한겨울의 군고구마 장수를 찾아보기 어렵지만, 1970년대까지는 겨울 거리 한구석을 차지하고 "군고구마 사려."를 외치며 하루 종일 군고구마를 팔던 노점상은 겨울 풍경의 일부였다. 형편이 어려운 고학생이나 궁핍한 가정의 가장 등이 밑천 없이 뛰어들 수 있는 장사 중 하나가 바로 군고구마 장사였다.

1980년대 이후 군고구마 장수는 점차 드물어졌지만, 한편으로는 1980년대 초부터 개량된 고구마통이 널리 보급되기 시작했다. 1970년대까지 군고구마 장수가 주로 쓰던 고구마통은 연탄을 연료로 쓰는 통이었다. 연탄 위에 돌멩이를 깔고 그 위에서 고구마를 구워서 팔았는데, 이 통에 구우면 고구마의 겉은 타고 속은 잘 안 익는 일이 잦았다. 그러다 새로 나온 것이 개량형 고구마통이다. 이 통은 드럼통을 옆으로 누인 상태에서 목재 부스러기로 불을 지피고, 그 위에 다섯 개의 고구마 서랍을 설치하고 안에 고구마를 넣어 굽는 방식이다〈동아일보〉 1981년 12월 19일자). 이렇게 구운 군고구마는 대개 신문지나 종이봉투에 담아 팔았다.

그런데 일제 강점기에는 군고구마를 한곳에서 팔기

도 하지만 메밀묵이나 찹쌀떡처럼 가지고 다니면서 밤에 팔러 다니기도 했다. 군고구마 행상의 고달픈 삶은 1930년대 조선을 대표하는 만화가로 손꼽히는 최영수(崔永秀: 1911-1950 추정)가 〈동아일보〉에 기고한 「도회(都會)의 비가(悲歌)」라는 글에서 엿볼 수 있다. 그가 춥고 긴 겨울밤 서울 거리의 군고구마 장수를 묘사한 바에 따르면, 당시 군고구마는 일본어 '야키모(焼き芋, やきいも)'를 줄여 흔히 '야끼모'라고 불렸고, 군고구마 장사들은 수레를 끌고 새벽 네 시까지 '야끼모'를 목청껏 외치고 다녔다고 한다. 골목을 돌다보면 밤늦게 깨어 있는 누군가 들창을 열어 자신을 부르기를 기대하면서, 열심히 외쳐대는 이들을 보며 최영수는 "대장장이 집에 칼이 없는 세상이라 '야끼모' 장수인들 배 속이야 찼을 리 없으니 긴긴 밤거리에 들리우는 '야끼모' 소리는 굶주림에 시달린 창자의 절규임에 틀림없다."고 적었다(〈동아일보〉 1932년 12월 6일자). 출출한 배를 달래려는 사람에게 밤참으로 군고구마를 팔지만, 정작 군고구마 장수 자신은 주린 배를 잡고 '야끼모'를 외쳤던 것이다.

분류 : 음식
참고문헌 : 「都會의 悲歌(1) 기픈밤 어둔거리에 구슬다! '야끼모' 소리」, 〈동아일보〉 1932년 12월 6일; 「사라져가는 風物 81年 세밑 우리는 무얼 잃어가는가〈6〉 군고구마 장수」, 〈동아일보〉 1981년 12월 19일; 서유구, 『임원경제지』(한국전통지식포탈)
필자 : 김혜숙

고기구이 장면

19세기 활동한 화가인 성협(成夾: ?-?)이 그린 「야연(野宴: 야외 잔치)」은 관례(冠禮: 아이가 어른이 되는 예식)를 치른 후 이웃들에게 고기를 대접하는 축하자리를 그린 그림이다. 5명의 남성들이 나무그늘 아래 자리를 펴고 앉아 전립과(戰笠鍋) 위에 고기를 구워 먹고 있는 모습이다. 일본으로부터 유래되어 조선시대 널리 퍼진 전립과를 뜨거운 화로에 올려두고, 전립과의 넓은 전 위에 고기를 굽고 있다. 화면 위의 제시를 보면 '잔과 젓가락을 놓고 사방의 이웃을 불러 모아

작가 미상, 「야연」, 76×39cm, 지본채색, 국립중앙박물관

성협, 「야연」, 「성협풍속화첩」 중, 20.8×28.3cm, 지본담채, 국립중앙박물관

향기로운 버섯과 고기를 두고 관례를 한다.'고 쓰여 있다. 관례는 전통시대에 남자아이가 15세가 넘으면 하는 통과의례로, 관례를 치르면 한 사람의 성인으로 대우하였다.

화면 속 전립과를 둘러싸고 다양한 모습으로 고기와 술을 즐기는 이들의 모습이 짜임새 있게 그려져 있다. 화면 중심에 있는 한 남성이 젓가락으로 고기를 집어 입에 넣고 그 옆의 남성은 전립과 위에 다 구워진 고기를 집으려 하고 있다. 좌측의 무릎을 꿇은 남성이 바로 이 날의 주인공이었던 관례를 치른 남성이다. 고기를 쌓아 둔 큰 대접을 들고 전립과 위에 고기를 얹어가며 대접하고 있다. 우측의 복건을 쓴 남성은 아직 성인이 되지 않은 유생으로 손으로 고기를 집어먹는다. 관례란 길한 의식을 치르고 난 후 고기를 대접하고 즐기는 즐거운 분위기가 잘 담겨 있다.

이외에 동일한 주제를 다룬 작자 미상의 그림에서도 고기를 굽는 장면이 그려져 있다. 이 그림에서는 겨울날 남성들이 기생들과 어울려 고기와 술을 즐기는 장면이 세밀한 필치로 묘사되어 있는데, 인물들 중심에 화로가 놓여 있고 전립과 위에 고기를 굽고 있는 장면이 그려져 있다. 추위를 잊은 채 제각기 고기와 술을 즐기는 이들과 그들의 한편에 여러 종류의 그릇이 올려진 소반이 있어 배불리 먹고 노는 흥거운 장면을 잘 전달한다.

이처럼 조선 후기 풍속화에서는 야외에서 전립과 위에 고기를 올려놓고 즐기는 장면들이 복제하듯 여러 점 그려졌다. 보통 불을 이용한 음식은 조리공간과 식사공간이 분리되어 있었는데, 전립과라는 조리용구가 일본에서 들어오면서 고기를 더욱 맛있게 즐기고자 하는 욕구와 맞물려 야외에서 고기를 구워 먹는 풍습이 유행하였던 것으로 보인다.

분류 : 미술
색인어 : 전립과, 전철(煎鐵), 번철(燔鐵), 전립투, 냄비, 화로, 구이, 난로회(煖爐會), 불고기
참고문헌 : 주영하, 「숯불 소고기에 한잔 술, '야연'의 희열」, 『그림 속의 음식, 음식 속의 역사』(사계절, 2005); 김상보, 「탕류」, 『조선시대의 음식문화』(가람기획, 2006); 이종묵, 「난로회와 매화음」, 『조선 백성의 밥상』(한식재단, 2014); 한국학중앙연구원, 『한국민족문화대백

과사전」; 문화콘텐츠닷컴『문화원형백과 풍속화』(한국콘텐츠진흥원, 2002)
필자 : 구혜인

난로회(정약용)

관서 땅 시월이면 눈이 한 자 넘게 쌓이리니
겹겹 휘장 부드러운 담요에 손님을 잡아두고는
삿갓 모양 뜨거운 솥뚜껑에 벌건 노루고기 구워
나뭇가지 꺾어서 냉면에 퍼런 배추절임 먹겠지
西關十月雪盈尺 複帳軟氍留款客
笠樣溫銚鹿臠紅 拉條冷麪菘葅碧

  *정약용, 「장난삼아 서흥도호부사 임성운 군에게 주다
   [戲贈瑞興都護林君性運]」

정약용(丁若鏞: 1762-1836)이 노루고기를 구워 먹으면서 쓴 칠언절구다. 정약용은 본관이 나주(羅州), 자가 미용(美庸), 호는 다산(茶山) 혹은 사암(俟菴)이며, 문집『다산집(茶山集)』외에『경세유표(經世遺表)』, 『목민심서(牧民心書)』등 수많은 저술을 남겼다. 이 작품은 젊은 시절 임성운(林性運)이라는 벗에게 준 작품인데, 눈이 수북하게 내린 한겨울에 휘장을 치고 담요를 깔아놓은 따뜻한 방에서 솥뚜껑에 노루고기를 굽고 냉면을 먹는 모습을 담았다.

조선시대 양반가에서는 소고기나 노루고기를 구워 안주로 삼았다. 정조 때의 문인 김종수(金鍾秀: 1728-1799)는 「진주목사 조덕수가 개울 북쪽을 지나다 술값을 주어 고기 구워 먹는 작은 모임을 가졌다[晉牧趙道源德洙過溪北, 贈酒債, 賣肉小集]」라는 긴 제목의 시 후반부에서 "화로에 둘러앉아 연한 고기 굽고, 시골 맛으로 채소까지 더하였네. 그저 매일 술이나 마시게 하면, 늘 가난하여도 내 후회하지 않으리[圍爐賣軟肉野味兼蔬菜 但令日飲酒 長貧吾不悔]."라 하였다. 이처럼 화로에 솥뚜껑을 올려놓고 고기를 구워 먹는 일을 난로회(煖爐會), 혹은 철립위(鐵笠圍)라 불렀다. 홍석모(洪錫謨)의『동국세시기(東國歲時記)』에 따르면 난로회는 한양의 풍속으로 숯불을 화로에 피워놓고 번철(燔鐵)을 올린 다음, 소고기에 갖은 양념을 하여 둘러앉아 구워 먹는 것을 이르며 철립위(鐵笠圍)라고도 부른다. 또 번철은 전을 부치거나 고기를 볶는 데 쓰는 무쇠 그릇으로 전철(煎鐵)이라고도 하는데, 삿갓을 엎어놓은 듯한 모양이라 하였다.

18세기 무렵 난로회의 풍속이 자주 보인다. 박지원(朴趾源: 1737-1805) 역시「만휴당기(晚休堂記)」에서 눈 내리던 날 벗과 함께 화로를 마주하고 고기를 구우며 난로회를 가졌는데 온 방 안이 연기로 후끈하고 파와 마늘 냄새, 고기 누린내가 몸에 배었다고 한 것을 보면 오늘날의 삼겹살집과 풍경이 그리 다르지 않았던 모양이다.

다만 난로회는 한겨울에 핀 매화 감상을 겸할 때가 많았다. 김종수의 시 중에도 이런 운치 있는 제목을 달고 있는 것이 있다. "겨울이 벌써 반이나 지났는데 날씨는 아직 춥지 않았다. 비가 내리다 눈이 내리다 하더니 밤이 되자 다시 달이 떴다. 누각에 올라 강을 바라보고 지팡이를 끌면서 정원을 거닐었다. 화로에 둘러앉아 고기를 구웠다. 상을 마주하고 함께 노래를 불렀다. 각기 하고 싶은 대로 하였다. 감실 안에 있는 작은 매화는 올 때에 피지 않은 꽃봉오리가 별처럼 수북하더니 돌아갈 때가 되자 너덧 송이가 꽃을 피웠다. 사흘 동안 오직 예전에 마구잡이로 한 이야기가 화제의 중심이었고 시는 한 구도 짓지 않았으니, 혹 참뜻을 손상할까 해서였다." 고기를 먹은 더부룩함이 맑은 운치에 절로 씻기겠다.

분류 : 문학
색인어 : 고기구이, 난로회, 정약용, 박지원, 김종수
참고문헌 : 정약용,『다산집』; 김종수,『몽오집』; 홍석모,『동국세시기』; 박지원,『연암집』, 이종묵,『한시마중』(태학사, 2012)
필자 : 이종묵

난로회(1781년)

정조는 난로회에서 종종 신하들과 같이 시를 지으며 즐거운 한때를 보냈다. 정조의 시문집인『홍재전서(弘齋全書)』에는 1781년 정조가 신하들과 함께 매각(梅閣)에서 난로회(煖爐會)를 베푼 기록이 있다. 이 난로회에서 정조는 매(梅)자를 뽑아 신하들에게 칠언

「야연」부분(123쪽 참조)

절구를 짓게 하였다. 정조 본인도 시를 남겼는데 가벼운 차림으로 매화나무 아래에서 난로회를 즐기고 있는 모습을 묘사했다. 그리고 정조는 이날 난로회를 함께 즐긴 신하들에게 꽃이 피면 다시 한번 모여 난로회를 즐기자고 한 후 실제로 꽃이 핀 후 다시 모여 똑같이 시를 지으며 난로회를 즐겼다고 한다.

정조는 그동안 여러 가지로 수고한 신하들을 치하하는 의미에서도 난로회를 열었다. 『홍재전서』에는 바쁜 와중에도 학문을 게을리하지 않고 갖가지 서적들을 연구하는 승정원·홍문관·규장각의 신하들에게 음식을 내릴 때 정조는 난로회의 고사(故事)를 따라해 탁자 가득 좋은 술과 안주와 함께 자신이 지은 시구(詩句)도 같이 보냈다고 한다.

1782년 10월 3일 『일성록(日省錄)』에도 난로회와 관련한 내용이 기록되어 있다. 이날은 정조가 신하들을 대상으로 일종의 정기 시험인 과시(課試)로 지어야 하는 칠언사운율의 시의 제목을 난로회로 하기도 했다. 그런데 궁중의 난로회와 민간의 난로회는 그 모습이 조금 달랐던 듯하다. 궁중의 난로회의 중심은 연회와 시를 짓는 것이었다. 민간의 난로회는 고기를 굽는다는 점이 강조되었다. 『연암집(燕巖集)』의 「만휴당기(晚休堂記)」에서 박지원(朴趾源: 1737-1805)은 난로회를 난회(煖會)라고 하면서 철립위(鐵笠圍)라고도 부른다고 했고 난로회를 하면 방 안이 연기로 후끈하고 파·마늘·고기 누린내 등이 몸에 배었다고도 묘사했다.

19세기 중엽 세시풍속에 관해 기록한 『동국세시기(東國歲時記)』에도 난로회가 등장한다. 이 책에서의 난로회는 한양의 풍속으로 음력 10월 초하룻날 화로에 숯을 피우고 석쇠에 기름장·달걀·파·마늘·산초가루로 양념한 소고기를 구우면서 둘러앉아 먹는 행사로 기록되어 있다.

분류 : 의례
색인어 : 난로회, 정조, 박지원, 동국세시기, 소고기, 칠언절구, 난회, 철립위, 홍재전서, 일성록
참고문헌 : 정조,『홍재전서』;『일성록』; 박지원,『연암집』; 홍석모,『동국세시기』; 김정호,『조선의 탐식가들』(따비, 2012)
필자 : 이민재

고들빼기

국화과에 속하는 두해살이풀로서 산, 들판, 논둑, 밭둑 등을 가리지 않고 잘 자라며 뿌리가 하나로 가늘고 길다. 성장 초기에는 전체를 캐서 무침으로 먹고, 성장 후에는 뿌리만 김치를 담가 먹기도 하는 등 식재료로 유용하다. 고들빼기는 특유의 쌉쌀한 맛이 일품인데 간혹 씀바귀의 모양과 맛이 비슷해 혼동하는 사람들도 있다. 특히 구황 시에 많이 먹는 나물 가운데 하나이지만 최근에는 전라도 지역 겨울 김장김치로도 각광받고 있다. 고들빼기는 무침, 김치, 장아찌 등으로 다양하게 조리해서 먹는다.

1433년에 편찬된 『향약집성방(鄕藥集成方)』에는 고들빼기를 '고거(苦苣)'라고 했으며, 이 시기부터 심어서 반찬으로 공급했다는 내용이 있다. 허준(許浚: 1539-1615)이 1610년에 지은 『동의보감(東醫寶鑑)』에는 고들빼기가 '고채(苦菜)', '고바기'로 기록되어 있고, 황필수(1842-1914)가 1870년에 펴낸 『명물기략(名物紀畧)』에는 '고도(苦茶)'라고 했다가 '고독바기'가 되었다고 전한다. 1796년 『정조실록(正祖實錄)』에서는 고돌박(古乭朴)이라고 소개되어 있다. 또한, 정학유(丁學游: 1786-1855)는 1816년에 월별 농사일을 비롯한 풍속을 「농가월령가(農家月令歌)」로 기록하였는데, 2월령에서 "산채(山菜)는 일렀으니 들나물 캐어 먹세. 고들빼기 씀바귀요 소로장이 물쑥이라."

고 하며 고들빼기와 함께 여러 나물을 언급했다. 이를 통해 고들빼기는 야산에서 자라며 양력 3월부터 캐서 먹을 수 있는 나물이라는 사실을 알 수 있다. 경북 안동에서는 고들빼기를 꼬들빼기·무꾸나물 등으로 부르며 실제 야산에서 잘 자라고 뿌리·줄기·잎을 한꺼번에 뜯어 먹는다(박선미, 2008). 『증보산림경제(增補山林經濟)』에서는 고들빼기가 독이 없고 속 열을 없애주므로 오장(五臟)의 나쁜 기운을 다스려 준다고 한다.

분류 : 식재료
색인어 : 김치, 씀바귀
참고문헌 : 『향약집성방(鄕藥集成方)』; 허준, 『동의보감(東醫寶鑑)』; 황필수, 『명물기략(名物紀畧)』; 『정조실록(正祖實錄)』; 『증보산림경제(增補山林經濟)』; 정학유, 「농가월령가(農家月令歌)」; 박선미, 「산골마을 사람들의 산나물 채취와 식용의 전승지식-경북 안동시 풍산읍 서미1리를 중심으로-」〈안동대학교 민속학과 석사학위논문〉(2008)
필자 : 박선미

고들빼기김치

고들빼기김치는 소금물에 절여 쓴 맛을 뺀 고들빼기에 멸치젓국과 고춧가루·다진 마늘·다진 생강·다진 고추 등의 양념을 넣어 버무린 전라도식 김장김치이다. 고들빼기김치는 고들빼기장아찌와 마찬가지로 전라도 지역의 향토음식이다. 전라도에서는 과거 김장철에 고들빼기김치도 함께 담가 음력설까지 먹었다. 야산의 고들빼기를 미리 캐 뒀다가 김치를 담갔는데, 최근에는 고들빼기를 재배하면서 계절에 관계없이 담가 먹고 다른 지역으로 판매도 한다.

고들빼기 중에 뿌리가 굵고 길며 잎이 연한 것이 김치 만들기에 좋다. 고들빼기는 쓴맛이 강한 나물이기 때문에 김치를 담그기 전에 이 쓴맛을 빼주는 것이 중요하다. 전라도에서는 고들빼기를 뿌리째 씻어 물기를 뺀 다음 소금물에 절이기도 하고 그냥 물에 담가서 쓴맛을 빼주기도 한다. 2008년 농촌진흥원 농업과학기술원에서 발행한 『전라남도』편을 보면 고들빼기를 소금물에 절일 경우 약 3-5시간 정도 담가 둔다. 그러나 물에 담가 쓴맛을 빼려면 이보다 시간이 훨씬 더 많이 소요되기 때문에 며칠 동안 물을 갈아주면서 쓴

맛을 우려내야 한다. 고들빼기의 쓴맛이 빠지고 어느 정도 삭으면 미리 만들어 둔 양념에 버무린다. 양념은 멸치젓국에 갖은 재료를 넣어 버무리는 것인데, 먼저 멸치젓에 물을 1:1 비율로 넣고 팔팔 끓인 다음 베보자기에 맑은 멸치젓국을 거른다. 멸치젓국에 고춧가루·다진 마늘·다진 생강·다진 고추·설탕·통깨 등과 미리 썰어둔 밤, 실파, 쪽파 등을 넣어 양념하여 고들빼기를 버무린다. 완성된 고들빼기는 김칫독에 차곡차곡 넣어 두었다가 잘 익으면 반찬으로 먹는다. 고들빼기김치는 쌉쌀하면서도 아삭한 맛이 있어 입맛이 없을 때 먹으면 입맛이 살아난다.

분류 : 음식
참고문헌 : 『전라남도』(농촌진흥원 농업과학기술원, 2008)
필자 : 박선미

고들빼기장아찌

고들빼기장아찌는 고들빼기를 소금에 절여 쓴맛을 없앤 다음 간장 또는 고추장에 절인 음식이며, 한 번 담가 두면 사계절 동안 먹을 수 있다. 대게 장아찌류는 채소를 소금에 절이거나 절이지 않고서도 간장이나 고추장 등에 박아 두었다가 삭으면 먹는다. 고들빼기장아찌도 비슷한데 대체로 소금에 절여서 고추장에 박아 두었다가 먹는다.

2008년 농촌진흥원 농업과학기술원에서 발행한 『전라북도』편에서는 전라북도 전통향토음식을 발굴 조사하여 기록하였는데 고들빼기장아찌에 관한 내용도 상세히 쓰여 있다. 오늘날 고들빼기장아찌는 고들빼기김치와 함께 전라도 향토음식이다. 장아찌에 필요한 고들빼기는 뿌리가 굵고 실하며, 잎이 연하면서도 싱싱한 것을 골라야 한다. 그런 다음 손질을 깨끗이 해서 씻은 후 일주일간 소금물에 절여 둔다. 그래야 고들빼기의 쓴맛이 조금 사라진다. 소금에 절인 고들빼기는 깨끗하게 씻어서 물기를 없앤 다음 고추장에 버무린다. 약 두 달 후 고추장을 바꿔주는데 1년에 3-4번 고추장을 바꾸어 저장해 두고 먹는다.

분류 : 음식
참고문헌 : 『전라북도』(농촌진흥원 농업과학기술원, 2008)
필자 : 박선미

고등어

농어목 고등엇과에 속하는 등 푸른 생선이다.

고등어는 한국인이 좋아하는 대표 생선이다. 『자산어보(玆山魚譜)』에는 벽문어(碧紋魚)·고등어(皐登魚), 『난호어명고(蘭湖魚名考)』에는 고도어(古刀魚)로 각각 표기되어 있다. 古道魚(고도어), 古都魚(고도어)라고 표기한 문헌도 있다. 벽문어라는 말에는 고등어 등의 물결 무늬 때문에 붙인 말이다. 이 물결 무늬는 새떼들이 보면 바닷물같이 보여서 새의 눈에 잘 띄지 않고, 배 쪽의 흰색은 밝은 색깔이라 다른 포식 물고기 눈에 잘 보이지 않는다고 한다. 일종의 보호색인 셈이다. 이를 학술 용어로는 '반대음영(反對陰影)'이라 한다.

고등어는 서해, 남해, 동해 남부 등 우리나라 바다 전역에서 거의 다 잡히는데 상업 가치로 의미가 있는 어로(漁撈) 장소는 남해 이남이다. 우리나라 연안에서 잡히는 고등어는 멸치 다음으로 어획량이 많고, 온 국민이 좋아하여 국민생선이라 이름 붙여도 손색이 없다. 우리나라에서 먹는 국산 고등어는 고등어(태평양고등어)와 망치고등어라 부르는 두 종류이다. 이를 구분하기 위해 고등어를 참고등어라 하기도 한다. 망치고등어는 고등어에 비해 남방종으로, 높은 수온에 산다. 배쪽에는 희미한 회백색 점이 분포되어 있다. 참고등어에 비해 기름기가 적어 맛이 덜하고 값도 싸

연탄불에 익어가는 고등어구이ⓒ하응백

다. 2000년대 이후에는 한국산만으로 수요를 감당하지 못하여 노르웨이산 고등어(대서양 고등어)가 수입되어 식탁에 오르기도 한다. 고등어는 젓, 회, 구이, 조림, 찌개 등으로 요리하여 먹는다. 조선조 광해군 때의 허균(許筠)은 『도문대작(屠門大嚼)』에서 고등어를 두고 "동해에서 나는데 내장으로 젓을 담근 것이 가장 좋다."고 했지만 고등어 내장젓은 요즘 귀한 음식이 되어 욕지도와 같은 남해 일부 지역에서만 먹는다. 고등어회도 귀한 음식이다. 고등어는 성질이 급해서 잡히면 바로 죽고, 생선살이 금방 물러지며 상하기 쉬워 선상(船上)에서 회를 먹을 수 있는 어부나 낚시꾼이 아니면 먹기 어려운 횟감이었다. 하지만 경상남도 통영 지역에서 고등어 양식에 성공, 활어차를 통해 산채로 전국 횟집에 공급돼 활어회로도 즐길 수 있게 되었다.

대중에게 가장 인기 있는 고등어 요리는 구이와 조림이다. 부산 지역에서는 고등어 배를 갈라 펼쳐 연탄불 등에 구운 것을 '고갈비'라 하여 즐겨 먹는다. 고등어 등뼈가 드러나면서 동물의 갈비를 연상시키기 때문에 붙여진 이름이다. 배를 가른 고등어에 소금 간을 하여 구워 먹는 자반고등어도 대표 고등어 요리에 속한다. 경상북도 내륙, 특히 안동 지역에서 간을 한 자반고등어는 '간고등어'라 하여 전국적으로 유명하다. 대량으로 고등어를 신선하게 운송할 수단이나 냉동 시설이 없던 시절에는 경상북도 안동까지 생물 고등어를 운송한다는 것이 불가능했기 때문에 바닷가 생산지에서 미리 간을 한 고등어가 운송되었고, 이를 재가공하거나 소비한 중심지로서의 안동이 부각되었다고 해야 할 것이다. 기차나 자동차로 고등어 대량 운송이 가능해지면서 안동의 자반고등어는 이른바 '간잽이'(고등어에 소금을 뿌리는 사람)의 활약으로 그 맛이 알려지기 시작하면서 전국 명성을 얻게 되었다. 고등어조림은 무나 감자 등을 깔고 갖은양념을 하여 조려 먹는 음식으로, 생선조림을 대표한다. 이 밖에도 고등어와 신김치를 조합해서 요리하는 고등어찌개가 있다. 이때는 고등어 통조림을 사용하기도 한다.

고등어가 대중에게 널리 소비되는 생선으로 자리잡은 것은 20세기 초 근대식 어로 기법의 보급 이후부터이다. 고등어는 연근해에서 많이 잡히고 값도 싼 편인데다 영양 성분도 우수하여 한국인의 식탁에 자주 오르는 대표 생선이다. 특히 고등어는 DHA나 불포화지방산 등 우수한 영양 성분이 함유된 건강식품이다.

분류 : 식재료
색인어 : 고등어
참고문헌: 황선도, 『멸치 머리엔 블랙박스가 있다』(부키, 2013); 최현섭·박태성, 『최초의 물고기 이야기』(경성대학교출판부, 2017); 서유구, 이두순 역, 『평역난호어명고』(수산경제연구원북스, 2015)
필자 : 하응백

간고등어

간고등어는 생고등어의 배를 갈라 내장을 꺼낸 뒤 소금에 절인 것으로서 '자반고등어', '얼간고등어'라고도 한다. 냉장시설이 발달하지 않은 시기에 고등어를 오래 보관하기 위한 방법으로 소금에 절였던 것인데 내륙지역 사람일수록 생고등어보다 간고등어를 접할 기회가 많았다. 오늘날에도 소금에 절인 고등어는 굽거나 조려서 먹으며 찌개로도 끓여 먹는다.

고등어를 소금에 절여 보관하는 것이 얼마나 중요한 문제냐면, 자칫 부패한 고등어를 먹으면 탈이 날 수도 있기 때문이다. 1948년 8월 29일자 〈대한일보〉 기사에 따르면 '얼간고등어파는 것을 금지!'했다고 한다. 당시 여름철일수록 소금에 절인 고등어를 판매하였지만 이마저도 부패하여 중독성 유해물로 판명되기도 했다. 교통수단과 냉장시설이 발달하기 이전일수록 먼 거리까지 고등어를 운반하기 위해 소금을 치지 않을 수가 없다. 이 시기 농촌 가정에서는 간고등어를 사다가 통째로 또는 토막을 내어 소금이 가득 담긴 옹기독에 박아두거나 그늘진 곳에 매달아 두었다가 어른 밥상이나 손님상에 차려냈다. 이때 고등어를 토막내었다고 해서 경상도에서는 '톰박고기'라고도 했다. 일상식에서 고등어가 반찬으로 등장하는 밥상은 비교적 잘 차린 밥상이었다. 경북 안동 가일마을에서는 어른상에 고기·조기·보풀음·구젓(굴젓)·새우젓 그리

고등어, 삼치, 조기, 갈치 등 각종 생선을 굽는 모습ⓒ하응백

고 김이 주류를 이루며 이 가운데서 가장 빈번히 차려지는 것이 고등어였다(박효진, 2010: 42-43쪽).
1924년에 이용기(李用基: 1870-1933)가 쓴 『조선무쌍신식요리제법(朝鮮無雙新式料理製法)』에서 자반고등어는 값이 싸서 가난한 사람이나 시골 사람들이 많이 먹는다고 하였다. 뿐만 아니라 방어나 고등어는 준치만 못하지만 뼈가 없어서 아이들에게 먹이기는 좋으며, 특히 좋은 고등어에 소금을 조금 뿌려 구워 먹으면 맛이 매우 좋다고 했다. 1946년에 출판된 방신영(方信榮: 1890-1977)의 『조선음식 만드는 법』에는 '자반고등어 만드는 법'과 '자반고등어 반찬 하는 법'에 대한 내용이 기록되어 있다. 즉, 자반고등어에 기름을 발라 구워 먹기도 하고, 물을 조금 넣고 파와 고추를 채 쳐 넣어서 잠시 끓여 반찬으로 먹기도 하며, 꼬리 뼈 채로 얇게 썰어서 고춧가루와 초를 쳐서 생으로 무쳐 먹는다고 하였다.

분류 : 음식
참고문헌 : 「얼간고등어파는 것을 금지!」, 〈대한일보〉 1948년 8월 29일; 이용기, 『조선무쌍신식요리제법(朝鮮無雙新式料理製法)』; 방신영, 『조선음식 만드는 법』; 박효진, 「안동의 한 동성마을 밥상차림으로 본 음식등급과 서열의식」(안동대 민속학과 석사학위논문, 2010)
필자 : 박선미

간고등어(「만술 아비의 축문」)

아배요 아배요
내 눈이 티눈인 걸
아배도 알지러요.

등잔불도 없는 제삿상에
축문이 당한기요.
눌러 눌러
소금에 밥이나마 많이 묵고 가이소.
윤사월 보릿고개
아배도 알지러요.
간고등어 한손이믄
아배 소원 풀어드리련만
저승길 배고플라요
소금에 밥이나마 많이 묵고 묵고 가이소.

여보게 만술 아비
니 정성이 엄첩다.
이승 저승 다 다녀도
인정보다 귀한 것 있을락꼬,
망령도 응감하여, 되돌아가는 저승길에
니 정성 느껴느껴 세상에는 굵은 밤이슬이 온다.

박목월(朴木月: 1916-1978)의 시집 『경상도의 가랑잎』
(1968)에 수록된 작품이다. 박목월은 초기에 향토적 서정성을 바탕으로 민요조를 개성 있게 수용하여 재창조한 시인으로 평가받았다. 그러나 중기 이후 서민들의 생활현장과 다채로운 삶의 국면에 관심을 가지면서 시 세계의 변화를 보였고, 말년에는 존재의 문제를 탐구하는 지적인 성찰의 자세를 보였다. 1939년 『문장』지에 「길처럼」, 「그것은 연륜이다」, 「산그늘」 등이 추천되어 시단에 등단했다. 한양대 국문학과 교수로 있던 1978년 3월 고혈압으로 타계했다. 시집으로 『청록집』(3인시집), 『산도화』, 『난·기타』, 『청담(晴曇)』, 『경상도의 가랑잎』, 『무순(無順)』 등이 있으며, 수필집으로 『보라빛 소묘』, 『밤에 쓴 인생론』 등이 있다.
이 시는 현세적 삶의 차원을 넘어서서 이승과 저승을 관통하여 생자와 망자 사이에 오가는 인정의 교감을 다룬 작품이다. 경상도 방언으로 표상되는 토속적 삶에 관심을 기울인 박목월 중기 시의 특징이 잘 드러난 작품이다. 이 시의 경상도 방언은 가난한 산골 생활의

현장감을 그대로 살려내면서 생자와 망자 사이에 이루어지는 정감의 교류를 효과적으로 드러내는 역할을 한다. 이 시에서 간고등어는 아버지의 제사상에 소금과 밥밖에 올려놓지 못한 가난한 만술 아비의 슬픔을 부각시키는 역할을 하고 있다. '엄첩다'는 엄청나다, 대단하다의 뜻을 가진 경상도 사투리이다.

분류 : 문학
색인어 : 만술 아비의 축문, 박목월, 소금, 밥, 보릿고개, 간고등어
참고문헌 : 박목월, 『경상도의 가랑잎』
필자 : 이숭원

고등어(역사)

고등어과에 속하는 등푸른 생선으로 시대와 지역을 구분하지 않고 남녀노소 모두 즐겨 먹는 부식 재료이다. 고등어는 일상적으로도 자주 먹었지만 경북북부권에서는 제사의 제물로도 쓰였다. 고등어를 활용한 음식으로는 고등어찌개, 고등어찜, 고등어구이, 고등어내장젓갈 등이 있다.
조선시대의 여러 문헌을 보면 고등어의 이름은 고도어(古島魚, 古刀魚, 古道魚), 고등어(皐登魚, 古等魚), 고동어(古同魚, 古洞魚, 高同魚), 고망어(古亡魚), 고두막(高斗邈), 등필이어(登必伊魚), 고돌이어(古突伊魚) 등으로 다양했다. 정약전(丁若銓, 1758-1816)이 19세기에 지은 『자산어보(玆山魚譜)』에는 벽문어(碧紋魚), 가고도어[假碧魚], 해벽어(海碧魚)라고 하여 비늘이 있는 생선으로 분류하였다. 일제 강점기에는 일본인들이 고등어를 '鯖漁(청어)'로 표기했는데, 일본인들이 전국 연안의 도서 및 하천에 대한 수산의 실상을 조사하여 기록한 『한국수산지(韓國水産誌)』에는 'さば(사바, 鯖), 고동어, 고도어(古道魚), 또는 고도리'라는 이름으로 고등어에 대한 수산물 항목이 설정되어 있다(최성환, 2017). 이처럼 한 마리의 생선을 두고 다양한 이름이 있다는 것은 그만큼 여러 지역 또는 여러 시기에 걸쳐 선호되었다는 것을 의미하기도 한다.
조선시대 『세종실록(世宗實錄)』을 보면 고등어가 진상품 가운데 하나였으며 주로 마른고등어를 마련하

여 진상했다. 다만, 『승정원일기(承政院日記)』(1724
년 10월 20일자)를 보면 영조 즉위년에 영의정 이광좌
(李光佐)가 마른고등어를 진상하여도 실제 쓰일 곳이
없으므로 백성들의 고된 노동을 줄여주자고 아뢰기
도 했다. 그리고 『세종실록』 「지리지(地理志)」를 통
해 당시 고등어가 함길도·함흥부·영흥 대도호부·안변
도호부 등 함경도 일대와 해주목(현 황해도)에서 많이
잡힌다는 사실을 알 수 있다. 『신증동국여지승람(新
增東國輿地勝覽)』에 의하면, 경상도 울산군·흥해군·
영일현·기장현·영해도호부를 비롯하여 전라도 제주
목, 강원도 해안 대부분에서 고등어가 어획되었다.

일제 강점기에는 추자도, 거문도 등 전라도 근해에서
어획된 고등어는 강경, 광주, 목포 등의 상인에게 판
매되었고, 부산 이북 영일만, 강원도 원산 등에서 어
획된 것은 염장하여 원산, 경주, 영천 등지로 팔려나
갔으며, 욕지도, 부산근해에서 어획된 고등어는 부산
으로 유송되었는데 평양상인은 부산의 염장고등어를
평양으로 운송하기도 하였다(김수희, 2005). 우리 속
담에 '가을 고등어와 가을 배는 며느리에게 주지 않는
다'는 말이 있는데, 이는 두 가지 모두 가을에 맛이 가
장 좋으며 며느리에게 주기 아깝다는 뜻이다. 즉 고등
어는 가을철에 어획하여 먹는 것이 가장 맛있다는 것
을 뜻한다.

고등어는 회로 먹기도 하지만 주로 내장을 꺼내 소금
을 뿌린 다음 염장을 해서 구워 먹거나 염장을 하지
않은 채 조리해서 먹었다. 최근에는 고등어 알, 고등
어 내장 등은 잘 먹지 않지만 조선시대 허균의 문집인
『도문대작(屠門大嚼)』에는 '고등어는 동해에서 나는
데 내장으로 젓을 담근 것이 가장 좋다.'고 했다. 또한
세종 3년에는 함길도에서 궁중에 진상하는 물목 가운
데 고등어는 기재하였으나, 내장젓은 기재하지 않은
것을 꼬집으며 궁중에 진상하는 물목의 허실에 대해
이야기했다. 그만큼 고등어 내장젓이 좋은 상품이라
는 것임을 말해준다.

다음과 같은 조리서에서 고등어 알이나 내장으로 젓
을 담가 먹었던 사실이 이를 반증한다. 『조선요리제

고등어와 삼치 구이©하응백

법(朝鮮料理製法)』에 따르면, 준치·숭어·민어·고등어
등의 알에 파와 고추로 양념을 한 다음 물을 약간 치
고 끓여서 알젓을 만들어 먹었다. 뿐만 아니라, 『우리
나라 음식 만드는 법』에서도 5-6월에 생고등어를 깨
끗이 씻고 내장을 꺼내서 통으로 고등어젓을 담갔다
가 반찬이 없을 때 굽거나 쪄서 먹었다. 이처럼 고등
어는 동쪽 해안가를 중심으로 여러 지역에서 다량 어
획될 뿐만 아니라 명칭도 다양하며 알이나 내장까지
만들어 먹는다는 측면에서 아주 실용적인 생선이다.

분류 : 식재료
색인어 : 자산어보, 도문대작, 조선요리제법
참고문헌 : 정약전, 『자산어보(玆山魚譜)』, 『세종실록(世宗實錄)』;
『세종실록(世宗實錄)』 「지리지(地理志)」; 『승정원일기(承政院日記)』;
『신증동국여지승람(新增東國輿地勝覽)』; 허균, 『도문대작(屠門大
嚼)』; 『조선요리제법(朝鮮料理製法)』; 『우리나라 음식 만드는 법』;
김수희, 「일제시대 고등어어업과 일본인 이주이촌」 〈역사민속학〉
20(2005); 최성환, 「일제 강점기 청산도 고등어 어업의 실태와 영향」
『서강인문논총』 50(2017)
필자 : 박선미

안동간고등어

안동간고등어는 경북 안동 지역에서 소금에 절인 고
등어를 상품화한 것으로서 지역의 정체성과 문화적
전통이 담겨 있는 음식이다. 소금에 절인 고등어는
'간고등어', '자반고등어', '얼간고등어' 등으로 불렸다.
안동이 경상도 내륙 지역이라는 지리적 위치에도 불
구하고 어떻게 안동에서 고등어가 상품화될 수 있었
는지 궁금증을 불러일으킨다. 『신증동국여지승람(新
增東國輿地勝覽)』에 경상도 영해도호부에서 고등어

가 어획된다는 기록이 있는 것으로 보아 안동에 동해 안의 고등어가 공급되었음을 짐작할 수 있다. 20세기의 안동 지역에 공급되는 고등어는 동해에서 어획하여 영덕에서 육로를 이용하여 청송 진보장이나 안동 임동면 챗거리장을 경유하여 공급되거나, 남해에서 잡힌 고등어를 낙동강 수로로 왜관을 경유하여 안동 풍천면 구담장에 도착하면 육로로 안동권에 공급되었다고 한다(배영동, 2006). 앞의 두 가지 가운데 어떤 공급경로를 택하든지 고등어가 안동에 공급되기까지 오랜 시간이 소요되었고, 이 과정에서 부패를 막기 위해 염장을 할 수밖에 없었다. 무엇보다 상인들이 염장한 고등어를 공급하니 안동지역 사람들은 다른 생선에 비해 값싼 고등어를 자주 먹을 수 있었다.

1924년에 이용기(李用基: 1870-1933)가 지은 『조선무쌍신식요리제법(朝鮮無雙新式料理製法)』에서도 간고등어는 값이 싸서 가난한 사람이나 시골 사람들이 많이 먹는다고 했는데, 지리적으로 생선을 자주 접할 수 없었던 안동사람들도 값싼 고등어를 즐겨 먹을 수 있었던 것으로 보인다.

또한, 안동 지역 사람들은 간고등어를 일상적으로 어른상과 손님상에 내어놓았고, 제례의 제물로도 썼으며, 잔치와 같은 의례에서도 사용했다. 1924년에 이용기(李用基: 1870-1933)가 지은 『조선무쌍신식요리제법(朝鮮無雙新式料理製法)』이나 1946년에 방신영(方信榮: 1890-1977)이 지은 『조선음식 만드는 법』 등에서 간고등어 조리법으로 여러 가지 소개되었지만 안동사람들은 대개 생것으로 제사에 쓰거나 구이, 찜, 조림, 찌개 등으로 조리하여 일상 반찬으로 먹는다.

안동은 동성(同姓)마을이 상대적으로 많이 분포해 있고, 유교문화의 전통이 비교적 잘 지속되고 있는 편이다. 그러므로 안동간고등어는 일상적으로는 높은 품격의 부식, 의례적으로는 보통 품격의 음식으로서 오랫동안 각광받을 수 있었다. 아울러 1970년대 이후 안동댐과 임하댐 건설로 수몰민이 생기고 산업화 이후 도시로 이주하는 사람이 늘어났지만, 이들의 문화적 취향과 고향에 대한 향수는 간고등어가 상품화되면

서 어느 정도 충족시켜주었다.

간고등어의 상품화는 1999년에 영국 여왕 엘리자베스의 안동 방문을 계기로 본격적으로 이루어졌다. 당시 40년 '간잽이'와 안동의 전통 이미지를 담아 디자인한 종이상자에 안동간고등어를 넣어 판매하여 인기를 얻었다. 현재는 안동간고등어를 내포장지에 넣은 후 진공포장을 하여 판매하고 있다. 그리고 안동간고등어는 안동의 여러 음식점에서도 판매되고 있는데, 대표적으로 헛제사밥을 판매하는 식당의 메뉴에 간고등어구이가 포함되어 있다. 또한 안동의 각종 행사에서도 빠지지 않고 등장하는 메뉴이다.

분류 : 음식
참고문헌 : 이용기, 『조선무쌍신식요리제법』; 방신영, 『조선음식 만드는 법』; 배영동, 「안동지역 간고등어의 소비전통과 문화상품화 과정」 〈비교민속학〉31(2006)
필자 : 박선미

고사리

고사리는 산에서 자라는 다년생 양치류 식물로, 한자로는 '蕨菜(궐채)' 또는 발음 그대로 '古沙里(고사리)'라고 쓴다. 고사리는 봄철에 새로 돋은 연한 줄기를 꺾어서 식용하는데, 시기가 늦어지면 줄기가 억세져서 먹을 수 없다. 이 때문에 무슨 일이든 때가 있으며 그때를 놓치지 말고 해야 한다는 의미를 전할 때 '고사리도 꺾을 때 꺾는다'는 속담을 쓴다.

봄철에 나는 생 고사리는 조선시대에는 매년 3월 종묘에 천신(薦新)하는 음식물이었다(『종묘의궤(宗廟儀軌)』제4책). 이에 따라 남쪽 지방에서는 3월 중에 천신용 고사리를 바치기 위해 애썼지만, 도착이 지체되어 결국 3월을 넘기고 벌을 받는 일이 발생하기도 했다(『승정원일기(承政院日記)』인조 4년 1626년 4월 15일자 기사). 때로는 절기가 늦어 고사리가 제대로 자라지 않아 아예 고사리를 채취하지 못하여, 기한 안에 고사리를 올리지 못하는 일도 있었다(『승정원일기』영조 3년 1727년 3월 29일자 기사).

고사리는 봄에 생 고사리로 먹는 게 가장 맛이 좋지

말린 고사리를 불려 놓은 것ⓒ하응백

만, 말리거나 소금에 절여두면 1년 내내 맛볼 수 있었다. 고사리를 건조하거나 염장하는 방법은 조선시대의 조리서에서 흔히 보이며, 그 내용은 거의 동일하다. 건조법과 염장법을 모두 기재한 조선 전기 전순의(全循義: ?-?)의 『산가요록(山家要錄)』을 살펴보면, 먼저 고사리를 말릴 때는 연한 고사리를 푹 찐 뒤에 마른 재와 섞어서 말렸다가 재를 씻어버리고 다시 햇볕에 바싹 말려 두어야 하며, 쓸 때는 끓는 물에 담가 부드럽게 만든 뒤에 조리하라고 했다. 또한 고사리를 염장할 때는 고사리의 위아래를 잘라낸 후 소금을 뿌려 항아리에 담고 돌로 눌러 놓았다가, 쓸 때 깨끗이 씻어 소금기를 빼고 쓰라고 했다.

이러한 고사리로는 고사리국, 고사리찜, 고사리전, 고사리죽, 고사리볶음, 고사리무침, 고사리나물 등을 만들었고, 육개장, 비빔밥, 빈대떡과 같은 음식에도 빠지지 않는 중요한 재료로 사용하였다. 특히 고사리는 한국인이 즐겨 먹는 나물이어서, '고사리는 귀신도 좋아한다'는 속담이 있을 정도이다. 죽은 이를 위해 차렸던 명절 차례상이나 제사상에 고사리를 양념하여 볶아 만드는 고사리나물이 반드시 올랐던 데서 연유한 속담이다.

분류 : 식재료
색인어 : 나물, 산가요록, 꿩, 닭
참고문헌 : 『표준국어대사전』(국립국어원); 『종묘의궤』; 『승정원일기』; 전순의, 『산가요록』(한국전통지식포탈)
필자 : 김혜숙

고사리(「언롱」)

뒷뫼에 고사리 뜯고 앞내에 고기 낚아
솔제자포약손(率諸子抱弱孫)하고 일감지미(一甘旨味)를 한데 앉아 나눠 먹고 담소자약(談笑自若)하여
만실환희(滿室歡喜)하고 우락(憂樂)없이 늙었으니
아마도 환해영욕(宦海榮辱)을 나는 아니 구(求)하노라

이 작품은 조선 후기에 나타난 작자 미상의 시조이다. 이 시조는 가곡(歌曲) 언롱(言弄)의 사설, 즉 가사로도 사용되었다. 가곡이란 관현악 반주에 맞추어 시조시를 노래하는 전통 성악곡을 말하는 것으로 정해진 곡조가 연이어 있는 연속 성악곡이다. 조선시대 상류사회에서 애창되었다. 시조의 시를 5장 형식에 얹어서 관현 반주에 맞추어 부른다. 우조(羽調)와 계면조(界面調)로 나누며, 성별에 따라 남창가곡, 여창가곡, 남녀창가곡 등으로 나뉜다. 가곡은 조선시대의 만대엽(慢大葉)·중대엽(中大葉)·삭대엽(數大葉)에 근원을 두고 있으나 조선 중기 이후 만대엽과 중대엽은 서서히 사라지고 17세기 말기부터 삭대엽이 발전하여 현재에 이르고 있다. 남창 가곡은 24곡으로, 여창 가곡은 15곡으로 남녀 창가곡은 27곡으로 짜여 있다. 가곡은 조선시대부터 불러온 상류사회의 성악곡으로 큰 틀의 음악적 곡조를 말하며, 각각의 곡에 여러 시조가 붙어 있다. 남창 우조 초수대엽의 경우를 예로 들면 일반적으로 "동창이 밝았느냐"로 시작되는 남

국립국악원의 세종대왕 회례연 재현 장면(2013). 가곡은 대개 이와 같은 관현악반주를 수반한다.ⓒ장명확

구만(南九萬)의 평시조가 가사로 사용되지만, 경우에 따라 다른 시조가 대신 들어갈 수도 있다. 시조창의 경우 가사의 내용이 중요한 역할을 하지만, 가곡의 경우 가사보다는 곡의 중요성이 더하기에 가사의 바꿈은 큰 의미가 없는 것이다. 그렇다고 모든 시조가 다 가곡의 가사로 사용되는 것은 아니고 노래에 붙임이 쉬운 한정된 수의 시조가 가곡의 가사로 사용된다.

가곡은 중요무형문화재 제30호로 지정되어 있고, 2010년에 유네스코 인류무형문화유산으로 등재되었다. 가곡은 곡조와 가사가 함께하는 우리 민족의 중요한 무형문화유산인 것이다.

위 가사는 가곡 계면조언롱(言弄)에 사용되는 가사로 "뒷산에 고사리를 뜯고 앞의 내에서 고기를 잡아, 여러 자식과 손자를 데리고 맛있는 음식을 먹으면서 근심 없이 즐겁게 살고 싶다, 벼슬 따위는 구하고 싶지 않다."는 내용으로 이루어져 있다. 지은이는 알 수 없고, 가사의 내용은 조선 후기의 어지러운 사회상을 반영한다. 명예나 벼슬보다는 일신의 자족(自足)을 우선으로 하는 안빈낙도(安貧樂道)를 추구하는 내용으로 조선시대 문학작품에서 흔히 나타나는 주제이다. 이 시조에서 고사리는 조선시대 여러 문학작품과 마찬가지로 자족과 안분지족(安分知足)의 음식으로 상징화되어 있다.

분류 : 문학
색인어 : 고사리, 가곡, 시조, 언롱(얼롱), 안빈낙도, 중요무형문화재, 유네스코 인류무형문화유산
참고문헌 : 하응백,『창악집성』(휴먼앤북스, 2011); 한국학중앙연구원, 『민족문화대백과』
필자 : 하응백

고사리(중국에서 먹은 조선 고사리)

중국 고대의 백이(伯夷)와 숙제(叔齊)는 조선에서 굳은 절개를 지닌 인물로 존경받았다. 두 사람은 형제로서 고죽국(孤竹國) 군주의 아들이었다. 그런데 첫째인 백이와 셋째인 숙제가 서로 군주의 자리를 물려받지 않겠다며 자기 나라를 떠났다. 둘은 주나라 문왕(文王)을 찾아갔지만, 이미 문왕은 죽고 아들인 무왕(武王)이 즉위한 상태였다. 무왕은 아버지 문왕의 상중(喪中)에 은나라를 치러 나섰고, 백이와 숙제는 상중의 전쟁이 효(孝)와 인(仁)에 맞지 않는다며 앞을 가로막았다. 두 사람의 의견을 무시하고 전쟁에 나선 무왕은 결국 은나라를 멸망시켰고, 백이와 숙제는 주나라의 백성이 되는 것이 치욕스럽다며 수양산(首陽山)에 들어가 일절 주나라의 곡식은 먹지 않고 고사리[薇蕨]를 캐먹다가 굶어 죽었다(『중국인물사전』).

이러한 백이와 숙제의 고사는 너무나 유명해서, 조선시대 선비들은 자신들의 시문(詩文)에서 종종 인용하였는데 성삼문(成三問: 1418-1456)도 그 가운데 한 사람이다. 단종(端宗: 재위 1452-1455)의 복위운동을 계획하고 기회를 엿보던 중 발각되어 죽음을 당한 사육신(死六臣) 중 한 사람이었던 그는 수양산(首陽山)을 바라보며 이제(夷齊)를 한(恨)한다는 시조를 지었다. 그 내용을 보면, 백이와 숙제를 향해 굶주려 죽을 진들 어찌 고사리를 캐먹었냐고, 비록 푸성귀나 그것이 누구의 땅에 난 것이냐며 일갈했다.

비록 성삼문은 충분하다고 여기지 않았으나 백이와 숙제는 조선에서 충절의 상징이었고, 그들의 사당(祠堂)인 이제묘(夷齊廟)는 중국에 다녀오는 연행사가 반드시 들르는 장소였다. 그곳에 가서 연행사 일행은 백이와 숙제를 기리며 고사리로 만든 음식을 먹고는 했다. 언제부터 그러했는지는 알 수 없으나, 김창업(金昌業: 1658-1721)의 『연행일기(燕行日記)』 1712년(숙종 38) 12월 21일자에, 이곳에 오면 마른 고사리로 국을 끓이는 게 상례라 한 것으로 보아 숙종(肅宗: 재위 1674-1720) 대 이전부터 관행이었음을 알 수 있다.

이제묘에서 먹던 고사리 음식에 대해서 박지원(朴趾源: 1737-1805)은 『열하일기(熱河日記)』의 「관내정사(關內程史)」에 재미있는 기록을 남겼다. 그는 정조(正祖) 4년인, 1780년 청나라 건륭제(乾隆帝)의 칠순잔치[七旬宴]를 축하하기 위하여 사신으로 가는 8촌 형 박명원(朴明源: 1725-1790)을 따라 중국에 다녀왔다. 당시 연경에 가는 도중인 1780년 7월 26일에 일행은 이제묘에 들렀다.

「관내정사」에 따르면, 박지원의 일행은 이제묘에서 점심을 먹었고, 고사리 넣은 닭찜[薇鷄之蒸]이 나왔다고 한다. 고사리 음식을 먹는 것이 구례(舊例)인 줄 몰랐던 박지원은 그동안 여행길에 변변한 음식을 먹지 못했던 참에 갑자기 맛좋은 고사리닭찜을 보고 입맛이 돌아 과식을 하였다. 그러다 체하는 바람에 트림을 할 때마다 고사리 냄새가 나서 무척 괴로워하다가, 행여 속이 편해질까 싶어서 생강차[薑茶]를 마시기도 했지만 속은 나아지지 않았다.

체기로 고생하던 박지원은 한여름이라 고사리 철도 아닌데 어디서 고사리를 구해서 고사리닭찜을 만들었는지 문득 궁금해졌다. 그래서 사정을 알아보니, 연행사 일행은 으레 이제묘에 들러 점심을 차려 먹고, 중국에 드나드는 시기가 언제든지 반드시 고사리를 먹는 게 준례여서 조선에서부터 마른 고사리를 마련해온 것이라는 이야기를 들었다. 아울러 10여 년 전에 고사리를 잊고 조선에서 가져오지 않아 고사리를 먹을 수 없게 된 일로 건량청(乾糧廳) 소속 담당자가 매를 맞은 이야기도 듣게 되었다. 그 담당자는 고사리를 빠뜨렸다는 이유로 매를 맞자, 아픈 볼기를 어루만지며 울부짖었다고 한다. 백이, 숙제는 나하고 무슨 원수냐며, 죽으려면 그냥 죽지 수양산 고사리는 왜 캐먹었으며, 고사리보다 어육(魚肉)이 나은데 하필 왜 고사리를 먹었냐며, 고사리를 뜯어 먹고 굶어 죽었다고 하니 고사리가 필시 사람을 죽이는 독물이라고 연신 투덜대니, 그 모습을 본 주위 사람이 모두 배를 잡고 웃었다는 이야기이다.

박지원은 또한 중국에 처음 따라갔던 태휘(太輝)란 사람의 일화도 소개하였다. 그는 지나가다 풋대추를 따먹고 복통과 설사가 그치지 않자, 어디서 고사리 독이 사람을 죽인다는 말은 들은 바 있어서 "아이고, 백이 숙채(熟菜)가 사람 잡네, 백이 숙채가 사람 잡네." 하고 소리쳤다고 한다. 백이 숙제의 '숙제(叔齊)'와 '숙채(熟菜: 익힌 나물)'의 발음이 비슷한 데다, 고사리나물을 숙채로 먹었기 때문에 생겨난 착각인 것이다. 풋대추가 아니라 숙제, 고사리를 원망하는 그의 잘못된

탄식에 주위 사람들이 크게 웃었다고 한다.

고사리 때문에 매를 맞고 백이와 숙제를 원망한 사람의 이야기는 그 후로도 연행사 사이에서 두고두고 전해진 듯하다. 박지원보다 19년 뒤인 1799년(정조 23) 사은사로 중국에 다녀온 서유문(徐有聞: 1762-1822)의 『무오연행록(戊午燕行錄)』과 1803년(순조 3) 동지사 일행을 따라 중국에 갔다 1804년 돌아온 이해응(李海應: 1775-1825)의 『계산기정(薊山紀程)』에도 고사리를 중국에 가져오지 않은 담당자가 곤장을 맞고 울었다는 일화가 보이기 때문이다. 여하튼 전례에 따라 이제묘에 들른 서유문의 일행은 이제묘 옆의 절에서 아침으로 흰밥에 조선에서 가져온 고사리로 끓인 국을 먹었고, 이해응의 일행은 1804년 2월 8일 점심으로 고사리나물에 고사리국을 만들어 먹었다고 한다.

하지만 이후 중국에 다녀온 김경선(金景善: 1788-1853)이 쓴 『연원직지(燕轅直指)』를 보면, 1832년(순조 32) 12월 14일 기록에 당시 연행사 일행이 이제묘에서 고사리를 상에 올리는 일을 하지 않게 된 지 이미 오래되었다고 했다. 이로써 보건대, 연행사 일행이 중국에서 조선 고사리로 만든 음식을 먹는 일이 끊어졌음을 알 수 있다.

분류 : 식재료
참고문헌 : 황패강, '열하일기', 『한국민족문화대백과사전』(한국학중앙연구원, 1995); '백이', '숙제', 『중국인물사전』(한국인문고전연구소); 김창업 저, 권영대 역, 『연행일기』(한국고전번역원, 1976); 박지원 저, 이가원 역, 『열하일기』(한국고전번역원, 1968); 이해응 저, 김주희·장순범 공역, 『계산기정』(한국고전번역원, 1976); 서유문 저, 김동욱 역, 『무오연행록』(한국고전번역원, 1976); 김경선 저, 김도련 역, 『연원직지』(한국고전번역원, 1977)
필자 : 김혜숙

고사리나물(「장마」)

할머니는 거의 시체나 다름이 없는 뻣뻣한 자세로 자리에 누워 있었다. 숨은 겨우 쉬고 있다 해도 아직도 의식을 되찾지 못한 채였다. (중략) 그리고 고모가 인사불성이 된 할머니의 머리를 참빗으로 빗기는 덴 더 많은 시간이 걸렸다. 빗질을 여러 차례 거듭해서 얻어진 한 줌의 흰 머리카락이 내 손에 쥐어졌다. 언제 그

렇게 준비를 해왔는지 외할머니는 도래 소반 위에다 간단한 음식 몇 가지를 차리는 중이었다. 호박전과 고사리나물이 보이고 대접에 그득 담긴 냉수도 있었다. 내가 건네주는 머리카락을 받아 땅에 내려놓은 다음 외할머니는 천천히 고개를 들어 늙은 감나무를 올려다보았다.

"자네 오면 줄라고 노친께서 여러 날 들어 장만헌 것일세. 먹지는 못헐망정 눈요구라도 허고 가소. 다아 자네 노친 정성 아닌가. 내가 자네를 쫓을라고 이러는 건 아니네. 그것만은 자네도 알어야 되네. 남새가 나드라도 너무 섭섭타 생각 말고, 집안일일랑 아모 걱정 말고 머언 걸음 부데 펜안히 가소."

이야기를 다 마치고 외할머니는 불씨가 담긴 그릇을 헤집었다. 그 위에 할머니의 흰머리를 올려놓자 지글지글 끓는 소리를 내면서 타오르기 시작했다. 단백질을 태우는 노린내가 멀리까지 진동했다. 그러자 눈앞에서 벌어지는 그야말로 희한한 광경에 놀라 사람들은 저마다 탄성을 올렸다. 외할머니가 아무리 타일러도 그때까지 움쩍도 하지 않고 그토록 오랜 시간을 버티던 그것이 서서히 움직이기 시작한 것이다.

「장마」는 1973년 『문학과 지성』에 발표된 윤흥길의 중편소설이다. 윤흥길(尹興吉: 1942-)은 한국전쟁의 참상과 상처를 그린 작품, 산업화 과정에서 소외된 주변부 사람들의 현실을 그린 작품, 정치권력을 비롯한 권력의 작동 메커니즘을 깊이 파헤쳐 비판하는 작품 등을 주로 써온 소설가이다. 비유적 표현을 많이 쓴다는 게 윤흥길 문체의 두드러진 점인데 「장마」가 특히 이를 잘 보여준다. 대표작에 「장마」, 「황혼의 집」, 「제식훈련변천사」, 「아홉 켤레의 구두로 남은 사내」 연작, 「소라단 가는 길」 연작 등의 중단편과 『묵시의 바다』, 『완장』, 『에미』, 『밟아도 아리랑』 등의 장편이 있다.

「장마」의 중심에 놓인 것은 샤머니즘이다. 샤머니즘은 죽은 자의 영혼과 같은 초자연적 존재와 소통할 수 있는 능력을 가진 샤먼(shaman)을 중심으로 하는 주술적, 종교적 믿음이다. 「장마」의 세계는 이런 믿음을 당연하다고 여기는 사람들이 살고 있는 샤머니즘적 공간이다. 이 소설에서 샤먼의 역할을 하는 사람은 서술자인 '나'의 외할머니이다. 그녀는 한국전쟁 때 빨치산 활동을 하다가 비명에 죽은 사돈총각 곧 '나'의 삼촌이 구렁이로 몸을 바꾸어 나타났다고 믿는다. 그녀뿐이 아니다. 이 샤머니즘적 공간에 살고 있는 마을 사람 모두가 그렇게 믿는다. 그런데 그들은 샤먼이 아니므로 구렁이로 환신한 죽은 이의 영혼과 쉽게 소통할 수 없다. 초자연적 존재와 소통할 수 있는 특별한 능력의 부재, 초자연적 존재와의 만남을 생각하면 저절로 생기는 두려움 등의 이유 때문이다.

그런데 '나'의 외할머니는 나아가 구렁이로 몸을 바꾼 사돈총각과 소통하고, 원통하게 죽었기에 이승을 떠나지 못하고 집 주위를 맴도는 영혼을 잘 타일러 저승길을 떠나도록 이끌었다. 샤먼이 아님에도 그녀가 그럴 수 있었던 것은, 이승을 맴도는 불쌍한 영혼을 깊이 연민하는 마음과 그 영혼을 저승으로 보내는 것이 산 사람의 도리라는 생각을 갖고 있었기에 두려움을 이기고 온 정성을 다하였기 때문이다. 일이 수습된 뒤, 아들의 죽음에 충격을 받아 혼절했던 '나'의 친할머니가 간신히 정신을 차리고서는 "내가 당혀야 헐 일을 사분이 대신 맡었구랴. 그 험헌 일을 다 치르노라고 얼매나 수고시렀으꼬."라고 하여 깊이 감사하는 것은 이런 사정을 잘 말해준다.

죽은 사람의 영혼을 맞고 그 원통함을 풀어주고 보내는 의식을 치르는 마당이므로 우리나라 어느 지역의 제사상에도 빠지지 않는 고사리나물이 상에 올랐다. 비명에 죽은 청년의 원통한 마음, 아들의 죽음에 충격받아 삶의 의욕을 놓치고 만 노모의 깊고 큰 상실감, 그 죽음을 깊이 안타까워하는 산 사람들의 연민의 마음, 죽은 영혼이 원통한 마음을 풀고 저승으로 가기를 바라는 사람들의 마음 등이 고사리나물이 오른 상 주위를 감돈다.

분류 : 문학
색인어 : 장마, 윤흥길, 고사리나물, 한국전쟁, 샤머니즘

참고문헌 : 김병익·김현 편, 『우리시대의 작가연구총서-윤흥길』(은애, 1979); 이보영, 「난세의 삶과 암묵의 초점-윤흥길론」; 정호웅, 『윤흥길론-문학 교육과 관련하여』(푸른사상, 2012)
필자 : 정호웅

고사리찜

고사리찜은 고사리와 함께 꿩이나 닭을 익혀서 초장에 찍어 먹는 야외음식이다.

박지원(朴趾源: 1737-1805)의 『열하일기(熱河日記)』중 「관내정사(關內程史)」 이제묘기(夷齊廟記)를 보면, 연행사를 따라 중국 연경에 가는 길에 1780년 7월 26일 백이(伯夷)와 숙제(叔齊)의 사당인 이제묘(夷齊廟)에 들른 이야기가 나온다. 당시 이제묘에 들른 조선의 사신들은 그곳에서 반드시 조선에서 싸간 말린 고사리로 만든 음식을 먹는 게 관례였는데, 이때 박지원의 일행이 해 먹었던 음식이 바로 고사리를 넣은 닭찜[薇鷄之蒸]이었다.

이 음식은 조선시대 유중림(柳重臨: 1705-1771)의 『증보산림경제(增補山林經濟)』 등 여러 문헌에 보이는데, 그 가운데 『증보산림경제』에는 '유산증궐방(遊山蒸蕨方)'이라 하여 산에 놀러가 만들어 먹는 고사리찜으로 소개되어 있다. 만드는 법을 보면, 넓적하고 얇은 돌을 여섯 조각 가져다가, 땅 위에 돌을 세워 상자[函] 모양으로 만든다. 그런 다음 통통한 고사리를 꺾어다가, 석함 안에 가득 차도록 늘어놓는다. 암꿩을 잡거나, 암꿩이 없으면 살찐 암탉을 가져다가 내장과 털을 모두 없애고 깨끗이 씻어 고사리 사이에 넣는다. 돌로 뚜껑을 덮은 후, 겉을 누런 진흙으로 두껍게 싸서 틈이 없이 봉한다. 마른 장작을 그 위에 많이 쌓아두고, 불을 붙여 태우다 2-4시간이 지나면, 꿩 또는 닭과 고사리를 꺼내 식힌 다음 초장(醋醬)을 찍어 먹으면 대단히 맛있다고 한다.

이러한 조리법으로 보건대, 고사리찜은 고사리가 나오는 봄철에 산에 놀러가서 고사리도 따고, 그렇게 모은 고사리로 그 자리에서 바로 해 먹던 음식일 것이다. 그런데 연행사들이 중국에 가서 그곳의 고사리를 채취하여 고사리찜을 해 먹는 무리일 테니, 미리 조선에서 말린 고사리를 가져가서 고사리닭찜을 만들어 먹었던 것이다. 말린 고사리는 저장하기도 좋고 부피도 적은 데다 가벼우므로 먼 연행길에 가져가기는 적합한 식재료였다. 게다가 야외에서 여러 사람이 한꺼번에 먹을 만큼 많은 양을 조리해야 하지만, 그만큼 큰솥을 들고 다니기도 어려운 상황에서 돌과 진흙을 이용해 조리할 수 있는 고사리찜 또한 좋은 메뉴였을 것이다.

분류 : 음식
참고문헌 : 박지원 저, 이가원 역, 『열하일기』(한국고전번역원, 1968); 유중림, 『증보산림경제』
필자 : 김혜숙

고추

고추는 가지과의 식물로 우리나라에서 가장 많이 사용하는 매운맛 양념 중 하나이다. 한자어로는 苦草·苦椒(고초), 南蠻草(남만초), 南椒(남초), 倭草(왜초), 唐椒(당초), 番草(번초) 등이 있다.

이처럼 옛 문헌에는 고추를 뜻하는 다양한 한자어가 등장한다. 우선, '남만초(南蠻草)'라는 한자어는 1614년 이수광(李睟光: 1563-1628)의 『지봉유설(芝峰類說)』에 등장한다. 『지봉유설』에는 남만초를 왜개자(倭芥子)라고도 하는데 왜국(일본)에서 들여왔다고 하여 그렇게 불렀다고 한다. 또, 술집에서 소주에 타서 팔기도 하였는데 이를 마신 사람 대부분이 죽었다고 하였다. 1700년대 홍만선(洪萬選: 1643-1715)의 『산림경제(山林經濟)』에서는 남초(南椒)가 남만쵸(남만초)이며 일명 왜초(倭草)라고 하였다. 이중 남초는 천초(川椒)를 뜻하는 한자어로도 사용되었으며 왜초는 조선시대에 일본 담배를 뜻하는 말이기도 하였다. 서유구(徐有榘: 1764-1845)의 『임원경제지(林園經濟志)』에서는 번초(番草)라고 하였는데 맛이 맵고 성질이 매우 더우며 많이 먹으면 화기를 일으키거나 종기가 나고 태아가 떨어진다고 하였다.

'고추'라는 단어가 널리 사용되기 시작한 시기는 1810년경으로 보인다. 1809년 저술된 것으로 알려진 빙허각 이씨(憑虛閣李氏: 1759-1824)의 1809년 『규합총서(閨閤叢書)』에 고추를 뜻하는 '고쵸'란 단어가 많이 나온다. 이 책에는 고쵸가 섞박지 등의 양념으로 포함되어 있으며 고쵸장(고추장) 만드는 법도 소개되어 있다. 이를 시작으로 수입 식재료인 칠리페퍼(chili pepper)가 한반도에서 '고추'라는 이름을 가지게 되었다(주영하, 2014).

고초는 당초(唐椒)라고도 불렀다. 1937년 9월 17일자 〈동아일보〉 지면을 통해 『조선요리학(朝鮮料理學)』의 저자인 홍선표(洪選杓: 1872-?)는 고초를 당초라고 쓰는 것으로 미루어 당나라 때 들어온 것으로 보이나 역사나 사기에 기록된 바는 없다고 하였다. 또 구전에 따르면 상고시대에 중국이 조선을 저주하여 두 가지를 보냈는데, 한 가지는 망건으로 머리를 동여매게 하여 뇌 발달을 막은 것, 그리고 한 가지는 고추를 먹여 건강을 해치도록 한 것이라고 하였다. 또 고추는 세계적으로 먹고 있으나 우리나라 사람같이 많이 먹는 나라는 없다고 덧붙였다.

고추의 원산지는 남미로 알려져 있으며 현재는 미주, 동남아시아, 인도, 중동, 북아프리카 등 세계 전역에서 재배된다. 한반도에 고추가 유입된 시기는 임진왜란 전후로 보고 있다. 고추의 한반도 유입시기에 대한 설은 현재 두 가지로 추려지는데, 임진왜란 때 일본에서 고추가 유입된 것으로 보는 설과 임진왜란 전에 이미 한반도 일부 지역에서 재배하고 있었으나 임진왜란을 계기로 전국적으로 퍼졌다는 설이 있다.

16세기 후반경에 한반도 전역으로 퍼지기 시작한 고추는 빠른 속도로 조선인의 식생활에 스며든 것으로 보인다. 『조선왕조실록』 순조 32년(1832) 7월 21일자 기사에 따르면 7월 12일에 영길리국(英吉利國: 잉글랜드)의 배로 추정되는 배가 서산과 태안 사이에 정박했다고 한다. 그 후 그 배의 사람들이 식량, 반찬, 채소, 닭, 돼지 등의 품목을 적은 물목단자(物目單子)를 보내며 식량을 요청했다. 공충감사(公忠監司) 홍희근(洪羲瑾)은 이때 소, 돼지, 닭, 물고기, 채소, 담배, 종이 등과 함께 생강 20근, 파뿌리 20근, 마늘뿌리 20근,

고추 10근을 보내주었다고 하였다. 이것을 통해 1800년대가 되면 이미 파, 마늘, 생강과 함께 고추가 일상적으로 사용되는 양념류이자 필수 식재료의 하나가 된 것으로 짐작할 수 있다.

현대 한국에서는 다양한 음식에 고추를 사용하는데, 이때 음식에 따라서 다른 형태의 고추를 사용한다. 고춧가루도 굵기에 따라서 굵은 것은 풋김치나 열무김치, 겉절이에, 중간 굵기는 배추김치, 섞박지 등에, 고운 고춧가루는 고추장을 담그거나 전골, 생채를 만들 때 사용한다. 실고추는 주로 나물이나 탕에 고명으로 사용되며 풋고추는 양념장이나 젓갈을 무칠 때, 삭힌 풋고추는 동치미나 김치에 고루 사용된다.

고추에 관한 대표적인 속담으로는 '작은 고추가 맵다'가 있는데 덩치가 작은 사람이 어떠한 일에 더욱 뛰어난 면모를 보일 수 있다는 뜻으로 사람을 키나 덩치에 따라 판단하면 안된다는 교훈이 담겨 있는 속담이다. 다른 속담으로는 '고추보다 후추가 더 맵다'라는 속담이 있는데, 이는 아무리 뛰어난 사람이라도 그보다 더 뛰어난 사람이 있을 수 있다는 뜻이다. 관용어구로는 '고추 먹은 소리'라는 말이 있는데 못마땅하게 여기는 말투를 뜻한다.

고추는 한반도에서 '남아(男兒)'의 상징으로 통하기도 한다. 한국의 전통사회에서 아이가 태어나면 부정을 막기 위해 금줄[禁繩]을 쳤는데, 태어난 아이가 남아인 경우에만 금줄에 붉은 고추가 함께 걸렸다. 또한 고추는 부정한 것을 막아주는 역할을 한다고 믿었다.

경북 청송 5일장에서 여러 작물을 팔고 있는 할머니, 고춧잎을 다듬고 있다.©하응백

장을 담글 때 장항아리에 안에 붉은 고추를 함께 넣거나 고추와 숯을 함께 꿰어 장항아리에 두르는 것도 그러한 의미이다.

고추는 종종 한국인의 기질을 설명하는데 이용되기도 한다. 1928년 〈동아일보〉 기사에는 거지들의 모양새를 줄줄이 나열하면서 이런 안타까운 모습을 보고도 '조선인들이 눈물을 흘리지 않는 것은 고춧가루를 많이 먹어서 웬만한 것에는 자극을 받지 않기 때문'이라는 재미있는 해석을 덧붙였다(〈동아일보〉 1928년 9월 5일자). 또한 한국 운동선수들의 끈기와 지구력을 표현할 때 한국인이 즐겨 먹는 고추와 같은 매운 음식을 빗대어 설명하기도 한다.

분류 : 식재료
색인어 : 고추장, 후추, 간장, 동치미, 김치, 임원경제지, 조선요리학, 소문사설, 규합총서
참고문헌 : 이명래 역, 「순조 32년 임진(1832, 도광)」,『순조실록』(세종대왕기념사업회, 1993); 서유구,『임원경제지』;『소문사설, 조선의 실용지식 연구노트(18세기 생활문화 백과사전)』(휴머니스트, 2011); 이수광,『지봉유설』; 해롤드 맥기,『음식과 요리』(백년후, 2011); 주영하,「한국 향신료의 오래된 역사를 찾아서」,『향신료의 지구사』(휴머니스트, 2014); 주영하,「고추의 상징화 과정에 대한 一考」『역사민속학』(2000);「諷刺漫話 (五) 본대로들은대로」,〈동아일보〉 1928년 9월 5일;「진미를 형용할수 없는 고초와 고초닢반찬」,〈동아일보〉 1937년 9월 17일
필자 : 서모란

고추(길모어)

윌리엄 길모어(George William Gilmore: 1857-1933)는 1892년에 쓴『서울풍물지(Korea from Its Capital)』에서 조선의 주부들이 고추를 이용해 다양한 음식을 만들며 이를 통해 가족의 입맛을 만족시킨다고 하였다(satisfy the appetite of her family). 다만 이 고추는 '우리(유럽)'의 고추보다 맵지 않다고 하였다. 이사벨라 버드 비숍(Isabella Bird Bishop: 1831-1904)은 조선에서 상당량의 고추가 소비되며 조선인이 고추의 매운맛으로 식탐습관을 부추기는 것 같다고 하였다.

다른 개화기 여행자들은 조선인의 고추 식용을 언급하였다. 에른스트 폰 헤세-바르텍(Ernst von Hesse-Wartegg: 1854-1918)은 조선인이 많은 양의 밥을 붉은 고추와 함께 먹어치운다고 하였다. 또, 제물포의 조선인 시장에서 조선인이 먹는 음식 중에도 고추를 언급하였다.

분류 : 식재료
색인어 : 고추, 식탐, 윌리엄 길모어, 헤세-바르텍, 이사벨라 비숍
참고문헌 : 윌리엄 길모어 저, 신복룡 역,『서울풍물지』(집문당, 1999); Gilmore, G.W.,『Korea from Its Capital: With a Chapter on Missions』(Philadelphia, Presbyterian board of publication and Sabbath-school work, 1892); 에른스트 폰 헤세-바르텍 서, 정현규 역,『조선, 1984년 여름 - 오스트리아인 헤세-바르텍의 여행기』(책과함께, 2012)
필자 : 서모란

고추(「상주모심기노래」)

상주 함창 공갈못에 연밥 따는 저 큰 아가
연밥 줄밥 내 따주마 우리 부모 섬겨다오

이 배미 저 배미 다 심어놓니 또 한 배미가 남았구나
지가야 무삼 반달이냐 초생달이 반달이지

능청능청 저 비리 끝에 야속하다 우리 오빠
나도야 죽어 후생(後生)가면 우리 낭군 섬길라네

고초당초 맵다 해도 시집살이만 못하더라
나도야 죽어 후생(後生)가면 시집살이는 안 할라네

「상주모심기노래」는 경상도 민요이다. 경상북도 상주에는 '공갈못'(공검지)이라는 삼한시대에 축조된 오래된 저수지가 있고, 이곳에는 연꽃이 아주 많았다고 한다. 이 연못의 연밥 이야기와 시집살이의 고단함을 묶은 여러 가사 등으로 이루어진 것이 바로 상주모심기노래다. 노동요이면서, 시집살이 노래의 성격을 함께 가지는데, 「영남들노래」 등의 가사와 엇비슷하다. 여러 민속적인 내용이 여러 노래에 뒤섞이면서 엇비슷한 가사가 확산된 것이다.

"연밥 줄밥 내 따주마 우리 부모 섬겨다오"는 이웃 처녀가 연밥을 따고 있고, 그 처녀에게 반한 총각이 대신 연밥을 따줄 테니(연밥과 줄밥은 연꽃의 씨앗) 대

공갈못노래비, 상주모심기노래는 공갈못노래라고도 한다.ⓒ하웅백

신 우리 부모 섬겨달라는, 즉 자신에게 시집오라는 말이다. '연밥 따는 노래'는 「채련곡(採蓮曲)」이라 하여 이백 등과 같은 중국의 시인이나 신사임당 같은 한국의 시인들도 즐겨 주제로 삼았던 노래이다. 「채련곡」은 연밥을 따는 행위 자체에 육체적인 노출이 있을 수밖에 없기에 대개 남녀 간의 에로틱한 사랑을 주제로 삼는다.

"이 배미 저 배미 다 심어놓니 또 한 배미가 남았구나"에서 배미는 논의 단위이다. 이 논 저 논, 다 모를 심은 줄 알았더니 또 남아 있다는 말로 모심기의 힘든 모습을 표현하고 있다.

"능청능청 저 비리 끝에 야속하다 우리 오빠"는 전설에 의거한 가사다. 경상도 지방에서 내려오는 전설에 의하면 강가 절벽 위에서 시누와 올케가 강물에 떨어졌고 이때 오빠는 누이가 아니라 아내(올케)를 건져내고 누이는 죽었다는 것이다. 이때 죽은 누이가 이 가사의 화자(話者)이다. '비리'는 '벼랑'의 경상도 사투리이며, 즉 절벽을 말한다.

'고초당초 맵다 해도 시집살이만 못하더라'는 시집살이의 어려움이 고추보다 더 맵다는 말이다. 당초는 고

추의 다른 이름이다. 임란 이후 조선의 식탁에 오른 고추는 서서히 한국인의 식탁에 주된 양념으로 자리를 잡아 김치나 고추장 같은 매운 음식의 주재료로 사용되었다.

분류 : 문학
색인어 : 고추, 당초, 상주모심기노래, 공갈못, 배미, 연밥, 채련곡, 비리
참고문헌 : 하웅백, 『창악집성』(휴먼앤북스, 2011)
필자 : 하웅백

고춧가루

고춧가루는 익어서 붉어진 고추를 말린 뒤 빻아서 가루로 만든 것을 말한다. 한자어로는 苦椒末(고초말)이라고 한다. 고춧가루에 대한 기록은 문헌에 많이 나타나지 않으나 『소문사설(謏聞事說)』의 순창고추장 만드는 법[淳昌苦草醬造法], 『증보산림경제(增補山林經濟)』의 만초장 만드는 법[造蠻椒醬法] 등의 기록을 통해 적어도 1700년대경 고추로 고춧가루를 만들어 사용한 것으로 유추할 수 있다.

고춧가루에 관한 속담으로는 '안질에 고춧가루'가 있는데 나쁜 일에 나쁜 일이 겹친다는 뜻이나 상황을 더욱 악화시키는 물건이나 행동을 이르는 말이다. 비슷한 속담으로는 '눈 앓는 놈 고춧가루 넣기'라는 속담이 있다. 또한 '흰죽에 고춧가루'라는 속담도 있는데 서로 어울리지 않음을 비유적으로 표현하는 말이다.

고춧가루는 국, 찌개, 무침, 볶음 등 한국음식 전반에 널리 사용된다. 그중 한국인이 고춧가루를 가장 많이 소비하는 용도는 김치를 담글 때일 것이다. 해마다 김장철이면 무, 배추 등의 주재료와 함께 건고추, 마늘, 생강 등의 양념류의 가격 동향에 대한 기사가 실린다. 신문지면에서는 1920년대부터 이미 김장철 재료 가격의 동향을 기사로 다루고 있으며 적어도 1940년대부터 현재까지 매년 김장철이면 한 가족당 소요되는 김장재료의 양과 가격을 계산한 기사가 신문에 실리고 있다. 이중 고춧가루는 김치의 재료 중 가격이 비싸고 수확량에 따라 가격변동이 가장 큰 재료이기 때문에 한해 김장 비용의 등락을 결정한다. 때문에 김치에 들어가는 고춧가루의 양을 줄이는 방법이 신문 기

사에 소개되기도 하였다. 1974년 〈경향신문〉에 따르면 고춧가루를 따뜻한 물에 하루 정도 불리면 고춧가루를 덜 넣고도 김치에 붉은 빛을 돋울 수 있다고 하였으며, 1969년 〈경향신문〉 기사에는 비싼 고춧가루는 조금만 넣고 대신 풋고추를 소금물에 10일 정도 삭힌 뒤 그 국물로 간을 맞추라고 하였다〈경향신문〉1974년 7월 15일자, 1969년 10월 20일자).

하지만 국내 고추 생산량이 증가하는 한편 중국으로부터 건고추가 수입되기 시작하면서 김치에 사용되는 고추의 양도 점점 증가하였다. 조리서 및 신문 기사의 김치 조리법을 분석한 연구에 따르면 김치를 담글 때 사용하는 고춧가루의 양은 해마다 증가하고 있는 것으로 나타났다. 해당 연구에 따르면 1930년대보다 2010년대에 배추 한포기당 약 12배 더 많은 고춧가루를 더 사용하고 있는 것으로 조사되었다(서모란과 정희선, 2015).

분류 : 식재료
참고문헌 : 이표 혹은 이시필,『소문사설』; 유중림,『증보산림경제』; 서모란, 정희선,「조리서와 신문, 잡지기사에 나타난 1930-2010년대 배추김치 연대별 고추 사용량 변화에 대한 고찰」〈한국식생활문화학회지〉(2015);「고춧가루를 절약하는법」,〈경향신문〉1974년 7월 15일;「김장 맛있게 담그려면」,〈경향신문〉1969년 10월 20일
필자 : 서모란

고춧잎

고춧잎은 가지과 식물인 고추의 잎사귀를 뜻한다. 한자어로는 苦草葉(고초엽)이라고 한다. 조선시대 문인인 정학유(丁學游: 1786-1855)가 일 년 열두 달의 풍속과 농사일에 대해 적은 가사인「농가월령가(農家月令歌)」에는 고춧잎으로 만든 나물이 등장한다.「농가월령가」9월령의 타작을 할 때 먹는 점심식사의 메뉴에 새우젓, 계란찌개, 배춧국, 무나물과 함께 고춧잎 장아찌가 나온다.

(중략)

타작 점심 하오리라 황계 백주 부족할까
새우젓 계란찌개 상찬으로 차려놓고
배춧국 무나물에 고춧잎 장아찌라

큰 가마에 안친 밥 태반이나 부족하다
(후략)

*「농가월령가(農家月令歌)」9월령

「농가월령가」에서처럼 고춧잎은 예전부터 반찬으로 즐겨 먹었는데 특히 나물이나 장아찌로 만들어 먹었다. 이용기(李用基: 1870-1933)의『조선무쌍신식요리제법(朝鮮無雙新式料理製法)』은 고춧잎나물을 만들기 위해서는 고춧잎을 데쳐서 우려내야 한다고 하였다. 우려낸 고춧잎은 꼭 짜서 장, 깨소금, 기름으로 양념한다. 고기를 볶은 뒤 다져서 고춧잎에 섞어 번철에 데워서 먹는다. 방신영(方信榮: 1890-1977)의『조선요리제법(朝鮮料理製法)』에서도 8, 9월의 시식으로 고춧잎나물을 소개하고 있는데 조리법은『조선무쌍신식요리제법』과 크게 다르지 않다. 1913년 작자 미상의 조리서인『반찬등속(반챤ㅎ는 등속)』에는 이와 비슷한 음식을 고춧잎짠지로 소개하고 있다.

고춧잎으로 만든 장아찌는 1800년대 후반 조리서인『시의전서(是議全書)』에 나온다. 이 책의 고춧잎장아찌 만드는 방법은 다음과 같다. 데쳐서 말린 뒤 보관해 둔 장아찌를 다시 한번 데치고 물을 여러 번 갈아가면서 우려낸 뒤 다시 말린다. 고춧잎이 뽀득하게 마르면 말린 무와 다진 파 마늘, 고춧가루, 지령(간장)으로 양념하여 항아리에 눌러 담는다. 1937년 〈동아일보〉에는 고춧잎 고추장 장아찌 만드는 법이 소개되었다. 이 기사는 고춧잎은 보통 삶아서 말려 쓰는데, 삶지도 말리지도 말고 그대로 고추장 속에 두었다가 다음해 봄에 꺼내어 먹으면 별미라고 하였다(〈동아일보〉1937년 9월 17일자).

『반찬등속』에는 고춧잎으로 담그는 김치의 조리법도 실려 있다. 원문에는 고추김치라고 하였는데 고추는 들어가지 않고 고춧잎과 무, 소금으로 담근다. 특이한 점은 고춧잎김치 항아리에 동전을 함께 넣으라고 한 점인데 이 같은 방법은 다른 문헌의 절임류 만드는 법에서도 찾아볼 수 있다. 원나라 시대 문헌인『거가필용사류전집(居家必用事類全集)』에는 오이 술지게미

절임[糟瓜菜法]의 요리법이 나오는데 동전(銅錢)을 함께 넣으라고 하였으며 『고사신서(攷事新書)』, 『임원경제지(林園經濟志)』, 『해동농서(海東農書)』 등이 이 조리법을 인용하여 기록하였다.

분류 : 식재료
참고문헌 : 정학유, 「농가월령가」; 『거가필용사류전집』; 서명응, 『고사신서』; 서유구, 『임원경제지』; 서호수, 『해동농서』; 작자 미상, 『시의전서』; 이용기, 『조선무쌍신식요리제법』(영창서관, 1924); 방신영, 『조선요리제법』(한성도서, 1934); 밀양 박씨, 「반찬등속」; 「진미를 형용할수 없는 고초와 고초닢반찬」, 〈동아일보〉 1937년 9월 17일
필자 : 서모란

풋고추

풋고추는 익어서 붉어지기 전에 초록빛을 띠는 고추를 뜻한다. 여름철 식재료로 널리 쓰였다. 반으로 가른 풋고추에 다진 고기를 채운 뒤 부쳐서 전으로 만들어 먹거나 양념을 더해 조림이나 찜으로 만들어 먹기도 한다. 또 가을 추수가 끝난 후 남아 있는 풋고추를 간장, 된장, 고추장 등에 절여 장아찌로 만들어 먹기도 했으며 풋고추를 씻어 그대로 고추장이나 된장에 찍어 반찬으로 삼기도 하였다. 전라남도 지역에서는 향토음식 중에 풋고추부각이라는 것이 있는데 찹쌀 풀에 버무려 찐 풋고추를 말려두었다가 튀긴 음식이다. 특히 한여름에 싱싱한 풋고추를 따다가 고추장에 찍어 먹는 것은 여름철의 별식이었다. 하지만 매운 고추를 고추장에 찍어먹는 한국인의 모습은 외국인들에게는 신기한 광경이었던 것으로 보인다(〈경향신문〉 1961년 11월 24일자). 매운 고추를 고추장에 찍어먹는 것은 종종 화끈한 한국인의 기질(氣質)을 표현할 때 사용되기도 한다(〈매일경제〉 1997년 3월 4일자). 풋고추로 만든 음식 중에 가장 대표적인 음식은 풋고추장아찌이다. 신문 기사나 조리서에는 다양한 풋고추장아찌 만드는 법이 나온다. 1937년 9월 17일자 〈동아일보〉에는 『조선요리학(朝鮮料理學)』의 저자인 홍선표(洪選杓: 1872-?)의 풋고추장아찌 만드는 법이 실려 있다. 가을 고추 수확철에 익지 않은 풋고추를 냉수에 사흘 동안 담가 두면 푸른색이 누런색으로 변하는데 이를 보자기에 싸서 이틀 동안 눌러 두어 물기를

빼고 볕에 뿌득뿌득하게 말린다. 이를 멸치젓에 묻어 두었다가 다음 해 봄에 꺼내면 색깔은 붉은색과 누런색의 중간쯤으로 변하여 빛깔이 아름답고 그 맛은 고추가 아니라 전복을 먹는 것과 같다고 하였다. 멸치젓 대신에 조선진장(묵혀서 진해진 조선 간장)과 왜간장(일본식 간장)을 반반씩 섞어서 절이거나 고추장, 된장에 장아찌를 담아도 좋다고 하였다. 홍선표는 다음 해 가을인 1938년 9월 9일자에 〈매일신보〉에 풋고추장아찌 만드는 법을 기고한다. 이 기사에서는 고추 수확철에도 붉어지지 않은 풋고추를 시장에서 저렴하게 팔고 있는데 이를 반찬으로 만들면 겨울이나 내년 봄에 "가치있는 반찬"이 될 것이라 하였다. 만드는 방법은 유사하나 이번엔 젓갈이 아닌 진장(진한 간장)에 절이도록 하고 있었다. 이 기사의 본문 내용에는 풋고추를 고풋초라고 적고 있는데 제목에는 '풋고초'라고 표기한 걸로 보아 풋고초의 오타로 보인다(〈매일신보〉 1938년 9월 9일자).

방신영(方信榮: 1890-1977)의 『조선요리제법(朝鮮料理製法)』이나 조자호(趙慈鎬: 1912-1976)의 1939년의 『조선요리법(朝鮮料理法)』에서는 장아찌를 담글 때 풋고추를 삶은 뒤 말려서 쓴다고 하였다. 1924년 출판된 이용기(李用基: 1870-1933)의 『조선무쌍신식요리제법(朝鮮無雙新式料理製法)』에는 풋고추를 물에 넣고 돌로 누른 뒤 몇 달간 두었다 쓴다고 하였으며 고추를 삶아 말린 것으로 해도 좋다고 하였다. 풋고추장아찌는 여름에 딴 풋고추가 아니라 붉은 고추를 다 딴 뒤 고춧대를 뽑아 버릴 때 남은 풋고추로 담가야하며 그렇지 않으면 물러지거나 쓴맛이 난다고 한다.

분류 : 식재료
참고문헌 : 『한국음식대관 2권-주식.양념.고명.찬물』(한국문화재재단, 1997); 이용기, 『조선무쌍신식요리제법』(영창서관, 1924); 방신영, 『조선요리제법』(한성도서, 1934); ; 조자호, 『조선요리법』(京城家政女塾, 1943); 「진미를 형용할수 없는 고초와 고초닢반찬」, 〈동아일보〉 1937년 9월 17일; 「부억살림(11) 풋고초」, 〈매일신보〉 1938년 9월 9일; 「餘滴(여적)」, 〈경향신문〉 1961년 11월 24일; 「금융개혁의 전제조건 정치로 금융개혁 해서는 안된다」, 〈매일경제〉 1997년 3월 4일
필자 : 서모란

고추장

고추장은 메줏가루에 고춧가루와 소금, 엿기름과 함께 전분 성분인 밥이나 떡, 죽 등을 섞어 발효시킨 것으로 간장, 된장과 함께 한국의 대표적인 장(醬)이다. 한자어로는 주로 苦椒醬(고초장)으로 표기하는데 옛 문헌에 따르면 이외에도 다양한 한자어가 사용되었다. 조선 후기의 조리서인『소문사설(謏聞事說)』에서는 苦草醬(고초장), 정약용(丁若鏞: 1762-1836)의『다산시문집(茶山詩文集)』에서는 茄椒醬(가초장), 椒醬(초장)이라고 기록되어 있다. 1766년 유중림(柳重臨: 1705-1771)의『증보산림경제(增補山林經濟)』에서는 蠻椒醬(만초장)이라고 하였다.

고추장의 종류는 들어간 전분 성분의 재료에 따라 결정된다. 찹쌀로 만든 밥이나 죽을 넣어 담그면 찹쌀고추장이며 늙은 호박을 삶아서 엿기름과 함께 버무려 넣으면 호박고추장이 된다. 보리를 넣은 보리고추장도 있는데 보리고추장에는 찐 보리를 발효시켜서 넣기 때문에 따로 엿기름은 쓰지 않는다. 고추장은 한국 음식에서 탕, 찌개, 구이, 볶음에 두루 사용되며 음식에 넣는 양념용도 외에도 따로 곁들여 먹는 소스의 역할도 한다.

연암(燕巖) 박지원(朴趾源: 1737-1805)이 1796년 자녀들에게 쓴 것으로 추정되는 편지문에서 '고추장 작은 단지 하나를 보내니 사랑방에 두고 밥 먹을 때마다 먹으면 좋을 게다.'라고 썼는데 편지와 함께 포 세 첩, 감떡 두 첩, 장볶이 한 상자와 함께 고추장을 보낸 것으로 보인다(박지원 저, 박희병 역, 2005). 이를 토대로 이미 1700년대 후반에 고추장이 일상식화되었다고 볼 수 있다. 이처럼 고추는 한반도에 유입된 지 얼마 지나지 않아 곧 조미료와 장 형태로 등장하는데 이는 이전에 천초 등의 매운 향신료로 사용하며 천초장을 만들어 먹는 등 이미 비슷한 형태의 장(醬) 형태의 매운 양념이 있었기 때문인 것으로 추정된다.

이러한 내용은『증보산림경제』를 통해 확인할 수 있다.『증보산림경제』의 조만초장법(造蠻椒醬法) 즉, 만초장(蠻椒醬) 만드는 법의 마지막에는 '고춧가루를 쓰지 않을 경우 천초를 사용한다.'는 내용이 덧붙여 있다.『증보산림경제』의 만초장(蠻椒醬) 만드는 방법은 총 세 가지로, 첫 번째 방법은 메줏가루와 고춧가루, 찹쌀가루를 섞은 뒤 좋은 청장을 섞어 항아리에 넣어 발효시켜 만든다. 두 번째는 두부를 만들어 다른 재료와 섞어서 숙성시킨다고 하였다. 세 번째는 말린 생선과 다시마를 고추장 만들 때 함께 넣어 숙성시킨다고 하였다. 한편, 이 책에는 속방(俗方), 즉 민가의 방법에는 깨 볶은 가루를 섞기도 하는데 이렇게 하면 기름기가 생기고 맛이 텁텁해진다고 하였다. 또 찹쌀가루를 많이 넣으면 맛이 시어지기 때문에, 고춧가루를 너무 많이 넣으면 맛이 매워지기 때문에 좋지 않다고 하였다.

1700년대에 중반에 쓰여진 것으로 추정되는『소문사설』에는 콩, 백설기, 고춧가루, 엿기름, 찹쌀, 전복, 대하, 홍합, 생강이 들어간 순창고추장 만드는 법[淳昌苦草醬造法]이 등장한다.『소문사설』의 순창고추장 만드는 법은 다음과 같다. 메주 2말과 백설기 5되를 합쳐서 곱게 찧어 가마니에 넣어 띄운다. 음력 1-2월에는 일주일 정도 띄우는 것이 적당하다. 이를 햇볕에 말린 뒤 좋은 고춧가루 6되를 섞고 엿기름 1되와 찹쌀 1되를 가루로 만들어 쑨 죽을 식혀 섞는다. 감장을 적당히 넣어 모두 항아리에 담는다. 여기에 전복, 새우, 홍합, 생강 등을 편으로 썰어 넣어 15일 정도 삭힌 뒤에 먹는다. 한편, 저자는 꿀을 넣지 않으면 단맛이 나지 않으므로 이 방법에 꿀이 빠진 것 같다고 하였다. 이를 통해 저자가 다른 사람의 순창고추장 만드는 법을 옮겨 적었다고 유추할 수 있다.

꿀을 섞은 고추장 만드는 법은 1809년 빙허각 이씨(憑虛閣 李氏: 1759-1824)의『규합총서』에 나타난다. 이 책의 조리법에 따르면 콩 1말 메주에 쌀 2되로 만든 흰무리떡(백설기)를 사용하는데, 삶은 콩을 찧을 때 백설기를 함께 넣어 찧어 메주를 빚는다고 하였다. 이 메주를 띄운 다음 오래 말려서 곱게 가루를 만들어 체에 친다. 메줏가루 1말에 소금 4되를 물에 타서 버무리는데 이때 농도는 '의'처럼 하라고 하였는데, 이 '의'는 가루로 묽게 쑨 죽의 일종인 응이(혹은 의이)로 보인다. 여기에 고운 고춧가루를 5-7홉 정도 섞고 찹쌀 2되로 질게 지은 찹쌀밥도 섞어 버무린다. 대추 두드린 것과 포육(육포)가루, 꿀 1보시기를 섞어도 된다고 하였다.

한편, 한국 속담에는 고추장에 관련된 재미있는 속담이 많다. 우선, 까탈스러워 비위를 맞추기 힘든 사람을 빗댄 말인 '고추장 단지가 열둘이라도 서방님 비위를 못 맞춘다'라는 말이 있다. 또, '딸의 집에서 가져온 고추장'이라는 속담도 있는데 이는 물건을 몹시 아끼는 모양을 비유적으로 표현한 것이다. 적은 비용으로 차린 상에 고추장만 많이 올렸다는 뜻의 '한 냥 장설(帳說)에 고추장이 아홉 돈어치라'는 속담은 전체에 비해 한 가지에 비정상적으로 비용을 많이 쏟아 균형이 맞지 않은 것을 뜻한다. '의젓잖은 며느리가 사흘 만에 고추장 세 바탱이 먹는다'라는 속담도 있는데 이는 미운 사람이 미운 짓만 골라 한다는 뜻으로 풀이된다.

분류 : 음식
색인어 : 고추, 간장, 간장, 백설기, 엿기름, 호박, 보리, 전복, 조개, 소고기, 꿀, 다시마, 소문사설, 규합총서
참고문헌 : 이표 혹은 이시필, 『소문사설』; 유중림 저 이강자 외 역, 『국역 증보산림경제』(신광출판사, 2003); 빙허각 이씨, 『규합총서』; 박지원 저, 박희병 역, 『고추장 작은 단지를 보내니』(돌베개, 2005)
필자 : 서모란

고추장(영조)

조선시대 왕들에게 음식을 먹는다는 것은 다양한 의미를 지녔다. 우선 왕들의 건강을 나타내는 하나의 척도로서 모든 신하들이 왕이 무엇을 어떻게 먹었는지에 촉각을 곤두세우고 지켜보았다. 그렇기에 왕은 음식의 섭취를 멀리하거나 줄이는 것으로 자신의 심경을 나타내고 정치적 의사표현을 하기도 했다.

그렇지만 왕들 역시 각자가 음식들에 대한 기호가 있었고 조선 왕들 가운데 가장 오랫동안 장수한 영조는 종종 신하들에게 자신의 입맛에 맞는 음식들에 대해 이야기했다. 『승정원일기』 1758년 12월 19일자 기사를 보면 영조가 진료를 보면서 의원들에게 자신의 입

맛에 맞는 음식이 무엇인지 잘 모르겠다고 말한다. 이에 의원들은 여러 가지 맛있는 음식, 채소와 과일들의 이름을 이야기했다. 하지만 영조는 그것들은 모두 초나라와 월나라처럼 멀리 떨어져 아무런 상관이 없는 것이라고 하면서 자신의 입맛에 맞는 음식으로 가을보리밥[秋牟飯]·고추장[枯椒醬]·즙저[汁菹]를 들었다. 『영조실록』 1768년 7월 28일자 기록을 보면 내의원의 의관이 영조를 진료하러 들어갔을 때 영조가 입맛에 대해 이야기한다. 그러면서 영조는 송이(松茸)·생전복(生鰒)·어린 꿩[兒雉]·고추장(苦椒醬) 이 네 가지 맛이 있으면 밥을 잘 먹으니, 이로써 보면 입맛이 영구히 늙은 것은 아니라고 했다.

이 말을 들은 김양택(金陽澤: 1712-1777)이 공물 이외의 생전복을 올리겠다고 하자 영조는 그만두라고 하면서 『논어(論語)』에서 공자가 꿩고기의 냄새를 세 번만

영조어진, 18세기, 견본채색, 110.5cm×61.8cm, 국립고궁박물관

맡고 일어난다는 구절을 인용하며 벌레로 인한 재해가 심한 이 시기에 자신의 입맛을 맞추기 위해 따로 공물을 바치는 것은 옳지 않다고 말했다. 영조는 위의 음식들 이외에도 삶은 밤[熟栗]·노루꼬리[鹿尾]·메추라기 고기[鶉炙] 등을 자신이 좋아하는 음식으로 꼽았다.

영조 자신이 언급한 입맛에 맞는 음식들 중 자주 등장하는 음식이 바로 고추장이다. 고추는 아메리카가 원산지로 유럽과 동남아시아를 거쳐 임진왜란 전후 한반도로 전해져 재배되기 시작했다. 이후 고추는 그 매운 맛 때문에 18세기 후반부터 매운 맛을 나타내는 고초(苦草, 苦椒)라는 단어를 고유명사로 쓰게 되었다. 이시필(李時弼: 1657-1724)이 저술했다고 알려진『소문사설』에는 '순창고초장조법'이란 고추장 제조법이 기록되어 있는데 그 방법은 다음과 같다. 우선 쑤어 놓은 콩 두 말과 흰 쌀가루 다섯 되를 섞고 곱게 가루가 되도록 마구 찧어서 빈 섬 속에 넣는다. 이것을 1월이나 2월 중 7일 동안 햇볕에 말린 후 좋은 고춧가루 여섯 되를 섞는다. 여기에 엿기름 한 되, 찹쌀 한 되를 섞고 가루로 만들어 되직하게 죽을 쑨다. 이 죽을 식힌 후에 단맛이 나는 장을 적당히 넣어 준다. 그리고 어슷하게 썬 좋은 전복 다섯 개와 대하(大蝦)·홍합(紅蛤)을 적당히 넣고 생강도 썰어 넣은 후 15일 정도 항아리에 넣어 삭힌 후 찬 곳에 두고 먹는다고 한다.

분류 : 음식
색인어 : 영조, 입맛, 송이, 생전복, 어린꿩, 고추장, 삶은 밤, 노루꼬리, 메추라기 고기, 고추, 순창고추장, 소문사설
참고문헌 : 『영조실록』; 『승정원일기』; 이시필, 『소문사설』; 주영하, 『장수한 영조의 식생활』(한국학중앙연구원, 2014)
필자 : 이민재

순창홍장(『양은천미』)

순창의 한 과객은 과거시험에 자주 낙방했다. 그러다가 죽을 날[死日]을 맞은 과부와 인연을 맺으면 과거에도 급제를 하고 출세를 한다는 점쟁이의 말을 듣고 한 과부의 집으로 갔다. 이 과부는 혼인 첫날에 남편을 잃고 5년 동안 시부모의 보살핌으로 살고 있던 중이었는데, 하루는 청룡이 자신의 몸을 감싸는 꿈을 꾸

고 뜻밖의 변고가 있을 것으로 생각하고 자살할 결심을 하고 있었다. 마침 그날 과객이 이 집으로 왔고 하룻밤 기거를 청한 뒤 바로 안방으로 들어갔는데, 색깔이 검고 독한 냄새가 나는 물그릇이 바닥에 놓여 있었다. 과객은 그것이 독약인 줄 알고 마당으로 던져 버렸다. 그리고 과부를 만난 과객은 자신의 일을 바로 고했다. 즉, 자신은 낙방만 하다가 점쟁이의 지시로 여기에 왔으며, 독약을 보니 오늘이 당신이 죽을 날임을 직감하고 왔으니, 죽이든지 살리든지 마음대로 하라는 것이었다. 과부는 인연으로 생각하고 과객과 하룻밤을 지냈다. 그런 다음 과객을 서울로 보내면서, 과거에 급제를 하면 바로 이곳으로 찾아와 시부모에게 친척이라고 말하고 나를 찾으라고 하였다.

과객은 과연 급제를 했고, 과부가 시키는 대로 했다. 그리고 과부는 시부모에게 과객과의 지난 일을 말하고 "제 몸은 이미 더럽혀져 그 욕이 가문에까지 미쳤사오니 이제 마땅히 떠나겠습니다." 하였다. 시부모도 어쩔 수 없이 눈물을 흘리며 그 과부를 보내주었다.

과객과 과부는 바로 과객의 고향으로 갔다. 그곳에서 과부는 자신이 과객의 첩으로 왔으니 거두어달라고 하였다. 과객의 본처와 그 가족들은 새로 온 첩이 얼굴이 아름답고 행동이 단아하며 말도 조리가 있어 매우 사랑하였다.

첩은 살면서 홍장(紅醬: 고추장) 만드는 법을 배워 터득했는데, 그 맛이 순창 본가의 고추장보다 훨씬 좋았다. 얼마 후 첩은 남편에게 시골에 살고 있어서는 벼슬을 얻을 수 없으니 서울로 가자고 하여, 안국동 근처 홍상국(洪相國) 집 앞에 있는 집을 샀다. 어느 날 홍상국의 시비가 찾아왔기에, 여인(첩)은 고추장을 조금 주었는데, 시비는 그 고추장을 홍상국 부인에게 갖다주었다. 홍상국 부인은 고추장 맛을 보고는 매우 기이하게 여겨, 그것을 남편과 승지로 있던 그 아들에게 주니, 홍상국과 승지는 그 고추장 맛에 매료되어 고추장이 없으면 밥을 먹지 않을 정도가 되었다. 급기야 나중에는 홍승지가 그 여인의 집을 찾아갔다. 그곳에서 첩의 남편을 만났는데, 대화를 해보니 의기가 당당

144

하고 학식이 풍부하여 승지는 그에게 자기 집 서기의 일을 맡겼다. 그 후 홍승지가 벼슬과 세도가 높아지자 첩의 남편도 대신의 반열에 오르게 되었다.

위 예문은 한 소실이 순창고추장으로 당시의 권력자를 사귀어 남편을 출세시킨 이야기로서, 야담집 『양은천미』에 실려 있다. 『양은천미』는 1907-1919년 사이에 편찬된 것으로서, 편찬자는 미상이다. 이 야담집에는 대체로 짤막한 형태의 이야기가 실려 있는 다른 야담집 작품과 달리, 이야기 각 편이 비교적 장편이고, 그중에는 소설로 볼 수 있는 이야기도 다수 실려 있다. 순창고추장은 빛깔이 연홍빛이고 달거나 맵거나 짜지 않으며 산뜻하고 시원하면서도 알싸한 독특한 맛을 낸다.

분류 : 문학
색인어 : 순창고추장, 순창홍장, 양은천미, 야담
참고문헌 : 이신성·정명기 공역, 『양은천미』(보고사, 2000)
필자 : 차충환

약고추장

약고추장(藥苦椒醬)에는 두 가지 의미가 있다. 첫 번째로 고춧가루를 많이 넣고 만든 찹쌀고추장이라는 의미가 있으며 두 번째로 고추장에 다진 소고기와 참기름, 설탕 등의 양념을 넣고 볶은 것을 뜻한다. 두 번째 방법의 약고추장은 고추장을 볶아서 만들기 때문에 다른 말로 볶은 고추장, 고추장볶음, 장볶이라고도 한다. 한자어로는 熬苦草醬(오고추장)이라고도 한다. 조선시대에 약고추장이라는 음식 용어는 첫 번째 의미로 주로 사용되었으나 현대에 오면서 볶은 고추장을 이르는 말로 더욱 많이 사용되고 있는 것으로 보인다.

조선시대의 음식에 '약(藥)'이라는 말이 음식이름 앞에 붙는 경우는 약식, 약과 등 주로 꿀과 기름이 들어간 음식인 경우가 많다. 볶아서 만드는 약고추장에도 역시 꿀(혹은 설탕)과 참기름이 들어가기 때문에 이 법칙에도 들어맞는 셈이다.

작자 미상의 1800년대 후반 조리서인 『시의전서(是議全書)』에 나오는 약고추장은 첫 번째 의미의 약고

약고추장ⓒ수원문화재단

추장이다. 『시의전서』의 약고추장 만드는 방법은 다음과 같다. 메주를 쑬 때 삶은 콩과 백설기를 함께 찧어 메주를 빚는다. 솔잎으로 덮어 메주를 띄우는데 7일에 한 번씩 메주를 뒤집어주면서 말린다. 메주를 빻아서 가루로 만든 다음 고춧가루, 진 찹쌀밥, 대추 두드린 것, 육포가루를 섞는다. 꿀을 1보시기 정도 넣기도 한다. 반면, 현대의 약고추장과 비슷한 음식은 장볶기(장볶이)라 하였다. 『시의전서』의 장볶이는 고추장, 파, 생강, 고기, 꿀, 기름, 잣을 넣어 볶아 만드는 음식으로 어란, 민어자반, 약포, 천리찬, 굴비 등을 저미서 곁들인다고 하였다.

빙허각 이씨(憑虛閣 李氏: 1759-1824)의 『규합총서(閨閤叢書)』(1809)에는 장복기(장볶이)라는 이름의 유사한 음식이 나온다. 『규합총서』의 장볶이 조리법은 다음과 같다. 맛있는 고추장과 고기를 두드려 거른 것을 동량으로 섞고 꿀, 파 흰 뿌리와 생강 다진 것을 넣고 기름을 넣고 자주 저어가며 숯불에 볶는다. 기름이 잦아들면 고운 실깨를 넣는다. 방신영(方信榮: 1890-1977)의 『조선요리제법(朝鮮料理製法)』(1921)에는 유사한 조리법이 '고추장 볶는 법'으로 소개되고 있다. 이용기(李用基: 1870-1933)의 『조선무쌍신식요리제법(朝鮮無雙新式料理製法)』에서도 역시 유사한 조리법을 '복근 고초장(볶은 고추장)'이라 하며 한자로는 熬苦草醬(오고추장)이라고 병기하였다. 만드는

방법은『규합총서』나『조선요리제법』과 동일한데 마지막에 깨 대신 잣을 넣도록 한 것이 차이점이다. 또한 고추장이 없으면 으깬 된장에 고춧가루를 섞어 양념해서 볶으면 된다고 하였다.『조선무쌍신식요리제법』은 볶은 고추장에 대해 '이것도 볶을 줄 모르면 남에게 흉을 잡히기 쉽다.'고 하였는데 그만큼 만들기 쉬운 기본적인 음식이라는 뜻으로 덧붙인 말로 풀이된다.

볶은 고추장을 약고추장으로 부르기 시작한 것은 1940년대경으로 보인다.『조선요리제법』의 개정판인『조선음식 만드는 법(1946)』에는 '약고추장'이라는 음식이 나오는데 이는 1921년 판『조선요리제법』의 '고추장 볶는 법'과 동일한 음식으로 보인다. 이후 볶은 고추장과 약고추장이라는 용어가 동시에 사용되다가 1960년대가 되면 약고추장은 주로 볶은 고추장을 뜻하는 말로 정착된 것으로 보인다. 1966년〈경향신문〉의 기사에는 해외에 있을 때 가장 생각나는 것으로 김치와 고추장을 빼놓을 수 없다고 말하며, 그렇기 때문에 "까맣게 볶은 약고추장이 해외여행자의 가방 속에 으례껏 들어 있기 마련"이라고 하였다〈경향신문〉 1966년 2월 23일자).

분류 : 음식
참고문헌 : 작자 미상,『시의전서』; 빙허각 이씨,『규합총서』; 이용기,『조선무쌍신식요리제법』(영창서관, 1924); 방신영,『조선요리제법』(광익서관, 1921); 방신영,『조선음식 만드는 법』(대양공사, 1946);「韓国(한국)의 風味(풍미) 고추장」,〈경향신문〉 1966년 2월 23일
필자 : 서모란

윤즙(『시의전서』)

1800년대 나온 조리서『시의전서(是議全書)』에는 다양한 양념류를 만드는 방법이 나오는데 그중 고추장 윤즙, 즉 초고추장 만드는 법도 간단히 기록되어 있다.『시의전서』의 윤즙은 고추장에 식초와 꿀을 더해 만들며 맛은 쓰고 달게 하라고 하였다. 초(식초)는 밀과 누룩, 그리고 생도라지를 넣어 만든다. 고추장에 식초와 설탕을 섞어서 시고, 단맛이 나는 요즘의 고추장과 비슷한 맛이 날 것으로 보인다. 이렇게 만든 윤즙은 육회, 어회, 채소 강회 등에 곁들인다.

보통 조리서에서 초장이라고 하면 식초에 간장을 섞은 것을 말하며 여기에 잣가루를 더하기도 한다.『시의전서』는 초장에 음식에 따라 고춧가루를 섞기도 한다고 하였다.

한편 시간이 지나면서 점차 초고추장에 꿀 대신 설탕이 사용된 것으로 보이며 윤즙이라는 용어 대신 초고추장이라는 단어가 사용된 것으로 보인다. 1924년에 나온『조선무쌍신식요리제법(朝鮮無雙新式料理製法)』에서도 윤즙 대신 '초고추장'이라는 단어를 사용하였으며 꿀 대신 설탕으로 단맛을 냈다.

분류 : 음식
색인어 : 시의전서, 육회, 윤즙, 초고추장
참고문헌 : 작자 미상,『시의전서』; 이효지 외,『시의전서(우리음식 지킴이가 재현한 조선시대 조상의 손맛)』(신광출판사, 2004); 이용기,『조선무쌍신식요리제법』(한흥서림, 1924)
필자 : 서모란

초홍장(1901년)

초고추장은 고추장에 식초와 꿀을 섞어 만든 것으로 1901년 궁중 연회에 등장했다. 다른 말로는 윤즙, 윤집, 초장이라고 한다.

1901년(광무 5)년 궁중연회에 처음으로 초고추장이 등장한다. 헌종(憲宗: 재위 1834-1849)의 계비(繼妃)인 명헌태후(明憲太后: 1831-1904)가 칠순을 맞아 받은 별찬안(別饌案) 상차림에는 '초홍장(醋紅醬)'이 차려졌다. 고추장[苦椒醬], 식초[醋], 꿀[淸] 재료가 들어간 초홍장은 초고추장인 것이다. 초고추장은 주된 음식이 아닌 생선회, 숙회, 편육 등을 찍어먹기 위해 작은 종지에 곁들여 담은 장이다.

1900년대 이후 조리서에서 초고추장이 많이 나온다. 1954년 방신영이 쓴『우리나라 음식 만드는 법』에서 뱅어회는 '초(간)장이나 초고추장에 찍어 먹는다.'고 했고, 송이회는 '초고추장을 찍어서 먹든지 겨자를 찍어 먹는다.'고 했다. 궁중 연회에서 초홍장이 등장하기 전까지는 겨자[芥子]나 초간장[醋醬]이 곁들여졌다. 1924년 이용기가 쓴『조선무쌍신식요리제법(朝

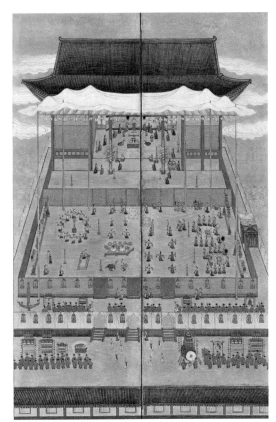

신축진찬도 병풍(부분), 대한제국1901년, 견본채색, 각폭 149.8×
48.2cm, 국립고궁박물관

鮮無雙新式料理製法)』에서 초고추장은 고추장 중에
서 제일 맵고 곱고 빛깔이 좋은 것을 사용하여 식초와
설탕을 넣어서 갠다. 고추장이 묽으면 맛도 안 좋고
보기에도 모양이 없다고 했다.

초고추장은 윤즙, 윤집이라고도 한다. 간혹 초장이라
고 부르는 경우도 있다. 초장은 궁중 연회 기록을 보
면 초간장을 이르는 말이다. 초장이 초고추장으로 변
모한 이유를 1800년대 말엽『시의전서(是議全書)』의
'초장 윤즙법' 내용에서 확인할 수 있다. '고추장에 초
와 꿀을 타서 저어 맛보아 쓰고, 단맛이 있게 하여 종
지에 담는다.'고 했다.

분류 : 음식
색인어 : 초홍장, 초고추장, 윤즙, 윤집, 초장, 초간장, 진찬의궤, 1901
년, 고추장
참고문헌 : 『[신축]진찬의궤([辛丑]進饌儀軌)』『조선무쌍신식요리제
법(朝鮮無雙新式料理製法)』『시의전서(是議全書)』
필자 : 이소영

곤쟁이젓(감동젓)

곤쟁이젓은 작은 새우와 비슷하게 생겨 혼동하기도
하지만 새우가 아니라 곤쟁이로 만든 젓갈이다. '자하
젓[紫蝦醢]'이나 '감동젓[甘冬醢]'이라고도 한다.

미식가였던 허균(許筠: 1569-1618)은『도문대작(屠門
大嚼)』에서, 곤쟁이는 서해에서 나는데 옹강(瓮康)의
것은 짜고, 통인(通仁)의 것은 달고, 호서(湖西)의 것
은 매우면서 크고, 의주(義州)에서 나는 것은 가늘고
달다고 평하였다.

이러한 곤쟁이는 홍만선(洪萬選: 1643-1715)의『산
림경제(山林經濟)』에 따르면, 젓갈로만 먹을 수 있는
데 오래 두면 맛이 더욱 좋아진다고 하였다. 곤쟁이젓
을 담그는 법은 생전복, 작은 소라, 오이, 무에 소금을
많이 뿌려 저장해두었다가, 자하젓을 담글 철이 되면
미리 절여둔 네 가지 재료의 소금기를 어느 정도 빼고
소금 뿌린 곤쟁이와 버무려 켜켜이 항아리에 담아 두
면 된다. 항아리의 입구는 기름종이로 막고 뚜껑을 덮
은 채 땅에 묻는데, 입구의 가장자리를 맹회(猛灰)로
덮으면 벌레와 개미, 비와 습기를 막을 수 있다고 하
였다. 곤쟁이젓은 1800년대의 한글 조리서인『시의전
서(是議全書)』에도 보이는데, 감동젓이라고도 하는
곤쟁이젓은 쪄 먹거나 젓무에 조금 넣으면 맛이 진품
이라고 평했다.

이와 같이 곤쟁이젓은 '감동해(甘冬醢)'라는 명칭과
흔히 혼용되었는데, 곤쟁이젓을 감동해라 하고 자하
(紫蝦)를 '곤쟁이'라 하게 된 연유는 조선 후기의 학자
인 성호(星湖) 이익(李瀷: 1681-1763)이 집안 손자뻘
인 이동환(李東煥: 1681-1753)에게 쓴 편지를 통해 알
수 있다. 그가 이 편지를 쓰게 된 것은 이익이 당시 양
근(陽根)(현재의 경기도 양평)에 살던 이동환으로부
터 좋은 나물을 선물받았기 때문이다. 경기도 양평은
용문산이 있어 조선시대에도 전국적으로 산나물이
좋기로 유명한 곳이었고, 당시 봄철에 말려 둔 나물을
주위의 지인이 맛볼 수 있도록 보내는 일은 드물지 않
았다. 이동환이 챙겨서 보내준 나물을 받은 이익은 고

147

마운 마음에 감사의 편지와 함께 감동젓을 답례로 보냈다.

이때 쓴 시가 『성호전집』 제5권에 전하는데, 그는 "농담은 우선 그만두라는 말에 다시 감동하리니[戲語權停還感動] 아침마다 밥상 받고 내 정성을 기억하시길[朝朝對案識玆誠]."이라는 구절로 시를 끝맺었다. 이에 대해, 이익이 덧붙인 설명을 보면, 마지막 구절에 '권정(權停)'과 '감동(感動)'이라는 말이 '권정'은 '곤쟁'이와, '감동'은 '감동'젓과 발음이 같음을 이용한 일종의 언어유희임을 알 수 있다. 그러면서 자신도 곤쟁이젓을 이용한 언어유희를 일찍이 송곡(松谷) 이서우(李瑞雨: 1633-1709)로부터 들었다고 밝혔다. 이에 따르면, 사재(思齋) 김정국(金正國: 1485-1541)이 어떤 사람으로부터 곤쟁이[紫蝦]를 선물 받은 후 "사람으로 하여금 감동하게 합니다[令人感動]."라고 '감동'을 넣어 편지를 보내니, 그 사람이 "농담은 우선 그만두시지요[戲語權停]."라고 '권정', 즉 '곤쟁'을 넣어 재치 있는 답장을 보내왔다는 것이다(이익 지음, 양기정 역, 2016).

이 이야기는 조선시대를 넘어 일제 강점기에도 보인다. 이용기(李用基: 1870-1933)의 『조선무쌍신식요리제법(朝鮮無雙新式料理製法)』(1936)에 따르면, 곤쟁이젓의 명칭으로 '자하해', '감동해' 이외에 '권정해(權停醢)', '곤정해(袞靜醢)', '충정해(充貞醢)'를 들고 그 유래를 각각 설명하였다. 이 가운데 김정국과 비슷한 시기에 살았던 어득강(魚得江: 1470-1550)의 일화가 나오는데, 비록 인물은 바뀌었지만 내용은 대략 비슷하다. 친구가 보낸 감동젓을 받은 어득강은 친구에게 "이렇게 보낸 것을 어찌 감동하지 않을까."라고 써서 편지를 전하였다. 그랬더니, 그 친구가 "공의 임시처변(臨時處變)이 너무 심하니 이후에는 권정(權停)하라."고 답장을 보냈고, 이에 따라 '권정젓[權停醢]'이 되었다는 것이다.

이때 '권정'하라는 말은 임시변통으로 가볍게 일을 처리하지 말고 분별 있게 하라는 뜻일 수도 있고, 일시 멈추라는 뜻에서 언행에 신중을 기하라는 의미로도

볼 수 있다. 사실 어득강은 성품이 솔직하고 담백하였으나 경거망동하는 인물은 아니었다. 다만, 『연려실기술(燃藜室記述)』에 따르면 남과 말할 적에 우스갯소리를 섞어 써서, 듣는 사람들이 허리를 잡고 웃게 만드는 일이 드물지 않았던 듯하다. 따라서 그 친구는 어득강이 농담을 즐기다 남들로부터 가벼운 사람으로 여겨지지 않도록 자중하라는 뜻으로 '권정'을 적어 보낸 것은 아닌가 생각한다.

또한 이용기는 '감동젓'과 '곤정젓'의 유래에 대해서도 썼는데, 감동젓은 중국 사신이 해주(海州)를 지나다가 곤쟁이젓을 맛보더니 눈물을 흘리며 만리 밖에 계신 노모를 떠올리며, 어머니가 이토록 맛있는 것을 못 잡수시니 감동하여 못 먹겠다고 하여 붙은 이름이라고 한다. 또 곤정젓은 남곤(南袞: 1471-1527)과 심정(沈貞: 1471-1531)이 정암(靜庵) 조광조(趙光祖: 1482-1519)를 죽였기 때문에 "남곤, 심정이 소인(小人)이라" 하여 세간에서 이 두 사람을 미워서 부르는 이름이 바로 '곤정젓'이라는 것이다.

아울러 이용기는 감동젓은 식성에 맞는 사람은 좋아하여 철을 가리지 않고 먹지만, 대개는 가을에 잘 먹고 봄에는 맛이 떨어져 개도 먹지 않는다는 말이 있을 정도라고 하였다. 그러면서 곤쟁이젓에 초와 고춧가루를 치고 먹으면 맛이 좋으며, 봄이든 가을이든 깍두기를 담는 데 쓰거나 순무젓국찌개에 넣으면 좋고, 해주에서는 굵은체에 거른 곤쟁이젓을 채 친 무와 버무려 익혀 먹는다고 소개하였다. 아울러 곤쟁이젓의 위에 떠오르는 '감동유'라고 하는 기름이 있는데, 아주 귀한 것이어서 장흥이나 해주에서는 이것을 떠내어 모은 뒤 고기를 지져 먹거나 육회를 먹을 때 조금 떠먹는데, 맛이 달고 고소하다고 하였다.

분류 : 음식
색인어 : 새우, 도문대작, 시의전서, 조선무쌍신식요리제법, 나물, 깍두기, 순무
참고문헌 : 허균 저, 신승운 역, 『도문대작』(한국고전번역원, 1984); 홍만선, 『산림경제』(한국전통지식포탈); 작자 미상, 『시의전서』; 이익 지음, 양기정 역, 「유춘이 좋은 나물을 보내 준 것에 사례하다[謝聞春惠嘉蔬幷後絞]」, 『성호전집』 제5권(한국고전번역원, 2016); 이용기, 『조선무쌍신식요리제법』(영창서관, 1936); 이긍익 저, 이민수 역, 『연

려실기술』(한국고전번역원, 1966)
필자 : 김혜숙

곤쟁이젓과 감동해(『어우야담』)

자하젓으로 줄김치를 담근 것을 세속에서는 이른바 '감동해(甘冬醢)'라고 하는데 우리나라에서는 별로 쳐주지 않는 것이다. 예전에 중국 사신이 해주를 지나다가 자하젓으로 담근 줄김치를 먹다가 울음을 삼키며 차마 먹지를 못하였다. 원접사(遠接使: 중국 사신을 맞이하는 사신)가 괴이하게 여겨 까닭을 물어보니 중국 사신이 말했다.

"나에게는 노모가 계시는데 만 리 밖에 사십니다. 이 맛이 참으로 진귀한지라 차마 목구멍으로 삼킬 수가 없군요."

원접사가 해주 관원을 찾아 그것을 진상하도록 하자, 중국 사신이 말하였다.

"감동을 이기지 못하겠소."

이러한 연유로 이를 이름하여 '감동해(感動醢)', '감동저(感動菹)'라 한 것이다. 어득강(魚得江)이란 자는 명종 때의 명신으로 골계를 잘했는데 비방도 많이 받았다. 그의 친구가 자하젓으로 담근 줄김치를 보내니 어득강이 답장을 쓰기를 "어찌 감동하지 않으리요." 라고 했다. 친구가 또 답장을 썼다.

"공은 골계를 잘해 비방을 받는데도 오히려 경계하지 않는구려. 지금 이후로는 그만두는 것[權停]이 좋겠소." 자하(紫蝦)를 방언으로는 곤쟁이[權停]라고 했던 까닭에 그렇게 말한 것이다.

위 글은 중국인과 조선인의 음식 취향이 서로 다르다는 예시로 제시된 이야기이다. 우리나라 사람은 곤쟁이젓을 별로 쳐주지 않는데, 중국 사람은 그것을 매우 진귀한 것으로 여겼다는 내용이다. 곤쟁이젓은 '감동해(甘冬醢)'라고 하는데, 이를 당시 세속에서 한자를 다르게 써서 '감동해(感動醢)'라고 한 것은 중국인이 그 맛에 '감동(感動)'하였다는 말에서 연유한 것이라고 한다. 또한 '곤쟁이'와 비슷한 말인 '권정(權停: 그

'만두다)'이라는 말로 친구를 기롱한 이야기도 흥미롭다. 이 이야기는 유몽인(柳夢寅: 1559-1623)의 『어우야담』에 실려 있다.

분류 : 문학
색인어 : 곤쟁이젓, 자하젓, 감동해, 유몽인, 어우야담
참고문헌 : 유몽인 저, 신익철 외 역, 『어우야담』(돌베개, 2006)
필자 : 차충환

골동면·골동갱·골동반

홍석모(洪錫謨: 1781-1857)는 『동국세시기(東國歲時記)』11월조에서 '골동(骨董)'이라는 한자와 관련된 여러 가지 음식을 소개했다. 메밀국수에 잡채와 배·밤·소고기·돼지고기 등을 썰어 넣고 기름간장을 쳐서 비빈 '골동면(骨董麵)', 여러 가지 음식을 모두 섞어서 끓여 먹는 '골동갱(骨董羹)', 그리고 밥 속에 젓갈·포·회·구운 고기 등 없는 것 없이 넣어서 만든 반유반(盤遊飯)이 바로 그 주인공들이다.

그런데 위의 세 가지 음식을 자세히 살펴보면 다음과 같은 공통점이 있다. 첫째, 하나같이 여러 가지 재료가 사용된다는 점이고, 둘째, 그 재료들을 섞거나 비벼서 만든 음식이라는 점이다. 이러한 점으로 볼 때, '골동'이란 '여러 가지 재료를 넣고 뒤섞다.'라는 의미를 가지고 있음을 알 수 있다. 홍석모 또한 위의 책에서 "소동파(蘇東坡: 1036-1101)가 쓴 『구지필기(仇池筆記)』에 나부(羅浮)의 영노(穎老)가 여러 가지 음식을 얻은 다음 모두 섞어서 끓여 먹었는데, 이것을 골동갱(骨董羹)이라고 불렀다고 한 것을 보면 '골동'이란 여러 가지를 섞는다는 뜻"이라고 하였다. 또한 중국 명나라 시대의 사람인 동기창(董其昌: 1555-1636)은 『골동십삼설(骨疼十三設)』에서 분류할 수 없는 옛 물건들을 통틀어 '골동'이라고 부른다고 하면서, 골동갱과 골동반을 그 예로 들었다(『오주연문장전산고(五洲衍文長箋散稿)』, 주영하, 『음식인문학』).

그러므로 골동면은 '면의 골동(혹은 면을 비빈 것)'으로, 오늘날 우리가 먹는 비빔국수나 비빔냉면을 말한다. 그리고 나부의 영노가 끓여 먹었다고 하는 골동갱

골동반ⓒ수원문화재단

은 여러 가지 재료를 듬뿍 넣고 뒤섞어 끓인 국을 뜻한다. 마지막으로 반유반은 '밥의 골동', 즉 골동반(骨董飯)의 다른 이름이며, 중국의 강남 사람들이 이 반유반이라는 음식을 잘 만든다고 홍석모는 덧붙였다.

흔히 반유반과 우리나라의 비빔밥을 같은 음식으로 보는 경우가 있다. 그러나 조리법상으로 볼 때, 반유반과 비빔밥은 일견 비슷해 보이지만 서로 다른 음식이다. 동기창의『골동십삼설』에 적힌 골동반의 설명을 보면, 골동반은 밥에 여러 가지 음식을 섞어서 익힌 것이라고 한다(주영하,『음식인문학』). 즉 다시 말해서, 우리나라의 비빔밥처럼 밥을 지어서 여러 가지 재료를 넣고 비벼 먹는 음식이 아니라, 무밥이나 콩나물밥처럼 밥에 여러 가지 재료를 뒤섞어 넣고 지은 음식인 것이다. 그런데 우리나라 사람들이 먹는 비빔밥을 굳이 한자로 표기하려다 보니, 중국에서 들어온 '골동반'이라는 한자를 차용하여 적었을 가능성이 농후하다(〈동아일보〉 1964년 6월 3일자).

우리나라 사람들은 비빔밥을 매우 즐겨 먹었다. 이규경(李圭景: 1788-1863)은『오주연문장전산고』에서 평양비빔밥이 제일이라고 하면서, 채소부터 생선까지 다양한 재료가 들어간 비빔밥을 적어놓았다. 그러므로 지역별·재료별로 매우 다양한 비빔밥이 존재했을 것이라 생각된다. 또한 조선시대에는 제사를 지낸 후 제사에 참여한 사람들끼리 간장 양념을 한 비빔밥

을 나눠 먹으며 음복하거나, 섣달 그믐에 남은 음식을 모아서 비빔밥으로 비벼 먹는 풍습이 있었다.

분류 : 음식
색인어 : 골동(骨董), 골동면(骨董麵), 골동갱(骨董羹), 골동반(骨董飯), 반유반(盤遊飯), 비빔밥, 소동파(蘇東坡), 구지필기(仇池筆記), 동기창(董其昌), 골동십삼설(骨疼十三設)
참고문헌 : 이규경,『오주연문장전산고』; 홍석모 저, 최대림 역,『동국세시기』(홍신문화사, 2006); 이은상, 「설렁탕과 비빔밥」, 〈동아일보〉 1964년 6월 3일; 주영하,『음식인문학』(휴머니스트, 2011)
필자 : 양미경

곰탕

곰탕은 소의 여러 부위를 푹 끓인 것이다. 곰국이라고도 한다. 곰탕의 '곰'은 '푹 고다'라는 의미를 명사형으로 표현한 '고음'이 변화한 것이다. 1800년대 말 조리서인『시의전서(是議全書)』는 고음국이라는 한글 이름에 앞서 기름 고(膏)에 마실 음(飮)자를 사용하여 膏飮(고음)이라는 한자 이름을 표기해 두었는데, 이는 '고음'이라는 한글을 한자어로 표기하기 위해 한자를 차용한 것이다.

곰탕에는 대체로 소의 사태부분과 함께 소의 내장이 두루 쓰였는데 이를 묶어 '곰탕거리' 혹은 '곰국거리'라고 불렀다. 곰탕이 아닌 다른 음식의 조리법에서도 이러한 표현을 사용기도 하였다. 예를 들어 1921년 방신영(方信榮: 1890-1977)의『조선요리제법(朝鮮料理製法)』의 갈비찜 조리법는 '양, 곤자소니, 홀데기(홀떼기), 부아, 창자'를 묶어 곰국거리라고 표현하였다.

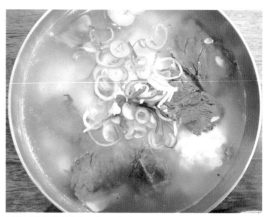

서울 시내 유명 식당의 곰탕ⓒ하응백

여기서 양은 소의 네 개의 위 중 첫 번째 위를 가리키며 부아는 허파의 다른 말이다. 곤자소니(곤자손이)는 소 창자의 끝 부분에 있는 부위이다. 홀떼기라는 부위에 대해서는 잘 알려지지 않았는데 방신영이 곰국 조리법에서 "고기(홀데기)"라고 표기한 것으로 보아 소의 살코기 부위 중 하나로 보인다. 1957년 한희순(韓熙順: 1889-1972) 등의 『이조궁정요리통고(李朝宮廷料理通攷)』의 도미면 만드는 법에서도 재료로 '곰탕거리'라는 말을 사용하였는데 이 책의 곰탕거리는 '사태, 곤자손이, 양, 부아'를 뜻한다.

대표적인 곰탕거리로 꼽히는 부위 외에도 다양한 부위의 소고기와 부재료가 곰탕의 재료로 사용되었다. 『시의전서』의 고음국(곰탕)에는 다리뼈, 사태, 도가니, 홀떼기, 꼬리, 양, 곤자소니, 전복, 해삼 등 총 10가지 재료가 나열되어 있다. 조리법은 이 모든 재료를 큰 솥에 넣고 물을 많이 부어 약한 불로 오래 푹 고는 것이다.

이렇게 푹 고아낸 곰탕을 먹는 방법은 방신영의 『조선요리제법』(1921)의 '잡탕(곰국)'에 자세히 나타나 있다. 방신영의 조리법에 따르면 갖가지 소의 부위와 함께 통무를 넣고 푹 삶은 뒤 재료를 모두 건져낸다. 건져낸 고기는 작게 썰어 간장, 기름, 깨소금, 후춧가루, 파로 양념하여 둔다. 무는 썰어서 간장으로 살짝 양념한다. 먹을 때는 주발에 국물을 푸고 고기와 무를 조금씩 넣어서 낸다.

방신영은 곰국과 잡탕을 같은 의미로 보았지만 『시의전서』, 『조선무쌍신식요리제법(朝鮮無雙新式料理製法)』(1924) 등의 다수의 조리서에서는 이를 분리해서 서술하고 있다. 이용기(李用基: 1870-1933)의 『조선무쌍신식요리제법(朝鮮無雙新式料理製法)』(1924)에서는 '잡탕은 육개장이나 곰국이나 고기 넣는 것은 같지만 아무쪼록 여러 가지 넣는 것이 좋다.'라고 하였다. 결국 비슷한 재료를 쓰지만 좀 더 잡다한 재료가 들어가면 잡탕인 것이다.

갖가지 재료를 넣고 푹 끓인 곰탕은 대표적인 영양식으로 손꼽혔다. 이러한 곰탕의 이미지는 속담을 통해서도 확인할 수 있다. 한국 속담에 '젊은이 망령은 홍두깨로 고치고 늙은이 망령은 곰국으로 고친다'라는 말이 있다. 이는 노인이 기운이 떨어지면 총기가 흐려지므로 곰국과 같은 영양식으로 기운을 북돋우면 총기가 살아난다는 의미로 해석할 수 있다.

분류 : 음식
색인어 : 소고기, 갈비찜, 전복, 해삼, 잡탕, 육개장, 이조궁정요리통고, 시의전서, 조선요리제법, 조선무쌍신식요리제법
참고문헌 : 작자 미상, 『시의전서』; 방신영, 『조선요리제법』(광익서관, 1921); 이용기, 『조선무쌍신식요리제법』(영창서관, 1924); 한희순 외, 『이조궁정요리통고』(학총사, 1957)
필자 : 서모란

과메기

청어나 꽁치를 겨울철 바닷바람에 건조해서 먹는 반가공 생선이다.

청어, 꽁치, 고등어, 명태, 정어리, 오징어, 조기와 같이 무리를 지어 회유하는 어류는 적합한 수온과 적당한 물때를 만나면 많은 양을 한꺼번에 잡을 수 있다. 문제는 한꺼번에 포획한 어류의 보관 방법이다. 대부분의 어류는 상온에서 쉽게 변질되므로 냉동 보관 방법이 없던 전근대 사회에서는 염장, 건조, 훈제 등 방법을 통해 생선을 저장해서 먹었다. 이러한 생선 저장 방법 중에서도 아주 독특한 것이 과메기다. 과메기란 특정 생선 이름이 아니라 청어나 꽁치를 독특한 방식으로 가공 처리한 반건조 생선을 말한다.

동해안은 때로 겨울철에 청어나 꽁치가 대량 포획되었고, 이를 보관하는 방법으로 개발된 것이 과메기다. 과메기는 관목(貫目)에서 변화했다는 게 일반 설이다. 관목은 생선 눈을 관통했다는 뜻이니 꼬챙이로 눈을 꿰어 말린 데서 유래한다. 관목에서 관메기, 과메기가 된 것이다. 경상북도 경주가 고향인 소설가 김동리(1913-1995)가 수필에서 '관메기'란 말을 사용하고 있으니 관목어에서 변했다는 설은 설득력이 있다.

과메기를 언제부터 먹었다는 정확한 기록이 없어 과메기의 기원을 따지는 것은 불가능하지만 빙허각 이씨의 『규합총서(閨閤叢書)』에 관목이란 말이 등장하

는 것, 조선 영조 때 편찬된 『여지도서(輿地圖書)』영일현 조항의 산물(産物)에 청어·공물(貢物)에 관목이 들어 있는 것 등으로 보아 과메기는 18세기 후반에 동해 일부 지역의 특산물이었다. 분명한 것은 일제 강점기에 영일만에서 대량으로 청어가 잡혔을 때는 청어과메기가 주종이었고, 1960년대 이후 꽁치가 많이 잡히자 청어보다는 꽁치과메기가 주종이 되었다는 사실이다.

과메기는 대략 11월 중순부터 청어나 꽁치를 바닷가 덕장에 두름으로 엮어 얼렸다 녹였다를 반복하여 꾸덕꾸덕 말려서 발효가 일어나고, 수분이 40% 이하가 되면 생으로 먹는 겨울철 별미 음식이다. 포항, 영덕, 구룡포 지역 향토음식이던 과메기가 전국 차원의 명성을 얻게 된 것은 1990년대 중반 이후이다.

포항 인근 지역 사람들의 말에 의하면 1960년대까지만 해도 청어가 흔해서 회로도 먹고 구워도 먹다가 남으면 통째로 배가 위로 가도록 하여 새끼로 엮어 바닷가에서도 말리고 부엌 살강에서도 말려 먹던 음식이라 한다. 그렇게 말리면 생선의 내장 기름이 살로 스며들어 더욱 고소해진다고 한다. 하지만 요즘 과메기는 통째로 말린 것(통과메기)보다 내장과 머리와 등뼈를 제거하고 살만 말린 것이 더 많이 유통된다. 얇은 껍질마저 제거해서 바로 먹을 수 있는 이른바 '손질과메기'도 인기리에 판매되고 있다. 포항 지역 토박이들은 통과메기가 진짜 과메기라 주장하면서 먼저 내장을 먹고, 그다음 껍질은 불에 구워 먹고, 뼈 역시 바싹 구워 먹고, 마지막에 살을 먹는다고 한다. 하지만 불에 익히지 않고 먹는 과메기의 비린 맛에 익숙하지 않

구룡포의 과메기. 전국으로 포장하여 보낸다. ⓒ하응백

은 사람들은 살만 몇 토막으로 내어서 초고추장이나 된장에 찍어 생미역, 다시마, 김, 깻잎 등에 싸서 마늘과 실파 등을 얹어 먹는다. 어떻게 먹든 겨울철 별미 음식임에는 분명하다.

과메기는 영양 효능이 알려지고 진공 포장 등 보관과 운송 방법이 개발됨에 따라 전국적 명성을 얻게 되었다. 포항 구룡포에서는 해마다 과메기 축제를 개최하기도 한다. 포항 영일만 일대는 겨울철 해풍과 온도가 과메기 발효·건조에 적합한 장소로 알려져 있다. 꽁치과메기가 일반 형태이지만 청어과메기도 일부 생산되고 있다. 과메기는 등 푸른 생선으로서 불포화지방산인 DHA와 EPA가 풍부하여 고혈압, 심근경색, 동맥경화 예방에 매우 좋은 것으로 알려져 있다. 또 비타민E를 다량 함유하고 있어 노화 예방에도 효과가 크다고 한다.

분류 : 식재료
색인어 : 과메기
참고문헌 : 황선도, 『멸치 머리엔 블랙박스가 있다』(부키, 2013); 김남일 외, 『신라왕이 몰래 간 맛집』(휴먼앤북스, 2017); 이태원, 『현산어보를 찾아서3』(청어람미디어, 2003)
필자 : 하응백

과제탕

궁중 연회음식인 과제탕(苽制湯)은 오이, 생선, 닭, 꿩고기, 표고를 넣어 끓인 국물음식이다. 연회마다 재료가 조금씩 달라져 토란, 우설을 추가로 넣거나 해삼·전복 등 해산물과 무·미나리 등 채소류, 곤자소니·부화·대장 등 소의 내장류가 추가되었다.

1719년(숙종 45) 9월 숙종(肅宗: 재위 1674-1720)이 기로소(耆老所)에 들어가게 된 것을 경축하기 위해 열린 진연(進宴)에서 숙종에게 올린 미수(味數)상에 과제탕이 차려졌다. 재료는 어린닭[鷄兒], 표고(蔈古), 꿩[生雉], 토란[生芋], 대생선(大生鮮), 참기름[眞油], 오이[靑苽], 후춧가루[胡椒末], 우설(牛舌), 잣[實柏子], 간장(艮醬), 계란(鷄卵), 염수(鹽水), 녹두가루[菉豆末]이다.

1892년(고종 29) 고종(高宗: 재위 1863-1907)이 41세가 되고, 보위(寶位)에 오른 지 30주년이 된 것을 경축하기 위한 진찬(進饌)에 등장한 과제탕은 1719년의 과제탕과는 재료에 있어서 다소 차이가 있었다. 재료를 보면 오이[青瓜], 계란(鷄[卵]), 꿩[生雉], 소안심[牛內心肉], 묵은닭[陳鷄], 숭어(秀魚), 녹말(菉末), 생강(生薑), 후춧가루[胡椒末], 표고[蔈古], 잣[實栢子], 참기름[眞油], 간장[艮醬]이다. 대생선은 숭어로 구체적인 생선종류를 제시하였고, 염수 대신 간장을 사용하였다.

고종의 즉위 40주년을 기념하고 51세가 된 것을 축하하기 위해 1902년(고종 39) 11월에 설행했던 진연(進宴)에 등장한 과제탕은 이전의 연회에 나온 것보다 재료가 다양하게 쓰였다. 오이[青苽], 소안심[牛內心肉], 해삼(海蔘), 전복(全鰒), 표고(蔈古), 무[菁根], 미나리[水芹], 곤자손(昆者巽), 부화(腑化), 대장(大腸), 배골(背骨), 계란(鷄卵), 참기름(眞油), 파[生葱], 잣[實栢子], 후춧가루[胡椒末], 깨소금[實荏子末], 간장(艮醬)이 재료로 쓰였다. 1902년 연회에 등장한 과제탕은 해삼·전복 등 해산물과 무·미나리 등 채소류, 곤자소니·부화·대장 등 소의 내장류가 추가되어 이전의 과제탕보다 재료가 다양하고 풍부한 음식으로 변모하였다.

1680년경의 조리서인 『요록(要錄)』에는 과제탕의 조리법이 나온다. "(소)양을 껍질 벗기고, 꿩, 염통, 생선, 오이, 참버섯, 표고나 채소를 여러 가지 얻는 대로 하되, 각색의 것을 같이 사온다. 너비 여섯 길이(약 1.5cm)로 길게 썰어서 재료들을 한데 섞어 끓이며, (일부 재료는) 지져 내되 지진 후에 맑은 장국에 넣어 탕을 끓인다. 고명을 얹고 식초를 쳐서 드리라."고 하였다.

분류 : 음식
색인어 : 과제탕, 고제탕, 오이국, 오이
참고문헌 : 『[기해]진연의궤(己亥]進宴儀軌)』; 『[임진]진찬의궤([壬辰]進饌儀軌)』; 『[임인]진연의궤([壬寅]進宴儀軌)』; 황혜성 공저, 『한국음식대관 6권-궁중의 식생활』(한국문화재재단, 1997)
필자 : 이소영

과편

과편(果片)은 앵두, 살구, 복분자, 모과, 오미자, 산사 등 신맛이 나는 과일에 꿀을 넣고 오랫동안 졸여 엿과 같은 상태를 만들거나 끓일 때 녹두전분을 넣어 청포묵 만들 듯 하여 굳혀 썬 과일묵을 말한다. 앵두편, 살구편, 복분자편, 산사편, 모과편, 오미자편, 녹말편 등이다. 대개 '편'이라는 음식 표현은 편육처럼 자른다는 의미로도 쓰이고, 시루편, 잡과편, 증편처럼 편편한 덩어리로 찐 떡[餅]을 이른다. 이런 연유로 과편은 떡의 형태와 비슷해 앵두병, 살구병, 모과병 등 병(餅)이라는 용어를 혼용한다.

과편은 계절을 상징하는 음식이다. 봄철에는 앵두, 여름에는 살구, 가을에는 모과로 만든다. 『윤씨음식법(1854 추정)』에서 여름에 정과 만들 것이 마땅치 않으면 오미자편을 만들고, 노랗게 만들려면 녹말을 넣고 죽을 쑤다가 오미자국물 대신 치자물을 넣으라고 하였다.

계절에 구애받지 않고 만들 수 있는 과편은 녹말편(녹말병)이다. 『시의전서(是議全書)』(1800년대 말)의 '녹말편'은 녹말에 꿀물을 알맞게 타서 새옹에 풀 쑤듯 끓이다가 연지, 갈매, 치자, 지치를 임의로 넣는다고 하였다. 제철과일이 없어도 구하기 용이한 녹말을 써서 분홍색은 연지를, 청색은 갈매를, 황색은 치자를, 붉은색은 지치로 색을 낸 것이다.

과편은 조선시대 궁중연회음식으로도 쓰였고, 민가에서 명절이나 제사, 잔치음식이다. 궁중의 잔치를 기록한 『진찬의궤(進饌儀軌)』, 『진연의궤(進宴儀軌)』에 녹말병(菉末餅), 오미자병(五味子餅), 삼색녹말병(三色菉末餅), 양색녹말병(兩色菉末餅) 등이 나온다. 삼색녹말병은 오미자, 치자, 두충을 이용해 색을 낸 세 가지 녹말편이다. 조자호(趙慈鎬: 1912-1976)가 1939년에 저술한 『조선요리법(朝鮮料理法)』에서 소대기(사람이 죽은 지 만 1년 또는 2년이 되는 기일(忌日)때 제사나 큰 잔치 때 과편을 쓴다고 하였다.

과편은 생실과 또는 숙실과와 어울려 담았다. 1902년

진연(進宴)에 오른 각색 숙실과 한 그릇에는 율란, 조란, 생란이라는 숙실과와 녹말병을 함께 담았다. 1900년대 요리책인 『가정요리(家庭料理)』에 따르면 녹말편을 반듯반듯하게 잘 썰어 이것만을 접시에 담아내도 좋지만 그릇 가운데 생률(밤)을 쳐서 고여 담고 그 둘레로 분홍빛의 녹말편을 돌려 담아 홍백의 조화를 이뤄 보기 좋다고 하였다.

분류 : 음식
색인어 : 앵두, 진연·진찬, 숙실과
참고문헌 : 『진찬의궤』; 『진연의궤』; 작자 미상, 『시의전서』; 작자 미상, 『가정요리(家庭料理)』; 조자호, 『조선요리법(朝鮮料理學)』(광한서림, 1939); 작자 미상, 윤서석 외 3인 공저, 『음식법(할머니가 출가하는 손녀를 위해서 쓴 책)』(아쉐뜨아인스미디어, 2008)
필자 : 이소영

과하주

술맛은 보통 고온다습한 여름철에 가장 쉽게 변질된다. 게다가 그것이 알코올 도수가 낮은 술이라면 변질의 속도는 더욱 빨라진다. 그러므로 사시사철 술이 떨어지지 않았던 사대부가에서는 여름을 앞두고서 쉽게 변질되지 않을 술을 만드는 것이 매우 중요했다.
조선시대 술 빚는 방식은 크게 두 가지가 있다. 첫째, 곡물, 누룩, 물을 주재료로 하여 발효시키는 방식이다. 이를 발효주라 하는데, 청주, 약주, 막걸리 등이 여기에 속한다. 이들 발효주는 순하고 부드럽지만, 알코올 도수가 낮아서 쉽게 변질된다는 단점이 있다. 둘째, 발효주를 다시 증류시킨 증류주가 있는데, 소주가 가장 대표적이다. 소주는 알코올 도수가 높아서 매우 독하지만, 오래토록 변질되지 않는다는 장점이 있다. 그래서 여름철을 앞둔 시점에는 발효주와 소주, 이들 각각의 장점을 살린 혼양주(混釀酒)가 주로 만들어졌다.
혼양주는 발효주와 소주를 섞어서 빚은 것으로, 소주에 비해 순하고 부드럽지만 장기간 보존이 가능하다. 특히, 여름을 지나면서도 술이 시어지지 않아서 사람들은 이를 과하주(過夏酒)라고 불렀다. 조선시대에 편찬된 대부분의 조리서들은 과하주 만드는 법을 매우 자세히 기술하고 있는데, 이러한 사실은 당시 과하주가 얼마나 중요한 음식이었는가 하는 점을 시사해 준다.
여러 조리서 중, 빙허각 이씨(憑虛閣 李氏: 1759-1824)가 쓴 『규합총서(閨閣叢書)』의 내용을 토대로 과하주 만드는 법을 살펴보면 다음과 같다. 먼저, 빙허각 이씨는 과하주는 "봄·여름 사이"에 빚는다고 적고 있다. 쌀가루와 누룩가루를 섞어 밑술을 만든 뒤, 술이 어느 정도 익으면 찹쌀을 쪄서 밑술과 버무린다. 또 다시 술이 익으면 여기에 소주를 붓는데, 이때 분량은 쌀 1말당 소주 20복자씩 넣는다. 그리고 7일이 지나서 술을 떠보면 맛이 좋다고 하였다.
조선 후기의 세시풍속을 기록한 홍석모(洪錫謨: 1781-1857)의 『동국세시기(東國歲時記)』에서는 음력 3월에 술집에서 과하주를 만들어 판다고 하였다. 그러면서 봄철에 빚은 맛좋은 술로는 소국주(小麴酒), 두견주(杜鵑酒), 도화주(桃花酒), 송순주(松筍酒) 등이 대표적이라고 적었다.

분류 : 음식
색인어 : 술, 과하주(過夏酒), 혼양주(混釀酒), 소국주(小麴酒), 두견주(杜鵑酒), 도화주(桃花酒), 송순주(松筍酒)
참고문헌 : 빙허각 이씨, 『규합총서』(한국전통지식포탈); 홍석모 저, 최대림 역, 『동국세시기』(홍신문화사, 2006)
필자 : 양미경

구기자

구기자(枸杞子)는 '괴좆나무' 또는 '괴좃나무'라고도 불리는 구기자나무의 열매로, 붉은색의 타원형 모양이다. 구기자나무는 최한기(崔漢綺: 1803-1879)의 『농정회요(農政會要)』에서는 일명 '枸棘(구극)', '天精(천정)', '地仙(지선)', '卻老(각로)', '苦杞(고기)', '恬菜(첨채)', '地節(지절)', '羊乳(양유)'라고 하였고, 이외에 서호수(徐浩修: 1736-1799)의 『해동농서(海東農書)』에는 '仙人杖(선인장)'이라는 명칭이 나온다.
구기자나무는 잎과 싹은 물론 붉은색의 열매도 다양하게 쓰였던 식물이다. 잎이나 싹은 주로 죽이나 나물로 조리하였고, 구기자 뿌리의 껍질은 한약재로 쓰이

말린 구기자ⓒ하응백

며, 열매인 구기자로는 차를 달이거나 술을 담그고 약재로도 많이 이용하였다. 특히 구기자는 불로(不老)와 장생(長生), 보익(補益)의 효능이 뛰어나다고 널리 알려져 있어서, 조선시대에 건강에 관심이 있는 선비 중에는 구기자로 술을 빚어 마시는 일이 드물지 않았다. 조선시대 왕실에서도 구기자차를 달이거나, 탕약을 조제하면서 가감하는 약재로 썼다. 그리하여 50대 중반의 숙종(肅宗: 재위 1674-1720)에게 민진후(閔鎮厚: 1659-1720) 등은 탕약 대신 구기자차를 권하였는데, 의관인 정시제(丁時悌)가 구기자는 선가(仙家)의 약이라며 오래 복용하면 아주 좋다고 하자, 숙종 역시 구기자가 백발을 도로 검게 하고 빠진 이가 다시 나도록 하는 효능이 있다는 내용을 일찍이 책에서 본 적이 있다면서, 약방에 구기자차를 달여 올리도록 명한 일이 있다(『승정원일기(承政院日記)』 숙종 42년 1716년 9월 14일자 기사).

한편 구기자나무의 효능과 관련하여 재미있는 일화가 이유원(李裕元: 1814-1888)의 『임하필기(林下筆記)』 「벽려신지」에 전한다. 이에 따르면, 조선시대에 감옥의 죄수를 관장하던 전옥서(典獄署) 안에 유명한 샘이 있고, 그 샘가에는 오래된 구기자나무가 있어서 뿌리가 우물 속으로 서려 들어갔다고 한다. 구기자 뿌리가 우러난 덕분에 매를 맞은 죄인이 이 물로 씻으면 낫지 않는 자가 없었는데, 전옥서 참봉이 된 이봉환(李鳳煥: ?-1770)이 샘가의 구기자나무 뿌리를 파내어

달여 먹은 뒤로는 물의 영험이 사라졌다는 것이다. 나중에 이봉환이 죄를 지어 전옥서에 갇히자, 사람들이 구기자나무 뿌리를 파낸 응보라고 손가락질했다는 이야기이다.

구기자나무는 전국적으로 자생하고 있으며, 현재는 충청북도 청양군과 전라남도 진도군에서 재배되는 구기자가 명성이 높고 전국적으로 유통되고 있다.

분류 : 식재료
색인어 : 규합총서, 주식시의, 떡, 막걸리
참고문헌 : 최한기 저, 고농서국역총서 12-『농정회요 Ⅲ』(농촌진흥청, 2007); 서호수 저, 고농서국역총서 14-『해동농서 Ⅱ』(농촌진흥청, 2008);『승정원일기』; 이유원 저, 김동주 역, 『임하필기』(한국고전번역원, 2000)
필자 : 김혜숙

구기자주

구기자주(枸杞子酒)는 가을에 빨갛게 익은 구기자나무의 열매로 빚은 술이다.

구기자주의 효능과 관련하여 이수광(李睟光: 1563-1628)의 『지봉유설(芝峯類說)』에 재미있는 이야기가 전한다. 옛날 어느 사신이 하서(河西)로 가는 중에 열여섯에서 열일곱 정도로 보이는 여자가 팔십에서 구십 정도는 됨직한 백발노인을 때리는 것을 보고 어찌 어린 사람이 나이든 이를 때리느냐며 물었다. 그러자 여인은 이 아이는 자신의 셋째 아들인데 약을 먹지 않아 어미보다 머리가 먼저 희어져서 괘씸하여 때린다고 답했다. 놀란 사신은 여인의 나이를 물었는데, 395세라는 답이 돌아왔다. 그 말을 들은 사신은 눈앞의 여인처럼 늙지 않고 오래 사는 비결을 알고 싶어서 말에서 내려 여인에게 절하며 그 약이 무엇인지 물었다. 여인은 구기자주 만드는 법을 사신에게 가르쳐주었고, 1년 중 시기에 따라 정월에는 구기자나무의 뿌리, 4월에는 잎, 7월에는 꽃, 10월에는 열매를 따서 술을 담가 이것을 새벽에 13일 동안 마시면 몸이 가벼워지고 기운이 왕성해지는데, 다시 백일을 마시면 얼굴이 고와지고 머리가 다시 검어지며, 빠졌던 이가 다시 나서 땅 위에 있는 신선이 된다고 했다. 이 방법대로 이후 사신은 구기자주를 만들어 마셨고, 그 덕분에 삼백

년을 늙지 않고 살았다고 한다. 이 방법은 바로『주식시의(酒食是儀)』에서 구기자주를 '신선주(神仙酒)'라고 칭하면서 소개했던 제법이기도 하다.

『지봉유설』에 나오는 노파의 이야기는 정조(正祖: 재위 1777-1800)도 알고 있는 것이어서, 이 이야기를 인용하면서 구기자주를 빚어 근신(近臣)들에게 나눠주도록 명한 일이 있다. 정조가 요즘 사람들의 기혈(氣血)이 대부분 예전 사람만 못하나, 구기자를 먹으면 반드시 효과가 클 것이니 복용하라고 하교한 것이다(『홍재전서(弘齋全書)』제178권「일득록」).

한편 조선시대에는 구기자주와 관련된 세시풍속도 있었다. 유중림(柳重臨: 1705-1771)의『증보산림경제(增補山林經濟)』에 따르면, 음력 9월 9일 중양절(重陽節)에 구기자를 거둬서 술을 담가 마시면, 수명이 연장되고 늙지 않으며 모든 풍증(風症)이 없어진다고 하였다. 또한『요록(要錄)』에서는 증병(蒸餠)을 만들 때, 쌀가루에 말린 밤, 대추, 잣 등과 함께 구기자주를 섞어서 시루에 찌라고 했다. 증병은 증편이라고도 하고, 다른 조리서에서는 떡을 부풀리기 위해 막걸리를 쓰는 경우도 보이지만『요록』에서는 구기자주를 쓴 것이다.

분류 : 음식
참고문헌 : 이수광,『지봉유설』(한국전통지식포탈); 유중림, 고농서국역총서 6『증보산림경제 Ⅲ』(농촌진흥청, 2004); 연안 이씨,『주식시의』; 김동석 역,『홍재전서』(한국고전번역원, 1998); 작자 미상,『요록』
필자 : 김혜숙

구절판

구절판(九節板, 九折板)은 납작한 쟁반 모양의 그릇을 칸막이로 막아 아홉 개의 공간으로 나누어진 목기(木器)이다. 여기에 아홉 가지 음식을 담았다고 해서 그 음식도 그릇 이름을 따라 구절판이라고 한다. 구절판은 반찬류를 담는 합 형태의 그릇이어서 찬합에 속하는 기종이지만, 특별히 공간을 구획한 특성으로 말미암아 구절판이란 독립된 명칭으로 불린다.

그릇 내부의 공간을 나눈 형태는 일찍이 삼국시대 유

자개 구절판, 전체높이 7.5cm, 너비 29.7cm, 광복 이후, 국립민속박물관

적에서도 출토되었다. 고구려 영토였던 아차산 제4보루에서 내부를 다섯 공간으로 나눈 오절판형 도기가 출토되었고, 신라시대 고분에서도 내부가 구획된 칠기로 된 구절판이 출토되었다. 이처럼 구절판은 삼국시대부터 제작되었지만 기록에서는 1930년대 이후의 요리서인『조선요리법』·『조선요리학』·『이조궁정요리통고』에 들어서야 보인다.

구절판에 담는 음식을 만드는 법은 우선, 밀가루를 물에 개어 종이처럼 얇게 부친 뒤에 식혀서 구절판의 중앙 칸에 담는다. 가늘게 채 썬 고기나 채소류를 여덟 공간에 종류별로 담는다. 먹는 방법은 빈 접시에 밀전병 한 장을 놓고 그 위에 여덟 가지 재료를 기호대로 조금씩 집어 밀전병 위에 올려놓고 겨자장이나 초장을 조금 치고 양쪽으로 접어 싸서 먹는다.

이외에도 구절판은 주안상이나 다과상에 올리는 안주 그릇으로 쓰기도 한다. 주안상에는 각 칸마다 생률, 호두, 은행, 대추, 잣, 땅콩, 곶감 등의 마른안주를 담고, 다과상에는 각종 강정, 정과, 다식, 숙실과 등의 색을 맞춰 담는다.

분류 : 미술
색인어 : 합, 찬합, 반찬, 밀전병, 주안상, 다과상, 안주, 쟁반
참고문헌 : 방신영,『조선요리제법』(민속사, 1998); 윤서석,『한국음식』(수학사, 1980); 황혜성 외,『이조궁정요리통고』(학총사, 1957); 한국학중앙연구원,『한국민족문화대백과사전』
필자 : 구혜인

구절판(진 구절판과 마른 구절판)

구절판(九折板)은 그릇의 이름이지만, 아홉 칸에 색깔이 다른 갖가지 음식을 채워 넣은 음식의 이름이기도 하다. 본래는 가운데에 밀전병을 부쳐 담고, 주위에는 고기와 채소 등을 볶은 것을 구절판 그릇에 담아내어 큰 잔치 때 술안주로 올리는 음식을 가리켰다가 점차 견과류와 육포 등의 마른 안주류를 구절판에 담은 것도 구절판이라 부르게 되었다.

1970년대 초반부터 이를 구분하여, 밀전병이 들어가는 음식을 '진 구절판'으로 부르고, 마른안주가 담긴 구절판을 '마른 구절판'이라 부르며 구별하였다. 현재 마른 구절판은 혼례 때 시부모에게 폐백을 드리는 폐백상에 거의 빠짐없이 오르는 음식이다. 폐백에서는 신부가 시부모나 시댁 어른들께 술잔을 올리고 절을 드리는 절차가 중요한데, 이때 신부의 술을 받은 사람들은 술을 마신 뒤 구절판에 담긴 음식으로 안주를 한다. 구절판은 그릇 자체의 모양이나 그 안에 담긴 음식이 다채로워 장식적 효과도 크지만, 폐백상 위의 다른 음식에 비해 헐어서 안주하기가 좋다는 편리성 때문에 폐백상을 차릴 때 대부분 준비한다.

1935년 11월 9일자 〈동아일보〉 기사 「가을요리(六) 내 집의 자랑거리 음식 구절판, 배추무름」을 보면, 홍승원(洪承媛) 씨가 자기 집의 자랑할 만한 음식 중 하나로 구절판을 들었다. 술안주로 이보다 더 좋은 것이 없다고 하였는데, 정육과 천엽은 가늘게 썰어 육회처럼 재어놓고, 콩팥과 양(胖)은 끓는 물에 살짝 데쳐서 양념하여 잠깐 볶는다. 당근, 오이나 미나리, 표고버섯도 채 쳐서 볶아놓고, 배는 채 쳐서 칸마다 담고 잣가루를 뿌린 후 달걀과 밀가루를 섞어 부친 밀전병을 둥글게 오려 가운데에 놓는다. 이 전병에 여덟 가지 재료를 조금씩 놓고 싼 뒤 초장에 찍어 먹는 음식이 구절판이라고 소개하였다.

이러한 구절판은 가운데에 얇게 부쳐 그릇 등으로 눌러서 둥글게 모양을 낸 전병을 놓는 것은 비슷하지만, 전병의 재료나 주위의 여덟 가지 음식은 시기나 만드는 사람에 따라 조금씩 차이가 났다. 먼저 전병은 주로 밀전병을 썼으나, 메밀전병이나 찹쌀전병을 쓰기도 했다. 또한 여덟 가지 재료를 보면, 1940년 홍선표(洪善杓: ?-?)의 『조선요리학(朝鮮料理學)』에 실린 '구절판'은 밀전병 외에 연한 고기, 미나리, 표고버섯, 소의 양, 천엽, 달걀지단 흰자 채 친 것, 달걀지단 노른자 채 친 것, 숙주나물, 무나물을 썼다. 또 1943년 나온 조자호(趙慈鎬: 1912-1976)의 『조선요리법(朝鮮料理法)』에서는 메밀전병 이외에 구절판의 놓은 음식의 재료는 양, 천엽, 콩팥, 무나물, 숙주나물, 미나리, 표고버섯, 석이버섯의 8가지였다.

손정규(孫貞圭: 1896-1955)의 『우리 음식』(1948)에 보이는 구절판은 찹쌀부침을 가운데에 담고, 소고기, 양, 천엽, 표고버섯, 죽순, 생전복, 생새우 또는 게살, 오이를 주위에 둘러 담았는데, 찹쌀부침에 싸서 초장이 아니라 겨자즙을 찍어 먹었다. 현재는 색의 배합에 신경을 써서 구절판을 만들고 있고, 천엽, 양, 콩팥 같은 재료는 거의 쓰이지 않는 대신 버섯류와 채소류가 더 많이 쓰이는 점이 달라졌다.

분류 : 음식
색인어 : 조선요리학, 조선요리법, 우리음식, 미나리, 오이, 새우, 전복, 메밀, 무, 배
참고문헌 : 「가을요리(六) 내 집의 자랑거리 음식 구절판, 배추무름」, 〈동아일보〉 1935년 11월 9일; 홍선표, 『조선요리학』(朝光社, 1940); 조자호, 『조선요리법』(京城家政女塾, 1943); 손정규, 『우리 음식』(삼중당, 1948)
필자 : 김혜숙

국·탕

국은 일반적으로 "고기, 생선, 채소 따위에 물을 많이 붓고 간을 맞추어 끓인 음식"(국립국어연구원 표준국어대사전)을 가리킨다. 탕은 국에 비해 건더기가 많고 국물이 적은 음식으로, 지금도 제사상에 올리는 국은 '탕' 혹은 '탕국'이라고 부른다. 탕국이란 말은 '탕갱(湯羹)'에서 왔다. 1924년 출판된 『조선무쌍신식요리제법(朝鮮無雙新式料理製法)』에는 "국은 밥 다음이요. 반찬에 으뜸이라 국이 없으면 얼굴에 눈 없는 것 같은 고로 온갖 잔치에든지 신도[제사]에든지 국 없으

마당에 여러 개의 상을 펼쳐 놓고, 그 위에 밥그릇, 국그릇 등을 올려놓은 모습이 담긴 흑백 사진, 근대, 국립민속박물관

면 못 쓰나니 또 이것 아니면 밥을 말아먹을 수가 없으니 어찌 소중치 아니 하리요. 불가불 잘 만들어야 하나니라.”라고 적혀 있다. 당시 사람들은 밥을 가장 중요하게 생각했고, 그 다음이 국, 다시 그 다음이 반찬이었다. 더욱이 반찬이 아무리 맛있어도 국이 없으면 밥을 잘 먹지 못하던 식습관을 당시 사람들이 지니고 있었던 것이다.

국에 해당하는 음식의 종류가 여럿인데, 그 이름도 국·탕·탕국·찌개·전골·지짐이 등 다양하다. 찌개와 전골, 그리고 거의 국물이 없는 조림에 가까운 ‘지짐이’도 크게 보면 국의 한 종류이다. 『조선무쌍신식요리제법』에서는 “대체로 국보다 지짐이가 맛이 좋고 지짐이보다 찌개가 맛이 좋은 것은 적게 만들고 양념을 잘하는 까닭이라.”고 했다.

이익(李瀷: 1681-1763)은 『성호전집(星湖全集)』「잡저(雜著)」에서 기제(忌祭)의 상차림 예법을 설명하면서 솥인 정(鼎)에 담긴 음식이 “옛날의 형갱(鉶羹)이라는 것으로, 지금의 탕갱(湯羹)이란 것이다.”고 했다. 조선시대 사대부는 가정의 제사를 주자의 『가례(家禮)』 절차에 따라 실천하려 노력했다. 이 과정에서 밥과 함께 국·탕이 상차림의 기본 음식이 되었다.

해장국·순댓국·육개장·닭곰탕·도가니탕·콩나물국밥 등은 밥과 함께 먹는 한 그릇 음식으로 ‘국밥’이라고도 부른다. 그래서 요사이 음식점에서 이들 음식을 주문하면 국·탕에 밥이 함께 나온다. 그러나 감자탕·곱창전골·연포탕·두부전골 등을 판매하는 음식점에서는

밥을 별도로 주문해야 한다. 이들 음식이 본래 술안주였기 때문에 생긴 결과이다.

분류 : 음식
색인어 : 솥, 제사음식, 조선무쌍신식요리제법
참고문헌 : 『조선무쌍신식요리제법(朝鮮無雙新式料理製法)』; 주영하, 『음식인문학』(휴머니스트, 2011); 주영하, 『한국인은 왜 이렇게 먹을까?』(휴머니스트, 2018)
필자 : 주영하

갱반(갑술 이월 삼칠일 갱반 소용 발기)

1874년(고종 11) 2월 8일 묘시(卯時)에 명성황후 민씨(明成皇后 閔氏: 1851-1895)는 훗날 순종(純宗: 재위 1907-1910)이 될 원자(元子)를 낳았다. 순종이 태어난 지 초칠일(7일), 이칠일(14일), 삼칠일(21일)이 되는 날에 각 전(殿)과 주변 친지들, 손님, 약방(藥房)과 승후관(承候官, 국왕의 기거와 안부를 묻던 관직), 산실청(産室廳), 의관, 의녀 등에게 갱반(羹飯)이라는 상차림을 제공하였다. 갱반은 국과 밥을 말한다.

초칠일, 즉 2월 14일에 자전(慈殿)인 신정왕후 조씨(神貞王后 趙氏: 1808-1890, 익종비), 왕대비전인 효정왕후 홍씨(孝定王后 洪氏: 1831-1903, 헌종의 계비), 대비전인 철인왕후 김씨(哲仁王后 金氏: 1837-1878, 철종비), 낙선재 석복헌에 있던 경빈 김씨(慶嬪 金氏: 1831-1907, 헌종의 후궁), 고종(高宗: 재위 1852-1919), 왕자아기씨인 완화군(完和君: 1868-1880, 고종과 귀빈 이씨 사이에서 태어난 아들)에게 합에 담은 백반(白飯: 흰밥)과 곽탕(藿湯: 미역국)을 올렸다. 각 전에 소속된 색장(지민과 궁 밖의 문안편지 담당), 침수방(바느질과 수를 담당) 등 궁녀들에게도 갱반을 보냈다.

이어 명동궁, 죽동궁, 운현궁, 안동 본것(왕대비전), 박귀인, 화락당, 연지당 등 왕실 친인척들에게도 각 합에 담은 백반과 곽탕을 올렸다. 손님과 관리들에게는 승후손님상으로 25상을 사찬하였고, 약방 세 명의 제조에게는 외상, 사관 두 명에게는 겸상, 권초관 한 명에게는 외상으로 각 합에 담은 백반과 곽탕을 사찬했다. 그 외에도 의관, 의녀, 별감, 군사, 각색장(음식

조리담당), 공사청(내시 직무소) 등에게도 백반과 곽탕을 사찬하였다.

순종이 태어난 지 이칠일(14일)이 되는 2월 21일에는 약방과 승후군에게 갱반을 내렸다. 이날은 합에 담긴 음식이 아닌 갱반(羹飯)으로 차린 상차림을 사찬하였다. 약방의 세 명 제조에게는 외상을, 대령의관·소아의관·의녀·대령서원·공사청·별감 등과 15개의 손님상을 사찬하였다. 차린 음식은 '백반, 곽탕, 육장, 민어·황포, 김치, 진장'으로, '육장, 민어·황포'는 외상에만 올렸다.

삼칠일(21일)이 되는 2월 28일에는 신정왕후 조씨, 수진궁, 운현궁 등에 갱반을 올렸다. 이 갱반을 준비한 곳은 안소주방(內燒廚房)과 밖소주방(外燒廚房)이었으며, 갱반에 소용된 재료는 경미(멥쌀)·백미·중미 등 쌀과 감곽(甘藿: 미역)·장곽(長藿: 자르지 않은 긴 미역)·분곽(粉藿: 품질좋은 미역)의 미역 종류, 미하(米蝦: 쌀새우) 또는 홍합(紅蛤)이다. 미역국에 쌀새우나 홍합을 넣어 끓인 것으로 짐작된다.

분류 : 음식
색인어 : 갱반, 밥, 미역국, 순종, 곽탕, 백반, 분곽, 장곽
참고문헌 : 『갑술 이월 십사일 초칠일 갱반하온 발기』; 『갑술 이월 이십일일 이칠일 약방 승후관 갱반 발기』; 『갑술 이월 삼칠일 갱반 소용 발기』
필자 : 이소영

국밥(「잔등」)

피난민도 형지 없이 어지러웠고 일본 사람들도 과연 눈을 거들떠보기 싫게 처참하지 아니함이 없었으나 생각하면 이것을 혁명이라 하는 것이었다. 혁명은 가혹한 것이었고 또 가혹하여도 할 수 없을 것임에 불구하고 한 개의 배 장사를 에워싸고 지나쳐 간 짤막한 정경을 통하여, 지금 마주 앉아 그 면면한 심정을 토로하는 이 밥장사 할머니에 이르기까지 그것이 어떻게 된 배 한 알이며, 그것이 어떻게 된 밥 한 그릇이기에, 덥석덥석 국에 말아 줄 마음의 준비가 언제부터 이처럼 되어 있었느냐는 것은 나의 새로이 발견한 크나큰 경이가 아닐 수 없었다. 경이보다도 그것은 인간

희망의 넓고 아름다운 시야를 거쳐서만 거둬들일 수 있는 하염없는 너그러운 슬픔 같은 곳에 나를 연하여 주었다.

1946년 『대조』에 발표된 허준의 중편소설이다. 허준(許浚: 1910-?)은 심리주의 소설을 대표하는 소설가의 한 사람이다. 해방 후 서울에서 활동하다가 고향인 북쪽으로 간 뒤 소식이 끊겼다. 「남신의주유동박시봉방」 등 절친했던 시인 백석이 일제 말기에서 해방에 이르기까지 창작한 시들을 보관하고 있다가 서울에서 발행되는 문학잡지에 소개하여 빛을 보게 하였다. 백석은 「허준」이란 시에서 허준을 "그 먼 벹살의 또 눈물의 나라에서 이 세상에 나들이를 온" 외롭고 쓸쓸한 사람이라고 하였다. 백석은 허준을 자신과 마찬가지로 속인들의 욕망이 지배하는 인간 세상에 맞지 않은, 귀양 온 신선과도 같은 존재라 생각했던 것이다. 대표작에 「야한기」, 「습작질에서」, 「잔등」, 「속 습작실에서」, 「평때저울」 등이 있다.

「잔등」은 해방 직후, 만주국(1932-1945)의 수도였던 신경(지금의 장춘)에서 출발하여 청진에 이르고 다시 서울로 떠나는 기차가 출발하는 데까지의 여로를 따라 펼쳐지는 소설이다. 만주국은 청나라의 마지막 황제 부의를 내세워 일본이 만주에 세웠던 괴뢰국이다. 현대 중국에서는 '위만주(僞滿洲)라 하여 경멸하는 것은 이 때문이다. 일본이 만주국을 통해 드넓은 만주 땅을 지배하게 되면서 조선인들도 이런저런 일로 만주 땅으로 많이 건너가 살았다. 만주국의 중심인 신경에 특히 많이 거주했을 것임은 물론이다. 이 소설 주인공의 귀국 여로가 신경에서 시작하는 것은 이렇게 보면, 만주 땅에 살다가 일본의 패전 이후 고국을 찾아 움직인 많은 조선인의 귀국 여로를 대변하는 전형의 의미를 지닌다고 할 수 있다.

그 귀국 여로에서 주인공은 많은 일을 목격하게 되는데 두 가지가 대표적이다. 하나는 소군정 아래 급속하게 사회주의 사회로 변화하는 북한의 현실이다. 다른 하나는 하루아침에 패전국민이 되어 살길을 찾아 허

큰 솥에 끓이고 있는 국ⓒ하응백

우적거리는 일본인들의 현실이다. 허준은 주인공의 눈과 입을 통해 이 같은 변화의 현실을 세밀하게 관찰하여 그렸다. 해방 후 북한 사회의 변화하는 현실에 대한 「잔등」에서의 증언은 이념과 무관한 것이라는 점에서 다른 소설들에서의 증언과는 구별된다.

최명익은 해방 후 북한 사회를 새롭게 지배하게 된 이념과 무관한 자리에서 이 변화하는 현실에 어떻게 대응하는 것이 바람직한지를, 이 소설의 중심인물인 국밥집 할머니를 통해 말하고자 하였다.

위의 인용은 작품 마지막 부분이다. 지금 주인공은 서울로 가는 기차에 올라 청진을 떠나고 있다. 차창 밖으로 멀리 할머니가 국밥을 파는 청진역 앞 국밥집의 등불이 꺼질 듯 꺼지지 않고 희미하게 빛나고 있는 것이 보인다. '잔등(殘燈)', 즉 곧 꺼질 듯 약한 등불인데, 이 등불은 생존 외길을 찾아 천지를 떠도는 일본인들의 가여운 처지를 연민하여 국밥을 떠주는 할머니의 더없이 넓고 따뜻한 인정을, 노동운동을 하다가 붙잡혀 감옥에서 죽은 아들 덕분에 많은 것을 누릴 수 있었음에도 불구하고 자신의 노동으로 살아가는 할머니의 겸허함과 주체성을 상징한다. 작가는 할머니에게서 "인간 희망의 넓고 아름다운 시야를 거쳐서만 거

뒤들일 수 있는 하염없는 너그러운 슬픔"을 느끼고 깊은 감동을 받는다. 그 감동은 그동안 억눌렸던 온갖 욕망이 분출하여 음모, 술수, 투쟁의 아수라장이 펼쳐졌던 해방공간의 현실에 대한 근본 비판이라는 함의를 담고 있다.

분류 : 문학
색인어 : 잔등, 허준, 국밥, 북한
참고문헌 : 김윤식,『허순본』(문학과지성사, 1988); 권성우,『허준소설의 '미학적 현대성'연구』(일지사, 1993)
필자 : 정호웅

꾸미고기(「무숙이타령」)

의양이 심부름을 시키는데 불이 펄쩍 나게 시키것다.
"중놈아."
"어."
"또 '어' 하는구나. 줄달음질하여 급히 가서 꾸미고기 사오너라."
"어, 그리하지."
순식간에 사오니,
"고춧가루 사오너라."
"어, 그리하지."
"전촛가루, 후춧가루, 파, 마늘, 생강 사오너라."
"어, 그리하지."
"세수 급히 할 것이니 양치 소금 사오너라."
"어, 그리하지."
"양식 팔고 나무 사고 생선 청어 사오너라."
"어, 그리하지."
"자반 굴비, 민어 하나, 살진 암탉 사오너라."
"어, 그리하지."

오늘날에는 「춘향가」, 「심청가」, 「흥보가」, 「수궁가」, 「적벽가」 등 다섯 바탕의 판소리가 창으로 불리고 있으나, 조선 후기에는 이들을 포함하여 총 12개의 작품이 판소리로 연행되고 있었는데, 그 중에 「왈자타령」 또는 「무숙이타령」이라고 불린 판소리가 있었다. 그동안에는 이 작품의 내용이 어떤 것인지 모르고 있었는데, 1990년대에 이 판소리의 사설 정착본인 「계우

사」가 발굴되면서 비로소 그 내용을 알 수 있게 되었다. 내용은 「왈자타령」, 「무숙이타령」 등의 제명에 나타나듯이, 왈자인 김무숙과 내의원 소속의 기생인 의양이 주인공으로 등장한다. 무숙은 본처가 있었지만 의양에게 반하여 의양을 기적(妓籍)에서 빼내어 살림을 차린다. 그 과정에서 무숙은 왈자가 다 그렇듯이 허랑방탕한 생활을 지속하는데, 이에 의양은 무숙의 본처와 주변 인물들을 동원하여 무숙을 극도의 경제적 궁핍에 빠지게 하여, 결국 무숙을 개과천선케 하는 이야기이다. 무숙의 생활은 놀이와 잔치를 일삼고 주색잡기에 빠지는 등 극도로 방탕하고 소비적인 것이었다. 그러다 보니 작품에는 술이나 음식 등이 많이 등장한다. 위에서 인용한 것은 그중의 한 장면이다.

위 인용문의 '중놈'은 기실 무숙을 가리킨다. 무숙이 방탕한 생활을 하다가 빈털터리가 된 뒤에 의양의 종 신세로 살아갈 때의 이름이다. 꾸미고기, 청어, 자반 굴비, 민어 등 여러 음식명이 등장한다. 이 중에서 '꾸미고기'는 국·탕에 넣어 잘 끓인 고기를 가리킨다.

분류 : 문학
색인어 : 꾸미고기, 계우사, 무숙이타령
참고문헌 : 작자 미상, 최혜진 역, 『계우사/이춘풍전』(지식을만드는지식, 2009)
필자 : 차충환

대구탕반

1925년 7월에 발간된 『개벽(開闢)』 제61호에는 부록으로 「팔도출품음식(八道出品飮食)과 팔도여흥(八道餘興)」이라는 글이 실려 있다. 이 글은 제목 그대로 전국 팔도에서 온 각 대표가 자기네 고장의 음식을 소개하고 뽐내는 글이다. 그중 경상도 출신의 대표는 경상도의 대표 음식으로 대구탕반과 진주비빔밥, 그리고 밀양막걸리 등등을 소개하였다. 그런데 그로부터 4년 후, 1929년 12월에 발간된 잡지 『별건곤(別乾坤)』에도 「팔도명식물예찬(八道名食物禮讚)」이라고 하여 비슷한 기사가 실렸다. 여기서 '달성인(達城人)'이라는 필명의 한 필자는 '대구(大邱)의 자랑, 대구(大邱)의 대구탕반(大邱湯飯)'이라고 하여 또 다시 대구

탕반(大邱湯飯)을 소개하였다.

그렇다면, 대구탕반은 어떤 음식이었을까? 자칫 생선으로 끓인 대구탕과 헷갈리기 쉽지만, 사실 대구탕반의 정체는 육개장이었다. 달성인은 "대구탕반은 본명이 육개장이다. 대체로 개고기를 한 별미로 보신지재(補身之材)로 좋아하는 것이 일부 조선 사람들의 통성(通性)이지만, 특히 남도지방의 시골에서는 '사돈 양반이 오시면 개를 잡는다.'고 개장(개장국)이 여간 큰 대접이 아니다. 이 개장(육개장)은 기호성과 개고기를 먹지 못하는 사람들의 사정까지 살피고, 또는 요사이 점점 개가 귀해지는 기미를 엿보아서 생겨난 것이 육개장"이라고 하였다. 즉, 다시 말해서, 육개장은 개를 먹지 못하는 사람들의 기호를 살펴서 특별히 마련된 음식이라는 것이다.

잘 알다시피, 조선시대 사람들은 복날 개장국을 끓여 먹으며 여름을 나는 풍습이 있었다. 그런데 조선에 살던 모든 사람들이 개고기를 즐겨 먹었던 것은 아니다. 대표적인 사람이 영조 때 문신 이종성(李宗城: 1692-1776)으로, 기록에 의하면 그는 개장 먹는 것을 매우 못마땅하게 생각했다고 한다. 이처럼, 개고기를 기피하는 사람들은 복날 개장국을 즐기는 사람들 틈에서 소외되기 일쑤였다. 따라서 이러한 소외계층을 배려해 개발된 음식이 개고기 대신 소고기를 넣고 끓인 육개장이었던 것이다. 그래서 조풍연(趙豊衍: 1914-1991)은 "육개장은 소고기로 흉내낸 개장"이라고 말하기도 했다(〈경향신문〉 1987년 9월 4일자).

그러면 육개장은 어떻게 만들까? 앞에서 달성인은 육개장은 "소고기로 개장처럼 만든 것"이라고 했고, 조풍연 또한 "소고기로 흉내낸 개장"이라고 하였다. 이것으로 볼 때, 육개장은 재료만 달라졌을 뿐, 개장국과 조리법이 거의 유사할 것이라고 추정할 수 있다. 1800년대 말에 쓰인 것으로 추정되는 『규곤요람(閨壼要覽』과 『시의전서(是議全書)』에 육개장 조리법이 처음 등장한다. 『규곤요람』은 고기를 얇게 썰어서 간장과 물을 넣고 고기점이 다 풀어지도록 끓인 뒤, 채소를 넣어 익히고 후춧가루를 넣으라고 했다. 『시의

전서』또한 전복이나 해삼 같은 재료가 더 추가되기는 했지만, 고기를 손으로 찢어서 올리는 점, 파와 미나리를 살짝 데쳐서 올리는 점, 그리고 매콤하게 즐기도록 하는 것이 개장국과 매우 유사하다.

이처럼, 육개장은 개장국에서 파생된 것이지만, 달성인의 말에 의하면, "지금은 대발전을 하여 본토(本土)인 대구에서 서울까지 진출"을 하였다고 했다. 조풍연 또한 한여름 복 중에 개장 먹는 대신 먹던 것이 육개장인데, 이제는 엄동설한에 가도 육개장을 판다고 하였다. 비록 육개장의 첫 출발은 개장국을 대신하기 위한 것이었지만, 이제는 아예 독자적인 음식으로 승승장구하고 있는 것이다.

분류 : 음식
색인어 : 대구탕반(大邱湯飯), 육개장, 개장국, 개벽(開闢), 팔도출품음식(八道出品飲食)과 팔도여흥(八道餘興), 별건곤(別乾坤), 팔도명식물예찬(八道名食物禮讚)
참고문헌 : 「팔도대표의 팔도자랑」,『개벽』1925년 7월호;「팔도명식물예찬」,『별건곤』1929년 12월 호; 조풍연,「육개장은 "소고기로 흉내낸 개장"인데」,〈경향신문〉1987년 9월 4일; 주영하,『음식인문학』(휴머니스트, 2011)
필자 : 양미경

승기악탕(『규합총서』)

1809년에 쓰인『규합총서(閨閤叢書)』라는 책에는 '승기악탕(勝妓樂湯)'이라는 음식의 조리법이 소개되어 있다. 승기악탕은 '기생이나 음악보다 낫다.'는 의미이며 '승기아탕(勝只雅湯)'이나 '승가기(勝佳妓, 勝歌妓)'라고도 한다. 주로 도미 등 생선으로 만드는 찜을 뜻하나『규합총서』의 승기악탕은 닭찜의 한 종류로 생선이 전혀 사용되지 않는다.

『규합총서』의 승기악탕 조리법은 닭을 손질하여 내장을 꺼낸 뒤 속에 여러 가지 재료를 넣어 끓인 음식이다. 조리법을 살펴보면 살찐 묵은 닭, 즉 1년생 이상의 닭으로 만드는데 발을 잘라내고 내장을 제거한 뒤 그 속에 술, 기름, 식초를 섞어 뿌린다. 또 박오가리, 표고버섯, 파, 돼지고기의 지방부분을 썰어서 넣고 수란을 까서 넣은 뒤 끓이는데 금중탕(錦中湯)과 같다고 하였다. 금중탕(錦中湯)은 궁중음식의 하나로 닭

고기, 소고기, 전복, 해삼 등을 넣어 끓인 탕이다.『규합총서』에서는 이 '승기악탕'이 왜관, 즉 부산에 있던 일본인 관사의 음식이라고 하였다. 이 때문에 승기악탕이 발음이 비슷한 '스키야키'에서 유래한 것이라는 의견도 있다.

『규합총서』이후의 조리서의 승기악탕은 '도미면' 혹은 '도미찜'과 같은 의미나 유사한 의미로 사용되고 있다. 1900년대에 출간된『조선요리제법(朝鮮料理製法)』이나『조선무쌍신식요리제법(朝鮮無雙新式料理製法)』에 소개된 승기악탕은 살짝 구운 숭어, 고기와 나물 등의 고명을 함께 넣고 끓인 전골이다. 이 책은 승기악탕이 '도미국수' 즉 도미면과 같다고 하였다. 이보다 이후에 나온『조선요리학(朝鮮料理學)』에서도 승기악탕과 함께 '도미찜'을 병기하고 있다. 한편,『조선요리학』은 승기악탕의 유래에 대해 조선 성종 때 오랑캐에 시달리던 의주의 백성들이 허종(許琮: 1434-1494)을 대접하기 위해 만든 음식이며, 허종이 '기생이나 음악보다 낫다.'는 뜻으로 승기악탕이라는 이름을 붙였다고 하였다.

분류 : 음식
색인어 : 규합총서, 승기악탕, 승가기, 도미면, 도미찜, 조선요리제법, 조선무쌍신식요리제법, 조선요리학
참고문헌 : 빙허각 이씨 저, 이민수 역,『규합총서』(기린원, 1988); 빙허각 이씨 저, 정양완 역,『규합총서』(보진재, 2008); 홍선표,『조선요리학』(조광사, 1940); 김정호,『조선의 탐식가들』(따비, 2012); 방신영,『조선요리제법』; 이용기,『조선무쌍신식요리제법』(한흥서림, 1924)
필자 : 서모란

육개장(『오리엔탈 컬리너리 아트』)

1933년 출간된『Oriental Culinary Art(동양요리법)』에 소개된 조리법 중 'Summer Soup'이라는 음식이 있다.

주재료는 소의 안심, 양, 간, 신장, 심장 등이다. 조리법은 다음과 같다. 각 부위의 고기를 깨끗이 씻은 다음 부드러워질 때까지 익힌다. 잘 익으면 고기를 잘게 잘라 그릇에 담는다. 고기에 다진 파와 간장, 참기름, 깨소금, 소금을 넣고 손으로 잘 주무른다. 고기를 다시 육수에 넣어 잠시 끓인 뒤 낸다. 고춧가루는 들어

육개장ⓒ석태문

가지 않는다.

이 시기 다른 요리책의 육개장 조리법과 유사한 것으로 보아 'Summer Soup'는 육개장일 것으로 추정된다. 특히 1921년 나온 조리서『조선요리제법(朝鮮料理製法)』의 조리법은 고춧가루가 들어가지 않는 점이나 조리법의 순서가『Oriental Culinary Art』의 'Summer Soup'와 거의 일치한다.

분류 : 음식
색인어 : Oriental Culinary Art, 동양요리법, 육개장
참고문헌 : George I. Kwon, Pacifico Magpiong,『Oriental Culinary Art』(Wetzel Publishing Co., 1933); 방신영,『조선요리제법』
필자 : 서모란

장국밥(『시의전서』)

1800년대 조리서『시의전서(是議全書)』에는 장국밥 조리법이 실려 있는데, 장국밥과 함께 '湯飯(탕반)'이라는 명칭을 병기하고 있다.

『시의전서』의 장국밥 조리법은 다음과 같다. 멥쌀로 밥을 짓는다. 무를 넣고 장국을 끓인다. 밥을 '훌훌하게', 즉 국물이 많고 밥알이 적게 만 뒤, 나물과 약산적을 얹고 후춧가루와 고춧가루를 뿌린다. 약산적은 다진 고기에 갖은양념을 더해 납작하게 빚어 석쇠에 구운 음식으로 그대로 잣가루를 뿌려 내기도 하고 음식에 고명으로 얹기도 한다.『시의전서』의 장국밥 조리법을 토대로, 이 당시의 장국밥은 고사리 등의 나물과

고기 등을 함께 푹 익혀 만든 현대의 장국밥과는 차이가 있음을 알 수 있다.

장국밥 조리법은 19세기 후반에 나온『규곤요람』과 1948년 출간된『우리음식』에도 나타난다. 두 책 모두『시의전서』처럼 장국밥에 대해 고깃국물을 만들어 밥을 마는 음식으로 간단히 설명하고 있다.

분류 : 음식
색인어 : 시의전서, 장국밥, 국밥, 약산적, 우리음식, 규곤요람
참고문헌 : 작자 미상,『시의전서』; 이효지 외,『시의전서(우리음식 지킴이가 재현한 조선시대 조상의 손맛)』(신광출판사, 2004); 주영하,『식탁 위의 한국사』(휴머니스트, 2013); 손정규,『우리음식』(삼중당, 1948); 작자 미상,『규곤요람(閨壼要覽)』
필자 : 서모란

국수

국수는 한자어로는 '면(麵)', '면자(麵子)'라고 하며, 밀, 메밀, 감자 등의 가루를 반죽하여 얇게 밀어서 썰거나 국수틀로 가늘게 뺀 음식, 또는 그것을 삶아 국물에 말거나 비벼서 먹는 음식을 의미한다. 우리나라의 전통 국수는 재료에 따라서 밀국수, 메밀국수, 녹말국수 등 다양한 종류가 있으며 국수를 사용한 요리는 국수장국, 냉면, 비빔국수, 칼국수 등으로 구분된다.

국수는 오늘날 평소에 먹을 수 있는 상용 주식으로 널리 보급되어 있으나, 근대 이전에는 특별한 경우에만 맛볼 수 있는 음식이었다. 조선시대의『세종실록(世宗實錄)』에는 수륙재(水陸齋) 때에 정면(淨麵)을 공양 음식으로 올렸다는 설명이 나온다(세종 2년: 1420년 9월 22일자). 조선왕조에서 궁중연회를 베풀 때의 준비절차와 연회음식의 내용을 수록한『진찬의궤(進饌儀軌)』,『진연의궤(進宴儀軌)』에 의하면 1719년부터 1902년 사이에 17회의 연회가 있었는데 1827년 이후로 국수장국이 빠짐없이 등장한다. 1848년부터는 국수장국 외에 따로 건면(장국에 말지 않은 국수)을 음식을 높이 고이는 고임상에 놓았다.

일반인들의 생활 속에서도 국수는 생일, 회갑연, 혼례 등 특별하고 경사스러운 날에만 먹을 수 있는 음식이었다. 기다란 면발이 장수를 상징한다는 믿음에서 비

롯된 것이기도 했고 특히 혼례 때는 신랑신부의 인연이 오래도록 이어지기를 바란다는 뜻으로 없어서는 안 될 음식으로 여겨져 왔다. 예로부터 여러 가지 잔치에서 국수를 대접했던 것이 유래가 되어 국수는 잔칫집의 대표음식이 되었고 잔치국수라고도 불리게 되었다. 오늘날, 언제 결혼할 거냐고 물을 때 '언제 국수를 먹여줄 거냐?'라고 묻는 것도 이러한 연유로 생겨났다.

국수는 고려시대에 이미 존재했던 것으로 보인다. 서긍(徐兢: 1091-1153)의 『선화봉사고려도경(宣和奉使高麗圖經)』에는 '10여 종류의 음식 중 국수 맛이 으뜸이다(食味十餘品而麪食爲先).'라는 말이 나오고, 고려에는 밀이 귀하기 때문에 성례(成禮) 때가 아니면 먹지 못한다고 하였다. 『고려사(高麗史)』의 예조와 형조에서 '제례에 면을 쓰고 사원에서 면을 만들어 판다.'라는 말이 보인다. 이것으로 미루어 보아 고려시대에도 국수가 있었으며 상품화도 되었던 것으로 추정되고 있다. 『고사십이집(攷事十二集)』에서는 '국수는 본디 밀가루로 만든 것이나 우리나라에서는 메밀가루로 국수를 만든다.'고 한 것으로 미루어 중국의 국수와는 달리 오래 전 한반도에서는 국수를 만들 때에 밀가루 외에 메밀을 사용하였음을 알 수 있다. 그러나 고려시대의 국수에 관해서는 구체적인 자료가 없어 정확히 알 수가 없다.

조선시대 이후, 국수에 관해서는 적지 않은 기록이 남아있다. 국수를 만드는 법에 대한 설명이 보이는 문헌은 조선 중기, 허균(許筠: 1569-1618)이 쓴 『도문대작(屠門大嚼)』(1611)이 있다. 여기서는 사면(絲麵)이라는 이름으로 메밀가루를 사용한 실국수를 소개하였는데 '絲麵則有吳同者善造(실국수는 오동이라는 사람이 잘 만들어 지금까지 전해온다.)'라고 하였다. 장계향(張桂香: 1598-1680)이 1670년 경 저술한 『음식디미방(飮食知味方)』을 보면 '난면(卵麵)'과 같이 밀가루와 계란을 섞어 면을 만드는 방법도 나와 있으나, 메밀가루, 녹말, 녹두가루를 섞는 제면법이 비교적 많이 소개되어 있다. 1600년대 말기에 쓰인 것으로 추정되는 작자 미상의 『주방문(酒方文)』의 '누면(漏麵)'은 면을 만들 때 밀가루를 사용하기는 하나 녹말과 섞어 쓰고 있고 그 외 '면(麵)'이라는 명칭으로 메밀가루, 녹두가루, 쌀가루를 사용하는 제면법을 기록하였다. 1809년 빙허각 이씨(憑虛閣 李氏: 1759-1824)가 쓴 『규합총서(閨閤叢書)』에는 『음식디미방』과 같은 '난면'이 등장한다. 1800년대 말엽에 출간된 작자 미상의 『시의전서(是議全書)』를 통해서는 조선시대에 상당히 다양한 면요리가 존재하였음을 추측할 수 있다. 이 책의 기록에 의하면, 녹두, 팥, 송화, 칡뿌리, 수수, 율무, 메밀, 밀, 녹말가루에 이르기까지 다양한 재료를 사용해서 만든 면이 있었으며 먹을 때에는 육수장국, 동치미국물, 참깨국, 콩국, 오미자국, 꿀물에도 말아 먹었다.

이와 같이 다양한 재료와 조리법이 기록에는 남아 있으나, 조선시대에 이르기까지 국수의 주된 재료는 메밀이었다. 메밀은 예로부터 한전(旱田)에서 재배하던 작물로, 한반도에서 전통적인 국수라고 하면 메밀로 만든 국수가 주류였다(윤서석, 2001). 세종대왕 때에는 궁중에서 소비되는 메밀의 양이 상당히 많았다고 전해진다. 진공물(進貢物)로 나라에서 거두어들이는 것만으로는 수요를 충당하지 못해 경기도, 강원도, 충청도에 205섬을 더 할당시킬 정도로 메밀 소비가 많았다(김상보, 2006). 궁중에서도 메밀국수를 즐겨 먹었음을 추측할 수 있다. 즉, 조선시대의 국수는 메밀을 주재료로 사용하였고, 밀국수는 잔치음식 또는 여름철 별미로 먹었다.

조선시대, 국수를 만드는 방법도 여러 가지였다. 크게 면본이라고 하는 틀에서 국수를 뽑아내는 방법, 구멍이 뚫린 바가지에 반죽을 밀어 넣어 뽑는 방법, 반죽을 밀대로 넓적하게 밀어 도마에 놓고 써는 방법 세 가지로 분류된다. 1915년에 일본인 오카 료스케(岡良助)에 의해 저술된 『경성번창기(京城繁昌記)』에는 국수를 만드는 모습에 대한 설명이 나온다. "조선인은 종래의 메밀면만을 먹으며 그 제조 및 판매는 기계에서 떨어지면 동시에 끓고 있는 솥의 물에서 끓여서 판매하고 있다."라고 설명하고 있다(김상보, 1997). 조선통감부의 기관지 〈경성일보〉의 기자로 조선에 와 있던 일본인 우스다 잔운[薄田斬雲, 1877-1956]이 1909년에 쓴 『조선만화(朝鮮漫畵)』의 글「국수집」에서는 조선의 국수틀에 대하여 조금 더 자세한 묘사를 볼 수 있다.

"조선의 음식점에는 어느 곳을 보아도 국수가 없는 곳이 없을 정도로 국수를 좋아하는 국민으로 보인다. 국수는 눈과 같이 하얗고 일본의 소면이나 말린 국수보다도 훨씬 희다. 어느 음식점이라도 음식점마다 한 구석에 국수를 제조하는 장소가 있어서 밖에서 보인다. 온돌집이기 때문에 국수 제조기계가 놓여 있는 곳은 낮에도 어둡다. 밑에는 큰 가마솥의 물이 부글부글 끓고 있다. 장작에 불을 지폈기 때문에 연기가 검게 올라온다. 솥(가마솥) 위에는 커다란 두꺼운 조판(組板) 모양의 물체가 있고, 이 물체에는 5, 6촌(寸) 정도의 구멍이 뚫려 있다. 이 구멍에 국수반죽을 넣는다. 위에서 절구공이를 내려 누르면 밑에 망이 있어서 이 망으로 국수가 실 모양으로 따라 내려와 끓고 있는 가마솥에 떨어진다. 하얗게 거품이 생기면서 끓는다. 이것을 퍼서 물에 넣는다. 드디어 백색의 상등 국수가 완성된다. 지레에 등을 대로 누워 다리를 천정에 대고 버틴다. 지레가 내려가서 발이 천정에 닿지 않게 되면, 기둥에 고정시킨 횡목(橫木)에 발을 대고 버틴다."
위 글에서 나오는, 밀을 사용한 새하얀 국수가 한반도에서 대중화된 것은 밀 재배와 밀 수입이 본격화된 일제 강점기 이후이다. 특히, 한국전쟁 이후 미국의 잉여농산물인 원조밀가루가 저렴하게 공급되면서 오늘날과 같이 밀가루로 만든 국수가 널리 보급되었고 그 옛날의 잔치음식이 아닌, 소박하고 대중적인 음식으로 자리잡았다. 멸치로 국물을 낸 국수가 보급되면서 명칭도 잔치국수 외에 멸치국수, 장터국수와 같은 대중적인 이름으로 불리게 되었다.

국수는 전국 각지에서 생산되는 갖가지 재료를 이용한 향토음식으로도 오늘날까지 전해져 내려오고 있다. 경상남도에는 멸치장국에 된장을 풀어 국물 맛을

멸치소면국수와 소면비빔국수ⓒ하응백

낸 된장국수, 제주도에는 된장을 넣은 멸치장국에 볶은 표고버섯과 소고기 완자를 얹어 내는 표고버섯국수(초기국수)가 있다. 강원도 지역에서는 도토리전분으로 면을 만들어 도토리올챙이국수(올갱이국수), 옥수수 전분으로 만든 면에 콩물을 넣어 옥수수콩물국수도 만들어 먹는다. 서울·경기도 지역에서는 밀국수에 잣을 갈아 만든 국물을 부어서 잣국수를 해 먹고, 비교적 널리 알려져 있는 들깨칼국수는 전라북도의 향토음식에 해당한다.

분류 : 음식
색인어 : 음식디미방, 도문대작, 진연·진찬, 주방문, 시의전서, 부인필지, 규합총서, 메밀, 설렁탕, 동치미, 오미자, 녹두, 잔치음식, 꿀, 멸치, 된장, 도토리, 옥수수, 잣
참고문헌 : 빙허각 이씨 저, 정양완 역주, 『규합총서』; 장계향, 『음식디미방』; 권오돈, 홍진표 공역, 『세종실록』(한국고전번역원, 1968) ; 허균, 『도문대작』; 농촌진흥청, 『고농서의 전통생활기술집』(2012, 농촌진흥청); 김상보, 『한국의 음식생활문화사』(광문각, 1997); 김상보, 『조선시대의 음식문화』(가람기획, 2006); 윤서석, 『우리나라 식생활 문화의 역사』(신광출판사, 2001);『한국의 전통향토음식 9. 경상남도』(교문사, 2008);『한국의 전통향토음식 10. 제주도』(교문사, 2008);『한국의 전통향토음식 3-강원도』(교문사, 2008); 한국의 전통향토음식 2-서울·경기도』(교문사, 2008);『한국의 전통향토음식 6-전라북도』(교문사, 2008); 한식재단, 한식포털, 「잔치국수」; 한국학중앙연구원, 『한국민족문화대백과사전』, 「국수」
필자 : 박경희

고기국수(제주도)

괴기국수, 돼지국수, 돗괴기국수라고도 불린다. 행사나 잔치에서 먹는 제주도 지방의 향토음식인데 돼지의 뼈를 우려낸 뽀얀 육수가 특징이다. 제주도에서는 결혼식이나 장례식에 온 손님을 대접할 때 돼지를 잡

제주도 고기국수 ⓒ하응백

는 관습이 있었고 이에 따라 혼례, 상례 때에 내는 음식이었다. 그러나 혼례에서 내는 경우는 거의 사라졌고 현재는 서귀포시 지역에서 상례가 있을 때에만 대접하고 있다.

국물을 낼 때에는 돼지고기와 함께 크게 썬 양파, 마늘, 생강, 된장을 넣고 푹 삶는다. 삶은 돼지고기는 건져 식혀서 얇게 썰어 둔다. 육수 간은 국간장과 소금으로 하는데 여기에 대파, 달걀을 풀어 넣는다. 끓는 물에 한 번 삶혀 낸 국수사리를 그릇에 담고 육수를 부은 다음 데쳐서 양념을 한 콩나물, 얇게 썬 돼지고기를 얹어 낸다.

고기국수는 육지와 차별화된 제주도만의 국수요리이다. 육지에서는 고기라고 하면 소고기를 떠올리는 경우가 많지만 제주도에서는 돼지고기를 가리킨다.

분류 : 음식
참고문헌 : 『한국의 전통향토음식 10. 제주도』(교문사, 2008); 한국학중앙연구원, 『한국향토문화전자대전』, 「돼지고기국수」
필자 : 박경희

국수(『고금소총』)

옛날에 한 신랑이 있었는데, 성품이 우매한데다 먹는 것을 좋아하였다. 혼인한 다음날 처갓집에서, 그와 마주하여 밥을 먹고 있던 사람이 그에게 국수를 권하였다. 신랑은 평소 국수가 어떤 것인지를 몰랐기 때문에 황급히 좌우를 돌아보며, 젓가락을 대기는 하였으나 끝내 먹지는 못하였다. 밤에 그가 신부에게 말하였다.

"소위 국수라는 것이 어떤 물건이오?"

부인이 웃으며 말하였다.

"이전에 국수를 드셔본 적이 없으신가요?"

신랑은 아직 먹어보지 못한 것을 몹시 한스럽게 여기며 물었다.

"안채에 국수가 아직 남아 있소?"

"내일 아침에 낭군님께 드리려고 대 고리짝에 넣어 부엌의 시렁 위에 놓아두었지요."

신랑은 변소에 간다는 핑계를 대고 부엌으로 가서 시렁 위를 더듬다가 고리짝이 손에 닿았는데, 그만 실수로 땅에 떨어뜨려 소리를 내고 말았다. 그럼에도 불구하고 신랑은 달아날 생각은 하지 않고 떨어진 국수를 손에 닿는 대로 주워 먹었다.

장인은 도적이 들었다고 생각하고 뛰쳐나와 빨리 불을 켜라고 소리쳤다. 신부는 범인이 신랑일 것이라고 생각하고 즉시 주방으로 달려 나와 불이 붙여지지 않는 척하며 말하였다.

"잠자다 나와서 그런지 부는 힘이 약해 불을 붙일 수가 없네요. 제가 도적을 잡겠으니, 아버님께서 불어보세요."

주인 영감이 대신 불씨를 불자 딸은 지아비의 등을 떠밀어 내보냈다. 그때 마침 개가 앞에서 꼬리를 흔들고 있었는데, 딸은 그 개 목을 잡고 말하였다.

"아버님! 도적이 아니고 개였네요!"

아버지는 불을 비추어보더니, 이상하게 여기며 말하였다.

"내가 잡았을 때는 정말로 사람이라고 생각했는데… 그것이 도리어 개가 되다니…."

신랑이 마구간에 숨어 있다가 그 모습을 멀리서 바라보고 자기도 모르게 실소하고 말았다. 그러자 부인이 웃으며 말하였다.

"소도 웃는데요?"

주인 영감은 "그래! 그래!" 하며 방으로 들어갔다.

국수가 먹고 싶어 소동을 벌이는 신랑과, 딸의 순간적인 기지에 그만 넘어가고 마는 영감의 어리숙한 행동 등, 전체적으로 심각한 갈등 없이 독자들에게 웃음을 제공하는 이야기이다. 국수는 예로부터 우리 민족이 많이 먹던 주식의 하나로서, 물국수, 비빔국수, 칼국수 등 만드는 방법도 다양하고, 메밀국수, 쌀국수, 초계국수 등 재료도 매우 다양하다.

지금도 그렇지만 옛날에도 양반들 사이에서나 일반 백성들 사이에서, 우스운 이야기들이 많이 생성·유통되었는데, 이들을 소화(笑話)라고 한다. 일부 양반 지식인들 중에는 그러한 소화들만을 따로 기록하여 책으로 만들었는데, 지금까지 전하는 것으로 『태평한화골계전』, 『어면순』, 『명엽지해』, 『파수록』 등이 그 대표적인 것이다. 그리고 나중에는 여러 소화집에서 특히 재미있는 이야기들을 몇 편씩 뽑아 따로 책을 만들기도 했는데, 그 대표적인 것이 우리에게 널리 알려진 『고금소총』이다. 위에서 소개한 국수 이야기는 원래 『어면순』에 실려 있던 것인데, 나중에 따로 뽑혀 현재에는 『고금소총』에도 실려 있다.

분류 : 문학
색인어 : 국수, 소화, 고금소총
참고문헌 : 시귀선 외 역주, 『고금소총』(한국문화사, 1998)
필자 : 차충환

국수(『소시민』)

그러고 보니 부산이라는 곳은 그를 송두리째 삼켜버렸는지도 알 수 없었다. 어쨌든 이렇게 밤마다 강영감과 승강이질을 하다가 보면, 잠이 드는 둥 마는 둥 할 때 벌써 일꾼 우두머리가 깨우려 드는 것이다. 일어나서 일방으로 나가면 썰렁했다. (중략)

처음에는 덜그럭덜그럭 돌림에 따라 반죽이 된 밀가룻덩이가 납작하게 정리가 되어 삐져나오고, 그렇게 나오는 것이 둘둘 말아지고 하는 것이 여간 재미나는 것이 아니었으나, 허구한 날 열 시간 남짓을 그러고 있자니 고역치고는 된 고역이고 부두노동쯤은 문제도 안 되었다. 자연 뒷간으로 자주 가고 가서도 오래 앉는 버릇이 붙었다. 새벽 서너 시가 되면 벌써 허기

가 졌다.

그럴 즈음이면 솥에서는 국수오라기가 끓고 김이 오르고 일판도 무르익기 시작한다. 일꾼 우두머리는 밥공기로 국수를 한줌씩 끊어서 상자에 차곡차곡 담는다. 솥에서 처음 나오는 그 국수 맛은 원래가 진미로 알려져 있었다. 그편으로 가서 염치 가리지 않고 한움큼씩 그득 쥐고 열심히 집어먹었다.

1964년 『세대』지에 연재된 이호철(李浩哲: 1932-2016)의 장편소설이다. 이호철은 1·4후퇴의 혼란 속에서 미군 LST선을 타고 남으로 내려온 월남자로서, 원산고등학교 2학년이 될 때까지 살았던 일제 강점기와 해방 후 북한에서의 체험과 월남한 이후 남한에서의 체험을 바탕으로 분단 현실을 증언하는 큰 문학을 일군 소설가이다. 1974년의 『한양』지 사건에 연루되어 감옥살이를 한 적이 있으며, 자유실천문인협회와 민족문학작가회의의 중심에 서서 민주화운동에 적극적으로 관여하였다. 대표작에 「탈향」, 「산」, 「판문점」 등의 단편과 『소시민』, 『서울은 만원이다』, 『문』, 『남녘사람 북녘사람』, 『출렁이는 유령들』 등의 장편이 있다.

『소시민』은 월남하여 부산의 한 제면소 곧 국수공장에서 남한에서의 삶을 시작한 작가 자신의 체험을 그린 자전적 소설이다. 문학의 뜻을 소중히 품고 전쟁통 객지의 혼란 속을 걷고 있는 주인공의 행로를 중심으로 전개되지만, 작품은 여기에 갇히지 않고 다양한 인물을 끌어들여 당대 한국사회를 입체적으로 담아내는 데까지 나아간다. 그 핵심은 전락과 상승의 소용돌이라 할 수 있는데, 옛것에 매여 새롭게 형성되는 질서의 궤도에 진입하지 못하는 인물들은 여지없이 전락의 내리막길로 굴러 내리게 되고 그 반대의 경우는 황당할 정도로 빠르게 상승하게 된다. '전면적 소용돌이'에 휘말려 '사회적 무정부 상태'로 격심하게 흔들리고 있지만, 그럼에도 옛 질서의 해체와 새 질서의 형성은 뚜렷하니, 이 같은 양상이 광범위하게 펼쳐지는 것이다.

그 가운데 하나는 강 영감을 통해 그려지는 이념의 토

대 상실과 그로 인한 이념인의 전락이다.

도쿄 일교대학(동경상대) 출신으로 해방 후 좌익운동에 투신했다가 보도연맹에 들기도 한 경력을 지닌 강 영감은 삶의 의욕을 완전히 상실하고 우중충한 잿빛 사물로 굳어버리고 말았다. 결국은 목매달아 죽고 마는데, 그 죽음은 자살 일반의 단호한 비장감과는 전혀 무관하다. 잿불의 사그라짐처럼 자연스러운 소멸로 느껴질 뿐인 것인데, 역설적으로 그러하기에 더욱 처절하게 다가온다. '움직여볼 터전이 없는, 닫힌 세월', 곧 토대의 상실이 한때의 열정적인 이념인을 사물화하고 끝내는 무화하기에 이르렀다. 국수 뽑는 중노동에 시달리면서도 낯선 땅에서 살아남기 위해 안간힘을 다하며 앞길을 열어 나아가는 주인공에 대비되어 강 영감의 전락은 섬뜩한 느낌에 우리를 묶는다. 그들의 사이에는 저처럼 미국에서 지원한 밀로 만든 국수가 익고 있는 솥에서 피어오르는 김이 자욱하게 서렸다.

분류 : 문학
색인어 : 소시민, 이호철, 국수, 부산
참고문헌 : 최원식, 「1960년대의 세태소설-이호철의 '소시민'과 '심천도'」(새미, 2001); 정호웅, 「서늘한 맑음, 감각의 문학」(새미, 2001)
필자 : 정호웅

국수(황현)

시커먼 빗발이 흰 물새 곁으로 마구 불어오기에
버드나무 그늘에서 졸다가 깜짝 놀라 잠을 깨었네
어린 손자가 산골 집에 점심때 되었다 알리더니
시원한 국수 천 가닥을 돌 틈 샘물에 말아내누나

黑雨橫吹白鷺邊 一回驚起柳陰眠
穉孫報道山廚午 冷麪千絲石寶泉

*황현, 「다시 진계유(陳繼儒)의 칠언절구에 차운하다 [又次眉公七絶韵]」

1908년 황현(黃玹: 1855-1910)이 여름을 맞아 시원한 국수 한 사발을 먹고 지은 칠언절구다. 황현은 본관이 장수(長水)고 자는 운경(雲卿), 호는 매천(梅泉)이다. 조선 말기 최고의 시인으로, 전라남도 광양(光陽)에서 태어나 구례(求禮) 만수동(萬壽洞)에 살면서 학문

과 문학에 종사하였다. 문집 『매천집(梅泉集)』이 있고 당시의 역사를 기록한 『매천야록(梅泉野錄)』이 유명하다.

황현은 돌 틈에서 나오는 시원한 샘물에 말아낸 국수를 시에 담아내었다. 시만 읽어도 입이 시원하다. 시의 원문에서는 냉면이라 하였지만, 여기서 이른 냉면은 한여름 샘물에 말아 먹는다 하였기 때문에 글자 그대로 냉국수로 보는 것이 옳다.

그런데 고려시대나 조선시대 밀이 귀하여 밀가루로 만든 국수가 그리 흔한 음식이 아니었다. 서긍(徐兢: 1091-1153)의 『고려도경(高麗圖經)』에 따르면 당시에는 밀을 수입하였기에 면(麵)의 가격이 대단히 비쌌고, 이 때문에 큰 잔치가 아니면 쓰지 않는다고 하였다. 밀가루국수가 흔해진 것은 근대의 일인 듯하다. 조선시대에는 밀가루국수 대신 메밀국수를 주로 먹었다. 권극중(權克中: 1585-1659)이 쓴 「유사(遺事)」에 따르면 17세기 전반의 학자 김집(金集: 1574-1656)은 메밀국수를 무척 좋아하여 사흘에 한 번씩 반드시 먹었다고 한다. 조선시대의 산수유람을 적은 글에는 절간에서 점심으로 메밀국수를 먹었다는 기록도 가끔 찾아볼 수 있다. 이규경(李圭景: 1788-1856)의 『오주연문장전산고(五洲衍文長箋散稿)』에는 건면(乾麵)이라 하여 광주리 위에 베를 펼쳐놓고 메밀국수를 말려 보관하다가, 필요할 때 간장을 풀어 끓이면 생면과 다를 바 없어 갑작스러운 손님을 맞을 때 쓴다고 하였다.

메밀국수는 사계절 음식이다. 15세기 후반의 문인 김종직(金宗直: 1431-1492)의 『이준록(彝尊錄)』에는 단오(端午)에 맥면(麥麵)을, 유두(流頭)에 만두를 제사 음식으로 올린다고 하였다. 물론 겨울에 냉면처럼 먹는 것 역시 별미였을 것이다. 임진왜란과 병자호란의 어지러운 시대를 살았던 이안눌(李安訥: 1571-1637)의 시 「12월 17일 안산 사또 유공에게 편지를 보내다 [十二月十七日奉簡柳安山]」에서 "느지막이 잠에서 막 깨니, 날이 개고 눈은 수북하오. 사방은 천 겹의 옥이요, 언덕은 만 그루의 매화라. 메밀국수는 옥가루가

날리고, 솔 막걸리는 익어 넘치려 하오. 눈 속의 흥이 일어났다 하여, 문에서 돌아가지 마소서[日晩眠初覺 天晴雪正堆 四隣千嶂玉 一岸萬株梅 麥麪方飛屑 松醪且潑醅 山陰好乘興 莫作到門廻].”라 하였다. 매화가 필 무렵 솔 막걸리에 곁들여 먹는 메밀국수라 더욱 입맛을 다시게 한다.

분류 : 문학
색인어 : 국수, 메밀국수, 황현, 이안눌
참고문헌 : 황현, 『매천집』; 서긍, 『고려도경』; 김집, 『신독재유고』; 이규경, 『오주연문장전산고』; 김종직, 『점필재집』; 이안눌, 『동악집』; 이종묵, 『한시마중』(태학사, 2012)
필자 : 이종묵

국수 누르는 모양

「국수 누르는 모양」은 19세기 말 개항장에서 활동했던 직업화가 기산(箕山) 김준근(金俊根: 생몰년 미상)의 그림이다. 오른쪽 상단에 「국수 누르는 모양」이라는 한글 화제(畫題)가 쓰여 있고, 화제 밑에는 '箕山(기산)'이라는 김준근의 호인(號印)이 백문방인(白文方印)으로 찍혀 있다.

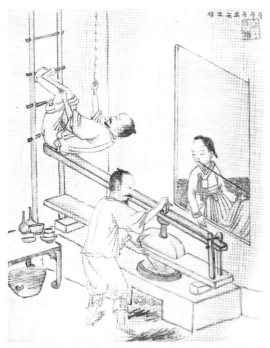

김준근, 「국수 누르는 모양」, 25.4×20.3cm, 종이에 담채, 19세기 말, 독일 베를린민족학박물관

화면에는 국수틀을 이용하여 국수를 뽑는 장면이 도해(圖解: 그림으로 풀어놓은 설명)하듯 그려져 있다. 한 남성이 사다리에 올라가 천장에 매달아놓은 끈을 쥐고 몸의 반동을 이용해 국수틀의 지렛대 끝자락에 힘을 주었다 풀었다 하면서 국수틀을 작동시킨다. 이 남성의 노동에 의해 국수틀에서 압착되어 빠져나오는 얇은 면발은 솥 안의 끓는 물속에 빠진다. 이때 다른 남성이 솥 앞에서 긴 막대기로 국수를 저어가며 삶고 있다.

국수틀의 사용법에 대해서는 조선 후기 실학자인 서유구(徐有榘: 1764-1845)의 『임원경제지(林園經濟志)』의 「섬용지(贍用志)」에 기록되어 있다. 이 문헌에서 '면착(麪搾)'에 대해 설명하기를 “큰 통나무의 중간에 지름 4-5치의 구멍을 뚫고 이 둥근 구멍의 안을 무쇠로 싸서 그 바닥에 작은 구멍을 무수하게 뚫는다. 이 국수틀을 큰 무쇠 솥 위에 고정해놓고 국수 반죽을 놓은 뒤 지렛대를 누르면 가는 국수발이 물이 끓는 솥으로 줄을 이어 흘러내린다.”라고 하였다. 서유구의 설명과 김준근이 그린 「국수 누르는 모양」은 서로 호응하듯 일치하고 있다.

분류 : 미술
색인어 : 국수, 국수틀, 면, 김준근. 기산, 임원경제지, 섬용지, 서유구, 솥, 지렛대
참고문헌 : 서유구, 『임원경제지』; 주영하, 『그림 속의 음식, 음식속의 역사』(사계절, 2005); 김상보, 『조선시대의 음식문화』(가람기획, 2006); 한식재단, 한식아카이브 DB
필자 : 구혜인

비빔국수

비빔국수는 메밀 또는 밀국수를 건짐 국수로 하여 비빔재료와 함께 양념장을 넣고 비벼 먹는 음식으로 비빔면이라고도 부른다. 조선 후기의 세시풍속을 기록한 홍석모(洪錫謨: 1781-1857)의 『동국세시기(東國歲時記)』에 '골동면(骨董麵): 국수에 잡채(여러 가지 채소), 배, 밤, 소고기, 돼지고기, 참기름을 넣고 비빈 것을 골동면이라 하는데, 생각건대 나부영이란 노인이 여러 가지 음식을 섞어서 만든 갱을 골동갱(骨董羹)이라 하였고, 골동이란 뒤섞는다는 뜻이다. 지금

의 잡면(雜麵)은 이러한 것이다. 관서 지방의 면이 가장 좋다.' 라는 기록이 남아있다. 여기서는 비빔국수를 골동면, 잡면이라고 부르고 있다. 관서 지방은 메밀의 주산지인 평안남도와 평안북도를 가리킨다. 조선시대 국수의 재료는 녹두, 메밀, 마, 칡, 동부, 수수, 팥, 율무 등 상당히 다양하였으나 그중에서 주된 재료는 메밀이었다. 그러므로 비빔국수의 재료도 메밀로 만든 면이 주류였음을 짐작할 수 있다.

비빔국수는 조선시대 국수 요리법이 점차로 다양화되면서 나온, 발전된 면 음식의 한 종류로 여겨지고 있다. 국수 요리의 한 종류인 국수장국을 만드는 방법은 조선 중기 장계향(張桂香: 1598-1680)이 지은『음식디미방(飲食知味方)』에 등장한다. 그러나 비빔국수의 경우는 그보다 한참 후인 1800년대 말엽에 쓰인 작자 미상의『시의전서(是議全書)』에 '汨董麵 부빔국슈'라는 이름으로 처음 등장한다. 만드는 법에 대해서는 '소고기는 다진 후 양념에 재워서 볶고 숙주와 미나리는 삶는다. 묵을 무치고 양념을 갖추어 넣고 국수를 비벼 그릇에 담는다. 고기 볶은 것, 고춧가루, 깨소금을 위에 뿌리고 장국과 함께 상에 낸다.'고 되어 있다. 이렇게 1800년대에 이르러 국수 요리가 새로이 개발된 것은 감자의 재배 확대와 관련이 있다. 원래 국수의 주된 재료는 메밀가루였다. 메밀가루는 점성(粘性)이 부족해 녹두녹말을 섞어서 국수를 뽑았으나, 녹두녹말이 귀했기 때문에 국수가 널리 보급되지 못했다. 그러나, 19세기 중엽 감자의 재배가 활발해져서 감자녹말이 많아지면서 녹두녹말 대신 이것이 사용되었고 결과적으로 국수가 널리 보급되었던 것이다. 비빔국수의 한 종류인 함흥의 회냉면은 감자녹말을 많이 섞어 만들어 국숫발이 질기고 오돌오돌하며 가까운 지역의 명물인 생선회를 넣은 것이다(윤서석, 2001).

분류 : 음식
참고문헌 : 윤서석,『우리나라 식생활 문화의 역사』(신광출판사, 2001); 한국학중앙연구원,『한국민족문화대백과사전』,「비빔국수」
필자 : 박경희

습면(『수운잡방』)

조선시대에 국수를 만드는 방법은 여러 가지가 있었다. 지금의 칼국수처럼 반죽을 한 뒤 홍두깨로 얇게 민 다음에 칼로 써는 방법이 있고, 국수틀 안에 반죽을 넣고 공이로 눌러서 국수를 빼기도 했다. 이 방법 말고 바가지를 이용해 국수를 뽑기도 했는데, 이때는 메밀이나 밀가루가 아니라 녹두(菉豆)를 맷돌에 갈아서 자루에 담아 물에서 주무른 뒤 앙금을 가라앉혀 말려 두었던 녹말가루를 재료로 썼다. 바가지에 구멍을 뚫어 녹두 풀 또는 찬물에 탄 녹두전분을 끓는 물 안에 흘려보내면 가는 국수가 된다.

조선 중기 김유(金綏: 1491-1555)의『수운잡방(需雲雜方)』을 보면, '습면(濕麵)'을 만드는 법이 나온다. 솥에 든 뜨거운 물속에 바가지[瓢]를 넣고 끓였다가 꺼내고, 그 안에 끓는 물을 담고 녹두 전분을 넣어 휘저어서 풀을 쑤되 꿀처럼 걸쭉한 농도로 만든다. 이것을 새끼손가락 굵기의 구멍을 세 개 뚫은 바가지에 담아 물이 끓는 솥 위에서 흘려보낸다. 한 손으로 바가지를 두드리면 반죽이 더 잘 내려가고, 바가지를 높이 들수록 면이 가늘어진다. 이렇게 만든 국수를 솥에서 익힌 뒤 건져내 먹으면 되는 것이다.

분류 : 음식
참고문헌 : 김유,『수운잡방』(한국전통지식포탈)
필자 : 김혜숙

유두면(유두 시식)

유두(流頭)는 음력 6월 보름으로, 겨울밀과 겨울보리를 수확하는 시기였다. 보릿고개를 넘긴 사람들은 이 날 수확한 햇곡식으로 맛있는 음식을 만들어 먹으면서 하루를 즐겁게 보냈다. 이 무렵은 한여름[中夏]이 시작되는 시점이라서 유둣날에는 더위를 피해 맑은 강가나 폭포수를 찾아가 머리를 감고 몸을 씻는, 이른바 '물맞이' 놀이가 관례처럼 행해졌다.

대표적인 유두 절식(流頭 節食)으로는 유두면(流頭麵)을 꼽을 수 있다. 홍석모(洪錫謨: 1781-1857)가 쓴『동국세시기(東國歲時記)』에는 유두면 만드는 법이 기록되어 전한다. 유두면을 만들려면 우선, 햇 밀가루를 반죽하여 구슬 모양으로 빚어 끓는 물에 삶아낸다. 그런 다음, 오색으로 물들인 후 세 개씩 포개어 색실로 꿰어서 허리에 차거나 혹은 문설주에 걸어놓으면 액운을 쫓을 수 있다고 하였다.

이것으로 볼 때, 유두면은 오늘날 우리가 먹는 국수와는 매우 다른 형태임을 알 수 있다. 원래 중국에서는 밀가루로 만든 음식을 모두 면(麵)이라고 불렀다. 유두면 또한 형태는 경단을 닮았지만, 밀가루를 주 재료로 하여 만들었기 때문에 면으로 불렸을 것이다. 그런데 근대 이후 밀가루가 풍부해지면서 유두면이 구슬 모양에서 오늘날의 밀가루 국수 모양으로 변화하게 되었고, 더불어 유두면을 먹으면 더위를 타지 않고 장수한다는 믿음도 생겨났다.

분류 : 음식
색인어 : 유두면(流頭麵), 유두 절식(流頭 節食)
참고문헌 : 홍석모, 최대림 역, 『동국세시기』(홍신문화사, 2006)
필자 : 양미경

청면

청면(淸麵)은 녹두녹말로 국수를 만들어 오미자국물에 담가 잣을 띄운 음료이며, 창면, 책면, 챡면이라고도 불렀다.

봄 계절에 베푼 궁중 왕실의 잔치에는 청면이 차려졌다. 1901년(광무 5) 5월 13일에 거행한 헌종(憲宗: 재위 1834-1849)의 계비(繼妃)인 명헌태후(明憲太后: 1831-1904)의 칠순 잔치에서 명헌태후가 받은 상차림에는 청면이 올랐다. 그 다음해 1902년(고종 39) 4월 23일에 고종(高宗: 재위 1863-

작자 미상, 「수욕도(목욕하는 사람들)」, 조선, 지본담채, 104.8×46.4cm, 국립중앙박물관 – 유두절에 하는 물맞이 장면

작자 미상, 「수욕도」, 목욕 부분 확대

채용신, 고종어진, 견본채색, 180×104cm, 국립중앙박물관

1907)이 51세를 맞아 기로소에 입소하는 것을 축하하는 연회에서 고종에게 받은 대탁찬안(大卓饌案)에도 청면이 있었다.

그해 11월 4일 고종 즉위 40주년을 기념하기 위해 열린 연회에서 고종이 받은 상차림 중 대탁찬안은 4월에 베푼 연회 음식과 똑같이 차렸다. 그런데 청면이 수정과(水正果)로 바뀌었다. 겨울에 열린 잔치에서는 청면 대신 수정과로 대체된 것이다.

왕실 잔치에 오른 청면의 재료를 보면 녹말, 오미자, 꿀, 잣, 그리고 연지(臙脂)이다. 연지는 붉은 빛깔의 색소이다. 1957년 한희순(韓熙順: 1889-1972) 상궁과 황혜성(黃慧性: 1920-2006)이 공저로 쓴 『이조궁정요리통고(李朝宮廷料理通考)』에서 '책면'의 조리법을 보면 연지를 왜 사용했는지 짐작해볼 수 있다. '오미자는 냉수에 담가 1일 정도 푹 우려서 체에 걸러놓고 여기에 설탕 끓인 물을 넣어 단맛과 신맛이 알맞은 오미자 국을 만든다. 녹말가루를 물에 풀어서 놋쟁반이나 쟁첩 같은 넓은 그릇에 조금씩 떠놓아서 중탕해서 익힌다. 투명해지기 시작하면 뜨거운 물에 아주 담가서 익혀가지고 찬물에 넣어 식힌다. 이것을 말아서 채로 썰어 오미자국에 넣고 잣을 띄운다. 오미자국의 색깔이 옅으면 식용 홍색을 풀어 색깔을 알맞게 한다.'고 했다.

분류 : 음식
색인어 : 청면, 착면, 책면, 청면, 음료, 녹말국수, 오미자, 봄시식
참고문헌 : 『임인』진연의궤(『壬寅』進宴儀軌)』; 『신축』진찬의궤(『辛丑』進饌儀軌)』; 『이조궁정요리통고(李朝宮廷料理通考)』
필자 : 이소영

콩국수

콩국수는 단백질과 지방질을 효율적으로 섭취할 수 있어 땀을 많이 흘리는 여름철에 몸의 기운을 돋워 주는 음식이다. 콩을 삶아 곱게 간 다음 체에 걸러낸 후 그 국물에 국수를 말아 소금으로 간을 하고 얼음을 띄워 먹는다.

콩국수를 먹기 시작한 시기는 정확히 알려져 있지 않다. 그러나, 1680년경의 조리서인 『요록(要錄)』에는 태면(太麪)이라는 이름으로, 1800년대 말에 나온 작자 미상의 조리서 『시의전서(是議全書)』에 깨국수와 함께 '콩국'이라는 명칭으로 등장한다. 시의전서에 소개된 조리법은 콩을 물에 담가 불리고 삶아서 곱게 간 다음 가는체에 밭치고 소금을 타서 간을 맞춘 다음, 여기에 밀국수를 말되 웃기는 깻국과 같이 하여 얹는 것으로 되어 있다.

근현대시기 수필가 조풍연(趙豊衍: 1914-1991)은 1987년 콩국수에 관한 짤막한 글을 〈경향신문〉에 게재하였다. 그에 의하면, 콩을 간 물에 국수를 말아서 먹는 방법은 일본이나 중국에는 없는, 한국만의 독특한 것이라고 한다. 또, 콩국수라는 음식명은 최근에 들어 새로이 만들어진 이름이고 원래 이 음식은 콩국으로 불렸다고 설명하였다. 그가 소년 시절, 큰 통에 콩을 간 물을 담아 얼음을 띄워 파는 상인이 동네 골목에 와서 '시원하고 맛 좋은 얼음에 콩국을 사료오.'라고 외치며 콩국을 팔곤 했었는데 그때가 되면 아낙네들이 저마다 그릇을 들고 나왔다고 한다. 그러면 장수는 신이 나서 반기며 콩국에 우동 사리와 콩국물을 넣고 얼음 두어 조각을 띄워서 사람들에게 팔았다고 회상하였다. 면으로는 냉면국수 등 취향에 따라 골라서 먹을 수 있는데 국수집에서 뽑아주는 우동이 가장 좋다고 하였다(〈경향신문〉1987년 8월 21일자).

콩국수는 양곡소비를 억제하기 위해 1960-1970년대 한국 정부가 강력하게 추진했던 혼분식(混粉食) 장려정책에 힘입어 확산되었다. 1970년대 말, 쌀의 자급자족에 성공하기까지 한국은 쌀 부족 국가였다. 정부는 미국에서 대량 도입된 값싼 밀가루를 비롯하여 쌀을 대체할 잡곡 등을 섭취할 것을 적극적으로 장려하였는데 이 식량정책은 식생활의 '개선'이라는, 대대적인 국민운동 형태로 전개되었다. 콩국수에 넣어서 먹는 밀국수는 정부가 적극 권장한 밀가루 소비 확대와 직결되는 것이었고 또 한편으로 콩은 단백질 공급원으로 손색이 없는 식품이었다. 즉, 콩국수는 혼분식 장려정책 차원에서 훌륭한 영양식품이었고 저렴한 가격으로 대량 공급된 밀가루 덕분에 크게 유행했다. 일

례로, 절미운동이 한창이던 1975년 7월, 한국 식생활 개선 연구회 주최로 국립공보관에서 개최된 '식생활 개선 전시회'에서 콩국수는 샌드위치, 감자스프, 고구마 도넛 등과 함께 영양 대용식(代用食)으로 전시되었다(〈동아일보〉 1975년 7월 30일자). 1977년 〈동아일보〉에는 절미정책을 강력히 추진하였던 박정희(朴正熙: 1917-1979) 전 대통령이 수원 새마을지도자 연수원에서 콩국수 점심을 먹는 사진이 신문에 실리기도 하였다(〈동아일보〉 1977년 7월 7일자).

한편, 1970년대 전반에 한국 시장에 처음 등장한 믹서기도 콩국수의 확산에 한몫을 하였다. 그때까지 콩국을 만들기 위해서는 맷돌에 콩을 갈아서 다시 체에 걸러내는 수고로움을 감내해야 했으나 믹서기의 등장으로 순식간에 고운 콩국을 만들 수 있었다.

오늘날에도 콩국수는 여름 더위에 지친 현대인의 체력을 보강할 수 있는 보양식으로 손색이 없다. 콩국수를 먹을 때는 오이채 등 채소를 얹는 것이 일반적이나, 황해도 지방에서는 수수로 경단을 만들어 띄워 먹기도 한다.

분류 : 음식
참고문헌 :『한국의 전통향토음식 6-전라북도』(교문사, 2008); 작자 미상,『시의전서』; 작자 미상,『요록』; 한국학중앙연구원,『한국민족문화대백과사전』,「콩국수」; 조풍연,「식도락(食道樂)」,〈경향신문〉 1987년 8월 21일;「간편한 대용식(代用食) 식량절약(食糧節約) 되고 건강(健康)도 돕는」,〈동아일보〉 1975년 7월 30일;「박대통령(朴大統領)의 예고(豫告) 없는 민정시찰(民政視察) 7시간(時間)」,〈동아일보〉 1976년 7월 7일
필자 : 박경희

화면(삼월 삼짇날)

예로부터 삼월 삼짇날은 양수(陽數)인 3자가 겹치는 날이라 하여 길일로 여겼다. 일 년 중 큰 명절이었던 만큼, 이날 사람들은 맛있는 음식을 해 먹으며 들에 나가 하루를 즐기며 놀았다. 삼짇날 먹는 절식(節食)으로는 제철에 피는 진달래꽃을 이용한 화전(花煎)과 화면(花麵)이 대표적이다.

홍석모(洪錫謨: 1781-1857)가 쓴 『동국세시기(東國歲時記)』와 『규합총서(閨閤叢書)』,『주식시의(酒食是義)』,『음식방문(飮食方文)』 등의 조리서에는 화면 만드는 법이 자세히 기록되어 있다. 이를 종합해보면 화면 만드는 방식에는 다음과 같이 두 가지 방식이 있다. 첫째, 녹두가루를 반죽하여 익힌 다음, 이를 가늘게 채 썰어 꿀을 탄 오미자국에 넣고 잣을 띄운다. 둘째, 진달래 꽃잎을 녹두가루에 반죽하여 살짝 데친 다음, 차게 우려낸 오미잣국에 띄워 낸다. 그런데 꽃을 이용한 만큼, 화면은 계절에 따라 다양한 제철 꽃이 사용되었다. 봄철에는 주로 진달래 꽃잎으로 두견화면을 만들어 먹었고, 가을에는 국화 꽃잎을 넣어 국화면을 만들어 먹었다.

분류 : 음식
색인어 : 삼짇날, 절식(節食), 화면(花), 수면(水), 두견화면, 국화면
참고문헌 : 빙허각 이씨,『규합총서』(한국전통지식포탈); 작자 미상,『역주방문』(한국전통지식포탈); 홍석모 저, 최대림 역,『동국세시기』(홍신문화사, 2006); 작자 미상,『음식방문』(『조선사대부가의 상차림』, 대전역사박물관, 2012)
필자 : 양미경

국자

국자는 죽이나 국 등 액체로 된 음식물을 떠서 다른 그릇으로 옮기는 도구이다. 긴 자루와 오목한 바닥으로 구성되어 있다. 국자는 바닥이 움푹 패어 있고, 국물을 떠내기에 편리하도록 수직으로 된 긴 자루가 달려 있다. 그리고 걸기 편하도록 자루 끝에 구멍이 뚫려 있는 경우도 있다. 이미 석기시대부터 사용하기 시작한 국자는 고려시대 와서 국이 대표적인 부식으로 발달됨에 따라 필수용구로 등장하였다. 이때 식기의 주재료였던 놋쇠로

국자, 길이 46.5cm, 일제 강점기, 국립민속박물관

만들어지고 그 기형이 조선시대까지 이어졌다.

분류 : 미술
색인어 : 국자, 죽, 국, 국물, 놋쇠, 유기
참고문헌 : 국립민속박물관, 『한민족역사문화도감 식생활: 국립민속박물관 소장품』(2007); 강인희, 『한국식생활사』(삼영사, 1978); 한국학중앙연구원, 『한국민족문화대백과사전』
필자 : 구혜인

김정희, 난초와 국화, 19세기, 지본수묵, 37×27cm, 국립중앙박물관

국화주

황화주(黃花酒)라고도 하며, 국화 중에서도 감국(甘菊)을 쓴다. 국화주는 우리 선조들이 가장 즐겨 마시던 술 중 하나로, 곡주에 말린 국화꽃을 섞어 넣고 발효시켜 만든다.

옛 풍습에 9월 9일 중양절(重陽節)에 높은 산에 올라 국화주를 마시면 무병장수한다는 속신(俗信)이 있었다. 그래서 조정에서는 이날 노인들을 초대하여 국화주를 대접하기도 했다. 실제 효능은 알 수 없으나, 안동 의성 김씨 문중에서 전승되는 조리서인 『온주법(蘊酒法)』에는 국화주가 뼈를 튼튼하게 하고 골수를 보호하여 수명을 연장시키고 늙지 않게 한다고 적혀 있다.

옛 사람들의 사랑을 듬뿍 받았던 술인 만큼, 조선시대 여러 문헌에는 국화주 만드는 법이 자세히 기록되어 전한다. 그 중에서도 조선 후기 실학자 서명응(徐命膺: 1716-1787)은 그가 집필한 『고사십이집(攷事十二集)』에 두 가지 방법의 국화주 만드는 법을 수록하였다. 첫째는 고두밥, 누룩, 국화 꽃잎을 직접 섞어 넣고 발효시키는 방법이다. 서명응은 술이 익을 무렵 국화꽃을 넣고 잘 섞어서 이튿날 아침에 걸러내면 맛이 향기롭다고 했다. 두 번째 방법은 '화향입주법(花香入酒法)'이라 하여, 술에 꽃향기를 입히는 방법이다. 국화꽃을 주머니에 넣고 숙성된 술에 손가락 한 개 높이로 매달아 단단히 밀봉한 후 하룻밤이 지나면 국화꽃 주머니를 빼는 방식이다. 이외에도 다른 조리서에는 고두밥에 누룩과 국화즙을 섞어 발효시키는 방법도 소개되고 있다.

국화주는 2016년에 대전시 무형문화재 제9호-나로 지정되어 보존되고 있다. 보유자는 동춘당(同春堂) 종부인 김정순(1935년생)으로, 이 문중에서 전승되는 조리서인 『주식시의(酒食是儀)』에 '화향입주방(花香入酒方)'이라 하여 국화주 만드는 법이 기술되어 있다. 그 내용을 자세히 살펴보면, 꽃을 담은 주머니를 술독에 매달거나 꽃을 술 위에 뿌리는 방식으로 술에 꽃향기를 입히라고 했다. 하지만 현재 김정순은 밑술·고두밥·누룩을 버무린 반죽에 국화꽃을 직접 섞어 넣은 후 발효시키는 방식으로 국화주를 제조하고 있다. 이는 김정순이 시집올 당시 집안어른에게 배운 것으로, 약 60여 년간 이와 같은 방식으로 매년 국화주를 만들어왔다고 한다.

분류 : 음식
색인어 : 술, 주식시의
참고문헌 : 작자 미상, 『온주법』(한국전통지식포탈); 서명응, 『고사십이집』(한국전통지식포탈); 작자 미상, 『주식시의』(『조선사대부가의 상차림』, 대전역사박물관, 2012)
필자 : 양미경

국화주(기로연)

음력 9월 9일은 양수(陽數)인 9자가 겹치는 날이라 하여 중양절(重陽節), 혹은 중구절(中九節)이라고 한다. 예로부터 중양절은 양기가 충만하다고 하여 길일(吉日)로 여겨서, 조정에서는 노인 대신들을 초대하여 기로연(耆老宴)을 베풀었다(『성종실록(成宗實錄)』 성종 4년 9월 9일자 기사). 그리고 이 날은 높은 곳을 올라가는 등고(登高)라는 풍속과 상국(賞菊)이라고 하여 일 년 중 마지막에 피어나는 국화꽃을 감상하며 국화주를 마시는 풍습이 행하여졌다(『조선상식(朝鮮常識)』).

그런데 이러한 풍습은 중국에서 유래한 것이다. 중국 후한(後漢) 때 앞날을 잘 맞추기로 유명한 비장방(費長房)이라고 하는 도인(道人)이 있었다. 그의 문하에는 환경(桓景)이라는 학생이 있었는데, 어느 날 비장방이 그에게 이르기를, "9월 9일에 너의 집안에 큰 재앙이 있을 것이다. 어서 가서 집안사람들에게 붉은 주머니에 산수유를 담아서 팔뚝에 걸고 높은 산에 올라가서 국화주를 마시게 하라. 그리하면 재앙을 면할 것이다."라고 하였다. 환경이 그의 말을 따라 중양절에 가족을 데리고 산에 올라가 국화주를 마시고 내려와 보니, 집에서 키우던 가축이 모두 죽어있었다고 한다. 나중에 비장방이 그 말을 듣고서 "가축들이 가족을 대신해 죽은 것이다."라고 하였다(『지산집(芝山集)』).

이 같은 고사(故事) 때문에 조선시대 선비들은 매년 9월 9일이면 높은 곳에 올라 국화주를 마시며 무병장수를 기원했다. 조선 후기 사람들의 풍속을 기록한 홍석모(洪錫謨: 1781-1857)는 9월 9일이면 서울 사람들은 떼를 지어 남산과 북악산에 올라 마음껏 먹고 마시며 흥겹게 논다고 적었다(『동국세시기(東國歲時記)』). 이때 빠질 수 없는 것이 바로 국화주였을 터. 조선 후기 문신 최영년(崔永年: 1856-1935)은 『해동죽지(海東竹枝)』에서, 중양절에는 시인 묵객들이 큰 술동이에 국화를 띄우고 등고하여 시를 지으며 논다고 하였다.

분류 : 음식
참고문헌 : 『성종실록』(김익현 역, 세종대왕기념사업회, 1980); 조호익 저, 정선용 역, 『지산집』(한국고전번역원, 2003); 홍석모 저, 최대림 역, 『동국세시기』(홍신문화사, 2006); 최영년, 「명절풍속」, 『해동죽지』(『조선대세시기』, 국립민속박물관, 2003); 최남선, 『조선상식』(동명사, 1948)
필자 : 양미경

국화주(『봉성문여』)

조선 후기 문인 이옥(李鈺: 1760-1815)은 자유롭고 생생한 문체로 저잣거리 사람들의 삶과 풍속을 잘 그려낸 것으로 유명하다. 그러나 이옥의 이 자유분방한 문체를 몹시 못마땅하게 여긴 사람이 있었으니, 바로 정조(正祖: 재위 1776-1800) 임금이었다. 정조는 '문체를 바로잡는다.'라는 명분하에 이옥에게 반성문을 쓰게 하였고, 과거시험에 응시하지 못하게 하는 벌을 내렸다. 또한 1799년에는 영남의 삼가현(三嘉縣, 일명 鳳城, 지금의 합천 삼가면 지역)까지 쫓아 보내 강제로 군역에 복무하게도 했다. 그럼에도, 삼가현에서 돌아온 이옥은 생생한 필체로 그곳에서 보고 듣고 경험한 내용을 바탕으로 『봉성문여(鳳城文餘)』라고 하는 견문록을 남겼다.

이옥은 봉성지역 사람들에게 매우 인기가 높았던 기생 덕절(德絶)네 집에서 파는 국화주를 마셔본 소회를 이 글에 털어놓았다. 이옥에 의하면, 봉성에는 술을 판매하는 곳이 여러 곳 있었는데, 대부분 탁주와 홍로주를 팔았다고 한다. 그러던 차에 덕절이라고 하는 기생네 집에 새로 빚은 국화주가 있는데 "그 맛이 전에 없는 것"이라는 누군가의 말을 듣고서, 이옥은 즉시 그 집을 찾아갔다. 그러나 덕절이 내놓은 국화주는 말만 국화주일 뿐 맑은 탁주에 그저 국화를 띄운 것이었다. 게다가 다른 술에 비해 값이 두세 배나 비싸면서도 술맛은 오히려 떨어졌다.

하지만 덕절네 집 국화주는 불티나게 팔려나갔고, 값또한 천정부지로 올랐다. 덕절은 국화주를 큰 사발로 되어 팔았는데, 처음에는 한 사발에 서 푼을 받다가 며칠 만에 네 푼, 다섯 푼까지 값을 올렸다. 그럼에도, 술은 벌써 동이 났다고 한다.

이옥은 이 글을 통해 헛된 명성으로 사람들을 기만하는 세태를 꼬집었다. 그러면서 "듣자 하니 청명주(淸明酒) 맛이 매우

청자국화구름학무늬병, 고려, 높이 30.3cm, 입지름 16.7cm, 국립중앙박물관

좋다고 하는데 나는 아직 맛보지 못하였다.”는 말을 덧붙이며, 짐짓 너스레를 떨고 있다.

분류 : 음식
색인어 : 술, 덕절(德絶), 국화주, 이옥(李鈺), 봉성문여(鳳城文餘)
참고문헌 : 이옥 저, 실시학사 고전문학연구회 편역, 『完譯 李鈺 全集 2 - 그물을 찢어버린 어부』(휴머니스트, 2009)
필자 : 양미경

굴

바닷가에서 나는 조개류의 일종인 굴은 '굴조개'라고도 하며, 한자로는 '掘(굴)', '石花(석화)', '牡蠣(모려)', '蠣蛤(여합)', '牡蛤(모합)'이라고 한다. 1년 중 겨울철에 가장 맛이 좋은 음식이다.

한국에서 굴은 오래 전부터 식용하였는데, 중국 사신 서긍(徐兢: 1091-1153)의 『선화봉사고려도경(宣和奉使高麗圖經)』을 보면 고려 사람들은 굴[蠣房]을 귀천(貴賤) 없이 잘 먹었고, 고려에는 썰물이 빠져나간 후 사람들이 힘을 다해 주워도 없어지지 않을 정도로 굴이 많다고 하였다.

이어 조선시대에도 굴은 사람들이 아주 선호하는 식재료였다. 정조(正祖) 대의 문장가였던 이옥(李鈺: 1760-1815)은 『백운필(白雲筆)』에서 굴을 품평하면서, 굴에는 흙에 붙은 '토화(土花: 토굴)'와 돌에 붙은 '석화(石花: 석굴)'가 있으며, 석화는 회(膾)로 먹으면 최고이고, 무침이 그 다음이며, 젓갈을 담그는 게 또 그 다음이고, 굴전을 부치는 게 젓갈에 못 미치며, 국

생굴, 회로 먹는다. ⓒ하응백

을 끓여 먹는 게 가장 못하다고 썼다(이옥, 2009: 123-124쪽).

이와 같이 토화와 석화로 나눈 것은 이용기(李用基: 1870-1933)가 『조선무쌍신식요리제법(朝鮮無雙新式料理製法)』(1936) '굴회[石花膾]'에서도 언급한 바 있다. 그에 따르면, 흙에서 파낸 토화는 크기가 대접만 하여 전유나 익혀 먹는 데는 좋으나, 날것으로 먹는 데는 돌에서 하나씩 떼어낸 석화가 알맹이가 자잘하니 맛이 좋다고 하였다. 그리고 굴회는 소금을 살짝 뿌렸다가 씻은 굴을 잣가루나 고춧가루를 친 초간장에 찍어 먹는데, 경기도 남양만이나 영종도에서 나는 굴이 아주 좋다고 소개하였다.

하지만 일제 강점기까지도 지금과 달리 냉장시설이 없던 시기여서 굴을 회로 먹을 수 있는 시기와 지역은 한정되어 있었다. 봄, 가을, 겨울에 굴을 먹을 수 있다고는 하지만, 유통되는 과정에서 굴이 쉽게 부패하였기 때문이다. 따라서 굴로 만든 음식 가운데 비교적 저장성이 높은 굴젓으로 많이 먹었다. 굴젓 이외에 조선시대 조리서에는 굴을 주재료로 하는 음식이 많이 보인다. 굴무침[石花菜], 굴김치[石花沈菜], 굴깍두기, 굴젓[石花醢], 장굴젓, 굴전, 굴국[石花湯], 굴연포탕, 굴 구이, 굴만두[石花饅頭], 굴밥, 굴죽, 굴 꼬치구이, 굴누르미, 굴회, 굴장아찌, 굴자반 등이 그것이다.

분류 : 식재료
색인어 : 조선무쌍신식요리제법, 조선요리학, 자반, 시의전서
참고문헌 : 서긍 저, 김동욱 역, 『선화봉사고려도경』(한국고전번역원, 1994); 이옥 저, 실시학사 고전문학연구회 편역, 『백운필』, 『完譯 李鈺 全集 3-벌레들의 괴롭힘에 대하여』(휴머니스트, 2009); 이용기, 『조선무쌍신식요리제법』(영창서관, 1936)
필자 : 김혜숙

굴젓

냉장기술이 발달하지 않았던 시기에 쉽게 상하기 쉬운 어패류를 오래도록 저장하거나 먼 곳까지 유통시키기 위한 방법은 주로 건조 아니면 염장이었다. 그래서 조선시대에는 굴을 그냥 건조하거나 자반으로 만들기도 했지만, 그보다는 주로 젓갈을 담갔다. '석화해(石花醢)'라고도 하는 굴젓은 봄이나 가을에 소금

을 넉넉히 넣어 만드는데, 어리굴젓처럼 고춧가루를 넣어 만드는 젓갈이 있고 소금으로만 버무리는 젓갈이 있다.

19세기 말에 나온 『시의전서(是議全書)』 '굴젓'에서는 홍주장의 고춧가루를 넣어서 담근 굴젓이 제일 진품인데, 어리굴젓은 생굴을 절이고 쌀뜨물에 소금을 타서 간을 맞춘 것에 고춧가루를 넣어 먹되, 초를 치기도 한다고 했다. 고춧가루 없이 담그는 굴젓은 이용기(李用基: 1870-1933)의 『조선무쌍신식요리제법(朝鮮無雙新式料理製法)』(1936)을 보면, 굴젓과 장굴젓이 있다. 굴젓은 4월 작약꽃이 필 때 굴을 따서 바닷물에 씻어 발 위에 두었다 물기를 빼고 독 안에 가득 넣되, 굴 한 말에 소금 일곱 되를 켜켜이 넣은 뒤 기름종이로 입구를 단단히 봉하여 그늘에 두었다가 몇 년이 지난 뒤에 먹었다. 다만 굴젓을 담고 7-8개월 동안은 구더기가 생길까 염려되므로 독을 이동시키지 말라고 주의하였다. 또한 장굴젓[醬石花]은 간장을 써서 만드는 음식이 아니라, 굴에 소금을 치고 어느 정도 지나서 국물만 따라 팔팔 끓여 식힌 후 다시 굴에 부어두면 저절로 빛깔이 검어져서 간장색이 난다 해서 장굴젓이라고 부르는데 충청남도 홍양, 즉 홍성과 청양에서 많이 만든다고 했다.

한편 고춧가루를 쓰는 굴젓으로는 홍선표(洪善杓: ?-?)가 『조선요리학(朝鮮料理學)』(1940)에서 충청남도 서산시 부석면 간월도(看月島)의 어리굴젓과 한해(韓醢)를 소개하였다. 그에 따르면, 어리굴젓은 서울이나 다른 지방에서 아무리 솜씨껏 만들어도 간월도 어리굴젓의 특별히 좋은 맛을 따라갈 수 없다고 하면서, 만드는 법은 8월 초순부터 좋은 굴을 따서, 2-3개월간 밤이슬을 맞혀서 매운 독기를 제거한 고춧가루와 소금을 넣고 따뜻한 곳에 수일간 두어 익히면 겨울 내내 먹어도 변하지 않고 시간이 흐를수록 오히려 담백한 맛이 깊어지는 어리굴젓이 된다고 했다.

또한 홍선표는 같은 간월도 어리굴젓이라 해도 가장 유명한 것은 '한해'라고 하였다. 한해는 한씨 집안에서 수백 년을 두고 만든 어리굴젓이라 하여 '한해'이

다. 이 집안에서 처음 서산에 낙향한 이는 광해군(光海君: 재위 1608-1623) 때 좌의정을 지냈던 한효순(韓孝純: 1543-1621)의 손자였다. 그의 부인은 음식솜씨가 좋기로 유명하였는데, 특히 어리굴젓을 잘 만들어 그 방법이 계속 전해졌다는 것이다. 한해는 놋으로 된 밥주발 두 개 분량의 굴을 주발 뚜껑 한 개 분량의 소금으로 일주일쯤 절였다가, 거기서 생긴 물을 버리고, 절여둔 굴을 고춧가루와 소금을 각각 주발 뚜껑 한 개 분량씩 섞은 것과 번갈아 한 켜씩 담아 만들었다. 한해는 같은 간월도 지역에 사는 사람들이 똑같은 방법으로 만든다 해도 한씨 집안에서 그 전해지는 맛을 따를 수 없었다고 한다.

이러한 간월도 어리굴젓의 맛은 담는 비결에도 좌우되겠지만, 그보다는 주재료인 굴의 특징에서 비롯된다. 간월도 갯벌에서 채취하는 어리굴은 굴의 크기가 작고 단단하며, 몸 전체가 미세한 털로 덮여 있는데 이로 인해 고춧가루 등 양념이 잘 배어 고르게 발효되므로 감칠맛이 뛰어났기 때문이다(〈매일경제〉 1990년 7월 8일자). 현재 서산의 간월도는 대규모 간척사업의 결과, 섬에서 육지로 변모하였다. 하지만 이러한 변화와 관계없이, 서산 그리고 간월도 어리굴젓은 여전히 그 특색 있는 맛을 유지하며 전국적으로 이름난 향토음식으로 인기를 누리고 있다.

서산 어리굴젓 축제 포스터. 간월도는 예로부터 어리굴젓으로 유명했다.ⓒ하응백

분류 : 음식
참고문헌 : 작자 미상, 『시의전서』; 이용기, 『조선무쌍신식요리제법』(영창서관, 1936); 홍선표, 『조선요리학』(조광사, 1940); 「韓国의 장터 〈10〉 瑞山 어리굴젓장」, 〈매일경제〉 1990년 7월 8일
필자 : 김혜숙

굴젓(『어우야담』)

조선시대 서울에서 음식을 탐하는 한 사내가 있었는데, 일이 있어 남양(南陽)의 개펄로 가게 되었다. 평소 남양에 굴젓이 많다고 들었는지라 그것을 맛보고자 마음먹었다. 그런데 주인집 대나무 통에 굴젓이 가득 있는 것을 보고서 굴젓은 가지와 잘 어울릴 것이라 생각해 가지를 찾았으나 얻지 못했다. 그러다가 행랑 아래를 보니 가지 반쪽이 있기에 통 속의 굴젓을 가져다 가지에 얹어 먹었다. 조금 있다가 해소와 천식이 심한 주인집 노인이 한참 기침을 하다가 가래를 뱉으려고 대나무 통을 찾으니 없는 것이었다. 또 설사병을 앓아 항문이 빠진 어린이가 있어 그 어미가 가지를 반으로 잘라 그것으로 항문을 밀어 넣었는데, 지금 그 가지를 찾으니 간 곳이 없었다.

대개 이 나그네는 노인의 가래침을 굴젓으로 알고, 빠진 항문을 밀어 넣었던 가지에 이를 얹어 먹은 것이다.

위 일화는 유몽인(柳夢寅: 1559-1623)의 『어우야담』에 실려 있다. 위 글에 이어 유몽인은 "아! 세상의 이익과 영달을 구하고 음식을 탐하여 구차하게 먹는 자가 저 대나무 통을 뒤져 가지를 먹는 것과 그 무엇이 다르겠는가?"라고 자신의 견해를 피력하고 있다. 이것으로 보아 위의 이야기는 유몽인이 영리를 탐하는 세상 사람들을 경계하기 위해서 허구적으로 지은 것처럼 느껴진다.

굴젓ⓒ하응백

분류 : 문학
색인어 : 굴젓, 가지, 유몽인, 어우야담

참고문헌 : 유몽인 저, 신익철 외 역, 『어우야담』(돌베개, 2006)
필자 : 차충환

석화(이익)

정이 없는 물건이 정이 있는 꽃을 피웠으니
빛깔과 껍질이 피지 않은 꽃과 꼭 같구나
푸른 바다 뿌리 되어 잘 자라도록 재촉하고
푸른 봄 지나가도 흐드러지게 꽃을 피우네
소반에 올릴 땐 결실의 계절 기다릴 것 없고
입에 들어가면 입맛의 호사를 돋우어준다네
잘게 썬 무에 섞고 절여 김치로 담아서
안주로 내어오게 하면 배 속이 든든하다네
無情物發有情花　色苞眞同未綻葩
蒼海爲根催長養　靑春無跡尙繁華
登槃不必時成實　入口偏能助味奢
細和蕪菁作淹菜　呼來伴酒旺脾家

*이익, 「석화(石花)」

이익(李瀷: 1681-1763)이 굴을 노래한 칠언율시다. 이익은 본관이 여주(驪州)고 자는 자신(子新), 호는 성호(星湖)인데 『성호전집(星湖全集)』과 『성호사설(星湖僿說)』 등의 저술이 있다. 이익은 안산의 바닷가에 있던 지명 성호를 호로 삼았으니, 굴을 자주 먹었을 것이다.

굴은 한자로 석화(石花)라 한다. 그래서 이 작품에서 석화라는 명칭을 바탕으로 하여 굴이 돌처럼 감정이 없어 보이지만 자신을 반기듯 꽃을 피웠다는 말로 시상을 열었다. 바닷물에서 굴이 성장하여 봄이 되면 먹을 수 있게 된다고 하고, 가을이 되어야 열매를 맺는 보통의 꽃과는 달리 아무 때나 먹을 수 있다고 하였다. 그리고 특히 굴은 김치로 담아 안주나 반찬으로 먹으면 식욕을 왕성하게 한다고 하였다. 『산림경제(山林經濟)』에는 중국에서 굴김치를 만드는 방법이 소개되어 있다. 굴을 깨끗이 씻어 소금을 치고, 무와 파의 흰 줄기를 가늘게 썰어 소금으로 간이 배도록 한 다음 항아리에 넣고, 미지근하게 식은 끓인 간수를 넣어 하룻밤 따뜻한 곳에 옷이나 이불로 덮어두면 된다고 하였다. 이익은 중국 문헌에 밝았으니, 이런 문헌을 보고 굴김치를 만들어 먹었을 듯하다.

이익과 비슷한 시기에 활동한 박태순(朴泰淳: 1652-1704)은 석화염(石花醶) 곧 굴젓을 좋아하였다. "바닷가에는 섬들이 많아, 바위가 어지럽게 울퉁불퉁하네. 짠내와 비린내 스며든 곳에, 꽃봉우리 모양의 껍질이 붙어 있다네. 갯가 사람들이 그 살을 따오니, 자잘하기가 구슬 같구나. 소금에 절여 단지에 넣어두면, 봄이 갈 때까지 맛이 변하지 않는다네[海中多島嶼 嵒石紛磊磊 醎腥所浸潤 結殼如蓓蕾 浦人摘其肉 瑣瑣狀珠琲 和塩置甕缸 經春味不改]."라고 굴젓을 소개한 다음, 가지를 여기에 박아놓으면 산과 바다를 겸한 맛을 즐길 수 있다고 하였다. 그리고 이를 먹으면 침이 잘 나와 입안이 마르는 것을 막아주고 씹기에도 부드러워 배 속을 편안하게 해준다고 하였다.

물론 굴은 날것으로도 먹었다. 서종화(徐宗華: 1700-1748)는 충남 결성(結城)에서 지은 시에서 "결성의 수십 채 마을은, 집집마다 그물을 말리네. 손님 오면 돛을 멍석으로 깔고서, 점심밥은 굴회로 한다네[結城數十家 家家曬網罾 客至鋪帆席 午飯膾石花]."라 하였다. 어촌의 한가한 풍경이 시원한 생굴의 맛과 함께 전해진다.

분류 : 문학
색인어 : 굴, 굴김치, 굴젓, 이익, 박태순, 서종화
참고문헌 : 이익,『성호전집(星湖全集)』; 이익,『성호사설(星湖僿說)』; 홍만선,『산림경제(山林經濟)』; 박태순,『동계집』; 서종태,『약헌유고』
필자 : 이종묵

궤

궤는 제례 때 메기장과 조를 담는 데 사용한 제기이다. 궤는 쌀과 찰기장을 담는 제기인 보(簠)와 한 벌이 되어 제사상의 가운데 자리에 올려진다. 고려시대부터 유교식 제사의 영향으로 보궤가 사용되었고, 조선시대에는 사직제나 종묘제 등 국가제사에 널리 사용되었다. 제사의 위계와 성격에 따라 진설되는 보와 궤

궤, 15.2×30×20.5cm, 조선, 국립고궁박물관

의 수가 달라졌다.

중국 고대부터 사용된 궤는 '하늘은 둥글다[天圓].'라는 뜻을 담아 밖은 둥글고 속은 네모진 외원내방(外圓內方)의 형태로 만들어졌으나 점차 내외가 모두 둥근 모양으로 변했다. 조선시대 궤는 송대『소희주현석전의도(紹熙州縣釋奠儀圖)』를 따라 외형과 규격이 정해졌다. 조선시대 궤는 원형의 용기로 제작되고 양쪽에 손잡이가 달려있다. 궤의 덮개까지 포함한 무게는 9근, 덮개까지 포함한 높이는 6치 7푼, 곡식을 담는 몸체 내부의 깊이는 2치 8푼, 내부의 너비는 5치로 기록되어 있다. 보통 궤의 본체에 뚜껑을 갖춰 궤개구(簋盖具)라고도 부르나 현전하는 유물의 경우 뚜껑이 유실된 경우가 더 많다. 조선시대 궤는 일명 놋쇠라 부르는 합금동 재질로 만들었으나, 분청사기나 백자로 제작하기도 하였다.

분류 : 미술
색인어 : 제사, 제기, 궤, 보, 메기장, 찰기장, 유교, 종묘, 사직, 문묘, 놋쇠, 유기
참고문헌 :『석전의』;『세종실록오례(世宗實錄五禮)』; 국립고궁박물관,『종묘』(2014)
필자 : 구혜인

궤주상

고종이 급제한 지 60주년이 된 정헌용에게 궤주(饋酒)상, 즉 술상을 내려주었다. 유밀과, 강정, 절육, 실과, 다식, 숙실과, 정과, 화채, 떡, 전유어, 적, 찜, 편육,

탕(전골), 면 등의 음식으로 차려졌다.

『기묘 정월 이십칠일 정헌용 진사회방 궤주상 발기』
는 1879년(고종 16) 1월 27일 급제한 지 60주년이 된
정헌용(鄭憲容: 1795-1879)이 고종에게 감사의 뜻을
표하고, 고종이 내린 궤주상의 음식들을 기록한 발기
이다.

1879년(고종 16) 1월 3일 고종은 정헌용을 특별히 판
의금부사(判義禁府事)로 임명하였다. 정헌용은 같은
달 27일 중희당(重熙堂)에서 고종에게 사은(謝恩)하
였고, 고종으로부터 술[宣醞]과 은잔[銀杯]을 하사받
았다.

궤주(饋酒)는 술을 보내는 것이다. 술과 함께 음식을
제공한 것이 궤주상이며, 주안상으로 이해할 수 있다.
정헌용이 받은 궤주상에 차려진 음식은 다음과 같다.
소약과·소다식과, 홍세강반강정·백세강반강정·임자
(잣)강정, 당귀(승검초)강정, 각색 절육, 생리(배)·유
자·석류·생률(밤), 사색 다식, 각색 숙실과, 각색 정과,
화채, 꿀찰시루편·녹두찰시루편·백두메시루편·석이
메시루편·대조조악(주악)·청조악·생강단자, 약식, 전
복초·누름적, 생선전유어·양전유어, 잡찜, 편육·제숙
편, 전체수(꿩통구이), 초장, 개자(겨자), 청(꿀), 열구
자탕, 면'으로 모두 21그릇이다. 궤주상은 유밀과, 강
정, 절육, 실과, 다식, 숙실과, 정과, 화채, 떡, 전유어,
적, 찜, 편육, 탕(전골), 면 등의 음식으로 구성되었다.
1874년(고종 11) 명성황후(明成皇后: 1851-1895)가
순종(純宗: 재위 1907-1926)이 되는 원자를 출산하고
약방에 궤주상을 내렸는데, 정헌용에게 내린 궤주상
보다는 규모가 작았지만 음식의 구성은 비슷했다.
이 발기에는 궤주상 음식목록에 뒤이어 어물(魚物)종
류와 개수가 적혀 있다. '합대구 1미(마리), 강대구 4
미, 황대구 2미, 광어 4미, 관도 1접, 문어 1미, 전복 20
개, 오징어 1첩, 강요주(꼬막) 2동, 추복(두들겨 말린
전복) 5접, 해대(다시마) 10입'이다. 고종이 정헌용에
게 하사한 식품들로 추측된다.

분류 : 미술
색인어 : 궤주상, 술상, 주안상, 궤주, 사은

참고문헌 : 『기묘 정월 이십칠일 정헌용 진사회방 궤주상 발기』;『갑
술 이월 초일일 약방 궤주상 발기』
필자 : 이소영

귀밝이술

정월 대보름날 아침에는 식전에 아이부터 노인까지
온 가족이 둘러앉아 귀밝이술을 마셨다. 귀밝이술은
다른 말로 명이주(明耳酒), 이명주(耳明酒), 총이주
(聰耳酒), 이총주(耳聰酒), 유롱주(牖聾酒), 치롱주
(治聾酒)라고도 불렸다.

조선 후기 조선 사람들의 세시풍속과 생활양상을 기
록한 『경도잡지(京都雜志)』, 『열양세시기(洌陽歲時
記)』, 『동국세시기(東國歲時記)』는 모두 정월 대보름
에 행하는 귀밝이술 마시는 풍습을 소개하고 있다. 이
들 문헌에 의하면 귀밝이술로는 대개 소주나 청주를
마시는데, 술을 데우지 않고 차게 해서 마셔야 귀가
밝아진다고 했다. 여기서 귀가 밝아진다는 것은 매우
중의적인 표현으로, 귀가 밝아지거나 귓병이 나아서
잘 들을 수 있게 된다는 의미와 함께 한 해 동안 기쁘
고 즐거운 소리(혹은 소식)만 듣게 된다는 것으로 해
석할 수 있다.

조선 후기의 문인 황현(黃玹: 1855-1910)은 『매천집
(梅泉集)』에서 도소주는 남에게 양보해도 치롱주는
남보다 먼저 마셔야겠다며, 나이를 먹은 서글픈 심경
을 드러냈다. 그도 그럴 것이 이미 백발노인이 된 탓
에 젊을수록 먼저 마시는 도소주는 어쩔 수 없이 남보
다 뒤에 마신다 쳐도, 치롱주는 조금이라도 빨리 마셔
서 어두워지는 귀를 밝게 하고 싶었던 것이다. 젊은
시절에는 귀 밝다 자부했던 그였지만, 이제는 봄이 와
도 새소리조차 듣지 못하니 효과만 볼 수 있다면 귀밝
이술을 당장 아흔아홉 잔이라도 마실 태세다.

귀밝이술은 대체로 정월 대보름에 행하는 풍습으로
알려져 있지만, 유만공(柳晩恭: 1793-1869)이 지은
『세시풍요(歲時風謠)』에는 설날 이른 아침에도 이명
주를 마신 것으로 기록되어 있다. 그는 "정월 초하룻
날 일찍 마시는 술을 편총추(鞭聰酒)라고 하는데 차게

해서 마신다."라고 하면서 새벽에 귀밝이술을 마셨더니 꿈처럼 몽롱해져서 오히려 더욱 귀를 먹은 듯하다며 귀밝이술 마시는 풍속을 은근슬쩍 비판하고 있다.

분류 : 의례
색인어 : 귀밝이술, 이명주, 명이주, 총이주, 유롱주, 치롱주, 정월 대보름
참고문헌 : 유만공, 『세시풍요』『조선대세시기Ⅱ』, 국립민속박물관, 2005); 유득공 저, 최대림 역, 『경도잡지』(홍신문화사, 2006); 김매순 저, 최대림 역, 『열양세시기』(홍신문화사, 2006); 홍석모 저, 최대림 역, 『동국세시기』(홍신문화사, 2006); 황현 저, 박헌순 역, 『매천야록』(한국고전번역원, 2010)
필자 : 양미경

규합총서

『규합총서(閨閤叢書)』는 1809년 쓰인 한글 조리서로 저자는 빙허각 이씨(憑虛閣 李氏: 1759-1824)로 알려져 있다. 빙허각 이씨는 한문학에 능하였다. 15세 때 달성 서씨 서유본(徐有本: 1762-1822)과 혼인하였는데 서유본의 동생이 바로 『임

빙허각 이씨, 『규합총서』, 1809년, 국립중앙박물관

원경제지(林園經濟志)』의 저자 서유구(徐有榘: 1764-1845)이다. 이씨는 1822년 남편이 사망하자 절명사(絶命詞)라는 글을 지은 뒤 19개월간 세상과 단절한 채 지내다 사망하였다. 1908년에 나온 또 다른 한글 조리서인 『부인필지(婦人必知)』도 빙허각 이씨의 글을 필사한 것으로 알려져 있다.

책의 목차는 내용은 주사의(酒食議)·봉임측(縫紝則)·산가락(山家樂)·청낭결(靑囊訣)·술수략(術數略)으로 나뉘어 있는데 이 중 주사의 부분에 음식에 관한 내용이 실려 있다. 특히 과하주, 감향주 등 다양한 술 빚는 법, 장 담그는 법, 김치 만드는 법, 밥 짓고 죽 쑤는 법 등 다양한 요리법이 나와 있다. 『규합총서』는 음식 만드는 방법에도 농사짓는 법, 길쌈하는 법, 등 가정생활 전반에 필요한 내용이 수록되어 있다.

이 책은 1930년대 중반부터 신문 기사를 통해 알려지기 시작했다. 1934년 9월 15일자 〈동아일보〉의 「朝鮮古書刊行(조선고서간행)의 意義(의의)」라는 제목의 기사에서 "서유본 부인 이씨의 규합총서"라는 언급이 있었으며, 더욱 자세하게는 1939년 1월 1일자 〈동아일보〉의 「白疆不息孝問(백강불식학문)에 精進(정진)」이라는 기사는 "풍석의 형 서유본은 조사하였고 그 부인 이씨는 우리말로 규합총서 백여 권을 지었다. 부인 저서계의 화왕(花王)이라 할 수 있으며 동시에 조선문화의 가장 큰 자랑거리가 아닌가."라 하였다. 1962년 9월 10일자 〈동아일보〉는 다시 이 책을 간략하게 소개하고 있는데 근대 문명이 밀려오던 시기에 "목판본으로 간행된 순한국요리법의 저서"이며 "재래의 한국요리의 비결과 한국요리의 기본문제를 제시하고 있다."고 평가하였다. 그러나 이 책이 본격적으로 관심을 받고 연구되기 시작한 시점은 1975년에 국문학자 정양완이 주역본을 출간하면서부터인 것으로 추정된다.

분류 : 문헌
색인어 : 규합총서, 임원경제지, 빙허각 이씨, 서유구
참고문헌 : 빙허각 이씨 저, 이민수 역, 『규합총서』(기린원, 1988); 빙허각 이씨 저, 정양완 역, 『규합총서』(보진재, 2008);「朝鮮古書刊行(조선고서간행)의 意義(의의)」, 〈동아일보〉 1934년 9월 15일;「白疆不息孝問(백강불식학문)에 精進(정진)」, 〈동아일보〉 1939년 1월 1일;「閨閤叢書(규합총서)」, 〈동아일보〉 1962년 9월 10일
필자 : 서모란

규합총서의 생선 음식

『규합총서(閨閤叢書)』(1809)는 생선을 손질하고 조리하는 방법에 대해 다양하게 서술하였다. 이 책에 나오는 생선의 종류로는 잉어, 준치, 붕어, 조기, 복어, 숭어, 쏘가리, 은구어(은어), 오징어, 청어(청어젓), 뱅어, 농어, 문어, 송어, 민어, 메기, 가물치, 홍어, 해삼, 생복(전복), 대구, 자라, 웅어가 있다.

생선 손질법에 대해서는 표면이 미끄러운 생선을 씻을 때 기름을 조금 떨어뜨리면 미끄럽지 않다고 하였다. 또 생선으로 장국을 끓일 때 술을 조금 넣으면 뼈

가 연해진다고 하였으며, 생선을 구울 때는 꼬지에 꿰어 화로에 구운 뒤 토막을 내서 다시 구우라고 하였다. 잉어에 대해서는 더욱 자세하게 설명을 했는데, 잉어는 봄에 먹으면 풍병(風病)에 걸린다고 하였다. 잉어의 비늘이 하나라도 거꾸로 붙어 있으면 용종(龍種) 즉, 왕족이니 먹지 말아야 한다고 하였다. 이에 대해 당나라 시대의 이야기를 덧붙였는데 그 이야기에 따르면 잉어가 임금의 성과 음이 비슷하여 먹으면 곤장 60대를 맞았다고 한다. 손질을 할 때는 살아 있는 것을 바로 피를 빼야 좋으며 비늘을 떼지 말고 끓이되 양념은 고추장으로 하며, 혹은 솥에 물을 많이 넣고 잉어, 술 한보시기를 넣은 다음 오래 끓인 뒤 초장을 곁들인다고 하였다. 잉어를 끓일 때는 생선이 반쯤 익었을 때 생강이나 파를 넣으며 술을 넣어 뭉근한 불로 반나절 익히면 잉어의 뼈를 무르게 할 수 있다고 하였다. 또 준치를 토막 내어 뼈를 빼는 법을 소개하였는데, 이에 따르면 준치는 삶아서 으깨어 다시 생선 모양으로 빚거나 만두처럼 만들어 녹말을 씌워 완자탕처럼 끓인다.

이 책에 따르면 복어에는 독이 있기 때문에 백반과 기름, 청장, 미나리를 넣어 끓여야 한다. 오징어는 물 위에 떠 있다 까마귀를 보면 죽기 때문에 오적어(烏賊魚)라 부르는데 얇게 저며서 기름에 살짝 볶아 먹으며 닭과 함께 조리해도 맛있다고 했다.

청어에 대해서는 젓갈 담그는 법과 함께 '관목(貫目)', 즉 과메기에 대해서 소개했다. 청어 말린 것이 전부 관목은 아니며 청어 중 두 눈이 통하여 말갛게 마주 비치는 것만이 관목이며 청어 한 동이에서 관목 한 마리 찾기가 어렵다고 했다.

한편 『규합총서』에 소개된 교침해(交沈醢)라는 음식은 여러 가지 생선을 섞어 만든 젓갈로 조침젓이라고도 한다. 『규합총서』에 따르면 4월에 굴젓을 담아 다음해에 먹는데, 그 젓갈에다 숭어, 조기, 밴댕이, 생복, 소라 등을 손질해 말린 뒤 굴젓과 섞어 여러 달 지난 후 먹으면 맛이 매우 좋다고 한다.

분류 : 음식
색인어 : 규합총서, 빙허각 이씨, 생선, 젓갈, 잉어, 교침해, 과메기, 완자탕
참고문헌 : 빙허각 이씨 저, 이민수 역, 『규합총서』(기린원, 1988); 빙허각 이씨 저, 정양완 역, 『규합총서』(보진재, 2008)
필자 : 서모란

귤과 복숭아(효심으로 품은 열매)

조선시대 성종(成宗: 재위 1469-1494)은 유학을 장려하고 학문이 높은 선비를 아꼈던 왕이다. 그런 그가 감귤로 한 신하의 지극한 충심을 얻은 일이 있다. 허봉(許篈: 1551-1588)의 『해동야언(海東野言)』을 보면, 어느 날 성종이 학문 수양을 위해 밤에 고명한 신하들과 강론을 펼치는 야대(夜對)를 열고 술과 과일을 하사하였다. 그런데 그 자리에 참여했던 성희안(成希顔: 1461-1513)이 임금이 내린 감귤을 십여 개나 소매에 넣어둔 채 술을 마시다 너무 취해 중관에게 업혀 나갈 지경이 되었다. 그 바람에 소매 속에 들어 있던 감귤이 모두 땅에 떨어졌으나, 술에 취한 성희안은 그 사실을 알아채지 못했다. 그것을 본 성종은 다음날 홍문관으로 성희안에게 감귤 한 쟁반을 보내면서, 어제 성희안이 귤을 소매에 감춘 것은 나이 든 어버이께 드리려고 한 일일 테니 지금 감귤을 보낸다고 전하였다. 임금의 전언과 귤을 받고 크게 감동한 성희안은 이 일을 계기로 왕을 위해 죽는 것도 마다하지 않겠다는 결의를 뼈에 새겼다고 한다. 이후 성희안은 중종반정(中宗反正)을 주도하여 연산군(燕山君: 재위 1494-1506)을 폐위시키고 중종(中宗: 재위 1506-1544)을 옹립하는 데 큰 역할을 하였고, 이후 벼슬이 영의정에까지 이르렀다.

1506년 왕위에 오른 중종 또한 어버이께 가져다 드리라며 신하들에게 감귤을 내린 일이 있다. 중종은 1509년 2월 승정원에 노란 감귤[黃柑] 두 통을 내리면서, 옛날 육적(陸績: 188-219)이 귤을 품고 있다가 어머니께 드린 것처럼 경들도 감귤을 나이 든 어버이께 가져다드리고, 그 대신 나에게는 시를 지어 바치라고 명하였다(『중종실록(中宗實錄)』 중종 4년 1509년 2월 16

일자 기사).

이 이야기에서 중종이 언급한 육적은 중국 오나라 사람이다. 그는 효성스러운 마음에서 어버이께 드리는 물건을 이야기할 때 '육적회귤(陸績懷橘)', '육랑귤(陸郞橘)', '육씨귤(陸氏橘)'이라 하여 자주 인용되는 인물이다. 그가 이와 같이 유명해지게 된 것은 육적이 여섯 살 때 구강(九江)에서 원술(袁術: ?-199)을 만났을 때의 일 때문이다. 당시 원술이 먹으라고 준 귤을 육적은 어머니께 드리려고 먹지 않고 품에 간직했다. 그런데 집으로 돌아가려고 원술에게 인사를 드리던 육적은 그만 품 안의 귤을 떨어뜨리고 말았다. 귤을 왜 먹지 않았느냐는 원술의 물음에 육적은 어머니께 가져다 드리려고 그랬다고 대답하였고, 원술은 그의 지극한 효심을 칭찬하였다고 한다(『삼국지(三國志)』 「오서(吳書)」 육적전(陸績傳)).

꼭 귤이 아니어도 귀한 음식을 부모님께 가져다 드리려는 효자는 드물지 않았다. 그중에 복숭아를 품었던 이만웅(李萬雄: 1620-1661)의 이야기가 김수항(金壽恒: 1629-1689)의 『문곡집(文谷集)』에 전한다. 이만웅이 여덟 살이던 1627년, 정묘호란이 나자 이만웅의 집은 피난을 떠났다. 마침 피난지 인근에는 고명한 유학자 택당(澤堂) 이식(李植: 1584-1647)도 머물고 있었다. 그러던 어느 날, 이만웅이 여러 형제들과 함께 이웃에 갔다가, 이웃 사람으로부터 복숭아 두 개를 받았다. 다른 아이들도 복숭아를 두 개씩 받았고, 그 자리에서 모두 먹기 시작했다. 다른 아이들과 달리 이만웅

청화백자 복숭아 모양 연적, 조선, 높이 12.1cm, 지름 11cm, 국립중앙박물관

혼자 먹지 않자, 이웃은 왜 복숭아를 먹지 않느냐고 물었다. 이만웅은 부모님께 가져다 드리려고 안 먹는다고 대답하였다. 그 말을 들은 이웃은 다른 아이들처럼 먹으라는 뜻에서 복숭아를 두 개 더 주었다. 하지만 이만웅은 부모님께서 드시지 않았으니 감히 먼저 먹을 수 없다면서 계속 먹지 않았다. 이 이야기를 들은 이식은 이만웅을 기특하게 여기면서 '귤을 품은 아이', 즉 육적에 비유하였다고 한다.

분류 : 의례
색인어 : 복숭아, 감귤
참고문헌 : 『삼국지』; 양기식 역, 『중종실록』(한국고전번역원, 1977); 김수항 저, 오항녕·서종태·이주형·김건우 공역, 『문곡집』(전주대학교 한국고전학연구소·한국고전문화연구원, 2015); 허봉 저, 김종오·김익현 공역, 『해동야언』(한국고전번역원, 1971)
필자 : 김혜숙

근대

근대는 재배작물로 잎이 금세 잘 자라서 봄부터 가을까지 길러 먹을 수 있다. 주로 국, 나물무침, 샐러드로 식용한다. 허준(許浚; 1539-1615)의 『동의보감(東醫寶鑑)』에서는 군달(莙薘)이라고도 했다. 유중림(柳重臨: 1705-1771)이 엮은 『증보산림경제(增補山林經濟)』에는 근대를 심고 나서 뿌리와 줄기를 캐다가 국을 끓여 먹거나 김치를 담그면 맛이 담백하다고 했다. 단, 근대를 많이 먹으면 사람을 손상시키며, 줄기를 태워 잿물을 내려서 옷을 빨면 백옥처럼 하얗게 된다. 서유구(徐有榘: 1764-1845)가 지은 『임원경제지(林園十六志)』에서도 근대를 삶아 깨끗이 헹군 다음 소금과 기름으로 조리해서 먹는데, 많이 먹으면 배탈이 날 수도 있다고 했다. 또한 『수세비결(壽世祕訣)』에는 근대죽이 비장을 튼튼하게 하고 위장을 보호한다고 기록되어 있다. 이처럼 근대는 위와 장이 나쁜 사람에게 약용으로도 쓰인다.

분류 : 식재료
색인어 : 임원경제지
참고문헌 : 허준, 『동의보감(東醫寶鑑)』; 유중림, 『증보산림경제(增補山林經濟)』; 서유구, 『임원경제지(林園十六志)』; 『수세비결(壽世祕訣)』
필자 : 박선미

근배

근배(졸杯)는 표주박 잔이란 뜻으로 결혼식 날 신랑과 신부가 술을 담아 나누어 마시던 잔이다. 박은 원래 하나였는데 둘로 나뉘었다가 다시 합쳐진다는 상징적인인 의미를 담고 있어, 둘로 나뉜 표주박 잔에 술을 나누어 마시는 합근례(合졸禮, 졸杯禮)를 행하면 두 사람이 하나 됨을 상징하고 마침내 혼인이 성사됨을 의미한다.

조선시대 왕실의 혼례는 여섯 순서의 의례[六禮]로 이루어진다. 즉 납채(納采: 혼인을 청하고 받는 의식)-납징(納徵: 혼인이 이루어지게 된 징표로 예물을 보내고 받는 의식)-고기(告期: 길일을 택해 가례일로 정하여 이를 별궁에 알려주고 받는 의식)-책빈(冊嬪: 세왕세자빈으로 책봉하고 받는 의식)-임헌초계(臨軒醮戒: 왕세자가 별궁에 직접 가서 왕세자빈으로 맞아들여 궁궐로 돌아오는 의식)-동뢰(同牢: 부부가 음식을 나누어 마시고 첫날밤을 치름)이다. 근배는 신랑과 신부가 절을 주고받은 뒤 술잔을 서로 나누는 동뢰연(同牢宴)을 할 때 사용하였다.

동뢰연은 가례의 여섯 절차 중 마지막 의식으로 왕과 왕비가 술과 음식을 함께 먹고 부부가 되는 의식이다. 왕실의 동뢰연을 행할 때, 왕과 왕비(또는 왕세자와 왕세자비)는 교배석(交拜席)의 자리로 나아가 왕은 동쪽에 앉고 왕비는 서쪽에 마주보고 앉았다. 그리고

근배, 「[순조순원왕후]가례도감의궤」, 1802년, 서울대학교 규장각한국학연구원

반으로 쪼갠 두 개의 표주박에 술을 따라 마시는 합근례를 행함으로써 부부간의 화합과 결합을 나타냈다. 국가전례서에서도 근배가 도설로 실렸으나, 왕실 가례용 근배의 형태, 재료, 제작방식에 대해서 구체적으로 확인할 수 있는 자료는 『가례도감의궤』이다. 근배의 본 재료는 표주박으로, 표주박을 반으로 잘라 다듬은 뒤 잔의 안과 밖에는 붉은색 연지(臙脂)를 칠하고 잔의 입구에는 은으로 선을 두른다. 잔의 아랫부분은 나뭇잎 모양을 은으로 장식하여 잔을 받치게 한다. 잔의 좌우에는 은사(銀絲)를 구부린 형태로 장식한다.

분류 : 미술
색인어 : 혼례, 가례, 신랑, 신부, 동뢰연, 근배, 잔, 술, 합환주, 표주박, 술잔
참고문헌 : 『헌종효현왕후가례도감의궤(憲宗孝顯王后嘉禮都監儀軌)』; 국립중앙박물관 외규장각의궤 사이트
필자 : 구혜인

금거화(한식)

한식(寒食)은 동지로부터 105일째 되는 날로, 대개 양력 4월 5일경에 깃든다(『규합총서(閨閤叢書)』). 옛날 사람들은 이날 찬 음식을 먹고, 조상의 묘소를 돌보면서 하루를 보냈다.

한식은 특히 불을 금한다 하여 '금거화(禁擧火)'라는 명칭으로도 불렸는데, 이는 중국 진나라 문공과 개자추라는 충신의 고사에서 비롯된 것이라고 한다. 진나라 문공이 18년 동안 타국을 떠돌 때 개자추라는 충신이 곁을 지키며 정성껏 보필하였다. 그런데 문공이 진나라로 돌아와 임금이 된 뒤에는 정작 개자추의 공을 잊어버렸다. 훗날 문공이 정신을 차리고 개자추를 찾았지만, 개자추는 이미 산속으로 들어가버린 뒤였다. 아무리 청해도 개자추가 나오지 않자 문공이 그를 나오게 할 요량으로 산에 불을 놓았는데, 개자추가 끝내 그 불에 타 죽고 말았다. 이에 세상 사람들이 개자추를 동정하여 그가 타 죽은 날 불을 피우지 않고 찬밥을 먹었는데, 훗날 이것이 한식(寒食)의 유래가 되었다고 한다(『무명자집(無名子集)』, 『동국세시기(東國

歲時記)』,『조선상식문답(朝鮮常識問答)』.

그러나 한식날 실제로 불을 금하였는지는 확실치 않다. 고려 후기의 문신 이규보(李奎報: 1168-1241)는 『동국이상국집(東國李相國集)』에서 해마다 한식이 되면 만 집에 연기 나는 것을 금했다고 적고 있으나, 조선 후기 사람 유만공(柳晚恭: 1793-1869)은 『세시풍요(歲時風謠)』에서 한식날 흰 송편 찌고 막걸리를 거르며 모시조개 삶고 밥 짓는 장면을 묘사하면서 이날 정말 불을 금했다면 개자추의 사당에 어떻게 분향할 수 있겠느냐고 반문하였다.

최남선(崔南善: 1890-1957)은 여기서 한 발 더 나아가 한식이 개자추의 고사에서 비롯되었다는 것은 야설(野說)에 불과하다고 주장하였다. 그는 『조선상식(朝鮮常識)』에서 고대에는 봄이 오면 나라에서 새 불씨를 만들어 보급하는 풍습이 있었는데, 그러기 위해서는 이에 앞서 옛 불씨를 금해야 하므로, 한식날 불을 금하는 풍습은 바로 여기서 비롯되었다고 설명하고 있다.

하지만 불씨를 새로 일으키는 일은 주로 청명절에 행해지던 풍습이다. 홍석모(洪錫謨: 1781-1857)가 쓴 『동국세시기(東國歲時記)』를 보면, 청명절에는 느릅나무와 버드나무에서 새 불씨를 만들어 임금에게 바치고, 임금은 이 불을 문무백관과 관청에 나눠준다고 적고 있다. 이것으로 볼 때, 엄밀한 의미에서 불씨를 만들어 보급한 것은 청명절에 행하던 풍습이라 할 것이다. 다만, 청명이 한식의 하루 전날이거나 같은 날인 경우가 많아서 청명절과 한식날 행하던 풍습이 서로 습합되어 나타났을 것이라 여겨진다.

분류 : 의례
색인어 : 한식(寒食), 금거화(禁擧火), 찬밥, 개자추
참고문헌 : 이규보 저, 김철희 역,『동국이상국집』(한국고전번역원, 1980); 윤기 저, 이규필 역,『무명자집』(성균관대학교 대동문화연구원, 2014); 유만공,『세시풍요』『조선대세시기Ⅱ』, 국립민속박물관, 2005); 홍석모 저, 최대림 역,『동국세시기』(홍신문화사, 2006); 최남선,『조선상식문답』(동명사, 1946); 최남선,『조선상식』(동명사, 1948)
필자 : 양미경

금육(禁肉)(고려의 육식)

불교를 국교로 숭상하던 고려에서는 살생(殺生)을 금하는 불교의 교리가 식생활에도 영향을 미쳤다. 이에 따라 고려인들은 육식을 즐겨하지 않았고, 도축(屠畜) 기술이나 고기 요리도 발달하지 못했다. 이러한 고려의 상황은 1123년 송나라 사신의 일행을 따라 고려에 왔던 서긍(徐兢: 1091-1153)이『선화봉사고려도경(宣和奉使高麗圖經)』에 기록으로 남겼다.

그 내용에 따르면, 고려는 부처를 좋아하고 살생을 경계하며 도살을 좋아하지 않았다. 이 때문에 고기를 얻기가 쉽지 않아서, 왕이나 높은 관리 정도는 되어야 양과 돼지를 먹을 수 있었다. 가난한 백성들은 주로 미꾸라지, 전복, 조개, 새우, 게, 굴, 다시마 등의 해산물을 많이 먹었다. 해산물로 만든 음식이 친숙하다 보니, 고려에서는 사신을 접대하는 상에도 해산물을 많이 올렸다.

물론 상에 올랐던 안주 가운데에는 양과 돼지로 만든 음식도 있었다. 하지만 서긍이 보기에는 고려인들의 도축 기술은 너무 서툴렀고, 그로 인해 양이나 돼지로 국이나 구이를 만들어도 고약한 냄새가 계속 났다. 그

철조비로자나불, 고려, 높이 112.1cm, 국립중앙박물관

는 고려인들이 도축하는 기술을 보면, 양이나 돼지의 네 발을 묶어서 산 채로 불 속에 던져놓고 숨이 끊어지고 털이 다 타서 없어지길 기다렸다가 물로 씻어서 잡았는데, 혹여 이때까지 살아 있는 경우에는 몽둥이로 때려죽였고, 그런 다음에 배를 갈라 내장을 제거하고 똥과 더러운 것도 씻어냈다고 한다.

분류 : 의례
색인어 : 제육(돼지고기), 새우, 조개, 전복, 게, 굴, 다시마
참고문헌 : 서긍 저, 김동욱 역, 『선화봉사고려도경』(한국고전번역원, 1994)
필자 : 김혜숙

금주령

조선시대에 술은 제사를 봉하고 손님을 대접하는 데 없어서는 안 될 음식이었다. 그래서 모름지기 사대부 가문이라면 사시사철 빠뜨리지 않고 술을 갖추었다. 그런데 간혹 술을 빚거나 마시는 행위가 금지되는 경우가 있었으니, 바로 나라에 큰 가뭄이 들거나 흉년, 기근이 들어서 백성들이 곤궁에 처했을 때였다.

지금도 그렇지만, 조선시대 임금의 가장 큰 덕목 중 하나는 백성을 배불리 먹이는 것이었다. 그런데 가뭄이 들거나 홍수가 져서 백성이 배를 곯게 되면, 임금 스스로도 감선(減膳: 반찬 가짓수를 줄이는 것)을 하거나 철선(撤膳: 상을 도로 물리는 것)을 하며 백성들의 고통을 나누어 지려 하였다. 이러한 때에 백성들이 고생해서 생산한 곡식으로 술을 빚어 마시는 것은 도저히 용납할 수 없는 일이었다. 그러므로 금주령(禁酒令)의 실제 목적은 탁주나 만들어 마시는 일반 백성들을 단속하는 게 아니라, 덧술을 두 번, 세 번씩 해 넣으면서 고급술을 빚어 마시던 세도가들을 단속하는 데 있었다. 또한 대량으로 술을 만들어 파는 술도가도 단속의 대상이었다.

그러나 금주령의 효력은 실제로는 매우 미미했던 것으로 보인다. 조선 후기의 문인 이덕무(李德懋: 1741-1793)는 『세시잡영(歲時雜詠)』에서 금주령이 내려진 세속의 풍경을 다음과 같이 그려내고 있다. 백성들

은 관가의 술 금지령이 두려워 정초에도 감히 도소주(屠蘇酒)조차 담그지 못하고 있는 판에, 청주가(清酒家) 큰 술항아리에는 술이 넘실넘실 넘쳐나고 있었던 것이다. 이러한 풍경은 홍석모(洪錫謨: 1781-1857)가 쓴 『동국세시기(東國歲時記)』에서도 확인된다. 그는 마포나루 강변 옹막(甕幕)이라는 곳을 중심으로 세 번 빚어 만든다는 삼해주(三亥酒)가 대량으로 만들어지고, 심지어는 삼해주를 증류시켜 빚은 소주도 매우 성행하고 있다고 기록하였다. 그러므로 "세력이 있는 자는 요행히 면하고 세력이 없는 자만 붙잡히게 되니 어찌 내 뜻이겠는가?"라는 영조(英祖: 1694-1776)의 탄식은 어찌해볼 수 없는 권력자의 비통한 심경을 잘 말해준다.

분류 : 의례
색인어 : 술, 삼해주, 동국세시기
참고문헌 : 『영조실록』; 이덕무, 『세시잡영』(『조선대세시기 I』, 국립민속박물관, 2003); 홍석모 저, 최대림 역, 『동국세시기』(홍신문화사, 2006)
필자 : 양미경

과음(이사벨라 버드 비숍)

이사벨라 버드 비숍(Isabella Bird Bishop: 1831-1904)은 1897년에 쓴 『한국과 그 이웃 나라들(Korea and Her Neighbours)』에서 한국인의 과음 습관에 대해 언급하였다. 비숍은 특히 취해버리는 것이 조선인들의 특징이라고 주장하였으며 조선에서 거의 매일 주정뱅이를 목격하였다고 하였다. 비숍에 따르면 이러한 조선인의 과음 습관은 계층을 막론하고 퍼져 있었는데 지위가 높은 사람이 술에 만취하더라도 전혀 흠이 아니라고 하였다. 비숍은 이러한 조선인의 과음 습관이 물, 숭늉, 꿀물, 귤차, 생강차

술 항아리, 일제 강점기, 국립민속박물관

등 외에 다른 음료가 없기 때문이라고 하였다.

릴리어스 호튼 언더우드(Lillias H. Underwood: 1851-1921)도 1904년에 쓴 『상투의 나라(Fifteen Years among the Top-Knots)』에서 조선인의 과음 습관이 음료나 차의 부재에서 기인하였다고 보았다. 조선인은 일본이나 중국에서처럼 차를 재배하지 않으며 이 글을 쓸 당시에야 비로소 부유층들이 차나 커피를 알게 되었으나 일반인들은 비싸서 차를 살 수 없다고 하였다. 때문에 일반적으로 술에만 의존한다고 하였다.

분류 : 음식
색인어 : 술, 식탐, 차, 이사벨라 비숍, 릴리어스 호튼 언더우드
참고문헌 : 이사벨라 버드 비숍 저, 이인화 역,『한국과 그 이웃 나라들 - 백년 전 한국의 모든 것』(살림, 1994); L.H.언더우드 저, 신복룡·최수근 공역,『상투의 나라』(집문당, 1999)
필자 : 서모란

금주령(거위 알과 수정구슬)

세종(世宗: 재위 1418-1450)의 신임을 얻었던 정절공(貞節公) 정갑손(鄭甲孫: 1396-1451)은 성품이 청렴하고 강직한 사람이었다. 조정에서도 언제나 바른말 하기를 서슴지 않아서, 대신들은 물론 세종조차도 그를 어려워했다. 한 번은 시관(試官: 시험관)이 아직 학업이 미진한 자신의 아들을 시험에 합격시켜준 것을 보고는, 방(榜: 합격자 안내문)에서 아들 이름을 지워버리고 시관을 크게 꾸짖어 내쫓아버렸다고 한다(『필원잡기(筆苑雜記)』,『연려실기술(燃藜室記述)』).

하지만 정갑손이 항상 그렇게 뻣뻣하기만 한 사람은 아니었던 듯하다. 그가 대사헌(大司憲)으로 있을 때, 여느 때와 같이 공청(公廳: 공무를 처리하는 관청)에서 사헌부와 사간원 회의가 열렸다. 공청에서 회의가 있을 때에는 사헌부와 사간원 관원들이 장막을 사이에 두고 나란히 앉는 것이 관례였는데, 간혹 술을 마시게 되면 장막을 걷고 권장음(捲帳飮)이라 하여 서로 술잔을 주고받았다.

그런데 금주령이 내려진 시기에는 법을 집행하는 사헌부 관원들은 술을 한 모금도 입에 대지 않았으나,

사간원 관원들은 술 마시기를 예사로 하였다. 그러던 어느 날, 사간원 관원이 장난삼아 술이 든 술잔을 장막 틈으로 사헌부 대장(臺長: 사헌부의 장령과 지평)에게 내밀어 보였다. 그러자 사헌부 대장이 장난으로 이를 뿌리쳤는데, 하필이면 그 술잔이 그만 정갑손의 책상 앞으로 굴러 떨어졌다.

순간 정적이 흘렀다. 모두들 숨죽이며 서로를 바라만 볼 뿐, 어느 누구도 나서서 그 술잔을 치우지 못했다. 그렇게 하루 종일 술잔은 대사헌 앞에 있었다. 하루 일과를 마칠 무렵, 정갑손이 드디어 입을 열어 "저기 거위 알처럼 생긴 것은 무엇인고? 수정(水精)구슬이 몇 개나 들어갈 수 있겠나?"라며 물었다. 아전들이 "백 개는 들어갈 것입니다."라고 답하자, 정갑손은 아무 일도 없었던 것처럼, "그것이 굴러들어온 틈으로 다시 던져주거라." 하고 지시하였다.

사실 이 거위 알처럼 생긴 것은 사간원에 전해져 내려오는 술잔으로, 금주령이 내려지면 술잔을 숨기기 위해 특별히 고안된 것이었다. 이러한 사실을 모두 알면서도, 정갑손은 술잔을 거위 알로, 술을 수정주(水精珠, 혹은 水精酒)로 은유적으로 표현하며, 금주령 기간에 행한 음주행위를 아량과 익살로 덮어주었던 것이다.

분류 : 의례
색인어 : 술, 금주령(禁酒令), 정갑손(鄭甲孫), 권장음(捲帳飮), 거위 알, 수정구슬(水精珠)
참고문헌 : 서거정 저, 김익현, 임창재 공역,『필원잡기』(한국고전번역원, 1971); 이긍익 저, 이가원 역,『연려실기술』(한국고전번역원, 1966)
필자 : 양미경

금주령(동자와 금주령)

조선 후기 문인 이옥(李鈺: 1760-1815)의 문집에는 술을 경계한 영특한 어린아이에 대한 이야기가 실려 있다. 중국 진양사람 유급은 14살 어린 소년이었다. 마을 글방에 가던 도중, 유급은 연못가에서 혼자 몰래 술을 마시고 있는 수령과 마주치게 되었다. 수령이 유급을 부르더니 표주박에 술을 따라주며, 이것은 온갖 병을 고칠 수 있는 약이니 어서 마시라고 권하였다.

그러나 유급이 이를 극구 사양하고는 수령 앞에서 시를 한 수 지어 읊었는데, 그 내용은 다음과 같다. "지금은 잔 속의 물건 권하지 마소서. 위로는 현명한 군주, 아래로는 어버이 계십니다."라고 하였다. 이에 수령이 깜짝 놀라며 얼굴색이 변하였다. 그러고는 당장 유급의 아버지를 찾아가 자신이 술 마신 것을 발설하지 말아달라고 간곡히 청하였다.

당시 진양에는 금주령(禁酒令)이 내려져서, 감히 이를 어기고 술을 마신 자는 사형이라는 극형에 처해지던 상황이었다. 그런데 어린 소년의 기지로 술도 경계하고 목숨을 부지했으니, 어린 동자의 처사가 참으로 현명하다 할 것이다. 이후 세상 사람들이 이 일을 기억하기 위해 '동자계주(童子戒酒)'라고 하였다.

분류 : 의례
색인어 : 유급, 금주령(禁酒令), 동자계주(童子戒酒), 이옥
참고문헌 : 이옥 저, 실시학사 고전문학연구회 편역, 『完譯 李鈺 全集 2 - 그물을 찢어버린 어부』(휴머니스트, 2009)
필자 : 양미경

금주령(영조)

조선시대에는 나라에 기근이 들 때마다 수시로 금주령(禁酒令)이 공포되곤 했다. 그 이유는 잘 알다시피, 우리나라 술의 주원료가 대부분 곡물이었기 때문이다. 백성들이 먹을 식량도 부족한 때에 술을 마신다는 것은 도저히 용납될 수 없는 일이라 생각했던 것이다. 하지만 금주령은 일시적인 조치여서 대부분 기간을 정하여 한시적으로만 시행되었고, 더군다나 제주(祭酒: 제사에 쓰는 술)의 경우에는 더욱 강제하기 어려웠다. 또한 윤저(尹抵: ?-1412)의 말처럼 "한두 사람의 친구와 더불어 문을 닫고 마시면" 아무도 알 수 없었기 때문에 재상과 대신들은 요리조리 다 빠져나가고, 술을 팔아 생계를 유지하는 일반 백성들만 걸려들었다. 그러다 보니 무소불위의 권력을 휘둘렀던 태종(太宗: 재위 1400-1422)조차도 "금주(禁酒)란 무익한 짓이다. 부호(富豪)들은 금망(禁網)에서 벗어나고, 빈약한 자들만이 죄에 걸려든다."며 크게 탄식할 정도였다(『태종실록』, 『세종실록』).

그럼에도, 결연한 의지 속에서 금주령을 굳건히 행한 임금이 있었으니, 바로 영조(英祖: 재위 1724-1776)였다. 영조는 즉위한 지 2년째 되던 1726년에 술을 '광약(狂藥)', 즉 사람을 미치게 하는 약이라 규정하였다. 사람의 천성은 본디 선한데, 술 때문에 맑은 기질이 혼탁해지고, 술 때문에 아름다운 기질이 악하게 된다고 하면서 대신들로 하여금 술을 많이 마시는 것을 경계토록 했다(『영조실록』).

하지만 태종과 세종의 탄식처럼, 영조의 금주령 또한 난관에 봉착하게 된다. 사실 금주령이 실효성을 갖기 위해서는 되도록 예외조항이 없어야 했다. 그래야만 일관되게 정책을 밀고 나갈 수 있었는데, 제사나 연회, 사신 접대 등과 같이 술을 금할 수 없는 예외적 상황들이 너무나 많았던 것이다. 특히 영조로서는 가장 고민스러운 부분이 제주(祭酒)였다. 제사에서 술은 매우 중요한 제물(祭物)이어서 종묘제례와 같은 국가 의례에 반드시 필요했는데, 나라에서는 쓰고 민간에만 금할 수도 없는 노릇이었다. 이런 까닭에 영조 또한 금주령을 전면적으로 시행하지 못하고 있었다.

그러던 참에 영조에게 묘책이 떠올랐으니, 제주(祭酒)로 술이 아닌 예주(醴酒)를 진헌하는 방안이었다. 예주는 감주(甘酒: 단술)로, 중국 하나라 우임금 때 의적(儀狄)이라는 사람이 술을 처음 빚기 전까지는 제주로 맹물인 현주(玄酒)와 단술인 예주(醴酒)를 사용하였다. 따라서 "현주는 예주의 조상이고 예주는 시주의 조상"이므로, 제주로 쓰기에는 술보다 예주가 더욱 고례(古例)에 적합하다고 판단하였다(『승정원일기』).

그리하여 영조는 보위에 오른 지 31년째 되던 1755년 9월 8일, 본격적으로 금주령을 시행하게 된다. 영조의 금주령은 매우 엄격하였다. 그전에는 가뭄이나 흉년이 들었을 때 한시적·부분적으로만 금주령이 시행되었다면, 영조는 술을 만들고 마시는 행위 자체를 아예 전면 금지시켰다. 또한 금주령을 어겼을 때 가해지는 처벌의 수위도 매우 엄격하게 정비되어서, 심할 경우 사형에 처해지기도 했다. 실례로 1762년(영조 38) 9

월 17일, 남병사(南兵使) 윤구연(尹九淵)이 금주령 중에 술을 마셨다는 이유로 숭례문에서 참수형을 당하였다. 그런데 나중에서야 밝혀진 사실이지만, 윤구연의 집에서 발견된 술은 금주령 이전에 만들어진 것이었고, 그가 술을 마신 것도 금주령 이전의 일이었다고 한다. 1774년(영조 50)에 와서야 윤구연의 신분과 명예가 회복되었지만, 그는 이미 이 세상에 없는 사람이었다. 어쨌거나 이런 일련의 사건들은 금주정책에 대한 영조의 신념과 의지가 얼마나 확고했었는가 하는 점을 시사해준다.

하지만 이처럼 확고했던 금주령에 대한 영조의 의지가 재위 말년에 접어들면서 한풀 꺾이게 된다. 1767년 1월 15일, 영조는 종묘제례에 예주가 아닌 술을 허용하였다. 이는 1755년 금주령을 시행한 이후 실로 12년만의 일이었다. 그렇다면, 영조가 자신의 생각을 바꾸게 된 계기는 무엇이었을까? 여러 가지 이유가 있겠지만, 가장 큰 이유는 정작 영조 자신이 금주(禁酒)로부터 자유롭지 못했기 때문일 것이다. 영조는 말년에 다리가 아파서 고생을 하였는데, 송절차(松節茶)를 마시고 나서 걸어다닐 수 있었다고 고백한 바 있다(『영조실록』). 여기서 송절차란 송절주(松節酒)를 의미하는데, 정작 자신이 솔선수범하지 못하면서 신하와 백성들에게 금주를 강요할 수 없어서 금주령을 풀어준 것은 아니었을까?

분류 : 의례
색인어 : 술, 금주령(禁酒令), 영조(英祖), 제주(祭酒), 현주(玄酒), 예주(醴酒), 윤구연(尹九淵), 송절차(松節茶)
참고문헌 : 『태종실록』; 『세종실록』; 『영조실록』; 『승정원일기』, 주영하, 『장수한 영조의 식생활』(한국학중앙연구원, 2014)
필자 : 양미경

예주(금주령)

정약용(丁若鏞: 1762-1836)은 『목민심서(牧民心書)』에서 곡식을 없애는 데는 술[酒]과 예주[醴]보다 더한 것이 없으니 술을 금하는 것은 어쩔 수 없으며, 흉년에는 술을 금지하는 것이 상례라고 하였다.

특히 영조(英祖: 재위 1724-1776) 34년인 1758년에는 큰 흉년이 들어 전국적인 금주령(禁酒令)이 내려졌다. 『각사등록(各司謄錄)』의 「오산문첩(烏山文牒)」을 보면, 이 시기에 충청도 예산 현감(禮山 縣監)이 금주령을 적용한 상황을 알 수 있다. 이에 따르면, 예산현감은 1758년(영조 34) 12월 초 9일 각 면(面)에 금주령과 관련하여 명령을 내렸다. 그는 이미 두 달 전에 각 리(里)에 주금(酒禁)을 어긴 자가 있는지 매달 초하루마다 보고하라고 시켰다. 하지만 아무도 그의 명령을 따르지 않았기 때문에 다시 엄격히 지키도록 명한 것이다. 관에서 제대로 단속하지 않으면 민간에서도 느슨해지기 마련이니, 백성들이 법을 어겨 죄에 빠지고 처벌받지 않도록 금주령을 지키게 하라는 취지였다.

아울러 휘령전(徽寧殿), 즉 영조의 비(妃)인 정성왕후(貞聖王后: 1692-1757)의 혼전(魂殿)에 드리는 제향에서조차 예주(醴酒)를 쓰지 않고 차와 꿀을 대신 썼다 하니, 앞으로는 일반 백성들도 제사 때 예주를 쓰지 말라고 일렀다. 금주령이 내려지기 한 해 앞서 세상을 뜬 정성왕후의 제향에서도 예주를 쓰지 않았다는 것이다. 또한 예주를 폐지하였으니, 어차피 아무데도 쓸 곳 없는 누룩[麴子]을 집 안에서 모두 없애고, 만약 누룩이 눈에 띄면 술을 빚은 자와 똑같이 처벌할 것이니 후회하지 않도록 명심하라고 주의를 주었다.

예산 현감이 금주령의 준수를 이토록 강조하였지만, 금주령을 위반하고 술을 빚은 백성들이 있어 체포되었다. 이에 예산 현감은 영조 36년(1760년) 5월 7일 순영(巡營)에 보고하였다. 이 내용을 『오산문첩』에서 보면, 술을 빚은 47세의 과부 김조이[金召史], 예주를 빚은 71세의 과부 홍조이[洪召史]와 37세의 김태관(金太寬)이 금주령 위반으로 잡혔다. 이에 세 사람을 취조하였는데, 이들은 모두 자신들이 만든 것은 술이 아니라 병든 가족의 치료를 위해 빚은 약물(藥物)이라고 주장하였다. 당시 술은 각종 약재를 섞은 술이나 아무것도 넣지 않은 술이라 하더라도 약으로 쓰이는 일이 많았기 때문에 가능한 주장이었다.

김조이는 시동생의 집에 얹혀사는데, 동서가 복통(腹

痛)을 심하게 앓는 것이 안쓰러워서 동서를 구제하려고 저녁밥을 쪄서 감주(甘酒)를 만들었다고 하였다. 홍조이는 딸의 집에 사는데, 딸이 여러 달 동안 가슴과 배에 통증이 심하여 죽을 지경에 이르렀는데 의가(醫家)에서 오가피와 닭똥을 섞어 만든 술을 마시면 낫는다고 하여 술을 빚었다고 하였다. 또한 김태관은 자신은 원래 술을 안 마시는데, 늦게 얻은 아들이 복학(腹瘧)을 앓아 사경을 헤매는 걸 두고 볼 수 없어 예주를 빚어 아이에게 먹이려고 한 것이라고 진술하였다.

한편 19세기에 지어진 『명물기략(名物紀略)』이라는 어휘사전을 보면 '醴(예)'는 속명으로 '甘酒(감주)', '감쥬'라 한다고 하였다. '예주'는 흔히 '감주' 또는 '단술'이라고 했는데, 현재 우리가 '식혜'의 다른 이름으로 쓰는 '감주'와는 다른 것으로 명백한 술이다. 그런데 예주와 감주의 혼동은 과거에도 있어서, 전순의(全循義: ?-?)의 『산가요록(山家要錄)』이나 김유(金綏: 1491-1555)의 『수운잡방(需雲雜方)』에 나오는 '예주(醴酒)' 빚는 법이 서유구(徐有榘: 1764-1845)의 『임원경제지(林園經濟志)』에는 '감주방(甘酒方)'이라는 이름이어서, '예주'와 '감주'가 문헌상으로도 혼용되었음을 확인할 수 있다.

이러한 예주는 이용기(李用基: 1870- 1933)의 『조선무쌍신식요리제법(朝鮮無雙新式料理製法)』(1936)에도 '감주(甘酒)'로 나온다. 이에 따르면, 감주는 식혜 만들 듯하여 짜서 마시면 달달하여 술을 못 먹는 사람과 노인들이 주로 마시는데, 찹쌀을 가루 내어 구멍떡을 만들고 삶아서 식힌 뒤 누룩가루를 주물러 술밑을 만들고, 여름에는 5일, 봄과 가을에는 7일 후에 찐 찹쌀을 밑과 합하여 두었다가 익으면 마신다고 하였다.

감주병, 조선, 흙, 국립민속박물관

분류 : 음식
참고문헌 : 예산현감 쓸, 김동현 역, 「오산문첩(烏山文牒)」, 『각사등록』(세종대왕기념사업회, 2014); 작자 미상, 『명물기략』; 정약용 저, 이정섭 역, 『목민심서』 진황(賑荒) 6조(한국고전번역원, 1986); 전순의, 『산가요록』(한국전통지식포탈); 김유, 『수운잡방』(한국전통지식포탈); 서유구, 『임원경제지』(한국전통지식포탈); 이용기, 『조선무쌍신식요리제법』(영창서관, 1936)
필자 : 김혜숙

기용도

「기용도(器用圖)」는 조선시대 의궤에 실린 항목 중 하나로 진연진찬 등에 사용되는 각종 가구(상, 탁, 정 등)와 기물(병, 잔, 술항아리, 꽃항아리) 등을 그림으로 실은 것이다.

예를 들어 『임인진연의궤』는 1902년 고종황제가 51세로 기로소(耆老所)에 들어간 경사를 위한 잔치를 기록한 책이다. 숙종과 영조가 기로소에 입소한 뒤 연향을 베푼 예에 따라 4월 23일 외진연, 4월 24일 내진연, 4월 24일 야진연, 4월 25일 익일회작, 4월 25일 익일야연을 거행하였다.

사흘에 걸친 진연에 필요한 각종 의장들과 기명을 그린 「기명도」가 의궤의 1책에 기록되어 있다. 신분과 위계에 맞게 재질과 장식을 구별하여 사용한 갖가지 음식기명들은 당시 왕실 연향에서 쓰인 최고급 음식기명을 확인할 수 있는 중요한 자료이다.

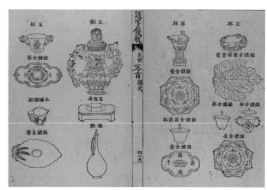

『임인』진연의궤』 중 「기용도」, 목판인쇄, 1902년, 서울대학교 규장각한국학연구원

분류 : 미술
색인어 : 진연, 잔치, 그릇, 고종, 기로소, 임인진연의궤, 기용도
참고문헌 : 『임인진연의궤』; 한국학중앙연구원, 『조선후기 궁중연향

문화 3』(민속원, 1995); 한식문화재단, 한식아카이브 DB
필자 : 구혜인

기장

기장은 벼과에 속하는 일년생 초본식물이다. 조선시대 기장에 대한 한자 표기는 책에 따라 달라진다. 기장의 한자 표기는 크게 두 가지 방식으로 나눌 수 있다. 구체적으로 살펴보면 『산림경제』에서 메기장을 서(黍)로 표기하고 찰기장은 출(秫)이라고 했다. 직(稷)은 피로 보았다. 『증보산림경제』도 역시 『산림경제』와 같은 표기법을 고수한다. 이에 반해 『물명고』에서 기장 표기에 따라 직(稷)을 메기장으로 서(黍)는 찰기장을 가리키며 직을 피로 표기하는 것은 잘못이라고 했다. 『명물기략(名物紀略)』에서도 메기장을 직으로 찰기장을 서라고 표기했다. 『동의보감』에서도 직미(稷米)는 찰지지 않은 기장으로 표기하고 서미(黍米)는 찰기장으로 표기했다.

기장은 한반도에서 이른 시기부터 재배된 작물로서 고고학 연구성과들에 따르면 기원전 3000-4000년 전인 신석기시대 중기 이후부터 확실히 한반도에서 재배됐다. 물론 청동기시대·고대를 거치면서 기장 이외에도 한반도 남부를 중심으로 쌀·밀·보리 등 다른 곡물들이 많이 재배됐다.

역사시대에 들어와서도 기장은 중요했다. 단적으로 기장은 고려와 조선의 왕들이 직접 농사를 짓는 적전(籍田)에서 길러지는 곡물 중 하나였다. 그리고 기장은 시대와 쓰는 이의 관점에 따라 범주가 달라졌던 오곡(五穀)으로도 항상 포함되는 곡물이었다. 그래서 19세기 전반기 최한기가 편찬한 『농정회요(農政會要)』에서는 메기장이 오행(五行) 중 토(土)를 뜻하기 때문에 오곡 중 으뜸이라고까지 말했다. 그만큼 기장이 한반도 역사에서 오랫동안 중시되는 곡물이었음을 뜻한다.

『동의보감』에서는 『본초강목』을 인용하여 메기장쌀[稷米]에 대해 항상 먹어도 좋은 음식이라 평했고 찰기장쌀[黍米]을 폐병에 반드시 먹어야 하는 음식이라고 평했다. 기장밥은 기장을 가지고 만드는 음식 중 기본이 되는 음식이었고 특히 기장밥과 닭고기를 뜻하는 계서(鷄黍)는 『후한서(後漢書)』에 있는 고사(古事)에 따라 친구를 대접한다는 의미의 문구로 조선시대 많은 문인들 글에 인용됐다. 기장은 밥 이외에도 술·떡 재료로 쓰였다. 『산림경제』에서는 기장을 포함해 벼 이외 곡물로 만드는 잡곡주(雜穀酒)라는 술 만드는 법도 나온다.

세종은 좋은 품종의 기장을 키우고자 했다. 『세종실록』 1423년 음력 7월 24일자 기사에서 당시 황해도 감사는 옹진현(甕津縣)의 이철(李哲:?-?)이 1421년 이래, 한 껍질에서 알곡이 두 개씩 든 기장[黍]을 발견했고 이철이 키운 기장 20이삭을 세종에게 바쳤다. 그러자 이 보고와 기장 씨앗을 받은 세종은 곧장 적전에 받은 기장을 심도록 했다.

이철이 종자를 올린 지 1년이 지난 1424년 8월 26일 세종은 수확한 17석 3두의 거서(秬黍) 중 3두는 기장쌀로 찧어 진상하고 17두는 종자로 저장하도록 했다. 그리고 1425년 음력 2월 29일 호조는 거서와 관련하여 동·서 적전에 종자로 쓸 2석을 제외하고 나머지 거서 종자는 정 3품 이상 관원에게 나눠줘 경상도·황해도·전라도 등지에서 경작하도록 하자고 제안했다. 호조의 이 제안을 세종이 받아들여 같은 해 음력 12월 19일 호조에서 거서 종자 14석 12두를 각 지역에서 심었더니 그 수확이 264석이 되었다고 보고하였다. 그리고 세종에게 거서 종자를 각 고을 의창(義倉)에 보내자고 건의하였고 세종도 이를 허락한다. 이 같은 과정을 통해 사관이 평가하듯 거서가 전국적으로 보급됐고 후대 왕들에게도 회자될 만큼 세종의 중요한 업적 중 하나로 기억되었다.

분류 : 식재료
색인어 : 밥, 닭고기
참고문헌 : 최한기 저·농업진흥청 역, 『국역 농정회요』1(농업진흥청, 2005); 허준 저·허준 저·윤석희 외 7명 역, 『동의보감』; 홍만선 저·정소문 외 2명 역, 『산림경제』2(민족문화추진회, 1982); 『세종실록』; 유중림 저·농업진흥청 역, 『증보산림경제』1(농업진흥청, 2003).
필자 : 이민재

기장감주(「노루」)

장진(長津) 땅이 지붕 넘에 넘석하는 거리다
자귀나무 같은 것도 있다
기장감주에 기장차떡이 흔한 데다
이 거리에 산골 사람이 노루 새끼를 데리고 왔다

산골 사람은 막베 등거리 막베 잠방둥에를 입고
노루 새끼를 닮았다
노루 새끼 등을 쓸며
터 앞에 당콩 순을 다 먹었다 하고
서른닷 냥 값을 부른다
노루 새끼는 다문다문 흰 점이 박히고 배안의 털을 너
슬너슬 벗고
산골 사람을 닮았다

산골 사람의 손을 핥으며
약자에 쓴다는 흥정 소리를 듣는 듯이
새까만 눈에 하이얀 것이 가랑가랑한다.

1937년 10월 『조광』에 발표된 백석(白石: 1912-1996)
의 시 「노루」이다. 백석은 자신이 성장한 고향의 풍속
과 자신이 체험한 생활의 풍물을 토속적 언어에 바탕
을 둔 지극히 개성적인 시어와 표현으로 형상화한 시
인이다. 그의 독특한 시세계는 후대의 많은 시인들에
게 영향을 끼쳤다. 1912년 평안북도 정주에서 태어나
오산고등보통학교를 마치고 일본으로 건너가 1934년
아오야마학원[青山學院] 전문부 영어사범과를 졸업
하였다. 1930년 〈조선일보〉 '신년현상문예 공모'에 소
설 「그 모(母)와 아들」이 당선되었고, 1935년 〈조선일
보〉에 시 「정주성」을 발표하면서 등단했다. 첫 시집
『사슴』을 출간하여 문단의 주목을 받았고 그 이후 함
흥과 만주에서 발표한 작품들도 지속적인 관심의 대
상이 되었다. 광복 후 평양에 정착하여 분단 이후에도
활동하다가 1959년 양강도 삼수군의 농장으로 축출
되어 농사꾼으로 살다가 타계했다.
이 시는 약자에 대한 연민의 감정을 절제의 어조로 애

잔하게 드러낸 작품이다. 초라하고 연약하다는 점에
서 산골 사람과 노루 새끼는 서로 닮았다. 산골에서
순박하게 살아가는 가난한 사람을 통해 약자에 대한
연민의 감정을 드러낸 작품이다. 이 시에 소재로 등장
하는 기장감주는 함경남도 장진의 생활상을 알려주
는 음식이다. 장진이 개마고원 일대의 깊은 산간 지역
이기 때문에 기장을 많이 재배하여 기장쌀로 담근 감
주를 먹었다.

분류 : 문학
색인어 : 노루, 백석, 기장감주, 기장차떡(기장찰떡), 당콩(강낭콩) 순
참고문헌: 이숭원, 『백석을 만나다』(태학사, 2008)
필자 : 이숭원

김

한국인이 즐겨 먹는 김은 해조류의 일종이며, 바다에
서 채취한 후 잘 잘라서 발 같은 데 펴서 말린 다음 식
용한다. 일제 강점기 남한 지역에서는 김 반찬으로 밥
을 먹으면 평소보다 배 이상 먹을 수 있다고 하여 김
을 속칭 '밥도적놈'이라고 불렀다고 한다(〈동아일보〉
1939년 4월 29일자).
조선시대에는 김의 명칭은 문헌에 따라 다르지만,
『명물기략(名物紀略)』에서는 '海衣(해의)', 『광재물
보(廣才物譜)』와 『사류박해(事類博解)』에서는 '海衣
(해의)'와 '紫菜(자채)' 등을 김이라 하였다. 또한 정약
용(丁若鏞: 1762-1836)은 『경세유표(經世遺表)』에서
'紫苔(자태)'의 속명은 '海衣(해의)'이고, 방언으로는
'김'이라 한다고 썼다. 이와 같이 김의 명칭 중에는 자
줏빛을 의미하는 '紫(자)' 자가 들어간 것이 많은데, 김
의 색깔이 붉은 빛이 돌기 때문이다. 이익(李瀷: 1681-
1763)의 『성호사설(星湖僿說)』 '윤조(綸組)'를 보면,
김은 바다의 돌 위에 돋는 붉은 이끼를 따서, 종이처
럼 만든다고 하였으니 조선시대의 김도 현재와 다르
지 않음을 알 수 있다.
조선시대에 김은 중국에 진헌하는 물품에 포함되는
음식 중 하나였다. 『신증동국여지승람(新增東國輿地
勝覽)』에 따르면, 김은 충청도 홍주목·서천군·태안군·

면천군·비인현·남포현·결성현·보령현·해미현, 경상도 경주부·울산군·흥해군·동래현·청하현·영일현·장기현·기장현·영해도호부·곤양군·남해현·하동현·거제현·고성현, 전라도의 나주목·제주목, 강원도 강릉대도호부·평해군·간성군·울진현의 토산이었다. 따라서 김이 북쪽 지방을 제외하고 서해, 남해, 동해 연안에서 고루 생산되었던 것으로 보인다.

이렇게 서해, 남해, 동해에서 모두 나는 김이지만, 조선시대의 미식가였던 허균(許筠: 1569-1618)은 『도문대작(屠門大嚼)』에서 김은 동해 사람이 주먹으로 물을 짜서 말린 것이 가장 좋다고 평했다. 이와 달리 일제 강점기의 이용기(李用基: 1870-1933)는 『조선무쌍신식요리제법(朝鮮無雙新式料理製法)』(1936)에서 김은 전라남도 나주(羅州) 비금도(飛禽島), 즉 현재의 신안군 비금도의 것이 제일 좋으며, 그냥 싸 먹는 김쌈에는 경상남도 하동이나 전라남도 광양의 김이 얇고 부드러워서 좋고, 구워 먹는 데는 맛이 좋으면서도 두껍고 잡티나 돌 등이 없는 검은 김이 알맞다고 하였다. 식품학자 유태종에 따르면, 김은 겨울에 채취한 것이 맛과 영양상 가장 좋고, 항긋하면서 검은 빛에 광택이 나고, 구우면 청록색으로 변하는 것이 김 중에 상품이라고 했다. 그러면서 김구이는 옛날 서울 지역에서 새로 며느리가 들어오면 제일 먼저 김을 재워 굽는 일을 시켜서 음식솜씨를 판단하였다고 덧붙였다. 김구이는 간단한 듯해도, 기름을 너무 바르면 오그라들고 모자라면 쉽게 타버리고 너무 센 불에 구워도 맛과 향이 나빠지는 까다로운 음식이어서, 이를 통해 새며느리의 음식 솜씨를 엿보았다는 것이다(〈동아일보〉 1975년 11월 21일자).

맛있는 햇김은 그냥 날로 먹거나 양념 없이 구워 먹어도 맛있지만, 오래되어 맛이 떨어진 김으로는 김자반, 김창국(김찬국, 김냉국), 김무침, 김부각, 김장아찌, 김국, 김전 등과 같이 양념을 하여 다양한 음식을 만들어 먹었다. 이 가운데 김무침은 구운 김을 잘게 부숴 양념한 것이고, 김부각은 되직하게 쑨 찹쌀 풀에 양념을 섞어 김에 잘 펴 바른 후 말려두었다가 먹을 때 기름에 튀겨낸 것이다. 또 김장아찌는 간장을 조미하여 끓인 것에 김을 재워 두었다가 먹는 음식이다. 한편 김은 부재료로도 많이 쓰이는데, 대표적으로 탕평채나 떡국, 묵무침 등을 할 때 넣는다.

분류 : 음식
색인어 : 매생이, 파래, 미역, 도문대작, 조선무쌍신식요리제법, 조선요리제법, 조선요리법, 시의전서
참고문헌 : 작자 미상, 『명물기략』; 작자 미상, 『광재물보』; 이공, 『사류박해』; 정약용, 『경세유표』; 『신증동국여지승람』; 허균 저, 신승운 역, 『도문대작』(한국고전번역원, 1984); 이용기, 『조선무쌍신식요리제법』(영창서관, 1936); 「朝鮮重要水産物(五)」, 〈동아일보〉 1939년 4월 29일; 「食品카르테(31) 김」, 〈동아일보〉 1975년 11월 21일; 이익 저, 김철희 역, 『성호사설』(한국고전번역원, 1976)
필자 : 김혜숙

김(이경석)

봄날의 푸른 구름 한 조각 잘라서
남쪽바다 벗님이 내게 보내주셨네
돌이끼처럼 가늘어 색깔 알기 어려운데
종이처럼 얇아서 억지로 모양을 엮었네
천상 신선의 옷도 이보다 무겁겠지
바다의 온갖 생선 비려서 다 싫다네
좋아라, 김은 그저 시원하고 담박하여
갓 딴 채소와 함께 먹으면 술이 쉬 깬다지

窮取春雲一片靑　故人相贈自南溟
細如石髮難分色　薄似溪藤强綴形
天上六銖還覺重　海中千種摠嫌腥
生憐此物偏涼淡　和嚼新蔬酒易醒

　*이경석, 「진사 백상현이 김을 보내주어 감사한 마음에 [謝白上舍尙賢寄海衣]」

이경석(李景奭: 1595-1671)은 본관이 전주고 자는 상보(尙輔), 호는 백헌(白軒)이며, 벼슬은 영의정에 이르렀다. 병자호란 때 삼전도(三田渡) 비문을 제작한 욕된 일을 하였지만, 청에 대한 복수의 의지를 실천하고자 한 애국적인 인물이기도 하다. 문집 『백헌집(白軒集)』이 있다.

이 작품은 남해에 가 있던 사람으로부터 김을 선물로 받고 지은 칠언율시다. 이끼처럼 가늘고 종이처럼 얇

은 김의 형상을 묘사한 다음, 천상의 선녀가 입는 옷조차 이보다 무겁고 생선처럼 비리지 않아 좋다고 하였다. 게다가 채소와 함께 먹으면 숙취가 해소된다고 하니, 김의 용도가 다채롭다.

김은 밥에 싸먹는 것이 최고다. 이색(李穡: 1328-1396)은 강릉에 근무하는 관리가 보내준 김을 받고서 지은 시에서 "곱슬곱슬 지은 밥은 사발에 하얗고, 새로 따온 김은 소반 가득 푸르네. 한낮에 김에 싸서 먹는 밥, 이빨에 슬쩍 묻어나는 향내[軟炊盈椀白 新撷滿盤靑 和合午憁下 齒牙微有馨]."라 하였으니, 쌀밥을 김에 싸서 먹는 풍경이 지금과 다르지 않지만 요즘 먹는 김에서 느낄 수 없는 향이 있었던 모양이다.

이와 함께 김은 치아가 부실한 노인에게 좋은 반찬이다. 홍주원(洪柱元: 1606-1672)은 함평으로 부임하는 벗에게 "늙은 인생 이가 완전히 빠졌으니, 문득 김을 맛보게 해주시게[殘生齒全豁 倘許海苔嘗]."라 하여 늙은 자신에게 김을 보내달라 부탁한 바 있다. 박윤묵(朴允默: 1771-1849)도 노년에 서해의 평신진(平薪鎭)에 부임하였는데 이가 흔들리고 빠져 고기를 먹을 수 없었다. 마침 말려놓은 김을 구하게 되어 이를 밥에 싸서 먹었다. 맛이 담박한 데다 부드러우며 치아에 무리가 가지 않아 그 기쁨을 시로 적었다. "종이처럼 겹겹으로 접히고 깁처럼 얇으며, 색깔은 짙푸른 색 품질 또한 뛰어나다네. 발 위에 말려 놓은 것 어느 여인 솜씨인가, 광주리 가득 넣은 것 어느 집에 갈 것인가. 기이한 용도 평범한 푸성귀보다는 배나 낫고, 담박한 맛 어찌 조그만 개나 새우에 비하랴. 근래 말린 포조차 씹어 먹기 어렵더니, 이렇게 부드러워 병든 이빨에 맞아 사랑스럽네[疊如摺紙薄如紗 面色靑蒼品亦嘉 鋪箔乾成何女手 充筐散入幾人家 異需倍勝閒菹藿 淡味奚論小蟹鰕 脯腊年來難咀嚼 愛玆柔軟合衰牙]."

분류 : 문학
색인어 : 김, 이경석, 이색, 홍주원, 박윤묵
참고문헌 : 이경석, 『백헌집』; 이색, 『목은고』; 홍주원, 『무하당유고』; 박윤묵, 『존재집』
필자 : 이종묵

김국

김은 구워 먹는 데 익숙하지만, 냉국을 만들거나 따끈하게 국을 끓이기도 한다.

김으로 만든 김냉국[海衣冷湯]은 '김창국' 또는 '김찬국'이라고 한다. 그 조리법을 이용기(李用基: 1870-1933)의 『조선무쌍신식요리제법(朝鮮無雙新式料理製法)』(1936)에서 보면, 좋은 김을 깨끗이 다듬어 바삭하게 구워 잘게 부순 뒤, 장, 초, 기름, 파를 넣은 물에 김 그리고 양념하여 볶은 고기도 풀어 만드는데 여름철 음식으로 아주 차게 해서 먹어야 좋다고 했다. 또한 방신영(方信榮: 1890-1977)의 『우리나라 음식 만드는 법』(1954) '김찬국'에서 보듯이, 이용기의 조리법과 비슷하게 만들지만 고기 없이 김만으로 김냉국을 만들기도 한다.

한편 김으로는 따뜻한 국을 끓일 수도 있는데, 마른 김을 쓰기도 하고 김을 채취하기 쉬운 해안가에서는 겨울철에는 생김으로 끓이기도 한다. 말린 김으로 끓이는 김국은 경상남도의 향토음식으로, 큼직하게 뜯어 대파와 풀어놓은 달걀을 넣어 끓인다(농촌진흥청, 2008a: 140쪽). 또한 생김으로 끓이는 국은 해안을 낀 강원도 지역에서는 1-3월에 끓여 먹는 국인데, 불순물을 제거한 생 돌김을 국간장으로 간하여 끓이다가 달걀을 풀어 넣어 만든다(농촌진흥청, 2008b: 127쪽). 마찬가지로 겨울부터 초봄까지 생김국을 끓이는 전라남도 해안 지역에서는 소고기미역국을 끓이는 것처럼 소고기를 양념하여 볶다가 물을 붓고 끓이는데, 여기에 생김, 다진 마늘, 국간장, 참기름을 넣는다(농촌진흥청, 2008c: 130쪽). 이렇게 끓이는 김국은 마른 김보다는 생김으로 끓인 것이 김 고유의 향과 맛이 더 강하여 맛이 좋다.

분류 : 음식
참고문헌 : 이용기, 『조선무쌍신식요리제법』(영창서관, 1936); 방신영, 『우리나라 음식 만드는 법』(청구문화사, 1954); 농촌진흥청 농업과학기술원 농촌자원개발연구소, 『한국의 전통향토음식 9-경상남도』(교문사, 2008a); 농촌진흥청 농업과학기술원 농촌자원개발연구소, 『한국의 전통향토음식 3-강원도』(교문사, 2008b); 농촌진흥청 농업과학기술원 농촌자원개발연구소, 『한국의 전통향토음식 7-전라남도』(교문사, 2008c)
필자 : 김혜숙

김밥

김밥은 마른 김 위에 밥을 깔고 갖가지 재료를 얹은 다음 원통형으로 말아서 썬 음식으로 떡볶이, 순대 등과 함께 한국의 대표적인 분식으로 손꼽힌다.

김밥은 노리마키[海苔卷き], 노리마키스시[海苔卷き寿司], 혹은 후토마키[太卷き]라고 부르는 일본의 김초밥과 그 모양이 비슷하여, 일본의 영향으로 탄생한 음식으로 보는 견해가 있다. 반면, 우리나라에 김에 밥을 싸 먹는 풍습이 있었던 것과 일본의 노리마키와 한국의 김밥은 재료와 양념이 상이한 것을 근거로 김밥이 우리나라 고유 음식임을 주장하기도 한다.

1930년대 신문 지면에는 '김밥'이라는 음식이 등장하는 것으로 보아 적어도 일제 강점기부터는 김밥이라는 음식이 한반도에 존재했던 것으로 보인다(〈동아일보〉 1935년 1월 15일자, 1938년 6월 10일자). 한편, 1940년대가 되면 김밥을 만들어 파는 행상도 있었던 것으로 보인다. 옹기장이 박나섭의 생애사를 담은 책에서 구술자는 1945년 해방 직전에 일본 노무자 강제 징용에서 도망나온 경험을 풀어놓았는데 이때, 김밥을 사서 끼니를 때웠다고 하였다(뿌리깊은나무편집부, 1990). 해방 이후 늘어난 기차 내의 장사꾼들을 설명한 1949년 신문 기사에도 열차 내에서 떡, 계란, 소주, 감주 등과 함께 김밥을 팔고 있다고 하였다(〈경향신문〉 1949년 6월 8일자).

김쌈은 조선시대 요리책에 나타난 음식 중에 가장 김밥과 유사한 음식으로 김에 싼 밥이나 김에 밥을 싸먹는 것을 행위를 뜻하기도 하고, 김밥을 싸 먹기 위해 구운 김을 이르기도 한다. 조선시대에서 일제 강점기의 요리책에서는 주로 구운 김 자체를 '김쌈'이라 하고 있다. 때문에 1800년대 조리서인 『시의전서(是議全書)』와 1924년 이용기(李用基: 1870-1933)의 『조선무쌍신식요리제법(朝鮮無雙新式料理製法)』, 1934년 방신영(方信榮: 1890-1977)의 『조선요리제법(朝鮮料理製法)』 등에서는 '김쌈'이라 하여 김에 기름을 바르고 소금을 뿌려 굽는 방법과 먹는 법을 간단히 설명하고 있다. 『조선요리제법』은 먹을 때 젓가락으로 한 개씩 집어서 밥에다 올려놓고 밥을 겹쳐 집어 먹으라고 하였다. 『조선무쌍신식요리제법』의 김쌈 양념에는 다른 조리서들과 달리 설탕이 포함되어 있다. 이 책은 또한 최근에는 양념을 하지 않고 구워 진장(간장)에 찍어서 밥 위에 놓아 먹기도 한다고 하였다.

김으로 밥을 싸먹는 것은 정월 대보름의 세시풍속 중 하나인 '복쌈'을 설명할 때 종종 나타나기도 한다. 김려(金鑢: 1766-1821)는 정월 대보름의 풍속에 대해 쓴 「상원리곡(上元俚曲)」에서 "정월 대보름에 곰취나 김으로 밥을 싸서 온 집안 식구들이 둘러앉아 함께 먹는다[熊蔬裹飯海衣如 渾室冠童匝坐茹]."고 하였다. 유만공(柳晩恭: 1793-1869)이 세시풍속에 관해 쓴 「세시풍요(歲時風謠)」의 시 구절에서도 "밥을 개암처럼 둥글게 뭉쳐서 산나물이나 김으로 싸서 먹는 행동[圓轉飯丸榛子同 裹來山菜海苔中]"이 묘사되어 있다.

조자호(趙慈鎬: 1912-1976)는 1938년 〈동아일보〉 기사에 아이 돌상에 올릴 수 있는 음식에 대해 기고하였는데, 이중 김쌈이 있다. 조자호는 김쌈은 정월의 돌상에만 올리고 정월이 아닌 때에는 못 올린다고 하였다(〈동아일보〉 1938년 3월 21일자).

다양한 김밥이 만들어지고 있다.ⓒ하응백

분류 : 음식

참고문헌 : 작자 미상, 『시의전서』; 국립민속박물관, 『조선대세시기 II』(국립민속박물관, 2003); 이용기, 『조선무쌍신식요리제법』(영창서관, 1924); 방신영, 『조선요리제법』(한성도서, 1934); 주영하, 『식탁 위의 한국사』(휴머니스트, 2013); 뿌리깊은나무편집부, 『나 죽으믄 이걸로 끄쳐 버리지』(뿌리깊은나무 1990); 「남녀아가구별이 잇는 돌상 차리는 법」, 〈동아일보〉 1938년 3월 21일; 「휴지통」, 〈동아일보〉 1935년 1월 15일; 「애기네판」, 〈동아일보〉 1938년 6월 10일; 「列車內(열차내)의 장사꾼」, 〈경향신문〉 1949년 6월 8일

필자 : 서모란

충무김밥

충무김밥은 경상남도 통영시의 지역음식 중 하나로 맨밥을 김에 싼 것에 매콤하게 무친 무김치와 오징어무침 등을 곁들여 먹는 음식이다. 충무김밥의 이름은 1995년 통영시와 통합되기 전 지명인 충무시의 지명에서 유래한 것이다. 작은 김밥과 반찬을 꼬치로 찍어 먹는다고 하여 꼬치김밥이라고도 불리며 할매김밥이라고도 불린다. 김을 4등분이나 6등분으로 잘라서 한입에 들어갈 수 있게 작게 싸는 것이 특징이며 오징어무침 대신 주꾸미나 낙지, 어묵무침 등을 함께 내기도 한다.

충무김밥은 현 통영시(충무시)와 부산을 오가던 여객선에서 판매하던 김밥에서 유래한 것이라는 설이 있는데, 이때 쉽게 변질되지 않게 하기 위해서 밥에 속 재료를 넣지 않고 양념도 따로 하지 않았으며 별도로 김치와 무침을 곁들이게 되었다고 한다.

음식 칼럼니스트 홍성유(洪性裕: 1928-2002)는 충무김밥에 대해 '충무김밥을 한 번도 먹어보지 못한 사람도 충무김밥을 아는 사람이 많은데 이는 매스컴 때문'이라고 하였다. 이처럼 충무김밥은 1980년대 이후 매스컴을 통해 퍼져나간 지역음식의 하나로 특히 '국풍 81'이라는 행사를 계기로 전국에 알려지게 되었다. 국풍 81은 전두환 정권 시절 개최된 문화행사의 하나로 주최 측 통산으로 약 1,000만 명이 참가했다고 전해지는 대규모 행사였다. 행사의 일환으로 여의도광장에서 전국 향토음식을 모아놓고 판매하도록 하였는데 충무김밥도 이 향토음식들 중 하나였다. 1981년 〈경향신문〉에서는 국풍 81의 주요 행사로 충무김밥을 소개하고 있는데 충무시를 들러서 한번 맛보았던 사람이 찬탄을 금치 못했을 별미라고 설명하였다(〈경향신문〉 1981년 5월 27일자).

국풍 81 행사에 참가했던 것으로 알려진 김밥집은 1930-1940년대에 이미 뱃사람들에게 김밥을 판매하기 시작하였다는 것을 근거로 60년 이상의 역사를 주장하기도 한다. 그러나 국풍 81 행사 이전에는 충무김밥에 대한 내용을 다룬 기사나 문헌을 찾아보기 어렵다. 1976년 지역의 한여름의 정취를 소개한 시리즈 기사에서 충무시(현 통영시)의 "김밥에 곁들인 소주 맛"에 대해 언급했는데 이때 언급된 김밥이 충무김밥인지는 알 수 없으며 명칭도 그냥 김밥이라고 하였다(〈경향신문〉 1976년 7월 21일자).

분류 : 음식
참고문헌 : 홍성유, 『한국 맛있는 집 999점 2』(문학수첩, 1994); 농촌진흥청 국립농업과학원, 『전통 향토음식 용어사전』(교문사, 2010); 「国風(국풍)'81 소식」, 〈경향신문〉 1981년 5월 27일; 「흙내음 가득한 내 고장 한여름 〈13〉 忠武(충무)」, 〈경향신문〉 1976년 7월 21일
필자 : 서모란

김장

겨울에는 신선한 채소를 구하기가 어렵기 때문에 입동(立冬)을 전후하여 한꺼번에 김치를 많이 담가서 저장하는 풍습이 생겨났다. 이를 '김장'이라 하고, 이때 담근 김치를 '김장김치'라고 부른다. 김장김치는 한때 '겨울의 반양식'이라고 부를 정도로 중요하게 인식되었고, 또 항간에서는 "쌀, 김장김치, 땔감만 있으면 겨울을 날 수 있다."라는 말이 돌 정도였다.

조선 후기의 세시풍속을 기록한 홍석모(洪錫謨: 1781-1857)는 『동국세시기(東國歲時記)』에서 음력 10월경에 서울 사람들은 무·배추·고추·마늘·소금 등으로 김장을 담근다고 적었다. 그러면서 "여름의 장 담기와 겨울의 김장담기는 일반 가정에서 1년 중에 아주 중요한 행사이다."라고 하였다. 김장은 대체로 입동 전후에 이루어지지만, 지역에 따라 김장을 담그는 시기와 양에 있어서 차이가 난다. 추운 지역일수록 겨울이 길어서 김장의 양이 많고, 김장을 담그는 시기도 빨라진다. 반면, 따뜻한 지역에서는 음력 11월 말까지 김장을 미루는 경우가 있고, 또 양도 비교적 적다. 그럼에도, 어느 지역, 어느 가정에서나 김장은 매우 중요하게 생각되었다.

김장을 담그려면 사전에 많은 준비가 필요하다. 우선, 초가을에 김장에 쓸 젓갈류를 미리 마련해야 한다. 그리고 고추는 잘 말려서 실고추, 고춧가루, 막 빻은 굵

김장을 하기 위해 배추를 씻고 있는 아낙네들의 모습을 찍은 사진, 국립민속박물관

은 고추, 씨 등과 같이 용도에 따라 준비해둔다. 또한 소금도 미리 준비해서 간수를 빼는 것이 좋다. 이렇게 사전 준비가 끝나면 본격적으로 김장을 하게 되는데, 적게는 3일, 많게는 일주일 정도가 소요되었다.

손정규(孫貞圭: 1896-1955)는 『우리음식』에서 김장을 담그는 순서와 날짜별로 해야 할 일을 꼼꼼히 기록해두었다. 이에 따르면, 첫째 날에는 김장에 쓸 채소를 다듬고, 배추와 무는 소금에 절여둔다. 둘째 날에는 다듬어 둔 채소를 씻어서 썰고, 셋째 날에는 속을 넣고 버무려서 항아리에 넣는다. 넷째 날에는 우거지 치는 일을 하고 그릇들을 닦아 정리한다. 그리고 마지막 날에는 국물을 붓는다고 적었다. 그러면서 아무리 큰 김장이라도 일의 순서를 정하여 5일 안에는 김장이 마쳐질 수 있게 해야 하며, 준비가 잘 되어 있지 않고 일의 순서가 분명하지 않으면 시간이 허비되어 재료의 맛이 떨어질 수 있으니 유념하라는 당부도 잊지 않았다.

김장김치는 지역에 따라 쓰이는 재료와 간의 세기가 달랐다. 이는 기온의 차이에서 비롯된 것인데, 춥고 겨울이 긴 지역일수록 간을 싱겁게 하고 양념을 담백하게 써서 재료의 신선한 맛을 살렸다. 반면, 따뜻한 지역에서는 싱거울 경우 김치가 쉽게 시어지기 때문에 간을 짜게 하고, 짠맛을 희석시키기 위해 양념과 젓갈을 많이 써서 감칠맛을 높였다. 또한 지역에 따라 젓갈을 사용하는 양상도 다르게 나타났는데, 남쪽 지역에서는 멸치젓을 주로 사용한 반면, 중부 지역에서는 새우젓을 많이 사용했다. 이러한 차이는 젓갈의 생산 및 유통과 관련이 깊다 할 것이다.

한편, 김장김치가 숙성되기까지는 시간이 필요하다. 그러므로 이용기(李用基: 1870-1933)는 『조선무쌍신식요리제법(朝鮮無雙新式料理製法)』에서 김장 전에 '절임김치'를 만들어 두라고 당부했다. 그래야만 김장김치가 채 익기도 전에 이를 헤집어서 김장김치가 맛을 잃어버리게 되는 일을 방지할 수 있다고 했다. 오늘날 김장을 담글 때, 재료의 일부를 떼어 김장김치가 숙성되기 전까지 먹을 생김치를 따로 담그는데, 이러한 관행은 바로 여기서 비롯된 지혜일 것이다.

분류 : 음식
색인어 : 김치, 무, 배추, 멸치, 새우 동국세시기, 우리음식, 조선무쌍신식요리제법
참고문헌 : 홍석모 저, 최대림 역, 『동국세시기』(홍신문화사, 2006); 이용기, 『조선무쌍신식요리제법』(영창서관, 1936); 손정규, 『우리음식』(삼중당, 1948)
필자 : 양미경

김준근

기산(箕山) 김준근(金俊根: ?-?)은 19세기 말에 개항장에서 서양인을 대상으로 풍속화를 판매하던 직업화가이다.

기산 김준근은 원산 출신의 화가이며 독실한 기독교 신자였다. 오리(吾里) 전택부(全澤鳧: 1915-2008)의 구술에 의하면 제임스 게일(James Scarth Gale: 1863-1937) 목사와 함께 한국 최초의 번역소설인 『텬로력뎡』의 삽화 작업을 하였는데 이때가 1893년경으로 40세 전후였다고 한다. 그러므로 그의 출생년도는 1853년 전후로 추정된다.

김준근은 일찍부터 원산에서 살아온 토박이로 체계적인 그림 공부는 하지 않았으나 어려서부터 그림솜씨가 뛰어났다고 한다. '병풍집 할바이'로 불릴 정도로 병풍 그림을 잘 그렸고, 그림으로 생계를 유지한 '한미(寒微)한 환쟁이'였다는 것이다. 그는 1876년 개항 이후 개항장인 부산 초량, 원산, 인천에서 서양인을 상대로 풍속화를 판매했는데 1880년대와 1890년대 약 15년 동안 그림이 대량생산되었다.

조선 개항 후 방문한 서양인들은 정치적·경제적·학술적 차원에서 미지의 나라인 조선 생활 전반에 걸쳐 물품 등의 자료를 수집하고 있었지만, 그 물품의 사용법이나 조선인들의 행동 방식에 대한 이해가 부족했다. 19세기 말 사진이 아직 보편화되지 않던 시기에 풍속화는 조선인의 생활을 가장 직접적으로 보여줄 수 있는 시각 매체였기 때문에 서양인의 수집품으로 인기가 많았다. 김준근은 조선 풍속을 알고자 하는, 자신의 최대 그림 주문자 서양인들을 위해 조선의 생활 전반에 걸친 의례, 놀이, 신앙, 형벌, 직업 등을 이해하기 쉽게 각 행위의 하이라이트를 간략하게 그려냈다. 이는 서양인들에게 조선 풍속을 알기 쉽게 설명하는 백과사전 같은 기능을 했을 것이다. 김준근의 풍속화는 당시 서양인뿐만 아니라 후대 연구자들의 조선 풍속의 이해를 돕고 있어 문헌 자료적 측면에서 큰 가치를 지닌다.

분류 : 미술
색인어 : 기산, 김준근, 풍속화, 풍속, 화가, 개항장, 서양인, 원산, 19세기
참고문헌 : 김수영, 「수출 회화로서 기산 김준근 풍속화 연구」, 『미술이론과 현장 8』(한국미술이론학회, 2009); 신선영, 「기산 김준근 회화 연구」(한국학중앙연구원 박사학위논문, 2012); 한식재단, 한식아카이브 DB
필자 : 구혜인

김치

김치는 채소를 소금에 절인 뒤 양념하여 발효시킨 음식이다. 한자어로는 沈菜(침채)라고 한다. 국어학자들의 연구에 따르면 '김치'라는 명칭은 '딤채'에서 유래하였다. 딤채에서 침채로, 침채에서 짐치로 변화하여 결국 김치가 되었다.

1924년 출판된 『조선무쌍신식요리제법(朝鮮無雙新式料理製法)』에서 저자인 이용기(李用基: 1870-1933)는 김치의 중요성에 대해 강조하며 '우리나라 사람이 밥 다음으로 없으면 못 견디는 것으로 만반진수(滿盤珍羞: 갖가지 진귀한 음식)가 있어도 김치가 없으면 음식 모양이 되지 못한다.' 하였다. 특히 김치처럼 염분이 많은 음식은 무미(無味)에 가까운 익힌 곡물을 씹어서 삼킬 수 있게 돕는 역할을 하기 때문에 밥을 주식으로 하는 식단에서 중요한 위치를 차지한다. 또한 곡물식에서 부족할 수 있는 여러 비타민과 무기질을 보충할 수 있기 때문에 영양학적으로도 큰 도움이 된다.

배추김치가 전체 김치를 대표하는 지금과는 달리 조선시대에는 다양한 채소로 담근 침채가 각기 비슷한 위상을 차지했을 것으로 보인다. 이는 『승정원일기』 인조 26년(1648) 9월 19일자 내용을 통해 유추할 수 있다. 이 내용에 따르면 이시만(李時萬: 1601-1672)은 구월에는 침채로 가지(茄子: 가자)를 진배(進排)하는 것이 규정인데 내자시에서 토란(土蓮: 토련)을 대신 올렸다며 해당 관원을 추고(推考)할 것을 청하였다. 이를 통해 조선 후기 궁중에서 계절마다 침채로 올리는 채소가 정해져 있었을 것이라는 점도 유추할 수 있다. 지금과 모양과 조리법은 다르지만 적어도 1800년대 후반부터는 배추를 사용한 김치가 일상적으로 소비되었을 것으로 보인다. 이는 릴리어스 호튼 언더우드(Lillias H. Underwood: 1851-1921)등 개화기 조선을 방문한 외국인들의 기행문에 배추로 담근 김치가 자주 묘사되는 것을 통해 알 수 있다. 개화기 외국인들은 김치를 종종 양배추를 발효시켜 만든 독일의 음식인 사우어크라우트(sauerkraut)와 비교하였다. 현재의 배추와 비슷한 반결구 형태의 배추가 재배되기 시작한 시기는 1850-1860년경으로 현대와 비슷한 형태의 통배추김치는 역사가 그리 오래되지 않았다(박채린, 2013). 따라서 통배추김치의 조리법은 1800

양념을 버무려 배추김치를 담그는 장면©하응백

년대 후반이 되어야 조리서에 나타나기 시작한다. 작자 미상의 1800년대 말 조리서『시의전서(是議全書)』는 '菘沈菜(숭침채) 배추통김치'라는 음식의 조리법을 설명하고 있다. 배추는 한자로 白菜(백채) 혹은 菘菜(숭채)라고 하므로 숭침채는 곧 배추김치를 뜻하는데 여기에 배추통김치라는 한글 음식명을 덧붙였다. 이 책의 배추통김치 조리법은 다음과 같다. 통배추를 절여서 실고추, 파, 마늘, 생강, 밤, 조기젓, 청각, 미나리, 소라, 낙지 등을 섞어 간을 맞춘다. 무와 외지(오이지)도 썰어 소와 함께 배추에 켜켜이 넣는다. 3일 후에 조기젓국을 달여 물에 타서 부으면 좋다.

『시의전서』의 배추통김치는 고춧가루를 주로 쓰는 지금의 조리법과는 차이가 있다. 『시의전서』의 조리법처럼 조선시대에는 고춧가루가 아닌 실고추나 고추를 채서서 김치에 사용하는 경우가 많았으며 고추를 쓰더라도 많지 않은 양을 사용하였다. 근대이후 조리서의 조리법을 비교한 연구에 따르면 김치에 사용되는 고추의 양은 근대 이후 꾸준히 증가하여 현재의 고춧가루가 많이 들어가고 색이 붉은 김치가 되었다고 한다(서모란과 정희선, 2015).

분류 : 음식
색인어 : 소금, 조선무쌍신식요리제법, 밥, 배추, 가지, 토란, 고추, 밤, 조기, 미나리, 낙지, 오이지, 시의전서
참고문헌 : 백영빈 역, 「인조 26년 무자(1648, 순치)」,『승정원일기』(한국고전번역원, 2009); 작자 미상,『시의전서』; 이용기,『조선무쌍신식요리제법』(영장서관, 1924); L.H.언더우드 저, 신복룡·최수근 역,『상투의 나라』(집문당, 1999); 박채린,『통김치, 탄생의 역사』(민속원, 2013); 서모란, 정희선,「조리서와 신문, 잡지기사에 나타난 1930-2010년대 배추김치 연대별 고추 사용량 변화에 대한 고찰」(한국식생활문화학회지, 2015)
필자 : 서모란

김치(릴리어스 호튼 언더우드)

릴리어스 호튼 언더우드(Lillias H. Underwood: 1851-1921)는 1904년에 쓴 『상투의 나라(Fifteen Years among the Top-Knots)』에서 김치 만드는 방법에 대해 간단히 언급한다. 언더우드는 여관에 놓인 흙항아리에 대해 설명하며 그 속에 주로 소금과 절인오이, 음료, 과일주, 그리고 김치를 담아둔다고 하였다. 그러나 언더우드는 최소한 이 글을 쓸 당시에는 김치 담그는 모습을 자세히 관찰하지는 않은 것으로 짐작된다. "잘게 썬 양배추에 식초를 쳐서 담근"다고 표현했기 때문이다. 언더우드는 김치가 양배추를 발효시켜 만든 독일의 음식인 사우어크라우트(sauerkraut)와 비슷하다고 비교하였다. 또한 조선인이 김치 없이 밥을 먹지 못한다고 하였다.

김치에 대한 언급은 다른 개화기 여행기에서도 종종 등장하는데 대부분의 외국인들이 김치를 사우어크라우트와 비교하고 있다. 에른스트 폰 헤세-바르텍(Ernst von Hesse-Wartegg: 1854-1918)은 김치를 '조선식 절인 양배추'라고 하였고 이사벨라 버드 비숍(Isabella Bird Bishop: 1831-1904)은 김치가 사우어크라우트의 일종이라고 언급하며 모든 계급의 여성들이 11월이 되면 김치를 담근다고 하였다.

분류 : 음식
색인어 : 김치, 릴리어스 호튼 언더우드, 이사벨라 비숍, 헤세-바르텍
참고문헌 : L.H.언더우드 저, 신복룡·최수근 역,『상투의 나라』(집문당, 1999); 에른스트 폰 헤세-바르텍 저, 정현규 역,『조선, 1894년 여름 - 오스트리아인 헤세-바르텍의 여행기』(책과함께, 2012); 이사벨라 버드 비숍 저, 이인화 역,『한국과 그 이웃 나라들 - 백년 전 한국의 모든 것』(살림, 1994)
필자 : 서모란

김치(외국에서 그리운 조선의 맛)

이정섭(李晶燮: 1899-?)은 식민지 시기를 거쳐 한국전쟁 직후까지 활동하던 언론인이다. 그는 1926년 3월 프랑스 파리대학 문과를 졸업한 뒤 귀국하여 1927년 신간회(新幹會)의 발기인으로도 참여했다. 그리고 1927년 10월 8일 자신의 세계일주 경험을 바탕으로 〈중외일보(中外日報)〉에 「세계일주 기행-조선에서 조선으로」라는 기행문을 연재했다. 그러나 1928년 2월 27일 아일랜드에 관한 기행문이 독립운동 정신을 고취한다는 문제가 제기되어 연재가 중단되고 1928년 11월 2일 징역형까지 선고받았다.

이정섭이 세계일주 관련 연재를 중단하고 있던 중 1928년 5월 1일 간행된『별건곤(別乾坤)』제12·13호에「외국에 가서 생각나든 조선 것-조선의 달과 꽃, 음

식으로는 김치, 갈비, 냉면도」라는 글이 실렸다. 이 글은 이정섭이 프랑스 유학 중 그리워했던 조선의 풍경과 음식들에 대해 적은 짧은 글이다. 여기서 이정섭은 유학 도중 김치·갈비·냉면이 그리운 음식이었다고 밝히면서 특히 음력 11월과 12월 추운 날 눈이 펄펄 흩날릴 때 따뜻한 온돌 위에서 친구들과 방에서 갈비를 구워 먹거나 각자가 추렴하여 냉면을 해 먹고 싶은 생각이 들었다고 했다. 그리고 양식을 먹은 뒤엔 김치 생각이 간절했다면서 김치야말로 외국의 어떤 음식보다 진기하고 명물이 될 만한 것이라고 평가했다.

김치는 같은 호 『별건곤』에 기재된 유영준(劉英俊: 1892-?)의 「외국에 가서 생각나던 조선 것-온돌과 김치」란 글에도 등장한다. 유영준은 평양출신 여성으로 한일병합조약을 맺고 난 뒤 북경여학교에 다니면서 안창호의 운동에 참여했고 귀국 후 3.1운동에도 참가했다. 이후 일본유학을 떠났고 1925년 다시 귀국하여 사회주의 운동과 근우회(槿友會) 창립에도 참여한 인물이었다.

이 글은 유영준이 중국과 일본에서의 긴 유학 생활 동안 그리웠던 점을 서술한 글로 그리워했던 음식에 대해서도 적혀 있다. 배가 고프고 입맛이 고플 때는 평양냉면이나 닭찜 같은 음식이 생각이 나기도 했지만 그중에서도 특히 그리웠던 음식은 김치였다고 한다. 유영준에 따르면 중국과 일본에도 김치와 장아찌 같은 음식들이 있기는 하나 조선의 김치만큼 맛이 좋고 영양이 알맞고 적당한 음식은 없다고 평가했다.

이정섭과 유영준이 외국생활 도중 조선의 것들을 그리워한 바는 크게 다르지 않았으나 이후 그들의 삶의 궤적은 크게 달라진다. 1930년대 이후 이정섭은 이전과 달리 내선일체론과 대동아공영권에 동조하는 글과 활동을 통해 조선총독부에 적극 협력하였고 해방 이후에는 대한민국 정부에 방송 관련 직책을 맡다가 한국전쟁 당시 납북된 것으로 알려져 있다. 유영준의 경우 1930년대 중반 이후엔 중국에서 독립운동에 종사하기 시작하여 해방 이후에는 사회주의 계열의 단체에 들어가 활동하며 1948년 월북하였고 북한에서 다양한 직책을 수행한다.

분류 : 음식
색인어 : 이정섭, 유영준, 갈비, 온돌, 김치, 평양냉면, 닭찜, 친일파, 사회주의자, 별건곤
참고문헌 : 『별건곤』; 『한국민족문화대백과사전』; 『친일인명사전』
필자 : 이민재

김치전

김치전은 김치를 썰어 밀가루 반죽에 섞은 것을 기름을 두른 팬에 부쳐낸 것을 뜻한다. 김치부침개, 김치전유어 라고도 한다. 근대시기 김치전의 모습은 김치를 잘게 썰어 밀가루 반죽에 섞어 부치는 현대의 형태와는 많이 달랐으며 통김치를 결대로 길쭉하게 찢거나 썰어 달걀과 밀가루에 버무려서 부치는 형태였다.

방신영(方信榮: 1890-1977)의 『조선음식 만드는 법』(1946)은 겨울철 음식으로 김치전을 소개하고 있다. 만드는 법은 우선 통김치를 쭉쭉 쪼개서 밀가루와 달걀에 버무린다. 그다음에 번철에 기름을 두르고 버무린 김치를 조금씩 넣어 부친다.

스즈키상점[鈴木商店]이 일본의 화학 조미료인 아지노모도의 판매 촉진을 위해 출판한 요리책인 『사계의 조선요리(四季의 朝鮮料理)』(1934)에서는 채소전유어를 소개하면서 마지막에 배추김치도 같은 방법으로 만들면 좋다고 하였다. 이 요리책의 채소전유어 만드는 방법은 채소를 데쳐서 간장, 깨소금, 후추, 다진 파로 양념한 다음 밀가루와 달걀을 순서대로 묻혀서 얇게 지지거나, 다진 고기를 양념해서 배추와 함께 지지면 좋다고 하였다.

1966년 〈경향신문〉의 김치전유어는 통김치 줄기부분만을 잘라 화학조미료와 후추로 양념하고 밀가루, 달걀을 씌워 기름에 지진다고 하였다. 이때 달걀에 다진 소고기를 넣으면 좋다고 하였다(〈경향신문〉 1966년 11월 14일자).

김치를 잘게 썰어서 부치는 김치전의 형태는 방신영이 1934년에 출판한 요리책인 『조선요리제법(朝鮮料理製法)』의 밀전병 만드는 방법에서 언급된다. 이름을 붙이자면 김치밀전병이라고 할 수 있는 이 음식은

김치전 ⓒ홍종태

김치를 씻지 않고 채쳐서 밀가루 반죽에 섞은 다음 소금으로 간을 하여 부친 것으로 현대의 김치전 조리법에 가장 가깝다.

이처럼 김치전은 만드는 사람에 따라 돼지고기, 소고기 등 육류, 양파 등의 채소류, 굴, 조개 등의 해산물 등 다양한 부재료를 이용하기 때문에 현대의 김치전의 조리법을 한마디로 정의하기는 어렵다. 또, 지역에 따라 김치전에 넣는 부재료가 조금씩 달라지기도 하는데『전통향토음식용어사전』에 따르면 전북 지역에서는 김치전에 바지락 살을 다져 넣는다고 한다. 다만 잘게 썬 김치를 사용하며 밀가루, 달걀, 물로 반죽을 만들고 여기에 기호에 맞는 부재료를 첨가하는 방식은 대체로 공통적이다. 1970-1990년대 요리연구가로 활약한 왕준련(王晙連: 1918-1999)은 1988년 〈매일경제〉의 기사에서 신김치 활용법으로 김치전을 소개하고 있다. 양념을 털어낸 김치를 잘게 썰어 둔다. 돼지고기나 소고기를 잘게 썰어 양념한다. 김치와 양념한 고기, 밀가루와 물로 반죽을 만들고 나중에 달걀을 풀어 섞는다. 팬에 한 수저씩 떠 놓아 전으로 부친다. 생굴이나 조개를 넣어도 좋다고 하였다(〈매일경제〉 1988년 2월 6일자).

분류 : 음식
참고문헌 : 방신영, 『조선요리제법』(1934); 방신영, 『조선음식 만드는 법』(대양공사, 1946); ;『사계의 조선요리』(스즈키 상점, 1934); 농촌진흥청 국립농업과학원, 『전통 향토음식 용어사전』(교문사, 2010); 「異

色(이색)김장」, 〈경향신문〉 1966년 11월 14일; 「신김치로 別食(별식) 만드는법」, 〈매일경제〉 1988년 2월 6일
필자 : 서모란

김치찌개

김치찌개는 김치로 끓인 찌개를 뜻한다. 김치찌개는 최근 한국인의 밥상에 일상적으로 자주 오르는 음식 중 하나이다. 1950년대 이전에는 요리책에 김치찌개의 조리법이 나오는 경우가 거의 없었으나 신문 기사를 통해서 김치찌개라는 음식이 존재했음을 확인할 수 있다. 조자호(趙慈鎬: 1912-1976)는 1939-1940년 사이 〈동아일보〉에 '명일식탁표'라는 제목으로 다음 날 식단을 제안하였는데, 이때 김치찌개라는 이름이 자주 메뉴에 등장한다(〈동아일보〉 1939년 10월 30일자 외).

1931년 10월 7일자 〈동아일보〉 기사에 김치찌개 조리법이 나오는데 이 기사에 따르면 김치찌개는 물을 적게 잡아 "바특하게 끓여" 먹는 것으로 맛은 "시큼하고 설컹설컹한" 것이었다. 같은 기사에서는 깍두기를 씻어내서 생 돼지고기와 함께 끓여낸 '깍두기찌개'의 조리법도 나오는데 이에 대해서는 '맛이 짜고 맵고 참별 맛이 난다.'고 하였다(〈동아일보〉 1931년 10월 7일자). 이 기사의 김치찌개 조리법은 다음과 같다. 김치를 물에 씻어서 꼭 짠 다음 기름기가 많은 고기(소고기), 기름, 깨소금, 파를 넣고 끓인다. 김치가 짠 음식이기 때문에 간은 따로 필요 없지만 혹시 싱거우면 간장이나 젓국을 넣고 된장이나 고추장은 쓰면 안 된다고 하였다. 한 가지 특이한 것은 이 기사가 상하지 않은 김치는 씻지 않아도 된다고 언급한 점과 주재료인 김치를 배추김치에 한정하지 않고 어느 것이나 상관없다고 한 점이다. 이를 토대로 이 당시의 김치찌개 중 골마지가 낀 김치나 군내가 나는 김치를 씻어서 끓이는 방식이 있었다는 것을 알 수 있다. 이는 못 먹게 된 음식을 다시 살려내 먹을 만한 것으로 만드는 방법이었으므로 요리책에 등장할 만한 요리는 아니었을 것이다. 반면, 〈동아일보〉의 기사에서 상하지 않은 김치를 언급한 것으로 보아 잘 익은 김치를 썰어서 끓이

는 현대의 형태와 유사한 김치찌개도 있었을 것이다. 김치찌개의 조리법이 요리책에 등장하는 때는 1950년대 이후이다. 1954년 방신영(方信榮: 1890-1977)의 『우리나라 음식 만드는 법』의 김치찌개 만드는 법은 다음과 같다. 우선 겨울 통김치 남은 것을 물에 한번 헹궈서 썬다. 그다음 돼지고기, 파, 마늘, 참기름을 넣고 물을 적당히 넣은 뒤 푹 무르도록 오래 끓일 것이다. 1957년 한희순(韓熙順: 1889-1972) 등의 『이조궁정요리통고(李朝宮廷料理通攷)』는 김치찌개를 김치조치라고 하였다. 조치는 찌개를 뜻하는 용어로 특히 궁중에서는 찌개라는 용어 대신 조치라는 용어만을 사용하였다. 『이조궁정요리통고』의 김치조치 조리법은 다음과 같다. 주재료로는 김치나 깍두기 중 어떤 것을 사용해도 된다. 부재료로는 소고기, 편육이 쓰인다. 소고기와 편육은 채를 썰어 깨소금, 후춧가루, 참기름으로 양념한다. 썬 김치와 양념한 고기를 넣고 장조림 간장으로 간을 맞춘다. 파를 썰어서 뿌린 다음 중탕한다. 먹을 때 다시 끓여 상에 올린다.

현대의 김치찌개는 잘 익은 배추김치와 함께 돼지고기, 두부 등이 부재료로 들어간다. 최근에 대중적인 종류의 김치찌개로는 부재료로 참치통조림을 넣은 참치김치찌개가 있는데 이는 1982년 동원이 참치통조림을 국내시장에 최초로 출시한 이후에 새롭게 생겨난 조리법이다.

분류 : 음식
참고문헌 : 한희순 외, 『이조궁정요리통고』(학총사, 1957); 방신영, 『우리나라 음식 만드는 법』(청구문화사,1954); 「료리 (32) 찌개」, 〈동아일보〉 1931년 10월 7일; 「명일식탁표」, 〈동아일보〉 1939년 10월 30일 외
필자 : 서모란

동치미(박종선)

줄기와 잎 버리고 소금 조금 넣어서
얼음 얼 때 맞추어 하얗게 씻어 담았지
한나라 선인장의 이슬에 억지로 비하지만
사마상여 소갈증도 풀어주지 못한 것을
除殘莖葉少頃鹽 候趁氷霜白淨淹

强比劉家仙掌露 相如渴後不曾霑

*박종선, 「안주 중에 동치미가 있는데 맛이 좋아 장난으로 짓다[按酒有冬菹味美故戲題]」

박종선(朴宗善: 1759-1819)은 자가 계지(繼之)고 호가 능양(菱洋) 혹은 감료(憨寮)이며 본관이 반남(潘南)으로 박지원(朴趾源)이 그의 삼종숙(三從叔)이다. 박지원이 그의 문집에 붙인 서문 「능양시집서(菱洋詩集序)」가 잘 알려져 있는데, 문집 『능양시집(菱洋詩集)』이 최근 소개된 바 있다.

박종선은 동치미를 좋아하여 여러 편의 시를 남긴 바 있다. 이 시에서 한겨울 얼음이 꽝꽝 얼 때 줄기와 잎을 버리고 소금으로 절여 담근다고 하였다. 신선을 좋아한 한무제(漢文帝)가 구리로 만들어 세운 선인장(仙人掌)에 맺힌 이슬을 옥가루에 타서 마셨는데 당뇨가 심하여 사마상여(司馬相如)가 이것으로도 소갈증을 풀지 못하였다는 고사가 있다. 이를 끌어들여 동치미가 이보다 더 낫다고 자랑한 것이다.

박종선의 또 다른 작품에서는 동치미를 두고 "고추에 마늘 넣고 파와 생강 섞어서, 야채와 젓갈 넣어 담으니 단지가 향긋하네[蕃椒胡蒜雜蔥薑 菜鮓交沈揭甕香]."라 한 것을 보면, 겨울에 먹기 위해 무 뿌리를 소금에 절여 김장으로 담갔는데, 이 무렵에는 고추와 마늘, 파, 생강, 야채, 젓갈 등 다양한 양념을 넣어 담갔음을 확인할 수 있다. 그러나 대체로 동치미는 가난한 백성의 음식이었기에 별 양념을 가미하지 않았다.

동치미는 중국에도 고대로부터 있어온 음식이고, 우리나라에서도 조선 초기부터 등장하는데 조선 초기의 큰 시인 이행(李荇: 1478-1534)은, "동치미 달고 신맛 배부르게 젓가락질 하고 나니, 부잣집에 저민 고기 있다는 것 알지 못하겠네[冬菹甘酸飽下筯 未信豪門饡酨]."라 하였다. 고기보다 동치미가 맛이 좋다고 한 것은 조선의 선비들이 청빈한 삶을 높게 보았기 때문이다. 조선 후기의 문인 이진백(李震白: 1622-1707) 역시 「회포를 풀다[遣懷]」에서 "아침에 흰죽이 한 사발 수북한데, 시고 푸른 동치미 맛이 더욱 좋아라. 먹

고 나 배 문지르며 쓰러질 듯 누우니, 창 가득 맑은 햇살이 대숲 그늘에 비꼈네[朝來白粥一盂多 酸綠冬葅味更嘉 喫罷頹然押腹臥 滿窓晴日竹陰斜]."라 하였다. 이른 아침 시원찮은 흰죽에 반찬이라고는 동치미뿐이지만 배부르게 먹고 낮잠을 실컷 자고 일어나니 어느새 저녁이 되었다고 하여 안분자족(安分自足)하는 삶의 여유를 자랑하였다. 이러한 시의 동치미는 별 양념이 들어가지 않은 담박한 것이었으리라.

그래서 동치미는 가난하지만 여유로운 삶의 표상이라 할 만하다. 조석윤(趙錫胤: 1606-1655)의 「한가하게 지내면서 즉흥적으로 짓다[閑居卽事]」에서 "인간 세상 만사가 이미 그릇되었기에, 문을 닫아 걸고 앉았노라니 조용한 맛이 좋구나. 아침 햇살은 처마에 들어 등을 쬘 만하고, 동치미는 동이에서 꺼내 배를 채울 만하다[人間萬事已亡羊 閉戶端居靜味長 朝旭入簷堪炙背 冬葅出甕可充腸]."라 하였다. 비록 세상사는 마음과 같지 못하고 겨울이라 날씨는 춥지만, 낮은 처마 깊숙이 햇살이 들어오고 동치미나마 배를 채울 수 있으니 더 바랄 것이 없다고 한 것이다.

분류 : 문학
색인어 : 동치미, 박종선, 이행, 이진백, 조석윤
참고문헌 : 박종선, 『능양시집』; 이행, 『용재집』; 이진백, 『서암유고』; 조석윤, 『낙정집』
필자 : 이종묵

무염침채법(『산가요록』)

『산가요록(山家要錄)』에는 소금을 쓰지 않고 담그는 김치의 조리법이 등장한다. '무염침채법(無塩沉菜法)'이라는 이름의 이 김치의 주재료는 무 혹은 순무로 추정된다. 조리법은 다음과 같다. 깨끗이 씻은 순무를 항아리 담고 맑은 물을 가득 붓는다. 3-4일 후 흰 거품이 생기면 다시 맑은 물을 붓고 익으면 먹는다. 이 김치는 소금뿐 아니라 다른 재료에 대한 언급이 전혀 없고 물과 무로만 담그는 것으로 나타났다.

『산가요록』에는 토란대, 동아, 가지, 파, 머위 등으로 담근 김치가 다양하게 등장한다. 이 중 소금에 절이는 내용이 없는 김치로는 무염침채법 이외에도 동치미가 있다.

『산가요록』의 '동침' 조리법은 다음과 같다. 겨울에 껍질 벗긴 순무를 그릇에 담아 얼려두었다가 냉수를 붓고 입구를 봉하여 따뜻한 방에 두어 익힌다. 익으면 숟가락으로 떠어 동치미 국물을 묻히고 소금을 찍어 먹는다. 무염침채의 경우 제목에 소금을 쓰지 않는다는 내용이 포함되어 있으나 동치미의 경우 그렇지 않으므로 담글 때 정말 소금을 사용하지 않았는지 아니면 재료에서 빠트렸는지는 알 수 없다.

한편, 『요록(要錄)』(1680년경) 또한 『산가요록』과 유사하게 소금을 쓰지 않는 김치가 등장하는데, 조리법은 동일하나 『요록』의 '무염침채'의 경우 주재료가 무가 아닌 무청이다.

분류 : 음식
색인어 : 무염침채법, 동치미, 소금, 침채, 김치, 산가요록, 요록
참고문헌 : 『고농서국역총서 8 산가요록』(농촌진흥청, 2004); 작자 미상, 『요록』(1680년경)
필자 : 서모란

백김치

백김치는 고춧가루를 사용하지 않고 담근 배추김치를 뜻한다. 한자어로는 淡沈菜(담침채)라고 한다. 고춧가루를 넣지 않는 김치의 제조법은 근대 이전에 널리 쓰이던 김치 제조법이었다. 임진왜란을 전후하여 한반도에 고추가 유입되고 또 고추가 널리 쓰이기 시작하면서 김치에 고추를 사용하기 시작하였다.

1450년 전순의(全循義)가 편찬한 『산가요록(山家要錄)』에 나오는 배추김치[沉白菜: 침백채]가 나온다. 이 시기는 고추가 한반도에 유입되기 전이므로 고추는 당연히 쓰이지 않았다. 조리법은 다음과 같다. 배추 1동이를 깨끗이 씻은 다음 소금 3홉(약 541ml)을 뿌려 하룻밤 절인 후 다시 씻는다. 소금을 동아김치 담글 때처럼 뿌려 물을 붓는다. 동아김치[冬瓜沉菜: 동과침채]에는 겨잣가루[芥子末: 개자말]와 참기름[真油: 진유]이 양념으로 쓰였는데, 배추김치에도 같은 양념을 썼는지는 알 수 없다. 고춧가루를 쓰지 않았다는 사실만으로 현대의 백김치가 조선시대의 담

침채류의 연장선에 있는 것으로 여기기에는 무리가 있다. 오히려 현대의 백김치는 1900년대 이후에 개발된 다양한 김치 중에 하나로 보는 것이 옳을 것이다.

한편, 백김치를 담글 때는 젓갈을 사용하지 않는 것이 보통이다. 이는 보통 김치에서 젓갈의 비린 맛이나 냄새가 고춧가루가 상쇄시키는 데 반해 고춧가루를 사용하지 않은 백김치에서는 비린내가 도드라질 수 있기 때문이다. 백김치에는 젓갈 대신에 감칠맛을 내기 위해서 양지머리 육수나 멸치육수를 첨가하기도 한다.

분류 : 음식
참고문헌 : 전순의, 『산가요록』
필자 : 서모란

보쌈김치

보쌈김치는 절인 배추와 무에 낙지, 전복 등의 각종 해산물과 배, 밤 등 과실류 등 갖가지 재료를 함께 버무려 만든 소를 넓은 배춧잎으로 싸서 익힌 김치를 뜻한다. 보김치나 쌈김치라고도 불렸는데, 같은 시기에 쓰인 조리서라도 각기 다른 이름을 사용하였다. 만드는 방법은 대체로 유사하였고 사용하는 부재료나 양념에만 약간씩 차이가 있었다.

조자호(趙慈鎬: 1912-1976)의 1939년의 『조선요리법(朝鮮料理法)』은 이를 보쌈김치라고 불렀다. 만드는 법은 다음과 같다. 배추 줄기, 무, 생전복, 낙지, 배, 밤, 굴, 미나리, 파, 마늘, 생강, 갓, 청각, 표고, 실백(잣)을 사용하며 소금과 조기젓국을 섞어서 간을 맞추고 실고추를 넣는다. 실로 보쌈김치를 동여매어 항아리에 담고 이튿날 조기젓국과 소금을 섞어 간을 맞춘 국물을 붓는다.

1957년 한희순(韓熙順: 1889-1972) 등이 집필한 『이조궁정요리통고(李朝宮廷料理通攷)』도 보쌈김치라 하였는데 고추는 실고추만 사용한 조자호와 달리 실고추와 함께 고춧가루를 사용하였다. 만드는 방법은 대체로 조자호의 방법과 유사하다.

1934년 방신영(方信榮: 1890-1977)의 『조선요리제법(朝鮮料理製法)』은 쌈김치라고 하였다. 다른 저자들이 생물 상태의 해산물만을 사용한 것과 달리, 방신영의 쌈김치에는 말린 북어를 불려서 함께 넣는 것이 특징이다.

1948년 손정규(孫貞圭: 1896-1955?)의 『우리음식』은 보김치[褓沈菜: 보침채]라 칭했는데 재료는 통김치와 같다고 하였다. 소로 절인 배추와 무, 낙지, 굴, 전복, 밤, 배를 사용하며 한 달가량 익혀야 먹기 좋게 익는다고 하였다.

한편, 개성 출신의 아동문학가인 마해송(馬海松: 1905-1966)은 '보쌈김치'라는 용어에 대해서 반감을 드러냈다. 보쌈김치는 개성 본 고장의 용어가 아니며 개성에서는 '쌈김치'라고 한다는 것이다. 마해송은 또한 용어가 변해가면서 본래의 개성 보김치의 맛도 변해가고 있다고 지적했다(마해송,「개성 음식은 나라의 자랑」).

마해송의 글에서 알 수 있듯이 보쌈김치는 개성(開城)지역의 것을 최고로 쳤다. 홍선표(洪選杓: 1872-?)는 1940년 『조선요리학(朝鮮料理學)』에서 개성의 보김치가 유명한데, 이는 개성배추가 통이 크고 잎이 넓어서 보김치를 만들기 좋기 때문이라고 하였다. 반면, 다른 지역의 배추는 작아서 보(褓)로 쓸 만한 잎이 없다는 것이다. 또한, 보김치는 배춧잎으로 고명을 보자기로 싸듯이 꼭 싸서 맛이 빠져나가지 않기 때문에 다른 김치보다 맛있다고 하였다.

북한에서 출판된 백과사전인 『조선의 민속전통』도 개성의 향토음식으로 보쌈김치를 꼽고 있다. 이 책에 따르면 개성보쌈김치 만드는 법은 크게 두 가지로 나뉜다. 첫 번째 방법은 배추김치처럼 통배추를 2토막이나 4토막으로 갈라 갖가지 재료로 만든 소를 켜켜이 넣어 배춧잎으로 싸서 익히는 것이다. 두 번째 방법은 다른 요리책과 같이 썬 배추와 갖가지 재료를 섞어 배춧잎으로 싸서 만드는 방식이다. 이 중 첫 번째 방법이 개성에서 주로 쓰인 방법일 것으로 유추된다. 다른 문헌의 개성보쌈김치 조리법에서도 이와 같은 방법이 나타나기 때문이다. 1935년 11월 15일자 〈동아일보〉의 기사에는 조혜정(趙惠貞) 씨의 개성쌈김치 만드는 법을 소개하였다. 이 기사의 조리법은 통배추 켜켜이 소를 넣고 다시 배춧잎으로 감싸는 방식으로『조선의 민속전통』에서 소개한 첫 번째 방법과 유사하다(〈동아일보〉 1935년 11월 15일자).

분류 : 음식
참고문헌 : 방신영,『조선요리제법』(한성도서, 1934); 한희순 외, 조자호,『조선요리법』(광한서림, 1939); 홍선표『조선요리학』(조광사, 1940); 손정규,『우리음식』(삼중당, 1948);『이조궁정요리통고』(학총사, 1957); 마해송,「개성 음식은 나라의 자랑」,『아름다운 새벽』(문학과지성사, 2015);「각처의 김장법 (完(완)) 내고향의자랑거리 개성보쌈김치」,〈동아일보〉 1935년 11월 15일
필자 : 서모란

장침채(1901년)

장침채(醬沈菜)는 소금 대신 간장으로 무, 배추를 절여 담근 물김치이다. 이 김치는 1901년(광무 5)의 고종의 50세 탄일 축하 진연과 1907년(광무 11) 영친왕의 관례 때 진어상에 차려졌다. 1924년 신문 지면에 장김치를 세계에 자랑할 만한 궁중김치로 소개하였다.

1907년(광무 11) 1월 27일 영친왕(英親王: 1897-1970)의 관례(冠禮) 때의 진어상(進御床)의 내용을 적은 음식발기에는 '장침채(醬沈菜)'라는 김치가 등장한다. 장침채는 장김치라고도 하는데, 배추, 무를 간장으로 절여 배, 밤, 버섯, 잣 등을 넣어 담근 물김치이다.

장침채는 진찬, 진연의 궁중 연회를 기록한 의궤에는 한 차례 올렸다는 기록이 있다. 1901년(광무 5) 7월, 고종(高宗: 재위 1863-1907)의 50세를 맞아 축하하기 위해 베푼 진연에서 고종이 받은 상차림에 장침채가 올랐다. 재료는 백채(白菜: 배추), 청근(菁根: 무), 생총(生蔥: 파), 청과(靑瓜: 오이), 마늘(蒜), 고초(苦椒: 고추), 간장(艮醬), 염(鹽: 소금), 표고(蔈古), 실백자(實柏子: 잣), 청(淸: 꿀), 고초말(苦椒末: 고춧가루)이다.

장김치의 조리법은 1924년 신문의 지면을 통해 소개되었다. 창덕궁 내의 김장김치를 소개하면서 세계에 자랑할 만한 궁중의 김치로 장김치를 꼽았다. 그 연유로 솜씨 좋은 숙수[料理手]도 있겠지만 원료인 간장 맛이 훌륭하기 때문이라고 했다. 장김치에 쓰는 간장은 절메주로 담가 10-15년씩 묵히고 잘 관리한 궁의

간장으로 그 맛은 조청같이 달다는 것이다.

좋은 배추 택해 속대만 남기고, 싹싹한 무를 갈라 똑같이 맞춰 썰어 10여 년 묵은 진간장에 하루 동안 절여두었다가 고추·파·마늘·생강·배·밤·표고·석이 등을 머리칼같이 가늘게 채치고, 미나리·갓 7푼 길이(2.1cm) 썰고, 청각 뜯어 넣고, 유자 무쪽처럼 납작 썰고, 잣과 설탕을 섞어 고명을 간장에 절였던 무·배추와 함께 버무려 달지도 짜지도 않게 국물을 만들어 붓는다.

또한 다년간 궁내에서 장김치를 만들어온 이상궁은 독특한 눈어림이 오히려 더욱 신기하게 맛의 조화를 만들고, 김치의 온도를 잘 맞춰 간수하였으며, 순종(純宗: 재위 1907-1910)은 지레김치(김장 전에 조금 담그는 김치)로 장김치를 먹었다고 전하였다.

분류 : 음식
색인어 : 장김치, 장침채, 진간장, 물김치, 궁중김치, 침채
참고문헌 :『정미 정월 이십칠일 영친왕 관례교시시 진어상 발기(丁未 正月 二十七日 英親王 冠禮教是時 進御床 件記)』;『[신축]진연의궤([辛丑]進宴儀軌)』;「궁중김장 담그는 법 소개 일백쉰혼독의 김장」,〈조선일보〉 1924년 11월 7일; 한복려 저,『우리가 정말 알아야 할 우리 김치 백가지』(현암사, 2012)
필자 : 이소영

절이김치(『춘향전』)

"여보 마누라님. 그리 마오. 빙설 같고 빙옥 같고 절개 높은 우리 아씨 누구로 하여 지키관대, 이 괄세가 웬일이오. 만일 아씨가 알으시면 복통 자결이 날 터이니 제발 덕분에 그리 마오."

『춘향전』에서 이몽룡은 춘향이와 헤어져 서울로 올라간 뒤 한동안 과거공부를 하여 장원급제를 한다. 조선시대에는 과거에 급제하면 능력에 따라 단계적으로 승진을 하게 되는데, 이몽룡은 과거에 급제를 하자마자 전라도 암행어사에 제수된다. 이는 현실적으로는 가능하지 않은 일이다. 춘향이와의 재회를 갈구하는 독자들의 요구가 그러한 소설적 허구를 만들어내었다고 볼 수 있다. 이몽룡은 어사 신분을 숨기기 위해 허름한 차림으로 남원으로 내려간다. 그때 춘향의

어머니 월매는 감옥에 갇혀 있는 춘향이를 석방시킬 수 있는 사람은 오직 이몽룡이 관리가 되어 돌아오는 일밖에 없음을 생각하고, 뒤뜰에 제단을 설치하여 이몽룡이 출세하기를 간절히 빌었다. 그러나 돌아온 이몽룡은 겉모습이 거지행색이었고, 월매는 이몽룡이 진짜로 패가망신한 거지인 줄 알고 매몰차게 박대한다. 그러자 향단이가 위와 같이 말한다. 그리고 배가 고프다는 이몽룡에게 밥, 절이김치, 풋고추, 단간장, 냉수를 대충 갖추어 이몽룡에게 바친다.

앞서 이몽룡과 춘향이가 백년가약을 맺었을 때에 월매는 가리찜, 제육찜, 숭어찜, 전복 등의 안주와 온갖 과일, 그리고 다양한 술을 갖추어 이몽룡을 대접했다. 그에 비하면 재회했을 때의 음식은 초라하기가 그지없다. 향단이가 차려준 음식 중에서 '절이김치'는 겉절이를 가리킨다. 배추나 상추, 무 따위를 절여서 곧바로 무쳐 먹는 것이다.

『춘향전』은 판소리계 소설로 널리 알려진 작품이다. 판소리 「춘향가」가 전승되는 과정에서 그 사설이 소설로 윤색되어 정착된 것이 판소리계 소설 『춘향전』이다. 판소리 「춘향가」는 현재까지 전승되고 있는 판소리 다섯 바탕 중 대표적인 작품이며, 소설본도 판본, 필사본, 활자본 등의 형태로 많은 이본이 전해지고 있다.

분류 : 문학
색인어 : 절이김치, 겉절이, 춘향전
참고문헌 : 김진영·김현주 역주, 『춘향전』(박이정, 1997)
필자 : 차충환

절이김치(「출인가」)

풋고추 절이김치 문어 전복 곁들여
황소주(黃燒酒) 꿀 타 향단(香丹)이 들려
오리정(五里亭)으로 나간다 오리정으로 나간다
어느 년 어느 때 어느 시절에 다시 만나
그리던 사랑을 품 안에 품고
사랑 사랑 내 사랑아 에- 어화둥개 내 건곤(乾坤)
이제 가면 언제 오료 오만 한(恨)을 일러주오

절이김치는 겉절이를 말한다. 겉절이는 배추, 무, 상추 따위를 절여서 곧바로 무쳐 반찬으로 먹는 즉석 김치에 해당한다.

「출인가」는 판소리 「춘향가」의 오리정(五里亭)에서의 춘향과 이도령의 이별 장면을 압축한 가사로 되어 있다. 경기 12잡가의 하나이다. 경기 12잡가는 서울과 경기지방의 전문 음악인들이 비교적 느리게 부르는 긴 좌창 잡가(雜歌)로 오늘날 12곡이 전승되기에 12잡가로 부른다. 이름과는 달리 고도의 전문성을 필요로 하는 세련된 노래이며, 음률은 경토리와 서도토리로 짜여 있다. 가사는 여러 지방의 노래에서 영향을 받았고, 특히 판소리에서 유입된 가사가 많다. 「출인가」 역시 판소리 가사를 따온 것으로 이도령이 한양으로 과거시험을 보러가기 직전 남원 인근 오리정이라는 정자에서 이별하는 장면을 노래한다. 이별하는 장면이기 때문에 음식 차림도 비교적 단순하다. 마실 거리에 간단한 안주 정도가 상차림의 전부인 것이다.

판소리 「춘향가」 전편에서 가장 많은 음식을 차린 상차림이 등장하는 장면은 판본에 따라 다소 다르지만, 이도령과 춘향이가 첫날밤을 치르고 난 다음날이다.

남원 오리정. 춘향이와 이도령이 이별을 한 장소다. 현재의 건물은 1953년에 다시 지어졌다.ⓒ문화재청

춘향 모는 솜씨를 발휘해 상다리가 휘어질 정도의 음식을 낸다.

"강진향(降眞香) 교자반(交子盤)에, 금산화기(錦山畵器) 유리접시, 왜전(倭煎), 화전(花煎), 두합떡, 갖은 편, 유란(油卵), 조란(棗卵), 백옥(伯玉)종지, 석청(石淸) 부어 그 앞에 들여놓고, 어전(漁煎), 육전(肉煎), 양전(胖煎) 양진머리, 차돌백이, 풀잎같이 엷게 빚어 보기 좋게 괴어놓고, 생율(生栗), 숙율(熟栗), 은행, 대추, 봉산(鳳山) 참배, 임실(任實) 준시(蹲枾), 호두, 백자(柏子) 곁들이고, 천엽, 콩팥, 양간(胖肝), 육회, 전복, 해삼, 농어회에 겨자, 초고추장 곁들이고, 대쪽 같은 문어로 국화 매화 잎을 붙여 봉접(蜂蝶)이 날아든 듯 붙여 오려 짜 세우고, 전복으로 쌍봉 오려 날아앉은 듯 문어 위에 마주 세우고, 연계탕(軟鷄湯) 갈잎채 띄워 들여놓고, 청백병(淸白瓶) 감홍로주(甘紅露酒) 가득 담아, 앵무잔(鸚鵡盞) 호박배(琥珀盃)에 팔모쟁반을 받쳐 제차(第次) 옳게 차려 들고 가만가만 들어가"(정정렬바디 「춘향가」, 『교주본춘향가 1』, 민속원, 2005, 55-56쪽).

여기에 등장하는 음식은 전과 떡, 육류와 해산물, 과일과 술 등 자못 호사다. 물론 문학작품이어서 과장된 부분도 있겠지만, 19세기 중반 조선 상류층의 음식 호사를 보여주는 장면이라 할 수 있다. 이 중 '조란'을 예로 들면 "찐 대추를 체로 걸러서 꿀에 반죽하고 밤가루를 꿀로 버무려 만든 소를 넣고, 대추 모양으로 빚어 그 거죽에 잣가루를 묻힌 음식"(위의 책, 55쪽)이다. 현대에서도 보기 드문 매우 손이 많이 가는 고급 음식이다.

분류 : 문학
색인어 : 절이김치, 겉절이, 출인가, 경기 12잡가, 춘향가, 판소리, 조란, 연계탕
참고문헌 : 하응백,『창악집성』(휴먼앤북스, 2011), 최동현·최혜진,『교주본춘향가 1』(민속원, 2005)
필자 : 하응백

통배추김치(『상록수』)

통배추김치에 된장찌개를 보니, 영신은 눈이 버언해져서 저도 모르는 겨를에 일어나 앉았다. 보기만 해도 입에 침이 고여서 기숙사 식탁에 허구한 날 놓이는 미소시루와 다꾸앙쪽을 생각하였다. 영신은 이야기도 못하고 장위에 배인 고향의 음식을 걸터듬해서 먹었다. 영신은 마음을 턱 놓고 뜨뜻한 방에서 오래간만에 잠을 잘 자서 이튿날은 정신이 매우 쇄락하였다. 다리가 부은 것도 조금 내려서 걷기가 한결 나은 것 같아 예배당으로 올라가서는 감사한 기도를 올리고 내려왔다.

1935년에서 1936년까지 약 5개월에 걸쳐〈동아일보〉에 연재된 심훈의 장편소설이다. 『상록수』는〈동아일보〉창간 15주년 기념 문예 현상 모집 당선작이란 화려한 관을 쓰고 한국문학사에 등장하였다. 『상록수』가 당선작으로 선정된 것은 1935년 8월 13일이었고,〈동아일보〉지상에 연재가 시작된 때는 1935년 9월 10일이었다. 심훈(沈熏: 1901-1936)은 주로 소설을 썼지만 유고시집 『그날이 오면』(1949)을 남긴 시인이기도 하고, 신극연구단체인 '극문회(劇文會)'를 만들어 근대극 운동에 앞장선 연극운동가이기도 하며, 무성영화 '먼동이 틀 때'를 감독한 영화인이기도 하였다. 본명은 대섭(大燮)이고, 금강생(金剛生) 또는 백랑(白

배추를 소금에 절여 숨배추의 숨을 죽이는 과정
ⓒ하응백

배추김치 속에 들어갈 무채ⓒ하응백

김칫소를 만드는 장면ⓒ하응백

浪) 등의 호를 사용했다. 그의 큰형 심우섭은 이광수의 장편소설『무정』에 나오는 신우선의 모델로 알려져 있다. 소설가 심훈의 대표작에는『상록수』,『직녀성』등의 장편이 있다.

1930년대 중반, 식민지 모순과 반(半)봉건 모순이 뒤엉켜 숨통을 죄던 황폐한 현실 위로 사철 푸른 나무 한 그루가 솟아올랐다. 죽음의 기운으로 뭇 생령이 생기를 잃고 무너져 내리던 무정과 비정의 시대를 푸르른 생명의 기운으로 적시는 하늘의 선물이었다. 채영신과 박동혁 두 주인공이 주도하는『상록수』의 서사는 아름답다. 그 아름다움은 숭고미와 비장미이다.

채영신은 "아무튼 이번 기회에 눈 딱 감고 건너가서 공부를 하고 돌아오자. 나만한 지식으로 남을 지도한다는 것부터 대담하였다. 양심에 부끄러운 일이다."라는 생각으로 일본 유학길에 올랐으나 각기병에 걸려 신음하다가 다시 청석골로 돌아왔다. 그리고 지금까지 자신이 걸었던 자기희생의, 이타적 헌신의, 어떤 어려움 앞에서도 굴하지 않고 앞길을 열어 나아가는 의지의 행로를 다시 시작하게 되었다. 그 새로운 행로는 이전에 그녀가 걸었던 삶의 길이 숭고와 비장의 아름다움으로 빛났듯이 마찬가지 아름다움으로 빛날 것이다.

그 새로운 행로를 시작하는 그녀의 밥상에 '통배추김치에 된장찌개' 장과 위에 그 맛이 밴 '고향의 음식'이 놓여 그녀의 몸과 마음에 생기를 돋운다.

분류 : 문학
색인어 : 상록수, 심훈, 통배추김치, 된장찌개
참고문헌 : 오양호,『농민소설론』(형설출판사, 1990); 정호웅,『푸르른 생명의 기운-심훈의「상록수」』(푸른사상, 2012)
필자 : 정호웅

김홍도

단원(檀園) 김홍도(金弘道: 1745-1806?)는 영·정조의 문예부흥기부터 순조 연간 초기에 활동한 화가로 정조의 신임 속에 당대 최고의 화가로 활동하였다. 그가 남긴『단원풍속화첩』속 25점의 그림은 당대의 생활상이 생생히 그려진 풍속화의 정수라 할 만하다. 김홍도는 당대의 감식가이며 문인화가인 강세황(姜世晃)의 천거로 도화서화원(圖畵署畵員)이 되었다. 강세황의 지도 아래 화격(畵格)을 높이는 동시에, 29세인 1773년에는 영조의 어진(御眞)과 왕세손(훗날의 정조)의 초상을 그렸다. 그리고 이듬해 감목관(監牧官)의 직책을 받아 사포서(司圃署)에서 근무하였다. 1781년(정조 5)에는 정조의 어진 익선관본(翼善冠本)을 그릴 때 한종유(韓宗裕)·신한평(申漢枰) 등과 함께 동참화사(同參畵師)로 활약하였으며, 찰방(察訪)을 제수받았다.

이 무렵부터 명나라 문인화가 이유방(李流芳)의 호를 따라 스스로 '단원'이란 호를 지었다. 1788년에는 김응환(金應煥)과 함께 왕명으로 금강산 등 영동 일대를 기행하며 그곳의 명승지를 그려 바쳤다. 그리고 1791년 정조의 어진 원유관본(遠遊冠本)을 그릴 때도 참여하였다. 그 공으로 충청도 연풍 현감에 임명되어 1795년까지 봉직하였다. 현감 퇴임 후 만년에는 병고와 가난이 겹친 생활고에 시달리다가 여생을 마쳤다. 조희룡(趙熙龍)의『호산외기(壺山外記)』와 홍백화(洪白華)의 발문(김응환이 김홍도에게 그려준 시화첩『금강전도』에 쓴 글)에 의하면, 그는 외모가 수려하고 풍채가 좋았으며, 또한 도량이 넓고 성격이 활달해서 마치 신선과 같았다 한다. 그는 산수·도석 인물(道釋人物)·풍속·화조 등 여러 방면에 걸쳐 뛰어난 재능을 발휘하여, 당대부터 이름을 크게 떨쳤다.

그의 대표작품집인『단원풍속화첩』(국립중앙박물관 소장, 보물 제527호)에는 단원의 스물다섯 점의 풍속화가 실려 있다. 25개의 각각의 제목은 기와 이기, 주막, 새참, 무동, 씨름, 쟁기질, 서당, 대장간, 점보기, 윷놀이, 그림 감상, 타작, 편자 박기, 활쏘기, 담배 썰기, 자리 짜기, 신행, 행상, 나룻배, 우물가, 길쌈, 고기잡이, 노상과안(路上過眼), 장터길, 빨래터이다. 그림의 소재는 농업, 상업, 어업 등 일상에서의 노동부터 노동 후의 휴식, 서민들의 놀이와 고상한 취미생활까지 다양하며, 그 주인공은 젖먹이 아기부터 노인까지, 서

김홍도, 「무동」, 『단원풍속화첩』, 18세기, 지본채색, 26.8× 22.7cm, 국립중앙박물관

김홍도, 「노상과안」, 『단원풍속화첩』, 18세기, 지본채색, 28.1×23.9cm, 국립중앙박물관

민부터 양반까지 폭넓다. 이렇게 다양한 삶의 모습을 하나의 화첩에 모아 그린 예는 풍속화가 유행했던 조선 후기에서도 많지 않다.

분류 : 미술
색인어 : 김홍도, 단원, 풍속화, 단원풍속도첩, 주막, 우물가, 새참, 영

조, 정조, 화원
참고문헌 : 이동주, 『우리나라의 옛 그림』(박영사, 1975); 홍선표, 「단원(檀園) 김홍도(金弘道)의 생애와 예술」, 『학원』 296호(1984. 7)
필자 : 구혜인

깍두기

깍두기는 무를 정육면체 모양으로 작게 썰어 담근 김치를 뜻한다. 한자어로는 刻毒氣(각독기)라고 하였다. 조선시대 궁중에서는 작게 썰어 만든 깍두기를 송송이라고 하였다.

깍두기라는 명칭은 20세기 들어와서야 조리서에 등장하기 시작한다. 작자 미상의 조리서인 『시의전서(是議全書)』(1800년대 후반)등 19세기의 조리서에서는 '젓무'라는 음식이 있는데, 이를 깍두기와 같은 음식으로 보기도 한다(박채린, 2013). 『시의전서』의 젓무 만드는 법은 다음과 같다. 배추속대를 네 등분하고 무는 네모반듯하게 썬다. 오이지도 함께 넣는다. 양념은 새우젓, 파, 마늘, 고춧가루로 한다. 『시의전서』는 무로 만든 젓무와 함께 오이김치처럼 소를 만들어 넣은 오이젓무도 함께 소개하고 있다.

조선 후기의 조리서인 『소문사설(謏聞事說)』에 나온 무로 담근 김치라는 뜻의 菁醢(청해)도 역시 깍두기와 같은 음식으로 본다. 『소문사설』에서는 무를 큼직큼직하게 썰어 끓여놓은 새우젓국에 절였다가 고춧가루에 버무려서 만든다.

1937년 방신영(方信榮: 1890-1977)의 『조선요리제법

깍두기ⓒ하응백

(朝鮮料理製法)』에서는 깍두기를 담그는 시기에 따라 세 종류로 구분하고 있다. 첫 번째는 시기에 상관없이 담그는 깍두기이며, 두 번째는 김장 때 담그는 깍두기, 그리고 마지막으로는 김장 때 담가서 해를 묵혀 먹는 묵은 깍두기가 그것이다. 첫 번째 아무 때나 담그는 깍두기는 무, 파, 고추, 미나리, 마늘, 갓, 생강, 새우젓으로 담근다. 반면 김장 깍두기에는 배추와 청각 등이 추가된다.

한편, 깍두기는 들어가는 부재료에 따라 다양한 종류가 있다. 『조선요리제법』과 1924년 출판된 이용기(李用基: 1870-1933)의 『조선무쌍신식요리제법(朝鮮無雙新式料理製法)』 등에는 생굴을 섞어 만든 굴깍두기, 오이로 만든 깍두기에 삶은 닭을 섞은 닭깍두기 등이 소개되어 있다. 강원도 향토음식 중에 명태 아가미를 넣어 담근 깍두기로 서거리깍두기라는 것도 있다. 서거리는 명태 아가미를 뜻하는 말로 절인 명태 아가미에 고춧가루를 넣고 버무린 다음 찹쌀 풀에 고춧가루, 다진 고추 등의 양념과 깍둑썰기 한 무를 섞어서 숙성시킨 것이다. 또, 사용한 젓갈에 따라 깍두기의 이름을 정하기도 하는데, 1948년 손정규(孫貞圭: 1896-1955?)의 『우리음식』에서는 곤쟁이젓깍두기와 멸치젓깍두기를 소개하고 있다.

깍두기는 김치와 함께 '김치, 깍두기'라는 표현으로 많이 사용하였는데 김치의 일종인 깍두기를 김치랑 별개의 것으로 생각하면서도 관용적으로 함께 묶어 사용하였다는 것을 알 수 있다. 김치와 깍두기에 관한 관용어구로는 '꿩 대신 닭'이라는 속담과 같은 뜻의 '김치 대신 깍두기'라는 표현이 있으며 평범한 반찬인 김치와 깍두기에 빗대 '평범하기가 김치 깍두기'라는 표현도 사용되었다(〈동아일보〉 1926년 9월 24일자, 1934년 5월 27일자). 한편, 음식용어에 재료를 써는 방법 중 하나로 '깍둑썰기'라는 것이 있는데 이 자체가 깍두기 모양으로 썬다는 뜻이다.

분류 : 음식
색인어 : 김치 ,무, 소문사설, 고추, 미나리, 김장, 오이, 닭고기, 굴, 명태, 곤쟁이젓, 꿩, 조선무쌍신식요리제법, 우리음식, 조선요리제법
참고문헌 : 이표 혹은 이시필,『소문사설』; 작자 미상,『시의전서』; 방

신영,『조선요리제법』(한성도서주식회사, 1937); 이용기,『조선무쌍신식요리제법』(영창서관, 1936); 손정규,『우리음식』(삼중당, 1948); 농촌진흥청 국립농업과학원,『전통 향토음식 용어사전』(교문사, 2010); 박채린,『통김치, 탄생의 역사』(민속원, 2013);「發表(발표)된郷土名物(향토명물)과 여러분에게알리는멧가지」,〈동아일보〉1926년 9월 24일;「橫說竪說(횡설수설)」,〈동아일보〉1934년 5월 27일
필자 : 서모란

공주깍두기

〈동아일보〉 1937년 11월 10일자 「지상기장강습·일년 중 제일 큰 행사인 조선가정의 김장(2)」에서 글쓴이 홍선표는 맛있는 김장김치를 담그는 법에 대해 재료와 도구에 이르기까지 여러 측면에서 방법을 소개했다. 그 가운데 "몇백 년 내려오는 맛있고 솜씨 있기로 유명한 것"들 중 육상궁 통김치, 경우궁 된장찌개, 진위(振威) 영계닭찜 등과 함께 공주깍두기를 언급했다. 홍선표에 따르면 조선시대 정조의 사위로 영명위(永明尉)에 봉해졌고 뛰어난 문장으로 유명했던 홍현주(洪顯周: 1793-1865)의 부인이 만든 음식이 깍두기라고 했다. 홍선표가 말하는 홍현주의 부인은 정조의 둘째딸인 숙선옹주(淑善翁主)로 왕실 여성으로는 드물게 문집을 남길 만큼 활발한 창작활동을 한 인물로 알려져 있다.

홍선표가 숙선옹주에 대한 자세한 정보까지 알고 있었는지는 알 수 없으나 그녀가 정조를 위해 여러 음식들을 만들 때 처음 무로 깍두기를 담가 바쳤으며 처음 먹은 정조가 칭찬을 하면서 각독기(刻毒氣)란 이름으로 불리기 시작했다고 서술하고 있다.

홍선표는 깍두기가 민간에 널리 퍼진 계기에 대해 다음과 같은 이야기를 적었다. 이름을 알 수 없는 한 대신이 공주(公州) 지역으로 내려가서 깍두기를 만들어 먹었는데 이후 깍두기란 음식이 널리 알려지기 시작하였고 그래서 지금까지도 공주깍두기가 유명하다는 설(說)을 소개하고 있다.

분류 : 음식
색인어 : 홍선표, 정조, 숙선옹주, 공주깍두기, 각독기
참고문헌 : 〈동아일보〉; 한국역대인물종합시스템
필자 : 이민재

깍두기(『반찬등속』)

19세기 말 저술되어 1913년 필사된 것으로 알려진 충청북도 청주시의 『반찬등속』에는 두 가지 깍두기 조리법이 나오는데 각각 '깍독이(깍두기)'와 '갓데기'로 표기되어 있다. '갓데기'는 깍두기의 방언일 것으로 추정된다.

『반찬등속(饌饍縛冊)』, 19세기 말, 국립민속박물관. 1913년 충청도 지역의 식생활 문화를 소개한 책, 필사본. 표지 2장, 내지 1장, 본문 29장. 조리서 부분과 문자책 부분으로 구성됨. 표지에는 '반 등속 饌饍縛冊 계축납월이십사일성 文子冊'이라 묵서됨.

깍두기와 갓데기는 무의 모양, 첨가되는 양념류가 상이하다. 우선 깍두기는 무를 네모반듯하게 작게 썬 뒤 소금에 절인다. 고추와 마늘을 다져서 소금물에 섞어서 양념물을 만든다. 무 썬 것에 양념을 넣어 무친 뒤 잘게 썬 생강과 조기젓을 넣는다. 갓데기는 무를 '골패짝'처럼 썰어서 새우젓국에 조기와 고추를 부수어 넣는다.

일단 고추의 사용을 비교하면, 각각의 조리법에서 사용한 동사로만 보면 깍두기에는 물고추를 '다져' 넣고 갓데기에는 마른 고추를 '부숴' 넣는 것으로 추정할 수 있다. 양념의 경우 깍두기에는 젓갈류가 조기젓만 쓰였지만 갓데기에는 새우젓국과 조기젓이 동시에 들어간다. 무의 모양도 다른데, 깍두기는 작게 반듯하게 썬다고 되어 있는 반면, 갓데기는 '골패짝 모양', 즉 직사각형의 납작한 형태로 썬다고 하였다.

『반찬등속』 내면 중

분류 : 음식
색인어 : 반찬등속, 깍두기, 고추, 갓데기, 무김치
참고문헌 : 충청북도 청주시 편저, 『반찬등속』(휴먼컬처아리랑, 2015)
필자 : 서모란

송송이(『이조궁정요리통고』)

송송이는 깍두기를 이르는 궁중음식 용어이다. 『이조궁정요리통고(李朝宮廷料理通攷)』(1957)는 송송이라는 궁중용어와 함께 '깍두기'라는 민간의 용어를 같이 표시하고 있다.

『이조궁정요리통고』의 송송이에는 무, 배추, 미나리, 갓, 굴이 들어가며, 젓국, 소금, 파, 마늘, 생강, 고춧가루로 양념하며 설탕도 들어간다. 이 책은 송송이를 만들 때 무는 네모로 '도틈도틈'하게 썰고 배추는 줄거리를 뜯어서 '자름자름'하게 썰어 절이라고 하였다. '도틈도틈'은 도톰하게, '자름자름'은 작게 썰라는 의미이다. 여기에 미나리, 갓 등의 재료를 더한 뒤 고춧가루를 넣어 먼저 버무린 다음 젓국으로 간을 맞춘다. 설탕은 맨 마지막에 넣고 소금으로 모자란 간을 맞춘다. 다 담근 깍두기는 항아리에 담고 재료가 뜨지 않도록 돌로 눌러서 봉한다.

오이로 만드는 오이송이(오이송송이)의 경우도 무와 오이를 썰어서 절여 두었다 송송이와 같은 방법으로 만든다.

분류 : 음식
색인어 : 이조궁정요리통고, 한희순, 황혜성, 궁중요리, 송송이, 깍두기
참고문헌 : 한희순·황혜성·이혜경 공저, 『이조궁정요리통고』(학총사, 1957)
필자 : 서모란

숙깍두기

숙깍두기는 데치거나 삶아낸 무로 담근 깍두기를 뜻한다. 무가 살짝 익어 부드러워진 상태이기 때문에 치아가 부실해 씹기 어려운 노인들을 위한 음식으로 알려져 있다.

숙깍두기의 조리법은 1921년 방신영(方信榮: 1890-1977)의 『조선요리제법(朝鮮料理製法)』 1924년 출판된 이용기(李用基: 1870-1933)의 『조선무쌍신식요리

제법(朝鮮無雙新式料理製法)』등에 나타나 있다. 숙깍두기가 일반 깍두기 조리법과 다른 점은 무를 한 번 데쳐 낸다는 것밖에 없기 때문에 이 요리책들에서는 조리법을 비교적 간단하게 서술하고 있다.

1950년대 이전 조리서에는 무를 삶아낸 다음 써는 방식을 쓰고 있는 반면, 최근의 조리법은 깍둑썰기 한 무를 익혀서 쓰도록 하고 있다. 요리연구가 왕준련(王晙連: 1918-1999)은 썰어서 살짝 말린 무를 찜통에 쪄서 양념에 버무려 담근다고 하였다〈매일경제〉 1986년 11월 22일자) 농촌진흥청 국립농업과학원의 『전통향토음식용어사전』(2010)에서도 숙깍두기를 깍둑썰기하여 삶은 무를 사용하여 담근다고 하였다.

분류 : 음식
참고문헌 : 『조선요리제법』(광익서관, 1921); 이용기, 『조선무쌍신식요리제법』(영창서관, 1924); 농촌진흥청 국립농업과학원, 『전통향토음식용어사전』(교문사, 2010)「맛있는 무우·배추 별미요리」, 〈매일경제〉 1986년 11월 22일
필자 : 서모란

깨

깨는 참깨와 들깨를 통칭해서 말하는 단어이다. 둘 다 '깨'라고 하지만 참깨는 참깨과에 속하는 일년생 초본식물이고, 들깨는 꿀풀과에 속하는 일년생 초본식물이다. 현재는 깨라고 하면 일반적으로 참깨를 의미하고, 들깨는 동그란 모양의 깨를 말한다. 참깨는 색깔에 따라 검은 참깨와 흰 참깨로 나눌 수 있다. 검은 참깨는 보통 흑임자, 흰 참깨는 '흑(黑)'자를 빼고 그냥 임자라고 말하기도 한다. 다른 이름으로는 호마(胡麻)가 있다.

허준(許浚: 1539-1615)의 『동의보감(東醫寶鑑)·탕액편(湯液篇)』(1610)에서 곡류를 설명한 '곡부(穀部)'는 호마(검은 참깨)로 시작한다. '호마(胡麻: 거믄춤깨)는 성질이 평(平)하고 맛은 달며 독이 없다고 하였다. 기력을 도와주고 기육을 길러주며, 뇌수를 채우고 근골을 튼튼하게 하며, 오장을 적셔 주며, 뇌수를 보하고 정을 채워 주며, 오래 살게 하고 젊어 보이게 한다

고 하였다. 『동의보감』에서는 호마의 다른 이름을 거승(巨勝), 방경(方莖)이라고도 하였는데, 본래 오랑캐(胡) 지방에서 나고 모양이 삼(麻)과 비슷해서 호마라 부른다고 하였고, 팔곡(八穀: 8가지 곡식) 중에서 가장 뛰어나기에 거승이라고 하였다.

『동의보감』에서 설명하는 복용법으로는 구증구포한 후에 볶고 찧어서 먹으라 하였는데, 오래 복용하면 곡기를 끊고도 배고프지 않다고 하였다. 또 다른 설명으로는 끓인 물에 일어서 뜨는 것을 버리고 술로 한나절 쪄서 볕에 말린 후, 거친 껍질을 찧어 버리고 약간 볶아서 쓴다고도 하였다. 바로 이어서 흰 참깨인 '백유마(白油麻 흰춤깨)'의 설명이 있다. 성질이 아주 차고 독이 없는데, 장과 위를 매끄럽게 하고 혈맥을 통하게 하며, 기를 잘 운행시키고 피부를 윤기 있게 한다고 하였다. 이어서 설명하기를 유마(油麻)는 2가지가 있는데, 흰 것은 폐를 적셔 주고, 검은 것은 신(腎)을 적셔 준다고 하여 깨의 색깔에 따라 귀경하는 장기가 다르다고 하였다.

이는 한의학에서 얘기하는 오행의 오색과 오장의 배속에 따른 구분으로 볼 수 있다. 오행 중 금(金)은 색으로는 흰색에 배속되고, 장기로는 폐에 배속되므로, 흰색이 폐를 적셔준다고 하였고, 오행 중 수(水)는 색으로는 검은색에 배속되고, 장기로는 신장[腎]에 배속되므로 검은 것은 신을 적셔준다고 한 것이다. 흑지마와 백유마 모두 기름을 짜서 사용하였는데 『동의보감』에서는 각각 '호마유(胡麻油, 거믄춤깨기름)' 즉 검은 참깨 기름과 '유(油: 흰춤깨기름)' 즉 흰 참깨 기름에 대해서도 각각 설명하였다.

깨는 주로 빻아서 양념으로 많이 사용하고, 떡 종류의 속으로 넣거나, 겉에 묻히는 고명으로도 사용된다. 또한 깨죽, 깨강정, 깨엿강정, 깨다식, 깨설기 등으로 만들기도 하고, 물과 함께 갈아서 약면, 난면, 초계탕, 깨국탕 등의 국물로 사용하기도 하였다. 볶아서 기름으로 짜서 양념으로도 쓴다.

깨는 껍질을 벗겨서 하얗게 사용하기도 하는데, 작자 미상의 『시의전서(是議全書)』(1800년대 말)에는 '깨

소금 실하게 하는 법'이라 하여 깨의 껍질을 벗기는 방법을 설명하였다. 깨를 물에 잠깐 담갔다가 물을 따라 버리고, 깨를 오지그릇에 담고 문질러 껍질을 벗겨내고 물기가 없도록 잠깐 말린 후, 키에 까불러 껍질을 제거한 다음 볶아 찧는다고 하였다. 이렇게 껍질을 벗기면 색깔이 하얗게 변한다. 『시의전서』에서는 이렇게 껍질을 벗긴 깨를 갈아 깨국을 만들어 먹기도 하였는데, 깨를 볶아 물을 섞고 갈아서 체에 밭친 다음 소금을 타서 간을 맞추고, 깻국에 밀국수를 말아 먹는데, 위에 얹는 채소와 채 친 고명은 밀국수 만드는 법과 같다고 하였다.

들깨는 갈색의 동글동글한 모양을 가지고 있는데, 들깨의 잎이 일반적으로 식용하는 깻잎이다. 들깨가 달리는 부분은 따로 식용하는데, 이 부분에 찹쌀가루 등을 묻혀 튀겨낸 것을 깨보숭이라고 한다. 『동의보감·탕액편』에서 들깨는 '채부(菜部)'에서 설명하고 있다. 같은 깨인데 흑임자와 흰 참깨는 '곡부(穀部)'에서 설명한 반면 들깨는 '채부'에서 설명하였는데, 들깨 항목에 깻잎에 대한 설명이 함께 있다. 아마도 깻잎에 대한 비중도 있지 않았을까 생각된다. '임자(荏子: 들깨)'는 성질이 따뜻하고 맛은 매우며 독이 없다고 하였다. 기를 내리고 기침과 갈증을 멎게 하며, 폐를 적셔 주고 중초를 보하며, 정수를 채워 준다고 하였다. 보통은 많이 심는데, 씨를 갈아서 쌀과 섞어 죽을 쑤어 먹는다 하였고, 매우 통통하고 맛이 좋으며, 기를 내리고 보한다고 하였다. 들기름에 대한 이야기도 있다. '기름을 짜서 날마다 졸이는데, 오늘날 비단에 바르거나 옻칠하는 데 쓴다.'고 하여 들기름을 짜서 식용으로 또는 옷감에 또는 옻칠할 때 썼던 것으로 보인다. 또한 '들깨가 익을 무렵에 그 깍지를 따먹으면 매우 고소하고 맛있다.'고 하여 들깨 깍지를 찹쌀이나 밀가루반죽을 입혀 튀겨낸 깨보숭이에 대한 설명도 하였다.

이규경(李圭景: 1788-1863)의 『오주연문장전산고(五洲衍文長箋散稿)』(19세기)에는 묵은 깨를 어떻게 처리하면 좋은지에 대한 이야기가 있다. 만약 호마(참깨, 들깨, 검은깨 종류)가 일 년간 묵었다면 물에 하루 정도 불렸다가 건져내서 물기를 빼고 햇볕에 말린 다음 기름을 짠다. 만약 2년간 묵었으면 물에 한 이틀 정도 불리고, 3년간 묵었다면 삼일 정도 불린다. 이렇게 짜낸 기름은 맛이 일상적이고 변하지도 않는다고 하였다.

민간에서는 날깨를 먹으면 몸에 이가 생긴다는 이야기가 있으며, 서울 지방에는 출산 후에 깨를 볶으면 얼굴에 부스럼이 난다는 금기가 있다.

분류 : 식재료
색인어 : 닭고기, 떡, 쌀, 시의전서
참고문헌 : 한국학중앙연구원, 『한국민족문화대백과』; 허준, 『동의보감·탕액편』; 작자 미상의 『시의전서』; 이규경, 『오주연문장전산고』
필자 : 홍진임

깨 볶는 법

깨는 한국 음식에서 빼놓을 수 없는 양념의 하나이다. 완성된 음식에 통깨를 뿌려 내기도 하고, 볶아서 빻은 깨소금을 사용하기도 한다.

1938년 9월 8일자 〈매일신보(每日申報)〉의 연재기사 「부엌살림(12)」에서는 '깨볶는 법'에 대한 이야기가 나온다. '깨라는 것은 우리 음식에 조미료로 한 때라도 없어서는 못 견딜 만큼 필요한 것입니다. 깨는 다른 곡식보다 비교적 기름이 많은 까닭으로 살충하는 작용과 향기로운 맛이 비상한 까닭으로 쓴맛이나 짠맛을 제어하는 힘이 있고, 또 사람의 몸에도 유용한 식물입니다.'라고 하여, 깨가 가지고 있는 좋은 점을 설명하였다. 이어서 집에서 실제로 많이 사용하지만 잘못된 방법으로 깨를 볶음으로써 나타나는 부작용을 설명하였다. '그러나 우리 가정에서 매일 쓰다시피 하는 깨 볶는 것을 보면 잘못 볶아서 맛도 잃어버리고, 너무 타서 경제적으로도 손실이 되는 때가 많다 하겠습니다.'라고 하여 맛으로나 경제적으로나 잘못된 깨 볶기가 가져오는 폐해에 대해 설명하였다. 그러면서 깨를 볶을 때에는 한꺼번에 많이 넣고 볶으면 깨가 한쪽만 너무 과하게 볶아져 타버리고 한쪽은 전혀 볶아지지 않을 뿐 아니라 주걱이나 숟가락으로 이리

저리 뒤집으면서 깨가 튀는 바람에 바깥으로 튀어 나가버리게 되는 것이 있다고 하면서, 처음부터 한 숟가락이나 두 숟가락씩 조금씩 넣고 볶으면 고르게 잘 볶아지면서 시간도 절약되며, 맛도 좋아진다고 설명하였다.

일반적으로 양념에는 깨소금을 더 많이 사용하는데, 한번 빻았기 때문에 영양소의 섭취도 용이하고, 음식의 조화도 더 쉬운 듯하다. 깨소금 만드는 법은 이용기(李用基: 1870-1933)의 『조선무쌍신식요리제법(朝鮮無雙新式料理製法)』(1924)에 나온다. 여기서는 진짜 소금을 넣어 깨소금을 만들었다. 참깨를 물에 불려 껍질을 벗겨 타지 않게 볶은 후에 소금을 조금 넣고 통깨가 없도록 찧어서 쓰는데, 통깨가 많으면 모양이 좋지 않다고 하였다.

검은깨로 만드는 경우도 있는데, 맛은 더 좋지만 음식에 넣으면 지저분하여 보기에 좋지 못하다고 하였다. 또 "배염마설(配鹽麻屑)"이라고 하는 것이 있는데, 참깨 10냥과 소금 3냥을 함께 볶아 찧어 쓰는 것이라고 하였다. 깨소금은 떡에는 넣지 않는데, 깨는 알이 굵고 좋은 것을 물에 불려 껍질 벗겨 쓰는 것이 깨끗하고 좋다고 하였다. 이용기는 깨소금 만들 때 소금을 약간 넣었지만, 요즘은 그냥 깨를 적당히 빻아서 쓰는 것을 깨소금이라고 한다. 나물을 무칠 때나, 마무리로 음식을 낼 때, 보기에도 먹음직스럽고 먹을 때도 고소한 맛을 주므로 많이 활용되는 양념 중 하나이다.

분류 : 식재료
참고문헌 : 「부엌살림(12)」, 〈매일신보〉 1938년 9월 8일; 이용기, 『조선무쌍신식요리제법』(영창서관, 1936)
필자 : 홍진임

임자수탕

임자수탕은 차게 식힌 닭 육수에 참깨를 물과 함께 갈아 넣어 육수를 만들고, 잘게 찢은 닭고기와 야채를 넣어 먹는 요리를 말한다. 여기서 '임자(荏子)'는 흰깨를 말한다. 궁중이나 양반가에서 여름에 즐겨 먹은 음식으로 더운 여름을 견디며 떨어질 수 있는 원기를 회복할 때 먹는 보양식의 일종이다.

조선 후기 사람 홍석모(洪錫謨: 1781-1857)가 편찬한 세시풍속에 대한 서적인 『동국세시기(東國歲時記)』(1849)에는 여름철 시절식으로 '밀로 국수를 만들어 청채(靑菜)와 닭고기를 섞고, 백마자탕(白麻子湯)에 말아 먹는다.'고 하였다. 여기서 백마자는 흰깨를 의미하는데, 깨 국물에 국수를 말고 거기에 오이, 호박과 같은 여름철 채소와 삶은 닭고기를 찢어서 얹어 함께 먹는 것을 말한다.

그 외에 깨국을 이용한 요리는 작자 미상의 『윤씨음식법』(1854 추정)에 계란노른자와 밀가루로 면을 뽑아낸 난면에 국물과 닭살 완자와 돼지고기, 각종 해물을 함께 고명으로 얹어 내는 '깨국잡탕' 등이 있다. 조자호(趙慈鎬: 1912-1976)의 『조선요리법(朝鮮料理法)』(1943)에는 '깨국탕'과 복중음식인 '추포탕'을, 1946년 방신영(方信榮: 1890-1977)이 집필한 조리서 『조선음식 만드는 법』에는 여름철 음식인 '깻국'과 '초교탕'에 대한 설명이 있다. 모두 올라가는 고명이나 재료들이 약간씩 차이가 있지만 모두 깨와 물을 섞어 갈아 그것을 육수와 섞어 국물을 만들었다는 공통점이 있다.

작자 미상의 『시의전서(是議全書)』(1800년대 말)에는 깨국을 만드는 방법에 대한 설명이 있다. '씨국(깻국국수)'은 깨를 볶아 물을 섞고 갈아서 체에 밭친 다음 소금을 타서 간을 맞춘다고 하였다.

현대의 임자수탕은 닭 삶은 육수에 깨를 물과 함께 갈아 넣어 국물로 사용하고, 고명은 소고기, 미나리, 오이, 표고버섯, 달걀지단 등을 얹어 내는 것을 말한다.

분류 : 음식
참고문헌 : 홍석모, 『동국세시기』; 작자 미상, 『윤씨음식법』; 조자호, 『조선요리법』; 방신영, 『조선음식 만드는 법』(大洋公司, 1946); 작자 미상, 『시의전서』
필자 : 홍진임

꼬막

꼬막은 돌조개과에 속하는 조개로, 우리나라 서해안과 남해안의 갯벌에 분포한다. 한자어로 감(蚶), 괴합(魁

蛤), 감합(甘蛤), 괴륙(魁陸), 와옥자(瓦屋子), 와롱자(瓦壟子), 복로(伏老), 천련(天臠), 밀정(蜜丁), 공자자(空慈子) 등으로 불린다. 정약전(丁若銓: 1760-1816)의 『자산어보(玆山魚譜)』(1814)에서는 꼬막에 대해 크기는 밤만 하고 껍데기는 조개와 비슷하며 둥글고, 색은 희고 세로무늬가 나란히 늘어서서 기와지붕처럼 골을 이룬다고 하였다. 고깃살은 누렇고 맛이 달다고 하였다. 조선시대 지리서인 『신증동국여지승람(新增東國輿地勝覽)』(1530)에서는 꼬막을 전라도의 토산물이라 하였는데, 바닷가 갯벌에 접해 있던 전라도에서는 꼬막을 쉽게 구할 수 있었으리라 생각된다.

허준(許浚: 1539-1615)의 『동의보감(東醫寶鑑)·탕액편(湯液篇)』(1610)에서는 꼬막을 살조개, 감(蚶)이라고 하였는데, 꼬막의 살은 성질이 따뜻하고 맛이 달고 독은 없다고 하였다. 오장을 잘 통하게 하고 위(胃)를 튼튼하게 하며, 속을 덥히고 소화를 돕는 효과를 가진다. 껍데기가 기와지붕과 비슷하게 울퉁불퉁한 것을 보고 와롱자(瓦壟子)라고도 한다고 하였다.

작자 미상의 『윤씨음식법』(1854 추정)에서는 '강요주'라는 명칭으로 꼬막을 말려 가공하는 방법을 설명하였다. 잘 드는 칼로 말린 꼬막을 저미는데, 칼이 날카롭고 손을 자주 놀려야 얇고 넓게 저밀 수 있다고 하였다. 그대로 넣는 것보다는 저며 넣는 것이 나은데, 신선한 꼬막을 구하여 집에서 말리면 빛깔이 노랗고 맑아 더욱 좋다고 하였다.

꼬막은 맛이 좋아서인지 궁중에 올리는 진상품 중에

먹기 좋게 데친 꼬막ⓒ하응백

하나였는데, 진상하는 과정에서 드는 비용이 만만치 않았던 것으로 보인다. 『선조수정실록』24권 선조 23년(1590) 4월 1일자의 기록을 보면 선조 때 동지(同知) 성혼(成渾)이 상소한 내용이 있다. 백성이 피폐한데 진상하는 공물의 가짓수와 수량이 날로 늘어남으로 인하여 백성의 부담이 늘어나는 것을 걱정하는 중 "옛날에 당강(唐羌)이 여지(荔枝)를 견제(蠲除)해 주기를 청하였고, 공규(孔戣)는 감리(蚶蜊)를 견제해 주기를 청하였는데, 임금은 상을 내리고 사관(史官)은 역사에 기록하여 오늘날까지 모두 그 두 신하를 충신이라고 하는 것은, 참으로 임금을 섬기는 도는 임금을 받드는 데에 있지 않고 백성을 편안히 하는 데에 있기 때문입니다."라 하였다.

여기서 공규(孔戣)는 청나라의 관리로 중국 청나라 건륭(乾隆) 32년(1767)에 황제의 명에 따라 황제(黃帝) 때부터 명대(明代)까지의 사적(史跡)을 기록한 사서(史書)인 『어비역대통감집람(御批歷代通鑑輯覽)』권 60에 "공규(孔戣)를 영남 절도사(嶺南節度使)로 삼았다. 이보다 앞서 명주(明州)에서 해마다 새꼬막 조개(蚶蜊)를 바쳤는데, 수로와 육로에 들어가는 비용이 많이 들었다. 그때 화주 자사(華州刺史) 공규가 그 폐단을 아뢰어 혁파하였다. 이때에 이르러 영남 절도사를 간택할 때 재상이 몇 사람을 추천하였으나 상(上)이 모두 쓰지 않고 말하기를 '전일에 새꼬막 조개의 진상에 대해 가한 사람이 쓸 만하다.' 하고 공규를 영남 절도사로 삼았다."라고 하는 청나라 때 새꼬막 조개[蚶蜊, 합리]를 진상하는 과정에서 있었던 일화를 빗대어 말한 것이다. 감리(蚶蜊)의 진상과 관련해 임금에게 충언을 하고 이를 인정받아 절도사가 된 공규(孔戣)의 예를 들고 있는데, 이러한 일은 중국이나 우리나라에서 공통적으로 발생하고 있었던 문제였다. 새꼬막 조개의 맛이 좋았기 때문에 궁중에서도 많이 즐겨 찾았던 진상품이어서 발생한 일인 듯하다.

꼬막은 살을 먹는 것뿐 아니라 껍질도 요리에 사용한다. 꼬막의 껍질은 동아정과를 만들 때 사용하는데, 꼬막이나 굴의 껍데기를 태워 재로 만든 가루를 '사와

가루'또는 '사회가루'라 부른다. 이 사회가루의 질이 좋아야 동아정과를 만들 수 있다. 동아정과를 만들 때는 동아의 겉껍질을 벗긴 후 다듬은 동아는 빠른 시간 안에 사회가루에 고루 묻혀야 하는데, 그렇지 않으면 한나절만 지나도 완전히 물러져 쓸모가 없게 되기 때문이다.

분류 : 시재료
색인어 : 굴, 동아, 자산어보, 조개
참고문헌 : 한국학중앙연구원, 『한국민족문화대백과』; 정약전, 『자산어보』; 이행, 홍언필, 『신증동국여지승람』; 허준, 『동의보감』; 작자 미상, 『윤씨음식법』; 『선조수정실록』 24권, 선조 23년 4월 1일; 농촌진흥청, 농업과학기술원, 농촌자원개발연구소, 『한국의 전통향토음식 6-전라북도』(교문사, 2008)
필자 : 홍진임

꼬막(『태백산맥』)

감자나 고구마를 삶듯 해버리면 꼬막은 무치나마나가 된다. 시금치를 데쳐내듯 핏기는 가시고 간기는 그대로 남아 있게 슬쩍 삶아내야 한다. 그 슬쩍이라는 것이 말 같잖게 어려운 일이었다. 알맞게 잘 삶아진 꼬막은 껍질을 까면 하나도 줄어들지 않고, 물기가 반드르르 돌게 마련이었다.
그 사람은 필경 오래 머무르지 않고 떠날 것이다. 어쩌면 아침밥만을 먹고 떠나게 될지도 모른다. 그녀는 싱싱한 꼬막이라도 한 접시 소복하게 올려놓고 싶은 마음이 간절했다. 그녀는 꼬막무침만은 그 어떤 음식보다도 자신 있게 해낼 수 있었다.
"워매, 내 새끼 꼬막 무치는 솜씨 잠 보소. 저 반달 같은 인물에 손끝 여렵하기가 요리 매시라운 니는 천상 타고난 여잔디, 금메, 그 인물, 그 솜씨 아까워 어쩔끄나와."

1983년에서 1989년까지 『현대문학』, 『한국문학』 등에 연재된 조정래의 대하 장편소설이다. 조정래(趙廷來: 1943-)는 갈등과 투쟁에 주목하여 우리 현대사의 전개를 소설에 담아온 소설가이다. 박경리, 유치환 등과 함께 두 개 이상 문학관(전남 벌교의 '태백산맥 문학관', 전북 김제의 '아리랑 문학관')의 주인공이 된

몇 안 되는 문인 가운데 한 사람이다. 대표작에 「불놀이」, 「청산댁」, 「유형의 땅」 등의 중단편과 『대장경』, 『태백산맥』, 『아리랑』, 『한강』 등의 장편이 있다.
"『태백산맥』의 주인공은 전남 방언이다."라는 말이 있을 정도로 이 작품은 전라남도 민중언어의 큰 숲으로서, 마찬가지로 전라남도 민중언어를 풍부하게 살려 쓴 송기숙의 『녹두장군』과 나란히 우리 소설사에 우뚝 서 있다.
대하의 큰 작품이니만큼 전라남도 향토음식도 많이 나온다. 전남의 향토음식은 겉모습과 맛은 전라남도 민중언어로써 표현될 때 가장 실재에 가까울 터, 『태백산맥』은 전남의 민중언어가 그리는 바로 그곳의 갖가지 향토음식으로 마치 진수성찬의 잔칫상과도 같다. 이 잔칫상을 채우고 있는 것 가운데 대표적인 것이 벌교의 갯벌에서 캐낸 꼬막으로 만든 음식이다. 위는 그 꼬막 삶기에 대한 설명이다.
벌교를 상징하는 것 가운데 하나인 꼬막에 대한 작가의 애정과 자부의 마음이 이처럼 꼬막 삶는 방법에 대한 섬세한 묘사로 나타났다. 꼬막에 대한 작가의 애정과 자부는 이 작품의 첫 장에 꼬막이 중요한 소설 장치로 설정되어 있는 데서도 확인할 수 있다.
긴 대하소설 『태백산맥』의 첫 장은 '한의 모닥불'이다. 소외된 하층 민중의 오랜 세월 쌓이고 쌓인 한의 더미 한구석에 타오르는 작은 모닥불이 혼란의 시대 흐름을 타고 산과 들을 태우며 격류처럼 내달리는 거대한 불길을 이루어 한국 현대사를 휩쓴다는 것이 이 소설의 밑에 놓인 역사 인식의 핵심임을 보여주는 제목이다. 이 첫 장의 주인공은 천민으로서 신분질서의 밑바닥에서 살아온 무당의 딸 소화이다. 그런 그녀가 지주의 아들로서 진보적 정치운동에 뛰어든 지식인 정하섭과 하룻밤 사랑을 나눈다. 그리고 이별의 아침이다. 어머니가 감탄하던 그 좋은 솜씨로 꼬막무침을 만들어 대접하고 싶지만 그럴 여유가 없다. 그녀의 아쉬운 마음을 좇아 어머니가 하던 말이 저처럼 떠올라 더욱 안타깝다.
이 밖에도 『태백산맥』 곳곳에 꼬막과 관련된 말이 나

온다. 대부분 꼬막에 대한 작가의 애정과 자부와 관련돼 있어 긍정적인 의미를 담고 있지만 그렇지 않은 경우도 있다. 남편 강동식이 빨치산이라는 이유 때문에 주눅 든 외서댁을 범하며 악당 염상구가 하는 말, "쫄깃쫄깃헌 것이 꼭 겨울 꼬막 맛이시"가 대표적이다. 이 속에는 악당인 한 인간의 폭력성뿐만 아니라 그렇게 멀지 않은 지난날 수많은 외서댁을 유린한 추악한 권력의 폭력성도 외눈알을 번득이고 있다.

분류 : 문학
색인어 : 태백산맥, 조정래, 꼬막, 벌교
참고문헌 : 황광수,『소설과 진실-조정래의 소설세계』(해냄, 2000); 서경석,「'태백산맥'론-비극적 역사의 전환을 위하여」(창작과비평, 1990)
필자 : 정호웅

꼬막회

꼬막은 꼬막회 또는 꼬막무침, 꼬막전, 꼬막비빔밥으로 먹기도 하는데, 그 중 꼬막회는 특히 전라도의 향토음식으로도 유명하다.

꼬막회는 꼬막의 껍데기를 비벼 깨끗이 씻어서 연한 소금물에 담가 해감을 뺀 후에 꼬막을 끓는 물에 넣고 껍데기가 벌어지면 건져내서 식힌다. 꼬막의 살이 붙은 쪽의 껍데기는 남기고 나머지 쪽 껍데기는 떼 낸다. 간장, 다진 파, 다진 마늘, 다진 생강, 고춧가루, 깨소금, 참기름 등을 고루 섞어 양념장을 만든 후에 양념장을 조갯살 하나하나에 조금씩 끼얹고 실고추를 올려 먹었다. 회라고는 하지만 익혀서 만들기 때문에 숙회로 구분한다. 꼬막을 삶을 때 너무 오래 삶으면 단맛이 다 빠지고, 살이 질겨지므로 살이 볼록하게 올라올 정도로 삶아내야 한다. 삶을 때 한 방향으로 저어 주면 더 잘 삶아진다고 한다.

꼬막은 보성만, 순천만 등이 주산지이며, 벌교는 특히 꼬막이 많이 생산되는 곳이라서 큰 잔칫상이나 제사상에는 반드시 꼬막회를 올리고 있다고 한다. 꼬막이 제사상에 올라가는 이유는 지역의 특산물이기 때문에 구하기 쉬운 장점도 있었겠지만, 또 다른 의미를 부여하여 상에 올리기도 하였다. 꼬막의 껍데기는 기와지붕과 같이 생겼다고 해서 와롱자(瓦壟子)라는 다른 이름이 있기도 하지만, 이러한 껍데기의 모양새는 우리나라 전라도 지방의 제사음식으로 꼬막이 사용되는 이유에도 영향을 미쳤다(심일종, 2017).

오늘날 보성의 벌교를 비롯하여 여수, 강진 등지에서 생산되는 패류인 꼬막 종류 중 참꼬막은 껍질의 생김새가 흡사 부잣집 기왓골을 닮았다고 하면서, 참꼬막으로 제사지내면 조상들이 자손들 잘되라고 복을 주면서 기와집에 살게 해준다고 믿었기 때문에 제사 때 빠뜨리지 않고 쓰는 재료가 되었다. 꼬막의 껍질은 그 외에도 실제로 요리를 만드는 데 사용되기도 하였는데, 꼬막이나 굴의 껍데기를 태워 재로 만든 가루는 '사와가루' 또는 '사회가루'라 부른다. 동아정과를 만들 때 이 사회가루를 사용한다.

분류 : 음식
참고문헌 : 심일종,「유교 제례의 구조와 조상관념의 의미재현」(서울대학교 대학원 박사학위논문, 2017); 농촌진흥청, 농업과학기술원, 농촌자원개발연구소,『한국의 전통향토음식 6-전라북도』(교문사, 2008)
필자 : 홍진임

꼴뚜기

꼴뚜기는 조선시대 지리서인『신증동국여지승람(新增東國輿地勝覽)』에는 경기도 수원도호부 등의 토산물로서 '호독어(好獨魚)'라고 기재되어 있다. 이 밖에 서유구(徐有榘: 1764-1845)의『난호어목지(蘭湖漁牧志)』「어명고」에 따르면 꼴뚜기의 한자 명칭은 '柔魚(유어)'이지만, 호남(湖南), 즉 전라도에서는 '호독이'라 부르고, 해서(海西), 즉 황해도 사람들은 '쇨독이'라 부른다고 하였다(서유구 저, 이두순 평역, 2015: 272쪽). 유희(柳僖: 1773-1837)의『물명고(物名考)』에도 꼴뚜기는 '柔魚(유어)', '골독이'라고 나온다. 이러한 꼴뚜기는 지역에 따라서 명칭이 다른데, 고록(여수, 장흥, 보성, 고흥), 고록(군산, 부안, 김제, 고창, 서천), 호래기(마산, 진해, 창원), 꼴띠(통영), 한치(울산)로 불린다(이두순 평역, 2015: 272쪽).

바다에 사는 연체동물인 꼴뚜기는 다리가 10개인 오징어와 비슷한 모양이지만 크기가 훨씬 작고 연하다. 다리의 개수와 모양이 비슷하다보니 꼴뚜기를 오징어로 속이는 일도 발생하였는데, 1972년 6월 16일자 〈동아일보〉에 실린 사건을 보면 오징어통조림을 사서 뚜껑을 열었더니 오징어가 아닌 꼴뚜기가 들어 있어서 불량식품으로 고발하였다는 것이다. 역시 같은 신문 1977년 3월 30일자에는 열차 안에서 승객에게 판매할 전기구이 오징어를 납품하는 업자가 동해산 오징어를 조달하기 어려워지자, 꼴뚜기 몸통에다 오징어다리를 붙여서 만든 엉터리 오징어를 납품하다가 발각된 일도 보인다.

한편 꼴뚜기는 속담의 주인공으로 익숙한데, 꼴뚜기와 관련한 속담으로 가장 많이 쓰이는 말이 '어물전 망신은 꼴뚜기가 시킨다'이다. 어물(魚物) 중에서도 조그만 것이 볼품도 없고 쓰임도 적은 꼴뚜기처럼 못난 사람이 같은 무리의 사람들을 망신시킬 때 쓰는 표현이다. 꼴뚜기를 하찮은 어물로 여겼음은 '꼴뚜기가 뛰니까 망둥이도 뛴다'거나 '어물전 털어먹고 꼴뚜기 장사한다'는 속담에서도 알 수 있다. 꼴뚜기나 망둥이나 하찮게 여겼던 어물인데, 상황파악을 못하고 아무 생각 없이 날뛰는 사람들을 빗대는 말이다. 또한 어물전같이 큰 사업을 하다가 실패하여, 보잘것없는 장사를 시작하였을 때 꼴뚜기 장사를 한다는 속담을 썼던 것이다.

이처럼 속담 안에서는 우습게 여겨지는 꼴뚜기이고, 오징어, 문어, 낙지보다 못하게 취급되지만 꼴뚜기는 가격이 저렴하여 서민들에게는 친근한 어물이었다. 꼴뚜기로 만드는 음식의 종류는 다양하지 않지만, 꼴뚜기 철이면 꼴뚜기회라 하여 살짝 삶아서 고추장에 찍어 먹거나, 꼴뚜기 젓갈을 담갔다가 김장철에 김장을 담그는 데 쓰거나 양념하여 반찬으로 먹고는 했다. 또한 꼴뚜기로 꼴뚜기구이나 조림, 튀김 등을 해 먹거나, 상추쌈용 고추장을 만들 때 넣어 먹었다.

분류 : 식재료
색인어 : 조선무쌍신식요리제법, 이조궁정요리통고, 망둥이, 쌈, 오징어, 가물치, 고추장
참고문헌 : 서유구 저, 이두순 평역, 강우규 도판, 『평역 난호어명고』(수산경제연구원BOOKS·블루&노트, 2015); 『신증동국여지승람』; 「오징어통조림서 꼴뚜기」, 〈동아일보〉 1972년 6월 16일; 「가짜 오징어포 納品 6百89萬원을 詐取」, 〈동아일보〉 1977년 3월 30일; 유희, 『물명고』
필자 : 김혜숙

꼴뚜기구이

우리 속담에 '자주꼴뚜기 진장 발라 구운 듯하다'는 말이 있는데, 피부가 검은 사람을 놀릴 때 쓰는 말이다. 원래 검붉은 꼴뚜기 색깔은 익으면 더 짙어지는데, 몇 년 묵어 색이 진한 진장까지 발라 구웠으니 훨씬 더 검어졌을 꼴뚜기구이만큼 얼굴이 검다는 뜻이다. 같은 표현으로 '오동(烏銅) 숟가락에 가물칫국을 먹었나'라는 속담도 있다.

꼴뚜기구이는 꼴뚜기 철에는 생물을 써서 만들지만, 그 외의 시기에는 말린 꼴뚜기를 물에 불려서 썼다. 꼴뚜기구이는 꼴뚜기만 양념하여 굽는 게 일반적이지만, 궁중식으로 소고기와 함께 굽기도 한다. 방신영(方信榮: 1890-1977)의 『조선음식 만드는 법』(1946)을 보면, 꼴뚜기구이가 나온다. 이에 따르면, 생물 꼴뚜기는 깨끗이 씻고 말린 꼴뚜기는 물에 충분히 불린 후, 꼴뚜기의 발은 떼고 몸통만 반으로 갈라 칼집을 낸 후 양념을 바르고 구웠다. 이때 쓰는 양념은 간장, 파, 마늘, 생강, 깨소금, 설탕, 기름, 고춧가루로 만들라고 했다. 이와 같이 고춧가루를 넣어 구운 약간 매콤한 꼴뚜기구이와 달리 간장만 써서 굽는 꼴뚜기구이의 조리법이 조선 왕실의 궁중음식을 정리한 『이조궁정요리통고』(1957)에 보인다. 양념은 고춧가루만 빼고 동일한데, 이 양념을 다듬은 꼴뚜기가 아니라 다진 소고기에 넣어 섞는 데 쓴다. 그런 다음 꼴뚜기의 몸통 한쪽 편에 양념한 소고기를 발라 굽는다.

두 방법은 약간의 차이는 보이지만, 양념에 간장이 들어간다는 점은 공통적이다. 이 가운데 '자주꼴뚜기 진장 발라 구운 듯하다'는 속담에 나오는 꼴뚜기구이에 가까운 것은 소고기를 쓰지 않는 쪽으로 보인다. 또한 양념에 들어가는 고춧가루는 조선 후기에 추가된 듯

하다.

분류 : 음식
참고문헌 : 작자 미상, 『광재물보』; 방신영, 『조선음식 만드는 법』(大洋公司, 1946); 한희순·황혜성·이혜경 공저, 『이조궁정요리통고』(학총사, 1957)
필자 : 김혜숙

꼴뚜기젓

꼴뚜기젓은 꼴뚜기에 소금을 쳐서 담그는 젓갈이며, 전국적으로 먹는 음식이다. 다만, 지역에 따라 명칭이 달라서 꼴뚜기젓 외에 전라도 지역에서는 '고록젓'이나 '꼬록젓', 경상도에서는 '호루래기젓' 또는 '호리기젓'이라고 부른다. 꼴뚜기젓은 김치를 담글 때 쓰기도 하고, 살짝 물에 씻은 후 잘게 썰어 양념하여 반찬으로 먹기도 하는데 무생채나 무김치 등 무와 잘 어울린다. 꼴뚜기젓은 산란하기 전에 담는 것이 좋은데, 대개는 봄에 담가 가을에 먹고, 가을에 담가 겨울과 이듬해 봄에 먹는다(농촌진흥청, 2008a: 214쪽). 5월 초에 잡아 알이 통통하게 배어 있는 꼴뚜기로 담그면 더 맛있는 꼴뚜기젓이 되는데, 붉게 빛나는 색깔을 띤 것이 좋은 꼴뚜기젓이다(〈경향신문〉 1975년 10월 23일자). 꼴뚜기젓을 만드는 방법에는 소금을 한 번 치는 경우와 두 번 치는 경우가 있다.

전라남도에서는 꼴뚜기젓을 만들 때, 꼴뚜기 작은 것을 깨끗이 씻고 물기를 뺀 후 항아리에 넣는데, 맨 밑바닥과 위는 소금을 넉넉히 뿌리고 중간에는 소금과 꼴뚜기를 켜켜이 담아 뚜껑을 덮은 뒤 서늘한 곳에 두고 삭힌다(농촌진흥청, 2008b: 330-331쪽). 또한 전라북도에서는 씻은 후 물기를 제거한 꼴뚜기를 소금에 버무려 항아리에 담고 밀봉한다(농촌진흥청, 2008a: 214쪽).

이와 달리, 경상남도에서는 일단 꼴뚜기에 소금을 뿌려서 생긴 소금물을 뺀 뒤에 다시 소금을 뿌려 한나절쯤 두었다가 항아리에 담는데(농촌진흥청, 2008c: 425쪽), 이러한 방식으로 만든 꼴뚜기젓을 이용기(李用基: 1870-1933)는 『조선무쌍신식요리제법(朝鮮無雙新式料理製法)』(1936)에서 간을 두 번 했다 하여 '재간꼴뚜기젓'이라고 불렀다. 그에 따르면, 꼴뚜기를 일단 절여서 생긴 국물은 따라 버리고, 다시 소금을 쳐서 젓갈을 만들면 식감이 오돌오돌하고 맛도 훨씬 나아진다는 것이다. 아울러, 당시 꼴뚜기젓은 웅진(현재의 충청남도 공주)에서 많이 만들며, 대합젓처럼 삭은 후에 먹으면 맛이 달고 알도 더욱 좋아진다고도 했다.

분류 : 음식
참고문헌 : 「젓갈의 季節 맛있고 구수하게」, 〈경향신문〉 1975년 10월 23일; 이용기, 『조선무쌍신식요리제법』(영창서관, 1936); 농촌진흥청 농업과학기술원 농촌자원개발연구소, 『한국의 전통향토음식 6-전라북도』(교문사, 2008a); 농촌진흥청 농업과학기술원 농촌자원개발연구소, 『한국의 전통향토음식 7-전라남도』(교문사, 2008b); 농촌진흥청 농업과학기술원 농촌자원개발연구소, 『한국의 전통향토음식 9-경상남도』(교문사, 2008c)
필자 : 김혜숙

호루기 젓갈(「통영」)

구마산(舊馬山)의 선창에선 좋아하는 사람이 울며 내리는 배에 올라서오는 물길이 반날
갓 나는 고장은 갓 같기도 하다

바람맛도 짭짤한 물맛도 짭짤한

전복에 해삼에 도미 가자미의 생선이 좋고
파래에 아가미에 호루기의 젓갈이 좋고

새벽녘의 거리엔 쾅쾅 북이 울고
밤새껏 바다에선 뿡뿡 배가 울고

자다가도 일어나 바다로 가고 싶은 곳이다

집집이 아이만 한 피도 안 간 대구를 말리는 곳
황아장수 영감이 일본 말을 잘도 하는 곳
처녀들은 모두 어장주한테 시집을 가고 싶어 한다는 곳

산 너머로 가는 길 돌각담에 갸웃하는 처녀는 금(錦)이라던 이 같고
내가 들은 마산 객줏집의 어린 딸은 난(蘭)이라는 이

같고

난이라는 이는 명정(明井)골에 산다는데
명정골은 산을 넘어 동백나무 푸르른 감로 같은 물이
솟는 명정샘이 있는 마을인데
샘터엔 오구작작 물을 긷는 처녀며 새악시들 가운데
내가 좋아하는 그이가 있을 것만 같고
내가 좋아하는 그이는 푸른 가지 붉게붉게 동백꽃 피
는 철엔 타관 시집을 갈 것만 같은데
긴 토시 끼고 큰머리 얹고 오불고불 넘엣거리로 가는
여인은 평안도서 오신 듯한데 동백꽃 피는 철이 그 언
제요

옛 장수 모신 낡은 사당의 돌층계에 주저앉아서 나는
이 저녁 울 듯 울 듯 한산도 바다에 뱃사공이 되어가며
영 낮은 집 담 낮은 집 마당만 높은 집에서 열나흘 달
을 업고 손방아만 찧는 내 사람을 생각한다

1936년 1월 23일 〈조선일보〉에 발표된 백석(白石:
1912-1996)의 시 「통영」이다. 백석은 자신이 성장한
고향의 풍속과 자신이 체험한 생활의 풍물을 토속적
언어에 바탕을 둔 지극히 개성적인 시어와 표현으로
형상화한 시인이다. 그의 독특한 시세계는 후대의 많
은 시인들에게 영향을 끼쳤다. 1912년 평안북도 정주
에서 태어나 오산고등보통학교를 마치고 일본으로
건너가 1934년 아오
야마학원[靑山學院]
전문부 영어사범과
를 졸업하였다. 1930
년 〈조선일보〉 '신년
현상문예 공모'에 소
설 「그 모(母)와 아들」
이 당선되었고, 1935
년 〈조선일보〉에 시
「정주성」을 발표하면
서 등단했다. 첫 시집

백석의 연인 자야 여사(1916~1999)가
발간한 백석과의 추억담

『사슴』을 출간하여 문단의 주목을 받았고 그 이후 함
흥과 만주에서 발표한 작품들도 지속적인 관심의 대
상이 되었다. 광복 후 평양에 정착하여 분단 이후에도
활동하다가 1959년 양강도 삼수군의 농장으로 축출
되어 농사꾼으로 살다가 타계했다.
이 시는 구마산 선창에서 연락선을 타고 통영으로 간
백석이 자신의 여행 체험을 표현한 작품이다. 사랑하
는 여인을 만나기 위해 통영을 찾아온 화자가 통영의
정취와 특징을 소개하면서 사랑하는 여인을 만나지 못
한 아쉬움과 안타까움을 드러냈다. 통영 지역의 토종
해산물들이 다채롭게 소개되었다. 이 시에서 소재로
사용된 호루기는 꼴뚜기의 지역 방언으로 방언을 그대
로 사용하여 향토음식의 구수한 미감을 드러냈다.

분류 : 문학
색인어 : 통영, 백석, 물맛, 전복, 해삼, 도미, 가자미, 파래, 아가미젓갈,
호루기(꼴뚜기)젓갈, 대구
참고문헌 : 이숭원, 『백석을 만나다』(태학사, 2008)
필자 : 이숭원

꽁치

동갈치목 꽁칫과에 속하는 바닷물고기이다.
꽁치는 젓갈, 구이, 조림, 찌개, 국, 과메기, 통조림 등
으로 해서 많이 먹는 대중 생선이다. 꽁치라는 이름
의 유래는 정약용(丁若鏞)의 저서 『아언각비(雅言覺
非)』에 기록되어 있다. 아가미 근처에 침을 놓은 듯한
구멍이 있어 공치라 했다 한다. 여기에 공이 된소리가
되면서 꽁이 되었다. 『임원경제지(林園經濟志)』에는
공어(貢魚), 공치어(貢侈魚), 추도어(秋刀魚), 추광어
(秋光魚) 등으로 표기되어 있다.
꽁치는 난류성 어종으로, 1945년 광복 이후부터 많이
잡히기 시작해서 1970년대 중반에 어획량이 가장 많
았다. 1980년대 이후에는 꾸준히 감소 추세지만 해
마다 들쭉날쭉한 어획량을 기록하고 있다. 냉동상태
로 대만에서 수입하기도 하며, 원양어업을 통해 국내
수요를 감당한다. 꽁치는 서리가 내리는 가을철인 10
월에서 11월에 지방 성분이 20% 정도가 되어 가장 기

름지고 맛있다고 알려져 있다. 과메기도 원래는 이때의 꽁치를 말리는 것이지만 요즘은 원양에서 잡은 냉동 꽁치도 많이 사용한다.

일반에 많이 알려져 있는 꽁치 요리법은 구이와 조림, 김치를 넣은 찌개다. 특히 통조림 꽁치와 묵은지를 넣은 꽁치 김치찌개는 전문 식당이 있을 정도로 잘 알려진 대중 요리다. 꽁치가 많이 잡히는 동해안에서는 봄철에 잡히는 알밴 꽁치로 젓을 만들어 먹기도 한다. 꽁치를 통째로 소금에 버무린 꽁치젓은 빨리 삭는 편이라 한 달 정도가 지나면 '마리젓'으로 통째 꺼내 살을 찢어서 밥반찬으로 먹기도 한다. 다 삭으면 액젓 상태로 되어 간장 대신 사용하고, 김장 등에 활용한다.

경상북도 포항 지역에서는 꽁치를 국으로도 끓여 먹는다. 꽁치국은 싱싱한 생꽁치를 다지거나 갈아서 다진 파와 섞어 밀가루로 버무려 완자를 만들거나 수제비처럼 떠 넣고 여기에 우거지나 고사리, 토란대나 부추 등 각종 채소를 넣어 육개장식으로 끓여 먹는 경북 해안 지역 향토음식이다.

울릉도에서는 봄 산란철에 손으로 꽁치를 잡는 '손꽁치잡이'가 이루어진다. 5월에서 8월 산란철이 되면 꽁치는 해초 같은 부유물에 몸을 비비는 습성이 있다. 이와 같은 꽁치 습성을 이용하는 어법(漁法)이다. 가마니에 해조류를 주렁주렁 매달아 바다에 띄워 놓은 뒤 손을 가마니 아래로 집어넣고 손가락을 벌리면 꽁치가 손가락 사이에 들어와서 몸을 비빈다. 이때 꽁치를 움켜쥐는 것이 바로 손꽁치잡이이다. 숙련된 어부는 상당한 양의 꽁치를 잡는다. 이렇게 어획한 싱싱한 꽁치로 울릉도에서는 꽁치 물회를 만들기도 한다. 꽁치 물회는 꽁치회와 각종 채소, 초고추장을 넣어 물을 부은 것이다. 꽁치회가 들어간 것을 제외하면 다른 물회와 비슷하다.

꽁치는 등 푸른 생선으로서 불포화지방산과 오메가3 지방산, 항산화 작용으로 노화 방지에 효과가 있는 비타민E, 야맹증에 효과가 있는 비타민A 등이 많이 함유된 건강식품이다. 과메기나 통조림으로 가공해서도 많이 먹는다.

분류 : 식재료
색인어 : 꽁치
참고문헌 : 황선도, 『멸치 머리엔 블랙박스가 있다』(부키, 2013); 김남일 외, 『신라왕이 몰래 간 맛집』(휴먼앤북스, 2017); 정문기, 『한국어도보』(일지사, 1977)
필자 : 하응백

꿀

꿀은 곤충인 벌이 꽃의 꿀샘에서 채집하여 먹이로 저장해둔 것을 말한다. 한자로는 밀(蜜)이라 불렀다.

허준(許浚: 1539-1615)의 『동의보감(東醫寶鑑)·탕액편(湯液篇)』(1610)에서는 백밀(白蜜)에 대해서 성질이 평(平)하고 맛은 달며 독이 없다고 하였다. 이러한 꿀의 기운이 오장을 편안하게 하고 기를 더하며, 특히 소화기관을 보하고 통증을 멎게 하며, 해독을 하기 때문에 온갖 병을 치료하고 모든 약 기운을 조화시키며, 비기(脾氣)를 기르고 이질을 멎게 하며, 입안이 헌 것을 치료하고 눈과 귀를 밝게 한다고 하였다. 보통은 산의 바위에서 나는데, 색이 희고 끈적끈적한 것이 좋다고 하였다.

조선시대에는 아마도 벼랑 끝에서도 꿀을 채취하였던 것 같다. 그것을 석밀(石蜜)이라고도 하니 벼랑에서 나는 꿀을 말한다 하였다. 일반적으로 백밀(白蜜)은 산의 바위나 나무에서 나는데, 2-3년 묵은 것은 기미가 순하고 진하다. 양봉한 것은 1년에 2번씩 받는다. 여러 번 받은 것은 기미가 부족하기 때문에 오래 묵은 흰 꿀보다 효능이 못하다고 하였다. 특히 꿀은 묵은 것을 약으로 썼는데, 그냥 쓰는 것이 아니라 졸여서 썼던 것으로 보인다. 허준이 설명하는 꿀 졸이는 방법은 불에 꿀을 졸인 후에 종이를 하룻밤 덮어 두었다가 종이 위에 올라붙은 밀랍을 말끔히 없애고 색깔이 변할 정도로 다시 졸여야 하는데, 대체로 1근을 졸여서 12냥 정도 나오는 것이 좋다고 하였다. 지나치게 졸이면 도리어 좋지 않다 하였다.

이수광(李睟光: 1563-1628)의 『지봉유설(芝峰類說)』(1614)에서는 꿀[蜜]에 대해 설명하였다. 만일 비(脾)가 습한 것을 괴로워하거든 급히 쓴 것을 먹어서 건조하게 하고, 또 비장을 풀어 주려면 급히 단것을 먹어서 따뜻하게 만들라고 하였다는 얘기가 있다. 이는 『동의보감』에서 소화기관을 보한다고 한 것과 같은 의미이다. 꿀의 이러한 효능은 꿀의 감미(甘味)에서 유래한 것으로 보인다.

꿀은 약이나 음료처럼 타서 먹기도 하였지만, 떡을 만들 때나 각종 요리에도 사용하였다. 설탕이 없었던 시기 단맛을 내는 가장 좋은 재료였을 것이다. 특히 양반가에서는 꿀을 여러 가지 음식에 활용하였다. 떡가루에 꿀물을 내려서 밤, 대추, 잣 따위를 켜마다 넣고 찐 떡을 '꿀편'이라고 하였다.

1800년대 말 작자 미상의 『시의전서(是議全書)』에서는 꿀편에 대해 쌀가루에 꿀물을 진하게 타서 버무리고 굵은체로 쳐 안친 다음, 켜를 매우 두껍게 하고 대추와 밤을 채 쳐 고명으로 많이 얹고 잣도 뿌린다고 하였다.

1900년대 초반의 한글로 쓰여진 조리서인 『반찬등속(반ᄎᆞᆫᄒᆞᄂ 등속(饌饍繕冊))』(1913)은 충청도 청주 상신리에 거주하던 진주 강씨 문중의 며느리인 밀양 손씨가 썼다고 전해진다. 여기에서도 '꿀떡'을 만드는 방법을 설명하였는데, 『시의전서』의 꿀떡과는 조금 다른 방식이다. 보통은 쌀가루에 물을 주어 촉촉한 상태에서 쌀가루에 부재료를 섞어 떡을 쪄냈다. 여기서는 쌀가루를 바싹 말려 꿀과 한데 반죽하였다. 시루에 켜를 얇게 놓고 석이를 놓았고, 잣은 드문드문 놓고 켜켜이 다 놓으면 떡을 쪄냈다. 이 책에서는 청주 지역의 반가에서 실제로 꿀떡을 만드는 방법을 알 수 있다.

방신영(方信榮: 1890-1977)의 『조선요리제법(朝鮮料理製法)』(1921)에서는 떡가루에 꿀이나 설탕을 많이 섞어서 시루에 안치는 것인데, 밤·대추·잣을 쪼개어 매번 켜마다 색을 맞추어 부재료를 두고 또 매 켜마다 벽지를 깔고 안쳐서 찐다고 하였다. 이전에는 가루에 꿀만을 넣었는데, 이 시기부터는 설탕을 가미한 것이 설탕의 활용 시기에 대해서도 짐작할 수 있다.

1938년에 지어진 현덕(玄德: 1911-?)의 소설 『남생이』에도 꿀떡에 대한 내용이 나온다. '내 이것 가져다가 돌절구에 콩콩 빻아 가는체로 밭쳐서 대추 박아 꿀떡 해놓을 테니, 부디 잡수러 오세요.'라는 구절이 있다. 여기서 '가는체로 밭쳐 대추를 박은 꿀떡'이 나오는 것으로 보아 이 시기에 대추를 넣고 꿀편을 만든 것으로 보인다.

분류 : 식재료
색인어 : 게, 대추, 떡, 반찬등속, 밤, 부추, 시의전서, 잣, 조선요리제법, 파
참고문헌 : 허준, 『동의보감·당액편』; 이수광, 『지봉유설』; 작자 미상, 『시의전서』; 밀양 손씨, 『반찬등속』; 방신영, 『조선요리제법』(신문관, 1917); 현덕, 『남생이』
필자 : 홍진임

꿀떡

옛날부터 '꿀떡같다', '꿀떡 삼키다'처럼 꿀떡은 음식물 따위를 삼키다는 표현의 의성어로 쓰였다. 요즘 꿀떡이라 하면 멥쌀가루를 쪄서 가래떡을 만들 듯 친 떡 속에 설탕물이 들어 있는 떡이다. 떡을 씹으면 마치 꿀처럼 설탕물이 나온다. 그런데 1930년대까지만 해도 꿀떡은 지금 알려진 모습과 다르다.

1924년에 이용기(李用基: 1870-1933)가 쓴 『조선무쌍신식요리제법(朝鮮無雙新式料理製法)』에서 꿀떡은 떡가루에 꿀이나 흑사탕을 많이 섞어서 시루에 안치고 밤, 대추, 석이 채친 것과 잣을 쪼개어 매 켜에 색 맞추어 두고 또 매 켜에 백지를 깔고 안쳐 찐다고 하였다. 1900년대의 요리책인 방신영(方信榮: 1890-1977)의 『조선요리제법(朝鮮料理製法)』, 조자호(趙慈鎬: 1912-1976)의 『조선요리법(朝鮮料理法)』에서도 꿀떡의 조리법은 이용기의 책에 나온 내용과 비슷하다. 조선시대의 꿀떡은 지금의 것과 달리 쌀가루에 꿀이나 설탕을 많이 섞어서 시루에 안쳐 찐 설기떡이며, 꿀편 또는 밀고(密糕)라고도 불렀다.

편편한 시루떡이니 위에 대추나 밤, 석이, 잣 등 고명을 얹어 찌기에도 적당했다. 『윤씨음식법(1854 추정)』에 나오는 메꿀떡에 보면 고명을 뿌린 사이에 잣을 여러 개씩 꽃 놓듯 하면 보기가 좋고, 혹 대추를 가늘게 채 쳐 깨떡에 대추를 오려 수복(壽福) 한자도 놓는다고 하였다.

꿀떡은 궁중 연회에서 밀설기(蜜雪只)라는 이름으로 등장했다. 각색병이라는 고임떡에 밀설기 즉 꿀떡이 들어간다. 재료로는 멥쌀, 찹쌀, 대추, 밤, 깨, 잣, 꿀 등이다. 멥쌀에 찹쌀을 섞어 가루를 만들어 꿀을 넣고 대추와 밤, 잣 등의 고명을 얹어 시루에 찐 떡이다. 이와 같은 밀설기에 석이(石耳)버섯을 다지거나 가루를 내어 넣거나 당귀잎가루[辛甘草末]을 넣어 여러 가지 색을 내었다.

분류 : 음식
참고문헌 : 이용기, 『조선무쌍신식요리제법』(한흥서림, 1924); 방신영, 『조선요리제법(朝鮮料理製法)』(1921); 조자호, 『조선요리법(朝鮮料理學)』(광한서림, 1939); 한복려, 『쉽게 맛있게 아름답게 만드는 떡』(궁중음식연구원, 1999); 강인희, 『한국의 떡과 과줄』(대한교과서, 1997)
필자 : 이소영

꿀떡(일편절편 꿀 종지)

강원도 횡성군 공근면에는 처갓집에서 처음으로 절편을 꿀 종지에 찍어 먹은 바보 사위의 설화가 전한다. 이와 비슷하게 '꿀떡'이나 '꿀편'이라는 이름을 잊어버려서 그 기억을 되살리기 위해 애쓰는 바보 사위의 이야기는 충청남도 공주군 의당면과 유구면, 보령군 주포면에도 내려온다.

그중 강원도 횡성군의 설화를 『한국구비문학대계』에서 보면, 옛날에 어떤 사람이 7-8월쯤 혼자서 처갓집에 갔다. 사위가 심심할까 싶었던 장모는 풋콩을 꺾어다 가마솥에다 푹 쪄서 사위에게 까먹으라고 주었다. 그러자 사위는 풋콩을 꼬투리째 막 뜯어 먹었다. 콩을 먹다가 목에 걸릴까봐 걱정이 된 장모는 사위에게 꼬투리를 까서 먹으라고 말했지만, 사위는 사람은 음식을 가려 먹으면 안 된다며 삶은 풋콩을 꼬투리째 먹다가 돌아갔다.

그가 자기 집에 돌아오니, 처갓집에서 무엇을 해주더냐고 어머니가 물었다. 장모가 콩을 꺾어다가 쪄주어서 막 뜯어 먹었다는 이야기를 들은 어머니는 아들에게 까먹지 그랬냐고 말했다. 그러자 아들은 어머니가 음식을 가리지 말고 막 먹으라고 해서 그랬다고 했다. 어머니는 아들이 답답하여, 음식을 막 먹을 게 따로

있지 콩을 껍데기째 먹으면 어떻게 하냐며 다음부터는 껍데기를 까서 먹으라고 일러 주었다.

얼마 있다 또 처갓집에 간 그에게 이번에는 장모가 송편을 해주었다. 어머니로부터 껍데기를 까서 먹으라는 이야기를 들었던 사위는 송편의 속만 쏙쏙 빼먹고 껍데기는 다 집어던졌다. 그 모습을 본 장모가 떡 껍데기를 아깝게 왜 버리느냐고 물으니, 사위는 사람은 음식을 가려 먹어야 한다고 대답하였다. 그가 다시 집에 돌아오니 이번에도 어머니가 처가에서 무엇을 먹고 왔느냐고 물었고, 송편의 속만 먹었다는 이야기를 들은 어머니는 넌 또 왜 그렇게 먹었느냐며 야단을 쳤다. 그리고 나서 처가에 또 간 그에게 장모는 이번에는 절편을 해서 꿀을 찍어 먹으라고 종지에 떠서 같이 주었다. 바보 사위는 장모에게 "이게 무슨 떡이에요?" 하고 물었고, 장모는 "일편절편 꿀 종지"라는 소리도 못 들었냐면서, 그것도 모르냐고 사위를 타박하였다. 사위는 자기가 먹은 것이 무엇인지 잊지 않으려고, 먹으면서도 계속 입으로 "일편절편 꿀 종지 일편절편 꿀 종지"라고 중얼거렸다.

바보 사위는 계속 입으로 중얼댔지만, 집으로 돌아가는 길에 개울을 건너다가 그만 그 말을 잊어버렸다. 그는 바지를 걷어붙이고 개울로 들어가 자신이 잊어버린 것을 찾기 위해 오르락내리락 걸어다녔다. 어떤 사람이 그가 애쓰는 모습을 보고서, 무엇을 하고 있는지 물었다. 바보 사위는 아주 희한한 것을 여기서 잊어버려서 찾고 있다고 대답했다. 지나던 행인은 그렇게 귀한 거라면 같이 찾을 테니 자기한테 반을 나눠달라고 했고, 사위는 그러겠다고 대답했다.

둘이서 아무리 찾아도 나오지 않자, 행인은 사위에게 "이편에서 잃어버렸소? 아니면 저편에서 잃어버렸소?" 하고 물어보았다. 이편이냐 저편이냐는 말을 들은 사위는 "일편절편"이라는 말이 생각났지만, "꿀 종지"가 생각나지 않아 눈만 껌뻑껌뻑하며 잠자코 앉아 있었다. 그러자 행인은 눈은 꿀 종지 같은 놈이 왜 대답을 못하냐며 화를 냈다. 그 말을 들은 사위는 이제 됐다고 다 찾았다면서, "일편절편 꿀 종지 일편절편

꿀 종지" 하고 혼자 뛰어갔다. 그러자 행인이 혼자만 찾아서 도망가지 말고 자기에게도 보여달라며 뒤쫓아가더라는 이야기이다.

분류 : 음식
참고문헌 : 목수희 제보(강원도 횡성군 공근면 채록),『한국구비문학대계』(한국학중앙연구원, 1983)
필자 : 김혜숙

꿀술[蜜酒]

꿀술은 동서양에서도 가장 오래된 발효주이다. 서양에서는 미드(Mead)라고 하는데, 꿀, 맥아, 이스트(효모, 누룩), 향료, 물 등을 넣어 발효시킨 리큐어로서 일종의 꿀술이다. 우리나라에서도 밀주(蜜酒)라 하여 꿀술 만드는 법이 여러 서적에 나온다.

꿀술에 대한 내용은 서명응(徐命膺: 1716-1787)이 『고사신서(攷事新書)』(1771)에 기록하였다. 이 책은 조선 후기의 문신이자 학자인 서명응이 어숙권(魚叔權: ?-?)의『고사촬요(攷事撮要)』(1554)를 개정, 증보한 책으로 사대부로부터 관리 및 일반 선비들에 이르기까지 항상 기억해 두어야 할 사항을 기록한 책이다. 여기서는 '밀주(蜜酒)' 만드는 방법을 설명하였다. 꿀 4되, 술 9되를 같이 끓여 거품을 걷어내고, 여름에는 아주 차게, 겨울에는 약간 따뜻하게 하여, 누룩가루와 백효(白酵 : 술밑), 팥알 크기의 용뇌를 넣고 종이로 7겹을 덮어두는데, 하루에 한 겹씩 벗겨내어 7일이면 술이 완성된다고 하였다. 술을 담는 동안 흙 기운을 가까이 해서는 안 되고, 겨울철에는 반드시 불로 따뜻하게 하여 얼지 않게 해야 맛이 달고 부드럽다 하였다. 또 다른 방법으로는 꿀 2근과 물 1사발을 같이 끓여 거품을 걷어낸 후에 백국 1.5되, 술지게미 말린 것 3냥을 넣고 매일 3번씩 저어 주는데, 3일이면 익는다. 맛이 아주 좋다고 하였다.

최한기(崔漢綺: 1803-1877)가 편찬한『농정회요(農政會要)』(1830년경)에서도 밀주(蜜酒) 만드는 법이 나오는데,『고사신서』의 두 번째 방법과 비슷하다. 봄·가을에는 5일, 여름에는 3일, 겨울에는 7일이 되면 자연적으로 술이 완성되는데, 맛이 아주 좋다고 하였

다. 기공[功導引]을 할 때 1-2잔을 마시면 숨이 고르게 되며 기가 뭉치지 않아 도를 닦는 데 큰 도움이 된다고 하였다. 서양에서는 신혼부부들이 마셔서 첫날밤의 분위기를 좋게 하였다는 꿀술을 우리나라에서는 양반가에서 마셨거나 또는 기를 수련하는 사람들이 마셨다.

분류 : 음식
참고문헌 : 서명응,『고사신서』, 최한기,『농정회요』
필자 : 홍진임

밀랍

밀랍은 벌집에서 얻은 납(蠟)을 정제하여 얻은 것이다. 꿀벌이 꽃에서 수집한 당분을 효소작용에 의해 체내에서 합성하여 만들어 내는 것으로 일벌의 하복부에 있는 분비샘에서 분비하여 집을 짓는 것이다. 다른 이름으로는 밀, 꿀밀, 밀랍(蜜蠟)이라고도 한다. 밀랍은 립스틱이나 크림 등 화장품 원료로서 이용되고 있다.

밀랍은 약으로 활용되기도 하였다. 허준(許浚: 1539-1615)의『동의보감(東醫寶鑑)·탕액편(湯液篇)』(1610)에서는 밀랍(蜜蠟)을 '누른 밀'이라 하여 벌집을 따뜻한 물에 녹여 틀에 넣어 굳힌 물질이라 하였다. 성질이 약간 따뜻하고 맛은 달며 독이 없는데, 이질에 주로 쓰였다. 쇠붙이에 다친 상처를 치료할 때도 사용하였다. 이것은 또한 기를 보하고 배고프지 않게 하며 노화를 방지하는 효능도 있다고 하였다. 또한 밀랍에 대해서는 벌집의 구성 물질로 처음에는 향기롭고 여린데, 여러 번 달여야 제대로 된 밀랍이 만들어진다고 하였다. 보통 민간에서는 황랍(黃蠟)이라고 한다 하였다.

밀랍을 표백하여서도 사용하였는데, 이는 흰밀 또는 백랍(白蠟)이라 하였다. 가공하는 동안 누른색의 밀이 흰색으로 바뀌었던 것 같다. 성질은 평(平)하고 맛은 달며 독이 없다고 하였는데, 오래된 설사, 이질을 치료하며 뼈나 근육이 부러지거나 끊어진 것에도 효과가 있었던 것으로 보인다. 백랍을 만드는 방법으로는 황랍을 얇게 깎아 볕에 100여 일 정도 말리면 자연

스럽게 희어지는데, 급히 쓸 때는 녹여서 물속에 10여 번 이상 담가도 색이 희어진다고 하였다.

분류 : 식재료
참고문헌 : 허준, 『동의보감·탕액편』
필자 : 홍진임

약으로서의 꿀, 꿀죽[蜜粥]

꿀은 소화기관을 편하게 해주고 기를 더하며 해독작용 등의 효능이 있다. 이러한 효능은 꿀을 단지 식재료뿐만 아니라 치료의 목적으로 먹는 음식에 활용되게 하였다.

허준(許浚: 1539-1615)의 『동의보감(東醫寶鑑)·탕액편(湯液篇)』(1610)에서는 '밀죽(蜜粥)'에 대해 설명하였다. 꿀은 비장의 기능을 기르는 데, 비장을 조화롭게 하는 약 중에서 가장 좋다고 하였다. 미음과 함께 먹는데, 늘 먹어도 좋고 하여 꿀을 소화기관을 조화롭게 하는 약으로 복용하는 방법을 설명하였다. 또 꿀은 오장을 편안하게 하고 부족한 기를 보하니, 죽이나 약에 넣어 오래 먹는 것이 좋다고도 하였다.

이러한 꿀의 효능은 조선시대 어의였던 전순의(全循義: ?-?)가 지은 『식료찬요(食療纂要)』(1460)에서도 다양한 방법으로 꿀을 활용한 음식을 제시하였다. 첫 번째로 나오는 처방은 대인과 소아가 열이 나는 것을 치료하기 위하여 계란과 꿀을 섞어서 복용하는 것인데, 먹는 즉시 차도가 있다고 하였다. 두 번째는 뽀루지[癰腫]로 인한 피고름을 배출하려면 팥을 보통 요리하는 방법과 같이 죽(粥)을 만들어 먹는데 이때 꿀을 넣어 먹으라 하였다. 이는 뽀루지가 곪으면서 발생하는 열과 독을 해결하기 위하여 팥의 열을 내리는 작용과 꿀의 해독작용을 함께 이용하였기 때문이다. 또 다른 처방으로는 소변을 잘 나가게 하려면 참깨[胡麻子] 1되와 꿀[白蜜] 1되를 고아 서로 합하여 먹으라고 했는데, 한의학에서는 이러한 처방을 '정신환(精神丸)'이라 한다. 이 처방은 공복에 복용하라고 하였다. 또 위장기능이 나빠져서 명치 밑이 그득하고 답답하며 딸꾹질이 멈추지 않을 때는 생강즙 0.5홉에 꿀[蜜]

1숟가락을 넣고 달여 익혀서 따뜻하게 3번 복용하면 즉시 효과가 있다고 하였다. 또 먹은 것이 자꾸 다시 올라와 구토를 하게 되는 반위(反胃)를 효과적으로 치료하기 위해서는 무를 꿀에 넣고 달여서 조금씩 씹어서 복용하라고 하였다. 이와 같은 처방들은 꿀이 소화기관을 도와주는 효능과 관련이 있다.

꿀은 소화기관을 보하는 데 사용하였을 뿐 아니라 설사에 피가 섞여 나오는 이질을 치료할 때도 사용하였다. 하룻밤에도 백여 차례 화장실에 가게 되는 피가 섞여 나오는 이질을 치료하기 위해서는 칡가루[葛粉] 3냥, 꿀[蜜] 1냥, 새로 떠온 물[新汲水] 4홉을 골고루 섞어서 공복에 한꺼번에 다 복용하면 좋다고 하였다. 조선 후기의 의가인 이창우(李昌雨: ?-?)가 지은 『수세비결(壽世祕訣)』(1929)에서는 '수밀죽(酥蜜粥)'에 대한 설명이 나온다. 수(酥)는 우유의 가공품인데, 현대의 연유 정도로 생각하면 좋을 듯하다. '수밀죽'은 연유와 꿀을 넣은 죽으로 심폐의 기운을 길러 준다고 하였다.

분류 : 음식
참고문헌 : 허준, 『동의보감·탕액편』; 전순의, 『식료찬요』; 이창우, 『수세비결』
필자 : 홍진임

꿩

꿩[雉]은 한국에 전국적으로 산재한 텃새이다. 우리말로는 수컷은 '장끼', 암컷은 '까투리', 어린 새끼는 '꺼벙이'라고 한다. 또한 '고치(膏雉)'라 하여 평안도 강변(江邊)의 꿩을 특별히 가리키는 말도 있었다. 이러한 별칭이 붙은 까닭에 대해, 성현(成俔: 1439-1504)은 『용재총화(慵齋叢話)』에서 평안도 강변의 꿩은 집오리만큼 크고 기름이 엉긴 것이 호박(琥珀)과 같으며 맛이 아주 좋아서라고 설명하고 고치는 겨울이 되면 진상되었다고 한다. 또한 이에 비해 남쪽으로 갈수록 꿩이 점점 마르고, 호남과 영남의 변방에 이르면 고기 비린내가 나서 먹을 수 없다고 평하였다. 한편 '고치'는 강원도 관동(關東)과 회양(淮陽) 지역의 꿩을 지칭하기도 했는데, 서유구(徐有榘: 1764-1845)의 『임원경제지(林園經濟志)』 '적치방(炙雉方)'에 따르면, 이곳에서 나는 해송자(海松子), 즉 잣을 먹고 크기 때문에 꿩의 몸통 전체가 기름져서 붙게 된 이름이라는 것이다.

조선시대에는 꿩고기를 즐겨 먹었기 때문에, 활이나 총, 매를 이용해 사냥하였다. 이렇게 잡은 꿩을 익히거나 말리지 않은 채로 두면 생치(生雉)라 하고, 소금에 절여 말리면 건치(乾雉)라 하며, 양념하여 말린 포는 거(腒)라고 하여 구별하였다. 한겨울에는 생치로 두고 먹을 수 있지만, 나머지 철에는 변질의 우려가 있어 주로 건치 또는 꿩포[雉脯]로 만들어 저장 또는 유통하였다.

생치와 건치와 관련하여 재미있는 이야기가 김려(金鑢: 1766-1822)가 펴낸 『한고관외사(寒皐觀外史)』 「사재척언(思齋摭言)」에 나온다. 이 이야기는 어숙권(魚叔權: ?-?)이 기록한 것으로, 옛날에 어느 고을의 수령에게 감사(監司)가 '생치(生雉)' 몇 마리를 급히 바치라는 공문을 보냈다. 생치가 무엇인지 고민스러웠던 수령은 아전에게 산 채로 잡은 꿩이 생치냐고 물었다. 그러자 아전이 답하길, 하늘에 있는 꿩을 '건치(漧雉)'라 하고, 그렇지 않은 건 모두 '생치'라고 한다고 답하였다. 워낙 남의 말을 잘 믿지 않는 성격이었던 수령은 아전에게 화를 내면서, 어찌 잡아서 죽은 꿩을 생치라고 할 수 있냐며, 감사에게 "생치(生雉)는 하늘 높이 날고 있어서 잡기 어려우니 죽은 꿩을 바치겠다."고 보고하였다. 그것을 본 감사가 크게 웃었다고 한다.

수령이 보기에 이미 죽은 꿩의 고기를 '살 생(生)' 자를 써서 '생치(生雉)'라 하는 것은 이치에 맞지 않았고, 살아 있어야 '생치'라고 부를 수 있다는 주장이다. 또한 아전이 하늘을 나는 꿩을 '건치(漧雉)'라 한 것은 '건(漧)'자가 '하늘 건' 자이고 '마를 건(乾)' 자의 고어이기 때문에, '건치(乾雉)'나 '건치(漧雉)'를 모두 '하늘을 나는 꿩'이라고 잘못 이해하고 수령에게 아뢰었던 것이다. 그 수령에 그 아전이라고 할 수 있다.

꿩은 또한 아예 포(脯)로 만들어 저장성을 높이기도 했는데, 『중종실록(中宗實錄)』에는 선물로 들어온 꿩을 모두 말려두었던 김안로(金安老: 1481-1537)의 이야기가 나온다. 그는 중종(中宗: 재위 1506-1544)과는 사돈 사이로서 아들 김희(金禧: ?-1531)가 중종의 맏딸인 효혜공주(孝惠公主)와 혼인한 데다가, 형 김안정(金安鼎: 1476-1533)과 김안세(金安世)가 모두 과거에 합격한 후 벼슬길에 올라 명성(名聲)이 자자하고 위세가 대단한 인물이었다. 그러다 보니 그에게는 여기저기서 뇌물과 선물이 넘치도록 들어왔지만 절대 남에게 주지 않았다. 꿩이나 닭 같은 것도 모두 포(脯)로 만들어 자기 집으로 보내니 사람들이 모두 그를 좋지 않게 여겼으나, 그 자신은 정작 세상의 이목에 전혀 신경 쓰지 않았다고 한다(중종 3년 1508년 1월 20일자 기사).

조선시대는 물론 일제 강점기까지도 꿩은 특히 겨울철에 즐겨 먹던 별미였다. 하지만 『부인필지(婦人必知)』에서 보듯이, 꿩의 뼈가 목에 걸리면 약도 없다 하여 각별히 주의하고는 했다. 특히 주의가 필요했던 이유는 최한기(崔漢綺: 1803-1877)의 『농정회요(農政會要)』 '적법(炙法)'을 보면 알 수 있다. 대체로 사람들이 꿩의 다리를 먹을 때에 뼈마디를 씹어 먹어야 맛있다고 여기고 씹어 먹고는 하는데, 꿩의 뼈가 부서지면 아주 뾰족하고 날카로워 잇몸을 상하게 하거나 목구멍에 걸릴 수 있다. 이렇게 되면 약도 없어 고치기 어려우니, 잠깐의 맛 때문에 위험을 감수하지 말고 조심해서 먹으라고 경고하였다.

한편 꿩을 식재료로 구하기 어려운 시기에는 '꿩 대신 닭'이라는 속담에서 보듯이 재료를 닭으로 대체하고, 조리는 꿩과 같은 방법을 써서 음식을 만드는 일이 흔하였다. 현재는 '꿩 대신 닭'이라고 하면, 꿩보다는 못하지만 꿩이 없으니 아쉬운 대로 닭을 쓴다는 의미로 받아들이지만 조선시대에 꿩과 닭은 시기나 상황에 따라 서로 대체하는 평등한 관계였다. 대체로 하절기에는 닭, 동절기에는 꿩을 썼기 때문에, '꿩 대신 닭'일 수도 있고 '닭 대신 꿩'일 수도 있었다.

꿩(구운 꿩과 얼린 꿩, 꿩구이와 동치회)

꿩으로 만든 음식은 많지만 그중에서 특색이 있는 것으로 꿩구이와 꿩회를 들 수 있다. 특히 통꿩구이는 '전치수(全雉首)'라 하여 조선왕실의 의례음식으로 상에 오르기도 했는데, 통으로든 조각으로 나누었든 꿩을 종이를 싸서 굽다가 다시 양념하여 구우면 부드럽고 바삭하여 아주 맛이 좋았다고 한다.

윤휴(尹鑴: 1617-1680)의 『백호전서(白湖全書)』에는 금강산에서 수행을 하던 젊은 스님이 꿩구이 때문에 불가의 육식(肉食) 금기를 깬 일화가 있다. 조선 중기의 문신으로 좌의정까지 올랐던 오윤겸(吳允謙: 1559-1636)이 금강산 구경을 갔다가, 어느 작은 절에 이르렀다. 그곳에는 혼자서 소나무와 잣나무[松柏]를 먹으며 오랫동안 도를 착실히 닦는 젊은 스님이 있었다. 오윤겸은 그 스님과 이야기를 나누며 꿩고기를 꺼내 숯불에다 구워 먹은 후, 다른 절로 내려왔다. 그곳에서 잠을 청했는데, 한밤중에 다급하게 문을 두드리는 소리가 나서 내다보니 아침에 만난 젊은 스님이었다. 스님은 아침에 본 꿩구이를 조금이라도 맛보고 싶어 찾아왔다고 말하였고, 스님의 '식화(食火)'를 자연스러운 인간의 천성으로 본 오윤겸은 스님이 꿩구이를 실컷 먹을 수 있도록 내주었다. 다 먹은 스님은 부끄러움에 얼굴을 붉히며 여러 해 동안 곡식도 끊고 공력을 쌓았는데, 아까 맡았던 고기반찬 냄새에 식욕이 동하여 아무리 애써도 억제되지 않았다며 감사를 표하고 돌아갔다고 한다. 곡식조차 먹지 않았을 정도로 철저했던 스님의 수행을 하루아침에 허사로 만들 만큼 꿩을 굽는 냄새와 맛이 좋았던 것이다.

한편 꿩요리에는 꿩을 굽는 것이 아니라 얼려서 만드는 꿩회, 즉 '동치회(凍雉膾)'도 있었다. 유중림(柳重臨: 1705-1771)의 『증보산림경제(增補山林經濟)』를 보면, 동치회는 껍질과 내장 등을 없앤 꿩을 한겨울 바깥에 두어 꽁꽁 얼린 다음에 칼로 납작납작 썰어서 만드는데, 간장이나 초간장에 찍어서 생강이나 파를 곁들여 먹으면 아주 맛있다고 한다. 동치회는 냉동기술이 없던 시기에는 오직 겨울에만 먹을 수 있는 술안

최북, 화조화, 18세기, 지본채색, 106.5×55.5cm, 국립중앙박물관

꿩으로는 꿩찜, 꿩구이, 꿩회, 꿩김치, 꿩포, 꿩고기적, 꿩국, 꿩탕, 꿩고기식해, 꿩고기장조림, 꿩고기섭산적, 꿩전골, 꿩만두, 꿩죽, 꿩전유어, 꿩볶음, 꿩고기다식, 꿩엿 등 다양한 음식을 만들었고, 꿩으로 육수를 내어 면을 말 냉면, 꿩 국물에 끓여 꿩고명을 올린 떡국 등도 즐겨 먹었다.

분류 : 식재료
색인어 : 숭어, 수박, 시의전서, 잣, 닭고기
참고문헌 : 성현 저, 권오돈·김용국·이지형 공역, 『용재총화』(한국고전번역원, 1971); 서유구, 『임원경제지』(한국전통지식포탈); 이재호 역, 『중종실록』(한국고전번역원, 1976); 김려, 『한고관외사』(한국학중앙연구원 장서각디지털아카이브 번역문); 작자 미상, 『부인필지』(1915); 최한기 저, 고농서국역총서 12-『농정회요 III』(농촌진흥청, 2007)
필자 : 김혜숙

주였다.

분류 : 음식
색인어 : 오윤겸, 꿩구이, 전치수, 금강산, 꿩회, 동치회, 백호전서, 증보산림경제
참고문헌 : 윤휴 저, 양홍렬 역, 『백호전서』(한국고전번역원, 1996); 유중림, 『증보산림경제』
필자 : 김혜숙

꿩고기(『용재총화』)

꿩고기는 북방의 것을 최고로 친다. 지금은 평안도 압록강변의 꿩을 진상하는데, 그중에 큰 것은 크기가 집오리만 하고 기름이 엉기면 호박(琥珀) 같다. 겨울에 잡아서 진상하는 것을 '고치(膏雉)'라고 하는데 맛이 아주 좋다. 북쪽에서 남쪽으로 내려갈수록 꿩이 점차 살이 없어지고, 호남, 영남 부근에 이르면 고기에서 누린내가 나서 먹을 수가 없다. 사람들이 말하기를 북방에는 초목이 많아서 꿩이 먹고살 만한 곳이 있으므로 꿩이 기름지다고 한다.

위 글은 성현(成俔: 1439-1504)의 『용재총화』에 실려 있다. 위의 글은 일종의 실용적인 정보에 해당하는 글로서, 이러한 내용을 자유로운 문체로 기록한 것을 '필기(筆記)'라고 한다. 『용재총화』에는 이러한 필기류의 글이 특히 많이 실려 있어서, 당대의 문화나 풍속을 살피는 데 많은 도움을 준다.

꿩고기는 한자로 '고치'라고 하는데, 예로부터 구이를 해 먹거나 국을 끓여 먹는 데 사용되었다. 옛날에는 떡국을 끓일 때에도 꿩고기를 우려내어 만들었다고 한다. 또한 잡내를 없애주는 기능을 하여, 다른 음식을 만들 때에도 꿩고기 육수를 많이 사용하였다고 한다. 꿩은 특히 북방의 것이 살도 많고 육질이 좋아 궁중에 진상될 정도로 인기가 좋았다. 허균(許筠: 1569-1618)의 『도문대작(屠門大嚼)』에서도 '고치'는 황해도 산골에서 나는데, 황해도 양덕(陽德)과 맹산(孟山)의 것이 가장 좋다고 기록하였다.

분류 : 문학
색인어 : 꿩고기, 고치, 성현, 용재총화

참고문헌 : 성현 저, 김남이·전지원 외 역, 『용재총화』(휴머니스트, 2015)
필자 : 차충환

꿩구이와 무반(武班)

『정조실록(正祖實錄)』「정조대왕행장(正祖大王行狀)」에 따르면, 조선시대 정조(正祖: 재위 1776-1800)는 "언제나 틈만 나면 내원(內苑)에 나아가 조련하고 진법을 익히게 하면서 앉고 서로 치고 찌르는 법을 구경하고 겨울이 되어 눈이 내리면 꿩고기 굽고[燔雉] 탁주를 두루 하사하여 장사(將士)들을 먹이면서 소무(昭武)의 악(樂)으로 여흥을 돋우기도 했다."고 한다. 이와 같이 정조는 10-12월, 즉 겨울이면 춘당대(春塘臺)에서 선전관(宣傳官) 등에게 무예훈련과 평가, 활쏘기 연습과 시험을 치르고 나서, 꿩고기를 구워먹고 술을 마시는 군신동락(君臣同樂), 즉 군신이 함께 즐기는 자리를 베풀고는 했다.

선전관의 무예를 시험하고 꿩을 하사하는 이 행사는 1791년(정조 15) 12월 20일자 『일성록』과 『정조실록』의 기사에 따르면, 효종(孝宗: 재위 1649-1659) 때부터 시행되었고 정조 대에는 거의 매년 연말에 실행되었던 듯하다. 때로는 선전관 등의 무예시험만이 아니라 문신과 무신으로 편을 나눠 활쏘기 대결을 시키기도 하고(『일성록』 및 『정조실록』 정조 14년 1790년 10월 27일자, 정조 21년 1797년 11월 18일자), 문신은 문신대로 시를 짓는 등 제술시험을 보아 성적을 매기는 행사를 함께 열기도 했다(『일성록』 및 『정조실록』 정조 14년 1790년 10월 27일자, 정조 15년 1791년 12월 20일자).

그런데 이 자리는 단순한 군신동락을 위해 마련된 것은 아니었다. 일종의 강무(講武) 행사로서, 임금이 주재한 군사훈련이자 국왕의 군사적 권위를 상징하는 의식이었다. 이 의식의 성격에 맞게, 이때 연주된 소무(昭武)의 악 역시 조선조 임금의 무덕(武德)을 칭송하는 내용의 음악이었다.

왕이 병사들에게 음식을 베풀어 먹이는 호궤(犒饋)의 형식과 유사한 이 행사 때 빠지지 않는 음식이 바

로 '꿩구이'였다. 그 자리에서 각자 구워 먹는 꿩은 참가자 중에서도 무반요직(武班要職)이나 병사(兵士)에게만 지급되었고, 나머지 문반(文班) 관원들에게는 꿩구이가 제공될 때도 있지만 대개는 다른 음식이 제공되었다. 특히 이 행사의 핵심 참가자는 대궐에서 숙직하며 왕을 호위하던 선전관이었고, 꿩은 선전관에게 우선적으로 하사되었다.

춘당대 강무행사에서 선전관 등에게 제공된 꿩구이는 한 사람 앞에 꿩 한 마리와 쇠로 만든 꼬챙이[鐵槍]를 주고 각자 꿩을 꼬챙이에 꿰어 숯불로 구워 먹게 했다. 또한 때로는 한 마리가 아니라, 꿩을 구운 후 나눠서 먹이기도 했고, 꿩 이외에 다른 고기를 굽거나 술과 음식이 제공되었다(『정조실록』및『일성록』정조 5년 1781년 12월 21일자, 정조 14년 1790년 10월 27일자, 정조 15년 1791년 12월 20일자;『정조실록』정조 9년 1785년 11월 18일자, 정조 21년 1797년 11월 18일자;『일성록』정조 16년 1792년 11월 26일자;『홍재전서』제6권 시 2, 제182권 군서표기(羣書標記) 4 어정(御定) 4 설중용호회연운축).

이때 꿩을 꼬챙이에 꿰어 구운 것은 석쇠나 번철을 이용하지 않고, 숯불 위에 직접 굽는 직화(直火) 구이 방식이었기 때문이다. 비록 꿩구이의 구체적인 양념이나 조리법은 파악할 수 없지만, 궁의 주방에서 미리 준비한 꿩을 각자 통째로 구운 것으로 보아 조선시대 조리서에 나오는 전치수(全雉首)나 통닭구이[鷄炙]의 조리법을 참고할 수 있을 듯하다.

꿩을 재료로 하는 전치수는 '전치적(全雉炙)', '생치전체소(生雉全體燒)'라고도 하는 통꿩구이이며, 1795년 정조의 화성 행차를 기록한『원행을묘정리의궤(園幸乙卯整理儀軌)』를 보아도 정조와 어머니인 혜경궁 홍씨의 상에 올랐다고 기록된 음식이다.『원행을묘정리의궤』권4 찬품에 나오는 전치수는 재료와 양념에서 차이가 나는 두 종류가 있다. 둘 다 생꿩[生雉]를 기본으로 하되, 하나는 소금, 생강, 파, 참기름, 후춧가루를 쓰고, 다른 하나는 참기름과 소금만으로 양념을 하였다. 뒤의 전치수 조리법은 참기름과 소금만 가지고

조리하므로, 각자 구워먹는 데 큰 문제가 없었을 것이다. 이와 같이 소금으로 간을 하기도 하지만, 민간에서는 꿩구이를 할 때 간장을 쓰는 경우도 많았다. 왕실에서도 1882년(고종 19) 왕세자 순종(純宗: 1874-1926)의 가례에 쓰였던 생치전체소의 경우에는 꿩에 간장, 참기름, 후춧가루를 써서 만들었다.

비록 양념에서 일부 차이가 있다고는 하지만, 통꿩구이를 만드는 법은 일제 강점기에 나온 조리서를 보아도 홍만선(洪萬選: 1643-1715)의『산림경제(山林經濟)』의 방법과 대략 비슷하고, 양념을 언제 하는지만 다를 뿐이다.『산림경제』의 조리법을 보면, 털을 잘 뽑고 정리한 생꿩을 물에 적신 종이로 빈틈없이 감싸서 반쯤 익을 때까지 초벌로 구운 후, 종이를 벗겨내고 양념한 후 완전히 익도록 다시 굽는 방법이다. 아니면 1800년대 말의 조리서인『시의전서(是議全書)』생치구이에 나오는 방법처럼, 아예 처음부터 양념에 재운 꿩을 물에 적신 백지로 싸서 굽는 방식이다. 두 방법 모두 굽기에 앞서 꿩을 물에 적신 종이로 싸는데, 그 이유는 서유구(徐有榘: 1764-1845)의『임원경제지(林園經濟志)』적치방(炙雉方)에 따르면 꿩을 구울 때 꿩에서 기름이 떨어져서 불이 꺼지는 것을 막기 위해서이고, 이렇게 종이로 싸서 구워야 더 기름지고 맛있다는 것이다.

사실 겨울에 꿩은 얼려서 꿩회[生雉膾]로도 썰어 먹기 때문에, 완전히 익을 때까지 굽지 않고 대개는 반쯤 익혀서 먹었다. 하지만 덜 익은 걸 싫어하는 사람은 반숙된 꿩고기를 먹어도 배부름을 못 느끼므로, 그런 경우『박해통고(博海通攷)』에서는 꿩이 완전히 익을 때까지 구운 후에 먹으라고 하였다.

분류 : 음식
참고문헌 : 양홍렬 역,「정조대왕행장」,『정조실록』(한국고전번역원, 1993);『홍재전서』;『일성록』;『원행을묘정리의궤』; 홍만선,『산림경제』(한국전통지식포탈); 작자 미상,『시의전서』; 서유구,『임원경제지』(한국전통지식포탈); 작자 미상,『박해통고』(한국전통지식포탈); 양미경·김혜숙, 2017 화성시 지역문화콘텐츠 연구개발사업보고서「정조와 화성시의 음식문화 이야기」(화성시문화재단, 2017)
필자 : 김혜숙

꿩 잡는 것이 매다

우리 속담에는 제 역할을 확실하게 해낼 때 '꿩 잡는 것이 매다'라는 말을 쓴다. 꿩을 잡을 때는 활을 쏘아 잡기도 하지만, 매를 이용해 사냥하는 방식이 더 효율적이어서 나온 표현이다. 또 어쩔 수 없이 남에게 부림을 당하는 처지에 있을 때는 '매가 꿩을 잡아주고 싶어 잡아주나'라고 하거나, 어찌할 수 없는 위기에 처했을 때는 '매 앞에 뜬 꿩 같다'는 말도 한다.

유중림(柳重臨: 1705-1771)의 『증보산림경제(增補山林經濟)』에는 새끼 매를 둥지에서 꺼낸 뒤, 매를 키우고 길들이는 방법이 자세하다. 이에 따르면, '보라진(甫羅陳)'은 태어난 지 1년이 안 된 매, '수진이[手陳]'는 1년 동안 횃대에서 길들인 매로서 눈이 붉고 털이 흰 매를 가리킨다. 또한 매는 대개 몸집이 큰놈이 제일이지만, 재능과 품성은 오히려 몸집이 작은 놈이 나은데, 매가 꿩을 쫓아 낚아챌 때는 꿩 위로 높이 날아 위에서 재빨리 공격하기도 하고, 꿩 밑으로 들어가 몸을 뒤집어 아래에서 잡고 꿩을 떨어뜨린다고 했다. 꿩 사냥을 마친 매는 고기를 먹여 키우는데, 소고기와 뱀고기는 매에 좋지 않으므로 삼가야 하고 닭 한 마리면 사흘을 먹일 수 있다고 하였다. 이 내용으로 보면, 꿩

최북, 토끼를 잡아챈 매, 18세기, 지본채색, 41.7×35.4cm, 국립중앙박물관

을 잡고자 매를 키우지만, 매에게 생고기를 먹여야 하기 때문에 매에게 드는 비용이 상당했음을 알 수 있다. 따라서 매를 키우는 일은 아무나 감당할 수 있는 것은 아니었다.

매사냥 하는 것을 직접 본 적도 있다는 조선의 문필가 이옥(李鈺: 1760-1815) 또한 『백운필(白雲筆)』에서 매가 무척 귀한 날짐승이었음을 알려준다. 그 내용을 보면, 당시 매[鷹]에는 푸른빛이 나는 '보라매[寶應]', 조롱 속에서 길들인 '수진이[手陳]', 산에서 오래 있던 '산진이[山陳]' 등이 있었다. 큰 것은 1척(尺) 2촌(寸), 작은 것은 7촌(寸) 정도인데 그중 상품(上品)으로 치는 매는 몸집은 작아도 욕심이 많고, 사람에게는 순하지만 날짐승에게는 사나우며, 민첩한 날개에 용맹한 발톱을 지닌 것으로, 그 가격이 큰 소와 비슷할 정도로 비쌌다. 하지만 이런 상품 매는 하루에 꿩 십여 마리를 잡아도 지치지 않는다고 했다(이옥 지음, 실시학사 고전문학연구회 편역, 2009: 69쪽).

한편 조선시대의 왕 가운데에는 신하들에게 꿩이나 꿩고기를 하사하거나, 아예 꿩을 잡을 수 있도록 매를 내린 일도 있었다. 김안로(金安老: 1481-1537)의 『용천담적기(龍泉談寂記)』를 보면, 부친상을 당하여 삼년상을 마치고 복직한 성희안(成希顔: 1461-1513)에게 성종(成宗: 재위 1469-1494)이 불러 친히 위로하며 매 한 마리를 하사한 일이 나온다. 성종은 매를 내리면서, 그대에게 나이 든 어미가 있다 하니 여가가 있을 때 교외에 나가 매로 사냥하여 맛있는 반찬을 장만하여 드리라고 하였다.

또한 『국조보감(國朝寶鑑)』을 보면, 1579년 11월, 선조(宣祖: 재위 1567-1608)가 벼슬을 하지 않고 절개를 지키며 살았던 처사 성운(成運: 1497-1579)을 높이 평가하여, 그에게 쌀과 매를 하사하였다. 비록 성운이 사양하였으나, 선조는 매를 보내며, 성운이 나이가 많으니 나물 반찬만 먹기 어려울 것이라며 고기 반찬을 해 먹으라고 하였다. 보내주는 매로 꿩을 사냥해 먹으라는 뜻이다.

한편 정조(正祖: 재위 1776-1800)는 자신이 특별히 아

끼는 신하에게 매가 아니라 아예 꿩을 보낸 일이 있다. 당시 40대 중반의 정조는 자신이 깊이 신뢰하고 의지하던 60대 후반의 노신(老臣) 심환지(沈煥之: 1730-1802)에게 수백 통의 편지를 보냈고, 때로는 편지와 함께 약이나 음식을 전하였다. 그 가운데 꿩이 들어 있었던 것이다. 1797년 7월 13일 편지를 보면, 여름에 접어든 이후로 오랫동안 꿩을 맛보지 못했는데 꿩을 받아 몇 마리 나눠주니 소홀히 여기지 말고 끼니 때 반찬으로 만들어 먹으라고 당부하였다. 이후 정조는 같은 해 10월 23일에도 심환지에게 곶감 1접과 함께 생꿩 1마리를 보냈다(진재교·안대회·이상하·김문식 번역/윤문, 2009 :95, 126, 354, 382쪽).

이와 같이, 조선시대 왕들이 나이 든 신하나 백성에게 꿩 또는 꿩을 잡을 수 있는 매를 보내면서 흔히 인용하던 말은 『맹자(孟子)』「진심상(盡心上)」에서 "50세가 되면 비단옷이 아니면 따뜻하지 아니하고, 70세가 되면 고기가 아니면 배부르지 않는 법이다[五十非帛不煖 七十非肉不飽]."라는 구절이다. 이 말은 대개 노인에게는 음식과 의복에서 특별한 배려가 필요하다는 점을 강조할 때 "노인은 비단옷이 아니면 따뜻하지 않고, 고기반찬이 아니면 배부르지 않다."는 말로 자주 쓰이고는 했다.

분류 : 식재료
참고문헌 : 『맹자』; 송수경 역, 『국조보감』(한국고전번역원, 1994); 유중림, 고농서국역총서 6 『증보산림경제 III』(농촌진흥청, 2004); 김안로 저, 이한조 역, 『용천담적기』(한국고전번역원, 1971); 이옥 저, 실시학사 고전문학연구회 편역, 「백운필」, 『完譯 李鈺 全集 3-벌레들의 괴롭힘에 대하여』(휴머니스트, 2009); 진재교·안대회·이상하·김문식 번역/윤문, 『정조어찰첩』(성균관대학교 출판부, 2009)
필자 : 김혜숙

전치수

궁중의 의례음식 중에는 꿩을 통째로 굽는 전치수(全雉首)가 있다. 1800년대의 조리서인 『시의전서(是議全書)』에서 소개한 '생치구이(生雉炙)' 내용을 보면 '꿩을 통째로 구운 것을 전치수라고 한다.'고 하였다. 진찬의궤, 진연의궤, 가례도감의궤에는 전치수라는 명칭 외에도 전치적(全雉炙), 생치전체소(生雉全體

순종국장록(부분, 순종의 사진), 1926년, 지본, 18.5×26.4cm, 국립중앙박물관

燒)라는 다른 명칭도 나온다.

1868년(고종 5) 신정왕후(神貞王后: 1808-1890)의 회갑연에서 찬안상에 오른 전치수(全雉首)는 꿩[生雉], 참기름[眞油], 파[生蔥], 깨[實荏子], 후춧가루[胡椒末], 생강(生薑), 소

순종(순종국장록 부분)

금[鹽]의 재료로 되어 있다. 1882년(고종 19) 왕세자 척(坧: 1874-1926)의 가례에서는 생치전체소(生雉全體燒)라 하였고, 그 재료는 꿩[生雉], 간장[艮醬], 참기름[眞油], 후춧가루[胡椒末]이다.

『시의전서(是議全書)』에 기록된 전치수의 조리법은 다음과 같다. 꿩의 털을 뽑은 다음 성냥불로 남은 털을 그슬려 없앤다. 가슴 쪽의 살은 2-3쪽으로 저미고 다리는 한편만 베어 자른 다음 마늘 다진 것, 깨소금, 기름, 후춧가루, 꿀을 합하고 소금으로 간을 맞추어 주물러 재운다. 종이에 물을 축여서 꿩을 싼 다음에 굽는다. 또는 양념을 넣고 주무르기 전에 종이에 물을 적셔가며 꿩을 굽다가 반쯤 익으면 종이를 벗기고 기름장을 발라 구워 써도 좋다.

의궤에는 전계수(全鷄首), 연계전체소(軟鷄全體燒)라는 음식이 있는 것으로 보아 꿩 대신 닭을 이용하기도 하였다.

분류 : 음식
색인어 : 생치, 꿩, 통꿩구이, 전치수, 전체소, 전계수, 연계, 진찬의궤, 가례도감의궤
참고문헌 : 『[무진]진찬의궤([戊辰]進饌儀軌)』; 『[왕세자]가례도감의궤([王世子]嘉禮都監儀軌)』; 황혜성 외 공저, 『한국음식대관 6권-궁

231

중의 식생활』(한국문화재재단, 1997)
필자 : 이소영

정조의 꿩을 훔쳐 먹은 관원

조선시대 정조(正祖: 재위 1776-1800)는 효심이 지극하고 애민정신이 투철한 임금으로 알려져 있다. 그의 어진 마음은 꿩과 관련된 어느 사건에서도 엿볼 수 있다. 이에 대해서는 『일성록』1783년(정조 7) 11월 24일 기사와 『홍재전서』에 자세한데, 그 경위는 아래와 같다.

1783년(정조 7) 11월 액정서(掖庭署) 별감(別監)인 이천손(李千孫) 등은 한밤중에 대궐의 주방에 들어가 임금님의 날꿩[生雉] 한 마리를 몰래 훔쳐 먹었다. 꿩의 수량이 정해져 있다 보니, 그 일은 반나절도 지나지 않아 발각되었다. 이에 해당 관청인 액정서에서는 정조에게 보고서[手本]를 올렸고, 정조 또한 이 사건에 대한 신속하고 철저한 조사를 명하였다. 정조는 이 일은 어찌 보면 미미하다고 할 수 있고, 꿩 한 마리가 중요한 것도 아니지만 관련자인 이천손 등이 자신들의 동료 중에서는 그래도 지체가 있는 부류인데도 허기를 참지 못하여 임금에게 바칠 물건[御供]에 손을 댔고 액정서와 관련된 일이므로 어찌된 일인지 꼭 조사해야 한다고 보았다. 액정서의 임무에 왕명 전달과 임금이 쓰는 붓과 벼루의 보관, 궁중의 자물쇠 관리 등이 포함되는 것을 감안하면, 이 사건에 더욱 철저한 조사가 필요하다는 뜻일 것이다.

그러면서 정조는 어떤 내용을 조사해야 하는지도 상세히 지시하였다. 정조는 꿩을 함께 훔친 두 사람 중 누가 먼저 제안한 주범(主犯)인지 파악해야 하고, 꿩을 훔친 시각은 언제이며, 생꿩을 먹으려고 익힐 때 쓴 연료와 그릇은 어디서 가져왔는지, 꿩은 누가 더 많이 먹었는지, 그것을 본 사람은 누가 있는지, 이 사실을 알고도 흔적을 없앤 자가 누구인지 샅샅이 밝히라고 요구하였다. 그리고 나서 승정원(承政院)으로 하여금, 사건의 내용을 법률에 적용해보도록 명하였다. 이에 승정원에서는 그들의 죄가 법률상 죽여야 마땅하다고 아뢰었다.

정조 이전에도 이러한 일이 없었던 것은 아니다. 세종(世宗: 재위 1418-1450) 때 내시부 관원으로서 주방(酒房)을 맡고 있던 한문직(韓文直)이 수박을 도둑질하여 쓴 죄로 곤장 1백 대를 맞고 영해로 귀양을 갔다(『세종실록(世宗實錄)』세종 5년 1423년 10월 8일자 기사). 또한 음식물을 관리하는 내섬시(內贍寺)의 종 소근동(小斤同)이 주방에 들어가 수박을 훔쳤다가 장형(杖刑)에 처해져 큰 형구로 볼기를 80대나 맞았는데, 당시에 법을 있는 그대로 적용하자면 목을 베어 죽이는 참형에 처해야 하는 일이었지만, 훔친 수박이 썩은 수박이어서 진상할 물건이 못 되는 점을 참작하여 하여 죄를 감하여 준 것이다(『세종실록』세종 12년 1430 12월 1일자 기사). 이와 같이 임금님의 음식을 훔쳐 먹는 일은 비록 수박 한 덩이라고 해도 큰 벌을 피할 수 없는 중한 일이었다.

그런데 참형에 해당한다는 승정원의 의견을 들은 정조는 그들의 죄에 해당하는 벌이 형률로 따지면 합당하지만, 자신은 이들을 너그러이 용서해주고 싶다는 뜻을 밝혔다. 정조는 이천손의 사람됨이 무식하고 어리석어 아마도 임금에게 올릴 것을 훔쳐 먹는 것이 죽을죄인 줄 모르고 저질렀을 것이라며, 그의 죄를 용서해주라고 명하였다.

이와 같이 정조가 이천손 무리의 죄를 용서해준 이유는 단지 그가 자기가 지은 죄의 중대함을 알 수 없을 만큼 어리석다고 보았기 때문만은 아니었다. 추운 겨울, 배는 고프고 밤은 이슥한데 궁궐 주방에서 사람이 마주치게 되면 뭐라도 먹게 되는 것은 인정상 마땅히 그렇게 될 수밖에 없다고 이해했던 것이다. 그리하여 정조는 그들의 죄를 용서해주었을 뿐만 아니라 이천손 등 관련자 세 사람이 스스로 부끄러운 마음을 느끼도록, 그들에게 수라간의 생꿩[生雉] 세 마리를 내어주어 배불리 먹이라고도 명하였다. 비록 용서는 하였지만, 정조는 그들이 자신들의 죄에 대한 처분을 분명히 알 수 있도록 하고, 앞으로 각별히 경계하라는 자신의 뜻을 잘 전하라고 명하며 일을 마무리지었다.

허기와 식욕을 이기지 못해 임금의 꿩에 손을 댄 말단 관원을 인정상 그럴 수도 있다고 이해하고 너그러이 용서한 정조는 법을 엄격히 적용하여 백성의 죄를 다스리기보다는 자신들이 지은 죄의 위중함과 부끄러움을 스스로 깨닫도록 조치하였다. 법은 다스리기 위해 필요한 도구이나 다스리지 않고 다스릴 수 있다면 굳이 법을 적용할 필요가 없으며, 너무 각박하게 백성들을 대하면 백성들이 따르지 않으니 백성들을 내버려두는 것이 좋다는 정조의 소신에 따른 결정이었다.

분류 : 식재료
참고문헌 : 공정권 역, 「어선(御膳)을 훔쳐 먹은 별감(別監) 이천손(李千孫) 등을 조율(照律)하도록 한 것을 정지하라고 명하였다」, 『일성록』(한국고전번역원, 2005); 김경희 역, 『홍재전서(弘齋全書)』제166권 일득록(日得錄) 6 정사(政事) 1(한국고전번역원, 2000); 김동현 역, 『홍재전서』제47권 판(判) 「승정원이 어선(御膳)을 훔친 액례(掖隷) 이천손(李千孫) 등의 죄를 다스릴 일로 점련(粘連)한 액정서(掖庭署)의 수본에 대한 판하」(한국고전번역원, 2000); 김동현 역, 『홍재전서』제47권 판(判) 「승정원이 어선을 훔친 액례 이천손(李千孫) 등을 조율할 일로 점련한 계본에 대한 판하」(한국고전번역원, 2000); 임창순 역, 『세종실록』(한국고전번역원, 1969); 양미경·김혜숙, 2017 화성시 지역문화콘텐츠 연구개발사업보고서 「정조와 화성시의 음식문화 이야기」(화성시문화재단, 2017)
필자 : 김혜숙

나무장(돈의동 명물)

연료의 현대화가 이루어지기 전까지 일반 가정의 부엌에서는 대부분 땔감나무를 이용하여 난방을 하고 음식을 만들어 먹었다. 그러므로 가정집 부엌 한 귀퉁이에는 땔감나무를 쟁여두는 공간인 '나무청'이 마련되어 있었고, 이 나무청에는 언제든지 꺼내어 쓸 수 있게 땔감나무를 쟁여두곤 했다. 시골에서야 땔감나무를 구하는 일이 어렵지 않았지만, 이를 구하기 어려웠던 도시에서는 땔감나무도 시장에 가서 돈을 주고 사와야 했다. 그러므로 땔감나무를 파는 '나무장'은 도시인들에게 가장 요긴한 생필품시장 중 하나여서, 시장이 형성된 곳이면 어김없이 나무장이 열렸다.

나무장은 다른 말로 '시탄장(柴炭場)'이라고도 하였다. 시탄장이 서는 나무전 거리는 땔감나무를 팔러 나온 '나무팔이(혹은 '나무바리'라고도 함)'와 이를 사러 나온 주부나 하인들로 이른 새벽부터 활기를 띠곤 했다. 나무장사들은 나뭇짐을 지고서 먼 거리를 걸어와야 했기 때문에 한밤중에 길을 나섰다. 가까운 곳은 10-20리 길이었지만, 먼 곳에서 올 경우에는 70-80리 밖에서도 모여들었다고 한다(〈동아일보〉 1924년 7월 2일자, 1938년 2월 4일자). 그러나 나무장도 계절을 탔다. 여름에는 나무팔이들이 농사일을 해야 해서 나무장이 비교적 쓸쓸했지만, 봄과 가을, 그리고 겨울에는 장관을 이루었다고 한다.

이처럼, 나무장에서 판매되는 땔감나무의 물량은 인근 지역에서 나무팔이가 짊어지고 온 것이 대부분이었지만, 경우에 따라서는 다른 지역에서 운반해오는 경우도 있었다. 예를 들어, 서울 효제동에 있었던 나무장에는 과천·서산·송추에서 온 솔가지나무와 화천·홍천 등지에서 온 원목이 반입(搬入)되었는데, 이때는 육로가 아닌 수로를 이용하였다. 뗏목을 이용해 뚝섬까지 운반된 원목은 그곳에서 장작으로 가공되었고, 다시 효제동 나무장으로 옮겨가 시탄장에서 판매되는 구조였다. 그러나 이 경우에는 운송료까지 물어야 하는 문제가 있었다.

나무는 대개 '짐'이나 '바리' 단위로 사고팔았는데, '짐'은 나무를 크게 한 다발로 묶어놓은 것이고, '바리'는 소나 말에 가득 실은 것을 말한다. 또한 땔나무에도 등급이 있어서 장작은 비싸게 팔리는 반면, 불쏘시개로 쓰는 솔잎이나 나뭇가지는 그 절반 정도의 가격에 팔렸다. 지역별로 차이가 있겠지만, 1938년 풍기의 한 나무장에서는 장작 한 짐이 70-80전에, 솔가지 한 짐이 40-50전에 팔렸다(〈동아일보〉 1938년 2월 4일자). 흥정을 마치면, 나무팔이가 그 집에까지 나뭇짐을 짊어지고 가서 나무청이나 나무광에 부려놓고 오는 것이 관행이었다.

많은 인구가 모여 살았던 만큼, 서울에도 나무장이 여러 곳에 산재해 있었다. 그중에서도 나무장이 크기로 유명했던 곳은 종로 3가에 위치한 돈의동 시탄장이었다. 〈동아일보〉 1924년 7월 2일 기사에 의하면, 돈의동 나무장이 형성된 것은 1900년대 초라고 한다. 원래는 조선인이 운영했지만, 1924년 당시에는 나무장 주인이 일본인으로 바뀐 뒤였다. 돈의동 나무장 어귀에는 '돈의동 공설 시탄시장(敦義洞 公設 柴炭市場)'이라는 문패가 달려 있었고, 터가 상당히 넓어서 바리나무가 가득 차는 날이면 거의 1천 바리 가깝게 들어갈 수 있었다고 한다. 돈의동 시탄장은 규모가 큰 만큼 흥정도 많아서, 돈의동 명물(名物)로 소문이 났다. 그전에는 나무팔이가 장터 안으로 들어가려면 몇 푼씩 주고 표를 사서 들어갔다. 하지만 1924년 당시에는 그냥 들어가서 흥정이 되어 나무를 팔게 된 후에야 거간꾼에게 10전가량의 수수료를 내는 방식으로 변화하였다. 이처럼, 나무장을 운영하는 방식이 변화하게 된 것은, 아마도 거간꾼의 농간을 방지하기 위한 방책에서였을 것이다. 거간꾼은 마치 나무팔이를 위하는 것처럼 해서, 나무를 사려는 사람에게 시세보다 조금 비싸게 가격을 부른다. 구매자가 머뭇거리면, 거간꾼은 자기가 미리 사둔 나무를 가리키며 그보다 몇십 전 더 저렴한 가격을 부른다. 그러면 구매자는 속도 모르고, 당연히 거간꾼의 나무를 사가는 것이다. 이럴 경우, 표를 사서 나무장에 들어간 나무팔이의 고통은 이만저만이 아니었다고 한다(〈동아일보〉 1922년 11월 15일자). 따라서 나무팔이가 억울하지 않도록 입장을 기준으로 수수료를 받는 것이 아닌, 실제 판매 여부에 따라 수수료를 지불하는 방식으로 운영방식이 변화된 것이라고 여겨진다.

이처럼 성행했던 나무장은 도시 가정에서의 연료가 땔감나무에서 연탄·석유·가스 등으로 바뀌면서 모두 자취를 감추었다. 다만, 농촌에서는 1970년대까지 부엌 연료로 땔감나무를 주로 사용하였다. 그래서 정부에서는 농촌의 연료 문제가 해결될 때까지 한시적으로 연료림(練料林)을 조성하는 방안을 모색하기도 하였다(〈동아일보〉 1966년 1월 18일자).

분류 : 의례
색인어 : 나무장, 시탄장(柴炭場), 땔감나무, 나무팔이, 나무바리, 돈의동 공설 시탄시장(敎義洞 公設 柴炭市場), 거간꾼
참고문헌 : 「휴지통」, 〈동아일보〉 1922년 11월 15일; 「돈의동(敎義洞)『나무장』」, 〈동아일보〉 1924년 7월 2일; 「번잡(煩雜)한 장날의 풍경(風景)」, 〈동아일보〉 1938년 2월 4일; 「66년도 대통령연두교서 요지」, 〈동아일보〉 1966년 1월 18일
필자 : 양미경

나물

식용 가능한 식물을 아울러 나물이라고 하며, 그러한 식물로 만든 음식도 나물이라고 한다. 우리말로 나물을 남새, 푸성귀라고도 한다. 나물은 들나물, 산나물 등의 야생나물과 밭에서 기른 재배나물로 나뉜다. 그러므로 대부분의 채소류는 나물에 속하며, 그 밖에도 식용할 수 있는 나뭇잎, 버섯 등이 포함된다. 나물은 종류에 따라서 자라는 곳, 자라는 시기가 모두 다르므로 계절마다 여러 종류의 나물을 채취하여 먹을 수 있다. 겨울철에는 봄철에 뜯어 말려둔 나물을 먹거나 재배한 나물을 먹을 수도 있다.

한국인은 오랜 세월 동안 나물 중심의 식사를 해왔다. 구황기에 나물로 연명한 사례는 수도 없이 많았고, 매 끼니 육류보다 나물류의 비중이 더 컸으며 의례음식이나 세시음식에서도 빠지지 않았다. 가령, 제사에는 삼색나물이라고 해서 고사리, 도라지, 시금치 등을 올리며, 정월 대보름에는 갖은 묵은 나물을 삶아서 기름에 볶아 먹는 풍습이 있다. 『농가십이월속시(農家十二月俗詩)』에는 묵은 나물을 '진채'라고 했으며, 『동국세시기(東國歲時記)』에는 박·오이·버섯 등 각종 말린 채소와 겨우내 저장해 둔 콩·호박·순무 등을 묵은 나물이라 일컫고, 오이 꼭지·가지 껍질·무 잎 등도 모두 버리지 않고 잘 말려두었다가 삶아서 정월 대보름에 반드시 먹는다고 한다. 또한 단오에는 쑥국과 쑥떡을 먹고, 수리취떡도 만들어 먹는다.

이용기(李用基: 1870-1933)의 『조선무쌍신식요리제법(朝鮮無雙新式料理製法)』에는 나물의 관리와 조리법에 대해 "3-4월의 좋은 나물을 깨끗이 씻어 말려 끓는 물에 넣어 익힌 다음 볕에 말린다. 소금, 장, 화초, 굵은 설탕, 귤피를 한데 넣고 삶아 푹 익혀 또 볕에 말리고 잠깐 쪄서 자기 그릇에 담아 보관한다. 쓸 때 참기름을 넣어 살살 버무려 초를 약간 쳐서 밥 위에 쪄내어 먹는다."고 기록되어 있다.

분류 : 음식
색인어 : 산나물, 조선무쌍신식요리제법, 동국세시기
참고문헌 : 이용기, 『조선무쌍신식요리제법(朝鮮無雙新式料理製法)』; 홍석모, 『동국세시기(東國歲時記)』(풀빛, 2009); 「농가십이월속시(農家十二月俗詩)」 『조선대세시기 I 』(국립민속박물관, 2003)
필자 : 박선미

가죽나물

가죽나물은 참죽나무의 어린순을 말하는 것인데 옛 이름으로는 춘(椿)·향춘(香椿)·저춘(猪椿)·저(樗) 등이 있다. 고려시대에 보급된 중국의 농서 『농상집요(農桑輯要)』에서도 참죽나무를 '춘(椿)', 가죽나무를 '저(樗)'라고 하는데 춘(椿)은 꽃이 피지 않고 열매를 맺지 않으며, 저(樗)는 꽃이 피고 열매를 맺는다고 한다. 이는 『광군방보(廣群芳譜)』에서도 동일하게 이야기 한다. 이 밖에 1766년에 유중림(柳重臨: 1705-1771)이 엮은 『증보산림경제(增補山林經濟)』에는 저(樗)의 뿌리를 나누어 심으면 그 성질이 곧아 쉽게 자란다고 했으며, 뿌리가 아주 길게 자라므로 집 가까운 곳에는 심지 말라고 한다.

가죽나물 조리법으로는 부각이 대표적인데, 가죽나물 부각 맛은 일품이서 술안주로도 좋다. 19세기의 이규경(李圭景: 1788-1863)이 쓴 『오주연문장전산고(五洲衍文長箋散稿)』에는 참죽나무 순을 쪄서 찹쌀 풀을 발라 말린 다음 기름에 튀기는데 맛이 매우 부드럽고 바삭하며 담백하다고 한다. 1900년대 초기 한글조리서인 『반찬등속[饌饍繕冊]』에서는 참죽나무 순과 토란 줄기를 말린 후에 기름에 적시고 밀가루를 조금 얹어 기름에 졸여 양념한다고 했다. 이 밖에도 가죽나물은 끓는 물에 살짝 데친 후 찬물에 헹구어 꼭 짜고 고추장, 간장, 식초 등 갖은 양념을 넣고 일반 나물무침 하듯이 무쳐서 먹는다.

가죽의 어린 순을 고추장에 무쳤다.ⓒ김윤섭

분류 : 음식
참고문헌 : 『농상집요(農桑輯要)』; 『광군방보(廣群芳譜)』; 유중림, 『증보산림경제(增補山林經濟)』; 이규경, 『오주연문장전산고(五洲衍文長箋散稿)』; 『반찬등속[饌饍繕冊]』
필자 : 박선미

곤드레나물

고려엉겅퀴를 흔히 곤드레나물이라고 부른다. 엉경퀴의 종류는 고려가시나물, 도깨비엉경퀴, 가는엉경퀴 등 백여 가지가 넘는데 곤드레나물도 엉경퀴의 한 종류이다. 곤드레나물은 들에서 산기슭까지 잘 자라기 때문에 전국 어디에서나 분포하지만 특히 깊은 산이 있는 강원도 지역에서 잘 자란다. 대체로 4-6월까지 채취하여 먹을 수 있고, 6월이 지나 줄기 끝에서 꽃이 피면 줄기는 마르게 되어 먹지 않는다.

여러 산나물이 그러하듯 곤드레나물 역시 구황식으로 유용했다. 논이 극히 적었던 강원도 정선 지역에서는 1970년대까지 나물에 메밀이나 옥수수 등을 더하여 끓인 죽이 일상식이었는데, 인근 산에서 자라는 여러 종류의 나물 가운데서도 곤드레나물을 가장 귀하게 여겼다(황교익, 2011). 정선 지역 곤드레나물에 관한 내용은 정선아리랑의 한 구절인 "한치 뒷산에 곤드레 딱죽이 임의 맛만 같다면 올같은 흉년에도 봄 살아나네"에도 등장한다(『한국민족문화대백과사전』).

곤드레나물은 밥에 섞어 먹게 되면 양이 풍성해질 뿐만 아니라 곤드레 특유의 향이 밥맛을 더욱 돋운다. 털이 많고 억센 취나물에 비해서 곤드레나물은 연하고 부드러운 편이어서 먹을 때 씹히는 맛이 야들야들하고 삼킬 때도 매끄럽다(해동약초연구회, 2010). 그래서 곤드레나물은 다른 나물과 달리 먹어도 크게 탈이 잘 나지 않는다.

최근 도시에서 곤드레나물밥이 건강식으로 인기를 끌면서 강원도 정선 지역에서는 곤드레나물을 재배하여 판매하고, 곤드레밥을 향토음식으로도 개발하였다. 곤드레나물은 잘 말려 두었다가 어느 계절이든 먹을 수 있는데, 말려둔 곤드레나물을 물에 불리거나 생 곤드레나물을 삶은 다음 들기름과 간장 양념에 무친 후 쌀 위에 얹어 밥을 지으면 곤드레밥이 완성된다. 곤드레밥을 먹을 때는 양념간장으로 간을 맞춘다. 2010년부터 '정선 곤드레 산나물축제'를 매년 개최하며, 축제에서는 산나물을 활용한 산채음식을 만들며 맛볼 수 있는 체험행사도 함께 열린다〈프레시안〉 2018년 10월 26일자).

분류 : 식재료
참고문헌 : 황교익, 「팔도식후경」,〈네이버캐스트〉 2011년 5월 24일; 『한국민족문화대백과사전』; 해동약초연구회, 『한국의 산나물』(아이템북스, 2010),「정선군, 2018 정선 곤드레 산나물축제 개최」,〈프레시안〉 2018년 10월 26일
필자 : 박선미

나물(시장이 반찬)

우리 속담에 '시장이 반찬'이란 말이 있다. 사람이 배가 고프면 별다른 반찬이 없어도 맛있게 먹게 된다는 뜻이다. 비슷한 말로 '기갈(飢渴)이 감식(甘食)'이라 하여 배고프고 목마르면 어떤 음식이라도 달게 먹게 된다는 속담도 있다. 이러한 속담처럼 집에 온 손님들에게 밥때가 지나서 밥을 대접함으로써 소박한 밥상이지만 그 집 음식이 맛있다는 이야기를 들었던 인물이 있다. 바로 고려의 훌륭한 장군이자 청렴한 재상으로 숭앙받는 최영(崔瑩: 1316-1388)이 그러하였다.

최영 장군하면 "황금을 보기를 돌같이 하라"는 말이 지금도 널리 알려져 있지만, 그 말은 원래 그가 한 말은 아니다. 성현(成俔: 1439-1504)의 『용재총화(慵齋叢話)』에 따르면, 그의 아버지 최원직(崔元直: ?-1331)이 최영 장군이 어려서부터 "황금을 보기를 흙같이 하라[見金如土].'고 가르쳤고, 최영은 아버지의 말씀을 잊지 않으려고 큰 띠에 써서 죽을 때까지 지니고 다녔다고 한다. 아버지의 가르침을 굳게 지켰던 최영 장군은 관직에 나아가고 높은 자리에 올라도 조금도 남의 것을 취하거나 재물을 탐내는 일이 없었다. 그러다 보니 높은 지위에 걸맞지 않게 그저 겨우 먹고 사는 정도였다.

집안 형편이 그렇다 보니, 최영의 손님 대접은 당시 다른 고관들과는 달랐다. 다른 고관들은 초대한 손님들에게 푸짐한 음식을 차려놓고 호화롭게 대접하였으나, 최영은 손님을 초대하고도 점심을 주지 않다가 날이 저물어서야 기장과 쌀을 섞어 잡곡밥에 이런저런 나물 반찬으로 밥상을 차려내고는 했다. 손님이 있어도 점심을 굶기고 저녁이 되어서야 밥상을 내간 것이다. 끼니때가 지나 배가 고팠던 손님들은 이런 소박한 나물 밥상[菜飯]도 너무나 반가워하며 남김없이 먹었고, 그러고 나서는 이 집 밥이 정말 맛있다며 다들 입을 모아 칭찬했다고 한다. 그 말을 들은 최영 장군은 이것도 용병(用兵)하는 계책이라며 웃었다는데, 말 그대로 시장이 최고의 반찬이었던 것이다.

분류 : 음식
참고문헌 : 성현 저, 권오돈·김용국·이지형 공역, 『용재총화』(한국고전번역원, 1971)
필자 : 김혜숙

나물밥과 죽(『어우야담』)

삼년상을 지내면서 나물밥에 물만 먹는다는 것은 『예경』에 실려 있는데, 조선시대 상례는 한결같이 이를 따랐다. 예로부터 삼년상을 치르면서 죽만 먹고도 몸을 상하지 않아 죽지 않은 사람들에 대한 이야기가 『삼강행실도』에 많이 기록되어 있다. 나물과 죽만 먹고 3년을 견딘다는 것은 그만큼 어렵기 때문이다.

우리나라는 지세가 바다와 육지가 교차되는 것이어서 백성들의 습속이 귀천을 막론하고 모두 생선과 고기로 배를 채운다. 게다가 서울은 팔방의 물산이 모두 모이는 곳으로 맛있는 음식이 더욱 많은지라, 백성들이 사사로이 보양하는 것은 중국 사람들조차 미치지 못할 정도다. 평상시 호사스럽게 보양하다가 하루아침에 상을 당하여 예를 따르느라 한 움큼의 쌀로 입에 풀칠을 하니, 3년을 채우지 못하고 갑작스레 죽는 이가 많은 것이다. 『삼강행실도』를 살펴보면 우리나라 사람 가운데 죽만 마시고 상을 마치는 사람은 대부분 산야에서 곤궁하게 사는 선비지 서울 사람은 드물다.

상국 홍섬(洪暹)은 노모의 나이가 아흔 살이 넘었는데, 매양 식사 때마다 맛있는 음식을 거의 먹지 않으며 말했다.

"어버이가 돌아가실 연세가 되면 자식 된 자는 의당 담박하게 먹는 것으로 습관을 삼아야 한다."

그러나 그는 어머니가 돌아가시자 삼년상을 마친 뒤 얼마 지나지 않아 죽었다.

유극신(柳克新)은 유몽학(柳夢鶴)의 아들로 상을 당해 삼년간 죽만 마시면서 말했다.

"나는 기력이 강건하기가 다른 사람의 갑절은 되고, 주색으로 몸을 상하지도 않았다. 나처럼 건강한 사람이 예에 따라 삼년상을 마치지 못한다면 천하에 예로써 상을 치를 수 있는 자가 없을 것이다."

그러나 그 또한 삼년상을 마칠 즈음 병으로 수척해져 죽었다.

이이첨(李爾瞻)은 삼년간 소금과 장이 들어간 음식을 먹지 않고 묽은 죽만 마셨다. 삼년상이 끝난 후 비로소 소금과 장이 들어간 음식을 먹었는데 날마다 물을 십여 주발씩 마신지라 온 몸이 부어 거의 죽을 지경에 이르렀다가 소생하였다. 유몽인(柳夢寅)의 선친은 소상(小祥) 전에는 채소나 과일도 들지 않다가 소상이 지난 후에야 수척해져서 채소를 먹기 시작했고, 유몽인의 사위는 기력이 약한 사람이었는데, 모친상을 당해 묽은 죽 몇 홉만으로 배를 채우다가 불과 몇 개월 만에 병으로 몸을 훼손하여 구제할 수가 없었다. 이로써 보건대 누군들 효자가 아니겠는가만 단지 기체의 강약으로 인하여 생사가 나뉘는 것이다.

위 내용은 유몽인(柳夢寅: 1559-1623)의 『어우야담』에 실려 있다.

분류 : 문학
색인어 : 나물밥, 죽, 유몽인, 어우야담
참고문헌 : 유몽인 저, 신익철 외 역, 『어우야담』(돌베개, 2006)
필자 : 차충환

돌나물

돌나물은 봄철이 제철이지만 연중 뜯어 먹을 수 있을 정도로 양지바른 곳이면 전국 어디에서든 잘 자라는 야생나물이다. 돌나물은 석채(石菜)라고도 한다. 돌위나 돌 주변에서 잘 자라기 때문에 붙여진 이름이다.

어린 돌나물을 뜯어서 김치에 넣기도 하고 나물처럼 무쳐 먹을 수도 있으며 초고추장에 찍어 생으로 먹기도 한다.

문헌에 돌나물이 처음 등장한 것은 1766년에 유중림(柳重臨: 1705-1771)이 엮은 『증보산림경제(增補山林經濟)』에서이다. 이른 봄에 돌나물을 캐어 김치를 담그면 좋다고 한다. 1849년 한석효(韓錫斅)가 지은 『죽교편람(竹僑便覽)』에서는 화상과 대나무에 찔린 상처에 돌나물이 유용하다고 했다.

고조리서에는 돌나물김치 조리법이 여럿 등장한다. 방신영(方信榮: 1890-1977)이 지은 『조선요리제법(朝鮮料理製法)』에는 돌나물 뿌리를 떼어 내고 깨끗하게 다듬어서 소금에 절였다가 파와 고추를 채치고 마늘을 잘게 이겨서 함께 섞은 후 항아리에 담는다고 기록되어 있다. 그러고선 간이 잘 맞은 소금물에 밀가루를 풀어 끓인 후 식혀서 항아리에 붓고 하루 정도 익힌 뒤 김치로 먹는다고 한다. 이용기(李用基: 1870-1933)가 지은 『조선무쌍신식요리제법(朝鮮無雙新式料理製法)』에서도 돌나물김치 조리법이 기록되어 있는데, 소금물과 밀가루를 끓여 넣는 것이 아니라 물을 붓고 하루 익혀 먹는다고 되어 있다. 최근에는 식재료가 다양해지면서 돌나물김치를 만드는 사례는 적고, 돌나물을 깨끗하게 씻어 초고추장에 무치거나 찍어 먹는 경우가 많다.

분류 : 식재료
참고문헌 : 유중림, 『증보산림경제(增補山林經濟)』; 한석효, 『죽교편람(竹僑便覽)』; 이용기, 『조선무쌍신식요리제법(朝鮮無雙新式料理製法)』; 방신영, 『조선요리제법(朝鮮料理製法)』; 『우리나라 음식 만드는 법』
필자 : 박선미

봄나물(이식)

석 자 긴 보습 늘 무겁게 지고 다니지만
산골 가득 봄나물에 절로 가난하지 않다네
돌아와 아내에게 주어 짧은 싹 데치게 하면
온 집안 아녀자들 웃음꽃이 활짝 피겠지
長鑱三尺鎭隨身 滿谷春蔬自不貧

歸遺細君燒短苗 渾家兒女喜津津
*이식, 「당동의 나물 뜯기(堂洞挑菜)」

17세기 학자 이식(李植: 1584-1647)은 본관이 덕수(德水)고 자는 여고(汝固), 호는 택당(澤堂)이다. 학문은 물론 시와 함께 산문에 뛰어나 조선 중기 한문사대가(漢文四大家)로 일컬어졌으며, 문집 『택당집(澤堂集)』과 두보(杜甫)의 한시를 풀이한 『두시비해(杜詩批解)』를 남겼다. 이 작품은 처남이자 뛰어난 문인이었던 심광세(沈光世)의 삶을 노래한 연작시 중의 한 편이다. 파릇파릇 돋아난 봄나물을 뜯어 아내에게 가져다주면 온 집안이 그로 인해 절로 넉넉해진다. 이른 봄나물을 먹는 뜻은 이러하다.

봄나물은 입춘의 상징이기도 하다. 정호(鄭澔: 1648-1736)는 "산중에는 달력이 없어, 눈 속에 입춘인 줄 몰랐더니. 소반에 가는 봄나물이 있어, 명절인 줄 이제 알겠네[山家無曆日 未信雪中春 盤有細生菜 方知是令辰]."라 하였는데, 산중이라 달력이 없지만 봄나물이 나온 것을 보고 입춘인 줄 알았다고 한 것이다. 동아시아에서는 입춘에 생채(生菜) 곧 봄나물을 먹어 봄기운을 맞았다. 오신반(五辛盤) 혹은 오신채(五辛菜)라고도 한다. 파, 갓, 당귀, 미나리, 무 등 매운맛이 나는 다섯 가지 채소의 싹을 이르지만 일반적인 생채라는 뜻으로도 쓰였다. 생채나 오신반은 입춘에 지은 시에 주로 등장한다. 시성(詩聖) 두보(杜甫)가 「입춘」에서 "입춘에 소반엔 부드러운 봄나물 있어, 장안과 낙양의 전성기가 홀연 떠오르네[春日春盤細生菜 忽憶兩京全盛時]."라 한 구절의 영향이기도 하다.

이민구(李敏求: 1589-1670)는 「입춘에 나물을 캐다[立春日挑菜]」에서 "타향에서 봄볕 보고 억지로 몸을 일으키니, 봄날의 풋나물이 눈앞에 펼쳐지네. 푸른 인끈 같은 산속의 쑥은 눈 속에 있고, 하얀 실 같은 물가의 미나리는 살짝 진흙이 묻었네. 샘물이 막 솟아나니 새로 솟아난 곳에 새로 짧은 싹이 돋았고, 땅이 살짝 풀린 곳에 예전 잎이 다보록해졌네. 가지런하네. 객지에서 자주 이러한 풍경 자주 어찌 보겠는가, 잠시 고개 숙이니 마음이 서글프다[殊方節物強提携 春日辛盤照眼迷 山艾綬蒼仍帶雪 水芹絲白細隨泥 泉源始動新芽短 土脈微融舊葉齊 客裏豈宜頻見此 暫時低首意悽悽]."라 하였는데 오신반으로 쑥과 미나리를 들었다. 오신반의 내용이 무엇이든 봄날의 여린 나물은 입을 상쾌하게 하기에 부족함이 없으리라.

홍성민(洪聖民: 1536-1594)도 「입춘의 풋나물[立春生菜]」이라는 시를 지었다. "금빛 대궁 새로 곱고 옥빛 싹이 가지런한데, 봄날의 소반에 펼쳐놓으니 그림자가 흐릿하네. 이빨에 달콤 새콤 향긋한 액이 나오니, 봄 흥취 채소밭에 드는 것을 이기지 못하겠네[金莖新嬾玉芽齊 排到春盤影欲迷 齒觸甘酸香液溢 不堪春興入蔬畦]."라 하여 풋나물의 상큼한 맛이 입안에 도는 즐거움을 말하였다.

분류 : 문학
색인어 : 풋나물, 오신반, 오신채, 두보, 이식, 이민구, 정호, 홍성민
참고문헌 : 이식, 『택당집』; 정호, 『장암집』; 이민구, 『동주집』; 홍성민, 『졸옹집』
필자 : 이종묵

봄나물(「푸른 오월」)

청잣빛 하늘이
육모정 탑 위에 그린 듯이 곱고
연당 창포잎에
여인네 맵시 위에
감미로운 첫여름이 흐른다

라일락 숲에
내 젊은 꿈이 나비처럼 앉는 정오
계절의 여왕 오월의 푸른 여신 앞에
내가 웬일로 무색하고 외롭구나

밀물처럼 가슴속 몰려드는 향수를
어찌하는 수 없어
눈은 먼 데 하늘을 본다

기인 담을 끼고 외따른 길을 걸으며 걸으며

생각은 무지개처럼 핀다

풀 냄새가 물큰
향수보다 좋게 내 코를 스치고
청머루 순이 뻗어 나오던 길섶
어디메선가 한나절 꿩이 울고
나는
활나물 홑잎나물 젓갈나물 참나물을 찾던—
잃어버린 날이 그립지 아니한가 나의 사람아

아름다운 노래라도 부르자
서러운 노래를 부르자

보리밭 푸른 물결을 헤치며
종달새 모양 내 마음은
하늘 높이 솟는다

오월의 창공이여
나의 태양이여

노천명(盧天命: 1912-1957)의 시집 『창변』(1945)에 수록된 작품 「푸른 오월」이다. 노천명은 섬세한 감각과 절제된 감수성으로 다양한 영역을 시로 표현하여 한국 여성시의 독자적 위상을 개척한 시인이다. 1911년 황해도 장연에서 출생하여 진명보통학교와 진명여자고등보통학교를 거쳐 이화여전 영문과를 졸업했다. 1932년 이화여전 재학 당시 『신동아』에 「밤의 찬미」를 발표했고, 1935년 『시원』에 「내 청춘의 배는」을 발표하여 정식으로 등단했다. 시집으로 『산호림』, 『창변』, 『별을 쳐다보며』 등이 있고, 수필집으로 『산딸기』, 『나의 생활백서』 등을 간행하였다.

이 시는 감미로운 오월의 풍경을 묘사한 다음에 자신의 외로움을 제시하여 그 외로움의 근원이 고향에 대한 그리움임을 표현했다. 아름다운 초여름의 정취 속에서도 고향을 떠나 있다는 사실 때문에 향수와 공허감에 어쩔 줄 몰라 하는 시인의 마음을 서정적으로 드

러냈다. 이 시에서 활나물이나 참나물과 같은 봄나물은 천진하고 순정한 어린 시절에 대한 그리움을 불러일으키는 역할을 한다.

분류 : 문학
색인어 : 푸른 오월, 노천명, 청머루 순, 활나물, 홑잎나물, 젓갈나물(젓가락나물), 참나물, 보리밭, 봄나물
참고문헌 : 이숭원, 『노천명』(건국대학교출판부, 2000)
필자 : 이숭원

진채(아홉 가지 묵은 나물 먹고 더위 피하기)

일 년 중 달이 가장 크게 뜬다는 정월 대보름은 다양한 절식(節食)과 놀이, 의례가 행해지는 큰 명절이었다. 이날 사람들은 한 해의 계획을 세우거나, 연운을 점치며 달에게 소원을 빌었다.

정월 대보름에 행했던 재미있는 풍습 중 하나는 '더위팔기'였다. 보름날 아침 해 뜨기 전에 상대방의 이름을 불러내 더위를 팔면 한 해 동안 더위를 타지 않는다는 속신이 있었다. 그리고 대보름에 먹는 상원 절식(上元 節食) 중, 묵은 나물을 아홉 가지 이상 만들어 먹으면 역시 아무 탈 없이 여름을 날 수 있다는 이야기도 있었다(『경도잡지(京都雜誌)』, 『동국세시기(東國歲時記)』). 이를 진채(陳菜)라고 한다. 또한 최영년(崔永年: 1856-1935)은 정월 대보름날 작년에 마련해둔 나물을 먹음으로써 일 년 동안의 질병을 없앨 수 있다고도 했다(『해동죽지(海東竹枝)』). 이들 아홉 가지 나물에는 대체로 외꼭지, 가지고지, 호박고지, 취나물, 시래기 등이 이용되었는데, 최영년은 그중에서도 검푸른 시래기가 온갖 병을 없애는 최고의 처방이라고 하였다.

하지만 아홉 가지 나물이 아무리 좋아도, 아이들에게 묵은 나물을 먹이는 일은 쉽지 않았던 듯하다. 조선 후기의 문인 김려(金鑢: 1766-1822)가 쓴 『담정유고(潭庭遺藁)』를 보면, 귀하다는 호초(胡椒: 후추), 해당화 향기와 함께 묵은 나물을 근사하게 차려놓았지만, 아이는 아예 맛조차 보려 하지 않는다고 탄식하였다. 특히, 마마를 겪은 아이들은 이를 아주 싫어한다고도 했다. 묵은 나물을 사이에 둔 부모와 아이의 각축전은, 그때

나 지금이나 마찬가지였던 것 같다.

분류 : 의례
색인어 : 진채(陣菜), 묵은 나물, 마른 나물, 상원 절식(上元 節食)
참고문헌 : 김려, 『담정유고』; ; 유득공 저, 최대림 역, 『경도잡지』(홍신문화사, 2006); 홍석모 저, 최대림 역, 『동국세시기』(홍신문화사, 2006); 최영년 편저, 『해동죽지』(장학사, 1925)
필자 : 양미경

참나물

참나물은 산나물 가운데서도 가장 맛있다고 하는 산나물이다. 이름에 '참'자가 이를 증명한다. 참나물과에 속하는 나물로는 참나물, 노루참나물, 가는참나물 등이 있고, 이와 비슷한 것으로는 파드드득나물(삼엽채)이 있다. 참나물의 채취시기는 음력 3-4월이며, 야산에서부터 깊은산까지 고루 잘 자라지만 깊은 산에서 자란 참나물일수록 더욱 맛있다. 참나물은 어린잎이 날 때 줄기째 채취하여 먹는다.

참나물의 조리법은 다양한 편이다. 삶거나 쪄서 무쳐 먹기도 하고, 국이나 죽에 넣어 먹기도 하며, 쌈으로도 먹고 밥에 넣어서도 먹는다(박선미, 2008). 또한, 경상북도 봉화에서는 참나물전을 만들기도 하는데, 메밀가루에 소금을 넣고 물을 넣어가며 반죽을 끈기 있게 하고 한 번 씻어 물기를 뺀 참나물을 반죽에 섞어 기름에 지지는 것이다(농촌진흥청, 2008).

참나물은 봄에 뜯어서 먹는 제철나물이지만 묵혀서 겨울철까지 먹을 수 있는 묵나물이기도 하다. 봄철 채취한 참나물을 쪄서 잘 말린 다음 겨울철에 먹을 때는 물에 불려 두었다가 데쳐서 된장이나 간장 등에 무쳐 먹는다. 묵나물을 만들 때는 삶는 것보다 찌는 것이 더 오래 보관할 수 있다. 그리고 잘 말린 참나물은 챙겨두었다가 정월 대보름의 묵나물로도 먹고 타지에 살고 있는 자녀들에게도 나누어주기도 한다(박선미, 2008).

분류 : 식재료
참고문헌 : 해동약초연구회, 『한국의 산나물』(아이템북스, 2010); 농촌진흥청·농업과학기술원·농촌자원개발연구소, 『한국의 전통향토음식 8-경상북도』(교문사, 2008), 박선미, 「산골마을 사람들의 산나물 채취와 식용의 전승지식-경북 안동시 풍산읍 서미1리를 중심으로-」(안

동대학교 민속학과 석사학위논문, 2008)
필자 : 박선미

풋나물(「건드렁타령」)

건드렁 건드렁 건드렁거리고 놀아보자(후렴)

왕십리(往十里) 처녀는 풋나물 장사로 나간다지 고비 고사리 두릅나물 용문산채(龍門山菜)를 사시래요

누각골(樓閣洞) 처녀는 쌈지 장수로 나간다지 쥘쌈지 찰쌈지 육자비빔을 사시래요

모화관(慕華館) 처녀는 갈매 장수로 나간다지 갈매 천익(天翼) 남전대(藍戰帶) 띠에 춘방사령(春坊使令)이 제격이래요

애오개(阿峴) 처녀는 망건(網巾) 장수로 나간다지 인모망건(人毛網巾) 경조망건(京組網巾) 곱쌀망건을 사시래요

광주분원(廣州分院) 처녀는 사기(砂器) 장수로 나간다지 사발(砂鉢) 대접 탕기 종지 용천병(龍泉瓶)을 사시래요

경기안성(京畿安城) 처녀는 유기(鍮器) 장수로 나간다지 주발 대접 방짜 대야 놋요강을 사시래요

마장리(馬場里) 처녀는 미나리 장수로 나간다지 봄미나리 가을미나리 애미나리를 사시래요

양삿골 처녀는 나막신 장수로 나간다지 홀태나막신 코매기며 통나막신을 사시래요

구리개(銅峴) 처녀는 한약(漢藥) 장수로 나간다지 당귀(當歸) 천궁(川芎) 차전(車煎) 연실(蓮實) 창출(蒼朮) 백출(白朮)을 사시래요

자하문(紫霞門) 밖 처녀는 과일 장수로 나간다지 능금 자도(子桃) 앵도(櫻桃) 살구 복숭아를 사시래요

조선 개국 이후 한양은 전국의 물산(物産)과 사람이 모이는 대도시였다. 조선의 건국자 중 한 사람인 정도전(鄭道傳: 1342-1398)은 한양 도성이 어느 정도 완성된 1398년, 한양의 8가지 좋은 광경을 예찬한 팔경시(八景詩)를 지었다. 이 팔경 중 여섯째는 서강조박(西江漕泊), 일곱째가 남도행인(南渡行人)이다. '서강조

박'이란 서강(지금의 마포) 지역으로 각 지방에서 물자와 곡식들이 배로 들어와 도성 창고에 곡식이 썩을 정도로 넘쳐난다는 것이며, '남도행인'이란 남쪽 노량진 부근에 유동인구가 많아 사람들이 인산인해를 이룬다는 것이다. 좀 과장은 있었겠지만 조선 건국 초부터 이 정도였고 조선 후기로 가면 갈수록 전국의 물자와 인력은 한양으로 더욱 모여들었다.

식재료나 완성된 음식 또한 예외가 아니었다. 식재료 중 건어물과 같은 재료는 먼 곳에서부터 공급이 가능했지만 신선함이 생명인 나물류나 채소류는 한양 가까운 곳에서 재배를 해서 한양 도성으로 공급을 해야 했다. 경기민요 「건드렁타령」은 이러한 사정을 잘 보여준다.

「건드렁타령」의 가사로 살펴보면 봄철에 생산되는 풋나물은 왕십리와 같이 도성에서 가까운 곳에서 공급을 했다. 풋나물은 봄철에 새로 난 나무나 풀의 연한 싹으로 만든 나물을 말한다. 한양 근교에서 풋나물을 모아 왕십리에서 공급하다 보니, 왕십리는 고비나 고사리, 두릅나물같이 말려서 먹는 산나물의 집산지로도 이름을 떨쳤다. 한양 근교의 생채뿐만 아니라 지방의 산나물이나 묵나물의 상당 부분도 왕십리를 거쳐 한양에서 소비된 것이다. 미나리 역시 도성에서 가까운 마장동에서 공급했다. 과일나무는 자하문 밖에 많았으므로 한양의 서북 지역에서는 자두나 복숭아와 같은 과일을 도심으로 공급했던 것으로 보인다.

미나리강회ⓒ수원문화재단

「건드렁타령」은 한양 각 지역의 처녀들이 그 지역의 특산물을 내다 파는 모습을 해학적으로 그린 흥겨운 노래로, 한양 지역의 일부 먹거리의 생산과 공급 상황을 짐작하는 데도 상당한 도움을 준다. 또한 "서울과 경기 지역의 특산물과 더불어 옛 물명이 많이 등장"(『한국민속대백과사전』)하여 사설 내용이 흥미롭기도 하다.

분류 : 문학
색인어 : 건드렁타령, 경기민요, 풋나물, 용문산채, 왕십리, 마장리, 미나리, 정도전, 팔경시
참고문헌 : 하응백,『창악집성』(휴먼앤북스, 2011); 국립민속박물관,『한국민속문학사전』
필자 : 하응백

나박김치

나박김치는 무나 순무를 납작하게 썰어 국물이 있게 만드는 김치로, 산갓을 넣어 담기도 하여 '산갓김치'라고도 부른다. 나박김치는 1년 내내 아무 때나 담가 먹지만, 대개는 김장김치의 묵은 맛에 질릴 즈음에 산뜻하게 담가 먹는 봄김치로 여겨졌다.

홍만선(洪萬選: 1643-1715)의 『산림경제(山林經濟)』에서도 겨우내 움에 저장해두었던 무와 파, 무에서 돋은 싹으로 정월에 나박김치를 만들면, 봄기운을 느낄 수 있다고 하였다(「나복황아저(蘿葍黃芽菹)」). 이외에도 나박김치에는 움에서 자란 당귀의 싹을 넣어 먹으면 아주 맛이 좋다고도 했다(「당귀줄기[當歸莖]」). 비록 봄이 되어 땅에서 솟은 새싹은 아니지만, 추운 겨울 움에서 자란 무 싹과 당귀 싹을 넣은 나박김치를 먹으며 미리 봄을 맛보았던 것이다.

이런 까닭에 빙허각 이씨(憑虛閣 李氏: 1759-1824)의 『규합총서(閨閣叢書)』 '산갓김치'를 보면, 나박김치는 봄의 뜻을 먼저 알리는 김치여서 '보춘저(報春菹)'라고 한다고 했다. 그러면서 입춘 때에 무를 가늘게 깎고 미나리, 순무, 파 등을 넣어 심심한 나박김치를 담가 따뜻한 곳에 두었다가, 익을 즈음에 끓는 물에 숨을 죽인 산갓을 나박김치에 넣는다. 그런 다음 나박

김치 항아리를 여러 번 종이로 두껍게 덮고, 다시 솜옷을 눌러 더운 곳에 두었다가 먹을 때 간장을 타 먹으라고 했다.

나박김치는 한자로는 무를 의미하는 '蘿薄(나박)'이라는 명칭으로 쓰기도 하지만, 종이와 솜옷으로 항아리 입구를 꼭 막았다가 먹기 때문에 '폐옹채'라는 별칭이 있다. 이공(李公: ?-?)의 『사류박해(事類博解)』에서는 '나박침치'를 '폐옹채(閉甕菜)'라 하였고, 이가환(李家煥: 1742-1801)의 『물보(物譜)』에도 '폐옹채(閉瓮菜)'라는 명칭이 보인다.

익힐 때는 물론이고 꺼내 먹은 뒤에도 공기가 드나들지 않도록 항아리 입구를 종이, 두꺼운 옷이나 이불 등으로 잘 덮어두었던 데는 이유가 있다. 유중림(柳重臨: 1705-1771)의 『증보산림경제(增補山林經濟)』의 '산갓김치'를 보면, 이 김치를 민간에서는 '나박김치'라고 부르는데 나박김치 항아리에 바람이 들어가면 김치의 맛이 써지므로 단단히 싸매야 한다고 했다.

이와 같이 맛이 써지는 이유는 산갓이 들어갔기 때문이다. 이에 대해서는 이용기(李用基: 1870-1933)의 『조선무쌍신식요리제법(朝鮮無雙新式料理製法)』 '산겨자김치[山芥葅 산갓김치]'에 자세하다. 이용기에 따르면, 산갓은 석왕사(釋王寺)에서 흔히 나고, 지리산에서 나는 것이 제일 좋은데 봄에 산갓김치를 담그면 맛이 맵고도 좋다. 다만, 뚜껑을 꼭 덮어서 기운이 새어나가지 않도록 해야 하며 기운이 빠져나가면

나박김치ⓒ하응백

김치 맛이 써진다는 것이다.

나박김치는 반찬으로도 밥상에 올리지만, 제사를 지낼 때나 냉면을 말아 먹을 때 쓰는 김치이기도 했다. 1800년대 말의 한글 조리서인 『시의전서(是議全書)』에 따르면, '냉면(冷麵)'을 산뜻한 나박김치나 좋은 동치미 국물에 말라고 하였고, 또한 '제수 김치', 즉 제사 김치라 하며 무를 납작하고 네모나게 골패 모양으로 썰어 나박김치를 담그되 파, 고추, 마늘, 생강도 넣어 익혀서 쓰라고 했다.

분류 : 음식
색인어 : 규합총서, 시의전서, 조선무쌍신식요리제법, 산갓, 냉면, 동치미, 김치, 무, 순무, 제사음식
참고문헌 : 홍만선, 『산림경제』(한국전통지식포탈); 빙허각 이씨, 『규합총서』; 작자 미상, 『시의전서』; 이공, 『사류박해』; 이가환, 『물보』; 유중림, 고농서국역총서 6『증보산림경제 III』(농촌진흥청, 2004); 이용기, 『조선무쌍신식요리제법』(영창서관, 1936)
필자 : 김혜숙

나박김치(이안눌)

봄이 와서 무가 싹이 돋으려 하기에
가늘게 잘라 단지에 담그니 맛이 더욱 좋다오
얼음 맺힌 돌 틈의 개울물로 냉기를 보존하고
눈을 볶은 듯한 바닷소금으로 짠맛을 더하였소
밥상에 문득 생기가 도는 것 알겠는데
술 먹은 후 입안이 시원해져 더욱 맞다오
원님더러 번거롭게 젓가락질 하게 하니
시골 사람의 도타운 정을 비웃지 마소서
春來蘿蔔欲抽芽 細斫沈缸味更嘉
石澗帶氷偏貯冷 海鹽熬雪乍添鹾
盤中頓覺生顔色 酒後尤宜瑩齒牙
報道明公煩下箸 野人多意不須呵

　*이안눌, 「나박김치를 관리에게 바치면서[蘿薄沈菜呈官人]」

이안눌(李安訥: 1571-1637)은 본관이 덕수(德水)고 자는 자민(子民), 호는 동악(東岳)이며 조선 중기 최고의 시인으로 평가되었다. 문집 『동악집(東岳集)』이 전한다. 이 작품은 젊은 시절 이안눌이 원님에게 무김

치를 선물로 바치는 사람을 보고 지은 칠언율시이다. 이른 봄 겨우내 묻어두었던 무에서 싹이 돋아나려 하기에 잘게 썰어 김치를 담았다. 이른 봄이라 그 맛이 더욱 상쾌하였을 것이다.

무를 잘게 썰어 이른 봄에 담근다 하였으니 오늘날 나박김치와 다르지 않을 듯하다. 나박김치와 함께 옛글에는 무김치가 자주 보인다. 조선시대 무는 지금의 순무인 듯하다. 무김치는 팥죽이나 콩죽과 같은 가난한 사람의 음식에 어울리는 반찬이었다. 이안눌은 팥죽과 함께 무김치를 보내준 사람에게 감사의 뜻으로 지은 작품에서도 "접시에 불룩한 무김치 겹겹이요, 사발에 가득한 팥죽이 새롭네[凸缶菁菹重 盈盆豆粥新]."라 한 바 있다.

조선시대 무김치는 소금에만 절였을 뿐 다른 양념이 없었던 모양이다. 조선 후기 위항의 시인 박윤묵(朴允默: 1771-1849)은 「담려에서 아침밥에 김치를 먹으니 맛이 좋아 기뻐서[潭廬朝飯, 喫沉菜味佳可喜]」에서 "아침 밥상에 내어놓은 김치, 평소 진기한 먹거리라네. 그저 무 뿌리 한 가지뿐, 파나 생강도 넣지 않았네. 담박한 맛 사랑스러워, 절로 참된 향도 난다네. 싹싹 긁어 먹어도 질리지 않으니, 삶은 새끼 양고기보다 낫구나[朝飯進沉菜 平生是珍嘗 菁根只一種 不加葱與薑 可愛淳味中 亦自有眞香 盡器不猒多 勝於炮羔羊]."라 하였다.

박윤묵과 같은 위항의 시인인 임광택(林光澤: 1714-1799) 역시 「무(혹은 순무)김치[菁菹]」에서 "단지에 소금으로 절여놓으니 눈처럼 흰빛인데, 술동이 앞에 술안주가 구름처럼 누렇구나. 궁상각치우 갖은 소리 입안에서 나오니, 창자 가득 봉황새 끌어들일 듯하네[甕裏漬塩交雪白 樽前佐酒和雲黃 宮商角徵生牙頰 可得成腔引鳳凰]."라 하였다. 갖은 양념을 넣은 것은 아니지만 무(혹은 순무)김치를 맛있게 씹는 소리가 들릴 듯하다.

이안눌의 시 중에는 오이김치와 갓김치도 보인다. 바닷가에서 사또로 지내던 시절 비린 생선을 질리도록 먹다가 승려가 담은 갓김치를 먹고 "이제 산속에는 정

말 맛난 것 있으니, 단지 가득 봄빛은 늙은 스님의 김치라네[林下如今眞有味 一缸春色老僧菹]."라 한 바 있다. 또 조선 후기 개성적인 문인으로 음식에 관심이 높았던 심노숭(沈魯崇: 1762-1837)은 왕십리 미나리로 2월에 담은 김치가 평생이 기억으로 남노라 한 바 있다.

분류 : 문학
색인어 : 무김치, 갓김치, 이안눌, 박윤묵, 임광택, 심노숭
참고문헌 : 이안눌,『나박김치』; 박윤묵,『존재집』; 임광택,『쌍백당유고』; 안대회, 「18-19세기의 음식취향과 미각에 관한 기록 - 심노숭(沈魯崇)의『효전산고(孝田散稿)』와『남천일록(南遷日錄)』을 중심으로」,『동방학지』169권(2015)
필자 : 이종묵

낙지

낙지는 문어목 문어과에 속하는 연체동물이다. 낙지를 뜻하는 한자어는 다양한데 낙지와 비슷한 발음의 한자어로는 落只(낙지), 洛池(낙지), 樂只(낙지), 落蹄(낙제), 絡蹄(낙제)가 있다. 석거(石距), 장어(章魚), 장거어(章擧魚), 소팔초어(小八梢魚)라는 한자어도 낙지를 뜻한다.

이익(李瀷: 1681-1763)의『성호사설(星湖僿說)』제5권의 만물문(萬物門)에는 오징어와 문어, 낙지 등의 두족류에 대한 내용이 나오는데 여기서 이들을 뜻하는 다양한 한자어를 확인할 수 있다. 이 책은『본초(本草)』오적어(烏賊魚)조를 예로 들며, 뼈 없는 물고기는 유어(柔魚)라 하며 유어의 종류에는 장거(章擧)와 석거(石距)가 있다고 하였다. 또, 장거와 석거는 조선에서 나는 문어와 낙제(絡蹄)처럼 생겼을 것이라고 추측하며 낙제의 속명을 소팔초어(小八梢魚)라고 하였다. 소팔초어라는 이름은 작은 문어라는 뜻이다.

한치윤(韓致奫: 1765년-1814)이 편찬한『해동역사(海東繹史)』의 제27권에서는 허준(許浚: 1539-1615)의 말을 인용하며 문어와 낙지를 설명하고 있는데 팔초어(八梢魚)는 문어이며 소팔초어(小八梢魚)는 팔초어보다 작은 것으로 세속에서는 낙지(絡締)라 하고『본초(本草)』에서는 장거어(章擧魚)라 한다고 하였다.

현대에는 낙지볶음과 산낙지를 가장 대표적인 낙지 요리로 치지만 조선시대에 낙지는 숙회, 전유어, 누르미 등의 요리에 다양하게 사용하였다. 1924년 출판된 이용기(李用基: 1870-1933)의 『조선무쌍신식요리제법(朝鮮無雙新式料理製法)』, 1934년 방신영(方信榮: 1890-1977)의 『조선요리제법(朝鮮料理製法)』 등의 조리서에는 일반 전유어 만드는 방법과 비슷한 방법의 낙지 전유어 조리법 법이 나와있다.

낙지를 부재료로 사용하는 경우는 통배추김치와 보김치(보쌈김치)가 대표적이다. 작자 미상의 1800년대 후반 조리서 『시의전서(是議全書)』와 『조선무쌍신식요리제법』의 배추 통김치와 1948년 손정규(孫貞圭: 1896-1955?)의 『우리음식』 보김치[褓沈菜: 보침채] 등의 조리법에 따르면 다른 해산물과 함께 익히지 않은 생 낙지를 썰어 넣고 만든다. 1957년 한희순(韓熙順: 1889-1972) 등이 집필한 『이조궁정요리통고(李朝宮廷料理通攷)』는 젓국지 만드는 법을 설명하면서 배추통김치 만드는 법과 같으나 굴, 낙지, 조기 등을 넣는 것이 차이점이라고 하였다.

낙지에 관한 속담으로는 일을 단번에 해치우지 못하고 조금씩 하는 것을 뜻하는 '묵은 낙지 캐듯'과, 아주 쉬운 일을 뜻하는 '묵은 낙지 꿰듯'이라는 표현이 있다. 또 '개 꼬락서니 미워서 낙지 산다'라는 표현이 있는데 뼈를 좋아하는 개가 미워 뼈가 없는 낙지를 사는 것은 미워하는 사람이 좋아하는 것은 하지 않는다는

낙지를 비롯한 각종 해산물, 중앙 위쪽이 낙지다.©하응백

의미이다.

북한어에서 낙지는 한국에서 오징어라고 부르는 해산물을 뜻한다. 북한에서 출판된 요리전집인 『조선료리전집』에는 다양한 낙지 음식의 조리법이 사진과 함께 실려 있는데 육안으로 낙지가 아닌 오징어임을 확인할 수 있다. 한편, 북한어에서 오징어는 낙지를 뜻한다는 설이 있었으나, 최근 조사에 따르면 이는 사실이 아니며 북한어의 오징어는 한국어의 갑오징어를 뜻하는 것으로 알려졌다. 『표준국어대사전』의 북한어 사전에는 낙지는 북한어에서 '서해낙지'라고 하였으며 『조선료리전집』의 오징어회, 오징어순대, 오징어볶음 등의 요리에 칼집을 넣는 조리법, 껍질을 벗기는 조리법이 사용되는 것을 보아서 북한어의 오징어가 낙지는 아닌 것으로 보인다. 즉, 한국어의 낙지는 북한에서는 서해낙지라고 부르며, 한국어의 오징어는 북한의 낙지, 한국어의 오징어는 북한어의 갑오징어를 뜻한다.

분류 : 식재료
색인어 : 김치, 오징어, 문어, 낙지, 조선무쌍신식요리제법, 조선요리법, 조선요리제법, 우리음식, 시의전서, 이조궁정요리통고
참고문헌 : 작자 미상, 『시의전서』; 이익 저, 김철희 역, 『성호사설』(한국고전번역원, 1976); 이용기, 『조선무쌍신식요리제법』(영창서관, 1924); 방신영, 『조선요리제법』(한성도서, 1934); 조자호, 『조선요리법』(광한서림, 1939); 한희순 외, 『이조궁정요리통고』(학총사, 1957); 손정규, 『우리음식』(삼중당, 1948); 조선료리전집편찬위원회, 『조선료리전집 1-10』(조선료리협회 전국리사회, 1994-2013)
필자 : 서모란

낙지(과거 보는 수험생이 피했던 게와 낙지)

최초의 한글소설 『홍길동전』의 저자인 허균(許筠: 1569-1618)에게는 조위한(趙緯韓: 1567-1649)이라는 소설가 친구가 있었다. 한문소설 『최척전(崔陟傳)』의 저자이기도 한 그를 허균은 '나의 벗 조지세(趙持世)'라 부르며 가깝게 지냈다. 문장도 좋고, 글씨도 잘 쓰는 조지세였지만 과거시험만큼은 어찌된 일인지 나이 사십이 넘도록 합격하지 못 했다.

1608년 12월, 과거에 또 다시 떨어진 조지세에게 허균은 너무도 안타까운 마음에 위로의 편지를 썼다. 『성소부부고(惺所覆瓿藁)』 제21권에 실린 이 편지를 보

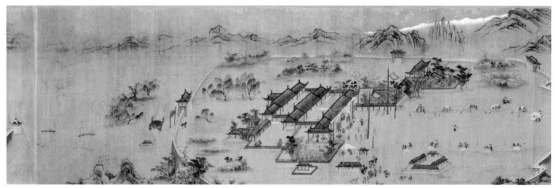

한시각, 함경도 지방의 과거 시험[北塞宣恩圖], 17세기, 견본채색, 57.9×674.1cm, 국립중앙박물관. 타원형의 성곽 안쪽에 있는 관아 건물에서는 문과 시험이, 너른 마당에서는 말타기와 활쏘기 등 무과시험 장면을 생생하게 표현하였다.

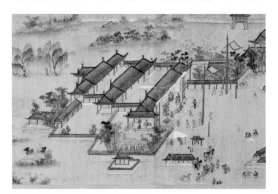

함경도 지방의 과거 시험 부분(문과시험)

함경도 지방의 과거 시험 부분(무과시험)

면, 허균 자신은 재주가 뛰어난 조지세의 장원급제를 목마른 사람이 물을 구하듯 간절히 바랐지만 그렇지 못하였으니 본인이 낙제한 것처럼 한스럽다고 했다. 그러면서 부디 한 번 넘어졌다고 마음 상하지 마시고, 다시 천리에 나아갈 뜻을 가지시라는 응원의 마음을 조지세에게 전하였다.

허균의 응원 덕분인지 다행히도 조지세는 이듬해인 1609년 문과에 급제하였다. 하지만 대다수의 선비는 급제하기가 보통 어려운 일이 아니었고, 조선시대 선비들에게 낙제는 결국은 용이 되지 못하고 하찮은 물고기로 생을 마감해야 한다는 의미여서 낙심천만한 일이었다. 등용문(登龍門)에 오르지 못한 선비, 즉 과거에 떨어져 입신양명의 꿈을 펼칠 기회조차 갖지 못한 사람들은 과거에 떨어지는 일을 "용문(龍門)에서 이마를 다쳤다."고 표현하였는데, 이 일은 어떻게든 피하고 싶은 일이었다.

과거에 합격하고 싶은 사람들의 간절한 바람은 음식

에도 투영되었다. 오늘날에는 시험에 철석같이 붙으라는 의미로 엿과 찹쌀떡을 시험을 앞둔 수험생에게 선물하고, 수험생은 그것을 먹고는 한다. 또한 대학 교문에 자식이 붙기를 바라는 학부모가 엿을 붙이는 일도 종종 있었다. 이 때문에 대학입시를 앞둔 초겨울이면 전국이 엿이나 찹쌀떡 판매로 들썩이고는 한다. 엿이나 찹쌀떡이 적극적으로 먹어야 하는 음식이라면 피해야 하는 음식도 있게 마련이었다. 시험에 낙방하는 일을 미끄러진다고 표현하면서, 미끄러지는 일이 없도록 미끌미끌한 미역국이나 껍질이 미끄러운 바나나는 금기음식으로 여겨진다. 이로 인해 수험생 본인은 물론이고 수험생이 있는 가정에서는 가족 중에 누군가 생일을 맞아도 시험을 앞두거나 시험 당일에는 미역국을 다 같이 피하는 일도 흔하다.

그런데 조선시대에 과거를 앞둔 수험생들이 피했던 음식은 지금과 달랐다. 이덕무(李德懋: 1741-1793)의 『청장관전서(靑莊館全書)』를 보면, 조선시대의 수험생은 게와 낙지 먹기를 꺼렸다고 한다. 게를 가리키는 한자어 '해(蟹)'에 '해(解)' 자가 들어 있어서, 자신이 '해산(解散)'되는 것을 꺼리는 수험생들은 먹지 않았다는 것이다. 또한 '장거(章擧)', '팔초어(八梢魚)'라고도 하는 낙지는 한자로 '落只(낙지)', '洛池(낙지)', '樂只(낙지)' 또는 '落蹄(낙제)', '絡蹄(낙제)'라고 썼는데, 그 발음이 시험에 떨어졌다는 '낙제(落第)'와 비슷하므로 수험생들이 낙지도 먹지 않았다는 것이다.

게에 포함된 '해(解)'자도, 낙지를 표기하는 '낙(落)'자에도 '떨어지다'라는 의미가 있는 것을 고려하면, 합격을 간절하게 원하는 수험생들이 게와 낙지를 꺼렸던 마음은 요즘 사람들이 미역국이나 바나나를 피하는 마음과 다르지 않다고 할 수 있다.

분류 : 식재료
참고문헌 : 허균 저, 박석무 역, 『성소부부고』(한국고전번역원, 1984); 이덕무 저, 김동주 역, 『청장관전서』(한국고전번역원, 1980)
필자 : 김혜숙

낙지(노수신)

언덕에서 세 노인네 보니
바구니에 낙지를 담아놓았네
굼틀굼틀 등을 찾지 못하겠는데
구불구불 다리가 엉켜 있구나
살아 있는 동물을 차마 잡아먹으랴
배를 띄우니 부엌이 가까운 것 알겠네
아이 종들에게 맛난 것 두루 나누어주고
다시 한 바가지 막걸리를 비우노라

岸上看三老 籠中貯八梢
蜿蜒背不辨 伸屈股相交
生物嗟强食 行舟覺近庖
分甘遍僮僕 且覆濁醪匏

　　*노수신, 「새벽에 배를 띄워 출발했다 밤에 돌아와 시
　　를 짓다[汎艇曉發夜歸吟成]」

노수신(盧守愼: 1515-1590)은 자가 과회(寡悔)고, 호는 소재(蘇齋)이며, 본관은 광주(光州)다. 문집 『소재집(蘇齋集)』이 전한다. 을사사화에 연루되어 오랜 기

간 진도에서 유배생활을 하였는데 이 작품은 이때 지은 오언율시다. 답답한 유배생활을 하다가 늦가을 배를 타고 나들이를 나갔다가 어부로부터 산낙지를 얻어먹고 쓴 것이다. 살아 있는 것을 차마 먹지 못한다고 하고 또 어린 하인들에게까지 나누어준 데서 너그러운 학자의 마음을 읽을 수 있다.

낙지는 다리가 여덟 개 있어 팔초어(八梢魚)라 하는데 똑같이 다리가 여덟이지만 몸집이 큰 문어를 대팔초어(大八梢魚)라 하고 낙지는 소팔초어(小八梢魚)라 불렀다. 또 낙지는 한자로 낙제(絡蹄, 絡締)라 적었는데, 낙제(落第)와 음이 비슷하다 해서 과거를 보는 선비들은 낙지를 먹지 않았다고 한다. 게 역시 먹지 않았는데 개를 뜻하는 해(蟹)에 해(解)가 들어 있어 과거에 떨어져 해산(解散)하게 될 것을 꺼렸기 때문이다.

그럼에도 낙지는 사랑받은 음식이었다. 노수신은 요리를 해서 먹었는데 어떤 조리법을 사용했는지는 알 수 없지만 막걸리 안주로 삼은 것으로 보아 데친 듯하다. 물론 날것으로도 먹었을 것이다. 노수신은 20년 가까운 세월 유배지에 있었거니와 그만큼 오랜 기간 역시 유배지에 있었던 정약용(丁若鏞: 1762-1836) 역시 강진의 풍속을 노래한 「탐진어가(耽津漁歌)」에서 낙지를 탕으로 끓여 먹는 대목을 넣었다. "어부의 집은 모두가 낙지탕을 먹는데, 붉은 새우 푸른 맛살은 시원찮게 여긴다네. 홍합은 연밥같이 작아 싫다면서, 돛을 올려 동으로 울릉도로 간다네[漁家都喫絡蹄羹 不數紅鰕與綠蟶 澹菜憎如蓮子小 治帆東向鬱陵行]."라 하였다. 어부들이 새우나 맛살보다 낙지를 최고로 쳤다는 사실을 확인할 수 있다. 물론 울릉도로 간 것은 낙지가 아니라 홍합을 잡기 위한 것이다.

낙지는 서해의 개펄에서 주로 잡힌다. 젊은 시절 부친을 따라 인천에 살았던 이규상(李奎象: 1727-1799)은 「인천의 노래[仁州謠]」에서 "얕은 곳 깊은 곳에 크고 작은 대합이 묻혔는데, 낙지가 숨은 굴은 어둑하여 찾기 어렵네. 포구의 아낙네들 다투어 갈고리를 들고서, 바느질하듯 세세히 갯벌을 파고 있네[童蛤淺埋大蛤深 絡蹄巢穴杳難尋 浦娘競把尖鉤鐵 細掘融泥似捻

鉤].”라 하여 아낙네들이 갈고리를 들고 개펄로 나가 숨구멍을 찾아 조개와 낙지를 잡는 장면을 사실적으로 그려내었다.

분류 : 문학
색인어 : 낙지, 노수신, 정약용, 이규상
참고문헌 : 노수신, 『소재집』; 정약용, 『여유당전서』; 이규상, 『일몽고』
필자 : 이종묵

낙지(『오성과 한음』)

선조가 의주에 이르자 조정 공론은 명나라에 원군을 청하는 것이었다. 정곤수(鄭崑壽)가 사신으로 가게 되었는데, 그 전에 사태가 너무나 급박하여 이덕형이 먼저 요동으로 들어가서 출병을 요청했다. 그때 요동 부총병 조승훈(祖承訓)이 군사를 이끌고 의주에 이르렀다. 조승훈은 매우 경박하여 일본 병을 우습게 여기고 먼저 조선 측에 음주가무를 요청하였고, 선조도 초대하였다. 그 자리에서 조승훈은 중국에서 가져온 술 안주인 계충(桂虫)을 내어놓고 한 개씩 널름널름 집어먹으면서 선조에게도 먹어보라고 하였다. 한 마리만 먹어도 하루 종일 향기가 입에서 사라지지 않는다고 하였다. 선조가 보니 벌레 같은 것이 살아 움직이고 있어 도저히 먹지를 못했다. 그러자 조승훈은 거만하게 웃으며 소국이니 어쩔 수 없다는 투로 조선을 깔보았다. 옆에서 수행했던 이항복이 이를 보고 분노하여 조승훈을 보기 좋게 골리려고 작정하였다. 다음날 선조는 연석(宴席)을 베풀고 조승훈을 초대했다. 그때 이항복은 미리 준비했던 낙지를 여러 마리 데쳐서 조승훈에게 먹어보라고 했다. 조승훈은 처음 보는 것이었고, 다리가 달렸고 반쯤 살아 있는 것이 꿈틀거리자 혼비백산했다. 그때 이항복은 조승훈에게 '대국에서는 계충밖에 모르는구려!'라고 말하여 전날의 수모를 되갚아 주었다.

조선시대 인물 설화 중에는 '오성과 한음' 이야기, 즉 오성(鰲城) 이항복과 한음(漢陰) 이덕형을 주인공으로 하는 설화가 특히 많이 전해지고 있다. 그중에서 성격이 짓궂고 장난기가 심하며 기지가 특출했던 이

항복을 주인공으로 하는 이야기가 많다. 임란이 발발하자 선조는 평양을 거쳐 의주까지 피난을 갔다가 명나라의 원조로 다시 서울로 돌아오게 되는데, 그때 이항복은 도승지, 이판, 호판, 영의정 등의 직책으로 선조를 끝까지 호종하게 된다. 그래서 임란이 끝난 다음에는 호종공신(扈從功臣) 1등에 책록되기도 했다.

위의 이야기에서 중국에서 가져온 '계충(桂虫)'이 정확히 어떤 것인지는 알 수 없다. 작품에는 '봉선화 벌레 같다.'는 표현이 있고, 한자를 보면 '계수나무에 붙어 있는 벌레' 같은데, 하여튼 살아 있는 어떤 벌레 같다. 위 이야기는 이항복의 문집인 『백사집』에도 실려 있어서 실제로 있었던 일을 기록한 것으로 보인다.

분류 : 문학
색인어 : 낙지, 계충, 이항복, 오성과 한음
참고문헌 : 작자 미상, 『오성과 한음』(문광서림)
필자 : 차충환

낙지볶이(『주식시의』)

19세기 중반 연안 이씨(延安李氏: 1804-1860)가 저술한 것으로 알려진 『주식시의(酒食是儀)』에 낙지볶음 조리법이 등장한다. 이 책에서는 이를 '낙지볶이'라고 하였는데 볶은 낙지에 장국을 부어 끓이는 형태로 전골과 유사한 음식이다.

조리법을 살펴보면, 낙지에 기름과 간장을 혼합한 기름장을 넣고 주물러 양념을 한다. 그리고 나서 이것을 살짝 볶는다. 고기를 많이 볶은 뒤 물을 붓고 장국을 끓여서 볶은 낙지에 붓고 끓인다. 너무 많이 볶으면 낙지가 오그라지기 때문에 살짝만 끓인다.

『주식시의』의 낙지볶음은 고춧가루, 마늘 등의 양념과 채소를 넣고 만드는 현대의 낙지볶음과는 양념이나 재료가 상이하나 '낙지볶음'과 유사한 용어가 처음 등장했다는 데에 의미가 있을 것으로 보인다.

분류 : 음식
색인어 : 낙지볶이, 주식시의, 낙지, 낙지볶음
참고문헌 : 연안 이씨, 『주식시의』
필자 : 서모란

낙지전골

낙지전골의 현대적 정의는 전골용 냄비에 손질한 낙지와 각종 재료와 육수를 넣고 국물이 자작하도록 끓인 음식을 뜻한다. 양념은 고춧가루를 사용해 매콤하게 만드는 것이 보통이다.

그러나 1970년대까지의 낙지전골은 지금처럼 매운 맛이 강한 음식이 아니었으며 모양도 지금의 국물이 자작한 모양과는 달랐다. 이시기까지의 요리법을 살펴보면 낙지전골을 대부분 손질한 재료를 접시에 담아 식탁 위에서 조금씩 볶아 먹는 것으로 정의하였다. 〈동아일보〉 1970년 기사에서 황혜성은 "전골이란 볶음과 같은 조리법이니 부엌에서 익혀 오는 게 아니고 재료를 양념하여 날로 담아놓고 먹는 사람이 자유롭게 익혀서 먹는 데 묘미가 있다."고 하였는데, 이를 통해 전골을 볶음의 일종, 그중에서도 식탁 위에서 즉석으로 조리하여 먹는 볶음 요리로 생각했다는 것을 알 수 있다. 반면, 현대의 음식용어로 전골(煎骨, 顫骨)은 국물이 자작하도록 익힌 음식이고 볶음은 국물이 없도록 볶은 음식이다.

조선시대와 근대시기 조리서를 살펴보면 이 시기 전골에 대한 정의를 다시 한번 확인할 수 있다. 1800년대 후반의 작자 미상의 조리서 『시의전서(是議全書)』의 전골 조리법을 보면 우선, 닭고기, 꿩고기, 돼지고기와 함께 송이, 조개, 낙지 등의 재료를 손질해두고 접시에 담는다. 장국을 준비하고 접시에 달걀을, 종지에 기름을 담아 둔다. 그리고, 풍로 위에 전골틀이나 냄비에서 끓인다. 1924년 『조선무쌍신식요리제법(朝鮮無雙新式料理製法)』의 전골(煎骨)은 전골 그릇에 기름을 넣고 기름이 끓으면 손질해둔 재료를 넣어서 하나씩 익혀 먹는 음식이다. 이러한 방식으로 양념한 소고기 등을 구워 먹는 풍속을 조선시대에는 난회(煖會) 혹은 난로회(煖爐會), 혹은 철립위(鐵笠圍)라고 불렀다. 따라서 20세기 중반까지는 이러한 난로회 방식의 요리를 전골로 여겼던 것으로 보이지만, 20세기 후반으로 넘어가면서 손질한 재료를 냄비에 담고 육수를 부은 뒤 끓여 먹는 형태로 바뀐 것으로 보인다.

20세기 중반경까지 가장 많이 등장하는 낙지전골 조리법도 역시 손질한 낙지와 함께 소고기, 채소 등을 접시에 둘러담고 식사할 때 조금씩 원하는 재료를 넣어 익혀 먹는 방식이다. 1946년 방신영(方信榮: 1890-1977)의 『조선음식 만드는 법』은 손질한 낙지와 썰어서 양념한 소고기, 그리고 쑥갓, 양파, 파 등의 채소를 함께 준비해두고 화로에 올려두고 재료를 조금씩 넣어 볶아 먹으라고 하였다. 1959년 〈경향신문〉에 실린 요리연구가 김제옥(金濟玉)의 조리법도 이와 비슷하게 접시에 손질한 재료를 담아 식탁 위에서 직접 조리해 먹는 방법이다(〈경향신문〉 1959년 3월 16일자).

1970년에 황혜성의 조리법 또한 다른 저자들과 마찬가지로 밑 준비를 끝낸 재료를 식탁 위에서 조금씩 익혀가며 먹도록 하였다. 또 전골은 찌개처럼 국물을 많이 부으면 맛이 나지 않으며 낙지와 채소에서 나온 국물로 익혀 먹도록 해야 한다고 했다. 한편, 1970년 황혜성의 낙지전골 조리법의 가장 또 다른 특징은 이전과 달리 양념 재료에 고춧가루가 사용되었다는 점이다(〈동아일보〉 1970년 4월 21일자).

반면, 조자호(趙慈鎬: 1912-1976)는 식탁 위에서 조리해가면서 먹는 방식 대신에 부엌에서 완성하는 조리법을 택했다. 1939년의 『조선요리법(朝鮮料理法)』에서 낙지와 소고기에 간장, 설탕, 후춧가루, 참기름, 깨소금 등의 양념을 사용한 뒤 냄비에 익혀서 달걀을 풀어 먹도록 하였다.

분류 : 음식
참고문헌 : 작자 미상, 『시의전서』; 이용기, 『조선무쌍신식요리제법』(영창서관, 1924); 조자호, 『조선요리법』(광한서림, 1939); 방신영, 『조선음식 만드는 법』(대양공사, 1946); 「낙지전골」〈경향신문〉 1959년 3월 16일; 「今週(금주)의 식탁」, 〈동아일보〉 1970년 4월 21일
필자 : 서모란

산낙지(낙지회)

산낙지의 사전적인 의미는 살아 있는 낙지라는 뜻이지만 '살아 있는 낙지를 잘라서 날것 그대로 먹는 음식'을 뜻하는 용어로 더 많이 쓰인다. 조선시대나 근대시기에는 살아있는 낙지를 내륙까지 운반하는 일

이 어려웠기 때문에 20세기 중반 이전의 조리서들의 낙지회는 산낙지가 아닌 낙지숙회를 뜻하였다. 17세기말 작자 미상의 조리서인 『주방문(酒方文)』과 고종(高宗: 재위 1863-1907) 말기 편찬된 것으로 알려진 『음식방문(飮食方文)』에 낙지치라는 음식이 나오는데 데친 낙지에 초간장을 곁들인 음식으로 이는 현대 음식용어로 표현하면 낙지숙회라고 할 수 있다. 비슷한 요리법의 음식을 1800년대 후반 조리서인 『시의전서(是議全書)』와 1847년경 편찬된 것으로 여겨지는 『주식방문』은 낙지회라고 하였다.

19세기까지의 조리서들에서 데쳐낸 낙지에 초간장을 곁들인 것과 달리 20세기의 조리서에서는 초고추장이 곁들여진다. 초고추장을 곁들이는 낙지회는 이용기(李用基: 1870-1933)의 『조선무쌍신식요리제법(朝鮮無雙新式料理製法)』(1924)의 낙지백숙, 조자호(趙慈鎬: 1912-1976)의 『조선요리법(朝鮮料理法)』(1939)의 낙지회 등에서 확인할 수 있다.

다른 조리서의 낙지채, 낙지백숙 등 낙지숙회와 『조선요리법』 낙지회의 차이점은 『조선요리법』에서는 낙지에 녹말을 묻힌 뒤 데친다는 점이다. 이는 '어채'라는 음식과 같은 조리법이다. 어채는 생선살과 해산물을 저며서 녹말가루를 묻혀 끓는 물에 데쳐내는 음식이다.

조선시대 생선회와 숙회의 구분은 주로 날생선을 쓸 경우 어회, 데친 생선을 낼 경우 어채라고 불렀다. 하지만 낙지회처럼 숙회인 경우에도 회라는 명칭을 쓰기도 하였다. 『조선무쌍신식요리제법』은 '날생선과 육고기로 만드는 것을 통칭해 어생(魚生)이나 육생(肉生)이라고 하며 삶거나 볶아서 썬 것을 회라 하는 것은 거짓말'이라고 하였다.

일반 생선은 살아있는 것뿐 아니라 죽은 것도 신선한 것은 회로 먹을 수 있었으며, 선도도 오래 유지되는데 반해 낙지는 살아있는 것이 아니면 회로 즐기기 어렵다. 때문에 조선시대의 날생선을 사용한 어회의 감으로 낙지가 언급되는 경우는 나타나지 않는 것으로 보인다.

20세기 중반경이 되면 조리서 중에도 어회의 재료로 낙지를 언급하는 경우가 나타난다. 방신영(方信榮: 1890-1977)은 1921년의 『조선요리제법(朝鮮料理製法)』에서는 어회의 재료로 도미, 민어, 웅어 등을 언급하였으나 같은 책의 개정판인 1946년의 『조선음식 만드는 법』에서는 이 같은 생선류와 함께 낙지, 조개를 어회의 재료로 들고 있다. 또한 1921년의 『조선요리제법』에서는 초고추장과 함께 겨자를 어회의 소스로 들고 있지만 1946년의 『조선음식 만드는 법』에서는 초고추장만을 언급하고 있다.

1970년대 이전에는 산낙지를 음식용어로 널리 사용하지는 않았던 것으로 보인다. 활어의 유통이 활발해지기 전까지는 갯벌이 있어 낙지가 생산되는 바닷가 인근 지역에서만 산낙지를 즐겼으며 내륙에서는 살아서 움직이는 낙지를 볼 기회가 많지 않았기 때문이다. 1970년대 중반이 넘어가면 한반도 내륙에서도 산낙지를 즐길 수 있게 되었다. 목포의 산낙지를 소개한 1977년 〈경향신문〉의 기사에 따르면 이 당시에는 목포 뿐 아니라 서울이나 광주 등의 내륙지방에서도 이미 산낙지를 먹을 수 있었다(〈경향신문〉 1977년 12월 3일자).

1980년대경의 신문 기사에는 세발낙지라는 것이 등장하기 시작한다. 세발낙지는 가늘 세(細)자를 사용하여 보통 낙지보다 작고 발이 가느다란 것을 뜻한다. 세발낙지는 크기가 작기 때문에 일반 크기의 낙지보다 훨씬 연하여 씹기가 쉽기 때문에 특히 산낙지로 먹기 좋다. 이렇게 작은 산낙지는 자르지 않고 통으로 먹기도 하였는데, 최근까지도 통으로 산낙지를 먹다가 기도를 막아 사망한 사건이 종종 일어나고 있다(〈경향신문〉 2007년 12월 21일자).

산낙지는 낙지를 자를 때 도마에 놓고 탕탕 칼로 내려쳐서 자른다고 하여 '낙지탕탕이'라는 이름으로도 불렸다. 낙지탕탕이는 참기름, 소금, 깨소금 등 양념하여 먹는데 날달걀의 노른자를 섞기도 한다.

분류 : 음식
참고문헌 : 작자 미상, 『시의전서』; 작자 미상, 『주방문』; 작자 미상,

『음식방문』; 이용기, 『조선무쌍신식요리제법』(영창서관, 1924); 방신영, 『조선요리제법』(광익서관, 1921); 방신영, 『조선음식 만드는 법』(대양공사, 1946); 조자호, 『조선요리법』(광한서림, 1939); 「木浦(목포) 산낙지」, 〈경향신문〉 1977년 12월 3일; 「산낙지 먹던 40대 남성 기도가 막혀 숨져」, 〈경향신문〉 2007년 12월 21일
필자 : 서모란

분류 : 의례
색인어 : 퍼시벌 로웰, 이사벨라 비숍, 낚시, 고추장, 잉어, 회
참고문헌 : 이사벨라 버드 비숍 저, 이인화 역, 『한국과 그 이웃 나라들 - 백년 전 한국의 모든 것』(살림, 1994); 퍼시벌 로웰 저, 조경철 역, 『내 기억 속의 조선, 조선 사람들』(예담, 2001)
필자 : 서모란

낚시(퍼시벌 로웰)

퍼시벌 로웰(Percival Lawrence Lo-well: 1855-1916)은 1886년에 쓴 『내 기억 속의 조선, 조선 사람들(Choson; The Land of the Morning Calm)』이라는 책에서 서울 한강 지역의 낚시 장면을 묘사했다. 로웰에 따르면 서울에서 소비되는 생선은 한강의 낚시꾼들에 의해 공급되는데, 한강 주변 마을 주민들은 대부분 생업으로 낚시를 하였다고 했다. 주로 잡히는 물고기는 잉어라고 했다.

로웰에 따르면 겨울에는 미끼 없이 고기를 낚고 여름에는 미끼를 쓴다. 겨울에는 빙판에 구멍을 뚫고 낚싯대를 드리우는데 이때 썰매를 이용해 움직이거나 썰매 위에 앉아 낚시를 하기도 한다. 특히 겨울은 땅이 얼어붙어 농사를 지을 수 없으니 더욱 얼음낚시에 매달린다. 또 한강뿐 아니라 조경을 위해 조성해놓은 작은 연못에서도 잉어 낚시를 즐긴다고 하였다.

이사벨라 버드 비숍(Isabella Bird Bishop: 1831-1904)도 역시 한강에서 낚시하는 남자들을 목격하였다. 비숍은 한강에서 작은 생선을 잡은 남자들이 고추장 그릇에 넣어 뼈째로 먹는 것을 보았다고 하였다.

견지낚시, 1900년대, 국립민속박물관. 얼음 위에서 견지낚시 하는 모습을 찍은 흑백사진.

남주북병(南酒北餅)

조선 후기 홍석모(洪錫謨: 1781-1850)는 『동국세시기(東國歲時記)』에서 3월에 빚어 마시는 술의 종류와 이름난 술, 떡집에서 만들어 파는 각종 떡을 설명하였다. 그러면서 당시의 서울 풍속에 남산 밑에서는 술[酒]을 잘 빚고, 북부에서는 맛좋은 떡[餅]을 많이 만들기 때문에 서울 속담에 '남주북병(南酒北餅)'이란 말이 생겼다고 했다. 아울러 그가 살던 당시 서울의 술집에서는 과하주(過夏酒)를 빚어 팔았으며, 소주(燒酒)로는 현재의 공덕동 인근의 독막[甕幕] 주위에서 수백, 수천 독을 빚어 파는 삼해주(三亥酒)가 가장 좋다고 소개하였다(정승모, 2009: 103-104쪽).

이후 최남선(崔南善: 1890-1957)은 『조선상식문답(朝鮮常識問答)』에서 이 '남주북병' 이란 말에 조선시대의 사회적 사정이 반영되어 있다고 풀이하였다. 북촌(北村)에는 대체로 부귀한 집이 많고, 그러다보니 음식 사치가 대단하여 '갖은 편'이라

최남식, 『조선상식문답』, 1946, 가로 12.8cm, 세로 18.4cm, 두께 1cm, 대한민국역사박물관

고 하여 온갖 떡을 만들다가 떡 만드는 솜씨가 늘었던 것이고, 남산 밑의 남촌에는 구차한 샌님과 권세 없는 호반(虎斑), 즉 무반(武班)네들이 사는 곳이라 쉽게 취하여 세상살이 불쾌한 것을 잊자는 뜻에서 술을 많이 마시다보니 술 빚는 솜씨가 늘었다는 것이다.

조선시대에 북촌과 남촌은 청계천을 기준으로 갈렸다. 북촌에는 왕족, 고위 관리 등의 권세 있고 부유한

양반이 주로 모여 살았고, 남촌에는 '남산골 샌님', '남산골 딸깍발이'라 불리던 몰락하고 가난한 양반, 과거에 급제하지 못한 양반들이 많이 거주하였다. 그러나 일제 강점기가 되면서 남촌 지역에 일본인들이 자리잡게 되면서, 북촌과 남촌의 모습이 달라졌다. 이에 따라 북촌은 조선인의 공간, 남촌은 일본인의 공간이 되었고, 일제 강점기부터는 더 이상 '남주북병'이란 말을 적용할 수 없게 되었다.

그리하여 1929년 잡지『별건곤(別乾坤)』에 실린「경성명물집」을 보면, 서울의 명물(名物)을 설명하면서 '남주북병'도 어느덧 옛말이 되었다고 썼다. 이때 남촌에는 이미 정종(正宗), 즉 일본 술을 먹는 사람들의 마을, 즉 일본인 촌이 되었고 술도 주세령의 발포로 개인은 빚을 수 없고 회사(會社)의 독점물(獨占物)이 되었으니 술을 품평할 여지가 없다는 것이다. 그나마 공덕리(孔德里)의 소주(燒酒)가 있고, 약주(藥酒)로는 시내 안국동의 윤가주(尹家酒), 중학동의 이가주(李家酒), 그 밖에 중앙주(中央酒)가 좋다고 손꼽았다. 떡 또한 호떡, 왜떡, 러시아빵, 기타 과자 등이 생겨서 떡의 수요가 이전 같지 않게 되었고, 그 결과 떡집도 적어지고 점점 떡의 종류도 줄어간다고 아쉬워하였다. 그렇다 해도 여전히 서울에는 철에 따라 먹는 떡이 특색 있게 보존되고 있어서, 봄에는 쑥송편, 개피떡, 송기떡, 빈대떡, 4월 초8일에는 느티떡, 5월 단오에는 취떡, 6월과 7월에는 증편과 깨인절미, 8월 추석에는 송편, 겨울에는 시루떡, 두텁떡 등이 유명하고, 시골에서 볼 수 없는 색절편(色切片)도 명물로 들었다.

분류 : 의례
색인어 : 술, 소주, 떡, 빈대떡, 동국세시기
참고문헌 : 홍석모 지음, 정승모 역,『동국세시기』(풀빛, 2009); 최남선 지음, 최상진 해제,『조선의 상식(朝鮮常識問答)』(두리미디어, 2007);「京城名物集」,『별건곤』23호(삼천리사, 1929);「남촌」,「북촌」,『서울지명사전』(서울특별시사편찬위원회, 2009)
필자 : 김혜숙

납폐(683년)

문무왕의 뒤를 이은 신문왕은 원래 태자 시절 혼인했던 왕비 김씨가 있었다. 그러나 오랫동안 아들이 없었고 왕비의 아버지였던 김흠돌(金欽突: ?-681)이 반란을 일으켰다가 진압된 후 수많은 귀족들이 반란에 연루되어 죽고 김흠돌은 처형되었으며 왕비 역시 궁에서 쫓겨났다.

왕이 곧 나라의 중심이던 사회에서 왕비가 없는 군주란 있을 수 없는 일이었다. 그래서 683년 2월 신문왕은 새로운 왕비를 맞을 준비를 한다. 신문왕의 왕비가 될 사람은 화랑으로 이름이 높았고 백제군과 싸우던 도중 전사한 일길찬 김흠운(金欽運: ?-655)의 딸이었다. 이 혼인을 위해 신문왕은 우선 이찬(伊湌) 문영(文穎: ?-?)과 파진찬(波珍湌) 삼광(三光: ?-?)에게 날짜를 정하게 했다. 그 후 신랑이 신부의 집에 혼인의 의사를 묻는 납채(納采)를 진행했고 그때 납폐(納幣), 즉 폐백물품을 보냈다. 이때 신문왕이 보낸 폐백물품의 대부분이 음식이란 점이 눈에 띈다.『삼국사기(三國史記)』의 기록에 따르면 쌀·술·기름·꿀·장(醬)·메주·포·식초가 130수레[輾]였고 겉껍질이 붙어 있는 곡물[租] 150수레[車]였다고 한다.

이후 같은 해 5월 7일 이찬 문영과 개원(愷元)을 김흠운의 집을 보내 그 딸을 왕비로 책봉하고 그날 묘시(卯時)에 여러 신하들의 부인과 딸들을 보내 수레를 타고 오는 왕비를 맞이하게 했다. 이 왕비가 효소왕(孝昭王)의 어머니인 신목왕후(神穆王后)이다.

분류 : 의례
색인어 : 김흠돌, 신목왕후, 문무왕, 납폐, 폐백음식, 쌀, 술, 기름, 꿀, 장, 메주, 포, 식초, 곡물
참고문헌 : 김부식,『삼국사기』
필자 : 이민재

낮것

조선시대에는 '낮것'이라 하여 궁중이나 관청에서 특별한 날 낮에 차려내는 음식이 있었다. 흔히 낮에 먹는 음식으로는 오찬(午餐, 혹은 中食), 낮점심 등이 있지만, 엄밀한 의미에서 낮것은 이들과 그 성격이 달라서 주물(晝物)이라는 별도의 명칭을 사용하였다.

우선, 낮것은 특별한 날 차려진다는 특징이 있었다. 『조선왕조실록』에는 주물(晝物) 혹은 주물상(晝物床)에 관한 기사가 여럿 보이는데, 이 중 상당수가 정월의 인일(人日: 정월 초이레)과 상원(上元: 정월 대보름), 2월의 중화절(中和節: 2월 1일), 3월의 중삼절(重三節: 삼월 삼짇날), 7월 백중(伯仲: 7월 15일), 9월 중양절(重陽節: 9월 9일) 등과 같은 절일(節日: 철이 바뀔 때마다 돌아오는 명절)에 차려진 것이었다(『중종실록』). 또한 1537년(중종 32) 10월 22일 왕세자가 자신의 탄일(誕日: 태어난 날)에 중종에게 주물상을 올리는 것으로 보아, 탄일에 효행의 의미로 주물상을 준비하여 상전(上殿)을 대접하였음을 알 수 있다(『중종실록』). 그리고 1882년(고종 19) 1월 18일 훗날 순종임금이 될 왕세자 척(坧: 1874-1926)의 빈을 뽑는 재간택에서는 왕세자빈으로 내정된 민태호(閔台鎬: 1834-1884)의 딸에게 별도로 주물상을 제공하기도 했다(『임오 정월 십팔일 재간택 진어상 빈상 처자상 발기(壬午 正月 十八日 再揀擇 進御床 賓床 處子床 發記)』). 이외에도 나라의 인재를 뽑는 문과(文科)나 국자감시(國子監試) 등을 치를 때에도 이를 주관하는 부서에 주물상이 제공되었다(『명종실록』, 『만기요람(萬機要覽)』).

특별한 날 차려진 별식인 만큼, 낮것은 일상식인 오찬이나 낮점심과 달리 술이나 떡, 수단, 과일 등과 같은 색다른 음식들로 구성되었고, 경우에 따라서는 상화(床花)를 꽂아 화려하게 장식하기도 했다(『쇄미록(瑣尾錄)』, 『묵재일기(默齋日記)』). 또한 『중종실록』에도 주물에 '별진상(別進上: 별도로 진상하는 것)' 혹은 '별진어선(別進御膳, 특별히 바치는 어선)' 등과 같은 주석이 달려있어서 주물상이 매우 특별한 음식들로 마련된 상차림이었음을 알 수 있다. 실제로 『임오 정월 십팔일 재간택 진어상 빈상 처자상 발기(壬午 正月 十八日 再揀擇 進御床 賓床 處子床 發記)』에는 왕세자빈이 될 처자에게 제공된 '아기씨주물상(阿只氏晝物床)'이 자세히 기록되어 있는데, 각색병, 전복초, 화양적, 생선전유어, 양전유어, 편육, 족병, 수란, 생리

작자 미상, 왕세자탄생기념잔치[王世子誕降陳賀圖] 우측부분, 조선, 견본채색, 각폭 101.2×38cm, 국립중앙박물관

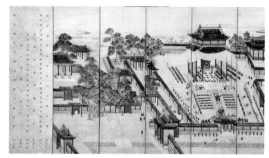

작자 미상, 왕세자탄생기념잔치[王世子誕降陳賀圖] 좌측부분, 조선, 견본채색, 각폭 101.2×38cm, 국립중앙박물관

(生梨: 배), 석류, 유자, 준시(蹲枾: 곶감), 각색정과, 면신선로, 탕신선로, 식초장, 겨자, 꿀 등으로 구성되어 있었다.

하지만 낮것상이 차려질 특별한 날, 예외적으로 낮것상 대신 생선이나 고기를 쓰지 않은 소선(素膳)이 차려지는 경우가 있었다. 1592년(중종 24) 9월 9일은 중양절이라 주물상이 준비될 예정이었다. 그런데 이날 평안도 관찰사 허굉(許硡: 1471-1529)이 사망했다는 비보를 듣고 슬픔에 빠진 중종은 주물 대신 소선을 차리라고 명하였다(『중종실록』). 이처럼, 상사(喪事)를 당하거나 나라에 가뭄, 흉년 같은 걱정거리가 있을 경우에는 주물조차도 정지되었음을 알 수 있다.

분류 : 의례
색인어 : 끼니, 낮것, 주물(晝物), 왕세자 척
참고문헌 : 『중종실록』; 『명종실록』; 『임오 정월 십팔일 재간택 진어상 빈상 처자상 발기(壬午 正月 十八日 再揀擇 進御床 賓床 處子床 發記)』; 『만기요람』; 정연학, 「조선시대의 끼니」, 『한국사연구 112』(한국사연구회, 2001); 주영하, 「1882년 왕세자 척의 혼례 관련 왕실음식 발기 연구」, 『고문서연구 48』(한국고문서학회, 2016)
필자 : 양미경

냉면

냉면(冷麵)은 차게 식힌 육수에 메밀국수나 감자녹말 국수를 넣고, 무절임과 배추절임, 고기를 고명으로 얹어서 먹는 음식이다. 육수를 부어서 물냉면으로 먹기도 하고, 육수 대신 맛깔스러운 양념을 얹어 비빔냉면으로 즐길 수도 있다.

냉면 중에는 관서지방의 평양냉면과 해주냉면을 제일로 쳤다. 그러나 혹자는 냉면의 발생기원을 더듬어 보면 냉면이 그리 고상한 음식이 아니라면서, "1년 열두 달에 쌀밥 먹는 날은 생일날과 명절날밖에 없는 이 지방의 화전민들이 메밀이나 감자가루 또는 귀리를 국수처럼 만들어 먹은 음식이 오늘날 냉면의 원조가 된 것"이라고 설명하였다(「냉면(冷麵)에 서린 유래(由來)」, 〈매일경제〉 1966년 7월 14일자). 즉, 냉면이 발달한 평안도, 함경도, 강원도는 평야가 귀한 산간지이다 보니, 하는 수 없이 메밀, 감자, 귀리를 이용한 국수문화가 발달했다는 것이다.

기원이 어찌되었건, 관서지역 사람들에게 냉면은 겨울철이면 기다려지는 음식이었다. 정약용(丁若鏞: 1762-1836)은 "관서 땅 시월이면 눈이 한 자 넘게 쌓이리니/ 겹겹 휘장 부드러운 담요에 손님을 잡아두고는/ 삿갓 모양 뜨거운 솥뚜껑에 벌건 노루고기 구워/ 나뭇가지 꺾어서 냉면에 퍼런 배추절임 먹겠지."라고 하여 겨울철 따뜻한 방에서 냉면을 즐기는 모습을 묘사하였다(정약용, 『다산시문집(茶山詩文集)』). 홍석모(洪錫謨: 1781-1857) 또한 『동국세시기(東國歲時記)』에서 음력 11월에 먹는 겨울철 시식(時食)으로 냉면을 소개하고 있다. 그리고 1929년 『별건곤(別乾坤)』에 실린 '사시명물 평양냉면(四時名物 平壤冷麵)'에서 김소저(金昭姐)라는 필명의 필자는 함박눈이 더벅더벅 내리는 날, "꽁꽁 언 김치죽을 뚫고 살얼음이 뜬 진장김칫국에다 한 수저, 두 수저 풀어 먹고", 너무 추운 나머지 "우루루 떨려서 온돌방(溫突房) 아랫목으로 가는 맛", 그것이야말로 평양냉면의 참맛이라고 했다.

그러나 근대시기로 접어들면서 냉면은 겨울뿐 아니라, 사시사철 어느 때고 즐길 수 있는 별미(別味)가 되었다. 이러한 변화의 핵심에는 얼음이 있다. 냉면을 냉면답게 차게 즐기기 위해서는 반드시 얼음이 필요했는데, 인위적으로 얼음을 만들 수 없었던 전근대시대에는 겨울철이 되어야만 냉면을 먹을 수 있었던 것이다. 그러나 19세기 말 독일에서 인공 얼음을 만드는 냉동기가 발명되었고, 이러한 기술이 1910년경 식민지 조선에 유입되어 제빙소와 제빙공장이 문을 열었다(주영하, 『식탁 위의 한국사』). 이러한 과정을 거쳐 냉면은 이제 사시사철 즐길 수 있는 음식으로 거듭나게 되었고, 급기야는 더운 여름철 별미로 '재탄생'되었다. 1920년대 말 서울 청계천 북쪽에는 40여 곳이 넘는 냉면집이 있었다고 한다(주영하, 「주영하의 음식 100년(8): '사시사철' 별미, 냉면」, 〈경향신문〉 2011년 4월 26일자). 이처럼 냉면집이 호황을 누리게 된 배경에는 일본 화학조미료 회사인 아지노모도[味の素]의 공이 크다. 원래 냉면은 동치미와 고기육수를 적절히 배합해서 국물 맛을 내는데, 이렇게 하려면 육수 숙성에 시간이 많이 소요될 뿐 아니라 대중들의 수요를 충족시킬 수가 없었다. 그런데 아지노모도 한 방울이면 모든 게 해결되었다. 실제로 1931년 12월 17일자 〈동아일보〉에는 "냉면+아지노모도=미미(美味), 모든 음식+아지노모도=미미, 음식점+아지노모도=천객만래(千客萬來)"라는 광고가 실렸다.

분류 : 음식
색인어 : 메밀, 감자, 국수, 동치미, 동국세시기
참고문헌 : 정약용 저, 양홍렬 역, 「戲贈瑞興都護林君性運」, 『다산시문집』(한국고전번역원, 1994); 홍석모 저, 최대림 역, 『동국세시기』(홍신문화사, 2006); 「팔도명식물예찬」, 『별건곤』(1929); 「양념가루 아지노모도(味の素)」(광고), 〈동아일보〉 1931년 12월 17일; 「냉면(冷麵)에 서린 유래(由來)」, 〈매일경제〉 1966년 7월 14일; 주영하, 「주영하의 음식 100년(8): '사시사철' 별미, 냉면」, 〈경향신문〉 2011년 4월 26일; 주영하, 『식탁 위의 한국사』(휴머니스트, 2013)
필자 : 양미경

냉면(조두순)

풍악소리 서쪽 누각에 요란하게 울리는데
소나기에 저녁 바람 불자 가을처럼 시원하네

고운 이웃 여인의 새로운 솜씨에 힘입어
평양 냉면이 사람의 목구멍을 시원하게 하네
笙簫迭發鬧西樓 驟雨斜飛颯似秋
賴有芳隣新手法 箕城冷麵沃人喉

*조두순, 「삼호의 세심정에서 현석의 소동루로 거처를 옮기고서[自三湖洗心亭, 移卜玄石之小東樓, 今二年矣, 而前多信宿殆恩恩, 癸卯五月, 得更來錄雜識]」

조두순(趙斗淳: 1796-1870)은 본관이 양주(楊州)고 자는 원칠(元七), 호는 심암(心菴)이다. 벼슬이 영의 정과 봉조하(奉朝賀)에 이르렀는데 문학에도 뛰어나 문집 『심암집(心菴集)』에 아름다운 작품이 꽤 보인 다. 마포에 세심정(洗心亭)과 소동루(小東樓)를 두고 풍류를 즐긴 바 있다. 그때 인근에 살던 그의 벗 김대 연(金大淵)이 평양 출신의 첩을 데리고 살았는데 냉 면을 잘 만들었다. 그래서 그 여인이 만든 냉면을 먹 고 이 시를 지었다. 한바탕 소나기가 퍼붓고 바람이 불자 오뉴월 찌는 듯한 더위가 잠시 주춤해졌다. 여기 에다 시원한 냉면 한 사발을 먹게 되었으니, 최고의 피서를 즐긴 것이라 하겠다.

우리나라에서 냉면의 역사는 자세하지 않다. 17세기 전반의 문인 장유(張維: 1587-1638)가 「붉은 국물에 만 냉면(紫漿冷麵)」이라는 시를 지었는데 "불그스름 국물은 노을빛이 어렸는데, 백옥 같은 가루는 눈꽃이 고루 배었네. 젓가락 들자 입안에 향기가 돌아나고, 옷을 껴입어야 할 듯 한기가 스미네[紫漿霞色映 玉粉 雪花勻 入箸香生齒 添衣冷徹身]."라 하였지만 오늘 날 먹는 냉면과 같은 것인지는 장담하기 어렵다.

오늘날과 유사한 냉면을 노래한 시는 18세기 무렵부 터 본격적으로 등장한다. 유득공(柳得恭, 1748-1807) 이 평양의 풍속을 시로 노래한 「서경잡절(西京雜絶)」 에서 "냉면 때문에 돼지 수육 값이 막 올랐다네(冷麵 蒸豚價始騰)."라 하였으니 냉면에 넣을 돼지고기 값 이 폭등할 정도로 냉면이 유행하였음을 알 수 있다. 또 이면백(李勉伯, 1767-1830)이 평양의 풍물을 노래 한 「기성잡시(箕城雜詩)」에서는 "얼음 넣은 냉면에

뜨끈한 홍로주(冷麵氷入紅露熱)"라 하였으니, 평양 의 홍로주와 냉면의 궁합이 소문이 났던 모양이다. 특 히 오횡묵(吳宖默)이 1898년 제작한 「관아의 주방에 서 냉면을 내어왔기에 자리에 함께한 사람들과 품평 을 하다[冷麵自官廚至與一座評品]」에서 "누가 메밀 국수를 교묘하게 잘게 뽑아내고, 후추와 잣, 소금, 매 실 얹어 색색으로 꾸몄는가. 큰 사발에 부어 넣자 펑 퍼짐하게 오므라드는데, 두 젓가락으로 잡으니 굼틀 굼틀 따라서 올라오네. 맛을 보니 창자까지 그저 시원 한 줄 알겠는데, 늘 먹다 보면 수염에 슬쩍 붙겠지만 무엇이 대수랴. 게다가 세밑에 차가운 등불 아래서, 기이한 맛과 향기까지 더하니 얼마나 좋은가[誰翻佛 飥巧抽纖 椒栢塩梅色色兼 着入大椀盤縮緒 夾持雙 箸動隨拈 試嘗便覺偏醒胃 長啜何嫌薄汚髥 況玆歲 暮寒燈夜 異味奇香一倍添]."라 하였다. 소금과 매실 식초로 간을 하고, 잣을 띄워 멋을 부렸다. 오늘날의 냉면과 거의 같음을 확인할 수 있다.

분류 : 문학
색인어 : 냉면, 조두순, 장유, 유득공, 이면백, 오횡묵
참고문헌 : 이종묵, 『한시마중』(태학사, 2012)
필자 : 이종묵

냉면(진주냉면)

진주냉면은 경상남도 진주 지역에서 전승되는 향토 음식으로, 해물육수에 메밀국수를 말아서 먹는 음식 이다. 본래는 진주교방에서 술을 마신 후 입가심으로 제공된 음식이었다는 이야기가 구전으로 전해 내려 오고 있다. 하지만 1960년대 이전에 쓰여진 문헌자료 어디에도 진주냉면에 대한 기록이 발견되지 않아서 이 음식의 역사를 정확히 고증하기가 매우 어려운 실 정이다.

현존하는 진주냉면은 다른 지역 냉면에 비해 다음과 같은 특징을 지닌다. 첫째, 고기육수가 아닌 해물육수 를 쓰고 있다는 점이다. 진주냉면은 남쪽에 위치한 삼 천포·사천 등지에서 공수한 새우, 멸치, 바지락, 다시 마 등의 해물로 육수를 내는데, 벌겋게 달군 무쇠막대 를 끓는 육수 통에 반복해서 담그는 방식으로 비린내

를 제거한다. 둘째, 고명으로 고기편육 대신 소고기 육전을 쓴다는 점이다. 육전은 소의 우둔살을 납작하게 저미고 계란 옷을 입혀 기름에 지져낸 후 먹기 좋게 채 썰어 올린다. 셋째, 배추절임이나 무절임 대신 잘 익은 배추김치를 다져서 올린다. 넷째, 삶은 계란 대신 황백지단을 부쳐서 고명으로 올린다. 다섯째, 고명이 매우 화려하다는 점이다. 고명으로는 소고기육전, 배추김치, 계란지단, 오이채, 실고추, 잣 등을 쓴다.

분류 : 음식
참고문헌 : 농업진흥청·농촌자원개발연구소,『한국의 전통향토음식 9 - 경상남도 편』(교문사, 2008);『두산백과사전』「진주냉면」;『디지털 진주문화대전』「진주냉면」
필자 : 양미경

서울에서 문전성시를 이루는 냉면집 평양냉면ⓒ하응백

냉면(평양냉면)

평양냉면(冷麵)은 차갑게 식힌 국물에 메밀국수를 넣고 고명을 얹어 먹는 음식이다. 이와 반대로 따뜻하게 먹는 국수를 온면이라 하여 냉면과 구분하기도 한다. 하지만 정작 냉면의 본고장인 평안도에서는 냉면을 그냥 '국수'라고 부른다고 한다(조풍연,『서울잡학사전』). 냉면은 예로부터 평양냉면을 최고로 쳤다. 1929년 『별건곤(別乾坤)』은 「팔도명식물예찬(八道名食物禮讚)」이라는 특집기사에서 전국팔도의 이름난 음식을 다루었는데, 이때 김소저(金昭姐)라는 필명의 필자는 평양의 명물로 평양냉면을 소개하였다. 김소저는 이 글에서 계절별로 즐기는 평양냉면의 맛을 맛깔스럽게 표현하였다. 그에 따르면, 봄에 먹는 냉면은 춘흥(春興)을 즐기다가 대동문 2층루에서 대동강을 내려다보며 먹는 게 제 맛이고, 아주 더운 여름날에는 벌떡 대접에 주먹 같은 얼음덩이를 놓고 서리서리 얽힌 냉면을 먹으며 여름더위를 난다고 했다. 그리고 가을에는 오랫동안 그리워하던 지기(知己)를 만나 줄기줄기 긴 냉면을 먹으며 오랜 회포를 푼다고 했다.

이처럼, 1920년대에는 사시사철 냉면을 즐길 수 있게 되었지만, 평안도 사람들은 겨울 냉면을 '진짜' 냉면으로 쳤다. 1977년 1월 21일 〈동아일보〉에 실린 기사를 보면, "한겨울철 얼음까지 띄워 뜨뜻한 아랫목에서

먹는 맛을 친다."고 하였다. 그리고 앞서 '사시명물 평양냉면'을 쓴 김소저도 겨울철에 차가운 냉면을 먹고 우루루 떨며 온돌방으로 달려가는 역설을 재미나게 표현한 바 있다.

겨울 냉면은 차가운 맛도 맛이거니와 그보다 더 특별한 맛이 있었는데, 그것은 바로 냉면 국물(육수)이었다. 1978년 7월 28일자 〈매일경제〉에 평양에서는 겨울 냉면을 즐기기 위하여 "김장 담글 때 아예 김치 국물이 냉면 국물이 될 수 있도록 김치를 담아 한겨울에 국수만 삶아 김치 국물에 말아 먹"는다고 했다. 그런데 냉면용 김치는 양지머리 고기 삶은 물과 찹쌀미음을 넣고 맵지 않게 물김치로 담그고, 김칫독 안에 양념과 찹쌀 삶은 것을 무명주머니에 넣고 독에 담아두면 "독특하게 톡 쏘는 맛"을 낸다고 했다. 그러나 이보다 더 진한 국물을 원할 경우에는 꿩고기로 육수를 냈다. 〈동아일보〉 1977년 1월 21일자 기사에는 "지금 '평양냉면'이라는 것이 닭고기나 좀 찢어 넣고 돼지고기 한 점, 삶은 달걀 반쪽 정도 넣는 것이 행세를 하고 있는데, 원래는 꿩고기를 뼈째로 다져서 넣"어야 한다고 했다.

이처럼, 원래는 북한에서 즐겨 먹던 냉면을 남한에서

도 흔히 먹을 수 있게 된 것은 식민지 시기와 한국전쟁을 거치면서였다. 1920년대 말엽 서울 청계천 인근에는 40여 곳의 냉면집이 성업을 이루고 있었는데, 이들 중 일부는 평양에서 아예 일류 냉면기술자를 데리고 온 경우도 있었다. 그러다가 한국전쟁 당시 1·4후퇴 때 월남한 피난민들이 남한에 정착하는 과정에서 평양냉면이 더욱 급속도로 퍼지게 되었다. 서울은 물론 강원도와 부산 지역에까지 피난민들이 밀려 내려오면서 전란 후에 먹고 살 것이 없었던 이들이 호구지책으로 크고 작은 냉면집을 열면서 자연스럽게 서민들의 입맛을 사로잡아 냉면 열풍이 불었던 것이다.

분류 : 음식
참고문헌 : 「팔도명식물예찬」, 『별건곤』(1929); 「그리운 찡고기냉면」, 〈동아일보〉 1977년 1월 21일; 「무더위 이기는 별식요리」, 〈매일경제〉 1978년 7월 28일; 조풍연, 『서울잡학사전』(정동출판사, 1989); 주영하, 「주영하의 음식 100년(8): '사시사철' 별미, 냉면」, 〈경향신문〉 2011년 4월 26일; 주영하, 『식탁 위의 한국사』(휴머니스트, 2013)
필자 : 양미경

냉면(평양의 면옥노동조합)

식민지 시기 냉면집이 인기를 끌면서 자연스럽게 냉면을 파는 음식점도 늘어났다. 특히 냉면이 지역의 대표 음식으로 유명하던 평양에는 냉면을 파는 음식점이 많았고 자연스럽게 많은 사람들이 냉면을 만들어 파는 가게에서 일했는데 이들을 중심으로 만들어진 노동조합인 면옥노동조합이 있을 정도였다.

〈동아일보〉에 따르면 평양의 면옥노동조합은 1925년 1월 25일 냉면집과 만두·편수 등을 만들어 파는 가게에서 일하는 노동자들 약 105명이 모여 만든 노동자 단체였다. 이들은 노동조합을 결성하게 된 계기를 그동안 고용주의 착취와 학대를 받아왔기 때문이라면서 이에 대항하기 위해 노동조합을 조직했음을 밝혔다. 하지만 이들의 노동조합 활동은 순탄치만은 않았다. 특히 평양지역 면옥을 운영하는 고용주들이 모인 평양면옥조합과 노동환경과 처우개선 등의 문제로 마찰을 빚었다. 그러던 중 큰 사건이 발생한다. 그 발단은 1931년 2월 5일 평양면옥조합에서 냉면값 하락을 이유로 노동자들의 임금을 25% 삭감하겠다고 평양

면옥노동조합에 일방적으로 알린 것이다. 평양면옥노동조합에서는 고용주들과 교섭을 시도하지만 합의를 보지 못하고 2월 8일 평양시내 28개 곳의 노동자 279명이 동맹파업에 들어갔다.

동맹파업 초기에 평양면옥노동조합의 노동자들은 "최후의 승리"를 위한 전략으로 평양부의 백선행기념관에서 합숙하고 한 달에 좁쌀 4두씩을 배급하며 비폭력적 지구전을 채택하였다.

하지만 평양면옥조합에서 새로운 직원들을 채용해 파업에 대처하려 하자 평양면옥노동조합은 전략을 수정한다. 1931년 2월 14일 오후 7시경 평양노동조합의 노동자들이 5-6명씩 몰려다니며 평양 시내 곳곳에 있던 냉면집 7곳을 부쉈다. 그 과정에서 고용주들을 구타하여 중상자 6명과 경상자 21명이 발생하는 큰 사건이 벌어졌다.

이 사건으로 평양 내 면옥들은 한동안 문을 닫을 수밖에 없었다. 평양면옥노동조합도 회관을 수색당하고 조합 소속 노동자 60여 명과 이 사건과 관련 있다고 여겨지는 평양노동연맹 간부들이 검거당했다. 쌍방에 큰 피해를 안긴 이 사건은 평양경찰서가 면옥조합과 면옥노동조합 사이에서 분쟁을 조정해 임금을 15% 이하로 인하하는 것으로 마무리가 되었다.

분류 : 음식
색인어 : 평양냉면, 평양면옥조합, 평양면옥노동자조합, 평양, 백선행기념관, 파업, 냉면집
참고문헌 : 〈동아일보〉; 『한민족독립운동사 9』(국사편찬위원회, 1991); 주영하, 『식탁 위의 한국사』(휴머니스트, 2013)
필자 : 이민재

냉면(함흥냉면)

함흥냉면은 함경남도 함흥 지역에서 전승되는 음식으로, 다른 지역에서 냉면국수로 메밀국수를 쓰는 데 반해 함흥 지역에서는 감자를 이용해 국수를 만든다. 이는 함경도의 지리적·생태적 환경이 반영된 결과로, 이곳 산간 지역의 고원지대에서 감자가 많이 재배되고 품질 또한 우수하기 때문이다.

함경도 지역에서는 집안에 경사가 있을 때 감자녹말

전분으로 국수를 눌러 먹었는데, 이를 감자국수, 녹말국수, 혹은 농말국수라고 불렀다. 감자국수 만드는 법은 다음과 같다. 우선, 감자를 강판에 갈아서 체에 밭쳐서 건지는 따로 모아두고 물은 앙금을 가라앉힌다. 체에 거른 건지와 감자녹말을 섞어 손바닥만 하게 납작하게 빚어 찜통에 찐 후 국수틀에 넣고 눌러서 국수를 뺀다(문화재연구소 예능민속연구실, 『향토음식』). 함흥냉면은 물냉면과 회냉면 두 종류의 냉면이 있다. 먼저, 물냉면은 감자국수에 차게 식힌 고기육수를 붓고, 웃기로 돼지고기 편육, 숙주나물, 무김치, 오이채를 올린다. 더 간단하게는 감자국수를 찬 동치밋국에 말고 웃기로 파김치나 갓김치를 올려서 먹기도 한다. 회냉면은 회국수라고도 불린다. 지느러미가 노란 손바닥만 한 참가자미를 잘게 썰어 식초, 설탕, 고추장 양념을 넣고 새콤달콤하게 무친 뒤 감자국수에 얹어서 매콤하게 비벼 먹는다. 특이한 점은 북쪽지방은 매운 음식을 많이 먹지 않는 편인데, 회냉면만큼은 유독 맵게 먹는다는 것이다.

한국전쟁 때 월남한 피난민들이 함흥냉면을 만들어 먹고 또 판매를 하게 되면서 함흥냉면이 남쪽 사람들에게 소개되었다. 그런데 남한에서는 함흥 지역에서만큼 참가자미를 구하기가 쉽지 않아서 참가자미 대신 목포산 홍어를 회로 만들어 쓰기도 했다고 한다(「오장동 냉면타운 홍어회 '살짝' '새콤달콤 매운맛'」, 〈경향신문〉 1997년 7월 10일자). 신문 기사에 간혹 함흥냉면을 즐기는 식도락가들의 이야기가 소개하기도

하는데, 이를 잠시 살펴보면 흥미로운 사실을 발견할 수 있다. 함흥냉면을 처음 접한 서울 사람들은 톡 쏘는 매운맛에 한 번 놀라고, 끊어지지 않는 국수에 또 한 번 놀랐다고 한다. 그러나 함흥냉면은 해방 초기까지만 해도 입안이 얼얼할 정도로 매웠는데, 나중에는 고객들의 입맛을 살펴 차차 새콤달콤한 맛으로 변화되었다고 한다(「함흥냉면」, 〈매일경제〉 1969년 4월 2일자).

분류 : 음식
참고문헌 : 「함흥냉면」, 〈매일경제〉 1969년 4월 2일; 「오장동 냉면타운 홍어회 '살짝' '새콤달콤 매운맛'」, 〈경향신문〉 1997년 7월 10일; 문화재연구소 예능민속연구실, 『향토음식』(문화공보부 문화재관리국, 1984)
필자 : 양미경

냉면집

1920년대 냉면집 밖에는 길게 술을 묶어 매단 막대기를 세웠다. 이 술은 국수 가락이 눌려 나오는 것을 나타냈으며, 이렇게 술을 늘어뜨림으로써 냉면을 파는 가게임을 표시하였다. 이런 방식으로 냉면집 앞에 처음으로 술을 늘어뜨린 가게는 서울 돈의동의 '동양루

속초의 함흥냉면. 북어채 무침을 고명으로 사용한다.ⓒ하응백

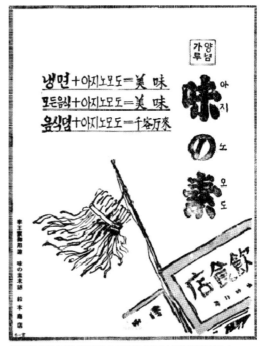

1931년 12월 17일 〈동아일보〉 5면 하단광고: 냉면집에 매달린 술

(東洋樓)'였다. 동양루는 당시 단성사 건너편에 있었는데, 관철동의 '부벽루'에 이어 서울에 두 번째로 진출한 평양냉면 집이었다. 1920년대에는 당시 서울에서 가장 유명한 평양냉면 집 가운데 하나가 바로 동양루였다. 이후 모든 냉면집이 동양루를 따라 가게 앞에 술을 내걸었다. 당시 냉면집처럼 물건을 걸어 간판을 삼은 사례는 드물지 않았는데, 양조장에서도 술을 거르는 용수를 막대기에 끼워 밖에 내다 걸고 양조장이라고 표시하였다(조풍연, 1989: 134쪽;〈경향신문〉 1987년 6월 12일자).

분류 : 음식
참고문헌 : 조풍연,「간판」,『서울잡학사전』(정동출판사, 1989); 조풍연,「식도락·녹말 섞어 쫄깃쫄깃한 게 평양냉면 특색」,〈경향신문〉 1987년 6월 12일
필자 : 김혜숙

막국수

막국수는 메밀로 만든 국수에 김칫국물을 붓고 그 위에 김치, 오이, 양념 등을 얹어서 먹는 강원도 지역의 향토음식이다. 춘천 지역의 막국수가 유명하여 춘천 막국수라고 불린다. 고원지대인 강원도는 메밀의 생육 조건을 갖추고 있어 수확량이 많을 뿐 아니라 품질이 뛰어난 메밀이 많이 재배되어 강원도산 메밀국수는 특별히 맛있기로 유명하다. 메밀국수는 원래 칼로 썰어서 만들었는데 차츰 기계화가 진행되면서 각 가정에 널리 보급된 간단한 국수틀을 사용하여 만들게 되었다.

1976년 10월 22일자〈경향신문〉의 연재기사 '내고장 별미 계절 따라 풍속 찾아 팔도 맛자랑' 코너에 시인이자 춘천농고 교사에 의해 춘천의 별미 음식이 몇 가지 소개되었다. 그중 하나가 막국수였다. 이 기사에 의하면 막국수는 무더운 여름이나 추운 겨울이나 사계절 내내 즐겨 먹는 음식으로 동네 사람들이 모이면 으레껏 등장하는 음식이었다. 그 모습에 대하여 '추운 한겨울에 화로를 둘러싼 이야기 장단이 한창 진행되다가 으슥한 밤이 되면 부엌에 나가 장작불을 지피고 펄펄 끓는 가마솥에 나무로 만든 분틀(국수나 냉면을 눌러 뽑는 틀)을 세우고 두서너 명이 매달려 국수를 누르는 그 광경은 참으로 우리 민족 고유의 정서를 자아내는 훈훈한 미풍…'이라고 묘사하고 있다. 그 맛에 대해서는 '입안에 넣으면 개운하고 산뜻한 것으로 겨울에는 찬 것을 더 차게 하기 위하여 동치미 국물이나 얼음을 띄워 먹은 후 따끈한 국수물에 간장을 몇 방울 떨구어 마시면 10년 묵었던 체기도 풀리는 듯 더욱 감칠맛이 난다.'라고 표현하였다.

막걸리, 막된장 등과 같이 '막' 자가 앞에 붙은 막국수는 품격이 높은 음식이라기보다는 서민생활과 함께 해 온 토속적인 음식이다. 막국수에 관해서는 '메밀국수는 막 먹어도 탈이 없다.'는 뜻에서 유래된 이름이라고도, 또 한편으로는 다른 국수요리와 달리 좋은 꾸미나 고명을 쓰지 않고 그저 김칫국물에 말았다고 해서 막국수라고 불린다고도 한다. 그러나 확실한 유래는 현재까지 알려지지 않고 있다. 위 일간지 기사에서도 묘사한 것과 같이 원래 지역민들이 밤참으로 많이 먹어 왔으나 점차 낮에도 먹게 되었으며 강원도를 대표하는 향토음식으로 사랑을 받게 되었다.

원래 한랭한 기후에서 자라는 메밀로 만든 국수이기 때문에 그 주변 추운 지역의 서민들이 즐겨 먹는 음식이 된 것은 당연지사이다. 그러나 평안도의 평안냉면, 함경도의 함흥냉면, 강원도의 춘천막국수와 같이 메밀국수를 냉면으로 먹게 된 배경에는 그 육수를 차게 하지 않으면 찬물에 헹궈 건진 사리가 엉겨 붙기 때문이며 이것이 이들 북부 지방의 별미를 창출해 낸 별난 배경이라는 의견도 있다.

막국수를 먹을 때 사용하는 김치는 동치미, 나박김치 등 어떤 김치라도 무방하나, 맑은 김치가 좋고, 또 김칫국물과 차게 식힌 육수를 반반씩 섞어도 맛이 좋다. 막국수는 밀로 만든 국수의 부드러움에 비하면 혀에 닿는 감촉이 매끄럽지만은 않다. 그래서 처음 먹는 사람들은 마치 보리밥을 먹는 듯한 느낌도 있으나 점차 구수한 맛과 메밀 특유의 감칠맛을 느낄 수 있다.

춘천에서는 매년 '춘천 막국수·닭갈비축제'(짝수 해에는 명칭이 '닭갈비·막국수축제')가 개최되는데, 여기

에서는 막국수를 직접 맛보고 전통적인 방법으로 막국수를 만드는 체험도 할 수 있다.

분류 : 음식
참고문헌 : 『한국의 전통향토음식 3-강원도』(교문사 2008); 춘천막국수닭갈비축제 조직위원회 홈페이지; 한국학중앙연구원, 『한국민족문화대백과사전』, 「막국수」; 「내고장 별미(別味) 계절(季節) 따라 풍속(風俗) 찾아… 팔도(八道) 맛자랑 〈14〉 춘천(春川) 막국수·쏘가리 매운탕」, 〈경향신문〉 1976년 10월 22일; 「막국수」, 〈매일경제〉 1982년 3월 31일; 한식재단, 한식포털, 「막국수」
필자 : 박경희

명월관냉면(『부인필지』)

『부인필지(婦人必知, 1908)』에는 '명월관냉면'이라는 음식이 있다. 명월관은 1903년에 안순환(安淳煥: 1871-1942)이 개점한 것으로 알려진 조선요리옥이다. 따라서 '명월관냉면'은 명월관에서 만들어 파는 방식의 냉면 조리법이라 추측해볼 수 있다. 명월관냉면은 『부인필지』의 원본 격인 『규합총서(閨閤叢書)』(1809)에는 나오지 않는 것도 이와 같은 이유이며 요약과 필사를 거치면서 최근의 유행음식으로 추가된 것으로 보인다.

『부인필지』의 명월관냉면 조리법은 다음과 같다. 동치미국물에 국수를 말고 무, 배, 유자를 저며 넣는다. 제육, 즉 삶은 돼지고기와 달걀지단, 후추, 배, 잣을 올린다.

안순환의 명월관냉면에는 여름용, 겨울용이 구분되어 있는데, 『부인필지』의 명월관냉면은 겨울냉면에 가깝다. 명월관의 겨울냉면은 동치미국물에 말아 김치무와, 배, 제육을 올리며 유자를 채 쳐 넣거나 후춧가루를 넣기도 한다고 하였다. 이외 기호에 따라 꿀이나, 달걀고명, 표고버섯 볶은 것, 고춧가루 등을 넣기도 한다고 언급하였으나 김치무, 배, 제육, 고춧가루를 넣은 것이 제일 맛있다고 하였다.

명월관냉면 바로 앞 항목인 '명월생치채'라는 음식도 명월관의 음식일 것으로 추정된다. 꿩김치의 일종으로 보이는 이 음식은 생치, 즉 꿩을 고아 국물의 기름기를 제거하고 동치미 국과 합한 뒤 꿩고기를 찢어 넣는 것이다.

명월관냉면과 명월생치채를 만드는 데 가장 중요한 것은 동치미이다. 때문에 이 두 음식은 침채제품, 그중에서도 동치미 만드는 법에 함께 기술되어 있다. 동치미는 무를 소금에 하루 동안 절인 뒤 독에 넣고 절인 오이, 배, 유자, 파의 흰 부분 생강, 파, 씨를 제거한 고추를 넣고 소금물을 넣어 익혀 만든다.

분류 : 음식
색인어 : 부인필지, 규합총서, 냉면, 명월관, 안순환
참고문헌 : 빙허각 이씨 저, 이효지 외 역, 『부인필지』(교문사, 2010); 빙허각 이씨 저, 정양완 역, 『규합총서』(보진재, 2008); 주영하, 『식탁 위의 한국사』(휴머니스트, 2013)
필자 : 서모란

냉수(『어우야담』)

이준민(李俊民)과 부사 문익성(文益成)은 집안끼리 통하며 사이가 좋았다. 양가의 부인들 또한 서로 왕래하며 교분이 두터웠는데, 두 여인은 모두 투기심이 있었다. 부인들이 서로 만났을 때 문익성의 처가 말했다. "우리 집 영감이 한 번이라도 집 밖에서 자면 나는 곧 음식을 끊고 오직 냉수만 마십니다. 이 때문에 우리 집 영감은 감히 첩을 두지 못한답니다."

후에 이준민이 밖에 첩을 두자 부인이 이 말을 듣고 음식을 먹지 않은 채 단지 냉수만 마시다가 그로 인해 병들어 죽었다.

이준민은 몰래 문익성의 집안 사정을 탐지해 알아보았다. 그 아내는 비록 겉으로는 밥을 먹지 않았으나, 몰래 여종과 약속하여 측간에 간다고 핑계를 대면 여종이 큰 사발에 밥을 가득 채우고 좋은 반찬을 섞어 비비기를 매우 짜게 하여 하루에도 두세 번씩 올렸다. 그러므로 갈증이 나서 물을 마신 것인데 집안 사람들은 이를 알지 못했다. 이준민이 그 말을 듣고 곡하며 말했다.

"요사하구나! 늙은 여우 같은 계집이여. 내 부인에게 음식 먹지 않는 것만을 가르치고 어째서 측간에 가서 짜게 먹는 법은 가르쳐주지 않았는고!"

곡을 하면서 슬피 우니 듣는 사람들이 입을 가리고 웃지 않은 자가 없었다.

위 이야기는 조선시대 사대부 집안에서 일어난 것을 채록한 것으로서, 사대부일화 또는 소화(笑話)에 해당하는 것이다. 유몽인(柳夢寅: 1559-1623)의 『어우야담』에 실려 있다.

분류 : 문학
색인어 : 냉수, 밥, 유몽인, 어우야담
참고문헌 : 유몽인 저, 신익철 외 역, 『어우야담』(돌베개, 2006)
필자 : 차충환

강경의 물 항아리

현재와 같이 근대적이고 위생적인 수도 시설이 갖춰지기 전에 사람들은 대개 우물, 샘, 강물을 길어다 식수로 썼다. 집에 가져온 물을 바로 썼던 것은 아니고, 일종의 정수 과정을 거친 후 먹었다. 자갈, 숯, 모래를 담은 시루에 부어 걸러 먹거나, 땅에 묻은 항아리에 물을 부은 뒤 백반 한 숟가락을 넣고 며칠 묵혔다가 웃물만 떠서 마셨다.

조선 후기 이중환(李重煥: 1690-1756)의 『택리지(擇里志)』에는 당시 충청남도 강경(江景)의 상황이 보인다. 금강을 끼고 있는 강경은 바닷물이 드나들긴 해도 물맛이 별로 짜지는 않은 곳이었다. 하지만 마을에 우물이 없어서, 집집마다 큰 항아리를 땅에 묻고 강물을 길어다 미리 부어두어야 했다. 항아리 안의 물은 며칠이 지나면 티끌 같은 게 모두 가라앉아 웃물이 맑아지는데, 며칠을 두어도 물맛이 변하지 않고 오래될수록 더욱 시원해진다고 한다.

이러한 사정은 일제 강점기에도 나아지지 않았는데, 1924년 잡지 『개벽』에 실린 충청남도의 지역순례 기사에서도 당시 강경의 식수 사정을 엿볼 수 있다. 이 글에서는 평양, 대구와 함께 조선 후기 3대 시장의 하나로 꼽히던 강경을 쌀이 많이 나는 '호서(湖西)의 미창(米倉)', '쌀[米]의 강경'으로 소개하면서, 음료수에 관한 일이 특기할 만하다고 자세히 다루었다. 강경 사람들은 시내에는 우물이 별로 없어 강물을 길어다 쓰는데, 강물이라 혼탁하고 불결하므로 항아리 안에 길어두었다가 며칠이 지나서 탁한 앙금이 가라앉은 후에 마셨다고 소개했다. 이어 강경 사람들 중에서 유력

한 집에서는 30개의 물 항아리를 묻어 두고 물을 보관하여 삼년수(三年水) 또는 오년수(五年水)를 쓰는 일이 있는데, 강경에서는 이 물 항아리의 많고 적음으로 그 집의 재산 정도를 파악할 수 있다고 했다.

그도 그럴 것이 가난한 집에서는 강물을 길어다 둘 항아리를 여러 개 살 돈도 없고, 항아리를 많이 묻을 정도로 집도 넓지 않았을 테니 말이다.

분류 : 식재료
색인어 : 항아리
참고문헌 : 이중환, 『택리지』; 엄벙이, 「忠淸南道를 보고, 公州·天安·牙山·禮山·唐津·瑞山·舊泰安·洪城·江景·燕岐·大田」, 『개벽 46』(개벽사, 1924)
필자 : 김혜숙

냉이

냉이는 들이나 밭에서 잘 자라는 나물이며 비교적 이른 봄철부터 채취하여 먹을 수 있다. 『동의보감(東醫寶鑑)』과 『본초강목(本草綱目)』 등 한의학에서는 냉이를 제채(薺菜)라고 한다. 여기서 제(薺)는 냉이를 뜻하며, 냉이는 남가새과에 속해서 남가새라고도 한다. 그리고 냉이는 달래와 함께 뿌리째 먹을 수 있기 때문에 뜯는다기보다 캔다라고 말한다.

『동의보감』에서는 냉이의 따뜻한 성질이 있어 삶아서 죽을 쑤어 먹으면 간과 눈에 좋다고 했다. 그래서 1771년에 서명응(徐命膺: 1716-1787)이 쓴 『고사신서(攷事新書)』에 보면 채서산(蔡西山)이 글을 읽을 때, 늘 냉이를 먹으면서 요기를 했다고 전한다. 이 밖에 17세기의 『치생요람(治生要覽)』과 1929년의 『수세비결(壽世祕訣)』 등에서도 냉이죽을 끓여 먹으면 눈을 밝게 하고 간을 보호한다고 했다.

일상적으로는 봄철에 냉이를 국으로 끓여 먹는다. 이용기(李用基: 1870-1933)의 『조선무쌍신식요리제법(朝鮮無雙新式料理製法)』에는 냉이가 맛이 좋지 않아 토장을 걸러 붓고 고기를 많이 넣고 끓여 먹는다고 기록되어 있다. 방신영(方信榮: 1890-1977)이 쓴 『조선요리제법(朝鮮料理製法)』에서도 된장과 고추장을

풀어 간을 맞추고 고기를 잘게 썰어 넣고 끓인다고 했다. 단 냉이를 끓는 물에 잠깐 데친 후 찬물에 한 번 헹구었다가 국에 넣었다. 또한, 1966년에 간행된 『한국요리(韓國料理)』에는 냉이국을 끓일 때 모시조개를 함께 넣어 끓인다고도 했는데 모시조개와 된장이 어울려져 감칠맛이 난다고 한다. 이처럼 냉이는 주로 죽이나 국으로 요리했으며 특히 국을 끓일 때는 고기, 조개 등 다른 식재료와 함께 끓여 냉이국의 풍미를 더했다.

분류 : 식재료
색인어 : 조선무쌍신식요리제법, 조선요리제법
참고문헌 : 허준, 『동의보감(東醫寶鑑)』; 이시진, 『본초강목(本草綱目)』; 서거정 저, 임정기 역, 『사가집(四佳集)』(한국고전번역원, 2005); 서명응, 『고사신서(攷事新書)』; 『치생요람(治生要覽)』; 『수세비결(壽世祕訣)』; 이용기, 『조선무쌍신식요리제법(朝鮮無雙新式料理製法)』; 방신영, 『조선요리제법(朝鮮料理製法)』, 『한국요리(韓國料理)』
필자 : 박선미

냉이(서거정)

원래 고기 먹을 관상이 아닌지라
봄 식탁에 냉이나물이 향긋하다네
국에 넣어 끓이면 입이 즐겁고
반찬으로 먹으면 속이 든든하다네
부드러운 맛 타락만 못하겠나
단맛은 엿보다 훨씬 낫다네
손님이 오거든 내 자랑해야지
제일가는 고량진미 이것이라고
食肉元無相　春廚薺菜香
和羹能悅口　佐食足撑腸
軟滑何須酪　甛甘絶勝糖
客來吾欲詑　第一是膏粱

*서거정, 「주방의 채소 여덟 가지[廚蔬八詠] 중 냉이[薺]」

서거정(徐居正: 1420-1488)은 본관이 달성이고 자는 강중(剛中), 호는 사가정(四佳亭), 정정정(亭亭亭) 등을 사용하였다. 문집 『사가집(四佳集)』과 『동인시화(東人詩話)』, 『필원잡기(筆苑雜記)』, 『태평한화(太平閑話)』 등 많은 저술을 남겼다. 이 작품은 냉이를 먹는 즐거움을 노래한 오언율시다.

서거정은 당대 최고의 지성인이 맡는 문형(文衡)을 20년 이상 맡으면서 국가의 문교(文敎)를 담당하였지만, 그의 시는 오히려 평담한 일상을 담아내어 눈길을 끈다. 평생 외직조차 거의 나가지 않고 평생 한양에서 벼슬살이를 하였으며, 조선시대 문인에게 그 흔한 유배생활도 하지 않았으니 첫 구절에서 고기 먹을 관상이 아니라 한 것은 가난 때문이 아니다. 고기를 먹지 않고 채소를 먹어 피를 맑게 하고자 함이요, 그렇게 하여 스스로 청빈하게 살고자 한 것이다. 그래서 봄 밥상에 올린 냉이나물이 절로 달다. 된장에 넣어 끓이면 입이 즐겁고 나물로 무쳐 반찬으로 먹으면 속이 든든하다. 데친 냉이는 타락(駝酪)보다 부드럽고 엿보다 달콤하다. 손님이 오더라도 굳이 닭을 잡지 않고 제일가는 고량진미라 하면서 냉이를 내어놓겠다고 하였다. 시를 읽노라면 직접 냉이를 입에 넣은 것처럼 혀가 달고 목구멍이 부드럽다.

주자(朱子)의 제자 채원정(蔡元定)이라는 사람은 가난하여 서산(西山) 꼭대기에서 공부를 하다가 배가 고프면 냉이를 씹어 먹으면서 글을 읽었다는 고사가 있으니, 냉이는 가난한 학자의 음식으로 통한다. 17세기 후반의 가난한 시인 이서우(李瑞雨: 1633-1709)도 봄나물 먹는 즐거움을 노래한 「봄나물을 새로 맛보고[新嘗春菜]」에서 "올 봄은 작년 봄보다 나물이 훨씬 많아서, 농가에서 배불리 먹으니 가난함도 잊겠네. 반은 숙채로 반은 생채로 하여 된장에 무치면, 냉이는 달고 씀바귀는 쓰니 모두 맛이 일품이라네[今春挑菜劇前春 一飽田家未覺貧 半熟半生香豉汁 薺甘荼苦味皆珍]."라 하였다. 봄이 되어 쌀독이 바닥을 보일 때면 들판에 봄나물이 돋아난다. 살짝 데친 것을 된장에 무치고 생채로 무치기도 하여 각자 다른 맛이 나도록 요리한다. 단맛이 나는 냉이는 냉이대로, 쓴 맛이 나는 씀바귀는 씀바귀대로 절로 입맛을 당긴다.

냉이는 몸에도 좋다. 약재로 쓰이는 식물을 소개한 동아시아의 고전 『본초강목(本草綱目)』에는 겨울에도 죽지 않는 들판의 냉이로 죽을 끓여 먹으면 피가 간으로 잘 들어가 눈을 밝게 하는 효과가 있다고 하였다. 허준(許浚: 1539-1615)의 『동의보감(東醫寶鑑)』에도 냉이의 줄기와 잎을 태워 먹으면 설사를 멈추게 하는 데 탁월한 효과가 있다고 하였다.

분류 : 문학
색인어 : 냉이, 서거정, 이서우, 허준
참고문헌 : 서거정, 『사가집』; 이서우, 『송파집』; 허준, 『동의보감』; 이종묵, 『한시마중』(태학사, 2012)
필자 : 이종묵

시인 신석정(1907-1974)

냉잇국(「춘수」)
비가 오고 있었다.
쇼빵의 전주곡 15번의
출렁이는 소리가 오고 있었다.

출렁이는
쇼빵의 전주곡 15번에서도
빗소리가 들려오고 있었다.

그것은
저토록 무서운 봄이
저토록 무서운 벚꽃이 피기 전

우리 안사람이 냉잇국을
끓여주던 날 밤
쇼빵의 전주곡 15번 같은 비가 오고,

냉잇국에서는
제주도 '윤'이 누나가 보낸
표고버섯 내음새가 나던 날 밤
비는 자꾸만 오고,

즐거울 것도, 서러울 것도 없는
나날을 이렇게 살아도
쇼빵의 전주곡 15번을 듣는 것은 싫지 않았다.

꽃이 마냥 핀
이 지랄 같은 봄을
나는 시방
아득한 아득한 설원(雪原)을 달린다.

신석정(辛夕汀: 1907-1974)의 시집 『빙하』(1956)에 수록된 작품이다. 신석정은 초기에 목가적이고 전원적인 시인으로 평가되었다. 그러나 시세계의 심화를 통해 일제 강점기 암울한 시대를 견디는 암중모색의 시와 해방 후 새로운 삶을 추구하며 달관의 경지를 추구하는 관조적 경향의 시를 썼다. 1924년 〈조선일보〉에 「기우는 해」를 발표하면서 작품활동을 시작했고, 1931년 『시문학』 3호에 시 「선물」을 발표하여 『시문학』 동인으로 활동했다. 시집으로 『촛불』, 『슬픈 목가』, 『빙하』, 『산의 서곡』, 『대바람 소리』 등이 있다.

이 시는 봄을 맞이하는 화자의 독특한 감각의 세계가 드러나 있는 작품이다. 봄비가 내리고 있는 상황을 쇼팽의 피아노 전주곡 15번의 선율과 관련지어 서정적으로 표현했다. 벚꽃이 활짝 핀 봄날의 절정은 마음을 들뜨게 하는 재앙의 시간인지라 그 시점이 되기 전에 봄을 맞이할 준비를 하는 것이다. 냉잇국을 맛보고 표고버섯의 냄새를 맡는 것이 일종의 봄을 맞는 준비에 해당한다. 이 시에 소재로 사용된 냉잇국은 봄철에 맛볼 수 있는 제철 음식 중 하나로 봄을 맞는 첫 미감을 대표하는 음식이다.

분류 : 문학
색인어 : 춘수, 신석정, 냉잇국, 표고버섯
필자 : 이숭원

넙치(광어)

넙치는 '광어(廣魚)'라고도 하는 바닷물고기로, 비린내가 적고 살이 부드럽다. 둥글넓적한 모양이 가자미와 비슷하여 곧잘 혼동되지만, 광어는 눈이 왼쪽에, 가자미는 눈이 오른쪽에 쏠려 있는 것으로 구별한다. 현재는 광어를 흔히 회나 생것을 조리하여 먹지만, 조선시대에는 주로 익혀서 먹고 말려 두었다가 음식을 만들고는 했다.

허균(許筠: 1569-1618)은 음식품평서인『도문대작(屠門大嚼)』에서 넙치가 동해에서 많이 나며, 가을에 말린 것이 끈끈하지 않아서 좋다고 하였다. 이와 같은 말린 넙치에 대해서는 서유구(徐有榘: 1764-1845)의 『난호어목지(蘭湖漁牧志)』「어명고(魚名攷)」에 더 자세하다. 여기에서 '華臍魚(화제어)'라는 명칭으로 소개되어 있는 넙치는 동해와 남해에서 나는데 어민이 잡아 등을 갈라 등골뼈를 제거하고 햇볕에다 말려 서울에 판다고 하였다. 또한 넙치에는 찰진 것[糯]과 메진 것[粳] 두 종류가 있는데, 메넙치는 육질이 거칠고 맛이 담백하고, 찰넙치는 기름지고 부드러우며 이빨에 달라붙지만 맛이 뛰어나다고 평하였다(서유구 저, 이두순 평역, 2015: 173-174쪽).

서유구는 찰넙치를 더 낫게 보았지만, 일제 강점기의 이용기(李用基: 1870-1933)는 『조선무쌍신식요리제법(朝鮮無雙新式料理製法)』(1936)에서 다른 평가를

하였다. 그에 따르면, 말린 찰넙치는 입에 붙어서 먹을 수가 없고 말린 메넙치라야 먹기에 좋다면서 메넙치를 더 높이 쳤던 것이다. 그러면서 우리나라에서는 넙치를 우습게 여기지만, 회를 쳐서 먹어보면 다른 생선회 못지않고, 말려 놓으면 최고의 안주가 되는데, 넙치를 말리려면 소금을 치고 말렸다가 물에 담가 소금기를 빼고 다시 말리라고 했다. 또한 넙치를 쪼개 알을 빼서 소금을 쳤다가 삭혀서 먹는 넙치알젓은 젓 중에서 일품이라고 하였다.

이용기가 지적하였듯이 일제 강점기까지도 조선에서는 넙치를 천하게 보았고 맛도 좋다고 여기질 않았으며(〈동아일보〉 1931년 3월 7일자) 넙치로 만든 음식 중에서 회는 그다지 즐기지 않았던 듯하다. 유중림(柳重臨: 1705-1771)의『증보산림경제(增補山林經濟)』를 보아도, 넙치는 탕이나 구이에 알맞고 회는 칠 수 없다고 설명하였기 때문이다.

유중림이 든 탕이나 국, 구이 이외에도 맛이 담백한 넙치는 각색절육에 포함되어 궁중의 잔칫상에 올랐고, 조림, 찌개, 마른안주, 다식 등을 만들기도 했다. 이 가운데 광어다식은 대구포다식이나 전복다식처럼 해산물 말린 것을 가루 내어 만드는 음식인데, 주로 이가 좋지 않아 딱딱하고 질긴 것을 먹기 어려운 노인들이 동물성 음식을 편하게 먹을 수 있도록 만든 것이다. 이러한 광어다식을 만드는 법이『윤씨음식법』(1854 추정)에 나오는데, 가을에 말린 광어의 살을 뜯은 후 찧어서 곱게 만들고, 그것을 체에 쳐서 만든 가루에 기름장을 알맞게 넣고 반죽한 다음에 다식판에 박아내면 광어다식이 되었다.

분류 : 식재료
색인어 : 가자미, 대구, 전복, 도문대작, 조선무쌍신식요리제법
참고문헌 : 허균 저, 신승운 역,『도문대작』(한국고전번역원, 1984); 서유구 저, 이두순 평역, 강우규 도판,『평역 난호어명고』(수산경제연구원BOOKS·블루&노트, 2015); 이용기,『조선무쌍신식요리제법』(영창서관, 1936); 유중림, 고농서국역총서 6『증보산림경제 III』(농촌진흥청, 2004); 작자 미상,『윤씨음식법』;「자랑거리 음식솜씨(34) 꼭 알아둘 이달료리법」,〈동아일보〉 1931년 3월 7일
필자 : 김혜숙

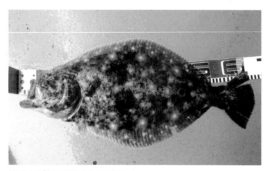
낚시로 잡힌 자연산 광어ⓒ하응백

노래미

1986년 10월 31일자 〈경향신문〉에 "'흉측'이 매력… 외화 번다"라는 기사가 등장한다. 이 기사의 요지는 지금까지 '모양도 흉측하고 별 맛도 없어 잡으면 재수 없다고 버리던 천덕꾸러기 생선'들의 수출이 급증하면서 '외화획득의 첨병'으로 주목받고 있다는 것이다. 그 주인공 중 하나가 노래미였다. 기사가 게재된 당시, 노래미는 이웃나라 일본에서 정력제로 알려져 횟감으로는 물론, 껍질까지 살짝 데쳐서 겨자 또는 초장에 찍어 먹는 등 그 맛에 대하여 극찬을 받고 있다고 하였다. 이에, 일본의 노래미 수입상들이 1억 원짜리 고급 냉동차까지 동원하여 수입에 열을 올리고 있다고 하였다. 선풍적인 인기에 힘입어 당시 1킬로그램당 노래미의 국내 가격이 1천 원 선에서 4천 원으로 4배나 뛰어 '최상의 횟감'으로 여겨지고 있다는 것이다. 노래미는 쏨뱅이목 쥐노래미과의 바닷물고기로, 쥐노래미와 노랭이를 통틀어서 노랭이라고 부른다. 지방에 따라 노르매, 노랭이, 놀래기, 노래기, 황석반어(黃石斑魚) 등 여러 가지 이름으로 불린다. 한반도와 일본 연안에 분포하기 때문에 횟집에서 흔하게 볼 수 있으며 회나 매운탕으로 먹거나 미역국에 넣기도 한다. 노래미 중에서도 보리가 익을 무렵 잡힌 노래미를 보리노래미라고 하는데 이것을 최고로 친다. 정약전(丁若銓: 1760-1816)의 『자산어보(玆山魚譜)』

낚시로 잡힌 여러 물고기. 좌로부터 우럭(조피볼락), 노래미, 열기(불볼락), 대구ⓒ하응백

에서 등장하는데, 여기서는 노래미를 이어(耳魚), 쥐노래미를 서어(鼠魚)라고 칭하였다. 노래미에 관해서는 '큰 놈은 두세 자 정도이고, 몸이 둥글고 길며 비늘이 잘고 빛깔은 황색 혹은 황흑색이다. 머리에 두 귀가 있어 파리 날개와 같다. 맛이 없다. 돌 사이에 산다.'고 설명하였다. 쥐노래미에 대해서는 '모양은 노래미를 닮았으나, 머리가 약간 날카롭게 뾰족하다. 붉은 색과 검은 색이 서로 섞여 있으며, 머리에 또한 귀가 있다. 살이 푸르며 맛은 없다. 비린내가 몹시 난다. 대체로 물고기는 모두 봄에 알을 낳지만 노래미만은 가을에 산란(産卵)한다.'라고 하였다.

분류 : 식재료
색인어 : 자산어보, 국·탕
참고문헌 : 「"흉측"이 매력(魅力)… 외화(外貨) 번다」, 〈경향신문〉 1986년 10월 31일; 한국학중앙연구원, 『한국향토문화전자대전』, 「노래미」; 정약전 저, 정문기 역, 『자산어보』(지식산업사, 1977)
필자 : 박경희

노래미 맹물탕(여수)

'노리끼한 갯내음이 배어드는 먼 향수 같은 것.' 1976년 10월 6일자 여수 지역의 음식을 소개한 〈경향신문〉 기사에서는 노래미 맹물탕의 맛을 이렇게 묘사하였다. 노래미는 한반도와 일본 인근에서 서식하는 물고기로, 전라남도 여수 지역에서 유명하다. 회로 먹기도 하지만, 머리와 뼈로 끓인 매운탕은 여수 지역의 향토음식으로 알려져 있다. 지느러미를 그대로 둔 채 비늘만 긁어내고 두 토막을 낸 후, 냄비에 넣고 물과 함께 끓이다가 간장, 고춧가루로만 간을 하여 불에서 내리기 직전에 쑥갓을 넣어서 먹는 음식이다.

위 기사에서는 노래미가 잡히는 해변 지역에서 간장찜을 해서 먹거나 미역국에 넣는 등 여러 가지 요리에 활용하고 있으나, 노래미의 참맛을 내는 요리는 역시 '여수가 아니면 맛볼 수 없는 맹물탕에 있다.'고 하였다. 새로운 맛을 낸다며 갖가지 조미료를 넣고 만드는 방식보다는 조미료를 많이 넣지 않고 끓여 그 담백하고 시원한 맛을 느끼는 것이 '노래미 맹물탕을 제대로 즐기는 방법'이라고 설명하고 있다.

분류 : 음식
참고문헌 : 「내고장 별미(別味) 계절(季節)따라 풍속(風俗)찾아… 팔도(八道) 맛자랑 〈8〉여수(麗水) 노래미 맹물탕」, 〈경향신문〉 1976년 10월 6일
필자 : 박경희

녹두

녹두(綠豆)는 연한 녹색을 띠는 자잘한 콩과의 곡물이며, 한자로는 '菉豆(녹두)'라고도 쓴다. 1년 중 녹두의 소비가 가장 많은 시기는 설을 꼽을 수 있는데, 녹두로 고물을 만들어 떡을 만들고, 녹두빈대떡, 숙주나물 등이 명절음식으로 상에 오르기 때문이다. 녹두를 조리할 때는 콩 자체를 쓰기도 하지만, 녹말가루를 만들거나 숙주나물로 길러서 음식을 만든다. 그리하여 녹두로는 녹두죽, 녹두빈대떡, 녹두떡, 청포묵, 누룩, 국수, 수제비, 다식, 청포묵(녹두묵), 숙주나물 등을 만들고, 녹말로는 어만두, 숭어채 등을 조리할 때 이용한다.

먼저 녹두를 갈아서 만드는 음식으로는 녹두떡, 녹두죽, 빈대떡이 대표적이다. 이 가운데 녹두떡[綠豆餠]은 껍질을 벗긴 녹두로 만드는데, 찹쌀가루로 하느냐 멥쌀가루로 하느냐에 따라 녹두찰떡이 되기도 하고 녹두멥떡이 되기도 한다. 이 때 녹두는 그냥 쌀가루 위에 올리기도 하지만, 미리 익힌 녹두를 올리는 방법도 많이 쓴다. 익힌 녹두고물을 쓰는 법은 방신영(方信榮: 1890-1977)의 『조선요리제법(朝鮮料理製法)』(1921)에 따르면, 먼저 맷돌에 타서 두 쪽을 낸 녹두를 키로 까불려 껍질을 날려 버린 뒤 그것을 물에 불려 다시 껍질을 제거한다. 이렇게 한 녹두는 솥에서 밥 짓듯이 익혀 소금과 섞어 체에 친다. 그런 다음 팥시루떡 만들 때처럼 쌀가루와 녹두를 한 켜씩 안쳐서 잘 찌면 녹두떡이 된다.

녹두를 갈아 물에 가라앉힌 전분으로는 묵, 국수, 수제비, 다식 등을 만드는데, 앙금을 말려 녹말을 만들어두고 필요할 때마다 썼다. 녹두로 녹말을 만드는 방법은 조선시대 이후 여러 조리서에 보이는데, 방법은 대체로 비슷하다. 다만, 물에 오래 담가두어야 하기 때문에 날이 따뜻해지기 전에 만드는 게 요령이다. 이에 대해, 방신영은 『조선음식 만드는 법』(1946)에서, 녹말은 이른 봄, 나뭇잎이 싹트려고 하는 바로 그때에 만들어야 깨끗이 잘 되며, 잎이 피기 시작할 때만 되어도 녹말이 쉬어서 냄새가 나고 또한 삭아서 앙금이 가라앉지도 않으니 때를 잘 맞춰 만들어야 한다고 강조하였다.

1800년대 말의 한글 조리서인 『시의전서(是議全書)』에 나온 녹말제조법을 보면, 녹말을 만들기 위해서는 먼저 맷돌에 탄 녹두를 물에 불린 후 껍질을 제거한다. 이것을 맷돌에 갈아 굵은체로 걸러 무명 주머니에 넣어 짜고, 물에 넣어 수차례 주물러 뺀다. 이렇게 한 물을 커다란 자배기에 담아 가라앉힌다. 앙금이 가라앉으면 위에 남은 누른 물을 따라버리고, 새로 물을 부어 손으로 저어 두었다가 이튿날 또 물을 따라버리고 새물을 부어두는 과정을 반복한다. 그러다 물이 냉수처럼 맑은 상태가 되면, 물을 따라 버리고 남은 앙금을 기름종이[油紙]에 넣어 햇볕에 바싹 말린다. 이렇게 만든 녹말은 흔히 덩어리 상태로 마르므로, 방망이로 으깨 가루로 만들어야 한다.

이렇게 만든 녹말로 만드는 음식 가운데 녹말다식과 국수가 대표적이다. 녹말다식은 이용기(李用基: 1870-1933)의 『조선무쌍신식요리제법(朝鮮無雙新式料理製法)』(1936)에 따르면, '녹두분다식'이라고도 하고, 분홍빛이 고와 '홍옥병(紅玉餅)'이라고도 불린다. 분홍빛을 띠는 것은 오미자국에 연지를 탄 것에 녹말, 말린 생강, 계피가루를 섞어 그늘에 말린 가루로 다식을 만들기 때문인데, 이 가루를 꿀과 설탕물로 반죽하여 다식판에 박아내면 녹말다식이 된다.

또한 녹말로 국수를 만드는 방법은 두 가지가 있는데, 하나는 전순의(全循義: ?-?)의 『산가요록(山家要錄)』에서 보듯이, 녹두가루를 물에 섞어 풀처럼 만들고, 그것을 구멍 뚫은 바가지에 넣어 끓는 물 위에서 높이 들면 실오라기처럼 흘러내린 반죽이 국수가 되는 것이다. 또는 서유구(徐有榘: 1764-1845)의 『임원경제

지(林園經濟志)』에 나오는 방법과 같이, 물이 끓는 가마솥 안에 밑이 넓은 놋쇠 대야를 넣어 뜨겁게 달군 뒤, 여기에 녹말과 물을 섞어 묽게 반죽한 것을 얇게 되도록 붓는다. 대야 모양대로 반죽이 굳기를 기다렸다가 숟가락으로 살짝 떼어 내어 냉수에 넣었다 건진 후 가늘게 썰면 국수가 된다. 이렇게 만든 국수를 오미자 물이나 장국 등에 말아 먹는 것이다.

한편 녹두는 조선시대에는 귀한 옷감을 세탁할 때 쓰거나 얼굴이 하얘지길 원하는 여성들이 세수할 때 썼기 때문에 일종의 비누 역할도 했다. 식생활과 의생활에서 다양한 용도를 지닌 녹두는 그만큼 중요한 의미를 지니는 작물이었다고 할 수 있다.

분류 : 식재료
색인어 : 조선요리제법, 시의전서, 조선무쌍신식요리제법, 산가요록, 죽, 조선요리제법, 시의전서, 조선무쌍신식요리제법, 빈대떡
참고문헌 : 방신영,『조선요리제법』(광익서관, 1921); 방신영,『조선음식 만드는 법』(大洋公司, 1946); 작자 미상,『시의전서』; 이용기,『조선무쌍신식요리제법』(영창서관, 1936); 서유구,『임원경제지』(한국전통지식포탈); 전순의,『산가요록』(한국전통지식포탈)
필자 : 김혜숙

녹두장음잡채(1795년)

녹두장음(綠豆長音)은 녹두에 물을 주어 싹이 길게 난 숙주나물을 말한다. 숙주나물은 '녹두장음' 외에도 '녹두채(綠豆菜)' 또는 '두아채(豆芽菜)'라고 불렀다.

1795년(정조 19) 혜경궁 홍씨(惠慶宮 洪氏: 1735-1815)가 화성행궁에서 받은 죽수라(粥水刺)상에는 채소음식 한 그릇으로 '녹두장음잡채(菉豆長音雜菜)'가 차려졌다. '녹두장음(菉豆長音)'은 녹두를 길게 낸다는 의미로, 녹두에서 싹을 낸 숙주나물을 가리킨다. 녹두장음잡채는 숙주나물과 여러 가지 채소를 함께 볶거나 버무려 만든 음식이다.

조선 후기 왕조의 재정과 군정에 관한 책인『만기요람(萬機要覽)』재용 편에 보면 대전(大殿), 중궁전(中宮殿), 왕대비전(王大妃殿), 혜경궁(惠慶宮), 가순궁(嘉順宮)에 진상되는 물품 중에도 '녹두장음(菉豆長音)'이 있었다.

두아채라는 표기는 원나라 때 나온『거가필용(居家必用)』에 나온다. 이 책에 따르면 녹두를 깨끗한 것을 골라 이틀간 물에 담가서 녹두가 불면 새 물로 일어내고 물기를 말린다. 땅에 물을 뿌려 축축하게 해서 종이를 한 겹 깔고 녹두를 깔고 그릇으로 덮는다. 1일에 2차례 물을 끼얹으면서 1촌(약 3cm) 길이 정도로 싹이 자라기를 기다렸다가 물에 일어서 녹두 껍질을 제거하고 끓는 물에 데친다. 생강, 식초, 기름, 소금으로 양념해서 먹으면 싱싱하고 맛있다고 했다.

숙주나물이라는 용어를 언제부터 쓰기 시작했는지는 정확히 알 수 없지만 1800년대 한글조리서『시의전서(是議全書)』,『규곤요람』에는 '숙주나물(슉쥬나물)'이라는 표현이 등장한다. 1924년 이용기가 쓴『조선무쌍신식요리제법(朝鮮無雙新式料理製法)』에서 숙주나물[綠豆芽菜]과 신숙주(申叔舟: 1417-1475)를 연관지어 설명하였다. '숙주라 하는 것은 세조 임금 때 신숙주가 여섯 신하를 반역으로 고발하여 죽였기 때문에 이를 미워하여 나물 이름을 숙주라고 한 것이다. 만두소를 만들 때 이 나물을 짓이겨 넣으며 신숙주를 나물 이기듯 하자 하여 숙주라 이름한 것이다.'라고 했다.

분류 : 음식
색인어 : 녹두장음, 숙주나물, 두아채, 녹두채, 수라상
참고문헌 :『원행을묘정리의궤(園幸乙卯整理儀軌)』;『만기요람(萬機要覽)』;『시의전서(是議全書)』;『규곤요람』;『조선무쌍신식요리제법(朝鮮無雙新式料理製法)』
필자 : 이소영

녹두죽(1631년)

인목대비(仁穆大妃: 1584-1632)는 정치적으로 많은 풍파를 겪었던 왕후이다. 의인왕후(懿仁王后: 1555-1600)가 후사 없이 죽은 이후 1602년 선조의 왕비로 책봉되었다. 그리고 1606년 선조의 후궁이 아닌 정실(正室)로는 처음으로 영창대군(永昌大君: 1606-1614)을 출산한다. 1608년 왕세자였던 광해군이 왕위에 오르기 전까지 대북(大北)과 소북(小北)의 대립의 중심에 서 있었고 이후에도 살해의 위협을 받기도 했다. 1613년에는 역모를 꾸몄다는 혐의로 영창대군은 강

화도로 유배되어 그 다음 해에 죽고 인목왕후 자신도 1615년 경운궁(慶運宮)으로 유폐되었고 1618년에는 실질적인 폐위를 당하게 된다.

광해군의 치세 동안 많은 고초를 당한 인목왕후는 1623년 일어난 인조반정 이후, 다시금 왕실 제일의 어른으로 대접받았다.

그러던 인목왕후에게 1631년 1월 18일 어지럽고 머리가 아프며 가슴이 답답한 증세가 나타났다. 병세는 하루 동안 심해졌다. 이에 1월 19일 의원들의 논의 결과 인목대비의 증세는 몸에 열이 많아져서 나타난 증상으로 판단하여 그에 맞는 여러 가지 약들을 썼고 인조 역시 인목대비의 증세를 호전시키기 위해 다양한 조치를 취했다. 그래서일까 20일에는 증세가 호전되어 시약청(侍藥廳)에서 원기를 회복시킬 수 있는 죽들을 드시게끔 하자고 주장했다.

병이 난 인목왕후를 위해서 여러 상황에 맞는 죽들을 준비했는데 그중엔 녹두죽도 있었다. 녹두죽은 주로 침을 맞기 전후로 먹었는데 1월 23일 2품 이상의 고위 관리들이 인목왕후를 찾아가 병세에 대해 물어보았을 때에도 침을 맞은 후 녹두죽을 먹었다고 답변했다. 그 다음날에도 아침에 일어난 뒤에는 타락죽을 먹고 의원들의 진료 후에는 흰죽을, 침을 맞은 뒤에는 녹두죽을 먹었다고 했다. 그렇게 치료를 받은 후, 인목왕후는 2월 말경에 조금 회복했으나 결국 몇 차례 병치레를 더 겪은 후, 이듬해에 세상을 떠났다.

『임원경제지(林園經濟志)』에서는 녹두죽을 만드는 방법으로 두 가지를 제시했다. 하나는 『옹희잡지(饔饎雜志)』를 인용하여, 물에 녹두를 불린 후, 맷돌에 불린 녹두를 넣어 가루로 만든다. 그리고 녹두가루를 물에 넣어 고운 가루는 가라앉고 윗물은 버린 후 다시 걸러낸 앙금을 햇볕에 말려 보관한다. 이렇게 녹두가루를 얻어, 오미자를 하루 동안 담궈서 우려낸 물과 섞어 죽을 만들어 흰 꿀에 섞어 마신다고 했다. 다른 방법은 『산가청공(山家淸供)』에서 인용한 방법으로 질그릇에 녹두를 넣고 달인 뒤, 죽이 조금 끓으면 그때 재료를 같이 넣어 죽을 만드는 방법이 있다고 기록

했다.

분류 : 음식
색인어 : 임원경제지, 인목왕후, 인조, 녹두죽, 시약청, 흰죽, 영창대군
참고문헌 : 『승정원일기』; 서유구, 『임원경제지』
필자 : 이민재

청포묵

청포묵은 녹두(綠豆)로 만든 묵이고, 청포묵에 치자 물을 들여 노랗게 만든 것이 황포묵이다. 청포묵은 조선시대에는 다른 명칭도 있었다. 이공(李公: ?-?)의 『사류박해(事類博解)』에 따르면, '청포', '黃泡(황포)', '綠豆腐(녹두부)', '묵'이 모두 청포묵을 지칭하는 말이었다. 또한 이규경(李圭景: 1788-1863)이 쓴 『오주연문장전산고(五洲衍文長箋散稿)』를 보아도 '녹두부(菉豆腐)'는 '청포(靑泡)'라 이름하며, 속명(俗名)은 '묵(黙)'이라 하는데 초가을에 생산한 녹두로 만들고 색깔이 푸르면서도 부드럽고 맛있다고 소개하였다. 따라서 조선시대에는 '청포묵'보다는 '녹두부'나 '묵'이 일반인들에게 더 친근한 이름이었던 듯하다.

하지만 두부라는 뜻의 '포(泡)'자가 들어간 '청포(淸泡)'를 주로 쓰게 되면서, 오늘날 청포묵이란 명칭이 일반화된 것이다. 이러한 행태를 조선 후기 문필가였던 이옥(李鈺: 1760-1815)은 「삼난(三難)」이란 글에서 비판적으로 언급하였다. 그는 조선 사람들이 의복, 음식, 그릇 등 물건들의 명칭을 표현하면서 우리의 이름을 버리고, 중국 사람들이 부르는 이름을 쓰는 것이 잘못되었다고 비판하였다(이옥 저, 실시학사 고전문학연구회 편역, 2009: 417쪽). 쉽고 친근한 말을 두고 굳이 어려운 중국식 한자어를 쓰는 세태를 지적한 것이다.

이옥은 이에 대한 여러 가지 예를 들었는데, 그중 청포묵과 관련된 이야기가 있다. 그 내용을 보면, 어떤 서울 사람이 친한 시골 사람에게 지금 서울의 가게에는 '청포(靑泡)'가 한창 맛있다며 대접할 테니 오라고 초대했다. 청포가 무엇인지 몰랐던 시골 사람은 기이한 음식일 거라 짐작하며, 이튿날 바로 서울 사람의 집을 찾았다. 하지만 기대에 찬 그에게 서울 사람

이 내놓은 건 '녹두부'였다. 음식을 다 먹도록 끝내 기대한 '청포'는 나오지 않았다. 참다못한 시골 사람은 결국 서울 사람에게 화를 내며 집으로 돌아왔다. 그러면서 아내에게 서울 사람 대접하겠다던 '청포'는 주지 않고 묵만 내놓더라며 자기를 속였다고 노여워했다는 것이다(이옥 저, 실시학사 고전문학연구회 편역, 2009: 420쪽).

청포묵을 만드는 방법은 방신영(方信榮: 1890-1977)의 『조선요리제법(朝鮮料理製法)』(1921)에 따르면 다음과 같다. 녹두를 불려서 껍질을 벗긴 다음에 맷돌에다 간다. 간 녹두를 명주 자루[綿紬纏帶]에 넣고 한참을 주물러서 빠져나온 녹말을 가라앉힌다. 윗부분의 맑은 물을 따르고, 가라앉은 것만 가지고 묵을 쑨다. 가라앉은 것을 솥에 붓고 물도 적당히 넣은 후 불을 때며 풀 쑤듯이 하며 끓이다가 다 익으면 그릇에 퍼 담아 그대로 굳히면 청포묵이 되는 것이다.

이렇게 만든 청포묵으로는 묵무침, 묵강정, 묵전, 묵국 등을 만들거나 채를 썰어 탕평채로 무치거나 콩국(콩국수)에 국수 대신 넣어 먹었다. 특히 청포묵국은 충청도의 향토음식으로, 멸치장국에 계란을 풀어 청포묵과 함께 끓여내는 국이다(농촌진흥청, 2008a: 111쪽; 농촌진흥청, 2008b: 100-101쪽). 현재는 청포묵, 메밀묵, 도토리묵을 사시사철 고루 먹고 있지만, 조선 후기에는 도토리묵은 주로 겨울철에, 청포묵은 봄철에 먹었고 도토리묵보다는 청포묵을 더 고급음식으로 여겼다.

한편 청포묵을 만들고 남은 물은 버리지 않고, 걸러서 비지로 쓰거나 국이나 죽 등 다른 음식을 만들 때 활용하였다. 1800년대 말의 한글조리서인 『시의전서(是議全書)』 '알국'에서는 녹두묵을 만들고 남은 물은 새우젓국으로 간을 맞추고 끓이면 묵이 떠오르는데, 이것을 국자로 떠서 그릇에 담은 뒤 고춧가루와 김 부순 것을 얹으면 알국이 된다고 했다. 녹두물로는 죽을 끓여 먹기도 했다. 그리하여 1950년 2월 5일자 〈동아일보〉를 보면, 쌀을 사기 어려워 죽을 끓여 먹어야 하는 집에서는 근처에 녹두묵 집을 찾아가 저녁마다 녹두묵을 만들고 남은 녹두물을 사다가 죽을 쑤면 가장 경제적이고 맛있는 녹두죽을 먹을 수 있다고 제언하였다.

녹두물로 녹두물죽을 쑤는 방법은 이용기(李用基: 1870-1933)의 『조선무쌍신식요리제법(朝鮮無雙新式料理製法)』(1936) '묵물죽(綠豆水粥)'에 따르면, 가라앉힌 묵물의 웃물과 불린 쌀을 끓이다가 쌀이 퍼질 즈음에 아랫물까지 붓고 쑤라고 했다. 이 죽은 약간 배틀한 맛이 나며, 간은 먹을 때 소금을 넣어 맞춘다.

분류 : 음식
참고문헌 : 이옥 저, 실시학사 고전문학연구회 편역, 『完譯 李鈺 全集 2-그물을 찢어버린 어부』(휴머니스트, 2009); 방신영, 『조선요리제법』(광익서관, 1921); 이공, 『사류박해』; 이규경, 『오주연문장전산고』(한국전통지식포탈); 농촌진흥청 농업과학기술원 농촌지원개발연구소, 『한국의 전통향토음식 4-충청북도』(교문사, 2008a); 농촌진흥청 농업과학기술원 농촌지원개발연구소, 『한국의 전통향토음식 5-충청남도』(교문사, 2008b); 작자 미상, 『시의전서』; 이용기, 『조선무쌍신식요리제법』(영창서관, 1936); 「經濟的인 녹두죽」, 〈동아일보〉 1950년 2월 5일
필자 : 김혜숙

청포채(1848년)

1848년(헌종 14) 3월 17일, 순원왕후 김씨(純元王后 金氏: 1789-1857)의 육순을 경축하기 위하여 베푼 진찬에서 대왕대비에게 올린 진어별찬안(進御別饌案)에 올린 음식으로 '청포채(靑泡菜)'가 있다. 청포(靑泡)는 녹두묵을 말한다. 녹두묵을 채 썰어서 고기, 채소, 버섯 등과 초간장에 버무린 음식이다. 이 음식은 영조의 탕평책을 논하는 자리에서 먹었다고 탕평채로 더 잘 알려졌다. 『동국세시기(東國歲時記)』에는 탕평채를 3월 내 시식(時食)으로 먹는다고 하였다.

별찬안에 오른 청포채의 재료는 녹두(菉豆), 치자(梔子), 저각(猪脚: 돼지다리), 계란(鷄卵), 수근(水芹: 미나리), 실백자(實柏子: 잣), 진유(眞油: 참기름), 호초말(胡椒末: 후춧가루), 고초(苦椒: 고추), 간장(艮醬), 식초[醋]이다. 재료 중에 치자는 황색의 치자나무 열매로 노란색을 낼 때 쓰인다. 1800년대 말의 조리서인 『시의전서(是議全書)』에 나오는 '제물묵'의 조리법을 통해 치자의 용도가 짐작된다. '청포는 녹말로 하는데, 눅고 되기를 맞추어 쑨다. 치자물을 들여 쑤면

노랑묵이 곱다.'고 했다. 녹두묵에 치자에서 우러나온 황색의 물을 들여 노란 묵을 만드는데, 이를 황포(黃泡)라고 한다.

방신영이 쓴 1921년 판『조선요리제법(朝鮮料理製法)』의 탕평채 조리법으로 궁중 연회에 오른 청포채의 모습을 추측해 볼 수 있다. 노랑묵을 채치고 미나리를 잘라 소금에 잠깐 절였다가 기름에 볶아 넣고 편육과 제육편육을 채 쳐 넣고 또 황화채(원추리꽃 말린 것)와 목이버섯을 채 쳐 넣은 후 간장과 초를 치고 무쳐서 접시에 담고 고춧가루를 조금 뿌린다.

분류 : 음식
색인어 : 청포채, 녹두묵, 청포, 치자, 황포, 3월 시식
참고문헌 :『[무신]진찬의궤([戊申]進饌儀軌)』;『동국세시기(東國歲時記)』;『시의전서(是議全書)』;『조선요리제법(朝鮮料理製法)』
필자 : 이소영

탕평채(『시의전서』)

1800년대 문헌인『시의전서(是議全書)』에서는 탕평채를 탄평채로 표기하고 있다. 조리법은 다음과 같다. 가늘게 채 친 묵, 데친 숙주와 미나리를 양념으로 무친다. 어떤 묵을 사용하는지는 설명하지 않았으나 이때 쓰인 묵은 탕평채에 주로 사용하는 녹두묵일 것으로 보인다. 소고기는 다져서 볶고 숙육(삶은 고기)은 채친다. 깨소금, 고춧가루, 기름, 식초와 지령으로 양념한다. 부순 김과 깨소금, 고춧가루를 뿌린다.

지령은 간장을 뜻하는 방언이다.『표준국어대사전』에는 지령을 경기, 함경도 지역의 방언이라고 하였으

탕평채ⓒ수원문화재단

나 이보다 한참 전인 1670년경 출간된 경북 지역의 한글 조리서인『음식디미방』등에도 쓰였다. 또한『시의전서』의 원저자는 알 수 없으나 필사본의 필사자가 경북 출신인 점으로 미루어 경상도 지역에서도 사용한 단어인 것으로 보인다.

분류 : 음식
색인어 : 시의전서, 음식디미방, 탕평채, 지령, 간장
참고문헌 : 작자 미상,『시의전서』; 이효지 외 저,『시의전서(우리음식 지킴이가 재현한 조선시대 조상의 손맛)』(신광출판사, 2004); 백두현 저,『음식디미방 주해』(글누림, 2006)
필자 : 서모란

농어

농어(濃魚)는 한자어로 노어(鱸魚)라고 하며, 걸덕어(乞德魚)·깍정이·깡다구·깔대기·깔따구 등과 같이 다양한 이름으로 불린다. 바닷물고기지만, 여름철에는 먹이를 찾아 강 하구까지 거슬러오는 습성이 있다.『세종실록』「지리지」에는 경기도 지역에서 노어가 많이 잡힌다는 기록이 있다(「경기 부평도호부 인천군」·「경기 수원도호부」,『세종실록』). 그리고 정약용(丁若鏞: 1762-1836)은『다산시문집(茶山詩文集)』에서 예로부터 한강 유역에 노어가 많았다고 적었다. 이것으로 볼 때 조선시대에는 경기도 일대와 한강 유역에서 농어가 많이 잡혔던 것으로 보인다.

농어는 예로부터 '송강농어'를 최고로 쳤는데, 이는 중국 진나라 사람 장한(張翰)의 고사에서 유래한 것이다. 중국에서는 가을 농어를 최고로 쳤지만, 우리나라는 여름철 농어가 맛이 좋아 '7월 농어는 바라보기만 해도 약이 된다'는 말이 있을 정도였다. 중국에서는 회를 친 농어의 살이 옥처럼 하얗다 하여 '금제옥회(金虀玉膾)'라는 말이 생겨날 정도로 농어회를 최고로 쳤다. 조선시대 선비들은 '순갱노회(蓴羹鱸膾)'를 떠올리며 농어회를 즐겼지만, 실제 횟감으로는 웅어만 못하다는 평을 얻기도 했다(『보감녹』).

농어는 주로 회를 쳐서 먹었지만, 포를 만들어 먹기에도 적합하였다. 조선 후기 조리서인『윤씨음식법』

(1854 추정)에는 어포 만드는 법이 적혀 있다. 이에 따르면, 농어의 생선살을 두껍게 떠서 소금을 뿌려서 말린 후, 말린 생선을 망치로 두드려 부풀게 한다. 그리고는 힘줄과 가장자리를 잘라내고 오징어포만 한 크기로 잘라서 어포를 만든다고 한다.

분류 : 식재료
색인어 : 생선회, 윤씨음식법
참고문헌 : 『세종실록』(김익현·유제한 공역, 세종대왕기념사업회, 1972); 정약용 저, 임정기 역,『다산시문집』(한국고전번역원, 1994); 작자 미상,『윤씨음식법』(한국전통지식포탈); 작자 미상,『보감록』(한국전통지식포탈);『조선왕조실록사전』「노어」
필자 : 양미경

농어(「곰보타령」)

네 얼굴이 무삼 어여쁘고 똑똑하고 영리하고 얌전한 얼굴이라고 시냇가로 내리지 마라
뛴다 뛴다 어룡소룡(魚龍小龍)은 다 뛰어넘어 자빠 동그라지고
영의정(領議政) 고래 좌의정(左議政) 숭어 우의정(右議政) 민어
승지(承旨) 전복 한림(翰林) 병어 옥당(玉堂) 은어
대사간(大司諫)에 자가사리 떼많은 송사리 수많은 곤쟁이
눈 큰 준치 키 큰 갈치 살찐 도미 살 많은 방어 머리 큰 대구 입 큰 메기
입 작은 병어 누른 조기 푸른 고등어 뼈 없는 문어 등 굽은 새우 대접 같은 금붕어는
너를 그물 벼리로 알고 아주 펄펄 뛰어넘어 도망질한다
그중에 음침하고 흉물흉측(凶物凶測) 간릉간특한 오징어란 놈은
눈깔을 빼서 꽁무니에 차고 벼리 밖으로 돌고
길 같은 농어란 놈은 초친 고추장 냄새를 맡고 가라앉아 슬슬

서울 지방의 잡가 중에는 조선 후기 사설시조에서 사설을 더 달아 개화기 이후 독특하게 재담 식으로 발전시킨 노래들이 있다. 「곰보타령」이나 「바위타령」이 그러하다. 빠른 박자로 휘몰아치듯이 부른다고 하여

농어는 낚시로도 잡는다. 서해 격렬비열도 인근 해상에서 낚시꾼에게 잡힌 대형 농어ⓒ하응백

휘몰이잡가라고 명명했다.

「곰보타령」은 얼굴 얽은 중이 시냇물로 내려오는 것을 보고, 각종 얽은 것을 나열하면서 놀려대는 내용이다. 얼굴이 얽은 것을 곰보라고 하는데, 곰보는 천연두 등의 전염병을 앓은 후 얼굴에 남은 다발성 흉터 또는 그러한 흔적이 남아 있는 피부 상태를 가리킨다. 천연두는 사망률이 매우 높은 감염질환으로, 1979년 전 세계적으로 사라지기 전까지는 무서운 질병이었다. 이 노래의 사설은 곰보, 즉 표면이 거친 여러 사물이나 인물을 등장시켜 해학의 대상으로 삼은 다음, 각종 어류들을 나열하거나 생김새를 묘사하면서 그들이 곰보 때문에 놀라 도망친다는 것을 해학적으로 표현하고 있다.

조선조 말기의 사설시조에다 새로운 풍물을 추가한 작품인데, '경무청'(경무청은 1894년 포도청을 대신하여 설치되었고, 1907년 경시청으로 이름을 변경) 등의 단어가 나오는 것으로 보아 갑오경장 이후부터 일제강점기 직전까지의 사회상을 반영한 것으로 보인다.

「곰보타령」에 등장하는 어류는 고래, 숭어, 민어, 전복, 병어, 은어, 자가사리, 갈치, 준치, 송사리, 곤쟁이, 도미, 방어, 대구, 메기, 병어, 조기, 고등어, 문어, 새우, 오징어, 농어 등으로, 19세기 말에서 20세기 초 서울 지방에 유통되었던 어류를 거의 망라한 것으로 보인다. 현재의 관점에서 본다 해도 양식 어종과 수입 어종을 제외한다면 별반 다르지 않다고 할 것이다.

마지막에 등장하는 농어는 '초친 고추장' 냄새를 맡고 도망간다는 것으로 보아 이 당시에도 회를 먹을 때는

초고추장을 사용한 것으로 보인다.

분류 : 문학
색인어 : 농어, 곰보타령, 경기잡가, 휘몰이잡가, 경무청
참고문헌 : 하웅백, 『창악집성』(휴먼앤북스, 2011)
필자 : 하웅백

농어와 붕어(『대동야승』)

판중추부사 조오(趙吾)가 합천(陜川) 수령이 되었을 때에, 여름에 농어가 많이 쌓여서 썩는 일이 있어도 자기 집에서는 조금도 맛보지 못하게 하니, 사람들이 그 청렴함에 탄복하였다. 어떤 사람은 "그것을 썩혀서 땅에 버리는 것보다는 차라리 집에서 조금이라도 먹게 하는 것이 낫겠는데, 이런 데서까지 청렴함을 더럽히지 않으려 하는구나."라고 말하기도 했다. 조 공의 집이 지극히 가난하여 그가 예조 정랑이 되었을 적에 이리저리 셋집을 전전하였으며 양식과 땔나무를 이어가지 못하였는데, 동료 중에 쌀 서 말을 주는 이가 있어도 받지 아니하였고, 뒤에 여러 관리가 있는 자리에서 이 일을 자랑하니, 사람들이 그 자랑하는 것을 기롱하는 이도 있었다. 그러나 평상시에 남의 청탁을 일절 들어주지 않았으며, 뒤에 늙어서 시골집에 물러 나와서도 살림살이가 아무것도 없었으나 털끝만큼이라도 남에게 요구함이 없었으니, 참으로 청렴하고 독실한 군자라 할 것이다.

또 기건(奇虔) 공은 일찍이 연안부(延安府)에 부임하였는데, 그 고을에는 붕어가 많이 나서 공적으로 사적으로 청탁이 많아 폐단이 백성에게도 미쳤다. 그 전에 김씨 성을 가진 부사가 있었는데 붕어 먹기를 좋아하므로, 고을 사람들이 조롱하여 관사(館舍)의 벽에 크게 쓰기를, "6년 동안 무슨 사업을 하였는가? 한 못의 고기만 다 먹었도다." 하였다. 기공(奇公)이 이런 평을 면하려고 6년 동안 붕어를 먹지 않았고, 또 제주 목사로 나가서는 제주의 복어가 연안의 붕어와 같이 많았으나 3년을 역시 먹지 않았으니, 사람들이 그 고집은 탄복하였으나 고의로 그런 것이 아닌가 의심하였다.

위 이야기는 조선시대 서거정(徐居正: 1420-1488)의

『필원잡기』와 편자 미상의 『대동야승』에도 나온다. 가난하고 궁핍했지만, 관료로서 지나치리만큼 청렴함을 보여준 사람의 이야기이다.

분류 : 문학
색인어 : 농어, 붕어, 필원잡기, 대동야승
참고문헌 : 민족문화추진회 편, 『대동야승 1』(간행위원회, 1971)
필자 : 차충환

농어와 순갱노회

농어(濃魚)는 한자어로 노어(鱸魚)라고도 불린다. 바닷물고기지만, 4-5월 무렵에는 먹이를 찾아 강 하구까지 거슬러오기 때문에 한강 유역에서 특히 많이 잡혔다. 그래서 조선시대 선비들이 쓴 문헌에서는 한강에서 뱃놀이를 하다가 농어를 잡아 회를 만들어 먹는 모습이 종종 포착되곤 한다. 그런데 조선시대 선비들에게 농어와 농어로 만든 음식은 좀 특별한 의미를 지니고 있었다. 조선의 선비들은 농어를 볼 때마다 장한(張翰: ?-359?)의 순갱노회(蓴羹鱸膾) 고사를 떠올렸기 때문이다.

장한은 오현(吳縣: 지금의 장쑤성 쑤저우시 우현) 사람으로, 평소 자유분방한 성격을 지닌 사람이었다. 진나라 초기 혼란한 시대에 장한은 제왕(齊王) 사마경(司馬冏) 옆에서 수레를 담당하는 벼슬을 하며 불안한 세월을 보내고 있었다. 어느 날 가을바람이 불어오는 것을 보고서 장한은 문득 고향 오현에서 먹던 순챗국과 농어회가 그리워졌다. 그는 "사람의 인생은 뜻에 맞는 일을 하며 살아가는 것이 제일이거늘, 하필 이렇게 먼 곳까지 와서 명성과 작위를 바라고 있는가?"라고 말하고는, 곧장 벼슬을 버리고 귀향길에 올랐다. 그 후 사마경은 반란이 나서 죽임을 당했지만, 고향으로 돌아온 장한은 다행히 피해를 입지 않았다. 이후 선비들은 벼슬을 그만두고 귀향길에 오르고 싶을 때마다 순챗국과 농어회를 먹으며 장한의 고사를 읊곤 했다(『계곡집(谿谷集)』, 『택당집(澤堂集)』, 『허백당집(虛白堂集)』, 『무명자집(無名子集)』). 그들이 장한처럼 실제로 벼슬을 그만두고 고향으로 돌아갔는지의 여부는 정확히 알 수 없다. 그러나 순갱노회를

읊으며, 마음 둘 곳 하나쯤 꺼내볼 수 있는 것만으로도 마음에 큰 위안이 되지 않았을까?

분류 : 음식
색인어 : 농어(濃魚), 노어(魚), 장한(張翰), 순갱노회(蓴羹鱠), 순챗국, 농어회(노어회)
참고문헌 : 장유 저, 이상현 역, 『계곡집』(한국고전번역원, 1997); 이식, 이상현 역, 『택당집』(한국고전번역원, 1997); 성현 저, 조순희 역, 『허백당집』(한국고전번역원, 2011); 윤기 저, 김채식 역, 『무명자집』(성균관대학교 대동문화연구원, 2014)
필자 : 양미경

누룽지

누룽지란 밥을 짓는 과정에서 솥바닥에 눌어붙은 밥을 뜻한다. 누룽지를 한자어로 표기할 때는 취건반(炊乾飯)·초반(焦飯)·황반(黃飯)·건구(乾糗) 등으로 표기한다.

조선시대 누룽지는 보관이 용이해 집을 떠나 여행을 갈 때 밥을 대신해 먹는 음식 중 하나였다. 한 예로 1655년 6월부터 남용익(南龍翼: 1628-1692)이 종사관(從事官)으로 일본을 다녀와 남긴 『부상록』에서는 조선으로 돌아오는 길에 쓰시마섬 니시도마리우라[西泊浦]에서 누룽지를 끓여 먹은 후 맛이 좋았다는 기록을 남기기도 했다.

또한 누룽지는 숭늉으로도 만들어 환자를 치료할 때도 쓰였다. 『동의보감』에서 누룽지에 대해 음식을 잘 먹지 못하고 이내 토하는 열격이라는 병을 오랫동안 앓은 사람을 치료할 때 쓰인다고 하면서 이때 오래된 누룽지를 급하게 내려가는 물로 푹 삶아 숭늉을 만들어 마시게 한다고 했다.

간식용·구황음식으로도 누룽지는 쓰였는데 조선 후기 유학자 심노숭(沈魯崇: 1762-1837)이 자신의 유배생활에 대해 자세히 기록한 『남천일록(南遷日錄)』에는 시골에서 남녀노소를 가리지 않고 누룽지를 주머니에 쌓아놓고 소매로 감추어 가며 먹는다고 하면서 시골 아이들은 누룽지를 소처럼 먹는다고 표현했다. 그리고 흉년이 들면 주가(主家)에서는 누룽지로 대접하고 자신 역시 누룽지를 부셔서 먹었는데 누룽지를 오랫

동안 먹으면 이빨이 아프고 또 체한다고 경고한다.

누룽지와 관련된 속담 중에 '누룽지를 길에 버리면 복 나간다'라는 속담이 있다 이 속담의 뜻은 아무리 하찮은 것이라도 먹을거리는 버리지 말라는 일종의 금기이다. 누룽지를 이용한 또 다른 속담으로 '누룽지라도 주고 달리렸다'라는 속담이 있다. 이 말은 무엇을 요구하기 위해서는 하찮은 것이라도 대가를 치러야함을 뜻한다. 위 속담들에서 누룽지는 하찮은 것을 상징하는 표현이다(정종진, 2006).

누룽지가 하찮은 것의 대명사가 된 이유는 밥을 지을 때 나오는 부산물이기 때문이다. 그래서 식민지 시기에 누룽지는 가난을 상징하는 음식이기도 했다. 한 예로 1933년 5월 9일자 〈동아일보〉 석간에는 한강에서 뱃놀이를 하던 남녀가 사고로 사망한 사건을 속보로 다루면서 사망한 두 남녀 모두 어려운 집안 형편이었음을 드러내기 위해 사망한 남자의 집안에 62세 조모와 20세의 남동생이 "세부란스 병원에서 버리다시피 하는 누룽지를 사다가" 먹을 정도로 생활이 궁핍했다고 서술했다.

1960년대에 쌀 소비를 줄이기 위해 혼분식 장려와 절미(節米)운동 등 다양한 정책을 대대적으로 실시하고 있던 한국정부에게 쌀밥을 지을 때 생기는 누룽지는 쌀 소비를 늘어나게 하는 요인으로 여겼다. 〈동아일보〉 1962년 4월 5일자 기사에 따르면 연간 3만여 석을 절약할 수 있다는 계획하에 육군에서 누룽지가 만들어지지 않는 솥 밑받침을 생산·사용할 계획이라고 할 정도로 1960년대 정부는 어쩔 수 없이 생기는 부산물인 누룽지마저 줄여서 쌀 소비를 줄이려고 했다.

최근 누룽지는 따로 시중에서 사 먹어야 하는 추억의 간식 또는 다이어트 식품이다. 누룽지가 더 이상 일상적 음식이 되지 않게 된 배경에는 1980년대 이후 본격화 된 전기밥솥의 보급에 있다. 전기밥솥은 밥짓기에 새로운 장을 열었는데 특히 기계장치를 통한 정확한 열 조절은 밥을 잘 눌어붙지 않게 했지만 더 이상 부산물로서 누룽지가 밥 짓는 과정에서 나오지 않게 했다. 그렇게 누룽지는 집이 아닌 전문적으로 누룽지를

제조하는 공장에서 만들어지는 '제품'이 됐다.

분류 : 음식
색인어 : 밥
참고문헌 : 심노숭, 『남천일록』; 「그들의背後에 잇는……◇ 더 不幸한 人生들!」, 〈동아일보〉 1933년 5월 9일; 「누룽지防止 솥 밑받침 六月부터 使用 陸軍서, 年三萬餘石節約」, 〈동아일보〉 1962년 4월 5일; 남용익, 『부상록』; 정종진, 『한국의 속담 대사전』(태학사, 2006).
필자 : 이민재

눌어(누치)

우리말로 '누치'라고 하는 눌어는 조선시대 종묘(宗廟)에 3월에 천신하는 민물고기였다(『종묘의궤(宗廟儀軌)』 제4책). 조선 후기의 어휘사전인 『광재물보(廣才物譜)』를 보면, '訥魚(눌어)' 이외에 '重唇魚(중진어)'나 '눈치'라는 명칭이 나온다.

이러한 누치는 서유구(徐有榘: 1764-1845)의 『난호어목지(蘭湖漁牧志)』 「어명고(魚名攷)」에 따르면, 가시는 많지만 살이 연하고 협곡의 강이나 산간의 시내가 있는 곳이면 어디에나 있으나 임진강 상류와 하류에 가장 많다고 하였다(서유구 저, 이두순 평역, 2015: 55-56쪽). 또한 조선의 미식가인 허균(許筠: 1569-1618)은 『도문대작(屠門大嚼)』에서 누치는 산골 어디에나 있지만, 평안도 강변의 것이 가장 크다고 하였다. 서유구와 허균이 경기도의 임진강 유역과 평안도를 누치의 산지로 들었듯이, 『신증동국여지승람(新增東國輿地勝覽)』을 보아도 누치는 조선시대에 북부나 남부 지역에서는 보이지 않고 중부 지역이라 할 수 있는 경기도, 충청도, 황해도, 강원도, 평안도의 토산물이었다.

이러한 누치를 천렵하여 식용하였던 일이 조선시대 정경운(鄭慶雲: 1556-?)이 쓴 『고대일록(孤臺日錄)』이라는 일기에 나온다. 그는 주로 경상남도 함양에서 거주하였는데, 1595년 4월 8일 일기를 보면 최계형(崔季亨), 배응종(裵應鍾) 형제와 함께 혈계(血溪)에서 눌어 천렵을 한 일을 썼다. 이 날 작은 배를 띄우고 작대기로 크게 소리를 내어 그물로 잡은 누치는 89마리나 되었고, 정경운은 너무나 기뻐 평생에 이보다 좋은 일이 있겠느냐고 했다. 그 해 8월 4일에도 혈계 하류에서 고기를 잡았는데, 은순어(銀脣魚) 백여 마리와 누치 네 마리를 잡아 일행들과 기뻐하며 회를 치고 구워서 실컷 먹었다고 한다. 이때 은순어는 별다른 기록을 찾을 수 없으나, 한자로 보아 아마도 주둥이 둘레가 은처럼 희다는 은구어(銀口魚)를 지칭하는 듯하다. 은구어나 누치 모두 조선시대에 회나 구이로 즐겨 먹었던 민물고기이다.

최한기(崔漢綺: 1803-1877) 역시 『농정회요(農政會要)』에서 누치[訥魚]는 준치처럼 가시가 날카롭고 수도 많지만, 국을 끓이거나 구이를 하거나 회로 먹으면 좋다고 하였다. 또한 누치로는 젓갈도 담가 먹었는데, 명종(明宗: 재위 1545-1567) 대에 단양 군수를 맡고 있던 황준량(黃俊良: 1517-1563)이 단양에서 공납할 젓갈용 누치의 양이 백 마리가 넘지만 물이 맑아서 큰 것이 없어 먼 곳까지 가서 사 오는 상황이라며 폐단이 크다고 상소한 것에서 그 사실을 확인할 수 있다(『명종실록』 명종 12년 1557년 5월 7일 기사).

분류 : 식재료
색인어 : 준치, 도문대작, 은구어
참고문헌 : 『종묘의궤』; 서유구 저, 이두순 평역, 강우규 도판, 『평역 난호어명고』(수산경제연구원BOOKS·블루&노트, 2015); 『신증동국여지승람』; 정경운 저, 박병련·설석규·신병주·정우락·한명기 공역, 『고대일록』(남명학연구원, 2009); 최한기 저, 고농서국역총서 12-『농정회요 III』(농촌진흥청, 2007); 『명종실록』; 작자 미상, 『광재물보』; 허균 저, 신승운 역, 『도문대작』(한국고전번역원, 1984)
필자 : 김혜숙

다래

다래는 산에서 자라는 낙엽 덩굴나무로, 열매, 잎, 덩굴, 뿌리 등을 활용한다. 허준(許浚: 1539-1615)의『동의보감(東醫寶鑑)·탕액편(湯液篇)』(1610)에서는 다래를 '미후도(獼猴桃)'라 하여, 열 때문에 음식물을 토하는 경우를 치료하는데, 다래즙을 내어 생강즙과 섞어 먹으면 된다고 하였다. 다래덩굴의 즙도 위가 막혀서 토하는 경우 사용하였는데, 다래덩굴의 즙을 끓여 생강즙과 섞어서 먹으면 매우 효과가 있다고 하였다. 그 외에 가슴이 답답하고 열이 나는 것을 풀고, 실열을 없애기 위해서, 다래의 속을 긁어 꿀과 함께 졸여 늘 먹으라고 하였다.

1766년에 유중림(柳重臨: 1705-1771)이 편찬한『증보산림경제(增補山林經濟)』에서도 다래를 '미후도(獼猴桃)'라고 하여 갈증을 그치게 해주며 번뇌를 해소시켜 주지만, 많이 먹어서는 안 된다고 하였다.

최한기(崔漢綺: 1803-1877)가 편찬한『농정회요(農政會要)』(1830년경)에서는 조금 더 자세한 내용을 적고 있다. '다래(미후도)는 이명으로 등리(藤梨), 양도(陽桃)라고 하며, 모양이 배와 같고 색은 복숭아와 같은데, 미후(獼猴: 원숭이의 일종)가 먹기 좋아하기 때문에 이름이 붙여졌다. 산골짜기에서 나며 넝쿨은 나무에 붙어 자라고, 잎은 둥글며 털이 있다. 열매는 모양이 배추벌레 알과 비슷하고 크다고 하였고, 그 껍질은 갈색으로 서리가 내린 뒤에야 맛이 달아져 먹을 만하다.'고 하였다.『농정회요』에서는 다래순에 대한 설명도 함께 하였다. 다래순으로는 국을 끓여도 되는데, 그 맛은 시고 달고, 성질은 차고 독이 없다. 많이 먹으면 비위가 냉해지고 속을 훑어 내린다고 하였다.

『동의보감·탕액편』이나『증보산림경제』에서 주로 열을 없애주는 데 다래를 활용한 것이 다래의 성질이 차기 때문인 것으로 보인다. 다래는 새로 나온 순도 식용으로 사용하는데 '다래순나물'로 무쳐 먹는다. 다래순을 소금물에 데쳐서 물기를 꼭 짜낸 후에 고추장, 설탕, 참기름, 깨소금 등을 넣고 무쳐 먹는다.

분류 : 식재료
색인어 : 고추장, 국·탕, 꿀, 배, 복숭아, 참기름
참고문헌 : 허준,『동의보감·탕액편』; 유중림,『증보산림경제』; 최한기,『농정회요』
필자 : 홍진임

다래정과

다래는 보통 7-8월에 생산되는데, 생으로 오래 보관하기는 어렵기 때문에 오래 두고 먹기 위해서 제철에 정과를 만들어 두고 먹었다. 1766년에 유중림(柳重臨: 1705-1771)이 엮은 농서인『증보산림경제(增補山林經濟)』에서는 '산포도전법(山葡萄煎法)'이라 하여 산포도를 끓여서 꿀을 섞어 만드는 법을 설명하였다. 여기서 다래와 들쭉열매로도 만들 수 있다고 설명하고 있다. 만드는 방법은 잘 익은 열매를 시루에 쪄서 말리고, 물과 꿀을 반씩 넣어 꿀물을 만들어 쪄서 말린 열매를 넣고 약불로 조린 후 말린다. 그 후 따로 달여낸 꿀을 넣고 조려서 완성하는데, 이 방법은 일반적인 정과를 만드는 방법과 동일하다.

다래는 궁중에서도 활용되던 식재료이다.『승정원일기(承政院日記)』인조 25년 정해(1647) 10월 7일의 기록에는 강원도의 봉진관(封進官)을 추고할 것을 청하는 사옹원 도제조의 계에 다래와 관련된 내용이 있

다. "강백년이 사옹원 관원이 전하는 도제조의 뜻으로 아뢰기를, '강원도에서 10월에 새로 난 것으로 양전(兩殿)과 세자궁에 진상한 …(중략)… 중궁전에 올린 머루정과[山葡萄正果]는 2두(斗) 중에 1승(升)이, 다래정과[獼猴萄正果]는 3두 중에 3승이 축나 있었습니다. 막중한 어선(御膳)을 태만하고 소홀히 봉진(封進)하였으니 너무도 놀랍습니다. 본도(本道)의 봉진관(封進官)을 추고하고 이를 운송해 온 사람은 조심하지 않은 죄를 면하기 어려우니, 유사로 하여금 수금하여 엄중히 다스리게 하는 것이 어떻겠습니까?' 하니, 윤허한다고 전교하였다."는 기록이 있다. 여기서는 다래 자체를 진상한 것이 아니라 다래를 정과로 만들어 진상한 것을 알 수 있다.

『조선왕조실록(朝鮮王朝實錄)』에도 '미후정과'에 대한 내용이 있는데, 선조 26년 8월 13일 '제독은 미후정과(獼猴正果) 한 접시만을 마셨다.'는 내용의 기록이 있다. 보통 중국 장수가 우리나라에 왔다가 중국으로 돌아가는 길에 우리나라 지방의 관료들이 중국의 장수를 접대하는 관례가 있었는데, 대부분의 지방에서 대접하지 않았다는 보고가 있었다. 그러던 중 "운익이 아뢰기를, '이해수(李海壽)의 말을 들으니, 제독이 용천(龍川)에 당도했을 적에 어렵게 호란(糊亂)을 구하여 올리었으나 제독은 미후정과(獼猴正果) 한 접시만을 마셨다고 하였습니다.'"고 하였다. 아마도 다른 음식은 먹지 않고 미후정과만을 먹은 것으로 보인다. 여기서 '미후정과 한 접시를 마셨다.'라는 표현이 나오는데, 이는 현재 우리가 알고 있는 꿀을 넣고 졸인 고형의 정과라기보다는 다래로 만든 수정과의 제형인 것으로 생각된다.

분류 : 음식
참고문헌 : 유중림, 『증보산림경제』; 『승정원일기』 인조 25년(1647) 10월 7일; 『조선왕조실록』 선조 26년(1593) 8월 13일
필자 : 홍진임

다슬기

다슬기는 올갱이, 올뱅이, 베틀올갱이, 고동, 물고동, 민물고둥, 고둥, 골뱅이, 고디, 와라, 대사리, 골부리, 물비틀 등 지역에 따라 재미있고 다양한 이름으로 불리는데 강원도에서는 달팽이라고도 부른다. 깨끗한 물에서만 자라는 다슬기는 주로 계곡의 바위틈이나 하천 중, 상류 지역의 유속이 빠르고 1-2급수의 맑은 물에서 볼 수 있다.

그러나 하천의 오염으로 다슬기가 살기에 적합한 환경이 많이 줄어 서식지 확보를 위해 멸종위기 생물로 지정하는 등 보호정책도 실시되고 있으며 지자체에 의한 노력도 지속되고 있다. 전라북도 무주군 설천면에 위치하고 금강 상류로 흘러드는 남대천(南大川)은 청정구역으로 많은 다슬기가 서식하고 있다. 이곳은 다슬기와 다슬기를 먹이로 하고 있는 반딧불이를 보호하려는 취지에서 1982년 천연기념물 제 322호로 지정되었다.

허준(許浚: 1539-1615)의 『동의보감(東醫寶鑑)』에서는 다슬기가 '반위, 위통 및 소화불량을 치료한다.'라는 기록이 있으며, 간질환에 효험이 있는 것으로 알려져 있다. 그리하여 다슬기는 약용자원 또는 식용자원으로 옛날부터 다양한 음식에 활용되어 왔으며 오늘날에도 전국 각지의 향토음식의 주재료로 쓰이고 있다. 다슬기를 끓여 만드는 다양한 국 종류 외에도 경상남도에서는 다슬기와 무를 넣어 고둥김치를 담그기도 하고, 다슬기 삶은 물에 찹쌀가루와 들깨가루를 풀어 넣고 걸쭉한 식감을 내고 방아 잎으로 향기를 낸 다슬기찜을 만들어 먹기도 한다. 보릿가루로 반죽한 보리수제비를 만들 때는 발라낸 다슬기 살을 넣고 그것을 삶은 물을 국물로 쓴다. 충청북도에서는 채소와 함께 올갱이를 무친 올갱이무침이 향토음식으로 유명하다.

분류 : 식재료
색인어 : 김치, 조개, 국·탕
참고문헌 : 「인터뷰/김세웅 무주군수 "반딧불축제는 생명 축제"」, 〈한겨레〉 1997년 8월 4일; 한국학중앙연구원, 『한국향토문화전자대전』, 「다슬기」; 『한국의 전통향토음식 9-경상남도』(교문사, 2008); 『한국의 전통향토음식 4. 충청북도』(교문사, 2008)
필자 : 박경희

다슬기해장국(올갱이국)

충청도, 강원도, 호남 지역 등 전국 각지의 향토음식으로 유명한 다슬기해장국은 크게 다슬기 삶은 물만을 국물로 한 맑은탕과 된장을 풀어 넣은 토장탕 2가지로 분류할 수 있다.

충청도 지방에서는 다슬기해장국을 올갱이해장국, 올갱이국, 고딩이국이라고도 한다. 국을 끓일 때는 다슬기를 하루 정도 물에 담가 모래를 제거하고 뜨거운 물에 삶아 속살을 빼낸다. 푸르스름한, 다슬기 삶은 물에 된장을 풀고 고추장, 다진 마늘, 부추를 넣고 끓인다. 여기에 밀가루 옷을 입히고 계란을 두른 다슬기 살을 넣으면 구수하고 시원한 다슬기해장국이 된다. 국이 끓으면 어린 배춧잎을 손으로 찢어 넣기도 한다. 해장국으로는 물론, 속병을 앓는 사람들도 찾는 음식이다.

달팽이해장국은 강원도지역에서 다슬기해장국을 부르는 이름이다. 다슬기를 삶은 국물에 된장과 아욱을 넣고 푹 익힌 후, 먹기 직전에 부추와 다슬기 살을 넣어서 만든다.

호남 지역에서는 이 음식을 다슬기탕이라고 부른다. 다슬기를 씻어 끓는 물에 삶아 다슬기 살을 뺀 후, 남은 다슬기 껍데기를 푹 삶아 장국 국물을 만든다. 여기에 다슬기 살, 애호박, 부추, 풋고추를 넣고 끓이다가 소금으로 간을 한다. 또, 위 강원도의 달팽이해장국과 같이 된장과 아욱(또는 시금치)을 넣고 끓이는 방법도 있는데 이 음식은 다슬기 된장국 또는 대사리

다슬기 아욱국ⓒ하응백

국이라고 부른다.

분류 : 음식
참고문헌 : 「청주(淸州) 올갱이국 동의보감에 "肝(간)에 좋다" 기록」, 〈경향신문〉 1994년 5월 13일;『한국의 전통향토음식 4. 충청북도』(교문사, 2008);『한국의 전통향토음식 7-전라남도』(교문사, 2008);『한국의 전통향토음식 6-전라북도』(교문사, 2008);『한국의 전통향토음식 3-강원도』(교문사, 2008)
필자 : 박경희

다시마

다시마는 바다에서 나오는 해조류의 일종으로 편평한 띠(帶) 모양이며 길이는 2-5m, 너비는 10-50cm, 두께는 1-3mm 정도이다. 마른 상태가 되면 바깥 표면이 흰가루[白霜]로 덮힌다. 1614년(광해군 6)에 이수광(李睟光: 1563-1628)이 편찬한『지봉유설(芝峰類說)』에 다시마에 대한 소개가 있다. "다시마 해대채(海帶菜)를 혹은 '최생(催生)'이라고도 한다. 상고하건대 본초(本草)에 말하기를, '동쪽 바다 물속의 돌 위에 난다.'라고 하였다. 이것은 곧 우리나라에서 말하는 다사마(多士麻)이다."라고 하였는데, 곧 다시마이다.

예로부터 다시마는 곤포(昆布) 또는 해대(海帶)로 불렸으며, 식재료는 물론 약재로 사용하였는데, 한의학에서는 막혀 있는 탁한 담(痰)을 없애거나, 맺힌 것을 풀 때, 대변(大便)이나 종괴(腫塊) 등의 딱딱하게 굳은 것을 무르게 해주는 효능이 있다고 하였다.

이러한 효능을 이용한 처방은 1460년 전순의(全循義: ?-?)가 편찬한『식료찬요(食療纂要)』의 처방에 수록되어 있다. 다시마를 이용하여 식초를 만들어 먹었는데, 5가지 혹(五癭)-석영(石癭)·기영(氣癭)·근영(筋癭)·혈영(血癭)·육영(肉癭)-을 치료하려고 할 때, 다시마 2냥을 씻어서 손가락 크기로 자르고 난 후, 식초에 담갔다가 입에 넣고 그 즙을 빨아 먹으면 좋다고 하였다. 요즘은 다시마를 국물요리 만들 때 사용하는데 오래 끓이면 끈적한 물질이 나온다고 하여 끓기 시작하면 5분 정도 있다가 빼버리고 국물을 사용하기도 한다. 하지만 예부터 그 끈적한 물질에 약성이 있다는 것을 알고 식초에 담가 그 즙을 활용하기도 하였

기장 다시마ⓒ하응백

다. 또 다른 처방으로는 혹[瘻氣]을 신효하게 치료하려면, 밀(소맥) 1되를 식초 1되에 하룻밤 담갔다가 햇빛에 말린 후에, 바닷말과 다시마를 각각 3냥씩 씻어 짠맛을 없애고 나서 건조시킨 후 모두 함께 가루로 만들어 하루 3번 2돈씩 술이나 음료에 먹는다고 하였다. 병증에 차도가 있을 때까지 먹는다고 하였다.

허준(許浚: 1539-1615)의 『동의보감(東醫寶鑑)·탕액편(湯液篇)』(1610)에서도 다시마를 '곤포(昆布)'라 하여 성질이 차고 맛은 짜며 독이 없다고 하였다. 12가지 수종에 주로 쓰는데, 소변을 잘 나오게 하며, 얼굴이 부은 것을 가라앉히고, 누창(瘻瘡)·영류, 기가 뭉친 것을 치료한다고 하였다. 주로 동해에서 나는데, 짠맛을 제거한 후 약에 사용하라고 하였다.

하지만 다시마가 꼭 약으로만 활용된 것은 아니었다. 1540년경에 김유(金綏: 1491-1555)가 편찬한 『수운잡방(需雲雜方)』에는 '다시마구이[煎藿法]'를 소개하고 있다. 좋은 잣을 곱게 갈아 식초와 섞어서 다시마에 발라 불에 구워 사용한다고 하였다. 작자 미상의 『윤씨음식법』(1854 추정)에서는 '다ᄉᆞ마찜'이라 하여 다시마를 활용한 요리를 소개하였다. 만드는 방법은 다시마를 무르게 삶은 후, 두부, 표고버섯 다짐, 생강, 파 등을 넣고 양념하여 소를 만든다. 다시마를 피처럼 하여 소를 싸서 잘 붙도록 끝 부분에는 밀가루를 조금 뿌린 후 대꼬챙이를 얇게 깎아 싼다. 국을 끓이고, 다시마로 싼 것을 조심스럽게 넣은 다음 파의 흰 부분을 조금 넣고 기름과 간장을 알맞게 넣고 끓인다. 표고찜

과 곁들여 내면 좋다. 낼 때에는 대꼬챙이를 빼고 담는다고 하였다.

방신영(方信榮: 1890-1977)의 『조선요리제법(朝鮮料理製法)』(1921)에서는 '슈잔지(여름음식)'라 하여 다시마를 활용한 요리를 소개하고 있다. 만드는 방법은 다시마와 외를 반듯하게 썰어 고기와 한데 끓여 식혀서 먹는다고 하였다.

다시마는 집안의 장맛이 변했을 때도 사용하였다. 예부터 집안의 장맛이 변하면 집안에 안 좋은 일이 생긴다고 하여 그 맛을 유지하는 것이 매우 중요한 일 중 하나였다. 이용기(李用基: 1870-1933)의 『조선무쌍신식요리제법(朝鮮無雙新式料理製法)』(1924)에서는 '장마시변한거곳치는법[醬醬失味]' 중 하나로 다시마 1오리에 엿 1조각을 싸서 넣어두면 연해질 것이니 엿은 내어버리고 다시마만 넣고 익은 꿀 0.5잔과 생강즙을 조금 치고 짓두드려 진흙같이 되거든 익은 꿀 3-4사발을 타고 휘젓는다고 하였다. 찌끼는 버리고 만든 것을 장에 타면 맛이 좋아진다고 하였다.

분류 : 식재료
색인어 : 간장, 국·탕, 꿀, 두부, 생강, 수운잡방, 술, 식초, 엿, 잣, 조선무쌍신식요리제법, 조선요리제법, 파
참고문헌 : 이수광, 『지봉유설』; 전순의, 『식료찬요』; 허준, 『동의보감·탕액편』; 김유, 『수운잡방』; 작자 미상, 『윤씨음식법』; 방신영, 『조선요리제법』(신문관, 1917); 이용기, 『조선무쌍신식요리제법』(영창서관, 1936)
필자 : 홍진임

다시마튀각

다시마튀각은 마른 다시마를 젖은 행주로 닦아 낸 후, 적당한 크기로 잘라 기름에 튀겨 내고 설탕을 뿌려서 먹는 반찬의 일종이다. 다시마를 튀겨서 조리하는 방법은 빙허각 이씨(憑虛閣 李氏: 1759-1824)가 지은 『규합총서(閨閤叢書)』(1809)에서는 '다ᄉᆞ마좌반'으로 소개하고 있다. 다시마를 물에 불렸다가 다시 말려서 미끄럽지 않고, 뽀득뽀득할 때까지 한 다음, 좋은 찹쌀로 밥을 되게 지어 아직 김이 날 때 한 알씩 떼어 반듯하게 잘라낸 다시마 한쪽 면에 밥알을 빈틈없이 붙인 후 볕에 말려서, 누룽지같이 바짝 마르거든 기름

에 튀겨 내고, 밥이 안 붙은 쪽에 꿀을 바른 후 잣가루를 뿌려 쓴다 하였다. 다시마만 튀긴 것이 아니라 거기에 찹쌀밥과 꿀과 잣으로 함께 조리하여, 고급스러움을 더했다.

방신영(方信榮: 1890-1977)의 『조선요리제법(朝鮮料理製法)』(1921)과 이용기(李用基: 1870-1933)의 『조선무쌍신식요리제법(朝鮮無雙新式料理製法)』(1936)에서는 '튀각'이라 하여 다시마를 젖은 행주로 잘 씻어내고 적당한 크기로 잘라, 기름에 밀을 조금 넣고 다시마를 넣어 부풀어 오르면 한번 뒤집었다가 곧 꺼낸다. 석쇠에 놓고 기름을 빼어 쓴다고 하였는데, 이때 밀을 아니 넣으면 튀각이 누그러진다고 하였다. 튀기는 동안 다시마의 모양이 흐트러질까 봐 밀을 넣었는데, 두 서적 모두 같은 방법을 사용한 것으로 보아 같은 책을 참고한 것으로 보인다.

1946년 방신영이 집필한 조리서 『조선음식 만드는 법』에서도 같은 방법을 사용하고 있는데, 밀에 대한 이야기는 나오지 않고, 튀긴 후에 설탕을 뿌리기 시작하였다. 이러한 방법은 그 이후의 조리서인 손정규(孫貞圭: 1896-1955)의 『우리음식』(1948), 방신영의 『우리나라 음식 만드는 법』(1954)에서도 설탕을 활용한 조리법을 사용하였다. 1957년에 한희순, 황혜성, 이혜경 등이 발간한 궁중음식 조리서인 『이조궁정요리통고(李朝宮廷料理通考)』에서는 설탕과 잣가루를 함께 뿌려 사용하였다.

분류 : 음식
참고문헌 : 빙허각 이씨, 『규합총서』; 방신영, 『조선요리제법』; 이용기, 『조선무쌍신식요리제법』; 방신영, 『조선음식 만드는 법』; 손정규, 『우리음식』; 방신영, 『우리나라 음식 만드는 법』; 한희순, 황혜성, 이혜경, 『이조궁정요리통고』
필자 : 홍진임

다식

고려 말 학자인 이색(李穡: 1328-1396)의 『목은집(牧隱集)』에 '종덕부추팔관개복다식(種德副樞八關改福茶食)'이란 제목의 시에는 다식을 잘게 씹으면 단맛이 감돈다는 구절이 있다. 다식(茶食)은 팔관회(八關會)에 쓰인 것으로 고려 때 연회나 의례의 용도로 사용되었다.

다식은 자연에서 얻은 재료를 가루로 만들어 꿀과 조청으로 반죽하여 다식판에 박아낸 것으로, 자연의 색과 더불어 정교한 다식판의 문양이 조화를 이룬 아름다운 과자이다.

다식은 주재료에 따라 이름을 달리 부르는데 송홧가루로 만든 것은 송화다식, 승검초가루를 만든 것은 승검초다식이라 하고 콩가루로 만든 콩다식, 검은깨로 만든 흑임자다식, 쌀가루로 만든 쌀다식, 밀가루를 누릇하게 볶아 만든 진말다식, 황률가루로 만든 밤다식, 녹말가루에 오미자로 색을 들인 오미자다식(녹말다식), 녹말 중에서도 생강전분으로 만들면 강분다식, 칡녹말로 만든 갈분다식 등이 있다. 혼례와 축하용은 노란색, 초록색, 붉은색, 흰색, 검은색 등 오색다식을 화려하게 고인다.

『도문대작(屠門大嚼)』에서 허균은 안동의 다식, 밀양과 상주에 밤다식이 유명하다고 했다. 특히 안동 사람들이 만든 다식은 매우 맛이 좋다고 칭찬하였다.

1450년경 의관 전순의(全循義: ?-?)가 쓴 『산가요록(山家要錄)』에는 안동다식법이 나온다. '밀가루 1말을 누렇게 볶아 꿀 1되, 참기름 8홉을 버무려 반죽한다. 암키와[女瓦: 평평하고 넓적한 모양의 기와]에 먼저 희고 굵은 모래를 깔고 다음에 깨끗한 종이를 펴고 다식을 나란히 늘어놓고 또 암키와로 덮어 위아래 약한 불로 하여 다식을 익힌다. 청주를 조금 넣어도 되고 솥에서 구울 때는 기와를 쓰지 않는다.'고 하였다. 안동다식은 볶은 밀가루에 꿀과 참기름을 넣고 반죽하여 다식판에 박은 뒤 기와 사이에 놓고 굽는 방식으로 만든다. 1670년경 장계향(張桂香: 1598-1680)이 지은 『음식디미방』이란 책에 나오는 '다식법'도 이와 같은 방법이다. 즉 안동다식법을 기록한 것이다.

수(壽), 복(福), 만(卍)이라는 글자나 꽃, 새 모양을 새긴 다식판에 박기 때문에 다식의 문양은 실로 아름답다. 더 아름답게 만들기 위한 노력으로 남다른 기술을 선보인 다식이 있다. 검은깨로 만든 흑임자다식이다. 유중림(柳重臨: 1705-1771)이 쓴 『증보산림경제(增補山林經濟)』에 기록된 '거승다식(巨勝茶食, 흑임자다식)'에 따르면 검은깨를 9번 찌고 9번 말려 비벼서 거친 껍질을 제거하고 향이 나게 볶은 다음 가루를 내서 꿀을 넣어 반죽하여 다식판에 찍어 내는데, 다식판에 찍어낼 때 먼저 백사탕 가루를 꽃과 새 무늬 있는 틀에 넣고 그다음 꿀로 반죽한 깨 반죽을 넣어 찍어 내면 검은 바탕에 하얀 무늬가 있어 아주 아름답다는 것이다. 1809년 『규합총서(閨閤叢書)』를 쓴 빙허각 이씨(憑虛閣 李氏: 1759-1824)는 흑백이 분명하여 검은 비단에 흰 실로 글자를 수놓은 듯하다고 했으며, 설탕을 잘못 놓아 여러 곳에 묻으면 깔끔하지 못하니 정교하게 만들기를 권했다.

『윤씨음식법(1854 추정)』에는 '효도찬합음식'이라 하여 혼인한 지 얼마 되지 않은 안팎 사돈끼리 생일날 같은 때에 보내는 음식선물 내용에 다양한 다식 종류가 등장한다. 황률다식, 송화다식, 흑백깨다식, 잣다식, 잡과다식, 상실다식, 당귀다식, 용안육다식, 전복다식, 건치다식, 광어다식, 포유다식이다. 다식의 재료로 깨나 밤, 콩가루, 송홧가루 이외에도 전복이나 광어, 꿩, 소고기를 말려서 가루로 만들어 다식판에 찍어서 선물음식, 마른안주나 좌반, 노인의 반찬으로 사용하였다.

분류 : 음식
색인어 : 도문대작, 규합총서, 음식디미방, 송화, 승검초, 전복
참고문헌 : 허균, 『도문대작』; 전순의, 『산가요록』; 장계향, 『음식디미방』; 빙허각 이씨, 『규합총서』; 유중림, 『증보산림경제』; 작자 미상, 윤서석 외 3인 공저, 『음식법(할머니가 출가하는 손녀를 위해서 쓴 책)』(아쉐뜨아인스미디어, 2008); 한복려, 『쉽게 맛있게 아름답게 만드는 한과』(궁중음식연구원, 2000)
필자 : 이소영

다식판

다식판(茶食板)은 다식을 만들기 위해 사용하는 모양틀이다. 다식은 꽃가루나 깨, 콩, 찹쌀 등 다양한 재료를 가루를 만든 다음 꿀과 물엿으로 반죽해 만드는 음식이다. 다식판에 재료를 양쪽으로 나뉘어 있는 모양

틀 속에 집어넣고 눌러서 다식 모양을 찍어낸다.
다식판의 구조는 위판과 아래판이 나뉘어 있는데, 위판은 아래판의 모양에 꼭 맞게 구멍이 뚫려 있고 아래판에는 다양한 무늬가 조각된 모양틀이 솟아 있다. 다식을 박을 때 위판을 올려 괴고 구멍에 재료반죽을 넣어 눌러 찍으면 된다.

서유구의 『임원경제지』에는 다식판을 제작하는 방법과 다식을 만드는 방법이 자세하게 기록되어 있다. 다식판을 만드는 나무로는 회양목이 좋고 길이는 약 1척으로 만든다. 앞면과 뒷면에는 모두 갈이틀을 이용해 간격을 두고 둥근 구멍을 판다. 제작 후 광이 나고 매끄럽게 만든 다음에 다시 구멍 바닥에 수(壽), 복(福), 만(卍)이라는 글자와 칠보(七寶), 꽃, 새모양을 새긴다. 다식판에는 곡물가루를 꿀로 반죽하여 구멍에 채워 편평하게 한 후, 기울여 두드리면 낱낱이 빠져나온다. 또는 기름에 튀기는 약과를 만드는 것도 다식틀에 찍어 내기도 한다.

이들 다식판과 약과판은 조선시대 각 가정의 상비용구였다. 즉, 제례·혼례·회갑연 등의 행사가 있을 때면 으레 다식이나 약과를 만들었으므로 이들 용구는 대를 물리면서 보관, 사용하였다. 따라서 어떠한 것에는 다식판을 만든 날이나 주인의 이름이 새겨져 있고, 이것을 남에게 빌려주지 말라는 글귀를 새긴 것도 있다. 다식판의 재료로는 단단한 재목인 배나무, 박달나무, 대추나무, 참죽나무 등이 쓰인다.

분류 : 미술
색인어 : 다식, 약과, 다식판
참고문헌 : 서유구, 「다식판」, 『임원경제지』; 『한국의 민속』(온양민속박물관, 1980); 『목공예명품도록』(고려대학교박물관, 1990); 『한국민족문화대백과사전』(한국학중앙연구원, 2005)
필자 : 구혜인

달래

달래는 이른 봄철에 캐서 먹을 수 있는 나물이며 뿌리에 달린 알이 알싸하면서 톡 쏘는 맛을 낸다. 1527년 최세진(崔世珍: 1468-1542)이 편찬한 『훈몽자회(訓

蒙字會)』에서는 달래를 소산(小蒜)이라 하였고, 마늘을 산(蒜, 葫蒜)이라고 한 것으로 보아 달래와 마늘을 비슷하게 생각한 것으로 보인다. 한편 1935년에 코노사카에[兒野榮: ?-?]가 편찬한 『조선의 산열매와 산나물[朝鮮の山果と山菜]』에서는 달래를 '야산(野蒜)'이라고 표기했으며, "한국에서는 부추를 큰 부추라고 부르며 달래를 작은 부추라고 부른다."고도 하였다.

달래는 냉이와 자라는 시기가 비슷해서 먹는 시기도 비슷하다. 다만 달래 알뿌리는 언제나 캐서 먹을 수 있다. 6세기경 중국의 농업기술서인 『제민요술(齊民要術)』에도 달래절임법이 나오는 것으로 보아 달래를 먹은 역사는 비교적 오래된 것으로 보인다.

여러 고조리서를 살펴보면 달래 조리법으로 가장 많이 활용된 것이 달래장아찌이다. 일반적으로 장아찌라고 했을 때, 주재료를 소금이나 식초에 절이거나 버무려 먹는 것을 말한다. 『제민요술』에서 달래에 소금과 식초를 넣고 버무린다고 하였다. 그리고 1935년에 코노사카에가 편찬한 『조선의 산열매와 산나물』에서도 달래 지하경의 흰 부분을 살짝 데쳐 떫은맛을 뺀 다음 겨자와 된장, 설탕, 초 등으로 양념하여 무친다고 했으며, 데친 달래를 초간장[二杯酢]으로 섞고 흰 참깨를 갈아서 뿌려도 맛이 좋다고 했다.

반면에 1924년에 이용기(李用基: 1870-1933)가 지은 『조선무쌍신식요리제법(朝鮮無雙新式料理製法)』, 1917년에 방신영(方信榮: 1890-1977)이 출판한 『조선요리제법(朝鮮料理製法)』과 이후 증보 수정 발간한 1954년의 『우리나라 음식 만드는 법』 등에서는 달래 뿌리를 따고 깨끗이 씻어 기름에 볶다가 간장·설탕·깨소금·고춧가루 또는 고추 이긴 것 등을 넣고 버무리거나 한 번 더 볶는다고 했다.

분류 : 식재료
색인어 : 조선무쌍신식요리제법, 조선요리제법
참고문헌 : 최세진, 『훈몽자회(訓蒙字會)』; 『제민요술(齊民要術)』; 코노사카에, 『조선의 산열매와 산나물(朝鮮の山果と山菜)』; 이용기, 『조선무쌍신식요리제법(朝鮮無雙新式料理製法)』; 방신영, 『조선요리제법(朝鮮料理製法)』; 『우리나라 음식 만드는 법』
필자 : 박선미

닭고기

닭은 꿩과에 속하는 중형 조류로 가장 많이 사육되는 집에서 기르는 날짐승이다. 한자어로는 보통 계(雞 또는 鷄)가 쓰이고, 촉야(燭夜), 추후자(秋候子), 대관랑(戴冠郞)이라고도 한다. 닭고기는 소고기나 돼지고기에 비하여 지방이 적고 맛이 담백하여 소화, 흡수가 잘 되기 때문에 유아나 위장이 약한 사람에게 좋은 단백질원이 된다. 닭고기를 이용하여 백숙, 찜, 불고기, 회 등 다양한 형태로 조리하며, 고기 외에 창자, 간, 모래주머니, 발도 음식을 만들어 먹기도 한다.

허준(許浚: 1539-1615)의 『동의보감(東醫寶鑑)·탕액편(湯液篇)』(1610)에서는 닭을 '단웅계육(丹雄雞肉, 블근수둙)'(붉은 수탉의 고기), '백웅계육(白雄雞肉, 흰수둙)'(흰 수탉의 고기), '烏雄雞肉(오웅계육, 거믄수둙)'(검은 수탉의 고기), '오자계육(烏雌雞肉, 거믄암둙)'(검은 암탉의 고기), '황자계육(黃雌雞肉, 누른암둙)'(누런 암탉의 고기)의 총 5가지 종류의 닭으로 구분하여 설명하였다.

닭의 종류를 검은색, 흰색, 누런색으로 색깔별로 나누고, 또 암수를 구분하여 설명하였다. 검은색 닭은 뼈가 까마귀처럼 검은색이라 하여 오골계(烏骨鷄)라고도 부르는데, 오행에서 검은색은 신장(腎臟)과 연결할 수 있다. 그래서 오골계는 신장이 담당하는 원기를 회복하는 데 주로 처방하였다. 반면 누런 닭 즉 황계(黃鷄)는 오행에서 노란색이 비장과 연결되므로 주로 비위(脾胃)를 보할 때는 황계, 특히 암탉을 의미하는 자(雌)를 써서 황자계(黃雌雞)를 주로 사용하였다.

이는 1460년 전순의(全循義: ?-?)가 편찬한 『식료찬요(食療纂要)』의 처방과 『동의보감』의 처방에서 확인할 수 있다. 『식료찬요·비위부반위(脾胃附反胃)』에서는 닭구이와 닭죽을 소개하면서 누런 암탉을 사용하라고 하였다.

예로부터 닭고기는 귀한 손님이 오시면 대접하는 음식이었다. 사위를 백년손님이라 하여 사위가 오면 소중한 씨암탉을 잡아서 대접할 만큼 닭요리는 귀한 음

안동찜닭ⓒ하응백

식이었다. 또 여름철에 더위에 지친 몸의 회복을 위해 닭을 국물 있게 끓여 탕으로 먹기도 하였는데, 이런 음식을 먹는 것을 복달임이라고 한다. 특히 삼계탕을 많이 먹는 이유는 삼복의 의미와 연결해서 생각할 수 있다. 하지(夏至) 후 셋째 경일(庚日)을 초복, 넷째 경일을 중복, 입추(立秋) 후 첫 경일을 말복이라 하며 이 셋을 통틀어 삼복(三伏)이라 하는데, 삼복기간은 그해 더위의 극치를 이루는 때이므로 복날은 양기(陽氣)에 눌려 음기(陰氣)가 엎드려 있는 날이라 했으니, 음기운을 돕기 위해 닭을 먹은 것인데, 닭은 십이지(十二支) 중에 유금(酉金)에 배속이 되고, 이 유금(酉金)이 십이지지 중에서 금(金) 중의 음(陰)이 되므로 특별히 닭을 재료로 한 음식을 먹었다.

분류 : 식재료
색인어 : 국·탕, 돼지고기, 소고기
참고문헌 : 한국학중앙연구원, 『한국민족문화대백과』; 허준, 『동의보감·탕액편』, 전순의, 『식료찬요』
필자 : 홍진임

계고(1773년 영조)

1773년 9월 5일 세손이었던 정조가 병에 걸려 좀처럼 호전되지 않고 있었다. 이에 영조는 세손의 몸 상태를 수시로 확인했고 세손을 진료하던 오도형(吳道炯: 1657-?)에게 세손의 병에 대해 물었다. 오도형은 세손의 병이 큰 차도가 없고 식사를 하기 싫어함이 문제라고 보고했다. 그러면서 세손에게 닭고기를 고은 계고(鷄膏)를 먹이는 것이 좋겠다고 제안하였다. 이에 영

조는 즉각 내의원에 계고를 달일 것을 명령한다.

다음날 영조가 다시 세손의 병세에 대해 묻자 오도형은 세손이 오랫동안 음식을 제대로 먹지 못해 기운이 부족하여 앉고 눕는 것이 어렵다고 보고했다. 오도형의 보고를 들은 영조는 젊은 세손이 그와 같은 병세를 보인다면 매우 심하게 병을 앓고 있는 것이라고 말한다. 그러면서 영조는 오도형에게 세손이 계고를 잘 먹는지를 물었고 오도형은 세손에게 맑은 장으로 간을 맞춘 계고를 드리니 잘 드셨다고 대답한다.

오도형의 말에 영조가 자신의 생각에 계고의 맛이 비려서 마시기 어려웠을 것 같다고 하자 서명응(徐命膺: 1716-1787)이 계고의 맛이 담백하고 좋아 괜찮다고 영조를 안심시켰다.

하지만 세손에 대한 영조의 걱정은 그치지 않았다. 심지어 신하들이 영조의 건강을 염려해 크게 걱정하지 말 것을 권했지만 영조는 화를 내며 신하들의 그러한 말에 마음을 쓰다가 병이 났다고 면박을 주기까지 했다.

9월 7일에도 세손의 병세가 크게 나아지지 않았으나 계고는 계속 달여 마셨다는 소식에 영조는 세손을 기특하게 여겼다. 그러면서 영조는 마음이 편해야지 약이나 계고가 그 효과를 제대로 발휘할 것이라 말하면서 신하들에게 다시 한번 세손과 자신이 마음을 편안히 할 수 있도록 조심할 것을 당부했다. 감기증상이 나아진 후에 세손에게 더 이상 계고를 올리지 않도록 했다. 그렇게 점차 회복하기 시작한 세손은 9월 20일경이 되어서야 겨우 회복하게 된다.

『청정관전서(靑莊館全書)』「사소절(士小節)」에는 선비 부인의 일과 행동거지에 대해 서술한 부분에 계고와 관련한 기록이 있다. 저자인 이덕무(李德懋: 1741-1793))는 부인들이 집안에 병이 나면 푸닥거리만 하여 아픈 이들이 죽음에 이르게 되는 경우가 많다고 하면서 계고는 기운을 보충해주지만 이를 꺼리는 경우가 많아 죽음에 이르는 정도가 되어도 먹지 않는 경우가 많다고 했다.

『성호사설(星湖僿說)』에서는 계고가 비장이 약하여 몸에서 음식을 잘 흡수하지 못하는 증상에 효과가 좋

아 많은 의원들이 다양한 방법으로 계고를 만든다고 하면서 다음과 같은 계고 조리법을 남겼다. 닭 껍질, 꽁지, 머리, 창자, 피, 기름을 버린 후 물에 깨끗이 씻어 잘게 다진 후 항아리 안에 그릇을 엎고 고기를 그 위에 담아 여러 겹 싼 후 다시 사기그릇으로 덮어서 가마솥에 안친 후 물을 부어 오랫동안 달이

변상벽, 鷄圖, 18세기, 견본채색, 국립중앙박물관

면 닭고기의 진액이 다 흘러내리고 남은 고기는 아무 맛도 나지 않는다고 한다.

분류 : 음식
색인어 : 계고, 영조, 정조, 청정관전서, 성호사설, 일성록, 오도형
참고문헌 : 『일성록』; 이덕무, 『청정관전서』; 이익, 『성호사설』
필자 : 이민재

계단탕(『소문사설』)

『소문사설(謏聞事說)』(1740년경)에 등장하는 계단탕(鷄蛋湯)은 유사한 이름의 계란탕과는 다른 음식이다. 계단(鷄蛋)은 한국에서는 달걀, 계란의 다른 이름으로 사용하지만 중국어에서는 기름에 지진 달걀을 뜻한다. 때문에 『소문사설』의 계단탕도 탕이 아니라 달걀부침, 혹은 지짐에 가깝다.

『소문사설』의 계단탕 조리법은 다음과 같다. 흙으로 만든 화로 위에 솥[煮鑞, 자당]을 올리고 참기름[香油, 향유]을 붓는다. 기름이 끓어오르면 달걀을 풀어 넣는다. 모양은 두부와 같고 질감은 부드러우며 맛은 달다. 저자는 북경을 방문했을 때 이 음식을 처음 맛보았다고 하였는데, 북경에서는 음식을 모두 돼지기름을 사

용하여 만들기 때문에 이 음식도 중국에서는 돼지기름을 사용한다고 하였다. 또 한국의 계단탕은 돼지기름을 사용한 중국의 것보다 맛이 덜하다고 하였다.

한편 계단탕이 아닌 계란탕 조리법은 1460년에 나온 『식료찬요(食療纂要)』와 1670년 『음식디미방(飮食知味方)』에 나온다. 『식료찬요』는 계란탕이 산후에 입이 마르고 혀가 말리는 것을 치료하는 약이라고 하였다. 『음식디미방』의 계란탕은 새우젓국에 기름을 넣은 것이나 간장국에 달걀을 넣어 반숙으로 익힌 음식이다.

분류 : 음식
색인어 : 계단탕, 계란탕, 달걀, 지단, 소문사설, 식료찬요, 산림경제, 음식디미방
참고문헌 : 이시필 저, 백승호 외 역, 『소문 사설, 조선의 실용지식 연구노트(18세기 생활문화 백과사전)』(휴머니스트, 2011); 안동 장씨 저, 백두현 역, 『음식디미방 주해』(글누림, 2006); 전순의 저, 김종덕 역, 『식료찬요』(농촌진흥청, 2005)
필자 : 서모란

금중탕(궁중음식)

금중탕은 궁중의 연회에 열구자탕(신선로)만큼이나 많이 오른 탕음식 중 하나이다. 1719년 연회에는 '禁中湯(금중탕)'으로 표기하였으나 이후에는 '錦中湯(금중탕)'으로 바뀌었다.

1719년(숙종 45) 9월 숙종(肅宗: 재위 1674-1720)이 기로소(耆老所)에 들어가게 된 것을 경축하기 위해 베푼 진연에서 숙종의 미수상에는 금중탕(禁中湯)이 올랐다. 재료를 보면 어린닭[鷄兒], 표고[蕈古], 박오가리[朴丐巨里], 고사리[生蕨], 참버섯[眞茸], 간장[艮醬], 후춧가루[胡椒末], 밀가루[眞末], 계란(鷄卵), 참기름[眞油], 잣[實柏子]이다.

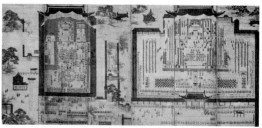

「순조어극30년진찬도(기축년 궁중잔치)」, 1829, 견본채색, 54×150.2cm, 국립중앙박물관

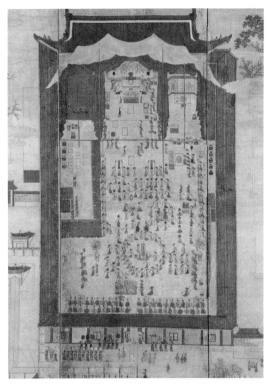

「순조어극30년진찬도」 부분 1

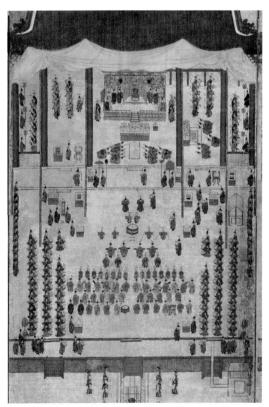

「순조어극30년진찬도」 부분 2

1828년(순조 28) 순원왕후 김씨(純元王后 金氏: 1789-1857)의 사순을 경축하기 위하여 베푼 진작 연회에 금중탕이 등장하였다. 금중탕의 재료는 어린닭[鷄兒], 계란(鷄卵), 해삼(海蔘), 무[菁根], 박고지(朴古之), 표고(標高), 간장(艮醬), 잣[實柏子], 후춧가루[胡椒末]이다.

두 연회에 등장한 금중탕은 재료에 있어서 다소 차이가 나타났다. 공통적으로는 어린닭, 표고, 박을 길게 말린 박오가리(박고지), 간장, 후춧가루, 잣이 사용되었다. 1829년 연회의 금중탕에는 1719년 연회의 금중탕에 들어간 고사리나 참버섯은 빠지고, 해삼과 무가 첨가되었다.

1901년(광무 5) 헌종(憲宗: 재위 1834-1849)의 계비(繼妃)인 명헌태후(明憲太后: 1831-1904)의 칠순 연회에 오른 금중탕에는 소안심(牛內心肉), 배골(背骨), 곤자소니[昆者巽] 등 내장류와 미나리[水芹], 전복(全鰒) 등이 추가되어 이전의 금중탕보다 재료가 다양하고 풍부한 음식으로 변모하였다.

1800년대 초엽에 나온 조리서『주찬(酒饌)』에 기록된 금중탕의 조리법을 통해 궁중의 금중탕 만드는 방법을 짐작해 볼 수 있다. '묵은 닭을 푹 삶아서 다시마·박고지·토란·무를 손가락처럼 썰어 넣고 함께 지진 다음, 장을 넣고 간을 맞춘다.'고 하였다. 궁중에서는 어린 닭을 사용한 반면 민간에서는 묵은 닭을 사용한 것으로 보인다.

분류 : 음식
색인어 : 금중탕, 박오가리, 닭
참고문헌 :『[기해]진연의궤([己亥]進宴儀軌)』;『[무자]진작의궤([戊子]進爵儀軌)』;『[신축]진찬의궤([辛丑]進饌儀軌)』;『주찬(酒饌)』
필자 : 이소영

닭죽[계죽(鷄粥)]

닭죽은 닭을 푹 고아서 국물을 내어 그 국물에 쌀을 넣고 끓인 죽을 말하는데, 닭은 고기가 연하고, 물을 넣고 끓이면 뽀얗게 우러나오면서 진한 국물이 되기 때문에 거기에 쌀을 넣고 죽을 끓이면 소화에도 도움이 되고, 영양도 보충할 수 있어서, 보양식이나 병후의 회복식으로 많이 이용되는 음식이다. 닭을 끓여 우린 국물에 쌀이나 찹쌀을 넣어 죽을 쑤기도 하지만, 여기에 야채와 계란을 더 가미하여 끓이면 색감도 좋고, 다양한 영양소도 보충할 수 있어 좋다.

1460년 전순의(全循義: ?-?)가 편찬한『식료찬요(食療纂要)』에는 '백웅계(白雄鷄)'에 대한 처방이 있다. 목이 말라 자꾸 물을 먹는 소갈(痟渴: 현대의 당뇨병)을 치료하고 소변을 잘 나가도록 하려면, 흰 수탉[白雄鷄] 1마리를 푹 삶아 갖은 양념[五味]을 넣어 국이나 죽으로 만들어 먹는다고 하였다. 이 처방은 소갈 즉 현대의 당뇨병과 관련된 처방으로 닭이 소화력이 좋아서 보양식으로만 먹는 것이 소갈병이나 소변이 잘 통하지 않는 증상에도 효과가 있어 만들어 먹었던 것으로 보인다.

조선 후기의 의가인 이창우(李昌雨: ?-?)가 지은『수세비결(壽世祕訣)』(1929)에도 '오자계죽(烏雌鷄粥)'이 소개되어 있는데, 중풍으로 혀가 뻣뻣해져 말을 하지 못하고 눈동자를 돌리지 못하며 열이 나서 가슴이 답답할 때는 오골계 암컷 한 마리를 깨끗하게 손질하여 술 5되를 넣고 2되가 될 때까지 푹 삶은 다음 찌꺼기는 버리고 세 번에 나누어 복용한다고 하였다. 그리고 파와 생강을 넣고 쑨 죽을 먹고 따뜻한 곳에 누워 땀을 조금 내면 좋다고 소개하고 있다.

허준(許浚: 1539-1615)의『동의보감(東醫寶鑑)·탕액편(湯液篇)』(1610)에서도 닭을 설명할 때 암수를 구분하고, 검은색, 누런색, 흰색으로 닭의 색을 구분하여 설명하고 있는데 이는 암수나 색깔과 관련하여 효능이 다르다고 생각한 때문이며,『수세비결』에서 중풍 관련 증상에 특별히 까만색의 오골계를 사용한 것도 이런 까닭인 것이다.

닭죽은 과거에만 먹었던 음식이 아니라 현대까지 이어지는 음식의 하나이다. 여전히 몸에 좋은 음식이라는 인식이 있다. 이는〈경향신문〉1976년 10월 27일자 칼럼에 부천 성주산(聖柱山) 닭죽에 관한 기사를 보면 알 수 있다.「내고장 별미 계절 따라 풍속 찾아 팔도 맛자랑」이라는 기사에서 성주산(聖柱山) 닭죽에

대한 글을 시인부천예술동인회 회장인 최은휴 씨가 투고하였는데, 부천의 성주산 협곡에 사철 약숫물이 흐르는데, 이 약수로 쑨 죽이 부천의 별미 중 별미라고 하였다. 이 글에서는 부천의 닭죽이 영계백숙보다 맛과 보신에서 진일보된 별미라는 것을 확신하였고, 알만한 식도락가들이면 부천을 찾아 약숫물에 등물을 하고 나무 그늘에 자리잡고 푹 삶은 닭을 추려 술안주로 곧잘 즐긴다고 하였다. 이 글의 필자는 성주산 닭죽의 비결은 성주산 약수로 쑤었기 때문이라는 것을 강조하면서 극찬하고 있다.

분류 : 음식
참고문헌 : 전순의,『식료찬요』; 이창우,『수세비결』; 허준,『동의보감·탕액편』;「내고장 별미 계절 따라 풍속 찾아 팔도 맛자랑」,〈경향신문〉1976년 10월 27일
필자 : 홍진임

닭찜(임광택)

객지라 괴롭게 반찬이 없고
마을에 오직 닭만 있다네
노인의 위장을 보할 수 있고
맛도 나물보다 낫다네
아침저녁 밥상 위에 올라왔기에
실컷 먹고 아이종까지 먹였지
오늘 우연히 문을 나섰더니
길에 선명하게 피가 뿌려져 있고
깃털이 어지럽게 땅에 가득하니
털 뽑혀 삶긴 것임을 훤히 알겠네
지팡이 짚고 한번 신음하니
나도 모르게 마음이 처연해지네
새와 짐승, 물고기라도
죽음을 싫어함은 사람과 한가지라
힘이 없어 반항하지 못하고
원통하게 울면서 솥에 삶겼구나
복 받으려면 개미도 살리고
어진 이는 어린 사슴은 잡지 말아야지
두보는 벌레와 닭에 대해 말함에
평소 또한 헤아림이 있었는데

앞으로 나물국이나 먹어야지
가을 아욱 푸르게 밭에 가득한데
客裏苦無饌　村中唯有鷄
能補老人胃　滋味勝葷藜
朝夕登盤進　飽喫及童奚
今日偶出門　殷血洒路蹊
羽毛紛滿地　宛見經烹刲
倚杖一沈吟　不覺心惻悽
鳥獸及魚鼈　惡死與人齊
力微不能抗　冤號赴烹醯
福延濟羣蟻　仁見捨小鼷
杜老虫鷄說　平日亦有稽
從今啗菜羹　秋葵綠滿畦

*임광택, 「닭 잡는 것을 경계하라[烹鷄誡]」

여항(閭巷)의 시인 임광택(林光澤: 1714-1799)이 닭을 잡아먹은 후의 성찰을 담은 오언고시다. 임광택은 본관이 보성(寶城)이고 자는 시재(施哉), 호는 쌍백당(雙柏堂)이다. 서리(書吏)의 직임을 담당한 중인 출신으로 문집 『쌍백당유고(雙柏堂遺稿)』를 남겼다.

한양에서 살던 임광택이 시골로 가 있게 되자 제대로 된 반찬이 없어 닭을 잡아먹었다. 그 맛이 좋은 데다 보신까지 되니 마음이 흡족하였다. 그러나 닭을 잡느라 피와 깃털이 길에 흩어져 있는 것을 보고 살생을 금해야겠다는 성찰에 이르렀다. 그래서 두보(杜甫)는 사람들이 닭이 벌레를 잡아먹는 것을 싫어하면서도 오히려 닭을 잡아먹는 것을 보고 묶어놓은 닭을 풀어놓게 하였다는 「박계행(縛鷄行)」이라는 시를 떠올린 것이다. 이것이 어진 선비의 마음이다.

조영석(趙榮祏: 1686-1761)이 음력 6월 15일 지은 시에서 "북쪽 마을에서 개 삶은 연기, 동쪽 집에서 닭 잡는 소리[北里烹狗烟 東家殺鷄聲]"라 한 대로 닭은 여름철 보신 식품의 재료로 각광을 받았다. 또 닭을 잡고 기장밥을 한다는 살계작서(殺鷄作黍)가 손님을 정성껏 대접한다는 사자성어로 사용되었다. 그리고 닭을 재료로 사용하는 요리 중에는 특히 닭찜이 좋은 요

연계찜구이ⓒ수원문화재단

리로 여겨졌는데 특히 어린 닭을 사용한 것을 연계증(軟鷄蒸)이라 하여 단오가 되면 앵두와 함께 조상의 사당에 바치곤 하였다. 닭찜이 맛난 음식이지만 임광택처럼 식탐에 의한 인간의 폭력을 경계하는 마음도 잊지 말아야 할 것이다.

분류 : 문학
색인어 : 닭찜, 연계증, 임광택, 조영석
참고문헌 : 임광택, 『쌍백당유고』; 조영석, 『관아재고』
필자 : 이종묵

수란

1882년(壬午, 고종 19) 당시 왕세자였던 순종(純宗: 재위 1907-1910)의 가례를 위한 초간택에 제공된 상차림과 음식내용을 기록한 음식발기에 보면, 어상(御床)에 차린 음식은 각색병, 약식, 전복초, 화양적, 전유어, 족편, 신선로, 수란, 배·유자 등 과일, 배숙 등이다. 달걀을 중탕하여 반숙으로 찐 달걀요리인 수란(水卵)이 등장한다.

수란은 혼례 관련 행사뿐 아니라 다례, 진찬 등 궁중 의례에 오르는 계란으로 만든 음식이다.

1907년(광무 11) 1월 28일에 명성황후 민씨(明成皇后: 1851-1895)의 위패를 모신 경효전(景孝殿)에서 행한 별다례(別茶禮)의 제수로 올랐고, 1848년(헌종 14) 순원왕후 김씨(純元王后 金氏: 1789-1857)의 육순을 경축하기 위해 베푼 연향에서도 수란이 마련되었다.

1800년대 말의 조리서인 『시의전서(是議全書)』에는

수란을 만드는 방법이 자세히 나온다. '수란(국)자에 먼저 기름을 조금 쳐야 수란이 붙지 않는다. 수란(국)자 가장자리에 달걀을 깨서 붓고 물이 팔팔 끓을 때 넣어 물에 잠기게 하여 익힌다. 다 익으면 냉수에 담갔다가 건져 가장자리를 가지런히 정리하여 접시에 담는다. 고추와 청파를 4푼(1.2cm) 길이씩 잘라 가늘게 썰어 열십자로 얹고 잣가루를 뿌린다.'고 하였다. 수란국자 하나에서 하나의 수란이 만들어진다. 수란을 전용으로 만드는 조리도구가 따로 있었다. 흔히 수란기, 수란뜨개라고도 부르는데, 마치 국자 3개를 묶어놓은 듯한 모양을 하고 있다. 수란뜨개를 이용하면 여러 개의 수란을 빨리 효과적으로 만들 수 있다. 이런 도구의 개발과 사용으로 볼 때 수란은 많이 이용되었던 음식임을 짐작케 한다.

1848년 궁중 연회에 오른 수란 한 그릇의 재료를 살펴보면, 계란 50개, 파 반 단, 고추 5개, 잣 5작이다. 50개의 수란을 만들기 위해서는 수란뜨개의 사용이 절실했을 것이다.

분류 : 음식
색인어 : 수란, 달걀요리, 계란, 수란뜨개, 수란국자, 음식발기
참고문헌 : 『임오 정월 십오일 초간택시 진어상 빈상 처자상 발기(壬午 正月 十五日 初揀擇時 進御床 賓床 處子床 件記)』; 『정미 정월 이십팔일 경효전 의효전 별다례 발기(丁未 正月 二十八日 景孝殿 懿孝殿 別茶禮 件記)』; 『[무신]진찬의궤([戊申]進饌儀軌)』
필자 : 이소영

초계탕(「비 오는 길」)

"자아, 이걸 좀 드시우. 이미 청하였던 음식이라 도리어 미안하웨다만―"

이렇게 말하며 일변 손수 술을 따라 마시면서 초계탕 그릇을 병일이에게로 밀어 놓는다.

"자, 좀 드시우."

이렇게 다지고 그는 안으로 들어가서 은수저 한 벌을 더 가지고 나와서 자기가 마침 떠먹으며,

"어어 시원해. 하루 종일 밥벌이하느라고 꾸벅꾸벅 일하다가 이렇게 한잔 먹는 것이 제일이거든요."

1936년 『조광』에 발표된 최명익의 단편소설 「비 오는 길」이다. 최명익(崔明翊: 1902-1972)은 이상, 허준 등과 함께 1930년대 심리주의 소설을 일군 작가의 한 사람으로 평가받는 소설가이다. 고향인 평양에서 동인지 『백치』의 동인으로 활동하다가, 「비 오는 길」이 문단의 주목을 받으면서 본격적인 창작 활동을 시작하였다. 한국전쟁 이후에는 역사소설에 전념하여 장편 『서산대사』를 썼다. 대표작에 「비 오는 길」, 「무성격자」, 「폐어인」, 「심문」, 「장삼이사」 등의 중단편과 장편 『서산대사』가 있다.

「비 오는 길」의 주인공은 김병일, '신흥 상공도시' 평양의 공장지대에 자리 한 어느 공장의 경리 직원이다. 북쪽을 대표하는 도시로서 서울(당시 이름은 경성) 다음의 대도시였던 평양은 서울이 그러했듯 1930년대 들어 급속하게 팽창하였다. "도시의 발전은 옛 성벽을 깨뜨리고, 아직도 초평(草坪: 풀밭)이 남아 있는 이 성 밖으로 뛰어 나오기 시작한 것이었다."라는 문장이 이를 잘 보여준다. 평양의 급속한 변화는 이 년간 도시를 가로질러 출퇴근 온 주인공의 눈을 통해 소설에 반영된다. 이 작품을 참고하면 이 시기 평양의 변화를 아는 데 큰 도움을 받을 수 있을 정도이다.

김병일은 도스토예프스키의 『백치』를 읽고, 때로는 니체를 상상하는 데서 알 수 있듯이 높은 수준의 독서가이다. 직장생활은 다만 생계의 방편일 뿐이고, 돈과 안락한 생활은 관심 밖이다. 그의 정신은 속인들의 세계 밖 드높은 곳을 밟고 있지만 성찰의 눈길은 냉정하게 자신을 응시하고 있으니 "발걸음 하나나마 자신 있게 내짚을 수 있는 명일의 계획도 세우지 못하고 오직 가혹한 운명의 채찍 아래서 생명의 노예가 되어 언제까지 살지도 모를 일생을 생각"하며 괴로워하기도 한다. 이처럼 괴로워하지만 자신이 걷고 있는 고답의 행로를 포기하고 속중의 세계에 합류하지는 않는다. 그는 "혹시 늦은 장맛비를 맞게 되는 때가 있어도 어느 집 처마로 들어가서 비를 그으려고 하지 않았다. 노방의 타인은 언제까지나 노방의 타인이기를 바라" 여전히 그 고답의 행로를 계속하는 것이다. 이 소설 내내 계속해서 내리는 비는 '명일의 계획' 없이 길가의 타인

으로서 세계와 어울리지 못하는 주인공의 존재성을 효과적으로 드러내는 상징이다. 「비 오는 날」(손창섭)의 비가 전쟁으로 황폐해진 청년들의 방향 잃은 정신을 상징하고, 「장마」(윤흥길)의 비가 적대와 피의 전쟁 상황을 상징하는 것과 함께 우리 소설에 나오는 비 상징의 대표 가운데 하나가 「비 오는 길」의 비이다.

이런 주인공의 반대쪽에 놓여 뚜렷한 대비를 이루는 인물은 사진사 이칠성이다. 하루 일을 마치고 한잔 즐기는 이칠성의 술상에 초계탕이 안주로 올랐다. 초계탕은 닭 육수를 차게 식혀 식초와 겨자로 간을 한 다음 닭의 살코기를 잘게 찢어 넣어 만든다. 1930년대에 나온 조리서에서 처음 요리법이 소개되었다. 평안도와 함경도 등에서 겨울에 보양식으로 즐겨 먹었다고 한다. 이들 북쪽 지역에서는 차게 한 메밀국수를 겨울에 즐겼듯이 일종의 냉국인 초계탕 또한 겨울에 즐겼던 것이다.

이처럼 좋은 음식을 안주 삼아 하루 노동의 피로를 푸는 이칠성은 돈, 성, 음식, 술 등에서 얻을 수 있는 쾌락과 넉넉한 생활을 추구하는 인물이다. 초계탕은 그런 그의 지향을 뚜렷하게 드러내 보이는 요소로 이 소설 한복판에 자리잡고 있다.

분류 : 문학
색인어 : 비 오는 길, 최명익, 초계탕, 평양
참고문헌 : 최혜실, 「1930년대 심리주의 소설 연구-최명익을 중심으로」(한국현대문학연구, 1986); 김민정, 「1930년대 후반기 모더니즘소설연구-최명익과 허준을 중심으로」(일지사, 1994)
필자 : 정호웅

팽계(烹鷄)와 계고(鷄膏)

닭은 닭고기와 달걀을 얻을 수 있어 육고기가 부족한 조선 사람들에게는 더할 나위 없이 중요한 식재료였다. 17세기 후반의 『요록(要錄)』을 보면, 집에서 닭을 기르는 법을 설명하면서 닭에게는 다섯 가지 덕[五德]이 있다고 했다. 머리 위에 벼슬이 있으니 문(文)의 덕을, 발에 발톱이 있으니 무(武)의 덕을, 적을 만났을 때 기세가 있으니 용맹함[勇]의 덕을, 먹을 것이 있으면 서로 부르니 의(義)의 덕을, 시간을 어기지 않고 울어

주니 신(信)을 갖추었다는 것이다.

이옥(李鈺: 1760-1815) 역시 『백운필(白雲筆)』에서 닭에 대해 서술하였다. 닭은 제사, 부모님 봉양, 손님 접대, 병에 걸렸을 때에 모두 요긴하게 쓰이므로 가난한 집일수록 반드시 키워야 하는데, 굳이 청수피(靑繡皮), 황계(黃鷄), 적흉(赤胸), 백오(白烏), 당계(唐鷄) 등의 희귀한 품종을 구하여 키울 필요는 없다고 했다. 그저 수탉이면 튼튼하고 일찍 우는 놈으로, 암탉이면 누렇고 다리가 짧은 놈을 키우면 충분하고, '김제(金堤)' 또는 '죽계(竹鷄)'라고 하는 품종은 크기가 보통 닭의 배나 되어 살은 많지만 맛이 작은 것만 못하다고 하였다(이옥 저, 실시학사 고전문학연구회 편역, 2009: 72-73쪽).

닭은 집에서 키우다가 필요할 때마다 잡아서 다양한 조리법으로 음식을 만들거나 약으로 썼다. 이 가운데 닭고기를 솥에 넣는 게 아니라 항아리에 넣고 삶는 방법이 보인다. 항아리에 넣어 솥에서 중탕을 하거나 아예 항아리를 직접 가열하여 닭을 익혔다.

닭을 항아리에 담아 중탕하여 삶아 먹는 법[烹鷄法]은 『요록』에 나온다. 닭의 털과 내장을 제거하고 짚으로 만든 새끼줄로 문질러서 닭의 배 속을 깨끗이 씻는다. 다시 씻은 배 속에 회향, 부추, 천초, 장, 참기름을 섞은 것을 넣고 대나무로 꿰어 봉한다. 항아리에 이 닭과 물에 청장(淸醬)과 참기름을 섞어 같이 담은 후 입구를 기름종이[油紙]로 단단히 봉한다. 솥에 가로지른 나무에 항아리를 올리고 중탕하여 끓이되, 아침부터 저녁 또는 저녁부터 아침까지 푹 삶는다. 그런 다음 찢어서 후춧가루를 찍어 먹는다.

항아리를 이용해 닭으로 만든 약의 경우에는 '계고(鷄膏)'가 대표적인데, 음식물의 소화, 흡수와 관련된 비위(脾胃)를 도와주는 약이었다. 이익(李瀷: 1681-1763)은 『성호사설(星湖僿說)』 제10권 '마진(麻疹)'에서 계고는 삶은 닭보다 비허증(脾虛症)에 훨씬 효과가 좋다면서, 의원들이 계고를 만드는 법을 소개하였다. 이에 따르면, 닭의 껍질, 꽁지, 머리, 내장, 피, 기름을 제거하고 깨끗이 씻어 잘게 다진 것을 항아리 속

에 엎어놓은 그릇에 담고 여러 겹으로 싸맨 다음에 사기접시를 덮어서 솥 안에 넣고 물을 부어 오래 달이면 계고가 완성되었다.

또한 솥에서 중탕을 하는 게 아니라 직접 숯불[炭火] 위에 닭을 담은 항아리를 놓고 천천히 끓이는 법도 있었다. 또한 닭을 삶았을 때 질기면 맛이 없으므로 묵은 닭이라도 연하게 삶는 방법이 여러 문헌에 보인다. 내용은 다 비슷한데, 『시의전서』의 예를 들면 수탉이든 암탉이든 늙은 닭을 삶을 때는 앵두나무를 넣든가 굴뚝 옆의 기와 조각 하나를 넣고 삶으면 연해진다고 하였다.

분류 : 음식
참고문헌 : 작자 미상, 『요록』(한국전통지식포탈); 이익 저, 김철희 역, 『성호사설』(한국고전번역원, 1978); 작자 미상, 『시의전서』; 이옥 저, 실시학사 고전문학연구회 편역, 「백운필」, 『完譯 李鈺 全集 3·벌레들의 괴롭힘에 대하여』(휴머니스트, 2009)
필자 : 김혜숙

대구

대구는 대구과에 속하는 바닷물고기로 한자로는 대구어(大口魚)·화어(魤魚) 등으로 표기했다. 청나라 문인이었던 이조원(李調元: 1734-1803)은 대구에 대해 설명하면서 화어(魤魚)라는 한자는 청나라 한자에는 존재하지 않는 글자이고 조선인들이 만들어낸 글자라고 하면서 대구(大口)를 한 글자로 만들어 놓은 한자라고 했다. 일본에서도 설(鱈)이라는 한자로 대구를 나타내다가 17세기 후반부터 일본 내에서 쓰인 본초서(本草書)·어보(魚譜) 등에서 대구를 나타내는 표기로 조선에서 사용하던 대구어 혹은 화어를 사용하는 예가 늘었다. 그만큼 대구는 명태·조기·청어 등과 더불어 조선을 대표하던 어류 중 하나였다(김문기, 2014).

대구가 조선을 대표하던 어류였기에 많은 글쓴이가 대구에 대해서 기록했다. 대표적으로 16-17세기 정치가이자 문인이었던 허균(許筠: 1569-1618)의 『도문대작(屠門大嚼)』에서는 대구에 대해 한반도 해안가 모

두에서 나지만 잡히는 지역에 따라 형태가 다르다고 기록했다. 구체적으로는 북쪽에서 잡히는 대구가 가장 크고 누런색이며 두꺼운 반면 동해에서 잡히는 대구어는 붉고 작고 서해안에서 잡히는 대구는 더욱 작다고 했다. 그중 명나라 사람들은 동해안에서 잡히는 대구를 좋아한다고 평했다. 허준(許浚: 1539-1615)의 『동의보감』에서 대구는 성질이 평이하고 맛이 짜고 독이 없다고 평하면서 동북해에서 나는데 민간에서는 대구어(大口魚)라고 한다고 기록했다. 『증보산림경제』에서도 대구어에 대해 고기가 담백하고 겨울철 반건조한 대구가 특히 맛이 좋으며 알과 백란젓[白卵醢] 등이 좋다고 평가했다.

도쿄대 소장 『규합총서』에 대구는 동해에서만 생산되고 중국에는 없는데 중국인들은 대구를 맛있는 음식이라 칭한다고 평가하면서 특히 북도 명천의 대구가 유명하다고 기록했다. 『규합총서』에서 북도 명천이라 지칭한 곳은 현재 함경북도 명천군(明川郡)으로 보인다. 1899년 작성된 『명천읍지』를 보아도 명천군의 대표적 물산 중 하나로 대구를 꼽고 있는 것으로 보아 『규합총서』에 실린 명천군의 대구에 대한 이야기는 신뢰할 만하다.

조선시대 대구는 귀한 생선으로 선물(膳物)로도 사용됐다. 대구를 선물로 썼던 예는 민간을 넘어 나라들 사이 외교 기록에서도 심심찮게 보인다. 『세조실록』에는 1456년 음력 7월 23일 도승지 박원형(朴元亨: 1411-1469)이 명나라에 바칠 음식 종류들을 미리 조선 출신 명나라 환관이었던 윤봉(尹鳳: ?-?)에게 맛

낚시에 잡힌 미터급 대구, 서해안에서도 대구가 서식한다.ⓒ하응백

보였는데 윤봉이 맛을 본 후 대구를 경태제(景泰帝: 1428-1457)에게 바칠 물품에서 제외함이 좋겠다는 이야기를 했다는 기록이 남아 있다. 비록 이 시기에는 명나라 황제에게 바치지는 못했지만 『성종실록』에는 1478년(성종 9년) 음력 12월 21일에 한치형(韓致亨: 1434-1502)이 명나라 황제인 성화제(成化帝: 1447-1487)가 요구한 물품 목록을 가져왔는데 그 물품 목록 속에 말린 대구가 포함되어 있다. 조선 후기에 들어서도 조선에서 대구라는 물품이 명나라 황제에게 바쳐야 할 만큼 중요한 물품이었음을 짐작할 수 있다.

중국뿐 아니라 일본과 외교에서도 대구어는 중요한 물품이었는데 조선 전기부터 쓰시마 도주(島主)에게 보내는 답례품 속에 말린 대구어는 자주 등장했다. 물론 시기에 따라 그 수량은 자주 변했으나 조선 후기까지 여전히 말린 대구어는 일본에 보내는 물품이었다. 조선 후기에 있었던 한 예를 보면 1683년 12월에 쓰시마 도주가 보낸 일행들이 도주가 이듬해 도쿠가와 막부가 있는 에도[江戶]에 가야 하는데 그때 쓸 요량으로 말린 대구 2,000마리를 비롯한 물품들에 대한 교역을 요청했는데 조선의 예조에서 무역할 수량을 반으로 줄인 후 허락했다.

귀했던 생선이었던 만큼 조선시대 이후 대구는 다양하게 보관·조리되었다. 우선 조선시대 지방에서 중앙정부로 대구를 보낼 때는 말린 대구[乾大口魚]·반쯤 말린 대구[半乾大口魚]는 물론 가끔씩 생대구[生大口魚] 형태로도 옮겨졌다. 그리고 대구알젓[大口魚卵醢]도 진상품으로 올라갔다. 그중 세종은 대구알젓에 대해 본인이 직접 관심을 쏟았다. 『세종실록』 1424년(세종 6) 8월 기록을 보면 세종이 직접 경상동·강원도·함경도에서 진상하는 연어알젓과 대구알젓에 대해 간을 맞춰 정성스레 탐구한 후 만들어 진상하라고 말할 정도였다.

대구는 익히 알려져 있듯이 대구탕을 대표로 하여 회, 젓갈 등 다양하게 먹을 수 있는데 『음식디미방』에는 껍질을 이용한 요리가 2가지 소개되어 있다. 대구껍질을 물에 씻은 후 썰어 각종 버섯, 꿩고기 등을 다진 후 후추와 함께 누르미로 만든 대구껍질느림과 대구껍질을 삶은 후 채 썰어 석이버섯·파 등을 양념에 섞은 대구껍질채가 기록되어 있다. 대구가 살코기뿐 아니라 껍질까지 하나도 버릴 것이 없는 생선임이 요리법에서도 잘 드러난다.

분류 : 식재료
색인어 : 명태, 음식디미방, 순대
참고문헌 : 빙허각 이씨, 『규합총서』; 『명천읍지』; 허균 저·최제숙 외 6명 역, 『국역 성소부부고』 3(민족문화추진회, 1984); 『성조실록』; 『세종실록』; 안동 장씨 저·백두현 역, 『음식디미방』(글누림, 2012); 유중림 저·농업진흥청 역, 『증보산림경제』 2(농업진흥청, 2003); 김문기, 「청어, 대구, 명태_소빙기와 한류성 어류의 박물학」, 『대구사학』(2014).
필자 : 이민재

대구(『대동야승』)

조선 세조 때의 권력자였던 홍윤성(洪允成: 1425-1475)은 아직 공부를 하던 젊은 시절에 당시 병조정랑(兵曹正郞)으로 있던 어떤 관료의 집을 느닷없이 찾아가 "저는 위엄과 기상이 대단한데 가난해서 휘양도 못 장만했습니다. 그러니 휘양을 살 값을 주시길 바랍니다." 하였다. 정랑은 즉석에서 돈을 주었다. 그때에 한 아전이 와서 문부(文簿)를 정랑에게 올리는데, 그가 여우 털로 만든 붉은색 갖옷을 입고 있는 것이 새로워서, 바로 자기 손으로 벗겨서 입었다. 그러고는 정랑에게 갖옷을 살 수 있는 돈을 달라고 했다. 이때에도 정랑은 조금도 내색하지 않고 돈을 주었다.

그 후에 세조가 보위에 올라 온양 온천에 행차를 하였는데, 홍윤성도 세조를 따라갔다. 그때 앞의 정랑이 좌천되어 그 고을의 참판으로 살고 있었다. 홍윤성은 바로 대구(大口) 수백 마리를 사 가지고 가서 정랑에게 주고, 세조에게는 정랑을 좋게 이야기하여, 정랑으로 하여금 그 전의 관직으로 돌아갈 수 있도록 했다. 그런데 얼마 후 홍윤성은 정랑에게 사람을 보내어 "내 평생에 그대의 옛 덕을 갚고자 하였는데, 이제 복관(復官)이 되었으니 전에 주었던 대구는 돌려보내주시오"라고 하였다. 정랑은 이미 대구를 이웃에 다 나누어주었기 때문에 다시 얻기가 어려웠다. 정랑은 '내

차라리 용서를 받지 않았더라면, 이 물건을 내라고 하지 않았을 터인데'라고 생각하며 근심을 하였으나, 별 수가 없어서 결국 대구를 사서 홍윤성에게 보냈다.

이 이야기는 조선시대 차천로(車天輅: 1556-1615)가 편찬한『오산설림초고』에 실려 있는 것으로서, 편자 미상의『대동야승』에도 그대로 전재되어 있다. '설림(說林)'이란 말에서 알 수 있듯이,『오산설림초고』는 차천로가 평생에 걸쳐 견문한 각종 사건이나 이야기를 수록한 책이다. 그리고『대동야승』은 조선시대 각종 야사와 잡록을 집성한 전집으로, 조선 초기 성현(成俔: 1439-1504)의『용재총화』에서부터 인조 때 김시양(金時讓: 1581-1643)의『부계기문』에 이르기까지 모두 59종의 책이 연대순으로 실려 있다.

'대구'는 주로 탕을 끓여 먹는데, 허균(許筠: 1569-1618)의『도문대작(屠門大嚼)』에서는 '대구'에 대해 '동·남·서해에 모두 나는데 북쪽에서 나는 것이 가장 크고 누른색이며 두껍다. 동해에서 나는 것은 붉고 작은데 중국인들이 가장 좋아한다. 서해에서 나는 것은 더욱 작다.'라고 기록하고 있다.

거제 외포항에서 건조 중인 대구. 거제 외포항은 대구잡이로 유명하다. ⓒ하응백

분류 : 문학
색인어 : 대구, 오산설림초고, 대동야승
참고문헌 : 민족문화추진회 편,『대동야승 2』(간행위원회, 1971)
필자 : 차충환

대구(『토지』)

오가다는 술잔을 내려다보고 있다가 환약을 털어넣듯 입속에 술을 붓는다. 여관의 젊은 여주인의 손이 간 듯 술상은 조촐했다. 마른 대구를 먹기 좋게 찢어서 초장을 곁들여놨고 단칼에 싹둑 베어낸 대구알은 잘 익어서 석류같이 빨갰는데 참기름 한 방울 떨어뜨리고 고춧가루 깨소금을 살살 뿌려놨고 파아란 파래 무침은 그 향기가 드높았다.

1969년에 시작하여 1995년에 완성한 박경리의 장편소설『토지』의 일부이다. 박경리(朴景利: 1926-2008)는 한국 근현대사의 격랑에 휩쓸려 허우적거리면서도 어기차게 저마다의 길을 열어 나아가는 여성들의 주체적인 삶을 그린 거대한 문학세계를 일군 소설가이다. 본명은 금이(今伊)이다. 대표작에「흑흑백백」,「불신시대」등의 단편과『표류도』,『김약국의 딸들』,『시장과 전장』,『토지』등의 장편이 있다.『못 떠나는 배』,『버리고 갈 것만 남아서 참 홀가분하다』등의 시집도 냈다.

『토지』는 19세기 말에서 해방에 이르기까지 한국사의 전개 전체를 담아내고자 한 대하장편인 만큼 그 내용을 간추리는 것은 거의 불가능하며 가능하다 하더라도 큰 의미를 갖지 못한다.『토지』를 살필 때 그 어느 한 측면을 집어내어 다루지 않으면 결실 없는 헛노동에 떨어지고 말 가능성이 높다는 말은 이와 관련되어 있다.

『토지』의 다양한 측면 가운데 하나는 남녀 간 사랑이다. 헤아리기 어려울 정도로 많은 사랑이 이 긴 소설에 들어 복잡하게 얽혀 있는데 그 하나하나는 대단히 개성적이다. 저마다의 사연을 담고 흘러가는 그 사랑 가운데 하나는 일본인 오가다 지로와 한국인 유인실의 사랑이다.

조찬하, 오가다, 유인실 세 사람이 유명희가 교사로 있는 통영을 찾았다. 유명희는 조찬하의 형수, 그러나 그녀를 먼저 사랑한 사람은 조찬하였다. 이제는 형수와 시동생이 되었으니 그들이 맺어지는 것은 용납되지 않는다. 당연하게도 그들의 관계는 복잡미묘한 심리곡절로 혼란스럽다. 오가다와 유인실은 서로 깊이 사랑하는 사이. 그러나 유인실은 조국 독립에 신명을 바치기로 이미 다짐한 터이니 일본인과의 사랑을 스스로 허락할 수 없다. 오가다는 민족, 국적, 인종의 경계를 넘어선 세계주의자이고 인도주의자이며 현실의 구속에 갇히지 않는 자유롭고 낭만적인 정신의 소유자이다. 일본주의자가 아니기에 유인실의 거부에도 그는 그녀에 대한 사랑을 포기할 수 없다. 완강하게 등을 돌리고 선 유인실과 그녀를 향해 외줄기 사랑의 길을 내달리는 오가다의 관계는 당연히 복잡하여 갈피잡기 어려울 정도이다.

이처럼 복잡미묘한 사랑의 관계 속에 들어 있는 네 사람이 통영에서 만나 새로운 관계를 모색하는 중이다. 술이 없을 수 없는 것, 인용문은 조찬하와 오가다가 든 여관방의 술자리 풍경을 보여준다. 마른 대구 초장무침, 양념한 대구알, 파래무침이 안주로 올랐다. 보기 좋고 향기롭다. 격조 높은 통영 음식이 그들의 찢긴 마음을 위무하는 듯하다.

『토지』에는 대구로 만든 음식이 여럿 나온다. 생대구국, 말린 통대구, 약대구, 대구 아가미젓 등인데, 작품의 중심 무대인 하동, 진주와 가까운 남해바다에서 대구가 많이 나기 때문에 이 지역에서는 대구를 재료로 한 음식 문화가 발달하였다. 시인 백석은 이화고녀를 다닌 통영 처자를 짝사랑하여 서울에서 멀리 떨어진 천리 길 통영을 다녀가기도 하였다. 그녀가 결혼한 뒤

거제 외포항의 활대구ⓒ하응백

만주 신경(지금의 장춘)에서 쓴 「흰 바람벽이 있어」에서 백석은 "내 사랑하는 어여쁜 사람이/ 어느 먼 앞대 조용한 개포가의 나즈막한 집에서/ 그의 지아비와 마조 앉어 대구국을 끓여놓고 저녁을 먹는다"라고 쓸쓸하게 읊었는데, 바로 남해바다에서 건져올린 그 대구로 끓인 국이다.

분류 : 문학
색인어 : 토지, 박경리, 대구, 통영, 백석
참고문헌 : 정현기 편,『한과 삶』(솔, 1994); 이상진,『토지 인물 사전』(마로니에북스, 2012)
필자 : 정호웅

대선과 소선

대선(大膳)과 소선(小膳)은 소, 돼지, 양, 오리 등의 고기음식이다. 진연이나 진찬, 중국 또는 유구국 사신의 연향, 혼례 등 궁중 의례 행사에 차렸다.

궁중 연회에는 음식을 높게 고이는 고임상인 찬안(饌案)을 비롯해 미수(味數), 탕(湯), 만두(饅頭), 염수(鹽水), 차(茶) 등 여러 가지 상차림들이 차려진다. 그중에 고기음식으로만 구성된 상차림이 있는데, 이것은 대선(大膳)과 소선(小膳)이라 불린다.

1626년(인조 4)『인조실록』음력 4월 3일 기사에 보면 "중국 사신의 연향 때 대선(大膳)·소선을 쓰는 것이 예찬(禮饌)인데 양·돼지·거위·기러기를 통째로 쓰므로 소선(素膳: 채소음식)으로 그것을 대신하기는 어려운 형세입니다. (중략) 국상 때 중국 사신에게 연향을 베푸는 경우에는 면상(面床)과 협상(侠床) 모두 대선·소선을 순전히 육선(肉膳)을 쓰고 탕(湯)만은 소선(素膳)으로 한다고 되어 있습니다."라고 했다. 대선과 소선은 의례음식으로 나라에 국상이 있어도 양, 돼지, 거위, 기러기 등 고기로 차린다고 하였다.

1643년(인조 21) 3월에 조선에 들어온 청나라 사신(使臣) 영접 시 베푼 연회를 기록한『영접도감연향색의궤(迎接都監宴亨色儀軌)』에서 사신을 접대하기 위한 연회마다 대선과 소선에 오르는 음식 종류를 살펴볼 수 있다. 사신들의 입경을 환영하는 연향인 하마연

(下馬宴)과 귀국을 위한 송별연인 상마연(上馬宴)에서는 칙사(勅使) 두 사람에게만 소선과 대선이 차려졌다. 소선으로 우갈비(牛乫非) 1/2척(隻), 양(羊) 1마리[口], 오리[鴨子] 2마리[首], 대선으로는 소다리[牛脚] 1척, 돼지[猪] 1마리, 오리 2마리가 제공되었다.

1819년(순조 19) 효명세자(孝明世子: 1809-1830)의 가례를 기록한 『[효명세자]가례도감의궤([孝明世子]嘉禮都監儀軌)』에는 동뢰연 때 제공된 대선과 소선의 구체적인 상차림 모습이 나온다. 세자와 세자빈 각각에게 제공된 대선상에는 세 그릇으로 돼지[猪] 1마리, 볼기살을 포함한 소의 뒷다리[牛後脚] 1척, 오리 1마리가 올랐고, 소선상에는 대선과 같은 세 그릇이며, 양 1마리, 소의 앞다리[牛前脚] 1척과 갈비 12죽(竹), 오리 1마리가 올랐다. 이 음식들은 모두 털이 제거된 상태였고, 각각 고기 위에는 우심(牛心)·부화(付花)·만화(滿花)·두태(豆太)·우간(牛肝) 등 소의 내장을 올렸다. 이들 음식은 희고 큰 접시[白大楪匙]에 담아 흑진칠중소반(黑眞漆中小盤) 상 위에 놓았다. 그리고 유기접시[鍮貼匙]에 담은 소금을 곁들였다.

대선과 소선에 공급되는 음식들은 사축서(司畜署) 즉, 궁중의 각종 연향과 제사, 사신의 공궤(供饋) 등에 공급할 각종 가축을 사육하는 기관에서 담당하였다.

1744년(영조 20) 영조는 외연과 내연 등 연회 때 대선과 소선을 특별히 줄여 비용을 절약하는 데 힘쓰는 뜻을 보이라고 연회를 준비하는 진연청에 지시하였다. 다양한 고기음식으로만 차리는 대선과 소선은 비용

작자 미상, 무신년의 궁중잔치[戊申進饌圖屛] 부분, 1848, 견본채색, 136.1×47.6cm, 국립중앙박물관

작자 미상, 무신년의 궁중잔치[戊申進饌圖屛] 부분 확대, 1848, 견본채색, 136.1×47.6cm, 국립중앙박물관

도 많이 드는 사치스러운 상차림이었음에 틀림없다.

분류 : 의례
색인어 : 대선, 소선, 고기음식, 사축서, 연회, 영접식, 가례식
참고문헌 : 『[효명세자]가례도감의궤([孝明世子]嘉禮都監儀軌)』;『영접도감연향색의궤(迎接都監宴享色儀軌)』;『영조실록』60권, 1744년(영조 20) 9월 23일 정유 2번째 기사;『인조실록』12권, 1626년(인조 4) 4월 3일 을해 1번째 기사
필자 : 이소영

대접

대접(大楪)은 국이나 숭늉처럼 수분이 많은 음식을 담는 용도로 쓰인 형태가 넓고 낮은 식기이다. 대접은 사발 또는 주발과 한 벌을 이루어, 일상적인 식사에서 사발이나 주발에는 밥을 담고 대접에는 국이나 숭늉을 담았다. 그리고 접시, 보시기, 종지 등에 찬, 김치, 간장 등을 담아 상을 차렸다.

그릇의 종류와 모양은 담는 음식에 따라 달랐고 그에 따라 그릇의 이름도 달라졌다. 〈조선일보〉의 1935년도 기사인 「우리차지」에서 '사발에 밥담고, 대접에 국 푸고, 찌개는 알뚝배기, 생선구이 접시에, 김치 깍뚝이는 바라진 보시기에, 간장 고추장은 오목한 종지에, 퍼먹는 숟가락, 집어먹는 젓가락, 냠냠 냠냠, 짭짭 짭짭'이라는 내용이 그림과 함께 실렸다. 이처럼 대접은 수분이 많은 국이나 숭늉을 담는 그릇으로 사용되었고 현재도 마찬가지이다. 더불어 또 대접은 그릇의 높이가 상대적으로 낮고 입구가 넓다는 기형의 특성으로 인해 국수를 담기도 좋았고, 반찬이나 안주를 넉넉히 담는 용도로 쓰기도 했다.

전통시대의 대접은 주로 도자기, 목기, 유기 등으로

청자음각앵무새학무늬대접, 높이 7.5cm, 고려, 국립중앙박물관

만들어졌으나 고급재료인 은대접도 있었다. 근대에는 알루미늄, 스테인리스스틸 등의 재료로도 만들어지기도 했다.

분류 : 미술
색인어 : 국, 숭늉, 국수, 사발, 주발, 그릇, 식기
참고문헌 : 「우리차지」, 〈조선일보〉 1935년 4월 27일; 한민족역사문화도감 식생활: 국립민속박물관 소장품』(국립민속박물관, 2007)
필자 : 구혜인

대추

대추는 한자로 '大棗(대조)', '棗子(조자)', '紅棗(홍조)'라고 하는데, 일상음식과 구황음식, 의례음식을 마련하는 데 널리 쓰였고 약재로도 이용되었다.

특히 국가, 왕실의 제사는 물론이고 민가에서도 제사를 지낼 때 대추는 빠지지 않는 과실 중 하나였다. 제수(祭需)로 올리는 대추는 대추가 나오는 철에는 생대추를 올리지만, 그 외에는 말려 둔 대추[乾棗]를 썼다. 대추가 처음 나와 천신(薦新)하는 시기를 종묘를 기준으로 보면, 『종묘의궤(宗廟儀軌)』 제4책 '천신'에 8월에 대추를 천신하라고 하였으나, 이보다 앞선 조선 전기에는 9월에 천신하였다. 1412년 8월 8일 태종(太宗: 재위 1400-1418)이 종묘에 달마다 시물(時物)을 천신하도록 명하면서 대추는 9월에 올리라고 하였고 (『태종실록』태종 12년 8월 8일 기사), 『세종실록』「오례(五禮)」의 종묘천신의를 보아도 대추는 9월에 변기(邊器)라는 그릇에 담아 올리는 신물(新物)이었다.

또한 혼례를 치르고 며느리가 시아버지에게 처음으

말린 대추ⓒ하응백

로 인사를 올리는 폐백례를 행할 때에도 대추는 신분과 관계없이 이용되었다. 조율반(棗栗盤)이라 하여 밤과 함께 대추를 담아 며느리가 시아버지께 드려야 하는 음식이었는데, 혼례가 서구화된 현재까지도 대추는 중요한 폐백 음식으로 폐백상에 오르고 있다.

대추가 나오는 철이 한정되어 있으므로, 대추는 대개 말려서 보관하였다. 대추를 생으로 먹기도 하지만, 말린 대추, 즉 건조(乾棗)는 각종 음식이나 약을 만드는 데 쓰임이 많기 때문이다. 대추를 말리는 방법은 여러 문헌에 나오는데, 내용은 대략 비슷하다. 그 가운데 유중림(柳重臨: 1705-1771)의 『증보산림경제(增補山林經濟)』를 보면, 대추를 따서 깨끗한 땅 위에 펼친 발에 대추를 늘어놓고 막대기로 대추를 모았다 흩었다 하면서 햇볕에 말리되, 밤이슬도 맞히며 말린 후 거두되, 대추를 쪄서 말리면 오래두고 쓸 수 있다고 하였다.

조선에서 대추는 『세종실록(世宗實錄)』「지리지(地理志)」의 토공(土貢)과 토산(土山)을 살펴보면, 충청도와 전라도 지역에서 가장 많이 나고 그 밖에 함경도를 제외한 경기도, 경상도, 강원도, 평안도, 황해도에서도 산출되었다. 특히 충청도 보은현(현재의 충청북도 보은군)과 청산현(현재의 충청북도 옥천군 청산면)의 대추는 이미 조선시대부터 전국적으로 유명하였다.

대추차ⓒ하응백

대추는 잣이나 생밤과 함께 높게 고여서 진찬(進饌)·진연(進宴)·진작(進爵) 등 궁중의 잔칫상에 고임으로 올리기도 하지만, 각종 떡과 과자를 만드는 데 많이 넣어 단맛을 높였다. 또한 대추를 채를 쳐서 고명으로 올려 음식을 꾸밀 때에도 이용하였다. 대추를 주재료로 한 음식으로는 대추정과, 조란(棗卵), 대추미음, 대추죽, 대추인절미, 대추편, 대추경단, 대추단자, 대추전병, 대추주악, 대추엿강정, 대추초, 대추차, 대추엿, 대추곰, 대추식초 등이 있고, 그 밖에 약밥이나 열구자탕처럼 부재료로 대추를 쓰는 음식도 많다.

분류 : 식재료
색인어 : 도문대작, 시의전서, 조선무쌍신식요리제법, 떡, 진연·진찬, 엿, 소반
참고문헌 : 『종묘의궤』; 『태종실록』; 『세종실록』; 유중림, 고농서국역총서 6 『증보산림경제 Ⅲ』(농촌진흥청, 2004)
필자 : 김혜숙

대추(왕에게 대추를 대접한 양반)

'작아도 대추, 커도 소반(小盤)'이라는 속담이 있듯이, 대추는 한자어로 '대조(大棗)'라고 하여 이름에 큰 '대(大)' 자가 들어가지만 실제로는 그리 크지 않은 열매이다. 그런데 이러한 대추를 손님에게 대접한 덕분에 과거에도 합격하고 출세한 양반의 설화가 경상북도 경주시 안강읍에 전한다.

『한국구비문학대계』에서 안강읍에 내려오는 설화의 내용을 보면, 다음과 같다. 조선시대 숙종(肅宗: 재위 1674-1720) 임금이 백성들이 어떻게 사는지 돌아보려고 나왔다가 어느 산골에서 날은 저물고 갑자기 억수같이 쏟아지는 소나기를 만났다. 마침 비를 피하기 위하여 찾은 집은 오막살이 단칸방이었다. 방에 안주인이 있으므로 들어가지도 못하고, 왕은 그저 처마 끝에서 비를 피할 뿐이었다. 그 모습을 본 바깥주인은 방에 들어오라고 권하였고, 대신 안주인이 부엌으로 나갔다. 방에는 들어갔지만, 그 집은 너무도 가난하여 저녁거리가 없었다. 주인도 굶을 판이라 손님 대접은 어림도 없는 상황이라, 생각다 못한 주인은 부인에게 이웃의 아무개 집에 가서 쌀을 빌려오라고 보냈다. 빈

손으로 돌아온 부인이 그 집에서 쌀을 꾸지 못했다고 하자, 주인은 제가 누구 덕에 부자가 됐는데 은공을 모른다며 이웃을 괘씸한 놈이라고 하였다.

점점 밤은 깊어 가는데 손님을 굶겨놓고 있는 게 미안했던 주인은 천정에 매달아둔 봉지 중에 굵직한 것을 하나 내려서 밖에 갖고 나갔다. 봉지 안에는 대추가 들어 있었는데, 그 대추를 깨끗이 씻어서 상에다 칼과 함께 차려 들고 왔다. 상을 앞에 둔 주인은 갓을 쓰고 도포를 입고 북쪽을 향해 네 번 절을 하고 나서, 상에 있던 대추를 쟁반에다 잘라 손님에게 드시길 권했다. 자기 집에는 손님을 대접할 게 이 대추뿐이라는 말을 들은 숙종은 왜 대추를 겹겹이 종이로 싸두었다가 절을 하고 나에게 주느냐고 물었다.

주인은 이 집에 이사 와서 심은 대추나무가 십 년 만에 올해 처음으로 대추가 열렸으니, 그 대추가 너무 소중하여 나라에 진상하려고 싸둔 것인데 당장은 서울 갈 형편도 안 되어서 언젠가는 나라에 진상하려고 천장에 매달아두었지만, 귀한 손님을 굶기게 생겨서 북쪽에 절하여 나라에 고하고 손님께 드리는 것이라고 대답했다. 그 얘기를 들은 숙종은 주인이 참으로 충신이라고 생각하며, 감사를 표하며 대추를 먹었다.

그리고 나서 숙종은 주인에게 아까 이웃집 사람을 제가 누구 덕에 그만큼 재물을 모았는데 은혜를 모르는 고얀 놈이라고 말한 까닭을 물었다. 주인은 이웃집 사람이 지금 사는 터는 더는 천석지기가 될 터인데 그 집터를 봐준 것이 자신이며, 그 자리에 살고부터 이웃 사람은 기와집을 짓고 살 정도로 부자가 되었는데도 자신에게 쌀을 꾸어주길 거절해서 괘씸히 여긴 거라고 대답했다.

그러자 숙종은 그 집터가 그리 부자가 될 터였으면 당신이 살지 왜 이웃에 알려 주었느냐고 물었다. 주인은 자기가 사는 이 터는 십년 후면 왕이 머무를 터요, 저 터는 천석지기밖에 안 되는 터이니 내 터가 더 낫다고 하였다. 그 말을 들은 숙종은 바로 내가 왕이라고는 알리지 못하고, 다음날 그 집을 떠나면서 주인에게 곧 과거가 있을 모양이니 꼭 과거를 보라고 당부하였다.

이후 과거를 본다는 방이 붙자, 대추를 대접한 주인이 과거를 보았는데 문제가 주인에게 유리하게 나와서 합격한 후 높은 벼슬을 하고 잘살았다는 이야기다. 끼니가 없던 주인이 대추 한 알로 운명을 바꾼 것이다.

분류 : 식재료
참고문헌 : 손순희 제보(경상북도 월성군 안강읍 양월2리 채록), 「대추로 요기하는 양반」, 『한국구비문학대계』(한국학중앙연구원, 1978)
필자 : 김혜숙

대추떡

1936년 1월 3일자 〈동아일보〉 기사를 보면, 당시 조선에서 대추를 그냥 먹는 것 말고 대추가 가장 많이 쓰이는 데는 떡과 대추고임을 만들 때라고 한다. 실제로 조선시대 문헌을 살펴보아도, 대추를 이용한 음식 중 가장 많은 것은 대추인절미, 대추편, 대추경단, 대추단자, 대추전병, 대추주악, 대추엿강정, 대추초 등과 같은 떡과 과자 종류이다. 대추는 단맛이 강해 맛도 좋지만, 채를 쳐서 고명으로 쓰면 모양을 돋보이게 해서 떡과 과자를 만들 때 더욱 많이 이용되었다.

조선 후기의 이만도(李晩燾: 1842-1910)의 『향산집(香山集)』에는 그가 쓴 이두진(李斗鎭: 1787-1844)의 묘갈명이 있다. 이에 따르면, 이두진은 매우 효성스럽고 우애가 깊은 인물이었다. 그의 효행 가운데 대추떡[棗餠]과 관련된 일화가 나온다. 언제가 어버이가 대추떡을 드시고 싶어 했지만 그 지역이 대추가 나는 곳이 아니어서 마련하지 못하고 있었는데, 마침 먼 곳에 사는 장사꾼이 신기한 꿈을 꾸고는 대추떡을 가져와서 어버이께 드릴 수 있었다는 것이다. 이 이야기의 대추떡이 구체적으로 어떤 종류인지는 알 수 없지만, 조선시대 문헌에는 대추인절미, 대추편, 대추경단, 대추단자, 대추주악 등의 대추떡이 보인다.

이 가운데 대추인절미는 대추를 짓이기거나 몇 조각으로 썬 것을 섞어 만든 인절미이다. 조선 후기의 대추인절미는 1800년대 말의 한글조리서인 『시의전서(是議全書)』에 따르면, 물에 충분히 불린 찹쌀이랑 씨를 빼낸 대추를 같은 분량으로 시루에 푹 쪄서 같이 찧은 다음, 그것에 거피한 팥고물이나 콩가루를 묻혀서 만들었다. 일제 강점기의 대추인절미도 재료는 같았지만, 만드는 방법은 약간 달랐다. 이용기(李用基: 1870-1933)의 『조선무쌍신식요리제법(朝鮮無雙新式料理製法)』(1936)을 보면, 찹쌀을 찐 지에밥이 아니라 찹쌀가루를 찐 것에 씨를 발라 짓이긴 대추를 함께 섞어 오래 쳐서 대추인절미를 만들었다. 그러면서 그는 가게에서 파는 인절미처럼 나쁜 대추를 통째로 넣은 것은 하품(下品)이라고 하였다.

또한 대추를 통째로 넣지는 않지만 짓이기지 않고 대추를 썰어 대추인절미를 만들기도 했다. 방신영(方信榮: 1890-1977)은 『조선음식 만드는 법』(1946)에서 씨를 뺀 대추를 서너 조각으로 잘라, 만들어 놓은 인절미에다 위에서 꼭꼭 눌러 박은 다음에 얌전히 썰어 콩가루를 묻히라고 하였다. 이렇게 만든 떡은 보기에는 깔끔해 보이지만, 『시의전서』나 『조선무쌍신식요리제법』의 대추인절미에 비해 대추가 훨씬 적게 들어가서 대추의 풍미가 적다.

분류 : 음식
참고문헌 : 「特産朝鮮의 이모저모(下) 全土에 點綴된 天惠와 人功」, 〈동아일보〉 1936년 1월 3일; 이만도 저, 장성덕 역, 『향산집』(한국고전번역원, 2015); 작자 미상, 『시의전서』; 이용기, 『조선무쌍신식요리제법』(영창서관, 1936); 방신영, 『조선음식 만드는 법』(대양공사, 1946)
필자 : 김혜숙

보은대추

보은대추는 현재의 충청북도 보은군(報恩郡)에서 산출되는 대추를 가리키는 말이다. 조선 중기 미식가로 이름난 허균(許筠: 1569-1618)은 『도문대작(屠門大嚼)』에서 대추는 보은에서 나는 것이 가장 좋고 나머지는 모두 그만 못하다고 하였는데, 보은대추는 알이 크지만 씨는 적고 붉은 색에 물기가 많고 달다고 평하였다.

보은은 조선시대는 물론이고 현재까지도 전국적으로 가장 유명한 대추의 명산지인데, 조선시대에는 '보은 청산 대추'라 하여 현재의 충청북도 옥천군 청산면(靑山面)의 대추도 보은 못지않게 유명하였다. 그리하여 이익(李瀷: 1681-1763)의 『성호사설(星湖僿說)』을 보

면, 청산과 보은 지역의 사이는 깊은 산중이라서 다른 산업은 없고 대추가 잘 되어 사방에서 상인들이 모여든다고 하였다. 비슷한 시기의 이중환(李重煥: 1690-1756)은 『택리지(擇里志)』에서, 땅이 몹시 메마른 보은은 청산과 인접하였는데, 두 고을 모두 대추 농사에 적합하여 백성들이 대추 장사를 생업으로 삼고 있다고 했다(이익성 역, 1994: 89쪽). 이보다 뒤에 속리산에 갔던 이유원(李裕元: 1814-1888)은 지나는 곳마다 대추나무가 그득한데, 당시 보은 경내에서 매년 가을 거래되는 대추가 7천 석이라고 한다고 기록하였다(『임하필기(林下筆記)』 제35권).

이와 같이 보은대추가 전국적으로 유명하다보니, '삼복(三伏)에 비가 오면 청산, 보은 처녀의 눈물이 비 오듯이 쏟아진다'든가 '보은 아가씨 추석 비에 운다'는 속담까지 생겨났다. 대추가 열매를 맺는 삼복 즈음에 비가 자주 오면 대추 농사가 흉년이 들고, 그러면 수입이 줄어서 시집갈 밑천을 마련할 수 없어서 시집을 가기기 어려워진 처녀들이 눈물을 흘린다는 이야기이다(〈동아일보〉 1924년 7월 20일자, 〈경향신문〉 1976년 7월 27일자).

보은대추가 오랜 기간 전국적으로 유명하다보니, 일제 강점기만 해도 보은 사람이 다른 지역에 가서 그곳 사람과 인사를 할 때 보은에서 왔다고 소개하면, 보은 청산대추가 많이 나는 곳이냐고 되묻는 게 보통이었다고 한다. 1910년대까지만 해도 보은군 전역에 대추나무가 없는 곳이 없다고 할 정도였고 1년 생산량도 1만여 석에 달하였다. 당시 대추는 그냥 먹기도 하지만, 떡과 대추곰을 만드는 데 가장 많이 썼다. 그런데 조선에서 설탕이 판매되면서, 대추의 소비량이 줄어 수요가 매년 감소하였다. 이 때문에, 보은 지역에서는 대추나무를 많이 베어내어, 1930년대 중반에는 생산량이 매년 1천여 석으로 급감하였다(〈동아일보〉 1936년 1월 3일자).

대추곰은 대추로 걸쭉하게 만든 일종의 음료인데, 충청북도(대추곰, 대추고음)와 경상북도(대추곰, 대추고리, 대추고임)의 향토음식으로 현재까지 전해지고

있다. 이 가운데 보은군이 위치한 충청북도에서 대추곰을 만드는 법을 살펴보면, 깨끗이 씻은 대추를 씨를 제거하고 물을 붓고 푹 삶아 체에 거른다. 이렇게 거른 대추 물을 끓인 다음에, 찹쌀가루에 물을 넣고 묽게 갠 것을 부으면서 저어가며 걸쭉하게 끓인다. 먹기 직전에 소금과 설탕으로 간을 하고, 바삭하게 볶아 굵게 다진 호두와 잣을 고명으로 얹어 먹는다(농촌진흥청, 2008: 252쪽).

이후 시장에서의 수요 감소 그리고 대추나무의 감소 등 보은대추는 여러 가지 어려움을 겪었다. 그렇다 하더라도 현재도 보은군은 '보은황토대추'를 대량으로 생산하는 대추특산지로서 여전히 명망이 높고, 매년 대추축제를 개최하여 보은대추를 더 널리 알리고자 힘쓰고 있다.

분류 : 식재료
참고문헌 : 허균 저, 신승운 역, 『도문대작』(한국고전번역원, 1984); 이익 저, 김동주·이동환·이정섭 공역, 『성호사설』(한국고전번역원, 1978); 이유원 저, 김동주 역, 『임하필기』(한국고전번역원, 2000); 이중환 저, 이익성 역, 『택리지』(을유문화사, 1994); 농촌진흥청 농업과학기술원 농촌자원개발연구소, 『한국의 전통향토음식 4-충청북도』(교문사, 2008);「今日이 初伏입니다」,〈동아일보〉1924년 7월 20일;「特産朝鮮의 이모저모(下) 全土에 點綴된 天惠와 人功」,〈동아일보〉1936년 1월 3일;「餘滴」,〈경향신문〉1976년 7월 27일
필자 : 김혜숙

더덕

더덕은 초롱꽃과에 속하는 다년생 덩굴식물로서 사삼(沙蔘)이라고도 한다. 뿌리는 도라지나 인삼과 비슷하고, 덩굴은 길이 2m로서 보통은 털이 없고 자르면 우유빛깔의 유액이 나온다. 8-10월에 자주색의 넓적한 종 모양 꽃이 핀다. 더덕은 어린잎을 삶아 나물로 만들어 먹거나 쌈으로 먹기도 한다. 뿌리는 고추장 장아찌, 김치, 생채, 자반, 구이, 누름적, 술 등을 만들어 먹는다. 황필수(黃泌秀: 1842-1914)가 각종 사물의 명칭을 고증하여 한자어의 우리말 뜻을 밝힌 한자와 한글 어휘집으로 1870년에 펴낸 책인 『명물기략(名物紀略)』에서는 더덕을 사삼이라 하고, 양유(羊乳), 문희(文希), 식미(識美), 지취(志取) 등의 다른 이름이

있다고 하였다.

더덕을 식재료로 활용할 때는 보통 구이나 생채 등으로 활용하였다. 1800년대 초엽이나 중엽에 쓰여진 작자 미상의 조리서인 『규곤요람(閨壼要覽)·주식방』에는 '더덕적'에 대한 설명이 있다. 굵은 사삼(더덕) 뿌리를 노랗게 구워서 진이 나면 그 껍질을 벗기고, 속의 심을 빼내어 물에 우려낸 다음, 기름양념을 하여 굽는다고 하였다. 이름은 '더덕적'이지만 '더덕구이'에 가깝다. 다만 다른 서적에 나오는 '더덕구이'에 비해 기름 양념만을 하여 간단히 구웠다.

작자 미상의 『시의전서(是議全書)』(1800년대 말)에는 '더덕나물'에 대한 설명이 있는데, '더덕도 찢어 초에 무친다.'라 하여, 더덕에 초를 넣고 무친 것으로 더덕생채를 말한다.

조자호(趙慈鎬: 1912-1976)의 『조선요리법(朝鮮料理法)』(1943)의 '더덕생채'는 더덕의 껍질을 벗기고 저며서 망치로 두들겨 잘게 찢어서 고춧가루, 간장, 참기름, 초, 설탕, 마늘, 파, 깨소금 등의 양념을 하는 것을 말한다. 새콤달콤한 맛을 살리라고 설명하였다.

1946년 방신영(方信榮: 1890-1977)이 집필한 조리서 『조선음식 만드는 법』에서는 봄철음식으로 '더덕생채'를 설명하였는데, 방법은 조자호의 『조선요리법』의 조리법과 동일하다.

1700년대 후기에 기록된 것으로 추정되는 작자 미상의 한글 조리서인 『온주법(醞酒法)』에서는 '총명탕'에

더덕구이 ⓒ수원문화재단

더덕을 사용하였다. 껍질을 벗긴 복령, 원지, 석장포를 곱게 가루 내어 준비해 두었다가 물에 넣고 휘저어 뜨는 것은 다 건지고 남은 물은 따라낸다. 고운 분말을 감초 물을 넣고 볶아서 물 내어 쓰는데, 석창포와 더덕을 잘라 가루를 만들어서 함께 달여서 빈속에 먹는다고 하였다.

허준(1539-1615)의 『동의보감(東醫寶鑑)·탕액편(湯液篇)』(1610)에서는 더덕을 사삼이라고 하여 성질이 약간 차고 맛은 쓰며 독이 없다고 하였다. 중기를 보하고 폐기를 보하는데, 산기(疝氣: 고환이나 음낭이 커지면서 아랫배가 켕기고 아픈 병증)를 치료하고 고름을 빼내며, 독에 의한 종기를 삭이고 오장의 풍기를 흩는다고 하였다. 우리나라 곳곳에 있는데, 주로 산속에서 나고, 잎은 구기자 잎과 비슷하며, 뿌리는 희고 실한 것이 좋다고 하였다. 싹과 뿌리를 캐어 나물을 무쳐 먹으면 좋다고 하였다. 2월과 8월에 캐어 볕에 말린다고 하였다.

더덕과 관련된 다른 기록으로는 1123년(인종 1) 고려 중기 송나라 사절의 한 사람으로 고려에 왔던 서긍이 지은 책인 『선화봉사고려도경(宣和奉使高麗圖經)』이 있다. '관에서 매일 내놓는 나물 중 또한 더덕이 있으니, 그 모양이 크고 살이 부드럽고 맛이 있는데, 약으로 쓰는 것은 아닌 것 같다.'고 하였다. 또 조선 후기 왕조의 재정과 군정에 관한 책인 『만기요람(萬機要覽)·재용편(財用篇)』(1808)에는 '사삼은 더덕의 뿌리라 하여 거담(祛痰)에 쓰인다.'고 기록하고 있다.

더덕은 구황작물로도 활용되었다. 『조선왕조실록·세종실록』 세종 27년(1445) 2월 3일의 기록에 의하면 군기부정(軍器副正) 권준(權蹲)으로 경기도의 굶주린 백성을 구제하기 위하여 시행할 사목(事目)을 내려주었는데, '푸성귀는 겨울철에 벌써 다 먹고 지금 해가 긴 때를 당하여 단지 진제장(賑濟場)의 미곡만으로는 필시 굶주린 배를 채울 수가 없을 것인데, 그렇다고 한정이 있는 쌀을 더 주기도 역시 어려우니, 더덕, 도라지 등 산나물을 많이 캐어서 섞어 먹게 할 것이며'라고 한 것으로 보아, 더덕을 구황식물로써 백성

들에게 먹을 수 있도록 하였다.

분류 : 식재료
색인어 : 간장, 김치, 나물, 도라지, 산나물, 술, 시의전서, 쌈, 인삼, 자반, 조선요리법, 참기름, 파
참고문헌 : 황필수, 『명물기략』; 허준, 『동의보감·탕액편』; 작자 미상, 『규곤요람·주식방』; 작자 미상, 『온주법』; 서긍, 『고려도경』; 『만기요람·재용편』; 『조선왕조실록·세종실록』 세종 27년(1445) 2월 3일
필자 : 홍진임

더덕구이

더덕구이는 더덕의 껍질을 벗기고 유장을 고루 발라 석쇠에 얹고 약한 불에서 애벌로 구운 후 다시 고추장 양념을 고루 발라 다시 앞뒤로 구워 깨소금을 뿌린 것이다.

최한기(崔漢綺: 1803-1877)가 편찬한 『농정회요(農政會要)』(1830년경)에서는 '더덕·도라지구이 만드는 법[沙蔘桔梗佐飯法]'에서 더덕구이를 설명하고 있다. '뿌리채소의 껍질을 벗겨 절구에 넣고 부드럽게 두드린 후 물에 담가 쓴맛을 우린다. 때때로 물을 갈아 주어 쓴맛을 모두 뺀 후 쪄내어 익히고 청장(淸醬), 참기름[香油], 후춧가루[胡椒], 산초가루[川椒], 생강[薑], 파[葱] 등을 함께 넣고 버무려 그릇에 넣고 하룻밤 묵히고 햇볕에 말리는데, 매번 꺼내 쓸 때마다 다시 참기름[香油] 약간을 바르고 적[炙: 구이]을 만들어 먹으면 맛있다.'고 하였다.

작자 미상의 『시의전서(是議全書)』(1800년대 말)에도 더덕구이가 나오는데 이때부터는 양념에 고춧가루가 추가되었다. 더덕을 손질하여 껍질을 벗긴 후 칼로 두드려 펼쳐 석쇠에 얹고 꿩의 깃으로 기름장을 발라 굽는다. 양념은 다진 파, 깨소금, 기름, 꿀, 고춧가루를 그릇에 담고 간을 맞춘다. 초벌구이 한 더덕을 양념을 넣고 잠깐 버무려 알맞게 굽는데, 오래 구우면 양념이 타서 못 쓴다고 하였다. 구운 더덕은 적당한 길이로 잘라 접시에 담고 깨소금을 위에 뿌려 내었다. 조자호(趙慈鎬: 1912-1976)의 『조선요리법(朝鮮料理法)』(1943)에서의 '더덕구이'에는 고기를 함께 다져 사용하였고, 더덕 한쪽에다 얄팍하게 넣고 구웠다. 1946년 방신영(方信榮: 1890-1977)이 집필한 『조선음

여러 반찬 중에 가운데 더덕구이가 보인다. 절 부근 음식점에서 많이 볼 수 있는 산채 정식 ⓒ김재균

식 만드는 법』에서는 '더덕구이'를 봄철음식으로 소개
하면서 붉은 햇고추를 이겨서 넣는 것이 맛있고 만일
햇고추가 없을 때는 고춧가루를 넉넉히 넣어서 하면
좋다고 하였다. 손정규(孫貞圭: 1896-1955)의 『우리
음식』(1948)에서의 '더덕구이'는 더덕을 껍질을 벗겨
익히고 물기 없이 말려서 고추장에 양념을 무쳐 놓았
다가 먹을 때 기름에 무친 것을 말한다. 여기서는 기
름 발라 굽는 초벌구이 과정 없이 나중에 기름에 무쳐
먹었다.

1957년에 한희순, 황혜성, 이혜경 등이 발간한 궁중
음식 조리서인 『이조궁정요리통고(李朝宮廷料理通
考)』는 시기적으로는 다른 서적들보다 더 늦지만 궁
중에서 조리하는 방식으로 하였기 때문에 고추장이
나 고춧가루는 사용하지 않았다. 같은 더덕구이이지
만, 양념의 농도를 달리하거나, 양념에서 고추장이나
고춧가루를 사용하지 않음으로써 각각 다른 맛을 내
는 더덕구이를 만들었다.

분류 : 음식
참고문헌 : 최한기, 『농정회요』; 작자 미상, 『시의전서』; 조자호, 『조선
요리법』(광한서림, 1939); 방신영, 『조선음식 만드는 법』; 손정규, 『우
리음식』; 한희순, 황혜성, 이혜경, 『이조궁정요리통고』
필자 : 홍진임

더덕떡

더덕은 그 특유의 향과 효능 때문에 가루로 만들어 곡
류와 함께 밥을 하기도 하고, 아니면 생으로 썰어 밥에

넣어 먹기도 하면서 향과 영양을 더하는 식재료이다.
구황식물로도 활용되는 더덕은 흉년이 들어 먹을 것
이 귀할 때 산에서 얻을 수 있는 귀한 식재료이기도 하
였다. 국가적인 차원에서 더덕이나 도라지 등의 뿌리
채소 캐서 흉년을 견디라고 할 정도로 더덕은 먹었을
때 영양이나 포만감이 곡류 버금가는 뿌리채소였다.

떡에 사용할 때는 주로 가루로 만들어서 사용하였다.
더덕가루를 넣어 만든 떡에 대한 기록은 1450년경 어
의 전순의(全循義: ?-?)가 지은 가장 오래된 음식책인
『산가요록(山家要錄)』에 처음 나온다. '산삼병(山參
餠)'이라 하여 제목은 '산삼'이라 하였지만 더덕을 이
용한 떡이다. 만드는 방법은 더덕의 껍질을 벗기고 크
게 찢어서 꿀물에 담갔다가, 백미(白米)가루로 손가
락만 한 크기로 싸서 모양을 만들어 시루에 안쳐 푹
쪄서 올렸다.

1800년대 중엽에 쓰여진 작자 미상의 조리서 『역주방
문(歷酒方文)』에는 백미가루와 꿀, 더덕 외에 다른 부
재료인 곶감이나 대추살, 밤, 잣 등을 함께 섞은 떡도
있다. 이를 '모해병(毛海餠)'이라 한다. 만드는 방법은
쌀을 가루로 만들고 소금물과 함께 고루 섞어서 대충
덩어리가 지는 정도가 되면 비벼서 덩어리를 풀어 놓
는다. 건시(말린 감), 대추 살, 밤, 잣, 더덕가루를 동량
을 넣고 고루 섞어 시루에 안쳐 쪄내서 익혀 쓰는데,
잡과의 종류는 많을수록 더욱 좋다고 하였다.

분류 : 음식
참고문헌 : 전순의,『산가요록』; 작자 미상,『역주방문』
필자 : 홍진임

더덕장

더덕장은 더덕을 장에 넣어 만든 음식이다. 17세기 후반에 지어진 것으로 추정되는 음식과 농사에 관한 책으로 작자 미상인『치생요람(治生要覽)』에는 '합장(合醬)'이라는 제목으로 더덕과 도라지를 장에 넣는 방법이 나온다. 더덕과 도라지의 쓴맛을 제거한 후 항아리에 담는다. 이 책에서는 시라(蒔蘿), 회향(茴香), 감초(甘草), 파[蔥], 산초[椒] 등을 장 위에 뿌려주면 향기가 좋다고 하였다.

1766년에 유중림(柳重臨: 1705-1771)이 엮은『증보산림경제(增補山林經濟)』에는 '더덕·도라지장[沙蔘桔梗沉醬法]'에 대한 설명이 있다. "껍질을 제거한 더덕과 도라지는 햇볕에 바짝 말린 뒤에 절구에 찧어 가루를 내고 체로 곱게 거른다. 그러고 나서 베자루에 담아 쓴맛을 우려낸 후 짜서 담가놓은 장에 넣는데, 그 맛이 포장(泡醬: 메주로 담은 간장)보다 좋다. 또 다른 법은 더덕과 도라지를 생으로 찧어서 자루에 넣고 물에 담가 쓴맛을 제거한 후, 물을 꼭 짜서 덩어리를 만들어 햇볕에 약간 말렸다가 함께 담근다."고 하였다.

장을 담글 때뿐 아니라 더덕을 이용하여 장아찌도 만들어 먹었다. 이용기(李用基: 1870-1933)의『조선무쌍신식요리제법(朝鮮無雙新式料理製法)』(1924)에서는 '장당글째넛는물건'이라 하여 장 담글 때 넣는 식품에 대해 설명하였는데, 제일 먼저 설명하는 것이 더덕과 도라지이다. "장을 담글 때 더덕과 도라지는 껍질을 벗기고 바싹 말려서 가루로 만든 다음 체에 쳐서 주머니에 넣고 물에 담가 쓴맛을 빼낸 후에 꼭 짜서 물기를 없게 하고 주머니째 장 속에 담근다. 또는 생것을 두드려 물에 담가서 쓴맛을 빼낸 후 꼭 짜서 대강 말려 넣어도 좋다."고 하였다. 그 외에 생게, 새우, 소고기, 두부, 무, 생굴, 닭의 알, 오리의 알, 거위의 알, 생선이나 고기, 붉은 고추와 표고버섯 등을 장에 함께 넣어 먹기도 하였다.

작자 미상의『시의전서(是議全書)』(1800년대 말)에서는 '고쵸중에 즁앗지 박는 물종(고추장에 장아찌 박는 물종)'에 대해 설명하였다. 더덕은 껍질을 긁어 벗겨 말리고 꾸덕꾸덕해지면 박는데, 말려서 넣으면 좀 질기다고 하였다. 그 외에 송이, 무, 짠 김치, 오이, 오이지, 가지, 풋고추, 생감 두부, 전복, 문어, 말린 청어, 수육, 생강, 마늘종, 승검초 줄기 등도 넣는다. 된장에도 많이 넣으면 좋다고 하였다.

분류 : 음식
참고문헌 : 작자 미상,『치생요람』, 유중림,『증보산림경제』; 이용기,『조선무쌍신식요리제법』(영창서관, 1936); 작자 미상,『시의전서』
필자 : 홍진임

섭산삼

섭산삼은 더덕 등 채소에 찹쌀가루를 묻혀 기름에 지져 설탕을 뿌린 음식이다. 장계향(張桂香: 1598-1680)이 지은『음식디미방(閨壼是議方)』(1670년경)에는 '섭산슴법'이라 하여 더덕절임 만드는 법이 나온다. 생더덕의 껍질을 벗겨 방망이로 두드린 다음 물에 담가서 쓴맛을 우려낸다. 널직한 판에 올려놓고 살살 고루 두드린 다음 물기를 제거하고, 찹쌀가루를 묻혀 뜨거운 기름에 지진 후 꿀에 재어 놓고 사용한다. 전에는 설탕이 흔치 않았으므로 꿀을 주로 사용하였다.

18세기 초 이시필(李時弼: 1657년-1724)이 편찬한『소문사설(謏聞事說)』에는 '더덕찹쌀튀김[沙蔘餠]'이라는 명칭으로 설명되어 있다. 만드는 방법은 더덕의 껍질을 벗기고 삶아 짓찧어서 손으로 솜모양처럼 펴서 크게 만든다. 찹쌀가루를 뿌려 유채기름에 튀겨 꿀을 얇게 발라준다.『소문사설』에서는 더덕을 삶아서 튀겨서 꿀을 발랐고,『음식디미방』에서는 생으로 기름에 지져 꿀을 발랐다.

작자 미상의『윤씨음식법』(1854 추정)에서는 '더덕산승'이라는 명칭으로 설명하였다. '쓴맛을 우려내고 말린 더덕을 찧으면 실같이 부풀어 오르는데, 찹쌀가루를 꿀로 반죽을 무르게 하고 더덕에 입히는데, 더덕을 섞어 모아 당귀다식 크기만큼으로 가장자리를 곱게 하여 지지면 마치 가지산승같이 된다. 지진 다음 꿀과 잣가루를 묻힌다. 가루가 많으면 좋지 않으니 가까스로 엉길 만큼만 묻혀 바싹 지져야 좋다. 지나치게 지져서 타게 되면 빛깔이 좋지 않고, 다시 지지게 되면 누지게 되므로 불의 세기를 잘 맞춰 지져야 한다. 잘 지져내면 오래 두어도 누지지 않고, 모양이 예뻐서 찬합에 사용하기에 알맞다.'고 하였다.

분류 : 음식
참고문헌 : 장계향,『음식디미방』; 이시필,『소문사설, 조선의 실용지식 연구노트』(휴머니스트, 2011); 작자 미상,『윤씨음식법』
필자 : 홍진임

도자기

도자기는 도기(陶器)와 자기(磁器)로 나뉜다. 도기와 자기의 가장 큰 차이는 소성온도의 차이로 도기는 주로 1,200℃ 미만에서 구워진 경우 도기가 되고 1,200-1,300℃ 이상에서 구워지면 자기가 된다. 주로 1,000℃ 미만에서 구운 경우 연질(軟質) 도기가 되고, 그 이상의 온도에서 구운 경우는 경질(硬質) 도기가 되며, 유약을 입혔는지의 유무에 따라 시유도기(施釉陶器)와 무유도기(無釉陶器)로 나뉜다.

자기는 점토(clay)에 고령석(高嶺石: Kaolinite) 가루를 섞거나 고령토(高嶺土: kaolin) 자체를 반죽하여 모양을 만들어 1,200-1,400℃의 가마에서 구워낸 그릇을 가리킨다. 고령토는 중국의 강서성(江西省) 경덕진(景德鎭) 부근의 고령촌(高嶺村)에서 많이 생산되었기 때문에 그 지명을 따서 이름을 붙인 것이다. 중국에서 고령석이 들어간 점토에 유약을 바른 자기가 유행한 시기는 송나라 때이다. 1,200℃ 이상의 고온에서 구워낸 자기는 쉽게 깨지지 않았으며, 특히 표면에 유약을 바르게 되면서 방수 효과가 커져서 식기로도 안성맞춤이었다. 송나라 시기에는 청색 안료를 넣은 청자(靑磁)가, 원나라 때에는 백자(白磁), 그리고 명나라 이후에 청화백자(靑華白磁)와 온갖 채색자기가 유행했다.

사기는 고급 자기와 달리 질이 좀 낮은 백토를 사용하여 1,100℃ 전후 온도로 구워낸 그릇을 가리킨다. 비록 고급 백토를 사용하여 1,200℃ 이상의 고온에서 구워낸 자기는 아니지만 사기는 도기(陶器)에 비해서 단단하고 수분 흡수율도 낮은 편이어서 금은 식기 대신 일상 식기로 사용하기에 알맞았다. 경제력이 없던 양반이나 농민들은 막사기·상사기·눈박이사기 등과 같은 사기를 식기로 사용했다. 막사기는 저질 백토계 점토로 조잡하게 만든 회백색계의 사기로 값이 쌌다. 일반 백성들의 식기는 조선 초기만 해도 관영 공방에서 제작해서 나누어주었지만, 조선 후기가 되면 민간 공방에서 제작해 시장에 내놓고 팔았다.

백자 막사기를 식기로 사용할 수밖에 없었던 일반 백성들의 삶은 20세기 들어와서도 크게 달라지지 않았다. 식민지 시기인 1920년대에 서울 근교의 농촌 마을을 대상으로 가정에서 사용하는 식기에 대해 조사한 조선총독부 사무관인 사사키초우[佐佐木忠右]는 "일반인들은 사기그릇을 주로 사용하며, 목기를 사용하는 사람들은 최근 줄어들었다"(『조선(朝鮮)』, 1924년 1-6월)고 했다. 비록 사기가 백성들의 으뜸 식기였지만, 나무로 만든 그릇인 목기 역시 빈곤층의 식기였다.

분류 : 미술
색인어 : 김홍도, 대접, 식기, 주막
참고문헌 : 방병선,『중국도자사 연구』(경인문화사, 2012) ; 주영하,『한국인은 왜 이렇게 먹을까?』(휴머니스트, 2018); 佐佐木忠右, 「副業의 盛한 道也味里-京畿道始興郡北面道林里의 一部落)」(『朝鮮』, 1924년 1-6월)
필자 : 주영하

도기(옹기 또는 질그릇)

도기를 다른 말로 흙을 사용한 그릇이라 하여 질그릇이라 부른다. 도기 중에서 표면에 유약을 입히면 시유도기(施釉陶器) 혹은 옹기(甕器)라고 부른다.

도기는 다양한 형태로 제작되어 일상생활 전반에 사용되었다. 그러나 그중에서 가장 중요한 기능은 장류를 비롯한 각종 음식물을 저장하는 독으로써의 기능이다. 성현(成俔)의 『용재총화(慵齋叢話)』에서는 "사람에게 소용되는 것으로 도기는 가장 필요한 그릇이다. 지금의 마포, 노량진 등지에서는 진흙 굽는 것을 업으로 삼으며 이는 질그릇 항아리, 독 종류이다."라고 하여 생활용기로서 독의 중요성을 말하고 있다. 이처럼 도기로 제작된 독은 선사시대부터 생활에 긴요하게 사용되었음을 알 수 있다.

도기의 특징은 통기성이다. 옹기 기벽에 기공이 생성되어 외부와 내부 사이로 공기가 통하는 통기성이 있다. 그래서 도기 기벽의 기공으로 인해 내용물이 부패하지 않고 장기간 저장할 수 있는 저장능력이 있다. 또한 식품을 발효시키기에 적절하여 술독, 촛병, 젓독 등 발효식품을 만드는 데 사용하기 좋다. 그리고 자기에 비해 가격이 저렴하다. 이로 인해 고려시대부터 자기를 생산하기도 하였으나 도기는 독자적인 영역에서 꾸준히 사용되었다.

분류 : 미술
색인어 : 질그릇, 옹기, 자기, 독, 항아리, 통기성, 저장
참고문헌 : 성현, 『용재총화(齋叢話)』; 윤용이, 『아름다운 우리 도자기』(학고재, 1996); 한국학중앙연구원, 『한국민족문화대백과사전』
필자 : 구혜인

옹기

옹기(甕器)는 '독'이라는 우리말의 한자어로, 황갈색 유약을 입힌 도기 재질의 용기들을 총칭하는 용어이다.

독은 선사시대부터 만들어져 음식물을 저장하거나 시신을 넣는 관으로도 사용되기도 했다. 삼국시대에는 독의 사용이 확대되어 고구려의 안악 3호분 고분벽화에 크고 작은 독을 늘어놓은 장면이 그려져 있고 백제와 신라에서는 쌀이나 술 등을 저장하였다는 기록도 있다. 고려시대인 12세기 전반에 송(宋)나라 서긍(徐兢)의 『선화봉사고려도경(宣和奉使高麗圖經)』에 의하면 큰 독에 쌀과 장을 저장했고 과일과 식초를 담았다는 내용이 있다. 조선 초기의 『경국대전(經國大典)』에는 봉상시(奉常寺) 등 14개 부서에 104명이 옹장(甕匠)이 배정되었다. 성현(成俔)의 『용재총화(慵齋叢話)』에서는 "사람에게 소용되는 것으로 도기(陶器)는 가장 필요한 그릇이다. 지금의 마포, 노량진 등지에서는 진흙 굽는 것을 업으로 삼으며 이는 질그릇 항아리, 독 종류이다."라고 하여 생활 속에서 독의 중요성을 말하고 있다. 이처럼 독은 생활에 긴요하게 사용되었음을 알 수 있다.

옹기의 본래 형태는 저장용 항아리인 독으로부터 출발하였지만, 식생활이 다양해짐에 따라 독을 제조하는 기술로 만든 각종 저장용기, 조리용기 등도 모두 옹기라고 부른다.

옹기는 모든 일상생활 전반에 사용되었다. 그 종류와 쓰임새에 따라 다양하게 명칭으로 불렸다. 저장용구로서 옹기는 담는 내용물에 따라 장을 담는 장독, 물항, 술항, 쌀항, 똥항 등이 있다. 용도에 따라 떡이나 밥을 짓거나 콩나물을 기르는 데 사용하는 시루, 물을 길어 나르는 데 쓰던 동이, 많은 양의 채소를 씻거나 절일 때 쓰던 소래기, 채소를 씻거나 빨랫감 등을 담을 때 사용하던 널박지, 쌀이나 보리 등을 씻거나 설거지를 하는 데 쓰이던 옴박지, 식초를 넣는 촛병, 식량을 아끼기 위해 곡식을 한 움큼씩 덜어놓던 좀도리, 자라를 닮은 나들이 병인 자라병, 액체를 주둥이가 작은 병에 따를 때 쓰는 귀때단지, 곡식이나 고추를 갈 때 사용하던 도구인 확독, 흙으로 만든 화로인 질화로, 술·간장·물·분뇨 등을 담아 나르던 장군 등 옹기가 쓰이지 않는 곳이 없을 정도로 옹기는 삶과 밀접한 용기였다.

19세기 말기 개항장을 주변으로 활동한 기산 김준근의 풍속도에서도 가마가 있는 옹기점, 옹기 제작 모습, 옹기를 지고 팔러 다니는 모습 등에서 조선 후기 보편화된 옹기의 사용을 알 수 있다. 옹기를 시장에서 구매하기도 하였지만, 일상생활에 항상 필요하면서도 운반의 위험이 따르기 때문에 판매상이 가가호호 방문하여 판매하는 방식이 보편화되었다. 옹기를 짊어진 행상의 모습은 조선시대 풍속화나 근대기 사진 자료에서도 자주 등장하는 소재이다.

분류 : 미술
색인어 : 질그릇, 옹기, 독, 도기, 장, 김치, 물
참고문헌 : 윤용이, 『아름다운 우리 도자기』(학고재, 1996); 조흥윤, 『민속에 대한 기산의 지극한 관심』(민속원, 2004); 신선영, 「19세기 말 시대의 반영, 기산 김준근의 풍속화」, 『기산풍속도-그림으로 남은 100년 전의 기억』(청계천문화관, 2008); 신선영, 「기산 김준근 회화 연구」, 한국학중앙연구원 박사학위논문(2012); 배영동, 「옹기의 제작 기술과 판매 방식」, 『역사민속학』6호(한국역사민속학회, 1997); 한국학

중앙연구원,『한국민족문화대백과사전』
필자 : 구혜인

자기(퍼시벌 로웰)

퍼시벌 로웰(Percival Lawrence Lowell: 1855-1916)
은 경기 감영에서 차를 대접받았을 때 본 조선의 자기
에 대해 자세히 묘사하였다.

로웰은 조선에서 만들어진 찻잔 등의 그릇을 보며 거
칠긴 하지만 찻잔에 그려진 꽃, 나비의 색이 아름답다
고 묘사하였다. 또한 과거 조선의 자기는 명성이 높았
으며 이 당시인 개화기에 그 명성을 되찾고자 노력하
고 있다고 하였다. 로웰은 몇 세기 동안 조선의 자기
가 고려청자로 추정되는 '녹색을 띠도록 유약을 칠한
것'과 '그렇지 않은 것'뿐이었다고 하였다.

이날 로웰이 대접받은 차의 찻잔은 중국식이었으며,
차를 마시려고 들어올리면 뚜껑이 약간 열려 차가 나
오도록 되어 있다고 묘사하였다. 당시 서양인이 사용
하던 받침접시가 동아시아 지역에서 유래한 것으로
보인다는 해석으로 보아 찻잔에는 받침접시도 딸려
있었던 것으로 여겨진다.

한편 에른스트 폰 헤세-바르텍(Ernst von Hesse-
Wartegg: 1854-1918)은 19세기 말에 쓴『조선,
1894년 여름 - 오스트리아인 헤세-바르텍의 여행기
(Korea: eine Sommerreise nach dem Lande der
Morgenruhe)』에서 조선인은 유리를 모르기 때문에
그릇이나 병, 숟가락 등을 자기로 만든다고 하였다

분류 : 미술
색인어 : 자기, 퍼시벌 로웰, 헤세-바르텍
참고문헌 : Percival Lowell,『Chosön, the land of the morning
calm; a sketch of Korea』(Ticknor and company, 1886); 퍼시벌 로
웰 저, 조경철 역,『내 기억 속의 조선, 조선 사람들』(예담, 2001); 에른
스트 폰 헤세-바르텍 저, 정현규 역,『조선, 1894년 여름 - 오스트리아
인 헤세-바르텍의 여행기』(책과함께, 2012)
필자 : 서모란

항아리

항아리는 입이 넓어 볕을 많이 받을 수 있어 발효식품
인 된장, 고추장 등의 장류나 김치, 또는 곡물을 말려
보관하기 좋다.
항아리는 그 크
기가 용도에 따
라 다양하다. 또
한 용도에 맞게
입 큰 항아리, 목
긴 항아리, 목 짧
은 항아리 등으
로도 구분한다.
큰 항아리에는
주로 김장김치

항아리, 높이 64cm, 광복 이후, 국립민속박물관

나 간장, 술 등을 담아 발효시키거나 물, 소금, 곡식 등
을 저장한다. 중간 크기의 항아리에는 된장 등을 담아
두고 작은 항아리에는 고추장, 장아찌, 젓갈류를 담아
둔다. 주로 '독'이란 접미사를 붙여, 새우젓독, 고추장
독, 간장독, 김칫독 등으로 불린다.

항아리는 재질에 따라 주로 도기재질로 만들어졌다.
그중에서 반들반들한 유약을 입히면 옹기라 불렀다.
근대에는 광명단이란 광물성 유약을 시유하여 특별
히 광택이 강한 항아리들도 제작되었는데 인체에 위
해하다고 하여 판매가 금지된 사건도 있었다.

항아리가 일상적으로 사용된만큼 항아리와 관련된
다양한 속담이 전해진다. 예를 들어 '남편은 두레박
아내는 항아리'라는 속담은 두레박이 물을 길어다 항
아리에 채우듯, 남편이 밖에서 돈을 벌어 집에 가지고
오면 아내는 그것을 잘 모으고 간직한다는 말이다. 또
'반찬 항아리가 열둘이라고 서방님 비위를 못 맞추겠
다'는 속담은 성미가 몹시 까다로워 비위 맞추기가 어
려움을 비유적으로 이르는 말이다.

분류 : 미술
색인어 : 도기, 질그릇, 독, 항아리, 장, 김치, 술
참고문헌 :『한국민속대관(韓國民俗大觀) 2』(고려대학교민족문화연구
소, 1980);『한민족역사문화도감 식생활: 국립민속박물관 소장품』(국
립민속박물관, 2007); 한국학중앙연구원,『한국민족문화대백과사전』
필자 : 구혜인

도라지

도라지는 초롱꽃과의 여러해살이풀로서, 여름에 흰색과 보라색 꽃이 피며 뿌리를 식용한다. 다른 이름으로는 길경, 도랏, 길경채, 백약, 질경, 산도라지라고도 한다. 봄이나 가을에 뿌리를 채취하여 날것으로 먹거나 생채, 나물 등으로 먹는다. 도라지의 주요 성분은 사포닌이고, 한방에서는 열을 다스리거나, 폐에 좋은 약재로 활용한다.

허준(許浚: 1539-1615)의 『동의보감(東醫寶鑑)·탕액편(湯液篇)』(1610)에서는 '도라지[桔梗]'를 '도랏'이라 하며 성질이 약간 따뜻하거나 또는 평(平)하다고 하고, 맛은 맵고 쓰며 독이 조금 있다고 하였다. 주로 폐기로 숨이 가쁜 것을 치료하고, 온갖 기를 내리며, 목구멍이 아픈 것과 가슴과 옆구리가 아픈 것을 치료하고, 고독(蠱毒: 뱀, 지네, 두꺼비 등의 독)을 없앤다고 하였다. 모든 약을 실어 아래로 내려가지 않게 하고 기혈을 끌어올리니 배의 노와 같은 역할을 하는 약이라고 설명하였다. 2월과 8월에 뿌리를 캐어 볕에 말려서 사용하였고, 요즘 사람들이 나물로 만들어 사계절 내내 먹는다고 덧붙였다.

1450년경 어의 전순의(全循義: ?-?)가 지은 가장 오래된 음식책인 『산가요록(山家要錄)』에서는 이러한 도라지를 이용하여 생선과 섞어 '도라지식해[吉莄食醢]'를 만들기도 하였다. 『산가요록』의 저자인 전순의가 어의였던 것을 감안할 때 도라지의 효능을 활용한 음식으로 생각된다.

도라지는 식재료로도 다양하게 활용되었는데, 반찬으로는 생채, 나물은 물론 자반, 찜, 구이, 정과, 적을 만들기도 하였고, 양념으로는 도라지장이나 도라지식초로도 만들어졌다. 또 도라지차(길경차)로 만들어 음료로도 활용되었다.

작자 미상의 『시의전서(是議全書)』(1800년대 말)에는 '도라지생채'에 대한 소개가 있다. 도라지의 껍질을 벗긴 후 물에 우려내서 잘게 찢어 소금을 넣고 주물러 쓴맛을 뺀 다음 물기를 없앤다. 양념은 다진 파와 마늘, 고춧가루, 깨소금, 기름, 초, 간장 등을 사용하였다. 도라지를 익혀 양념해서 사용하면 '도라지나물'이 된다.

『시의전서』에서 설명하는 '도라지나물'은 도라지를 삶아 물에 많이 우린 다음, 도라지를 어슷하게 저며 진간장에 볶고 깨소금, 기름, 고춧가루에 무쳤다. 도라지나물은 고춧가루를 사용하지 않고 만들어 제사에 쓰이는 삼색나물 중 흰색을 담당하기도 한다. 제사에 사용하는 흰색 나물로는 숙주나물이나 무나물을 쓰기도 하지만 도라지나물도 많이 사용한다.

1800년대 초엽이나 중엽에 쓰여진 작자 미상의 조리서인 『규곤요람(閨壺要覽)·주식방』에서는 '잡누르미(잡느름)'를 소개하였다. 도라지와 전복, 해삼, 표고버섯, 석이버섯 등의 재료를 볶고, 파와 계란지단을 올려낸 음식이다. 이 재료들을 꼬치에 끼워서 지지면 잡누름적이 된다.

작자 미상의 『윤씨음식법』(1854 추정)에서는 '도랏정과'라 하여 직접 만들어 본 듯한 설명이 되어 있다. '도라지정과는 음식에 쓰는 도라지말고 정과하기 좋은 굵은 도라지를 넓게 저미서 볕에 반만 말려 황청에 향설고 조리듯 하되 도라지가 무르면 뭉개지니 말린 다음에 조려야 한다.'고 하였다. 도라지정과는 궁의 잔치음식 품목 중 하나였는데, 『진연의궤(進宴儀軌)』(1902)에 따르면 '각색정과(各色正果)'를 만들 때 쓰이는 재료로 '연근, 생강, 도라지, 청매당·건포도·문동당(門冬糖)·고한(苽莄), 산사(山査), 꿀' 등이 기록되어 있다.

『규곤요람·주식방』에서는 도라지로 만드는 또 다른 음식인 '칠향계법'에 대한 기록도 있다. 닭의 몸통 안에 도라지를 넣어 닭을 삶은 방법인데, 요즘은 닭을 삶아 먹을 때 인삼이나 황기, 대추, 밤 등을 넣지만 대신 도라지를 활용해도 좋을 듯하다.

도라지로 만든 또 하나의 독특한 음식 중에는 대전 지역의 은진 송씨가의 며느리인 연안 이씨가 편찬하기 시작한 『주식시의(酒食是儀)』(19세기 후반)에 '도라지찜(도랏찜)'에 대한 설명이 있다. 도라지의 쓴맛을 제거하고 간장으로 밑간을 하고 도라지와 도라지 사이에 고기를 넣어 부쳐낸 것으로 손이 많이 가지만 사대부가에서 먹었을 듯한 단정한 음식이다. 이렇게 만든 도라지찜은 갈비찜이나 장국의 고명, 찌개(조치)에도 사용한 것으로 기록되어 있다.

최한기(崔漢綺: 1803-1877)가 편찬한 종합 농업기술서인 『농정회요(農政會要)』(1830년경)에는 '길경초법(桔梗醋法)'이라 하여 도라지식초 만드는 법이 기록되어 있다. 필요한 양의 도라지 뿌리[吉更根]를 껍질을 벗겨 찧어서 따가운 햇볕에 쬐어 말린 후, 항아리에 넣고 맛좋은 청주(淸酒)를 부으면 식초가 된다고 하였다.

간장에도 도라지를 넣었다. 조선 중기 강와(强窩: ?-?)가 지은 음식과 농사에 관한 책인 『치생요람(治生要覽)』(17세기)에는 합장(合醬)할 때 더덕과 도라지를 물에 담가 쓴맛을 우려내고 주머니에 담아 항아리에 넣으면 맛이 좋다는 이야기가 나온다. 더덕, 도라지와 함께 시라(蒔蘿), 회향(茴香), 감초(甘草), 파[蔥], 산초[椒]를 장 위에 뿌려주면 향기가 좋다고 하였다. 현재는 간장이나 식초를 공장에서 만들지만 공장에서 대량생산되기 이전에는 모두 집에서 각자 담가 먹었던 식초나 간장에도 도라지를 넣어 효능을 살려 활용하였다.

분류 : 식재료
색인어 : 간장, 고추, 꿀, 산가요록, 석이버섯, 소고기, 소금, 시의전서, 자반, 적, 전복, 죽, 진연·진찬, 파, 해삼
참고문헌 : 허준, 『동의보감·탕액편』; 전순의, 『산가요록』; 작자 미상, 『시의전서』; 작자 미상, 『규곤요람·주식방』; 『진연의궤』; 작자 미상, 『윤씨음식법』; 연안 이씨, 『주식시의』; 최한기, 『농정회요』; 강와, 『치생요람』
필자 : 홍진임

구황식물 도라지

나라에 흉년이 들면 백성들은 산에서 구할 수 있는 푸성귀나 나무의 껍질, 뿌리 등을 캐서 부족한 곡식을 대체하여 연명하였다. 도라지도 다른 뿌리채소들과 함께 구황식물로도 활용되었는데, 국가적인 차원에서 지도가 있었던 것으로 보인다.

『조선왕조실록·세종실록』세종 18년(1436) 8월 25일 기록을 보면 세종은 "『경험진제방(經驗賑濟方)』에 도라지가루 한 숟갈, 잡채(雜菜) 한 줌, 장과 소금 각각 한 숟갈을 타서 이를 달여 먹으면 한 사람의 굶주림을 구제할 수 있으니, 실농(失農)한 각도에 공포하여 시골 백성에게 두루 알리게 하라." 하여 굶주린 백성을 구제하게 하였다. 또 세종 27년(1445) 2월 3일에는 군기부정(軍器副正) 권준(權蹲)으로 경기도 굶주리는 백성을 구제하기 위하여 경차관(敬差官)을 삼고, 인해 시행할 사목(事目)을 내려 주었는데, 그중 "푸성귀는 겨울철에 벌써 다 먹고 지금 해가 긴 때를 당하여 단지 진제장(賑濟場)의 미곡만으로는 필시 굶주린 배를 채울 수가 없을 것인데, 그렇다고 한정이 있는 쌀을 더 주기도 역시 어려우니, 더덕, 도라지 등 산나물을 많이 캐어서 섞어 먹게 할 것이며"라고 하여 흉년이 들어 굶주리는 백성을 위해 더덕이나 도라지를 캐서 쌀과 함께 많이 섞어서 먹을 수 있도록 국가적 차원에서 지도하였다.

조선 중기 강와(强窩: ?-?)가 지은 음식과 농사에 관한 책인 『치생요람(治生要覽)』(17세기)에는 도라지[苦葍]에 대해, 도라지를 짓찧어 가루로 만들어서 곡식가루와 섞어 쪄서 먹는다고 하여, 곡식과 도라지를 함께 먹는 방법을 설명하였다. 곡식에 그냥 썰어 넣어 밥을 한 것이 아니라 가루로 만들어 섞어 쪄서 먹은 것을 보면, 도라지를 오래 저장하기 위한 의도도 있었던 것으로 생각된다.

서명응(徐命膺: 1716-1787)의 『고사신서(攷事新書)』(1771)에는 '도라지[桔梗]'를 먹는 방법에 대해 좀 더 자세히 설명하였다. 도라지[桔梗]를 깨끗이 씻어서 푹 무르게 삶아 주머니에 넣고 물에 담가 밟아 쓴맛이 우러나오게 한 다음, 진흙처럼 짓이겨서 곡식가루와 섞어 찌거나 밥을 지을 때 밥 속에 넣고 익혀서 먹으면 배가 고프지 않은데, 비록 곡식이 없이 먹어도 배가 고프지 않다고 하였다.

분류 : 식재료
참고문헌 : 『조선왕조실록·세종실록』세종 18년(1436) 8월 25일, 세종

27년(1445) 2월 3일; 강와, 『치생요람』; 서명응, 『고사신서』; 최한기, 『농정회요』

필자 : 홍진임

도라지정과

도라지정과는 도라지의 껍질을 벗겨 살짝 데쳐서 조직을 연화시킨 후 설탕물이나 꿀 또는 조청에 조린 것을 말한다. 살짝 데쳐 꿀에 푹 끓여 저장성을 높인 도라지정과는 특유의 효능에 달콤하고, 쫀득한 식감을 더하여 술안주나 다과에 놓이는 간식이었다.

작자 미상의 『윤씨음식법』(1854 추정)에서는 '도랏정과'라 하여 직접 만들어 본 듯한 설명이 되어 있다. '도라지정과는 음식에 쓰는 도라지말고 정과하기 좋은 굵은 도라지를 넓게 저며서 볕에 반만 말려 황청에 향설고 조리듯 하되 도라지가 무르면 뭉개지니 말린 다음에 조려야 한다.'고 하였다.

작자 미상의 『시의전서(是議全書)』(1800년대 말)에서는 '吉梗, 도랏정과'를 설명하면서 좋은 도라지를 삶아 충분히 우려낸 뒤 저며 한 번 삶아 낸 후 연근과 같은 방법으로 한다고 하여 도라지 외에도 여러 가지 재료로 정과를 만들어 먹었던 것을 알 수 있다.

또한 도라지정과는 궁궐의 잔치음식 품목 중 하나였다. 『진연의궤(進宴儀軌)』(1902)에 따르면 '각색정과(各色正果)'를 만들 때 쓰이는 재료로 '연근, 생강, 도라지, 청매당·건포도·문동당(門冬糖)·고한(苽茛), 산사(山査), 꿀' 등이 기록되어 있다.

분류 : 음식

참고문헌 : 『윤씨음식법』; 작자 미상, 『시의전서』; 『진연의궤』

필자 : 홍진임

도마

도마는 음식의 재료가 되는 여러 가지 식품들을 썰고 다지는 데 쓰이는 도구이다. 조선시대 기록에서는 도마(刀馬)라는 한자로 기록되어 있다. 또 조(俎)는 고기를 얹은 도마로 제례에서 희생을 담는 용도로 쓰이는 제기이고, 연회에서 술그릇과 짝지어 준조(樽俎)라고

도마, 높이 6cm, 광복 이후, 국립민속박물관

불리기도 하였다. 도마는 두껍고 단단한 나무판을 잘라 직사각형 모양으로 만드는 것이 일반적이나 원형으로 만들기도 하였다. 대개 도마의 아래쪽에 발이 달려 있으나 그렇지 않은 경우도 있다. 현재의 도마는 두께가 얇아지고 크기도 옛것에 비해 비교적 작아졌으며 그 재질도 합성수지로 만들어진 것이 널리 이용되고 있다.

도마에 관련한 속담들이 전하는데, 예를 들어 '도마에 오른 고기'는 어찌할 수가 없게 된 막다른 처지를 비유적으로 이르는 말이다. 또 '도마 위의 고기가 칼을 무서워하랴'는 속담은 죽음을 이미 각오한 사람이 무엇이 무섭겠냐는 의미이다.

분류 : 미술

색인어 : 가공, 썰기, 다지기, 칼

참고문헌 : 『영조정순왕후가례도감의궤』; 체제공 『번암집』; 한국학중앙연구원, 『한국민족문화대백과사전』; 『한민족역사문화도감 식생활: 국립민속박물관 소장품』(국립민속박물관, 2007)

필자 : 구혜인

도문대작

교산(蛟山) 허균(許筠: 1569-1618)이 1611년 지은 『도문대작(屠門大嚼)』은 조선시대 전국의 대표적인 식재료와 음식에 대해 기록한 것으로 허균의 문집인 『성소부부고(惺所覆瓿藁)』에 수록되어 있다. 『도문대작』이라는 이름은 '도살장 문을 바라보며 씹는다.'라는 뜻으로 유배지에서 여러 음식을 떠올리지만 먹을 수 없는 저자의 상황을 묘사한 제목이다.

이 책에는 허균의 외가인 강릉의 방풍죽을 비롯해 개성의 석이병(石耳餅), 전주의 백산자(白饊子), 안동의

다식 등 각 지방의 유명한 음식과 함께 강릉의 천사리(天賜梨: 하늘배), 제주의 금귤(金橘)과 감귤(甘橘), 보은의 대추 등 각 지방의 특산물이 기록되어 있다.

허균은 조선 중기의 문신으로 아버지는 이 시대 유명한 학자였던 초당(草堂) 허엽(許曄: 1517-1580)이며 여류시인으로 이름이 높은 허난설헌(許蘭雪軒: 1563-1589)은 그의 누이이다. 강릉의 초당두부는 허균의 아버지인 초당 허엽의 호를 따서 이름 붙여진 것으로 알려져 있다. 이에 대해 초당두부가 허엽이 개발한 것이라는 설과 한국전쟁 이후 생계를 잇기 위해 초당동 여성들이 두부를 만들어 팔면서 생겨난 것이라는 설이 있다.

허균, 「성소부부고」, 21.6×13.5cm, 간행년도 미상, 서울대학교 규장각한국학연구원

분류 : 문헌
색인어 : 도문대작, 허균, 두부, 허엽, 방풍죽, 석이병, 백산자, 다식, 감귤, 대추
참고문헌 : 허균 저, 장정룡 역, 『蛟山許筠先生文集(교산허균선생문집)』(강릉시, 2002)
필자 : 서모란

도미

어류학자인 정문기(鄭文基: 1898-1995)는 1939년 6월 6일자 〈동아일보〉에 「조선중요수산물(朝鮮重要水産物)(12) 도미(上)」에서 각 지역별 도미의 명칭을 소개하였다. 그에 따르면, 도미는 예부터 조선에서 매우 귀하게 여겼고 즐겨 먹었던 바닷물고기이다. 주로 잡히는 시기는 바다마다 조금씩 다르지만, 전국적으로 보면 4월부터 11월까지였다. 보통 '도미'라고 부르는 어명(魚名)은 단일 어종을 가리키는 명칭이 아니라 '참돔', '흑돔', '먹돔', '황돔', '붉돔자리', '군평선이' 등의 여러 종류의 도미를 합하여 지칭하는 말인데, 그냥 '도미'라고 하면 대개 '참돔'을 가리킨다. 아울러 지역별로 도미의 명칭이 다른데, 서울에서는 '되미'나 '돔', 강원도 지방에서는 도미 중에서 특별히 큰 것을 '돗되미', 전라남도 거문도 지방에서는 도미 새끼와 '붉돔'을 '상사리', '먹도미'를 '장세'라고 부르고, 전라남도 여수와 순천 지역에서는 '먹돔'을 '흙돔'이나 '감성이(感星魚, 感相魚)', 강원도에서는 '먹돔'을 '감성돔', 먹돔 새끼를 양양에서는 '남정바리', 삼척에서는 '맹이', 경상남도 웅천 지역에서는 '깡냉이'라고 불렀다고 한다.

한편 문헌에 기록된 도미의 명칭은 '道尾魚(도미어)' 또는 '道味魚(도미어)'라고 하였는데, 도미의 한자 명칭은 이공(李公: ?-?)의 『사류박해(事類博解)』에도 보인다. 이에 따르면, 도미는 '厚魚(후어)', '家鷄魚(가계어)'라 하였고, 『물명고(物名攷)』에서는 '禿尾魚(독미어)', 『광재물보(廣才物譜)』에서는 '鯿魚(편어)', '火燒鯿(화소편)'이라 하였다.

도미의 이름에 대해 서유구(徐有榘: 1764-1845)는 『난호어목지(蘭湖漁牧志)』 「어명고(魚名攷)」에서 도미는 서해와 남해는 물론 동해에서도 나는데, 꼬리가 짧고 갈라지지 않은 모양이 가위로 잘라서 뭉툭한 것처럼 생겨서 '독미어(禿尾魚)'라는 이름이 붙은 것이고, 그것이 와전되어 '도미(道尾)'가 되었다고 했다. 또한 색깔이 검은 흑도미(黑道尾)와 붉은 적두도미(赤

낚시에 잡힌 참돔ⓒ하응백

제주의 별미 자리돔구이, 자리돔회, 자리물회, 자리젓ⓒ하응백

제주의 향토음식 각재기(전갱이)국 한상ⓒ하응백

豆道尾)로 나뉘는 도미는 사시사철 있지만, 어부들이 주로 조기를 잡고 난 이후에 잡아 올리기 때문에 서울에는 매년 음력 4월 초파일 전후에 도착한다고 하였다(서유구 저, 이두순 평역, 2015: 159-160쪽).

살이 단단한 도미로는 도미국, 도미구이, 도미찌개, 어장(魚醬), 어만두, 어포(魚脯), 어채, 도미조림, 도미국수, 도미전유어, 도미회 등의 다양한 음식을 만들어 먹었다. 이 가운데 도미국 또는 도미탕을 보면, 유중림(柳重臨: 1705-1771)의 『증보산림경제(增補山林經濟)』에서 순채와 함께 도미국을 끓이면 아주 좋은데, 도미의 깊은 맛은 머리에 있으며 봄과 여름보다는 가을이 더 맛있다고 하였다. 이용기(李用基: 1870-1933)의 『조선무쌍신식요리제법(朝鮮無雙新式料理製法)』(1936)에 나오는 도미국[道尾湯] 역시 맑은 장국에 도미 토막과 쑥갓을 넣어 끓여서 도미와 쑥갓을 초에 찍어 먹는데, 이용기는 이 국에 들어간 도미 머리가 생선 대가리 중에 맛이 제일 맛좋다고 하였다.

분류 : 식재료
색인어 : 조선무쌍신식요리제법, 쑥갓, 조기

참고문헌 : 〈동아일보〉; 작자 미상, 『물명고』; 작자 미상, 『광재물보』; 이공, 『사류박해』; 유중림, 고농서국역총서 6 『증보산림경제 III』(농촌진흥청, 2004); 이용기, 『조선무쌍신식요리제법』(영창서관, 1936); 서유구 저, 이두순 평역, 강우규 도판, 『평역 난호어명고』(수산경제연구원BOOKS·블루&노트, 2015)
필자 : 김혜숙

도소주

옛날 사람들은 새해를 맞이하여 설날 아침에 세주(歲酒)를 마셨는데, 이 술을 도소주(屠蘇酒)라 하였다. 도(屠)는 '잡다', '죽이다'의 뜻이고 소(蘇)는 '사악한 기운'을 의미하므로, 도소주는 '사악한 기운을 잡는 술', 혹은 '악귀를 물리치는 술' 정도로 풀이될 수 있다.

『임원경제지(林園經濟志)』를 쓴 서유구(徐有榘: 1764-1845)는 설날 아침에 도소주를 마시면 전염병과 사악한 기운을 피할 수 있다고 하면서 화타(華陀: 한나라 말기의 전설적인 명의)가 이를 고안했다고 하였다. 홍석모(洪錫謨: 1781-1857) 또한 정초에 사당 제사를 지내고 초백주(椒柏酒)를 마신다고 했던 『월령(月令)』의 기록과 설날에 도소주와 교아당(膠牙餳: 엿기름을 고아 만든 엿)을 올린다고 했던 『형초세시기(荊楚歲時記)』의 기록을 인용하면서, 이것이 세주와 세찬의 시초라고 덧붙였다(『동국세시기(東國歲時記)』). 그러므로 도소주는 설날의 제사의례와 벽사사상이 결합하여 발생한 풍습이라 할 것이다.

그렇다면 설날 아침에 도소주를 마시는 풍습이 언제부터 생겨났을까? 그 정확한 시기는 알 수 없으나, 적어도 이곡(李穀: 1298-1351)이 살았던 고려 후기에는 이러한 풍습을 따랐던 것 같다. 이곡은 1344년에 원나라 도성에서 홀로 설을 맞이하면서 고향에 두고 온 늙은 아버지와 어린 자식을 떠올렸다. 그리고 이어서 사람의 정은 세시를 중히 여기게 마련이므로 도소주를 혼자 마실 수 있겠느냐고 반문한다(『가정집(稼亭集)』). 모르긴 몰라도, 그는 타국에서 여러 사람들을 불러 모아 함께 도소주를 나눠 마시지 않았을까 싶다. 그러면 도소주는 어떻게 만들었을까? 1800년대에 편찬된 『주찬(酒饌)』과 『임원경제지』에는 도소주 만드는 법이 자세히 기록되어 있다. 도소주는 대체로 길경(桔梗)·육계(肉桂)·방풍(防風)·천초(川椒)·백출(白朮) 등의 약재를 청주에 넣어 만든 것으로, 섣달 그믐날 밤에 세모지게 만든 명주 주머니에 이들 약재를 넣어 우물 밑에 매달아놓고, 정월 초하루 아침에 이를 꺼내 술에 넣고 몇 차례 끓이면 도소주가 완성된다. 이를 한 사람이 마시면 한 집에 병이 없고, 한 집이 마시면 한 마을에 병이 없다고 했다. 이처럼, 도소주는 새해 첫날을 맞이하여 사악한 기운을 몰아내고 가족들의 무병장수를 기원하는 의미를 담고 있다 할 것이다.

분류 : 의례
색인어 : 세주(歲酒), 도소주(屠蘇酒), 설날, 무병장수, 화타, 이곡, 주찬, 임원경제지
참고문헌 : 이곡 저, 이상현 역, 『가정집』(한국고전번역원, 2007); 작자 미상, 『주찬』(한국전통지식포탈); 서유구 저, 이효지 외, 『임원경제지』(교문사, 2007); 홍석모 저, 최대림 역, 『동국이상국집』(홍신문화사, 2006)
필자 : 양미경

도소주(마시며 늙음을 한탄하다)

설은 모름지기 봄의 시작이자 양기(陽氣)가 회복되는 시기라 할 만하다. 그리하여 옛 사람들은 설날에 도소주를 마시면서 다가오는 새봄을 기다렸는데, 조선 후기의 문인 윤기(尹愭: 1741-1826)는 『무명자집(無名子集)』에서 "도소주 따른 술잔 손에 잡으니 묵은해는 밤중에 모두 지나가고 새봄이 자정 지나 도래하누나."라며 봄을 맞이하는 설렘을 표현하였다. 다만, 이 때는 봄을 맞이하는 의미에서 술을 데우지 않고 차게 해서 마셨다고 한다(『경도잡지(京都雜誌)』).

그러나 새봄을 맞이하는 일이 누구에게나 즐겁고 설레기만 한 것은 아니었을 터. 특히 설을 맞이하여 나

이를 한 살 더 먹게 된 노년의 선비들의 마음은 복잡다단하였을 것이다. 조선 중기를 살았던 이민구(李敏求: 1589-1670)는 나이 드는 기쁨을 아는 선비였다. 그럼에도 설을 맞아 주막에 도소주를 미리 맞춰놓고 밤새 닭 울기를 기다리면서, 그는 사람들이 늙는 게 두려워 섣달그믐 밤마다 상심하는 모습이 괴이했는데, 어느덧 자신 또한 덧없이 예순 살이나 되었다고 회고하고 있다(『동주집(東州集)』).

새봄을 맞아 설날 아침에 마시는 도소주는 어린아이부터 순서대로 마시는 것이 관례였다. 원래 술은 성인에게 허락되는 것이지만, 도소주는 일 년 동안의 무병장수를 기원하는 의미를 담고 있기 때문에 어린아이에게도 허락되어졌다. 그런데 관례에 따라 어린아이부터 연장자 순으로 도소주를 마시다 보니, 결국 맨 마지막에 남는 이는 나이를 가장 많이 먹은 노인이었다. 그러므로 노인들 입장에서는 도소주를 마시는 일이 결국에는 본인의 늙음을 확인하는 일에 다름 아니었던 셈이다. 이는 노년의 선비들에게 매우 복잡한 상념을 안겨주었던 듯하다. 조선 중기의 문인 심수경(沈守慶: 1516-1599)은 『견한잡록(遣閑雜錄)』에서 자신보다 먼저 도소주를 마시는 사람들이 많은 것을 보면서, "이제는 쇠퇴한 줄 알겠으니 큰 포부를 저버렸다."고 술회하고 있고, 성호 이익(李瀷: 1681-1763) 또한 맨 뒤에 도소주를 마시면서 스스로 가련하다는 감상에 빠져들었다(『성호전집(星湖全集)』). 심지어 정약용(丁若鏞: 1762-1836)은 『다산시문집(茶山詩文集)』에서 인생이 제일 기쁠 때는 도소주를 먼저 마시던 그 때였노라고 회상하였다. '나이 듦'은 누구나 피할 수 없는 것이지만, 또 할 수만 있으면 누구나 피하고 싶은 것이 바로 나이를 먹는 일인가 보다.

분류 : 의례
색인어 : 도소주, 설날, 봄, 노인, 경도잡지, 심수경, 이민구, 이익, 정약용
참고문헌 : 심수경 저, 김재두 역, 『견한잡록』(한국고전번역원, 1971); 이민구 저, 강원모 외 공역, 『동주집』(충남대학교 한자문화연구소, 2015); 이익 저, 이상하 역, 『성호전집』(한국고전번역원, 2007); 윤기 저, 이규필 역, 『무명자집』(성균관대학교 대동문화연구원, 2014); 정약용 저, 양홍렬 역, 『다산시문집』(한국고전번역원, 1994); 유득공 저, 최대림 역, 『경도잡지』(홍신문화사, 2006)
필자 : 양미경

도시락

도시락은 음식을 담아 운반하는 휴대용 용기이다. 주로 점심밥을 넣어 가지고 다니는데 사용하였다. 논이나 밭으로 일하러 나간 사람에게 점심을 챙겨 보내줄 때에는 번상에 밥, 반찬, 술, 안주 등을 차려서 날라다 주었다. 이후 하나의 통에 여러 층의 찬합을 만들고 한번에 나르기 용이하도록 만들어진 도시락이 발달하게 되었다. 간단히 찬과 밥을 담아 휴대할 수 있는 이 도시락은 원래 점심밥을 지칭하는 용어가 되기도 한다.

『논어 옹야(論語 雍也)』에 나오는 '일단사일표음(一簞食一瓢飮)'이라는 구절은 하나의 도시락 밥과 하나의 표주박 물이라는 뜻으로 빈궁한 생활이나 또는 청빈한 선비의 자세를 뜻하기도 하였다.

전근대시기 도시락은 주로 고리버들이나 대오리, 가랑잎, 대나무, 칡덩굴 등으로 만들어졌다. 그러나 이외에도 은기, 자기, 목기 등 다양한 재료로 만든 도시락을 사용하기도 하였다. 원래 도시락은 보온기능을 기대할 수 없었으나 1950년대 국내에 보온도시락이 등장하였고 1980년대부터 보편화되었다. 1956년도 〈동아일보〉 기사에서 '도시락을 가지고 다니는 사라리맨들에게 찬밥 대신 점심에 짐이 무럭무럭나는 다뜻한 점심을 먹을 수 있도록 하는 새로운 도시락'이 일본 동경에서 고안제작되었다고 소개하고 있다. 그리고 이 도시락의 원리는 한국전쟁에서 미군들이 음식을 데우던 작은 연소기를 단 것이라고 하면서 가격이 개당 십 불이라고 소개하고 있다. 1970년대까지 보온도시락의 성능이 낮고 값이 비쌌으나 1980년대부터

도시락, 깊이 30cm, 높이 11cm, 광복 이후, 국립민속박물관

는 점차 스테인리스 보온도시락으로 성능이 개선되어 크게 유행했다.

분류 : 미술
색인어 : 점심, 그릇, 휴대, 밥, 찬
참고문헌 :『논어(論語)』;〈동아일보〉 1956년 10월 23일;〈매일경제〉 1986년 10월 22일;『한민족역사문화도감 식생활: 국립민속박물관 소장품』(국립민속박물관, 2007)
필자 : 구혜인

도토리

도토리는 참나무와 떡갈나무 등의 열매로, 상수리나무 열매인 상수리와는 식물학적으로는 구분된다. 하지만 지금이나 조선시대에나 도토리와 상수리는 일상 속에서 별다른 구분 없이 사용되었다. 이만영(李晩永: 1748-?)이 편찬한『재물보(才物譜)』라는 어휘사전을 보아도, '상실(橡實)'은 우리 말 '샹슈리', '도토리'에 해당한다고 소개하였다. 그 밖의 각종 문헌에서도 상수리와 도토리라는 명칭은 혼용되었고, 실제 생활에서의 쓰임도 비슷하였다. 따라서 상수리와 도토리를 굳이 구분할 필요는 없고, 일단 '도토리' 또는 '상실(橡實)'로 통일해서 보아도 무방할 듯하다.

상수리와 도토리는 구황식이나 일상식의 주된 재료로 쓰였는데, 특히 흉년이 들면 너무나 중요한 식량이었다. 우리 속담에 '도토리는 벌을 내려다보면서 열린다'는 말이 있다. 들판의 곡식이 흉년이면 도토리도 적게 열리고 들판이 풍년이면 도토리도 많이 열린다는 것이다. 풍년이 들면 어차피 도토리의 쓰임이 적은데도 도토리가 많이 열리고, 흉년이 들면 도토리라도 많이 먹고 싶지만 도토리마저 적게 열려 더욱 괴롭다는 뜻이다. 하지만 이 속담은 정반대의 뜻으로도 쓰였다. 도토리가 들판을 내려다보고, 그해 풍년이 들면 많이 안 열리고 흉년이 들 것 같으면 사람들이 굶주리지 않도록 많이 열리니 고맙다는 의미이다. 상반된 상황에서 쓰이지만, 도토리를 먹을거리로 바라보는 사람들의 마음을 엿볼 수 있다.

사실 들판에 풍년이 들거나 작황이 나쁘지 않은 가을

이 되면, 도토리는 그야말로 '개밥의 도토리' 신세나 다름없었다. 먹을 곡식을 막 거둔 상황에서 사람들이 도토리에까지 눈길을 주지 않았기 때문이다. 하지만 미리 구황에 대비하는 이들은 가을에 도토리가 익어 저절로 떨어지면, 부지런히 도토리를 주워다가 저장하였다. 그리하여 우리 속담에 '가을에 떨어지는 도토리는 먼저 먹는 것이 임자다'라는 말이 있었다. 이 말은 가을에 떨어진 도토리처럼 임자가 없는 물건은 누구든 먼저 차지하는 사람이 주인이 된다는 뜻이다.

탄닌 성분 때문에 떫은맛을 제거해야만 식재료로 이용할 수 있는 도토리지만, 그래도 제법 다양한 음식을 만들었다. 현재는 반찬이나 별미로 먹지만 식량이 부족한 시기에는 끼니를 대신하는 주식이었기 때문이다. 그래서 지역에 따라서는 도토리로 밥, 죽, 떡, 국수, 수제비 등을 해 먹기도 하고, 도토리장, 도토리묵, 도토리전, 도토리다식, 도토리술도 해 먹었다. 이 가운데 떡, 죽, 다식, 국수, 전 등과 같은 음식은 도토리가루를 써서 조리한 것이다.

조선시대에 도토리가루를 만드는 방법은 크게 두 가지가 있었고, 이러한 방법은 지금도 크게 다르지 않다. 하나는 이규경(李圭景: 1788-1863)의 『오주연문장전산고(五洲衍文長箋散稿)』에 나오는 방법인데, 도토리 열매의 껍질을 절구에 찧어 벗겨내고, 대강 부순 것을 진한 잿물을 부은 가마솥에서 세 번 정도 푹 삶는다. 그런 다음 도토리를 건져내 맑은 물에 담가두고 떫은맛을 우려내는데, 하루에 세 번 물을 갈아주면서 4, 5일을 둔다. 더 이상 쓰고 떫은맛이 나지 않으면, 물에서 건져 햇볕에 바싹 말린 다음 찧어서 가루를 내되 체에 쳐서 고운 가루를 낸다.

또 하나는 『윤씨음식법』(1854 추정)에 보이는 방법으로, 도토리의 겉껍질을 제거하고 열매를 쪼갠 것을 물에 담가 떫은맛을 우려낸다. 그런 다음 도토리의 속껍질을 벗기고 끓는 물에 데친 후 맷돌로 갈아 녹말을 만들 때처럼 가라앉힌다. 물은 따라내고 가라앉은 앙금을 햇볕에 말린다. 앙금이 다 마르면, 빻아서 체에 친다. 이렇게 만든 도토리가루는 잘 보관했다가, 식량

이 부족하거나 별식을 만들 때에 그때그때 꺼내서 각종 도토리 음식을 만들어 먹었다.

한편 도토리의 떫은맛을 우려내고 물을 부으며 곱게 간 것을 삼베주머니나 체에 거른 다음 가라앉힌 전분을 풀처럼 쑨 다음에 그릇에 담아 굳힌 것이 도토리묵이다. 도토리묵으로는 흔히 무침이나 양념장을 끼얹어 먹지만, 도토리묵밥, 도토리묵나물, 도토리묵전, 도토리묵조림, 도토리묵장아찌, 도토리묵튀김이 여러 지역에서 향토음식으로 전해지고 있다.

분류 : 식재료
색인어 : 메밀, 녹두, 메주(말장), 간장(장), 된장
참고문헌 : 이만영, 『재물보』; 이규경, 『오주연문장전산고』(한국전통지식포탈); 작자 미상, 『윤씨음식법』
필자 : 김혜숙

강계 도토리장

평안도 강계에서 만든 도토리장[橡實醬]은 짜지 않고 맛있기로 유명하였는데, 메주의 크기가 작은 게 특징이다.

이중환(李重煥: 1690-1756)의 『택리지(擇里志)』 「팔도총론」 평안도 부분을 보면, 당시 평안도 북쪽의 강계(江界)는 수목이 하늘을 가릴 정도로 아주 깊은 두메산골이며 산삼이 많이 나서 나라 안에서 삼(蔘)의 고장으로 유명한 곳이었다. 그런데 강계에는 또한 산삼말고도 이름난 것이 있었으니 바로 '상실장(橡實醬)', 즉 도토리를 재료로 하는 '강계장'이었다.

강계의 도토리장은 이규경(李圭景: 1788-1863)의 『오주연문장전산고(五洲衍文長箋散稿)』에서 볼 수 있다. 세상에서 유명한 장이라며 강계장을 소개하고, 장 만드는 법도 설명하였다. 먼저 껍질을 벗긴 도토리를 푹 삶아 쓴맛을 우려낸 다음에 메주콩과 섞어 다시 푹 삶고 절구에 짓찧는다. 그것을 주먹만 하게 메주로 빚고, 메주에 곰팡이를 피운 뒤 바싹 말리고 나서 일반 간장을 담듯이 장을 만드는 방식이다.

한편 1978년부터 1980년까지 조사한 『한국민속종합조사보고서-향토음식 편』에도 옛날부터 유명했다는 강계장이 나온다. 강계장이 맛좋기로 유명했던 이유

강계 전경, 일제 강점기, 국립민속박물관

는 장을 담글 때 쓰는 강계 지방의 물이 부드럽고 단맛이 나며, 메주를 만드는 방법이 특색이 있어서라고 보았다. 메주를 크게 빚는 다른 지방과 달리, 메주를 주먹만 하게 빚어 온돌 아랫목에 꼭꼭 덮어두고 밑에서 올라오는 열로 띄우고 말리는 것이 독특한 강계식이었다. 간장을 달일 때는 엿 달이는 냄새가 나는데, 장이 까맣게 되도록 진하게 달였다. 진하게 달여도 그리 짜지는 않았는데, 강계가 추운 지방이라 장맛이 변할 가능성이 낮아 염도를 많이 높이지 않았기 때문이다. 이와 같이 강계에서 메주를 작게 빚었던 것은 강계처럼 추운 지방에서는 메주의 크기가 작아야 곰팡이도 잘 피고 마르기도 잘 마르기 때문인데, 남쪽 지방처럼 메주를 방 안 선반에다 매달아 발효시키지 않고 따뜻한 아랫목에 묻어서 띄우는 이유도 기후의 영향이라고 할 수 있다.

분류 : 음식
참고문헌 : 이중환,『택리지』; 이규경,『오주연문장전산고』(한국전통지식포탈); 황혜성 외,『한국민속종합조사보고서-향토음식 편』(문화재관리국, 1984)
필자 : 김혜숙

작자 미상, 「돌상」, 8폭 병풍 「평생도」 중 한 폭, 각 64.5×33.5cm, 종이에 채색 , 19세기, 고려대학교 박물관

돌상(「평생도」)

돌상은 아이가 태어난 지 만 1년이 되는 돌을 맞이하여 아이의 건강과 장래를 축하하는 잔치에 차리는 상이다.

전근대시기에는 영아사망률이 높았기 때문에, 태어난 지 만 1년이 되는 돌을 맞이하는 것은 집안의 큰 경사였다. 태어나서 위험한 여러 고비들을 무사히 넘겼음에 감사하고 아이의 장래를 축하하면서 돌상을 차린다.

첫돌에는 각종 떡과 과일을 풍성히 올리고 강정, 약과, 약밥, 고기, 전 등도 차린다. 특히 돌 음식으로 국수, 백설기, 수수팥떡 등 장수와 무병, 부정을 막는 의미의 음식들이 차려진다.

또 돌에는 돌잡이 상이라 하여 아이의 장래를 점치기 위해 여러 물건들을 늘어놓고 아이가 골라잡게 한다. 대체로 쌀, 돈, 책, 붓, 먹, 두루마리 종이, 벼루, 대추, 국수, 떡 등을 놓는다. 여기에 성별을 나눠서 남자아이는 특별히 활과 화살, 장도 등을 더 놓고, 여자아이는 바늘, 인두, 가위, 잣대 등을 추가로 더한다. 이 물건들 중 아이가 잡은 첫 번째와 두 번째 물건으로 아이의 성격, 자질, 수명, 재복, 장래를 점쳐보는데 이를 돌잡이라 한다. 예를 들어 활, 장도를 잡으면 무관이 되고, 실과 국수를 잡으면 장수를 한다고 보았다. 또 대추를 잡으면 자손이 많고, 떡을 먼저 집으면 미련하며, 바늘, 가위, 자, 인두를 먼저 집으면 바느질을 잘할 것이라 보았다.

이 그림은 작자 미상의 「평생도(平生圖)」로 태어나 죽을 때까지 일 중 기념이 될 만한 것을 그린 풍속화의 한 유형이다. 벼슬을 지낸 선비의 평생이 그림으로 그려졌는데 돌잔치, 혼인, 벼슬살이 과정, 회혼례 등 인생의 중요하고 행복한 순간들이다.

그림 속 장면은 돌잔치의 의식 중 돌잡이를 하는 모습이다. 그림 속에는 대청 중앙에 굴레를 쓰고 색동저고리를 입은 돌쟁이가 앉았고 돌상이 놓여 있다. 상 위에는 떡으로 추정되는 고임 음식이 대접에 담겨 상 위에 올려져 있고, 그 주변에 책, 활, 붓 등을 함께 올려 놓았다. 아이는 무엇인가를 잡으려는 듯 손을 뻗고 있는 상태로, 아이의 조부모와 부모를 비롯한 참석자들이 지켜보고 있는 순간의 포착이 흥미롭다.

분류 : 미술
색인어 : 돌, 생일, 평생도
참고문헌 : 한식재단, 한식아카이브 DB; 최성희, 「19세기 평생도 연구」, 『미술사학』, 제16호(한국미술사교육학회, 2002)
필자 : 구혜인

동과문주와 생선문주

1892년(고종 29) 고종(高宗: 재위 1863-1907)이 망오(望五), 즉 41세가 되고 재위한 지 30주년이 된 것을 경축하는 진찬(進饌)을 베풀었다. 고종에게 술과 함께 올린 미수상에는 생선문주(生鮮紋珠)와 동과문주(東苽紋珠, 동아문주)라는 음식이 있었다. 생선이나 동아의 속에 고기, 버섯 등을 소로 하여 넣어 찐 음식으로 이전 연회에서 볼 수 없었다가 이번 연회에 새롭게 등장하였다. 이 음식은 1901년과 1902년 연회 때 미수상에 올려졌다. 특히 동과문주는 1902년 11월 진찬에서 건낭병(建囊餅: 소의 오줌보 요리)을 대신하여 마련된 음식이다.

동과문주의 재료는 동아, 돼지고기, 업진육, 계란, 표고, 소금, 목이버섯, 황화채, 녹말, 참기름, 후춧가루[東瓜(5箇), 猪肉(1脚), 業脂潤(2部), 鷄卵(30箇), 蔈古(5合), 鹽(5合), 木耳(5兩), 黃花(半封), 菉末(2升), 眞油(2升), 胡椒末(1兩)]이다. 1800년대 말에 나온 『시의전서(是議全書)』에 '호박문주법'이 나와 동과문주의 조리법을 짐작해볼 수 있다. '주먹 크기의 애호박을 꼭지 쪽은 깊이 도려내고 속은 대강 긁어낸다. 소고기는 다지고 표고, 석이, 달걀은 채를 쳐서 합하여 양념에 주무르고 호박 속에 넣는다. 꼭지를 다시 맞추고 통으로 찐 다음 초장을 곁들여 낸다. 냄비에 찜처럼 국물이 좀 있게 지져서 술안주로 쓰기도 한다.'고 하였다. 동아문주는 동아의 속을 파서 돼지고기, 업진육, 표고버섯, 목이버섯, 황화채를 소로 하여 넣어 찐 음식으로 짐작된다.

생선문주의 재료는 숭어, 돼지고기, 계란, 목이버섯, 황화채, 표고, 녹말, 참기름, 깨소금, 간장, 후춧가루, 소금, 잣[秀魚(15尾), 猪肉(1脚), 鷄卵(1貼), 木耳(5兩), 黃花(1封), 蔈古(5合), 菉末(3升), 眞油(3升), 實荏子末(3合), 艮醬(1升), 胡椒末(1兩), 鹽(2合), 實栢子(1合)]이다. 정확한 조리법은 알기 어렵지만 동아문주의 조리법과 유사할 것으로 보인다. 주재료가 숭어이니 일종의 숭어찜으로 짐작된다. 숭어의 내장을 빼고 돼지고기, 표고, 목이, 황화채 등을 소로 하여 숭어 속에 넣어 찐 음식으로 여겨진다.

분류 : 음식
색인어 : 문주, 생선문주, 동아문주, 호박문주, 시의전서, 진찬의궤, 진연의궤
참고문헌 : 『[임진]진찬의궤([壬辰]進饌儀軌)』; 『[임인]진연의궤([壬寅]進宴儀軌)』; 『시의전서(是議全書)』; 황혜성 공저, 『한국음식대관 6권-궁중의 식생활』(한국문화재재단, 1997)
필자 : 이소영

동국세시기

『동국세시기(東國歲時記)』는 조선 후기에 홍석모(洪錫謨: 1781-1857)가 저술한 세시풍속서. 책을 완성한 시기는 정확히 알 수 없지만, 책 맨 앞부분에 실린 이자유(李子有: 1786-?)의 서문이 1849년 9월 13일에 쓰인 것으로 보아 그 무렵에 완성되었을 것으로 추정된다. 원래 1책의 필사본으로 전하던 것을 1911년 최남선(崔南善: 1890-1957)이 주도하던 조선광문회(朝鮮光文會)에서 활자본으로 발행하였는데, 그 과정에서『경도잡지』와『열양세시기』를 함께 수록하였다.

홍석모 편집, 최남선 편, 「동국세시기」 표지, 22×15.1cm, 1849년 제작, 1911년 발행, 국립중앙도서관ⓒ장명확

『동국세시기』를 쓴 홍석모는 서울 명문가 집안인 풍산 홍씨(豊山 洪氏) 가문의 자손이다. 부친은 이조판서와 홍문관 제학을 지낸 홍희준(洪羲俊: 1761-1841)이고, 정조의 생모인 혜경궁 홍씨(惠慶宮 洪氏: 1735-1815)와도 고모 조카뻘 되는 사이였다. 이처럼 영향력 있는 집안에서 나고 자란 탓에 홍석모는 1826년에 부친 홍희준을 따라 중국 연경에 다녀올 수 있었다. 연경을 여행하면서 그는 다양한 지역의 풍속을 접하게 되었는데, 이러한 문화적 체험이 훗날 그가『동국세시기』를 저술할 때 조선과 중국의 풍속을 비교 서술할 수 있는 안목을 키워주었던 것으로 보인다.

『동국세시기』는 정월부터 12월까지 열두 달로 구분하여 월별로 절기와 그에 따른 풍속을 적었다. 그런데 상원(上元: 정월 대보름)이나 단오처럼 날짜가 분명한 것들은 모두 별도의 항목을 잡아 서술한 반면, 날짜가 분명치 않은 것들은 월내(月內)라는 항목 안에 몰아서 기술하였다. 또한 각 월별 풍속을 기술할 때에

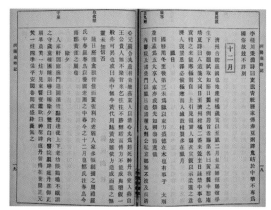

「동국세시기」 본문ⓒ장명확

는 왕실, 양반, 서민의 순으로 실었고, 윤월(潤月)과 관련된 풍속을 정리하여 맨 끝에 수록하였다.

『동국세시기』의 서문을 쓴 이자유에 따르면, 중국은 양나라 시대에 종늠(宗懍)이『형초세시기(荊楚歲時記)』를 쓴 이래로 세시풍속서가 많이 나왔지만 조선에는 아직 한 권도 없으므로 이를 안타깝게 여긴 홍석모가 세시기를 편찬했다고 하였다. 그리고 초나라를 일컫는 '형초'에 빗대어 조선을 의미하는 '동국(東國)'이라는 말을 붙여『동국세시기』라 명명하였다. 따라서『동국세시기』는 '동국'이라는 이름에 걸맞게 서울뿐 아니라 궁한 벽촌의 풍속까지 빠짐없이 수록하려 했고, 바로 이러한 점이 한양 중심의 생활풍습과 세시풍속을 적은『경도잡지』,『열양세시기』와 비교되는 지점이라 할 것이다. 하지만『동국세시기』의 내용을 자세히 살펴보면, 실제로는『경도잡지』에 실린 내용을 상당 부분 그대로 인용하고 있고, 또 조선 풍속과 중국 풍속과의 연관성을 언급하며 조선 세시풍속의 연원을 중국에서 찾으려는 태도를 견지하고 있다는 점에서 한계를 지닌다. 또한 그는 본문에서 조선의 풍속을 설명하면서『동국여지승람(東國輿地勝覽)』의 기록을 자주 언급하였는데,『동국여지승람』이 1530년(중종 25)에 완성된 것을 감안한다면 둘 사이의 시간적 거리는 약 300여 년의 차이가 있다 할 것이다.

그럼에도『동국세시기』는 내용이 방대하면서도 상세하여 가장 대표적인 세시풍속집으로 손꼽힌다. 또한 정월부터 12월까지 절일(節日)에 먹었던 시절음식을

소상히 기록하고 있어서 조선 후기 서울의 세시음식을 연구하는 데 중요한 자료이다.

분류 : 문헌
색인어 : 동국세시기, 홍석모, 세시풍속, 시절음식, 형초세시기, 경도잡지, 열양세시기
참고문헌 : 홍석모, 『동국세시기』; 『조선대세시기 III』(국립민속박물관, 2007); 조성산, 「18세기 후반-19세기 중반 조선(朝鮮) 세시풍속서 서술의 특징과 의의-'중국(中國)' 인식의 문제를 중심으로」, 『조선시대사학보 60』(조선시대사학회, 2012)
필자 : 양미경

동뢰연도(순조와 순원왕후의 혼례상)

국혼(國婚)이란 왕, 왕세자, 왕자, 공주, 옹주, 왕세손 등 왕실의 혼인을 말한다. 국혼은 나라의 큰 경사로 왕실 가례(嘉禮)를 대표한다. 이는 조선왕조의 의궤 중, 가례도감의궤는 가례 중 다른 행사가 아닌 혼례를 의미하는 것을 통해서도 알 수 있다. 왕실의 혼례에는 음식을 비롯한 많은 물자와 인력이 동원되었다.

왕의 혼례는 다음과 같은 순서로 이루어진다. 납채(納采: 청혼서 보내기)·납징(納徵: 결혼 예물 보내기)·고기(告期: 혼인 날짜 잡기)·책비(冊妃: 왕비의 책봉)·친영(親迎: 별궁으로 가 왕비 맞이하기)·동뇌(同牢: 혼인 후의 궁중 잔치)의 순서로 진행된다. 동뢰는 신랑과 신부가 음식을 같이 먹는다는 의미인데, 제사의 희생인 뢰(牢)를 같이 먹어 신랑과 신부가 결합하였음을 보여준다. 동뢰연의 순서는 실내에서 왕과 왕비가 절하는 의식(交拜禮)을 마치고 음식과 입가심 잔(근배)을 세 번 먹고 마신다. 동뢰는 간택부터 이어진 길고도 신중했던 혼례가 성혼으로 완성되는 단계로, 혼례에 참석한 인원들도 함께 술과 음식을 나누고 즐기는 궁중잔치가 열리는데 그 연회를 동뢰연(同牢宴)이라고 한다. 즉 동뢰연은 혼례의 하이라이트라고 할 수 있다.

그림은 1802년(순조 2) 순조와 김조순의 둘째 딸 순원왕후 김씨의 혼례를 기록한 『순조순원왕후가례도감의궤(純祖純元王后嘉禮都監儀軌)』에 실려 있는 동뢰연도이다. 동뢰연도는 동뢰연 장소에 배열된 각종

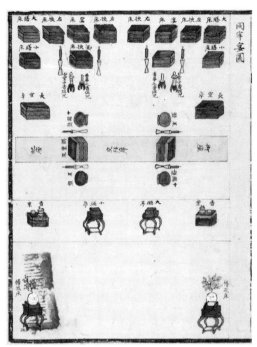

「동뢰연도」, 『[순조순원왕후]가례도감의궤』, 1802년, 서울대학교 규장각한국학연구원

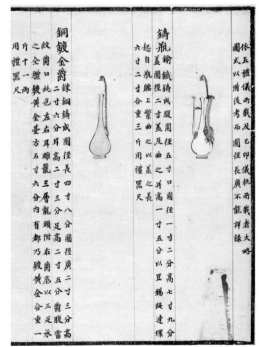

각종 동뢰연 기명, 『[순조순원왕후]가례도감의궤』, 서울대학교 규장각한국학연구원

상, 탁, 촛대, 술항아리(주준), 꽃항아리(화준) 등의 위치를 알기 쉽게 도해하고, 그 옆에 명칭을 적어놓았다. 동뢰연도에는 의궤의 반차도나 진연도와 달리 참

석 인원과 음식은 그려지지 않아, 음식상을 비롯한 동뢰연 공간의 위차(位次)를 기록하는 것에 목적이 있었던 것으로 알 수 있다.

그림을 자세히 살펴보면, 신랑인 순조와 순원왕후가 서게 되는 자리 앞에 찬안상(饌案床)이 놓이고 양측에 촛대와 과반(果盤), 중원반(中圓盤)이 놓인다. 신랑의 우측(신부의 좌측)부터 차례로 장공탁(長空卓), 향(香串之香佐兒)와 옥동자(玉童子香佐兒)가 놓인다. 그 뒷줄로 면협상(面挾床), 소선상(小膳床), 촛대가 놓이고, 그 뒷줄로 우협상(右挾床), 연상(宴床), 좌협상(左挾床), 대선상(大膳床)이 놓인다. 『국혼정례(國婚定例)』에 차려진 상차림에서 연상에 6종(음식의 종류 단위) 32기(그릇의 단위), 좌협상에 10종 34사기, 우협상에 12종 36기, 면협상에 12종 30기, 중원반에 4종 8기, 과반상에 8종 48기 그리고 동뢰연도에는 보이지 않으나 초미상(初味床)에 8종 16기, 이미상(二味床)에 8종 16기, 삼미상(三味床)에 8종 16기 등을 올린다고 기록되어 있어 음식과 그릇의 수가 매우 많았음을 알 수 있다. 동뢰연 중 대선상, 우협상, 좌협상에 오르는 주요 찬품은 유밀과이다. 연구에 따르면 유밀과 17종(중박계, 백산자, 홍산자, 홍마조, 유사마조, 송고마조, 홍망구소, 유사망구소, 백다식, 전단병, 유사미자아, 송고미자아, 백미자아, 적미자아, 첨수, 운빙)과 실과 6종(대추, 황율, 건시자, 실비자, 실진자, 실백자)의 총 23종의 찬품을 신랑과 신부상에 각각 올렸다. 유밀과를 진설하는 방법은 우리에 쌓아올려 상의 화려함을 드러내었다. 또 각각의 면협상에는 주종지 우리(鑄鍾子亐里)에 채소 4기, 어육(魚肉) 4기, 건남(乾南) 4기, 전어육(煎魚肉) 3기를 차렸다. 영외(楹外)에는 신랑 측에 술항아리를 올리는 대주정(大酒亭), 향과 향합을 올리는 향안(香案)이 차려지고 신부 측에도 소주정(小酒亭)과 향안이 차려진다. 이 그림을 통해 당시 순조와 순원왕후의 동뢰연에 차려진 풍성하고 오색찬란한 상차림을 가늠해볼 수 있다.

분류 : 미술
색인어 : 결혼, 혼례, 잔치, 찬안상, 중원반, 협상, 연상, 대선상, 국혼정

례, 유밀과, 주준, 주정, 순조, 순원왕후, 가례도감의궤
참고문헌 :『순조순원왕후가례도감의궤』(국립중앙박물관, 1802); 박문수,『국혼정례(國婚定例)』(서울대학교 규장각); 김상보,「『嘉禮都監儀軌』를 통해서 본 조선왕조 혼례연향음식문화 - 同牢宴 大床을 중심으로-」,『호서고고학』Vol.6,7(호서고고학, 2002); 김상보,『조선조의 혼례음식』,『정신문화연구』Vol.25(한국학중앙연구원 49, 2002)
필자 : 구혜인

동아

동아는 박과에 속하는 일년생 초본식물로 다른 이름으로는 동과(冬瓜)라고도 한다. 덩굴식물로 열매는 연한 녹색의 타원형의 모양을 하고 있다. 전통적으로 많이 사용하던 재료인데, 최근에는 동아가 가지고 있는 여러 가지 효능 때문에 주목을 받고 있는 식재료이다. 동아를 재료로 만드는 음식으로는 동아섞박지, 동아정과, 동아만두, 동아누르미, 동아적, 동아선, 동아장아찌, 동아국, 동아죽, 동아주 등이 있다.

장계향(張桂香: 1598-1680)이 지은『음식디미방[閨壼是議方]』(1670년경)에는 '동아 담는 법'이라 하여 동아를 보관하는 법에 대한 설명이 있다. 동아는 잘 썩기 때문에 겨울을 넘기기까지 보관하기가 어렵다. 9월과 10월 사이에 동아 껍질을 벗기고 적당하게 자른 후에 소금을 충분하게 뿌려서 독에 넣어 보관하였다가 봄이 되면 소금기를 제거한 후 사용하면 된다고 하였다. 또 늙은 동아를 사용하는 음식도 소개하였는데, '동아선'이 그것이다.

동아선은 늙은 동아를 도톰하게 저민 후 살짝 데쳐서 건져 물기를 제거한다. 간장과 기름을 함께 넣고 달인 다음, 삶아 두었던 동아를 넣어 버무린다. 동아를 버무리고 나서 묽어진 간장은 버리고, 다시 달인 간장을 넣어 동아와 버무린 후 다진 생강을 넣는다. 먹을 때 초를 뿌려서 내는데, 3-4일이 지나도 빛깔이 변하지 않고 좋다고 하였다. 달인 간장에 한 번 버무렸다가 간장을 버리고 다시 간장을 넣는 이유는 동아의 물기가 많아서이다. 한 번 데쳐서 사용했지만 그래도 역시 물기가 많기 때문에 이런 방법을 사용하였다.

동아섞박지는 절인 배추와 무 등을 썰어서 젓국에 버

무린 김치로 배추 없이 무나 동아 등의 재료만을 사용하여 만들기도 한다. 9월에서 11월에 수확하는 잘 익은 동아는 서리 맞은 듯 분이 나고 상처 없는 것으로 골라 김치를 담근다. 빙허각 이씨(憑虛閣 李氏: 1759-1824)가 지은 『규합총서(閨閣叢書)』(1809)에는 '동과섞박지' 만드는 법이 나온다. 크고 한 곳도 상하지 않은 서리 맞아 분 빛처럼 된 동아를 가려서, 위를 얇게 도려낸 후 씨와 속은 손을 넣어 말끔히 긁어낸다. 그 속에 좋은 조기 젓국을 가득히 붓고, 청각, 생강, 파, 고추 등을 다 섞어 절구에 찧어 그 속에 넣은 후 뚜껑을 도로 덮고 종이로 틈을 단단히 발라 덥지도 않고, 추워서 얼어버리지 않을 장소에 둔다. 겨울에 열어보면 맑은 국이 가득히 괴어 있는데, 깨끗한 항아리에 쏟고 동아를 썰어 담가두고 먹으면 그 맛이 매우 좋다고 하였다.

1460년 전순의(全循義: ?-?)가 편찬한 『식료찬요(食療纂要)』에는 '동아죽'에 대한 설명이 있다. 소변이 잘 나가지 않으면서 아픈 것을 치료하려 할 때, 동아[冬瓜] 1근을 손질하여 자른 파의 흰 부분 한 움큼과 삼씨 1근을 물에 갈아 즙을 낸 다음 삶아서 죽을 만들고 공복에 먹으라고 하였다.

허준(許浚: 1539-1615)의 『동의보감(東醫寶鑑)·탕액편(湯液篇)』(1610)에서는 '백동과(白冬瓜)'라 하여 동화 즉 동아에 대해 설명하였다. 성질이 약간 차고 맛은 달며 독이 없는데, 삼소(三消; 상소(上消), 중소(中消), 하소(下消)의 세 가지 소갈증)에 주로 쓴다고 하였다. 열이 쌓인 것을 풀고 대소장을 잘 통하게 하고, 단석(丹石: 광물성 약재의 일종)의 독을 누르고 수창(水脹)을 제거하며, 마음이 답답한 것을 멎게 한다고 하였다. 열매가 처음에는 청록색이다가 서리 내린 후에 껍질이 분가루를 바른 것처럼 희게 되어 백동과(白冬瓜)라고 하였다. 그 성질이 차기 때문에 열이 많은 사람이 먹으면 좋지만, 몸이 찬 사람은 먹으면 야윈다고 하였다. 또 같은 이유로 병이 오래되거나 음허 하면 먹지 말아야 한다고 하였다.

분류 : 식재료
색인어 : 간장, 김치, 국·탕, 규합총서, 무, 배추, 생강, 소금, 음식디미방, 죽, 파, 항아리
참고문헌 : 장계향, 『음식디미방』; 빙허각 이씨, 『규합총서』; 전순의, 『식료찬요』; 허준, 『동의보감·탕액편』
필자 : 홍진임

동아정과

정과는 재료를 살짝 데쳐 수분을 제거하고, 꿀이나 설탕과 함께 끓여 말랑하고 쫀득하게 졸여내는 음식으로 무, 생강, 더덕, 사과, 산사 등 여러 가지 재료로 정과를 만들기도 한다.

1450년경 어의 전순의(全循義: ?-?)가 편찬한 『산가요록(山家要錄)』에 '동과전과(冬瓜煎果)'라 하여 동아정과에 대한 설명이 있다. 동아를 조각으로 썰어서 합회(蛤灰: 조개껍질 태운 재)와 섞어 하룻밤 두었다가 재를 씻어내고 꿀을 섞어 조린 다음 다시 새로운 꿀과 섞어서 잘게 썬 생강을 함께 섞어 항아리에 넣어 두고 쓴다고 하였다. 여기서는 동아를 손질할 때 합회를 넣었는데, 이는 조개껍질을 태운 재이다.

1540년경에 김유(金綏: 1491-1555)가 편찬한 『수운잡방(需雲雜方)』에서는 방분(조개가루)을 썼다고 하였지만 결국 조개껍질을 태운 가루이다. 최한기(崔漢綺: 1803-1877)가 편찬한 종합 농업기술서인 『농정회요(農政會要)』(1830년경)에서는 다슬기[蝸]를 태운 재를 사용하였고, 작자 미상의 『윤씨음식법』(1854 추정)에서는 동아정과를 만들 때 나뭇재를 탄 물에 동아를 담가 두었다가 사용하였다. 이런 과정은 동아정과의 품질과 관련이 있는 듯하다.

최근에는 꼬막껍질을 사용하기도 하는데, 꼬막이나 굴의 껍데기를 태워 재로 만든 가루는 '사와가루' 또는 '사회가루'라 부른다. 동아정과를 만들 때 이 사회가루를 사용하는데, 사회가루의 질이 좋아야 동아정과를 만들 수 있다. 사회가루를 만들려면 꼬막이나 굴의 껍데기를 도자기 굽는 가마나 장작불 등의 높은 온도에서 구워서 방망이로 찧어 가루를 만든다. 가루로 빻은 후 물을 조금 뿌리고 깨끗한 가마니로 덮어 두면 꼬막껍데기가 미세한 가루로 변하게 된다.

동아정과를 만들 때 동아의 겉껍질을 벗긴 후 다듬은 동아는 빠른 시간 안에 사회가루에 고루 묻혀야 한다. 그렇지 않으면 한나절만 지나도 완전히 물러져 쓸모가 없게 되기 때문이다. 동아 조각에 물을 뿌리면서 사회가루를 고루 뿌려 동아 조각에 빈틈없이 묻도록 잘 비빈 후 24시간을 재워 두면 사회가루가 굳어져 동아 조각이 돌처럼 딱딱해진다. 시간이 되어 사회가루를 닦아 낸 동아 조각은 푹 삶은 후 물에 4-5일간 담가 우려낸 뒤 정과로 만든다. 사회가루를 활용해 가공한 동아는 빛이 더 하얗고 정과를 만들어도 속이 아삭한 맛이 살아있는 질 좋은 정과가 된다.

분류 : 음식
참고문헌 : 전순의, 『산가요록』; 김유, 『수운잡방』; 최한기, 『농정회요』; 작자 미상, 『윤씨음식법』; 농촌진흥청, 농업과학기술원, 농촌자원개발연구소, 『한국의 전통향토음식 6-전라북도』(교문사, 2008)
필자 : 홍진임

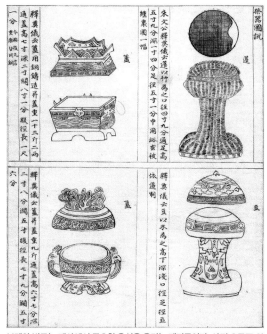

보궤와 변두는 제사에서 중요한 음식을 올리는 제기들이다. 사진 오른쪽 위부터 시계방향으로 변, 두, 궤, 보이다. 『세종실록 오례』, 「제기도설」, 국사편찬위원회

두(제기)

두(豆)는 김치나 젓갈 등 물기가 있는 음식을 담는 용도의 나무로 만든 제기이다. 변(籩)과 한 벌이 되어 신위의 오른편에는 두가 놓이고 왼편에는 같은 수의 변이 놓인다. 변두는 중국 고대부터 사용된 제기의 시원적인 형태로, 『빙례(聘禮)』에서는 제사에 올리는 모

두, 높이 28.3cm, 조선, 국립고궁박물관

든 음식(饌物)은 두에 담는 것이 기본이 된다고 하여 제기 중에서도 핵심이 된다는 사실을 알 수 있다. 이에 제사의 종료를 '철변두(撤籩豆)'라 부르기도 하였다. 또한 변두는 재료가 흔하고 장식이 단순하여 숭상할 만한 질박함을 상징하였으므로 두를 '목두(木豆)'라 하고 변을 '죽변(竹籩)'이라 칭하기도 하였다.

『주례(周禮)』와 『삼례도(三禮圖)』에서는 변에는 마른 음식을 담고, 두에는 젖은 음식을 담는다고 하였다. 두는 변과 마찬가지로 제사의 위계와 성격에 따라 개수가 달랐는데, 종묘대제의 경우 12개의 두를 진설하였다. 『세종실록오례의』의 찬실도설에 의하면 각 두마다 근저(芹菹: 미나리김치)·순저(筍菹: 죽순김치)·비석(脾析: 소의 천엽)·청저(菁菹: 무김치)·구저(韭菹: 부추김치)·토해(兔醢: 토끼고기의 젓)·어해(魚醢: 물고기의 젓)·돈박(豚拍: 돼지의 갈비)·녹해(鹿醢: 사슴고기의 젓)·담해(醓醢: 육장, 肉醬)·이식(酏食: 차기장으로 만든 떡)·삼식(糝食: 쌀가루를 섞어 끓인 국)을 담았다. 그러나 의례서의 음식과 실제 진설되는 음식에는 간극이 존재했다. 왜냐하면 중국 고례의 물산과

조선의 물산이 다르거나 생산 시기가 맞지 않기 때문에, 조선의 실정에 맞게 다른 음식이나 재료로 대용하기도 하였다. 숙종대 기록에서는 『오례의(五禮儀)』가 『주례(周禮)』를 바탕으로 만들었는데, 만드는 옛 방법도 전혀 모르고 재료도 원래 토산이 아니기 때문에 상황에 따라 제사음식을 바꾸어왔다면서, 두에 담는 담해는 무슨 음식인지 자세히 알 수도 없다고 하였다. 조선시대의 두는 송나라 『석전의(釋奠儀)』를 따라 나무로 만들었고 두의 높이, 깊이, 입지름, 바닥지름을 모두 변의 제도와 동일하게 하였다. 즉 두와 변의 높이는 모두 5촌 9푼, 직경은 4촌 9푼이었다.

분류 : 미술
색인어 : 제기, 제수, 변
참고문헌 : 『주례(周禮)』; 『삼례도(三禮圖)』; 『석전의(釋奠儀)』; 『빙례(聘禮)』; 『세종실록오례의 길례서례 찬실도설(世宗實錄五禮儀 吉禮序例 饌室圖說)』; 『숙종실록』
필자 : 구혜인

두릅

두릅은 두릅나무의 어린순을 말하는데 이 어린순이 식용으로 쓰인다. 한의학에서는 두릅나물을 목두채(木頭菜)라고도 한다. 두릅의 어린순은 오래전부터 귀한 산나물로 인지되어 재배하는 농가도 있지만, 자연산 두릅인 참두릅을 더 좋은 산나물로 친다. 두릅은 일반 참두릅과 개두릅으로 나뉜다. 개두릅은 엄나무, 음나무 등으로도 불리며 개두릅순을 엄나물이라고도 한다. 개두릅은 참두릅에 비해 줄기의 가시가 굵고 맛과 향이 두릅순보다 강한 편이다. 한편 두릅은 깊은 산골짜기에서 잘 자라기 때문에 채취하기 어렵다.

18세기 후반 서호수(徐浩修: 1736-1799)가 편찬한 농업기술서인 『해동농서(海東農書)』에는 『증보산림경제(增補山林經濟)』를 인용하여 산기슭에서 자라고 있는 두릅을 초봄에 밭으로 옮겨 심는다고 했다. 그리고 10월 하순에 항아리에 흙을 가득 채우고 두릅 가지를 1자 크기로 잘라서 되는대로 많이 흙에 꽂아 따뜻한 실내에서 따뜻한 물을 자주 주면 가지에서 순이 나

와 겨울철에도 두릅요리를 맛볼 수 있다.

두릅은 일제 강점기에 구황식물로도 등장한다. 1919년에 우에키 호미키[植木秀幹: 1882-1976]가 편찬한 『조선의 구황식물[朝鮮の救荒植物]』에는 두릅이 여러 산에 적지 않게 나기 때문에 눈아(새싹 눈 부위)를 봄철에 데쳐서 나물이나 국, 누름적으로 먹었다고 했다. 또한, 1935년에 코노사카에[兒野榮: ?-?]가 편찬한 『조선의 산열매와 산나물[朝鮮の山果と山菜]』에는 된장을 발라 구운 산적, 파·도라지·소고기를 꿰어 밀가루를 입혀 구운 느름이산적도 맛이 좋다고 한다. 두릅나무의 뿌리는 잘 말려 약용으로 쓰고, 뿌리껍질도 지사제 용도로 아주 좋다고 알려져 있다. 1945년의 하야시 다이지[林泰治: ?-?]가 쓴 『조선의 구황식물과 식용법[朝鮮の救荒植物と其の食用法]』에는 담금요리나 기름볶음, 참깨무침, 초장무침, 청즙(淸汁)을 만들며, 삶아 먹기 위해서라면 단맛을 잃지 않도록 나물로 만들지 않는 것이 좋다고 했다. 또는 날것으로 물에 담가서 쓴맛을 우려내서 무치는 것도 좋다고 한다.

두릅의 식용법은 두릅나물무침, 두릅회 등이 있으며 모두 4월 하순에서 5월 초순까지 나는 어린순으로 한다. 『조선의 구황식물과 식용법』에는 두릅의 어린순

두릅순 ⓒ하응백

을 물에 담가 쓴맛을 뺀 다음 무치는 것이 좋고, 뜨거운 재[灰] 속에 묻어 숨을 죽이면 맛이 더욱 좋아진다고 한다. 두릅나물무침의 조리법으로는 몇 가지가 있는데, 우선 두릅을 살짝 데치거나 삶은 다음 소금, 깨소금, 기름 등으로 버무리는 것이다. 1800년대 말 작자 미상의 『시의전서(是議全書)』에는 두릅나물무침을 할 때 식초에 무친다고 했다. 1934년의 『조선요리법(朝鮮料理法)』에는 두릅나물무침의 양념으로 고추장과 간장, 설탕, 파 등도 넣어 버무린다고 되어 있다. 그리고 두릅은 두릅회로도 많이 먹는데, 『시의전서』에 의하면 두릅을 삶아 건져 껍질을 벗겨 두릅의 머리와 꼬리는 잘라낸 다음 초고추장 양념을 곁들여 먹는다고 한다. 최근까지도 두릅요리로 가장 많이 활용되는 것이 두릅회라고 할 수 있다.

이 밖에도 1957년의 『이조궁정요리통고(李朝宮廷料理通考)』에는 두릅적 만드는 법이 기록되어 있다. 두릅을 삶아서 적당히 잘라 간장, 훗춧가루, 깨소금, 참기름, 파, 마늘 등의 양념에 무치고 소고기도 양념에 재어 이 둘을 꼬챙이에 번갈아가며 꿰어 기름에 지진다. 『조선요리법』에도 두릅전유어법이 나와 있는데 그 내용이 크게 다르지 않다.

분류 : 식재료
색인어 : 시의전서, 조선요리법, 이조궁정요리통고
참고문헌 : 서호수, 『해동농서(海東農書)』; 우에키 호미키, 『조선의 구황식물[朝鮮の救荒植物]』; 코노사카에, 『조선의 산열매와 산나물[朝鮮の山果と山菜]』; 하야시 다이지, 『조선의 구황식물과 식용법[朝鮮の救荒植物と其の食用法]』, 『시의전서』; 『조선요리법(朝鮮料理法)』; 한희순 외, 『이조궁정요리통고(李朝宮廷料理通考)』
필자 : 박선미

두릅나물(한운성)

풀과 같은 형상에 죽순처럼 자라나니
시골밥상의 풍미가 문득 빛이 나누나
따서 오니 완전 사슴의 뿔이 빠진 듯
먹어보니 도리어 곰취보다 낫다네
마디에 복숭아꽃 붙었기에 은자가 배불리 먹고
노래로 약효를 전하니 늙은 의원이 용하다네
입안에서 씹노라면 음악소리 울리는데

322

문득 남은 인생에 고기 맛을 잊겠구나
寄草其形早筍長　野盤風物忽生光
摘取渾如麋角解　喫來還勝馬蹄香
節值桃花高士飽　歌傳藥性老醫良
口中嚼出宮商響　頓覺殘年肉味忘

*한운성, 「두릅나물[木頭菜]」

한운성(韓運聖: 1802-1863)은 본관이 청주(淸州)고 자는 문오(文五), 호는 입헌(立軒)이다. 벼슬에 나아가지 않았고 문집 『입헌문집(立軒文集)』을 남겼다. 이 작품에서 먼저 두릅이 풀처럼 돋아나 죽순처럼 자란다고 하고 사슴뿔의 형상에 다시 비유한 다음 그 맛이 곰취보다 낫다고 하였다. 두릅이 복숭아꽃처럼 마디에 붙어 있으니 복숭아 꽃잎이 떠내려 오는 무릉도원(武陵桃源)의 은자로 살 만하고, 약성이 의서에서 기록되어 의원들이 활용한다고 하였다.

이 시에서 한운성은 두릅을 먹고 고기 맛을 잊겠다고 하여, 두릅이 고기만큼이나 맛나다고 하였다. 그런데 두릅 자체에서 고기 맛을 느끼기도 하였다. 심육(沈錥: 1685-1753)은 「고산 사람 구석관 군이 두릅 한 광주리를 부쳐 보냈는데, 병 끝에 입안에 청신한 기운이 생겨나기에 한 운으로 읊조려 기록한다[高山人具君碩寬, 寄來木頭菜一筐, 病餘齒牙頓生淸新之氣, 仍詠一韻以識之]」에서 "원래 생선과 나물은 강과 산처럼 다른데, 두 가지 다른 맛 어찌 한 소반 위에 올랐나. 오늘 아침 이렇게 두 가지 맛을 자랑하고서, 먹고 나자 도리어 시골사람 얼굴이 펴지네[由來魚菜異江山 二味那緣上一盤 却詑今朝兼得此 喫來還解野夫顏]."라 하였다. 두릅이 향이 아름답거니와 고기 맛이 나기에 심육은 두릅이 생선과 나물을 겸한 것이라 하고 이를 먹고 나니 얼굴에 웃음꽃이 핀다고 한 것이다.

그뿐 아니다. 두릅은 시인묵객이 먹어야 할 맑은 식재료였다. 권두경(權斗經: 1654-1725)은 두릅을 먹고서 "늙은 아내 소반에 들고 오니, 시인의 주린 창자를 채울 만하네. 김치로 담으면 심한 숙취가 해소되고, 파에 버무리면 그윽한 맛이 더한다네[案從老眉齊 味充

詩腸餒 作葅煩醒醒 和葱幽致倍]."라 하였다. 시인의 마음을 맑게 하고 묵은 술기운까지 없애주며 파에 버무리면 더욱 맛이 좋다고 하였다. 시서화(詩書畵)에 일가를 이룬 신위(申緯: 1769-1845)도 두릅을 두고 "비리고 비린 맛 시서(詩書) 읽는 배를 상하게 할까 겁나는데, 매운 날것이야말로 죽석(竹石) 같은 창자에 딱 맞다네[腥葷恐敗詩書腹 生辣偏宜竹石腸]."라 하였다.

분류 : 문학
색인어 : 두릅, 한운성, 심육, 권두경, 신위
참고문헌 : 한운성,『입헌문집』; 심육,『저촌유고』; 권두경,『창설재집』; 신위,『경수당전집』
필자 : 이종묵

두릅회(「역마」)

성기가 좋아하는 여러 가지 산나물이 화갯골에서 연달아 자꾸 내려오는 이른 여름의 어느 장날 아침이었다. 두릅회에 막걸리 한 사발을 쭉 들이켜고 난 성기는 옥화에게,

"어머니, 나 엿판 하나만 맞춰줘."

하였다.

"……"

(중략)

그의 발 앞에는, 물과 함께 갈리어 길도 세 갈래로 나 있었으나, 화갯골 쪽엔 처음부터 등을 지고 있었고, 동남으로 난 길은 하동, 서남으로 난 길이 구례, 작년 이맘때도 지나 그녀가 울음 섞인 하직을 남기고 체장수 영감과 함께 넘어간 산모롱이 고갯길은 퍼붓는 햇빛 속에 지금도 환히 장터 위를 굽이 돌아 구례 쪽을 향했으나, 성기는 한참 뒤 몸을 돌렸다. 그리하여 그의 발은 구례 쪽을 등지고 하동 쪽을 향해 천천히 옮겨졌다.

한 걸음 한 걸음 발을 옮겨놓을수록 그의 마음은 한결 가벼워져, 멀리 버드나무 사이에서 그의 뒷모양을 바라보고 서 있을 어머니의 주막이 그의 시야에서 완전히 사라져갈 무렵 하여서는, 육자배기 가락으로 제법 콧노래까지 흥얼거리며 가고 있는 것이었다.

1948년에 발표된 김동리의 단편소설이다. 김동리(金東里: 1913-1995)는 반근대주의의 입장에서 우리 현대소설사를 주도해온 소설가이자 비평가이며, 서라벌예술대학과 중앙대학교 문예창작과 교수로서 한국 현대문학사를 빛낸 많은 문인을 길러 낸 교육자이다. 1930년대부터 사회주의에 바탕을 둔 진보적 문학 진영에 비평과 창작으로 맞섰다. 대표작에 「무녀도」, 「황토기」, 「역마」, 「등신불」 등의 단편과 『을화』등의 장편, 평론집 『문학과 인간』 등이 있다.

「역마」의 무대는 화개장터이다. 김동리는 1940년과 1942년 두 번에 걸쳐 화개에 들렀다. 처음은 쌍계사 앞 동네에서 양조장을 경영하는 문학청년 김종택의 초대를 받아 가벼운 마음으로 찾은 소풍이었지만 두 번째는 징용을 피해 숨어든 도피였다. 두 번째 방문 때 김동리는 약 6개월 가까이 화개에서 머물렀다. 이 두 번의 화개 경험을 바탕으로 그는 여러 편의 소설을 썼다. 「역마」를 비롯하여 「염주」, 「당고개 무당」, 「당고개 무당」을 개작한 미완의 장편(제목이 없는 채 원고 상태로 전해짐) 등이 그것인데, 이 가운데 가장 뛰어난 작품은 물론 「역마」이다.

김동리는 「역마」를 각색하여 만든 영화에 대해 쓴 수필 「원작과 영화」에서 「역마」의 창작 동기가 '한이 서린 듯한' '화개장터의 정조(情調)'라고 하였다. 구례, 하동, 지리산 쪽의 세 갈래로 길이 나 있고 물도 길 따라 세 갈래로 흐르고 있으며, 장이 서므로 수많은 장돌림이 모여들었다 흩어지는 곳이니 이별이 잦을 수밖에 없는 곳, "그렇다면 화개장터 같은 고장에 태어난 사람은 강한 역마살을 타고 난다고 볼 수 있지 않을까"라는 생각을 하게 되었고, 그런 역마살을 다루어보고자 한 것이 창작 동기라는 것이다.

김동리가 밝힌 창작 동기대로 「역마」는 이별의 공간인 화개장터에 사는 사람들의, 이별에서 비롯된 한과 운명으로서의 역마살을 다룬 소설이다. 그렇다면 이 같은 한과 운명으로서의 역마살에는 어떻게 대처해야 하는가? 「역마」는 참고 견디며 기다리는 것이 이런 한에 대처하는 바람직한 태도이고, 역마살이 운명이라

면 그것에 맞서지 말고 순응하는 것이 바람직한 태도라고 이야기한다. 작품 마지막, 엿판을 메고 역마의 길에 오르는 주인공의 새로운 출발이 이를 잘 보여준다. 김동리는 수필 「화갯골의 물고기 회」에서 "우리는 이 화갯골에서 잡아내는 은어, 붕어, 껄떼기 따위를 사서 회를 치게 하고, 마늘, 풋고추를 알맞게 다져 넣은 초고추장에다 막걸리를 먹었는데, 지금 생각하면 꿈같기만 하다. 아, 그 물고기 회 맛, 그 막걸리 맛"이라 하여 두 번의 화개 체험에서 맛본 물고기 회와 막걸리 맛을 그리워하였다. 「역마」에서는 물고기 회 대신에 두릅회를 두었는데, 막걸리와 함께 화갯골의 청명한 자연이 기르고 빚은 맛이니 같은 것이라 해야 할 것이다. 그 맛있는 먹을거리가 절망하여 죽음의 문턱에까지 이르렀던 주인공 성기에게 힘을 불어넣어 새로운 삶의 길을 떠나게 하였으리라.

분류 : 문학
색인어 : 역마, 김동리, 두릅회, 막걸리, 화개장터
참고문헌 : 김윤식, 『김동리와 그의 시대』(민음사, 1995); 정호웅, 「김동리 소설과 화개」(문학교육학, 2009)
필자 : 정호웅

두부

두부(豆腐)는 콩으로 만든 대표적인 식품으로 불려서 간 콩을 짜내 콩물을 받은 다음 그 콩물을 끓인 뒤 간수를 넣어 엉긴 건더기를 단단하게 굳힌 것이다.

조선시대의 두부는 중요한 제물(祭物)중 하나였다. 때문에 나라에서 지내는 제사 때 사용할 두부를 만드는 절인 조포사(造泡寺)를 따로 두기도 하였다.

두부는 한자로 泡(포)라고 하였으며 콩 두(豆)자를 붙여 두포(豆泡)라고 하였다. 다른 명칭으로는 '콩으로 만든 젖이라는 뜻'의 숙유(菽乳)와 유두(乳豆)가 있다. 정약용(丁若鏞: 1762-1836)의 『다산시문집(茶山詩文集)』의 「한암자숙도(寒菴煮菽圖)」라는 시에는 산중에 눈 속에서 상아(桑鵝: 뽕나무 버섯)와 숙유(菽乳), 즉 콩의 젖을 먹는다는 구절이 나오는데, 여기서 숙유가 바로 두부를 뜻한다. 같은 저자가 쓴 『목민심서(牧民心書)』율기(律己), 절용(節用)에 왕서(王恕: 1416년-1508)의 검소함을 나타내는 식재료 중에 유두(乳豆)라는 음식이 나오는데, 글 말미에 '유두란 두부[乳豆者, 豆腐也]'라는 내용을 덧붙였다. 이를 통해 유두가 두부의 이칭임을 확인할 수 있다.

두부의 기원에 대한 이야기는 중국 한나라(B.C. 202-A.D. 220)때 회남왕(淮南王) 류안(劉安: B.C. 179-B.C. 122)이 처음 만들었다는 설이 있다. 이 이야기는 원 출처를 분명하게 밝히지 않은 채 서명응(徐命膺: 1716-1787)의 『고사십이집(攷事十二集)』등의 18세기 농서에 등장한다.

그러나 한나라 시기에 유안이 두부를 처음 만들었다는 것은 잘못된 이야기라는 지적이 있다. 유안의 두부에 관한 이야기가 처음 나오는 문헌은 송나라(960-1279) 시기 『청이록(淸異錄)』인데, 두부가 정말 한나라 때 처음 만들어 진 것이라면 그때부터 송나라 때까지 두부나 이와 비슷한 음식이 문헌에 등장해야 하는데 그렇지 않다는 것이다. 더불어 두부의 단백질을 응고시키는 기술도 1,000여 년 전에 발명하기는 어려운 기술이었다는 점도 근거로 들었다. 또한, 두부는 중원의 북쪽에 사는 유목민이 우유를 발효, 응고시켜 치즈와 같은 음식을 만드는 것을 보고 만들었을 것이며, 이를 토대로 두부의 탄생은 당나라(618-907) 시기 이후일 것으로 보았다(주영하, 2009).

한편, 두부를 많이 먹어서 생겨서 생기는 병에 대한 처방은 1766년 유중림(柳重臨: 1705-1771)의 『증보산림경제(增補山林經濟)』에서 확인할 수 있다. 두부를 너무 많이 먹어서 기(氣)가 막혀 죽게 되었을 경우에는 새로 길어온 물을 많이 먹이거나 무즙이나 행인(杏仁)을 달여 먹으면 낫는다고 하였다.

두부의 제조법이나 맛에 대한 내용은 여러 문헌에서 찾아볼 수 있다. 허균(許筠:1569-1618)은 『도문대작(屠門大嚼)』에서 두부는 장의문 밖의 사람들이 잘 만드는데 말할 수 없이 연하다고 하였다.

1924년 출판된 이용기(李用基: 1870-1933)의 『조선무쌍신식요리제법(朝鮮無雙新式料理製法)』에서는 두부 만드는 법[造豆腐法: 조두부법]에서 상당 부분을 할애하여 두부 제조시의 비위생적인 면을 지적하고 있다. 시골에서 만드는 것은 간수를 많이 치기 때문에 색상도 좋지 않고 단단하다고 하였고 서울에서 만드는 두부는 뚜껑을 덮지 않은 상태로 등겨를 풀무에 피워 때기 때문에 재가 많이 들어간다고 하였다. 또, 두부를 팔 때도 비위생적인 환경에 노출된다고 지적하였다.

두부는 그대로도 먹을 수 있지만 국, 찌개, 전골, 조림, 구이, 부침, 찜 등 다양한 요리에 활용하였다. 두부는 값이 싸고 영양이 풍부한 음식의 대명사처럼 여겨졌기 때문에 두부를 많이 먹도록 권장하기도 하였다. 1932년 〈동아일보〉의 기사에서는 가정 예산을 절감하기 위한 방법을 소개하면서 '값비싼 것만 취하지 말고 두부나 무 같은 것을 먹도록' 권유하고 있다. 두부로 여러 요리를 만들어 먹으면 건강에도 좋고 가정경제상에도 좋은 일이라는 것이다(〈동아일보〉 1932년 4월 7일자). 때문에 두부를 다루는 방법이나 두부 요리에 대한 내용의 기사가 신문에 자주 실렸다. 〈매일신보〉의 1940년 기사에서는 식재료로서 두부를 다루는 방법에 대한 기사가 나타났는데 두부는 헤지기(부서지기) 쉬우므로 요리하기 전에 소금물에 20분 정도 담가 단단하게 만들어야 한다고 하였다. 또 지질 때는 한번 데친 후에 지져야 맛이 있고 너무 오래 익히면

두부전골ⓒ수원문화재단

맛이 떨어진다고 하였다. 두부를 썰 때는 대나무 칼이 좋다고 하였다(〈매일신보〉 1940년 2월 24일자). 한편, 1952년 〈경향신문〉에는 16년 동안 밥은 먹지 않고 두부만 먹고 살아온 소녀를 취재하여 절미운동의 모범적인 사례로 소개하는 기사가 실리기도 했다(〈경향신문〉 1952년 5월 19일자).

두부에 관한 속담으로는 '두부 먹다 이 빠진다'라는 말이 있는데, 운이 좋지 않은 사람의 경우 나쁜 일이 일어나지 않을 상황에서도 나쁜 일이 벌어진다는 뜻이다. '칼로 두부모를 자르듯 하다'라는 속담은 맺고 끊음이 정확한 상황을 비유적으로 표현하는 말이다.

분류 : 음식
색인어 : 콩, 제사음식, 도문대작, 조선무쌍신식요리제법
참고문헌 : 강릉시, 『蛟山許筠先生文集』(2002); 정약용 저, 임정기 역, 「한암자숙도」, 『다산시문집』(한국고전번역원, 1994); 정약용 저, 이정섭 역, 「절용(節用)」, 『목민심서』(한국고전번역원, 1986); 서명응, 『고사십이집』; 이용기, 『조선무쌍신식요리제법』(영창서관, 1924); 주영하, 『차폰 잔폰 짬뽕』(사계절, 2009); 「실행하여야 할 가정예산생활 二」, 〈동아일보〉 1932년 4월 7일; 「家庭-두부-요리하는법」, 〈매일신보〉 1940년 2월 24일; 「奇異(기이)한少女出現(소녀출현) 十六年間(십육년간)을豆腐(두부)만먹고」, 〈경향신문〉 1952년 5월 19일
필자 : 서모란

강릉초당두부

강릉초당두부는 강원도 강릉 지역의 향토음식으로 간수 대신 바닷물을 사용해 두부를 엉기게 만드는 것이 특징이다. 간수 대신에 바닷물을 사용하는 것 외에는 일반 두부 만드는 방법과 같은 방법으로 만든다.

초당두부는 형태에 따라 모두부와 초두부로 구분하는데 틀에 넣어 물기를 빼고 굳혀서 내면 모두부, 엉긴 두부를 그대로 떠서 내면 초두부라고 부른다. 초두부는 순두부를 뜻한다.

강릉초당두부의 이름의 초당은 『홍길동』과 『도문대작』의 저자인 허균(許筠:1569-1618)과 여류시인 허난설헌(許蘭雪軒: 1563-1589)의 아버지이자 삼척부사를 지냈던 허엽(許曄: 1517-1580)의 호를 딴 것이다.

강릉초당두부의 유래에 대해서는 초당 허엽이 관청 앞마당의 샘물과 강릉의 바닷물로 직접 두부를 만들었던 것이 시초라는 이야기가 정설처럼 전해져 온다.

그러나 두부 만들기는 고된 노동이 필요한 작업인데다 음식을 만드는 일 자체를 천한 일로 여겼던 조선시대에 양반 관리가 두부를 직접 만들었을 리가 없다는 해석도 있다.

또한 초당두부가 적어도 조선시대부터 역사를 가지려면 최소 한 개 정도의 문헌이라도 증거가 있어야 하는데 아직까지 허엽과 두부에 관한 이야기가 나오는 조선시대 문헌은 나오지 않았다. 아들인 허균은 아버지 허엽의 사후인 1611년경『도문대작(屠門大嚼)』을 썼다고 알려져 있는데, 이 글의 내용에서 방풍, 하늘 배[天賜梨: 천사리], 붕어[鯽魚: 즉어], 여항어(餘項魚) 등 강릉의 산물에 대해서 적고 있는 반면 강릉 지역의 두부에 관한 내용은 없다. 오히려 두부는 서울 장의문(藏義門) 밖 사람들이 잘 만든다고 하였다.

현재 강원도 강릉시 초당동 일대에는 초당두부로 만든 요리를 판매하는 음식점이 모여 있는 '초당두부마을'이 조성되어 있다. 1990년대에 전국 각지의 음식점을 소개하는 글을 썼던 홍성유(洪性裕: 1928-2002)에 따르면 예전에는 초당동 주민의 1/3이 아침마다 바닷물을 길어 두부를 만들었지만 1990년대 초, 중반인 당시에는 몇 집만 남아 명맥을 잇고 있다고 하였다. 초당두부마을 홈페이지에 따르면 최근에는 15개 정도의 업소가 영업 중이다.

분류 : 음식
참고문헌 : 허균,『도문대작』; 홍성유,『한국 맛있는 집 999점 1』(문학수첩, 1994); 농촌진흥청,『한국의 전통향토음식 3-강원도』(교문사, 2008); 농촌진흥청,『전통 향토음식 용어사전』(교문사, 2010), 초당두부마을 홈페이지
필자 : 서모란

두부(이서우)

콩밥이 쌀밥에 견주기 어려운데
누가 엿 고는 듯 교묘한 솜씨 익혔던가?
진하게 갈아 즙을 만들어 찌꺼기 없애고
푹 삶아 소금 치고 나니 향이 그윽하네
자루 안에 눌러놓아 하얀 타락처럼 엉기니
칼로 잘라놓으니 네모난 백옥 같다네
다시 꿩고기까지 있어 입맛을 돋우니
구워도 먹고 탕으로도 끓여 먹어보세
飯菽難將比稻梁 誰能巧巧學飴糖
磨濃作汁仍除滓 烹爛調塩始發香
囊中壓出凝酥白 刀下分成軟玉方
更有華蟲來助味 勸君宜炙又宜湯

*이서우,「두부(豆腐)」

이서우(李瑞雨: 1633-1709)는 본관이 우계(羽溪)고 자는 윤보(潤甫), 호는 송곡(松谷)이며 벼슬은 관찰사를 지냈다. 남인 시단을 대표하는 시인으로 명성이 높으며 문집『송곡집(松谷集)』이 전한다. 이 작품은 두부를 두고 읊은 칠언율시다. 맷돌에 콩을 갈고 그 즙을 간수로 응결시켜 두부를 만드는 과정을 한 편의 시에 담았다. 그리고 구워 먹어도 좋고 찌개로 끓여 먹어도 좋다고 하였다. 아마도 아내에게 한 말인 듯하다.

두부는 두포(豆泡), 연포(軟泡), 조포(造泡), 숙유(菽乳) 등 여러 가지 표기로 고려시대부터 자주 보인다. 고려 말의 문인 이색(李穡: 1328-1396)의「새벽에 읊조리다[曉吟]」에서 "기름에 구운 두부 잘라 찌개를 끓이는데, 다시 흰 파를 넣어 향긋하게 한다네[腐油煎切作羹 更將蔥白助芳馨]."라 한 대로 구운 두부를 찌개로 끓여 먹었음을 알 수 있다.

정약용(丁若鏞: 1762-1836)도 두부찌개를 무척 좋아하였다.「한암자숙도(寒菴煮菽圖)」가 벗들과 절간에서 두부찌개를 먹는 그림에 쓴 작품이거니와「절에서 밤에 두부찌개를 끓이다[寺夜鬻菽乳]」라는 장편의 시를 지어 두부찌개를 먹는 즐거움을 노래하였다. "다섯 집에서 닭 한 마리씩 추렴하고, 콩 갈아 두부 만들어 바구니에 담았네. 주사위처럼 끊어내니 네모반 듯한데, 손가락 길이만큼 짚에다 꿰었지. 상황버섯 송이버섯 이것저것 섞어 넣고, 후추와 석이버섯 넣어 향긋하게 버무렸지. 스님이 살생을 꺼려 손대려고 않는지라, 젊은이들 소매 걷고 직접 고기를 썰었지. 다리 없는 솥에 담고 장작불을 지피니, 거품이 끓어서 부글부글 하더니만. 큰 사발에 한 번 포식하니 제각기 마

음이 흡족하니, 크지 않은 배인지라 욕심 적어 쉽게 채운다네[五家之釀家一鷄 壓菽爲乳筠籠提 切乳如骰方中矩 串用茅鍼長指齊 桑鵝松簞錯相入 胡椒石耳芬作薤 苾蒭戒殺不肯執 諸郞希饌親聶刲 折脚鐺底榾柮火 沫餑沸起紛高低 大碗一飽各滿志 齷腹易充非壑谿]."라 하였다. 닭고기와 함께 갖은 버섯을 넣어 끓인 두부찌개의 맛이 그의 시를 통해 오롯이 전해진다.

분류 : 문학
색인어 : 두부찌개, 이서우, 이색, 정약용
참고문헌 : 이서우,『송곡집』; 이색,『목은집』; 정약용,『여유당전서』; 이종묵,『한시마중』(태학사, 2012)
필자 : 이종묵

두부(1451년 간수 논쟁)

두부를 만드는 데 있어서 가장 핵심적인 기술은 콩을 갈아 만든 두유(豆乳)에 응고제를 넣어 응고시키는 것이다. 최근 두부를 공장에서 만들면서 다양한 응고제가 사용되기도 하지만 오랫동안 두부를 만들기 위해 넣은 응고제는 소금에서 빠져나온 액체인 간수(艮水)를 주로 썼다.

조선 초기에도 간수는 두부 제조를 위한 응고제로 쓰였는데 1451년 대호군 정효강이 문종에게 제향에 쓰이거나 공상하여 올라오는 두부를 만들 때 간수를 쓰지 말 것을 주장하는 상소를 올렸다. 그러면서 정효강은 간수 대신에 산수(酸水)를 쓰자고 했다. 산수가 무엇인지 정확히 알 수는 없으나 산미(酸味)가 강한 액체로 단백질을 응고시킬 수 있었으리라 추정된다.

정효강이 간수를 쓰지 말자고 한 이유는 간수가 깨끗하지 못한 재료라고 여겼기 때문이다. 간수는 소금에서 얻어지는 부산물인데 정효강이 보기에는 소금을 만드는 방식이 깨끗하지 않기 때문이다. 식민지시기 대규모 천일염전이 등장하기 전까지 조선에서 생산되는 대부분의 소금은 자염(煮鹽)방식으로 만들어졌다. 자염은 갯벌이 넓은 서남해안 일대에서 행해지던 방식으로 해수면이 가장 낮은 조금 때에 갯벌을 소를 이용해 간 후 다른 과정을 더 거쳐서 염도가 매우

두부선ⓒ수원문화재단

높은 함수(鹹水)를 얻은 후 그것을 끓여서 소금을 얻는 방식이다. 이 과정 속에서 정효강은 갯벌을 갈 때 소를 이용하는데 이 소가 갯벌 위에 똥오줌을 눌 것이고 결국 더러운 갯벌흙을 가지고 함수를 얻는 것이므로 깨끗하지 않다는 논리를 편 것이다.

상소를 받은 문종은 여러 신하들을 불러 두부를 응고할 때 어떤 재료를 쓰냐고 물었다. 신하들도 역시 간수를 써 응고시킨다고 하니 문종이 간수가 깨끗하지 않으므로 두부를 만드는 데 쓸 수 없다고 말했다. 하지만 실제로 간수 대신 정효강의 말대로 산수를 썼는지는 알 수 없다. 이 사건을 기록한 사관이 정효강이 재주도 없고 행실도 바르지 못하면서 당시 사대부들에겐 금기시되었던 불교까지 좋아한다고 평하면서 이 상소를 올린 이유도 진급하기 위한 기회를 만들기 위해서라고 비판했다.

분류 : 음식
색인어 : 두부, 간수, 산수, 자염, 정효강, 문종실록
참고문헌 : 『문종실록』; 장지현,『한국 전래 대두이용 음식의 조리·가공사적 연구』(수학사, 1993); 국립민속박물관『한국세시풍속사전』
필자 : 이민재

두부김치

근대 시기 두부김치는 현재의 두부김치와는 다른 음식이다. 일제 강점기 요리연구가로 활동하던 홍선표(洪選杓: 1872-?)는 1940년 『조선요리학(朝鮮料理學)』에서 두부의 다양한 쓰임새를 열거하면서 '두부김치'라는 음식을 예로 들었다. 홍선표의 두부김치는

현대의 두부김치와는 전혀 다른 음식으로 통김치를 썰어 생두부와 함께 주물러 으깨놓은 음식이다.

현대의 두부김치는 기름에 볶은 김치에 두부를 곁들여 한 접시에 내는 음식이다. 김치를 볶을 때 돼지고기 등을 넣어 만들기도 하며, 김치만 식용유에 볶아 만들기도 한다.

'두부김치'라는 단순한 음식 용어는 이 음식을 설명하기에 부족한 면이 있다. 국립국어원의 『표준국어대사전』을 비롯한 국어사전에서는 두부김치의 정의를 찾아볼 수 없다. 다만, '두부와 볶은 김치(Bean Curd with Stir-fried Kimchi)'라는 한식진흥원의 한식외국어 표기법 및 설명에 근거하여 두부김치는 '볶은 김치를 곁들인 두부'라고 정의 내릴 수 있다.

별도로 '두부김치'라는 이름을 붙이지 않았더라도 데친 두부와 볶은 김치를 곁들이는 방식은 가정에서도 쉽게 해 먹었을 것이다. 하지만 이 음식에 '두부김치'라는 이름이 붙은 것은 1980년대경에 주점에서 술안주로 판매하기 시작하면서부터인 것으로 여겨진다. 두부김치는 특히 대학가에 민속주점이라고 불리는 술집들이 인기를 끌면서 대중적인 안주로 자리잡았다(〈동아일보〉 1986년 11월 18일자). 1982년 경향신문의 기사에는 그 당시 최신 유행하던 극장식 대형 스탠드바에 대한 내용이 나오는데, 술안주 목록에 '두부김치'라는 메뉴가 나온다. 이 기사에 따르면 이 당시 스탠드바라고 불리던 술집의 메뉴 가격은 맥주 1명에 1,300원-1,500원, 칵테일은 1,500-2,000원 선, 마른안주는 3,000원 정도였으며 두부김치의 가격은 4,000원 정도였다고 한다(〈경향신문〉 1982년 12월 20일자). 주점의 술안주에서 시작한 '두부김치'라는 음식은 일반 가정의 식탁에도 흔히 오르는 음식이 되었다. 1992년 〈한겨레신문〉은 시어진 김치를 처리할 만한 요리법으로 김치볶음, 김치만두, 김치부침개와 함께 두부김치를 소개하고 있는데 만드는 방법은 볶은 김치에 두부를 썰어 곁들이 것으로 아주 간단하다(〈한겨레〉 1992년 1월 26일자).

분류 : 음식
참고문헌 : 홍선표, 『조선요리학』(조광사, 1940); 「시어진 김치로 별미요리를」, 〈한겨레〉 1992년 1월 26일; 「大學街(대학가) 酒店(주점) 달라져 간다」, 〈동아일보〉 1986년 11월 18일; 「酒店街(주점가)에 극장식스탠드바 旋風(선풍)」, 〈경향신문〉 1982년 12월 20일; 한식진흥원 홈페이지
필자 : 서모란

두부산적(「고방」)

낡은 질동이에는 갈 줄 모르는 늙은 집난이같이 송기떡이 오래도록 남아 있었다

오지항아리에는 삼촌이 밥보다 좋아하는 찹쌀탁주가 있어서
삼촌의 입내를 내어 가며 나와 사촌은 시큼털털한 술을 잘도 채어 먹었다

제삿날이면 귀머거리 할아버지 가에서 왕밤을 밝고 싸리 꼬치에 두부산적을 꿰었다

손자아이들이 파리 떼같이 모이면 곰의 발 같은 손을 언제나 내어둘렀다

구석의 나무 말쿠지에 할아버지가 삼는 소신 같은 짚신이 둑둑이 걸리어도 있었다

옛말이 사는 컴컴한 고방의 쌀독 뒤에서 나는 저녁 끼 때에 부르는 소리를 듣고도 못 들은 척하였다

백석(白石: 1912-1996)의 시집 『사슴』(1936)에 수록된 시 「고방」이다. 백석 자신이 성장한 고향의 풍속과 자신이 체험한 생활의 풍물을 토속적 언어에 바탕을 둔 지극히 개성적인 시어와 표현으로 형상화한 시인이다. 그의 독특한 시세계는 후대의 많은 시인들에게 영향을 끼쳤다. 1912년 평안북도 정주에서 태어나 오산고등보통학교를 마치고 일본으로 건너가 1934년 아오야마학원[靑山學院] 전문부 영어사범과를 졸업하였다. 1930년 〈조선일보〉 '신년현상문예 공모'에

소설「그 모(母)와 아들」이 당선되었고, 1935년 〈조선일보〉에 시「정주성」을 발표하면서 등단했다. 첫 시집『사슴』을 출간하여 문단의 주목을 받았고 그 이후 함흥과 만주에서 발표한 작품들도 지속적인 관심의 대상이 되

백석 시집『사슴』을 영인하여 복간한 시집

었다. 광복 후 평양에 정착하여 분단 이후에도 활동하다가 1959년 양강도 삼수군의 농장으로 축출되어 농사꾼으로 살다가 타계했다.

이 시는 화자가 어린 시절 자기가 보았던 고방의 풍경을 회상한 작품이다. 낡은 질동이에 담겨 있는 송기떡, 오지항아리에 담긴 찹쌀탁주, 짚신을 비롯한 고방의 여러 가지 토속적 물품들을 떠올리며 어린 시절 고방에서 느꼈던 무어라 표현할 수 없는 독특한 감정을 그려냈다. 음식에 대한 회상이 자세하고 뚜렷하며, 농촌에서 흔히 볼 수 있는 귀머거리 할아버지에 대한 추억이 매우 독특한 영상으로 채색되어 있다. 두부산적을 싸리 꼬치에 꿰었다는 사실이 토속적이면서도 소박한 고향의 정취를 불러일으킨다.

분류 : 문학
색인어 : 고방, 백석, 송기떡, 찹쌀탁주, 왕밤, 두부산적, 쌀독
참고문헌 : 이숭원,『백석을 만나다』(태학사, 2008)
필자 : 이숭원

두부피(『소문사설』)

『소문사설(謏聞事說)』(1740년경)에는 두부를 만들 때 만들 수 있는 '두부피(豆腐皮)'라는 음식이 등장한다. 두부피막, 두부껍질이라고도 부른다.
『소문사설』의 두부피 조리법은 다음과 같다. 두부를 만들 때 콩물을 가마솥에 넣고 끓이면 잠시 후 표면에 얇은 막이 생기면서 주름이 진다. 이때 대나무 꼬챙이로 이 껍질을 건져내어 그늘에서 말린다.『소문사설』

은 이 두부피의 맛이 마치 달걀로 만든 전과 같으며 맛이 담백하여 소찬(素饌)이 될 만하다고 하였다. 소찬이란 생선이나 고기가 들어가지 않은 반찬을 뜻한다. 한편 이 음식은 중국에서 유래한 것으로 알려져 있는데 중국에서도 두부피(豆腐皮, dòufupí)라고 부르며 현재까지 다양한 요리에 사용된다. 일본에서도 유바(ゆば, 湯葉)라고 부르며 즐겨 먹는다.『임원경제지』는 두부피의 조리법을 소개하면서 '일본뿐 아니라 중국에도 이러한 식품이 있다.'고 하였다.

분류 : 음식
색인어 : 두부, 두부피, 두부피막, 소문사설, 임원경제지
참고문헌 : 이시필 저, 백승호 외 역,『소문사설, 조선의 실용지식 연구 노트(18세기 생활문화 백과사전)』(휴머니스트, 2011); 서유구 저, 조신호 외 역,『임원경제지(정조지)』(교문사, 2007); 채경서,『두부: 잘 먹고 잘 사는 법 시리즈 091』(김영사, 2006)
필자 : 서모란

연포탕(겨울 시식)

연포탕(軟泡湯)은 겨울철 음식으로, 연포갱(軟泡羹), 혹은 연포국이라고도 한다. 얇게 썬 두부(豆腐) 꼬치를 기름에 지진 다음, 닭국에 넣어 끓여서 먹는다. 조선시대에는 전문적으로 두부를 만드는 사찰인 조포사(造泡寺)를 중심으로 두부를 먹는 모임인 연포회(軟泡會)가 자주 열렸고, 근대시기에는 상갓집에서 많이 만들어 먹었다.

연포탕의 주재료인 두부(豆腐)가 언제 우리나라에 전래되었는지는 정확하지 않다. 다만, 고려 후기의 문신 목은(牧隱) 이색(李穡: 1328-1396)이 두부를 먹고서 「대사구두부래향(大舍求豆腐來餉)」이라는 시를 남긴 것으로 보아 이 무렵에는 이미 두부가 들어와 있었음을 알 수 있다.

그런데 두부를 만드는 것은 시간과 정성을 요하는 일이었다. 그래서 조선시대에는 일반 가정에서도 특별한 날에만 별식(別食)으로 두부를 만들어 먹었다. 하지만 왕실은 물론, 능원에서는 잦은 제향(祭享)으로 인해 수시로 두부를 필요로 했다. 그래서 왕실에서는 조포사(造泡寺)라 하여 두부 만드는 절을 몇 군데 지정해두고, 수시로 왕실에 두부를 바치게 했다. 특히,

능원의 경우에는 능침사찰(陵寢寺刹)이라고 해서 왕릉을 수호하고 제수를 장만하여 제사를 지내던 사찰이 있었는데, 이들 능침사찰을 중심으로 두부가 대량 생산되었다(『아언각비(雅言覺非)』).

이들 조포사에는 두부가 항상 많아서 조선 후기에는 이곳을 중심으로 연포회(軟泡會), 혹은 연포지회(軟泡之會)가 자주 열렸다. 연포회란 두부를 함께 먹는 모임으로, 이 모임의 주최자는 대개 절의 승려나 절에 머무는 선비들이었다. 하지만 깊은 산중에서 무리를 지어 모임이 이루어지다 보니, 종종 연포회와 관련하여 불미스러운 사건이 불거지곤 했다. 1681년(숙종 7)에는 목임일(睦林一: 1646-?)이라는 어사(御使)가 찰방(察訪: 역참을 관리하는 벼슬), 적객(謫客: 귀양살이 하는 사람)과 어울려 절을 돌아다니며 연포회를 베풀다가 소임을 방만히 한 죄로 발고되었다(『숙종실록』). 그리고 1733년(영조 9) 3월에 남원에서 몰래 흉서(凶書)를 내건 사건이 발생했는데, 주동자들이 연포회를 갖는다는 명목으로 백복사(百福寺)에서 만나 사건을 모의했다고 한다.

『산림경제(山林經濟)』, 『증보산림경제(增補山林經濟)』, 『고사신서(攷事新書)』, 『시의전서(是議全書)』, 『동국세시기(東國歲時記)』 등과 같은 여러 고문헌에 연포탕 만드는 법이 수록되어 전한다. 유중림(柳重臨: 1705-1771)의 『증보산림경제』에는 다음과 같은 조리법이 나온다. 유중림은 기존의 새우젓국 대신 고기로 육수를 내고, 버섯, 계란 등의 재료를 더했다. 살찐 암탉과 소고기를 넣고 끓인 육수에 번철에 지져낸 두부를 넣고, 각종 버섯을 채 썰어 올린 후 무와 밀가루즙을 조금 넣고 끓인다. 여기에 삶아놓은 닭고기를

두부틀, 국립민속박물관

실처럼 가늘게 찢어 올리고 달걀지단을 만들어 올려서 먹으라고 했다. 이후에 쓰인 대부분의 문헌들도 대체로 『증보산림경제』의 제조법을 따랐다.

연포탕을 즐기기에 가장 좋은 계절은 겨울이었다. 홍석모(洪錫謨: 1781-1857)는 『동국세시기』에서 음력 10월에 먹는 반찬 중에는 두부가 가장 좋다고 하면서, 연포탕 만드는 법을 설명하였다. 또한 이용기(李用基: 1870-1933)도 『조선무쌍신식요리제법(朝鮮無雙新式料理製法)』에서 겨울에는 닭고기만 한 것이 없다고 하면서 연포탕 끓이는 여러 방법을 소개하였다. 그리고 연포탕은 손쉽게 만들 수 있고 또 여럿이 먹기에 편리하므로, 상갓집에서 많이 만들어 먹는다고 했다. 우리말에 '상여꾼이 연포국에 반한다'는 속담이 있는데, 이 속담은 바로 여기서 비롯된 것이라는 말도 덧붙였다.

분류 : 음식
색인어 : 두부(豆腐), 연포탕(軟泡湯), 연포갱(軟泡羹), 연포국, 조포사(造泡寺), 능침사찰(陵寢寺刹), 연포회(軟泡會), 연포지회(軟泡之會), 목임일(睦林一), 백복사(百福寺), 상갓집
참고문헌 : 『숙종실록』; 『영조실록』; 이색 저, 이상현 역, 『목은집』(한국고전번역원, 2003); 홍만선, 『산림경제』(한국전통지식포탈); 유중림, 『증보산림경제』(한국전통지식포탈); 서명응, 『고사신서』(한국전통지식포탈); 정약용, 『아언각비』(현대실학사, 2005); 홍석모 저, 최대림 역, 『동국세시기』(홍신문화사, 2006); 작자 미상, 『시의전서』(한국전통지식포탈); 이용기, 『조선무쌍신식요리제법』(영창서관, 1936)
필자 : 양미경

연포회(1733년 괘서사건)

괘서(掛書)란 여러 사람들이 지나다니며 볼 수 있는 곳에 개인적으로 누군가를 비방하거나 혹은 정치적인 의견을 담아서 익명으로 쓴 글을 붙이는 것을 뜻한다. 조선 영조 대에는 괘서사건들이 조정에 보고되어 정치적 사건으로까지 번졌다. 특히 영조는 1727-1728년 서울과 남원 등지에서 괘서사건이 발생한 후, 이인좌의 난과 같은 반란사건이 일어나자 괘서사건을 단순 불만의 표출을 넘어 반란사건의 출발점으로 인식했다.

이인좌의 난 이후에도 1733년 4월 8일 남원 백복사(百福寺)에 이인좌의 난 때 쓰인 영조를 헐뜯는 내용

의 괘서가 걸리는 사건이 터진다. 영조는 곧바로 괘서를 쓴 용의자를 색출해내기 시작했고 여러 사람들이 용의자로 의심받아 추국을 당하게 된다.

추국을 받은 사람들 중 최봉희(崔鳳禧: ?-?)란 인물이 있었다. 최봉희는 백복사에 걸린 괘서를 작성한 죄로 추궁받던 김원팔(金元八)과 같은 고을의 필묵계(筆墨契) 일원으로 김원팔을 조사하던 중 이인좌의 난과 관련된 흉서(凶書)의 원본을 지니고 있다는 죄목으로 잡혀 들어오게 된다.

그렇게 추국을 당하던 중 최봉희는 백복사 괘서사건의 범인으로 노이겸과 정중제 형제 등을 지목했다. 그러면서 자신의 진술이 정확하다는 근거로 정중제 형제와 노이겸이 백복사에서 연포회(軟泡會)를 열 것이니 같이 가자고 했으나 자신은 가지 않았고 3-4일 뒤 백복사에 괘서가 걸렸다고 진술했다. 하지만 이어진 추국에서 최봉희는 정중제와 노이겸이 백복사에서 연포회를 했다는 말을 포함해 자신이 했던 진술들은 매질을 이기지 못해 했던 고발이라고 번복한다.

최봉희가 이후 거짓 자백이라고 말했으나 노이겸과 정중제가 백복사에서 연포회를 했다는 이야기를 지어낼 수 있었던 배경에는 연포회를 하러 절에 다니던 조선시대 사대부들의 문화가 있었다. 조선시대 사대부들이 연포회를 하러 절에 간 이유는 여전히 좋은 두부가 절에서 만들어졌기 때문이다.

연포는 두부를 가리킨다. 유중림(柳重臨: 1705-1771)은 『증보산림경제(增補山林經濟)』에서 연포갱(軟泡羹)의 조리법을 다음과 같이 기록하였다. 닭을 깨끗이 손질하고 소고기와 함께 푹 삶은 후 소고기는 건져내고 닭고기는 가늘게 찢어 놓는다. 그리고 두부는 단단하게 만들어 넙적하게 썰어 기름에 지진다. 이후 끓여 놓은 국물에 두부를 넣고 간을 맞춘 후 생강, 파, 표고, 석이 등을 넣는다. 거기에 따로 떠 놓은 국물에 밀가루즙을 만들어 달걀을 풀어 섞고 준비한 닭고기와 달걀지단을 그릇에 담아 국물에 부어 놓는다고 했다.

정약용은 『아언각비(雅言覺非)』에서 연포회를 친한 친구들이 모여 두부를 꼬치에 끼워 닭고기를 푹 끓인 물에 익혀 먹는 것을 이른다고 설명했다.

분류 : 미술
색인어 : 연포회, 남원괘서사건, 최봉희, 정중제, 노이겸, 백복사, 산림경제, 증보산림경제, 연포갱, 닭고기
참고문헌 : 『영조실록』; 홍만선, 『산림경제』; 유중림, 『증보산림경제』; 정약용, 『아언각비』; 조윤선, 「영조 9년, 남원 만복사 괘서 사건의 정치적, 법제적 고찰」, 『전북사학』 33(2008); 김정호, 『조선의 탐식가』(따비, 2012)
필자 : 이민재

두텁떡

두텁떡은 봉우리떡이라고도 하며 한자어로 합병(盒餅)이나 후병(厚餅)이라고도 한다. 쌀가루를 시루에 쪄서 시루 모양으로 나오는 떡이나 손으로 빚어 모양이 일정한 다른 떡과 달리 형태가 고정된 것이 아니라 쌀가루 위에 고명을 얹고 다시 쌀가루를 얹어 찐 다음 떠낸다. 주로 궁중에서 만들어 먹던 떡으로 알려져 있다. 『규합총서(閨閤叢書)』(1809)의 두텁떡 조리법은 다음과 같다. 우선 찹쌀을 '옥같이' 즉 깨끗하게 씻어 맷돌에 간다. 간 것을 물과 섞어 가루가 가라앉으면 물을 따라낸다. 이를 수비(水飛)한다고 한다. 보자기를 깔고 그 위에 쌀가루를 한 켜 얹는다. 볶은 팥과 꿀을 으깬 소를 중간 중간 놓는다. 소를 다시 쌀가루로 덮는다. 그 위에 곶감과 대추를 채 쳐서 뿌리고 찐다. 떡을 소가 한 개씩 들어가도록 떼어내어 볶은 팥으로 만든 고물을 묻힌다.

이 떡은 주로 조선왕실의 의궤에서 많이 등장하는데, 의궤의 두텁떡 재료에 포함된 계핏가루가 『규합총서』에는 사용되지 않았다. 『규합총서』 이후의 조리서로 1800년대에 나온 『시의전서(是議全書)』, 20세기 초중반에 나온 『조선요리제법(朝鮮料理製法)』, 『조선요리법(朝鮮料理法)』, 『이조궁정요리통고(李朝宮廷料理通攷)』, 『조선요리학(朝鮮料理學)』 등에는 계핏가루가 사용되었다. 『조선요리학』에는 소의 재료에 귤병도 포함된다.

『규합총서』를 포함한 고조리서와 근대 조리서에는 두텁떡의 간에 대해 언급되어 있지 않지만 최근의 두

텁떡의 정의와 조리법에 따르면 간은 소금이 아닌 간장으로 하며 팥소에 유자청을 넣기도 한다.

분류 : 음식
색인어 : 규합총서, 빙허각 이씨, 두텁떡, 시의전서, 조선요리제법, 조선요리법, 이조궁정요리통고, 조선요리학
참고문헌 : 빙허각 이씨 저, 이민수 역, 『규합총서』(기린원, 1988); 빙허각 이씨 저, 정양완 역, 『규합총서』(보진재, 2008); 이용기, 『조선무쌍신식요리제법』(한흥서림, 1924); 홍선표, 『조선요리학』(조광사, 1940); 조자호, 『조선요리법』(광한서림, 1939); 한복진, 『우리가 정말 알아야 할 우리 음식 백가지 1』(현암사, 1998); 농촌진흥청 국립농업과학원, 『전통 향토음식 용어사전』(교문사, 2010)
필자 : 서모란

두테떡(「그믐날」)

청각과 취각이 이처럼 발달하랴
인가가 어딘데 기름 냄새를 맡아 들이느냐
사뭇 환장을 하려 든다
어머니가 생각난 소녀
아이들이 보고 싶어진 어머니
이 구석 저 구석에 울음 빛이다

내사 아무렇지도 않다
징그러운 이 해가 가는 것만 좋다
어서 새해가 밝아라
떡국이 없음 어떠냐 그저 새해가 밝아라

유령 같은 친구들이 웅기중기 앉아
꿈 해몽이 아니면
날마다 일과는 어찌 그리 음식 얘기냐
입으로 수수엿을 고고 두테떡을 만든다
언제 나가서 이런 걸 다시 해보느냐고
경주 아주머니는 또 눈물을 닦는다

노천명(盧天命: 1912-1957)의 시집 『별을 쳐다보며』(1953)에 수록된 시 「그믐날」이다. 노천명은 섬세한 감각과 절제된 감수성으로 다양한 영역을 시로 표현하여 한국 여성시의 독자적 위상을 개척한 시인이다. 1911년 황해도 장연에서 출생하여 진명보통학교와 진명여자고등보통학교를 거쳐 이화여전 영문과를 졸

업했다. 1932년 이화여전 재학 당시 『신동아』에 「밤의 찬미」를 발표했고, 1935년 『시원』에 「내 청춘의 배는」을 발표하여 정식으로 등단했다. 시집으로 『산호림』, 『창변』, 『별을 쳐다보며』 등이 있고, 수필집으로 『산딸기』, 『나의 생활백서』 등을 간행하였다.

이 시는 음력으로 한 해의 마지막 날인 섣달 그믐날을 배경으로 6·25 전쟁 중의 암담한 상황 속에 고향을 떠나 궁핍한 피난 생활을 하고 있는 모습을 그려낸 작품이다. 설날이 다가와도 떡국 한 그릇조차 먹을 수 없는 비참한 현실 속에서 너무나 배가 고프기 때문에 음식 이야기를 하며 고통을 달래는 역설적 정황을 시로 표현했다. 이 시에 나오는 두테떡(두텁떡)은 팥이나 꿀을 넣은 상당히 맛있는 떡인데 마음으로 상상하는 내용이기 때문에 감미로운 음식이 제시되었을 것이다.

분류 : 문학
색인어 : 그믐날, 노천명, 기름, 떡국, 수수엿, 두테떡(두텁떡)
참고문헌 : 이숭원, 『노천명』(건국대학교출판부, 2000)
필자 : 이숭원

후병(두텁떡)

진찬, 진연, 진작 등 궁중 연회에 마련한 후병(厚餅)은 거피팥을 쪄서 볶아 만든 거피팥고물을 시루에 뿌린 다음 찹쌀가루를 한 수저씩 놓고 고물과 대추, 밤, 잣 등을 얹고 다시 찹쌀가루를 넣고 팥고물을 얹어 찐 떡이다. 다른 의궤에는 합병이라고 적혀 있으며, 음식발기에는 잡과초두합점증병, 두텁편 등으로 기록되어 있다. 민간에서는 두텁떡, 봉우리떡이라고 한다.

1877년(고종 14) 익종비(翼宗妃) 신정왕후 조씨(神貞王后 趙氏: 1808-1890)의 칠순(七旬)을 경축하기 위해 열린 진찬에 '각색점증병(各色粘甑餅)'이라는 고임떡이 올랐다. 이 떡은 여러 가지 찰시루떡(粘甑餅)을 1척 5촌(약 45cm)을 쌓은 것이다. 백두(白豆: 흰팥)점증병, 녹두(菉豆)점증병, 신감초(辛甘草)점증병, 초두(炒豆: 볶은팥)점증병, 임자(荏子: 깨)점증병과 함께 후병(厚餅)이라는 떡이 들어갔다. 후병의 재료는 찹쌀[粘米], 거피팥[去皮豆], 대추[大棗], 밤[實生栗], 꿀[淸], 잣[實栢子], 계핏가루[桂皮末]이다.

후병은 일반적으로 두텁떡 또는 봉우리떡이라고 한다. 1957년에 발간된 『이조궁정요리통고(李朝宮廷料理通考)』에서 조리법을 볼 수 있다. 거피팥을 쪄서 설탕을 넣고 보슬보슬하게 볶고, 떡시루에 팥고물을 한 겹 펴 놓고 그 위에 찹쌀가루를 한 숟가락씩 떠서 서로 닿지 않게 쏟아놓고 이 쌀가루 위에 밤채, 대추채, 잣을 조금씩 뿌리고 팥고물을 뿌려서 쌀가루가 보이지 않도록 덮어놓는다. 다음에 또 다시 움푹움푹한 곳에 먼저와 같은 방법으로 쌀가루를 펴 놓고 고명 넣어 팥고물로 덮는다. 이와 같이 하여 떡시루에 여러 켜 앉혀서 찐 다음 얇은 숟가락으로 1개씩 조금해 꺼내어 그릇에 담아놓는다.

궁중의 연회에 올린 후병은 '합병(盒餅)'이라고 불린 적도 있다. 1828년(순조 28) 순원왕후 김씨(純元王后 金氏: 1789-1857)의 사순을 경축하기 위하여 베푼 진작(進爵) 연회와 1868년(고종5) 신정왕후 회갑을 축하하는 진찬(進饌)에는 각색점증병 1그릇에 합병이 포함되었으며, 후병의 재료와 같았다.

음식발기에서도 비슷한 명칭을 찾아볼 수 있다. 1906년(고종 43) 1월 22일에 효정왕후(孝定王后: 1831-1903) 탄일 다례발기인 『병오 정월 이십이일 탄일 다례 단자』에는 '잡과초두합점증병'이라 적혀 있으며, 1913년 2월 18일 순종(純宗: 재위 1907-1910)의 40세 탄일에 올린 음식을 적은 발기인 『계축 이월 십팔일 동궐마마 탄일 진어상 발기』에는 고종[덕수궁]과 순종내외[창덕궁]에 올린 진어상에 두텁편이 올랐다는 기록이 있다.

분류 : 음식
색인어 : 두텁떡, 봉우리떡, 합병, 점증병, 두텁편, 각색병
참고문헌 : 『[정축]진찬의궤[丁丑]進饌儀軌]』; 『이조궁정요리통고(李朝宮廷料理通考)』; 『[무자]진작의궤([戊子]進爵儀軌)』; 『[무진]진찬의궤(戊辰]進饌儀軌)』; 『병오 정월 이십이일 탄일 다례 단자』; 『계축 이월 십팔일 동궐마마 탄일 진어상 발기』; 황혜성 공저, 『한국음식대관 6권-궁중의 식생활』(한국문화재재단, 1997)
필자 : 이소영

뒤주

쌀을 비롯한 곡물을 보관하는 저장용구이다. 뒤주는 곡식에 습기가 차고 해충이 드는 것을 막아준다. 주로 대청마루나 찬방에 두고 사용하며 대개 집안의 여성들이 관리하였다. '뒤주가 바닥났다'거나 '뒤주가 비었다'는 것을 누공(屢空)이라고 하고, 이는 먹을 곡식이 떨어질 만큼 가난한 살림을 표현하는 말이다. 누공은 공자(孔子)께서 제자 안연(顏淵)에 대해 말씀하시면서 "회는 도에 가깝고 자주 끼니를 굶는다[回也其庶乎, 屢空]."라고 한 이야기에서 유래하였다.

집안에서 뒤주는 그 위에 양념항아리, 술항아리 같은 작은 항아리를 올려놓아 가구처럼 사용하기도 하였다. 그리고 귀한 곡식을 지키기 위해 자물쇠를 달아두는 경우가 많았다. 뒤주에서 곡식을 꺼낼때는 뚜껑을 완전히 들어올리거나 뚜껑에 경첩을 달아 문처럼 여닫을 수 있도록 제작하기도 하였다. 뒤주의 크기는 작은 분량의 곡물을 보관하는 소형에서부터 가마니 단위의 쌀을 넣어두는 대형까지 다양했다. 또 뒤주 한 개만 놓고 사용하기도 하지만, 상자를 쌓듯 뒤주를 차곡차곡 쌓아올려 곡물 외에 다른 소품들을 넣어두기도 하였다.

뒤주를 만드는 방법은 통나무를 파내는 경우, 널빤지를 짜서 잇는 경우, 대나무오리 등을 써서 독과 같은

뒤주, 높이 129.5cm, 18세기 후반-19세기 초반, 국립중앙박물관

형태로 제작하는 경우가 있다. 통나무를 파낼 때 주된 목재는 굵은 소나무나 느티나무로 너비가 넓은 괴목으로 만든 것이 선호되었다. 통나무로 만든 뒤주는 밑둥과 머리에 널판지를 대어 막고 머리 부분의 한쪽을 열도록 문짝을 달아 이 곳으로 곡물을 넣거나 퍼낸다. 널판지를 짜서 만드는 경우, 네 기둥을 세운 후 벽과 바닥을 널판지를 대어 내부 공간을 만들고 윗면에 천장을 얹는다.

주식인 쌀을 보관하는 중요한 역할을 하는 만큼 뒤주에 관한 속담이 전한다. '뒤주 밑이 긁히면 밥맛이 더 난다'는 속담은 쌀이 이미 없어진 이후에 밥맛이 더 난다는 뜻으로, 무엇이 없어지는 것을 본 뒤에 그것이 더 애석해지고 간절해진다는 의미이다.

분류 : 미술
색인어 : 쌀, 곡물, 저장
참고문헌 : 『論語』; 한국학중앙연구원, 『한국민족문화대백과사전』; 『한민족역사문화도감 식생활: 국립민속박물관 소장품』(국립민속박물관, 2007)
필자 : 구혜인

옥뒤주

아동문학가이자 수필가였던 조풍연(趙豊衍: 1914-1991)은 『서울잡학사전』에서 어려서 어른들로부터 '3호성(三好聲)'과 '3악성(三惡聲)'에 대해 배웠다고 한다. '3희성(三喜聲)'이라고도 하는 3호성, 즉 세 가지 듣기 좋은 소리는 다듬이질 소리, 갓난아기 우는 소리, 글 읽는 소리이고, 3악성, 즉 세 가지 듣기 싫은 소리는 상이 나서 초혼(招魂)하는 소리, 뒤주 바닥 긁는 소리, 아낙네가 남편한테 바가지 긁는 소리라고 한다. 이와 같이 3악성의 하나였던 뒤주 바닥 긁는 소리는 가난과 굶주림, 그리고 죽음의 소리나 다름없었다.

쌀이나 곡식이 그득해야 할 뒤주에 쌀이 없어서 바가지로 쌀을 퍼내려고 해봐야 바닥 긁는 소리만 나니, 참으로 근심스럽고 두려웠을 것이다. 봄철 보릿고개 때면 영락없이 들어야 하는 이 소리는 조선시대 양반에게는 제사조차 지낼 수 없어 조상님들께 면목이 없는 소리였고, 일반 백성들에게는 부모님을 봉양하지

못하고 식솔들을 굶겨 죽일 수도 있는 신호였다.

그리하여 백성들은 서양인들이 꿈꿨던 음식이 주렁주렁 열린 나무처럼 쌀이 끝없이 나오는 구멍이라든지 나무 등을 설화 속에 담아 입에서 입으로 전하였다. 옛날 제주에도 그런 뒤주가 있었다. 이유원(李裕元: 1814-1888)의 『임하필기(林下筆記)』를 보면, 탐라(耽羅), 즉 제주도의 바다 속에 옥으로 된 뒤주[玉杜支]가 있다는 전설이 내려온다고 한다. 그 뒤주에 쌀 한 줌을 던지면 뒤주가 가득 차게 되는데, 언젠가 백씨(白氏) 성을 가진 제주 목사(牧使)가 건져낼 것이라는 내용이었다. 그런데 이후 백씨 성을 가진 백낙연(白樂淵: ?-?)이 탐라 목사가 되자, 수군(水軍)을 동원해 그 뒤주를 바다에서 꺼내려고 시도하였다고 한다. 줄을 뒤주의 다리에 묶어서 들어 올리려고 했는데, 마침 풍랑이 크게 일어서 사람들은 도망쳤고 끝내 옥뒤주를 꺼낼 수 없었다. 이에 대해 이유원은 그 옥뒤주가 필시 여전히 때가 되기를 기다리는 것이라고 보았다.

이 이야기에 나오는 백낙연은 1877년(고종 14)부터 1881년(고종 18)까지 4년 남짓 제주목사로 재임했던 인물이다. 따라서 그가 옥뒤주를 꺼내려고 시도했다면 아마도 이 기간일 것이다. 백씨 성을 가진 목사가 뒤주를 건져낼 수 있다는 전설을 듣고 아마도 백낙연은 자신이라면 가능하리라 생각했을지도 모른다. 비록 저절로 쌀이 불어난다는 신기한 옥뒤주는 꺼내지 못하였어도 백낙연은 실제로 제주 사람들을 굶주림에서 구하기 위해 온 힘을 쏟았던 훌륭한 목민관이었다. 그가 부임하던 해에는 메뚜기 떼로 인해 큰 피해를 입고, 이듬해에는 흉년이 들어 굶주리는 백성들을 위해 조정에 보고하여 지원을 받고 여기저기서 진휼미를 기부받아 백성들을 배고픔에서 구제하였기 때문이다.

분류 : 미술
참고문헌 : 이유원 저, 김동주 역, 『임하필기』(한국고전번역원, 2000); 조풍연, 『서울잡학사전』(정동출판사, 1989); 홍순만, 「백낙연」, 『한국향토문화전자대전』(한국학중앙연구원)
필자 : 김혜숙

떡

떡은 밥처럼 늘 먹는 음식은 아니지만 옛날부터 생일, 결혼, 돌, 환갑, 제사 등 집안의 경사나 특별한 날 또는 명절에 해 먹는 음식이다. '굿이나 보고 떡이나 먹지', '떡 본 김에 제사 지낸다'와 같은 속담은 제물로서의 떡의 쓰임새를 잘 말해준다.

그 밖에도 떡과 관련된 속담이나 표현들이 많다. '싼 것이 비지떡', '웬 떡이냐', '떡 줄 사람은 꿈도 안 꾸는데 김칫국부터 마신다', '누워서 떡먹기', '남의 떡이 커 보인다', '그림의 떡', '미운 아이 떡 하나 더 준다', '보기 좋은 떡이 먹기도 좋다' 등이다. 떡은 일상생활에 깊숙이 자리하고 있다.

떡은 잔치에 빠지지 않는 음식이며, 으레 이웃과 두루 나눠 먹었다. 사람들은 나누어 먹는 음식을 통해 서로의 정을 두텁게 만들고 복을 나누어 가질 수 있는 것으로 여겼다.

떡의 오랜 역사는 상고시대의 출토물인 시루나 벽화, 그리고 옛 문헌의 기록들로 쉽게 짐작할 수 있다. 농업을 주로 했던 한반도에서의 떡은 곡물을 익혀 먹는 과정에서 자연스레 생겨났고, 제천의식에도 쓰였다. 천신과 부락신, 가택신 등에게 떡을 바치고 인간의 무사안일을 빌던 기복의 의식은 지금까지도 이어지고 있다. 『동국세시기(東國歲時記)』(1849)에 의하면 우리 풍속에 정월의 첫 말날(午日)에 증병도신(甑餅禱神)이라 하여 시루떡을 쪄서 일 년 내내 무사태안(無事泰安)을 비는 고사를 지냈는데, 이때에는 붉은팥시루떡을 찌고, 삶은 돼지머리, 북어, 정화수 등을 놓았다. 예로부터 팥시루떡은 벽사(辟邪)의 의미로 사용되었다. 예나 지금이나 떡이 신에게 바쳐지는 제물이나 악귀를 물리치고 갖가지 길흉행사에서도 빠지지 않는 성스러우면서도 귀한 음식물로 여겨지고 있다.

떡은 평생의례와도 밀접한 관계를 가져왔다. 아이가 순수무구하게 자라라고 하얀 백설기로 만드는 돌떡, 잡귀를 막아 아이가 실하게 자라도록 해주는 수수팥경단과 송편, 부부가 찰떡 궁합으로 살라는 봉치떡(봉채떡) 등은 지금도 아이의 생일이나 혼례 때면 늘 함께하는 의례음식이다.

이런 상징적인 의미말고도 사계절의 변화에 따라 시식(時食)이나 절식(節食)으로 떡을 해 먹기도 했다. 초봄엔 햇 쑥을 넣은 쑥버무리, 삼월삼짇날엔 진달래꽃을 얹은 화전, 오월 단오엔 수리취를 넣은 차륜병, 유월 유두엔 떡을 건지로 넣은 화채인 수단, 구월엔 국화전을 즐겼다. 설날에는 떡국, 추석에는 송편을 마련해 먹었다. 이처럼 떡만큼 그 종류가 다양한 음식도 없다.

조선시대 궁중 연회에서 제일 높이 고여 잔치 분위기를 돋우던 음식도 떡이다. 각색병(各色餅)이라는 고임떡은 메떡이나 찰떡으로 된 편편한 시루편 위에 절편, 단자, 주악, 화전, 두텁떡 등 온갖 떡의 종류를 차곡차곡 올린다. 이와 같은 고임떡은 반가나 민가에서도 볼 수 있었다.

분류 : 음식
색인어 : 돌상, 떡국, 송편, 두텁떡, 화전, 수수경단, 수단
참고문헌 : 홍석모,『동국세시기』; 한복려,『쉽게 맛있게 아름답게 만드는 떡』(궁중음식연구원, 1999); 강인희,『한국의 떡과 과줄』(대한교과서, 1997)
필자 : 이소영

각색병(궁중음식)

각색병은 고임상의 음식 중 가장 높게 고이는 궁중연회에서 중요한 음식이다. 편편한 시루떡을 밑에 깔고 그 위에 여러 가지 색을 들여 작게 모양 낸 절편, 조악, 단자 등 웃기떡을 위에 올려 다양한 종류의 떡을 한 그릇에 담아 고인다. 궁중연회에서 왕과 왕족에게 많은 가짓수의 음식을 높이 고인 고임상을 올린다. 고임은 음식에 따라 높이가 다른데, 이 중 가장 높이 고이는 음식은 떡이다. 궁중에서는 고임떡을 여러 가지의 떡이라는 의미로 '각색병(各色餅)'이라고 한다. 다양한 종류의 떡을 한 그릇에 고여 연회상에 차린 것이다.

1795년 정조의 화성행차를 기록한 『원행을묘정리의궤(園幸乙卯整理儀軌)』에 보면 혜경궁 홍씨의 회갑연에 차린 각색병은 다음과 같다. 백미병(白米餅: 멥

335

쌀떡), 점미병(粘米餅: 찹쌀떡), 삭병(槊餠), 밀설기(蜜雪只), 석이병(石耳餅: 석이떡), 각색절편(各色切餠), 각색주악(各色助岳), 각색사증병(各色沙蒸餅: 산승), 각색단자병(各色團子餠)의 아홉 가지 떡 종류를 1척 5촌(약 45cm) 높이로 고인다.

백미병은 콩과 대추, 밤이 들어간 메시루떡이고, 점미병은 대추, 밤, 말린 감이 들어가고 녹두고물을 한 찰시루떡이다. 삭병은 검정콩과 대추, 밤과 꿀이 들어간 찰시루떡이다. 밀설기는 꿀이 들어간 멥쌀과 찹쌀이 섞인 백설기떡이며, 석이병(石耳餅)은 석이, 대추, 밤, 말린 밤, 잣, 꿀이 들어간 석이떡이다.

멥쌀가루에 연지, 치자, 쑥, 김 등 여러 가지 색을 들여 쪄서 친 떡이 절편이고, 찹쌀가루에 공기, 치자, 쑥, 김 등으로 색을 들여 작은 만두처럼 빚어 기름에 지진 것이 주악이다. 승검초 등 색 들여 찹쌀 반죽하여 셋이나 네 발로 빚어 기름에 지진 떡이 사증병이다. 석이버섯, 대추, 밤, 쑥 등으로 색을 낸 떡이 단자병이다.

각색병은 백미병, 점미병, 삭병, 밀설기, 석이병 등 편편한 밑받침이 되는 시루떡 종류를 먼저 고이고, 그 위에 절편, 주악, 사증병, 단자병 등 색을 들여 작게 만든 웃기떡을 올리는 것이다.

연회의 규모나 상차림의 형태에 따라 각색병은 여러 떡 종류를 한 그릇에 같이 담기도 하고, 여러 그릇에 나누어 담기도 하였다. 1828년의 궁중연회를 기록한 『무자 진작의궤([戊子]進爵儀軌)』의 각색병은 한 그릇이 아닌 각색경증병(各色粳甑餅: 메시루떡 고임), 각색점증병(各色粘甑餅: 찰시루떡 고임), 각색주악·화전·양색산승(各色助岳花煎及兩色山糝)으로 나누어 여러 그릇에 담기도 했다.

분류 : 음식
색인어 : 각색병, 고임떡, 점증병, 경증병, 원행을묘정리의궤
참고문헌 : 『원행을묘정리의궤(園幸乙卯整理儀軌)』; 『무자 진작의궤([戊子]進爵儀軌)』; 정길자·이종민·박은혜 공저, 『궁중의 떡과 과자, 의궤에서 전통을 찾다』(궁중병과연구원, 2012)
필자 : 이소영

개떡

보잘것없거나 마음에 들지 않는 것을 '개떡 같다'라는 표현을 쓴다. 개떡은 지금처럼 멥쌀가루가 아닌 밀가루를 곱게 체에 치고 남은 찌꺼기인 밀기울이나 보릿겨 또는 메밀겨, 좁쌀 등을 물로 반죽해서 둥글넓적하게 대충 만들어서 밥 뜸들일 때 아무렇게나 올려서 찐 떡이다. 1930년대 신문에 연재된 소설 속에서 개떡은 햇곡식이 나오기 전 배고픔을 달래기 위해 만들어 점심 끼니를 때우거나 간식이었다. 그 떡의 모습은 흡사 흙덩이와 같아 형편없을 뿐만 아니라 그 맛도 별로 없었다.

손정규(孫貞圭: 1896-1955)의 『우리음식』 책에서 보면, 개떡은 보릿가루, 콩, 소금, 옥수수잎(수숫가루, 밀가루, 풋콩, 콩)을 재료로 만들어 먹는 떡으로서 농촌에서는 손쉽게 만들어 간식으로 즐기는 떡이라고 하였다.

이용기(李用基: 1870-1933)가 쓴 『조선무쌍신식요리제법(朝鮮無雙新式料理製法)』에서 개떡은 메밀을 갈아 가루를 체에 쳐내고 남은 속껍질을 갈아 체에 친 다음 물에 반죽하여 둥글넓적하게 만들어 시루나 밥 지을 때 함께 쪄서 기름을 발라 먹으며, 쑥도 넣고 반죽한다고 했다. 이를 낙개떡이라고 하였다. 낙개는 메밀겨인 속나깨를 말한다. 밀기울로도 개떡을 만드는데, 밀기울은 노깨라고 부른다. 개떡의 '개'자는 나깨, 노깨에서 나온 표현일 가능성도 있다.

분류 : 음식
참고문헌 : 이용기, 『조선무쌍신식요리제법』(한흥서림, 1924); 손정규, 『우리음식』(삼중당, 1948); 한복려, 『쉽게 맛있게 아름답게 만드는 떡』(궁중음식연구원, 1999); 연재소설 「元致西(원치서) (6)」, 〈동아일보〉 1935년 3월 10일; 장편소설 이기영 작 「新開地(신개지) (107)」, 〈동아일보〉 1938년 6월 5일
필자 : 이소영

개피떡

개피떡은 절편 덩어리를 얇게 밀어 팥소를 넣고 접은 다음 반달 모양으로 찍어 공기가 들어가게 한 떡이다. 반달 모양으로 만들기 위해 둥근 공기 그릇 같은 걸로 눌러 찍을 때 바람이 들어가 흔히 '바람떡'이라고도 한다.

개피떡이 문헌에 본격적으로 등장한 것은 1800년대 중후기이다. 『음식방문』(1800년대 중엽)에서 개피떡

은 흰떡 치고 푸른 것은 쑥을 넣어 절편 쳐서 만들되 거피팥 고물하여 소로 만들어 넣어 탕기 뚜껑 같은 것으로 떠내라고 했다. 지금의 개피떡과 유사하다. 1934년에 방신영(方信榮: 1890-1977)이 쓴 『조선요리제법(朝鮮料理製法)』에 따르면 개피떡은 보기에 매우 아름답고 먹기에도 좋고, 참기름을 발라서 접시나 합에 담아놓고 설탕이나 꿀을 찍어서 먹는다.

1800년대에 쓰인 음식책인 『시의전서(是議全書)』에 나온 개피떡은 지금과 비슷한 형태도 있지만 조금 다른 모습이기도 했다. '떡을 방망이로 얇게 밀어 소를 넣어 탕기 뚜껑 같은 것으로 떠낸다. 둘붙이는 흰 것 하나 푸른 것 하나를 똑같이 소를 넣어 접시로 떠내어 하나는 서(西)로 대고, 다른 하나는 동(東)으로 대서 붙인다. 3개로 붙이는 색은 청·백·홍·황을 쓴다. 홍은 흰떡에 분홍 물을 들이고, 황은 치자를 진하게 우려 들이고, 청은 쑥떡으로 하여 소를 넣어 작은 접시에 떠서 반으로 접어서 붙인다.'고 하였다.

개피떡을 청·백·홍·황색을 달리하여 작고 갸름하게 여러 개를 만들어 각색으로 둘 또는 셋씩 붙인 것을 둘붙이(두부치) 또는 셋붙이(세부치)라 부른다. 이것을 '산병(散餠)'이라고도 한다. 이용기(李用基: 1870-1933)가 쓴 『조선무쌍신식요리제법(朝鮮無雙新式料理製法)』에서 산병은 삼색을 들여서 셋씩 붙여 떡 위에 얹어 쓰는데 성균관에서 많이 만들었다고 했다. 산병은 개피떡의 일종인 셈이다.

산병과 같이 개피떡이 변해 다른 모양으로 만들어진 떡이 하나 더 있다. 『시의전서』에 새끼손가락만큼 떠서 셋씩 붙이고 반만 꼬부려서 만드는 꼽장떡이 그것이다. 작은 개피떡 여러 개를 붙인 산병을 구부려서 양쪽 끝을 맞잡아 전체적으로 둥글한 모습이 된다. 곱장떡은 경기도 여주지역의 향토떡인 여주산병과 비슷하다.

『조선무쌍신식요리제법』에 따르면 개피떡을 '가피병(加皮餠)'이라고 했다. 궁중 연회에 '갑피병(甲皮餠)'이라는 이름으로 1873년(고종 10) 고종에게 존호를 올리고 신정왕후 조대비 책봉 40주년을 기념하기 위한 잔치에 오른 기록이 있다. 재료를 언급하지 않아 조리법을 정확히 알기 어렵다. 가피병, 갑피병 모두 개피떡의 다른 명칭으로 짐작된다.

분류 : 음식
참고문헌 : 작자 미상, 『음식방문』; 작자 미상, 『시의전서』; 방신영, 『조선요리제법(朝鮮料理製法)』(광익서관, 1934); 이용기, 『조선무쌍신식요리제법』(한흥서림, 1924); 한복려, 『쉽게 맛있게 아름답게 만드는 떡』(궁중음식연구원, 1999); 강인희, 『한국의 떡과 과줄』(대한교과서, 1997)
필자 : 이소영

고려율고(『임원경제지』)

서유구(徐有榘: 1764-1845)가 1835년경 쓴 『임원경제지(林園經濟志)』에는 고려율고(高麗栗餻)라는 음식이 등장한다. 서유구는 중국 명나라 시대의 문장가 고렴(高濂: ?-?)이 쓴 수필집 『준생팔전(遵生八牋)』에서 인용하였다고 밝히고 있는데, 이에 앞서 원나라 때 편찬된 『거가필용사류전집(居家必用事類全集)』에도 고려율고가 등장한다. 고려율고는 다른 말로 그냥 율고(栗糕)라고도 하며, 밤떡, 밤설기떡이라고도 한다. 저자는 조리법 앞머리에는 '이 방법은 우리나라에서 중국으로 전해진 것 같다.'는 의견을 써 두었는데 이 떡의 이름에 붙은 '고려'라는 단어 때문에 추측한 것으로 짐작된다.

『임원경제지』에 기록된 고려율고 조리법을 살펴보면 다음과 같다. 밤을 말려 껍질을 벗기고 가루를 낸다. 그 가루에 3분의 2에 해당하는 찹쌀가루를 섞고 꿀물을 넣어 버무려 찐다. 설탕을 넣으면 더욱 좋다. 『거가필용사류전집』에는 『임원경제지』 조리법의 마지막 부분인 '설탕을 넣으면 좋다[以白糖和入妙甚].'라는 말은 나타나 있지 않지만 그 외 내용은 동일하다. 『임원경제지』가 출간될 당시인 19세기 조선에는 설탕을 구하기가 어려웠고 설탕이 들어가는 음식도 거의 없었기 때문에 이 내용을 추가한 이유는 알 수 없다.

분류 : 음식
색인어 : 임원경제지, 거가필용사류전집, 밤떡, 밤, 준생팔전
참고문헌 : 서유구 저, 조신호 외 역, 『임원경제지(정조지)』(교문사, 2007)
필자 : 서모란

노비떡

음력 2월 초하루는 겨울 휴식이 끝나고, 다시 한 해 농사가 시작되는 시점이었다. 조선시대에는 농사철이 막 시작되기 직전인 음력 2월 초하룻날 음식을 푸짐하게 장만하여 머슴들을 잘 먹이는 풍속이 있었는데, 이는 머슴들에게 한 해 농사를 잘 부탁한다는 의미를 담고 있었다. 그리하여 이날을 노비날, 노비일(奴婢日), 또는 머슴날이라고 불렀다.

유만공(柳晩恭: 1793-1869)이 쓴『세시풍요(歲時風謠)』와 유득공(柳得恭: 1749-1807)이 쓴『경도잡지(京都雜誌)』에는 노비날 먹는 절식(節食)인 노비병에 대한 기록이 나온다. 이들에 의하면, 노비날에는 정월 대보름에 세워두었던 볏가릿대(禾竿: 화간, 곡식 이삭을 볏짚단에 싸서 세우는 장대)를 헐어내 벼 이삭을 훑어서 솔잎을 깔고 떡을 만든다고 한다. 그리고 이를 노비들에게 나이 수만큼 먹이는데, 이는 농사가 시작되기 전 노비들을 대접하는 의미를 지닌다. 그래서 이 떡을 노비떡, 노비병(奴婢餅)이라고 불렀고, 혹은 솔잎을 깔아 만들었다 하여 송편, 송병(松餅)이라고도 했다.

조선 후기 사람 홍석모((洪錫謨: 1781-1857)는『동국세시기(東國歲時記)』에 노비떡 만드는 법을 자세히 기술하였다. 먼저, 콩을 물에 불려서 소를 만든다. 그런 다음, 떡에 소를 집어넣고, 시루 안에 솔잎을 겹겹이 깐 뒤 그 위에 얹는다. 떡을 푹 익힌 다음 꺼내서 물로 한 번 헹구고, 달라붙지 않도록 그 위에 참기름을 바른다. 노비떡은 대개 작으면 계란 반 정도, 크더라도 손바닥 정도 되는 크기였고, 반달 모양으로 만들었다. 그리고 홍석모가 살던 시대에는 떡집에서도 노비떡을 만들어 팔았다고 한다. 그런데 떡집에서는 떡 안에 넣는 소를 매우 다양하게 썼는데, 팥, 검은콩, 푸른 콩과 같은 콩을 사용하거나 꿀을 넣기도 하고, 혹은 대추와 삶은 미나리를 넣었다고 한다.

분류 : 의례
색인어 : 노비날, 노비일(奴婢日), 머슴날, 노비떡, 노비병(奴婢餅), 송편, 송병(松餅)
참고문헌 : 유만공,『세시풍요』(『조선대세시기Ⅱ』, 국립민속박물관, 2005); 유득공 저, 최대림 역,『경도잡지』(홍신문화사, 2006); 홍석모 저, 최대림 역,『동국세시기』(홍신문화사, 2006)
필자 : 양미경

느티떡(사월 초파일)

느티떡은 느티나무 잎을 주재료로 하여 만들었다 하여 유엽병(楡葉餅), 석남엽병(石楠葉餅), 남병((楠餅)으로 불리는데, 맛과 향이 매우 뛰어나다. 이는 사월 초파일에 먹는 대표적인 절식(節食)으로, 봄철에 새로 돋은 느티나무 잎을 따서 멥쌀가루와 섞은 다음, 이를 곱게 빻아 시루에 앉히고 켜켜이 팥고물을 얹혀 쪄낸다.

사월 초파일에는 느티떡과 함께 절식으로 볶은 콩(혹은 찐 콩), 삶은 미나리를 차려 먹었다(『경도잡지(京都雜誌)』,『열양세기기(洌陽歲時記)』,『동국세시기(東國歲時記)』). 채소반찬으로만 간소하게 차렸다 하여 이를 소반(蔬飯), 혹은 소밥이라고 하였는데, 불교적 색채가 깃든 음식이라 할 것이다.

분류 : 의례
색인어 : 사월 초파일, 느티떡, 유엽병(楡葉餅), 석남엽병(石楠葉餅), 남병(楠餅), 소반(蔬飯), 소밥
참고문헌 : 유득공 저, 최대림 역,『경도잡지』(홍신문화사, 2006); 김매순 저, 최대림 역,『열양세기기』(홍신문화사, 2006); 홍석모 저, 최대림 역,『동국세시기』(홍신문화사, 2006)
필자 : 양미경

도래떡(「월병(月餅)」)

팔월에도 한가위는
고구려의 시름이라
칠백 리 거친 벌판
무삼 일이 있더니까
추석절사(秋夕節祀) 아기네들
조상내력(祖上來歷) 이르라니
도래떡 울던 겨레
오례송편 목이 메네

1923년 7월『개벽』지에 발표된 홍사용(洪思容: 1900-1947)의 시다. 홍사용은 시인으로 출발하여 1920년대 중반부터 희곡을 쓰고 연극운동에 참여한 시인 겸

저, 최대림 역,『동국세시기』(홍신문화사, 2006)
필자 : 양미경

극작가이다. 1919년 휘문고보를 졸업하고 3·1운동 때 학생운동에 참여했다가 3개월의 옥고를 치렀다. 1920년 박종화, 정백 등과 문예지 『문우』를 창간했으며, 1922년 『백조』 동인으로 참가하여 본격적인 작품활동을 전개했다. 1923년부터 '토월회'에 참여하여 연극운동에 재정적 지원을 했다. 그가 쓴 희곡이 검열에 걸려 발표되지 못하고 1939년에 쓴 희곡 「김옥균전」도 검열에 걸려 당국의 탄압을 받게 되자 절필하고 은둔생활을 했다. 광복 후 활동을 재개하려 했으나 숙환으로 타계했다. 대표작으로 시 「나는 왕이로소이다」, 「그것은 모두 꿈이었지마는」, 희곡 「할미꽃」, 「제석(除夕)」 등이 있다. 1976년 유족들이 시집 『나는 왕(王)이로소이다』를 간행했다.

이 시는 1934년 일제 강점기의 상황 속에서 추석을 맞는 민중의 서러움을 그린 작품이다. 제목인 '월병'은 중국인들이 음력 8월 15일에 만들어 먹는 과자다. 팔월 한가위는 어느 때보다 즐거운 명절이지만 일제의 억압 속에 궁핍한 생활을 하는 처지이니 송편도 제대로 만들어 먹지를 못한다. 당시 민중이 겪는 슬픔을 '고구려의 시름'이라고 돌려 말하여 검열을 피했다. 그래도 추석이라 제사를 지내며 조상의 내력을 생각하니 예전에 좋은 시절에 먹던 도래떡과 오례송편이 생각나 울음이 나고 목이 멘다는 뜻이다. 도래떡은 옛날 혼례식에 오르던 흰떡이고 오례송편은 올벼로 빚은 송편이다. 예전 풍요롭던 시절 전통적으로 애용하던 음식을 제시하여 일제 강점기의 궁핍한 상황을 역으로 드러낸 것이다.

분류 : 문학
색인어 : 월병, 홍사용, 도래떡, 오례송편
필자 : 이숭원

떡(길모어)

『서울풍물지(Korea from its capital)』의 저자 윌리엄 길모어(George William Gilmore 1857-1933)는 조선인이 '떡(rice bread)'을 만드는 방법에 대해 자세하게 묘사하였다.

길모어는 조선에서 빵(bread)이라고 부르는 음식은 쌀가루로 만드는데 본인들이 먹는 빵과는 다른 음식이라고 하였다. 길모어가 관찰한 조선인의 떡 만드는 방법은 다음과 같다. 쌀가루에 물을 섞어 만든 반죽을 떡판 위에 올려놓고 건장한 남성들이 떡메로 내려쳐 반죽한다. 여성들은 떡메로 내려치는 사이 반죽을 정리하는 역할을 한다. 그런 다음 소시지 크기로 말아서 숯불 위에 굽는다. 만드는 방법으로 볼 때 이 떡은 멥쌀을 찧어 기다란 모양으로 빚어 만드는 가래떡일 것으로 추정된다. 길모어는 머핀과 비슷한 떡에 대해서도 언급하는데 익힌 옥수수를 맷돌로 갈아서 만든다고 하였다. 길모어는 이 시기 조선에 제분소가 없는 것 같으며 때문에 절구를 이용해 밀가루를 만든다고 하였다.

한편, 릴리어스 호튼 언더우드(L. H. Underwood: 1851-1921)는 『상투의 나라(Fifteen Years among the Top-Knots)』에서 떡은 쌀과 기름을 섞어 만드는 것이라고 하였으며 바츨라프 세로세프스키(Vatslav Seroshevskii: 1858-1945)는 『코레야, 1903년 가을(Корея)』에서 떡에 대해 전분으로 만든 "역겹고 끈적끈적하며 느끼한 음식"이라고 표현했다.

분류 : 음식
색인어 : 떡, 가래떡, 바츨라프 세로세프스키, 릴리어스 호튼 언더우드, 윌리엄 길모어
참고문헌 : 윌리엄 길모어 저, 신복룡 역, 『서울풍물지(Korea from its capital)』(집문당, 1999); L.H.언더우드 저, 신복룡·최수근 역, 『상투의 나라』(집문당, 1999); 바츨라프 세로세프스키 저, 김진영 등역, 『코레야, 1903년 가을』(개마고원, 2006)
필자 : 서모란

떡(유리이사금과 석탈해)

『삼국사기(三國史記)』 「신라본기(新羅本紀)」에서 보이는 유리이사금(儒理尼師今: ?-57)의 고사를 보면 떡이 왕위를 결정하는 도구로 등장한다. 사건의 발단은 이렇다. 24년 신라 제2대 왕이었던 남해차차웅(南解次次雄: ?-24)이 죽었다. 원래대로라면 다음 신라왕은 태자인 유리가 되어야만 했다. 그런데 『삼국유사(三國遺事)』에선 남해차차웅이 죽기 직전 자신이 죽은

후 아들과 사위를 가리지 않고 나이가 많고 현명한 자에게 왕위를 넘길 것을 유언으로 남겼다.

이 유언을 들은 유리는 평소 덕망이 있으면서도 동시에 남해왕의 사위이자 국정을 총괄하던 석탈해(昔脫解: ?-80)에게 왕위를 넘기고자 했다. 이때 석탈해가 임금은 보통 사람이 할 수 없으며 훌륭하고 지혜로운 사람이 왕이 되어야 하는데 평소 석탈해가 듣기로 이가 많으면 훌륭하고 지혜롭다고 하니 떡을 물어 누구의 이가 더 많은지를 보자고 제안했다.

떡을 물어 시험해보니 유리의 이가 더 많았기에 유리가 왕위에 올랐다. 유리가 왕위에 오른 이후 이사금이란 칭호를 쓰게 됐다. 김대문(金大問: ?-?)은 이사금이 곧 잇금[齒理]을 가리킨다고 하였는데 잇금이란 곧 연장자를 가리키는 말로 당시 신라에선 이가 많으면 연장자로 여겨졌고 연장자일수록 현명하게 여겨졌음을 짐작케 한다.

분류 : 음식
색인어 : 삼국사기, 삼국유사, 유리왕, 석탈해, 떡, 잇금, 이사금
참고문헌 : 김부식,『삼국사기』; 일연,『삼국유사』
필자 : 이민재

떡(『잡기고담』)

조선시대 이선(李選) 공은 이름난 가문의 직계 자손으로 일찍이 과거에 올랐으나 좋은 벼슬은 얻지 못했다. 평생에 시 짓기를 좋아하여 날마다 흥얼거렸는데, 이웃의 이초로(李楚老) 공은 늘 '시상이라고는 전혀 없군!', '시를 보는 안목이라곤 전혀 없군!' 하면서 그의 시를 비판하였다. 어느 날 같이 있던 동료들 중 한 사람이 이초로 공에게 말하기를 "자네는 어째서 아무개의 시를 비판하는가? 나는 늘 입에 침이 마르도록 칭찬하고는 떡을 실컷 얻어먹곤 하는데 그 맛이 여간 아니라네."라고 하였다. 평소에 이초로 공은 술은 못 마시는 대신에 떡을 무척 좋아하였는데, 동료의 이 말을 듣고 귀가 솔깃하여 "아무개 집 떡 맛이 어떻기에?"라고 물으니, 동료는 군침을 삼키며 "그 좋은 맛을 뭐라고 형용할까? 냄새가 구수한 데다 달고 물렁한 것이 천하제일 가는 맛이라네."라고 하였다.

이에 다음 날 이초로 공은 떡을 얻어먹을 작정을 하고 이선 공을 찾아가 근래 지은 시를 보자고 했다. 이선 공이 자신이 지은 어떤 시를 내어놓자 이초로 공은 깜짝 놀라며 "오늘날에는 이렇게 지을 사람이 없는데, 자네는 어떻게 이런 글을 지을 수 있었나? 두보가 아니면 소동파의 솜씨가 분명하네.", "자네의 시는 요즘 사람들을 훨씬 뛰어넘어 옛사람들을 따라잡은 셈일세. 내가 늘 자네에게 감복해왔지만 이런 경지에 이르렀으리라곤 생각지 못했네.", "내 오늘 자네에게 두 손을 바짝 들었네." 등으로 극찬을 하였다. 그러니 이선 공은 너무나 기분이 좋아 여종을 불러 점심상을 극진히 차려 오라고 했다. 조금 후 상을 들여오는데 백설기, 찹쌀떡, 녹두콩떡, 꿀떡, 석이떡을 비롯하여 갖가지 떡과 음식이 그득하고, 떡에는 대추와 밤을 넣어 냄새가 구수한 데다 달고 물렁한 것이 과연 일품이었다. 이초로 공은 배불리 먹고 난 뒤 다시 시를 쓴 종이를 끌어당겨 보면서, 이제는 그 전과 달리 시가 아무런 기품이 없다고 비난하였다. 그러자 이선 공은 "자네는 어째서 처음에는 좋다고 했다가 나중에 와서 헐뜯는 것인가?"라고 화를 내니, 이초로 공은 "난 그저 자네 집 떡이 탐나서 그랬을 뿐일세."라고 말하고 도망치듯 집을 나왔다. 이선 공은 화가 천둥같이 나서 주먹을 휘두르며 때리려고 덤벼들었다.

떡을 소재로 한 흥미로운 일화인데, 이 이야기는 조선시대 임매(任邁: 1711-1779)가 편찬한 야담집『잡기고담(雜記古談)』에 실려 있다. 임매는 야담집『천예록』을 편찬한 임방(任埅: 1640-1724)의 손자이다. 이 야담집에는 '고담'이라는 제목에서 알 수 있듯이, 편찬자가 직간접적인 경험으로 채록한 다양한 소재의 옛이야기들이 다수 수록되어 있다. '떡'은 우리의 대표적인 음식으로서, 그 종류가 매우 다양하다. 위 일화에 나오는 '백설기'는 멥쌀가루를 켜를 얇게 잡아 설탕물을 내려서 시루에 안쳐 쪄낸 떡으로, 티 없이 깨끗하고 신성한 음식이라는 뜻에서 어린아이의 삼칠일, 백일, 첫돌의 대표적인 음식으로 쓰며, 사찰에서 재

(齋)를 올릴 때 또는 산신제, 용왕제 등 토속적인 의례에도 쓰인다. 그리고 '석이떡'은 귀리를 곱게 빻아 석이를 섞고 꿀물에 반죽한 다음 놋으로 된 시루에 찐 떡을 말한다. 그 외에 찹쌀떡, 녹두콩떡, 꿀떡은 각각 찹쌀, 녹두, 꿀을 사용하여 만든 떡이다.

분류 : 문학
색인어 : 떡, 잡기고담, 임매
참고문헌 : 임매 저, 김동욱 역, 『잡기고담』(보고사, 2014)
필자 : 차충환

밀가루떡(「하나씩의 별」)

무엇을 실었느냐 화물열차의
검은 문들은 탄탄히 잠겨졌다
바람 속을 달리는 화물열차의 지붕 우에
우리 제각기 드러누워
한결같이 쳐다보는 하나씩의 별

두만강 저쪽에서 온다는 사람들과
쟈무스에서 온다는 사람들과
험한 땅에서 험한 변 치르고
눈보라 치기 전에 고향으로 돌아간다는
남도 사람들과
북어쪼가리 초담배 밀가루떡이랑
나눠서 요기하며 내사 서울이 그리워
고향과는 딴 방향으로 흔들려 간다

푸르른 바다와 거리 거리를
설움 많은 이민열차의 흐린 창으로
그저 서러이 내다보던 골짝 골짝을
갈 때와 마찬가지로
헐벗은 채 돌아오는 이 사람들과
마찬가지로 헐벗은 나요
나라에 기쁜 일 많아
울지를 못하는 함경도 사내

총을 안고 뽈가의 노래를 부르던
슬라브의 늙은 병정은 잠이 들었나

바람 속을 달리는 화물열차의 지붕 우에
우리 제각기 드러누워
한결같이 쳐다보는 하나씩의 별

이용악(李庸岳: 1914-1971)의 시집 『이용악집』(1949)에 수록된 작품이다. 이용악은 일본 도쿄 조치대학[上智大學] 신문학과 재학 중 1935년 『신인문학』에 시 「패배자의 소원」을 발표하여 등단했고, 재학시절 김종한과 동인지 『이인(二人)』을 발간하기도 했다. 1939년 귀국해 『인문평론』 편집기자로 근무했다. 일제 강점기의 척박한 상황 속에서 고생하며 살아가던 민중의 모습을 사실적인 어법으로 그려내면서 삶의 애환을 표현했다. 8·15 광복 후 '조선문학가동맹'에서 활동하였고, 1950년 6·25전쟁 때 월북했다. 시집으로 『분수령』, 『낡은 집』, 『오랑캐꽃』, 『이용악집』 등이 있다.

이용악 연구서

이 시는 광복을 맞이하여 러시아 지역에 살던 사람들이 귀환하는 장면을 사실적으로 그려냈다. 겉으로는 초라한 차림이지만 마음에는 저마다 희망을 가지고 귀환하는 유랑민의 모습을 형상화했다. 북쪽을 떠돌던 이주민들이 두만강을 넘어 화물열차를 타고 남쪽으로 이동하는데 거기 함경도가 고향인 시인도 함께 내려오며 동지적 연대감을 나타내고 있다. '쟈무스'는 중국 송화강 남쪽 러시아 국경 지대의 지명이며, '뽈가'는 러시아 민속음악 폴카를 말하고 슬라브는 러시아에 거주하는 종족의 이름이다. 이 시에 소재로 사용된 밀가루떡은 당시 서민들의 가난한 생활상을 알려주는 음식이다.

분류 : 문학
색인어 : 하나씩의 별, 이용악, 북어쪼가리, 밀가루떡

참고문헌 : 이용악, 『이용악집』(동지사, 1949)
필자 : 이숭원

방울떡

19세기 서울의 떡집에서는 3월 시절음식으로 방울떡을 만들어 팔았다. 홍석모(洪錫謨: 1781-1857)는 『동국세시기(東國歲時記)』에 방울떡에 대해 자세히 기록하였다. 그에 따르면, 방울떡은 멥쌀가루 반죽에 소를 넣고 손으로 오므려 2-5개씩 붙여 만든 작고 흰떡으로, 생긴 모양이 마치 방울을 닮았다 하여 방울떡이라는 이름이 붙여졌다고 한다.

방울떡을 만드는 법은 다음과 같이 두 가지 방식이 있다. 먼저, 멥쌀가루 반죽에 콩으로 만든 소를 넣어서 손으로 머리 쪽을 오므린 후, 오색 물감을 들여 다섯 개씩 포개어 구슬처럼 꿴다. 또는 붉은색, 파란색, 흰색으로 송편처럼 반달형으로 만들어 작은 것은 다섯 개씩, 큰 것은 두세 개씩을 대꼬치로 꿴다. 이 때문에 방울떡은 산떡, 혹은 산병(饊餅)이라고도 불렸다.

분류 : 의례
색인어 : 시절음식(時食), 방울떡, 산떡, 산병(餅)
참고문헌 : 홍석모 저, 최대림 역, 『동국세시기』(홍신문화사, 2006)
필자 : 양미경

서여향병(『규합총서』)

서여(薯蕷)는 마를 뜻한다. 다른 말로는 산약(山藥)이라고도 한다. 때문에 서여향병(薯蕷香餅)을 다른 말로 산약병(山藥餅)이라고도 한다. 『규합총서(閨閣叢書)』(1809)는 서여향병의 조리법에 대해 간단하게 서술하고 있다. 조리법은 다음과 같다. 생마를 꿀에 담근 뒤 가늘게 썬 잣을 묻힌다. 혹은 찹쌀가루를 묻혀 지진다.

서여향병과 유사한 음식은 몇 가지 고조리서에 등장하는데 마를 크게 조각내어 사용한 것과 가루를 내거나 으깨어 사용한 것으로 나눌 수 있다. 『산가요록(山家要錄)』(1450)의 조리법은 『규합총서』와 같이 마를 쪄서 자른 뒤 꿀을 바르고 잣가루를 묻힌 것이다. 그러나 『요록(要錄)』(1680년경)이나 『임원경제지(林園經濟志)』(1835년경), 『역주방문(曆酒方文)』(1800년대 중엽)은 마의 형태를 유지하지 않고 가루를 내거나 삶아서 반죽한 뒤 만든 떡이다.

분류 : 음식
색인어 : 규합총서, 빙허각 이씨, 서여향병, 마, 산약, 산약병, 산가요록, 요록, 임원경제지, 역주방문
참고문헌 : 빙허각 이씨 저, 이민수 역, 『규합총서』(기린원, 1988); 빙허각 이씨 저, 정양완 역, 『규합총서』(보진재, 2008); 『고농서국역총서 8 산가요록』(농촌진흥청, 2004); 작자 미상, 『요록』; 서유구 저, 조신호 외 역, 『임원경제지(정조지)』(교문사, 2007); 작자 미상, 『역주방문』
필자 : 서모란

석탄병(『규합총서』)

『규합총서(閨閣叢書)』(1809)에 나오는 석탄병(惜呑餅)은 멥쌀가루와 감가루, 설탕을 넣어서 찐 떡으로 맛이 좋아 차마 삼키기 아깝기 때문에 '아낄 석(惜)'자에 '삼킬 탄(呑)'자를 써서 석탄병이란 이름이 붙었다고 한다. 『규합총서』에서는 석탄병의 맛을 '감열(甘烈)'하다고 하였는데 이는 단맛이 강하다, 혹은 달고 향긋하다고 해석할 수 있다.

『규합총서』의 석탄병 만드는 방법은 다음과 같다. 수분이 많은 단감(수시, 水柹)은 껍질을 벗기고 말린 뒤 가루로 만든다. 재료의 비율은 감가루 2에 멥쌀가루 1이며 설탕을 많이 섞은 뒤 맛을 보아 단맛이 덜하면 꿀을 더 넣는다. 귤병(귤을 설탕에 졸인 것)과 민강(편강, 생강을 설탕에 졸인 것)을 얇게 썬 것과 잣가루, 계핏가루를 섞는다. 대추, 삶은 황률을 채쳐서 잣가루와 섞어 위를 덮도록 뿌린다. 종이를 덮어서 찐다.

석탄병에 들어가는 재료 중 주재료인 감가루, 귤병, 민강 등은 모두 단맛이 있는 재료이며 여기에 사탕가루(설탕)와 꿀을 더해 단맛이 강하다. 이를 통해 이 떡의 맛을 '감열'하다고 표현한 이유를 짐작할 수 있다.

한편 석탄병 조리법은 『주식시의(酒食是儀)』(19세기 후반), 『조선무쌍신식요리제법(朝鮮無雙新式料理製法)』(1924), 『조선요리제법(朝鮮料理製法)』(1934)에도 나타나 있는데 『주식시의』의 조리법이 특히 『규합총서』와 거의 일치하며 다른 요리책의 조리법도 『규합총서』와 상당히 유사하다. 그러나 『조선요리제법』

1934년 판본에서는『규합총서』에 사용된 재료 외에도 녹두를 쪄서 고물에 더하고 있으며 이후 판본에도 녹두고물이 사용되고 있다.

분류 : 음식
색인어 : 석탄병, 규합총서, 빙허각 이씨, 주식시의, 조선무쌍신식요리제법, 조선요리제법, 감
참고문헌 : 빙허각 이씨 저, 이민수 역,『규합총서』(기린원, 1988); 빙허각 이씨 저, 정양완 역,『규합총서』(보진재, 2008); 이용기,『조선무쌍신식요리제법』(한흥서림, 1924); 방신영,『조선요리제법』; 연안 이씨,『주식시의』
필자 : 서모란

웃기떡

웃기란 큰 잔치에 떡, 과자, 절육 등의 음식을 고일 때 위에 마지막으로 장식하는 작은 음식을 말한다. 또한 모양을 내기 위하여 얹는 것이기에 온면이나 냉면, 떡국 등 건지를 고명처럼 얹는 것을 웃기라 부른다. 이것은 웃고명, 꾸미, 교태라는 표현을 쓰기도 한다.

특히 접시에 시루에 찐 편편한 떡 위에 모양을 내기 위해 얹은 떡이 웃기떡이다. 이것은 여러 가지 색깔로 물을 들여 다양한 모양으로 오밀조밀 작게 만드는 것이 특징이다.

1800년대에 쓰인 음식책인『시의전서(是議全書)』에는 '갖은 웃기'라고 해서 여러 가지 웃기떡이 소개되었다. 주악, 단자, 잡과편, 계강과, 두텁떡, 화전, 생산승, 인절미, 경단, 절편, 증편, 송편, 개피떡, 꼽장떡 등이다. 이 책에 맨 처음 나오는 흰주악, 치자주악, 대추주악 등 주악은 찹쌀가루를 반죽하여 소를 넣고 송편 모양으로 빚어 기름에 튀겨낸 떡이다. 치자 또는 대추 다진 것을 넣어 흰색 이외에도 노란색과 붉은색을 띤 주악을 만든다. 단자는 찹쌀가루를 쪄서 치댄 후 자그마한 크기로 만들어 고물을 묻히는 떡이다. 귤병단자, 밤단자, 석이단자, 승검초단자 등이 있다. 잡과편도 단자와 비슷하게 만들어 대추채·밤채·석이채·잣가루 등의 고물을 묻힌 떡이다.

계강과는 찹쌀가루와 메밀가루를 섞어 생강과 계피를 넣어 세뿔지게 만들어 찌고 지지는 떡이며, 두텁떡은 거피팥을 쪄서 볶아 만든 거피팥고물을 시루에 뿌린 다음 찹쌀가루를 한 수저씩 놓고 고물과 대추, 밤, 잣 등을 얹고 다시 찹쌀가루를 넣고 팥고물을 얹어 찐 떡이다.

화전은 찹쌀가루를 익반죽하여 동글납작하게 빚어 기름에 지진 떡이며, 생산승은 색을 들여서 화전처럼 얇고 넓적하게 밀어 족집게로 집어 모양을 내어 지져 즙청해 잣가루, 계피가루를 묻힌 떡이다. 인절미는 찹쌀을 쪄서 찧어 작게 썰어 고물을 묻힌 떡이며, 경단은 찹쌀가루를 반죽하여 끓는 물에 삶아 고물을 묻힌 떡이다.

증편은 멥쌀가루에 술로 반죽하여 발효시킨 후 찐 떡이며, 절편은 멥쌀가루에 물을 내려 쪄서 절구나 안반에 끈기가 나게 친 다음 길게 빚어서 떡살로 문양을 내어 자른 것이고, 개피떡은 절편 덩어리를 얇게 밀어 팥소를 넣고 접은 다음 반달 모양으로 찍어 공기가 들어가게 한 떡이다. 개피떡보다 작고 갸름하게 만들어 셋씩 붙이고 반만 꼬부려서 만드는 떡이 꼽장떡이다.『시의전서』에 따르면, '제사에 쓸 주악은 송편만 하게 빚고 잔치에 쓸 주악은 대추만 하게 빚는다.', '잔치 산승은 잘게 하라.'라고 했다. 이러한 웃기떡들은 용도에 따라 크기를 달리하였다. 제사에는 크게 만들고, 잔치에 쓰는 떡은 그보다 작게 만들었다.

방신영(方信榮: 1890-1977)이 쓴『우리나라 음식 만드는 법』에는 떡류를 나눌 때 편과 편웃기로 구분하여 기록했다. 떡을 쌓아올릴 때 편편한 시루떡 종류를 '편', 그 위에 올리는 색색의 작은 떡 종류를 '편웃기' 즉 웃기떡이라 한다. 고임떡을 만들던 시기까지는 떡의 종류를 이와 같이 나누었지만 고임떡을 하지 않으면서 점차 떡의 분류는 조리법별로 나누기 시작하였다. 요즘은 찌는 떡, 지지는 떡, 빚는 떡, 삶는 떡으로 구분하여 떡의 종류를 나눈다. 고임떡을 하지 않게 되면서 점차 웃기떡이라는 용어가 사라지고 있다.

분류 : 음식
참고문헌 : 작자 미상,『시의전서』; 방신영,『우리나라 음식 만드는 법』(국민서관, 1962); 한복려,『쉽게 맛있게 아름답게 만드는 떡』(궁중음식연구원, 1999)
필자 : 이소영

원소병(『규합총서』)

『규합총서(閨閤叢書)』(1809)에는 정월 대보름의 음식인 원소병의 조리법이 나온다. 원소병은 찹쌀로 만든 경단을 설탕물에 넣어 먹는 음식이다.

『규합총서』에 소개되어 있는 원소병 조리법은 다음과 같다. 찹쌀가루를 고운 체에 거른 뒤 사탕(설탕) 물에 반죽한다. 이 반죽으로 경단을 만드는데 이때 대추를 찐 것을 걸러 소로 넣는다. 삶아서 설탕물에 띄워 먹는다. 『규합총서』에 따르면 원소병은 중국에서 전해진 음식이다. 이 책은 중국의 정월 대보름을 원소절(元宵节)이라 하기 때문에 원소병(元宵餠)이란 이름이 붙었다고 하였다.

반면 이보다 뒤에 출간된 『조선요리제법(朝鮮料理製法)』(1921)과 『조선무쌍신식요리제법(朝鮮無雙新式料理製法)』(1924)에는 유사한 조리법이 기록되어 있지만 원소병의 유래에 대해서는 다르게 설명한다. 이 책은 중국 삼국시대에 하북에 살던 문인인 원소(袁紹: ?-202)라는 사람이 만들어 먹었던 떡이며 그의 이름을 따서 원소병(袁紹餠)이라 불렀다고 하였다.

원소병 조리법은 18세기에 조선의 조리서에 등장하기 시작하는데 이 당시 조선에는 설탕이 거의 전무했으나 20세기가 되면 설탕을 구할 수 있었기 때문에 이들 조리서에 서술된 것으로 보인다.

1957년에 나온 책 『이조궁정요리통고(李朝宮廷料理通攷)』에 소개된 원소병 조리법은 조금 더 화려하다. 우선 찹쌀가루에 물을 들이지 않은 것, 각각 분홍색, 노란색 물을 들인 것으로 3색으로 준비하며 소에 잣이 들어간다. 대추 외에 귤병을 넣기도 한다.

분류 : 음식
색인어 : 규합총서, 조선요리제법, 조선무쌍신식요리제법, 이조궁정요리통고, 명절음식, 대보름, 원소병
참고문헌 : 빙허각 이씨 저, 이민수 역, 『규합총서』(기린원, 1988); 방신영, 『조선요리제법』; 이용기, 『조선무쌍신식요리제법』(한흥서림, 1924); 한희순·황혜성·이혜경 공저, 『이조궁정요리통고』(학총사, 1957)
필자 : 서모란

주악

주악은 찹쌀가루에 대추, 치자, 당귀잎, 파래 등으로 색을 들여 작은 만두처럼 빚어 기름에 지져 즙청한 떡으로 조악(助岳)이라고도 불렀다. 만들기가 간편하고 쉽게 굳지 않는 것이 특징이다.

이용기(李用基: 1870-1933)가 쓴 『조선무쌍신식요리제법(朝鮮無雙新式料理製法)』에서 주악의 조리법과 용도를 설명했다. 찹쌀가루를 물에 반죽하고 팥소를 꿀에 볶아 넣고 송편 빚듯 빚어 끓는 기름에 지진다. 지지게 되면 부풀어 오르고 맛이 아주 좋으며 양 귀가 뾰족하기 때문에 '조각'이라 부른다. 제사나 손님 대접상에 웃기떡으로 쓰인다고 하였다.

주악은 제사나 손님을 접대할 때 고임떡 위에 장식하는 웃기떡으로 쓰였다. 1800년대 말의 요리책인 『시의전서(是議全書)』에 따르면, 제사에 쓸 주악은 송편만 하게 빚고, 잔치에 쓸 주악은 대추만 하게 빚는다고 했다. 용도에 따라 주악의 크기가 달랐다.

주악에 들어가는 부재료 또는 색을 내는 재료에 따라 주악이름이 달라진다. 대추주악, 치자주악, 당귀(승검초)주악, 치자주악, 국화잎주악, 석이주악, 토란주악 등이다. 『윤씨음식법(1854 추정)』에는 주악에 부재료 넣는 조리법이 자세히 기록되어 있다. '당귀가 나는 철이면 생잎을 찧어 사용한다. 당귀 잎을 말려서 만든 마른 가루를 써도 좋고 국화잎을 사용해도 맛이 좋다. 김을 가루로 만들어 반죽해 써도 빛깔은 검지만 맛은 산뜻하다. 연시를 껍질과 속을 제거하고 반죽해서 주악을 만들어도 빛깔이 좋기는 하지만 치자주악보다는 못하다. 가을에 생토란의 껍질을 벗기고 갈아서 반죽을 하여 주악을 만들면 빛깔이 희고 부드러우며 연해서 노인들에게 대접하기도 좋다. 꿀에 재우기와 양념은 방법대로 따라서 한다. 주악의 소로는 팥 볶은 것과 꿀을 섞어 사용하며 한여름에는 깨로 만든 소를 사용해도 좋다.'고 하였다.

주악은 궁중의 연회에 오른 음식이다. 고종(高宗: 1863-1907)의 즉위 40주년을 기념하고 보령 51세를 축하하기 위해 1902년(고종 39) 11월에 베푼 진연(進宴)에서 고종이 받은 상차림에는 각색조악(各色助岳)과 화전(花煎)을 함께 담아 올렸다. 각색조악은 찹쌀

을 가루 내어 대추와 당귀잎가루로 색을 내어 만든 것이다.

무엇보다도 주악은 개성주악이 유명하다. 개성에서는 주악이라는 이름보다 '우메기'라고 부른다. '우메기 빠진 잔치는 없다'라는 말이 있을 정도로 혼례 폐백이나 잔칫상에 많이 올렸던 떡이다.

분류 : 음식
참고문헌 : 『진연의궤(進宴儀軌)』(1902); 작자 미상, 『시의전서』; 이용기, 『조선무쌍신식요리제법』(한흥서림, 1924); 작자 미상, 윤서석 외 3인 공저, 『음식법(할머니가 출가하는 손녀를 위해서 쓴 책)』(아쉐뜨아인스미디어, 2008); 전희정·이효지 외 공저, 『한국민속종합조사보고서(향토음식 편)』(문화공보부 문화재관리국, 1984)
필자 : 이소영

화병(『반찬등속』)

19세기 말 저술되어 1913년 필사된 것으로 알려진 충청북도 청주시의 『반찬등속』에는 '화병'이라는 독특한 떡 조리법이 나온다.

떡은 '인절미'와 동일하게 만드나 고물이 특이하다. 고명에는 총 세 가지 재료가 들어간다. 고추와 달걀, 그리고 파란 콩이 그것이다. 이 책은 '좋은 고추를 실같이 오린 것' 즉 실고추와 달걀 황백 지단을 부쳐 가늘고 짤막하게 자른 것, 그리고 파란 콩가루를 고물로 한다. 우선 실고추와 달걀을 섞어서 묻히고 파란 콩고물은 '살짝' 뿌린다. 이렇게 만든 고물은 달걀의 흰색과 노란색 간간히 섞인 실고추의 붉은 색, 파란 콩가루의 연한 푸른빛이 섞여, 맛뿐 아니라 시각적인 아름다움까지 더했을 것으로 보인다.

분류 : 음식
색인어 : 반찬등속, 인절미, 화병
참고문헌 : 충청북도 청주시, 『반찬등속』(휴먼컬쳐아리랑, 2015)
필자 : 서모란

환떡(3월 시식)

홍석모(洪錫謨: 1781-1857)가 쓴 『동국세시기(東國歲時記)』에는 3월에 먹는 봄철의 시절음식(時食)으로 환떡이 소개되고 있다. 환떡은 생긴 모양이 둥근 고리 모양을 닮았다 하여 환떡, 고리떡, 혹은 환병(環餅)이라 불렸고, 그중 큰 것은 특별히 말굽떡, 혹은 마제병

(馬蹄餅)이라 하였다. 환떡에 필요한 주재료는 소나무 속껍질과 제비쑥, 그리고 쌀가루다. 미리 마련해둔 여린 소나무 속껍질과 갓 돋아난 제비쑥을 곱게 빻아 고리 모양으로 오색의 둥근 떡을 만든다.

분류 : 음식
색인어 : 시절음식(時食), 환떡, 고리떡, 환병(環餅), 말굽떡, 마제병(馬蹄餅)
참고문헌 : 홍석모 저, 최대림 역, 『동국세시기』(홍신문화사, 2006)
필자 : 양미경

환병(섣달 그믐날 시식)

조선 후기 섣달 그믐날에 승려들이 자정(子正)이 오기를 기다렸다가 문밖에 와서 큰 소리로 부처님께 올릴 재미(齋米)를 달라고 외쳤다(『경도잡지(京都雜誌)』, 『열양세시기(洌陽歲時記)』, 『동국세시기(東國歲時記)』). 이들을 재미승(齋米僧)이라고 하는데, 그들에게 쌀을 내어주면 새해에 복을 받는다 하여 집집마다 아낌없이 쌀을 퍼주었다.

또한 환병(換餅)이라 하여 옛날에는 재미승의 떡 한 개와 속인의 떡 두 개를 서로 바꿔 먹는 풍습이 있었다. 이와 같이 승려의 떡을 얻어 아이에게 먹이면 어린아이가 마마를 이기고, 설사 마마에 걸린다 해도 곱게 한다고 여겨서 어린아이를 둔 집에서는 환병을 했다. 이 풍습은 병마로부터 아이를 지키고자 했던 부모들의 간절함에서 비롯된 것이라고 생각된다.

분류 : 음식
색인어 : 환병(換餅), 재미승(齋米僧), 마마
참고문헌 : 유득공 저, 최대림 역, 『경도잡지』(홍신문화사, 2006); 김매순 저, 최대림 역, 『열양세시기』(홍신문화사, 2006); 홍석모 저, 최대림 역, 『동국세시기』(홍신문화사, 2006); 홍석모 저, 진경환 역, 『도하세시기속시』(『서울, 세시, 한시』, 보고사, 2003)
필자 : 양미경

떡국

이덕무(李德懋: 1741-1793)는 1764년 음력 12월 그믐날에 스물다섯 살의 을유년 새해를 맞이하면서 「세시잡영(歲時雜詠)」이란 시를 지었다. "웃는 얼굴로 만나는 사람끼리 축복하는데, 소자의 소원이 무엇이냐

하면, 어머니의 폐병이 나으시길 빌 뿐이네." 그러면서 당시 한양의 새해맞이 모습도 시구로 적었다. 그러면서 "밉기도 하여라 흰 떡국[生憎白湯餠], 동글동글 작은 동전 같은 것이, 사람들의 나이를 더하게 하니, 슬퍼서 먹고 싶지 않구나."라고 읊조렸다.

본래 이덕무의 시는 한문으로 작성되었다. 흰 떡국은 당연히 '백탕병(白湯餠)'이라 적었다. 한자 그대로를 번역하면 '흰 국떡'이 되지만, 그 의미로 보아 '흰 떡국'이다. 조선시대 문헌에서 떡국은 병탕(餠湯) 혹은 탕병(湯餠)이라 적었다. 이덕무가 백탕병이라고 적은 이유는 흰색의 가래떡을 강조하기 위해서였다. 왜냐하면 흰색의 가래떡은 한자로 백병(白餠)이라고도 적었기 때문이다.

이덕무보다 훨씬 앞서 살았던 이식(李植: 1584-1647)은 『택당집(澤堂集)』의 「제찬(祭饌)」에서 정월 초하룻날 모시는 제사의 제물로 각 위패마다 병탕과 만두탕(曼頭湯) 한 그릇씩을 올린다고 했다. 당시만 해도 서울의 사대부가의 설날 차례에 떡국과 만둣국이 올랐던 것이다. 만둣국은 아마도 고려 말 원나라의 영향을 받으면서 중국 설날에 먹던 만둣국이 조선의 지배층에 전해졌을 가능성이 많다. 하지만 밀가루를 구하기 어려웠던 조선에서 겨울에 만둣국을 마련하기가 결코 쉽지 않았다. 결국 멥쌀가루로 가래떡을 빚어 고기 국물에 넣어 병탕을 만들었을 가능성이 많다.

18세기가 되면 설날 아침에 떡국 먹는 풍속은 적어도 서울에서는 당연한 일처럼 되었다. 유득공(柳得恭: 1749-1807)의 『경도잡지(京都雜誌)』, 김매순(金邁淳: 1776-1840)의 『열양세시기(洌陽歲時記)』, 홍석모(洪錫謨: 1781-1857)의 『동국세시기(東國歲時記)』에 어김없이 섣달그믐이나 설날에 떡국 먹는 풍속이 기록되어 있다. 그중에서 가장 상세하게 적은 『열양세시기』의 기록을 살펴보자. "좋은 쌀로 가루를 내어 체를 쳐서 고르고 맑은 물에 반죽하여 찐 것을 안반에 놓고 떡메로 오래 친 다음 조금씩 떼어 손으로 비벼 문어발처럼 둥글고 길게 늘인 모양의 떡을 만드는데, 이것을 권모(拳模)라고 말한다. 미리 준비해 둔 장국이

끓을 때 가래떡을 동전 모양으로 얇게 썰어 넣으면 끈적거리지도 않고 부서지지도 않아 좋다. 또 여기에 돼지·소·꿩·닭 등의 고기를 넣는다. 섣달그믐 밤중에 집 식구 수대로 끓여 한 그릇씩 먹는다. 이것을 병탕(餠湯)이라고 한다. 여항에서는 어린아이 나이를 물을 때 '여태 떡국 몇 그릇 먹었냐.'고 묻는다."

그러나 19세기 설날의 떡국 먹기는 전국적인 현상이 아니었다. 이옥(李鈺: 1760-1815)은 충군(充軍)으로 경상도 삼가현(지금의 경상남도 합천군 삼가면)에 유배되어 있으면서 1800년 설날을 이곳에서 맞이했다. 그는 "영남의 하층 백성들은 섣달그믐날 정오에 선대에 대한 제사를 지내는데, 떡국을 사용하지 않고 밥과 국·어육(魚肉)·주과(酒果)를 차려놓고 흠향하게 하니 일반 풍속과는 다르다."고 적었다. 또 "우리나라 풍속에 떡국 그릇으로 나이를 계산하는데, 나는 금년에 떡국을 먹지 않았으니 한 해를 얻은 셈이요, 너희들은 지금까지 세월을 헛먹는 것이다."라는 말도 하였다.

개성사람들은 떡국의 떡을 다른 지방과 다르게 만들었다. 김이 모락모락 올라오는 가래떡을 받아든 개성사람들은 이것을 나무칼로 돌려가며 마치 장구 모양처럼 떡국을 썰어냈다. 또 어떤 집에서는 굵은 실의 한 끝을 입에 물고 두 가닥 가래떡을 그 끈으로 묶어서 달랑 끓여내기도 했다. 그러면 실이 굵기 때문에 떡살 둘이 붙어 끊겨서 저절로 장구 모양의 떡이 되었다. 소고기를 넣고 끓인 장국에 이것을 넣고 다시 끓이면 개성식 떡국이 되었다. 개성사람들은 이 떡국을

떡국ⓒ하응백

특별히 조랭이떡국이라 불렀다. 사실 '조랭이'라는 말은 '조롱'에서 나왔다. 특히 허리가 잘록한 조롱박을 이 떡국이 닮았다 하여 조랭이떡국이라 부른다. 그런데 고려 이전부터 장삿술에 능했던 개성사람들이 이 조랭이 떡국을 새해 아침에 먹었던 이유는 그것이 마치 엽전꾸러미와도 닮았기 때문이다. 곧 새해에도 집안에 재물이 넘쳐 나기를 바라는 뜻에서 조랭이떡국을 먹었다고 한다.

1926년 2월 14일자 〈동아일보〉 5면에는 당시의 서울 북촌의 설날 모습이 소개되었다. "서울 북촌의 거리에는 수일 전부터 갈비·꿩·귤·술병, 기타 가지각색의 세찬을 혹은 이고 혹은 또 지고 다니는 남녀노소로 때 아닌 장터를 이루어오는 한편으로 귀여운 딸과 어린 아들의 손을 잡은 부녀들이 혹은 옷전으로 혹은 신가게로 혹은 구두방으로 사랑하는 자녀들의 설빔에 분망하다." 여기에서 세찬(歲饌)이라 함은 설날에 먹는 음식을 가리킨다. 그런데 이 중 꿩은 꿩고기로 떡국의 국물을 만드는 데 쓰였던 재료였다. 꿩고기는 조선시대에 소고기보다 국물을 만드는 데 훨씬 많이 쓰인 고기 재료였다. 꿩을 사냥하는 일을 놀이로 했던 양반들에게 노동력을 제공하는 소보다 꿩고기는 쉽게 구할 수 있는 장점이 있었다. 그래서 육고기가 필요하면 닭보다 꿩이었고, 소고기보다 꿩고기였다. 하지만 식용을 위해서 소를 키우기 시작하는 20세기에 들어와서 야생의 꿩고기보다 소고기가 떡국 국물을 만드는 데 더 자주 이용되었다.

조선총독부는 공식적인 양력을 사용하도록 강요하였다. 식민지시기 서울에 유학을 와서 북촌 일대에서 하숙을 하던 조선인 학생들에게는 명절 설날에도 학교를 가야 하는 고달픔이 있었다. 물론 떡국을 먹는다는 생각은 상상도 못할 일이었다. 이런 상황에서 북촌의 떡국집 한 곳이 문을 열어 화제가 되었다.

1926년 2월 14일자 〈동아일보〉에는 「지방학생 위해 떡국집은 개점」이란 제목의 기사도 실렸다. "초하룻날 떡국이 팔릴 것 같지 아니하여 화동(花洞) 어떤 떡국집 주인에게 물어보았더니 '서울에 집이 있는 사람이야 누가 오늘 같은 날 떡국을 못 먹겠습니까마는 오늘 떡국을 먹지 못하면 까닭 없이 섭섭하다 하여 부모를 떠나 시골서 올라온 학생들의 주문이 하도 많기에 이렇게 문을 열었습니다. 그도 그럴 것이 아닙니까 하숙집에서 떡국까지 끓여 주는 집이 어디 싶습니까' 하며 말을 한다."는 것이다. 조선총독부의 강요에도 1926년 즈음에도 서울의 조선인들은 여전히 음력 설날을 쇠고 있었다. 당연히 설이란 이름도 신문에 떳떳하게 등장했다. 그러나 1930년대 후반이 되면 설이란 이름이 신문지상에서 사라진다. 심지어 떡국을 먹지 말자는 캠페인이 벌어지기도 했다. 쌀밥 먹기도 어려운데 왜 아깝게 떡국을 먹느냐는 주장이었다. 이 모두 전쟁에 몰입했던 일본 제국주의가 만들어낸 결과였다.

1950년대 이후 섣달그믐은 물론이고 설날 아침에 떡국 먹는 풍속은 전국으로 퍼져나갔다. 그러나 경상남도·전라남도 일부 지역의 가문에서는 설날에 '떡국차례'를 모시는지, 모시지 않는지를 따지기도 하였다. '떡국차례'를 모시지 않는 집안에서는 설날 아침에 떡국도 먹지 않았다. 1980년대 중반 이후 쌀이 남아돌면서 설날 떡국 이야기는 예전 같지 않게 되었다.

분류 : 음식
색인어 : 떡, 경도잡지, 열양세시기, 동국세시기
참고문헌 : 『택당집(澤堂集)』; 「세시잡영(歲時雜詠)」; 『경도잡지(京都雜誌)』; 『열양세시기(洌陽歲時記)』; 『동국세시기(東國歲時記)』; 이옥(실시학사 옮김), 『완역 이옥 전집 2 그물을 찢어버린 어부』(휴머니스트, 2009); 주영하, 「이옥이 기록한 18-19세기 조선의 음식」(『이옥 문학 세계의 종합적 고찰』, 화성시, 2012); 주영하, 「1609-1623년 충청도 덕산현 사대부가의 세시음식-조극선의 『인재일록』을 중심으로」(『藏書閣』, 2017)
필자 : 주영하

가래떡

가래떡은 멥쌀가루를 찐 다음 떡메에 쳐서 길게 모양을 잡은 것이다. 떡가래라고도 하며 흰떡, 혹은 백병(白餅)이라고도 한다. 조선 후기 한양의 세시풍속을 담은 김매순(金邁淳:1776-1840)의 『열양세시기(洌陽歲時記)』(1819)에서는 가래떡을 권모(拳模)라고 하였다. 현대 사전의 정의에 따르면 권모는 골무떡, 즉 멥쌀가루로 만든 골무 크기의 작은 떡을 뜻한다.

『열양세시기』는 정월의 시식으로 떡국을 설명하며 주재료인 가래떡 만드는 법을 설명하고 있는데, 쌀가루를 쪄서 목판(木板)에 놓고 쳐서 조금씩 떼어낸 뒤 팔초어(八梢魚), 즉 문어 다리처럼 둥글고 길게 만든 것이라고 하였다. 비슷한 시기에 쓰인 세시기인 홍석모(洪錫謨:1781-1857)의 『동국세시기(東國歲時記)』는 이를 백병(白餠), 즉 흰떡이라고 하였다.

가래떡 만드는 자세한 방법은 1900년대 이후 조리서에서 확인할 수 있다. 방신영(方信榮: 1890-1977)의 『조선요리제법(朝鮮料理製法)』 1921년 판의 흰떡 만드는 방법은 다음과 같다. 멥쌀로 떡가루를 만들어서 끓는 물을 넣어 축축하게 만든 다음 시루에 안쳐 '지에 찌듯' 찐다. 여기서 지에는 지에밥, 즉 떡을 만들거나 술을 빚기 위해 시루에 찐 밥을 말한다. 찐 것을 안반에 놓고 인절미 만들 때처럼 오래 친 다음 떡가래를 만든다. 『조선요리제법』 1934년 판의 흰떡 만드는 법은 1921년 판에 비해 재료의 명칭이 약간 달라지며 설명도 조금 더 자세해진다. 우선 백미로 떡가루를 만들어서 끓는 물로 익반죽을 한다. 이때 덩어리가 지지 않도록 하여 시루에 안쳐 찐다. 찐 것을 안반에 놓고 오랫동안 꽈리가 일도록 친다. 손에 물 칠을 하여 떡가래 모양으로 만든다.

1924년 출판된 이용기(李用基: 1870-1933)의 『조선무쌍신식요리제법(朝鮮無雙新式料理製法)』도 1921년도 『조선요리제법』과 같은 방법의 흰떡 만드는 법을 소개하고 있는데, 단, 아주 좋은 멥쌀을 써야 한다고 하였다.

가래떡은 주로 둥글납작한 모양으로 썰어 떡국을 끓여 먹는 데 이용되었다. 가래떡으로 만드는 음식은 떡국 외에도 다양한데, 길쭉하게 썰어 떡볶이를 만들거나 양념한 고기와 함께 꼬지에 꿰어 떡산적을 만들기도 하였다. 흰떡을 가래떡 모양으로 빚지 않고 작게 만들어 떡수단을 만들기도 하였으며 작게 자르고 색깔을 들여 골무떡으로 만들기도 하였다.

작자 미상의 1800년대 조리서 『시의전서(是議全書)』는 떡국[湯餠]외에도 흰떡으로 만드는 다양한 요리를 소개하고 있다. 흰떡을 고기와 같은 길이로 썰어 파와 함께 양념해 굽는 떡산적, 흰떡을 여러 가지 재료와 함께 볶아서 만든 떡볶이, 가늘게 만든 흰떡을 작은 크기로 잘라 녹말을 씌운 뒤 삶아 차가운 꿀물에 넣어 먹는 수단 등이 그것이다.

『윤씨음식법』(1854 추정)에는 떡 반죽을 아주 가늘게 밀어 만드는 흰떡국수라는 음식도 나온다. 흰떡국수는 멥쌀을 주재료로 하여 만들었으므로 이를테면 일종의 쌀국수라 할 수 있는데, 떡으로 만든 것이기 때문에 그 질감은 툭툭 끊기는 베트남의 쌀국수와 달리 매우 쫀득쫀득할 것이다. 이 책은 흰떡국수를 국수사리 대신 사용하면 국수보다 더 맛있고, 또 잡탕이나 냉면에 사용해도 좋다고 하였다.

분류 : 음식
참고문헌 : 김매순, 『열양세시기』; 국립민속박물관 편, 『조선대세시기. 3, 경도잡지, 열양세시기, 동국세시기』(국립민속박물관, 2007); 작자 미상, 『시의전서』; 이용기, 『조선무쌍신식요리제법』(영창서관, 1924); 방신영, 『조선요리제법』(광익서관, 1921); 방신영, 『조선요리제법』(한성도서, 1934); 작자 미상, 『윤씨음식법』
필자 : 서모란

떡국(『시의전서』)

『시의전서(是議全書)』(1800년대 후반)에서는 떡국의 음식명을 '湯餠(탕병)'과 '떡국'으로 병기하였다. 『시의전서』의 떡국은 육수는 꿩고기 육수를 쓰며 고명으로는 약산적을 올린다.

자세한 조리법을 살펴보면 우선 떡을 얇게 썰어 팔팔 끓는 고기장국에 잠깐 넣었다가 꺼낸다. 생치국(꿩고깃국)을 끓인 뒤 국물에 고기 볶은 즙을 넣고 다시 떡을 넣는다. 위에 약산적을 만들어 얹고 후춧가루를 뿌린다. 장국을 옆에 두고 계속 부어가면서 먹는다. 저자는 떡국 조리법 마지막에 "젓국에 꾸미를 넣어 끓이면 환자가 회복하는 데에 제일 좋다."고 하였다. 여기서 꾸미는 고명을 뜻한다.

떡국 조리법에 등장하는 '생치국'은 『시의전서』에 간단한 조리법이 나오는데, 꿩을 각을 떠서(조각내어) 무, 파, 마늘 등의 양념을 넣고 주무른 다음 간을 맞추어 끓이는 국이다. 떡국을 처음 데쳐내는 국물을 그냥 고기장국이라고 칭하였지만 이 국물 역시 꿩 육수일 것으로 보인다. 고명으로 얹는 약산적 역시 『시의전서』에 나온다. 소고기를 썰어 진장으로 양념하여 꼬지에 꿰어 석쇠에 구운 것이다. 여기서 진장이란 오래 묵어서 진해진 간장(조선간장)을 뜻한다.

분류 : 음식
색인어 : 시의전서, 떡국, 병탕, 약산적, 생치국, 꿩
참고문헌 : 작자 미상, 『시의전서』; 이효지 외 저, 『시의전서(우리음식 지킴이가 재현한 조선시대 조상의 손맛)』(신광출판사, 2004)
필자 : 서모란

생떡국(충북)

생떡국은 쌀가루를 반죽하여 길게 가래떡 모양으로 만든 뒤 익히지 않고 썰어 육수에 넣고 끓여내는 음식이다. 쌀가루를 시루에 쪄서 안반에 오래 쳐서 모양을 빚어 만드는 가래떡과 달리 쌀가루를 반죽하여 떡이 아닌 반죽상태로 국물에 넣어 끓이기 때문에 생떡국이라는 이름이 붙었다. 날떡국이라고도 한다.

생떡국은 국물을 내는 재료에 따라 다양한 종류가 있는데, 국물 재료는 지역에 따라 상이하다. 농촌진흥청 국립농업과학원의 『전국향토음식용어사전』(2010)에 따르면 경남에서는 소고기를 볶다가 물을 붓고 끓인 육수에 국간장으로 간을 한다. 충청도에서는 바지락을 주로 사용하며 겨울철에는 굴을 넣기도 하였다. 전북에서는 닭 육수를 사용한다. 떡의 주재료인 쌀가루의 경우는 주로 멥쌀가루를 사용하지만 충청도 지역에서는 멥쌀가루에 찹쌀가루를 섞어 만들기도 한다고 하였다.

근대 조리서들의 생떡국 만드는 법을 보면 떡만 다르게 만들어 넣을 뿐 끓이는 방법은 떡국과 같다고 하였다. 1924년 출판된 이용기(李用基: 1870-1933)의 『조선무쌍신식요리제법(朝鮮無雙新式料理製法)』에는 생떡국이라는 한글명과 함께 生餅湯(생병탕)이라는 한문 이름을 병기하였다. 이 책은 멥쌀가루를 이용하거나 맷돌에 불린 쌀을 갈아 동전과 같이 만들어 떡국처럼 끓여 먹는다고 하였다.

1934년 방신영(方信榮: 1890-1977)의 『조선요리제법(朝鮮料理製法)』도 생떡국 만드는 법이 일반 떡국 만드는 방법과 같다고 하였다. 이 책의 생떡국 만드는 방법의 특징은 쌀가루를 반죽할 때 물과 함께 달걀을 넣는다는 점인데 이렇게 만든 떡반죽을 도토리만 하게 모양을 빚어 맑은 장국에 넣어 끓인다. 떡이 떠오르면 달걀을 풀고 산적을 고명으로 얹어 먹는다. 반면, 『조선요리제법』의 개정판인 1946년 『조선음식 만드는 법』의 생떡국 조리법에는 떡 반죽이나 국물에 달걀이 들어가지 않는다.

분류 : 음식
참고문헌 : 이용기, 『조선무쌍신식요리제법』(영창서관, 1924); 방신영, 『조선요리제법』(한성도서, 1934); 농촌진흥청 국립농업과학원, 『전국 향토음식용어사전』(교문사, 2010)
필자 : 서모란

첨세병(떡국)

설날에는 절식(節食)으로 떡국을 먹었다. 떡국은 '떡으로 만든 탕'이라 하여 병탕(餅湯)으로도 불렸다. 조선 후기 사람들의 풍속을 기록한 『경도잡지(京都雜誌)』, 『열양세시기(洌陽歲時記)』, 『동국세시기(東國歲時記)』는 설날에 차려 먹는 세찬으로 하나같이 병탕(餅湯)을 들고 있다.

앞에서 언급한 세시기에는 떡국 만드는 법이 자세히 기록되어 있다. 떡국을 만들기 위해서는 우선 쌀을 이용해 떡을 만들 필요가 있다. 그러려면 멥쌀을 곱게 가루 내어 물로 반죽하여 찐다. 그런 다음, 안반(案盤: 떡을 치는 데 쓰이는 받침) 위에 올려놓고 떡메로 마구 쳐서 조금씩 떼어 길고 가느다란 모양의 떡을 만든다. 『경도잡지』에서는 나뭇가지처럼 길게 만들라 했고, 『동국세시기』는 긴 다리 모양으로 만들라고 했다. 또한 『열양세시기』는 둥글고 긴 모양이 마치 문어발 같다고도 했다. 이처럼 가늘고 긴 모양의 흰떡을 한자로는 백병(白餅), 혹은 권모(拳模)라 했고, 우리말로는 가래떡이라고 불렀다. 이렇게 가래떡이 만들어지면 그것을 동전처럼 얇게 썰어 장국에 넣고 끓인 다음, 소고기나 꿩고기 등으로 맛을 내고 산초가루를 친다.

떡국은 세찬 가운데 빠져서는 안 되는 음식으로 인식되었다. 최남선(崔南善: 1890-1957)은 『조선상식문답(朝鮮常識問答)』에서 신년은 천지만물의 부활과 신생(新生)을 의미하기 때문에 정갈하고 깨끗한 흰떡과 그 떡으로 만든 국으로 절식(節食)을 삼았다고 주장하였다. 설날 떡국은 제사상에도 올리고 손님 접대에도 쓰였다. 특히 항간에서는 떡국을 먹어야만 나이를 한 살 더 먹는다고 하여 아이들에게 나이를 물을 때 떡국 먹은 그릇 수로 묻곤 했다. 그래서 떡국을 먹지 못하면 나이를 한 살 더 먹지 못한다고 하여, 이덕무(李德懋: 1741-1793)는 이를 '나이를 먹게 하는 떡'이라는 의미의 '첨세병(添歲餅)'이라고도 불렀다(『청장관전서(靑莊館全書)』). 그러므로 빨리 어른이 되고픈 아이들은 앉은 자리에서 떡국을 몇 그릇씩 먹어치우는 풍경을 연출하기도 했다.

하지만 어린아이들과 달리, 나이 든 노년의 선비들은 또 다시 새해를 맞이하고, 또 다시 떡국을 먹어 나이를 한 살 더 먹는 일이 즐겁기만 한 것은 아니었다. 떡국에 '첨세병'이라는 별칭을 지어준 이덕무는 동글동글 동전처럼 작은 떡국을 앞에 두고서 "사람들 나이를 더하게 하니 서글퍼 먹고 싶지 않구나."라며 늙어감을 탄식하였다.

분류 : 의례
색인어 : 병탕(餅湯), 떡국, 설날, 절식(絶食), 첨세병(添歲餅)
참고문헌 : 이덕무 저, 신호열 역, 『청장관전서』(한국고전번역원, 1978); 유득공 저, 최대림 역, 『경도잡지』(홍신문화사, 2006); 김매순 저, 최대림 역, 『열양세시기』(홍신문화사, 2006); 홍석모 저, 최대림 역, 『동국세시기』(홍신문화사, 2006);
필자 : 양미경

탕병(강박)

묵은 해 다 가고 새해가 이르니
달도 처음 날도 처음 정월 초하루라네
풍속에서 이 날은 떡국을 중시하기에
전날 밤 집집마다 떡치는 소리 울린다네
舊歲去盡新歲至 月正元朝爲元正
俗風是日重湯餅 前夕家家擊餅聲

*강박, 「설날의 풍속을 적다[元朝紀俗]」

조선 후기의 문인 강박(姜樸: 1690-1742)이 1733년 설날의 풍속을 노래한 작품 중 첫 번째 수로 칠언절구의 형식으로 되어 있다. 강박은 본관이 진주고, 자는 자순(子淳), 호는 국포(菊圃)다. 18세기 남인(南人) 시맥의 중추적인 인물로 평가된다. 문집 『국포집(菊圃集)』이 전한다.

강박은 한 해가 시작되는 설날에 떡국을 먹는다고 하고 이를 준비하기 위해 섣달 그믐이면 집집마다 떡치는 소리가 울려퍼진다고 하였다. 떡국은 나이를 한 살 더 먹게 한다고 하여 세병(歲餅)이라 한다. 권모(權母)라고도 하는데 권씨 집안의 노파가 처음 만들었다는 데서 나온 말이라 한다.

이정주(李廷柱: 1673-1732)도 "설날 아침으로 차린 것, 사람마다 떡국 한 사발이라. 요란하게 세배를 하고, 훤하게 설빔을 입는다네. 명절은 젊은이들에게 좋지만, 세월은 늙은이를 슬프게 하네[元日備朝饌 餠湯人一盃 紛紛行禮數 燦燦着袍襦 名節欣年少 流光感老夫]."라 하여 설날의 풍속과 이에 대한 느낌을 생생하게 그렸다. 그런데 여기서 이른 것처럼, 설날은 아이들에게는 기쁜 날이지만 노인에게는 인생의 무상함을 느끼게 한다. 떡국을 먹으면 또 나이를 먹기 때문이다.

이덕무(李德懋: 1741-1793)는 「첨세병(添歲餅)」에서 "천만 번 방아와 절구에 찧어 눈빛으로 뭉쳤으니, 신선이 먹는 불로장생의 음식과도 비슷하네. 해마다 나이를 더하는 게 그저 미우니, 슬프게도 나는 이제 먹고 싶지 않구나[千杵萬椎雪色團 也能仙竈比金丹 偏憎歲歲添新齒 怊悵吾今不欲餐]."라 하였다. 그리고 이 시의 주석에서 "세시(歲時)에 흰떡을 쳐서 만들어 썰어서 떡국을 만드는데 추위나 더위에 잘 상하지도 않고 오래 견딜 뿐 아니라 그 조촐한 품이 더욱 좋다. 풍속이 이 떡국을 먹지 못하면 한 살을 더 먹지 못한다고 한다. 그래서 나는 억지로 이름을 첨세병(添歲餅)이라 하고, 이를 노래한다."라고 한 바 있다. 또 「세시잡영(歲時雜詠)」에서 "얄미워라 흰 떡국은, 동글동글 작은 동전 같은데. 사람들의 나이를 더하게 하니,

슬퍼서 먹고 싶지 않구나[生憎白湯餠 如錢小團團 解添人人齒 惻愴不肯餐].”라 거듭 말한 바 있다.

그런데 떡국은 대보름이나 단오에도 먹었지만 돌이나 생일에도 먹었다. 떡국을 먹으면 나이를 한 살 더한다 하여 생일을 일러 탕병일(湯餠日)이라 하고 또 생일잔치를 탕병회(湯餠會)라 불렀다. 다만 중국에서는 이때의 탕병이 떡국이 아니라 따뜻한 국수를 가리킨다. 생일만 국수 먹는 풍속이 이래서 나왔다. 물론 조선에서는 밀가루로 만든 국수가 흔한 음식이 아니었기에 떡국을 먹을 때가 많았다.

분류 : 문학
색인어 : 떡국, 세병, 권모, 강박, 이덕무
참고문헌 : 강박, 『국포집』; 이정주, 『몽관시고』; 이덕무, 『청장관전서』; 이종묵, 『한시마중』(태학사, 2012)
필자 : 이종묵

탕병(『봉성문여』)

조선 후기 사람 이옥(李鈺: 1760-1815)은 저잣거리 사람들의 삶을 진솔하게 그려낸 문인으로 잘 알려져 있다. 그는 정월 초하룻날 설차례 지내는 풍속에도 관심을 가져 이에 대한 기록을 남겼다.

이옥에 따르면, 정월 초하룻날에는 대개 떡국으로 제사를 지내는 것이 서울과 지방에서 통용되는 풍속이었다고 한다. 그런데 유독 영남의 하층민들은 떡국 대신, 밥과 국, 어육, 과일, 술을 차려놓고 제사를 지냈다. 제사를 마친 후 마을의 한 아이가 제사음식을 싸서 심부름을 오자, 이옥은 그 아이에게 “우리나라 풍속에 떡국 그릇으로 나이를 계산하는데, 나는 금년에 떡국을 먹지 않았으니 한 해를 얻은 셈이요, 너희들은 지금까지 세월을 헛먹은 것이다.”라며 농을 건넸다. 오늘날 우리는 설날이면 으레 떡국을 먹어야 한 살 더 먹는다는 이야기를 주고받곤 하는데, 이옥이 살았던 시대에도 그러한 이야기가 통용되었던 모양이다.

이옥이 남긴 이야기 중 또 한 가지 주목할 만한 점은 당시 서울과 지방에서는 대체로 설차례에 떡국을 진설했다는 사실이다. 그래서 떡국 없이 설차례를 지내고 있는 영남의 하층민들이 이옥에게는 굉장히 낯설게 보였던 듯하다. 그렇다면, 설차례에 떡국을 올리는 풍습은 언제부터 행해졌을까? 이에 대한 기록이 거의 없어서 그 자세한 사정을 자세히 알 수 없으나, 조선 중기 사람 이식(李植: 1584-1647)이 살았던 시대에는 떡국과 함께 만둣국을 진설하였다. 이식은 『택당집(澤堂集)』에서 설차례의 제물 진설법에 대해 설명하였는데, 병탕(餠湯: 떡국)과 만두탕(曼頭湯) 각 한 그릇, 과일 세 종류, 포와 혜는 각각 한 그릇씩, 적(炙)은 세 꼬치를 담아 한 접시를 올린다고 했다.

또한 조선 후기에 태어나 근대시기를 살았던 최영년(崔永年: 1856-1935)도 「명절풍속(名節風俗)」(『해동죽지(海東竹枝)』에 수록되어 있음)에서 매년 설날 아침 조상님께 떡국을 올린 다음 온 집안 식구끼리 그것을 먹는다고 했다. 여기서 그는 설차례나 명절차례 대신 ‘떡국차례’라는 용어를 사용하고 있는데, 이는 메 대신 떡국을 올린다 하여 붙여진 이름이다.

분류 : 의례
색인어 : 떡국, 설차례, 떡국차례, 이옥, 이식, 최영년
참고문헌 : 이식, 『택당집』; 최영년, 『해동죽지』; 이옥 저, 실시학사 고전문학연구회 편역, 『完譯 李鈺 全集2-그물을 찢어버린 어부』(휴머니스트, 2009)
필자 : 양미경

떡볶이

떡볶이는 이름 그대로 떡을 양념에 볶아 만든 음식이다. 떡볶이의 의미는 시기에 따라 변화하였는데, 우선, 근대 20세기 중반까지는 가래떡에 소고기, 돼지고기, 버섯 등 각종 재료를 넣고 간장으로 간을 하여 볶은 것을 떡볶이라고 하였다. 최근에는 가래떡과 어묵을 넣고 고추장과 고춧가루로 매운맛을 낸 음식을 떡볶이라고 여기며 기존의 간장 양념의 떡볶이는 ‘궁중떡볶이’라는 이름으로 구별하여 부른다.

떡볶이의 한글이름에 대응할 만한 한자어는 발견되지 않았다. 다만, 1924년 출판된 이용기(李用基: 1870-1933)의 『조선무쌍신식요리제법(朝鮮無雙新式料理製法)』은 한글로 떡복기(떡볶이)라고 쓰고 떡 병(餠)

자에 볶을 오(熬) 자를 사용한 餠熬(병오)라는 한자 이름을 병기하였는데, 다른 조리서에서는 이 한자어가 나타나지 않는 것으로 보아 널리 쓰인 이름은 아닌 것으로 보인다.

작자 미상의 1800년대 조리서『시의전서(是議全書)』를 비롯하여 조선 후기 조리서에 떡볶이의 조리법이 나타나는데 주로 소고기나 돼지고기와 함께 흰떡을 간장 등으로 양념하여 볶거나 끓이는 방식이다. 부재료로는 표고버섯, 석이버섯이 많이 사용되며 고명으로는 잣이나 달걀지단이 많이 쓰인다. 1847년의 조리서인『주식방문』의 떡복기(떡볶이)는 다진 소고기와 돼지고기, 흰떡을 양념한 뒤 장국을 넣고 볶으라고 하였으며 표고버섯, 석이버섯, 달걀 부친 것, 박우거지, 호박고지 등도 넣으면 좋다고 하였다. 1921년 방신영(方信榮: 1890-1977)의『조선요리제법(朝鮮料理製法)』에는 떡볶이와 떡볶이 별법이라는 이름의 조리법이 각각 나타나 있다. 두 가지 음식 모두 비슷한 양념과 재료가 들어가는데 가장 큰 차이는 떡볶이는 냄비에 끓여 만들며 떡볶이 별법은 솥에 볶아 만든다는 점이다.

1936년 1월 〈동아일보〉는 '조선요리성분계산표'라는 내용으로 잡채, 전골, 떡볶이 등의 음식의 식재료 각각의 중량, 단백질, 지방, 전분 성분을 분석한 표를 몇 차례에 걸쳐 실었다. 이중 떡볶이의 재료를 분석한 표를 보면 떡볶이의 재료는 실백, 소고기, 버섯, 미나리, 석이, 파, 참기름, 떡, 표고, 계란, 소금, 간장, 깨소금, 후춧가루, 물 등 15가지이다(〈동아일보〉 1936년 1월 11일자).

1950년대 이전의 조리서에서 설탕을 넣은 떡볶이의 조리법이 나타나는 경우는『조선무쌍신식요리제법』외에는 드물다. 반면, 1957년 한희순(韓熙順: 1889-1972) 등이 집필한『이조궁정요리통고(李朝宮廷料理通攷)』등의 1950년대 이후 조리서와 신문 기사의 떡볶이 조리법에서는 설탕이 자주 사용된다.

한편, 떡볶이를 설날음식의 한 가지로 꼽기도 하였는데 이는 설날을 맞이해 많이 장만해둔 가래떡을 활용

궁중떡볶이ⓒ수원문화재단

할 방편이었던 것으로 여겨진다. 1950년대 이후 신문 기사에서는 12월, 1월에 설날 음식으로 떡볶이 조리법을 소개하고 있다. 1958년 〈동아일보〉 지면에는 조숙임의 과세용(過歲用) 떡볶이, 즉, 설날 음식으로 떡볶이의 조리법이 소개되었다. 조리법은 다음과 같다. 연한 살코기(소고기)를 간장, 후추, 깨소금, 기름, 마늘로 양념한다. 흰떡, 즉 가래떡은 4cm 길이로 잘라 네 쪽이나 두 쪽으로 갈라서 끓는 물에 삶아 물기를 뺀다. 프라이팬에 기름을 두르고 양념한 고기를 볶다가 흰떡을 넣어 볶는다. 손질해서 삶거나 볶아서 마련해 둔 각종 재료(밤, 대추, 은행, 표고버섯, 석이버섯)를 섞어 볶는다. 싱거우면 간장, 기름을 넣어 간을 맞추고 설탕을 두 큰술을 넣어 단맛을 낸다(〈동아일보〉 1958년 12월 27일자). 이어 1960년에는 한점남의 조리법이 실렸는데 흰떡과 소고기가 들어가고 간장, 설탕 등으로 맛을 낸다는 것에서 1958년 조숙임의 조리법과 비슷하다. 이처럼 설날 음식으로 소개한 떡볶이 역시 대부분 간장, 설탕으로 양념한 떡볶이이다.

현대의 떡볶이를 대표하는 고추장 떡볶이는 대체로 신당동식 즉석 떡볶이와 분식점에서 한 번에 많이 만들어 두고 온도를 유지한 채 덜어서 파는 떡볶이로 구분할 수 있다. 고추장 떡볶이의 유래를 이야기할 때 가장 먼저 거론되는 것은 신당동 떡볶이와 이의 원조로 알려진 고 마복림(馬福林: 1921-2011) 할머니이다. 진위여부는 알 수 없으나, 생전 인터뷰 기사에 따라 내용을 재구성해보면, 1940년대 후반 복개 전 하천변

에서 옥수수와 가래떡 등을 판매하던 마복림이 1953년경, 중국집에서 자장면 그릇에 우연히 가래떡을 빠뜨렸고, 그에 아이디어를 얻어서 자장의 재료인 춘장과 고추장을 풀어 넣은 고추장 떡볶이를 개발하게 되었다고 한다(〈매일경제〉 1987년 12월 28일자; 〈동아일보〉 2011년 12월 17일자).

신당동 떡볶이는 휴대용 가스레인지 위에 냄비를 올리고 떡과 어묵, 양배추, 당근 등의 재료를 넣고 국물을 자작하게 넣어 끓여가면서 먹는 음식이다. 추가로 라면이나 쫄면 등을 넣을 수 있는데 이를 '사리'라고 한다. 사리는 원래 국수나 실 따위를 감아놓은 뭉치를 뜻하는 단어였으나 최근에는 전골이나 탕 등에 별도의 비용을 내고 추가하여 넣는 국수, 라면, 수제비 등의 재료를 통틀어서 사리라고 한다.

분식점의 떡볶이는 번철에 물이나 육수를 담고 고추장, 고춧가루, 설탕, 물엿 등의 양념을 풀고 떡과 어묵을 넣은 뒤 걸쭉해지도록 끓이는데, 다 된 후에도 국물이 너무 되직하면 어묵국물이나 물을 부으며 계속 가열한다. 주문하면 바로 접시에 담아서 낸다.

분류 : 음식
색인어 : 고추장, 떡국, 고추, 석이버섯, 어묵, 호박, 잣, 소고기, 미나리, 소금, 간장, 후추, 조선요리제법, 시의전서, 이조궁정요리통고, 조선무쌍신식요리제법
참고문헌 : 작자 미상, 『시의전서』; 방신영, 『조선요리제법』(광익서관, 1921); 이용기, 『조선무쌍신식요리제법』(영창서관, 1924); 한희순 외, 『이조궁정요리통고』(학총사, 1957); 「조선요리성분계산표 (끝) 떡볶이 7人分」, 〈동아일보〉 1936년 1월 11일; 「過歲用(과세용)떡볶이」 〈동아일보〉 1958년 12월 27일; 「떡볶이 전문점」, 〈매일경제〉 1987년 12월 28일; 「신당동 떡볶이 '진짜 원조' 마복림 할머니 별세」, 〈동아일보〉 2011년 12월 17일
필자 : 서모란

떡볶이(『시의전서』)

『시의전서(是議全書)』(1800년대 후반)에서는 떡볶이의 조리법에 대해 간단히 설명하고 있다. 『시의전서』의 떡볶이 조리법은 '볶이'라는 어미에 맞게 떡을 잠깐 볶은 뒤 조리하는 것이 특징이다.

조리법을 살펴보면 흰떡을 탕무(탕에 넣는 무)처럼 썰어서 잠깐 볶아서 만들며 양념이나 조리법은 찜을 만드는 것과 같이 만들라고 하였으나 단, 다른 찜에 들어가는 가루즙은 넣지 말라고 했다. 가루즙은 밀가루나 전분 등을 물에 갠 것으로 음식을 만들 때 넣어 조리하면 점성과 윤기를 더하며 음식이 쉽게 식지 않도록 한다.

『시의전서』의 떡볶이는 고기나 채소 등으로 만든 찜과 실려 있다. 다른 찜과 같은 조리법으로 하라고 하였으나 각 찜의 의 양념이나 부재료가 달라서 어떤 양념을 썼는지 정확히 알 수 없다. 단, 1950년대 이후 생겨난 고추장 떡볶이 이전의 떡볶이(떡볶음)에는 간장이 주로 쓰였으므로 간장을 사용하였을 것으로 보인다. 떡볶이와 함께 언급된 가리찜이나 연계찜에서도 양념에 대한 언급을 별도로 하지 않았으나 송이찜, 붕어찜, 게찜 등 다른 찜에 유장(기름과 장)을 사용한 것으로 보아 찜 종류에는 주로 장, 즉 간장이 사용된 것으로 추정된다.

분류 : 음식
색인어 : 시의전서, 떡볶이, 찜, 유장
참고문헌 : 작자 미상, 『시의전서』; 이효지 외 저, 『시의전서(우리음식 지킴이가 재현한 조선시대 조상의 손맛)』(신광출판사, 2004)
필자 : 서모란

떡살

떡살은 떡의 문양을 찍어 내는 가공용구이다. 주로 목재를 흔히 쓰나 사기와 자기로도 만들며, 형태는 원형·장방형 따위가 있다. 대체로 둥근 모양의 떡살은 도자기가 많고, 긴 모양은 목기가 많다. 문양은 꽃문양·선문양·길상문양 등으로 장식되어 있다.

떡살로 문양을 찍어 내는 방법은 곱게 친 떡을 지름이

떡살, 길이 38cm, 길이 40cm, 조선, 국립민속박물관

4-5cm 정도의 가래떡 모양으로 만들고, 이것을 임의의 크기로 썰어 표면에 참기름을 바르고 떡살로 눌러 문양을 새긴다.

분류 : 미술
색인어 : 떡, 떡살, 문양, 목기
참고문헌 : 『한국민속대관(韓國民俗大觀) 2』(고려대학교민족문화연구소, 1980); 한국학중앙연구원, 『한국민족문화대백과사전』;『한민족역사문화도감 식생활: 국립민속박물관 소장품』(국립민속박물관, 2007)
필자 : 구혜인

막걸리

국립국어원 국어사전에서는 막걸리를 맑은 술을 떠내지 아니하고 그대로 걸러 짠 술로 빛깔이 흐리고 맛이 텁텁한 우리나라 고유한 술이라고 정의하면서(『국립국어원 표준국어대사전』) 탁주와 막걸리를 동일한 대상을 가리키는 단어로 정의했다. 막걸리에 대한 한자어 표기는 탁주(濁酒), 혼돈주(混沌酒), 황주(黃酒), 농주(農酒) 등으로 다양했다.

그러나 막걸리와 탁주는 기준이 다른 용어이다. 막걸리는 술을 어떻게 걸렀는가를 기준하여, 즉 술을 거르는 방식이 거칠게 걸렀기 때문에 막걸리이고 탁주는 술의 빛깔을 척도로 삼아 그 빛깔이 탁한 술을 뜻한다. 또한 술에 붙는 세금과 관련한 법인 '주세법' 안에서 탁주는 세금을 붙이는 술의 한 종류로 규정되어 있지만 막걸리라는 용어는 쓰고 있지 않다. 오히려 법적으로 탁주를 생산하는 회사들이 상품명으로 막걸리를 쓰고 있다고 지적했다. 그렇지만 한국 내에서 일반 사람들이 대화할 때 탁주와 막걸리라는 용어는 국어사전 정의와 같이 큰 구별 없이 쓴다(허정구, 2011). 이 글에서도 일상적 의미로서 막걸리와 탁주를 동일 선상에서 파악하고자 한다.

속담 중 큰 이익을 보려다가 도리어 손해만 보았다는 뜻으로 '막걸리 거르려다 지게미도 못 건진다'라는 속담이 있다. 이 속담은 술을 담근 후 마지막으로 거를 때 최대한 지게미가 남지 않게 너무 거칠게 거르다 보면 오히려 고생스레 만든 술을 망칠 수도 있다는 뜻을 가진다.

막걸리는 현재까지도 소박함을 상징하는 술로 많은 이들이 즐기는 술이다. 『세조실록』1462년 음력 4월 14일에는 태종의 딸인 숙근옹주(淑謹翁主: ?-1450)와 결혼하여 부마가 된 무신 출신의 화천군(花川君) 권공(權恭: ?-1462)이 죽었다는 소식에 세조는 권공에 대한 기억을 회상했다. 그러면서 권공의 인물 됨됨이에 대해 마음이 바르고 진실하였으며 나라를 위해 많은 일들을 했다고 평했다. 그러면서 세조는 젊은 시절 권공의 집에 찾아갔던 일화를 신하들에게 말한다. 젊은 시절 세조가 권공의 집을 찾아가니 그 집안이 텅 비어 있고 권공은 손님을 대접하는 술로 탁주 두어 잔을 내왔다고 한다. 그만큼 권공이 소박한 삶을 살았음을 강조한 일화인데 막걸리가 소박함을 상징하는 술로 등장했다는 점이 눈에 띈다.

소박함이라는 표현은 곧 가난과도 연결될 수 있다. 막걸리 역시 가난을 나타내는 술로도 인식됐다. 윤기(尹愭: 1741-1826)는 『무명자집』에서 자신이 술을 끊게 된 계기와 다시 술을 마시게 된 과정에 대해 적은 「음설(飮說)」이라는 글에서 막걸리에 대한 기록을 남겼다. 이 글을 적던 당시 윤기는 52세라는 늦은 나이에 과거에 급제했지만 아직 관직에 나아가지 못해서인지 스스로 며칠 동안 밥을 못 지어 먹어 굶고 있다고 할 정도로 가난에 시달리고 있었다. 당연히 술은 생각도 할 수 없던 때였다. 그러나 「음설」을 쓰던 날, 마침 아내가 실을 팔아 겨우 돈 2문(文)을 만들어 막걸리를 사와 막걸리 한잔을 밥 대신 먹다가 막걸리 맛이 시고 또 떫어 다 먹지도 못한 채 자신의 술 먹는 버릇을 한탄한다. 이때 윤기가 했던 한탄이란 평소 술을 단숨에 먹지 않고 차 마시듯 맛을 느끼며 마시는 자신의 술버릇 때문에 밥 대신 먹어야 할 막걸리를 다 먹지 못함에 대한 한탄이었다. 하지만 그 한탄은 결국 자신이 겪고 있던 가난과 궁핍한 삶에 대한 한탄이었고 이 같은 상황을 드러내는 술이 바로 쉬어 빠진 막걸리였다는 점이 주목된다.

그래서 조선시대 금주령이 반포될 때에도 탁주는 농민들이 일을 하다가 먹는 술 혹은 가난한 이들이 먹는 술이었기에 금지하지 말자는 의견들이 심심치 않게 등장했다. 『영조실록』 1755년 음력 9월 8일 영조가 이듬해 정월부터 경외(京外)에 술 빚는 것을 금하는 금주령을 발포하면서도 예외로 군대에서 먹는 막걸리와 농민들이 먹는 보리로 만든 술[麥酒]와 막걸리는 막지 말아야 한다고 당부했다는 기록이 대표적이다.

식민지시기에 들어오면서 막걸리 역시 큰 변화를 겪는다. 대한제국 시기인 1909년 '주세법(酒稅法)'이 정해지면서 기존까지 집에서 세금을 내지 않고 담그던 막걸리 역시 세금을 내야 하는 '탁주'로 규정되고 집에서 담더라도 신고 이후 만들어 먹을 수 있었다. 1916년 조선총독부에서 '주세령'을 내리면서 술 제조에 대한 통제가 심해져 제조면허 없이는 술 제조가 어려워졌고 이후 여러 차례 개정을 통해 1932년에는 개인 중 제조면허를 받은 사람은 한 사람에 불과하게 됐다. 짧은 시간 동안 변화였던 만큼 지역 양조장에서 구입해서 먹는 경우가 늘어났지만 이마저 녹록치 않은 집에서는 감시의 눈을 피해 밀주(蜜酒)도 많이 만들어 먹었다(주영하, 2013). 해방 이후에도 막걸리는 한국의 식량문제와 경제정책 등에 따라 다양하게 주조를 금지당하기도 하고 쌀이 아닌 밀로 만들어야 되기도 했지만 여전히 서민들이 사랑하는 술로 자리잡았고 최근에는 다양한 방식의 막걸리를 만들고자 하는 시도를 하고 있다.

분류 : 음식
색인어 : 밀주
참고문헌 : 허정구, 1970: 「180년대 막걸리 소비 퇴조에 관한 민속학적 연구」, 중앙대학교 민속학과 석사학위논문(2011); 『국립국어원 표준국어대사전』; 윤기 저·강민정 역, 『무명자집』9(성균관대학교 출판부, 2013); 『세조실록』; 주영하, 『식탁 위의 한국사』(휴머니스트, 2013); 『영조실록』; 김준혁, 「조선시대 선비들의 탁주(濁酒) 이해와 음주문화」, 『역사민속학』(2014).

필자 : 이민재

막걸리(「파장」)

못난 놈들은 서로 얼굴만 봐도 흥겹다
이발소 앞에 서서 참외를 깎고
목로에 앉아 막걸리를 들이키면
모두들 한결같이 친구 같은 얼굴들
호남의 가뭄 얘기 조합 빚 얘기
약장사 기타 소리에 발장단을 치다 보면
왜 이렇게 자꾸만 서울이 그리워지나
어디를 들어가 섰다라도 벌일까
주머니를 털어 색시집에라도 갈까
학교 마당에들 모여 소주에 오징어를 찢다
어느새 긴 여름해도 저물어
고무신 한 켤레 또는 조기 한 마리 들고
달이 환한 마찻길을 절뚝이는 파장

신경림(申庚林: 1936-)의 시집 『농무』(1973)에 수록된 시 「파장」이다. 신경림은 주로 농민의 설움과 고단함을 노래하며 농촌 현실을 표현한 시인이다. 1956년 『문학예술』에 이한직의 추천을 받아서 시 「낮달」, 「갈대」, 「석상」 등을 발표하면서 문단에 나왔다. 민중의 삶에 뿌리박은 민요풍의 시에서 출발하여 인생과 사회를 넓게 조망하는 공동체 지향의 시로 세계가 확대되었다. 시집으로 『농무』, 『새재』, 『달넘세』, 『남한강』, 『가난한 사랑노래』, 『길』, 『쓰러진 자의 꿈』 등이 있으며, 평론집으로 『삶의 진실과 시적 진실』, 『민요기행』, 『우리 시의 이해』 등이 있다.

이 시는 어느 시골 장터에서 만난 농민들의 애환을 시

신경림 시인(2016)ⓒ조용호

간의 경과에 따라 진솔하고 토속적인 묘사로 압축하여 표현한 작품이다. 사소한 일상의 국면을 자연스럽게 드러내서 시인이 이야기하는 상황 속으로 쉽게 빨려들게 한다. 1970년대 산업화가 시작된 이후 급속하게 주저앉아가는 농촌의 우울한 현실을 오히려 생동감 있고 경쾌한 리듬으로 감칠맛 있게 표현한 뛰어난 걸작이다. 이 시에서 막걸리는 향토적인 정취를 더해주는 음식으로 등장한다.

분류 : 문학
색인어 : 파장, 신경림, 막걸리, 소주, 오징어, 조기
참고문헌 : 신경림,『농무』(창작과비평사, 1973)
필자 : 이숭원

백주(임헌희)

비 그치자 발 너머 맑은 바람 불어와
낮잠에서 막 깨어나니 온갖 근심 사라지네
아내가 막걸리 한 사발 내어오기에
여러 아이들 책 읽는 소리를 듣노라
雨過簾外淸風至 午睡初醒百慮輕
一盃濁酒山妻進 且聽群兒讀字聲

　　*임헌회, 「즉흥적으로 시를 지어 아이들에게 보이다[卽事示兒輩]」

세상에 자식놈 책 읽는 소리보다 아름다운 것이 있겠는가? 19세기의 학자 임헌회(任憲晦: 1811-1876) 역시 그러하였다. 본관은 풍천(豊川)이고, 자는 명로(明老), 호는 고산(鼓山) 혹은 전재(全齋), 희양재(希陽齋) 등을 사용하였다. 문집『고산집(鼓山集)』이 전한다.
세상이 어수선해지자 벼슬을 마다하고 공주 산골로 들어가 조용히 살고자 하였다. 한바탕 비가 뿌려지고 나니 시원한 바람이 불어온다. 그 덕에 졸다가 잠에서 깨어나니 절로 마음이 상쾌하겠다. 세상의 고민이 모두 다 사라진다. 마침 마음을 미리 알아차린 아내가 김치에 막걸리 한 사발을 내어온다. 그것만으로도 행복한데 귓가에 아이들의 책 읽는 소리가 낭랑하게 들려온다. 더 바랄 것이 없겠다.
옛 선비들은 마음의 평화를 위하여 풍요로움을 경계

하였다. 판서를 역임한 학자 이세화(李世華: 1630-1701)는 자신의 집을 막걸리의 집이라는 뜻으로 백주당(白酒堂)이라 하였다. 그는 집에 붙인 「백주당기(白酒堂記)」에서 "집을 막걸리라고 이름 붙인 이유는 무엇 때문인가? 주인이 술 마시기를 좋아하여 막사발에 막걸리를 담아 앞에 둔다. 그 맛이 진하고 색은 하얗다. 가격이 저렴하고 만들기도 쉬워 장만하기도 어렵지 않다. 배고플 때 요기가 되고 목마를 때 갈증을 풀어주는 것이 전적으로 여기에 달려 있다. 이에 그 집 이름을 이렇게 붙인 것이다."라 하였다. 막걸리로 집의 이름을 삼고서는 막걸리의 흰빛과 자신의 허연 머리카락이 잘 어울린다고 하였다.
그리고 "백발의 흰빛이여, 막걸리의 흰빛이여, 너는 내 마음에 꼭 드는구나. 옥쟁반의 진수성찬은, 천금의 값이라 장만할 수 없지만, 막사발에 부어 마시는 일은, 정말 초가집이라야 마땅하겠지. 나의 흰빛으로 너의 흰빛을 얻으리니, 막걸리야, 막걸리야, 빈방에 늘 흰빛이 돌게 하기를[白髮之白兮 白酒之白兮 爾能適我悃兮 玉盤珍羞 難辦千金價兮 瓦樽缶飮 正宜茅茨下兮 吾之白得爾之白 白酒兮白酒 庶幾使虛室而長白]."이라는 노래를 불렀다. 백발(白髮)의 노인이 초가를 뜻하는 백옥(白屋)에 살면서 백주(白酒)를 마시며 산다. 그러니 그의 삶은 절로 청백(淸白)의 절조가 있었다.『장자(莊子)』에는 텅 빈 방 안에서 흰빛이 생겨난다는 허실생백(虛室生白)이라는 말이 나온다. 보리밥에 막걸리를 먹고 마음 편하게 살면 마음의 방은 절로 밝아진다. 이것이 장수의 비결이 아니겠는가.
이와 함께 막걸리는 노인이 즐겨 마시지만 오히려 늙음을 잊게 하는 술이기도 하다. 이현일(李玄逸: 1627-1704)은 벗과 함께 시냇가에서 막걸리를 마시면서 "대낮이라 들판에 안개와 이슬이 걷혔기에, 벗들과 천천히 거닐며 맑은 유람 장만했네. 산속의 막걸리 다 마시고 나니 호기가 일어, 내 삶이 벌써 백발이 된 것 알지 못하겠네[當午郊原霧露收 携朋緩步辦淸遊 山醪倒盡豪情發 不覺吾生已白頭]."라 하였다. 가끔은 이런 호기도 필요할 것이다.

분류 : 문학
색인어 : 막걸리, 임헌회, 이세화, 이현일
참고문헌 : 임헌회,『고산집』; 이세화,『쌍백당집(雙栢堂集)』; 이현일,
『갈암집』; 이종묵,『한시마중』(태학사, 2012)
필자 : 이종묵

토주(「배경」)

제주읍에서는
어디로 가나, 등 뒤에
수평선이 걸린다.
황홀한 이 띠를 감고
때로는 토주를 마시고
때로는 시를 읊고
그리고 해질녘에는
서사(書肆)에 들리고
먹구슬나무 나직한 돌담 문전(門前)에서
친구를 찾는다.
그럴 때마다 나의 등 뒤에는
수평선이
한결같이 따라온다.
아아 이 숙명을. 숙명 같은 꿈을.
마리아의 눈동자를
눈물어린 신앙을
먼 종소리를
애절하게 풍성한 음악을
나는 어쩔 수 없다.

청록파 3인의 젊은 시절 사진. 박목월, 박두진, 조지훈

박목월(朴木月: 1915-1978)의 시집『난·기타』(1959)에 수록된 작품「배경」이다. 박목월은 초기에 향토적 서정성을 바탕으로 민요조를 개성 있게 수용하여 재창조한 시인으로 평가받았다. 그러나 중기 이후 서민들의 생활 현장과 다채로운 삶의 국면에 관심을 가지면서 시세계의 변화를 보였고, 말년에는 존재의 문제를 탐구하는 지적인 성찰의 자세를 보였다. 1939년『문장』지에「길처럼」,「그것은 연륜이다」,「산그늘」등이 추천되어 시단에 등단했다. 한양대 국문학과 교수로 있던 1978년 3월 고혈압으로 타계했다. 시집으로『청록집』(3인시집),『산도화』,『난·기타』,『청담(晴曇)』,『경상도의 가랑잎』,『무순(無順)』등이 있으며, 수필집으로『보라빛 소묘』,『밤에 쓴 인생론』등이 있다.

제주도는 그가 사랑의 도피 생활을 했던 장소지만, 이 시에서는 고독한 번민의 장소로 표현되었다. 제주도는 4면이 바다라 어디서든 수평선이 보인다. 등 뒤의 수평선이 유혹의 손길을 건네지만 그가 할 수 있는 것은 토주를 마시고 시를 생각하고 서점에 들러 책을 보고 친구의 집을 방문하는 일 정도다. 4면의 수평선이 오히려 그를 가로막는 경계선으로 작용하고 있다. 닫힌 공간 속에서 갑갑한 시간을 보내며 고민을 계속하고 있는 시인의 모습을 표현했다. 꿈을 따라 나아갈 수도 현실에 안주할 수도 없는 안타까운 심정을 표현했다. 그 답답한 세계에서 벗어나고 싶어 하는 화자의 심정이 토주를 마시는 일로 표현되었다. 토주는 그 지역의 특징을 살려 담은 술을 말하는데, 막걸리가 대표적인 술이어서 막걸리를 지칭하는 말로도 사용한다.

분류 : 문학
색인어 : 배경, 박목월, 토주
참고문헌 : 박목월,『난·기타』(신구문화사, 1959)
필자 : 이숭원

만두

만두는 다양한 재료로 만든 소를 피로 감싸서 익힌 음식이다. 한자어로는 饅頭(만두)라고 한다. 만두라는 용어는 중국의 만터우(饅头, mán·tou)에서 유래했다. 중국의 만터우는 밀가루 반죽을 발효시켜 만든 찐빵의 형태로 소가 들어가지 않는다. 얇은 피에 소를 감싸 익혀 만든 만두는 중국에서는 자오쯔[餃子, Jiao-zi] 즉, 교자라고 한다. 발효시켜 부풀린 밀가루로 만들어 소를 넣은 형태의 만두는 바오쯔[包子, bāo·zi] 즉, 포자라고 한다. 중국의 용어로 구분하자면 한국의 만두는 교자나 포자의 형태라고 할 수 있다. 이 같

은 용어의 혼동 때문에 이용기(李用基: 1870-1933)는 『조선무쌍신식요리제법(朝鮮無雙新式料理製法)』에서 중국사람들은 만두를 떡의 한 종류로 여기지만 우리나라 사람들은 국수와 같은 것으로 여긴다고 하였다.

만두ⓒ하응백

과거 중국에서나 현대 중국, 한국, 일본의 만두는 거죽에 해당하는 피를 밀가루로 만드는 것이 보통이다. 그러나 조선시대에는 한반도에 밀 생산이 많지 않은 편이었으며 밀은 매우 귀한 재료였다. 이는 조선시대 밀가루를 이르는 다른 말인 진말(眞末)이라는 단어를 통해서도 확인할 수 있다.

밀가루가 이처럼 귀했기 때문에 중국과 달리 조선시대에는 밀가루 이외에 다른 재료를 사용하여 만두피를 만들었다. 우선 녹말성분이 있어 밀가루처럼 반죽하여 소를 감쌀 수 있는 메밀, 보리, 수수, 귀리, 옥수수, 감자, 토란 등의 곡류나 서류가 이용되었다. 한편으로는 아예 곡물가루 대신 생선살을 저며서 만들거

나 채소로 감싸거나 곡물가루를 반죽하지 않고 사용하기도 하였다. 생선살을 저며서 만든 만두는 어만두(漁饅頭)라고 하며 배춧잎으로 소를 감싸 만든 만두는 숭채만두(菘菜饅頭) 혹은 배추만두라고 한다. 그리고 소를 동그랗게 빚어 메밀가루, 밀가루, 녹두가루 등 곡물의 가루를 묻혀 쪄낸 만두는 굴린만두 혹은 굴림만두라고 한다. 이처럼 만두는 피의 재료에 따라서 구분하여 이름 짓는 것이 보통이었다.

한편, 소의 재료나 생긴 모양에 따라 구별하여 부르기도 한다. 일례로 장계향(張桂香: 1598-1680)이 저술한 한글조리서인 『음식디미방』에 나타난 '석류탕'이라는 음식은 일종의 만둣국인 셈인데, 빚어놓은 만두의 모양이 석류를 닮았다고 하여 '석류탕'이라는 이름이 붙었다.

김창업(金昌業: 1658-1721)은 조선 숙종 때 청나라에 다녀온 경험을 서술한 『연행일기(燕行日記)』에서 청나라의 만두와 조선의 만두를 비교하였다. 김창업은 '유박아(柔薄兒)'라고 하는 것이 우리나라의 상화병처럼 밀가루로 만든 것이며 우리나의 만두처럼 가장자리가 쭈글쭈글하다고 하였다. 또 돼지고기와 마늘을 다져서 소를 넣어 만든 것으로 청나라의 떡 중에서 가장 맛있었다고 하였다. 조선 숙종 때 신유한(申維翰: 1681-1752)이 제술관(製述官)으로 일본에 건너가 경험한 것을 적은 것으로 알려진 『해유록(海遊錄)』에도 역시 일본의 만두에 대해 이야기하며 겉은 희고 안은 검으며 맛은 달다고 하였으며 우리나라의 상화병(霜花餅) 같다고 하였다.

분류 : 음식
색인어 : 메밀, 보리, 옥수수, 토란, 감자, 배추, 상화병, 어만두, 조선무쌍신식요리제법, 음식디미방
참고문헌 : 이용기, 『조선무쌍신식요리제법』(영창서관, 1924); 안동장씨, 『음식디미방』; 김창업 저, 권영대 역, 『연행일기』(한국고전번역원, 1976); 신유한 저, 성낙훈 역, 『해유록』(한국고전번역원, 1974)
필자 : 서모란

개성편수

1929년 12월 1일자 『별건곤』 잡지에 「진품·명품·천하명식 팔도명식물예찬(珍品·名品·天下名食 八道名食

物禮讚)」이라는 재미난 기사가 실렸다. 평양·개성·전주·진주 등 조선팔도의 유명한 음식을 소개한 글인데, 이 중 진학포(秦學圃)라는 필명을 쓰는 필자는 개성지방의 명식물로 편수(片水)를 꼽았다.

편수는 개성지역 사람들이 주로 여름철에 즐겨 먹던 만두로, 그 모양이 마치 물 위에 뜬 조각 같다 하여 편수라는 낭만적인 이름으로 불렸다. 편수는 만두와 비슷하지만, 생긴 모양과 안에 넣는 소의 주 재료가 만두와 달랐다. 대개 만두가 둥근 만두피를 사용하여 반달 모양이나 동그랗게 빚는 데 반해, 편수는 사각 만두피의 네 귀를 한 데 모아 네모반듯하게 빚어낸다. 그리고 겨울철에 주로 먹는 만두는 김치나 고기를 다져서 소를 만들지만, 여름철 음식인 편수는 시원한 맛을 내는 재료를 이용해 소를 만드는 것이 핵심이다. 그래서 고기 없이 아예 오이나 호박 같은 채소만 사용하거나, 다양한 육류와 생굴을 조합하여 쓰기도 했다. 이용기(李用基: 1870-1933)는 『조선무쌍신식요리제법(朝鮮無雙新式料理製法)』에서 편수는 여름에 송도에서 많이 만든다고 하면서 "유월 유두에 만들어 먹는 것은 누런 오이를 껍질과 씨를 빼고 실같이 가늘게 썰어놓은 다음, 소고기, 표고, 석이, 파 밑동 등을 모두 다 잘게 이겨 오이 썬 것과 함께 장과 기름을 치고 주무른다."고 적었다. 한편, 『서울잡학사전』을 쓴 조풍연(趙豊衍: 1914-1991)은 "밀가루 반죽으로 껍데기를 하고 채소로써 소를 삼고, 네 귀를 오므려 붙인 것을 편수라고 했었다. 그런데 개성은 돼지고기의 명산지라 소에다가 제육을 썼으니 순수한 편수는 아니면서 겉모양은 편수라는 이색적인 만두 겸 편수를 만들어 먹었다."라고 적었다. 즉, 조풍연이 보기에, '순수한' 편수는 채소만 가지고서 소를 쓰는 데 반해, 돼지고기를 넣어서 '이색적인' 만두 겸 편수를 빚기도 한다는 것이다.

하지만 같은 개성 사람이라 할지라도, 편수 만드는 법은 가정의 경제사정에 따라 집집마다 달랐을 것이다. 특히 입치레를 잘하는 집은 비싸고 다양한 재료를 아낌없이 썼을 터. 『별건곤』에 「천하진미 개성의 편수

(天下珍味 開成의 片水)」를 쓴 진학포가 경험한 것처럼 말이다. 그는 '빈한한' 집에서 만든 편수는 그저 숙주와 두부의 혼합물에 지나지 않는다고 했다. 그런 편수는 "아무렇게나 만들어서 편수 먹는다는 기분만 맛보는" 것이므로 서울 종로통 음식점에서 파는 만두 맛만 못하다고 평했다. 그러나 정말 남들이 일컬어주는 개성편수는 우육(牛肉)·돈육(豚肉)·계육(鷄肉)·생굴·잣·버섯·숙주나물·두부를 적절히 배합하여 "세 가지 고기 맛, 굴과 잣 맛, 숙주와 두부 맛들이 따로따로 노는 것이 아니요, 그 여러 가지가 잘 조화되어서 그 여러 가지 맛 중에서 좋은 부분만이 한데 합쳐져서 새로운 맛을 이루"어낸다고 했다. 그러면서 덧붙이기를, "정말 맛있다는 개성편수는 그리 염가(廉價)로 얻어지는 것이 아니"며, "맛의 호부(好否)를 작정(作定)하는 것은 말할 것도 없이 그 속의 재료에 있는 것"이라고 강조했다.

당연한 얘기겠지만, 이처럼 개성편수는 가정의 주머니 사정에 따라 '기분만 맛보는' 편수에서부터 '남들이 일컬어주는' 편수까지 그 편차가 매우 심했다. 그럼에도, 이들 모두 '편수'였고, 여름철 '진미(珍味)'였다는 사실은 변함없을 것이다. 방신영(方信榮: 1890-1977)의 『조선요리제법(朝鮮料理製法)』에 따르면, 편수를 즐기는 방법에는 두 가지가 있다고 한다. 차게 식힌 장국에 띄워 먹어도 좋고, 송편처럼 쪄서 초장에 찍어 먹어도 좋다고 했다. 어떤 방식으로 먹든, 아삭아삭 씹히는 맛이 별미였을 것이다.

이북식 만두ⓒ하응백

분류 : 음식
색인어 : 편수(片水), 개성, 여름 만두, 별건곤, 진품·명품·천하명식 팔도명물예찬(珍品·名品·天下名食 八道名食物禮讚), 진학포(秦學圃)
참고문헌 : 「진품·명품·천하명식 팔도명물예찬(珍品·名品·天下名食 八道名食物禮讚)」,『별건곤』1929년 12월 1일; 방신영,『조선요리제법』(한성도서주식회사, 1934); 이용기,『조선무쌍신식요리제법』(영창서관, 1936); 조풍연,『서울잡학사전』(정동출판사, 1989); 주영하,『식탁 위의 한국사』(휴머니스트, 2013)
필자 : 양미경

굴린만두

굴린만두(굴림만두)란 만두피를 따로 장만하지 않고 만두소를 뭉쳐서 녹말가루나 밀가루 등을 묻힌뒤 쪄낸 음식이다. 만두소를 가루 위에 굴려서 만들었다 하여 굴린만두라고 한다. 굴린만두는 근대 이전 조리서에서는 쉽게 찾아볼 수 없는 용어이지만 이와 비슷한 형태의 만두는 조선시대에도 있었던 것으로 보인다. 특히 뼈를 제거한 준치의 살로 만든 만두인 준치만두의 경우 녹말가루를 묻혀서 끓여내는 방법을 주로 사용한 것으로 보인다.

1809년에 편찬된 빙허각 이씨(憑虛閣 李氏: 1759-1824)의『규합총서(閨閤叢書)』에서는 '준치 뼈 없이 하는 법'이라는 음식 법을 소개하고 있는데 뼈를 발라낸 준치를 삶아 곱게 다진 뒤 완자를 빚어 녹말을 묻혀 준치 육수에 삶아낸다. 이 책은 준치 완자를 빚을 때 다시 준치 토막처럼 만들거나 생치(生雉: 꿩)만두처럼 만들라고 하였으나 이 방법을 '준치만두'라고 이름 짓지는 않았다.

조자호(趙慈鎬: 1912-1976)의『조선요리법(朝鮮料理法)』(1939)에는『규합총서』의 준치 조리법과 비슷한 준치만두라는 음식이 나타나 있는데,『규합총서』와는 달리 뼈를 발라낸 준치를 익히지 않고 다져서 양념한 뒤에 빚어 만든다. 또 소에 잣을 2-3개씩 박아 넣고 녹말가루를 묻혀 고기장국에 끓여낸다. 이렇게 잣을 넣어 빚어 만드는 방식은 소의 재료를 막론하고 근대 이후의 굴린만두 형태의 만두에 공통적으로 나타난다. 두부를 소의 주재료로 사용하는『조선요리법』의 두부만두도 역시 이 같은 형태이며 다진 고기를 사용한 방신영(方信榮: 1890-1977)의『조선음식 만드는

법(1946)』의 굴린만두도 비슷한 방법으로 만든다.

한편, 굴린만두는 평안도의 향토음식으로 구분되기도 한다. 1978년 문화재관리국 서울을 포함해 남북한 9개도 10개 지역의 향토음식을 지역마다 10개씩, 총 100개를 선정하였는데 이 중 평안도의 향토음식으로 온반·김치말이·닭죽·평양냉면·생치냉면·어복쟁반·강량국수·온면·평안만둣국과 함께 굴린만두가 선정되었다(〈경향신문〉1978년 7월 27일자).

북한에서 출판된 요리 전집인『조선료리전집』의 6권에는 각 지역의 지역음식이 소개되어 있는데, 이 책의 평안도 음식 항목에서 '굴린만둣국'이라는 음식을 확인할 수 있다. 이 책에 따르면 돼지고기, 숙주나물, 두부 등으로 만든 소를 밤알 크기로 빚은 다음 여러 번 굴린다. 이렇게 되면 만두소를 둘러싼 껍질이 생기는데, 이를 국물에 넣고 끓인 것이 바로 '굴린만둣국'이다.

분류 : 음식
참고문헌 : 빙허각 이씨,『규합총서』; 이용기,『조선무쌍신식요리제법』(영창서관, 1924); 조자호,『조선요리법』(광한서림, 1939); 방신영,『조선음식 만드는 법』(대양공사, 1946); 조선료리전집편찬위원회,『조선료리전집 6』(조선료리협회 전국리사회, 2000); 「土俗(토속)맛 鄕土(향토)음식 百(백)종류 선정」,〈경향신문〉1978년 7월 27일
필자 : 서모란

규아상

규아상은 절인 오이, 소고기, 표고 등으로 소를 넣어 빚어 담쟁이 잎을 깔고 찐 만두다. 만들어 놓은 모양이 해삼을 닮았다고 하여 해삼만두라고도 하였으며 해삼을 이르는 옛날 말인 '미'를 붙여 미만두라고도 하였다. 오이가 많이 나는 여름철에 주로 만들어 먹었다.

1957년 출간된『이조궁정요리통고(李朝宮廷料理通考)』에 규아상 조리법이 나온다. 우선, 껍질을 벗겨 채썬 오이는 소금에 절였다가 삶는다. 다진 소고기, 표고, 삶은 오이를 섞어 양념하여 소를 만든다. 밀가루로 만든 피에 소를 넣고 반으로 가른 잣을 넣어 빚은 뒤 채반에 담쟁이 잎을 깔고 솥에 넣어 찐다. 다 된 만두에 찬물을 뿌린 뒤 참기름을 발라서 초장과 함께 낸다.

한편, 규아상에 들어가는 재료는 같은 책의 편수의 재료와 유사하며, 특히 두 조리법 모두 오이를 사용한다

는 공통점이 있다. 편수에는 규아상에 들어간 재료인 소고기, 오이, 표고, 잣 외에 숙주, 석이, 두부가 더 들어간다. 편수와 규아상의 가장 큰 차이점은 만두의 모양이다. 편수는 사각의 만두피의 네 귀를 맞닿게 만들어 사각형의 모양으로 완성된다.

『이조궁정요리통고』의 저자 중 한 명이자 1973년 중요무형문화재 제38호로 지정되었던 황혜성(黃慧性: 1920-2006)은 편수와 규아상을 유사한 음식으로 보았다. 황혜성은 1970년 〈동아일보〉의 기사에서 육개장, 깻국 등 몇 가지 복달임 음식을 소개하면서 편수와 규아상을 함께 묶어서 설명하였다. 황혜성은 양념한 닭고기와 채 쳐서 절인 뒤 볶은 오이, 표고 잣 등을 소로 만들어 편수와 규아상에 함께 쓴다고 하였다. 다만 1970년 〈동아일보〉에서 기술한 조리법은 『이조궁정요리통고』와는 약간 상이한데, 만두피를 밀가루가 아닌 메밀가루를 사용해 만들며 메밀가루를 반죽하여 밤톨만큼씩 떼어 낸 뒤 송편 파듯이 파서 편수와 같은 소를 넣는다고 하였다(〈동아일보〉 1970년 7월 28일자). 황혜성에 앞서 무형문화재 38호로 지정되었던 한희순(韓熙順: 1889-1972)역시 1971년 문화재 지정 이후 첫 궁중음식 발표회에서 잣죽, 생복찜, 전유아 등과 함께 규아상을 선보이기도 하였다(〈동아일보〉 1971년 12월 9일자).

분류 : 음식
참고문헌 : 황혜성 외,『이조궁정요리통고』(학총사, 1957);「수週(금주)의식탁」,〈동아일보〉1970년 7월 28일;「궁중음식발표회」,〈동아일보〉1971년 12월 9일
필자 : 서모란

만두(이응희)

우리 집 솜씨 좋은 며늘아기
물만두를 예쁘게 잘도 만든다네
옥가루에 금빛 조를 소로 만들어
은빛 피에 싸서 쇠 냄비에 띄우네
생강을 넣어 매운 맛이 좋고
간장 쳐서 짭짤하게 하였네
한 사발 새벽녘에 먹고 나면

아침이 지나도록 밥 생각 없다네

吾家巧媳婦　能作水饅嘉
玉屑韜金粟　銀包泛鐵鍋
苦添薑味勝　醎助豆漿多
一椀吞淸曉　崇朝飯不加

*이응희,「만두[饅頭]」

이응희(李應禧: 1579-1651)는 자가 자수(子綏), 호가 옥담(玉潭)이며, 본관은 전주로, 연산군의 이복동생인 안양군(安陽君)의 고손자다. 안양의 수리산 아래 조용히 살다 간 인물이지만 그의 문집『옥담시집(玉潭詩集)』이 최근 소개되어 주목을 받았다. 여기에「만물편(萬物篇)」이 실려 있는데 다양한 음식을 시로 노래한 바 있다. 이 작품에서는 좁쌀을 소로 한 만두를 생강과 간장으로 간을 맞춘 국물에 끓인 만둣국을 다루었다. 나이 어린 며느리의 솜씨가 더욱 맛이 있었을 것이다.

만두는 제갈공명(諸葛孔明)이 만들었다고 하는데 이른 시기에 중국으로부터 들어와 고려시대 문인의 글에 만두가 자주 보인다. 고려 후기 이색(李穡: 1328-1396)의 시에는 "둥그스름한 외면에 눈빛이 희게 엉겼는데, 안에 기름을 넣어 새벽에 두 번 쪘다네[外面團圓雪色凝 流膏內結曉重蒸]."라 한 것을 보면 흰 피 속에 고소한 기름을 넣어 만들었음을 알 수 있다. 조선 중기의 문인 장유(張維: 1587-1638)도 "점심을 잘 먹었더니 저녁 생각이 없어서, 만두 한 개로 때우니 속이 편안하다네[午飯飽來晡飯厭, 饅頭一顆覺輕安]."라 하여 만두를 먹는 즐거움을 노래하였다.

다채로운 음식을 두고 시를 지은 서거정(徐居正: 1420-1488) 역시 벗이 보내준 만두를 두고 "붉은 찬합 막 열어보니, 만두가 서릿발마냥 하얗네. 몰랑몰랑 따뜻하여 병든 입에 딱 맞고, 매끈매끈 달싹하여 약한 장을 보해주네. 종지에는 매실로 담근 간장을 담았고, 소반에는 계피와 생강을 찧어서 담았네. 금방 싹싹 다 먹어치우고 나니, 고마운 벗의 정을 잊지 못하겠네[朱榼初開見 饅頭白似霜 軟溫宜病口 甜滑補衰腸 甕裏

挑梅醬 盤中擣桂薑 居然能啖盡 厚意儘難忘].”라 하였다. 고급스러운 붉은 찬합에 하얀 만두를 담고, 매실로 담근 간장을 담은 종지, 찧은 계피와 생강도 함께 넣어 보낸 선물을 받은 것이다. 부드럽고 달싹하고 따뜻하여 입을 즐겁게 한다. 입만 즐거운 것이 아니라 벗의 따스한 정에 마음도 즐거울 것이다. 서거정이 깨끗하게 다 먹었다고 한 데서 좀 더 많이 보내주었으면 좋았을 것이라는 농담도 읽힌다. 이응희의 작품과 함께 만두를 먹는 즐거움을 가장 잘 표현한 시로 들 수 있다.

분류 : 문학
색인어 : 만두, 이응희, 이색, 장유, 서거정
참고문헌 : 이응희, 『옥담시고』; 이색, 『목은고』; 장유, 『계곡집』; 서거정, 『사가집』; 이종묵, 『한시마중』(태학사, 2012)
필자 : 이종묵

만둣국(『대하』)

“단자상은 따루 채려 올릴 게니, 큰상은 그대루 둬두소.”
하고 밖을 향하여 소리를 질렀다.
“큰상은 웃어룬들이 계시다니 보내 올려야 하겠소다.”
하고 다시 뇌우친다.
큰상을 놓아둔 채 원반상이 들어왔다. 만둣국에 흰밥을 만 것이다. 인접이 권하는 대로 신랑은 술을 들어 원반을 몇 술 떠먹었다.
“만두 세 개는 먹어야 첫아들을 본다네.”
하고 어느 늙은 노파가 놀려대니 모두들 와 하고 웃어댄다. 그러나 형선이는 만두 한 개를 먹었을 따름이었다. 사랑에서는 주안이 한참 벌어져 있었다.

1939년 인문사 장편소설 전집 기획의 하나로 간행된 김남천의 장편소설 『대하』의 일부분이다. 김남천(金南天: 1911-1953?)은 소설가이자 주로 소설 평론을 한 비평가이다. 비평과 실제 창작으로써 일제 강점기 한국소설의 새로운 지평을 열고자 분투하였다. 김남천은 한국사회의 전체상을 그 변화의 과정을 중심으로 소설화하는 데 관심이 많았다. 「가족사 연대기 소설론」은 이 같은 관심의 이론적 결실이고 『대하』는 창작

에서의 결실이었다. 대표작에는 「물!」, 「소년행」, 「녹성당」, 「경영」, 「맥」 등의 중단편과 『대하』, 『사랑의 수족관』, 『1945년 팔일오』 등의 장편이 있다.
『대하』는 모두 16장으로 구성되어 있는데 김남천이 기획했던 대하장편의 첫머리(1부)에 지나지 않는다. 작품의 무대는 평안도의 작은 고을 성천, 중심된 시간 배경은 1907년에서 1910년까지 약 삼 년이다. 이 고을에 십여 년 전 이주해온 밀양 박씨 집안의 가족사가 중심축을 이룬다. 소설은 이 가운데 1대에서 4대까지의 가족사를 다룬다. 1대는 이 작품의 중심인물 가운데 하나인 박성권의 조부이다. 그는 지방 아전으로 온갖 부정한 방법으로 재산을 모아 이 집안을 일켰다. 2대인 박순일은 주색과 아편에 빠져 재산을 탕진함으로써 집안을 위기에 빠뜨린 파락호이다. 3대인 박성권은 갑오농민전쟁을 틈타 큰돈을 벌었다. 군대를 상대로 한 장사, 군수품 운반업 등에 종사함으로써 일시에 재산가가 되고, 이를 밑천삼은 돈놀이로 재산을 크게 늘려 쇠락한 집안을 일켰으며, 돈의 힘으로 참봉 소리까지 듣게 되었다. 돈에 대한 강렬한 욕망, 이를 뒷받침하는 넘치는 정력과 냉혹하고 악착같은 성격을 지닌 이 인물을 통해 작가는 봉건사회의 해체와 새로운 사회 곧 돈이 지배하는 사회로의 전환을 드러내었다. 다음 4대에 이르면 다섯 명의 자식이 등장한다. 본처 소생의 3남 1녀와 서자 1명으로 구성된 4대의 인물들이 성장하며 소설 전개는 본격화된다. 이 중 이미 청년으로 성장한 형준, 형선, 형걸 세 사람이 작가의 집중 조명을 받고 있는데 각각의 개성적인 성격을 통해 이 집안의 앞날이 예고된다. 이 가운데 중심은 서자인 형걸이다. 그는 서자의 굴레, 아버지를 닮아 범상치 않은 외모와 고집 세고 왈패스러운 남성적 성격, 여기에 기독교와 신식 교육기관에 의한 근대적 교육의 영향 등이 복합적으로 얽히면서 소설 후반부의 중심인물로 솟아오른다. 형걸의 반대편에 놓여 그와 대결하는 역할을 맡는 인물은 둘째인 형선이다. 그는 착실한 현실주의자로 보수적인 성향을 지니고 있어 ‘선량한 소시민’의 삶을 살 가능성이 높은 인물이다.

형걸과 형선 두 인물의 대립관계에는 여성 중심인물인 정보부가 개입돼 있다. 그녀는 형걸과 서로 좋아하는 사이지만 형선과 결혼하게 됨으로써 두 형제 사이의 대립을 복잡 미묘하게 만드는 역할을 한다. 위의 인용은 형선의 결혼식 장면 가운데 하나인데, 사람들이 바라는 것을 차갑게 외면하는 것을 통해 그의 닫힌 성격을 드러내고 있다. 그가 "만두 세 개는 먹어야 첫아들을 본다네."라는 노파의 말을 무시하고 '만두 한 개'만을 먹고 그만두는 것은 정보부와의 부부관계가 원만하지 않을 것임을 미리 내보이는 복선이라 할 수 있다.

흰밥을 만 만둣국은 새신랑의 상에 오르는 것이었으니 평안도 지방의 결혼식 음식 가운데 중요한 의미를 갖는 것이었다. 게다가 다산, 특히 아들 생산과 관련된 것이었으니 더욱 그러했다. 만둣국은 평안도의 이 같은 음식 문화를 보여주는 것이면서 소설 속 중심인물들 사이의 관계를 드러내는 매개체 역할을 하는 것으로서 『대하』의 한복판에 놓여 있다.

분류 : 문학
색인어 : 대하, 김남천, 만둣국, 평안도 결혼 음식
참고문헌 : 하응백, 『김남천 문학 연구』(시와시학사, 1996); 정호웅, 『김남천 평전』(한길사, 2008)
필자 : 정호웅

메밀만두

오늘날과 달리, 만두는 원래 상용음식이 아닌 별식(別食)이었다. 그래서 만두는 주로 겨울철이나 큰 잔치가 있을 때 맛볼 수 있는 귀한 음식이었다. 실제로『세종실록』에는 면, 떡과 함께 만두가 "사치한 음식"으로 기록되어 있고, 황해도나 평안도 지역에서는 설날 절식(節食)으로 떡국 대신 만둣국을 즐겨 먹었다. 홍석모(洪錫謨: 1781-1857) 또한 만두를 음력 10월에 먹는 시절음식[時食]으로 기록하고 있다.

그런데 만두(饅頭)는 껍질(만두피)의 재료, 빚은 모양, 삶는 방법에 따라 종류가 굉장히 다양하다. 특히, 어떤 재료를 이용하여 만두껍질을 만드느냐에 따라 밀만두, 메밀만두, 어만두, 동아만두 등으로 구분해

볼 수 있는데, 실제로는 밀가루나 메밀가루를 이용하여 빚은 만두가 가장 널리 선호되었다. 조선 후기 사람들의 풍속을 기록한『동국세시기(東國歲時記)』에서 홍석모는 메밀가루로 만든 메밀만두와 밀가루를 이용해 만든 변씨만두를 소개하였다. 조풍연(趙豊衍: 1914-1991) 또한『서울잡학사전』에서 밀만두와 메밀만두에 대한 이야기했는데, 그에 따르면 서울 사람들이 메밀만두를 즐겨 먹었던 반면, 개성 사람들은 밀만두를 즐겨 먹었다고 한다. 즉, 만두에도 지역색이 있었던 셈이다.

서울에서 만두라고 하면 으레 메밀만두를 가리켰다. 메밀만두는 메밀가루로 만든 만두피에 소를 넣어서 빚어 만드는데, 사실 메밀 성분에는 찰기가 별로 없어서 메밀로 만두를 빚는 일이 결코 녹록지 않았다. 그래서 조풍연은 메밀만두를 빚을 때에는 "조심해 다뤄야 하고 솜씨가 능숙하지 않으면 안 될 노릇"이라고 했다. 모르긴 해도, 만두를 빚다가 자칫 잘못하여 터지는 경우가 왕왕 있었던 듯하다. 게다가 메밀만두는 먹을 때조차도 주의를 기울여야 했는데, 예를 들어 만둣국을 먹을 때 "조용히 마음을 가라앉히고 떠서 보시기에 곱게 옮기지 않으면 터져서 소가 국으로 퍼진다."고 했다. 그러므로 메밀만두를 먹는 모습을 보면 그 사람의 됨됨이와 교양을 알 수 있다고도 했다. 이처럼, 메밀만두는 빚을 때나 먹을 때나 여간 까다로운 게 아니었다.

이와 같은 여러 가지 단점에도, 1900년대 초반까지만 해도 서울 사람들은 메밀만두를 즐겨 먹었다. 맛도 맛이겠지만, 사실 그 속에는 재료 수급의 문제가 있었다. 메밀가루에 비해 밀가루는 글루텐 함량이 높아서 찰지고 끈기가 많다. 그래서 만두를 빚기에는 메밀가루보다 밀가루를 사용하는 편이 훨씬 수월했다. 하지만 당시 한반도에서 밀농사가 가능한 곳은 황해도 이북 지역이었고, 그나마 수확량도 많지 않아서 서울에서 밀가루를 구하는 일이 말처럼 그렇게 쉽지 않았다. 그러다가 1923년 일본인들에 의해 재래종 밀의 품종이 개량되고, 또 한국전쟁 이후 미국의 원조물자가 들

어오게 되면서 이전에 비해 밀가루를 확보하는 일이 훨씬 쉬워졌다. 게다가 한국전쟁 때 피난을 온 개성 사람들이 장충동·충무로·필동 일대에 집단 거주하게 되면서 개성식 밀만두를 맛볼 기회가 많아지게 되었다. 조풍연 또한 이러한 변화상을 감지하여 "개성 풍속이 서울의 음식 장수한테로 올라와 끈기 있고 쉽사리 터지지 않는 밀가루 반죽 만두가 퍼지게 되었다."고 회고하였다. 이런 과정을 거쳐 1980년대 무렵에는 만드는 것도, 먹는 것도 까다로운 메밀만두는 도태되고, 밀만두가 그 빈자리를 채우게 되었다.

분류 : 음식
색인어 : 만두(饅頭), 메밀만두, 밀만두, 조풍연, 서울잡학사전
참고문헌 :『세종실록』; 홍석모 저, 최대림 역,『동국세시기』(홍신문화사, 2006); 조풍연,『서울잡학사전』(정동출판사, 1989); 주영하,『식탁 위의 한국사』(휴머니스트, 2013)
필자 : 양미경

변씨만두(『규합총서』)

19세기 저작『규합총서(閨閤叢書)』에는 '변시만두(변씨만두)'라는 음식이 나오는데 '변씨 성을 가진 사람이 만든 만두'라는 뜻이다.

조리법은 다음과 같다. 살찌고 늙은 닭을 삶은 뒤 살을 곱게 다진다. 여기에 잣가루를 많이 넣고 후춧가루, 기름장으로 양념한 뒤 살짝 볶는다. 밀가루를 체에 쳐서 얇게 밀어 모나게 썰어 편수처럼 사각형으로 빚는다. 닭 고은 육수에 삶은 뒤 초장을 곁들인다.『주식시의(酒食是儀)』(19세기 후반)에도 동일한 조리법이 나온다.

한편『임원경제지(林園經濟志)』(1835년경)의 조리법은『규합총서』와 상이하다.『임원경제지』도 변씨만두방(卞氏饅頭方)이라는 조리법을 소개하고 있는데 이는『옹희잡지(饔餼雜志)』에서 인용한 것이라고 하였다. 이 책은 밀가루 대신 메밀가루로 피를 만들며 돼지고기와 미나리, 파, 후추가 들어간 소를 쓴다. 잣은 들어가지 않는다. 또한 모양도 삼각형으로 만두피를 두 장 겹쳐 안에 소를 넣고 가위로 잘라 모양을 만든다. 또한 변씨만두를 다른 이름으로 필라(饆饠)라고

한다고 하였다.

『술 만드는 법』(1700년대)은 밀가루로 피를 만들며 돼지고기 볶은 것을 소로 사용한다. 국물은 돼지고기 육수를 사용하며 여기에 깻국을 섞는다.

분류 : 음식
색인어 : 규합총서, 임원경제지, 변씨만두, 변시만두, 병시, 옹희잡지, 술만드는법, 만두, 편수
참고문헌 : 빙허각 이씨 저, 이민수 역,『규합총서』(기린원, 1988); 작자 미상,『술 만드는 법』; 서유구 저, 조신호 외 역,『임원경제지(정조지)』(교문사, 2007)
필자 : 서모란

보만두

보만두는 작게 빚은 만두를 다시 큰 만두피로 감싸 익힌 음식이다. 작은 만두를 빚어 보자기처럼 싸서 만든 만두라고 하여 보만두라고 부르며 크기가 크기 때문에 대만두(大饅頭)라고도 한다. 먹을 때에는 크게 감싼 만두피를 찢어서 쏟아져 나오는 낱개의 작은 만두를 먹는다.

1924년 출판된 이용기(李用基: 1870-1933)의『조선무쌍신식요리제법(朝鮮無雙新式料理製法)』는 보만두 만드는 법이 나오는데 만두를 작게 빚어 큰 만두피 반죽에 수십개 씩 넣고 물이 들어가지 않도록 싸서 찌거나 삶아 만든다고 하였다. 또, 큰 만두를 찢었을 때 여러 개의 만두가 쏟아져 나오는 것이 재미있고 맛도 더 있다고 하였으며 만두피에 여러 색을 들여 붕어나 조개 모양의 판에 박아 내면 보기에 '이상스럽다' 즉, 별

보만두 ⓒ수원문화재단

나고 특이하다고 하였다.

방신영(方信榮: 1890-1977)의 『조선요리제법(朝鮮料理製法)』에서는 직접적으로 '보만두'라는 음식명을 언급하지는 않았지만, 만두 만드는 법 마지막 항목에 '재미있는 옛날 법'으로 보만두를 소개하고 있다. 만두를 빚을 때 반죽에 색을 들여 밤알만 한 크기로 새 모양이나 여러 재미있는 모양으로 빚어서 대여섯 개 정도를 큰 밀가루 반대기로 싸서 장국에 넣어 끓여 먹는다고 하였다.

허균(許筠: 1569-1618)의 『도문대작(屠門大嚼)』에는 대만두에 대한 내용이 있는데 의주(義州) 사람들이 중국 사람처럼 잘 만들며 그 외에는 별로 좋지 않다고 하였다. 『도문대작』에는 조리법이 자세히 나타나 있지 않아서 여기서 언급한 대만두가 보만두와 같은 형태인지 아니면 크기가 큰 만두를 뜻하는 것인지는 확인할 수 없다.

분류 : 음식
참고문헌 : 허균 저, 장정룡 역, 『蛟山許筠先生文集(교산허균선생문집)』(강릉시, 2002); 이용기, 『조선무쌍신식요리제법』(영창서관, 1924); 방신영, 『조선요리제법』(한성도서주식회사, 1937); 김창업, 『연행일기』
필자 : 서모란

상화병(유두절)

유두(流頭)는 음력 6월 보름으로, 가을밀과 겨울보리를 수확하는 시기다. 보릿고개를 무사히 넘긴 사람들은 이 날 수확한 햇곡식으로 맛있는 음식을 만들어 먹었는데, 햇 밀가루로 만든 상화병(霜花餅)도 그중 하나였다. 상화병은 모양이 마치 밀가루로 만든 찐빵처럼 생겼는데, 색깔이 희고 촉감이 부드러운 것이 서리가 뽀얗게 내려앉은 것과 같다 하여 이러한 이름이 붙여졌다고 한다. 다른 이름으로 상화떡, 상외떡, 혹은 상애떡으로도 불렸다.

상화병은 원래 회회(回回: 이슬람) 지역의 음식으로, 원나라를 통해 고려로 유입되었을 것으로 추정된다. 우리나라 문헌에서는 고려 충렬왕 때 지어진 「쌍화점」이라는 고려가요에 처음으로 '쌍화'와 '쌍화점'이라는 명칭이 등장한다. 여기서 쌍화는 '상화병', 그리고 쌍화점은 '상화병을 파는 가게'를 의미한다. 내용인즉슨 쌍화를 사러 쌍화점에 갔더니 회회아비가 내 손목을 쥐었다는 것이다. 이러한 내용으로 볼 때, 고려시대에도 상화병을 파는 가게가 이미 존재했었고, 회회아비, 즉 아랍인(혹은 위구르인으로 보는 견해도 있음)이 직접 쌍화점을 운영하였음을 알 수 있다. 당시 고려에서는 밀가루가 매우 귀한 식재료였기 때문에 쌍화점에서 쌍화를 만들 때 사용한 밀가루는 중국에서 직수입해온 것이 사용되었을 가능성이 높다.

간혹 상화병을 오늘날 우리가 먹는 만두로 오해하는 경우가 있지만, 상화병과 지금의 만두는 엄연히 다른 음식이다. 조선 중기 사람 허균(許筠: 1569-1618)은 『성소부부고(惺所覆瓿藁)』에서 서울에서 철따라 먹는 음식을 소개하면서 여름에는 장미전(薔薇煎), 수단(水團), 쌍화(雙花), 만두(饅頭)를 먹는다고 하였다. 그리고 역시 조선 중기의 문인 성호 이익(李瀷: 1681-1763)도 『성호사설(星湖僿說)』「만물문(萬物門)」에서 만두, 기수, 뇌구에 대해 논하면서 이를 구별하였다. 그에 의하면, 기수(起溲)란 것은 밀가루를 반죽해 쪄서 익힌 것으로, 발효제의 일종인 주효(酒酵: 술을 거르고 난 지게미를 말함)를 넣어 "벙그렇게 일구어 만든 것"이라고 하였다. 그러면서 "지금의 소위 상화병이란 것이 이런 것인 듯하다."라고 덧붙였다. 곧 상화병은 소가 들어가지 않은 만두인 것이다.

빙허각 이씨(憑虛閣 李氏: 1759년-1824년)는 『규합총서(閨閤叢書)-주방문(酒方文)』에 상화 만드는 법을 아주 자세히 적어두었다. 먼저, 밀기울로 죽을 쑤어 삭힌 뒤, 여기에 밀가루를 넣고 반죽하여 반나절 정도 발효시킨다. 반죽이 부풀어 올라 벌집처럼 되면 거피한 팥으로 만든 팥꿀소를 안에 집어넣고, 위쪽은 두텁고 아래쪽은 얇게 빚어서 시루에 넣고 찐다. 홍석모(洪錫謨: 1781-1857) 또한 『동국세시기(東國歲時記)』에 상화병 만드는 법을 기록하면서 유월 유두절에 절식으로 먹는다고 하였다. 이들 조리서 외에도, 여러 문헌에 상화병에 관한 기록이 나온다.

367

이처럼, 상화병은 고려시대에 들어온 외래음식이기는 하지만, 절기나 연회, 사신접대와 같이 특별한 날 먹는 음식으로 자리매김하면서 귀한 음식으로 인식되었다.

분류 : 의례
색인어 : 상화병(霜花), 상화떡, 상외떡, 상애떡, 유두 절식(流頭 節食), 쌍화점, 회회(回回)
참고문헌 : 허균 저, 신승운 역, 『도문대작』(한국고전번역원, 1984); 이익 저, 김철희 역, 『성호사설』(한국고전번역원, 1979); 빙허각 이씨, 『규합총서』(한국전통지식포탈); 홍석모 저, 최대림 역, 『동국세시기』(홍신문화사, 2006)
필자 : 양미경

석류탕(『음식디미방』)

『음식디미방(飲食知味方)』(1670년경)에는 만둣국의 일종인 석류탕(石榴湯)이라는 음식이 등장한다. 석류탕이라는 이름은 만두를 빚어놓은 모양이 마치 석류를 닮았다고 하여 지어진 이름으로 주로 주안상에 올리는 메뉴이다.

『음식디미방』의 석류탕의 조리법은 다음과 같다. 꿩이나 닭고기, 무나 미나리 혹은 파, 두부, 표고, 석이를 잘게 다진 뒤 기름, 간장, 후춧가루를 넣고 볶는다. 밀가루를 체에 쳐서 물에 반죽한 뒤 만두피처럼 얇게 만들어 기름에 지진다. 만들어 놓은 소

청자 석류 모양 주전자[靑磁 石榴形注子], 고려시대, 높이 18.3cm, 최대 지름 17.6cm, 국립중앙박물관

찐 석류만두ⓒ수원문화재단

에 잣가루를 섞은 뒤 기름에 지진 만두피로 싸서 석류 모양처럼 끝을 오므려 빚는다. 맑은 장국을 끓인 후 만두를 넣고 충분히 익힌다. 한 그릇에 서너 개의 만두가 들어가도록 담아낸다.

석류탕 조리법은 『술 만드는 법』(1700년대), 『요록(要錄)』(1680년경) 등의 책에서도 찾아볼 수 있다. 『음식디미방』의 조리법이 다른 조리서들과 다른 점은 만두피용 밀가루 반죽을 한 번 지져낸다는 점이다.

분류 : 음식
색인어 : 석류탕, 만둣국, 만두, 음식디미방, 술만드는법, 요록
참고문헌 : 안동 장씨 저, 백두현 역, 『음식디미방 주해』(글누림, 2006); 작자 미상, 『술 만드는 법』; 작자 미상, 『요록』
필자 : 서모란

진만두(1719년)

진찬, 진연 등 궁중연회에서는 음식고임상인 찬안(饌案) 외에도 미수, 대선, 소선, 탕 등 여러 가지 음식으로 차린 상차림이 마련되었다. 그중에서 만두를 한 그릇에 담아 따로 한 상에 차려 대왕대비, 왕, 왕비 등에게 올렸다. 이렇게 왕이나 왕족에게 만두를 올리는 의식을 '진만두(進饅頭)'라고 한다.

1848년(헌종 14)에 거행한 진찬에서 진만두가 마련되었다. 이 만두의 재료는 메밀가루[木末], 돼지다리[猪脚], 소안심[牛內心肉], 꿩[生雉], 두부[豆泡], 숭침채(菘沉菜: 배추김치), 숙주나물[菉豆長音], 파[生葱], 생강(生薑), 후춧가루[胡椒末], 잣[實柏子]이다. 메밀가루를 만두껍질로 하고, 돼지·소·꿩 고기와 두부, 김치, 숙주나물에 다져 양념한 소를 넣어 빚은 만두로 여겨진다. 진연, 진찬에 오른 진만두의 만두는 대부분 메밀가루나 밀가루로 반죽하여 빚은 만두이다.

그러나 1719년(숙종 45)에 거행한 진연에 오른 진만두는 만두껍질을 만드는 방법이 조금 달랐다. 만두의 재료를 보니 밀가루[眞末], 소금[鹽], 잣[實柏子], 기주미(起酒米: 술을 만드는 누룩), 생강(生薑), 작본미(作本米), 간장[艮醬], 꿩[生雉], 기화(其火: 밀기울), 어린닭[鷄兒], 돼지앞다리[猪前脚], 송이(松茸), 표고(蔈古)이다. 이 연회에 등장한 만두에는 기주미, 작본

미, 기화 등이 들어 있다. 이는 밀가루를 발효시켜 만든 '상화(床花, 霜花)'를 연상케 한다. 상화 또는 상화병(床花餠)은 밀가루를 술로 반죽하여 발효시킨 다음 팥소를 넣거나 고기소를 넣어 찐 만두이다.

1670년경의 한글조리서인 『음식디미방(閨壼是議方)』의 '상화법'에는 밀가루 반죽하는 방법이 자세히 소개되었다. 쌀을 물을 많이 부어 낱알 없이 끓인 후 밀기울이 담긴 그릇에 죽을 부어 섞는다. 누룩에 물을 부어 우러난 물을 밀기울을 첨가한 죽에 넣은 후 밀가루와 반죽하여 만든다고 하였다.

상화는 진연, 진찬 등의 연회뿐 아니라 중국에서 온 사신을 대접하는 잔치나 제사의례에도 마련한 음식이다.

분류 : 의례
색인어 : 진만두, 만두, 상화, 상화병, 음식디미방, 기주미
참고문헌 : 『[무신]진찬의궤[戊申]進饌儀軌』; 『[기해]진연의궤([己亥]進宴儀軌)』; 『음식디미방(閨壼是議方)』; 황혜성 공저, 『한국음식대관 6권·궁중의 식생활』(한국문화재단, 1997); 『영접도감잡물색의궤(迎接都監雜物色儀軌)』; 『[정순왕후]빈전혼전도감의궤([貞純王后]殯殿魂殿都監儀軌)』
필자 : 이소영

메주[말장]

메주는 대두를 삶아서 맷돌이나 절구로 찧어 갈아서 덩어리를 만들어 짚에 싸서 따뜻한 곳에 두어 곰팡이가 필 때까지 띄운 음식을 가리킨다. 『증보산림경제(增補山林經濟)』의 「치선(治膳)」 '장제품(醬諸品)'에서는 시(豉)의 속칭이 말장(末醬)이며, 다른 말로 훈조(熏造)라 한다고 하면서 당시 사람들은 이를 '머조'라고 부른다고 적었다. 머조는 『규합총서(閨閤叢書)』에서 며조, 그 이후에 메주로 그 음이 바뀌었다.

메주와 관련된 기록은 『삼국사기』에 나온다. 신문왕(神文王: ?-692)은 백제와 고구려를 멸망시키고 신라의 땅을 한반도 대부분으로 만든 문무왕(文武王: ?-681) 맏아들이다. 왕이 된 후 장인인 김흠돌(金欽突: ?-681)이 반란을 일으키자 이를 평정하면서 왕비인 그의 딸을 폐위시켰다. 683년에 신문왕은 김흠운(金欽運)의 딸을 왕비로 맞아들였다. 그해 2월에 신문왕은 먼저 제2품관의 벼슬인 이찬(伊飡) 문영(文穎)과 제4품관의 벼슬인 파진찬(波珍飡) 삼광(三光: 김유신의 아들)을 예비 신부 집에 보내 혼인 날짜를 정하도록 했다. 그리고 대아찬(大阿飡)의 벼슬에 있는 지상(知常)을 시켜서 신부에게 혼례 선물을 보냈다. 그 선물은 비단이 15수레, 쌀[米]·술[酒]·기름[油]·꿀[蜜]·장(醬)·시(豉)·포(脯)·해(醢)가 135수레, 그리고 벼[租]가 150수레였다. 같은 해 5월 7일에 문영과 개원(愷元: 무열왕의 여섯째 아들)을 신부의 집에 보내 왕비로 책봉(冊封)하고, 그 날 오전 6시에 신하들과 부인 30명을 보내서 신부를 맞이했다. 신부는 왕궁의 북문에 이르러 수레에서 내려서 궐내로 들어왔다. 신문왕이 신부에게 보낸 '시'가 바로 메주이다.

『산림경제(山林經濟)』의 「치선(治膳)」 '조장(造醬)'의 동인조장법(東人造醬法)에 메주 만드는 방법이 나온다. 동인조장법은 당시 조선에서 장을 만드는 법을 소개한 것이다. "대두를 깨끗하게 장만하여 하룻밤 물에 담갔다가 건져내어 노랗게 될 때까지 삶는다. 삶은 콩을 손으로 짓이겨 주먹 크기의 덩어리로 만들어 사이사이에 짚을 넣고 고천(藁篅: 짚둥구미)에 담아 더운 데 놓아두면 누런 곰팡이[黃衣]가 핀다. 이때 강한 햇볕에 말려서 도로 따뜻한 데 두어 저절로 마르게 한다. 이것이 말장이다."라고 했다.

분류 : 음식
색인어 : 콩, 장
참고문헌 : 『삼국사기』; 『산림경제』; 『증보산림경제』; 『규합총서』; 주영하, 『음식전쟁 문화전쟁』(사계절, 2000); 왕런샹(주영하 옮김), 『중국음식문화사』(민음사, 2010)
필자 : 주영하

말장(1485년 구황대책)

1485년 6월 13일 경기관찰사인 어세겸(魚世謙: 1430-1500)이 성종에게 구황을 위한 8가지 방법을 올린다. 그는 구황에 중요한 물품은 소금과 장류라고 하면서 소금을 만드는 수군의 수를 늘릴 것을 건의하고 말장(末醬)을 사람 수만큼 준비해야 한다고 주장했다. 또

어세겸은 왕실의 재정을 담당하던 내수사에서 백성들에게 메밀을 빌려주던 방식 대신에 백성들에게 메밀종자를 나누어주어 재해에 대비해 구황작물을 기를 수 있는 방식으로 변화할 것을 주장했다.

성종 역시 이 방안들에 대해 대체적으로 긍정적으로 평가하고 시행토록 했는데 호조판서였던 이덕량(李德良: 1435-1487)은 어세겸의 구황대책 중 사람 수에 맞춰서 말장을 미리 만들도록 하는 것은 경기도 일대의 황두(黃豆)를 모두 쓰더라도 부족할 것이므로 적당히 만들어 쓰도록 하자고 건의했다. 이에 성종은 구황에 관련된 일은 진휼사가 담당하는 것이므로 특별히 따로 말할 것이 없다고 답한다.

『고려사(高麗史)』를 보면 1053년 문종이 도량형을 정비하면서 말장과 관련한 도량형 역시 정비했음을 알 수 있다. 그리고 태안 마도에서 발굴된 고려시대 목간 중에서도 죽산현의 윤 아무개가 조·메밀과 함께 말장 2석을 보낸다는 목간이 있다. 이를 통해 말장이란 용어는 고려시대부터 쓰여왔음을 알 수 있다.

『산가요록(山家要錄)』에 소개된 말장 만드는 법은 다음과 같다. 1월과 2월 사이에 콩을 씻고 모래 같은 불순물을 제거하여 삶는다. 삶은 후 콩을 찧어 덩어리로 단단히 만들어 하루 동안 햇볕에 말린다. 오전 동안은 한쪽을 말리고 오후에는 다른 한쪽을 말리는 식이다. 그리고 섬에 담는데 이때 짚을 반 척 정도 깔아 말장이 서로 겹치지 않도록 하고 다시 짚으로 두텁게 덮는다. 7-15일 정도 지나 띄워지고 색이 하얗게 된 후 냄새가 나면 꺼낸다. 그리고 반으로 쪼개서 쪼갠 쪽을 햇볕에 하루 동안 말린 후 다시 가마니에 담고 색이 다시 흰색으로 변하길 기다린다. 만일 단단해지지 않으면 서너 부분으로 나눈 후 부숴서 하루 동안 말려 섬에 넣는다. 시간이 흘러 띄워짐에 따라 저절로 마르면 또 한 번 햇볕에 말린다고 했다.

분류 : 음식
색인어 : 말장, 콩, 황두, 구황, 성종, 어세겸, 진휼사
참고문헌 : 『성종실록』; 전순의, 『산가요록』
필자 : 이민재

메주 만들기(『산가요록』)

메주는 간장이나 된장을 담그는 데 필요한 기본 재료로, 한자어로는 시(豉), 혹은 말장(末醬)이라고 부른다. 콩을 무르게 삶아서 절구에 찧어 네모난 모양으로 빚은 후, 곰팡이가 필 때까지 띄워서 만든다. 메주를 만드는 시기는 대개 가을걷이가 끝난 뒤 음력 11월경으로, 실제로는 이때부터 본격적인 장 담그기가 시작된다고 할 수 있다.

메주 만드는 법은 조선 전기에 어의(御醫)를 지낸 전순의(全循義: ?-?)의 『산가요록(山家要錄)』에 '말장훈조(末醬熏造)'라는 항목으로 기록되어 있다. 이 책에서 전순의는 메주 만드는 시기를 정월에서 2월 사이로 보았다. 메주를 만들기 위해서는 가장 먼저 콩을 삶아야 하는데, 이때 물이 넘치지 않게 물을 조금씩 뿌려가며 화기(火氣)를 가라앉혀가며 삶는 것이 좋다. 맨 위에 있는 콩을 손으로 눌러서 매끄럽게 껍질이 벗겨질 때까지 무르게 삶는다. 콩이 다 삶아지면 절구에 넣고 찧은 후 덩어리로 단단히 빚어 하루 정도 햇볕에 말리는데, 이때 오전에 한 면을, 오후에는 다른 쪽 면을 햇볕에 쬐어가며 말리면 표면이 거의 마르게 된다. 그리고 나면 메주를 가마니에 넣고 풀로 엮은 덮개를 덮어서 메주를 띄운다. 메주를 가마니에 넣을 때에는 짚을 반 자 정도 깔고, 말린 메주덩어리가 서로 겹치지 않도록 한 줄로 늘어놓은 뒤 짚으로 두텁게 덮어준다. 7-15일쯤 지나서 색이 하얗게 되고 냄새가 나면 메주가 다 띄워진 것이니 꺼낸다. 메주를 반으로 나눠 하루 종일 햇볕을 쬐인 후, 다시 가마니에 넣고 메주가 띄워지기를 기다린다. 만일 메주가 단단해지지 않으면 또다시 서너 조각으로 쪼개서 하루쯤 햇볕에 쬐여 앞의 과정을 반복하였다.

분류 : 음식
색인어 : 장(醬), 메주, 시(豉), 말장(末醬), 말장훈조(末醬熏造), 전순의(全循義), 산가요록(山家要錄)
참고문헌 : 전순의, 『산가요록』; 홍만선, 『산림경제』; 서유구, 『임원경제지』
필자 : 양미경

망둥이

망둥이는 한자로는 망동어(望瞳魚), 대두어(大頭魚), 무조어(無祖魚), 문절어(文鰤魚) 등이라 하고, 지역에 따라서는 문절이, 문절어(순천, 고흥, 진해), 망둑이(경상북도), 운저리(진도), 고생이(포항, 강구), 문저리(통영), 꼬시래기, 소래미(부산, 마산) 등으로 불렸던 물고기이다(최헌섭·박태성, 2017: 26쪽). 그리하여 현재까지도 경상남도에서는 향토음식으로 망둥이에 간장, 고춧가루, 마늘, 설탕 등으로 양념하여 조린 음식을 '꼬시락 조림'이라고 부른다(농촌진흥청, 2008: 270쪽).

이처럼 명칭이 많다 보니, 망둥이를 기록한 고문헌에도 망둥이는 그만큼 다양한 명칭으로 등장하였다. 조선의 3대 어보(魚譜)라 불리는 『난호어목지(蘭湖漁牧志)』, 『자산어보(玆山魚譜)』, 『우해이어보(牛海異魚譜)』 역시 예외가 아니다. 먼저 서유구(徐有榘: 1764-1845)의 『난호어목지』「어명고(魚名攷)」에 따르면, 망둥이는 '望瞳魚(망동어)'라고 하며 강과 호수에서 사는 비늘이 없는 물고기인데, 아가미 아래에 두 개의 지느러미가 발처럼 붙었다. 눈이 크며 눈동자가 튀어나와 마치 사람이 눈에 힘을 주고 먼 곳을 바라보는 것처럼 보여서 '망동어(望瞳魚)'라는 이름이 붙었다고 소개하였다(서유구 저, 이두순 평역, 2015: 113쪽).

또한 정약전(丁若銓: 1758-1816)은 『자산어보』에서 망둥이를 '大頭魚(대두어)'라고 소개하고, 성질이 둔하여 사람들이 잡기 쉬운 망둥이는 밀물과 썰물이 드나드는 곳에서 노는데 현지에서는 어미를 먹으므로 '無祖魚(무조어)'라고도 부른다고 썼다. 그러면서 망둥이의 맛은 달고 짙은데, 흑산도에서 나는 것은 먹을 만하지 않고, 육지와 가까운 곳의 망둥이가 맛이 좋다고 평하였다(정약전 저, 이두순 역, 2016: 135쪽).

망둥어를 '문절어(文鰤魚)'라는 명칭으로 다룬 문헌은 김려(金鑪: 1766-1822)의 『우해이어보』(1803년)이다. 이에 따르면, 망둥이는 해변의 물이 얕고 모래가 두툼한 곳에 주로 있는데, 그 습성이 잠자기를 매우 좋아하여 깊이 잠이 들면 사람이 손으로 건드려도 모를 정도이다. 삶아 먹으면 향이 좋고 부드럽기가 쏘가리와 비슷하며, 회로 먹으면 더욱 맛있다고 썼다. 사실 1801년 신유박해(辛酉迫害)에 연루되어 그 해 4월부터 유배를 살고 있던 김려는 잠을 잘 이루지 못하고 울화증이 생겨 고생을 하고 있었다. 그런데 당시 그가 살고 있던 진해현(현재의 경남 창원시 마산합포구 진동면 일원) 사람들은 망둥이를 많이 먹으면 잠을 잘 자게 된다고 믿고 있어서, 김려도 혹시나 하는 마음에 집주인 이일대(李日大)에게 부탁하여 망둥이를 사다가 쌀죽을 쑤어 먹고 날것으로도 먹었더니 꽤나 효험이 있었다고 한다(김려 저, 최헌섭·박태성 역, 2017: 16, 250-251쪽).

사실 망둥이가 불면증에 도움이 된다는 속신은 김려 본인이 쓴 것처럼 망둥이가 누가 건드려도 모를 만큼 잘 자는 데다, 정약전의 표현처럼 성질이 둔했던 데서 유래한 듯하다. 이러한 속신말고도 망둥이의 특성은 우리가 흔히 쓰는 속담에도 반영되어 있다. 먼저 '숭어가 뛰니까 망둥이도 뛴다'는 속담이 그러하다. 이 말은 강에서 나는 물고기 중에서 크기도 크고 맛도 가장 좋다 하여 '수어(秀魚)'라는 이칭이 붙을 정도의 숭어가 높이 뛰어오르니까 보잘것없는 망둥이도 자기 분수를 모르고 따라 뛴다는 뜻인데, 망둥이 중에 가슴지느러미가 발달하여 발처럼 디디고 뛰는 종류가 있기 때문에 생겼다고 할 수 있다. 이러한 망둥이의 특성에서 나온 또 다른 속담으로 '망둥이가 뛰니까 꼴뚜기도 뛴다'는 말도 있다. 다만, 꼴뚜기 역시 어물 중에서 가장 하찮게 여겨지던 것이다 보니, 상황 파악도 못하고 사리판단도 제대로 하지 못한 채 어리석은 사람들이 너도 나도 함부로 행동할 때에 쓰는 말이다.

또한 '망둥이 제 새끼 잡아먹듯'이나 '망둥이 제 동무 잡아먹는다'는 속담이 있는데, 이 말은 비슷한 처지의 사람끼리 서로 싸우는 것을 볼 때 쓴다. 이 속담은 망둥이를 '무조어'라 이름 붙인 것과 유사한데, 이두순은 망둥이가 동족의 살을 미끼로 써도 낚시에 잘 낚이는 데서 유래한 것으로 보았다(이두순 글, 2016: 136쪽).

이렇게 속담 안에서 무시당하는 망둥이는 음식의 식재료로도 그리 귀한 대접을 받지 못하였다. 망둥이는 생으로 쓰기도 하고 말려 두었다가 조리하기도 하였는데, 김려처럼 회나 죽으로 먹거나 구이 또는 조림을 만들어 먹었다. 이용기(李用基: 1870-1933)의『조선무쌍신식요리제법(朝鮮無雙新式料理製法)』(1936년)에 따르면, 망둥이는 맛이 좀 짜고 특별히 좋지도 않아서 다른 곳에서는 사서 쓰는 일이 없고 주로 술집에서 막걸리 안주로 구워서 먹는다고 하였다. 그러면서 그는 사람들이 많이 쓰는 '얼간망둥이'라는 표현을 소개하였는데, 이 뜻은 똑똑하지도 못하면서 잘난 체하는 사람을 가리키는 말로 망둥이의 맛이 짜야 하는데 얼간망둥이는 덜 짜기 때문에 나온 말이라고 하였다.

분류 : 식재료
색인어 : 조선무쌍신식요리제법, 숭어, 꼴뚜기, 막걸리
참고문헌 : 서유구 저, 이두순 평역, 강우규 도판, 『평역 난호어명고』(수산경제연구원BOOKS·블루&노트, 2015); 최헌섭·박태성, 『최초의 물고기 이야기-신우해이어보』(경상대학교출판부, 2017); 정약전 원저, 이두순 글, 강우규 그림, 『신역 자산어보』(목근통, 2016); 이용기, 『조선무쌍신식요리제법』(영창서관, 1936); 농촌진흥청 농업과학기술원 농촌자원개발연구소, 『한국의 전통향토음식 9-경상남도』(교문사, 2008)
필자 : 김혜숙

매생이

매생이는 해안에서 밀물 때 해수면이 가장 높아졌을 때의 경계선과 썰물 때 해수면이 가장 낮아 졌을 때 경계선의 사이 부분인 조간대(潮間帶) 상부에서 자라는 갈파래과의 녹조이다. 조간대 상부의 바위 위에서 자라지만 김 양식장의 발에 몰래 기생하여 김 생육에 해를 주기도 한다. 남해안의 각지에 분포한다. 길이 15cm, 굵기는 2-5mm로 비슷한 해조류인 감태와 파래 중 가장 가늘다. 짙은 녹색을 띠고 12월부터 다음 해 2월까지 주로 채취된다. 2월경에 가장 자란 상태에 이르게 되는데 이때 길이는 15-20cm쯤 되고 암석면 전체에 머리털 모양으로 밀생하게 된다. 매우 미끌미끌하며, 겨울철의 별미로 이용된다.

1814년에 정약전(丁若銓: 1760-1816)이 저술한 『자산

어보(玆山魚譜)』를 비롯한 여러 기록에도 등장하는 것으로 미루어볼 때 조선시대에도 식재료로 사용되었다. 『자산어보』에서는 매생이를 '매산태(苺山苔)'라 소개하였다. 누에고치 실보다 가늘고 소털보다 빽빽하며 길이는 몇 척 정도이고, 색은 검푸르다 하였다. 국을 끓이면 부드럽고 미끌미끌하며, 서로 뒤엉켜서 결코 풀어지지 않는데, 맛은 매우 달고 향기롭다. 매생이는 운반 보관이 쉬운 편이 아니어서 멀리 퍼지지 못했다. 양식이 되지 않아 생산량이 적기 때문에 산지인 해안지방에서 대부분 소비가 이루어졌다. 최근에는 생산이 되는 시기에 구입하여, 냉동하였다가 1년 내내 사용한다.

매생이는 주로 국으로 끓여 먹는데 매생잇국 끓이는 방법은, 매생이를 물에 서너 번 헹궈 고운 체에 밭쳐 물기를 빼고 함께 넣을 굴은 소금물에 흔들어 씻은 후 헹궈 체에 밭쳐 물기를 뺀다. 냄비에 참기름을 두르고, 굴과 다진 마늘을 넣고 볶다가 굴의 향이 우러나면 매생이를 넣고 물을 부어 살짝 끓인 다음 국간장으로 간을 한다. 매생이로 국을 끓일 때는 자칫하면 매생이가 녹아버리니 너무 오래 끓여서는 안 된다.

매생이국은 일명 "미운 사위국"이라고도 하는데, 옛날에 사위가 딸에게 잘해 주지 못하여 사위가 미울 때 친정 어머니가 그 서운함을 말로 표현하는 대신 매생이국을 끓여 주었다고도 한다. 끓여 놓으면 보기에는 김이 많이 나오지 않아 뜨겁지 않아 보이지만, 섬유가 촘촘해서 빨리 식지 않기 때문에 섣불리 먹었다간 입천장을 모두 데기 쉽기 때문이다.

분류 : 식재료
색인어 : 국·탕, 굴, 김, 자산어보, 참기름, 파래
참고문헌 : 농촌진흥청, 농업과학기술원, 농촌자원개발연구소, 『한국의 전통향토음식 7-전라남도』(교문사, 2008); 정약전, 『자산어보』
필자 : 홍진임

매산(『용재총화』)

남해에서 나는 김을 감태(甘苔)라고 하고, 감태와 비슷하지만 조금 짧은 것을 매산(苺山: 매생이)이라고 하는데 구워서 먹는다. 성현의 친구인 김간(金澗)이

산사에서 독서를 할 때 스님이 매산을 대접해주어 먹어보았는데 맛이 아주 좋았다. 무슨 음식인지 몰라서 자세히 물어본 뒤에야 비로소 그 이름을 알게 되었다. 어느 날 성현의 집에 와서 말하기를 "자네는 매산 구이를 아는가? 천하의 진미라네."라고 했다. 그래서 성현이 말하기를 "그 음식은 궁궐 수라간에서 올리는 것이라 궐 밖의 사람이 맛볼 수 있는 것이 아니네. 그렇지만 자네를 위해서 구해보겠네."라고 했다.

성현은 숭례문을 나와 연못 가운데 이끼가 물 위에 어지럽게 떠 있는 것을 보고 마침내 그것을 건져 가지고 와서 구웠다. 그런 다음 종을 보내 김간을 초대하니 곧장 왔다. 서로 마주 앉아 술을 마시는데 성현은 매산을 먹고 김간은 이끼만 먹었다. 김간은 겨우 두어 꿰미를 먹고 말하기를 "구이에 모래가 버석거리고, 맛도 전에 먹던 것만 못하네. 속이 점점 메스껍고 편치 않네."라고 했다. 곧바로 집으로 돌아가 구토와 설사를 하고 며칠을 앓고서야 병이 나았다. 그러고는 말하기를 "산사의 스님이 준 매산은 아주 맛이 좋았는데, 자네가 준 매산은 심히 안 좋았네."라고 했다.

얼마 후 성현은 뜰에 있는 나무에 파란 벌레가 가득히 붙어서 잎을 갉아먹는 것을 보고, 마침 그것을 잡아 모아 종이에 싸서 빈틈없이 봉하여 어린 계집종에게 들려 김간에게 보내면서 "요행히 매산을 얻었으니 이것으로 자네의 한 끼 저녁을 마련하시게."라고 했다. 그때가 이미 저물녘이라 김간 부부는 이불을 펴고 같이 앉아 있었다. 김간은 기뻐하며 "네 주인이 혼자 먹지 않고 내게도 보내주니 참으로 벗을 아끼는구나."라고 했다. 마침내 봉한 것을 뜯자 벌레들이 마구 쏟아져 나와 더러는 이불 속으로 들어가고 더러는 치마를 뚫고 들어가니, 부부가 놀라고 무서워 소리를 질렀다. 벌레가 닿은 곳마다 죄다 부스럼이 생기니 온 집안이 폭소했다.

위 내용은 성현이 친구인 김간이 매산(매생이)을 좋아하자, 이끼와 벌레를 매생이로 속여서 먹인 이야기이다. 기록자인 성현이 주체가 되어 자신과 친구 간에 있었던 일을 해학적으로 구성한 이야기이다.

위의 이야기는 『용재총화』에 실려 있는데, 『용재총화』는 조선초기의 저명한 학자 성현(成俔: 1439-1504)이 편찬한 책이다.

분류 : 문학
색인어 : 매생이, 매산, 감태, 용재총화
참고문헌 : 성현 저, 김남이·전지원 외 역, 『용재총화』(휴머니스트, 2015)
필자 : 차충환

매생이국(「목선」)

"그럼 내년 봄부터 가을까지 배 내어 주고, 수공은 수공대로 줄라우?"

양산댁이 대번에 그렇게 하자고 했다.

석 달 동안을 꼬박 부지런히 일했다. 바다에 나가선 모든 일을 자기의 마음 내키는 대로 서둘러 하다 보니, 도무지 머슴살이하는 것 같지가 않았다. 집 안에 들어와서도 마찬가지였다. 양산댁이 건장에서 해가 기울도록 바쁘게 허덕거리는 것을 도와, 다 못 벗긴 마른 김을 나란히 앉아 벗겼다. 그런 날 밤이면 양산댁이 김을 굽는다, 매생이국을 끓인다 하여 저녁상을 무겁게 차려 들이곤 하였다. (중략) 그렇게 되기만 하면 마음 고운 여자를 한 사람 아내로 맞아들이겠다고 하였다. 도망간 아내가 깜짝 놀라고, 양산댁이 부러워 못 견딜 만큼 재미나는 살림살이를 꾸미겠다 하였다.

1968년 〈대한일보〉 신춘문예 당선작인 한승원의 단편소설 「목선」이다. 한승원(韓勝源: 1939-)은 고향인 전남 장흥군 회진면의 바닷가를 무대로 힘든 노동, 역사의 격랑과 싸우며 살아온 사람들의 고된 삶의 현실과, 그럼에도 쓰러지지 않고 살아낸 그들의 강인한 정신을 그리고 그 같은 정신의 지속을 가능하게 하는 생명력을 그려 온 작가이다. 대표작에 「목선」, 「앞산도 첩첩하고」, 「폐촌」, 「포구의 달」, 「불의 딸」 연작, 「해변의 길손」 등의 중단편과 『갯비나리』, 『다산』, 『추사』 등의 장편이 있다. 1996년 낙향하여 창작에 매진하였고 특히 장편 역사소설을 많이 썼다.

「목선」의 무대는 작가의 고향인 전남 장흥군 회진면 신덕리 바로 옆에 자리한 우산도와 덕도이다. 최근 들어 우산도에 정남진 전망대가 세워지면서 이곳을 찾는 사람이 크게 늘었다고 한다. 남도의 명산 천관산이 뒤에 솟아 있고 앞으로는 득량만의 물길이 드넓게 펼쳐져 있는 아름다운 고장이라 앞으로 계속해서 많은 사람이 찾을 것이다. 이곳에 자리잡고 살아온 바닷가 사람들의 지난 삶은 한승원 문학이 구체적으로 보여주듯, 아름다운 자연과는 반대로 사무친 한을 품은 어둡고 고통스러운 것이었다. 한승원 문학을 한의 문학이라고 하는 것은 이 때문이다.

한승원 소설 속 인물들의 한은 한국전쟁을 전후한 시기 격렬하게 전개되었던 계급투쟁이나 이 지역 농어민의 숙명적인 가난 등 사회·역사적 요인에서 생겨난다. 그 안쪽으로 조금 더 들어가면, 이 같은 사회역사적 요인에서 배태된 욕망과 이 욕망에서 비롯된 배신이 그 한과 직접 관련되어 있음을 알 수 있다.

「목선」의 주인공의 심신은 이어지는 배신으로 난도질당한 상처투성이 불구 상태이다. 군에 간 사이 사는 형편이 더 나은 남자를 따라 사라져버린 아내의 배신이 먼저 그를 덮쳤다. 서울로 갔다는 말을 듣고 아내와 간부를 "잡아 죽이겠다 하며 서울로 갔"지만 드넓은 서울에서 두 남녀를 찾기란 어림없는 일, "자기가 얼마나 미련한 놈인가 하고, 혀를 깨물어 뜯으며 돌아"올 수밖에 없었다. 그런 그에게 구세주가 나타났다. 김 따는 일을 거들어주면 다음 해에 바다 농사에 필수도구인 '체취선'을 빌려주겠다는 제의가 들어왔다. '양산댁'이다. 어린 아들과 단둘이 사는 양산댁이기에 건장한 일꾼이 필요하고, 몸뚱이 말고는 가진 것이 아무것도 없는 주인공이기에 체취선이 필요하다. 두 사람은 굳게 약속하였다. 그들 사이의 약속은 두 사람 모두에게 득이 되는 것, 둘 다 더없이 만족스럽다. 그들이 함께 먹는 저녁상에 매생이국도 올랐다.

지금은 양식도 많이 하지만 매생이는 본래 남해 청정 해역에 자생하는 해조류이다. 흑산도에서 유배살이 하던 정약전은 『자산어보』에서 "누에가 만든 비단실보다 가늘고 쇠털보다 촘촘하며, 검푸른 빛깔을 띠고 있"는데 "국을 끓이면 연하고 부드러우며 매우 달고 향기롭다."라고 하였다. 매생이는 두 사람이 맺은 약속이 잘 지켜지고 있으며 그런 상황을 둘 다 만족스러워하고 있음을 보여주는 기호이다.

그러나 그 약속은 곧 깨지고 만다. 더 나은 조건을 제시한 사람에게 넘어가 하루아침에 그 약속을 저버리는 '양산댁'의 배신 때문이다. 아내의 배신으로 깊이 베였던 주인공을 쳐서 망가뜨리는 악행이다. 그가 살의에 가까운 거센 분노에 휩쓸리는 것은 당연하다.

「목선」은 우리 문학에서는 낯선 배신의 주제를 깊이 다룬 작품으로 소설사에 기록될 만하다. 이기적 욕망으로 가득 차 배신을 서슴지 않는 「목선」의 인물들은 인간 존재의 시뻘건 맨얼굴을 드러내 보이는 것인지도 모른다.

분류 : 문학
색인어 : 목선, 한승원, 매생이국, 장흥
참고문헌 : 윤흥길, 「모자로 쓰고 다니는 고향」; 이문구, 「하백의 아들」
필자 : 정호웅

매작과

매작과(梅雀菓)는 밀가루에 소금과 생강즙을 넣고 반죽하여 얇게 밀어 칼집을 넣어 뒤집어서 튀겨 집청을 한 과자이다. 매자과, 매잣과, 매잡과, 매엽과, 타래과라고도 불린다. 매화나무에 참새가 앉은 모양과 같다고 하여 이름이 붙여졌다고 알려진 것이 일반적이다. 1800년대에 쓰인 음식책인 『시의전서(是議全書)』의 매작과는 밀가루를 냉수에 반죽하여 얇게 밀어 너비 9푼(약 2.7cm), 길이 2치(약 6cm)로 잘라 가운데를 간격이 고르게 3줄로 칼집을 내고 그 중 가운데의 줄을 길게 해서 한 끝을 가운데 구멍으로 뒤집어 반듯하게 지져내어 집청하고 계피와 잣가루를 뿌린다. 『윤씨음식법(1854 추정)』의 타래과도 이와 비슷한 조리법이다.

그러나 일부 음식책에서는 매작과의 모양을 다르게 설명하거나 매작과와 타래과는 각각 다른 모양으로 소개하였다. 손정규(孫貞圭: 1896-1950)의 『우리 음식』에서 매작과는 중배끼(약과와 비슷한 유밀과의 종류)와 같은 재료로 반죽한 것을 얇게 밀어 국수같이 썬 다음 10cm 정도의 길이로 손에 10번 정도 감은 후 손에서 빼 가지고 그 중간을 가로로 4-5번 국수로 감아 기름에 튀긴 것이다. 이 책의 매작과는 실타래나 국수 모양과 같이 얇은 썬 것을 묶어 튀긴 과자로 일반적으로 알려진 매작과의 모습과 다르다.

1970년대 후반 신문 기사를 통해 이 매작과는 어린이들의 특별한 간식으로 소개되었다. 어린이날이나 추운 겨울철에 특별히 마련하는 음식으로 음식모양도 시각적으로 예쁘게 꾸며진 매작과를 추천하였다.

분류 : 음식
색인어 : 시의전서, 약과[유밀과]
참고문헌 : 작자 미상, 『시의전서』; 손정규, 『우리 음식』(삼중당, 1948); 작자 미상, 윤서석 외 3인 공저, 『음식법(할머니가 출가하는 손녀를 위해서 쓴 책)』(아쉐뜨아인스미디어, 2008); 「이주일의 요리 겨울철 별식」, 〈경향신문〉 1976년 1월 12일; 「어린이·어버이날 어떻게 즐기나」, 〈경향신문〉 1978년 5월 4일
필자 : 이소영

김준근, 「망질하고」, 크기 미상, 종이에 채색, 19세기 말, 독일 함부르크민족학박물관

맷돌(「망질하고」)

맷돌은 곡식의 껍질을 벗기거나 가루를 내는 도구이다. 맷돌은 위아래로 놓인 돌 두 짝으로 구성된다. 윗돌의 구멍으로 곡식을 집어넣고 아랫돌에는 곡식이 잘 갈리도록 홈이나 구멍을 판다. 둥글넓적하고 단단하게 얽은 두 돌 사이에 맷돌의 중쇠가 있어 돌려진다. 윗 돌의 구멍에 갈 곡식을 넣고 손잡이를 돌리면 곡식이 갈아져서 나오는 원리이다. 손으로만 돌리는 작은 맷돌은 '손맷돌'이라 부르고, 가정마다 한 틀씩 갖고 있었다.

김준근은 맷돌질하

맷돌, 높이 18cm, 광복 이후, 국립민속박물관

는 장면을 여러 점 그렸다. 그림 속 맷돌을 돌리는 주제는 모두 같지만, 인원마다 다양하게 분담된 역할 장면을 이해하기 쉽게 그려서 외국인도 맷돌을 돌리는 방법을 잘 이해할 수 있을 정도이다.

세 명의 여성이 채색화로 그려진 장면의 제목은 「망질하고」이다. 망질은 맷돌질의 사투리이다. 맷돌을 담은 큰 함지박을 가운데에 두고 두 여성이 함께 맷돌질을 하고 있다. 한 여성이 함지박을 잡고 맷돌을 돌린다. 맞은편의 여성은 함지박 옆에 놓인 그릇에서 콩을 숟가락으로 퍼서 맷돌 구멍에 넣는다. 무거운 맷돌을 돌리기 위해서 두 사람이 막대기를 함께 쥐고 있는 장면 등이 매우 구체적이며 생생하다. 이와 같은 구도로 부부가 함께 맷돌을 돌리는 그림도 있다. 한편 서 있는 한 여성은 물이 담긴 백자 대접을 들고 간간이 윗돌 구멍에 물을 붓는다. 물은 맷돌이 수월하게 돌아가고 곡식이 부드럽게 흘러나오게 하는 역할을 한다.

분류 : 미술
색인어 : 곡식, 맷돌, 맷돌질, 망질, 김준근, 풍속화
참고문헌 : 한식문화재단, 한식아카이브 DB; 『기산풍속도첩』(민속원, 2004)
필자 : 구혜인

머윗대

머위의 줄기를 머윗대라고 하며 많은 사람들이 즐겨 식용한다. 허준(許浚: 1539-1615)의 『동의보감(東醫寶鑑)』에서는 머위를 백채(白菜)라고도 했다. 머위는 이른 봄에 꽃잎보다 줄기가 먼저 자라며, 꽃이 피었다 진 후 자라는 잎과 줄기를 식용한다. 주로 머윗대를 식용하기 때문에 머위를 머윗대로 부르기도 하고, 방언으로는 '머우', '머구'라고도 했다.

1766년에 유중림(柳重臨: 1705-1771)이 엮은 『증보산림경제(增補山林經濟)』에는 머위를 우물가 가까운 습한 곳에 심으면 줄기가 연하며 물기가 많고 잘 자라 머위를 삶아서 국을 끓이거나 데쳐 먹어도 맛있다고 했다. 또한 머윗대는 장아찌로도 많이 조리한다. 방신영(方信榮: 1890-1977)이 지은 『조선요리제법(朝鮮料理製法)』에는 머윗대의 껍질을 벗기고 삶아서 채반에 쏟아 물기를 다 뺀 다음 간장, 설탕, 풋고추 등으로 양념하여 졸여 먹는다고 했으며, 이용기(李用基: 1870-1933)가 지은 『조선무쌍신식요리제법(朝鮮無雙新式料理製法)』에서도 머위장아찌 조리법이 기록되어 있는데, 간장, 꿀, 설탕 등을 넣어다 졸여질 때까지 약한 불로 계속 졸이면 술안주로도 좋다고 한다.

분류 : 식재료
색인어 : 조선무쌍신식요리제법, 조선요리제법
참고문헌 : 유중림, 『증보산림경제(增補山林經濟)』; 이용기, 『조선무쌍신식요리제법(朝鮮無雙新式料理製法)』; 방신영, 『조선요리제법(朝鮮料理製法)』; 허준, 『동의보감(東醫寶鑑)』
필자 : 박선미

멍게

멍게의 다른 이름은 '우렁쉥이'다. 주로 해안가에서 식용하던 해산물이었으나 한국전쟁 이후 전국적으로 두루 먹는다. 멍게의 모습이 마치 파인애플과 같다고 해서 바다의 파인애플이라는 별명을 가지고 있다. 붉은색 또는 주황색을 띠는 멍게는 겉면에 돌기가 많고

멍게ⓒ하응백

얕은 바다에서 군체를 이루고 산다. 멍게는 5월이 제철이며 주로 남해안에서 많이 잡히고 최근에는 양식도 많이 한다.

멍게는 제철에 싱싱한 회로 초고추장에 찍어 먹는 것이 일반적이지만 멍게산적, 멍게젓, 멍게튀김, 멍게김치 등으로 조리법이 다양하다. 멍게회를 먹을 때는 멍게의 겉껍질의 돌기 부분을 도려내고 내장을 빼고 살을 바른 후 조각내어 초고추장에 찍어 먹는다. 울산 지역에서는 멍게산적과 멍게김치를 만들어 먹는다. 먼저 멍게산적은 멍게 껍질을 벗기고 손질한 다음 살짝 데쳐 물기를 빼고 기름에 살짝 구워 꼬치에 끼운다. 그런 다음 양념장을 끓인 냄비에 멍게 꼬치를 넣고 조린 후 통깨를 뿌린다. 멍게김치는 멍게 속살을 소금물에 씻어 물기를 빼고 쪽파, 붉은 고추, 고춧가루, 다진 마늘, 통깨, 소금 등의 양념을 넣어 버무리는 것이다.

전라남도에서는 멍게로 젓을 만드는데, 내장을 뺀 멍게에 소금을 넣고 버무려 절인 후 붉은 고추와 양념을 섞은 것에 함께 버무린다. 강원도에서는 물엿과 소금에 멍게를 절인 후 물기를 제거하고 마늘과 생강을 다져 넣고, 멸치액젓으로 버무린다. 통영 지역에서는 멍게로 튀김을 하는데, 껍질 벗긴 멍게를 통째로 씻어 물기를 뺀 후 밀가루를 살짝 치고, 밀가루와 물, 소금으로 만든 튀김옷을 입혀 튀겨낸다. 통영 지역에서는 멍게비빔밥을 상품화하여 관광객을 유치하고 있다.

분류 : 식재료
참고문헌 :『한국의 전통향토음식 3-강원도』(교문사, 2008);『한국의 전통향토음식 7-전라남도』(교문사, 2008);『한국의 전통향토음식 9-경상남도』(교문사, 2008)
필자 : 박선미

메밀

메밀은 쌍떡잎식물 마디풀목 마디풀과의 한해살이풀로 한자로 표기하면 목맥(木麥)·교맥(蕎麥)·모미(牟米) 등으로 표기한다. 메밀을 언제부터 구체적으로 재배했는지 알 수는 없지만 태안 마도 해양유적에서 출토된 목간에 조 1석과 함께 메밀 3석을 운반한다는 기록을 통해 고려시대 이후에 메밀은 희귀한 곡식이 아닌 일반적 곡물이었음을 알 수 있다.

조선시대 편찬된 농서에는 기후적 차이가 있지만 대략 입추(立秋)를 전후로 한 시기에 심고 수확시기는 절기보다는 서리가 내리기 전으로 기록되어 있다. 이는 메밀의 생물학적 특징을 잘 반영하는 기록들인데 실제로도 메밀은 파종에서 알곡이 맺기까지 걸리는 시간이 60-100일로 매우 짧은 편에 속한다. 그리고 『산림경제』,『증보산림경제』 등의 농서에서 지적하듯이 메밀은 묵은밭에서도 잘 자라고 숲에 있는 비옥한 땅을 화전으로 만들어 재배하면 보통 수확량보다 2배 많은 양을 수확할 수 있다고 기록할 정도로 척박한 땅에서도 잘 자라는 곡물이다.

메밀은 조선시대부터 식민지시기까지 오곡에 포함될 정도로 주요 곡물은 아니었지만 구황에 있어서 중요한 작물로 인식됐다. 그래서 조선시대 자연재해로 농사에 피해를 입은 지역을 위해 중앙정부가 내놓는 대표적인 대책이 메밀을 심도록 지시하거나 아예 메밀 종자를 직접 주어 백성들이 심도록 하는 정책이었다. 『태종실록(太宗實錄)』을 보면 현재의 황해남도 일대인 풍해도(豊海道) 백성들이 농사에 실패했는데 이에 대한 대책으로 충청도에서 메밀 종자 3천 석을 풍해도로 옮겨 심도록 했고 현재 함경남도 일대를 가리키는 영길도(永吉道) 허천(虛川) 등지에서 서리가 내려

곡식이 말라 죽자 논을 갈아엎은 후 메밀을 심도록 했다는 기록을 통해 확인할 수 있다. 식민지시기에도 메밀은 구황작물로서 꾸준히 호출을 받는데 1925년 7월 24일 〈시대일보(時代日報)〉에 실린「수해지에 재경불능(再耕不能) 교맥, 조외무망」이란 기사에는 수해를 입은 지역에서 벼를 재배하는 것이 불가능해졌기에 오직 메밀과 조를 심어 그 피해에 대한 대책을 세웠다고 한다.

조선시대 의학체계 내에서 많은 음식이 동시에 약으로 쓰였듯이 메밀 역시 때에 따라서는 음식보다 병을 치료하는 목적으로 사용됐다.『승정원일기』에 따르면 1727년 음력 11월 13일, 그해 영조의 아들인 효장세자(孝章世子: 1719-1728)와 혼인한 훗날 효순왕후(孝純王后: 1715-1751)가 되는 빈궁(嬪宮)이 얼굴에 독이 오르는 병에 걸렸다. 이 증상이 나타나자마자 약방에서는 메밀밥[木麥飯]을 지어 얼굴에 붙이도록 했다. 다음날 약방은 빈궁이 겪는 병을 풍단(風丹)으로 진단하고 그 치료법으로 태수(胎水)를 아픈 부위에 바른 후 메밀밥을 두텁게 바른 후 물수건으로 다시 묶기를 반복해야 한다고 진단했고 영조 역시 이 같은 처방을 그대로 시행하도록 허락했다. 하지만 다음날 병의 정도가 더 심해지면서 의원들은 이를 전염병의 일종인 홍진(紅疹)으로 보고 메밀밥이 아닌 다른 처방을 시작했고 결국 같은 해 11월 18일 빈궁은 회복한다.

메밀은 다양한 음식으로도 쓰였는데 조선시대 기록된 조리법 중 메밀을 주재료 한 조리법은 메밀을 주로 가루로 만들어 이용하는 조리법이 많았다. 특히 메밀가루로 만드는 면류는 예전부터 현재까지 많은 사람들이 먹는 음식 중 하나이다.『음식디미방』에서도 메밀가루를 이용한 면류 관련한 조리법이 남겨져 있고 식민지시기 이미 지역 음식에서 벗어나 현재는 많은 사람들이 스스로를 매니아라고 표현하는 평양냉면도 메밀가루 반죽을 국수틀에 넣어 뽑은 면을 이용한다. 최근 선풍적 인기를 끌고 있는 막국수도 메밀가루를 이용한 대표적 면류 음식이다.

그렇다고 해서 메밀가루가 면요리에만 사용되는 것

은 아니다. 녹두가루나 밀가루 등 다른 곡물류 등과 혼합하여 떡, 면, 산자, 만두, 과자 등의 형태로 이용했다. 가루를 이용하여 만든 면·만두·과자류 이외에도 메밀가루로 밥·술·약주·미숫가루 등의 형태로 쓰라고 기록한 조리법들도 있었다.

분류 : 식재료
색인어 : 냉면, 음식디미방
참고문헌 : 『농사직설』, 홍만선 저·장재한·김주희 역, 『산림경제』1(민족문화추진회, 1982); 『승정원일기』; 「수해지에 再耕不能 蕎麥, 조 외무망」, 〈시대일보〉 1925년 7월 24일; 안동 장씨 저·백두현 역, 『음식디미방』(글누림, 2012); 유중림 저·농업진흥청 역, 『증보산림경제』1(농업진흥청, 2003); 『태종실록』
필자 : 이민재

메밀(「메밀꽃 필 무렵」)

"달밤에는 그런 이야기가 격에 맞거든."

조선달 편을 바라는 보았으나 물론 미안해서가 아니라 달빛에 감동하여서였다. 이지러는 졌으나 보름을 가제 지난 달은 부드러운 빛을 흣뭇이 흘리고 있다. 대화까지는 칠십 리의 밤길, 고개를 둘이나 넘고 개울을 하나 건너고 벌판과 산길을 걸어야 된다. 달은 지금 긴 산허리에 걸려 있다. 밤중을 지난 무렵인지 죽은 듯이 고요한 속에서 짐승 같은 달의 숨소리가 손에 잡힐 듯이 들리며, 콩포기와 옥수수 잎새가 한층 달에 푸르게 젖었다. 산허리는 온통 모밀밭이어서 피기 시작한 꽃이 소금을 뿌린 듯이 흣뭇한 달빛에 숨이 막힐 지경이다. 붉은 대궁이 향기같이 애잔하고 나귀들의 걸음도 시원하다. 길이 좁은 까닭에 세 사람은 나귀를 타고 외줄로 늘어섰다. 방울 소리가 시원스럽게 딸랑딸랑 모밀밭께로 흘러간다. 앞장선 허생원의 이야기 소리는 꽁무니에 선 동이에게는 확적히는 안 들렸으나, 그는 그대로 개운한 제 멋에 적적하지는 않았다.

1936년 월간 종합지인 『조광』에 발표된 이효석의 단편소설이다. 발표 당시의 제목은 '모밀꽃 필 무렵'이었다. 이효석(李孝石: 1907-1942)은 경성제국대학 영문과 2학년이던 1928년 사회주의적 성향을 띤 종합지

『조선지광』에 단편 「도시와 유령」을 발표하며 등단하였다. 동대문 밖 동묘에 살고 있는 거지 모자의 현실과 이를 알게 된 주인공의 충격을 엮어 짠 작품인데, 청년 사회주의자의 소련 밀항을 그린 「노령근해」3부작과 함께 이효석 문학의 초기 경향을 잘 보여준다. 사회주의에 기울어 있지만 사회주의자 문학예술인들의 조직이었던 KAPF에 가담하지는 않은 작가들을 우리 문학사에서는 동반자 작가로 부르는데, 등단 초기의 이효석도 그 가운데 하나였다. 그러나 이후 방향을 바꾸어 이 시기 순수문학을 대표하는 작가로 몸을 세우게 된다. 대표작에 「노령근해」, 「돈」, 「메밀꽃 필 무렵」, 「장미 병들다」, 「하얼빈」 등의 단편, 『화분』, 『벽공무한』 등의 장편이 있다.

「메밀꽃 필 무렵」의 한복판에는 달밤의 메밀꽃밭 풍경이 아름답게 펼쳐져 있다. 이 소설을 한국 근대 단편소설의 대표작 가운데 하나로 밀어올린 풍경이다. 이 아름다운 풍경 속에는 그러나, 풍경의 아름다움에 눈 멀면 볼 수 없는 주인공 허생원의 남루한 존재성이 들어 있다. 당대 한국사회에서 불구로 인식되었던 왼손잡이에 얼금뱅이라는 육체적 불구, 나귀 한 마리를 반려 삼아 떠도는 외로운 신세, 몇 푼의 이문을 바라 밤새워 강원도 험한 산길을 걸어야 하는 고단한 하루하루 등이 그의 남루한 존재성을 구성한다. 또 있다. 그가 성으로부터 철저하게 소외된 외로운 존재라는 사실이 그것이다. 허생원이 기억 속에서 성 처녀와의 하룻밤을 거듭 불러내어 되새기는 것은 역으로 그가 얼마나 성으로부터 소외된 존재인가를 드러낸다.

분류 : 문학
색인어 : 메밀꽃 필 무렵, 이효석, 메밀, 장돌뱅이
참고문헌 : 이상옥, 『이효석의 삶과 문학』(집문당, 2004); 정호웅, 「이데올로기적 가치중립주의와 美―이효석론」(예술원, 2001)
필자 : 정호웅

메밀(1798년 정조)

1798년 5월 동안 경기도 남부 일대에 비가 내리지 않았고 5월 말부터 6월 초에 비가 내리기 시작했지만 많은 지역에서 모내기를 하지 못했다. 정조는 가뭄에 대

처하기 위해 벼를 심지 못한 곳에 구황작물로써 메밀을 심도록 하라는 명령을 내렸다. 하지만 정조의 의견에 대해 대신들이 반론을 제기하고 백성들의 불만 역시 적지 않았다.

이에 정조는 1798년 6월 5일에 특별히 화성부에 메밀을 심도록 다시금 명령하였다. 정조는 메밀이 대체 작물로 가장 좋은 작물이라고 강조하며 그 이유를 다음과 같이 들었다. 우선 늦게 심어도 빨리 수확할 수 있고 수확한 곡식을 가지고 불탁(不托)으로 만들 수 있으므로 좋은 벼와 견주어도 절대 떨어지지 않기 때문이라고 했다. 그래서 대표적 구황작물인 토란이나 고구마보다 나은 것은 오직 메밀뿐이기 때문에 메밀을 대체작물로 심도록 권했다고 말했다.

정조는 메밀 외에도 파종하기 좋은 곡식들이 많이 있다는 의견에 대해서는 콩의 경우 메밀 다음으로 가꾸기는 쉽지만 전국적으로 토질과 날씨가 다르기 때문에 이모작 시기를 놓치면 심기 어렵다고 했다. 또 기장의 경우 습한 지역에서는 잘 키울 수 있지만 수확 때까지의 기간이 길어 수확하기가 어려울 것이라고 지적했고 늦게 심을 수 있는 기장의 경우 종자가 매우 귀하여 전국에 보급시키기 어렵기에 메밀을 파종해야 한다고 답했다.

또한 정조는 메밀을 심으라는 명령에 대해 불만을 이야기하는 경기 지방의 관리와 백성들의 의견에 대해서도 답했다. 먼저 정조 자신이 메밀을 심으라고 명령한 곳은 습한 논이 아니라 높고 건조하여 모내기를 하지 못하는 곳이나 불모지라고 말했다. 그리고 메밀 종자를 전국적으로 운송하는 어려움에 있어서는 배를 통해 이동시킬 것이기 때문에 동풍만 잘 불어주면 괜찮다고 했으며 메밀 재배에 대한 세금은 거두지 않고 오직 백성들의 배를 채우는 데에만 쓰게 할 것이라고 했다. 그러면서 정조는 경기지역 백성들이 자신의 명령을 잘 따르지 않는 이유를 농사일에 게으른 경기 지역의 특성 때문이라고 규정하면서 이를 교화시켜야 하는 관리들 역시 부지런히 하지 않기 때문이라고 비판했다.

수원화성, 1900년대, 국립민속박물관

정조는 다시 한번 자신의 명령을 따랐을 때 생기는 이익을 강조하면서 경기 지역에서 메밀을 심으라는 자신의 명령을 잘 따라 준다면 모내기를 하지 않아도 곡식이 생기고 그에 대한 세금도 없을 것이라고 했다. 그렇게 경기에서 잘 따르면 다른 지역에서도 따를 것이고 이는 백성들에게 오랜 기간 큰 이익이 될 것이라고 말했다. 특히 화성부(華城府)에 특별히 메밀을 심으라 한 이유에 대해서 그곳이 경기 지역의 중심이기에 메밀을 제대로 잘 심어서 백성들에게 널리 알려 다른 경기 지역들을 이끌어주기를 바라기 때문이라고 말하면서 끝을 맺었다.

분류 : 식재료
색인어 : 메밀, 구황식품, 조, 경기, 화성부, 불탁, 토란, 고구마, 모내기, 정종실록
참고문헌 :『정종실록』
필자 : 이민재

메밀국수(「서행시초」)

거리에서는 모밀내가 났다
부처를 위하는 정갈한 노친네의 내음새 같은 모밀내가 났다

어쩐지 향산(香山) 부처님이 가깝다는 거린데
국숫집에서는 농짝 같은 도야지를 잡아 걸고 국수에 치는 도야지고기는 돗바늘 같은 털이 드문드문 백였다
나는 이 털도 안 뽑은 도야지고기를 물끄러미 바라보며 또 털도 안 뽑는 고기를 시키면 맨모밀국수에 얹어서

379

한입에 꿀꺽 삼키는 사람들을 바라보며
나는 문득 가슴에 뜨끈한 것을 느끼며
소수림왕을 생각한다 광개토대왕을 생각한다

1939년 11월 9일 〈조선일보〉에 발표된 백석(白石: 1912-1996)의 시다. 백석은 자신이 성장한 고향의 풍속과 자신이 체험한 생활의 풍물을 토속적 언어에 바탕을 둔 지극히 개성적인 시어와 표현으로 형상화한 시인이다. 그의 독특한 시세계는 후대의 많은 시인들에게 영향을 끼쳤다. 1912년 평안북도 정주에서 태어나 오산고등보통학교를 마치고 일본으로 건너가 1934년 아오야마학원[靑山學院] 전문부 영어사범과를 졸업하였다. 1930년 〈조선일보〉 '신년현상문예 공모'에 소설 「그 모(母)와 아들」이 당선되었고, 1935년 〈조선일보〉에 시 「정주성」을 발표하면서 등단했다. 첫 시집 『사슴』을 출간하여 문단의 주목을 받았고 그 이후 함흥과 만주에서 발표한 작품들도 지속적인 관심의 대상이 되었다. 광복 후 평양에 정착하여 분단 이후에도 활동하다가 1959년 양강도 삼수군의 농장으로 축출되어 농사꾼으로 살다가 타계했다.

백석 시 전편 해설

백석을 만나다

이숭원

실증적이면서도 문학적인 해석을 통해 백석 시 연구의 모범을 보인 백석 시 연구서 『백석을 만나다』 표지

이 시는 1939년 11월 8일부터 11일까지 '서행시초(西行詩抄)'라는 묶음으로 연재한 네 편 중 두 번째 작품이다. 이 시는 묘향산 입구의 국숫집을 배경으로 국수를 먹는 산골사람들을 제시하고 있다. 그 사람들은 굵은 털이 그대로 박힌 돼지고기를 맨 메밀국수에 얹어 한입에 꿀꺽 삼킨다. 화자는 그들의 야성적 생명력에 경탄하며 고구려의 역사적 영웅들을 떠올린다. 이 시에서 메밀국수는 평안북도 산간 지역의 특성을 잘 드러내는 음식으로 제시되었다.

분류 : 문학
색인어 : 서행시초 2: 북신, 백석, 모밀내(메밀내), 국숫집, 도야지고기, 모밀국수(메밀국수)
참고문헌 : 이숭원, 『백석을 만나다』(태학사, 2008)
필자 : 이숭원

메밀국수 만드는 법

우리나라에서 국수를 만드는 데 많이 쓰는 재료로는 밀가루, 메밀가루, 감자전분, 고구마전분, 옥수수전분 등을 들 수 있다. 지금이야 밀가루로 만든 밀국수가 흔하지만, 조선시대까지만 해도 그 양상이 매우 달랐다. 한반도는 기후 특성상 밀 재배를 하기에 적합한 곳이 아니라서 밀이 많이 생산되지 않았다. 그래서 밀을 '진말(眞末)', 혹은 '진가루'라고 부르며 귀하게 여겼다.

그래서 근대 이전에는 밀가루 대신, 메밀가루로 만든 메밀국수를 가장 많이 먹었다. 실제로 장계향(張桂香: 1598-1680)의 『음식디미방』에서는 '면(麵)'이라 적고 메밀국수 만드는 법을 적어두었다. 이러한 사실을 통해 당시에는 국수라고 하면 으레 메밀국수를 떠올릴 만큼, 메밀국수를 많이 만들어 먹었음을 알 수 있다. 메밀은 한반도 기후에 적합한 작물이고, 생육기간이 짧은 반면, 수확량이 많았다. 또 척박한 땅에서도 잘 자라서 강원도와 같은 산간지대에서도 얼마든지 재배가 가능했다. 다만, 메밀은 찰기(글루텐)가 부족하다는 치명적인 단점을 가지고 있었다. 그래서 메밀가루만 가지고서 반죽을 하면 뚝뚝 끊어져버려서 국수를 만들 수가 없었고, 설사 국수를 만드는 데 성공한다 해도 국수 특유의 야들야들한 맛이 살아나지 않았다.

메밀의 이러한 단점을 녹말가루가 보완해주었다. 『음식디미방』, 『임원경제지(林園經濟志)』 등과 같은 옛 문헌에 적힌 메밀국수 만드는 법을 보면, 대부분 메밀가루에 녹두 녹말을 섞어서 사용했다. 메밀국수를 만들려면 먼저, 메밀과 녹두의 겉껍질을 벗겨내고, 각각 맷돌에 타서 가루로 만든다. 그런 다음, 메밀가루와 녹두가루를 섞어서 따뜻한 물로 익반죽하여 죽처럼 만든다. 이때 메밀가루와 녹두가루의 양을 적절히 배합하는 것이 중요한데, 『음식디미방』에서는 메밀쌀 다섯 되당 녹두 한 복자씩 섞으라고 했고, 『임원경제지』에서는 메밀가루 한 말당 녹두 두 되를 쓰는 것이 좋다고 했다. 그리고 마지막으로 반죽을 국수로 뽑아내는 것이 관건인데, 『임원경제지』에서는 반죽을 국수틀에 밀어 뽑아내거나 칼로 가늘게 썰어서 국수를 만든다고 했다.

그러나 실제로 메밀 반죽은 매우 단단해서 칼로 썰어서 국수를 만들려면 엄청난 노동력이 필요했다. 그래서 대개는 국수틀이라고 하는 기계에 눌러서 국수를 뽑아내는 방식이 선호되었다. 냉면을 뽑아내는 국수틀은 한자어로 '면착(麵搾)', 또는 '면자기(麵搾機)'라고 하였는데, 서유구(徐有榘: 1764-1845)가 쓴 『임원경제지』「섬용도보」에 그에 대한 자세한 내용이 기록되어 전한다. 큰 나무통에 둥글게 구멍을 뚫고 바닥에 가는 구멍을 수없이 뚫어 국수틀을 만든다. 이 국수틀을 솥 위에 올려놓고 솥과 조금 떨어지게 고정시킨다. 그리고 국수 반죽을 국수틀 구멍에 넣고 말뚝으로 힘주어 누르면, 흘러나온 가는 국숫발이 팔팔 끓고 있는 솥으로 흘러내린다. 끓는 물에 국수를 잠깐 데친 후 건져내면 메밀국수가 완성된다고 하였다.

조선 후기의 풍속화가 기산(箕山) 김준근(金俊根: ?-?)도 국수 뽑는 모습을 그냥 지나치지 않고, 「국수 내리는 모양」이라는 그림으로 담아냈다. 이 그림을 좀 더 자세히 살펴보면, 한 남자가 면자기에 걸터앉아 온몸의 무게를 실어 줄을 잡아당기고 있고, 또 다른 남자는 국수틀과 끓는 가마솥 앞에서 막 흘러나오는 국수를 꼬챙이로 젓고 있다. 두 사람은 지금 국수틀에서 국수를 뽑고 있는 중인데, 이렇듯 온 힘을 다해 국수를 내려도 실제로 손에 쥘 수 있는 것은 한 다발의 국수 가락 정도였을 것이다. 메밀국수 뽑는 일은 그만큼 힘든 노역(勞役)이었다.

그러던 중 1932년에 함경남도 함주군에서 철공소를 운영하는 김규홍이라는 사람이 쇠로 된 냉면기계를 개발하는 데 성공하였다(「제면기계발명 전매특허 어

더」,〈동아일보〉1932년 6월 29일자). 이 기계의 장점은 혼자서도 재래식 기계의 세 배 이상의 속도로 국수를 내릴 수 있다는 점이었다. 그리고 기체가 작아서 협소한 공간에도 설치가 가능했고, 또 위생적이기까지 했다. 기사에 의하면, 김규홍은 이 기계를 발명하기 위해 전력을 다했고, 또 이를 완성하자마자 전매특허를 출원하였다고 한다. 이는 아마도 당시 서울에서 평양냉면이 인기를 얻으면서 메밀국수의 수요가 증가했고, 부족한 메밀국수를 대량으로 공급하기 위해 새로운 방식의 제면기가 절실히 필요했기 때문일 것이다. 이후 제면기는 진화에 진화를 거듭해 오늘에 이르게 되었다.

분류 : 음식
색인어 : 메밀, 메밀국수, 면착, 면자기, 서구유, 임원경제지, 김준근, 국수 내리는 모양
참고문헌 : 홍만선, 『산림경제』(한국전통지식포탈); 장계향 저, 『음식디미방』(경북대학교출판부, 2003); 서유구 저, 이효지 외, 『임원경제지』(교문사, 2007); 「제면기계발명 전매특허어더」,〈동아일보〉1932년 6월 29일; 주영하, 『그림 속의 음식, 음식 속의 역사』(사계절, 2005); 주영하, 『식탁 위의 한국사』(휴머니스트, 2013)
필자 : 양미경

메밀묵(「적막한 식욕」)

모밀묵이 먹고 싶다.

그 싱겁고 구수하고

못나고도 소박하게 점잖은

촌 잔칫날 팔모상에 올라

새 사돈을 대접하는 것.

그것은 저문 봄날 해질 무렵에

허전한 마음이

마음을 달래는

쓸쓸한 식욕이 꿈꾸는 음식.

또한 인생의 참뜻을 짐작한 자의

너그럽고 넉넉한

눈물이 갈구하는 쓸쓸한 식성(食性).

아버지와 아들이 겸상을 하고

손과 주인이 겸상을 하고

산나물을

곁들여 놓고
어수룩한 산기슭의 허술한 물방아처럼
슬금슬금 세상 얘기를 하며
먹는 음식.
그리고 마디가 굵은 사투리로
은은하게 서로 사랑하며 어여삐 여기며
그렇게 이웃끼리
이 세상을 건느고
저승을 갈 때,
보이소 아는 양반 앙인기요
보이소 웃마을 이생원 앙인기요
서로 불러 길을 가며 쉬며 그 마지막 주막에서
걸걸한 막걸리 잔을 나눌 때
절로 젓가락이 가는
쓸쓸한 음식.

중년의 박목월

박목월(朴木月: 1915-1978)의 시집 『난·기타』(1959)에 수록된 작품이다. 박목월은 초기에 향토적 서정성을 바탕으로 민요조를 개성 있게 수용하여 재창조한 시인으로 평가받았다. 그러나 중기 이후 서민들의 생활 현장과 다채로운 삶의 국면에 관심을 가지면서 시세계의 변화를 보였고, 말년에는 존재의 문제를 탐구하는 지적인 성찰의 자세를 보였다. 1939년 『문장』지에 「길처럼」, 「그것은 연륜이다」, 「산그늘」 등이 추천되어 시단에 등단했다. 한양대 국문학과 교수로 있던 1978년 3월 고혈압으로 타계했다. 시집으로 『청록집』(3인시집), 『산도화』, 『난·기타』, 『청담(晴曇)』, 『경상도의 가랑잎』, 『무순(無順)』 등이 있으며, 수필집으로 『보라빛 소묘』, 『밤에 쓴 인생론』 등이 있다.

'적막한 식욕'이라는 제목은 매우 인상적이다. 메밀묵의 맛은 싱겁고 구수한데 그 맛의 질감이 시골사람들의 소박하고 못나고 점잖은 모습과 연결된다. 그들이 먹는 음식이 그들의 성품을 그대로 반영하고 있다는 뜻이다. 시인은 메밀묵이라는 음식을 통해 자신이 추구하는 정신의 지향을 전부 드러냈다. 그 덕목은 구수하고 소박하고 점잖음, 너그럽고 넉넉함, 은은하게 서로 사랑하고 어여삐 여김 등이다. 그가 추구하는 정신의 덕목에 가장 부합하는 토속적 음식이 메밀묵이라고 생각한 것이다.

분류 : 문학
색인어 : 적막한 식욕, 박목월, 모밀묵(메밀묵), 산나물, 막걸리, 주막
참고문헌 : 박목월, 『난·기타』(신구문화사, 1959)
필자 : 이숭원

메추라기

메추라기는 메추리, 순조(鶉鳥), 암순(鵪鶉) 등으로 불린다. 꿩과에 속하는 작은 새로, 가을에 남하하여 이동해오는 겨울새이다.

중국 명나라 때 이시진(李時珍: 1518-1593)이 저술한 의서인 『본초강목(本草綱目)』에서 메추리는 얕은 풀밭에 숨어 사는데, 일정한 거처는 없지만 성질이 순박하고 정한 짝이 있어 어디서든 함께 만족하며 산다고 하였다. 이런 연유로 메추리는 안빈낙도(安貧樂道), 안분자족(安分自足)을 상징하며, 조선시대 꽃과 새를 그린 그림인 화조도(花鳥圖)에도 자주 등장한다.

『다산시문집(茶山詩文集)』에 따르면, 정약용(丁若鏞: 1762-1836)은 사냥 그물을 빌려 손수 쳐서 메추리와 참새를 무수히 잡아 푸성귀를 섞어 삶고 굽고 국을 끓여 와자지껄 떠들면서 마음껏 즐겨본다는 시문을 술을 마시며 설경을 구경하다가 지었다.

1766년 의관 유중림(柳重臨: 1705-1771)이 쓴 『증보산림경제(增補山林經濟)』에 보면 메추라기는 사람에게 매우 이롭다고 하였다. 1460년(세조 6)에 어의(御醫)를 지낸 전순의(全循義: ?-?)가 쓴 『식료찬요(食療纂要)』에서 메추라기는 '뭉쳐진 열[結熱]'을 치료하려

그렇지만 조선시대에도 마찬가지였다. 조선 후기의 정약전(丁若銓: 1758-1816)은 『자산어보(玆山魚譜)』에서 멸치를 '鰌魚(추어)', '蔑魚(멸어)'라고 소개하면서, 멸치는 소금에 절이거나 말리거나 하여 여러 가지 음식을 만드는 데 쓰며 반찬 중에서는 값싼 것이라고 하였다.(정약전 저, 이두순 역, 2016: 128쪽)

서유구(徐有榘: 1764-1845) 역시 『난호어목지(蘭湖漁牧志)』「어명고(魚名攷)」에서 멸치를 '멸', '鮧鰌(이추)'라 하면서, 멸치는 동해, 남해, 서해에 모두 나는데, 나라 안에 흘러 넘쳐 시골사람들의 비린 반찬의 재료가 된다고 썼다. 그러면서 바다 중에서도 특히 동해에서 많이 나며, 멸치를 잡은 후에 모래자갈 위에 펴널어서 햇볕에 말렸다가 육지에 판다고 했다. 말리는 도중에 장마철을 만나 썩어 문드러지면 식용하지 못하고 밭의 거름으로 쓰는데, 잘 삭은 분뇨보다 낫다고 평가하였다(서유구 저, 이두순 평역, 2015: 267쪽).

이와 비슷한 내용이 이규경(李圭景: 1788-1863)이 쓴 『오주연문장전산고(五洲衍文長箋散稿)』 만물편(萬物篇)「온어변증설(鰮魚辨證說)」에도 보인다. 다만, 장마철이 되어 멸치가 썩는다고 한 것이 아니라 어부들이 바로 말리지 않으면 금세 썩어서 밭의 거름으로 쓴다고 설명하였다. 따라서 멸치를 서둘러 제때 잘 말리는 일은 멸치의 식용에 가장 중요한 것이었음을 짐작할 수 있다.

또한 이규경은 멸치를 두고 조선의 동쪽과 북쪽 바다에 나는 어류 가운데 작은 물고기가 '멸어(蔑魚)' 혹은 '며어(旀魚)'인데, 생멸치로는 탕을 끓이지만 너무 기름져서 먹을 수가 없고 말린 것은 일상의 반찬으로 항상 쓰므로 북어(北魚) 못지않게 전국에 두루 넘친다고 하였다. 이와 같이 이규경은 생멸치탕의 맛을 혹평하였지만, 싱싱한 생멸치로 끓이는 멸치국은 '멜국'이라 하여 제주도에서 여름철 향토음식으로 전해지는 음식이다(농촌진흥청, 2008b: 107쪽).

한편 멸치로 만드는 음식 가운데 멸치회는 아무 때나 어느 곳에서고 맛있게 먹을 수 있는 음식은 아니며, 멸치가 잡히는 지역에서나 가능한 음식이라고 할 수

있다. 냉장시설이 없는 과거로 갈수록 더욱 그러하였다. 현재는 경상남도에서 음력 7-8월에 잡은 가을 멸치의 맛을 최고로 쳐서 향토음식으로 해 먹는데, 멸치회는 생멸치를 막걸리나 술지게미 담근 물에 담갔다 건지든가 아니면 그냥 깨끗이 다듬어 먹기 직전에 채소와 섞어 초고추장에 무쳐 만들었다(농촌진흥청, 2008a: 357쪽).

분류 : 식재료
색인어 : 막걸리, 북어, 어묵, 조선요리학, 조선요리제법, 간장, 콩, 김장
참고문헌 : 서유구 저, 이두순 평역, 강우규 도판, 『평역 난호어명고』(수산경제연구원BOOKS·블루&노트, 2015); 정약전 원저, 이두순 글, 강우규 그림, 『신역 자산어보』(목근통, 2016); 이규경, 『오주연문장전산고』(한국전통지식포탈); 농촌진흥청 농업과학기술원 농촌자원개발연구소, 『한국의 전통향토음식 9-경상남도』(교문사, 2008a); 농촌진흥청 농업과학기술원 농촌자원개발연구소, 『한국의 전통향토음식 10-제주도』(교문사, 2008b); 「쇼핑-乾魚物값 뛰어」, 〈매일경제〉 1971년 2월 11일; 「쇼핑-햇밤 10ℓ 3천원」, 〈매일경제〉 1971년 9월 1일; 「서울 消費者物價」, 〈매일경제〉 1972년 9월 5일; 「도시락과 營養 釜山市敎委 각급교 도시락 실태조사」, 〈매일경제〉 1974년 7월 12일; 「乾魚物」, 〈경향신문〉 1982년 8월 31일; 「쇼핑가이드」, 〈경향신문〉 1990년 9월 1일
필자 : 김혜숙

멸치젓

나이 마흔에 이미 경상도의 거부(巨富)로 유명했던 진주(晉州)의 정부인 김씨(貞夫人金氏: 1843-1912)는 일제 강점기인 1920년대 보통학교 수신교과서를 비롯하여 여러 수양서에 그가 근검절약하며 품팔이 등을 하여 재산을 모은 경로와 굳은 의지가 기록되어, 후세의 모범으로 전해진 인물이다(〈동아일보〉 1928년 7월 3일자).

후에 여성교육이나 빈민 구휼에 힘써서 칭송을 받았던 그는 17세에 김재권(金載權)에게 시집을 갔으나, 나중에 중추원(中樞院) 의관(議官)을 거쳐 가선대부(嘉善大夫) 내장원 경(內藏院卿)에 이른 김재권이 서울로 가서 몇 해가 지나도 돌아오지 않으니 홀로 허름한 집을 지키며 헤진 옷에 굶주린 생활을 하면서 근검절약을 실천하였다. 또한 밤낮으로 방아를 찧고 길쌈을 하면서 돈을 모아, 토지를 샀다. 그는 절약하기 위해서 하루에 한 끼만 식사를 하고, 한 그릇을 나누어 반씩 먹으면서도 다 비우지 않을 정도로 철저했던 사

람이다. 그러던 그였지만 어느 날 멸치 젓갈을 얻어 밥을 먹다가 그 맛이 너무 좋아서, 자기도 모르는 사이에 밥을 반 그릇도 넘게 먹었다. 이에 깜짝 놀란 그는 후회하면서, 다시 예전처럼 소금에 절인 채소로 반찬을 삼았다는 일화가 전한다(김윤식, 『운양속집(雲養續集)』제4권, 「정부인 김해 김씨 묘갈명 병서[貞夫人金海金氏墓碣銘幷序]」).

이처럼 의지가 굳기로 유명한 김 정부인이 자기도 모르게 평소보다 밥을 더 먹게 된 것은 바로 멸치젓 때문이었다. 멸치젓은 멸치가 많이 잡히는 시기에 생멸치를 소금에 절여서 담그는 젓갈인데, 반찬으로 먹거나 김장을 담글 때 젓국으로 쓰는데 특히 경상도 지역에서 즐겨 먹는 젓갈이다. 따라서 경상남도 진주에 거주하던 김 정부인의 입맛에는 더 잘 맞았을 것이다.

현재는 멸치젓의 사용이 일반화되었으나, 일제 강점기까지도 멸치젓은 주로 전라남도와 경상남도에서 썼고 서울과 충청도 지역에서는 김치를 담글 때 멸치젓은 전혀 쓰지 않고 조기젓과 새우젓을 주로 넣었다. 김장에 멸치젓을 쓸 때는 살은 다 녹아버리고 뼈만 남은 멸치젓을 체에 걸러 젓국만 따로 받아서 끓인 후에 식혀서 썼다. 일제 강점기에는 전라남도의 추자도와 거문도 멸치젓을 최고로 쳤는데, 특히 추자도산 멸치젓은 명성이 높아 가격도 타지방의 것보다 20, 30% 높았다. 담홍색의 추자도 멸치젓이 유명한 이유는 이곳에서 잡히는 멸치의 크기가 지나치게 크지도 작지도 않은 중간 크기여서 멸치젓을 담기에 적합하고, 이 근처에서 잡히는 멸치는 산란기 직전의 멸치라서 지방분이 풍부하고 맛있기 때문이다(정문기, 「조선중요수산물(16) 멸치(上)」, 〈동아일보〉 1939년 6월 15일자).

김장 때 젓국으로 쓸 멸치는 1940년에 나온 홍선표(洪善杓: ?-?)의 『조선요리학(朝鮮料理學)』(1940)에 따르면, '오사리'라고 부르는 초가을 음력 7-8월경에 잡는 멸치가 좋다고 했다. 처음 잡는 오사리는 가장 성숙한 멸치인데, 제일 기름지고 살이 쪄서 일등품으로 쳤다는 것이다. 그러면서 그는 오사리 멸치에 소금을 쳐서 절이되 물을 넉넉히 부어서 2, 3일 삭힌 후 김

장할 때 젓국을 따라 쓰고, 멸치젓을 집에서 담가 쓰지 않고, 시장에서 사서 쓰는 경우에는 대개 국물도 적고 덜 절여진 것이 있으므로 집에서 다시 젓국을 만들어 쓰라고 조언하였다. 이때 젓국을 다시 만들려면, 쌀 씻은 속뜨물을 끓였다 식힌 것과 소금을 멸치젓이 담긴 항아리에 붓고 섞은 뒤에 따뜻한 방에 2, 3일간 두어 삭힌 다음, 국물만 걸러서 그대로 쓰거나, 거른 국물을 가라앉혀서 윗물만 곱게 따라 쓰라고 했다. 이렇게 새로 멸치젓국을 만드는 데 적어도 5, 6일이 드니, 이를 고려하여 김장용 멸치젓은 미리 사두었다가 써야 한다고 덧붙였다.

이러한 멸치젓은 쓰임이 많았는데, 경상도에서는 유명한 '멧젓'이라는 무와 무청을 넣어 담그는 김치를 만들거나(방신영, 1934), 멸치젓국을 넣어서 담그는 젓국지를 담거나 석박지나 쌈김치나 통김치에 국물을 부을 때 멸치젓국으로 간을 맞추었다(방신영, 1946). 이처럼 김치의 간을 맞추는 데 그치지 않고, 아예 멸

기장 멸치젓 대포장ⓒ하응백

기장 멸치젓 소포장ⓒ하응백

386

치젓을 '멸간장' 또는 '멸장'이라 하여 간장 대용으로 쓰는 지역도 있다. 전라남도 거문도는 콩 농사가 어려워 콩으로 메주를 쑤고 간장을 담그기가 어려운 지역이었지만, 멸치의 산지로 유명했던 지역이기 때문에 멸치젓으로 콩간장을 대신하였다. 봄에 멸치젓을 담갔다가 초겨울이 되어 김장을 담글 때에 먼저 젓국을 빼서 쓰고, 남은 멸치젓의 찌꺼기와 소금, 간장 찌꺼기, 물을 솥에 넣고 솥뚜껑을 연 채로 달인 후 식혀서 거르면 멸장이 되는데, 항아리에 넣어두고서 나물을 무치고 국을 끓일 때 간을 맞추었다(농촌진흥청, 2008a: 348쪽). 한편 제주도에서는 멸치젓을 반찬으로 먹었는데, 살짝 쪄낸 콩잎으로 쌈을 싸서 먹을 때 풋고추를 다져넣고 양념한 멸치젓을 얹어 먹기도 한다(농촌진흥청, 2008b: 205쪽). 또한 풋고추를 다져넣는 것이 아니라 아예 풋고추가 날 때 멸치젓 항아리 속에 풋고추를 깊이 넣었다가 이듬해 여름철에 꺼내 먹으면 밥반찬으로 대단히 신기한 맛이 난다고 했다(〈경향신문〉 1957년 11월 13일자).

분류 : 음식
참고문헌: 「疎薄밧든 一懦婦女 勤儉으로 巨萬致富」, 〈동아일보〉 1928년 7월 3일; 김윤식 지음, 백승철 역, 『운양속집』(연세대학교 국학연구원, 2014); 홍선표, 『조선요리학(朝鮮料理學)』(조광사, 1940); 농촌진흥청 농업과학기술원 농촌자원개발연구소, 『한국의 전통향토음식 7-전라남도』(교문사, 2008a); 농촌진흥청 농업과학기술원 농촌자원개발연구소, 『한국의 전통향토음식 10-제주도』(교문사, 2008b); 방신영, 『조선요리제법』(한성도서주식회사, 1934); 방신영, 『조선음식 만드는 법』(대양공사, 1946); 「젓갈의 종류와 맛있게 먹는 법」,〈경향신문〉 1957년 11월 13일
필자 : 김혜숙

명아주

명아주는 전국적으로 분포하는 1년생 식물로, 한자명은 '藜(려)', '藜萊(여래)', '藜菜(여채)', '明花子(명화자)'라 한다. 다 자라면 키가 크고, 줄기가 가벼우면서도 단단하여 청려장(靑藜杖)이라고 부르는 명아주지팡이를 만든다. 연한 어린잎과 줄기로는 명아주 나물이나 명아주 국을 끓여 먹는다. 또한 제철에 캔 명아주를 살짝 삶아서 햇볕에 말려두었다 채소가 나지 않는 겨울에 먹고는 했다. 이와 같이 명아주는 널리 식용되었지만, 일부러 재배하지는 않았다. 오히려 명아주가 밭에 생기면 무성해지기 전에 작물을 위해 얼른 뽑아야 했다.

조선 후기의 문필가였던 이옥(李鈺: 1760-1815) 역시 배추를 키우기 위해 명아주를 뽑은 일이 있다. 어느 날 그가 종자를 얻어 배추를 심었는데, 배추밭에 잡초가 뒤섞여 자라기 시작했다. 이에 이옥은 하인을 시켜 배추가 아닌 풀들을 빨리 뽑아버리라고 명하였다. 그런데 채소를 키우는 어떤 여인이 지나가다 그 모습을 보고, 명아주에 비름, 도꼬마리까지 모두 나물인데 뽑아버리다니 아깝다고 탄식하였다. 그 말에 이옥은 나도 알고 있고, 이것들이 쓸모없는 것이라고 보지는 않지만 나는 배추를 심었고 그것을 잘 키워야하기 때문에 어쩔 수 없다고 변명하였다(이옥, 2009: 259-260쪽).

이러한 명아주는 조선시대에는 '여곽(藜藿)'이라 하여 콩잎과 더불어 빈한한 생활과 거칠고 보잘것없는 반찬의 상징이었다. 그런데 그리 대단할 것 없는 명아주국을 보면, 눈물을 흘리면서 다른 음식보다 먼저 숟가락을 댄 이가 있으니 바로 사계 김장생(金長生: 1548-1631)이 그러하였다. 그 사연은 송준길(宋浚吉: 1606-1672)의 『동춘당집(同春堂集)』에 나오는데, 이에 따르면, 아버지 김계휘(金繼輝: 1526-1582)가 서울에서 벼슬살이를 할 때 김장생은 아버지의 명을 받고, 교하(交河)(현재의 경기도 파주시)에서 어렵게 살고 있던 송익필(宋翼弼: 1534-1599)을 찾아가 몇 달 동안 그곳에 머물며 『근사록(近思錄)』을 배웠다고 한다. 당시 송익필은 학문적으로는 뛰어났지만 정치적 문제에 얽혀 개인적으로 곤경에 처해 있던 상황이었다. 그러다 보니 경제적으로 궁핍하였고, 송익필의 집에서는 보리밥에 거친 반찬으로 끼니를 때우고는 했다. 송익필의 집에 머물던 김장생 역시 같은 음식을 먹으며 지내야 했다. 먹는 게 부실했던 탓인지 김장생이 아버지가 계신 서울로 돌아왔을 때는 몸이 크게 쇠약해져 있었다. 이를 본 김계휘의 첩[別室]은 마음이 아파서 비가 오는 데도 직접 밭에 들어가 명아주를 뜯어다 김

장생을 위해 명아주 국을 끓여 주었다고 한다. 이때의 일이 마음에 깊이 남았던 김장생은 나중에 아버지의 첩이 세상을 떠난 이후로도 명아주 국이 상에 오르면 눈물을 흘리며 먼저 먼저 한술 떴다는 이야기이다. 명아주 국이 맛있어서가 아니라, 그 지극한 정성과 정이 기억나 감정이 북받쳤던 것이다.

한편 명아주 무침이나 국 이외에 강원도에서는 '메밀두루마리'라는 향토음식을 만들 때 마른 명아주를 삶아 잘게 다진 후 채 썬 당근과 소금을 섞어 메밀전병의 속을 채우는 데 쓴다.(농촌진흥청, 2008: 163쪽)

분류 : 식재료
색인어 : 콩, 메밀, 배추
참고문헌 : 이옥 저, 실시학사 고전문학연구회 편역, 『完譯 李鈺 全集 2-그물을 찢어버린 어부』(휴머니스트, 2009); 송준길 저, 정태현 역, 『동춘당집』(한국고전번역원, 2006); 농촌진흥청 농업과학기술원 농촌자원개발연구소, 『한국의 전통향토음식 3-강원도』(교문사, 2008)
필자 : 김혜숙

명태[북어]

명태는 대구목 대구과에 속하는 한류성 바다 생선으로 적어도 19세기부터 한반도에서 많이 먹던 생선으로 단백질 공급원이자 다양한 의례에서 제물로 많이 쓰이는 여러모로 중요한 의미를 지니는 생선이었다. 한자어 표기로는 북어(北魚), 명태(明太), 명태어(明太魚), 명태어(明鮐魚) 등으로 표기한다.

명태는 어획시기·어획장소·어획방법·크기·건조정도·가공방식 등을 기준으로 정말 다양한 명칭이 있다. 어획시기를 기준으로 한다면 음력 10월 은어를 잡아 먹으러 오는 명태 떼를 은어받이, 동지(冬至)를 전후하여 몰려오는 명태 떼 혹은 알 밴 명태를 동지받이 음력 12월 초 열흘부터 올라오는 명태 떼를 섣달받이, 음력 1-2월은 춘태, 음력 6-7월은 하태, 음력 9월에는 추태, 음력 10-12월은 동태, 산란하고 잡은 꺽태 등으로 구분한다(손정수·정연학·김나라, 2017).

명태라는 명칭을 확인할 수 있는 기록 중 하나로『승정원일기(承政院日記)』1652년 9월 10일 기사에 사옹원 관원이 도제조(都提調)를 대신하여 승정원에 의견을 전하면서 강원도에서 대구알[大口卵] 대신 명란알[明太卵]을 보내 매우 혼란스럽다는 기록이 있다. 이 기록을 통해 적어도 17세기 조선 중앙정부에서는 대구와 명태를 구분해서 진상받았음을 알 수 있다.

『임하필기(林下筆記)』에는 명태 명칭과 관련된 일화가 적혀 있다. 이 글에 따르면 함경북도 명천(明川)에 사는 태씨(太氏) 성을 가진 어부가 물고기 한 마리를 잡아서 관찰사에게 바치니 관찰사가 이를 맛나게 먹고 난 후 주변에 있는 이들에게 생선의 이름을 물어봤지만 아무도 그 이름을 알지 못해 명천에 사는 태씨 어부가 잡았다고 하여 명태라고 명명하였다는 이야기가 전한다. 이 일화는『송남잡지(松南雜識)』에도 유사한 일화가 기록되어 전해져 내려오고 있다.

명태라는 명칭이 명태의 간유(肝油)와 관련이 있다는 설도 있다. 이 설에 따르면 함경도 사람들 중 눈이 보이지 않게 되는 경우가 있을 때 명태 간유를 먹고 난 후 어두운 눈이 밝아졌기에 생선의 이름을 명태라고 지었다는 설이다. 이 설에서 명태 간유와 눈을 연결시킨 이유는 명태 간유에 함유되어 있는 비타민 A 때문이다. 명태 간유의 이 같은 효능은 이미 식민지시기에 널리 알려져 있었고 명태 간유를 이용하는 제조공장이 인가된 곳만 1935년 함경남도에서 37개소였고 인가 신청을 한 공장은 수백 곳에 달한다는 내용이 〈동아일보〉 기사에 났을 정도였다.

최근 북어(北魚)라는 명칭은 말린 명태를 가리키는 용어로 많이 쓰이지만 조선 후기까지만 해도 명태를 가리키는 의미로도 사용됐다. 이만영(李晩永: ?-?)은 『재물보(才物譜)』에서 이 생선이 북해(北海)에서 잡히기 때문에 북어라고 부른다고 했고 이규경(李圭景: 1788-1856)은 『오주연문장전산고(五洲衍文長箋散稿)』에서 북어를 민간에서 부르는 명칭이 명태라고 하였다.

한반도에서 명태는 주로 동해안 일대에서 많이 잡혔는데 명태를 잡는 방식도 시대에 따라 변화했다. 19세기 이전까지 명태는 주로 낚싯줄에 여러 개 낚시를 달아 잡는 주낙으로 잡다가 19세기 초반 물고기가 지나

다가 그물코에 걸리도록 하는 자망으로 잡았으며 식
민지시기 이후 그물을 바다 밑바닥까지 내린 후 이를
끌면서 잡는 기선저인망 방식으로 변화했다. 현재에
도 어선과 설비 차이는 있지만 여전히 주로 위의 3가
지 방식을 중심으로 명태를 잡는다. 명태 생산량은 분
단 이후 위기를 맞이했다. 왜냐하면 명태가 주로 잡
히는 지역은 동해안 북부 지역이었기 때문이다. 또한
오랜 기간 진행되어 온 명태 남획과 기후변화로 인한
수온 변화로 1970년 11,411톤이었던 명태 생산량이
2017년 1톤으로 감소했다. 국내 명태 어획량 감소와
반비례하여 명태 수입량과 원양어선을 통한 명태 어
획은 늘어나 한국 내 명태 수요를 해결하고 있다.

이같이 국내산 명태는 줄었지만 여전히 한국문화 속
에서 명태는 중요한 역할을 담당한다. 특히 유교 절차
가 중심이 되는 종갓집의 차례상, 제사상뿐 아니라 무
당이 주재하는 굿상, 가정에서 소박하게 지내는 가정
신앙, 마을동제까지 정말 다양한 의례에서 명태를 가
공하여 만든 것들을 제물로 사용한다. 명태가 신성성
(神聖性)을 가지고 다양한 의례에서 제물로 쓰일 수
있는 배경에 대해 다양한 해석이 있다. 대표적으로 명
태라는 생선이 처리되고 가공되는 과정 속에서 환생
하는 바닷물고기로 인식되었다는 의견이 있다. 물질
로서 지니는 특성으로부터 접근하여 설명하기도 한
다. 앞서 살펴봤듯이 명태가 다양한 방식으로 가공
할 수 있는 생선이어서, 특히 포 혹은 통북어의 경우
저장기간이 길기 때문에 필요할 때마다 쓰기 쉽고 동
시에 물고기가 가지는 사악함을 쫓는 성격까지 갖추
고 있기 때문이라는 의견이다(손정수·정연학·김나라,
2017).

다양하게 가공하는 만큼이나 명태를 이용해 조리할
수 있는 방법도 구이, 탕, 젓갈 등 다양해서 말 그대로
버릴 것 하나 없는 생선이다. 대표적인 방법으로 강원
도 지역 내에서 먹는 음식 중 명태순대가 있다. 이 명
태순대는 우선 소금에 명태를 절인 후 아가미·내장·알
등을 꺼낸다. 그리고 그 안에 갖은 속재료를 넣는데
이때 알 역시 다른 재료들과 같이 넣는다. 이후 찜기

속초 아바이마을의 명태순대©하응백

에 쪄서 먹는 요리로 명태의 속살만 요리 대상이 아니
라 껍질까지 조리해 먹을 수 있음을 잘 보여준다(농업
진흥청, 2008).

분류 : 식재료
색인어 : 순대, 제사음식
참고문헌 :「咸南明太肝油工場 卅七個所認可」,〈동아일보〉1935년
11월 9일; 손정수·정연학·김나라,『명태와 황태덕장』(국립민속박물
관, 2017);『승정원일기』; 이규경,『오주연문장전산고』; 이유원 저·김
동형·안정 역,『국역 임하필기』6(민족문화추진회, 2000); 이만영,『재
물보』; 농업진흥청,『한국의 전통향토음식 3-강원도』(농업진흥청,
2008)
필자 : 이민재

동탯국

동탯국은 겨울철에 동태에다 무나 콩나물, 두부, 파
등을 넣고 담백하고 시원하게 끓인 국으로, 뜨끈하게
끓인 동탯국은 동태찌개와 함께 대표적인 겨울철 음
식으로 여겨져 왔다. 동탯국은 귀한 음식은 아니었고
오히려 서민들이 즐겨 먹는 음식이었다. 이 때문에 일
제 강점기까지만 해도 겨울철 동태 값은 김장철을 앞
둔 배추 값만큼이나 서민들이 민감하게 여기는 사항
이었다. 이러한 동태는 대개 명태(明太)가 겨울에 자
연적으로 언 것이나 일부러 얼린 것을 '동태(凍太)'라
고 부르지만, 겨울철의 명태를 그냥 '동태'라 지칭하기
도 한다.

이러한 동탯국을 개성 출신의 아동문학가이자 수필
가였던 마해송(馬海松: 1905-1966)은 부산의 어느 낯
선 집에서 아침으로 먹은 일이 있다. 마해송이 일본에

서 활동하다가 부산항으로 귀국한 것은 1945년 2월 2일이었다. 그를 마중 나온 친구들은 마해송을 잘 대접한다고 송도관(松島館)이라는 고급식당에 데려갔다. 그곳에서 생선회와 생선구이 등의 일본 음식이 가득 차려진 저녁상을 받은 마해송은 음식이 영 입맛에 맞지 않았다고 한다. 그래서 다음날 아침 바람을 쐰다는 명목으로 같이 귀국한 친구와 밖으로 나가, 음식점이 아니라 여염집을 몇 집 두드렸다. 그러고는 혹시 아침밥을 차려줄 수는 없는지 친구와 함께 부탁하였다. 마침내 한 집과 교섭에 성공한 두 사람은 초가 단칸방에 들어가, 따뜻하게 몸을 녹이고 있다가 아침상을 받았다. 그들 앞에는 개다리소반에 흰쌀밥[玉白米], 동탯국, 누런 고추장, 꺼먼 김치가 전부인 밥상이 놓였다. 평소에 그다지 동태를 즐기지 않는 마해송이었고, 동태는 1년에 한두 번이나 먹을까 말까 하는 정도였지만 동탯국과 함께 차려진 이 날의 아침밥은 너무나 맛있었다고 한다. 그래서 내친 김에 그날 저녁까지 그 집에 부탁하고 나왔다는 것이다. 이 이야기의 끝에 그는 동태와 관련된 추억을 하나 더 덧붙였다. 그에 따르면, 한국전쟁 전에는 서울의 견지동 뒷골목에 동태 대가리집이 있었는데, 앉는 자리도 없어서 다들 서서 먹어야 했던 집이었지만 동태대가리 국물 한 뚝배기에 막걸리 석 잔을 쭉 들이키는 맛이 그럴듯했다고 회고하였다(〈동아일보〉 1958년 6월 29일자).

워낙 미식가로 이름 높은 마해송이었고, 동태를 그다지 좋아하지도 않는 그였지만 오랜 일본 생활을 마치고 돌아와 먼저 먹고 싶었던 것은 역시나 고급 일본 음식이 아니라 소박하다 해도 조선음식이었던 듯하다. 그래서 개다리소반에 오른 동탯국이 유독 더 맛있고 반가웠던 것이다.

분류 : 음식
참고문헌 : 마해송, 「맛있게 먹으면 별미」, 〈동아일보〉 1958년 6월 29일
필자 : 김혜숙

명란젓

일제 강점기인 1922년 10월 1일 경성의 하세카와공회당에서 경성상공회 주최로 조선식량품평회(朝鮮食糧品評會)가 개최되었다. 이 품평회의 포장수여식(褒狀授與式)이 1922년 10월 4일 경성의 상업회의소에서 거행되었다. 이 자리에는 조선총독의 대리인 상공과장, 정무총감, 경기도 지사, 경성부윤 등이 대거 참석하였는데, 수상자는 총 271명이었다. 수상자는 대부분 일본인이었지만 조선인의 이름도 보인다. 그중에 특히 눈에 띄는 인물은 명란(明卵)과 토장(土醬)의 두 부분에서 3등상을 수상한 경성의 안순환(安淳煥: 1871-1942)이다(〈매일신보〉 1922년 10월 1일자; 〈동아일보〉 1922년 10월 5일자). 안순환은 조선 최고의 요리옥이라던 경성 명월관(明月館)의 설립자이고, 1921년 다시 식도원(食道園)을 열어 운영하던 인물이다. 그가 출품한 명란은 아마도 명란젓이었을 것이다. 명란(明卵)은 바닷물고기인 명태의 알이며 명태어란(明太魚卵)이라고도 한다. 이 명란으로 담근 젓갈이 바로 명란젓이다. 현재는 사시사철 먹을 수 있는 명란젓이지만, 1960년대까지도 명란젓은 겨울철 한철에만 먹는 음식이다. 방신영(方信榮: 1890-1977)의 『조선요리제법(朝鮮料理製法)』(1934) '명란젓'을 보아도 겨울에 먹는 음식으로 나와 있다.

이처럼 숭어나 민어의 알을 소금에 절여 말린 어란(魚卵)이나 다른 생선의 알을 소금에 절여 삭힌 알젓과 다르게 명란을 겨울에만 먹을 수 있었던 것은 알의 특성과 관련이 있다. 명태는 19세기 한반도에서 가장 널리 식용된 생선 중 하나였지만, 명란은 명태만큼 널리 퍼지지 못했고 겨울에만 함경도 이남으로 유통되었다. 그 이유는 명란은 알집이 단단하지 않아 겨울이 아니면 상온에서 쉽게 썩어 버렸기 때문이다(주영하, 2013: 274쪽).

당연한 말이지만 명란의 주요 산지는 명태의 산지와 일치하는데, 일제 강점기까지는 원산과 함흥을 포함한 함경남도에서 가장 많이 나고, 이어 함경북도와 강원도에서 많이 산출되어 전국적으로 유통되었다. 하지만 남북이 분단된 광복 이후로는 강원도 지역의 것을 주로 먹다가 현재는 러시아산 명란젓이 수입되는

상황이다.

명태가 나는 곳이 강원도이다 보니 한국에서 향토음식으로 명란젓을 해 먹던 곳은 강원도이다. 명태를 덕장으로 보내기 전에 명태를 다듬어 꺼낸 알로는 명란젓, 창자로는 창란젓, 명태 아가미로는 서거리젓(명태아가미젓)을 담갔기 때문이다. 명란젓은 연한 소금물에 깨끗이 씻어 물기를 뺀 다음에 소금에 절였다가 소금, 고춧가루를 섞어 명란 한 켜와 소금, 고춧가루 섞은 것을 한 켜씩 번갈아 담아 삭혀서 만든다(농촌진흥청, 2008: 236, 238, 240쪽).

이런 명란젓은 일제 강점기에는 조선특산물로서 일본에서 큰 인기를 끌어 대량 이출되었고, 더 많은 물량을 일본으로 보낼 수 있도록 일본으로 이출되는 명란의 철도운임을 감해주기도 한다(〈동아일보〉 1932년 10월 29일자). 일본은 물론 만주, 타이완 등으로 명란이 빠져나가면서 조선 안에서도 명란의 위상이 달라졌다. 〈동아일보〉 1931년 1월 30일자 '자랑거리 음식솜씨 (9) 꼭 알아둘 이달료리법'에서 명란젓으로 만드는 반찬을 소개하면서, 우리 속담에 '정월 지난 알젓은 마루 밑에 개도 안 먹는다'는 말이 있는데, 이것은 겨울철에 한동안 흔하게 먹어서 물릴 때가 되었다는 의미이다. 하지만 이 말은 일본으로 명란젓이 건너가기 전에 명란젓이 흔하던 시절의 말이고, 최근에는 (1931년 당시) 퍽 귀하고 비싸졌다는 기사가 실렸다.

명란두부젓국조치ⓒ수원문화재단

이런 명란젓을 집에서 담글 때는 대체로 동지(冬至) 전에 만드는 것이 맛이 있다고 하는데(〈경향신문〉 1957년 11월 13일자), 명란젓은 양념하여 반찬으로 먹기도 하지만, 명란젓찌개, 명란젓구이, 명란계란찜, 명란계란찌개, 명란무새우젓찌개, 명란오징어무침, 명란식해 등으로도 조리한다.

분류 : 음식
참고문헌 : 주영하,『식탁 위의 한국사 메뉴로 본 20세기 한국 음식문화사』(휴머니스트, 2013); 농촌진흥청 농업과학기술원 농촌자원개발연구소,『한국의 전통향토음식 3-강원도』(교문사, 2008); 방신영,『조선요리제법』(한성도서주식회사, 1934);「物價調節問題가 高調된 昨今 食糧品評會 開催, 값싸고 간이한 생활을 하려거든 반드시 한번 구경할 일」,〈매일신보〉1922년 10월 1일;「食糧品評 授賞二百七十一名」,〈동아일보〉1922년 10월 5일;「자랑거리 음식솜씨(9) 꼭 알아둘 이달료리법」,〈동아일보〉1931년 1월 30일;「明卵運賃減下」,〈동아일보〉1932년 10월 29일;「젓갈의 종류와 맛있게 먹는 법」,〈경향신문〉1957년 11월 13일
필자 : 김혜숙

명태(「궁초댕기」)

궁초(宮絹)댕기 풀어지고
신고산(新高山) 열두 고개 단숨에 올랐네

무슨 짝에 무슨 짝에 부령(富寧) 청진(淸津) 간 임아
신고산 열두 고개 단숨에 올랐네(후렴)

백년궁합(百年宮合) 못 잊겠소
가락지 죽절비녀 노각이 났네

어랑천(漁郞川) 이백리(二百里) 굽이굽이 돌아
묘망(渺茫)한 동해바다 명태잡이 갈까

치마폭 잡은 손 인정 없이 떼치고
궁초댕기 팔라당 황초령(黃草嶺) 고개를 넘누나

함경도 신민요「궁초댕기」앞부분 가사이다. 서해에서 잡히는 대표적인 생선이 조기라면 동해를 대표하는 생선이 바로 명태이다. 최근에는 명태 어획량이 급감했지만, 오래전부터 명태는 한국인에게 아주 친숙한 생선이었고, 그 보관법과 요리법도 다양하게 발달되

어왔다. 명태는 강원도 이북, 즉 강원도와 함경도에서 많이 잡혔고, 일제 강점기 이후 근대적 어업이 동해안 각 항구에 이식됨에 따라 한국인 선원(船員)의 수요도 많아졌다.

이 노래 「궁초댕기」에 등장하는 '동해바다 명태잡이 갈까' 하는 가사도 경원선(1914년 개통)과 함경선(1928년 개통)이 개통됨에 따라 내륙 지방의 인력이 기차를 타고 청진이나 원산 등의 항구 도시로 이동하여 일종의 임금 노동자가 되어가는 과정을 나타내고 있다고 할 것이다. 새롭게 동해안의 항구 도시로 모인 어민들에 의해 잡힌 명태는 철도망을 따라 전국으로 이송되었고, 이는 식탁의 변화를 가져오기도 했다.

함경도 민요가 변형되어 일제 강점기 초기에 탄생한 것이 「신고산타령」이라면, 「신고산타령」과 비슷한 정서의 가사와 곡조로 창작된 것이 바로 「궁초댕기」이다. 「궁초댕기」는 1942년 불사조가 작사하고 김교성(金敎聲: 1901-1960)이 작곡해 모란봉(金秋月: ?-?)이라는 가수가 부른 신민요이다. 불사조는 박영호(朴英鎬: 1911-1953)의 예명이다. 물론 김교성이나 박영호가 완전히 새로운 것을 만들어냈다기보다는 기존의 「신고산타령」을 개작했던 것으로 보인다.

궁초는 댕기감으로 많이 사용하는 비단의 한 종류이고 따라서 궁초댕기는 비단댕기라는 뜻이다. '백년궁합'은 오랫동안 사귄 정분, '죽절비녀'는 대나무로 만

1942년 발매한 궁초댕기 음반©하응백

든 비녀, '노각'은 늙은 오이. 가락지나 비녀가 노각처럼 낡게 되어도 백년의 인연을 잊지 못하겠다는 뜻이다. 급속한 개화의 바람과 시대적 변화 속에서 비록 멀리 떨어져 있더라도 순정한 사랑을 다짐하자는 마음과 헤어지면 어쩔 수 없이 사랑도 잊을 수밖에 없다는 현실 인식이 함께 하는 다소 신파적인 내용의 가사로 이루어져 있다.

분류 : 문학
색인어 : 명태, 명태잡이, 경원선, 함경선, 신고산타령, 궁초댕기, 불사조(박영호), 김교성, 모란봉(김추월), 신민요
참고문헌 : 하응백, 『창악집성』(휴먼앤북스, 2011)
필자 : 하응백

명태어장

명태는 식민지시기 이전부터 한반도에서 많이 먹던 생선으로 단백질 공급원이라는 영양학적 측면에서뿐 아니라 다양한 의례에서 제물로 많이 쓰이는 여러모로 중요한 의미를 지니는 생선이다. 식민지시기에도 명태의 중요성은 변하지 않았다. 1936년 정문기(鄭文基: 1898-1995)는 「조선명태어(朝鮮明太魚)」란 논문에서 명태를 조선인의 일상생활에 필수적인 식품이라고 평가할 정도였다.

식민지시기 조선인과 일본인은 선호하는 생선이 달랐는데 그 대표적인 생선이 바로 명태로 일본인들보다는 조선인들이 명태를 선호하고 많이 소비하였다. 그래서 1920년대까지만 하더라도 명태어업은 조선인들이 중심이었고 일본인들의 참여는 드물었다. 그렇지만 1920년대 중반부터 일본인들이 본격적으로 명태어업에 참여하기 시작한다.

하지만 기존에 명태어업에 참여하고 있던 조선인과 일부 일본인들은 동력이 없는 무동력선으로 명태가 지나다니는 길목에 그물을 설치해 잡는 자망어업이 많았다. 이에 반해 1920년대 중반 이후 새롭게 등장한 일본인들은 대규모 자본을 가지고 있었기에 발동기를 이용해 거친 바다에도 견딜 수 있고 빠른 동력어선을 통해 명태를 잡았다. 이들은 명태 떼를 둘러싼 뒤 한꺼번에 건져올리는 수조망어업 방식을 채택하였기

때문에 장비와 기술적인 측면에서 조선인들보다 우위에 있으면서 많은 어획고를 올리기 시작했다.

자연히 명태어업에 종사하고 있던 조선인들은 생계에 위협을 느끼게 됐고 조선총독부와 명태어업이 활발했던 함경남도 당국에서도 동력선의 명태어업을 금지하는 기간의 설정과 현대식 수조망어업을 할 수 없는 구역을 정하기도 했다. 하지만 명태의 자망어업자와 수조망어업자들 사이의 분쟁은 계속되었고 대표적인 사건이 바로 삼호항을 중심으로 발생한 명태어업분쟁이다.

1920-30년대 함경남도 홍원군 삼호항(三湖港)은 당대에 전국 항구들 중 명태 어획량이 가장 많은 곳으로 한때 400여 척에 달하는 배가 명태어업에 종사했으나 현대식 수조망어업이 등장한 이후에 1930년 1월 현재 250여 척의 배와 4천여 명의 주민들이 자망어업으로 명태를 잡아 생계를 유지하고 있었다.

자망업자와 수조망어업 종사자 간 분쟁의 시작은 1929년 12월에 발생했다. 1929년 12월 23일 함경남도 홍원군 삼호항 소속 자망어선 34척이 명태를 잡기 위해 바다에 그물을 쳤고 이틀 뒤인 12월 25일 그물을 걷으러 투망한 장소에 다시 갔다. 그런데 그물들은 망가진 상태였고 그물 위치를 표시한 표준대도 사라져 있었다. 명태 자망어선들은 발동선들이 의도적으로 어망을 끊어버렸음을 알아채고 삼호항에 들어와 홍원군 군수에게 발동선의 전횡에 대한 진정서를 제출하였다.

수조망어업자들도 자망어업자들에 대한 불만이 있었다. 앞서 말한 대로 자망어업자들과 수조망어업자들은 어업구역이 달랐는데 조선총독부 수산당국은 단속선을 파견하여 수조망어업자들이 자망어선 조업구역 내에서 명태를 잡지 못하도록 했다. 그래서 수조망어업자들은 자망어업자들만 명태를 많이 잡아간다고 여겨 이전부터 불만을 가지고 있었다. 마침 단속선이 잠시 철수해 있는 틈을 타서 일제히 자망어선들이 던져 놓은 그물을 끊어버린 것이다. 이때 단순 피해액만 약 2만 원에 달했고 잡지 못한 명태까지 포함하면 3만 원

이 넘는 당시로서는 엄청난 거금의 피해가 발생했다. 자망어업자들의 항의는 군수를 넘어 조선총독부로까지 이어졌는데 1930년 2월 27일 총독부 식산국장, 28일 총독부 수산국장을 방문하여 피해상황을 진정하고 대책을 요구하였다. 1930년 3월 29일 홍원군뿐 아니라 전진이란 지역에서도 자망업자들이 수조망업자들에 대한 규제를 촉구하는 대회를 개최하였다. 그렇지만 수조망업자들과의 경쟁에서 견디기 힘들었던 조선인 자망어업자들 가운데 자본력이 있는 이들은 동력선을 구입하고 수조망어업으로 어업형태를 바꾸면서 사회·경제적 변화에 대응하였다.

분류 : 식재료
색인어 : 명태, 발동선, 홍원군, 자망업자, 수조망업자, 조선총독부
참고문헌 : 〈동아일보〉; 주영하, 『식탁 위의 한국사』(휴머니스트, 2013); 다케구니 도모야스 저, 오근영 역, 『한일 피시로드, 흥남에서 교토까지』(따비, 2014); 강재순, 「일제시기 함경남도 명태어장의 분쟁-소위 '발동선문제'를 중심으로」, 『대구사학』96호, 2009
필자 : 이민재

북어(『탁류』)

오늘도 정 주사는 듬뿍 삼 원 돈을 지니고서 한바탕 거들거리고 하바를 하던 판이다. 이삼 원의 대금(大金)은 마침 가게에 북어가 떨어져서 아침결에 어물전으로 흥정을 하러 가던 심부름 돈이다.

배고픈 호랑이가 원님을 알아볼 리 없고, 무슨 돈이 되었든지 간에, 마침 또 간밤에는 용꿈을 꾸었겠다 하니, 북어값 삼 원을 밑천으로 든든히 믿고서 아침부터 붙박이로 하바를 하느라 깨가 쏟아졌다. 그러나 따먹기도 하고 게우기도 했지만, 필경 끝장에 와서 보니 옴팡 장사다. 밑천이 절반이나 달아나고 일 원 오십 전밖에 남지를 않았던 것이다.

미두장의 장이 파하자 뿔뿔이 헤어져가는 미두꾼 하바꾼 틈에 끼여 나오면서 정 주사는 비로소 잃어버린 북어값을 생각하고 입맛이 찝찔해 못 한다.

1937년에서 1938년까지 약 7개월 동안 〈조선일보〉에 연재된 채만식(蔡萬植: 1902-1950)의 장편소설 『탁류』의 한 부분이다. 식민지 자본주의 체제의 작동 양

상을 깊이 파헤친 작품으로 평가받는 문학사의 문제작이다. 채만식은 일제 강점기의 많은 문인이 그러했듯이 신문기자 생활과 소설 창작을 함께 하였다. 평자에 따라서는 동반자 작가로 분류하기도 할 정도로, 가난한 사람들의 현실을 주로 다루었으며 경제적 평등의 문제에 관심이 많았다. 대표작에 「레디메이드 인생」, 「치숙」, 「냉동어」, 「역로」, 「민족의 죄인」 등의 중단편과 『탁류』, 『태평천하』, 『소년은 자란다』 등의 장편이 있다. 『탁류』의 참주제는 당랑거철(螳螂拒轍)의 법칙이다. 당랑거철은 『장자』에 나오는 것인데, 사마귀가 앞발을 들고 수레바퀴를 멈추려 한다는 것이니, "제 역량을 생각하지 않고, 강한 상대나 되지 않을 일에 덤벼드는 무모한 행동거지를 비유적으로 이르는 말"로 쓰인다. 거대하고 막강한 일본의 자본력 앞에 식민지 조선인의 중소규모 민족자본은 수레바퀴에 맞서는 사마귀에 지나지 않는다. 경쟁 불가인 것이니 수레바퀴에 깔려 짓이겨지는 사마귀처럼 패배하여 나자빠질 수밖에 없다.

일본의 막강한 자본과 식민지 조선인의 중소규모 민족자본이 맞부딪치는 곳의 하나는 미두취인소였는데, 인천, 군산, 부산 등의 곡물 수출항에 개설돼 있던 곡물거래시장이다. 일본의 거대 자본과 비교할 수 없을 정도로 작고 약한 조선인의 민족자본이 이곳에 모여들어 한판 승부를 벌이지만 당랑거철 격이니 승부는 명약관화하다.

『탁류』의 중심인물 가운데 하나인 정 주사는 군서기를 하다가 그만두고 재산을 뭉뚱그려 이 살벌한 돈의 전쟁터에 뛰어들었으나 순식간에 거덜나고 만다. 모든 것을 잃었지만 돈의 욕망에 들렸으니 떠날 수 없다. 그래서 그는 하바꾼이 되었다. 미두취인소는 법에 따라 개설되고 운영되었으므로 거래하는 사람은 당연하게도 거래 수수료를 내야 했고 이익이 생기면 세금도 납부해야만 했다. 이 같은 정상적인 거래 질서 밖에서 불법적으로 거래에 참여하는 사람들도 많았는데 이들은 대체로 절(節)에 따른 곡물 가격의 변화를 쫓아 거래함으로써 이익을 노렸다. 당시 미두취인

소의 미두장은 하루에 두 번 열렸는데 각 장은 여섯 절 또는 열 절로 나뉘어 있었다. 한 절은 대개 10분에서 15분 정도 걸렸다고 한다. 절에 따라 곡물 가격이 수시로 변했을 것인데 하바꾼은 그 변화를 노려 이익을 얻고자 하였던 것이다. 소설에서 '하바꾼(절치기꾼)'이라 하여 이들을 절치기꾼이라 설명하고 있음은 이와 관련된 것이다. 이런 하바꾼은 정상적인 거래에 참여할 수 있을 만큼의 자본을 갖지 못한 사람이 대부분이었다. 그러니까 하바꾼은 미두취인소의 패배자였다고 할 수 있겠는데, 바로 정 주사와 같은 사람이다.

미두취인소의 패배자인 정 주사는 큰딸 초봉의 도움을 받아 마련한 작은 가게의 수입과 아내의 삯바느질로 간신히 가족을 먹여 살린다. 그러나 그를 이 지경에까지 떠민 미두 투기의 유혹을 뿌리칠 수 없다.

정 주사의 가게에서는 동네 술꾼들의 술안주인 북어도 파는데 다 팔리고 없다. 어물전에서 구해오는 책무가 정 주사에게 떨어졌다. '삼 원의 대금'이 그의 손에 들어오니 미두의 유혹이 스멀거리고 올라온다. 강력하여 도저히 물리칠 수 없다. 정 주사의 발길은 결국 미두취인소로 향했고 그 대금의 절반을 잃고 말았다. "잃어버린 북어값을 생각하고 입맛이 찝찝"한 정 주사를 북어가 표정 없이 지켜보고 있는 듯하다.

채만식은 북어가 중심에 놓인 삽화를 통해 정 주사의 헛된 욕망과 패배를 솜씨 좋게 그려내었던 것이다.

분류 : 문학
색인어 : 탁류, 채만식, 북어, 미두
참고문헌 : 김윤식 편, 『채만식』(문학과지성사, 1984); 김동환, 『1930년대 한국장편소설연구』(서울대학교, 1993)
필자 : 정호웅

북어구이

북어구이는 말린 북어를 물에 불려 양념장을 얹어 구운 음식이다. 명태(明太)구이라고도 한다. 전근대시기와 근대시기에는 북어구이 양념장을 주로 간장과 참기름 등을 섞어서 만들었으며 고추장이나 고춧가루를 약간 섞기도 하였다. 최근에는 고추장이나 고춧가루 등을 주로 하여 빛깔이 붉고 맛이 매콤한 북어구

이가 주를 이룬다.

1934년 방신영(方信榮: 1890-1977)의『조선요리제법 (朝鮮料理製法)』의 북어구이 만드는 법은 다음과 같다. 북어를 물에 1-2시간 담가 불려 부드럽게 한다. 불린 북어의 껍질을 벗기고 뼈를 발라낸 뒤 한 치 길이로 썬다. 간장, 파, 마늘, 기름, 깨소금으로 만든 양념장을 발라서 숯불에 굽는다. 1948년 손정규(孫貞圭: 1896-1955?)의『우리음식』에도 유사한 방법의 북어구이 조리법이 나오는데, 양념을 발라가며 굽는『조선요리제법』과 달리 양념에 푹 재운 다음 굽는다고 하였다. 또 살짝 구워야 북어가 연해서 맛이 좋다고 하였다.『우리음식』은 북어구이의 양념은 다른 구이와 같다고 하였는데 같은 생선구이 항목에 있는 도미구이의 양념을 토대로 간장, 참기름, 고춧가루, 설탕, 깨, 후춧가루, 다진 파 등이 사용되었을 것으로 추정할 수 있다.

1939년〈동아일보〉기사의 조자호의 북어구이 조리법에는 "더덕북어"라는 표현이 등장한다. 더덕북어는 황태의 다른 이름으로 얼었다 녹았다를 반복하며 부풀어 오른 모양새가 더덕과 비슷하여 이런 이름이 붙었다. 이 기사의 북어구이 만드는 방법은 다음과 같다. 더덕북어를 두들겨 당긴 다음 배를 가르고 뼈를 제거한다. 물에 불려서 물기를 짠 뒤 진간장, 파, 마늘, 참기름, 깨소금 등으로 만든 양념장에 무치라고 하였다. 여기에 맛있는 고추장을 조금 섞으면 더 좋다고 하였다(〈동아일보〉1939년 7월 11일자).

대가리를 떼어내고 껍질과 뼈를 제거하여 만드는 다른 북어구이 방법과 달리 북어대가리만 사용한 구이도 있다. 1913년 작자 미상의 조리서인『반찬등속(반ㅊㅎ는 등속)』에는 북어대가리 구이가 나오는데 북어대가리에 참기름을 바르고 소금을 뿌려 센 불에 바짝 말려(구워) 먹으라고 하였다.

한편, 북어구이는 2018년 기준 한식조리기능사 자격증의 59개 실기시험 품목 중 하나이다. 한국산업인력공단의 출제자료의 북어구이 항목의 조리법에 따르면 북어구이는 5cm 길이로 자른 북어를 기름과 간장을 섞은 유장으로 초벌구이 한 뒤 고추장 양념을 발라서 다시 구워낸 음식이다.

분류 : 음식
참고문헌 : 작자 미상,『반찬등속』; 방신영,『조선요리제법』(한성도서, 1934); 손정규,『우리음식』(삼중당, 1948); 한국산업인력공단 Q-Net 홈페이지;「오늘저녁엔 이런반찬을」,〈동아일보〉1939년 7월 11일
필자 : 서모란

북어보푸라기

북어보푸라기는 북어를 아주 잘게 찢어 양념한 것으로 '북어무침', '북어보풀'이라고도 한다. 가늘게 찢어 소복하게 쌓인 북어살의 모습이 마치 보풀 같아서 북어보푸라기라는 이름이 붙었다. 농촌진흥청의『전통향토음식용어사전』에 따르면 비슷한 음식을 경상북도 지역에서는 '명태보푸림'이라고 부른다.

북어보푸라기 혹은 명태보푸림으로 부르는 이 음식은 안동지역 종가에서 손님상이나 잔칫상에 빠뜨리지 않고 내는 음식이다. 1999년 엘리자베스 영국 여왕이 안동을 찾았을 때, 안동시에서 환영 행사 중 하나로 여왕의 생일상을 차렸는데, 이 생일상에도 간고등어와 안동식혜 등 안동의 향토음식과 함께 '명태보푸라기'가 상에 올랐다(〈동아일보〉1999년 3월 11일자). 조선시대나 1950년대 이전의 문헌에는 북어보푸라기라는 말은 잘 쓰이지 않았고 주로 '북어무침'이라고 불렀다. 작자 미상의 1800년대 말 조리서『시의전서(是議全書)』에서도 마찬가지로 북어무침이라고 불렀는

북어보푸라기ⓒ수원문화재단

데 조리법은 최근의 북어보푸라기 조리법과 유사하다. 우선, 북어를 잘게 뜯은 다음 손으로 비비고 가위로 썰어 잘게 만든다. 기름, 깨소금, 고춧가루, 꿀, 진장으로 만든 양념장에 무친다. 1913년 작자 미상의 조리서인 『반찬등속(반ᄎᆞᆫᄒᆞᄂᆞᆫ 등속)』도 역시 북어무침이라 하였는데 북어 살을 절구에 빻아서 손으로 비벼 잘게 만든 다음 간장, 꿀로 양념한다. 1921년 방신영(方信榮: 1890-1977)의 『조선요리제법(朝鮮料理製法)』의 북어무침은 조리법도 『시의전서』와 비슷하였다. 다만 꿀 대신 설탕으로 단맛을 내도록 했다.

'북어 보푸라기'와 비슷한 용어가 사용된 문헌으로는 1924년 출판된 이용기(李用基: 1870-1933)의 『조선무쌍신식요리제법(朝鮮無雙新式料理製法)』이 있다. 이용기의 북어무침 조리법은 물에 불린 북어를 사용한다는 점을 제외하고는 다른 조리서의 방법과 동일하였다. 다만, 이용기가 쓴 조리법중 물에 불린 북어를 사용하는 점은 통북어나 북어 토막을 사용하는 북어구이 등의 조리법과 혼동한 것으로 보인다. 물에 젖은 북어는 손으로 비벼 부스러뜨릴 수 없기 때문이다. 이용기는 북어를 무치는 다른 두 가지 방법도 소개하고 있는데 하나는 토막 친 북어를 사용하는 방법이고 하나는 '보풀'로 만드는 방법이다. 만드는 방법은 암치(소금에 절인 민어)처럼 보풀을 만들어 볶은 고추장과 기름에 무치는 것이다.

『조선무쌍신식요리제법』외에 유사한 단어가 나오는 조리서로는 1948년 손정규(孫貞圭: 1896-1955?)의 『우리음식』이 있다. 손정규는 이를 '북어보풀'이라고 하여 북어무침과 별도로 서술하였다. 하지만 만드는 방법은 대개 일치하며 다만 북어보풀에는 고춧가루를 넣지 않는다고 하였다. 또 어린이나 노인에게 좋은 음식이라고 덧붙였다.

일주일간의 식단을 제시한 1927년 〈동아일보〉의 기사에도 북어보푸라기와 유사한 용어가 등장한다. 일주일 중 화요일 저녁 식단의 항목에는 잡곡밥, 고초전유어(고추전), 고초장복기(고추장볶음), 외지(오이지)와 함께 '북어보프름'이라는 음식이 있다(〈동아일보〉 1927년 9월 4일자).

분류 : 음식

참고문헌 : 작자 미상, 『시의전서』; 작자 미상, 『반찬등속』; 이용기, 『조선무쌍신식요리제법』(영창서관, 1924); 방신영, 『조선요리제법』(광익서관, 1921); 방신영, 『조선요리제법』(한성도서, 1934); 손정규, 『우리음식』(삼중당, 1948); 한농촌진흥청 국립농업과학원, 『전통향토음식용어사전』(교문사, 2010); 「엘리자베스 영국여왕 안동서 '해피 버스데이'」, 〈동아일보〉 1999년 3월 11일; 「一週間食事品目(일주간식사품목) 雜穀飯(잡곡반)과菜食太半(채식태반) 국을主菜(주채)로안한 것이特色(특색)」, 〈동아일보〉 1927년 9월 4일

필자 : 서모란

북엇국

북엇국은 잘게 찢은 북어로 끓인 국이다. 부재료로는 무, 두부, 달걀 등이 주로 사용된다. 북엇국이라는 명칭은 근대 조리서에 자주 등장하는 음식명은 아니며 다만 북어를 사용해 국물이 있도록 만든 음식인 북어찌개, 북어탕 등의 음식이 나온다.

북엇국과 가장 유사한 음식으로는 1948년 손정규(孫貞圭: 1896-1955?)의 『우리음식』에 나타난 "북어 계란 묻치 국"이 있다. 조리법은 소고기, 파, 간장으로 장국을 끓여두고 찢은 북어에 달걀을 묻혀 국에 넣고 끓인 뒤 후춧가루를 넣는다.

1957년 한희순(韓熙順: 1889-1972) 등의 『이조궁정요리통고(李朝宮廷料理通攷)』에는 북어탕 조리법이 나오는데 이도 역시 현대의 북엇국과 유사하다. 조리법은 다음과 같다. 납작하게 썬 소고기를 양념하여 장국으로 끓인다. 북어를 두들겨서 가시를 발라내고 고깃국에 넣고 끓인다. 길쭉하게 썬 파를 넣고 줄알을 친다. '줄알을 친다'는 것은 달걀을 풀어 넣는 것을 뜻한다.

북엇국은 아니지만 조리법이 유사한 음식으로는 방신영(方信榮: 1890-1977)의 1921년 『조선요리제법(朝鮮料理製法)』의 북어찌개가 있다. 토막 친 북어를 뚝배기에 담고 두부, 고기, 파를 뚝배기에 넣고 끓인다고 하였다. 간은 간장이나 고추장으로 하며 기름을 좀 넣는다고 하였다.

1924년 출판된 이용기(李用基: 1870-1933)의 『조선무쌍신식요리제법(朝鮮無雙新式料理製法)』은 '명태국' 조리법을 기술하면서 이칭으로 북어탕, 明太湯(명

태탕), 北魚湯(북어탕)을 적어두었다. 북어탕이라는 이름이 한글과 한자, 두 번에 걸쳐 등장하지만 재료인 명태를 손질할 때 내장을 꺼내고 토막을 친다고 한 것으로 보아 이 음식은 생 명태로 끓인 국인 것으로 보인다. 이용기가 명탯국을 북어탕이라고 한 것은 현대에는 북어는 말린 명태를 뜻하는 용어로 자리잡은 반면 조선시대부터 근대까지는 종종 북어와 명태의 의미를 명확히 구분하지 않고 사용했기 때문으로 보인다. 『조선무쌍신식요리제법』에는 콩나물, 소고기, 명태 혹은 마른 북어, 두부로 끓인 '삼태탕'이라는 음식도 나오는데, 오히려 이 음식이 현대의 북엇국에 가까워 보인다.

명태나 북어로 끓인 국은 술을 마신 다음날 속을 풀어주는 대표적인 해장국의 한 가지로 손꼽혔다. 1968년 〈경향신문〉은 해장에 좋은 여러 가지 음식 중 '북어장국'이라는 음식을 소개하였다. 이는 참기름에 마른 북어를 볶고 물을 부어 소금으로 간을 맞춘 음식으로 현대의 북엇국 조리법과 가깝다(〈경향신문〉 1968년 1월 22일자).

분류 : 음식
참고문헌 : 방신영, 『조선요리제법』(광익서관, 1921); 이용기, 『조선무쌍신식요리제법』(영창서관, 1924); 손정규, 『우리음식』(삼중당, 1948); 한희순 외, 『이조궁정요리통고』(학총사, 1957);「남편을長壽(장수)시키는길 (3) 해장국」,〈경향신문〉 1968년 1월 22일
필자 : 서모란

삼태탕(三太湯)

콩나물, 북어 혹은 명태, 두부 3가지 재료를 같이 넣어 끓인 해장국의 일종이다. 이용기(李用基: 1870-1933)의 『조선무쌍신식요리제법(朝鮮無雙新式料理製法)』(1936)에는 '삼태탕(콩나물국)'이라는 음식명으로 등장한다. 이 문헌에는 '이것은 술 먹는 사람이 그 전날 취해 자고 일어나서 해장할 때 제일 많이 먹는다. 콩으로 만든 여러 가지가 들어가고, 명태에 '태' 자가 들어가기 때문에 삼태라고 한다. 무슨 국이든지 나물 볶는 데는 절메주장은 빛이 검기 때문에 좋지 않고 집메주장이 좋다. 맨 콩나물만 하여도 고기나 넣고 양

념하여 끓어 먹어도 좋다. 콩나물이 몸에 유익하다 하여 각종 음식에 넣어 먹는 데가 많다. 만일 상혈이나 하혈하는 데 콩나물을 간 치지 말고 맹물에 끓여 물만 몇 번 먹으면 신기한 효험이 있다. 건더기는 간 쳐서 반찬에 먹어도 무방하다.'라는 설명이 있다. 해장국으로도 좋으나, 삼태탕은 겨울철 채소가 부족할 때 많이 먹던 음식으로, 콩나물에 비타민 C가 들어 있어 겨울철에 부족한 비타민을 보충하는 좋은 음식이었다.

1938년 9월 17일자 〈매일신보〉에 『조선요리학(朝鮮料理學)』(1940)을 쓴 홍선표(洪善杓: ?-?)가 삼태탕을 소개한 내용이 보인다. 기사에서는 이 탕을 끓일 때 파를 넣고 간장보다도 토장으로 간을 하면 '쌀밥을 매일 먹는 우리로서는 다른 보약에 비할 수 없는 필요한 음식'이라고 하였다. 토장은 추위를 막는 데 더없이 좋고 감기 예방, 식욕증진, 소화를 돕고 가격도 저렴한 것으로 삼태탕에 넣어 일상적으로 먹을 것을 권장하고 있다.

분류 : 음식
참고문헌 : 이용기, 『조선무쌍신식요리제법』(1936); 홍선표, 「부엌살림(17) 삼태탕」,〈매일신보〉 1938년 9월 17일; 한식재단, 한식포털, 「콩나물국밥」
필자 : 박경희

어글탕(북어껍질탕)

어글탕은 북어의 살이 아닌 껍질만을 활용해 끓인 탕으로 '북어껍질탕', '명태껍질탕'이라고도 부른다.

어글탕은 자칫 버려질 수 있는 재료인 북어 껍질을 활용한다는 점에서 더욱 높이 평가받는다. 또한 북어 껍질에 소고기, 두부, 달걀 등 재료를 더하고 복잡한 공정을 통해 고급 요리로 탈바꿈시켰다는 점도 독특하다.

어글탕을 만드는 방법은 크게 두 가지로 나뉜다. 첫 번째는 잘게 썬 북어 껍질에 다진 소고기, 두부 등을 섞어서 만든 완자를 장국에 넣어 끓이는 방법이며 두 번째는 북어 껍질 안쪽에 다진 소고기와 두부 등으로 만든 완자를 얇게 펴서 붙인 뒤 전으로 부쳐 장국에 끓이는 방법이다. 농촌진흥청의 『전통향토음식용어사전』은 첫 번째 방법은 서울·경기도, 두 번째는 경상

남도의 향토음식으로 분류하고 있으나 지역과 상관없이 두 방법이 혼용된 것으로 보인다. 이는 서울 지역에서 주로 활동한 일제 강점기 요리책 저자의 조리법에서 확인할 수 있다.

1939년 출간된 조자호(趙慈鎬: 1912-1976)의 『조선요리법(朝鮮料理法)』의 어글탕은 북어 껍질을 썰어 완자로 만들어 끓이는 방식을 사용하고 있다. 우선, 북어 껍질의 가시를 제거하여 잘게 썰어서 뜨거운 물에 불린 뒤 손으로 비벼 씻는다. 북어 껍질에 다진 소고기, 머리와 꼬리를 떼어 데친 뒤 다진 숙주, 두부를 섞고 간장, 깨소금, 참기름, 파, 후춧가루로 양념한다. 양념한 것을 둥글납작하게 빚어서 밀가루와 달걀을 씌운 뒤 맑은 장국에 넣어 끓인다.

방신영(方信榮: 1890-1977)의 1946년 『조선음식 만드는 법』은 어글탕이라는 이름과 함께 명태껍질국이라는 음식명을 병기(倂記)하였다. 방신영은 북어 껍질로 전을 부쳐서 다시 장국에 넣어 끓이는 방법을 사용하고 있다. 북어 껍질로 전을 부치려면 북어 껍질을 다져서 쓸 때보다 더욱 조심해서 북어 껍질을 다뤄야 한다. 우선 북어 껍질을 물에 불린 다음 비늘을 제거하고 안쪽에 칼집을 넣는다. 그 다음 다진 소고기, 다듬어서 데친 뒤 다진 숙주, 물기를 뺀 두부에 양념을 해서 북어 껍질 안쪽에 붙인다. 밀가루를 묻혀 번철에 지진다음 장방형으로 썬다. 맑은 장국에 북어껍질전을 넣어 끓인 뒤 달걀의 흰자, 노른자 지단을 골패 쪽 모양(직사각형)으로 썰어 고명으로 얹어 낸다.

1931년 〈동아일보〉에는 북어 껍질로 국을 끓이는 또 다른 방법이 소개되어 있다. 첫 번째 방법은 북어 껍질에 고기로 만든 완자를 붙여 밀가루, 달걀에 담갔다가 장국에 넣고 끓이는 방법이고 두 번째 방법은 북어 껍질을 두루마리처럼 말아서 밀가루와 달걀을 묻혀 장국에 넣어 끓이는 방법이다. 마지막은 다듬은 북어 껍질로 전유어를 부쳐서 국을 끓이는 방법으로 방신영의 방법과 같다(〈동아일보〉 1931년 1월 24일자).

분류 : 음식
참고문헌 : 농촌진흥청, 『전통 향토음식 용어사전』(교문사, 2010); 조자호, 『조선요리법』(광한서림, 1939); 방신영, 『조선음식 만드는 법』(대양공사, 1946); 「자랑거리 음식솜씨 (5) 꼭 알아둘 이달료리법」, 〈동아일보〉 1931년 1월 24일
필자 : 서모란

창난젓(「북관」)

명태 창난젓에 고추무거리에 막칼질한 무이를 비벼 익힌 것을
이 투박한 북관을 한없이 끼밀고 있노라면
쓸쓸하니 무릎은 꿇어진다

시큼한 배척한 퀴퀴한 이 내음새 속에
나는 가느슥히 여진(女眞)의 살내음새를 맡는다

얼근한 비릿한 구릿한 이 맛 속에선
까마득히 신라 백성의 향수도 맛본다

1937년 10월 『조광』에 발표된 백석(白石: 1912-1996)의 시 「북관」이다. 백석은 자신이 성장한 고향의 풍속과 자신이 체험한 생활의 풍물을 토속적 언어에 바탕을 둔 지극히 개성적인 시어와 표현으로 형상화한 시인이다. 그의 독특한 시세계는 후대의 많은 시인들에게 영향을 끼쳤다. 1912년 평안북도 정주에서 태어나 오산고등보통학교를 마치고 일본으로 건너가 1934년 아오야마학원[青山學院] 전문부 영어사범과를 졸업하였다. 1930년 〈조선일보〉 '신년현상문예 공모'에 소설 「그 모(母)와 아들」이 당선되었고, 1935년 〈조선일보〉에 시 「정주성」을 발표하면서 등단했다. 첫 시집 『사슴』을 출간하여 문단의 주목을 받았고 그 이후 함흥과 만주에서 발표한 작품들도 지속적인 관심의 대상이 되었다. 광복 후 평양에 정착하여 분단 이후에도 활동하다가 1959년 양강도 삼수군의 농장으로 축출되어 농사꾼으로 살다가 타계했다.

북관(北關)은 함경도 지역을 의미한다. 이 시는 함경도 토속음식의 맛과 냄새를 통해 함경도 지역의 역사에 대한 관심을 드러낸 작품이다. 여기에는 함경남도 함흥에서 백석이 실제로 먹은 음식의 내용과 성격이

1930년대 백석의 고향과 가까웠던 북청군 명태덕장ⓒ한국학중앙연구원

북어채 무침. 속초에서는 함흥냉면 고명으로 사용한다.ⓒ하응백

반영되어 있다. 창난젓 무침을 먹는 평범한 생활에서 삶의 실체를 발견하고 거기서 정신의 단면을 발견하려는 경향을 엿볼 수 있다.

분류 : 문학
색인어 : 북관, 백석, 명태, 창난젓, 고추무거리, 무이(무)
참고문헌 : 이숭원, 『백석을 만나다』(태학사, 2008)
필자 : 이숭원

20세기 신문에 소개된 북어

한반도에서 북어는 흔한 식재료로 다양한 요리에 이용되었다. 찢어서 그대로 반찬으로 삼거나 양념에 버무려서 상에 올리기도 하였다. 또, 말린 북어를 불려 양념을 얹어 찜이나 조림으로 내기도 했다. 찢은 북어로 끓인 북엇국은 해장국으로 유명하다.

북어의 명칭에 대한 내용은 〈동아일보〉의 1930년 기사에서 일부 확인할 수 있는데, 이 기사에 따르면 북어는 경성 이남의 사람들이 마른 명태를 이르는 말로 주로 북쪽 지역에서 잡히기 때문에 북어라는 이름이 붙었다고 한다. 원래는 명태를 뜻하는 단어였던 북어가 마른 명태를 뜻하는 말로 바뀐 이유는 북쪽에서 잡힌 명태가 경성 이남까지 오려면 생것으로 올 수 없었고 말린 상태로 운반하여야 했기 때문에 북어는 곧 말린 명태를 뜻하게 되었다는 것이다(〈동아일보〉 1930년 3월 3일자).

1921년 〈동아일보〉는 몇 차례에 걸쳐 주요 식품의 공설시장 판매가를 기사로 냈는데, 찹쌀, 백미, 팥, 콩, 녹두 등의 곡식과 소금의 가격과 함께 "반찬거리" 항목으로 정육(소고기), 북어, 해의(김), 청태, 미역, 달걀, 암치, 미나리의 가격을 게재하였다(〈동아일보〉 1921년 2월 21일자). 북어의 가격 변동은 곧 가정 경제와 연관되므로 명태의 어획량이나 북어의 가격에 대해 언론에서 민감하게 반응하는 것은 당연한 일이었다. 북어의 가격이 오르면 수협중앙회가 나서서 비축량을 풀어 공급량을 조절하기도 하였다(〈매일경제〉 1971년 9월 16일자).

북어는 저렴한 가격과 풍부한 어획량 덕분에 한반도에서 즐겨 먹었기 때문에 오히려 흔한 먹거리 취급을 받기도 하였다. 북어와 관련된 속담을 살펴보면 우리 식생활에서의 북어의 위치가 엿보인다. 우선, '북어 뜯고 손가락 빤다'라는 말은 이득이 없는 일을 하고 아쉬워하는 것을 뜻하거나, 사실 별 것 없는 일을 과장되게 꾸미는 경우를 비유적으로 이르는 말이다. '북어 한 마리 주고 제상 엎는다'라는 말은 보잘것없는 것을 주고도 큰 손해를 입히거나 큰소리를 치는 경우를 뜻한다. 즉, 북어는 식탁에 일상적으로 오르는 흔한 반찬으로, 언제든 구할 수 있는 식재료로 대수롭지 않은 것으로 여겨졌던 것으로 보인다.

분류 : 식재료
참고문헌 : 이유원 저, 김동현 역, 「춘명일사」, 『임하필기』(한국고전번역원, 2000); 김기수 저, 이재호 역, 『일동기유』(한국고전번역원, 1977); 「공설시장물가」, 〈동아일보〉 1921년 2월 21일); 「咸南(함남)의 明太魚(명태어)」, (一), 〈동아일보〉 1930년 3월 3일; 「북어1천짝放出(방출) 가격조절 위해」, 〈매일경제〉 1971년 9월 16일
필자 : 서모란

모과

모과는 모과나무의 열매로, 나무에 달리는 참외와 비슷한 열매라는 의미로 목과(木瓜) 또는 목과(木果)라고 불린다. 산미가 강하고 단단하기 때문에 생으로 먹기는 부적합하고, 모과를 반으로 갈라 씨를 제거하고 과육만을 잘라서 꿀에 재워 정과나 차를 만들어 먹기도 한다.

1460년 어의였던 전순의(全循義: ?-?)가 편찬한 『식료찬요(食療纂要)』에서는 모과로 환을 만드는 방법을 설명하였다. '과란(瓜爛)'은 모과환이라고 할 수 있는데, 임신 중의 입덧과 구역질 그리고 두통과 음식을 소화시키지 못하는 것을 치료하려고 할 때, 모과 1개와 꿀 1냥 이 두 가지를 물에 넣고 같이 달여서 모과가 문드러지도록 한다. 이것을 질그릇에 넣어 잘게 갈고 밀가루 3냥을 넣어 잘 반죽하여 얇게 펴서 바둑알 크기로 잘라 모양을 만든다. 공복에 먹는데, 먹을 때는 끓인 물에 넣고 삶아서 0.5잔으로 만들어 다른 양념 없이 담백하게 먹으라 하였다.

일반적으로는 차, 정과, 편 등으로 만들어 먹었다. 빙허각 이씨(憑虛閣 李氏: 1759-1824)가 지은 『규합총서(閨閣叢書)』(1809)에는 '모과 거른 정과'에 대한 설명이 있다. 명칭은 정과라 하였지만, 끓인 즙을 녹말과 함께 굳혀내는 것으로 보아 편의 조리법에 가깝다. 만드는 방법은 좋은 모과 중 잘 익어 빛이 누른 것을 무르게 삶아, 고운 체에 걸러 꿀을 모과의 양보다 조금 더 넣어, 생강즙과 함께 하여 쓰면 좋다고 하였는데, 편을 만들려면 앵도편처럼 하되, 졸이기는 앵도편보다 덜하고, 녹말은 더 넣어 되게 만들어야 빛이 곱고 잘 엉긴다고 하였다.

충청도 청주 상신리에 거주하던 진주 강씨 문중의 며느리인 밀양 손씨가 한글로 쓴 1900년대 초반의 조리서인 『반찬등속』(1913)에는 '정과' 만드는 법이 나온다. 모과와 생강, 연근을 함께 정과로 만들었다. 만드는 방법은 좋은 생강을 물에 씻어 얇게 저미고, 모과는 삶아 껍질을 벗기고 그 속을 숟가락으로 긁어 놓는

다. 연근을 잘게 자른 다음 이 세 가지를 한데 합하여 꿀물에 오래 담근다고 하였다.

『승정원일기(承政院日記)』 인조 13년(1635) 을해년 6월 9일자의 기록에는 영부사 정창연을 간병한 결과를 보고하는 내의 이춘림의 서계에 대한 내용이 있다. "영부사 정창연은 본래 연로하여 기력이 쇠한 사람으로 지난해 가을부터 복통을 앓아 대변이 고르지 않은 증세로 주야를 막론하고 자주 측간에 갑니다. 이달 5월 보름 이후로는 또 두 다리의 무릎뼈에 통증이 생긴 탓에 원기가 극도로 떨어졌습니다. 그런데다 더운 열기에 심하게 손상되어 눈을 감고 쓰러져 누워 있으니 입에 쓴 독한 약제(藥劑)는 가벼이 쓰기가 어려울 듯합니다. 의당 생맥산(生脈散)에 연육(蓮肉), 소금과 술을 적셔 볶은 지모(知母), 모과(木瓜) 각 1돈과 죽엽(竹葉) 5푼을 더하여 연이어 복용해야 합니다. 때로 혹 담열(痰熱)이 올라올 때에는 죽력(竹瀝)도 사용해야 합니다."라고 하였다. 하여 인조가 필요한 약재를 모두 보내주고 왕래하면서 간병하라는 명을 내렸다는 내용이다. 나이도 많고, 복통으로 기력이 많이 떨어진 환자에게 독한 약제를 쓸 수 없으므로 부담은 없으나 효과가 있는 재료들로 병을 치료하라 하였는데, 그 중에 모과도 포함되어 있다.

허준(許浚: 1539-1615)의 『동의보감(東醫寶鑑)·탕액편(湯液篇)』(1610)에서는 '모과[木瓜]'에 대해 성질이 따뜻하고 맛은 시며 독이 없다고 하면서, 두통, 오한과 함께 구토, 설사를 함께 동반하는 곽란, 근이 뒤틀리는 것이 멎지 않는 데 주로 쓴다고 하였다. 모과를 먹으면 음식을 소화시키고 이질 후에 생긴 갈증을 멎게 하고, 근골을 튼튼하게 하고 다리와 무릎에 힘이 없는 것을 치료한다고 하였다.

또한 모과는 간으로 들어가기 때문에 근과 혈을 보한다고 하였다. 한의학에서 말하는 오장(五臟) 중 간(肝)은 오행의 목(木)과 관련이 있고, 모과의 신맛 또한 오미(五味) 중 목(木)과 관련이 있기 때문에 신맛이 나는 모과가 간으로 들어가 간의 주관하는 근육과 혈을 보해준다고 설명하였다. 모과의 경우 조심해야 하는 부

분에 대해서도 설명하고 있는데, 그 열매가 작은 박만하고 신맛이 나는데, 먹을 만하다고 하였지만, 치아나 뼈를 상하게 하니 많이 먹으면 안 된다고 하였고, 쇠에 닿지 않게 해야 하니 구리칼로 껍질과 씨를 제거하고 얇게 썰어 볕에 말리라고 하였다. 모과는 폐(肺)를 보호하고 습(濕)을 제거하며 위(胃)의 기운을 조화시키고 비기(脾氣)를 기르므로, 목이 아플 때나 소화가 잘 안 될 때 먹으면 좋을 듯하다.

분류 : 식재료
색인어 : 규합총서, 꿀, 반찬등속, 생강, 소금, 연근, 임원경제지, 죽, 차, 참외
참고문헌 : 허준, 『동의보감·탕액편』; 전순의, 『식료찬요』; 빙허각 이씨, 『규합총서』; 밀양 손씨, 『반찬등속』; 『승정원일기』 인조 13년(1635) 6월 9일
필자 : 홍진임

모과차

모과차는 신맛이 강한 모과를 꿀이나 설탕과 함께 재어 놓았다가 차로 마시는 음식이다.

서명응(徐命膺: 1716-1787)의 『고사신서(攷事新書)』(1771)에서 설명하는 '모과장[木瓜漿]'에서의 모과의 손질 방법은 일반적인 방법과 약간 다르다. 모과 1개의 밑둥을 자르고 안의 씨를 파내고 꿀을 채워 다시 뚜껑을 덮는다. 대나무 바늘로 뚜껑 쪽을 고정시키고 시루에 넣어 연하게 찌는데, 이때 꿀은 다시 쓰지 않고 버린다. 껍질을 벗겨버리고 따로 달인 꿀 0.5잔과 생강즙을 조금 넣고 짓이기듯이 갈아, 뜨거운 물을 큰 사발로 3사발을 넣고 골고루 저어 체로 찌꺼기를 걸러내어 병에 담는다. 우물 바닥에 가라앉혀 보관한다고 하였다. 마치 배꿀단지를 만들 듯이 꿀과 함께 먼저 끓여내어 그 약성에 더 신경을 쓰고 있다.

모과차는 궁에서 약으로도 활용되었다. 『일성록(日省錄)』 정조 즉위년(1776) 병신 7월 14일자 기록에는 '모과차[木瓜茶]'와 관련된 내용이 있다. 약방(藥房)의 입진을 여차(廬次: 상중(喪中)에 상주가 거처하기 위해 초가집으로 만든 막차(幕次))에서 행하였는데, 정조가 혜경궁(惠慶宮)의 구토 증상이 매우 심해져 탕제(湯劑)를 먹을 수 없을 정도가 되고, 어깨에 오락가락 하던 기운이 또 발작하는 등의 환후를 걱정하므로 의관 오도형(吳道炯)이 모과차에 계지(桂枝)를 더하여 드시기를 권하는 내용이 있다.

분류 : 음식
참고문헌 : 서명응, 『고사신서』; 『일성록』 정조 즉위년((1776) 병신 7월 14일
필자 : 홍진임

목반

목반(木盤)은 음식이나 그릇 등을 받쳐서 나르는 나무 그릇이다. 반, 목판, 또는 모판이라고 하고 굽이 높은 것은 반기라고도 부른다. 적은 양을 이동시킬 때 목반에 얹어 가져가는 용도로 현대의 쟁반과 유사하다. 또 잔치를 벌일 때 늘어놓은 목반에 음식들을 차곡차곡 담아 늘어놓거나 그대로 상 위에 올리기도 했다.

태종 대의 목반에는 여러 가지 모양이 있다. 보통 운두가 낮고 네모진 모양의 사각목반이 일반적이고, 각을 주고 전을 올린 6각 목반, 8각 목반, 12각 목반은 고급품으로 제작되었다. 목반 아래에 다리가 붙어 있는 것도 있고 없는 것도 있다. 또한 견고함을 살리기 위해 각 모서리마다 백동을 씌워 장식하기도 하였다. 또 목반 중에서는 모양은 같지만 크기가 다른 여러 개를 포개어 한 조가 되는 목반도 있다.

주로 소나무, 대추나무, 박달나무 등으로 만든다. 실용성을 중시하였기 때문에 화려하지는 않으나 소박하고 튼튼하게 만들었다. 원목을 깎아 목반의 형태를 만들어 안팎으로 두세 번 들기름칠을 하여 나무의 결과 문양을 살린 것이 특색이다. 들기름칠 외에 주칠이

목반, 높이 11cm, 조선, 국립민속박물관

나 흑칠을 하여 내구성을 살렸다.

분류 : 미술
색인어 : 쟁반, 반, 목반, 목판, 모판, 반기
참고문헌 : 한국학중앙연구원, 『한국민족문화대백과사전』; 『한민족역사문화도감 식생활: 국립민속박물관 소장품』(국립민속박물관, 2007)
필자 : 구혜인

목이버섯

우리나라에서는 목이버섯을 잡채나 닭찜, 탕수육 소스를 만들 때 넣어 먹지만 중국에서는 볶음이나 냉채로도 이용되는 식재료이기도 하다. 물을 먹으면 유연하게 묵처럼 흐물흐물하게 변하므로 '흐르레기'라고도 한다. 건조하면 수축하여 단단한 연골질이 되고 젖으면 다시 원형으로 된다. 모양은 울퉁불퉁하며 물결처럼 굽이치는 귀처럼 생긴 버섯이다. 담자균류 목이과의 버섯으로 활엽수 고목에서 주로 자란다.

최한기(崔漢綺: 1803-1877)가 편찬한 종합 농업기술서인 『농정회요(農政會要)』(1830년경)에는 '목이'의 명칭에 대한 설명이 나온다. 목이는 일명 목누(木檽: 목이버섯), 목균(木菌), 목종[木土從], 수계(樹鷄), 목아(木蛾)라고 하였다고 한다. 이(耳)라고 하고 아(蛾)라고 하는 것은 상형(象形)이고, 누(檽)라고 하는 것은 부드럽고 축축한 것이 좋다는 뜻이라 하였다. 그래서 목누라 불렀다고 한다. 또한 버섯을 뜻하기도 하는 균(菌)은 군(蜠: 자개)과 같으니 역시 상형문자인데, 군(蜠)은 조개의 이름이다. 어떤 사람은 말하기를 땅에서 나는 것을 균(菌)이라고 하고 나무에서 나는 것을 아(蛾)라고 하였다고 전하고 있다. 그래서 목이가 다양한 이름으로 불리운다고 설명하였다. 목이버섯은 느릅나무, 버드나무, 뽕나무, 홰나무, 닥나무 등에서 자란다.

허준(許浚: 1539-1615)의 『동의보감(東醫寶鑑)·탕액편(湯液篇)』(1610)에서는 목이버섯을 '목이(木耳)'라고 하고, '남긔도 돈버슷'이라 읽었다. 성질이 차거나 또는 평(平)하다고도 하였고, 맛은 달며 독이 없다고 하였다. 효능으로는 오장을 잘 통하게 하고 장위(腸胃)에 맺힌 독기를 흩으며, 혈을 서늘하게 하고 이질로 피를 쏟는 것을 멎게 하는데, 기를 보하고 몸을 가볍게 한다고 하였다.

조선 선조 때 양예수(楊禮壽: ?-1597)가 편찬한 역대 의학자들의 전기인 『의림촬요(醫林撮要)』(16-17세기) 제8권에는 「치루문 56(痔漏門 五十六)」에 목이버섯에 관한 처방이 있다. 아주 연한 목이버섯을 뜨거운 물에 약간 데쳐 햇볕에 말려 곱게 가루 내는데, 처음에는 1돈 반을 꿀물에 타 먹고, 다음날부터는 하루 1푼씩 늘려서 3돈까지 먹고 다시 매일 1푼씩 줄여서 그렇게 1개월 동안 먹으면 좋다고 하였다. 주의사항으로 이때에는 음식은 가려 먹어야 한다고 덧붙이고 있다.

분류 : 식재료
색인어 : 닭고기, 버섯, 잡채
참고문헌 : 최한기, 『고농서국역총서 11-농정회요Ⅱ』(농촌진흥청, 2006); 허준, 『동의보감·탕액편』; 양예수, 『의림촬요·치루문』
필자 : 홍진임

무

조선시대에 무는 '나복(蘿蔔)', '내복(萊菔)', '청근(菁根)', '댓무우', '대무우[大武侯]'라고도 했던 채소이다. 1800년대의 한글필사본 조리서인 『시의전서(是議全書)』에는 사시사철 쓸 수 있는 무의 종류로 봄무, 백일무, 중길이 겨울무를 들었다.

특히 무는 가을에 크고 좋은 무를 뽑아 움에 저장하면 겨울 내내 신선한 채소를 먹을 수 있다는 점에서 중요한 겨울 채소였다. 그러나 아무리 잘 저장해둔 무도 설이 지나면 속에 바람이 들고 맛이 없어지기 때문에 '설 쇤 무'라는 말이 나왔다. 이 속담은 때가 지나서 더 이상 볼 것이 없다는 뜻으로 쓰곤 했다. 무는 또한 미리 말려두었다가 언제든지 먹을 수 있고, 무청도 말려서 시래기로 만들면 두고 먹기에 좋았다. 이러한 무의 저장성과 이점에 주목하여 세종대왕을 비롯하여 조선시대의 여러 왕들은 기근에 대비한 구황식품으로 백성들에게 무를 재배하라고 적극 권장하기도 했다. 한편 높은 저장성으로 인해 무말랭이는 전쟁이라는

무젓국조치 ⓒ수원문화재단

비상시에도 쓸모가 있었다. 『인조실록(仁祖實錄)』을 보면 병자호란 때 남한산성에 갇혀 물자가 부족한 인조(仁祖: 재위 1623-1649)에게 한흥사(漢興寺) 승려 희안(希安)이 나복채, 즉 무말랭이를 바친 일이 있다(인조 14년 1636년 12월 24일 기사). 이러한 무말랭이는 '무후채(武侯菜)' 또는 '蕉尤菜(무우채)'라고도 불렸는데, 조수삼(趙秀三: 1762-1849)의 『추재집(秋齋集)』을 보면 민간에서는 음력 10월에 무오일(戊午日)이 들면 무후채, 즉 무말랭이를 만들었는데, '무후'와 '무오'가 발음이 서로 비슷하기 때문에 이날에 만들었다고 한다.

사실 봄이나 여름철보다는 김장철을 앞두고 수확한 무가 맛도 좋고 단단한 것을 고려하면, 음력 10월경은 꼬들꼬들한 무말랭이를 만들기에 적합한 시기였다. 하지만 정약용(丁若鏞: 1762-1836)의 『물명고(物名攷)』에서는 순무를 제갈무후(諸葛武侯)에서 유래한 '제량채'라는 명칭으로 소개하고 있어, '제량채'나 '무후채'나 같은 말임을 고려하면 무말랭이는 순무로도 많이 많들었던 듯하다.

이렇게 말린 무말랭이로는 무말랭이 짠지나 무말랭이 나물 등을 해 먹었다. 아울러 무로는 무동치미, 섞박지, 나박김치, 무국, 생채, 무나물, 젓무, 짠지, 무말랭이, 깍두기, 숙깍두기, 무밥, 무죽, 무구이, 무조림, 무부침, 무찜, 무정과, 무선 등 각종 음식의 주재료로 쓰였고, 국이나 탕, 떡 등을 만들 때도 중요한 부재료였다.

분류 : 식재료
색인어 : 나박김치, 동치미, 깍두기, 시루떡, 새우, 조선요리법
참고문헌 : 작자 미상, 『시의전서』; 『인조실록』; 조수삼, 『추재집』; 정약용, 『물명고』
필자 : 김혜숙

무나물과 청각채

조선 중기의 뛰어난 학자이자 문신, 그리고 글씨가 뛰어나 당대 명필(名筆)로도 유명했던 송준길(宋浚吉: 1606-1672)은 같이 동문수학(同門受學)했던 벗들에 대한 정(情)이 아주 각별했던 인물이었다. 이러한 그의 면모는 『동춘당집(同春堂集)』에 잘 기록되어 있다. 그는 음식과 같은 사소한 일에도 반드시 동학(同學)들이 즐겼던 것을 떠올렸고, 밥상에 벗들이 즐겨 먹던 음식이 오르면 다른 반찬보다 먼저 수저를 댔다. 송시열(宋時烈: 1607-1689)이 좋아하던 무나물과 이유태(李惟泰: 1607-1684)가 좋아하던 청각채(靑角菜)가 바로 송준길이 벗을 떠올리며 먹던 음식이었다. 송준길과 송시열은 어려서부터 함께 공부하며 자랐고, 나중에는 김장생(金長生: 1548-1631)과 김집(金集: 1574-1656) 부자(父子) 밑에서 이유태와 함께 공부하던 사이로 세 사람은 평생 학문적으로도 정치적으로도 같은 길을 걸으며 돈독한 관계를 지속했다.

송준길이 무나물을 대하면 송시열이 떠올랐던 이유는 송시열이 여름이 되면 무더위에 시달려 병치레가 잦아지고 몸이 쇠약해지다가, 첫가을에 무가 나온 뒤에야 위의 작용[胃氣]이 되살아나고 병도 나았기 때문이다. 그래서 무나물을 보면 송시열을 생각하며 꼭 먼저 먹었다는 것이다.

밥반찬으로도 먹고 제사상에 올리는 나물로도 쓰였던 무나물은 고기를 넣어 만들기도 하지만, 무만 볶아서 만드는 방식이 더 일반적이다. 무만 쓰는 무나물의 조리법은 조자호(趙慈鎬: 1912-1976)의 『조선요리법(朝鮮料理法)』(1943)에 보이는데, 채 썬 무를 간장, 다진 생강을 넣고 익히다가 참기름, 깨소금, 파, 마늘을

403

무청을 말린 시래기 ⓒ하응백

다져 간을 맞춰 무쳐서 만들었다.

청각채 또한 송준길의 눈에 들어오면 벗 이유태가 생각나 먼저 맛을 보는 음식이었다. 청각채는 '청각(靑角)', '녹각채(鹿角菜)'라고도 불리는 바닷말[海菜]이다. 정약전(丁若銓: 1758-1816)은 『자산어보(玆山魚譜)』에서, 음력 5-6월에 나서 8-9월에 다 자라는 청각채는 뿌리와 줄기, 가지가 둥글고, 성질은 미끄러우며 색깔은 청흑색인데, 맛이 담백하여 김치[葅]의 맛을 돋운다고 했다(정약전 저, 이두순 역, 2016: 395쪽).

이처럼 청각채는 자반을 만들거나 나물처럼 무쳐 먹기도 하지만 주로 김치에 양념처럼 넣어 맛을 개운하게 하는 데 썼던 해초이다. 변변한 밥반찬이라고 보기 어려운 이런 청각채를 이유태가 잘 먹게 된 데는 특별한 계기가 있었다. 이유태가 염병(染病), 즉 전염병을 앓은 적이 있는데, 그때 열은 겨우 내렸지만 입맛이 없어서 아무것도 먹고 싶지 않았다고 한다. 하지만 청각채를 보자 문득 자기도 모르게 손이 가서 청각채를 뜯어 입에 넣었고, 그 뒤로는 청각채를 유독 즐기게 되었다는 것이다.

분류 : 음식
참고문헌 : 송준길 저, 정태현 역,『동춘당집』(한국고전번역원, 2006); 조자호,『조선요리법』(광한서림, 1943); 정약전 원저, 이두순 글, 강우규 그림,『신역 자산어보』(목근통, 2016)
필자 : 김혜숙

무이징게국(「여우난골족」)

명절날 나는 엄매 아배 따라 우리 집 개는 나를 따라
진할머니 진할아버지가 있는 큰집으로 가면

얼굴에 별 자국이 솜솜 난 말수와 같이 눈도 껌벅거리는 하루에 베 한 필을 짠다는 벌 하나 건너 집엔 복숭아나무가 많은 신리(新里) 고모 고모의 딸 이녀(李女) 작은 이녀
열여섯에 사십이 넘은 홀아비의 후처가 된 포족족하니 성이 잘 나는 살빛이 매감탕 같은 입술과 젖꼭지는 더 까만 예수쟁이 마을 가까이 사는 토산(土山) 고모 고모의 딸 승녀(承女) 아들 승동이
육십 리라고 해서 파랗게 보이는 산을 넘어 있다는 해변에서 과부가 된 코끝이 빨간 언제나 흰옷이 정하던 말끝에 섧게 눈물을 짤 때가 많은 큰골 고모 고모의 딸 홍녀(洪女) 아들 홍동이 작은 홍동이
배나무 접을 잘 하는 주정을 하면 토방돌을 뽑는 오리치를 잘 놓는 먼 섬에 반디젓 담그러 가기를 좋아하는 삼촌 삼촌엄매 사촌 누이 사촌 동생들

이 그득히들 할머니 할아버지가 있는 안간에들 모여서 방안에서는 새옷의 내음새가 나고
또 인절미 송기떡 콩가루찰떡의 내음새도 나고 끼때의 두부와 콩나물과 볶은 잔대와 고사리와 도야지비계는 모두 선득선득하니 찬 것들이다

저녁술을 놓은 아이들은 외양간 옆 밭마당에 달린 배나무 동산에서 쥐잡이를 하고 숨굴막질을 하고 꼬리잡이를 하고 가마 타고 시집가는 놀음 말 타고 장가가는 놀음을 하고 이렇게 밤이 어둡도록 북적하니 논다
밤이 깊어가는 집안엔 엄매는 엄매들끼리 아랫간에서들 웃고 이야기하고 아이들은 아이들끼리 윗간 한 방을 잡고 조아질하고 쌈방이 굴리고 바리깨돌림하고 호박떼기하고 제비손이구손이하고 이렇게 화대의 사기 방등에 심지를 몇 번이나 돋우고 홍계닭이 몇 번이나 울어서 졸음이 오면 아랫목싸움 자리싸움을 하며 히드득거리다 잠이 든다 그래서는 문창에 텅납새의 그림자가 치는 아침 시누이 동서들이 욱적하니 흥성거리는 부엌으론 샛문 틈으로 장지문 틈으로 무이징게국을 끓이는 맛있는 내음새가 올라오도록 잔다

백석(白石: 1912-1996)의 시집 『사슴』(1936)에 수록된 시 「여우난골족」이다. 백석은 자신이 성장한 고향의 풍속과 자신이 체험한 생활의 풍물을 토속적 언어에 바탕을 둔 지극히 개성적인 시어와 표현으로 형상화한 시인이

학창 시절의 백석

다. 그의 독특한 시세계는 후대의 많은 시인들에게 영향을 끼쳤다. 1912년 평안북도 정주에서 태어나 오산고등보통학교를 마치고 일본으로 건너가 1934년 아오야마학원[青山學院] 전문부 영어사범과를 졸업하였다. 1930년 〈조선일보〉 '신년현상문예 공모'에 소설 「그 모(母)와 아들」이 당선되었고, 1935년 〈조선일보〉에 시 「정주성」을 발표하면서 등단했다. 첫 시집 『사슴』을 출간하여 문단의 주목을 받았고 그 이후 함흥과 만주에서 발표한 작품들도 지속적인 관심의 대상이 되었다. 광복 후 평양에 정착하여 분단 이후에도 활동하다가 1959년 양강도 삼수군의 농장으로 축출되어 농사꾼으로 살다가 타계했다.

이 시의 제목 '여우난골족'은 여우가 나오는 골짜기에 사는 가족이라는 뜻이다. 평북 방언과 독특한 민속적 소재가 동원되어 있는 이 시는 음식과 놀이라는 두 가지 요소를 기본 축으로 하여 공동체적 삶을 누리고 있는 산골 친족들의 삶을 그려냈다. 이 시에 등장하는 반디젓(밴댕이젓)은 저장 음식 중 하나로 서해에 인접한 정주 지역에서 즐겨 먹는 음식이다. 무이징게국은 평안도 인근 지역에서 가을이나 겨울에 주로 먹는 무와 새우젓갈을 넣고 끓인 국이다.

분류 : 문학
색인어 : 여우난골족, 백석, 복숭아나무, 배나무, 반디젓(밴댕이젓), 인절미, 송기떡, 콩가루찰떡, 두부, 콩나물, 고사리, 무이징게국
참고문헌 : 이숭원, 『백석을 만나다』(태학사, 2008)
필자 : 이숭원

청(이규보)

장아찌를 만들면 삼복더위에 먹기 좋고
소금에 절이면 긴긴 겨울 찬거리 된다네
땅 밑에 서린 뿌리 제법 굵어지고 나면
날 선 칼로 배 베듯 잘라 먹으면 최고라네
得醬尤宜三夏食 漬鹽堪備九冬支
根蟠地底差肥大 最好霜刀截似梨

*이규보, 「우리집 채마밭의 여섯 가지[家圃六詠] 중에서 무[菁]」

이규보(李奎報: 1168-1241)는 본관이 여주(驪州)고 자는 춘경(春卿), 호는 백운거사(白雲居士)라 하였다. 생전에 스스로 편집한 방대한 문집 『동국이상국집(東國李相國集)』에는 먹거리와 관련한 시가 무척 많거니와 자신의 채마밭에다 오이, 가지, 무(혹은 순무), 파, 아욱, 박 등을 키우고 이를 먹는 즐거움을 이렇게 노래하였다. 밭에서 재배하는 채소 중 무(혹은 순무)는 장아찌나 김치를 담가 먹기도 하였지만, 한겨울 날 것을 그냥 베어 먹어도 절로 맛이 있었기에 이런 시를 지은 것이다.

무는 가장 흔한 채소였다. 김려(金鑢: 1766-1822)는 「여러 가지 채소[衆蔬]」를 노래하면서 그중 무를 노래한 작품에서 "조선 사람 무를 좋아하여, 채소의 할아버지로 삼는다지. 사계절 실컷 씹어 먹으니, 수북하게 밭에다가 심는다네[鮮人重萊菔 尊爲菜族祖 四時恣啗齕 受受養園圃]."라 한 바 있다. 이어지는 대목에서 열을 내려 폐를 다스리는 데 좋다고 하였으니, 약으로까지 쓰인 것이다.

무가 가장 흔한 먹을거리이기에 다양한 조리법이 있었다. 김수증(金修曾: 1624-1701)은 한양에서 고달픈 생활을 하다가 화천의 곡운(谷雲)으로 돌아와 지은 시 「칠월 그믐 화음으로 돌아와[七月晦日還華陰]」에서 "울타리 아래 제갈채를 거두니, 뿌리는 달고 맛나 생선찌개보다 낫다네. 부엌에 소금과 간장까지 갖추어져 있으니, 이 밖에 고생스러운 짓 굳이 하겠나[籬下纔收諸葛菜 根莖甘味勝魚羹 竈間況不無鹽醬 此

外辛勤何所營]."라 하여 무 뿌리를 생으로 먹어도 좋고 여기에 소금과 간장으로 조미하여 장아찌나 김치로 담아 먹어도 좋으므로 굳이 생계를 위해 고달픈 벼슬살이를 할 필요가 없다고 하였다. 김수증은 무를 제갈채(諸葛菜)라 불렀는데 제갈공명(諸葛孔明)이 좋아하였다 하여 붙은 이름이다. 특이 제갈채라 하면 생채로 무친 무나물을 이를 때가 많다.

물론 무는 김치로 담아 겨우내 먹는 것이 최고일 것이다. 조찬한(趙纘韓: 1572-1631)은 「시골의 개울가에서 가을날 즉흥적으로 짓다[村溪秋日卽事]」에서 "비단 한 폭 걸쳐놓은 작은 개울, 이끼 낀 바위에 앉은 계집아이 부른다. 철 지날까 급히 무를 씻어오게 하여, 겨울날 동안 맛난 음식으로 쌓아두려 하노라[小澗纔如一匹練 喧呼兒女澗邊苔 急時爭洗蔓菁菜 擬作經冬旨蓄來]."라 하였다.

하나 더, 무는 찜으로도 먹었다. 성수침(成守琛: 1493-1564)의 시 "아침에 무엇으로 몸보신 하는가, 무 새로 찌니 맛이 좋다네. 배부르면 노래하고 게으르면 잠을 자니, 일어나 아무 말 없이 꽃향기를 맡노라[朝來何以補衰腸 蘿葍新蒸味可嘗 飽卽嘯歌慵卽睡 起來無語嗅花香]."라 하였다. 요즘처럼 채를 썰어 데친 나물이 아니라 꿀 등을 가미하여 무를 통으로 찐 것인 듯하다. 가난한 선비에게 찐 무가 보신용 음식이었던 모양이다.

분류 : 문학
색인어 : 무, 제갈채, 이규보, 김려, 김수증, 성수침, 조찬한
참고문헌 : 이규보,『동국이상국집』; 김려,『담정유고』; 김수증,『곡운집』; 조찬한,『현주집』; 성수침,『청송당집』; 이종묵,『한시마중』(태학사, 2012)
필자 : 이종묵

문어

서유구(徐有榘: 1764-1845)가 쓴『난호어목지(蘭湖漁牧志)』「어명고(魚名攷)」에서는 문어를 한자로 장어(章魚), 장거(章擧)라 하고, 한글로 '문어'라 기록하였다. 또한 여덟 개의 발이 있어서 팔대어(八大魚)로 불리기도 한다. 위험한 상황에서 문어(文魚)는 먹물을 뿜어 위기를 모면한다. 그 때문에 항간에서는 물고기 가운데 문어가 머리가 좋아서 문어라는 이름을 갖게 되었다고 보았다. 또 한편에서는 문어가 내뿜는 먹물이 글깨나 읽은 선비를 상징하기 때문에 문어라고 부른다고도 하였다. 이외에도 문어는 생긴 모양새가 마치 여덟 개의 수염이 난 것 같다 하여 팔초어(八梢魚), 대팔초어(大八梢魚)라는 재미난 이름으로도 불린다(유희,『물명고(物名攷)』).

허균(許筠: 1569-1618)은『도문대작(屠門大嚼)』에서 문어는 동해에서 주로 나는데 중국인들이 매우 좋아한다고 했다. 문어를 좋아하는 사람들은 문어의 깊은 맛이 다리에 있다고 평하나, 사실 문어 맛에 대한 평가는 엇갈리고 있다.『규합총서(閨閤叢書)』를 쓴 빙허각 이씨(憑虛閣 李氏: 1759-1824)는 깨끗하고 담백한 맛이라고 평했으나, 이용기(李用基: 1870-1933)는『조선무쌍신식요리제법(朝鮮無雙新式料理製法)』에서 특별한 맛이 없다고 적었다.

여러 옛 문헌에 문어를 조리해 먹는 다양한 방법이 기술되어 있다.『산림경제(山林經濟)』를 쓴 홍만선(洪萬選: 1643-1715)에 의하면, 문어는 밤톨만 한 크기로 썰어서 달궈진 솥에 기름과 술을 두르고 재빨리 볶아 5-6할 가량 익혀낸 후, 기름과 간장을 넣은 양념이 끓어오르면 좀 더 익혀서 먹는다. 그리고 문어는 구이를 해서 먹어도 괜찮다고 적고 있다. 방신영(方信榮: 1890-1977)은『조선요리제법(朝鮮料理製法)』에

동해안 문어잡이ⓒ하응백

서 문어발을 칠 푼 길이로 잘라서 무를 골패짝 만큼씩 썰어 넣고 여러 양념에 지져 먹거나 불에 녹여서 잘게 베어 먹는 법을 소개했다. 한편, 이용기는 문어를 썰어서 그대로 먹어도 좋다고 했다. 또한 문어로 음식을 장식할 수도 있다. 방신영은 어물 담은 접시 위에 꽃 모양으로 오려서 얹는 방법을 소개했고, 이용기는 빗살처럼 베어 썰고 토막을 쳐서 꽃과 난간을 만들어 어물 접시 위에 둘러놓으라고 했다.

분류 : 식재료
색인어 : 도문대작, 규합총서, 조선요리제법, 조선무쌍신식요리제법
참고문헌 : 허균 저, 신승운 역, 『도문대작』(한국고전번역원, 1984); 홍만선, 『산림경제』(한국전통지식포털); 유희, 『물명고』; 빙허각 이씨, 『규합총서』(한국전통지식포털); 서유구 저, 이두순 평역, 강우규 도판, 『평역 난호어명고』(수산경제연구원BOOKS·블루&노트, 2015); 방신영, 『조선요리제법』(한성도서주식회사, 1934); 이용기, 『조선무쌍신식요리제법』(영창서관, 1936)
필자 : 양미경

문어(신광한)

늙은이 입에 이빨 없다고 불쌍히 여겨서인지
진귀한 해물을 보내주어 배에 기름이 끼게 생겼네
입맛 더하는 것이 장창의 젖보다 뛰어나니
문어를 함께 씹어 먹자 병이 절로 낫겠구나
應憐老子口無齒 爲寄珍鮮腹裏腴
加餐味過張蒼乳 兼嚼文魚病自蘇

　　*신광한, 「문어를 보내준 데 대해 감사하여[又謝惠古
　　之文魚]」

신광한(申光漢: 1484-1555)은 자가 한지(漢之) 혹은 시회(時晦), 호는 낙봉(駱峰)과 기재(企齋) 등을 사용하였다. 벼슬은 판서(判書)와 찬성(贊成)을 지냈고 특히 시에 뛰어났다. 문집 『기재집(企齋集)』과 소설 『기재기이(企齋記異)』가 전한다.

이 시는 강원도 관찰사가 노루고기를 보내주고 다시 문어를 보내주었기에 신광한이 감사하는 마음으로 지은 칠언절구다. 장창(張蒼)이라는 한(漢)의 승상이 노년에 이가 다 빠진 후 젖만 먹고 백수(百壽)를 누린 인물이다. 그가 먹던 젖보다 문어가 이 빠진 노인이

먹기도 좋고 또 장수를 누리게 된다는 뜻을 말하였다. 문어는 보통 말려서 제수(祭羞)로 많이 쓰이기도 하고 잔치에도 필수적인 먹을거리였다. 문어는 중국에서는 잘 먹지 않았던 모양이다. 임진왜란 때 조선에 온 중국 장군에게 문어탕을 바쳤는데, 난처한 낯빛을 하고 먹지 않았다. 문어가 우리나라에만 생산되어 처음 본 것이기 때문이었다고 한다. 그러나 조선시대 문인들에게 문어는 인기가 높았다. 유득공(柳得恭: 1748-1807)은 정조(正祖)로부터 문어를 하사받고 "문어는 곧 장거라 하는데, 그 갓이 가죽보따리를 닮았네. 자네 이제 다리가 여덟이니, 또한 문장이라 일컬을 만하네[文魚卽章擧 其冠似革囊 君今有八股 亦足稱文章]."라 하였다. 문어라는 이름도 그러하거니와 문어의 별칭인 장거(章擧)가 문장과 과거의 뜻이 들어 있어 문인의 관심을 끌었다. 또 문어는 다리가 여덟 개여서 팔초어(八梢魚)라 한다. 문인들이 과거를 볼 때 쓰는 문장을 팔고문(八股文)이라 하는데 팔고가 여덟 개의 다리라는 뜻이니 팔초와 다르지 않다. 그래서 유득공이 장난으로 이런 시를 지은 것이다.

이현석(李玄錫: 1647-1703)이 "산골짜기 사또가 오늘 아침 돼지를 잡지 않아, 소반 위에 기쁘게도 다리 여덟 문어를 보내주셨네. 온몸이 흰 바탕인데 문(文)을 이름으로 하였으니, 네 헛된 명성이 정말 나를 닮았구나[峽守今朝不殺猪 盤中喜得八梢魚 全身白質文爲號 笑汝虛名政類余]."라 한 것 역시 유사한 농담의 시라 하겠다. 또 성석린(成石璘: 1338-1423)이 "바다의 물고기 크고 작은 것 많지만, 문어야말로 가장 좋은 것이라네. 듣자니 두건이 더욱 아름답다 하더니, 누가 이마를 드러내게 하였던가[海魚紛鉅細 此物最佳哉 聞說巾尤美 誰敎露頂來]."라고 농조의 시를 지은 바 있으니 문어를 다룬 시의 역사가 무척 오래되었음을 알 수 있다.

분류 : 문학
색인어 : 문어, 문어탕, 신광한, 이응희, 유득공, 이현석, 성석린
참고문헌 : 신광한, 『기재집』; 이응희, 『옥담시집』; 유득공, 『영재집』; 이현석, 『유재집』; 성석린, 『독곡집』
필자 : 이종묵

문어(『옥담사집』)

예로부터 문어는 제사나 잔치를 치를 때 꼭 필요한 어물(魚物)로 인식되었다. 문어는 좋은 안주거리로서 잔칫상에서 빛을 발했을 뿐 아니라, 문어조(文魚條: 문어오림)라 하여 여러 가지 모양으로 발을 오려서 잔칫상을 화려하게 장식할 수도 있었다. 『시의전서(是議全書)』에서는 문어를 오릴 때 떡가루 속에 묻어두었다가 부드러워지면 꺼내서 칼로 오리는 것이 좋다고 적고 있다.

조선 중기의 문신 이응희(李應禧: 1579-1651)는 이런 문어를 무척이나 좋아했었나 보다. 그는 『옥담사집(玉潭私集)』이라는 시문집에서 문어의 생긴 모양새를 다음과 같이 묘사하면서, 문어는 용보다도 봉황보다도 귀하다고 했다.

둥근 머리에 길이는 몇 척
형색은 이상해 알기 어렵지
칼로 쪼개면 금빛 액체 나오고
불로 구우면 옥색 기름 지글지글
용을 삶은들 무어 귀하리오
봉을 끓여도 대수로울 게 없어라
온 세상이 잔치를 열 때마다
좋은 안주로 이것이 꼭 필요하지
圓頭長數尺　形色異難知
斫罷生金液　炮成泣玉脂
烹龍何足貴　湯鳳亦無奇
擧世張高宴　佳肴必汝期

삶은 문어ⓒ하응백

이처럼, 문어는 온 세상이 잔치를 열 때마다 꼭 필요한 좋은 안주였다.

분류 : 식재료
참고문헌 : 작자 미상,『시의전서』(한국전통지식포탈); 이응희 저, 이상하 역,『옥담사집』(전주이씨안양군파종사회, 2009)
필자 : 양미경

문어다리 오리기(박순례)

옛날에는 제사나 잔치를 치를 때 건어물을 칼로 오려서 상을 장식했다. 이를 '어물새김'이라고 하는데, 실제로는 어물새김의 재료로 문어를 많이 사용해서 '문어오림', 혹은 한자어로 '문어조(文魚條)'라고 했다.

1979년 5월 19일자 〈경향신문〉에는 50년 가까이 문어오림을 생업으로 하고 있는 박순례(朴順禮, 당시 나이 63세)에 대한 기사가 실렸다. 그녀의 고향은 전북 남원으로, 이미 고인(故人)이 된 아버지 박치권에게서 문어다리 오리는 것을 배웠다고 한다. 그녀의 아버지 박치권은 남원춘향제가 열릴 때마다 광한루 제사상의 문어를 단골로 오려왔고, 솜씨가 좋아서 전국적으로 소문이 자자했다고 전해진다. 박순례 또한 눈썰미와 손재주가 좋아서 어깨 너머로 문어다리 오리는 것을 배웠는데, 솜씨가 너무 뛰어난 나머지 22살 결혼할 당시 신랑상의 문어를 손수 오리는 웃지 못할 일도 있었다고 한다.

문어는 대개 건어물 상태에서 오리기 때문에 딱딱하게 말라 있다. 그러므로 문어를 오리기 전에 짚에 물을 축여서 그 안에 문어를 넣고 하룻밤쯤 재워둔다. 문어가 노골노골해지면 문어를 오리기 시작하는데, 가위보다는 칼로 오려야 섬세한 표현을 담아낼 수 있다. 오려내는 모양은 꽃부터 나뭇잎, 나비, 새, 꼬리를 편 공작, 날갯짓하는 봉황까지 굉장히 다양하다. 이렇게 문어를 한 마리 오리는 데에는 사흘이 꼬박 걸린다.

1900년대 중반까지만 해도 제사나 잔치를 앞둔 집에서는 집안 여자들이 밤새 문어다리를 오리는 풍경을 자주 볼 수 있었다고 한다. 하지만 이제 그러한 풍경은 찾아보기 어렵고, 몇몇 솜씨 좋은 사람들이 생업이나 부업으로 문어오림을 도맡아 하고 있는 실정이다. 그나마 제사상에서도 문어오림이 사라진 지 오래여서, 이제는 결혼식 폐백상이나 회갑상, 수연상 같은 큰 잔치가 있을 때에나 이를 볼 수 있게 되었다.

분류 : 식재료
색인어 : 문어(文魚), 어물새김, 문어오림, 문어조(文魚條), 박치권, 박순례
참고문헌 : 「박치권 옹(翁)→박순례 여사 문어다리오리기」, 〈경향신문〉 1979년 5월 19일
필자 : 양미경

미나리

한국에서 미나리는 이미 고려시대부터 식용하였다. 전국 어디에서나 물이 충분히 고인 곳에서 키우던 채소였는데, 미나리를 재배하는 곳은 미나리밭이라 하기도 하고 미나리꽝이라고도 불렀다. 이렇게 키운 미나리는 음식을 만들 때에 생미나리를 주로 썼지만, 소금물에 데쳐서 말려두었다가 물에 불려서 쓰기도 했다.

미나리의 명칭은 다양하였는데, 유희(柳僖: 1773-1837)의 『물명고(物名考)』에는 '미ᄂᆞ리', '蘄(기)', '苦蘄(고점)', '水英(수영)', '水芹(수근)', '赤芹(적근)', '楚葵(초규)', '荻芹(적근)'이라 하였고, 이 밖에 작자 미상의 『광재물보(廣才物譜)』에는 '芹(근)' '蘄(근)', '苦蘄(고기)', '芹菜(근채)', '水菜(수채)', '渣芹(사근)'이 보이고, 이공(李公: ?-?)의 『사류박해(事類博解)』에는 '靑芹(청근)'이란 명칭도 나온다.

전국에서 다 키웠다고는 하지만 최영년(崔永年: 1859-1935)의 『해동죽지(海東竹枝)』에 따르면, 미나리 중에서도 전라북도 남원(南原)의 미나리가 가장 유명하였다. '남원근(南原芹)'은 남원군의 남문 밖에 있는 탄보묘(誕報廟), 즉 관우(關羽)를 제사지내는 관왕묘 앞에 있는 겨우 몇 이랑에 불과한 미나리 밭에서 자랐는데, 파처럼 줄기가 비어 있는 다른 지역의 미나리와 달리 속이 꽉 차고 통통하여 맛이 달고 향기로워 절품(絶品)이라고 일컬어졌다는 것이다.

이러한 미나리로는 탕평채나 전골, 김치, 생선찜이나 생선국, 비빔밥 등과 같은 음식을 만들 때 맛을 돋우는 보조 재료로 쓰기도 하지만, 주재료로 삼아 미나리장아찌, 미나리강회, 미나리나물, 미나리적, 미나리김치, 미나리국, 미나리전, 미나리잎 찌개, 미나리죽 등을 해 먹었다. 이 가운데 미나리김치는 민간에서는 연한 배추와 봄 무를 넣어 미나리와 함께 담그지만, 왕실 제사에는 근저(芹菹)라 하여 미나리를 소금에 절인 것을 주로 두(豆)에 담아 제물로 썼다.

또한 미나리강회[水芹江膾]는 봄이 왔음을 느낄 수 있는 대표적 음식으로, 이른 봄에 미나리를 먹으면 봄을 먹는다고 여겼다. 미나리강회를 만드는 법은 여러 문헌에 나오는데, 그 가운데 1800년대 말의 한글조리서인 『시의전서(是議全書)』에 따르면 미나리를 삶아두고, 고추, 달걀, 석이버섯, 양지머리, 차돌박이는 채를 쳐서 색색이 골고루 모은 후에 미나리로 돌려 감은 후 잣을 가운데 끼워 만들고, 먹을 때는 초고추장을 곁들여 먹으라고 했다. 미나리강회를 만드는 방법은 어느 문헌이나 대체로 비슷하지만, 안에 들어가는 재료는 다양하였다. 『시의전서』와 비슷한 시기의 『규곤요람』(1894)에는 미나리강회를 만들 때 소고기가 아니라, 낙지나 돼지고기, 오징어, 조기 등을 썼다.

그런데 미나리를 조리하기에 앞서 미나리를 다듬을 때는 거머리를 특히 주의해야 했다. 그래서 이용기(李用基: 1870-1933)는 『조선무쌍신식요리제법(朝鮮無雙新式料理製法)』(1936)에서, 미나리는 눈 밝은 사람이 깨끗하게 다듬어야 하고, 씻을 때에는 미나리를 놋그릇에 담아서 거머리가 떨어지게 해서 하나하나 골라가며 씻어야 한다고 했다. 이와 같이 미나리줄기에 숨어 있는 거머리를 모두 빼내기 위해서는 놋그릇에다 씻는 방법도 있지만, 1926년 1월 1일자 〈동아일보〉의 「미나리 씻는 법」에 나오듯이 미나리를 씻는 물에다 놋숟가락이나 놋젓가락을 한참 담가놓는 방법을 쓰기도 했다.

분류 : 식재료
색인어 : 조선무쌍신식요리제법, 유기, 시의전서, 녹두, 가지, 수박, 조선요리제법, 시의전서, 이조궁정요리통고, 콩나물
참고문헌 : 〈동아일보〉; 유희, 『물명고』; 작자 미상, 『광재물보』; 이공, 『사류박해』; 최영년 편저, 『해동죽지』(獎學社, 1925); 이용기, 『조선

무쌍신식요리제법』(영창서관, 1936); 작자 미상,『시의전서』; 작자 미상,『규곤요람』
필자 : 김혜숙

미나리(헌근)

봄철의 미나리는 매우 맛이 있지만 귀한 음식은 아니었다. 그런 미나리가 맛있다고 하여 윗사람에게 선물을 하는 일은 그 마음은 지극하지만 귀한 선물이라고 하기는 너무 미미하였다. 그리하여 조선시대에는 조선이 중국에 선물을 보낼 때, 신하나 일반백성이 왕에게 제언(提言)하거나 물건을 바칠 때, 아랫사람이 윗사람에게 선물을 보낼 때에 자신을 낮추고 드리는 물건이나 말씀이 보잘것없음을 강조할 때에 '헌근(獻芹)', 즉 '미나리를 바친다'는 표현을 썼다. 또는 비슷한 표현으로 '햇빛을 바친다'는 뜻의 '헌폭(獻曝)'이 있는데, '미나리와 햇볕'을 합하여 '근폭(芹曝)'이라고도 하였다.

이 이야기는 원래 중국의 열어구(列禦寇: ?-?)가 지었다는『열자(列子)』권(卷) 7의「양주 편(楊朱篇)」에 나오는데, 조선에서는 시와 편지, 대화에서도 흔하게 인용되었다. 그 내용을 보면, 옛날 송나라의 어떤 농부가 항상 남루한 옷[縕黂]을 입고 지내다가 겨우 겨울이 지나 봄이 되어 낮에 햇볕을 쬐었다. 세상에 크고 넓은 집과 두툼한 솜옷이나 가죽옷이 있다는 것을 모르는 농부는 아내를 돌아보며 말하길, "햇볕을 등에 받는 따뜻함을 사람 중에 아는 자가 없을 테니, 이 따뜻함을 우리 임금에게 바친다면 장차 후한 상을 주실 것이다."라고 하였다.

그 말을 들은 마을의 부자는 그에게 "옛날에 어떤 사람이 콩[戎菽], 모시풀[甘枲], 미나리[莖芹], 부평초[萍子]가 맛있다고, 그 지역 호족에게 칭찬하였다. 호족이 그것을 구하여 맛을 보니, 그 맛은 입에 쏘는 듯하고, 배가 너무 아팠다. 그 일을 알게 된 사람들은 미나리 등을 권한 사람을 비웃었고, 이에 그 사람이 무척 부끄러워했으니, 그대가 바로 이 부류구나." 하고 말했다는 것이다.

평소에 헌 솜을 넣은 허름한 옷만 입던 농부는 등에 내리쬐는 봄볕이 너무도 따스하여서 임금님이나 부유한 사람들이 좋은 집에서 따뜻한 옷을 입고 지내기 때문에 햇볕의 온기가 자신이 느끼는 것만큼 좋게 여기지 않을 거라는 생각을 못했고, 거친 나물을 맛좋은 음식이라고 여기는 가난한 사람은 부자가 평소에 무엇을 먹는지는 짐작하지 못했던 것이다.

'헌근'이 인용된 상황을 보면,『세종실록(世宗實錄)』에서 1419년 세종(世宗: 재위 1418-1450)이 명나라에 사은사(謝恩使)를 보낼 때 방물(方物)을 올리는 표문(表文)에 하찮은 토지의 물건을 올리는데 '미나리나 햇볕을 바치는 것[芹暄]'을 따랐다면서, 삼가 흰 세모시[細苧布] 50필을 비롯한 옷감, 황화석(黃花席) 등의 각종 자리, 인삼 2백 근, 잣 4백근, 잡색말[雜色馬] 30필을 보낸 일이 있다(세종 1년 8월 25일 기사).

또한『중종실록(中宗實錄)』에는 1526년 중종(中宗: 재위 1506-1544)이 어떤 여자 백성이 밭에서 거둔 수박[西苽]과 가지[茄子]를 받은 일에 '미나리를 바치는 정성[獻芹之誠]'이 쓰였다. 수박과 가지를 왕에게 바치려고, 머리에 이고 강가에 서서 오래도록 기다리는 백성을 본 중종은 처음에는 받지 않으려고 하였으나, 백성이 성심껏 가져와 바치는 것이라 받았다. 그러고는 근래 없던 일이라, 정광필(鄭光弼: 1462-1538)과 남곤(南袞: 1471-1527)등 대신 여럿에게 백성이 바치는 물건을 받는 것에 대한 생각을 물었다. 이에 남곤 등이 백성들에게는 본디 '헌근지성'이 있으며, 백성이 바치는 물건을 받는 것은 그 물건이 아니라 정성을 받는 것이니 당연한 일이라고 왕에게 아뢰었다고 한다(중종 21년 9월 11일 기사).

한편 이유원(李裕元: 1814-1888)의『임하필기(林下筆記)』를 보면, 미암(眉庵) 유희춘(柳希春: 1513-1577)은 임금이 학문의 요체를 아는 것이 중요하다면서 역대 명현(名賢)의 주의(奏議) 가운데 임금의 길[君道]에 가장 절실한 것을 뽑아 한 편으로 만들어 선조(宣祖: 재위 1567-1608)에게 도움을 드리고자 바쳤는데, 그 책의 이름이 바로『헌근록(獻芹錄)』이었다. 이와 같이 '미나리를 바친다', 즉 '헌근'은 다양한 경우에 쓰였다.

분류 : 식재료
참고문헌 : 『세종실록』; 『중종실록』; 열어구, 『열자』; 이유원 저, 김동주 역, 『임하필기』(한국고전번역원, 2000)
필자 : 김혜숙

미나리나물

우암 송시열(宋時烈: 1607-1689)의 문집인 『송자대전(宋子大全)』에는 그의 문인이었던 이담(李橝)에 대한 이야기가 나온다. 이에 따르면, 이담은 평생 궁할 때도 의리를 잃지 않았고, 현달했을 때도 도를 떠나지 않았던 인물이었다. 인품도 품행도 훌륭하였고, 효종(孝宗: 재위 1649-1659)이 왕이 되기 전 잠저(潛邸)에 있을 때는 효종의 사부로도 활약하였던 그였으나 경제적으로는 항상 넉넉하지 못하였다. 가난한 탓에 이담의 거처는 비바람을 가리지 못하였고, 비록 그가 싫어하지는 않았으나 늘 거친 밥[疏糲]을 먹어야 하는 형편이었다. 언젠가 사랑채[外室]에서 글을 읽는데, 끼니때가 지나도 그는 안으로 들어갈 기미가 없었다. 이에 학도(學徒)들이 감히 물러나지를 못하고 있었는데, 드디어 안에서 차려나온 그의 밥상에는 근채(芹菜), 즉 미나리나물과 염장(鹽醬)뿐이었다고 한다. 그런데도 그는 반찬이 무엇인지 묻지도 않고 식사를 마쳤다는 내용이다.

생 미나리로도 만들고, 말린 미나리를 물에 불려서도 조리하였던 미나리나물은 미나리만 쓰기도 하고, 소고기를 넣어서 만드는 것도 있었다. 다만, 그의 빈한한 살림을 감안하면 당시 이담의 밥상에 올랐던 미나리나물은 미나리만으로 조리한 것일 듯하다.

미나리만으로 나물을 만드는 법은 홍만선(洪萬選: 1643-1715)의 『산림경제(山林經濟)』에 보듯이, 4월에 연한 미나리 줄기를 살짝 데쳐서 고추장[蠻椒醬]을 넣어 무치거나 볶아서 만들었다. 또한 1800년대 말의 한글 조리서인 『시의전서(是議全書)』에 보이듯이, 미나리를 삶아 식초에 무치는 간단한 방법도 있었다. 미나리를 기름에 볶아서 나물을 만드는 법은 흔히 이용되는 조리법이어서, 방신영(方信榮: 1890-1977)의

『조선요리제법(朝鮮料理製法)』(1921)을 비롯해 여러 조리서에 등장한다. 이 방법은 이용기(李用基: 1870-1933)의 『조선무쌍신식요리제법(朝鮮無雙新式料理製法)』(1936)에도 나오는데, 깨끗이 다듬은 미나리를 소금으로 살짝 절였다가 꼭 짜서 물기를 빼고 기름에 볶는데, 볶을 때 소금을 치면 나물이 질겨지니 장으로 간을 맞추어 만들었다.

한편 이 방법에 이어 이용기는 소고기를 썰어서 만든 미나리나물의 조리법도 두 가지 덧붙였다. 하나는 미나리를 볶은 다음에 미리 양념하여 재워 둔 소고기를 지져서 다진 것과 깨소금을 섞어 조리하는 방법인데, 이러한 미나리나물은 한희순(韓熙順: 1889-1971) 등이 조선 왕실의 궁중음식 조리법을 정리한 『이조궁정요리통고(李朝宮中料理通攷)』(1957)에도 보인다.

이용기가 소개한 또 다른 방법은 기름을 듬뿍 친 번철에다 두껍고 넓게 저민 우둔살을 펴놓고 끓이면서, 그 위에 미나리의 속고갱이만 자른 것과 기름을 넣고 볶은 다음 고기는 버리고 미나리만 양념해서 먹는 법이다. 미나리나물의 맛을 돋우기 위해 우둔살을 쓰지만, 정작 고기는 버리는 이 미나리나물에 대해 이용기는 경제적이지도 못하고 부덕한 일이라고 책망하였다. 이렇게 만든다고 특별한 맛이 나는 것도 아니며, 게다가 미나리의 고갱이만 쓰려면 나물 한 대접을 만들기 위해서 한 짐이나 미나리가 필요하니, 이러한 방법으로 미나리나물을 해 먹는 일은 음식으로 집안의 세력을 과시하는 데 불과하다고 평하였다.

이상의 방법 중 어느 방식으로 조리하든지, 미나리나

미나리를 살짝 데친 미나리나물ⓒ하응백

물은 봄을 타서 입맛이 없는 사람이 먹으면 입맛이 돈다는 음식이어서 밥반찬으로도 즐겨 먹었지만, 잔칫상을 차리거나 제사를 지낼 때에도 흔히 쓰이는 나물이었다.

분류 : 음식
참고문헌 : 송시열 저, 이승창 역,『송자대전』(한국고전번역원, 1981); 홍만선,『산림경제』(한국전통지식포탈); 방신영,『조선요리제법』(광익서관, 1921); 이용기,『조선무쌍신식요리제법』(영창서관, 1936); 작자 미상,『시의전서』; 한희순·황혜성·이혜경,『이조궁정요리통고』(학총사, 1957)
필자 : 김혜숙

청파 미나리(「방경각외전」)

조선 정조(正祖) 때 박지원(朴趾源: 1737-1805)이 지은 「예덕선생전(穢德先生傳)」이라는 짧은 한문소설은『연암집(燕巖集)』제8권 별집의 「방경각외전(放璚閣外傳)」에 실려 있다. 주인공은 날마다 똥을 치워서 먹고 사는 역부들 중에 우두머리였던 엄씨 성의 엄행수(嚴行首)였다. 그는 종본탑(宗本塔) 동쪽에 살았는데, 선귤자(蟬橘子), 즉 이덕무(李德懋: 1741-1793)는 엄행수를 '예덕선생'이라 부르며 친하게 지냈다. 이에 제자인 자목(子牧)은 선귤자에게 "벗이란 같이 살지 않는 아내이고, 핏줄로 이어지지 않은 형제와 같다."라고 하시더니, 스승님은 어찌하여 사대부와 교유하지 않고 엄행수처럼 가장 비천한 일을 하는 사람과 벗을 삼고 계시냐면서, 제자로서 너무 부끄러워서 스승 곁에서 떠나야겠다고 했다.

그러자 선귤자는 자목에게 벗과의 사귐은 이해득실(利害得失)을 따지거나 아첨으로 사귀는 것이 아니며, 마음으로 사귀고 덕으로 벗하는 도의(道義)의 사귐이어야 한다고 가르쳤다. 그러면서 엄행수가 하는 일이 비록 지저분한 똥을 나르므로 더럽고 천하고, 그가 가만히 있을 때는 바보같이 보이기도 하지만, 그의 행실을 보면 남이 알아주지 않아도 분수에 맞게 살고 의리를 지키며 덕행을 행하니 예덕선생이라 부를 만하다고 하였다.

엄행수가 하는 일은 아침에 일어나 삼태기를 지고 나가 마을의 뒷간을 청소하고, 뒷간에 말라붙은 사람똥, 말똥, 소똥, 닭똥, 개똥, 거위똥, 돼지똥, 비둘기똥, 토끼똥, 참새똥을 긁어모았다. 이렇게 엄행수가 모은 똥을 가져다 쓰는 데는 왕십리(枉十里)의 무[蘿蔔], 살곶이[箭串]의 순무[菁], 석교(石郊)의 가지[茄]·오이[苽]·수박[水瓠]·호박[胡瓠]이며 연희궁(延禧宮)의 고추[苦椒]·마늘[蒜]·부추[韮]·파[葱]·염교[薤], 청파(靑坡)의 미나리[水芹]와 이태인(利泰仁)의 토란[土卵]이며, 이것을 상상전(上上田)에 심어도 엄행수의 똥을 써야 땅이 비옥해지고 수확이 많아진다고 하였다.

미나리는 일제 강점기까지도 서울 사람들이 특히 즐겨 먹는 것으로 유명하였다. 1935년 11월 14일자 〈동아일보〉「각처의 김장법 (三) 내 고향의 자랑거리 평안도김장법」을 보면, 평안도의 김장을 설명하면서 경성(京城), 즉 서울에서는 미나리가 없으면 김장을 못 담그는 줄 알 정도라고 하였는데, 그만큼 서울 사람들에게 미나리는 겨울철 김장에 필수적인 채소였고, 봄의 미각을 돋우는 음식이었다.

한편 1924년 11월 10일과 11일자 〈동아일보〉에는 「빈민촌 탐방기(貧民村 探訪記)」 4편과 5편이 연재되었는데, 이 기사를 보면 1920년대 중반 서울의 청파(靑坡) 지역에 미나리를 키워서 파는 장사가 많이 밀집하여 살았음을 알 수 있다. 「빈민촌 탐방기(4)」에는 당시 서울 사람들은 보통 '청파'라는 말을 들으면 바로 '미나리'와 '콩나물'을 떠올리며, 실제로 청파에는 가난한 콩나물 장사와 미나리 장사가 많이 산다고 소개하였다. 「빈민촌 탐방기(5)」를 보면, 세상 사람들로부터 미나리가 잘되었느니 못 되었느니 갖은 타박을 받는 청파동 미나리 장사의 설움과 고생이 자세하다. 이 기사에 따르면, 추우나 더우나 1년 12달 미나리를 키워서 파는 사람들은 겨우 조석거리를 이어나가는 수준이고, 미나리를 다 뽑아 팔면 다시 밥걱정에 힘들어했다. 미나리를 키우는 미나리 논이 전부 돈 있는 사람의 소유여서 땅을 빌려서 농사를 지은 대가로 1년에 얼마씩 도조(賭租)까지 내고 나면 실제 수입은 판매액의 반도 안 되기 때문이었다. 그들은 얼음이 풀리지 않은 미나리 논의 가운데에 들어가서 미나리를 한 포기, 두

포기씩 뽑아 등 위에 짊어지고 사대문 안으로 들어와, 이른 아침부터 이 집 저 집 골목마다 돌아다니거나 시장에 나가 미나리를 팔았다고 한다. 이들이 파는 미나리를 사서 당시 서울 사람들은 미나리를 밥상에 올렸던 것이다.

분류 : 식재료
참고문헌 : 〈동아일보〉; 박지원 저, 신호열·김명호 공역, 『연암집』(한국고전번역원, 2004)
필자 : 김혜숙

미숫가루(「밀양 변씨 한글간찰」)

19세기 후반 경상남도 거창에 살던 아내 밀양 변씨(密陽 卞氏: 1844-1914)는 서울에 올라간 남편 정연갑(鄭然甲: 1847-1907)에게 한글로 쓴 편지를 보냈다. 나이 들어 과거를 보기 위해 객지에서 고생하는 남편에게 집안의 대소사를 자세히 알리고, 그의 안부를 걱정하는 마음과 부디 합격하여 남편이 금의환향하기를 바라는 마음을 담은 편지였다. 편지와 함께 밀양 변씨는 연어 한 마리, 미숫가루, 건어를 보내면서, 남편에게 미숫가루에는 꿀을 조금 섞었으니 물에 타서 드시고 건어로는 입가심을 하라고 살뜰히 당부하였다.

이때 밀양 변씨가 보낸 미숫가루의 재료가 무엇인지는 알 수 없지만, 짐작컨대 찹쌀이나 멥쌀, 보리쌀, 조, 콩 등의 곡물을 볶아서 가루로 만든 미숫가루였을 것이다. 미숫가루는 '미시' 또는 '麋食(미식)', '麨(초)', '糗(구)', '糒(비)', '糗粮(구량)'이라고 표기하였는데, 일상생활을 하면서 평소에도 먹었지만 산에 오르거나 먼 길을 떠날 때의 휴대용 식량, 전쟁 때의 군량, 흉년에는 구휼 식량으로도 많이 쓰였다.

이용기(李用基: 1870-1933)의 『조선무쌍신식요리제법(朝鮮無雙新式料理製法)』(1936)에서 미시[麋食], 즉 미숫가루는 만들기도 간편하지만 먹을거리가 없을 때 간편하게 먹을 수 있고, 산에 가거나 먼 곳으로 여행갈 때 빠뜨릴 수 없는 음식이라 하였다. 또한 미숫가루는 모든 곡식으로 만들 수 있지만, 찹쌀미시[糯米麨]를 주로 만드는데 찹쌀을 타도록 볶은 다음에 맷

돌에 갈아 체로 치면 된다. 헝겊주머니에 넣어둔 찹쌀 미시는 여름에 꿀물에 타서 마시면 갈증이나 배고픔이 멈추는 데 최고라고 평하였다.

한편 〈동아일보〉 1941년 7월 4일자의 「미시가루 맨드는 법」을 보면, 보리와 찹쌀 외에도 함경남도 갑산 등지에서 나는 완두(豌豆)로도 만들었다. 꿀을 타 먹지 않아도 단맛이 나는 완두 미숫가루 외에 복령·마·응이·연밥·감인·마름의 여섯 가지에 멥쌀가루와 설탕, 생강을 섞어 가루 내어 만드는 육향초(六香麨), 밀가루·꿀·백복령·생강·말린 생강·감초 등을 재료로 미숫가루를 만드는 천금초(千金麨), 살구로 만든 미숫가루인 행초(杏麨), 능금의 씨와 꼭지를 따버리고 얇게 저며 볕에 말렸다 가루로 만드는 능금초[林檎麨], 복분자로 만든 복분자초 등의 미숫가루를 만드는 법이 나온다. 재료에 따라 세밀한 방법에는 차이가 있으나, 대개 재료를 타도록 볶아 맷돌에 곱게 간 다음에 체에 쳐서 보관하다가 냉수에다 꿀과 함께 타 먹는 게 공통적이다. 찹쌀 미숫가루의 제법은 이용기의 방법과 같으나, 다만 너무 타지 않게 하려면 좋은 찹쌀을 깨끗이 씻어 건진 후 시루에 쪄낸 것을 말린 다음에 볶으라고 했다.

분류 : 음식
색인어 : 조선무쌍신식요리제법, 살구, 복분자
참고문헌 : 김향숙, 황은영, 「밀양 변씨 한글간찰」 해제(한식재단 한식아카이브); 이용기, 『조선무쌍신식요리제법』(영창서관, 1936); 〈동아일보〉
필자 : 김혜숙

미역

미역은 한자로 해대(海帶) 혹은 해채(海菜) 혹은 분곽(粉藿)이다. 나는 철에 따라 올미역을 조곽(早藿), 여름에 나는 제철 미역을 감곽(甘藿)이라고 했다. 미역의 형태에 따라, 새초미역[中藿], 실미역[絲藿], 곽이(藿耳: 미역귀)라고 적었다. 한글로는 '메역'이라고도 불렀다. 미역으로 끓인 국은 한자로 '곽갱(藿羹)', 한글로 '미역국'이라고 썼다.

명나라의 이시진(李時珍: 1518-1593)은 『본초강목(本草綱目)』에서 '미역국[昆布臛]'에 대해 다음과 같이 써 놓았다. "방광이 갑자기 잘 통하지 않을 때 미역국으로 치료를 한다. 고려미역[高麗昆布]한 근을 멥쌀 씻은 물에 하룻밤 담가서 짠맛을 뺀다. 물을 열 말을 넣고 끓이면서 파의 흰 부분을 잘게 썰어서 넣고 다시 팔팔 끓인다. 여기에 소금·초·쌀알·생강·귤·후춧가루를 넣어서 휘젓는다. 이것을 먹을 때는 기장밥이나 멥쌀밥과 함께 먹으면 매우 좋다." 그러나 고려시대와 조선시대에 이와 같은 방식으로 미역국을 끓였는지 확인하기 어렵다.

미역국은 오래전부터 아기를 낳은 산모의 몸을 보양하는 데 좋은 음식으로 알려졌다. 이익(李瀷: 1681-1763)은 『성호사설(星湖僿說)』의 「본초(本草)」에서 "미역[海藿]이 산부(産婦)의 선약이 된다는 것은 동방의 풍속에서 중요한 처방"이라고 밝히고 『본초강목(本草綱目)』에 이런 사실이 나오지 않는 이유로 중국에서 미역의 효능을 몰라서 그렇다고 보았다.

이규경(李圭景: 1788-1856)의 『오주연문장전산고(五洲衍文長箋散稿)』「산부계곽변증설(産婦雞藿辨證說)」에 의하면, 자신의 조부 이덕무(李德懋: 1741-1793)가 1778년(정조2) 음력 3월에 서장관 심염조(沈念祖: 1734-1783)의 군관(軍官)이 되어 베이징에 갔을 때 건미역을 현지인들에게 보여주었지만, 모두가 어디에 쓰는 물건인지를 알지 못했다고 한다. 왜냐하면 중국에서는 건미역을 먹지 않았기 때문이다. 그래서 이덕무는 조선에서의 미역은 산후의 보양에 쓰는 효력이 매우 좋은 약이라고 말해주었다는 것이다.

이규경은 같은 글에서 우리나라에서만 산모에게 미역을 먹도록 하는 이유에 대해 전해지는 이야기를 다음과 같이 소개했다. 바닷가의 한 사람이 헤엄을 치다가 갓 새끼를 낳은 어미 고래가 숨을 들이쉴 때 고래의 배 속으로 들어가게 되었다. 그는 고래의 배 속에 미역이 가득 붙어 있고 장부(臟腑)의 좋지 않은 피가 녹아서 물이 되고 있음을 보았다. 간신히 고래의 배 속에서 나와 고래가 미역으로 산후의 보양 삼음을 세상

사람들에게 알렸다. 사람들도 비로소 그 좋은 효험을 알아 이후에 산후에 미역국을 먹게 되었다는 것이다.

이능화(李能和: 1869-1943)는 『조선여속고(朝鮮女俗考)』에서 조선시대 민가에서 짚자리·기저귀·쌀·미역을 장만해 놓고 임신부가 해산하면 미역국을 끓였다고 적었다. 먼저 방의 서남쪽 구석을 정갈히 하고, 상에 미역국과 쌀밥 세 그릇씩을 차려 삼신께 제사한 뒤 산모가 먹도록 했다는 것이다.

식민지시기 한의학자 조헌영(趙憲泳: 1900-1988)은 1934년의 『통속한의학원론(通俗韓醫學原論)』에서 "조선에서는 산부에게 미역국[藿羹]을 될 수 있는 대로 다량으로 섭취시킨다. 본초학적 설명을 한다면 곽(藿)은 감미(甘味)와 담미(淡味)와 미약한 산미(酸味)를 가졌고 색은 흑색과 청색과 황색을 대(帶)하여 미(味)로나 색으로나 족삼음(足三陰) 즉 신경(腎經)·간경(肝經)·비경(脾經)을 배양 조정하는 약이다. 하여간 실제에 좋은 것만은 부인할 수 없는데 현대 의학상으로는 해조(海藻)는 대개 옥도(沃度: 요오드)를 함유했으며 특히 곽이 옥도의 함유량이 많다고 한다. 그런데 옥도는 다음과 같은 작용을 하여 산부에게는 가장 적당한 식물이 될 수 있다. (1) 신진대사를 활발하게 한다. (2) 병적 세포 내지 세균의 파괴 살멸 (3) 체내 독소의 중화 및 배출"이라고 하였다.

임산부에게 미역국을 먹도록 한 풍속은 조선시대 일기류에 잘 나타나지 않지만, 그 이전부터 일부 지방과 가문에서 행했던 것으로 추정된다. 조선 후기부터 전

기장 미역 ⓒ하응백

국적으로 퍼졌고, 경제적 형편이나 식재료 확보 사정에 따라 다양한 미역국의 조리법이 생겨난 것으로 보인다. 20세기 이후 미역국은 더욱 유행하여 생일상에 올리는 음식이 되었다. '시험에 낙방하거나 탈락하다' 혹은 '벼슬에서 물러나다'라는 뜻으로 '미역국 먹다'라는 말이 쓰인다. 이 말의 어원에 대해서 1907년 8월 조선군대가 일본통감부에 의해 강제로 '해산(解散)'되면서 아기를 낳는 '해산(解産)'과 발음이 똑같아 '미역국 먹다'라는 말이 생겼다는 주장이 있다. 식민지시기 신문·잡지·소설 등에서 이와 같은 뜻으로 '미역국 먹었다'는 말이 쓰이는 것으로 보아 이 주장은 어느 정도 근거가 있는 것으로 추정된다. 다만, 미역 자체가 미끌미끌하기 때문에 그 모양에서 이 말이 생겼다는 주장도 있다. .

분류 : 식재료
색인어 : 국·탕, 김
참고문헌 :『本草綱目』;『星湖僿說』;『五洲衍文長箋散稿』;『朝鮮女俗考』;『通俗韓醫學原論』; 주영하,『음식전쟁 문화전쟁』(사계절, 2000)
필자 : 주영하

미역(곽종석)

바다의 잎은 달고 연해 산나물보다 낫고
물결 위에 일렁거리니 마음이 한가하다
시냇물에 염기를 씻으면 푸르게 빛이 나는데
생것이든 죽은 것이든 끓여내면 같은 맛이라네
海葉柔甘勝在山 潮頭搖漾意寬閒
濯滷溪盆光滑碧 和羹一致死生間

*곽종석,「장난으로 다른 사람의 산해진미 38종을 노래한 절구에 차운한 시 가운데 미역 [戱次人水陸菜品三十八絶, 海藿]」

구한말의 애국문인 곽종석(郭鍾錫: 1846-1919)은 본관이 현풍(玄風)이고 자는 명원(鳴遠), 호는 면우(俛宇)라 하였으며 문집『면우집(俛宇集)』이 전한다. 이 시에서 미역이 바다에서 나기에 산속 식물의 잎보다 달고 부드러워 좋다고 하고, 물결 따라 일렁이는 것을

뜯어 염기를 씻고 국을 끓이면 물미역이든 마른미역이든 맛이 한 가지라 한 것이 묘미가 있다.

미역은 음식이면서 약재의 효능까지 갖추고 있다. 고려의 문인 이색(李穡: 1328-1396)은 "동해에서 나는 기이한 채소, 색은 검고 껍질은 얇다네. 길이는 몇 자 남짓 되는데, 머리에는 다리가 달려 있다네. 맛난 식초에 날것으로 먹고, 찢어서 향긋한 국도 끓인다네. 노쇠한 위장을 보하기도 하고, 지혈에다 경락도 좋게 한다지[東海出異菜 色黑膚理薄 長可數尺餘 有頭仍有脚 美醋可當膾 香羹亦堪剝 云補腸胃衰 止血扶經絡]."라 한 것을 보면, 미역이 고려 후기 흔하지 않았고, 날것으로도 먹거나 국으로도 끓여 먹었으며, 위장과 경락을 보하고 지혈에도 효험이 있다고 여겨졌음 알 수 있다.

산부가 미역국을 먹는 풍속은 실학자 박제가(朴齊家: 1750-1805)의 장편고시「미역[海帶今稱藿]」에서 보인다. "온 나라에서 독차지하는 것, 산부가 먹는 미역국이라. 박물가의 책은 물론이요, 의방을 보아도 실려 있지 않다네[通國有所獨 �婦羹海帶 究觀博物家 醫方亦靡載]."라 하여 미역은 중국에서 먹지 않는 것인데 조선에서는 산부들이 반드시 먹는다 하였다. 또 "임신하면 귀천을 물을 것 없이, 스무 날 이상 이것을 먹는다네. 불수산은 가끔 없을 수 있지만, 이 국은 없으면 안 된다네[坐蓐無貴賤 啖過廿日外 佛手或時空 玆羹不可廢]."라 하여 불수산(佛手散)보다 필수적인 것이 미역국이라 하였다.

박제가의 시에는 임산부가 미역국을 먹게 된 연유가 소개되어 있다. 이에 따르면 고래에게 잡아먹힌 어부가 칼로 고래를 찔렀고 이에 고래가 놀라 뛰어올라 토하는 바람에 배 속에서 나올 수 있었으며, 배 속에서 어부가 미역을 씹어 먹고 상처가 나았는데, 마침 아기를 가진 아내가 이를 듣고 미역을 먹어 효험을 보게 되었다는 것이다. 사실인지 알 수 없지만 산부가 미역국을 먹게 된 사연이 재미있다. 이와 함께 박제가는 가물치 우린 물에 쌀과 새우를 넣어 끓이면 담박하다고 하여 조리법까지 소개하였다. 실학자다운 박학을

바탕으로 미역을 다채롭게 다룬 바 있다.

분류 : 문학
색인어 : 미역, 곽종석, 이색, 박제가
참고문헌 : 곽종석,『면우집』; 이색,『목은고』; 박제가,『정유각집』
필자 : 이종묵

미음

미음(米飮)은 곡물에 물을 넣어 푹 고아 체에 거른 것
으로 죽보다는 묽은 형태이다. 흰쌀, 찹쌀, 식혜밥, 가
을보리, 푸른색의 차조, 황색의 메조, 밀기울 등 곡물
로만 끓이기도 하지만 대추 또는 홍합·해삼·소고기를
같이 넣어 오랫동안 끓여 만들기도 한다.

조선 전기에 저술된 식이요법서인『식료찬요(食療纂
要)』에서 식은 땀을 그치게 하는 처방으로는 묵은 찹쌀
[陳糯米]과 밀기울[麥麩]과 함께 누렇게 볶은 다음 분
말로 만들어 미음으로 먹으면 효험이 있다고 하였다.
1800년대 후반 은진 송씨 동춘당 가에서 전해 내려오
는『주식시의(酒食是儀)』에는 삼합미음은 노인과 아
이에게 보하고 병든 이에게도 좋다고 했다. 1924년 발
간된『조선무쌍신식요리제법(朝鮮無雙新式料理製
法)』에서 소개한 조율미음(棗栗米飮)에는 이 미음을
공복에 2-3차 나누어 먹으면 기운 붙는 데 제일이라
고 하였다. 미음은 원기를 보하고, 허기를 면하는 음
식으로 쓰였다.

정조(正祖: 재위 1776-1800)는 1795년(정조 19) 화성
행차 이동 중에 어머니 혜경궁 홍씨와 두 군주에게 미
음과 고음, 정과를 차린 미음상을 올렸다. 긴 원행길
에 피로하실 어머니의 원기회복을 위해 미음을 준비
했다.『일성록(日省錄)』에 보면 정조가 홍합미음(紅
蛤米飮)이 몸을 보하는 데 꽤 효과가 있었다고 말하기
도 했다.

검소를 강조하며 감선(減膳)을 자주 한 영조(英祖: 재
위 1724-1776)는 새벽에 죽이나 미음 또는 응이 등 부
드러운 곡물음식으로 간단히 먹고 이후 아침 수라상
을 받았다. 또한 영조는 더운 날씨에 의례를 연습하는
군병들에게 그늘진 서늘한 곳에서 휴식을 취하고 미
음을 먹게 했다.

그릇 중에 미음보아(米飮甫兒)라는 미음을 담는 보시
기가 있을 만큼 미음은 조선시대에 많이 먹었으며, 어
린이나 노인의 원기 보양식이자 치료식으로 썼다.

분류 : 음식
색인어 : 감선, 홍합, 수라상, 원행을묘정리의궤, 조선무쌍신식요리제법
참고문헌 :『영조실록』;『일성록』; 전순의, 김종덕 역,『식료찬요』(농
촌진흥청, 2005); 한영우,『정조의 화성행차 그 8일 (왕조 기록문화의
꽃, 의궤)』(효형출판, 1998); 연안 이씨,『주식시의』; 이용기,『조선무
쌍신식요리제법』(한흥서림, 1924)
필자 : 이소영

미음(1795년 혜경궁의 미음상)

미음(米飮)은 곡물에 물을 넣어 푹 고아 체에 거른 음
식으로 어린이나 노인의 원기 보양식이다. 1795년(정
조 19) 화성 행차 이동 중에 혜경궁 홍씨와 두 군주에
게 미음과 고음, 정과를 차린 미음상을 올렸다.

1795년(정조 19) 정조(正祖: 재위 1776-1800)는 어머
니 혜경궁 홍씨(惠慶宮 洪氏: 1735-1815), 두 여동생
청연군주(淸衍郡主)·청선군주(淸璿郡主)와 함께 화성
에 행차하였다. 창덕궁과 화성을 오가는 중에 혜경궁
홍씨와 두 군주에게만 미음(米飮)상을 차려 올렸다.

윤 2월 9일 노량 용양봉저정을 떠나 시흥행궁으로 가
는 길에 받은 미음상에는 미음(米飮)과 고음(膏飮),
여러 가지 정과(正果)가 올랐다. 미음은 대추미음(大
棗米飮)이며, 고음은 양(胖)·도가니(都干伊)·묵은닭
[陳鷄]를 넣고 푹 고아 체에 내린 음식이다. 정과는 생
강(生薑), 연근(蓮根), 동아[冬苽], 도라지[桔梗], 산사
(山査), 유자(柚子), 모과[木苽]로 뿌리채소나 과일을
꿀로 말갛게 조린 음식을 말한다.

행차 이동 중에 올린 미음상에는 대조미음 외에도 여
러 가지 종류의 미음이 차려졌다. 흰쌀로 끓인 백미음
(白米飮), 식혜밥으로 끓인 백감미음(白甘米飮), 가을
보리로 끓인 추모미음(秋麰米飮), 푸른색의 차조로
끓인 청량미음(靑粱米飮), 황색의 메조로 끓인 황량
미음(黃粱米飮), 홍합·해삼·소고기와 찹쌀을 함께 끓
인 삼합미음(蔘蛤米飮)이다.

고조리서에서 보면 미음은 원기를 보하고, 허기를 면

하는 음식으로 기록하였다. 1800년대 후반 은진 송씨 동춘당 가에서 전해 내려오는 『주식시의(酒食是儀)』에는 '삼합미음은 노인과 아이에게 보하고 병든 이에게도 좋다.'고 하였다. 1924년 발간된 『조선무쌍신식요리제법(朝鮮無雙新式料理製法)』에서 소개한 조율미음(棗栗米飮)에는 이 미음을 공복에 2-3차 나누어 먹으면 기운 붙는 데 제일이라고 하였다.

60세가 된 혜경궁 홍씨에게 화성을 오가는 길에 미음상이 제공된 것은 허기를 채우거나 원기를 회복하기 위한 배려로 보인다.

분류 : 음식
색인어 : 미음, 원행을묘정리의궤, 고음, 정과
참고문헌 : 『원행을묘정리의궤(園幸乙卯整理儀軌)』; 한영우 저, 『정조의 화성행차 그 8일(왕조 기록문화의 꽃, 의궤)』(효형출판, 1998); 『주식시의(酒食是儀)』; 『조선무쌍신식요리제법(朝鮮無雙新式料理製法)』
필자 : 이소영

민들레

민들레는 쌍떡잎식물 초롱꽃목 국화과의 여러해살이풀이다. 우리나라 각처의 산과 들에 흔히 볼 수 있다. 줄기는 없고, 잎이 뿌리에서 뭉쳐나며 옆으로 퍼진다. 잎의 갈래는 6-8개이며 가장자리에 톱니가 있다. 최근에는 토종 민들레 외에 외래종인 서양 민들레가 많이 분포되어 있는데, 우리나라의 자생 민들레의 경우 꽃받침이 그대로 있지만 서양 민들레는 꽃받침이 아래로 쳐져 있다. 봄에 어린잎은 나물이나 쌈채로 먹고, 뿌리를 포함한 전초는 약용으로 쓰인다. 한의학에서는 포공영(蒲公英)이라는 약재로 쓴다.

허준(許浚: 1539-1615)의 『동의보감(東醫寶鑑)·탕액편(湯液篇)』(1610)에는 '포공초(蒲公草)'에 대한 내용이 나오는데, 우리말로는 '안즌방이' 또는 '므은드레'라고 불렀는데 이것이 민들레이다. 성질이 평(平)하며 맛은 달고 독이 없다고 하였다. 부인의 젖에 옹종이 생긴 데 주로 쓴다고 하였다. 잎은 고거(苦苣)와 비슷하고, 3-4월에 국화 같은 노란 꽃이 피며, 줄기와 잎을 따면 흰 즙이 나오는데, 사람들이 다 먹는다고 하

였다. 효능으로는 열독을 풀고 악종(잘 낫지 않거나 고치기 어려운 종기)을 삭이며, 멍울[結核]을 깨뜨리고 음식 독을 풀며, 체기(滯氣)를 내리는 데 뛰어난 효능이 있다고 하였는데, 정종(疔腫: 부스럼의 일종)을 가장 잘 치료한다고 하기도 하였다. 민간에서는 젖을 빨리 분비하게 하는 용도로도 사용하는데, 아마도 부인의 젖에 뭉친 것을 풀어주는 효능이 있어서 이렇게 활용하는 듯하다. 열 때문에 생기는 종창, 유방염, 인후염, 맹장염, 복막염, 급성간염, 황달 등에 효과가 있다고 하여, 최근에는 간질환에 효과가 있다고 알려져서 식재료로도 많이 활용되고 있다.

경상도에서는 향토음식으로 민들레 김치를 담가 먹기도 하는데, 일반적인 방법으로 김치를 담그기도 하고, 또는 민들레를 소금물에 3개월 정도 삭힌 후에 끓는 물에 데쳐 물기를 꼭 짜낸 후 간장이나 액젓으로 간을 맞추는 방법을 사용하기도 한다. 초봄에 채취한 민들레순은 데쳐서 민들레나물로 먹기도 한다.

분류 : 식재료
색인어 : 간장, 김치, 소금
참고문헌 : 허준, 『동의보감·탕액편』; 농촌진흥청, 농업과학기술원, 농촌자원개발연구소, 『한국의 전통향토음식 8-경상북도』; 농촌진흥청, 농업과학기술원, 농촌자원개발연구소, 『한국의 전통향토음식 9-경상남도』; 농촌진흥청, 농업과학기술원, 농촌자원개발연구소, 『한국의 전통향토음식 6-전라북도』
필자 : 홍진임

민어

농어목 민어과에 속하는 바닷물고기이다.

서유구의 『난호어명고(蘭湖魚名考)』에 민어는 민어(民魚)·민어(鰵魚)·면어(鮸魚) 등으로 표기하고 있으며, "대체로 바닷고기 중에 많은 수요가 있는 것 중에서 이 물고기만큼 요긴한 것이 없다."고 기록되었을 정도로 중요한 생선이었다. 그도 그럴 것이 중요한 식재료였을 뿐만 아니라 민어 부레는 "나라 안의 장인들이 사용하는 아교가 모두 이 물고기의 부레"라고 할 정도로 쓰임새가 많았다. 또한 "머리와 꼬리를 잘라내고 사방으로 내다 팔면 손님접대나 제삿날에 쓰는

반찬이 된다."고 하였다. 이처럼 민어는 어획량도 많고 수요도 많은 대형 어종이었다. 큰 민어는 1m에 이르며, 무게도 25kg 이상 나가는 개체도 있다.

민어는 버릴 것이 없는 생선이다. 예부터 회와 탕, 전, 찜, 조림, 포 등 여러 요리 재료로 다양하게 활용했다. "복더위에 민어찜은 일품, 도미찜은 이품, 보신탕은 삼품"이라는 말이 있을 정도로 인기가 좋았다. 서울 지역에서는 삼복더위에 민엇국으로 복달임을 했다. 정약전도 『자산어보(玆山魚譜)』에서 "입과 비늘이 크며 맛이 달다. 익히거나 회로 먹는다. 말린 것은 더욱 몸에 좋다."고 했다.

민어는 제주도 근해에서 월동한 뒤 봄이 되면 서·남 해안으로 이동하여 서서히 북상하며, 연안에서 산란 하는 것으로 알려져 있다. 민어 최대 산지는 전라남도 임자도 부근으로, 해마다 6월에서 10월까지는 민어 파시가 형성될 정도로 어획량이 많았지만 남획으로 인하여 1970년대 이후 개체 수가 급감하였다.

여름 장마가 끝날 무렵부터 찬 바람이 부는 9월 중순 까지 많이 먹는 여름철 대표 생선이 민어이기도 하다. 민어는 두툼하게 썰어 회를 먹고, 살점은 일부러 남겨 서 전을 부치기도 한다. 예부터 민어전은 생선전 중에 서 최고라는 평가가 있어 왔다. 하지만 식도락가들이 민어 각 부위에서 최고로 치는 부분은 바로 부레다. 다른 어종과 달리 민어 부레는 하얗고 길쭉한 것이 양도 상당할 뿐만 아니라 생으로 기름장에 찍어 먹으면 쫀득쫀 득한 식감과 함께 그 고소함이 유별나다 는 평가가 있다. 살과 부레를 뺀 나머지 부 위는 탕 재료다. 민어 탕은 시원, 담백한 맛 으로 여름철 보양음 식의 하나로 각광받 는다. 민어포의 경우

회뜨기 직전의 4kg 정도의 민어. 임자도 등 민어산지에서는 7kg 정도는 되어야 먹을 게 있다고 한다.©하응백

민어의 주산지인 임자도의 민어잡이 배, 출어 준비로 분주하다.©하응백

임금의 수라상에도 오르고 중국 황제에게 진상할 정 도로 이름난 것이었다. 구워서 먹기도 하고 쪄서 살을 고추장에 찍어 먹기도 한다. 이 밖에도 배를 갈라 소 금에 절여 말린 암민어를 암치라 하는데 얇게 저미며 다른 마른 반찬과 함께 먹기도 하고 찌개로 끓여 먹기 도 한다. 민어알 역시 소금을 뿌린 뒤 건조해서 여러 음식의 재료로 사용한다.

민어는 흰살생선으로, 지방이 적고 단백질이 풍부하 다. 비타민A·B 등 여러 영양소도 고루 갖추고 있다. 여름철 보양식으로 식도락가의 사랑을 받는 생선이 다. 전남 임자도나 목포 등지에서는 민어 무게가 7kg 이상은 되어야 민어 본연의 맛이 난다고 한다.

분류 : 식재료
색인어 : 민어
참고문헌 : 문화콘텐츠닷컴,『임자도민어잡이』(한국콘텐츠진흥원, 2004); 서유구, 이두순 역,『평역난호어명고』(수산경제연구원북스, 2015); 정문기,『한국어도보』(일지사, 1977)
필자 : 하응백

민어(역사)

민어(民魚)는 민어(繁魚), 혹은 면어(鮸魚)라고도 한 다. 이외에도 지방에 따라 개우치, 홍치, 또는 어스래 기 등의 이름으로도 불린다. 우리나라 서해와 남해에 서 나고, 동해에서는 잡히지 않는다. 『세종실록』「지 리지」의 기록에도 충청도, 경기도, 평안도, 함경도 의 주 지역에서는 민어가 생산되었으나, 경상도 지역에 서는 찾아볼 수 없다. 민어는 가을에 제주도 근해로

이동했다가 봄에서 여름 사이에 서해바다를 따라 북상한다. 그러므로 우리나라에서는 민어를 여름철 생선으로 인식하고 있고, 또 이 시기에 잡힌 민어가 가장 맛이 좋다고 알려져 있다.

조선시대까지만 해도 민어는 조기, 밴댕이, 낙지, 준치 등과 더불어 굉장히 흔한 생선 중 하나였다. 하지만 민어는 담백하고 맛이 좋아서 그처럼 흔한 생선임에도, 잔치에 빠져서는 안 될 매우 중요한 어물(魚物)로 인식되곤 했다(허균, 『도문대작(屠門大嚼)』; 이용기, 『조선무쌍신식요리제법(朝鮮無雙新式料理製法)』). 게다가 민어는 다른 생선에 비해 쉽게 부패하지 않고 비린내가 덜 난다는 장점 또한 갖추고 있었다(「마른 반찬에 귀물로 치는 어란 맨드는 법」, 〈동아일보〉 1937년 8월 5일자). 그래서 사람들은 먹는 생선 중에서 민어를 첫손가락에 꼽게 되었다. 그리고 그 덕분에 이 생선은 민어(民魚), 즉 '백성의 고기'라는 이름까지 얻게 되었다.

'백성의 고기'였던 만큼, 민어는 버릴 게 하나도 없는 생선이다. 민어는 국(탕), 구이, 조림, 찜, 어채, 회, 포 등 다양한 방식으로 조리되었다. 그 중에서도 여름철에 먹는 민엇국은 최고의 별미로, 여름철 삼복더위를 잊게 할 보양식으로 손꼽았다. 방신영(方信榮: 1890-1977)은 『조선요리제법(朝鮮料理製法)』에서 민엇국 만드는 법을 소개하였다. 민어는 고추장을 넣어 붉게 끓여도 좋고, 맑은 장국에 간장을 넣고 끓여도 좋다. 국에 파, 미나리를 많이 넣고 끓이다가 국물이 팔팔 끓으면 토막 낸 민어를 넣고 한 번 더 끓여서 푼다.

그리고 민어는 어만두의 재료로도 많이 사용되었다. 어만두란 생선살을 얇게 저며 빚은 만두를 말하는데, 민어와 같이 흰살생선을 써야 깨끗하고 담백한 맛을 낼 수 있었다. 조선시대에는 또한 민어 부레의 독특한 식감을 살려 부레찜이나 어교순대를 만들어 먹기도 하였는데, 이는 매우 고급음식으로 인식되었다. 이외에도 민어를 소금에 절여 만든 암치, 민어와 영계를 섞어 동글동글 빚어 만든 어알탕, 민어 알을 간장에 절였다가 말린 어란 등이 있다. 특히, 민어 알은 거칠고 끈

민어 내장과 바로 끓인 민어탕ⓒ하응백

적이지 않아서 귀한 집의 좋은 반찬이 된다고 했다.

민어는 심지어 부레조차도 중요하게 쓰였다. 민어의 부레는 끈적임이 많고 기름기가 있어서 물건을 붙이면 아주 단단히 붙는다. 『시의전서(是議全書)』에는 민어의 부레를 이용하여 어교순대 만드는 법이 기록되어 있다. 먼저 민어의 부레를 깨끗이 씻고, 여기에 숙주, 미나리, 소고기, 두부를 다져서 양념한 소를 넣고 부리를 실로 단단히 동여맨다. 그런 다음, 삶아서 한소끔 식힌 후 먹기 좋은 크기로 썬다.

또한 민어의 부레는 접착력이 좋아서 전통 접착제로도 사용되었다. 생선 부레로 만든 풀을 어교(魚膠)라고 하는데, 그중에서도 민어풀이 가장 접착력이 뛰어나서 '이 풀 저 풀 다 둘러도 민애풀 따로 없네'라는 말도 있을 정도였다.

민어 부레로 만든 어교는 주로 곤룡포나 흉배, 혼례복 등에 금박을 붙이거나 나전칠기, 합죽선 같은 공예품을 만드는 데 사용되었고, 활과 화살 같은 무기를 만들 때에도 매우 긴요하게 쓰였다.

민어 부레와 민어전ⓒ하응백

분류 : 식재료
색인어 : 국, 어만두, 순대, 어란, 도문대작, 시의전서, 조선요리제법, 조선무쌍신식요리제법
참고문헌 : 허균 저, 신승운 역,『도문대작』(한국고전번역원, 1984); 작자 미상,『시의전서』(한국전통지식포탈); 방신영,『조선요리제법』(한성도서주식회사, 1934); 이용기,『조선무쌍신식요리제법』(영창서관, 1936); 서유구 저, 이두순 평역, 강우규 도판,『평역 난호어명고』(수산경제연구원BOOKS·블루&노트, 2015);「마른 반찬에 귀물로 치는 어란 맨드는 법」,〈동아일보〉1937년 8월 5일;『조선왕조실록사전』「민어」
필자 : 양미경

기름칠을 하여 생선살을 가늘고 얇게 저민다. 여기에 채 썬 파잎과 실고추, 참기름, 소금 등의 양념을 넣고 골고루 무쳐 담아 초고추장을 곁들여 먹는다.

분류 : 음식
참고문헌 : 이용기,『조선무쌍신식요리제법』(영창서관, 1936); 조자호 저, 정양완 역,『조선요리법』(책미래, 2014);「마른 반찬에 귀물로 치는 어란 맨드는 법」,〈동아일보〉1937년 8월 5일
필자 : 양미경

민어회(첫 호박이 날 무렵에 먹어야 제 맛인 민어회)

민어는 일반적으로 여름철 생선으로 알려져 있다. 3, 4월부터 먹기 시작해서 봄이 지나고 여름이 가까울수록 맛이 들어 성숙하게 되는데, 첫 호박이 날 때쯤에 먹는 민어가 가장 맛이 좋다고 한다. 그러다가 차차 삼복에 가까워질수록 살에 기름이 지기 시작하여 초복이 지나면서 완전히 성숙해진다(「마른 반찬에 귀물로 치는 어란 맨드는 법」,〈동아일보〉1937년 8월 5일자). 민어는 다양한 요리에 두루 쓰이지만, 그중에서도 초여름에 먹는 민어회(民魚膾)가 가장 맛있다고 한다. 『조선무쌍신식요리제법』에서 이용기(李用基: 1870-1933)는 민어는 6월 그믐 전에 잡은 것이 가장 맛이 좋다고 하면서, 6-7월에 기름지고 좋은 민어를 골라 회를 치면 빛깔이 희고 여러 사람 입맛에도 무난하다고 했다. 조자호(趙慈鎬: 1912-1976)도『조선요리법(朝鮮料理法)』에서 민어회 만드는 법을 기록하였다. 그에 따르면, 민어회를 만들기 위해서는 우선 비늘을 긁어내고 깨끗하게 손질한 후 머리와 배 바닥을 잘라낸다. 등 쪽으로 반을 갈라 가운데 뼈를 빼낸 다음, 칼에

임자도 민어회ⓒ하응백

밀

재배밀의 가장 오래된 유적지는 요르단에 있는 와디 엘 지랏(Wadi el Jilat)으로 알려진다. 중앙아시아의 코카서스 지역으로부터 서아시아의 이란 주변에서 재배되기 시작한 밀은 동쪽으로는 중국대륙으로 서쪽으로는 아프리카 북부와 지중해 연안으로 전파되었다. 동아시아 지역에서 밀을 재배하기 적합한 곳은 중앙아시아·서아시아·유럽대륙에 비해서 적다. 다만 여름에 비가 적게 오는 툰드라 지역이 밀농사의 적격지로 알려진다. 따라서 중앙아시아나 몽골의 고비사막 남쪽인 중국의 북부 지역이 밀농사가 가장 잘 되는 곳이다.

중국대륙의 북서부 지역으로 밀농사가 전해진 때는 대체로 서기전 1세기 전후로 추정된다. 한나라의 무제 유철(劉徹: 기원전 156-기원전 87)은 서쪽으로 이동한 대월씨(大月氏)와 결탁하여 흉노(匈奴)를 견제하기 위해서 서역으로 원정을 떠날 사람을 찾았다. 이때 찾은 사람이 바로 탐험가 장건(張騫: ?-기원전 114)이었다. 장건의 서역 탐험 이후 수박·파·마늘 등과 함께 밀이 한나라로 유입되었다. 특히 아랍계의 위구르인과 회인(回人)들이 대거 이주한 당나라 때 밀농사는 중국대륙 서북부 지역에서 광범위하게 이루어졌다. 그래서 사람들은 기왕에 있던 보리를 대맥(大麥)이라 부르고, 새로 들어온 밀을 소맥(小麥)이라고 불렀다.

중국대륙에서 이렇게 밀가루 음식이 인기를 누리자 그 문명의 동쪽에 자리잡고 있던 한반도의 지배층 사

이에서도 밀가루 음식은 가장 먹고 싶은 음식이었다. 그러나 한반도에서는 밀을 구하기 쉽지 않았다. 그 이유는 한반도의 기후환경이 밀 재배에 적합하지 않기 때문이다. 송나라 사람 서긍(徐兢: 1091-1153)은『선화봉사고려도경(宣和奉使高麗圖經)』에서 당시 고려에서 밀이 부족하여 중국에서 수입해서 쓰고 있다고 적었다. 그럼에도 고려시대 이후 유입된 밀은 조선시대 기장[黍]·피[稷]·차조[秫]·벼[稻]·삼[麻]·콩[大豆]·팥[小豆]·보리[大麥]와 함께 구곡(九穀)에 들 정도로 중요한 곡물이었다.『태종실록』에서는 1415년 음력 10월 16일에 "처음으로 맥전 조세법(麥田租稅法)을 정하였다. 가을에 심은 대맥(大麥)과 소맥(小麥)을 이듬해 초여름에 이르러 수확하고, 또 콩을 심으나, 예전 예에 다만 1년의 조(租)만 거두었는데, 호조(戶曹)에서 세를 두 번 거두기를 청하였다."고 했다. 곧 보리와 밀을 늦가을에 파종을 하여 초여름에 수확을 하였다는 이야기다.

밀은 연간 평균 기온이 3.8℃, 여름철 평균 기온이 14℃ 이상인 지대에서 경제적인 재배가 가능하다. 이것을 보통 봄밀(spring wheat)이라고 부른다. 이 봄밀이 오늘날 사람들이 말하는 밀이다. 이에 비해 겨울밀(winter wheat)도 있다. 겨울에 심어서 여름에 수확하는 밀이다. 앞의『태종실록』에서 언급한 밀은 겨울밀이다. 한반도는 봄밀이 재배되기에 적합한 기후를 가지고 있지 않다. 그러다 보니 겨울밀이 주로 재배되었다. 하지만 이 겨울밀도 한반도 전역에서 재배된 것은 아니다.『세종실록』에 1419년 4월 17일자 기사에 의하면 전라도에서 보고한 다음의 내용이 나온다. "도내에는 굶는 사람이 없습니다. 보리와 밀이 모두 잘 자라기 때문입니다."고 했다. 그렇다고 밀이 많이 재배된 것은 아니다. 오히려 보리의 수확량이 많아서 굶는 사람이 적을 것이라 여겨진다.

조선초기의 농작물 사정을 파악할 수 있는『세종실록지리지』에서 밀은 전라도·경상도·평안도·함길도에서 쌀과 콩 다음의 부세(賦稅)로 언급되고 있다. 하지만 이들 지역의 어느 곳에서도 밀은 토의(土宜)로 나

오지 않는다. 아마도 그 생산량이 매우 적었기 때문에 특산물이 될 수는 없었던 것으로 여겨진다.『세종실록』에 의하면 1423년 6월 13일에 경기도와 황해도 지역에 밀 종자를 확보하라는 명을 내렸다. 궁중에서도 밀을 확보하여 여러 가지 밀가루 음식을 만들어야 하기에 그러한 지시를 내린 것으로 보인다.

20세기 초반에 조사된『조선총독부농업시험장 25주년기념지』(1931년)에 의하면, 식민지시기 조선의 재래종 밀인 겨울밀은 황해도·평안남도·강원도의 일부 고원지대에서 생산된다고 밝혔다. 특히 황해도에서 그 생산량이 가장 많다고 했다. 겨울밀 중에서 그 품종이 가장 좋은 것 역시 황해도에서 재배되는 것이었다. 거의 500여 년 사이에 밀 재배 지역이 전라도에서 황해도로 이전한 것이다. 그래도 조선 후기인 정조 때도 사도세자와 혜경궁 홍씨의 위폐를 모신 경모궁(景慕宮)에 바칠 제수인 밀을 호남에서 올리라고 명령을 내리기도 했다. 조선총독부 농업시험장에서 파악하지 못한 전라도 지역과 경상도 일부 지역에서도 겨울밀이 재배되었던 것으로 추정된다.

이렇게 밀을 구하기 어려운 사정임에도 임진왜란과 병자호란을 몸소 겪었던 장계향(張桂香: 1598-1680)의『음식디미방』에는 밀가루가 들어간 음식은 34회나 나온다. 심지어 술에 들어간 밀가루의 경우도 19회가 되어 모두 53회나 언급되었다. 구하기 힘든 밀을 식재료로 이용한 음식의 조리법이 이렇게 많이 나오는 이유는 무엇이었을까? 밀가루를 이용한 음식은 중국의 조리서에 많이 나왔고, 그것이 고급음식이란 인식 때문이었을지 모른다.

특히 송나라 이후의 예서에는 밀가루 음식이 반드시 나온다. 그들이 밀가루로 만든 음식을 항상 먹었기 때문이다. 사대부가의 가례(家禮) 절차에 대해서 주자(朱子: 1130-1200)가 지은 것으로 알려지는『가례』의 '매위설찬지도(每位設饌之圖)'에서는 면식(麵食)이 미식(米食)과 함께 배치되어 있다. 이 점은 그 책을 조선 사정에 맞도록 보완한『사례편람(四禮便覽)』에서도 마찬가지다. 다만 조선의 사정에 맞도록 면식을

'면(麵)'으로, 미식을 '병(餅)'으로 바꾸었을 뿐이다. 이런 이유도 지금도 퇴계 이황(李滉: 1501-1570)의 불천위제사가 행해지는 음력 12월 8일의 기제사 상차림에는 '메'와 함께 주발에 돌돌 말아서 쌓아올린 밀가루로 만든 '건진국수'가 차려진다. 왕실에서도 동적전(東籍田)의 친경전(親耕田)에 밀을 심고 음력 5-6월에 왕이 직접 수확을 하는 행사를 개최하였다.

조선 후기의 세시기인 『동국세시기』에서는 음력 6월 15일 유두(流頭)가 되면 밀가루로 상화병이나 연병, 그리고 유두누룩을 만든다고 했다. 그 내용은 다음과 같다. "밀가루를 반죽하여 콩이나 깨와 꿀을 버무려 그 속에 넣어 찐 것을 상화병(霜花餅)이라고 한다. 또 밀을 갈아서 반죽하여 기름에 지진 다음 볏과의 여러 해살이 풀인 줄[苽]로 만든 소를 넣는다. 혹은 콩과 깨에 꿀을 섞은 소를 넣어 여러 가지 모양으로 오므려 만든 것을 연병(連餅)이라고 부른다. 또 나뭇잎 모양으로 주름을 잡아 줄로 만든 소를 넣고 대나무로 만든 채롱에 쪄서 초장에 찍어 먹기도 한다. 이것들이 모두 유두날의 세시음식이면서 동시에 제사에 올리기도 한다."

비록 유두쯤에 밀을 쉽게 확보할 수 있었기에 밀가루를 주재료로 만드는 '상화'라는 음식은 고급으로 여겨졌다. 『음식디미방』에 나오는 상화법에서는 "가장 잘 여문 밀을 보리 느무다시(애벌하듯이) 찧어 퍼 버리고 돌 없이 이매 씻어 깨끗한 멍석에 널어 알맞게 말린다. 두 번 찧어 거친 겉가루를 키로 까부르고 세 번째부터 깨끗한 가루를 가는체에 한번 치고 가는 모시에 쳐 둔다."고 했다. 비록 도정하는 방법이 나와 있지만, 보리처럼 다루었음을 알 수 있다.

『음식디미방』의 조리법에 나오는 음식 중에서 밀가루의 양을 많이 갖추어야 하는 음식으로는 단지 상화와 다식, 그리고 약과에 지나지 않았다. 그러니 장계향의 조리법에 근거하여 밀가루를 사용한 음식을 만들 경우, 결코 대량의 밀을 확보할 필요는 없었다. 다만 밀가루를 이용한 음식의 종류가 많다는 점은 사대부가의 체통을 지키는 일이었다. 아울러 밀가루는 음식의 맛을 부드럽게 하는 데도 일조를 했다. 생선이나 고기의 냄새를 제거시켜 주는 데 효과적이었기 때문에 밀가루를 물에 풀어서 재료로 묻히는 방법이 사용되었다. 술을 빚을 때 밀 누룩은 가장 효과적인 발효 매개물이었다. 가양주를 담기 위해서도 사대부가에서는 밀 확보를 가장 중요하게 여겼다.

하지만 조선 후기만 해도 한반도 일부 지역에서 생산된 밀은 품질도 좋지 않을 뿐만 아니라, 생산량 역시 적었다. 그러니 궁중에서나 부자들만이 겨우 밀가루를 확보하여 밀가루 피로 만든 만두나, 밀국수를 만들어 먹을 수 있었다. 밀가루를 구하지 못할 때가 너무 많아서 메밀가루가 매우 중요한 가루로 여겨졌다.

그래서 정약용(丁若鏞: 1762-1836)은 『아언각비(雅言覺非)』란 책에서 "우리나라 사람들은 원래 맥설(麥屑: 밀가루)을 진말(眞末) 혹은 사투리로 진가루(眞加婁)라 하는데, 면(麵)을 두고 음식의 이름인 국수(匊水)라고 여기는 것은 잘못된 것이다."고 했다. 밀가루에 참 진(眞) 자를 붙인 이유는 곡물 가루 중에서 이것이 가장 좋다는 의미를 강조하고 싶었기 때문이다. 그래서 메밀가루는 '진말'에 대응하여 한자로 '목말(木末)'이라고 적었다. 이런 이유로 조선 후기의 조리서에서는 대부분 메밀가루로 피를 만든다고 적었다. 심지어 육만두·어만두·동아만두와 같은 음식은 아예 피를 밀가루 대신에 소고기·생선·동과로 만들기까지 했다.

20세기가 되면서 한반도에서 밀 구하기는 그 전에 비해서 훨씬 수월해졌다. 그렇다고 조선총독부가 밀농사를 권장했다는 이야기는 아니다. 오히려 러시아와 중국으로부터 밀을 수입하는 정책을 펼쳤다. 1910년대만 해도 한반도는 그들에게 쌀의 보급기지였기 때문에 대체 식품으로 밀이 필요했던 것이다. 그런데 제1차 세계대전 이후 식량의 중요성을 자각한 조선총독부는 1923년 이후 재래밀의 품종 개량에 나섰다. 수원소맥6호를 필두로 하여 생산량이 많은 품종이 속속 만들어져서 농촌에 보급되었다. 이런 과정을 거쳐서 한반도 사람들에게 밀은 그 전에 비해 훨씬 구하기 쉬운 식재료로 자리를 잡았다.

해방 이후 미군이 주둔하면서 그들의 땅에서 먹고 남는 밀을 무상으로 남한에 제공하였다. 특히 한국전쟁 이후 미국은 밀을 다른 정치적 이익을 챙기는 식재료로 남한 정부에 제공해주었다. 그런 탓에 1950년대 중반 이후 한국인들은 밀로 된 음식을 대량으로 먹기 시작했다.

분류 : 식재료
색인어 : 국수, 만두, 메밀, 수단, 음식디미방, 칼국수
참고문헌 : 유희, 『물명고(物名攷)』
필자 : 주영하

밀기울

밀기울이란 밀을 밀가루로 만든 후 남는 나머지 것을 말한다. 밀기울은 한자로 맥피(麥皮) 혹은 부(麩)로 많이 표시한다.

조선시대 밀기울은 일상적으로 다른 음식을 만들 때 사용되는 부재료로 자주 사용됐다. 대표적으로 누룩이 있는데 『수운잡방』에서 누룩을 만들 때 껍질 벗긴 녹두를 가루 내어 묽은 죽을 만든 후 밀기울을 섞어서 덩어리를 만든 후 발효시켜 누룩을 완성한다고 적혀 있다. 장을 만들 때도 중요하게 사용됐는데 『시의전서』에서 즙장에 쓸 메주를 만들 때 콩과 함께 밀기울을 넣는다고 했다. 『음식디미방』에서는 상화를 만들 때 밀기울로 죽을 만들어 이후 가루와 섞었다.

그러나 흉년이나 자연재해로 식량 사정이 나빠지게 되면 곤궁한 사람들에게 밀기울은 부재료가 아닌 주재료로 배고픔을 조금이라도 떨칠 수 있는 음식이었다. 『성종실록』에 기록된 1485년 기사를 보면 구황음식으로서 밀기울의 역할이 잘 드러난다. 당시 한양에 굶주린 백성들 21명에게 쌀과 콩 각각 1홉 반씩을 나눠줬는데 구휼 받는 백성들 모두 그 양이 적다고 하자 신하들은 저축해둔 밀기울을 2홉 반씩 더 나눠줘서 쌀과 콩과 함께 섞어 먹도록 하자고 제안했고 성종 역시 이를 허락했다.

식민지시기 밀기울은 사료용으로도 많이 사용되었지만 한국전쟁 이후 식량부족이 일상화되면서 지역에 흉년이 들었다 하면 다시금 밀기울이 구황음식으로

등장한다. 1957년 전라도와 충청도 일대에 흉년에 들면서 식량이 부족한 소위 절량농가(絶糧農家)들이 많이 발생했다. 〈동아일보〉 1957년 3월 11일자에 보도된 기사에는 순천·남원 일대 산악지대 농가들이 냉해, 수해, 가뭄이 겹쳐서 겪게 된 결과 유래 없는 식량 부족에 시달리게 됐다고 전했다. 그러면서 어떻게든 끼니를 해결하기 위해 "시래기"들을 주어다가 상황이 조금 나으면 싸래기 그것도 없으면 "두부비지" 혹은 밀기울을 넣어 아침·저녁 두 끼만으로 버텼다고 묘사했다. 같은 해 6월 4일 〈경향신문〉 역시 전라북도 완주의 보릿고개 참상을 보도하면서 "설익은 보리 이삭이나마" 비벼서 먹기 위해서는 20여 일이나 기다려야 하는 상황에서 먹을 것이라고는 밀기울과 쑥으로 만든 범벅뿐이고 이마저도 충분치 않은 상황이라고 전했다.

구황음식으로서 밀기울은 음식문화에도 그 흔적을 남겨 충청북도 지역에서는 먹을 것이 부족하던 시기 소금을 약간 넣은 밀기울을 삶은 콩, 팥 등과 함께 시루에서 찢어서 만든 떡으로 밀기울떡이 있다. 이처럼 밀기울은 오랜 시간 식량이 부족한 시기 생존하기 위해 섭취할 수 있는 마지막 곡물류로 기능했다.

분류 : 식재료
색인어 : 범벅
참고문헌 : 「숨가쁜 보리고개」, 〈경향신문〉 1957년 6월 4일; 「想像外의惨狀! 絶糧農家 湖南地方 現地報告」, 〈동아일보〉 1957년 3월 11일; 『성종실록』; 김유, 『수운잡방』; 작자 미상, 『시의전서』; 안동 장씨 저·백두현 역, 『음식디미방 주해』(글누림, 2012); 농업진흥청, 『한국의 전통향토음식 4-충청북도』(농업진흥청, 2008).
필자 : 이민재

밀기울밥(「공산토월」)

그때는 점심이란 음식은 이름도 없었고, 조석으로 입가심하던 것은 불그누름한 밀기울밥 한 보시기가 고작이었다. 밀을 맷돌에 삭갈이하여 어레미로 가루를 쳐낸 밀기울은 쌀이 눋지 않도록 밥밑을 했던 것인데, 그것은 그러나 부엌아이 판순이와 나, 그리고 북데기라는 이름의 개를 먹이기 위해 부러 그렇게 하던 거였다. 판순이는 제가 직접 퍼서 부뚜막에 앉아 먹었으니

요령껏 섞어 쌀낟 구경도 더러 해보았을 터이나, 내 밥그릇의 기울가루는 주먹손으로 여러 번 주무르고 뭉쳐야 겨우 덩이가 질 정도로 풀기라고는 없었다. 그렇게 뭉쳐 아랫목에 이틀만 놓아 띄우면 훌륭한 누룩이 될 지경으로 밥풀 한 낟 섞이지 않은 것이었다. 그러나 나는 허기진 판이라 개마저 꺼려하던 것이었지만 허발대신하며 먹었고, 그러고도 양에 안 가 노상 입맛이 얌하여 껄떡거리기가 일쑤였다.

1973년 『문학과 지성』에 발표된 이문구의 중편소설 「공산토월」의 한 대목이다. 이문구(李文求: 1941-2003)는 주로 선성(善性)의 인물을 통해 지난 역사를 비판적으로 성찰하고 증언하는 문학세계를 일구었다. 작가의 고향인 충남 내포 지역의 방언을 적극적으로 사용하여 표준어 중심주의에 근거한 '중심부/주변부'의 언어 논리를 근본 해체하였다고 평가받는다. 전통문학 양식인 전(傳)을 계승하여 인물전기의 형식을 지닌 작품을 많이 썼는데 「공산토월」도 이에 해당한다. 대표작에 「해벽」, 「변사또의 약력」, 「관촌수필」 연작, 「우리 동네」 연작, 「나무」 연작 등의 중단편과 『장한몽』, 『산 너머 남촌』, 『매월당 김시습』 등의 장편, 『개구쟁이 산복이』 등의 동시집이 있다.

'공산토월(空山吐月)'이란 서술자 '나'의 어머니가 하는 말인 "신서방두 훌륭허구먼그려. 저런 씩씩한 아들을 뒀으니 신수가 안 피겄남. 빈 산에 달 뜨기루 저런 아들을 뒀단 말여⋯⋯"에서 온 것으로, 빈 산처럼 보잘것없는 집안에서 달처럼 인품이 뛰어난 사람이 났다는 것을 뜻한다. 여기서 달은 이 작품의 주인공인 석공(石公) 곧 신현석을 가리킨다. 남 앞에 자신을 낮추어 겸손하고, 자기가 맡은 일에 성실하며, 다른 사람의 어려움을 보면 자기 일처럼 성심성의를 다해 돌보는 이타적이고 헌신적인 사람이 신현석인데, 이 무정과 비정의 세상에 참으로 있기 어려운 귀한 존재이다. 「공산토월」은 '빈 산이 토한 달'이란 아름다운 상징으로서 이처럼 귀한 인품을 지닌 인물을 빈 산 위에 뜬 달처럼 두둥실 띄워올렸다.

'나'가 오래전에 죽은 신현석의 삶을 기억 속에서 불러내어 그의 아름다운 인품을 되새기며 찬탄하게 된 것은 자신이 겪은 몇 가지 일을 통해 "진실로 본성이 착하고 어질며 갸륵한 인간은 드물다."라는 생각을 하게 되었기 때문이다. 그 가운데 하나는 한국전쟁 때 체험한, 음식과 관련한 서러운 일이다.

작가의 집안은 한국전쟁을 전후하여 풍비박산의 지경에 떨어질 정도로 큰 상처를 입었다. 진보적 정치운동의 전면에 섰던 아버지가 비참한 죽음을 맞았고 그 소용돌이에 휩쓸려 두 형이 비명에 죽는 참극이 벌어졌다. 할아버지는 어린 목숨을 구하려고 하나 남은 손자(작가 이문구)를 남의 집에 보냈다. '밥을 얻어먹는 대가로 애 보아주기'를 한다는 조건이었다. 넉넉한 집이니 전쟁을 피해 몰려온 사람들이 북적대는 그 집에서 '나'는 '초상집에 부고 전하러 온 신세나 다름없는 처지' '쓰잘머리 없는 군식구로 치부되어 누구의 눈에나 걸리적거리는 존재'일 수밖에 없었다. 당연하게도 온갖 서러운 일을 겪게 되는데, 무엇보다 서러운 것은 먹는 것의 차별이다. 쌀밥을 먹는 주인집 식구와 친척들을 보며 개와 함께 '쌀이 눈지 않도록 밥밑'으로 놓은 밀기울을 긁어 담은 '밀기울밥'을 먹어야 하는 어린 아이의 마음! 지난 일을 불러내어 치밀하게 묘사하는 서술자의 말길을 따라 피눈물이 배어나오는 듯하다. 「공산토월」의 '밀기울밥'은 한국전쟁의 비극성과 함께 인간 존재의 비정함을 드러내 보여주는 음식이다.

분류 : 문학
색인어 : 공산토월, 이문구, 밀기울밥, 한국전쟁
참고문헌 : 권성우, 「1991년에 읽은 관촌수필」(문학과지성사, 1991); 정호웅, 「차마 쓸 수 없었던 사연들의 세계-이문구의 『관촌수필』」
필자 : 정호웅

밀주

밀주(密酒)란 문자 그대로 해석하면 몰래 만든 술을 의미한다. 즉 술을 만드는 것을 제한, 감시하는 행위자로부터 벗어나 만든 술을 뜻한다. 밀주를 만들기 위해서는 양조(釀造) 행위를 제한하는 조치들이 필요한

데 이 같은 조치는 시대에 따라 달라졌다.

조선시대에도 술 제조를 금지하는 명령 즉 금주령이 자주 내려졌다. 조선시대 왕들이 금주령을 내리는 배경에는 여러 요인이 작용하였다. 조선시대 왕들은 술이 고려 말부터 이어져 오던 지배층의 기강 해이와 더 나아가 백성들의 풍속교화 문제, 사치 근절과 연관되어 있으므로 술의 제조와 소비를 경계했다. 현실적으로도 식량이 부족해졌을 때, 곡식을 절약하는 한 방편으로 곡식 사용량이 많은 술의 제조와 소비를 금지했다(정구선, 2014). 하지만 조선시대 금주령에는 많은 예외조항이 있었다. 금주령이 내려지는 상황에 따라 달랐지만 제사용 술과 같이 의례용 술, 농사 짓는 사람들이 먹는 농주(農酒), 약으로 먹는 술 등은 금주령이 내려져도 제조와 소비를 허용하였다.

조선시대 금주령을 가장 엄격하게 적용시킨 왕 중 한 명은 영조였다. 영조의 엄격한 금주령을 보여주는 대표적 예가 금주령을 어긴 남병사 윤구연(尹九淵: ?-1762)을 사형시킨 사건이었다. 1762년 9월 4일 『영조실록』에는 정언(正言) 벼슬에 있던 권극(權極: 1717-?)이 영조에게 금주령을 어기는 이들을 사형한 후 그 목을 내거는 처벌을 내리자고 제안하였다. 영조 역시 이 제안을 받아들였고 다른 신하들도 역시 권극의 제안에 긍정적으로 반응했다. 금주령 처벌과 관련된 논의가 있던 날과 같은 날 대사헌(大司憲)에 오른 남태회(南泰會: 1706-1770)가 다음날인 9월 5일 기다렸다는 듯이 남병사(南兵使) 윤구연이 금주령이 내려져 있는 기간 동안에도 몰래 술을 빚고 그 술에 매일 취해 있었다면서 윤구연의 파직(罷職)을 주장했다.

남태회의 주장에 영조는 그 말이 사실이라면 오히려 파직으로는 부족하다고 하면서 윤구연을 잡아 오게 하고 관리를 보내 실제로 밀주를 만들었다는 증거를 찾아오게 한다. 결국 영조가 보낸 관리가 술 냄새 나는 빈 항아리를 가지고 돌아오고 영조가 크게 분노하며 윤구연을 참한다. 영조의 분노는 거기서 끝나지 않았다. 영조는 윤구연을 구하려 하거나 윤구연의 편에서 과도한 형벌이라고 말하는 신하들의 관직을 빼앗

거나 심지어 귀양을 보내기까지 했다. 이같이 강경한 금주령에도 불구하고 이후에도 몰래 술을 만드는 이들은 여전히 존재했다.

1909년 주세법 시행 이후 밀주와 밀주 단속은 조선시대와 달리 조세 부과의 문제였다. 그래서 20세기에 행정기관에서 법적으로 술을 마시는 행위를 금지시킨 적은 없다. 그보다는 조세 부과와 관련하여 밀주와 밀주 단속이 이뤄졌다. 1909년 주세법 시행 이후에는 집에서 만들어내는 술이라도 면허를 부여하기 시작했고 세금을 내지 않고 만들어진 술이 곧 밀주가 되었다.

1916년 주세법이 개정되면서 자가용주와 판매주를 명확히 구분하고 자가용으로 만들 수 있는 술은 조선주(朝鮮酒), 즉 탁주·약주·재래식 소주로 제한했다. 또한 세금을 부과하는 데 있어서도 판매주보다 자가용주에 대해서 더 많은 세금을 부과함으로써 술을 직접 만드는 것보다 사서 마시는 것이 이득인 상황으로 바뀌었다. 1920년대 말이 되면 자가용 술을 만들기 위한 면허는 소멸하고 집에서 만든 술은 밀주로밖에 존속할 수 없게 된다. 이러한 사회적 흐름 속에서 밀주 단속도 꾸준히 이뤄졌고 자가용 주조의 면허 수가 줄어드는 만큼 밀주제조 혐의로 검거되는 사람의 숫자도 늘어났다(이타가키 류타·정병욱 편, 2014).

밀주의 성행은 세금을 걷는 조선총독부에만 피해를 입히는 것은 아니었다. 양조업자들도 직접적 피해를 입었다. 〈동아일보〉 1940년 6월 5일자 기사에 따르면 절미(節米)운동이 한창이던 때 공주군 내에서 밀주가 성행하여 술을 구입하려는 사람들조차 세금이 붙지 않아 가격이 싼 밀주업자를 찾아가 일대 양조업자들이 큰 타격을 입었다고 한다. 이에 공주군 내 양조업자협회는 이 같은 피해를 조금이라도 줄이고자 협회 차원에서 자금을 풀어 4명의 감시원을 고용하여 자체에서 절미운동과 밀주 단속을 벌이는 지방정부 당국을 돕겠다는 계획을 세웠다고 한다.

이같이 식민지시기 밀주 단속이 강화되면서 밀주를 만들고 숨기는 방법도 다양해졌다. 어떤 며느리는 시아버지가 술을 좋아하여 자주 밀주를 담았는데 단속

을 피하기 위해 치마 속에 들어갈만큼 작은 술단지와 작은 단지에 맞는 술 거르는 도구를 만들었다고 한다. 아무리 밀주 단속을 한다고 하여도 아녀자의 치마까지 들추지는 않았기 때문이다.

말도 많고 탈도 많은 밀주와 밀주 단속이었지만 해방 이후에도 세수 증가를 위해 주세법을 유지하고 동시에 밀주 단속도 지속되었다.

1966년 4월 8일자 〈매일경제〉에는 밀주에 대한 기획 보도가 실리는데 1966년부터 술에 붙는 세금이 올라 막걸리 1말에 26원 50전의 세금이 붙는데 밀주는 세금도 내지 않아 값이 싸고 "순곡(純穀)"으로 만들어 맛도 좋고 일반 양조장보다 알코올 도수도 1% 가량 높아 그 인기가 높다는 것이다. 이런 상황이다 보니 이 기사에서는 서울에서만 매일 밀주로 1,600석이 만들어지고 연간으로 11만 7천 석의 쌀이 밀주로 없어지고 있다고 우려한다. 동시에 국가 세금의 측면에서도 연간 탈세액이 1억 6천여 만 원에 달할 것으로 추측했다. 이후에도 주세법과 관련하여 고질적으로 문제가 발생하다가 1990년대 주세법 개정으로 인해 그 문제가 점차 잦아들었고 최근에 밀주는 잊혀진 사회문제가 되었다.

분류 : 의례
색인어 : 막걸리
참고문헌 : 「公州에 密酒盛行 醸造業者大打擊」, 〈동아일보〉 1940년 6월 5일; 「密酒防止策樹立」, 〈동아일보〉 1940년 6월 9일; 「経済의 不毛地 (9) 密酒 [上]」, 〈매일경제〉 1966년 4월 8일; 이타가키 류타·정병욱 편, 『식민지라는 물음』(소명출판, 2014); 정구선, 『조선왕들, 금주령을 내리다』(팬덤북스, 2014); 『영조실록』
필자 : 이민재

밀주(「나주댁」)

"아까 산에서 막걸리를 마셨는데, 섞어서 괜찮을랑가 모르겠소?"

교장이 작부로부터 건네 받은 유리 술잔을 들여다보면서 말했다.

"막걸리를 자셨습니까? 하 하! 그래서 머리가 아프시그만이라. 요새 도게 탁배기가 뒷이 안 좋습넨다. 그게 보나마나 종만이 짐샌네 신월도게에서 나왔을 텐

디, 요새 그 집 술, 말이 많습넨다."

(중략)

"그렇게 촌에 가면 집집마다 밀주 없는 집이 없심다."

젊은 교사가 숟가락질을 잠시 멈추고 얼른 한마디 했다. 그러자 옆에 앉아 있던 나이 좀 든 그의 동료가 아마도 그 이야기가 그들 둘 사이에 공통되는 지식이었던지, 이렇게 받았다.

"양조장에서는 아예 단속해서 고발할 생각을 안 헙니다. 그 대신 각 부락에다가 매달 한 통이면 한 통, 두 통이면 두 통을 강제로 떠맡깁니다. 그러면 부락에서는 못 이기는 체하고 그것을 받습니다. 그 대신, 인자 책임량을 소모했응께 그 다음날부터는 얼마든지 밀주를 마셔도 상관허지 말라는 그런 툽니다."

1968년 『창작과 비평』에 발표된 서정인의 단편소설 「나주댁」이다. 서정인(徐廷仁: 1936-)은 기지와 냉소가 도처에 번득이는 풍자의 문체로 한국사회의 부정적 측면을 해부하고 비판하는 개성적인 문학세계를 일군 소설가이다. 오랫동안 전북대학교 영문학과에서 강의한 영문학자이기도 하다. 본명은 서정택이다. 대표작에는 「나주댁」, 「강」, 「가위」, 「철쭉제」, 「붕어」, 「의료원」 등의 중단편과 『달궁』, 『봄꽃 겨울 열매』, 『바간의 꿈』 등의 장편이 있다.

「나주댁」은 1962년에서 약 5년에 걸친 작가의 중고등학교 교사 경험에 근거한 것으로 추정되는 작품이다. 초점은 우국충정에 가득 찬 지방 종합고등학교 교장에 대한 풍자이다. 그는 '애국을 전문으로 하는 사람'으로 '첫째, 정열적이고, 둘째, 배타적이며, 셋째, 비생산적'이라는 세 가지 특징을 갖고 있다고 서술자가 야유하는 인물이다. 이처럼 정열적, 배타적인 애국 전문가이니 그의 말과 행동은 휘하의 교사들을 비롯하여 주변의 사람들을 구속하고 억압한다. 드러내놓고 반발하지는 못하지만 반감을 가지는 것은 당연한 일, 애국충정에 가득 찬 그의 한바탕 연설 앞에 교사들이 침묵으로 일관하는 회의 장면이 이를 잘 보여준다.

서술자의 야유기 어린 서술, 작중 인물들의 냉소 품은

말에 의해 이 개성적인 인물의 우국충정으로 넘치는 말과 행동은 거듭 날카롭게 파헤쳐지고 비판된다. 또 있다. 그는 건망증이 심해 오늘 한 말을 내일이면 까맣게 잊어버리는 사람이고, 술과 여자를 좋아하여 어두운 골목 안쪽의 술집과 여관을 남몰래 찾아 어둠 속 쾌락을 즐기는 사람이다. 그가 '옴팍집'의 작부인 나주댁을 만나러 여관을 찾는 것을 부임한 지 얼마 안 되는 젊은 교사가 어둠 속에서 목격하는 삽화가 작품 마지막에 제시되어 있는 것은 그가 어둠 속 쾌락을 즐기는, 겉과 속이 다른 이중성의 인물임을 풍자한다.

이 이중성의 인물이 식목일을 맞아 교사들을 이끌고 식목이라는 애국적 사업을 흐뭇하게 마치고 요릿집에 들렀다. 적당한 노동 뒤이니 비빔밥도 술도 맛있다. 이야기가 풍발한다. 지금은 사라진 밀주 이야기도 그 가운데 들어 있다.

이 땅 밀주 단속의 역사는 매우 오래서 조선조 영조 때까지 거슬러 올라간다. 일제 강점기의 밀주 단속 때문에 상당수 전통주의 맥이 끊기고 말았음은 잘 알려진 사실이다. 이 소설에 나오는 밀주 단속은 1965년에 시행된 '양곡단속법'과 관계된 것으로, 부족한 양곡을 확보한다는 명분을 내세워 정부에서 강력하게 시행하였다. 그러나 아무리 강력해도 빈 곳은 있게 마련, 막걸리를 만들어 공급하는 일을 하는 양조장(술도가, 도가)과 농민이 손잡고 법 밖의 술 곧 밀주를 만드는 일이 성행했다. "그렇께, 술도가에서 농민들허고 협상을 허는 셈이그만. 한 달에 도가 술 암만을 마셔라, 그러고 나서는 밀주를 얼마든지 마셔도 좋다, 이거로구만."이라는 교장의 말이 반세기 전 그때의 이런 현실을 콕 집어 보여준다.

분류 : 문학
색인어 : 나주댁, 서정인, 밀주, 교육계
참고문헌 : 김종철, 「순진성으로서의 인간—서정인 소설 속의 인물들」(문학과지성사, 1976); 이종민 편, 『달궁 가는 길』(서해문집, 2003)
필자 : 정호웅

밀주(1936년 밀주단속)

당연히 밀주 단속 중에 여러 가지 사건이 발생되었는데 1936년 7월 8일 〈조선중앙일보(朝鮮中央日報)〉에서 그중 한 사례를 확인할 수 있다. 한창 농사일이 바쁜 시기인 만큼 농촌의 많은 농가들이 세금을 내지 않고 집에서 밀주를 담그리라고 예상한 마산세무서에서는 1936년 7월 1일 세무서 직원 5-6명을 진해읍 각 지역으로 단속을 보낸다. 단속 중에 세무서 직원들이 석리(石理)에 왔고 그곳에 살던 58세의 홍성녀의 집으로 어떤 여성이 동이를 이고 들어가는 모습을 보게 된다.

이에 직원들은 홍성녀의 집으로 들어와 그 여성을 힐책한다. 옆에 있던 홍성녀는 혹여나 자신에게 밀주를 담갔다는 혐의가 적용될까 두려워 자신의 텃밭에 있던 동이를 깨트렸다. 그러자 직원 중 한 명이었던 이모 씨가 홍성녀에게 왜 밀주 단속을 방해하느냐고 말하면서 홍성녀의 멱살을 잡고 주먹으로 홍성녀를 폭행했다. 그 과정에서 홍성녀는 코와 입에서 피가 나올 정도로 심하게 구타당했고 결국 고소를 준비 중이라는 기사가 신문에까지 실리게 되었다.

분류 : 의례
색인어 : 밀주(「나주댁」); 밀주(1936년 밀주단속); 막걸리(대표); 밀주(대표)
참고문헌 : 〈조선중앙일보〉
필자 : 이민재

박

박은 박목 박과의 한해살이 식물이다. 박의 겉껍질은 말려 바가지로 사용하고 속은 나물, 김치, 장아찌, 탕 등으로 만들어 먹는다. 한자어로는 匏(포)나 瓠(호), 혹은 瓠瓜(호과), 匏瓜(포과)라고 한다.

박으로 만든 대표적인 음식으로는 박나물이 있다. 1766년 유중림(柳重臨: 1705-1771)의 『증보산림경제(增補山林經濟)』와 1830년대 최한기(崔漢綺: 1803-1877)의 『농정회요(農政會要)』는 菜法(채법)이라는 이름으로 박나물을 소개하고 있는데 조리법은 썰어서 데친 박을 기름과 소금으로 버무리는 것으로 모두 동일하다.

1800년대 말 작자 미상의 조리서인 『시의전서(是議全書)』에도 박나물 만드는 법이 나오는데 어린 박의 껍질을 벗기고 얇게 썬 뒤 다진 소고기, 표고버섯, 석이, 실고추, 파와 함께 볶는다. 이때, 간은 진장(진한 간장)으로 하며 볶은 다음에 기름과 깨소금을 넣어 무친다.

박으로 죽을 쑤어 먹기도 했다. 『증보산림경제』와 『농정회요』에는 박으로 만든 죽, 즉 호죽(瓠粥)의 조리법이 기술되어 있는데, 작게 자른 박 조각과 쌀로 죽을 쑨다고 하였으며 돼지고기나 닭고기, 굴을 더하면 맛이 매우 좋다고 하였다.

박으로 끓인 국은 한자어로 포갱(匏羹), 포탕(匏湯), 호갱(瓠羹)이라고 한다. 1500년대 중국 문헌인 가사협(賈思勰: 6세기경)의 『제민요술(齊民要術)』에는 호갱(瓠羹), 즉 박국 만드는 방법이 나오는데, 물에 기름을 넣고 끓인 뒤 소금과 시(豉), 호근(胡芹)을 넣는다고 하였다. 1924년 이용기(李用基: 1870-1933) 『조선무쌍신식요리제법(朝鮮無雙新式料理製法)』에도 박국[匏湯, 포탕] 조리법이 나오는데 박의 속살과 함께 양념한 고기를 맑은 장국으로 끓여먹는다고 하였다. 1931년 〈동아일보〉 기사의 박국 끓이는 법은 『조선무쌍신식요리제법』과 비슷하였는데 다만 밀가루와 달걀을 넣고 만들면 더욱 좋다고 하였다(〈동아일보〉 1931년 8월 28일자).

최근 충청남도의 향토음식으로 회자되는 박속낙지탕은 껍질을 벗긴 박을 납작하게 썰어 낙지와 함께 끓인 것으로 충청남도의 향토음식으로 분류된다. 『한국의 향토음식 100선』에 따르면 박속낙지탕은 충청남도 어촌에서 만들어 먹던 음식을 1970년대경 메뉴로 개발하여 보급하기 시작하였다고 한다. 이 책의 조리법에 따르면 박속낙지탕은 낙지, 박, 바지락, 무, 미나리 등을 재료로 사용하여 만드는데, 우선 박과 낙지를 건져 먹은 뒤에는 칼국수를 넣어 먹는다고 하였다.

한편, 박이 덩굴에 달려있는 모습을 비유하여 한곳에 몸이 매여 있는 것을 瓠瓜(호과)와 같다고 비유하기도 하였다(『조선왕조실록 문종실록』).

분류 : 음식
색인어 : 무, 미나리, 칼국수, 제육, 닭고기, 굴, 낙지, 조선무쌍신식요리제법, 시의전서, 조개
참고문헌 : 가사협, 『제민요술』; 이재호 역, 「문종 즉위년 경오(1450, 경태)」, 『문종실록』(세종대왕기념사업회, 1977); 이용기, 『조선무쌍신식요리제법』(영창서관, 1924); 유중림, 『증보산림경제』; 최한기, 『농정회요』; 작자 미상, 『시의전서』; 『농정회요』; 농촌진흥청 국립과학원 전통한식과, 『한국의 향토음식 100선』(2008); 「료리 (13) 국」, 〈동아일보〉 1931년 8월 28일
필자 : 서모란

바가지

물, 곡식, 장(醬) 등을 푸거나 담을 때 사용하는 용구이

다. 한자어로는 표자(瓢子), 포(匏)라 하였다.

주로 박을 반으로 나누어 속을 파내 만든 바가지와 나무를 판 후 손잡이를 단 바가지가 있다. 만든 재질에 따라 박으로 만든 바가지는 과표자(果瓢子), 나무를 파서 만든 바가지는 목표자(木瓢子), 가죽으로 만든 바가지는 피표자(皮瓢子), 구리로 만든 바가지는 동표자(銅瓢子)라고 한다. 용도에 따라 물바가지, 쌀바가지, 장바가지 등으로도 불리며 다양한 용도로 사용되었다.

해마다 음력 8월경 추수가 끝나고 첫서리가 내릴 즈음, 농가의 지붕 위에 열린 박을 타서 속은 음식으로 먹고 박의 겉껍질은 바가지 등 생활용구로 가공해 사용했다. 또 호리병 모양으로 열리는 조롱박은 손잡이로 쓸 부분이 있어 장류 등을 떠내는 장바가지로 사용했다. 또 바가지에 구멍을 내어 국수로 뽑아내는 용구로 사용하기도 하였다.

바가지는 손쉽게 구할 수 있고 일상적으로 사용하던 물건이라 바가지와 관련된 다양한 속담이 전한다. '바가지를 쓰다', '바가지를 씌우다', '똥바가지를 쓰다', '집에서 새는 바가지는 들에 가도 샌다', '함박 시키면 바가지 시키고 바가지 시키면 쪽박 시킨다'는 등의 속담이 전한다.

분류 : 미술
색인어 : 물, 곡식, 박, 쪽박
참고문헌 : 『영조정순왕후가례도감의궤』; 한국학중앙연구원, 『한국민족문화대백과사전』; 『한민족역사문화도감 식생활: 국립민속박물관 소장품』(국립민속박물관, 2007)
필자 : 구혜인

박나물(「흥부의 가난」)

소슬한 찬바람이 유달리
그의 지붕에 많이 돌던 날
박을 타다가 흥부는
이것이었던가 이것이었던가
금은보화(金銀寶貨)로 울었다.

흥부 마누라도

이마에 머리카락이 두어 낱 흐르면서
울음살에 젖었다.

수수한 박나물로 한배 채우고
그러면 족한데요 제왕님!
부잣집 밥먹듯 굶은
이 부황(浮黃)은 내 얼굴에
천명(天命)으로 인(印)찍힌 것인데요.

이 일을 어쩔꼬, 흥부는
짓지도 않은 죄를 떠올리고
벼락 맞듯이 흠칫하였다.

그의 마당에 내려앉은 가을 하늘 한 자락
그것을 이어간 아득히
생시의 꿈,
공중에는 기러기 울음도 떴다.

1963년 10월 『세대』지에 발표된 박재삼(朴在森: 1933-1997)의 작품이다. 박재삼은 한국 전통 서정시의 맥을 잇는 시인으로 '한을 가장 아름답게 성취한 시인', '슬픔의 연금술사'라는 평가를 받고 있다. 1933년 일본 동경에서 태어나 광복 후 가족과 함께 귀국하여 삼천포에서 성장했고, 삼천포고등학교를 거쳐 고

경남 사천시(옛 삼천포)에 있는 박재삼문학관 전경 ⓒ한국관광공사

려대학교 국어국문학과를 다니다 가난 때문에 중도 퇴학했다. 1953년 『문예』에 시조 「강가에서」, 1955년 『현대문학』에 시 「섭리」, 「정적」 등의 작품을 발표하여 등단했다. 시집으로 『춘향이 마음』, 『천년의 바람』, 『뜨거운 달』 등이 있으며, 수필집으로 『아름다운 삶의 무늬』 등이 있다.

이 시는 고대소설 『흥부전』의 이야기를 소재로 하여 가난한 서민인 흥부 부부가 박 속에서 나온 금은보화를 보고 어쩔 줄 몰라 하는 장면을 허구적으로 재구성하여 그려내고 있다. 흥부 부부에게는 가난이 운명처럼 판 박힌 것인데 갑자기 금은보화를 얻게 되니 마치 큰 죄를 지은 듯이 놀랐다는 것이다. 가난한 서민의 진정으로 소박한 마음을 흥부 부부의 상상적 행동을 통해 표현하였다. 이 시에서 박나물은 가난한 흥부가 배를 불리는 데 매우 친숙한 음식으로 설정되었다. 박재삼을 비롯한 그 시대의 서민들은 박나물로 여름의 허기를 달래는 일이 많았을 것이다.

분류 : 문학
색인어 : 흥부의 가난, 박재삼, 박, 박나물
필자 : 이숭원

유제 반상기, 국립민속박물관

반상기

반상기(飯床器)는 식사 때 사용하는 식기 중에서 격식화된 상차림에 사용하는 그릇 일습이다. 반상기는 밥그릇인 발, 국그릇과 숭늉그릇인 대접, 둥근 쟁반, 김치를 담는 보시기와 찌개인 조치를 담는 보시기, 장류를 담는 종지, 반찬 놓은 접시로 구성된다. 반상기는 대체로 대접을 제외하고는 모두 뚜껑을 갖춘 경우가 많다.

19세기 말의 반상기는 쟁첩의 수를 기준으로 3첩, 5첩, 7첩, 구첩반상기를 사용하였다고 한다. 『분원사기공소절목』(1884년 작성, 1894년에 다시 베껴 씀)에 따르면 분원공소에서 첩구개반상기를 제작하였다는 사실을 확인할 수 있다. 분원공소절목의 첩반상기는 칠첩과 오첩 반상기가 있고, 각각 양각장식, 청화장식 그

리고 무문으로 제작되어 조선 후기 다양해진 반상기 제작 양상을 알 수 있다. 이러한 첩반상기는 조선 후기에 제작된 것이지만 밥과 반찬의 양식이 형성된 시기는 늦어도 삼국시대 후기로 추정된다. 삼국시대나 고려시대에는 완, 발, 합 등의 기형이 조선시대에 점차 기능과 형태가 분화된 것으로 보인다. 반상기의 재질은 보통 놋쇠나 백자로 제작되지만 은을 사용하는 경우도 있다. 조선 후기 고급반상기의 사용이 확대되자 이를 제재하는 조치도 확인된다. 예를 들어 정조 대 기록 중 조정 신하들이 고급 백자로 제작된 갑번(匣燔)반상기를 쓰고 심지어 하인들도 본받는 자들이 있다는 언급이 등장하고 갑번 그릇 두 어개 값이 유기 반상기 전체와 맞먹는다는 내용도 언급되어 정조 대에 이미 고급 백자로 제작된 반상기가 유행하고 있었다는 것을 알 수 있다. 신분을 가리지 않고 고급 식기를 사용하려는 욕구가 늘어나자 조정에서 이를 제재하려는 조치가 내려지기도 하였다.

현대에는 한때 편리한 스테인리스 반상기가 사용되기도 했으나, 점차 백자나 유기반상기를 고급 생활식기로 사용하려는 추세가 늘어나고 있다.

분류 : 미술
색인어 : 반상, 발, 대접, 쟁반, 보시기, 종지, 접시, 쟁첩, 3첩, 5첩, 7첩, 9첩, 밥그릇
참고문헌 : 『분원사기공소절목』; 『일성록』 정조17년 11월 27일; 김상보, 『상차림문화』(기파랑, 2010); 구혜인, 「분원공소기(分院貢所期) 왕실용 백자의 진상체계와 진상용 백자의 성격-『분원자기공소절목』과 『하재일기』의 비교분석을 통해-」, 『역사와 담론 81』(호서사학회, 2017)
필자 : 구혜인

반상식도(『시의전서』)

1800년대 말에 나온 『시의전서(是議全書)』라는 책의 뒷부분 두 면에는 「반상식도」라는 제목으로 구첩반상, 칠첩반상, 오첩반상, 술상, 곁상, 신선로상, 입맷상의 음식 배치도가 그려져 있다. 작은 원마다 작은 글씨로 음식명을 하나씩 적어 여러 개의 원을 모아놓아 동그란 상 위 그릇에 담긴 음식을 표현하거나 사각형 안에 여러 가지 음식명을 나열하여 상차림에 놓은 음식을 표현했다.

「반상식도」에는 9첩, 7첩, 오첩반상의 음식 구성과 배치된 모습이 그려져 있다. 반상에서 첩수는 밥, 국, 김치, 조치, 장 등을 제외하고 쟁첩이라는 반찬을 담는 그릇수를 말하며, 이를 헤아려 3첩, 5첩, 7첩, 9첩으로 나눈다. 구첩반상을 보면 아래쪽 중심에 반(밥), 갱(국)이 있고, 가운데에는 생선조치, 양조치, 맑은 조치의 조치류 세 가지와 지령(간장), 겨자, 초(간)장의 장류 세 가지가 있다. 장은 다른 것들보다 작은 원에 쓴 것으로 보아 종지를 표현한 것이다. 그리고 가장자리로 동그랗게 나열된 음식은 오른쪽부터 육구이, 생선구이, 쌈, 나물, 회, 김치, 숙육, 전유어, 좌반, 젓갈이다. 밥, 국, 김치, 조치, 장을 제외하면 반찬 아홉 가지가 정확히 일치한다. 칠첩반상의 내용은 구첩반상에서 조치 한 가지와 찬품에서 구이 한 가지, 전유어가 빠진 것이다. 오첩반상은 7첩에서 조치 한 가지와 쌈, 회의 두 가지 찬과 겨자가 빠진 차림이다.

술상에는 상의 오른쪽부터 진안주와 마른안주, 김치, 정과, 생실과가 놓여 있고, 가운데는 (술)잔, 초(간)장, 주전자(술주전자)가 놓여 있다. 술과 술안주가 되는 음식들로 구성되었다. 그리고 곁상에는 왼쪽부터 전골, 장국, 나물, 계란, 기름종지가 놓여 있다. 곁상은 전골을 끓이기 위한 국물, 건지 등을 놓은 전골상에 해당된다.

신선로상은 작은 상에 신선로와 장국(장국시), 그리고 신선로의 국물과 건지를 뜨기 위한 사시(沙匙: 자루가 짧은 사기 숟가락)가 놓여 있다.

입맷상은 잔치가 진행되는 동안 축하받는 당사자들이 시장하지 않도록 따로 마련하는 국수장국상을 이르는 말이다. 「반상식도」에 제시된 입맷상에는 국수가 중심 아랫부분에 놓여 있고, 가운데 초장이 있다. 오른쪽부터 숙육, 전유어, 찜, 수란, 장김치, 탄평채, 정과, 생실과, 수정과가 나온다.

『시의전서』의 「반상식도」는 1800년대 말에서 1900년대 초기 상차림의 종류와 음식 구성 및 배치형태를 살펴볼 수 있다.

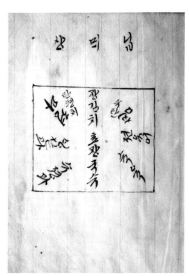
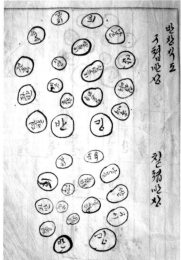
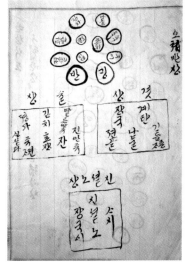

「반상식도」, 「시의전서」 중 일부, 19세기 말, 개인 소장

분류 : 미술
색인어 : 시의전서, 반상식도, 반상, 5첩, 7첩, 9첩, 술상, 신선로상, 입맛상
참고문헌 :『시의전서(是議全書)』
필자 : 이소영

참고문헌 : 충청북도 청주시,『반찬등속』(휴먼컬처아리랑, 2015);「반찬등속' 저자 밝혀져」,〈충청일보〉2013년 3월 2일
필자 : 서모란

발

발(鉢)은 식기 중 깊이가 깊은 그릇이다. 발은 바리[鉢里]로 불리기도 하였다. 재질에 따라 은으로 만들어진 경우 은발(銀鉢), 놋쇠로 만들어진 경우 유발(鍮鉢), 흙으로 만들어진 경우 사발(砂鉢)로 불리기도 하였다. 그 외에 나무를 깎아 만들거나 대오리를 엮어 발을 만들기도 하였다. 발과 대접의 형태를 비교하면, 보통 윗지름이 높이의 두 배 이상이 되면 대접이라 하고 이하이면 발이라 한다. 외형상 대접의 윗지름이 상대적으로 넓으므로 낮고 넓은 그릇이라면, 발은 깊은 형태의 그릇이다. 또 발 중에서 뚜껑을 갖춘 경우는 합이라고도 부른다.

발은 음식에 따라 반발(飯鉢), 약발(藥鉢)이라고 부르기도 하고, 둥근 모양을 따라 주발(周鉢)이라는 이름으로도 불렀다.

발을 계절에 따라 구분해 사용하기도 했다. 예를 들어 영조 대 신하가 '겨울에 드실 약물을 늘 사발에 담는데, 사발은 매우 차가우므로 목발(木鉢)에 담는 것이 좋겠다.'고 하는 의견에 영조가 허락하였다. 그러면서 목발에 담으려면 1제(劑)의 양이 많으니 목발을 꽤 크게 만들어 들이라고 하교하였다. 이처럼 발의 재질이 가진 전도율에 따라 계절을 구분해 썼다는 사실을 알 수 있다.

발, 높이 11cm, 조선, 국립민속박물관

반찬등속(한글 조리서)

밀양 손씨,『반찬등속』표지, 19.5×20.5cm, 1913년, 국립민속박물관

1910년대 제작된 것으로 알려진 한글 조리서『반찬등속』은 19세기 말 전주 강씨 집안의 며느리인 밀양 손씨(密陽 孫氏: ?-?)가 저술한 내용을 후손이 1913년 필사하여 제작했다고 알려져 있는 요리책이다. 겉표지에는 '반찬하는 등속'이라는 한글과 함께 '文字冊(문자책)'이라는 제목이 병기되어 있다. 책은 한글로 쓰인 조리법 부분과 한자로 표기된 단어, 사자성어 등으로 구성되어 있어 책 표지에 적힌 두 개의 상이한 제목인 '반찬하는 등속'과 '문자책'의 내용이 공존함을 알 수 있다. 한편 본문에는 '반찬등속'이라 적혀 있는데 충청북도 청주시를 비롯하여 연구논문에서는『반찬등속』이라는 명칭을 주요 사용한다.

이 책에 수록된 음식의 종류는 김치, 떡, 과줄(기름을 사용해 지진 과자류), 안주, 음료, 술 등으로 다양하다. 오이김치와 깍두기에는 고추를 다져 넣거나 건고추를 부수어 넣었고 배추짠지라고 부르는 배추김치에는 실고추만 조금 넣은 것이 특징이다. 인절미에 지단과 콩고물을 함께 묻힌 '화병'이라는 음식도 눈에 띈다. 만두는 메밀가루를 이용해 만두피를 만들고 고기, 배추, 비지로 만든 소를 넣어 빚어서 물에 삶아 만든다. 술 빚는 법으로는 과주, 약주, 연잎술이 등장한다.

분류 : 문헌
색인어 : 반찬등속, 밀양 손씨, 화병, 배추김치, 과줄, 깍두기, 인절미

분류 : 미술
색인어 : 밥, 대접, 음식
참고문헌 :『승정원일기』영조 16년 11월 23일; 한국학중앙연구원,
『한국민족문화대백과사전』;『한민족역사문화도감 식생활: 국립민속
박물관 소장품』(국립민속박물관, 2007)
필자 : 구혜인

밤

밤은 밤나무의 열매이다. 한자로는 율(栗) 혹은 율자
(栗子)라고 쓴다. 유희(柳僖: 1773-1837)는『물명고
(物名攷)』에서 밤송이를 부르는 한자로 구휘(毬彙),
포(苞), 모각(毛殼), 율방(栗房). 율봉(栗蓬) 등이 있
다고 했다. 밤 중에서 작은 것은 산율(山栗)이라고 적
었다. 허균(許筠: 1569-1618)은『성소부부고(惺所覆
瓿藁)』의『도문대작(屠門大嚼)』에서 당시 유명했던
밤 산지로 경상도 상주(尙州)를 꼽았다. 상주에서 나
는 밤은 작은데 껍질이 저절로 벗겨져 속칭 겉밤이라
고 한다고 했다. 상주 밤 다음으로 밀양(密陽)의 밤이
크고 맛이 가장 좋다고 적었다. 지리산에서 나는 밤은
주먹만큼 크다고 하였다. 밤은 조선시대 제사에 빠지
면 안 되는 제물이었기 때문에 선비들의 살림집 마당
이나 선산에 밤나무가 많았다. 1924년 출판된『조선
무쌍신식요리제법(朝鮮無雙新式料理製法)』에는 밤
밥·밤엿·밤경단·밤단자·밤떡 등의 조리법이 나온다.

분류 : 식재료
색인어 : 두(제기), 떡, 밥, 제사음식
참고문헌 :『물명고(物名攷)』;『도문대작(屠門大嚼)』
필자 : 주영하

구운 밤(『천예록』)

조선시대 김수익(金壽翼)은 집이 창동에 있었다. 젊
은 시절의 어느 겨울밤이었다. 책을 읽다가 배가 고
파 아내더러 밥을 달라고 했더니 아내는, "집에 먹을
만한 저녁 찬은 없고 밤알 일고여덟뿐이에요. 곧 구워
서 드릴 테니 조금이나마 요기가 될 거예요."라고 하
였다. 이때 하인들은 모두 밖에서 묵고 있었기에 시킬
만한 자가 없었다. 하는 수 없이 아내가 직접 부엌으
로 가서 불을 지펴 밤을 구웠다. 그동안 김 공은 배고

품을 참고 책을 읽으면서 가져오기를 기다렸다. 이윽
고 아내는 노송나무 그릇에 구운 밤을 담아 문을 열고
들어왔다. 김 공은 밤을 받아 까서 먹고, 아내는 책상
머리에 앉아 있었다. 김 공이 막 다 먹어갈 즈음 문을
열고 들어오는 사람이 또 있었다. 고개를 들어 보니
또 다른 아내가 그릇에 구운 밤을 담아서 들어오는 것
이 아닌가? 등불 아래에서 살펴보니 아내들이 조금의
차이도 없이 똑같았다. 두 아내도 서로에게 놀라워하
며 "이런 변고가 있나? 변고가…" "이런 요망한 일이
있나? 요망한…" 이러는 것이었다. 김 공은 다시 구운
밤을 받아들고는 한편으로 밤을 먹고 한편으론 두 아
내의 손을 잡았다. 오른손으로는 처음 온 아내의 손을
잡고, 왼손으로는 나중에 온 아내의 손을 잡고서 빠져
나가지 못하게 하면서 아침이 오기만을 기다렸다. 새
벽닭이 울고 동방이 점점 밝아져 왔다. 그러자 오른손
에 잡힌 아내가 갑자기 소리를 질렀다. "어째서 이렇
게 아프게 붙잡고 계세요? 빨리 내 손 놔줘요." 하면
서 발버둥을 쳤다. 김 공은 더욱 꽉 붙잡고 놓아주질
않았다. 얼마 후 갑자기 혼절하며 원래 모습으로 변하
였는데, 그건 바로 한 마리 큰 이리였다. 김 공은 너무
놀라 자기도 모르게 잡고 있던 손이 풀렸고 그 사이에
이리는 자취를 감추고 말았다. 이후 김 공은 그때 묶
어서 잡아두지 못한 것을 두고두고 아쉬워하고 애석
해했다고 한다.

이렇게 기록한 뒤 편찬자는 다음과 같은 평을 달았다.
"여우가 여인의 모습으로 변하여 사람을 유혹시킨 일
은『태평광기』나 옛 이야기책에 많이 나온다. "…이리
가 변한 일은 여우의 경우보다 더 괴상한 예로, 일찍
이 듣지 못한 것이다. 그러니 김 공이 이리를 만난 일
은 큰 변괴가 아니겠는가? 여우나 이리가 이렇게 변할
수 있는 데는 어떤 술수가 있어서일까? 그 이치를 궁
구해 보아도 알 길이 없다. 전하는 바에 의하면 여우
에게는 부서(符書)가 있어 이것을 가지고 요상한 짓거
리를 한다고 하는데, 정말 그런가? 설마 그럴 리가!"
위 일화는『천예록』에 실려 있다.『천예록』은 조선시

대 임방(任埅: 1640-1724)이 저술한 야담집이다. 유몽인(柳夢寅: 1559-1623)의 『어우야담』 이후에 편찬된 초기 야담집으로서 후대 야담집의 형성에 큰 영향을 미쳤다. 『어우야담』에는 특정 소재에 국한되지 않고 다양한 이야기가 실려 있지만, 『천예록』에는 특히 민간에 떠도는 기이한 이야기가 많이 실려 있다는 특징이 있다.

한편, 허균(許筠: 1569-1618)의 『도문대작(屠門大嚼)』에는 '밤'에 대해 '상주(尙州)에서 나는 밤은 작은데 껍질이 저절로 벗겨져 속칭 겉밤이라고 한다. 그 다음은 밀양(密陽)에서 나는 밤이 크고 맛이 가장 좋고, 지리산에서도 주먹만 한 큰 밤이 난다고 한다.'라고 기록되어 있다.

분류 : 문학
색인어 : 구운 밤, 천예록, 임방, 도문대작
참고문헌 : 임방 저, 정환국 역, 『천예록』(성균관대출판부, 2005)
필자 : 차충환

군밤(「군밤타령」)

바람이 분다 바람이 분다 연평(延平) 바다에 어허얼사 돈바람 분다

얼싸 좋네 아하 좋네 아하 좋네 군밤이여 에라 생률(生栗) 밤이로구나(후렴)

나는 총각 너는 처녀 처녀와 총각이 잘 놀아난다 잘 놀아나요

대중들에게 많이 알려진 노래가 바로 「군밤타령」이다. 군밤타령은 신민요로 언제부터 불렸는지는 확실하지 않지만, 일제 강점기에 나온 여러 가사집에도 일체 보이지 않는다는 것을 감안하면 1940년대 이후에 정착된 소리로 보인다. 후렴에 군밤이 나오기에 「군밤타령」이라 한다.

군밤은 겨울밤의 야식이나 대표적인 군것질거리였겠지만, 군밤장수가 등장하여 상업적으로 군밤을 팔았던 시기는 개화기 이후로 보인다. 1925년 〈동아일보〉에 연재된 이광수의 『재생(再生)』이라는 소설을 보면, "군밤장수 아이들이 언 손으로 다 떨어진 부채로 풍로에 숯불을 붓치면서 '군밤사리렛다 군밤야' 하는 소리조차 얼어붙을 듯하다."는 묘사가 있는 것을 보면, 1925년 당시에는 상업적으로 군밤을 구워서 팔았다는 것을 알 수 있다. 1929년에 발표된 이태준의 단편 「행복」에도 군밤장

이광수의 소설 「재생」은 영화로 제작되기도 했다. 1969년 강대진 감독이 만든 영화 포스터.

수(황영감)가 등장하는 것을 보면 1920년대 겨울밤의 대표적인 야식이 바로 군밤이었다고 할 수 있다.

위의 노래는 쉬운 가사와 쉬운 음률로 해서 대중들이 손쉽게 민요를 접할 수 있는 대표적인 곡이어서 여러 대중가수가 음반을 취입한 곡이기도 하다. 이와 비슷한 신민요로 「도라지타령」을 꼽을 수 있다. 군밤이나 도라지나 모두 손쉽게 접근할 수 있는 친근한 식재료이며, 노래 또한 쉬워서 대중들의 사랑을 받았다.

분류 : 문학
색인어 : 군밤, 군밤타령, 도라지타령, 군밤장수, 경기민요, 야식, 군것질거리, 군밤장수, 이광수, 이태준
참고문헌 : 하응백, 『창악집성』(휴먼앤북스, 2011)
필자 : 하응백

군밤(송인)

창밖에 정히 북풍한설이 요란한데
화로를 끼고 앉아 밤을 구워 먹는다
매 사냥 나설 것 무엇 있겠는가
내 평생소원 이로써 다하였는데
窓外正風雪 圍爐坐燒栗
不用臂蒼去 志願於玆畢

*송인, 「눈 내린 후[雪後和淸川太益絶句]」

송인(宋寅: 1517-1584)은 본관이 여산(礪山)이고, 자는 명중(明仲), 호는 이암(頤庵)이다. 중종의 부마가

되어 여성위(礪城尉)에 봉해졌으며 동호(東湖)에 수월정(水月亭)을 짓고 풍류를 즐긴 고사가 알려져 있다. 문집 『이암집(頤庵集)』이 전한다. 이 작품은 북풍한설이 매서운 한겨울 화로를 끼고 앉아 밤을 구워 먹는 즐거움을 노래한 오언절구다.

조선 전기의 문인 서거정(徐居正: 1420-1488)이 지은 『태평한화(太平閑話)』에는 정도전(鄭道傳)과 이숭인(李崇仁), 권근(權近)이 꿈꾼 삶에 대한 이야기가 실려 있다. 정도전은 북방에 눈이 휘날릴 때 가죽옷을 입고 준마에 올라타서 누런 사냥개를 끌고 푸른 사냥매를 팔뚝에 얹은 채 들판을 달리며 사냥하는 것이 가장 즐겁다고 하였다. 이숭인은 산속 조용한 방 안의 밝은 창가에서 정갈한 탁자 위에 향을 피우고 스님과 차를 끓이면서 함께 시를 짓는 것이 제일 즐거운 일이라 하였다. 마지막으로 권근은 "흰 구름이 뜰에 가득하고 붉은 햇살이 창에 비칠 때 따스한 온돌방에 병풍을 두르고 화로를 끼고서 책 한 권을 들고 편안히 누워 있는데, 아름다운 여인이 부드러운 손으로 수를 놓다가 가끔 바느질을 멈추고 밤을 구워서 입에 넣어주는 것이 최고의 즐거움이겠지요." 이렇게 답하였다. 추운 겨울 무엇이 가장 즐거운 일이겠는가? 정도전처럼 북풍한설을 무릅쓰고 팔뚝에 매를 올려 광야를 치달리면서 사냥을 하는 일이 통쾌하지만 지금은 따라하기 어려운 꿈이다. 이숭인처럼 스님과 차를 마시면서 함께 시를 짓는 일은 부럽지만 이 역시 따라하기 쉽지 않은 운치이다.

그래도 권근의 꿈은 비슷하게 따라할 수 있지 않을까. 따스한 방 안에 누워 마음 가는 대로 책을 하나 뽑아 읽는다. 아내는 뜨개질을 하다가 잠시 손을 멈추고 밤을 구워 입에 넣어준다. 참으로 훈훈한 풍경이다. 조선 중기의 시인 구용(具容: 1569-1601)은 아내와 그렇게 살았다. "나락은 타작마당에 올리고 나니, 맑은 서리에 나뭇잎이 시들어가네. 동산에는 나날이 흥취가 생겨나니, 명아주 지팡이 짚고 나들이 나선다. 땅에는 배와 대추 섞여 떨어지는데, 한가하게 마음대로 주워 보노라. 산속의 아내 또한 별 일이 없어서, 재를 휘저어 밤을 구워내네[禾稼已登場 清霜凋木葉 園中日成趣 杖藜移步屧 落地雜梨棗 閑行隨意拾 山妻亦無事 撥灰燒栗甲]."라 하였다.

신익성(申翊聖: 1588-1644)은 영의정을 지낸 신흠(申欽)의 아들이요, 선조의 부마가 되었으니 부귀영화를 누릴 만하였지만, 밤을 구워 먹으면서 청빈의 삶을 자랑하였다. 「화로를 끼고 밤을 구우면서[擁爐燒栗]」에서 "질화로에 마들가리 이글거려, 한 굽이 봄기운을 붙들어두었네. 깎은 밤 붉은 불덩이에 던지니, 산속의 재산이 가난한 것은 아니라네[土爐熾枇榲 一曲留陽春 剝栗撥紅焰 山資未是貧]."라 하였다. 겨울밤 화로를 끼고 앉아 밤을 구워 먹는 것만으로도 작은 행복을 누릴 수 있다.

분류 : 문학
색인어 : 밤, 군밤, 송인, 정도전, 이숭인, 권근, 구용, 신익성
참고문헌 : 송인, 『이암집』; 서거정, 『태평한화』; 구용, 『죽창유고』; 신익성, 『낙전당집』; 이종묵, 『한시마중』(태학사, 2012)
필자 : 이종묵

생률(「우리나라 여인들은」)

우리나라 여인들은 오월달이로다. 기쁨이로다.
여인들은 꽃 속에서 나오도다. 짚단 속에서 나오도다.
수풀에서, 물에서, 뛰어나오도다.
여인들은 산과실(山果實)처럼 붉도다.
바다에서 주운 바둑돌 향기로다.
난류처럼 따뜻하도다.
여인들은 양에게 푸른 풀을 먹이는도다.
소에게 시냇물을 마시우는도다.
오리 알, 흰 알을, 기르는도다.
여인들은 원앙새 수를 놓도다.
여인들은 맨발벗기를 좋아하도다. 부끄러워하도다.
여인들은 어머니 머리를 가르는도다.
아버지 수염을 자랑하는도다. 놀려대는도다.
여인들은 생률(生栗)도, 호두도, 딸기도, 감자도, 잘 먹는도다.
여인들은 팔굽이가 동글도다. 이마가 희도다.
머리는 봄풀이로다. 어깨는 보름달이로다.

여인들은 성(城) 위에 서도다. 거리로 달리도다.
공회당(公會堂)에 모이도다.
여인들은 소프라노로다 바람이로다.
흙이로다. 눈이로다. 불이로다.
여인들은 까아만 눈으로 인사하는도다.
입으로 대답하는도다.
유월볕 한낮에 돌아가는 해바라기 송이처럼,
하나님께 숙이도다.
여인들은 푸르다. 사철나무로다.
여인들은 우물을 깨끗이 하도다.
점심밥을 잘 싸 주도다. 수통에 더운 물을 담아주도다.
여인들은 시험관을 비추도다. 원을 그리도다. 선을 치
도다.
기상대에 붉은 기를 달도다.
여인들은 바다를 좋아하도다. 만국지도를 좋아하도다.
나라 지도가 무슨 ××로 ×한 지를 아는도다.
무슨 물감으로 물들일 줄을 아는도다.
여인들은 산을 좋아하도다. 망원경을 좋아하도다.
거리를 측정하도다. 원근을 조준(照準)하도다.
×××로 서도다. ××하도다.
여인들은 ××와 자유와 기(旗)ㅅ발 아래로 비둘기처
럼 흩어지도다.
××와 ××와 기(旗)ㅅ발 아래로 참벌떼처럼 모여들
도다.
우리 ×× 여인들은 ×××이로다. 햇빛이로다.

1928년 5월『조선지광』지에 발표된 정지용(鄭芝溶:
1902-1950)의 시「우리나라 여인들은」이다. 정지용은
휘문고보를 졸업하고 일본으로 건너가 교토의 도시
샤대학[同志社大學] 영문과에 재학 중이던 1926년 6
월 유학생 잡지인『학조(學潮)』에 시「카페 프랑쓰」,
「슬픈 인상화」등을 발표하면서 본격적인 작품활동
을 시작했다. 1930년 김영랑, 박용철 등과『시문학』
동인으로 활동했으며, 1933년『가톨릭청년』편집주
간을 맡았다. 서구적 감각의 시로 출발하여 정결한 정
신 추구의 자연시로 전환하면서 일제 강점기 최고의

시인으로 평가되었다. 해방 후 이화여전 교수,〈경향
신문〉주필을 역임하였으나 1950년 6·25전쟁 중 북한
공산군에 끌려간 뒤 행방불명되었다. 시집으로『정지
용 시집』,『백록담』,『지용시선』등이 있으며, 산문집
으로『지용문학독본』,『산문』등이 있다.
이 시는 우리나라 여인들을 예찬한 작품이다. 우리나
라 여인들이 이루 헤아릴 수 없을 정도로 많은 일들을
하고 있음을 노래하여 우리나라 여인들이 지닌 다양
한 능력과 무한한 가능성을 그려냈다. 이 시는 저항적
내용의 시가 아닌데도 많은 어구들이 삭제된 상태로
발표되었는데, 이것을 보면 당시 일본 총독부의 검열
이 심했음을 알 수 있다. 이 시에 등장하는 생률이나
호두는 당시 생활상으로 볼 때 귀한 음식인데 우리나
라 여인들의 생활수준이 향상되기를 바라는 마음으
로 이러한 소재를 사용했을 것이다.

분류 : 문학
색인어 : 우리나라 여인들은, 정지용, 산과실, 오리 알, 생률, 호두, 딸
기, 감자, 점심밥
참고문헌 : 이숭원,『정지용 시의 심층적 탐구』(태학사, 1999)
필자 : 이숭원

밥

밥이라는 단어는 한국어 속에서 다른 방언을 찾기 어
려운데 이는 밥이라는 단어가 단일한 계통에서 생겨
난 단어가 다른 변이 없이 사용되고 있음을 뜻한다.
밥의 한자 표기는 주로 반(飯)으로 표기되고 있다(한
성우, 2016).
밥은 크게 두 가지 의미로 사용된다. 좁게 본다면 곡
물을 낟알 형태를 유지한 상태로 도정한 후 그 낟알
을 씻어 용기 안에 물과 함께 끓이는데 이때 낟알들이
그 형태를 유지하고 있는 음식을 뜻한다. '언제 한번
같이 밥 먹자'라는 문장은 밥이라는 단어는 넓은 의미
에서 식사 더 나아가 음식 전반을 가리킨다. 이 글에
서는 좁은 의미에서 밥만을 대상으로 한다.
밥은 한국에서뿐 아니라 전 세계에서 만들어 먹는데
이시게 나오미치[石毛直道]는 쌀을 먹는 문화권에서

밥 만드는 방식을 크게 3가지 방식으로 구분했다. 첫 번째 방법은 물을 많이 넣은 용기에 쌀을 넣어 끓이고 남은 물을 버린다. 그후 약한 불로 끓여 완성시키는 법이 있다. 두 번째 방법은 쌀 종류에 따라 다르지만 자포니카 계통의 쌀일 경우 물을 쌀의 1.2-1.3배 분량 정도로 용기에 넣고 불조절을 통해 밥을 완성시키는 방법이 있다. 마지막으로는 주로 찹쌀류를 밥으로 만드는 방법으로 쌀을 물에 넣어 충분히 불린 후 찜기에 넣어 쪄서 만든다.

현재 한국의 경우 위에서 설명한 방식 중 두 번째 방식으로 밥을 만드는데 한국역사에서 이 같은 방식으로 밥을 짓기 시작한 시기를 문헌을 통해 정확히 추정하기는 어렵다. 하지만 삼국시대 고분과 유적들에서 출토되는 솥으로 추정하건대 삼국시대 철이 농사도구·생활도구들을 만드는 데 쓰일 만큼 보급되면서 철로 만든 솥 역시 널리 쓰였고 지금과 비슷하게 솥을 이용해 물과 불을 조절하는 방식으로 밥을 지었다고 생각된다.

한국의 속담에는 밥 짓기를 주제로 한 속담도 남아 있다. '밥이 다 된 가마는 끓지 않는다'라는 속담은 밥이 다 되면 더 이상 가마 안에 남아 있는 물이 없기 때문에 끓지 않음에 빗대어 어떤 일이 편안히 잘 진행되고 있다면 오히려 조용함을 뜻한다. 그리고 '밥인지 죽인지는 솥두껑을 열어 보아야 안다'는 말 역시 물 조절, 불 조절에 따라 밥이 될 수도 있고 죽이 될 수도 있기에 일이 끝나기 이전부터 이러쿵, 저러쿵 할 필요가 없음을 뜻한다.

조선시대 밥이 지니는 의미를 잘 드러내는 예가 바로 조선 중기 4대 문장가로 알려진 이정구(李廷龜: 1564-1635)의 일화이다. 이 일화는 1789년 연행사로 갔던 서유문(徐有聞: 1762-1822)이 남긴 『무오연행록』에 기록되어 있다. 이 기록에 따르면 명나라에 사신으로 갔던 이정구가 명나라 재상의 초대를 받고 그의 집으로 찾아갔다. 하지만 재상은 공무를 수행하기 위해 나가고 없었다. 돌아가려는 이정구를 재상의 집안사람이 붙잡아 주찬을 대접하였는데 이정구가 아직 식전

이라 하고 돌아가려 하니 다시 재상의 집안사람이 떡과 과일을 내와서 대접했다. 얼마 뒤 이정구는 다시 식전이라 하고 돌아가려 하는데 재상의 집안사람은 이정구가 배가 고파서 식전이라고 말한다고 생각해서 오전에 4-5번 음식을 대접한다. 하지만 이정구 역시 끝까지 식전이라고 말하면서 결국 돌아갔다. 이 이야기를 전해들은 명나라 재상이 조선사람들은 원래 밥을 먹지 않으면 굶는다고 생각하는데 미리 말해두지 않은 자신을 책망했다는 이야기이다. 이정구의 이야기와 같이 서유문 자신이 보기에도 청나라 사람들은 밥을 중요하게 여기지 않고 떡과 같은 다른 음식으로 아침, 저녁을 대신하기 때문에 청나라 사람들 관점에서 밥을 많이 먹는 조선사람들이 위태롭게 보일 수도 있겠다고 평한다(주영하, 2011). 이처럼 이정구와 서유문 사이에 약 200여 년의 시간 차이가 있지만 조선인의 식사에서 밥이 가지는 중요성은 변하지 않았다. 한반도 내 문화 속에서 밥은 그 상징적 의미만큼이나 양적으로도 중요했다. 『성호사설』에는 유구국 사람들이 표류하여 온 조선인에게 "너희의 풍속은 항상 큰 주발에 쇠숟가락으로 밥을 떠서 실컷 먹으니 어찌 가난하지 않겠는가."라고 비웃었다는 일화가 기록되어 있다.

19세 이후 본격적으로 들어온 선교사들도 조선인들이 밥을 많이 먹었다는 기록을 많이 남겼다. 프랑스 선교사들이 남긴 기록에는 조선인은 계층을 가리지 않고 식사의 양을 중시하였다. 특히 아이들이 밥을 먹는 것을 보고 배를 두들겨 배가 꽉 찼을 때만 먹는 것

각종 반찬과 함께 차려진 밥상ⓒ하응백

을 중지시켰다고 묘사했다(조현범, 2002).『조선잡기』를 쓴 혼마 규스케[本間九介: 1869-1919]도 조선 사람은 일본인이면 절반이면 만족할 양의 밥을 두 그릇이나 먹은 후에 만족했다고 서술했다. 19세기 이후 서양인과 일본인의 기록은 조선을 야만이라 규정하고 자신은 문명이라 여기는 오리엔탈리즘적 시선을 고려하면서 분석해야 한다. 다만, 조선인의 일상식사에서 밥이 양적으로 상당히 중요했음을 타자의 시선을 통해 어느 정도 확인할 수 있다.

하지만 밥이라고 해서 다 같은 밥은 아니었다. 밥 사이에도 분명한 위계가 존재했다. 이 위계는 곡물의 위계와 일치한다. 곡물 사이 위계는 조선시대 지식인들 사이에서도 여러 의견이 있지만 적어도 조선 후기 이후 벼가 다른 곡물보다 확실한 우위를 차지한 것은 분명하다(배영동, 1998). 이 같은 배경 속에서 쌀밥을 가장 좋은 밥이 되고 보리·조·기장 등 잡곡으로 지은 밥들은 그보다 못한 밥이 된다. 그래서 '밥을 굶어도 조밥을 굶지 말고 흰쌀밥을 굶으라'와 같은 속담도 생겼다. 이 속담의 의미는 이왕이면 마음을 크게 먹고 잘될 생각을 해야 한다는 말인데 이 속담 속에서도 흰쌀밥이 조밥보다 위계가 높은 음식임을 확인할 수 있다. 실제로 쌀이 부족하던 1950-1960년대까지도 농촌 가정 내에서는 쌀밥은 오직 제사상, 생일날, 명절 등과 같은 특별한 날 먹는 비일상적 음식이었고 일상적 식사 속에서도 같은 솥에서 밥을 했다고 하여도 연장자·남성들은 쌀이 많이 들어간 밥을 받았고 여성·어린아이는 잡곡으로 지은 밥을 먹어야만 했다. 물론 쌀내에서도 좋은 쌀과 좋지 않은 쌀에 대한 구분이 있고 이로 인해 밥의 위계 또한 정해졌다.

밥이 양적으로도 질적으로도 중요했던 한국의 일상은 쌀 자급을 이루고 경제 성장과 도시화가 어느 정도 완성되어 가는 1980년대를 기점으로 변화했다. 이전까지 밥을 중심으로 구성되었던 상차림 구조가 반찬과 일품요리가 중심이 되는 상차림으로 변화했다(주영하, 2011). 당연히 밥에도 큰 변화가 생긴다. 2017년 현재 1인당 양곡소비량은 70.9kg으로 꾸준히 감소하는 추세에 있다. 이는 식민지시기부터 1970년대까지 이어져오던 절미운동과 함께 1970년대 밥공기 규격화와 그 안에 담기는 밥의 양까지 규제하려고 했던 한국정부의 정책과 함께 탄수화물 섭취에 관련한 건강담론 등에 힘입은 바가 컸다(주영하, 2018). 그리고 밥의 위계에도 변화가 찾아오는데 오랜 기간 밥의 위계 속에서 가장 높은 위치를 점하고 있던 쌀밥은 1980년대 이후 대부분 사람들이 일상적으로 먹을 수 있는 음식이 되면서 그 위상이 점차 떨어졌고 오히려 잡곡을 넣어서 지은 밥들이 건강담론과 함께 그 위상이 높아지는 내부적 변화도 겪고 있다.

분류 : 음식
색인어 : 보리, 기장, 조
참고문헌 : 서유문,『무오연행록』; 이익 저·이기석 외 2명 역,『성호사설』6(민족문화추진회, 1978); 주영하,『식탁 위의 한국사』(휴머니스트, 2011); 배영동,「오곡개념과 그 중시의 배경」,『민속연구』(1998); 혼마 규스케 저·최혜주 역,『조선잡기-일본인의 조선정탐록』(김영사, 2008); 주영하,「한국의 음식-밥을 아니 먹으면 굶은 것이다」,『한국학의 즐거움』(휴머니스트, 2011); 주영하,『한국인은 왜 이렇게 먹을까』(휴머니스트, 2018); 石毛直道,『日本食文化史』(岩波書店, 2017).
필자 : 이민재

강피밥(『노을』)

아버지는 표주박의 소 피를 떠내어 서너 모금을 벌컥벌컥 마셨다. 아주 맛이 좋다는 얼굴로 나를 쳐다보았다. 아버지의 피 묻은 벌건 입술이 징그러웠다. 사나운 들짐승같이 피를 마신 아버지 꼴이 흉측했다. (중략) 우리 형제가 아버지의 눈에 그렇게 더없이 불쌍하게 비칠 적도 있는 모양이었다. 그래서 우리 형제는 아버지가 기분 좋은 낯짝을 하고 있을 때는 그런 점을 감 잡아 태깔을 부리곤 했던 것이다.

"자슥, 저 비틀어진 몸꼬라지 바라. 저걸 어데다 쓰묵겠노."

나는 아버지를 째려보며 입속말로 깐족거렸다. 꽁보리밥은 고사하고 강피밥도 삼시 세 끼를 제대로 못 먹이는 주제에 자식 몸 걱정. 써서 못 먹는담 말아 먹지. 말아 못 먹는담 비벼먹고. 저런 허깨비 같은 아버지가 이 세상에 몇이나 될라구.

1977년부터 일 년 동안『현대문학』에 연재된 김원일

의 장편소설이다. 김원일(金源一: 1942-)은 일제강점과 분단의 역사를 다룬 소설, 국가권력의 폭력성을 파헤친 소설 등에서 큰 성취를 이룬 소설가이다. 대표작에 「어둠의 혼」, 「도요새에 관한 몽상」, 「환멸을 찾아서」, 「마음의 감옥」, 「푸른 혼」 연작, 「오마니 별」 등의 중단편과 『노을』, 『불의 제전』, 『바람과 강』, 『겨울 골짜기』, 『늘푸른 소나무』 등의 장편이 있다.

『노을』의 무대는 한국전쟁 직전의 경남 진영이다. 일제 강점기 때부터 좌익운동이 활발했던 곳답게 해방 이후 이 지역에서는 계급투쟁이 격렬하여 곳곳에서 봉화가 오르고 피가 튀었다. 서술자의 아버지는 백정으로 그 투쟁에 온몸을 던져 무수한 사람을 죽이는 사람 백정 노릇을 하다가 끝내는 비참하게 죽었다. 어린 '나'에게 그 시공간은 살기, 굶주림, 열등의식, 자학을 품고 있는 "어둠을 맞는 핏빛 노을"로 기억된다. 다시 돌아보고 싶지 않은 대상일 것임은 자명한 것, 고향을 떠난 이후 그의 삶은 그 과거로부터의 끊임없는 탈주의 연속이었다. 그러나 언제까지 도망칠 수는 없는 것, 마침내 그 과거와 맞대하지 않으면 안 되는 때가 왔다. 그 맞대하기의 순간, 잊고자 애썼지만 완전히 지우지는 못했던 아버지가 억눌렀던 기억을 뚫고 생생하게 되살아났다.

소 피를 벌컥벌컥 마시는 한 백정 사내를 두고 서술자는 '사나운 들짐승' 같다고 했는데, 여기에는 곧 살육의 광기에 휩쓸려 미친 칼춤을 추게 되는 그의 앞날이 드리워 있다. 하늘에 닿을 듯 높이 쌓인 천민의 한과 자식에게 강피밥 곧 피로만 만든 밥도 제대로 못 먹이는 가난이 키운 분노가 사나운 들짐승의 기세로 내달아 발 닿는 곳마다 피바다를 만들어내게 되는 것이다.

분류 : 문학
색인어 : 노을, 김원일, 소 피, 강피밥
참고문헌 : 권오룡, 『김원일 깊이 읽기』(문학과지성사, 2002); 천이두, 『비극의 현장-김원일의 '노을'』(문학과지성사, 1978); 정호웅, 『다시 읽는 김원일 문학』(예술원, 2009)
필자 : 정호웅

밥(「바위타령」)

배고파 지어놓은 밥에 뉘도 많고 돌도 많다
뉘 많고 돌 많기는 임이 안 계신 탓이로다 그 밥에 어떤 돌이 들었더냐
초벌로 새문안 거지바위 문턱바위 둥글바위 너럭바위 치마바위 감투바위 뱀바위 구렁바위 독사바위 햄금바위 중바위…

전통사회에서 탈곡된 쌀알로 밥을 지을 때는 별도의 절차가 필요했다. 바로 쌀을 '일어야' 하는 것이다. '일다'라는 동사는 곡식이나 사금 따위를 그릇에 담아 물을 붓고 이리저리 흔들어서 쓸 것과 못 쓸 것을 가려내는 행위를 가리킨다. 탈곡된 쌀알이라 하더라도 거기에는 '뉘'나 돌이 있을 수 있다. 뉘는 쓿은쌀 속에 등겨가 벗겨지지 않은 채로 섞인 벼 알갱이를 말한다. 뉘나 돌을 제거하기 위해 쌀을 일어야 한다. 만약 뉘나 돌을 제거하지 않고, 잘 일지 않은 쌀로 밥을 지었을 경우 밥을 먹다가 돌을 씹을 수도 있다. 때문에 반드시 꼼꼼하게 쌀을 일어야 하는 것이다. 그런데 쌀을 이는 절차를 담당한 것은 여자들이었다. 다른 말로 밥을 먹다가 돌이 씹힌다는 것은 그 집에서 음식을 담당하는 여자가 살림 솜씨가 형편없다는 것을 간접적으로 말해주거나, 아니면 여자가 없는 남자들만의 비정상적인 살림살이를 말해주는 것이다.

경기휘몰이잡가 「바위타령」도 배고파 밥을 지었는데 밥을 먹다가 뉘와 돌이 많아서 불평을 하는 내용으로 시작한다. 임이 안 계신 탓에 쌀에 돌이 많다. 쌀알보다 작은 돌이 크면 얼마나 크겠냐마는 상상을 하면서 그 돌은 점점 커지고 마침내 서울과 경기지방, 전국 각지를 돌면서 여러 유명 바위가 된다. 쌀 속의 돌이 바위가 되는 상상은 기본적으로 해학이고, 이 해학성이 경기휘몰이잡가의 한 특성이기도 하다. 이것은 기본적으로 사설시조를 계승하였기에 그 성격이 정해졌다고도 할 수 있다. 장르적 특성의 전수이기도 한 것이다.

이 노래의 마지막 부분을 보면 밥을 먹고 난 뒤 솥에

남은 누룽지에 경복궁 광화문 앞 '해태(海豼) 한 쌍(雙)'이 엉금엉금 버티고 있다. 마지막을 더 웃기는 장면으로 장식하는 것이다. 과장을 통한 해학의 한 전범을 보여준다고 할 것이다.

분류 : 문학
색인어 : 쌀, 밥, 뉘, 돌, 일다(동사), 바위, 바위타령, 경기잡가, 휘몰이잡가, 해태
참고문헌 : 하응백, 『창악집성』(휴먼앤북스, 2011)
필자 : 하응백

밥찌게기를 귀중하게 여깁시다(홍선표)

1931년 만주사변, 그리고 1937년 중일전쟁이 계속되면서 식민지 조선의 식량 사정은 점점 나빠졌다. 조선총독부와 여러 단체에서 쌀을 절약하는 각종 방법을 교육, 선전하는 가운데 1939년 11월 27일자 〈동아일보〉에 홍선표(洪善杓)는 「밥찌게기를 귀중하게 여깁시다」라는 글을 기고한다. 그에 따르면, 당시에도 조선인 가정에서는 경제적으로 어려운 집에서야 밥풀한 알도 남기지 않지만, 조금이라도 여유가 있는 집에서는 '수옥반(水沃飯)' 혹은 '운자백(雲子白)'이라고하는 물에 만 밥을 먹다가 한 숟가락 정도 남기는 일이 허다하였다.

밥을 먹기 시작할 때 밥주발의 뚜껑에다 한 숟갈 정도 밥을 먼저 떠놓고 먹는 것은 곡신(穀神)에게 감사하다는 뜻에서 드리는 정성인데, 물에 만 밥을 남기지 않고 먹는 데는 다른 의미도 있었다. 물에 만 밥을 다 먹으려면 밑에 가라앉은 밥을 모으기 위해 밥그릇을 기울여야 하지만, 밥그릇을 움직이는 것이 곡신에 대해 불경하다고 하여 하지 않으니 자연스레 밥알이 남았던 것이다. 또한 어떤 이들은 집에서 기르는 닭, 개, 돼지에게 줄 양식이 없을까 염려하여 남긴다 하고, 밥이 없어 굶는 사람들이나 걸인들이 밥풀 한 알 남기지 않고 싹싹 긁어 먹는 모습이 가난해 보이므로 거지꼴을 면하고 부유해 보이기 위해 밥을 남긴다는 이들도 있었다. 이와 비슷한 이유로 밥을 남기지 않고 다 먹어버리면 자기는 물론이고 자손까지도 구차해진다는 얘기가 있어 일부러 밥을 남긴다는 것이다. 이에 대해 홍선표는 미신이라고 적극적으로 비판하며, 밥알 하나도 소홀히 여기지 말라는 교훈을 강조하였다.

분류 : 음식
참고문헌 : 〈동아일보〉
필자 : 김혜숙

백가반(『동국세시기』)

정월 대보름에는 푸짐한 음식만큼이나 다양한 의례와 놀이가 행해졌는데, 이들은 대부분 가족의 건강과 행운을 빌고, 한 해의 연운을 점치거나, 풍년을 기원하는 의미를 담고 있었다. 때로 대보름날 행하는 놀이 중에는 음식을 이용한 것들도 있었는데, 대표적인 것이 백가반(百家飯)이다. 백가반이란 이웃집을 찾아다니며 오곡밥을 얻어먹던 풍속으로, 여기서 '백 집'이란 실상은 '여러 집'을 뜻한다. 밥을 여러 집에서 얻어먹을수록 그해 운이 좋고 병에 걸리지 않는다고 믿어서 백가반이라 불렀는데, 이는 곧 여러 사람의 명을 빌려 수명을 연장시키고자 하는 주술적 의미가 담긴 것으로 보인다.

『동국세시기(東國歲時記)』에서 홍석모(洪錫謨: 1781-1857)는 봄을 타서 몸이 마르고 얼굴이 검게 된 아이는 보름날 백가반을 먹어야 효험이 있다고 했다. 그런데 백가반을 먹을 때는 아무렇게나 먹으면 안 되고, 나름의 정해진 방식이 있었다. 백가반을 먹으려면 반드시 절구를 타고 개와 마주 앉아서 개에게 한 숟가락 먹이고 자신도 한 숟가락 먹어야 다시는 병에 걸리지 않는다는 속신이 있었다. 또한 조선 후기의 문인 김려(金鑢: 1766-1822)는 『담정유고(潭庭遺藁)』에서 백가반 먹는 풍경을 재밌게 그려내고 있다. 그는 아이들이 여럿 모여서 손에 바가지를 들고서 이 집 저 집 다니며 밥과 떡을 얻어온 뒤, 절굿공을 타고 앉아 게걸스럽게 밥을 먹는다고 묘사했다. 그러면서 백가반을 춘참(春饞), 혹은 전빈(餞貧)이라 한다고 했다.

분류 : 의례
색인어 : 백가반(百家飯), 춘참(春饞), 전빈(餞貧), 정월 대보름
참고문헌 : 김려 저, 허경진 역, 『담정유고』(평민사, 1997); 유득공 저, 최대림 역, 『경도잡지』(홍신문화사, 2006); 홍석모 저, 최대림 역, 『동

국세시기』(홍신문화사, 2006)
필자 : 양미경

수반(1470년 가뭄)

조선시대 왕들은 가뭄과 같은 자연재해가 생기면 그 책임이 왕 자신에게 있음을 드러내기 위해 자신의 식사를 간소화하는 감선(減膳)을 하거나 육류나 어류를 쓰지 않은 반찬만을 올린 소선(素膳)을 행하기도 했다. 1470년 5월 가뭄이 심하게 들자 성종도 감선을 했고 한명회 등의 신하들이 원래대로 식사할 것을 권했다. 하지만 가뭄이 계속되어 유명한 산과 강에서 기우제를 지내야 할 정도였다.

1470년 5월 29일 성종은 가뭄이 심하므로 왕, 왕비 그리고 왕대비 등에게 낮에 올리는 식사로 수반(水飯)을 올리도록 했다. 이에 1470년 6월 1일 어린 성종을 보좌하며 원상(院相)에 있던 최항(崔恒: 1409-1474)과 김질(金礩: 1422-1478)이 오랫동안 감선을 하고 있는 데다가 낮수라(水刺)까지 수반을 올리도록 한 것은 과하다는 의견을 성종에게 전했다.

그러나 성종은 세종이 풍년이었지만 수반을 올린 적이 있기에 아무런 문제가 없다고 답한다. 이러한 대답에 김질은 수반이 차기 때문에 소화기관에 좋지 않을 수 있다고 다시 한번 건의했지만 성종은 만일 김질의 논리대로라면 수분이 적은 음식들만 먹어야 되느냐고 지적했다.

그렇게 성종은 낮에 수반을 먹고 감선을 하는 식사방식을 7월까지도 계속했는데 같은 해 7월 8일 여러 신하들이 가뭄이 끝나고 곡식들이 익기 시작했으니 원래대로 식사를 할 것을 청했지만 성종은 감선을 한 식사에서도 반찬이 남고 수반을 먹는 것은 날이 덥기 때문이라고 답했다.

수반은 물에 만 밥을 뜻한다. 성종이 수반을 먹자 신하들이 말렸던 것처럼 수반은 잘 차려진 한상차림의 식사가 아니었다. 그렇지만 이색의 『목은집(牧隱集)』에 따르면 수반을 집에 찾아온 손님들에게도 대접하기도 했고 이색이 다른 집에서 수반을 대접받았다는

기록이 있다. 한 예로 이색이 한수(韓脩: 1333-1384)와 함께 고려시대 고위관직인 재추(宰樞)들을 뵈러 다니다가 어느 재상집에서 술과 밥을 대접받고 뒤에 다른 재상의 집에서 수반을 먹고 돌아왔다는 이야기가 있다. 그리고 다른 날에 철성시중(鐵城侍中)의 집에서 수반을 대접받고 난 후 다시 박사신(朴思愼: ?-?)의 집에서도 수반을 먹고 다른 재상의 집에서 성찬(盛饌)을 받았다며 성찬과 수반을 구분하는 기록이 있다. 이러한 것으로 보아 수반은 손님을 대접하는 데도 쓰였지만 분명히 식사와는 구분되는 가벼운 음식 혹은 식사로 여겨졌다고 보인다.

분류 : 음식
색인어 : 수반, 낮수라, 성종, 이색, 박사신, 한수
참고문헌 : 홍석모 저, 최대림 역, 『동국세시기』(홍신문화사, 2006)
필자 : 이민재

영양돌솥밥

영양돌솥밥이란 곱돌로 만든 작은 솥에 쌀, 보리 등의 곡식을 넣고, 은행·잣·밤·대추 같은 영양식 재료를 추가하여 지은 밥을 말한다. 곱돌솥의 기원과 유래에 대해서는 정확히 알 수 없으나, 백제시대에도 귀족층과 부유층들이 곱돌솥을 즐겨 사용했다는 것으로 보아 그 연원이 꽤 오래된 것임을 짐작할 수 있다(「곱돌傳來의 名物」, 〈경향신문〉 1962년 8월 1일자). 곱돌은 우리나라에서는 황해도 해주와 전북 장수에서만 나오는 특이한 돌로 제작하는데, 내구성이 좋아서 500년 이상을 견딘다고 한다. 그래서 충남 공주와 부여 등지에서는 5, 6대를 이어 자손들에게 전승되었다고도 한다.

조선시대에 곱돌솥은 무쇠솥이나 구리솥에 비해 상품(上品)으로 인식되었다. 『박해통고(博海通攷)』·『규합총서(閨閤叢書)』·『임원경제지(林園經濟志)』 등에도 밥과 죽은 돌솥을 사용하는 것이 제일 좋고, 무쇠솥·구리솥 순이라고 기록되어 있다. 또한 조선 중기의 문인 최립(崔岦: 1593-1612)의 기록에 의하면, 곱돌솥으로 차를 끓여 먹고 약도 달여 먹는 등 제법 다양한 용도에 사용되었음을 알 수 있다. 그 또한 "떫은 쇠나

비린 구리 그런 솥에 비할쏜가."라고 하여 곱돌솥의 우수함을 예찬한 바 있다(『간이집(簡易集)』).

돌솥밥은 즉석에서 소량으로 밥을 지을 수 있고, 또 곱돌의 특성상 온도가 고르게 유지되므로 마지막까지 따뜻하게 식사를 즐길 수 있다는 장점이 있다. 뿐만 아니라 별도의 그릇에 밥을 푼 뒤 솥에 물을 부으면 누룽지와 함께 숭늉을 더불어 즐길 수도 있다. 이처럼 귀한 용기에 지은 돌솥밥이 외식업소에서 사용되기 시작한 것은 1960년대 말-1970년대 무렵이었을 것으로 추정된다. 전주우체국(현재 경원동우체국) 인근에서 비빔밥을 판매하던 중앙회관의 남궁성 사장이 비빔밥을 따뜻하게 오래 먹을 수 있게 이 그릇을 개발했다고 전해진다. 실제로 그는 1969년에 '전주곱돌비빔밥'을 상표등록 했고, 비빔밥에 은행·잣·밤·대추 같은 영양식 재료를 추가하여 고객들로부터 선풍적인 인기를 얻었다. 그리고 1970년대 초반에는 서울에까지 진출하였다.

그러나 1970년대 초반까지만 해도 돌솥밥은 사치스런 음식으로 인식되었다. 당시 대한요식업 중앙회는 혼분식정책을 자율적으로 이행하기 위한 실천사항으로 즉석 돌솥밥 판매를 일체 폐지하였고, 이를 3회 이상 어길 시에는 당국에 고발하겠다고 엄포를 놓았다(「3回 이상 違反은 告發」, 〈매일경제〉 1971년 7월 21일자). 식량자급이 원활해진 1980년대로 접어들면서 돌솥밥이 상용화되기에 이른다. 한때는 종로 뒷골목에 있는 '종각'이라는 식당의 돌솥밥이 큰 인기를 얻어 점심시간 때마다 150여 명의 손님들이 차례를 기다리며 줄을 서는 진풍경이 벌어지기도 했다고 한다(「돌솥밥 전문식당 鐘路 뒷골목 「종각」」, 〈경향신문〉 1983년 6월 14일자).

분류 : 음식
참고문헌 : 최립 저, 이상현 역, 『간이집』(한국고전번역원, 2000); 작자미상, 『박해통고』(한국전통지식포탈); 빙허각 이씨, 『규합총서』(한국전통지식포탈); 서유구, 『임원경제지』「정조지」(한국전통지식포탈); 「곱돌傳來의 名物」, 〈경향신문〉 1962년 8월 1일; 「3回 이상 違反은 告發」, 〈매일경제〉 1971년 7월 21일; 「돌솥밥 전문식당 鐘路 뒷골목 「종각」」, 〈경향신문〉 1983년 6월 14일; 양미경, 「전주비빔밥의 사회적 부과과 고급화 과정 연구」(『한국민속학』 제58집, 한국민속학회 2003)
필자 : 양미경

오곡반(상원 절식)

정월 대보름에는 상원 절식(上元 節食)이라 하여 특별한 음식을 만들어 먹었다. 조선 후기 홍석모(洪錫謨: 1781-1857)가 쓴 『동국세시기(東國歲時記)』에는 대보름을 맞아 오곡밥을 만들어 먹는 풍속이 잘 기록되어 있다. 오곡밥은 벼, 보리, 콩, 조, 기장 등 여러 가지 곡물로 밥을 짓는다 하여 한자어로 오곡반(五穀飯)이라고도 한다.

홍석모는 영남지역에서는 이웃끼리 오곡밥을 지어 서로 나눠 먹는다고 하면서, 이는 제삿밥을 서로 나눠 먹던 풍속을 답습한 것 같다고 서술하였다. 그러나 한편으로는 여러 가지 곡물을 골고루 넣어 오곡밥을 지음으로써, 그해 농사가 풍년이 되기를 기원하는 의미를 담고 있다 할 것이다. 또한 꿀과 기름 같은 귀한 식재료를 구하기 어려웠던 일반 백성들이 약밥을 대신하여 오곡밥을 지어 먹었을 가능성도 존재한다.

분류 : 의례
색인어 : 오곡밥, 오곡반(五穀飯), 상원 절식(上元 節食), 풍년
참고문헌 : 홍석모 저, 최대림 역, 『동국세시기』(홍신문화사, 2006)
필자 : 양미경

적두수화취(1795년)

적두수화취(赤豆水和炊)는 붉은 팥을 삶은 물에 쌀을 안쳐 지은 밥으로 팥물밥 또는 중등반, 적두연반(赤豆軟飯)이라고도 부른다.

1795년 정조의 화성행차를 기록한 『원행을묘정리의궤(園幸乙卯整理儀軌)』에는 수라상차림에 '반 1기 적두수화취(飯一器 赤豆水和炊)'라는 밥 종류가 적혀 있다.

적두수화취와 비슷한 음식을 옛 조리서에서도 볼 수 있다. 1809년 빙허각 이씨(憑虛閣 李氏: 1759-1824)가 쓴 『규합총서(閨閣叢書)』의 '팟물밥(팥물밥)'은 좋은 붉은 팥을 통째로 진하게 삶아 그 팥은 건지고 팥물에 좋은 쌀로 밥을 지으면 맛이 별스럽게 좋다고 했다. 1924년에 이용기(李用基)가 쓴 『조선무쌍신식요리제법(朝鮮無雙新式料理製法)』에서 '중등밥[赤豆軟飯]'이라는 붉은 팥물을 이용한 밥이 소개되었다. 조리법

은 굵고 붉은 통팥을 쌀 분량의 반 정도 씻어서 물을 많이 붓고 삶는다. 팥이 다 무르게 삶아지면 퍼내어 체에 물을 쳐가며 으깨어 내린다. 팥물에 좋은 흰쌀을 씻어 넣고 물을 맞춘 다음 밥을 짓는다. 뜸을 들인 다음 퍼내면 밥알이 무르고 빛깔과 밥맛이 아주 좋다고 했다. 이 중등밥은 팥 껍질을 제거하고 팥 앙금도 함께 넣어 지은 밥이다. 이 책에서는 이 밥을 환자와 노인들이 먹기에 아주 좋고, 맛도 좋아 평생 먹어도 좋다고 높이 평가되었다.

그러나 이 밥을 만드는 데 힘이 들어 다량으로 만드는 것이 쉽지 않다고 했다. 팥을 삶다가 팥은 건져낸 다음 팥 삶은 붉은색의 물만으로도 밥을 지어도 좋으나 건져낸 팥은 정기가 빠져 따로 음식이나 밥에 사용하기 어려워 처리가 곤란했다는 것이다.

분류 : 의례
색인어 : 원행을묘정리의궤, 적두수화취, 팥물밥, 중등밥
참고문헌 : 『원행을묘정리의궤(園幸乙卯整理儀軌)』; 『규합총서(閨閤叢書)』; 『조선무쌍신식요리제법(朝鮮無雙新式料理製法)』
필자 : 이소영

제반

제반(除飯)은 '제반(祭飯)'이라고도 하며, 곡신에게 감사하기 위해 매끼 밥을 먹기에 앞서 밥뚜껑에 밥을 한 숟갈 정도 덜어두는 일을 가리킨다. 이러한 제반이 우리나라에서는 언제부터 실행되었는지 알 수 없지만, 조선시대 양반들은 최한기(崔漢綺: 1803-1877)의 『인정(人政)』 강규(講規)를 보건대 정이천(程伊川: 1033-1107)의 설명을 제반하는 이유로서 받아들였던 듯하다.

그 내용에 따르면, 정이천은 『논어(論語)』의 "임금이 제반(祭飯)하면 공자(孔子)는 제반하지 않고 먼저 밥을 먹었다."는 글귀를 강독하면서, 옛사람은 음식을 먹을 때 반드시 제반하였는데, 곡식을 먹으면 처음으로 농사를 가르친 사람을 생각하고, 채소를 먹을 때면 처음 채소를 심은 사람을 떠올렸으니, 신하 된 자는 그 벼슬과 녹봉이 어디로부터 오는지를 생각하여 임금의 은혜에 정성과 충성으로 보답해야 한다. 임금 또한 자신의 지위가 백성으로부터 온다는 것을 명심하고, 반드시 백성에게 보답해야 한다고 설명하였다.

비록 곡신에게 감사하는 마음으로 덜어두는 밥이지만, 제반을 한 숟가락씩 모아 열 숟가락으로 한 그릇의 밥을 만든다는 '십시일반(十匙一飯)'으로 끼니를 때운 이도 있었다. 민정중(閔鼎重: 1628-1692)의 『노봉집(老峯集)』에는 민정중 형제와 윤계(尹堦: 1622-1692), 최석영(崔碩英)이 젊어서 함께 공부했던 이야기가 나온다. 이들 중 윤계가 강화유수(江華留守)로 재직하면서 백성들을 괴롭히고 사리사욕을 챙겼다는 이유로 최석영의 아들인 최규서(崔奎瑞: 1650-1735)로부터 탄핵을 받게 되었다.

이 사실을 아는 민정중은 자신을 찾아온 최석영에게 함께 공부하던 옛일을 아직 기억하고 있는지 물었다. 당시 최석영의 집이 가장 가난하여 밥을 늘 가지고 오지 못했는데, 끼니때면 함께 공부하는 벗들이 모은 제반(祭飯)에다 다른 친구들보다 반찬이 조금 넉넉했던 윤계의 소반에 마주 앉아 밥을 먹으며 몇 년을 지냈던 그였기 때문이다. 그러면서 옛 친구 윤계에게 이리도 야박하게 대할 수는 없다고 민정중이 말하자, 최석영은 자식의 일이라 아무것도 모른다고 답하였다. 그러자 민정중은 제 자식의 일을 아비가 어찌 모른다고 할 수 있냐며 진실하지 않다고 최석영을 크게 꾸짖었다.

영의정까지 올랐던 윤두수(尹斗壽: 1533-1601)의 증손이었으니 윤계의 집안은 최석영의 집에 비하면 훨씬 넉넉했을 것이다. 밥을 싸 오지 못하는 친구를 위해 밥을 모으고 반찬을 넉넉히 준비했던 젊은 유생들은 과거에 합격하고 관직에 나가면서 각자의 길을 가게 되었는데, 결국 이때의 탄핵 때문에 윤계는 평안도 관찰사로 부임하지 못하였다.

분류 : 음식
참고문헌 : 최한기 저, 정태현 역, 『인정』 강관론 제4권(한국고전번역원, 1982); 민진원, 서종태·이주형·김건우·유영봉 공역, 『노봉집』 제12권(전주대학교 한국고전학연구소·한국고전문화연구원, 2015)
필자 : 김혜숙

한 말의 밥(『어우야담』)

송생(宋生)이라는 가난한 선비가 있었다. 집에 종이 부족해 다른 지방에서 사내종 하나를 얻었는데, 나이가 17,8세가량 되었다. 잘하는 일이 무엇이냐고 물으니, 특별히 잘하는 것은 없고 다만 땔나무를 잘한다고 하였다. 송생은 집안사람을 시켜 새벽밥을 짓게 하고 그에게 가서 나무를 해오라고 하였다. 그런데 그 종이 음식을 앞에 놓고도 먹지 않기에, 그 까닭을 물었더니, 한 끼니에 한 말의 밥을 먹는다고 하였다.

송생이 장하게 여겨 한 말의 밥을 짓도록 명하고 국 한 동이에 수저를 갖추어주었다. 종은 수저를 내던지고 주발을 숟가락으로 삼아 대번에 모두 먹어치웠다. 종이 새끼줄을 구하기에 송생이 새끼줄 하나를 찾아 주었으나 굵은 새끼줄 오륙십 줄을 청하므로 이웃 마을에서 모아다 주었다. 종은 성 문을 나서 산에 올라가서 손으로 큰 나무의 뿌리와 줄기를 뽑는데, 좌우에 있는 것을 모두 뽑아 마치 봄날 파를 캐듯이 했다. 그것을 쌓으니 산언덕만 했는데, 오륙십 줄의 굵은 새끼로 묶어 등에 지고 왔다. 성문이 좁아서 성 밖에 쌓아두고 집에 실어오는데, 길을 다 차지해 행인들이 지나다닐 수가 없었다. 고관대작들의 앞에서 호위하여 가는 군졸들이 벽제하여도 길을 열지 못해 고삐를 돌려서 갔다. 송생이 아내와 더불어 말하였다.

"이 종이 비록 힘은 좋지만 먹이기 어려울 뿐더러 제어하기는 더욱 어렵다."

마침내 그에게 가고 싶은 데로 가라고 했다. 후에 그가 어디로 갔는지는 알 수 없다.

위 이야기는 유몽인(柳夢寅: 1559-1623)의 『어우야담』에 실려 있다. 이야기의 주인공인 종은 엄청난 밥심으로 상상을 초월하는 힘을 뽐내고 있다. 그런데 주인은 그것이 도리어 위협으로 느껴져 종을 타지로 보내고 만다. 종은 최하층에 속하는 사람인데, 이런 부류 중에는 잘만 먹으면 괴력을 뿜어내는 장사가 흔히 있어, 이야기의 주인공으로 회자되곤 했다. 유몽인은 그런 사람의 내력을 주위에서 듣고 위와 같이 기록한 것이다.

분류 : 문학
색인어 : 밥, 국, 유몽인, 어우야담
참고문헌 : 유몽인 저, 신익철 외 역, 『어우야담』(돌베개, 2006)
필자 : 차충환

흰밥(「고사」)

부뚜막이 두 길이다
이 부뚜막에 놓인 사닥다리로 자박수염 난 공양주는
성궁미를 지고 오른다

한 말 밥을 한다는 크나큰 솥이
외면하고 가부 틀고 앉아서 염주도 세일 만하다

화라지송침이 단째로 들어간다는 아궁지
이 험상궂은 아궁지도 조왕님은 무서운가 보다

용마루며 바람벽은 모두들 그느슥히
흰밥과 두부와 튀각과 자반을 생각나 하고

하품도 남 직하니 불기와 유종들이
묵묵히 팔짱 끼고 쭈그리고 앉았다

재 안 드는 밤은 불도 없이 캄캄한 까막나라에서
조왕님은 무서운 이야기나 하면
모두들 죽은 듯이 엎데었다 잠이 들 것이다

(귀주사-함경도 함주군)

1937년 10월 『조광』에 발표된 백석(白石: 1912-1996)의 시 「고사(古寺)」이다. 백석은 자신이 성장한 고향의 풍속과 자신이 체험한 생활의 풍물을 토속적 언어에 바탕을 둔 지극히 개성적인 시어와 표현으로 형상화한 시인이다. 그의 독특한 시세계는 후대의 많은 시인들에게 영향을 끼쳤다. 1912년 평안북도 정주에서 태어나 오산고등보통학교를 마치고 일본으로 건너가 1934년 아오야마학원[靑山學院] 전문부 영어사범과를 졸업하였다. 1930년 〈조선일보〉 '신년현상문예

북한 삼수농장에서 70대의 백석. 부인 이윤희 여사와 아들 딸과 함께 찍었다. 좌측은 백석의 인민증 사진

공모'에 소설 「그 모(母)와 아들」이 당선되었고, 1935년 〈조선일보〉에 시 「정주성」을 발표하면서 등단했다. 첫 시집 『사슴』을 출간하여 문단의 주목을 받았고 그 이후 함흥과 만주에서 발표한 작품들도 지속적인 관심의 대상이 되었다. 광복 후 평양에 정착하여 분단 이후에도 활동하다가 1959년 양강도 삼수군의 농장으로 축출되어 농사꾼으로 살다가 타계했다.

귀주사는 함경도에서 가장 규모가 큰 사찰인데 이 시는 사찰의 본 모습에 대해서는 한마디도 하지 않고 부엌의 구조를 통해 절의 규모가 큰 것을 간접적으로 암시하고 있다. 그것은 백석이 민간인들의 생활상에 관심이 있었던 것을 반증한다. 이 시는 귀주사 부엌의 거대한 규모에서 시작하여 조왕님의 절대성에 순종하는 구성물들의 조화로움을 이야기했다. 백석은 민간신앙에 관심을 갖고 거기서 한국적 사유의 원형과 삶의 뿌리를 찾는 노력을 기울인 것이다. 음식에 관심이 많은 백석은 사찰의 중심 음식인 두부와 튀각과 자반을 열거하여 사찰의 식생활을 소개했다.

분류 : 문학
색인어 : 고사, 백석, 성궁미(공양미), 흰밥, 두부, 튀각, 자반
참고문헌 : 이숭원, 『백석을 만나다』(태학사, 2008)
필자 : 이숭원

밥상

조선시대 사대부들은 '소반(小盤)'을 식탁으로 사용했다. 소반은 그 이름처럼 크기가 작아서 들고 나르기

좋은 식탁이다. 다른 말로는 '식안(食案)'이라고 불렀다. 생김새에 따라 둥근 소반, 사각 소반, 팔각 소반 등이 있다. 나주반(羅州盤)·통영반(統營盤)·해주반(海州盤) 같은 이름은 생산지를 기준으로 분류한 것이다. 둥근 소반의 다리 모양을 두고 호족반(虎足盤)이니 구족반(狗足盤)이니 부르기도 한다. 호족반은 소반의 다리 모양이 호랑이의 다리를 닮아서, 구족반은 개의 다리를 닮아서 부르는 명칭이다.

소반의 유래와 관련된 기록은 북송 서긍(徐兢)의 『선화봉사고려도경(宣和奉使高麗圖經)』에는 "요사이 고려인은 탑 위에 다시 소조(小俎)를 놓는다."고 했다. 즉, 평상 위에 '소조'라는 식탁을 놓았던 것이다. '조(俎)'는 고대 중국에서 고기나 채소를 자르는 데 사용했던 다리가 없는 도마이다. 다른 말로 '조궤(俎几)'라고도 불렀다. 큰 도마인 '대조(大俎)'는 많은 제물을 쌓는 데 사용한 제기였다. 서긍이 '소조'라고 한 것으로 보아 다리가 없는 작은 도마로 보인다. 이것이 바로 고려 왕실에서 공식적인 연회가 있을 때 낮은 급수의 관리에게 제공했던 식탁이다.

'소조'와 비슷한 식탁은 한나라 때의 화상석(畫像石) 중에 귀족들이 모여서 식사하는 장면의 그림이 그려진 것이 있다. 비록 한 사람당 하나의 '소조'는 아니지만 사각반에 매우 짧은 다리가 달려 있다. 이것이 바로 한나라 때 지배층이 사용했던 '소조'였다. 식민지시기에 조선의 소반에 대해 관심을 가졌던 아사카와 다쿠미(淺川巧: 1891-1931)는 소조에서 소반이 나왔지만, 조선의 소반은 중국의 영향을 받지 않았다고 주장했다. 그가 살았던 시기에 직접 본 중국 한족들의 식탁은 입식이었기 때문에 그런 주장을 펼쳤을 가능성이 많다. 그는 당나라 이전의 고대 중국인들이 소조나 소반을 식탁으로 사용한 사실을 몰랐던 것이다.

조선 초에 사용되었던 식탁의 실물을 확인할 수 있는 자료는 『세종실록』의 「오례(五禮)」 중 흉례(凶禮)의 명기(明器)를 그림으로 그린 자료에 나온다. '식안'이란 이름이 붙여진 이 식탁은 사각의 상판에 네 개의 다리를 붙인 식탁이다. 흉례 때 제물을 차리는 식탁이

라서 검은색의 옻칠을 했다. 이로 미루어 소반의 역사는 이미 세종 때로 거슬러 올라갈 수 있다.

1585년에 개최된 연회를 그린 「선조조기영회도(宣祖朝耆英會圖)」에도 소조형 식탁이 나온다. 그런데 이상한 일은 이 그림이 그려진 때보다 딱 20년 후인 1605년(선조 38)의 잔치를 그린 「선묘조제재경수연도(宣廟朝諸宰慶壽宴圖)」에는 다리가 있는 식탁이 그려져 있다. 그것도 다리가 마치 통처럼 되어 있다고 해서 조선 후기에 '통각반(筒脚盤)'이라고 불렸던 식탁이다. 1584년 이전에 그려졌을 것으로 여겨지는 「기영회도(耆英會圖)」에도 다리가 세 개 달린 소반이 나온다. 이를 통해서 조선 초기의 양반들은 다리가 없는 '소조'와 다리가 있는 '소반'을 동시에 사용했을 것으로 여겨진다.

하지만 임진왜란 이후에 그려진 그림에서는 소조형 식탁이 나오지 않는다. 소조에 다리가 붙게 된 배경에는 민간의 살림집에 온돌이 확산되었기 때문일 수 있다. 겨울에 온돌의 열기가 올라오자 다리가 없는 소조형 식탁도 같이 뜨거워졌고, 이 때문에 다리가 있는 소반을 사용하게 되었을 가능성이 많다. 특히 18세기가 되면 부유층은 물론이고 일반 백성의 살림집에도 방에 온돌이 깔렸기 때문에 이 시기가 되면 다리가 있는 소반이 널리 사용되었을 것이다.

조선 후기 개다리소반은 충주에서, 호족반은 나주에서 잘 만들었다. 특이한 모양의 소반도 있었다. 한 개의 기둥이 위판인 판의 중심을 받치고 있는 단각반, 통 모양의 다리에 만(卍)자 무늬나 장방형의 창(窓)을 투각한 풍혈반(風穴盤), 다리가 기둥 하나로 된 일주반(一柱盤) 등이다.

쓰임새를 염두에 두고 이름을 붙인 소반도 있었다. 공고상(公故床)이 대표적인 소반이다. 관리의 식사 때 사용한다고 하여 이름이 붙여진 공고상은 8각 또는 12각의 상판에 8각, 12각의 다리가 바로 붙은 구조의 식탁이다. 이 공고상은 관리의 식사를 노비들이 옮길 때 다리 속에 머리를 넣고 이고 다니는 데 알맞은 식탁이었다. 또 당번인 관리가 스스로 먹을 음식을 자기 집에서 차려올 때 사용하는 상이라고 하여 번상(番床)이라고 부르기도 했다. 상의 다리 사이에 머리를 쏙 넣어도 판각에 눈·코·입이 노출되도록 구멍이 뚫려 있기 때문에 앞을 볼 수도 있고 다른 사람과 대화를 할 수도 있었다.

소반이 아무리 널리 사용된 식탁이라고 해도 높은 신분과 경제력을 갖추지 않으면 사용하기 어려웠다. 왕실이나 관청, 그리고 부유한 양반의 집에서나 사용할 수 있는 고급 식탁이었다. 제대로 격식을 갖춘 소반은 반드시 좋은 기술을 지닌 장인만이 만들 수 있었다. 좋은 나무로 만들어야 격식도 높아졌다. 그래서 왕실에서조차 진연이나 진찬과 같은 수백 명이 참여하는 잔치를 개최할 때 미리 소반을 확보하는 일이 매우 중요했다. 잔치 날짜가 정해지면 이 행사를 주도하는 관청에서는 목수 수십 명을 뽑아서 소반을 만들도록 지시를 내렸다. 이런 사정이니 아주 부자가 아닌 이상 일반 양반의 집에서 수십 개의 소반을 갖추고 있기는 어려웠다.

서유구(徐有榘: 1764-1845)는 "중국인은 모두 의자에 앉기 때문에 매번 두서너 명이 하나의 탁자에 함께 앉아 식사한다. 우리나라 사람은 땅에 앉기 때문에 한 사람에게 오로지 한 개의 소반을 준다."고 했다. 조선 인종 때의 향촌선비 조극선(趙克善: 1595-1658)은 현재의 충청남도 예산군 봉산면 대지리(大支里)에 살면서 그의 스승과 식사를 할 때는 각자 하나씩의 소반을 사용했다. 심지어 길거리 주막에서도 양반 남성은 혼자서 이런 직사각형 소반을 받았다.

18세기 후반이 되면 중인이나 농민들의 가정에까지 소반이 확산되었다. 김홍도(金弘道: 1745-?)가 그린 것으로 알려진 『단원풍속화첩』 중에 나오는 '주막' 그림에서 부상(負商)으로 보이는 남성 한 사람은 조잡하게 만든 사각반을 맨 바닥에 놓고 돌을 깔고 앉은 채 식사를 하고 있다. 가정은 물론이고 주막에서도 양반은 물론이고 천민인 장돌뱅이 남성에게까지 일인용의 소반을 제공해 주었던 것이다. 이들은 땅바닥에 돌을 깔고 앉아서 식사를 하였다. 조선 후기 이후 소반은 계층을 가리지 않고 가부장(家父長)과 남성의 상징이 되었던 것이다.

동한 때의 맹광(孟光)이란 부인이 소반을 눈썹 높이까지 들고서 남편에게 '올린' 데서 유래한 '거안제미(擧案齊眉)' 이야기 역시 조선시대 남성들이 가장 바랐던 식탁 들기의 규칙이었다. 주자의 해석에서 벗어난 독자적인 글도 곧잘 썼던 박세당(朴世堂: 1629-1703)마저도 부부의 사랑을 읊조리는 시에서 '거안제미' 하는 부인이 사랑스러워 조강지처(糟糠之妻)를 버릴 수 없다고 했다. 그러니 '거안제미'의 소반 옮기기는 조선 후기 양반들 사이에서 양처의 상징으로 이해되었다.

대한민국 정부 수립 다음해인 1949년 8월 문교부에서는 '국민 의식생활 개선(國民衣食生活改善)'을 위한 실천 요강 몇 가지를 내놓았는데, 그중에 "가족이 각상(各床)에서 식사하는 폐를 없애서 공동식탁을 쓸 것"이라는 내용도 들어 있다. 여기에서의 '각상'은 개다리소반과 같은 소반이며, 공동식탁은 교자상이다. 당시에 얼마나 많은 가정에서 여전히 개다리소반과 같은 1인용 식탁을 사용하고 있었으면 이런 실천 요강이 정부에 의해서 제시되었을까? 심지어 1960년대까지도 일부 가장들은 여전히 소반에서 혼자 식사하는 것을 가장 큰 미덕으로 여기고 있었다. 이런 상황에서도 교자상이 대세가 되어갔다. 사실 다리를 접을 수 있는 교자상은 1891년 일본의 한 발명가가 특허를 낸 다리를 접는 '차부다이(チャブ台)'라는 식탁에서 유래한 것이다. '차부'는 중국 식탁인 '탁복(卓袱)'의 일본식 발음이다. '차부다이'의 형태는 사각형과 원형이 있다. 다리를 접는 차부다이는 상다리를 접었다 폈다 할 수 있어 이쪽저쪽으로 옮겨서 사용하기에 편리한 식탁이다.

이것이 1970년대 도시의 인구가 증가하면서 한국에 도입되었다. 좁은 도시의 주택에서 공간 활용에 좋은 다리 접는 교자상이 일대 유행을 했다. 1980년대 중반 이후 입식 식탁이 갖추어진 아파트가 한국인의 주택이 되었음에도, 손님맞이와 조상제사를 위해서 대부분의 가정에서는 교자상을 갖추고 있다.

분류 : 미술
색인어 : 김홍도, 대선과 소선, 반상기, 반상식도, 식기, 제사음식, 주막
참고문헌 : 『선화봉사고려도경(宣和奉使高麗圖經)』; 『세종실록』; 「선조조기영회도(宣祖朝耆英會圖)」; 「선묘조제재경수연도(宣廟朝諸宰慶壽宴圖)」; 「기영회도(耆英會圖)」; 『冶谷日錄』; 『林園經濟志』; 『단원풍속화첩』; 『西溪集』; 高文(主編), 『中國巴蜀新發現漢代畫像磚』(四川美術出版社, 2016); 淺川巧, 『朝鮮の膳』(工政會出版部, 1929); 나선화, 『소반』(대원사, 1989); 주영하, 『한국인은 왜 이렇게 먹을까?』(휴머니스트, 2018)
필자 : 주영하

밥상물림(『노봉집』)

밥상물림은 웃어른이나 상전이 먹고 남긴 음식을 아랫사람이 다시 받아먹는 일을 말한다. 이와 관련하여 『노봉집(老峯集)』에는 조선 중기의 문신 조석명(趙錫命: 1674-1753)이 젊어서 민정중(閔鼎重: 1628-1692)을 만나려고 그 댁에 찾았다가 겪은 일화가 전한다.

조석명이 민정중 댁 하인에게 어르신이 계신가 물으니, 마침 민시중(閔蓍重: 1625-1677), 민정중, 숙종비 인현왕후(仁顯王后: 1667-1701)의 아버지인 민유중(閔維重: 1630-1687) 삼형제가 안에 모여 생신 상을 차려놓고 있다고 대답하였다. 조석명은 방문할 때를 잘못 골라 왔구나 하고 후회하며 바로 돌아가려다가, 그래도 혹시나 하고 안에 여쭙도록 일렀다.

그러자 삼형제가 즉시 바깥채로 나와 그를 맞이하며 인사를 나누고, 오늘 마침 우리 집에 술과 안주가 있으니 함께 드시고 가라며 청하였다. 하인에게는 조석명에게 술상을 차려주고, 자신들이 먹던 음식을 내오도록 일렀다. 서로 술을 주고받다가 자리가 파하여 조석명이 인사를 드리고 바로 돌아가려 하자, 민정중이 말하길 "그대의 종이 지금 막 그대가 남긴 음식을 먹고 있으니, 다 먹기를 기다린 다음에 가는 게 어떤가?"라며 바로 떠나려는 그를 만류하였다.

그 말에 감동한 조석명은 잠시 기다렸다 그 집을 나섰다고 한다. 조석명이 생각하기에, 세상인심이 생일을 맞아 형제끼리 단란하게 술자리를 열었는데 손님이 왔다면 대개는 인상을 쓰고 싶어하거나, 설령 나와도 안부인사만 몇 마디 나눈 뒤 손님을 보내고 다시 들어

가 술자리를 계속하는 법인데, 민정중 어르신의 형제들은 밖으로 나와 기꺼이 함께 술을 마시고 자신이 데리고 간 종이 남은 음식을 다 먹지 못했음을 염려하여 조금 더 있다 돌아가라고 하였으니 그 지극한 인정(仁情)에 깊이 감동한 것이다.

주인을 따라 민정중 댁에 간 조석명의 종이 조석명이 술자리에서 먹다 남은 음식을 기다렸다 먹었던 것처럼, 조선시대에는 종이 상전이 먹다 남긴 음식을 물려먹는 일은 드물지 않았고, 민간에서는 물론이고 관청에서도 오래전부터 행해져 온 일이다.

『세종실록(世宗實錄)』을 보면, 병조(兵曹)에서 궐내(闕內)의 모든 관원이 지위 고하에 상관없이 대궐 안에서 밥을 먹은 후 남은 밥은 종자(從者)에게 주니, 그로 인하여 그릇이 없어지는 데다, 주인과 하인이 같은 그릇에 먹는 것도 적절하지 못하다면서, 이후 종자들은 각자 자신의 그릇을 가져와 남은 밥을 먹도록 해야 한다고 아뢰었고, 이후로는 그렇게 하기로 했다는 것이다(세종 4년 1422년 1월 18일 기사). 이때까지는 밥을 먹을 때 궐 안의 그릇을 이용하였으나, 남은 밥을 하인에게 주고 나면 그릇이 없어지기도 하고 같은 그릇을 사용함으로써 주인과 하인 사이의 분별이 없어진다고 보았기 때문에 일어난 일이다.

분류 : 의례
참고문헌 : 『세종실록』; 민정중 저, 서종태·이주형·김건우·유영봉 공역, 『노봉집』 제12권(전주대학교 한국고전학연구소·한국고전문화연구원, 2015)
필자 : 김혜숙

밥 푸며 상 놓는 모양(김준근)

부엌은 음식을 조리하고 식사를 준비하는 공간으로, 우리나라의 부엌은 음식을 만들고 저장하는 시설을 갖추고 있는 동시에 방의 온도를 조절해주는 기능도 겸했다. 전통 부엌은 대개 안방 벽에 이어져 남쪽으로 위치하며 부뚜막이 있다. 부뚜막에는 크고 작은 무쇠솥을 3-5개가량 걸어두어 조리를 한다.

고구려의 안악 3호분 벽화를 비롯하여 조선시대 풍속화에서 그림의 배경으로 부엌이 자주 등장하지만 부

김준근, 「밥 푸며 상 놓는 모양」, 16.3×20cm, 종이에 채색, 19세기 말, 독일 함부르크민족학박물관

엌을 단독 주제로 삼아 그린 경우는 김준근의 이 그림이 유일하다. 제목도 「밥 푸며 상 놓는 모양」으로 조선의 부엌구조와 식사준비 과정을 알기 쉽고도 산뜻한 색채로 표현하였다.

이 그림에서는 모녀로 추정되는 두 명의 여성이 식사준비에 여념이 없다. 얹은머리를 한 여성은 앞치마를 두르고 솥에서 방금 지은 밥을 푸고 있다. 앞치마는 부엌일을 하면서 거추장스러운 치마를 잘 여미고 치마가 더러워지지 않게 두른 천이다. 고구려 안악 3호분의 부엌도에서 일하는 여인도 흰색 앞치마를 두른 모습으로 보아 앞치마의 역사적 연원은 오래되었다. 조선시대에는 대부분 무명이나 옥양목 등을 한 겹으로 하여 만든 앞치마를 만들어 입었는데, 부엌일을 하다가 물에 젖은 손을 닦기도 하고 그릇을 훔치거나 씻을 때도 사용하여 '행주치마'라고도 불렀다.

한편 댕기머리를 한 여성은 개다리소반에 수저와 종지를 놓고 있다. 우리나라의 전통가옥에서는 부엌과 식사를 하는 방이 떨어져 있고 유기나 자기로 만들어진 식기가 무거웠기 때문에 작고 가벼운 일인용 독상인 소반을 사용하였다. 소반이 두 개인 것으로 보아

남자의 상이거나 부모님의 상인 것으로 추정된다.

부엌에는 두 개의 솥이 걸린 아궁이가 있고, 그 위에 시렁을 두어 놋그릇과 백자 그릇을 늘어놓았다. 이 시기 놋그릇이 평민들의 일상 식기로 사용되었던 것을 알 수 있다. 기록에서 놋그릇은 추운 날 사용하고 단오를 기점으로 백자를 사용한다고 하는데, 놋그릇에 밥을 담는 것으로 보아 그림이 그려진 시점은 찬바람이 부는 추운 절기로 짐작된다.

분류 : 미술
색인어 : 부엌, 밥, 상, 솥, 음식, 조리, 여성
참고문헌 : 한식문화재단, 한식아카이브 DB; 유희경,『한국복식사 연구』(이화여자대학교 출판부, 1980)
필자 : 구혜인

소반(일인용 상)

소반(小盤)은 음식을 담은 식기를 받치는 도구로 한 사람을 위한 일인용(一人用) 상이다. 조선시대에는 겸상보다는 홀로 독상을 하는 경우가 많아 다양한 소반이 발달하였다.

조선시대에 독상을 하게 된 배경은 다양하다. 우선 유교적 관념인 남녀유별(男女有別), 장유유서(長幼有序) 등의 영향으로 인해 모든 가족이 함께 식사하는 겸상보다는 홀로 독상을 하는 경우가 많아짐에 따라 더욱 종류가 다양해졌다. 또한 부엌에서 조리한 음식을 마당과 대청을 지나 방 안으로 옮겨야 하는 주거 특성상 이동이 수월한 독상이 발달하였다. 독상이라 할지라도 음식과 그릇의 무게가 많이 나간다. 따라서 소반은 무게를 지탱하기 위해 짜임이 튼튼하고 견고하면서도, 소반 자체는 가볍고 변형이 적은 은행나무, 피나무, 느티나무 등이 사용되었다.

소반은 일상적인 음식상으로 사용되었을 뿐만 아니라 각종 의례에서도 사용되었다. 조선시대 왕실에서 연회가 열리면 각사(各司)에서 내놓은 소반을 모아 연회를 치르고 연회를 마치면 다시 수거해갔다. 하지만 인조 대 기록에서 사신 연례를 마치고 각사에서 소반을 미처 수거해가기도 전에 사라지는 경우가 있어, 소반을 도둑맞는 일을 막는 방법을 논하는 일도 있었다.

원반, 높이 25cm, 조선, 국립민속박물관

12각반, 높이 34cm, 조선, 국립민속박물관

소반은 오랜 시일 동안에 전국 곳곳에서 제작되었고 지역, 용도, 형태에 따라 그 명칭이 다르다. 지역명을 붙여서 나주반, 해주반, 통영반 등으로 부르기도 하고, 용도에 따라 공고상, 잔상 등으로 부르기도 한다. 다리 형태를 따라 호랑이 다리를 닮았다 하여 호족반, 개다리와 비슷하다고 하여 구족반이라고도 부르기도 하고, 장식에 따라 주칠반, 상판의 모양에 따라 원반으로도 부르는 등 그 명칭이 매우 다양하다.

분류 : 미술
색인어 : 상, 독상, 소반, 구족반, 호족반, 주칠반, 원반, 공고상, 잔상, 나주반, 해주반, 통영반
참고문헌 : 『승정원일기』인조 3년 4월 17일 갑오; 『목공예』(이화여자대학교박물관, 2016); 『소반』(이화여자대학교박물관, 1982)
필자 : 구혜인

수라상(1795년)

화성 행차 8일간 정조와 혜경궁 홍씨는 수라상을 받았다. 혜경궁 홍씨의 수라상에는 두 개의 상에 밥, 국, 조치, 구이, 좌반, 젓갈, 채, 김치, 장, 그리고 별찬 세 가지를 차렸다. 정조의 수라상은 혜경궁 홍씨의 수라

상보다 적게 차렸다.

1795년(정조19) 정조(正祖: 재위 1776-1800)는 어머니 혜경궁 홍씨(惠慶宮 洪氏: 1735-1815), 두 여동생 청연군주(淸衍郡主)·청선군주(淸璿郡主)와 함께 화성에 행차하였다. 화성에 행행하는 8일 동안 노량참(鷺梁站), 시흥참(始興站), 사근참(肆覲站), 화성참(華城站), 원소참(園所站) 등 다섯 곳에서 혜경궁 홍씨와 정조, 두 군주는 수라상을 받았다.

수라(水刺)는 왕의 밥 또는 밥상을 말한다. 수라상은 밥을 위주로 하여 반찬을 차리는데, 올리는 시간에 따라 조수라(朝水刺)·주수라(晝水刺)·석수라(夕水刺)로 나뉜다. 밥 대신 죽을 차리면 죽수라(粥水刺)라고 부른다.

1795년 윤 2월 9일 노량참에서 혜경궁 홍씨가 받은 아침 수라상인 조수라(朝水刺)는 13그릇[器]의 음식을 흑칠에 다리가 있는 원반(元盤)과 협반(俠盤)으로 두 개의 상에 차려졌다.

원반에 올린 음식은 10그릇으로 유기(鍮器)에 담았다. 10그릇에 담긴 음식내용을 다음과 같다. 반(飯: 밥) 1그릇에 적두수화취(赤豆水和炊: 팥물밥), 갱(羹: 국) 1그릇에 어장탕(魚腸湯), 조치(助致)는 2그릇으로 숭어찜[秀魚蒸]과 골탕(骨湯), 구이[炙伊] 1그릇에 황육(黃肉: 소고기)·저갈비(猪乫飛: 돼지갈비)·우족(牛足)·숭어[秀魚]·생치(生雉: 꿩)를 구워 담았다. 좌반(佐飯) 1그릇에는 염민어(鹽民魚: 소금에 절인 민어)·불염민어(不鹽民魚: 소금에 절이지 않은 민어)·편포(片脯: 다져서 반대기 지어 말린 고기)·염포(鹽脯: 소금 뿌려 말린 고기포)·염송어(鹽松魚)·건치(乾雉: 말린 꿩고기)·전복포(全鰒包)·장볶기(醬卜只)로 8가지 종류를 담았다. 생치병(生雉餠: 꿩고기완자) 1그릇이 올랐고, 해(醢: 젓갈) 1그릇에는 생복(生鰒)·석화(石花)·조개(蛤醢)로 담근 젓갈을 담았다. 채(菜: 나물) 1그릇에는 박고지(朴古之)·수근(水芹: 미나리)·길경(桔莄: 도라지)·무순(菁筍)·죽순(竹筍)·총순(蔥筍: 움파)·청과(靑苽: 오이) 7가지 종류 나물을 담았고, 백채(白菜)로 담근 담침채(淡沈菜: 싱거운 물김치) 1그릇

이 차려졌다. 그릇 수에 포함하지 않은 장(醬) 3그릇이 상 위에 함께 올려졌다. 종지에 담긴 장은 간장(艮醬), 증감장(蒸甘醬), 초장(醋醬)이다.

협반에는 그림이 그려진 백자그릇인 화기(畵器)에 담은 3그릇의 음식이 별찬(別饌)으로 차려졌다. 생복찜(生鰒蒸), 양만두(胖饅頭), 각색적(各色炙)이다. 각색적에는 갈비(乫飛)·우족(牛足)·요골(腰骨)·설야적(雪夜炙)·산적(散炙)이 담겼다.

김득신 외, 「화성능행도」, 1795년, 견본채색, 151.5×66.4cm, 국립중앙박물관

김득신 외, 「화성능행도」 부분 확대, 1795년, 견본채색, 151.5×66.4cm,
국립중앙박물관

정조의 수라상에는 별도의 협반을 차리지 않았으며,
원반에 혜경궁의 수라상에 오른 그릇수보다 적은 7그
릇의 음식이 차려졌다. 조치는 1그릇만 올리고, 좌반
과 생치병이 제외되었다. 행차 전 정조는 자신이 받는
수라상의 음식이 10그릇을 넘지 않도록 할 것을 명하
였다. 먼 지방의 진귀한 음식을 구해 바치지 말고, 음
식도 사치하고 화려하게 차리지 말 것을 당부하였다.

분류 : 의례
색인어 : 정조, 혜경궁 홍씨, 수라상, 수라, 화성행차, 원행을묘정리의궤
참고문헌 : 『원행을묘정리의궤(園幸乙卯整理儀軌)』; 한영우, 『정조의
화성행차 그 8일』(효형출판, 1998)
필자 : 이소영

이익의 초라한 밥상(『순암집』)

이황(李滉: 1501-1570)과 이익(李瀷: 1681-1763)은 평
소 반찬 없는 소박한 밥상을 꺼리지 않았고, 손님에게
도 그렇게 대접하였다고 한다.

성호 이익의 가르침을 받고 싶은 마음에 여러 차례 그
를 만나러 나섰던 순암 안정복(安鼎福: 1712-1791).
비록 두 사람이 실제로 만났던 것은 몇 차례 되지 않
지만, 안정복과 이익은 서로 편지를 교환하며 학문적
교감과 사제 간의 정을 키워나갔다.

안정복의 『순암집(順菴集)』「함장록(函丈錄)」을 보
면, 경기도 광주에 살던 안정복이 처음으로 이익을 찾

아갔던 것은 1746년(영조 22) 10월 17일이었다. 이때
이익의 집에서 하룻밤을 자고 온 안정복은 이듬해인
1747년(영조 23) 9월 20일에 또 하룻밤, 이어 1748년
(영조 24) 12월 14일부터 16일까지 이틀 밤을 묵었다.
따라서 그가 이익과 마주하고 직접 가르침을 받은 것
은 총 나흘이었다. 그 뒤로도 두 번 정도 안정복이 이
익을 만나러 갔지만, 서로 엇갈리거나 전염병이 유행
할 때라 결국 다시는 만나지 못한 채 이익이 먼저 세
상을 떴다.

안정복이 처음으로 이익의 집을 찾았던 때의 이야기
이다. 이익의 집은 누추하고 규모가 작았으나, 이익은
키가 크고 수염이 아름다운 사람이었다고 한다. 안정
복은 절을 드리고 성명을 아뢴 뒤, 나이가 거의 사십
이 되었어도 아직 학문의 방법을 알지 못하니 10년 동
안 사모해온 선생님께 가르침을 받고 싶다는 뜻을 전
하였다.

그러다 끼니때가 되었는데, 저녁 밥상의 찬은 초라하
고 맛이 짰지만 손님과 주인의 예에 맞는 대접이었다
고 한다. 계집종이 상을 들여오면서 먼저 손님인 안정
복에게 올리려 하였는데, 그가 감히 먼저 받을 수 없
다고 사양하니 주인인 이익에게 올렸다. 이익이 수저
를 먼저 들고 권한 후에 안정복이 수저를 들었고, 선
생이 먼저 밥을 먹기 시작하자 안정복도 밥을 먹었다.
밥그릇에 밥이 다 차지는 않았고, 새우젓[蝦醢] 조금
에 나박김치[蘿蔔葅], 박국[土瓠羹]이 전부인 반찬은
모두 짜서 아껴 먹으려는 뜻이 엿보였다고 한다. 또한
밥을 다 먹은 후에 물이 나올 때나 상을 물릴 때도 안
정복에게 먼저 하였으니, 그가 손님이었기에 예를 차
렸던 것이다.

한편 이익의 집에서 내놓는 반찬이 초라하고 입맛에
맞지 않는다는 이유로 더러는 직접 반찬을 가지고 와
서 먹는 사람도 있었다고 하는데, 그 말을 들은 안정
복은 선비라면 가난하게 사는 것을 법도로 삼는 것이
마땅하다며 탄식하였다.

이와 같이 소박한 밥상으로 손님을 대접했던 선비는
이익뿐은 아니었다. 퇴계 이황 역시 그러하였다. 『퇴

계집(退溪集)』에 따르면, 이황은 한 끼니에 가지 잎, 무, 미역 정도의 반찬 세 가지를 넘지 않았고, 여름에는 건포(乾脯) 한 가지뿐이었다고 한다. 손님이 오면 제철이 아닌 반찬을 차리기도 했다지만, 이황의 밥상은 초라한 수준이었다. 그리하여 이황 집에서 끼니를 대접받은 좌의정 권철(權轍: 1503-1578)은 자신은 반찬도 없고 맛도 없어서 젓가락을 댈 수조차 없었는데, 이황은 마치 진미(珍味)나 먹는 듯이 싫어하는 기색이 전혀 없었다면서, 입맛을 잘못 기른 자신을 무척 부끄럽게 여겼다고 한다.

이황과 이익은 나물 뿌리의 맛을 아는 선비, 반찬 없는 거친 식사를 꺼리지 않는 선비의 마음가짐과 태도를 소중히 여기며 실천했던 인물들이었다.

분류 : 의례
참고문헌 : 안정복 저, 홍승균 역,『순암선생문집』제16권(한국고전번역원, 1996); 이황 저, 권오돈 외 공역,「언행록 3」,『퇴계집』(한국고전번역원, 1968)
필자 : 김혜숙

방아타령(「방아찧기」)

오뉴월에는 보리방아 칠팔월에는 올벼방아
구시월에는 늦벼방아 오동지 섣달에는 강피방아로다

농경(農耕)의 수확물인 곡식을 먹기 좋게 가공하기 위해서는 필수적으로 거쳐야 할 과정이 바로 방아찧기다. 방아는 곡물의 겉껍질을 벗기거나 빻아서 가루를 내는 데 쓰는 연장을 말하는 것으로 여러 종류가 있었다. 대부분의 방아찧기는 단순한 노동 행위였으므로 노동요를 수반하기 마련인데, 각 지방에서 다양한 형태의 방아노래 혹은 방아타령이 발달하였다.

경기지방의 「방아타령」은 노동요의 단순성을 넘어 전문화하여 창(唱)민요로 발전하였다. 경기민요 「방아타령」,「자진방아타령」,「사설방아타령」은 전문 노래패들이 신명을 돋우기 위해 불렀던 노래들이다. 「자진방아타령」의 후렴이나 「사설방아타령」의 일부 가사를 제외하면 방아를 찧는 행위와는 거리가 먼 가사들로 이루어져 있다.

판소리에서도 「방아타령」은 「변강쇠타령」과 「흥보가(興甫歌)」,「심청가(沈淸歌)」 등에 등장한다. "「방아타령」은 방아를 찧으면서 부르는, 메기고 받는 형식의 민요를 판소리화한 삽입가요다. 판소리는 여타의 노래를 적절한 장면에 차용하여 음악적 재미를 더하는데 대부분의 경우 판소리 음악 어법에 맞게 변형해서 차용한다. 「방아타령」도 그러하다. 「심청가」의 「방아타령」은 실제 방아를 찧으면서 불렀던 노동요로서의 방아소리가 아니고, 당대 지역성을 넘어 상당히 유행하였던 통속민요를 판소리화한 것으로 보인다. 통속민요 「방아타령」은 이미 예로부터 전하는 민요를 바탕으로 소리꾼이 선율을 확대, 양식화시켜 재창조한 것이다"(국립민속박물관,『한국민속문학사전(판소리 편)』). 방아타령은 방아찧기가 가지는 외설적 상징성으로 인해 「심청가」 등에서 극적 분위기를 바꾸는 요소로 사용되기도 한다.

한편 서도소리에서 「방아타령」에 해당하는 노래는 「방아찧기」로 원래는 평안도지방 제석 열두거리 중 하나였다. 제석굿 혹은 제석풀이는 전국적으로 행해지던 경사굿인데,

돌절구ⓒ하응백

연자방아ⓒ하응백

천신을 모시는 굿이면서 불교적 색채가 가미되었다. 볍씨를 뿌려 한여름 키운 벼를 수확하여 옥백미로 찧는 대목이다. 제석굿은 전국에서 다양한 형태로 분화되었다.

위의 가사를 보면 오뉴월에는 보리를 수확하여 방아를 찧고, 칠팔월에는 올벼(빨리 수확하는 품종의 벼)를 수확하고, 구시월에는 늦벼를 수확하고, 동지섣달에는 강피(논피)를 수확하여 방아를 찧는다고 노래하고 있다. 피는 잡초이지만 춘궁기에 그 알곡을 먹기도 했다. 춘궁기에는 강피로도 방아를 찧어 먹었음을 보여주는 대목이다.

분류 : 문학
색인어 : 방아, 방아타령, 방아찧기, 심청가, 올벼, 강피
참고문헌 : 국립민속박물관,『한국민속문학사전』; 하응백,『창악집성』(휴먼앤북스, 2011)
필자 : 하응백

방아 찧는 모양(김준근)

「방아 찧는 모양」은 여인들이 방아로 곡식을 찧고 있는 모습을 그린 그림으로, 19세기 말 개항장에서 활동한 직업화가 기산(箕山) 김준근(金俊根)의 풍속화이다. 디딜방아는 두 손으로 공이를 쥐고 곡물을 찧거나 빻는 기구인 절구에서 비롯되었다. 곡식은 식사로 조리하기 위해 껍질을 벗겨내야 하기 때문에 절구가 필요하다. 디딜방아는 지렛대 원리에 따라 발로 힘을 쓰므로 자유로워진 두 손으로 천장의 끈을 쥐거나 틀을 잡고 온몸의 무게를 실어하기 때문에 절구보다 월등한 효과가 있다. 그러나 디딜방아가 모든 농가에 구비된 것은 아니었고, 소농의 경우는 주로 절구를 사용하였다.

「방아 찧는 모양」은 19세기 말 개항장에서 활동한 직업화가 기산(箕山) 김준근(金俊根)의 풍속화이다. 화면에서 다섯 명의 여인들이 협동해 발 방아, 즉 디딜방아로 곡식을 찧고 있는 모습이 그려져 있다. 두 사람이 딛는 방아의 채는 길며 뒤 뿌리가 제비꼬리처럼 좌우로 갈라졌고, 한 사람이 딛는 방아의 채는 짧고 가늘다. 그림 속 디딜방아는 뒤 뿌리가 좌우로 갈라져 있고 좌우에 각 두 명의 여인들이 중심을 잡기 위

김준근, 「방아 찧는 모양」, 크기 미상, 종이에 채색, 19세기 말, 덴마크 국립박물관

해 천장에 달린 줄을 잡고 방아채를 밟고 있다. 이 방아채를 디뎠다 얼른 놓는 사이 내려쳐진 공이의 힘으로 왕겨가 벗겨지는 것이다. 앞쪽의 여인은 그 순간을 노려 곡식이 골고루 빻아지도록 뒤섞으면서 찧는 순간 밖으로 튀어나온 알갱이를 추스르기 위해 한 손에는 빗자루를 들고 있다. 방아는 농경사회에서 중요하게 쓰였던 도구인만큼 다양한 속담이 전해지고 있다. '바쁘게 찧는 방아에도 손 놀 틈이 있다'는 아무리 분주한 때라도 틈을 낼 수 있음을 비유적으로 이르는 말이고, '떡방아 소리 듣고 김칫국 찾는다'는 속담은 해 줄 사람은 생각지도 않는데 미리부터 다 된 일로 알고 행동한다는 뜻이다. 또 '참새가 방앗간을 거저 찾아오랴'는 속담은 어떤 행동이든지 다 추구하는 목적이 있음을 비유적으로 이르는 말이다.

절구, 높이 68cm, 광복 이후, 국립민속박물관

분류 : 미술
색인어 : 기산, 김준근, 곡물, 찧다, 디딜방아, 절구, 풍속화
참고문헌 : 한식아카이브 DB; 김광언,『한국의 농기구』(문화재관리국, 1969); 신선영, 「기산 김준근 회화 연구」(한국학중앙연구원 박사학위

필자 : 구혜인

肌厚燔難熟 脂凝食不任
邦家承泰運 赬尾莫關心

하지만 같은 시대를 살았던 이정구(李廷龜: 1564-1635)는 방어로 회를 치고 구우니 그 풍미가 매우 좋아서 술잔이 손에 자주 이르는 것도 모를 정도라고 기록하였다(『월사집(月沙集)』).

방어로는 주로 찌개, 구이, 젓갈, 어육장(魚肉醬)을 만들어 먹는다. 이용기는 『조선무쌍신식요리제법』에서 방어를 이용해 찌개와 구이 만드는 법을 소개했다. 찌개를 만들려면 쌀뜨물에 방어를 우려내어 먹기 좋게 토막을 낸 다음, 쌀뜨물에 고기, 파, 고춧가루, 기름을 넣고 끓이다가 두부를 넣는다. 그리고 방어구이는 토막 낸 방어에 기름장을 발라가며 굽는데, 따뜻할 때 먹어야 맛이 좋다고 했다. 한편, 장계향(張桂香: 1598-1680)은 방어젓갈 만드는 법을 기술하고 있는데, 소금을 넣어 방어젓갈을 만든 후 마르고 단단한 땅에 독을 묻으면 1년 동안 먹을 수 있다고 하였다(『음식디미방』).

방어

방어(魴魚)는 한자로 방어(鲂魚), 혹은 방어(方魚)라고도 한다. 방어는 우리나라의 동해와 남해에 주로 서식하는데, 『세종실록(世宗實錄)』「지리지」와 『신증동국여지승람(新增東國輿地勝覽)』에서도 경상도, 함경도 지역에서 많이 난다고 기록하였다. 서유구(徐有榘: 1764-1845)도 『난호어목지(蘭湖漁牧志)』에서 방어는 동해에서 나는데, 관북과 관동의 연해, 영남의 영덕, 청하 이북에 모두 방어가 있다고 적었다.

허균(許筠: 1569-1618)은 『도문대작(屠門大嚼)』에서 방어는 독이 있어서 왕실에 봉진하지 않는다고 했다. 이용기(李用基: 1870-1933) 또한 『조선무쌍신식요리제법(朝鮮無雙新式料理製法)』에서 방어 가운데 붉은 것을 '선지 방어'라고 하는데, 본래 독이 있는 듯하다고 기술하였다. 그래서일까? 조선왕조실록 기록에서 유독 방어에 관한 기사를 많이 찾아보기 어렵다.

방어는 또한 살에 기름기가 많아서 식도락가들 사이에서도 호불호가 갈린다. 조선 중기 문신이었던 이응희(李應禧: 1579-1651)는 방어는 살이 두터워 구워서도 잘 먹지 않고, 또 기름이 많아 먹기가 좋지 않다고 하였다(『옥담시집(玉潭詩集)』).

방어는 몸집이 매우 큰데
한 척은 넘고 한 길은 못 되지
물 밖에 나오면 검은 빛이요
속을 가르면 붉은 빛 선명하지
살이 두터워 구워도 잘 안 익고
기름이 많아 먹기가 좋지 않네
국가가 태평한 운세 만났으니
꼬리 붉은 데 마음 쓸 일 없으리
魴魚大且碩 盈尺不盈尋
出水蒙玄褐 刳中耀赤琳

분류 : 식재료
색인어 : 음식디미방, 도문대작, 조선무쌍신식요리제법
참고문헌 : 『세종실록』(김익현·유제한 공역, 세종대왕기념사업회, 1972); 이행 외 저, 이식 역, 『신증동국여지승람』이상하 역, (한국고전번역원, 1970); 장계향, 『음식디미방』(한국전통지식포탈); 허균 저, 신승운 역, 『도문대작』(한국고전번역원, 1984); 이정구 저, 이상하 역, 『월사집』(한국고전번역원, 2001); 이응희 저, 이상하 역, 『옥담시집』(전주이씨안양군파종사회, 2009); 서유구 저, 이두순 평역, 강우규 도판, 『평역 난호어명고』(수산경제연구원BOOKS·블루&노트, 2015); 이용기, 『조선무쌍신식요리제법』(영창서관, 1936);『조선왕조실록사전』「방어」
필자 : 양미경

방어(『월사집(月沙集)』)

방어(魴魚)는 우리나라 동해안과 남해안에 서식하는 바닷물고기로, 평소에는 꼬리가 흰데 피곤하면 꼬리가 붉어지는 습성이 있다고 한다. 『시경(詩經)』주남(周南) 여분(汝墳)에 "방어는 꼬리가 붉어지고 왕실은 불타는 듯 어지럽구나[魴魚赬尾 王室如燬]."라는 시가 등장한 이래, 방어는 백성들의 고단한 삶을 은유하거나, 왕실의 일에 애태우는 군자의 노고를 비유하는 표현으로 종종 사용되어 왔다.

『월사집(月沙集)』을 쓴 이정귀(李廷龜: 1564-1635)에게 어느 날 남진(南鎭)이라는 사람이 찾아왔다. 남진이 양지(陽智: 지금의 경기도 용인 지역)의 원님으로 출사(出仕)하게 되면서 고별인사를 하러 온 것이었다. 아마도 두 사람은 회포를 풀며 술잔을 기울였을 것이다. 그때 남진이 이정귀에게 시를 한 수 청했다. 그러자 이정귀는 부채에 "정치는 작은 고을이라고 쉬운 게 아니니, 술을 경계하고 나태함을 경계하라. 경기고을 백성들이 정미(赬尾)에 시달리니 외롭고 곤궁한 이들을 먼저 보살피라."라는 시를 써주었다. 여기서 '정미(赬尾)'란 '붉은 꼬리'를 의미한다. 따라서 이 시는 경기고을 백성들의 삶이 몹시 곤궁하니, 부디 그들의 고단한 삶을 잘 살피라는 당부의 뜻을 담고 있다 하겠다.

분류 : 식재료
색인어 : 방어(魴魚), 정미(尾), 시경(詩經) 주남(周南) 여분(汝墳), 월사집(月沙集), 이정귀(李廷龜), 남진(南鎭)
참고문헌 : 이정귀 저, 이상하 역, 『월사집(月沙集)』(한국고전번역원, 2001)
필자 : 양미경

배

배는 누런 껍질 속에 하얀 과육이 들어 있는 둥근 모양의 과일로서, 달고 시원한 데다 물기가 많아 한국인들이 즐겨 먹는다. 배는 껍질만 벗겨 그냥 날로 먹는 경우가 가장 많지만 삶거나 찌거나 조리거나 구워서도 먹었다. 배를 재료로 한 음식은 배정과, 배숙[香雪膏], 이강고(梨薑膏), 배엿, 배화채, 배죽 등이 있고, 김치, 냉면, 육회, 굴회, 굴깍두기 등을 만들 때도 배를 넣었다.

한자로는 '梨(리, 이)'라고 하는데, 최한기(崔漢綺: 1803-1879)의 『농정회요(農政會要)』에 따르면 일명 '果宗(과종)', '快果(쾌과)', '玉乳(옥유)', '蜜父(밀부)'라고도 했다. 그러면서 배나무는 2월에 꽃을 피우는데, 상사일(上巳日) 즉 음력 3월 3일에 바람이 없으면 그 해는 배가 맛있게 열린다고 했다.

조선시대 심었던 배나무의 품종은 유중림(柳重臨: 1705-1771)이 『증보산림경제(增補山林經濟)』에서 소개하였다. 이에 따르면, 배나무의 품종은 아주 많으나 그 가운데 청수(靑水), 홍수(紅水), 합자(合子), 호적(好積) 같은 것이 심을 만하다고 썼다.

한편 맛있는 배가 조선 어디에서 나는지는 조선시대의 미식가로 꼽히는 허균(許筠: 1569-1618)이 『도문대작(屠門大嚼)』에서 품평하였다. 그는 하늘배[天賜梨], 금색배[金色梨], 검은배[玄梨], 붉은배[紅梨], 대숙배[大熟梨]를 들었는데, 하늘배는 성종(成宗: 재위 1469-1494) 때 강릉에 살던 진사(進士) 김영(金瑛)의 집에 갑자기 배나무 한 그루가 돋아난 것이 시작이라고 한다. 그 나무에 열린 배가 크기는 사발만 하고 맛이 달고 연하여, 허균이 살던 시기에는 많이 퍼져 있었다는 것이다. 또한 금색배는 강원도 정선군(旌善郡)에 많고, 검은배[玄梨]는 평안도(平安道) 산촌에서 나는데 색은 검푸르지만 물이 많고 꿀맛이라고 한다. 또한 붉은배[紅梨]는 석왕사(釋王寺)에서 나는데, 색이 붉고 크기가 크며 산뜻한 맛이 난다. 속칭 '부리(腐梨)'라고도 하는 대숙배[大熟梨]는 산중에 많으며, 황해도 곡산(谷山)과 강원도 이천(伊川)의 것이 크기도 아주 크고 맛도 제일이라고 했다. 허균이 말한 배 가운데 설봉산 석왕사의 배는 『신증동국여지승람(新增東國輿地勝覽)』에도 함경도 안변도호부의 토산물로 나오는데, 사람들이 '석왕배[釋王梨]'라 불렀다고 한다.

그러다 일제 강점기에는 현재에도 유명한 전라남도 나주의 배가 전국적으로 알려졌고, 특산물로서 일본 오사카와 만주까지 수출되었다(〈동아일보〉 1933년 12월 6일자). 이 시기 나주에서 키우던 배의 품종은 원래 일본에서 들어온 '이마무라아키[今村秋]'라는 이름이었는데, 당시 나주배는 다른 지역에서 생산하는 배보다 크기가 크고 감미가 월등하여 인기가 높았다. 그러다 1938년 이후에는 '아리랑'이란 이름으로 나주배가 유통되었는데, 이렇게 이름을 붙인 사람은 도쿄와 오사카는 물론이고 일본 전역에서 유명한 과일도매점 센비캬[千匹屋]의 주인이다. 그는 1938년 나주배를 시찰한 후에 나주배가 일본 본토의 배에 비해 품질이 월등하다면서, 계속 '이마무라아키'라고 부르는 것은 나주배에 대한 모욕이라면서 독특한 명명이 필요하다고 하여 '아리랑'이란 이름을 지었다고 한다(〈동아일보〉 1939년 11월 10일자).

조선시대에는 가을이 되어 배나무에 배나무에 달린 배가 익으면, 배를 따서 생으로 먹기도 하고 장기간 저장해 두었다가 필요할 때 꺼내 썼다. 배를 저장하는 법은 조선시대의 여러 문헌에서 다루었는데, 내용은 거의 비슷하다. 먼저 조선 전기의 어의(御醫)였던 전순의(全循義: ?-?)가 『산가요록(山家要錄)』에서 설명한 바와 같이, 첫 서리가 내린 후 수확한 배를 나무 상자 안에 넣고 겨로 채워서 보관하거나 움을 파고 그 안에 배를 넣어 저장하는 방법이다. 방법은 비슷하지만, 『요록(要錄)』에서는 겨가 아니라 솔잎을 쓰라고 했다. 한편 첫 서리가 내리면 서둘러 배를 수확해야 하는 까닭은 『증보산림경제』를 보면 알 수 있는데, 만약 서리가 많이 내린 후까지 배를 두었다가 따면 저장을 해도 이듬해 여름까지 저장하기 어려워지기 때문이라고 한다.

배를 저장하는 또 다른 방법으로는 원대(元代)의 『거가필용사류전집(居家必用事類全集)』을 인용한 것이다. 홍만선(洪萬選: 1643-1715)의 『산림경제(山林經濟)』를 비롯해 조선시대 여러 문헌에 재인용되며 전해지는 방법인데, 배를 작은 가지와 함께 잘라 바람이 들지 않은 큰 무나 큰 배에 꽂아 따뜻한 곳에 두라고 했다. 또한 배를 저장하는 데는 주의할 점이 있어서, 배는 낮은 온도에서 쉽게 상하므로 따뜻한 곳에 보관해야 하고, 술기운에 약하므로 잔치를 치르고 남은 것과 함께 보관하거나 술을 둔 곳과 가까운 데 두어서는 안 된다고 했다.

그런데 배를 너무 늦게 따도 문제지만, 배를 너무 일찍 따 먹어도 배나무에 좋지 않다는 속설이 있었다. 익지 않은 배를 먹으려다 보니, 배를 날로 먹지 못하고 쪄 먹게 되는데 그것이 배나무에 나쁜 영향을 미친다는 것이다. 이수광(李睟光: 1563-1628)의 『지봉유설(芝峯類說)』을 인용한 『산림경제』를 보면, 이수광 자신의 경험이 나온다. 이수광은 세간에 '덜 익은 배를 쪄 먹으면 그 배나무가 나쁜 배나무로 변한다.'고 하는 말이 있는데 실제로 그렇다면서, 자신의 집에 좋은 배나무가 몇 그루 있었는데, 그 배가 덜 익었지만 마침 손님이 와서 따서 쪄 먹었더니 그 뒤로는 그 배나무에서 달린 배들은 익기만 하면 금세 까맣게 썩어버려 먹을 수 없게 되었다고 설명하였다. 사실 덜 익은 배나 신맛이 나는 배를 익혀 먹는 일은 드물지 않았다. 『증보산림경제』에는 맛이 신 배는 물을 바꿔가며 삶아 익히면, 맛이 달면서도 사람에게 해가 없다고 했다.

한편 조선 중기에 강와(强窩: ?-?)가 지었다는 『치생요람(治生要覽)』에는 소고기를 삶을 때 배나 배나무 가지를 넣고 삶으면 쉽게 익는다는 내용이 보여 주목된다. 지금도 불고기, 갈비찜, 갈비구이 등 소고기 요리를 할 때에 육질이 연해진다고 하여 배를 갈아 넣고 있는데, 이러한 배와 소고기의 연관성은 일제 강점기에도 상식처럼 퍼져 있었던 듯하다. 1924년생인 이태녕(李泰寧, 화학자)은 어려서 어른들로부터 노인음식으로 소고기가 나올 때는 배가 꼭 있어야 한다는 말을 들으며 자랐다고 한다. 또한 "소고기 뒤에는 배를 먹어야" 한다는 통념이 있는데, 그런 소고기와 배와 관련된 통념이 신빙성이 있는지 밝혀보고자, 자신이 이와 관련된 실험을 진행한 일이 있다는 것이다(〈동아일보〉 1968년 6월 11일자).

분류 : 식재료
색인어 : 도문대작, 산가요록, 소고기, 갈비구이, 갈비찜
참고문헌 : 최한기 저, 고농서국역총서 12-『농정회요 III』(농촌진흥청, 2007); 유중림, 고농서국역총서 6 『증보산림경제 III』(농촌진흥청, 2004); 허균 저, 신승운 역, 「도문대작」, 『성소부부고』(한국고전번역원, 1984); 전순의, 『산가요록』(한국전통지식포탈); 작자 미상, 『요록』(한국전통지식포탈); 홍만선, 『산림경제』(한국전통지식포탈); 강와, 『치생요람』(한국전통지식포탈); 「東洋의 名産羅州梨 外處注文이 激增」, 〈동아일보〉 1933년 12월 6일; 「羅州名産梨 "아리랑" 豊作」, 〈동아일보〉 1939년 11월 10일; 「俗說의 虛實 소고기와 배」, 〈동아일보〉 1968년 6월 11일
필자 : 김혜숙

배무름(「무숙이타령」)

음식상을 떡 벌어지게 준비하여 대령하였으되, 화류

강진 교자상에 금사화기 유리접시 벌여놓고 귤병, 편강, 민강이며, 대밀주, 소밀주, 호도당, 포도당에 옥춘당, 인심당, 왜편, 호편 곁들이고, 인삼정과 모과정과, 생강정과 곁들이고, 유자, 밀감, 포도, 석류, 생률, 숙률, 은행, 대추, 봉산 참배, 유자, 감자 등등, 전낙조차 곁들이고 착면화채 배무름에 수정과를 곁들이고, 메밀, 완자 신선로에 번화하다 벙거짓골, 아귀찜, 갈비찜에 생강을 곁들이고, 어육, 제육, 어만두, 떡볶이가 소담하다. 평양세면 부비염에 황주 냉면 곁들이고 김치, 양채, 갖은 어채, 각색으로 나누었는데, 색 있는 갖은 편에 두태 떡을 곁들이고 양 고음, 우미탕에 누르미를 고았는데, 설렁탕 한 동이는 하인청에 들여놓고, 평양의 감홍로, 계당주, 노산춘, 이강주, 죽엽주를 각색 병에 들여놓고

오늘날에는 「춘향가」, 「심청가」, 「흥보가」, 「수궁가」, 「적벽가」 등 다섯 바탕의 판소리가 창으로 불리고 있으나, 조선 후기에는 이들을 포함하여 총 12개의 작품이 판소리로 연행되고 있었는데, 그중에 「왈자타령」 또는 「무숙이타령」이라고 불린 판소리가 있었다. 그동안에는 이 작품의 내용이 어떤 것인지 모르고 있었는데, 1990년대에 이 판소리의 사설 정착본인 「계우사」가 발굴되면서 비로소 그 내용을 알 수 있게 되었다. 내용은 「왈자타령」, 「무숙이타령」 등 작품 제명에 나타나듯이, 왈자인 김무숙과 내의원 소속의 기생인 의양이 주인공으로 등장한다. 무숙은 본처가 있었지만 의양에게 반하여 의양을 기적(妓籍)에서 빼내어 살림을 차린다. 그 과정에서 무숙은 왈자가 다 그렇듯이 허랑방탕한 생활을 지속하는데, 이에 의양은 무숙의 본처와 주변 인물들을 동원하여 무숙을 극도의 경제적 궁핍에 빠지게 하여, 결국 무숙을 개과천선케 하는 이야기이다. 무숙의 생활은 놀이와 잔치를 일삼고 주색잡기에 빠지는 등 극도로 방탕하고 소비적인 것이었다. 그러다 보니 작품에는 술이나 음식 등이 많이 등장한다. 위에서 인용한 것은 그중의 한 장면이다 위 글은 무숙이가 의양을 만나 살림을 차리기 직전에,

자신의 재력을 과시하기 위하여 주위의 여러 왈자들을 초빙하여 잔치를 여는 장면에 서술된 것이다. 기생집에서 잔치를 한 것인바, 위 인용문은 조선 후기 당시 기생집 중심의 유흥공간에서 소비된 음식들이 어떤 종류였는지를 잘 보여주고 있다. 그중 '민강'은 생강을 설탕물에 졸여 만든 과자를, '배무름'은 수정과를 끓일 때 함께 넣어 무르게 된 배를, '누르미'는 무, 당근, 소고기, 다시마 등을 꼬치에 꿰어 양념을 발라서 솥에 찐 음식을 각각 가리킨다.

분류 : 문학
색인어 : 배무름, 누르미, 민강, 계우사
참고문헌 : 작자 미상, 최혜진 역, 『계우사/이춘풍전』(지식을만드는지식, 2009)
필자 : 차충환

봉산배(『백운필』)

이옥(李鈺: 1760-1815)의 『백운필(白雲筆)』에는 '맛있지만 봉산배[鳳山梨]'라는 조선시대에 통용되던 속담이 나온다. 당시 배의 진품(眞品)으로는 청술레[靑戍來, 靑梨], 황술레[黃戍來, 黃梨], 합술레[合戍來] 등이 있었는데, 그 가운데 봉산배를 최고로 쳤다. 일찍이 어느 재상에게 집안의 동생뻘 되는 이가 봉산군수가 되어 배를 보내왔는데, 때마침 조카가 재상 집에 들렀다. 재상은 그 조카에게 봉산에서 온 배가 아주 맛있다며, 여종에게 봉산배를 한 개 가져오라고 했다. 그러고는 직접 배 껍질을 벗겨 자기만 먹으면서 말하길, "봉산배가 맛있다더냐?" 하고 물었다. 조카가 대답하지 않으니, "봉산배가 과연 맛있더냐?"고 다시 물었다. 그러자 조카가 "맛있는 건 자기에게 맛있는 건데, 저는 아직 봉산배를 먹어보지 못했으니, 어찌 봉산배가 맛있는지 없는지 알겠습니까?" 하고 대답하였다. 이와 같이 조카를 앞에 두고도 혼자 봉산배를 먹었던 재상의 일로부터 사람들은 맛있지만 자기와 관련 없는 것을 '봉산배'라 이르게 되었다고 한다(이옥 저, 실시학사 고전문학연구회 편역, 2009: 279쪽). 한편 봉산배는 다른 뜻의 속담으로도 쓰였다. '봉산 참배'라는 말이 있는데, 최남선(崔南善: 1890-1957)의

『조선상식문답(朝鮮常識問答)』을 보면 이 말은 싹싹한 사람을 가리키는 비유로 흔히 쓰였다고 한다(최남선, 2007: 63쪽).

이러한 봉산배는 최영년(崔永年: 1856-1935)의 『해동죽지(海東竹枝)』(1925년)에 따르면 황해도 봉산군에서 나는데 맛이 참으로 달고 향기가 맑아서 최고로 좋은 절품(絶品)이라 하여 '참배[眞梨]'라고 이름 붙였다고 한다. 일제 강점기까지도 봉산배는 전국적으로 유명하였는데, 1935년에 나온 『朝鮮の山果と山菜』(조선의 산열매와 산나물)를 보면 봉산배 외에도 한국의 재래종 배 가운데 가장 명성이 높았던 것은 함경남도의 함흥배와 원산배, 평안북도의 의주배였다. 당시 배나무는 조선의 농가 마당에 한 두 그루쯤 없는 집이 없을 정도였고, 관혼상제 때와 김치의 향미료로서 매우 중요하게 쓰인다고 했다. 즉, 잔칫상이나 제사상에 배를 올리는 것은 물론이고 김치를 담글 때도 잣, 밤과 함께 배를 꼭 넣었다는 것이다.

한편 참배와 대비되는 배로 '돌배'가 있다. 돌배는 한자로 '山梨(산리)' 또는 '野梨(야리)'라 하는데, 산에서 자생하는 배로 크기가 작고 단단하였다. 맛 또한 참배에 비하여 시고 떫어서 그다지 좋지 않았다. 하지만 돌배를 전혀 먹지 않았던 것은 아니었다. 향설고(香雪膏)와 같은 음료는 좋은 배를 쓰기도 하지만, 빙허각 이씨(憑虛閣 李氏: 1759-1824)의 『규합총서(閨閤叢書)』를 보면 시고 단단한 문배, 즉 산돌배로 만들었다. 신 배를 써야 향설고의 빛이 붉고 곱게 된다면서, 돌배의 껍질을 벗기고 꿀물, 후추, 생강과 함께 뭉근하게 달여 만들었다.

돌배와 관련해서는 '돌배도 맛 들일 탓'이라는 속담이 있다. 이 속담은 무슨 일이나 처음에는 싫어도 차차 좋아질 수도 있으니 정붙이기 나름이라는 뜻으로 쓰였는데, 돌배도 처음에는 맛이 없어도 먹다 보면 먹을 만하게 느껴진다는 이야기이다.

분류 : 식재료
참고문헌 : 이옥 저, 실시학사 고전문학연구회 편역, 「백운필」, 『完譯 李鈺 全集3-벌레들의 괴롭힘에 대하여』(휴머니스트, 2009); 최영년, 『해동죽지』(獎學社, 1925); 京畿道林業會 編, 『朝鮮の山果と山菜』(京畿道林業會, 1935); 최남선 지음, 최상진 해제, 『조선의 상식(조선상식문답)』(두리미디어, 2007); 빙허각 이씨, 『규합총서』
필자 : 김혜숙

배추

정약용(丁若鏞: 1762-1836)의 글 중에서 요사이 말로 하면 '중국어 제대로 사용하기'에 해당되는 「죽란물명고(竹欄物名考)」란 것이 있다. 그는 이 책에서 "숭채(菘菜)를 조선에서는 배초(拜草)라고 하는데, 이것은 백채(白菜)의 와전이다."고 질타했다. 배추의 겉잎이 소나무의 푸른색을 띠었기 때문에 생긴 이름이 숭채고, 그 속이 하얗기 때문에 백채가 되었다.

배추의 원산지는 중국의 북부지역이다. 유중림(柳重臨)이 1766년(영조 42)에 쓴 필사본 『증보산림경제(增補山林經濟)』에서는 중국품종[唐種]이 가장 품질이 좋다고 밝혔다. 이 배추는 이미 고려 초기부터 한반도에 들어와 있었고, 서울 사람들 사이에서는 매우 인기를 모았다.

그러한 사정이 조선초기의 학자 성현(成俔: 1439-1504)이 지은 『용재총화(慵齋叢話)』에 나온다. "한양 도성 동문 밖에 사는 사람들이 이것(배추)을 잘 길러서 이익을 챙긴다."고 했다. 같은 시대를 살았던 김시습(金時習: 1435-1493)은 「왕심연허(枉尋煙墟)」란 제목의 시에서 "연로한 부녀자가 도성에서 채소를 팔고 돌아오니, 어린아이는 기뻐 맞이하며 허술한 문턱을 뛰어넘네"라고 읊조렸다. 이를 두고 김시습보다 거의 1세기 후 사람인 권문해(權文海: 1534-1591)는 『대동운부군옥(大東韻府群玉)』에서 "왕심은 지금 도성의 동문 밖에 있는 마을 이름이며, 이곳 사람들은 대대로 채소를 파는 일을 업으로 삼는다."고 설명했다. 왕심은 지금의 서울 왕십리 일대를 가리킨다. 그러니 지금의 서울 동대문 바깥사람들이 채소, 그중에서 배추를 널리 심어 사대문 안을 드나들며 배추 장사를 했음을 짐작하게 해준다.

그렇다고 지금처럼 배추가 김치를 만드는 중요한 식료였다고 생각하면 오해다. 조선 초기에 김치의 으뜸 식료는 무나 순무였다. 일찍이 고려 중기의 이규보(李奎報: 1168-1241)는 여름에는 청(菁)을 간장에 절이고 겨울에는 소금에 절여서 먹으면 좋다고 했다. '청'은 순무일 가능성이 많다. 비록 김치의 중심 식료는 아니었지만, 배추는 질병을 낫게 하는 데 쓰였다. 세조 4년(1460)에 당시 어의(御醫)였던 전순의(全循義: ?-?)는 『식료찬요(食療纂要)』라는 책에서 다음과 같이 적어두었다. "장과 위가 막힌 것을 풀리게 하며, 가슴이 답답하고 열이 나는 중상을 제거하려면 숭채(菘菜) 2근을 삶아 국을 만들어 마신다."

여기에서의 숭채가 바로 배추이다. 전순의는 『산가요록(山家要錄)』이란 책도 펴냈다. 이 책의 이름은 일반 농촌가정에서 반드시 알아야 할 내용이란 뜻이다. 책의 내용은 농사짓는 법과 230가지에 이르는 조리법으로 구성되었다. 조리법에는 술·장·초·채소절임과 함께 각종 식재료를 저장하는 방법이 적혔다. 그중에서 '침백채(沈白菜)' 조리법이 나온다. "깨끗이 씻은 배추 한 동이에 소금 삼 홉을 고루 뿌려 넣고 하룻밤 지낸다. 다시 씻어서 먼저처럼 소금을 뿌리면서 항아리에 담고 물을 붓는다. 다른 침채(沈菜)법과 같다."

홍만선(洪萬選: 1643-1715)이 여러 고전을 보고 엮은 『산림경제(山林經濟)·치포(治圃)』에서는 배추를 한자로 '숭채(菘菜)', 한글로 '비치'라고 적고 그 재배법 다음과 같이 적어두었다. "2월 상순에 종자를 뿌리면 3월 중순에 먹게 되고 5월 상순에 종자를 뿌리면 6월 중순에 먹게 된다(『신은지(神隱志)』). 심은 다음에 재거름으로 덮어주고 자주 물을 준다(『한정록(閑情錄)』)." 이 내용에서 『신은지』는 명나라 때의 책이고, 『한정록』은 허균(許筠: 1569-1618)이 지었을 것으로 여겨지는 책으로 그 중에 중국의 농서에서 옮겨 적은 것이 있다. 그만큼 16세기가 되면 배추를 심고 수확하는 일은 한반도의 중부 지역에서는 일상적인 모습이었다.

하지만 배추의 품종이 좋지 않고 재배도 잘 되지 않아서 불만도 생겨났다. 홍석모(洪錫謨: 1781-1857)는 이런 글을 남겼다. "요동 서쪽의 풍속은 반은 상업 반은 농사를 짓네, 산천은 예로부터 오랫동안 기자(箕子)가 다스리는 땅이었네, 한 달 동안 북쪽으로 가도 기러기 무리를 볼 수 없고, 서쪽으로 천 리를 가니 소나무 몇 그루가 보이네, 채소는 단 배추[甘菘]를 중하게 여기는데 흰색으로 넓적다리 크기네, 떡은 옥수수[玉秫]로 만드는데, 절구에 찧어내니 눈송이가 날리는 듯하네, 수레를 멈추고 웃으며 푸른 발 쳐진 집 안으로 들어가니, 포도주[葡酒]와 분탕(粉湯) 맛이 매우 진하네."

홍석모는 24세가 된 1804년에 과거시험에 통과하여 생원(生員)이 되었다. 세력이 있는 집안 덕택으로 홍석모는 전라도 남원 부사(府使)를 지냈다. 하지만 이외에는 큰 벼슬을 하지 못했다. 다만 1826년에는 부친이 청나라의 수도 베이징에 동지사(冬至使) 대표로 갈 때 따라서 그곳을 다녀왔다. 앞에서 소개한 글은 그때 중국의 심양에서 목격한 장면을 『유연고(游燕藁)』란 글에 남겨둔 것이다. 그는 앞의 시에 대한 설명에서 "배추는 토질에 잘 맞아서 큰 것은 절굿공이와 같다. 맛이 달고 사각사각하다."고 하면서 부러워했다. 사실 당시의 조선배추는 길쭉하기만 할 뿐 속이 거의 비어 있었고, 맛도 달지 못했다. 이에 비해 중국 화북의 배추는 속이 꽉 차고 맛이 달았다. 그런 사정에서 홍석모가 이런 글을 썼다.

그럼에도 배추는 서울 사람들에게는 겨울을 나는 데 중요한 채소였다. 홍석모는 당시 서울의 세시풍속을 적은 그의 책 『동국세시기(東國歲時記)』음력 10월편에 다음과 같은 글을 적어두었다. "서울 풍속에 만청

김장 직전의 배추ⓒ하응백

459

(蔓菁)·숭(菘)·산(蒜)·초(椒)·염(鹽)으로 옹기에 저(菹)를 담근다. 여름의 장(醬)과 겨울의 저(菹)는 곧 민간에서 일 년 중에 가장 중요한 일이다." 여기에서 한자어 '저'는 오늘날의 한국어로 말하면 김치 혹은 장아찌 혹은 짠지를 가리킨다. '만청'은 무이다. 중국어로 나복(蘿葍, luobo)이라고 불렀지만, 홍석모는 '만청'이라고 적었다. '숭'은 배추를 가리킨다. '산'은 마늘이다. '초'는 천초와 고추를 두루 가리킨다.

홍석모와 비슷한 시기를 살았던 정학유(丁學游: 1786-1855)는 1819년경에 지은 「농가월령가」 음력 시월 편에서 다음과 같은 노래를 적어두었다. "시월은 맹동(孟冬)이라, 입동(立冬) 소설(小雪) 절기로다. 나뭇잎 떨어지고, 고니 소리 높이 난다. 듣거라 아이들아, 농공(農功: 농사일)을 필하여도, 남은 일 생각하야, 집안일 마저(남김없이 모두) 하세. 무·배추 캐어 들여, 김장을 하오리라. 앞 내(냇물)에 정히 씻어, 함담(鹹淡: 짜고 싱겁고)을 맞게 하고, 고추·마늘·생강·파에, 젓국지 장아찌라. 독 곁에 중두리요, 바탕이 항아리라. 양지에 가가(假家: 김치광) 짓고, 짚에 싸 깊이 묻고, 박이[호박] 무 알암말(잘 익은 밤)도, 얼잖게(얼지 않게) 간수하소."

지금으로부터 약 180년 전에 한반도에 살았던 사람들의 김장 모습을 잘 묘사하고 있다. 벼농사가 끝난 음력 시월에 무와 배추를 캐서 앞 냇물에서 깨끗이 씻는다. 무와 배추를 소금에 간이 알맞도록 절인다. 여기에 양념을 만들어 젓국을 붓고 담그면 젓국지가 되고, 간장을 붓고 담그면 장아찌가 된다. 이렇게 담근 김장을 독 중에서 중간짜리 항아리에 담아서 햇볕이 잘 드는 곳에 짚으로 김치광을 짓고 그 땅에 묻는다. 김치광 땅 속에는 김장한 김치만이 아니라, 호박이나 잘 익은 밤도 묻어 두어 겨우내 식량으로 삼았다.

1890년대에 쓰였을 것으로 여겨지는 『시의전서·음식방문』에서 비로소 배추통김치 조리법이 처음으로 나온다. 이 책에서는 한자 이름으로 숭침채(菘沈菜)라고 했다. 20세기 초반이 되면 서울 사람들에게 배추는 김장에 필요한 매우 중요한 채소였다. 1923년 11월 9

일자 〈동아일보〉에서는 "대개 시내에서 중요히 치는 배추밭은 방아다리배추밭(충신동), 훈련원배추밭(동대문 내), 구리안뜰배추밭(동대문 외 남편), 섬말배추밭(종로통 오정목) 등이요, 그 외에 지방에서 오는 것으로는 개성배추를 제일 중요히 치던 것인데 개성배추는 지난번 수해로 거의 전멸에 돌아가서 배추시세는 작년보다 일할 내지 이할 가량 비싸진 터인데 훈련원배추는 보잘것없으며 구리안뜰배추는 상당히 되었으나 속이 차지를 못하다 하며 그중에서 제일 쓸 만한 곳은 방아다리배추로 이왕직을 위시하여 각 대가에서는 대개 이곳에서 사드리기를 시작한 모양이다. 작년부터 이름을 얻은 섬말배추도 방아다리 다음은 가겠는데 요사이 시세로 보면 섬말배추는 백통에 칠 원 오십 전 구리안뜰치이면 육 원 오십 전 방아다리배추이면 팔 원 내지 구 원가량에 살 수 있다는데."라고 했다. 1931년에 발간된 『조선총독부농업시험장 25주년기념지』에서는 "재래배추 중 유명한 것은 경기도 개성의 소위 개성배추와 경성의 경성배추 2품종이다(朝鮮總督部農事試驗場 1931:246)."고 했다. 그러면서 1920년대에 "개성배추는 비교적 북쪽 지방에 많이 보급되었고, 경성배추는 경성이남 지방에 많이 재배되고 있다."고 하면서 남한의 농민들은 경성배추를 주로 재배한다고 적었다. 경성배추는 다른 말로 앞에서 언급했던 서울배추이다. 그러면서 지부(芝罘)배추와 같은 "결구성 배추 재배가 점차 증가하고 있으나 아직 재래종 재배가 그 대부분을 차지하고 있다."고 했다.

배추전ⓒ하응백

그로부터 40년쯤 지난 1970년대가 되면 기왕의 조선배추 대신에 속이 꽉 찬 지부배추와 같은 '호(胡)배추'가 농촌의 배추밭을 장악했다.

분류 : 식재료
색인어 : 김치, 산가요록, 동국세시기, 시의전서
참고문헌 : 『동국이상국집(東國李相國集)』; 『식료찬요(食療纂要)』; 『산가요록(山家要錄)』; 『용재총화(慵齋叢話)』; 「왕심연허(枉尋煙墟)」; 『대동운부군옥(大東韻府群玉)』; 『한정록(閑情錄)』; 『죽란물명고(竹欄物名考)』; 『산림경제(山林經濟)』; 『증보산림경제(增補山林經濟)』; 『유연고(游燕藁)』; 『동국세시기(東國歲時記)』; 『농가월령가』; 『시의전서』; 『조선총독부농업시험장 25주년기념지』; 주영하, 『식탁 위의 한국사』(휴머니스트, 2013)
필자 : 주영하

배추(김창업)

한 포기가 넓적다리만큼 큰데
그 종자가 중국 시장에서 온 것
깨끗하게 푸른 옥 같은 줄기는
이빨로 씹으면 앙금도 없다네
一本大如股 其種來燕市
濯濯靑玉莖 經齒忽無滓

*김창업, 「배추[菘]」

김창업(金昌業: 1658-1721)은 자가 대유(大有)고 호가 노가재(老稼齋)다. 김수항(金壽恒)의 아들로 김창집(金昌集), 김창협(金昌協), 김창흡(金昌翕) 등 여섯 명의 형제가 모두 뛰어나 육창(六昌)으로 불렸으며, 문집 『노가재집(老稼齋集)』 외에 『노가재연행록(老稼齋燕行錄)』이 널리 읽혔다. 김창업은 호 노가재에서 짐작하듯 농사를 좋아하여 채소밭을 마련하고 마늘, 부추, 파, 상추, 쑥갓 등 26종의 채소를 심고 하나하나 시를 지어 붙인 바 있다.

김창업은 커다란 배춧잎을 씹노라면 앙금이 없어 절로 맛있다고 하였다. 그리고 배추가 중국에서 종자를 수입하여 재배하였음을 밝혔다. 15세기의 문인 서거정(徐居正: 1420-1488)의 「강진산이 중국 채소를 보내준 데 감사하여[謝姜晉山寄唐蔬]」라는 시의 서문에 따르면 강희맹(姜希孟)이 조선에 사신으로 온 명의 환관 정동(鄭同)으로부터 17종의 채소 종자를 받아 서거정에게도 나누어주었다고 하였는데 그중 백채(白菜)라 한 것이 바로 배추다. 그래서 「주방의 채소 여덟 가지[廚蔬八詠]」에도 배추가 등장한다. "청색 속에 백색이 서린 싱싱한 배추를, 하나하나 봄 쟁반에 수북하게 담아놓았네. 자근자근 씹으면 입에서 아삭아삭 소리 나니, 소화를 잘 시켜 폐와 간에도 좋다고 하네. 고기와 맞먹는 것 누가 알아주겠나마는, 밥 많이 먹게 권할 만하다네. 주옹이 내 마음을 먼저 알았구나, 귀거래 또한 어려운 일도 아니건만[生菘靑間白 一一飣春盤 細嚼鳴牙頰 能消養肺肝 誰知能當肉 亦足勸可餐 周郎先得我 歸去亦非難]."이라 하였다. 중국 고대의 은사인 주옹(周顒)은 부추와 배추가 가장 맛난 채소라 하였다. 겉을 싸고 있는 푸른 배춧잎 사이에 하얀 속잎이 싱싱하다. 까칠한 입맛을 돋우기 위하여 쟁반에 수북하게 올렸다. 자근자근 씹으면 아삭아삭 소리가 난다. 절로 소화가 잘되니 몸을 보양하는 데 오히려 고기보다 낫다고 하였다.

서거정은 채소를 유독 좋아하였다. 「채소밭을 거닐면서[巡菜圃有作]」에서 "인생에 입에 맞는 것이 진미가 아니더냐, 채소도 고기 먹는 것과 절로 한가지라. 우리 집 뜰에는 몇 뙈기 빈터가 있어, 해마다 마음에 차도록 채소를 심는다네. 순무도 심고 나박무도 심고 상추도 심고, 푸른 미나리에 흰 토란, 붉은 차조기까지. 생강 마늘 파 여뀌 등 온갖 양념까지 갖추어, 살짝 데쳐 국 끓이고 절여서 김치를 담그네. 내 본디 푸성귀나 즐기는 창자를 지녔기에, 채소를 꿀처럼 엿처럼 달게 먹는다네[人生適口是眞味 咬菜亦自能當肉 我園中有數畝餘 年年滿意種佳蔬 蕪菁蘿蔔與萵苣 靑芹白芋仍紫蘇 薑蒜葱蓼五味全 細燖爲羹沉爲菹 我生本是藜藿腸 嗜之如蜜復如糖]."라 하였다. 채소의 향연이라 할 만하다.

분류 : 문학
색인어 : 배추, 백채, , 순무, 나박무, 상추, 미나리, 토란, 차조기, 생강, 마늘, 파, 여뀌, 김창업, 서거정, 강희맹
참고문헌 : 김창업, 『노가재집』; 서거정, 『사가집』; 이종묵, 『한시마중』(태학사, 2012)
필자 : 이종묵

배추꼬리(「하늘만 곱구나」)

집도 많은 집도 많은 남대문턱 움 속에서 두 손 오구
려 혹혹 입김 불며 이따금씩 쳐다보는 하늘이사 아마
하늘이기 혼자만 곱구나

거북네는 만주서 왔단다 두터운 얼음장과 거센 바람
속을 세월은 흘러 거북이는 만주서 나고 할배는 만주
에 묻히고 세월이 무심찮아 봄을 본다고 쫓겨서 울면
서 가던 길 돌아왔단다

띠팡을 떠날 때 강을 건널 때 조선으로 돌아가면 빼앗
겼던 땅에서 농사지으며 가 갸 거 겨 배운다더니 조선
으로 돌아와도 집도 고향도 없고

거북이는 배추꼬리를 씹으며 달디달구나 배추꼬리를
씹으며 꺼무테테한 아배의 얼굴을 바라보면서 배추
꼬리를 씹으며 거북이는 무엇을 생각하누

첫눈 이미 내리고 이윽고 새해가 온다는데 집도 많은
집도 많은 남대문턱 움 속에서 이따금씩 쳐다보는 하
늘이사 아마 하늘이기 혼자만 곱구나

이용악(李庸岳: 1914-1971)의 시집『이용악집』(1949)
에 수록된 시「하늘만 곱구나」이다. 이용악은 일본 도
쿄 조치대학[上智大學] 신문학과 재학 중 1935년『신
인문학』에 시「패배자의 소원」을 발표하여 등단했고,
재학시절 김종한과 동인지『이인(二人)』을 발간하기
도 했다. 1939년 귀국해『인문평론』편집기자로 근무
했다. 일제 강점기의 척박한 상황 속에서 고생하며 살
아가던 민중의 모습을 사실적인 어법으로 그려내면
서 삶의 애환을 표현했다. 8.15 광복 후 '조선문학가
동맹'에서 활동하였고, 1950년 6·25전쟁 때 월북했다.
시집으로『분수령』,『낡은 집』,『오랑캐꽃』,『이용악
집』등이 있다.
이 시는 귀향이민의 고달픈 삶의 처지와 심정을 그린
작품이다. 일제에 내몰려 만주로 간 거북네 가족은 그

이용악은 함경도 경성 두만강변에서 태어났다. 사진은 두만강뗏목놀이소리
재현 장면(2015).ⓒ하응백

곳에서 갖은 고생을 하다가 해방을 맞아 귀환했지만
전에 살던 집은 찾을 수 없고 해방 조국에서도 궁핍을
면치 못하는 비참한 현실에 놓여 있다. 이 사람들의
곤궁한 현실과는 달리 곱게 펼쳐진 하늘을 보며 무정
한 상황을 개탄하고 있다. '띠팡'은 중국어로 지방(地
方)이라는 뜻이다. 이 시에서 거북이가 씹는 배추꼬리
는 허기를 달래려고 먹는 음식으로 곡식으로 끼니를
잇지 못하는 유이민의 비참한 생활상을 암시하는 소
재다.

분류 : 문학
색인어 : 하늘만 곱구나, 이용악, 배추꼬리
참고문헌 : 이용악,『이용악집』(동지사, 1949)
필자 : 이숭원

백설기

백설기는 멥쌀가루를 고물이 없이 시루에 안쳐 쪄낸
떡이며, 의례음식으로 사용하였다. 아이가 백설기처
럼 티 없이 깨끗하게 자라라는 의미로 아이의 백일이
나 첫돌에 쓴다.
설기는 설고(雪餻)라는 용어로 고려시대 문헌에 등장
하는 걸로 보면 꽤 오래 전부터 애용했던 시루떡이다.
본격적으로 조선시대에 들어 여러 조리서에서 백설
기의 조리법이 발견된다. 1809년 빙허각 이씨(憑虛閣
李氏: 1759-1824)가 쓴『규합총서(閨閤叢書)』의 백설
기는 만드는 법이 꽤 자세하다. '반죽하면 빛이 누르
고 좋지 못하다. 쌀을 깨끗이 씻어 빻을 때, 깁체(명주
체)로 속가루를 따로 뇌어 반죽하지 말고 안친다. 만

일 제사편이라면 얇고 반반한 널로 편틀의 크기, 너비, 길이와 마치 같게 만들어 긴 자루를 솥뚜껑 꼭지처럼 박아 백지로 발라 백설기 안치고 (중략) 잣을 셋씩 마주 박아 종이를 덮고 안쳐서 찐다.'고 하였다. 이 책에 기록된 백설기는 아주 깨끗한 쌀가루로 만들며, 잣도 고명으로 올리고, 제사에도 쓰였다. 빙허각 이씨는 백설기를 안쳐 찌기 전에 칼금을 넣어서 찌면 깎아 민 듯이 베어져 있다고 하였다. 그리고 백설기의 빛깔이 흰 눈과 같고 윤이 나며 몹시 무더운 날에 장시간을 두어도 상하지 않는다고 하였다. 1800년대 조리서인 『규곤요람』에서 백설기는 여름에 먹는 떡이라 소개하였다.

백설기는 흰무리떡이라고도 부른다. 녹두나 팥고물을 넣지 않아 켜가 생기지 않으니 나눠지지 않고 한 덩어리가 되게 무리 지었다 하여 이름이 붙여졌다. 방신영(方信榮: 1890-1977)은 1946년 출간된 『조선음식 만드는 법』에서 백설기의 다른 이름인 흰무리떡의 쓰임을 잘 설명하였다. 흰무리라는 것은 어린아이 백일에 만드는 떡이니 간단하므로 평시에도 이것을 만들어서 아이들의 간식으로도 먹는 것이 좋다고 하였다.

멥쌀가루로 다른 부재료를 넣지 않고 찐다고 하였지만 조리서를 보면 지금의 백설기와 달리 찹쌀가루를 넣기도 했고, 대추나 밤과 같은 부재료도 함께 넣어졌다. 이용기(李用基: 1870-1933)의 『조선무쌍신식요리제법(朝鮮無雙新式料理製法)』에 보면 멥쌀로만 만들면 부서지기가 쉽고 찹쌀을 많이 넣으면 단단해지기 쉬우니 멥쌀 1되에 찹쌀 1홉만 넣으면 떡이 쫀득쫀득하여 먹기 좋게 된다고 하였다. 쌀가루에 설탕도 넣고, 대추, 밤, 석이는 채 치고, 파래도 같이 고명으로 한다.

궁중의 연회에 등장한 백설기 역시 『조선무쌍신식요리제법』에 기록된 백설기와 비슷하게 만들어졌을 것으로 여겨진다. 1887년(고종24) 조대비의 팔순을 축하하는 잔치인 진찬(進饌)에 조대비를 위해 차린 상에 백설기가 올랐다. 재료는 백미 1말 5되, 찹쌀 3되, 대추·생률(밤) 각 4되, 석이·잣 2되이다.

백설기는 떡 이외에 다른 음식을 만들 때도 이용되었다. 『규합총서(閨閣叢書)』에 따르면 흰무리떡 즉 백설기로 소곡주의 밑술을 만들거나, 고추장을 담글 때도 사용하였다.

1954년 출간된 『우리나라 음식 만드는 법』에는 백설기를 이용한 떡암죽을 소개했다. 백설기를 말려 두었다가 냉수에 풀어서 끓는 물에 저어가며 한참 끓여 만든다. 묽은 정도에 따라 아이 먹이기에도 적당하고, 노인이나 병약자에게 먹여도 좋다고 하였다.

분류 : 음식
색인어 : 떡, 규합총서, 조선무쌍신식요리제법, 진연·진찬
참고문헌 : 빙허각 이씨, 『규합총서』; 작자 미상, 『규곤요람』(1896); 방신영, 『조선음식 만드는 법』(大洋公司, 1946); 방신영, 『우리나라 음식 만드는 법』(청구문화사, 1954); 이용기, 『조선무쌍신식요리제법』(한흥서림, 1924);『진찬의궤』(1887)
필자 : 이소영

흰무리떡(「어머니에게」)

어머니!
어찌하여서
제가 이렇게 젊잖아졌습니까
어머니의 젓꼭지에 다시 매여 달릴 수도 없이
이렇게 제가 젊잖아졌습니까
그것이 원통해요
이 자식은

어머니!
어찌하여서
십 년 전 어린애가 될 수 없어요
어머니께 꾸중 듣고 십 년 전 어린애가 다시 될 수 없어요
그리고 왜 인제는 꾸중도 아니 하십니까
그것이 서러워요
이 자식은

어머니!
어찌하여서
어린것을 가꾸어 크기만 바라셨습니까

가는 뼈가 굵어질수록 욕심과 간사가 자라는 줄을 모
르셨습니까
거룩한 사랑을 값싸게 저버리는 줄 모르십니까
그것이 느끼었어요
이 자식은

어머니!
어찌하여서
떡 달라는 저에게 흰무리떡을 주셨습니까
티끌 없이 클 줄만 아시고 저의 생일에는 흰무리떡만
을 해주셨습니까
인제는 때 묻은 옷을 벗을 수도 없이 게을러졌습니다
그것이 아프게 뉘우쳐져요
이 자식은

1923년 7월 『개벽』지에 발표된 홍사용(洪思容: 1900-1947)의 시 「어머니에게」이다. 홍사용은 시인으로 출발하여 1920년대 중반부터 희곡을 쓰고 연극 운동에 참여한 시인 겸 극작가이다. 1919년 휘문고보를 졸업하고 3·1운동 때 학생운동에 참여했다가 3개월의 옥고를 치렀다. 1920년 박종화, 정백 등과 문예지 『문우』를 창간했으며, 1922년 『백조』 동인으로 참가하여 본격적인 작품활동을 전개했다. 1923년부터 '토월회'에 참여하여 연극운동에 재정적 지원을 했다. 그가 쓴 희곡이 검열에 걸려 발표되지 못하고 1939년에 쓴 희곡 「김옥균전」도 검열에 걸려 당국의 탄압을 받게 되자 절필하고 은둔생활을 했다. 광복 후 활동을 재개하려 했으나 숙환으로 타계했다. 대표작으로 시 「나는 왕이로소이다」, 「그것은 모두 꿈이었지마는」, 희곡 「할미꽃」, 「제석(除夕)」 등이 있다. 1976년 유족들이 시집 『나는 왕(王)이로소이다』를 간행했다.
이 시는 어머니에게 응석을 부리고 꾸중을 듣던 화자가 어른이 되어서 오히려 '욕심'이 가득하고 '간사'한 사람이 되었는데 오히려 어머니에게 꾸중을 들을 수 없는 상태가 된 것을 안타까워하는 내용이다. 성장해 버린 화자가 자신의 삶을 반성하고 성찰하며 어른이

되는 것이 오히려 순수성을 상실하는 일임을 나타낸 것이다. 여기에는 식민지 시대의 모순된 삶을 풍자하는 의미도 담겨 있을 것이다. 이 시에 소재로 등장하는 흰무리떡은 멥쌀가루를 반죽하여 고물 없이 시루에 안쳐 쪄낸 백설기를 말한다. 희고 깨끗한 모양 때문에 어린이의 삼칠일, 백일, 첫돌 상에 오르는 대표적인 음식이다. 어머니는 자식이 깨끗하고 순수하게 자라라고 흰무리떡을 해주셨는데 어머니의 기대와는 다르게 때 묻은 신세가 된 자신을 한탄하고 있다.

분류 : 문학
색인어 : 어머니에게, 홍사용, 흰무리떡(백설기)
필자 : 이숭원

밴댕이

밴댕이는 한자로 소어(蘇魚), 청소어(靑蘇魚), 늑어(勒魚)라고 하고, 지방에 따라 반당이, 빈징어, 빈지매라고도 한다. 밴댕이는 강원도와 함경도를 제외한 서해와 남해에 주로 서식하는데, 그중에서도 한강 하류 지역이 대표적인 산지(産地)로 손꼽힌다(『세종실록(世宗實錄)』「지리지」; 이행 외, 『신증동국여지승람(新增東國輿地勝覽)』).
밴댕이는 조선시대 왕실에서도 매우 귀하게 여기는 어물이었다. 그래서 궁중의 식자재를 담당하던 사옹원은 경기도 안산 지역에 소어소(蘇魚所)를 설치하여, 진상할 소어를 직접 관리하였다(『일성록(日省錄)』).
오뉴월 밴댕이라는 말이 있듯이, 밴댕이는 5월이 제철이다. 이때 어부들은 통발을 설치하여 밴댕이를 잡는다. 이응희(李應禧: 1579-1651)는 『옥담시집(玉潭詩集)』에서 단오절 무렵 어시장에 가득 나와 있는 밴댕이의 모습을 묘사한 바 있는데, 상추쌈으로 먹으면 맛이 으뜸이고 보리밥에 먹어도 좋다고 덧붙였다. 이를 좀 더 자세히 살펴보면 다음과 같다.

절후가 단오절에 가까우면
어선이 바닷가에 들어차지

밴댕이가 어시장에 가득 나와

은빛 모습이 촌락에 깔렸네

상추쌈으로 먹으면 맛이 으뜸이고

보리밥에 먹어도 맛이 좋아라

시골 농가에 이것이 없으면

생선 맛을 알 사람이 드물리라

月近端陽節　漁船滿海湄

蘇魚塤市口　銀雪布村岐

味絶包苣食　甘多麥飯時

田家無此物　鮮味少能知

밴댕이는 회나 구이, 탕도 맛이 좋지만, 회로 먹는 것이 가장 좋다고 한다(최한기, 『농정회요(農政會要)』; 서유구, 『임원경제지(林園經濟志)』). 회를 쳐 먹기에는 숭어, 준치, 쏘가리, 농어, 눌어, 은어, 밴댕이가 좋은데, 껍질과 뼈를 제거하고 흰 생선살만 취해 얇게 저민 후, 흰 종이 위에 펴서 잠깐 말렸다가 잘 드는 칼로 곱게 채 썰어 사기접시에 얇게 펴놓는다. 그리고 파와 생강을 가늘게 채 썰어서 회 위에 뿌린 후, 겨자장에 찍어 먹는다. 그러나 단오철이 지나서 회를 먹을 때는 각별히 주의해야 한다. 바로 잡아서 싱싱한 것은 회나 구이, 탕으로 먹어도 좋지만, 잡은 지 12시간이 지난 것은 젓갈(밴댕이젓)을 만들어 먹는 것이 좋다. 그리고 여름철에는 회 접시를 얼음 쟁반 위에 놓고 먹으라고 했다(서유구, 『임원경제지』).

단오가 지나서 잡힌 밴댕이로는 젓갈(밴댕이젓)을 담근다. 이용기(李用基: 1870-1933)는 『조선무쌍신식요리제법(朝鮮無雙新式料理製法)』에서 "밴댕이는 값도 저렴하고 남이 우습게 알지만 기름이 엉기므로 그 맛이 등수에 들 만하다."고 했다. 『한국의 전통향토음식 7-전라남도 편』에 밴댕이 젓갈 담그는 법이 수록되어 있는데, 먼저 밴댕이를 손질해서 항아리에 담고 굵은 소금을 뿌려 돌로 눌러 놓는다. 15일 정도 지나면 항아리에 물이 생기는데, 이 물을 끓여서 완전히 식힌 후 다시 항아리에 붓고 소주를 뿌린다. 먹을 때마다 밴댕이젓갈을 소량 꺼내서 채소나 양파를 채 썰고 갖은 양념을 하여 붉게 무친다.

분류 : 식재료
색인어 : 생선회, 임원경제지, 조선무쌍신식요리제법
참고문헌 : 『세종실록』(김익현·유제한 공역, 세종대왕기념사업회, 1972);『일성록』(송은정 역, 한국고전번역원, 2009); 이행 외 저, 이식 역,『신증동국여지승람』(한국고전번역원, 1969); 이응희 저, 이상하 역,『옥담시집』(전주이씨안양군파종사회, 2009); 최한기,『농정회요』(한국전통지식포탈); 서유구,『임원경제지』『정조지』(한국전통지식포탈); 이용기,『조선무쌍신식요리제법』(영창서관, 1936); 서유구 저, 이두순 평역, 강우규 도판,『평역 난호어명고』(수산경제연구원BOOKS·블루&노트, 2015); 농업진흥청·농촌자원개발연구소,『한국의 전통향토음식 7-전라남도 편』(교문사, 2008)
필자 : 양미경

밴댕이(『어우야담』)

유생 예닐곱 명이 과거 볼 날이 다가오자 동작 강변의 정자에 나가 학업을 연마하고 있었다. 이때 예조 좌랑(佐郎)으로 있는 벗이 있었는데, 유생들이 그에게 농담 삼아 말했다.

"우리들이 집을 떠나 강 근처 공부방에 거처하고 있는데, 풍경이 비록 좋으나 홀아비로 지내는지라 즐거움이 없으니 어찌하겠는가? 어째서 명기들을 골라 우리 잠자리를 모시게 하지 않는가?"

예조 좌랑은 "알겠네."라고 대답했다.

이튿날 유생들이 강가에 앉아 멀리 모래강변을 바라보니 곱게 단장한 미녀 삼십여 명이 배를 부르고 있다. 이윽고 그들이 가까이 이르렀는데, 모두 예조 좌랑이 보낸 기생들이었다. 이에 유생들이 몰래 의논하며 말했다.

"전에 한 말은 장난삼아 한 것인데 기생들이 이처럼 많이 왔네. 십리 길을 걸어왔는데 한 잔 술로 이들을 위로하지 않으면 우리들이 전혀 면목이 안 서겠네. 쌀을 모아 밥을 지어 대접하는 것이 좋겠네."

노복 한 사람을 시켜 밥을 짓게 했는데, 더 이상 부릴 만한 사람이 없었다. 무리들 가운데 나이 어린 사람을 뽑아 일을 맡겼는데, 그가 곧 노직(盧稙)이었다. 반찬거리를 찾아보니 단지 밴댕이만 십여 마리 있을 뿐이었다. 노직은 몰래 부엌 뒤편으로 나가 나무 뒷박을 엎어놓고 비늘을 긁고 있었는데, 한 기생에게 그 광경을 들키고 말았다. 그 기생이 여러 기생들에게 이야기하자 모두 손뼉을 치면서 웃음을 터트려 마루가 떠들썩했다. 노직은 부끄러운 나머지 달아나버렸다.

훗날 노직이 장원급제하여 푸른 도포를 입고 계수나무 꽃을 꽂은 채, 장악원 앞길을 지나가고 있었다. 두 개의 일산을 펼치고 홍패를 늘어놓았으며, 많은 악공들이 풍악을 울리는 가운데 뒤따르는 무리가 길을 가득 메우고 있었다. 이날은 장악원에서 음악을 시험 보이는 날이어서 많은 기생들이 모여 있다가 나와서 그 행렬을 바라보았다. 한 기생이 자세히 바라보다가 크게 놀라며 말했다.

"이 신래(新來: 과거 급제자)는 예전에 동작 강변에서 뱅댕이 비늘을 긁던 그 사람이 아니오?"

여러 기생들이 서로 돌아보며 탄복했는데, 노직은 부끄러워서 급히 말을 몰아 지나갔다.

위 이야기에는 대접을 받아야 할 젊은 선비가 도리어 기생들을 대접하기 위해 손수 뱅댕이를 손질하는 모습, 그것을 보고 떠들썩하게 웃는 기생들, 나중에 신방 급제자가 과거의 그 젊은이인 줄 알고 다시 놀라는 듯 탄복하는 모습에 선비가 부끄러워하는 모습 등이 매우 순수하고 정감 있게 그려져 있다. 이 이야기는 유몽인(柳夢寅: 1559-1623)의 『어우야담』에 실려 있다.

분류 : 문학
색인어 : 뱅댕이, 기생, 유몽인, 어우야담
참고문헌 : 유몽인 저, 신익철 외 역, 『어우야담』(돌베개, 2006)
필자 : 차충환

뱀술(『어우야담』)

충청도 은진(恩津)과 석성(石城) 사이에 사는 한 선비가 뱀으로 술 한 독을 빚어두었다. 어느 날 문 밖에서 양식을 구걸하는 소리가 들려 나가보니 문둥병에 걸린 남자로, 얼굴에 가득 무르익은 앵두 같은 붉은 종기가 나 있었다. 그래서 그 술을 표주박에 가득 따라주었다. 거지가 모두 비우자 선비가 더 마시겠느냐고 하니, 거지가 그렇다고 하여 한 바가지 더 주었는데, 거지는 남김없이 다 마셨다. 거지는 지팡이를 끌고 시

내를 건너다가 취하여 시냇가에 쓰러져 잠이 들었다. 하룻밤을 자고 나니 온몸의 부스럼이 문드러지고, 붉은색에 털이 달린 두세 치가량의 벌레가 상처를 헤집고 나와 땅에 쏟아졌다. 꿈틀거리며 기어나온 것이 거의 두세 되었다. 거지는 술이 깨자 선비에게 가서 이 사실을 고하고 남은 술을 구걸했다. 선비가 남김없이 다 주었다. 한 달이 지나자 거지가 찾아와 사례했는데, 지난날의 부스럼이 모두 벗겨지고 새 얼굴이 되어 있었다.

또한 어리석고 무식한 한 산골 백성이 남의 집에서 품팔이를 하며 살았다. 바야흐로 봄날, 역질을 앓다가 한 달 만에 일어나 산에 나무하러 갔는데 산불이 났다. 그런데 어디선가 달콤한 향기가 바람결에 풍겨왔다. 그 향내를 찾아 골짜기로 들어가니 불타고 난 잿더미 속에 큰 구렁이가 죽어 있었다. 하얀 살점이 반쯤 벌어져 있고 향기로운 냄새가 산을 진동시켰다. 병을 앓다가 막 일어난 터라 백성의 입에서는 자신도 모르게 침이 줄줄 흘러나왔다. 사방을 둘러보니 마침 사람이 보이지 않았다. 이에 나뭇가지로 젓가락을 만들어 구렁이의 살갗을 헤쳐보니 눈처럼 희었다. 맛을 보니 참으로 진미인지라, 집에 돌아가 소금과 장을 가져다가 수풀 사이에 몰래 감춰두고는 남의 눈에 안 띄는 곳에서 며칠 만에 다 먹었다.

그 뒤 얼마 지나지 않아 뺨 위가 가렵더니 종기가 나 호리병만 하게 부었다. 바늘로 종기를 따보니 속에 다른 것은 없고 붉은 이가 네댓 마리 나왔다. 이에 소금과 기름으로 씻고서 나았다. 이후로 종신토록 몸에 이는 없었는데, 단지 얼굴색이 누렇고 붉게 달아오른 기운이 있었을 뿐이다.

위의 이야기는 유몽인(柳夢寅: 1559-1623)의 『어우야담』에 실려 있다. 첫 번째 이야기는 거지 신세로서 배를 채우기 위해 뱀술을 먹었는데, 그것이 문둥병을 치료하는 약이 되었다는 이야기이다. 두 번째 이야기는 병으로 먹지를 못하다가 우연히 구운 고기를 먹었는데, 그것이 뱀 고기였고, 그로 인해 몸의 이는 없어졌

으나 평생토록 얼굴색이 변했다는 이야기이다. 뱀을 먹고 문둥병을 치료했다거나 얼굴색이 변했다는 것은 매우 기이한 인체 변화인데, 그러한 기이함이 유몽인에게는 매우 이색적인 것으로 느껴져 위와 같은 기록으로 남긴 것으로 보인다.

분류 : 문학
색인어 : 뱀술, 뱀 고기, 유몽인, 어우야담
참고문헌 : 유몽인 저, 신익철 외 역,『어우야담』(돌베개, 2006)
필자 : 차충환

뱀으로 만든 회(『어우야담』)

어떤 선비가 일이 있어 함경도를 향해 길을 가고 있었다. 덕원(德源)에 이르러 시냇가에서 점심을 먹다가 한 무부(武夫)를 만났는데, 용모가 매우 아름답고 사람됨이 관대했으며 키도 컸다. 따르는 자들이 많고 안장과 말이 매우 호화스러웠는데, 그 사람 또한 시냇가에서 쉬면서 장막을 치고 식사를 하다가 함께 먹지 않겠느냐고 했다. 조금 있다가 무부의 종자(從者)가 생선회를 내왔는데, 깨끗하고 희며 얇기가 매미 날개 같은 데다가 초장 또한 맛있었다. 선비에게 함께 먹기를 권하여 각기 여러 그릇을 먹었다. 이튿날 문천(文川)의 들판에 도착했는데 무부가 먼저 이르러 장막 안에 앉아 있으니 장막 뒤에서 회를 내온 것이 전과 같아 함께 배불리 먹고 파했다. 고원(高原)에 도착해서도 또한 그와 같이 하였다.

선비가 소변을 보고자 하여 장막 뒤로 돌아 나오다가 뱀 머리와 껍질이 어지러이 흩어져 있는 것을 발견했다. 괴이하게 여겨 종자에게 물으니 종자가 말했다.

"주인님의 종이 시내의 다리 아래에 엎드려 있다가 풀잎을 따서 그것을 불어 소리를 내면 커다란 뱀이 다리 아래에서 나옵니다. 그 모가지에다 줄을 매어 당겨잡아서 장막 뒤로 가져옵니다."

선비가 "어디에 쓰는가?"라고 묻자 종이 대답했다.

"약으로 쓰려는 것입니다."

따라가보고자 했으나 종자가 꾸짖었다. 선비는 비로소 지난번의 회가 생선이 아니라 뱀임을 깨닫고 마침내 왝왝거리며 토했다. 무부는 음창(淫瘡: 매독)이 있

었는데 이것이 아니라면 좋은 처방이 없었던 까닭이었다. 이로부터 다시는 길을 함께 가지 않았다. 혹자가 말하길 "그 무부는 백유검(白惟儉)이다."라고 하였다.

위 내용은 무부는 매독을 고치기 위해 뱀을 날것으로 먹었는데, 선비는 그것을 생선회로 알고 먹었다가 나중에 뱀인 줄 알고 모두 토했다는 이야기이다. 시냇가에서 먹었을 때에는 응당 생선회로 알 수 있으나 나중에 들판에서 먹었을 때에는 의심을 해볼 수도 있었을 터인데, 그렇게 하지 못한 선비의 우둔함이 재미있게 서술되어 있다. 위 이야기는 유몽인(柳夢寅: 1559-1623)의『어우야담』에 실려 있다.

분류 : 문학
색인어 : 뱀, 회, 유몽인, 어우야담
참고문헌 : 유몽인 저, 신익철 외 역,『어우야담』(돌베개, 2006)
필자 : 차충환

뱀장어(『어우야담』)

차식(車軾)은 송도 사람으로, 학식이 넓고 문장에 능하여 당대 사람들의 추앙을 받았다. 그의 어머니가 송도에 있으면서 대하증(帶下症)을 앓았는데 여러 해가 지나도록 약을 써도 효과가 없었다. 당시 차식은 직강(直講)의 지위에 있으면서 공정대왕(정종) 능묘의 전사관(典祀官)으로 차출되기를 원했는데, 능묘가 송도에서 멀지 않은 곳에 있어서 장차 일을 마치고 어머니를 뵈려는 것이었다. 공정대왕은 죽은 지 오래되어, 그 능묘에는 다만 한식에 제사를 지낼 뿐이었고, 제수 또한 변변치 않았고 청결하지도 못했다. 제사를 주관하는 사람 또한 오랜 습속에 젖어 늘 정성을 다하지 않았다.

차식이 전사관이 되어서는 남달리 성의를 다해 깨끗이 목욕을 하고, 제수를 장만하는 자와 제사를 돕는 노복들에게도 모두 물을 데워 자기와 같이 목욕하도록 하였다. 제물을 마련할 때에도 몸소 지켜보며 감독하지 않음이 없었다. 제례를 이미 마쳤으나 날이 아직 밝지 않아 재실로 돌아와 잠시 눈을 붙였는데, 한 관

인이 그를 부르며 말했다.

"전하께서 장차 인견하려고 하시니 의관을 정제하고 오르시오."

곤룡포를 입은 어떤 임금이 관인들에게 둘러싸인 채 전각에 임해 있는데, 차식을 오라 하여 절을 하도록 했다. 절을 마치고 탑전에 올라 엎드리니, 왕이 말하였다.

"이전의 제사는 대부분 정성이 없고 또 청결하지도 못해 내가 이를 흠향하지 않았다. 지금 네가 예와 정성을 다해 제수를 차려 모두 먹을 만하였으니, 내 이를 가상히 여기노라. 듣건대 너희 집에 병자가 있다 하니 내 장차 너에게 좋은 약을 내려주어 쓰도록 하겠노라."

차식이 절을 하고 물러나오는 순간, 홀연히 깨어나 보니 곧 꿈인지라 마음속으로 기이하게 여겼다.

돌아오면서 송도의 집으로 향하는데 중도에 커다란 수리 한 마리가 큰 물고기를 잡아채서 하늘 한가운데에서 빙빙 돌고 있는 것이 보였다. 그런데 큰 수리 한 마리가 또 나타나 물고기를 빼앗아 잡아채서 차식의 말 앞에 떨어뜨리는 것이었다. 차식이 마졸(馬卒)을 시켜 그것을 줍도록 하니 곧 뱀장어로, 그 길이가 한 자도 넘었다. 이때는 날씨가 아직 추워서 물고기를 얻기 쉽지 않은 철이었으며, 뱀장어는 또한 대하증에 가장 좋은 약이었다. 차식이 매우 기뻐하고 집으로 돌아와 어머니께 올리니, 이로부터 병이 즉시 나았다.

위 내용은 선왕에게 정성을 다해 제를 올린 결과, 그 응보로 뱀장어를 얻어 어머니의 병을 치료했다는 이야기이다. 이 이야기는 유몽인(柳夢寅: 1559-1623)의 『어우야담』에 실려 있다.

분류 : 문학
색인어 : 뱀장어, 차식, 어우야담
참고문헌 : 유몽인 저, 신익철 외 역, 『어우야담』(돌베개, 2006)
필자 : 차충환

뱅어

뱅어는 바다에서 서식하다가 산란기가 되면 강으로 되돌아가는 어류이다. 몸의 색이 희고 국수 가락이나 끈같이 가느다랗게 생겼기 때문에 우리말로는 '국수고기'라고도 한다. 한자로는 이공(李公: ?-?)의 『사류박해(事類博解)』에서는 뱅어를 '白魚(백어)', '鰷魚(조어)', '小白魚(소백어)', '麵鰷魚(면조어)', '鱠殘魚(회잔어)'라 하였고, 유모(柳某: ?-?)의 『물명찬(物名纂)』에서는 '蝙花魚(편화어)'라 하였다.

이 가운데 '회잔어'는 정약전(丁若銓: 1760-1816)의 『자산어보(玆山魚譜)』에 따르면, 오나라의 왕 합려(闔閭: 기원전 515-496)가 물고기회를 먹고 즐기다가, 회 찌꺼기를 물에 버렸더니 물고기로 변하여 뱅어가 되었다는 고사에서 유래한 이름이라 하고, 마찬가지로 왕이 남긴 회가 변한 물고기라 하여 『본초강목(本草綱目)』에서는 '왕여어(王餘魚)'라고도 불렀다고 한다(정약전 저, 이두순 역, 2016: 206쪽).

뱅어는 조선시대의 미식가로 알려진 허균(許筠: 1569-1618)이 『도문대작(屠門大嚼)』에서 충청도 임한(林韓)과 전라도 임피(臨陂: 현재의 전라북도 군산시 임피면) 지역에서 1월에서 2월에 잡는 뱅어가 국수처럼 희고 가늘며 맛이 좋으며, 특히 얼음이 얼었을 때 한강에서 잡은 것이 가장 좋다고 평하였다. 사실 일제 강점기는 물론이고 1950년대까지도 겨울철 한강에서는 밤마다 얼음에 구멍을 뚫고 그 앞에 앉아 뱅어를 잡기 위해 기다리는 사람을 볼 수 있었다(〈매일신보〉 1934년 2월 17일자; 〈동아일보〉 1956년 1월 18일자). 또한 임피가 속한 전라북도 군산부는 일제 강점기에도 뱅어의 명산지로 유명하였다.

한편 17세기 조선의 시인이었던 이응희(李應禧: 1579-1651)는 얼음을 뚫고 뱅어를 잡는 모습과 그것으로 끓인 뱅어탕의 청량한 맛을 아래와 같이 시로 표현하여 『옥담시집(玉潭詩集)』에 실었다.

어부가 빙설을 뚫고 가서 강 물고기 그물 가득 잡았네
가는 피부는 은빛보다 희고 차가운 빛엔 옥도 외려 무색해
잘게 저며 회를 치기는 어렵고 솥에 끓여서 탕을 만들

면 좋지

비록 방장에다 차릴지라도 좋은 맛은 역시 청량하리라

漁父穿氷雪 江鮮滿一網 纖肌銀讓色 寒彩玉無光

縷切難成膾 濃煎可作湯 雖陳方丈上 佳味亦淸涼

*이상하 역, 「뱅어[白魚]」, 『옥담시집』(전주이씨안양군파종사회, 2009)

이응희는 뱅어를 회로 치기 어렵다고 하였지만, 이용기(李用基: 1870-1933)의 『조선무쌍신식요리제법(朝鮮無雙新式料理製法)』(1936)을 보면, 겨울에 한강의 얼음 속에서 잡은 뱅어는 살았을 때 고추장이나 진장, 소금을 살짝 찍어서 회로 먹으면 맛이 신선하고 향긋한데다 고소하며, 동지 전후에 잡은 것이 가장 맛이 좋다고 하였다. 다른 큰 물고기처럼 회를 치지 않고 뱅어를 통째로 먹었던 것이다. 또한 뱅어를 잡아서 바로 날로 먹지 않고, 쌀뜨물에 며칠 불려서 크게 만든 다음에 얼렸다가 고추장에 찍어 먹기도 했다고 한다. 이에 대해 이용기는 이렇게 만든 뱅어는 물에 담가 얼린 것이라 원래의 맛이 다 빠져나가 맛이 덜하니, 얼려서 먹으려면 얼음에서 꺼내자마자 바로 얼리라고 하였다.

뱅어를 더 크게 만들기 위해 쌀뜨물에 담갔다고 하지만, 원래 크기가 작은 뱅어는 그나마 겨울에 얼음 구멍에서 잡는 것이 가장 굵고, 봄과 가을에 나는 것은 크기가 중간치나 그보다 더 적다고 한다(〈동아일보〉 1931년 5월 29일자).

이러한 뱅어로는 생으로 먹는 뱅어회 이외에 삶아서 고추장에 찍어 먹기도 하고, 뱅어전, 뱅어국, 뱅어찌개, 뱅어젓, 뱅어포 등으로도 조리하였다. 뱅어전은 『우해이어보(牛海異魚譜)』(1803)에서 김려(金鑢: 1766-1822)가 뱅어를 소개하면서, 뱅어를 달걀과 오리알에 담갔다가 기름에 전을 부쳐 먹으면 아주 맛있다고 하였다(최헌섭·박태성, 2017: 286쪽). 또 맛이 담백한 뱅어국은 홍만선(洪萬選: 1643-1715)의 『산림경제(山林經濟)』에 따르면, 맑은 장국에 뱅어를 넣고 끓이다가 꺼내서 달걀 물을 입혀서 다시 넣고 끓인 후 양념하여 만들었다. 이후에도 이러한 조리법은 크게 달라지지 않았는데, 조자호(趙慈鎬: 1912-1976)의 『조선요리법(朝鮮料理法)』(1939)을 보면, 뱅어국은 소고기로 맑은 장국을 끓이다가 깨끗이 씻어 다듬은 뱅어를 밀가루를 묻히고 달걀을 씌워 장국 안에 넣고 더 끓였다. 또한 같은 책에 따르면, 뱅어젓은 뱅어에 고춧가루, 다진 생강, 소금을 넣고 버무려 항아리에 담아 익힌 후 먹으라고 하였다.

분류 : 식재료
색인어 : 자반, 고등어, 갈치, 도문대작, 조선무쌍신식요리제법, 조선요리법, 시의전서
참고문헌 : 이공, 『사류박해』; 유모, 『물명찬』; 정약전 원저, 이두순 글, 강우규 그림, 『신역 자산어보』(목근통, 2016); 허준 저, 신승운 역, 『도문대작』(한국고전번역원, 1984); 이용기, 『조선무쌍신식요리제법』(영창서관, 1936); 홍만선, 『산림경제』(한국전통지식포탈); 조자호, 『조선요리법』(광한서림, 1939); 최헌섭·박태성, 『최초의 물고기 이야기-신우해이어보』(경상대학교출판부, 2017); 이응희 저, 이상하 역, 『옥담시집』(전주이씨안양군파종사회, 2009); 「[사진] 한강의 뱅어잡이」, 〈매일신보〉 1934년 2월 17일; 「이철음식 가지가지(7) 어물찌개 맨드는 법」, 〈동아일보〉 1931년 5월 29일; 「壇上壇下」, 〈동아일보〉 1956년 1월 18일
필자 : 김혜숙

뱅어탕(『소문사설』)

『소문사설(謏聞事說)』(1740년경)의 뱅어탕[白魚湯, 백어탕]은 국이나 탕이 아니라 음청류이다. 뱅어탕은 녹말가루를 반죽하여 뱅어 모양으로 빚고 후추로 눈을 박아 데친 뒤 꿀물에 넣은 음식이다. 따라서 『소문사설』의 뱅어탕에는 뱅어가 들어 있지 않다.

한편, 뱅어가 들어 있는 뱅어탕의 조리법은 『증보산림경제(增補山林經濟)』에서 확인할 수 있다. 이 책의 뱅어탕 조리법은 다음과 같다. 장을 넣은 물에 뱅어를 넣고 오래 삶은 다음 다시 꺼내 달걀을 입혀 다시 국물에 넣어 끓인다. 먹을 때 양념을 더해서 먹으며 표고버섯을 넣어도 좋다고 하였다.

분류 : 음식
색인어 : 뱅어탕, 뱅어, 백어, 꿀물, 음청, 소문사설, 농정회요, 임원경제지
참고문헌 : 이시필 저, 백승호 외 역, 『소문사설, 조선의 실용지식 연구 노트(18세기 생활문화 백과사전)』(휴머니스트, 2011); 유중림 저, 이강자 외 역, 『증보 산림경제 (국역)』(신광출판사, 2003)
필자 : 서모란

뱅어포[白魚脯]

이규경(李圭景: 1788-1863)의 『오주연문장전산고(五洲衍文長箋散稿)』 '뱅어포[白魚脯]'를 보면 당시 뱅어포 만드는 법이 보인다. 이에 따르면, 백어(白魚), 즉 뱅어는 바다에서 나는 가늘고 흰 물고기인데 그것을 짓찧어서 고르게 섞어서 종잇장 크기로 판판하게 편을 만들어 펼쳐놓고 말리되 무거운 돌로 뒤집어가며 문질러서 가지런한 모양으로 만들고 소고기육포[牛脯]처럼 되면, 칼로 사방을 잘라서 10개를 1첩(貼)으로 만들라고 했다. 이 뱅어포는 호남의 지방관이나 아전이 매번 서울의 귀한 사람에게 보냈고, 내포(內浦), 예산(禮山), 덕산(德山)의 시장에서 파는 뱅어 말린 조각은 둥글며 크기가 손바닥만 하다고 소개하였다. 그러면서 이 뱅어포를 사서 장유(醬油)를 발라 구우면 귀한 반찬이 될 만하다고 썼다.

현재는 뱅어의 모양을 그대로 살려 여러 마리를 붙여서 뱅어포를 만들지만, 조선 후기 충청남도 서해안 지역에서는 이규경의 설명에 따르면 뱅어를 짓이겨 반죽한 것으로 포를 만들었던 것이다. 이와 같이 조선 후기에는 충청남도의 서해안 지역이 뱅어포의 산지로 서울까지 알려져 있었으나, 일제 강점기에 뱅어의 명산지로 유명했던 곳은 군산이었다. 그리하여 군산에서는 해마다 봄철이면 여성들이 하얗게 뱅어를 말리는 모습을 볼 수 있었다(〈동아일보〉 1936년 5월 28일자). 현재는 뱅어보다는 괴도라치의 새끼인 실치로 뱅어포를 만드는 경우가 많지만, 적어도 일제 강점기까지는 뱅어포는 뱅어로 만드는 포였다.

이러한 뱅어포로 만든 반찬은 구이가 가장 일반적이지만 무침이나 볶음을 만들기도 했다. 뱅어포 구이의 조리법은 1800년대의 한글조리서인 『시의전서(是議全書)』에 보이는데, 이에 따르면, '빙어포', 즉 뱅어포는 파, 고춧가루, 깨소금, 간장, 기름을 발라서 굽거나 고추장을 발라서 구우라고 했다. 이 방법은 현재의 뱅어포구이를 만드는 법과 크게 다르지 않다.

이용기(李用基: 1870-1933)의 『조선무쌍신식요리제법(朝鮮無雙新式料理製法)』(1936)의 '뱅어포' 조리법도 『시의전서』와 거의 비슷하다. 그 내용을 보면, 뱅어포구이는 잡티를 골라낸 뱅어포에 안팎으로 간장 등을 섞은 양념을 발라 살짝 구워서 썰어 먹는 반찬이다. 그런데 이용기는 뱅어포에 대한 평가가 그리 후하지 않았다. 그는 뱅어포가 마른반찬 중에서 하등(下等)이어서 술안주로도 거의 안 쓰이며, 옛날 말에 남의 집에 가서 밥상 위에 자반고등어나 뱅어포 반찬이 들어오는 것을 보면 그 집 반찬이 별 볼 일 없다는 걸 알 수 있다고 했다는 것이다. 그러면서 그는 뱅어포보다는 갈치자반이 맛이 좋다고 덧붙였다. 일제 강점기까지만 해도 밥상에 오른 뱅어포는 변변치 못한 반찬을 상징하는 음식으로 여겨졌음을 알 수 있다.

사실 우리 속담에 값싸고 품질이 나쁜 물건을 두고 '싼 것이 갈치자반'이라는 말을 할 정도로 갈치자반 역시 하찮은 음식으로 인식되었는데, 그런 갈치자반보다 뱅어포가 못하다고 하니 뱅어포가 얼마나 저급한 반찬으로 취급되었는지 짐작할 수 있다. 그러나 뱅어포구이는 1960년대 이후 도시락 반찬으로 애용되었고, 현재는 뱅어포에 대한 부정적인 인식은 사라지고 맛 좋고 영양도 좋다고 알려져 마른반찬으로 즐겨 먹고 있다.

분류 : 음식
참고문헌 : 이규경, 『오주연문장전산고』; 작자 미상, 『시의전서』; 이용기, 『조선무쌍신식요리제법』(영창서관, 1936); 「뱅어[白魚] 말리기」(사진), 〈동아일보〉 1936년 5월 28일
필자 : 김혜숙

버섯

버섯은 진균류 가운데 포자(胞子)가 들어 있는 자낭(子囊)으로 번식하는 균(菌)을 가리킨다. 1924년 출판된 『조선무쌍신식요리제법(朝鮮無雙新式料理製法)』에서는 버섯의 종류가 이루 이름을 다 알 수 없을 정도로 많다면서 독버섯을 먹으면 바로 죽거나 미치거나 여러 가지 병이 생기게 되므로 매우 조심해야 한다고 했다. 한자로는 균심(菌蕈)이나 지이(芝栮)라고 적었다. 서영보(徐榮輔: 1759-1816)는 『죽석관유집

생표고버섯ⓒ하응백

(竹石館遺集)』중『예기(禮記)』의 예문을 설명한 글
인「예기차록禮記箚錄)」에서『본초강목(本草綱目)』
을 인용하여 균심(菌蕈)이 지이(芝栭)라고 했다.

조선시대 조리서에 나오는 버섯은 석이버섯·목이버
섯·표고버섯·송이버섯·애참버섯 등이다. 나물이나
국·탕, 그리고 떡을 만들 때 주로 쓰였다. 이 중에서
석이버섯은 바위에 목이버섯은 나무에 붙어사는 버
섯이다. 허균(許筠: 1569-1618)의『도문대작(屠門大
嚼)』에는 1603년 가을에 금강산의 표훈사에서 "구맥
(瞿麥)을 곱게 빻아 체로 아주 많이 친 다음에 꿀물과
석이를 함께 뒤섞어 놋쇠시루에 찐" 석이병(石茸餅)
을 먹었다고 적었다.

석이는 주로 산골짜기 외딴 곳에서 바위에 붙어사는
버섯으로, 마치 검은색 종이를 구겨서 찢어놓은 것처
럼 보인다. 그 모양이 귀를 닮아서 한자로 '석이(石耳)'
라고 적는다. 그러나 허균은 석이를 한자로 '석이(石
茸)'라고 적었다. '이(茸)'의 원래 발음은 무성하다는
뜻의 '용'이다. 그러나 버섯을 뜻할 때는 '이'라고 읽는
다. '石耳(석이)'라고 쓰면 자칫 '귀'로 오해할 수 있기
때문에 조선시대 문헌에서는 이를 구별하기 위해서
'풀 초(艹)'를 붙여서 '石茸(석이)'로 적기도 했다.

분류 : 식재료
색인어 : 도문대작, 떡, 송이, 조선무쌍신식요리제법
참고문헌 :『도문대작(屠門大嚼)』;『죽석관유집(竹石館遺集)』;『조선
무쌍신식요리제법(朝鮮無雙新式料理製法)』; 주영하,『조선의 미식
가들』(휴머니스트, 2019)
필자 : 주영하

버섯(『용재총화』)

성현(成俔)은 인왕산 근처에 살았는데, 그 남쪽에 비
구니 절이 하나 있었다. 갑술년(1454) 7월 16일, 절에
서 우란분회를 여니 사대부집 부녀자들이 많이 모였
다. 여인들이 절 뒷산의 소나무 언덕에 올라가 더위를
피하는데, 소나무 사이에 버섯이 많이 나 있었다. 버
섯이 향기롭고 부드러워 먹음직하니 부녀자들이 이
를 다 같이 삶아 먹었다. 그런데 많이 먹은 사람은 엎
어져 기절했고, 조금 먹은 사람은 발광하며 소리를 질
렀다. 또 어떤 사람은 노래하며 일어나 춤을 추기도
하고, 어떤 사람은 슬프게 한탄하며 울기도 하고, 어
떤 사람은 화를 내며 서로 때리기도 했다. 국물을 마
셨거나 남새만 맡은 사람은 조금 어지러울 뿐이었다.
자식들이 이 소식을 듣고 머리를 풀어헤친 채 달려왔
는데, 비구니 절에서 이들을 다 수용할 수 없어서 어
떤 사람은 산기슭에서, 어떤 사람은 밭에서 각각 병자
를 끼고 간호를 하니 노상에 구경꾼이 저잣거리인 양
모여들었다. 주문을 잘한다는 사람이 있으면 다투어
불러 환자의 배에 대고 주문을 읽었다. 또 은사발에
똥을 담아 여인의 손으로 물과 섞어서 주물러 환자의
입을 벌리고 부어 넣었다. 이런 사람들이 상하귀천 없
이 한데 섞여 있어 분간이 안 되었다. 정오가 지나자
부녀자들이 비로소 깨어나기 시작했는데, 더러는 이
때문에 병이 난 사람도 있었다.

위 내용은 성현(成俔: 1439-1504)의『용재총화』에 실
려 있다.

위의 내용은 독버섯을 잘못 먹고 한바탕 소동이 일어난
광경을 기록한 것이다. 버섯은 예로부터 식용으로 널
리 애용된 것이지만, 식용이 불가능한 독버섯도 많이
있어서 독버섯을 먹고 죽거나 실신하는 사건이 요즘에
도 흔히 발생한다. 먹거리가 부족했던 옛날이나 일반
백성들 사이에서 특히 그러한 일이 많이 발생했다.

분류 : 문학
색인어 : 버섯, 성현, 용재총화
참고문헌 : 성현 저, 김남이·전지원 외 역,『용재총화』(휴머니스트, 2015)
필자 : 차충환

버섯과 채소를 데쳐 먹으며(김시습)

골짜기에 눈이 채 녹지 않아도
눈 아래엔 산나물이 돋아났구나
버섯 싹은 흰 솜을 이고 있는 듯
여린 줄기는 통통하게 살쪄 있구나
이를 캐서 솥에다 데치니
보글보글 지렁이 우는 소리
이로써 내 주린 배를 채울 수 있고
이로써 내 여생을 보낼 수 있다네
가소롭다, 부귀한 사람들아
구구한 명리를 구하느라
머리엔 붉은 먼지 가득하고
발아래엔 그물이 펼쳐 있구나
인생 백 년 삼만 육천 일은
잠시 즐거웠다 잠시 놀라는 것
어찌하면 솥에 데친 채소처럼
한 가지 맛으로 화평할 수 있으랴

洞中雪未消 雪底山蔬秀
嫩芽戴白絲 脆莖肥且富
探之煮小鐺 細細蚯蚓鳴
足以充我飢 可以保餘生
可笑鍾鼎人 區區利與名
頭上紅塵深 足下羅網縈
三萬六千日 乍歡又乍驚
何似鐺中蔬 一味和且平

　　*김시습,「작은 솥에 버섯과 채소를 데쳐 먹으면서[煮
　　　菌蔬於小鐺]」

조선 초기의 문인 김시습(金時習: 1435-1493)이 버섯과 채소를 넣은 찌개를 먹는 즐거움을 노래한 오언고시다. 김시습은 본관이 강릉(江陵)이고 자가 열경(悅卿)이며, 호는 매월당(梅月堂) 외에 동봉(東峯), 청한자(淸寒子) 등 여러 가지를 사용하였다. 생육신의 한 사람이며 설잠(雪岑)이라는 이름으로 승려 생활도 하였다. 문집『매월당집(梅月堂集)』외에 한문소설『금오신화(金鰲新話)』가 유명하다.

김시습은 이른 봄날 여러 가지 산나물에다 버섯을 넣어 찌개를 끓여 먹었다. 담박한 음식으로 위장의 기름을 걷어내면 세상사 절로 화평해진다고 하였으니, 승려로도 살아간 그의 맑은 삶을 잘 보여주는 작품이다. 김시습은 강릉에 있던 시절 이른 봄 지은 작품에서도 "바닷가에서 인일(人日: 1월 7일)을 만나니, 푸른 산이 허연 머리와 함께하네. 질화로에 채소 떡을 찌고, 놋 냄비에 채소 줄기를 삶노라. 황금 동곳 누가 보내주랴, 서리 내린 머리 성글어 가는데. 하고많은 세상사 보노라니, 취하여 깨지 않는 것이 낫겠네[海上逢人日 靑山白髮幷 瓦爐燒麵菜 銅銚煮蔬莖 金勝誰將送 霜華鬢上零 悠悠看世事 不如醉無醒]."라 한 바 있다.

김시습이 먹은 버섯에 채소를 넣은 찌개는 승려들이 주로 먹던 보잘것없는 음식이었다. 여기에 닭고기나 소고기를 넣으면 골동갱(骨董羹)이 된다. 오늘날 먹는 전골과 유사한 골동갱은 채소를 넣은 것, 잡뼈를 넣은 것, 생선을 넣은 것, 새우젓이나 새우알을 넣은 것, 게장을 넣은 것 등 다양하였는데 특히 채소 골동갱은 평양에서 만든 것이 최고라고, 이규경(李圭景)은『오주연문장전산고』에서 밝힌 바 있다. 그러나 19세기의 시인 이학규(李學逵: 1770-1835)가「시골의 저녁 느낌에 있어(邨夕有懷)」에서 "골동갱은 만전의 돈이 있어야 하는데, 과일과 채소, 생선과 고기 함께 넣어 끓인다지[骨董羹須費萬錢 菓蔬魚肉合同煎]."라 한 것을 보면, 골동갱이 채소에다 갖은 생선과 고기, 과일을 넣어 만든 부자의 음식이었다. 김시습이 버섯과 산나물을 넣어 끓인 찌개는 산속에 사는 승려나 가난한 시인이 먹던 것이라 하겠다.

분류 : 문학
색인어 : 채소찌개, 버섯, 골동갱, 김시습, 이학규
참고문헌 : 김시습,『매월당집』; 이규경,『오주연문장전산고』; 이학규,『낙하생고』; 이종묵,『한시마중』(태학사, 2012)
필자 : 이종묵

번철

번철(燔鐵)은 전을 부치거나 고기를 볶는 데 쓰는 무

번철, 지름 43cm, 뒤집개 길이 43.5cm, 광복 이후, 국립민속박물관

전립과, 높이 9.6cm, 입지름 26.5cm, 조선, 국립민속박물관

쇠그릇이다. 다른 말로 적자(炙子)나 전철(煎鐵)이라고도 한다. 모양은 솥뚜껑과 비슷하게 둥글넓적하며 양쪽에 손잡이가 달린 것도 있다. 『동국세시기(東國歲時記)』에 의하면 서울 풍속에 숯불을 화로에 피워 번철을 올려놓고 쇠고기에 갖은 양념을 하여 구우면서 둘러앉아 먹는 것을 '난로회'라고 한다고 하였다. 번철은 음식을 조리할 때 필요한 뒤집개와 한 벌을 이룬다. 번철에 음식을 올리기 전에는 반드시 기름을 둘러야 한다. 번철은 사용한 뒤에는 보관하기 전 관리가 필요하다. 사용 후에 반드시 번철을 수세미 같은 것으로 닦아내고, 녹이 슬지 않도록 여기에 다시 기름을 발라 기름종이에 싸두어야 다음번에 사용할 때 잘 쓸 수 있다. 만일 번철에 녹이 슬었을 경우에는 우선 녹을 제거한 다음 기름칠을 충분히 하여 밀떡 같은 것을 부쳐 길을 들이면 된다. 이처럼 번철을 사용하려면 평소 요령과 관리가 필요하다. 현대에서는 무쇠 번철 대신 표면에 코팅을 하여 음식물이 눌어붙지 않게 가공 처리한 프라이팬을 주로 사용한다.

분류 : 미술
색인어 : 적자, 전철, 가열, 조리, 육류, 빈대떡, 뒤집개, 프라이팬
참고문헌 : 한국학중앙연구원, 『한국민족문화대백과사전』; 『한민족역사문화도감 식생활: 국립민속박물관 소장품』(국립민속박물관, 2007); 홍석모·이석호 역저, 『동국세시기』(을유문화사, 1971)
필자 : 구혜인

전립과

전립과(戰笠鍋)는 전골을 끓이고 동시에 고기를 구울 수 있는 조리용구이다. 전립과는 전골을 끓일 때 쓰는 냄비로, 조선시대 무관이 쓰던 벙거지 모자인 전립(戰笠)을 닮았다고 해서 전립과라고 한다. 무쇠로 만들고 가운데가 움푹 패어 국물을 끓일 수 있다. 또 입 둘레에 넓은 전을 둘러서 이 위에 고기를 올려 구울 수 있다. 서유구의 『임원경제지』에 그 용어의 어원을 소개하면서, 풍로로 숯에 불을 붙이고 전립과를 그 위에 얹어 움푹 들어간 가운데에서는 채소를 끓이고 벙거지처럼 생긴 사방 언저리에는 고기를 지진다고 설명하였다. 전립과는 일본으로부터 들여왔으며 조선시대에는 널리 퍼져 있었다.

분류 : 미술
색인어 : 전골, 전립
참고문헌 : 한국학중앙연구원, 『한국민족문화대백과사전』; 『한민족역사문화도감 식생활: 국립민속박물관 소장품』(국립민속박물관, 2007); 서유구, 「섬용지」, 『임원경제지』
필자 : 구혜인

전철안(야연의 전골상)

궁중에서 밤에 열리는 연회인 야연(夜讌)에서는 '전철안(煎鐵案)'이라는 전골상을 차렸다. 이 상차림에는 전골을 끓일 때 쓰는 고기, 채소, 참기름 등 재료와 과일, 정과, 화채 등 곁들여 먹을 수 있는 음식이 마련되었다.

1868년(고종 5) 신정왕후(神貞王后: 1808-1890)의 회갑을 축하하기 위하여 경복궁(景福宮) 강녕전(康寧殿)에서 야연을 베풀었다. 이날은 12월 6일로 추운 겨울 밤이었다. 신정왕후인 대왕대비(大王大妃)에게는 전철안이 차려졌다. 전철(煎鐵)은 전을 지지거나 운두가 있어 고기를 볶으면서 국물을 넣고 끓여 먹을 수 있는 무쇠그릇을 말한다. 철모를 뒤집어 놓은 모양을 닮아 전립투(氈笠套)라고도 하였고, 전골틀, 벙거짓골이라 부른다. 즉 전철은 전골을 끓여 먹는 도구로

전철안은 전골상을 의미한다.

이 상차림에 오른 음식은 10그릇이며, 유기(鍮器)와 당화기(唐畵器)에 음식을 담아 붉은색 칠을 한 작은 둥근상[朱漆小圓盤]에 차렸다. 그 옆에 전철을 올린 풍로(風爐: 화로)가 준비되었다. 음식내용을 보면 소고기[牛肉] 1합(盒), 각색채소(各色菜蔬) 1그릇[器], 건면(乾麪) 1그릇[器], 배·말린 감·밤[生梨蹲柿生栗] 1그릇[器], 각색정과(各色正果) 1그릇[器], 화채(花菜) 1그릇[器], 계란 1그릇[器], 참기름[眞油] 1그릇[器], 겨자[芥子] 1그릇[器]이다.

합에 담긴 고기음식의 재료를 보면, 우둔(牛臀), 안심[牛內心肉], 등골[脊骨], 콩팥[豆太], 양(胖) 등 소고기와 내장류, 꿩고기[生雉]와 참기름[眞油], 생강(生薑), 파[生蔥], 후춧가루[胡椒末], 마늘[蒜], 잣[實柏子], 간장(艮醬), 깨[荏子]로 양념류이다. 각색채소 한 그릇에는 무[菁根], 미나리[水芹], 고사리[乾蕨], 도라지[桔莄], 표고(蔈古), 고추[苦草] 등이 담겼다. 정과, 화채, 과일 등의 음식은 전골과 곁들여 먹기 위해 제공된 것이다.

전골의 구성과 생김새, 먹는 방법 등을 1924년 이용기가 쓴 『조선무雙신식요리제법(朝鮮無雙新式料理製法)』의 '전골(煎骨)' 조리법에서 엿볼 수 있다. 좋은 등심이나 볼기살이나 도가니 같은 고기와 천엽, 양지머리, 콩팥, 간, 등골, 송이, 조개, 낙지, 돼지고기, 사슴고기, 토끼고기, 닭고기와 여러 가지 새 고기, 오리고기, 꿩고기를 각각 양념해 놓는다. 큰 합이나 대접에 곁들여서 모양 있게

「강령전 진찬 홀기」, 조선 19세기, 지본, 국립민속박물관─경복궁 강령전에서 신정왕후 조씨의 회갑을 기념하기 위해 열린 왕실연회의식 절차를 적은 글

담고 그 위에 기름을 많이 치고 깨소금, 후춧가루, 잣가루를 뿌린다. 다른 접시에는 나물 한 접시를 만들되 먼저 무를 채 쳐 접시에 돌려 담고 숙주나물을 꼬리를 떼고 머리를 맞춰 돌려 담는다. 또 미나리를 다듬어 1치 길이씩 자르고 파와 황화채(원추리꽃 말린 것) 불린 것을 미나리 길이와 같이 잘라 그 위에 색 맞추어 돌려 담는다. 그리고 알고명, 석이버섯, 표고버섯을 반듯반듯하게 썰어 얹는다. 완자를 잘게 만들어 지져 돌려 얹고 달걀을 그 위에 몇 개 얹어 동그랗게 색깔을 맞추어 상에 올려놓는다. 냄비나 전골그릇에 기름을 3-4 숟가락 넣고 풍로에 놓아서 기름이 끓을 때에 재웠던 고기와 나물 등을 넣고 끓여 먹는다고 하였다.

분류 : 의례
색인어 : 전철안, 전철, 전골틀, 전골, 조선무雙신식요리제법
참고문헌 : 『[무진]진찬의궤([戊辰]進饌儀軌)』; 『조선무雙신식요리제법(朝鮮無雙新式料理製法)』
필자 : 이소영

범벅

범벅은 곡식 가루를 된풀처럼 쑨 음식이다. 요사이 먹는 범벅은 늙은 호박이나 콩·팥 따위를 푹 삶은 다음 거기에 곡식의 가루를 넣어 쑤어서 만든다. 그런데 모양이나 색이 좋지 않아서 범벅이 되었다는 말을 쓰기도 한다. 곧 여러 가지 사물이 뒤섞이어 갈피를 잡을 수 없는 상태를 빗대어서 이를 때도 '범벅'이란 말을 쓴다. 또 질척질척한 것이 몸에 잔뜩 묻은 상태를 빗대어서 이르는 말로도 '범벅'이 쓰인다. 가령 "온 얼굴이 눈물로 범벅이 되었다."는 말이 그것이다. 비록 이렇게 여러 가지 뜻이 있지만, 본래의 범벅은 죽처럼 묽지도 않고 떡처럼 덩어리도 아닌 된죽이다.

지금은 거의 불리지 않지만, 1960년대만 해도 경기도에서 '범벅타령'이란 노래가 부인들 사이에서 불렸다. "이월 개춘에 시래기범벅, 삼월 삼일에 쑥범벅, 사월 파일에 느티범벅, 오월 단오에 수루치범벅, 유월 유두에 밀범벅이요, 칠월 칠석에 호박범벅, 팔월 추석에 송편범벅, 구월 구일에 귀리범벅, 시월상달에 무시

루범벅, 동짓달에는 새알심범벅, 섣달에는 흰떡범벅, 정월에는 꿀범벅." 비슷한 노래를 경상북도 안동에서는 '훗사나 타령'이라고 불렀다. 내용이 거의 비슷하지만, 범벅을 부르는 말이 약간 다르다. "이월달에는 쓰레기범벅, 삼월달에는 느러치나범벅, 사월달에는 쑥범벅, 오월달에는 수리치나범벅, 유월달에는 메밀범벅, 칠월달에는 수수범벅, 팔월달에는 꿀범벅, 구월달에 귀리범벅, 시월달에는 흰떡범벅, 동짓달에는 동지범벅, 섣달에는 무수범벅, 정월달에는 달떡범벅, 열두 가지나 범벅캘제."

이 두 노래를 통해 예전에 범벅의 재료로 무엇이 쓰였는지를 알 수 있다. 음력 2월에는 시래기로 범벅을 만들었다. 시래기는 늦가을에 수확한 무에 매달려 있는 푸른 무청을 새끼 등으로 엮어 겨우내 말린 것을 가리킨다. 배춧잎 말린 것은 우거지라고 부른다. 지금이야 시래기로 된장국을 많이 만들지만, 예전에 2월이면 겨우 남은 먹을거리가 시래기뿐이었다. 이것을 물에 불려서 푹 삶은 다음에 으깨서 곡물가루를 넣고 범벅을 만들었다. 3월과 4월, 그리고 5월에는 제철에 나는 쑥이나 느티나무의 잎, 혹은 수리취로 범벅을 만들었다. 그런데 6월에 경기도에서는 밀로, 안동에서는 메밀로 범벅을 만들었다. 앞서서 나온 것이 모두 풀이라면 6월이 되어서야 비로소 가루를 낼 수 있는 곡물이 주재료로 등장했다. 경기도와 황해도에서는 늦은 겨울에 심은 밀이 음력 6월 15일인 유두 전후가 되면 수확을 하였다. 메밀은 여름메밀과 가을메밀이 있다. 이때가 되면 봄에 심은 여름메밀이 수확된다. 겨울밀을 수확했던 경기도에서는 밀범벅, 봄밀을 수확한 안동에서

는 메밀범벅을 만들어 먹었던 것이다. 7월의 수수나 9월의 귀리도 이 때 구할 수 있는 곡물이었다. 10월부터는 쌀을 수확하기 때문에 범벅이라기보다는 떡이 그 자리를 차지했다.

범벅이 되려면 곡물가루가 반드시 있어야 한다. 하지만 곡물가루로만 범벅이 만들어지는 것은 아니다. 곡물가루를 주재료로 하지만 그것이 많지 않기 때문에 여기에 채소나 열매, 혹은 다른 먹을 수 있는 재료를 섞어서 만든다. 제주도 사람들은 게를 재료로 범벅을 만들어 먹었다. 제주도 말로 게를 '깅이'라고 부르기 때문에 이 음식의 이름은 '깅이범벅'이다. 게를 연한 소금물에 씻어 물기를 빼고, 냄비에 기름을 두르고 달궈지면 게를 넣고 볶다가 소금을 넣는다. 게가 빨갛게 익으면 물을 넣고 끓인다. 보릿가루를 물에 개어 넣고 되직하게 되도록 끓인 후 국간장이나 소금으로 간을 한다. 따라서 범벅은 곡물이 부족할 때 떡이나 밥 대신에 만들어 먹었던 음식이었다.

분류 : 음식
색인어 : 밥, 죽
참고문헌 : 김지순, 『제주음식』(대원사, 1999); 주영하, 『음식전쟁 문화전쟁』(사계절, 2000)
필자 : 주영하

호박범벅ⓒ하응백

범벅(「범벅타령」)

이월(二月) 개춘(開春)에 시레기범벅

삼월(三月) 삼질(三日)에 쑥범벅

사월(四月) 파일(八日)에 느티범벅

오월(五月) 단오(端午)에 수루치범벅

유월(六月) 유두(流頭)에 밀범벅이요

칠월(七月) 칠석(七夕)에 호박범벅

팔월(八月) 추석(秋夕)에 송편범벅

구월(九月) 구일(九日)에 귀리범벅

시월(十月) 상달에 무시루범벅

동지(冬至)달에는 새알심범벅

섣달에는 흰떡범벅

정월(正月)에는 꿀범벅

범벅은 낱알가루(밀가루, 보리가루, 옥수수가루, 수수가루 등)에 물을 뿌리고 비벼서 고슬고슬하게 만든 다음 팥, 콩, 무, 호박, 감자 등과 같이 끓여서 버무려 만든 음식이다. 범벅에는 밀가루범벅, 무범벅, 호박범벅, 강냉이범벅, 보리범벅, 수수범벅 등 여러 가지가 있다.

경기잡가 「범벅타령」은 일반적인 경기잡가와는 상당히 다른 서사구조를 가지고 있다. 즉 경기재담소리인 「장대장타령」이나 서도재담소리인 「배뱅이굿」과 같은 서사구조를 가지고 있는 것이 그 특징인데, 음률은 창부타령조의 계속적인 반복으로 연결되는 점에서 잡가로 분류한다.

여인네가 남편(이도령) 이외의 남자(김도령)을 집으로 끌어들였다가 남편에게 들켜 소박을 맞고 자진(自盡)한다는 다소 희화적인 사설구조를 가진 잡가이다. 가사 내용으로 보면 개화기 이후에 만들어진 노래이며, 창부타령이 연이어지는 것으로 보아 무당들이 불렀던 노래로 보인다. 현재 가장 오래된 음원으로는 1931년 이진봉(李眞鳳)이 소리한 것이 남아 있다. 이진봉은 평양 출신으로 서도와 경기 소리에 능했다고 하며 특히 「관산융마」를 잘 불렀다고 한다.

분류 : 문학
색인어 : 범벅, 범벅타령, 경기잡가, 이진봉
참고문헌 : 하응백, 『창악집성』(휴먼앤북스, 2011)
필자 : 하응백

변(제기)

변(籩)은 제사 때 대추, 밤 등의 실과(實果)와 말린 사슴고기나 말린 물고기 등인 건포(乾脯)를 담는 제기이다. 두(豆)와 한 벌이 되어 신위의 왼편에 놓인다. 『주례(周禮)』, 『삼례도(三禮圖)』에 이르기를, 변에는 마른 음식을 담고 두에는 젖은 음식을 담는다고 하였다.

고려시대부터 중국 유교식 제사의 영향으로 변두를 사용하였고, 조선시대에는 제사의 성격과 위계에 따라 12개의 변두부터 1개의 변두까지 변두의 개수를 차별화하여 사용하였다. 12개의 변이 진설되는 대제

변, 높이 19cm, 조선, 국립고궁박물관

(大祭)의 경우, 각 변마다 건조(乾棗: 마른 대추)·형염(形鹽: 소금)·어수(魚鱐: 말린 물고기)·백병(白餠: 흰떡)·녹포(鹿脯: 사슴고기로 만든 포)·진자(榛子: 개암)·흑병(黑餠: 검은 떡)·능인(菱仁: 마름 열매)·검인(芡仁: 가시연밥의 알맹이)·율황(栗黃: 밤의 알맹이)·구이(糗餌: 볶아 말린 쌀의 음식)·분자(粉餈: 가루 인절미)를 담았다. 그러나 의례서의 음식과 실제 진설되는 음식에는 간극이 존재했다. 왜냐하면 중국 고례의 물산과 조선의 물산이 다르거나 생산 시기가 맞지 않기 때문에 조선의 실정에 맞게 다른 음식이나 재료로 대용하기도 하였다. 예를 들어 숙종 대의 기록에는 변두에 담는 대조, 율황, 진자, 능인, 검인 등을 다른 과실로 대용한다는 내용이 확인된다.

조선시대의 변은 송나라 『석전의(釋奠儀)』를 따라 대나무를 가늘게 쪼갠 대오리를 촘촘히 엮어 만들어 죽변(竹籩)이라고도 불렀다. 변의 위에는 건이란 보자기를 덮기도 하였는데, 겉은 검은[玄]색으로 속은 분홍[纁]색으로 만들었다. 변 위에 보자기를 덮는 이유는 제사를 준비하면서 제물에 먼지가 앉아 청결하지 못한 것을 막기 위한 것이다. 그러나 가끔 변에 담는 떡이나 건어포 등은 커서 뚜껑을 다 덮지 못하였기 때문에, 보자기 위에 기름을 먹인 종이(油紙)를 덮었다가 제향을 거행할 때 철거하기도 하였다.

분류 : 미술
색인어 : 제사, 제기, 두

참고문헌 : 『주례(周禮)』;『삼례도(三禮圖)』;『석전의(釋奠儀)』;『세종실록오례의 길례서례 찬실도설(世宗實錄五禮儀 吉禮序例 饌室圖說)』;『세종실록(世宗實錄)』;『숙종실록(肅宗實錄)』; 박봉주, 「조선시대 국가 祭禮와 籩豆의 사용」,『동방학지』Vol.159(연세대학교 국학연구원, 2012)
필자 : 구혜인

병(액체를 담아 보관하는 용기)

병(瓶)은 동체가 둥글면서 목이 길고 출수구가 좁은 형태의 용기로, 액체를 담아 따르는 데 사용한다. 주로 물, 술, 기름, 식초, 간장 등을 담아 쓰거나 보관한다. 처음에는 병이라기보다 그릇에 가까운 형태로 만들어 사용되었으나 시대가 갈수록 입이 좁고 목이 긴 현재의 모습을 갖게 되었다. 병의 형태는 대체적으로 유지되나 용도나 시대에 따라 형태와 종류가 점점 다양해진다. 목이 길어 병의 손잡이 역할을 겸하였고 입술은 술이나 물을 따르고 나서 흘러내리는 것을 막아주는 기능을 하고 있다.

형태에서 목의 길이가 길어지거나 짧아지고, 동체가 원통형이나 다면각형으로도 제작되고, 주구가 없거나 부착되고, 손잡이가 없거나 부착되는 등 다양한 기형의 병들이 제작되었다. 병을 만드는 데 쓰인 재료는 금속, 흙, 나무, 유리, 뼈, 가죽 등 다양하다. 병의 형태와 용도는 점점 다양해져서 자라를 닮은 납작한 자라병, 표주박을 닮은 호로병도 있다.

분청사기상감연꽃넝쿨무늬병, 높이 31.8cm, 조선, 국립중앙박물관

백자청화십장생무늬병, 높이 30cm, 조선, 국립중앙박물관

분류 : 미술

색인어 : 병, 술, 물, 식기, 그릇
참고문헌 : 한국학중앙연구원,『한국민족문화대백과사전』;『한민족역사문화도감 식생활: 국립민속박물관 소장품』(국립민속박물관, 2007)
필자 : 구혜인

병어

병어는 '병치'라고도 하는데 머리와 입이 작고 몸통이 둥글납작하게 생겼으며, 푸른빛이 도는 은백색의 바닷물고기이다. 문헌에 따르면 '瓶魚(병어)' 또는 '兵魚(병어)'는 속명(俗名)이고, 원래의 명칭은 서유구(徐有榘: 1764-1845)의『난호어목지(蘭湖漁牧志)』「어명고(魚名攷)」에는 '鯧(창)', 정약전(丁若銓: 1760-1816)의『자산어보(玆山魚譜)』에는 '扁魚(편어)'로 되어 있다. 또한 이용기(李用基: 1870-1933)의『조선무쌍신식요리제법(朝鮮無雙新式料理製法)』(1936) 등을 참고하면, 병어 중에서도 큰 것은 '덕재' 또는 '덕자'라고 하는 별도의 명칭으로 불렀다.

한편 '병어(兵魚)'라는 이름에 대해 서유구는 병어가 다닐 때 반드시 무리지어 다니기 때문에, 그 무리지은 모습이 대열을 이룬 병졸들과 같다고 하여 '병어'라고 부르는 것이라고 설명하였다(서유구 저, 이두순 평역, 2015: 177쪽).

병어는 뼈가 연한 데다 맛이 달고 고소하여, 회, 구이, 국, 조림, 전, 젓갈, 무침, 찜 등으로 다양하게 조리하여 먹었다. 병어구이는 조자호(趙慈鎬: 1912-1976)의『조선요리법(朝鮮料理法)』(1939)에 따르면, 깨끗

병어ⓒ하응백

이 씻고 머리와 지느러미 등을 자른 병어의 몸통에 앞뒤로 잔칼질을 하고, 파를 다져 넣은 진간장을 앞뒤로 발라가며 구웠다. 이런 방식으로 다 구운 뒤에는 윤기가 나도록 참기름을 발라 상에 올렸다. 또한 병어지짐이는 『조선무쌍신식요리제법』에서 보듯이, 굵게 토막 낸 병어를 맛좋은 고추장과 파를 넣어 푹 끓여서 만들었다.

저장성이 높고 쓰임이 다양한 병어젓은 방신영(方信榮: 1890-1977)의 『조선음식 만드는 법』(1946)에 만드는 법이 보인다. 이에 따르면, 일단 병어를 씻고 나서, 다시 소금물 안에서 비늘과 내장을 제거하고 잘 씻는다. 소금물에서 건져낸 병어는 채반에 올려 물기를 뺀다. 물이 빠지는 동안, 아까 병어를 씻었던 소금물에서 비늘은 두고 내장만 건져버리고, 펄펄 끓인 뒤 식힌다. 적당한 항아리를 골라, 항아리 안에 병어 한 켜, 소금 한 켜를 번갈아 차곡차곡 넣다가 맨 위에는 소금을 듬뿍 뿌리고 무거운 돌로 누른다. 그런 다음, 이 항아리에다 잘 식혀놓은 소금물을 붓고, 입구를 단단히 봉한다. 서늘한 곳에 두었다가, 그대로 굽거나 찌거나 양념을 하여 무쳐서 반찬으로도 먹는다.

분류 : 식재료
색인어 : 조선요리법, 조선무쌍신식요리제법, 참기름
참고문헌 : 정약전, 『자산어보』; 조자호, 『조선요리법』(광한서림, 1939); 이용기, 『조선무쌍신식요리제법』(영창서관, 1936); 방신영, 『조선음식 만드는 법』(大洋公司, 1946); 서유구 저, 이두순 평역, 강우규 도판, 『평역 난호어명고』(수산경제연구원BOOKS·블루&노트, 2015)
필자 : 김혜숙

병어회

병어회(瓶魚膾)는 병어를 날로 회친 음식이다. 병어의 큰 것은 큰 것대로 작은 것은 작은 것대로 만들어 먹었는데, 병어는 뼈를 발라내지 않고 회를 쳐도 맛이 부드럽고 은근하여 일단 병어회의 맛에 빠지면 '병어 귀신'이 된다는 말이 있을 정도이다(〈동아일보〉 1995년 5월 18일자). 뼈가 연하다고는 하지만, 전라남도에서는 큰 병어는 가운데 뼈를 발라내고 살만 앞뒤로 포를 떠서 적당한 크기로 저며서 회를 만들고, 작은 것은 뼈째로 도톰하게 썰어 회를 먹었다(농촌진흥청, 2008: 283쪽).

그래도 병어회는 작은 것보다 병어 중에 큰 것인 '덕재' 또는 '덕자'로 만들어야 훨씬 맛이 있다고 하는데, 큰 병어로 회를 치면 맛있는 이유는 1931년 5월 21일자 〈동아일보〉에 실린 「생선회 만드는 법」을 보면 알 수 있다. 이에 따르면, 작은 병어는 껍질째 회를 쳐야 하기 때문에 빛깔이 푸르고 맛도 조금 떨어지지만, 덕재는 크기가 커서 껍질을 벗기고 회를 칠 수 있어서 보기에도 좋고 먹기에도 좋다는 것이다.

껍질을 벗겨내고 병어회를 만드는 방법은 방신영(方信榮: 1890-1977)의 『조선음식 만드는 법』(1946)에 자세하다. 그 내용을 보면, 먼저 병어의 대가리와 비늘, 내장을 모두 제거하고 깨끗이 씻어 반으로 가른다. 뼈와 가시를 다 빼내고, 병어의 껍질을 벗긴다. 그런 다음 칼에다 참기름을 발라가면서 병어 살을 채 친다. 채 친 병어에 소금을 골고루 뿌리고, 쑥갓을 깐 접시에 얌전히 담는다. 그러고 나서 병어 살 위에 채 친 파와 실고추를 뿌리고, 먹을 때는 초고추장에 찍어 먹으면 된다.

이 방법에서 보듯이, 병어회를 만들 때에는 대개 회를 칠 칼의 앞뒤와 도마에다가 먼저 참기름을 바르거나 칠해 가면서 살을 저몄다. 이렇게 하는 이유는 참기름으로 인해, 저며 놓은 병어에서 비린내가 적어지기 때문이다(〈동아일보〉 1939년 6월 21일자).

분류 : 음식
참고문헌 : 「생선회 만드는 법」, 〈동아일보〉 1931년 5월 21일; 조자호, 「오늘 저녁엔 이런 반찬을」, 〈동아일보〉 1939년 6월 21일; 「은은하고 부드러운 맛 병어회 별미」, 〈동아일보〉 1995년 5월 18일; 농촌진흥청 농업과학기술원 농촌자원개발연구소, 『한국의 전통향토음식 7-전라남도』(교문사, 2008); 방신영, 『조선음식 만드는 법』(大洋公司, 1946)
필자 : 김혜숙

보(제기)

보(簠)는 제사 때 곡식인 쌀[稻, 도]와 수수[粱, 양]을 담아 놓는 제기이다. 궤(簋)와 합쳐 한 벌이 되어 제사상의 가운데에 올려진다. 보궤와 변두는 제사에서 가장 중요한 음식을 올리는 제기들이다.

보궤는 고려시대 종묘제사에서도 사용되었고, 조선시대에는 국가제의뿐만 아니라 서원제사에서도 사용되었다. 보는 제사의 위계와 성격에 따라 개수가 달랐다. 『세종실록오례의(世宗實錄五禮儀)』의 「찬실도설(饌室圖說)」에 의하면 종묘대제의 경우 4개의 보를 진설하였는데, 각각 수수, 쌀, 수수, 쌀의 순서대로 담겼다. 이에 비해 사직대제의 경우는 2개의 보에 수수와 쌀을 담았고, 문선왕(文宣王) 제사에서는 1개의 보에 쌀을 담아 진설하였다. 보와 궤는 그 개수를 같게 하여 나란히 올렸다.

기형의 원형은 중국 상나라 때부터로 원래는 '땅은 모지다[地方]'라는 뜻을 담아 밖은 네모지고 속은 둥근 외방내원(外方內圓)의 형태로 만들었다. 조선시대의 보는 『석전의(釋奠儀)』를 따라 보는 사각형의 용기로 제작되고 몸체 양쪽에 손잡이가 달렸다. 보궤는 제기 중 장식이 중요한 제기로, 몸체 전면에 물결[水波]무늬, 거북 등껍질[龜甲]무늬, 번개[雷]무늬, 짐승의 얼굴[鬼面]무늬 등으로 장식되었다. 최근에는 보에 장식된 귀면무늬를 탐식(貪食)을 경계하는 도철(饕餮)무늬란 고전적 상징으로 해석하는 학설도 제기되었다. 조선에서는 보를 주로 합금 동으로 만들었으나 흙을 이용하여 분청사기나 백자로 제작하기도 하였다.

분류 : 미술
색인어 : 제사, 제기, 보, 궤, 유교, 종묘, 사직, 쌀, 수수, 도철, 탐식, 놋쇠, 유기
참고문헌 : 『주례(周禮)』; 『석전의(釋奠儀)』; 『세종실록오례의 길례서례 찬실도설(世宗實錄五禮儀 吉禮序例 饌室圖說)』; 구혜인, 「조선시대 不飾의 함의와 祭器의 도철·거북문과의 관계」, 『정신문화연구』 144호(한국학중앙연구원, 2016)
필자 : 구혜인

보리

보리는 볏과의 식물로 우리나라에서 가장 즐겨 먹는 곡식 중 하나이다. 한자로는 麥(맥)이라고 하는데 보통 大麥(대맥)이라 하면 보리를 뜻하고 小麥(소맥)이라 하면 밀을 뜻한다.

정약용(丁若鏞: 1762-1836)이 1817년 편찬한 것으로 알려진 『경세유표(經世遺表)』는 좋은 곡식류[嘉穀類] 중 밭에 심는 곡식 18가지를 열거하고 있는데 이중 보리(大麥: 대맥)가 포함되어 있다. 18가지 곡식은 밭벼[山稻: 산도], 메조[黃粱: 황량], 기장[諸黍: 제서], 피[諸稷: 제직], 강냉이 쌀[蜀黍,: 촉서], 대두(大豆), 소두(小豆), 녹두(菉豆), 보리[大麥: 대맥], 밀[小麥: 소맥], 메밀[蕎麥: 교맥], 귀리[鈴鐺麥: 영당맥], 한피[旱稗: 한패], 참깨[胡麻: 호마], 들깨[靑蘇: 청소], 옥수수[玉蜀黍: 옥촉서], 율무[薏苡: 의이], 논벼[水稻: 수도]이다.

보리는 농사기술이 개량되어 쌀이 많이 생산되기 시작한 1970년대 후반 이전까지 일반 사람들의 주곡(主穀) 역할을 하였다. 특히 일반 농가의 경우 가을에 수확한 쌀은 봄이 오면 거의 바닥이 나게 되는데 이때부터 보리가 수확되는 초여름까지의 기간은 굶주림에 시달릴 수밖에 없었다. 이를 보릿고개, 혹은 춘궁기(春窮期), 맥령기(麥嶺期)라고 한다.

『조선왕조실록』, 『승정원일기』 등에 따르면 보릿고개의 어려움에 대한 내용은 주로 음력 2-5월에 나타난다. 『효종실록』의 효종 10년(1659) 음력 2월 19일, 효종(孝宗: 1619-1659)이 대신들과 군포를 거두는 일에 대해 대화를 나누는데, 이 내용에서 효종이 '지금 보릿고개(春窮)에 대한 방책이 시급하다[目今春窮方急].'라고 한다. 고종 14년(1877년) 음력 5월 6일의 승정원일기에는 삼도통제사 이규석에게 고종(高宗: 1852-1919)이 내린 교지에 관한 내용이 나오는데, '보릿고개의 진대(賑貸)가 아직 끝나지 않았다.'는 내용이 나온다.

보리는 쌀에 버금가는 주식(主食)으로 밥, 죽, 미음 등의 형태로 만들어 먹었다. 또한, 식초나 고추장 등의 양념류를 만드는 재료로도 사용되었으며 술을 빚는 데도 사용되었다. 보리수단 등의 후식을 만들 때도 이용되었다. 보리에 싹을 틔워 말려 만든 것은 엿기름, 혹은 맥아(麥芽)라고 하는데 엿이나 식혜 등 단맛이 나는 식품을 만들 때 주로 사용되었다.

서명응(徐命膺: 1716-1787)의 『고사십이집(攷事十二集)』과 1830년대 최한기(崔漢綺: 1803-1877)의 『농정회요(農政會要)』 등에는 중국의 『거가필용사류전집(居家必用事類全集)』을 인용하여 볶은 보리를 쪄서 메밀가루[白麵]와 섞어서 발효시킨 大麥醋(대맥초), 즉 보리로 만든 식초의 제조법을 기록해두었다. 이 책의 보리식초 만드는 법은 다음과 같다. 우선 보리를 볶아 물에 하룻밤 불렸다가 찐 다음 밀가루와 섞는다. 방 안에 자리를 깔고 찐 보리와 밀가루 섞은 것을 펼쳐서 7일 정도 곰팡이가 피도록 띄운다. 이를 볕에 말린다. 다시 볶은 보리를 물에 불려 찐 것을 따뜻한 곳에 펼쳐 두었다가 황자(黃子: 보리누룩)와 섞어 항아리 속에 넣는다. 물을 붓고 저어서 21일간 익힌다.

1934년 방신영(方信榮: 1890-1977)의 『조선요리제법(朝鮮料理製法)』에는 보릿가루를 섞어 만든 보리고추장 제법이 소개되어 있다. 이 조리법의 보리고추장은 보릿가루와 쌀가루로 죽을 쑨 다음 메줏가루를 섞어서 하룻밤 지난 다음 고춧가루를 섞어 항아리에 담아 발효시킨 것이다.

보리의 효능에 대해서는 1460년 전순의(全循義: ?-?)가 편찬한 것으로 알려진 『식료찬요(食療纂要)』에 나타나 있다. 이 책은 보리(大麥)가 소갈(消渴)을 치료하고 열을 없앤다[除熱]고 하였다. 특히, 보리로 국수[麵]를 만들어 먹으면 '소갈을 치료할 수 있다[止消渴].'고 하였다.

분류 : 식재료

색인어 : 콩, 쌀, 깨, 기장, 고추장, 엿기름, 식혜, 엿, 메밀, 식초, 국수, 조선요리제법

참고문헌 : 정약용 저, 이익성 역, 『경세유표』(한국고전번역원, 1977); 정약용 저, 양홍렬 역, 「장기농가」, 『다산시문집』(한국고전번역원, 1994); 김경희 역, 「고종 14년 정축(1877) 5월 6일(경신) 비」, 『승정원일기』(한국고전번역원, 1997); 정기태 역, 「효종 4년 계사(1653) 1월 18일(을유)」, 『효종실록』(한국고전번역원, 1990); 서명응, 『고사십이집』; 최한기, 『농정회요』; 방신영, 『조선요리제법』(한성도서, 1934)

필자 : 서모란

배를 두드리며(강희맹)

향긋한 보리밥이 광주리에 수북한데
아욱국 맛이 달아 숟가락에 줄줄 흐르네
어른 아이 모여 차례대로 둘러앉아
사람들 온통 맛있다고 시끌벅적하네
한번 배불리 먹어 목구멍이 든든하여
배 두드리며 거닐면 그것이 행복일세
麥飯香饛在筥　藜羹䮾滑流匕
少長集次第止　四座喧誇香美
得一飽撐肚裏　行鼓腹便欣喜

　　*강희맹, 「농부의 노래 중 배를 두드리며[選農謳, 鼓腹]」

조선 초기의 문인 강희맹(姜希孟: 1424-1483)이 쓴 고시(古詩) 작품이다. 강희맹은 본관이 진주고, 자는 경순(景醇), 호는 사숙재(私淑齋)다. 판서와 좌찬성 등의 벼슬을 지냈으며 공신이 되어 진산군(晉山君)에 봉해졌다. 문집 『사숙재집(私淑齋集)』과 농학서 『금양잡록(衿陽雜錄)』을 편찬하였으며 소화집 『촌담해이(村談解頤)』도 전한다.

이 작품은 당시 농민들의 노래를 번역한 「농구십사장(農謳十四章)」의 하나로, 보리밥을 배불리 먹은 즐거움을 노래하였다. 광주리에 수북한 보리밥은 시커멓지만 맛이 절로 달다. 흔한 아욱국 한 그릇에도 절로 숟가락질이 바쁘다. 어른 아이 할 것 없이 둘러앉아 맛있다고 시끌벅적하다. 그저 한 끼 배불리 먹은 것이지만 그것으로 행복하다. 농사꾼의 말을 옮겨 함포고복(含哺鼓腹)의 태평을 이렇게 노래한 것이다.

조선 중기의 문인 고용후(高用厚: 1577-1652) 역시 보리밭에 막걸리 한 사발이면 충분한 인생이라 하였다. "제비 새끼 지지배배 여름날이 긴데, 농부는 비 맞으며 묵정밭에서 김을 매네. 짚을 인 농가는 곳곳마다 좁은 밭뙈기를 부쳐 먹고, 버들 늘어선 골목에는 때때로 꾀꼬리 우네. 개울 앞에 대를 대충 꽂아 울타리 엮고, 밭에서 아욱 따와서 새로 보리밥 지었네. 동이의 술 익자 친한 벗이 찾아오니, 취해서 육신을 잊고 꼭 이렇게 살아가리라[乳燕喃喃夏日遲 耕夫帶雨墾荒菑 茅簷處處依三畝 柳巷時時啼一鸝 奮插竹籬臨澗水 新炊麥飯採園葵 瓦盆酒熟親朋至 取醉忘形不復疑]."라 하였다. 초라한 농가이지만 만족을 알고 근실

하게 살아가면 그것으로 족하다. 새로 타작한 보리밥 한 솥 듬뿍 짓고 채소밭에서 아욱을 따와 국을 끓였다. 새로 담은 막걸리가 막 익을 무렵 친한 벗이 찾아온다. 이러한 행복은 부와 권세로 얻을 수 있는 것이 아니다.

보리밥에 아욱국을 먹는 가난함을 달게 여기지 않는다면 세사에 분노가 일기 쉽다. 이하곤(李夏坤: 1677-1724)은 분노에 찬 어떤 이에게 이런 편지를 보냈다. "나는 들꽃을 가족으로 삼고 꾀꼬리를 풍악으로 삼아, 가슴속에 하나도 끌리는 것이 없다오. 해가 바지랑대보다 길어지면 일어나 한 사발의 보리밥을 먹소. 달기가 꿀과 같지요." 이런 글과 함께 보리밥을 먹으면 분노가 절로 풀릴 것이다.

분류 : 문학
색인어 : 보리밥, 강희맹, 고용후, 이하곤, 아욱국
참고문헌 : 강희맹,『사숙재집』; 고용후,『청사집』; 이하곤,『두타초』; 이종묵,『한시마중』(태학사, 2012)
필자 : 이종묵

보리(전염병)

한자로 '대맥(大麥)'이나 '모(牟)'라고 하는 보리는 조선시대에 쌀이나 조와 함께 밥을 해 먹는 주곡(主穀)이었다. 각종 사물의 명칭이 기록되어 있는 황필수(黃泌秀: 1842-1914)의 『명물기략(名物紀略)』을 보면, 보리 중에 봄에 심는 '봄보리[春麰]', '막지보리[莫知麥]', 가을에 심는 '가을보리[秋麰]', '참보리[眞麥]'는 까락이 길고, '쌀보리[米麰]'는 까락과 겨가 없으며, '양절보리[兩節麰]'는 봄과 가을에 모두 심을 수 있다며 보리의 한자 및 한글 표기와 특징을 설명하였다. 이공(李公: ?-?)의 『사류박해(事類博解)』에도 보리의 명칭이 보이는데, 쌀보리는 '청과맥(靑顆麥)', 겉보리는 '광맥(穬麥)'이라 표기하였다. 이러한 쌀보리와 겉보리는 속껍질이 잘 벗겨지는지가 다른데, 잘 분리되는 쌀보리를 흔히 '보리쌀'이라고 불렀다.

보리는 쌀, 팥 등을 섞기도 하지만 보리쌀로만 꽁보리밥을 짓기도 했는데, 쌀밥에 비해 먹기도 밥을 짓기도 쉽지 않았다. 서유구(徐有榘: 1764-1845)의 『임원경제지(林園經濟志)』에 소개된 방법을 보면, 보리는 딱딱하고 껄끄러워 쉽게 익지 않으므로 하루 전이나 반나절쯤 물에 충분히 불린 후 밥을 지어야 밥맛도 부드럽고 땔감도 아낄 수 있다고 하였다.

서울사람들이 이런 보리밥을 못 먹어서 애를 태웠던 적이 있다. 『선조실록(宣祖實錄)』에 따르면 1577년 충청도 천안(天安)에 여역(癘疫), 즉 전염병이 크게 돌아 많은 사람이 죽고 다른 지역까지도 점점 퍼져나갔다. 급기야 서울에도 병에 옮은 사람들이 늘어나자, 반드시 보리밥을 먹어야 병에 걸리지 않는다는 근거 없는 소문이 마구 떠돌았다. 너도 나도 다퉈가며 보리쌀을 사려고 하자, 쌀보리도 아닌 겉보리 값이 백미(白米) 값에 맞먹게 되었다. 보리쌀을 구입하지 못한 사람들은 대개 백토(白土)로 문밖과 벽 위에 손바닥을 그렸다고 한다(선조 10년 1월 29일 기사).

당시 백성들이 백토로 그림을 그린 이유는 역병의 원인이 귀신이나 초자연적 존재라고 믿었기 때문인데, 문밖과 벽 위에 손바닥을 그려서 귀신이 집안에 들어오는 것을 막으려고 한 것이다.

분류 : 식재료
참고문헌 : 이공,『사류박해』; 서유구,『임원경제지』(한국전통지식포탈); 황필수,『명물기략』
필자 : 김혜숙

보리밥

보리밥은 보리로 지은 밥을 뜻한다. 한자로 표기하면 맥반(麥飯)이라 표기한다. 보리밥에도 보리와 다른 곡물, 특히 쌀을 섞느냐 그렇지 않느냐에 따라 구분할 수 있다. 특히 보리만 가지고 밥을 할 경우 꽁보리밥이라고 부르고 한자로도 순맥반(純麥飯)이라고 하여 구분했다.

보리는 고고학 발굴 등을 통해 역사 이전 시기인 청동기시대부터 한반도 지역에서 재배되어 온 곡물이지만 보리밥은 철의 보급과 함께 밥이라는 조리법이 보급되면서 생겨난 음식이다.

각 곡물이 가지는 상징성은 그 곡식을 가지고 만든 밥에도 투영되는데 곡식 중 가장 귀하고 좋은 밥은 쌀밥, 특히 흰쌀밥이었고 보리밥은 이보다 한 단계 낮은 밥으로 인식되었다. 그러나 보리밥의 지위가 쌀밥보다 낮다고 인식된다고 해서 생활 속에서 지니는 중요성이 낮다는 의미는 아니다. '보릿고개'라는 단어가 어려운 시기를 상징하기는 하지만 그 단어를 뒤집어 보면 보리가 있어야 생존할 수 있고 그만큼 보리로 해먹는 보리밥이 중요했다는 의미이다.

『세종실록』1434년 8월 3일에 우승경의 아내 원(袁)씨에게 정부에 바쳐야 하는 조세와 부역을 면하게 하고 쌀을 하사하였다. 이같이 상을 내린 이유는 원씨가 집안이 어려운 상황 속에서도 1432년 죽은 남편에 대한 아침, 저녁으로 식사처럼 올리는 상식(上食)을 계속하였기 때문이었다. 그런데 집안의 어려움을 드러내기 위해 원씨가 대부분의 끼니를 풋나물과 함께 보리밥을 먹었다는 표현을 쓴다.

『성종실록』에서 성종(成宗: 1457-1494)에게 지방수령들이 저지르는 여러 잘못들을 성균관에서 공부한 경험이 있던 지방유학(幼學) 유승탄(兪升坦: ?-?)이라는 인물이 상소를 통해 수령들을 비판했다. 그 상소 내용 중에는 지방 수령들이 굶주린 백성들을 위해 준비한 곡식을 제때 풀지 않아 백성들이 굶주림을 겪었고 자신도 뼈와 살이 붙을 정도로 굶은 경험이 있다고 했다. 그러면서 다행히 자신을 포함해 다른 백성들이 보리밥을 먹어 죽지는 않았다는 내용이 있다. 그만큼 보리밥이 백성들에게 굶주린 시기를 넘겨주는 중요한 음식이었음을 나타낸다. '가난' 혹은 굶주림과 보리밥의 연관성은 결국 춘궁기라는 단어와 보릿고개라는 단어가 남의 일이 아니던 1960년대까지 이어진다. 계층에 따라 먹는 음식이 다르듯, 같은 음식임에도 피지배층에게는 생존에 필요했던 음식이 지배층에게 보리밥은 소박한 식사 혹은 건강을 위해 먹는 식사였다. 관리의 검소함을 표현할 때, 식사를 보리밥으로 했다는 표현을 자주 사용했다. 『세조실록』1462년 음력 5월 15일 세조가 종친들과 높은 벼슬의 신하들이 있는 자리에 성균관 생원 5명을 불러 책에 대해서 토론했다는 기록에 잘 나온다. 성균관 생원들이 본격적으로 책에 대해 토론하기 직전, 세조가 성균관 생원들에게 음식을 내려줬다. 일반적으로 왕이 내리는 음식이라 하면 당시로는 매우 귀했던 귤, 육류 반찬 혹은 궁중에서 빚은 술 등인데 이날 세조는 성균관 생원들에게 보리밥도 함께 내렸다. 그러면서 자신이 보리밥을 내린 이유에 대해 이후 혹시라도 백성을 다스리게 된다면 교만하지 말라는 뜻에서 보리밥을 내렸다고 말했다. 그만큼 관리가 된 이후에도 소박하고 검소하게 생활하라는 의미일 것이다.

속담 중 보리밥 한솥 짓기라는 속담이 있다. 이 속담은 보리밥을 한솥 지을 정도로 오래 걸리는 시간이라는 뜻을 지니는 데 그만큼 보리밥을 짓는 데 걸리는 시간이 만만치 않고 수고스러움을 드러낸다. 1950-1960년대 일부 지역에서는 보리밥을 짓기 위해서 우선 노란물이 나올 때까지 보리를 빡빡 씻은 후 2번에 걸쳐 보리를 삶아야지만 보리밥이 먹을만 했고 흥미로운 점은 쌀뜨물이 사람이 먹는 국과 같이 다양한 음식에 썼던 반면 보리 씻은 물과 보리 삶은 물은 사람이 먹지 않고 동물에게 주거나 머리를 씻는 데 사용했다고 한다. 씻을 물까지 보리와 쌀에 차이가 있다고 하니 보리의 상황이 애처롭기까지 하다.

근현대에 들어와서 혼분식을 장려하는 정부의 정책과 함께 이전까지와는 다른 맥락에서 보리밥을 정책적으로 이용했다. 쌀 중심 식량자급이 달성된 1980년대 이후에 보리밥은 건강식이자 추억의 음식으로서 외식산업 중 하나의 메뉴로 자리잡았다. 그 배경에 대해 〈경향신문〉 1980년 8월 11일 기사에 따르면 당시 정부의 보리먹기 장려정책과 함께 중장년층의 보리밥에 대한 옛 향수, 당뇨병에 특효라는 지식 보급 등이 복합된 결과로서 충청북도 청주시, 수원, 서울 등 전국 곳곳에 꽁보리밥 전문점이 생기고 있고 꽁보리밥의 형태도 지역별로 차이를 보인다고 했다.

분류 : 음식
참고문헌 : 「꽁보리밥집盛業 三伏에 식욕 돋워주는 새時代 새맛」,〈경향신문〉1980년 8월 11일;『세종실록』;『세조실록』;『성종실록』
필자 : 이민재

보리수단

보리수단은 삶은 보리에 전분을 묻혀 다시 데친 후 삶기를 반복한 것을 차갑게 만든 꿀물이나 오미자 물에 띄워 먹는 음청류의 한 종류이다. 한자어로는 麥水團(맥수단)이라고도 한다.

떡이나 삶은 곡식 등을 차가운 음료에 띄워 먹는 수단 종류는 음력 6월 15일, 유두날(流頭)의 절식이자 여름의 시식(時食)으로 알려져 있다. 또한 보리수단은 보리가 수확되는 음력 6월경부터 햇보리를 이용해 만들어 먹을 수 있기 때문에 특히 여름철에 즐겨 먹었다.

『일성록』에 따르면 정조 19년인 1795년 음력 6월 18일 정조의 어머니인 혜경궁 홍씨(惠慶宮 洪氏: 1735-1815)의 환갑에 진찬(進饌)한 음식 중에 맥수단이 포함되어 있는데 이날은 유두의 3일 후로, 보리수단을 즐기기에 더없이 좋은 시기였을 것이다. 3년 뒤인 정조 22년(1978년) 6월 20일, 역시 혜경궁 홍씨에게 진찬하였다는 기록이『일성록』에 한 번 더 등장한다.

조선 후기와 근대 조리서에 나타난 보리수단 조리법 중 보리에 녹말을 씌우고 다시 삶아내는 과정은 모두 유사하게 나타난다. 삶은 보리를 넣는 차가운 음료도 대체로 오미자를 우려낸 물, 오미자 물에 설탕이나 꿀을 탄 것, 꿀물 등 세 종류로 구분된다.

첫 번째, 오미자를 우려낸 물을 사용한 조리법은 작자 미상의 1800년대 말 조리서인『시의전서(是議全書)』에 나타난다. 이 책의 보리수단은 삶은 보리에 녹말을 씌워 다시 삶은 뒤 냉수에 씻어 오미자를 우려낸 물에 넣고 잣을 띄운 것이다.

두 번째로 오미자 물에 단맛을 내는 재료를 첨가한 조리법은 가장 많이 사용된 방법이다. 조자호(趙慈鎬: 1912-1976)의 1939년의『조선요리법(朝鮮料理法)』도 역시 오미자국을 사용한 유사한 조리법을 기술하였는데, 설탕으로 오미자 물에 단맛을 내었다. 작자 미상의 조리서인『윤씨음식법』(1854 추정)은 꿀을 탄 오미자국을 사용했다. 1948년 손정규(孫貞圭: 1896-1955?)의『우리음식』은 꿀이나 설탕을 오미자즙에 넣는다고 하였다.

세 번째로 오미자 물이 아닌 꿀물을 사용하는 방식은 1934년 방신영(方信榮: 1890-1977)의『조선요리제법(朝鮮料理製法)』에 나타난다.

반면, 삶은 통보리가 아닌 보릿가루로 만든 반죽을 사용한 조리법도 나타났다. 1924년 출판된 이용기(李用基: 1870-1933)의『조선무쌍신식요리제법(朝鮮無雙新式料理製法)』보리수단[麥水團]의 조리법은 고운 보릿가루를 맹물에 반죽하여 개암만 한 크기로 만들어 삶아서 찬물에 헹군 뒤 꿀물에 넣어 먹는다고 하였는데, 그 식감에 대해 '씹을 수가 없이 매끄러워 웃음이 난다.'라고 표현하였다.

분류 : 음식
참고문헌 : 작자 미상,『시의전서』; 임희자 역, 「정조 19년 을묘(1795, 건륭)」,『일성록』(한국고전번역원, 2012) ; 김성재 역, 「정조 22년 무오(1798, 가경)」,『일성록』(한국고전번역원, 2015) ; 작자 미상,『윤씨음식법』; 이용기,『조선무쌍신식요리제법』(영창서관, 1924); 방신영,『조선요리제법』(한성도서, 1934); 조자호,『조선요리법』(광한서림, 1939); 손정규,『우리음식』(삼중당, 1948)
필자 : 서모란

보리타작(「옹헤야」 ─ 보리타작노래)

옹헤야 어절씨고 잘도 한다 옹헤야 단 둘이만 옹헤야 하더라도 옹헤야
열 춤이나 옹헤야 하는 듯이 옹헤야 팔구월에 옹헤야 파종해서 옹헤야
그해 삼동 옹헤야 다 지나고 옹헤야 익년(翌年) 이월 옹헤야 제초하고 옹헤야
삼월 지나 옹헤야 사월 들제 옹헤야 사월 남풍 옹헤야 대맥황(大麥黃)을 옹헤야
푸른 잎과 옹헤야 푸른 종자 옹헤야 죽은 듯이 옹헤야 변해져서 옹헤야
황앵(黃鶯) 같은 옹헤야 황색되어 옹헤야 오뉴월에 옹헤야 수확하여 옹헤야
이와같이 옹헤야 타작해서 옹헤야 옹게둥게 옹헤야 재어 놓고 옹헤야
삼동삼춘(三冬三春) 옹헤야 양식 함께 옹헤야 이러므로 옹헤야 오월농부 옹헤야
팔월신선 옹헤야 함이로다 옹헤야 옹헤 옹헤 옹헤 어

절씨고 옹혜야

다산 정약용(丁若鏞: 1762-1836)이 1801년 경상도로 귀양을 갔을 때 지은 시 중의 하나인, 「보리타작(打麥行)」에는 "옹혜야 소리 내며 발맞추어 두드리니 삽시간에 보리 낱알 온 마당에 가득하네. 주고받는 노랫가락 점점 높아지는데 보이느니 지붕 위에 보리티끌뿐이로다[呼邪作聲擧趾齊 須臾麥穗都狼藉 雜歌互答聲轉高 但見屋角紛飛麥]."라는 구절이 나온다. 보리타작할 때 농민이 노래하면서 일하는 장면을 실감나게 묘사하고 있는 대목이다. 다산이 목격한 보리타작할 때 부른 노동요가 바로 이 「옹혜야」라고 할 수 있다. 가사는 다산 생전과는 상당히 변형이 되었겠지만, 가사의 골격과 음률은 크게 변하지 않았을 것이다.

「옹혜야」는 보리이삭을 마당에 펴놓고, 한 사람이 메기면 여러 사람이 '옹혜야'로 힘차게 받으면서 도리깨질하는 소박한 노동요이다. 경상북도와 경상남도의 여러 지방에서 불렸던 노래다. 지방마다 가사나 받는 소리의 변형이 심하다. 메기는 소리는 메나리조이다. 내용 중 '열 춤이나'에서 '춤'은 가늘고 기름한 물건을 한 손으로 쥐어 세는 단위로 즉 타작 보리를 열 춤 단위로 많이 쥔다는 것을 뜻하며 일을 능률적으로 많이 한다는 말이다. 황앵(黃鶯)은 꾀꼬리를 가리킨다.

과거 보리타작이 가지는 의미는 각별하다. 흉년일 경우 춘궁기(春窮期)를 넘어서 생존이 가능하다는 것을 확인시켜주는 약속의 수확이기 때문이다. 그래서 보리타작은 노래와 행위 모두 신날 수밖에 없다.

분류 : 문학
색인어 : 옹혜야, 보리타작노래, 보리타작, 정약용, 보리타작(打麥行)
참고문헌 : 하응백, 『창악집성』(휴먼앤북스, 2011)
필자 : 하응백

보리탁주(『은세계』)

이 논 임자 배춘보, 인심 좋기는 다시없데, 저 먹을 것은 없어도 일꾼 대접은 썩 잘하네, 보리탁주 곁두리 실컷 먹고 또 남았네, 배춘보야, 들어보아라, 네가 참 잘 알아챘다, 다 막 먹고 막 써서 부모 세덕(世德) 다 없애고 가난뱅이 되었으니 네 신상에는 편하니라, 멧백이나 하던 재물 지금까지 지녔던들 걸렸을라 걸렸을라, 영문 고밀개에 걸렸을라, 강원 감사 정등내(政等內) 곰배정짜는 아니지마는 고밀개는 가지고 왔데, 앞으로 끌고 뒤로 끌고, 이리 끌고 저리 끌고, 자나 굵으나 굵으나 자나, 득득 긁어들이는 판에, 너조차 걸려들어 사령에게 고랑맛, 사또 앞에 태장맛, 이 세상에 따가운 맛 볼 대로 다 본 후에 네 재물 있는 대로 툭툭 떨어 다 바치고 거지 되어 나왔을라, 여어허 여어허 어여라 상사디야.

못 볼러라 못 볼러라, 불쌍하여 못 볼러라, 우리 동네 최 서방님, 불쌍하여 못 볼러라, 옥 부비(浮費) 보낼 때에 내가 갔다 어제 왔다, 옥 사장에게 인정 쓰고 겨우 들어가보았다, 여어허 여어허 어여라 상사디야.

1908년 동문사(同文社)에서 간행된 이인직의 장편소설 『은세계』의 일부이다. 이인직(李人稙: 1862-1916)은 한국 근대소설사의 문을 연 신소설의 대표적인 작가이자 언론인이다. 1902년 관비유학생으로 일본에 건너가 동경정치학교, 〈도신문사〉 등에서 근대적 학문과 문화를 경험하였다. 〈대한신문〉의 사장을 지냈으며 이완용의 밀사로서 한일합방에 깊이 관여하였다. 대표작에 『혈의 누』, 『귀의 성』, 『모란봉』, 『은세계』 등의 장편 신소설이 있다. 연극에도 관심을 가져 당대인들로부터 "기괴황탄음탕적인 연극으로 동포에게 유독(流毒)"한다는 비판을 받으면서 연극 개량을 도모하였는데 『은세계』가 대표적인 증거물이다. 『은세계』의 표지에 '신연극'이라고 적혀 있듯이 이 작품은 1908년 11월 작가 자신에 의하여 원각사 무대에서 공연되었고, 1914년 2월 17일에 혁신단에서 다시 상연되었다.

『은세계』의 중심인물은 최병도이다. 삼대독자 외로운 태생인 데다 조실부모하고 홀로 자랐으니 『혈의 누』의 주인공과 동질의 인물형이다. 옥련이 일본, 미국을 거치며 근대화의 절대적 신봉자가 되었듯이 그 또한 김옥균과의 만남을 통해 "문명한 나라에 가서 공부를 하여 지식이 넉넉한 후에 우리나라를 붙들고 백성을 건지려는 넉넉한 경륜"을 품은 인물로 다시 태어났다. 최병도 또한 옥련과 마찬가지로 근대의 정당성에 대한 작가의 절대적 신념을 실어 나르는 인물인 셈이다. 그가 옥련과 다른 점은 타락한 정치의 폭력에 치여 압살당하고 만다는 것이다. 그러니까 『은세계』는 타락한 정치의 폭력성을 부각함으로써 근대화라는 새로운 이념의 정당성을 더욱 뚜렷이 부각하고자 한 작품인 것이다.

타락한 정치의 폭력에 끝끝내 굴하지 않는 최병도와 김정수, 최병도와 그의 처자가 품게 되는 하늘에 가 닿는 한, 그리고 백성들의 안으로 깊어지고 넓어지는 분노를 통해 타락한 정치 현실을 그리는 한편, 죽음에 이르러서도 꺾이지 않는 최병도의 신념과 아버지의 뜻을 좇아 새로운 삶을 열어나가는 옥남, 옥순의 행로를 통해 근대화의 정당성이란 주제를 드러내었다. 백성들의 부패한 정치에 대한 분노와 그것으로 인한 한이 얼마나 깊은 것인가를 드러내는 앞의 장면은 낡은 체제가 무너지고 새로운 시대로 접어드는 전환기의 중심 맥동 하나를 포착한 것이니 그 역사적 의미는 크다. 지금 농민들은 배춘보라는 농민의 논에 모여 모심기를 하고 있다. 곁두리(참)로 나온 보리탁주에 얼근히 취하여 「농부가」를 부르는데 가락은 구비 전승하는 민요 「농부가」의 그것이지만 내용은 자신들의 현실을 반영하여 새로 만든 것이다. 그 내용의 핵심은 옥에 갇힌 최병도를 가여워하고 걱정하는 마음, 타락한 봉건 권력에 대한 분노 등이다. 이인직은 보리탁주에 취한 농민들의 노래를 통해 왕의 절대권력과 불평등의 신분 질서가 유지해 온 낡은 사회가 무너지면서 모든 구성원이 평등한 새로운 사회가 도래하고 있음을 드러내었다.

분류 : 문학
색인어 : 은세계, 이인직, 보리탁주
참고문헌 : 전광용, 『신소설연구』(새문사, 2002); 김종철, 『『은세계』의 성립과정 연구』(일지사, 1988); 정호웅, 「근대 계몽기 문학과 문학교육」(문학교육학, 2012)
필자 : 정호웅

복분자

복분자(覆盆子)는 장미과의 복분자딸기(다른 이름으로는 '멍석딸기')의 채 익지 않은 열매이다.

한의학에서는 신(腎)을 보(補)해주며 신(腎)의 기능 허약으로 인한 유정(遺精)이나 몽정(夢精)에 쓰이는 약재로 쓰인다. 이것을 먹으면 요강이 소변 줄기에 뒤집어진다고 하여 '뒤집어진다'는 뜻의 '복(覆)'과 '항아리'인 '분(盆)'을 합해 '복분자(覆盆子)'라는 이름이 생겼다고 한다. 또한 음력 5월에 익은 열매가 검붉은색을 띠기 때문에 오표자(烏藨子), 대맥매(大麥莓), 삽전표(揷田藨), 재앙표(栽秧藨)라고도 불렸고, 다른 이름으로는 결분자(缺盆子), 복분(覆盆), 서국초(西國草), 필릉가(畢楞伽), 규(茥), 결분(蒛葐蒛葐)이라고도 한다.

1766년에 유중림(柳重臨: 1705-1771)이 엮은 농서인 『증보산림경제(增補山林經濟)』에는 「치포」와 「섭생」 부분에서 복분자딸기[覆盆子]에 대해 설명하였다. 「치포」에서는 '시골 이름은 '멍덕딸기'고, 나무로 생긴 것은 '복분자(나무딸기)'라 하고, 덩굴로 생긴 것은 '봉류(逢藟: 멍덕딸기)'라고 하지만, 효능은 같다. 가을에 빈터에 묘를 심으면 5-6월에 열매를 먹는다. 아직 익지 않은 것은 따서 햇볕에 말려 가루로 만들어 먹으면, 정기가 튼튼해지도록 하기 때문에 발기부전[陰痿]을 치료할 수 있다고 하였다.

「섭생」에서는 복분자를 '멍덕딸기, 나무로 생긴 것은 복분(覆盆)이고 덩굴로 생긴 것은 봉류(蓬藟)이다. 효능은 같다. 4월-5월에 6-7할쯤 익은 것을 따서 뜨거운 햇볕에 말리는데, 꼭지는 따버리고 술에 쪄서 또 볕에 말린 다음 뜨거운 굴뚝에 말려도 좋다. 빻아서 체에 내려 가루로 만든다. 매번 3돈씩 물에 타서 복용하면, 오장을 편하게 하고 정력을 도와주며, 뜻을 강하게 해주고 힘을 배가시키고, 몸을 가볍게 하고 늙지 않게 하고, 흰머리를 검게 바꿔주고 얼굴을 젊게 바꾸어준다고 하였다.

복분자는 약재로 쓰이거나 복분자편, 복분자주 등으

로 활용하였다. 복분자편은 복분자를 삶아서 사용한다. 복분자편은 복분자를 삶아 거른 물에 설탕이나 꿀을 넣어 조려 엉기게 한 다음 써는 것으로 빙허각 이씨(憑虛閣 李氏: 1759-1824)가 지은 『규합총서(閨閣叢書)』(1809년)에는 앵두편의 설명이 있다. 여기에 복분자도 같은 방식으로 하면 앵두편보다 낫다는 이야기가 나온다. 방법은 복분자를 잠깐 쪄서 체에 걸러 꿀을 넣는다. 이것을 솥에 조려 엉긴 죽 농도 정도 되면 녹말을 약간 넣고 졸여서 엉기면 그릇에 퍼서 놓았다가 굳으면 잘라 쓴다고 하였다.

복분자는 궁에서도 많이 활용되었는데, 『일성록(日省錄)』 정조 19년(1795) 6월 18일의 기록에 의하면 자궁(慈宮)에게 진찬(進饌)하는 상에 오르는 품목 중에 '복분자(福盆子) 6치 높이 한 그릇'을 올리기도 하였고, '복분자고(福盆子膏) 4치 높이 한 그릇'을 올리기도 하였다. 자궁(慈宮)은 조선시대 임금의 후궁 또는 왕세자빈(王世子嬪)이 출생한 아들이 왕위에 오른 경우, 그 임금의 생모를 임금이나 신료들이 지칭하는 용어인데, 그를 위한 잔칫상인 진찬상(進饌床)에 복분자를 그냥 올리기도 하고, 고(膏)를 만들어 올리기도 한 것을 알 수 있다.

분류 : 식재료
색인어 : 꿀, 녹두, 항아리
참고문헌 : 유중림, 『증보산림경제』; 빙허각 이씨, 『규합총서』; 『일성록』 정조 19년(1795) 6월 18일
필자 : 홍진임

복숭아

복숭아나무의 열매인 복숭아는 조선시대에는 한자로 흔히 '桃子(도자)'라고 하였고, 이칭으로는 '蟠桃(반도)' 또는 '仙桃(선도)'라고도 불렀다. 조선시대의 복숭아나무는 유중림(柳重臨: 1705-1771)의 『증보산림경제(增補山林經濟)』에 따르면, 온갖 귀신을 제압한다 하여 '仙木(선목)'이라 불렸고, 복숭아의 종류로 유월도(六月桃), 승도(僧桃), 번도(蟠桃), 감인도(甘仁桃) 등을 소개하였다. 유중림의 설명에서도 알 수 있

듯이, 조선시대 복숭아나무는 귀신을 쫓는 힘을 가진 나무이고 복숭아는 장수의 상징이라고 여겨졌다.

복숭아는 익은 것을 껍질을 벗기고 생으로 먹는 것이 일반적이지만, 말리거나 익혀서 음식을 만들기도 했다. 복숭아로 만든 음식에는 복숭아를 얇게 저며 꿀에 재웠다 꿀물에 담가 먹는 복숭아화채, 복숭아 껍질과 씨를 제거하고 꿀에 졸인 후 햇볕에다 말리는 복숭아정과, 복숭아건과, 복숭아떡, 복숭아술, 복숭아식초 등 다양한데, 이를 만드는 조리법은 조선시대나 일제강점기의 조리서에 다수 실려 있다. 이 가운데 복숭아떡을 만드는 방법을 최한기(崔漢綺: 1803-1877)의 『농정회요(農政會要)』에서 보면, 씨를 뺀 잘 익은 복숭아를 시루에 쪄서 푹 익힌 후 체에 걸러서 즙을 내고, 그 즙에 멥쌀가루를 섞어 햇볕에 말린다. 그렇게 만든 떡가루를 잘 보관하다가, 겨울에 다시 체에 친 다음에 복숭아 쌀가루와 거피한 콩을 번갈아 켜켜이 깐 뒤 시루에 찌면 된다.

분류 : 식재료
색인어 : 규합총서, 조선무쌍신식요리제법, 떡, 술, 식초, 제사음식
참고문헌 : 유중림 저, 고농서국역총서 6『증보산림경제 III』(농촌진흥청, 2004); 최한기 저, 고농서국역총서 12『농정회요 III』(농촌진흥청, 2007)
필자 : 김혜숙

복숭아나무 가지로 저어 만드는 술과 초

유중림(柳重臨: 1705-1771)의 『증보산림경제(增補山林經濟)』에 따르면, 복숭아나무는 '선목(仙木)'이라 불리는데, 그 이유는 복숭아나무가 오행(五行)의 결정체여서 온갖 귀신을 제압하기 때문이라고 한다. 이와 같이 조선시대에는 복숭아나무가 귀신을 쫓고 부정함을 막는 특별한 힘을 지녔고, 동쪽으로 뻗은 나뭇가지는 특히 그 힘이 더 강하다고 믿었다. 이러한 믿음을 가지고 복숭아나무 판자에 글씨를 써서 나쁜 기운[邪氣]를 막는 부적으로 쓴다든가, 귀신 들린 사람을 복숭아가지로 때려서 귀신을 쫓고, 전염병에 걸린 사람은 복숭아나무를 끓인 물로 목욕을 시키며 병이 낫기를 기원하였다.

어려운 상황에서 복숭아나무의 힘에 의지하고자 했던 것은 왕도 마찬가지였다. 세종(世宗: 재위 1418-1450) 역시 어머니 원경왕후(元敬王后: 1365-1420)가 학질에 걸리자, 복숭아나무로 귀신을 쫓는 도지정근(桃枝精勤)이라는 의식을 열었다. 심지어는 자신이 직접 복숭아나무 가지를 잡고 하루 종일 지극정성으로 기도하기도 했다(『세종실록』세종 2년 1420년 6월 12일 기사). 또한 연산군(燕山君: 재위 1494-1506)은 매년 3월과 8월에 역질 귀신을 쫓을 때에는 복숭아나무로 만든 칼[桃劍]과 복숭아나무 판자[桃板]도 쓰라고 명한 일이 있다(『연산군일기』연산군 12년 1506년 1월 25일 기사).

이러한 복숭아나무의 힘은 병을 고치는 데만이 아니라 술이나 식초를 만들 때도 이용되었다. 복숭아나 복숭아꽃, 복숭아씨를 재료로 술이나 초를 담그는 것이 아니라, 복숭아나무 가지로 술이나 식초를 젓는 방식이다. 구체적인 예를 들면, 김유(金綏: 1491-1555)의 『수운잡방(需雲雜方)』에 나오는 삼오주(三午酒), 홍만선(洪萬選: 1643-1715)의 『산림경제(山林經濟)』에 나오는 약산춘(藥山春), 『온주법(蘊酒法)』에 나오는 지주, 빙허각 이씨(憑虛閣 李氏: 1759-1824)의 『규합총서(閨閣叢書)』에 나오는 소국주, 이익(李瀷: 1681-1763)의 『성호사설(星湖僿說)』에 보이는 청명주(淸明酒) 등의 술, 『수운잡방』의 사절초(四節醋), 『산림경제』의 소맥초(小麥醋) 등의 초를 만드는 마지막 단계에서 복숭아나무 가지로 휘휘 저어주었던 것이다. 이렇게 하면, 술이나 초에 부정한 기운이 침입하는 것을 복숭아나무 가지가 막아주어 기껏 애써 만든 술이나 초의 맛이 변하지 않는다고 믿었다.

한편 동쪽으로 뻗은 복숭아나무 가지가 아니라, 계절에 따라 다른 방향의 나뭇가지를 쓰기도 했다. 이에 대해서는 이용기(李用基: 1870-1933)가 『조선무쌍신식요리제법(朝鮮無雙新式料理製法)』(1936)에서 사절초를 만들 때 복숭아나무 가지로 고루 휘젓되 봄에는 동쪽, 여름에는 남쪽, 가을에는 서쪽, 겨울에는 북쪽으로 뻗은 복숭아가지로 휘저으라고 하였다.

작자 미상, 「복숭아와 학[桃鶴圖]」, 조선, 119.7×37.6cm, 국립중앙박물관

분류 : 음식
참고문헌 : 유중림 저, 고농서국역총서 6-『증보산림경제 III』(농촌진흥청, 2004); 『세종실록』; 『연산군일기』; 김유, 『수운잡방』(한국전통지식포탈); 홍만선, 『산림경제』(한국전통지식포탈); 작자 미상, 『온주법』; 빙허각 이씨, 『규합총서』; 이익, 『성호사설』; 이용기, 『조선무쌍신식요리제법』(영창서관, 1936)
필자 : 김혜숙

복숭아와 장수(長壽)

정조(正祖: 재위 1776-1800)가 즉위년인 1776년 궐내에 설치한 규장각(奎章閣)은 일종의 국립도서관이면서 정책연구기관이다. 정조는 이곳에 소속된 신하들을 각별히 아꼈는데, 1795년(정조 19)에 규장각으로 복숭아를 보낸 일이 있다.

어느 날 규장각에서 일직을 서던 각신(閣臣)이 낮은 긴 데 할 일이 적어 책을 보다가 깜빡 잠이 들고 말았다. 그때 갑자기 규장각의 아전이 소리치기를, 임금이 보낸 중사(中使)가 오고 있다고 했다. 그 말에 놀라 얼른 일어난 각신이 나가보니, 중사가 복숭아 수십 개가 담긴 소반을 들고 온 것이었다. 복숭아 소반은 정조의 전교가 쓰여 있는 붉은 보자기로 덮여 있었는데, 이 복숭아를 전하며 중사는 정조의 하교를 함께 전하였다. 그 내용을 보면 다음과 같다.

후원의 작은 복숭아가 마침 익었는데, 각신들이 긴 날에 무료할 것을 생각하여 특별히 복숭아를 하사하니 게으름을 경계하라고 하였다. 또한 선도(仙桃), 즉 복숭아는 사람을 장수하게 한다고 들었으니, 복숭아를 하사하여 특별히 각신들에게 기대하는 뜻을 전한다고 하였다. 끝으로 복숭아를 담았던 소반은 규장각에 남겨서 고기(古器)로 삼으라고 명하였다. 이에 각신은 절을 하고 복숭아를 맛보았고, 감동의 눈물까지 흘렸다는 이야기이다(『국조보감(國朝寶鑑)』제74권 정조 19년;『홍재전서(弘齋全書)』제177권 「일득록」).

이 일화에서 정조가 언급하였듯이, 복숭아는 장수(長壽)를 상징하는 과일이었다. 이렇게 된 데는 우리에게 "삼천갑자(三千甲子) 동방삭(東方朔)"으로 잘 알려진 중국의 동방삭(기원전 154-기원전 93)과 곤륜산(崑崙山)에 산다는 선녀 서왕모(西王母)의 고사(故事)가 영향을 미쳤기 때문이다. 고사의 내용은 이익(李瀷: 1681-1763)의 『성호사설(星湖僿說)』제25권 「경사문」에 자세한데, 이익은 이 고사가 허무맹랑하다고 평가하였다.

이에 따르면, 한나라 무제(武帝: 재위 기원전 141-기원전 87) 때 동방삭은 왕모(王母)가 심은 복숭아나무에서 3천 년 만에 한 번 열린다는 반도(蟠桃), 즉 복숭아를 세 번이나 훔쳐 먹어서 이 세상으로 쫓겨났지만, 서왕모의 선도(仙桃)를 훔쳐 먹은 덕분에 장수한 인물이라고 한다. 이에 대해 이익은 반도는 3천 년 만에 한 번 열매를 맺는 희귀한 복숭아인데, 동방삭이 세 번이나 훔쳐 먹었다고 하고 또한 한무제와 서왕모가 승화전(承華殿)에서 만났을 때도 일곱 개의 복숭아를 둘이 먹었다고 하는데, 그렇게 많이 먹고 나서 아직 다시 열매를 맺을 만큼 충분한 시간이 지나지 않았으니 지난 2천 년 동안은 서왕모 자신도 먹을 복숭아가

없었겠다며 말이 안 되는 이야기라고 주장했다.

이 고사에 대한 이익의 평가는 이러했지만, 조선시대에는 복숭아를 '선도(仙桃)' 또는 '반도(蟠桃)'라고 칭할 때면 흔히 장수(長壽)를 상징하거나 장수를 기원하는 의미로 통용되었다. 게다가 이러한 인식은 한자를 아는 사람들 사이에서만이 아니라, 글자를 모르는 사람들 역시 동방삭과 복숭아의 이야기를 설화, 즉 옛날이야기로 주고받았기 때문에 더 널리 퍼져나갈 수 있었다.

한편 한국에서는 동방삭이 장수한 비결을 서왕모의 복숭아 외에 저승사자가 가진 장부의 기록을 '삼십(三十)'에서 '삼천(三千)'으로 고쳤기 때문이라는 설화가 전국적으로 전해지고 있다. 열 '십(十)'자에 획을 하나 몰래 그어 일천 '천(千)'자로 만들어 장수하였다는 것이다. 그렇게 오래 살던 동방삭도 결국 저승사자에게 잡혀가 죽음을 맞았다고 하는데, 그와 관련된 설화는 여러 지역에서 전한다.

그중에서 『한국구비문학대계』 강원도 평창군 용평면에 내려오는 "동방삭이 잡은 내력"이라는 이야기에 따르면, 동방삭이 너무 오래 살아서 얼굴을 잊어버린 저승사자가 동방삭인지 아닌지 아리송한 사람의 집 앞에 가서 숯을 씻었다. 그 모습을 본 동방삭이 밖으로 나와 왜 숯을 씻고 있는지 물었고, 저승사자는 숯이 하얘지라고 씻는다고 대답했다. 그 말을 들은 동방삭은 내가 삼천갑자를 살았어도 숯이 허옇게 되라고 씻는 건 처음 봤다고 비웃었다. 그 말을 들은 저승사자는 네가 바로 동방삭이구나 하고, 바로 저승으로 잡아갔다고 한다.

분류 : 문학
참고문헌 :『국조보감』(조순희 역, 한국고전번역원, 1996);『홍재전서』(이강욱 역, 한국고전번역원, 1998); 이익 저, 신호열 역, 『성호사설』(한국고전번역원, 1977); 김세기 구술, 「꾀를 내서 잡은 동방삭」, 『한국구비문학대계』(한국학중앙연구원, 2009)
필자 : 김혜숙

복숭아와 제사

정종(定宗: 재위 1398-1400)이 동생인 태종(太宗: 재

위 1400-1418)에게 왕위를 물려주고 상왕(上王)으로 물러나 있을 때의 일이다. 음력 2월 말에 상왕궁의 어떤 내관이 우연히 경복궁 후원에 들어갔다가, 몇 사람이 풀 더미 옆에서 복숭아를 주워 먹고 있는 모습을 보았다. 가까이 다가가 보니, 풀 더미 안에 복숭아가 수북한데, 음력 9, 10월의 상도(霜桃)였다. 이에 내관은 풀 더미를 헤치고 크고 붉은 복숭아 수백 개를 꺼내 상왕에게 가져다 드렸다. 복숭아를 받은 정종은 너무나 기뻐하면서, 바로 아버지 태조(太祖: 재위 1392-1398)와 어머니 신의왕후(神懿王后: 1337-1391)의 위패를 모신 문소전(文昭殿)에 천신(薦新)하고 태종에게도 보냈다. 정종이 보낸 선도(仙桃)를 받은 태종은 크게 기뻐하며, 먼저 문소전에 천신하라고 명하였으나 정종이 이미 올렸다는 이야기를 듣고 그만두었다. 이어 복숭아를 가져온 내관에게 자신이 입고 있던 어의(御衣)를 벗어 하사하였다. 그러고 나서 상왕궁으로 행차하여, 정종과 함께 복숭아를 구경하며 크게 잔치를 벌이고 밤이 깊도록 놀았다고 한다. 그해 가을이 되어 복숭아가 익자 정종은 봄의 일을 떠올리며 복숭아를 잘 저장하였다가 이듬해 봄에 먹고자, 사람을 시켜 복숭아를 풀로 덮어두도록 하였다. 하지만 다음 해 봄에 풀 더미를 열어보았더니, 복숭아는 다 썩어 문드러져 있어서 지난봄에 발견했던 복숭아와 상태가 전혀 달랐다고 한다(『동국여지비고(東國輿地備考)』제1권; 『청파극담(靑坡劇談)』).

이 일화에서 나오는 상도(霜桃)는 이름에 서리 '霜(상)' 자가 들어가는 복숭아인데, 서유구(徐有榘: 1764-1845)의 『임원경제지(林園經濟志)』에 따르면 열매는 작고 달지만 서리를 맞아야 비로소 빨갛게 익는 복숭아의 종류라고 한다. 이러한 상도를 복숭아가 나지 않는 시기에 얻었으니 참으로 귀하게 여기고 기뻐했던 것이다. 그런데 조선 초기의 정종은 부모님의 사당인 문소전에 복숭아를 천신하였고 태종도 올리려고 했던 것과 달리, 조선 중기 이후로는 조선에서는 제사에 복숭아를 쓰는 것을 꺼리는 분위기가 확산되었다.

이 문제에 대해 『동춘당집(同春堂集)』을 보면, 송준길(宋浚吉: 1606-1672)이 자신이 배웠던 사계(沙溪) 김장생(金長生: 1548-1631)에게 당시 조선 풍속에 제사 때 복숭아를 쓰지 않는 이유와 그것이 전거(典據)가 있는 것인지 묻는 내용이 나온다. 이 질문에 대해 김장생은 『공자가어(孔子家語)』에서 공자가 "과일에는 여섯 종류가 있는데, 그중에서 복숭아[桃]가 가장 하품이므로 제사에 쓰지 않고 교제(郊祭)와 묘제(廟祭)에도 올리지 않는다."고 했다고 답변하였다.

그러나 이익(李瀷: 1681-1763)은 『성호사설(星湖僿說)』제12권 인사문 '천도(薦桃)'에서 복숭아를 천신이나 제사에서 사용해도 무방하다고 보았다. 이러한 견해를 밝히게 된 계기를 보면, 그가 한창 복숭아가 무르익은 시기에 어느 집에 갔는데 마침 명절이었다고 한다. 집 주인은 이익에게 복숭아를 사당에 올려도 되는지 물었다. 그러자 이익은 공자가 『공자가어』에서 제사에 쓰지 않는다고 하였으나, 복숭아는 예전부터 제물로 써 왔으니 자신은 그 말이 이해가 되지 않으며 복숭아가 과일 중에 하품도 아니니 제사에 쓰기를 주저할 필요가 없다고 일러 주었다.

사실 조선시대에 복숭아를 제사상에 올리지 않는 집이 많았던 것은 공자님의 말씀 때문만은 아니었던 듯하다. 복숭아나무에는 귀신을 쫓는 힘이 있다는 속신으로 인해, 복숭아를 제상에 올리는 것을 꺼렸던 것이고 그 영향으로 현재까지도 복숭아를 제수로 쓰지 않는 가정이 많다.

분류 : 식재료
참고문헌 : 『동국여지비고』(김규성 역, 한국고전번역원, 1969); 이륙 저, 안병주 역, 『청파극담』(한국고전번역원, 1971); 서유구, 『임원경제지』(한국전통지식포탈); 송준길 저, 정태현 역, 『동춘당집』(한국고전번역원, 2003); 이익 저, 이진영 역, 『성호사설』(한국고전번역원, 1978)
필자 : 김혜숙

복어

복어는 생김새와 습성이 매우 특이한 생선이다. 우선, 복어는 배를 불리는 습성이 있다. 이 때문에 배 복(腹)

자와 관련 있는 글자를 써서 복어, 복, 혹은 복생선으로 불렸고, 기포어(氣泡魚)라는 한자어 이름을 갖게 되었다. 다음으로, 복어는 그 생김새와 울음소리가 마치 돼지를 닮았다 하여 하돈(河豚)이라는 이름이 붙여졌다. 이외에도 후이(鯸鮧), 호이(鮜鮧), 규어(䲟魚)라는 명칭으로도 불렸다. 복어의 종류로는 참복, 황복, 까치복, 은복 등 여러 종류가 있는데, 일반적으로 복어라 할 때는 참복을 가리킨다.

복어는 봄철 생선으로, 복사꽃 피고 보리가 익을 때 먹어야 맛이 가장 좋다고 했다(『월사집(月沙集)』). 그 맛은 진미(珍味)이나, 복어는 테트로도톡신이라는 맹독을 가지고 있어서 잘못 손질해 먹으면 자칫 목숨을 잃을 수도 있었다.『규합총서(閨閤叢書)』에서 빙허각 이씨(憑虛閣 李氏: 1759-1824)는 특히, 복어의 피와 알에 독이 많다고 했다. 조선왕조실록에서도 이와 관련된 기사들을 여럿 엿볼 수 있는데, 필부(匹夫)들이 복어를 잘못 먹고 죽음에 이르거나 고의적으로 복어의 독을 음식물에 타서 독살하는 경우도 있었다(『세종실록』;『성종실록』). 옛 글에 복어의 심장과 간, 머리는 단장초보다 독하다고 하였고, 또 복어의 간과 알이 입에 들어가면 혀를 문드러지게 하고 배에 들어가면 창자를 문드러지게 한다고 했다(서유구, 『난호어목지(蘭湖漁牧志)』).

이처럼 복어는 목숨을 내놓고 먹어야 할 만큼 위험한 물고기였지만, "육물로 소고기 맛도 무시하고 생선으로 방어도 알 바 없"을 정도로 맛이 좋았다(이덕무, 『청장관전서』). 그래서 사람들은 위험을 감수하면서까지 그 맛을 포기하려 들지 않았다. 이덕무(李德懋:

낚시로 잡힌 복어, 배를 부풀린다.ⓒ하응백

1741-1793)는 이런 세태를 꼬집어 『청장관전서(靑莊館全書)』에서 다음과 같이 말하고 있다.

아, 슬픈지고 세상 사람들이여
목구멍 윤낸다고 기뻐들 마소
떨리어라 화 어찌 이보다 크리
두려워라 해가 유독 심하고말고
사람이 천지간에 생겨나면은
흐르는 물과 같이 빠른 거라오
어허! 백 년이 다 못 차는 몸
잘 죽어도 오히려 서글플 텐데
어쩌자고 독소를 마구 삼키어
가슴에다 칼날을 묻으려드나
잠깐의 기쁨이야 얻겠지만
끝내는 목숨이 끊어지는 걸
옆 사람은 혹 말리기도 하는데
제 몸 생각 어이 그리 그릇되었나
吁嗟乎世人　勿喜潤脾喉
凜然禍莫大　慄然害獨優
人生天地間　倏忽如水流
嗚呼百年身　考終猶或愁
奈何吞毒物　胸藏戈與矛
雖有頃刻喜　終然命忽輈
傍人猶或止　計身何太謬

조선시대 조리서와 유서류에는 복어 손질하는 법이 비교적 자세히 기술되어 있다. 대표적인 것으로 유중림(柳重臨: 1705-1771)이 쓴 『증보산림경제(增補山林經濟)』와 작자 미상의 『보감녹』을 들 수 있다. 유중림에 의하면, 복어는 배를 가른 후 얼기설기 보이는 핏줄을 날카로운 칼로 모두 떼어내고, 그런 다음 아가미를 벌려 고기 살이 하나도 상하지 않게 주의하여 피를 모두 빼내야 독을 모두 제거할 수 있다고 하였다. 하지만 엄밀히 말해서 유중림이 가르쳐준 방식대로 복어독을 제거하고 조리해 먹을 경우, 역시 복어 독에 중독될 위험이 있었다. 그 이유는 바로 복어 알 때문으로,

복어 알에도 독이 들어 있기 때문이다. 또 복어를 먹으려면 물로 깨끗이 씻어야 하므로 '복어 한 마리에 물서 말'이라는 옛 속담도 있다(서유구, 『난호어목지』). 비교적 안정적으로 복어를 먹게 된 때는 1960년대부터다. 이 무렵이 되면 복어를 특수식품으로 지정하여 취급 증명서를 가진 사람만이 요리를 할 수 있도록 의무화했기 때문에 비교적 안심하고 복어를 먹을 수 있게 되었다.

분류 : 식재료
색인어 : 규합총서
참고문헌 : 『세종실록』; 『성종실록』; 이정구 저, 이상하 역, 『월사집』(한국고전번역원, 2001); 유중림, 『증보산림경제』(한국전통지식포탈); 빙허각 이씨, 『규합총서』(한국전통지식포탈), 작자 미상, 『보감녹』(한국전통지식포탈); 이덕무 저, 신호열 역, 『청장관전서』(한국고전번역원, 1978); 서유구 저, 이두순 평역, 강우규 도판, 『평역 난호어명고』(수산경제연구원BOOKS·블루&노트, 2015)
필자 : 양미경

복국을 끓이려 한다는 말을 듣고(이광려)

하나하나 배가 볼록하니
복어가 안주거리 될 것 기다리네
기름 둘러 향으로 독기를 빼고
불에 오래 부글부글 끓이네
다른 생선과 비교할 수 없는 맛
손가락이 먼저 동하여 움직이네
정옹께서 한 상 차렸다 하니
껍질이라도 사발에 남겨주시게
箇箇彭亨腹　豚魚尚待肴
添油香勝毒　連火沸如虓
鱗屬難爲味　指間動識爻
貞翁聞更設　留許盌皮包

　*이광려, 「정옹이 복국을 끓이려 한다는 말을 듣고 무척 기뻐 시를 지어 보내 답을 구하다[聞貞翁將烹河豚喜甚送詩求和]」

이광려(李匡呂: 1720-1783)는 본관이 전주고 자는 성재(聖載), 호는 월암(月巖)과 칠탄(七灘)을 사용했는데 참봉을 지냈다 하여 이참봉(李參奉)으로 일컬어지며 그의 시가 박지원(朴趾源)의 산문과 병칭되었다. 고구마를 보급한 인물로 알려져 있으며 문집 『이참봉집(李參奉集)』이 전한다.

이 시는 벗이 복어를 국으로 끓여 먹는다는 소식을 듣고 한 사발 얻어먹고 싶다는 뜻을 말한 오언율시다. 화가 나면 배가 볼록해지는 복어를 손질하여 독을 빼고 기름을 둘러 오랜 불에 부글부글 끓여놓으면 최고의 음식이 된다고 하였다. 식지(食指)가 움직이면 음식을 먹을 조짐이라는 고사를 끌어들여 복국을 먹고 싶은 마음을 표현하였다.

복어는 조선시대 음력 2-3월 복숭아꽃이 필 때면 한강을 거슬러 올라왔기에 한양에서 봄날의 대표적인 식재료가 되었다. 이덕무(李德懋: 1741-1793)도 "복어에 혹한 자들은, 맛이 제일이라 하면서, 솥에 삶아 비린내 빼고, 소금 치고 기름 뿌려 조리하면, 다른 산해진미 중에서, 방어와 소고기 있는 줄로 모른다지[惑於河豚者 自言美味尤 腥肥汚鼎鼐 和屑更調油 不知水陸味 復有魴與牛]."라 하여 복어의 맛 자체는 대단히 뛰어난 것을 부정하지 않았다. 다만 독성이 강하여 복어를 먹고 죽음에 이른 예가 잦았기에 이덕무 자신은 절대 복어를 입에 대지 않았다.

유득공(柳得恭: 1748-1807) 역시 복어를 먹지 않았다. 송나라의 대문호 소식(蘇軾)은 맛난 차를 가인(佳人)에 비했는데 자신은 복어를 미부(美婦)에 비한다 하고, 미부는 곱지만 목숨을 상하게 하고 복어는 진미지만 창자를 갈라지게 한다는 말을 인용하면서 먹지

어물전의 복어ⓒ하응백

않겠노라 하였다. 이에 절친한 이서구(李書九: 1754-1825)가 자신의 집안에서는 요리를 잘하므로 복어의 피를 잘 빼고 깨끗이 씻어내고, 칼로 조각조각 잘라서 기름에 먼저 볶은 다음, 미나리와 여뀌를 넣어 국을 끓이면 밥반찬도 되고 안주거리도 된다고 하였다. 이에 유득공이 몇 점 먹어보고 맛이 매우 좋다는 사실을 알게 되었다. 그리고 그 사연을 「내가 평소 복어를 먹지 않는데, 강산(薑山: 이서구의 호) 때문에 억지로 조금 먹게 되었기에 장난으로 장편의 노래를 지어준다[余雅不食河豚, 爲薑山所強少甞之, 戲贈長歌]」라는 시를 지었다.

혹 독이 있다 하여 복어를 먹지 않겠다는 사람일지라도, 신위(申緯: 1769-1845)가 「복국으로 저녁밥을 먹고 시를 짓다[羹河豚晚飯作]」에서 "벽려방에 갈대 싹이 짧게 돋아날 때, 이때가 바로 복어 고기 맛이 난다네. 대낮에 실컷 먹고 천천히 걷노라니, 살구꽃 한 무더기 계단을 붉게 비추네[碧蘆舫子蘆芽短 正是河豚睟味佳 飽食緩行日亭午 杏花一簇紅映階]."라는 시는 읽을 만하다.

분류 : 문학
색인어 : 복어, 이광려, 이덕무, 유득공, 이서구, 신위
참고문헌 : 이광려, 『이참봉집』; 이덕무, 『청장관전서』; 유득공, 『영재집』; 신위, 『경수당전집』
필자 : 이종묵

복어(송시열과 윤증)

기천 홍명하(洪命夏: 1607-1667)와 우암 송시열(宋時烈: 1607-1689)은 친분이 매우 두터웠다. 그래서 송시열이 경도(京都: 서울)에 들어갈 때면 종종 홍명하의 집에 들르곤 했다. 홍명하가 고인이 된 뒤, 송시열이 그의 아들 홍원보(洪遠普)가 고을 원님을 하고 있는 부여 지역을 지나다가 홍명하의 부인이 아문(衙門) 관사(官舍)에 있다는 소식을 접하고서 옛날 생각이 나서 안부차 들르게 되었다. 그러자 홍명하의 부인은 반가운 마음에 친히 밥을 지어 송시열을 대접하겠다고 하였다. 이에 인근에 사는 문인들이 한자리에 모이게 되었는데, 그 자리에 명재 윤증(尹拯: 1629-1714)

도 함께 했다.

이윽고 밥상이 나왔다. 밥상에는 복어가 올라와 있었다. 이를 본 송시열의 얼굴에 화색이 돌면서 "이 늙은이가 본디 이 고기를 참 좋아하나 산중에만 처박혀 있다 보니 먹어본 지가 오래되었다."라며 기쁜 마음을 감추지 못했다. 그러자 윤증은 "이 고기가 맛은 참 좋으나 가끔 그 독성(毒性)으로 인해 중독되는 경우가 있으니, 주의하시기 바랍니다."라고 하였다. 옆에서 이 이야기를 듣고 있던 홍원보는 자기 집에서는 복어를 자주 해 먹기 때문에 실수가 있을 수 없고, 또 어머니가 직접 조리과정을 살폈으므로 안심하고 먹어도 좋다고 했다. 그럼에도 윤증은 "구복(口腹)을 채우기 위해서 질병(疾病)에 대한 경계를 잊어서"는 안 된다며, 송시열이 복어를 먹지 못하도록 한사코 말렸다. 결국 송시열은 윤증의 진심 어린 충언에 "사리에 온당한 말에 감히 굴복하지 않을 수 없다."며 젓가락을 놓고 말았다. 이 광경을 지켜보던 고을 선비들은 스승의 건강을 염려하는 제자(윤증)의 마음과 또 제자의 그 마음을 헤아려 맛있는 음식을 포기한 스승(송시열)의 마음에 탄복을 금치 못하였다.

분류 : 식재료
색인어 : 복어, 송시열, 홍명하, 홍원보, 윤증
참고문헌 : 송시열, 『송자대전(宋子大全)』
필자 : 양미경

복어(『용재총화』)

김종련(金宗蓮)이란 사람은 성품이 고집스럽고 곧았으며 글을 두루 읽었다. 젊은 시절 청계산 아래에 살았는데, 어느 날 강도 몇 명이 갑자기 그의 집에 들이닥쳤다. 김종련이 활을 당겨 화살을 겨누고 문에 기대어 서 있으니, 강도들이 의심도 나고 두려워서 감히 가까이 가지 못했다. 그러다 김종련이 활을 쏘자 강도가 팔짝 뛰면서 "용감하십니다. 선비님의 활솜씨가 참으로 대단하십니다." 하고는 마침내 방에 들어가서 재물을 모두 훔쳐갔고, 김종련은 겨우 목숨을 보존했다. 세조께서 산천에 제사를 지내려는데 제물로 쓸 소가 비쩍 마른 것을 보고 제물을 담당하는 관직을 없애버

렸다. 그 대신에 사헌부에 명해 제물 기르는 일을 감독하도록 했는데, 마침 김종련이 감찰이 되어 그 임무를 수행하러 갔다. 김종련은 밤낮으로 외양간 옆에 앉아 있다가 소가 실컷 여물을 먹고 나면 소를 보며 "소야, 소야. 어째서 꼴을 먹지 않느냐? 네가 너를 맡은 관원을 잡아먹더니 나까지 잡아먹으려는 게냐? 소야, 소야. 부지런히 꼴을 먹고 내가 죄를 받지 않게 해다오."라고 했다.

그 후 김종련이 통감찬집청(通鑑撰集廳)에 뽑혀 들어갔을 때이다. 여러 선배들이 음식에 대해 이야기를 했는데, 어쩌다가 복어를 먹고 사람이 죽은 일을 이야기하게 되었다. 그때 함께 찬집청에 앉아 있는데 점심밥상에 새로 조기 탕이 올라왔다. 동료가 김종련을 보며 "이 생선이 아주 맛있습니다. 한번 드셔보십시오."라고 했다. 김종련이 국사발을 집어 밥상 아래로 내려놓으며 "선생께서 저를 속이시는군요. 사람을 죽이려고 하십니까?" 하니, 좌중이 크게 웃었다.

위 이야기는 성현(成俔: 1439-1504)의 『용재총화』에 실려 있다. 이 글에서는 김종련이란 관리의 겁 많고 어리숙한 면모를 보여주는 세 가지 일화를 나열하고 있다. 특히 복어를 먹고 죽은 사람이 있었다는 이야기를 듣자마자, 조기를 복어로 알고 지레 겁을 먹는 모습이 우스꽝스럽다. 글만 읽을 줄 알았지, 주변 세사에 대한 지혜나 융통성은 전혀 없는 백면서생 관리의 모습을 잘 보여주는 이야기이다.

허균(許筠: 1569-1618)의 『도문대작(屠門大嚼)』에서는 '복어'를 '하돈(河豚)'이라고 하고, "한강에서 나는 것이 맛이 좋은데 독이 있어 사람이 많이 죽는다. 영동 지방에서 나는 것은 맛이 조금 떨어지지만 독은 없다."라고 설명하고 있다.

분류 : 문학
색인어 : 복어, 하돈, 성현, 용재총화
참고문헌 : 성현 저, 김남이·전지원 외 역, 『용재총화』(휴머니스트, 2015)
필자 : 차충환

복어(정을손 독살사건)

복어에는 테트로도톡신이라고 하는 맹독이 있어서 이를 잘못 먹을 경우 사망에 이르게 된다. 하지만 복어 독은 무색무취하여 육안으로 식별하기 어렵고, 또 열에 매우 강해서 끓이거나 삶아도 독성이 사라지지 않는다. 때문에 복어 독은 은밀히 다른 사람을 제거하고자 할 때, 독살의 비약(祕藥)으로 종종 사용되곤 했다. 역사기록에서도 이러한 흔적을 찾아볼 수 있다. 1424년(세종 6) 12월 6일 전라도 정읍현에서 전별장(前別將) 정을손(丁乙孫)이 독살당한 사건이 있었다. 정을손은 그의 딸 대장(臺莊)과 후처 소사(召史)가 음란한 행실을 하였다는 이유로 매질을 하였고, 또 딸의 남편인 사위 정도(鄭道)를 구타하였다. 이에 앙심을 품은 사위가 국에 복어 독을 타서 정을손을 독살하였는데, 딸과 아내는 이 사실을 알고서도 묵인하였다. 이 일로 사위 정도는 옥중에서 병사하였고, 정을손의 딸과 아내는 존속을 살해하는 죄를 저질렀기에 가장 무거운 형벌인 능지처사(凌遲處死: 머리, 양팔, 양다리, 몸통 등의 여섯 부분으로 찢어 죽이는 형벌)에 처해지게 되었다.

분류 : 식재료
색인어 : 복어, 복어 독, 정을손(丁乙孫)
참고문헌 : 『세종실록』
필자 : 양미경

복어(1493년 집단 의문사의 주범)

1493년(성종 24) 4월 28일 경상도 관찰사 이계남(李季男: 1448-1512)이 성종(成宗: 재위 1469-1494)에게 급한 보고를 올렸다. 바다에 인접한 경상남도 웅천마을(熊川: 현재 창원시 진해구 웅천동)에서 공약명(孔若明) 등 주민 24명이 급사하는 사건이 발생했기 때문이다. 사건을 조사해본 결과, 이들은 공통적으로 굴[石花]과 생미역을 먹었다고 한다. 이에 이계남은 웅천 연해의 수령들에게 해산물 채취를 금하라는 명을 내렸다.

하지만 보고를 접한 성종은 굴과 생미역 때문에 사람이 죽었다는 사실에 의문을 품었다. 그러고는 주민들은 분명 복어 독에 감염되었을 것이라며, 이계남에게 사건을 처음부터 다시 재조사할 것을 명하였다. 또한 해산물 채취를 금할 경우, 연해에 사는 백성들의 삶이 피폐해질 것을 걱정하였다.

그러나 성종의 의심과 달리, 급사한 주민들 중 복어를 먹은 사람은 단 한 사람도 없었다. 그럼에도 성종은 왜 복어 독을 의심했을까? 이 사건의 실마리는 그 자리에 함께 있었던 우승지 한사문(韓斯文: 1446-1507)의 합리적 추론에 의해 풀리게 되었다. 한사문은 여름철에는 복어가 굴에 알을 낳는데, 사람들이 이를 먹고 복어 독에 중독된 것이라고 추측하였다. 즉, 직접적으로 복어를 먹지 않더라도, 복어가 굴에 까놓은 복어 알을 먹고서 복어 독에 중독될 수 있다는 것이다. 이처럼, 복어는 피에서부터 알까지, 어느 것 하나 조심스럽지 않은 것이 없는 생선인 것이다.

분류 : 식재료
색인어 : 복어, 복어 독, 경남 웅천(熊川), 성종(成宗), 이계남(李季男), 한사문(韓斯文)
참고문헌 : 『성종실록』
필자 : 양미경

복어(1924년 복어 내장 사건)

복어는 조선시대부터 많은 사람들이 별미로 즐긴 생선이면서 동시에 그 독을 경계했던 생선으로 이덕무(李德懋: 1741-1793)는 복어를 먹지 말기를 권하는 시를 짓기까지 했다. 식민지시기에도 복어가 가진 맛만큼이나 치명적인 독 때문에 발생하는 사건사고는 끊이지 않았다. 복어독에 의한 사망사건은 꼭 맛있는 음식을 먹고자 하는 열망 때문만이 아니라 가난한 사람들이 배고픔을 해결하기 위해서 버려진 복어 내장 등을 먹다가 발생하기도 했다.

이와 같은 사건들에 대해 1924년 1월 10일 〈동아일보〉에서 기사로 다루었다. 이 기사에 따르면 버려진 복어의 내장 등을 먹고 사망한 사람들은 복어에 독이 있는지 없는지 잘 몰랐던 가난한 사람들이었다. 그들은 생선을 사 먹을 수 없는 형편이므로 어쩔 수 없이 버려진 생선이라도 먹고자 버려진 복어의 내장 등을 주워 먹은 후 그와 같은 '참사'를 당했다.

가난한 사람들 중 버려진 복어의 일부를 먹고 죽은 사람이 1923년 12월에만 10여 명으로 적지 않았다. 이와 같은 상황에서 경기도 경찰부장이었던 우마노 세이하치가 "경찰당국에서도 … 그들을 위하여 좋은 방침이 생각나지 아니 합니다. 아무 정신과 아무 자제력 없이 남이 내다 버린 복어의 내장을 주워다 먹고 그와 같이 죽는데 … 자제력에 의지할 방법 외에 다른 좋은 방침이 없을 것입니다. … 복어로 말하면 요리상에 극히 안전한 것으로 피와 내장만 먹지 아니하면 아무 관계가 없는 것입니다. … 복어의 판매를 금지할 필요가 없다고 생각합니다. 만약 금지하는 법령을 내린다면 그것은 정사를 무서워하여 연애를 금지하려는 것과 다를 것이 없을 것입니다. 그것을 먹은 사람의 자제력이 부족하야 그런 것이오. 그런 자제력이 없는 사람이 죽는 것을 어쩌겠습니까?"라고 말한 데 대해 〈동아일보〉는 경찰이 하지 말아야 할 "성의 없는 말"이라고 평가하였다.

이 기사에는 복어를 먹고 사망한 이의 유가족들을 찾아간 이야기도 적혀 있다. 1924년 1월 5일 복어국을 먹고 사망한 장복성과 장복녀는 각각 13살, 8살이었다. 이 남매의 부친은 눈물을 억지로 참으며 토굴에 살면서 일찍이 모친을 잃은 아이들이 항상 "고기"를 먹고 싶다 하더니 자신이 나간 틈에 복어를 주워다가 먹고는 사망했다고 하면서 "가난이 원수요!"라는 말을 남겼다.

이 기사의 마지막은 복어 독과 독에 중독되었을 때의 증상과 응급처치에 대한 의사와의 인터뷰로 이 의사는 복어에는 여러 종류가 있지만 일반적으로 독이 있다고 생각하는 것이 좋다고 하면서 내장 전체와 피를 빼면 안전하다고 했다.

그리고 복어 독에 중독되면 신경이 마비되고 온몸이 나른하게 되어 몸을 잘 쓰지 못하게 되고 독이 강하면 심장을 포함한 모든 기관들이 마비가 되어 죽는데 매우 독한 아편에 중독되어 죽는 것과 비슷하다고 했다. 그렇기 때문에 중독된 지 30분에서 1시간 이내에

처치를 받으면 살 수 있지만 2시간이 넘으면 절망적이라고 했다. 그래서 중독된 지 30분 정도까지는 비눗물이나 소금물을 먹고 토하면 괜찮고 1시간이 넘으면 설사를 유도하는 것이 이상적이라고 권했다.

분류 : 식재료
색인어 : 복어, 복어독, 동아일보, 우마노 세이하치, 복어 판매, 자제력
참고문헌 : 〈동아일보〉; 주영하, 『식탁 위의 한국사』(휴머니스트, 2013)
필자 : 이민재

복어국(『증보조선무쌍신식요리제법』)

음력 3월은 봄이 가장 무르익어가는 시절이다. 산으로 들로 새잎과 봄꽃이 지천으로 피어나는 이때, 바다에서도 긴 침묵을 깨고서 봄철 생선이 올라오기 시작한다. 봄철 생선으로는 밴댕이, 웅어, 복어, 숭어가 대표적이지만, 무엇보다도 독을 품고 있는 복어는 이 시절에 먹어야 가장 맛이 좋다. 그래서 복어를 즐겼던 조선시대 선비들은 피어나는 복사꽃을 보면서 복어를 그리워하곤 했다(『월사집(月沙集)』,『북산집(北山集)』,『사가집(四佳集)』,『허백당집(虛白堂集)』).

『동국세시기(東國歲時記)』를 쓴 홍석모(洪錫謨: 1781-1857)는 노호(露湖: 지금의 노량진 부근)에서 나는 복어가 가장 먼저 시장에 들어온다고 하였다. 이때 잡은 복어는 파란 미나리를 넣고 기름과 간장으로 간을 하여 복어국을 끓이면 그 맛이 참으로 별미였다. 복어국은 복국으로도 불렸는데, 이용기(李用基: 1875-1933)가 저술한 『조선무쌍신식요리제법(朝鮮無雙新式料理製法)』에 복국 끓이는 법이 자세히 기술되어 있다. 이 책에서 이용기는 다음과 같이 두 가지 방법을 소개하였다. 첫 번째 방법은 먼저 복어 독을 제거한 후, 복어의 배를 실로 꿰맨다. 냄비에 기름과 백반을 넣고 뚜껑을 덮어 백반이 다 풀리면 손질한 복어를 넣고 볶는다. 볶은 후 싱겁게 장을 탄 물을 붓고 기름, 미나리, 파, 소루쟁이를 넣고 아주 약한 불에서 한두 시간 뭉근하게 끓여서 먹는다. 또 다른 방법은 복어의 내장과 피, 알을 모두 빼내고 토막을 친 후, 고추장물이 끓을 때 넣어서 익혀 먹는다.

하지만 복어 독을 꺼리는 사람은 복어 대신 숭어로 국을 끓여 먹었는데, 숭어 역시 생선으로서는 맛이 참 좋다고 했다.

분류 : 의례
색인어 : 3월 절식(節食), 복어, 복어국, 복국, 복어 독, 숭어, 숭어국
참고문헌 : 서거정 저, 임정기 역,『사가집』(한국고전번역원, 2007); 성현 저, 임정기 역,『허백당집』(한국고전번역원, 2011); 이정구 저, 이상하 역,『월사집』(한국고전번역원, 2004); 홍석모 저, 최대림 역,『동국세시기』(홍신문화사, 2006)
필자 : 양미경

볼락

쏨뱅이목 양볼락과에 속하는 바닷물고기이다.

볼락은 양볼락과 바닷물고기다. 양볼락과에는 조피볼락(우럭), 불볼락(열기), 황해볼락, 띠볼락 등 여러 물고기가 있다. 대개 낚시 대상 어종으로 인기가 높다. 그 이유는 볼락과 물고기는 대부분 정착성 어류인데다 바다의 해초밭·여밭·어초 등에 사는 포식성 어류여서 맛도 뛰어나기 때문이다. 볼락은 남해와 동해 남부 암초지대나 수초지대에 무리지어 서식한다. 볼락은 한 마리가 미끼를 물면 주변에 있는 여러 마리가 함께 따라 미끼를 무는 습성이 있어 낚시꾼은 바늘이 여러 개 달린 낚시채비로 볼락을 잡는다. 여러 마리가 한꺼번에 잡혔을 때 낚시꾼들은 "볼락꽃이 피었다."라고 말한다. 어부가 잡는 양보다 낚시꾼이 잡는 양이 더 많다고 알려진 생선이다. 주간보다는 야간에 먹이 활동을 활발하게 하는 야행성 어류이며, 눈이 크다. 큰 개체라 해도 30cm 미만이다. 조피볼락(우럭)과 마찬가지로 배 안에서 알을 부화시킨 후 새끼를 낳는다. 김려(金鑢)의『우해이어보(牛海異魚譜)』에서는 볼락을 '보라어(甫羅魚)'라 했다. 볼락은 크기가 작은 것은 젓볼락이라 하여 젓갈로 담가 먹는다.『우해이어보』에서도 "거제도 사람들이 볼락젓을 담가 수백 항아리씩 배에 실고 와서 부두에서 판다. 그리고 생마(生麻)와 바꾸어 가는데 대개 거제에서는 볼락이 많이 생산되지만 삼이나 모시가 귀한 때문이다. 젓갈의 맛은 짭짤하지만 그 단맛이 마치 쌀엿같이 달다."고 소개하고 있다. 김려의 말대로 요즘도 볼락의 주산지는 경상

남도 거제도를 비롯한 남해 동부권이며, 통영·사천 등 지역에서 가장 인기 있는 생선이다. 주산지에서 거의 다 소비되기 때문에 수도권에서는 구경하기조차 어렵다. 통영 지역에서는 자연산 볼락 수요를 감당하기 어려워 양식도 이루어지고 있다. 동해 북부에 서식하는 볼락은 체색(體色)이 다르다.

볼락은 젓, 구이, 탕, 회 등으로 먹는다. 작은 볼락은 뼈째 회를 치는 뼈회로도 먹지만 볼락에 칼집을 내고 굵은 소금을 뿌려서 숯불 등에 구워 먹는 볼락구이가 인기다. 통영 지역에서는 볼락을 배추김치에 넣기도 하며, 특히 별미 음식으로 볼락무김치를 즐겨 먹는다. 소금에 절인 무를 충무김밥의 무처럼 어슷하게 썰고, 볼락을 적당하게 토막 낸 다음 갖은양념에 버무렸다가 숙성하면 먹는다.

볼락젓은 가을에 작은 볼락을 소금물에 씻어 물기를 뺀 다음 볼락과 소금을 버무려 항아리에 담는 데서부터 젓 담그기가 시작된다. 보름 정도가 지나면 국물을 따라 내 끓인 다음 그 국물을 다시 항아리에 붓는다. 이런 방식으로 세 번을 되풀이한 다음 항아리를 밀봉하여 통풍이 잘되는 그늘에 두고 숙성시킨다. 이렇게 담근 볼락젓은 이듬해 모내기철이면 먹기 좋은 밥반찬이 된다고 한다. 김려가 맛보았다는 볼락젓도 이러한 방식으로 만든 것이 분명하다.

볼락은 불포화지방산과 섬유소가 풍부하며, 저칼로리 고단백 식품이다. 통영이나 사천 등 남해 동부권에서는 젓갈, 구이, 김치 등 식재료로 사용되는 매우 인기 높은 어종이다.

분류 : 식재료
색인어 : 볼락
참고문헌 : 하응백,『나는 낚시다』(휴먼앤북스, 2012); 최현섭·박태성,『최초의 물고기 이야기』(경성대학교출판부, 2017); 정문기『한국어도보』(일지사, 1977)
필자 : 하응백

봉수당진찬도

1795년(정조 19) 정조는 생부 사도세자(思悼世子)와

생모 혜경궁 홍씨(惠慶宮洪氏)의 회갑을 맞아 사도세자의 묘인 현륭원(顯隆園)이 있는 화성(華城: 지금의 수원)으로 혜경궁을 모시고 행차한다. 이 그림은 화성능행도병으로, 화성행차 중 7박 8일(1785년 윤2월 9일부터 16일까지) 동안 거행한 일련의 행사들을 그린 궁중 기록화로 8폭의 병풍으로 구성되었다. 그중「봉수당진찬도(奉壽堂進饌圖)」는 화성에 도착한 지 사흘째 되던 날인 윤2월 13일 진정(辰正) 3각(오전 9시경)부터 행궁(行宮)인 봉수당에서 거행된 혜경궁 홍씨의 환갑잔치이다.

봉수당에서 올린 진찬(進饌)은 혜경궁이 주빈인 내연(內宴)으로, 내·외빈(內·外賓) 82명만 참석하는 가족 잔치의 성격을 갖고 있었다. 진찬은 혜경궁 홍씨의 장수를 기원하며 일곱 번의 잔을 올려 헌수(獻壽)하는 7작례로 거행되었다. 7작 중 제1작은 왕, 제2작은 명부반수(命婦班首), 제3작부터 제7작까지는 명부와 의빈·척신들이 혜경궁 홍씨의 장수를 기원하며 잔을 올리는 헌수(獻壽)를 하였다. 이날의 주인공인 혜경궁 홍씨는 봉수당의 온돌방에 마련되었고, 청연공주, 청신군주 등 13명의 내외명부가 혜경궁의 동서 양편에 마주 보며 앉았다. 정조의 자리는 봉수당 건물 전퇴(前退) 동쪽에 마련되었다. 그림에서는 혜경궁 홍씨의 자리가 주렴(珠簾: 구슬을 꿰어 만든 발)로 가려져 보이지 않고, 정조도 호피방석으로 그 존재를 암시하였는데 이는 존귀한 신분은 그리지 않는 조선시대 기록화의 방식이다. 그 외 69명의 남자 손님들은 보계 좌우편에 동서로 마주 보며 앉았다. 중앙문 밖에는 배종 백관들의 연석이 마련되었는데, 여기서 임금이 내린 술, 음식, 꽃을 받았다.

이날 자궁께 올린 찬안(饌案: 음식상)에는 각종 음식을 담은 80기의 자기가 올라갔다. 「원행을묘정리의궤」에 찬품 종류, 재료, 높이가 자세히 기록되어 있다. 차례로 열거하면, 고임 높이 1자[尺] 5치[寸]로 담은 각색병[各色餠; 백미병·점미병·삭병·밀설기·석이병·각색절병·각색주악·각색사증병·각색단자병] 1기, 약반 1기, 국수 1기, 고임 높이 1자 5치로 담은 대약과 1

癭), 작옹(嚼癰)

참고문헌 : 유득공 저, 최대림 역, 『경도잡지』(홍신문화사, 2006); 김매순 저, 최대림 역, 『열양세시기』(홍신문화사, 2006); 홍석모 저, 최대림 역, 『동국세시기』(홍신문화사, 2006); 최영년 편저, 『해동죽지』(장학사, 1925);
필자 : 양미경

부인필지(조리서)

『부인필지(婦人必知)』는 1908년 필사된 조리서로 빙허각 이씨(憑虛閣 李氏: 1759-1824)의 저서인 『규합총서(閨閤叢書)』와 이의 요약본인 『간본규합총서』를 필사한 것으로 알려져 있다. 그러나 이 책의 필자가 빙허각 이씨인지는 분명하지 않다. 한편, 고려대학교, 연세대학교에서 소장중인 우문관 발행의 『부인필지』에는 저자가 숙명여자대학교의 전신인 명신여학교 교사 이숙(李淑)으로 되어 있다.

빙허각 이씨(추정), 『부인필지』, 25.4× 16.5cm, 서울대학교 규장각한국학연구원

『부인필지』는 상하 2권으로 나뉘어 있는데 상권에서는 음식에 관한 내용, 하권에서는 의복을 다루는 내용이 주를 이룬다. 음식 부분에서는 술, 장, 초, 침채, 어육, 병과류 등의 조리법과 과일과 채소를 저장하는 방법 등도 실려 있다.

이 책의 서두에는 「음식총론」이라는 글이 실려 있는데 이 글 중 "밥 먹기는 봄같이 하고, 국 먹기는 여름같이 하고, 장 먹기는 가을같이 하고, 술 먹기는 겨울같이 하라 하니 밥은 따뜻하고, 국은 뜨겁고, 장은 서늘하고, 술은 찬 것이어야 한다."는 문장이 첫 머리에 등장한다.

한편 이 책은 '상극류'라고 하여 함께 먹어서는 안 될 음식을 나열하고 있다. 이 책에 따르면 게와 담배 및 꿀, 조개와 식초, 붕어와 맥문동을 함께 먹으면 안 되

며 생선은 창자나 쓸개가 없는 것, 눈 감은 것, 눈 붉은 것, 생선 창자 속에 사람 머리카락이 들어 있는 것은 먹지 말라고 하였다. 고기의 경우 저절로 죽은 것, 저절로 죽어 머리를 땅에 박은 것, 땅에 떨어져도 흙이 묻지 않는 것 등을 피하라고 하였다.

『부인필지』의 조리법은 『규합총서』를 기본으로 하기 때문에 두 책의 조리법은 대체로 유사하다.

분류 : 문헌
색인어 : 규합총서, 부인필지, 빙허각 이씨, 금기, 상극
참고문헌 : 빙허각 이씨 저, 이효지 외 역, 『부인필지』(교문사, 2010); 빙허각 이씨 저, 정양완 역, 『규합총서』(보진재, 2008)
필자 : 서모란

부추

부추는 달래과에 속하는 식물로서 특유의 향이 난다. 19세기 후반의 어휘사전인 황필수(黃必秀: 1842-1914)의 『명물기략(名物紀略)』을 보면, 부추는 한자로 '韭(구)'이고 훈채(葷菜)라고 하였다. 속언으로 '豊菜(풍채)'라고 하였는데, 그 말이 바뀌어 '부추'가 되었다고 한다. 그 밖에 '韭菜(구채)', '韭子(구자)'라고도 하는 부추는 현재 지역에 따라 다른 명칭이 사용되고 있다. '부추'는 주로 경기도와 강원도 지역에서 불리고, '솔'은 전라도 지역에서, '정구지'는 경상도 지역에서 상당한 세력을 이루는 방언이다(이익섭 외, 2008).

이러한 부추를 두고 유중림(柳重臨: 1705-1771)은 『증보산림경제(增補山林經濟)』에서 게으른 사람의 나물이라고 하였다. 해마다 심지 않아도 되고, 1년에 서너 번 베어내도 부추의 뿌리가 상하지 않기 때문이다. 키우기도 쉽고 구하기도 쉬운 부추였지만, 파, 마늘, 염교, 달래 등과 같이 냄새가 강한 훈채에 속하여 부추는 제사를 앞두고 재계(齋戒) 중인 제관은 삼가야 하는 식품이었다. 이렇게 제관은 먹을 수 없지만, 부추로 만든 음식은 제사상에 오를 수 있었다. 부추로 만든 구저(韭菹), 즉 부추김치는 『세종실록오례(世宗實錄五禮)』에 따르면 사직제(社稷祭)를 비롯해 왕실의 각종 제사에 두(豆)라는 그릇에 담아 상에 올리던

제수였다.

부추김치 이외에도 조선시대에는 부추를 주재료로 한 음식으로 부추죽, 부추국, 부추생채 등을 만들었고 오이소박이에도 중요한 재료였다. 이 밖에 부추는 부추 자체만 먹기보다는 김치나 찌개, 볶음, 부침 등의 다른 음식을 만들 때 맛을 돋우는 부재료나 파와 마늘처럼 일종의 양념으로 더 많이 쓰였다. 아울러 부추를 이용한 향토음식은 전국적으로 전하는데 부추콩가루찜, 부추전, 부추장떡, 부추냉국, 부추무침 등 아주 다양하다.

분류 : 식재료
색인어 : 제사음식, 오이, 파
참고문헌 : 황필수, 『명물기략』(1870년); 이익섭·전광현·이광호·이병근·최명옥, 『한국언어지도』(태학사, 2008);『세종실록오례』; 유중림 저, 고농서국역총서 6『증보산림경제 III』(농촌진흥청, 2004)
필자 : 김혜숙

붕어

냇가나 강에서 잡히는 붕어는 잉어과에 속하는 민물고기로 부어(鮒魚)·즉어(鯽魚)라고 하였다. 서유구(徐有榘: 1764-1845)의 『난호어목지(蘭湖魚牧志)』의 어명고(漁名考)에서 붕어는 떼를 지어 다니면서 별처럼 거품을 일으키고 서로 가까이 다니므로 즉어(鯽魚)라고 하고, 서로 붙어 다녀 부어(鮒魚)라고 한다며 붕어의 어원을 설명했다.

1488년(성종 19)에 명나라에서 온 사신이 지은 시인 「조선부(朝鮮賦)」에서 잉어와 붕어는 조선(朝鮮) 내[川]와 못[澤]을 따라 대개 서식한다 하였으며, 청천강(淸川江), 대정강(大定江), 임진강(臨津江), 한강(漢江)의 여러 물에 다 있으며, 길이는 1자(약 30cm)나 되는 것도 있다고 하였다. 1530년에 편찬된 『신증동국여지승람(新增東國輿地勝覽)』에서 붕어는 전국각지에서 다 나지만 특히 충청도와 경상도, 전라도 등지에 폭넓게 서식한다고 하였다.

『동의보감(東醫寶鑑)』에 보면 붕어는 여러 가지 물고기 중에 최고로 먹을 만하고, 『도문대작(屠門大嚼)』

에서 허균은 붕어에 대해 어느 곳에나 있지만 강릉의 경포(鏡浦)에서 잡히는 붕어가 바닷물이 통해 흙냄새가 나지 않고 가장 맛있다며 칭찬했다.

조선 후기의 문신 홍양호(洪良浩: 1724-1802)가 지은 함경도 지방의 풍토를 기록한 책인 『북새기략(北塞記略)』에는 보통 마을에서 붕어를 그물로 잡아서 먹는데 부족함이 없으며, 함경북도 번포(藩浦)의 붕어가 '번포붕어'라 하여 유명하고, 수원 서호(西湖)와 전주 덕진(德津)에서 잡히는 붕어 역시 맛이 있기로 이름나 있다고 하였다.

고려말 학자인 이색(李穡: 1328-1396)이 유포(柳浦)의 별장에서 노닐고 있을 맹운(孟雲) 선생을 생각하며 여러 음식들을 떠올리는데 몸이 아프니 염주(鹽州: 연안(延安)의 옛 이름)의 붕어만 찾고 있다는 시를 썼다. 붕어를 약으로 또는 식용으로 이용한 역사가 길었음을 알 수 있다. 찜, 구이, 찌개, 조림, 고음 등 붕어를 이용한 음식은 다양하다.

붕어는 약이나 보양식으로서도 일찍부터 유명하였다. 1460년(세조 6)에 어의(御醫) 전순의(全循義: ?-?)가 쓴 『식료찬요(食療纂要)』에서 소화기능이 약하여 음식을 소화시키지 못하고 수척해지고 힘이 없을 때 붕어를 통째로 구워 뼈를 제거하고 갈아서 순채를 넣고 국을 끓여 공복에 먹으면 좋으며, 몸이 허약한 것을 다스리려면 붕어에 양념을 하여 푹 삶아 먹으라고 하였다. 붕어회로 먹으면 이질치료에 좋다고 하였다. 『동의보감(東醫寶鑑)』에 따르면 붕어의 머리[鯽魚頭], 쓸개[鯽魚膽], 알[鯽魚子]도 모두 약으로 쓴다고 하니 붕어는 버릴 것 없이 식용과 약용으로 두루 쓰였다.

분류 : 식재료
색인어 : 순채, 잉어
참고문헌 : 서유구, 이두순 평역, 『평역 난호어명고』, 블루앤노트, 2015; 허균,『도문대작』; 허준,『동의보감』; 홍양호,『북새기략』; 전순의,『식료찬요』; 이색,『목은시고』제 29권
필자 : 이소영

붕어(임금의 보양식)

붕어는 부어(鮒魚)·즉어(鯽魚)라고 하며, 8월 종묘의

천신 품목이면서 임금의 보양으로 쓰였던 식재료이다. 1800년(정조 24) 6월 정조가 병세가 악화되었을 때 원기를 보충하기 위해 붕어를 푹 곤 국물인 붕어고[鮒魚膏]를 올렸다.

보양식으로 쓰인 붕어는 궁중의례에도 여러 가지 음식으로 올렸다. 1681년(숙종 7) 숙종(肅宗: 재위 1674-1720)과 인현왕후(仁顯王后: 1667-1701) 민씨(閔氏)의 가례(嘉禮) 동뢰연(同牢宴) 중 미수(未數)상차림에는 붕어소[鮒魚燒]가 올랐다. 이 음식은 붕어를 통째로 구운 것이다.

1719년(숙종 45) 9월 숙종이 기로소(耆老所)에 들어가게 된 것을 경축하는 의미로 올린 진연(進宴)에는 붕어찜[鮒魚蒸]이 올랐다. 재료는 큰붕어, 후춧가루, 간장, 계란, 어린 닭, 참기름, 참기름, 토란, 표고, 밀가루, 송이버섯[大鮒魚(5尾), 胡椒末(3夕), 艮醬(2合), 鷄卵(3介), 鷄兒(1首), 眞油(1合), 生雉(1首), 生芋(2戔), 蔈古 (2戔), 眞末(5合), 松茸(3介)]이다.

붕어찜의 조리법을 1720년경에 나온 『소문사설(謏聞事說)』에서 살펴볼 수 있다. 이 책은 조선 숙종(肅宗) 경종(景宗) 때에 어의(御醫)를 지낸 이시필(李時弼: 1657-1724)이 썼다.

이 책의 붕어찜 방법은 장악원(掌樂院: 궁중 음악과 무용 담당 관청)의 주부(主簿: 종6품직) 민계수(閔啟洙)의 노비 차순(次順)이 만들었다고 한다. 큰 붕어의 등을 갈라 배가 갈라지지 않게 하여 꿩, 닭, 돼지고기 등 재료와 생강, 후추, 파, 마늘 등 여러 가지 양념을 섞어 붕어 배 속에 가득 채워 넣고 볏짚 몇 가닥으로 붕어를 잘 묶어 안에 있는 소가 새어 나오지 않게 한다. 기름에 뒤집어 가며 지진 다음 양푼에 담아 닭 육수에 담가 중탕하여 찐다고 하였다.

1609년(광해군 1) 선조의 국상 및 광해군 즉위 때 온 명나라의 사신을 위한 영접례에는 붕어과[鮒魚果]라는 음식이 나온다. 이 음식은 붕어를 넣어 만든 음식이 아니고, 대약과(大藥果) 옆에 나온 것으로 보아 붕어 모양의 과자 종류로 추측된다.

분류 : 음식
색인어 : 붕어, 부어, 붕어과, 붕어소, 부어증, 붕어찜
참고문헌 : 『정조실록』; 『[숙종인현후]가례도감의궤([肅宗仁顯后]嘉禮都監儀軌)』; 『[기해]진연의궤([己亥]進宴儀軌)』; 『소문사설(謏聞說)』; 『영접도감잡물색의궤(迎接都監雜物色儀軌)』
필자 : 이소영

붕어곰

백석(白石: 1912-1996)의 시집 『사슴』(1936)에 수록된 작품 중 '주막(酒幕)'이라는 시의 한 소절에는 붕어로 만든 음식이 등장한다.

"호박잎에 싸오는 붕어곰은 언제나 맛있었다. 부엌에는 빨갛게 길들은 팔(八)모알상이 그 상 위엔 새파란 싸리를 그린 눈알만 한 잔(盞)이 뵈었다"

이 시는 주막을 배경으로 소년기의 추억을 그린 작품이다. 붕어를 재료로 한 맛있는 음식과 부엌에 있던 팔각의 주안상의 모습을 회상했다. 자신이 성장한 고향의 풍속과 자신이 체험한 생활의 풍물을 토속적 언어에 바탕을 둔 시어로 표현한 시이다.

언제나 맛있다던 붕어곰은 어떤 음식일까? '곰'은 고음의 줄임말이다. 붕어고음은 붕어를 넣고 푹 고아 국물을 마시는 보양음식이다. 그러나 이 음식은 호박잎으로 싸는 것이니 붕어고음은 아니며, 소박한 부엌의 정경과 어울리는 토속적인 음식일 것이다.

옛날 요리책에서 붕어곰이라는 음식을 찾을 수 없지만 유사한 음식을 통해 짐작해볼 수 있다. 1800년대 말의 『시의전서(是議全書)』에 보면 상추쌈을 곁들이는 음식으로 위어나 까나리나 다른 생선을 넣어 파를 갸름하게 썰고, 기름을 쳐서 쪄내고 물에 끓이라고 하였다.

1954년에 방신영(方信榮: 1890-1977)이 쓴 『우리나라 음식 만드는 법』에서 '배추속대쌈'에는 생선 웅어를 넣어 고추장찌개가 쌈에는 격이 맞고, 찌개는 물을 바특하게 하는 것이 좋다고 했다. 붕어곰은 쌈을 싸먹을 수 있는 음식이니 붕어에 부재료나 양념을 넣어 오랫동안 푹 끓여 자박자박한 국물이 있는 붕어조림, 붕어찌개와 비슷한 모습일 것이다.

『우리나라 음식 만드는 법』에 기록된 '붕어찌개'는 붕

어를 손질하여 냄비에 담고 고기를 얇게 썰어 넣고 간장과 고추장을 넣고 파, 마늘, 고추를 이겨 넣고 물을 넣고 오래 잘 끓여서 먹는다고 했다.

1948년 손정규(孫貞圭: 1896-1955)의 『우리 음식』에는 '붕어조림'이 나온다. 붕어 작은 것의 비늘을 떨고 내장을 빼낸 다음 씻어 냄비에 간장과 설탕을 넣고 끓기 시작할 때 붕어를 넣은 다음 여러 가지 양념을 위에 끼얹었고 뭉근한 불에서 잔뼈까지 먹을 수 있도록 무르게 푹 조린다고 하였다.

분류 : 음식
참고문헌 : 백석, 『백석시집』(스타북스, 2017); 작자 미상, 『시의전서』; 방신영, 『우리나라 음식 만드는 법』(청구문화사, 1954); 손정규, 『우리 음식』(삼중당, 1948)
필자 : 이소영

붕어곰(「주막」)

호박잎에 싸 오는 붕어곰은 언제나 맛있었다

부엌에는 빨갛게 길들은 팔모알상이 그 상 위엔 새파란 싸리를 그린 눈알만 한 잔이 뵈었다

아들아이는 범이라고 장고기를 잘 잡는 앞니가 뻐드러진 나와 동갑이었다

울파주 밖에는 장꾼들을 따라와서 엄지의 젖을 빠는 망아지도 있었다

백석(白石: 1912-1996)의 시집 『사슴』(1936)에 수록된 작품 「주막」이다. 백석은 자신이 성장한 고향의 풍속과 자신이 체험한 생활의 풍물을 토속적 언어에 바탕을 둔 지극히 개성적인 시어와 표현으로 형상화한 시인이다. 그의 독특한 시세계는 후대의 많은 시인들에게 영향을 끼쳤다. 1912년 평안북도 정주에서 태어나 오산고등보통학교를 마치고 일본으로 건너가 1934년 아오야마학원[靑山學院] 전문부 영어사범과를 졸업하였다. 1930년 〈조선일보〉 '신년현상문예 공모'에 소설 「그 모(母)와 아들」이 당선되었고, 1935년

〈조선일보〉에 시 「정주성」을 발표하면서 등단했다. 첫 시집 『사슴』을 출간하여 문단의 주목을 받았고 그 이후 함흥과 만주에서 발표한 작품들도 지속적인 관심의 대상이 되었다. 광복 후 평양에 정착하여 분단 이후에도 활동하다가 1959년 양강도 삼수군의 농장으로 축출되어 농사꾼으로 살다가 타계했다.

이 시는 주막을 배경으로 소년기의 추억을 그린 작품이다. 붕어를 재료로 한 맛있는 음식과 부엌에 있던 특이한 모양의 주안상과 재주 있고 소박한 친구와 장꾼을 따라온 귀여운 망아지의 모습을 회상했다. 이것은 회상 그 자체로 끝날 뿐 별다른 감정의 표현이 없는 것이 특징이다. 이 시에 소재로 사용된 붕어곰은 오래 익힌 붕어찜으로 소박한 부엌의 정경과 어울리는 토속적인 음식이다.

분류 : 문학
색인어 : 주막, 백석, 호박잎, 붕어곰, 장고기
참고문헌 : 이숭원, 『백석을 만나다』(태학사, 2008)
필자 : 이숭원

붕어찜

붕어로 만든 음식 중에서도 붕어찜은 일찍부터 유명하였다. 이규경(李圭景: 1788-1863)이 쓴 『오주연문장전산고(五洲衍文長箋散稿)』에는 호서지방의 제천현(堤川縣) 의림지(義林池) 붕어는 먹으면 비린 맛이 없고 맛도 제일이라는 말이 있는데 사실이며, 호남지방의 전주부(全州府) 삼례역(參禮驛) 붕어찜[鮒魚蒸]이 유명하며, 또 관서 지역의 평양부(平壤府) 붕어찜과 의주부(義州府) 붕어 반찬은 전국에서 제일이라 하였다.

조선시대 붕어찜은 보양이 되는 귀한 음식이었다. 조선 정조 때의 문신인 채제공(蔡濟恭: 1720-1799)의 시문집인 『번암집(樊巖集)』(1824년)에 보면, 채제공이 병환으로 누워있을 때 정조 임금이 날마다 신하를 보내 병세를 물어보며, 어주(御廚: 임금의 음식을 만드는 주방)에서 만든 붕어찜 한 대접을 보내니 채제공이 이 음식을 받고는 감격에 눈물을 흘리며 시를 썼다.

정조 10년(1786)에 정조 임금이 서울과 지방의 효열

인(孝烈人)을 검토하던 중 대대로 효자집안의 효행을 칭찬하며 상을 내렸다. 심한 병을 앓고 있는 부친이 붕어찜을 먹고 싶어 했으나 겨울이라 구하기 어려웠는데, 11살이던 이용이 하늘에 호소하며 얼음을 두드려 마침내 붕어를 얻었고, 그의 아버지는 그로 인하여 입맛을 되찾아 결국 병이 나았다.

조선 후기에 의관을 지낸 이시필(李時弼: 1657-1724)이 쓴『소문사설(謏聞事說)』에 나오는 붕어찜[鮒魚蒸]은 장악원(掌樂院: 궁중 음악과 무용에 관한 일 담당 관청)의 주부(主簿)인 민계수(閔啓洙) 집의 노비인 차순(次順)이 만들었다고 한다. 그 조리법은 큰 붕어 한 마리를 등쪽을 갈라 등뼈를 발라내고 꿩, 닭, 돼지고기 등 재료와 생강, 후추, 파, 마늘 등 여러 가지 양념을 한 소를 만들어 붕어 배 속에 가득 채워 넣고 소가 빠지지 않도록 볏짚으로 묶은 뒤 양푼에 담아 중탕하여 찐 음식이다. 1800년대의 요리책인『규곤요람』,『술 만드는 법』에 기록된 붕어찜의 조리법도 유사하다.

빙허각 이씨(憑虛閣 李氏: 1759-1824)가 쓴『규합총서(閨閤叢書)』에서 붕어찜에는 붕어 속에 식초 2-3숟가락을 넣고 입 속에다 작은 백반 조각을 넣으라고 하였다. 식초와 백반을 넣은 이유를 언급하지 않아 정확히 알 수 없으나『시의전서(是議全書)』(1800년대 말), 1900년대 조리서인『조선무쌍신식요리제법((朝鮮無雙新式料理製法)』,『조선요리제법(朝鮮料理製法)』에도 똑같은 조리법이 적혀 있다.

분류 : 음식
참고문헌 : 이규경,『오주연문장전산고』; 이시필, 백승호·부유섭 외 역,『소문사설(謏聞事說)』, 조선의 실용지식 연구노트』(휴머니스트, 2011); 빙허각 이씨,『규합총서』; 작자 미상,『시의전서』; 이용기,『조선무쌍신식요리제법』(한흥서림, 1924); 방신영,『조선요리제법』(광익서관, 1921); 채제공,『번암집·어정(御定) 영은록(榮恩錄)』(1791);『일성록』(정조 10년(1786) 11월 11일)
필자 : 이소영

비빔밥

비빔밥은 밥과 반찬을 한 그릇에 담고, 간장이나 고추장 양념을 얹어 비벼먹는 음식을 말한다. 비빔밥 안에 밥과 반찬이 모두 담겨 있어서 상차림이 간편한 것이 특징이며, 간단한 한 끼 식사만으로도 영양분을 고루 섭취할 수 있다는 장점이 있다. 이 때문에 비빔밥은 평양·해주·서울·전주·진주·통영 등의 지역은 물론 전국 어디서나 쉽게 접할 수 있는 음식이지만, 동시에 지역 고유의 생태적·문화적 특징을 반영한 음식이기도 하다.

이처럼, 한국인에게 비빔밥은 너무나 일상적인 음식이었다. 그러다 보니 한국인이 언제, 어떤 연유로 비빔밥을 만들어 먹게 되었는지에 대해서는 정확히 알 수 없다. 다만, 비빔밥의 유래를 설명하는 다음과 같은 몇 가지 학설이 존재한다. 첫째, 제사음식을 여러 사람이 나눠먹는 데서 시작되었다는 '제사음식설', 둘째, 농번기에 여러 일꾼을 먹이기 위해 음식을 한꺼번에 비벼서 내줬다고 하는 '농번기음식설', 셋째, 동학농민항쟁(전주성전투) 시 여러 음식을 한 데 비벼먹은 데서 유래되었다고 하는 '동학농민설(진주성전투설)', 넷째, 고려시대 몽골의 침입으로 임금이 몽진했을 때 수라상에 올릴 만한 음식이 없어서 하는 수 없이 밥에 몇 가지 나물을 비벼 올렸다는 '임금몽진설', 다섯째, 묵은 음식을 음력 정월 대보름에 먹었다는 '묵은 음식설' 등이 회자되고 있다.

비빔밥의 기원과 유래에 대해서는 정확히 알 수 없지만, 몇몇 문헌기록을 통해 다음과 같은 사실을 확인할 수 있다. 첫째, 비빔밥은 한자로 골동반(骨董飯, 또는 汩董飯), 혹은 혼돈반(混沌飯)으로 불렸다(『정조실

비빔밥ⓒ하응백

록(正祖實錄)』정조 7년 7월 4일 기사;『기재잡기(寄齋雜記)』;『시의전서(是議全書)』;『하재일기(荷齋日記)』등). 그리고 19세기 조리서로 알려진『시의전서』에서는 비빔밥을 '부빔밥'으로 기록하고 있다. 이러한 기록을 통해 과거 비빔밥의 한자명칭과 한글명칭을 확인할 수 있다.

둘째, 비빔밥에 들어가는 재료가 상상을 초월할 만큼 아주 다채로웠다는 사실이다. 조선 후기의 지식인 이규경(李圭景: 1788-1863)이 쓴『오주연문장전산고(五洲衍文長箋散稿)』「인사편(人事篇)」에 실린 '산주자미변증설(山廚滋味辨證說: 산골부엌의 맛있는 음식에 대한 변증설)'에는 각종 생선회에 겨자와 간장을 곁들인 비빔밥, 전어구이를 넣은 비빔밥, 게장 혹은 젓갈을 넣은 비빔밥, 김 가루나 콩가루를 넣은 비빔밥 등이 실려 있다. 이는 그 당시에도 매우 다양한 비빔밥이 존재했음을 말해준다.

셋째, 비빔밥의 조리법이 끊임없이 진화하고, 변주되어 왔다는 사실이다. 16세기 말에 쓰여진 것으로 알려진 박동량(朴東亮: 1569-1635)의『기재잡기』에는 "遂以飯一盆禓禾以魚菜如俗所謂混沌飯(밥 한 대접에다가 어육과 채소를 섞어서 세상에서 말하는 소위 비빔밥과 같이 만들다.)"라는 구절이 나온다. 또한『시의전서』나 방신영의『조선요리제법(朝鮮料理製法)』에서도 비빔밥 재료로 간납, 누르미, 산적, 전유어 등을 사용하고 있다. 그러나 오늘날 현대인이 즐기는 비빔밥은 누르미나 전유어 대신, 소고기육회, 조갯살, 멍게 등을 사용하고 있다.

넷째, 비빔밥에 쓰이는 양념이 간장에서 고춧가루, 그리고 고추장으로 변화되었다는 점이다.

그리고 마지막으로, 시대에 따라 비빔밥으로 유명한 지역이 달라져왔다는 사실이다. 19세기의 실학자 이규경이 살았던 시대에는 평양의 채소비빔밥이 유명했었다(이규경,『오주연문장전산고』). 그러나 일제 강점기로 접어들면서 진주비빔밥과 전주비빔밥이 유명세를 떨치게 되었고, 1970년대 이후 현재까지는 전주비빔밥이 비빔밥의 대명사가 되었다.

분류 : 음식
색인어 : 시의전서, 조선요리제법
참고문헌 :『정조실록』(김주희 역, 세종대왕기념사업회, 1993); 박동량,『기재잡기』(한국전통지식포털); 작자 미상,『시의전서』(한국전통지식포털); 이규경,『오주연문장전산고』; 지규식,『하재일기』(한국전통지식포털); 방신영,『조선요리제법』(광익서관, 1921); 주영하,『음식인문학』(휴머니스트, 2011); 양미경,「전주비빔밥의 사회적 부각과 고급화과정 연구」,『한국민속학』제58집(2013)
필자 : 양미경

골동반을 바라보는 유자들의 시선

이규경(李圭景: 1788-1863)은『오주연문장전산고(五洲衍文長箋散稿)』「천(舛)·건(犍)·동(匭董)·희(櫒) 자에 대한 변증설」에서 '골동(骨董)'에 대해 자세히 논증하였다. 그에 의하면, 동기창(董其昌)은 '분류할 수 없는 옛 물건'들을 통틀어 골동이라고 하였고, 유조하(劉朝霞)라는 사람은 '옛 그릇(古器)을 파는 것'을 골동이라고 한다고 했다. 그래서 골동이라는 말은 조선에 들어와 오래된 물건을 뜻하는 '골동품(骨董品)'에 사용되거나, 여러 가지 재료를 뒤섞어 먹는 '골동반(骨董飯)', 즉 비빔밥에 사용되었다.

그런데 조선의 선비들은 후자의 용례로 쓰인 '골동'이라는 표현에 대해 매우 부정적인 생각을 가지고 있던 것 같다. 1749년(영조 25) 8월 15일 당시 사간원정언(司諫院正言)을 맡고 있었던 송형중(宋瑩中: 1721-1786)은 사도세자의 탕평책을 반대하는 상소를 올렸는데, 그는 상소문에서 "의리도 없고 부끄러움도 없는 무리들을 몰아서 이렇게 혼돈(混沌)하고 골동(汨董)한 세계를 만들어 놓"으려 한다고 했다. 또한 1783년(정조 7) 7월 4일 공조판서 정민시(鄭民始: 1745-1800)가 올린 상소문에도 "(나라가) 어둡고 어지러워져 그만 허위가 판을 치는 골동반(骨董飯)과 같은 세상"이라는 표현이 사용되고 있다. 이처럼, 골동반에 수반된 '혼돈', '어지러움', '허위' 등과 같은 언설(言說)들로 볼 때, 당시 선비들은 골동반에 대해 매우 부정적인 시선을 가지고 있었음을 알 수 있다.

하지만 오늘날 비빔밥의 이미지는 어떠한가? 요즘 큰 행사장에서는 종종 '비빔밥 퍼포먼스(performance)'를 행한다. 예를 들어 '500인 비빔밥 나누기 행사'를 한다고 치면, 아주 큰 그릇에 500명이 먹을 수 있는 밥과 재료를 넣고 행사관계자들이 빙 둘러 서서 밥을 비빈 후, 행사에 참여한 사람들에게 나눠주는 행위를 연출하는 것이다. 이를 기획한 사람들이 '비빔밥 퍼포먼스'를 통해 보여주거나 전달하고자 하는 것은 바로 통합과 화합의 이미지이다. 그러므로 비빔밥을 바라보는 200년 전 선비들의 시선과 현재 우리의 시선 사이에는 큰 간극이 존재하고 있음을 알 수 있다.

분류 : 음식
색인어 : 비빔밥, 골동반(骨董飯), 송형중(宋瑩中), 정민시(鄭民始)
참고문헌 : 『영조실록』; 『정조실록』; 이규경 저, 이기석 외 공역, 『오주연문장전산고』(한국고전번역원, 1978)
필자 : 양미경

비빔밥(돌솥비빔밥)

돌솥비빔밥은 곱돌솥에 밥을 짓고, 그 위에 여러 가지 나물과 잘게 다져 볶은 소고기, 고추장 등을 얹은 다음, 따뜻하게 덥혀서 제공하는 비빔밥이다. 곱돌의 특성상 온도가 고르게 유지되므로 식사를 마칠 때까지 따뜻한 밥을 먹을 수 있고, 별도로 제공된 그릇에 밥을 푼 뒤 곱돌솥에 물을 부으면 누룽지와 숭늉을 함께 즐길 수 있다는 장점이 있다.

돌솥비빔밥은 곱돌솥과 비빔밥이 결합한 형태로, 일설에 따르면 곱돌솥은 원래 백제 때부터 귀족층과 부유층들에 의해 애용되던 용기(容器)라고 한다. 우리나라에서는 황해도 해주와 전북 장수에서만 나오는 답석의 일종인 '곱돌'이라는 특이한 돌로 만들어지는데, 내구성이 좋아서 500년 이상을 견디므로 충남 공주와 부여 등지에서는 5, 6대를 이어 자손들에게 전승되었다고 한다(「곱돌傳來의 名物」, 〈경향신문〉 1962년 8월 1일자). 곱돌솥은 무쇠솥이나 구리솥에 비해 상품(上品)으로 인식되었는데, 『박해통고(博海通攷)』·『규합총서(閨閤叢書)』·『임원경제지(林園經濟志)』 등에도 밥과 죽은 돌솥을 사용하는 것이 제일 좋고, 무쇠솥·구리솥 순이라고 기록되어 있다.

돌솥비빔밥은 전주 중앙회관의 남궁성 사장이 처음 개발한 것으로 알려져 있다. 1960년대 중반 전주우체국(현재 경원동우체국)의 비빔밥 골목은 비빔밥을 판매하는 식당들끼리 서로 불꽃 튀는 경쟁을 벌이고 있었다. 각 식당들은 고유의 레시피로 손님을 끌어 모으고 있었고, 중앙회관 또한 자신만의 고유한 비빔밥 개발을 위해 고군분투하고 있었다. 대부분의 식당 주인들이 조리법에 관심이 두고 있었던 때에 남궁성 사장은 비빔밥을 오랫동안 따뜻하게 먹을 수 있는 방안을 모색했고, 결국 장수에서만 생산된다는 곱돌에까지 생각이 미쳤다.

몇 번의 실패 끝에, 남궁성 사장은 1969년 드디어 곱돌그릇 개발에 성공하였다. 중앙회관은 이 곱돌그릇에 비빔밥을 담아 판매하면서 '전주곱돌비빔밥'이라는 이름으로 상표등록까지 마쳤다. 결과는 대성공이었다. 중앙회관 비빔밥은 선풍적인 인기를 끌게 되었고, 고객들이 줄서서 사먹는 진풍경이 벌어졌다. 또한 사람들은 이 비빔밥을 '전주곱돌비빔밥'이 아닌, '돌솥비빔밥'이라는 이름으로 불렀다. 그리고 마침 '팔도민속전'을 기획하던 신세계백화점의 눈에 띄는 바람에 중앙회관 비빔밥은 서울에까지 진출하게 된다.

이처럼, 당시 중앙회관 돌솥비빔밥의 인기는 정말 대단했던가 보다. 현지조사에 의하면, 돌솥비빔밥이 나오면서부터 손님들이 유독 뜨거운 것을 더 찾는 바람에 다른 식당에서도 유기그릇을 뜨거운 물에 담근 뒤 비빔밥을 담아 내보내는 등 곤욕을 치렀다고 한다. 또한 전주 지역 음식점 중에는 유기나 스테인리스 그릇에 곱돌그릇의 원리를 적용하여, 새로운 형태의 비빔밥 그릇을 개발하는 데 열을 올리기도 했다.

분류 : 음식
참고문헌 : 작자 미상, 『박해통고』(한국전통지식포탈); 빙허각 이씨, 『규합총서』(한국전통지식포탈); 서유구, 『임원경제지』(한국전통지식포탈); 「곱돌傳來의 名物」, 〈경향신문〉 1962년 8월 1일; 양미경, 「전주비빔밥의 사회적 부각과 고급화과정 연구」, 『한국민속학』 제58집(2013)
필자 : 양미경

비빔밥(보리밥비빔밥)

보리밥비빔밥은 삶은 보리에 찹쌀·멥쌀을 섞어 넣고 지은 밥에 나물 등의 비빔밥 재료를 담고, 고추장·된장을 넣어 비벼 먹는 음식이다. 보리밥비빔밥이라고도 하며, 여름철에 즐겨 먹는다. 보리밥비빔밥이 여름철 음식으로 사랑받는 이유는 보리가 차가운 성질을 지니고 있어서 더위를 식혀준다고 알려져 있기 때문이다. 또 같은 이유로 몸속에 열이 많은 사람에게도 유익하다고 한다.

그러나 불과 1960년대까지만 해도 식량 공급이 충분치 못했다. 그래서 식량이 떨어지는 이른 봄철부터 보리를 수확하는 6월까지는 춘궁기(春窮期)라 하여, 궁핍한 시절을 견뎌야만 했다. 이 시기를 사람들은 '보릿고개'라고 불렀다. 그러므로 보리를 수확하는 이른 여름철부터 쌀을 수확하게 되는 가을까지는 보리가 사람들의 주식이 되었다. 여름철에 먹는 비빔밥도 보리를 넣은 보리밥비빔밥이 주가 되었다.

보리밥비빔밥을 만드는 법은 지역과 시기에 따라 천차만별이지만, 대체로 여름철에 나는 열무, 깻잎 같은 제철채소를 사용한다. 2008년에 농업진흥청과 농촌자원개발연구소가 발간한 『한국의 전통향토음식 6』에서는 전북 지역 사람들이 쌀과 보리를 섞어서 밥을 짓고, 기름에 볶은 무채와 깻잎, 콩나물, 무장아찌를 넣고 된장, 고추장, 들기름을 넣어 보리밥비빔밥을 만들어 먹는다고 기록하였다. 이들 재료 중, 열무는 보리와 같이 차가운 성질을 갖고 있어서 보리밥비빔밥과 잘 어울리는 편이다. 그래서 경상남도 지역에서는 아예 보리밥에 강된장과 열무김치를 곁들여 열무비빔밥을 만들어 먹곤 했다.

보리밥은 끈기가 부족하고 소화가 잘 되므로 금세 배가 꺼지는 경향이 있다. 그래서 옛날 가난한 시절에는 끈기가 많고 윤기가 흐르는 쌀밥이 우대를 받았지만, 더 이상 먹을 것이 부족하지 않은 오늘날에는 보리밥비빔밥이 건강음식으로 새롭게 조명되고 있다.

분류 : 음식
참고문헌 : 농업진흥청·농촌자원개발연구소, 『한국의 전통향토음식6 - 전라북도편』(교문사, 2008); 농업진흥청·농촌자원개발연구소, 『한국의 전통향토음식 9-경상남도 편』(교문사, 2008)
필자 : 양미경

비빔밥(서울비빔밥)

비빔밥은 밥과 반찬을 한 그릇에 담아 간장이나 고추장 양념을 얹어 비벼 먹는 음식으로, 간편하게 먹을 수 있다는 것이 장점이다. 이 때문에 전국 어디에서나 지역 고유의 비빔밥이 전승되어 왔다. 서울에도 지역의 비빔밥이 있었다.

수필가 조풍연(趙豊衍: 1914-1991)은 전주비빔밥에 비해 덜 알려지기는 했지만, 서울비빔밥도 제대로만 만들면 전주비빔밥에 결코 뒤지지 않는다고 자부했다(조풍연, 「食道樂 비벼져 나오는 서울비빔밥 고명 맛 一味」, 〈경향신문〉 1987년 8월 7일자). 그의 기억에 의하면, 서울비빔밥은 완자를 비롯해 호박나물, 콩나물, 무나물 등에 튀각을 부숴서 얹고 순 참기름을 친다. 이러한 사실은 1993년 〈동아일보〉에 실린 비빔밥 기사에서도 확인된다. 서울비빔밥은 비빔밥 양념인 고추장을 처음부터 밥 위에 끼얹는 것이 아니라, 따로 내놓는다. 그리고 처음부터 밥이 비벼져 나오므로 따로 비벼먹을 필요가 없다는 것도 특색이다. 조풍연은 서울비빔밥의 비밀이 밥 위에 얹는 고명에 있다고 했는데, 각 업소마다 어떤 특징을 갖고 있는지에 대해 구체적으로 언급하지 않아 자세한 내용을 알 수 없다.

그런데 조풍연이 언급한 서울비빔밥은 『시의전서(是議全書)』나 방신영(方信榮: 1890-1977)의 『조선요리제법(朝鮮料理製法)』에 나오는 비빔밥과 사뭇 닮아 있다. 특히, 18세기 후반, 혹은 19세기 초반에 필사된 것으로 추정되는 『시의전서』는 비빔밥을 만들 때 좋은 다시마 튀각을 부숴서 넣고, 고기를 곱게 다지고 재워서 구슬만 한 크기로 빚은 다음 밀가루를 약간 묻히고 달걀을 씌워 부쳐 얹는다고 했는데, 유독 서울비빔밥에 그 흔적이 남아있다는 점이 흥미롭다. 또한 서울비빔밥은 아예 밥을 비벼서 낸다고 했는데, 방신영의 『조선요리제법』에서도 잘게 썬 전유어, 각색 나물에 기름, 깨소금을 치고 숟가락으로 슬슬 비빈 후 고명을 올린다고 했다. 물론 이들 조리서가 기록된 연대와 조풍연이 활동했던 시대에는 간극이 존재하고, 또 이들 조리서가 집안에서 전승되는 비빔밥의 조리법을 기록한 것인 데 반해 조풍연이 향유한 음식은 음식점에서 판매되는 비빔밥이라는 점을 염두에 두고 살펴야 한다.

흔히 서울음식을 논할 때, 서울음식은 간이 세지 않고, 음식 맛이 정갈하며, 화려하지만 과하지 않게 매만져진 음식이라는 점을 특징으로 삼는다. 하지만 1929년에 『별건곤(別乾坤)』「팔도명식물예찬(八道名食物禮讚)」를 쓴 비봉산인(飛鳳山人)의 눈에 비춰진 서울비빔밥은 전혀 다른 모습이었던가 보다. 그는 서울비빔밥이 큰 고깃점을 그냥 올리고 세 치나 되는 콩나물을 넝쿨지게 놓는다고 비난하면서, 색감이나 조화 면에서 진주비빔밥과 도저히 비길 수 없다고 비평했다.

이 같은 평가의 기저에는 진주비빔밥을 사랑하는 진주사람으로서의 자부심이 작용했을 테지만, 어쨌거나 서울비빔밥이 진주나 진주비빔밥의 명성에 가려졌던 것은 분명하다. 그리고 더욱 안타까운 점은, 오늘날 서울비빔밥의 맛과 멋을 즐길 만한 식당이 없다는 사실이다. 이러한 사정은 조풍연이 글을 쓰던 1987년 당시에도 별반 다르지 않았던 듯하다. 그에 따르면, 한국전쟁 때 부산으로 피난을 간 '한성옥'이라는 선술집에서 낮에 서울비빔밥을 판매한 것을 본 적이 있지만, 이제는 서울비빔밥을 파는 집이 없어졌다고 했다. 아마도 서울비빔밥이 외식업으로의 진입에 실패했던 모양이다.

분류 : 음식
참고문헌 : 작자 미상, 『시의전서』(한국전통지식포탈); 방신영, 『조선요리제법』(광익서관, 1921); 비봉산인, 「八道名食物禮讚」, 『별건곤』 제24호(1929); 조풍연, 「食道樂 비벼져 나오는 서울비빔밥 고명맛 一味」, 〈경향신문〉 1987년 8월 7일; 「定都 600년 서울 再發見(27) 음식 (1) 설렁탕 朝鮮朝 성종때 유래」, 〈동아일보〉 1993년 7월 15일; 「영양 많고 비빔밥 맛도 일품」, 〈동아일보〉 1993년 10월 11일; 주영하, 『음식인문학』(휴머니스트, 2011)
필자 : 양미경

비빔밥(전주비빔밥)

전라북도 전주 지역 사람들이 만들어 먹는 비빔밥으로, 콩나물비빔밥이라고도 한다. 밥에 여러 종류의 나물과 소고기, 전주 지역에서 생산되는 콩나물과 청포묵 등을 얹어 고추장 양념에 비벼 먹는다. 전주비빔밥의 유래에 대해서는 자세히 알려진 바가 없지만, 동학농민항쟁 때 한꺼번에 여러 사람을 먹이기 위해 비빔밥을 만들어 나눠 먹은 데서 비롯되었다는 설이 있다. 그리고 궁중음식에서 유래했다는 이야기도 전하지만, 이를 뒷받침할 만한 명확한 근거가 존재하지 않는다.

전주비빔밥과 관련된 기록은 1931년 5월 19일자 〈동아일보〉에 실린 윤백남의 「남조선야담순방 엽신(南朝鮮野談巡訪 葉信)」이라는 글에 처음 등장한다. 윤백남(尹白南: 1888-1954)은 일제 강점기에 활동했던 소설가·극작가 겸 연극영화인으로 『대도전(大盜傳)』이라는 대중소설을 남겼다. 그가 이 소설을 집필하던 도중, 연극 공연차 전주에 들렀나 보다. 윤백남은 그간 쌓인 노독(路毒)으로 인해 전주 구경조차 할 수 없을 만큼 몹시 지친 상태였지만, 그 와중에도 전주비빔밥은 챙겨 먹었다. 그러나 기대만큼 감흥이 없었던지, 그는 "무엇이 조아서 전주비빔밥 전주비빔밥 하는지 그 이유를 아지 못하겠더이다."라고 하였다. 비록 기대만큼은 아니었을지 모르지만, 당시 전주비빔밥이 전국적으로 꽤나 유명했음을 알 수 있다.

작촌 조병희(趙炳喜: 1910-2001)의 『전주풍물기』라는 수필집에도 전주비빔밥에 관한 이야기가 나온다. 일제 강점기 전주 지역에서는 남부시장을 중심으로 간단한 한 끼 음식으로 비빔밥이 큰 인기를 모으고 있었다. 조병희는 "음식점에 들르게 되면 건장한 일꾼이 커다란 양푼을 손에 받쳐들고 옥쥔 숟가락 두어 개로 비빔밥을 비벼대는데 흥이 나면 콧노래를 부르기도 하고, 빙빙 돌리던 양푼이 허공에 빙빙 돌다가 다시 손으로 받쳐들고 비벼대는 솜씨는 남밖장만이 가지고 있는 정경이랄까?"라고 하여, 당시 남부시장 일대에서 비빔밥을 만들어 판매하던 모습을 회고하였다. 작촌의 묘사처럼, 전주 남부시장에서 판매되는 비빔밥은 숟가락으로 빙빙 돌려가며 밥을 비빈다 하여 '뱅뱅돌이 비빔밥'이라는 별칭이 붙기도 했다.

1950년대 전주시내에서 전주비빔밥을 판매하는 식당으로는 옴팡집과 한국떡집이 유명했다. 1958년에 〈동아일보〉 어느 기자는 옴팡집에서 전주비빔밥을 맛보았다. 옴팡집의 외양은 허름한 초가집으로 보잘것없었으나, "가지가지의 모든 반찬은 하나도 특미가 돌지 않는 것이 없"을 만큼 음식 맛이 훌륭했다. 게다가 주문을 받은 뒤에야 주인(이마담)이 직접 음식을 만들기 때문에 시간이 오래 걸리기는 하지만 모든 음식이 신선했다고 한다(「팔도강산(八道江山) 발 가는대로 붓 가는대로(22)」, 〈동아일보〉 1958년 11월 20일).

한편, 옛 전주우체국(현재 경원동우체국) 골목에 자리잡은 '한국떡집'은 처음에는 떡 장사로 문을 열었다. 그러나 기대만큼 떡이 잘 팔리지 않자, 이분례·주순옥 모녀는 공무원과 회사원을 대상으로 점심 장사를 시작하게 된다. 모녀가 점심식사로 내놓은 메뉴는 비빔밥이었다. 이 비빔밥은 남부시장식 '뱅뱅돌이 비빔밥'에서 힌트를 얻었지만, 시장비빔밥과의 차별화를 꾀하기 위해 도라지·쑥부쟁이·꽃버섯 같은 특별한 재료를 넣고 그 위에 소고기육회를 올려 비빔밥을 좀 더 고급화했다.

이분례 여사의 비빔밥은 기대 이상으로 큰 인기를 얻었다. 그러자 주변 식당들도 메뉴에 비빔밥을 추가하기 시작했다. 이렇게 해서 1960-70년대 옛 전북도청 인근에는 비빔밥을 전문으로 판매하는 식당들이 즐비하게 늘어서서 '비빔밥 골목'을 형성하게 된다. 이들 식당 중에는 자신만의 고유한 레시피를 개발한 집들이 있었다. 어느 집은 고추장 양념에 밥·콩나물·참기름을 넣고 초벌볶음을 한 뒤 그 위에 나물과 고기를 고명처럼 얹어 냈다. 그리고 어떤 집은 자체적으로 개발한 돌솥에 잣·은행·밤·대추 같은 영양식 재료를 추가하여 비빔밥을 지어 냈다. 또 다른 식당은 아예 사골육수로 밥을 짓기도 했다. 이처럼, 1960-70년대 전주 지역에서는 다채로운 비빔밥을 선보이는 전문식당들로 제2의 호황을 누리고 있었다.

그러던 중, 전주비빔밥은 1970년대 무렵 서울로 진출하게 된다. 당시 백화점은 매상고를 올리기 위한 새로운 마케팅 전략으로 전국 팔도의 명물을 한자리에 모으는 '팔도민속전'을 기획하였는데, 이때 전주비빔밥이 전주 지역 명물로 섭외되었던 것이다. 그리고 이를 계기로 전주비빔밥이 '전국 명물'로 새롭게 부각되었다. 원래 전주 지역 사람들은 비빔밥을 '콩나물비빔밥', 혹은 '뱅뱅돌이 비빔밥' 등과 같은 이름으로 부르곤 했는데, 서울 진출을 계기로 '전주'라는 지역명과 '비빔밥'이 결합한 '전주비빔밥'이 공식명칭처럼 사용되기에 이른다.

앞서 살펴본 것처럼, 전주비빔밥의 레시피는 정형화되어 있지 않고 다채롭다. 이는 비빔밥 식당들이 치열한 경쟁에서 살아남기 위해 각자 고유의 레시피를 개발하고, 끊임없이 이를 변주해왔기 때문이다. 다만, 쥐눈이콩으로 재배한 콩나물이나 청포묵(황포묵) 등과 같이 전주 지역 고유의 식재료를 활용했다는 점에서는 공통점을 가지고 있다. 이와 같이 식당 고유의 레시피가 존재한다는 점, 그리고 지역의 식재료를 적극적으로 활용해왔다는 점은 전주비빔밥이 갖고 있는 가장 큰 특징이자 매력이라 할 것이다.

분류 : 음식
참고문헌 : 윤백남, 「南朝鮮野談巡訪 葉信」, 〈동아일보〉 1931년 5월 19일; 「八道江山 발 가는대로 붓 가는대로(22)」, 〈동아일보〉 1958년 11월 20일; 조병희, 『전주풍물기』(전주문화원, 1988); 양미경, 「전주비빔밥의 사회적 부각과 고급화과정 연구」, 〈한국민속학〉 제58집 (2013)
필자 : 양미경

비빔밥(진주비빔밥)

경상남도 진주 지역의 고유음식으로, 여러 종류의 나물과 소고기 육회, 포탕국 국물에 고추장 양념을 넣어 비빈 음식을 말한다. 다른 지역 비빔밥과 마찬가지로, 진주비빔밥 또한 그 기원과 유래를 유추할 만한 기록이 존재하지 않는다. 다만, 지역민들 사이에서는 임진왜란 당시 진주성 전투에 참여한 사람들이 밥과 나물을 비벼 함께 나눠 먹은 데서 진주비빔밥이 비롯되었다는 이야기가 전해 내려오고 있다. 실제로 고증하기는 어려우나, 향토음식에 지역민들이 겪은 뼈아픈 역사적 경험을 투영시키고 있다는 점에서 이 이야기는 슬프지만 흥미롭다.

기록에 의하면, 진주비빔밥은 1920년대 무렵 전국적으로 유명세를 떨치고 있었던 듯하다. 1923년 개벽사의 차상찬(車相瓚) 기자는 '조선문화의 기본조사'를 위해 진주에 왔다가 "엇더한 음식집에 들어가서 진주의 명물인 비빔밥 한 그릇식을 잔득 먹"었다고 술회하였다. 그리고 1925년 『개벽(開闢)』에 실린 「팔도대표(八道代表)의 팔도(八道) 자랑」이라는 기사에서는 경상도 대표로 진주비빔밥을 소개하고 있다. 그뿐 아니라 1929년 발간된 『별건곤(別乾坤)』은 「팔도명식물예찬(八道名食物禮讚)」이라는 특집기사에서 전국팔도의 이름난 음식을 다루었는데, 여기서도 진주비빔밥을 진주 지역 명물로 소개하고 있다. 이 글의 필자인 비봉산인(飛鳳山人)의 묘사에 의하면, 진주비빔밥은 "하얀 쌀밥 위에 색을 조화시켜서 날아가는 듯한 새파란 야채 옆에는 고사리나물 또 옆에는 노르스름한 숙주나물 이러한 방법으로 가지각색의 나물을 둘러놓은 다음에 고기를 잘게 잘라 끓인 장국을 부어 비비기에 적당할 만큼 그 위에는 조각 같은 황청포 서너 사슬을 놓은 다음 옆에 육회를 곱게 썰어 놓고 입맛이 깔끔한 고추장을 조금 얹"는다. 진주비빔밥을 다른 말로 화반(花盤), 즉 꽃밥이라고도 불렀다는데, 이 글을 읽고 나면 왜 그런 별칭이 생겼는지 저절로 이해가 된다.

그렇다면 진주비빔밥은 어떻게 만들고, 또 어떤 특징이 있을까? 1984년에 문화재관리국(현 문화재청)이 조사한 향토음식 기록에 의하면, 진주비빔밥은 준비된 비빔밥 재료에 포탕국을 한 숟가락 떠 얹고 엿꼬장을 넣어 비벼 먹는다고 했다. 그리고 부수적으로 선짓국과 김치, 마른 북어무침·오징어채볶음과 같은 마른 반찬을 함께 낸다. 나물로는 대개 콩나물·숙주·쑥갓·무·고사리·쪽대기(돌김) 등을 쓰는데 손마디 길이만큼씩 잘게 썰어서 사용하고, 나물을 무칠 때 "손가락 사이에 뽀얀 물이 나오도록 까바지게 무쳐야" 맛이 있다고 한다. 그리고 육회로 올리는 소고기는 우둔살을 주로 사용한다.

그러나 무엇보다도 진주비빔밥의 맛을 특징짓는 요소는 포탕국과 엿꼬장에 있다 할 것이다. 포탕국이란 바지락을 볶아서 만든 자작한 볶음국물을 말하는데, 비빔밥에 감칠맛을 더해준다. 포탕국에 쓰이는 바지락은 진주 남쪽에 있는 삼천포·사천 등지에서 쉽게 조달이 가능하며, 어떤 식당에서는 바지락 대신 말린 홍합을 잘게 다져서 사용하기도 한다. 또한 엿꼬장은 엿고추장의 사투리로, 삶아서 띄운 통밀가루와 고춧가루, 조청처럼 곤 엿을 넣고 버무려서 만든다. 여름을 제외하면 언제든 만들 수 있고, 두 달이 지나면 먹을 수 있다.

오늘날 진주비빔밥을 판매하는 전문식당은 옛날 나무전거리가 있었다고 하는 수정동과 중앙시장 인근에 밀집되어 있다. 이들 식당 중에는 오랜 역사를 자랑하는 유서 깊은 식당도 존재한다. 이러한 사실은 전주비빔밥과 마찬가지로, 진주비빔밥의 대중적 판매 또한 시장을 중심으로 출발했음을 보여준다.

분류 : 음식
참고문헌 : 車相瓚, 「우리의 足跡─京城에서 咸陽까지」, 『개벽』 제34호(1923); 「八道代表의 八道자랑」, 『개벽』 제61호(1925); 비봉산인, 「八道名食物禮讚」, 『별건곤』 제24호(1929); 문화재연구소 예능민속연구실, 『향토음식』(문화공보부 문화재관리국, 1984)
필자 : 양미경

비빔밥(통영비빔밥)

통영비빔밥은 경상남도 통영 지역에서 전승되는 비빔밥으로, 지역적·생태적 특성상 비빔밥 재료로 어물을 많이 사용하는 특징이 있다. 1984년에 문화재관리국(현 문화재청)이 조사한 기록에 의하면, 통영비빔밥은 밥 위에 콩나물·숙주·시금치·고사리·박나물 등의 나물을 얹고, 볶은 조갯살, 소고기 육회, 채 썬 청포묵, 지단을 색스럽게 올린 다음, 멸장으로 간을 맞춰 만든다. 그리고 두부나물국을 함께 곁들여 낸다. 〈동아일보〉 1984년 1월 6일자 기사에 의하면, 예전 이 지역에서는 '쪼깐이 할머니'네 비빔밥이 유명했던 것으로 보인다.

통영비빔밥의 가장 큰 특징은 모든 음식의 간을 멸장

으로 맞춘다는 점에 있다. 멸장은 멸치젓국, 혹은 멸치간장이라고도 부르는데, 멸치젓을 담가두었다가 달달 달여서 맑은 국물만 따로 걸러서 만든다. 내륙에서는 비빔밥 양념으로 간장·고추장과 같은 두장(豆醬)이 주로 쓰이지만, 해안 지역인 통영에서는 어장(魚醬)을 쓰는 점이 흥미롭다. 멸장은 비빔밥의 전체적인 간을 맞출 때는 물론, 나물을 무칠 때, 두부나물국을 끓일 때 등과 같이 매우 광범위한 영역에서 사용된다. 통영비빔밥의 또 다른 특징으로는 비빔밥에 곁들이는 두부나물국을 들 수 있다. 두부나물국은 쌀뜨물에 무와 두부, 미역·톳·파래 등의 해조류를 넣고 역시 멸장으로 간을 해서 만든다. 두부나물국이라는 이름으로 불리지만, 내륙에서 생각하는 '나물'이 들어가지 않은 점이 재밌다.

분류 : 음식
참고문헌 : 「고향을 지키는 사람들(4) 공예가 김덕룡 씨」, 〈동아일보〉 1984년 1월 6일; 「영양 많고 비빔밥 맛도 일품」, 〈동아일보〉 1993년 10월 11일; 문화재연구소 예능민속연구실, 『향토음식』(문화공보부 문화재관리국, 1984)
필자 : 양미경

비빔밥의 진화

우리나라 옛 문헌에서 비빔밥이라는 이름의 음식이 처음 등장한 것은 19세기 말에 나온 『시의전서(是議全書)』라는 책에서였다. 이 책은 한자로 '골동반(骨董飯)'이라고 적고 그 아래에 한글 이름인 '부븸밥'을 병기(倂記)하였다. 그리고 비빔밥 만드는 법도 함께 자세히 적어두어서 100년 전 이 책이 출간될 당시의 비빔밥의 모습을 유추해볼 수 있다.

『시의전서』에 적힌 비빔밥 만드는 법은 다음과 같다. 먼저 밥을 정히 짓는다. 고기는 재워서 볶고, 간납도 부쳐서 썬다. 각색 나물은 볶고, 다시마도 튀겨서 부숴놓는다. 밥에 모든 재료를 섞고 고춧가루, 깨소금, 기름을 넣어 비빈 후, 달걀을 부쳐서 골패짝만 하게 썰어 얹는다. 또 곱게 다진 고기로 완자를 빚은 다음, 밀가루와 계란 옷을 씌워 부쳐서 고명으로 얹는다. 이렇게 비빔밥이 모두 완성되면, 비빔밥 상에 잡탕국을

올려서 함께 낸다고 하였다.

『시의전서』에 적힌 비빔밥 조리법은 오늘날 우리가 먹고 있는 비빔밥과 상당히 차이가 있다. 우선, 비빔밥의 재료로 고기 완자 등을 따로 빚어서 넣거나 간납을 넣는 것이 매우 색다른 점이다. 그런데 이러한 양상은 1921년에 출판된 방신영(方信榮: 1890-1977)의 『조선요리제법(朝鮮料理製法)』에서도 포착된다. 이 책에서 방신영은 비빔밥 재료로 간납이나 고기 완자 대신, 누르미·산적·전유어를 사용하였다. 그러므로 이 두 조리서에 적힌 비빔밥은 오늘날 우리가 먹는 비빔밥과 달리, 고기나 생선을 훨씬 많이, 그리고 훨씬 다채롭게 사용했음을 알 수 있다.

둘째, 고추장 대신 고춧가루를 양념으로 사용하고 있다는 점이다. 이는 앞에서 살펴본 방신영의 『조선요리제법』에서도 동일하게 나타난다. 그러다가 1929년 12월에 발간된 『별건곤(別乾坤)』의 「팔도명식물예찬(八道名食物禮讚)」에 실린 진주비빔밥에서는 처음으로 고춧가루가 아닌 고추장을 사용하였다. 이러한 변화는 비빔밥에 소고기 육회를 쓰면서 생겨난 변화라고 할 수 있다. 즉, 소고기 육회에는 특유의 고기 비린내가 있고, 또 당시는 냉장고가 보급되지 않아서 신선한 육회를 사용할 수 없었기 때문에 이러한 문제점을 상쇄시킬 목적으로 고추장을 사용하였던 것이다(주영하, 『음식인문학』).

그리고 마지막으로 『시의전서』의 비빔밥은 밥과 재료를 모두 비빈 뒤, 그 위에 다시 양념과 재료를 고명으로 얹어낸다. 즉, 처음부터 아예 비빔밥을 비벼서 제공했던 것이다. 그런데 『조선요리제법』의 비빔밥은 여기서 한 발짝 더 나아가, "먼저 무나물과 콩나물을 속에 넣고, 그 위에 밥을 쏟아 넣은 후 불을 조금씩 때어 덥게 하고 누르미와 산적과 전유어를 잘게 썰어 넣고, 또 각색 나물들을 다 넣은 후 기름·깨소금을 치고 젓가락으로 슬슬 저어 비벼서 각각 주발에 퍼 담"이라고 적고 있다. 이는 단순히 밥을 비비는 정도가 아니라, 아예 초벌볶음을 한 뒤 그 위에 고명을 얹어내는 방식이었던 것이다.

살펴본 바와 같이, 『시의전서』가 기록된 1900년대 말부터 현재에 이르기까지 약 100년 동안 비빔밥은 상당히 다르게 변화, 혹은 진화해왔음을 알 수 있다. 이는 시대에 따라, 그리고 사람들의 입맛에 따라 비빔밥의 재료가 달라지고, 또 비빔밥을 먹는 방식이 달라졌기 때문일 것이다.

분류 : 음식
색인어 : 비빔밥, 골동반(骨董飯), 뷔빔밥, 시의전서(是議全書), 방신영(方信榮), 조선요리제법(朝鮮料理製法), 별건곤(別乾坤), 팔도명식물예찬(八道名食物禮讚)
참고문헌 : 작자 미상, 『시의전서』; 방신영, 『조선요리제법』(광익서관, 1921); 「팔도명식물예찬」, 『별건곤』 1929년 12월 1일; 주영하, 『음식인문학』(휴머니스트, 2011)
필자 : 양미경

빈대떡

빈대떡은 녹두를 갈아 지진 떡으로, 함께 부치는 재료는 시대에 따라 조금씩 차이를 보였다. 17세기 중반에 장계향(張桂香: 1598-1680)이 썼다고 하는 『음식디미방』을 보면 '빈쟈법', 즉 빈대떡을 만드는 법이 나온다. 이에 따르면, 녹두를 껍질을 벗기고 되직하게 갈아 기름을 자박하게 붓고 끓인 데에 간 녹두를 조금 떠놓고 껍질 벗긴 팥과 꿀을 섞은 소를 올린다. 다시 간 녹두를 덮어 유자빛깔이 나도록 지지면 좋다고 하였다.
1809년 지었다는 빙허각 이씨(憑虛閣 李氏: 1759-1824)의 『규합총서(閨閤叢書)』에 나오는 '빙자떡', 즉

빈대떡ⓒ하응백

빈대떡도 만드는 방법은 『음식디미방』과 거의 유사하다. 다만, 팥소가 아니라 밤과 꿀을 버무린 밤소를 쓰고, 녹두를 덮은 뒤 숟가락으로 눌러서 작은 꽃전 모양으로 만든 다음에 위에 잣과 대추를 박아서 지져냈다.
이와 같이 기름에 지진 떡으로 만들었던 빈대떡은 20세기 초반의 조리서에서 제법의 변화가 나타난다. 현재의 부침개와 같이 불린 녹두를 간 것에 이런저런 재료를 섞어서 부치는 방식이다. 1921년 나온 방신영(方信榮: 1890-1977)의 『조선요리제법(朝鮮料理製法)』에서 '빈즈떡', 즉 빈대떡을 만드는 법을 보면 간 녹두에 밀가루를 조금 섞고 미나리를 썰어 넣고 기름에 얇게 부치라고 하였다. 그런데 같은 저자의 1934년 판 『조선요리제법』을 보면, '빈자떡'을 만들 때 미나리를 썰어 넣고 부치는 방법 이외에, 간 녹두에 배추김치를 채 썰어 넣고 섞어서 부치는 방법도 나온다.
비슷한 시기인 1936년 나온 이용기(李用基: 1870-1933)의 『조선무쌍신식요리제법(朝鮮無雙新式料理製法)』에서는 '빈대떡[貧者餠]'을 만들 때, 녹두와 참

빈대떡을 부치는 장면ⓒ하응백

쌀을 같이 갈고 여기에 달걀을 함께 넣고 반죽하되, 반죽 속에는 파, 미나리, 배추 흰줄거리, 소고기, 닭고기, 돼지고기, 표고버섯, 석이버섯, 목이버섯, 황화채, 해삼, 전복, 실고추, 잣, 밤, 대추, 삶은 달걀 등 넣을 만한 것은 다 넣고 부쳐서 초장에 찍어 먹는다고 했다. 만들 때 주의할 점은 녹두는 간 지 오래되면 삭으므로 한편에서는 갈고 한편에서는 바로 부치는 게 좋고, 녹두 반죽이 놋그릇에 닿으면 삭으니까 반죽은 나무바가지나 질그릇에 담고 빈대떡을 부칠 번철에 부을 때도 작은 쪽박에 퍼서 옮기라고 하였다.

이러한 빈대떡은 1948년 손정규(孫貞圭: 1896-1955)의 『우리 음식』에 나오는 '빈자떡[貧者餠]'에서 간 녹두 이외에 삶은 숙주, 삶은 도라지, 통김치 채 친 것, 돼지고기, 소고기 등 현재 우리가 먹는 것과 비슷한 재료로 만들게 되었다. 따라서 빈대떡은 조선 후기에는 녹두에 꿀 섞은 팥소나 밤소를 넣어 지진 떡 내지 부꾸미처럼 만들다가, 20세기 들어서는 미나리나 배추 정도만 간단히 섞어서 부치다가, 점차 김치와 돼지고기는 물론이고 다양한 재료를 섞어서 만들게 되면서 오늘날의 조리법에 이르렀다고 볼 수 있다.

분류 : 음식
참고문헌 : 장계향, 『음식디미방』; 빙허각 이씨, 『규합총서』; 방신영, 『조선요리제법』(廣益書館: 1921); 방신영, 『조선요리제법』(한성도서주식회사, 1934); 이용기, 『조선무쌍신식요리제법』(영창서관, 1936); 손정규, 『우리 음식』(삼중당, 1948); 주영하, 『식탁 위의 한국사』(휴머니스트, 2013)
필자 : 김혜숙

빈대떡(「한씨 연대기」)

서학준 씨는 이남에서 만난 아내와 함께 한영덕 씨의 결혼식에 참석했었다. 서씨 역시 평양에 있던 이동 외과병원이 급히 철수하는 바람에 미처 가족을 데리고 올 여유조차 없이 혼자 나오게 되었었다. 서씨는 부산 육군병원에 있을 때, 부둣가에 나갔다가 지금의 아내를 만나게 되었는데, 그 여자는 길바닥에 좌판을 벌여놓고 빈대떡을 부치며 행상 대포장수를 하고 있었다. 사람을 찾는다며 좌판 옆에 주소와 성명을 크게 써붙여놓았으며 그가 읽어보니 흥남항에서 남편을 잃어

버린 여자였다. 그는 술 한 잔을 청해놓고 사정 얘기를 들었다. 거룻배를 타고 군함으로 오르다가 남편이 뒤에 처졌다는 거였다. 수많은 사람들 틈에서 남편을 찾을 수도 없고 해서 갑판에서 발을 동동 굴렀다 한다. 서씨는 그다음부터 매일 부두로 나가 술 한 잔씩 걸치고 병원에 돌아오곤 했다. 사람이란 그렇게 지나노라면 아무리 아픈 기억도 희미해지고 새로운 정도 생기게 마련이었다. 서씨는 그 여자의 두 아이들까지 기꺼이 떠맡았던 것이다.

1972년 『창작과 비평』에 발표된 황석영의 중편소설 「한씨 연대기」이다. 황석영(黃晳英: 1943-)은 분단 문제, 노동 문제, 식민 문제, 디아스포라 문제 등 한국 현대사의 주요 문제들을 다루어온 소설가이다. 대표작에 「객지」, 「한씨 연대기」, 「삼포 가는 길」, 「몰개월의 세」, 「열애」 등의 중단편과 『장길산』, 『무기의 글』, 『오래된 정원』, 『손님』, 『바리데기』 등의 장편이 있다. 북한을 방문한 뒤 쓴 방북 수기 『사람이 살고 있었네』를 내기도 했다.

이 소설의 중심 이야기선은 주인공 한영덕의 일대기이다. 평양의전을 나온 실력 있는 의사이고, 널리 인술을 베풀어 아픈 사람을 치료하는 것이 의사의 본분이라는 직분의식이 투철한 훌륭한 의사이지만, 역사에 내재한 폭력성에 눌리고 베여 피눈물의 삶을 살았다. 마지막에는 장의사에서 시체 수습하는 일을 하다가 외롭게 생을 마감하고 만다.

한영덕처럼 낯선 남쪽에서 생존일로를 더듬어 고투하며 나아가는 월남자들은 저마다 기막힌 사연을 지니고 있다. 인용문은 그 기막힌 사연의 남녀가 만나 결혼에 이르는 과정을 요약해놓은 것이다.

전쟁의 미친 바람 속에서 허우적거리다 혼자 부산에 떨어진 의사 서학준과 흥남철수의 소용돌이에 휩쓸려 남편과 헤어지고 말아 두 아이만 데리고 도착한 부산에서 행상 대포장수를 하며 살아가는 여성이 만나 정이 들었다. 술 한 잔을 사이에 두고 오간 두 남녀의 저마다 기막힌 사연의 이야기가 두 사람을 가깝게 만

들었다. 게다가 "사람이란 그렇게 지나노라면 아무리 아픈 기억도 희미해지고 새로운 정도 생기게 마련"인 것, 마침내 두 사람은 결혼하기에 이른다. 두 사람이 만나 각자의 사연을 이야기하는 부산 부둣가의 남루한 좌판 위에는 북쪽의 음식 빈대떡이 번철 위에서 지글지글 소리를 내며 익고 있다. 타향에 몸을 부린 두 사람을 하나로 잇는 고향의 음식이다.

분류 : 문학
색인어 : 한씨 연대기, 황석영, 빈대떡, 평양
참고문헌 : 김병욱, 「개인과 역사–'한씨 연대기'를 중심으로」, 『월간문학』(1972); 강형철, 「작품보따리 속에 가득한 민중의 한과 삶–소설가 황석영 편」
필자 : 정호웅

빈자병(가난한 사람들의 길거리 음식 빈대떡)

빈대떡은 녹두를 갈아서 만든 부침개로, 한자로는 '빈자병(貧者餠)'이라고 썼다. 또한 1929년 9월 잡지 『별건곤(別乾坤)』의 「경성어록(京城語錄)」을 보면, 서울에서는 '녹두적'을 '빈대떡', '빈자(貧者)떡', '빈대(賓待)떡'이라고도 했다고 한다. 이러한 빈대떡은 제사상이나 잔칫상, 요릿집 술상에도 오르는 고급음식이면서, 일제 강점기는 물론 1950년대까지는 대표적인 길거리 음식이었다. 주로 생계를 책임져야 하는 어려운 사정의 여성들이 길가에 앉아 빈대떡을 부쳐 팔았다. 일제 강점기의 〈동아일보〉에는 빈대떡 장사를 하던 어려운 처지의 여성들에 관한 기사가 몇 건 보인다. 1926년 7월 3일자 「자정(子正) 후의 경성(京城) 가상(街上)의 인생(人生)과 현실(現實)의 일면(一面)(十四)」에는 나이 삼십에 과부가 되어 아들 하나를 데리고 생계를 꾸리려고, 여름에는 밀국수 장사, 겨울에는 모주(母酒) 집 문 밖에서 빈대떡을 부쳐 밤늦도록 팔아왔다는 61세의 노파 조성녀의 이야기가 나온다. 또한 1936년 2월 29일자 〈동아일보〉「방탕(放蕩)한 남자(男子)에 저항(抵抗) 팥죽, 빈대떡 장사로 일가(一家)를 부흥(復興)시킨 과부(寡婦)들」을 보면, 함경도 원산부 북촌동 15번지에 사는 조씨 부인(38세)이 빈대떡 장사를 하며 연로한 시아버지를 모시고 딸과 아들을 보통학교까지 졸업시킨 모범 부녀자로 소개

되었다. 조씨 부인의 남편은 14년 전 살던 집을 저당 잡히고 술집 작부와 북간도로 도망을 가서 돌아오지 않았다. 처음에는 삯바느질과 품팔이로 연명하다가, 일수(日收) 3원을 얻어 사람의 거래가 빈번한 가두에서 빈대떡을 굽기 시작하였는데 14년 동안 꾸준히 장사를 하여 살림도 조금 일으키고 자녀들도 교육시켰다는 것이다. 그나마 조씨 부인은 고생스럽기는 해도 빈대떡 장사를 한 보람이 있는 경우이겠지만, 한여름에 더위를 무릅쓰고 빈대떡 장사를 나갔다가 거리에서 사망한 여성도 있었다.

같은 신문 1938년 7월 30일자에는 「여인 노상(路上) 변사(變死)」라 하여, 개성에서 셋방살이 하는 노윤식의 처 홍복선(45세)이 폭염 속에서 빈대떡 장사를 하러 재료를 이고 걸어가다가 피를 토하고 현장에서 즉사하였다는 기사가 실렸다. 홍복선은 병이 깊었으나 자신이 하루라도 쉬면 식구들이 입에 풀칠하기가 어려운 상황이라 그날도 빈대떡 장사를 하러 나섰다고 한다.

이 여성들이 길거리에서 만들었던 빈대떡은 녹두를 주재료로 하지만 돼지고기는 물론 각종 재료가 들어가는 고급 빈대떡은 아니었을 것이다. 이용기(李用基: 1870-1933)의 『조선무쌍신식요리제법(朝鮮無雙新式料理製法)』(1936)에서 '빈대떡[貧者餠]'을 보면, 녹두와 찹쌀은 물론이고 소고기, 닭고기, 돼지고기, 표고버섯, 석이버섯, 목이버섯, 해삼, 전복, 잣, 밤, 대추, 달걀 등이 들어가서 도저히 가난한 사람이 넣기 어려운 재료가 많았다. 따라서 그는 빈대떡이 가난한 사람이 먹는다 하여 '빈자병'이라는 이름이 붙었지만, 나라의 제향(祭享)에도 쓰이는 음식이고 재료로 보아도 가난한 사람의 음식이라고 보기 어렵다면서, 가난한 사람이 먹는 것은 녹두에다 미나리나 파를 썰어 넣고 만든 정도일 것이라고 하였다.

분류 : 음식
참고문헌 : 〈동아일보〉; 「경성어록」, 『별건곤』23호(삼천리사, 1929); 이용기, 『조선무쌍신식요리제법』(영창서관, 1936); 주영하, 『식탁 위의 한국사』(휴머니스트, 2013)
필자 : 김혜숙

513

빈전도감의궤(1720년)

『빈전도감의궤(殯殿都監儀軌)』는 1720년 (경종 즉위년) 6월에 승하한 숙종의 시신을 모신 빈전을 설치하고 운영하였던 일을 기록한 의궤이다.

숙종(肅宗: 재위 1674-1720)은 1720년 6월 8일 경덕궁(慶德宮: 지금의 경희궁) 융복전(隆福殿)에서 승하했

『[숙종]빈전도감의궤』, 32.5× 46.4cm, 1720년, 서울대학교 규장각한국학연구원

다. 숙종은 영조, 태조, 고종 다음으로 장수하고 재위기간이 영조(52년간) 다음으로 길었던 임금이다. 숙종이 승하한 날 목욕과 습(襲), 9일에 옷을 입히는 소렴(小斂), 12일에 입관식인 대렴(大斂)을 하고, 자정전(資政殿)에 빈전(殯殿)을 설치하고 시신을 모시는 성빈(成殯)을 하였으며, 13일에 성복(成服) 즉 신하들이 상복을 입었다. 10월 20일 발인(發靷)하여 21일에 산릉에 도착하여 하관하였으며, 우주(虞主)를 창덕궁(昌慶宮) 문정전(文政殿)에 마련된 혼전(魂殿)에 봉안하였다. 이와 같은 의식이 이루어질 때 습(襲)·소렴(小斂)·대렴(大斂)·성빈(成殯)·성복(成服)·삭망 및 조석 등에 각각 전(奠: 장례 때까지의 예식)을 드렸다. 빈전을 설치하여 시신을 모시고 혼전에 봉안하기까지의 기록을 적은 것이 『빈전도감의궤(殯殿都監儀軌)』이다.

음식 관련 내용은 주로 총설 부분과 빈전1방 부분에 수록되어 있다. 음식을 준비하는 장소, 예식마다 빈전에 올린 음식 내용, 음식을 미리 살펴보거나 검사하는 간품(看品)이나 감선(監膳)을 누가 했는지 살펴볼 수 있다.

빈전에서 습전, 소렴전, 대렴전, 성빈전 등 대제(大祭)에 올린 음식은 다음과 같다. 중박계·홍산자·백산자·

약과 등의 유밀과, 잣·호두·대추·밤·배 등의 실과, 자박병·산삼병·유병·송고병·경단병·보시병·두단자병·상화병·절병·유사병 등 여러 가지 떡 종류가 올랐다. 협탁에는 초와 함께 약과, 밤, 면, 찜, 수정과, 꿀, 탕 등 음식이 차려졌다.

이러한 대제의 음식을 마련할 때 도감제조낭청(都監提調郞廳), 예조당상(禮曹堂上), 본시제조(本寺提調) 각 한 명씩이 현장에 참석하여 음식을 검사하였다. 대제와 겸하지 않은 주다례(晝茶禮)와 조석(朝夕)의 상식(上食)의 경우 사옹원(司饔院) 차지가 감선하였다. 음식의 준비는 빈전수라간(殯殿水剌間)과 능소수라간(陵所水剌間) 등에서 하였다.

분류 : 문헌
색인어 : 빈전도감의궤, 국상, 숙종, 대제, 감선, 장례
참고문헌 : 『[숙종]빈전도감의궤([肅宗]殯殿都監儀軌)』; 한영우 저, 『조선왕조 의궤, 국가의례와 그 기록』(일지사, 2005); 한식아카이브 (http://archive.hansik.org)
필자 : 이소영

빙사과

빙사과(氷沙果)는 모래알처럼 작고 얼음처럼 투명하게 비치는 과자를 말하며, 산자나 연사, 강정과 같은 유과의 한 종류로 빙사과라고도 한다. 1450년에 나온 『산가요록(山家要錄)』, 1600-1700년대 요리책인 『음식디미방』, 『요록(要錄)』, 『온주법(蘊酒法)』에도 나온다.

빙허각 이씨(憑虛閣 李氏: 1759-1824) 부인이 쓴 『규합총서(閨閤叢書)』에서 빙사과는 강정을 만드는 법과 같은 방식으로 하되, 썰기를 잘게 썰어 잘 말려 기름에 부풀도록 튀겨 백당(설탕)을 녹인 것에 묻혀 굳힌 후 네모지게 잘라 쓴다고 했다.

빙사과를 만드는 첫 시작은 산자, 연사과, 강정과 같다. 이것을 만들려면 좋은 찹쌀을 깨끗이 씻어 3-4일을 물에 담갔다가 가루를 내고 술을 넣어 찐 후 꽈리가 일도록 쳐서 얇게 밀어 말린다. 완전히 말리기 전에 강정이나 산자, 빙사과에 맞는 사이즈로 각각 자른

다. 산자는 네모반듯하게, 강정은 어린아이 손가락처럼 작고 갸름하게, 빙사과는 녹두알, 쌀알만 한 크기로 썬다.

산자나 강정을 재단하고 남은 자투리를 활용해 빙사과를 만든 것으로 보인다. 1921년에 방신영(方信榮: 1890-1977)이 쓴『조선요리제법(朝鮮料理製法)』의 빙사과는 강정 만들고 남은 부스러기를 튀겨 쓰고, 손정규(孫貞圭: 1896-1955)가 쓴『우리 음식』의 빙사과는 강정이나 연사 등을 만들고 남은 자잘한 조각들을 튀긴다고 했다. 빙사과는 강정을 만들고 남은 재료를 활용한 알뜰한 음식임에 틀림없다.

빙사과는 궁중의 연회에도 등장하였다. 1902년 중화전(中和殿)에서 베푼 진연(進宴)에 고종(高宗: 재위 1863-1907)에게 올린 대탁찬안(大卓饌案)이라는 상차림에 '사색입모빙사과(四色笠帽冰絲果)' 1그릇을 올렸다. 백색 외에 지초, 갈매, 치자로 홍색과 녹색, 황색으로 색이 다른 4종류의 빙사과를 각각 100개씩 준비했다. 그 모양은 네모진 것이 아니라 입모 즉 고깔 모양으로 만들었다.

빙사과에 색을 입히는 방법이『규합총서』에서 비교적 상세히 적혀 있다. 백색은 아무것도 넣지 않고 백당만 그대로 쓰고, 홍색은 지초기름으로 내고, 황색은 치자를 많이 넣고 우려내어 반죽할 때 넣어 쪄서 말리라고 하였다.

분류 : 음식
색인어 : 규합총서, 진연·진찬, 조선요리제법, 강정, 산자
참고문헌 : 빙허각 이씨,『규합총서』;『진연의궤』(1902); 방신영,『조선요리제법』(광익서관, 1921); 손정규,『우리 음식』(삼중당, 1948); 한복려,『쉽게 맛있게 아름답게 만드는 한과』(궁중음식연구원, 2000)
필자 : 이소영

사계의 조선요리

『사계의 조선요리(四季의 朝鮮料理)』는 스즈키상점(한국명 영목상점, 鈴木商店)이 일본 조미료인 아지노모도의 판매 촉진을 위해 출판한 조선요리책으로 1934년 출간되어 1935년 증보판이, 1937년에는

스즈키상점, 「사계의 조선요리」, 크기 미상, 1935년, 개인 소장

10판본이 발행되었다. 1935년 판 기준 97쪽으로 구성된 이 책에는 총 108가지의 조리법이 소개되어 있는데 국, 탕, 찌개, 죽, 찜, 적, 구이와 양념이나 고명(미나리초대, 알고명)을 만드는 방법 등 97가지 한국 음식 조리법과 카레라이스, 치킨라이스, 비프샐러드, 햄버그스테이크 등 서양 음식 조리법 11가지가 소개되어 있다. 이 책의 가장 특이점은 총 97가지 조선요리법 중 새우전유어, 어채, 어만두, 전복쌈, 수수의이(수수미음)를 제외하고는 모두 '아지노모도'를 재료에 포함시키고 있다는 점이다. 심지어 음청류인 복숭아화채, 보리수단에까지 아지노모도를 넣으라고 되어 있다. 조선문화건설협회(朝鮮文化建設協會)에서 1946년 동명의 책을 출간하였는데 1935년 판과 1946년 판은 내용면에서 거의 동일하나 두 가지 차이점이 있다. 우선 1946년 판이 1935년 판과 동일한 97가지의 음식을 다루고 있지만 목차의 순서에 약간의 차이가 있다. 또한 1946년 판『사계의 조선요리』에서는 아지노모도

의 사용이 대폭 감소하여 백숙, 송이찜, 숭어찜, 오이찜, 잡산적, 조깃국 등 6가지 요리에만 아지노모도가 재료로 사용된다. 예를 들어 두 책의 민어조림 조리법을 살펴보면 마지막 부분의 "아지노모도를 치고 여러 가지 약념을 곱게 채쳐서 넣고 조릴지니라(1935년 판)."라는 내용에서 "아지노모도를 치고"라는 부분만 제외되고 "여러가지 약념을 곱게 채쳐서 넣고 조릴지니라(1946년 판)."로 바뀌었다. 음청류의 일종인 보리수단의 조리법 또한 마지막 부분의 "아지노모도를 조금 넣고 실백을 띄워서 먹느니라(1935년 판)."라는 문구에서 "실백을 띄워서 먹나니라."로 변경되었다. 조선문화건설협회가『사계의 조선요리』의 판권을 구입하여 개정한 뒤 출간한 것인지는 밝혀지지 않았다.

분류 : 문헌
색인어 : 아지노모도, 민어조림, 보리수단, 사계의 조선요리, 조미료
참고문헌 :『사계의 조선요리』(스즈키 상점, 1934); 김유복,『사계의 조선요리』(조선문화건설협회, 1946); 한복려·한복진·이소영 공저,『음식 고전: 옛 책에서 한국 음식의 뿌리를 찾다』(현암사, 2016)
필자 : 서모란

사슴과 노루

조선시대 사슴[鹿]과 노루[獐]는 대개 산에 사는 것을 사냥으로 잡아 식용하였다. 사슴과 노루는 반찬과 같이 일상음식으로도 먹었지만, 젓갈[醢]로 만들어 왕실의 제사상에 올리는 중요한 음식이었다. 사슴고기를 절여서 만드는 녹해(鹿醢)는 종묘, 사직서, 경모궁 등에 제사를 지낼 때 올려야 하는 제물이었는데, 사슴이 노루보다 잡기가 어려웠던 까닭에 노루고기를 소금에 절여 담그는 장해(獐醢)로 녹해를 대신하기도 했

다(『영조실록(英祖實錄)』영조 39년 1763년 9월 16일 기사).

사슴이나 노루는 생고기로도 조리 또는 유통하였지만, 냉장 시설이 미비했던 조선시대에는 주로 건록(乾鹿)이나 녹포(鹿脯), 건장(乾獐)이나 장포(獐脯)로 말려 저장했다가 필요할 때 꺼내 구이, 국, 탕, 전골 등으로 조리하여 먹는 일이 흔하였다. 사슴은 고기 외에도 사슴 혀[鹿舌]와 사슴 꼬리[鹿尾]를 즐겨 먹었고, 뿔은 녹용(鹿茸)이라 하여 약재로 썼다. 노루 역시 고기 이외에 뼈로는 조선 왕실에서 사용하는 법주(法酒)를 담그는 데 이용되기도 했다.

그런데 세종(世宗: 재위 1418-1450)이 노루 뼈를 넣어서 담그는 술을 더 이상 만들지 말라고 한 적이 있다. 이것을 금지한 계기는 1430년 궁중에서 사용할 장골주(獐骨酒)를 만드는 데 쓸 노루를 잡기 위해 김척(金陟)과 마변자(馬邊者)가 풍양(豊壤)으로 사냥을 나갔다가, 사복시 소속의 엄용(嚴龍)이 멧돼지에게 살해되는 일이 발생하였기 때문이다(『세종실록』세종 12년 1430년 11월 12일 기사).

분류 : 식재료
색인어 : 전복, 송이, 도문대작, 대추, 제사음식
참고문헌 : 『세종실록』;『영조실록』
필자 : 김혜숙

노루고기를 거절한 이황

조선시대에는 왕실의 하사품이나 민간의 선물로 고기, 생선, 과일, 쌀 등의 식재료를 전하는 일이 흔하였다. 혼례나 상례를 치를 때에도 부조로 돈보다는 식재료와 음식, 술 등을 보내고는 했다. 하지만 상중(喪中)의 상주는 육류를 입에 대서는 안 되었고, 이 때문에 고기를 보내거나 받는 일도 영향을 받았다.

그런데 이정형(李廷馨:1549-1607)의 『동각잡기(東閣雜記)』를 보면, 상중이라 해도 나이가 육십이면 고기를 먹는 것이 허용되었다고 한다. 이정형이 자세히 기록한 황희의 일은 『세종실록』에는 1427년(세종 9) 11월 27일 기사에 보인다. 두 문헌의 내용은 큰 차이가 없는데『동각잡기』의 내용에 따르면, 세종(世宗: 재위 1418-1450)은 좌의정 황희(黃喜: 1363-1452)가 모친 상을 당하여 고기를 먹지 않고 소식(素食)을 이어가자 육식을 권하였다. 황희의 나이가 이미 육십이 넘었고 상중이기는 해도 이미 관직에 복직하여 직무를 보고 있는데 소식을 하면서 어찌 정무를 볼 수 있겠느냐는 취지였다. 이에 세종은 황희를 직접 만나 고기 음식을 권하려 하였지만, 그날따라 몸이 좋지 않아 정흠지(鄭欽之: 1378-1439)를 시켜 황희에게 고기를 대신 권하도록 명하였다. 음식을 차린 곳에 황희가 오자, 정흠지는 세종의 뜻을 대신 전하였다. 그러나 황희는 본인이 몸에 병이 있는 것도 아닌데, 상중에 어찌 고기를 먹을 수 있겠느냐며 정흠지에게 전하께 잘 말씀드려 달라고 부탁하였다. 그 말을 들은 정흠지는 임금께 명을 받은 것이라 자신은 감히 다시 아뢰지 못하겠다고 거절하였다. 이에 황희는 자신이 늘어 혹시 병이 날까 가엾게 여겨 고기를 먹으라고 권하시니 어찌 따르지 않겠느냐며, 머리를 조아리고 울면서 그제야 고기를 먹었다고 한다.

황희처럼 육십이 넘지는 않았지만 상중에 있던 권근(權近: 1352-1409)은 태종(太宗: 1400-1418)으로부터 술[宮醞], 말린 노루[乾獐], 생노루[生獐], 생선[鮮魚]을 하사받은 적이 있다(『태종실록(太宗實錄)』태종 6년 1406년 8월 22일 기사). 비록 상중이라 해도, 개국원종공신이자 뛰어난 성리학자였던 권근이 오래도록 병을 앓자 태종이 어육(魚肉)을 하사하였고, 그것은 어육으로 고기반찬[肉膳]을 해 먹고 얼른 병이 낫기를 바란다는 뜻이기 때문이다.

그런데 조선 중기의 고명한 성리학자 퇴계 이황(李滉: 1501-1570)은 상중은커녕 제삿날이라 하여 선물로 받은 노루고기[獐肉]를 돌려보낸 일이 있다. 당시 그는 경상북도 안동에 도산서당을 세우고 후학을 양성하고 있었는데, 1565년(명종 20) 겨울에 윤복(尹復: 1512-1577)이 안동부사(安東府使)가 되어 인사를 드리러 방문하였다. 그가 가져온 예단을 펴보지 않고 있다가 윤복이 돌아간 뒤 열어보니 노루고기가 들어 있었다. 마침 그날은 제사가 있는 날이었고 제삿날에 고기를 받는 것이 적절하지 않다고 생각했던 이황은 바로 편지와 함께 노루고기를 윤복에게 돌려보냈다고 한다. 이에 대해 윤복의 성의를 생각하여 일단 받아두고, 이웃의 친구나 친척에게 줘도 되지 않느냐고 물었다. 그러자 이황은 제삿날이라 고기를 받는 것이 이미 의롭지 않으므로, 그것을 집에 두나 남에게 주나 모두 말이 안 되는 일이어서 사양한 것이라고 답변하였다(『퇴계집(退溪集)』 언행록 2).

퇴계의 편지를 보면, 윤복이 두고 간 것은 노루고기만이 아니라 전복도 있었는데, 이황은 이 두 가지를 모두 그에게 돌려주면서 부디 이상히 여기지 말라고 당부하였다. 그러면서 자기 집 제삿날에 손님을 대접할 때면 어육으로 만든 음식이 없이 소찬(素饌)으로 상을 차리게 되어 미안한 일인데, 그 손님이 주고 간 어육을 두었다가 나중에 자기만 먹는다면 더욱 부당한 일이니 어찌 받을 수 있겠냐고 했다는 것이다. 게다가 이번에 받는다면, 이전에 거절했던 일은 헛일이 되고 앞으로 사양하기도 어려우니 부디 양해해 달라는 뜻을 전하였다. 그런데 이 일에 대해 사계 김장생(金長生: 1548-1631)은 조금 견해가 달랐다. 이황의 마음가짐[用意]의 세밀함은 다른 사람이 미칠 수 없는 경지라고 높이 평가하면서도, 비록 상중이라 하더라도 어육을 선물 받으면 사양하지 말고 제물로 올리거나 어버이를 봉양하는 데 쓰면 된다고 하였다. 그러니 제삿날[忌日]이라면 더욱 고기를 받는 데 문제가 없다는 주장이다(『사계전서(沙溪全書)』 제42권 부(附) 상제례답문변의(喪祭禮答問辨疑)).

분류 : 식재료
참고문헌 : 『태종실록』; 『세종실록』; 전두하, '이황', 『한국민족문화대백과사전』(한국학중앙연구원, 1995); 이황 저, 권오돈 외 역, 『퇴계집』(한국고전번역원, 1968); 김장생 저, 전선용 역, 『사계전집』(한국고전번역원, 2005) ; 이정형 저, 성낙훈 역, 『동각잡기』(한국고전번역원, 1974)
필자 : 김혜숙

녹해(鹿醢)

녹해는 사슴고기를 소금에 절여서 만든 일종의 젓갈이다. 녹해는 일상음식은 아니었고, 조선 왕실의 각종

제의에 제물(祭物)로 썼다. 사슴으로 만들어 제상에 차리는 음식으로는 두 가지가 있었는데, 두(豆)에는 녹해(鹿醢), 변(籩)에는 녹포(鹿脯)를 담아 올렸다. 그런데 녹해는 일반적인 반찬이 아니다보니, 조선시대 문헌에 녹해의 조리법은 거의 나오지 않는다. 다만, 이규경(李圭景: 1788-1863)이 쓴 『오주연문장전산고(五洲衍文長箋散稿)』에는 중국 원대(元代)의 백과전서인 『거가필용사류전집(居家必用事類全集)』의 「기집(己集)」 제장류(諸醬類)의 '조녹해법(造鹿醢法)'을 인용한 방법이 보인다. 이에 따르면, 힘줄과 막을 제거하고, 진흙처럼 잘게 다진 사슴고기에 술누룩, 소두국(小豆麴), 홍두(紅豆), 천초(川椒), 필발(蓽撥), 좋은 생강, 회향(茴香), 감초, 계심(桂心), 무이(蕪黃)가루, 육두구(肉荳蔲), 파의 흰 뿌리를 곱게 다진 것을 잘 섞는다. 그런 다음 찹쌀술을 넣어 골고루 섞어, 농도를 적당히 한 후 입구가 작은 항아리에 담아 밀봉하고, 보름에 한 번 고루 휘저어 둔다. 항아리는 낮에는 뜰에서 햇볕을 쬐이고, 밤에는 따뜻한 곳에 옮겨 두고 백일이 지나면 먹으라고 했다.

또 다른 방법으로는 『세종실록(世宗實錄)』 128권 「오례 길례 서례 찬실도설」에 『의례통해(儀禮通解)』의 속주(續注)를 인용한 녹해의 조리법이 보인다. 이에 따르면, 사슴고기를 포로 떠서 말린 후에 잘게 썬 것에 수수누룩, 소금, 좋은 술을 섞어 항아리에 백일 동안 두라고 하였다. 조선 왕실에서 녹해를 어떤 방식으로 만들었을지는 정확치 않으나, 의례의 전거를 중요시했음을 고려하면 『오주연문장전산고』의 방법보다는 『세종실록』 오례의 방법을 따랐을 것으로 여겨진다.

문제는 녹해를 1년에 한 번 만들어 두었다가, 제사 때에 맞춰 쓰기 때문에 맛이 변한 것을 제상에 올리는 일이 자주 발생하였다는 것이다. 이에 세종(世宗: 재위 1418-1450)은 녹해는 모두 가을에 만들어 쓰는데, 봄에 만들어 여름과 가을에 제수로 쓰고, 가을에 만들어 겨울과 봄에 쓰면 어떠한지 상고하라고 명하였다(『세종실록』 세종 4년 1422년 2월 30일자 기사). 하지만 녹해의 맛과 냄새가 쉽게 변하는 문제는 해결되지

않았고, 영조(英祖: 재위 1724-1776) 때에도 여전히 1년에 한번 녹해를 담그는 상황이 계속되었다.

1년 동안 쓸 녹해를 한꺼번에 만들었던 것은 종묘대제의 제수(祭需) 규정을 따른 것이라 후대에 함부로 바꾸기 어려웠기 때문이다. 그러나 이를 바꿔야 한다며, 1726년(영조 2년) 신무일(愼無逸)은 영조에게 건의하였다. 겨울과 봄 사이 눈이 가득 내린 뒤에 구한 사슴으로 1년의 제향에 소용되는 녹해를 어림잡아 한번에 만들어 대비하다보니, 여름이 되면 악취가 나서 가까이 하기 어려울 정도가 되어 제사상에 올릴 때 불경스러운 마음이 든다며, 앞으로는 사시제(四時祭)를 앞두고 1년에 4번 그때그때 만들면 좋겠다고 제안한 것이다. 신무일의 건의를 들은 영조는 1년에 한 번 녹해를 담갔던 이유를 물었다. 이에 사슴은 제철이 아니면 잡기 어려워서 그때 한 번에 담근 것이고, 사슴을 구하기 어려우면 간혹 소고기로 대용해왔다고 아뢰었다. 그러자 영조는 녹해를 소고기로 바꿔 써서는 안 된다고 하면서, 궁의 제향은 형식이 중요하니 대용해서는 안 된다고 반대하였다. 다만, 이전부터 사슴고기로 만든 녹해를 마련하기 어려운 경우에는 소고기만이 아니라 노루고기를 썼으니 소고기는 쓰지 말고 노루고기로 만든 장해(獐醢)로 대체하는 일은 허용한다고 명하였다(『승정원일기(承政院日記)』 영조 2년 1726년 10월 18일, 10월 23일자 기사).

그리하여 영조는 녹해를 장해로 대신해도 된다고 『태상지(太常志)』에 기재하도록 명하였으나, 함경도에서 녹용(鹿茸)이 올라오는 것을 보고나서 사슴을 구할 수 없는데 어찌 사슴뿔이 이렇게나 올라올 수 있냐며 녹해를 장해로 대신할 수 있다고 한 규정은 명분이 없으니 삭제하라고 해야겠다고 했다. 그러자 영의정 홍봉한(洪鳳漢: 1713-1778)이 사슴은 노루와 달리 많이 잡을 수 없으니 황단(皇壇), 종사(宗社), 문묘(文廟) 이외에는 이전처럼 대신 쓸 수 있도록 해달라고 청하였고, 영조가 그렇게 하라고 허락하였다고 한다(『영조실록(英祖實錄)』 영조 39년 1763년 9월 16일자 기사).

분류 : 음식
참고문헌 : 이규경, 『오주연문장전산고』; 『세종실록』; 『승정원일기』; 『영조실록』
필자 : 김혜숙

사슴(녹편포와 녹중포)

조선에서 포(脯)는 육포(肉脯)와 어포(魚脯)가 있고, 육포는 소, 돼지, 사슴, 노루, 꿩 등 다양한 고기로 만들었다. 육포는 일상음식으로도 먹었지만, 제사와 잔치, 진상품과 하사품, 선물이나 뇌물, 중국에 보내는 공물(貢物) 등의 용도로도 다양하게 쓰였다. 이 가운데 사슴고기를 납작하게 썰어 햇볕에 말리는 '녹포(鹿脯)'는 『국조오례의(國朝五禮儀)』 「길례(吉禮)」 서례(序例) 찬실도설(饌實圖說)을 보면, 변(邊)이라는 그릇에 담아 국가 및 왕실의 제사에 반드시 올렸던 음식이다.

이러한 녹포 말고도 사슴고기를 가지고 제법을 달리하여 만드는 포에는 '녹중포(鹿中脯)'와 '녹편포(鹿片脯)'도 있었다. 중포는 얇게 저민 고기를 여러 겹 겹쳐 놓고 두들겨서 다시 하나로 합쳐 만드는 포이고, 사슴고기를 재료로 쓰면 녹중포가 된다. 그런데 『광해군일기(光海君日記)』를 보면, 중포는 만드는 과정에서 폐단이 심하여 문제가 되었다. 중포를 만드는 과정에서 구더기가 생기거나 사람이 먹지 않는 고기를 섞는 등 정결하지 못했던 것이다. 하지만 중포는 일단 만들어 놓으면 견고하여 오래가기 때문에 계속 만들어 진상하게 했다. 나라에서는 이러한 폐단을 막기 위하여 중포의 표면에 그것을 생산한 고을의 이름을 새기도록 하고, 불결함이 드러난 경우에는 그 고을 수령의 죄를 묻기도 하였다(『광해군일기』 광해 6년 1614년 6월 18일자 기사).

중포와 달리 편포는 고기를 곱게 다진 후 소금이나 간장, 기름, 후춧가루, 깨, 잣가루 등의 양념을 하고 잘 뭉쳐서 평편한 모양으로 만들거나 다식판 같은 나무틀에 박아서 모양을 만들어 햇볕에 말린 포로서, 주로 제수나 술안주 등으로 썼던 음식이다. 따라서 사슴고기를 이런 방법을 써서 만들면 녹편포가 되었다.

이육(李陸: 1438-1498)의 『청파극담(靑坡劇談)』에는 함경도 함흥부사(咸興府使)와 덕원부사(德源府使) 사이에서 이 녹편포 때문에 벌어진 일이 실려 있다. 덕원부에서는 녹편포를 만들어 함경도에 바쳤지만, 함경감사(咸鏡監司)로부터 법식에 맞지 않는다는 이유로 번번이 퇴짜를 맞았다. 이 일로 덕원부사가 크게 근심하자, 한 아전이 말하길 함경감사가 함흥의 편포를 늘 칭찬하니 함흥의 편포 만드는 법을 알아보면 어떻겠냐고 제안하였다. 좋은 생각이라고 여긴 덕원부사는 폐물을 들려 나이 든 아전 하나를 함흥으로 보냈다. 함흥부사는 아전을 불러 술을 권하면서, 편포 만드는 건 어렵지 않다며 덕원부에 큼직한 대추가 많이 열리는 커다란 대추나무가 있는지 물었다. 있다고 아전이 대답하니, 함흥부사는 대추가 많이 열릴수록 나무가 단단하니까 그 대추나무를 잘라 가운데 토막을 다듬어 방망이를 만들라고 하였다. 그러고 나서 얇게 썬 생사슴 고기를 포대에 담아 끓는 물에 반쯤 익힌 다음, 목판 위에서 대추방망이로 두들기면 아주 맛있는 편포가 된다고 요령을 가르쳐주었다.

덕원에 돌아와, 함흥부사에게 배운 대로 큰 대추나무를 잘라 대추방망이를 만들고, 반쯤 익힌 사슴고기를 두드렸지만 아무리 두드려도 고기는 뭉쳐지지 않았고 오히려 부서지기만 했다. 아무리 애를 써도 녹편포는 제대로 만들어지지 않는데, 함경감사는 빨리 녹편포를 만들어 올리라고 자꾸 재촉을 하였다. 이에 마음이 급해진 덕원부사는 함흥부사에게 사람을 보내 다시 한 번 편포를 만드는 법을 물었다. 그러자 함흥부사는 어찌 익힌 고기가 합쳐지겠냐며 잘못된 방법이라며 웃었다고 한다. 권모술수에 능했던 함흥부사가 대추나무를 아끼던 덕원부사를 골려주려고 거짓말로 속였던 것이다.

사실 판때기처럼 넓적한 편포를 만들기 위해서는 다진 고기를 뭉치는 것이 중요하였다. 그리하여 빙허각 이씨(憑虛閣 李氏: 1759-1824)의 『규합총서(閨閤叢書)』에서는 다진 고기를 손으로 주물렀고, 최한기(崔漢綺: 1803-1877)의 『농정회요(農政會要)』에서는 다

진 고기에 깨끗한 천을 덮고 발로 디뎌서 차지게 만드는 방법을 썼다. 그런데 고기를 뭉치는 데『청파극담』에서는 손이나 발이 아니라 대추나무 방망이로 두들기는 방법을 썼던 것이다. 익힌 고기가 아니라 다진 생고기라면 주머니에 넣고 방망이로 많이 두들겨도 비슷한 효과를 거둘 수 있었기 때문이다.

분류 : 음식
참고문헌 :『국조오례의』;『광해군일기』; 이육 저, 안병주 역,『청파극담』(한국고전번역원, 1971); 최한기 저, 고농서국역총서 12-『농정회요 III』(농촌진흥청, 2007); 빙허각 이씨,『규합총서』
필자 : 김혜숙

사슴과 노루의 진상(1514년 천신의 어려움)

1514년 9월 16일 이른 아침 유교 경전을 읽고 토의하는 조강(朝講)이 끝난 후 지평(持平) 연구령(延九齡: ?-?)이 중종에게 황해도에서 진상해야 하는 녹포(鹿脯)와 사슴 꼬리, 사슴 혀의 양이 많아 그에 따른 폐단이 적지 않음을 지적했다. 그리고 황해도 백성들에게 생기는 폐단을 덜기 위해 황해도에 배정된 사슴 꼬리와 사슴 혀를 제주도로 옮기는 것이 어떠냐고 제안했다. 연구령의 의견에 중종은 황해도뿐 아니라 전국의 상황이 전반적으로 달라져 각 지역에 부과된 진상 품목 중 적합하지 않는 것들이 있음을 지적하면서 의논이 필요하다고 했다.

영사 김응기(金應箕: 1455-1519)는 전국에서 노루와 사슴이 번식하지 못하는 이유로 어린 사슴이나 새끼 밴 노루 등을 천신하기 때문이라고 주장하면서 특히 경기에서 새끼 밴 노루에서 새끼를 꺼내 진상하는 일은 절대로 금해야 한다고 주장했다. 연구령 역시 어린 사슴과 노루를 천신한다면 백성들의 원망이 높아질 것이라면서 그런 물건으로 제사를 올릴 수는 없다고 동조했다.

그러나 1514년 9월 28일 연구령과 김응기의 의견에 반대하는 고위급 신하들이 나타난다. 예조판서 김전(金詮: 1458-1523)은 이미 사옹원에서 받아들이는 사슴 고기포와 사슴 꼬리, 사슴 혀 등을 여러 차례 줄여줬기에 필요한 양을 채우지 못하고 있다고 말했다. 그

리고 천신 때 필요한 새끼 사슴과 노루를 다른 제물로 대체한 지가 오래되었기에 번식에는 문제가 없을 것이며 생산되는 물건을 다른 것으로 대체하는 것은 옳지 못하다고 말했다.

김전의 의견을 들은 중종은 사슴과 관련된 진상을 할 필요가 없고 새끼 사슴 등에 관한 논의 역시 이전처럼 시행할 것을 명한다.

이 기록을 남긴 사관은 중종의 이와 같은 행동 중 새끼 사슴과 노루를 천신하는 일이 옳지 않다고 평가하면서 중종이 오래전의 예를 들어 이를 수정하지 않은 것에 대해 매우 애석하게 생각한다는 기록을 남겼다.

조선 전기부터 사슴과 노루는 왕실의 각종 의례에 제물로 쓰였으며 진상으로만 올라온 사슴과 노루를 쓴 것이 아니라 종종 왕들의 강무나 사냥에서 잡은 사슴과 노루를 천신하기도 했다.

분류 : 식재료
색인어 : 사슴, 노루, 진상, 새끼 밴 노루, 사슴 고기포, 사슴 꼬리, 사슴 혀, 김응기, 연구령, 김전, 중종, 천신
참고문헌 : 『중조실록』
필자 : 이민재

사슴 꼬리와 사슴의 혀

조선시대에 사슴은 고기는 물론이고 혀[鹿舌]와 꼬리[鹿尾]도 식용하였는데, 혀와 꼬리를 삶거나 절임을 하거나 구워서 약이나 음식으로 식용하였다. 또한 사슴 꼬리는 포(脯)로 만들기도 했다. 조선 중기의 미식가였던 허균(許筠: 1569-1618)은 『도문대작(屠門大嚼)』에서 사슴의 혀는 강원도 회양(淮陽) 사람들이 조리한 것이 아주 맛있고, 사슴의 꼬리는 전라도 부안(扶安) 지역에서 그늘에 말린 것이 가장 좋으며, 제주도에서 난 것이 그 다음이라고 평하였다.

사슴의 꼬리와 혀를 특히 즐겨 먹었던 임금으로는 연산군(燕山君: 재위 1494-1506)이 있다. 사슴의 혀와 꼬리를 식치(食治)를 위해 계속 올리라고 명하면서, 각 도에서 한 달도 빠짐없이 올리도록 재촉하였다. 이에 도에 따라서는 수량을 다 채우지 못하였고, 함경도 관찰사 박건(朴楗: 1434-1509)은 급하게 사슴의 꼬리

와 혀를 다른 지역에서 사들여 수량을 채우다가 미처 서장(書狀)에 봉진하는 수를 제대로 쓰지 않고 올렸다 하여 국문을 당하기도 했다. 당시 사슴 꼬리 한 개 값이 베[布] 30필에 달할 정도로 비쌌다고 한다(『연산군일기(燕山君日記)』 연산군 3년 1497년 7월 28일, 연산군 5년 1499년 10월 7일, 연산군 11년 1505년 8월 2일자 기사).

연산군 대에는 전국적으로 사슴의 혀와 꼬리를 올리느라 힘들었지만, 특히 오랜 기간에 걸쳐서 사슴의 꼬리와 혀를 바치느라 어려움을 겪었던 지역은 황해도였다. 사실 사슴의 꼬리와 혀는 사슴 한 마리를 잡아야 한 개씩 밖에 나오지 않아서 이를 왕실에 봉진해야 하는 황해도 백성들의 고통은 극심하였다. 이와 관련된 백성들의 어려움은 황해도 관찰사를 지냈던 율곡 이이(李珥: 1536-1584)의 상소문에서도 잘 나타난다. 『율곡전서(栗谷全書)』 제5권 「해서(海西)의 민폐(民弊)를 진달한 상소」를 보면, 그가 황해도에 도착하여 순찰을 하였는데, 도중에 만난 사람은 노인이고 아이고 모두 황해도의 진상이 다른 도에 비해 너무 버겁고 괴롭다고 한목소리로 호소하였다고 한다. 이로 인해 백성들은 농사를 지을 시간도 없이, 집을 수리하지도 못한 채 날마다 사슴이며 노루를 잡으러 들로 산으로 떠돌아야 하고, 구하지 못하면 멀리 다른 지역까지 나가 일부러 사야 하는 상황이라 너무도 힘들다는 이야기였다.

특히 사슴과 사슴 꼬리, 사슴의 혀를 생으로 올려야 하는 어려움은 이루 말할 수가 없었다. 황해도에서 서울까지 가려면 며칠이나 걸리는데, 봄이나 여름에도 생것으로 진상하라고 하니 아무리 얼음 창고에 두었다가 서울로 보낸다 해도 이미 출발할 때부터 변질되기 시작하였기 때문이다. 그러니 그것이 서울에 도착할 즈음에는 더욱 상하게 마련이었고, 이것을 본 관리는 부패하였다면서 거절하기 일쑤였다. 그렇게 거절을 당하면 그때부터 급하게 다시 다른 것을 마련해야 하지만 사실상 불가능한 일이었다. 그나마 이제껏 무사히 봉진할 수 있었던 것도 사실은 사슴이 상하지 않아

서가 아니라, 사옹원 관리에게 뇌물을 주고 겨우 넘긴 것이라 한다. 그러니 부디 임금께서는 백성의 고통을 생각하여 봉진해야 하는 산 사슴[生鹿]의 숫자를 줄여 주시고, 생물(生物)을 말린 것[乾物]으로 바꿔 주시고, 사슴의 꼬리와 혀는 본디 맛이 좋지 않은 것이니 진상을 다 없애주시길 바란다고 상소하였던 것이다(『율곡전서』;『연려실기술(燃藜室記述)』별집 제11권).

한편 연산군과 달리, 사슴의 꼬리와 혀를 너무나 좋아하면서도 백성의 어려움을 고려하여 봉진하지 말라고 명한 임금도 있었다. 바로 영조(英祖: 재위 1724-1776)이다. 1764년(영조 40) 4월 24일 아침에 『맹자(孟子)』를 강연하던 영조는 자신이 담응증(痰凝症)이 있는데 의원(醫員)은 고양이 가죽이 좋은 약이라고 하지만, 내가 고양이를 약으로 쓰면 온 나라가 본받아서 장래에 고양이가 멸종될 것이라 거절하였고, 사슴 꼬리와 메추리 고기도 전에는 즐겼으나 민폐를 끼칠까 두려워 올리지 말라고 하였다고 말하였다(『영조실록』영조 40년 4월 24일 기사). 이러한 영조의 마음은 이후로도 지속되었는데, 8년 후인 1772년(영조 48) 11월 9일자 『영조실록』에는 영조가 사슴 꼬리를 올리지 말라고 명한 일이 보인다. 그 이유에 대해 영조가 설명하기를, 내가 오늘 수라상에서 젓가락을 댄 반찬은 사슴 꼬리뿐이지만, 사슴 꼬리가 입맛에 맞는다고 해서 어찌 차마 백성들을 어렵게 하는 정사(政事)를 하겠느냐는 것이었다.

비록 자제하기는 하였으나 영조가 이토록 즐겨 먹었다는 사슴 꼬리의 맛은 말린 송이버섯과 비슷했던 것 같다. 17세기 후반의 『요록(要錄)』을 보면, 송이버섯을 깨끗하게 씻어서 맑은 장국이나 된장국에 삶은 후에 말려서 얇게 썰면, 그 맛과 색이 사슴 꼬리와 같다고 했기 때문이다.

분류 : 식재료
참고문헌 : 허균 저, 신승운 역, 『도문대작』(한국고전번역원, 1984); 이이 저, 권오돈 외 공역, 『율곡전서』(한국고전번역원, 1968); 이긍익 저, 임창재 역, 『연려실기술』(한국고전번역원, 1967);『연산군일기』;『중종실록』;『영조실록』; 작자 미상, 『요록』
필자 : 김혜숙

산가요록(조리서)

『산가요록(山家要錄)』은 1459년 전순의(全循義: ?-?)가 지은 조리서이다. 저자 전순의는 세종·문종·세조 세 임금을 모신 전의감(典醫監)의 의관이다. 저서로는 식이요법서인 『식료찬요(食療纂要)』, 김의손(金義孫: ?-?)과 함께 저술한 『침구택일편집(鍼灸擇日編集)』 등이 있다. 1445년 세종의 명에 따라 『의방유취(醫方類聚)』라는 책의 편찬에 참여하기도 하였다.

『산가요록』은 총 77쪽으로 구성된 책으로 조리법 이외에도 농업에 관련한 내용이나 의복에 관한 내용도 있다. 음식에 관한 내용으로는 각종 술 빚는 법, 장 담그는 법, 초 만드는 법, 김치류, 채소 등을 말리는 법, 각종 죽과 면, 만두, 육류요리가 다양하게 수록되어 있다. 특히 이 책에는 소금을 쓰지 않고 담그는 김치인 '무염침채법(無塩沉菜法)'과 고기를 면 대신 사용한 '육면'이라는 음식이 나온다.

분류 : 문헌
색인어 : 무염침채법, 육면, 전순의, 산가요록, 식료찬요
참고문헌 :『고농서국역총서 8 산가요록』(농촌진흥청, 2004)
필자 : 서모란

산나물

산나물은 산에서 자라는 식물 가운데 식용 가능한 야생풀, 나뭇잎 등을 말하며 산채(山菜)라고도 한다. 현재 산나물의 종류는 헤아릴 수 없을 정도로 많으며, 계절과 산세에 따라 우리나라 전반에 걸쳐 자생한다. 산나물을 언제부터 먹었는지는 정확하게 알 수 없지만 인류가 생기고, 식물이 자란 이후로는 줄곧 먹어왔을 것이라 짐작할 수 있다. 단군신화에서 곰이 쑥과 마늘을 먹었다는 이야기가 이를 뒷받침한다.

산나물은 저장여부에 따라 제철나물과 묵나물로 구분되고, 식용상황에 따라 일상식의 식재료로 널리 쓰였으며, 제사나물, 보름나물 약나물로도 활용되었다(박선미, 2008). 특히 산나물은 구황기의 일상음식으로서 그 조리법이 생(生)으로 무쳐 먹기, 삶거나 쪄서

무쳐 먹기, 삶거나 쪄서 국이나 죽에 넣어 먹기, 밥에 넣어 먹기, 쌈으로 먹기 등으로 다양했다. 또한, 산나물이 부식으로만 쓰인 것이 아니라 산나물밥, 묵나물밥, 산나물비빔밥, 갱죽, 산나물죽, 묵나물갱죽, 콩죽 등의 주식 또는 주식대용으로도 먹었다.

조선시대에도 구황기의 대표음식은 단연 산나물이라고 할 수 있다. 1539년 중종 34년에 기근이 들어 민간에서 콩이나 산나물을 주식으로 삼고 있다고 했으며(『중종실록(中宗實錄)』, 1539년 4월 6일), 1548년 명종 3년에도 흉년으로 백성이 송피와 산나물로 어렵게 연명하였다고(『명종실록(明宗實錄)』, 1548년 3월 25일) 전하는 등 여러 왕조에 걸쳐 구황기에 산나물을 채취하여 먹었다는 사실을 알 수 있다. 이 밖에도 1430년 세종 12년에 산나물과 고사리를 문소전(文昭殿)과 광효전(廣孝殿)에 조석(朝夕)으로 올리기 위해 진상한다고도 했다(『세종실록(世宗實錄)』, 1430년 3월 27일). 뿐만 아니라, 산나물은 가난한 선비들의 소박한 음식으로도 상징되었다. 여러 문집에서 산나물을 반찬, 술안주로 즐겨 먹었으며 그 맛이 담백했음을 기록했다(『다산시문집(茶山詩文集)』,『동국이상국집(東國李相國集)』,『사가집(四佳集)』 등).

방신영(方信榮: 1890-1977)이 지은 『조선요리제법(朝鮮料理製法)』에는 산나물국을 끓일 때 봄에 일찍 뜯은 산나물은 삶지 말되, 이후에 뜯은 산나물은 펄펄 끓는 물에 살짝 데쳐 낸 다음 국에 넣는다고 했다. 고기와 된장, 고추장 등을 넣은 국에 산나물을 넣고 잠시 끓이면 완성된다. 이용기(李用基: 1870-1933)가 지은 『조선무쌍신식요리제법(朝鮮無雙新式料理製法)』에는 산나물국을 멧나물국이라고 했는데, 국에 넣는 산나물은 줄기가 굵되 색이 연한 것이 좋다고 한다. 그리고 산나물을 한 번 삶은 다음 냉수에 헹궈 꼭 짜서 고기와 갖은 고명에 무친 후 장을 넣고 국을 끓인다고 했다. 또한 『조선무쌍신식요리제법』에는 멧나물지짐이 만드는 법도 기록되어 있다. 된장 또는 고추장이나 무장을 넣어 띄운 메주를 두드려 넣기도 하고, 살코기와 파, 깨소금, 기름, 고춧가루 등을 넣어 끓

이는데 말린 청어를 넣으면 맛이 한결 좋다고 한다.

분류 : 식재료
색인어 : 조선요리제법, 조선무쌍신식요리제법
참고문헌 : 『중종실록(中宗實錄)』;『명종실록(明宗實錄)』;『세종실록(世宗實錄)』;『다산시문집(茶山詩文集)』;『동국이상국집(東國李相國集)』;『사가집(四佳集)』; 방신영,『조선요리제법(朝鮮料理製法)』; 이용기,『조선무쌍신식요리제법(朝鮮無雙新式料理製法)』; 박선미,「산골마을 사람들의 산나물 채취와 식용의 전승지식-경북 안동시 풍산읍 서미1리를 중심으로-」(안동대학교 민속학과 석사학위논문, 2008)
필자 : 박선미

산나물을 보내주기에(신숙주)

늙은이 한마음으로 한적함을 즐기는지라
산에 사는 사람의 꿈속에 들어가게 되었네
아침에 산나물 연하게 삶아 먹으니
도성과 산중의 즐거움이 한가지라네
老夫一念愛閑適 已入山人夜夢中
朝來軟煮山蔬喫 城市山中滋味同

*신숙주,「개경의 주지 일암이 산나물을 보내주기에 고마워서[謝開慶住持一菴惠山蔬]」

신숙주(申叔舟: 1417-1475)는 본관이 고령(高靈)이고 자는 범옹(泛翁), 호는 희현당(希賢堂) 또는 보한재(保閑齋)다.『해동제국기(海東諸國記)』,『보한재집(保閑齋集)』 등의 저술이 있다. 세조가 왕위에 오르는 데 공을 세운 공신이지만, 호에서 보듯 노년 한적한 마음으로 살고자 하는 뜻을 표방하였다.

이 시는 절친한 산중의 벗이 보내준 산나물을 받고 고마움을 표한 칠언절구다. 벗은 신숙주를 만나 함께 산을 유람하는 꿈을 꾸고 나서 그리움의 뜻을 담아 산나물을 보낸 것이다. 신숙주는 자신의 한적한 마음이 일암에게 전하여 그 꿈속에 들어간 것이요, 그 때문에 도성 안에서도 산나물을 먹을 수 있게 되었다고 고마움을 표하였다.

신숙주의 후배인 문경동(文敬仝: 1457-1521)은 성천사(聖泉寺)의 승려에게 보낸 시에서 "산나물을 밥에 싸서 먹고서, 마들가리로 등불 대신 밝히고. 여기에 샘물을 마신다면, 절로 속세의 정 사라지겠지[山蔬裹

飯喫 桴柹代燈明 且飲泉中水 自然無世情].”라 하였으니, 산나물은 맑고 한적한 마음을 누리게 하는 매개물이 된다. 소세양(蘇世讓: 1486-1562) 역시 산나물을 받은 기쁨을 노래하여 “구름 머금은 채소 두 묶음에, 옥 같은 시 여러 편 보내주시니. 시를 읊고 산나물 데치자, 맑고 기이한 맛 절로 생기네[兩束含雲菜 聯篇碎玉詩 哦詩煮山菜 自覺助淸奇].”라 하였다. 산에 있기에 나물이 구름을 머금었다고 하고 그 때문에 맑은 맛이 난다고 한 표현이 돋보인다.

조선 후기 김진규(金鎭圭: 1658-1716)는 「산나물을 먹고[食山菜]」에서 좀 더 구체적으로 산나물을 담았다. “산사에 오고 나서, 매일 산승과 밥을 먹네. 소반에 무엇 있나, 생선도 고기도 아니라네. 봄 산에 흙이 녹아, 골짜기 가득 온갖 산채. 고사리 싹이 살찌고, 두릅은 껍질 터지지 않았네. 산 아이 광주리 들고 가더니, 한 움큼 금방 캐오네. 맑은 샘물에 씻은 후, 늙은 전나무로 불을 지피니. 진수성찬은 아니지만, 향긋하고 부드러워 나쁘지 않네. 이를 가지고 수저를 드니, 아침저녁 배를 불릴 만하네[自來山中寺 日伴山僧食 盤中何所有 非魚亦非肉 春山土脉融 雜菜滿深谷 薇蕨芽漸肥 木頭苞未拆 山童携筐出 釆釆動盈掬 洗以淸泉水 爨以老檜木 雖無大烹味 香嫩亦不惡 賴此加匕筯 足以飽朝夕].”라 하였다.

여기에 더하여 가난하지만 산나물 하나로도 행복을 누릴 수 있다는 것을, 박태순(朴泰淳: 1652-1704)은 「화산의 노래[花山曲]」에서 운치 있게 노래하였다. “나는 산나물 뜯어 기다릴 테니, 그대는 바다 소금 싣고 오세요. 산나물을 바다 소금에 무치고, 한 잔 술 있으면 절로 족하겠지요. 그대여, 오늘밤 즐겁게 실컷 즐기세, 훗날 늘 그리워하게 하지 마시고[儂採山蔬待 君載海塩來 山蔬調海塩 自足侑一盃 請君且盡今宵 樂 莫使他日長相憶].”

분류 : 문학
색인어 : 산나물, 신숙주, 고사리, 두릅, 문경동, 김진규, 박태순
참고문헌 : 신숙주, 『보한재집』; 문경동, 『창계집』; 소세양, 『양곡집』; 김진규, 『죽천집』; 박태순, 『동계집』
필자 : 이종묵

산자

산자(散子)는 유과(油果)의 한 종류이며, 설이나 추석 등 명절의 세찬이나 제사음식으로 쓴다. 유과란 찹쌀을 가루 내어 시루에 찐 후 꽈리가 일도록 매우 치댄 다음 반대기를 만들어 얇게 밀어서 여러 가지 크기로 잘라 말렸다가 기름에 튀겨서 크게 부풀린다. 그 겉면에 조청이나 꿀을 발라 깨, 나락을 튀겨 만든 매화, 찹쌀 찐 것을 말렸다가 튀긴 세반, 세반을 잘게 부순 세건반, 승검초, 잣 등의 고물을 묻힌 과자이다. 강정, 요화, 빙사과, 연사과 등이 이에 속한다. 특히 유과 중에서도 모양이 네모난 것을 산자(散子)라고 부른다.

조선시대 그 이름의 시작은 좀 다른 의미였다. 이익(李瀷: 1681-1763)은 『성호사설(星湖僿說)』에서 산자의 용어에 대해 언급했다. ‘산자(饊子)’란 것은 볶은 벼다. 말려서 볶는 것을 오(熬)라고 하는데, 찰벼[糯]를 껍질 그대로 솥에 넣어 볶으면 속에 들었던 쌀이 튀어 흩어지는 까닭에 산자라고 한다. 이 산자는 별도로 떡을 네모나게 얇게 만들어 기름에 튀겨, 엿을 발라서 튀밥을 붙인다. 산자라고 하는 이유가 쌀에 있는 것이지 떡에 있는 것은 아니다.’라고 하였다. 정약용(丁若鏞: 1762-1836)의 『아언각비(雅言覺非)』에 의하면 찰벼 껍질을 튀기면 그 쌀이 튀어 흩어지기 때문에 ‘산(散)’이라 하며, 이 산을 입혔기 때문에 산자(散子)라고 한다는 것이다. 이 두 내용을 보면 산자는 찹쌀 튀밥을 말하는 것이며, 과자 이름이 아니었다. 찹쌀로 만든 떡을 튀기고 그 위에 찹쌀 튀밥을 붙여 만든 것을 자연스럽게 산자라고 부르게 되었다. 이익은 산자를 만드는 과정 중에 떡이 존재하지만 산자가 떡의 종류는 아님을 강조하였다.

1450년경 의관 전순의(全循義: ?-?)가 쓴 『산가요록(山家要錄)』에는 ‘백산(白撒)’이라는 음식이 나온다. 찹쌀을 양을 마음대로 하여 물에 담갔다가 부드럽게 쪄서 치대어 밤톨만 한 크기로 떼어 소쿠리에 펴서 마르기를 기다려 기름에 튀겨서 쓴다고 하였다.

1800년대 말의 요리책인 『술 만드는 법』에는 산자를

만드는 방법 이외에도 찹쌀 분량에 따른 산자의 개수와 지초를 이용해 붉은색으로 물들이는 방법을 설명하였다. '찹쌀을 가루로 내어 흰떡 반죽처럼 한 다음 보자기에 싸서 솥뚜껑에 달아 익게 찌고 안반에 꽈리가 일도록 하여 밀고 다시 홍두깨로 두드려 만든다. 반죽이 식으면 만들기 어려우므로 2-4사람이 함께 만든다. 반죽을 잘라 말려 지질 때 숟가락 둘을 가지고 눌러 가며 지지면 매우 크게 되어 1되 반을 하여도 중간 크기의 산자가 300개가 나오고 홍백산자가 보통 1그릇은 나온다. 산자밥도 찹쌀을 부러지지 않게 가만히 씻어 담가 3일 만에 술 1잔을 쳐서 담고 시루에 보자기를 놓고 건져 물기를 없앤다. 익게 쪄서 버들그릇 뚜껑에 쏟아 놓고 3일 만에 뜯어내어 말리고 술을 끼얹어 축이면 잘 일고 빛깔도 좋다. 참기름에 지초 물을 낸다.'고 하였다. 반죽이 식기 전에 여럿이서 만들어야 한다는 걸 보면 산자가 결코 만들기 쉽지 않았음을 시사한다.

분류 : 음식
색인어 : 강정, 빙사과, 산가요록, 승검초
참고문헌 : 전순의, 『산가요록』; 이익, 『성호사설-제4권 만물문』; 정약용, 『아언각비』; 작자 미상, 『술 만드는 법』; 한복려, 『쉽게 맛있게 아름답게 만드는 한과』(궁중음식연구원, 2000)
필자 : 이소영

살구

살구는 살구나무의 열매이며, 과육과 씨를 모두 식용한다. 특히 살구의 씨는 행인(杏仁)이라 하여 한약재로도 쓰인다. 살구는 한자로는 '杏(행)', '杏子(행자)', '黃杏(황행)', '唐杏(당행)'이라고 하며, 조선 후기에 쓰인 작자 미상의 어휘사전인 『광재물보(廣才物譜)』제4권에는 살구를 '梅杏(매행)', '柰杏(나행)', '金杏(금행)', '木杏(목행)', '肉杏(육행)'이라고도 했다.

현재도 사랑받는 과일이지만, 조선시대에 살구는 민간에서는 물론 왕실에서도 즐겨 먹었던 과일이다. 왕실에서는 살구를 대전(大殿)과 중궁전(中宮殿), 즉 왕과 왕비에게는 6월에 진상하고(『천신진상등록(薦新進上謄錄)』), 『세종실록(世宗實錄)』오례의 천신종묘의와 『종묘의궤(宗廟儀軌)』의 월별 천신에 따르면 살구는 변(邊)이라는 제기에 담아 5월 종묘에 천신하는 제철 음식이었다.

살구는 민간에서도 흔히 먹었는데, 이긍익(李肯翊: 1736-1806)의 『연려실기술(燃藜室記述)』제6권 「성종조 고사본말(成宗朝故事本末)」에는 살구와 관련된 일화가 나온다. 조선 전기의 문신인 손순효(孫舜孝: 1427-1497)는 어려서부터 학문에 힘썼던 인물로 매우 효성스러웠다고 한다. 열 살 무렵에 그는 현재의 충청북도 충주(忠州)에 살았는데, 어머니 조씨(趙氏)가 병이 들어 자리에 누워있으면서 살구가 먹고 싶다고 하였다. 그 말은 들은 어린 손순효는 살구나무 아래에 가서 하늘을 향해 절하며 간절히 기도하였다. 그러자 바람도 불지 않았는데 살구가 나무에서 떨어졌고, 손순효는 그것을 주워 어머니께 드리려고 달려갔다는 이야기이다.

이러한 살구를 재료로 한 음식을 조선시대 이후의 문헌에서 찾아보면, 살구떡, 살구편, 살구정과, 살구미숫가루, 살구절임, 살구죽 등이 있는데, 병과류라 할 수 있는 살구편, 살구정과, 살구떡의 조리법이 여러 문헌에 자세하다. 또한 살구씨로는 행인죽(杏仁粥), 행인정과 등을 만들었고, 살구꽃은 백화주(百花酒)를 담는 재료 중 하나로 쓰였다.

분류 : 식재료
색인어 : 규합총서, 떡, 조선요리제법, 우리음식, 시의전서, 앵두, 오미자, 개고기
참고문헌 : 작자 미상, 『광재물보』; 『천신진상등록』; 『세종실록오례』; 『종묘의궤』; 이긍익 저, 신석초·이재호 공역, 『연려실기술』(한국고전번역원, 1966)
필자 : 김혜숙

살구씨

살구의 씨는 행인(杏仁)이라고 하며, 행인죽이나 행인정과와 같은 음식을 만들기도 하고 약재로도 쓰였다. 『세종실록(世宗實錄)』「지리지」를 보면, 행인은 전국적으로 산출되었는데 경기도, 경상도, 전라도, 황해도, 강원도, 평안도, 함길도에서 나는 약재로 소개

되어 있다.

18세기 이후의 조리서로 추정되는 『박해통고(博海通攷)』를 보면, 살구씨를 손질해 먹는 방법이 나온다. 이에 따르면, 살구씨의 속껍질을 제거하고 따뜻한 물에 며칠 동안 담가 두어 독을 제거한 다음에 참기름에 노릇노릇하게 튀겨 식혀서 먹으면 바삭바삭하고 맛있고, 아니면 청장(淸醬)에 넣어 푹 삶아 먹어도 좋다고 하였다. 다만, 임산부는 먹지 말라고 경고하였다.

행인으로 만든 행인죽은 조선에서는 왕실에서도 먹던 음식이었다. 『승정원일기(承政院日記)』 1724년(영조 즉위년) 9월 3일자에는 숙종(肅宗: 재위 1674-1720)의 계비(繼妃)인 인원왕후(仁元王后: 1687-1757)가 수라를 전혀 먹지 못하자, 약방에서 기를 돋우는 효과가 있는 행인죽(杏仁粥)을 끓여서 대왕대비께 올려 드시게 하겠다고 영조(英祖: 재위 1724-1776)에게 아뢴 일이 나온다. 이에 영조는 행인죽을 올리라고 허락하였다.

이러한 행인죽의 제법은 조선시대 문헌에도 보이지만 일제 강점기까지도 전해졌다. 방신영(方信榮: 1890-1977)의 『조선요리제법(朝鮮料理製法)』(1921) '행인죽'을 보면, 살구씨와 쌀을 양을 같이 준비하되, 살구씨를 살짝 데쳐 속껍질을 벗긴 후 미리 씻어 불려 놓은 쌀과 함께 맷돌에 간다. 그런 다음 체에 걸러 솥에 붓고 죽을 끓인 후 설탕을 넣어 먹으라고 하였다.

또한 살구씨로 만드는 행인정과 역시 1800년대 말의 『시의전서(是議全書)』 등에도 보이지만, 이후 계속 보인다. 그중 손정규(孫貞圭: 1896-1955)의 『우리음식』(1948)에 따르면, 겉껍질을 벗긴 살구씨를 물에 불려 속껍질까지 벗긴 후 삶다가 꿀을 넣고 잠깐 끓이라고 하였다. 그러면서 살구씨는 오래 삶는다고 연해지지 않는다고 덧붙였다. 여기에서는 꿀을 썼지만, 행인정과는 살구씨에 설탕이나 조청을 넣어 만들기도 한다. 특히 행인정과는 '각색정과'에 포함되어 왕실의 잔칫상에 오르는 음식이었다. 일반인들에게는 조대비(趙大妃)로 더 익숙한 신정왕후(神貞王后: 1808-1890)의 칠순(七旬)을 축하하기 위해 1877년 12월 창경궁에서 거행한 잔치를 기록한 『진찬의궤(進饌儀軌)』에도 대왕대비 등에게 올린 각색정과의 재료에 당행인(唐杏仁)이 포함되어 있다.

한편 허준(許浚: 1539-1615)은 『동의보감(東醫寶鑑)』(1613)의 '행인죽'에서 살구씨가 개의 독을 없앤다고 하였고, 빙허각 이씨(憑虛閣 李氏: 1759-1824)의 『규합총서(閨閤叢書)』 '개찜[蒸狗法]'에는 개고기를 먹고 살구씨를 까먹으면 체하지 않는다고 하였다. 이러한 살구의 효능은 현재까지도 민간의 의료지식으로 전해지고 있다. 특히 살구라는 명칭이 한자로 '殺狗(살구)'라고 보아, 미친개에게 물리면 걸리는 광견병에 살구씨가 약이 된다든가, 개고기를 먹고 체한 데 살구씨가 효과가 있다고 믿었던 것이다(〈경향신문〉 1974년 7월 13일자).

분류 : 식재료
참고문헌 : 『세종실록』; 작자 미상, 『박해통고』(한국전통지식포탈); 『승정원일기』; 방신영, 『조선요리제법』(광익서관, 1921); 손정규, 『우리음식』(삼중당, 1948); 작자 미상, 『시의전서』; 『진찬의궤(1877년)』; 허준, 『동의보감』(한국전통지식포탈); 빙허각 이씨, 『규합총서』; 「新東醫寶鑑(52) 살구와 杏仁」, 〈경향신문〉 1974년 7월 13일
필자 : 김혜숙

살구편과 살구떡

살구는 따서 제철에는 살구편을 만들고, 말려두었다가 떡이나 단자로도 조리하였다.

살구편은 봄에 살구가 제철일 때 많이 만들어 두었다가 먹는 색이 고운 음식이다. 1800년대 말로 추정되는 한글필사본 조리서인 『술 만드는 법』을 보면, 살구편을 만드는 방법은 앵두편이나 오미자편과 같다. 먼저 살구를 주물러서 체에 걸러 살구즙을 내고, 여기에 녹말을 탄 꿀물을 넣어 한소끔 끓여 편평한 그릇에 퍼서 굳기를 기다렸다 잘라서 먹는데, 살구에 치잣물을 들여 만들면 곱게 된다고 했다.

살구떡은 살구로만 만들기도 하지만, 도행병(桃杏餠) 또는 행도병(杏桃餠)이라 하여 복숭아와 함께 떡을 찌는 일도 많았다. 빙허각 이씨(憑虛閣 李氏: 1759-1824)의 『규합총서(閨閤叢書)』(1815년경)의 '도행병'을 보면, 씨를 제거한 복숭아와 살구의 과육을 쪄서

체에 거른 것과 멥쌀가루나 찹쌀가루를 버무려 볕에 말려 떡가루를 만들어 두었다가, 멥쌀가루는 가을이나 겨울에 꺼내어 다시 가루 낸 뒤 설탕이나 꿀에 버무려 대추, 밤, 잣, 후추, 계피 등으로 고명하여 시루에다 찌라고 하였다. 또한 찹쌀가루는 구멍떡을 삶아 볶은 꿀팥으로 만든 소를 안에 넣은 후 겉에는 꿀팥이나 잣가루를 묻혀서 단자를 만들면 되는데, 이 단자를 먹으면 살구 향기가 입에 가득하여 신기하다고 하였다.

분류 : 음식
참고문헌 : 작자 미상,『술 만드는 법』; 빙허각 이씨,『규합총서』
필자 : 김혜숙

삼치

농어목 고등엇과에 속하는 바닷물고기이다.
서유구의『난호어명고(蘭湖魚名考)』에 삼치는 한글로 삼치, 한자로는 마어(麻魚)로 표기한다고 하였다. 세종실록지리지에는 망어(亡魚)로 표기되어 있다. 서유구는 위 책에서 "어가(漁家)에서는 즐겨 먹지만 사대부 집에서는 요리로 먹는 경우가 드무니, 그 이름을 싫어해서"라고 밝히고 있다. 한자 표기에 망할 망(亡)자가 들어 있기도 하지만 삼치는 저장이나 보관이 곤란해 산지가 아니면 먹기 어려운 생선인 것으로 보인다. 삼치는 1m 이상 자라고 무게도 7kg 이상 나가는 대형 어종이며 동·서·남해 모두에서 잡히지만 역시 주산지는 전라남도 청산도 이남에서부터 남해의 거문도, 추자도, 제주도 일대이다. 남해 삼치는 일본으로 수출된다.

삼치는 그물로 잡기도 하지만 긴 대나무 한두 개를 배 뒤쪽 고물에 늘이고, 끝에는 추를 여러 개 달고 바늘에는 반짝이는 인조 미끼를 달아 배를 모는 전통 어법으로 잡기도 한다. 트롤 어법과 비슷한, 일종의 끌낚시이다. 고등어나 멸치 등을 잡아먹는 포식성인 삼치의 습성을 이용하여 삼치를 포획하는 방식이다. 어부는 낚싯줄을 잡고 손의 감각으로 삼치의 입질을 알아챈다. 이렇게 잡힌 삼치는 대개 크기가 커서 횟감으로 인기가 높다. 제주도 일대에서는 삼치가 가을철 갈치 채낚기 어선에서 손님고기로 자주 잡히기도 한다. 삼치 이빨은 무척 날카로워 어부들은 조심스럽게 다룬다. 삼치는 조림으로도 먹지만 고등어, 꽁치, 조기 등과 함께 구이로 먹는 대표 생선이다. 서울이나 인천 등 지역에서는 삼치구이를 내는 식당도 많고, 일반 가정에서도 삼치구이를 많이 먹는다. 삼치는 간을 해서 굽기도 하며, 간을 하지 않은 삼치는 겨자를 푼 간장에 찍어 먹기도 한다. 구이로 먹는 삼치는 대개 50cm 미만의 작은 것이지만 남해 지역에서는 60cm 이상 큰 삼치를 회로 먹기도 한다. 특히 거문도, 추자도나 여수를 비롯한 남해 도서 지역의 현지인들은 가을 기름이 오른 삼치를 '쇠고기보다 삼치맛' 혹은 '이로 먹지 않고 혀로 먹는다'는 말을 할 정도로 회 맛에 대해 극찬을 아끼지 않는다. 특히 회로 먹을 때는 뱃살 부분이 기름기가 많아 더욱 고소한 맛을 낸다고 한다. 삼치회는 익은 배추김치나 갓김치에 싸서 먹기도 하고, 김에 싸서 양념장에 찍어 먹기도 한다. 전남 여수 일대에는 삼치회를 전문으로 내는 식당이 여럿 있다. 그 밖에도 삼치는 스테이크 식으로 구워 먹는 등 여러 요리법이 개발되어 있다.

고등어, 꽁치와 함께 등푸른 생선을 대표하는 삼치는 DHA를 비롯한 여러 영양 성분을 함유하고 있어 치매 예방, 기억력 증진 등에 효과가 있는 것으로 알려져 있다. 특히 봄 삼치보다는 가을 삼치가 살에 기름

삼치 몸통과 머리 구이©하응백

이 올라 더욱 맛이 있다. 삼치는 살이 희고 부드러워서 주로 구이로 먹으며, 담백한 맛이 난다.

분류 : 식재료
색인어 : 삼치
참고문헌 : 황선도『우리가 사랑한 비린내』(서해문집, 2017), 한창훈『인생이 허기질 때 바다로 가라』(문학동네, 2010), 서유구, 이두순 역『평역난호어명고』(수산경제연구원북스, 2015)
필자 : 하응백

삼치(역사)

등이 검푸른 생선인 삼치는 고등엇과에 속하는 바닷물고기이며, 주로 구이나 조림을 해 먹는다. 또한 망어란해(芒漁卵醢)라 하여 삼치 알로 젓갈을 담그기도 한다.

조선시대의『신증동국여지승람(新增東國輿地勝覽)』에는 경기 인천도호부의 토산으로 망어(魟魚), 충청도 홍주목·서천군·서산군·태안군·비인현·남포현·결성현·보령현, 황해도 해주목, 강원도 강릉대도호부·평해군·고성군·흡곡현, 함경도 함흥부·안변도호부·덕원도호부·문천군·북청도호부·단천군·이성현·홍원현·경성도호부·길성현·명천현·결성도호부·회령도호부·경흥도호부·부령도호부의 토산으로 마어(麻魚)가 난다고 하였다. 또한『세종실록(世宗實錄)』「지리지(地理志)」에는 경기 부평도호부, 충청도 홍주목에 망어(亡魚)가 잡힌다고 기재되어 있다. 세 문헌의 명칭은 각각 다르지만, 경기도, 충청도, 황해도, 강원도, 함경도에서 난다는 망어(魟魚), 마어(麻魚), 망어(亡魚)는 바로 삼치를 의미한다.

위와 같이 많은 지역에서 잡혔던 삼치는 조선시대의 문집이나 조리서에는 이상하리만큼 거의 기록이 보이지 않는다. 일제 강점기까지만 해도 최남선(崔南善: 1890-1957)은『조선상식문답(朝鮮常識問答)』(1946)에서 조선의 10대 어업 중 망어, 즉 삼치잡이를 꼽을 정도로 삼치는 흔하게 잡히는 어물(최남선, 2007: 71쪽)이었으니 그 정도로 기록이 드문 것은 납득하기 어려울 정도다. 그 이유는 서유구(徐有榘: 1764-1845)의『난호어목지(蘭湖漁牧志)』「어명고(魚名攷)」를 보면 짐작할 수 있다.

서유구에 따르면, 맛이 매우 감미로운 삼치는 북쪽 사람들은 '麻魚(마어)'라고 부르고 남쪽 사람들은 '魟魚(망어)'라고 부르는데, 어민들은 즐겨 먹지만 사대부가에서는 그 이름을 싫어하여 음식으로 만들어 먹는 경우가 드물다고 하였다(서유구 저, 이두순 평역, 2015: 195쪽). 이에 대하여 어류학자 정문기(鄭文基: 1898-1995)는 1939년 6월 27일자 〈동아일보〉에「조선중요수산물 중 제14위」라는 제목으로 삼치를 소개하면서, 점점 사라져가는 미신이기는 하지만 1939년 당시까지도 삼치를 관혼상제(冠婚喪祭) 때에는 사용하지 아니하는 지방이 허다하다고 썼다. 그러면서 당시에는 삼치를 서남(西南) 지역 사람들은 '삼치(參致)', '삼치(三治)'로, 동남(東南) 지역 사람들은 '망어(亡魚)', '망어(忘魚)', '마어(馬魚)'로 썼는데, 일반적으로는 '마어(麻魚)'라고 부른다고 정리하였다.

따라서 유독 삼치의 한자 이름에 많이 들어가는 '망' 자가 망할 '망(亡)' 자와 음이 같아서, 사대부들은 삼치를 꺼려하였고, 글을 기록할 수 있는 사대부나 사대부가의 부인들이 삼치를 먹지 않으니 삼치에 관한 기록이 찾기 어려워졌다고 볼 수 있다. 또한 1905년에 조사된『한국수산업조사보고』에서 충청도 연해에서는 삼치를 '우어(憂魚)', 즉 근심스러운 물고기라 하여 먹기를 기피하는 경향이 있다고 하였으니(이두순 글, 2016: 108쪽), 조선시대에 삼치는 어느 지역에서나 환영받는 물고기는 아니었던 듯하다. 이와 같이 이름 때문에 먹지 않았던 어물에는 낙지도 있었다. 이덕무(李德懋: 1741-1793)의『청장관전서(靑莊館全書)』에 따르면, 낙지가 '낙제(落第)'와 음이 비슷하여 조선시대에 과거 시험을 앞둔 수험생들은 낙지를 먹지 않았다고 한다.

다만, 김려(金鑢: 1766-1822)의『우해이어보((牛海異魚譜)』를 보면, 1801년 신유박해(辛酉迫害)에 연루되어 그해 4월부터 유배되어 있던 경상남도 진해(鎭海: 현재의 창원시 마산합포구 진동면 일원)에서는 삼치를 진미(珍味)로 여긴다고 기록하였으니 지역마다 삼치에 대한 평가는 달랐음을 알 수 있다. 서유구가 『난호어목지』에서 어민들은 삼치를 먹는다고 하였으니, 김려가 유배되어 있던 해안 지역에서도 어가(漁家)에서는 삼치를 먹었던 것이다. 또한 김려는 삼치는 가을에 알을 낳는데, 알을 입에 품었다가 얕은 물가에 모래가 많은 곳에 구멍을 파고 묻어 두면, 진해 사람들은 그 알을 용의 알[龍卵]이라고 하며 매년 서리가 내린 뒤에 쇠갈고리 끝으로 모래를 긁어서 알을 찾은 후 캐내어 젓갈을 담는다고 하였다. 그러면서 이 망어란해의 맛은 아주 좋은데, 말려서 먹어도 맛이 일품이라고 평하였다(최헌섭·박태성 지음, 2017: 15, 273-274쪽).

분류 : 식재료
색인어 : 고등어, 어란, 낙지
참고문헌 : 『신증동국여지승람』; 『세종실록』「지리지」; 최남선 지음, 최상진 해제, 『조선의 상식』(두리미디어, 2007); 이덕무, 『청장관전서』; 서유구 저, 이두순 평역, 강우규 도판, 『평역 난호어명고』(수산경제연구원BOOKS·블루&노트, 2015); 이두순 글, 강우규 그림, 『신역 자산어보』(목근통, 2016); 최헌섭·박태성 지음, 『최초의 물고기 이야기-신우해이어보』(경상대학교출판부, 2017); 〈동아일보〉
필자 : 김혜숙

삼해주

삼해주는 해일(亥日: 돼지날)마다 세 번에 걸쳐 빚은 술을 뜻한다. 음력 정월 첫 해일(亥日) 해시(亥時)에 술을 빚기 시작하여, 12일째 되는 해일 해시나 혹은 36일째 되는 해일 해시를 택하여, 12일 또는 36일 간격으로 세 차례에 걸쳐 술을 빚어 만든다. 삼해주는 겨울에 빚어 버들개지 날리는 봄에 즐긴다 하여 유서주(柳絮酒)라는 이름으로도 불렸고, 또 '춘주(春酒)'로도 불렸다(이행, 『용재집(容齋集)』; 윤기, 『무명자집(無名子集)』).

여기서 술을 세 번 담근다는 것은 발효과정을 세 번 거치는 것을 의미한다. 곡물을 재료로 한 술은 대체로 곡물·누룩·물을 섞은 뒤 일정한 시간이 지나 발효가 되면 걸러서 마실 수 있다. 그런데 발효가 된 뒤에 다시 술밥을 해 넣고 또 다시 발효과정을 거치게 되면, 더 깊은 풍미의 술이 만들어진다. 이처럼, 한 차례 발

효과정을 거쳐 빚은 술을 단양주(單釀酒)라 하고, 두 차례의 발효과정을 거친 것을 이양주(二釀酒), 그리고 발효과정을 세 차례나 거친 술을 삼양주(三釀酒)라고 한다. 그러므로 해일마다 세 번에 걸쳐 빚은 삼해주는 삼양주(三釀酒)에 속한다 할 것이다. 그런데 삼양주는 단양주나 이양주에 비해, 재료가 많이 들고 또 시간도 오래 걸리기 때문에 매우 고급스러운 술이라 할 수 있다.

조선시대 대표적인 여성 조리서인 『음식디미방』에서 장계향(張桂香: 1598-1680)은 삼해주 빚는 법을 다음과 같이 설명하였다. 정월 첫 해일에 쌀가루 3말에 끓인 물 9사발을 첨가해 죽을 만들고, 죽이 식으면 누룩 7되와 밀가루 3되를 섞어 독에 넣는다. 두 번째 해일에는 쌀가루 4말에 끓인 물 12사발로 죽을 만들어 식힌 다음, 다시 술독에 넣는다. 그리고 세 번째 해일이 되면, 백미 13말을 무르게 쪄서 식힌 후 앞서 만든 밑술에 섞어 넣고, 술을 익힌다고 했다. 이외에도 『산가요록(山家要錄)』, 『산림경제(山林經濟)』, 『시의전서(是議全書)』 등과 같은 수많은 문헌에 삼해주 제조법이 수록되어 전한다. 이 같은 사실은 삼해주가 당대 사람들에게 매우 중요한 술이었음을 시사해준다 하겠다.

1993년에 서울시는 삼해주를 서울시 무형문화재로 지정하였다. 현재 삼해주는 청주와 증류주 두 가지가 전하는데, 순조임금의 딸인 복온공주(福溫公主: 1818-1832)가 안동 김씨 집으로 시집을 오면서 전승된 것이라고 한다.

삼해주는 술을 세 번 담그고 세 차례의 발효과정을 거친다. 따라서 술을 빚는 데 그만큼 많은 재료가 들어가고, 오랜 시간과 정성을 요한다. 그러므로 조선시대에는 아무나 삼해주를 마실 수 없었다. 어느 정도 재력을 갖춘 사람들만이 향유할 수 있었고, 또 지방보다는 서울에서 널리 성행했다.

그러다가 조선 후기에 이르면, 경강(京江) 연안을 중심으로 상업이 발달하면서 삼해주 소비가 급증하게 된다. 그리고 이러한 수요를 맞추기 위해 서울 근교의

마포나루에서는 아예 삼해주를 대량으로 생산하는 제조공장이 들어섰는데, 바로 공덕(孔德) 옹막(甕幕)이라는 곳이다. 옹막은 원래 옹기를 굽는 시설이지만, 겨울에는 옹기를 굽지 않으므로 이 옹기가마를 이용해 대량의 삼해주를 빚었던 것이다. 이러한 사실은 홍석모(洪錫謨: 1781-1857)가 쓴 『동국세시기(東國歲時記)』에도 고스란히 기록되어 있다. 그는 "소주는 공덕 옹막에서 삼해주를 빚어내는 독에서 빚어진 천백(千百) 독의 술이 가장 유명하다."고 했다. 이 기록으로 미루어 볼 때, 그 당시 고급 약주인 삼해주를 고아낸 소주도 상당히 성행했던 것으로 추측된다.

그런데 삼해주를 빚기 위해서는 세 차례나 밑술을 해넣어야 하므로, 여기에 소비되는 곡물의 양이 만만치 않았다. 게다가 이렇게 빚은 삼해주를 다시 증류시켜 얻은 소주라니. 곡식으로 이용할 양곡도 변변치 못했던 당시 사정을 감안할 때, 삼해주든, 삼해주를 증류시켜 얻은 소주든 간에, 이러한 고급술의 유통과 유행이 막심한 폐해를 불러왔을 것은 자명한 사실이다. 그래서 조선시대에는 특히 삼해주를 금지시키는 금주령(禁酒令)이 수시로 논의되었다. 정조 19년(1795년)에 한성부 서윤(庶尹) 정지덕은 금주령이 백성을 어지럽힐 수도 있으나 대규모로 술을 빚는 일만큼은 금지시켜야 하며, 특히 삼해주는 양이 많아서 "가장 심하게 곡물을 허비하는 것"이므로 아예 삼해주를 빚지 못하도록 하는 것이 좋다고 건의하였다(『정조실록(正祖實錄)』 정조 19년 11월 28일자 기사). 또한 고종 2년(1865년)에는 삼해주를 금하지 않고 속전을 받고 판매를 허락한 좌우변 포도대장을 엄하게 추고하라는 대왕대비전의 전교가 내려지기도 했다(『승정원일기(承政院日記)』 고종 2년 6월 1일 기사).

분류 : 음식
색인어 : 술, 음식디미방, 산가요록, 시의전서
참고문헌 : 전순의, 『산가요록』(한국전통지식포탈); 장계향, 『음식디미방』(한국전통지식포탈); 이행, 『용재집』; 홍만선, 『산림경제』(한국전통지식포탈); 윤기 저, 이규필 역, 『무명자집』(성균관대학교 대동문화연구원, 2014); 작자 미상, 『시의전서』(한국전통지식포탈)
필자 : 양미경

상식(「기미 음력 시월 십일일 조석 상식 발기」)

상식(上食)은 죽은 이에게 아침과 저녁으로 올리는 음식이다. 아침에 올리는 상식은 조상식(朝上食), 저녁에 올리는 상식은 석상식(夕上食)이라 부른다. 상식의 예법은 돌아가신 분이 살아 계실 때와 마찬가지로 음식상을 차린다. 조선 왕실에도 상식의 예를 행하였으며, 상차림 내용이 음식 발기로 남아 있다. 실제로 왕이나 왕실의 인물이 평소에 먹었던 일상음식을 살필 수 있다.

1919년 음력 10월 11일에 고종(高宗: 재위 1863-1907)의 혼전(魂殿)인 효덕전(孝德殿)에 올린 아침과 저녁 상식에 차린 음식은 '수라, 적두수라, 갈비탕, 양볶이, 계내장초, 염통적, 생선전유어·양전유어, 편육, 각색 좌반, 각색 채, 각색 장과, 식혜, 조침채, 침채, 진장, 개자, 초장, 사과, 화채'로 모두 19그릇이다. 두 종류의 수라(밥)가 올려졌으며, 탕, 볶이, 초(볶음), 적, 전유어, 편육, 좌반, 채, 장과, 식해, 침채(김치) 두 종류, 장 세 종류가 차려졌다. 그리고 후식류에 해당하는 사과와 화채도 함께 올렸다.

1890년(고종 27) 신정왕후 조씨(神貞王后 趙氏: 1808-1890)의 빈전을 이룬 후 산릉에 행차하여 석상식을 차렸다. 진설된 음식의 종류는 '수라, 고음탕, 수어탕(숭어탕), 전복숙, 해찜(게찜), 두태볶이(콩팥볶음), 편포구이(다진 고기를 뭉쳐 말린 뒤 구운 것), 편육, 어적, 양원전·계원전(양과 닭을 각각 다져 만든 완

고종황제 국장 사진, 1907, 국립민속박물관

자전), 각색 좌반, 각색 장과, 각색 채, 각색 혜(젓갈), 염수어적(소금에 절인 숭어구이), 침채, 진장'으로 모두 17그릇이다.

분류 : 의례
색인어 : 상식, 제사, 수라, 적두수라, 고종, 신정왕후
참고문헌 : 『기미 음 시월 십일일 조석 상식 발기』;『경인 팔월 이십구일 성빈다례 석상식 산릉 겸행 발기』; 한식재단 저,『조선 왕실의 식탁』(한림출판사, 2014)
필자 : 이소영

상원 절식(개 보름 쇠듯 한다)

조선 후기 정월 대보름은 일 년 중 가장 큰 명절 중의 하나였다. 그래서 대보름날에는 각양각색의 음식을 갖추고, 다양한 의례와 놀이를 하며 하루를 즐겼다. 특히 이날은 상원 절식(上元 節食)이라고 하여 귀밝이술, 약밥, 오곡밥, 부럼, 진채, 복쌈 같은 음식을 만들어 먹는 풍속이 있었다. 이처럼, 대보름날에는 먹을 것이 풍부하여 모두가 배불리 먹을 수 있었다.

하지만 이처럼 풍요로운 날에 유독 개[狗]만은 굶주림에 시달려야 했다. 이는 대보름날 개를 먹지 않는 풍습에서 유래한 것으로, 이날 개를 먹으면 파리가 많

작자 미상, 개[犬圖], 조선, 33.9×29.4cm, 국립중앙박물관

이 꾀고 개가 마른다는 속신이 있었다(『경도잡지(京都雜誌)』,『동국세시기(東國歲時記)』). 조선 후기의 문인 김려(金鑢: 1766-1822)도『담정유고(潭庭遺藁)』에서 대보름날 밥을 아홉 그릇 먹고 길쌈 아홉 광주리를 하고 아홉 짐의 나무를 하면 일 년 내내 배가 부르다고 해서 모두들 길쌈과 나뭇짐 하기조차 어려울 만큼 배불리 먹는데, 유독 개만은 혼자 굶는다며 안타까워했다. 그러면서 이날 개를 먹지 않으면 개가 더위병에 걸리지 않는다고 적고 있다. 이 때문에 항간에서는 굶는 것을 비유하여 '개 보름 쇠듯 한다'는 속담이 유행하였다.

한편, 백가반(百家飯)이라고 하여 여러 집을 돌며 얻어온 밥을 개와 절구에 마주앉아 먹으면 병에 걸리지 않는다고 하는 대보름 풍속이 있었다. 따라서 백가반과 대보름날 개를 굶기는 풍속은 서로 상충되는 부분이 있다 할 것이다.

분류 : 의례
색인어 : 속담, '개 보름 쇠듯 한다', 상원 절식(上元 節食), 백가반(百家飯)
참고문헌 : 겸려 저, 허경진 역,『담정유고』(평민사, 1997); 유득공 저, 최대림 역,『경도잡지』(홍신문화사, 2006); 홍석모 저, 최대림 역,『동국세시기』(홍신문화사, 2006)
필자 : 양미경

상원 팥죽

정월 대보름에 절식(節食)으로 팥죽을 쑤어 먹었는데, 이를 상원 팥죽이라 한다. 이때 먹는 팥죽은 한 해 동안의 무병장수를 기원하는 마음을 담고 있다.

절식(節食)으로 먹는 팥죽은 동지 팥죽이 가장 유명하지만, 정월 대보름 기간에도 팥죽을 쑤어 먹었다. 홍석모(洪錫謨: 1781-1857)는『동국세시기(東國歲時記)』에서 대보름 전에 팥죽을 쑤어 먹는 풍속에 대해 기술하면서, 이는 종늠(宗懍)이 살던 중국 형초(荊楚) 지역에서 유래한 풍속이라고 덧붙이고 있다. 그에 따르면, 형초 지역에서는 정월 대보름날 문에 제사를 지내는데, 버드나무 가지를 문에 꽂은 다음 팥죽에 젓가락을 꽂아서 제사를 지낸다고 하였다.

중국의 가장 오래된 농서인『제민요술』에서 "정월 초

하룻날 아침에 버드나무 가지를 꺾어 문간에 달아두면 백 가지 잡귀신이 들어오지 못한다."고 한 것으로 보아 문에 버드나무 가지를 꽂는 행위는 잡귀를 물리치기 위한 벽사(辟邪)의 의미로 해석된다. 그리고 귀신이 싫어하는 붉은색 팥죽을 제물로 올린 것 또한 축사(逐邪)의 의미를 지닌다 할 것이다.

따라서 정월 대보름에 팥죽을 쑤어 먹는 데에는 겨울을 넘기고 새봄을 맞이하면서 한 해 동안의 무병장수를 기원하는 마음이 담겨 있다.

분류 : 의례
색인어 : 팥죽, 정월 대보름, 상원, 동국세시기, 형초세시기, 벽사(邪), 축사(逐邪)
참고문헌 : 홍석모 저, 최대림 역,『동국세시기』(홍신문화사, 2006); 이상희,『꽃으로 보는 한국문화 3』(넥서스, 2004)
필자 : 양미경

새우

새우는 바다에서 사는 새우와 민물에서 사는 새우가 있다. 민물새우도 지역에 따라 음식을 만들어 먹었지만 찌개나 탕 정도로 다양하지는 않았고, 민물새우로 만든 음식 중에는 전라도의 향토음식인 토하젓이 널리 알려져 있다. 하지만 나오는 양이 얼마 되지 않아 한국에서는 주로 바다 새우를 식용해왔다. 바다 새우는 조선시대나 일제 강점기까지는 생으로 먹기도 했지만, 주로 말렸다가 조리하였고 소금에 절여 새우젓을 만들어 썼다.

『세종실록』「지리지」와『신증동국여지승람(新增東國輿地勝覽)』에 따르면, 바다 새우는 주로 경기도, 충청도, 전라도, 황해도, 평안도 등 서해안과 남해안에 위치한 지역에서 산출되었다. 서유구(徐有榘: 1764-1845)의『난호어목지(蘭湖漁牧志)』「어명고(魚名攷)」에서도, 동해에는 새우가 나지 않으므로 소금에 절여 젓갈을 만들어 전국팔도로 보내는 것은 서해의 강하(糠蝦), 속칭 세하(細蝦)이며, 소금을 덜 치고 말린 것은 미하(米蝦), 색깔이 흰 것은 백하(白蝦)라고 한다고 했다. 또한 '海蝦(해하)', '紅蝦(홍하)'라고 하는

대하(大蝦)는 회로도 먹을 수 있고 국을 끓여도 되며 말리면 좋은 안주가 된다고 썼다(서유구 저, 이두순 역, 2015: 285쪽).

또한 홍만선(洪萬選: 1643-1715)은『산림경제(山林經濟)』에서 새우[蝦]를 다루면서, 대하, 중하, 세하의 쓰임을 나누어 설명하였다. 대하는 쪄서 햇볕에 말려 먹으면 맛있고, 중하(中蝦)는 햇볕에 말려서 껍질을 벗기고 속살만 꺼내서 가루 낸 것을 자루에 담아 장독에 넣어두거나 아욱국에 섞어 먹으면 아주 좋다고 했다. 또 중하는 기름과 장으로 볶은 후 햇볕에 말려 먹기도 하였다. 작은 새우[細蝦]는 젓갈을 담그면 좋은데 젓국으로 생선이나 고깃국을 끓이면 모두 맛있지만 특히 돼지고기와 두붓국에 넣으면 좋다고 덧붙였다.

방신영(方信榮: 1890-1977)의『조선요리제법(朝鮮料理製法)』(1934)에도 말린 새우 중에 작은 것으로는 아욱국을 끓이면 맛있고, 간장에 갖은 양념하여 무쳐도 좋고, 큰 것은 껍질을 벗기고 물에 불려서 반으로 갈라 전유어를 부치거나 지짐, 전골 등에 넣으면 좋다고 하였다.

이와 같이 새우는 대개 크기에 따라 쓰임이 조금씩 달랐는데, 대하, 즉 왕새우는 생으로 대하회를 먹기도 하지만, 주로 찐 다음에 말려 두었다가 전유어, 대하찜, 대하무침, 대하구이, 대하젓 등을 만들었다. 새우찌개는 대하나 중하 둘 다 쓸 수 있으며, 중하는 국의 국물 맛을 내는 데 많이 쓰거나 무쳐 먹거나 새우장을 만들었다. 작은 새우는 새우젓을 담갔는데, 새우젓으로는 평안도 지역에서는 '무이징게국'이라고도 하는 무새우국을 끓였고, 전주의 콩나물국밥, 알찌개, 달걀

동해안에서 잡히는 각종 새우, 도화새우와 닭새우가 보인다.ⓒ하응백

찌개, 연포탕, 민어찌개, 무찌개와 같은 국물 음식을 만들 때와 애호박볶음을 만들 때 간을 맞추는 데 쓰기도 했다. 또한 돼지고기 편육을 먹을 때도 새우젓이 빠지지 않았다.

한편 대하로는 전복다식이나 대구다식처럼 해물을 재료로 한 다식도 만들었다. 이러한 다식은 주로 이가 좋지 않은 집안 어른을 봉양하기 위해 재료를 가루 내어 부드럽고 먹기 좋게 만들어 상에 올리는 음식이다. 『윤씨음식법(尹氏飮食法)』(1854 추정)을 보면, 대하다식은 봄에는 반쯤 건조한 생대하를 저며서 만들고, 다른 시기에는 말린 대하 가루를 쓴다. 말린 대하는 보관하다 보면 쉽게 부서져서 가루가 생기는데, 이것을 모아서 가루로 만들어 여기에 기름, 후추, 잣가루를 넣고 반죽하여 다식판에 박으면 색도 곱고 맛도 좋은 대하다식이 된다. 다만, 대하 가루는 뭉치기가 어려우니까 깨끗한 풀을 조금 타서 반죽하라고 하였다.

분류 : 식재료
색인어 : 조선요리제법, 전복, 대구, 무, 도문대작, 조선무쌍신식요리제법, 죽순, 숭어, 어란
참고문헌 : 『세종실록』「지리지」; 『신증동국여지승람』; 서유구 저, 이두순 평역, 강우규 도판, 『평역 난호어명고』(수산경제연구원BOOKS·블루&노트, 2015); 홍만선, 『산림경제』(한국전통지식포탈); 방신영, 『조선요리제법』(한성도서주식회사, 1934); 작자 미상, 『윤씨음식법』
필자 : 김혜숙

민물새우(「목계장터」)

하늘은 날더러 구름이 되라 하고
땅은 날더러 바람이 되라 하네
청룡 흑룡 흩어져 비 개인 나루
잡초나 일깨우는 잔바람이 되라네
뱃길이라 서울 사흘 목계 나루에
아흐레 나흘 찾아 박가분 파는
가을볕도 서러운 방물장수 되라네
산은 날더러 들꽃이 되라 하고
강은 날더러 잔돌이 되라 하네
산서리 맵차거든 풀 속에 얼굴 묻고
물여울 모질거든 바위 뒤에 붙으라네
민물새우 끓어 넘는 토방 툇마루

석삼년에 한 이레쯤 천치로 변해
짐 부리고 앉아 쉬는 떠돌이가 되라네
하늘은 날더러 바람이 되라 하고
산은 날더러 잔돌이 되라 하네

신경림(申庚林: 1936-)의 시집 『새재』(1979)에 수록된 시 「목계장터」이다. 신경림은 주로 농민의 설움과 고단함을 노래하며 농촌 현실을 표현한 시인이다. 1956년 『문학예술』에 이한직의 추천을 받아서 시 「낮달」, 「갈대」, 「석상」 등을 발표하면서 문단에 나왔다. 민중의 삶에 뿌리박은 민요풍의 시에서 출발하여 인생과 사회를 넓게 조망하는 공동체 지향의 시로 세계가 확대되었다. 시집으로 『농무』, 『새재』, 『달넘세』, 『남한강』, 『가난한 사랑노래』, 『길』, 『쓰러진 자의 꿈』 등이 있으며, 평론집으로 『삶의 진실과 시적 진실』, 『민요기행』, 『우리 시의 이해』 등이 있다.

이 시는 시인의 고향인 충주 근처 남한강 나루에 있던 목계장터를 배경으로 한 작품이다. 시인이 이 시를 쓰던 1970년대에 목계장터는 사라지고 없었지만, 시인은 목계장터의 옛 모습을 염두에 두고 세상에 얽매이지 않고 자유롭게 살아가던 상인들을 떠올리며 자신의 자유로운 유랑의 꿈을 펼쳐낸 것이다. 자연과 어울린 여유로운 삶의 모습을 자유롭고 흥겨운 민요의 가락으로 표현했다. 이 시에 등장하는 민물새우는 토속적인 삶의 소박한 정취를 살리는 역할을 한다.

신경림 시인의 시집 『농무』는 「창비」 시인선의 처음을 장식했다. 사진은 「창비」 시인선의 여러 시집들

분류 : 문학
색인어 : 목계장터, 신경림, 민물새우
참고문헌 : 신경림, 『새재』(창비, 1979)
필자 : 이숭원

새우알젓[蝦卵醢]

새우알젓은 '하란젓'이라고도 하며 한자로는 '蝦卵(하란)' 또는 '蝦卵醢(하란해)'라고 한다. 이 젓갈은 대하(大蝦), 즉 왕새우의 알로 담근 것으로, 주로 젓갈만 안주로 먹거나 두부찌개나 죽순채를 요리할 때 조금 넣어 맛을 돋우는 데 쓴다.

조선시대의 미식가로 알려진 허균(許筠: 1569-1618)은 음식품평서인 『도문대작(屠門大嚼)』에서 대하는 서해에서 나며, 평안도에서 나는 새우알로 젓을 담그면 아주 좋다고 하였다. 서해에서 주로 나기 때문인지 정조(正祖: 재위 1776-1800) 때까지도 하란젓은 황해도의 해주, 연안, 배천, 황주, 봉산, 재령, 안악, 장련 등 8개 읍에서 나누어 봉진하는 식품이었다. 하지만 매년 봉진하는 일이 어렵고 폐단이 너무 크다는 황해감사의 건의를 받아들인 정조가 더 이상 하란을 봉진하지 말라고 명한 바 있다(『일성록(日省錄)』정조 14년(1790) 8월 18일자 기사).

이러한 하란젓은 1800년대 말에 나온 한글필사본 조리서인 『시의전서(是議全書)』각색 젓갈에도 보이지만, 조선시대는 물론 그 이후에도 누구나 맛볼 수 있는 음식은 아니었다. 1940년에 나온 『조선요리학(朝鮮料理學)』의 필자인 홍선표(洪善杓: ?-?)는 새우알젓이 얼마나 귀하고 비싼 음식인가를 다음과 같이 서술하였다. 그에 따르면, 우리 음식 가운데 가장 귀중하고 고가(高價)인 것을 꼽자면 새우알젓[蝦卵], 숭어, 어란, 표고 등이 있는데, 이것은 맛도 있지만 값도 상당히 비싼 까닭으로 여유가 있는 사람도 주저하고 먹지 못하는 사람이 있을 정도이니, 하물며 넉넉지 못한 가정에서는 먹을 생각은 아예 하지도 못할뿐더러 하란젓 같은 것은 구경조차 못하였다는 사람을 많이 보았다고 하였다(〈동아일보〉1937년 10월 4일자).

새우알젓이 이와 같이 귀하고 비싼 이유는 어류학자인 정문기(鄭文基: 1898-1995)가 설명하였다. 그에 따르면, 전라북도 옥구, 경기도 수원, 평안남도 한천(漢川) 지역 등의 특산인 하란(蝦卵), 즉 새우알젓은 천하일품이어서 술안주로는 젓갈 중 가장 맛있는 음식이다. 하지만 새우알젓은 몇 백 마리의 어미 새우에서 겨우 한 주먹을 제조할 수 있을 뿐 아니라 알을 채취할 수 있는 시기도 일정하게 정해져 있어서 얻기가 대단히 어려운 음식이어서 가격도 아주 비싼 것이다(〈동아일보〉1939년 5월 12일자).

새우알젓을 먹는 법에 대해서는 이용기(李用基: 1870-1933)의 『조선무쌍신식요리제법(朝鮮無雙新式料理製法)』(1936)에 자세하다. 그 내용을 보면, 새우알젓은 다른 음식이나 식재료와 함께 곁들여 먹는 것이 아니며, 진간장을 넣고 오래 개서 술안주로 먹으면 아무도 싫어하는 사람이 없다고 했다. 또 새우알젓이 오래되면 덩어리가 지고 표면에 곰팡이가 피지만, 속은 말갛기 때문에 간장에 섞으면 먹을 수 있다면서 이용기 자신은 하란젓이 게알젓[蟹卵醢]보다 몇 배나 맛이 좋다고 평하였다. 하란젓 중에 제일 값이 많이 나가는 것은 새우알젓 한 사발에 새우알이 한 동이, 소금이 3되나 든다고 하였다. 또한 간장을 넣지 않고 산사편처럼 썰어서 술안주로 쓰면 더욱 좋고, 두부찌개에 밤톨만큼만 넣고 끓여도 한 뚝배기가 되며 죽순채, 즉 죽순 나물을 조리할 때도 하란젓이나 새우알을 넣어 먹으면 아주 좋다고 소개하였다.

분류 : 음식
참고문헌 : 허균 저, 신승운 역, 『도문대작』(한국고전번역원, 1984);『일성록』; 작자 미상, 『시의전서』; 홍선표, 「가을이 되면 입맛돋는 송이버섯의 진미」, 〈동아일보〉1937년 10월 4일; 「朝鮮重要水産物(十一) 새우〈一〉」, 〈동아일보〉1939년 5월 12일; 이용기, 『조선무쌍신식요리제법』(영창서관, 1936)
필자 : 김혜숙

새우젓(이안눌)

연안 사또 고맙기도 하여라
은근한 정을 이렇게 표하셨구나
평소 좋아하던 붉은 새우젓이라
신선의 단약조차 부러울 것 없네
병든 입이라 맛난 것 먹어야 하겠건만
늙은 나에게도 은혜를 베풀어주셨네
가끔 한 잔 술에 안주로 삼겠으니
밥 더 먹게 할 뿐만은 아니라 하겠네

多謝鹽州伯 殷勤露肺肝
平生紫蝦醢 不羨碧霞丹
病口須滋味 餘波及老殘
時時佐巵酒 非獨勸加飧

*이안눌, 「연안부사 오여완에게 삼가 부친다[奉寄延安吳府使汝完]」

이안눌(李安訥: 1571-1637)은 본관이 덕수(德水)고 자는 자민(子敏), 호는 동악(東岳)이며 조선 중기 최고의 시인으로 평가된다. 문집『동악집(東岳集)』이 전한다. 이 작품은 벗 1630년 오준(吳竣: 1587-1666)으로부터 새우젓을 선물로 받고 사례하여 지은 오언율시다. 이안눌은 평소 새우젓을 좋아하였기에 신선이 먹는 단약보다 더 반갑다고 하고, 오준이 먹어야 할 귀한 새우젓을 나누어준 데 대해 거듭 감사의 뜻을 표하였다. 이 시를 보면 새우젓은 밥반찬뿐만 아니라 간단한 안주로도 사랑받았음을 알 수 있다. 연안부사로 있던 오준은 몇 달 후에도 이안눌에게 새우젓에 버무린 오이김치 한 단지를 보내주어 "붉은 새우 푸른 오이 함께 소금에 절여, 한 단지 가득 담아 보내주셨네[蝦紫瓜靑共漬鹽 一缸盛出十分添]."라 한 바 있다. 새우젓은 여러 음식에 가미하는 용도로도 사용하였지만 그 자체로도 좋은 반찬이었다. 소세양(蘇世讓: 1486-1562)이 고창 사또로부터 쌀과 함께 새우젓을 받고 사례하여 지은 작품에서 "붉은 새우 젓갈로 담아 복사꽃 같은데, 향긋하게 지은 밥은 백옥과 백설의 빛이라[紫蝦醢漬桃花色 白粲香炊玉雪光]."라 한 대로 흰 쌀밥에 붉은 새우젓은 환상적인 조합이라 하겠다.

그뿐 아니라 새우는 탕으로도 맛이 있다. 이서우(李瑞雨: 1633-1709)는 인천에 사는 사람이 농어와 함께 새우를 보내주기에 그 고마움을 이렇게 노래하였다. "바닷가에서 올 아침에 보내준 것, 두 종의 진귀한 해물이라네. 긴 수염 등이 굽은 새우에, 큰 입과 가는 비늘 농어라네. 벌겋게 끓인 탕이 사발에 넘치고, 서리처럼 하얀 회가 가늘게 썰려 있네. 그저 채소라도 답할 것 없기에, 봄이 가득한 산에서 부끄러울 뿐[海鮿

今朝至 時鯉二種珍 長鬚仍曲背 巨口又纖鱗 茜爛羹杯溢 霜飛膾縷新 獨無蔬菜報 慙愧滿山春]."이라 하였으니, 하얗게 썬 농어회와 붉게 끓여낸 새우탕 역시 입맛을 당기게 한다.

찜도 빠질 수 없다. 서거정(徐居正: 1420-1488)은 찐 새우를 두고 "맑고 잔잔한 무논에서 새우를 잡아서, 은근한 요리사가 붉게 쪄서 내어 놓았네. 새벽이라도 한 끼 밥반찬이 될 만하니, 식전방장 풍성한 음식에 부끄러울 것 없다네[水田淸淺蝦可罾 廚子殷勤爛赤蒸 也可晨昏供一饌 食前方丈愧何曾]."라 하였다. 무논에서 그물로 잡은 붉은 새우를 쪄서 내어놓았으니 껄끄러운 아침밥이라도 한 그릇 금방 비워졌을 것이다.

분류 : 문학
색인어 : 새우, 새우젓, 새우탕, 새우찜, 오이김치, 농어, 이안눌, 이서우, 서거정
참고문헌 : 이안눌,『동악집』; 소세양,『양곡집』; 이서우,『송곡집』; 서거정,『사가집』
필자 : 이종묵

조선찬에 없어서는 안 되는 새우젓의 호불호(홍선표)

『조선요리학』의 저자 홍선표(洪善杓)는 1937년 8월 17일 〈동아일보〉에 새우와 새우젓에 관한 내용을 쓴 「조선찬에 없어서는 안 되는 새우젓의 호불호」라는 글을 기고한다.

홍선표는 조선의 가정에서 만드는 여름 반찬 중 새우젓 만들기가 조기젓 만드는 것과 함께 매우 중요한 일이라고 강조하면서, 이제는 교통이 발전하여 새우젓도 이전과는 다른 방식으로 만들어져야 함을 주장했다.

특히 홍선표가 문제 삼은 점은 새우젓과 교통 발달과의 관계로 교통 사정이 나아지기 이전에는 제철에 새우를 사두지 않으면 새우젓을 만들 수 없었으나 홍선표가 글을 쓴 1937년에는 오히려 제철에는 사람들이 새우젓을 담기 위해 새우를 많이 사므로 좋은 새우를 구하기 어렵게 되었다는 것이었다. 그래서 홍선표는 오히려 세우의 제철이 서너 달 정도 지난 8월에 새우를 사서 젓갈을 담는 것이 나을 수 있다고 조언한다.

홍선표는 새우젓을 구매할 때 주의사항에 대해서도 이야기했다. 우선 새우젓을 살 때는 생산지에서 만들어진 후 곧바로 독에 담아져 온 것을 사라고 권유한다. 홍선표가 글을 쓴 1937년은 노구교 사건으로 중일전쟁이 본격화되던 시기로 중국

새우젓독, 1945년 이후, 입지름 18.5cm, 바닥지름 16cm, 높이 28.5cm, 국립민속박물관

으로 팔려야 할 많은 새우들이 팔리지 않게 되어 새우 값이 많이 싸졌고 생산도 많아져 독에 다 담지 못하고 배에 절여 온 후 중간에 독에 담는 것들이 많다고 하면서 이런 새우젓은 상대적으로 좋지 않다고 평하고 있다.

홍선표는 이 글에서 새우 생산에 대해서도 자세히 서술했다. 새우는 조선반도의 대부분의 해안에서 잡히지만 특히 황해도 해주 수업이라는 곳에서 가장 많이 잡히고 그 다음으로 전라도 법성포 일대에서 많이 잡힌다고 했다. 이렇게 잡은 새우들 중 가장 좋은 것이 서울에서 팔리고 인천으로 가는 것은 품질이 좋지 않다고 평했다.

또, 잡히는 시기와 시간에 따라서 새우를 구분하는 방식에 대해서도 언급했다. 홍선표에 따르면 오월에 잡힌 새우로 담근 젓갈을 오젓이라고 하고 유월에 잡힌 새우로 담근 젓갈을 육젓, 세 번의 복날이 지난 뒤에 잡은 젓갈을 추(秋)젓이라 했다. 이 가운데서도 육젓을 제일로 치고 특히 첫 번째 복날인 초복을 지나 두 번째 복날인 중복이 되기 전에 잡은 젓갈을 가장 좋은 것으로 친다고 말했다. 이는 현재의 새우젓에 대한 일반적 구분방식과 거의 유사하다.

이어서 홍선표는 새우를 하루 중에 언제 잡느냐에 따라서도 새우젓을 구분한다고 했다. 밤에 잡힌 새우로 만든 새우젓은 밤물잡이, 낮에 잡은 새우로 만든 새우젓은 낮물젓이며 새벽에 잡은 새우의 젓갈은 새열둑이라고 부른다고 했다. 홍선표는 이 분류에서 제일 좋은 것으로 여겼던 새우젓은 밤물잡이로 밤에 잡은 새우의 몸통에 붉은색이 완연히 드러나기 때문이라고 했다. 반면 새벽에 잡히는 새우는 머리와 꼬리 부분이 붉기에 중간등급으로 인정받았고 낮에 잡히는 새우는 전체적으로 흰색을 띠어서 좋지 않은 새우라고 했다.

분류 : 음식
색인어 : 홍선표, 새우젓, 육젓, 오젓, 추젓, 낮물젓, 새열둑, 밤물잡이, 북지나사변, 법성포, 해주 수업
참고문헌 : 〈동아일보〉
필자 : 이민재

생강

생강(生薑)은 한자로 '薑(강)'이라고도 하는데, 조선 후기에 유희(柳僖: 1773-1837)가 펴낸 『물명고(物名攷)』라는 어휘사전에는 '싱강', '紫薑(자강)', '子薑(자강)', '母薑(모강)', '白薑(백강)', '乾生薑(건생강)', '乾薑(건강)', '均薑(균강)'과 같은 이명(異名)이 소개되어 있다.

이 가운데 '건강', '건생강', '백강'은 모두 말린 생강을 지칭하지만, 홍만선(洪萬選: 1643-1715)의 『산림경제(山林經濟)』를 보면 조금씩 달랐음을 알 수 있다. 이에 따르면, '건생강(乾生薑)'은 껍질째 말린 생강이고, '백강(白薑)'은 껍질은 벗겼으나 삭히지 않아 색깔이 흰 생강을 말한다. 또한 '건강(乾薑)'은 삭히는 과정을 거쳐서 말린 생강인데, 만드는 방법에는 두 가지가 있다. 하나는 생강을 30일 동안 물에 담갔다가 껍질을 흐르는 물속에 엿새 동안 둔 뒤에 다시 껍질을 벗기고 햇볕에 말려서 자기항아리에 담아 20일 동안 삭혀서 만들었다. 다른 방법은 생강을 쌀뜨물에 하룻밤 담갔다가, 대나무 칼[竹刀]로 껍질을 벗겨 다시 하룻밤 담갔다가 햇볕에 말린 뒤, 또다시 하룻밤 담갔다가 쌀가루[米粉]를 발라서 햇볕에 말렸다.

이렇게 만든 말린 생강은 대개 약재로 쓰는 것이고, 음식을 만들 때 쓰려고 생강을 말려두는 방법은 아주

단순하였다. 장계향(張桂香: 1598-1680)의 『음식디미방』에 따르면, 건강은 생강의 껍질을 벗겨서 썬 다음에 재빨리 햇볕에 말려 두고 쓰는 것으로, 약에 들어가는 건강과는 다르다고 하였다.

사실 생강은 쓰임이 많아서 어떻게든 저장해둘 필요가 있었다. 따라서 『음식디미방』에 나오는 방법처럼 그냥 얇게 썰어 말려두거나, 생강을 짓찧어 즙을 짜낸 뒤 가라앉은 앙금을 말려서 생강가루로 만들어 보관하였다. 생강가루는 술이나 죽, 약에 타기도 하고 음식을 만들 때 조미료로도 넣거나, 생강다식과 전약을 만들어 먹었다. 그렇지 않고 가을에 수확한 생강을 껍질째 그대로 저장하여 겨우내 쓰는 방법도 썼다. 『산림경제』에 따르면 생강을 커다란 항아리에 넣고 흙을 덮은 뒤 얼지 않도록 따뜻한 방에 들여놓았다가 쓰라고 했다.

조선시대는 물론 일제 강점기까지도 현재의 전라북도 전주시가 생강의 특산지로 전국적으로 유명하였고, 전주의 생강정과 또한 유명하여 왕실에 진상되었다. 생강은 마늘과 함께 한국 음식을 만드는 데 거의 빠지지 않는 중요한 양념으로 쓰지만, 생강을 주재료로 한 음식도 적지 않다. 생강정과, 생강단자, 생강초, 생강편, 생강다식, 생강란 등의 병과(餅菓)를 만들거나, 생강절임, 생강초 등의 음식 그리고 생강차, 수정과와 같은 음료, 생강술도 해 먹었다. 또한 생강은 약재(藥材)로도 많이 이용하였다.

분류 : 식재료
색인어 : 음식디미방, 수정과, 전약, 도문대작, 산가요록, 주방문
참고문헌 : 유희, 『물명고』; 홍만선, 『산림경제』(한국전통지식포탈); 장계향, 『음식디미방』
필자 : 김혜숙

생강정과(전주)

전국에 생강을 재배하는 곳이 적지 않았지만, 조선시대에 생강으로 유명했던 지역은 전주(全州)였다. 조선시대의 미식가로 손꼽히는 허균(許筠: 1569-1618)은 『도문대작(屠門大嚼)』에서 현재로 치면 전라북도 전주시에서 나는 생강[薑]이 좋으며, 그 다음은 전라남도의 담양(潭陽)과 창평(昌平)에서 생산되는 생강이 좋다고 평하였다. 이익(李瀷: 1681-1763)도 『성호사설(星湖僿說)』에서 생강은 전주에서 가장 많이 생산되는데, 당시 조선 전역에서 쓰는 생강은 모두 전주에서 흘러나온 것이라고 하였다. 비슷한 시기에 살았던 이중환(李重煥: 1690-1756)의 『택리지(擇里志)』에도 전주는 생강 밭이 우리나라에서 첫째간다고 하였다.

이렇게 생강으로 유명한 전주에 조선 정조(正祖) 대의 문필가인 이옥(李鈺: 1760-1815)이 들른 적이 있다. 그는 천성적으로 생강이나 겨자같이 매운 것을 즐겼는데, 1795년 10월, 당시 조선 내 이름난 생강산지였던 전주의 동성(東城) 객점에 들러 생강을 먹었다고 한다. 이옥이 보니 그곳은 집집마다 생강 밭으로 둘러싸여 있었는데, 생강 밭이 아주 넓었다. 또한 손에 말[斗]을 들고 둥구미를 짊어진 사람들, 즉 상인들은 모두 생강 이야기를 하고 있었다.

그곳에서 이옥은 돈 세 푼을 꺼내 생강을 샀는데, 받고 보니 생강의 양이 서울의 열다섯 배는 족히 되었다. 주인이 후하게 주었나보다 생각하고, 너무 많이 주어서 감사하다고 인사를 건넸더니, 주인 말이 올해는 다른 해에 비해 생강 수확량이 반밖에 되지 않지만 값은 그대로라고 답하였다. 이옥은 그렇게 산 생강을 껍질을 벗겨 생으로 거의 3분의 1을 먹었고, 그것을 본 객점의 주인은 이 손님이 생강을 참 좋아하는구나 하고 이옥의 밥상을 차릴 때 생강절임 한 접시를 올렸다고 한다. 상에 오른 생강절임의 맛을 보니 절일 때 넣은 소금의 짠맛 때문에 생강의 매운맛이 눌려 생강을 날로 먹는 것만 못했다고 적었다(이옥, 2009: 322-323쪽).

17세기 말의 조리서로 추정되는 『주방문(酒方文)』에 나오듯이 생강절임은 깨끗이 다듬고 씻은 생강을 끓인 물과 소금에 먼저 절였다가 그 물을 버린 후 식초에 절여서 만들었다. 이 밖에도 술지게미와 소금을 섞은 것에 생강을 절이는 방법 등이 여러 문헌에 전한다. 하지만 이옥이 생강절임을 먹고 술이나 식초의 향이 아니라 짠맛을 언급한 것으로 보아, 무짠지를 만들

때처럼 소금물만 가지고 절인 생강절임이었을 가능성이 높다.

한편 생강이 유명해서인지 조선 후기 전주는 생강뿐만 아니라 생강으로 만든 생강정과도 전국적으로 유명하였다. 이유원(李裕元: 1814-1888)의 『임하필기(林下筆記)』에는 전주의 봉상면(鳳翔面)에서 초가을에 나는 연한 생강으로 만드는 생강정과가 천하의 진미라는 이야기가 나온다. 시기는 김교근(金敎根: 1766-?)이 전라도 관찰사였을 때라고 하니, 『순조실록(純祖實錄)』의 기사로 보건대 1815년 12월 초에서 1822년 11월 말 사이에 일어난 일일 것이다(순조 15년 12월 4일, 순조 22년 12월 2일 기사). 이때 순조(純祖: 재위 1800-1834)의 장인이자 안동 김씨 세도가였던 풍고(楓皐) 김조순(金祖淳: 1765-1832)이 조카뻘 되는 김교근에게 생강정과를 보내라고 청하였다. 이에 김교근이 애써 생강정과를 달여서 보냈으나, 김조순은 너무 늦게 보냈다며 김교근을 야단쳤다. 나중에야 어느 아전이 먼저 생강정과를 올려보냈다는 것을 들은 김교근은 크게 화가 났지만, 한편으로는 아전의 처세술에 탄복했다고 한다.

'생강전과(生薑煎果)'라고도 했던 생강정과를 만드는 법은 비교적 간단한 편인데, 조선 전기의 어의(御醫)였던 전순의(全循義: ?-?)의 『산가요록(山家要錄)』에도 나온다. 이에 따르면, 생강을 얇고 납작하게 편을 내고 꿀과 섞어 노구솥[爐口]에 넣어 아주 연해질 때까지 밤새도록 졸인 후 다시 꿀을 섞어서 만든다고 하였다. 이러한 생강정과는 왕실의 잔치와 제사에도 쓰이던 음식이었는데, 궁중에서 직접 만들기도 했지만 전주에서도 생강정과를 진상하였다. 고종(高宗: 재위 1863-1907) 때였던 1892년(고종 29) 10월 13일 전주판관(全州判官) 민영승(閔泳昇: 1850-?)이 8전(殿)에 진상했던 물품 목록을 적은 「전라도 가도사 전주판관 민 진상 단자(全羅道假都事全州判官閔進上單子)」를 보아도 생강정과(生薑正果) 1말[斗]이 들어 있었다.

전주의 생강은 일제 강점기까지도 전주특산물로 유명하였는데, 특히 전주의 봉동면(鳳東面)에서 나는 생강은 '봉상생강(鳳翔生薑)'이라 불렸다. 봉동면은 당시 조선 제일의 생강생산지로서, 이곳 주민은 생강 생산을 주업으로 삼고 있었다(〈동아일보〉 1927년 6월 11일, 1929년 2월 28일, 1931년 8월 28일자).

한편 전주에는 생강 줄기[薑莖]를 고추장에 박았다 꺼내 먹는 향토음식도 있었다(〈동아일보〉 1931년 5월 24일자). 이 생강 줄기 장아찌를 만드는 방법은 생강 줄기를 한 묶음씩 묶어 바람이 잘 통하는 곳에 두어 삭힌 다음, 생강 줄기를 물에 넣고 섬유질이 분해될 때까지 곱게 찧는다. 이것을 맑은 물이 나올 때까지 계속 씻은 후, 물기를 꼭 짜서 한 주먹씩 뭉쳐서 그늘에 말린다. 잘 말린 생강 줄기를 고추장항아리 속에 깊숙이 박아 넣었다가, 한 달이나 두 달 정도 묵힌 뒤에 꺼내어 갖은 양념을 하여 먹는다(농촌진흥청, 2008: 206쪽). 전주뿐만 아니라 인근 지역도 생강이 많이 생산되는 지역이다 보니, 전라북도에서는 생강 이외에도 생강 줄기를 활용한 음식까지 만들어 먹었던 것이다.

분류 : 음식

참고문헌 : 『순조실록』; 허균 저, 신승운 역, 『도문대작』(한국고전번역원, 1984); 이익 저, 김동주·이동환·이정섭 공역, 『성호사설』(한국고전번역원, 1978); 이중환, 『택리지』; 이유원 저, 김동주 역, 『임하필기』(한국고전번역원, 2000); 전순의, 『산가요록』(한국전통지식포탈); 소종·김향숙·이지영 해제, 「전라도 가도사 전주판관 민 진상 단자」, 한식아카이브; 이옥 저, 실시학사 고전문학연구회 편역, 「백운필」, 『完譯 李鈺 全集 3-벌레들의 괴롭힘에 대하여』(휴머니스트, 2009); 농촌진흥청 농업과학기술원 농촌자원개발연구소 편, 『한국의 전통향토음식 6-전라북도』(교문사, 2008); 작자 미상, 『주방문』; 「薑草採取嚴禁 全州特産減少」, 〈동아일보〉 1927년 6월 11일; 「鳳東市場 移轉을 關係當局에 陳情」, 〈동아일보〉 1929년 2월 28일; 「이절음식 가지가지 (4) 고초장에 장아찌」, 〈동아일보〉 1931년 5월 24일; 「朝鮮의 特産인 鳳翔生薑獎勵」, 〈동아일보〉 1931년 8월 28일

필자 : 김혜숙

생선회(『어우야담』)

예전에 십만의 중국 병사가 우리나라에 오래 머물렀는데, 풍속이 다름을 서로 비난하며 비웃었다. 우리나라 사람들은 회를 즐겨 먹는데 중국인들은 대부분 침을 뱉으며 추하게 여겼다. 우리나라 선비가 말했다.

"『논어』에 '회는 얇게 뜬 것을 싫어하지 않으셨다'라

생선횟감으로 사랑받는 우럭(조피볼락)ⓒ하응백

횟감으로 준비된 여러 생선들, 감성돔과 붉은 쏨뱅이와 열기가 보인다.ⓒ하응백

고 했으며, 그 주석에 '소의 양, 물고기의 날것을 얇게 썰어서 회를 만든다'라고 하였다. 공자께서 맛보고 즐기던 것을 어찌하여 당신들은 잘못이라 하는가?"

중국인들이 말했다.

"소의 양과 처녑은 모두 더러운 것을 싸고 있는 것인데, 썰어서 회로 만들면 어찌 배 속이 편안하겠는가?"

또 고기를 꼬챙이에 꿰어 구워서 핏방울이 뚝뚝 떨어지는 것을 보여주자, 땅에다 내던지면서 말했다.

"중국인들은 고기는 잘 구워진 것이 아니면 먹지 않는다. 고기에 만일 피가 배어 있다면 이는 오랑캐들이나 먹는 것이다."

우리나라 사람이 말했다.

"회든 구운 것이든 고인이 좋아했고 고서에 많이 보이는데 무엇이 해롭겠는가?"

우리나라 사람이 밤에 어두운 방에 앉아 있는데, 중국인이 밖에서 문을 열고 들어와 냄새를 맡고는 '필시 고려인이 있는 게로군'이라고 하니, 비린내가 난다는 말이다. 우리나라 사람들이 물고기를 많이 먹기에 비록 스스로 그 냄새를 맡지 못해도 반드시 비린내가 나기 때문이다.

그러나 중국의 요서(遼西) 사람들은 이를 잡아먹고, 형남(荊南) 사람들은 뱀을 잡아먹으며 섬서(陝西) 사람들은 고양이를 잡아먹고, 남방 사람들은 사마귀를 즐겨 먹고, 천하의 사람들이 모두 두꺼비를 먹는데, 우리나라 사람들은 이들에 대해 침을 뱉지 않는 이가 없다. 요즘에 중국 북쪽 지방 사람들은 두꺼비 먹는 것을 고쳤는데, 이는 남쪽 지방 사람들에게서 시작해

천하에서 크게 금하기 때문이다. '두꺼비가 변하여 게가 되었다.'고 하여 게를 먹는 것 또한 금지했는데, 게는 중국의 옛 사람들이 즐겼던 것인데 어째서 또 금지한단 말인가? 이것은 이른바 뜨거운 국에 데어서 찬나물도 불어 먹는 것이고, 목이 멘다고 하여 아예 음식을 먹지 않는 격이니 너무 심한 것이 아니겠는가?

위 글은 유몽인(柳夢寅: 1559-1623)의 『어우야담』에 실려 있는 것인데, 중국 사람과 우리나라 사람의 음식 취향이 다르다는 것을 나타낸 것이다. 날것과 피가 섞인 육류를 먹는 것에 대해 중국인이 비판을 하자, 그것들은 공자(孔子)를 비롯해 고인이 즐겨 먹었다는 기록이 고서에 다 나와 있는데 왜 그러냐고 대답하는 모습이 특히 흥미롭다.

분류 : 문학
색인어 : 생선회, 유몽인, 어우야담
참고문헌 : 유몽인 저, 신익철 외 역, 『어우야담』(돌베개, 2006)
필자 : 차충환

서대

가자미목 참서댓과에 속하는 바닷물고기이다.

흔히 서대라고 부르는 것은 참서대를 말한다. 참서댓과에 속하는 물고기는 참서대, 개서대, 박대 등 여러 종류가 있으나 전문가가 아니면 구분하기 어렵다. 서대는 정약전의 『자산어보(玆山魚譜)』에 장접(長鰈)이라 하면서 몸이 좁으면서 매우 길다고 하였다. 가죽

신 바닥과 비슷하다고 해서 혜대어(鞋帶魚)라고도 했다. 가자미를 '접(鰈)'이라 했으니 장접은 가자미보다 길다는 의미다. 실제 서대를 보면 가자미와 비슷하게 납작한데 가자미보다는 길쭉하게 생겼다. 정약전이 정확히 관찰했다는 증거이다. 우리말로 서대라고 한 것은 이 물고기가 동물이나 사람의 혀를 닮았기 때문에 '혀대'에서 '세대', '서대'로 변화한 것으로 보인다.

서대는 전라남도 남해안 지역, 박대는 서해안 지역에서 많이 잡힌다. 서대는 뻘과 모래가 섞인 바닥, 박대는 뻘이 더 많은 지역에서 주로 서식한다고 알려져 있다. 서대는 여수 지역의 별미 음식으로, 제사상에도 올린다고 한다. 주로 전남 남해안 지역에서 많이 먹는다. 제수용(祭需用) 어류는 그 지역에서 많이 어획되면서 보관성이 좋은 것이 대부분이다. 서울·경기 지역에서는 주로 조기나 민어 등을 올리고, 남해 지역에서는 조기나 민어는 물론 서대나 양태 같은 물고기도 올린다. 강원도 북부인 속초와 양양 지역에서는 바다송어를 올리기도 한다. 경상도 내륙 지역에서는 상어를 삭힌 '돔배기'를 사용하기도 하는 것을 보면 제수용 어류는 특별히 맛있는 것을 사용한다기보다 그 지역에서 많이 생산되거나 유통이 잘되고 저장이 가능한 어류가 사용되었음을 알 수 있다. '치' 자가 붙은 생선은 제사상에 안 올린다는 말이 있다. 그것은 '치' 자가 붙은 생선이 대개 보관성이 없기 때문이기도 하다. 서대는 회무침, 염장하여 말린 것은 조림·찜·구이·찌개 등으로 먹는다. 제사상에는 주로 찜을 해서 올린다. 서대회무침은 서대 껍질을 벗기고 잘게 썬 다음 여러 채소와 고추장, 고춧가루, 식초 등으로 만든 양념장에 무쳐 먹는다. 이때 식초는 막걸리를 발효시킨 것이라야 제맛을 낸다고 현지에서는 말한다. 서대가 많이 잡히는 때는 여름철이지만 요즘은 서대 껍질을 벗긴 후 잘게 썰어 냉동하여 두기 때문에 연중 먹을 수 있는 음식이 되었다. 서대찜은 솥이나 냄비에 넣고 찐 다음 갖은양념을 끼얹어 요리한다. 찔 때 배 쪽을 위로 해서 쪄야 고기가 휘지 않는다. 매콤하면서도 담백하다. 경상도 남해 지역에서는 달걀을 입혀 전으로 부치기

도 한다.

전라북도 군산을 비롯한 서해안에서 많이 잡히는 박대는 서대와 먹는 방식이 비슷하지만 어체(魚體)가 얇아서 말릴 때 소금 간을 했다가 껍질을 먼저 벗긴다. 이 벗긴 껍질은 말려 두었다가 겨울에 묵으로 만들어 먹는다. 박대묵 또한 별미 음식이다.

서대와 박대는 가자미와 마찬가지로 흰살 생선이다. 조리를 하면 쉽게 뼈를 발라낼 수 있어 먹기도 편하다. 칼륨과 인이 풍부하여 성인병 예방에 좋은 생선으로 알려져 있다.

분류 : 식재료
색인어 : 서대
참고문헌 : 서유구, 이두순 역『평역난호어명고』(수산경제연구원북스, 2015), 정문기『한국어도보』(일지사, 1977), 이태원『현산어보를 찾아서3』(청어람미디어, 2013)
필자 : 하응백

석이버섯

석이버섯은 석이과에 속하는 버섯이다. 깊은 산속의 바위 표면에 발생하는 이끼(지의류(地衣類))의 일종으로 형태는 여러 가지가 있는데 잎과 같은 것, 껍질 같은 것, 아교와 같은 것, 나무와 같은 것이 있다. 석이버섯은 잎 모양의 원체(圓體)를 식용으로 사용하는데, 자생량이 적고 채취하기도 어렵기 때문에 생산량이 매우 적다. 주산지는 평안북도, 함경남도, 강원도이다. 한식에서 검은색 고명으로 많이 사용하는데, 맛이 담백하면서도 좋다.

석이버섯은 주로 잡채나 구절판과 같이 다른 재료와 함께 어우러지게 만드는 음식에 사용한다. 하지만 석이를 주재료로 만드는 음식도 있는데, 병과 종류로는 석이병(석이떡), 석이단자, 석이주악이 있고, 반찬 종류로는 석이죽, 석이전, 석이전유어, 석이누르미, 석이버섯찜 등이 있다.

장계향(張桂香: 1598-1680)이 지은『음식디미방[閨壼是議方]』(1670년경)에는 '셩이편법(석이버섯떡)'이 설명되어 있다. 백미 1말에 찹쌀 2되를 섞어 함께 물

에 담갔다가 가루를 만들고, 석이 1말을 따뜻한 물에 깨끗이 씻어 다듬고 썰어 쌀가루에 섞어 넣고, 팥 시루떡같이 안쳐 찌는데, 으깬 잣으로 켜를 놓고 찐다고 하였다.

빙허각 이씨(憑虛閣 李氏: 1759-1824)가 지은『규합총서(閨閤叢書)』(1809)에도 '석이병(석이병)'에 대한 설명이 있다. 석이버섯을 두드려 떡에 섞으면 모양이 예쁘지 않으니 가늘게 썰어 볕에 말려서 곱게 가루 내어서 체에 쳐 두었다가, 쓰기 직전에 놋그릇에 담는다. 끓는 물을 조금씩 치며 숟가락으로 자주 저으면 가루가 불어 점점 부드러워진다. 기름을 잠깐 치고 꿀에 재웠다가 찹쌀가루에 섞어 쪄내어 숟가락으로 저어 손에 꿀을 묻히고 대추만큼 뜯어 펴고 대추나 밤이나 꿀에 버무려 개암만큼 동그라미를 만들어 떡에 싸 둥글게 만들고 잣가루를 위에다 뿌리라고 하였다. 제목은 '석이병'이지만 석이단자를 만드는 방법이다.

이용기(李用基: 1870-1933)의『조선무쌍신식요리제법(朝鮮無雙新式料理製法)』(1924)에서는 '석이전유어(石耳煎油魚)'에 대한 설명이 있다. 석이버섯을 삶아서 비벼 단단한 것은 버리고 부드럽게 하여 전유어를 만드는데, 모양이 천엽전유어 같고 맛도 좋다. 녹두를 갈아서 입힌 다음 부쳐 내면 소찬으로도 합당하다고 하였다.

조선 고종(高宗: 재위 1863-1907) 때에 지어졌다는 작자 미상의『음식방문』에 기록된 '셕이느르미(석이누르미)'는 두부와 석이로 만든 음식인데, 두부를 편두부같이 썰고 석이를 넣고 끓인 다음 밀가루를 타고 더 끓이고 양념하여 쓴다고 하였다. 강원도에서는 석이를 볶음으로 이용하기도 하는데, 팬에 깨끗이 손질한 석이를 참기름을 약간 두르고 볶다가 소금으로 간을 하고 다 볶아지면 고명으로 잣가루를 뿌려 낸다.

허준(許浚: 1539-1615)의『동의보감(東醫寶鑑)·탕액편(湯液篇)』(1610)에서는 '석이(石耳)'에 대해 성질이 차고 또는 평(平)하다고도 하였고, 맛은 달며 독이 없다고 하였다. 심(心)을 맑게 하고 위(胃)를 길러주며, 지혈시키고 오래 살게 하며, 안색을 좋게 하고 배고프지 않게 한다고 하였다. 석이버섯은 바위에 붙어 있는 것을 채취하기 때문에 사용하기 전에 세심하게 손질을 해야 하는데, 끓는 물에 넣어 불어서 퍼지면 한 조각씩 손바닥에 놓고 두 손바닥으로 비벼서 씻는다. 특히 바위에 붙어 있던 단단한 부분은 조심스럽게 떼 내고, 자주 뜨거운 물을 묻혀가면서 비벼서 모래와 이물질 등을 제거하고, 석이 안쪽의 색깔이 파랗게 깨끗이 될 때까지 씻어 냉수에 잘 헹구어 꼭 짜서 사용한다. 고명으로 사용 할 때는 곱게 채 쳐서 달군 후라이팬에 볶다가 소금으로 간을 하여 사용한다.

『조선왕조실록·성종실록』성종 9년(1478) 무술년 12월 21일자 기록에 한치형(韓致亨)이 가져온, 황제가 요구하는 물목(物目) 중에 석이버섯[石耳菌]이 있는 것을 보면, 우리나라의 석이버섯이 중국에서도 높이 평가받고 있다는 것을 알 수 있다.

분류 : 식재료
색인어 : 구절판, 규합총서, 꿀, 녹두, 대추, 두부, 떡, 밤, 버섯, 소금, 음식디미방, 음식방문, 잡채, 잣, 조선무쌍신식요리제법, 참기름
참고문헌 : 허준,『동의보감·탕액편』; 장계향,『음식디미방』; 빙허각 이씨,『규합총서』; 이용기,『조선무쌍신식요리제법』(영창서관, 1936); 작자 미상,『음식방문』; 농촌진흥청, 농업과학기술원, 농촌자원개발연구소,『한국의 전통향토음식 3-강원도』(교문사, 2008);『조선왕조실록·성종실록』성종 9년(1478) 12월 21일
필자 : 홍진임

석이병

석이병(石茸餠, 石耳餠)은 말린 석이버섯을 가루로 만들어 쌀가루를 섞어 찐 떡을 뜻한다. 석이편(石耳編)이라고도 한다. 또한 1800년대 중엽의 작자 미상의 조리서인『역주방문』에 따르면 藥樣(약양), '약설기'란 이름도 석이병(石耳餠)을 뜻했다.

허균(許筠:1569-1618)은『도문대작(屠門大嚼)』에서 금강산의 표훈사에서 맛본 석이병의 맛에 대해 이야기 하였다. 허균이 금강산 구경을 갔을 때 표훈사에 들렀는데 그때 그 절의 주지가 차려온 저녁상에서 석이병을 맛보았다. 허균은 이 떡이 찹쌀떡이나 감떡보다 훨씬 낫다고 하였다. 허균에 따르면 이때 맛본 석

541

이병은 구맥(瞿麥)을 곱게 빻아 꿀물을 넣어 석이와 함께 반죽하여 놋쇠시루에 찐 것이다. 문헌에 따르면 구맥이라는 단어는 패랭이꽃을 뜻하기도 하고 귀리를 뜻하기도 하는데 문맥상『도문대작』에서 언급한 구맥은 귀리였을 것이다. 즉, 허균이 맛본 석이병은 귀리가루와 석이, 꿀을 섞어 시루에 쪄낸 '설기'의 일종인 것으로 보인다.

석이병 만드는 법은 조리서마다 상이하지만 떡의 형태에 따라 허균이 맛본 석이병과 같은 설기 떡의 형태와 소를 넣고 '빚은 떡'의 형태로 구분할 수 있다.

첫 번째 방법인 설기 떡 형태의 석이병은『음식디미방』,『역주방문』,『술 만드는 법』,『술 빚는 법』,『고사십이집(攷事十二集)』등의 다양한 조리서에 나타난다. 이중, 서명응(徐命膺: 1716-1787)의『고사십이집』은 허균의『도문대작』과 동일한 내용으로 석이병(石耳餅)을 서술하고 있다.

장계향(張桂香: 1598-1680)이 저술한 것으로 알려진『음식디미방』의 석이편은 멥쌀 1말에 찹쌀을 2되 비율로 섞어 석이버섯을 썰어 넣고 잣을 으깨어 켜켜이 넣어 팥시루떡같이 찌는 음식이다. 1800년대 말의 작자 미상의 조리서인『술 만드는 법』의 석이편에는 대추, 곶감, 밤 채 친 것 등 더욱 다양한 고명이 추가된다. 이 조리서의 방법에 따르면 석이편은 석이가루, 꿀, 기름, 멥쌀가루를 섞은 뒤 고명을 얹고 쪄낸 뒤 꿀을 바르고 잣가루를 뿌린 것이다.

소를 넣어 빚어 만드는 형태의 석이병은『규합총서(閨閤叢書)』,『농정회요(農政會要)』등에서 확인할 수 있다. 이 경우에는 멥쌀가루 대신 주로 찹쌀가루가 쓰인다.

빙허각 이씨(憑虛閣李氏: 1759-1824)의 1809년『규합총서』는 석이버섯을 두드려서 떡에 섞으면 아름답지 않으므로 가늘게 썬 석이버섯을 말려서 곱게 가루를 만들어 두었다가 쓰라고 하였다. 만드는 법은 다음과 같다. 석이버섯 가루에 끓는 물을 섞어 불린 뒤 기름과 꿀을 넣고 재웠다가 찹쌀가루에 섞어서 찐다. 대추나 밤을 꿀에 섞어 소를 만든 다음 떡으로 싸서 둥

글게 만든 뒤 잣가루를 뿌린다.

궁중의 기록으로는 1795년 정조의 화성행차를 기록한『원행을묘정리의궤(園幸乙卯整理儀軌)』의 기록이 대표적이다. 이에 따르면 혜경궁 홍씨(惠慶宮 洪氏: 1735-1815)의 회갑연에 여러 떡들과 함께 석이병(石耳餅)을 올렸다는 기록이 있다. 석이는 깊은 산속의 바위 표면에 자생하는 것으로 구하기 어려울뿐더러 한꺼번에 많은 양을 채취하기도 어렵다. 잣 역시 떡의 고물로 사용하는 재료 중에서는 최고급 재료에 속한다. 이처럼, 석이병의 재료들은 전부 구하기 어렵거나 가격이 비싼 것들이었으므로 민가에서 흔히 만들어 먹을 수 있는 떡은 아니었을 것이다.

분류 : 음식
색인어 : 원행을묘정리의궤, 규합총서, 도문대작, 석이버섯, 백설기, 꿀, 밤, 대추, 곶감, 진연·진찬
참고문헌 :『원행을묘정리의궤』; 허균 저, 장정룡 역,『蛟山許筠先生文集(교산허균선생문집)』(강릉시, 2002); 작자 미상,『역주방문』; 작자 미상,『술 만드는 법』; 작자 미상,『술 빚는 법』; 서명응,『고사십이집』; 빙허각 이씨,『규합총서』; 최한기,『농정회요』
필자 : 서모란

설렁탕

설렁탕은 소고기의 머리, 잡육, 쇠뼈, 내장 등을 넣고 오랜 시간동안 푹 끓이는 음식으로 서울의 명물이다.

이 음식의 기원이나 이름의 유래에 관해서는 현재까지 정확히 알려진 바는 없으나, 몇 가지 주장이 존재한다. 우선, 고려가 몽고의 지배하에 있을 때 들어온 음식물이라는 것이다. 몽고어로 고기를 삶은 물인 공탕(空湯)이라는 뜻의 '슐루'가 한반도에 전해지면서 발음이 변하여 설렁탕이 되었다는 의견이 있다. 고기를 맹물에 삶아 소금 등으로 간을 하는 조리법도 이때 도입된 것으로 추측되는데, 설렁탕의 도입은 불교의 영향으로 채식 위주의 식생활을 했던 당시의 고려 사람들 사이에 점차 육식이 퍼지는 계기가 되었다고 한다(강인희 2000).

또 다른 설은 조선시대의 일화이다. 임금이 오늘날의 서울 동대문구 제기동 부근에 위치한 선농단(先農壇)

이라는 제단에서 친히 농사 시범을 보여 농사의 소중함을 백성에게 알렸다고 한다. 그 후 음식을 만들어서 사람들과 나누어 먹었다고 하는데 이 '선농단'이 기원이 되어 설렁탕이라는 이름이 생겨났다는 주장이 있다.

이 음식이 언제부터 식당에서 판매되었는지에 관해서는 정확히 알려져 있지 않다. 그러나 20세기 초반, 신문 지상에는 설렁탕과 관련된 기사가 종종 등장하였는데 이를 통해 설렁탕이 당시 조선인들의 외식 메뉴로 상당히 인기가 있었음을 알 수 있다. 1915년 9월 27일자 〈매일신보〉의 '독자기별'이라는 독자투고란에서는 상한 고기를 파는 설렁탕집에 대한 경찰 단속을 강화해 줄 것을 요청하는 독자의 목소리가 게재되어 있다. 또, 자칭 '일빈민(一貧民)'이라는 필명을 쓰는 독자는 '불결한 설렁탕, 좀 정하게 합시다'라는 제목으로 1924년 12월 2일 〈매일신보〉에 기고를 하였다. 이 글 역시 설렁탕집의 위생문제에 관한 내용이었는데 글의 서두에 '조선에서 가장 값싸게 가장 맛있게 가장 보편적으로 각 방면에 요구에 의하는 음식은 설렁탕이 아마 제일 위에 있을 것이올시다. 그같이 민중의 수요가 높고 조선 사람의 식성에 적합한 설렁탕은 실로 조선음식계의 패왕이라고 하여도 좋을 것이올시다.'라고 말하고 있다. 1939년 2월 25일 〈동아일보〉 지면에서는 당시 식당에서 파는 조선 음식 중에 가장 대중적인 것은 장국밥, 대구탕, 냉면을 비롯하여 서울의 명물인 설렁탕이며, 종로통을 가운데에 두고 좌우, 골목 안쪽까지 이들 음식을 파는 가게가 즐비하게 늘어서 있다고 하였다. 이 기사에서는 식당에 들어갈 때, '체면 잇는(체면을 차리는)' 사람들은 '얼굴이 뜨끈거리는' 것이 사실이지만, 맛있는 것을 먹겠다는 일념으로 이러한 음식들을 사 먹는다고 하였다. 설렁탕의 재료가 되는 소고기의 부산물은 다름 아닌 백정이 취급하는 것이었다. 즉, 당시 설렁탕집은 백정이나 그와 관계되는 사람들이 운영하는 곳으로, 품위 있는 사람들이 드나들 만한 식당이 아닌 곳으로 인식되고 있었던 것이다. 하지만 설렁탕의 맛은 당시 조선 사람들의 인기를 끌기에 충분했던 것으로 보인다. 이러한 신문

기사를 바탕으로, 20세기 초반, 조선에는 설렁탕을 파는 식당이 상당히 많이 있었고, 조선 민중, 특히 서민들이 외식을 할 때 즐겨 찾는 격식 없는 음식이었음을 추측할 수 있다.

설렁탕의 인기는 조선인들에게만 국한된 것은 아니었다. 일제시대 조선에 거주했던 일본인들 사이에서도 꽤 인기가 있었다. 1909년에 출간된 『조선만화(朝鮮漫畵)』는 조선통감부의 기관지 〈경성일보〉의 기자로 조선에 거주했던 우스다 잔운(薄田斬雲: 1877-1956)과 토리고에 세이시(鳥越靜岐: ?-?)가 각각 글을 쓰고 그림을 그린 책이다. 내용 중에 '쇠머리 스프'라는 이름으로 설렁탕에 관한 글이 있는데 아래와 같이 칭찬을 아끼지 않고 있다.

'의사들의 감정에 따르면, 이 쇠머리 스프는 정말로 좋은 것으로, 닭고기 스프나 우유가 그에 미칠 바가 아니라고 한다. 큰 솥은 일 년 내내 걸어놓으며, 바닥까지 아주 깨끗이 씻는 일도 없다. 매일매일 뼈를 교체하고 물을 더 부어서 끓여낸다. 이 국물, 즉 스프는 아주 잘 끓여낸 것으로, 매일 연속해서 끓이기 때문에 여름에도 상하는 일이 없으며, 이것을 정제하면 분명 세계 어느 것과도 비견할 수 없는 자양품(慈養品)이 된다. 이러한 사실로 인해 지금 쇠머리 스프를 병에 담아 한국 특유의 수출품으로 상용할 수 있을 것이다' (주영하 2013).

설렁탕이 서울 지역의 명물이 된 배경에는 소의 부산물이 서울을 중심으로 공급되었다는 사실과 관련

1904년 개업한 서울 종로의 이문설농탕의 설렁탕©하응백

543

이 있다. 박제가(朴齊家: 1750-1805)의 『북학의(北學議)』의 내편(內篇)·우(牛)에서는 '우리나라에서는 날마다 소 500마리를 나라의 제사나 호궤(犒饋: 군사들을 위로하기 위해 제공하는 특별식)에 쓰기 위해 잡는다. 더불어 반촌(泮村)과 한양 5부(部)의 24개 가게(포, 舖)를 비롯해 300여 고을(주관, 州官)에도 반드시 가게를 연다.'라고 하였다. 즉, 소고기를 각종 제사 등에 사용하고 그로 인해 생겨난 부산물을 활용한 것이었다. 이것이 19세기 말 서울에서 끼니음식으로 판매된 것이 설렁탕이다(주영하 2013).

분류 : 음식
색인어 : 냉면, 국·탕, 소고기
참고문헌 : 강인희, 『한국식생활사』(삼영사, 2000); 「독자기별: 새문안 설렁탕집」, 〈매일신보〉 1915년 9월 27일; 「開放欄」, 투고 환영, 불결한 설렁탕, 좀 정하게 합시다」, 〈매일신보〉 1924년 12월 2일; 「휴지통」, 〈동아일보〉 1939년 2월 25일; 주영하, 『식탁 위의 한국사』(휴머니스트, 2013)
필자 : 박경희

설렁탕(별건곤)

1929년 12월 1일자 잡지 『별건곤』에 '우이생(牛耳生)'이란 필명을 가진 사람이 '괄세 못할 경성 설렁탕, 진품·명품·천하명식 팔도명식물례찬'이란 제목의 글을 게재했다. 이 글을 통해 이미 근대 도시의 면모를 갖춘 1920년대 서울에서 설렁탕이 상당한 인기를 누렸음을 알 수 있다. 그 원문은 다음과 같다.

"말만 들어도 위선 구수한 냄새가 코로 물신물신 들어오고 터분한 속이 확 풀니는 것 갓다. 멋을 몰으는 사람들은 설넝탕을 누린 냄새가 나느니 쇠똥냄새가 나느니 집이 더럽우니 그릇이 불쾌하니 하지만 그것은 정말로 설넝탕에 맛을 드리지 못한 가련한 친구다. 만일 설넝탕에서 소위 누린 냄새라는 것을 빼고 툭백이[뚝배기] 대신으로 유기나 사기에 담어서 파·양념 대신 달은 양념을 넛코 소금과 거청[거친] 고추가루 대신 가는 고추가루와 진간장을 쳐서 시험 삼어 한번 먹어보아라. 우리가 보통 맛보는 설넝탕의 맛은 파리 족통만큼도 못 어더볼 것이다. 그져 덥혀노코[덮어놓고] 설넝탕의 맛은 그 누린 냄새 ─ 실상 구수한 냄새와 툭백이와 소금을 갓추어야만 제 맛이 난다. 설넝탕을 일반 하층계급에서 만히 먹는 것은 사실이나 제 아모리 점잔을 빼는 친고[친구]라도 죠선 사람으로서는 서울에 사는 이상 설넝탕의 설녕설녕한 맛을 괄세하지 못한다. 갑시[값이] 헐코 배가 불고 보가 되고 술 속이 풀니고 사먹기가 간편하고 귀천(貴賤) 누구할 것 업시 두로 입에 맛고……. 이외에 더 업허 먹을 것이 또 어데 잇으랴. 설넝탕은 물론 사시(四時)에 다 먹지만 겨울에 겨울에도 밤 ─ 자정이 지난 뒤에 부르르 덜니는 억개[어깨]를 웅숭커리고 설넝탕ㅅ집을 차져가면 위선 짐[김]이 물신물신 나오는 드수한 기운과 구수한 냄새가 먼져 회를 동하게 한다. 그것이 달은 음식집이라면 제 소위 점잔하다는 사람은 압뒤를 좀 살펴보느라고 머뭇거리기도 하겟지만 설넝탕집에 들어가는 사람은 절대로 해방적(解放的)이다. 그대로 척 들어서서 '밥 한 그릇 쥬' 하고는 목노 걸상에 걸어안즈면 일 분이 다 못 되여 기름ㅅ기가 둥둥 뜬 툭백이 하나와 깍둑이 접시가 압해 노여진다. 파·양념과 고추가루를 듭신 만히 쳐서 소금으로 간을 맛츄어가지고 훌훌 국물을 마셔가며 먹는 맛이란 도모지 무엇이라고 형언할 수가 업스며 무엇에다 비할 수가 업다. 그야말로 고량진미를 가득히 늘어노코도 입맛이 업서 젓갈로 끼지럭 끼지럭 하는 친고도 설넝탕만은 그러케 괄세하지 못한다. 이만하면 서울의 명물이 될 수가 잇스며 따러서 조선의 명물이 될 수가 잇다."

이 글의 저자 우이생은 필명이다. 우이생의 '우(牛)'는 설렁탕의 주재료인 소를 가리키며, '이(耳)'는 소의 입장이라는 뜻이고, '생(生)'은 저자가 남성임을 알려준다. 1900년 이전부터 서울 종로의 뒷골목에는 설렁탕집이 여럿 있었을 것이라 여겨진다. 그래서 설렁탕은 다른 말로 '서울설렁탕'인 셈이다. 그 이유는 조선시대 내내 시행되었던 소 도살 금지령인 우금(牛禁)과 관련이 있다.

성균관은 다른 이름으로 반궁(泮宮)이라고 불렸다. 여기에서 반(泮)은 학교라는 뜻이다. 왕이 직접 관할하기도 했기 때문에 반궁이라고 불렀다. 성균관에서 온갖 잡일을 하는 사람들을 반인(泮人)이라고 불렸다. 이들 성균관의 노비들이 사는 동네는 성균관 근처에 있었다. 반인들이 모여 산다고 하여 이곳을 사람들은 반촌(泮村)이라 불렀다. 성균관으로 들어가는 데 있었던 다리인 향석교(香石橋)를 중심으로 동반촌과 서반촌으로 나누어져 있었다.

반인은 본래 고려 말 안향(安珦: 1243-1306)이 당시의 고려 개경에 있던 성균관에 기증한 노비들의 후손들이었다. 한양에서 성균관이 개교할 때 개경에서 이곳으로 이사를 와서 살았다. 그러니 그들이 쓰는 말은 한양 말씨가 아니라 개경 말씨였다. 그런데 반인들에게는 어느 누구도 누리지 못했던 특권이 있었다. 바로 성균관의 학생인 유생(儒生)들에게 반찬으로 제공하는 소고기를 장만하기 위해 소를 도살할 수 있는 특권을 부여받았던 것이다. 원래 조선시대 가축을 잡는 도살은 백정(白丁)이 하는 일이었다. 백정은 매우 낮은 신분의 사람들로 무시되었다. 이에 비해 반궁이라 불렸던 반촌에서 소 도살을 할 수 있었던 반인은 비록 백정과 다름이 없었지만, 그래도 한양에서 소를 마음대로 다룰 수 있어 소고기를 구하고자 했던 관리들로부터 청탁을 많이 받았다.

더욱이 성균관에서는 공자에게 지내는 제사를 계절마다 모셨다. 이 때 중요한 제물 중의 하나가 바로 소고기였다. 그래서 반인 중에서 일부는 푸줏간인 현방(懸房)에서 소고기 판매하는 일을 했다. 이 푸줏간은 한양에서 소 도살과 함께 소고기를 독점하여 판매하는 일도 맡았다. 그래서 이들을 '다림방' 혹은 '도사(屠肆)'라고 불렀다. 이 일을 맡았던 반인들은 제사에 쓰고 남은 소고기를 판매하여 먹고 살았다. 조선시대 왕실과 한양의 지리와 제도 따위를 적은 책으로 대체로 19세기 때 쓰인 책인 『동국여지비고(東國輿地備考)』의 권2 한성부(漢城府) 포사(舖肆)에는 18세기에 한양에 23개의 푸줏간이 설치되어 소고기 판매를 했다고 적혀 있다. 반인 중 일부는 재인(宰人)이라고도 불렸다. 이들은 소를 도살하고 푸줏간을 운영하면서 왕실에서 열린 여러 가지 행사에서 놀이꾼이 되기도 했다.

김두한(金斗漢: 1918-1972)의 육성고백에 의하면, 1930년대 서울 종로 3가 단성사 옆에는 형평사 부회장을 하던 원씨 성을 가진 노인이 설렁탕집을 했다고 한다. 형평사(衡平社)는 1923년 5월 진주에서 백정을 주축으로 한 천민계급이 조직한 단체를 가리킨다. 진주에 사는 백정 이학찬(李學贊)의 아들이 학부형과 학교 측의 반대로 보통학교 입학이 좌절되자, 이에 격분하여 각 지방의 대표 100여 명과 회원 500여 명이 진주에서 창립총회를 열고 형평, 즉 평등을 내세우면서 형평사를 조직했다. 즉 푸줏간의 백정들이 연합회를 만든 것이다.

1894년 조선의 고종은 개화파의 입장을 수용하여 사민평등(四民平等)을 법으로 정한 바가 있었다. 그러나 소를 잡고 소고기를 다루는 백정은 사람들로부터 계속해서 회피의 대상이었다. 실제 속내는 소고기를 좋아해서 어쩔 줄을 몰랐지만, 그것을 다루는 사람은 정상적인 사람이 아니라는 인식이 조선 사람들 사이에서 팽배했다. 결국 근대도시로 진출한 백정들은 정육점을 직접 운영하면서 그 부산물로 만드는 설렁탕집을 함께 운영하기도 했다. 마찬가지로 천민으로 취급되던 옹기 장인들이 만든 뚝배기에 설렁탕을 담아냈고, 그 값도 싸서 서민들이 애용하는 음식이 되었다. 점잔을 빼던 서울 양반들도 이미 설렁탕 맛에 반해 있었다. 하지만 백정이 운영하는 설렁탕집에 직접 가서 먹으려니 천민과 어울리는 꼴이 되어 여간 곤란하지 않았다. 양반뿐만이 아니라 최신의 유행을 좇았던 1920년대 모던보이와 모던걸 역시 설렁탕집 출입을 그다지 유쾌하게 여기지 않았다. 중국인들이 식당에 직접 가지 않고 음식을 배달시켜 먹는 모습을 본 그들은 설렁탕도 똑같은 방식으로 집에 앉아서 먹었다. 이러한 사정은 앞에서 소개한 『별건곤』 1929년 12월 1일자에 실린 「무지(無知)의 고통(苦痛)과 설넝탕(湯) 신세, 신구가정생활(新舊家庭生活)의 장점과 단점」이란 글에서 알 수 있다.

"이것은 좀 심한 말이라고 할는지 모르겠으나 신가정을 일구는 사람은 하루에 설넝탕 두 그릇을 먹는다고 합니다. 왜 그러냐하면 청춘부부가 새로 만나서 달콤한 꿈을 꾸고 돈푼이나 넉넉할 적에는 양식집이나 폴락거리고 드나들지만 어찌 돈이 무제한하고 그 두 사람의 행복을 위하여만 제공될 리가 있겠습니까. 돈은 넉넉지 못한 데다가 아침에 늦잠을 자고 나니 속은 쓰리지만 찬물에 손 넣기가 싫으니까 손쉽게 설넝탕을 주문한답니다. 먹고 나서 얼굴에 분 쪽이나 부치고 나면 자연이 새로 3시가 되니까 그적에는 손을 마주 잡고 구경터나 공원 같은 데로 산보를 다니다가 저녁 늦게 집에를 들어가게 되니까 어느 틈에 밥을 지어먹을 수 없고 또 손쉽게 설넝탕을 사다 먹는 답니다. 그래서 하루에 설넝탕 두 그릇이라는 것인데 이것도 물론 신가정의 부류에 속하는 자라고 합니다."

실제로 1920년대 중반 설넝탕 한 그릇의 값은 10전에서 15전 사이였다. 담배 한 갑이 10전을 할 때이니, 설넝탕 한 그릇 값이 담배 한 갑과 거의 맞먹었다. 지금이야 수육이 설넝탕보다 몇 배가 비싸지만, 당시에는 고기를 5전어치 더 달라고 하면 되었다. 이렇게 따져보면 그야말로 설넝탕은 무척 싼 음식이었다. 막노동을 하던 가난한 사람들도 끼니를 해결하기 위해 손쉽게 사 먹을 수 있었던 음식이 바로 설넝탕이었다.

분류 : 문학
색인어 : 소고기, 열양세시기, 육개장, 제사음식
참고문헌 : 『동국여지비고(東國興地備考)』; 『별건곤』(1929년 12월 1일자); 주영하, 『식탁 위의 한국사』(휴머니스트, 2013)
필자 : 주영하

설렁탕(「운수 좋은 날」)

무슨 병인지는 알 수 없으되 반듯이 누워가지고 일어나기는 새로에 모로도 못 눕는 것 보면 중증은 중증인 듯. 병이 이대도록 심해지기는 열흘 전에 조밥을 먹고 체한 때문이다. (중략) 그때 김첨지는 열화와 같이 성을 내며 "에이, 오라질 년, 조랑복은 할 수가 없어!" 하고 김첨지는 앓는 이의 뺨을 한 번 후려갈겼다. 흡뜬 눈은 조금 바루어졌건만 이슬이 맺히었다. 김첨지의 눈시울도 뜨끈뜨끈한 듯하였다.

이 환자가 그러고도 먹는 데는 물리지 않았다. 사흘 전부터 설렁탕 국물이 마시고 싶다고 남편을 졸랐다. "이런 오라질 년! 조밥도 못 먹는 년이 설렁탕은. 또 처먹고 지랄을 하게"라고 야단을 쳐보았건만 못 사주는 마음이 시원치는 않았다.

인제 설렁탕을 사줄 돈도 있다. 앓는 어미 곁에서 배고파 보채는 개똥이(세 살먹이)에게 죽을 사줄 수도 있다 ─ 팔십 전을 손에 쥔 김첨지의 마음은 푼푼하였다.

1924년 종합잡지 『개벽』에 발표된 현진건의 단편소설이다. 현진건(玄鎭健: 1902-1943)은 한국 근대 단편소설을 개척한 작가라는 평가를 받는 소설가이자 언론인이다. 〈동아일보〉 사회부장으로 있던 1936년, 베를린 올림픽 마라톤에서 우승한 손기정 선수의 윗옷에 새겨진 일장기를 지운 사진을 게재하여 일어난 일장기 말소 사건으로 1년 간 감옥살이를 하였다. 대표작에 「빈처」, 「술 권하는 사회」, 「운수 좋은 날」, 「고향」 등의 단편소설과, 『적도』, 『무영탑』 등의 장편소설이 있다.

「운수 좋은 날」의 제목 '운수 좋은 날'이란 주인공인 인력거꾼 김첨지의 어느 날 하루의 운수가 좋아 돈을 평소보다 많이 벌게 되었음을 뜻한다. 기분이 좋은 것은 당연한 일, "컬컬한 목에 모주 한 잔도 적실 수 있거니와 그보다도 앓는 아내에게 설렁탕 한 그릇도 사다 줄 수 있"기 때문이다.

김첨지의 거친 말과 행동은 가난하여 아내의 병을 치료할 형편이 못 되는 현실에 대한 분노, 무력한 자신에 대한 자괴감, 병들어 누운 아내에 대한 원망과 미안함 등 복잡한 심리를 담고 있다. 인물의 말과 행동으로써 이처럼 복잡한 심리를 절묘하게 담아내었으니 현진건의 뛰어난 솜씨를 확인한다.

인물의 심리를 깊이 투시하여 절묘하게 담아내는 현진건의 솜씨는 전에 없이 많은 수입을 올린 김첨지의 이후 행동을 그리는 데서도 멋들어지게 발휘되었다. '모주 한 잔'으로 목을 적시는 데 멈추지 않고 이 집 저 집 술집을 전전하며 술에 탐닉하고, 동료인 치삼이를 붙잡고 술주정을 하고, 세상을 향해 큰 소리로 분노의 말을 내뱉다가 "마누라 시체를 집에 뻐들쳐놓고 내가 술을 먹다니, 내가 죽일 놈이야" 자책하며 '훌쩍훌쩍' 울기도 한다. 그가 아내가 죽었을지도 모른다는 생각에서 생겨난 공포에 짓눌려, 일을 마쳤는데도 귀가하지 않고 이처럼 술집을 전전하였다는 것이 이로써 분명해졌다.

이렇게 살피면 우리는 「운수 좋은 날」이 인물의 복잡한 심리를 통해 가난의 비극을 잘 그린 슬픈 소설임을 알 수 있다. 이 같은 슬픔의 세계 한복판에 김을 올리며 놓여 있는 설렁탕 한 그릇에 담긴 것이 또한 깊은 슬픔임은 물론이다.

우리 현대소설에는 설렁탕이 자주 등장한다. 유진오의 「김강사와 T교수」 채만식의 『태평천하』, 손창섭의 「인간동물원초」 이범선의 「오발탄」 등에서 설렁탕은 저마다의 의미를 담고 음식점 식탁 위에 또는 소설 속 등장인물의 상상 속에 하얗고 따뜻한 김을 피워 올리고 있다.

분류 : 문학
색인어 : 운수 좋은 날, 현진건, 설렁탕, 인력거꾼
참고문헌 : 임화, 「소설문학의 이십 년」, 〈동아일보〉 1940; 양진오, 『조선혼의 발견과 민족의 상상』(역락, 2008)
필자 : 정호웅

성균관 유생들의 식생활(윤기)

조선시대 성균관(成均館)은 유학교육을 전담하는 최고학부로, 오늘날로 치면 국립대학교와 같은 곳이었다. 성균관에 들어가기 위해서는 소과의 하나인 생원시·진사시에 합격을 하거나 공신과 3품 이상 관리의 적자(嫡子)로서 『소학(小學)』에 능통해야 하는 등, 일정한 자격을 갖춰야만 가능했다. 그 대신 성균관 유생은 따로 학비가 없었고, 숙식(宿食)이 무료로 제공되었다.

성균관은 정원이 200명으로 제한되어 있고 아무나 출입할 수 없었으므로, 외부인들이 성균관의 내밀한 생활을 속속들이 알기란 쉽지 않다. 하지만 매우 다행스럽게도 조선 후기의 문인 윤기(尹愭: 1741-1826)가 남긴 『무명자집(無名子集)』에 성균관 유생들의 생활을 엿볼 수 있는 내용이 담겨 있어서 이러한 궁금증을 해소할 수 있다. 윤기는 1773년(영조 49)에 사마시에 합격하여 성균관에 들어가서 약 20여 년간 성균관 생활을 했다.

그러면 윤기가 남긴 『무명자집』을 중심으로 하여 성균관 유생들의 식생활을 재구성해보기로 하자. 일단 성균관에 입학하면, 유생들은 기숙사인 동재(東齋)·서재(西齋)에 나누어 기숙하면서 공부를 했다. 이들에게는 아침, 저녁 하루 두 끼 식사가 식당에서 제공되었다. 유생들이 식당에서 하루 두 끼 식사를 하면, 도기(到記)라고 하는 장부에 원점(圓點)이 찍힌다. 이는 오늘날의 출석부와 같은 것으로, 원점이 일정 기준에 도달해야만 과거에 응시할 수 있는 자격이 주어졌다. 흥미로운 점은 음력 2월과 8월 사이에는 점심(點心)이 제공되었는데, 이는 도기에 따로 표기하지 않았던 듯하다.

유생들의 하루는 북소리와 함께 시작된다. 동재의 맨 윗방을 약방(藥房)이라고 하는데, 그 서쪽 창밖에 북을 매달아 두고 새벽마다 북을 치며 유생들의 잠을 깨운다. 북소리에 맞춰 잠을 깨고 북소리에 맞춰 세수를 한 다음, 유생들은 식고(食鼓: 식사 시간임을 알리는 북)가 울리기를 기다려 식당에 착석한다. 유생들이 정돈하여 줄지어 앉고 나면 소반 대신 마포(麻布)를 깐 후, 각 유생에게 밥, 국, 간장, 김치, 나물, 젓갈, 자반, 생채가 담긴 여덟 그릇의 음식이 제공된다. 이때 도기 당번을 맡은 재직(齋直: 성균관 재사의 각 방에서 잔심부름을 하던 소년)이 도기책에 출석을 기록하고, 하색장(下色掌: 성균관 유생의 자치임원)이 맨 끝에 식사에 참여한 총 인원을 기록한다. 식사는 구령에 맞춰 함께 시작되고, 함께 마무리된다.

성균관에서는 간혹 학생들에게 특식을 제공했는데, 이를 '별미(別味)'라 하였다. 매달 1일과 6일이 드는 날에는 '대별미(大別味)'라 하여 특식이 주어졌는데, 창고를 관리하는 고지기(庫直)가 미리 유생들에게 각자가 요구하는 것을 물어 큰 사기대접에 담아 올렸다.

대별미로 제공된 음식들 중에는 소고기, 양탕, 염통구이 등이 있었다. 그리고 매달 3일과 8일이 드는 날에는 '소별미(小別味)'라 하여 고깃국이나 고기구이가 제공되었는데, 양이 매우 적고 맛도 좋지 않아서 유생들의 불만을 샀다. 또한 한식과 추석을 제외한 절일(節日)에는 고기가 '별공(別供)'으로 제공되었다. 유생들이 가장 풍족하게 먹을 수 있는 때는 섣달 그믐부터 정월 초사흘까지였는데, 이때는 객지에서 새해를 맞는 시름을 달래주기 위해 매일같이 별공(別供)이 풍족하게 제공되었다. 그리고 복날에는 특별히 더위를 식혀줄 복달임 음식이 제공되었는데, 초복에는 개고기 한 접시, 중복에는 참외 두 개, 그리고 말복에는 수박 한 통이 올라왔다. 윤기는 초복에 나오는 개장국이 적기는 해도 중복에 나오는 참외 두 개보다 낫고, 말복에 나오는 수박은 입안을 시원하게 해주므로 가장 좋다고 하였다.

반면, 유생들이 가장 꺼리는 날은 국기일(國忌日: 임금의 제삿날을 일컬음)이었다. 국기일에는 소찬(素饌)이라고 하여 생선 대신 두부, 젓갈 대신 콩잎이 나오는데, 유생들은 "국기일에 소찬을 먹는 것은 오직 성균관 유생들뿐"이라며 불만을 토로하였다.

분류 : 의례
색인어 : 성균관, 윤기(尹), 무명자집(無名子集), 식고(食鼓), 도기(到記), 원점(圓點), 대별미(大別味), 소별미(小別味)
참고문헌 : 윤기 저, 이규필 역, 『무명자집』(성균관대학교 대동문화연구원, 2014)
필자 : 양미경

세찬

정월 초하루는 원일(元日), 원단(元旦), 혹은 설날이라 하여 일 년 중 큰 명절이다. 『동국세시기(東國歲時記)』에 의하면, 이 날 서울에서는 아침 일찍 제물을 차려 사당에 제(祭)를 지내고, 차례가 끝나면 집안이나 동네 어른들을 찾아뵙고 세배를 올렸다고 하였다. 이처럼, 차례상을 차리고 세배 손님이 오면 그들을 대접하기 위해 각 가정마다 여러 가지 음식을 준비하곤 했

는데, 이를 세찬(歲饌)이라고 한다.

정학유(丁學游: 1786-1855)는 『농가월령가(農家月令歌)』에서 세찬으로 준비하는 음식을 소개하고 있다. 그에 따르면, 술과 떡은 기본이고 콩으로 두부를 쑤고 메밀쌀로 만두를 빚었다. 그리고 새해를 맞아 세육(歲肉)으로 풀린 소고기와 납일(臘日)에 덫을 놓아 잡은 꿩고기, 그리고 아이들이 그물을 쳐서 잡은 참새고기 등 고기도 푸짐하게 마련하였다. 이외에도 깨강정, 콩강정에 곶감, 대추, 밤 등을 준비하였다. 이처럼, 새해를 맞아 세찬을 풍성하게 차린 이유는 설날에 배불리 먹으면 일 년 내내 굶주리지 않는다는 속설이 있었기 때문이다(『세시풍요(歲時風謠)』).

조풍연(趙豊衍: 1914-1991)은 개화기의 서울 풍속도를 적은 『서울잡학사전』에 새해에 서울지역에서 세배꾼에게 대접하는 세찬상에 대해 소상히 기록하였다. 이 기록에 의하면, 세찬상에는 두 가지가 있다고 한다. 하나는 매우 간략하게 차린 '떡국상'이다. 떡국상은 떡국을 중심으로 만두를 따로 곁들이거나 식혜, 수정과와 과일과 나박김치를 곁들이는 정도이다. 반면, 본격적인 잔칫상을 차리는 경우도 있는데, 이 경우에는 떡국과 만두를 기본으로 하고 여기에 식혜, 수정과, 전유어, 약식, 떡볶이, 편육, 유과, 숙과, 생과, 술 등이 곁들여진다. 세찬상은 세배꾼들에게 차려내는 음식이므로, 대개 윗자리의 사람이 부하에게 대접하거나 있는 사람이 어려운 사람에게 대접했던 것이다. 따라서 기왕이면 후하게 대접하는 뜻으로 푸짐하게 차려냈다.

한편, 조선시대에는 연말에 조정에서 대신들에게 쌀, 고기, 생선, 소금 등의 식재료와 옷감을 하사하였다(『인조실록』). 그리고 사대부나 종가에서도 형편이 어려운 일가에게 쌀과 고기 등을 보내어 설음식을 장만하도록 했는데, 이처럼 설을 쇠기 위해 나눠주던 음식 또한 세찬이라 불렸다. 최영년(崔永年: 1856-1935)이 1921년에 쓴 『해동죽지(海東竹枝)』에 실린 「명절풍속(名節風俗)」에는 "군·읍에서부터 서울까지, 여항에서 향리까지" 서로 서로 세찬을 주고받는 정겨운 세밑

풍경이 따뜻한 시선으로 묘사되어 있다.

분류 : 의례
색인어 : 세찬(歲饌), 원일, 설날, 차례상, 세배, 떡국상
참고문헌 : 『인조실록』; 정학유 저, 진경환 역, 『농가월령가』(『서울, 세시, 한시』, 보고사, 2003); 유만공, 『세시풍요』(『조선대세시기Ⅱ』, 국립민속박물관, 2005); 홍석모 저, 최대림 역, 『동국세시기』(홍신문화사, 2006); 최영년 편저, 『해동죽지』(장학사, 1925); 조풍연, 『서울잡학사전』(정동출판사, 1989)
필자 : 양미경

소고기

조선을 세운 태조(太祖) 이성계(李成桂: 1335-1408)는 본래 군인이었다. 1388년 고려의 우군도통사(右軍都統使)로서 중국의 요동을 정벌하러 가다가, 압록강 하구에 있는 위화도에서 다시 개경으로 돌아와 고려 왕실을 무력으로 장악하였다. 이성계는 1392년 7월 공양왕을 몰아내고 스스로 '조선(朝鮮)'이라는 새 왕조의 태조가 되었다. 조선 태조 이성계는 그를 지지해준 사람들이 대부분 성리학을 공부한 선비들이었다. 선비들은 대부분 시골에 살면서 농토를 가지고 있던 지주들이었다. 당연히 성리학을 기본으로 하여 농업을 국가 경제의 근본으로 삼았다. 농사를 짓는 데는 소만큼 중요한 노동력이 없었다. 그런데 소고기는 그 어떤 고기보다 맛있다. 이것이 문제였다.

세종이 왕이 된 첫해인 1419년 3월 27일에 형조참판 홍여방(洪汝方: ?-1438)이 왕에게 다음과 같은 문제를 해결해 달라고 글을 올렸다. "소를 도살하는 것을 금하면서 소고기를 먹는 자까지 죄를 주기 때문에, 저절로 죽은 소의 고기를 먹은 자도 역시 중한 형을 면치 못하니, 면포 및 저절로 죽은 소의 고기는 금하지 말게 하여 주시옵소서." 이에 세종이 다음과 같이 말하였다. "경의 말이 옳다. (중략) 만약 저절로 죽은 소의 고기를 먹고 죄를 받았다면, 진실로 가석한 일이다." 그러자 바른말을 잘하였던 원숙(元肅: ?-1425)이 다음과 같이 아뢰었다. "소의 도살을 금하면서 저절로 죽은 소의 고기는 먹어도 좋다고 한다면, 소를 밀살하는 자가 반드시 많을 것이니, 신은 법을 자주 고쳐서는

안 된다고 생각합니다." 세종 역시 원숙의 말을 받아들여 죽은 소를 먹는 일도 엄하게 다스렸다. 조선시대 소도살 금지령을 우금(牛禁)이라고 불렀다. 우금 농사를 근본으로 삼는 조선왕조에서 줄기차게 견지했던 정책이었다. 그래도 소를 잡고 소고기를 팔고 사는 일은 없어지지 않았다. 심지어 관리들 중에는 소고기를 뇌물로 주고받는 자도 있었다.

1425년 음력 2월 4일에 세종은 한성부에 소와 말을 몰래 잡는 자를 수색하여 체포하라는 명령을 내렸다. 형조에서 다음과 같은 보고가 있었기 때문이다. "먹는 것은 백성의 근본이 되고, 곡식은 소의 힘으로 나오므로, 우리 왕조에서는 금살도감(禁殺都監)을 설치하였고, 중국에서는 소고기의 판매를 금지하는 법령이 있으니, 이는 농사를 중히 여기고 민생을 후하게 하려는 것입니다. 그런데 소와 말을 몰래 잡는 자는 오로지 신백정(新白丁)이기 때문에, 태종 때인 1411년에 신백정을 잡아서 도성에서 쫓아냈습니다. 요사이 와서 이 금지법이 무너져, 드디어 성안과 성 밑으로 모두 돌아와 살면서, 한가로운 잡인과 더불어 같이 소와 말을 훔쳐내어 도살(屠殺)을 자행하니, 그 간악(奸惡)함이 막심하옵니다. 위에 말씀드린 백정과 그 처사를 모두 조사 탐색하여 아울러 해변 각 고을로 옮겨, 군관(軍官)으로 하여금 수시로 엄격하게 물어서 원래 거주지로 보내서 돌아오지 못하도록 해야 합니다 또 소와 말의 고기를 먹는 자에게 단지 태형(笞刑) 50대를 가하니, 사람들이 이를 모두 가볍게 여기고, 그 고기가 나온 곳을 묻지 않고 공공연하게 사서 먹으므로 도살이 근절되지 않고 있사오니, 매우 부당한 일입니다. 지금으로부터 그 실정을 알고도 고기를 먹는 자에게는 법률로 다스리고 한성부로 하여금 이를 수색 체포하여 엄중히 금지하도록 하소서." 사실 세종은 소고기를 무척 즐겼다. 몸매도 지금 사람의 생각과 달리 통통하였다. 세종은 자신도 즐겨 먹었던 소고기를 두고 백성들도 자꾸 먹으려 하여 고민을 많이 할 수밖에 없었다.

형조에서 문제를 삼았던 '신백정'은 바로 성균관(成均

館)에서 도살 일을 했던 '다림방' 혹은 '도사(屠肆)'라고 불렸던 '반인(泮人)'들이었다. 소를 잡는 일은 조선시대 줄곧 금지되어 있었지만, 다림방의 도살 작업은 허락되었다. 더욱이 성균관에서는 공자에게 지내는 제사를 계절마다 모셨다. 이때 중요한 제물 중의 하나가 바로 소고기였다. 그래서 다림방 중에서 일부는 푸줏간인 현방(懸房)에서 일을 했다. 이 푸줏간은 한양에서 소 도살과 함께 소고기를 독점하여 판매하는 일도 맡았다. 이 일을 맡았던 다림방들은 제사에 쓰고 남은 소고기를 판매하여 먹고 살았다.

돈이 없었던 백성들은 소고기 먹기가 하늘의 별따기처럼 어려웠다. 결국 이런 일도 발생했다. 1668년 1월 29일 밤에 지금의 서울 양재에 사는 이명길의 동생이 청계천에 놓여 있던 다리인 장통교(長通橋) 밑에서 살해를 당하고 큰 독 속에 시신이 버려진 사건이다. 포도청에서 조사를 해보았더니 이명길의 동생은 15세의 이명원이었다. 살해당한 그날 이명원은 소 두 마리에 땔감을 싣고 서울로 들어왔다. 그런데 소 두 마리에 눈독을 들인 강도가 이명원을 죽이고 소를 훔쳐갔다. 당시에 오늘날의 구제역인 우역(牛疫)이 자주 발생하여 노동에 필요한 소도 부족한 상황이었다. 그러니 도둑들의 눈에 어린아이가 끌고 가는 소 두 마리는 한 사람의 목숨보다 값어치가 컸다.

이렇게 소고기에 대한 욕구가 증대하자 정조 때는 설날을 앞두고 3일간만 소 도살을 눈감아 주도록 조치가 내려지기도 했다. 김매순(金邁淳: 1776-1840)은 『열양세시기(洌陽歲時記)』에서 "모든 법사에서는 금지 조항을 두고 있는 이 중 우금이 가장 크다. 이를 지키지 않으면 해당 기관에서 패를 내어 잡아 조치한다. 그러나 매년 설날을 맞이하여 간혹 특지(特旨)로 3일간 패를 깊이 보관하고 사용하지 않기 때문에 민간에서는 숨김없이 소를 잡아 팔 수 있으므로 큰 고기 덩이를 시내 곳곳에서 많이 볼 수 있다."고 했다. 그러면서 "한양의 동쪽 교외 소는 흥인문으로, 남쪽 교외 소는 숭례문으로, 양쪽 문으로 들어오는 소가 하루에 천 마리인데 도성 안에 살아남은 소는 한 마리도 없다."

고 한 유한준(俞漢雋: 1732-1811)의 「원일잡시(元日雜詩)」란 글을 인용하였다.

갑오경장 이전까지 관청과 민간에서 쓰였던 이두식 공문서 작성법을 적은 『유서필지(儒胥必知)』란 책에서는 우금에도 불구하고 소를 잡는 청원을 올리는 문서가 여러 장 나온다. 가령 "제 상전은 어버이의 병환이 한 달 전부터 갑자기 깊어져 의원에게 물어보니 중풍허증(中風虛症)이라 진단했습니다. 의원은 '반드시 우황을 복용해야만 낳을 수 있다'고 했습니다."라고 하면서 우황을 만들려면 집에 있는 소를 잡아야 한다고 하인이 청원을 하였다. 심지어 소가 호랑이에게 물려 다쳤으니, 돌림병에 걸렸으니, 낭떠러지에 떨어졌으니, 송아지가 갑자기 죽었으니 등의 이유로 소 도살을 관에 청원하기도 했다. 이처럼 도살을 금지하면 할수록 소고기를 먹고 싶은 욕구는 권력과 돈을 가진 자들에게 더욱 강력하게 일어났다.

그런 사정을 홍석모(洪錫謨: 1781-1850)는 『동국세시기(東國歲時記)』의 음력 10월 행사에서 이렇게 적어 놓았다. "요사이 한양 풍속에 화로에 숯불을 휠휠 피워 놓고 번철(燔鐵)을 올려놓은 다음 육적(肉炙)을 기름·간장·계란·파·마늘·고춧가루에 조리하여 구우면서 화롯가에 둘러앉아 먹는다. 이것을 난로회(煖爐會)라 한다." 홍석모의 기록을 확인할 수 있는 그림 한 장도 있다. 그린 이가 누구인지, 언제쯤 그렸는지는 정확하게 알 수 없지만, 국립중앙박물관에는 이 그림이 포함되어 있는 8폭짜리 병풍이 보관되어 있다. 한 겨울에 산의 중턱 소나무 아래에 화문석 돗자리를 깔고 남자 다섯에 여자 둘이 화로를 가운데 두고 둘러앉았다. 화로에는 번철이 놓였고, 그 위에는 소고기로 여겨지는 고기 덩어리가 빨갛게 익고 있다.

1800년경에 쓰였을 것으로 여겨지는 『규합총서(閨閤叢書)』에는 『산림경제(山林經濟)』의 글을 인용하여 '설야멱'이란 소고기 음식이 나온다. 눈이 내리는 밤에 먹는 고기라는 뜻의 설야멱은 소고기 등심살을 넓고 길고, 전골고기보다 훨씬 두껍게 저며 썰어 칼등으로 자근자근 두드려서 꼬치에 꿰어 기름장에 주무른다. 숯불은 싸게 피워 위에 재를 얇게 덮고 굽되 고기가 막 끓거든 냉수에 잠가 다시 굽는다. 이렇게 세 번 한 후 다시 기름장과 파·생강 다진 것과 후추만 발라 구워야 연하다고 했다. 특히 서울과 경기도·충청도·전라도·경상도 사람들이 소고기를 즐겨 먹었다. 비록 우금 정책이 펼쳐졌지만 소고기의 식용과 욕구는 날이 갈수록 증가하였다.

분류 : 식재료
색인어 : 고기구이 장면, 열양세시기, 동국세시기, 제사음식
참고문헌 : 『세종실록』, 『열양세시기(洌陽歲時記)』; 『규합총서(閨閤叢書)』; 『유서필지(儒胥必知)』; 『동국세시기(東國歲時記)』; 주영하, 『식탁 위의 한국사』(휴머니스트, 2013); 김동진, 『조선, 소고기 맛에 빠지다』(위즈덤하우스, 2018)
필자 : 주영하

삶은 소고기(『어우야담』)

김계우(金季愚)는 중종의 재종 외숙이다. 벼슬살이에 있어 고관대작에 관심을 두지 않았고 여러 청요직(淸要職)도 사양하고 나아가지 않았으며, 또한 왕래하며 교유하는 것도 즐기지 않았다. 관직은 공조 참판에 이르렀다. 일찍이 정업원(淨業院)이 있는 산에 별장을 지으니, 평소 궁을 드나들던 여승이 정업원 지척에 별장을 못 짓게 해달라고 임금께 주청을 올렸다.

임금께서 밤에 경회루에 행차하여 김계우를 부르도록 명했다. 이날 김계우는 친척집의 혼사에 갔었는데, 주량이 본래 대단하여 여러 손님들이 각기 큰 잔을 들어 헌수한 것이 무려 수십 번이었는데도 취하지 않았다. 그때 마침 임금이 불러서 경회루로 왔다. 임금이 말하길 "듣건대 외숙께서 정업원 위에다 큰 집을 짓는다고 하는데 그렇습니까?" 김계우가 그렇다고 대답하자 임금께서 말씀하셨다.

"형편이 넉넉지 않을 터인데 어떻게 노역의 비용을 충당하시겠습니까? 과인이 마땅히 그 역사(役事)를 도울 테니 외숙은 심려치 마시오."

임금께서는 김계우의 주량이 대단하다는 말을 들었던지라, 여러 되들이의 팔면은종(八面銀鐘)을 가져오라 명하여 연거푸 스물다섯 잔을 내렸다. 김계우는 비로소 약간 취기가 올라 초헌(軺軒)에 기대어 돌아가면서 말했다.

"평생토록 일찍이 취해본 적이 없는데 오늘에 이르러 약간 취하는구나."

임금께서는 단지 집 짓는 것을 금하지 않았을 뿐만 아니라, 뒤이어 공인들의 노역비를 넉넉하게 주었고, 기한에 맞추어 공사가 끝나 집이 완성되자 낙성연을 베풀어주었다. 김계우는 평생 동안 일찍이 부탁하거나 사례하지 않았으며 왕래하기를 매우 조용하고 겸손하게 했으며, 권세를 구하지 않았다. 집에 있을 때에 매양 초닷새 날이면 소 한 마리를 잡아 부인과 더불어 중당에서 걸상을 마주하고 앉아서 큰 은쟁반에 잘 삶은 소고기를 저며놓고 하루에 세 번씩 대작했는데, 커다란 잔을 사용하고 소반에 가득한 고기를 다 먹었다. 한 달에 항상 소 여섯 마리를 다 먹으며 다른 진미는 먹지 않았다. 부부가 각각 80까지 수를 누리고 죽었다.

위 이야기는 주량이 세고 특히 한 달에 소 여섯 마리를 삶아 먹는 사람, 그것도 왕의 외척이 그렇게 했다는 점이 특이하여 채록된 것으로 보인다. 위의 이야기는 유몽인(柳夢寅: 1559-1623)의 『어우야담』에 실려 있다.

분류 : 문학
색인어 : 소고기, 주량, 유몽인, 어우야담
참고문헌 : 유몽인 저, 신익철 외 역, 『어우야담』(돌베개, 2006)
필자 : 차충환

소고기꼬치구이(박엽)

박엽(朴燁: 1570-1623)은 광해군(光海君: 재위 1608-1623) 때 함경도병마절도사를 하며 북방의 방비를 철저히 했고, 황해도병마절도사를 거쳐 평안도관찰사(평양감사)를 하면서 국방을 튼튼히 지켰던 인물이다. 그의 사람됨에 대해서는 백성들의 고혈을 짜냈다거나, 음탕하고 포학하고 방자했다는 등의 기록도 있지만, 국방에 기여하였음은 널리 인정받아 왔다.

이중환(李重煥: 1690-1756)의 『택리지(擇里志)』에는 그가 소고기꼬치구이[牛肉長串炙]로 청나라 군사를 돌려보낸 이야기가 나온다. 아마도 이때 박엽이 준비

한 소고기꼬치구이는 설하멱적(雪下覓炙)이나 장산적(醬散炙)과 같이 고기를 양념하여 꼬치에 꿰어 구운 음식일 것이다.

박엽은 광해군의 신임을 받아 평양감사를 오래도록 했다. 어느 날 지방순시를 나갔다가, 구성(龜城)에서 청나라 병사에게 포위되었다. 평소 많은 재물을 들여 첩자를 잘 이용해왔던 그는 그날 밤에도 침소에 들어온 오랑캐 한 사람으로부터 무언가 귓속말로 듣더니, 다음 날 아침 아랫사람들에게 술을 가져오고 소고기로 긴 꼬치구이를 만들도록 명하였다. 그렇게 준비된 술과 꼬치구이를 청나라 병사에게 주었는데, 꼬치구이의 수가 청나라 군졸들의 수와 딱 들어맞아 남지도 모자라지도 않았다. 그것을 본 청나라 장수는 너무나도 이상하고 놀라워서, 박엽을 신(神)이라고 여기게 되었다. 결국 그 장수는 박엽을 상대로 한 싸움을 포기하고 바로 화친을 맺고 돌아갔다고 한다.

실제로 박엽이 신묘한 능력을 가진 인물이었는가는 알 수 없다. 하지만 그를 주인공으로 한 설화가 현재까지도 전해진다. 『한국구비문학대계』의 충청남도 아산군 송악면 설화를 보면, 박엽은 보통 사람이 아니었다. 그는 서울의 본가에서 천안 외가까지 저녁에 나서 그날 해지기 전에 돌아올 정도의 능력이 있었다. 하지만 그는 너무도 가난하였다. 그러던 어느 날 굶다 못한 아내가 몰래 흙덩이를 먹는 모습을 보고 충격을 받은 박엽은 내일부터는 굶지 않겠다고 아내에게 약속했다.

그러고 나서 하인을 불러, 벽에 걸었던 종이 두루마리를 주면서 내일 아침 이걸 가지고 종각 모퉁이에 나가 앉아 있으라고 시켰다. 또 닭이 울 때 키 큰 행인이 지나갈 테니 그 사람이 값을 묻거든 삼천 냥이라고 하고 주고 오라고 일렀다. 하인은 박엽이 시키는 대로 하고 돌아왔고, 곧이어 말이며 소에 실린 짐이 엄청나게 쏟아져 들어왔다. 금방 먹을 음식, 두었다 먹을 음식, 돈, 옷감, 쌀에 이어 누군가 들어와 소원을 풀었다며 절을 하는데 바로 청나라 장수 용골대(龍骨大)였다. 박엽의 능력을 아는 용골대는 그 전부터 함께 행동하자고 간청해 왔지만 늘 거절을 당했다. 하지만 아내가 흙을 먹다 들켜서 우는 모습을 본 박엽이 결국 절개를 꺾었던 것이다. 그러나 얼마 후 평양감사로 간 박엽은 밤마다 청나라의 마부대(馬富大)와 용골대가 군사를 훈련시키는 곳까지 나가서 신출귀몰한 솜씨로 수백 명씩 죽이고 돌아오곤 했다. 이와 같이 박엽이 우리나라와 명나라를 보호하기 위해 그렇게 힘썼던 사람인데도, 간신들이 그를 못 살게 굴었다는 설화이다.

실제로 그는 광해군 때에는 부와 권력, 명망을 누렸으나 1623년 인조반정(仁祖反正)이 일어나면서 훈신들에 의해 평양에서 처형되었다. 박엽이 사망한 지 십여 년이 지난 1636년, 청나라 장수 마부대와 용골대가 군사를 이끌고 조선에 쳐들어왔다. 바로 병자호란이다. 거듭된 전란 속에서 조선 후기의 백성들은 박엽이 있었더라면 하고 꿈꾸었을지도 모른다. 그래서인지 설화에서 박엽은 불행한 죽음을 맞은 기인(奇人)이자 신출귀몰한 재주를 가지고 청나라로부터 조선을 지키려 한 영웅으로 기억된다.

분류 : 음식
참고문헌 : 이중환 저, 이민수 역, 『택리지』(평화출판사, 2005); 이용정 제보(충청남도 아산군 송악면 채록), 「박엽(朴燁)과 용골대」, 『한국구비문학대계』(한국학중앙연구원, 1981); 이장희, 「박엽」, 『한국민족문화대백과』(한국학중앙연구원, 1996)
필자 : 김혜숙

소고기와 건시(『천예록』)

서울의 한 선비가 볼일이 있어 영남으로 내려갔다가 돌아오는 길에 한 촌가에 투숙하려고 하였는데, 그 집 주인은 아이가 마마에 걸려 생명이 위독하다고 하면서 거절했다. 선비는 어쩔 수 없이 다른 점방에서 묵게 되었다. 그날 밤 꿈에 반백의 노인이 그를 찾아와서 말했다.

"아까 그 집은 주인이 무례한 데다 나에 대한 대접이 성의가 없어 내 곧 그의 아이를 죽이려던 참이오."

선비가 왜 그러냐고 물으니, 노인은 "그자의 집엔 산꿩에다 소고기, 건시(乾柿) 따위의 먹을거리가 있는데도 숨겨놓고 내준 일이라곤 없었소. 그래서 내가 그를 미워하지.”라고 하였다. 그제야 선비는 그 노인이 마마귀신인 줄 알고, 내일 그 집주인에게 말을 해서 음식을 내어놓게 할 것이니, 아이를 용서하여 원래대로 돌려놓도록 요청했다. 노인은 처음에는 거절했으나, 선비가 재차 간청하자 허락을 하고 사라졌다.

다음날 선비는 집주인을 불러 자식의 마마 증상이 어느 정도인지를 묻고, 자기 말을 따르면 아이를 살려줄 것이라고 하고는, 집에 있는 소고기를 삶고 꿩을 구어 찬으로 올리고 또 건시도 내다가 두 상에다 벌여놓고 나서 자기에게 알리라고 하였다. 이 말을 들은 주인은 그것들을 장만하고 찐 떡까지 보태어 두 상에 나누었다. 선비가 들어와 주인에게 상을 대청마루에 두되, 한 상은 방안 정면 벽의 빈 위패에 놓고 또 한 상은 자기 앞에 놓으라고 하였다. 그러더니 수저를 들어서 누군가에게 먹으라고 청하고는 자신도 직접 떠먹었다. 얼마 뒤 병으로 누워 있던 아이가 갑작스레 말문을 여는 것이었다.

“어째서 나한테는 산 꿩과 소고기, 건시를 안 주는 거예요?”

주인이 빈 위패 앞에 두었던 상을 가져다가 주려 했다. 그런데 그 상은 만 근처럼 무거워 꿈쩍도 하지 않았다. 이제 주위 사람들은 두려워하는 기색이 역력해졌다. 즉시 남겨놓은 다른 음식을 주자, 아이는 평소 먹는 모습과 다름없이 씹어 먹었다.

선비는 연거푸 십여 차례 술잔을 들어 빈 위패에 평소 수작하듯이 올렸다. 한참 뒤, 선비는 이미 술이 거나하게 취하여 상을 물리게 했다. 그와 동시에 빈 위패 앞을 보니 상 아래로 수저가 떨어지면서 ‘쨍그랑’ 하는 소리가 났다. 이때부터 아이의 병이 갑자기 호전되어 안정을 되찾았다.

위 일화에 등장하는 마마는 예전에 집집마다 찾아다니면서 천연두를 앓게 하는 귀신이다. 이 마마의 작용에 따라 아이들이 천연두를 앓다가 죽는 경우도 있고 살아나는 경우도 있는데, 이와 관련된 설화가 전국적으로 구전되고 있다. 위의 일화도 그렇지만 다른 설화들도 마마에게 술이나 음식, 또는 돈과 같은 것으로 정성을 보이면 마마가 물러가는 것으로 된 경우가 많다. 위 일화에서는 아이가 여러 제물을 먹고 병이 낫는 것으로 서술되어 있다. 이는 마마는 영양이 부실할 때 생기기 쉽고, 또 마마에 걸렸을 때에는 영양을 충분히 섭취해주면 낫는다는 진단을 증명하는 것으로서, 결국 마마귀신에게 음식을 흠향하게 하는 것은 병든 아이를 잘 먹이는 것을 뜻하는 것이다. 위 일화에는 건시, 꿩고기, 떡, 소고기 등이 등장하는데, 특히 소고기는 옛날에는 귀하여 일반 백성들은 쉽게 먹을 수 없는 것이었다. 그런 점에서 소고기를 삶아 주니 마마가 물러나고, 아이가 그것을 먹으니 병이 나았다는 것은 소고기에 대한 일반 백성들의 환상을 표현한 것 같아 무척 흥미롭다.

위 일화는 『천예록』에 실려 있는데, 『천예록』은 조선시대 임방(任埅: 1640-1724)이 저술한 야담집이다. 유몽인(柳夢寅: 1559-1623)의 『어우야담』 이후에 편찬된 초기 야담집으로서 후대 야담집의 형성에 큰 영향을 미쳤다. 『어우야담』에는 특정 소재에 국한되지 않고 다양한 이야기가 실려 있지만, 『천예록』에는 특히 민간에 떠도는 기이한 이야기가 많이 실려 있다는 특징이 있다.

분류 : 문학
색인어 : 건시, 소고기, 천예록, 임방
참고문헌 : 임방 저, 정환국 역, 『천예록』(성균관대출판부, 2005)
필자 : 차충환

소 밀도살(1467년 상소)

농업이 생활의 중심이고 기계화된 농업도구가 보급되기 이전 시대에 소는 고기나 알을 먹기 위해 키우는 닭과 돼지와는 달리 생활의 중심에 서 있는 가축으로 가족들의 생계를 책임지는 존재였다. 소는 논·밭을 가는 일뿐 아니라 각종 운반도 도맡아 사람의 몇 배나 되는 일들을 해냈고, 연자방아를 돌려야 할 때면 지금의 정미기와 같은 역할도 수행하는 여러모로 유용한 동물이었다. 그래서 한 마을에 소를 가진 집이 별로 없던 때는 소를 가지지 못한 집에서 2-3일 농사일을 도와주는 조건으로 하루 소를 빌리기도 해야 할 만큼 어떻게 보면 농업에 있어서는 소가 사람보다 더 중요시됐다. 그만큼 농사일에 있어서 없어서는 안 되는 가축이었기에 조선시대 많은 왕들은 소에 관심을 가졌고 소의 도축을 엄격히 금하는 명령을 수시로 내렸다.

1467년 대사헌 양성지(梁誠之: 1415-1482)가 세조에게 소의 밀도살과 관련한 상소를 올린다. 상소의 내용을 살펴보면 1년 전부터 한양 밖에서 농사일에 쓰이는 소인 농우(農牛)에 대한 도살이 예전보다 배나 많아졌고 한양 안에서 거래되는 소만 해도 수십 마리에 이르며 이 소들은 모두 도살된다며 사태의 심각성을 알렸다.

그리고 법령에서 금하고 있음에도 백성들이 한양 안과 주변에 있던 소나무들을 70여 년 동안 벌채하여 소나무가 다 사라졌다고 하면서 이와 비교하여 소는 곡식을 생산하는 중요한 도구라고 강조하고 소가 사라지면 더 이상 곡식을 생산할 수 없을 것이라고 주장했다.

그러면서 당대의 사회적 상황이 예전보다 소가 도살되기 더 수월한 환경임을 밝혔다. 양성지의 주장에 따르면 예전에는 소를 도살하는 이들은 화척(禾尺)이나 백정(白丁)이라는 사회적 계급에 한정되어 있었다. 그러나 세조 대에는 이미 한양 밖 일반 백성[良民]들도 도살을 하는 실정이고 소를 잡는 사람에 대한 호칭도 예전엔 소를 잡는 도적이라는 뜻의 재우적(宰牛賊)이라고 불렀으나 당시엔 이미 거골장(去骨匠)이라 하여 뼈를 바르는 기술자로 예전보다 높여 부른다고 했다.

또한 소를 도살하는 목적도 예전에는 잔치음식을 마련하기 위해 잡았다고 한다면 이제는 판매를 목적으로 소를 잡는 경우가 늘어났으며, 저잣거리에서 소가 거래되고 있음을 지적하였다. 도살하는 사람이 늘어나고 소고기와 소가 시장에서 거래된다는 것은 이미 백성들의 생활 속에 소를 도살함이 크게 문제시되지 않고 있음을 뜻한다고 주장했다. 이와 같은 사회적 분위기이면 앞으로 도살되는 소가 더욱 늘어나고 결국엔 한양 주변의 소나무처럼 소도 다 없어질 수 있다고 양성지는 경고했다.

양성지는 이와 같은 파국적인 결말을 막기 위해선 강력한 처벌이 필요하다고 주장하였다. 구체적으로는 생활양식과 사회적 분위기가 바르게 될 때까지 소를 도살하는 이들에 대해 군법으로 다스리도록 하고 도살하는 자들을 사형(死刑)시키고 그 가족들을 변방으로 이주시키자고 했다. 이에 그치지 않고 소 도살과 관련된 이들, 예를 들면 소 도살을 도와주거나 묵인한 이들을 포함해 도살된 소의 고기를 먹은 사람들까지 무겁게 처벌하자고 제안했다. 이에 반해 소 도살과 관련된 사건을 고발한 자들에게는 우선적으로 물질적인 보상을 하고 혹 고발한 자가 벼슬자리를 원하면 벼슬자리까지 주어 포상을 하자고 세조에게 상소하였다.

분류 : 식재료
색인어 : 양성지, 세조, 화척, 백정, 소 도살, 재우적, 거골장
참고문헌 :『세조실록』
필자 : 이민재

양 고음(『심청전』)

용렬한 뺑덕어미 생긴 거동 볼작시면, 되박이마, 빈대코, 밥새눈, 메주 볼탱이, 동고리 가슴, 북통 배아지, 절뚝다리, 조막손이, 지혜 없이 졸랑이기, 방정맞고 요망하기, 흘깃 하면 할깃 하고, 간사하고 음탕하며, 선웃음에 콧방귀 뀌기, 어깨춤에 궁둥이짓, 곰방조대 대려 물고, 종종걸음으로 마실돌기, 군입정하기 좋아하여 음식 장사 거르지 아니하고, 양 고음의 팽기 갈비찜, 갖은 양념 영계찜과, 낮잠자기 게으르고, 얄망궂어 행신 체통, 침선방적 백집사에 무용이라. 심봉사

수원 우시장, 1900년대, 국립민속박물관

는 얹히어서 얼마간 음식 주는 대로 얻어먹고 출물꾼이 되었구나.

『심청전』은 판소리계 소설로 널리 알려진 작품이다. 판소리「심청가」가 창으로 유통되는 과정에서 그 사설이 소설화하여 판소리계 소설『심청전』이 형성되었다. 판소리「심청가」는 현재에도 창으로 전승되고 있으며, 소설본도 필사본, 판본, 활자본 등의 형태로 다양하게 전승되고 있다. 『심청전』은 심봉사와 심청의 가난한 삶, 심봉사의 안맹(眼盲)으로 인한 슬픔, 심청의 음식 구걸, 부친의 눈을 뜨게 하기 위해 몸을 바다에 던지는 일 등을 핵심 내용으로 하고 있어서, 대체로 비장미가 두드러진 작품에 속한다. 그러나 판소리계 소설답게 골계적인 장면도 없지 않은데, 그 대표적인 경우가 뺑덕어미가 등장하는 장면이다. 뺑덕어미는 모양도 이상하고 행동도 특이하다. 위 인용문은 뺑덕어미의 형상을 묘사한 부분이다.

위 예문에 등장하는 양 고음의 '양'은 소의 첫 번째 위를 가리킨다. 따라서 '양 고음의 팽기 갈비찜'은 소의 양을 넣어 찐 소의 갈비를 말한다.

분류 : 문학
색인어 : 양 고음, 심청전
참고문헌 : 김진영·김현주 역주, 『심청전』(박이정, 1997)
필자 : 차충환

우금과 세육

농사는 천하의 큰 근본이라 믿었던 조선사회는 소를 함부로 도살하는 것을 금지하였다. 소가 있으면 밭갈이를 할 때 깊이 그루갈이를 할 수 있어 토지 생산력이 증대되었고, 또 소 한 마리가 농부 여럿이서 해야 할 일을 단숨에 해치울 수 있어서 매우 능률적이었기 때문이다. 그러므로 소의 힘을 거두어 그 고기를 먹는 것보다는, 소의 도살을 막아 생산량을 증대시키는 편이 국가적인 차원에서 훨씬 큰 이득이었다. 그리하여 조선사회는 '쟁기질한 소는 죽이지 않는 법이다.'라고 하는 중국 고대 제후의 문자(文字)를 좇아 '우금(牛禁)' 정책을 실시하였다.

우시장 사진, 1930년, 국립민속박물관. 나무 기둥을 일정한 간격으로 한 줄로 박고, 다시 소보다 약간 더 높게 나무 기둥으로 칸을 질러 소를 한 마리씩 매어 놓았음. 소를 팔고 사려는 사람들의 모습이 보임.

물론 그렇다고 해서 소의 도축이 완전히 금지된 것은 아니었다. 소의 도축은 성균관 전복(典僕)이 운영하는 현방(懸房: 지금의 푸줏간)에서 독점적으로 이루어졌고, 주로 왕실, 귀족, 관아, 군문 등지에 고기가 납품되었다. 그러므로 평상시에 일반 백성들이 소고기를 먹을 수 있는 기회는 매우 제한적이었다.

그러나 매년 섣달 그믐을 앞두고 하루, 이틀 전부터는 소를 잡지 못하게 하는 법이 잠시 해제되었다. 이는 세육(歲肉)이라 하여 정초에 백성들이 고기를 실컷 즐길 수 있도록 하기 위함이었다. 따라서 이때만큼은 사법 업무를 담당하던 법사(法司)들도 소를 잡지 못하게 금하는 금패(禁牌)를 잠시 거두었다. 조선 후기 사람 홍석모(洪錫謨: 1781-1857)는 서울의 세시풍속을 노래한 한시집『도하세시기속시(都下歲時紀俗詩)』에서 설날을 전후해 저민 소고기가 시장에 널려 있는 모습을 정겹게 묘사하면서 그간 푸성귀로 곯은 백성들의 배 속에도 원기가 넘친다고 하였다. 하지만 그것도 잠시, 설날에 이르면 법사들은 회수당했던 금패를 찾아 쥐고 또다시 단속에 나섰다.

분류 : 의례
색인어 : 세육(歲肉), 소고기, 우금(牛禁), 전복, 현방(懸房)
참고문헌 : 홍석모 저, 최대림 역, 『동국세시기』(홍신문화사, 2006); 홍석모 저, 진경환 역, 『도하세시기속시』(『서울, 세시, 한시』, 보고사, 2003); 홍석모 저, 진경환 역, 『도애시집』(『서울, 세시, 한시』, 보고사, 2003); 김대길, 「조선 후기 우금에 관한 연구」, 『사학연구 52』(한국사학회, 1996)
필자 : 양미경

우랑(『별과 같이 살다』)

김만장은 더 오래 한명인과 마주 앉아 있고 싶지가 않았다. 처음에는 심란한 마음을 술로 좀 가라앉혀볼까 했던 것이나, 주기는 도는 것 같은데도 정신은 더 또렷해지기만 했다. 첫째 그는 한명인이 아니꼽게 자기더러 허교를 하자고 하고는 자네라고 호칭하는 것부터 비위에 거슬려 못 견디겠는 것이다. 그런데 이 한명인이 우랑을 안주삼아 연거푸 술 두 잔을 마시고 나더니 김만장보고, 숫제 이 기회에 우리가 친사 간이 되면 어떠냐는 것이다. 자기 집 셋째 딸과 김만장의 맏아들과 혼사를 맺자는 것이다. 김만장의 아들이 금광에 미쳐 돌아다닌다는 것을 자기로서는 그다지 탓하고 싶지 않노라고 했다. 원래 금광이란 사내로서 한 번 해볼 만한 사업이라는 것이다. 혼사가 성립되는 날에는 셋째 딸 몫으로 샘마을 토지 절반을 떼어줄 용의가 있다는 말까지 했다.

1947년 여러 잡지에 발표된 단편들을 바탕으로 만든 12장으로 된 황순원(黃順元: 1915-2000)의 장편소설 『별과 같이 살다』이다. 1950년 정음사에서 단행본으로 출간되었다. 황순원은 비극적 세계 인식 위에 서 있지만 세계의 폭력성에 굴복하지 않는 강한 자아의 행로를 중심에 놓은 작품을 주로 쓴 소설가이자, 경희대 국어국문학과 교수로서 많은 문인을 길러낸 교육자이다. 대부분의 문인이 일본의 식민통치와 침략전쟁에 동조하여 친일문학의 길로 나아갔지만 황순원은 그 물결에 휩쓸리지 않았다. 그렇다고 붓을 꺾지는 않았는데 이 시기에 지어 서랍 깊이 간직했던 작품들은 해방 후 발표되었다. 대표작에 「늪」, 「독 짓는 늙은이」, 「술」, 「목넘이 마을의 개」, 「학」, 「소나기」 등의 단편과 『별과 같이 살다』, 『카인의 후예』, 『일월』, 『신들의 주사위』 등의 장편이 있다. 처음에는 시로 출발하여 『방가』, 『골동품』 등의 시집을 내었다.

소작농의 딸로 태어난 곰녀의 인생유전이 이 작품의 구성 축이다. 아버지는 일본 탄광에 돈을 벌기 위해 갔다가 유골로 돌아오고, 재가한 어머니는 아이를 낳다 죽는다. 어린 나이에 고아가 되었으니 곰녀의 앞길은 뻔하다. '지주 집 하녀-서울 술집 작부-평양 청루의 창녀'로 이어지는 그녀의 행로는 내리막길 굴러 내리기이다. 그 전락을 따라 그녀를 부르는 이름도 후남, 곰녀, 삼월이, 유월이, 복실이 등으로 바뀌었다. 몸을 파는 바닥 신세에까지 떨어진 그녀의 지금 이름은 복실이이다. 손님 가운데에는 못생겼다고 '호박갈보'라 부르는 거친 사내도 있다. 한가한 시간이면 한 집에 사는 창녀들 사이에 이야기판이 벌어진다. 경상도, 충청도 등 각지에서 온 불쌍한 여성들이다. 그중에는 "대구에서 동북쪽으로 한 이십 리가량 떨어져 있는" 곰녀의 고향 마을인 샘마을에서 머지않은 향나뭇골 출신인 산옥이도 있다. 비록 몸을 파는 처지이지만 모욕을 받으면 용납하지 않는, 자존감이 강하고 겪은 일을 잘 엮어 이야기로 옮기는 재주가 있는 여성이다. 그녀의 이야기에 실려 일제 강점기 조선 현실의 단면 하나가 작품에 들어왔다.

그녀의 고향 마을에 한명인이라는 인물이 살았는데 본래 점쟁이였다. 술수가 뛰어나 큰돈을 벌어 우뚝 일어서게 되자 정치권력과 손잡고자 군수를 사위로 맞아들인다. "지난날의 원님격인 군수만 자기의 사위로 만들어 놓는 날이면 그야말로 자기의 앞을 막을 놈이라곤 조선놈으로 태어나선 없을 것이다!"라는 게 그의 생각이었다. 순사에서 시작하여 군수 자리에까지 오른 그 사위는 총독부 고관과 끈이 닿는 인물, 한명인의 선택은 현명했다. 한명인의 재산은 갈수록 늘어 마침내 대대로 양반 지주인 김만장 집안의 토지를 손에 넣게 되었다. 김만장은 금광에 미친 아들 때문에 조상 대대로 물려받아온 토지를 내놓을 수밖에 없다. 거래를 위해 두 사람이 마주 앉았다.

우랑(牛囊)은 쇠불알이다. 푹 삶아 썰어서 술안주로 내기도 하고 물과 함께 끓여 곰탕으로 먹기도 하는데 경북 지역에 흔하였다. 소가 귀하던 시절인데다 소 한 마리에서 얻을 수 있는 양이 적으니 아무나 먹을 수 있는 음식이 아니었다. 지금 이 고급 안주를 앞에 놓고 식민지 통치권력을 등에 진 신흥부자 한명인이 조상 중에 벼슬살이한 사람이 있을 정도로 지체 높은 지주 김만장과 마주 보고 앉았다. '허교'를 제의하고 '자네'라 부르기도 한다. 사돈을 맺자고 청하기도 한다. 지난날에는 신분과 재산이 하늘과 땅 차이니 한자리에 앉는 일도 없었을 터, 김만장으로서는 상상할 수도 없는 일이 벌어진 것이다. 속이 끓어 견딜 수 없지만 어쩔 수 없다. 이미 그런 세월이었던 것이다.

그런 세월의 변화를, 통치 권력과 손잡은 자산가의 득세를 두 사람의 거래 장면은 압축하고 있다. 그 가운데 핏기가 빠져 허연 쇠불알 요리가 윤기를 흘리며 놓여 있다.

분류 : 문학
색인어 : 별과 같이 살다, 황순원, 우랑, 창녀
참고문헌 : 김현, 『소박한 수락』(문학과지성사, 1991); 이재선, 『한국현대소설사』(홍성사, 1979)
필자 : 정호웅

우설(牛舌)

우설은 소의 혀를 가리키며, 우설구이, 우설편육, 우설찜을 하고, 태극선, 죽순채, 곰국, 설렁탕, 겨자선, 동아선 등을 만들 때에도 썼다. 소 한 마리를 잡아도 우설은 한 개밖에 나오지 않고, 그 양도 적어서 우설은 매우 귀한 식재료로 취급되어 왔다.

이러한 우설로 만든 대표적인 음식이 편육이다. 우설편육은 우설우낭숙편(牛舌牛囊熟片)이라 하여 우낭(牛囊: 소의 고환) 편육, 업진살 편육과 함께 담겨 조선 왕실의 잔칫상에도 올랐을 정도로 편육 가운데는 최고로 치던 고급음식이다. 우설편육을 만드는 법은 방신영(方信榮: 1890-1977)의 『조선음식 만드는 법』(1946)에 자세하다. 먼저 소의 혀를 물에 담근 채 칼로 박박 긁어내어 깨끗하게 씻은 후 뚝배기 안에 넣고 물을 잠기도록 부어둔다. 이것을 숯불에 올려놓고 물러지도록 푹 삶아, 국물은 국에 쓰고 혀는 얇게 저며서 초장이나 초젓국을 찍어서 먹는다. 그러면서 편육은 흔히 국수와 곁들여 장국상을 차려 먹기 때문에, 밥반찬으로는 밥상에는 잘 올리지 않으나 그렇게 해도 괜찮다고 덧붙였다.

편육 이외에 우설찜도 만들었는데, 이 역시 조선 왕실에서 해 먹던 귀한 음식이었다. 조선의 마지막 주방 상궁으로 알려져 있고 중요무형문화재 제38호 조선왕조 궁중음식 기능보유자였던 한희순(韓熙順: 1889-1971)이 황혜성(黃慧性: 1920-2006), 이혜경(李惠卿)과 공저한 『이조궁정요리통고(李朝宮廷料理通攷)』(1957)에 따르면, 우설찜은 소의 혀와 무를 크게 잘라서 한데 삶다가, 우설이 익으면 건져내 다시 썰어서 간장, 후춧가루, 깨소금, 참기름, 설탕, 파, 마늘로 양념한 후 데친 미나리, 표고, 석이, 양파, 당근을 썰어 넣고 함께 국물을 붓고 다시 끓인 다음 계란 지단을 채 썰어 고명으로 얹어 냈다. 이와 같이 궁중에서는 계란 지단을 얹었으나, 다른 데서는 방신영의 『조선음식 만드는 법』(1946) 중 우설찜 만드는 법에서 보듯이 계란 지단 대신 채 친 파를 듬뿍 얹어 뜸을 들인 후 내기도 했다.

분류 : 식재료
참고문헌 : 방신영, 『조선음식 만드는 법』(대양공사, 1946); 한희순·황혜성·이혜경 공저, 『이조궁정요리통고』(학총사, 1957)
필자 : 김혜숙

육면(『산가요록』)

가늘게 썬 고기를 장국에 만 '육면'이라는 음식의 조리법은 1450년에 나온 『산가요록(山家要錄)』에 간단히 기술되어 있다. 다른 말로 고기면이라고도 한다.

『산가요록』에 기록된 육면의 조리법은 다음과 같다. 고기를 솔잎처럼 가늘게 썰어 깨끗이 씻은 뒤 밀가루나 메밀가루를 묻힌다. 이것을 물에 넣고 삶아서 장시(醬豉: 장)을 타고 채소를 넣는다.

이와 유사한 음식은 1500년대 초의 문헌인 『수운잡방(需雲雜方)』, 1680년경에 나온 『요록(要錄)』, 1800년대 중엽의 『역주방문(歷酒方文)』에도 등장한다. 고기를 썬 뒤 익히는 『산가요록』과 달리 『요록』, 『수운잡방』은 고기를 반쯤 삶은 뒤 썰어서 다시 밀가루를 입힌 다음 장을 푼 국물에 넣어 끓이라고 하였다.

『역주방문』은 다른 조리서들과 달리 육면의 고기를 꿩이나 암탉으로 한정하였으나 '솔잎처럼 가늘게 썬다.'는 표현은 『산가요록』과 같다.

분류 : 음식
색인어 : 육면, 고기면, 산가요록, 수운잡방, 요록, 역주방문
참고문헌 : 『고농서국역총서 8 산가요록』(농촌진흥청, 2004); 김유 저, 한국국학진흥원 역, 『수운잡방』(글항아리, 2015); 작자 미상, 『역주방문』
필자 : 서모란

육회(『시의전서』)

『시의전서(是議全書)』에 소개된 육회 조리법은 다음과 같다. 우선 연한 소고기를 얇게 저민 뒤 물에 담가 피를 잠깐 뺀 다음 베보자기로 짜서 물기를 뺀다. 다진 파, 마늘, 후춧가루, 깨소금, 기름, 꿀을 넣고 잘 주물러서 재운다. 소고기에 하는 양념은 소고기가 들어가는 다른 음식과 유사하지만 간장이 빠져 있다. 깨소금이 많이 들어가면 탁하므로 잣가루를 많이 섞는다. 윤즙을 곁들인다. 이때 윤즙은 식초를 넣은 고추장, 즉 초고추장을 뜻한다. 이 조리법은 간장으로 양념하여 배와 달걀 노른자를 곁들이는 최근의 육회와는 차이가 있다.

『시의전서』의 육회 조리법을 보면 이 책에서 다룬 다른 회 종류인 육회와 어회, 채소 숙회처럼 육회에도 초고추장을 곁들인다. 어회의 경우 민어를 저며 기름을 발라 윤즙을 곁들이며, 미나리강회, 세파강회, 두릅회 등도 고추장 윤즙을 곁들이라고 되어 있다. 다른 조리서의 육회 조리법을 살펴보면 1913년에 나온 『반찬등속』에서는 고추장을 곁들이지 않고 양념에 포함시켰고, 1924년의 『조선무쌍신식요리제법(朝鮮無雙新式料理製法)』에서는 진장이나 초고추장에 찍어 먹는다고 하였다. 이보다 뒤에 나온 1939년 조리서 『조선요리법(朝鮮料理法)』에서는 소고기를 간장과 설탕 등으로 양념 후 겨자즙이나 초고추장을 곁들인다고 하였고 1957년 『이조궁정요리통고(李朝宮廷料理通攷)』에는 간장이 들어가며 겨자초장과 함께 낸다고 하였다.

분류 : 음식
색인어 : 시의전서, 육회, 윤즙, 초고추장, 조선요리법, 조선무쌍신식요리제법, 이조궁정요리통고
참고문헌 : 작자 미상, 『시의전서』; 이효지 외, 『시의전서(우리음식 지

킴이가 재현한 조선시대 조상의 손맛)』(신광출판사, 2004); 조자호, 『조선요리법』(광한서림, 1939); 이용기, 『조선무쌍신식요리제법』(한흥서림, 1924); 한희순·황혜성·이혜경 공저, 『이조궁정요리통고』(학총사, 1957)
필자 : 서모란

태극선(『조선요리법』)

1939년에 나온 『조선요리법(朝鮮料理法)』에는 두 가지 태극선 조리법이 나오는데 한 가지는 소의 혀인 우설이 소로 들어간 태극선이고 다른 하나는 소고기가 들어간 태극선이다. 만드는 방법은 유사하지만 사용하는 재료에 차이가 있다. 우설 태극선은 당근, 표고, 석이, 오이, 달걀지단이 소로 들어가며 사용하는 생선포도 민어를 쓴다고 되어 있다. 소고기 소 태극선은 표고, 석이, 달걀이 사용되는 것은 첫 번째 방법과 동일하지만 오이와 당근 대신 미나리와 숙주가 사용되며 생선도 "비리지 않은 생선"이라고만 표기되어 있다.
만드는 방법은 우설 태극선의 경우 우설과 채소를 각각 손질하고 달걀은 지단을 만들어 모두 채쳐서 고명(소)을 만든다. 민어를 손질하여 포를 뜨고 민어포 위에 색을 맞추어 고명을 얹어 돌돌 만 뒤 녹말가루를 묻혀 찐다. 동그랗게 썰어서 초장을 곁들인다. 소고기를 소로 넣은 태극선은 소고기는 다져서 양념하고 다른 채소도 길게 손질하여 우설 태극선과 같은 조리법으로 만든다.

분류 : 음식
색인어 : 태극선, 조선요리법, 소문사설
참고문헌 : 조자호, 『조선요리법』(광한서림, 1939)
필자 : 서모란

포육 진상(1525년 중종)

1525년 음력 9월 14일, 이후 인종(仁宗: 재위 1544-1545)이 되는 왕세자는 평소처럼 매월 두 차례 스승을 비롯해 다른 여러 신하들과 함께 유교서적들에 대해 학문적 의견을 토론하는 회강(會講)을 했다. 회강이 끝난 후 왕세자는 먹고 남은 식사를 자신을 호위하는 익위사(翊衛司)의 관원들과 하인들에게 내렸다.
그런데 왕세자가 내린 음식 중 지금의 육포에 해당하

는 포육(脯肉)을 먹은 관리와 하인들이 두통과 배탈, 구토와 설사에 시달리는 사건이 발생한다. 같은 해 10월 10일 사옹원 제조 윤희인(尹希仁: 1465-1538)이 중종에게 이 사건에 대해 보고하면서 포육에 독이 있는 것이 아닌 이상 각 도에서 진상하는 포육을 만들 때 독이 있는 벌레의 오줌이 남겨져서라고 그 원인을 진단했다. 그러면서 해결책으로 진상을 할 포육을 만들 때 깨끗이 말리라는 지시를 내릴 것을 주장했다.

중종은 이 사건이 놀랄 만한 일이라고 하면서 윤희인의 주장에서 한 걸음 더 나아가 왕세자의 식사에 올라간 포육이 어디서 진상되었고 진짜로 그 포육에 문제가 있는지를 시험해보기 위해 다시 한번 하인들에게 먹여보라고 지시한다.

눈에 띄는 중종의 관심 때문일까 며칠 지나지 않은 10월 16일에 승정원의 보고가 올라온다. 승정원에 따르면 왕실에 바쳐지는 포육들의 경우 어느 지역에서 올렸는지 표시를 하지 않기 때문에 포육을 만든 지역이 어디인지 알 수 없다고 했다. 그리고 문제의 포육을 다른 사람들에게 시험해봤지만 별 다른 문제가 없었다고 한다.

승정원의 이러한 보고를 들은 중종 역시 그날 다른 신하들도 포육을 먹었고 승정원에서 시험한 바와 같은 포육을 먹고도 탈이 나지 않았음을 의아하게 여기면서 혹시 닭고기의 독 때문이 아닌가 하는 의문을 제기하기도 했다.

중종은 이 사건을 가볍게 보지 않고 구체적인 행정조치를 취했다. 이는 2년 뒤인 1527년 4월 28일 대사헌 한효원(韓效元: 1468-1534)과 중종의 대화를 통해 알 수 있다. 한효원이 말하기를 자신이 함경도 감사(咸鏡道監司)이던 시절 육포의 한 종류인 쾌포(快脯)를 진상할 때 고을 이름을 새기라는 지시를 받았다고 한다. 이를 통해 중종이 이 사건을 계기로 진상되는 포육이 어디에서 만들어졌는지를 확인하기 위해 포육에 만들어진 고을의 이름을 새기도록 지시했음을 알 수 있다. 『음식디미방』에 고기 말려 포를 만드는 법은 다음과 같다. 우선 말리려는 고기의 두께를 얇게 썬 후 보자

기에 싸고 판자를 위에 올려 수시로 밟으면 하루 안에 마른다고 했다. 혹 더울 때나 비가 올 때 쉽게 말리기 위해서는 포육을 돌 위에 놓고 불을 때서 포육을 노끈으로 꿰어 독에 층층이 둘러매어 말린다. 이때 주의해야 할 점은 고기를 각각 뒤집어서 말려야 하고 독에 맬 때는 새끼로 매야 한다. 더위에 쉽게 말리는 또 다른 방법은 얇게 썬 포육을 물가의 넓고 평평한 돌 위에 널어서 자주 밟고 뒤집어 말리는 방식이 있다고 한다.

분류 : 음식
색인어 : 포육, 윤희인, 중종, 승정원, 닭고기, 한효원, 쾌포, 육포
참고문헌 : 『중종실록』; 안동 장씨, 『음식디미방』; 송기호, 『시집가고 장가가고』(서울대학교출판문화원, 2015)
필자 : 이민재

소금(반찬 중에 무엇이 으뜸이냐)

이긍익(李肯翊: 1736-1806)은 『연려실기술(燃藜室記述)』에서 『공사견문록(公私見聞錄)』을 인용하여, 광해군(光海君: 재위 1608-1623)의 이야기를 실었다. 이에 따르면, 선조(宣祖: 재위 1567-1608)가 어느 날 여러 왕자들을 모아놓고 반찬 중에서 무엇이 으뜸이냐고 물었다. 이때 광해군은 '소금[鹽]'이라고 대답하였는데, 선조가 그 이유를 물으니, 소금이 아니면 온갖 맛[百味]이 조화를 이루지 못하기 때문이라고 아뢰었고 그 말을 들은 선조가 광해를 기특하게 여겼다고 한다.

광해군의 말대로 소금은 맛을 내는 데 가장 기본적인 조미료이자, 염분을 섭취하지 않으면 인간이 생존할 수 없다는 점에서 가장 중요한 물질이기도 하다. 사실 이러한 소금은 얻기도 어려웠지만 보관하는 일도 쉽지 않았다. '부뚜막의 소금도 넣어야 짜다'는 속담이 있듯이, 그냥 두면 습기를 먹어 녹아 없어지기 쉬워서 귀한 소금을 잘 보관하기 위해서 불기가 있는 부뚜막에 두곤 했다. 그리하여 보관이 어려운 소금 대신 오래 저장할 수 있는 간장, 된장을 담고, 젓갈을 만들어 두었다가 음식의 간을 맞추는 데 썼던 것이다.

그런데 조선에서는 정약용(丁若鏞: 1762-1836)의 『목민심서(牧民心書)』「진황(賑荒) 6조」를 보면, 흉년이

들면 소금 값이 갑절이나 올라서 가뜩이나 허기에 지친 사람들을 더욱 근심스럽게 했다고 한다. 이렇게 소금 값이 폭등하는 이유는, 흉년에는 사람들이 곡식으로 제대로 밥을 지어 먹지 못하고 나물 따위를 주식으로 삼기 때문에 너도 나도 소금을 사려고 하니 소금 값이 오른다는 것이다.

최한기(崔漢綺: 1803-1877)의 『농정회요(農政會要)』에 따르면, 초근목피나 나물로 죽을 끓여 먹는 데 급하게 만든 장이라도 넣지 않으면 목에 넘길 수가 없고, 위가 편안하지 않으며 결국에는 병이 난다고 하였다. 이처럼 급하게 구황장을 만들 때 무엇보다 꼭 필요한 게 소금이었다. 구황장 중에는 콩잎이나 콩깍지를 푹 삶은 것에다 소금을 섞어 버무려 만드는 장도 있었다.

분류 : 식재료
색인어 : 죽, 콩, 나물
참고문헌 : 이긍익 저, 임창재 역,『연려실기술』제18권 선조조 고사본말(宣祖朝故事本末)(한국고전번역원, 1967); 정약용 저, 이정섭 역, 『목민심서』(한국고전번역원, 1986); 최한기 저, 고농서국역총서 12-『농정회요 III』(농촌진흥청, 2007)
필자 : 김혜숙

소나무

한반도에 널리 자라는 소나무는 식재료로도 활용된다. 솔잎은 송편을 찌는 데 쓰이고, 송홧가루·송순·송진·소나무껍질 등은 떡이나 술을 만드는 데 부재료로 쓰인다. 『농정회요(農政會要)』의 '구황(救荒)'편 '송순주방(松荀酒方)'에는 "소나무순[松筍]을 많이 따서 큰 항아리 속에 가득 담고 끓인 물을 아주 따뜻하게 해서 항아리에 가득 부었다가 2-3일이 지난 뒤에 소나무순을 건져내고 체로 항아리 물을 걸러 찌꺼기를 버린다. 그 물을 도로 항아리에 붓고 찹쌀 1말을 쪄서 누룩 1되와 섞어 항아리 물로 술을 빚어 넣는다. 그리하여 항아리의 입구를 봉하여 두었다가 15일이 지난 뒤에 먹으면 그 맛이 매우 독하여, 여러 날을 놓아두어도 변질되지 않는다."고 적혀 있다. 조선시대 기근이 들면 사람들은 솔잎·솔방울·송진·소나무껍질 따위를

구황음식의 재료로 이용했다. 그런데 소나무껍질을 그대로 먹을 경우 온몸이 붓기도 했다. 관아에서는 이런 질병을 막기 위해서 소나무껍질을 소금이나 간장에 절여서 먹도록 권고하였다.

분류 : 식재료
색인어 : 밥, 장
참고문헌 : 『농정회요(農政會要)』; 주영하, 『밥상을 차리다』(보림, 2013)
필자 : 주영하

솔잎(『대동야승』)

안경창(安慶昌)은 송도의 천한 사람으로 호가 사내(四耐)인데, 성질이 남에게 구속되지 않고 기개와 절조가 있었다. 어렸을 때 중을 따라서 화장사(花庄寺)에서 공부를 했다. 이때 늙은 중 하나가 있었는데 겨울에는 맨 이마에 맨발로 눈 위를 걸어다니고, 여름에는 누덕누덕 꿰맨 옷을 입고 바위 위에 누워서 코를 드르렁거리며 골았는데, 모든 중들이 모두 공경하여 신승(神僧)이라고 했다. 안경창도 마음으로 몹시 사모하여 자신의 스승이 되어주기를 원하니 중은 허락했다. 이에 그를 좇아 배운 지 거의 반년이 되었을 때 가만히 중이 하는 것을 엿보았더니, 중은 밤마다 북두성에 절을 하고, 밤중이면 일어나서 입으로 줄줄 불경을 외우며, 먹는 것은 다만 솔잎뿐이었다. 안경창은 스님에게 청하기를,

"원컨대, 추위를 이기고 더위를 참는 방법을 듣고자 합니다."

하니, 스님은 말하기를,

"어찌 다른 방법이 있으랴? 오랫동안 솔잎을 먹으면 자연히 추위에도 춥지 않고 더위에도 덥지 않으며, 배고프고 목마른 것이 몸에 침노하지 못하게 될 것이다."

했다. 안경창은 또 물었다.

"스님께서 외우시는 것이 무슨 경(經)입니까?"

하니, 스님은 말하기를 "북두(北斗)이다" 하였다.

또 묻기를 "다른 중도 솔잎을 먹는 자가 많은데 추위와 더위와 기갈을 참는다는 말을 듣지 못했습니다."

하니, 스님은 말하기를 "솔잎 외에 다른 소금이나 간

장을 먹으면 정신을 거둘 수가 없는 것이다" 하였다. 또 묻기를 "어떻게 하면 정신을 거둘 수가 있습니까?" 하니, 스님은 말하기를 "욕심이 없어야 한다" 하였다. 안경창은 그 법을 조금 전해 받아서 자못 네 가지 괴로움을 참았기 때문에 사내(四耐)로 자호(自號)를 하였던 것이다. 스님은 실로 이승(異僧)이었고, 안경창도 보통 사람이 아니었다. 겨울에 베옷을 입고 다리를 내놓고 다니며, 또 얼음을 깨고 들어가 목욕을 했다. 얼굴은 마치 붉은 칠을 한 것 같았는데 나이 80여 세에 죽었다.

위 이야기는 조선시대 이덕형(李德泂: 1566-1645)이 저술한 『송도기이』에 실려 있는 것으로서, 편자 미상의 『대동야승』에도 전재되어 있다. 솔잎만 먹고 사는 도승의 가르침을 받아 이야기의 주인공도 마침내 범상치 않은 인물이 되었다는 내용이다. 『대동야승』은 조선시대 각종 야사와 잡록을 집성한 전집으로, 조선 초기 성현(成俔: 1439-1504)의 『용재총화』에서부터 인조 때 김시양(金時讓: 1581-1643)의 『부계기문』에 이르기까지 모두 59종의 책이 연대순으로 실려 있다.

분류 : 문학
색인어 : 솔잎, 송도기이, 대동야승
참고문헌 : 민족문화추진회 편, 『대동야승 17』(간행위원회, 1975)
필자 : 차충환

솔잎(1593년 유성룡의 구황)

『징비록(懲毖錄)』을 보면 1593년 유성룡이 솔잎을 구황식으로 썼다는 기록이 있다. 임진왜란이 발발하고 아직 일본군이 한양을 점령하고 있을 때 마침 유성룡이 파주 지역을 지나가고 있었다. 이때 전란으로 굶주린 백성들을 보게 된다. 때마침 전라도에서 의병을 모으는 역할을 했던 소모관(召募官) 안민학(安敏學)이 겉껍질을 벗기지 않은 곡식 1천 석을 보내왔고 유성룡은 기뻐하며 이 곡식을 굶주린 백성들에게 나눠주고자 했다.

하지만 사람은 많고 나눠줄 식량은 적었기에 조금이라도 그 양을 늘리려 솔잎을 가루낸 것 10분(分)에 쌀가루 1홉을 섞어 물에 타서 마시게 했다. 하지만 솔잎가루와 쌀가루를 섞은 구황식을 먹고 살아난 자는 적었다. 이 상황을 본 인근의 명나라 장수가 군량미 30석을 더 주었으나 이 역시도 너무나 부족했고 엎친 데 덮친 격으로 큰비까지 내려 다음날 아침에 죽어 있거나 다른 곳으로 가버린 사람들이 많았다고 한다.

솔잎은 현존하진 않지만 세종대에 저술된 것으로 알려진 『구황벽곡방(救荒辟穀方)』에서 이미 중요한 구황법으로 언급되었으리라 추측된다. 그리고 현재까지 남아 있는 조선시대 구황서 중 가장 오래된 『충주구황절요(忠州救荒切要)』에서도 솔잎은 구황 음식 중 하나로 소개될 만큼 조선시대 구황법에서 중요시되었다.

『충주구황절요』에서 제시한 솔잎 이용 방법을 살펴보면 다음과 같다. 이 방법은 메밀·대두·녹두·조의 뿌리 등을 말려서 가루를 내어 솔잎을 고르게 섞어 먹는 방법이다. 솔잎을 포함해서 앞서 말한 재료들을 적절히 섞은 뒤 그것을 찧으면 물기가 나와 덩어리가 만들어진다. 그리고 온돌이나 혹은 양지 바른 곳에 말렸다가 다시 찧어 가루로 만든다. 이 가루에 곡식가루 2홉을 섞어 묽은 풀을 만들어 큰 사발에 4푼쯤 담아 우선 1푼쯤 마신 후 다시 2푼은 솔잎가루 4홉을 섞어 먹으며 마지막으로 남은 것들을 마시면 기운을 차릴 수 있다고 했다.

신속이 증보·수정한 『신간구황촬요(新刊救荒撮要)』에서도 이와 비슷한 방법으로 솔잎을 이용하도록 기록하고 있다. 『신간구황촬요』에서는 솔잎을 딴 뒤 방 아로 충분히 찧으면 찰지게 이겨져서 흙처럼 되고 여

소나무 부채 그림, 정선(鄭敾; 1676-1759), 가로 62.1cm, 세로 22.7cm, 국립중앙박물관

기에 곡물가루를 조금 더하면 담백한 죽을 먹을 수 있다고 했다.

분류 : 식재료
색인어 : 솔잎, 유성룡, 신간구황촬요, 충주구황촬요, 징비록, 구황식, 임진왜란
참고문헌 : 안위·홍윤장 등 공저, 『충주구황절요』; 신속, 『신간구황촬요』; 유성룡, 『징비록』; 김호, 「사람 살리는 맛: 굶주린 백성에게 솔잎을」, 『18세기의 맛』(문학동네, 2014)
필자 : 이민재

송고병(고려시대 김유)

고려 후기 사람 김유(金裕: ?-?)는 고려를 배신한 역적(逆賊)이다. 그는 1241년(고종 28) 영녕공 왕준(王綧)이 인질이 되어 원나라로 끌려갈 때 자청하여 함께 따라갔다. 그가 원나라를 자청해서 간 이유는, 언제든 사신이 되어 고려로 돌아와 자신의 탐욕을 채우고자 했기 때문이다. 원나라 땅에서 마침내 승상 안동(安童)을 만난 김유는 해동(海東: 고려를 일컬음) 심산(深山)에는 귀한 약재가 있으니, 자신을 사신으로 보내주면 이를 구해다 바치겠노라는 감언이설로 그를 속였다. 김유가 말한 해동 심산의 약물(藥物) 중에는 소나무 위에서 저절로 자란다고 하는 송고병(松膏餠) 30근도 포함되어 있었다.

김유의 말을 믿은 안동은 결국 김유, 신백천(申百川), 우정(于琔) 등을 사신으로 파견하였다. 고려로 돌아온 김유는 안동이 보낸 서신을 건네며 대령산(大嶺山)의 향백자(香柏子: 잣), 지령동(智靈洞)의 전밀(全蜜: 꿀), 금강산의 석이(石耳), 인삼 등과 같은 진귀한 약재를 요구하였고, 고려 조정과 백성은 이를 구하느라 큰 고통을 겪었다.

하지만 안동이 요구한 물목 중에는 엉터리 항목도 있었다. 예를 들면 송고병과 관음송(觀音松)에 맺힌 물이 그러했는데, 관음송에 맺힌 물은 본래 있지도 않은 약재였고, 송고병은 소나무에서 자생하는 귀한 약재가 아니라 소나무의 흰 속껍질을 벗겨 꿀물과 버무려 만든 떡을 일컫는 것이었다. 사신으로 발탁되고 싶은 욕심에 김유가 고려 사정에 밝지 못한 안동을 속였던 것이다. 이에 고려 왕실은 김유 등이 돌아가는 편에

통역관인 낭장(郞將) 강희(康禧)를 딸려 보내서 김유의 허황한 소리를 바로잡았다고 한다.

분류 : 음식
색인어 : 송기떡, 송고병(松膏餠), 김유, 안동(安童)
참고문헌 : 『고려사절요』(이식 역, 한국고전번역원, 1968); 이익 저, 김철희 역, 『성호사설』(한국고전번역원, 1976); 안정복 저, 정연탁 역, 『동사강목』(한국고전번역원, 1978)
필자 : 양미경

송화

송화는 소나무의 꽃가루 또는 소나무의 꽃을 말한다. 색은 노랗고 달착지근한 향기가 나고 다식이나 밀수와 음식의 재료로 사용된다. 다른 이름으로는 송황(松黃)이 있다. 한의학에서는 송화분(松花粉)이라 하여 풍사(風邪)를 몰아내고 원기(元氣)를 북돋우며 습사(濕邪)를 없애고 지혈(止血)하는 효능을 가진 약재로도 사용된다.

송화를 이용한 음식으로는 송화밀수, 송화다식, 송화주, 송화강정, 송화송편 등이 있다. 작자 미상의 『시의전서(是議全書)』(1800년대말)에는 '송화(밀수)'를 만드는 방법이 소개되어 있다. '송홧가루를 밀수에 타서 만든다.'고 하였는데, 여기서 밀수는 꿀물을 말한다. 방신영(方信榮: 1890-1977)의 『조선요리제법(朝鮮料理製法)』(1921)에서는 여름 음식인 '미시'를 소개하면서 꿀물에 송홧가루를 타서 먹는 송화밀수도 함께 소개하였다. 방신영은 1946년에 집필한 조리서 『조선음식 만드는 법』에서 '송화수'에 대해 조금 더 자세히 설명하였다. '물에 설탕을 타서 한 번 끓여 식혀서 꿀을 조금 타서 화채 그릇에 담고, 송화를 한 숟가락쯤 넣고 실백을 띄워 놓는다.'고 하였다. 방신영은 이 책에서 송화를 채집하는 방법도 함께 설명하였는데, '송화는 소나무에 피는 화분이니 오월 초에서 중순까지 소나무에서 한창 봉오리가 되어 있는 송이를 따 함지에 담아서 바람 없는 곳에서 볕에 바싹 말려서 가루만 털어서 겹체에 쳐서 항아리에 담아두고 쓴다.'고 하였다. 체에 치는 이유는 혹시 모를 이물질이나 벌레 등을 걸러내기 위함이다.

송화는 색이 노란빛이어서 오색을 낼 때 노란색으로 많이 활용되었다. 궁중에서 강정을 만들때도 노란색은 송화를 썼는데, 궁의 잔치기록인 『진연의궤(進宴儀軌)』(1902년)의 기록에 의하면 '오색방울강정[五色鈴강精]' 1그릇을 만들 때 쓰이는 재료로 '찹쌀 2말, 술·꿀·참기름 각 4되, 백당 4근, 홍백 세건반·들깨·검은깨·승검초 가루 각 4되, 송화(松花) 2되, 지초 8냥, 홍취유 5홉, 풀솜 1돈'을 사용하였다.

분류 : 식재료
색인어 : 강정, 국·탕, 꿀, 다식, 술, 시의전서, 조선요리제법, 진연·진찬, 참기름
참고문헌 : 작자 미상, 『시의전서』; 방신영, 『조선요리제법』(신문관, 1917); 방신영, 『조선음식 만드는 법』; 『진연의궤』
필자 : 홍진임

송화다식

송화다식은 송홧가루를 꿀과 조청으로 반죽하여 만든 다식을 말한다. 1957년에 한희순, 황혜성, 이혜경 등이 발간한 궁중음식 조리서인 『이조궁정요리통고(李朝宮庭料理通考)』에서는 '송홧가루(松花粉)'에 대해 '봄철에 소나무에 노랗게 피는 송화의 가루를 따서 말려두고 다식을 만든다.'고 하였다. 1766년에 유중림(柳重臨: 1705-1771)이 편찬한 『증보산림경제(增補山林經濟)』에서는 송홧가루를 채집할 때 바로 쓰지 않고 물에 넣어 휘저어 이물질을 없앤 다음 햇볕에 말려 쓰라고 하였다.

작자 미상의 『윤씨음식법』(1854 추정)에서는 송화다식에 대해 설명하면서 반죽이 질면 잘 되지 않으니 무르게 반죽하여 박는데, 송화보다 백화잣다식이 더욱 좋다는 의견을 내기도 하였다. 작자 미상의 『시의전서(是議全書)』(1800년대말)에서는 송화다식을 만들 때 꿀로 반죽하여 박는다고 하였다.

『이조궁정요리통고』에서는 '송화다식'과 '싱검초다식'을 만들 때 꿀이 아닌 설탕과 흰엿 녹인 것을 사용하였는데, 송홧가루를 오래 두면 벌레가 생기고 덩어리가 생기니, 이럴 때는 체에 쳐서 벌레와 덩어리를 골라내고 반죽하라고 하였다. '싱검초다식'을 만들 때는

당귀가루만 사용하는 것이 아니라 송홧가루나 콩가루를 함께 사용하여 빛깔을 맞추고 설탕과 흰엿 녹인 것을 사용하여 다식을 만들었다. 당귀다식(싱검초다식)은 각색 다식의 구색을 맞추는 데 필요하다고 하였다.

송홧가루는 궁중의 잔치음식을 만들 때도 많이 활용되었는데, 특히 다식 종류를 만들 때 많이 활용되었다. 『진연의궤(進宴儀軌)』(1902)의 기록에 의하면, '계피·생강·검은깨·송화다식(桂薑黑荏子松花茶食)', '송화녹두가루다식(松花菉末茶食)', '사색 다식(四色茶食)', '각색 다식(各色茶食)' 등을 만들 때 꼭 송홧가루가 사용되었다.

분류 : 음식
참고문헌 : 한희순, 황혜성, 이혜경, 『이조궁정요리통고』; 유중림, 『증보산림경제』; 『윤씨음식법』; 작자 미상, 『시의전서』; 『진연의궤』(1902)
필자 : 홍진임

송화주

송화주는 술을 담글 때 송홧가루를 부재료로 넣어 빚은 술을 말한다. 1450년경 어의 전순의(全循義: ?-?)가 지은 가장 오래된 음식책인 『산가요록(山家要錄)』에는 송홧가루를 넣어 빚은 술인 '송화천로주(松花天露酒)'에 대한 설명이 있다. 일명 '홍로주(紅露酒)'라고 하는데, 5월에 송화(松花: 소나무 꽃)를 따서 햇볕에 말려서 사용한다. 찹쌀을 고운 가루로 만들고, 송화를 물과 진하게 달여서 찌꺼기를 제거한 후 찹쌀과 같이 죽을 쑤어 차게 식힌 후 누룩가루와 섞어 항아리에 담는다. 5일 정도 지나서 백미(白米)를 푹 찌고 송화와 물을 함께 진하게 달여 섞은 다음 식기를 기다려 누룩가루 3되를 섞어 항아리에 담는다. 14일이 지나 개봉하여 쓰는데, 밑술은 찹쌀, 덧술은 백미로 하여 술을 담갔다.

최한기(崔漢綺: 1803-1877)가 편찬한 『농정회요(農政會要)』(1830년경)에서는 '송화주(松花酒)'를 조금 다른 방법으로 술을 담갔는데, '3월에 쥐꼬리 크기의 송화(松花)를 채취하여 잘게 썰어서 1되를 비단 주머니에 담고, 백주(白酒: 빛깔이 흰 술)를 빚어 다 익을

563

때 주머니를 술 가운데 넣어 우물에 3일 담가두는데, 꺼내 술을 걸러 마시면 그 맛은 향기롭고 또 달콤하다.'고 하였다.

조선 중기의 문인 최립(崔岦: 1539-1612)의 시문집인 『간이집』(1631) 7권에는 송화주에 대한 이야기가 나온다.

은세계가 은하수와 직통한 줄을 알았거니
뗏목 타고 급하게 찾아갈 것이 뭐 있으랴
산행 중에 참새 잡을 돌멩이도 모두 백옥인데
인간을 초월한 해부라도 소금이 없으면 되겠는가
송화주(松花酒)에 환약 세 알 그 누가 먹여줄까
매화꽃 홀로 반기는 속에 처마 밑 홀로 서성이네
종놈은 이 맑은 밤 아까운 줄도 모르나 봐
드르렁거리는 콧잔등을 한번 밟아주고 싶군
銀界卽知遙接漢　客槎何待去尋巖
山行抵雀應皆玉　海賦超人可欠鹽
松酒三丸誰饋藥　梅花一笑獨巡簷
奚奴不解憐淸夜　鼾睡眞堪踢倒尖

송화주에 환약을 넣었다는 것은 당(唐)나라 때 황보구(皇甫口)의 『원화기(原化記)』에 "최희진(崔希眞)이 어떤 노인에게 송화주를 대접했더니, 그 노인이 꽃잎이 떨어서 맛이 없다고 하면서 환약 하나를 그 속에 넣으니 술맛이 갑자기 기막히게 변하였다."고 한 이야기에서 유래한 것이다.

분류 : 음식
참고문헌 : 전순의, 『산가요록』; 최한기, 『농정회요』; 최립 저, 이상현 역, 『간이집』(한국고전번역원, 2000); 황보구, 『원화기』
필자 : 홍진임

소문사설(이시필, 이표)

1700년대 출간된 『소문사설(謏聞事說)』의 저자는 조선 후기 의관인 이시필(李時弼: 1647-1724)로 알려져 있다. 일본 사학자 미키 사카에[三木榮]는 『조선의서지(朝鮮醫書誌)』에서 『소문사설』의 저자가 역관(譯

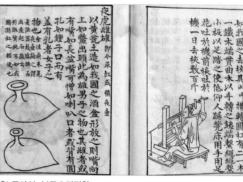

「소문사설」 본문ⓒ장명확

이시필(혹은 이표 추정), 『소문사설』 표지, 22.5×17cm, 1700년대, 국립중앙도서관ⓒ장명확

官) 이표(李杓: 1680-?)라고 하였다. 그러나 이 책의 「이기용 편(利器用編)」의 저자가 이시필이라고 기록되어 있어 저자를 이시필로 본다.

『소문사설』은 총 65쪽으로 구성된 책으로 온돌제작법, 생활도구 제작법, 여러 과학지식의 활용법과 함께 조리법 부분인 '식치방' 항목이 있다. 이 부분에는 총 38종의 조리법이 실려 있는데, 동아찜, 메밀떡, 붕어찜, 굴만두, 도전복, 새끼돼지찜 등의 음식이 나온다. 독특한 것은 중국의 계단탕뿐 아니라 일본과 중국에서 즐겨 먹는 '두부피'와 일본의 가마보꼬에서 차용한 '가마보곶'이라는 생선찜 요리가 나온다는 점이다.

분류 : 문헌
색인어 : 계단탕, 가마보곶, 두부피, 소문사설
참고문헌 : 이시필 저, 백승호 외 역, 『소문사설, 조선의 실용지식 연구노트(18세기 생활문화 백과사전)』(휴머니스트, 2011); 한복려·한복진·이소영 공저, 『음식 고전: 옛 책에서 한국 음식의 뿌리를 찾다』(현암사, 2016)
필자 : 서모란

소주

쌀이나 수수 혹은 잡곡으로 밥을 지어 누룩과 물을 섞어 발효시킨 후 증류한 술을 소주라고 부른다. 소주는 고려시대 이색(李穡)의 『목은집(牧隱集)』에서 처음으로 언급하였다. 글의 제목은 「서린(西隣)의 조 판사(趙判事)가 아랄길(阿剌吉)을 가지고 왔다. 그 이름을 천길(天吉)이라 하였다.」이다. 서린은 송도의 태평관(太平館) 서쪽에 있던 양온동(良醞洞)을 가리킨다. 조 판사는 고려 말의 문신인 조운흘(趙云仡)이다. '아랄길'은 아랄길주(阿剌吉酒)로 아라비아어 아라크(Arak) 혹은 아라그(Arag)를 차음한 말이다. 다른 말로 '천길'이라고도 하였다. 아라비아 반도에 살던 사람들이 향수를 만들면서 증류기를 발명했고, 그로부터 증류주가 만들어졌다. 칭기즈칸의 세계 제국 건설을 통해 이 증류기가 유럽과 아시아로 퍼져 나갔다. 소주는 탁주와 달리 색이 투명하다. 그래서 이색은 형상이 없다고 했다. 후세 사람들은 이러한 모습의 소주를 두고 백주(白酒)라고 불렀다. 청주를 솥에 넣고 잘 끓이면 솥 위에 얹어 놓은 소줏고리의 주둥이에는 술이 이슬처럼 맺힌다. 이 형상으로 인해 소주는 다른 말로 노주(露酒) 혹은 '이슬술'로 불렸다. 이색은 증류한 소주를 한 모금 마시면 마치 왕이 된 듯한 느낌이라고 표현했다.

소주의 주재료는 쌀이나 수수 등의 곡물이다. 한반도의 중남부 지방에서는 쌀로 소주를 빚지만, 북부 지방에서는 수수로 소주를 빚었다. 13세기 이후 아라비아 반도에서 발명된 증류기를 모방하여 세계 곳곳에서 소주와 비슷한 증류주를 빚었다. 증류기는 옹기로 만들기도 했지만, 지방에 따라 솥뚜껑을 사용하거나 나무와 쇠를 이용하여 만들기도 했다.

먼저 증류기를 솥 위에 건다. 곡물 밥에 누룩을 넣고 밑술을 만든 다음에 이것이 익으면 솥에 넣고 끓인다. 증류기의 위쪽에 차가운 물을 담아 밑술이 끓으면 수증기가 되어 위로 올라가다가 차가운 물을 담은 그릇에 부딪쳐 이슬과 같은 물로 변한다. 이것을 모아 다시 일정기간 숙성시킨 술이 소주이다. 소주는 밑술로 탁주나 청주를 사용하기 때문에 들어가는 재료에 비해 매우 적은 양이 만들어진다.

『음식디미방』에 소주 빚는 방법이 나온다. "쌀 1말을 깨끗이 씻어 익게 쪄 끓인 물 2말에 담가 차거든 누룩 5되를 섞어 넣었다가 이레가 지나거든 고되 물 2사발을 먼저 끓인 후에 술 3사발을 그 물에 부어 고루고루 저으라. 불이 성하면 술이 많이 나되 연기 기운이 구멍 가운데로 나는 듯하고 불이 약하면 술이 적고 불이 중하면 이어져 끊어지지 아니하면 맛이 심히 덜하다. 또 위의 물을 자주 갈아 이 법을 잊지 아니하면 매운 술이 3병 나오니라." 또 다른 만드는 법도 나온다. "쌀 1말을 깨끗이 씻어 익게 쪄 탕수 2말에 골라 묵은 누룩 5되를 섞는다. 엿새 만에 고되 물 2사발을 먼저 솥에 부어 끓이고 술 3사발을 그 물에 부어 고루 젓고 뽕나무, 밤나무 불을 알맞게 땐다. 위의 물이 따뜻하거든 자주 갈되 한 솥에 새 물을 떠 들였다가 푼 다음에 즉시 부으면 소주가 가장 많이 나고 좋으니라." 『음식디미방』에는 그 밖에도 밀로 빚은 밀소주, 찹쌀로 빚은 찹쌀소주 만드는 법도 나온다.

왕실에서 사용했던 소주는 주로 여름에 내의원(內醫院)에서 만들어 올렸다. 내의원에서 소주를 빚은 이유는 더운 계절에 약용으로 소주를 이용했기 때문이다. 술이 독해 쉽게 취하면서도 깰 때 탁주나 청주에 비해 깔끔하기 때문에 『조선왕조실록』에서는 고급술로 언급되었다. 성종 때까지는 제향에도 사용했으며, 왕이 아끼는 신하에게 선물을 줄 때도 쓰였다. 심지어 조선 초기에는 명나라에 진상하는 물품과 쓰시마 섬과 류큐국에 하사하는 물품에도 들어갔다. 영조 때 금주령이 내려지면서 소주는 제향은 물론이고 관원들이 마시면 안 되는 술이 되었다.

조선시대 왕실에서 선왕의 빈전(殯殿) 상식(上食) 때 식사와 함께 소주를 올렸다. 상식은 상장례를 마친 이후 빈전을 차려서 하루에 두 번씩 살아 있을 때와 같이 음식을 올리는 의례이다. 이로 미루어 볼 때 적어도 영조 이전까지 여름이 되면 약용을 겸하여 소주를 수라상과 함께 올렸던 것으로 추정된다. 특히 여름이 되는 5월 초하루는 내의원에서 여름의 무더위를 물리치기 위해서 소주나 홍소주(紅燒酒)를 하루 걸러서 왕에게 올렸다. 홍소주는 소주를 내릴 때 지초(芝草)

에 통과시켜 만든 약술이다. 다른 말로 자소주(紫燒酒)라고 했다.

봉림대군(鳳林大君, 훗날의 효종: 1619-1659, 재위 기간 1649-1659)이 1629년 6월 21일 새벽 스승 윤선도(尹善道: 1587-1671)의 생일에 보낸 음식 중에 홍소주가 들어 있었다. 홍소주 만드는 방법은 윤선도보다 한 세대 앞서 살았던 허준의 『동의보감』에 나온다. "소주를 달일 때 먼저 자초를 얇게 썰어 항아리에 넣는다. 소주 한 병에 자초 5돈이나 7돈을 기준으로 한다. 뜨거운 소주를 자초가 있는 항아리에 넣고 오래 두면 먹음직스럽게 선홍색이 된다[凡燒酒煮取時先將紫草細切納於缸中一瓶燒酒則紫草五錢或七錢爲准乃承取熱燒酒於紫草缸中停久則其色鮮紅可愛](「잡병편(雜病篇)」권9 조홍소주법(造紅燒酒法))." 허준은 이 방법을 속방(俗方) 즉, 민간에서 행해지는 방법이라고 적었다.

사실 홍소주는 약으로 마시는 조선왕실 비장의 술이다. 윤선도보다 거의 70년 후에 살았던 홍만선(洪萬選: 1643-1715)은 그의 저서 『산림경제(山林經濟)』에서 홍소주를 '홍로주(紅露酒)'라고 적고 내국(內局), 즉 내의원에서 만든다고 했다(『山林經濟』권2 治膳 內局紅露酒). 요사이 전라남도 진도의 술로 알려진 홍주(紅酒)가 바로 홍소주이다. 홍주 역시 소화가 잘 되지 않을 때 마시는 술이다. 그러나 윤선도 당시만 해도 이 홍소주는 민간이 아니라 왕실에서 약으로 사용했던 술이었다. 이 술을 사부의 생일에 보낸 봉림대군의 뜻은 윤선도의 장수에 있었을지도 모른다. 그래서 무려 다섯 병이나 보냈던 것이다.

요사이 소주는 정확하게 말하면 '희석식 소주'이다. 제1차 세계대전 이후인 1922년부터 석유 값이 오르자 그 대용품을 만들기 위해 유럽과 미국 등 여러 나라에서 개발을 하였다. 그 재료는 나라 사정에 따라 달랐다. 가령 독일에서는 감자, 프랑스에서는 사탕무, 러시아에서는 쌀보리, 미국에서는 당밀을 원료로 물이 전혀 없는 알코올을 만들었다. 일본에서는 고구마와 감자를 이용하여 이 알코올을 만들었다. 이것을 무수

(無水) 알코올이라고 부른다. 1936년부터 신의주와 안동에서는 톱밥으로 무수 알코올을 생산하는 공장이 설립되었다. 이에 비해 주정용 고구마의 제주도 재배에 성공을 거둔 동양척식주식회사에서는 1936년 6월에 제주도에 고구마를 원료로 한 무수 알코올 공장을 세웠다. 이 무수 알코올에 물을 혼합하여 희석식 소주가 만들어졌다.

해방 이후에도 희석식 소주는 노동자를 중심으로 인기를 누렸다. 그러나 이때만 공장제 소주는 증류식 소주, 혼합식 소주, 희석식 소주로 나누어져 있었다. 그런데 1960년대부터 쌀로 술을 만들지 못하도록 정부에서 강제하였다. 특히 주세 징수를 원활하게 한다는 명목으로 1973년에 정부에서는 전국의 334개소 소주 제조장을 34개소로 통합시켰다. 소주회사에 주정을 판매하는 주정회사 역시 20개소에서 15개소로 축소되었다. 이때부터 '희석식 소주'가 소주의 대명사가 되었다. 이때의 희석식 소주는 고구마나 타피오카와 같은 곡물을 발효시켜 나온 알코올을 분해해 정제한 주정(酒精)에 물과 향료를 희석해 만든 술이다. 주정은 그냥 마시면 치명적일 정도로 독하기 때문에 물을 섞어야 한다. 이와 같은 주정은 결코 전래의 증류 방식으로 온전하게 만든 것이 아니다. 밑술인 양조주를 굳이 만들지 않고 발효균을 원료에 넣어서 기계에서 연속으로 증류시켜 만든다. 여기에 독한 맛을 상쇄시키기 위해 사카린을 비롯한 당분을 첨가시켰다. 이렇듯이 한국인들이 희석식 소주를 즐겨 마시기 시작한 때는 그다지 오래되지 않았다.

분류: 음식
색인어: 금주령, 음식디미방, 제사음식
참고문헌: 『牧隱集』; 『음식디미방』; 『林園經濟志』; 주영하, 『차폰 잔폰 짬뽕』(사계절, 2009); 주영하, 『식탁 위의 한국사』(휴머니스트, 2013); 주영하, 「봉림대군이 사부 윤선도의 생일에 보낸 음식」(『녹우당에서 고산을 그리다』, 한국학중앙연구원출판부, 2018)
필자: 주영하

소주(「민들레꽃」)

바보야 하이얀 민들레가 피었다.

네 눈썹을 적시우는 용천의 하늘 밑에

히히 바보야 히히 우습다.

사람들은 모두 다 남사당파(派)와 같이
허리띠에 피가 묻은 고의 안에서
들키면 큰일 나는 숨들을 쉬고

그 어디 보리밭에 자빠졌다가
눈도 코도 상사몽도 다 없어진 후
소주와 같이 소주와 같이
나도 또한 날아나서 공중에 풀으리라.

1941년 4월 『삼천리』지에 발표된 서정주(徐廷柱: 1915-2000)의 시 「민들레꽃」이다. 서정주는 1936년 〈동아일보〉 신춘문예에 시 「벽」이 당선되면서 등단했다. 같은 해 김광균, 김동인 등과 동인지 『시인부락(詩人部落)』을 창간하고 여기에 시 「문둥이」, 「대낮」, 「화사(花蛇)」, 「달밤」 등을 발표하면서 문단의 주목을 받았다. 1941년 2월 「자화상」 등 24편의 시를 묶어 첫 시집 『화사집』을 출간했으며, 초기의 관능적 몸부림의 경향에서 벗어나 동양적 정한의 세계, 생명의 순수성에 대한 탐구, 정신적 영원성의 추구 등으로 변모를 보이면서 약 70년의 시작(詩作) 기간 동안 『귀촉도』, 『서정주 시선』, 『신라초(新羅抄)』, 『동천(冬天)』, 『질마재 신화』 등 15권의 시집과 1천여 편의 시를 발표했다.

이 시는 1940년 10월부터 1941년 2월 초까지 서정주가 만주에 체류하면서 지은 작품이다. 유배지의 죄인처럼 막막한 생활을 하고 있는 자신의 모습을 문둥이

미당의 고향 전북 고창에서는 해마다 청보리밭 축제가 열린다. 사진은 2016년 고창 청보리밭.©고창군

나 남사당패처럼 저주받은 비천한 모습으로 자학하면서 질식할 것 같은 답답한 상황을 드러냈다. 이 시에서 소주는 민들레 씨앗처럼 공중으로 날아올라 흩어져 사라지는 모습을 표현하기 위해 사용된 소재이다. 이 소주는 요즘의 희석식 소주가 아니라 전통적인 방법으로 만든 40도 정도의 증류식 소주다. 그래야 하늘로 날아오를 정도의 휘발성과 마셨을 때의 강렬한 취기도 느낄 수 있다.

분류 : 문학
색인어 : 민들레꽃, 서정주, 보리밭, 소주
참고문헌 : 이숭원, 『미당과의 만남』(태학사, 2013)
필자 : 이숭원

소주도(1376년 김진)

소주는 고려 후기 몽골의 영향력 아래 들어가면서 본격적으로 들어온 것으로 아라비아 반도에서 기원한 증류법을 통해 만들어 낸 높은 알코올 도수의 술이다. 고려후기에 소주는 아라길주(亞剌吉酒) 혹은 화주(火酒) 등으로 불리며 보급되고 있었다.

14세기 말은 동아시아 전역이 정치적으로 혼란했던 시기로 고려는 홍건적과 왜구의 침입으로 많은 피해를 입었다. 특히 14세기 말 고려를 수시로 침입한 왜구라 불리는 집단은 단순한 해적이 아니라 대규모의 훈련된 군사집단으로 고려 말 몇 차례 개경까지 쳐들어가기도 했다.

수도까지 침공해 들어온 적이 있는 왜구를 막는 것은 당시 고려정부의 큰 과제였지만 고려의 장군들이 모두 최영(崔瑩: 1316-1388)과 이성계(李成桂: 1335-1408)와 같이 유능하지는 않았다. 오히려 술 때문에 왜구와 제대로 싸워보지도 못하고 패한 장수까지 있었다. 그 장수의 이름은 김진(金縝: ?-?)으로 『고려사(高麗史)』에 따르면 1360년 홍건적의 1차 침공이 있었을 때 서경(西京: 지금의 평양) 인근에서 홍건적 300명과 맞서 싸워 승리를 거둔 인물이다.

그렇지만 왜구와 싸울 때는 홍건적과 싸울 때와는 다른 무기력한 모습을 보여준다. 1376년 김진은 왜구가 많이 쳐들어오던 경상도의 군사와 행정을 총괄하는

경상도원수 겸 도체찰사로 임명된다. 막중한 책임이 있었지만 평소에 김진은 임무를 소홀히 하고 미모가 뛰어난 기생을 불러 부하들과 자주 놀았다. 사람들은 김진과 그와 함께 노는 무리들을 가리켜서 소주도(燒酒徒)라고 불렀는데 그 이름을 소주도라고 붙인 이유는 김진이 유독 소주를 좋아했기 때문이라 한다. 그렇다고 김진의 인품이 좋지도 않아서 부하들이 그의 기분을 상하게 하면 그들을 심하게 때렸다고 한다.

김진이 흥청망청 지내던 사이 1376년 왜구가 합포(合浦: 현재 경남 창원시 일대)에 쳐들어왔다. 왜구들은 고려 병영을 불지르고 약탈을 했다. 그러나 김진을 따라 왜구와 싸워야 하는 부하들은 "소주도를 시켜서 왜구랑 싸우게 하면 되지 않겠느냐. 어찌 우리가 싸울 수 있느냐."라고 하면서 싸우지 않았다. 결국 김진은 홀로 말을 타고 달아났고, 이후 벼슬을 빼앗기고 유배에 처해졌다.

소주는 왕조가 바뀌어도 그 인기를 이어 갔는데 소주로 인해 왕족이 죽은 경우도 있었다. 바로 태조의 맏아들인 진안대군 이방우(李芳雨: 1354-1393)로『태조실록(太祖實錄)』에는 이방우는 술을 좋아하여 매일같이 술을 마시다가 소주를 마신 후 죽었다고 기록했다.

분류 : 음식
색인어 : 소주, 김진, 소주도, 이방우, 태조실록, 고려사, 왜구, 홍건적, 합포
참고문헌 : 『고려사』; 『고려사절요』; 『태조실록』; '소주', 『한국민족문화대백과』
필자 : 이민재

소주와 제사

일반 가정의 제사 절차와 제사음식은 예서(禮書)를 기준으로 실행하므로 대체로 비슷하다. 하지만 '가가례(家家禮)'라는 말이 보여주듯이 각 집마다 형식도 조금씩 차이가 나고, 지역의 물산(物産)이 반영되어 제사음식의 종류도 특색을 보인다. 그리하여 제사 때 어떤 음식이나 술을 반드시 올리기도 하고, 절대로 올려서는 안 된다는 지침은 집집마다 다르게 마련이다. 특히 제사에 쓰는 술 가운데 소주를 둘러싸고는 조선

시대부터 의견이 분분하였다. 소주를 써도 되는지 안 되는지에 대해 각자 주장을 펼쳤는데, 쓰면 안 된다는 의견이 주류였으나 반론도 만만치 않았다.

송준길(宋浚吉: 1606-1672)의 『동춘당집(同春堂集)』에는 송준길이 자신이 배웠던 사계(沙溪) 김장생(金長生: 1548-1631)에게 당시 조선 풍속에 제사 때 소주를 쓰지 않는 이유와 그것이 전거(典據)가 있는 것인지 묻는 내용이 나온다. 이에 대해 김장생은 소주는 원나라 때 생긴 것이라 경전(經典)에는 보이지 않지만, 태조(太祖: 재위 1392-1398)와 태조 비(妃)인 신의왕후(神懿王后1337-1391)의 위패를 모신 문소전(文昭殿)에서도 초하루 제사에 여름철이면 소주를 쓰고 있고, 율곡 이이(李珥: 1536-1584) 또한 상중(喪中)의 조석제(朝夕祭)를 지낼 때 여름철에는 청주(淸酒)의 맛이 변하니 소주를 쓰는 것이 좋다고 하였다고 답하였다.

이와 같이 여름 제사에 소주를 쓰도록 권한 일은 김장생이나 송준길보다 이른 시기인 이식(李植: 1584-1647)의 『택당선생별집((澤堂先生別集)』에도 보인다. 그는 제사 때 마련하는 제찬(祭饌)을 설명하면서, 유두일 즉 음력 6월 15일에는 소주를 쓰라고 권유하였다.

결국 소주를 두고 논란이 일어난 이유는 조선시대 유학자들이 가례를 행할 때 기준이 되던 『주자가례(朱子家禮)』가 송나라(960-1279) 때의 문헌이라 후대인 원나라(1271-1368)의 술인 소주가 실려 있지 않았기 때문이다. 이 책에 없는 술을 제주로 써도 되는지가 조선 선비들의 고민이었던 것이다. 이에 따라 소주를 제주로 쓰기 꺼려하는 분위기도 있었지만, 한편에서는 소주가 제주로 쓰였음을 알 수 있다. 특히 냉장시설이 없는 상황에서 여름철에 탁주(濁酒)나 약주(藥酒)는 쉽게 상하였고, 쉬어 버린 술을 제사상에 올릴 수도 없는 일이라 증류주인 소주를 제주로 써왔던 것이다. 유수원(柳壽垣: 1694-1755)의 『우서(迂書)』를 보아도, 집안 제사를 모시면서 당시 사람들이 시장에서 만든 소주를 사다가 많이 쓴다고 언급한 바 있다.

한편 소주의 사용이 제사에 금기라는 인식은 현대까지도 전해지고 있고, 지금도 소주를 사용하지 않는 집은 여전히 많다. 소주에 대한 1960년대 초반의 인식을 엿볼 수 있는 기사가 〈동아일보〉에 있다. 1963년 정부는 가을의 햇곡식이 나오기 전까지는 막걸리와 소주의 제조는 허용하지만 약주와 청주는 못 만든다는 양곡소비 제한 세부 방침을 결정했다. 그러자 이 조치에 대해 술맛을 따지는 애주가의 입장에서 불만을 토로하기를, 제사 술로는 소주가 절대로 금기라고 여기기 때문에 약주를 못 쓰는 경우에는 차라리 '현주(玄酒)'라 불리는 맑은 물을 부어놓을 정도로 귀신도 술의 종류를 가리는데 산사람의 입맛은 어떻겠냐고 안타까워했다(〈동아일보〉 1963년 7월 20일자).

이와 같이 1960년대까지도 곡주를 걸러 맑게 만든 약주로 제사를 지내는 집이 많았지만, 술의 생산과 소비 양상이 변화하면서 소주를 제주로 쓰는 것을 꺼리지 않는 집도 점차 증가하였다. 이렇게 소주의 사용이 증가한 것은 소줏고리를 써서 만드는 증류식 소주가 아니라 공장에서 대량생산하는 희석식 소주가 출시된 것과 관련이 있다. 특히 1965년 정부가 소주의 생산에 곡류의 이용을 금지하면서 값싼 희석식 소주의 대중적인 소비가 증가하게 되었다. 이에 따라 1970년대 초에는 명절이면 제사용 약주(藥酒)를 사기 위해 양조장이나 술집 앞에 줄을 섰던 풍경도 사라지고(〈경향신문〉 1971년 1월 7일자), 제주로 소주와 소위 '정종'이라 부르는 일본식 청주를 쓰는 집이 늘었다.

분류 : 의례
참고문헌 : 송준길 저, 정태현 역, 『동춘당집』(한국고전번역원, 2003); 이식 저, 이상현 역, 『택당선생별집』(한국고전번역원, 2001); 유수원 저, 한영국 역, 『우서』(한국고전번역원, 1982); 「횡설수설」, 〈동아일보〉 1963년 7월 20일; 「서울 새풍속도(俗圖)(64) 설맞이[3]」, 〈경향신문〉 1971년 1월 7일
필자 : 김혜숙

소줏고리

소주를 만드는 증류기이다. 허리가 잘록한 전체 기형의 내부는 모두 비어 있으며, 허리 위에 긴 대롱이 달려있다. 크기는 대략 40-60cm 정도의 높이이며, 큰

소줏고리, 높이 39cm, 조선, 국립민속박물관

것은 아랫부분에 두 개의 손잡이가 달려 있다. 뚜껑은 놋대야나 무쇠 솥뚜껑을 이용하였다. 솥뚜껑인 경우에는 손잡이가 밑으로 가게 덮는다. 술의 재료를 솥 안에 넣고 그 솥 위에 이 소줏고리를 올려놓고 끓이면 그 증기가 솥뚜껑이나 대야 밑에 서린다. 이때 그 위에 찬물을 부으면 증류된 소주가 대롱을 통해 흘러내리게 된다. 이 찬물(냉각수)은 자주 갈아 부어야 한다. 증기가 빠져나오지 못하게 솥과 소줏고리와 뚜껑과의 틈새는 밀가루를 반죽하여 메운다. 대개 질그릇으로 만들지만 간혹 구리나 놋쇠로 만든 것도 있다. 구리나 놋쇠 제품은 위아래가 따로 분리되게 만들어졌으나, 질그릇은 위아래를 붙여 만든 것이 대부분이다.

분류 : 미술
색인어 : 소주, 소줏고리, 증류기
참고문헌 : 한국학중앙연구원, 『한국민족문화대백과사전』; 『한민족역사문화도감 식생활: 국립민속박물관 소장품』(국립민속박물관, 2007)
필자 : 구혜인

송어

송어(松魚)는 다른 이름으로 시마연어라고 하고, 방언으로는 곤들메기, 반어, 열목어, 쪼고리 등으로도 불린다. 『난호어목지(蘭湖漁牧志)』에서 서유구(徐有榘: 1764-1845)는 이 물고기의 살색이 붉고 선명한 것이 마치 소나무 마디와 같다고 하여 송어라는 이름을 갖게 되었다고 설명하였다. 이규경(李圭景: 1788-1863) 또한 『오주연문장전산고(五洲衍文長箋散稿)』

에서 이 물고기의 몸에서 소나무 향기가 난다고 하여 송어라 한다고 했다.

송어는 연어과에 속하는 바닷물고기로, 산란기가 되면 알을 낳기 위해 강을 거슬러 올라오는 습성을 지녔다. 『오주연문장전산고』를 보면, 송어는 "북관(北關: 함경도를 일컬음) 바다에서 태어나 매년 오뉴월이면 떼를 지어 강줄기를 거슬러 올라와서 산골짜기 시냇가 석벽에 올라가 소나무에 몸을 비벼 떨어진다."고 기록되어 있다. 또한 송어는 냉수성 어종이라서 물이 차가운 곳을 좋아하며, 또 찬물에서 잡은 것이라야 살이 단단하고 고소하다고 한다.

그러므로 우리나라에서는 한류가 흐르는 함경도와 강원도 지역이 송어의 서식지로 가장 적합하였다. 실제로 『세종실록(世宗實錄)』「지리지」와 『신증동국여지승람(新增東國輿地勝覽)』의 기사 내용을 살펴보면 함경도와 강원도 지역에서 송어가 많이 생산되었음을 알 수 있다. 또한 조선 중기 사람 허균(許筠: 1569-1618)은 『도문대작(屠門大嚼)』에 송어는 "함경도와 강원도에서 많이 나는데, 바다에서 잡은 것은 좋지 않다."고 기록하였다.

이처럼, 송어는 언제, 어디서든 쉽게 구할 수 있는 물고기가 아니었다. 그러다 보니 조선시대에는 송어를 매우 귀한 생선으로 여겨 특별히 종묘제사에 천신(薦新)하였다. 그리고 왕실에서 귀한 손님을 대접하거나 큰 잔치를 열 때에도 송어를 진헌(進獻)하였다. 송어 천신은 주로 2-4월 사이에 이루어졌고, 반드시 생어(生魚)로 봉헌(奉獻)하였다. 그리고 중국에서 칙사가 왔을 때 그 일행을 대접하는 데에도 송어가 사용되었다. 그런데 생어를 운반하는 도중 물고기가 부패하는 일이 있어서 때로 수송책임자가 문책을 당하는 일도 있었다. 『인조실록』을 보면, 칙사를 대접하기 위해 강원도에서 진상한 송어가 전부 부패해버려서 사용원(司饔院: 조선시대 궁중의 식사 공급에 관한 일을 맡아본 관청)에서 수송책임자에게 곤장을 치는 형벌을 집행한 기록이 보인다.

그러나 송어를 진상하는 일로 가장 고통을 겪은 사람들은 그 지역에 사는 백성들이었다. 배용길(裵龍吉: 1556-1609)이 쓴 『금역당집(琴易堂集)』의 기록을 보면 이러한 상황을 엿볼 수 있다. 부친 배삼익(裵三益: 1534-1588)이 작고한 뒤 배용길은 『금역당집』에 부친의 평생의 행적을 기록한 글[行狀]을 남겼는데, 이에 따르면 배삼익이 강원도 양양부사로 재직할 당시 양양 지역에서는 매년 여름이나 가을에 강에서 잡은 연어와 송어, 은어 같은 물고기를 다달이 공물로 바치고 있었다고 한다. 그런데 백성들은 매번 산초 뿌리의 독을 채집하여 물고기를 잡는 노역에 시달리느라 생업에 힘을 쓸 수가 없었다. 이를 안타깝게 여긴 배삼익이 순번을 정해 돌아가면서 물고기를 채집하게 했더니, 백성들이 매우 편리하게 여겼다고 하였다.

서유구는 송어는 생긴 모양은 연어와 비슷하나 연어보다 더 살지고 맛있어서, 동해에서 잡히는 어류 중 가장 좋은 것이라고 높이 평했다. 그러면서 송어 알의 맛은 진미(珍味)라며 극찬을 아끼지 않았다. 그러나 이러한 평가에도, 조선시대에는 송어를 이용한 음식이 그리 다채롭지 못했던 것 같다. 송어로 만든 음식으로는 회, 찌개, 젓갈 정도가 확인된다. 붉은 빛깔

엘리자베스 키스, 종묘 제례 관리, 일제 강점기, 지본, 다색동판, 38×29.5cm, 국립민속박물관–엘리자베스 키스는 일제 강점기에 한국을 여행한 영국 화가

의 송어회는 달콤하면서도 담백한 맛이 난다. 그리고 『보감녹』은 송어를 끓여 먹으면 맛이 아주 좋다고 했다. 또한 서유구가 극찬했던 송어 알로는 젓갈을 만들어 먹었는데, 『보감녹』은 송어 알은 그 맛과 빛깔이 젓갈 중에 최고이며 고원지대에서 난다고 하였다. 이외에도 송어로 만든 젓갈도 매우 귀한 음식이어서 중국에 조공으로 바치거나 조선에 온 사신들에게 선물로 제공되었다.

분류 : 식재료
색인어 : 도문대작
참고문헌 : 『인조실록』(박찬수 역, 한국고전번역원, 1990); 이행 외 저, 『신증동국여지승람』; 배용길 저, 최원진 역, 『금역당집』(한국국학진흥원, 2013); 허균 저, 신승운 역, 『도문대작』(한국고전번역원, 1984); 서유구 저, 이두순 평역, 강우규 도판, 『평역 난호어명고』(수산경제연구원BOOKS·블루&노트, 2015); 이규경, 『오주연문장전산고』; 작자 미상, 『보감록』(한국전통지식포탈)
필자 : 양미경

송어(김종서)

조선시대 관찰사의 주요 임무 중 하나는 왕실에 지방의 토산물을 때맞춰 진상(進上)하는 것이었다. 그중 함경도와 강원도 지역에서는 매년 2-4월경에 종묘제사와 대전(大殿)에 올릴 송어(松魚)를 진상하는 것이 관례였다. 그런데 진상품을 올리기 위해서는 이를 생산하는 백성들의 노고가 이만저만이 아니었고, 또 이를 조정(朝廷)까지 운반하는 일도 만만치 않았다. 특히, 상할 염려가 있는 생물(生物)의 경우에는 더욱 그러하였다. 그래서 이러한 사정을 잘 알고 있었던 세종(世宗: 재위 1418-1450)은 그해에 처음 생산된 물건(新物)이 아니면, 때 아닌 진상을 하지 못하도록 명하였다.

그러던 중, 1434년(세종 16) 5월에 함길도(현 함경도) 관찰사로 있는 김종서(金宗瑞: 1383-1453)가 때 아닌 철에 송어와 고등어를 진상하였다. 이를 받은 세종은 "처음으로 나온 물건(新物) 이외에는 때 아닌 진상을 하지 말라고 이미 명하였는데, 어찌 이 물건을 올렸느냐."라며 못마땅해했다. 그러나 김종서는 나름대로 고민에 고민을 거듭한 끝에 크게 문제가 되지 않을 거라고 여겨서 때 아닌 진상을 했던 것이다. 자신이 관할하는 지역에서 나는 맛있는 특산물을 처음 생산되었을 때 한번 바치고 뒤에 다시 올리지 않으려니, 신하 된 자로서 임금을 향한 마음이 몹시 편치 않았다. 그러던 차에 마침 공문(公文)을 가지고 가는 사람이 있어서 그 편에 진상하면 크게 무리가 따르지 않을 거라고 판단해서 이를 진상했던 것이다.

세종은 도승지(都承旨) 안숭선(安崇善: 1392-1452)을 통해 김종서의 그러한 충정을 전해 들었다. 그럼에도, 세종은 "신하가 봉상(奉上)하는 마음이 비록 한이 없겠으나, 법을 세우고서 행하지 아니함은 옳지 않으니 다시는 올리지 말라."고 명했다고 한다.

분류 : 식재료
색인어 : 송어(松魚), 진상(進上), 세종(世宗), 김종서(金宗瑞), 함경도 진상품
참고문헌 : 『세종실록』
필자 : 양미경

송이(松茸)

송이는 소나무 밑에서 가을에 나는 식용 버섯이다. 현재는 송이버섯을 재배하기도 하지만, 일제 강점기까지만 해도 가을철에 잠깐 나왔다가 없어지는 자연송이는 다른 음식에서는 느껴보지 못할 향기로운 맛이어서, 과연 비쌀 만하다고 여겨졌던 귀한 식품이었다. 그리하여 돈이 있는 가정에서는 가을에 산삼 대신으로 생각하고, 기어코 먹고야 마는 고상한 음식이 바로 송이였다. 송이는 예로부터 소나무가 있는 산이면 전국 어디에서나 나지만, 특히 '남산송이'라는 것은 품질과 맛이 좋고 생산량도 제일 많다고 전해져 왔다(〈동아일보〉 1937년 10월 4일자).

한자 명칭은 이공(李公: ?-?)의 『사류박해(事類博解)』를 보면, 송이는 松茸(송용), 松蕈(송심), 松芝(송지), 松磨果(송마과), 松耳(송이)라고 되어 있다. 또한 유중림(柳重臨: 1705-1771)의 『증보산림경제(增補山林經濟)』에서는 송이(松栮)를 아직 흙에서 나오지 않은 동자송이[童子栮]와 흙 밖으로 솟은 삿갓송이[笠栮]로 나누었는데, 삿갓송이는 동자송이보다 향과 맛이

떨어진다고 했다. 그렇기는 해도 한글 필사본 조리서인 『윤씨음식법』(1854 추정)을 보면, 송이찜을 만들 때는 갓이 피지 않은 동자송이로는 만들기 어렵고, 갓이 크게 핀 삿갓송이의 껍질을 벗기고 저며서 만들어야 좋다고 하였으니 음식에 따라 동자송이와 삿갓송이의 쓰임이 달랐음을 알 수 있다.

송이버섯은 그 향과 맛이 고기반찬에 뒤지지 않는 귀한 음식으로 줄곧 여겨져 왔다. 이에 우암 송시열(宋時烈: 1607-1689)은 송이버섯을 먹다가 상중(喪中)인 사람이 먹기에는 미안한 음식이라고 말하였다. 그 이유는 본래 의례에서 상중인 사람이 술을 마시거나 고기를 먹을 수 없는 것은 술과 고기가 맛이 좋기 때문인데, 송이버섯은 고기가 아닌 소찬(素饌)인데도 너무나 맛이 좋기 때문에 미안하다고 설명하였다(『송자대전(宋子大全)』제212권「유사(遺事)」).

이처럼 맛이 좋은 송이버섯을 조선시대에는 음력 8월에 새로 난 음식물이라 하여 종묘에 천신하였고(『종묘의궤(宗廟儀軌)』제4책), 왕실의 일상식이나 잔칫상에도 올리고는 했다. 특히 영조(英祖: 1694-1776)는 송이 반찬을 무척 즐겼음에도(『영조실록(英祖實錄)』영조 44년 1768년 7월 28일자 기사), 조상에게 천신하지 않았다면 본인도 입에 대지 않았다. 평소 조상의 제사나 제물을 몸소 챙기며 정성을 기울였던 영조였기에 그렇게 행동하였고, 궁인들은 선원전(璿源殿)에 천신한 후에야 비로소 수라상에 송이를 올릴 수 있었다고 한다(『영조실록』「영조대왕행장」).

이처럼 왕실만이 조상께 송이를 올렸던 것은 아니며, 양반들도 귀한 송이가 들어오면 조상에게 천신하거나 제사 때 썼다. 퇴계 이황(李滉: 1501-1570)은 이덕홍(李德弘: 1541-1596)이 새 송이버섯 5개를 보내오자, 그것을 형의 손자인 이종도(李宗道: 1535-1602)에게 다시 보냈다. 그러면서 이것만 사당에 올리기 불편할 테니, 송이를 물에 담그거나 말려 두었다가 나중에 다른 물건이랑 같이 올리든지 제사 지낼 때 제물로 쓰라고 당부하였다(『퇴계집(退溪集)』「언행록」).

이황의 당부에서 알 수 있듯이, 조선시대에 생 송이는 오래 두고 먹을 수 없어서 물에 담그거나, 소금에 절이거나, 말려서 저장하고는 했다. 송이를 물에 담그고 말리는 방법은 조선 초기의 어의(御醫)였던 전순의(全循義: ?-?)의 『산가요록(山家要錄)』(1450)에 자세하다. 이에 따르면, 물에 담가 송이를 오래 저장하기 위해서는 먼저 통통하고 쇠지 않은 송이를 골라 닥나무 잎 등으로 물에서 문질러 하얗게 될 때까지 씻어서 삶은 뒤에 하룻밤 그대로 두어 식히고, 송이 삶은 물과 같이 항아리에 담아 띠 풀을 송이 위에 덮고 돌로 눌러두었다. 열흘 쯤 지나 송이만 건지고 새 물로 넣되, 보름에서 20일 동안 자주 물을 갈아 주면 해가 지나도 썩지 않으며, 필요할 때 꺼내 쓰면 생 송이와 다를 바 없는데, 다만 삶을 때 소금은 절대 넣으면 안 된다. 또한 송이를 말릴 때는 오이 잎으로 문질러 하얗게 씻은 송이에 간장, 참기름을 섞어 약한 불에 익혀서 물기가 없어질 때까지 내다 말리라고 하였다.

『산가요록』에서는 송이를 말릴 때 간장과 참기름을 썼지만, 된장이나 소금을 쓰는 방법도 있었다. 17세기 후반의 『요록(要錄)』을 보면, 송이버섯을 깨끗하게 씻어서 맑은 장국이나 된장국에 삶은 후에 말려서 얇게 썰면, 그 맛과 색이 사슴 꼬리와 같다는 것이다. 또한 서유구(徐有榘: 1764-1845)가 쓴 『임원경제지(林園經濟志)』에서는 새 송이버섯을 따서 갓과 줄기를 자른 것을 물 1말에 소금 3되를 넣고 끓여서 8되가 될 때까지 졸여서 식힌 소금물에 담갔다 꺼낸 뒤에, 이 송이를 나무판을 덮고 돌로 눌러 햇볕에 말려 저장하고, 이것을 쓸 때는 물에 하루 동안 담가 소금기를 빼서 조리하라고 하였다.

이처럼 말려둔 송이는 사용할 때는 물에 담그기도 하지만, 황토죽이나 쌀뜨물을 쓰는 경우도 많았다. 19세기에 나온 이규경(李圭景: 1788-1863)의 『오주연문장전산고(五洲衍文長箋散稿)』를 보면, 좋은 황토와 물을 섞어 묽은 죽처럼 만든 것에 말린 송이버섯을 3일 동안 재워두었다가 물에 씻으면 마치 갓 딴 송이버섯처럼 싱싱해진다고 하였다. 또한 생송이를 소금을 듬뿍 쳐서 아주 짜게 절여둔 것은 이듬해 봄에 꺼내서 쌀뜨물에 담가 소금기를 빼내고 쓰라고 했다.

이러한 송이로는 송이구이, 송이국, 송이탕, 송이산적, 송이찜, 송이장아찌, 송이찌개, 송이볶음, 송이전골, 송이버섯전, 송이밥, 송이회, 송이정과, 송이고추장장아찌 등을 해 먹었는데, 대체로 송이 요리는 송이의 향이 감춰지지 않도록 강한 양념은 하지 않는 조리법을 써 왔다.

분류 : 식재료
색인어 : 산가요록, 조선요리법, 조선요리제법, 소문사설, 꿩, 참기름, 사슴 꼬리와 사슴의 혀, 소고기
참고문헌 : 이공, 『사류박해』; 유중림 저, 고농서국역총서 6-『증보산림경제 III』(농촌진흥청, 2004); 작자 미상, 『윤씨음식법』; 송시열 저, 정태현 역, 『송자대전』(한국고전번역원, 1983); 『종묘의궤』; 『영조실록』; 이황 저, 권오돈 외 공역, 『퇴계집』(한국고전번역원, 1968); 전순의, 『산가요록』(한국전통지식포탈); 작자 미상, 『요록』; 서유구, 『임원경제지』(한국전통지식포탈); 이규경, 『오주연문장전산고』(한국전통지식포탈); 홍선표, 「가을이 되면 입맛 돋는 송이버섯의 진미」, 〈동아일보〉 1937년 10월 4일
필자 : 김혜숙

송이(「만무방」)

때는 한창 바쁠 추수 때이다. 농군치고 송이파적 나올 놈은 생겨나도 않았으리라. 하나 그는 꼭 해야만 할 일이 없었다. 싶으면 하고 말면 말고 그저 그뿐. 그러함에는 먹을 것이 더러 있느냐면 있기는커녕 부쳐 먹을 농토조차 없는, 계집도 없고 자식도 없고. 방은 있대야 남의 곁방이요 잠은 새우잠이요. 하지만 오늘 아침만 해도 한 친구가 찾아와서 벼를 털 텐데 일 좀 와해달라는 걸 마다하였다. 몇 푼 바람에 그까짓 걸 누가 하느냐보다는 송이가 좋았다. 왜냐면 이 땅 삼천리강산에 늘여 놓은 곡식이 말짱 뉘 것이람. 먼저 먹는 놈이 임자 아니냐. 먹다 걸릴 만치 그토록 양식을 쌓아두고 일이 다 무슨 난장맞을 일이람.

1935년 〈조선일보〉에 연재된 김유정의 단편소설 「만무방」의 한 부분이다. 김유정(金裕貞: 1908-1937)은 고향인 강원도를 배경으로 가난한 농민들의 비참한 삶을 다룬 단편소설을 주로 쓴 소설가이다. 1935년 「소낙비」가 〈조선일보〉 신춘문예에, 「노다지」가 〈중외일보〉 신춘문예에 당선되어 화려하게 등단하였다.

작가 생활은 2년여로 매우 짧았지만 30편이 넘는 수준 높은 소설을 남겼다. 대표작에 단편 「소낙비」, 「노다지」, 「봄봄」, 「금 따는 콩밭」, 「동백꽃」 등이 있다.

김유정은 해학의 작가로 알려져 있다. 그 구체적인 예로 제시되는 대표 작품은 오랫동안 중학교 국어 교과서에 실린 「동백꽃」이다. 「동백꽃」의 해학은 활달하고 적극적인 처녀와 조금 모자라 눈치 없는 총각의 대비, 중심 소재인 청춘 남녀의 성이 자연스러운 건강성을 지니고 있다는 점 등의 요인으로 인해 대단히 건강하고 환하다. 그러나 「동백꽃」의 해학은 김유정 문학에서 예외적인 것이니 이것으로써 김유정 문학의 해학을 대표하는 것은 온당하지 않다. 전체적으로 보아 김유정 문학의 해학은 비애, 고통의 정서를 품고 있는 것이다. '비애, 고통의 정서를 품고 있는 해학'이 가장 잘 드러나 있는 작품이 바로 「만무방」이다.

'만무방'은 '염치가 없이 막된 사람'을 뜻하는 순우리말인데 「만무방」의 중심인물인 응칠, 응오 형제 가운데 특히 형인 응칠을 가리키는 말이다. 응칠은 본래 착실한 농군이었으나 지금은 처자와도 헤어져 혼자 떠도는 처지이다. 그도 한때는 "어찌 하면 이 살림이 좀 늘어볼까 불어볼까"라는 생각으로 열심히 살았다. 그러나 "애간장을 태우며 갖은 궁리를 되하고 되하였다마는, 별 뾰족한 수는 없었다. 농사는 열심으로 하는 것 같은데 알고 보면 남는 건 겨우 남의 빚뿐"이었기 때문이다. 마침내는 "이러다가는 결말엔 봉변을 면치 못할 것"이란 결론에 이르러 처자와 헤어지지 않을 수 없었다. 유랑의 길에 나선 응칠은 생존이 문제되는 절박한 처지에 떨어졌으니 윤리와 법의 경계를 무시로 넘나들지 않을 수 없다. 어느 새 그는 전과 4범의 범법자가 되었다. 응칠의 이런 처지를 위 인용문이 잘 보여준다.

'혀가 녹을 듯이 만질만질하고 향기로운' 맛이 나는 송이를 찾아 '송이파적'을 나왔다고 했지만 심심풀이를 뜻하는 파적일 수는 없는 것, 그에게 송이파적은 생존을 위해 먹을 것을 찾는 절실한 일이다. 그런 그에게 '삼천리강산에 늘여 놓은 곡식'은 누구의 소유가 아니

라, '먼저 먹는 놈이 임자'라는, 현실세계의 법을 무화하는 과격한 생각이 깃드는 것은 자연스럽다.

분류 : 문학
색인어 : 만무방, 김유정, 송이, 벼
참고문헌 : 전신재 편,『원본 김유정전집』(강, 2007); 김동환,『교과서 속의 이야기꾼, 김유정』(소명출판, 2012); 김유정학회 편,『김유정과의 향연』(소명출판, 2015)
필자 : 정호웅

송이구이와 송이국

서거정(徐居正: 1420-1488)의 시문집인 『사가집(四佳集)』에는 김자고(金子固), 즉 김뉴(金紐: 1420-?)에게 송이버섯을 보내며 지은 아래의 시가 나온다.

새로 나온 송이버섯 옥 같은 두어 줄기가
구우면 참 향기롭고 국 끓이면 연할 걸세
그대에게 주어 어버이께 올리게 하노니
애오라지 구구한 정성을 표하는 바일세
松蕈尖新玉數莖 香宜煮炙軟宜羹
贈君爲獻高堂上 聊表區區一寸誠

　　*서거정, 「송이버섯을 김자고에게 보내주다[松蕈餉金子固]」(임정기 역, 2007)

이 시에서 서거정이 썼듯이, 조선시대에 송이버섯은 흔히 구이와 국으로 먹고는 했다. 이에 홍만선(洪萬選: 1643-1715)은 『산림경제(山林經濟)』에서 송이는 꿩고기와 함께 국을 끓이거나, 꼬치를 만들어 기름장[油醬]을 바른 후 반쯤 익도록 구워 먹으면 나물[菜] 중 선품(仙品)이라고 평가하였다. 즉, 홍만선은 송이의 지극히 뛰어난 맛이 신선의 경지에 있다고 본 것이다. 『산림경제』에서는 송이국에 꿩고기를 넣었지만, 꿩고기로 국물을 내서 음식을 만들어 먹는 것이 주로 겨울철이었음을 고려하면 다른 계절에는 1800년대 말의 한글조리서인 『시의전서(是議全書)』에 나오는 송이국처럼 소고기를 다져 넣고 끓였을 수도 있다.
송이구이는 송이를 통째로 굽기도 하지만, 대개는 적당한 두께로 썰어서 굽는다. 송이만 썰어서 굽는 법

은 조자호(趙慈鎬: 1912-1976)의 『조선요리법(朝鮮料理法)』(1939)에 보이는데, 소금물에 담갔다 꺼내 얄팍하게 저민 송이를 진간장, 참기름, 설탕으로 양념하여 석쇠에 구워 만들었다. 이와 달리 송이산적은 방신영(方信榮: 1890-1977)의 『조선요리제법(朝鮮料理製法)』(1934)에서 보듯이, 송이와 소고기를 양념하여 꼬챙이에 꿰어 함께 구워 먹는 음식이다.
한편 갓 딴 송이를 산이나 야외에서 구워 먹을 때는 송이를 저미지 않고 통째로 구웠다.『산림경제』「산에서 송이를 익히는 법[遊山蒸松茸方]」에서와 같이, 송이를 직접 굽는 것이 아니라 상수리나무 잎을 수십 겹 싸서 마른 섶을 쌓아 놓은 데 올려놓고 불 속에서 익힌 후 소금과 장을 찍어 먹거나, 호박잎으로 싸고 겉에 진흙을 발라 불에 익힌 뒤 꺼내서 기름, 소금에 버무려 먹는 방식이다.
한편 흙을 발라 불 속에서 구워 만드는 송이 음식으로 송이찜도 있다. 조선 후기에 의관을 지낸 이시필(李時弼: 1657-1724)이 쓴『소문사설(謏聞事說)』의 송이찜을 보면, 연한 송이와 각종 버섯, 닭고기, 꿩고기, 기름, 장을 항아리에 가득 채운 다음, 항아리의 겉에 흙을 바르고 은근한 불속에 넣고 구워서 익혔다.

분류 : 음식
참고문헌 : 서거정 지음, 임정기 역,『사가시집』(한국고전번역원, 2007); 홍만선,『산림경제』(한국전통지식포탈); 작자 미상,『시의전서』; 조자호,『조선요리법』(광한서림, 1939); 방신영,『조선요리제법』(한성도서주식회사, 1934); 이시필,『소문사설』(한국전통지식포탈)
필자 : 김혜숙

송이버섯(『어우야담』)

『예기(禮記)』「내칙(內則)」편에는 팔진미의 이름이 나오는데, 그것은 노인을 봉양하기 위해 차리는 음식이다. 그런데 지금 그것을 먹어보면 모두 진귀한 맛이 아니다. 지금 우리나라의 바다와 뭍에서 나는 음식물은 이루 다 기록할 수 없다. 산사람이나 중들이 먹는 소박한 것들 중에도 빼어난 맛이 있다. 지리산의 중은 대나무 열매를 따서 밥을 짓는데, 누런 밤 가루와 곶감 부스러기를 넣고 불을 땐다. 팔미차(八味茶)를 내

리는데 여덟 가지 맛이란 오미자에 인삼, 맥문동, 벌꿀을 더한 것이다.

금강산의 중은 당귀의 줄기와 잎, 머루와 석청(石淸)을 취해 나무통 속에 담가두었다가 목이 마르고 기운이 어지러울 때면 마음껏 마신다. 묘향산과 금강산의 여러 중들은 매년 가을 팔월이면 각기 기름간장과 밀가루를 가지고 깊은 골짜기에 들어가 송이버섯을 채취해 구워 먹는다. 송이는 일명 '송심(松蕈)'이라 하고 또는 '송지(松芝)'라고도 한다. 소나무 아래의 썩은 솔잎 가운데서 돋아나는데, 큰 것은 주먹만 하며 어린 송이는 매우 예쁘게 생겼다. 중들이 무리 지어 힘껏 채취해 집채만큼씩 쌓아둔 곳이 여럿이다. 열십자로 줄기를 가르고 그 안에 밀가루에 갠 기름간장을 넣고서 띠풀로 두루 묶으면, 큰 그릇만 해진다. 그것을 진흙으로 싸서 장작을 쌓아 놓고 불을 때어 잘 익기를 기다렸다가 벌려보면 향기가 온 골짜기에 가득 찬다. 여러 중들이 양껏 먹는데 그 맛은 천하의 진미다.

위 내용은 중국에 팔진미가 있다고 하지만, 우리나라에도 맛있는 음식이 많다는 한 사례로서 중들이 먹는 음식을 소개한 글이다. 유몽인(柳夢寅: 1559-1623)의 『어우야담』에 실려 있는데, 유몽인은 중국의 팔진미를 실제로 먹어보면 진귀한 맛이 아니라고 하면서 우리나라 중들이 먹는 대나무열매 밥, 송이버섯 등을 소개하고 있는데, 이러한 차이는 음식에 대한 취향과 입맛이 달라서 생긴 것이다.

분류 : 문학
색인어 : 송이버섯, 팔진미, 유몽인, 어우야담
참고문헌 : 유몽인 저, 신익철 외 역, 『어우야담』(돌베개, 2006)
필자 : 차충환

송편

홍석모(洪錫謨: 1781-1857)는 『동국세시기(東國歲時記)』에서 음력 8월이 되면 서울의 "술도가에서는 신도주(新稻酒: 햅쌀 술)를 빚어 팔고, 떡집에서는 조도송병(早稻松餠: 햅쌀 송편)"을 만들어 판다고 한문으로 적었다. 송병(松餠)은 지금 말로 송편이다. 한국어 사전에서는 떡을 점잖게 이르는 말이 '편'이라고 했다. 하지만 따지고 보면 '송' 다음에 바로 '병'을 발음하기가 귀찮아서 생긴 결과이다. 송편은 솔잎을 시루바닥에 깔고 떡을 안친 데서 생긴 이름이다. 어떤 떡이라도 솔잎을 깔았으면 송편이 될 수 있다.

19세기 말에 쓰였을 것으로 여겨지는 한글 필사본 『시의전서·음식방문』에는 세 가지의 송편 만드는 법이 나온다. 제일 먼저 나오는 것은 한자로 송병이라 적고 한글로 송편이라 적은 음식이다. "좋은 쌀을 옥같이 썰어 빻아 깁체로 쳐서 물 팔팔 끓여 가루에 부어 반죽 매우 하되 되게 말고 소는 거피팥고물·녹두고물·꿀·팥·계피 섞고 대추 밤을 소하여 넣어 얇게 파서 소를 단단히 넣어 솔 켜켜 놓아 살 닿이지 않게 넣어 안쳐 푹 쪄서 씻으되 두는 것은 솔 쳐서 더 두면 터지지 아니하고 송편은 씻기를 여러 번 씻어 건져 물 쪽 빠진 후 기름 발라 쓰라." 여기에서 송편을 씻으라고 한 것은 솔잎이 묻은 송편을 차가운 물로 씻으라는 말이다. 그렇게 하여 말린 송편에 참기름을 발라 먹으면 맛있다고 했다.

송편 다음에 쑥송편이 나온다. "쑥 정히 골라 씻어 물 탈자[빠지면] 가루 넣어 다시 찧어 생반죽으로 빚나리라."고 했다. 멥쌀에 쑥을 넣어 가루를 내어 반죽하여 빚은 송편이 바로 쑥송편이다. 소로는 꿀과 계핏가루를 넣어 맛을 달게 하고 후추와 말린 생강가루를 넣어 입맛을 돋우라고 적었다. 모양은 버들잎처럼 길쭉하게 빚으라고도 했다. 그 다음에 나오는 음식은 송편이라고 부르기도 어렵다. 그 이름이 '어름소편'이기 때문이다. "흰떡 쳐서 개피떡 밀 듯 얇게 밀어 숙주·미나리나 외나 채소를 갖춰 양념하여 만들은 소 넣어 개피떡처럼 송편만치 쪄내어 다시 또 쪄서 씻어 기름을 발라 초장에 쓰라."고 했다. 왜 그 이름이 어름소편인지는 알 길은 없다. 다만 그 만드는 법을 보면 '어름소'의 편이라고 보아야 할 듯하다. 생김새 역시 개피떡처럼 반달 모양으로 빚으라고 했다. 그 맛도 거의 만두에 가깝다. 하지만 송편처럼 쪄내라고 했으니 시루에 안쳐서 솔잎을 깔았을 것으로 여겨진다.

이와 비슷한 송편이 『원행을묘정리의궤(園行乙卯整理儀軌)』에 나온다. 음식의 이름은 '각색송병(各色松餠)'이다. 이 책에는 조리법이 나오지 않고 재료와 분량만 적혀 있다. 찹쌀 1말, 멥쌀 8되, 검은콩 7되, 대추·밤·꿀 각 2되, 들깨 3되, 계핏가루 1냥, 미나리 1단, 숙저육(熟猪肉: 삶은 돼지고기) 8냥, 묵은 닭 2마리, 표고·석이 각 2홉이 그것이다. 이 재료만으로 송편의 종류를 추정해 볼 수 있다. 송편의 피로는 찹쌀·멥쌀, 그리고 찹쌀과 멥쌀에 검은 콩을 섞은 것 등 네 가지였을 것으로 여겨진다. 송편의 소는 대추·밤·꿀이 들어간 것과 들깨와 계핏가루가 들어간 것, 그리고 삶은 돼지고기나 닭고기에 미나리와 표고버섯·석이버섯을 넣은 것 네 가지이다. 그러니 네 가지의 송편을 만들어 높이 5척으로 쌓아서 상에 차려 올렸다.

이 책은 정조가 1795년 윤2월에 어머니 혜경궁 홍씨를 모시고 아버지 사도세자의 묘소가 있는 지금의 수원 화성에 가서 환갑잔치를 했던 행사를 기록한 것이다. 이 네 가지의 송편은 윤2월 10일 화성에 도착하여 점심 간식으로 나왔다. 어름소편과 마찬가지로 이것 역시 만두에 더 가까운 음식이다. 한반도는 여름에만 겨우 적은 양의 밀이 수확되었기 때문에 밀가루로 만든 피를 사용한 만두는 매우 고급 음식이었다. 그러니 조선시대 밀가루로 피를 만든 만두를 대신하여 멥쌀이나 찹쌀로 피를 만든 송편이 생겨났을 가능성이 많다.

그런데 멥쌀로 피를 만들어 양념한 채소나 돼지고기 따위를 소로 넣어서 찌면 향이 좋지 않았다. 양념한 고기의 향을 제거하기 위해 한반도의 지천에 깔린 소나무의 잎을 시루에 넣고 찌는 방법이 고안되었다. 그래서 음식 이름도 송편이 되었다. 그럼에도 송편은 쉽게 먹을 수 있는 음식이 아니었다. 멥쌀이야 밀에 비해 수월하게 구할 수 있었지만, 소에 들어가는 재료는 그렇지 않았기 때문이다. 그래서 송편은 조선 후기만 해도 특별한 날에만 먹을 수 있는 귀한 음식이었다.

홍석모는 『동국세시기』에서 8월뿐만 아니라 음력 2월 1일 중화절(中和節)에도 송편을 먹었다고 했다. 이 날로부터 농사일이 시작되기 때문에 시골의 부잣집에서는 노비들에게 송편을 만들어 먹였다. 한양의 떡집에서도 송편을 팔았다. 다만 시골의 송편과 달리 한양의 떡집에서는 값어치를 높이기 위해서 팥, 검은콩, 푸른 콩 따위를 소로 넣었다. 아예 이들 소를 꿀로 버무려 넣기도 했다. 또 찐 대추나 삶은 미나리를 소로 넣은 송편도 팔았다. 그래서 『시의전서·음식방문』에서는 "솔잎을 뽑아서 한번 푹 삶아 버리고 말려 두었다가 써야 떡 빛이 정하니라."는 말도 덧붙였다. 이렇게 가을에 말려둔 솔잎을 음력 2월 1일에도 사용했던 것이다. 심지어 이 책에서는 3월 3일 삼짇날, 동지 후 105일째 되는 한식 때 송편을 조상제사에 올린다고 적었다. 20세기 이후 서울의 가정에서부터 추석 때 차례에 송편을 올리기 시작했고, 1960년대가 되면 전국의 많은 가정에서 그렇게 하였다. 그러나 경상남도와 전라남도 일부 지역에서는 추석 차례에 송편을 올리지 않았다.

또 '매화송편'이란 것도 있었다. 24절기의 입춘 때가 되면 선비들 사이에서 매화 꽃 모양을 한 송편을 만들어 선물로 주기도 했다. 매화는 기나긴 겨울을 뚫고 가장 먼저 피는 꽃이다. 그래서 이를 두고 선비들은 절개의 상징으로 여기기도 했다. 간혹 매화를 꺾어 마음이 통하는 동무에게 전해 절개를 다지기도 했지만, 꽃이나 나무의 가지를 자른다는 것이 마음에 들지 않았다. 그래서 부인에게 매화 모양을 한 송편을 만들도록 부탁을 했는데, 그것이 바로 매화송편이다. 일반 송편이나 매화송편은 거의 비슷한 방법으로 만들어진다. 다만 겉에 매화 모양을 내는 것이 일반 송편과 다르다.

매화송편을 만들기 위해서는 멥쌀 1되(800g), 소금 1큰 술, 회색 팥 3컵, 설탕 약간, 쑥 삶은 것 한줌, 소나무 껍질인 송기 삶은 것 한줌, 참기름 약간이 필요하다. 곱게 빻은 멥쌀가루를 삼등분하여 하나는 흰 송편용, 다른 하나는 쑥 삶은 것, 나머지 하나는 송기 삶은 것을 넣어 각각 한번씩 빻는다. 그러면 흰색·녹색·자주색의 세 가지 송편가루가 완성된다. 이것을 잘 익반죽해둔다. 녹두·밤·대추 등을 곱게 빻아 설탕과 소금으로 간을 하여 손에 쥘 수 있는 크기로 만든다. 익반죽한 것을 떼어 엄지손가락을 가운데 넣어 돌려가며 오목하게 홈을 파고 미리 만들어둔 소를 넣어 바람이 들어가지 않도록 꼭꼭 눌러 아물린다. 엄지와 검지를 이용하여 날카롭지 않게 지그시 눌러서 귀를 만들어 앞으로 약간 숙이는 모양을 내면 송편은 날아갈 듯 잽싸다.

여기까지는 일반 송편과 똑같다. 여기에 매화 꽃 모양을 만들어 올려야 매화송편이 된다. 송편과 다른 색이 나는 반죽을 콩알처럼 만들어 송편 위에 올린다. 가운데에 한 개를 놓고, 둘레에는 다섯 개를 올린 후 이쑤시개로 가운데를 누른다. 시루에 솔잎을 놓고 송편을 켜켜로 놓아 안친다. 김이 모락모락 나면 매화송편이 다 익은 것이다. 참기름을 겉에 두르고 접시에 담아내면 솔향기와 함께 매화꽃 모양을 한 송편이 '절개'의 빛을 발한다.

조선시대 선비들에게 소나무와 매화는 특별한 의미를 지녔다. 사시사철 푸른 소나무는 선비가 본받아야 할 기개를 지녔고, 매화는 선비의 절개를 닮아 조선시대 사람들이 가장 좋아했던 나무와 꽃이다. 솔가지를 바탕에 깔고 만들어내는 매화송편은 변함없는 기개와 절개를 담고 있는 음식이었던 것이다.

분류 : 음식
색인어 : 동국세시기, 만두, 원행을묘정리의궤, 추석
참고문헌 : 『원행을묘정리의궤(園行乙卯整理儀軌)』; 『동국세시기(東國歲時記)』
필자 : 주영하

송증병(박윤묵)

가을날 맛난 떡을 새로 맛보니
솔잎에 쪄낸 것 백설처럼 빛나네
채소나 죽순과는 맛이 비슷한데
쌀을 찧은 것이라 향기가 난다네
고루 외피를 성곽처럼 두르고
꼼꼼하게 속을 보따리처럼 쌌구나

주방의 힘을 입어 어렵게 만든 것이라
기쁨에 실컷 먹고 산속 집에 기대노라

新秋餅餌喜新甞 松葉蒸成白雪光
蔬筍較來同氣味 稻禾擣出動馨香
均圍外甲如城郭 緊裹中心似括囊
幸荷厨人咄嗟辦 欣然一飽倚山堂

*박윤묵, 「부엌의 여종이 송편을 내어놓기에[厨婢進松蒸餅]」

위항의 시인 박윤묵(朴允默: 1771-1849)이 송편을 먹고 쓴 작품이다. 박윤묵(1771-1849)은 본관이 밀양(密陽)이고 초명은 지묵(趾默)이며, 자는 사집(士執), 호는 존재(存齋)다. 규장각에서 교정 등의 일을 맡은 서리(書吏)라는 하급 관리로 중인의 신분이었지만 시로 명성을 날렸다. 문집 『존재집(存齋集)』이 전한다.

솔잎을 깔고 쪄낸 송편이 백설처럼 뽀얗다. 솔잎이 채소와 죽순과 같은 식물이라 맛이 비슷하지만 쌀을 찧은 것이라 더욱 향긋하다고 하였다. 그리고 송편의 외피와 속을 성곽과 보따리에 비유한 것도 그의 솜씨를 보게 한다. 이익(李瀷)의 『성호사설(星湖僿說)』에는 "떡 속에 콩가루 소를 넣고 솔잎으로 쪄서 만드는데 이는 송병(松餅)이라는 것이다. 솔잎으로 찌지 않고 무늬가 있게 얇게 만들어 익히기도 하는데 산병(散餅)이라 한다. 또 안에다 소를 넣어 찐 다음 겉에 콩가루를 입히기도 하는데 이는 단자(團子)이고, 혹은 푸른 쑥을 섞어서 만들기도 한다."고 하였다. 박윤묵의 시에 나오는 것은 송편이다.

박윤묵은 송편을 두고 여러 편의 시를 지었다. 「용주사의 승려 지찰이 송편을 보내주기에[謝龍珠寺僧志察饋松餅]」의 전반부에서 "화산의 산사람 솔가지를 베어, 껍질 벗기고 물에 담그고 난도질한 후, 잘 도정한 쌀가루를 버무려, 절편으로 쪄내니 맛이 최고라. 찬합 하나에 50개를 넣어서, 은근하게 20리 먼 곳에 보내주었네. 반쯤 열어보니 마음부터 배가 불러, 기이한 향 자욱하고 빛이 반들거리네[花山山人斫松枝 剝之沉之爛擣之 和以精鑿粳米屑 蒸作切餅味最宜 一

577

盒緊裏五十片 卅里慇懃來相遺 開封未半心如飽 異香濃郁光陸離]."라 하였다. 수원 용주사의 승려가 송편을 보내준 데 대한 감사의 뜻으로 박윤묵이 이 시를 지었다.

그런데 이면백(李勉伯: 1767-1830)도「산중잡시(山中雜詩)」에서 "보리 익을 때 여러 중들 바쁘기도 하여라, 아미타불 염불소리 지겹기만 하네. 송편을 등에 지고 마을 따라 장사하니, 이 일이 굳이 삭발하고 할 일인가[忙着羣僧麥熟時 聲聲可厭念阿彌 負來松餅 沿村賣 此事何須削髮爲]."라 한 것을 보면 승려들이 생계수단으로 송편을 만들어 팔았고 또 일반 백성들이 사먹기까지 하던 풍속을 알 수 있다. 그리고 보리 익을 때 송편을 만든다고 하였는데, 조선시대 송편은 추석이 아니라 단오나 유두에 먹었다. 그러다가 조면호(趙冕鎬: 1803-1887)가「가배(嘉俳)」에서 "한가위 명절은 중국에 없는 것, 집집마다 송편에 토란국을 먹네[名日嘉俳天下無 家家松餅佐羹芋]."라 한 것에서처럼 19세기 무렵에는 토란국과 함께 추석의 대표적인 음식으로 송편이 등장하게 된다.

분류 : 문학
색인어 : 송편, 토란국, 박윤묵, 이익, 이면백, 조면호
참고문헌 : 박윤묵,『존재집』; 이익,『성호사설』; 이면백,『대연유고』; 조면호,『옥수집』
필자 : 이종묵

햇송편(「중추월」)

당신들 노시던 달
오늘도 둥싯 뜨오

밤 대추 햇송편에
있고 없고 갖춘 정성

들국화
피는 한 강산서
오손도손 나눕시다.

이태극(李泰極: 1913-2003)의 시조집『꽃과 여인』

강원도 화천군에 건립된 월하 이태극 시조 문학관 전경ⓒ하응백

(1970)에 수록된 작품「중추월」이다. 이태극은 시인이자 국문학자로 시조의 창작뿐만 아니라 이론의 정립에 힘쓰며 현대시조 창작 운동을 전개하여 시조 장르 부흥에 기여하였다. 1953년 1월『시조연구』에「갈매기」를 발표하면서 등단했고, 이화여자대학교 교수로 재직하면서『시조개론』,『시조의 사적 연구』등의 저서를 통해 시조의 학문적 연구를 병행했다. 1960년 시조전문지『시조문학』을 창간하여 현대시조 창작의 저변을 확대하고 한국시조시인협회 창립의 산파역을 맡아 시조시인의 문단적 기반을 마련했다. 시조집으로『꽃과 여인』,『노고지리』,『소리·소리·소리』,『날빛은 저기에』,『자하산사 이후』등이 있다.

이 시조는 우리 민족 고유의 명절인 한가위를 그린 작품이다. 한가위 보름달의 따스함 아래 정성이 깃든 음식을 나눠 먹는 명절의 정겨움을 그려냈다. 한가위의 보름달을 '당신들 노시던 달'이라고 명명한 데에서 전통을 이어받으려는 시조 시인의 면모가 드러난다. 들국화는 추석 전후의 아름다운 가을 정취를 드러내는 역할을 한다. 이 시조에 소재로 사용된 햇송편은 가을에 수확한 햅쌀로 빚은 송편을 말한다. 일찍 수확한 올벼로 빚은 송편은 오례송편이라고 한다. 1950년대 이후 추석 명절을 대표하는 음식이기에 햇송편이 제시된 것이다.

분류 : 문학
색인어 : 중추월, 이태극, 밤, 대추, 햇송편
참고문헌 : 이태극,『꽃과 여인』(동민문화사, 1970)
필자 : 이숭원

솥

솥은 물이나 국 등을 끓이고 밥을 짓는 데 쓰는 그릇으로 가장 중요한 부엌살림의 하나이다. 『임원경제지』「섬용지(贍用志)」의 '취류팽약제기편(炊餾烹瀹諸器篇)'에는 "옛날에는 다리가 있으면 기(錡)라 하고 없으면 부(釜)라 하였다. 대구(大口)의 것은 부, 소구의 것은 복(鍑)이라 한다."고 기록되어 있다.

우리나라에서 솥이 사용된 시기는 삼국시대 이전부터로 추측된다. 낙랑 9호 고분에서 토기로 만든 솥이 출토된 것으로 미루어 짐작할 수 있다. 고구려시대의 고분벽화에는 입식 주방에 솥이 걸리고 그 위에 시루가 얹혀 있는 그림이 그려져 있다. 삼국시대 후기의 고분인 경주 98호 고분이나 가야 고분 등에서는 무쇠로 만든 다리가 있는 솥이 나왔다.

솥은 용도에 따라 재질에 따라 그 종류와 명칭이 다양하다. 용도에 따라서 물솥, 밥솥, 국솥, 쇠죽솥 등으로 나누고, 재질에 따라서는 무쇠솥, 놋쇠옹, 곱돌솥 등으로 구분한다. 또 크기에 따라 큰솥·중솥·작은솥으로 구분하기도 한다.

무쇠솥은 가장 일반적인 솥으로 가마에 걸어두고 사용한다 하여 가마솥이라 불렸다. 무쇠솥의 사용은 삼국시대 후기에 이르러 시작되었다. 특히 무쇠솥은 부엌을 대표하는 용구이므로 정성껏 관리했고, 집을 이사하면 부뚜막에 솥부터 거는 풍습이 있었다.

이외에 놋쇠옹은 1-2인용의 밥을 지어 따뜻한 채로 대접할 때 많이 사용되었다. 질솥은 밥보다는 국을 끓일 때 사용하기에 적합하다. 곱돌솥은 오석이나 청백석을 깎아 만든 솥으로 놋쇠옹처럼 용량이 적어 1-2인용 밥을 짓거나 찌개를 끓이는 데 쓴다. 곱돌솥은 열이 더디게 전도되는 반면에 쉽게 식지 않으면서 음식이 무르게 잘 익는다. 밥이나 찌개를 특별히 정성들여 만들 때에 흔히 쓴다. 그리고 질솥은 등짐장수들이 지게 끝에 매달고 다니면서 밥을 지어 먹을 수 있는 간이 조리기로도 널리 사용되었다.

솥은 온 가족이 공유하는 필수적인 식생활 도구이다. 이에 가족이나 한집에서 오랫동안 함께 산 사람을 가리켜 '한솥밥을 먹은 사이'라고 말한다. 이외에도 솥에 관한 다양한 속담이 있다. '솥은 검어도 밥은 검지 않다'는 겉은 훌륭해 보이지 않아도 속은 훌륭한 경우를 비유적으로 이르는 말이고, '솥은 부엌에 걸고 절구는 헛간에 놓아라 한다'는 누구나 다 알고 있는 일을 특별히 자기만 아는 것인 양 똑똑한 체하며 남에게 가르치려 듦을 비난조로 이르는 말이다. '솥 씻어 놓고 기다리기'는 모든 것을 다 준비해놓고 기다리는 경우를 이르는 말이고, '왕방울로 솥 가시듯'은 쇠로 만든 솥을 왕방울로 씻어낼 때처럼 요란한 소리로 왁자지껄 떠드는 것을 비유적으로 이르는 말이다.

분류 : 미술
색인어 : 주방, 물, 국, 밥, 조리, 취사, 부뚜막, 솥, 무쇠솥
참고문헌 : 서유구, 『임원경제지』; 한국학중앙연구원, 『한국민족문화대백과사전』;『한민족역사문화도감 식생활: 국립민속박물관 소장품』(국립민속박물관, 2007)
필자 : 구혜인

가마솥, 지름 83cm, 광복 이후, 국립민속박물관

수단

유두(流頭)는 음력 6월 보름으로, 시기적으로는 한여름[中夏]에 속한다. 그래서 이날은 더운 기운을 씻어내기 위해 맑은 강가나 폭포수를 찾아가 머리를 감고 몸을 씻는, 이른바 '물맞이' 놀이가 관례처럼 행해졌다. 이를 유두연(流頭宴), 혹은 유두잔치라고 하는데, 정동유(鄭東愈: 1744-1808)는 『주영편(晝永編)』에서 우리나라 명절 중에서 오직 유두만이 고유한 풍속이

라고 하였다.

유두절에는 더위를 떨쳐버리기 위해 특별한 음식(節食)을 만들어 먹곤 했는데, 수단이 가장 대표적이다. 수단은 문자 그대로 물에 알갱이를 동그랗게 띄워 만든 여름철 청량음료를 말한다. 알갱이로는 동글납작하게 만든 경단이나 보리를 이용하는데, 경단을 띄운 것을 (떡)수단(水團), 혹은 수단병(水團餅)이라고 하였고, 보리를 띄우면 보리수단이라고 불렀다. 또한 물 대신 꿀물이나 오미자국을 사용하기도 했다.

조선 후기에 쓰여진 작자 미상의 조리서 『시의전서(是議全書)』를 참고하여 수단과 보리수단 만드는 법을 살펴보면 다음과 같다. 수단을 만들려면 우선, 흰떡을 가래떡 만들 듯이 가늘고 길게 밀어 콩알같이 작고 둥글게 썬다. 콩알같이 작은 경단에 녹말을 입혀 삶아낸 다음, 냉수에 씻어 건져 놓는다. 그러고는 시원한 꿀물이나 오미자국에 경단을 넣고 잣을 띄워 마신다. 이때 혹 여유가 있는 집에서는 꿀물이나 오미자국에 얼음을 띄워 마시기도 했는데, 그러면 "얼음 채운 수단에 한속(寒粟: 소름)이 돋아 유두건만 머리 감을 생각 달아난다."고 하였다(허균, 『도문대작(屠門大嚼)』).

보리수단을 만드는 법도 재료만 다를 뿐 제법과 원리는 이와 크게 다르지 않다. 먼저, 깨끗하게 씻은 햇보리를 고갱이가 나오도록 찧거나 세게 비빈 후 잘 삶아서 건져 놓는다. 물기가 빠지면 보리에 녹말을 묻혀 다시 뜨거운 물에 살짝 데쳐 냉수에 씻어 건진다. 그런 다음, 꿀을 탄 냉수나 오미자국에 보리 알갱이를 넣고 잣을 띄워 마시는데, 매끄러우면서도 톡톡 씹히는 보리 알갱이가 시원함을 배가시켜 주었다고 한다.

한편, 유두절에는 수단 외에도 물기가 없는 건단(乾團)을 만들어 먹기도 했다. 건단은 수단 만드는 법과 제법이 같지만, 물에 담그지 않고 그냥 먹는 것이 특징이다. 그래서 홍석모(洪錫謨: 1781-1857)는 이를 냉도(冷淘)와 같다고 표현하였다. 김매순과 홍석모가 살았던 조선 후기에는 유두절 절식으로 수단과 건단을 만들어 먹었지만, 이는 원래 단옷날 만들던 것이 유둣날로 옮겨진 것이라고 한다(『열양세시기(洌陽歲時記)』;『동국세시기(東國歲時記)』).

분류 : 음식
색인어 : 시의전서, 도문대작, 열양세시기, 동국세시기, 오미자, 보리, 꿀
참고문헌 : 허균 저, 신승운 역,『도문대작』(한국고전번역원, 1984); 정동유,『주영편』; 작자 미상,『시의전서』(한국전통지식포털); 김매순 저, 최대림 역,『열양세시기』(홍신문화사, 2006); 홍석모 저, 최대림 역,『동국세시기』(홍신문화사, 2006)
필자 : 양미경

유두일에 수단병을 먹다(성현)

동천에서 머리 감던 일은 아득해졌지만
해마다 아름다운 명절은 바로 유두라네
백설 같은 가루가 처음 절구통에 날리더니
은빛 탄환처럼 동실동실 문득 사발에 가득하네
괴엽냉도라도 어찌 여기에 족히 비하랴
참깨 바른 경단도 이보다 낫지 못할 것
임금님 계신 구중궁궐 서늘한 저녁에
수라간에도 이런 맛이 있는지 모르겠네
被髮東川事已悠　年年佳節是流頭
紛紛白雪初飛杵　磊磊銀丸忽滿甌
槐葉冷淘何足比　胡麻香餌未爲優
君王深殿迎涼晩　亦有仙廚此味不

*성현, 「유두일에 수단병을 먹다[流頭日食水團餅]」

성현(成俔: 1439-1504)은 본관이 창녕(昌寧)이고 자는 경숙(磬叔), 호는 용재((慵齋) 혹은 허백당(虛白堂)이다. 『악학궤범(樂學軌範)』, 『부휴자담론(浮休子談論)』, 『용재총화(慵齋叢話)』등 많은 저술을 남겼다. 『용재총화』에 따르면 고려 때 음력 6월 15일 환관이 동천(東川)에서 물속에 머리를 풀고 술을 마신 풍속에서 유두라는 이름이 나왔으며, 그 후 유두가 되면 중국에서 괴엽냉도(槐葉冷陶)를 변형한 수단을 먹었다고 하였다. 괴엽냉도는 연한 회화나무 잎을 갈아 만든 즙으로 반죽하여 매우 가늘게 썰어, 끓는 물에 삶은 후 찬물에 식혀 먹는 국수의 일종이다. 고려 말 이색(李穡)의 시를 보면 괴엽냉도가 등장하거니와, "복사꽃잎 찬 국수에 뼈마디까지 시원하다[桃葉冷淘淸

入骨].”라 하여 복사꽃으로 만든 도엽냉도도 먹었던 모양이다.

유두에 먹는 수단은 성현의 시를 보면 흰 쌀가루로 경단을 만들어 사발에 띄워 먹었음을 알 수 있다. 권벽(權擘: 1520-1593)의 「유두일에 수단병이 생각나서[流頭日, 思水團餅]」에는 수단이 좀 더 구체적으로 그려져 있다. “정말 유두일이라, 오히려 수단병이 그립네. 절구 수북 옥가루 날리는데, 사발 가득 은빛 탄환 씹노라. 꿀을 넣어 맛을 더하고, 얼음에 채워 차도록 하였지. 난리에 명절을 만나서, 시름겹게 빈 소반을 마주하노라[正是流頭日 猶思水餅團 堆砧飛玉屑 滿椀嚼銀丸 崖蜜能添味 壺氷更助寒 亂離逢令節 愁坐對空盤].”라 하였으므로 쌀가루로 만든 경단을 삶아 얼음물에 채우고 꿀을 타서 마셨음을 알 수 있다.

신흠(申欽: 1566-1628)의 「유두일에 쓰다[流頭日題]」에서 “수단은 토속을 따라 먹는데, 송편은 이웃집에서 보내주었네[水團遵土俗 松餅餽鄕鄰].”라 한 것을 보면 수단은 송편과 함께 유월 유두에 먹는 대표적인 음식이었음을 알 수 있다. 『성호사설(星湖僿說)』에 수단은 분단(粉團), 백단(白團)이라고도 하는데 단오(端午)에 먹는다고 하였지만 『아언각비(雅言覺非)』에 우리나라에는 단오에 먹지 않고 유두에 먹는다고 밝혔으니, 이익(李瀷: 1681-1763)보다 정약용(丁若鏞: 1762-1836)의 기록을 믿어야 할 듯하다. 중국에서는 적분단(滴粉團)이라 하여 사람이나 동물, 꽃 모양의 경단을 넣은 음식을 단오에 먹었지만, 조선에서는 유두에 수단을 먹었다.

분류 : 문학
색인어 : 수단, 분단, 유두, 냉도, 송편, 성현, 이색, 권벽, 이익, 정약용
참고문헌 : 성현, 『허백당집』; 이색, 『목은고』; 권벽, 『습재집』; 신흠, 『상촌고』; 이익, 『성호사설』; 정약용, 『아언각비』
필자 : 이종묵

수리취

수리취는 국화과의 여러해살이풀로 떡취, 산우방(山牛蒡), 개취라고도 부른다. 어린 잎을 떡에 넣어 먹는데, 단오의 대표적인 세시음식인 수리취절편이 유명하다. 이른 봄에 어린 잎을 따서 나물을 무쳐 먹거나 쌀가루와 섞어 떡을 쪄 먹기도 한다.

일본의 우에키 호미키(植木秀幹: 1882-1976)가 『조선의 구황식물』(1919)에서 처음으로 수리취(수리치기, 부숫진풀)에 대하여 언급하였다. “중남부 산지에 적지 않게 나며 봄에 새싹 잎을 삶아서 쌀밥 짓는 데 넣어 떡을 빚거나 말린 잎가루로 떡을 빚어 먹으며 나물로 무쳐 먹는다.”고 하였다.

손정규(孫貞圭: 1896-1955)의 『우리음식』(1948)에서는 '느티떡[欅餠]'에 대해서 설명하면서 4월에 나오는 수리취나 쑥도 같은 방법으로 이용 할 수 있다고 설명하였다. 쌀가루에 수리취를 섞어서 시루에 앉치고, 고물로는 녹두나 팥으로 한다고 하였다.

수리취를 넣어 만드는 떡에는 수리취떡, 차조수리취 인절미, 수리취 인절미 등이 있는데, 수리취떡은 수리취를 쌀가루와 섞어서 켜 없이 찐 떡을 말하고, 수리취 인절미는 성형 한 후 가루를 묻히는 떡을 말한다. 강원도에서는 수리취떡으로도 먹지만, 감자전분과 찐호박을 반죽에 더하여 감자취떡으로 만들어 먹기도 한다. 또한 안에 팥소를 넣어 만드는 개피떡을 만들 때도 반죽에 수리취를 넣어 수리취 개피떡을 만들어 먹기도 하였다. 충청남도에서는 수리취갠떡으로도 만들어 먹었다.

분류 : 식재료
색인어 : 떡, 나물, 녹두, 시루, 쑥, 인절미
참고문헌 : 우에키 호미키(植木秀幹), 『조선의 구황식물』; 손정규, 『우리음식』; 농촌진흥청, 농업과학기술원, 농촌자원개발연구소, 『한국의 전통향토음식 3-강원도』(교문사, 2008); 농촌진흥청, 농업과학기술원, 농촌자원개발연구소, 『한국의 전통향토음식 5-충청남도』(교문사, 2008)
필자 : 홍진임

수리취떡(단오)

음력 5월 5일 단오(端午)는 단양(端陽), 중오절(重五節), 천중절(天中節)이라고도 불린다. 이 날은 양(陽)의 수인 기수(奇數)가 겹치는 날로, 태양의 기(氣)가 극(極)에 달하기 때문에 인간이 태양신을 가장 가까이

에서 접할 수 있다고 믿어져 왔다. 또한 단오는 '수릿날'이라고 하는 우리말 이름으로도 불렸다. 유득공(柳得恭: 1748-1807)은 『경도잡지(京都雜誌)』에 이 명칭의 유래에 대해 자세히 적어두었다. 그의 기록에 의하면, 세속에서는 단오를 술의일(戌衣日)이라고 불렀다고 한다. 그런데 이 '술의'라고 하는 것은 우리말로 수레(車)를 뜻하는 것으로, 사람들이 이 날 쑥, 혹은 수리취라고 하는 산나물을 뜯어다가 수레바퀴 모양의 떡을 만들어 먹어서 아예 수릿날이라는 이름이 생겨난 것이라고 했다. 그러나 술의, 혹은 수리는 수레라는 뜻 외에도, '높다[高]', '위[上]', '신(神)'과 같은 의미를 지니고 있어서 '높은 날', '신을 모시는 날'이라는 뜻을 지닌다. 그러므로 사람들은 예로부터 단오를 큰 명절로 여겨 절식(節食)을 만들어 먹고 놀이를 하면서 하루를 즐겁게 보냈다.

단옷날 먹는 대표적인 절식(節食)으로는 수레바퀴 모양을 흉내 내어 만든 수리취떡을 들 수 있다. 수리취떡은 다른 말로 수리취절편, 단오병(端午餠), 차륜병(車輪餠) 등과 같은 이름으로도 불렸는데, 『경도잡지(京都雜誌)』와 『동국세시기(東國歲時記)』에 이 떡 만드는 법이 기록되어 있다. 수리취떡을 만들기 위해서는, 먼저 오시(午時)를 기다려 쑥, 혹은 수리취를 뜯는다. 이때 오시(午時)에 쑥과 수리취를 취하는 이유는 하루 중 태양이 가장 정점에 도달한 시간에 뜯어야 약효가 좋다는 속신이 있었기 때문이다. 쑥이나 수리취를 짓이겨 멥쌀가루와 섞어 반죽이 녹색이 되도록 치댄다. 그런 다음, 반죽을 동글납작하게 빚어서 수레바퀴 모양으로 떡을 만들어 찐다. 한편, 『동국세시기』를 쓴 홍석모(洪錫謨: 1781-1857)에 의하면, 조선 후기 한양의 떡집에서는 시절음식으로 수리취떡을 만들어 판매하였다고 한다.

분류 : 음식
색인어 : 수리취떡, 수리취절편, 단오병(端午餠), 차륜병(車輪餠), 절식(節食), 단오(端午), 단양(端陽), 중오절(重五節), 천중절(天中節), 술의일(戌衣日), 수릿날
참고문헌 : 유득공 저, 최대림 역, 『경도잡지』(홍신문화사, 2006); 홍석모 저, 최대림 역, 『동국세시기』(홍신문화사, 2006)
필자 : 양미경

수박

수박은 한국인이 즐겨 먹는 여름 과일로, 한자로는 '西苽(서과)', '西瓜(서과)', '西果(서과)'라고 한다. 이보다 다양한 명칭이 유희(柳僖: 1773-1837)의 『물명고(物名考)』에 보이는데, '寒瓜(한과)', '蓏(과)', '靑橙瓜(청등과)', '薦福瓜(천복과)', '楊莊瓜(양장과)', '圓明村瓜(원명촌과)', '雙鳳井瓜(쌍봉정과)' 등이 그것이다.

이러한 수박이 한국에 언제 유입되었는지는 정확하지 않다. 다만, 허균(許筠: 1569-1618)의 『도문대작(屠門大嚼)』에 수박[西瓜]은 고려 때 홍다구(洪茶丘: 1244-1291)가 처음 개성(開城)에다 심었고, 충주(忠州)에서 나는 것이 상품이며 원주(原州) 것이 그 다음이라는 기록이 있다. 허균이 말한 홍다구는 본명이 홍준기(洪俊奇)인데, 할아버지 홍대선(洪大宣: ?-?)과 아버지 홍복원(洪福源: 1206-1258)이 모두 고려 고종(高宗: 재위 1213-1259) 때 몽고에 투항했던 인물이어서, 몽고에서 태어나 성장하였다. 원나라 세조의 총애를 받았던 그는 1270년 3천 명의 군사를 이끌고 처음 고려에 왔다가 일본정벌에 실패하자 1275년 원나라로 돌아갔다. 이후 1277년과 1280년 다시 고려에 들어왔다 돌아간 이후 다시는 고려에 오지 못했다고 한다(이익주, 1997). 따라서 홍다구가 수박을 들여왔다면, 그 시기는 1270년에서 1280년 사이로 추정할 수 있다.

조선에서 자라는 수박의 색과 모양은 다양하였다. 유중림(柳重臨: 1705-1771)의 『증보산림경제(增補山林經濟)』 치포(治圃)를 보면, 수박 가운데에서도 껍질이 푸르고 씨는 검고 속이 빨간 것을 상품(上品)으로 친다고 하였다. 또한 수박씨로는 차를 만들거나 기름을 짜서 쓰고, 수박껍질은 꿀에 재우거나 장에 절이라고 하였다. 아울러 수박을 보관할 때는 술기운이나 찹쌀을 가까이하면 쉽게 상하므로, 이를 멀리해야 한다는 것이다. 또, 수박 속이 희거나 누런 것보다는 붉은 것의 맛이 제일 좋다고 여겼고, 수박씨 역시 희거나 누렇

거나 붉은 것보다 검은 씨 수박의 맛이 좋다는 것이다. 수박은 주로 그 속을 자르거나 숟가락으로 떠먹거나 화채로 만들어 먹지만, 속을 다 먹고 나서『증보산림경제』에 보듯이 수박껍질과 수박씨도 식용하였다. 이규경(李圭景: 1788-1863)의『오주연문장전산고(五洲衍文長箋散稿)』에서는 사람들이 수박껍질을 쓸모 없다고 버리지만,『본초강목(本草綱目)』에서 수박껍질을 장에 절이거나 꿀에 담가 먹으면 좋다고 하였으니 장독에 넣어 수박껍질장아찌를 만들어 반찬으로 먹으라고 권하였다. 또한 일제 강점기에는 수박껍질을 닭에게 먹이면 몸에 벌레가 생기지 않는다거나 빈대 문 곳에 바르면 낫는다 하여 다른 용도로도 썼지만 (〈동아일보〉 1931년 8월 20일자), 겉껍질을 벗기고 썰어서 깍두기를 담그라는 제안도 보인다(〈동아일보〉 1931년 9월 2일자). 현재는 지역에 따라서 수박껍질을 채 썰어 양념하여 무쳐 먹는 수박생채 또는 그것을 살짝 볶은 수박나물을 해 먹기도 한다.

수박씨를 볶아 짜서 만드는 수박씨 기름은 18세기 이후의 조리서로 추정되는『박해통고(博海通攷)』를 보면, 참깨 농사가 잘 되지 않으면 사람들이 생활하는 데 어려워서, 그때는 수박씨를 볶아 기름을 짜서 쓰는데, 음식에 넣으면 아주 고소하고 맛있다고 했다.

이와 같이 수박씨 기름을 짜는 것은 깨가 잘 자라지 않았을 때이고, 씨 없는 수박이 개발될 정도로 대부분의 경우에 수박씨는 귀찮게 여겨지는 존재였다. 이덕무(李德懋: 1741-1793)가「관재(觀齋)의 가을비」(『청장관전서(靑莊館全書)』)에서 "씨 박힌 수박은 뼈 많은 생선과 같네[紅犀瓜類骨多魚]."라고 표현한 바와 같이, 먹기 위해서는 발라내야 하는 방해물이기 때문이다. 그렇지만 아무렇게나 뱉는 것은 예의에 어긋나는 일이니, 이덕무는『사소절(士小節)』에서 수박을 먹을 때는 씨를 깨먹지 말고, 씨를 자리에 뱉지 말며, 입으로 씨를 가려내지 말라고 하였다.

한편 여름철에 수박을 맛있게 먹는 가장 흔한 방법은 차가운 우물에 담가 두었다가 시원해지면 잘라서 먹는 것이겠지만, 일제 강점기에는 조금 더 신경을 써서 먹

는다면 손정규(孫貞圭: 1896-1955)가 쓴『우리음식』에 나오는 '얼음수박[氷西瓜]'을 만들었다. 대개 수박화채는 수박 속을 숟가락으로 파서 다른 그릇에 담고, 설탕이나 꿀에 재웠다가 얼음조각과 물을 더 넣어 시원하게 먹지만, 얼음수박은 수박 위를 잘라 그 속을 조금 퍼낸 후 안에 얼음과 설탕을 넣고 다시 뚜껑을 덮어 두었다 먹는 화채였다.

분류 : 식재료
색인어 : 도문대작, 참기름, 우리음식, 깍두기
참고문헌 : 유희,『물명고』; 이익주, '홍다구',『한국민족문화대백과사전』(한국학중앙연구원, 1997); 유중림 저, 고농서국역총서 6『증보산림경제 III』(농촌진흥청, 2004); 이덕무 저, 이상형 역,『觀齋秋雨』,『청장관전서(靑莊館全書)』(한국고전번역원, 1978); 이덕무 저, 김동주 역,「사소절」,『청장관전서』(한국고전번역원, 1980); 이규경,『오주연문장전산고』(한국전통지식포탈); 작자 미상,『박해통고』(한국전통지식포탈); 손정규,『우리음식』(삼중당, 1948);「어떠케해야 수박이 맛난고」, 〈동아일보〉 1931년 8월 20일;「료리(16) 깍뚝이」, 〈동아일보〉 1931년 9월 2일
필자 : 김혜숙

무등산수박

무등산수박[無等山西瓜]은 전라남도 광주(光州) 무등산에서 나는 재래종 수박이다.

무등산수박은 대개 처서(處暑)가 지나서 8월 하순에야 수확되기 때문에 다른 수박에 비해 출하 시기는 늦지만, 타원형 모양에 크기가 두세 배 크고 무게도 10-30킬로그램에 달할 정도로 무거운 수박이며, 씨가 적고 맛도 아주 달다. 이 수박은 흔히 볼 수 있는 수박과 달리 검은 줄무늬 없이 전체적으로 짙은 녹색이어서 '푸렁이'라고도 불린다. 특히 껍질이 두꺼워서 오래 보관할 수 있다는 것이 장점인데, 껍질은 두껍지만 칼을 대면 수박이 대나무를 쪼갤 때처럼 짝짝 갈라지는 특성을 갖고 있다(〈동아일보〉 1978년 8월 25일, 〈경향신문〉 1982년 9월 29일 기사).

조선 후기에도 이미 이름이 났던 무등산수박은 이유원(李裕元: 1814-1888)의『임하필기(林下筆記)』에도 나오는데, 이에 따르면 조선에서는 경기의 석산(石山)과 호남의 무등산(無等山), 평안도의 능라도(綾羅島)에서 나는 수박이 가장 좋다고 했다. 이후 일제 강점기에도 무등산수박의 명성은 이어져서, 최남선(崔

南善: 1890-1957)은 『조선상식문답(朝鮮常識問答)』에서 허균(許筠: 1569-1618)의 『도문대작(屠門大嚼)』에 "세상에 모르는 사람이 거의 없다는 무등산 수박"이 안 나오는 걸 보면 「도문대작」은 조선 전국의 특산물을 적은 게 아니라 허균 자신이 먹어본 것을 적은 데 불과하다고 평했을 정도이다(최남선, 2007: 63쪽).

누구나 다 아는 수박이다 보니, 옛날 옛적에 저 전라도 광주의 높고 높은 무등산 산자락에서 엄청나게 커다란 수박이 떼굴떼굴 굴러 내려온다는 식의 내용이 포함된 옛날이야기도 많은 지역에 전해져 왔다.

이렇게 무등산수박이 전국적으로 유명했던 덕분에 일제 강점기에는 광주를 아는 사람이라면 바로 무등산수박을 떠올리고, 수박을 좋아하는 사람이라면 먼저 무등산수박을 찾는다고 하였다. 그리하여 여름 동안은 날마다 무등산으로부터 길이 미어지게 수박이 내려오는데, 전라도 일대는 물론이고 조선 전역으로부터 온 장사꾼들이 장날이면 서울, 부산, 대구, 목포 기타 각처로 무등산수박을 사서 기차로 실어갔다(〈동아일보〉1926년 6월 27일자). 이후 1960년대까지만 해도 재배가 활발하여, 서울에 유학하는 광주 출신 학생들은 여름방학이 끝나 서울에 갈 때면 교수나 하숙집 주인에게 주는 선물로 무등산 수박을 잊지 않고 챙겼다고 한다(〈동아일보〉1976년 9월 9일자).

특히 무등산수박은 '광주의 명물'로도 유명했지만, 지역민들은 '조선시대 진상품'이라는 사실에 자부심이 높다. 다만, 진상을 하던 수박은 무등산 전체에서 다 생산되는 것은 아니고 장원봉(壯元峯)에서 나는 것이었다고 한다(〈동아일보〉1930년 11월 20일자). 사실 무등산수박이라 해서 무등산 아무 곳에나 심어도 되는 것은 아니었고, 해발 5백 미터 이상 고지대에서 재배해야 제 맛이 난다고 한다. 이런 특성 때문에 무등산수박은 한때 위기를 맞기도 했다.

1973년 무등산 일대가 그린벨트로 지정되면서 무등산수박의 재배 자체가 불가능해진 것이다. 이에 무등산수박의 명맥이 끊길 것을 우려한 광주시에서는 관계당국과 교섭하여 3년 만에 다시 농촌지역 특수작물로 수박 재배를 허가하고 씨앗까지 무상으로 공급해 줌으로써 무등산수박의 생산이 재개되었다(〈동아일보〉1976년 9월 9일자).

그런데 무등산수박의 위기를 초래한 것은 재배지역이 그린벨트로 지정된 것만이 아니었다. 무등산수박은 수확시기도 다른 수박에 비해 늦지만, 수확하기까지의 기간도 보통 수박보다 두 달 이상 더 걸렸다. 게다가 비료를 전혀 쓰지 않고 퇴비만으로 키워야 하기 때문에 농사를 짓는 데 훨씬 힘이 들고 고되었다. 농사에 들어가는 시간과 수고에 비해 수익성이 떨어지면서, 무등산수박의 재배를 포기하는 농가가 증가하였다.

무등산수박을 키우는 작업이 얼마나 조심스럽고 고된지는 다음을 보면 알 수 있다. 수박을 심기에 앞서 먼저 땅을 1미터 정도로 깊이 파고, 거기에 꼬막껍질에 석회, 깻묵 등이 들어가는 온갖 종류의 거름을 채운다. 그곳에 수박씨를 심은 뒤 넝쿨 중에서도 가장 싹이 좋은 것만 남겨두고 나머지는 모두 다 따버린다. 또한 수박이 익어갈 무렵에는 재배하는 사람이나 그 가족들을 초상집이나 아기 낳은 집에 가서는 안 되고, 초상집 사람이나 아기 밴 사람이 수박밭에 들어가서도 안 된다는 금기도 있어서, 이를 어기면 수박이 익다 말고 썩어버린다고 여겼다. 또 수박밭 근처에 삼[麻]이 자라면 뽑아버렸는데, 상복(喪服)을 만드는 삼베의 원료로 쓰이기 때문이라고 한다. 이렇게 공을 들이고 조심하며 키우다 보니 수박은 크고 달지만, 한 구덩이에서 한두 개밖에 딸 수가 없어서 가격이 너무 비싸 아무나 사먹기 어려웠다. 이로 인해 무등산수박은 서울과 부산 등 대도시로 다 나가버리고, 광주 토박이 가운데에도 무등산 수박이 어떻게 생겼는지 모르는 사람이 태반이라는 말이 나올 정도가 되었다(〈동아일보〉1978년 8월 25일자; 〈경향신문〉1979년 3월 12일, 1996년 10월 3일자; 〈한겨레〉1998년 9월 9일자).

분류 : 식재료
참고문헌 : 이유원 저, 김동주 역, 『임하필기』(한국고전번역원, 2000);

최남선 지음, 최상진 해제, 『조선의 상식(朝鮮常識問答)』(두리미디어, 2007); 허균 저, 신승운 역, 『도문대작』(한국고전번역원, 1984); 「光州 無等山 수박」, 〈동아일보〉 1978년 8월 25일; 「無等山 수박 販路 트어」, 〈경향신문〉 1979년 3월 12일; 「제철만난 무등산수박」, 〈경향신문〉 1996년 10월 3일; 「무등산 수박」, 〈한겨레〉 1998년 9월 9일
필자 : 김혜숙

수박화채

화채(花菜)는 원래 배, 유자, 석류, 잣 등을 잘게 썰어 꿀물에 탄 것으로, 음력 9월 9일 중양절(重陽節)에 먹는 계절식이다(강인희, 1978). 그러나 제철 과일을 넣고 차갑게 만들어 여름철에 즐기기도 한다. 화채는 신맛이 나는 오미자 물로 하는 것과 꿀물을 주로 넣는 것으로 나눌 수 있다. 수박화채의 경우, 예전에는 꿀을 넣어 만들어 먹었는데 오늘날에는 설탕을 쓰는 경우가 많다.

1931년 7월 18일자 〈동아일보〉의 제철음식을 소개하는 기사에는 수박화채를 만들 때는 꿀을 사용한다고 되어 있다. ‘수박은 익은 걸로 꼭지 도리고 그 속을 휘저어가며 꿀을 타고 얼음이나 한 덩이 넣고’ 먹으면 좋다고 하고, 또 ‘수박은 익은 것으로 속을 꺼내어 저며가며 씨를 뺀 후에 좋은 꿀을 많이 치고 재워 둔 후, 서너 시간 만에 꿀물에 넣어 먹어도’ 맛이 좋다고 하였다.

1943년에 출간된 조자호(趙慈鎬: 1912-1976)의 『조선요리법(朝鮮料理法)』에서는 수박화채를 수박, 설탕, 얼음을 사용해서 만든다고 하였다. 잘 익은 수박을 골라 칼을 대지 말고 숟가락으로만 저며서 씨를 제거하고 설탕에 재운 후 얼음을 잘게 깨뜨려 넣는다고 한다. 물이 너무 적을 때는 물을 조금 넣어도 좋다고 하였다.

방신영(方信榮: 1890-1977)이 1946년에 쓴 『조선음식 만드는 법』에서는 ‘수박은 꿀이나 설탕을 찍어 먹는 줄로만 생각하기 쉬우나 소금을 찍어 먹는 방법도 있으니 맛도 좋고 소화에도 설탕보다 매우 좋다고 한다.’라고 하였다. 또, 이 책에서는 수박화채로 손님을 접대할 때의 요령까지 설명하고 있다. 수박의 꼭지 부분을 일정부분 도려내고 안쪽으로 숟가락을 넣어서 수박을 잘게 뗀 후, 여기에 설탕과 얼음을 넣고 수박을 통째로 손님 앞에 내는 것이 그 방법이다.

분류 : 음식

참고문헌 : 강인희, 『한국식생활사』(삼양사, 1978); 조자호, 『조선요리법』(1943); 방신영, 『조선음식 만드는 법』(1946); 「이철 음식 가지가지(32) 화채 맨드는 법」〈동아일보〉 1931년 7월 18일
필자 : 박경희

승제가 얻어온 수박을 맛보고(이색)

늦여름이 이제 끝나가려 하니
수박을 맛볼 때가 벌써 되었네
승지 우리 아들이 근교를 가다가
학발의 늙은 나에게 보내주었네
하얀 속은 얼음으로 만든 듯
푸른 껍질은 청옥이 반짝이듯
달달한 샘물이 폐로 흘러드니
이 몸이 절로 맑고 시원해지네

季夏今將盡　西瓜已可嘗
龍喉游近甸　鶴髮在高堂
瓣白氷爲質　皮靑玉有光
甘泉流入肺　身世自淸涼

*이색, 「승제가 얻어온 수박을 맛보고[嘗西瓜, 承制所得]」

이색(1328-1396)은 본관이 한산(韓山)이고 자는 영숙(穎叔), 호는 목은(牧隱)이다. 정당문학(政堂文學), 판삼사사(判三司事) 등 최고의 직위를 지냈지만 이성계(李成桂) 일파와의 알력으로 인하여 정계에서 축출되어 유배지에서 죽었다. 삼라만상(參羅萬像)을 시에 담았다는 평가를 받은 대작가로, 특히 고려의 풍물을 시에 즐겨 담았다. 문집 『목은고(牧隱藁)』가 전한다.

이 작품은 수박을 먹는 즐거움을 노래한 오언율시다. 이색의 아들로 왕명을 출납하는 일을 맡고 있던 이종선(李鍾善)이 근교에 나갔다가 수박을 얻어 늙은 부친께 바쳤다. 이색은 수박의 속껍질이 얼음처럼 시원하고 겉껍질은 청옥처럼 반짝이는데, 수박의 속을 파서 먹고 나니 달싹한 샘물이 폐 속으로 흘러들어 온몸이 상쾌해진다고 하였다. 이색은 수박을 좋아하였고 또 여러 차례 수박을 예찬하는 시를 지었는데 “수

박이 흰 눈처럼 차서 치아가 써늘하니, 열기가 나의 배 속에 들어갈 길이 없어라[西瓜如雪齒牙寒 熱氣無從入我肝]."라 하였다.

조선 초기의 대가 서거정(徐居正: 1420-1488) 역시 수박 먹는 즐거움을 자주 시에 담았다. "수박을 비스듬히 쪼개자 둥근 달이 갈라진 듯, 씹어 삼키니 뼛속까지 서늘해져 깜짝 놀랐네. 이때 서늘한 기운 생긴 것 벌써 깨달았으니, 다시 어디 가서 더위를 피할 것까지 있겠나. 가을날 서리처럼 하얘서 빛이 더욱 절묘한데, 벼랑의 꿀통인가 달콤하기는 꿀맛 그대로일세. 근래에 세상사 혐의 받기 싫기에, 동문 밖의 은자를 찾을 데 없구나[西瓜斜割月生稜 嚼罷渾驚骨欲氷 已覺此時生爽塏 更於何處避炎蒸 秋霜皎潔光尤妙 崖蜜甜甘味更仍 世事年來嫌納履 靑門無地訪東陵]."라 하였으니, 이색의 작품과 더불어 절로 목구멍을 시원하게 한다.

조선의 음식을 소개한 허균(許筠: 1569-1618)의 『도문대작(屠門大嚼)』에 따르면 수박이 우리나라에 들어온 것은 고려 때로 홍다구(洪茶丘)라는 사람이 처음 개성(開城)에 심은 데서 유래하였다 한다. 또 충주의 수박이 상품(上品)으로 모양이 동이(冬瓜)처럼 생긴 것이 좋고, 원주(原州) 것은 그 다음이라 하였다. 조선 말기의 학자 이유원(李裕元)은 『임하필기』에서 경기의 석산(石山)과 호남의 무등산(無等山), 평안도의 능라도(綾羅島)에서 나는 것이 가장 좋다고 하였다. 이런 명품까지는 아니라도 수박 한 통 갈라 먹으면서 이색이나 서거정의 시를 읽는 것은 마음이 맑은 사람의 피서법이라 하겠다.

수박은 성균관 유생들에게도 더위를 잊게 하는 별식으로 제공되었다. 윤기(尹愭: 1741-1826)는 성균관 유생의 생활을 노래한 「반중잡영(泮中雜詠)」에서 "초복에 나오는 개장국이 적기는 해도, 중복에 나오는 참외 두 개보다는 낫네. 가장 좋은 것은 말복에 나오는 수박이, 잠시나마 입안을 시원하게 해주는 것이라네[初伏家獐縱曰些 勝如中伏兩甘瓜 最是西瓜末伏日 暫時能使爽喉牙 初伏進犬肉一楪 中伏進甘瓜二介

末伏進西瓜一介 近來則或只納幾文錢]."라 하였다.

분류 : 문학
색인어 : 수박, 개장국, 참외, 이색, 서거정, 허균, 윤기
참고문헌 : 이색,『목은고』; 서거정,『사가집』; 허균,『성소부부고』; 이유원,『임하필기』; 윤기,『무명자집』; 이종묵,『한시마중』(태학사, 2012)
필자 : 이종묵

수수경단(「돌잡이」)

수수경단에 백설기 대추송편에 꿀편
인절미를 색색으로 차려놓고

책에 붓에 쌀에 은전 금전
갖은 보화를 그득 싸 논 돌상 위에
할머니는 사리사리 국수 놓으시며
할아버진 청실 홍실을 늘려 활을 놔주셨다

온 집안 사람의 웃는 눈을 받으며
전복에 복건 쓴 애기가 돌을 잡는다

고사리 같은 손은 문장이 된다는 책가를 스쳐
장군이 된다는 활을 꽉 잡았다

노천명(盧天命: 1912-1957)의 시집 『창변』(1945)에 수록된 시 「돌잡이」이다. 노천명은 섬세한 감각과 절제된 감수성으로 다양한 영역을 시로 표현하여 한국 여성시의 독자적 위상을 개척한 시인이다. 1911년 황해도 장연에서 출생하여 진명보통학교와 진명여자고등보통학교를 거쳐 이화여전 영문과를 졸업했다. 1932년 이화여전 재학 당시 『신동아』에 「밤의 찬미」를 발표했고,

「사슴의 노래」는 노천명의 사후인 1958년에 간행된 유고 시집이다.

1935년 『시원』에 「내 청춘의 배는」을 발표하여 정식으로 등단했다. 시집으로 『산호림』, 『창변』, 『별을 처다보며』 등이 있고, 수필집으로 『산딸기』, 『나의 생활백서』 등을 간행하였다.

이 시는 아기의 돌을 맞아 친지들을 초대하여 돌잡이를 하는 모습을 그린 작품이다. 돌잔치 상에 여러 가지 음식과 물건을 차려놓고, 아이가 마음에 끌리는 대로 골라잡게 하여 그 아이의 미래를 점치는 돌잡이 풍속이 민속의례의 하나로 내려온다. 돌잔치 상을 실제로 대하듯이 여러 재료를 그대로 나열한 점이 독특하다. 이 시의 수수경단은 수수 가루를 반죽하여 팥고물을 입힌 음식인데 수수는 아이의 건강에 도움이 되고 붉은 팥은 액을 물리치는 역할을 한다고 믿어 돌상에 반드시 올렸다.

분류 : 문학
색인어 : 돌잡이, 노천명, 수수경단, 백설기, 대추송편, 꿀편(꿀떡), 인절미, 쌀, 국수
참고문헌 : 이숭원, 『노천명』(건국대학교출판부, 2000)
필자 : 이숭원

수운잡방(김유)

『수운잡방(需雲雜方)』은 조선 전기 안동에 거주했던 광산 김씨(光山金氏) 탁청공(濯淸公) 김유(金綏: 1491-1555)가 지은 한문 조리서이다. 저자인 김유의 3남 설월당(雪月堂) 김부륜(金富倫: 1531-1598) 종가에서 450여 년 동안 보관해오다가 현재는 한국국학진흥원에서 위탁보관하고 있다.

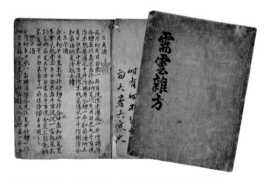

김유, 「수운잡방」, 19.5×25.5cm, 1540년경, 한국국학진흥원

이 책은 총 24쪽으로 구성되어 있으며, 60종의 술과 6종의 식초 빚는 법, 생강, 배추, 참외, 연근 심는 법, 장 담그는 법을 포함해 122가지의 조리법이 수록되어 있다. 또, '타락'이라고 부르는 발효유 만드는 방법도 기록되어 있다. 2012년에 경상북도 유형문화재로 지정되었다.

분류 : 문헌
색인어 : 김유, 수운잡방, 타락
참고문헌 : 김유 저, 김채식 역, 『수운잡방』(글항아리, 2015)
필자 : 서모란

수저

수저(匙箸)는 숟가락과 젓가락을 줄여서 통칭하는 말이다. 수저는 음식을 떠먹기 위한 숟가락과 반찬 등을 집어 먹기 위한 젓가락으로 구성되어 있다. 나무, 백동, 놋쇠, 금, 은으로 만들고 현대에는 스테인리스로 만든 금속 수저를 주로 사용한다.

숟가락은 국물이 있는 음식을 떠먹기 좋도록 만든 도구로, 음식을 뜨는 둥근 머리 부분과 손으로 쥐는 자루 부분으로 나뉜다. 고려 초기의 숟가락은 자루가 크게 휘어지고, 중기의 것은 자루 끝이 제비꼬리 형태를 이루고 있다. 조선시대 초기에 들면서부터 제비꼬리가 없어지고 자루가 휘어지는 현상이 적어졌다. 젓가락은 가늘고 길이가 같은 두 개의 막대로 만들어진 것으로 주로 동양에서 사용된다.

아이가 첫돌을 맞으면 밥그릇과 수저 한 벌을 마련해주는데, 이것은 삶의 시작을 의미한다. 그래서 '밥숟가락을 놓는다'는 말은 생명이 다하였다는 뜻이 된다.

청동 숟가락과 젓가락, 숟가락 25.5cm, 젓가락 23.9cm, 고려, 국립중앙박물관

그 밖에도 수저를 멀리 잡아 음식을 흘리는 것을 막기 위해 '수저를 멀리 잡으면 시집을 멀리 간다'는 속담도 생겨났다.

분류 : 미술
색인어 : 수저, 숟가락, 젓가락
참고문헌 : 한국학중앙연구원, 『한국민족문화대백과사전』; 『한민족역사문화도감 식생활: 국립민속박물관 소장품』(국립민속박물관, 2007)
필자 : 구혜인

곧은 쇠는 많고 굽은 쇠는 적다(안정복)

옛말에 '곧은 쇠는 많고 굽은 쇠는 적다'는 말은 곧은 쇠는 숟가락, 굽은 쇠는 호미를 의미하므로 일하는 사람보다 먹는 식구가 더 많다는 의미이다.

성호 이익(李瀷: 1681-1763)은 평생 나흘밖에 만나지 못한 순암 안정복(安鼎福: 1712-1791)과 죽을 때까지 편지로 깊이 교유하였다. 『성호전집(星湖全集)』 제26권을 보면, 그가 안정복에게 보낸 편지가 다수 실려 있는데 1756년(영조 32)에 쓴 답장에 인용한 속담이 재미있다. 이익은 나라 일을 힘써 하는 사람보다 놀고 먹는 사람이 많다는 이야기를 하기 위해서, 가난한 집에 대한 속담을 하나 들었다. 그는 '곧은 쇠는 많고 굽은 쇠는 적다[直鐵多而曲鐵少]'라는 말이 있는데, 곧은 쇠는 숟가락[匙]이요 굽은 쇠는 호미[鉏]를 가리킨다고 하면서 가난한 집이나 나라 일이나 마찬가지라고 지적하였다.

현재는 숟가락의 손잡이 부분이 곡선인 경우도 있지만 조선시대에는 놋쇠나 은 등의 금속 재질에 손잡이 부분이 평편한 숟가락을 더 선호하고 주로 사용하였다. 따라서 숟가락을 '곧은 쇠'라고 표현한 것은 그 재질과 형태를 생각하면 적절한 비유이다.

한편 호미는 농사를 지으면서 밭이나 논을 매는 데 쓰는 연장인데, 손잡이인 호미자루와 쇠로 된 날 부분이 90도 정도로 꺾여 있어서 역시 '굽은 쇠'라고 표현할 수 있는 재질과 형태이다. 호미는 논농사를 짓든 밭농사를 짓든 농사에 꼭 필요한 도구이고, 굽은 쇠가 적다는 건 그만큼 농사를 적게 지어 살림이 풍족하지 못하다는 의미이다.

분류 : 미술
참고문헌 : 이익 저, 양기정 역, 『성호전집』(한국고전번역원, 2013)
필자 : 김혜숙

수저집

수저집은 수저를 넣어서 보관하는 주머니로 자신의 수저를 따로 보관하거나 휴대하고 다니는 용도로 만들어진 도구이다. 전체 크기는 남녀의 수저 한 벌씩 두 벌이 들어갈 정도의 크기이다. 윗부분에는 수저집 위의 여유 부분을 내려 접

수저집, 길이 27.5cm, 조선, 국립민속박물관

고 술을 늘어뜨려 장식을 하기도 하였다.

수저집은 보통 비단으로 만드는데, 다홍색의 양단, 공단 또는 모본단에 십장생문, 길상어문, 화조문 등을 수를 놓고 옥양목으로 백비를 하거나 백지로 심을 넣고 안을 대어 접어 꾸민다. 여기에 모란꽃이나 연꽃 등을 수놓고 '壽(수)'나 '福(복)' 등의 글자나 '富貴多男子(부귀다남자)' 등의 길상문자를 수놓는 경우가 많다. 수저가 생명과 직결되는 중요한 도구이므로 수저를 보관하는 수저집은 길상문양과 문자들로 정성껏 수놓아 무병장수와 행복을 기원하였다. 이러한 이유로 여성들이 시집을 갈 때는 항상 혼수품으로 부부수저와 수저집을 준비하였다.

분류 : 미술
색인어 : 수저, 수저집, 주머니, 혼수
참고문헌 : 한국학중앙연구원, 『한국민족문화대백과사전』; 『한민족역사문화도감 식생활: 국립민속박물관 소장품』(국립민속박물관, 2007)
필자 : 구혜인

숟가락

숟가락은 전 세계 많은 지역에서 사용되는 식사도구로 한반도에서는 젓가락과 같이 사용된다. 최근 한국

에서 그 경향성이 약화되었다고는 하지만 여전히 밥과 국은 숟가락을 주로 사용해서 먹는다.

숟가락은 술과 가락이 결합하여 만들어진 단어로 예전에는 숤가락이라고 표기되다가 숟가락으로 변화했다(한성우, 2017). 그리고 숟가락의 한자 표기로 주로 시(匙)로 표기된다.

한반도에서 숟가락을 처음 사용한 시기는 적어도 삼국시대 이후로 신라·백제 지역 고분들에서 출토되었다. 대표적인 예가 백제 왕릉으로 유명한 무령왕릉에서 발견된 청동 숟가락이다. 삼국시대를 거쳐 통일신라시대, 고려시대까지 청동으로 만든 숟가락을 부장품으로 묻는 경우가 꾸준히 증가하는 것으로 보아 숟가락이라는 식사도구가 꾸준히 퍼져나갔고 그 과정에서 형태 역시 갖춰졌다. 하지만 고려시대 숟가락은 현재 숟가락과 그 형태가 많이 달랐다. 가장 차이가 나는 것은 고려시대 숟가락은 숟가락을 옆에서 봤을 때 전체적으로 곡선을 이루는 형태로 현재의 숟가락과 달리 술잎과 술자루가 평평한 상태가 아니라 굽어서 붙어 있는 형태이다(정의도, 2007).

그렇다면 한반도에서 지금과 같은 재질과 형태의 숟가락은 언제 등장했을까? 우선 숟가락 재질부터 살펴보면 시대 그리고 계층에 따라 다르지만 현재 일반적으로 쓰이는 스테인리스로 만든 숟가락은 1960년대 이후 본격적으로 퍼져나갔다. 형태에 대해서는 지금과 같이 술자루가 평평해진 형태의 숟가락이 등장한 시기에 대해서 연구자에 따라서 다르지만 주영하는 15세기 이후 술자루가 똑바로 펴지기 시작했다고 본다. 그 이유는 15세기 이후 양반 남성들을 중심으로 독상을 이용한 식사법이 일반화됐다. 독상을 이용하면서 식사 시 밥을 바로 앞에 두고 먹었다. 거기에 지금과 같이 찰지지 않은 쌀과 잡곡류로 만든 밥을 눌러서 퍼먹기 위해서는 술잎이 넓은 편이 좋았다(주영하, 2018).

밥은 오랜 기간 한반도 음식문화에 있어서 양적으로나 상징적으로 중요한 위치를 차지하고 있었다. 그래서 조선시대 많은 사람들이 다른 문화를 접할 때 그 문화의 음식문화에서 밥을 먹느냐 안 먹느냐의 문제만큼이나 밥을 무엇으로 먹느냐 하는 부분에 관심을 기울였다. 그래서 조선인들은 사신으로 다른 나라를 방문하고 그 나라 음식문화를 볼 때 밥을 먹을 때 어떤 도구를 쓰는지 관찰했다. 신숙주(申叔舟: 1417-1475)가 일본을 다녀온 후 쓴『해동제국기』에는 일본의 식사 관습에 대해, 음식을 할 때 주로 칠기를 사용하고 높은 사람일 경우 토기(土器)를 사용한다고 하면서 식사도구는 젓가락만 있고 숟가락은 없다고 했다. 일본만이 아니라 유구국 식사문화에 대한 묘사에서도 숟가락은 중요한 관찰 지점이었다.『성종실록』 1479년 6월 10일 기사에는 제주도 출신 김비의(金非衣: ?-?)·강무(姜茂: ?-?)·이정(李正: ?-?)이 표류하여 유구국에 체류하다가 조선으로 돌아온 후 성종에게 유구국과 주변 섬들의 관습에 대해 보고했다. 이 내용 중 유구국 본섬의 식사 관습에 밥을 옻칠한 목기에 담고 숟가락 없이 나무로 만든 젓가락만 있다는 묘사가 있고 자신들이 다녔던 섬 중에는 손으로 밥을 뭉쳐 나뭇잎에 싸서 먹는 섬도 있다고 했다.

숟가락을 쓰는 문제에 대해서는 중국 지역과도 곧잘 비교했다. 박지원(朴趾源: 1737-1805)이 쓴『열하일기』「혹정필담(鵠汀筆談)」에서 위와 같은 지점이 더욱 명확히 드러난다. 「혹정필담」은 박지원과 왕민호(王民皡)가 나눈 대화가 수록된 글이다. 이 글에서 박지원과 왕민호가 같이 식사를 하는데 그 식사자리에는 밥을 뭉칠 수 있는 조선식 숟가락은 없고 국물을 떠먹는 국자와 같은 중국식 숟가락만이 있었다. 어쩔 수 없이 박지원은 그 국자를 사용하여 밥을 먹으려 했으나 숟가락 깊이가 깊어 밥을 잘 풀 수 없었다. 이에 왕민호가 박지원에게 조선에서는 밥을 무엇으로 먹냐고 물어봤고 박지원은 작은 나뭇잎처럼 생긴 숟가락으로 먹는다고 했다. 이에 왕민호는 신기해하면서 왕민호는 청나라에서 밥을 먹을 때 더 이상 숟가락을 쓰지 않고 젓가락으로 먹는다고 대답한다. 위와 같이 숟가락을 사용하는가 그렇지 않은가의 여부가 조선문화와 타문화 사이의 식문화 차이를 확인하는 중요한 지점이었음을 알 수 있다.

분류 : 미술
참고문헌 : 『성종실록』; 박지원 저·이가원 역, 『열하일기』2, 1982; 주영하, 『한국인은 왜 이렇게 먹을까』(휴머니스트, 2018); 신숙주 저, 이재호·성낙훈 역, 『국역 해행총재』1(민족문화추진회, 1985).
· 필자 : 이민재

숟가락(헤세-바르텍)

헤세-바르텍(Ernst von Hesse-Wartegg: 1854-1918)은 『조선, 1894년 여름−오스트리아인 헤세-바르텍의 여행기(Korea: eine Sommerreise nach dem Lande der Morgen-ruhe)』에서 "조선인들은 이웃나라 사람들보다 숟가락을 훨씬 많이 사용한다."고 하였다. 이처럼 숟가락을 사용하는 조선인의 모습에 대해 에른스트 오페르트(Ernst Jakob Oppert: 1832-1903)는 중국보다 우아하고 아름답다고 표현하였다. 개화기 여행자들이 관찰하여 기록한 숟가락의 재질은 도자기, 유기, 나무 등으로 다양하다. 에른스트 폰 헤세-바르텍은 숟가락을 도자기로 만든다고 한 반면 조르주 뒤크로(Georges Ducrocq: 1874-1927)는 『가련하고 정다운 나라 조선(Pauvre et Douce Coree)』에서 조선인이 유기로 만든 숟가락을 사용한다고 하였다. 오페르트는 『금단의 나라 조선(Ein verschlossenes Land. Reisen nach Corea)』에서 나무나 흙으로 숟가락을 만든다고 하였다.

분류 : 미술
색인어 : 헤세-바르텍, 조르주 뒤르크, 에른스트 오페르트, 숟가락, 유기, 도자기
참고문헌 : 에른스트 폰 헤세-바르텍 저, 정현규 역, 『조선, 1894년 여름 - 오스트리아인 헤세-바르텍의 여행기』(책과함께, 2012); 조르주 뒤크로 저, 최미경 역, 『가련하고 정다운 나라 조선』(눈빛, 2001); E.J.오페르트 저, 신복룡 역, 『금단의 나라 조선』(집문당, 2000)
필자 : 서모란

젓가락(이뽀리트 프랑뎅)

이뽀리트 프랑뎅(Hippolyte Frandin: 1852-1926)은 1902년경 조선 체류에 대한 경험을 담아 쓴 책 『프랑스 외교관이 본 개화기 조선(En Coree)』에서 조선인의 젓가락 사용법에 대해 관찰한 내용을 서술하였다.

이 책은 조선인이라면 계층에 상관없이 "20센티미터 길이로 잘라 양 끝을 가늘게 깎은 두 조각의 막대"를 이용해 식사를 한다고 하였다. 젓가락의 재질은 나무, 금속, 칠기, 혹은 은이 있었으며 이를 포크나 칼의 용도로 사용하기도 했다. 또한 능숙하게 젓가락을 사용하는 조선인이 마치 '마술사' 같다고 표현하였다. 이 책은 조선인의 관습에 대해 부정적인 표현을 자주 사용하는데 젓가락 사용법에 대해서도 젓가락으로 음식을 집은 다음 "목구멍으로 던져 넣고" 게걸스럽게 삼키며 기호와 미각에 대해 무지하거나 무관심한 것처럼 보인다고 하였다.

다른 외국인의 여행기에서도 젓가락 사용에 대한 언급이 종종 등장하는데, 이보다 앞서 19세기에 출간된 에른스트 오페르트(Ernst Jakob Oppert: 1832-1903)의 『금단의 나라 조선(Ein verschlossenes Land. Reisen nach Corea)』에서 조선인들이 나무나 흙으로 만든 숟가락과 젓가락을 사용해 "능숙하게" 식사를 한다고 하였으며 새비지 랜도어(Arnold Henry Savage Landor: 1865-1924)는 역시 19세기 말 쓴 여행기 『고요한 아침의 나라 조선(Corea or Chosen, The Land of The Morning Calm)』에서 조선인들은 값싼 나무로 만든 젓가락을 사용하는데 식사 때마다 새 것을 사용한다고 하였다. 또 중국, 일본과 달리 젓가락과 함께 숟가락도 사용한다고 언급하였다.

분류 : 미술
색인어 : 젓가락, 숟가락, 에른스트 오페르트, 새비지 랜도어, 헤세-바르텍, 이뽀리트 프랑뎅
참고문헌 : 끌라르 보티에·이뽀리트 프랑뎅 공저, 김상희·김성언 공역, 『프랑스 외교관이 본 개화기 조선』(태학사, 2002); 에른스트 폰 헤세-바르텍 저, 정현규 역, 『조선, 1894년 여름 - 오스트리아인 헤세-바르텍의 여행기』(책과함께, 2012); A.H.새비지-랜도어 저, 신복룡·장우영 역, 『고요한 아침의 나라 조선』(집문당, 1999)
필자 : 서모란

수정과

조선 후기 문인 홍석모(洪錫謨: 1781-1857)가 1849년에 쓴 『동국세시기(東國歲時記)』에는 11월의 시절음

식으로 수정과(水正果)가 소개되었다. 이 음식은 곶감을 달인 물에 생강과 잣을 넣은 음료라고 하였다.

실학자 서유구(徐有榘 1764-1845)가 쓴 『임원경제지(林園十六志)』에서 정과를 만들 때 그 즙을 아울러 쓰는 것을 수정과라고 하였다. 수정과는 물이 많은 정과라는 의미로도 볼 수 있으며, 지금의 수정과와는 달리 다른 형태로 이해되던 수정과가 있었을 것으로 짐작된다. 1795년 정조의 화성행차를 기록한 『원행을묘정리의궤(園幸乙卯整理儀軌)』에서도 여러 상차림에 오른 수정과의 기록을 찾아볼 수 있다. 노량행궁에서 차린 조다소반과(早茶小盤果)의 수정과는 배[生梨], 꿀[淸], 후추[胡椒]가 들어간다. 이것은 배에 통후추를 박아 꿀물에 띄운 배숙과 유사한 재료이다. 화성행궁에 차린 주다별반과(晝茶別盤果)의 수정과는 배[生梨], 유자(柚子), 석류(石榴), 꿀[淸], 잣[實柏子]의 재료가 쓰였다. 유자와 배를 채 썰어 꿀물에 넣어 석류와 잣을 띄운 음료인 유자화채와 비슷하다. 다른 주다소반과(晝茶小盤果)의 수정과는 두충(杜沖), 꿀[淸], 잣[實柏子]이 쓰였다.

배숙, 유자화채, 두충화채를 모두 수정과라고 기록하였으며, 재료가 달라도 모두 수정과라고 불렀다. 음식발기에도 두충수정과, 들쭉수정과, 생리(배)수정과, 사과수정과, 산사수정과 등이 등장한다.

수정과는 하나의 음식명이 아니라 과실을 이용한 국물이 많은 화채음료의 총칭이다. 1800년대 말 『시의전서(是議全書)』에는 '수정과부(水鼎果部)'로 분류한 항목이 등장한다. 여기에 건시수정과, 배숙, 장미화채, 순채화채, 배화채, 앵두화채, 복분자화채, 복숭아화채, 밀수, 수단, 보리수단, 식혜 등 각종 화채와 음청류가 속했다.

분류 : 음식
색인어 : 수정과, 배숙, 유자화채, 수정과부, 시의전서, 동국세시기, 시절음식
참고문헌 : 『원행을묘정리의궤(園幸乙卯整理儀軌)』; 『동국세시기(東國歲時記)』; 『임원경제지(林園十六志)』; 『시의전서(是議全書)』
필자 : 이소영

숙수(남성 조리사)

조선시대 궁중 음식의 장만은 이조(吏曹)에 속한 사옹원의 남성 조리사들이 맡았다. 이런 조리사들은 숙수(熟手)라 하며, 대부분은 노비 출신이지만 책임을 주기 위해 벼슬을 내렸다. 재부(宰夫), 선부(膳夫), 임부(飪夫), 팽부(烹夫)가 있고, 이들을 통틀어 반감(飯監)이라 한다. 그들 밑에는 담당하는 일이 세분화되어 있었다. 밥 짓는 일은 반공(飯工)이 담당하였고, 구이 요리는 적색(炙色), 육고기 담당은 별사옹(別司饔)이, 포장(泡匠)은 두부 만드는 일을 맡았다. 떡 만드는 일은 병공(餠工), 찜요리는 증색(蒸色), 술은 주색(酒色), 차는 다색(茶色)이 각각 담당하고 상배색(牀排色)은 음식상을 꾸미고 수공(水工)은 물 일을 맡았다.

1609년(광해군 1) 선조의 국상 및 광해군 즉위 때 온 명나라의 사신을 위한 영접례에 음식 제작을 위해 동원된 숙수의 규모는 다음과 같다.

한사옹(漢司饔)과 반감(飯監)의 조역(助役) 즉 일을 도와주는 사람으로 관의 노비[館奴] 여섯 명과 방민(坊民: 마을 사람) 세 명이 동원되었다. 각색장(各色掌), 즉 요리사에게는 노비 두 명을 지원해주었다. 얼음 관련 빙공(水工)에게는 마을사람 네 명이 동원되었으며, 막사(幕事)에서 근무하였다. 반공(飯工), 탕색(湯色), 병공(餠工), 죽색(粥色: 죽 담당)은 제사를 관장하는 기관인 봉상시(奉常寺)의 노비 두 명과 함께 방민 한 명이 충원되었다.

적색(炙色)에게는 군량미를 저장한 군자감, 즉 강감(江監)의 노비와 방민 각 두 명이, 칼을 다루는 일을 담당하는 숙도색(熟刀色)에게는 관과 호조의 노비 두 명과 방민 두 명이 제공되었다. 상을 차리는 상색(牀色)에게는 곡식과 장을 관장하는 기관인 사도시(司䆃寺)와 관의 노비 두 명과 방민 두 명이 충원되었다. 수공(水工)에게는 두 명의 노비와 한 명의 방민이, 국수를 담당하는 면장(麵匠)에게는 네 명의 노비가 충원되었다.

사신 영접을 위해 기존의 숙수들 외에도 봉상시, 사도

시 등 관 노비와 마을 사람들까지도 차출되어 음식을 장만하는 데 도움을 주었다.

『조선왕조실록』1610년(광해군 2) 1월 3일자 기사를 보면 제사를 담당하는 봉상시의 난(亂)을 겪은 후에 인원이 많이 줄어 50명 정도에 이르는데 도저히 융통하여 일을 시킬 방법이 없어 어쩔 수 없이 5부(五部)의 사숙수(私熟手)를 차출해 보충하여 쓰도록 했다.

분류 : 의례
색인어 : 영접례, 숙수, 반감, 반공, 탕색, 병공, 봉상시, 사도시, 노비
참고문헌 : 『영접도감잡물색의궤(迎接都監雜物色儀軌)』; 『광해군일기[중초본]』; 김상보 저, 『조선시대의 음식문화』(가람기획, 2006)
필자 : 이소영

숙실과

숙실과(熟實果)는 생실과와 대비되는 익힌 과일을 뜻한다. 밤과 대추, 생강을 다져 설탕이나 꿀물에 졸여 원래 모양대로 만든 율란·조란·생란과 밤이나 대추를 원래 모양 그대로 설탕이나 꿀물에 윤기나게 졸인 밤초·대추초가 이에 속한다.

궁중 연회에 마련한 숙실과는 율란, 조란, 생란 외에도 녹말병(오미자편), 백자병(잣박산) 등을 어울려 담는다.

1882년(고종 19) 1월 순종(純宗: 재위 1907-1910)의 관례 시에 올린 음식과 손님 및 신하에게 내린 음식을 적은 『임오 정월 천만세 동궁마마 관례 시 어상 발기』에서 순종[동궁마마]에게 올린 음식 중에는 '각색 숙실과'라는 음식이 나온다. 각색 숙실과는 여러 가지 숙실과를 담은 것이다.

고종의 기로소 입소를 축하하기 위해 열린 1902년(고종 39) 4월 진연(進宴)을 기록한 의궤에는 각색 숙실과(各色 熟實果)의 재료가 나와 어떤 음식이 담겼는지 추측해볼 수 있다. 재료는 율말(栗末: 밤가루), 대추[大棗], 잣[實柏子], 생강(生薑), 꿀[淸], 백당(白糖), 후춧가루[胡椒末], 계핏가루[桂皮末], 녹말(菉末), 오미자(五味子), 연지(臙脂)이다. 각각 300개씩 만든다고 하였다.

1829년(순조 29)의 진찬에 마련된 율란(棗卵)·조란(栗卵)·생란(薑卵)과 비교해보면 녹말, 오미자, 연지를 제외하고는 각색 숙실과의 재료와 같았다. 율란은 밤가루 대신 황율(黃栗: 말린 밤)로 썼다.

녹말, 오미자, 연지는 녹말병의 재료로 짐작된다. 1827년(순조 27) 연회를 한글로 기록한 『자경전 진작 정례 의궤』에는 '녹말병'이 나오며, 재료는 녹말, 연지, 오미자, 치자, 백청(꿀)이다.

방신영이 쓴 1921년 판 『조선요리제법(朝鮮料理製法)』의 '녹말편'에는 '물에 녹말을 되직하게 풀고 오미자국과 꿀을 넣어서 달게 맛을 맞춘 후 분홍가루를 조금 섞어가지고 묵 쑤듯이 쑤어서 접시에 조금 퍼서 굳혀보아 묵보다 조금 묽고 하늘하늘하거든 다 퍼서 굳힌다.'라고 하였다. 녹말편 또는 녹말병은 과편의 한 종류인 오미자편의 다른 명칭이다.

1902년 진연에 쓰인 각색 숙실과 한 그릇은 율란, 조란, 생란 그리고 녹말병을 함께 담은 것이다.

1957년에 발간된 『이조궁정요리통고(李朝宮廷料理通攷)』에 보면 '숙실과'라는 항목에 율란, 조란, 생란, 앵두편, 살구편, 백자편 또는 잣박산(엿강정처럼 잣에 꿀을 넣어 졸여 굳혀 썬 것), 대추초, 밤초, 준시단자(말린 감을 돌돌 말아 잣가루 묻힌 것)가 속해 있다. 그리고 유밀과나 여러 가지 숙실과를 어울려 담는다고 하였다.

분류 : 음식
색인어 : 숙실과, 율란, 조란, 생란, 녹말병, 녹말편, 오미자편
참고문헌 : 『[임인]진연의궤([壬寅]進宴儀軌)』; 『[기축]진찬의궤([己丑]進饌儀軌)』; 『자경전 진작 정례 의궤』; 『조선요리제법(朝鮮料理製法)』; 『이조궁정요리통고(李朝宮廷料理通攷)』
필자 : 이소영

순대

순대는 동물의 창자에 소를 채워 찐 음식이다. 주로 돼지와 소의 창자를 이용하는데 개나 양고기의 창자를 이용한 순대도 문헌에 나타나고 있다.

한편, 동물의 창자를 이용하지 않아도 소를 채워서

찌는 방식을 사용하는 음식에 '순대'라는 용어를 사용하기도 한다. 대표적인 것이 민어부레를 사용한 어교순대, 대구를 이용한 대구순대, 가지의 속을 채워 찐 가지순대, 오징어순대 등이 있다.

조선 후기 조리서에 나타나는 대표적인 순대로는 돼지 창자로 만든 돼지순대가 있다. 작자 미상의 1800년대 조리서 『시의전서(是議全書)』는 이를 '도야지순대'라고 하였다. 『시의전서』의 도야지순대 만드는 법은 우선, 돼지의 창자를 뒤집어서 깨끗이 세척한다. 숙주, 미나리, 무는 데쳐서 다지며 배추김치도 다진다. 두부를 섞고 파, 마늘, 생강, 깨소금, 기름, 고춧가루, 후춧가루와 함께 돼지피를 넣어 잘 섞어 소를 만든다. 만든 소를 창자에 채워넣고 입구를 잘 묶은 뒤 삶는다.

1830년대 최한기(崔漢綺: 1803-1877)의 『농정회요(農政會要)』에서는 돼지순대를 도저장(饀猪腸), 즉 돼지창자에 소를 넣은 음식이라고 하였다. 『농정회요』의 조리법은 다음과 같다. 돼지피에 참기름[眞油], 콩나물[豆芽], 후추[胡椒] 등을 섞어 깨끗이 씻은 돼지창자에 넣어 삶는다. 먹을 때 초장(醋醬)을 곁들인다. 한편 『농정회요』는 돼지 창자를 씻을 때 누린내를 없애기 위해서 설탕[砂糖]을 사용한다고 하였다.

물론, 돼지 창자뿐 아니라 소 창자로 만든 순대도 있었다. 1800년대 중반의 조리서인 『역주방문』은 소로 만든 순대인 우장증(牛腸蒸)을 소개했는데 연한 고기를 만두소(饅頭素)처럼 잘 다져 깨끗이 씻은 소 창자 속에 채워 넣어 삶는다. 먹을 때는 생강을 넣은 초장(醋醬)을 곁들인다고 하였다.

최근에 가장 대중적인 순대의 모습을 나타내는 순대로는 당면을 소의 주재료로 한 것으로 이름을 짓자면 당면순대라고 할 수 있다. 당면순대는 떡볶이, 김밥, 튀김 등과 함께 분식점과 노점의 대표 메뉴로 자리매김하였다.

지역마다 지역을 대표하는 향토음식의 하나로 순대를 내세우기도 하는데, 충청남도 천안시 병천면의 병천순대와 현 경기도 안성시 죽산면의 옛 이름인 '백암'

을 딴 백암순대가 대표적이다. 강원도 지역의 향토음식으로 오징어순대가 있는데 오징어의 내장을 빼내고 소를 채워 찐 것이다. 북한에서 출판된 요리 전집인 『조선료리전집』에는 평양의 향토음식으로 돼지순대를, 함경도 지역의 향토음식으로 함경도순대(돼지순대)와 명태순대를 소개하고 있다. 함경도순대는 돼지 창자에 삶은 분탕(당면), 돼지 피, 두부, 등으로 소를 넣어 삶은 것이며 명태순대는 명태의 내장을 꺼내고 고지(명태의 이리), 애, 쌀을 버무린 소를 채워 넣어 만든다고 하였다.

한편, 동물의 창자를 이용해 속을 채워 만든다는 점에서 한국의 순대가 외국의 소시지에 비교되기도 하였다. 현대가 되어 한국인의 해외경험이 늘어나면서 해외의 신기한 문물을 소개하는 기사가 신문 지면에 자주 등장하는데, 소시지에 대해 잘 모르는 독자들을 위해 소시지를 순대로 칭하였다. 1956년의 〈경향신문〉 기사에서는 독일의 주식을 감자, 순대, 빵이라고 하였으며 1960년 〈경향신문〉의 기사는 독일의 소시지를 '독일의 순대'라고 명명하며 소시지 가게를 '순댓집'이라고 표현하였다(〈경향신문〉 1956년 3월 9일자, 1960년 11월 2일자).

분류 : 음식
색인어 : 김치, 제육, 민어, 대구, 두부, 고추, 후추, 소고기, 만두, 떡볶이, 김, 감자 오징어, 시의전서
참고문헌 : 작자 미상, 『역주방문』; 작자 미상, 『시의전서』; 조선료리전집편찬위원회, 『조선료리전집 1-10』(조선료리협회 전국리사회, 1994-2013); 「歐羅巴(구라파) 點描(점묘)」, 〈경향신문〉 1956년3월 9일; 「100日間(일간)의 世界一週(세계일주) (3) 韓國的食性(한국적식성)[下(하)]」, 〈경향신문〉 1960년 11월 2일
필자 : 서모란

아바이순대(속초)

아바이순대는 돼지의 대창에 선지와 찹쌀 등을 섞은 소를 넣어 쪄낸 것으로 강원도 속초지역, 그중에서도 실향민이 모여 사는 마을인 '아바이마을'의 대표 음식 중 하나이다. '아바이'는 아버지나 할아버지를 뜻하는 함경도 지역의 방언이다. 아바이순대의 두 가지 주된 특징은 돼지의 창자 중에서도 대창을 사용한다는 것

과 소에 찹쌀밥을 넣는다는 점이다.

아바이순대의 원형으로 언급되는 함경도순대의 조리법은 북한에서 출판된 요리책을 통해서 확인할 수 있다. 같은 지역 내에서도 가정마다 입맛에 맞는 다양한 순대 조리법이 존재하기 때문에 북한 요리책의 함경도순대 조리법과 현재 속초 지역의 아바이순대를 단순 비교하기는 무리가 있다. 다만, '함경도순대'라는 이름으로 미루어 순대가 함경도 지역을 대표하는 음식 중 하나였음을 짐작할 수 있다.

북한에서 출판된 요리 전집인 『조선료리전집』의 제6권 지방료리 편에 함경도순대 조리법이 나온다. 이 책의 함경도순대는 돼지밸(돼지 창자)를 사용하여 만드는 것인데 정확하게 어떠한 창자를 썼는지는 알 수 없다. 순대 소는 돼지 피와 분탕(당면), 두부, 농마(녹말) 등으로 만든다. 『조선료리전집』 제4권 식사료리 편에 실린 돼지순대도 역시 돼지 창자를 사용한다고만 하였고 그중 정확히 어떤 창자를 쓰는지는 나타나 있지 않다. 다만 순대 소를 찹쌀, 흰쌀(멥쌀), 돼지고기, 돼지 허파, 돼지 피, 돼지기름, 풋배추로 만드는데 현재의 아바이순대 소의 재료와 비슷한 면이 있다.

한편, 대창을 쓴 순대 조리법은 1800년대 말 작자 미상의 조리서인 『주방문(酒方文)』에서 확인할 수 있

다. 이 책에는 황육 삶는 법[亨牛肉法], 즉 소고기 삶는 법이라는 이름의 조리법이 있는데, 후반부에 대창순대와 비슷한 조리법이 나온다. 이 책은 선지가 엉기지 않으면 밀가루, 물, 매운 양념을 섞어서 대창에 넣어 삶아 어슷어슷 썰어 먹으면 '절미'라 하였다.

분류 : 음식
참고문헌 : 작자 미상, 『주방문』; 아바이마을 홈페이지 http://www.abai.co.kr; 조선료리전집편찬위원회, 『조선료리전집 1-10』(조선료리협회 전국리사회, 1994-2013)
필자 : 서모란

어교순대

생선의 부레, 즉 공기주머니에는 끈끈한 단백질 성분이 많이 함유되어 있어서 이것을 잘 말려 물과 함께 넣고 끓이면 걸쭉한 풀이 된다. 이렇게 만든 풀을 어교(魚膠)라고 하는데, 어교는 접착력이 좋아서 주로 공예품을 만들거나 음식을 만드는 데 사용되었다. 그중에서도 민어 부레로 만든 민어풀은 어교 중에서도 가장 상품(上品)으로 인정받았다.

하지만 싱싱한 민어의 부레는 어교를 만드는 데 사용되기보다는, 어교순대나 부레찜 같은 고급음식을 만드는 데 사용되었다. 조선 후기에 쓰인 『시의전서(是議全書)』라는 조리서에는 민어 부레를 이용하여 어교순대 만드는 법이 자세히 적혀 있다. 어교순대를 만들기 위해서는, 먼저 민어 부레를 물에 담가 피를 빼고 깨끗이 씻어둔다. 숙주와 미나리는 삶아서 소고기와 함께 잘게 다지고, 두부도 잘게 으깬다. 그리고는 재료를 모두 섞고 갖은 양념을 한 다음, 소를 만들어서

속초 청호동 아바이순대ⓒ하응백

민어풀(어교), 광복 이후, 국립민속박물관

부레에 넣고 실로 동여맨 후 삶아낸다.

이외에도 부레를 식재료로 직접 사용하지는 않지만, 어교(민어풀)를 이용해 만드는 음식들이 있다. 어만두(魚饅頭)와 전약(煎藥)이 대표적인데, 이들 음식은 민어 부레에 함유되어 있는 단백질 성분으로 인해 식감이 매우 쫄깃하다는 것이 특징이다.

분류 : 음식
색인어 : 민어, 민어 부레, 민어풀, 어교(魚膠), 어교순대, 시의전서, 어만두(魚饅頭), 전약(煎藥)
참고문헌 : 작자 미상, 『시의전서』
필자 : 양미경

순두부

순두부는 끓인 콩물에 간수를 부어 엉기게 만든 상태의 두부를 뜻한다. 순두부를 틀에 담아 물기를 빼고 굳히면 두부가 된다.

순두부는 두부를 만드는 과정에서 만들어지는 것이므로 따로 순두부 조리법을 서술한 조리서는 많지 않다. 순두부 조리법을 기술한 책으로는 1450년 전순의(全循義: ?-?)가 편찬한 것으로 알려진 『산가요록(山家要錄)』이 있다. 이 책에 假豆泡(가두포)라는 이름의 조리법이 있는데 콩을 곱게 갈아서 걸러낸 콩물을 끓인 뒤 간수(艮水)를 넣고 엉기게 한 것으로 오늘날의 순두부와 같다.

이렇게 만들어진 순두부는 그대로 초장을 곁들여 먹었는데, 여기서 초장은 초간장을 뜻한다. 1924년 출판된 이용기(李用基: 1870-1933)의 『조선무쌍신식요리제법(朝鮮無雙新式料理製法)』에는 순두부에 대해 '처음으로 엉긴 순두부는 몸에 매우 좋으며 뜨거울 때 초장을 넣어 먹으면 맛이 좋다.'고 하였다. 1948년 손정규(孫貞圭: 1896-1955?)의 『우리음식』도 순두부는 "두부 염이 들락 말락 할 때", 즉 콩물이 부드럽게 응고되었을 때, 콩물이 분리되어 생긴 순두부와 물을 함께 그릇에 담고 초간장을 쳐서 먹는다고 하였다.

분류 : 음식
색인어 : 두부, 콩, 간장, 조선무쌍신식요리제법, 우리음식

참고문헌 : 전순의, 『산가요록』; 이용기, 『조선무쌍신식요리제법』(영창서관, 1936); 손정규, 『우리음식』(삼중당, 1948)
필자 : 서모란

순두부찌개

순두부찌개는 굳혀서 모두부를 만들기 전 상태의 순두부에 양념을 첨가해 끓인 음식이다. 순두부찌개의 종류는 양념에 따라, 또 부재료에 따라 달라지는데, 새우젓으로 간을 하여 맵지 않게 만들기도 하며, 양념한 돼지고기와 김치를 함께 볶아서 넣기도 한다. 하지만 최근에 가장 대중적으로 널리 알려진 순두부찌개는 고추기름을 넣어 매운맛과 붉은 빛깔이 도드라지는 얼큰한 맛의 순두부찌개이다.

고추기름을 넣어 매운맛을 낸 순두부찌개의 조리법이 어디서 유래했는지는 알 수 없으나 신문 기사를 통해서 적어도 1970년대 후반에는 이러한 조리법이 있었음을 확인할 수 있다. 1978년 1월 25일자 〈경향신문〉에는 요리연구가 왕준련(王晙連: 1918-1999)이 제안하는 다양한 콩 음식이 실렸다. 이 중 시중에서 판매하는 순두부를 사다 만드는 탕요리가 있는데, 이 순두부탕은 콩기름에 마늘, 고춧가루를 넣어 만든 고추기름으로 맛을 낸 것이다. 또, 부재료로 굴과 조개가 첨가된다(〈경향신문〉 1978년 1월 25일자).

한편, 1450년 전순의(全循義)가 편찬한 것으로 알려진 『산가요록(山家要錄)』에는 요새의 순두부찌개와 비슷한 음식이 나온다. 이 책은 순두부를 활용한 요리법으로 기름진 고기[膏肉], 생강[薑], 산초[椒], 청장(淸醬)을 넣어 끓인 탕(湯)을 소개하고 있다. 현재의 순두부찌개의 조리법이 오백여 년 전의 조리서인 『산가요록』의 순두부탕에서 유래했다고 보기는 어렵겠지만 기름기 있는 고기를 넣고 생강과 산초 등으로 매운맛을 내는 방법이 요새의 순두부찌개와 닮아있다.

분류 : 음식
참고문헌 : 전순의, 『산가요록』; 「콩製品(제품)이용한단백질 料理(요리) 料理(요리)연구가 王晙連(왕준련)씨에 듣는다」, 〈경향신문〉 1978년 1월 25일
필자 : 서모란

순무

순무[蔓菁]는 무의 일종으로, 흔히 먹는 무[蘿葍]와 같이 길쭉한 모양이 아니라 양파처럼 동그랗게 생긴 데다 육질이 단단한 무이다. 현재는 강화도의 강화순무가 지역 특산물로 유명하다. 다만, 강화순무는 토종순무는 아니며, 1893년경 한국 최초의 해군사관학교[朝鮮解放水師學堂]가 설립될 당시 영국에서 파견된 콜웰(Callwell) 교관 부부가 가져와 심은 2종(루타바가, 터닙)의 서구계 순무가 이후 토종순무와 교잡되며 토착화된 결과라고 한다(경기도 농업기술원).

우리말로는 '쉰무우', '쉿무우', '숫무우'라고 하고 한자로는 '蔓菁(만청)', '蕪菁(무청)', '武侯菜(무후채)'라는 명칭도 모인다. 무후채와 유사하게 '諸亮菜(제량채)'라는 명칭도 있는데, 정약용(丁若鏞: 1762-1836)의 『물명고(物名攷)』를 보면 제갈량(諸葛亮)이 군사를 출병시켰을 때, 만청(蔓菁)의 씨를 파종하여 촉나라 사람[蜀人]을 먹였기에 제량채라는 이름이 붙었다고 한다. 다만, 무후채는 조수삼(趙秀三: 1762-1849)의 『추재집(秋齋集)』에서 보듯이 무를 말린 무말랭이를 지칭하는 말로 쓰기도 하므로, 무후채나 제량채가 순무인지 무말랭이인지는 문헌에 따라 문맥을 살펴 판단해야 할 듯하다.

순무는 쓰임이 많고 저장성이 높아 1년 내내 조선인의 밥상에 올랐다고 해도 과언이 아니다. 유중림(柳重臨: 1705-1771)의 『증보산림경제(增補山林經濟)』를 보면, 순무는 봄에는 싹, 여름에는 잎, 가을에는 줄기, 겨울에는 뿌리를 먹어서 흉년에 대비할 수 있으며, 그 씨앗도 삶아서 볕에 말려 가루를 내어 물에 타 먹으면 곡식을 끊을 수 있다고도 하였다. 이와 같이 봄부터 겨울까지 사시(四時) 내내 갖출 수 있는 것이라 하여 이유원(李有源: 1763-1835) 역시 『임하필기(林下筆記)』 제28권 「춘명일사(春明逸史)」 '순무[蔓菁]'에서 『월령광의(月令廣義)』를 인용하여 순무를 '사시채(四時菜)'라고 소개하였다.

순무는 제철은 물론이고 겨울에는 움에 저장함으로써 이른 봄까지 생으로도 먹었지만, 말려두었다가 쓰기도 했는데 순무를 말려두면 무말랭이처럼 기근 때에 도움이 되었다. 순무는 무보다 물기가 많지만 기본적으로 맛이 비슷하여 조선시대에는 무와 비슷한 방법으로 조리되거나, 무 대신 이용되었다. 따라서 무로 만드는 음식과 비슷하게, 순무로는 순무김치, 동치미[凍沈], 순무장아찌, 순무찜, 순무나물, 순무장, 순무죽, 순무탕 등을 만들었고, 각종 국이나 탕을 끓일 때도 부재료로 많이 들어갔다.

이 가운데 순무로 끓인 만청탕을 즐겨 먹던 이가 『조선왕조실록(朝鮮王朝實錄)』에 나오는데, 중종(中宗: 재위 1506-1544)의 어머니인 정현왕후(貞顯王后: 1462-1530)가 생전에 순무로 끓인 만청탕(蔓菁湯)을 좋아하였다고 한다. 그런 정현왕후가 돌아간 뒤, 어느 날 중종은 어머니의 제사를 지낸 뒤 재실(齋室)에서 살짝 잠이 들었고 그런 그의 꿈에 어머니가 나타나 만청탕이 먹고 싶다고 하였다. 정현왕후가 평소 만청탕을 즐겼던 사실을 알고 있던 중종은 꿈에서 깨어나자 바로 담당 관청에 물었다. 그랬더니 4월에서 8월 사이에는 만청탕을 올리지 않는다고 답하였다. 이에 중종은 앞으로는 1년 내내 만청탕을 반드시 제수(祭需)로 쓰라고 명하였다. 그 일을 두고, 사람들은 중종의 효성에 감복하여 일어난 일이라고 하였다(『중종실록(中宗實錄)』 중종 26년 1531년 8월 15일자 기사). 제사상에 올리는 음식은 대개 비슷하지만, 집안에 따라서는 고인이 특별히 즐겼던 음식을 별도로 올리는 경우가 있는데 왕실에서도 다르지 않았던 것이다.

분류 : 식재료
색인어 : 무, 제사음식
참고문헌 : 「순무[Turnip]」(경기도농업기술원_네이버지식백과); 유중림 저, 고농서국역총서 6『증보산림경제 III』(농촌진흥청, 2004); 정약용, 『물명고』; 이유원 저, 김동주 역, 『임하필기』(한국고전번역원, 2000);『중종실록』; 조수삼, 『추재집』
필자 : 김혜숙

순무씨

순무는 잎과 줄기, 뿌리 외에 씨도 식용하였다. 순무씨는 만청자(蔓菁子)라고 하는데, 가루를 내어 물에 타서 마시거나 환을 만들어 먹기도 했지만, 즙을 짜거나 죽을 끓였다. 순무씨를 이용한 음식은 일상적인 음식이라기보다는 의료적 효과를 목적으로 먹는 경우가 많았다.

순무씨 가루를 만드는 방법은 서명응(徐命膺: 1716-1787)의 『고사신서(攷事新書)』에 따르면, 순무씨를 물에 세 번 삶아서 쓴맛을 우려낸 뒤 햇볕에 말려 가루로 빻으면 된다. 이 가루를 매일 세 번씩 2돈씩 물에 타서 먹다가, 점차 양을 늘려가며 오래 먹으면 곡식을 먹지 않아도 된다고 하였다. 이처럼 순무씨를 가루 내어 만드는 순무씨환은 유중림(柳重臨: 1705-1771)의 『증보산림경제(增補山林經濟)』에 보이는데, 순무씨 가루에 대추의 즙과 살까지 고루 섞어 환(丸)을 만들어 볕에 말려두고 매번 세 알씩, 하루에 세 번을 복용하면, 병이 낫고 건강해져서 장수할 수 있다고 했다.

또한 조선 전기의 어의(御醫)였던 전순의(全循義: ?-?)가 지은 『식료찬요(食療纂要)』에서 보듯이, 순무씨를 갈아 즙을 낸 것은 미친개에 물린 증상을 치료하는 데 좋고, 순무씨 즙에 쌀을 섞어 순무씨죽을 쑤어 공복에 먹으면 눈이 밝아지고 소변이 잘 나가게 된다고 했다.

분류 : 식재료
참고문헌 : 서명응,『고사신서』(한국전통지식포탈); 유중림 저, 고농서국역총서 6『증보산림경제 Ⅲ』(농촌진흥청, 2004); 전순의 저, 고농서국역총서 9『식료찬요』(농촌진흥청, 2004)
필자 : 김혜숙

순채

순채(蓴菜)는 수련과의 여러해살이 수초로 다른 이름으로는 부규, 순나물이라고도 한다. 원산지는 중국이다. 잎은 타원형이며 연꽃잎과 비슷한 모양이다. 잎이 자랄 때 우무 같은 점질로 둘러싸이는데, 식용으로는 주로 우무 같은 점질로 싸인 어린 순을 사용한다. 강원도나 제천 지역 등 일부 지역에서만 식재료로 사용하고 있다. 주로 나물과 탕으로 이용한다.

순채는 중국에서도 옛날부터 많이 활용된 식재료인데, 중국의 고사 중에 순채국과 농어회와 관련된 이야기가 있다. 고사의 당사자는 중국 고대 진(晉)나라 장한(張翰)으로, 자가 계응(季鷹), 오군(吳郡) 사람이다. 당나라 태종의 명으로 648년에 완성된 역사서인 『진서(晉書)』「장한전(張翰傳)」에 관련된 이야기가 나온다. 장한이 고향 사람인 고영(顧榮)에게 세상이 시끄럽고 혼란한데, 천하의 명성이 있는 자가 물러나기를 원하지만 그러기 어렵다고 토로하면서 불어오는 가을바람에 오중(吳中)의 순채국과 농어회가 생각난다면서 고향으로 돌아간 이야기가 전해진다.

순채는 나물이나 국으로도 이용하였을 뿐 아니라, 차나 화채, 회, 떡 등 다양한 종류의 음식으로 만들어 먹었다. 순채회는 순채의 연한 잎을 데쳐 초장을 찍어 먹는 회요리를 말하는데, 채취시기의 섭취방법인 듯하다. 하지만 채취시기가 아닐 때는 가공하여 보관했다가 먹었던 것으로 보인다.

1450년경 어의 전순의(全循義: ?-?)가 지은 가장 오래된 음식책인 『산가요록(山家要錄)』에는 '건박채(乾薄菜)'라 하여 순채 말리기에 대한 내용이 나온다. 흰 삼베에 순채를 펴서 널고, 다듬이질한 베보자기[搗鍊布]를 그 위에 덮어 잘 말리면 마치 순채의 형체가 없는 것처럼 보인다. 사용할 때 적당히 찢어서 물에 담가 불리면 투명한 색상을 볼 수 있는데, 먼저 장국[湯豉]을 끓이다가 그 베를 함께 넣어 팔팔 끓이다가 베는 걷어내고 쓰면 순채가 처음과 다름이 없게 된다. 순채가 나오는 봄철에 갈무리해 두었다가 먹었던 방법으로 보인다.

작자 미상의 『시의전서(是議全書)』(1800년대말)에는 '수정과부(水鼎果部)' 부분에 건시수정과, 배숙, 장미화채, 배화채, 앵두화채, 복분자화채, 복숭아화채 등과 함께 순채화채가 소개되고 있다.

순채는 특히 생선과 함께 끓여 먹으면 맛이 있다고 하였는데, 유중림(柳重臨: 1705-1771)의 『증보산림경제(增補山林經濟)』(1766)에서도 순채와 함께 도미국을 끓이면 맛이 아주 좋다고 하였다.

강원도 고성 지방에서는 순채를 이용하여 떡, 국 등의 음식을 만들어 먹었는데, 『한국의 전통향토음식 3-강원도』(2008)에서는 '순채떡' 만드는 방법을 소개하고 있다. 멥쌀을 깨끗이 씻어 10시간 이상 불려서 물기를 빼고 소금을 넣어 가루로 빻는다. 떡에 넣을 호박고지는 물에 불려 잘게 썰어 두고, 고구마는 사각형으로 잘게 썰어 둔다. 검은콩은 물에 불려 두고, 순채는 데쳐서 잘게 썰어 둔다. 대추는 씨를 빼고, 밤은 껍질을 벗겨서 각각 채를 썰어 준비한다. 멥쌀가루에 준비한 재료를 잘 섞어 시루에 쪄낸다.

허준(許浚: 1539-1615)의 『동의보감(東醫寶鑑)·탕액편(湯液篇)』(1610)에서는 순채(蓴菜)를 '순'이라 하여, 성질이 차거나 서늘하다고도 하였고, 맛은 달며 독이 없다고 하였다. 소갈의 증세가 있을 때 또는 몸과 관절에 열이 나면서 통증과 마비가 동반할 때 주로 사용하였다. 장과 위를 튼튼히 하고 대소장을 보한다. 또한 온갖 약독을 풀며 식욕을 돋운다고 하였다. 못에서 자라는데, 3-4월부터 7-8월까지는 사순(絲蓴)이라고 부르고, 이때는 맛이 달고 연하다. 상강부터 12월까지는 괴순(塊蓴)이라고 부르고, 맛이 쓰고 질기므로 보통 부드러울 때 식용으로 사용한다. 국을 끓일 때는 순채가 다른 어떤 채소보다 좋다고 하였다. 성질은 차지만 보하는 성질이 있다. 하지만 너무 뜨겁게 해서 먹으면 기가 막혀서 내려가지 않을 수 있기 때문에 몸에 매우 해로울 수 있다. 또 많이 먹거나 오래 먹으면 안 좋다고 하였다.

순채는 조선시대에는 임금님께 진상되었던 품목 중 하나였다. 『조선왕조실록(朝鮮王朝實錄)』 연산군일기 43권, 연산 8년 4월 14일 을묘 3번째 기사를 보면 '승정원에서 순채에 대한 진상의 폐단을 아뢰다.'라는 내용이 있다. '승정원이 아뢰기를, "순채(蓴菜)를 각도(各道)에 진상하도록 했는데, 경상도와 전라도 같은 먼 도는 물에 담아 오게 되니 다만 녹아버리기 쉬울 뿐 아니라, 폐단이 또한 적지 않습니다." 하니, 전교하기를, "이것이 어찌 역로(驛路)에 폐단이 있겠는가? 공상(供上)에 대한 일을 이와 같이 말할 수는 없는 것이다." 하였다.'라 기록되어 있다. 이는 순채를 먼 지역에서 공물로 진상하였기 때문에, 이에 대한 어려움

이 많았던 것으로 보인다.

분류 : 식재료
색인어 : 고구마, 국·탕, 떡, 나물, 대추, 밤, 산가요록, 소금, 시의전서
참고문헌 : 『진서』「장한전」; 전순의, 『산가요록』; 작자 미상, 『시의전서』; 유중림, 『증보산림경제』; 농촌진흥청, 농업과학기술원, 농촌자원개발연구소, 『한국의 전통향토음식 3-강원도』(교문사, 2008); 허준, 『동의보감·탕액편』; 『조선왕조실록·연산군일기』43권 연산 8년(1502) 4월 14일
필자 : 홍진임

순채가(서거정)

순채는 남국에서 생산되는 것
시골 노인이 부지런히 뜯어다가
친구에게 보내주었으니
빛깔과 맛이 다 뛰어나다네
무척이나 부드럽고도 가늘고
실처럼 하늘하늘 타락처럼 반들반들
내 본디 나물만 먹는 창자라
평소 담박한 것을 좋아하기에
나물의 속성이 나와 맞는지라
이 때문에 몹시 좋아하노라
생으로 무쳐 먹고 국으로 끓여 먹는데
된장으로 간맞추고 후추로 향을 치니
농어회나 토란국을 논할 것이 있겠나
특이한 맛 산해진미도 부럽지 않다네
蓴菜生南國　野老勤探得
持以贈故人　色味俱絶特
滑復滑細復細　輕於絲潤於酪
我本藜藿腸　平生嗜淡薄
物性與我合　所以愛之酷
或以爲膾或爲羹　塩豉始和椒桂馨
金虀玉糁何足論　異味不羨五侯鯖

*서거정, 「순채의 노래[蓴菜歌]」

서거정(徐居正: 1420-1488)은 본관이 달성이고 자는 강중(剛中), 호는 사가정(四佳亭), 정정정(亭亭亭) 등을 사용하였다. 대학자 권근(權近)의 외손으로 22년간 문형(文衡)을 지냈으며 문집 『사가집(四佳集)』과

『동인시화(東人詩話)』, 『필원잡기(筆苑雜記)』, 『태평한화(太平閑話)』 등 많은 저술을 남겼다.

서거정은 순채가 우리나라 남쪽 땅에 난다고 하였지만 『세종실록』 등을 보면 경상도나 전라도, 충청도는 물론 평안도 등 여러 곳에서 생산되었다. 순채는 부드럽고 가늘어서 노인이 먹기에 좋은 식재료였다. 이 시에서도 생채로 먹고 국으로도 끓여 먹는데 주로 된장을 풀고 후추를 넣어 먹었음을 알 수 있다.

순채는 그 잎이 연꽃처럼 동글동글한데 고려의 문인 이규보(李奎報: 1168-1241)는 「벗의 집에서 순채를 먹고[友人家食蓴]」에서 얼음에 비유하였다. "얼음 삶는단 말 예전 듣지 못했는데, 자네는 갑자기 삶을 수 있다 자랑하네. 불러와 자세히 살펴보니, 곧 순채국을 말하는 것이었지. 얼음처럼 생겼지만 녹지 않고, 삶게 되면 더욱 또렷하게 된다네. 이 때문에 얼음 삶는다 하여, 듣는 나를 놀라게 하였던 것. 내 평생 티끌이 없기에, 마음이 맑다고 자부하였지만. 입으로는 늘 속된 것을 먹어서, 목구멍에 먼지가 생기곤 하였지. 오늘 이 나물을 먹으니, 하늘하늘 은빛 실처럼 가볍네. 입 안에 넣자 눈과 서리 담은 듯, 나도 모르게 숙취에서 깨어나니. 하필 장한을 배워서, 문득 강동으로 떠나갈 것 있겠나[烹氷古未聞 子忽誇能烹 呼來細相見 是之謂蓴羹 似氷而不融 遇烹而愈精 所以曰烹氷 令我聞之驚 我生無點累 自負心地淸 口常食俗物 喉底煙塵生 今日啖此菜 縷縷銀絲輕 齒頰帶霜雪 不覺失狂醒 何必學張翰 却向江東行]."라 하였다. 중국 고대 진(晉)의 장한(張翰)이 벼슬살이를 하던 중 가을바람이 불어오자 고향의 오중(吳中)의 순채와 농어회가 생각나서 벼슬을 그만두고 고향으로 돌아간 고사가 널리 알려져 있다.

고려나 조선의 문인들은 순채를 마주하면 그 뛰어난 맛과 함께 귀거래(歸去來)를 생각하였다. 그래서 서거정의 이 작품 후반부는 귀거래의 뜻을 말하는 것으로 이어진다. 다만 이규보는 순채를 이미 먹었기에 굳이 귀거래할 것이 없다고 하였다. 그리고 그의 시를 보면 순채국이 숙취에도 탁월한 효과가 있었던 듯하다.

분류 : 문학
색인어 : 순채, 농어, 서거정, 이규보
참고문헌 : 서거정, 『사가집』; 이규보, 『동국이상국집』; 『세종실록』
필자 : 이종묵

순채국

중국이 원산지인 순채는 못에서 자라며 연잎 모양을 한 채소로, 4월에 나오는데 국으로 끓이면 그 맛이 좋다고 하였다. 특히 생선과 함께 국을 끓여 먹는 경우가 많았다.

1460년 전순의(全循義: ?-?)가 편찬한 『식료찬요(食療纂要)』에서는 소화기능을 좋게 하고, 기운을 북돋아 주기 위해서 조기와 순채로 국을 만들어 먹었고, 소화기능이 약해서 음식을 소화시키지 못하고, 얼굴이 누렇게 뜨면서 수척하고 힘이 없을 때 이를 치료하려면 순채(蓴菜)와 붕어[鯽魚]를 넣고 국을 끓였다. 붕어와 순채는 동량으로 준비하고, 붕어는 종이로 싸서 통째로 구워 익힌 후 뼈를 제거하고 살만 갈아낸다. 귤껍질[橘皮], 소금, 산초[椒], 생강 등을 넣고 순채국[蓴羹]을 끓이는데, 국물이 끓기 시작하면 붕어를 넣고 간을 맞추어 공복에 먹는다고 하였다.

장계향(張桂香: 1598-1680)이 지은 『음식디미방[閨壼是議方]』(1670년경)에도 '슌탕'이라 하여 순채국을 소개하였는데, 그 방법으로는 연할 때 채취한 순채를 살짝 데쳐 물에 담가 놓고, 붕어를 넣고 오랜 시간 끓인 국물에 간장과 데친 순채를 넣고, 한소끔 더 끓인 후에 식초를 넣는다. 붕어를 사용하여 만든 순채국은 비위가 약하여 음식이 잘 내려가지 않는 사람에게 약이 된다고 하였다. 여기서는 순채로 꿀을 사용한 정과를 만들어도 좋다고 하였다.

1766년에 유중림(柳重臨: 1705-1771)이 편찬한 『증보산림경제(增補山林經濟)』에서는 도미[道味魚]로 반찬 만드는 방법을 설명하면서 도미의 감칠맛은 머리에 있는데, 가을에 먹는 것이 봄과 여름보다 훨씬 맛있고, 순채와 함께 국을 끓이면 아주 맛있다고 설명하고 있다.

조선 후기의 문신·학자 김상헌(金尙憲: 1570-1652)의 시문집인 『청음집(淸陰集)』(1861)에는 '회(膾)'라는 제목의 시에서 순채국과 관련된 내용이 있다.

그대의 집 자운대를 마주 대해 있거니와
그림 속에 의연하여 양쪽 눈을 번쩍 뜨네
농어회와 순채국에 가을 흥이 깊었거니
달빛 밝은 강가 향해 꿈이 먼저 돌아가네
君家正對紫雲臺 畵裏依然眼忽開
鱸膾蓴羹秋興晚 月明江上夢先回

여기서는 농어회와 순채국을 두고 가을의 정취를 느끼는 저자의 마음이 표현되어 있어, 그 시절 가을철 순채국을 끓여 먹는 것이 낯선 풍경이 아님을 알 수 있다.

분류 : 음식
참고문헌 : 전순의, 『식료찬요』; 장계향, 『음식디미방』; 유중림, 『증보산림경제』; 김상헌 저, 정선용 역, 『청음집』(한국고전번역원, 2006)
필자 : 홍진임

순채화채(순채차)

순채화채는 4월 어린 순채가 나오는 시기에 채취한 순채를 녹말에 묻혀서 끓는 물에 데치거나 혹은 그냥 냉수에 씻어서 설탕 또는 꿀을 탄 오미자국물에 잣을 함께 띄워서 만든 음료를 말한다. 서적에 따라 순채차라고 하기도 하고, 순채화채라고 하기도 한다.
작자 미상의 『시의전서(是議全書)』(1800년대말)에는 '蓴菜 순치로 화치ᄒᆞ난 법'이라 하여 순채로 화채 만드는 법을 설명하였다. 순채의 꼭지를 따서 씻고 녹말을 묻혀 장미화채처럼 하는데, 순채가 나는 곳으로는 여주 구영능 못, 제천 의림지 못, 황간 읍내에 있다고 하였다.
이규경(李圭景: 1788-1863)의 『오주연문장전산고(五洲衍文長箋散稿)』(19세기)에는 '정박음(晶蓴飮)'이라 하여 박채화채를 소개하였다. 4월에 보리가 누렇게 익을 때 박채(蓴菜: 순채) 가지의 잎과 줄기 마디 사이에 자라는 반짝이는 작은 진주(한천 같은 점액질)처럼 달려있는 것을 가지째 잘라서 살짝 데쳐내고 수

정 같은 구슬을 따서 오미자국물에 꿀을 넣어 꿀물을 만들어 섞어 먹는다고 하였는데, 개운하여 위태로움이 없는 세 가지의 상서로운 이슬이라 할 수 있다 하였다. 또는 초장과 함께 먹어도 좋다고 설명하고 있다.
손정규(孫貞圭: 1896-1955)의 『우리음식』(1948)에서도 '순채(蓴菜)화채'에 대해 설명하였는데 순채를 냉수에 한 번 씻어서 오미자즙(五味子汁)에 실백과 같이 띄우는데, 그 빛깔의 배합이 좋고 고급스럽다고 설명하고 있다.
1766년에 유중림(柳重臨: 1705-1771)이 편찬한 『증보산림경제(增補山林經濟)』에서는 반찬만들기에서 '순채차[蓴茶法]'를 설명하였는데 방법이 순채화채와 같다. '4월에 아직 피지 않은 부드러운 순채를 가져다가 꿀을 탄 오미자 물과 섞어 잣을 띄워 마신다.'고 하였다.
순채는 일반적이지는 않지만 현대에도 활용되는 식재료이다. 『한국의 전통향토음식 4-충청북도』(2008)에는 '순채효소차'를 소개하고 있다. 만드는 방법으로는 야생에서 채취한 질경이, 돌미나리, 민들레, 솔잎, 쑥을 깨끗이 씻어 물기를 완전히 제거한 후 흑설탕을 같은 비율로 항아리에 켜켜이 넣고 그 위를 설탕으로 덮어서 면포로 입구를 막고 뚜껑을 덮어 서늘한 곳에 둔다. 2주일 정도 지나면 가스가 배출되도록 하고 서늘한 곳에 6개월 이상 보관한다. 발효액을 고운 면포에 거르고 다시 이 원액을 다른 항아리에 담아 보관한다. 먹을 때 효소 원액과 생수를 1 대 2-3의 비율로 희석하고 거기에 순채를 넣고 꿀을 타서 시원하게 마신다고 설명하였다.

분류 : 음식
참고문헌 : 작자 미상, 『시의전서』; 이규경, 『오주연문장전산고』; 손정규, 『우리음식』; 유중림, 『증보산림경제』; 농촌진흥청, 농업과학기술원, 농촌자원개발연구소, 『한국의 전통향토음식 4-충청북도』(교문사, 2008)
필자 : 홍진임

술

한반도에서 살았던 사람 중에서 술에 대해 가장 체계

적인 글을 남겨둔 지식인은 고려중기 문인 이규보(李奎報: 1168-1241)이다. 그는 시 짓기와 거문고 뜯기, 그리고 술 마시기를 너무나 좋아했기 때문에 스스로를 '시금주삼혹호선생(詩琴酒三酷好先生)'이라고 불렀다. 그가 남긴 『동국이상국집(東國李相國集)』에는 술과 관련된 수많은 글이 나온다. 그중에 「국선생전(麴先生傳)」이란 제목의 누룩 일대기도 있다. 이규보가 지어낸 이야기인 국선생 생애는 이러하다.

국선생의 이름은 성(聖)이다. 그의 할아버지는 모(牟: 보리)인데, 주천(酒泉)이란 고을로 이사를 하여 그곳 사람이 되었다. 모의 아들 차(醝: 흰 술)는 곡씨(穀氏)의 딸과 결혼하여 성을 낳았다. 사람들은 성을 만나면 매우 즐거워했고 심지어 하루만 보지 못해도 안타까워했다. 결국 임금마저도 성에게 흠뻑 빠졌다. 성에게는 혹(酷)·폭(醁)·역(醳)의 세 아들이 있었는데, 아버지 성의 지위를 기대어 너무나 방자했다. 결국 탄핵을 받아 혹이 자살을 했고, 성은 서인(庶人)이 되었다. 그래도 성을 잊지 못한 임금이 어려울 때마다 찾아 나라의 어려움을 해결하도록 했다. 후에 사관(史官)이 성에 대해 논평하기를 "총애를 극도로 받아서 마침내 거의 나라의 기강을 어지럽혔으니, 그 화가 자손에 미쳤을 정도로 좋지 않았다. 그러나 말년에 분수를 잘 알고 스스로 물러가 주어진 명을 잇다가 세상을 떠났다."고 적었다.

이 이야기는 사람들이 누룩으로 빚은 술을 마셔서 마음이 편안해지기도 했지만, 너무 많이 마셔서 나쁘게 되기도 했다는 사실을 빗대어 꾸민 것이다. '주지육림(酒池肉林)'이란 말은 바로 술의 해악을 강조한 데서 나왔다. 상나라가 망하게 된 결정적인 이유도 주왕(紂王)이 술로 저수지를 만들어 마셨기 때문이었다. 상나라를 멸망시키고 주(周)나라를 세운 무왕(武王)은 금주(禁酒)를 가장 중요한 실천 덕목으로 삼았다. 이규보는 「국선생전」에서 국선생의 아들 이름을 혹·폭·역이라고 했다. 이 한자가 바로 술을 많이 마셔 절도를 잃었을 때 일어났던 사람들의 행동이었다.

이규보는 유학자였다. 젊어서부터 뛰어난 문재(文才)로 송도(松都: 지금의 개성)에서 이름을 날렸지만, 고작 지방 전주의 공납 창고에서 하위직 관리에 임명되었다. 그의 나이 51세가 되던 1220년에야 최우(崔瑀: ?-1249)의 눈에 비로소 들어 송도의 높은 관직에 임명되었다. 그즈음에 이런 글을 남겼다. "나는 예전 젊었을 때 백주(白酒)를 즐겨 마셨다. 그 이유는 맑은 것을 만나기가 어려워 언제나 탁한 것을 마실 수밖에 없었기 때문이다. 높은 벼슬을 거치면서 언제나 맑은 것을 마시게 되자 다시는 탁한 것을 즐겨 마시지 않았다." 백주는 바로 오늘날의 막걸리이다. 술이 흰색이라 한자로 그렇게 적었다.

이규보는 이 탁한 백주를 다른 글에서 '탁료(濁醪)'라고 불렀다. 또 추(篘)라고도 썼다. 조선시대 최세진(崔世珍: 1468-1542)이 지은 한자 학습서 『훈몽자회(訓蒙字會)』에서는 백성들이 '추'를 주추(酒篘)라고 부른다고 했다. 추는 맑은 술을 걸러내는 용수를 가리킨다. 알다시피 용수는 항아리에 담긴 잘 익은 막걸리에 박아서 술지게미가 들어오지 않도록 하는 대나무로 만든 도구이다. 용수에 걸러서 떠낸 술이 맑은 술 청주(淸酒)이고 용수 바깥에 남은 술지게미에 물을 부어 만든 술이 바로 '추'이다. 또 이규보는 막걸리를 '현이(賢耳)'라고도 불렀다. '현이'라는 이름은 성자(聖者)의 귀에 지나지 않는 하찮은 술이라는 비유에서 나왔다. 성자는 바로 맑은 술인 청주를 가리켰다. 가난한 백성들은 막걸리를 마셨고, 높은 벼슬에 오를수록 맑은 술을 마셨다. 주식인 곡물로 빚었기 때문에 맑은 술은 막걸리보다 몇 배나 값비쌌다. 이규보 역시 나이 들어 벼슬에서 물러나자, 녹봉이 적어 맑은 술 마시기가 어려워졌다고 한탄했다.

이규보가 남긴 글을 통해서 고려시대 사람들이 마셨던 술은 오늘날 용어로 말하면 탁주와 청주 계통이었음을 알 수 있다. 지금의 기준으로 보면 이규보는 증류주를 마셔보지 못했다. 하지만 이규보보다 거의 100년 후에 활동한 이색(李穡: 1328-1396)은 그렇지 않았다. 『목은집(牧隱集)』에는 증류주에 대한 글이 나오기 때문이다. 이색은 기왕에 마시던 탁주와 달리 소주의 색이 투명한 점을 두고 형상이 없다고 했다. 후세 사람들은 이러한 모습의 소주를 두고 백주(白酒)라고도 불렀다. 청주를 솥에 넣고 잘 끓이면 솥 위에 얹어놓은 소줏고리의 주둥이에 술이 이슬처럼 맺힌다. 이 형상으로 인해서 소주는 다른 말로 노주(露酒) 혹은 '이슬 술'로 불렸다.

조선시대 세조 때의 전순의(全循義: ?-?)가 쓴 『산가요록(山家要錄)』에 나온다. "물 다섯 동이가 드는 큰 가마솥에 물을 펄펄 끓여 쌀가루 한 되 반을 넣어 마치 쌀뜨물[泔汁]같이 죽을 쑤어 따뜻할 때 항아리에 담아 봉해둔다. 3-4일 후에 익은 냄새와 시고 쌉쌀한 맛이 난다. 찹쌀 한 말을 지에밥으로 지어 누룩가루[曲末] 석 되와 섞어 앞의 항아리에 넣는다. 익기를 기다려 네 개의 솥에 나누어 소주를 내리는데, 한 솥에 소주 넉 되가 나온다."고 했다.

『산가요록』의 음식 만드는 부분에서 가장 먼저 나오는 내용이 주방(酒方) 곧 술 빚는 법이다. 심지어 그 종류도 50가지에 이른다. "쌀은 반드시 여러 번 씻어야 하는데, 두 홉[合]이 한 잔(盞)이 되고, 두 잔이 한 작(爵)이 되고, 두 되[升]가 한 복자[鐥]가 되고, 세 복자가 한 병(瓶)이 되고, 다섯 복자가 한 동이[東海]가 된다. 술 빚기에 좋은 날은 정묘(丁卯), 경오(庚午), 계미(癸未), 갑오(甲午), 기미(己未) 일이다."고 적었다. 이 내용 다음에 바로 나오는 내용이 바로 앞에서 소개했던 '취소주법(取燒酒法)'이다. 그만큼 소주가 유행했기 때문이 아닐까? 아직 이성계(李成桂: 1335-1408)가 조선을 개국하기 전에 맏아들 이방우(李芳雨)는 아버지의 역심(逆心)에 실망하여 해주(海州)에 묻혀 술로 날을 지새웠다. 『태조실록』에는 "천성이 술을 좋아하며 날마다 괴로워 술 마시기를 일로 삼았는데, 결국 소주를 마시고 병이 생겨 죽었다."고 적혀 있다.

지금도 많은 사람이 만들고 있는 부의주(浮蟻酒)는 『산가요록』에서 『임원경제지(林園經濟志)』까지 빠지지 않고 기록되어 있다. 『산가요록』에는 "멥쌀 다섯 되를 온 채로 푹 쪄서 식혔다가 좋은 누룩가루 한 되와 껍질 벗긴 잣 한 되 반을 충분히 합하여서 술을 빚

는다. 6-7일이 지나 술이 익으면 좋은 청주 두 병을 첨가해서 2-3일을 기다린다. 여러 단지에 나누어 덜어 놓으면 마음대로 써도 끝이 없다."고 적었다. 『음식디미방』에서는 부의주를 "찹쌀 한 말 백세[깨끗이 씻어] 익게 쪄 그릇에 담아 식히고 물 세 병을 끓여 채워 국말[누룩가루] 한 되 먼저 물에 풀어 독에 넣어 사흘만이면 익어 맑아 귀덕이[담거나 걸러 둔 술 위에 동동 뜨는 밥알] 뜨고 맛이 맵고[세고] 달고 하절[여름]에 뜨기 좋으니라."고 했다. 같은 부의주이지만 주재료가 멥쌀과 찹쌀로 다르다. 구체적인 만드는 법도 『산가요록』과 『음식디미방』이 다르다.

이익(李瀷: 1681-1763)은 사물에 대해 무척 까다로운 생각을 지니고 있던 학자였다. 그는 술에 대해서도 마뜩치 않아 했다. 『성호사설(星湖僿說)』 제6권 만물문(萬物門)에 '주(酒)'라는 제목의 글은 이렇게 시작된다. "나는 도대체 술이 무슨 도움이 되는지 알지 못한다." 첫마디부터 이익은 술에 대해 부정적이다. 심지어 술을 두고 '후주(酗酒)'라고 불렀다. 그러면서 "대개 술로 인해서 생긴 병을 후(酗)라고 부른다. 여기에서 후란 바로 흉(凶)이다. 술의 흉함은 마치 무기가 그러할 때 흉기(凶器)라고 하는 것과 같다."고 했다. 이익은 사람들이 말하는 술의 쓸모를 대면서 이것이 모두 핑계라고 보았다.

사실 이익 자신도 젊었을 때 술을 마셨다. 그런데 술이 아무런 도움이 되지 않는다고 판단하여 아주 끊어버렸다. 이렇게 술을 끊어버리자 사람들이 마주 앉아서 술잔을 주고받는 모습을 봐도 그다지 술을 마실 생각이 들지 않았다고 했다. 이익은 참 독하다. 이치에 맞지 않으면 술이든지 무엇이든지 끊어버렸으니 말이다. 하지만 술은 분명히 사람들 사이를 이어주는 매개물이다. 조선시대 양반 집안의 부인들이 집에 갖은 술을 담아두는 이유는 봉제사와 함께 손님을 대접하는 접빈객(接賓客)에 술이 쓰였기 때문이다. 서울을 제외하면 조선시대 민가에서 직접 술을 빚었다. 다만 왕실과 관아에는 술을 빚는 남자 장인을 주색(酒色)이라고 불렀다. 하지만 일반 민가에서 술을 빚는 사람

은 대부분 부인이었다.

이익이 보기에 술은 나라의 식량을 축내는 데도 심각한 물건이었다. 다시 한번 그가 적어놓은 글을 읽어보자. "술은 정신을 어지럽힐 뿐만 아니라, 재산을 잃게 만드는 걱정도 끼친다. 나라에 큰 흉년이 들었을 때 반드시 술을 금하여 먹을거리를 부족하지 않게 했다. 우리같이 가난한 선비들은 농사지을 땅도 없으니 한 해도 흉년이 아닌 적이 없다. 만약 엄하게 맹세를 하지 않는다면 집이 엎어져서 못살게 될 것이다." 조선 사람들은 주식인 쌀로 술을 빚었다. 이것이 불행이었다. 그러니 흉년이 들어 먹을 양식도 부족한데 부자들이 밥으로 쓰일 곡물로 술을 빚어 마시니 나라가 망할 수도 있다는 위협을 이익이 느꼈을지 모른다. 이런 탓에 왕실에서는 수시로 금주령을 내렸다. 하지만 금주령의 대상은 관료들과 양반들이 마시는 청주와 소주였다. 태종 때 관료들과 양반들의 연음(宴飮)을 금지하면서도 백성들이 마시는 탁주에 대해서는 금지하지 않았다.

일본에는 지금도 청주를 빚는 장인 토우지[杜氏]가 활약하고 있다. 하지만 조선시대 왕실의 술 장인인 주색(酒色)은 대한제국의 멸망과 함께 공식적인 직책을 잃어버리고 역사 속으로 사라졌다. 여기에 일제가 지속적으로 확장시킨 주세법은 민간에서 전승되어 오던 술 빚는 솜씨를 사라지게 한 주범이었다. 대한민국 정부 수립 이후 주식인 쌀을 아끼기 위해 미국에서 싼값으로 들여온 밀로 막걸리를, 베트남에서 수입한 얌이나 고구마로 희석식 소주를 빚게 하면서 500년 넘게 지속되어온 가양주 빚는 기술도 몇 집안에서만 남게 되었다. 1983년부터 정부에서는 '민속주'라는 이름으로 그 이후에는 '무형문화재'란 이름으로 가양주 중 일부를 다시 재생시켰다. 다만 술 제조기술을 재생시키면서 오로지 조선시대 문헌에만 근거한 경우가 많았기 때문에 가문이나 마을의 공동체가 공유하지 못했다.

분류 : 음식
색인어 : 금주령, 막걸리, 소주, 제사음식, 청주

참고문헌 : 『동국이상국집(東國李相國集)』; 『목은집(牧隱集)』; 『태조실록』; 『산가요록』; 『훈몽자회(訓蒙字會)』; 『음식디미방』; 『성호사설(星湖僿說)』; 『임원경제지(林園經濟志)』; 주영하, 「술상을 차리다─한반도 술의 역사와 문화」(『술, 이야기로 빚다』, 국립무형유산원, 2015)
필자 : 주영하

사마주(1년이 지나도 썩지 않는 술)

사마주(四馬酒)는 음력 정월 첫 오일(午日: 말날)에 술을 빚기 시작하여 오일(午日)마다 네 번에 걸쳐 빚은 술을 말한다. 예로부터 말날은 술이나 장을 담그기에 좋은 날(吉日)로 인식되었는데, 이날 술이나 장을 담가야 발효가 잘되고 맛도 변하지 않는다고 믿었던 것이다.

사마주에 대한 기록은 그다지 많이 남아 있지 않다. 안동사람 김유(金綏: 1481-1552)가 지은 『수운잡방(需雲雜方)』, 이안눌(李安訥: 1571-1637)이 쓴 시문집 『동악집(東岳集)』, 그리고 홍석모(洪錫謨: 1781-1857)의 『동국세시기(東國歲時記)』에서 사마주에 대한 기록을 찾아볼 수 있다. 이 중 김유의 『수운잡방』은 사마주 빚는 법을 상세히 기술하고 있어서 특히 주목할 만하다. 김유에 따르면, 사마주 빚는 법은 다음과 같다. 정월 첫 오일을 택해 밑술을 빚는데, 끓여서 식힌 물 8동이, 누룩가루 1되, 밀가루 7되를 항아리에 넣고, 여기에 곱게 가루 내어 쪄서 익힌 백미 1말을 넣고 잘 섞은 다음, 덥지도 춥지도 않은 곳에 항아리를 보관한다. 다시 두 번째 오일이 되면, 백미 5말을 가루 내고 찌고 익혀서 항아리에 넣고 잘 밀봉한다. 그러고 나서 4월 20일에 술독을 열어보면, 가을날 이슬처럼 맑은 술이 만들어져 있을 것이라고 했다. 맑은 술을 뜨고 남은 찌꺼기는 물과 함께 타 마시면 아주 좋은데, 이 술을 소곡주라 부른다고 하였다.

그런데 『수운잡방』에 기록된 사마주 제조법을 자세히 살펴보면, 말날 두 번에 걸쳐 술을 빚고 있으므로 엄밀한 의미에서의 사마주라고 보기는 어렵다. 그리고 조선시대 최초로 여성이 쓴 조리서인 『음식디미방』에 삼오주(三午酒)라는 술이 나오는데, 술 이름의 유래나 제조법 등을 고려해 볼 때 사마주와 비슷한 술로 짐작된다. 다만, 재료의 배합과 오일마다 덧술을 세 번 해 넣느냐, 혹은 네 번 해 넣느냐에 따라 각각 삼오주, 사오주가 되는 것이다. 그럼에도, 사양주(四釀酒: 네 번 빚은 술)인 사오주는 삼양주(三釀酒: 세 번 빚은 술)인 삼오주에 비해 좀 더 고급스러운 술이었을 것이다. 어쨌든 삼오주나 사오주는 겨울에 빚어 봄이 지나서 익으므로, 단오나 여름철에 마시기 좋은 술이었다. 그래서 여름이 지나도 술맛이 변치 않는다 하여 과하주(過夏酒)로도 불렸고, 심지어 1년이 지나도 술이 썩지 않는다는 얘기도 있었다(『동국세시기』).

분류 : 음식
색인어 : 오일(午日), 말날, 사마주(四馬酒), 사오주(四午酒), 삼오주(三午酒), 사양주(四釀酒), 소곡주, 과하주(過夏酒)
참고문헌 : 김유, 『수운잡방』(한국전통지식포탈); 장계향, 『음식디미방』(경북대학교출판부, 2003); 이안눌, 『동악집』; 홍석모 저, 최대림 역, 『동국세시기』(홍신문화사, 2006)
필자 : 양미경

선술집(「서울, 1964년 겨울」)

1964년 겨울을 서울에서 지냈던 사람이라면 누구나 알 수 있겠지만, 밤이 되면 거리에 나타나는 선술집-오뎅과 군참새와 세 가지 종류의 술 등을 팔고 있고, 얼어붙은 거리를 휩쓸며 부는 차가운 바람이 펄럭거리게 하는 포장을 들치고 안으로 들어서게 되어 있고, 그 안에 들어서면 카바이드 불의 길쭉한 불꽃이 바람에 흔들리고 있고, 염색한 군용(軍用) 잠바를 입고 있는 중년 사내가 술을 따르고 안주를 구워 주고 있는 그러한 선술집에서, 그날 밤, 우리 세 사람은 우연히 만났다.

1965년 『사상계』에 발표된 김승옥의 단편소설이다. 김승옥(金承鈺: 1941-)은 그 이전 한국 문학과 확연하게 구별되는 새로운 문학을 열었다고 하여 '감수성의 혁명'을 일으킨 작가로 평가받는 소설가이다. 영화에도 관여하여 〈겨울여자〉, 〈영자의 전성시대〉 등의 시나리오를 썼으며, 김동인의 소설을 각색한 영화 〈감자〉를 감독하기도 하였다. 대표작에 「생명연습」, 「무진기행」, 「서울, 1964년 겨울」, 「서울의 달빛 0장」, 「60년대식」 등의 중단편이 있다.

이 소설의 제목에서 작가는 '서울'을 앞세우고 그 뒤에 쉼표를 두어 특히 강조하였다. 이 소설이 '시골 출신'으로 이런저런 실패를 겪은 뒤 지금은 구청 직원으로 일하는 '나'가 겪은 1964년 겨울의 '서울'을 다루었음을 드러내고자 한 것이다.

그 서울의 밤 어느 포장마차에서 세 사나이가 우연히 만났다. 두 사람은 스물다섯의 청년, 나머지 한 사람은 삼십대 중반으로 이제 중년 초입에 들어섰다. 중년 사내는 '오늘 낮'에 아내를 잃고 상실감과 슬픔의 허방에 빠져 허우적거리고 있다. 그날 밤 그는 여관방에서 자살하고 만다. 그의 죽은 아내는 "친정이 대구 근처에 있다는 얘기만 했지 한 번도 친정과는 내왕이 없었다". 당연히 그는 "처갓집이 어딘지도 모"른다. 그녀는 자신의 태반에서 떨어져 나와 이 거대 도시를 떠도는, 비유적으로 표현하면, 익명의 단독자였다. 그런 그녀의 죽음과 뒤를 따르는 그의 죽음에 관심 두는 사람은 아무도 없다. 그들은 익명의 단독자로 만났다가 흔적도 없이 사라졌다. 이 점에서 두 사람의 만남과 죽음은 거대 도시 서울의 한 측면을 은유하는 것이라 할 수 있다.

그러나 그 만남과 사라짐은 이 소설의 중심이 아니다. 구성의 안정을 흔들고 있으니 불필요한 군더더기라고 해도 좋을 정도이다. 이 작품의 중심은 스물다섯 두 청년의 만남이다. 그 만남의 자리에 오뎅과 군참새가 함께했다.

오뎅은 예나 이제나 길가 허름한 포장마차의 인기 있는 술안주이다. 1980년대 초까지만 해도 흔했던 군참새는 지금은 거의 만날 수 없는 흘러간 이름이 되고 말았다. 환경오염으로 참새 수가 크게 줄어든 데다 쉽게 구할 수 있는 좋은 안줏거리가 많아졌기 때문이리라. 이 추억의 안주 군참새와 오뎅을 안주로 술을 마시며 두 청년은 기이한 말을 주고받는다. 그들의 대화는 모호하고, 말과 말 사이의 논리성이 부족하여 체계를 이루지 않으며, 어떤 결론에도 이르지 않고 흘러 흩어져버리는 성격의 것이어서 갈피 잡기 어렵다. 그러나 몇 가지를 끌어낼 수는 있다. 첫째, 두 사람 다 나는 것과 꿈틀거리는 것을 좋아한다는 점인데 "파리를 사랑하십니까?", "꿈틀거리는 것을 사랑하십니까?"라는 질문이 이와 관련되어 있다. 그들은 자유롭게 날아오름을, 생기 찬 꿈틀거림을 좋아하고 찾는 사람들이다. 둘째, 둘 다 '자신만의 경험'에 매우 큰 가치를 부여하고 있다는 점이다. 이는 "그건 얘기가 됩니다. 그 사실은 완전히 김 형의 소유입니다."라는 말이 잘 보여주는데 이런 생각을 가진 그들은 근대적 예술가와 통한다. 셋째, 그들은 자신들의 '늙어버림'을 반성적으로 성찰하면서 스스로를 열어보고자 애쓰고 있다는 점이다. "우리가 너무 늙어버린 것 같지 않습니까? 우린 이제 겨우 스물다섯 살입니다."라는 대화에서 이를 확인할 수 있다. 그들은 무기력의 늪에 갇혀 정체되어 있는 것 같지만 그 안쪽에는 출구를 찾아 꿈틀거리는 젊음의 활기가, 비록 미약하지만, 깃들어 있다.

분류 : 문학
색인어 : 서울, 1964년 겨울, 김승옥, 군참새, 오뎅, 포장마차
참고문헌 : 정과리, 「유혹 또는 공포-김승옥론」(나남, 2003); 류보선, 「김승옥론-개인과 사회의 대립적 인식과 그 의미」(문학사상사, 1990)
필자 : 정호웅

술(『용재총화』)

중추 안관후(安寬厚)는 성격이 친구를 좋아해 술자리에서는 정답게 굴었으며, 술에 취하면 친구의 손을 잡고 희롱하면서 농담을 했다. 예조 정랑이 되어 공무로 판서 인산군(仁山君) 홍윤성(洪允成)을 찾아가니 홍윤성이 술자리를 마련했다. 두 공이 모두 술을 잘 마시는지라 종일 술에 빠져 있었다. 예쁜 여자가 술잔을 권하는데, 바로 인산군의 사랑을 한몸에 받던 첩이었다. 안관후가 갑자기 여인의 손을 잡자 여인이 놀라 일어나면서 저고리의 소매가 찢어졌다. 안관후가 여자를 따라 나오다 엎어져 뜰 한가운데 누워 인사불성이 되었다. 갑자기 소나기가 내려 옷이 다 젖었지만, 홍윤성은 종들에게 그대로 두라고 명했다. 안관후는 날이 저물어 허둥지둥 집으로 돌아갔다. 홍윤성이 옷 한 벌을 보내며 "하늘의 비가 무심해 귀한 옷을 더럽혔소. 이는 실로 내가 술을 권해 그리 된 것이니 옷 한 벌을 갖추어 보내오. 우리 아이의 찢어진 소매는 그대가 직접 변상하시오"라고 했다. 안관후가 그 이유를 물어 알고 깜짝 놀라 말하기를 "당상관에게 무례하게 굴었으니 무슨 낯으로 자리를 보전하겠는가?" 하고는 벼슬을 내놓고 떠나려고 했다. 홍윤성이 듣고서 간곡히 말렸다. 안관후가 홍윤성 집에 가서 사죄를 하니, 그로 인해 또 술자리를 열었다. 안관후가 술을 실컷 마시고 크게 취해 또 여자의 손을 잡으니, 홍윤성이 껄껄 웃으며 "안 공의 풍정은 세상에 당할 자가 없도다"라고 했다. 사림에서 웃음거리로 전해진다.

위의 이야기는 술만 취하면 여색을 밝히는 한 관리의 술버릇을 기록한 것이다. 그런 버릇을 홍윤성은 '풍정'이라고 하였다. 여기에서 우리는 신분제 사회에서 술과 여자에 대한 양반 사대부의 시각이 어떠했는지를 잘 알 수 있다. 위의 내용은 성현(成俔: 1439-1504)의 『용재총화』에 실려 있다.

분류 : 문학
색인어 : 술, 풍정, 용재총화
참고문헌 : 성현 저, 김남이·전지원 외 역, 『용재총화』(휴머니스트, 2015)
필자 : 차충환

술과 미숫가루(『필원잡기』)

지중추(知中樞) 홍일동(洪逸童)은 인격이 우뚝하게 뛰어나고 성품이 천진(天眞)하며 겉치레를 꾸미지 아니하였다. 사부(詞賦)에 능하고 술을 많이 마셨는데 정신없이 취하면 풀잎으로 피리 소리를 내었는데, 소리가 비장하고 위엄이 있었다. 일찍이 세조 앞에서 부처의 일을 논박하자 세조가 거짓으로 성내기를 "이놈을 죽여서 부처에게 사례하겠다" 하고, 좌우에 있는 사람에게 명하여 칼을 가져오라 하여도 홍일동은 태연하게 변론했으며, 좌우가 거짓으로 칼로 정수리를 두 번이나 문질렀지만 돌아보지 아니하고 두려운 빛이 없었다. 세조가 장하게 여겨, "네가 술을 먹겠느냐?" 하니, 일동이 대답하기를 "번쾌(樊噲)는 한(漢)

나라 무사(武士)이며, 항왕(項王: 항우)은 다른 나라의 군주였는데도, 항왕이 주는 한 동이 술과 돼지다리 하나를 사양치 않았는데, 하물며 성상께서 주시는 것이겠습니까?" 하였다. 은항아리에 술을 가득히 담아 내려주었는데 그는 힘차게 마셨다.

홍일동이 일찍이 진관사(眞寬寺)에서 놀 적에, 떡 한 그릇, 국수 세 주발, 밥 세 바릿대, 두붓국 아홉 주발을 먹었는데, 산 밑에 이르니 대접하는 이가 있어, 또 찐 닭 두 마리, 물고기국 세 주발, 생선회 한 쟁반, 술 마흔 잔을 먹으니, 보는 이들이 대단하게 여겼다. 세조가 듣고 홍일동을 불러 묻기를 "참으로 이와 같이 먹었느냐?" 하니, 홍일동이 그렇다고 사과하자, 임금은 장사라고 칭찬하였다. 그러나 평상시 출입할 적에는 다만 미숫가루와 순주(醇酒: 다른 것을 전혀 섞지 않은 술)를 먹을 뿐이요, 밥은 먹지 않았다. 뒤에 홍주(洪州)에 가서 폭음을 하고 곧 죽었는데, 사람들이 그가 배가 터져 죽은 것이라 의심하였다. 뜻이 있어도 시행치 못하였고 벼슬이 그 능력에 차지 못하였으니, 애석하다.

위 내용은 남들 앞에서는 엄청난 대식가로서 술과 음식을 거침없이 먹다가도, 평상시에는 밥도 먹지 않고 소식을 했던 홍일동의 이야기이다. 위 이야기는 조선시대 서거정(徐居正: 1420-1488)이 저술한 『필원잡기』에 실려 있는 것으로서, 편자 미상의 『대동야승』에도 전재되어 있다.

분류 : 문학
색인어 : 술, 미숫가루, 필원잡기, 대동야승
참고문헌 : 민족문화추진회 편, 『대동야승 1』(간행위원회, 1971)
필자 : 차충환

술국(「서행시초」)

삼리(三里) 밖 강쟁변엔 자갯돌에서
비멀이한 옷을 부숭부숭 말려 입고 오는 길인데
산 모롱고지 하나 도는 동안에 옷은 또 함북 젖었다

한 이십 리 가면 거리라던데

한겻 남아 걸어도 거리는 보이지 않는다
나는 어느 외진 산길에서 만난 새악시가 곱기도 하던 것과
어느메 강물 속에 들여다보이던 쏘가리가 한 자나 되게 크던 것을 생각하며
산비에 젖었다는 말룻다 하며 오는 길이다

이젠 배도 출출히 고팠는데
어서 그 옹기장수가 온다는 거리로 들어가면 무엇보다도 먼저 '주류판매업'이라고 써 붙인 집으로 들어가자

그 뜨스한 구들에서
따끈한 35도 소주나 한잔 마시고
그리고 그 시래깃국에 소피를 넣고 두부를 두고 끓인 구수한 술국을 트근히 몇 사발이고 왕사발로 몇 사발이고 먹자

1939년 11월 8일 〈조선일보〉에 발표된 백석(白石: 1912-1996)의 시 「서행시초」다. 백석은 자신이 성장한 고향의 풍속과 자신이 체험한 생활의 풍물을 토속적 언어에 바탕을 둔 지극히 개성적인 시어와 표현으로 형상화한 시인이다. 그의 독특한 시세계는 후대의 많은 시인들에게 영향을 끼쳤다. 1912년 평안북도 정주에서 태어나 오산고등보통학교를 마치고 일본으로 건너가 1934년 아오야마학원[靑山學院] 전문부 영어사범과를 졸업하였다. 1930년 〈조선일보〉 '신년현상문예 공모'에 소설 「그 모(母)와 아들」이 당선되었고, 1935년 〈조선일보〉에 시 「정주성」을 발표하면서 등단했다. 첫 시집 『사슴』을 출간하여 문단의 주목을 받았고 그 이후 함흥과 만주에서 발표한 작품들도 지속적인 관심의 대상이 되었다. 광복 후 평양에 정착하여 분단 이후에도 활동하다가 1959년 양강도 삼수군의 농장으로 축출되어 농사꾼으로 살다가 타계했다.

이 시는 1939년 11월 8일부터 11일까지 '서행시초(西行詩抄)'라는 묶음으로 연재한 네 편 중 첫 작품이다. 평안북도 구장군 구장읍에 자리한 구장으로 가는 길

대원각이라는 요정은 자야 여사가 법정 스님에게 시주하여 길상사로 재탄생했다. 사진은 길상사 전경ⓒ하응백

의 여행 체험을 그린 작품이다. 평안북도 지역의 토속적인 산골 풍경이 소박하게 펼쳐져 있다. 이 시에 소재로 등장하는 술국은 시에 묘사된 바에 따르면 시래깃국에 소피와 두부를 넣고 끓인 선짓국으로 우리나라의 서민들에게 사랑을 받은 해장 음식의 하나다.

분류 : 문학
색인어 : 서행시초, 구장로, 백석, 쏘가리, 소주, 시래깃국, 소피, 두부, 술국(선짓국)
참고문헌 : 이숭원, 『백석을 만나다』(태학사, 2008)
필자 : 이숭원

술장수와 엿장수 그림(「대쾌도」)

19세기 화가 유숙(劉淑: 1827-1873)의 작품으로 전해지는 「대쾌도」이다. 화면 상단에 대쾌도라는 제목을 쓰고 '병오년 온갖 꽃이 만발할 때에 격양세인이 태평성대를 꿈꾸며 그렸다[丙午萬花方暢時節 擊壤世人寫於康衢煙月].'라는 화시가 쓰여 그린 이의 뜻을 알 수 있다. 이 그림은 국립중앙박물관 소장의 전 신윤복의 대쾌도를 참고로 그린 것으로 추정되고 있다. 「대쾌도」에는 태평성세를 꿈꾼다는 시와 함께 택견과 씨름을 관람하는 구경꾼과 그들에게 술과 엿을 파는 장면이 그려져, 태평성세 속 유희와 풍요로운 음식을 보여준다.

태평성대를 꿈꾼다는 화제에 부응하듯이 화면 중앙에는 택견과 씨름이 한창이다. 이들을 구경하는 인물들도 원형을 그리며 흥미진진하게 승부를 지켜보고 있다. 이 그림이 속 하단 좌측에는 술을 파는 장면이 그려져 있는데, 상투를 튼 남자가 운영하는 간이주점은

씨름과 택견을 구경하러 가는 길목에 자리잡고 있다. 주점의 주인이 백자 사발에 흰 막걸리를 따르고 있다. 좌판에는 입구가 나팔형처럼 벌어진 큰 도기병 3개가 있는데, 한 연구에서는 병의 입구 형태를 보고 휘발성이 강한 소주보다는 알코올 도수가 낮아 휘발되지 않는 막걸리를 담았을 것으로 추정하였다 술병은 도기이지만 잔은 백자를 사용하였는데, 좌판에 3개의 큰 술잔들이 놓여 있다. 그리고 그 옆의 상자 속에는 옅은 노란색으로 칠해진 음식들이 담겨 있는데, 그림만으로는 정체를 정확하게 알 수 없으나 여러 상황으로 보아 노란 콩가루 고물을 묻힌 인절미로 추정된다.

남자의 맞은편에는 두 무리의 남성들이 대화를 나누고 있다. 여유롭게 술을 따르는 주인과 대비되어 주머

유숙, 「대쾌도」, 54×105cm, 종이에 채색, 조선 후기, 서울대학교박물관

니의 돈을 세어보거나 잠시 갈등하는 이들의 표정에서 술을 먹으려는 자와 파는 자의 묘한 대비가 이루어진다. 주인의 빙긋한 미소와 술잔에 가득 차는 술의 모습에서 이미 다음의 상황을 짐작할 수 있다.

또 시선을 위로 올려, 택견꾼 옆에서 엿판을 목에 걸고 택견을 구경하는 엿장수의 모습도 눈에 띈다. 엿을 만드는 전통 방식은 쌀이나 멥쌀로 물엿을 만들고 이 것을 졸여 식히면 고체의 강엿이 만들어진다. 강엿을 다시 약한 불에 가열하여 녹인 후 이것을 여러 번 잡아 늘이면 흰엿이 된다. 『화성능행도병』에서 댕기머리를 한 남자아이 6명이 간식거리를 파는 모습에서 목판만 그려져 있던 것에 비해, 이 그림에서는 상투를 튼 남자가 목판에 얹고 파는 것은 분명 엿이라는 것을 알 수 있을 정도로 뚜렷이 그려졌다. 또 『화성능행도병』에서는 엿장수들이 구경꾼들 사이를 헤집고 다니며 간식을 팔던 모습이라면, 이 그림에서는 엿을 파는 것도 잊은 채 화면의 중심에서 서서 택견을 구경하고 있는 엿장수의 한가로운 모습이 대비된다. 목판에 가지런히 담긴 흰엿의 달콤함과 술잔에 한 가득 옮겨지는 흰 막걸리의 술 향기는 단순한 소재의 차원을 넘어서서 태평성대를 상징하는 중요한 부분이 풍요로운 음식이란 점을 짐작할 수 있다.

다시 화제로 돌아가보면 '온갖 꽃이 만발하는 때'는 음력 5월 전후로 일명 '보릿고개' 시기이다. 농민이 추수 때 걷은 식량이 다 떨어진 후 초여름에 보리가 여물기 전 동안 굶주림에 고통스러운 때이다. 이에 비해 화제 속의 '격양(擊壤)'과 '강구(康衢)'는 요임금의 치세를 비유하는 용어로 오곡이 풍성하고 민심이 후한 태평성세를 비유하는 말로 쓰였다. 보릿고개 속에서 태평성세를 그리는 역설적 상황은 그만큼 택견과 씨름이나 구경하며 술과 엿을 즐기는 삶을 염원하는 마음을 더욱 간절하게 전한다.

분류 : 미술
색인어 : 택견, 술장수, 엿장수, 유숙, 대쾌도
참고문헌 : 주영하, 『그림 속의 음식, 음식 속의 역사』(사계절, 2005)
필자 : 구혜인

술지게미(『고향』)

"그게 무에야? 웬 술지게미를 받어 온대여."
갑숙이는 업동이네가 머리에 이는 광주리 속도 들여다보다가,
"아니 웬 술지게미들만… 돼지 먹이들을 받어 가나?"
박성녀와 업동이네는 별안간 면구한 생각이 나서 얼굴을 붉히고 서글픈 웃음만 마주 웃고 있었다.
"돼지 죽이 아니라 사람 죽이라우."
(중략)
"말 말어. 아까 장터 양조소 앞에 사람이 많이 선 것 못 보았남."
"아니, 그럼 그게 다 지게미를 사러 온 사람들이야?"
갑숙이는 한동안 무슨 수수께끼나 풀려는 것처럼 말끄러미 한 곳을 쳐다보고 있었다.
"서울 사람들은 이런 것 안 먹나유?"
박성녀는 그대로 있기가 어쩐지 더 면구한 듯해서 짐짓 이런 말을 물어보았다.
"난 못 보았는데요."
"그래도 여기 사람들은 없어서 못 먹는데유."

1933년에서 1934년까지 약 10개월에 걸쳐 〈조선일보〉에 연재되었던 이기영의 장편소설 『고향』이다. 이기영(李箕永: 1895-1984)은 한국 경향소설의 최고 작가로 평가받는 소설가이다. 1924년 7월 「오빠의 비밀편지」로 등단했다. 해방 후 월북하여 북한 문단을 이끌었다. 대표작에 「민촌」, 「농부 정도룡」, 「서화」 등의 단편과, 『고향』, 『봄』, 『두만강』 등의 장편이 있다.

『고향』의 무대는 이기영의 고향인 충청남도 천안의 한 농촌 마을이다. 모두 38개 장으로 구성된 이 작품의 첫 장은 '농촌점경(農村點景)'인데, 서울에 거주하는 지주를 대신하여 토지와 소작농을 관리하는 마름 안승학의 유한한 생활과 중노동과 가난에 시달리는 소작농민들의 비참한 상황이 대비를 이루는 가운데 주인공인 김희준이 동경 유학에서 돌아오는 내용을 담고 있다. '지주-마름-소작농'의 관계가 기본 구조인 당대 토지소유의 현실과 이를 혁파하고자 하는 진보

적 의지를 다루는『고향』의 핵심이 이처럼 첫 장에 뚜렷이 제시되었다.

구성의 측면에서 볼 때 이 세 가지 모두 대단히 중요하지만 이 가운데 당대의 농민소설 일반과 특히 구별되는 것은 소작농민들의 현실을 대단히 구체적으로 그리고 있다는 점이다. 수탈, 중노동, 가난에 시달리며 죽음의 길을 걸어가고 있는 소작농민들의 현실을 가장 잘 드러낸 부분이 위의 장면이다.

장터 양조소 앞에는 술지게미를 사려는 사람들이 줄을 서 차례를 기다리고 있다. 짐승이나 먹일 술지게미를 사서 먹지 않으면 목숨을 부지할 수 없으니 인간의 삶이 아니라 짐승의 삶을 살고 있는 사람들이다. 이런 현실을 날카롭게 찍어 올린 위의 인용은 당대 현실의 한 측면에 대한 섬뜩한 증언이다.

일제 강점기 소설 가운데 당대 조선 인구의 60퍼센트를 넘었던 소작농민의 비참한 현실을 가장 잘 그린 작품은 바로 이기영의『고향』이다. 이런 평가의 근거 가운데 하나를 위의 인용문에서 확인할 수 있다.

분류 : 문학
색인어 : 고향, 이기영, 술지게미, 농민소설
참고문헌 : 김윤식 외 편,『한국 리얼리즘 소설 연구』(문학과비평사, 1992); 이성렬,『민촌 이기영 평전』(심지, 2006)
필자 : 정호웅

술 두 말과 익살꾼 정수동

조선 후기의 자유분방한 시인으로 유명한 정수동(鄭壽銅: 1808-1858)은 기발하고 익살스러운 일화를 많이 남긴 인물이다. 그의 이러한 면모를 볼 수 있는 일화가 이유원(李裕元: 1814-1888)의『임하필기(林下筆記)』에도 나온다. 어떤 사람이 손자랑 놀다가 동전 한 닢을 주었더니, 손자가 그만 그 동전을 삼키고 말았다. 너무 놀란 할아버지는 급히 의원 집으로 달려가는 도중에 정수동을 만나 사정 얘기를 했다. 그러자 껄껄 웃으며 정수동이 말하길, 손자는 틀림없이 무사할 테니 걱정 말라고 했다. 요즘 사람들은 나랏돈[公錢]과 남의 돈[私錢]을 수만 냥씩 먹고도 죽지 않는데, 손자가 할아버지 돈 한 닢 먹었다고 죽을 리가 없다는

것이다.

그의 기이한 행동 때문인지 정수동은 지금까지도 전해지는 재미있는 설화의 주인공이기도 하다. 술을 유난히 즐겼던 정수동인지라 주로 술과 관련된 설화가 많다.『한국구비문학대계』를 보면, 경상북도 예천군 개포면에는 술 두 말을 마신 정수동의 이야기가 두 가지 전한다. 하나는 권 참판 댁에서 세찬(歲饌)으로 선물받은 술 두 말을 앉은 자리에서 다 먹은 이야기이다. 술을 좋아하는 정수동을 생각해 권 참판은 이 술로 설을 쇠라면서 하인을 시켜 술 두 말을 보냈다. 정수동의 집으로 가기 위해 술을 지고 한 5리쯤 가던 도중, 그는 하인에게 짐을 내려놓고 대접을 하나 얻어오라고 시켰다. 그렇게 얻어 온 대접에다 정수동은 술을 따라서 하인에게 몇 잔 주고는 눈발도 내리는 그 자리에서 전부 마셔버렸다. 그러고는 하는 말이 무거운데 공연히 지고 갈 게 뭐 있냐면서, 어차피 내가 마실 술인데 내 배 속에다 넣고 가면 제일 편하지 않느냐고 했다는 것이다.

또 한 가지는 정수동이 열 사람이 마시려고 준비한 술 두 말을 혼자 다 마신 설화이다. 어느 날 친구들과 모여 시를 짓고 놀았는데, 시를 짓는 솜씨가 뛰어난 정수동은 가장 먼저 시를 완성하였다. 혼자서 시간이 남아 여기저기 기웃대던 정수동은 주인이 미리 술을 갖다둔 방으로 들어가게 되었다. 남은 사람들이 시를 다 짓도록 시만 덜렁 남겨놓고 사라진 정수동은 나타나지 않았다. 그러다 술을 가지러 방에 들어갔던 주인은 빈 술독 옆에서 곯아떨어져 자고 있는 정수동을 발견하였다. 주인은 정수동을 깨워, 열 사람이 먹으려고 갖다놓은 술을 아무리 좋아한다고 해도 혼자 다 마셔버리면 어떻게 하느냐고 화를 냈다. 그러자 정수동은 자기는 술 두 말을 먹은 게 아니며, 술 한 말은 술로 먹었지만 술 한 말은 안주로 먹었다고 대답하였다.

분류 : 음식
참고문헌 : 이유원 저, 김동주 역,『임하필기』(한국고전번역원, 2000); 임원기 제보(경상북도 예천군 개포면 채록),「술 두 말을 마신 정수동」,『한국구비문학대계』(한국학중앙연구원, 1984)
필자 : 김혜숙

재강죽 만드는 법 이때가 해 먹는 때입니다

『조선요리학(朝鮮料理學)』의 저자 홍선표(洪善杓: ?-?)는 1940년 2월 14일, 〈매일신보〉에 「재강죽 만드는 법 이때가 해 먹는 때입니다」라는 기사를 통해 추운 겨울에 먹기 좋은 음식인 모주(母酒)와 재강죽을 소개하였다. 둘 다 곡식으로 술을 빚을 때 짜내고 남은 찌꺼기를 뜻하는 재강을 주재료로 한 것이다.

저자는 '지금은 주류통제로 인하야 사사로이 술을 만들지 못하는 관계로 술의 찌꺼기 재강이라는 것도 용이하게 얻어 볼 수 없는 터이나'라며 모주에 관한 이야기로 글을 시작한다. 모주는 고려시대부터 탁주라고 불리면서 마셨던 술로 추측되고 있다. 인목대비(仁穆大妃)의 어머니인 노씨부인(盧氏夫人)이 광해군 때 제주도로 귀양을 가서 술지게미를 재탕한 막걸리를 만들어 섬의 사람들에게 값싸게 팔았던 일이 있었다. 왕비의 어머니가 만든 술이라고 하여 처음에는 이 막걸리를 대비모주(大妃母酒)라 부르다가 나중에는 그냥 모주라고 불렀다 한다. 시대를 한참 거슬러 내려가서 한말에도 서울에 모주가 존재하였다. 이것은 재강에 물을 타서 뜨끈뜨끈하게 끓여낸 것으로, 알코올 농도가 매우 낮아 맹물을 겨우 면하는 정도였다고 한다. 앞서 언급한 신문 기사에서 홍선표는 재강을 한 번 체에 거르면 술도 아니고 죽도 아닌 모주라는 '방한(防寒)음식'이 된다고 하였다. 즉, 이 모주라는 것이 노동자들이 겨울 추위, 때로는 허기까지 물리치는 음식이라는 것이다. 그는 '예전에는 겨울날 새벽이면 동리동리 모퉁이에서 모주 잡수시오 하고 외치는 소리가' 났다고 하였다. 이 모주를 파는 사람의 목소리가 클수록 더욱 추위가 매섭다는 것을 듣는 사람이 알 수 있었으니, 이것이야 말로 당시의 '기상예보'라고까지 말하고 있다.

이러한 모주는 장과 위를 튼튼히 하고 추위를 막을 뿐 아니라 배 속을 든든하게 하는 데도 부족함이 없으니, '작취미성(昨醉未醒)한 사람이나 노동자는 밥보다, 국보다도 이 모주 한 그릇을 먹어야 견딜 수 있는' 음식이었다고 하였다. 신문 기사에서 홍선표는 재강을 한 번 걸러서 모주를 만들었다고만 설명하고 있으나 재강을 체에 거른 후에 뜨거운 물에 탄 것이 아니었을까 생각된다.

기사에서 두 번째로 소개한 재강죽은 조죽(糟粥) 또는 술지게미죽이라고도 불리는 음식이다. 재강을 체에 한 번 걸러서 쌀을 넣고 끓인 것으로 설탕을 넣어야 더 맛이 좋다고 하였다. 이 또한 겨울철 음식으로, 식전에 한 그릇 먹으면 아무리 추워도 추위를 못 느끼게 되며 맛이 있어 어린아이들도 먹기에 좋은 음식이라고 하였다. 20전 정도의 비용으로 6-7명 가족이 배불리 먹을 수 있는 양을 만들 수 있다고 하였다.

그러나 홍선표의 글이 신문에 실린 1940년은 조선에서 식량부족이 점차로 심화하여 가는 시기였다. 1937년 발발한 중일전쟁 이후 장기화하여 가는 전쟁의 영향으로 식료품의 물가는 나날이 상승하였고 1939년에 있었던 기록적인 쌀 흉작도 영향을 끼쳐 서울에서는 1940년 양곡 배급이 시작되었다. 가양주 제조가 금지되면서 각 가정에서 술을 만들 수 없게 된 것은 일제 강점기의 주세령(酒稅令)이 발효된 1916년부터였다. 그러나, 전시 식량부족 하에서 양곡을 주원료로 하는 술 제조는 더욱 어려워졌다. 글의 서두에서 저자가 재강을 쉽게 구하기 어려워졌다고 언급한 것도 이러한 상황을 설명한 것이다. 대신, 홍선표는 당시 일본인들이 판매했던 술 사께가스[酒糟]를 사서 재강죽을 만들 것을 권하고 있다.

재강죽은 방신영(方信榮: 1890-1977)이 1934년에 쓴 『조선요리제법(朝鮮料理製法)』에 등장한다. 재강은 맛이 달고 빛이 희고 정한 약주의 재강을 쓰되, 물에 불린 쌀과 재강을 솥에 넣고 끓여 설탕을 쳐서 먹으라고 하였다. 이용기(李用基: 1875-1933)가 1936년에 출간한 『조선무쌍신식요리제법(朝鮮無雙新式料理製法)』에도 재강죽에 관한 내용이 있다. 우선, 좋은 술지게미(송이재강)를 걸러 고운 체에 다시 걸러 모주처럼 만들어 흰쌀을 넣고 쌀알이 풀리도록 휘저어 퍼낸다. 조선요리제법과의 차이점으로, 설탕이 아닌, 꿀을 타 먹으라는 내용이 보이고 감기에 좋다고 하였다. 또 술지게미를 거르지 않고 그냥 물을 넣고 흰밥을 넣고 끓여도 좋다고 하였다.

분류 : 음식
참고문헌 : 「재강죽 만드는 법 이때가 해 먹는 때입니다」,〈매일신보〉1940년 2월 14일; 이용기,『조선무쌍신식요리제법』(1936); 한국학중앙연구원,『한국민족문화대백과사전』,「모주」; 방신영,『조선요리제법』(1934)
필자 : 박경희

숭어

숭어는 한자로 된 명칭도 여럿이지만, 크기에 따라 달리 부르는 우리말 이름이 많은 바닷고기이다. 한자 명칭에 대해서는 이덕무(李德懋: 1741-1793)가 『청장관전서(青莊館全書)』 제59권에서 다루었다. 그에 따르면, 우리나라에서 숭어[秀魚]라고 부르는 물고기는 '치어(鯔魚)'로서 '鯔(자)'라고도 쓰는데 물고기의 빛깔이 검기 때문에 붙은 이름이며, '鮋(유)', '鮔(거)', '鮋(수)'라고도 쓴다고 했다. 또한 수(鮋)와 수(秀)가 음이 서로 비슷하여, 우리나라에서 '秀魚(수어)'라 했다고 설명하였다.

서유구(徐有榘: 1764-1845) 역시 『난호어목지(蘭湖漁牧志)』「어명고(魚名攷)」에서 우리나라에서는 숭어를 수어(秀魚)라고 하는데, 그 모양이 길면서 빼어나기 때문이다. 그러면서 그는 숭어는 바다와 통하는 강과 내에 모두 다 있는데, 뼈가 부드럽고 육질은 쫄깃하여 강에서 나는 것 중에서 가장 크고 맛있는 물고기라고 평하였다(서유구 저, 이두순 평역, 2015: 28쪽). 이와 같이 어물 중에서도 가장 맛 좋고 유익하기로 첫손에 꼽혔던 숭어였기에 '숭어가 뛰니까 망둥이도 뛴다'는 속담도 생겼다. 망둥이는 꼴뚜기와 더불어 어물 중에서도 가장 하찮은 것으로 취급하였기 때문에, 숭어와 망둥이를 대비하면서 자신의 처지는 생각지 않고 분별없이 잘난 사람을 따라 행동할 때에 쓰는 표현이다.

한편 성현(成俔: 1439-1504)의 『용재총화(慵齋叢話)』에도 숭어의 이름과 관련된 일화가 전한다. '수(秀)'와 '수(水)'의 발음이 같아서 생겨난 일이다. 옛날에 우리나라에 중국 사신이 와서 숭어를 대접하였는데, 그 맛이 훌륭하므로 물고기의 이름을 물었다. 이에 역관은 '수어(秀魚)'라고 한다고 대답하였다. 하지만 '수어(水魚)'라고 알아들은 사신은 물[水] 속에 사는 물고기[魚]가 모두 수어(水魚)인데, 어찌하여 이것만 수어라 했냐면서 웃었다고 한다.

실제로 각종 문헌에서는 숭어는 음이 유사한 한자로 바꾸어 '崇魚(숭어)', '水魚(수어)', '首魚(수어)'라고도 표기되어 있는데, 그렇지 않은 경우는 유희(柳僖: 1773-1837)의 『물명고(物名考)』에 보이는 '子魚(자어)', '棱魚(능어)' 정도이다.

숭어는 이러한 한자 명칭 이외에 그 크기와 지역에 따라 다르게 부르는 한글 이름도 있었다. 이에 대해서는 어류학자 정문기(鄭文基: 1898-1995)가 1938년 7월 26일자 〈동아일보〉 「조선 담수산 명어(朝鮮淡水産名魚)」(三)에서 자세히 소개하였는데, 요약하면 다음과 같다. 숭어의 산지는 전국적으로 널리 분포하지만 옛날부터 유명한 곳은 전라남도 영산강 어귀의 몽탄(夢灘), 전라북도 만경강 어귀, 충청남도 아산만 어귀, 평안남도 대동강 어귀 등이다. 이 가운데 가장 유명한 곳은 전라남도 몽탄이며, 그 맛이 다른 지역의 숭어와 비교하면 각별하다고 한다. 아주 진귀하게 여겨져 온 숭어는 크기에 따라 지역별 명칭이 다른데, 유명한 숭어 산지인 전라남도 영암군 몽탄 서호강, 덕진강 부근에서는 1년생 숭어를 '모챙이', 2년생 숭어는 '묵얼못', '묵을못', '묵은못챙이', 3년생 숭어는 '딩기리', 4년생 숭어는 '모그래기', 다 자란 숭어는 '숭어' 또는 '수어'라고 부른다. 또한 경기도 부천군 문학면 송도 부근에서는 부화하여 길이가 2촌(寸)까지의 숭어는 '살못치', 3촌에서 5촌까지의 숭어는 '모쟁이', 6, 7촌쯤 되는 숭어는 '사시리', 다 자란 것은 '숭어', 특히 큰 숭어를 '뚝다리'라고 부른다. 한강 마포와 행주 부근에서는 3촌쯤 자란 것은 '동어', 1척(尺)쯤 되는 것은 '모쟁이', 2척쯤 되는 것은 '숭어', 2척 5촌쯤 되면 '대다리', 3척 이상 되면 '뚝다리'라고 부르고, 전라북도 만경강 어귀 부근에서는 작은 것을 '모치', 중간 것을 '말어', 큰 것을 '숭어'라고 불렀다고 한다.

숭어 새끼는 명칭도 다르지만, 먹는 방법도 다양하였다. 그리하여 4월의 숭어 새끼로 담근 젓을 '모쟁이젓'이라고 한다. 모쟁이젓은 봄철에 담가 가을부터 먹을 수 있는데 먹을 때는 생선을 꺼내 비늘을 긁고 깨끗이 씻은 후 적당히 썰어서 파, 마늘, 생강, 고춧가루를 쳐서 찐 다음에 초와 깨소금을 쳐서 밥반찬으로 하거나, 갖은 양념과 초를 치고 날로 먹어도 좋다〈경향신문〉 1957년 11월 13일자). 또한 경기도 김포와 강화도 등지에서는 숭어 새끼를 '동어'라고 부르는데, 겨울에 잡아 숯불이나 연탄불 등에 구워 먹거나 날것을 그대로 김치에 싸서 먹으면 고소하고, 소금에 절인 뒤 구워서 반찬을 하는데 겨울철 별미로 친다고 한다〈한겨레〉 1999년 12월 27일자).

한편 17세기 조선의 시인이었던 이응희(李應禧: 1579-1651년)는 숭어의 맛이 좋다는 것은 예로부터 널리 알려진 사실인데, 그 맛이 과연 명성에 걸맞다면서 아래와 같은 시를 지어 『옥담시집(玉潭詩集)』에 실었다.

강과 바다 깊은 물속에 사는데
헤엄치다 사람의 그물에 걸렸네
맛이 좋다고 예로부터 알려졌으니
그 명성 참으로 헛된 게 아니로세
솥에 넣고 끓이면 은빛이 진동하고
쟁반에 얹으면 백설처럼 하얗다
고량진미 먹는 이에게 먹이지 말라
먹고 남은 찌꺼기로 버릴 테니까
沈潛江海外　游泳入人漁
美品傳來久　佳名得不虛
小鼎銀輝動　高盤雪色舒
莫餉膏粱客　宜投飯糗餘

*이상하 역, 「숭어[秀魚]」, 『옥담시집』(전주이씨안양군파종사회, 2009)

이처럼 맛이 좋다는 숭어로는 숭어조림, 숭어찜, 숭어만두, 숭어전유어, 숭어포, 숭어탕, 숭어어채, 숭어회 등을 만들어 먹었다. 또한 숭어의 알로는 어란(魚卵)을 만들었는데, 아주 귀하고 값비싼 음식으로 취급되었다.

분류 : 식재료
색인어 : 찜, 도문대작, 어란, 어만두, 망둥이, 꼴뚜기
참고문헌 : 〈동아일보〉; 이덕무 저, 이상형 역, 『청장관전서』(한국고전번역원, 1981); 성현 저, 권오돈·김용국·이지형 공역, 『용재총화』(한국고전번역원, 1971); 유희, 『물명고』; 서유구 저, 이두순 평역, 강우규 도판, 『평역 난호어명고』(수산경제연구원BOOKS·블루&노트, 2015); 이응희 저, 이상하 역, 『옥담시집』(전주이씨안양군파종사회, 2009); 「젓갈의 종류와 맛있게 먹는 법 」, 〈경향신문〉 1957년 11월 13일; 「"겨울철 별미 동어를 아시나요" 김포·강화 술안주 인기」, 〈한겨레〉 1999년 12월 27일
필자 : 김혜숙

동치회

숭어는 맛이 좋기로 유명하였지만, 특히 겨울에 얼려서 먹는 숭어회는 '동숭어회[凍秀魚膾]' 또는 '동치회(凍鯔膾)'라고 하여 널리 알려진 별미였다.

홍만선(洪萬選: 1643-1715)의 『산림경제(山林經濟)』를 보아도, 숭어는 사람에게 유익하고 어떤 음식을 해도 좋다. 다만, 8월부터 이듬해 2월까지는 맛있지만, 나머지 기간은 맛이 없다고 하였다. 따라서 계절상 겨울에 먹는 숭어회의 맛이 더 각별했던 것이다.

겨울 숭어회에 대하여 조선시대의 미식가로 알려진 허균(許筠: 1569-1618)은 『도문대작(屠門大嚼)』에서 언급하였다. 이에 따르면, 숭어는 서해 어디에나 있지

겨울 강화도 숭어회ⓒ하응백

만 한강에서 잡히는 게 가장 좋고, 나주(羅州)에서 잡히는 숭어는 대단히 크며, 평양에서 잡아 얼린 것이 아주 맛있다는 것이다. 여기에서 허균이 말한 숭어를 얼려 만든 음식이 바로 '동치회(凍鯔膾)', 즉 숭어회이다. 서유구(徐有榘: 1764-1845)의 『임원경제지(林園經濟志)』에 나오는 숭어회 만드는 법[凍鯔膾方]을 보면, 겨울에 숭어를 잡아 눈 위에 하룻밤 정도 두었다가 충분히 얼린 다음, 그것의 비늘과 껍질을 벗기고, 잘 드는 칼로 나뭇잎처럼 얇게 썰어 겨자장에 찍어 먹으면 아주 시원하고 맛있다고 한다.

평양의 동치회의 맛에 대한 평가는 이의봉(李義鳳: 1733-1801) 역시 허균과 비슷하였다. 그는 1760년 11월 10일, 중국으로 사행을 가는 길에 평양을 지나다가 아버지 이휘중(李徽中: 1715-1786)과 함께 숭어회를 먹은 일을 『북원록(北轅錄)』에 적었다. 그에 따르면, 대동강에 이르러서 평소부터 맛이 있다고 이름이 높은 얼린 숭어회, 즉 동치회를 맛보았는데, 꽤나 맑고 시원함을 느꼈다고 한다.

이 방법으로 만든 숭어회의 맛을 두고 이용기(李用基: 1870-1933)는 『조선무쌍신식요리제법(朝鮮無雙新式料理製法)』(1936)에서 생치(生雉), 즉 꿩을 얼린 것과 같다고 하였다. 날 꿩고기를 얼려 얇게 저민 '동치회(凍雉膾)', 즉 꿩회와 비슷하다는 것이다. 이어 그는 숭어회는 얼려 먹어야 좋지만, 전라남도 영광 등지에서는 숭어회를 쳐서 아랫목에 놓아두었다가 누런 기름이 나온 뒤에 먹는데 그 맛도 아주 좋다고 하더라고 덧붙였다.

분류 : 음식
참고문헌 : 홍만선, 『산림경제』(한국전통지식포탈); 허균 저, 신승운 역, 『도문대작』(한국고전번역원, 1984); 서유구, 『임원경제지』(한국전통지식포탈); 이용기, 『조선무쌍신식요리제법』(영창서관, 1936); 이의봉 저, 박동욱 역, 『북원록』(세종대왕기념사업회, 2016)
필자 : 김혜숙

숭어(『고금소총』)

옛날 소화집인 『고금소총』에는 어떤 생선장수가 숭어를 이용하여 유부녀와 음탕한 짓을 하는 이야기가 실려 있다.

한 생선장수가 큰 숭어 한 마리를 가지고 시골 마을로 팔러 다니며 큰 소리로 외쳐댔다.

"어떤 여자든지 항문 위와 옥문(玉門) 아래 사이에 나의 양물(陽物)을 잠깐 댈 수 있도록 해준다면, 이 생선을 주겠소."

한 농부의 아내가 이 말을 듣고 마음속으로 '그곳은 주인 없는 공지(空地)이니 대주어도 무방하겠지'라고 생각하고 마침내 속곳의 실밥을 타 구멍을 내더니 생선장수에게 잠깐만 양물을 그곳에 대도록 하였다. 생선장수는 여자의 세 폭짜리 잠방이를 말아 올린 다음, 엉덩이를 높게 고이고 여자의 다리를 자신의 두 겨드랑이 사이에 낀 뒤, 자신의 양물을 드러내었다. 그 양물은 힘줄이 얼기설기 가로지르고 있어 흡사 등나무 줄기가 모과나무를 얼기설기 감고 있는 것 같았다. 바로 가죽과 살이 단단해지는데, 마치 중이 사용하는 쇠 바루를 옥 같은 대나무 뿌리 위에 덮어놓은 것 같았다.

생선장수가 터진 구멍에 양물을 대고 곧게 세우니, 마치 수고양이가 머리에 맞바람을 쐬는 모양 같고, 팽팽해진 양물은 통영 장인의 칼 끝 같았다. 넣었다 뺐다 하며 창을 가니, 능숙한 가죽 장인이 어지러이 무두질을 하는 모습이었다. 이윽고 닭 벼슬에서 점액이 흘러내리는데, 마치 말 등에 땀이 밴 듯 끈적끈적했고, 항문은 열렸다 오므라들었다 하니, 마치 산초 열매를 머금은 쥐의 입과 같았다. 농부의 처는 즐거운 정이 흡족한 나머지 마침내 생선장수를 끌어안고 등을 어루만지며 말하였다.

"오늘 거래는 정말이지 즐거웠어요. 정말 즐거웠어요. 자주 와서 공지를 사가셔야만 해요."

생선장수는 그러마고 승낙하고서 숭어를 놓고 사라졌다.

얼마 지나지 않아 집주인 농부가 돌아왔는데 아내가 숭어를 장만하여 내놓자 물었다.

"어디에서 난 거요?"

아내가 항문과 옥문 사이의 공지를 팔아서 얻었다고 말하자 농부는 크게 놀라며 말하였다.

"공지를 팔았다면 그만이지만, 만일 실수하여 값진 곳으로 들어갔으면 어찌하였겠소?"

지금도 그렇지만 옛날에도 양반들 사이에서나 민간 백성들 사이에서 우스운 이야기들이 많이 생성·유통 되었는데, 이들을 소화(笑話)라고 한다. 위 이야기는 소화 중에서도 음담패설을 소재로 한 것으로서 성(性) 소화에 해당한다.

일부 양반 지식인들 중에는 이러한 소화들만을 따로 기록하여 책으로 만들었는데, 지금까지 전하는 것으로 『태평한화골계전』, 『어면순』, 『속어면순』, 『명엽지해』, 『파수록』 등이 그 대표적인 것이다. 그리고 나중에는 여러 소화집에서 특히 재미있는 이야기들을 몇 편씩 뽑아 따로 책을 만들기도 했는데, 그 대표적인 것이 우리에게 널리 알려진 『고금소총』이다. 위에서 소개한 이야기는 원래 『속어면순』에 실려 있던 것인데, 나중에 따로 뽑혀 현재에는 『고금소총』에도 실려 있다.

분류 : 문학
색인어 : 숭어, 소화, 고금소총
참고문헌 : 시귀선 외 역주, 『고금소총』(한국문화사, 1998)
필자 : 차충환

승검초

승검초는 한의학에서는 당귀(當歸)라고 하여 혈(血)을 보해주는 대표적인 약재로 쓰인다. 특히 여성에게 좋은 약재로 많이 활용되기도 한다. 이러한 당귀는 일반에서는 참당귀, 승검초라 하여 식재료로 다양하게 활용되었다.

19세기 초 빙허각 이씨(憑虛閣 李氏: 1759-1824)가 지은 『규합총서(閨閣叢書)』(1809)에서는 승검초를 이용해서 산적을 만드는 방법을 적고 있다. 봄에 연한 줄기를 데쳐서 껍질을 벗긴 후, 안심살 산적에 섞어 꿰어서 양념한 즙을 발라 구워 먹는다. 겨울에도 먹는데 승검초의 흰 움을 꿩에 섞어 꿰어서 구우면 맛이 좋다고 하였다.

작자 미상의 『시의전서(是議全書)』(1800년대말)에서는 승검초를 '고추장에 장아찌 박는 물종(物種)'이라고 하여 고추장에 박아서 장아찌로 만드는 재료 중 하나로 꼽고 있다. 이때 사용하는 것은 부드러운 승검초 잎이 아닌 승검초 줄기로 아마도 물기가 많으면 고추장이 묽어져서 장아찌가 망가지게 되는 특성상 물기가 많이 없는 부분을 장아찌로 활용했던 것으로 보인다.

작자 미상의 『윤씨음식법』(1854 추정)에서는 '소치'라 하여 각종 채소를 묵, 두부와 함께 채 쳐서 초장과 함께 버무려 먹을 때 승검초를 함께 사용하였다. 재료와 조리법을 자세히 보면 다음과 같다. 묵과 두부를 가늘고 길게 같은 크기로 썰어서 도라지, 파, 미나리, 표고, 석이, 국화잎, 승검초 줄기를 썰어서 녹말을 무쳐서 익힌 후 차례로 담고 빛 고운 고추와 생강, 대파 밑동 등을 가늘게 채 쳐서 듬뿍 뿌리고 난 후 잣가루를 뿌려서 초장과 함께 먹었다고 하였다.

이 책에서는 '김치'를 만들 때도 승검초를 활용하였는데, 무와 순무를 반반 사용하고, 재료를 얇게 저미고 어슷하게 썰고, 넓이는 좁고 길이는 길쭉하게 자른다. 배추와 순무의 줄기를 푸른 잎이 하나도 없게 다듬어서 어슷하게 썰어 무와 섞고, 생강과 고추도 어슷썰기로 썰어 넣어 싱겁게 침채를 담아둔다. 하룻밤을 익게 두었다가 승검초 줄기나 잎을 넣는데, 쓸 때는 꺼낸다. 아마도 향신료처럼 쓰였거나, 승검초의 약성이 우러나오게 하는 과정으로 보인다. 그리고 배와 유자의 껍질을 벗기고 얇게 저며 넣어 국물에 꿀을 타서 가라앉힌 후 재료에 붓는다. 곁들여서 석류와 잣도 넣고 파, 생강, 고추를 위에 담으면 모양과 맛이 좋아진다. 보통은 술상이나 떡상에 곁들여서 먹는 김치로 활용하였다. 무와 동아 대신 오이를 사용하기도 하였고 이때는 무순을 함께 넣으면 좋다고 하였다.

이규경(李圭景: 1788-1863)의 『오주연문장전산고(五洲衍文長箋散稿)』(19세기)에서는 채소만두에 승검초를 사용하였다. 찹쌀가루로 전병을 만든 후, 순무와 어린 죽순, 여린 파, 승검초의 재료를 찹쌀전병에 싸서 초장이나 묽게 끓인 고추장 즙에 찍어 먹었다고 하였다. 생으로 먹는 재료 중 승검초가 많이 활용되었던 것으로 생각된다.

승검초를 장아찌나 김치, 또는 생으로 먹기도 하였지만 국으로 먹는 경우도 있었다. 조자호(趙慈鎬: 1912-1976)의 『조선요리법(朝鮮料理法)』(1943)에서는 승검초와 고기를 넣어 국을 끓였다. 승검초국(당귀국)은 당귀, 고기, 고추장, 된장, 파, 깨소금, 참기름, 모시조개, 콩나물 등을 재료로 하였다. 당귀를 다듬어서 데치고, 고기는 잘게 썰어 놓는다. 파채는 가늘게 썰어서, 고기와 파채를 넣고 먼저 양념을 한다. 콩나물은 깨끗이 씻고, 모시조개도 까서 깨끗한 물에 한번 헹궈 전부 섞는다. 고추장과 된장을 풀어 국물을 알맞게 붓고 끓이는데 콩나물이 거의 익으면 데쳐놓은 당귀를 넣고 한소끔 더 끓인다. 너무 오래 끓이면 당귀의 색이 검어지므로 적당히 끓인다.

일상적으로 사용하던 재료인 승검초는 제철이 아닐 때도 사용한 것으로 보인다. 장계향(張桂香: 1598-1680)이 지은 『음식디미방[閨壼是議方]』(1670년경)에는 '제철이 아닌 나물 쓰는 법'을 소개하였는데 마굿간 앞에 땅을 파서 움을 만들고, 거름과 흙을 평평하게 깐 다음 그곳에 당귀와 산갓, 파, 마늘 등을 심는다. 움 위에 거름을 덮어 두게 되면 움 안이 따뜻해지면서 나물이 돋아나게 되는데 이것을 겨울에 사용하였다.

승검초는 궁에서도 활용하던 식재료였는데, 연산군 때는 승검초를 관원에게 내려주는 경우가 있었다. 『연산군일기』51권, 연산 9년 12월 7일 경자 2번째 기사에서는 '승검초[辛甘菜]를 승정원에 내려보내며 어서(御書)하기를, "'봄날 소반에 생채가 가늘다[春日盤細生菜].' 하였는데, 이로 보면 청엽(靑葉) 위에 반드시 여덟 구가 있을 것이니, 입직(入直)한 홍문관(弘文館) 관원과 함께 지어 바치라." 하였다.'라 하였고, 『승정원일기』고종 19년 임오(1882) 6월 21일에 승검초 등의 진상은 민폐에 관계되니 올해부터는 그만두라는 전교가 있었다.

분류 : 식재료
색인어 : 고추, 고추장, 국·탕, 규합총서, 김치, 찜, 도라지, 동아, 된장, 두부, 무, 미나리, 배, 배추, 생강, 석이버섯, 순무, 시의전서, 오이, 유자, 음식디미방, 잣, 조선요리법, 참기름, 콩나물, 파
참고문헌 : 빙허각 이씨, 『규합총서』; 작자 미상, 『시의전서』; 작자 미상, 『윤씨음식법』; 이규경, 『오주연문장전산고』; 조자호, 『조선요리법』; 장계향, 『음식디미방』, 『연산군일기』51권 연산 9년(1503) 12월 7일; 『승정원일기』고종 19년(1882) 6월 21일
필자 : 홍진임

승검초강정

승검초 가루를 이용한 떡, 한과는 여러 가지가 있다. 쪄서 만드는 승검초편, 빚어서 끓여 익히는 떡인 승검초단자, 튀겨서 사용한 강정과 지지는 떡인 주악 등에 승검초가 활용되었다. 또 다식에서도 승검초 가루를 이용한 승검초다식을 만들었다. 보통 떡이나 강정, 단자를 만들 때는 생승검초 잎을 찧어서 넣거나 승검초 가루를 사용하였다.

강정은 한과의 하나로 찹쌀가루에 술을 넣고 반죽하여 여러 모양으로 만들어 그늘에 말렸다가 기름에 튀겨 내어 꿀과 고물을 묻혀 만든 것이다. 고물의 종류나 모양에 따라 이름을 붙인다. 대표적으로 콩강정, 승검초강정, 깨강정, 방울강정, 잣강정, 흑임자강정 등이 있다. 궁중에서의 잔치를 기록한 『진연의궤(進宴儀軌)』(1902년)에는 오색 방울 강정[五色鈴強精]을 만들 때 5가지의 색깔 중 하나로 승검초를 사용하였다.

방신영(方信榮: 1890-1977)의 『조선요리제법(朝鮮料理製法)』(1921)에서도 '싱검쵸강정'을 소개하였는데, 깨강정 만드는 법으로 강정을 만들어서 싱검초를 가는체에 쳐서 묻힌다고 한 것으로 보아 가는체에 내려질 정도의 고운 가루를 사용한 것으로 보인다.

분류 : 음식
참고문헌 : 『진연의궤』; 방신영, 『조선요리제법』(신문관, 1917)
필자 : 홍진임

승검초다식

승검초다식은 승검초 가루(당귀가루)와 꿀을 함께 섞어 반죽하여 모양 틀에 는 음식이다. 방신영(方信榮: 1890-1977)의 『조선요리제법(朝鮮料理製法)』(1921)

에서는 '싱검초다식'이라 하여 승검초다식을 소개하였다. 싱검초(승검초) 가루를 가는체에 쳐서 밀가루나 또는 콩가루를 조금 섞은 후 계핏가루를 섞어 꿀과 반죽하여 다식판에 박아서 낸다고 하였다.

승검초 가루만 사용할 경우 맛이나 제형이 제대로 만들어지지 않으므로 밀가루나 콩가루를 함께 섞어서 사용하는 경우가 있었고, 거기에 맛을 내기 위해 계핏가루를 함께 넣어 만들었다. 이후의 조리서에서는 계핏가루 없이 만들었는데, 대신 송홧가루를 가미하여 만들었다.

1946년에 방신영이 집필한 조리서『조선음식 만드는 법』에서는 '승검초다식(사철)'을 만들때 승검초 가루를 곱게 체 쳐서 송홧가루와 꿀을 함께 섞어 다식판에 박아서 사용하였고, 같은 저자의『우리나라 음식 만드는 법』(1954)에서도 당귀가루와 송홧가루, 꿀을 섞어 다식을 만들었다.

1957년에 한희순, 황혜성, 이혜경 등이 발간한 궁중음식 조리서인『이조궁정요리통고(李朝宮庭料理通考)』에서도 당귀와 송홧가루(또는 콩가루), 흰엿(또는 꿀)을 함께 반죽하여 '싱검초다식'을 만들었는데, 여기서는 당귀다식이 각색다식의 구색을 맞추는 데 필요한 것이라고 설명하였다.『이조궁정요리통고』에서는 이 시기에 당귀 가루를 구하는 방법을 설명하였는데, 한약방에서 파는 당귀를 말려서 절구에 빻아 체에 내려서 가루를 만든다고 하였다.

궁중에서의 잔치 기록인『진연의궤(進宴儀軌)』(1902)에서도 황률청태다식(黃栗靑太茶食), 오색다식(五色茶食), 청태계피생강다식[靑太桂薑茶食] 등에서 승검초 가루를 사용한 기록이 있다.

분류 : 음식
참고문헌 : 방신영,『조선요리제법』(신문관, 1917); 방신영,『조선음식 만드는 법』; 방신영,『우리나라 음식 만드는 법』; 한희순, 황혜성, 이혜경,『이조궁정요리통고』;『진연의궤』
필자 : 홍진임

승검초단자

승검초단자는 찹쌀가루를 쪄서 승검초 가루를 섞어서 면보에 싸서 방망이로 치댄 후 모양을 만들어 꿀이나 잣가루 등으로 고물을 묻힌 떡을 말한다.

빙허각 이씨(憑虛閣 李氏: 1759-1824)가 지은『규합총서(閨閤叢書)』(1809)에서는 '신감초 단자'에 대한 기록이 있다. '승검초 날잎을 찧어서 찹쌀가루에 버무려 함께 절구에 찧은 후 삶아 꿀을 쳐서 개는데, 볶은 팥에 꿀소 넣어 잣가루 묻혀 쓴다.'고 하였다.

방신영(方信榮: 1890-1977)의『조선요리제법(朝鮮料理製法)』(1921)에서는 조금 다른 조리법을 사용하였다. '신검쵸단즈'라는 이름의 조리법에서 싱검초가루(승검초 가루)를 찹쌀가루에 버무려서 절구에 찧어 만들어서 볶아서 껍질 벗긴 팥을 묻힌다고 하였는데, 이전의 조리법에서 소로 볶은 팥을 넣고 잣가루를 묻혀 낸 것과는 달리 겉면에 볶은 팥을 묻혀 냈다.

궁중에서는 승검초단자(辛甘草團子), 쑥단자떡(靑艾團子餠), 각색단자(各色團子) 등에서 승검초 가루를 사용하였다는 기록이『진연의궤(進宴儀軌)』(1902)에 있다.

분류 : 음식
참고문헌 : 빙허각 이씨,『규합총서』; 방신영,『조선요리제법』(신문관, 1917);『진연의궤』
필자 : 홍진임

승검초편

승검초편은 멥쌀가루에 설탕을 고루 섞은 후, 삶아서 잘게 뜯어낸 승검초잎과 푹 삶은 팥을 고루 섞어 시루에 찐 떡을 말한다. 다른 이름으로 당귀잎떡이라고도 한다.

작자 미상의『시의전서(是議全書)』(1800년대말)에서도 '승검초편'에 대한 얘기가 나온다. 쌀가루에 꿀물을 진하게 타서 고루 섞어 굵은체로 치고 난 후 승검초가루를 섞어 안친다. 꿀편과 같은 방법으로 만드는데 거기에 승검초 가루를 섞는 것이다.

방신영(方信榮: 1890-1977)의『조선요리제법(朝鮮料理製法)』(1921)에도 '승검초떡'에 대한 설명이 있다. 만드는 방법은『시의전서(是議全書)』와 다르지 않다. 다만 부재료로 밤, 대추, 석이를 사용하고 있다.

이용기(李用基: 1870-1933)가 지은 『조선무쌍신식요리제법(朝鮮無雙新式料理製法)』(1936)도 '신감초썩[辛甘草餠 當餠]'에 대해 같은 방법으로 설명하고 있으나 승검초에 대한 설명이 추가되어 있다. 그 시기에 시골에서 올라오는 승검초 가루에 당귀잎뿐 아니라 다른 풀잎을 섞는 경우가 있어 향취가 덜하고, 좋은 승검초 가루를 잘 쓰는 것이 중요하다고 설명하였다. 또한 이 승검초떡이 다른 떡보다 맛도 좋고 향도 좋으며 몸에도 유익하여 상품의 떡이라 설명하였다.

조자호(趙慈鎬: 1912-1976)의 『조선요리법(朝鮮料理法)』(1943)에서는 '승금초편'으로 설명되어 있고, 그 이후에 손정규(孫貞圭: 1896-1955)의 『우리음식』(1948)에는 '싱검취편[當歸末片]'으로 설명하고 있는데, 여기서는 승검초 가루를 써서 푸른빛을 내는 떡이라고 설명하고 있으나, 이전에는 당귀가루를 썼는데 지금은 시금치가루나 색소를 주로 쓴다고 설명하였다. 승검초 가루는 승검초편에만 사용된 것이 아니다. 삼색편을 만들 때도 초록색을 낼 때는 승검초 가루를 사용하였다. 궁중에서는 승검초를 승검초설기[辛甘草雪只], 승검초메시루떡[辛甘草粳甑餠], 승검초찰시루떡[辛甘草粘甑餠] 등에 사용한 기록이 『진연의궤(進宴儀軌)』(1902)에 나온다.

분류 : 음식
참고문헌 : 농촌진흥청, 국립농업과학원, 『전통향토음식 용어사전』(2010); 작자 미상, 『시의전서』; 방신영, 『조선요리제법』(신문관, 1917); 이용기, 『조선무쌍신식요리제법』(영창서관, 1936); 조자호, 『조선요리법』(광한서림, 1939); 손정규, 『우리음식』; 『진연의궤』
필자 : 홍진임

승려의 식생활(이사벨라 비숍)

이사벨라 버드 비숍(Isabella Bird Bishop: 1831-1904)은 여행 중 방문한 절에서 본 승려들의 식생활에 대해 1897년 출간한 『한국과 그 이웃나라들(Korea and Her Neighbours)』에 비교적 자세히 기록해두었다.

비숍은 절을 직접 방문하여 승려들에게 대접을 받기도 하였다. 비숍이 방문한 표훈사의 승려들은 우유나 달걀도 먹지 않는 엄격한 채식주의자들이었다. 때문에 이 절에서 비숍도 역시 차, 밥, 꿀물, 잣 등으로 식사를 했다. 비숍은 잣과 꿀을 버무린 것도 먹었다고 기록하였는데 이는 잣과 엿을 함께 끓여 졸여 굳힌 잣박산이라는 음식으로 추정된다. 비숍에 따르면 승려들은 모자란 칼로리를 기름진 잣과 칼로리가 높은 꿀로 충당했던 것으로 보인다. 비숍은 잣이 승려들의 "영양을 보충해주는 중요한 먹거리이면서 사치품"이라고 설명하며 잣은 맛이 풍부하고 기름기가 많지만 껍질을 벗기면 즉시 맛이 변한다고 하였다.

비숍의 여행기에서는 승려들의 이중성에 관한 재미있는 이야기도 실려 있다. 불교 신자로 보이는 아이에게 닭고기를 건네주자 본인은 불교 신자(Buddist)이므로 먹지 않겠다고 하였다고 한다. 그때 곁에 있던 늙은 승려가 "사람이 보지 않을 때는 괜찮다."고 면박을 주었다고 한다. 한편, 비숍이 석왕사라는 절을 방문했을 때는 승려들이 응접실에서 꿀물을 대접하고는 비숍에게 "얼마나 시주할 것인가."에 대해 물어보았다고 하였다.

분류 : 음식
색인어 : 승려, 꿀, 잣, 잣박산, 이사벨라 비숍
참고문헌 : 이사벨라 버드 비숍 저, 이인화 역, 『한국과 그 이웃 나라들 - 백년 전 한국의 모든 것』(살림, 1994); Isabella L. Bird, 『Korea and her neighbours; a narrative of travel, with an account of the recent vicissitudes and present position of the country』(F.H. Revell Co., 1898)
필자 : 서모란

승소와 객담

불가(佛家)에서는 탐식을 경계하고 육식을 금하는 계율 때문에 비교적 음식이 소박하다. 그런 와중에 스님들이 특별히 좋아하는 음식이 있으니, 바로 국수, 두부, 떡이다. 그래서 불가에서는 이 음식들을 가리켜 스님을 절로 미소 짓게 하는 음식이라고 하여 '승소(僧笑)'라고 부른다.

승소와 관련하여 유몽인(柳夢寅: 1559-1623)의 『어우야담(於于野譚)』에 다음의 이야기가 전한다. 고려 후기의 문신 목은(牧隱) 이색(李穡: 1328-1396)은 중국 원나라에 들어가 과거시험에서 당당히 장원을 차지하여 세상을 놀라게 했다. 그러던 어느 날 목은이 어느 절간에 들렀을 때, 주지스님이 떡을 대접하며 "승소(떡)가 적게 나오니 스님의 웃음이 적도다[僧笑小來僧笑小]."라는 시구(詩句)를 지어주며 대구(對句)를 청하였다. 그 먼 타국에서 장원급제까지 한 실력이지만, 당장 대구가 떠오르지 않았던 목은은 후일을 기약하며 그곳을 떠나왔다.

필자 미상, 이색 초상, 조선, 지본채색, 142×75cm, 국립중앙박물관

그 후 이색이 다른 먼 곳에 갔는데, 이번에는 주인이 술병을 들고 나오며 '객담(客談)'이라고 하였다. 객담이란 술을 마시면 손님의 말수가 많아진다고 하여 붙여진 술의 별칭이었다. 그러자 목은은 바로 그 자리에서 "객담(술)이 많이 나오니 손님의 말이 많아지도다[客談多至客談多]."라고 하는 승소의 대구를 지었다. 그 후 그 절간을 다시 찾아가 목은이 주지스님에게 대구를 읊었더니, 스님이 탄복하였다고 한다.

분류 : 음식
색인어 : 승소(僧笑), 국수, 두부, 떡, 객담(客談), 목은 이색(牧隱 李穡), 승소소래승소소(僧笑小來僧笑小), 객담다지객담다(客談多至客談多), 어우야담(於于野譚)
참고문헌 : 유몽인 저, 신익철 외 역, 『어우야담』(돌베개, 2006)
필자 : 양미경

시루

시루는 떡이나 쌀을 찌는 데 쓰는 조리용구로, 김이 통하도록 바닥에 구멍이 여러 개 나 있다. 시루는 물

시루, 입지름 38.5cm, 일제 강점기, 국립민속박물관

이 끓는 솥 위에 올려놓아, 구멍을 통하여 뜨거운 증기가 올라와 시루 안의 음식이 쪄진다. 시루에 음식을 익힐 때에는 구멍 밖으로 재료가 흘러 떨어지지 않도록 시루 밑을 짚이나 천으로 깔고, 시루 위는 김이 새어나가지 않도록 뚜껑을 덮는다. 또 시루 바닥과 둘레가 꼭 맞는 솥을 골라 물을 붓고 시루를 앉힌다. 이때 시루와 솥 사이에 김이 새어 나가는 것을 막기 위해 곡물가루 등을 반죽한 시룻번을 솥과 시루 둘레에 돌려가며 바른다. 시룻번을 바를 때 김이 새어 나가지 않게 발라야 하는데, 여기서 '시룻번을 곱게 발라야 예쁜 딸을 낳는다'라는 말이 나온다.

우리나라에서 가장 오래된 시루는 청동기 유적에서 출토된 도기제 시루로, 함경북도 나진군 초도리 초도 유적에서 출토되어 시루 사용의 오래된 역사를 알 수 있다. 이외에도 초기 철기시대, 삼국시대 유적에서도 여러 점 발굴되었고 고구려 유적인 안악 3호분 벽화, 약수리 벽화에서는 시루로 추정되는 그릇이 그려져 있다.

전통시대에 각 가정에서는 한두 개의 시루가 상비되어 있었다. 시루는 질그릇, 즉 도기로 제작하는 것이 대부분이지만 잘 깨지는 단점으로 인해 유기인 놋시루를 사용하기도 하였다.

분류 : 미술
색인어 : 솥, 부뚜막, 김, 떡, 쌀
참고문헌 : 한국학중앙연구원, 『한국민족문화대백과사전』; 『한민족역사문화도감 식생활: 국립민속박물관 소장품』(국립민속박물관, 2007); 이성우, 『고려 이전 한국식생활사연구』(향문사, 1978)
필자 : 구혜인

시루떡

시루떡은 떡가루와 떡고물을 시루에 켜켜이 안쳐 찐 떡을 말한다. 증기로 찌기 때문에 한자로 증병(甑餠)이라고도 한다. 『조선무쌍신식요리제법(朝鮮無雙新式料理製法)』을 쓴 이용기(李用基: 1870-1933)는 켜를 내어 찐 떡을 모두 시루떡이라고 하고, 켜는 두껍게도 하고 얇게도 한다고 했다. 또한 그는 떡은 만드는 방식에 따라 고(餻), 이(餌), 자(餈), 탁(飥)으로 나눌 수 있는데, 시루떡은 이 중 쌀가루를 찌는 방식인 이(餌)에 해당된다고 하였다.

시루떡의 바탕이 되는 떡가루는 멥쌀이나 찹쌀가루를 각각 쓰거나 두 가지를 섞어 쓰기도 하는데, 멥쌀가루로 찐 시루떡을 메시루떡, 찹쌀가루를 넣어 만든 시루떡을 찰시루떡(혹은 차시루떡)이라고 부른다. 또한 떡고물로는 붉은 팥이나 껍질을 벗긴 거피팥, 콩, 녹두, 흑임자 등이 주로 사용되며, 떡가루에 섞는 재료에 따라 콩시루떡, 무시루떡, 호박시루떡, 대추시루떡, 석이시루떡 등으로 불린다.

시루떡은 경조사가 있거나 제사, 혹은 고사를 지낼 때, 그리고 이사를 왔을 때 주로 만들어 먹었다. 그중에서도 제사를 봉할 때 쓰는 떡은 특별히 편이라 하여, 메편(메시루떡), 찰편(찰시루떡)과 같은 이름으로 불린다. 일반적으로 메편보다 찰편이 더 귀한 떡으로 인식되어졌는데, 이는 멥쌀보다 찹쌀이 가격이 더 비싸고 구하기 어려웠기 때문일 것이다. 그런데 바로 이러한 인식 때문에 제사에 올리는 편은 주로 아래쪽에 메편을 괴고, 위쪽에 찰편을 괴는 형태로 나타난다.

서유구(徐有榘: 1764-1845)가 쓴 『임원경제지(林園經濟志)』「정조지(鼎俎志)」에 시루떡 찌는 방법이 자세히 전한다. 이 책에 따르면, 시루떡을 찔 때는 쌀가루를 체에 쳐서 손가락 하나 두께로 안치고, 팥가루를 바로 층층이 뿌리는 것이 좋다고 했다. 이런 방식으로 쌀가루와 팥가루를 펼쳐서 겹겹이 안친다. 그리고 팥을 삶을 때 소금을 넣지 말고, 쌀가루와 팥가루를 층층이 시루에 안쳐 뜨거운 김이 오를 때 물에 푼 소금물을 간 맞춰 넣으라고 했다. 이렇게 하면 소금물이 시루떡 속에 골고루 스며들어 떡 맛이 좋고 찰기가 있으며 설익지 않는다고 했다. 『산림경제(山林經濟)』, 『농정회요(農政會要)』 등에도 비슷한 방식의 시루떡 찌는 법이 전하고 있다.

분류 : 음식
색인어 : 떡, 임원경제지, 조선무쌍신식요리제법
참고문헌 : 홍만선, 『산림경제』(한국전통지식포탈); 최한기, 『농정회요』(한국전통지식포탈); 서유구, 『임원경제지』『정조지』(한국전통지식포탈); 이용기, 『조선무쌍신식요리제법』(영창서관, 1936)
필자 : 양미경

물구지떡(「두메산골」)

들창을 열면 물구지떡 내음새 내달았다
쌍바라지 열어 제치면
썩달나무 썩는 냄새 유달리 향그러웠다

뒷산에도 옻나무
앞산도 군데군데 옻나무

주인장은 매사냥을 다니다가
바위틈에서 죽었다는 주막집에서
오래오래 옛말처럼 살고 싶었다

이용악(李庸岳: 1914-1971)의 시집 『오랑캐꽃』(1947)에 수록된 시 「두메산골」이다. 이용악은 일본 도쿄 조치대학[上智大學] 신문학과 재학 중 1935년 『신인문학』에 시 「패배자의 소원」을 발표하여 등단했고, 재학시절 김종한과 동인지 『이인(二人)』을 발간하기도 했다. 1939년 귀국해 『인문평론』 편집기자로 근무했다. 일제 강점기의 척박한 상황 속에

초판본 이용악의 『오랑캐꽃』 복원 영인본

619

서 고생하며 살아가던 민중의 모습을 사실적인 어법으로 그려내면서 삶의 애환을 표현했다. 8·15 광복 후 '조선문학가동맹'에서 활동하였고, 1950년 6·25전쟁 때 월북했다. 시집으로 『분수령』, 『낡은 집』, 『오랑캐꽃』, 『이용악집』 등이 있다.

이 시는 향토적인 시어와 후각적 이미지를 통해 산골 주막의 소박하고 구수한 정경을 형상화한 작품으로 토속적 삶을 동경하는 화자의 심정이 드러나 있다. 산간 지역의 어느 주막에서 접하게 된 무시루떡 냄새와 썩달나무 냄새, 자신이 좋아하는 나무의 모습을 통해 잊었던 고향의 정경을 떠올리며 그곳에 살고 싶은 마음을 표현했다. 이 시에 소재로 등장하는 물구지떡(무시루떡)은 전통적인 떡의 하나로 토속적인 분위기를 자아내는 음식이다.

분류 : 문학
색인어 : 두메산골, 이용악, 물구지떡(무시루떡), 매사냥
참고문헌 : 이용악, 『오랑캐꽃』(모루와정, 1947)
필자 : 이숭원

시루떡(『경도잡지』)

지금도 그렇지만, 옛날에는 말과 소가 매우 귀해서 만약 이를 잃게 될 경우 큰 재산상의 손실이 따랐다. 그래서 이를 방지하기 위해 음력 시월에는 집에서 키우는 말과 소의 무사안녕과 번성을 기원하는 고사를 지냈다. 이를 마구간 고사, 혹은 마제(馬祭)라고 한다.

홍석모(洪錫謨: 1781-1857)가 쓴 『동국세시기(東國歲時記)』에 의하면, 마구간 고사는 오일(午日), 즉 말날을 택해서 지냈다고 한다. 그런데 같은 말날이라도, 병오일(丙午日)은 피하고 되도록 무오일(戊午日)을 택해 고사를 지냈는데, 그 이유는 말(언어)이 갖고 있는 주술성 때문이었다. 병오(丙午)의 '병(丙)'과 질병을 뜻하는 '병(病)'은 음이 같으므로, 이날 고사를 지내면 마소가 병에 걸린다고 생각하여 병오일을 꺼렸다. 반면, 무오(戊午)의 '무(戊)'는 무성할 '무(茂)'와 음이 같으므로, 이날 고사를 지내면 말과 소가 번성한다고 생각하여 무오일을 선호하였다.

그리하여 시월 무오일에는 팥으로 시루떡을 쪄 마구간에 차려놓고 고사를 지냈다(『경도잡지(京都雜誌)』). 흥미로운 것은 말과 소를 키우지 않는 사람들도 시루떡을 쪘다. 조선 후기 사람 유만공(柳晩恭: 1793-1869)은 『세시풍요(歲時風謠)』에서 "설날처럼 떡을 찐다네. 닭, 돼지 기르지 않는 사람은 가련도 하지. 부잣집 마도(馬禱) 풍습 따라 한다네."라고 읊고 있다. 이것으로 볼 때, 시월 무오일에는 마소의 유무와 상관없이 시루떡을 쪄 먹는 풍습이 만연했음을 알 수 있다.

분류 : 음식
색인어 : 시루떡, 마구간 고사, 마제(馬祭), 병오일(丙午日), 무오일(戊午日)
참고문헌 : 유만공, 『세시풍요』(『조선대세시기Ⅱ』, 국립민속박물관, 2005); 유득공 저, 최대림 역, 『경도잡지』(홍신문화사, 2006); 홍석모 저, 최대림 역, 『동국세시기』(홍신문화사, 2006)
필자 : 양미경

시루떡(상달)

세속에서는 음력 10월을 상달, 혹은 상월(上月)이라고 불렀다. 상달이란 '으뜸이 되는 달'이라는 뜻이다. 그렇다면 일 년 열두 달 중, 왜 하필 음력 10월을 으뜸으로 본 것일까? 이에 대해서는 두 가지 견해가 있다. 우선, 최영년(崔永年: 1856-1935)은 『해동죽지(海東竹枝)』에서 단군왕검이 10월 3일 하늘에서 내려왔기 때문에 10월을 상달로 삼았다고 보았다. 반면, 최남선(崔南善: 1890-1957)은 『조선상식문답(朝鮮常識問答)』에서 일 년 농사가 음력 10월에 와서야 마무리되고, 햇곡식과 햇과일을 수확하여 하늘·신령·조상님께 천신(薦新)할 수 있으므로 10월을 신성한 달로 여긴다고 했다.

옛사람들은 상달 중 오일(午日)이나 해일(亥日)을 택해 집을 지키는 성주신(城主神)에게 고사를 올렸다. 이를 상달고사라고 하는데, 다른 말로 가을고사, 안택굿, 성주굿이라고도 한다. 상달고사는 주부가 직접 간소하게 지내기도 하지만, 경우에 따라서는 무당을 불러다가 성주신을 맞이하기도 한다.

제물로는 햇곡식으로 만든 술과 팥시루떡, 햇과일을 올리는데, 특히 시루떡에는 반드시 붉은 팥을 썼다. 제물 중 주부들이 가장 신경을 써서 장만하는 것은 물

론 고사떡이었다. 우선, 떡을 만들기 전에 주부는 목욕을 하거나 깨끗한 옷으로 차려입는 등, 몸가짐을 단정히 했다. 그리고 고사떡에 쓸 쌀은 햅쌀 중에서 제일 좋은 것으로 골라 방아를 찧은 다음, 깨끗한 그릇에 따로 보관하여 사용했다. 시루떡을 찔 때 맨 위에 '손님떡'이라 하여 따로 흰떡을 조금 얹어서 쪘는데, 이것은 남에게 주지 않고 식구들끼리만 나눠 먹었다. 반면, 시루떡은 이웃이나 친척들과 골고루 나눠 먹었다. 그래서 상달고사가 끝나고 나면 아이들은 동네에 떡 접시를 돌리느라 몹시 분주하였다.

분류 : 음식
색인어 : 고사떡, 시루떡, 손님떡, 상달, 상월(上月), 상달고사, 가을고사, 안택굿, 성주굿
참고문헌 : 최영년 편저, 『해동죽지』(장학사, 1925); 최남선, 『조선상식문답』(동명사, 1946)
필자 : 양미경

적두병(조면호)

체와 절구 빌려 나가는 것 보고
자네 집에 고사 지내는 줄 알았지
부엌에서도 다들 웃음을 짓겠고
아이들도 기뻐 한 번 자랑하겠네
백성들에게 실덕하지 않도록 경계하고
차별 없는 불가의 가르침 본받았네
야밤에 범처럼 집어 먹으니
향긋한 맛이 노을처럼 퍼져나가네
乞籬舂相出　告祀在君家
奧竈當均媚　兒童快一誇
戒存民失德　例倣佛無遮
半夜呑如虎　苾香蓊暎霞

　*조면호, 「황우죽이 새벽에 붉은 팥 시루떡을 큰 그릇 하나에 담아 보냈는데, 내가 이미 그가 새로 고사를 지내는 것 알았기에 함께 크게 웃고 먹고서 속어로 장난삼아 시를 짓는다[黃友竹曉以赤豆餠一大盒來, 吾已悉其新搬告祀也, 相與大笑而呑之, 戱題俗語]」

조면호(趙冕鎬: 1803-1887)는 본관이 임천(林川)이고

자는 조경(藻卿)이며, 호는 옥수(玉垂), 이당(怡堂), 능계거사(菱溪居士), 삼연노인(三硏老人) 등을 사용하였다. 19세기 후반을 대표하는 문인으로 문집 『옥수집(玉垂集)』이 있다.

이 작품은 1863년 동지 무렵 황진규(黃鎭奎)라는 벗이 고사를 지내고 한밤중에 붉은 팥을 얹은 시루떡을 큰 그릇에 담아 보내었기에 기뻐서 지은 오언율시다. 차별 없이 이웃에 두루 떡을 나누어준 고마움을 표하면서, 고사떡을 받은 아낙네와 아이들이 모두 기뻐하는 모습을 소탈하게 묘사하였다. 한밤에 받아먹는 고사떡의 추억을 떠올리게 하는 작품이다.

이보다 앞서 이규상(李奎象: 1727-1799)도 가을걷이가 끝난 늦가을 마을 제사를 지내고 시루떡을 돌리는 모습을 운치 있게 묘사하였다. "층층 쌀가루에 붉은 팥을 얹어, 펄펄 김나는 떡을 솥에서 꺼내어, 앞집 제사 끝나면 뒷집에 보내면서, 웃고 하는 말 '초겨울 해가 말처럼 빠르네[米粉層層赤豆羅 蒸蒸熱餠纔離鍋 東鄰祭罷西鄰送 笑說初冬馬日過].'"라 한 데서 훈훈한 시골풍속을 읽을 수 있다.

시루떡은 백설기와 함께 가장 흔한 떡이었다. 이익(李瀷: 1681-1763)의 『성호사설(星湖僿說)』에는 "쌀가루를 축축하게 해서 시루에 넣고 익히면 제대로 떡이 되는데 이는 설병(雪餠)이고, 껍질을 벗긴 팥을 중간에 드문드문 넣어 만드는데 이는 두고(豆糕)이다."라 하였다. 두고는 시루떡이고 설병은 백설기다. 이산해(李山海: 1539-1609)는 「농가의 노래(田家雜咏)」에서 가을잔치의 풍경으로 백설기를 넣었다. "들판의 물가에서 삿갓 쓰고 도롱이 입은, 시골 노인 생계는 논밭에 달려 있다네. 모내는 일 황매우 뿌리는 초여름에 하고, 나락 벨 땐 붉은 게 살진 가을을 기약한다네. 막걸리 빚어서 마을 계를 열어야지, 백설기 다 익으면 진수성찬 대수랴. 농가의 이러한 즐거움 해마다 이어지길, 인간세상 만호의 벼슬도 부러울 것 없다네[蒻笠靑蓑野水頭 村翁活計在西疇 移秧正趁黃梅雨 刈稻常期紫蟹秋 釀得濁醪修社禊 炊成雪餠當珍羞 田家此樂年年事 不羨人間萬戶候]."라 하였다. 백설기나 시

621

루떡을 찌고 막걸리를 담아 가을걷이를 함께 축하하는 것이 조선시대 농가의 풍속이었다.

분류 : 문학
색인어 : 시루떡, 백설기, 조면호, 이규상, 이익, 이산해
참고문헌 : 조면호, 『옥수집』; 이규상, 『일몽고』; 이익, 『성호사설』; 이산해, 『아계유고』
필자 : 이종묵

시의전서(작자 미상의 한글 조리서)

작자 미상, 『시의전서』, 크기 미상, 개인 소장

『시의전서(是議全書)』는 1800년대 후반, 조선 후기 편찬된 것으로 추정되는 한글 조리서로 저자는 아직까지 밝혀지지 않았다. 『시의전서』는 조선 후기의 여러 가지 음식 조리법이 적혀 있다는 데 큰 의미가 있다. 이 책은 주식과 부식, 양념, 떡, 과정, 음청, 술 등 한국음식 전반에 대해 폭넓게 다루고 있으며 여기에 재료를 손질하는 법, 저장하는 법 등도 서술하고 있다.

현재 원본은 발견되지 않았으며 전해지고 있는 것은 상주 군수와 칠곡 군수를 역임한 심환진의 필사본(1919년)으로 식품학자 이성우(李盛雨: 1928-1992) 교수를 통해 세상에 알려지게 되었다.

『시의전서』에는 비빔밥과 유사한 '부뷔밥'이라는 명칭이 나오는데, 이로 인해 '비빔밥'이라는 명칭이 처음 등장한 문헌으로 알려져 있다. 『시의전서』의 비빔밥은 밥에 볶은 고기, 전, 각색나물, 다시마튀각, 달걀지단, 완자 등을 얹어서 만든다.

한편 『시의전서』는 '반상식도'라는 항목에 현재 정설처럼 알려진 5첩, 7첩, 9첩 반상에 대한 개념을 반배도와 함께 정리해두고 있는데 이러한 상차림의 '첩수'에 대한 설명은 『시의전서』 이전에는 존재하지 않았던

것으로 보는 의견도 있다.

분류 : 문헌
색인어 : 시의전서, 비빔밥, 부뷔밥, 반상식도
참고문헌 : 작자 미상, 『시의전서』; 이효지 외, 『시의전서(우리음식 지킴이가 재현한 조선시대 조상의 손맛)』(신광출판사, 2004); 주영하, 『식탁 위의 한국사』(휴머니스트, 2013)
필자 : 서모란

식기

식기(食器)는 좁은 의미에서는 식사할 때 사용하는 그릇들이고, 넓은 의미에서는 식생활과 관련된 도구 전반을 의미한다. 넓은 의미의 식기가 사용되는 범주는 식재료가 음식이 되는 조리단계에서부터 소비, 보관, 운반에 이르는 단계들로 나눌 수 있다. 이 과정에서 식기는 생산된 음식을 조리하는 조리 용구, 식사와 직접적으로 관련된 식사용구, 음식을 저장하는 저장용구, 음식을 운반하는 데 사용하는 운반 용구 등으로 사용된다. 예를 들어 식사 용구는 발, 대접, 접시, 병, 잔, 합, 수저 등이 있고, 조리가공 용구는 솥, 냄비, 뚝배기, 바가지, 푼주, 바구니, 이남박, 시루, 소줏고리, 떡판, 다식판 등이 있다. 저장 용구는 뒤주, 합, 옹기, 독, 초병 등이 있고, 운반 용구는 소반, 목판 등이 있다.

식기의 역사는 인간의 식생활과 함께 시작되었다. 신석기시대의 음식을 담아 식사하고 보관하였던 빗살무늬토기, 식재료를 갈고 부수던 갈판과 갈돌 등은 한국 식기의 시원에 해당한다. 청동기시대에는 무늬가 없는 무문토기(無文土器)를 비롯하여 기능이 다양해진 각종 도기들과 목기류, 칠기류 등도 제작되었다. 삼국시대에는 신분제 사회가 정착되고 주식과 부식의 정착으로 인해 음식의 재료와 종류가 다양해지면서 식기도 더욱 다양해졌다. 상류층을 위한 금은기나 도금기(鍍金器)가 제작되었다. 그리고 도기재질로 발, 대접, 고배, 잔, 제기, 항아리 등이 세분화된 용도의 식기와 제기들이 생산되었다. 또 삼국시대에는 도기 제작기술이 발달하여 고온 소성이 가능해짐에 따라 더 단단해진 경질도기를 생산하였다. 통일신라 식

기는 삼국의 식기문화를 그대로 이어오면서 유약을 사용하기 시작하여 그릇의 기능과 형태가 더욱 발전되고 세련되어졌다.

고려시대는 식기 중 도자기술에서 큰 변환기를 맞이한다. 당시 차문화의 발달로 인한 자기의 수요가 팽배해진 상태에서 월주요 장인들의 국내 유입으로 인한 기술 전래 그리고 국내 토착기술과의 접목으로 인해 드디어 국내에서도 자기를 생산할 여건이 마련된 것이다. 고려시대 생산된 자기는 철분을 함유한 태토에 유약을 입혀 소성하면 푸른빛을 띠므로 청자(靑磁)라고 불렀다. 청자는 비취색에 가까운 자기로 조형과 기법 면에서 매우 뛰어나다. 식기를 단순히 음식을 담기 위한 용도나 집권자의 위세품으로 여기는 것이 아니라 식기의 조형 자체에 심혈을 기울여 제작하는 단계로 식문화가 발전한 것이다. 고려시대 청자는 음식을 담는 실용기면서도 예술품과 비교하여도 손색없다는 점에서 식기의 제작 수준이 크게 도약했다고 볼 수 있다. 고려시대는 청자 외에도 철기, 금은기, 유기 등이 다양하게 발달하였다.

조선시대에는 자기 중 백자, 유기, 목기가 식기의 주축을 이루고 이외에도 도기, 금은, 돌 등 다양한 재질의 식기가 발달하였다. 조선시대 풍속화에서는 다양한 재질의 식기를 사용하여 식사하는 장면을 확인할 수 있다. 음식문화의 변화와 함께 식기문화도 더욱 다양해지고 완성단계에 도달했다고 볼 수 있다. 대한제국기에는 외국 식문화의 유입으로 양식기가 동반 수입되기도 하였다.

일제 강점기에는 국내 식기 생산에 많은 제약이 생기고, 일본으로부터 저렴한 식기가 대량 유입되었다. 국내의 백자, 유기, 목기 제작이 비록 축소되기는 했으나 중단된 것은 아니었다. 일제의 식민지 정책 속에서 일본이 전쟁 준비에 돌입한 1930년대 후반, 일본은 무기를 생산하기 위해 전통적인 식기인 유기를 공출이란 명분 아래 강탈해갔다. 수년에 걸쳐서 이루어진 '유기 공출'은 나라의 주권 상실이 결국 식기에까지 영향을 미친 사건이라 할 수 있다.

해방 이후 유기와 자기의 생산이 일시적으로 늘기는 하였으나 곧 양은, 스테인리스, 플라스틱이란 신소재가 개발되어 전통 식기를 빠르게 대체하였다. 더불어 주거환경의 변화, 공장형 식기 제조공장의 설립과 기술의 발전, 신소재 개발, 일회용품의 증가 등은 식기의 재질과 형태에 급격한 변화를 몰고 왔다. 최근에는 식생활문화에 대한 관심이 커짐에 따라 식기의 재질과 종류는 더욱 다양해지는 추세이며, 일회용 소재의 식기부터 예술적 수준의 식기까지 그 범위가 더욱 넓어졌다.

분류 : 미술
색인어 : 식기, 그릇, 음식, 음료, 유기, 목기, 금은기, 백자, 도기, 독, 식문화, 식사, 조리, 취사, 가공, 저장
참고문헌 : 한국학중앙연구원, 『한국민족문화대백과사전』
필자 : 구혜인

식초

식초는 청주와 막걸리를 자연 발효하여 만든 신맛이 나는 조미료이다. 술의 주재료는 곡물과 누룩이므로 식초의 주재료 역시 이와 같다고 할 수 있으며 식초의 역사도 술의 역사와 함께한다. 전통사회에서는 대개 막걸리로 식초를 만드는데, 쌀·보리·조·기장·밀 등으로 재료가 다양하며 사과, 감 등의 과일을 활용하여 만든 과일식초도 있다.

이수광(李睟光: 1563-1628)의 『지봉유설(芝峰類說)』에서는 식초를 '고주(苦酒)'라고 했다. 일찍이 중국에서는 식초를 '酢(초)'로 표기하였는데, 우리나라는 '醋(초)'로 표기했다(장지현, 1984). 『해동역사(海東繹史)』에도 식품을 조리하는 데 식초가 쓰였다는 기록이 있다. 이시진(李時珍: 1518-1593)의 『본초강목(本草綱目)』에는 쌀식초의 맛은 시고 쓰며 성질은 따뜻하고 독이 없다고 한다.

유중림(柳重臨: 1705-1771)이 엮은 『증보산림경제(增補山林經濟)』에는 식초 빚기 좋은 날로 "신미일(辛未日), 경자일(庚子日), 을미일(乙未日) 및 섣달 그믐날[除], 보름[滿], 개(開), 성(成) 일이다. 봄에는 저(氐),

기(箕), 여름에는 항(亢), 가을에는 규(奎), 겨울에는 위(危) 일이 좋다."고 했다. 가을식초는 5월 5일과 7월 7월이 좋다."고 했다. 그 밖에도 맛이 간 식초를 다스리는 방법으로 아기 밴 아낙이 수레바퀴 밑의 흙 한 움큼을 가져다가 항아리 안에 붙여 두면 곧바로 맛 좋은 식초가 된다고 했으며, 일반적으로 화장실 가까운 곳에다 두면 곧바로 제 맛으로 돌아온다고 했다. 전통사회 여성들이 남은 막걸리를 촛단지에 넣어 부뚜막에 두고 식초를 만들고 식초의 군맛을 유지하는 것도 이와 같은 이치인 듯하다.

조선 초기 전순의(全循義: ?-?)의 『산가요록(山家要錄)』에는 창포 뿌리를 활용하여 식초 담그는 법이 세 가지 소개되어 있다. 첫째는 '단오날 이른 아침에 창포를 미리 잘게 썰어 반나절 동안 햇볕에 말려 창포 1말에 탁주 1동이를 함께 섞어 항아리에 담가두고 맑아지면 쓰는 방법'이다. 둘째는 '창포 뿌리 5되를 잘게 자른 것을 햇볕에 말려 미리 항아리에 담고 백미 1말을 여러 차례 씻어 2일 정도 물에 담가두었다가 또 여러 번 씻어 찐 다음 창포를 담아둔 항아리에 담는다. 그리고 한 번 끓여서 식힌 물 1말과 누룩 1되를 같이 섞어두고 14일이 지나 쓰는데, 삭지 않으면 좁쌀 1되를 푹 익혀서 넣고 다시 14일이 지나 열어 쓰는 방법'이다. 셋째는 '5월 초 4일에 창포 뿌리를 캐어 잘게 썰어 하룻밤 이슬을 맞힌 다음 5일 날 아침밥을 지을 때 새로 길어온 물 1동이와 창포 뿌리 1사발을 같이 섞어 항아리에 넣고 양지 바른 곳에 두고 생쑥으로 덮어 둔다. 21일이 지나서 쓰는데, 만약 1되를 썼으면 다시 청주 1되를 부어 넣어 쓰는 방법'이다.

김유(金綏: 1481-1552)의 『수운잡방(需雲雜方)』에는 『산가요록』과 달리 창포의 흰 줄기도 함께 사용하여 식초를 담근다. 창포 흰 줄기나 뿌리를 잘게 썰어 놓은 것 3되와 쌀가루 3되를 함께 섞어 구멍떡을 만들고, 좋은 누룩 3되를 섞어 항아리 바닥에 넣어 두는데 곰팡이가 피면 청주나 탁주 1동이를 항아리에 부어 넣었다가 두이레 후에 쓰는 것이다. 또한 『수운잡방』에는 '목통초'법이 기록되어 있는데 목통(으름) 30근,

물 3동이, 소금 3움큼을 섞어 독에 담아 따뜻한 곳에 두었다가 3일이면 식초로 쓸 수 있다.

이 밖에도 1670년경에 쓰인 장계향(張桂香: 1598-1680)의 『음식디미방[閨壺是議方]』에는 '초 담는 법, 초법, 매자초' 세 가지 식초 담그는 법이 소개되어 있다. 매자초는 매실을 훈증한 오매를 이용하여 만든 식초인데 오매를 식초에 담갔다가 볕에 잘 말린 다음 가루로 만들어 두고 사용할 때마다 물에 타면 매실초가 된다.

또한 허준(許浚: 1539-1615)의 『동의보감(東醫寶鑑)』에서는 쌀식초가 목구멍이 헌 것과 후비를 치료한다고 했으며, 쌀식초를 입에 머금고 양치하여 담을 뱉으면 묘(妙)한 효과가 있다고 했다.

오늘날 식초의 종류는 전통식초인 천연식초, 합성식초, 주정식초로 나뉜다. 전통식초는 과일과 곡물을 이용하여 만든 것이고, 합성식초는 빙초산 또는 초산을 희석하여 만든 것이며, 주정식초는 에틸알코올을 강제 발효시켜 만든 것이다(한상준, 2014). 전통식초는 일제 강점기 주세법에 의해 가양주 자가 제조가 금지되면서 점차 단절되었으며 시중에 판매되는 합성식초, 주정식초의 비중이 커졌다.

분류 : 음식
색인어 : 수운잡방, 음식디미방, 산가요록
참고문헌 : 유중림, 『증보산림경제(增補山林經濟)』; 이수광, 『지봉유설(芝峰類說)』; 『해동역사(海東繹史)』; 이시진, 『본초강목(本草綱目)』; 허준, 『동의보감(東醫寶鑑)』; 김유, 『수운잡방(需雲雜方)』; 장계향, 『음식디미방[閨壺是議方]』; 장지현, 「食醋의 歷史」『식품과학산업』(한국식품과학회, 1984); 한상준, 『한상준의 식초독립』(헬스레터, 2014)
필자 : 박선미

식탐(개화기 외국인 여행자의 시선)

19세기 말부터 20세기 초, 개화기 조선을 방문한 외국인 여행자들은 본인들의 경험을 담은 여행기에서 조선인의 식탐에 대해 다양하게 언급한다. 이들에 따르면 조선인은 남녀노소 할 것 없이 식사량이 많으며 이 때문에 다양한 만성질환에 시달린다. 특히 생채소와

과일을 다량으로 섭취하며 고추의 매운맛으로 식욕을 돋우고 식탐을 부추긴다고 묘사하였다.

이사벨라 버드 비숍(Isabella Bird Bishop: 1831-1904)은『한국과 그 이웃나라들(Korea and Her Neighbours)』에서 상당량의 페이지를 할애해 한국인의 식탐에 대해 묘사한다. 비숍은 한국인 어머니들이 어린아이를 먹일 때 "가끔 위를 넓적한 숟가락으로 토닥거려가며 억지로 밀어넣을 수 있는 한까지 먹인다."고 묘사했다. 또한 이러한 식탐은 전 계층에서 나타나는 공통적인 현상이라고 하였는데 비숍이 묘사한 바에 의하면 하루에 1.8kg의 밥을 먹거나 한 끼니에 1.4kg 이상의 고기를 먹고 3-4명이 복숭아나 참외 20-25개를 먹어치우기도 하였다고 한다. 비숍은 이 때문에 한국인들에게 "소화불량, 위장병, 대장염, 치질" 등의 고질병이 퍼져 있다고 하였다. 또한 한국에서 많은 양의 고추가 소비되는데 이 고추로 식탐 습관을 부추기는 것 같다고 해석하였다.

조선인의 식탐에 관한 서술은 다른 여행기에서도 나타난다. 퍼시벌 로웰(Percival Lawrence Lowell: 1855-1916)은『내 기억 속의 조선, 조선 사람들(Choson; The Land of the Morning Calm)』이라는 저서에서 조선인은 '먹기 위해 산다'고 표현하였다. 또 "왕성한 식욕"이 곧 조선인의 두드러진 민족적 특성이며 조선인은 먹는 일에 특별한 애착을 보인다고 서술하였다. 또한 밥을 너무 많이 먹은 어린아이가 배가 불러 걷지도 못하고 숨도 제대로 쉬지 못하는 장면을 목격하였다고 하였다.

새비지 랜도어(Arnold Henry Savage Landor: 1865-1924)의『고요한 아침의 나라 조선(Corea or Chosen, The Land of The Morning Calm)』에서는 조선인은 식사량이 엄청나며, 게걸스럽다고 묘사했지만 한편으로 이러한 조선 사람들의 "게걸스러운 식탐"은 주인과 손님과의 예의에서 비롯되었다고 분석하였다.

에른스트 폰 헤세-바르텍(Ernst von Hesse-Wartegg: 1854-1918)은『조선, 1894년 여름(Korea

식사, 엽서, 일제 강점기, 국립민속박물관−경성일지출상행에서 발행한 조선풍속시리즈 중 하나

: eine Sommerreise nach dem Lande der Morgenruhe)』에서 "조선인은 아무 때나 먹"으며 많은 양의 밥을 "붉은 고추 한 줌"과 함께 섭취한다고 하였다. 또한 날생선, 날고기, 채소, 과일 등을 생식(生食)하는 습관에 대해서 언급하였다.

까를로 로제티(Carlo Rossetti: 1876-1948)의『꼬레아 꼬레아니(Corea e Coreani)』에서 "많이 먹는 것이 큰 자랑거리"이며 젊은이들은 이를 두고 내기까지 한다고 서술하였다. 때문에 연회나 잔치가 상류층에서 즐기는 가장 큰 오락거리라고 하였다. 또한 조선인은 소화불량을 많이 겪는데 '소화불량의 혼령'이 존재한다고 믿고 무당이나 주술사를 통해 이를 물리치려 한다고 하였다.

분류 : 의례
색인어 : 식탐, 고추, 이사벨라 비숍, 퍼시벌 로웰, 새비지 랜도어, 헤세-바르텍, 까를로 로제티
참고문헌 : 이사벨라 버드 비숍 저, 이인화 역,『한국과 그 이웃 나라들 - 백년 전 한국의 모든 것』(살림, 1994); 퍼시벌 로웰 저, 조경철 역,『내 기억 속의 조선, 조선 사람들』(예담, 2011); A.H.새비지-랜도어 저, 신복룡·장우영 역,『고요한 아침의 나라 조선』(집문당, 1999); 에른스트 폰 헤세-바르텍 저, 정현규 역,『조선, 1894년 여름 - 오스트리아인 헤세-바르텍의 여행기』(책과함께, 2012); 까를로 로제티 저, 서울학연구소 역,『꼬레아 꼬레아니』(숲과나무, 1996)
필자 : 서모란

식해

식해(食醢)는 주로 익히지 않은 어패류를 익힌 곡물과 섞어 발효시킨 음식을 뜻한다. 또, 생선이 아닌 재

료로도 비슷한 방법으로 만들면 식해라는 이름이 붙기도 한다. 따라서 다른 재료로 만든 식해와 구분하기 위해 생선으로 만든 식해는 어해(魚醢)나 어식해(魚食醢)로 구별하기도 하였다.

1450년 전순의(全循義: ?-?)가 편찬한 것으로 알려진 『산가요록(山家要錄)』에 생선으로 만든 식해, 즉 어해(魚醢) 외에도 다양한 재료로 만든 식해 조리법이 기록되어 있다. 꿩고기로 만드는 식해[生雉食醢: 생치식해]와 도라지와 생선을 섞어 만드는 식해[吉莄食醢: 길경식해]의 조리법이 있으며 저피식해(猪皮食醢)라고 하여 돼지 껍질로 만든 식해도 나오는데 삶은 돼지 껍질을 이용해 보통 식해 담그는 방식대로 하면 된다고 하였다. 그러나 대부분 식해라고 하면 생선으로 만드는 어식해(魚食醢)를 뜻했다.

이규경(李圭景: 1788-1863)의 『오주연문장전산고(五洲衍文長箋散稿)』는 제어식해(諸魚食醢)라 하여 식해로 담글 수 있는 생선의 목록을 나열하고 있다. 이 글에 나타난 식해용 어패류는 위어(葦魚), 밴댕이[蘇魚: 소어], 새우[蝦: 하], 오징어[烏賊魚: 오적어], 문어(文魚), 낙지[絡締: 낙체], 꼴뚜기[望潮魚: 망조어], 홍합(紅蛤) 등 여러 조개류, 가자미[比目魚: 비목어], 북어[北魚], 멸치[蔑魚: 멸어]이다. 이 책의 식해 조리법은 다음과 같다. 흰 멥쌀밥[白粳飯]에 엿기름[麥芽: 맥아]을 많이 넣고 누룩가루[曲末: 곡말] 조금과 물을 섞어 발효시킨다. 생선은 씻어서 물기를 제거하고 말린 뒤 소금과 함께 섞어 넣는다.

식해는 곡물을 넣어서 발효시켰다는 점에서 소금으로만 절인 젓갈[鹽醢: 염해]과 차이가 있다. 이익(李瀷: 1681-1763)의 『성호전집(星湖全集)』의 제물에 관한 이야기 중에 식해에 관한 내용이 나오는데 식해(食醢)와 염해(鹽醢)는 짜고[醎] 싱거운[淡] 차이가 있어서 식해는 술에, 염해는 밥에 잘 어울린다고 하였다. 따라서 제물로 올릴 때 두 개의 그릇에 따로 담는다고 하였다.

조선시대와 근대 문헌의 식해와 달리 현대의 식해는 고춧가루가 들어가는 경우가 많다. 지역에 따라 많이 나는 생선으로 담근 식해가 있는데 대표적인 것이 강원도의 가자미식해이다. 가자미식해는 소금에 절여 물기를 뺀 가자미에 고춧가루, 생강, 마늘, 파 등으로 양념한 쌀밥이나 조밥, 엿기름, 납작하게 썬 무를 섞어 발효시킨 것이다.

한편, 생선을 발효한 음식인 식해(食醢)와 엿기름으로 밥을 발효시켜 단맛을 낸 식혜(食醯)는 종종 혼동되어 사용되었다. 18세기 문헌인 『소문사설(謏聞事說)』은 멥쌀밥과 엿기름, 꿀 등으로 맛을 낸 음료를 食醢(식해)로 기록하였다. 일제 강점기 홍선표(洪選杓: 1872-?)는 1940년 『조선요리학(朝鮮料理學)』에서도 식혜(食醯)를 식해(食醢)로 적었다.

분류 : 음식
색인어 : 도라지, 제육, 웅어, 새우, 오징어, 문어, 낙지, 꼴뚜기, 조개, 가자미, 명태, 멸치, 쌀, 엿기름, 소금, 제사음식, 식혜, 소문사설, 조선요리학, 산가요록
참고문헌 : 전순의, 『산가요록』이익 저, 서정문 역, 『성호전집』(한국고전번역원, 2016); 이시필 혹은 이표, 『소문사설』; 이규경, 『오주연문장전산고』; 홍선표, 『조선요리학』(조광사, 1940); 농촌진흥청, 『한국의 전통향토음식 3 강원도』(교문사, 2008)
필자 : 서모란

연안 식해법(『규합총서』)

『규합총서(閨閤叢書)』에는 황해도 연안 지역의 식해 조리법이 나온다. 만드는 방법은 다음과 같다.

대합의 살을 발라내어 속뜨물(쌀이나 곡식을 여러 번 씻어서 나온 깨끗한 뜨물)에 씻어 베수건에 짜서 물기를 없앤 뒤 살짝 말린다. 밥과 엿기름과 조갯살, 대추, 잣을 섞어 항아리에 넣고 3-4일 후 조갯살의 색이 붉게 변하면 먹는다. 기름이나 소금을 약간 넣어도 좋으며 조개를 넣지 않고 대추, 잣만으로 담그기도 한다. 『규합총서』 이후의 문헌으로는 1908년에 나온 『부인필지(婦人必知)』와 1921년에 나온 『조선요리제법(朝鮮料理製法)』의 조리법도 『규합총서』와 일치한다.

보통 식해(食醢)는 생선에 익힌 곡물과 엿기름 등을 섞어서 발효시킨 것을 뜻하며 식혜(食醯)는 밥을 엿기름물에 삭혀 만든 음료를 뜻한다. 그러나 이 두 용어는 최근까지 혼동되어 사용되어온 것으로 보인다.

『조선요리학(朝鮮料理學)』은 마시는 식혜를 식해(食醢)로 표기했으며 『조선요리제법』도 '연안 식해'를 '연안 식혜'로 오기하였다.

분류 : 음식
색인어 : 규합총서, 조선요리제법, 부인필지, 조선요리학, 식해, 식혜, 엿기름, 연안 식해
참고문헌 : 빙허각 이씨 저, 이민수 역,『규합총서』(기린원, 1988); 빙허각 이씨 저, 정양완 역,『규합총서』(보진재, 2008); 홍선표,『조선요리학』(조광사, 1940)
필자 : 서모란

식혜(감주)

1463년 1월 24일 세조는 경복궁 사정전에서 2품 이상의 공신들과 주연(酒筵)을 베풀면서 시를 지으면서 즐기고 있었다. 주연이 진행되고 있던 도중 세조가 자신이 왕이 되는데 큰 공을 세웠던 권남(權擥: 1416-1465)에게 자신이 최근 몸이 좋지 못할 때 감주(甘酒)를 맛있게 먹었다고 했다.

그러면서 세조는 몸이 좋지 않을 때에도 신하들과 더불어 이야기하기를 원한다고 하면서 이와 관련한 시 한 수를 권남에게 지어보라고 권했다. 이에 권남은 즉각 시 한 수를 지어 세조에게 바쳤고 그 시를 들은 세조는 그가 자신을 한고조 유방(劉邦: 기원전 202-195)에 비유했다고 평했다. 그러면서 자신은 나라가 아주 어지러워지는 한이 있더라도 절대 한고조처럼 공신들을 버리지 않겠다고 말했다. 그리고 나서 계속 주연을 즐겼다.

『산가요록(山家要錄)』에는 감주를 만드는 방법으로 세 가지를 제시하고 있다. 첫 번째 방법으로 밀을 여러 번 씻은 후 온돌 위와 같은 따뜻한 곳에 두고 싹이 올라올 때쯤 햇볕에 말려 껍

감주통, 높이 25cm, 지름 11cm, 삼척시립박물관

질을 제거한 뒤 고운 가루를 내어 체로 쳐 밀기울을 만든다. 그 뒤 흰 쌀 한 말을 여러 번 씻어 가루를 곱게 낸 후 다시 체로 쳐서 죽을 쑨다. 이후 만들어 놓은 밀기울 세 숟가락을 죽에 넣고 항아리에 담아 추우면 따뜻한 곳에 두고 반대로 덥다면 찬 곳에 하룻밤만 놔두면 감주가 된다고 한다.

두 번째 방법으로는 찹쌀 한 말을 가루로 만든 후 가운데가 뚫린 모양으로 떡을 빚어 삶는다. 이후 이 떡을 차갑게 식혔다가 누룩가루 두 되와 섞은 후 항아리에 담아둔다. 계절에 따라 담아두는 시간이 다른데 봄과 가을에는 7일, 여름에는 5일만 되면 감주가 된다.

세 번째 방법으로는 가루를 낸 찹쌀 두 되를 죽으로 만들고 식기 전에 누룩 2홉과 냉수 1홉을 섞어 항아리에 넣은 후 천으로 덮는다. 하루만 지나면 감주가 될 수 있으며 비율만 지키면 양은 상관이 없다고 했다.

분류 : 음식
색인어 : 감주, 산가요록, 세조, 권남, 한고조, 찹쌀, 밀기울, 누룩
참고문헌 :『세조실록』; 전순의,『산가요록』
필자 : 이민재

안동식혜(경북)

안동식혜(安東食醯)는 찹쌀·엿기름·무·생강·고춧가루 등을 넣어 삭힌 것으로서 안동 지역을 비롯하여 경북 북부권역에서 만들어 먹는 전통음료이다. 냉장시설이 발달하기 전에는 주로 설 명절을 비롯하여 겨울철 잔치에 접빈용으로 많이 쓰였다. 명칭에 '안동'이라는 지역명을 넣어 일반 식혜와 구분한다. 일반 식혜는 감주(甘酒)라고도 하고, 단술이라고도 하는데 재료와 조리법에서 안동식혜와 구분된다. 일반 식혜는 찹쌀에 엿기름을 넣고 끓여서 삭히며, 완성된 음식의 색도 연한 회색빛을 띠며 맛도 다르다. 오히려 생선이 들어가긴 하지만 고춧가루와 갖은 양념이 들어가 붉은색을 띠는 해안가 어식해(魚食醢)와 비슷해 보인다.

식혜(食醯)는 밥을 엿기름으로 삭힌 것이며, 식해(食醢)는 생선에 밥(조밥), 무, 고춧가루 등을 넣고 삭힌 것이다. 안동식혜는 식해와 식혜, 어느 것에도 완벽하게 치우치지 않는다. 안동식혜를 어식해와 식혜의 중

간형 음식으로 규정하였으며 안동식혜와 밥식혜를 친연성이 있는 음식으로 보기도 한다(배영동, 2009). 또한 "안동식혜·어식혜·식혜·밥식혜는 곡물과 엿기름을 사용하여 만든 음식이라는 것은 공통적이다. 반면에 식혜는 끓여서 만든 음식이고, 어식혜·밥식혜·안동식혜는 끓이지 않고 만든 음식이다. 식혜는 양념과 무를 넣지 않은 것인데 비해서, 안동식혜와 어식해는 양념과 무를 넣어 만든 음식이며, 밥식혜는 양념을 넣지 않고 무와 건어물을 첨가한 것도 있다. 식용법으로 볼 때 안동식혜와 식혜는 간식이라면 어식해는 반찬이며 밥식혜는 모호한 부식이다."고 했다(배영동, 2009).

안동식혜 제조법은 만드는 사람에 따라 약간의 차이는 있지만 대체로 다음과 같다. 첫째, 곡물(잡곡)로 고두밥을 짓는다. 둘째, 엿기름을 걸러 찌꺼기를 가라앉힌다. 셋째, 밥에 엿기름 윗물을 걸러 붓는다. 넷째, 무를 채 썰어 넣는다. 다섯째, 고춧가루를 곱게 빻아 삼베로 걸러 넣는다. 여섯째, 생강을 찧어 삼베로 걸러 넣는다. 일곱째, 모든 재료를 섞은 후 단지째 실온에 둔다. 여덟째, 하루에서 이틀 삭힌다. 아홉째, 완성되면 서늘한 공간에 보관한다(권나현, 2018). 1970-1990년대 사이 안동식혜 제조법에서는 몇 가지 변화가 생겼다. 무 채 썰기가 깍둑썰기로 바뀌면서 먹기에 편리하고 시각적으로도 깔끔해 보였으며, 무의 양을 줄이면서 당근, 사과, 배, 땅콩, 잣 등을 섞으므로 더욱 다채로워졌다(권나현, 2018). 최근에는 안동식혜를 만드는 데 드는 시간과 과정을 단축하기 위해 간혹 쌀을 끓여서 만드는 감주에 무, 생강, 고춧가루를 넣어 만드는 방식을 쓰기도 한다(권나현, 2017).

분류 : 음식
참고문헌 : 배영동, 「안동식혜의 정체성과 문화사적 의의: 품격, 발생, 확산에 대한 문제제기를 중심으로」『실천민속학연구』(2009); 권나현, 「안동식혜 제조지식의 존재양상」『마을사회 민속지식의존재양상』(문예원, 2017); 권나현, 「안동식혜의 전승양상과 산업사회적 변화」『2018년 한국민속학자대회 대학원생 수상논문 최우수상』(2018년 한국민속학자대회 자료집 2권, 2018).
필자 : 박선미

신선로

신선로는 다른 그릇들과 확연히 구분되는 독특한 생김새를 가지고 있는데 쓰임새로 보자면 불을 지필 수 있는 화로가 붙어 있는 냄비이다. 신선로에는 즉석에서 끓여 먹는 국물음식을 담는다. 신선로에 담긴 음식의 이름은 '열구자탕(悅口資湯 또는 悅口子湯)'이다. 나식(羅湜: 1498-1546)의 사후 발간된 문집『장음정유고(長吟亭遺稿)』(1678)에 처음으로 '신선로' 그릇이 등장한다. 이 '여우음화(與友飮話)'라는 시의 내용에 비추어 보면 신선로는 17세기 말 조선의 선비들이 사용하던 물건이며 이것이 중국에서 건너왔음을 알 수 있다. 신선로는 지금처럼 탕을 끓이는 그릇이 아니라 술을 데우는 용도로 쓰였으며, 여러 사람들이 어울려 밤에 신선로에 술을 데워 마시며 즐겼을 것으로 추측된다.

1700년대 중반 의관을 지낸 이시필(李時弼: 1657-1724)이 쓴『소문사설(謏聞事說)』에는 '열구자탕(熱口子湯)'이라는 제목 아래 그 생김새와 용도를 자세히 설명하였다. 열구자탕 그릇은 놋쇠 냄비 가운데 원통이 위로 솟아 있고 그 가운데 구멍이 뚫려 있으며, 아래로 숯이 들어가는 화로가 달린 형태로 신선로의 모습을 떠올리게 한다. 눈 내리는 밤에 나그네들이 모여 앉아 회식할 때 먹는다. 중국의 풍속에서는 본래 각상으로 음식을 먹는 예절이 없기에 이 기구가 필요하

신선로ⓒ수원문화재단

다고 하였다.

중국에도 '훠궈(火鍋)'라 하여 그릇 한가운데 숯불을 피우고 그 가장자리에 국을 끓여 어육과 채소를 익혀 먹는 음식이 있다. 추운 지역에서 추위를 피하고 체력을 돋우기 위해서 뱃사공들이 먹었던 음식으로 우리나라의 신선로와 유사하다. 『동국세시기(東國歲時記)』(1849)는 '소고기나 돼지고기에 무, 오이, 마늘, 파, 계란을 섞어 넣고 장국을 끓인다. 이것을 열구자탕 또는 신선로라고 한다.'고 설명하며 그 연원을 중국의 난로회(煖爐會)에서 찾는다고 하였다.

『조선요리학(朝鮮料理學)』(1940)에는 훗날 신선이 되었다는 연산군 때의 선비, 허암 정희량(虛庵 鄭希良: 1469-?)이 만들어 먹은 것이라 신선로라는 이름이 붙었다는 야담 같은 해설도 나온다.

궁중 연회에서 신선로에 담은 음식은 열구자탕으로 소의 고기와 내장, 돼지고기, 꿩, 닭, 어패류, 채소류 등 갖가지 재료가 들어간다. 신선로에 탕만 넣으면 탕신설로, 면을 곁들이면 면신설로라고 불렀다. 음식발기에는 '신션로', '신선로탕', '신셜노', '탕신션노', '면신션노', '열구ᄌ탕', '구자탕' 등 한글로 쓰여 있다. 1882년(고종 19) 왕세자 척(坧: 1874-1926, 후에 순종(純宗))의 가례를 위한 초간택에 차린 음식상 내용이 적힌 발기에는 '잡탕 신셜로'라고 적혀 있어 신선로에 잡탕을 담은 것으로 여겨진다.

1868년(고종 5) 신정왕후(神貞王后: 1808-1890)의 회갑연에는 신정왕후의 별찬안(別饌案)에 오른 열구자탕이 차려졌다. 내외빈 연상에는 '탕신설로(湯新設爐)', '면신설로(麵新設爐)'라는 음식이 차려졌다. 열구자탕에는 다양한 재료가 들어간다. 안심·양·곤자손·등골·두골의 소고기류, 저태·저각의 돼지고기류, 꿩과 묵은 닭, 숭어·해삼·전복의 어패류, 표고·무·미나리 등 채소류와 계란, 파·참기름·간장·밀가루·녹말의 양념류, 고명용 은행·호두이다. 탕신설로는 열구자탕의 재료와 거의 같다. 면신설로의 재료는 소 안심, 묵은 닭, 도가니, 우둔, 계란, 후춧가루, 간장, 국수로 간단한 국수장국의 재료가 적혀있다. 이 음식은 신선로

틀에 장국과 건지를 끓이다가 덜어서 국수에 말아서 먹는 일종의 '온면'인 듯하다. 이렇게 만들어진 탕신설로와 면신설로를 잔치에 참석한 93명의 왕족과 손님에게 일일이 대접하였다.

분류 : 음식
색인어 : 진연·진찬, 소문사설, 동국세시기, 가례
참고문헌 : 『[무진]진찬의궤([戊辰]進饌儀軌)』, 「임오 정월 십오일 초간택시 진어상 빈상 처자상 발기(壬午 正月 十五日 初揀擇時 進御床 賓床 處子床 件記)」, 황혜성 공저, 『한국음식대관 6권-궁중의 식생활』(한국문화재단, 1997); 한복진, 「신선로(열구자탕)조리법의 역사적 고찰과 전통적 표준조리법의 제시」, 『동아시아식생활학회지』, Vol.5 No.3(1995)
필자 : 이소영

신선로(『소문사설』)

신선로는 19세기에 나온 『규합총서(閨閤叢書)』, 『주식시의(酒食是儀)』, 20세기에 나온 『부인필지(婦人必知)』, 『조선요리제법(漢城圖書株式會社)』, 『조선무쌍신식요리제법(朝鮮無雙新式料理製法)』 등 조선 후기 이후 출간된 여러 조리서에 다양하게 언급된 음식이다. 1740년경에 출간된 『소문사설(謏聞事說)』에서도 신선로의 다른 이름은 '열구자탕(悅口子湯)'이라는 제목으로 조리법을 기록해두고 있다. '신선로'라는 음식명은 이 음식을 담아 끓이는 그릇의 이름에서 딴 것이며 '열구자탕'은 입을 즐겁게 하는 음식이라는 의미이다. 다른 말로 구자(口子), 구자탕(口子湯), 탕구자(湯口子)라고도 부른다.

『소문사설』은 우선 신선로 그릇의 형태에 대해 자세히 서술한다. 이 책은 열구자탕을 끓이는 별도의 그릇이 있음을 언급하며 이 그릇이 놋대합 같은 모양에 발굽과 아궁이가 딸려 있다고 하였다. 합의 중심은 뚫려

신선로, 높이 13.3cm, 광복 이후, 국립민속박물관

있는데 이곳에 원통이 위치하여 불길이 이 구멍으로 나온다고 하였다.

사용하는 식재료로는 돼지고기, 생선, 꿩고기, 홍합, 해삼, 소의 양, 간, 대구, 국수, 완자, 파, 마늘, 토란 등으로 다양하며 여기에 맑은 장국을 붓고 불을 붙여 끓여 먹는다. 그러면 여러 가지 재료에서 나온 국물이 섞여서 진한 맛을 낸다고 하였다. 또, 이 음식은 눈 내리는 밤에 여럿이 모여 함께 먹으면 좋다고 하였다.

『소문사설』은 신선로 그릇을 중국에서 들여온 것으로 보고 있다. 이 책은 중국은 독상을 받지 않고 여럿이 함께 먹기 때문에 이러한 기구가 필요하며, 우리나라 사람들이 이 그릇을 중국에서 사왔다고 언급하고 있다.

분류 : 음식
색인어 : 신선로, 열구자탕, 소문사설
참고문헌 : 이시필 저, 백승호 외 역, 『소문사설, 조선의 실용지식 연구 노트(18세기 생활문화 백과사전)』(휴머니스트, 2011)
필자 : 서모란

열구자탕(『흥부전』)

가난한 중에 웬 자식은 풀마다 낳아서 한 서른 남은 되니, 입힐 길이 전혀 없어, 한 방에 몰아넣고 멍석으로 씌우고 대강이만 내어놓으니, 한 녀석이 똥이 마려우면 뭇 녀석이 따라간다. 그중에 값진 것은 다 찾는구나. 한 녀석이 나오면서,

"애고 어머니, 우리 열구자탕에 국수 말아 먹었으면."

또 한 녀석이 나앉으며,

"애고 어머니, 우리 벙거지전골 먹었으면."

또 한 녀석이 내달으며,

"애고 어머니, 우리 개장국에 흰밥 좀 먹었으면."

또 한 녀석이 나오며,

"애고 어머니, 대추 찰떡 먹었으면."

"애고 이 녀석들아, 호박국도 못 얻어먹는데, 보채지나 말려무나."

또 한 녀석이 나오며,

"애고 어머니, 올부터 불두덩이 가려우니 날 장가 들여주오."

이렇듯 보챈들 무엇 먹여 살려낼까. 집 안에 먹을 것이 있든지 없든지 소반이 네 발로 하늘에 축수하고, 솥이 목을 매여 달렸고, 조리가 턱걸이를 하고, 밥을 지어 먹으려면 책력을 보아 갑자일이면 한때 식 먹고, 생쥐가 쌀알을 얻으려고 밤낮 보름을 다니다가 다리에 가래톳이 서서 종기를 침으로 따고 앓는 소리에 동리 사람이 잠을 못 자니, 어찌 아니 서러울 건가.

『흥부전』은 판소리계 소설로 널리 알려진 작품이다. 판소리 「흥보가」가 전승되는 과정에서 그 사설이 소설적으로 윤색되어 정착된 것이 소설 『흥부전』이다. 판소리 「흥보가」는 현재에도 전승되고 있으며, 소설 본도 필사본, 판본, 활자본 등 다양한 매체로 전승되고 있다. 위에서 인용한 것은 흥부 자식들이 음식을 먹고 싶어 울부짖는 대목이다. 처참한 상황이지만, 판소리계 소설답게 다소 해학적으로 묘사되어 있다. 위에 등장하는 음식 중에서 '열구자탕'은 신선로에 여러 가지 어육과 채소를 넣고 석이버섯, 호두, 은행, 황밤, 잣, 실고추 따위를 얹은 다음 장국을 붓고 끓이며 먹는 음식이고, '벙거지전골'은 음식상 옆의 화로에 전골틀을 올려놓고 볶으면서 먹는 요리이다. 지금의 전골요리와 같다. '개장국'은 개고기를 고아 끓인 국이고, '대추 찰떡'은 대추를 넣은 찰떡을 말한다. 흥미로운 것은 위에 나열되어 있는 음식이 대부분 흥부 가족으로서는 도저히 먹을 수 없는 고급 음식이라는 점이다. 가난한 흥부의 처지에서는 호박국도 먹을 수 없는 형편인데, 아이들은 열구자탕 등을 거론하고 있다. 이러한 표현은 판소리 특유의 해학을 나타내기 위한 것이다.

분류 : 문학
색인어 : 열구자탕, 벙거지전골, 흥부전
참고문헌 : 김태준 역주, 『흥부전 변강쇠가』(고려대민족문화연구소, 1995)
필자 : 차충환

신윤복

혜원(蕙園) 신윤복(申潤福: 1758-?)은 조선 후기 향

락적 유흥과 남녀 간의 춘정을 그린 풍속화가로, 그의 30점의 풍속화가 담긴 『혜원전신첩』은 김홍도와 또 다른 당대의 생활상을 보여준다. 신윤복은 화원(畫員)이었던 한평(漢枰)의 아들이다. 도화서(圖畵署)의 화원으로 벼슬은 첨절제사(僉節制使)를 지냈다. 풍속화를 비롯하여 산수화와 영모화에도 능했다.

산수화에서 김홍도(金弘道)의 영향을 토대로 참신한 색채감각이 돋보이는 작품을 남기기도 하였다. 하지만 한량과 기녀를 중심으로 한 남녀 간의 낭만이나 애정을 다룬 풍속화에서 특히 이름을 날렸다. 그의 풍속화 등은 소재의 선정이나 포착, 구성 방법, 인물들의 표현 방법과 설채법(設彩法) 등에서 김홍도와 큰 차이를 보인다.

그는 남녀 간의 정취와 낭만적 분위기를 효과적으로 나타내기 위하여, 섬세하고 유려한 필선과 아름다운 채색을 즐겨 사용하였다. 그래서 그의 풍속화들은 매우 세련된 감각과 분위기를 지니고 있다. 또한 그의 풍속화들은 배경을 통해서 당시의 살림과 복식 등을 사실적으로 보여주는 등, 조선 후기의 생활상과 멋을 생생하게 전하여 준다.

그의 대부분의 작품들에는 짤막한 찬문(贊文)과 함께 자신의 관지(款識)와 도인(圖印)이 곁들여 있다. 하지만 한결같이 연기(年記)를 밝히고 있지 않아 그의 화풍의 변천과정을 파악하기는 어렵다. 김홍도와 더불어 조선 후기의 풍속화를 개척하였던 대표적 화가로서 후대의 화단에 많은 영향을 미쳤다. 작가 미상의 풍속화와 민화 등에는 그의 화풍을 따른 작품들이 많다.

신윤복이 남긴 『혜원전신첩』은 모두 30장면으로 구성된 풍속화첩이다. 이 화첩에는 당시 사람들의 향락적 유흥과 남녀 간의 춘정들이 생생하게 표현되어 있다. 그중에서 조선 후기 도시의 호사스런 소비생활과 유흥을 즐겼던 왈자와 기생들이 눈에 띈다. 왈자란 역관과 같은 기술직 중인, 중앙관서에서 행정의 말단 업무를 담당했던 경아전, 대전별감인 액예, 군영장교인 표교, 승정원사령과 나장인 관서하예, 장사치인 시정상인들을 총칭하는 단어이다. 이들은 사회적 지위가

신윤복, 「연당여인」, 『여속도첩』, 18~19세기, 견본채색, 29.7×24.5cm, 국립중앙박물관

높지 않았지만, 당시 유흥문화를 움직일 만한 경제력을 지녔기 때문에 새로운 문인문화의 핵심세력으로 크게 성장했다.

분류 : 미술
색인어 : 풍속화, 혜원전신첩, 화원, 김홍도, 유흥
참고문헌 : 안휘준, 『한국회화(韓國繪畵)의 전통(傳統)』(문예출판사, 1988); 안휘준, 『한국회화사(韓國繪畵史)』(일지사, 1980); 이동주, 『우리나라의 옛그림』(박영사, 1975); 송희경, 「한국미술 산책」, 네이버캐스트
필자 : 구혜인

신풍루사미도(『원행을묘정리의궤』)

『원행을묘정리의궤(園幸乙卯整理儀軌)』의 「신풍루사미도(新豐樓賜米圖)」는 정조가 화성의 신풍루(新豐樓)에 올라 백성들에게 쌀을 나누어주던 장면이다. 가운데에 쌀이 그득 쌓여 있고 그 옆에 쌀섬들이 적재되어 있다. 관리들과 빈 자루를 들고 온 자들이 쌀 주변에 있고, 주변 인물들은 이를 지켜보고 있다. 그 아래로 남녀노소로 이루어진 많은 백성들이 화면의 가운데 무리를 이루고, 그들의 좌우로 도열한 모습의 관리들이 백성들과 대비된다. 시선을 위로 올리면 신풍

루에는 빈 어좌가 그려져 있어, 정조가 친림(親臨)하여 지켜보고 있었다는 것을 알 수 있다. 임금이 친림한 가운데 백성들에게 쌀을 나누어주는 장면은 조선시대 회화에서 잘 다루어지지 않던 소재이다. 이 장면은 무슨 연유로 『원행을묘정리의궤』에 들어가게 되었을까?

「[원행을묘]정리의궤」 표지, 22.5×35.1cm, 1796년, 서울대학교 규장각 한국학연구원

1795년(정조 19) 정조는 생부 사도세자(思悼世子)와 생모 혜경궁 홍씨(惠慶宮 洪氏)의 회갑을 맞아 사도세자의 묘인 현륭원(顯隆園)이 있는 화성(華城: 지금의 수원)으로 혜경궁을 모시고 행차한다. 화성에 도착한 지 사흘째 되던 날인 윤2월 13일 봉수당(奉壽堂)에서 혜경궁의 진찬연을 마치면서 참석한 신하들에게 시상하였다. 그 자리에서 정조는 잔치 밖의 백성들에

게도 눈을 돌리며 다음과 같이 말한다. 즉 "저 누더기를 걸치고 파리한 자들만 유독 함께 즐기고 기뻐하는 대열에 끼지 못한다면 어찌 하늘의 아름다움을 받들어 행하는 뜻이 되겠는가. 내일 신풍루(新豊樓)에 나아가 사민(四民)과 진민(賑民)에게 쌀을 나누어주고, 승지에게 명하여 조금 먼 마을로 나누어 가서 창고를 열어 먹이도록 하라. 지금 이때에 먹여주고 입혀주면, 구덩이에서 벗어난 격양가(擊壤歌 풍년이 들어 태평한 세월을 기려 불렀다는 노래)를 부르게 되리니 털끝만 한 것까지 모두 자궁께서 내려주시는 것이다."라 하였다.

다음 날인 윤2월 24일 아침 묘시(오전 5-7시) 정조는 융복(戎服)을 갖추고 말을 타고 나가 신풍루(新豊樓)에 이르렀다. 정조는 어좌(御座)에 앉아 전교하기를, 수원의 사민(四民)과 굶주린 백성(飢民) 4,810명에게 쌀을 하사하고 죽을 쑤어주는 것을 한결같이 임금이 몸소 나온 것(親臨)한 것처럼 하여 누락되는 일이 없게 하라고 전교하였다. 특히 성 주변의 백성들은 신풍루에 친림하여 직접 나누어주겠다고 하였다. 또 죽을 쑤고 쌀을 나누는 일을 일제히 거행하되 혼란스러워

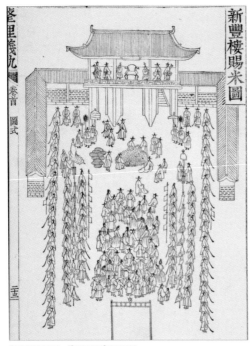

「신풍루사미도」, 「[원행을묘]정리의궤」

「홍화문사미도」, 「[원행을묘]정리의궤」

질 것을 우려하여, 미리 쌀꾸러미[米包]를 신풍루 아래에 쌓아 두어 정돈하여 대령하라고 당부하였다. 또 날이 일러서 미처 도착하지 못한 자가 생길 수 있으니 한 사람도 누락되는 일이 없도록 하라고 하는 등 쌀을 나누는 일을 세심하게 챙겼다.

화성 일대의 5천여 명에 달하는 백성들에게 쌀과 죽을 나누어주던 장면은 지금 상상해보아도 회갑잔치 못지않은 장관이었으리라 여겨진다. 이 장면이 『원행을묘정리의궤』에 잘 남아 있다.

분류 : 미술
색인어 : 쌀, 죽, 원행을묘정리의궤, 정조, 혜경궁홍씨, 신풍루사미도
참고문헌 : 『원행을묘정리의궤(園幸乙卯整理儀軌)』; 『정조실록(正祖實錄)』
필자 : 구혜인

쌀

요사이 한국인이 가장 즐겨 먹는 밥의 재료는 쌀이다. 쌀은 품종에 따라 크게 자포니카(Japonica)와 인디카(Indica) 계통의 것으로 나뉜다. 자포니카 계통의 쌀은 다른 말로 일본종(日本種)이라고 부른다. 주로 일본열도를 비롯하여 한반도와 중국 북부 지방에서 재배된다. 이 자포니카 계통의 쌀은 둥글고 굵은 모양을 지닌다. 이에 비해서 인디카 계통의 쌀은 인도종(印度種)이라고 부른다. 주로 인도를 비롯하여 동남아시아와 중국 남부 지방에서 재배된다. 인디카 계통의 쌀은 자포니카 계통의 쌀에 비해서 긴 모양이다. 쌀은 전체 함량 중 90% 가량이 전분으로 구성된다. 자포니카 계통의 쌀은 찰기가 없는 전분인 아밀로오스 (amylose)의 함량이 인디카 계통의 쌀에 비해서 적다. 그래서 자포니카 계통의 쌀이 인디카 계통에 비해서 훨씬 차지고 윤기가 난다. 하지만 낱알 자체의 무게는 인디카 계통의 쌀이 더 무겁다. 보통 인디카 계통의 쌀 1천개 낱알은 그 무게가 25g인데 비해서, 같은 개수의 자포니카 계통 쌀은 19-23g으로 알려진다.

보통 한국에서는 이 인디카 계통의 쌀을 '안남미(安南米)'라고 부르기도 했다. 왜냐하면 1950년 한국전쟁

이후에 부족한 쌀을 보충하기 위해서 인디카 계통의 쌀을 남부 베트남 등지에서 수입했기 때문이다. '안남'이란 말은 한자로 베트남을 가리키는 말로 쓰였다. 그런데 기왕에 먹던 자포니카 계통의 쌀에 비해서 덜 차지고 윤기가 나지 않아서 사람들이 싫어하였다. 인디카 계통의 쌀로 지은 밥을 숟가락에 올려서 입으로 훅 불면 날아갈 정도라는 비유도 당시에 유행했다. 특히 인디카 계통의 쌀은 특유의 냄새를 지니고 있기 때문에 한국인에게는 인기가 별로 없다. 하지만 세계에서 생산되는 쌀의 약 90%는 인디카 계통에 속한다. 이에 비해서 자포니카 계통의 쌀은 그 생산량도 적고, 즐겨 먹는 사람의 숫자도 그 생산량과 마찬가지로 약 10%에 지나지 않는다.

그렇다고 한반도에서 재배된 쌀이 모두 자포니카 계통의 것이라고 단언하기는 어렵다. 왜냐하면 20세기 이후에 일본쌀이 서양에 알려지면서 그 명칭이 자포니카로 지어졌기 때문이다. 조선시대 학자인 강희맹(姜希孟: 1424-1483)이 쓴 『금양잡록(衿陽雜錄)』에는 밭벼 3품종, 논벼 24품종에 대한 기록이 나온다. 밭벼는 지금의 벼와 달리 밭에 심는 벼를 가리킨다. 볍씨를 밭에 뿌려서 가꾸는데 요사이 벼처럼 많은 물을 필요로 하지 않는다. 비록 수확량은 적지만, 알이 굵고 재해에도 잘 견디는 장점을 지닌다. 논벼는 다른 말로 물벼라고도 부른다. 물이 충분한 논에 심으며, 여름에 비가 많이 와야 잘 자란다. 수확량은 많지만, 물 공급이 원활하지 않으면 재배가 잘 되지 않는 문제점이 있다. 한반도에 벼가 재배된 때는 지금으로부터 약 3천 년 전으로 알려진다. 아마도 밭벼 계통이 먼저 들어왔을 것으로 추정된다. 그 후 다시 논벼가 들어왔다. 조선시대에 들어오면 수확량이 많은 논벼가 밭벼에 비해서 많이 재배되었다. 조선시대에 화폐를 대신하여 쓰였을 정도로 쌀의 가치가 높아지면서, 논벼 재배가 증가하였다. 특히 임진왜란 이후에 국가에서 필요로 하는 쌀의 양이 부족해졌고, 이것을 해결하기 위해서 쌀로 세금을 거둬들였다. 17세기 이후 쌀을 세금으로 거둬들이는 제도인 대동법(大同法)이 전국에 실시되면

서 쌀은 중요한 화폐로 쓰였다. 이로 인해서 밭벼에서 논벼로 전환하는 농가가 늘어났다. 그만큼 이전에 비해서 쌀의 생산량이 많아졌고, 이에 덩달아 소비도 증가하였다. 하지만 당시의 논벼로 생산된 쌀은 일본의 차진 자포니카 계통의 쌀처럼 매우 차진 성분은 아니었다.

벼는 메벼와 찰벼가 있고, 그것을 도정하면 멥쌀과 찹쌀이 된다. 멥쌀은 주로 밥을 짓는 데 쓰인다. 이에 비해서 찹쌀은 찰떡·인절미·경단·단자와 같은 떡이나 식혜·약식·술·고추장 따위를 만들 때 재료로 사용된다. 1906년 권업모범장이 설립되고, 1911-1913년 사이에 전국의 벼 품종을 수집하였다. 당시의 자료에 의하면, 조선시대부터 내려온 재래종은 논벼 중 메벼는 876품종, 논벼 중 찰벼는 383품종, 밭벼 중 메벼는 117품종, 밭벼 중 찰벼는 75종이었다. 그러나 1912년부터 일본 도입품종이 보급되기 시작했다. 모내기를 하는 논벼 계통인 일본 벼는 급속하게 전국으로 퍼져나갔다. 특히 넓은 논을 가진 지주들은 일본 벼를 심어서 많은 생산량을 얻으려고 했고, 한반도에서 활동하던 일본인 상인들이 이 쌀을 구입하여 일본으로 가지고 갔다. 쌀값이 일본에 비해서 쌌기 때문에 많은 이익을 낼 수 있어서 일본 상인들이 앞다투어 조선 쌀을 구입해갔다. 1920년에는 일본 벼가 전체의 53%를 차지했고, 1935년이 되면 82%까지 이르렀다.

제3공화국 정부는 양곡관리법을 발효하여 떡·술·식혜와 같은 음식을 쌀로 못 만들게 강제하였다. 특히

수확을 앞둔 들판. 경북 봉화 닭실마을 앞 들판ⓒ하응백

탁주·청주·소주와 같은 한국의 오래된 술 재료로는 쌀이 주로 사용되었다. 이 문제를 해결하면 쌀밥을 더 많은 국민들이 먹을 수 있다고 정부는 판단을 했다. 더욱이 일본 품종의 쌀은 맛은 좋지만, 수확량이 적고 각종 병충해에도 약한 단점을 지니고 있었다. 그래서 수확량이 많으면서 잘 자라는 벼 품종을 개발할 필요성이 생겼다. 이른바 '통일벼'로 불렸던 벼 품종은 농촌진흥청에서 1965년부터 1971년 사이에 여러 차례 실험 재배를 하여 개발했다. 그러나 통일벼는 1970년대 실패로 돌아갔다. 그래도 쌀 증산이 이루어져 1979년에 가장 많은 쌀을 생산하였다. 쌀 생산이 증가했지만 1980년대 중반부터 다른 먹을거리가 많아지면서 쌀밥 소비량이 줄어들어 갔고 쌀이 남아도는 지경에 이르렀다.

쌀로 밥을 짓는 방법은 크게 두 가지로 나뉜다. 하나는 쌀의 3배가 넘는 양으로 물을 붓고 팔팔 끓인 다음에 물을 따라내고, 뜸을 들이는 방법이다. 보통 인디카 계통 쌀과 일본에서 이 방법을 많이 사용했다. 이에 비해서 조선시대부터 밥은 무쇠로 만든 솥에 쌀의 2배 정도로 물을 붓고 뚜껑을 닫은 다음에 서서히 불을 때서 익힌 다음에 뜸을 들인다. 특히 삼국시대부터 사용했다고 알려지는 무쇠 솥은 아궁이에 고정되어 있고, 솥뚜껑도 무쇠로 만들어져서 지금의 압력솥과 같은 기능을 했다.

다음에서 일반 솥을 이용해서 밥을 짓는 방법을 살펴보자. 물의 양은 쌀이 얼마나 건조한지에 따라서 약간씩 다르다. 가령 햅쌀인 경우에는 물이 쌀의 1.2배 정도면 된다. 이에 비해서 묵은 쌀인 경우에는 물이 쌀의 1.5배 정도면 알맞다. 쌀을 솥에 안치고 불에 얹어 끓고 난 후, 약 10-15분 동안 계속 끓인다. 쌀이 잘 퍼지면 불을 줄여서 뜸을 들인다. 밥을 풀 때는 주걱을 세우듯이 하여 밥알이 뭉개지지 않도록 한다. 밥을 다 푸고 나면 반쯤 익고 반쯤 탄 누룽지가 솥 밑에 남는다. 여기에 물을 부어 밥 먹을 동안 다시 끓이면 달고 구수한 맛을 내는 숭늉이 만들어진다. 요사이는 대부분의 가정에서 전기밥솥을 이용해서 밥을 짓는다. 이

러다 보니 무쇠 솥이나 냄비로 밥을 짓고 나서 만들 수 있었던 숭늉은 더 이상 만들어지지 않았다. 여기에 탄산음료수가 값싸게 공급되면서 1980년대 이후, 숭늉은 식사 후 먹는 음료의 자리를 잃어버렸다.

분류 : 식재료
색인어 : 밥, 밥상, 제사음식
참고문헌 : 『금양잡록(衿陽雜錄)』; 주영하·김혜숙·양미경, 『한국인, 무엇을 어떻게 먹고 살았나』(한국학중앙연구원출판부, 2017)
필자 : 주영하

갱미(세조)

1458년 6월 26일 세조는 임금으로서의 검소함을 드러내기 위해 도승지와 우승지에게 임금의 밥상에 너무 곱고 흰 쌀을 올릴 필요가 없다고 명령했다. 그러면서 나라에서 지내는 제사 이외에는 세갱미(細粳米)를 쓰지 말고 중미(中米)를 쓰도록 하게 하였다. 이에 도승지가 중미(中米)는 너무 거칠어서 임금님께 올리기 마땅하지 않다고 하였으나 세조는 갱미(粳米)를 쓰는 것이 마땅하다고 하며 받아들이지 않았다.

이 기사에서 언급된 세갱미란 곱게 여러 차례 찧어 하얗게 된 멥쌀을 지칭하고 갱미란 일반 멥쌀로 도정 정도는 알 수 없지만 중미보다는 도정이 더 된 쌀로 보인다. 『미암일기(眉巖日記)』1574년 윤12월에 기록된 목사 이린(李遴: ?-?)이 보낸 편지를 보면 백미(白米)와 중미(中米)를 구분하고 있는데 이를 통해 중미란 백미에 비해 도정 정도가 덜 된 쌀로 추측된다.

기계화된 정미기가 없던 시절 벼를 흰 쌀로 만들기 위해서는 겉껍질을 까는 것에서 끝나는 것이 아니라 껍질을 까고 얻어낸 현미(玄米)를 다시 절구, 매통, 디딜방아 등을 이용해 다시금 여러 차례 방아를 찧어야 하는 복잡한 과정 속에 얻어지는 귀한 음식이었다.

분류 : 식재료
색인어 : 갱미, 세갱미, 중미, 멥쌀, 백미
참고문헌 : 『세조실록』; 유희준, 『미암일기』
필자 : 이민재

벼농사(「풍등가」)

… 어떤 볍씨를 뿌렸더냐

정전(正殿) 앞에 생모찰(生毛糯) 아롱대롱이 까투리찰(雌雉糯)

꺽꺽 푸드득 쟁기찰(雄雉糯)이요

이팔청춘 소년벼요 나이 많아 노인벼라

적게 먹어 홀테벼 많이 먹어 등트기 밥맛 좋기는 다마금(多摩錦)이요

쌀이 좋긴 곡량도(穀良稻)라

여주(驪州) 이천(利川)의 옥자강(玉子糠)이 김포(金浦) 통진(通津) 밀다리며

우물 앞엔 새음다리 키가 짧라 은방조(銀坊租)요 키가 길어 늑대벼라

한반도에 벼가 이식된 이후 벼농사는 주된 산업이었다. 농자(農者)는 천하지대본(天下之大本)이란 말은 1960년대까지도 유효한 말이었고, 국가적으로 보면 벼농사의 성공 여부에 따라 한 해 전체 농사의 명암이 갈리었다. 삼국시대부터 '벽골지' 등의 저수지가 축조된 것에서 보듯, 벼농사를 위한 치수(治水)에도 많은 노력을 기울였다. 또한 조선 초기부터 『농사직설』과 같은 벼농사를 포함한 농사에 대한 여러 책이 저술되었다.

조선 후기 농업정책과 자급자족의 경제론을 편 실학적 농촌경제 정책서인 서유구의 『임원경제지』에도 벼농사와 같은 곡물 농사 부분은 제일 앞부분에 배치되어 있다. 이는 식량 자원으로서의 곡물의 비중이 매우 높았기 때문이다. 또한 『임원경제지』에는 벼의 69개 품종이 제시되어 있는데, 이는 그 용도나 생육 환경에 따라 적합한 여러 종류의 벼가 있었기 때문이다. "국태민안(國泰民安) 시화연풍(時和年豊) 연년(年年)이 돌아든다 황무지 빈터를 개간하여 농업보국(農業報國)에 증산(增産)하세"로 시작되는 경기잡가 「풍등가(豊登歌)」는 1930년대 초에 소리꾼 최정식에 의하여 비롯한 노래이다. 여러 가지 볍씨와 잡곡의 이름을 들어가면서 땀 흘려 지은 곡식을 추수하는 농부의 즐거움을 흥겹게 노래하고 있다. 가사의 내용을 살펴보면 조선 헌종 때의 정학유(정약용의 둘째 아들)가

벼 수확 직전의 황금들판ⓒ장명확

지은 「농가월령가」의 내용을 축약하고 당시 사정에 맞게 일부 가사를 개작하였음을 알 수 있다.

「풍등가」 가사의 '국태민안'이나 '시화연풍'과 같은 말은 조선시대부터 사용하는 말이었으나 '농업보국'이란 말은 일제 강점기에 일본에 의해 강압적으로 이식된 말이었다. 물론 황무지를 개간하여 농업생산력을 증대시키는 것은 중요한 일이다. 하지만 이 말에는 묘한 함정이 숨어 있다. '보국'이란 말 그대로 "나라가 베풀어준 은덕에 보답한다."는 뜻이다. 이때의 나라란 조선 왕조가 망했기에 결국은 일본이며, 그 끝에는 일본의 천왕이 도사리고 있다. "천왕의 은혜를 갚기 위해 열심히 농사짓자."라는 뜻이 되는 것이다.

일제는 식민지 침탈을 더 가속화시키고 조선의 군수 병참기지 역할을 철저히 하기 위해 각종 보국사업을 했다. '농업보국', '축산보국', '생산보국' 같은 용어를 통해 식민 지배의 약탈을 이론적으로 뒷받침했던 것이다. 특히 1937년 중일전쟁 발발 이후 일제의 침탈은 더 가속화되어 '조선농업보국청년대'를 조직하여 우리 민족의 노동력을 최대한 착취하는 만행을 저질렀다.

물론 최정식이 이러한 일제 침략 당국의 속셈을 간파할 수는 없었을 것이다. 풍년을 기리는 단순한 마음에서 이러한 가사의 노래를 작곡했을 것이다. 이 노래에 등장하는 '다마금', '곡량도', '옥자강', '밀다리' 등은 벼 품종의 이름이다. 1931년 〈동아일보〉 기사를 보면 "여주 이천의 옥자강이나 김포 통진의 밀다리"가 밥맛은 대단히 좋은데 장려하지 않는 품종이어서 구하기가 대단히 어렵다는 기사가 보인다. '다마금'은 일

본 도입 품종으로 1900년 초부터 해방 전까지 49년간 전국적으로 재배면적이 17만ha에 달할 정도로 널리 재배되었고 밥맛이 좋기로 이름나 있다. '옥자강'이나 '밀다리'는 궁중에 보내는 진상품이기도 했다. 최정식은 이처럼 「풍등가」에서 당시 밥맛 좋기로 소문난 여러 벼 품종을 나열했던 것이다.

최정식(崔貞植: 1886-1951)은 일제 강점기에 활약한 시조·가사·경서도소리의 명창이다. 경기소리의 중시조(中始祖)라 칭하는 최경식(崔京植)과 최상욱(崔相旭)을 사사하여 경서도창에 능하였다. 작곡과 작사에도 재질이 있어 「금강산타령」·「풍등가」를 작사, 작곡했다고 한다. 예기학원(藝妓學院)이었던 조선권번(朝鮮券番)에서 잡가를 가르쳤고 많은 제자를 배출하였다. 정경파(鄭瓊坡)·묵계월(墨桂月)·안비취(安翡翠) 등이 최정식의 제자들이다. 광복 후에는 함화진(咸和鎭)과 함께 대한국악원을 중심으로 활약하였다.

분류 : 문학
색인어 : 벼농사, 풍등가, 경기잡가, 최정식, 농사직설, 『임원경제지』, 옥자강, 밀다리, 다마금
참고문헌 : 하응백, 『창악집성』(휴먼앤북스, 2011)
필자 : 하응백

벼를 수확하고서(장유)

흰 이슬 내려 들판은 서늘한데
낮은 논엔 올벼가 누렇게 익어가네
뭉게구름처럼 볏단이 쌓여 있는데
논에는 수북한 물이 허옇게 비치네
방아 찧어 나온 쌀 백옥처럼 고와라
밥술에 윤기가 자르르 향도 좋아라
여기에 게까지 까끄라기 물고 있으니
앞개울에 가을장마 다 지나갔나 보다

白露郊原冷　汙邪早稻黃
屯雲卷穫稌　積水見蒼茫
出碓精如玉　翻匙滑更香
兼有蟹䖱芒　前溪秋潦盡

*장유, 「벼를 수확하고서[穫稻]」

조선 중기의 문인 장유(張維: 1587-1638)가 쓴 오언율시이다. 장유는 자가 지국(持國)이고 호가 계곡(谿谷)이며 본관은 덕수(德水)다. 효종의 비 인선왕후(仁宣王后)의 부친으로, 벼슬은 판서를 지냈다. 조선 중기 대표적인 문장가로 알려져 있다. 문집 『계곡집(谿谷集)』 외에 『계곡만필(谿谷漫筆)』이 그의 대표적인 저술이다.

이 작품은 30대의 젊은 시절 안산에 있던 그의 고향에서 가을날 갓 수확한 벼를 찧어 지은 쌀밥을 먹는 즐거움을 노래한 것이다. 예전 사람들은 음력 8월에 벼 까끄라기를 동해신(東海神)에게 보내면 그때부터 게를 먹을 수 있다고 믿었다. 그래서 누렇게 익은 나락과 살진 게는 짝을 이루는 말이 되었다.

장유와 같은 시대 정홍명(鄭弘溟: 1582-1650)은 「농가의 사계절(田家四時詞)」이라는 작품의 가을 노래에서, "매달린 박 꼭지 떨어지고 대추 볼 붉어지자, 가는 곳마다 거리에는 즐거운 풍년 이야기 넘쳐나네. 어린 며느리 맛난 쌀밥을 고이 지어다가, 손수 소반에 들고 늙은 시아비께 권하네[懸瓠落蔕棗顋紅, 到處街談樂歲豐. 小婦軟炊香稻飯, 手提釘餫勸衰翁]."라 하여 아름다운 풍속을 그렸다. 수확의 계절 가을의 즐거움은 정성껏 지은 쌀밥을 집안 어른들과 함께 먹는 것이 아닐까!

다만 지식인들이라면 쌀밥을 먹는 즐거움을 농민과 함께하여야 한다는 점을 잊지 말아야 할 것이다. 고려 시대의 대문호 이규보(李奎報: 1168-1241)가 「국가에서 농가에서 청부와 쌀밥을 금지한다는 명령을 내렸다는 말을 듣고서[聞國令禁農餉淸酒白飯]」라는 작품의 후반부에서, "반짝반짝 하얀 쌀밥과, 맑디맑은 푸른 물결 청주는, 너희 농민의 힘으로 생산한 것이니, 하늘도 먹고 마심을 허물치 않으리라. 농사를 권하는 관리에게 말하노니, 국가의 명령이 잘못된 것 아니신가? 높은 벼슬아치들이야, 술과 밥이 질려 썩어 문드러진다지. 재야의 사람들도 다들 먹어서, 술 마실 땐 언제나 좋은 것만 찾는다지. 노는 자들도 오히려 이러한데, 어찌 농부들이 뒤차지해서야 되겠나[粲粲白玉

飯 澄澄綠波酒 是汝力所生 天亦不之咎 爲報勸農使 國令容或謬 可矣卿與相 酒食猒腐朽 野人亦有之 每飮必醇酎 游手尙如此 農餉安可後]."라 한 것은 기억할 만하다.

분류 : 문학
색인어 : 쌀밥, 게, 대추, 장유, 정홍명, 이규보
참고문헌 : 장유, 『계곡집』; 정홍명, 『기암집』; 이규보, 『동국이상국집』; 이종묵, 『한시마중』(태학사, 2012)
필자 : 이종묵

벼 타작 그림(김홍도)

한반도는 기원전 2400년경부터 벼를 재배하였다. 이때의 벼는 밭벼[陸稻]이다. 밭벼가 논벼로 옮아온 시기는 분명하지 않지만, 고고학적 발굴을 근거로 한다면 기원전 700년경으로 알려지고 있으나 논벼보다는 화전(火田)으로 일군 밭벼의 양이 많았을 것으로 보고 있다. 논벼이든 밭벼이든 타작이라는 과정을 반드시 거쳐야 한다. 타작된 벼는 방아를 찧어 껍질을 벗기고 시루를 사용하여 수증기로 찐 다음에 밥 또는 떡이 되며, 귀한 분 접대나 신(神)에게 바치는 음식이 되는 것이다. 쌀은 다른 곡물과 비교해볼 때 맛이 탁월하고 영양가도 높으며 계획 재배가 가능하고 계량, 수

김홍도, 「벼 타작」, 28×23.9cm, 조선 후기, 국립중앙박물관

송, 분배, 보존성 또한 탁월하다. 이 때문에 점차 벼를 중심으로 한 재배가 늘어나 벼 외의 다른 작물이 점차 잡곡이 되고 벼가 주 곡식이 되었다.

「벼 타작」은 김홍도의 대표적 작품인『단원풍속화첩』중 한 장면이다. 벼의 껍질을 벗기는 장면을 그린 작품으로, 화면 중앙에는 일꾼들이 볏단을 치는 장면을 배치하고, 오른쪽 구석에는 일꾼들을 감독하는 사람이 묘사되었다. 당연히 이 그림의 주인공은 일꾼들이다. 그림 속 일꾼들은 소매나 바지춤을 걷어붙이고 입가에 웃음을 띠며 활기차고 즐겁게 일을 하고 있다. 즉 왼쪽 상단에 일꾼이 지게로 운반한 볏단을 한 사람은 묶고 나머지 세 사람은 묶은 볏단을 통나무에 메치며 낟알을 털고 있다. 흩어진 곡식알들이 한 톨이라도 날아갈세라 또 한 사람은 열심히 비질을 하며 모으고 있다. 반면에 옆으로 팔을 베고 비스듬히 누워 담뱃대를 문 인물은 나른한지 눈을 지그시 감고 있다. 가을의 분주한 벼타작 장면 속에 다양한 인물 군상들을 볼 수 있는 작품이다.

분류 : 미술
색인어 : 벼, 타작, 김홍도, 풍속화
참고문헌 : 한식문화재단, 한식아카이브 DB
필자 : 구혜인

서리쌀밥(「이야기」)

상나무가 둘러 있는 마을 샘에서는 '숲안댁'이랑 '양년이'네 언니랑 그 지긋지긋한 감저순과 봄내 먹어내던 쑥을 헹구면서 '돌쇠'엄마가 가엾다고들 이야기하였다.

옥 같은 서리쌀밥에 절이지를 감아 한 사발만 먹고프다던 '돌쇠'엄마는 해산한 뒤 여드렐 꼬박 감저순만 먹다가 그예 세상을 떠나고 말았다.

감저순은 속을 몹시 깎아낸다는 이야기, 그러기에 흉년 너무새론 쑥을 덮어 먹을 게 없다는 이야기, 소같이 마냥 먹어내던 쌀겨도곤 차라리 피를 훑어 죽을 끓여 먹는 게 낫다는 이야기…

샘을 둘러 서 있는 상나무에서도 감저순과 쑥내음새가 구수하고 마을 아낙네의 새로운 생존철학 강의에서도 너무새 내음새가 자꾸만 풍겨온다.

하늘이여
피가 돌기에 마련이면
어찌 독새기를 먹어야 하는 가뭄과 농토를 앗아가고 쌀겨를 먹이는 물난리와 자맥을 먹는 벼이삭에 몹쓸 바람을 보내야 하는가.

가을도곤 오는 봄을 근심하는 마을 아낙네의 서글픈 이야기가 오늘도 내일도 퍼져가는 한 지구는 영원히 아름다운 별일 수 없다.

신석정(辛夕汀: 1907-1974)의 시집『빙하』(1956)에 수록된 작품 「이야기」이다. 신석정은 초기에 목가적이고 전원적인 시인으로 평가되었다. 그러나 시세계의 심화를 통해 일제 강점기 암울한 시대를 견디는 암중모색의 시와 해방 후 새로운 삶을 추구하며 달관의 경지를 추구하는 관조적 경향의 시를 썼다. 1924년 〈조선일보〉에 「기우는 해」를 발표하면서 작품 활동을 시작했고, 1931년 〈시문학〉 3호에 시 「선물」을 발표하여『시문학』동인으로 활동했다. 시집으로『촛불』, 『슬픈 목가』,『빙하』,『산의 서곡』,『대바람 소리』등이 있다.
이 시는 민중들의 궁핍한 삶을 그린 작품으로 해방 이

전북 부안군에 2011년 개원한 석정문학관 내 전시실 사진ⓒ석정문학관

후에도 가난에서 벗어나지 못하는 비참한 민중의 삶을 그려냈다. 가뭄과 장마가 반복되고 그 때문에 먹을 것이 없는 농민들은 들판의 야채로 끼니를 이어야 했다. 그러한 농촌의 궁핍상이 사람들의 이름과 야채명을 통해 구체적으로 제시되었다. 이 시에 소재로 등장하는 서리쌀밥은 서리처럼 하얀 쌀밥을 뜻하는 말로 해방이 되고서도 궁핍을 면치 못하는 민중들이 궁핍한 상황 속에서 마음으로 상상하는 맛있는 음식의 전형으로 제시된 것이다.

분류 : 문학
색인어 : 이야기, 신석정, 감저순(감자순), 쑥, 서리쌀밥, 절이지, 쌀겨, 피, 너무새(남새-채소), 독새기(독새풀), 벼이삭
참고문헌 : 신석정, 『빙하』(정음사, 1956)
필자 : 이숭원

쌀 나오는 구멍

쌀이 곧 돈이고 밥이던 시절, 모든 것은 쌀 몇 되, 쌀 몇 말, 쌀 몇 가마니로 값이 매겨졌다. 쌀이 뒤주에 가득하고, 곳간에 넘치면 좋겠지만, 일반 백성들은 그저 보릿고개에도 식구들과 굶을 걱정 없이 일 년 내내 배곯지 않고 살기를 바라는 마음이 컸다. 이런 간절한 염원은 전국에 산재한 "쌀 나오는" 이야기에서도 엿볼 수 있다. 쌀이 나오는 샘, 바위, 죽순, 그릇, 굴, 절 등 비슷비슷한 이야기가 전하기 때문이다. 그중에서 가장 많은 것은 쌀 나오는 바위 이야기인데, 『한국구비문학대계』에 실린 전라북도 전주시에 전하는 단암사의 쌀 나오는 구멍 이야기를 대표로 들어보자.

옛날 전주에서 동쪽으로 이십 리 정도 되는 거리에 산이 하나 있고, 그 자락에 단암사라는 절이 있었다. 그 절에 도가 높은 스님이 살았는데, 남에게 의존하지 않기 위해서 도술을 부렸는지 어쨌는지 모르지만 절 뒤에 있는 바위에 구멍을 하나 뚫었다. 그러고는 스님 밑에서 심부름을 하는 상좌를 시켜서, 밥을 할 때마다 그 구멍 밑에 쌀그릇을 받쳐놓으라고 했다. 바위 구멍에서는 쌀이 줄줄 나왔지만, 언제나 나오는 분량은 한정되었다. 스님이랑 상좌가 먹어야 할 때는 두 그릇 분량의 쌀이 나오고, 손님이라도 와서 먹을 사람이 늘면 딱 그만큼만 더 나왔다.

어느 날 쌀을 받던 상좌는 쌀이 더 나오면 누룽지도 긁어 먹고, 푸짐하게 떡도 해 먹을 수 있을 텐데 싶어서, 쌀 나오는 구멍을 넓히려고 부지깽이로 쑤셨다. 그런데 상좌가 욕심을 부린 탓인지 더 커진 구멍에서 나오라는 쌀은 안 나오고, 쌀뜨물만 나왔다. 그 일을 알게 된 스님은 마음이 깨끗질 않아 그렇게 되었다면서 상좌를 야단쳤다. 하지만 결국 그 이후로 바위 구멍에서는 더 이상 쌀이 한 톨도 나오지 않았다고 한다.

분류 : 식재료
참고문헌 : 이주섭 제보(전라북도 전주시 전미동 채록), 「단암사의 쌀 나오는 구멍[米穴]」, 『한국구비문학대계』(한국학중앙연구원, 1980)
필자 : 김혜숙

쌀 폭동(1833년)

1832년 조선 전체가 흉년을 겪었고 특히 한양 인근의 경기 지역은 극심한 흉년이 들었다. 심지어 한양으로 향하던 대동미를 중간에 약탈당하는 일이 생기는 등 쌀과 관련해 여러 문제가 생겨나고 있었다. 조선정부 역시 한양 지역 빈민들을 우선적으로 구휼하고 한양으로 올라온 유랑민들에게 노자를 주어 원래 살던 지역으로 돌려보내기도 했으며 청계천 준설사업을 통해 흉년으로 어려움을 겪고 있는 백성들을 고용했다. 또한 미곡공급을 원활하게 하기 위해 지방수령들에게 방곡령을 풀게 하여 한양으로의 쌀 공급을 원활하게 하는 등 다양한 노력을 기울였고 실제로 1833년 2월에는 쌀값이 조금 떨어지기도 했다.

하지만 당시 쌀 가격이 날로 높아져 큰 이익을 보고 있던 경강상인들에게 반가운 일은 아니었다. 19세기 경강상인들은 주로 여객업을 종사하며 상거래를 했었는데 점차 상거래를 통해 얻는 이익이 많아지면서 궁방과 권세가들이 여객주인권을 사들여 상업에 종사하는 경우도 생길 정도로 한양의 상업권은 경강상인들을 중심으로 구성되어 있었다.

쌀 가격이 오를수록 큰돈을 벌던 경강상인들은 다양한 방법을 통해 자신들의 이익을 보전하고자 했다. 예를 들어 물건을 쌓아두고 더 이상 물건을 내놓지 않거

나 한양으로 들어오는 쌀을 모두 사버리는 등 부당한 상거래를 통해 쌀 가격을 인위적으로 올렸다. 그래서 1833년 3월 6-7일에는 이전에 비해 쌀 가격이 두 배나 올랐고 점차 돈을 가지고도 쌀을 구입하지 못하는 지경에 이른다.

1833년 3월 8일 싸전들이 전부 열지 않아 미곡을 더 이상 구할 수 없는 지경에 이르자 한양의 백성들은 흥분하여 쌀값이 오른 데에는 시전 상인들이 농간을 부렸기 때문이라고 하면서 싸전 상인들을 공격했다. 그렇다고 해서 폭동을 일으킨 백성들이 아무 곳이나 공격해 들어간 것은 아니었다. 김광헌(金光憲: ?-?)은 싸전을 부시는 와중에도 외상장부로 보이는 문건들을 없앴고 고억철(高億哲: ?-?)은 성 안팎의 싸전뿐 아니라 강 연안에 미곡을 쌓아 놓은 창고들을 불태웠다. 그리고 홍진길(洪眞吉: ?-?)은 쌀 폭동 와중에 큰 방울로 폭동에 참가한 백성들을 지휘했다. 순조를 비롯한 관리들은 쌀 폭동에 매우 놀랐고 결국 다수의 군졸들을 동원한 후에야 겨우 진압할 수 있었다.

조선정부는 진압 후 관련자들에 대한 처벌을 즉각적으로 시행했다. 우선 폭동에 참가한 자들 중 쌀 폭동을 주도했다고 여겨지는 김광헌·고억철·홍진길 등 일곱 명을 사형에 처하고 그외 관련된 많은 사람들을 유배보내거나 곤장형에 처했다. 폭동에 참가한 백성들에 대해서는 이렇게 엄벌에 처한 데 반해 정작 쌀 폭동의 직접적인 원인을 제공한 경강상인들에 대한 처벌은 여러 차례 신하들과 해당 부서 사이에 논쟁이 일어났다. 결국 경강상인들에 대한 처벌은 흐지부지되어 본보기로서 네 명만을 엄벌에 처하기로 하였는데 그중 한 명인 김재순(金在純: ?-?)이라는 인물만 경강상인이고 나머지 3인은 시전상인이었다.

분류 : 식재료
색인어 : 쌀폭동, 싸전, 경강상인, 김광헌, 홍진길, 고억철, 순조, 한강, 김재순, 시전상인
참고문헌 : 『순조실록』; 이욱, 「19세기 서울의 미곡유통구조와 쌀폭동」, 『동방학지』136호(2006)
필자 : 이민재

양쌀

식민지시기 양쌀이라 하면 보통 외국에서 들여온 쌀로서 주로 동남아시아에서 들여온 인디카 계통의 쌀을 뜻한다. 이미 대한제국 시기부터 안남미(安南米: 베트남쌀)라는 이름으로 본격적으로 들어온 양쌀은 식민지시기부터 본격적으로 조선에 수입되었다. 그러나 자포니카 계통의 쌀을 주로 먹던 조선인들에게 인디카 계통의 양쌀은 입맛에 맞지 않았고 먼 곳에서 수송되다 보니 냄새가 많이 나는 등 여러 가지 문제가 발생했다.

조선총독부의 기관지 역할을 했던 〈매일신보(每日申報)〉에서는 이러한 문제를 조금이라도 줄이고자 양쌀을 맛있게 그리고 영양가 있게 먹는 방법을 기사로 게재한다. 우선 〈매일신보〉 1940년 5월 3일자 「양쌀밥 짓는 법」이란 기사를 보면 다른 곡물들과 양쌀을 섞어서 밥을 지을 것을 권유하는데 그 방법은 다음과 같다. 우선 보리밥인 경우에는 조선쌀 3할, 양쌀 3할, 보리쌀 4할의 분량으로 배합한다. 그리고 조밥의 경우 조선쌀 4할, 외래미, 즉 양쌀 4할에 좁쌀 2할의 비율로 섞고 콩밥은 조밥과 같은 비율로 조선쌀 4할, 외래미 4할에 콩 2할로 배합한다.

이와 같은 비율로 밥을 지을 때 일반적인 밥 짓기와 거의 비슷한데 곡물들을 물에 5번 쯤 씻고 물은 약 1.3배의 분량으로 붓는다. 그다음 약 6시간 정도 물에 불렸다가 밥을 짓는데 콩밥은 전날 날콩을 불려야 한다고 했으며 주의할 사항으로 밥이 다 되었을 때 꼭 20분 정도 뜸을 들이라고 했다.

〈매일신보〉 1941년 5월 21일 「전시와 식량-양쌀밥의 영양가」라는 기사는 양쌀의 영양가가 일반쌀에 비해 떨어지지 않는다고 하면서 각기병과 같은 측면에서는 오히려 더 나을 수 있다고 주장했다. 그러면서 양쌀을 조금 더 맛있게 먹는 방법도 제안하고 있는데 우선 양쌀과 찹쌀을 섞으면 까끄러운 맛이 없어지면서 영양적 측면에서도 좋다고 했다. 양쌀이 냄새가 난다는 점에 대해서도 햇볕에 잘 말리면 괜찮을 수 있으며 양쌀의 경우 밥을 지을 때 물을 일반쌀에 비해 적게

부으면 나아진다고 했다. 하지만 시간이 오래 지나면 양쌀로 지은 밥이 다시 깔끄러워지고 헤지게 된다는 주의사항도 당부했다.

분류 : 음식
색인어 : 양쌀, 양쌀밥, 인디카, 전시와 식량, 찹쌀, 조선쌀, 외래미, 콩밥, 일반쌀, 냄새, 총동원체제, 태평양전쟁, 자포니카, 조선총독부
참고문헌 : 〈매일신보〉
필자 : 이민재

통진 쌀밥(이원익)

조선 중기의 문신 이원익(李元翼: 1547-1634)은 1569년 별시 문과에 급제해 본격적인 벼슬길에 들어섰고 중앙과 지방의 중요한 직책을 두루 거쳤다. 특히 1592년 임진왜란이 일어난 뒤에는 평안도 일대를 돌며 일본군에 대적하기 위한 활동에 전념했고 이후에도 다양한 공로를 세우며 선조 아래에서 영의정·좌의정 등 높은 벼슬들을 거쳤다.

광해군이 왕위에 오른 뒤에도 신임을 받아 대동법 등의 시행을 주도하였고 정치적으로도 임해군의 처형에 반대하는 등 자신의 소신을 굽히지 않았다. 인조반정 이후 이괄의 난과 정묘호란 때 임금을 호위하여 피난을 가기도 했다. 『인조실록』에서 이원익의 죽음을 기록하면서 "강명하고 정직한 위인이고 몸가짐이 청고"하였다고 평가했다.

1937년 6월 20일자 〈동아일보〉「곱돌솥 통진쌀밥」이라는 기사에는 이렇게 조선 변혁기의 중심에 서 있던 이원익에 얽힌 일화가 소개되어 있다. 이원익이 높은 지위에 오른 지 오래된 어느 날 그는 여러 대신들과 함께 조정에서 당직을 서면서 각자의 집에서 보내온 식사를 하고 있었다. 이때 이원익은 한 대신이 자신의 집에서 보내온 식사를 하인에게 다시 돌려보내는 것을 목격하게 된다.

이원익은 그 대신의 행동이 궁금하여 그에게 집에서 보낸 식사를 돌려보낸 이유를 물었다. 그러자 그 대신이 말하길 평소 자신은 곱돌로 만든 솥에 통진쌀로 지은 밥만을 먹기에 다른 밥은 입맛에 맞지 않아 먹지를 못한다는 것이다. 이 이야기를 들은 이원익은 속으로 그를 괴씸하게 여겼다

이후 임진왜란이 발발하고 선조가 의주로 피난을 가 있을 때 이원익이 정승에 올라 피난 온 왕의 수라부터 궁중의 말단인 나인들의 음식들까지 챙겼다고 한다. 그런데 유독 지난번 집에서 온 식사를 돌려보낸 신하의 음식만은 챙기지 않았다. 배가 고파 견딜 수 없던 그 대신은 이원익을 찾아가 자신에게도 먹을 것을 달라고 요청한다. 이에 이원익이 "대감께서는 곱돌 솥에 지은 통진쌀밥이 아니면 안 잡수시기에 보내지 않았다."고 하자 그 말을 들은 대신이 얼굴이 붉어지면서 고개만 수그렸다는 이야기이다.

이 이야기 속 통진은 현재 김포시 통진읍 일대를 가리킨다. 적어도 19세기 이후 한성에서 유명해진 통진쌀은 식민지시기에도 그 명성을 이어갔다. 1931년 1월 20일자 〈동아일보〉「자랑거리 음식솜씨(1) 꼭 알어둘 이달요리법」에서 통진의 밀다리라 하는 쌀이 좋은데 장려를 하지 않아 대단히 귀하게 되었다는 내용이 기록되어 있다.

밀다리란 품종은 『산림경제』에 기록되어 있는데 밀다리 쌀의 특징은 까끄라기가 없고 짙붉은 색깔을 띤다고 했다. 그리고 논이 비옥하지 않으면 심을 수 없고 죽·밥·떡 어떤 것을 해도 좋다고 했다. 다만 식민지시기 〈동아일보〉에서 밀다리 쌀이 통진이 유명하지만 풍양(豊壤) 즉 남양주 일대에서 많이 심는다고 했다.

분류 : 음식
색인어 : 이원익, 곱돌솥, 통진쌀, 밀다리, 밀다리쌀, 통진, 산림경제, 자랑거리 음식솜씨. 풍양
참고문헌 : 『인조실록』; 홍만선, 『산림경제』; 〈동아일보〉; '이원익', 『한국민족문화대백과사전』
필자 : 이민재

쌈

입 속에서 이루어지는 '곡물 밥+국+반찬'의 섞임은 한국인이 가장 좋아하는 맛이다. 한국인이면 먼저 숟가락이나 젓가락으로 흰 쌀밥을 떠서 입에 넣는다. 특별한 경우가 아니라면 대부분의 한국인은 밥을 입에 넣

자마자 바로 젓가락으로 반찬을 집어 먹는다. 그리고 다시 숟가락을 들어서 국물을 떠먹는다. 간이 안 되어 있는 밥과 간이 되어 있는 국이나 반찬을 함께 씹으면서 자연스럽게 입 안에서 간을 맞춰 먹는 것이다. 이와 같은 한국식 식사 구조는 〈전분=곡물 밥〉+〈비전분=반찬〉이다. 이러한 맛의 구조를 가장 잘 보여주는 음식이 바로 쌈이다.

한국어 쌈은 크게 세 가지의 뜻을 가지고 있다. 첫째, 채소나 해초의 넓은 잎에 식재료를 담고 먹는 행위이다. 둘째, 상추나 김이나 취나물과 같은 싸서 먹는 식재료 자체를 가리킬 때 쓴다. 셋째, 싸 먹을 때 속에 넣는 내용물이다. 한자로는 '포(包)' 혹은 '과(裹)'로 쓴다. 조선시대 문헌에서 쌈 싸서 먹는 행위를 묘사한 글은 제법 많다. 유몽인(柳夢寅: 1559-1623)은『어우야담(於于野談)』의「김인복(金仁福)의 빼어난 입담」에서 당시의 쌈 싸 먹는 모습을 다음과 같이 묘사했다. "손바닥에 상추 잎을 올려놓고, 올벼로 지은 밥을 숟가락으로 떠서, 달짝지근한 붉은 된장을 끼얹고, 거기에 잘 구운 밴댕이를 올려놓는다오. 상추쌈을 싸는데 부산포에서 왜놈이 보따리를 묶듯이 하고, 양손을 모아 그 쌈을 들어 올리기를 혜임령(惠任嶺) 장사꾼이 짐바리를 들어 올리듯이 하고, 입술이 째질 만큼 입을 꽉 벌리기를 종루(鍾樓)에서 파루(罷漏) 후 숭례문이 활짝 열리듯이 한다오."

이익(李瀷: 1681-1763)은『성호사설(星湖僿說)』제5권「만물문(萬物門)」의 '생채괘배(生菜掛背)'에서 원

상추와 함께 차려진 남도 밥상. 상추쌈을 싸 먹는다.ⓒ하응백

나라 황실의 고려 사람들이 고려에서 가지고 온 새박의 나물과 줄나물로 쌈을 잘 싸 먹는다는 원나라 사람 양윤부(楊允孚)의 시를 소개했다. 이어서 이익은 양윤부가 주석을 달아서 "고려 사람은 생채로 밥을 싸서 먹는다."고 했다는 것이다. 그러면서 이익은 자신이 살던 때도 사람들이 채소 중에 잎이 큰 것으로 쌈을 싸 먹는다고 했다.

이렇듯이 채소 잎으로 쌈을 싸 먹는 모습은 조선시대 사람들이 매우 즐겼던 식사방식이다. 그래서 이덕무(李德懋: 1741-1793)는『사소절(士小節)』에서 상추·취·김 따위로 밥을 쌀 때 손바닥에 바로 놓고 싸지 말라고 일렀다. 그는 "반드시 먼저 숟가락으로 밥을 뭉쳐 떠 그릇 입구에 가로 놓은 다음, 젓가락으로 잎 두세 잎을 집어 뭉쳐 놓은 밥 위에 단정히 덮어서 싼다. 비로소 숟가락을 들어 입에 넣고 바로 장을 찍어서 먹는다. 입에 넣을 수 없을 정도로 크게 싸지 마라. 볼이 불거져 단정해 보이지 않는다."고 했다. 그러나 손에 넓은 잎을 펼쳐놓고 쌈을 싸야 된다고 믿었던 사람들이 더 많았던 듯하다. 이옥(李鈺: 1760-1815)은『백운필(白雲筆)』에서 상추에 쌈을 싸 먹는 모습을 매우 자세하게 적어 놓았다.

정약용(丁若鏞: 1762-1836)은『다산시문집(茶山詩文集)』제4권「장기농가(長鬐農歌)」라는 시에서 "상추쌈에 보리밥을 둘둘 싸서 삼키고는, 고추장에 파뿌리를 곁들여서 먹는다."고 하여 한여름에 보리밥·고추장·파뿌리를 상추에 싸서 먹는 당시의 모습을 읊조렸다.

쌈의 또 다른 의미는 싸 먹는 식재료 자체를 가리키는 말이다. 1924년에 출판된『조선무쌍신식요리제법(朝鮮無雙新式料理製法)』에 소개된 '생채쌈[萵苣包]'이 대표적인 예이다. 이 책에서는 쌈으로 상추 잎이 가장 흔하다고 했다. 상추 위에 놓아 먹는 것은 쑥갓과 가는 파와 갓과 깻잎과 방앗잎과 고수풀을 꼽았다. 밥은 비빈 밥에 싸 먹는 것이 제일 좋고, 그 다음이 흰밥이라고 했다. 웅어나 새우는 잘게 이겨서 넣고 소고기·파·설탕·기름 등을 치고 눋지 않게 저어가며 익혀서 만든 양념을 쌈 위에 올린다.

싸 먹을 때 속에 넣는 내용물을 가리킬 때도 쌈이라고 했다. 『조선무쌍신식요리제법(朝鮮無雙新式料理製法)』에 나오는 통김치쌈이 대표적인 예이다. 한자로 '통저포(筒菹包)'라고 적힌 '통김치쌈'은 통김치를 잎사귀를 뜯어서 소고기를 잘게 썰고 돼지고기를 넣는다. 그리고 기름과 깨소금을 넣고 배춧잎을 씻지 말고 모두 다 주물러 물을 조금 넣어 끓여서 쌈을 먹는다고 했다. 한자로 '임엽포(荏葉包)'라고 쓴 깻잎쌈은 어린 들깻잎을 따서 데치고 물에 잠깐 우려낸 다음 장·기름·깨소금·파·살코기를 잘게 썰어 주물러 물을 조금 치고 오래 끓여 만든다.

분류 : 음식
색인어 : 나물, 밥, 비빔밥, 조선무쌍신식요리제법
참고문헌 : 『茶山詩文集』; 『白雲筆』; 『士小節』; 『星湖僿說』; 『於于野談』; 『朝鮮無雙新式料理製法』; 주영하, 『한국인은 왜 이렇게 먹을까?』(휴머니스트, 2018)
필자 : 주영하

복쌈(복쌈 한 입에 쌀이 열 섬)

조선시대만 해도 정월 대보름은 큰 명절이어서 다양한 음식이 마련되었다. 김이나 취나물 잎, 배춧잎처럼 잎이 넓은 묵은 나물로 밥을 싸서 먹는 복쌈 또한 빼놓을 수 없는 대보름 절식[上元 節食] 중 하나였다. 복쌈은 나물로 밥을 싸서 먹는다 하여 복과(福裹), 박점(縛占)으로 불리기도 한다(『열양세시기(洌陽歲時記)』, 『동국세시기(東國歲時記)』).
복쌈은 쌈을 싸 먹는 행위가 '복을 싸서 먹는다.'라는 상징성을 갖게 되면서 기복(祈福)의 의미와 함께 기풍(祈豊: 풍년을 기원함)의 의미를 내포하고 있다. 그러므로 정월 대보름날 먹는 복쌈은 많이 먹을수록 좋다고 여겨졌다(『열양세시기』). 조선 후기의 문인 김려(金鑢: 1766-1822)는 『담정유고(潭庭遺藁)』에서 "쌈 한 입에 열 섬이니 세 쌈이면 서른 섬, 올가을엔 돼지밭에 풍년 들겠네."라며 온 집안이 둘러앉아 쌈 싸 먹는 풍경을 노래하였다.

분류 : 의례
색인어 : 복쌈, 복과(福裹), 박점(縛占), 상원 절식(上元 節食), 기복(祈福), 기풍(祈豊)
참고문헌 : 김려 저, 허경진 역, 『담정유고』(평민사, 1997); 김매순 저, 최대림 역, 『열양세시기』(홍신문화사, 2006); 홍석모 저, 최대림 역, 『동국세시기』(홍신문화사, 2006)
필자 : 양미경

부로(『담정유고』)

상추는 한자로 '와거(萵苣)'라 하며, 우리 말 명칭은 '부로(不老)'이다.
김려(金鑢: 1766-1821)는 『담정유고(潭庭遺藁)』 권4 「와거(萵苣)」에서 자록색(紫綠色)의 상추[萵苣]를 심어, 치마처럼 넓적하게 커진 상추 잎을 병중의 아내가 직접 따서 아침상에 올린 일을 적었다. 그는 겹쳐놓은 상추 잎에 겨자즙, 생선, 고추장, 다진 생강 등을 얹어서 거친 보리밥에 쌈을 크게 싸서 먹었다면서, 상추에 대해서도 조금 덧붙였다. 그에 따르면, 상추는 방언으로 '부로(不老)'라 하고, 자록색 상추 외에 흰 상추[白毛]도 있는데 이것은 '백거(白苣)'라고 부르며 맛이 자록색에 비해 약간 떨어진다고 하였다.
이러한 김려와 문장의 특성도 비슷하고 활발히 교유했던 인물이 바로 이옥(李鈺: 1760-1815)이다. 이옥 역시 「백운필(白雲筆)」에서 상추의 종류와 먹는 법을 아주 자세하게 썼다. 그 역시 김려와 마찬가지로 상추의 종류를 두 가지로 소개하였는데, 잎의 색과 모양, 크기에 차이가 난다고 하였다. 내용으로 보건대, 김려가 먹었던 자록색의 넓직한 주름치마 모양의 상추는 '와거(萵苣)', 즉 '상불로(裳不老)'이고, 맛이 떨어지고 흰색에 길고 좁다란 모양의 '백거(白苣)'는 '오십엽불로(五十葉不老)' 또는 '삼월불로(三月不老)'이다(이옥 저, 실시학사 고전문학연구회 편역, 2009: 324-325쪽).
김려와 이옥은 한자로 '不老(부로)'라 적었으나, 홍만선(洪萬選: 1643-1715)의 『산림경제(山林經濟)』를 보면 상추, 즉 와거(萵苣)를 키우는 법을 설명하면서 '부로'라고 한글로 기재하였다. 이만영(李晚永: 1748-?)의 어휘사전인 『재물보(才物譜)』에서도 '와거(萵苣)'의 다른 이름을 '부로'라고 하였다. 따라서 '不老'는 '부로'를 한자로 표기하기 위해 음을 빌린 것일 뿐 특별한

643

의미를 지니지는 않는 듯하다.

분류 : 식재료
참고문헌 : 김려,『담정유고』; 홍만선,『산림경제』(한국전통지식포탈); 이만영,『재물보』; 고경식, 「김려」,『한국민족문화대백과사전』(한국학중앙연구원, 1997); 이옥 저, 실시학사 고전문학연구회 편역, 「백운필」,『完譯 李鈺 全集3-벌레들의 괴롭힘에 대하여』(휴머니스트, 2009)
필자 : 김혜숙

상추를 먹으며(이학규)

상추는 빈한한 선비와 같아
담박하여 또한 위안이 된다네
손 씻고 편안히 밥 싸 먹으면
걱정 없이 한 끼니 된다네
아침에 배 어루만지면서
탄식하고 다시 말하노니
"오경이 든 선생의 상자에는
이 상추가 빼곡하게 들어 있구려."

萵苣如寒士 淡泊亦自慰
澆手穩裹飯 無慮一食旣
朝來坐押腹 歎息還自謂
先生五經笥 此物森蓊蔚

*이학규, 「상추를 먹으며[食萵苣]」

이학규(李學逵: 1770-1835)는 본관이 평창(平昌)이고, 자는 성수(醒叟 혹은 惺叟), 호는 낙하생(洛下生)이다. 문집『낙하생고(洛下生藁)』가 전한다. 신유옥사에 죽은 외숙 이가환(李家煥)에 연루되어 김해에서 유배생활을 하던 중 상추를 먹고 이 작품을 지었다. 이 작품은 장편의 오언고시인데, 앞 대목에서 질경이나 쑥갓, 생강, 겨자, 비름, 미나리 등의 채소의 장단점을 말한 후, 이 대목에서 가난한 유배객에게 가장 잘 맞는 것은 바로 상추라 하였다. 선비는 늘 책을 읽으므로 그 배 속에 오경(五經)이 들어 있다고 자부하지만, 자신의 배 속은 상추로 가득할 것이라 한 말이 자조로 읽힌다.

가난한 사람들이 여름철 가장 흔하게 먹던 음식이 상추쌈이었다. 구한말의 애국 시인 곽종석(郭鍾錫: 1846-1919)은 시골의 산해진미를 들면서 상추를 그중 하나로 꼽았다. "짧은 줄기지만 그런대로 절로 우뚝 솟아서, 질펀한 붉은 안개 속 푸른 물결 일렁이네. 산 속 집의 소반에 씻어 올리면 손바닥만 한데, 긴긴 여름 둘러앉아 밥 먹을 때 유독 찾는다네[短莖猶自作峨峨 漫漫紫烟漾綠波 濯入山盤堪可掌 團飡長夏獨擔荷]."라고 한 시에서 붉은 상추와 푸른 상추 잘 자란 것을 씻어 올리면 여름철 빙 둘러 밥을 먹을 때 가장 긴요한 것이라 하였다. 그 역시 가난한 선비였기에 긴긴 여름 가장 자주 먹게 되는 상추쌈이었을 것이다. 위항의 문인 박윤묵(朴允默: 1771-1849)도 상추를 먹는 즐거움을 "입에 상쾌하고 이빨에 부드러워, 평생 내 좋아하는 나물이라네[爽口而軟齒 生平吾所嗜]."라 하였으니, 노인의 음식으로도 환영을 받았다고 하겠다.

상추쌈은 그냥 먹어도 좋지만 생선을 얹어 먹으면 더욱 좋다. 이학규는 다른 작품에서 "새로 돋은 잎 진주 같은 이슬이 배었는데, 둥글고 부드러워 밥 싸먹기 좋다네. 마침 웅어가 잡힐 때 되었으니, 번거롭지만 한번 보내주시면 고맙겠네[新葉裛露珠 圓滑好包飯 政值鱭魚來 勞君一相勸]."라 하여, 웅어를 얹은 상추쌈을 먹고 싶은 뜻을 말한 바 있다. 밴댕이구이도 상추쌈과 무척 잘 어울렸던 모양이다. 이서우(李瑞雨: 1633-1709)는 "부드럽고 동그란 상추 잎, 입 벌리고 밥 싸서 먹다가. 수정 갓끈 끊어져, 구슬 잃어도 한하지 않았다지[軟圓萵苣葉 張口承包飯 索絶水晶纓 遺珠不敢恨]."라는 시를 지은 바 있다. 우스갯소리를 잘하는 김인복(金仁福)이라는 사람이, 수정을 치장한 갓끈을 자랑하는 한 선비에게 밴댕이구이를 올려 상추쌈을 먹는 이야기를 실감나게 하였는데 그 선비가 자신도 모르게 입을 크게 벌리다가 갓끈이 그만 떨어져 수정이 굴러떨어졌다는 야담이 전한다.

분류 : 문학
색인어 : 상추, 웅어, 밴댕이, 이학규, 곽종석, 박윤묵, 이서우, 김인복
참고문헌 : 이학규,『낙하생고』; 곽종석,『면우집』; 박윤묵,『존재집』; 이서우,『송곡집』
필자 : 이종묵

상추쌈(『백운필』)

조선 후기 사람들은 쌈 중에 상추쌈을 최고로 여겼으며, 채소와 볶은 고추장을 곁들여 먹었다. 다만, 쌈은 손바닥에 놓고 싸 먹는 것보다 젓가락으로 싸서 숟가락으로 떠먹는 것이 적절한 방식이라고 보았다.

이익(李瀷: 1681-1763)은 『성호사설(星湖僿說)』에서 중국 원나라 사람 양윤부(楊允孚)의 시를 보고, 고려(高麗) 사람들은 생채(生菜)로 밥을 쌈 싸 먹었다고 주를 달았다. 그러면서 이익이 살던 당시 조선의 풍속에도 잎이 큰 채소[蔬菜]는 모두 쌈을 싸서 먹고 있으며, 쌈 중에서 상추쌈을 최고로 여기는데 쌈을 싸 먹으려고 집집마다 상추를 심는다고 하였다. 「해남 윤씨 후원제종물목(海南尹氏 後園諸種物目)」을 보아도, 전라남도 해남의 해남 윤씨 집안이 후원에서 가꾸었던 채소와 화훼의 종류 가운데 상추[萵苣]가 있었다.

조선 후기의 이옥(李鈺: 1760-1815)도 상추를 키웠는데, 워낙 채소와 나물을 좋아했던 그는 특히 상추쌈이 더할 나위 없이 맛있다며 유난히 즐겼다. 그가 쓴 『백운필(白雲筆)』에는 자신이 상추쌈을 먹는 방법을 자세하게 묘사하였다. 그는 손을 깨끗이 씻은 후, 왼손바닥에 상추 두 장을 펴놓고, 흰밥을 숟가락으로 둥글게 만들어 상추 위에 올려놓고 겨자장을 찍은 밴댕이회, 미나리와 시금치, 파, 갓, 볶은 고추장을 조금 올려 동그랗게 말아 입을 크게 벌려 넣었다. 그러면서 상추쌈을 먹는 모습은 부릅뜬 눈에, 볼록한 뺨, 꼭 다문 입이 마치 성난 황소 같다고 하며, 쌈을 씹을 때는 함께 있는 사람이 웃긴 이야기를 하면 웃음이 터져 입 안의 밥알과 상추 잎이 주변에 다 튈 수 있으니 주의해야 한다고 덧붙였다(이옥 저, 실시학사 고전문학연구회 편역, 2009: 324-325쪽).

이옥이 성난 황소에 비유했을 만큼 상추쌈을 먹는 모습은 예와 형식을 중시하는 사람들에게는 그리 반듯한 모습이 아니었다. 이 때문에 이덕무(李德懋: 1741-1793)는 『사소절(士小節)』에서 부지런하고 정숙한 부인은 상추쌈[萵苣包]를 즐겨 먹어서는 안 된다며 훈계하였다. 그는 여성뿐만 아니라 남성들도 상추쌈을 먹을 때 해서는 안 되는 행동을 적었는데, 내용을 보면 이옥의 상추쌈 먹는 법은 이덕무가 보기에 부적절한 행동이다. 이덕무는 상추, 취, 김 같은 것으로 쌈을 싸 먹을 때는 손바닥에 직접 놓고 싸면 더러운 행동으로 보이니, 반드시 밥을 먼저 뭉쳐서 그릇 위에 놓고 쌈을 쌀 잎을 젓가락으로 집어다가 밥에 덮어서 숟가락으로 먹고 나서, 장을 찍어 먹어야 하며, 또 볼이 튀어나올 정도로 너무 크게 쌈을 싸면 보기 싫으니, 그렇게 하지 말라고도 했다.

한편 상추를 씻을 때는 지금과 달리 일단 씻은 상추를 다시 물에 담근 후 참기름을 쳐서 기름이 묻도록 했다. 이런 방법은 조선 후기 작자 미상의 조리서인 『시의전서(是議全書)』에도 보이고, 일제 강점기의 조리서에도 흔하게 보이는 방법이다. 또한 상추쌈에 곁들여 먹는 채소로는 실파, 쑥갓, 겨자채를 쓰고, 고추장에는 다진 소고기, 웅어나 까나리와 같은 생선, 파, 기름을 쳐서 끓인 것을 썼다. 함께 먹는 채소나 고추장에 들어가는 부재료는 다양하였는데, 이용기(李用基: 1870-1933)의 『조선무쌍신식요리제법(朝鮮無雙新式料理製法)』(1936)을 보면, 밥에 올려서 같이 먹는 것으로는 쑥갓, 가는 파, 갓, 깻잎, 방앗잎, 고수풀을 들었고, 고추장은 생 꼴뚜기나 마른 꼴뚜기 불린 것이나 웅어, 도미, 새우, 두부, 정육 중에 적당히 넣고, 파·설탕·기름을 넣고 볶아서 쓴다고 하였다.

또한 이용기는 상추쌈에 싸 먹는 밥은 흰밥보다는 비빈 밥이 가장 맛있다고 하였는데, 조자호(趙慈鎬: 1912-1976)의 『조선요리법(朝鮮料理法)』(1943)에서도 상추쌈에 적합한 비빔밥을 만드는 법이 나온다. 콩나물·숙주나물·오이나물, 콩팥과 정육을 볶은 것, 간전유어, 완자 등을 넣고 깨소금과 참기름으로 비벼놓되, 고춧가루는 위에 뿌리기만 했다. 상추쌈을 먹을 때 이것저것 넣어 지진 고추장과 함께 먹기 때문에, 고춧가루나 고추장을 미리 넣어 비비지 않은 듯하다.

분류 : 음식

참고문헌 : 이익 저, 김철희 역, 『성호사설』 제5권(한국고전번역원, 1976); 이덕무 저, 김동주 역, 「사소절」, 『청장관전서』 제30권(한국고전번역원, 1980); 작자 미상, 『시의전서』; 이옥 저, 실시학사 고전문

학연구회 편역, 「백운필」, 『完譯 李鈺 全集3·벌레들의 괴롭힘에 대하여』(휴머니스트, 2009); 김향숙, 「해남 윤씨 후원제종물목」해제(한식진흥원, 한식아카이브); 이용기, 『조선무쌍신식요리제법』(영창서관, 1936); 조자호, 『조선요리법』(京城家政女塾, 1943)
필자 : 김혜숙

상추쌈(「상추쌈」)

쥘상추 두 손 받쳐
한 입에 욱여 넣다

히뜩
눈이 팔려 욱인 채 내다보니

흩는 꽃 쫓이던 나비
울 너머로 가더라.

조운(曺雲: 1898-?)의 시조집 『조운시조집』(1947)에 수록된 시 「상추쌈」이다. 조운은 본명이 조주현(曺柱鉉)으로, 영광보통학교와 목포상업학교를 졸업하고 학교 교사, 시조동우회 활동, 청년 농민 운동 등을 전개하며 향토문화 발전에 기여했다. 1922년 〈동아일보〉에 시 「불살라 주오」를 발표하면서 등단하여 1924년부터 『조선문단』 등을 통해 자유시와 시조를 다수 발표하였다. 해방 후 '조선문학가동맹'에 가입하여 활동했으며, 1947년 『조운시조집』을 간행하고, 1948년경 가족과 함께 월북했다. 『조운시조집』에 수록된 작품들은 시조의 운율을 살리면서도 민족 고유의 정서를 현대적으로 표현하여 현대시조의 전범을 보여주었다는 평가를 받는다. 대표작으로 「석류」, 「사향」, 「고매(高梅)」, 「구룡폭포」 등이 있다.

이 시조는 상추쌈을 먹다가 나비에게 시선을 빼앗기는 화자의 식사 시간의 모습이 형상화된 작품이다. 평범한 장면에서 포착한 인간의 심리상태를 군소리 없이 담백하게 표현했다. 우리말의 일상적 표현을 그대로 사용하여 삶의 여유와 아름다움에 대한 지향을 동시에 느끼게 한다. 이 한 편의 작품에서도 그의 시조가 보여준 예술적 절도와 압축의 완결성을 충분히 음

미할 수 있다. 이 시조에 소재로 등장하는 상추쌈은 서민들의 식탁에 자주 오르는 소박한 음식으로 이 시조가 보여주는 소박한 삶과 조화를 이룬다.

분류 : 문학
색인어 : 상추쌈, 조운
참고문헌 : 조운, 『조운시조집』(조선사, 1947)
필자 : 이숭원

쏘가리

쏘가리는 표범처럼 점박이 무늬가 있는 민물고기로, 물이 맑고 큰 자갈이나 바위가 많고 물의 속도가 빠른 큰 강의 중류 지역에 산다(장민호·양현, 『국립중앙과학관-어류정보』). 유희(柳僖: 1773-1837)가 편찬한 어휘사전인 『물명고(物名考)』에 따르면, '소가리'라고도 하는 쏘가리는 한자로 '鱖(궐)', '鱖魚(계어)', '水豚(수돈)', '石桂(석계)', '錦鱗(금린)', '鯑(추)', '鯑(보)', '鱊(율)'이라고도 나와 있다. 이 밖에 『광재물보(廣才物譜)』에서는 '鰧魚(등어)', 『사류박해(事類博解)』에서는 '鰲魚(오어)', '婢魚(비어)' 등을 더 확인할 수 있다. 이 가운데 가장 많이 쓰이는 이름은 '쏘가리', '금린어', '궐어(鱖魚)'였다. 이 가운데 '궐어'라는 이름은 대궐(大闕)의 '궐' 자와 발음이 같은 데다 쏘가리의 모양과 문양이 아름다워 조선시대의 회화나 도자기 등에서는 쏘가리를 자주 볼 수 있다. 그림을 그리면 보기에도 좋지만, '궐어'라는 이름에서 출세 또는 고귀한 신분이 연상되어 쏘가리는 이를 염원하는 마음이 담긴 상징으로서 그려졌던 것이다(국립중앙박물관, 2007: 45쪽).

한편 쏘가리가 '금린어'라는 이름을 얻게 된 연유도 재미있다. 이에 대해서는 허균(許筠)의 『도문대작(屠門大嚼)』에 나온다. 쏘가리의 원래 이름이 '천자어(天子魚)'였는데, 동규봉(董圭峯)이 맛이 좋다며 이름을 묻자 통역관이 급히 '금린어(錦鱗魚)'라고 대답한 이후에 금린어가 되었다는 이야기이다.

여기에 나오는 규봉 동월(董越)은 이덕무(李德懋: 1741-1793)의 『청장관전서(靑莊館全書)』에 따르면

1492년(성종 23)에 조선에 온 명나라 사신이었다. 그에게 중국 황제를 뜻하는 '천자'가 조선의 하찮은 물고기 이름에 붙었다고 차마 말할 수 없었던 통역관이 임기응변한 결과가 바로 '금린어'라는 명칭이라는 것이다. 이덕무는 또한 『청장관전서』에서 평양감사로서 동규봉을 접대한 성현(成俔: 1439-1504)의 이야기도 소개하였다. 이때 성현은 동규봉과 다른 사신 한 사람과 같이 강을 따라 내려갔는데, 어부가 그물을 쳐서 잡은 고기를 바치자 동이 안에 넣고 구경하다가 회(膾)를 치게 하였다. 그런데 그 회를 먹은 동규봉은 생선회치고 이것보다 더 나은 게 없다며 칭찬하였다는 이야기이다. 쏘가리를 먹고 맛이 좋다고 이름을 물은 동규봉이 대동강에서 잡은 민물고기의 회를 맛보고 최고로 맛있는 생선회라고 칭찬하였다고 하니, 회를 친 물고기는 쏘가리였을 가능성이 있다. 쏘가리가 아니라면, 평양의 대동강은 조선시대에 숭어로 유명했던 곳이니 숭어였을 수도 있다.

민물고기 중에서도 맛이 좋기로 손에 꼽히는 쏘가리이지만, 조선시대의 미식가였던 허균은 『도문대작』에서 쏘가리는 어느 산골이나 다 있지만 양근(楊根: 현재의 경기도 양평)의 것이 가장 맛있다고 평하였다. 『세종실록(世宗實錄)』 「지리지(地理志)」를 보아도 쏘가리는 경기도 양근군의 토산물이었다. 양근에서 나는 것이 맛있다고는 하지만, 쏘가리는 한강, 낙동강, 금강, 임진강, 섬진강, 한탄강은 물론이고 압록강 등에서도 잡히는 물고기이다. 이렇게 강에서 사는 쏘가리는 여름이면 물속의 바위나 돌 틈에서 살지만, 겨울이 되어 얼음이 얼면 사람이 강바닥에 나무나 풀로 쌓아 만든 섶으로 은신하는데 사람들은 이때 쏘가리를 잡았다(이두순 평역, 2015: 48-49쪽).

현재에도 쏘가리회와 매운탕을 가장 즐겨 먹지만, 최한기(崔漢綺: 1803-1877)의 『농정회요(農政會要)』를 보아도 쏘가리는 구이나 회로 만들기에 가장 좋고, 국을 끓여도 맛있다고 하였다. 구이나 회는 쏘가리를 잡아 그 자리에서도 바로 해 먹을 수 있는 음식이다. 『점필재집(佔畢齋集)』을 보면, 김종직(金宗直: 1431-

1492)이 금강(錦江)의 쏘가리를 얻어 구워 먹은 이야기가 전한다. 그는 금강의 나루터인 형각진(荊角津)을 건너서 전(前) 판관(判官)인 정이원(鄭而元)과 함께 강변에서 쉬면서 배를 기다리고 있었는데, 마침 물 위를 빙빙 돌던 들수리[野鶩]가 잽싸게 물속으로 뛰어들어 쏘가리[鱖魚]를 채나오는 장면을 목격하였다. 하지만 들수리는 움켜쥔 쏘가리를 물가에서 놓쳤고, 정이원의 노복이 급히 달려가 쏘가리를 주웠다. 정이원이 그 쏘가리를 김종직에게 주었고, 그는 누각에 올라 쏘가리를 구워 먹은 후 시를 지어 남겼다.

또한 17세기 조선의 시인이었던 이응희(李應禧: 1579-1651년)는 쏘가리를 잡아서 회로 치고 탕을 끓였더니 더 이상 좋은 맛이 없다며, 아래와 같이 시를 지어 『옥담시집(玉潭詩集)』에 실었다.

낚싯대를 쥐고서 쏘가리를 잡아서
광주리 가득 담고 버들가지로 꿰었네
붉은 비늘은 비단처럼 번득이고
차가운 광채는 은빛으로 움직인다
칼로 잘게 저미서 회를 만들고
솥에 끓여서 그릇 가득 탕을 담는다
동강의 그윽한 취미가 좋으나
좋은 맛이야 이보다 더 좋으랴
把釣牽金鯽 盈筐復貫楊
紫鱗飜錦色 寒彩動銀光
細設鸞刀膾 濃盛玉椀湯
桐江幽趣勝 佳味豈增長

　*이상하 역, 「쏘가리[錦鱗魚]」, 『옥담시집』(전주이씨안
　양군파종사회, 2009)

쏘가리회는 싱싱한 쏘가리의 쫄깃한 살을 떠서 만드는 회로, 겨자장이나 초고추장에 찍어 먹는다. 현재는 향토음식으로 강원도 춘천의 쏘가리회가 유명하며, 쏘가리로 회를 뜨고 남은 머리나 뼈로 매운탕을 끓인다(농촌진흥청, 2008: 199·120-121쪽).

이렇듯 구이, 회, 탕도 좋지만, 이용기(李用基: 1870-

1933)는 『조선무쌍신식요리제법(朝鮮無雙新式料理製法)』(1936)에서 쏘가리로 만든 지짐이의 맛이 최고라고 손꼽았다. 잉어, 은어 등 여러 가지 다른 생선으로도 지짐이를 많이 만들지만 쏘가리지짐이의 맛은 특별하며, 특히 4월 무렵의 쏘가리가 가장 맛있다는 것이다.

분류 : 식재료
색인어 : 도문대작, 조선무쌍신식요리제법, 잉어, 은어
참고문헌 : 장민호·양현, 『국립중앙과학관·어류정보』('쏘가리'); 국립중앙박물관, 『계룡산 분청사기』(열린박물관, 2007); 김종직 저, 임정기 역,『점필재집』(한국고전번역원, 1996); 편자 미상,『광재물보』; 유희,『물명고』; 이공,『사류박해』; 허균 저, 신승운 역,『도문대작』(한국고전번역원, 1984); 최한기 저, 고농서국역총서 12-『농정회요 III』(농촌진흥청, 2007); 이덕무 저, 이승창 역,『청장관전서』(한국고전번역원, 1981); 이용기,『조선무쌍신식요리제법』(영창서관, 1936); 서유구 저, 이두순 평역, 강우규 도판,『평역 난호어명고』(수산경제연구원 BOOKS·블루&노트, 2015); 이응희 저, 이상하 역,『옥담시집』(전주이씨무양군파종사회, 2009); 농촌진흥청 농업과학기술원 농촌자원개발연구소,『한국의 전통향토음식 6·강원도』(교문사, 2008)
필자 : 김혜숙

쑥

쑥은 국화과에 속하는 다년생 초본식물이다. 조선시대 문헌에 나오는 쑥의 한자는 여러 가지다. 번(繁)·애(艾)·호(蒿)·봉(蓬) 등이 모두 쑥을 가리킨다. 15세기 『구급간이방(救急簡易方)』에는 한자로 '애엽(艾葉)'이라 쓰고, 한글로 '㘽+ ㅡㄱ닙'이라고 적어 놓았다. 유희(柳僖: 1773-1837)는 『물명고(物名攷)』에서 병자에게 뜸을 들이는 쑥을 사자발쑥이라 부른다고 했다. 어린잎으로 국이나 떡도 만들어 먹는 산에서 나는 채소이기도 하면서, 동시에 약재로도 쓰인 약초이다. 특히 약재가 귀했던 조선시대에 쑥은 여러 가지 질병을 낫게 하는 데 쓰였다. 또 뜸을 뜨는 데도 말린 쑥을 사용하였다. 심지어 여름에는 말린 쑥으로 불을 피워 모기를 쫓기도 했다.

분류 : 식재료
색인어 : 떡, 산나물
참고문헌 :『구급간이방(救急簡易方)』,『물명고(物名攷)』
필자 : 주영하

쑥과 달래(『삼국유사』)

『삼국유사』는 고려시대 충렬왕(忠烈王) 때의 보각국사(普覺國師)의 자리에 올랐던 스님 일연(一然: 1206-1289)이 신라·고구려·백제 삼국의 역사 중에서 알려지지 않은 내용을 주로 모아서 지은 책이다. 하지만 일연 스님이 직접 지은 책은 지금까지 전해지지 않고, 조선시대 초기에 나무에 새겨서 만든 목판본의 일부가 전해질 뿐이다. 전해지는 목판본 일부를 합쳐서 『삼국유사』의 전체가 완성되었다. 이 책은 한문으로 쓰였다. 한국인이면 모두가 알고 있듯이 '단군신화' 역시 한문으로 쓰인 것이다.

그런데 문제는 조선시대 초기에 간행된 『삼국유사』의 원문을 보면 애(艾)와 산(蒜)이라고 적혀 있지 쑥과 마늘이라고 적혀 있지 않다는 점이다. 애는 예전이나 지금이나 쑥이다. 하지만 산은 요사이 한자사전에서는 마늘이라고 적혀 있지만 예전에는 그렇지 않았다. 오늘날 한국인이 즐겨 먹는 마늘은 한자로 대산(大蒜)이다. 이 대산은 본래 이집트·로마·그리스의 지중해연안에서 재배되었다. 이것이 동쪽으로 퍼져서 중앙아시아로 전해졌다. 중국 한나라의 황제 무제(武帝: 기원전 156-기원전 87년)는 항상 북쪽의 흉노가 걱정이었다. 그래서 대월씨(大月氏)와 연합을 하여 흉노를 견제하기 위해서 그곳으로 떠날 사람을 찾았다.

이때 장건(張騫: ?-기원전 114년)이 선발되었다. 기원전 138년, 30세가 채 안 된 장건이 지금의 서안(西安)인 당시의 장안(長安)을 출발하였다. 그러나 그는 도중에 흉노에게 잡혀서 10여 년간 갇히는 신세가 되었다. 그곳에서 장건은 한 귀족의 몇 백 마리나 되는 소와 양을 키우면서 여자 노예와 결혼하여 자식까지 낳았다. 장건은 후에 기회를 타서 대월씨의 지역으로 도망을 갔다.

그런데 대월씨의 왕은 한나라와 연맹을 맺지 않겠다고 했다. 장건은 하는 수 없이 한나라로 돌아가다가, 다시 흉노에게 붙잡혀 일 년이 넘는 시간 동안 잡히는 신세가 되었다. 다시 장건은 흉노 내부의 전쟁을 틈타서 간신히 장안으로 돌아왔다. 무제를 만난 장건은 그

동안 보고 체험한 이야기를 보고하였다. 결국 무제는 장건이 귀국한 5년 후에 다시 300여 명의 부하를 주어 대월씨로 떠나도록 명령했다.

이렇게 서역(西域)과의 교통로가 열리자 그곳에서 많은 물건이 중국으로 전래되었다. 이때 마늘이 중국의 서부 지역으로 들어왔다. 당시 사람들은 본래 중국에 있던 산(蒜)과 달리 서역에서 온 마늘이 매우 커다는 사실에 주목하였다. 처음에는 오랑캐 지역에서 왔다고 하여 호산(胡蒜)이라고 불렸지만 점차 중국 전역으로 퍼져나가자 본래 있던 산(蒜)을 소산(小蒜)이라고 부르고, 서역에서 전해져온 산을 대산(大蒜)이라고 부르게 되었다.

마늘이란 한국어는 몽골어 만끼르(manggir)에서 왔다고 한다. 이 말에서 '끼'가 발음하기 불편하여 사라지면서 마늘로 바뀌었다고 보는 학자도 있다. 만약 이 주장이 옳다면 고려 말에 원나라로부터 마늘이 전해졌을 가능성이 많다. 조선시대 세종 때 펴낸 『향약집성방(鄕藥集成方)』에는 "도은거가 말하기를 지금 사람들이 호(葫)라고 부르는 것은 대산이며 산이라 부르는 것은 소산이다."라고 적혀 있다. 여기에서 도은거(陶隱居)는 중국 역사에서 남북조시대라고 부르는 420-589년 사이의 시기에 살았던 도홍경(陶弘景)을 가리킨다. 최세진(崔世珍: ?-1542)이 펴낸 어학사전인 『훈몽자회(訓蒙字會)』에서는 산은 마늘이고, 소산은 달래라고 적었다. 허준(許浚: 1539-1615)은 『동의보감(東醫寶鑑)』에서 대산은 마늘, 소산은 족지, 야산(野蒜)은 돌랑괴라고 부른다고 적었다.

따라서 『삼국유사』의 산은 마늘이 아니라 족지이다. 족지는 지금의 산마늘일 가능성이 많다. 돌랑괴는 지금의 달래를 가리킨다. 결국 단군신화에 나오는 산은 산마늘 혹은 달래였을 것이다. 『삼국유사』의 애와 산을 두고 쑥과 마늘이라고 잘못 이해한 사람은 이 책의 저자 일연 스님의 실수가 아니다. 20세기 이후에 『삼국유사』의 '단군신화'를 번역한 사람들의 실수다.

분류 : 음식
색인어 : 산나물, 쌈

참고문헌 : 『삼국유사』; 『향약집성방(鄕藥集成方)』; 『훈몽자회(訓蒙字會)』; 『동의보감(東醫寶鑑)』; 왕런샹(주영하 옮김), 『중국음식문화사』(민음사, 2010)
필자 : 주영하

쑥과 마늘(『삼국유사』)

『위서(魏書)』에 이렇게 말했다.

"지금부터 2,000년 전에 단군왕검이 아사달에 도읍을 정하고 나라를 열어 조선이라고 불렀으니, 바로 요임금과 같은 시기다."

『고기(古記)』에는 이렇게 말했다.

"옛날 환인의 서자 환웅이 자주 천하에 뜻을 두고 인간 세상을 탐내어 구했다. 아버지가 아들의 뜻을 알고는 삼위태백(三危太伯)을 내려다보니 인간을 널리 이롭게 할 만하여 환웅에게 천부인(天符印) 세 개를 주어 즉시 내려보내 인간 세상을 다스리게 했다.

환웅이 무리 3,000명을 거느리고 태백산 꼭대기 신단수 아래로 내려왔다. 이곳을 신시(神市)라 하고 이 분을 환웅천왕이라고 한다. 환웅천왕은 풍백(風伯)과 우사(雨師)와 운사(雲師)를 거느리고 곡식, 생명, 질병, 형벌, 선악 등 인간 세상의 360여 가지 일을 주관하여 세상을 다스리고 교화했다.

당시 곰 한 마리와 호랑이 한 마리가 같은 굴 속에 살고 있었는데, 환웅에게 사람이 되게 해달라고 항상 기원했다.

이때 환웅이 신령스러운 쑥 한 다발과 마늘 스무 개를 주면서 말했다.

'너희가 이것을 먹되, 백일 동안 햇빛을 보지 않으면

남해 마늘밭 ⓒ하응백

사람의 형상을 얻으리라.'

곰과 호랑이는 쑥과 마늘을 받아먹으면서 삼칠일 동안 금기했는데, 곰은 여자의 몸이 되었지만, 금기를 지키지 못한 호랑이는 사람의 몸이 되지 못했다.

웅녀는 혼인할 상대가 없어 매일 신단수 아래에서 아이를 갖게 해달라고 빌었다. 환웅이 잠시 사람으로 변해 웅녀와 혼인하여 아들을 낳았으니 단군왕검이라고 불렀다.

단군왕검은 요임금이 즉위한 지 50년이 되는 경인년에 평양성에 도읍을 정하고 비로소 조선이라고 불렀다. 다시 도읍을 백악산 아사달로 옮겼는데, 그곳을 궁홀산(弓忽山) 또는 금미달(今彌達)이라고 부르기도 한다. 그는 1,500년 동안 백악산에서 나라를 다스렸다. 주(周)나라 무왕(武王)이 즉위하던 기묘년에 기자(箕子)를 조선에 봉했다. 그래서 단군은 장당경(藏唐京)으로 옮겼다가 그 후 아사달로 돌아와 숨어살면서 산신이 되었는데 이때 나이가 1,908세였다."

위 이야기는 고조선의 건국신화로 널리 알려진 것이다. 환웅이 웅녀와 혼인하여 단군을 낳았는데, 이 단군이 조선의 시조가 되었다는 내용이다. 내용에는 단군이 평양을 수도로 '조선'을 세웠다고 하였는데, 이성계가 세운 '조선'과 구별하여 현재에는 '고조선'이라고 부른다.

이 이야기는 신의 이야기인 신화이기 때문에, 신성성, 기이성, 환상성이 두드러질 수밖에 없고 또 그러한 성격이 없이는 신화라고 할 수 없다. 이 이야기를 신화로 만들어주는 결정적인 요소는 사람으로 변신한 동물이 신(환웅)과 결합하여 건국 시조를 낳았다는 것이다. 그런데 동물이 사람으로 변신하는 방법이 햇빛을 보지 않는 상태에서 쑥과 마늘을 먹었다는 것이 이색적이다.

분류 : 문학
색인어 : 쑥, 마늘, 고조선, 삼국유사
참고문헌 : 일연 저, 김원중 역, 『삼국유사』(민음사, 2007)
필자 : 차충환

쑥국(「쑥국새 타령」)

애초부터천국의사랑으로서
사랑하여사랑한건아니었었다
그냥그냥네속에담기어있는
그냥그냥네몸에실리어있는
네천국이그리워절도(竊盜)했던건
아는사람누구나다아는일이다
아내야아내야아내달아난아내
쑥국보단천국이더좋은줄도
젖먹이가나보단널더닮은줄도
어째서모르겠나두루잘안다
그러니딸꾹울음하고있다가
딸꾹질로바스라져가루가되어
날다가또네근방달라붙거든
옛살던정분으로너무털지말고서
하팔담상팔담서옛날하던그대로
또한번그어디만큼묻어있게해다오

서정주(徐廷柱: 1915-2000)의 시집 『신라초』(1961)에 수록된 작품 「쑥국새 타령」이다. 서정주는 1936년 〈동아일보〉 신춘문예에 시 「벽」이 당선되면서 등단했다. 같은 해 김광균, 김동인 등과 동인지 『시인부락(詩人部落)』을 창간하고 여기에 시 「문둥이」, 「대낮」, 「화사(花蛇)」, 「달밤」 등을 발표하면서 문단의 주목을 받았다. 1941년 2월 「자화상」 등 24편의 시를 묶어 첫 시집 『화사집』을 출간했으며, 초기의 관능적 몸부림의 경향에서 벗어나 동양적 정한의 세계, 생명의 순수성에 대한 탐구, 정신적 영원성의 추구 등으로 변모를 보이면서 약 70년의 시작 기간 동안 『귀촉도』, 『서정주 시선』, 『신라초(新羅

미당 서정주ⓒ한국학중앙연구원

抄)』,『동천(冬天)』,『질마재 신화』등 15권의 시집과 1천여 편의 시를 발표했다.

이 시는 '선녀와 나무꾼' 설화를 바탕으로 한 작품이다. 아이를 안고 하늘로 올라간 아내를 부르며 가난한 나무꾼

미당의 시는 음악극으로도 재탄생했다. 사진은 2016년 음악극 포스터

신세기 때문에 쑥국밖에 끓여주지 못한 것을 한탄하는 내용이다. 선녀를 아내로 얻어 "천국의 사랑"을 넘보려 했으나 실패한 화자의 슬픔, 그리고 이별한 다음에라도 어떻게라도 이루고 싶은 아내와의 만남에 대한 소망을 그려냈다. 이 시에서 쑥국은 천국과 대립되는 소재로 가난한 화자의 처지를 알려주는 음식이다.

분류 : 문학
색인어 : 쑥국새 타령, 서정주, 쑥국
참고문헌 : 이숭원, 『미당과의 만남』(태학사, 2013)
필자 : 이숭원

쑥죽(「쑥 이야기」)

언뜻 하늘을 우러르면 빨강이 노랑이 푸른 점점이가 여기저기 번쩍번쩍 하늘에 박혔다가 사라지다가 한다. 그 속에는 어쩌다가 '그놈의 것'도 보인다. 행여 꿈에라도 볼까 싶은… 쑥물만 빨고 자랐을 테니 살결이 온통 풀색 같은 쑥애기! 아마 눈깔은 새파랗게 생길는지도 몰라! 정말 그럴 수가 있을까? 갑자기 무서운 생각이 들어 더는 하늘을 안 보았다.

1953년 『문예』에 발표된 최일남의 단편소설 「쑥 이야기」이다. 최일남(崔一男: 1932-)은 50년대 작가로서 21세기를 현역으로 맞은 몇 사람 가운데 하나라는 말에 잘 드러나듯이 60년 넘는 긴 세월 동안 창작의 붓을 곧추세우고 걸어온 소설가이다. 전체적으로 보아 최일남 문학은 증언과 비판의 문학이라 할 수 있다. 단편 「쑥 이야기」에서 출발하여 지금에 이르기까지

줄기차게 이어지는 최일남 문학은 한국사회의 온갖 부정적 요소에 대한 신랄한 비판정신으로 생동한다. 그 비판의 주된 방식은 풍자이다. 이 점에서 최일남은 멀리 채만식을 잇는 풍자의 작가라 할 수 있다. 대표작에 「쑥 이야기」, 「서울사람들」, 「노새 두 마리」, 「타령」, 「흐르는 북」, 「명필 한덕봉」, 「석류」 등의 중단편과 『거룩한 응답』, 『흔들리는 배』, 『숨통』 등의 장편이 있다.

「쑥 이야기」의 무대는 한국전쟁 때 도시 변두리 판자촌이다. 아버지는 국가권력에 덜미 잡혀 노무자로 끌려나간 뒤 소식이 없다. 만삭의 어머니와 어린 딸, 노동력이 없는 두 모녀는 전쟁통 절대궁핍의 현실에 속수무책이다. 그 절대궁핍의 상황에 짓눌려 어머니는 "밤에 본다면 흡사 얘기 속에 나오는 귀신 형상"으로 변해버렸다. 그리고 위와 같이 섬뜩한 상상이 뒤따르니 그들의 처지가 얼마나 무서운 성격의 것인지 뚜렷하게 부각되었다.

이들 모녀 가족이 생존을 위해 먹어야 했던 쑥죽은 국민 다수를 비참한 굶주림의 상황에 몰아넣었던 전쟁, 국민의 삶에 대한 최소한의 배려도 없었던 국가권력 등이 초래한 당대 현실의 부정적 측면을 보여주는 상징으로 우리 문학사에 우뚝 서 있다.

음식에 대한 작가의 관심은 2004년에 발표된 단편 「석류」에도 이어져 지난날 한 가족의 밥상에 올랐던 여러 가지 음식의 기억이 소설의 육체를 이루는 장관을 보인다. 「쑥 이야기」에 나오는 쑥죽이 음식을 넘어 당대 현실의 핵심 성격을 압축하여 드러내듯이 「석류」에 나오는 음식들도 그 음식들과 얽힌 사연을 통해 사회역사적 현실을 떠올린다. 음식의 사회학이라 이름 지을 수 있는 창작방법론이 최일남 문학의 한 맥을 이루고 있는 것이다.

분류 : 문학
색인어 : 쑥 이야기, 최일남, 쑥죽, 한국전쟁, 노무자
참고문헌 : 김병익, 「사회변화와 풍속적 고찰-최일남의 작품들」; 최원식, 「최일남론-1950년대의 빈궁소설」
필자 : 정호웅

쑥탕(『음식디미방』)

쑥국, 혹은 쑥탕은 이른 봄철에 먹는 시절음식[時食]이다. 한자어로 애탕(艾湯)이라고도 부른다. 우리나라에서는 봄철에 쑥떡이나 쑥국을 끓여 먹는 풍습이 있었는데, 이른 봄에 돋아나는 쑥을 뜯어다가 음식을 해 먹으면 원기를 회복하고 입맛을 돋울 수 있다고 생각하였다. 『음식디미방』, 『시의전서(是議全書)』, 『동국세시기(東國歲時記)』 등의 문헌에 쑥국 끓이는 법이 기록되어 전한다. 다만, 홍석모(洪錫謨: 1781-1857)는 쑥국과 쑥단자를 초겨울의 시절음식이라고 적었다(『동국세시기』).

쑥국을 끓이기 위해서는 우선, 쑥을 채집해야 한다. 쑥은 음력 정월에서 2월 사이에 나는 어린 것일수록 맛과 향이 좋다. 어린 쑥은 뜯어서 바로 써도 무방하지만, 어린 쑥이 아닐 경우에는 삶아서 하룻밤 물에 푹 담가서 독기를 제거하고 쓰는 것이 좋다. 쑥은 살짝 데친 후 잘게 다지고, 소고기나 꿩고기도 잘게 다져서 쑥과 고기를 이겨 완자로 둥글게 빚는다. 육수를 내어 간장으로 맑게 간을 해서 맑은 장국을 만든다. 장국이 끓으면 완자에 밀가루와 달걀옷을 입혀서 장국에 넣고, 완자가 떠오를 때까지 끓인다.

하지만 쑥국을 끓일 때, 각 지역에서 생산되는 특산물을 적극 활용하는 경우도 있었다. 대표적인 것으로 『음식디미방』에 실린 쑥탕을 들 수 있다. 경북 안동 출신의 장계향(張桂香: 1598-1680)은 쑥탕을 끓일 때 꿩고기를 다져서 빚은 완자 외에, 말린 청어를 잘게 뜯어 넣고 끓이면 매우 좋다고 하였다.

분류 : 음식
색인어 : 쑥국, 쑥탕, 애탕(艾湯), 시절음식(時食), 장계향(張桂香), 음식디미방
참고문헌 : 장계향, 『음식디미방』(경북대학교출판부, 2003)
필자 : 양미경

쑥갓

쑥갓은 국화과에 속하는 재배나물로 특유의 강한 향이 난다. 쑥갓 잎에는 수분이 적어 금세 시들기 때문에 수분공급이 중요하다. 독립적인 나물무침으로 먹기보다 다른 채소와 어울려 먹거나 다른 요리에 부수재료로 쓰이는 편이다. 가령, 전골이나 매운탕의 비린 맛을 잡고 향긋한 향을 내며, 우동, 튀김 등의 일본식 요리에 고명으로도 쓰인다.

쑥갓을 무쳐 먹는 데 필요한 양념은 다른 나물무침과 크게 다르지 않다. 쑥갓을 살짝 데친 다음 간장, 식초, 참기름, 깨소금 등을 넣고 무친다. 쑥갓을 무쳐 먹는 것은 『시의전서(是議全書)』에도 기록되어 있는데, 여기에서는 삶은 쑥갓을 무칠 때 고춧가루도 넣어 간을 한다. 1917년에 방신영(方信榮: 1890-1977)이 저술한 『조선요리제법(朝鮮料理製法)』에는 쑥갓을 데친 후 냉수에 여러 번 헹구고, 잘게 썬 파, 간장, 기름, 식초, 깨소금 등으로 무친다고 기록되어 있다. 그리고 깨소금과 고춧가루를 무친 쑥갓 위에 조금 뿌려 완성한다고 했다. 또한, 이용기(李用基: 1870-1933)의 『조선무쌍신식요리제법(朝鮮無雙新式料理製法)』에는 쑥갓 나물 양념으로 고기를 다져서 볶아 넣으며, 식초를 많이 넣어야 맛이 좋다고도 했다.

이 밖에도 쑥갓은 생선요리에 많이 쓰이는데, 고조리서에서 보면 준치국, 도미국 등에 넣어 먹었고 최근에는 매운탕에 많이 넣는다. 1948년에 한글로 번역된 『우리음식』에는 준치국에 소고기와 쑥갓을 넣고 파, 후춧가루, 초장 등으로 양념한다고 기록되어 있다. 『조선무쌍신식요리제법』에는 도미국에 쑥갓을 넣되 누른빛이 되기 전 푸른빛이 있을 때 다시 꺼내어 초장에 찍어 먹으면 맛이 좋다고 했으며, 국이 끓기 전에 미리 쑥갓을 넣으면 질기고 빛이 흉해진다고도 했다.

분류 : 식재료
색인어 : 시의전서, 조선요리제법, 조선무쌍신식요리제법
참고문헌 : 『시의전서(是議全書)』; 방신영, 『조선요리제법(朝鮮料理製法)』; 이용기, 『조선무쌍신식요리제법(朝鮮無雙新式料理製法)』; 손정규, 『우리음식』
필자 : 박선미

씀바귀

씀바귀는 봄철에 전국의 야산, 논둑, 밭둑 등 어느 곳에서나 잘 자라는 국화과 나물로 뿌리째 채취하여 무쳐서 반찬으로 즐겨 먹는다. 씀바귀라는 이름에서 풍기는 느낌처럼 실제로 쓴맛이 강하게 나기 때문에 물에 데치거나 담가 두었다가 쓴맛을 살짝 뺀 다음 반찬으로 먹는다. 고들빼기와 생김새가 유사하고, 자라는 곳도 비슷하여 혼동하기 쉽다. 씀바귀 잎은 고들빼기 잎보다 가늘고 뾰족한 편이며, 고들빼기 뿌리는 하나로 가늘고 긴 편인데 씀바귀 뿌리는 뿌리가 한두 개 정도로 통통하며 잔뿌리도 많다. 국화과 나물인 고들빼기와 함께 『동의보감(東醫寶鑑)』에서는 고채(苦菜)라고 했으며, 그 밖에도 황과채(黃瓜菜), 산고매, 소고거, 활혈초(活血草) 등으로 불린다.

씀바귀나물을 무치는 방법은 다양할 터인데, 이용기(李用基: 1870-1933)의 『조선무쌍신식요리제법(朝鮮無雙新式料理製法)』에는 씀바귀를 깨끗이 씻어서 꼭 짠 뒤 썰어서 소금 기름과 고춧가루에 무치거나 고추장에 초와 기름을 쳐서 무쳐 먹는다고 했다. 그리고 숙주나물에 섞어 초나물을 만들어 먹어도 좋다고 한다. 또한, 씀바귀와 비슷한 나물이 많기 때문에 잘 골라야 한다고 했으며, 씀바귀는 쓰면서도 향기가 있고 특별한 맛이 있는 나물이라고도 했다. 이와 같이 고춧가루나 고추장에 무치기도 하지만 된장에 무쳐서 먹는 사례도 많다.

씀바귀를 반찬으로 먹을 때는 대개 뿌리, 줄기, 잎을 쓴다. 씀바귀 꽃은 식용하는 사례가 많지는 않지만, 1835년경 서유구(徐有榘: 1764-1845)가 쓴 『임원경제지(林園經濟志 일명 林園十六志)』에는 중국의 『산가청공(山家淸供)』의 내용을 인용해서 죽에 넣어 먹었다는 기록이 있다. 씀바귀 꽃을 감초탕(甘草湯)에 데쳐 죽을 끓일 때 함께 넣고 끓여 먹는다는 것이다. 이 밖에도 씀바귀는 약용으로도 많이 쓰이는데, 특히 사마귀가 났을 때 씀바귀를 빻아 흰 즙을 내어 바르면 좋다고 알려져 있다.

분류 : 식재료
색인어 : 조선무쌍신식요리제법, 임원경제지, 고들빼기
참고문헌 : 허준, 『동의보감(東醫寶鑑)』; 이용기, 『조선무쌍신식요리제법(朝鮮無雙新式料理製法)』; 서유구, 『임원경제지(林園十六志)』
필자 : 박선미

아욱

아욱은 잎과 줄기를 먹는 1년생 채소로, 한자로는 '葵菜(규채)', '破樓草(파루초)', '露葵(노규)', '滑菜(활채)'라고도 하고 음만 빌려서 '亞萯(아욱)'이라고도 쓴다. 아욱은 또한 시기에 따라 정월에 심은 것은 '춘규(春葵)', 6-7월에 심은 것은 '추규(秋葵)', 8-9월에 심은 것은 '동규(冬葵)'라고도 불렀다.

아욱은 봄, 여름, 가을에 마당에서 키우고, 겨울에는 말려두었던 아욱을 먹을 수 있어서 1년 내내 식용 가능한 채소였다. 다만, 이용기(李用基: 1870-1933)의 『조선무쌍신식요리제법(朝鮮無雙新式料理製法)』(1936) '아욱죽[葵粥]'과 '아욱국[葵湯]'에 따르면, 가을 아욱이 좋다 해도, 서리 맞은 것은 피해야 하고 그전에 먹어야 한다고 했다. 또한 시골에서는 아욱이 몸을 보한다고 하여 산모가 출산 후에 미역 대신 아욱을 먹는다고 했다. 특히 아욱은 다른 채소와 달리 장아찌를 담글 수 없어서, 사람들은 맛있게 생긴 것을 지칭하거나 사람의 성질이 무르고 싱거운 사람을 놀릴 때 '아욱장아찌'라 불렀다고 한다.

이처럼 맛있고 영양이 풍부한 데다 식용기간도 긴 아욱이지만, 실제로 만들어 먹었던 음식의 종류는 다양하지 않아서 아욱죽과 아욱국 정도였다. 아욱은 특히 새우와 잘 어울린다 하여, 아욱국은 끓일 때도 말린 새우를 넣어 맛을 돋우는 일이 많지만 유중림(柳重臨: 1705-1771)의 『증보산림경제(增補山林經濟)』아욱죽[葵菜粥]에서 보듯이, 껍질 벗긴 아욱에 멥쌀과 고기를 넣고 아욱죽을 쑬 때도 다 되면 말린 새우가루를 뿌려 먹기도 한다.

분류 : 식재료
색인어 : 조선무쌍신식요리제법, 새우, 미역
참고문헌 : 이용기, 『조선무쌍신식요리제법』(영창서관, 1936); 유중림 저, 고농서국역총서 6『증보산림경제 III』(농촌진흥청, 2004)
필자 : 김혜숙

베틀을 던지고 아욱을 뽑아 버려라

조선시대에 아욱은 국록을 먹는 관리는 백성들과 이익을 다투지 않아야 하고, 자신의 집을 이롭게 하는 데 신경 쓰기보다는 청렴해야 함을 강조할 때에 반드시 인용되던 채소였다. 베틀을 던지고 아욱을 뽑아버리라는 뜻의 '거직발규(去織拔葵)'라는 고사(故事)가 그런 상황에서 흔히 인용되었기 때문이다. 이 고사는 본래 『사기(史記)』「열전(列傳)」의 공의휴(公儀休: ?-?)의 이야기이다.

노(魯)나라의 목공(穆公) 때 재상에 오른 공의휴는 높은 학식과 뛰어난 재능, 그리고 법도와 원칙을 철저히 지키며 일을 처리하는 인물이었다. 또한 그는 관직에 있으면서 녹봉을 받는 벼슬아치가 백성들과 이익을 다투거나 사익(私益)을 추구하는 것을 금지하였고, 자신도 그러한 원칙을 철저히 지키며 생활하였다.

그가 그러한 원칙을 지킨 일화는 유명한데, 공의휴가 자신이 좋아하는 생선을 보낸 빈객에게 지금 자신은 재상이라서 생선을 사 먹을 수 있으나 뇌물로 생선을 받아 자리를 잃게 되면 생선을 사 먹을 수도 없고 생선을 선물할 사람도 없어질 터이니 받지 않겠다며 선물을 거절하였다고 한다. 또한 자기 집에서 베를 짜는 것을 보고 공의휴는 베틀을 불태우고 베 짜는 여인을 내보냈으며, 자기 집 마당에서 키운 아욱으로 끓인 아욱국이 밥상에 오르자 아욱을 바로 뽑아버리도록 시

컸다고 한다. 이와 같이 그가 '거직(去織)', 즉 베틀을 버리고 '발규(拔葵)', 즉 아욱을 뽑아버린 이유는 국록을 먹고 사는 자신의 집에서마저 베를 짜고 아욱을 키워 먹는다면, 농부와 베 짜는 여인들은 어디에다 그 물건을 팔 수 있겠느냐는 생각에서였다.

공의휴의 '거직발규'가 조선의 조정에서 인용된 사례가 『세종실록(世宗實錄)』에 보인다. 1437년(세종 19)에 사헌부가 세종(世宗: 재위 1418-1450)에게 선공감 정(繕工監正)으로 있으면서 충청남도 연산현(連山縣)에서 바치는 관용 재목(官用材木)을 남몰래 대납한 이온(李韞)을 탄핵하기를 청하면서 거직발규를 언급한 것이다. 그러면서 국가에서 녹봉을 받고 종들도 있으므로 살림을 하는 데 부족하지 않은데도, 오히려 부족하게 여기고 수령에게 청탁하여 공물을 대납(代納)하고 백성에서 배나 되는 수효를 빼앗으면서 조금도 부끄러워하지 않는 자는 벌을 주고 다시 임용하지 않아야 한다고 아뢰었다. 사대부가 절의를 스스로 지키면 염치를 아는 풍습이 유행하고, 이욕(利慾)을 스스로 도모하면 탐욕스러운 풍속이 일어나니 왕은 부디 선비의 절조를 격려하시는 뜻을 펴서 풍속이 변하지 않도록 하시라고 상소하였던 것이다(『세종실록』 세종 19년 10월 26일자 기사).

거직발규의 고사는 『선조실록(宣祖實錄)』에도 보이는데, 사헌부에서 선조(宣祖: 재위 1567-1608)에게 공물 방납의 비리를 바로잡도록 간언하면서, 임금의 녹을 먹고 백성의 봉양을 받는 자는 백성들과 이익을 다툴 수 없으니, 이에 옛사람은 자기 집 채마밭의 아욱을 뽑아버리고 길쌈하는 아낙을 내친 것이라고 공의휴의 예를 들었다. 그러면서 이빨이 강한 동물에게는 뿔이 없고, 날개를 단 동물에게는 발이 둘뿐이라는 비유를 더 들었다(『선조실록』 선조 36년 1603년 9월 19일자 기사). 이와 같이, 조선시대에 관직에 있는 사람이 더 많이 가지기 위해서 없는 백성의 이익마저 빼앗아서는 안 된다고 경계할 때에 아욱을 인용하였다.

분류 : 음식
참고문헌 : 『세종실록』; 『선조실록』; 사마천, 『사기』

필자 : 김혜숙

아욱국

아욱으로는 주로 국이나 죽을 끓여 먹었는데, 특히 가을에 심어 서리 전에 끓여 먹는 아욱국이 가장 맛이 좋다고 여겼다. 그리하여 '가을 아욱국은 계집 내쫓고 먹는다'든가 '가을 아욱국은 사위만 준다', '가을 아욱국은 문 걸어 잠그고 먹는다'는 속담이 쓰였을 정도이다. 맛도 맛이지만 아욱은 영양이 풍부하다고 하여 '아욱으로 국을 끓여 삼 년을 먹으면 외짝 문으로는 못 들어간다'는 속담도 있다. 아욱국 때문에 몸이 불어나 양쪽 문을 다 열어야 드나들 수 있을 정도가 되었다는 이야기인데, 그만큼 아욱이 맛도 좋고 몸에도 좋음을 강조한 것이다.

사실 아욱국은 그리 호사스러운 음식은 아니다. 오히려 보리밥이나 조밥과 함께 차리는 조촐한 밥상에 어울리는 국이다. 그런데 이러한 아욱국의 맛을 잊지 못했던 이가 바로 김장생(金長生: 1548-1631)이다. 『사계전서(沙溪全書)』에 따르면, 그가 젊어서 송익필(宋翼弼: 1534-1599)을 선생으로 모시고, 그 밑에서 학문을 닦았는데, 가르침을 받던 동안에는 밥상에 장(醬)이 없어서 소금을 한 움큼 집어 삼켜가며 밥을 먹었다고 한다. 그렇게 공부를 하던 김장생이 어느 날 집으로 돌아오는 길에 노비의 집에 들렀다가 거기서 아욱국을 얻어먹었고, 그 맛이 너무 좋아서 오래도록 잊지 못했다는 이야기이다.

필자 미상, 김장생 초상, 조선, 견본채색, 101.5×62cm, 국립중앙박물관

송준길(宋浚吉: 1606-1672)의 『동춘당집(同春堂集)』에 따르면, 김장생이 송익필 밑에서 공부를 하던 시기는 그의 아버지 김계휘(金繼輝: 1526-1582)가 서울에

서 벼슬살이를 할 때였다. 당시 김계휘는 아들인 김장생에게 교하(交河)(현재의 경기도 파주시)에서 살고 있던 송익필(宋翼弼: 1534-1599)을 찾아가 배우라고 명하였고, 김장생은 그곳에 머물며 몇 달 동안 『근사록(近思錄)』을 배웠다고 한다. 문제는 송익필이 학문적으로는 뛰어났지만 당시 정치적 문제에 얽혀 개인적으로 곤경에 처해 있어서, 경제적으로 너무도 궁핍하였다는 것이다. 그리하여 송익필은 물론이고 그 집에 머물던 김장생 역시 보리밥에 거친 반찬으로 끼니를 때웠고, 몇 달 동안 제대로 먹지 못했던 김장생은 다시 서울로 돌아왔을 때는 몸이 크게 쇠약해진 상황이었다.

그렇게 쇠약한 몸을 이끌고 서울로 돌아오는 길에 얻어먹은 아욱국이 너무나 맛이 있어, 김장생은 두고두고 잊지 못했다는 것이다. 이 일화는 송시열(宋時烈: 1607-689)의 『송자대전(宋子大全)』에도 보이는데, 어려운 상황에서 고생하면서도 각고의 노력으로 학문을 닦았던 선학(先學)의 일화로서 송시열이 후학(後學)들에게 다시 전하였기 때문이다. 송시열은 반찬 없이 식사하는 학도들을 보고, 김장생이 오래도록 잊지 못하던 아욱국에 대해 이야기해 주며 열심히 공부하도록 독려하였다.

아욱국을 끓이는 법은 유중림(柳重臨: 1705-1771)의 『증보산림경제(增補山林經濟)』와 최한기(崔漢綺: 1803-1879)의 『농정회요(農政會要)』의 '동규(冬葵)' 부분에 나오는 데 내용이 거의 동일하다. 먼저 아욱의 잎과 연한 줄기를 꺾어서 껍질을 벗긴 것에다 장을 넣어 뭉그러지게 삶은 다음에 말린 새우가루를 넣으면 더욱 맛있다고 했다. 이후 일제 강점기에 출판된 조리서들을 보면, 아욱국을 끓일 때 고추장과 된장을 같이 쓰는데 말린 새우로 아욱국을 끓이는 건 마찬가지이다. 또한 새우 이외에 홍합이나 멸치, 꽁치, 넙치, 소고기 등을 넣고 끓이기도 한다.

분류 : 음식
참고문헌 : 김장생 저, 정선용 역, 『사계전서』(한국고전번역원, 2005); 송준길 저, 정태현 역, 『동춘당집』(한국고전번역원, 2006); 송시열 저, 이해권·송기채 공역, 『송자대전』(한국고전번역원, 1981); 유중림 저,

고농서국역총서 6-『증보산림경제 III』(농촌진흥청, 2004); 최한기 저, 고농서국역총서 12-『농정회요 III』(농촌진흥청, 2007)
필자 : 김혜숙

앵두

앵두나무의 열매인 앵두는 맛도 맛이지만 동그랗고 붉은 모양이 예뻐서 더욱 사랑받는 과일이다. 앵두는 한자로는 '櫻桃(앵도)'라고 표기하는데, 이 밖에도 여러 명칭이 있다. 『광재물보(廣才物譜)』 4권에 따르면, 앵두는 '이슬앗', '鸎桃(앵도)', '含桃(함도)', '荊桃(형도)', '楔子(설자)', '崖蜜(애밀)', '朱櫻(주앵)', '紫櫻(자앵)', '蠟櫻(납앵)', '櫻珠(앵주)', '麥英(맥영)', '朱茱(주수)'라고도 했다.

이러한 앵두의 명칭에 대해서는 최한기(崔漢綺: 1803-1879)의 『농정회요(農政會要)』를 보면 좀 더 자세히 알 수 있다. 이에 따르면, 앵두를 복숭아 '桃(도)'자를 써서 '櫻桃(앵도)'라 한 것은 앵두의 모양이 복숭아와 닮아서이고(『본초연의(本草衍義)』), 그 열매가 구슬[瓔珠]과 같으므로 '櫻(앵)'이라고 하였다(『강목(綱目)』)고 한다. 또한 '鸎桃(앵도)'와 '含桃(함도)'는 꾀꼬리[鸎]가 먹는 것이기 때문에 붙은 명칭이며(『설문(說文)』), 빛깔에 따라 앵두 중에서 진홍색인 것을 '朱櫻(주앵)', 자주빛 껍질 안에 작은 점이 있는 것은 '紫櫻(자앵)', 밝은 정황색(正黃色)은 '蠟櫻(납앵)', 작고 붉은 구슬 같은 것은 '櫻珠(앵주)'라고 한다고 했다(『비아』). 그 밖에 『이아(爾雅)』에서는 '楔(설)', '荊桃(형도)', 앵두 중에 가장 크고 단 것은 '崖蜜(애밀)'이라고 하고, 『박물지(博物志)』에서는 '牛桃(우도)', '英桃(영도)', 『선부록(膳夫錄)』에 나오는 '吳櫻桃(오앵도)', '水櫻桃(수앵도)'라는 명칭도 보인다.

이러한 앵두를 두고 조선시대의 미식가라 할 수 있는 허균(許筠: 1569-1618)은 『도문대작(屠門大嚼)』에서 저자도(楮子島)(지금의 서울특별시 강남구에 위치했던 섬)에서 나는 것이 작은 밤톨만 한 크기여서 크고 맛있고, 영동(嶺東) 지방에서는 흰 앵두가 많이 나지만 맛이 붉은 앵두만은 못하다고 평했다.

조선시대 앵두는 음력으로 5월 5일인 단오(端午) 때가 한창이어서, 왕실과 민간에서는 5월이 되면 새로 나오는 제철식품으로 앵두를 천신(薦新)하였다. 그리하여 유중림(柳重臨: 1705-1771)의 『증보산림경제』에서는 과일 중에서 가장 먼저 익는 것이 앵두이니 사당(祠堂)에 천신할 수 있도록 반드시 좋은 종자를 골라서 울타리 사이에 많이 심으라고 하였다.

왕실에서도 5월에는 장원서(掌苑署)에서 마련한 앵두를 종묘(宗廟)와 경모궁(景慕宮) 등에 천신하였고(『종묘의궤』, 『경모궁의궤』), 각 전(殿)에 진상하였으며 잔치음식이나 관리 등에 대한 하사품으로 썼다. 중종(中宗: 재위 1506-1544)도 승정원·홍문관·예문관과 같은 관청에 앵두를 하사한 일이 있다(『중종실록』 중종 7년 1512년 윤5월 3일자 기사).

한편 경복궁의 동궁(東宮)에 많이 있는 앵두나무는 이유원(李有源: 1763-1835)의 『임하필기(林下筆記)』에서 보듯이, 효성이 지극했던 문종(文宗: 재위 1450-1452)이 앵두를 좋아하는 아버지 세종(世宗: 재위 1418-1450)을 위해 손수 심고 가꾼 것이라 한다. 앵두가 익기를 기다렸다가 문종은 세종에게 앵두를 따서 올렸는데, 이 앵두를 맛본 세종은 외부에서 올린 것이 어찌 세자가 손수 심은 것과 맛이 같을 수 있겠느냐며 맛있어했다고 한다(『문종실록』 문종 2년 1452년 5월 14일자 기사).

이를 두고 심정(沈貞: 1471-1531)은 중종(中宗: 재위 1506-1544)에게 효도는 모든 행실의 근본이니, 문종이 앵두나무를 심고 손수 키워 그 열매를 세종께 드린 것은 진어할 다른 물건이 없어서가 아니라, 효도를 위해서는 하지 않는 일이 없기 때문에 그런 것이라고 아뢰었다(『중종실록』 중종 5년 1510년 3월 17일자 기사).

이러한 앵두는 그냥 먹는 것이 일반적이지만, 앵두편, 앵두정과, 앵두화채, 앵두숙 등을 만들기도 했다. 조선시대에 앵두를 주재료로 한 음식 중에 앵두정과는 『산가요록(山家要錄)』, 『산림경제(山林經濟)』, 『박해통고(博海通攷)』, 『해동농서(海東農書)』, 『고사신서(攷事新書)』 등에 만드는 법이 나오는데, 약간의 차이는 있지만 대개 앵두를 꿀과 섞은 다음 뭉그러질 때까지 끓여서 엿 같은 상태가 되도록 졸여서 만든다. 또 앵두화채는 잘 익은 좋은 앵두를 골라 씨를 발라내고 꿀에 재운 후 꿀물을 달게 타고 잣을 띄워 만들었다(『시의전서(是議全書)』).

앵두말고도 조선시대에는 앵두 잎과 앵두나무 가지를 요리에 이용하기도 했다. 이것을 먹었던 것은 아니고, 고기를 삶을 때 넣었다. 조선 전기의 어의(御醫)였던 전순의(全循義: ?-?)의 『산가요록(山家要錄)』에서는 소머리를 삶을 때 앵두 잎을 소의 입안에 채우거나 찧어서 소머리에 바르면 쉽게 익는다고 하였다. 『증보산림경제』에서는 거위를 삶을 때 앵두나무 잎 몇 개를 넣으면 쉽게 무른다고 하였다. 또 홍만선(洪萬選: 1643-1715)의 『산림경제(山林經濟)』에서는 늙은 수탉을 삶을 때 앵두나무 가지를 솥 안에 교차시켜 걸쳐 놓고, 그 위에 닭을 올린 다음 물을 충분히 붓고 삶으면 쉽게 익는다고 하였다. 이와 같이 고기를 삶을 때 앵두 잎이나 앵두나무가지를 이용하면, 고기가 더 빨리 흐물흐물해진다는 것이다.

분류 : 식재료
색인어 : 도문대작, 산가요록, 닭, 떡
참고문헌 : 작자 미상, 『광재물보』; 최한기 저, 고농서국역총서 12-『농정회요 III』(농촌진흥청, 2007); 허균 저, 신승운 역, 『도문대작』(한국고전번역원, 1984); 이유원 저, 김동주 역, 『임하필기』(한국고전번역원, 2000); 『경모궁의궤』; 『종묘의궤』; 『문종실록』; 『중종실록』; 유중림 저, 고농서국역총서 6-『증보산림경제 III』(농촌진흥청, 2004); 전순의, 『산가요록』(한국전통지식포탈); 홍만선, 『산림경제』(한국전통지식포탈); 작자 미상, 『시의전서』; 작자 미상, 『박해통고』(한국전통지식포탈); 서호수 저, 고농서국역총서 14-『해동농서 II』(농촌진흥청, 2008); 서명응, 『고사신서』(한국전통지식포탈)
필자 : 김혜숙

앵두편

앵두편은 과편의 한 종류인데 과편은 살구, 복분자, 모과, 오미자 등 신맛이 나는 과일에 꿀을 넣고 졸여 묵처럼 만든 것을 말한다. 장계향(張桂香: 1598-1680)이 쓴 『음식디미방』에 따르면 반쯤 익은 앵두에서 씨를 제거한 후 앵두를 살짝 데치고 체에 거른 후 조린 꿀과 함께 섞어서 굳어 엉기게 되면 썰어서 쓴다고 하였다. 앵두편은 과편의 기본으로 여길 만큼 1800년대 조리서에 보면 살구편, 복분자편, 버찌편 등 다른 과편의 설명에 앵두편 만들듯 하라고 쓰여 있다.

1766년 의관 유중림(柳重臨: 1705-1771)이 쓴『증보산림경제(增補山林經濟)』에서 '앵두전(櫻桃煎)'도 앵두편의 조리법과 비슷하다. 그릇 안에 참기름 발라 앵두즙을 엿 상태처럼 졸여 기름칠한 그릇에 담아 식혀 기름 바른 칼로 잘라 먹는다고 하였다.

앵두와 꿀로만 끓여서는 잘 엉기지 않을 때 청포묵을 만드는 녹말 즉 녹두전분을 넣었다.『윤씨음식법(1854 추정)』에서 앵두편에 만일 잘 엉기지 않으면 녹말을 섞되 녹말이 너무 많이 들어가면 딱딱하고 뿌옇게 되어 오래두지 못한다고 했다. 녹말을 넣지 않고 만든 과편이 더 오래 보관할 수 있었던 것이다. 빙허각 이씨(憑虛閣 李氏: 1759-1824)의『규합총서(閨閤叢書)』나 19세기 후반 연안 이씨(延安李氏)가 저술한 것으로 알려진『주식시의(酒食是儀)』에도 이와 비슷한 내용이 적혀 있다.

『규합총서』에 따르면 앵두편을 많이 졸이면 과편의 색이 검어진다고 하였다. 1800년대 말 작자 미상의『술 만드는 법』에서 앵두의 빛이 연할 때 연지를 써서 색을 내라고 하였다.

분류 : 음식
참고문헌 : 장계향,『음식디미방』; 유중림,『증보산림경제』; 빙허각 이씨,『규합총서』; 연안 이씨,『주식시의』; 작자 미상,『술 만드는 법』; 작자 미상, 윤서석 외 3인 공저,『음식법(할머니가 출가하는 손녀를 위해서 쓴 책)』(아쉐뜨아인스미디어, 2008)
필자 : 이소영

약과[유밀과]

사치스럽고 최고급으로 꼽히는 약과는 밀가루에 기름과 꿀을 섞어 반죽하여 모양을 만들어 기름에 지져 꿀에 즙청한 과자로 유밀과(油蜜果)라고 한다. 이규경(李圭景: 1788-1863)의『오주연문장전산고(五洲衍文長箋散稿)』(1850)와 이수광(李睟光: 1563-1628)의『지봉유설(芝峰類說)』(1613)에서 유밀과는 귀한 음식으로 평가를 받았다. 그 재료인 밀은 춘하추동을 거쳐서 익기 때문에 사시(四時)의 기운을 얻어 정(精)이 되고, 꿀은 백약(百藥)의 으뜸이며 기름은 살충하고 해독하기 때문이라고 설명하였다.

유밀과는 고려시대부터 불교행사인 연등회·팔관회에 사용되면서 중요한 제사음식 중 하나였다. 잔치음식 또는 진상품으로도 쓰였고 혼례 때 납폐음식이기도 했다. 유밀과는 제찬에 쓰는 과일이 없을 때 이를 대신하여 만들어진 것으로 알려져 있다. 황필수(黃必秀: 1842-1914)의『명물기략(名物紀略)』(1870년경)에 의하면 유밀과는 본디 밀가루와 꿀을 반죽하여 제사의 과실을 대신하기 위하여 대추, 밤, 배, 감과 같은 과실의 모양으로 만들어 기름에 익힌 조과 또는 가과(假果)이지만, 이것이 둥글기 때문에 젯상에 쌓아올리기 불편하여 방형(方形)이 되었다고 한다.

조선시대 왕이나 왕세자의 혼례에서 빈의 부모에게 보내는 예물 중에는 유밀과라는 과자가 포함되었다. 약과(藥果), 홍·백요화(蓼花), 행인과(杏仁果), 양면과(兩面果) 등 다섯 가지의 유밀과로 이를 오성유밀과(五星油蜜果)라 하였다.

신참들은 고참이나 상관장들에게 술상, 음식상을 극진하게 대접해야 하는데, 그때 음식 또는 안주로 '유밀과(油蜜菓)'를 애용했던 것으로 보인다. 서거정(徐居正: 1420-1488)이 쓴『필원잡기(筆苑雜記)』에서 사간원의 서리들이 근무 중인 관원들에게 유밀과 상을 풍성하게 차려 받드는 일이 관행이었다고 기록하였다.

고려시대부터 발달해 온 유밀과는 호화로운 재료 덕에 곤욕을 겪기도 했다.『고려사절요(高麗史節要)』에 따르면 1192년 고려 명종 때 사치스러운 사회 분위기를 바로잡기 위해 유밀과 대신에 과일을 올리라는 명령을 할 만큼 유밀과는 매우 사치스러운 음식을 대표하였다. 공민왕 2년(1353)에도 유밀과의 사용 금지령이 내렸다는 기록이 보인다. 유밀과가 기름, 꿀 등 값비싼 재료를 사용하는 사치스런 음식임에도 얼마나 성행했는가를 미루어 짐작할 수 있다. 이런 논쟁은 조선시대까지 이어진다. 명종 8년(1553) 때 음식의 사치로 상제(喪祭)나 혼인(婚姻)에는 반드시 유밀과(油蜜

果)를 쓰고 지나치게 높고 크게 만든다며 사치 풍조가 날이 갈수록 심해져 수습하기 어려운 지경에 이르렀다며 유밀과의 금지를 논의했다.

유밀과 중에는 약과가 대표적이다. 크기에 따라 대약과, 소약과가 있으며, 반죽을 네모 모양으로 썰어 만든 것을 모약과라 한다. 반죽을 다식판에 박으면 다식과(茶食果), 행인(살구씨) 모양으로 만들면 행인과(杏仁果), 대추를 곱게 다져 소로 하여 만두처럼 빚으면 만두과(饅頭果)이다. 약과 반죽을 갸름하고 길게 만들면 중박계(中朴桂) 또는 중계(中桂), 중배기라 한다. 그 밖에도 유밀과 종류로는 요화(蓼花), 한과(漢果), 매작과(梅雜果) 또는 타래과, 차수과 등이 있다.

분류 : 음식
색인어 : 매작과, 가례
참고문헌 : 『명종실록』; 『[숙종인현후]가례도감의궤([肅宗仁顯后]嘉禮都監儀軌)』; 한복려, 『쉽게 맛있게 아름답게 만드는 한과』(궁중음식연구원, 2000)
필자 : 이소영

수원약과(정약용)

꿀을 넣었다 하여 '약(藥)' 자가 붙은 약과(藥果)는 '밀면(蜜麵)'이라고도 했다. 조선시대 전국 어디에서나 만들어졌던 음식이지만, 특히 경기도 수원(水原) 지역의 약과가 맛이 각별하다 하여 명성이 높았다.

이러한 수원약과는 정약용(丁若鏞: 1762-1836)의 『목민심서(牧民心書)』를 보면 조선 전역에 유명했고, 인조(仁祖: 1595-1649, 재위 1623-1649)가 특별히 찾았던 음식이기도 하다. 인조가 병에 걸려 있을 때, 궁중의 주방[御廚]에는 입에 맞는 것이 없어서, 환관(宦官)을 시켜 수원약과를 구해 오도록 보냈다. 당시 수원부사(水原府使)는 조계원(趙啓遠: 1592-1670)이었다. 하지만 그는 주부(州府)에서 약과를 사사로이 헌납하는 것은 신하로서 임금을 섬기는 예(禮)가 아니라면서 조정의 명령이 아니면 안 되겠다고 답변했다. 그 말을 들은 인조는 비록 군신(君臣)의 사이이기는 하나 인척(姻戚)으로 얽힌 사이인데 어찌 그러한 인정조차 없냐며 웃었다고 한다.

인조가 인척의 인정을 언급한 것은 조계원의 형인 조창원(趙昌遠: 1583-1646)이 자신의 장인이었기 때문이다. 조창원의 딸이 바로 인조의 계비(繼妃)였던 장렬왕후(莊烈王后: 1624-1688)였으니, 수원부사 조계원이 사가(私家)로 치면 인조의 처 작은아버지인 셈이다. 따라서 혼인으로 맺어진 인척이라 한 것이고, 조카사위인 자기에게 약과를 두고 깐깐하게 군 조계원의 처사에 박정하다고 인조가 한마디 한 것이다.

수원약과는 일반 약과와 만드는 재료와 방법이 거의 유사하다. 다만, 서유구(徐有榘: 1764-1845)의 『임원경제지(林園經濟志)』 약과방(藥果方)에서 설명하였듯이 반죽을 치댈 때 잣가루, 후춧가루, 계핏가루, 볶은 참깨를 넣는 것이 다르다. 이렇게 만든 수원약과는 최영년(崔永年: 1859-1935)의 『해동죽지(海東竹枝)』를 보면, 특히 사도세자(思悼世子: 1735-1762)의 원찰(願刹)인 용주사(龍珠寺)에서 약과를 훌륭하게 잘 만들었는데, 품질이 아주 좋아서 능침(陵寢)의 제사음식으로 바쳤다고 한다. 용주사가 두부를 비롯하여 사도세자의 무덤인 현륭원(顯隆園)의 제물(祭物)을 공급하는 역할을 담당했던 사찰임을 고려하면, 용주사의 약과가 현륭원의 제사에 쓰였음을 알 수 있다.

분류 : 음식
참고문헌 : 정약용 저, 이정섭 역, 『목민심서』(한국고전번역원, 1986); 서유구, 『임원경제지』(한국전통지식포탈); 최영년, 『해동죽지』(獎學社, 1925)
필자 : 김혜숙

약과(『규합총서』)

1809년에 쓰인 『규합총서(閨閤叢書)』에는 유밀과(油蜜果)라는 제목의 과정류 조리법을 설명하면서 유밀과가 곧 약과(藥果)라 하였다. 유밀과는 밀가루, 기름, 꿀을 섞은 반죽을 기름에 지졌다가 집청(꿀에 담금)한 과자를 총칭하는 것으로 과줄이라고도 한다. 약과는 유밀과의 한 종류이다. 『규합총서』는 유밀과를 약과라고 칭하는 이유에 대해 "밀은 사시정기(四時精氣)요, 꿀은 온갖 약의 으뜸이요, 기름은 벌레를 죽이고 해독하기 때문"이라고 하였다.

약과 한 말(18리터)을 만드는 데에는 기름과 꿀이 각각 석 되(5리터)가 필요하다. 꿀 두 되, 기름 반 되, 소주 한 보시기가량을 넣어 반죽을 한 뒤 홍두깨로 밀어 기름에 지진다. 반죽이 뜨면 수저로 눌러 오래 익힌다. 다 익으면 떠낸 뒤 꿀에 계피, 후추, 말린 생강, 생강즙을 섞은 것에 담근다. 꿀이 튀긴 반죽에 잘 스며들면 꺼내서 잣가루를 뿌려서 먹는다.

이와 함께 '별약과법' 즉, 또 다른 약과 만드는 법을 소개하고 있는데 유사하게 만드나 반죽에 조청을 넣고 즙청에도 조청과 꿀을 반씩 넣어 쓰면 좋다고 하였다. 한편, 약과와 유사한 것으로는 중계(中桂)가 있다. 중배끼, 중백기, 중계과(中桂果), 중박계(中朴桂)라고 하는데 보통 약과와 재료는 유사하나 약과보다 색이 연하게 지진 것을 뜻하기도 한다. 『규합총서』보다 앞서 나온 『시의전서(是議全書)』에서는 약과와 중계의 차이에 대해 약과는 겉이 검도록 지지고 중계는 누렇게 되도록 지진다고 하였다. 또 반죽도 약과보다 중계를 만들 때 더 질게 해야 한다고 하였다.

분류 : 음식
색인어 : 규합총서, 약과, 유밀과, 별약과법, 중백기, 중배끼, 중계과, 중계, 중박계, 시의전서
참고문헌 : 빙허각 이씨 저, 이민수 역, 『규합총서』(기린원, 1988); 빙허각 이씨 저, 정양완 역, 『규합총서』(보진재, 2008); 이효지 외 저, 『시의전서(우리음식 지킴이가 재현한 조선시대 조상의 손맛)』(신광출판사, 2004)
필자 : 서모란

약과·약밥·송고병(문일평)

근대 사학자 문일평(文一平: 1888-1939)이 쓴 『사외이문(史外異聞)』에는 약과(藥果), 약밥(藥飯), 송고병(松膏餠)에 대한 이야기가 서술되어 있다. 문일평에 의하면, 약과는 본래 인도의 것인데, 법당에서 재(齋)를 지낼 때에는 반드시 약과를 올렸기 때문에 불교가 전래되면서 우리나라에도 유입되었다고 했다. 이후 고려 왕실에서는 큰 잔치를 열 때마다 그 연찬에는 반드시 약과를 올렸다고 한다.

그런데 약과와 약밥을 만드는 데에는 귀한 물자가 많이 들어가서 왕실이나 사찰, 그리고 부귀한 집이 아니면 도저히 사용할 수 없었다. 약과와 약밥을 만드는 데에는 공통적으로 꿀과 기름이 꼭 필요했다. 그래서 약과와 약밥을 각각 밀과(密果), 밀반(蜜飯)이라 하였고, 그중에서도 약과는 '꿀과 기름을 넣어 반죽한 과자'라 하여 유밀과(油蜜果)라는 이름으로도 불렸다. 하지만 당시에는 이러한 재료들을 구하는 일이 결코 쉽지 않았다. 그리고 이러한 사정은 조선 중기 사람 이수광(李睟光: 1563-1628)이 살았던 시대에도 마찬가지였던 듯하다. 이수광은 『지봉유설(芝峰類說)』에서 "밀은 사시(四時)의 최고(精氣)이고, 꿀은 백 가지 약 중에 제일 어른이요, 기름은 능히 벌레를 죽이기 때문"에 밀과를 약과라 한다고 했다. 그러면서 중국에서는 잔치 때에도 밀과를 쓰지 않는데, 우리나라 사람들은 보통 제사나 잔치에도 모두 밀과를 쓰고 있으니 습관과 풍속이 매우 사치스럽다고 비판하였다.

이처럼, 약과는 약밥과 더불어 매우 귀한 음식으로 애용되었다. 때문에 밀, 꿀, 기름과 같은 재료를 구하기 어려운 일반 백성들은 송고병(松膏餠)을 만들어 혼인, 제사 등의 잔치에 사용하였다. 송고병은 소나무 속껍질을 벗겨내어 잿물에 삶아 여러 번 찧은 다음, 찹쌀가루와 꿀을 넣어 반죽하여 만든 떡이다. 다른 말로 송고떡, 혹은 송기떡이라고도 하는데, 약과나 약밥보다 물자가 적게 들고 만드는 법도 쉬워서 항간에서 잔치음식으로 많이 사용되었다. 그러므로 약과와 약밥이 지배층의 음식이라면, 송고병은 일반 백성의 음식이라 할 것이다(『사외이문』).

분류 : 음식
색인어 : 약밥, 약과(藥果), 유밀과(油蜜果), 밀, 꿀, 기름, 송고병(松膏餠), 송고떡, 송기떡
참고문헌 : 이수광 저, 남만성 역, 『지봉유설』(을유문화사, 1978); 문일평, 『사외이문』(신구문화사, 1976)
필자 : 양미경

오성유밀과(1681년)

왕이나 왕세자의 혼례에서 빈(신부)의 부모에게 보내는 예물 중에는 유밀과라는 과자가 있다. 유밀과란 밀가루에 기름과 꿀을 섞어 반죽한 것을 기름에 지져 꿀

에 집청한 과자를 말하며, 약과는 이에 속하는 대표적인 과자이다.

1681년(숙종 7) 숙종(肅宗: 재위 1674-1720)은 삼간택을 거쳐 여양부원군(驪陽府院君) 민유중(閔維重: 1630-1687)의 딸 즉 인현왕후 민씨(仁顯王后 閔氏: 1667-1701)를 세자빈으로 맞아들인다. 그해 4월 13일 납채(納采), 일주일 뒤 4월 20일에는 납징(納徵) 즉 신랑집에서 신부집에 예물을 보내어 혼약(婚約)의 성립을 증거하는 예식을 하였다.

납징 하루 전날 인현왕후 민씨의 부모에게 예물로 음식과 술, 비단, 종이 등이 보내졌다. 예물은 생저(生猪) 4구(口), 생양(生羊) 4구, 청주(淸酒) 80병(瓶), 오성유밀과(五星油蜜果) 5반(盤)을 비롯하여 황염주(黃染紬)·홍염주(紅染紬) 각 5필(疋), 백면주(白綿紬) 10필, 초주지(草注紙)·저주지(楮注紙) 각각 25권(卷) 등이었다.

오성유밀과(五星油蜜果)는 다섯 개의 별처럼 조화를 이룬 다섯 가지의 유밀과를 의미한다. 숙종의 가례 때 오성유밀과는 대약과(大藥果), 홍료화(紅蓼花), 백료화(白蓼花), 행인과(杏仁果), 양면과(兩面果) 각각 1반(盤)으로 갖추어졌다.

대약과는 큰 약과를 말하며 밀가루에 참기름과 꿀을 넣고 반죽하여 기름에 지져 사탕을 녹여 집청한 과자이다. 백료화는 밀가루 반죽을 기름에 지져 꿀 발라 세건반을 묻힌 과자이며, 홍료화는 지초에 기름을 걸러 붉은색이 나는 기름에 지진 것이다. 행인과는 밀가루를 꿀로 반죽하여 행인(살구씨) 모양으로 만들어 잣가루를 뿌린 과자로 추정된다. 양면과는 밀가루에 꿀을 넣어 반죽하여 네모지게 썰어 기름에 지져 잣가루를 뿌린 과자로 여겨진다.

거의 대부분 왕이나 왕세자의 가례에 쓰인 오성유밀과의 구성내용은 비슷했으나 1627년(인조 5) 소현세자(昭顯世子: 1612-1645)의 가례 때는 달랐다. 세자빈 부모께 보낸 오성유밀과는 적미자(赤味子) 2그릇, 백미자(白味子) 2그릇, 절육(折肉) 5그릇, 잣[栢子]·대추[大棗]·황율(黃栗: 말린 밤)·비자(榧子) 각 1그릇씩이었다.

분류 : 음식
색인어 : 오성유밀과, 유밀과, 약과, 궁중 혼례, 예물음식
참고문헌 : 『[숙종인현후]가례도감의궤([肅宗仁顯后]嘉禮都監儀軌)』; 『[소현세자]가례도감의궤([昭顯世子]嘉禮都監儀軌)』; 황혜성 공저, 『한국음식대관 6권-궁중의 식생활』(한국문화재단, 1997)
필자 : 이소영

유밀과(『용재총화』)

새로 급제해 삼관(三館: 홍문관, 예문관, 교서관)에 처음 들어온 사람을 선배들이 괴롭히고 모욕을 준다. 이는 한편으로 존비(尊卑)의 순서를 보이기 위해서이고, 한편으로 신진의 교만한 기세를 꺾기 위해서이다. 예문관이 특히 심했다. 신래(新來: 새로 들어온 신참)가 처음 관직에 임명되어 주연을 베푸는 것을 '허참(許參)', 50일이 지난 뒤에 주연을 베푸는 것을 '면신(免新)', 그 사이에 주연을 베푸는 것을 가리켜 '중일연(中日宴)'이라고 했다. 주연을 할 때마다 신래에게 진수성찬을 요구했는데, 신래의 집에서 하기도 하고 다른 곳에서 하기도 했으며, 반드시 어두워진 다음에야 왔다. 춘추관과 여러 겸관(兼官)을 초청해 전례에 따라 주연을 베풀어 대접하고, 한밤중이 되어 손님들이 가면 다시 선배들을 초청해 자리를 마련하는데 유밀과를 쓰고 성대하게 차리기에 더욱 힘썼다.

상관장(上官長)과는 마주 앉지 않고 봉교(奉敎) 이하는 여러 선배들과 더불어 사이사이에 앉았다. 한 사람이 기녀 한 명씩을 끼고 상관장은 기녀 둘을 끼고 앉는데, 이름하여 '좌우보처(左右補處)'라고 했다. 아랫사람부터 윗사람으로 각자 순서대로 술잔을 돌리고 차례대로 일어나 춤추는데 혼자 춤을 추면 벌주를 먹였다. 새벽이 되어 상관장이 주연에서 일어나면 참석한 자들 모두 박수를 치고 춤추면서 「한림별곡」을 불렀는데, 그럴 때면 맑은 노래와 매미 소리 사이에 개구리 소리가 섞여들기도 했다. 동이 트면 흩어져 갔다.

위 글은 성현(成俔: 1439-1504)의 『용재총화』에 실려 있는 것이다. 위의 내용은 관직 생활 신참의 신고식

661

관행을 기록한 것으로서, 이러한 내용을 자유로운 문체로 기술한 것을 '필기(筆記)'라고 한다.

신참들은 고참이나 상관장들에게 술상, 음식상을 극진하게 대접해야 하는데, 그때 음식 또는 안주로 '유밀과(油蜜菓)'를 애용했던 것으로 보인다. 서거정(徐居正: 1420-1488)도 그의 『필원잡기』에서, 사간원의 서리들이 근무 중인 관원들에게 유밀과 상을 풍성하게 차려 받드는 일이 관행이었다고 기록하였다. '유밀과'는 우리나라 전통 과자의 하나로서, 밀가루나 찹쌀가루를 반죽하여 과줄판에 찍어 내거나 적당한 모양으로 빚어 기름에 튀겨낸 다음 꿀이나 조청을 듬뿍 먹이거나 발라서 만든다. 약과, 다식과, 타래과, 강정 따위가 있다.

분류 : 문학
색인어 : 유밀과, 성현, 용재총화, 필원잡기
참고문헌 : 성현 저, 김남이·전지원 외 역, 『용재총화』(휴머니스트, 2015)
필자 : 차충환

유밀과(1489년 상례)

유밀과는 밀가루를 꿀과 참기름으로 반죽하여 기름에 지진 후 꿀에 넣어서 완성시키는 음식이다. 『고려사절요(高麗史節要)』에선 이미 1192년 고려 명종 때 사치스러운 사회 분위기를 바로잡기 위해 공사(公私)를 가리지 않고 잔치를 치를 때 유밀과 대신에 과일을 올리라는 명령을 할 만큼 유밀과는 매우 귀한 음식을 대표하였다.

『성종실록(成宗實錄)』에는 유밀과와 관련한 성종과 신하들의 대화가 기록되어 있다. 1489년 성종이 신하들과 경연을 끝낸 후 당시 대사헌이었던 송영(宋瑛: 미상-1495)을 중심으로 여러 신하들과 성종이 여러 가지 사안들에 대해 논의를 했다. 이날 송영이 전라도·경상도에서 상장례식을 너무 화려하고 성대하게 지내고 있어서 백성 중 가난한 집에서는 상장례식 비용을 마련할 수 없어 장례를 치르지 못하기까지 한다고 문제를 지적하면서 이러한 상장례식들을 모두 금지시켜야 한다고 했다.

그러면서 특히 상례식의 절차 중 시신을 무덤까지 운구하기 전날 큰 장막을 치고 시신을 넣은 관을 장막 뒤에 놓은 뒤 큰 제사상을 차린 후 승려와 일반인들을 모두 모이게 하여 여러 놀이를 즐기고 밤새도록 술을 마시며 노래하고 춤을 춘다고 했다. 이때 제사상 위에는 유밀과를 성대하게 차려놓는 것도 전라도와 경상도 상례식의 문제 중 하나라고 말했다.

이러한 송영의 보고에 성종이 주변의 신하들에게 다시 물으니 특진관(特進官) 성숙(成俶: ?-?)이 자신이 경상도의 감사(監司)로 있을 때 장례식을 성대하게 치르지 못하도록 금지시켰는데 이때 장례식을 성대하게 하는 이들은 변방으로 이주시키는 형벌을 줬고 결국 혁파되었다고 말했고 성종은 성숙의 결정이 타당했다고 하면서 송영의 의견을 옳은 의견이라고 말했다.

『음식디미방』에는 유밀과류의 음식으로 약과, 중배끼[中朴桂] 등이 나오는데 약과 만드는 법을 살펴보면 다음과 같다. 우선 밀가루 한 말에 꿀 두 되, 기름 다섯 홉, 술 세 홉과 끓인 물 세 홉을 합하여 물렁하게 반죽한 뒤, 물엿 한 되에 물 한 홉 반만 타서 묻히라고 나온다. 그리고 중배끼의 경우엔 가루 한 말에 꿀 한 되, 기름 한 홉, 끓인 물 한 홉을 합하여 미지근하게 하여 만들라고 기록되어 있다.

분류 : 음식
색인어 : 유밀과, 장례식, 경상도, 전라도, 약과, 송영, 성종, 제사상, 성숙
참고문헌 : 『성종실록』; 안동 장씨, 『음식디미방』
필자 : 이민재

약밥

정월 대보름은 보름 가운데 달이 가장 큰 보름이다. 사람들은 정월 대보름을 상원(上元)이라 부르며 매우 특별하게 생각했고, 맛있는 음식을 해 먹으며 한 해의 연운을 점치거나 달에 소원을 빌었다. 그중에서도 약밥은 정월 대보름에 빠져서는 안 될 절식(節食)이었다. 약밥은 찹쌀에 참기름, 꿀, 간장, 대추, 밤, 잣 등을 넣고 쪄서 익힌 음식으로, 좋은 재료가 들어갔다고 하

여 약반(藥飯), 약식(藥食)이라 하였고, 또 꿀을 넣은 밥이라 하여 꿀반, 밀반(蜜飯)으로도 불렸다(김매순,『열양세시기(洌陽歲時記)』).

그런데 이 약밥에는 신라 소지왕과 관련된 전설이 전해진다. 고려후기의 승려 일연(一然: 1206-1289)이 쓴 『삼국유사(三國遺事)』를 보면, 소지왕이 재위 10년 되던 해 정월 대보름에 왕이 천천사(千泉寺, 혹은 옥천(玉泉)이라고도 함)라고 하는 곳으로 행차를 나갔는데, 까마귀가 왕에게 역모(逆謀)가 있을 것을 미리 알려주어 위험을 피했다고 한다. 그 후 신라에서는 보은의 뜻으로 정월 대보름을 '까마귀 제삿날'이라 칭하고, 이 날엔 특별히 약밥을 지어 까마귀에게 제사를 지냈다고 한다(『경도잡지(京都雜誌)』;『동국세시기(東國歲時記)』).

이 때문에 일부 사람들은 약밥이 신라에서 발생한 고유의 토착 풍속이라고 믿었다. 그들이 이런 생각을 하게 된 데에는 약밥을 접한 중국인들의 태도도 한몫했던 것 같다. 김매순(金邁淳: 1776-1840)은 역관에게 들은 이야기를 『열양세시기』에 다음과 같이 기록하였다. 우리나라 사신이 연경에 갔을 때 정월 대보름날 요리사를 시켜 약밥을 만들게 했는데, 이를 맛본 연경의 귀인들이 크게 기뻐하며 칭찬을 아끼지 않았다. 그래서 중국인들에게 약밥 만드는 법을 알려주었지만 그들은 약밥을 잘 만들지 못했다고 한다. 이러한 이야기를 전하며 김매순은 중국에는 약밥이 없으니, 약밥이 우리나라의 토착 풍속에서 유래한 것이 아닐까 하는 소견을 보였다. 하지만 그는 당나라 위거원(韋巨源)이 쓴 『식보(食譜)』라는 문헌에 '유화명주(油畵明珠)'라고 하는 '기름밥'에 대한 기록이 있는 것으로 볼 때, 원래 중국음식이었던 약밥이 우리나라에 전해져 신라시대부터 시작된 것이 아닐까 하는 추측을 덧붙였다.

최남선(崔南善: 1890-1957) 또한 『조선상식문답(朝鮮常識問答)』에서 김매순과 비슷한 견해를 내비쳤다. 그는 해가 바뀐 뒤 밥을 해서 까마귀에게 먹이는 풍속은 조선뿐 아니라 만주 등지에서도 행해지고, 또

중국에 여덟 가지 과실을 사탕에 볶아 찰밥에 섞어 먹는 '팔보반(八寶飯)'이라는 음식이 있으므로, 약밥이 꼭 조선만의 것은 아니라고 하였다. 그리고 후세에 와서는 까마귀 먹이는 풍속이 아예 사라지고, 대신 정초에 약밥 장수가 서울에 떼 지어 다니는 것을 보면, "약밥이 까마귀를 위하는 것이 아니라 실상 사람을 위하던 것"이라고 덧붙이고 있다.

약밥의 유래가 어떻든 간에, 약밥은 평소엔 먹기 힘든 진귀한 음식이었음에는 분명해 보인다. 오죽하면 '약(藥)' 자를 써서 약밥이라 하였을까? 근대시기의 서울 풍속도를 적은 『서울잡학사전』에서 조풍연(趙豊衍: 1914-1991)은 약밥을 만들 때 들어가는 재료가 매우 비싼 것들뿐이어서 설날이나 정월 대보름, 그리고 큰 잔치가 있을 때 먹을 수 있는 고급음식이라고 하였다. 약밥을 만드는 기술 또한 매우 까다로운데, 특히 중탕할 때의 온도와 시간 조절이 매우 중요하다고 했다. 그래서 솜씨 좋게 약밥 잘 만들 줄 아는 사람은 잔칫집에 뽑혀 다닌다고 하였다.

분류 : 음식
색인어 : 상원 절식, 밥, 꿀, 참기름, 경도잡지, 열양세시기, 동국세시기
참고문헌 : 일연 저, 김원중 역,『삼국유사』(민음사, 2008); 유득공 저, 최대림 역,『경도잡지』(홍신문화사, 2006); 김매순 저, 최대림 역,『열양세시기』(홍신문화사, 2006); 홍석모 저, 최대림 역,『동국세시기』(홍신문화사, 2006); 최남선,『조선상식문답』(동명사, 1946); 조풍연,『서울잡학사전』(정동출판사, 1989)
필자 : 양미경

약식(『규합총서』)

약식은 찹쌀과 밤, 대추를 섞어 꿀, 참기름, 간장으로 양념하여 찐 것으로 현재는 떡으로 분류되나『규합총서(閨閣叢書)』(1809)의 약식은 떡이 아닌 밥의 한 종류로 구분된다.

조리법을 살펴보면 찹쌀, 대추, 밤을 각각 한 말(18리터)씩 준비한다. 대추는 씨를 발라내고 서너 조각으로 자르고 밤도 세 조각으로 자른다. 쌀은 너무 오래 불리지 말고 반나절 정도만 불린다. 찔 때도 너무 푹 찌지 않는다. 찐 찹쌀에 대추, 밤, 꿀, 참기름, 진한 간장을 섞어 시루에 안힌다. 이때 밤과 대추를 남겼다가

663

사이사이에 뿌린다. 찹쌀가루를 위에 덮으면 약식의 색이 고루 검붉게 된다. 대추씨 삶은 물을 써도 좋지만 약식이 너무 질어질 수 있고 건시는 떫은맛이 나기 때문에 피하는 것이 좋다.

『시의전서(是議全書)』(1800년대 후반)에 소개되어 있는 약식 재료는 『규합총서』와 약간 다르다. 다른 재료는 비슷하지만 메밀과 조청, 통잣이 들어가며,『규합총서』에서 약식이 질어진다고 언급한 대추씨 삶은 물을 사용하였다. 여기서 말한 대추씨 삶은 물은 약식에 들어갈 대추의 살을 발라내고 남은 것을 끓여 거른 것으로 대추씨에 대추의 과육이 남아 있는 상태이기 때문에 단맛과 대추향이 난다.『규곤요람(閨壺要覽)』(1800년대)에서는 약식을 만들 때 팥 삶은 물을 사용한다고 하였으며 『반찬등속』에서는 『규합총서』에서 약식에 사용하면 떫은맛이 난다고 했던 곶감과 함께 생강을 사용하였다.

일제 강점기와 그 이후에 발행된 요리책에서는 약밥에 설탕이 사용된다.『조선요리법(朝鮮料理法: 1939)』은 황설탕이,『조선요리학(朝鮮料理學: 1940)』에는 흑설탕이 사용되었다.

분류 : 음식
색인어 : 규합총서, 약밥, 약식, 설탕, 조선요리법, 조선요리학, 규곤요람, 시의전서, 반찬등속
참고문헌 : 빙허각 이씨 저, 이민수 역,『규합총서』(기린원, 1988); 빙허각 이씨 저, 정양완 역,『규합총서』(보진재, 2008); 이효지 외,『시의전서(우리음식 지킴이가 재현한 조선시대 조상의 손맛)』(신광출판사, 2004); 작자 미상,『규곤요람』; 조자호,『조선요리법』(광한서림, 1939); 홍선표,『조선요리학』(조광사, 1940)
필자 : 서모란

점반(이색)

아교 같은 찹쌀밥을 둥글게 뭉쳐
꿀로 버무리면 빛깔이 알록달록
다시 밤 대추에 잣을 곁들이면
입안에서 달달한 맛을 돋워준다네
粘米如膠結作團 調來崖蜜色爛斑
更敎棗栗幷松子 助發恬甘齒舌間

*이색,「약밥(粘飯)」

고려 말의 문인 이색(李穡: 1328-1396)이 대보름날 약밥을 먹으면서 지은 칠언절구다. 이색은 본관이 한산(韓山)이고 자는 영숙(穎叔), 호는 목은(牧隱)이다. 정당문학(政堂文學), 판삼사사(判三司事) 등 최고의 직위를 지냈지만 이성계(李成桂) 일파와의 알력으로 인하여 정계에서 축출되어 유배지에서 죽었다. 삼라만상(參羅萬像)을 시에 담았다는 평가를 받은 대작가로, 특히 고려의 풍물을 시에 즐겨 담았다. 문집『목은고(牧隱藁)』가 전한다.

이색의 시대에도 지금처럼 찹쌀로 지은 밥에 꿀을 버무리고 여기에 대추, 밤, 잣 등을 곁들인 약밥을 해 먹었다. 약밥은 정월 대보름에 먹는 음식인데 찰밥과 간혹 혼동되기도 한다. 이색의 시는 제목이 찰밥이지만 내용으로 보면 둥글게 만든 약밥이다. 또 이색이「2월 1일 둘째아들네에서 찰밥을 보내오기에[二月一日二郞家饋粘飯]」라는 제목에서 "자르르한 찹쌀밥에 석밀을 섞고, 여기에 잣과 밤과 대추를 곁들여서, 도성 안 여러 집에 받들어 보낼 때, 새벽빛 싸늘한데 까마귀는 날갯짓 하네[粘米如脂石蜜和 更敎松栗棗交加 千門萬戶擎相送 曙色蒼涼欲起鴉]."라 한 것을 보면 찰밥이 아니라 약밥처럼 보인다. 또 음력 2월 초하루에도 약밥을 먹었음을 확인할 수 있다.

약밥은 한자로 약반(藥飯) 혹은 향반(香飯)이라고 한다. 중국인들이 약밥을 좋아하여 고려반(高麗飯)이라 불렀다는 기록이 허균(許筠: 1569-1618)의 음식에 대한 저술『도문대작(屠門大嚼)』에 보인다. 조선 초기 성현(成俔: 1439-1504)이『용재총화(慵齋叢話)』에 약밥을 두고, 찹쌀로 밥을 지은 다음 곶감과 밤, 대추, 고사리, 버섯 등과 함께 꿀과 간장을 섞어 다시 찐 뒤 여기에 잣과 호두를 드문드문 박는다고 하였는데 이색의 작품과 달리 꿀 대신 간장을 넣었고 좀 더 여러 가지 과일을 넣었다. 성현이 지은「약밥[香飯]」이라는 시에서는 "기름 바른 듯 하얗게 반들반들 연유처럼 부드러운데, 갖은 과일 쪼개서 넣고 꿀에다 저려서, 가마솥에 쪄내니 향기가 물씬한데, 해마다 보름이면 까마귀 제사 지낸다네[白粲流膏酥餌滑 碎分諸果漬崖

蜜 烝之翠釜香浮浮 年年飼鴉十五日].”라 하였다.

약밥은 신라시대 이래 생겨난 음식인데 까마귀가 자주 등장한다. 이색의 「적성의 유 판사가 약밥을 보내왔기에[赤城兪判事送藥飯]」에서는 “까마귀 울기 전 향긋한 약밥을 쪄서, 집집마다 보내는 것은 인정에 합당한 일, 적막한 시골마을 어느새 대보름인가, 약밥을 씹노라니 벗의 깊은 마음 잘 알겠네[秋飯蒸香鴉未鳴 家家相送當人情 窮村寂寞驚佳節 咀嚼深知舊故情].”라 하였다. 약밥은 신라 소지왕(炤知王)이 정월 15일에 까마귀의 도움으로 암살 위기를 넘겨 이 은혜에 보답하기 위해 약밥을 지어 까마귀에게 먹인 데서 유래한 음식이다.

분류 : 문학
색인어 : 약밥, 찰밥, 이색, 성현, 허균
참고문헌 : 이색, 『목은고』; 허균, 『성소부부고』; 성현, 『용재총화』; 성현, 『허백당집』
필자 : 이종묵

찰밥(『삼국유사』)

제21대 비처왕(毗處王, 소지왕(炤知王)이라고도 함)이 즉위한 지 10년 무진년에 천천정(天泉亭)에 행차했다. 그때 까마귀와 쥐가 와서 울었는데 쥐가 사람의 말을 했다.

“이 까마귀가 가는 곳을 찾아가라.”

왕은 기병에게 명령하여 뒤따르게 했다. 남쪽의 피촌(避村)에 이르렀을 때 돼지 두 마리가 서로 싸우고 있었다. 기병들은 멈춰 서서 이 모습을 구경하다가 까마귀가 간 곳을 잃어버리고 길에서 배회하고 있었다. 이때 한 노인이 연못에서 나와 글을 바쳤다. 그 겉봉에 이렇게 쓰여 있었다.

“뜯어보면 두 사람이 죽고 뜯어보지 않으면 한 사람이 죽을 것이다.”

사신이 와서 글을 바치니 왕이 말했다.

“두 사람이 죽는 것보다 뜯어보지 않고 한 사람이 죽는 것이 낫다.”

일관(日官)이 아뢰었다.

“두 사람이란 일반 백성이요, 한 사람이란 왕을 말하는 것입니다.”

왕이 그 말을 옳게 여겨 뜯어보니 이렇게 쓰여 있었다.

“거문고 갑을 쏴라.”

왕은 궁궐로 돌아와 거문고 갑을 쏘았다. 그 속에서는 내전에서 분향 수도하는 승려와 비빈이 은밀히 간통을 저지르고 있었다. 그래서 두 사람은 주살되었다. 이때부터 나라 풍속에 매년 정월 초에는 모든 일에 조심하여 함부로 행동하지 않게 되었다. 그리고 15일을 오기일(烏忌日)로 하여 찰밥으로 제사를 지냈는데, 이 풍속은 지금까지도 민간에서 행해지고 있다.

위의 이야기는 「사금갑(射琴匣)」(거문고 갑을 쏘다)이란 제목으로 『삼국유사』에 실려 있는 것이다. 위의 내용 중 '오기일'은 '까마귀를 꺼리는 날'이란 뜻인데, 정월 보름을 오기일로 정하고, 이때 까마귀에게 찰밥으로 제사 지내는 풍속이 그 후로 계속 이어졌다.

성현(成俔: 1439-1504)은 그의 『용재총화』에서 위의 「사금갑」 이야기를 거의 그대로 싣고, 말미에 “임금이 까마귀의 은혜를 고맙게 여겨 해마다 정월 15일에 향반(香飯)을 만들어 까마귀에게 주었다. 지금까지도 이를 그대로 따라해 향반은 명절에 먹는 좋은 음식이 되었다. 향반 만드는 법을 보면, 먼저 찹쌀을 씻어 쪄서 밥을 짓는다. 거기에 곶감, 삶은 밤, 대추, 마른 고사리, 싸리버섯 등을 가늘게 썰어서 꿀과 간장을 섞어 찐 뒤 다시 잣과 호두를 넣어 만든다. 맛이 매우 좋아서 이를 약밥이라고 한다. 속언에 '약밥은 까마귀가 일어나기 전에 먹어야 한다'라고 했으니 대개 천천정의 고사에서 유래한 것이다.”라고 기록하고 있다(성현 저, 김남이·전지원 외 역, 『용재총화』, 휴머니스트, 2015, 102쪽). 여기에 기록된 '향반'이 곧 찰밥이다.

분류 : 문학
색인어 : 찰밥, 향반, 삼국유사, 용재총화
참고문헌 : 일연 저, 김원중 역, 『삼국유사』(민음사, 2007)
필자 : 차충환

양로연

양로연은 조선시대 유학의 가장 중요한 덕목 중 하나였던 효(孝)를 왕실에서 직접 실천한 행사였다. 보통 '기로(耆老)'는 노인을 가리키지만, 구체적으로 기(耆)는 70세를, 노(老)는 80세를 가리킨다. 조선왕실에서는 70세 이상의 전직 관료들을 보살피는 기로소(耆老所)를 설치하여 양로(養老) 정책을 펼쳤다. 홍경모(洪敬謨: 1774-1851)가 지은 『기사지(耆社志)』에는 일년 중의 명절과 왕의 탄신일 등에 기로소 소속 기신(耆臣)들에게 보내는 물품이 정리되어 있다. 왕실은 물론이고 관찰사도 매년 계추(季秋: 음력 9월)가 되면 80세 이상의 문관·무관·생원·진사 등과 적자손이 없는 첨자손, 장손으로 아버지와 할아버지를 대신하여 조상의 제사를 받드는 자들이 대상이었다. 부인들에게는 왕비가 내전에서 잔치를 베풀었다.

분류 : 의례
색인어 : 국화주, 김홍도
참고문헌 : 『기사지(耆社志)』
필자 : 주영하

기로소 그림(숙종)

이 그림은 숙종 임금이 기로소(耆老所)에 들어간 것을 축하하기 위하여 1719년(숙종 45) 4월 18일 경현당(景賢堂)에서 베푼 친림 사연(賜宴)의 내용을 담은 그림으로 『기해기사계첩(己亥耆社契帖)』 중 한 장면이다. 숙종(肅宗: 재위 1674-1720)은 59세가 되는 1719년에 기로소에 들어갔다. 기로소란 조선시대에 나이 많은 임금이나 실직(實職)에 있는 70세 이상, 정2품 이상의 문관을 예우하기 위하여 마련한 일종의 경로소(敬老所)이다. 여기에 들어가는 사람에게는 그의 초상을 걸어두고 전토(田土)와 노비가 하사되었다. 역대 왕 가운데에는 태조·숙종·영조·고종만이 기로소에 들어갔다.

숙종의 기로소 입소를 축하하기 위해 1719년 9월 28일 경희궁 편전인 경현당에서 진연이 베풀어졌다. 이날 전하와 왕세자에게 과상(果床: 찬안상에 해당), 별

김진여 등, 『기해기사계첩』 중 「경현당석연도」, 52×72cm, 1719-1720년, 국립중앙박물관

행과(別行果), 오미수(五味藪), 만두, 진염수, 소선(小膳), 대선(大膳)을 차리고, 약과 일곱 되[升]에 상화(床花)로 수파련(水波蓮) 한 개를 꽂아 올린 소반과 대육(大肉) 한 근씩 차린 외선상(外宣床)이 140상, 약과 다섯 되에 수파련 한 개를 꽂아 올린 소반과 대육(大肉) 한 근씩을 차린 외선상 50상, 약과 세 되를 올린 시위 별선상(侍衛別宣床) 35상, 약과 한 되를 올린 지차상(之次床) 37상이 차려졌고, 그 밖에 군병(軍兵) 등 1,179명에게는 술과 안주를 나누어주는 예에 따라 호궤(犒饋)하였다.

그림 속 장면에서는 소반 위에 음식들이 간략하게 표시되어 있다. 편전 앞에 술을 담은 커다란 청화백자용준과 가화를 꽂은 청화백자 주준이 의례의 축하 분위기를 돋우고 있다.

분류 : 미술
색인어 : 기로소, 숙종, 소반, 청화백자용준, 주준, 가화
참고문헌 : 『기해기사계첩』(1719); 『숙종실록(肅宗實錄)』; 『진연의궤(進宴儀軌)』(1744); 『진연의궤(進宴儀軌)』(1779); 한식문화재단, 한식아카이브 DB; 박정혜, 『조선시대 궁중 기록화 연구』(일지사, 2000); 한국학중앙연구원, 『조선 후기 궁중연향문화 1』(민속원, 2003)
필자 : 구혜인

양로연(1795년)

정조(正祖: 재위 1776-1800)는 1795년(정조 19) 윤2월 어머니 혜경궁 홍씨의 회갑을 맞아 두 여동생과 함께 화성행궁을 행차하였다. 봉수당에서 혜경궁의 회갑연을 베풀고 그 다음날 정조는 화성의 노인과 한양에서부터 동행한 관료들을 위로하기 위한 경로잔치인

양로연(養老宴)을 화성행궁 내 낙남헌(洛南軒)에서 베풀었다. 양로연은 노인 공경을 위해 매년 정기적으로 행하였으며, 조선시대에 실시된 기로 정책 중 가장 중요한 행사 중 하나이다.

이날 연회에는 영의정 홍낙성을 비롯한 연로한 관료들과 화성에 살고 있는 전직 관료, 현지 어르신 384명이 초대받았다.

양로연에 참석한 모든 사람들에게 음식을 올렸다. 정조에게는 붉은 칠을 한 구름무늬가 있고 다리가 달린 상[朱漆雲足盤]에 두부탕[豆泡湯] 1그릇, 편육[片肉] 1그릇, 검은콩찜[黑太蒸] 1그릇, 실과(實果: 배·말린 감·밤) 1그릇을 각각 사기그릇에 담아 차렸다. 나머지 노인들에게는 싸리나무로 엮어서 만든 뉴반(杻盤)에 정조에게 올린 음식과 동일한 음식을 올렸다. 노인상은 425상이었다. 정조와 노인이 받은 음식은 신분의 차이를 두지 않았다.

정조는 연회가 끝날 무렵 화성부에 거주하나 잔치에 참석하지 못한 노인을 파악하여 모두 초청할 것이며, 밖에서 구경하는 사람들 가운데 만약 노인이 있으면 모두 술과 음식을 나누어 먹일 것을 명하였다. 그러자 진행관료는 구경하는 노인들에게 음식상 4개를 가지고 나가 음식을 나누어주었다. 이때 모두 일어나 천세(千歲)를 부르고 춤을 추었다.

정조는 참석한 노인들에게 백화주(白禾紬), 황목주(黃木紬) 등의 비단과 명아주 줄기로 만든 지팡이[靑藜杖]를 선물로 내렸다.

분류 : 의례
색인어 : 양로연, 정조, 원행을묘정리의궤, 양로연상, 노인상
참고문헌 : 『원행을묘정리의궤(園幸乙卯整理儀軌)』; 한영우 저, 『정조의 화성행차 그 8일(왕조 기록문화의 꽃, 의궤)』(효형출판, 1998); 김상보·한식재단 저, 『화폭에 담긴 한식(조선시대 풍속화에 그려진 우리 음식)』(한림출판사, 2015)
필자 : 이소영

양로연도(1795년)

1795년(정조 19)는 정조(正祖: 재위 1776-1800)의 아버지인 사도세자와 어머니 혜경궁 홍씨의 회갑이 되는 해였다. 정조는 이 해 봄날인 윤2월 9일부터 16일까지 혜경궁을 모시고 화성에 행차하여 사도세자의 묘인 현륭원(顯隆園)에 참배하였다. 윤2월 13일에는 봉수당에서 혜경궁(惠慶宮: 1735-1815)을 모시고 회갑연을 올렸고, 다음날인 윤2월 14일 낙남헌에서 양로연을 열었다. 낙남헌은 수원행궁의 부속건물이다. 낙은 즐길 락(樂)과 동음이니, 낙남헌은 남쪽에 있는 풍류를 열어 즐기는 곳이라는 뜻이다. 이날 정조는 낙남헌에 친림하여 양로연을 열었다. 화성능행도병(華

최득현 등, 「낙남헌양로연」, 『화성능행도병』, 각 151.2×65.7cm, 비단에 채색, 1795년, 국립중앙박물관

城陵幸圖屛) 중 「낙남헌양로연(洛南軒養老宴)」은 정조의 화성능행을 그린 8폭의 화성능행도병 중 한 폭에 해당한다. 「낙남헌양로연」은 국가 의식으로 치러진 양로연 중 직접 왕이 친림한 양로연의 모습을 알 수 있는 사례로 가치가 있다.

「낙남헌양로연」은 다른 궁중기록화들과 마찬가지로 정조의 모습은 그려지지 않고 왕이 앉았던 좌석이 왕의 참석을 암시하고 있다. 이날에 초대받은 이들은 능행을 수행한 노대신(老大臣) 15명을 비롯하여 관직자를 비롯하여 화성에 살고 있는 70세 이상의 전직관료와 61세의 벼슬아치, 80세 이상과 61세의 사족(士族) 그리고 서인(庶人) 등 총 384명이다. 특히 을묘생인 61세의 평민과 서민을 초대한 것은 혜경궁 홍씨의 회갑을 기념한다는 의미이다.

잔치음식은 「여민락만(與民樂慢)」이 연주되는 가운데 양로연에 참석한 모든 사람들에게 올려졌다. 임금에게는 붉은 칠한 운족반(雲足盤)에 두포탕(豆泡湯) 1기, 편육(片肉) 1기, 흑태증(黑太蒸) 1기, 실과(實果; 배·건시·밤) 1기가 담긴 자기(磁器) 4기를 차렸고, 나머지 노인들에게는 싸리나무로 엮어서 만든 축반(杻盤)에 임금에게 올리는 음식과 마찬가지의 찬품인 두포탕 1기, 편육 1기, 흑태증 1기, 실과 1기가 담긴 자기 4기를 차렸다. 이날 차려진 노인상은 총 425상이었다. 두포탕이란 연포탕(軟泡湯)이라고도 하는데 『동국세시기(東國歲時記)』에서 연포에 대해 설명하기를 두부를 잘게 썰어서 꽂이에 꿰서 기름에 지진 다음 닭고기와 함께 국을 만든다고 설명되어 있다. 두부로 만든 두포탕과 돼지고기로 만든 편육은 술안주로 보인다. 흑태증은 검은 대두찜으로 불로장생을 기원하고 악기(惡氣)를 물리치기 위해 차렸을 것으로 해석된다. 상을 올리고 난 뒤에는 임금과 노인들에게 꽃을 나누어주었고, 초대받은 모든 노인들이 머리에 꽃을 꽂았다. 이어 임금에게 6작의 술을 올리면서, 집사자들이 노인들 앞에 차려진 주탁의 술로 노인들에게 술을 나누어주었다. 이때 음악이 끊임없이 연주되어 경사의 분위기를 고취시켰다.

정조는 "내가 평소 술 마시는 것을 좋아하지 아니하나 오늘의 취함은 오로지 기쁨을 표하기 위한 것이니 경 등도 또한 흠뻑 취해야 할 것이다. (중략) 밖에서 구경하는 사람들 가운데 만약 노인이 있으면 모두 술과 음식을 나누어 먹일 것이다." 하였다. 이에 잔치에 초대받지 못하고 밖에서 구경하는 노인들에게도 찬안을 내어가 음식을 나누어주었다. 당시 정조의 정교는 이러하다. "본부에 집을 짓고 사는 노인들 중 호적이 없어 양로연에 참석하지 못한 자들이 몇 사람인가? 유수로 하여금 의장대(儀仗隊) 밖에 불러들이도록 하고 비록 구경하는 사람 중에도 노인이 있거든 어디서 왔는지, 나이가 몇인지를 묻지도 말고 온 자들에게 모두 술과 고기를 나누어주도록 하라."고 하니, 이에 노인들이 모두 일어나 천세(千歲)를 부르며 춤을 추었다고 당시의 분위기를 전하고 있다.

이후 잔치가 끝나고 집사자가 상을 치우면(撤饌) 노인들은 나누어준 청색 보자기에 남은 음식을 쌌다. 음악이 연주되는 가운데 임금에게 절을 하고, 임금이 안으로 들어가면 노인들은 관리의 인솔을 받아 집으로 평화로이 돌아갔다.

분류 : 미술
색인어 : 양로연, 원행을묘정리의궤, 정조, 혜경궁 홍씨
참고문헌 : 『원행을묘정리의궤(園幸乙卯整理儀軌)』; 『정조실록(正祖實錄)』; 『홍재전서(弘齋全書)』; 한식 아카이브; 박정혜 저, 『조선시대 궁중기록화 연구』(일지사, 2000); 『일성록』 1795년(정조 19) 윤2월 14일 기사
필자 : 구혜인

양파

양파는 외떡잎식물로 백합목 백합과의 두해살이 풀이다. 양파는 현재 한국정부에서 가격과 생산량 수급에 큰 관심과 정책을 시행하고 있을 만큼 중요한 채소 중 하나이다. 양파가 한반도로 도입된 시기는 19세기 말로 추정된다. 1905년 조사된 『한국토지농산 조사보고-경기도·충청도·강원도』 편에 따르면 인천 내 시장에서 나가사키산 양파를 1관(貫)에 27전, 홋카이도산 양파는 1관에 32전에 팔았다는 자료가 있다. 이를 통

해 적어도 한반도에 양파가 수입된 시기는 1905년 이전으로 추측할 수 있다(고바야시 후사지로·나카무라 히코 저, 농업진흥청 역, 2009).

양파의 명칭은 다양하고 변화도 많았다. 20세기 초 표기방식으로 보면 일본어 표기인 옥총(玉葱), 총두(葱頭) 그리고 다마네기로 많이 표기했다. 양파라는 표기도 등장하지만 식민지시기에는 일본어 표기가 좀 더 많이 쓰였다. 그 외에 파와 연관성을 고려하여 양파의 형태적 특징을 살린 둥근파 또는 서양에서 들여온 파라는 의미의 양총(洋葱) 등으로도 표기했다.

해방 이후 한국어를 '바르게' 쓰자는 취지에서 왜색(倭色)표현을 지양하는 운동이 정부·민간 가리지 않고 지속적으로 이뤄졌다. 그 가운데 양파를 뜻하는 다마네기도 대표적인 예로 자주 거론됐다. 〈동아일보〉 1972년 11월 21일 기사에 따르면 서울시 차원에서 시내 각 요식업소 메뉴와 그릇에 "왜색표시"를 한국어로 고쳐 쓰도록 지시하고 향후 강력한 지도를 한다고 공표했다. 그리고 요식업소에서 고쳐서 표기해야 하는 대표적인 예로 다마네기를 들면서 이를 양파로 수정하라고 지시했다고 한다. 하지만 1980년대까지 관련 신문 기사들을 보면 여전히 일상생활 속에서 다마네기라는 표현을 많이 쓰고 있고 이를 고치자고 주장하는 글들이 심심치 않게 등장한다.

한반도에서 양파 재배가 이른 시기 도입되었고 한국 내 양파 보급에 진원지와 같은 역할을 한 곳은 경상남도 창녕군 지역이다. 일본 내에서 재배하던 양파 품종이 창녕에 처음 도입된 시기는 1910년을 전후로 한 시기로 해방 이전에 시험적 재배가 이뤄졌으나 양파에 대한 수요가 적어 큰 성공을 거두지는 못했다. 창녕의 양파 재배가 본격화된 시기는 해방 이후로 마산·대구 등 도시 지역에서 양파에 대한 수요가 생겨나면서 양파 재배 역시 주수홍·조성국(曺星國: 1919-1993) 등을 중심으로 조금씩 활성화되었다.

조성국은 당시 농업학교 교사로서 1946년 마산에서 구해온 양파를 모구(母球)로 해서 양파 씨앗을 받기 위해 노력했다. 그도 그럴 것이 1946년 양파 씨앗을 구하기도 어려웠고 구한다고 해도 한 홉에 당시 쌀 2말 값으로 거래될 만큼 양파 씨앗이 비쌌다. 이 같은 씨앗 문제는 양파 재배에 큰 장애물이었고 씨앗을 채종할 수 있어야만 더 넓고 많이 양파를 재배할 수 있었다. 여러 번의 실패 끝에 조성국은 기름종이로 비가림막을 설치를 통해 양파 씨앗을 받는 데 성공한다(이종태, 2015).

창녕군 양파 재배에 또한 빠질 수 없는 인물이 바로 성재경이다. 성재경(成在慶: 1916-1980)은 창녕군 석리 출신으로 한국전쟁 이전에는 서울에서 출판사를 운영했지만 한국전쟁 이후 귀향하여 양파 재배에 처음 도전했다. 소위 "백면서생"이었던 그가 1952년 900평의 논에 양파를 심어 3,000관을 수확했는데 당시로서는 보리 390여 석에 달하는 가격이었다. 이 같은 성공에 다른 사람들도 크게 영향을 받아 양파 재배는 더욱 빠르게 창녕군 내에 보급되었다. 성재경은 여기서 멈추지 않고 창녕 내 농민조직인 경화회(耕和會)를 창설하고 1968년 창녕군 양파 협동조합을 설립하는 데 중심적 역할을 수행했다(내무부 행정과 진흥계, 1969).

물론 제주도, 무안군 일대에서도 식민지시기 이후 양파 재배가 도입되고 있었지만 1970년대까지 한국 최대 양파 생산지로 유명했던 곳은 창녕군이었다. 신문 지면상에도 이 같은 흐름이 반영되어 〈매일경제〉 1966년 8월 11일자 기사에는 창녕산이 가장 질이 좋다고 평하면서 서울에 들어오는 양파의 대부분이 창녕산이라는 내용의 기사가 등장했다. 창녕 양파에 대한 중앙정부의 관심도 뜨거워서 〈매일경제〉 1973년 10월 15일자 기사에는 농수산부가 창녕군을 양파단지로 조성, 기술 지원 및 행정지도를 강화하기로 했다며 창녕군 내 12개 단위 조합을 주축으로 참여 농가 2,200호를 주축으로 양파단지를 조성하고 1천 톤 이상을 일본 등지에 수출할 계획이라는 보도도 나왔다. 창녕 양파 재배가 활발해졌다는 이야기는 그만큼 한국 내 양파 수요가 폭발적으로 증가했다는 의미이고 양파가 요리에 다양한 방식으로 사용되었음을 의미한다. 우선 양파는 요리에서 주재료보다는 부재료로 많이 쓰이는 식재료 중 하나이지만 해방 이후 출판된 한식 관련 요리책 중에는 양파를 주재료로 하는 조리법들도 종종 등장한다.

대표적인 예가 1946년 출판된 『조선음식 만드는 법』에 소개된 "옥총전"이다. 이 요리는 큰 "둥근 양파" 2개를 "한 푼"에서 "한 푼 반" 두께로 써는데 꼬치로 꿴 상태로 썰어 마치 산적처럼 만든 후 밀가루를 묻히고 계란옷을 입혀 구워 먹는 요리이다. 1948년 출판된 『우리음식』도 양파를 주재료 한 "양파 통찜"을 소개하는데 이 요리는 양파 속을 파낸 후 양념한 고기를 넣어 간장과 물을 담은 냄비에서 찌는 요리이다. 이와 같이 양파는 도입·재배된 지 반세기 만에 한반도 식문화 속으로 점차 편입되었고 그 경향성은 앞서 본 양파 재배의 보급과 비슷하게 매우 폭발적으로 확산되어 양파 가격의 변화에 국가와 국민 모두 촉각을 곤두세울 만큼 한국에서 보편적 식재료가 되었다.

분류 : 식재료
색인어 : 파
참고문헌 : 「양파」, 〈매일경제〉 1966년 8월 11일; 「昌寧을 양파대地로 栽培면적 1천정보」, 〈매일경제〉 1973년 10월 15일; 내무부 행정과 진흥계, 「양파가 자라듯이-경남 창녕군 대지면 석리 성해경씨 모범 영농 사례」, 〈지방행정〉(1969); 이종태, 『양파-한살이부터 유기농·무경운 재배법까지』(들녘, 2015); 고바야시 후사지로·나카무라 히코 저, 농업진흥청 역, 『한국토지농산 조사보고-경기도·충청도·강원도』(농업진흥청, 2009).
필자 : 이민재

어란(숭어알과 민어알)

어란(魚卵)은 류우일(柳雨日)의 『물명찬(物名纂)』에 따르면 '어자(魚子)'라고도 했다. 어란은 간장이나 소금에 절인 생선의 알을 말려두었다가 썰어서 먹는 것인데, 재료가 귀한 만큼 부자가 아니면 먹기 어려운 최고급 음식이었다. 어란 중에서도 상등품으로 치는 것은 숭어 어란과 민어 어란이었고, 민어 어란보다는 숭어 어란이 더 최상품으로 거래되었다.

서유구(徐有榘: 1764-1845)는 『난호어목지(蘭湖漁牧志)』「어명고(魚名攷)」에서, 숭어는 4-5월에 알이 배에 가득 차는데, 알의 크기가 잘면서도 끈끈하고 미끄럽다. 이 알을 햇볕에 말리면 색깔이 호박(琥珀)과 같아서 부자와 귀인들에게 매우 귀한 식재료가 되는데, 민간에서는 '건란(乾卵)'이라고 한다고 했다. 또한 민어는 매년 한여름에 잡는데, 암놈에게는 알이 가득한 알집이 숭어처럼 두 개 있고 알은 끈적이지 않으며 소금에 절여 파는데 서울의 귀한 집의 좋은 반찬이 된다고 하였다(서유구 저, 이두순 평역, 2015: 28-29, 148쪽).

숭어 어란이 민어 어란보다 귀하게 취급된 것은 맛도 더 좋지만 숭어알의 크기가 작고 구할 수 있는 양도 훨씬 적었기 때문이다. 민어는 배를 갈라 알을 꺼낸 뒤 말려서 '암치'로 만들어 파는 일이 많아서, 알을 구하기도 쉽고 유통되는 양도 많았다.

어류학자 정문기(鄭文基: 1898-1995)가 1938년 7월 26일자 〈동아일보〉 「조선 담수산 명어(朝鮮淡水產名魚)」(三)에서 전국에서 잡히는 숭어 중 가장 진미로 꼽히는 것이 전라남도 영산강 어귀의 몽탄(夢灘)이며 그곳에서 제조하는 숭어 어란 역시 진상품으로 유명할 정도로 아주 진귀하게 여겨졌다고 했다. 이 때문에 서해에서 많이 잡히는 민어알로 만든 어란을 몽탄 부근으로 가져다가 숭어 어란과 섞어서 숭어 어란이라고 속여 파는 악덕 상인까지 등장하였다는 것이다. 그에 따르면, 숭어 어란과 민어 어란을 구별하는 방법은 의외로 쉬운데, 숭어 어란은 지방이 풍부하여 먹을 때 이빨 사이에 쉽게 달라붙는다고 한다.

홍선표(洪善杓: 1872-?) 역시 숭어 어란과 민어 어란을 구별하는 방법을 1937년 8월 5일자 〈동아일보〉 「마른 반찬에 귀물로 치는 어란(魚卵) 맨드는 법」에서 소개하였다. 숭어알은 민어알보다 값이 서너 배 정도 비싸지만, 상인들이 민어알을 숭어알이라고 속여 팔아도 일반인들은 육안으로 구별하기 쉽지 않은데, 잘 살펴보면 숭어알은 민어알보다 분자 알이 잘고 또렷하며 전체적인 빛깔이 약간 검은색이 들어 있다고 설명하였다.

어란은 흔히 시장에서 사 먹었지만, 집에서 만들기도 했다. 하지만 일제 강점기까지도 문헌에서 구체적인 조리법을 찾아보기는 어려웠고, 이에 홍선표는 예로부터 어란을 만들어 본 경험이 있는 강변의 노인들을 직접 불러다가 어란 제조법을 조사하였다. 그런 다음, 그 방법대로 4-5차례 어란을 직접 만들어보고 집에서도 어란이 잘 만들어진다는 것을 확인한 후에, 위의 1937년 8월 5일자 〈동아일보〉 기사에서 어란 제조법을 게재하였다. 그 방법은 다시 자신의 『조선요리학(朝鮮料理學)』에 실었는데, 내용을 정리하면 다음과 같다.

홍선표에 따르면, 어란은 그저 생선의 알을 말리기만 하면 쉽게 되는 줄 알지만, 어란을 만드는 일은 간단하면서도 상당히 까다로운 일이어서 자칫하면 만드는 도중에 알을 전부 버리는 일도 많다고 했다. 만들 때는 먼저 민어의 배에서 알을 꺼내는데, 황적색의 막낭에 아무 선이 없는 알이 어란을 만들기에 좋은 성란(成卵)이다. 알을 꺼내자마자 바로 소금에 절이는데, 알보다 소금을 더 많이 넣어 알이 보이지 않을 정도로 절여야 한다. 그대로 3-4일 두었다가 알이 단단하게 되면, 새벽에 그날 날씨를 보고 화창한 날을 골라서 본격적인 작업을 시작한다. 만약 그날 날이 흐려서 햇볕에 말릴 수 없으면 기껏 절였던 알이 모두 썩어버리므로, 날을 아주 잘 골라야 한다. 소금에 절인 알을 물에 담가 깨끗이 씻은 후 물에 네 시간가량 담가두었다가 다시 씻어서, 채판에서 이틀 동안 말리되 어란의 구멍이 아래로 향하도록 두어야 물이 빠지며 잘 마른다. 그런 다음 깨끗한 물에 1시간 정도 담갔다가 씻어서 이틀을 더 말리고, 또다시 물에 담갔다가 말리면 어란이 완성된다. 어란은 물에 여러 번 담갔다 말려야 자연스럽게 기름이 흐르고 윤기가 나는 어란이 되고, 짠맛도 잘 빠져서 너무 짜지 않은 어란이 된다고 한다.

분류 : 음식
색인어 : 숭어, 민어, 조선요리학
참고문헌 : 〈동아일보〉; 류우일, 『물명찬』; 홍선표, 『조선요리학』(조광사, 1940); 서유구 저, 이두순 평역, 강우규 도판, 『평역 난호어명고』(수산경제연구원BOOKS·블루&노트, 2015)
필자 : 김혜숙

어만두

오늘날 만두라고 하면 흔히 얇은 밀가루 반죽피에 고기나 채소를 다져 넣고 모양을 빚어 쪄낸 것을 떠올리기 쉽다. 하지만 조선시대에는 어만두(魚饅頭), 생치만두(生雉饅頭), 육만두(肉饅頭), 동과만두(冬果饅頭), 생합만두(生蛤饅頭) 등, 훨씬 더 다양한 만두가 존재했었다. 이들 만두의 공통점은 만두피가 매우 이채롭다는 것인데, 어떤 재료를 이용하여 만두껍질을 삼느냐에 따라 참으로 다양한 만두를 빚어낼 수 있었다. 그중에서도 어만두는 왕실과 양반계층을 중심으로 상당히 유행했던 음식이다. 어만두는 생선살을 얇게 저며 만두피로 삼는데, 이때 생선은 민어·숭어·도미·광어 같은 흰살생선을 써야 깨끗하고 담백한 맛을 즐길 수 있다고 한다. 그런데 어만두의 주재료로 쓰이는 민어, 숭어, 도미 같은 생선들은 주로 늦봄에서 여름철에 맛이 가장 좋기 때문에 어만두를 즐기기에도 이때가 가장 적합하다 할 것이다. 그래서 홍석모(洪錫謨: 1781-1857)는 『동국세시기(東國歲時記)』에서 어만두를 음력 4월 월내 시식(時食)으로 기록하였다.

어만두 만드는 법은 『산가요록(山家要錄)』, 『산림경제(山林經濟)』, 『농정회요(農政會要)』, 『임원경제지(林園經濟志)』, 『윤씨음식법』, 『시의전서(是議全書)』 등과 같은 여러 조선시대 조리서에 기록되어 전한다. 그중 『시의전서』를 중심으로 어만두 만드는 법을 살펴보면 다음과 같다. 먼저 민어나 숭어, 또는 도미의

어만두ⓒ수원문화재단

껍질을 벗기고 얇게 저며 두껍고 넓게 자른다. 만두소로 넣을 소고기, 미나리, 숙주 등도 다져서 양념한다. 그런 다음, 저민 생선살에 소를 넣고 만두 모양으로 빚은 뒤 녹말가루를 묻혀 삶는다. 만두가 익으면 건져낸 후, 고춧가루를 탄 초장을 곁들여 먹는다.

분류 : 음식
색인어 : 만두, 찜, 동아, 조개, 민어, 도미, 숭어, 동국세시기, 시의전서
참고문헌 : 작자 미상,『시의전서』(한국전통지식포탈); 홍석모 저, 최대림 역,『동국세시기』(홍신문화사, 2006)
필자 : 양미경

어만두와 육만두

궁중 연회에는 어만두(魚饅頭), 육만두(肉饅頭), 침채만두(沈菜饅頭), 생합만두(生蛤饅頭), 꿩만두[生雉饅頭], 골만두(骨饅頭), 병시(餠匙) 등 다양한 만두가 등장한다. 그중에서도 어만두와 육만두는 가장 많이 오른 만두 종류이다.

어만두는 생선살을 넓게 펴서 만두껍질로 활용하여 소를 넣어 찐 만두이다. 1902년(고종 39)『[임인]진연의궤([壬寅]進宴儀軌)』에 기록된 어만두는 숭어[秀魚], 계란, 표고, 석이, 목이, 황화(黃花: 원추리꽃), 고추, 저육, 녹말, 실백자, 진유, 업진살(業脂潤), 깨소금[實荏子末], 파, 마늘, 소금 등의 재료가 쓰인다.

1450년경 의관 전순의가 쓴『산가요록(山家要錄)』의 어만두는 '싱싱한 생선을 포를 떠서 물기를 제거하고 칼로 다시 얇게 저며서 소를 넣고 녹두녹말이나 찹쌀가루를 묻힌 다음 물에 삶고 다시 녹두녹말을 묻혀 깨끗한 물에 삶는다. 여름에는 물을 갈아주어 차게 하고, 겨울에는 그 삶은 물에 그대로 띄워서 내는데 초장을 쓴다.'라고 하였다. 궁중의 어만두는 대부분 숭어를 사용하였다. 1800년대 말에 나온 한글 조리서인『시의전서(是議全書)』에 보면 민어, 숭어, 도미를 쓴다고 하였다.

다례나 연회에 사용한 음식목록을 적은 음식발기에는 어만두 외에도 각색어만두, 생합어만두, 어만두탕 등 어만두를 활용한 음식들도 나온다. 1800년대 조리서인『주찬(酒饌)』에는 어만두탕 조리법이 적혀 있다.

장국에 고명을 넣고 끓인 후, 먼저 어육을 잘게 썰어 넣고 가장자리를 곱게 여민 어만두를 넣어서 국을 끓인 다음, 달걀을 풀어 넣고 산초가루를 뿌려 먹는다.

육만두(肉饅頭)는 이름 그대로 보면 고기만두 같아 보이지만 의궤에 기록된 내용과 비교해보면 지금의 고기만두와는 다르다. 1902년(고종 39)『[임인]진연의궤([壬寅]進宴儀軌)』에는 육만두가 나온다. 재료를 보면 양깃머리[胖領], 천엽(千葉), 소안심[牛內心肉], 돼지고기[猪肉], 녹두채(菉末菜: 숙주나물), 녹말(菉末), 참기름[眞油], 깨소금[實荏子末], 잣[實柏子], 소금[鹽], 후춧가루[胡椒末]가 들어간다. 만두껍질로 쓸 수 있는 메밀이나 밀가루가 쓰이지 않았다. 대신 양이나 천엽을 만두껍질로 사용하여 소를 넣어 찐 만두로 여겨진다.

『주찬(酒饌)』에는 양만두와 천엽만두의 조리법이 소개되었다. 양만두는 양을 얇게 떠서 칼날로 두드려 녹말을 묻혀 여러 가지 소를 양념하여 어만두처럼 싸서 녹말에 굴려 여미거나 꿰매어 끓는 물에 삶아서 냉수에 넣었다가 초간장을 곁들여 먹는다. 천엽만두는 천엽을 양만두의 양 크기와 같이 썰고 만두소를 넣어 녹말을 입혀 실로 여미고 대꼬챙이로 꿰어서 삶는다.

분류 : 음식
색인어 : 어만두, 어만두탕, 육만두, 천엽만두, 양만두
참고문헌 :『[임인]진연의궤([壬寅]進宴儀軌)』;『산가요록(山家要錄)』;『시의전서(是議全書)』;『병신 시월 십오일 조전 겸 향별다례 발기』;『병신 칠월 이십칠일 성빈 별다례 발기』;『경우궁 정묘 향수건기(景祐宮 丁卯 享需件記)』;『임진 시월 초구일 삼회작 진어 사찬 발기』
필자 : 이소영

어묵

어묵은 으깬 생선살에 밀가루를 섞어서 찌거나 굽거나 튀긴 음식을 뜻한다. 현대의 어묵은 꼬치로 꿴 어묵을 뜨거운 육수에 담가서 파는 음식을 지칭하기도 하고, 생선살로 만든 식재료인 어묵을 뜻하기도 한다. 어묵을 지칭하는 음식용어로는 가마보코[蒲鉾, かまぼこ], 오뎅[御田, おでん], 생선묵, 어묵 등이 있는데, 이 용어들이 시대별로 다양하게 혼용되어 왔다. 민간

에서는 주로 가마보코, 오뎅 등의 외래어를 사용하였고 국어학계에서는 이를 생선묵이나 어묵 등의 한국어로 고치고자 노력하였다.

시대별로 정리하자면 어묵은 조선 후기 일본에서 유입되어 일본어 그대로 가마보코라고 불렸다. 광복 후에는 일본어의 잔재를 없애고자 하는 노력의 일환으로 생선묵으로 고쳐 부르도록 하였다. 1980년대쯤부터는 오뎅[御田]이라는 이름의 제품이 등장하며 오뎅, 생선묵, 어묵이라는 용어가 혼용되었다 1990년대에는 다시 생선묵이 표준어에서 빠지게 되면서 현재는 어묵이 단독 표준어가 되었다. 이러한 복잡한 개명(改名) 과정을 거친 후 어묵이 표준어로 규정되었음에도 여전히 오뎅이라는 단어가 실생활에서 많이 사용되고 있다.

어묵의 의미로 사용 된 첫 번째 용어인 '가마보코'부터 살펴보면 이 용어와 유사한 음식용어가 조선시대부터 사용되었던 것을 확인할 수 있다. 1740년경 출간된 『소문사설(謏聞事說)』은 생선살을 저며 여러 가지 소와 함께 찐 음식을 가마보곶[可麻甫串]이라 하였는데 이는 가마보코에서 차용하여 한자어로 만든 것으로 추측된다. 궁중에서는 이와 비슷한 음식을 감화부(甘花富)라고 불렀는데 이 또한 가마보코라는 이름을 연상케 한다.

20세기 초반이 되면 조선에서도 가마보코가 생산, 판매되기 시작한다. 가마보코를 주로 판매하는 행상도 있었으며 인천, 군산, 목포, 마산, 부산, 원산 등 일본인이 많이 거주하는 지역에는 가마보코 공장이 생겨났다. 심지어 서울에도 일본인이 많이 거주하던 현재의 명동 인근에 소규모 가내공장이 들어섰다(주영하, 2013).

가마보코라는 일본 음식 용어는 이후에도 널리 쓰인 것으로 보인다. 1949년 10월 9일자 〈경향신문〉에는 한글날을 맞아 일본어가 쓰인 간판을 우리말로 바꾸자는 취지로 '한글학회'와 '한글전용촉진회'가 제안한 내용의 기사가 실렸다. 한편 가마보코와 함께 〈경향신문〉의 기사에 등장한 외래어 중 훗날 가마보코를 대신해 어묵의 이름이 된 오뎅도 있는데, 이 기사에서 오뎅은 꼬치안주로 바꿔 부르도록 안내하고 있다(〈경향신문〉 1949년 10월 9일자).

그러나 이러한 노력에도 가마보코를 생선묵으로 바꿔 부르는 일은 쉽게 현실화되지 않은 모양이다. 이와 비슷한 기사가 1950년대를 거쳐 1980년대까지 신문 기사에 종종 등장하기 때문이다(〈경향신문〉 1981년 8월 11일자).

1980년대경에는 일본어인 가마보코와 오뎅과 이의 대체어로 제시된 생선묵과 어묵이 혼용된 것으로 보인다. 이 중 생선묵이라는 단어도 1990년대 이후 표준어의 자리에서 밀려난다. 1992년 〈한겨레신문〉의 기사에 따르면 국립국어원이 외래어와 맞춤법에 맞지 않는 식생활 용어 341가지의 개정에 대해 발표했다. 여기서 생선묵은 어묵으로, 오뎅은 꼬치(안주)로 순화하도록 하고 있다(〈한겨레신문〉 1992년 11월 22일자).

현대의 어묵은 생선살로 만든 식재료 그 자체를 뜻하기도 하고 그 어묵을 꼬치에 꿰어 뜨거운 육수에 담가 파는 음식명을 뜻하기도 한다. 전자의 경우는 일본어 가마보코, 후자의 경우 오뎅에 가깝다.

분류 : 음식
참고문헌 : 이표 혹은 이시필, 『소문사설』; 주영하, 『식탁 위의 한국사』(휴머니스트, 2013); 「"우동"은 "가락국수"로」, 〈경향신문〉 1949년 10월 9일; 「日本(일본) 그림자 (1) 뿌리박힌 日語(일어)」, 〈경향신문〉 1981년 8월 11일; 「감주→단술, 닭도리탕→닭볶음탕 등 식생활 용어 순화안 확정」, 〈한겨레신문〉 1992년 11월 22일
색인어 : 소문사설
필자 : 서모란

가마보곶(『소문사설』)

『소문사설(謏聞事說)』(1740년경)에서 가마보곶[可麻甫串]이라는 음식을 소개하고 있는데 이는 일본의 어묵인 가마보코[蒲鉾, かまぼこ]와 음이 같도록 한자로 표기한 것으로 보인다. 그러나 『소문사설』의 가마보곶과 일본음식인 가마보코는 재료나 조리법이 상이하다. 가마보코는 생선살을 갈아 모양을 빚은 뒤 익힌 음식이지만 가마보곶은 생선살을 갈지 않고 저며서 만드는데, 생선살만 사용하는 것이 아니라 소고기,

돼지고기, 버섯, 해삼 등으로 만든 소와 저민 생선살을 층층이 쌓은 뒤 말아서 녹말가루를 씌우고 끓는 물에 익혀 만든다.

『소문사설』에 따르면 가마보곶을 만들 때 사용하는 생선으로는 숭어, 농어, 도미 등이 있다. 또 일본의 가마보코와 달리 "소고기, 돼지고기, 목이버섯, 석이버섯, 표고버섯, 해삼 등의 여러 가지 재료와 파, 고추, 미나리 등 여러 가지 양념"으로 소를 만들어 넣는데, 생선살과 소를 층층이 쌓아 두루마리처럼 말아 녹말을 입혀 끓는 물에 익힌다. 익힌 가마보곶은 칼로 썰어서 고추장을 곁들여 먹는데, 이때 생선살과 소가 어우러진 모습이 태극모양 같다고 하였다. 유사한 음식으로는 『조선요리법(朝鮮料理法)』에 소개된 태극선이 있다.

이렇게 만든 가마보곶은 어묵이라기보다는 어선에 가깝다. 어선은 생선포를 넓게 펴고 달걀, 오이, 당근, 표고버섯 등의 소를 넣은 뒤 말아서 찐 음식이다. 어선은 궁중음식, 혹은 혼례음식으로 분류되며 한식조리기능사 실기 메뉴(2017년 기준)에도 포함되어 있다.

분류 : 음식
색인어 : 가마보곶, 소문사설, 어선, 조선요리법, 태극선
참고문헌 : 이시필, 『소문사설, 조선의 실용지식 연구노트』(휴머니스트, 2011)
필자 : 서모란

감화부

숭어살을 저며 얇게 펴 그 위에 버섯류, 황화채, 고추 등을 다져 만든 소를 얹어 서너 겹이 되도록 말아 녹말가루로 옷을 입히고 삶거나 찐 음식이다. 감화부는 조선시대 왕실 연회에 등장한다.

1892년과 1902년 궁중 연회에 등장하는 '감화부(甘花富)'라는 음식이 있다. 이 음식은 생소한데, 국어사전에는 '감화보금'이라는 음식의 한자어를 빌려 쓴 말이라고 설명한다. 일본의 대표적인 어묵요리인 가마보코[蒲鉾, かまぼこ, kamaboko]와 음이 비슷하다.

궁중 연회에 쓰인 감화부의 재료를 보면, 1892년에는 '숭어, 계란, 녹말, 참기름, 표고버섯, 목이버섯, 황화채, 석이버섯, 고춧가루, 잣, 후춧가루, 소금'이고, 1902년에는 '숭어, 계란, 표고버섯, 석이버섯, 목이버섯, 황화채, 고추, 녹말[秀魚(30尾), 鷄卵(50箇), 蔈古(4升), 石耳(2升), 木耳(5兩), 黃花(5兩), 苦椒(1斗), 菉末(1斗)]'이 쓰였다.

이 음식의 조리법을 정확히 알 수 없지만 조선 후기에 의관을 지낸 이시필(李時弼: 1657-1724)이 쓴 『소문사설(謏聞事說)』에 나오는 '가마보곶[可麻甫串]'을 통해 감화부의 조리법을 짐작할 수 있다. '숭어나 농어, 도미를 얇게 저미고, 따로 소고기와 돼지고기와 목이버섯, 석이버섯, 표고버섯, 해삼 등 여러 가지 재료와 파, 고추, 미나리 등 여러 가지 양념을 다져 소를 만든다. 생선살 저민 것을 넓게 펴서 그 위에 소를 한 층 놓고 또 생선살과 소를 얹는 것을 반복하여 서너 층을 만들어 두루마리처럼 만다. 녹말가루로 옷을 입혀 쪄낸 후 칼로 썬다. 생선살과 고기가 서로 말려 돌아간 것이 마치 태극모양과도 같다. 이것을 고추장에 곁들인다. 소로 넣는 재료를 오색으로 나누어 넣어 만들면 썰 때 문양이 아름답다.'고 하였다.

분류 : 음식
색인어 : 감화부, 감화보금, 가마보꼬, 가마보곶, 소문사설, 어묵
참고문헌 : 『[임진]진찬의궤([壬辰]進饌儀軌)』; 『[임인]진연의궤([壬寅]進宴儀軌)』; 이시필 저, 백승호·부유섭 외 역, 『소문사설(謏聞事說), 조선의 실용지식 연구노트』(휴머니스트, 2011)
필자 : 이소영

어복쟁반

평양지방 향토음식의 하나로, 예전에는 어복장국이라고 불렸다. 큼직한 쟁반에 소의 머리고기, 양지머리, 가슴살과 소 내장 중에서도 가장 맛있는 부분인 혀, 간 등을 편편이 깔고 버섯과 같은 야채, 다대기와 간장으로 간을 하고 소고기 국물을 부어가면서 건더기를 양념장에 찍어 먹는 음식이다. 고명은 계란지단, 파, 배, 잣 등으로 하고 육수가 거의 남지 않았을 때 메밀국수 사리를 비벼서 먹는다.

평안도 지역 사람들은 소고기를 귀한 것으로 여겨 명

절이나 귀한 손님을 대접할 때 이 음식을 내었다. 음식을 담는 놋 전골냄비는 지름 50cm 정도의 쟁반과 같은 모양을 하고 있고 굽이 달려 있다. 겨울철, 이 화로에 여러 사람이 둘러앉아 먹는다. 쟁반을 이리저리 기울여 가며 머리를 마주하고 먹는 음식이기 때문에 친근한 사람들이 먹는 음식이다.

이용기(李用基: 1875-1933)는 『조선무쌍신식요리제법(朝鮮無雙新式料理製法)』(1936)에서 어복쟁반을 어복장국이라는 이름으로, 평안도에서 많이 먹는 음식이라고 소개하였다. 이 음식을 먹는 방법에 대하여 '국물을 아무리 맛이 좋게 만들었다 하더라도 어찌 여러 사람이 한 그릇에 입을 대고 함께 먹을 수 있는지 개화되지 못했을 때의 음식 풍속이다. 다른 음식도 아니고 국수를 함께 먹는다는 것이 도무지 말이 되지 않는다. 아무리 먹는 데 익숙하다 해도 국수를 끊지 않고 한 번에 후딱 들이마실 수 있는 것도 아니고 위생적인 면에서라도 바로 고쳐야 할 풍속이다.'라고 비판적인 견해를 내놓고 있다.

소고기를 재료로 하는 음식인데도 어복이라고 불리우는 이유는 정확히 알려져 있지 않으나, 처음에는 소고기가 아닌, 물고기 내장을 사용하였기 때문에 어복(魚腹)이라는 표현을 쓰게 되었다는 설이 있다(주영하 2013). 한편, 우복(牛腹)의 잘못된 발음이 남아 현재의 이름이 되었다는 추측도 있다.

분류 : 음식
참고문헌 : 「한국(韓國)의 맛 토속식(土俗食) (3) 평안도(平安道) 노티·어복쟁반」, 〈경향신문〉 1978년 4월 19일; 「평양인상(平壤印象) (10) 조선명물(朝鮮名物) 어복(魚腹)장국 버들쇠」, 〈동아일보〉 1926년 8월 22일; 주영하, 『식탁 위의 한국사』(휴머니스트, 2013); 한국학중앙연구원, 『한국민족문화대백과사전』, 「어복쟁반」; 이용기, 『조선무쌍신식요리제법』(1936)
필자 : 박경희

어채(『동국세시기』)

홍석모(洪錫謨: 1781-1857)가 쓴 『동국세시기(東國歲時記)』는 음력 4월 월내 시식(時食)으로 어채(魚菜)를 손꼽았다. 어채는 날로 먹는 생회(生鱠)와 데쳐서 먹는 숙회(熟鱠), 이렇게 두 가지가 있는데, 홍석모는 생회를 이용해 어채 만드는 법을 자세히 기술하고 있다. 그에 따르면, 싱싱한 생선을 익히지 않고 날것으로 얇게 저며 채 썰고, 여기에 오이, 파, 석이버섯, 익힌 전복, 달걀을 입혀 잘게 썬 국화잎 등을 넣어 함께 버무린 다음, 기름과 초를 쳐서 먹는다고 했다. 4월의 봄꽃처럼 알록달록 예쁜 색감과 시원하고 상큼한 맛이 아마도 먹는 즐거움을 선사해주었을 것이다.

『규합총서(閨閤叢書)』를 쓴 빙허각 이씨(憑虛閣 李氏: 1759-1824)는 어채 조리법에 아예 화채(花菜)라는 이름을 달아놓았다. 『규합총서』의 어채 조리법은 『동국세시기』와 달리 생회가 아닌 숙회를 이용한 것으로, 만드는 법은 다음과 같다. 먼저 싱싱한 숭어를 얇게 저민 후 녹말을 묻혀 가늘게 회로 썬다. 천엽, 양, 곤자소니, 부아, 생치, 대하, 전복, 해삼, 삶은 돼지고기도 얇게 저며 가늘게 채로 썬다. 그리고 오이, 미나리, 표고버섯, 석이버섯, 파, 국화잎, 생강, 달걀 부친 것, 고추도 채로 썬다. 그런 다음, 채소, 고기, 생선에 녹말을 묻혀서 한 가지씩 살짝 데쳐낸다. 이렇게 재료가 모두 준비되고 나면, 맨 밑에 곱게 연지물을 들인 무채를 깔고, 그 위에 각 재료들을 순서대로 모양 있게 담는다. 이렇게 하면 맛이 청량하고 좋을뿐더러 보기에 오색이 아롱지고 빛나서 눈에 산뜻하다 하였다. 청량한 맛으로 먹는 어채는 날이 추우면 싸늘하게 느껴지므로, 3월부터 7월까지 먹는 게 좋다고 적었다.

분류 : 음식
색인어 : 시절음식(時食), 어채(魚菜), 화채(花菜)
참고문헌 : 빙허각 이씨, 『규합총서』(한국전통지식포탈); 홍석모 저, 최대림 역, 『동국세시기』(홍신문화사, 2006)
필자 : 양미경

여항어(열목어)

여항어(餘項魚)는 현재의 열목어(熱目魚)로 추정되는 민물고기이다.

서유구(徐有榘: 1764-1845)는 『난호어목지(蘭湖漁牧志)』「어명고(魚名攷)」에 따르면, 여항어는 관북의 산골 계곡에서 나며, 관동과 관서에도 있는데 육질이 연하고 맛이 담백하다고 하였다(서유구 저, 이두순 평역, 2015: 63쪽). 서유구도 썼듯이, 『신증동국여지승람(新增東國輿地勝覽)』을 보면 여항어는 주로 북쪽 지역에 해당하는 강원도(강릉대도호부, 원주목, 춘천도호부, 정선군, 영월군, 평창군, 인제현, 횡성현, 홍천현, 회양도호부, 금성현, 양구현, 낭청현, 이천현, 평강현, 금화현, 안협현), 함경도(함흥부, 영흥대도호부, 안변대도호부, 북청도호부, 갑산도호부, 삼수군), 평안도(창성도호부, 삭주도호부, 운산군, 희천군, 개천군, 덕천군, 순천군, 양덕현, 맹산현, 강계도호부, 위원군, 이산군, 영원군)의 토산물이었다. 이 가운데 조선의 미식가인 허균(許筠: 1569-1618)은 『도문대작(屠門大嚼)』에서 여항어는 어느 산골에나 있지만, 강릉의 것이 가장 크고 맛이 좋다고 평하였다.

이와 같이 여항어가 나는 지역에서는 대개 쏘가리[錦鱗魚]와 누치[訥魚]도 같이 났다. 『신증동국여지승람』제1권 경도부에는 1492년(성종 23) 조선에 온 명나라 사신 규봉 동월(董越)이 쓴 「조선부(朝鮮賦)」가 실려 있다. 이에 따르면, 조선의 임금이 사람을 시켜 음식상을 차려 보내 도중에 잔치를 베풀었는데 그 음식상에 금문(錦紋), 이항(飴項), 중순(重脣), 팔초(八稍)가 있었다고 썼다. 그가 말한 금문은 금린어, 즉 쏘가리이고, 이항은 여항어, 중순은 눌어, 즉 누치이고 팔초는 문어를 의미한다. 그러면서 그는 조선의 이항, 즉 여항어는 피라미와 같이 홀쭉한 것밖에 없더라고 덧붙였다.

여항어의 명칭을 동월이 '이항어(飴項魚)'라 한 것을 보고, 어류학자인 정문기(鄭文基: 1898-1995)는 1938년 7월 30일자 〈동아일보〉에 「조선담수산명어(朝鮮淡水産名魚)(6)」에서 엿 '이(飴)' 자와 목 '항(項)' 자를 합한 것이니 우리말로 '엿목어'이고, 이것이 바로 '열목어(熱目魚)'가 된 것이라고 주장하였다.

조선시대에 여항어를 구체적으로 어떻게 조리하여 먹었는지는 문헌에 거의 보이지 않는다. 다만, 강원도에서는 왕실에 매달 말린 여항어를 봉진하였고 때로는 기한을 맞추지 못해 지방관이 죄를 청하는 일이 종종 나온다(『승정원일기(承政院日記)』영조 4년 1728년 6월 5일자 기사). 다른 어물에 비해 특히 여항어를 마련하기가 배나 어려웠던 것은 때에 맞춰 잡아서 말려야 하기 때문이라고 한다(『일성록(日省錄)』정조 14년 1790년 10월 14일자 기사). 따라서 동월의 잔칫상에 오른 음식을 왕실에서 마련한 것처럼, 이렇게 강원도에서 말려서 올린 여항어는 조선 왕실에서 다양한 용도로 쓰였음을 알 수 있다.

분류 : 식재료
색인어 : 쏘가리, 눌어, 문어
참고문헌 : 서유구 저, 이두순 평역, 강우규 도판, 『평역 난호어명고』(수산경제연구원BOOKS·블루&노트, 2015); 『신증동국여지승람』; 『승정원일기』; 〈동아일보〉; 『일성록』; 허균 저, 신승운 역, 『도문대작』(한국고전번역원, 1984)
필자 : 김혜숙

연근

연근(蓮根)은 연(蓮)의 뿌리이며, 한자로는 '우(藕)'라고 한다. 연은 못이나 논에서 재배 또는 자생하는 다년생 식물로, 뿌리 외에 열매인 연밥, 연잎도 식용한다. 연근은 대개 초가을부터 이듬해 봄까지 거둬 음식을 만들어 먹거나, 전분으로 제조하였다.

연근은 연근정과, 연근채, 연근죽, 연근전 등으로 조리되었는데, 그중 조선시대 사람들이 가장 즐겨 먹었던 것은 연근정과라고 할 수 있다. 연근정과는 조선왕실의 연회에서 잔칫상을 차릴 때에도 빠지지 않는 음식이고, 민간에서도 만들어 먹었던 음식이다. 1854년에 필사된 것으로 추정되는 『윤씨음식법』을 보면, 연근정과를 만들 때에는 굵은 연근의 겉껍질을 칼로 벗겨내고 바느질자로 1푼 두께, 즉 0.3센티미터 정도로 어슷하게 썰어 물에 살짝 데친다. 이 연근에 저민 생강, 꿀, 기름을 넣고 약한 불에 검붉은 빛이 날 때까지 조리는데, 꿀을 충분히 넣어 끈끈하게 엉기도록 만들어야 한다고 적었다.

연근정과는 생강이나 기름을 넣지 않고 만들기도 하는데, 『시의전서(是議全書)』의 연근정과 만드는 법을 보면, 연근을 어슷하게 썰어 한 번 삶아내고 다시 새 물을 붓고 삶은 뒤, 꿀을 조금 타서 넣고 끓이다가 꿀을 더 넣고 물기가 없어지고 끈끈하게 될 때까지 조리는 방식이다.

한편 연근은 출혈을 멈추는 효능이 있다 하여 코피를 흘리거나 토혈을 하는 경우에도 먹었다. 조선시대 인조(仁祖: 재위 1623-1649)의 계비(繼妃)인 장렬왕후(莊烈王后: 1624-1688)가 아팠던 1646년(인조 24) 5월 19일 『승정원일기(承政院日記)』에 이와 관련된 기록이 있다. 당시 중전이 병이 났는데, 피를 토하면 곧바로 생 연근즙에 포황가루[蒲黃粉]를 타서 마시게 하였고, 저녁 수라의 반찬으로는 연근채(蓮根菜)와 부추채[韭菜]를 올렸다고 한다.

이러한 연근채의 조리법은 장계향(張桂香: 1598-1680)의 『음식디미방[飮食知味方]』(1670년경)에 자세하다. 이에 따르면, 여름과 초가을에 연근을 채취하여 잘 씻고 끓는 물에 살짝 삶은 다음 연근에 붙은 실 같은 것은 제거한다. 이것을 1치, 즉 3센티미터 남짓 길이로 채를 치고, 기름, 간장, 식초로 양념하여 무치면 된다.

분류 : 식재료
색인어 : 시의전서, 음식디미방, 부추, 생강
참고문헌 : 작자 미상, 『윤씨음식법』; 작자 미상, 『시의전서』; 『승정원일기』; 장계향, 『음식디미방』
필자 : 김혜숙

연시연(延諡宴)

시호(諡號)는 학덕이나 벼슬이 높은 선비들이 죽은 이후에 왕으로부터 하사받았던 또 하나의 이름이다. 조선 초기에는 공신(功臣)이거나 살아서 정2품 이상의 관직에 있던 사람만이 받았으나, 후기로 가면서 시호를 내리는 기준이 점차 완화되어 그 수도 늘어났다. 시호는 내릴 때는 죽은 이의 자손 등이 해당자의 성명, 본관, 관직, 태어나고 죽은 시기, 평소의 행실 등을 간단히 서술한 행장(行狀)을 올리면, 그것을 보고 봉상시에서 해당 인물의 평생의 행적과 인품에 적합한

글자를 정해 왕에게 올린다. 그러면 왕이 그중 하나를 골라 시호로 하사하였다.

이익(李瀷: 1681-1763)의 『성호사설(星湖僿說)』제14권 「연시(延諡)」에 따르면, 시호를 받는 집에서는 시호를 받을 때 제사와 잔치를 함께 치러야 하고, 시호를 가져오는 이조 낭관(吏曹郎官)에게 선물까지 마련해야 해서 소모되는 재물에 한량이 없었다 한다. 그리하여 이처럼 엄청난 비용을 감당하기 어려운 가난한 집안에서는 조상의 시호가 하사되더라도 시호를 맞이하는 예를 거행하지 못해 시호를 쓰지 못하였다고 한다.

『동춘당집(同春堂集)』을 보더라도 1686년(숙종 12) 2월에 거행된 동춘당 송준길(宋浚吉: 1606-1672)의 연시례 때는 경향(京鄕) 각지에서 모여든 사람이 천여 명에 달하였다고 하니, 시호를 받는 일은 개인은 물론 그 집안에게 대단한 영광이자 경사이지만 그만큼 경제적으로는 엄청난 부담이었을 것이다. 축하하기 위해 모여든 많은 손님들을 대접하는 데 막대한 양의 술과 음식이 필요했기 때문이다. 또한 연시례 때 온 손님들에게 끼니와 숙소를 제공하는 일은 해당 집안과 그 지역 서원이 나눠 맡게 되므로, 서원의 입장에서도 연시례가 부담스럽기는 마찬가지였다.

윤증(尹拯: 1629-1714)이 자신의 할아버지와 아버지에게 동시에 시호가 내려졌을 때, 연시례를 앞두고 재종손인 윤동로(尹東魯: 1663-1741)에게 쓴 편지를 『명재유고(明齋遺稿)』에서 보아도 그러한 상황을 알 수 있다. 그 편지를 보면, 두 분의 연시례를 따로 행하면 이틀에 걸쳐 하게 되는데, 그러면 예를 구경하려고 원근 각지에서 온 많은 선비들은 물론 이조 낭관도 더 오래 머물러야 한다. 손님을 여러 날 대접하려면, 집안과 서원에서 부담해야 하는 비용이 더 많아지니 같은 날에 행사를 한꺼번에 치르면 어떨지 깊이 잘 생각해보라는 내용이다.

이와 같이 연시례를 치르기가 부담스러우므로 조선시대 역대 왕들은 시호를 내리면서 후손에게 벼슬을 내리거나 잔치에 보탬이 되도록 술[宣醞]과 음악, 음

식과 물자를 보내주기도 했다. 그런데 그것이 지나쳐서 크게 문제가 된 적이 있다.

『숙종실록(肅宗實錄)』을 보면 1691년 숙종(肅宗: 재위 1674-1720)이 희빈 장씨(禧嬪 張氏: 1659-1701)의 아버지인 장형(張炯: 1623-1669)을 영의정으로 추증하고 시호를 내릴 때의 일이다. 왕은 장형의 집에서 연시례를 치를 것이므로 잔치에 쓸 쌀, 돈, 면포(綿布)를 미리 넉넉히 보내고 잔칫날에는 술과 음악[一等樂]을 내렸다. 또한 온 조정의 신하들로 하여금 잔치에 가도록 명하였다(숙종 17년 9월 7일자 기사). 그런데 며칠 동안 천둥, 번개가 치고 우박과 눈이 내리는 등 천재(天災)가 거듭되자 민심이 어수선해졌다. 이에 간원이 잔치에 풍악은 거두어야 한다고 조심스레 청하였으나 왕이 듣지 않았고, 오히려 잔치에 참석하지 않은 신하들은 임금의 명을 업신여긴 것이니 파직하라고 하였다(숙종 17년 10월 기사). 이 일이 일어나기 두 해 전인 1689년에 이미 희빈 장씨가 낳은 아들(나중의 경종(景宗))이 세자로 책봉되고, 이어 희빈 장씨 역시 왕비로 책봉된 상황에서 숙종은 자신의 장인인 장형의 연시례를 전례 없이 화려하게 열고자 힘썼고 신하들에게도 참석하기를 강요한 것이다.

분류 : 의례
색인어 : 술, 쌀, 제사음식
참고문헌 : 『숙종실록』; 황세정 등 편, 정태헌 역, 『동춘당집』속집 제10권(한국고전번역원, 2007); 윤증 저, 홍기은 역, 『명재유고』제29권(한국고전번역원, 2008); 이익 저, 정지상 역, 『성호사설』(한국고전번역원, 1978); 최승범, 「시호」, 『한국민족문화대백과사전』(한국학중앙연구원, 1995); 김도련, 「행장」, 『한국민족문화대백과사전』(한국학중앙연구원, 1996)
필자 : 김혜숙

연회용 기명

『기사경회첩(耆社慶會帖)』은 조선의 영조가 51세 되는 해인 1744년 나이가 많은 문신들을 예우하기 위한 관직인 기로소(耆老所)에 들어가게 된 경사를 기념하여 당시의 기로소 신하들이 제작한 화첩이다. 「본소사연도(本所賜宴圖)」는 『기사경회첩(耆社慶會帖)』

에 「영수각 친림도(靈壽閣親臨圖)」, 「숭정전 진하전도(崇政殿進賀箋圖)」, 「경현당 선온도(景賢堂宣醞圖)」, 「사락선 귀사도(賜樂膳歸社圖)」와 더불어 마지막에 담겨 있다.

70세 이상 관원이 모두 참석한 가운데 찬품, 상차림에서부터 의례에 이르기까지 철저히 1719년의 예에 따라 외진연(外進宴)을 치른 후, 영조는 기로신들에게 선온(宣醞)하여 기로소에 가서 계속 연회할 것을 명하였다. 기로신들은 임금이 내려준 은병을 받들고 네 개의 수레에 역시 임금이 내려준 악대와 함께 음식을 싣고 기로소에 가서 계속 연회를 하였다. 이를 그린 것이 「본소사연도」이다.

「본소사연도」의 광경은 이제 막 연회가 끝난 듯 5명의 무동이 처용무를 추고 있다. 숭정전 외진연이 기해년의 예에 따라 행했으므로 본소사연 역시 기해년의 「경현당 석연도(景賢堂錫宴圖)」와 거의 비슷한 의례 구성을 하였다.

기로신들 앞에는 둥근 소반인 원반(圓盤)에 고임으로 담아 차린 약과가 놓여 있다. 원반은 천판이 둥근 형태를 말하는데, 상판인 천판과 하단이 한 덩어리로 되어 있거나 두 덩어리를 이어 붙여 만든 것 등 두 종류가 있다. 의궤나 연회도 등의 기록화에 그려진 소반은 대개 주칠이나 흑칠을 한 원반형태가 많다. 「본소사연도」에서도 높이가 낮은 원반이 참석 인물들 앞에 한 좌씩 놓여 있다. 그리고 화면의 우측 상단에 있는 3개의 상탁(床卓)에도 짙은 흑칠을 한 9개의 원반이 올려져 있는데, 전내에 있는 기로신들의 수와 일치하여 기로신들이 받을 다음 상인 것으로 여겨진다.

원반 위에 올려진 음식들의 종류는 정확히 알 수는 없으나 수파련(水波蓮: 종이로 만든 장식 꽃)이 올려진 고임음식은 약과이다. 약과가 담겨진 그릇은 백자고족접시(白磁高足楪匙)이다. 백자고족접시는 조선 후기에 제작된 백자 유형 중 하나로, 편평한 접시 아래에 높은 굽을 달아 만든 의례기이다. 접시에 높은 굽이 달린 형태는 이미 국내에서 삼국시대의 고배(高杯)에서도 등장하지만, 백자로 제작된 경우는 조선 후

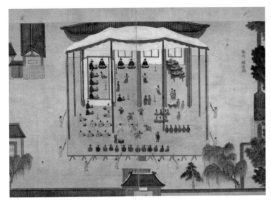

장득만 등, 연회용 기명, 『기사경회첩』 중 「본소사연도」, 37.6×53cm, 비단에 채색, 1744년-1745년, 국립중앙박물관

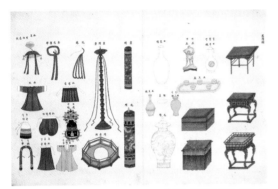

「기명도」, 『화성원행의궤도』, 62.2×47.3cm(전체), 종이에 채색, 조선, 국립중앙박물관

기에 들어서이다. 백자고족접시는 일상용기라기보다는 혼례, 회갑연 등 경사에도 사용되었고 제사상의 제수를 올리는 데에도 쓰였다.

전 밖의 기둥에는 주칠을 한 주탁(酒卓) 위에 백자 술항아리와 술병이 올려져 있다. 왕이 내린 법주(法酒)가 담겨 있는 술항아리는 한자명으로 주준(酒樽)이라 부른다. 오른쪽 주준은 동체가 둥글고 크며 입부분이 넓은 전형적인 항아리라면, 왼쪽은 목이 길어 주병인 것으로 여겨지나 주로 항아리에 있는 뚜껑을 갖추고 있어 이례적이다. 술을 옮기는 순서는 주준에서 유기 국자로 술을 떠서 주병으로 옮겨놓으면, 여기들이 주병에서 잔으로 술을 따라 쟁반에 받쳐 기로신들에게로 나아가 올리는 것으로 보인다.

분류 : 미술
색인어 : 기로소, 원반, 주준, 잔, 고족접시, 기사경회첩, 본소사연도, 연회
참고문헌 : 『영조실록(英祖實錄)』; 『진연의궤(進宴儀軌)』(1719); 『진연의궤(進宴儀軌)』(1744); 한국학중앙연구원, 『한국민족문화대백

과사전』; 『헌종효정후 가례도감의궤(憲宗孝定后嘉禮都監儀軌)』 중 「동뢰연도(同牢宴圖)」; 한식아카이브 DB; 한식문화재단, 『기사경회첩(耆社慶會帖)』 중 「본소사연도(本所賜宴圖)」; 김상보, 『조선 왕조 궁중의궤 음식문화』(수학사, 1995); 박영규·김동우 공저, 『한국 미의 재발견 - 목칠공예』(솔출판사, 2005)
필자 : 구혜인

열양세시기

『열양세시기(洌陽歲時記)』는 1819년에 나온 세시풍속서로, 조선 후기 학자 김매순(金邁淳 1776-1840)이 저술하였다. 1911년에 최남선(崔南善: 1890-1957)이 이끌던 조선광문회(朝鮮光文會)에서 『동국세시기』를 펴낼 때 『경도잡지』와 『열양세시기』를 함

김매순, 「열양세시기」, 13.8×16.9cm, 1819년, 고려대학교 중앙도서관

께 수록하여 발행하였다.

이 책의 저자 김매순은 1795년(정조 19)에 과거에 급제하여 순조 임금 때 예조참판, 강화유수 등을 두루 역임하였고, 당대에 이름난 문장가로서 명성을 얻었다. 그는 책 뒷부분에 실은 발문에 본인이 『열양세시기』를 저술하게 된 동기에 대해 밝히고 있는데, 중국 북송의 여시강(呂侍講)이 역양(歷敭)에 있을 때 절일(節日: 철이 바뀔 때마다 돌아오는 명절)마다 학생들을 쉬게 하고 둘러앉아 술을 마시며 세시풍속을 적던 것을 본받아 열양(洌陽: 당시의 한양)의 세시풍속을 보고 들은 대로 차례로 적었다고 했다.

『열양세시기』에는 한양의 세시풍속이 80여 종 정도 실려 있는데, 김매순은 이를 정월부터 12월까지 열두 달로 구분하여 각 월별 절기와 그에 따른 풍속을 기술하였다. 그러나 유득공의 『경도잡지』와 홍석모의 『동국세시기』가 중국 문헌에 대한 고증을 통해 중국 사례로부터 조선 세시풍속의 연원을 규명하려고 했던

데 반해, 『열양세시기』는 설사 중국에 연원이 있다 해도 이야기 자체가 미덥지 못하다고 여겨질 때는 이를 과감히 생략하였고 부분적으로 조선의 상대적 우월성을 강조하였다.

『열양세시기』는 비슷한 시기에 쓰인 『경도잡지』, 『동국세시기』와 약간 다른 관점에서 풍속을 기술하고 있어서 조선 후기 세시풍속을 비교 검토하는 데 도움을 준다. 뿐만 아니라 정월부터 12월까지 절일(節日)에 먹었던 시절음식을 상세히 기록하고 있다.

분류 : 문헌
색인어 : 열양세시기, 김매순, 경도잡지, 동국세시기, 절일, 세시풍속, 시절음식
참고문헌 : 김매순, 『열양세시기』; 『조선대세시기 III』(국립민속박물관, 2007); 조성산, 「18세기 후반-19세기 중반 조선(朝鮮) 세시풍속서 서술의 특징과 의의 - '중국(中國)' 인식의 문제를 중심으로」, 『조선시대사학보(60)』(조선시대사학회, 2012)
필자 : 양미경

염장생선(1939년 만주)

일본이 만주사변을 일으킨 후 1932년 일본의 주도하에 만주국(滿洲國)이 세워졌고 일본 육군이 본격적으로 중국대륙으로의 침략을 시작했다. 자연스레 육군을 중심으로 한 일본군이 만주에 있었으며 군인이 아니더라도 정치적, 경제적 이유로 일본인, 조선인을 비롯한 다양한 집단의 사람들이 만주로 이주했다. 이러한 만주의 인구 증가는 식료품 소비의 증가로 이어졌다.

1930년대에는 조선산 생선이 만주로 많이 수출됐는데 이 생선들은 주로 철도를 통해 만주로 넘어갔다. 1939년 9월 27일자 〈동아일보〉의 기사를 보면 이 같은 상황이 잘 드러난다. 만주에서 소금에 절인 정어리와 갈치 등 조선 수산품에 대한 수요가 연일 높아져 1938년에 비해 40% 정도 비싼 가격임에도 주문량이 늘어나고 있다고 했다. 기사에서는 1939년 한 해에만 만주에 조선산 절인 정어리와 절인 갈치가 각각 7만 톤과 1천 톤이 들어올 것으로 보았는데 조선산 절인 생선이 만주에서 인기를 끄는 비결로 판로가 크게 확장되었기 때문이라고 주장했다.

염장하여 말린 박대ⓒ하응백

이렇게 조선산 절인 생선들이 만주에서 인기를 끌자 일본인들도 만주로 절인 생선을 판매하려고 시도했고 점차 일본산 절인 생선과 조선산 절인 생선 사이의 경쟁구도가 형성되어갔다. 그래서 당시 조선의 농업과 수산업 등을 담당하고 있던 조선총독부 식산국(殖産局)은 만주국 내에서 일본산과 조선산 절인 생선 간의 과도한 경쟁이 없도록 향후 일본 본토의 정부와 합의할 것이란 언급도 했고 조선의 사업자들에게 무모한 경쟁은 피하라며 조언했다.

위 기사에 등장하는 생선 중 정어리는 식민지 후반기 수산업을 대표하는 생선이다. 1920년대 후반 대규모의 정어리 무리가 조선 근해로 오면서 정어리 관련 어업이 급속도로 발전했다. 식민지시기 정어리는 선어(鮮魚)로 유통되기보다는 다양한 방식으로 가공되어 유통되었다. 정어리의 선어유통이 잘 이루어지지 않았던 이유는 정어리가 지방질이 많아 빨리 상했기 때문으로 위 기사에처럼 소금에 절이는 방식으로 유통되기도 했고 통조림으로 만들어져 팔리기도 했다. 하지만 이 시기 정어리는 식용의 용도보다는 비누, 화장품, 화약 등의 원료로 사용되는 유비(油肥)의 원료로 사용되는 경우가 많았다.

분류 : 식재료
색인어 : 절인 생선, 염장생선, 조선총독부 식산국, 정어리, 갈치, 선어, 통조림, 유비
참고문헌 : 〈동아일보〉; 코노 노부카츠, 「일제하 중부기차랑(中部幾次郎)의 임겸상점(林兼商店) 경영과 "수산재벌(水産財閥)"로의 성장」,

『동방학지』153(2011)
필자 : 이민재

엿(「고무신」)

철수 아내는 보통이 한 개를 들고 따라 나오면서 남이에게 귓속말로 뭣을 일러 주고… 이래서, 남이는 떠나간다. 다만 한 가지 철수 내외에게 수수께끼는 마을 중턱에서 남이를 보내고 서서 그의 뒷모양을 바라보는데, 남이가 어이한 옥색 고무신을 신고 가는 것이다. 더구나 한 번도 신지 않은 새것을….

철수 내외는 서로 얼굴만 쳐다볼 뿐 도로 물어본달 수도 없고 해서 그만두었다.

보리밭 사이 조그만 언덕길로 옥색 고무신을 신은 남이는 갔다. 자지내 골짜기로 꽃놀음을 가는 줄만 알았던 남이가 난데없는 영감 하나를 따라가고 있는 광경을 엿장수는 울음고개 위에서 멀거니 바라보고 있는 것을 남이 자신이야 알 리도 없었다.

1949년 〈서울신문〉 신춘문예 당선작인 오영수의 단편소설 「고무신」이다. 오영수(吳永壽: 1911-1979)는 고향인 울산 부근의 산촌과 어촌을 배경으로 서민들의 삶을 그린 서정적인 문학세계를 일군 소설가이다. 『현대문학』편집에 오랫동안 관여하였으며 주로 단편소설을 썼다. 각 지역민의 특질을 다룬 단편소설 「특질고」가 일으킨 파문 때문에 절필(1979)한 것을 마지막으로 다시 붓을 들지 않았다. 대표작에 「고무신」, 「머루」, 「갯마을」, 「명암」, 「은냇골 이야기」 등의 중단편이 있다.

「고무신」의 발표 당시 제목은 두 중심인물을 내세운 '남이와 엿장수'이다. "바다와 시가지 일부가 한꺼번에 내다보이는, 지대가 높고, 귀환 동포가 누더기처럼 살고 있는 산기슭 마을"이 무대이다. 주민의 대부분은 월급쟁이 아니면 날품팔이이니 하나같이 가난하다. 어른들은 "날이 새면 일터로 나가기가 바"쁘니 낮이면 온 마을이 고요해진다. 이처럼 가난하고 고요한 공간에도 사람살이에 으레 있기 마련인 이별이 있었다. 소설은 맨 첫 문장에서 이 이별을 다룬다고 다음처럼 밝혀놓았다. "보리밭 이랑에 모이를 줍는 낮닭 울음만이 이따금씩 들려오는 고요한 이 마을에도 올봄 접어들어 안타까운 이별이 있었다."

청춘 남녀의 만남에서 사랑의 마음이 생기는 것은 자연의 이치이다. 남의 집에서 식모로 일하는 처녀 남이와 젊은 엿장수 사이에도 그런 자연의 이치를 따라 사랑이 싹튼다. 엿장수는 남이를 보러 자주 이 가난한 마을을 찾고, 남이는 엿장수를 기다려 언제나 마음이 설렌다. 그런 두 사람의 마음을 굳게 묶는 것은 엿장수가 사준 '옥색 고무신 한 켤레'이다.

그러나 작품 첫머리에서 밝혀두었듯 이별의 운명이 그들의 사이를 갈라놓는다. 어느 날 남이의 아버지가 찾아와 남이를 데려가겠다고 한다. "우리 동네 말임더, 나이 올해 스무 살 먹은 얌전한 신랑이 있는데, 모자 단둘이고요, 뱃일이고 바닷일이고 입댈 것 없지요…." 스무 살짜리 청년 어부에게 열여덟 살 남이를 시집보내기로 했다는 것이다.

엿이 이어준 두 사람의 사랑이 가부장제의 폭력에 찢겨 좌절되는 이야기의 마지막에 다시 엿이 등장하여 그 사랑의 이야기를 마무리하였다. 가부장 권력이 가족의 삶을 절대적으로 지배하던 시절이니 남이는 아버지의 결정을 따를 뿐이다. 한낱 엿장수에 지나지 않으니 젊은 엿장수 또한 그 결정에 맞설 수 없다. 안타까운 이별은 필연적인 것, 인용문은 가부장제 시대 우리 사회 도처에 흘러넘쳤을 이별의 슬픔을 잘 보여준다.

분류 : 문학
색인어 : 고무신, 오영수, 엿
참고문헌 : 김동리, 「온정과 선의의 세계」; 천이두, 「오영수의 문학」
필자 : 정호웅

엿장수 그림(김준근)

김준근이 엿 만드는 장면을 그린 그림의 제목은 「당임매매(糖飴賣買)」이다. 머리에 끈을 두른 어른 두 명이 마주 서서 강엿을 잡아 늘이고 있다. 그 뒤쪽에 머리를 땋아 내린 아이가 자판에 길게 끊은 가락엿과 둥

賣糖兒

김준근, 「매당아」, 크기 미상, 종이에 채색, 19세기 말, 오스트리아 비엔나 민족학박물관

글게 만든 엿을 진열하여 판매하고 있다.

김준근이 엿장수를 그린 또 다른 그림의 제목은 「매당아(賣糖兒)」이다. 어른과 소년이 함께 엿을 팔러 나섰는데, 삿갓을 쓴 어른은 목판에 가락엿을 담고 있다. 가락엿은 도가에서 받아다가 팔았다. 소년은 엿장수 가위로 철컥철컥 소리를 내며 엿장수가 왔음을 동네에 알린다. 소년의 맨 목판에는 가락엿이 아니라 목판 가득히 퍼진 엿으로, 팔 때는 엿을 손으로 잡아당겨 가위로 잘라 판다.

엿장수들은 풍속화에 자주 등장하는 인물들로 야외에 사람들이 붐비는 장면이라면 엿장수도 빠지지 않고 으레 등장하여, 김홍도의 「씨름도」, 유숙의 「대쾌도」뿐만 아니라 궁중기록화인 「화성능행도병풍」의 「환어행렬도」 등에서도 엿장수가 그려져 있다.

분류 : 미술
색인어 : 엿, 엿판, 엿가위, 엿장수, 기산 김준근, 풍속화
참고문헌 : 이성우, 『고려 이전 한국 식생활사 연구』(향문사, 1978); 신선영, 「기산 김준근 회화 연구」, 한국학중앙연구원 박사학위논문, 2012; 한식아카이브 DB; 한국학중앙연구원, 『한국민족문화대백과사전』; 『기산풍속도첩』(민속원, 2004)
필자 : 구혜인

이당을 노래하다(이말동)

눈처럼 하얗고 꿀처럼 달싹하니
입에 넣어 혀에 붙은들 어찌 싫겠나!
신선의 음료도 이보다는 못하리니
한 가닥 씹고 나도 질릴 줄 모른다네
雪樣皚皚蜜樣甛　何嫌入口舌頭粘
仙漿未必能勝此　嚼盡一團未屬饜

　　　*이말동, 「밤에 놀면서 엿을 노래하다[夜遊詠飴糖]」

이말동(李末仝: 1443-1518)은 본관이 월성(月城)이고 자는 자원(子源)이고 호는 도원(桃源)인데 남효온(南孝溫), 김굉필(金宏弼) 등 청류(淸流)와 교유하였으며 벼슬길에는 나아가지 않고 지금의 포항인 기계(杞溪)에서 은거하였다. 문집 『선원선생문집(仙源先生文集)』이 전한다. 적적한 한밤 엿을 먹는 즐거움을 이 시에 담았다. 흰 빛깔의 달싹한 엿이 워낙 맛이 있다 보니 입에 붙는 것은 탓할 것이 아니라 하였다.

조선시대 엿은 특히 찹쌀로 고아 만든 것을 늘여서 희고 단단하게 만들었다. 특히 전주에서 좋은 엿이 생산되었다. 이말동보다 조금 후배인 어득강(魚得江: 1470-1550)은 「벗이 엿을 보내주기에 고마워서[謝故人惠飴糖]」에서 "완산의 풍토는 엿을 잘 만들기에, 해마다 대광주리에 담아 상방에 올린다네. 동쪽 고을에는 도리어 이러한 것이 없더니, 3년 만에 벗을 통해 처음 맛보게 되었네[甄城風土好飴糖 貢筐年年進上房 還怪東州無此物 三年始賴故人嘗]."라 하였다. 경상도 영해(寧海)에서 군수로 지낼 때 벗이 보내준 엿을 먹고 쓴 작품인데 특히 완산에서 나는 엿은 맛이 좋아 상방(上房)에 진상한다고 하였다. 권별(權鼈)의 『해동잡록(海東雜錄)』에 실려 전하는 작품이다.

어득강은 엿을 두고 여러 편의 시를 지었다. 「동쪽 노인이 엿을 주시기에[東老惠錫]」에서도 "남쪽 땅 풍토는 정말 옛것이 없어서, 불을 금하는 한식에도 엿을

보지 못하였겠네. 늙은 사또 치아가 병들어 먹지 못하니, 그저 입 다물고 아이에게 주어야겠네[南中風土眞無古 禁火之辰不見飴 老守得來妨病齒 只宜含口弄還兒].”라 하였다. 치아가 불편하여 보내준 엿을 먹지 못하니 아이에게 주어야 하겠다고 한 것이다. 함이(含飴)라는 말이 있는데 노년에 엿이나 먹고 입을 다물며 다른 일에 관여하지 않는다는 뜻이다. 엿 먹으라는 말의 고사가 이렇게 하여 생긴 듯하다.

엿은 노소를 불문하고 누구나 좋아하던 음식이다. 김조순(金祖淳: 1765-1832)은 좋아하던 엿을 두 광주리나 받고서 즐거워 지은 「엿을 먹으며[喫餳]」에서 “어릴 때부터 단것 좋아해 늙어도 잊을 수 있는 것, 겨울철 엿 먹는 것이 가장 좋은 일[少小嗜甘老難忘 最愛冬天喫飴餳].”이라 하고, “한 조각 두 조각 둥글고 네모난 것을, 입에 넣자 햇볕에 눈 녹듯 녹아네리네[一片二片片圓方 入口如雪見春陽].”라 하였다. 그리고 자신을 감광(甘狂)이라 자처하였다.

엿은 군것질거리였지만 조선시대에는 약용으로도 쓰였다. 그래서 이전(李㙉: 1558-1648)은 「엿[飴糖]」에서 “노인이 엿을 먹으니, 요즘 들어 힘이 붙는다. 가래와 기침 절로 멎으니, 신선의 약 구할 것 없네[老人服飴糖 年來多得力 痰嗽自然消 不必求仙藥].”라 하였다. 엿은 특히 가래와 기침을 멎게 하는 데 효과가 있었던 모양이다.

분류 : 문학
색인어 : 엿, 이말동, 어득강, 김조순, 이전
참고문헌 : 이말동,『선원선생문집』; 권별,『해동잡록』; 어득강,『관포시집』; 김조순,『풍고집』; 이전,『월간집』
필자 : 이종묵

흑당 만드는 법(1495년 연산군)

1495년 4월 8일 연산군이 정괄(鄭适: 1435-1495), 구수영(具壽永: 1456-1523)에게 이전에 중국산 흑당(黑餳)을 먹어보았는데 맛이 매우 좋았다고 중국에 가서 사가지고 오도록 시켰다. 더불어 조선에서 나는 산물을 재료로 같은 것을 만들 수 있는지 만드는 법을 자세히 물어보고 오도록 명령하였다.

흑당(黑餳)은 엿의 한 종류로 검은색을 띤 엿인지 아니면 당대 류큐와 중국 남방에서 생산되던 설탕 중 정제를 덜한 상태로 유통되던 설탕[黑糖]인지 명확히 알 수는 없다. 다만 분명한 것은 단맛이 나는 음식이었고 연산군의 말처럼 직접 먹기도 했으나 약을 만드는 재료로도 심심치 않게 쓰였다는 점이다.

『식료찬요』에서 기침을 빨리 멈추고 치료하기 위한 약용식품을 만들 때도 흑당이 쓰였다. 만드는 방법을 보면 우선 좋은 배에 씨를 뺀 후 갈아서 즙을 낸다. 그리고 찻잔에 저초(著椒) 40개를 넣은 후 한 번 끓이고 남은 찌꺼기를 걷어낸 후 흑당 1대냥을 넣어 졸아 없어질 때까지 끓여 조금씩 삼킨다고 했다.

17세기 저술된『의림촬요』에 냉기로 인해 숨이 차고 기침하는 것을 치료한다고 기록된 이강원(飴薑元)이란 약을 만들 때도 흑당이 쓰였다. 만드는 방법은 다음과 같다. 우선 흑당 1근, 말린 생강 4냥을 준비한 후 말린 생강을 가루 낸다. 흑당은 중탕으로 다 녹여 묽은 죽처럼 만든다. 그런 후 말린 생강가루 10푼을 넣고 잘 섞어서 유기쟁반에 깔면 엉겨 붙으면서 완성된다. 이를 빈속에 수시로 씹어 먹으면 된다고 했다.

분류 : 식재료
색인어 : 연산군, 설탕, 흑당, 식료찬요, 의림촬요, 이강원, 정괄, 구수영, 연산군, 중국
참고문헌 :『연산군일기』;『식료찬요』;『의림촬요』
필자 : 이민재

엿기름

엿기름은 한자로는 ‘糵(얼)’, ‘麥芽(맥아)’, ‘糖芽子(당아자)’, ‘連展(연전)’이라 하였다. 이러한 엿기름은 그 자체를 가지고 음식을 만드는 것이 아니라, 대개는 엿기름가루를 물에 넣고 주무른 것을 그대로 물에 담가 두었다가 가라앉혀 웃물을 따라낸 엿기름물을 쓴다. 엿기름물은 엿, 조청, 식혜, 감주, 술을 만들거나 고추장을 담글 때 단맛을 내기 위해 넣는 재료이다.

조선시대에는 현재와 달리 가정에서 엿기름을 길러서 썼다. 엿기름 기르는 법은 여러 문헌에 실려 있지

만, 이 가운데 1800년대 말의 한글 조리서인 『시의전서(是議全書)』에 따르면, 보리를 절구에 살짝 찧은 후 키에 까불러서 이물질을 제거하고, 한참 동안 물에 담갔다가 건진다. 그것을 동이에 담아 물을 치고 싹을 틔우고, 싹이 다 트면 물에 씻어 시루에 안치고 물을 주며, 하루 건너씩 물에 씻어 다시 시루에다 안치며 기른다. 엿기름 싹이 자라 반쯤 마르면 손으로 비벼서 싹을 부순 후 까불러서 말려 두고 쓴다고 했다.

잘 말린 엿기름은 잘 보관하였다가, 필요할 때마다 꺼내 맷돌에 갈아 가루로 만들어 체로 친 뒤에 곱게 해서 썼다. 엿기름[麥芽]을 틔우는 법은 홍만선(洪萬選: 1643-1715)의 『산림경제(山林經濟)』에도 보인다. 이에 따르면, 엿기름은 2-3월이나 9-10월에 만들어 집에 보관해두면 쓸모가 많고, 봄보리[春麥]와 밀[小麥]보다는 가을보리[秋麥]를 사용하는 게 가장 좋다고 하였다. 이와 달리 서유구(徐有榘: 1764-1845)는 『임원경제지(林園經濟志)』에서 우리나라 사람들은 보리로만 엿기름을 만드는데, 벼, 조, 기장 등 까끄라기가 있는 곡물은 모두 물에 불려서 싹을 틔워 햇볕에 말리면 엿기름으로 만들어 쓸 수 있다고 썼다.

분류 : 식재료
색인어 : 시의전서, 보리, 엿, 술, 시루
참고문헌 : 홍만선, 『산림경제』(한국전통지식포탈); 작자 미상, 『시의전서』; 서유구, 『임원경제지』(한국전통지식포탈)
필자 : 김혜숙

엿기름(유희춘)

엿기름은 엿, 조청, 식혜, 감주, 술, 고추장 등과 같이 일상음식으로든 명절음식으로든 누구나 한 번쯤 먹어본 적이 있을 만한 음식을 만들 때 이용한다. 그런데 조선시대에 이러한 엿기름이 무엇인지 몰라서 아내에게 물었던 선비가 있었다. 바로 미암(眉庵) 유희춘(柳希春: 1513-1577)이다.

유희춘은 누구 못지않게 경전(經典)에 능했던 유학자였으나, 관리로서의 이력은 참으로 험난하였다. 그는 1538년(중종 33) 문과에 급제하여 관직의 길에 들어섰다. 그러나 명종(明宗: 재위 1545-1567) 때인 1547

년(명종 2) 9월의 양재역(良才驛)의 벽서사건(壁書事件)에 연루되어 제주도에 유배되었다가 다시 함경도 종성에 안치되었다. 이 사건은 양재역에서 익명의 벽서가 발견된 데서 비롯되었다. 벽서는 "위로는 여주(女主)", 즉 당시 수렴청정을 하던 문정왕후(文定王后: 1501-1565)가 있고, "아래에는 간신 이기(李芑: 1476-1552)가 있어 권력을 휘두르니 나라가 곧 망할 것"이라는 내용이었다. 이 벽서를 빌미로, 명종의 외척인 윤원로(尹元老: ?-1547), 윤원형(尹元衡: ?-1565) 등의 소윤 세력은 자신들의 잠재적 정적(政敵) 세력을 제거하였는데, 유희춘도 그 가운데 포함되어 유배 길에 올랐던 것이다. 나중에 무고사건으로 밝혀진 양재역 벽서사건으로 인해 20년 가까이 고초를 겪었던 유희춘은 1567년 선조(宣祖: 재위 1567-1608)가 즉위하면서 다시 등용되었다.

그토록 어려운 시절을 넘기고 홍문관에서 다시 일하게 된 그는 어느 날 엿기름이 무엇인지 몰라 난감했던 일이 있었다. 이 일은 그가 쓴 『미암일기(眉菴日記)』 1574년(선조 7) 5월 1일자에 보이는데, 『상서(尙書)』의 "만약 술[酒]과 단술[醴]을 만들거든 네가 누룩[麴]과 엿기름[蘗]이 되도록 하라."는 부분을 교정하다가 어려움에 맞닥뜨렸다. 이때 또한 『집전(集傳)』에 "술에 누룩이 많으면 쓰고, 엿기름이 많으면 달다."는 문장이 나왔는데, 유희춘 자신은 물론이고 당시 홍문관에 같이 있던 사람 중에 '얼(蘗)', 즉 엿기름이 무엇인지 자세히 아는 사람이 없었다는 것이다.

사실 조선은 제사를 모시는 '봉제사(奉祭祀)'와 손님을 대접하는 '접빈객(接賓客)'이 매우 중시되는 사회여서, 어지간한 양반 집에서는 제사와 손님접대, 명절 때와 일상적인 반주를 위해 술을 끊이지 않고 빚어야 했다. 따라서 술을 빚을 때 들어가는 누룩은 더러 남자들도 알았겠지만, 엿기름은 사정이 달랐다. 엿기름을 만들고, 엿기름을 이용한 엿이나 고추장 등의 음식을 만드는 일은 오롯이 여자의 몫이었기 때문이다.

남자들만 모인 홍문관에서 결국 궁금증을 해소하지 못한 유희춘은 집에 돌아와 자신의 아내에게 얼(蘗),

즉 엿기름이 무엇인지 물어보았다. 이에 아내 송씨는 엿기름은 보리[大麥]나 밀[小麥]을 물에 담가 짚단으로 싸서 뜨거운 곳에 두어 싹을 틔운 후 햇볕이나 불에 말려가지고 가루를 내어 쓰는데, 술에 넣으면 달게 되고 누룩 가루와 섞으면 좋고 알려주었다고 한다.

분류 : 식재료
참고문헌 : 유희춘 저, 안동교·박명희·김재희·김세종 공역, 『미암일기』 (전남대학교 호남학연구원·조선대학교 고전연구원, 2013); 이수건, 「유희춘」, 『한국민족문화대백과사전』(한국학중앙연구원, 1997); 오수창, 「양재역벽서사건」, 『한국민족문화대백과사전』(한국학중앙연구원, 1996)
필자 : 김혜숙

영접도감연향색의궤(1634년)

1634년(인조 12) 6월 소현세자(昭顯世子: 1612-1645)를 세자로 책봉한 일을 승인하기 위해 명나라 사신 일행 127명이 조선을 방문하였다. 이때 영접 시 베푼 연회 관련 사항을 기록한 의궤가 『영접도감연향색의궤(迎接都監宴享色儀軌)』이다. 연향색(宴享色)이란 연회와 관련

『영접도감연향색의궤』, 33.9×46cm, 1634년, 서울대학교 규장각한국학연구원

된 업무를 담당한 부서를 말한다.

사신 일행은 6월 20일 태평관(남별궁)에 도착하여 다음날 21일에는 도착을 축하하는 연회인 하마연(下馬宴), 22일에는 창덕궁 인정전에서의 회례연(回禮宴), 24일에는 왕세자가 주최하는 남별궁에서의 별연(別宴)과 29일 익일연(翌日宴)을 베풀었다. 7월 2일에는 또 한 차례 인정전에서의 회례연과, 7월 4일에는 왕세자 남별궁연, 떠나기 전날인 7월 5일에는 남별궁에서 사신들의 귀국을 위한 송별연인 상마연(上馬宴), 7월 6일에는 모화관에서의 전연(餞宴) 등 여덟 차례의 공식적인 연회를 베풀었다.

『영접도감연향색의궤』에는 사신이 머무는 동안 베푼 여덟 번의 연회에 오른 상차림과 음식 내용을 기록하여 영접을 위한 상차림을 살펴볼 수 있다.

연회 중에서 상마연과 하마연의 상차림은 같았다. 주상(主床) 즉 주빈을 위한 상에 오른 찬품은 중박계(中朴桂) 4기(그릇)씩 16기, 약과(藥果) 5기씩 20기, 육색실과(六色實果) 24기로 차려졌고, 여섯 가지 과실로는 실백자(實栢子: 잣), 실비자(實榧子), 실진자(實榛子: 개암나무 열매), 잣을 박은 대추[大棗], 황율(黃栗: 말린 밤), 잣을 박은 건시[乾柿子]가 놓였다.

좌우로 협상(俠床)이 놓였는데, 좌협상에는 1행에는 홍망구소(紅望口消) 2기씩 8기, 유사망구소(油沙望口消) 1기씩 4기가, 2행에는 백다식(白茶食) 2기씩 8기가, 전책병(全冊餠) 2기씩 8기가, 3행에는 운빙(雲氷) 1기씩 4기, 적미자아(赤味子兒) 2기씩 8기, 송고미자아(松古味子兒) 1기씩 4기가 각각 놓였다. 우협상에는 1행에는 홍마조(紅亇條) 2기씩 8기, 유사문마조(油沙粉亇條) 1기씩 4기가, 2행에는 송고마조(松古亇條) 2기씩 8기, 염홍마조(染紅亇條) 2기씩 8기가, 3행에는 율미자아(栗味子児) 1기씩 4기, 송고미자아(松古味子児) 1기씩 4기, 적미자아(赤味子児) 1기씩 4기, 유사미자아(油沙味子児) 1기씩 4기가 각각 놓였다.

상마연 때 사신 2명과 왕에게 올린 연상에는 어육(魚肉: 절육), 건남(乾南: 꼬치에 끼운 적), 전어육(煎魚肉: 어육전), 채소 음식이 차려졌다.

특히 주상과 협상에 오른 망구소, 전책병, 운빙, 미자아, 마조 등은 요즘에는 볼 수 없는 생소한 음식명이다. 이 음식들에 공통적으로 들어가는 상말(上末), 기름(油), 꿀[淸], 즙청(汁淸)이다. 좋은 밀가루 또는 쌀가루를 반죽하여 지치, 송고, 말린 밤 등을 넣어 색이나 맛을 내어 기름에 지져 즙청하거나 즙청하여 유사상말(油沙上末)고물을 묻힌 과자 종류로 추측된다.

분류 : 문헌
색인어 : 명나라 사신, 영접식, 영접도감연향색의궤, 상마연, 하마연
참고문헌 : 『영접도감연향색의궤(迎接都監宴享色儀軌)』; 한영우 저, 『조선왕조 의궤, 국가의례와 그 기록』(일지사, 2005); 한식아카이브(http://archive.hansik.org)
필자 : 이소영

영접도감잡물색의궤(1643년)

1636년(인조 14) 12월에 병자호란이 일어나 조선은 삼전도의 굴욕을 당하고 청나라와의 사신 교류가 시작되었다. 인조 15년(1637) 11월 청이 조선을 조공국으로 만들기 위해 사신을 보내 시녀의 공납을 요구하는 등 고압적 태도와 행패가 많았다. 1643년(인조 21) 9월 조선에 청나라 사신이 들어왔다. 청나라 사신 일행은 청 태종(太宗: 1592-1643)의 상(喪)을 알리기 위해 9월 3일부터 10일까지 조선에 머물며 접대를 받았다.

청나라 사신 일행의 일정 및 연향 관련하여 제반 사항을 기록한 의궤는『영접도감잡물색의궤(迎接都監雜物色儀軌)』와『영접도감연향색의궤(迎接都監宴享色儀軌)』이다.『영접도감연향색의궤』는 주로 공식적인 연향의 상차림과 음식 내용을 기록한 것에 비해『영접도감잡물색의궤』는 주로

『영접도감잡물색의궤』, 33.9 × 45.7cm, 1643년, 서울대학교 규장각한국학연구원

일상에 필요한 물품을 기록한 것이다.

『영접도감잡물색의궤』에는 사신이 머무는 동안 제공된 일상식의 식재료를 기록해놓아 일상식으로 어떤 상차림이 제공되었는지, 음식을 만들기 위해 쓰이는 재료에 대한 정보를 파악할 수 있다. 당시 조선에 들어온 칙사(勅使)는 박씨(博氏) 2인이었고 1등 두목(頭目) 1인, 2등 두목 2인, 3등 두목 3인이었다.

칙사 2인의 매일 세 끼의 식사와 다담(茶啖)상 1, 2등 두목 3인의 일상 식사가 제공되었다. 그중 칙사에게 제공한 다담상의 음식으로는 약과(藥果), 방미과(方味子), 잡과(雜果: 여러 가지 과자류), 수정과(水正果), 진자·호두·은행의 각색세실과(各色細實果), 의이죽(薏苡粥), 건정과(乾正果: 미후도(다래)정과), 대추·홍시·배·밤의 생실과(生實果), 각색절육(各色切肉),

생해란(生蟹卵) 또는 편두부[片豆泡], 두부숙편[熟片次片豆泡], 녹말국수로 된 면(麵), 침채(沈菜), 저육장방(猪肉將方) 또는 연두부[軟豆泡]이다.

분류 : 문헌
색인어 : 영접도감잡물색의궤, 영접도감, 청나라 사신, 영접식, 다담상
참고문헌 :『영접도감잡물색의궤(迎接都監雜物色儀軌)』; 한영우 저,『조선왕조 의궤, 국가의례와 그 기록』(일지사, 2005); 한식아카이브 (http://archive.hansik.org)
필자 : 이소영

오례의 제물 논쟁(1717년 숙종)

조선 후기 국가의례의 개편에 대한 본격적인 논의와 시도는 숙종 대부터 시작된다. 이미 1681년에 오례의가 간략하다고 여겨 이를 증보한 예서를 편찬하려고 했으나 실패했다고 한다. 그 이후에도 명나라 태조 때 편찬되었던『대명집례의』를 중간(重刊)하고 종묘와 영녕전 관련 도설과 예제, 예제의 변천, 각 의례의 절차 등을 기록한 종합서적 성격의『종묘의궤』를 편찬했다.

하지만 1717년 6월 21일자『숙종실록』의 기사에 따르면 예조에서 종묘에서 향해지는 제향에 올리는 제물에 관해 논의했는데 여전히 국가의례에 대한 명확한 기준이 설립되지 않아 다양한 이론(異論)이 있었다.

이 논의의 쟁점은 제물들을『오례의(五禮儀)』에 기록되어 있는 대로 갖추거나 만들 것이냐 아니면 기존에 하고 있던 방식을 유지시킬 것이냐의 문제였다. 구체적으로 보자면 대조(大棗)·율황(栗黃)·진자(榛子)·능인(菱仁)·검인(芡仁)은 현재 다른 과일로 대용되고 있었고 의례에 쓰이는 떡인 흑병(黑餠)은『국조오례의(國朝五禮儀)』에선 메밀가루[蕎粉]로 만든다고 했으나 이 논의가 있던 시점에는 수수쌀[唐黍米]로 만들고 있었다. 구이(糗餌)의 경우에도 말린 쌀과[乾米]·말린 보리[乾麥]를 재료로 만드는 것이라 기록되어 있었지만 숙종 대엔 이미 쌀가루[米末]와 밀가루[眞末]를 섞어 끓이는 방식으로 만들었다.

담해도『오례의』에선 건어(乾魚)의 포를 잘게 썰어서

양국(梁麴)과 소금을 섞어 담그고, 좋은 술을 발라서 항아리 안에 1백 일 동안 두면 만들어진다고 전해졌다. 하지만 공안(貢案)에 기록된 바에 따르면 담해는 돼지고기를 절여 쌀[稻米]밥을 그 위에 바르는 방식으로 만들어졌다.

이식(酏食)은 『오례의』에서 쌀[稻米]로 반죽한 뒤 이리 배꼽 속 기름을 작게 잘라서 넣은 죽이라고 하지만 숙종 당시에는 이미 이리의 배꼽 기름은 구할 수 없으니 넣지 않고 미분(米粉)으로 풀을 쑤어 만들고 있었다.

절차상에 있어서도 『오례의』에서는 처음 술을 올리는 초헌(初獻)때는 예제(醴齊)라는 술을 따르고 두 번째 술을 올리는 아헌(亞獻) 때는 앙제(盎齊)라는 술을 따르며 종헌 때에 청주를 따르라고 되어 있지만 이미 숙종 대에는 삼헌(三獻) 때에 모두 청주(淸酒)를 따르고 있다고 보고했다.

울창(鬱鬯)은 『오례의』에는 검은 기장[黑黍]으로 만든 술에 울금(鬱金)을 끓인 후 섞어서 만든다 했지만 더 이상 검은 기장이 아닌 쌀로 술을 빚어 울금을 섞는 방식으로 전환되어 있었다.

형갱(鉶羹)에 대한 논의도 이뤄지는데 『오례의』에 따르면 원래 오미(五味)를 넣어 끓인 국을 형갱이라 하는데 문제는 숙종 대에는 『오례의』에서 말하는 오미(五味)가 무엇인지 알 수 없게 되었다는 것이다.

이와 같은 상황에 대해 예조에서는 갑자기 기존의 법례대로 돌아가면 오히려 폐단을 만들어낸다고 보고 『오례의』에 기록된 바에서 변형되었다고 해도 규범 속에서 허락될 범위의 변형이라면 바뀐 형태를 유지하는 것이 마땅하다고 여겼다. 그러나 구이(糗餌)·담해(醓醢)·이식(酏食)·형갱(鉶羹) 그리고 초헌·아헌·종헌에 청주만을 쓰는 것은 『예기』·『주례』 등의 기록에 의거해 고쳐야 한다고 보고했다.

이러한 예조의 의견에 대해 당시 영의정이었던 김창집(金昌集: 1648-1722)과 좌의정 이이명(李頤命: 1658-1722) 등의 신하들이 의견을 냈다. 김창집의 경우 예조에서 보고한 내용 중에서도 더 밝힐 수 있는 것이 있다면 고쳐야 하는 것이 맞지만 기록들에서 찾

을 수 없는 것을 단정하여 고치는 것은 옳지 않다고 주장했다. 이에 이이명 역시 김창집의 의견과 같이 제물을 다른 것으로 대용한 것에는 부득이한 이유가 있을 것이라고 주장하였다. 그리고 고쳐야 하는 것이 있다면 기록을 살펴보는 것에 멈추지 않고 중국에 사신을 보내서라도 확인해야 한다고 했다. 특히 이이명은 조선의 기장[黍]·피[稷]가 청의 그것과 다르다고 하는 주장들이 있다며 제향에서 가장 중요한 제물들인 기장과 피가 다르면 안 되기 때문에 청나라에 사신으로 가는 이들에게 사오도록 해야 한다고 의견을 올렸다. 이에 숙종은 김창집의 주장대로 시행하도록 하고 기장과 피에 대해서는 이이명의 의견을 따르도록 명령했다.

분류 : 미술
색인어 : 숙종, 오례의, 대조, 율황, 진자, 능인, 검인, 흑병, 형갱, 구이, 담해, 이식, 김창집, 이이명
참고문헌 : 『숙종실록』; 『국조오례의(國朝五禮儀)』; 김문식 외 4명, 『영정조대 문예중흥기의 학술과 사상』(한국학중앙연구원 출판부, 2014)
필자 : 이민재

오리

조선시대 '압자(鴨子)'라고도 했던 오리는 꿩이나 닭에 비해 민간에서 일상적으로 즐겨 먹던 식재료는 아니었다. 하지만 왕실에 가례(嘉禮), 즉 혼례가 있을 때나 조선에 온 중국 사신을 접대하는 연향(宴享)에는 대부분 오리로 만든 음식이 상에 올랐다.

예를 들면, 나중에 경종(景宗: 재위 1720-1724)이 되는 왕세자와 왕세자빈 어씨(魚氏: 1686-1718)가 1718년(숙종 44) 가례를 올릴 때의 기록인 『[왕세자]가례도감의궤([王世子]嘉禮都監儀軌)』를 보면, 상차림에 오리전(鴨子煎)이 있고, 오리 외에 비둘기[鳩子]와 참새[小雀]로 만든 전유어도 들어 있었다. 또 조선에 온 중국 사신을 위해 차리는 연향을 기록한 의궤를 보아도 1609년의 『영접도감연향색의궤(迎接都監宴享色儀軌)』에 오리를 삶아서 만든 압자숙편(鴨子熟片)이 나오고, 1643년의 『영접도감연향색의궤』에는 소선과

대선에 소, 돼지, 양, 닭은 물론이고 오리가 쓰였음을 확인할 수 있다.

한편 왕실에서는 잔치뿐 아니라 병을 치료하는 데도 오리를 썼다. 숙종(肅宗: 재위 1674-1720)이 몸에 부기(浮氣)가 있어, 군졸이 들오리를 연달아 잡아 올리자 숙종은 오리 사냥을 그만두도록 명하였다. 이에 이이명(李頤命: 1658-1722)은 군졸이 한가할 때에 오리를 잡으니 무슨 폐단이 있겠냐고 아뢰었다. 그러자 숙종은 "어린 새끼와 알을 취하지 말고 둥우리를 엎지 말라."는『예기(禮記)』의 구절을 인용하며, 이와 같이 옛 성인은 생육(生育)을 소중히 여겼고 질병에는 본디 다른 약이 있는 법인데, 군이 오리를 잡을 필요가 있겠느냐고 답하였다(『숙종실록(肅宗實錄)』숙종 40년 1714년 3월 17일자 기사).

숙종의 부기를 다스리기 위해 들오리를 조달하였던 것은 부종이 있을 때 오리로 찜이나 죽을 해 먹으면 효험이 있다고 믿었기 때문이다. 조선 전기(前期)의 어의(御醫)였던 전순의(全循義: ?-?)의『식료찬요(食療纂要)』를 보면, 몸이 붓는 수종병(水腫病)을 치료하려면 청둥오리[靑頭鴨]와 쌀을 섞어 죽을 쑤거나, 흰 오리[白鴨]의 배 속에 고두밥, 생강, 산초를 넣고 꿰맨 후 찜을 해 먹으라고 했다.

그런데 왕실에서 쓸 오리를 조달하는 일이 쉽지는 않았다.『광해군일기(光海君日記)』를 보면, 겨울임에도 충청도에서 정조(正朝), 즉 1월 1일에 진상한 오리와 기러기가 모두 부패하여 입에 가까이 할 수 없다면서 충청감사의 죄를 물은 일도 있었다(광해군 12년(1620) 1월 8일자 기사). 사정이 이렇다보니 오리를 식재료로 쓰기 위해서 야생오리를 잡기도 했지만, 집에서 키우기도 했다.

17세기 후반의『요록(要錄)』에는 저자가 직접 자기 집에서 실행해본 알을 잘 낳는 오리로 키우는 요령이 소개되어 있다. 그에 따르면, 매년 5월 5일에 오리를 풀어주지 말고, 마른 밥만 먹이고 물을 주지 않으면 하루도 빠짐없이 알을 낳게 되는데, 곡식에는 흙이나 유황을 섞어 먹이라고 권하였다. 사실 오리는 고기도 중요하지만, 전을 부치거나 할 때 달걀처럼 알을 쓸 수 있어서 알을 잘 낳는 오리로 키우는 법은 유용한 지식이다. 실제『요록』의 방식처럼 오리를 키웠는지는 알 수 없지만, 집에서 오리를 키워 고기와 알을 식용하는 일은 드물지 않았다.

오리를 키워서 잡아먹던 함경도의 풍산(豐山) 군수 이야기가 성현(成俔: 1439-1504)의『용재총화(慵齋叢話)』에도 전한다. 그 풍산 군수는 종실(宗室)이었으나 셈을 할 줄 모를 정도로 어리석어서, 집에서 키우는 오리도 오직 쌍으로 묶어서 셌다고 한다. 어느 날 그 집의 어린 종이 군수 몰래 오리 한 마리를 삶아 먹었는데, 그날도 어김없이 쌍으로 오리를 세던 군수는 오리가 한 마리만 남자 크게 화가 났다. 종에게 네가 훔쳐 먹었으니 오리 한 마리를 가져와 채워 놓으라면서 매를 때렸다. 하지만 매를 맞은 종은 오리를 채우기는커녕 다음 날 오리 한 마리를 더 삶아 먹었다. 그 사실을 모르는 군수는 오리를 세어보더니 혼자 남는 오리가 없이 짝이 맞는다며 기뻐하였다. 종이 오리를 채워 넣었다고 여긴 군수는 어제 종을 때렸더니 효과가 있다면서, 이래서 형벌이 필요하다고 했다는 이야기이다. 풍산 군수의 종이 오리를 삶아 먹었다는 것으로 보아, 그 종은 아마도 닭백숙을 만드는 방법으로 오리백숙을 끓여 먹은 듯하다. 오리백숙에 대해서는 방신영(方信榮: 1890-1977)이『조선음식 만드는 법』(1946)에서 소개하였는데, 그는 우리나라 사람들의 습관으로는 닭이나 꿩은 잘 먹으나 오리나 거위 같은 것은 잘 먹지 않지만, 오리나 거위 고기도 익숙해지면 닭고기 맛에 뒤지지 않는다고 했다. 일상음식으로는 조선시대나 일제 강점기나 그다지 오리를 즐겨 먹지는 않았던 듯하다.

그렇기는 하지만 조선시대에 고기를 섭취할 수 있는 기회가 드물어서, 어쩌다 누군가로부터 선물이라도 받아서 오리를 먹을 수 있는 건 감사할 만한 일이었다. 그리하여 조선 중기의 시인 이응희(李應禧: 1579-1651)는 지인인 송률(宋溧)이 보내준 오리를 두고 아래와 같은 시를 지어 고마운 마음을 표현하였다.

인생 일흔 살이 된 뒤론
고기 아니면 밥 먹지 못하거늘
꿩과 토끼는 아무래도 잡기 어렵고
닭과 돼지는 죄다 관가에 들어가지
시냇가 늙은이 이내 마음 알아서
기르던 오리를 아낌없이 보내왔네
옥처럼 고운 알을 봄에 낳으면
반찬거리로 좋은 줄 잘 알겠어라
人生七十後　非肉不能餐
雉兎終難網　鷄豚盡入官
溪翁知此意　池鴨送無慳
玉殼春生卵　應知助膳盤

*이응희, 「송 척시가 오리를 보내준 데 사례하다[謝宋
戚侍遺鴨子]」(이상하 역, 2009)

분류: 식재료
색인어: 참새, 꿩, 닭, 돼지
참고문헌: 『[왕세자가례도감의궤]』;『영접도감연향색의궤』;『숙종실
록』;『광해군일기』; 전순의 저, 고농서국역총서9·『식료찬요』(농촌진
흥청, 2004); 작자 미상, 『요록』; 성현 저, 권오돈·김용국·이지형 공역,
『용재총화』(한국고전번역원, 1971); 방신영, 『조선음식 만드는 법』(대
양공사, 1946); 이응희 지음, 이상하 역, 『옥담시집』(전주이씨안양군
파종사회, 2009)
필자: 김혜숙

오리엔탈 컬리너리 아트
(『Oriental Culinary Art』)

1933년 미국 로스
엔젤레스에서 출간
된 동양음식에 관한
책으로 한국음식 조
리법이 다량 포함되
어 있다. 『Oriental
Culinary Art(동양
요리법: 1933)』는
웨첼출판사(Wetzel
Publishing Co.,)에
서 출판되었으며 저

George I. Kwon, Pacifico Magpiong,
『오리엔탈 컬러너리 아트』, 크기 미상, 개
인 소장

자는 조지 I. 권(George I. Kwon), 퍼시피고 매그피옹
(Pacifico Magpiong) 2인이다. 총 100여 가지의 한
국, 일본, 중국 그리고 필리핀 음식 조리법이 수록되
어 있다. 목차는 수프(soup), 밥(rice), 찹수이(chop
suey), 국수(noodles), 차우미엔(chow mein), 달걀
요리(eggs), 생선요리(fish), 스키야키(suki-yaki), 기
타(miscellaneous) 등 9개로 나뉘어 있다.

표지에는 영어로 'Oriental Culinary Art'라고 적혀
있으며 그 아래 '東洋料理法(동양요리법)'이라는 한
자명이 병기되어 있다. 1933년에 초판본 이후로 재출
간되지는 않은 것으로 보인다.

정확한 기록은 없으나 성이 '권(Kwon)'인 것과 한
국음식이 다수 포함되어 있는 것으로 미루어 볼 때
첫 번째 저자인 조지 권은 한국인으로 추정된다. 저
자는 2인으로 되어 있지만 첫 번째 저자인 조지 권
이 이 책의 실질적인 저자로 보인다. 책의 서지사항
에 의하면 책의 저작권은 조지 권에게 있다고 명시되
어 있기 때문이다. State Council California Home
Economics Association의 초대회장인 에씨 L. 엘리
어트(Essie L. Elliott)의 서문에서도 권씨에 대해서만
언급되어 있다.

이 책에 나온 전체 요리 중 약 30%가량이 한국 음식
으로 추정된다. 수프(soup) 항목에서는 달걀국, 골
탕, 미역국, 육개장, 두부갱, 노각탕, 밤죽, 연자죽, 떡
국 등이 한국 음식으로 추정되는데, 특이한 것은 육개
장을 'Summer soup'이라고 표기했다는 점이다. '밥'
항목에서는 약식(약밥)과 가래떡이 나오며 찹수이
(chop suey), 항목에서는 한국식 잡채밥과 한국식 (채
소) 잡채가 나온다.

스키야키(suki-yaki) 항목의 한국 음식으로는 완자(완
자탕), 완자지짐, 만두, 승기악탕, 용봉탕, 신선로 등이
다. 스키야키를 '전골'이라는 의미로 사용한 것으로 보
인다.

이 책의 조리법에는 만두를 포함한 다양한 한국 음식
에 셀러리(celery)가 사용되어 있는데 이는 미나리의
영문명 중 하나인 'water celery'를 축약한 것이거나

미나리의 대용으로 셀러리를 사용한 것으로 보인다.

분류 : 문헌
색인어 : Oriental Culinary Art, 동양요리법, 육개장, 미나리, 완자탕,
약식, 잡채, 셀러리
참고문헌 : George I. Kwon, Pacifico Magpiong, 『Oriental Culinary
Art』(Wetzel Publishing Co., 1933)
필자 : 서모란

오미자

오미자(五味子)는 전국적으로 산지(山地)에 널리 분
포되어 있는 오미자나무의 열매이다. 색이 붉은 이 열
매는 서호수(徐浩修: 1736-1799)의 『해동농서(海東
農書)』에 따르면, 짠맛이 있으면서도 껍질과 살은 단
맛과 신맛, 씨 속은 매운맛과 쓴맛이 있어 짠맛, 단맛,
신맛, 매운맛, 쓴맛의 5가지 맛이 난다 하여 오미자라
고 부른다고 했다.

조선시대에는 오미자 열매를 8월에 따서 볕에 말려두
었다가 음료와 음식을 만들고 약으로도 썼다. 오미자
로는 오미자화채, 책면, 오미자편, 오미자다식, 오미
자미음, 오미자고, 오미자주 등의 음식을 만들었는데,
오미자의 맛을 즐기거나 약성(藥性)을 얻고자 만든
것도 있지만 오미자의 곱고 붉은 색을 내려고 만든 음
식도 있다.

이 가운데 오미자차(五味子茶)는 영조(英祖: 재위
1724-1776)가 목이 마를 때 간혹 마시던 차인데, 남들
이 그것을 보고 소주(燒酒)를 마시는 줄 오해하여 조
명겸(趙明謙: 1687-?) 역시 영조에게 술을 조심하고
경계하시라고 충언한 적이 있다(『영조실록』 영조 12
년(1736) 4월 24일자 기사). 다른 사람들이 붉은색의
오미자차를 소주로 오해하였다고 하니, 아마도 홍소
주(紅燒酒)로 착각한 듯하다. 홍소주는 왕실의 내의
원(內醫院)에서 빚어 각 전에 진상하였던 술인데, 선
조(宣祖: 재위 1567-1608) 때 편찬된 『의림촬요(醫林
撮要)』 제13권 '홍소주 만드는 법[造紅燒酒法]'에 따
르면 소주를 끓여서 내릴 때 먼저 자초(紫草)를 곱게
썰어서 소주 단지 속에 넣어두면, 뜨거운 소주에 자초

가 우러나와 선홍색의 홍소주가 된다고 하였다.
한편 조선시대에 오미자는 오늘날의 당뇨병에 해당
하는 소갈병(消渴病)에 좋은 식품으로 여겨져서, 소
갈병에 걸린 이들은 오미자탕을 마시고는 했다. 오미
자탕은 오미자 열매를 끓는 물에 담가 우려낸 국물로
만드는데, 오미자탕을 즐겨 마셨던 인물이 성현(成
俔: 1439-1504)의 『용재총화(慵齋叢話)』에 나온다.
소갈병에 걸린 최윤(崔潤)은 평소 오미자탕을 무척
즐겼는데, 그 바람에 그만 이빨이 모두 빠지고 말았
다. 그러다 어느 고을을 다스리게 되었는데, 친구들은
이가 없으니 어떻게 하냐며 최윤을 놀려댔다. 그러자
평소 재미있게 말을 잘하기로 이름 난 최윤이 조정에
서 자기더러 입으로 딱딱한 개암을 깨라고 하면 못하
겠지만, 이빨로 군(郡)을 다스리라는 것도 아닌데 어
려울 게 뭐 있겠냐고 답하였다. 그 말을 들은 사람들
은 모두 배를 잡고 웃었다고 한다.

분류 : 음식
색인어 : 소주
참고문헌 : 서호수 저, 고농서국역총서 14『해동농서 Ⅱ』(농촌진흥청,
2008); 성현 저, 권오돈·김용국·이지형 공역, 『용재총화』(한국고전번
역원, 1971); 양예수 편, 전종욱 역, 『의림촬요』(세종대왕기념사업회,
2016)
필자 : 김혜숙

오이

오이는 푸른색의 길쭉하게 생긴 1년생 채소로, '외'라
고도 한다. 『광재물보(廣才物譜)』에서는 오이를 '胡
瓜(호과)', '青瓜(청과)', '黃瓜(황과)'라고 표기하였고,
다른 문헌에서는 '苽子(과자)'라고도 하였다. 오이를
지칭할 때는 '瓜(과)'와 '苽(과)'를 혼용하였는데, 이는
한자명에 '과(瓜)'가 들어가는 참외나 호박도 마찬가
지이다.

한편 오이의 명칭에 대해서는 최한기(崔漢綺: 1803-
1877)의 『농정회요(農政會要)』에 자세하다. 이에 따르
면, 오이를 '호과'라고 부르게 된 것은 『본초(本草)』에
중국 한나라 무제 때의 장건(張騫: ?-기원전 114)이 서
역에 사신으로 가서 종자를 얻어왔다 하여 붙인 이름

이고, 호과가 황과(黃瓜)가 된 것은 『습유록(拾遺錄)』에서 608년(수나라 양제 4) 임금의 이름을 피하기 위해 개명한 것이라고 설명하였다(최한기, 2006: 72쪽).

이후 중국을 거쳐 한반도에 유입된 오이가 재배된 지는 오래되었는데, 신라 말의 승려이자 풍수설의 대가였던 도선국사(道詵國師: 827-898)의 출생 설화에도 오이가 등장한다. 서거정(徐居正: 1420-1488)의 『필원잡기(筆苑雜記)』제1권에 따르면, 처녀였던 도선의 어머니가 냇가에서 놀다가 아름답고 큰 오이[瓜]를 얻어먹은 후 아이가 생겼는데, 아이를 낳자 외조부모가 냇가에 버렸으나 갈매기 떼가 날아와 위아래로 아기를 감싸 보호하였다. 그 덕분에 추운 날씨였는데도 열흘이 더 지나도록 아기가 죽지 않았고 결국 다시 거두어 길렀다는 이야기이다.

이와 비슷한 이야기는 한치윤(韓致奫: 1765-1814)의 『해동역사(海東繹史)』제32권 '도신(道侁)'에도 보인다. 여기에서는 도선국사의 어머니가 최씨(崔氏) 집 채마밭에서 자란 1자[尺] 남짓의 오이[瓜], 즉 30센티미터가 넘는 오이를 먹고 임신을 하였는데, 아들을 낳아 7일 동안 버려두었으나 비둘기와 제비가 날아와 아이를 덮어주고 길렀다고 한다. 두 기록 모두 큰 오이를 먹고 임신하였고, 새가 날아와 아기를 돌봐주었다는 점이 공통적이다. 다만, 보는 이에 따라서는 이때의 '과(瓜)'를 오이가 아닌 청참외라는 견해도 있지만, 1자가 넘는 과(瓜)를 먹고 임신하였다는 것으로 보아 참외보다는 오이로 보는 게 타당할 듯하다.

조선시대에 오이는 5월이 되면 종묘(宗廟)에 천신하는 제철 산물이었고(『종묘의궤(宗廟儀軌)』제4책), 빈부고하를 막론하고 조선시대 사람들이 가장 일상적으로 식용하던 채소 중 하나였다. 구하기도 쉽고 오이지와 같이 절임을 만들면 저장성도 높아 실용적이었다. 게다가 정조(正祖: 재위 1776-1800) 대의 문필가였던 이옥(李鈺: 1760-1815)의 글 「백운필(白雲筆)」에 나오는 것처럼 64가지의 오이 반찬까지는 아니더라도 만들 수 있는 음식도 다양하다. 현재는 오이를 주로 생으로 조리하여 먹지만, 일제 강점기까지도 찌개나 지짐처럼 오이를 익혀서 조리한 음식도 많이 먹었다.

다양한 음식을 만들어 먹었던 만큼, 조선시대와 일제 강점기의 문헌에는 오이의 저장법과 오이로 음식을 만드는 법이 다수 보인다. 그중 오이를 주재료로 한 음식을 들면, 오이김치, 오이소박이, 오이깍두기 등과 같은 김치류부터 오이지나 오이짠지, 오이장아찌 등과 같은 절임류, 오이찜, 오이선, 오이생채, 오이나물, 오이볶음, 오이지짐이, 오이무름, 오이화채, 오이찬국, 오이장조림과 같은 반찬류까지 다양하다.

분류 : 식재료
색인어 : 소주, 오이지
참고문헌 : 최한기 저, 고농서국역총서 12-『농정회요 III』(농촌진흥청, 2007); 편자 미상, 『광재물보』; 서거정 저, 김익현·임창재 공역, 『필원잡기』(한국고전번역원, 1971); 한치윤 저, 정선용 역, 『해동역사』(한국고전번역원, 1998); 『종묘의궤』; 이옥 저, 실시학사 고전문학연구회 편역, 『백운필』『完譯 李鈺 全集3-벌레들의 괴롭힘에 대하여』(휴머니스트, 2009)
필자 : 김혜숙

오이(채마밭에 오이 심으니 반찬이 64가지)

조선시대 정조(正祖: 재위 1776-1800)는 한문 문체에 소설이나 야담, 생활 이야기를 쓰는 방식의 문체가 퍼져나가자, 이러한 문체를 불경스럽고 불순하다고 보고 전통 고문(古文)으로 바로잡기 위하여 문체반정(文體反正) 운동을 벌였다. 이러한 시대적 분위기에 휩쓸려 불우한 평생을 보냈던 대표적인 인물이 바로 이옥(李鈺: 1760-1815)이다. 그는 타락한 문체를 쓴다는 이유로 과거에 응시하지 못하게 하는 '정거(停擧)'를 당하고 강제로 군역에 복무하는 '충군(充軍)'의 벌도 받았다. 강이천(姜彝天: 1769-1801)이 "붓끝에 혀가 달렸다."고 극찬했던 문체였지만, 이옥은 결국 자신의 문체 때문에 과거시험을 포기한 채 고향에서 생을 마감해야 했다.

생활 속의 소소한 감상과 세밀한 묘사력이 돋보이는 그의 문체는 오이에 대해 쓴 글에서도 잘 나타난다. 「문여(文餘)」를 보면, 그는 해마다 3월이면 노복을 시켜 집 앞 채마밭에다 오이를 심었다. 정성스럽게 가꿔 오이가 열리면, 작은 것은 깨끗이 씻어 소금물에 담갔다가 껍질째 소주(燒酒) 안주로 먹고, 굵은 것은 오이김치나 오이 반찬을 만들었으며, 큰 것 중에서 먹을 수 없는 것은 한두 개 남겨 이듬해를 위해 매년 저장하곤 했다. 이때 그가 이듬해를 위해 큰 오이를 저장했던 것은 나중에 먹으려는 이유가 아니라 아마도 씨를 받아두기 위해서였을 것이다.

그가 오이를 즐겨 먹었던 이야기는 「백운필(白雲筆)」에서도 찾아볼 수 있다. 이옥이 자신이 키운 오이로 여름내 오이국[瓜羹], 오이김치[瓜菹], 오이나물[瓜菜], 오이장[瓜醬] 등 각종 오이반찬을 즐겼더니, 가난하다며 그를 비웃는 이가 있었다는 것이다. 이에 대해 이옥은 '오이[瓜]'라는 글자는 '팔(八)' 자 두 개로 이루어진 글자이니, 자신은 팔(八) 팔(八) 육십사(六十四) 가지나 되는 오이반찬을 먹는 셈인데 부유하지 아니하냐며 웃어넘겼다고 한다.

분류 : 식재료
참고문헌 : 이옥 저, 실시학사 고전문학연구회 편역, 「문여」, 『完譯 李鈺 全集2-그물을 찢어버린 어부』(휴머니스트, 2009); 이옥 저, 실시학사 고전문학연구회 편역, 「백운필」, 『完譯 李鈺 全集3-벌레들의 괴롭힘에 대하여』(휴머니스트, 2009); 「이옥」, 『두산백과』
필자 : 김혜숙

오이지

오이지는 오이에 끓여서 식힌 소금물을 부어 절인 음식이다. 근대시기까지는 오이를 뜻하던 '외'라는 단어를 붙여 외지라고도 하였다. 한자어로는 瓜菹(과저)라고 한다. 1924년 이용기(李用基: 1870-1933)의 『조선무쌍신식요리제법(朝鮮無雙新式料理製法)』에는 오이지를 한글로 외지라고 하였으며 한자로 瓜醎漬(과함지)라고 병기하였다.

오이가 수확되는 여름철이면 민간에서 흔한 채소인 오이로 오이지를 담가 즐겨 먹었을 것이다. 뿐만 아니라 조선시대 문헌에 따르면 궁중에 어공(御供)된 물품으로도 오이지가 등장한다. 『승정원일기』의 인조 17년 기묘(1639) 8월 18일자의 내용에는 신익량(申翊

亮: 1590-1650)이 어공(御供)을 신경 쓰지 않는 내자시(內資寺) 등을 파직할 것을 청하고 있는데 이때, 내자시가 올린 볼품없는 오이지를 예로 들고 있다. 신익량은 내자시에서 올린 과저(瓜菹: 오이지)가 구부러지고 크기가 손가락만큼 작다[手指小瓜]고 하였다.

조선시대 조리서에는 오이지를 담그는 매우 다양한 방법이 기록되어 있다. 1450년 전순의(全循義: ?-?)가 편찬한 것으로 알려진 『산가요록(山家要錄)』에만 瓜菹(과저)를 담그는 여섯 가지 방법이 나온다. 이 조리법들은 오이를 통째로 담거나 썰어 담는 것, 오이를 그냥 쓰거나 데쳐서 쓰는 법, 소금을 뿌려 절이거나 소금물을 끓여 식혀 붓는 법 등 다양하며 주 재료 외에 넣는 재료도 산초, 여뀌, 백두옹(白頭翁: 할미꽃) 등 다양했다. 『산가요록』에는 夏日醬菹(하일장저), 즉 여름에 담그는 장아찌라는 음식도 나오는데 이는 끓는 물에 데친 오이(瓜)를 간장에 절인 것을 뜻한다. 가장 보편적인 방법은 소금물을 끓여서 부어 절이는 방법이었던 것으로 보인다. 작자 미상의 1800년대 말 조리서 『시의전서(是議全書)』에도 외지(오이지) 만드는 법이 나오는데 끓여서 식힌 소금물을 항아리에 붓고 오이를 넣은 뒤 수수 잎으로 덮고 돌로 눌러 절인다고 하였다. 1921년 방신영(方信榮: 1890-1977)의 『조선요리제법(朝鮮料理製法)』의 외지 담그는 법은 다음과 같다. 씻지 않은 오이를 사이사이 소금을 뿌려가며 항아리에 담고 돌로 눌러 놓는다. 물 한 동이에 소금을 1-2되 풀어서 끓여서 잠깐만 식혀 더운 그대로 항아리에 붓는다. 소금물이 식으면 뚜껑을 덮는다. 이렇게 만든 오이지 중 소금을 많이 넣어 짜게 담근 것은 겨울 김장 김치에 넣기도 하였다. 짜게 담근 오이지를 그대로 먹을 때는 물에 하루 이틀 정도 담가 짠맛을 우려내고 쓴다고 하였다.

장계향(張桂香: 1598-1680)이 1670년경에 저술한 것으로 알려진 조리서인 『음식디미방』에도 오이지를 활용한 꿩김치 조리법이 소개되어 있다. 이 요리책에 나타난 생치침채법(꿩김치)의 조리법은 다음과 같다. 오이지의 껍질을 벗겨 속은 버리고 한 치 길이로 썬다. 오이지 물을 우려내고 삶은 꿩고기를 오이지 크기처럼 썰어서 따뜻한 물과 소금을 넣어 익힌다.

분류 : 음식
색인어 : 꿩, 김치, 오이, 산가요록, 시의전서, 조선요리제법, 조선무쌍신식요리제법, 음식디미방
참고문헌 : 오세옥 역,「인조 17년 기묘(1639, 숭정)」,『승정원일기』(한국고전번역원, 2008); 전순의,『산가요록』; 작자 미상,『시의전서』; 방신영,『조선요리제법』(광익서관, 1921); 이용기,『조선무쌍신식요리제법』(영창서관, 1924)
필자 : 서모란

용인 오이지(『규합총서』)

『규합총서(閨閣叢書)』에는 용인 지역의 오이로 만든 오이지 만드는 법이 나온다. 지역 명을 따서 용인 오이지라고 한다. 다른 이름으로는 용인 과지, 용인 외지라고도 한다. 『규합총서』는 용인 오이지에 대해 "우리나라에서 아주 유명하다."고 하였다.

『규합총서』의 용인 오이지 만드는 법은 이전 문헌인 『산림경제(山林經濟)』(1700년대), 『증보산림경제(增補山林經濟)』(1766)의 조리법과 일치한다.

만드는 방법은 다음과 같다. 오이 백 개를 준비해 꼭지를 없애고 상한 것을 제외하고 항아리에 넣는다. 맑은 뜨물과 냉수를 섞고 소금은 싱겁게 넣어 섞은 뒤 오이가 담겨 있는 항아리에 붓는다. 이튿날부터 매일 위에 있는 오이와 아래에 있는 오이의 위치를 바꿔주며 6-7일가량 익힌다.

한편, 19세기 후반에 나온 『주식시의(酒食是儀)』와 1921년에 출간된 『조선요리제법(朝鮮料理製法)』도 『규합총서』, 『산림경제』, 『증보산림경제』의 내용과 유사한 전개를 보였으나 오이지에 사용되는 오이는 늙은 오이를 사용한다고 하였다. 반면 『규합총서』는 오이에 대해 별다른 언급이 없으며 『산림경제』, 『증보산림경제』는 '늙지 않은 오이'를 사용한다고 하였다.

분류 : 음식
색인어 : 규합총서, 오이지, 용인오이지, 과저, 산림경제, 증보산림경제, 조선요리제법, 주식시의
참고문헌 : 빙허각 이씨 저, 이민수 역,『규합총서』(기린원, 1988); 빙허각 이씨 저, 정양완 역,『규합총서』(보진재, 2008); 연안 이씨,『주식시의』; 방신영,『조선요리제법』; 홍만선,『산림경제』; 유중림 저, 이강자 외 역,『증보 산림경제(국역)』(신광출판사, 2003)

필자 : 서모란

오징어

오징어는 바다에 사는 연체동물로, 머리, 몸통, 10개의 다리로 이루어져 있다. 한국에서는 서해나 남해에서도 잡히지만 동해바다에서 가장 많이 잡힌다. 오징어는 다양한 한국 음식에서 주재료와 부재료로 쓰이며, 오징어 뼈[烏賊骨]는 따로 두었다가 지혈할 때 이용하였다.

오징어는 조선 후기의 어휘사전인 유희(柳僖: 1773-1837)의 『물명고(物名考)』를 보면, '오증어', '烏賊魚(오적어)', '墨魚(묵어)', '烏鰂(오즉)', '纜魚(남어)', '明鯗(명상)', '脯鯗(포상)'이라고 하였다. 이외에 '烏蒸魚(오증어)'나 '烏鰂魚(오즉어)'라는 명칭도 보인다. 오징어는 이름에 까마귀 '오(烏)' 자가 들어가는데, 까마귀와 적(敵)이기 때문에 그런 이름이 붙었다는 이야기가 전한다. 이에 대하여 위백규(魏伯珪: 1727-1798)는 『존재집(存齋集)』 제12권에서, 오징어가 배 속에 먹물을 품고 있는 것은 위급할 때 뿜어서 자기를 숨기려는 것이지만 물에 뜰 때 토한 먹물을 보고 오히려 까마귀가 오징어를 낚아채고, 오징어를 잡은 까마귀는 간혹 다리가 긴 오징어에게 발을 휘감겨 물에 빠져 죽을 수도 있다면서 오징어와 까마귀의 예처럼 자신의 얄팍한 재주를 믿다가 낭패를 보는 어리석음을 경계하라고 했다.

이러한 오징어는 제철의 생물 오징어는 물오징어라

오징어 통찜ⓒ하응백

하여 식용하였지만, 냉장시설이 미비했던 조선시대나 일제 강점기에는 주로 말려서 유통하였다. 말린 오징어는 현재는 주로 간식이나 술안주로 먹거나 마른 반찬을 만드는 데 쓰지만, 일제 강점기까지도 오징어로 음식을 만들 때 건오징어를 주로 사용하였다. 오징어를 재료로 한 음식을 보면, 오징어회, 오징어숙회, 오징어강회, 오징어물회, 오징어간장구이, 오징어볶음, 오징어조림, 오징어채볶음, 오징어국, 오징어찌개, 오징어젓, 오징어식해, 오징어순대, 오징어무침, 오징어튀김, 오징어불고기, 오징어보쌈 등 셀 수 없이 많으며, 김장을 하거나 해물탕, 해물전을 만들 때에 넣기도 한다.

이 가운데 오징어순대는 돼지의 창자를 이용한 일반 순대와 달리 오징어 몸통에 소를 채워 쪄서 만드는데, 현재는 강원도 속초의 향토음식으로 유명하다. 강원도뿐만 아니라 오징어가 많이 잡히는 동해안의 경상북도에서도 해 먹는 음식이다(농촌진흥청, 2008a: 212-213쪽; 농촌진흥청, 2008b: 318쪽).

분류 : 식재료
색인어 : 더덕, 조선무쌍신식요리제법, 우리음식, 쥐치
참고문헌 : 유희, 『물명고』; 위백규 저, 김건우 역, 『존재집』(전주대학교 한국고전학연구소·한국고전문화연구원, 2013); 농촌진흥청 농업과학기술원 농촌자원개발연구소, 『한국의 전통향토음식 3-강원도』(교문사, 2008a); 농촌진흥청 농업과학기술원 농촌자원개발연구소, 『한국의 전통향토음식 8-경상북도』(교문사, 2008b)
필자 : 김혜숙

오징어포

19세기 후반 전라남도 광양에서 태어나 자란 황현(黃玹: 1855-1910)은 한말의 우국지사(憂國之士)로 널리 알려진 위인이다. 그런 그가 오징어포 때문에 어려서 아버지에게 매를 맞은 일화가 『매천집(梅泉集)』에 나온다.

황현은 개항부터 일제 강점까지 이어지는 역사의 격랑 속에서 울분을 삼키며 버텨온 인물로서, 1910년 8월 일본에 나라를 뺏긴 데 항거하여 「절명시(絶命詩)」를 지은 후 더덕술에 다량의 아편을 타서 마시고 자결한 고명한 선비였다. 절개 있는 지식인이었던 그는 나라가 망하는 날 백성으로서 죽는 게 옳다고 여겼고 양심의 각성을 외치며 목숨을 버렸다.

그런 황현의 아버지 황시묵(黃時默: 1832-1892) 역시 인물됨이 남다른 사람이었다. 『매천집』을 보면, 황시묵은 평소 과묵하였으나 성품이 온화하고 가난하거나 어려움에 처한 사람을 돕는 데 후하였다. 그는 또한 형님 황흠묵(黃欽默: 1825-1854)이 일찍 돌아가자 어린 조카 황담(黃壜: 1851-1893)을 돌봤는데 보옥(寶玉)과 같이 사랑하였다고 한다. 그런데 한번은 황시묵이 조카 담에게 먹이려고 오징어를 포(脯)로 만들어 처마에 매달아두었는데, 아들 황현이 몰래 한 마리를 가져다가 먹고 있다가 아버지에게 오징어 씹는 모습을 들켰다. 그 모습을 본 황시묵은 조카 담에게 줄 오징어포를 몰래 가져다 먹었다는 이유로 조카보다 네 살 어린 아들 황현을 피가 나도록 때렸다고 한다. 나중에 황현은 평소에 아버지의 사랑을 독차지하였던 자신이 평생 동안 아버지에게 매를 맞은 적은 그때가 유일했다고 회고하였다.

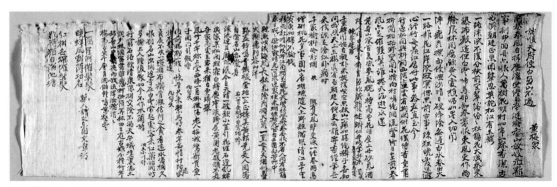

황현, 「매천시고」, 조선, 지본, 23.8×76.7cm, 국립중앙박물관

황시묵이 조카 황담을 위해 만들고, 아들 황현이 몰래 먹었던 오징어포가 어떻게 만든 것인지는 확실하지 않다. 내장을 뺀 물오징어를 손정규(孫貞圭: 1896-1955)의 『우리음식』(1948)에서 보듯이 그대로 볕에 말린 것일 수도 있고, 간장, 소금, 설탕으로 간을 하여 말린 포일 수도 있다. 말린 오징어는 이용기(李用基: 1870-1933)는 『조선무쌍신식요리제법(朝鮮無雙新式料理製法)』(1936)에 나온 것처럼 불에 살짝 구워서 방망이에 말아가며 두드려서 가위로 잘라 찢어 먹거나, 큼직하게 썰어서 어물을 괴는 데에도 썼다. 이밖에 오징어포로는 제사상이나 잔치음식의 꾸밈으로 오징어 오림을 하거나 물에 불려 각종 오징어 요리를 할 때 썼다. 따라서 반찬, 술안주, 간식의 재료로 다양하게 활용되었던 것이 말린 오징어이다.

분류 : 음식
참고문헌 : 황현 저, 이기찬 역, 『매천집』(한국고전번역원, 2010); 박천식, 「황현」, 『한국민족문화대백과사전』(한국학중앙연구원, 1998); 심경호, 「절명시」, 『한국민족문화대백과사전』(한국학중앙연구원, 1996); 이용기, 『조선무쌍신식요리제법』(영창서관, 1936); 손정규, 『우리음식』(삼중당, 1948)
필자 : 김혜숙

옥수수

옥수수는 남아메리카의 안데스산맥의 저지대와 멕시코가 원산지로 알려진다. 16세기 이후에 중국으로부터 한반도로 유입되었다. 중국에서는 한자로 옥미(玉米)·옥촉서(玉蜀黍)·봉자(棒子)·포곡(包谷)·포미(包米)·포속(包粟)·옥교(玉茭)·포미(苞米)·진주미(珍珠米)·포호(苞芦)·대호속(大芦粟)이라고 쓴다. 중국의 동북 지역에서는 지역어로 진주립(珍珠粒)이라고 부른다. 임진왜란 이후 한반도에 들어온 옥수수는 지방에 따라 옥시기·옥숙구·옥수시·옥쉬이 등으로 불렸다. 북한 지방에서는 강냉이·강내이·강내미 등으로 부르기도 한다.
강냉이의 어원에 대해서는 옥수수가 중국의 강남(江南: 양쯔강 이남)에서 전해졌기 때문에 '강남이'의 변형이라는 주장이 대세이다. 그러나 한겨울에 식량이

시골장에서 팔고 있는 옥수수ⓒ하응백

부족할 때 먹기 때문에 '냉이'라는 단어가 붙었을 가능성도 많다. 이상수(李象秀: 1820-1882)는 『어당집(峿堂集)』의 '옥촉서'라는 제목의 한시에서 "쌓아놓은 옥수수로 추운 날 배를 가득 채우니 백발의 늙은이에게 힘을 쏟게 하여 매서운 서풍도 무섭지 않네."라고 읊조렸다.
1924년판 『조선무쌍신식요리제법(朝鮮無雙新式料理製法)』에는 옥수수떡[玉蜀黍餠]과 옥수수소주[玉蜀黍燒酒] 만드는 방법이 나온다. "옥수수는 시골서 강냉이라 하는 것인데 갈아서 까불어 껍질을 버리고 물에 담갔다가 가루를 내서 온갖 떡을 만드나니 여러 가지 만드는 것은 감자로 만드는 것과 같고 밥을 지어 먹는 곳이 많으니라."고 했다. 또 "이것은 중국 사람이 많이 심어서 온갖 술을 만드나니 소주와 배깔을 다 이걸로 하나니라."고 썼다.

분류 : 식재료
색인어 : 떡, 밥, 소주, 조선무쌍신식요리제법
참고문헌 : 『어당집(峿堂集)』; 『조선무쌍신식요리제법(朝鮮無雙新式料理製法)』
필자 : 주영하

강냉이(「남으로 창을 내겠소」)

남으로 창을 내겠소.
밭이 한참갈이
괭이로 파고
호미론 김을 매지요.
구름이 꼬인다 갈 리 있소.
새 노래는 공으로 들으랴오.
강냉이가 익걸랑

695

함께 와 자셔도 좋소.

왜 사냐건
웃지요.

1934년 2월 『문학』지에 발표된 김상용(金尙鎔: 1902-1951)의 시 「남으로 창을 내겠소」이다. 김상용은 일본 릿쿄대학 영문과를 졸업하고 1930년부터 〈동아일보〉 등에 시를 발표하여 등단했고, 영미 작가들의 작품을 번역 소개하면서 동양적 체념과 우수가 담긴 관조적인 서정시를 발표했다. 1933년부터 이화여자전문학교 교수로 근무했다. 1939년 5월 시집 『망향(望鄕)』을 출간했는데, 그 시집의 작품 중 「남으로 창을 내겠소」가 가장 널리 알려졌다. 1946년부터 1949년까지 미국의 보스턴(Boston)대학에서 영문학을 연구했고 그 경험을 바탕으로 1950년 수필집 『무하선생방랑기(無何先生放浪記)』를 출간했다. 6·25때 부산 피난지에서 병사했다.

이 시는 자연과 벗하며 소박하게 살아가는 전원생활에 대한 소망을 친근한 일상적 어조로 노래한 작품이다. 농촌에서 밭을 일구며 사는 평범한 전원의 생활상이 제시되고 자연에 동화되어 만족하며 살아가는 안분지족의 인생관이 나타나 있다. 영국 낭만주의 시풍과 이백의 「산중문답」의 영향을 받았으면서도 시인 나름의 친근한 구어체 화법을 사용하여 개성적 특징을 담아내는 데 성공했다. 이 시에 등장하는 강냉이(옥수수)는 농촌에서 쉽게 대할 수 있는 곡식으로 전원의 평화롭고 소박한 삶과 조화를 이루는 소재라고 할 수 있다.

분류 : 문학
색인어 : 남으로 창을 내겠소, 김상용, 강냉이
참고문헌 : 〈문학〉; 『망향(望鄕)』
필자 : 이숭원

왁저지(『우리음식』)

왁저지는 큼직하게 썬 무에 소고기와 다시마를 넣고 간장 등으로 양념해서 조린 음식이다. 충청도의 향토음식으로 무가 수확되는 가을철에 주로 먹는다. 무조림이라고도 한다.

손정규(孫貞圭: 1896-1955)가 쓴 『우리음식』(1948)에 나오는 왁저지 조리법은 다음과 같다. 큼직하게 썬 무와 고기에 물을 조금 붓고 끓이다가 반쯤 익으면 간장, 파, 후추, 고춧가루, 생강을 넣어 푹 익힌다.

한 세기 전인 1830년경 나온 『농정회요(農政會要)』에는 나복숙채법(蘿葍熟菜法)이라 하여 이와 유사한 조리법이 나온다. 이 조리법에 따르면 소고기는 물에 여러 번 씻어 피를 없애고 꿩이나 암탉은 내장을 제거하고 씻어둔다. 무와 고기를 솥에 넣고 물을 많이 부은 뒤 푹 삶아 물이 반쯤 줄어들면 기름과 간장을 넣고 더 익힌다. 다 익으면 소고기는 빼고 꿩고기 혹은 닭고기를 다진다. 생강과 파를 가늘게 썰어 무와 섞는데, 이때 무가 부서지지 않도록 주의한다. 잠깐 익힌 뒤 후춧가루를 넣고 식혀서 먹는다.

분류 : 음식
색인어 : 우리음식, 조선요리, 손정규, 왁저지, 무, 무조림, 나복숙채
참고문헌 : 손정규, 『우리음식』(삼중당, 1948); 최한기, 『농정회요』
필자 : 서모란

완자탕(1719년)

완자탕(莞子湯, 椀子湯, 完子湯)은 궁중 왕실 의례에 자주 등장한 국물음식이다. 고기와 두부 또는 생선의 살을 다져 동글게 빚어 장국에 끓여낸 탕으로 생선이 들어가면 어알탕, 쑥이 들어가면 애탕이라고 부른다. 궁중 연회에 오른 완자탕은 그리 단순한 음식이 아니다.

1719년 숙종의 기로소 입소를 축하하기 위해 연 진연(進宴)에서 숙종에게 올린 미수상에 완자탕(完子湯)이 마련되었다. 재료를 보면 대전복, 계란, 해삼, 홍합, 표고, 양, 생치(꿩), 계아(어린닭), 저전각(돼지앞다리), 우설, 토란, 생선, 잣, 녹말, 후춧가루, 간장, 참기름, 식초[大全卜(1串5介), 鷄卵(5介), 海蔘(1串), 實柏子(1合), 紅蛤(5合), 蕓古(4戔), 胖(半半部), 菉末(5合), 生雉(1首), 生芋(2戔), 鷄兒(1首), 胡椒末(5夕),

生鮮(半尾), 艮醬(5合), 牛舌(1部), 眞油(5夕), 猪前脚(1), 醋(5合)가 들어간다. 소, 돼지, 닭, 꿩 등의 육고기 뿐 아니라 해삼, 홍합, 생선, 전복의 어패류를 다양하게 재료로 사용한 것이다.

이 완자탕의 조리법을 조선 후기의 문신 서호수(徐浩修: 1736-1799)가 편찬한 『해동농서(海東農書)』에서 추측해볼 수 있다. 『해동농서』에 기록된 '완자탕(椀子湯)'은 민간에서 전해지는 속방(俗方)이라 했는데, 큰 생선의 껍질과 뼈를 발라내고 살만을 취해 곱게 다지고, 소고기나 돼지고기 또는 꿩고기나 닭고기 살도 곱게 다져 후추, 생강, 버섯, 파, 참기름 등 양념을 같이 섞고 완자를 밤톨만 한 크기로 만들어 그 속에 잣알[海松子] 1개를 박아 넣는다. 간장[醬]과 물로 간을 맞추어 끓인 다음 완자에 달걀이나 녹말(菉末)을 입혀 데쳐 먹는다고 하였다. 1719년 연회에 오른 완자탕은 생선과 함께 우설, 닭, 꿩의 살을 다져서 양념해 완자 모양으로 만들 때 잣을 하나씩 넣고 녹말을 묻혀 장국에 넣어 익혀서 토란, 전복, 해삼, 홍합, 표고, 양 등도 넣어 끓인 음식으로 추측된다.

1902년 진연에서 미수상에 오른 완자탕의 경우 생선은 따로 들어가지 않고 소고기 안심[牛內心肉]과 두부[太泡]로 완자를 만들고, 양깃머리·등골·곤자손·부아 등 소의 내장류가 많이 들어갔다. 1719년 진연에 오른 완자탕과는 모습이 많이 달랐다.

분류 : 음식
색인어 : 완자탕, 어알탕, 애탕, 미수상, 진연의궤
참고문헌 : 『[기해]진연의궤([己亥]進宴儀軌]』; 『해동농서(海東農書)』
필자 : 이소영

외무아문 연회(퍼시벌 로웰)

퍼시벌 로웰(Percival Lawrence Lowell: 1855-1916)은 외무아문 관리들을 위한 잔치에 참석한 경험을 1886년에 쓴 책 『내 기억 속의 조선, 조선 사람들(Choson; The Land of the Morning Calm)』에서 언급하였다. 로웰은 음식을 종류별로 나열하지는 않았지만 상에 오른 과일의 종류와 생선전 등 일부 음식에 대해 설명하였다.

로웰이 참석한 이 잔치에는 고기와 생선, 채소, 과일 등을 탑처럼 쌓은 '고임음식'이 상에 올랐던 것으로 보인다. 로웰은 원기둥 모양의 음식 탑들에 대해 귤(Orange), 배, 곶감, 그리고 밤이라고 하였다. 로웰과 관리들은 시종들의 시중을 받으며 첫 코스로는 수프(국)를 들었다. 술은 조선술(sul)과 맥주가 제공되었다. 로웰은 돼지고기, 소고기 요리와 함께 생선전으로 추측되는 요리도 경험하였는데 이에 대해 '한국인뿐 아니라 외국인에게도 맛있는' 음식이라 평했다. 식사의 마지막에는 수정과가 제공됐으며 식사를 마친 후에는 참석한 사람들은 대나무로 만든 담뱃대로 담배를 피웠다고 하였다. 이후 연회에 참석한 기생으로 보이는 여성들이 춤을 선보였다.

분류 : 의례
색인어 : 연회, 퍼시벌 로웰, 술, 생선전, 고임음식
참고문헌 : Percival Lowell, 『Chosön, the land of the morning calm; a sketch of Korea』(Ticknor and company, 1886); 퍼시벌 로웰 저, 조경철 역, 『내 기억 속의 조선, 조선 사람들』(예담, 2001)
필자 : 서모란

요화

1681년(숙종 7) 숙종(肅宗: 1674-1720)의 가례에서 세자빈인 인현왕후 민씨 부모에게 보낸 예물 음식으로 오성유밀과(五星油蜜果)가 있다. 여기에는 홍료화(紅蓼花), 백료화(白蓼花)라는 유밀과의 종류가 포함되었다.

'요화(蓼花)'는 왕실 다례와 진찬·진연·진작의 연회에서도 쓰였다. 1897년(고종 34) 3월 16일 명성황후(明成皇后: 1851-1895) 빈전에서 올린 다례에는 홍세강반료화, 백세강반료화가 차려졌다. 1828년(순조 28) 순원왕후(純元王后: 1789-1857)의 사순을 축하하기 위해 베푼 진작연(進爵宴)에서 차린 음식상에는 삼색료화(三色蓼花)라 하여 백료화(白蓼花), 황료화(黃蓼花), 홍료화(紅蓼花)를 올렸다.

각각 요화의 재료를 살펴보면 백료화는 밀가루[眞

末], 세건반(細乾飯), 백당(白糖), 참기름[眞油]이다. 요화는 밀가루 반죽을 기름에 지져 엿을 녹여 튀긴 바탕에 발라 세건반을 묻힌 과자이다. 세건반은 찹쌀을 깨끗이 씻어 밥을 지어 말렸다가 기름에 튀긴 밥풀을 말한다. 세건반을 묻힌 요화 과자의 모습이 요화라는 꽃을 닮아 붙여진 이름이다. 황료화는 백료화의 재료에 노란빛을 띄는 울금(鬱金)이 들어간다. 홍료화는 백료화 재료에 지초(芝草), 홍취유(紅取油), 설면자(雪綿子: 솜)가 쓰였는데, 기름에 지초를 넣어 붉은색으로 우러나오게 하여 설면자에 걸러 붉은색을 낸 기름에 튀긴 것이다.

요화 음식명이 붙은 기물이 하나 있다. 1609년(광해군 1) 명나라의 사신을 위한 영접례에 소용된 기명(器皿)에 보면 조과(造果) 만들 때 '요화부포(蓼花浮布) 1자 8치'가 나온다. 기름에 튀겨 떠오른 요화를 꺼내 펼치는 종이 내지는 천으로 기름을 빼는 용도였을 것으로 짐작된다.

분류 : 음식
색인어 : 요화, 료화, 홍료화, 황료화, 울금, 지초, 설면자, 요화부포
참고문헌 : 『[숙종인현후]가례도감의궤([肅宗仁顯后]嘉禮都監儀軌)』; 『정유 삼월 십육일 진향 발기』; 『[무자]진작의궤([戊子]進爵儀軌)』; 『영접도감잡물색의궤(迎接都監雜物色儀軌)』; 황혜성 공저, 『한국음식대관 6권-궁중의 식생활』(한국문화재단, 1997)
필자 : 이소영

용봉탕

용봉탕은 잉어나 자라를 '용(龍)', 묵은 닭을 '봉(鳳)'에 비유하여 이들을 함께 넣고 끓인 탕이다. 궁중 연회에서는 자라를 쓰지는 않았다. 연회에 따라 잉어 대신 숭어, 붕어를 사용하기도 했으며, 곁들이는 부재료를 줄여 간소하게 끓이기도 하였다.

1892년(고종 29)에 고종(高宗: 재위 1863-1907)의 나이 41세, 즉위 30주년을 기념하는 진찬을 베풀었다. 9월 25일 강녕전에서 거행한 내진찬에서 고종이 받은 찬안상에는 용봉탕(龍鳳湯)이 올랐다. 재료는 묵은 닭[陳鷄], 잉어[鯉魚], 계란(鷄卵), 무[菁根], 미나리[水芹], 파[生蔥], 표고(薰古), 간장(艮醬), 소 안심[牛內心肉], 곤자손(昆者巽), 전복(全鰒), 두골(頭骨), 해삼(海蔘), 잣[實栢子], 참기름[眞油], 후춧가루[胡椒末]이다.

그 전날 근정전에서 거행한 외진찬에서 고종이 받은 음식상 중 진탕(進湯)에도 용봉탕 한 그릇이 차려졌다. 그런데 이 용봉탕의 재료는 내진찬 때와는 달랐다. 잉어 대신 숭어[秀魚]를 사용했으며, 소의 고기와 내장류 및 전복, 파, 잣 등이 제외되었다. 내진찬, 외진찬의 차이가 있긴 하지만 같은 진찬이라는 연회에 올린 두 용봉탕의 모습은 달랐다. 외진찬에 올린 용봉탕이 내진찬에 올린 것보다 재료가 간소했던 것이다.

숭어 이외에도 1902년(광무 6)에는 잉어 대신 붕어[鮒魚]가 쓰이기도 했다. 궁중 연회를 기록한 용봉탕에 자라가 쓰였던 적은 없다.

궁중 진찬에 올린 용봉탕의 조리법은 1924년 발간한 『조선무쌍신식요리제법(朝鮮無雙新式料理製法)』에서 살펴볼 수 있다. '큰 잉어 한 마리를 내장, 알, 이리를 빼내고 씻어 가마에 맹물을 붓고 넣는다. 묵은 암탉 한 마리도 내장과 기름을 제거하고 함께 넣어 두 가지가 모두 무르도록 끓인다. 장을 치고 더 끓인 다음 바로 먹기도 하나 너무 느끼하고 닭 냄새가 많이 나서 먹기가 어렵다. 봄과 여름에 영계를 기름을 제거하고 반쯤 삶아내어 뼈째 굵게 툭툭 자르고 숭어를 비늘은 긁고 내장은 빼내어 씻은 다음 머리째 모두 두 치 길이 정도로 잘라 밀가루를 묻히고 달걀을 씌워 지진다. 도미국수 만들 듯 냄비에 갖은 고명을 만들어 넣고 끓여 먹으면 잉어와 묵은 닭으로 만들어 먹는 것보다 맛이 좋다.'고 하였다. 궁중의 용봉탕은 잉어(또는 붕어, 숭어)를 밀가루, 계란을 묻혀 지지고 소안심 및 내장류, 해삼·전복 등 어패류, 무 등을 삶아 저며 넣고 닭육수로 끓여 계란지단, 미나리초대, 잣 등 고명을 얹은 것이다.

분류 : 음식
색인어 : 용봉탕, 진계, 묵은 닭, 잉어, 붕어, 숭어
참고문헌 : 『[임진]진찬의궤([壬辰]進饌儀軌)』; 『[임인]진연의궤([壬寅]進宴儀軌)』; 『조선무쌍신식요리제법(朝鮮無雙新式料理製法)』
필자 : 이소영

용봉탕(『오리엔탈 컬리너리 아트』)

『Oriental Culinary Art(동양요리법: 1933)』의 스키야키(SUKI-YAKI) 항목 아래에는 용봉탕(YONG BONG TANG)이 나온다. 이때 이 책은 스키야키(SUKI-YAKI)를 전골이라는 의미로 사용한 것으로 추정된다.

『Oriental Culinary Art』는 용봉탕을 별다른 부연 설명이나 영문 번역 없이 한글 발음대로 표시하고 있다. 이것은 잉어와 닭이 주재료로 자라가 들어가지 않는 용봉탕이다. 부재료로는 셀러리(미나리), 마늘, 밤, 버섯, 파, 잣이 들어간다. 조리법은 다음과 같다.

닭은 스튜용으로 잘게 자른 다음 깊은 팬에 넣는다. 참기름과 소금, 마늘, 후추와 함께 뜨거운 물 반 컵을 넣어 잘 섞은 뒤 양념이 배도록 둔다. 이것을 물이 거의 사라질 때까지 가열하면서 종종 저어준다. 끓는 물 한 컵과 잉어와 간장육수를 넣고 뚜껑을 잘 닫고 잉어가 다 익을 때까지 익힌다. 밤, 파, 버섯을 볶은 다음 간장과 후추로 간을 한다. 익은 닭고기와 잉어를 그릇에 담고 볶은 채소를 위에 덮는다. 지단과 잣을 고명으로 올린다.

분류 : 음식
색인어 : Oriental Culinary Art, 동양요리법, 용봉탕
참고문헌 : George I. Kwon, Pacifico Magpiong, 『Oriental Culinary Art』(Wetzel Publishing Co., 1933)
필자 : 서모란

용수

용수는 술이나 장을 거르는 데 쓰는 둥글고 긴 통 모양의 가공용구이다. 일반적으로 싸리를 엮어서 한쪽이 막힌 원통형으로 제작하였다. 위로 갈수록 약간 넓어지며 윗면 테두리를 견고하게 하기 위해

용수, 높이 20cm, 광복 이후, 국립민속박물관

여러 번 감아 두껍게 처리하였다.

분류 : 미술
색인어 : 용수, 술, 장
참고문헌 : 국립민속박물관 홈페이지 유물설명
필자 : 구혜인

용안·여지·불수·문탄

조선시대 궁중 연회에서 용안(龍眼), 여지(荔枝), 불수(佛手), 문탄(文坦)이라는 과일 종류가 음식상에 올랐다. 용안이나 여지는 중국의 사신이나 사행을 간 사람들에 의해 들어온 과일이다. 불수는 부처님 손을 닮았고 중국 남방에서 많이 나는 과일이며, 문탄은 귤 종류로 추정된다.

궁중 연회에서 배, 유자, 석류, 준시(말린 감) 등 과일 외에도 외국에서 오거나 신기한 모양의 과일들이 쓰였다.

1848년(헌종 14) 연회 때 육순을 맞은 순원왕후(純元王后: 1789-1857) 김씨(金氏)가 받은 상차림[大王大妃殿 進御饌案]에는 용안(龍眼)과 여지(荔枝)가 올려졌다. 이 과일은 각각 1척 3촌(약 39cm)의 높이로 쌓았다.

용안은 계원(桂圓), 용안육(龍眼肉)이라고도 했는데, 롱간(lungan)을 말한다. 여지는 리치(litchi)를 부르는데, 이지(離枝), 단려(丹荔)라고도 한다. 이 두 과일은 열대과일이며, 중국으로부터 들어온 과일이다. 1411년(태종 11)에 중국에서 온 사신은 왕께 용안과 여지를 선물했고, 1497년(연산 3)에 연산군은 중국을 가는 사신 편에 용안육과 여지를 많이 구매할 것을 명하였다.

1892년(고종 29)의 연회에서 고종(高宗: 재위 1863-1907)이 받은 상차림에는 불수(佛手)와 문탄(文坦)이 올려졌다. 불수(佛手)는 불수감(佛手柑)나무의 열매로 손가락처럼 갈라진 모양이 부처님의 손을 닮았다 하여 붙인 이름이다. '금불수(金佛手)', '오지감(五指柑)'이라고도 부른다. 중국 남방의 광동 지역에서 많이 나며, 겨울에 노란색의 열매를 맺는다. 문탄(文坦)

강세황, 「여지도」, 제이표현첩, 지보담채, 26.1×18.3cm, 국립중앙박물관

에 대한 기록은 자세히 나와 있지 않지만 귤의 종류로
여겨진다.

분류 : 음식
색인어 : 용안, 여지, 불수, 문탄, 외국과일, 연회
참고문헌 : 『[무신]진찬의궤([戊申]進饌儀軌)』; 『[임진]진찬의궤([壬辰]
進饌儀軌)』; 『연산군일기』; 『태종실록』
필자 : 이소영

용준

용준(龍樽)은 용이 장식된 백자항아리로 왕실에서 술
을 담거나 꽃을 꽂는 용도의 의례기이다. 조선시대 왕
실 의례에서 술을 담는 제기나 연회를 위한 여향기로
사용되었다.
세종 대부터 백자용준에 관한 기록이 확인되는데, 명
나라가 보내온 칙사[昌盛·尹鳳]가 황제로부터 받아온
반사품(頒賜品)의 여러 물목 중에 청화운룡백자주해
(靑花雲龍白磁酒海) 3개가 포함되어 있었다. 중국 황
실에서 조선 왕실에 백자로 만들어진 술항아리를 내

린다는 것은 백자용준이 양국 간에 정치적 의미를 갖
고 있던 용기라는 의미가 있다. 이어 세종실록오례의
존작도설에서는 청화백자주해(白磁靑花酒海)란 기
명의 세밀한 도설이 실려 있다. 이후에도 조선에서 편
찬된 의례서에서는 백자용준이 길례, 가례, 흉례 별로
나뉘어 도설로 실려 있고, 기록상으로는 군례를 제외
한 의례에서 다양하게 사용되었던 것을 알 수 있다.
백자용준의 두 가지 기능은 주준과 화준이다. 주준은
길례, 가례, 빈례, 흉례에서 쓰이는 술을 담기 위한 용
도이고, 화준은 주로 가례에서 화려한 꽃을 담는 용도
이다.
길례에서 사용된 주준은 속제에서 주로 사용되었는
데, 찬실도설에서는 백자용준을 가리키는 것으로 보
이는 사준에 향온(香醞)을 담았다고 기록되어 있다.
향온이란 조선시대 사온서(司醞署)에서 양조(釀造)
한 임금의 어용주(御用酒)로 향온주(香醞酒)를 줄인
말이다. '향(香)'은 형용사로서 향기가 난다는 뜻이고,
'온(醞)'은 사온서에서 양조한 어용주라는 의미를 나
타내고, 이를 하사하는 것을 선온(宣醞)이라고 한다.
대개 찹쌀과 멥쌀을 쪄내어 끓는 물에 넣고 그 밥이
물에 잠긴 뒤에 퍼서 식히고 녹두와 보리를 섞어서 디
딘 누룩을 넣어 담근다. 일명 내국법온(內局法醞)이

백자청화구름용무늬항아리, 높이 53.9cm, 조선 후기, 국립중앙박물관

라고도 하였다. 속제에서는 종묘제례에서 쓰는 오제삼주가 아닌 고유의 약주인 향온주를 백자용준에 담았다는 것을 알 수 있다. 흉례에서도 혼전삭망제(魂殿朔望祭)에서 향온을 담은 백자용준을 진설하였다.

분류 : 미술
색인어 : 용준, 주해, 백자, 용, 연향, 술, 꽃, 제사, 향온주, 혼전삭망제, 속제
참고문헌 : 『국조오례의(國朝五禮儀)』; 『국조오례의서례(國朝五禮儀序例)』; 『춘관통고(春官通考)』; 『사례편람(四禮便覽)』; 구혜인, 「조선시대 酒樽용 백자용준의 조형과 왕실의례와의 관계」, 『미술사학연구』 2017년 6월호(미술사학연구회); 신승인, 「朝鮮後期 王室 宴享用 白磁 花樽 硏究」, 이화여자대학교 미술사학과 석사학위 논문(2012)
필자 : 구혜인

우리나라와 중국의 다른 점(음식) (『용재총화』)

우리나라 사람은 많이 먹고 마시는데, 만약 한 끼라도 놓치면 고픈 배를 어찌할 줄 모른다. 가난한 백성은 부잣집에서 빌려 살면서도 오히려 낭비하고 아껴 쓸 줄을 모르기 때문에 곤경에 빠진다. 신분이 높은 사람은 술과 음식을 벌여놓고도 만족을 모른다. 만약 군대가 출정을 하면 군량 운송이 절반을 넘고, 몇 리 안 되는 길을 떠나는 사람도 짐을 실은 말이 길을 메울 정도이다. 중국 사람은 많이 먹지 않아서 한 끼에 먹는 것이 겨우 구운 떡 하나인데, 그러고도 아침부터 저녁까지 견딜 수 있어 밥을 반드시 먹지 않아도 된다. 군졸은 건량을 말안장에 걸어놓고 굶주림에 대비하고, 길 떠나는 사람은 천만 리 먼 길이라도 은전(銀錢)만 가지고 가서 밥을 구해 먹고, 술도 구해 마시며, 말도 구해 타고 종도 구해 거느릴 수 있다. 거처할 만한 집이 있고 숙박하는 데는 여자가 있으므로 가기 어려운 곳이 없다.

우리나라 사람 중 관직에 있는 사람은 조반(早飯), 조반(朝飯), 주반(晝飯)을 먹고 혹은 무시로 모여서 술을 마시는데, 종들을 괴롭혀 성찬을 차리게 하고 조금이라도 어긋나면 반드시 매질을 가한다. 중국 사람 중 관직에 있는 사람은 공경대부라 할지라도 자기 집에서 밥과 고기 한 그릇을 정갈하게 준비해 관사에 보내어 먹게 한다.

위의 내용은, 우리나라 사람은 어느 때나 음식을 먹는 것을 가장 중시하는 반면, 중국 사람들은 매사에 음식을 간명하게 한다는 것, 즉 중국과 조선의 음식을 대하는 태도의 차이를 설명한 것이다.

성현(成俔: 1439-1504)의 『용재총화』에 실려 있는 것인데, 『용재총화』는 성현이 벼슬을 살면서 직간접으로 체험한 다양한 내용들, 예컨대 관직생활에서 얻은 지식과 경험, 각 관아의 제도나 문화, 관료들의 풍속과 취향, 선비들 사이에서 유행한 이야기들, 과거 및 당대의 소문과 진실들, 민간 백성들의 다양한 일상 등을 기록한 수필집이다.

분류 : 문학
색인어 : 밥, 떡, 용재총화
참고문헌 : 성현 저, 김남이·전지원 외 역, 『용재총화』(휴머니스트, 2015)
필자 : 차충환

우리와 우리받침

우리(于里)는 산릉제사에서 높은 다리가 달린 접시 위에 약과, 유밀과, 산자를 안에 차곡차곡 쌓아 고정시키는 제기이고, 우리받침[于里臺]은 이를 올려놓는 접시로 두 그릇을 합쳐 우리대구라 한다.

왕릉 제사에는 혈식(血食)이 아니라 소식(素食)을 올렸다. 유밀과는 곡분을 주원료로 하고 기름과 꿀을 이용하여 만든 음

우리, 높이 23.3cm, 조선, 국립고궁박물관

우리받침, 높이 7.3cm, 조선, 국립고궁박물관

식으로 조과류(造菓類)의 일종이다. 왕릉의 제사에는 중배끼(중박계), 홍산자와 백산자, 다식의 유밀과가 앞쪽에 있고, 그 뒤로는 과일, 떡, 탕과 국수 등이 놓인다. 이렇게 희생 대신에 유밀과를 올리는 제사를 종묘의 '정제(正祭)'와 구분하여 '속제(俗祭)'라고 하였다. 특히 고기류를 일절 올리지 않는 제찬이란 의미에서 소식(素食)의 양식이라 할 수 있다. 이러한 소선은 육식을 배제한 불교 이념 속에서 형성된 고려 말 음식문화를 반영한 것이었다.

능침의 제향 가운데 가장 성대하다는 유밀과를 준비하는 일은 어떻게 이루어졌을까? 유밀과는 만드는 종류도 다양한 데다가 손이 많이 가는 음식이지만 제향 음식을 미리 만들 수도 없는 노릇이었다. 이에 정조대의 한 상소에는 당시 제향 준비를 담당했던 태상(太常)에서 유밀과 잘 만드는 사람의 수가 많지 않아서 제향일에 이르러 서투른 사람들도 함께 만들다보니 모양이 가지런하지 않다면서, 4-5일 전에 미리 만들고 관리의 입회하에 정결하게 만들도록 하는 것이 어떻겠냐는 내용이 있다. 이 상소는 바꿀 필요가 없다고 하여 시행되지 않기는 하였지만, 이 내용을 통해 정조대 산릉 제향 유밀과는 제향일에 맞추어 분주하게 만들어졌다는 사실을 알 수 있다.

유밀과는 우리대구라는 특수한 용기에 담겼다. 이는 제물과 그릇의 형태가 긴밀하게 연결되어 있다는 것을 의미한다. 우리는 '울타리'라는 뜻으로 유밀과는 제상에 올릴 때 '우리'에 넣어 높이 쌓아둔다. 유밀과를 차곡차곡 쌓아올린 후 원통형의 우리를 덮어씌워, 유밀과를 높이 쌓아도 흐트러지거나 쓰러지지 않는다. 또 우리는 막대 사이사이가 모두 뚫려 있기 때문에 우리 속 유밀과는 그릇에 가려지지 않고 다양한 모양과 고운 색깔이 그대로 노출된다. 또 접시 위 9가지의 떡 역시 색감을 자랑한다. 조선 중기까지만 하더라도 왕릉 제상에는 꽃을 올렸다. 이와 같이 왕릉의 제상에 그릇의 위엄이나 엄숙함이 최소화된 반면 화려한 색감으로 식감을 돋운다. 생고기와 맛을 내지 않는 질박한 것을 우선시하는 종묘진설과 확연히 다른 부분이다.

우리는 의궤의 도식과 유물로 현전하고 있다. 의궤의 도식으로 그려진 우리는 중박계, 소박계, 산자, 약과 우리의 경우 8개의 살로 이루어진 원통형의 우리와 접시형 받침[臺, 대]이 한 짝을 이루며, 그중 약과 우리는 8개의 살의 위아래에 잎 형태의 장식을 붙여 장식하였다. 단 실과종자우리의 경우는 모양이 작고 둥근 실과의 모양에 맞춰 위아래만 뚫린 원통형 우리와 운두가 깊은 종자형 받침으로 이루어졌다. 현전하는 유물 중에는 무슨 음식을 담았는지 구분할 수 있도록 '약과(藥果)', '중계(中桂)', '산자(散子)'란 명문이 음각된 사례가 남아 있다. 이 유물의 경우 의궤의 도식과는 달리 모두 잎 모양의 장식이 붙어 있어, 조선 말기에서 대한제국기에는 전형적인 약과우리가 산자, 중박계 우리로도 혼용되었다는 사실을 알 수 있다.

분류 : 미술
색인어 : 우리, 우리받침, 유밀과
참고문헌 : 『정조실록』
필자 : 구혜인

우리음식

『우리음식』은 1948년 손정규가 펴낸 조선음식 조리서로 1940년 일본에서 출판된 일본어판 『조선요리(朝鮮料理)』를 해방 후 국문으로 간행한 것이다.

『우리음식』의 저자는 손정규(孫貞圭: 1896-1955)이다. 1911년

손정규, 『우리음식』 표지, 1948년, 단국대학교 퇴계기념도서관

관립경성여자고등보통학교 1회 졸업생인 손정규는 1918년 관비유학생으로 일본 도쿄여자고등사범학교 가사과에 편입하여 유학생활을 했다. 1922년 경성여자보통학교에서 교사생활을 했으며 광복 후에 서울대학교에 재직하였다. 1948년에 조은홍(趙垠洪), 표

경조(表景祚), 주월영(朱月榮) 등과 함께 중고등학교 과정 가사 교과서인 『중등가사교본 요리실습 편』을 저술하였다.

『우리음식』의 가장 큰 특징은 이 시기 다른 요리책들과 달리 그램(g)과 리터(liter), 계량스푼 단위로 자세하게 기록해 두었다는 점이다. 이 책에 수록되어 있는 모든 요리에 해당하는 것은 아니나 비빔밥이나 김치, 너비아니구이 등 상당수의 조리법에 정확한 재료의 양을 현대식 개량법에 따라 표시해두었다.

이 책은 총 205쪽 분량으로 구성되어 있으며 조선 음식의 종류와 상, 식기의 종류, 조미료와 양념, 고명 등과 함께 재료를 써는 방식도 설명해두었다. 특히 재료 써는 방식에 대한 설명에는 사진도 함께 실어 독자의 이해를 도왔다. 조리법은 밥, 김치, 소고기, 돼지고기, 닭과 꿩고기, 어패류, 달걀, 채소, 해초, 죽과 미음, 묵과 두부, 음료, 과자, 떡, 시절음식, 장 담그는 법 등으로 분류하여 실어두었다. 또한 이 시기 조선에서 익숙하지 않은 음식이나 식재료도 포함되어 있다. 예를 들어 이 책에 등장하는 다양한 김치 조리법 가운데 '양배추 김치'가 있다. 이 책에 따르면 양배추 김치는 양배추를 썰어서 절인 뒤, 파, 마늘, 생강, 실고추를 섞어서 잠깐 두었다 국물을 부어 하루에서 이틀 정도 익혀 먹는다. 또 깍두기를 담글 때에도 여름에는 오이나 양배추를 사용한다고 하였다. '연어밥'도 기록되어 있는데 데친 연어를 부수어 밥 위에 얹어 먹는 덮밥 형태의 음식이다.

분류 : 문헌
색인어 : 우리음식, 조선요리, 손정규, 계량, 비빔밥, 너비아니구이, 양배추 김치, 연어밥
참고문헌 : 손정규, 『우리음식』(삼중당, 1948); 한복려·한복진·이소영 공저, 『음식 고전: 옛 책에서 한국 음식의 뿌리를 찾다』(현암사, 2016)
필자 : 서모란

우물 그림(김홍도)

전근대시기 마을에서는 공동으로 우물을 팠다. 그래서 마을에서 공동 우물을 신축하거나 보수·관리할 목

김홍도, 「우물가」, 『단원 풍속도첩』, 28.1×23.9cm, 종이에 담채, 국립중앙박물관

적으로 만든 우물계가 있기도 하였다. 이런 계조직을 정계(井契), 정호계(井戶契)라고도 한다. 우물 관리는 정해진 날에 하거나 여름철 홍수로 더러워지면 함께 하였다. 마을 공동 우물은 마을과 외부 세계에 대한 정보를 교환하는 곳이기도 하였다. 마을 사람들은 우물을 깨끗이 하고, 정월이면 한 해의 무사함을 기원하는 우물굿(샘굿)을 했다. 우물 고사를 지내기 전에는 우물 주변의 잡스런 오물을 제거하고 지붕을 씌우거나 금줄을 치기도 했다. 우물 맛이 변하면 마을이나 나라에 큰일이 생긴다고 생각하기도 하였다

「우물가」는 김홍도의 대표적 작품인 『단원풍속도첩』 중의 한 장면이다. 화면 오른쪽 하단에 '金弘道印'이라는 성명인(姓名印)이 백문방인(白文方印)으로 찍혀 있다.

우물가 주변으로 우물을 긷는 데 필요한 여러 도구들이 그려져 있다. 나무로 만든 큼직한 두레박이 우물가 주변에 놓여 있다. 질그릇인 커다란 물동이도 그려져 있는데 현전하는 전형적인 물동이와 형태가 동일하다.

분류 : 미술
색인어 : 김홍도, 단원풍속화첩, 물, 우물, 질그릇, 물동이, 두레박

참고문헌 : 한식재단, 한식아카이브 DB; 강관식,『조선 후기 궁중화원 연구 상』(돌베개, 2001); 오주석,『단원 김홍도』(솔, 2006); 정병모,『한국의 풍속화』(한길사, 1999); 진준현,『단원 김홍도 연구』(일지사, 1999)
필자 : 구혜인

우엉

우엉은 뿌리와 잎을 먹는 2년생 채소로 약용식품으로서 알려져 있으며, 우엉씨는 '牛蒡子(우방자)'라 하여 약재로 쓰였다.

한자로는 '牛蒡(우방)'이라는 명칭이 가장 일반적이다. 그 외에『광재물보(廣才物譜)』에서는 우웡을 '웡'이라고 하고, 한자로는 '惡實(악실)', '牛蒡菜(우방채)', '鼠粘子(서점자)', '大力子(대력자)', '蒡翁菜(방옹채)', '便牽牛(편견우)', '蝙蝠刺(편복자)', '夜又頭(야우두)'라고도 한다고 썼다. 또한 이규경(李圭景: 1788-1863)의『오주연문장전산고(五洲衍文長箋散稿)』에서는 우엉, 즉 '우방근(牛蒡根)'의 속명은 '雄(웅)'이고, 별칭은 '鼠粘艸(서점초)'라고 했다.

명칭 가운데 쥐 '서(鼠)' 자가 들어가는 것이 있는데, 유중림(柳重臨: 1705-1771)의『증보산림경제(增補山林經濟)』의 '쥐 물리치는 법'에 따르면, 우엉은 껍질 끝이 뾰족하게 찌르는 것이 있고 갈고리가 있어서, 그것이 쥐의 몸에 닿으면 들러붙어서 죽게 되기 때문에 '서점자'라고 한다고 했다. 따라서 쥐를 쫓기 위해서는 쥐구멍에 우엉을 두면 된다고 했다.

조선시대에는 우엉으로 우엉장아찌, 우엉나물, 우엉포, 우엉뿌리구이, 우엉뿌리죽, 우엉가루 수제비 등을 만들고 우엉 술을 담그는 데 썼다. 이 가운데, 중풍 등 여러 가지 질병에 효과가 있다는 우엉뿌리죽은 조선 전기의 어의(御醫)였던 전순의(全循義: ?-?)의『식료찬요(食療纂要)』에 따르면, 껍질을 벗겨 햇볕에 말린 우엉뿌리를 가루로 만들어 쌀과 함께 쑤거나, 우엉뿌리를 갈아 즙을 내어 쌀과 함께 쑤어 만든다. 일단 만들어 둔 우엉가루로는 수제비를 만들기도 했다. 또한 우엉으로 만든 구이는 더덕구이와 만드는 법이 비슷

하며,『오주연문장전산고』를 보면 더덕이나 도라지보다 맛이 좋다고 하였다. 한편 경상도에서는 향토음식으로 우엉김치를 담가 먹는데, 끓는 물에 살짝 데친 우엉에 멸치젓과 실파를 넣고 양념과 버무린 후 익힌다(농촌진흥청, 2008a: 68-169쪽; 농촌진흥청, 2008b: 204쪽).

분류 : 식재료
색인어 : 쥐, 멸치, 더덕, 두릅, 나물
참고문헌 : 작자 미상,『광재물보』; 이규경,『오주연문장전산고』(한국전통지식포탈); 유중림 저, 고농서국역총서6-『증보산림경제 Ⅲ』(농촌진흥청, 2004); 전순의 저, 고농서국역총서9-『식료찬요』(농촌진흥청, 2004); 농촌진흥청 농업과학기술원 농촌자원개발연구소,『한국의 전통향토음식 8-경상북도』(교문사, 2008a); 농촌진흥청 농업과학기술원 농촌자원개발연구소,『한국의 전통향토음식 9-경상남도』(교문사, 2008b)
필자 : 김혜숙

우엉나물(기대승이 윤두수에게 보낸 편지)

조선 중기 문신인 윤두수(尹斗壽: 1533-1601)는『오음유고(梧陰遺稿)』에서 기대승(奇大升: 1527-1572)이 자신에게 우엉 나물을 삶아서 보낸 일을 적었다. 나물의 일종인 우엉을 보내면서, 기대승은 이것은 초야에 있는 사람의 맛이니 사대부들도 알아야

필자 미상, 「윤두수 초상」, 조선, 지본채색, 117×91cm, 국립중앙박물관

한다는 편지도 함께 전하였다.

나물이란 황필수(黃必秀: 1842-1914)의『명물기략(名物紀略)』에서는 풀 중에서 먹을 수 있는 것을 '채소(菜蔬)'라 하며, 이것을 속언(俗言)으로는 '라물(羅物)', 즉 나물이라고 한다고 풀이하였다. '채소'나 '나물'이나 같은 말이라는 것이다. 그런데 이런 나물 맛[菜味]을 사대부들도 알아야 한다고 기대승이 편지에다 썼던 데는 깊은 뜻이 있다.

그 의미는 정약용(丁若鏞: 1762-1836)의 『목민심서
(牧民心書)』를 보면 짐작할 수 있다. 정약용에 따르
면, 중국 송나라의 학자인 진서산(眞西山)은 백성은
하루라도 채색(菜色), 즉 굶주린 기색을 띠어서는 안
되고 사대부는 하루라도 채미(菜味), 즉 나물 맛을 몰
라서는 안 된다고 했다고 한다. 아울러 정선(鄭瑄)은
백성이 굶주린 기색을 띠는 것은 사대부가 나물 맛을
모르는 데서 비롯되니, 만약 지위 고하를 막론하고 관
직에 있는 모든 이들이 나물 뿌리를 씹을 수 있다면 백
성들은 굶주릴 걱정이 없다고 하였다. 따라서 기대승
은 윤두수에게 우엉을 보내며 관리들이 백성들을 위
해 자신의 직분을 다 하길 바라는 마음을 담은 것이다.
1592년 임진왜란과 1597년의 정유재란과 같은 큰 국
가적 위기에 활약했던 윤두수는 정승의 반열까지 올
랐던 인물이었다. 이에 비해 기대승은 관직보다는 학
문과 덕행으로 명성이 높았고, 부귀영달(富貴榮達)을
바라기보다는 가난을 즐기며 학문에 힘썼던 학자였
다. 이 두 사람은 기대승이 윤두수보다 여섯 살이 많
았으나, 1558년(명종 13)에 과거시험에 함께 급제한
동기로서 서로가 서로를 인정하고 존경하던 관계였
다. 이러한 인연으로 기대승이 윤두수에게 우엉나물
을 보냈던 것이다.

한편 나물을 좋아했던 기대승은 봄철이 되면 집안의
종을 경기도 용문산(龍門山)까지 보내 산나물을 뜯어
오게 하였고, 그렇게 뜯어온 산나물은 겨울에 대비하
여 마당에서 말려 저장해두었다고 한다. 기대승이 해
마다 봄에 산나물 채취를 위해 종을 보냈다는 용문산
은 현재 경기도 양평군에 있는 용문산으로, 일제 강점
기까지도 용문산에서 나는 두릅나물[木頭菜]과 곰취
(또는 산취)는 전국에서 가장 좋기로 유명하였다.

분류 : 음식
참고문헌 : 윤두수 저, 권경열 역, 『오음유고』(한국고전번역원, 2007);
황필수, 『명물기략』(1870); 정약용저, 이정섭 역, 『목민심서』(한국고
전번역원, 1986); 장동익, 「윤두수」, 『한국민족문화대백과』(한국학중
앙연구원, 1997); 이을호, 「기대승」, 『한국민족문화대백과』(한국학중
앙연구원, 1996)
필자 : 김혜숙

웅어

웅어(熊漁)는 한자로 제어(鯷魚)라고 한다. 조선시대
에는 웅어를 주로 위어(葦魚)라는 이름으로 불렸는
데, 이는 웅어가 산란철이 되면 강 하류까지 거슬러
올라와 갈대숲에서 알을 낳기 때문에 붙여진 이름이
다. 또한 지역에서는 우어, 우여, 웅에, 차나리와 같은
방언으로도 불렸는데, 지금도 웅어가 많이 잡히는 충
남 서해안 지역에서는 웅어라는 이름 대신 이 같은 이
름으로 불리고 있다.

웅어는 4-5월에 많이 잡히는 봄철 생선으로, 맛이 뛰
어나서 임금님의 수라상에도 자주 올랐다. 웅어는 특
히 행주 인근 한강[杏湖]에서 나는 것이 제일 좋았다
(서유구, 『난호어목지(蘭湖漁牧志)』). 그래서 궁중의
식자재를 담당했던 사옹원(司饔院)에서는 한강 하류
지역에 아예 위어소(葦魚所)를 설치하여 왕실에 진상
할 웅어를 직접 관리하기도 했다. 성호(星湖) 이익(李
瀷: 1681-1763)은 『성호사설(星湖僿說)』에서 '소(所)'
는 특별한 물품을 공납하는 기관으로 고려시대에 처
음 설치되었고, 위어소도 그 흔적 중 하나라고 적었
다. 그리고 위어소가 있었던 곳은 양천(陽川) 지역이
라고 했는데, 현재 한강 하류에 위치한 경기도 고양과
행주 인근 지역으로 파악되고 있다. 홍석모(洪錫謨:
1781-1857)가 쓴 『동국세시기(東國歲時記)』에는 늦
봄에 사옹원 관리가 그물을 던져 웅어를 잡아다가 진
상하는 모습과 생선장수들이 거리를 돌아다니면서
웅어를 파는 모습이 묘사되어 전한다.

웅어는 특히 횟감과 구이로 먹을 때가 가장 맛있다고
한다. 정약전(丁若銓: 1760-1816)은 웅어는 맛이 아주
달아서 매우 좋은 횟감이라고 적었다(『자산어보(玆
山魚譜)』). 그리고 빙허각 이씨(憑虛閣 李氏: 1759-
1824)는 『규합총서(閨閤叢書)』에 웅어회 써는 법을
매우 상세히 기술하였는데, 종이 위에 웅어를 올려놓
고 기름과 물기를 뺀 뒤 풀잎같이 저며 써는 것이 좋
다고 하였다. 한편, 이용기(李用基: 1875-1933)는 『조
선무쌍신식요리제법(朝鮮無雙新式料理製法)』에서

작은 웅어는 횟감으로 쓰고, 굵은 웅어는 구이로 쓰라고 권하였다. 이용기에 의하면, 웅어회는 머리와 비늘을 제거하고 통으로 어슷하게 썬 다음 막걸리에 빨거나 참기름에 무쳐서 초고추장에 찍어 먹으면 고소한 맛이 일품이라고 했다. 또한 웅어구이는 머리와 비늘, 내장 등을 제거한 후 두 토막으로 잘라 기름장을 발라 구워 먹으면 얕은맛이 제일이라고 하였다.

분류 : 식재료
색인어 : 동국세시기, 규합총서, 조선무쌍신식요리제법, 생선회
참고문헌 : 이익 저, 정지상 역,『성호사설』(한국고전번역원, 1978); 정약전 저, 정명현 역,『자산어보』(서해문집, 2016); 빙허각 이씨,『규합총서』(한국전통지식포탈); 홍석모 저, 최대림 역,『동국세시기』(홍신문화사, 2006); 이용기,『조선무쌍신식요리제법』(영창서관, 1936); 서유구 저, 이두순 평역, 강우규 도판,『평역 난호어명고』(수산경제연구원BOOKS·블루&노트, 2015)
필자 : 양미경

위어소(1618년 위어소 어부)

위어소(葦魚所)는 조선시대 사옹원에 속한 기관으로 현재 경기도 고양시 부근에 위치해 있었다. 위어소가 담당하고 있던 일은 한강에서 나는 웅어를 잡아 왕실에 진상하는 것이었다. 그런데 1618년 위어소 소속 어부인 장귀천(張貴千: ?-?)이란 인물이 사옹원에 자신들이 처한 어려움을 호소하는 글을 올렸다.

장귀천이 올린 글을 보면 임진왜란을 겪기 이전에는 5개 읍의 300호에서 어부들이 웅어를 진상하는 요역(徭役)을 담당하고 그 역의 대가로 1호당 경작하는 땅 8결에 대한 세금을 면제받았다고 한다. 그러나 임진왜란 이후 웅어를 진상하는 요역을 담당하는 집들이 겨우 100여 호밖에 되지 않고 경작하는 땅 중 겨우 2결만을 면제받고 있다는 것이다. 그 외에도 일반 백성들과 같이 다른 요역까지 맡으라고 하니 자신들이 매우 힘들어 감당하기 어렵다는 탄원서였다.

위어소 어부들의 이러한 요청에 사옹원 역시 공감하였고 이들에게 과도하게 요역을 부과하면 웅어에 대한 진상에 차질이 생길 수 있다고 우려하기도 하였다. 그래서 사옹원은 예전처럼 경작하는 땅 8결에 대한 면세를 해줄 수는 없지만 적어도 웅어를 진상하는 요역 이외에 다른 요역을 부과하지는 말 것을 광해군에게 요청하였고 광해군 역시 이를 받아들였다.

웅어는 많은 고문헌에서 위어(葦魚)로 표기되며『산림경제(山林經濟)』에서는 시어(鰣魚),『난호어목지』에서는 제(鱭)라고 표기되기도 했다.『신증동국여지승람(新增東國輿地勝覽)』에 보면 경기도, 황해도, 경상도, 충청도, 전라도의 해안과 해안에서 이어지는 강이 흐르는 지역들을 중심으로 38개 현에서 특산물로 잡힌다고 기록되어 있다. 특히 경기도 일대의 웅어가 좋은 평가를 받은 것 같다. 허균은『성소부부고(惺所覆瓿藁)』와『도문대작(屠門大嚼)』에서 웅어는 한강의 것이 가장 좋다고 하면서 호남에서는 2월에 잡히고 관서(關西) 지방에서는 5월에 잡히는데 모두 맛이 좋다고 기록했다.

이익은『성호사설(星湖僿說)』에서 지명(地名)과 지방 내의 관청 사이의 관계에 대해 말하면서 양천현(陽川縣)에 위어소(葦魚所)가 있었기에 당시까지도 양천현에 위어소라 불리는 지명이 있다고 기록했다.

또한 웅어는 신하들에게 하사하는 선물로도 이용되었다. 대표적인 예가 인조가 윤선도에게 내린 웅어들이다. 1628년 이후 윤선도가 왕자들의 교육을 담당하고 있었기에 인조는 종종 윤선도에게 웅어를 하사했다. 한 예로 1631년 4월 28일 생(生)웅어 7두름을 내린다는 문서가 남아 있기도 하다. 그만큼 조선시대 웅어는 좋은 생선으로 평가받았다.

『광해군일기』, 조선, 지본, 44.5×31cm, 국립중앙박물관

분류 : 식재료
색인어 : 웅어, 위어, 시어, 제, 천신, 위어소, 윤선도, 광해군, 장귀천, 사옹원, 면세, 성소부부고, 성호사설, 은사장
참고문헌 :『신증동국여지승람』;『광해군일기』(정초본); 허균,「도문대작」,『성소부부고』;「1632년 4월 28일 윤선도 은사장」; 홍문선,『산림경제』; 김은슬,「난호어목지 해제」; 한식문화아카이브
필자 : 이민재

위어회(1795년)

1795년 혜경궁 홍씨(惠慶宮 洪氏: 1735-1815)가 화성 행궁에서 받은 아침수라[朝水刺]상에는 위어회(葦魚膾)가 올랐다. 위어는 봄철 한강 하류에서 잡히며, 웅어라고도 한다. 특히 궁중에서는 위어를 관리하기 위해 행주산성 부근에 '위어소(葦魚所)'를 별도로 두었다.

조선 후기 문인 김매순(金邁淳: 1776-1840)이 쓴 한양(漢陽)의 세시풍속서인 『열양세시기(洌陽歲時記)』에 위어에 대한 이야기가 나온다. 4월에 한양 행주에서 많이 나고 맛이 좋은 물고기로 위어(葦魚)를 꼽았다. 위어는 수라상에 올라가는 것이면서도 수라간에 공급되는 것 외에는 상인들이 가져가 민간에 팔았기 때문에 한양에서 거주하는 사람이라면 봄철에 손쉽게 구하고 먹을 수 있었다.

대전 은진 송씨(恩津 宋氏) 동춘당(同春堂) 송준길(宋浚吉: 1606-1672) 가문에서 전해 내려오는 『주식시의(酒食是儀)』에 위어회가 언급되었는데, 웅어를 풀잎처럼 저며 종이 위에 놓아 물과 기름을 뺀 후 회를 쳐야 좋다고 했다.

1924년 이용기가 쓴 『조선무쌍신식요리제법(朝鮮無雙新式料理製法)』에서는 '큰 웅어는 뼈가 거세어 회로 마땅하지 않고 작은 것이 회로 쓰기에 좋다. 머리를 따고 비늘을 긁어 통으로 어슷하게 썬 다음 막걸리에 빨거나 참기름에 무쳐서 초고추장에 찍어 먹으면 고소한 맛이 일품이다. 씹어 먹을 때 입 안에 찌꺼기가 남는 것이 웅어회의 단점이다.'라고 했다.

분류 : 음식
색인어 : 수라상, 위어회, 혜경궁 홍씨, 위어, 웅어, 위어소, 열양세시기
참고문헌 : 『원행을묘정리의궤(園幸乙卯整理儀軌)』; 『열양세시기(洌陽歲時記)』; 『조선무쌍신식요리제법(朝鮮無雙新式料理製法)』; 『주식시의(酒食是儀)』
필자 : 이소영

원추리

원추리는 넘나물이라고도 하며, 야산과 깊은 산을 구분하지 않고 군락을 이루며 잘 자라는 여러해살이풀이다. 민간에서 원추리는 구황 시 훌륭한 식재료인데, 3-5월 사이 연한 뿌리부터 줄기와 잎까지 뜯어 무침으로 먹거나 된장국에 넣어 먹는다.

원추리를 속칭 황채(廣菜)라고 했으며, 허균(許筠: 1569-1618)의 문집인 『도문대작(屠門大嚼)』에서는 황화채(黃花菜)라고도 했다. 원추리의 조리법은 크게 두 가지이다. 첫째는 대개 연한 뿌리·줄기·잎을 한번에 뜯어서 무쳐 먹는 것이고, 둘째는 6-7월에 피는 원추리꽃을 뜯어서 무쳐 먹는 것이다. 1835년경 서유구(徐有榘: 1764-1845)가 지은 『임원경제지[林園十六志]』에는 봄에 원추리 싹을 채취하여 끓는 물에 데쳐 식초와 간장을 넣고 버무려 먹는다고 했다.

그리고 1771년에 서명응(徐命膺: 1716-1787)이 편찬한 『고사신서(攷事新書)』, 1700년대에 편찬된 『박해통고(博海通攷)』, 1830년대에 최한기(崔漢綺: 1803-1877)가 편찬한 『농정회요(農政會要)』 등에서는 6-7월에 원추리 꽃이 피면 꽃술을 제거하고 끓는 물 또는 끓는 물에 소금을 넣어 데친 다음 식초로 버무려 먹는다고 했다. 『농정회요』에서는 양념으로 식초 외에도 감초가루, 백설탕, 참기름, 생강 등을 추가적으로 넣기도 했다.

분류 : 식재료
색인어 : 도문대작, 임원경제지
참고문헌 : 허균, 『도문대작(屠門大嚼)』; 서유구, 『임원경제지(林園十六志)』; 서명응, 『고사신서(攷事新書)』, 『박해통고(博海通攷)』; 최한기, 『농정회요(農政會要)』
필자 : 박선미

원행을묘정리의궤(1795)

정조(正祖: 1776-1800)가 1795년(정조 19)에 어머니 혜경궁 홍씨(惠慶宮 洪氏: 1735-1815)를 모시고 화성행궁(華城行宮)에 행차하였다. 사도세자(思悼世子: 1735-1762)의 묘소인 현륭원(顯隆園)을 참배하고, 어머니 회갑 잔치, 양로연, 과거시험, 군사훈련 등 행사를 열었다. 윤2월 초 9일부터 16일 환궁하기까지 8일 간의 일정과 담당자 명단, 진행과정 중 주고받은 문서

내용, 비용, 도식, 음식 내용 등 자세히 기록한 것이 『원행을묘정리의궤(園幸乙卯整理儀軌)』이다.

의궤 권4에 찬품 항목에는 8일간의 일정 동안 노량참(鷺梁站), 시흥참(始興站), 사근참(肆覲站), 화성참(華城站), 원소참(園所站) 등 다섯

『[원행을묘]정리의궤』 표지, 22.5×35.1cm, 1796년, 서울대학교 규장각 한국학연구원

『[원행을묘]정리의궤』 목차

『[원행을묘]정리의궤』 찬품

곳에서 혜경궁 홍씨, 정조, 청연군주와 청선군주에게 올린 음식, 궁인과 내외빈 및 여러 신하들에게 제공된 음식 등이 자세하게 수록되어 있다. 특히 진찬, 양로연 등 연회음식뿐 아니라 창덕궁에서 화성까지 오가는 동안, 화성행궁에 머무는 동안 마련되었던 수라상(水刺床)과 반과상(盤果床)에 대해 상과 그릇의 종류, 그릇수[器數], 음식 내용 등이 적혀 있다. 다른 의궤에서 찾아볼 수 없는 왕실의 일상식의 내용을 확인할 수 있다. 또한 궁인, 여령·악공, 여러 실무관료, 군인, 노인에게 제공된 음식들이 구체적으로 적혀 있다.

윤2월 9일 창덕궁을 출발하여 배다리[舟橋]로 한강을 건너 노량참(鷺梁站)에서 자궁(慈宮: 혜경궁)·대전(大殿: 정조)·군주에게 조다소반과(早茶小盤果)와 조수라(朝水刺)와 진지(進止)가 진어되었다. 궁인 및 내외빈 본소 당상 이하 원역(員役) 등 행차에 동행한 실무 관료들에게 조반이 공궤(供饋)되었다. 시흥참(始興站)에서 자궁·대전·군주에게 주다소반과·석수라(夕水刺)·야다소반과(夜茶小盤果)가 제공되었고, 시흥행궁에서 하룻밤을 묵었다.

다음 날 10일 아침 자궁·대전·군주에게 조수라를 올렸다. 이때 궁인 및 실무 관료들에게도 9일의 석반과 10일의 조반이 노량참과 같은 공궤가 제공되었다. 사근참(肆覲站)에 도착해서는 주다소반과(晝茶小盤果)·주수라(晝水刺)를 올리고 화성행궁으로 떠났다.

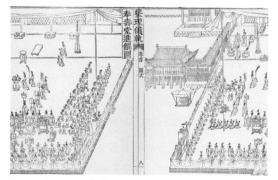

『[원행을묘]정리의궤』 권4 찬품

창덕궁에서 화성행궁까지 오가는 중간에는 자궁과 군주에게 미음상을 올렸다. 그리고 사근참에서 궁인 및 실무 관료들에게 주반이 공궤되었다. 화성행궁에 도착하자마자 다른 소반과보다 규모가 큰 주다별반과(晝茶別盤果)를 준비했다. 그리고 석수라, 야단소반과를 차례로 차려 올렸다.

11일에는 죽수라(粥水刺)를, 조수라·주다소반과·석수라·야다소반과 등을 자궁·대전·군주에게 올렸다.

12일은 조수라와 주다소반과를 들고 원소(園所) 즉 현륭원으로 향하였다. 원소에서 자궁에게는 주다소반과, 주수라를 올리고, 대전과 군주에게는 주수라가 올려졌다. 재실(齋室)에 들어갈 때와 전(展)을 배알할 때, 화성행궁으로 환궁하는 도중에 미음상을 올렸다. 화성에서는 석수라와 야다소반과가 준비되었다. 정조는 현륭원에 다녀와서 서장대(西將臺)에서 군사훈련에 참석하고 나서 석수라를 들었다.

13일에는 봉수당에서 진찬이 거행되었다. 자궁·대전·군주에게 죽수라·조다소반과·진찬·조수라·만다소반

과(晚茶小盤果)·석수라·야다소반과가 제공되었다. 진찬에서 자궁에게 70그릇의 진찬상과 15그릇의 소별미상이 올려졌고, 정조에게는 20그릇의 진찬상과 8그릇의 소별미상이 올려졌다. 두 군주에게도 정조와 같은 찬품의 진찬상이 차려졌다.

14일은 자궁·대전·군주에게 조수라·석수라·주다소반과·석수라·야다소반과가 올려졌다. 이날 정조는 화성행궁 정문인 신풍루(新豊樓)에서 백성들에게 쌀을 내려주는 사미(賜米)하고 낙남헌에서 양로연을 베풀었다. 양로연에는 자궁과 군주는 참석하지 않았다. 궁인 및 실무 관료들에게는 죽상·조반·주반·석반 및 주찬·야찬 등이 제공되었다.

화성을 떠나는 15일에는 자궁·대전·군주에게 조수라를 올리고 이어 사근참에서 주다소반과·주수라를 준비해 올렸다. 시흥참에서 주다소반과·석수라·야다소반과를 올리고, 시흥행궁에서 하룻밤을 머물렀다. 16일 마지막날에는 시흥참에서 자궁·대전·군주가 주수라를 들고, 노량참에서 주다소반과와 주수라를 받았다. 마침내 원행 일행은 창덕궁으로 돌아왔다.

분류 : 문헌
색인어 : 원행을묘정리의궤, 수라, 소반과, 진찬, 정조, 혜경궁 홍씨
참고문헌 : 『원행을묘정리의궤(園幸乙卯整理儀軌)』; 한영우, 『정조의 화성행차 그 8일』(효형출판, 1998); 김상보, 『朝鮮王朝 宮中儀軌 飮食文化』(수학사, 1995)
필자 : 이소영

유기(놋그릇)

유기(鍮器)는 구리를 주성분으로 하여 주석, 아연, 니켈을 섞은 합금으로 놋그릇이라고도 불린다. 신라 시대에도 놋그릇을 다루는 철유전(鐵鍮典)이라는 상설기구를 설치하였으며, 고려시

유제 보시기, 높이 7.6cm, 시대 미상, 국립민속박물관

대에도 각종 생활용기를 유기로 제작하였다. 『경국대전』에 보면 조선 초기부터 유기를 전담하여 놋그릇을 생산하는 유장(鍮匠)들이 있었다. 유기는 열전도율이 좋고 보온이 잘되기 때문에 조선시대에는 수저나 반상기 등 식기로 널리 사용되었다. 계절에 따라 날씨가 추워지면 유기를 사용하고, 단오를 기점으로 날씨가 더워지면 백자 반상기로 바꾸었다.

분류 : 미술
색인어 : 유기, 놋그릇, 주발, 방짜
참고문헌 : 『한국의 유기』(광주민속박물관, 1996); 한국학중앙연구원, 『한국민족문화대백과사전』
필자 : 구혜인

유기(길모어)

윌리엄 길모어(George William Gilmore: 1857-1933)는 조선의 유기에 대해 높이 평가하였으며 실제로 유기세트를 구매하기도 하였다.

『서울풍물지(Korea from its capital)』에서 묘사된 길모어 소유의 유기는 총 32개로 구성된 식기세트로 가격은 금화 3달러였다. 길모어는 조선은 유기를 제작하는 기술이 뛰어나고 특히 유기로 식기세트를 잘 만들어 내지만 국내에서 소비할 뿐 수출은 되지 않는다고 하였다.

한편, 조르주 뒤크로(Georges Ducrocq: 1874-1927)는 1904년에 쓴 『가련하고 정다운 나라 조선(Pauvre et Douce Corée)』에서 조선 사람들이 "마치 금으로 만든 식기라도 되는 듯" 번쩍거리는 유기들을 좋아한다고 하였다.

조르주 뒤크로, 『가련하고 정다운 나라 조선(Pauvre et Douce Corée)』 표지, 1904, 양지

분류 : 미술
색인어 : 유기, 놋그릇, 윌리엄 길모어, 조르주 뒤크로
참고문헌 : 윌리엄 길모어 저, 신복룡 역, 『서울풍물지(Korea from its capital)』(집문당, 1999); 조르주 뒤크로 저, 최미경 역, 『가련하고 정

다운 나라 조선』(눈빛, 2001)
필자 : 서모란

유기 담보(놋그릇 맡기고 빌려 보는 소설책)

조선 후기부터 일제 강점기 초기까지도 서울의 세책점에서 책을 빌릴 때 일종의 담보로 맡기는 물건 중에는 놋그릇 등의 식생활 용구가 있었다.

조선 후기 서울에는 독서 인구가 늘어나면서 전문적으로 깨끗하게 베낀 소설책을 돈을 받고 빌려주는 세책업자(貰冊業者)가 성업하였다. 세책점의 단골손님들은 남녀노소, 양반부터 천민까지 다양하였는데, 특히 한글을 아는 여성들도 많았다. 혼자서도 읽고 모여서도 읽으면서 여성들 사이에서는 소설의 인기가 치솟았고, 그만큼 세책점 출입도 잦아졌다. 이러한 여성들을 보는 시선은 곱지 않았다. 이덕무(李德懋: 1741-1793)도 「사소절(士小節)」에서 이야기책을 읽다가 낮잠을 자는 부인은 게으른 부인이라며 행실에 주의하라고 훈계하였다.

또한 채제공(蔡濟恭: 1720-1799)은 자신의 아내가 지은 『여사서(女四書)』서문[序]에서 소설에 빠져 하루를 보내고 책을 빌려 보고자 비녀나 팔찌를 팔거나 빚까지 내는 부녀자들을 경계하였다. 그런데 세책점에서 책을 빌려 보려면 돈도 필요했지만, 세책점 주인과 아주 가까운 사이라든가 어지간한 단골손님이 아니라면 담보물도 있어야 했다. 이 담보물은 책을 읽고 돌려주면서 날짜와 책 수에 따라 대여료를 내야만 되찾을 수 있었다. 손님이 세책점에 맡기는 물건은 반지, 은비녀, 귀걸이 등의 장신구류를 비롯해 이쑤시개, 귀이개, 족집게, 우산, 담배, 쌈지, 안경, 외투, 조끼, 담요, 방석까지 다양하였고, 대접과 주발 등의 식기, 놋그릇, 솥, 냄비, 주전자, 수저, 다기, 쟁반, 화로 등의 식생활 용구도 들어 있었다. 당시 인기 있는 소설은 짧다고 해야 『춘향전(春香傳)』처럼 10책이고, 긴 것은 『홍루몽(紅樓夢)』이나 『명주보월빙(明紬寶月聘)』과 같이 수백 책에 이르는 것도 많아서 담보물이 세책업자의 손을 떠나 주인에게 돌아오기까지는

상당한 시일이 소요되었을 것이다(이민희, 2010: 22, 54-55, 72쪽).

분류 : 의례
참고문헌 : 이덕무 저, 김동주 역, 「사소절」, 『청장관전서(靑莊館全書)』 제30권(한국고전번역원, 1980); 이민희, 『조선의 베스트셀러』(프로네시스, 2010)
필자 : 김혜숙

유자

유자(柚子)는 유자나무 열매로, 둥근 모양에 신맛이 난다. 조선시대에는 주로 전라도·경상도의 남쪽 해변과 제주도에서 유자가 생산되었으므로 귀하게 여겨 왕실 잔치나 사신 접대, 그리고 신하에게 주는 하사품 등으로 사용되었다(『세종실록(世宗實錄)』「지리지」; 허균, 『도문대작(屠門大嚼)』). 하지만 공물로 올라온 유자와 과실이 정결(淨潔)하지 못하고 또 수급에도 어려움이 많아서, 세종 대에는 국가에서 중요하게 쓰이는 감자(柑子)·유자(柚子)·석류(石榴)·모과(木瓜) 등의 경우에는 아예 강화부(江華府)에 과목을 재배토록 한 기록이 있다(『세종실록』세종 10년 12월 9일자 기사).

유자는 맛에 비해 껍질 표면이 울퉁불퉁 못생겼다. 이런 유자의 모양을 본떠서 '얽어도 유자', 혹은 '탱자는 고와도 개똥밭에 뒹굴고 유자는 얽어도 큰 상에 오른다' 등의 속담이 생겨났다. 이들 속담은 모두 가치가 있는 것은 조금 흠집이 나더라도 제 값어치를 한다는 뜻을 내포하고 있다.

유자는 대개 음력 9월경에 수확한다. 따라서 왕실에서는 10월 종묘제사에 유자를 천신(薦新)하였고, 민간에서는 9월 9일 중양절(重陽節)에 유자화채를 만들어 먹는 풍습이 있었다. 홍석모(洪錫謨: 1781-1857)의 『동국세시기(東國歲時記)』에 따르면, 유자화채는 꿀물에 잘게 썬 배와 유자, 석류를 넣고 잣을 띄워서 마시는데, 가을철 시절음식(時食)뿐 아니라 제사에도 쓴다고 하였다.

이외에도 유자를 이용해 만드는 음식으로 유자정과

와 유자단자, 그리고 유자차 등이 있다. 유자정과와 유자단자는 비교적 고급음식에 해당되는데, 빙허각 이씨(憑虛閣 李氏: 1759-1824)가 쓴 『규합총서(閨閤叢書)』에 만드는 법이 모두 기록되어 전한다. 유자정과는 주재료로 유자 껍질을 쓰는 것이 특이한데, 손질한 유자 껍질을 얇고 납작하게 저며 살짝 데친 후 꿀에 조려낸다. 유자단자는 유자를 이용해 만든 떡을 말한다. 유자껍질을 잘 말려 가루로 만든 후 얇게 썬 곶감과 찹쌀가루, 꿀을 넣고 반죽하여 강정 찌듯이 찐다. 그런 다음, 가운데에 꿀 섞은 밤소를 넣고 먹기 좋게 잘라 팥고물을 묻혀 먹는다. 반면, 유자차는 『산림경제(山林經濟)』를 비롯하여 『농정회요(農政會要)』, 『박해통고(博海通攷)』, 『임원경제지(林園經濟志)』 등 여러 문헌에 만드는 법이 적혀 있을 만큼 보편적인 음료다. 생유자와 배를 얇게 저며 꿀물에 재워 두었다가 잣을 뿌려서 마시는데, 특히 술독을 푸는 데 좋다고 한다.

분류 : 식재료
색인어 : 감귤, 규합총서, 동국세시기, 임원경제지, 꿀, 떡, 차
참고문헌 : 『세종실록』(임창재 역, 세종대왕기념사업회, 1973); 허균 저, 신승운 역, 『도문대작』(한국고전번역원, 1984); 홍만선, 『산림경제』(한국전통지식포탈); 작자 미상, 『박해통고』(한국전통지식포탈); 빙허각 이씨, 『규합총서』(한국전통지식포탈); 서유구, 『임원경제지』(한국전통지식포탈); 최한기, 『농정회요』(한국전통지식포탈); 홍석모 저, 최대림 역, 『동국세시기』(홍신문화사, 2006)
필자 : 양미경

율무

율무는 벼과의 1년생 초본식물로, 이명으로는 감미(感米), 기실(芑實), 미인(米仁), 의미(薏米), 의인(薏仁), 의주자(薏珠子), 이인(苡仁), 해려(解蠡), 회회미(回回米), 간주(幹珠), 옥담(屋菼), 공미(贛米) 등이 있다. 한의학에서는 '의이인(薏苡仁)'이라 한다.

허준(許浚: 1539-1615)이 편찬한 『동의보감(東醫寶鑑)·탕액편(湯液篇)』(1610)에서는 '율미발(율무쌀)'이라 하여 설명하였는데, 그 성질은 약간 차거나 평하다고 하였고, 맛은 달고 독은 없다 하였다. 주로 폐위(肺痿)나 폐기(肺氣)로 피고름을 토하고 기침하는 데 주로 쓴다. 폐위(肺痿)는 폐열(肺熱)로 인해서 진액(津液)이 말라 고갈되어 발생하는데, 진액이 말라버리면서 피부와 모발에도 윤기가 없어져서 거칠고 위축되며 기침을 하거나 숨이 차는 증상이 나타나는 것을 말한다.

또 다른 효능으로는 나쁜 기운(바람)이나 습기로 인해서 팔다리가 저려서 잘 쓰지 못하고 아픈 풍습비(風濕痺)로 근맥이 당기는 것과 건각기·습각기에 주로 쓴다고 하였는데, 율무가 폐와 비위에 좋은 효능이 있어서 팔다리가 저리거나 폐 쪽에 열이 차는 것을 내려주는 역할을 하는 것으로 보인다.

율무는 이러한 효능뿐 아니라 몸을 가볍게 하고 축축하고 더운 땅에서 생기는 독기(毒氣)인 장기(瘴氣)를 이겨내게 하고, 오래 먹으면 음식을 잘 먹게 되는데, 그 성품이 완만하기 때문에 약으로 쓸 때는 다른 약의 2배는 써야 한다고 하였다. 진짜를 구분하는 방법으로 씹어서 치아에 달라붙는 것이 진짜라 하였다.

『동의보감·탕액편』에서는 가공하는 방법도 소개하고 있는데, 열매를 쪄서 뜸들이고 햇빛에 말린 후, 갈거나 주물러 의이인을 얻는다고 하였다. 이러한 효능 때문인지 율무는 유독 식재료이면서도 약으로 많이 활용되었는데, 의이인죽, 의이탕, 율무밥 등은 물론 술이나 떡을 만들어서 한의학의 처방으로 활용하기도 하였다.

그 외에 율무를 이용한 음식으로는 율무응이, 율무경단, 율무단자 등이 있다. 빙허각 이씨(憑虛閣 李氏: 1759-1824)가 지은 『규합총서(閨閤叢書)』(1809)에 '늁모의이(율무응이)'에 대한 내용이 있다. 율무를 보리쌀처럼 씻어 물에 담갔다가 골라 녹말을 추출하여 말려서 그것을 쑤어 끓여 먹으면 맛이 좋다고 하였는데, 설사를 없애고 풍토병(디스토마 등)을 없앨 수 있다고 하였다.

이용기(李用基: 1870-1933)의 『조선무쌍신식요리제법(朝鮮無雙新式料理製法)』(1924)에는 응이의 유래에 대해 더 자세한 설명이 있다. '응이'는 '의이'를 입에

순하게 부르려고 '응이'라고 한 것이라 하였는데, 여러 가지 응이가 있으나 '의이' 두 글자는 원래 율무를 말하는 것인데, 이를 모두 '응이'라고 한다고 하였다.

응이를 만드는 방법은 율무나 염주 율무를 찧든지 갈든지 하여 굵은체에 치고, 다시 갈아서 고운체에 다시 쳐서 냉수에 풀어 솥에 넣고 쑤어 꿀을 넣어 먹는다고 하였는데, 옛날 방법으로는 율무 속에 물에 담가 맷돌에 갈아 가라앉혀 분을 내어두었다가 쓸 때 꿀물에 타서 쑤어 먹는데 이것은 내국(內局: 대궐 내 즉 궁중)에서 사용하는 방법이라고 설명하였다.

찧어서 가루를 만들면 그 맛이 맷돌에 갈아서 하는 것보다 못하다고 하였다. 율무를 보리처럼 깨끗하게 찧어서 물에 담갔다가 맷돌에 갈아서 물속에 넣고 휘저어 잡물을 없애고 말려 가루로 두었다가 쑤어 먹으면 맛이 아담하고 습기를 제거하며 토질을 없게 한다고 하면서, 그런 이유로 중국 한나라 복파장군 마원(馬援)이 군대 안으로 실어가지고 갔다는 이야기가 전해지는데, 이 가루로 풀을 만들어 창을 바르면 큰 바람에도 떨어지지 않기 때문에, 바다에서 배의 창에 바른다는 고사를 전하기도 하였다.

이수광(李睟光: 1563-1628)이 편찬한 『지봉유설(芝峰類說)』(1614)에서도 '율무[薏苡]'에 대한 설명이 있다. 바다 위의 선창(船窓)에는 의이(薏苡: 율무)가루로 풀을 쑤어 바르면 아무리 바람이나 물결을 만나도 오래 견디어 내는데, 지금도 전쟁에 쓰이는 배에는 모두 이 법을 쓴다고 하면서, 그것이 장기(瘴氣)를 이겨내고 습기를 없앤다는 것을 알 수가 있다고 하였다.

율무를 활용하여 만들었던 다른 음식으로 조자호(趙慈鎬: 1912-1976)의 『조선요리법(朝鮮料理法)』(1943)에서는 '율무단자'에 대해 설명하였는데, 율무가루를 반죽하여 보통 경단만 하게 동글동글한 모양으로 빚어 끓는 물에 삶아내어 찬물에 헹궈서 고물을 묻히는데, 꿀소나 밤가루를 묻혀서 만들었다.

문장이 뛰어나 조선 중기의 사대가(四大家)로 꼽혔던 조선 중기의 문신인 장유(張維: 1587-1638)의 문집인 『계곡선생집(谿谷先生集)』(1643) 제31권에는 천장

시랑에게 죽력과 의이를 구해 달라고 부탁하면서 아울러 광산 주인에게도 보여 주도록 한 시[託天章侍郎 乞竹瀝薏苡 兼示光山主人]가 있다.

죽세공(竹細工)은 동남 지방 유명한 특산
율무는 일찍부터 본초경(本草經)에 실려 왔지
푸른 대쪽 구워서 받아 낸 그 진액(津液)과
껍질 불려 햇빛에 쬔 구슬 같은 율무쌀
참으로 값이 따로 없는 천만금의 특효약
구태여 구전금단(九轉金丹) 구할 필요 없다오
망가진 폐 되살리는 최고의 약물
그대여 친구 위해 구해 줄 수 없겠소
籠鐘自是東南美 薏苡曾實本草圖
炙取碧鮮傾玉液 浸來嘉實晒明珠
萬金良藥眞無價 九轉靈丹却不須
功用最宜蘇肺氣 煩君乞興故人無

대나무를 구워 받아낸 진액은 죽력을 의미하는데 껍질 불려 햇볕에 말린 율무쌀과 함께 아홉 차례 제련해서 만든 도교(道敎)의 단약(丹藥)인 구전금단(九轉金丹)을 만들어 먹는데, 이것이 폐를 살리는 최고의 약이라고 칭하고 있다. 아마 이때에도 죽력과 더불어 율무가 폐에 좋은 음식으로 인식되어 있었던 것으로 보인다.

분류 : 식재료
색인어 : 규합총서, 떡, 보리, 술, 조선무쌍신식요리제법, 조선요리법
참고문헌 : 허준, 『동의보감·탕액편』; 빙허각 이씨, 『규합총서』; 이용기, 『조선무쌍신식요리제법』(영창서관, 1936); 이수광, 『지봉유설』; 조자호, 『조선요리법』(광한서림, 1939); 장유 저, 이상현 역, 『계곡선생집』(한국고전번역원, 1997)
필자 : 홍진임

약으로 먹었던 율무죽[薏苡仁粥]

율무는 벼과의 식물로 곡류로 구분되지만 특유의 효능 덕분에 식재료이면서도 약처럼 쓰였다. 한의학 서적에는 율무를 의이인(薏苡仁)이라고 하였는데 이를 활용한 다양한 처방이 있다. 그중 가장 대표적인 것이 바로 '의이인죽(薏苡仁粥)'이다.

1460년 전순의(全循義: ?-?)가 편찬한『식료찬요(食療纂要)』에는 '의이인죽(薏苡仁粥)'과 관련된 여러 처방이 나온다. 조선 초기 국가적 편찬사업이었던『향약집성방(鄕藥集成方)』과『의방유취(醫方類聚)』편찬에 참여했던 어의 전순의는 음식과 관련된 처방만을 모아서 책을 편찬하였고, 그런 이유로 식재료인 율무를 처방으로 활용한 내용이 다수 수록되어 있다. '율무죽[薏苡仁]'과 관련된 처방으로 창자와 위장을 이롭게 할 때, 부종을 없앨 때 율무[薏苡仁] 1되를 가루로 만든 다음 물 2되에 율무가루 2순가락씩 넣고 끓여 죽을 만들어 공복에 먹는다고 하였다. 또 중풍(中風)으로 인하여 말이 어눌하고 팔다리를 제대로 움직이지 못하며, 대변이 잘 나오지 않는 것을 치료하려 할 때는 율무[薏苡仁] 3홉, 삼씨[冬麻子] 0.5되를 준비하고, 물 3되와 삼씨[麻子]를 함께 갈아서 즙을 낸 다음 율무[薏苡]와 같이 끓여 죽(粥)을 만들어 공복에 먹는다고 하였다.

조선 후기의 의가인 이창우(李昌雨: ?-?)가 지은『수세비결(壽世祕訣)』(1929)에서는 '의이인죽(薏苡仁粥)은 습과 열을 없애주고 장과 위를 좋게 한다고 하였다. 허준(許浚: 1539-1615)이 편찬한『동의보감(東醫寶鑑)』(1610)에서도 율무의 열매는 습을 없애 몸을 가볍게 하고 장기(瘴氣)를 좇는다고 하였다. 가루 내어 죽을 쑤어 늘 먹는다고 하였다. 옛날에 중국의 마원(馬援)이 남방 원정 갈 때 많이 싣고 간 것이 바로 이 율무였다는 고사를 전하고 있다.

『동의보감』에도 율무죽[薏苡仁粥]과 관련된 여러 처방이 나온다. 율무의 열매는 열과 풍으로 근맥에 경련이 일고 당기는 데 주로 쓰고, 또한 근육이 당기고 경련이 이는 데 주로 쓴다. 늘 죽을 쑤어 먹는다고 하였는데, 효과가 매우 좋으며 욱리인과 함께 죽을 쑤어 늘 먹으면 좋다고 하였다. 특히 '욱리의이인죽(郁李薏苡仁粥)'에 대해서는 욱리인이 부종으로 배가 불러 오르고 숨이 차며, 대소변이 잘 나오지 않는 것을 치료하는데, 욱리인 1냥을 갈아 즙을 내고, 여기에 율무가루 2홉을 넣어 죽을 쑤어 먹는다고 하였다. 율무만을

먹는 경우도 효과가 있지만 거기에 욱리인을 함께 복용함으로써 약효를 더 증가시켜주는 역할을 하는 것으로 보인다.

율무죽은 의서에만 나오는 내용은 아니었다. 최한기(崔漢綺: 1803-1877)가 편찬한『농정회요(農政會要)』(1830년경)에도 '율무죽[薏苡粥]'에 관한 내용이 있다. 율무열매[薏苡米: 율무쌀]를 곱게 가루로 만들어, 곱게 가루를 낸 멥쌀과 3분의 1 비율로 하여 죽을 끓이는데 꿀을 첨가하여 먹는다고 하였다.

1835년경 서유구(徐有榘: 1764-1845)가 편찬한『임원경제지[林園十六志]』에도 '의이죽방(薏苡粥方)'에 대한 설명이 있는데, 율무가루를 만드는 방법을 함께 설명하였다. 율무쌀을 물에 담갔다가 맷돌에 갈아 가라앉혀 웃물을 버리고 가루를 취해 햇볕에 말려 보관하였다가, 쓸 때마다 조금씩 덜어서 흰 꿀물로 죽을 쑤는데, 이러한 방법은 궁에서 사용하였던 내국방(內局方)이라 하였다.

작자 미상의『역주방문(歷酒方文)』(1800년대 중엽)에서는 '삼미음(三味飮)'이라 하여 연밥가루와 산약가루, 율무가루 이 세 가지 가루를 넣은 성주(醒酒: 숙취해소) 안주를 소개하였다. 세 가지 가루를 동량으로 하여 명주자루에 넣어 걸러내서 묽은 풀을 쑤어 잘 익으면 식혀서 꿀을 타서 먹는데, 가슴이 답답하고 막힌 것을 상쾌하게 풀어주고 가슴이 맑고 편하게 한다고 하였다.

율무는 꼭 죽으로 끓이지 않고, 탕이나 밥으로도 복용하였는데,『식료찬요』에서는 '율무탕'에 대한 설명이 나온다. 목이 말라 자꾸 물을 먹는 소갈을 치료하려고 할 때, 또는 폐에 생긴 농양과 피고름을 토하는 것을 치료할 때 율무를 물과 함께 끓여 복용하였다.『동의보감』에서도 '의이탕(薏苡湯)' 처방이 있는데, 감초(甘草), 방기(防己), 의이인(薏苡仁), 적소두(赤小豆)를 넣어 끓여서 끓인 생강과 함께 복용하라고 하였다. 심한 화열(火熱)이 몰리고 맺혀서 딴딴해진 것이 마치 과일의 씨와 같이 된 것, 입술의 근육이 저절로 떨릴 때, 부종(浮腫), 풍사(風邪)와 열사(熱邪)가 겹친

것에 좋은 처방이다. 『식료찬요』에서는 몸의 차가운 기운(冷氣)을 치료하려 할 때 율무[薏苡仁]로 밥을 짓거나 죽으로 끓여도 역시 좋은데, 편하게 먹으며 문제 될 것이 없다고 하였다.

율무는 술의 재료로도 사용되었는데, 『식료찬요』에서는 폐질환[肺疾]으로 인해 가래에 피고름이 섞인 것을 치료할 때 사용하였다. 율무로 술을 담근 것이 아니라 술과 함께 섞어 먹었다. 율무[薏苡仁] 10냥을 가루로 내어 물 3되를 넣고 1되가 될 때까지 끓인 후 술을 약간 넣어 복용한다고 하였다.

실제로 율무로 술을 담그기도 하였는데, 『임원경제지』에는 '율무주[薏苡仁酒]' 담그는 방법이 나온다. 제일 좋은 율무쌀 가루를 쓰는데, 누룩을 쌀과 함께 섞어 술을 빚는다. 또는 주머니에 담아 술과 함께 끓여서 복용하기도 하였다. 풍습을 제거하고 근골을 튼튼하게 하며 비위를 건강하게 한다고 하였다. 이러한 율무주는 궁에서도 먹었던 것으로 보인다.

『조선왕조실록·태종실록』 태종 12년(1412) 5월 24일자를 보면 검교한성윤(檢校漢城尹) 공부(孔俯)가 의이주(薏苡酒)를 올리었다는 기록이 있다. 따로 어떤 효능에 관한 내용은 기재되지 않았지만, 아마도 율무의 여러 효능으로 인해 귀한 술로 인식되었기 때문에 율무로 만든 술을 올렸을 것으로 추측해 본다.

분류 : 음식
참고문헌 : 전순의, 『식료찬요』; 이창우, 『수세비결』; 허준, 『동의보감』; 최한기, 『농정회요』; 서유구, 『임원경제지』; 작자 미상, 『역주방문』; 『조선왕조실록·태종실록』 태종 12년(1412) 5월 24일
필자 : 홍진임

은구어

은구어(銀口魚)는 서유구(徐有榘: 1764-1845)의 『난호어목지(蘭湖漁牧志)』「어명고(魚名攷)」에 따르면, 주둥이를 뼈로 된 테[匡骨]가 둘러싸고 있는데 그 빛이 은처럼 희어서 '은구어(銀口魚)'라고 한다고 했다. 도처의 시내와 계곡에 있는 은구어는 맛이 담백하고 비린내가 나지 않는데, 날것일 때는 오이 맛이 나서

물고기 가운데 별미로 여겼다. 또한 소금에 절이면 멀리 보낼 수 있고, 구워서 먹으면 향기롭고 맛있다고 평하였다(서유구 저, 이두순 평역, 2015: 61쪽).

한자로 은구어는 유희(柳僖: 1773-1837)의 『물명고(物名考)』에 '銀口魚(은구어)', '黃鰡(황고)', '黃骨魚(황골어)', '銀條魚(은조어)'라고 한다. 은구어는 때로는 '은어(銀魚)'로도 불리는데, 어류학자인 정문기(鄭文基: 1898-1995) 역시 은구어를 '은어'라는 명칭으로 소개하였다. 그는 1933년 6월 1일자 〈동아일보〉「6월 1부터 해금(解禁)될 은어(銀魚)(一)」에서 은구어의 다른 명칭을 다루었다. 그에 따르면, 은구어는 향기가 고상하다는 뜻에서 '향어(香魚)'라고도 하고 1년에 성숙하여 산란한 후 바로 죽는다는 의미에서 '연어(年魚)', 또 지역에 따라서는 '치리'라고도 하고, 함경남도 영흥지방에서는 '연광어'라고 부른다고 한다.

한편 허균(許筠: 1569-1618)은 『도문대작(屠門大嚼)』에서 은구어(銀口魚)는 영남(嶺南)에서 잡히는 것이 크고, 강원(江原)의 것은 작으며 해주(海州)에도 있다고 했다. 허균은 영남의 은구어가 크다고 꼽았지만, 영남에서도 경상남도 밀양의 은구어는 일제 강점기까지도 유명하였다. 1936년 1월 3일자 〈동아일보〉「특산조선(特產朝鮮)의 이모저모(下)」를 보면, 당시 은구어가 경상남도 밀양(密陽) 명산물의 하나이며, 다른 어류와 달리 비린내가 나지 않고 수박 냄새와 비슷한 향기가 나서 특히 성어기인 5월부터 9월말까지는 남천강(南川江) 근처는 은구어 냄새가 사방에 퍼졌다고 한다.

이렇게 봄부터 여름철에 잡히는 은구어를 두고, 빙허각 이씨(憑虛閣 李氏: 1759-1824)는 『규합총서(閨閤叢書)』에서 『여지승람(輿地勝覽)』을 인용하여, 이 생선은 반드시 남으로 흐르는 물에 있다 하였는데 은구어는 봄과 여름에는 맛이 극히 아름답지만 가을바람이 높으면 드물어지고 살이 없다고 소개하였다. 이렇게 일정한 시기에만 잡히기 때문에 은구어 역시 다른 어물과 마찬가지로 말리거나 젓을 담가 저장하였다가 음식을 만들었다. 은구어는 주로 구이, 회, 국, 젓

갈, 식해 등으로 조리하였는데, 유중림(柳重臨: 1705-1771)의 『증보산림경제(增補山林經濟)』에 따르면, 산 것은 소금을 쳐서 구우면 맛이 기가 막히고, 은구어회나 은구어국을 끓여도 맛있다고 하였다.

분류 : 식재료
색인어 : 도문대작, 규합총서, 천초, 식해, 은어
참고문헌 : 서유구 저, 이두순 평역, 강우규 도판, 『평역 난호어명고』(수산경제연구원BOOKS·블루&노트, 2015); 〈동아일보〉; 유희, 『물명고』; 허균 저, 신승운 역, 『도문대작』(한국고전번역원, 1984); 빙허각이씨, 『규합총서』; 유중림 저, 고농서국역총서 6-『증보산림경제 III』(농촌진흥청, 2004)
필자 : 김혜숙

은구어(진상의 어려움)

은어(銀魚)라고도 하는 민물고기 은구어(銀口魚)는 『세종실록(世宗實錄)』「지리지(地理志)」를 보면 주로 경상도에 산지(産地)가 집중되어 있다. 경상도 경주부 청도군, 안동대도호부의 영해도호부·순흥도호부·영천군·영덕현·인동현, 상주목 성주목·합천군·금산군·함창현·용궁현, 진주목 곤남군·사천현의 토산(土産)이고, 경상도 경주부 밀양도호부, 대구군, 안동대도호부의 토공(土貢)이며, 경상도 경주부 양산군의 토의(土宜)였다. 그 밖의 지역으로는 경기도 광주목, 충청도 공주목 남포현, 전라도 남원도호부, 황해도 해주목의 토산이었다.

조선시대에는 이러한 지역에서 진상용 은구어를 잡기 위해서 둑을 쌓아 내를 막거나 독물을 쓰는 일도 있었는데, 독물의 사용이 문제가 되어 문종(文宗: 재위 1450-1452) 때는 금지하기도 했다. 『문종실록(文宗實錄)』에 따르면, 직장 동정(直長同正) 정채(鄭彩)가 각 고을에서 진상용 은구어를 잡을 때 하천(河川)에 독약을 흘려 넣어서, 은구어 말고 물속에 사는 다른 생물[水族]도 한꺼번에 죽는 데다 곡물류[禾穀]까지 손상되어 폐단이 크니 각도 관찰사로 하여금 금지시키도록 아뢰었다. 이에 문종이 그대로 따랐던 것이다(문종 즉위년 1450년 10월 10일자 기사).

이때 은구어를 잡던 독물은 천초(川椒) 나무의 껍질 따위를 말한다. 『속동문선(續東文選)』제21권에 실린 김일손(金馹孫: 1464-1498)의 「속 두류록(續頭流錄)」을 보면, 김일손이 진주(晉州)의 두류산, 즉 지리산의 쌍계사에 가서 의공(義空) 스님과 만나 함께 앉아 쉬다가 겪은 일이 나온다. 그때 마침 누군가 문을 두드려 나가보니, 관에서 은구어를 잡는데 물이 많아서 그물을 치기 어려워 천초(川椒) 껍질이나 잎으로 잡으려 하니 천초 껍질이나 잎을 달라고 독촉하는 사람이 있었다. 그 말을 들은 의공 스님과 김일손은 절에서 살생할 물건을 구한다며 탄식하였다고 한다.

사실 은구어를 진상하는 일은 지역의 행정관이나 일반 백성에게나 큰 부담이었다. 이 때문에 조임도(趙任道: 1585-1664)의 『간송집(澗松集)』제3권을 보면, 증조부 조연(趙淵: 1489-1564)이 백성들을 생각하여 큰 은구어를 진상하려는 심연원(沈連源: 1491-1558)을 말렸다는 일화가 나온다. 어느 날 조연이 인척 관계의 심연원과 바둑을 두고 있는데 단성(丹城) 현감이 한 자[尺]가 넘는 은구어 두 마리를 얼음을 잘라 채우고 말에 실어 보냈다. 심연원이 그 은구어를 대궐에 진상하고 싶어 하자, 조연은 자신도 태어나서 그렇게 큰 은구어는 처음 봤다면서 우연히 한 번 잡힌 은구어를 진상하면 필시 매년 진상해야 할 터인데 그러면 단성 백성들이 견디기 힘들 거라면서 진상하지 말라고 충고하였다는 것이다.

게다가 은구어는 천신용은 물론이고 다른 용도로 진상을 할 때에도 주로 생 은구어를 바쳐야 하여 더욱 어려웠다. 은구어가 잡히는 시기가 늦봄과 여름이어서 소금에 절이거나 말리지 않으면 상하기 쉬운 철이었기 때문이다. 그리하여 성종(成宗: 재위 1469-1494) 때 사옹원제조(司饔院提調)를 맡았던 유자광(柳子光: 1439-1512)은 마른 은구어는 날짜가 오래되면 맛이 변하여 왕실 주방에서 음식을 만들기에 적합하지 않으니, 각 도에서 생선을 얼음통에 담거나 소금을 살짝 뿌려서 봉진하면 사옹원에서 직접 소금에 절이거나 건어(乾魚)를 말리겠다고 청하였다. 그렇게 하면 은구어의 맛이 반드시 좋을 것이라 하여, 성종은 경상도와 전라도 관찰사에게 은구어 가운데 싱싱한 것을

하동 쌍계사 대웅전, 보물 제500호ⓒ문화재청

골라 얼음에 채우거나 소금을 약간 뿌려 두세 차례 나눠서 보내라고 명하였다(『성종실록』 성종 23년 1492년 7월 19일자 기사).

이와 같이 얼음통에 담아 은구어를 진상하는 일은 경상도와 전라도는 고사하고, 충청도만 되어도 무척 어려운 일이었다. 유자광이 건의한 해로부터 4년 뒤인 1496년(연산군 2)에 사간(司諫) 최부가 충청도를 열달 남짓 돌아보며 들은 폐단을 연산군(燕山君: 재위 1494-1506)에게 아뢴 내용 가운데 은구어의 진상과 관련된 내용이 보인다. 최부에 따르면, 충청도의 역마(驛馬)가 마르고 쇠약하기가 너무 심한데 그 이유는 은구어 같은 생물(生物)은 10여 개만 되어도 진상할 때에 얼음덩어리까지 실어 뭉그러지지 않도록 상등(上等) 말에 실어 속도를 배나 달려 몰아가니, 결국 말이 병들거나 죽어버렸기 때문이다. 이에 최부는 은구어를 경기 부근에서 진상하도록 하고, 먼 도에서 나는 고기는 소금에 절여 상납하도록 하면 어떻겠냐고 건의하였다(『연산군일기』 연산군 2년 1496년 12월 11일자 기사). 그러나 이후의 기록을 보면, 연산군은 은구어를 생으로 봉진하도록 한 것도 모자라, 오히려 진상해야 하는 양은 엄청나게 늘리고 철이 늦더라도 잡히는 대로 봉진하라고 명하였다(『연산군일기』 연산군 9년 1503년 6월 28일, 연산군 10년 1504년 7월 7일 기사). 이와 같이 잡기도 어렵고, 그것을 실어 보내는 것은 더 고생스러웠던 것이 바로 조선시대 은구어 진상이었다.

분류 : 식재료

참고문헌 : 『세종실록』; 『문종실록』; 신용개·김전·남곤 편, 김달진 역, 『속동문선』(한국고전번역원, 1969); 조임도 저, 김익재·양기석·구경아·정현섭 공역, 『간송집』(경상대학교 경남문화연구원 남명학연구소, 2015)
필자 : 김혜숙

은봉병 그림

은봉병개쇄구(銀鳳瓶蓋鎖具)는 은봉병(銀鳳瓶)과 병마개를 그린 그림이다. 은봉병개쇄구는 '은봉병의 본체와 병마개가 함께 갖추어진 한 벌'을 뜻한다. 보통 '은봉병'이라고만 하여도 본체와 병마개를 모두 지칭하지만, 종종 이처럼 본체와 덮개를 따로따로 나타내는 명칭을 사용하기도 한다.

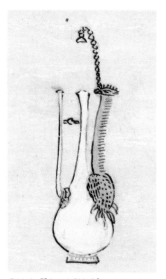

은봉병, 「[순조순원왕후]가례도감의궤」, 1802년, 서울대학교 규장각한국학연구원

은봉병은 궁중의 각종 잔치와 연향 등에서 사용되었고, 특히 가례의 여섯 절차 중 마지막 의식인 동뢰연(同牢宴)에서 신랑과 신부가 절을 주고받은 뒤 술잔을 서로 나누는 의식을 행할 때 사용하였다.

은봉병은 천은(天銀)으로 주조한다. 좌측에는 이(耳)가 있는데 끝 부분이 병의 높이와 동일한데, 이 부분이 술을 따르는 주입구이다. 우측에는 봉황의 입이 있는데 봉황이 병마개가 달린 은사(銀絲)를 물고 있는 형태이다. 봉황의 형태와 병마개까지 모두 도금이 되었다.

분류 : 미술
색인어 : 은봉병, 술병, 봉황, 혼례
참고문헌 : 『영조정순왕후가례도감의궤 (하)(英祖貞純王后嘉禮都監儀軌) (下)』(외규장각의궤, 1759)
필자 : 구혜인

은어(도루묵)

‘은어(銀魚)’라고도 부르는 ‘도루묵’은 농어목에 속하는 바닷고기로, ‘은구어(銀口魚)’라고도 하는 민물고기 ‘은어(銀魚)’와는 다른 종류이다. 서유구(徐有榘: 1764-1845)는 『난호어목지(蘭湖漁牧志)』「어명고(魚名攷)」에서 은어는 관동과 관북의 바다에서 나는 작은 물고기인데, 비늘이 없고 배가 불룩하고 둥글다고 소개하였다. 또한 그곳 사람들이 매년 9-10월에 잡아 서울에 팔면 많은 돈을 벌 수 있다고 했다(서유구 저, 이두순 평역, 2015: 255-256쪽).

이러한 은어의 이름에 대해 허균(許筠: 1569-1618)은 『도문대작(屠門大嚼)』에서, 동해(東海)에서 나는 은어의 원래 이름은 ‘목어(木魚)’였지만, 고려의 어느 왕이 그것을 좋아하여 이름을 ‘은어’라고 고쳤다가, 많이 먹다 보니 싫증이 나서 다시 이름을 바꿔 ‘환목어(還木魚)’가 되었다고 했다. 다시 목어가 되었으니, ‘도로목’이라는 것이다.

허균과 달리 『후광세첩(厚光世牒)』의 「오음공윤두수연보(梧陰公尹斗壽年譜)」에는 고려의 왕이 아니라 조선시대 선조(宣祖: 재위 1567-1608)와 ‘도로목’의 이야기가 나온다. 선조가 1592년(선조 25) 임진왜란 때 요동으로 피난을 가기 위하여 북쪽으로 향하였는데, 수십 명에 불과한 시위(侍衛)와 함께 끼니를 걸러 가며 행군을 하였다. 6월 14일 영변(寧邊)을 떠나 6월 20일에 겨우 의주(義州) 용만(龍灣)에 도착하였는데, 그 참상은 이루 말할 수 없을 정도로 심하였다. 그러던 어느 날, 임금의 수라상에 생선을 올렸는데, 그것을 너무나도 맛있게 먹은 선조가 생선의 이름이 무엇인지 물었다. ‘묵’이라 아뢰자, 이름이 너무 볼품없다며 ‘은어(銀魚)’라 하라고 명하였다. 그 후 서울로 돌아오고 나서 임금이 다시 의주에서 먹었던 그 생선을 찾았다. 이에 수라상에 올렸지만 맛을 본 선조가 세상에 이렇게 맛없는 생선이 어디에 있냐며, 이름을 도로 ‘묵’이라고 하라고 하여 ‘도로묵’이 되었다는 내용이다.

이러한 이야기만 들으면 은어의 맛을 형편없는 것으로 오해할 수 있지만, 은어는 그리 맛없는 생선은 아니었다. 17세기 조선의 시인이었던 이응희(李應禧: 1579-1651)는 동해바다에서 나는 은어를 두고 아래와 같은 시를 지어 『옥담시집(玉潭詩集)』에 실었는데, 화로에 굽거나 간장에 지져 먹으면 맛이 좋고, 명아주잎과 콩잎과 같이 거친 음식을 먹는 가난한 사람도 먹기에 좋은 생선이지만 고량진미를 먹는 부자들도 실컷 먹기 어려운 음식이라고 썼다.

서남쪽 지방에선 나지 않으니
동북쪽 지방에서 가져왔구나
쟁반에 수북이 은빛 회가 쌓였고
도마에는 백설 같은 빛깔 빛난다
말려서 화로에 구우면 별미이고
진하게 간장에 졸이면 향기롭지
여곽을 먹는 사람이 먹기 좋지만
고량진미 먹는 이도 실컷 먹긴 어려워라
不是西南物　輸來北東方
高盤銀色動　登俎雪輝揚
乾炙爐中味　濃煎醬裏香
宜餐藜藿子　難盡厭膏粱

　*이상하 역, 「은어(銀魚)」, 『옥담시집』(전주이씨안양군파종사회, 2009)

이런 은어, 즉 도루묵으로는 고추장이나 간장을 넣어 끓이는 도루묵찌개, 구워서 간장을 찍어 먹는 도루묵구이, 도루묵과 무를 버무려 만든 깍두기, 회, 식혜 등을 만들었다. 도루묵찌개는 이용기(李用基: 1875-1933)의 『조선무쌍신식요리제법(朝鮮無雙新式料理製法)』(1936)을 보면, 도루묵은 북어와 맛이 비슷하지만 1년 내내 먹는 것이 아니라 한 철만 먹으며, 다만 도루묵의 알은 알 중에서 좋지 못하다고 평하였다. 또한 도루묵고추장찌개는 고추장이나 간장에 찌개를 끓이되 고기, 파, 기름, 후춧가루, 두부를 함께 넣고 만드는데, 도루묵고추장찌개에는 후춧가루를 넣지 말라고 하였다.

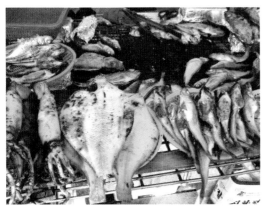
도루묵구이(오른쪽 아랫부분)ⓒ함은혜, 2012년 주문진 촬영

또 도루묵식혜의 조리법은 1931년 11월 20일자〈동아일보〉「도루묵식혜」를 보면, 머리, 꼬리, 내장을 제거한 도루묵을 깨끗이 씻어 도루묵, 고슬고슬하게 지은 쌀밥, 엿기름가루, 고춧가루, 소금을 켜켜이 항아리에 넣어 일주일 이상 묵혔다가 먹는 것인데, 도루묵과 고춧가루, 무생채만 섞어서 익힌 것도 도루묵 식혜라고 불렀다.

분류 : 식재료
색인어 : 도문대작, 조선무쌍신식요리제법, 은구어, 식해, 명아주, 콩
참고문헌 :〈동아일보〉; 허균 저, 신승운 역,『도문대작』(한국고전번역원, 1984); 윤용구 편, 정선용 역,『후광세첩』(해평윤씨지족암공파종중, 2009); 서유구 저, 이두순 평역, 강우규 도판,『평역 난호어명고』(수산경제연구원BOOKS·블루&노트, 2015); 이용기,『조선무쌍신식요리제법』(영창서관, 1936); 이응희 저, 이상하 역,『옥담시집』(전주이씨안양군파종사회, 2009)
필자 : 김혜숙

은행

은행은 은행나무의 열매를 말한다. 은행나무는 암수가 구분되어 있는데, 암나무에서만 황색의 열매가 열린다.
1450년경 어의 전순의(全循義: ?-?)가 지은 가장 오래된 음식책인『산가요록(山家要錄)』에는 은행나무의 암수를 구분하는 방법이 나온다. 수은행인 것은 모서리가 3개이고 암은행인 것은 모서리가 2개이다. 반드시 함께 심어야 한다. 은행은 고약한 냄새가 나는 제일 겉껍질을 벗겨내면 단단한 중간 껍질이 있고, 이것

을 벗기면 얇은 속껍질이 나타나는데, 먹을 때는 기름에 살짝 볶은 후에 비비면 속껍질까지 벗겨지는데, 먹을 때는 살짝 볶아서 익혀 먹는 것이 좋다. 은행을 생으로 너무 많이 먹으면 '백과중독(白果中毒)'에 걸릴 수 있다. 백과(白果)는 은행을 말하는 것인데 은행(白果)을 날로 너무 많이 먹거나, 피부에 은행이 닿음으로써 중독증상이 발생할 수 있다. 은행을 먹어서 중독된 경우에는 열이 나고 구토하며 설사를 하고 놀라 쓰러지며 팔다리를 버둥거리고, 살갗이 청자색이며 맥이 약하면서 어지러운데 심하면 의식이 흐려지다가 죽을 수도 있다.
허준(許浚: 1539-1615)의『동의보감(東醫寶鑑)·탕액편(湯液篇)』(1610)에서는 '은행(銀杏)'에 대해 성질이 차고 맛은 달며 독이 있다고 하였다. 효능으로는 폐위(肺胃)의 탁한 기운을 맑게 하고 천식과 기침을 멎게 한다고 하여, 폐에 질환이 있을 때 많이 사용하는 재료이다. 이명으로 백과(白果)라고도 하고, 잎이 오리발과 비슷해서 압각수(鴨脚樹)라고도 한다. 나무가 매우 큰데, 씨가 행인과 비슷한 모양을 하였다고 해서 은행(銀杏)이라고 한다고 하였다. 열매가 익으면 누렇게 되는데, 살을 제거한 후에 씨를 삶아 먹거나 잿불에 묻어 구워서 꼭 익혀 먹는다. 생것으로 먹으면 목을 자극하고, 소아가 먹으면 경기를 일으킨다. 익히면 독이 경감되기 때문일 것이다. 그래도 한 번에 많은 양을 섭취하는 것은 좋지 않다. 독이 있기 때문이다.
작자 미상의『시의전서(是議全書)』(1800년대 말)에서는 '은행 삶는 법'을 설명하고 있는데, 은행을 삶을 때 유자를 함께 넣어 삶으면 껍질이 저절로 벗겨진다고 하였다.
이규경(李圭景: 1788-1863)의『오주연문장전산고(五洲衍文長箋散稿)』(19세기)에서는 '은행 볶는 법'을 설명하였다. 은행을 굵은 설탕과 함께 볶으면 금방 익을 뿐더러 타지 않는다고 하여 은행을 익혀서 먹는 방법을 설명하고 있다. 은행은 궁에서는 빠지지 않는 음식이었다.
궁중의 잔치기록인『진연의궤(進宴儀軌)』(1902)에는

큰 잔치 때마다 실은행을 만들었는데, 예를 들어 실은행 2그릇에 필요한 은행은 8말이었고, 이 정도 분량이면 고임 높이 1자 2치 쌓아올렸던 것으로 기록되어 있다. 1자 2치는 36.5cm 정도이다.

분류 : 식재료
색인어 : 대추, 산가요록, 생강, 시의전서, 유자, 진연·진찬, 호두
참고문헌 : 전순의, 『산가요록』; 허준, 『동의보감·탕액편』; 작자 미상, 『시의전서』; 이규경, 『오주연문장전산고』; 『진연의궤』
필자 : 홍진임

음식디미방

『음식디미방(飮食知味方)』은 정부인 안동 장씨 장계향(貞夫人 安東張氏: 1598-1680)이 1670년경 지은 한글 조리서이다. 안동 장씨는 성리학자인 경당(敬堂) 장흥효(張興孝: 1564-1633)의 외동딸로 태어나 석계(石溪) 이시명(李時明: 1590-1674)과 혼인하였다.

장계향, 『음식디미방』, 크기 미상, 17세기, 경북대학교 도서관 상주캠퍼스

이 책의 표지에는 '규곤시의방(閨壼是議方)'이라는 한자 제목이 적혀 있기 때문에 『규곤시의방』이라고도 부른다. 그러나 '규곤시의방'이라는 제목은 후대의 자손들이 붙인 이름으로 추정되기 때문에 본문 첫 머리에는 저자가 적은 것으로 추정되는 '음식디미방'을 제목으로 본다.

총 30장으로 구성된 이 책에는 면, 병과, 만두, 생선 손질법, 소고기, 개고기, 돼지고기, 닭고기 요리, 나물, 잡채, 술 등 146가지의 조리법이 실려 있다. 조리법 중 '맛질방문'이라는 단어가 적혀 있는 음식은 숭어만두, 계란탕, 세면법 등 총 17가지로 이는 맛질 마을의 조리법으로 추정된다.

분류 : 문헌
색인어 : 음식디미방, 장계향, 안동 장씨, 맛질방문, 규곤시의방
참고문헌 : 안동 장씨 저, 백두현 역, 『음식디미방 주해』(글누림, 2006); 한복려·한복진·이소영 공저, 『음식 고전: 옛 책에서 한국 음식의 뿌리를 찾다』(현암사, 2016)
필자 : 서모란

음식부조(반과와 호궤)

조선 후기 경상도 합천에서는 혼례, 상례, 고사 등을 치르는 집에 이웃에서 음식을 부조하는 것을 '반과'라 부르고, 행사를 치른 집에서 음식을 돌리는 일을 '호궤'라 불렀다.

뛰어난 문장가였던 이옥(李鈺: 1760-1815)은 정조(正祖: 재위 1776-1800)의 눈 밖에 나서 1795년 9월 경상남도 합천군 삼가현(三嘉縣)으로 귀양을 가게 되었다. 유배 중이던 이옥은 그곳의 서로 돕고 사는 풍속이 좋아 보여 「봉성문여(鳳城文餘)」에 기록을 남겼다. 이에 따르면, 그 지역에서는 어느 집에 혼례나 상례가 있거나, 신(神)에게 고사(告祀)를 드리게 되면 사람들이 서로 음식을 주고받았다. 부조(扶助)하는 음식물은 큰 쟁반[大柈] 하나에 과일[果品], 생선과 어포[魚鱐], 돼지고기[豕肉], 소고기[牛肉]를 네다섯 또는 예닐곱 그릇을 마련하여 보내는데, 이를 '반과(盤果)'라 불렀다.

또한 혼례, 상례, 고사를 치른 집에서는 이웃 사람들에게 밥과 국, 나물, 생선, 고기, 탕, 구이 등의 음식을 쟁반에 차려서 노란 유지(油紙)를 덮어 이웃에 가져다주었다. 가난한 집은 일고여덟 그릇을, 넉넉한 집에서는 열대여섯 그릇을 담고 숟가락과 젓가락까지 갖춰서 음식을 돌렸는데, 이것을 '호궤(犒饋)'라 했다고 한다(이옥 저, 실시학사 고전문학연구회 편역, 2009: 104-105쪽).

이러한 풍속은 꼭 삼가현에만 있었던 것은 아니다. 비록 '반과'나 '호궤'라고 부르지는 않아도, 조선시대는 물론 일제 강점기까지도 어느 지역에서나 중요한 행사에 서로 필요한 물품이나 음식을 부조하는 일은 일반적이었다. 시기와 형편에 따라 물건의 종류와 수

량은 달랐지만 누구로부터 무엇을 얼마나 받았는지는 현재까지도 몇몇 집안에 전해지고 있는 '부조기(扶助記)'를 통해서 조금 알 수 있다.

상례 때의 예로 전라북도 고창군의 유학자 황수경(黃秀瓊: 1781-1837)의 처 부안 김씨(扶安 金氏)가 1845년 64세로 세상을 떠났을 때 기록한『애감록(哀感錄)』중의「부조기」를 보면, 다양한 사람들로부터 많은 물품과 식품을 받았음을 알 수 있다. 그 가운데 식품을 보면, 팥죽[豆粥], 백미(白米)와 팥 등의 곡식, 녹두나물·말린 도라지·말린 고사리·가지 등의 채소, 참외·수박·대추·밤·배·감·곶감 등의 과일류, 조기·말린 상어·말린 민어·북어·숭어·서대어·홍합·어란(魚卵)·어포(魚脯)·김[海衣] 등의 해산물, 생치(生雉)·닭·돼지고기[猪肉] 등의 육류와 계란, 그 밖에 밀가루, 참기름, 소금을 받았다.

또한 1886년(고종 23) 11월에 경상북도 안동 수곡(水谷) 마을의 전주 유씨가에서 작성된「신행시부조기(新行時扶助記)」를 가지고 혼례 때의 예를 들면, 유정희(柳鼎熙: 1867-1933)로 추정되는 인물이 혼인 후 처음으로 신부가 시댁으로 들어가는 신행 때에 주위로부터 받았던 음식물은 감주(甘酒), 국수[木麵], 대추, 고추, 과자(菓子), 술 등이었다. 이와 같이 음식물의 종류가 적은 것은 위의 부안 김씨의 상례 때와 비교하면 현저하게 돈을 부조한 사람들이 많았기 때문이다.

사실 부조를 누구로부터 얼마나 받느냐는 그 집안이나 개인의 영향력에 따라 큰 차이가 나지만, 서로 형편껏 물품을 주고받았던 것은 분명하다. 아울러 부조를 받은 집에서는 음식을 넉넉히 차려 일단 집에서 손님들을 배불리 먹도록 대접하고, 돌아갈 때 싸주거나 음식을 보내주곤 했다.

분류 : 의례
색인어 : 소고기, 제육(돼지고기), 팥죽, 술, 국수, 대추, 숭어, 홍합, 어란, 김, 꿩, 닭, 참기름
참고문헌 : 이옥 저, 실시학사 고전문학연구회 편역,「봉성문여(鳳城文餘)」,『完譯 李鈺 全集2-그물을 찢어버린 어부』(휴머니스트, 2009); 이옥,『이옥전집 4-자료편 원문』(휴머니스트, 2009); 김향숙·문보미,「1845년 황수경 처 부안 김씨 애감록」해제(한식진흥원 한식아카이브); 유지영,「전주유씨 1886년 11월 신행시부조기」해제(한식진흥원

한식아카이브)
필자 : 김혜숙

이(술항아리의 하나)

이(彝)는 강신 절차에 사용되는 울창주와 명수를 담는 제기로 계이, 조이, 가이, 황이이다. 이는 정전과 영녕전 신실 문밖에 진설되는 준소상에 올린 술항아리의 한 유형이다. 강신 절차에 사용되는 울창주(鬱鬯酒)를 담는다. 종묘 제향에는 계이(鷄彝)·조이(鳥彝)·가이(斝彝)·황이(黃彝) 4가지 종류의 이(彝)가 계절에 따라 달리 사용된다.

계이와 조이는 봄·여름 제사의 강신(降神)에 명수(明水)나 울창주(鬱鬯酒)를 담는 데 쓴다. 계이와 조이는 한 짝을 이루는데, 봄 제사에서는 계이에 명수를 담고 조이에 울창주를 담으며, 여름 제사에서는 계이에 울창주를 담고 조이에 명수를 담았다. 계이의 표면에는 닭을 장식하였는데 이는 동방을 상징하고 조이의 표면에는 봉황이 장식되었는데 이는 남방을 상징한다.

봉황을 새긴 술동, 높이 23.4cm, 조선, 국립고궁박물관

황금 눈을 새긴 술동이, 높이 23.3cm, 조선, 국립고궁박물관

닭을 새긴 술동이, 높이 25cm, 조선, 국립고궁박물관

벼를 새긴 술동이, 높이 23.5cm, 조선, 국립고궁박물관

가이와 황이는 가을·겨울 제사의 강신에 명수나 울창주를 담는 데 쓴다. 가이와 황이는 한 짝을 이루어 가을 제사에는 가이에 명수를 담고 황이에 울창을 담으며, 겨울에는 가이에 울창을 담고 황이에 명수를 담았다. 가이는 그릇 표면에 추수한 벼이삭을 장식하였고, 황이는 그릇 표면에 청명한 기를 상징하는 황금 눈을 장식하였다.

중국 고대에 계이·조이·가이·황이·호이(虎彝)·치이(稚彝)를 합쳐 육이(六彝)라고 하는데 조선의 종묘제향에서는 『세종실록오례의(世宗實錄五禮儀)』에서 계이·조이·황이를 선택한 이래 조선에서는 네 종류의 이만 사용되었다.

이에 담는 울창주는 강신을 위한 술이다. 『주례 교특생(周禮 郊特牲)』에서 '(전략) 주나라 사람은 냄새를 숭상해서 술을 따르는데 울창의 냄새를 가지고 있다고 하였다. 울창초(鬱金草)를 울창에 합치고, 땅에까지 냄새가 가게 하여 연천(淵泉)에 다다르게 한다.(후략)'라고 하였다. 또 『산림경제(山林經濟)』에서는 '모양이 매미의 배 같고 좋은 것은 향이 심하지 않고 가벼우며 양(揚)해서 울금주는 능히 고원(高遠)까지도 술의 기운이 달하므로 강신(降神)에 사용한다.'고 하였다.

분류 : 미술
색인어 : 제사, 제기, 이, 술, 물, 명수, 울창주
참고문헌 : 『주례 교특생(周禮 郊特牲)』; 『산림경제(山林經濟)』; 『세종실록오례의 길례서례 준뢰도설(世宗實錄五禮儀 吉禮序例 尊罍圖說)』
필자 : 구혜인

이남박

이남박은 쌀을 씻을 때 돌을 골라내기 위해 안쪽 벽에 골을 판 바가지이다. 쌀을 일어 씻을 때 돌을 골라낼 때 쓰는 바가지의 일종으로 '쌀베기'라고도 한다. 모래 등이 가라앉도록 안쪽 턱에 이가 서게 여러 줄로 돌려 파놓은 나무 그릇이다. 그릇 안쪽에 새긴 골이 진 부분에다 박박 문질러 쌀을 깨끗이 씻을 수 있다. 다량의 쌀을 씻을 때 주로 조리를 사용하나 소량의 쌀을

이남박, 지름 40cm, 광복 이후, 국립민속박물관

일어 씻을 때는 이남박을 사용한다. 또한 조리로 쌀을 일어 건진 다음, 이남박에 남은 소량의 쌀과 돌이나 뉘 등 기타의 이물질을 분리시킬 때에도 이 홈이 효과적인 구실을 한다. 이남박은 대체로 여성들이 사용하기에 적당한 크기이다.

물에 비교적 강한 소나무의 내부를 깊이 파내고 한쪽에 마치 손가락으로 긁은 듯한 음각선에 돌이 걸리도록 하였다. 이것은 안쪽 위에서부터 아래로 내려가면서 나란히 십여 줄의 골을 파놓아 쌀보다 더 무거운 돌이 바닥으로 흘러내려가는 것을 막도록 만든 것이다. 이남박은 재질상 새로 만들어 바로 쓰기보다는 안팎으로 들기름을 발라 말린 후 행주로 길을 들여 사용하거나 붉은 칠이나 진흙 칠을 한 후 그 위에 들기름을 먹여 약간 홍갈색이 들게 하여 사용하기도 하였다. 현대에는 플라스틱, 스테인리스 등 다양한 재질로 만들어진 이남박이 등장하였고 안쪽에 돌기를 넣어 만든 플라스틱 바가지가 그 역할을 대신하기도 한다.

분류 : 미술
색인어 : 이남박, 바가지, 쌀
참고문헌 : 『한국민속대관(韓國民俗大觀) 2』(고려대학교민족문화연구소, 1980); 한국학중앙연구원, 『한국민족문화대백과사전』; 『한민족역사문화도감 식생활: 국립민속박물관 소장품』(국립민속박물관, 2007)
필자 : 구혜인

이조궁정요리통고

『이조궁정요리통고(李朝宮廷料理通攷)』는 1957년 학총사에서 출간된 궁중음식에 관한 요리책으로 한

희순(韓熙順: 1889-1971), 황혜성(黃慧性: 1920-2006), 이혜경(李惠卿)이 저술하였다. 총 239 페이지로 표지에는 '가정학총서 1권, 이조궁정요리통고'라고 적혀 있다. 1957년 8월에 하드커버로 만든 초판

한희순·황혜성·이혜경, 「이조궁정요리통고」, 15×21cm, 1957년, 개인 소장

이 발행되었으며 이를 개정하여 11월에 소프트커버로 출판하였다.

한희순은 숙명여대 가정과에서 직접 학생들을 가르친 바 있으며 황혜성도 숙대에서 교수로 재직한 바 있다. 때문에 표지에는 저자 3인에 대해 각각 '숙대 강사 한희순', '전 숙대 교수 황혜성', '숙대 강사 이혜경'이라고 표기되어 있다.

제1 저자인 한희순은 중요무형문화재 제38호 조선왕조 궁중음식 기능보유자였다. 13세 때 덕수궁의 주방 나인으로 시작하여 고종과 순종의 음식을 담당하였으며 1955년부터 1967년까지 숙명여자대학교 가정과에서 궁중음식을 가르쳤다. 두 번째 저자인 황혜성은 한희순의 뒤를 이어 제38호 중요무형문화재 조선왕조 궁중음식 기능보유자로 지정되었다. 한희순 상궁은 생전에 인터뷰를 통해 궁중음식을 배우는 제자들을 못마땅해하면서 그중 "황혜성이가 제일 낫다."고 언급한 바 있다. 황혜성은 일본 교토여자전문학교 가사과를 졸업하였으며 귀국하여 한희순 상궁에게 궁중요리를 사사한 뒤 숙명여대, 명지대, 서울대, 한양대, 성균관대 등에서 교수로 재직하였다. 타계한 후 맏딸인 한복려에게 궁중음식 분야를, 제자인 정길자에게 궁중병과 분야의 기능보유자 자리를 물려주었다. 제3 저자인 이혜경은 숙명여자대학교 강사를 역임한 것 이외에 알려진 바가 많지 않다.

『이조궁정요리통고』는 궁정요리(궁중요리)의 종류별 식단, 상 및 기명의 종류를 시작으로 구이, 산적, 전유어, 찜, 탕, 돈육 및 노루고기, 닭 및 생치(꿩 요리) 어패류 요리 등에 대한 자세한 조리법이 나와 있다. 특히 으상(御床: 어상) 수라상, 미음상, 응이상, 낮것상, 큰상, 돌상, 연회상, 명절음식, 제사, 능행, 사냥, 꽃놀이 등 목적에 따른 상차림의 형태에 대해 자세하게 설명하고 있으며 반배도나 실제 사진도 함께 실었다.

이 책은 현대 조리법에 가까운 설명과 구성이 특징이다. 이는 제2 저자인 황혜성이 일본에서 유학시절 배워와 적용한 것으로 짐작된다. '조금'이나 '약간'과 같이 정확하지 않은 대강의 양을 뜻하는 용어도 더러 사용하였지만 기본적으로 현대적인 계량법을 따랐다. 17페이지에는 표준계량법을 위한 도구와 각각의 용량도 나와 있다. 이에 따르면 '테이블 스푼'은 15cc, '차 스푼'은 5cc로 현재 사용하는 계량 스푼의 용량과 일치한다. 또한 가나다 순의 색인이 마지막 페이지에 첨부되어 있어 음식명으로 그 조리법을 찾는 것도 용이하도록 했다. 일부 음식의 경우 사진도 함께 실려 있다.

부록으로는 궁중음식 용어를 해설해두었다. 이 부록에 따르면 가리는 갈비와 같은 말이며 갈치는 민간에서는 칼치라고 부른다. 달걀의 노른자와 흰자는 궁중에서 각각 계자황과 계자백이라 불렀다. 한편 이 책은 게감정이라는 요리를 통해 '감정'이라는 궁중음식 용어가 처음 등장한 문헌으로 알려져 있다.

분류 : 문헌
색인어 : 이조궁정요리통고, 한희순, 황혜성, 이혜경, 궁중요리, 게감정
참고문헌 : 한희순·황혜성·이혜경 공저, 『이조궁정요리통고』(학총사, 1957); 「전통예술의 계승자들 수제자 (4) 궁정요리 황혜성 교수」, 〈동아일보〉 1968년 3월 5일
필자 : 서모란

인삼

인삼은 두릅나무과에 속하는 다년생의 식물이다. 깊은 산악지대에서 자라는 식물로 자생하기도 하며, 재배하기도 한다. 꽃은 연한 녹색으로 4월에 피며, 열매

는 둥글고 적색으로 익는다. 인삼의 자생지역은 대체로 북위 30°-48°에 이르는 동북아시아였지만, 지금은 비슷한 위도의 북미에서도 재배된다.

인삼의 뿌리는 옛날부터 강장제 또는 만병통치약으로 알려졌다. 영어로 'ginseng'이란 말은 인삼(人蔘)이란 한자를 중국의 광둥어(廣東語)에 근거했기 때문이다. 광둥 출신의 상인들이 15세기 이래 고려인삼을 상품으로 미국에서 판매했기 때문에 그들의 발음에 근거하여 서양에서 'ginseng'이란 말이 널리 퍼졌다. 인삼은 다른 말로 신이 내린 풀이란 의미로 '신초(神草)'라고도 불렀다.

인삼은 본래 한국어로 '심'이라고 불렀다. 지금도 산에서 자생한 산삼(山蔘)을 전문적으로 캐는 사람을 '심마니'라고 부르며, 그들이 산삼을 찾으면 '심 봤다'라고 외친다. 인삼이란 한자어가 6세기에 중국의 양자강 이남에 설립되었던 양나라(梁: 502-557) 때 나온 문헌인 『양서(梁書)』에서부터 등장한다. 백제와 고구려에서 무역 상품으로 제공했다는 내용이다. 따라서 자생 인삼인 산삼은 한반도에서 상당히 오래 전부터 약재로 사용했음을 알 수 있다.

사실 역사 문헌에서 인삼을 언제부터 재배했는지를 명확하게 알 수 있는 기록은 그다지 오래되지 않았다. 중국 명나라 때 사람인 이시진(李時珍: 1518-1593)은 『본초강목(本草綱目)』에서 조선의 인삼 재배와 상품 거래에 대해서 기록해 두었다. 정조(正祖: 1752-1800) 때 햇빛을 가리고 인삼을 재배하는 방법이 개발되어 대량 생산을 할 수 있게 되었다.

인삼은 그 가공 여부에 따라서 크게 수삼(水蔘)·백삼

인삼 ⓒ하응백

(白蔘)·홍삼(紅蔘)으로 구분한다. 수삼은 말리지 아니한 인삼으로 다른 말로 생삼(生蔘)이라고도 부른다. 수삼의 경우 물기가 사라지면 썩어버리는 경우가 많다. 그래서 인삼밭에서 캐낸 수삼은 보통 10℃ 정도에서 10일 정도 보관할 수 있다. 1980년대 한국경제가 급속하게 성장하면서 수삼에 대한 수요가 증대하였다. 보통 수삼을 사서 닭고기를 끓일 때 넣어 삼계탕(蔘鷄湯)을 조리해서 여름에 보양음식으로 많이 먹는다. 아울러 수삼을 우유와 함께 믹서에서 갈아서 영양 음료로 마시기도 한다. 영양이 풍부한 서구의 음료로 알려진 우유에 수삼을 갈아서 먹는 풍속은 건강을 강조하는 한국인에게는 어머니가 어린 아들에게 해 주는 가장 최고의 영양식이었다.

인삼을 오랫동안 보관하기 위해서는 백삼이나 홍삼으로 가공을 해야 한다. 백삼은 보통 4년 동안 재배한 수삼의 껍질을 벗겨낸 다음에 햇볕에 말려서 만든다. 곧게 뻗은 백삼이 높은 값을 받기 때문에 별도로 이것을 만드는 소규모 공장이 인삼 거래가 활발한 시장 근처에는 반드시 있다. 일반적으로 수삼의 껍질을 벗기면 흰색이 되는 백삼을 만드는 곳이란 뜻으로 '백작소(白作所)'라고 부른다. 뻗은 백삼이란 뜻으로 '직삼(直蔘)'이라 부르는 것은 보통 그 크기가 20cm 이상이 된다. 이보다 작은 수삼은 발 부분을 휘어지게 만들어 건조시키는데, 이것을 '곡삼(曲蔘)'이라 부른다. 백삼은 수삼을 1년 정도 보관하기 위해서 개발된 가공방법으로 만들었기 때문에 주로 차를 끓이듯이 뜨거운 물에 넣고 끓여서 음료수로 마시면 건강음료가 된다. 홍삼은 그 색깔이 붉기 때문에 붙여진 이름이다. 보통 6년 동안 재배한 수삼을 물로 깨끗하게 씻고, 물을 끓인 수증기로 찐다. 이것을 뜨거운 바람에 말린 다음 수분이 12.5-13.5% 정도 남도록 햇볕에 말린다. 백삼의 경우 보존기한이 1년에 지나지 않기 때문에 더 오랫동안 인삼을 보존하기 위해서 홍삼 가공방법이 발명되었다. 중국 송나라의 사신이었던 서긍(徐兢: 1091-1153)이 1124년에 편찬한 『선화봉사고려도경(宣和奉使高麗圖經)』에는 산삼을 삶은 숙삼(熟蔘)에 대한 기록이 등장한다. 이를 통해서 적어도 12세기 전후에 지금의 홍삼과 비슷한 가공방법이 있었을 것으로 추정된다.

고려시대 이래 인삼의 재배지로 이름이 높은 오늘날 북한에 소재하는 개성(開城)에는 1810년에 홍삼을 전문적으로 가공하는 증포소(蒸包所)가 설치되었다. 인삼재배가 대량으로 이루어지면서 개성에 증포소를 두어 홍삼을 대량으로 가공했다. 이때부터 개성은 고려인삼의 대명사로 중국과 일본 등지에 알려졌다. 중국과 일본 등지로 홍삼을 수출하면서 증포소는 조선 왕실에서 직접 운영을 하였다. 1894년 청일전쟁(淸日戰爭) 이후 조선왕실의 재정을 담당했던 탁지부(度支部)에서 위탁한 상인들이 홍삼 가공을 도맡았다. 1908년 대한제국(大韓帝國)에서 근대적인 법률로 '홍삼전매법(紅蔘專賣法)'을 발효하면서 홍삼의 가공과 판매는 국가에 의해서 독점되었다. 1995년까지만 해도 홍삼은 정부만이 제조할 수 있었으나 1996년부터 전매제도를 폐지하고, 개인이 일정한 시설을 갖추면 누구나 홍삼을 제조할 수 있도록 했다.

분류 : 식재료
색인어 : 더덕, 산나물
참고문헌 : 『선화봉사고려도경(宣和奉使高麗圖經)』;『본초강목(本草綱目)』;『정조실록』; 고성권,『우리 인삼의 이해』(중앙대학교출판부, 2005); 유태종,『우리 몸에 좋은 인삼과 홍삼』(아카데미북, 2000); 주영하(외),『한국의 시장 제2권(충청남도·충청북도·대전편)』(공간미디어, 1995)
필자 : 주영하

인삼제조장, 엽서, 일제 강점기, 국립민속박물관-경성일지출상행에서 발행한 조선 풍속 시리즈 중 하나

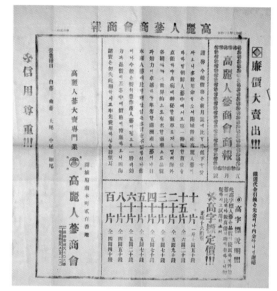

고려인삼상회,「고려인삼상회상보」, 일제 강점기(1932년 5월 10일), 양지, 39.8×36.5cm, 국립한글박물관-1932년 5월 10일 개성에 위치한 고려인삼상회에서 발행한 5월호

인삼(이사벨라 버드 비숍)

이사벨라 버드 비숍(Isabella Bird Bishop: 1831-1904)은 조선의 인삼의 효능과 종류, 평판과 함께 당시 가격에 대해 자세히 서술하였다. 비숍은 인삼이 조선에서 거의 유일하게 실용적인 작물이지만 재배가 어렵다고 하였다. 비숍은 인삼을 '만병통치약(panacea)'이라고 칭하며 중국인들이 인삼을 강장제나 진통제로 여긴다고 하였다. 또, 인삼보다 산삼(자생 인삼)의 가치가 큰데 조선인들은 깨끗한 삶을 산 사람만이 산삼을 발견할 수 있다고 믿는다고 하였다.

비숍에 따르면 당시 산삼 한 뿌리의 가격은 40파운드였다. 비숍은 홍삼의 제조법에 대해서도 언급하는데 흙으로 만든 그릇에 넣어 24시간 동안 찐 다음 말려서 만든다고 하였다. 하지만 효능이 좋기로 유명한 인삼이 유럽인에게는 적당하지 않다고 덧붙였다.

릴리어스 호튼 언더우드(Lillias H. Underwood: 1851-1921)는 송도(개성)에서 재배되는 인삼에 대해 금보다 더 비싸다고 하였으며 에른스트 야코프 오페르트(Ernst Jakob Oppert: 1832-1903)도 중국에서 인삼이 금과 같은 가치를 지녔다고 하였다.

분류 : 식재료
색인어 : 인삼, 산삼, 이사벨라 버드 비숍, 릴리어스 호튼 언더우드, 에

론스트 오페르트

참고문헌 : 이사벨라 버드 비숍 저, 이인화 역,『한국과 그 이웃 나라들 - 백년 전 한국의 모든 것』(살림, 1994); L.H .언더우드 저, 신복룡·최수근 공역,『상투의 나라』(집문당, 1999); E.J.오페르트 저, 신복룡 역,『금단의 나라 조선』(집문당, 2000)

필자 : 서모란

인삼(1711년 가짜 인삼)

조선은 17세기 이후 세금체계에 전면적인 개혁을 실시한다. 그중에서도 대동법은 기존에 지역 특산물을 현물로 바치던 것을 쌀이나 포로 받기 시작했고 조선 사회 전반에 걸쳐 큰 변화를 불러일으켰다.

그러나 일부 지역에서는 현물로 바치던 인삼이 완전히 사라지지 않았고 올라오는 인삼 중에 문제가 있는 경우도 있었다. 1711년 8월 3일 약방의 부제조(副提調)를 맡고 있던 유집일(兪集一: 1653-1724)이 숙종에게 궁중에서 진상 받은 인삼에 문제가 있음을 보고한다. 유집일의 보고에 따르면 강원도와 경상도 일대에서 진상하는 인삼 중엔 간혹 인삼의 각 부분들을 이어 붙여 올라오는 것들이 있고 평안도 일대의 인삼 가운데는 삶는 도중 문드러진 부분을 들어내고 그 부분에 도라지 등을 이어 붙이는 경우도 있다고 했다. 유집일은 이같이 온전하지 못한 인삼들은 먹어도 제대로 효과를 보지 못하는 데 문제가 있다고 했다. 그러면서 인삼이 비싸고 약재로 쓰이는 것이기에 온전하지 못한 인삼을 진상하는 자들을 은전(銀錢)을 위조하는 자들과 같이 가장 무거운 죄로 처벌해야 한다고 제안했다.

숙종은 이 문제를 해당 부서에 시켜 알아보게 했고 곧 비변사에서는 인삼을 붙여서 만든 이를 사형을 시키는 것이 죄에 비해 과하게 처벌하는 것이라고 보고했다. 대신에 진상을 담당한 관리에게는 책임을 무겁게 하고 붙여 만든 인삼을 바친 자에게는 엄하게 형장을 가하고 붙여 만든 인삼을 제조한 사람 역시 형장을 때려 멀리 유배 보내자는 제안을 했고 숙종은 그대로 시행토록 했다.

인삼은 한반도에서뿐만 아니라 중국과 일본 등 동아시아 여러 지역에서 오래전부터 귀한 약재로 인식되어 신초(神草)로 여겨졌다. 송나라 사신인 서긍(徐兢: ?-?)이 지은『선화봉사고려도경(宣和奉使高麗圖經)』에서 이미 고려의 특산물로 인삼을 들면서 특히 춘천(春川)의 인삼이 좋다고 평했다. 그리고 고려의 인삼을 크게 두 가지로 구분했는데 하나는 생삼(生蔘)으로 흰색을 띠는데 약에 넣으면 맛이 온전하다고 했다. 하지만 솥에 익힌 숙삼보다 보관이 어렵다는 점을 단점으로 꼽았다. 숙삼은 삶은 인삼으로 보관이 용이한데 쌓아두어서 그 모양이 납작했다고 한다.

인삼은 조선 전기까지 재배되지 않고 산에서만 채취되는 상황이었는데 조선 후기에 들어와서 본격적으로 재배가 시작된다. 조선 후기 각종 제도와 법을 계통적으로 보여주는『증보문헌비고(增補文獻備考)』에서 정조 때 부과한 포삼세(包蔘稅)와 관련된 부분을 보면 인삼이 나라 곳곳에서 생산된다고 하면서 인삼은 원래 산에서 자연적으로 자라는 것을 캐낸 산삼(山蔘)과 산에서 종자를 얻어 다시 산에 심어 시간이 오래 지난 뒤에 캐내는 산양(山養)으로 구분된다고 했다.

그러면서 재배한 인삼을 가리키는 가삼(家蔘)의 시작이 전라도 동복현(同福縣: 현재 전라도 화순군 동복면 일대)이라고 했다. 이 지역에 사는 한 여성이 산에서 인삼을 캐어 그 종자를 밭에 심었고 그것을 최씨 성을 가진 인물이 전파시키면서 가삼이 재배되었다고 기록하고 있다.

분류 : 식재료

색인어 : 가삼, 유집일, 선화봉사고려도경, 진상, 숙삼, 생삼, 포삼세, 비변사

참고문헌 : 서긍,『선화봉사고려도경』;『숙종실록』;『증보문헌비고』; '인삼'『한국민족문화대백과』

필자 : 이민재

인삼정과(1731년 제수 논쟁)

조선왕조가 막 시작되었을 때는 왕실의 제사가 많지 않았지만 조선왕조가 길어지면 길어질수록 제사가 늘어나 왕실 제사에 막대한 제사용품들이 들어가기 시작했다.

1731년 12월 26일 정승들을 보좌하던 좌참찬(左參贊)의 김재로(金在魯: 1682-1759)가 영조를 찾아와 늘어난 제사에 들어가는 제물들을 줄일 것을 권하면서 나라 전체가 상을 치르는 국휼(國恤) 기간 동안 제사에 쓰인 인삼정과(人蔘正果)의 소비가 너무 많음을 지적했다. 김재로는 제사에 인삼정과를 쓰는 것이 아무런 이익이 없어서 유익(有益)한 것들을 해친다고 보고하면서 영조에게 인삼정과를 제수로 올리는 것을 영원히 없앨 것을 건의했다.

이에 영조는 제사에 쓰는 물품들에 대해 함부로 의논할 수는 없지만 이미 인조 때에도 제사 때에 조화(造花)를 만들지 않도록 했고 1730년에 죽은 선의왕후(宣懿王后: 1705-1730) 역시 항상 검소하고 절약함을 강조하는 유지를 남겼다고 했다. 그리고 인원왕후(仁元王后: 1687-1757) 역시 인삼정과를 올리지 않도록 하는 명령을 내렸다고 하면서 제수에 쓰는 인삼정과를 줄이라고 지시했다.

인삼정과를 많이 쓰는 것을 낭비라고 보는 영조의 태도는 이후에도 견지되었다. 1751년에 영조는 제사에 쓰이는 한과(漢果)를 모두 없애고 인삼정과와 같은 종류의 제수들도 줄여서 쓰는 것을 일정한 의식으로 만들라고 명령했다. 그리고 1766년 자신의 건강이 좋지 않다가 회복한 후 진연(進宴)을 베풀 때에도 흉년이 들었으므로 인삼정과를 줄이라고 명하였다.

19세기에 나온 이규경(李圭景: 1788-1863)의 『오주연문장전산고(五洲衍文長箋散稿)』에선 인삼정과가 이전에는 없었던 것이라고 하면서 인삼의 재배가 시작된 후 그 가격이 저렴해지면서 생겨난 음식이라고 했다. 인삼정과를 만드는 방법은 우선 재배한 인삼의 머리를 자르고 껍질을 제거한 뒤 편으로 썬다. 그리고 놋가마나 은그릇, 돌그릇에 호박색과 같이 될 때까지 졸인 꿀에 인삼편을 넣어 밀봉하여 절여 만든다고 했다.

분류 : 음식
색인어 : 인삼정과, 선의왕후, 인원왕후, 영조, 한과, 김재로, 오주연문장전산고, 진연
참고문헌 : 『인조실록』; 『영조실록』; 이덕무, 『오주연문장전산고』
필자 : 이민재

인절미

찹쌀을 불려 시루나 찜통에 쪄 후 절구나 안반에 쳐서 적당한 크기로 썰어 콩고물이나 거피팥고물, 깨고물을 묻히는 떡이다. 떡을 칠 때에 데친 쑥이나 다진 대추, 석이를 넣어 만들어 색과 맛을 더한다. 현존하는 음식책 중 가장 오래된 조선 세조 때 어의(御醫)였던 전순의(全循義: ?-?)가 쓴 『산가요록(山家要錄)』에 잡과병(雜果餠)의 설명 중 '찹쌀로 인절미[仁切米餠]를 만들어'라는 인절미 용어가 등장한다. 치는 떡 중에 멥쌀로 만든 떡에 절편 또는 가래떡이 있다면 찹쌀로 만든 대표적인 떡은 인절미이다.

1929년 12월 『별건곤』 잡지에 지역의 명물음식 9가지를 꼽아 소개한 '진품명품 천하명식팔도명식물예찬'이란 칼럼에 인절미를 예찬하는 글이 실렸다. 조선의 여러 가지 떡 중에 제일 많이 먹고 제일 맛있는 떡이며 떡을 쳐서 만드는 방법이 또한 묘하다고 했다. 봄에는 쑥인절미, 단오에는 취인절미, 여름에는 깨인절미, 가을에는 동부팥 또는 대추인절미, 겨울에는 콩인절미 등 계절마다 다른 인절미를 즐겼다고 했다.

특히 겨울철의 인절미가 별미로 새로 만든 것보다 오래된 것을 구워 먹는 맛이 특히 좋다고 했다. 겉이 검게 타도록 구워 한쪽을 걷어내고 그 안에 꿀을 넣고 젓가락으로 저으면 떡이 풀어져 그 맛이 타락죽이나 율무의이 같다는 것이다. 이렇듯 오래되어 굳어진 인절미를 구워 먹는 방법이 1670년경 장계향(張桂香: 1598-1680)이 쓴 『음식디미방(飮食知味方)』에도 나온다. 인절미 속에 엿을 한 치만큼 꽂아 두었다가 뭉근한 불로 엿이 녹게 구워서 아침으로 먹으면 좋다고 하니 인절미에 꿀이나 엿을 넣고 구우면 죽이나 의이(응이)처럼 부드러워지는 모양이다.

인절미를 예찬하는 글에도 나오지만 인절미로 제일 유명한 곳은 황해도 연백(延白)이었다. 연백은 연안(延安)과 백천(白川)의 곡창지대이다. 이 지역에서 나오는 찹쌀은 기름지고 차진 매우 질이 좋기로 유명하다. 연안이 인절미로 이름난 곳이란 사실은 빙허각 이

씨(憑虛閣 李氏: 1759-1824)가 쓴 『규합총서(閨閤叢書)』에도 나온다. 예찬 글에 따르면 연안인절미는 맛도 좋지만 끈기가 있어서 여간해서 끊어지지 않는다며 인절미를 '사랑의 떡'이라 했다. 연안인절미는 '혼인인절미'라고 할 만큼 혼례 때 많이 쓰였다. 인절미를 큼직하게 잘라 큰 고리짝이나 놋동이에 푸짐하게 담아 사돈댁에 이바지 선물로 보냈다.

분류 : 음식
색인어 : 떡, 잡과병, 규합총서, 산가요록, 음식디미방
참고문헌 : 전순의, 『산가요록』; 빙허각 이씨, 『규합총서』; 장계향, 『음식디미방』; 한복려, 『쉽게 맛있게 아름답게 만드는 떡』(궁중음식연구원, 1999); 장수산인(長壽山人) 저, 「진품명품 천하명식팔도명실물예찬' -사랑의 떡 운치의 떡 연백의 인절미」, 잡지 『별건곤』 1929년 12월 1일
필자 : 이소영

인절미(『어우야담』)

옛날 중국 조사(詔使: 사신)가 우리나라에 오면서 이곳이 '예의지방(禮義之邦)'이니 반드시 이인(異人)이 있으리라 생각했다. 행차가 평양에 이르렀을 때, 조사가 길가에 있는 한 장부를 보니 키는 팔구 척에 긴 수염이 허리까지 드리웠는지라 자못 기이하게 여기었다. 조사는 그와 한마디 나누어보고자 했으나 말이 통하지 않았다. 그래서 손을 들어 손가락을 둥그렇게 만들어 보이자 장부 또한 손을 들어 손가락을 네모지게 만들어 보였다. 조사가 이번에는 세 손가락을 구부려 보이자 장부는 즉시 다섯 손가락을 구부려 답하였다. 조사가 또 옷을 들어 보이자 장부는 곧 손가락으로 자신의 입을 가리켜 보이며 응대하였다.

조사가 서울에 이르러 관반사(館伴使)에게 말했다. 관반사는 서울에 머무는 외국 사신을 영접하기 위해 임시로 임명하는 관원이다. 대개 정3품 이상의 관원이 임명되었다.

"내가 중국에 있을 때 귀국이 예의지방이라고 들었는데, 참으로 빈말이 아니었소."

관반사가 물었다.

"무슨 말씀이신지요?"

조사가 말했다.

"내가 평양에 도착했을 때 길가에서 한 장부를 보았는데, 풍채가 매우 장대하여서 나는 그의 심중이 반드시 남다르리란 것을 알았소. 이에 내가 손가락을 둥그렇게 만들어 보였는데, 이는 하늘이 둥글다는 것을 말함이었소. 그러자 장부는 손가락을 네모지게 만들어 응대하였으니, 그것은 땅이 네모지다는 것을 뜻함이오. 또 내가 세 손가락을 구부린 것은 삼강(三綱)을 이른 것인데, 장부는 다섯 손가락을 구부렸으니 이는 오상(五常)을 뜻함이었소. 내가 옷을 들어 보인 것은 옛날에는 옷을 드리우고 가만히 앉아서도 덕으로 천하를 잘 다스렸음을 말한 것인데, 장부는 자신의 입을 가리키며 답했소. 이는 말세에는 구설(口舌)로써 천하를 다스린다는 것을 뜻한 것이오. 길가의 천한 사내도 이와 같거늘 하물며 학식이 있는 사대부야 더 말할 것이 있겠소?"

관반사는 이를 기이하게 여기고, 평양으로 공문을 띄워 장부를 급히 서울로 올려보내도록 했다. 그에게 재물을 후하게 내리고서 물었다.

"천사(天使: 중국의 사신을 높여서 일컫는 말)께서 손가락을 둥그렇게 하였을 때 자네는 어째서 손가락을 네모지게 만들었는가?"

장부가 대답하였다.

"그분은 둥근 절편을 드시고 싶어서 손가락을 둥글게 만든 것이고, 저는 인절미가 먹고 싶어서 손가락을 네모지게 만들었던 것이옵니다."

"천사께서 세 손가락을 구부렸을 때, 자네는 어찌해서 다섯 손가락을 구부렸는가?"

"그분은 하루 세 끼니를 드시고자 하여 세 손가락을 구부렸던 것이고, 저는 하루 다섯 끼니를 먹고 싶어 다섯 손가락을 구부렸던 것이옵니다."

"천사께서 옷을 들어 보였을 때, 자네는 어찌해서 입을 가리켰는가?"

"그분이 근심하는 바는 옷 입는 일이기에 옷을 들어 보이셨던 것이고, 제가 근심하는 바는 먹는 것이기에 입을 가리켰던 것이옵니다."

조정에서 이 말을 듣고 모든 사람들이 크게 웃었으나,

조사는 이러한 사실을 모른 채 기남자로만 여기고 그를 공경하며 예를 갖추어 대했다.

이 이야기는 유몽인(柳夢寅: 1559-1623)의 『어우야담』에 실려 있는데, 유몽인은 이렇게 적은 뒤, 중국 사신이 우리나라가 예의지방이라는 명성에 겁을 먹고 그렇게 한 것이라고 평하였다. 위 일화에서 장부의 관심사는 오로지 먹는 것에 쏠려 있는데, 이는 배를 채우는 것이 백성들의 가장 절실한 문제였음을 보여주는 것이다.

위의 일화에서 장부가 먹고 싶어 한 '인절미'는 찹쌀을 쪄서 떡메로 치거나 절구에 찧은 후 네모진 꼴로 적당히 모나게 썰어 고물을 묻힌 떡이고, '절편'은 꽃무늬 등이 있는 둥글거나 네모난 판에 눌러 박아 모양 있게 만든 흰떡으로서 멥쌀가루를 시루에 찐 후 안반에 놓고 떡메로 쳐서 만든 흰떡을 다시 굵직하게 비벼서 끊어 떡살로 문양을 찍은 것이다.

분류 : 문학
색인어 : 인절미, 절편, 유몽인, 어우야담
참고문헌 : 유몽인 저, 신익철 외 역, 『어우야담』(돌베개, 2006)
필자 : 차충환

임연수어

쏨뱅이목 쥐노래밋과에 속하는 바닷물고기이다.
임연수어(林延壽魚)는 이름이 특이한 물고기다. 이 이름의 유래에 대해서는 서유구가 『난호어목지(蘭湖漁牧志)』에서 "옛날에 임연수(林延壽)라는 사람이 있었는데 이 물고기를 잘 낚았다. 이로 말미암아 본토박이가 그런 이름을 붙였다."라고 설명한다. 또 다른 민간 전설에는 강원도(혹은 충청북도)의 한 천석꾼이 워낙 임연수어 껍질을 좋아해서 그것을 먹다가 가산을 탕진했다는 이야기가 있다. 그 사람 이름이 바로 임연수였다는 것이다. 무엇이 사실이건 간에 사람 이름 고유명사가 물고기 이름의 보통명사로 변한 것이 바로 임연수어이다.

우리나라에서 물고기 이름에 사람 이름이 붙은 생선은 임연수어 외에 '군평선이'라는 생선이 하나 더 있다. 군평선이의 유래 역시 전설 같은 이야기에서 비롯한다. 임진왜란 때 이순신 장군이 여수 감영을 순시했을 때 밥상에 올라온 생선이 워낙 맛이 있어 이름을 물어보았다고 한다. 누구도 생선 이름을 대답하지 못했다. 그래서 장군이 음식상을 차려 온 관기의 이름을 물으니 '평선이'라는 대답이 돌아왔고, 장군은 "앞으로 이 생선 이름은 평선이로 불러라."고 하명하였다고 해서 그후 평선이라 불렸는데 구워 먹으면 더 맛있어서 '군평선이'로 불렀다는 것이다. 여수를 비롯한 전라남도 남해안에서는 이 생선을 '샛서방고기'라 부르기도 한다. 워낙 맛이 좋아서 본 서방에게는 안 주고 정분이 난 샛서방에게만 준다고 해서 붙여진 별칭이다. 딱돔이라 부르기도 한다.

임연수어는 흔히 이면수라고 부른다. 이는 임연수어에서 음이 변한 것이다. 강원도 북부 현지 어부들은 '새치'라고 부른다. 임연수어는 군집성이 강하고 한류를 좋아하는 어종이다. 우리나라에서는 동해 강릉 이북 지역에서 겨울부터 봄까지 잡는다. 임연수어는 주로 소금 간을 해서 구워 먹거나 조림으로 먹지만 이름의 유래 전설에서도 나오듯이 구워 먹으면 다른 쥐노래밋과 물고기와 마찬가지로 특히 껍질 부분이 맛있다. 임연수어가 많이 잡히는 강원도에서는 '임연수어 껍질 쌈밥만 먹다가 배까지 말아 먹는다', '임연수어 껍질 싸 먹다 천석꾼도 망했다'라는 말이 있을 정도다. 임연수어 껍질 쌈밥은 이면수를 노릇노릇 구워서 껍질 부분을 분리해 김밥 싸듯 밥에 껍질을 동그랗게 싸서 먹는 것이다. 또는 처음부터 따로 껍질을 분리해서 굽기도 한다. 남은 몸통 부분은 찌개나 조림으로 먹는다. 보통 임연수어는 자반고등어처럼 배를 갈라 굵은 소금을 친 상태에서 요리하지만 소금기가 배어들면 물로 씻어내고 꾸덕하게 말려서 보관하기도 한다. 이 상태로 구워 먹거나 조림해서 먹는다. 임연수어에는 지용성 비타민이 많고 아미노산과 미량 원소가 풍부한 고단백, 저칼로리 다이어트 식품이다.

임연수어는 국내산 외에 수입산도 국내 시장에 많이

유통된다. 수입산 임연수어는 몸통에 유독 뚜렷한 3-4개의 가로줄이 있다. 대개 국내산보다 체고가 높고, 크기도 크다. 수입산은 냉동한 것을 해동해서 유통하는 경우도 많기 때문에 구입할 때 주의해야 한다.

분류 : 식재료
색인어 : 임연수어
참고문헌 : 하응백, 『나는 낚시다』(휴먼앤북스, 2012); 서유구, 이두순 역, 『평역난호어명고』(수산경제연구원북스, 2015); 정문기, 『한국어도보』(일지사, 1977); 이태원, 『현산어보를 찾아서1』(청어람미디어, 2013)
필자 : 하응백

임원경제지

조선 후기 실학자 풍석(楓石) 서유구(徐有榘: 1764-1845)가 쓴 『임원경제지(林園經濟志)』는 『임원경제십육지』, 『임원십육지』라고도 불리는 책으로 총 16장으로 구성되어 있다. 이 중 5장에 해당하는 '정

서유구, 『임원경제지』, 26.4×18.8cm, 조선 후기, 서울대학교 규장각한국학연구원

조지'에는 한국과 중국의 여러 문헌에서 인용한 식품의 저장법과 조리법이 다양하게 등장한다. 이 책의 가장 큰 특징은 다른 조리서들과 달리 대부분의 조리법에 인용문헌을 밝히고 있다는 점이다. 이 책에서 인용한 문헌으로는 『거가필용(居家必用, 원나라시대, 중국)』, 『증보산림경제(增補山林經濟)』 등이 있다.

이 책에 등장하는 음식의 종류로는 밥, 떡, 죽, 엿, 식초, 국수, 음청류, 과정류, 장아찌류, 생선과 육고기로 만든 여러 음식들이 있으며 한반도에서 개발되어 중국으로 넘어간 음식으로 추정되는 '고려율고(高麗栗餻)'도 소개되어 있다.

한편 서유구의 가족은 조리서, 예학서, 연행기 등 다양한 저서를 남긴 것으로 유명하다. 서유구의 본관은 달성(達城)으로 대사성, 형조판서, 예조판서, 예문관 대제학, 대사헌 등의 관직을 수행한 바 있다.

서유구의 할아버지는 이조판서를 지낸 서명응(徐命膺: 1716-1787)으로 『고사신서(攷事新書)』의 저자이다. 아버지는 예조판서 서호수(徐浩修: 1736-1799)로 농업서인 『해동농서(海東農書)』와 청나라를 여행하면서 쓴 연행일기인 『연행기(燕行紀)』의 저자이다.

서유구의 형인 서유본(徐有本: 1762-1822)은 조선 후기 예학자로서, 저서로는 『주례(周禮)』, 『예기(禮記)』를 정리하여 펴낸 『삼례소지(三禮小識)』가 있다. 서유본의 부인이자 서유구의 형수가 되는 빙허각 이씨(憑虛閣 李氏: 1759-1824)는 『규합총서』의 저자이다.

분류 : 문헌
색인어 : 서유구, 고려율고, 빙허각 이씨, 임원경제지, 임원경제지, 규합총서
참고문헌 : 서유구 저, 조신호 외 역, 『임원경제지 (정조지)』(교문사, 2007)
필자 : 서모란

잉어

잉어는 잉엇과에 속하는 민물고기이다. 한자로 표기한다면 리(鯉), 리어(鯉魚)로 표기한다. 잉어는 한반도 외에도 전 세계적으로 분포되어 있는 어종이자 인류가 가장 오랫동안 양식한 어종이기도 하다.

잉어는 한국뿐 아니라 동아시아에 전해내려 오는 각종 옛일에서 오랫동안 상서로운 물고기를 상징해왔다. 그래서 설화 중에 잉어와 관련된 설화가 많다. 그 중 하나를 소개하면 한 숯장수가 낚시를 하다 큰 잉어를 잡았지만 도로 놓아준다. 그 후 놓아줬던 잉어가 돌아와 숯장수를 용궁으로 데려가는데 알고 보니 그 잉어가 용왕의 아들이었고 결말에서는 숯장수와 용왕의 딸이 결혼한다는 이야기 구조를 지닌 설화가 있다. 이같이 잉어가 상서로운 물고기로 인식되었기에 『증보산림경제』에서도 봄철 잉어는 먹지 말고 겨울철 잉어가 맛이 있고 좋다고 소개하면서 동시에 큰 잉어는 먹지 말라고 적었다. 『임원경제지』「전어지」에

서도 잉어를 물고기 중 어른이라고 칭하면서 길이가 1장이 넘는 잉어는 백 년을 산 영물이기 때문에 먹지 않아야 한다고 했다.

한반도에서 잉어가 언제부터 존재했고 먹었는지를 알기는 어렵다. 다만 『삼국사기』 대무신왕(大武神王: 4-44)에 대한 기사 가운데 한나라 요동태수가 고구려에 쳐들어와 대무신왕이 농성(籠城)을 할 때의 사건이 기록되어 있다. 그 전투에서 대무신왕은 자신들에게 식용수가 넉넉함을 보이기 위해 연못 속의 잉어를 물풀에 싸서 맛 좋은 술과 함께 보냈다는 일화가 전해지는 것으로 보아 이미 이른 시기부터 잉어를 식용으로 써왔음을 추측해 볼 수 있다.

조선시대 잉어는 주로 어로 행위를 통해 잡았다. 물론 중국에서는 잉어를 양식했고 조선시대 지식인들 역시 잉어 양식법에 대한 지식은 있었으나 실제로 잉어를 양식했다는 증거는 아직까지 발굴되지 않았다.

잉어는 하나의 음식이자 약재로서 많이 이용되었다. 『세종실록』 지리지를 보면 각 지역의 약재를 기록해 놓았는데 말린 잉어[乾鯉魚]와 잉어 쓸개[鯉魚膽]가 등장한다. 『동의보감』에서도 잉어 쓸개는 눈과 관련한 병에 좋고 잉어 살은 기침을 치료한다고 평하였다. 『식료찬요』에서도 붓기를 빼는 방법으로 잉어살을 삶아 먹을 것을 권했다.

약재로서 잉어를 쓸 때는 특히 임산부에게 좋다고 알려져 있다. 임산부에게 잉어를 조리해서 줄 때는 주로 고아서 먹이는데 이는 조선시대 조리서에도 반영되어 있다. 한 예로 『주식시의』에서는 임산부가 아플 때 쓰는 각종 음식을 소개하는데 임신 중 아이가 자주 움직일 때 잉어 속을 가른 후 대추·소금·술 등을 넣어 고아 먹으면 좋다고 했다. 또 임산부가 쇠약해지면 한 자 길이가 되는 잉어를 잡아 피를 뺀 후 거르지 않은 독한 술과 함께 고아 먹으라고 기록했다.

약재로서도 인기가 많았지만 민물고기 중 붕어와 함께 잉어는 인기 있는 식재료로 다양한 조리법으로 즐겼다. 찜, 탕 등 여러 조리방법이 있지만 그중에서도 잉어회는 고급음식으로 상류계층들이 하천가에서 놀

면서 기회가 될 때마다 먹고 잉어회에 대한 기록을 남겼다. 그만큼 상류계층들도 좋아했던 음식이 바로 잉어회였다. 정약용(丁若鏞: 1762-1836)의 『다산시문집』에도 잉어회를 먹고 남긴 감상이 담겨 있다. 때는 1779년 봄으로 정약용은 아버지 정재원(丁載遠: 1730-1792)을 따라 경치가 좋다고 알려진 조익은(趙翊殷: ?-?)의 별장인 정곡(鼎谷) 계정(溪亭)으로 가서 경치를 즐기면서 술을 마시며 자연을 즐기고 있었다. 이때 별장 주인에게 고기잡이를 하는 이가 잉어 4마리를 잡아왔다는 소식이 전해졌고 곧이어 주인은 재빨리 잉어를 회로 쳐서 손님들에게 대접했다. 정약용은 이때 나온 잉어회를 은실이 쟁반에 가득 찼다고 표현한다.

식민지시기에도 많은 사람들이 잉어회를 즐겼고 언론을 통해 지역 명물로 종종 잉어회가 언급됐다. 1929년 8월 『별건곤』 22호에서는 밀양의 명물 중 하나로 잉어회를 들면서 "갈순나무" 한 접시와 잉어회를 함께 먹으면 "옆에 있는 친구가 좋아도 모를 만큼 맛이" 있다고 극찬한다. 위와 같이 조선시대, 식민지시기 잉어를 높이 치고 즐겼지만 국가의 보건정책과 함께 식민지시기를 거치면서 늘어나는 바다생선 소비 등 음식문화가 변하면서(주영하, 2011) 붕어와 마찬가지로 잉어 소비 역시 줄어가고 있는 추세이다.

분류 : 식재료
색인어 : 붕어
참고문헌 : 정약용 저·이정섭 외 2명 역, 『국역 다산시문집』6(민족문화추진회, 1984); 차상찬, 「南陽」 『별건곤』(1929); 김부식, 『삼국사기』; 『세종실록』; 주영하, 『음식인문학』(휴머니스트, 2011); 서유구 저·김명년 역, 『전어지』(한국어촌어항협회, 2007); 유중림 저·농촌진흥청 역 『증보산림경제』2(농촌진흥청, 2003); 한국민속문화사전
필자 : 이민재

잉어(『어우야담』)

어떤 향리가 사또의 명을 받고 손님상을 차리려고 반찬거리를 장만하다가 큰 잉어 한 마리를 얻었다. 수염이 길고 눈이 붉어 생김새가 무척 특이했는데, 두 눈에서 눈물이 흐르는 것이 마치 사람이 눈물을 떨구는 듯했다. 향리가 불쌍히 여겨 직접 호수에 놓아주었

다. 그날 밤 향리는 꿈을 꾸었는데, 한 장부가 문틈으로 들어오더니 "저는 호남의 잉어입니다. 당신이 저를 살려주신 은혜에 감사해서 오늘 들어가 잉태하여 당신의 아들이 될 것입니다" 하고 사라졌다. 향리는 놀라 깨어나 아내에게 "내가 잉어를 놓아준 것은 실로 큰 물고기가 죄도 없이 죽는 것이 가엾기 때문이었지 보답을 바라서가 아니었소. 내 꿈이 무척 이상하오. 내가 듣기에 잉어는 영물이라 하니, 혹 신의 도움이 있을지 어찌 알겠소" 하였다. 그날 밤 과연 아내는 임신했고 사내아이를 낳았다. 그 아이는 훌륭하게 자라 무과에 급제하였고 북쪽 오랑캐를 정벌하는 데 큰 공을 세워 높은 관직에 올랐다.

이 이야기는 시은(施恩)과 보은(報恩), 즉 은혜를 받고 그에 보답한 설화의 하나로서, 당시에 구전되던 이야기를 채록한 것으로 보인다. 잉어는 민물고기의 하나이지만, 또 대대로 영물로 알려져 귀한 대접을 받았다. 조선 후기에 편찬된 『규합총서(閨閤叢書)』에는 '잉어는 얼음이 언 후에는 좋지만, 봄에 먹으면 풍병을 일으킨다. 잉어의 비늘을 세로로 세어보면 서른여섯 개인데, 그중에 거꾸로 붙은 비늘이 하나라도 있으면 그것은 용종(龍種)이니 먹지 말아야 한다.'라고 쓰여 있다. 잉어는 중국에서도 '리위어왕(鯉爲魚王)'이라고 하여 물고기 중의 으뜸으로 친다.
한편, 잉어가 용이 되어 승천한 이야기도 있다.

첨지 박배근(朴培根)은 참판 양응정(梁應鼎)의 장인이다. 나주 용진산(湧珍山) 아래에 살았는데, 큰 못을 파 물고기를 기르고 화려한 정자를 지어 거처하였다. 이웃 노인이 잉어를 보내왔기에 그것을 못에 놓아주었는데, 정자 위에서 손님을 대할 때면 늘 그 잉어가 못 밖으로 얼굴을 내밀고 입을 벌름거려서 박 공은 늘 먹을 것을 던져주었다. 이같이 한 지 5, 6년이 지나면서부터 잉어는 물 깊은 곳으로 몸을 감추고 밖으로 나오지 않았다. 그런 지 여러 해가 되자 박 공이 물가에서 꾸짖어 말했다.

"잉어야, 다시 나오거라. 예전에 먹이를 얻어먹은 것이 5, 6년인데, 몇 년 전부터 모습을 감추고 나오지 않으니 용이 되어 하늘에 오르고자 함이 아니냐? 만약 다시 보게 되면 당장 활로 쏘아버리겠다."
이때부터 못의 물이 깊고 맑아지면서 낙엽이 밑바닥에 가라앉지 않고 반드시 물가로 떠내려갔고, 물기슭은 바람과 비에 씻겨 몇 년 사이에 모두 백사장을 이루었다. 하루는 박 공이 정자 위에 한가히 앉아 있는데, 삼대 같은 빗줄기가 세차게 쏟아지고 사나운 바람이 나무를 뽑았다. 홀연히 한 물체가 못 속에서 기둥을 타고 올라오는데, 입술을 벌렸으며 뾰족한 코와 양 뿔이 높았다. 몸 전체가 붉은 비늘로 덮여 있고, 삐쭉삐쭉한 발톱이 우뚝 솟았으며, 백발의 길이가 한 길 남짓했다. 꿈틀거리는 한 마리의 큰 용으로, 길이는 10여 자가 되었다. 구름이 사방에서 모여들고 번갯불이 번쩍이더니 잠깐 사이에 몸을 솟구쳐 하늘로 올라가 사라졌다. 긴 행랑채의 기둥 수십 개가 휘두르는 긴 꼬리에 맞아 부서져 텅 비어 하나도 남지 않았다.

위의 이야기는 실존인물이 목격자로 등장하고 또 행랑채 기둥이 부서지는 등의 증거물이 제시되어 있긴 하지만, 허구적인 설화로 보는 것이 타당하다. 오래 묵은 잉어가 용이 되어 승천했다는 구전설화가 여기서는 실존인물과 결합되어 또 다른 설화로 만들어진 것이다.
위의 두 이야기는 유몽인(柳夢寅: 1559-1623)의 『어우야담』에 실려 있다.

분류 : 문학
색인어 : 잉어, 어우야담, 규합총서
참고문헌 : 유몽인 저, 신익철 외 역, 『어우야담』(돌베개, 2006)
필자 : 차충환

잉어 잡는 법

잉어의 어로는 대체적으로 계절에 상관없이 다양한 어로 방식을 통해 이루어져왔으리라 추측되지만 특히 중요한 어로도구는 그물이었다. 1879년 6월 16일 경상북도 안동에 살던 김양진(金養鎭: 1829-1901)이 사위인 이중석(李中錫: 1854-1912)에게 최근 장마가 왔고 이로 인해 인근 지역에 수재(水災)가 일어났다는 걱정과 함께 근황을 묻고 만삭인 딸을 잘 부탁한다는 내용의 서간을 보냈는데 이 서간을 보면 잉어의 어로에 있어서 그물의 중요성을 알 수 있다. 이 서간에는 김양진이 만삭인 딸을 위해 잉어를 사서 구하고자 수척한(水尺漢)들에게 널리 구했지만 구할 수 없었다면서 잉어를 잡고자 한다면 그물로서는 잡을 수 있지만 낚시로는 잡을 수 없다는 내용이 담겨져 있다. 하지만 주의해야 할 지점은 김양진의 서간에서 잉어를 잡는데 그물이 필요하다는 언급이 꼭 잉어를 잡을 때 그물을 이용해 그 그물코에 잉어가 끼어서 잡는다는 의미는 아닐 수 있다는 점이다.

『태종실록』을 보면 1417년 전 중랑장(中郞將) 이성무(李成茂: ?-?)와 그의 형제들이 한겨울 잉어회[鯉膾]를 먹고 싶어 하는 74세 어머니를 위해 어업에 능한 사람을 불러 강변에 그물을 치고 얼음을 뚫어서 잉어를 잡으려고 하는데 얼음이 뚫린 곳에서 큰 잉어가 튀어나왔다는 기사가 있다. 실제로 큰 잉어가 스스로 튀어나왔는지 아니면 이성무 형제의 효행을 돋보이게 하기 위해 중국의 고사(古事)를 모티브로 차용했는지 알 수 없지만 분명한 것은 이들이 겨울철에 그물로 잉어를 가둔 후 얼음을 뚫어 잉어를 잡으려 했다는 점이다.

겨울에 일정한 지역에 그물을 치고 구멍을 뚫어 잉어를 낚는 방식은 『임원경제지』「전어지(佃漁誌)」포리법(捕鯉法)에 상세히 나온다. 이에 따르면 겨울철 얼음이 얼었을 때 강 한복판에서 얼음을 깬 후 사면으로 그물을 치는데 삼면(三面)은 둘러싸고 물이 흐르는 방향으로 한 면만 여는 함정어망 방식으로 설치한다. 그 후 사람들이 모여 몽둥이로 얼음을 치면서 물고기를 그물로 몬 후 4-5곳에 얼음을 뚫어 고기가 지나가면 작살로 찔러 잡는다고 되어 있다. 『임원경제지』와 거의 비슷하지만 작살 대신 낚시바늘이 세 개의 갈고리인 삼봉낚싯대로 잉어를 잡는 방식에 대해서 1883년 12월 조선에 방문한 퍼시벌 로웰(Percival Lawrence Lowel: 1855-1916)의 여행기에도 잘 묘사되어 있다.

"빙판 위에서는 한 물의 어부들이 얼음 구멍을 뚫기 위한 도구를 가지고, 썰매 하나씩을 끌면서 이리저리 움직이고 있었다. 낚시꾼들이 주로 잡는 물고기는 잉어다. 그들은 물속에 그물을 치고, 얼음 위에다 일정한 간격으로 구멍을 뚫어 여기에 미끼 없는 낚시를 드리운다. 그런 다음 그물이 쳐진 지점에서 약간 떨어진 빙판 위로부터 점차 그물 쪽으로 접근해 가며 사람이 낼 수 있는 한 가장 요란한 소리를 내기 시작한다. 그 소리에 놀란 물고기들은 달아나려다 그물에 갇히고 그러면 당황해서 오락가락하다가 낚시에 걸린다. 낚시는 각이 진 세 개의 갈고리로 되어 있는데 미끼 없이 맨 낚시를 하는 것은 겨울철뿐이고, 여름철에는 미끼를 써서 고기를 낚는다"(퍼시벌 로웰 저·조경철 역, 2001).

이와 같은 방식의 잉어 어로방식은 한강, 임진강 등에서 1970년대까지 지속되었던 어로방식으로 때에 따라서는 겨울철 한강의 진풍경이자 놀이로서 기능했지만 이후 댐 건설 등의 영향으로 더 이상 볼 수 없게 되었다(편성철, 2017).

분류 : 음식
참고문헌 : 퍼시벌 로웰 저·조경철 역, 『내 기억 속의 조선, 조선사람들』(예담, 2001);『세종실록』; 주영하,『음식인문학』(휴머니스트, 2011); 서유구 저·한국어촌어항협회 역,『전어지』(한국어촌어항협회, 2007);『태종실록』; 편성철,「한강 얼음낚시의 특성과 어로조직-팔당 댐 축조 이전 마포에서 양평지역을 중심으로」,『민속학연구』(2017)
필자 : 이민재

요리제법』(영창서관, 1936)
필자 : 김혜숙

자라

자라는 거북이와 비슷하게 생겼으나 크기가 좀 작다. 서유구(徐有榘: 1764-1845)는 『난호어목지(蘭湖漁牧志)』「어명고(魚名攷)」에서 자라는 절뚝거리며 걷기 때문에 '鼈(별)'이라고 하였고, 등딱지가 둥글어서 '團魚(단어)'라고도 한다고 소개하였다(서유구 저, 이두순 평역, 2015: 119쪽).

자라가 들어가는 속담으로는 '자라 보고 놀란 가슴 솥뚜껑 보고 놀란다'는 말이 자주 쓰이는데, 자라의 등껍질과 가마솥 솥뚜껑의 형태가 비슷하여 나온 말이다. 또한 기가 죽어 움츠러든 모양을 '자라목이 되다'라고 표현하기도 하는데, 자라의 긴 목이 등껍질 속으로 쏙 들어간 모습을 빗댄 것이다. 그리하여 임신 중에 자라 고기를 먹으면 아기의 목이 짧아지므로 먹지 말라는 금기가 전해지기도 했다.

특히 자라는 인간에게 화를 불러오거나 은혜를 갚는 동물로 여겨졌다. 이로 인해, 음식으로 즐겨 먹으면서도 한편에서는 잡아먹는 것을 꺼리고 조심하기도 했다. 자양강장에 좋다고 알려진 자라로는 주로 자라찜, 자라탕, 자라국, 자라구이를 해서 먹었지만, 가끔 자라피를 생으로 마시기도 한다. 이용기(李用基: 1870-1933)는 『조선무쌍신식요리제법(朝鮮無雙新式料理製法)』(1936) '자라탕[鼈湯]'에 따르면, 대개 자라의 맛은 닭보다 깨끗하고 시원하여 좋고, 자라의 알도 달걀보다 맛이 낫다고 했다.

분류 : 식재료
색인어 : 음식디미방, 규합총서, 조선무쌍신식요리제법, 미나리, 잉어
참고문헌 : 서유구 저, 이두순 평역, 강우규 도판, 『평역 난호어명고』(수산경제연구원BOOKS·블루&노트, 2015); 이용기, 『조선무쌍신식

자라구이(권홍의 꿈에 나타난 노인과 자라구이)

자라구이는 자라를 구워서 만들며, 조선시대에는 잉어회와 함께 호화로운 잔칫상을 의미하는 상징 중 하나로 쓰였다. 일례로, 김윤식(金允植: 1835-1922)이 원세개(袁世凱, 위안 스카이: 1859-1916)의 50세 생일을 축하하며 지은 시를 들 수 있다. 청나라 인사와 폭넓게 교유했던 김윤식은 그중에서도 원세개와는 아주 친했다. 청나라의 군인이자 정치가였던 원세개는 조선에 와서 국정을 간섭하던 인물이지만, 김윤식이 쓴 제문을 보면 그와 원세개는 서로 말없이 보기만 해도 뜻이 통했고, 우정이 두텁고 정이 형제보다 더했다고 표현할 정도로 가까운 사이였다(이지양, 2013). 그런 원세개의 50세 생일을 축하하며, 김윤식이 지은 시에 자라구이가 나온 것이다. 『운양집(雲養集)』제6권에 실린 시의 일부를 인용하면 아래와 같다.

빼어난 현인 늙어감이 안타깝나니
백 년에 이미 절반을 지나왔구려
맑은 가을날 크게 연회를 열어
자라고기 굽고 잉어회 준비하고
아들 열 명이서 축하 술잔 올리니
英賢惜將老 百年已半途
清秋開長筵 炰鼈鱠鯉魚
十子獻觥祝

*김윤식 지음, 이지양 역(한국고전번역원, 2013)

이처럼 김윤식이 성대한 생일잔치를 묘사하며 언급할 만큼 자라구이는 고급 음식이었다고 할 수 있다. 그런데 이러한 자라구이를 거절한 권홍(權弘: 1360-1446)이라는 인물이 이긍익(李肯翊: 1736-1806)의 『연려실기술(燃藜室記述)』에 보인다. 이에 따르면, 권홍은 글씨를 잘 쓰기로 유명했던 세종조의 명신(名臣)으로, 딸이 태종(太宗: 재위 1400-1418)의 후궁인 의빈(懿嬪) 권씨였다. 고려 우왕(禑王: 재위 1374-1388) 때 과거에 급제하였던 그는 조선에서도 벼슬이 정1품까지 올라 계속 권세를 누렸던 인물이다.

하지만 노년의 그의 모습은 권력자라기보다는 신선에 가까웠다고 한다. 서거정(徐居正: 1420-1488)의 『필원잡기(筆苑雜記)』 제1권을 보면, 권홍은 서울의 남산 기슭에 집을 정하고 연못 두 개를 파고 살면서, 머리에는 복건[幅巾]을 쓰고 명아주로 만든 지팡이[藜杖]를 짚은 채로 한가로이 걸어 다녔다고 한다. 그 모습이 깨끗하여 사람들은 그를 신선 같다고 여겼다. 그도 그럴 것이 그가 작고한 때가 87세이니 당시 사람들에게는 불로장생(不老長生)의 신선처럼 보였을 것이다.

그렇게 매일 신선과 같이 산수(山水)를 찾아 노닐던 그는 어느 날 저녁 기묘한 꿈을 꾸었다. 그 내용은 이륙(李陸: 1438-1498)의 『청파극담(靑坡劇談)』에 자세하다. 권홍의 꿈에 한 노인이 나타나 엎드려 말하길, 홍 재상(宰相)이 우리 족속을 죽이려 하니 공께서 구해달라고 울며 애원하였다. 이에 권홍은 자신이 어떻게 하면 구할 수 있는지 방법을 물었다. 노인은 홍 재상이 반드시 공에게 같이 가자고 할 테니, 공이 거절하면 홍 공도 하지 않을 것이라며 은혜를 베풀어 살려달라고 호소하였다. 조금 있다가 문을 두드리는 소리에 놀라 꿈에서 깨니, 홍 공이 오늘 공과 함께 전곶(箭串: 지금의 뚝섬)으로 자라를 구워 먹으러 가자고 한다며 누가 찾아왔다. 그 소리를 들은 권홍은 아까 꿈속의 노인이 필시 자라였구나 생각하고, 병이 나서 함께하기 어렵다고 청을 거절하였다. 나중에 들으니 권홍이 가지 않아 홍 공도 전곶에 가서 자라구이를 먹는

일을 그만두었다 한다.

홍 재상이 권홍에게 권유하였던 자라구이를 구체적으로 어떻게 만들었는지 기록만으로 알 수 없다. 다만, 자라의 껍데기를 벗기고 기름종이에 싸서 짚불에 구워서 만드는 게 자라구이의 전통적 조리법이었음을 고려하면(〈동아일보〉 1975년 11월 24일자), 여기에서 크게 벗어나지 않았을 것이다. 또한 자라로 만든 음식이 추위를 많이 타는 노인이나 손발이 찬 사람의 몸을 따뜻하게 해주는 효능이 있다고 하였으니(〈매일경제〉 1980년 4월 4일자), 나이가 많은 권홍에게 자라구이는 같이 먹자고 청할 만한 음식이었다고 할 수 있다.

분류 : 문학
참고문헌 : 김윤식 저, 이지양 역, 「환조후시고(還朝後詩稿)-군기부당원위정 대인의 50세를 축하하며[賀軍機部堂袁慰庭大人五十歲壽]」, 『운양집』(한국고전번역원, 2013); 이지양, 「『운양집(雲養集)』 해제(解題)-근대 전환기 운양(雲養) 김윤식(金允植)의 활동과 『운양집(雲養集)』-」(한국고전종합DB, 2013); 서거정 저, 김익현·임창재 공역, 『필원잡기(筆苑雜記)』(한국고전번역원, 1971); 이륙 저, 안병주 역, 『청파극담』(한국고전번역원, 1971); 이긍익 저, 이민수 역, 『연려실기술』(한국고전번역원, 1966); 「食品카르테(33) 자라」, 〈동아일보〉 1975년 11월 24일; 「健康管理 식품과 長壽(13)」, 〈매일경제〉 1980년 4월 4일
필자 : 김혜숙

자라탕

자라로 끓인 자라탕은 지금은 먹는 일이 드물어졌지만, 조선시대에는 흔하게 먹었던 음식이다. 자라는 탕 이외에도 찜이나 구이로도 먹었는데, 냇가에서 자라를 직접 잡기도 하고 어부가 잡은 것을 사서 조리하기도 했다. 그중 자라탕은 '별탕(鼈湯)', '왕비탕', '자라갱', '자라국'이라고도 했고, 그 조리법은 장계향(張桂香: 1598-1680)의 『음식디미방』을 비롯해 조선시대 여러 문헌에서 찾을 수 있다. 이 가운데 『음식디미방』에 따르면, 자라탕은 연한 자라를 골라 먼저 머리를 잘라 피를 빼낸 후 끓는 물로 씻은 다음 파, 청국장, 물을 부어 익힌다. 그런 다음 자라를 꺼내 살을 발라내고, 갖은 양념하여 버무려 두었다가 다시 끓여 만든다. 또는 자라를 산 채로 끓는 물에 넣어 익힌 후 꺼내어 찢어 국을 끓이는 방법도 있다.

살아있는 자라를 물에 넣어 바로 끓이는 조리법도 있

었지만, 이 방법은 만들거나 먹으면서도 꺼림칙하게 여겼던 듯하다. 이용기(李用基: 1870-1933)의 『조선무쌍신식요리제법(朝鮮無雙新式料理製法)』(1936) '자라탕[鼈湯]'을 보아도, 이 방법을 설명한 뒤 사람들은 자라가 죽을 때 불 때는 사람을 원망하여 그 사람 쪽으로 주둥이를 두고 죽는다고들 하지만 이는 자라가 자기를 죽이는 사람을 원망해서 그러는 게 아니고 뜨거움을 견디지 못해 물이 덜 끓는 쪽으로 향하다 죽기 때문이라고 풀이하였기 때문이다.

이렇게 끓인 자라탕을 먹은 조선시대 이민구(李敏求: 1589-1670)는 자라를 보내준 지인(知人)의 깊은 정에 탄복하며 시를 쓰기도 했다. 『동주집(東州集)』에 실린 시의 내용을 보면, 그는 "자라의 등껍질을 떼어 내고 솥에 조리하니 금처럼 진귀한 음식을 맛보았다."고 표현하였다. 어려서부터 총명했던 이민구는 1609년(광해군 1) 진사시와 1612년 증광문과(增廣文科)에서 장원을 차지할 정도로 재주가 많은 사람이다. 또한 명문가 출신이어서, 그의 집안은 조선 왕실의 후예로서 조부는 물론 부친 이수광은 판서를 역임하였고 맏형 이성구는 영의정에 오를 정도였다(정만호, 2015). 이런 가문에서 유복하게 살아온 그가 자라를 받고, 그것으로 끓인 자라탕을 이토록 칭찬한 것은 단지 보내준 사람에 대한 감사함만은 아니며, 자라탕이 당시에 그만큼 귀한 음식으로 여겨졌던 까닭이다.

한편 자라탕은 조리할 때 주의할 점이 몇 가지 있는데, 먼저 빙허각 이씨(憑虛閣 李氏: 1759-1824)의 『규합총서(閨閤叢書)』를 보면 자라 중 세 발을 가진 것은 독이 많으니 먹지 말아야 한다고 했다. 빙허각 이씨가 이렇게 말한 이유는 『보감녹』을 보면 알 수 있다. 이에 따르면, 발이 세 개인 가진 자라는 독이 심한데, 어떤 정나라 부부가 발이 세 개인 자라를 먹고 자다가 피를 많이 흘렸다고 설명하고 있다. 이러한 이야기가 조선에도 전해지면서, 세 발 가진 자라를 먹지 말라는 금기가 생겨난 듯하다.

또한 이용기는 『조선무쌍신식요리제법』에서 자라는 잘 무니까 조심해서 조리해야 하고, 쓸개가 터지면 국맛이 써지니 자라탕을 끓일 때는 쓸개를 떼어내라고 했다. 그리고 최한기(崔漢綺: 1803-1879)의 『농정회요(農政會要)』에서는 자라탕은 탕 중에 진품(珍品)이라 할 수 있지만, 식으면 비린내가 나서 먹기 어려우므로, 남은 것을 다시 먹을 때에는 다시 끓여 먹어야한다고 했다. 또한 자라탕을 먹을 때 비름나물과 미나리는 함께 먹지 말라고 했다.

그런데 이와 다른 의미에서 자라는 조심해서 먹어야 하는 동물이었다. 영험한 힘을 가졌다고 믿어졌기 때문이다. 『보감녹』에서 보듯이, 자라는 배에 왕(王) 자가 있어서 다르게 여겨졌고, 살려 주면 은혜를 갚는다는 이야기도 있었다. 이와 반대되는 이야기가 이기(李墍: 1522-1600)의 『송와잡설(松窩雜說)』에 나온다. 안당(安瑭: 1461-1521)의 집안이 자라의 요변(妖變)으로 풍비박산이 났다는 것이다. 조선시대에 정승까지 올랐던 안당은 평소에 자라를 먹는 것을 좋아하여, 어부에게서도 구하고 자라를 선물 받아서도 먹었다. 그런데 어느 날부터 동전 크기의 작은 자라가 수없이 많이 그의 집의 뜰에서 돌아다니기 시작했다. 그 수가 도저히 다 쓸어낼 수 없게 많아서, 뜰에 독을 두고 자라를 넣었다가 독이 가득 차면 강에 들고 가 놓아줄 정도였다. 그 일이 있고 1년 뒤에, 공의 아들 안처겸(安處謙: 1486-1521)과 안처근(安處謹: 1490-1521)이 여러 대신(大臣)을 살해하려 했다는 모함을 받아 처형을 당하였고, 이에 연좌되어 안당 역시 죽임을 당했다고 한다.

분류 : 음식
참고문헌 : 빙허각 이씨, 『규합총서』; 이용기, 『조선무쌍신식요리제법』(영창서관, 1936); 작자 미상, 『보감녹』; 장계향 『음식디미방』; 정만호, 『동주집(東州集)』 해제(解題)-액궁(阨窮)한 고문가(古文家)의 저술』(한국고전종합DB, 2015); 최한기 저, 고농서국역총서 12-『농정회요 Ⅲ』(농촌진흥청, 2007); 이기 저, 이이성 여, 『송와잡설』(한국고전번역원, 1975)
필자 : 김혜숙

자라탕(『어우야담』)

조선 중기 문신들인 이제신(李濟臣), 김행(金行), 김덕연(金德淵)은 과거시험 공부를 같이 할 정도로, 어려서부터 서로 친하게 지냈다. 이들은 특히 책문(策問)을 짓는 데에 능하여, 각자 지은 책문을 모아『분주탑시책(焚舟榻試策)』이란 책을 발간하기도 했다.

그중에서 김행과 김덕연은 자라탕을 즐겼으나, 이제신은 "저와 같이 흉하고 추한 물건을 어찌 선비가 입에 가까이할 수 있단 말인가? 사족(士族)으로 자라를 먹는 사람은 그 사람됨이 어떠한지 물어볼 것도 없이 필시 오랑캐의 무리일 것이네"라며 기겁을 하는 것이었다. 이에 김행과 김덕연은 이제신을 한번 골탕 먹이기로 작정하고, 이제신을 김덕연의 별장으로 초대했다. 그런 다음 자라탕을 끓여 닭죽이라고 속이고 이제신에게 먹도록 하였다. 이제신은 "내 평생 닭죽을 먹었지만 이처럼 맛있는 것은 없었네"라며, 김덕연에게 한 그릇을 더 달라고 하여 맛있게 먹는 것이었다.

그러자 김행과 김덕연은 "이 맛이 자라탕과 견주어 어떠한가?"라고 하니, 이제신은 손사래를 치면서, "맛좋은 음식을 배불리 먹고 나서 어찌하여 추악한 얘길 하시오?" 하였다. 이에 김덕연은 이제신에게 "자네가 먹은 두 그릇이 모두 자라탕이 아니겠나!"라고 하자, 이제신은 크게 놀라 거짓으로 땅에다 대고 왝왝거렸다. 이때부터 이제신은 가장 즐기는 음식이 자라탕이 되었다.

위 이야기는 유몽인(柳夢寅: 1559-1623)의『어우야담』에 실려 있는 것으로서, 친구 사이에 자라탕을 닭죽으로 속여 골탕을 먹인 이야기이다. 이러한 이야기는 사대부들 사이에서 흔히 유전되는 것인데, 그것을 채록하여 남긴 것이다. 유몽인은 조선시대 정치인이자 문인이다. 그가 저술한『어우야담』은 세간의 다양한 이야기를 모은 책으로서, 최초의 야담집으로서의 의의를 지닌다.

자라는 잉어나 거북이와 같이 영물의 하나로 인식되어, 신이한 이야기의 주인공으로 설정된 경우도 있다.『기문총화』에는 다음과 같은 자라 이야기가 실려 있다.

익재 이제현(李齊賢)의 후손인 이공린(李公麟)은 박

팽년(朴彭年)의 딸에게 장가들었는데, 첫날밤 꿈에 늙은이 여덟 사람이 그의 앞에 와서 "저희들은 곧 죽게 되었습니다. 만약 공께서 솥에 삶기게 된 저희들의 목숨을 살려주신다면, 그 보답을 후하게 하겠습니다"라고 하는 것이었다. 이공린이 깜짝 놀라 잠에서 깨어 물어보니, 요리를 만드는 사람이 막 자라 여덟 마리로 국을 끓이려 하고 있었다. 그는 즉시 자라를 강물에 놓아주라고 명하였다. 그때 자라 한 마리가 달아나는 것을 나이 어린 종이 삽을 가지고 잡으려다가 실수를 하는 바람에 그 목이 끊어져 죽고 말았다. 그날 밤 또 꿈을 꾸었는데, 일곱 명의 늙은이가 와서 사례를 하였다. 그 후 이공린은 여덟 명의 아들을 낳았는데, 모두 재주가 뛰어났다. 그때부터 이공린의 후손들은 자라를 먹지 않는다고 한다.

분류 : 문학
색인어 : 닭죽, 자라탕, 어우야담, 기문총화
참고문헌 : 유몽인 저, 신익철 외 역,『어우야담』(돌베개, 2006)
필자 : 차충환

자라탕(자라탕을 즐긴 경주 부윤과 죄수 세 사람)

조선 중기의 무신(武臣)인 조현범(趙賢範: ?-1538)은 1501년(연산군 7)에 무과에 급제한 인물이다. 그가 경주 부윤(慶州府尹)으로 있을 때 꾸었던 신기한 꿈에 대한 이야기가 이기(李墍: 1522-1600)의『송와잡설(松窩雜說)』에 나온다.

경주 부윤 시절, 자라탕을 너무나 즐겼던 조현범의 밥상에는 아침저녁으로 자라탕이 끊이질 않았다. 그러던 한번은 어부가 사나흘이 지나도 자라를 바치지 않아 자라탕을 끓일 수 없었다. 부엌일을 맡은 아전은 조현범에게 이 사실을 알렸고, 조현범은 공문까지 띄워가며 재촉하였다. 그제야 어부가 큰 자라 세 마리를 가져왔는데, 공은 이 자라들의 목에 새끼줄을 묶어 아전에게 주며 내일 자라탕을 끓여 자신의 상에 올리라고 했다.

그런데 그날 밤 조현범의 꿈에는 목에 칼을 쓴 죄수 세 사람이 나타났다. 세 사람인데도 그들은 하나의 소장(訴狀)이었는데, 조현범에게 본디 자신들의 무리가 무척 번성하였으나, 어언 30여 년 동안 죄도 없이 날마다 죽음을 당하였고 이제 우리마저 잡혀 북쪽 청사 마루 밑에 갇혀 있으니, 총명하신 부윤께서 부디 용서해달라고 호소하였다.

꿈에서 깬 조현범은 형방(刑房)을 불러 동일한 죄로 옥에 갇혀 있는 죄수들이 있는지 물었으나 없다는 답변을 들었다. 그는 다시 부엌 담당 아전을 불러 아까 준 자라 세 마리가 어디에 있는지 물었다. 아전은 원래는 광 안에 두었는데 없어져서 모르겠다고 하자 북쪽 청사 마루 밑을 살펴보라고 일렀다. 그곳에서 목에 새끼줄을 맨 자라 세 마리를 찾은 조현범은 너무나 괴이하고 놀라워, 그 자라들을 직접 강에 가서 놓아주었다. 또 어부들에게 사람을 보내 다시는 자라를 잡지 말고, 잡더라도 반드시 놓아주라고 전했다. 그리고 그 이후로는 다시 자라를 먹지 않았다고 한다.

이처럼 자라탕이 문제가 된 데는 당시 사람들 사이에 자라가 영험한 동물이라는 인식이 있었기 때문이지만, 자라탕을 끓이는 방법이 잔인한 탓도 있었다. 자라탕은 자라를 죽여서 끓이기도 하지만, 산 채로 끓는 물에 넣어 만들었다. 그리하여 이용기(李用基: 1870-1933)는 『조선무쌍신식요리제법(朝鮮無雙新式料理製法)』(1936)에서 '자라탕[鼈湯]'의 조리법을 설명하고 나서 사람들은 자라가 죽을 때 불 때는 사람 쪽으로 주둥이를 두고 죽는다고 하지만, 이것이 자라가 자기를 죽이는 사람을 원망해서 그러는 게 아니라 뜨거움을 견디지 못해 물이 덜 끓는 쪽으로 향하다 죽기 때문이라고 설명했다. 이어서 자기 살을 찌우자고 아파하는 짐승과 곤충을 잡아먹지 말고, 공자님이 푸줏간을 멀리한 뜻을 돌이켜보고, 절의 스님 중에는 나물 음식을 먹고도 살찐 분이 많음을 덧붙였다.

분류 : 문학
참고문헌 : 이기 지음, 이익성 역, 『송와잡설』(한국고전번역원, 1975); 이용기, 『조선무쌍신식요리제법』(영창서관, 1936)
필자 : 김혜숙

자반

자반은 본디 생선을 소금에 절여서 보관한 것을 가리킨다. 이 자반을 굽거나 찌거나 찌개로 만들기도 한다. 한자로는 좌반(佐飯)이라고 적었다. 1924년 판 『조선무쌍신식요리제법(朝鮮無雙新式料理製法)』에서는 "자반이란 것은 밥을 먹도록 도와준다 하여 좌반이라 하니"라고 했다. 민어·방어·밴댕이·병어·청어·전어·조기·준치·고등어 등의 생선이 가장 대표적인 자반의 재료이다. 이외에 김·두릅·더덕 등의 해초와 뿌리식물도 자반의 재료로 쓰인다. 또 『조선무쌍신식요리제법(朝鮮無雙新式料理製法)』에서는 "아무 집에서든지 젓갈이나 자반은 저축하여야 하는 것이 (이) 두 가 지(다). 단 소금에만 만든 물건이라 여러 사람 찬수[반찬]에 없지 못할 것은 이른바 짠것이라 굽거나 찌거나 하여 찬수에 쓰면 경제가 매우 되나니 젓갈보담은 덜 경제가 된다 할지라. 그러나 웬만치 사는 살림에 불가불 저축할지니라. 아무 자반이든지 성한 것을 절여야 맛도 좋으니라."고 했다. 먹을거리가 많지 않았던 때에 자반은 젓갈과 함께 곡물로 지은 밥을 맛있게 먹도록 하는 중요한 음식이었다.

분류 : 음식
색인어 : 밥, 젓갈
참고문헌 : 『조선무쌍신식요리제법(朝鮮無雙新式料理製法)』
필자 : 주영하

갈치자반

갈치자반은 '자반갈치'라고도 하며, 깨끗이 다듬은 갈치를 소금에 절여두었다가 필요할 때마다 꺼내 조리해 먹을 수 있도록 저장한 것이다.

자반갈치를 만드는 법은 방신영(方信榮: 1890-1977)의 『우리나라 음식 만드는 법』(1954)에 자세하다. 먼저 갈치 대가리를 자르고, 지느러미, 내장, 비늘을 제거한 후 알맞게 토막 쳐서 항아리에 소금과 함께 켜켜이 담아두면 1년 내내 반찬으로 삼을 수 있는데, 절인 지 2-3일이 지난 뒤 몇 토막을 꺼내 햇볕에 말렸다가 구워 먹어도 좋고, 나머지는 고추장과 무를 넣고 지져 먹어도 좋은 반찬이 된다고 했다.

한편 저렴하고 맛 좋은 자반갈치와 관련해서는 두 가지 상반된 속담이 전한다. 하나는 무언가 값싸게 주고 산 물건의 품질이 나쁠 때 '값싼 것이 갈치자반'이라고 표현하는데, '싼 게 비지떡'이라는 속담과 같은 의미이다. 싼값이라 그리 기대하지 않았지만 역시나 품질이 떨어지는구나 하고 느껴질 때 쓰는 속담이다. 사실 현재는 갈치가 저렴한 생선이라고 말하기 어렵고 냉장 시설이 발달하여, 갈치자반을 만들어 먹는 일이 드물어 이 속담에 공감하는 이가 적겠지만, 생갈치보다 갈치자반이 흔했던 일제 강점기까지만 해도 사정이 달랐다.

그런데 자반갈치에 대한 세상 사람들의 야박한 평가를 두고, 일제 강점기의 이용기(李用基: 1870-1933)는 『조선무쌍신식요리제법(朝鮮無雙新式料理製法)』(1936)에서 다른 견해를 냈다. 그는 자반갈치, 즉 갈치자반이 맛이 좋은데도 사람들이 천한 반찬으로 취급하니, 맛있는 음식이라도 알아주는 사람을 만나지 못하면 천하게 여겨지는 사실이 우습다고 지적했다.

하지만 갈치자반의 장점을 알아주는 사람도 적지 않았던 듯하다. 서유구(徐有榘: 1764-1845)만 해도 『난호어목지(蘭湖魚牧志)』「어명고」에서 소금에 절여 말린 갈치는 가격도 싸고 맛도 좋으니, 속담에도 '돈을 쓰지 않으려면 말린 갈치를 사라'는 말이 있다고 했다(서유구 저, 이두순 평역, 2015: 243쪽). 그리하여 값은 싸지만 괜찮은 물건을 가리킬 때 '값싼 갈치자반'이나 '값싼 갈치자반 맛만 좋다'는 속담을 쓰기도 했다. 또한 '맛 좋고 값싼 갈치자반'이라 하여 한 가지 일이 두 가지 이로움을 지녔음을 표현할 때 쓰는 속담도 있었다.

분류 : 음식
참고문헌 : 이용기, 『조선무쌍신식요리제법』(영창서관, 1936); 방신영, 『우리나라 음식 만드는 법』(청구문화사, 1954); 서유구 저, 이두순 평역, 강우규 도판, 『평역 난호어명고』(수산경제연구원BOOKS·블루&노트, 2015)
필자 : 김혜숙

굴자반[石花佐飯]

굴은 생으로 먹거나 조리하고, 혹은 젓갈로 흔히 먹지만 말려서 먹기도 했다. 특히 굴을 말린 석화자반(石花佐飯), 즉 굴자반은 현재는 찾아보기 어려운 음식이지만, 조선시대에는 귀한 별미로 여겨졌다.

이규경(李圭景: 1788-1863)의 『오주연문장전산고(五洲衍文長箋散稿)』 '석화자반(石花佐飯)'에는 옛날 충청도 바닷가에 사는 어떤 사람이 굴자반을 만들어 서울의 재상 댁에 진상했다는 이야기가 나온다. 일부러 만들어 재상 댁에 진상할 정도이니, 당시 굴자반이 귀한 음식이었음을 짐작할 수 있다. 이규경에 따르면, 굴자반은 그냥 먹어도 좋고 술안주로도 그만인데 이런 굴자반을 만들기 위해서는 먼저 바람에 살짝 말린 굴에 기름, 간장, 들깨, 파 등을 섞은 양념을 골고루 바른다. 그런 다음, 그것을 구멍이 성긴 나무 광주리에 넣어 바람과 햇볕이 잘 드는 곳에 걸어두고 말린다. 굴이 어느 정도 마르면 둥근 모양이나 네모난 모양으로 가지런히 줄을 맞춰 꿰어놓았다가, 완전히 말랐을 때 떼어서 무거운 연자방아 돌로 눌러 두어서 얇고 기다란 육포 모양으로 만들면 된다고 하였다.

한편 굴자반처럼 양념해서 공들여 말리는 것이 아니라, 그냥 굴을 말려두었다가 쓰기도 했다. 이용기(李用基: 1870-1933)의 『조선무쌍신식요리제법(朝鮮無雙新式料理製法)』(1936) '굴전유어'에서 보듯이 말린 굴은 필요할 때 꺼내 물에 불려서 음식을 만들었다. 또한 같은 책의 '굴죽'에서 보듯이 말린 굴을 가루로 만들어 보관하다가 밥이나 죽, 찌개 등 다양한 음식을 만들 때 넣어서 맛을 돋우거나 먼 길을 떠날 때 간편하게 갖고 다니며 먹기도 했다.

분류 : 음식
참고문헌 : 이용기, 『조선무쌍신식요리제법』(영창서관, 1936); 이규경, 『오주연문장전산고』(한국전통지식포탈)
필자 : 김혜숙

김자반

조선 영조(英祖: 재위 1724-1776) 때 이의봉(李義鳳: 1733-1801)은 부친인 이휘중(李徽中: 1715-1786)을

따라 연행(燕行) 길에 나섰다. 이 과정을 자세하게 쓴 『북원록(北轅錄)』을 보면, 그가 1761년(영조 37) 2월 1일 북경 숙소에서 밥을 먹으며 짐에서 김을 꺼내 먹은 일이 기록되어 있다. 이때 그가 먹은 김은 기름과 간장을 먹이고 햇볕에 말린 김이었는데, 물과 함께 먹으니 맛이 좋아 팔진미(八珍味)보다 나았다고 썼다.

김을 양념하여 말렸다는 것으로 보아, 조선에서부터 싸간 이의봉의 김은 김자반[海衣佐飯]으로 생각된다. 김자반은 그냥 먹기도 하고 불에 살짝 구워서 먹기도 했는데, 연행 중이었던 이의봉은 그냥 먹었던 것이다. 이때보다 시기는 조금 늦지만, 1800년대 말에 나온 한글 조리서인 『시의전서(是議全書)』에서 '김자반' 만드는 법을 보면, 여러 장 합한 김에 진간장, 깨소금, 고춧가루, 기름을 섞은 것을 묻혀 채반에 넣어 말린 다음 반듯하게 썰어 쓰는데, 늦봄과 초여름에 먹는다고 했다. 이러한 조리법은 이후에도 크게 달라지지 않았는데, 방신영(方信榮: 1890-1977)의 『조선요리제법(朝鮮料理製法)』(1934)에서는 간장, 기름, 후춧가루, 깨소금, 고춧가루, 설탕, 다진 파를 섞어서 만든 양념을 4등분한 김에 발라서 채반에다 두고 햇볕에 말리라고 하였고, 조자호(趙慈鎬: 1912-1976)의 『조선요리법(朝鮮料理法)』(1943)에서는 찹쌀 풀을 쑨 것에다 간장, 고춧가루를 넣고 그것을 두 장씩 포갠 김에 얇게 발라 바싹 말린 뒤 먹을 때 살짝 구운 후 썰어 내라고 했다. 이와 같이 찹쌀 풀을 쑤어 김자반을 만드는 경우도 있기 때문에, 가끔 김부각과 혼동되기도 한다. 하지만 김자반은 불에 굽고 김부각은 기름에 튀겨서 만든다는 점에서 차이가 난다. 한편 김자반은 눅눅해지면 맛이 적어지므로 보관에 주의해야 하며, 일단 눅눅해지면 바삭한 맛이 나도록 불에 구워 먹었다.

분류 : 음식
참고문헌 : 이의봉 저, 김영죽 역, 『북원록』(세종대왕기념사업회, 2016); 작자 미상, 『시의전서』; 방신영, 『조선요리제법』(한성도서주식회사, 1934); 조자호, 『조선요리법』(京城家政女塾, 1943)
필자 : 김혜숙

더덕자반

더덕자반은 더덕을 주재료로 만든 자반을 말한다. 자반은 보통 생선을 소금에 절여서 만든 반찬을 말하는데 소금에 절인 것을 굽거나 쪄서 만든 반찬을 통칭한다. 1450년경 어의 전순의(全循義: ?-?)가 지은 가장 오래된 음식책인 『산가요록(山家要錄)』에서는 '더덕자반[山參佐飯]'에 대해 소개하였다. 더덕을 삶아 익혀서 껍질을 벗긴 후 나무 방망이로 두드려 납작하게 만들어서 간장에 담가 하룻밤을 두었다가 꺼내어 말린다. 고기가루와 기름을 발라 구워서 쓰거나 혹은 지져 쓰는데 밀가루와 같이 섞으면 더욱 좋다고 하였다. 보통 자반은 소금에 절인 것을 말하지만 여기서는 더덕을 소금이 아닌 간장에 절여서 사용하였다.

1540년 경 김유(金綏: 1491-1555)가 편찬한 『수운잡방(需雲雜方)』에서는 약간 다른 방식으로 만들었다. 산더덕의 두꺼운 껍질을 제거하고 찧어 흐르는 물에 담그거나, 혹은 물을 수시로 갈아서 쓴맛을 없도록 하였다. 손질한 더덕을 쪄내어 익힌 다음 소금, 간장, 참기름 등의 양념을 함께 섞어 도자기 그릇에 담고, 하룻밤 재운다. 재워 두었던 산더덕을 꺼내 햇볕에 말린 후 다시 한번 후춧가루를 넣고 담갔다가 다시 말려둔다. 먹을 때는 구워서 먹는다. 여름에 먹으면 특히 맛이 좋다고 하였다. 물에 담가 쓴맛을 우려내는 것과, 간장 등과 양념했다가 하룻밤 재운 후에 조리하는 것은 같지만, 『산가요록』에서는 고기와 밀가루를 함께 사용하였고, 『수운잡방』에서는 후춧가루를 첨가해서 먹는다고 설명하였다.

유중림(柳重臨: 1705-1771)의 『증보산림경제(增補山林經濟)』(1766)에서는 '더덕·도라지 좌반법[沙蔘桔梗佐飯法]'이라 하여 더덕이나 도라지 등의 뿌리채소를 자반으로 만드는 방법을 설명하였는데, 여기서는 단맛이 나는 청장, 후추, 천초, 생강, 파 등을 더 가미하여 만들었다.

1800년대 초엽이나 중엽에 쓰여진 것으로 추정되는 작자 미상의 조리서인 『규곤요람(閨壺要覽)·주식방』에서는 '더덕ᄌ반'을 만들 때 더덕의 껍질을 벗기고 아린 맛을 모두 우려낸 후, 볕에 말리고, 방망이로 두드린 후에 기름과 고춧가루를 넣어 무쳐 먹는다고 하였다. 이전과 달리 고춧가루가 첨가되었다.

분류 : 음식
참고문헌 : 전순의, 『산가요록』; 김유, 『수운잡방』; 유중림, 『증보산림경제』; 작자 미상, 『규곤요람·주식방』
필자 : 홍진임

똑똑이좌반(『부인필지』)

1908년에 출간된 책 『부인필지(婦人必知)』에는 '똑똑이좌반'이라는 음식이 나온다. 이는 소고기 우둔살로 만든 반찬이다. 다른 조리서에서는 '똑똑이자반', '장똑똑이'라고도 부른다. 똑똑이좌반은 간장으로 양념하여 오래 보관하도록 만드는 장조림류 음식인 천리찬과 유사한 음식이다. 좌반(佐飯)은 밥 반찬류 중 짭짤하게 졸인 것을 뜻하며, 현재는 변형되어 '자반'이라는 말로 쓰인다.

조리법은 다음과 같다. 우둔살을 가늘게 저며서 번철에 볶는다. 육즙이 빠지면 간장, 기름, 꿀을 넣어 볶는다. 강정깨(강정 만들 때 쓰는 껍질을 벗긴 깨), 후춧가루, 계핏가루를 넣는다. 저자는 똑똑이좌반의 맛에 대해 '희한하다'라고 표현하였는데 이는 '맛이 좋음' 혹은 '특별함'을 뜻하는 단어로 쓰인 것으로 보인다.

한편 『부인필지』의 원본격이라 볼 수 있는 『규합총서(閨閤叢書)』(1809)에는 똑똑이좌반을 '진주좌반'이라 하였다. 이는 우둔살을 썰 때 '가로로 진주같이' 써는 조리법 때문에 붙은 이름인 것으로 보인다. 진주좌반의 양념에는 똑똑이좌반과는 달리 계핏가루가 빠져 있다. 방신영(方信榮: 1890-1977)의 『조선요리제법(朝鮮料理製法)』 계핏가루가 빠져 있는 『규합총서』의 조리법을 그대로 옮겼으나 음식명은 '똑똑이자반'이라 하였다.

분류 : 음식
색인어 : 부인필지, 규합총서, 조선요리제법, 똑똑이좌반, 자반, 장조림, 천리찬, 진주좌반
참고문헌 : 빙허각 이씨 저, 이효지 외 역, 『부인필지』(교문사, 2010); 빙허각 이씨 저, 정양완 역, 『규합총서』(보진재, 2008)
필자 : 서모란

매듭자반

매듭자반은 다시마를 길게 잘라 통후추, 잣 등과 함께 매듭을 지어 튀겨내어 설탕 등을 뿌려먹는 요리이다. 보통 다시마를 튀겨 반찬으로 먹는 것은 다시마튀각이라 한다. 다시마를 사각형으로 적당히 자른 후 젖은 행주로 이물질을 제거하여 기름에 튀겨서 그냥 먹거나, 설탕을 뿌리거나, 잣가루를 뿌려 먹기도 한다. 찹쌀밥을 지어 다시마 한쪽에 붙인 후 말려서 기름에 튀긴 후 밥알이 없는 쪽에 꿀과 잣가루를 발라 먹기도 한다. 하지만 매듭자반은 다시마튀각보다 좀더 세심한 공정이 필요한 음식으로 양반가에서 많이 먹던 음식이었다.

방신영(方信榮: 1890-1977)의 『조선요리제법(朝鮮料理製法)』(1921)에서는 '미듭자반' 만드는 방법을 설명하였는데, '얇은 다시마를 오푼 너비에 한 치 서너 푼 길이 되게 베어 놓은 후, 통후추를 1개씩 넣고 싸서 단단히 동여매어 튀각과 같이 기름에 지져내어 더운 김에 꿀이나 설탕을 뿌려서 쓴다.'고 하였다. 이 책에서는 통후추에 관한 이야기만 나오지만, 이후의 서적에는 잣도 함께 사용하였다.

이용기(李用基: 1870-1933)의 『조선무쌍신식요리제법(朝鮮無雙新式料理製法)』(1924)에서도 '매듭자반[結佐飯]'이라 하여 설명하고 있는데, '얇은 다시마를 행주로 모래를 씻은 후에 2-3푼 너비, 1치 길이로 자르고 통잣과 통후추를 각각 한 개씩 넣어 동여매서 끓는 기름에 튀긴 후 더운 상태로 설탕을 치고 잣가루를 쳐서 바로 먹는다.'고 하였다.

『조선무쌍신식요리제법』에서는 또 다른 방법도 소개하고 있다. '다시마를 일본사람이 파는 기계로 얇게 만들어 2-3푼 너비, 1치 길이로 자르고 행주로 깨끗이 닦아서 부드럽게 만든 다음 바짝 마른 북어를 쿵쿵 두드려서 대가리와 뼈와 껍질과 검은 배딱지는 다 빼고 보자기에 싸 흠뻑 두드려 가루로 만든다. 그리고 호두의 속껍질을 벗긴 후 잘게 으깨고, 통후추를 반씩 잘라서 볶고, 호두를 반으로 나누어 후추 반 개씩 넣고 함께 다시마에 싸서 단단히 동여맨다. 기름이 끓으면

하나씩 넣었다가 익으면 건져 기름을 뺀 후에 꿀이나 설탕을 뿌려 먹는다.'고 하였다.

이 책에서는 이전에 사용하지 않았던 북어와 호두 등을 사용하는 방법을 소개하였다. 또 조리 시 어려운 점과 매듭자반의 활용에 대한 언급도 있었는데, 다시마가 두꺼우면 맛은 좋으나 동여매기 어렵기 때문에 너무 두꺼운 것을 경계하고 있고, 여름철 소주 안주로 많이 쓰인다고 하였다.

1957년에 한희순, 황혜성, 이혜경 등이 발간한 궁중음식 조리서인 『이조궁정요리통고(李朝宮廷料理通考)』에서는 이전과 약간 다른 방법을 사용하였는데, 다시마를 동치미국에 적셔서 보자기에 꼭 싸 놓았다가 5-6cm 길이와 2cm 너비로 썰어 1오리씩 잣을 속에 넣고 매어 펄펄 끓는 기름에 넣고 튀긴다고 하였다. 뜨거울 때 설탕을 뿌리는 것은 같으나 설탕과 함께 잣가루를 뿌리는 것이나 동치미 국에 다시마를 적시는 것, 다시마 매듭 안에 후추를 넣지 않고 잣만을 사용한 것은 특이하다.

분류 : 음식
참고문헌 : 방신영, 『조선요리제법』(신문관, 1917); 이용기, 『조선무쌍신식요리제법』(영창서관, 1936); 방신영, 『조선음식 만드는 법』; 방신영, 『우리나라 음식 만드는 법』; 한희순, 황혜성, 이혜경, 『이조궁정요리통고』
필자 : 홍진임

자반멸치(「무명」)

정은 밤에 세 번이나 일어나서 토하였다. 방 안에는 멸치 비린내 나는 시큼한 냄새가 가득 찼다. 윤과 강은 이거 어디 살겠느냐고 정에게 핀잔은 주었으나 정은 대꾸할 기운도 없는 모양인지 토하는 일이 끝나고는 뱃멀미하는 사람 모양으로 비틀비틀 제자리에 돌아와 쓰러져버렸다. 이것이 빌미가 되어서 정은 이틀이나 사흘 만에 한 번씩 토하는 증세가 생겼는데, 그래도 정은 여전히 끼니 때마다 두 사람 먹을 것을 먹었고, 그러면서도 토할 때에 간수한테 들키면 아무것도 먹은 것은 없는데 저절로 배 속에 물이 생겨서 이렇게 토하노라고 변명을 하였다.

1939년 『문장』에 발표된 이광수의 중편소설 「무명」이다. 이광수(李光洙: 1892-1950)는 소설가, 시인, 비평가로서 한국 근대문학을 개척한 인물이다. 친일 경력 때문에 해방 후 반민특위에서 조사를 받았으며, 한국전쟁 때 납북되었다가 1950년 10월 25일 만포에서 병사하였다. 1991년 셋째 아들인 이근영이 방북하여 평양 원신리에 있는 무덤을 확인하였다. 무덤 앞 비석에는 '춘원이광수선생묘'라는 비문이 적혀 있다고 한다. 대표작에 「무명」, 「육장기」, 「만영감의 죽음」 등의 중단편과 『무정』, 『흙』, 『세조대왕』, 『사랑』 등의 장편이 있다.

「무명」은 1937년 6월 '동우회사건'으로 기소되어 유치장과 병감에서 약 6개월 정도 생활했던 작가의 실제 경험을 다룬 작품이다. 이광수는 그해 12월 18일 병보석으로 석방되어 경성의전병원에서 약 8개월 동안 치료받았는데 「무명」은 이때 병실에서 쓴 작품이다. 발표 당시의 제목은 '박복한 무리들'이었다.

이 작품은 크게 두 부분으로 나눌 수 있다. 하나는 윤씨가 죽음에 이르는 과정을 통해 드러나는 잡범들의 세계이다. 윤은 공문서 사문서 위조에 쓰인 도장을 파준 죄목으로 잡혀와 있다. 그는 이상할 정도로 남의 신경을 자극하는 악담을 일삼고, 그지없이 탐욕스럽다. 병감이란 인생살이의 세 겹 괴로움이 함께 얽혀 있는 곳이다. 인생이 괴로움의 바다요 불붙는 집인데, 감옥 속에 갇혔고 더욱이 병까지 얻어 병감 속에 뒹구는 처지이니 괴로움의 동아줄에 칭칭 동여매인 꼴이다. 극한상황에 처하면 인간이란 탐욕적이고 자기중심적으로 되는 존재인 데다 윤에겐 자신의 그런 욕망을 통어할 수 있는 정신력이 결여되어 있으니 그의 행악(行惡)이나 탐욕은 당연한 것이다. 윤에 맞서 사사건건 충돌하는 방화범 민과 사기범 정, 공갈범 강의 자기중심적 언행도 마찬가지이다. 이 작품의 서술자이자 관찰자인 '나'의 눈을 통해 이 작품은 병감에 갇힌 이들 잡범들의 언행과 심리, 그리고 그것들을 통해 드러나는 인간의 본성을 깊이 통찰하여 그려내었다. 다른 한 부분은 '나'의 세계이다. 극한상황을 견디지 못해 자신들의 욕망을 시뻘겋게 드러내고 그 욕망의 늪에 빠져 허우적거리는 '박복한 무리들'과, 그들로 해서 겪어야 하는 괴로움까지 넉넉하게 용납하며 보시(布施)를 베푸는 '나', 일체중생의 고(苦)를 아파하고 일체중생의 해탈을 기원하는 보살심(菩薩心)의 소유자인 '나'는 선명한 대비를 이룬다. 그 대비는 '나'가 그들에게 불교적 구원주의를 설법(說法)하는 계몽자의 자리에 서게 됨으로써 계몽자/피계몽자의 관계로 나아간다. 이광수 문학의 원점으로의 회귀인 것이다.

「무명」의 이 같은 중심 내용을 동시에 보여주는 것이 자반멸치 때문에 생긴 일을 다룬 삽화이다. 반찬으로 나온 자반멸치를 과식한 정이 고생한다는 것이 중심 내용이다.

탐욕 때문에 고통 받는 잡범들의 언행을 서술자는 세밀하게 관찰하여 객관적으로 전달하고 있다. 그 속에 탐욕에 갇혀 고통을 자초하는 '박복한 무리' 곧 '무명의 존재들'에 대한 작가의 안타까운 연민이 깃들어 있음은 물론이다.

분류 : 문학
색인어 : 무명, 이광수, 자반멸치, 감옥
참고문헌 : 김윤식,『이광수와 그의 시대』(솔, 1999); 이동하,『현대소설의 정신사적 연구』(일지사, 1989)
필자 : 정호웅

자산어보

『자산어보(玆山魚譜)』를 쓴 정약전(丁若銓: 1758-1816)은 1758년(영조 34) 3월 1일 진주목사를 지낸 정재원(丁載遠: 1730-1792)과 윤두서(尹斗緖: 1668-1715)의 손녀인 해남 윤씨(海南 尹氏) 사이에서 태어났다. 정약전은 4살 아래의 친동생 다산(茶山) 정약용(丁若鏞: 1762-1836)과 우애가 두터워 함께 공부하고 함께 벼슬길에 올랐으며, 서로가 서로에게 정신적·학문적으로 깊은 영향을 미쳤다. 두 형제는 1784년에 천주교를 접하고는 천주교 교리에 깊이 심취하게 되었다. 하지만 이로 인해 1801년(순조 1)에 있었던 신유사옥(辛酉邪獄)에 휩쓸려 각각 신지도(薪智島: 전남

완도군에 있는 섬)와 장기현(長鬐縣: 경북 포항시의 옛 이름)으로 유배를 가게 됐다.

『자산어보』는 정약전이 신지도에서 우이도를 거쳐 흑산도로 옮겨와 유배생활을 할 때 저술한 책이다. 여기서 자산(玆山)이란 흑산(黑山)을 의미하는데, 그는 책의 서문에서 '자(玆)'는 '흑(黑)'이라는 뜻도 지니고 있으므로 자산은 곧 흑산과 같은 말이라고 하였다. 그러나 흑산이라는 이름은 음침하고 어두운 느낌이 들어 가족에게 편지를 보낼 때에는 흑산 대신에 자산이라고 일컬었기 때문에 자산

정약전의 『자산어보』와 김려의 『우해이어보』가 함께 실린 어보, 24.3× 16.2cm, 조선 후기, 서울대학교 규장각한국학연구원

정약전, 『자산어보』, 1814년ⓒ한국학중앙연구원

이라는 말로 제명(題名)을 삼게 되었다고 했다. 그러나 일부에서는 '玆' 자가 '검을 현(玄)' 자로도 읽힌다는 점과 흑산도가 검은 산의 섬이라는 뜻에서 '현산어보'로 읽어야 한다는 견해도 제시되고 있다.

흑산 바다는 어족이 매우 풍부하지만, 어류의 명칭은 물론 그것의 생태에 대해 소상히 밝힌 자료가 거의 전무하였다. 다행히 흑산도 주민 가운데 장창대(혹은 장덕순이라고도 함)라는 사람이 뛰어난 관찰력과 과학적 사고력을 지니고 있어서, 정약전은 그의 도움을 받아 해양 생물을 직접 관찰한 후 무려 155여 종에 이르는 어류의 명칭과 분포, 형태, 습성, 맛, 이용법 등에 대해 기록할 수 있었다. 그러므로『자산어보』곳곳에서 이름 없는 백성인 장창대의 흔적을 찾아볼 수 있다는 점도 이 책이 지닌 흥미로운 대목이라 할 것이다.

특히 창대의 말을 빌려 "영남산 청어는 척추골 수가 74마디이고 호남산 청어는 척추골 수가 53마디"라며 영남산 청어와 호남산 청어를 구분한 부분은 정약전과 그의 조력자 장창대가 얼마나 철저한 관찰과 고증을 거쳐 이를 기록하였는지를 짐작케 한다.

최근 『자산어보』의 '청안(晴案)' 부분은 정약용의 제자인 이청(李晴: 1792-1861)의 저술임이 밝혀졌다.

분류 : 문헌

색인어 : 자산어보, 정약전, 정약용, 흑산도, 장창대(장덕순)

참고문헌 : 정약전, 『자산어보』; 정명현, 「정약전의 자산어보에 담긴 해양 박물학적 성격」, 서울대학교 석사학위청구논문; 조창록, 「김려의 『우해이어보』와 『자산어보』·『전어지』의 비교 연구」, 『대동한문학(47)』(대동한문학회, 2016); 정약전·이청(정명현 옮김), 『자산어보-우리나라 최초의 해양생물 백과사전』(서해문집, 2016)

필자 : 양미경

작(주기 겸 제기)

작(爵)은 국가 의례에서 가장 중요하게 사용되던 술을 담던 주기 겸 제기이다. 작의 잔 모양은 한쪽은 술을 따르는 출수부이고 다른 한쪽은 뾰족한 꼬리 모양이다. 잔의 윗부분에 두 기둥

작, 높이 20.6cm, 조선, 국립고궁박물관

이 붙어 있고, 몸체 한쪽에는 손잡이가 달려 있다. 잔의 아래쪽에는 세 개의 가는 다리가 점점 벌어지는 형태로 붙어 있다. 이 모습이 마치 새[작(雀)]와 비슷하다 하여 작이란 이름이 붙여졌다고 전해진다.

제례에서 작에 술을 담아 신령에게 올리는 작헌례는 제례의 중요절차로 제사의 규모와 격식, 등급 등에 따라 세 번 술잔을 올리거나[三獻], 한 번만 올리기도 하였다. 종묘대제 등 규모가 크고 격식도 높은 제사에서는 매 신위마다 세 개의 작을 올린다. 첫 번째 잔을 올

리는 절차인 초헌(初獻)용 작에는 예제를 담고, 두 번째 잔을 올리는 아헌(亞獻)용 작에는 앙제(盎齊)를 담고, 마지막 잔을 올리는 종헌(終獻)에는 청주(淸酒)

작, 「세종실록 오례」, 「제기도설」, 국사편찬위원회

를 담는다. 이에 비해 규모가 작고 격식도 낮은 제사에서는 술잔을 한 번만 올리는데 보통 청주를 많이 올렸다.

작은 국가 제례에서 사용된 대표적인 주기이나, 작의 형태와 거의 동일한 잔이 연향기에서 쓰일 때에는 서배(犀杯)라고도 불러 작의 형태가 국가 의례에서 가장 중요한 잔이었다는 사실을 알 수 있다.

이익은 『성호사설』의 「만물문」, 「주기보」에서는 작을 비롯한 다양한 크기의 여러 술잔의 어원을 기록하였는데 옮기면 다음과 같다. 즉 "설문에서는 한 되들이 잔은 작(爵), 두 되들이 잔은 고(觚), 서 되들이 잔은 치(觶), 너 되들이 잔은 각(角), 닷 되들이 잔은 산(散)이라 한다. 작(爵)이란 것은 한껏 넉넉하다는 뜻이고, 고(觚)란 것은 적다는 뜻인데, 분량을 조금 적게 마셔야 한다는 것이며, 치(觶)란 것은 알맞다는 뜻인데 양에 맞게 마셔야 한다는 것이다. 그리고 각(角)이란 것은 닿는다[觸]는 뜻인데, 양에 따라 알맞도록 마시지 않으면 죄가 닥쳐온다는 것이고, 산(散)이란 것은 나무란다는 뜻인데 스스로 한정해 마시지 않으면 남에게 나무람을 당하게 된다는 것이다. 그러나 술잔에 대한 총칭은 모두 작(爵)이라 한다."고 하였다. 이익은 술의 용량을 많이 담게 되는 잔일수록 부정적으로 보아 이를 경계하고자 한 뜻으로 가장 작은 용량의 작이 모든 잔을 대표하는 용어가 되었던 것으로 추정해 볼 수 있다.

분류 : 미술

색인어 : 제사, 제기

참고문헌 : 이익, 「만물문」, 「주기보」, 『성호사설』; 『설문해자』
필자 : 구혜인

잔

잔(盞)은 물이나 술을 담는 작은 그릇이다. 잔의 형태는 통형, 보시기형, 대접형, 상형 등 매우 다양하다. 또 손잡이나 뚜껑의 유무, 굽다리의 높이에서도 차이가 있다.

은제잔, 높이 2.8cm(용 장식이 부착된 잔), 경기도 개성 부근 출토, 고려ⓒ국립민속박물관

분류 : 미술
색인어 : 그릇, 식기, 잔, 물, 술
필자 : 구혜인

잔치 음식(「잔치」)

호랑 담요를 쓰고 가마가
웃동리서 아랫몰로 내려왔다

차일을 친 마당 멍석 위엔
잔치 국수상이 벌어지고

상을 받은 아주머니들은
이차떡에 절편에 대추랑 밤을 수건에 쌌다

대례를 지내는 마당에선
장옷을 입은 색시보다도 나는
그 머리에 쓴 칠보족두리가 더 맘에 있었다

노천명(盧天命: 1912-1957)의 시집 『창변』(1945)에 수록된 시 「잔치」이다. 노천명은 섬세한 감각과 절제된 감수성으로 다양한 영역을 시로 표현하여 한국 여성시의 독자적 위상을 개척한 시인이다. 1911년 황해도 장연에서 출생하여 진명보통학교와 진명여자고등보통학교를 거쳐 이화여전 영문과를 졸업했다. 1932년 이화여전 재학 당시 『신동아』에 「밤의 찬미」를 발표했고, 1935년 『시원』에 「내 청춘의 배는」을 발표하여 정식으로 등단했다. 시집으로 『산호림』, 『창변』, 『별을 처다보며』 등이 있고, 수필집으로 『산딸기』, 『나의 생활백서』 등을 간행하였다.

이 시는 혼례를 치르던 날의 회상을 통해 고향에 대한 추억을 표현한 작품이다. 어린 시절의 회상인데도 혼례를 치르는 공간의 정황과 소재를 구체적으로 떠올려 재현하고 있다. 그만큼 고향의 전통적 풍속에 대한 짙은 향수와 강한 애정이 유지되었음을 알 수 있다. 이 시에 나오는 여러 잔치 음식은 당시의 잔칫상에 늘 나오던 것으로 혼례를 치르던 날의 모습을 생생하게 환기시켜주는 역할을 하고 있다.

분류 : 문학
색인어 : 잔치, 노천명, 국수상, 이차떡(찰떡), 절편, 대추, 밤
참고문헌 : 이숭원, 『노천명』(건국대학교출판부, 2000)
필자 : 이숭원

잡과병

이익(李瀷: 1681-1763)이 쓴 『성호사설(星湖僿說)』에서 음식 위를 장식하는 고명을 설명하던 중에 잡과병(雜果餠)이라는 떡이 등장한다. '팥가루로 소를 넣고 겉에 대추로 붙인 것은 고명(糕銘)이라 한다. 추측컨대, 이는 맨 처음 만들어낼 때에 대추를 썰어서 떡 위에다 글자를 만들어 붙였던 까닭에 떡 이름을 고명이라고 한 듯하다. 지금은 글자를 붙여 만들지는 않아도 고명의 이름만은 오히려 남아 있다. 또 이보다 작게 만든 동그란 떡이 있는데, 이는 겉에다 잘게 썬 대추를 꿀에 익혀서 많이 붙인 것으로서 잡과병(雜果餠)이라고 한다.'고 했다.

이보다 더 오래된 책인 조선 세조 때 어의(御醫)였던 전순의(全循義: ?-?)가 쓴『산가요록(山家要錄)』(1450년경) 에서 잡과병(雜果餅)의 조리법을 볼 수 있다. 찹쌀로 인절미를 만들어 꿀을 묻히고 여러 가지 과일 썬 것을 섞어 묻혀서 쓴다고 하였다.

잡과병의 조리법은 이용기(李用基: 1870-1933)의『조선무쌍신식요리제법(朝鮮無雙新式料理製法)』에서 좀 더 자세히 설명되었다. '가을에 제철보다 일찍 여문 쌀을 물에 담갔다 찧어 곱게 가루를 낸다. 햇밤을 껍질을 벗기고 대추를 씨 빼고 홍시(감)를 소금물에 담가 떫은맛을 우려낸 다음 껍질을 벗기고 각각 얇게 썬다. 쌀가루와 함께 섞어 버무려 켜를 안치고 껍질 벗긴 녹두나 붉은팥을 삶아 켜켜이 얹고 찐 다음에 식으면 썰어 먹는다. 꿀이나 설탕을 넣고 버무려 찌면 맛이 더욱 좋다. 청대콩을 넣으면 맛이 더더욱 좋다. 대추와 건시를 씨를 빼고 얇게 저며 머리털 같이 가늘게 채를 쳐서 한데 섞는다. 찹쌀가루로 구멍떡을 만들어 삶고 생청(꿀)을 섞어 갠다. 삶은 밤 가루에 후춧가루, 계핏가루, 생청을 섞어 귀나게 빚고 찹쌀떡으로 얇게 싼다. 생청을 묻히고 채 친 실과를 묻혀 찐 다음 잣가루를 묻혀 먹는다.'고 하였다.

이 책에 기록된 잡과병은 두 가지 방법을 소개하였는데, 그중 하나는『산가요록』에 나온 조리법과 유사하다. 잡과병은 찹쌀가루를 물로 반죽하여 구멍떡을 만들어 삶아 풀어지도록 으깨거나 이겨 밤소를 넣어 단자처럼 작은 크기로 만들어 꿀을 묻혀 대추, 곶감, 밤 채 친 것을 먼저 묻히고 잣가루를 묻히는 떡이다. 1800년대 음식책인『규합총서(閨閤叢書)』(1809년),『시의전서(是議全書)』(1800년대 말)에도 유사한 조리법이 적혀 있다. 잡과병은 웃기떡이다.

『조선무쌍신식요리제법』에 기록된 또 다른 방법은 웃기떡이 아니다. 찹쌀가루에 대추, 햇밤, 침시(소금물에 담가 떫은맛을 뺀 감)를 썰어 넣어 시루에 녹두고물이나 붉은팥고물을 켜켜이 얹어 찌는 잡과시루떡 형태이다.

궁중의 제사를 기록한『삭망다례등록(朔望茶禮謄錄)』에 의하면 웃기떡으로 잡과병이 나오며, 시루떡(편)에 해당하는 떡 중에는 잡과증병 즉 잡과시루떡이 나온다. 잡과병은 상황에 따라 편 또는 웃기떡으로 만든다. 곡식이나 밤, 감, 대추 등 과일이 풍성한 가을철에 즐겨 먹던 떡이다.

분류 : 음식
참고문헌 : 이익,『성호사설-제4권 만물문(萬物門) 조고(棗糕)』; 이용기,『조선무쌍신식요리제법』(한흥서림, 1924); 빙허각 이씨,『규합총서』; 작자 미상,『시의전서』; 작자 미상,『삭망다례등록』
필자 : 이소영

잡채

잡채는 고기와 여러 가지 채소를 가늘게 썰어 볶아서 섞은 음식이다. 이때 양념은 간장, 기름으로 양념하는데 조선시대에는 겨자양념을 사용하는 방법도 있었다. 현대에는 당면을 주재료로 하며 부재료로 채소와 고기가 들어가며 양념에는 간장, 참기름, 설탕 등이 사용되는 형태로 굳어졌다.

잡채에 관한 조선시대의 기록으로는 별미(別味) 음식으로 광해군(光海君: 1575-1641)의 환심을 샀던 이충(李冲)에 관한 이야기가 대표적이다.『조선왕조실록』「광해군일기」의 1608년 12월 10일자 내용에 따르면, 이충은 겨울에 큰 토굴을 만들어 채소를 길렀는데, 이를 반찬으로 만들어 아침저녁으로 광해군에게 올렸다고 한다. 이를 통해 이충은 왕의 총애를 얻어 높은 벼슬자리에 올랐는데, 사람들이 잡채 판서(雜菜判書)라고 비웃었다고 한다.『조선왕조실록』「인조실록」의 인조 2년(1624) 4월 4일자 내용에도 음식으로 광해군에게 아첨했던 벼슬아치인 최관(崔瓘: 1613-1695)과 이충을 빗대어 "이충의 잡채, 최관의 국수[李冲之雜菜, 崔瓘之麵]"라 한다고 하였다.

한편, 잡채 조리법의 변화 과정을 살펴보면 시대별로 식재료의 변화에 따른 차이가 드러나는데, 이를 대략 네 단계로 나눌 수 있다. 첫 번째는 조선시대로 갖가지 채소와 고기로 만든 문자 그대로의 잡채가 있었다. 다음 시기는 20세기 초로 잡채에 당면이 쓰이기 시작하면서 두 번째 변화가 나타났다. 세 번째 변화는 1930년대 이후의 경향으로 잡채에 사용된 양념에 변화가 있었다. 마지막 변화는 최근 수십년 간의 일로, 잡채의 재료 중 당면의 비율이 급증하였다.

당면이 한반도에 들어온 것이 19세기 말경이었기 때문에 조선시대에는 지금과 달리 잡채에 당면을 넣는 경우가 거의 없었다. 장계향(張桂香: 1598-1680)의 『음식디미방』의 잡채의 재료를 살펴보면 오이채, 댓무, 참버섯, 석이버섯, 표고버섯, 송이버섯, 숙주나물, 도라지, 거여목, 박고지, 냉이, 미나리, 파, 두릅, 고사리, 당귀, 동아, 가지, 꿩고기 등 잡채라는 이름에 걸맞게 온갖 잡다한 재료가 들어가는 것을 알 수 있다. 양념은 생강, 후춧가루, 참기름, 진장, 천초가루 등을 사용했는데 이와 함께 밀가루를 물에 풀어 장을 섞어 만든 진말국을 뿌려 걸쭉하게 만들었다. 작자 미상의 1896년 조리서인 『규곤요람』의 잡채의 재료는 숙주나물, 미나리, 곤자소니, 소 위, 파, 소고기 등이었으며 달걀지단 채 친 것과 잣가루를 고명으로 쓴다. 양념으로는 겨자를 사용하였다.

반면 20세기 초 이후에 출판된 조리서들의 조리법을 살펴보면 잡채에 당면이 거의 빠지지 않는다. 1921년의 방신영(方信榮: 1890-1977)의 『조선요리제법(朝鮮料理製法)』의 잡채 만드는 법은 다음과 같다. 도라지를 하루 정도 물에 담가 불려서 데친 다음 또 다시 하루쯤 물에 담가 (쓴맛을) 우려낸다. 꼬챙이로 잘게 뜯는다. 미나리는 소금에 살짝 절여 기름에 볶는다. 황화채는 데친다. 고기는 소고기와 돼지고기를 모두 사용한다. 표고와 석이버섯은 물에 불려 가늘게 썬다. 다진 파, 간장, 기름, 깨소금, 후춧가루를 잘 섞어 버무려 볶는다. 물에 불린 당면을 삶아서 썰어 둔다. 손질해둔 재료를 잘 섞어서 접시에 담고 달걀지단 채 썬 것, 표고, 석이버섯 불려서 채 썬 것을 기름에 볶은 것, 잣가루로 고명을 한다. 반면 이용기(李用基: 1870-1933)는 1924년 출판된 『조선무쌍신식요리제법(朝鮮無雙新式料理製法)』에서 잡채(雜)에 당면을 넣는 것은 좋지 않다고 하였는데, 바꿔 말하면 요리책에서 당

잡채ⓒ수원문화재단

면의 양에 대해 언급할 정도로 이미 이 시기에 잡채의 재료로 당면이 널리 쓰이고 있었다는 의미로 풀이될 수 있다.

세 번째 변화는 양념의 변화로 설탕이 사용되기 시작하였다. 방신영은 1921년 『조선요리제법』의 잡채 조리법에서는 사용하지 않았던 양념인 설탕을 1934년 『조선요리제법』에서는 사용하도록 하였다. 또 조자호(趙慈鎬: 1912-1976)의 1939년의 『조선요리법(朝鮮料理法)』과 1948년 손정규(孫貞圭: 1896-1955?)의 『우리음식』에서도 양념 중 하나로 설탕이 사용되었다. 한편 사용하는 장의 종류도 점점 한국식 간장이 아닌 일본식 간장으로 바뀌어 간 것으로 보인다. 1930년의 〈동아일보〉의 기사에는 송금선의 잡채 조리법이 실렸는데, 이때 간장은 한국식 간장과 일본 장을 반반씩 섞거나 일본식 간장만으로 양념하여도 좋다고 하였다(〈동아일보〉 1930년 3월 6일자). 현재 잡채에는 한식 간장이 아닌 일본식 간장을 사용하는 것이 통례이다. 마지막 변화는 잡채에 들어간 당면의 양이 크게 증가한 것이다.

음식인문학자인 주영하는 당면이 들어간 현대의 잡채를 '당면잡채'로 명명하며 이를 "한·중·일 3국의 합작품"이라고 하였다. 즉 중국에서 들여온 당면과 일본식 간장과 조선인의 조리법이 합쳐져 탄생한 음식이라는 것이다(주영하, 2013).

'당면잡채'라는 이름에 걸맞게 현대의 잡채의 재료 중 당면이 차지하는 비율은 월등히 높다. 한국전쟁 직후인 1950년대까지만 해도 당면은 잡채의 주재료가 아니며 다른 재료와 비슷한 비율로 약간 첨가되었을 뿐이었다. 손정규 외 3인이 저술한 가정과 교과서인 1948년의 『중등가사교본 요리실습 편』에서 "잡채 재료는 될 수만 있으면 많은 것이 좋다."고 하였는데 그 말에 걸맞게 소고기, 돼지고기를 모두 사용하고 해산물, 채소, 버섯 등 총 20여 가지의 재료가 들어가는 잡채 조리법이 나타나 있다. 그런데 이 조리법에서 당면의 양은 다른 재료와 동일한 1Ts, 즉 한 숟가락 정도의 양이었다. 1958년의 교과서인 방신영의 『고등요리실습』에도 소고기와 돼지고기가 각각 80g씩 사용되고 숙주와 시금치는 1컵씩 사용된 반면 당면은 10g만 사용되었는데 물에 불리면 크게 불어나는 건면임을 감안하더라도 현대 잡채의 재료 중 당면의 위상과는 큰 차이가 있다.

분류 : 음식
색인어 : 국수, 오이, 석이버섯, 냉이, 미나리, 두릅, 고사리, 가지, 꿩, 송이, 참기름, 후추, 소고기, 잣, 음식디미방, 조선요리제법, 조선무쌍신식요리제법, 조선요리법, 우리음식
참고문헌 : 김재열 역, 「광해군 즉위년 무신(1608, 만력)」, 『광해군일기』(한국고전번역원, 1992); 정연탁 역, 「인조 2년 갑자(1624, 천계)」, 『인조실록』(한국고전번역원, 1989); 장계향 저, 백두현 역, 『음식디미방 주해』(글누림, 2006); 작자 미상, 『규곤요람』; 방신영, 『조선요리제법』(광익서관, 1921); 방신영, 『조선요리제법』(한성도서, 1934); 이용기, 『조선무쌍신식요리제법』(영창서관, 1924); 조자호, 『조선요리법』(광한서림, 1939); 손정규, 『우리음식』(삼중당, 1948); 주영하, 『식탁 위의 한국사』(휴머니스트, 2013); 「부인의알아둘 봄철료리법 (一)」, 〈동아일보〉 1930년 3월 6일자
필자 : 서모란

잡채(『음식디미방』)

1670년경 출간된 조리서 『음식디미방(飮食知味方)』의 잡채 조리법은 현대의 조리법과 매우 다르다. 우선 당면이 들어가지 않으며 재료도 오늘날에 비해 무척 다양하다.

『음식디미방』의 잡채 재료를 살펴보면 오이, 무, 당근, 여러 가지 버섯 종류, 숙주나물, 도라지, 거여목, 박고지, 냉이, 미나리, 파, 두릅, 고사리, 당귀, 동아, 가

지, 꿩고기가 들어간다. 양념으로는 생강, 후춧가루, 참기름, 진간장, 밀가루, 천초가루, 후춧가루, 된장이 들어간다. 저자는 나열된 재료를 모두 다 준비할 필요는 없고 이 중 구할 수 있는 재료를 준비해서 만들라고 하였다.

각각의 재료는 가늘게 써는데 길이는 1치 정도로 한다. 재료를 각각 볶은 뒤 함께 섞어 큰 대접에 담는다. 동아는 물에 살짝 데치는데 도라지나 맨드라미꽃을 이용해 붉은 물을 들이기도 한다. 꿩고기를 다져서 익힌 뒤 된장으로 간을 맞춘 즙액을 뿌리고 천초가루, 후춧가루, 생강을 뿌린다.

분류 : 음식
색인어 : 계단탕, 계란탕, 달걀, 지단, 소문사설, 식료찬요, 산림경제, 음식디미방, 당면
참고문헌 : 안동 장씨 저, 백두현 역, 『음식디미방 주해』(글누림, 2006); 주영하, 『식탁 위의 한국사(메뉴로 본 20세기 한국 음식문화사)』(휴머니스트, 2013)
필자 : 서모란

잡채(1619년 광해군)

이충(李沖: 1568-1619)은 광해군시대의 문신으로 명종의 두터운 신임을 받던 이양(李樑: 1519-1582)의 손자이다. 1601년 현감을 시작으로 목사, 관찰사, 이조참판, 호조판서 등 주요한 벼슬을 지냈고 죽음과 동시에 우의정으로 추증되었을 정도로 광해군의 총애를 받던 신하이다.

하지만 많은 신하들이 이충이 높은 벼슬을 지낼 수 있었던 것은 선비들이 지켜야 하는 바를 저버리고 임금에게 아첨하였기 때문이라고 비판하였다. 그래서 정초본 『광해군일기』에서 사관들이 쓴 이충의 졸기를 보면 그의 성품이 포악하고 탐욕스럽다고 평가하면서 이충이 광해군의 총애를 얻을 수 있던 이유가 비로 진기한 음식을 만들어 광해군에게 바쳤기 때문이라고 지적했다.

사관들에 따르면 이충은 겨울철에 땅 속에 큰 집을 마련해놓고 그 안에 채소를 길렀기 때문에 당시에는 구하기 힘들었던 맛을 낸 음식을 만들어 아침 저녁으로 가져다 바쳤기 때문에 광해군이 이충을 좋아했다는

것이다. 특히 이충이 바친 음식 중 잡채(雜菜)가 대표적인 음식으로 꼽혔기 때문에 어떤 사람은 그러한 이충의 행태를 조롱하여 다음과 같은 시를 짓기도 했다.

사삼 각로 권세가 처음에 중하더니
잡채 상서 세력은 당할 자 없구나
沙參閣老權初重 雜菜尙書勢莫當

사관은 이충이 판서까지 오른 이유가 잡채 때문이란 사실이 알려지면서 삼척동자까지 이충을 잡채 판서라고 낮추어 부르며 그를 좋지 않게 평가했고 『상촌집(象村集)』을 보면 저자인 신흠(申欽: 1566-1628)은 광해군시기의 대표적인 적폐로 잡채상서를 거론하기도 했다.

분류 : 음식
색인어 : 잡채, 광해군, 이충, 신흠, 음식디미방
참고문헌 : 『광해군일기중초본』; 『인조실록』; 안동 장씨, 『음식디미방』; 신흠, 『상촌집』
필자 : 이민재

잣

잣은 소나뭇과의 침엽수(針葉樹)인 잣나무의 열매를 뜻한다. 한자어로는 實栢(실백), 栢子(백자), 海松子(해송자)라고 한다. 잣을 주재료로 사용하여 만든 대표적인 음식으로는 잣을 쌀가루와 함께 갈아서 만든 잣죽이나 잣을 볶아서 엿과 섞어 굳힌 잣박산이 있다. 1700년대 홍만선(洪萬選:1643-1715)의 『산림경제(山林經濟)』는 『고사촬요』를 인용해 잣을 첨가하여 빚은 백자주(栢子酒)도 소개하고 있다.

꼭 주재료로 사용하지 않더라도 잣은 다양한 형태로 한국음식에 널리 사용되었다. 잣을 고명으로 쓰는 경우는 잣을 온 잣 형태로 그대로 사용하는 경우, 반을 가른 비늘 잣 형태로 쓰는 경우, 그리고 다져서 가루로 만들어 사용하는 경우가 있다.

통잣으로 쓰는 경우는 겉으로 보이지 않게 넣는 경우로 만두를 빚을 때 만두소에 잣 몇 알을 넣어 빚는 경우가 대표적이다. '잣솔'은 솔잎 끝에 통잣을 끼운 것을 뜻하는데 폐백음식 등에 들어가는 마른안주 종류 중 하나이다. 국물이 있는 음식에 잣을 띄우기도 한다. 통잣을 띄우는 경우도 있지만 통잣은 가라앉기 쉬우므로 반을 가른 비늘 잣을 사용하기도 한다.

잣을 곱게 다진 잣가루도 널리 사용되었다. 잣가루는 보통 고급 떡의 고명으로 사용되었다. 또한 음식에 고명이나 양념으로 첨가하거나 초장 등의 양념에 넣어 맛을 더하는 용도로 사용하기도 하였다.

일제 강점기 가장 유명한 요리책 저자들인 방신영(方信榮: 1890-1977)과 이용기(李用基: 1870-1933)는 본인들의 요리책에서 잣가루 만드는 법을 별도의 항목으로 작성하였다. 1924년 출판된 이용기의 『조선무쌍신식요리제법(朝鮮無雙新式料理製法)』은 잣가루 만드는 법을 설명하면서 잣가루를 잣소금이라 하였다. 이는 깨를 곱게 빻은 것을 깨소금이라 하는 것과 같은 방법의 조어(造語)이다. 이용기는 깨소금을 뿌리는 음식에 대신 잣가루를 뿌리면 맛이 훨씬 더 좋지만 잣가루가 비싸기 때문에 많이 못 쓰는 것이라 하였다. 방신영의 『조선 음식 만드는 법』(1946)도 잣가루 만드는 법을 별도로 기술하였는데, 이에 따르면 잣가루는 특수한 나물이나 초장, 잡채, 육회에 쓰인다고 하였다. 한편, 방신영은 잣이 없으면 낙화생, 즉 땅콩으로 대신해도 된다고 하였다. 반면 이용기는 땅콩과 잣과 함께 섞어 쓰는 방법에 대해 '비용을 아끼려고 생각해낸 방법'이라고 하였다.

분류 : 식재료
색인어 : 엿, 만두, 떡, 깨, 잡채, 소고기, 조선무쌍신식요리제법
참고문헌 : 홍만선 저·민족문화추진회 역, 『국역 산림경제』(민족문화추진회, 1982); 방신영, 『조선 음식 만드는 법』(대양공사, 1946); 이용기, 『조선무쌍신식요리제법』(영창서관, 1924)
필자 : 서모란

잣박산

조선 후기 실학자인 성호 이익(李瀷: 1681-1763)은 잣으로 만든 박산(博山)이라는 음식의 아름다움과 뛰어난 맛에 대해 다음과 같은 시를 지었다.

잣나무 열매가 두 해 걸쳐 익노라면
꿀에 버무려져 경단이 되니 박산이라 하네
바다 진주 광채 나니 용이 토해 낸 듯
선도의 꽃 소식을 새가 끌고 돌아온 듯
옛 정을 잊지 못해 첩첩산중에서 보내오니
노인 먼저 맛보고서 온 집안에 나눠주네
진귀한 맛은 모두 세속에서 얻을 수 없나니
영지 자라는 곳의 소식을 상산사호에게 묻노라

貞松子熟兩年間 蜜和團成號博山
滄海珠光龍吐出 仙桃香信鳥拖還
故情難忘重關達 老子先嘗一室頒
異味總非煙火得 靈芝消息問商顔

*이익, 「해송자 박산을 이 진사가 영남에서 부쳐 오다[海
松博山李進士 萬宏 自嶺南寄來]」(양기정 역, 2007)

이익이 칭송한 잣박산은 잣과 흰엿[白糖: 백당]을 섞어서 굳힌 것이다. 박산이라는 용어는 쌀 등의 곡물을 엿이나 꿀 등을 섞어 굳혀 만든 한과를 뜻한다. 한자어로는 柏子餠(백자병)이라고 한다. 柏子는 잣을 뜻한다.

1450년 전순의(全循義: ?-?)가 편찬한 『산가요록(山家要錄)』에서는 잣박산을 백자병이라 하였다. 이 책의 잣박산에는 볶은 麁(추)와 잣에 꿀을 넣고 달인 뒤 흰엿 녹인 것과 조청을 섞어 굳힌 음식이다. 여기서 麁(추)가 무엇을 의미하는지는 명확하지 않다. 다만 이 한자어의 풀이 중 '속껍질을 벗겨내지 않은 쌀'도 있으므로 현미로 짐작해 볼 수 있다. 번역자에 따라서 이 조리법의 麁(추)를 기울(곡식의 속껍질)이나 밀기울로 번역하기도 하였다.

이후 문헌에서는 다른 곡식을 섞지 않고 잣만을 사용해 만드는 경우가 대부분이다. 작자 미상의 조리서인 『윤씨음식법』(1854 추정)에는 잣박산 만드는 법이 나타나 있는데 이는 흰엿을 졸여 잣을 넣고 버무린 다음 굳혀 썬 것이다. 이때, 같은 찬합에 잣을 묻힌 산자가 있을 경우 색깔이 겹치므로 호두와 잣을 같이 썰어 엿과 백청을 섞어 굳힌 것을 사용한다고 하였다.

1924년 출판된 이용기(李用基: 1870-1933)의 『조선무쌍신식요리제법(朝鮮無雙新式料理製法)』의 '잣박산[實柏朴饊]'은 속껍질을 벗긴 잣을 꿀에 버무려 굳힌 뒤 썬 것이다. 이용기는 잣박산이 기름기가 많아 설사를 일으키기 쉽지만 속(위장)에 길이 들면 더없이 맛이 좋고 유익한 음식이라 하였다. 특히 육식을 하지 않는 사람에게는 최고의 음식이라 하였다. 또한 '신선의 집에서도 얻어먹지 못하고 금강산 중이 원력(願力)이 많아서 잘 먹는다.'고 하였다. 원력(願力)은 불교에서 내적 수련을 통해 얻어지는 힘을 뜻한다.

이용기의 금강산 이야기는 개화기 조선을 여행한 이사벨라 버드 비숍(Isabella Bird Bishop: 1831-1904)의 『한국과 그 이웃나라들(Korea and Her Neighbours)』에서의 내용과 일치한다. 비숍은 금강산 여행 중 표훈사라는 절에 들러 주지로부터 잣박산으로 추정되는 '잣과 꿀을 버무린 음식'을 대접받는다. 한편, 1957년 한희순(韓熙順: 1889-1972) 등이 집필한 『이조궁정요리통고(李朝宮廷料理通攷)』에도 잣박산 조리법이 나타나 있는데, 다른 조리서들과 달리 엿과 함께 설탕을 물에 녹인 것을 사용한 것이 특징이다. 중탕해서 녹인 흰엿과 물을 조금 부어 녹인 설탕을 섞어서 잣에 버무려 서늘한 곳에 굳힌다.

분류 : 음식
참고문헌 : 전순의, 『산가요록』; 이익 저, 양기정 역, 「해송자 박산을 이 진사(만굉)가 영남에서 부쳐 오다[海松博山李進士 萬宏 自嶺南寄來]」, 『성호전집』(한국고전번역원, 2016); 작자 미상, 『윤씨음식법』; 이용기, 『조선무쌍신식요리제법』(영창서관, 1924); 한희순 외, 『이조궁정요리통고』(학총사, 1957); 이사벨라 버드 비숍 저, 이인화 역, 『한국과 그 이웃 나라들』(살림, 1994)
필자 : 서모란

잣죽

잣죽은 곱게 다지거나 간 잣을 쌀가루와 섞어 끓인 죽이다. 잣은 지방이 풍부하여 칼로리가 높아 몸을 보하는 데 좋은 음식으로 알려져 있다. 잣죽은 쌀을 갈아 쑨 비단죽의 일종으로 특히 소화가 잘 되어 노인이나 어린아이를 위한 영양식으로 손꼽는다.

잣죽 만드는 법은 1450년경 전순의(全循義: ?-?)가 편찬한 것으로 알려진『산가요록(山家要錄)』등에서 확인할 수 있다.『산가요록』의 柏子粥(백자죽) 만드는 방법은 두 가지이다. 첫째, 원미(元米)죽에 다진 잣과 잘게 썬 생강을 섞어서 만드는데 겨울에는 뜨겁게, 여름에는 차게 해서 먹는다고 하였다. 두 번째 방법은 쌀죽에 잣을 찧어서 섞어 다시 끓이는 방법이다.

이후 문헌의 잣죽이나 현대의 잣죽은 쌀과 잣만으로 만든 것으로『산가요록』에 나타난 두 번째 방법에 가깝다. 특히 1924년 출판된 이용기(李用基: 1870-1933)의『조선무쌍신식요리제법(朝鮮無雙新式料理製法)』은『산가요록』의 조리법과 동일한 방법의 잣죽의 조리법을 기술하였다.『조선무쌍신식요리제법』은 멥쌀을 갈아 죽을 쑨 뒤 볶은 잣을 으깨어 죽에 섞은 다음 소금을 넣어 먹는다고 하였다.

이처럼 잣죽의 재료는 잣과 쌀 등 단순하지만 조리법은 저자마다 약간씩 차이가 있다.

작자 미상의 1800년대 후반의 조리서인『주식시의(酒食是儀)』의 잣죽은 잣과 쌀을 각각 갈아서 쑤는데 쌀보다 잣의 양이 더 많아야 한다고 하였다. 먹을 때 꿀을 타서 먹는다.

1921년 방신영(方信榮: 1890-1977)의『조선요리제법(朝鮮料理製法)』의 잣죽은 불린 쌀을 잣과 함께 갈아 체에 걸러 쑨 것이다. 조자호(趙慈鎬: 1912-1976)의 1939년의『조선요리법(朝鮮料理法)』은 잣과 쌀을 함께 맷돌에 갈아서 고운 체에 거른 뒤 끓인 다음 꿀이

나 설탕을 곁들인다고 하였다.

반면, 일부 요리책의 경우 잣과 쌀을 함께 갈거나 처음부터 함께 넣어 끓이면 나중에 죽이 분리되기 쉬우므로 잣을 나중에 첨가하도록 안내하고 있다.

1948년 손정규(孫貞圭: 1896-1955?)의『우리음식』은 잣을 물과 함께 갈아 냄비에 끓이다가 쌀을 갈아 넣고 끓이라고 하였다. 잣과 쌀을 함께 갈면 웃물이 생기기 쉽다고 하였는데, 이는 기름 층이 분리되는 것을 뜻한다. 먹을 때 소금과 꿀을 넣어 먹는다. 1957년 한희순(韓熙順: 1889-1972) 등이 집필한『이조궁정요리통고(李朝宮廷料理通攷)』도 역시 쌀과 잣을 함께 갈아서 쓰면 죽을 쑤고 난 다음 분리가 되기 쉬우므로 따로 갈도록 하였다. 또한 먹을 때 설탕을 곁들이도록 하고 있다.

분류 : 음식
참고문헌 : 전순의,『산가요록』; 작자 미상,『주식시의』, 방신영,『조선요리제법』(광익서관, 1921); 이용기,『조선무쌍신식요리제법』(영창서관, 1924); 조자호,『조선요리법』(광한서림, 1939); 손정규,『우리음식』(삼중당, 1948); 한희순 외,『이조궁정요리통고』(학총사, 1957);
필자 : 서모란

장

장은 콩으로 만든 메주를 소금물에 일정기간 담가두어 발효시켜 만든 간장과 된장을 가리키는 말이다. 간장은 간을 맞추는 장이란 뜻으로 한자로 간장(艮醬)이라 적었다.『음식디미방』에서는 '지령'이라 적기도 했다. 한자로는 장(醬) 혹은 청장(淸醬)이라고 적었다. 다만 청장은 경우에 따라 간장의 색이 맑은 것을 가리키기도 한다.

고대 중국에서는 육고기를 소금에 절인 것을 '장(醬)'이라 불렀다. 당시 중국의 '장'은 '육장(肉醬)'이었던 것이다.『주례(周禮)·내칙(內則)』을 보면 주나라의 왕이 연회를 베풀면 '장'이 백이십 항아리나 준비되었다고 하였다. 공자는 "장이 없으면 밥을 먹지 않았다."고 한다. 1425년(세종7) 1월 14일 영녕전(永寧殿)에서의 춘향(春享)에 오른 제물 중에 나오는 담해(醯醢)가 바

잣죽ⓒ수원문화재단

로 육장이다. 보통 고기의 살코기를 소금이나 간장에 절여서 만들었다. 조선 후기 조리서에 등장하는 어육장(魚肉醬) 역시 육장의 일종이다. 육장과 담해는 조선시대 지식인의 상고적(尙古的) 의식에서 개발된 음식으로 추정된다.

콩[大豆]으로 만든 '두장(豆醬)'은 한나라(기원전 206-기원후 220년)에 들어와서 비로소 문헌에 나온다. 한반도 역시 콩의 원산지 중 한 곳이기 때문에 그즈음 원삼국시대 사람들도 간장을 만들어 먹었을 것으로 추정된다. 간장과 된장은 콩으로 메주를 쑤어서 그것을 소금물에 담가 발효기간을 거쳐 나온다. 간장과 된장은 음식의 간을 맞추는 일 뿐만 아니라, 심지어 흉년이 들면 산야를 돌아다니며 캐 오는 잡초나 소나무 껍질을 그냥 먹지 않고 간장으로 간을 하여 먹으면 좋았다. 그래서 조선왕실에서는 흉년이 든 고을에 메주를 내렸다.

전래 방식의 간장은 가을에 만든 메주를 발효시켜서 음력 2-3월에 손 없는 날을 잡아 담갔다. 옛사람들은 잡귀가 붙지 않는 좋은 날에 간장을 담가야 그 맛이 좋고, 간장 맛이 좋아야 집안이 편안하다고 생각했다. 최근까지도 나이든 부인들은 '오일(午日: 말날)'이나 '해일(亥日: 돼지날)'을 피해서 간장을 담갔다. 메주와 소금물로 간장을 담가서 한 100일이 지나면 메주 속의 단백질이 소금과 만나 간장이 나온다. 뭉개진 메주 덩어리는 꺼내서 다시 소금을 넣고 절구에 찧은 후 옹기에 담으면 된장이 된다. 남은 물을 퍼내서 솥에 넣고 몇 차례 달이면 간장이 된다. 된장은 메주로만 만들 수도 있다. 청국장(淸國醬) 혹은 전국장(戰國醬)은 메주로 즉석에서 된장을 만든 음식이다. 된장의 다른 말은 토장(土醬)이다. 경상도에서는 막장이라고 부른다. 된장에 갖은 양념을 하여 만든 쌈장도 있다.

하지만 요사이 공장에서 생산되는 간장과 된장은 반드시 메주로만 만들지 않는다. 콩이 아닌 밀과 같은 곡물에 발효균을 주입시켜 인공적으로 만든 것이 많다. 일본의 간장[醬油]과 미소(味噌)도 이런 방법으로 만들어진다. 1937년 중일전쟁이 일어나면서 간장의

주요 원료였던 콩이 부족하게 되자, 아미노산 간장이 개발되었다. 아미노산 간장은 콩가루·콩깻묵·땅콩깻묵·간장비지·밀 등 단백질 원료를 염산으로 가수분해하여 가성소다나 탄산소다로 중화시켜 얻은 아미노산에 소금으로 간을 맞추고 재래식 간장의 색·맛·향기를 내는 화학약품을 첨가하여 만든 것이다. 아미노산 간장이 한국에 소개된 것이 1930년대였지만 지금도 값이 싸다는 이유로 음식점에서 가장 많이 소비되고 있다.

분류 : 음식
색인어 : 김치, 도자기, 두(제기), 콩, 음식디미방
참고문헌 : 『주례(周禮)·내칙(內則)』;『세종실록』; 李盛雨, 『韓國食品文化史』(교문사, 1988); 주영하, 『음식전쟁 문화전쟁』(사계절, 2000); 왕런샹(주영하 옮김), 『중국음식문화사』(민음사, 2010); 주영하, 『식탁 위의 한국사』(휴머니스트, 2013)
필자 : 주영하

간장(「간장타령」)

약장수는 경회(慶會)나 장인데
사람의 간장만 다 녹여낸다

콩 타작 별 타작 다 할지라도
유정(有情)님 반타작 나는 못하것다

간장의 열 독은 다 퍼낼지라도
사람의 간장만 건네지를 마라

황해도 민요 「간장타령」에 나오는 가사이다. 간장은 된장과 함께 한국인이 먹는 대표적인 기초 음식이다. 황해도 지방에서는 먹는 간장과 사람의 장기(臟器)인 간장(肝臟)이 동음이의어라는 점에 착안하여 재미있고 신명나는 「간장타령」이라는 민요를 만들어 불렀다. 개화기 이후 일제 강점기까지 새롭게 민요풍으로 만들어진 노래를 신민요라 하는데 이 노래도 신민요이다. 대표적인 신민요로는 「신고산타령」, 「군밤타령」 등이 있다.

'약장수는 경회(慶會)나 장인데'는 '약장수의 놀이판은 모두가 모여 경사스레 노는 자리인데'라는 뜻으로

보인다. '콩 타작 별 타작 다 할지라도 유정(有情)님 반
타작 나는 못하것다'는 상당히 의미심장하다. '타작'
은 곡물을 도리깨 등의 농기구로 털어서 알곡을 추수
하는 행위를 말한다. 때문에 '타작했다'라는 말은 '추
수했다'라는 말과도 통하며 '많은 곡식을 수확했다'는
뜻이 되기도 한다. '반타작'했다는 말은 반밖에 추수
를 못했다는 것이다. 반밖에 가지질 못했다는 것을 사
람에 적용하면, 다른 사람과 '유정(有情)님'을 공유(共
有)한다는 말이다. 이는 정든 님의 경우 쉽게 인정하
기 어려운 노릇이다. 때문에 이 가사는 정든 님을 '나'
만이 독점하겠다는 의지의 표현이다.

'간장의 열 독은 다 퍼낼지라도 사람의 간장만 건네지
를 마라'는 열 개의 항아리에서 간장을 퍼내도 좋지만
사람의 간장은 건드리지 말라는 뜻이다. 우리말에서
간장은 마음을 비유적으로 이르는 뜻으로 사용되기
도 한다. 이를테면 '간장을 태우다'는 '마음을 몹시 초
조하고 불안하게 만들다'라는 뜻이 되며, '간장을 녹이
다'는 '감언이설, 아양 따위로 상대편의 환심을 사다'
혹은 '몹시 애타게 하다'의 뜻이다. 「간장타령」은 간장
의 이러한 여러 말뜻을 가지고 즐기는 유희요의 성격
을 지녔다. 곡조 또한 내용에 맞게 경쾌하다.

분류 : 문학
색인어 : 간장, 간장타령, 신민요
참고문헌 : 하응백,『창악집성』(휴먼앤북스, 2011)
필자 : 하응백

장(1795년 혜경궁 홍씨 수라상에 오른 장류)

1795년(정조 19) 화성능행차시 혜경궁 홍씨의 수라상
에 오른 장은 간장(艮醬), 청장(淸醬), 초장(醋醬), 고
추장(苦椒醬), 겨자[芥子], 수장(水醬), 수장증(水醬
蒸), 전장(煎醬), 증장(蒸醬), 증감장(蒸甘醬), 고추장
전(苦椒醬煎), 해장(蟹醬) 등으로 다양하다.

1795년(정조 19) 혜경궁 홍씨(惠慶宮 洪氏: 1735-
1815)가 행차기간 동안 받은 수라(水剌)상에는 2-3가
지 장류가 종지에 담겼다. 종지에 담긴 장은 수라상에
오른 국물음식의 간을 맞추거나 전유화, 적, 회, 편육,
만두 등의 음식을 찍어 먹는다.

간장이나 청장은 가장 기본이 되는 장이다. 갱(국), 탕
등 국물음식에 부족한 간을 맞추기 위해 사용한 것으
로 짐작된다. 초장은 간장, 식초, 잣이 들어간 초간장
이다. 1946년에 나온『조선음식 만드는 법』이라는 책
의 초장 만드는 법을 보면 간장에 초를 맛보아 알맞게
타고 잣가루를 뿌려서 종지에 담아놓고, 이것은 전유
어나 족편 같은 것을 찍어 먹고, 생선회나 굴회를 놓
을 때에는 초장에다가 파와 고추를 곱게 다져 넣는다
고 하였다.

겨자는 겨자와 식초, 소금, 꿀을 넣어 갠 겨자장으로
1800년대 말에 쓰인『시의전서(是議全書)』에 보면 어
회, 조개회, 동아선, 배추선 등의 음식에 찍어 먹는다
고 했다.

수장은 요즘 흔히 볼 수 없는 장이다. 이런 수장은
1700년대에 나온『증보산림경제(增補山林經濟)』와
1900년대 이후에 출간된『조선무쌍신식요리제법(朝
鮮無雙新式料理製法)』,『우리음식』등 조리서에서
'담수장(淡水醬)', '무장[淡水漿: 물장]', '무장[水醬]'이
란 명칭으로 찾아볼 수 있다. 잘 말린 메주 덩어리를
물에 넣고 2-3일 지나 맛이 우러나면 소금으로 간하여
3-4일 더 익힌 장이다. 수장증은 수장을 찌거나 끓인
것이다.

증장, 증감장은 무장 또는 된장을 찌거나 끓인 장이
며, 고추장전은 고추장볶기이다.

해장은 1700년대에 나온『증보산림경제(增補山林經
濟)』에 따르면 생게의 살과 내장을 걸러 푹 쪄서 자루
에 넣어 장 속에 넣어둔 것이라 하였다.

분류 : 음식
색인어 : 원행, 수라상, 초장, 겨자, 수장, 수장증, 무장, 물장, 해장, 게
장, 고추장전
참고문헌 :『원행을묘정리의궤(園幸乙卯整理儀軌)』;『조선음식 만드
는 법』;『시의전서(是議全書)』;『증보산림경제(增補山林經濟)』;『조
선무쌍신식요리제법(朝鮮無雙新式料理製法)』;『우리음식』
필자 : 이소영

장똑똑이

장똑똑이는 잘게 썬 소고기를 간장 등으로 양념해서
조리거나 볶은 음식으로 일종의 장조림이라고 할 수

있다. 일설에 따르면 장똑똑이라는 독특한 음식명은 이 음식의 주요 양념인 장(醬)과 고기를 채 썰 때 나는 소리인 '똑똑'이라는 의성어의 합성어라고 한다.

장똑똑이는 짭짤하게 만든 반찬이란 뜻의 자반을 붙여 장똑똑이자반, 똑똑이자반 등으로 불렸다. 빙허각 이씨(憑虛閣 李氏: 1759-1824)의 1809년 『규합총서(閨閤叢書)』는 '진주좌반', 1908년의 『부인필지(婦人必知)』는 '똑똑이좌반'이라고 하였다. 조자호(趙慈鎬: 1912-1976)의 1939년 『조선요리법(朝鮮料理法)』에서는 '똑똑자반'이라고 하였다.

1957년 한희순(韓熙順: 1889-1972) 등의 『이조궁정요리통고(李朝宮廷料理通考)』의 장똑똑이는 기름기 없는 살코기를 채로 썰어서 생강, 파, 마늘, 후춧가루, 설탕, 실고추, 간장으로 양념하여 조린다고 하였으며 불에서 내리기 직전에 참기름과 깨소금을 넣어 섞어 뜸을 들인다고 하였다. 또한, 간장을 넉넉하게 부어서 약간 국물이 있도록 만드는 것이라고 하였다.

이와 비슷한 조리법은 1680년경의 문헌인 『요록(要錄)』에도 나온다. 『요록』의 槊肉法(삭육법)은 기름진 고기를 잘게 썰어 참기름에 볶은 뒤 감장, 참기름 섞은 것과 후춧가루와 시라(蒔蘿: 소회향), 파의 흰 부분 가늘게 썬 것을 섞어서 쓴다고 하였다.

분류 : 음식
참고문헌 : 작자 미상, 『요록』; 빙허각 이씨, 『규합총서』(1809); 빙허각 이씨, 『부인필지』(1908); 한희순 외, 『이조궁정요리통고』(학총사, 1957)
필자 : 서모란

장의 관리

장(醬)은 음식의 간을 맞추는 기본 조미료로서 한국음식의 근간을 이루고 있다고 해도 과언이 아니다. 오늘날과 같이 다양한 조미료가 없었넌 시설, 간장과 된장 등의 장류는 한 집안의 1년 동안의 식생활을 책임져 줄 중요한 식량자원이었다.

빙허각 이씨(憑虛閣 李氏: 1759-1824)는 『규합총서(閨閤叢書)』에서 『설부(說郛)』(명나라 도종의라는 사람이 편찬한 총서)에 실린 "장은 팔진(八鎭)의 주인"이라는 말을 언급하면서 "만일 장맛이 좋지 않으면 비록 진기하고 맛있는 반찬일지라도 능히 잘 소화시키지 못할 것이니 어찌 소중하지 않겠는가?"라고 하여 장의 중요성을 강조했다. 그리고 서유구(徐有榘: 1764-1845)는 『임원경제지(林園經濟志)』에서 "장(醬)은 장(將)이니, 음식의 독을 다스릴 수 있는 것이 장수가 포악한 사람을 평정하는 것과 같다."고 하여 장의 효능을 언급하였다. 『박해통고(博海通攷)』에서도 장을 "각종 맛을 내는 장군"에 비유하며, 집에 장맛이 안 좋으면 아무리 좋은 고기반찬이 있어도 상을 차리기 어렵고, 또 시골에서도 각종 맛있는 장만 있으면 반찬걱정을 덜 수 있으니 가장된 자는 반드시 장에 관심을 가져야 한다고 했다.

이처럼, 장을 귀하게 여겼던 까닭에 조선시대에는 매년 길일을 택하여 정성껏 장을 담았고, 매일 같이 장독을 닦고 장독대 주변을 깨끗이 청소하는 등, 장의 보관에도 한 점 소홀함이 없도록 했다. 장을 담그는 일은 대개 날짜를 정하는 택일(擇日)에서부터 시작되는데, 일반적으로는 정월 말날[午日]을 장을 담그기에 가장 좋은 날이라고 보았다. 그리고 병인일(丙寅日), 정묘일(丁卯日), 제길신일(諸吉神日), 우수일(雨水日), 입동일(立冬日), 춘분과 추분일이 좋고, 또 삼복에 장을 담그면 벌레가 꼬이지 않고, 해 뜨기 전에 담그면 벌레가 없다고 했다. 그러나 신일(辛日)에는 장 담그는 일을 피했다. 이는 말(언어)이 갖고 있는 주술성 때문이었는데, 신일의 '신' 자가 '시다', '시어진다'라는 말과 음이 같으므로 이 날 장을 담그면 장이 시어진다고 생각하여 신일을 기피했던 것이다(『규합총서』).

장독, 옹기호, 일제 강점기, 국립민속박물관

장을 담글 때 택일만큼이나 중요한 것이 장 담그는 물을 선택하는 것이었다. 『규합총서』에서는 "장 담그는 물은 특별히 좋은 물을 써야만 장맛이 좋다."고 하면서, 좋은 물을 길어다가 간수가 빠진 소금물을 내려 사용하라고 했다. 반면, 여름에 비가 갓 갠 우물물은 쓰지 않는 것이 좋다는 당부도 잊지 않았다. 한편, 서유구는 '단 샘(甘泉)'이나 강 중앙의 물을 길어다가 팔팔 끓여서 소금을 섞어 식혀서 쓰거나, 눈 녹인 물인 납설수(臘雪水)를 쓰라고 권했다.

장을 담그는 것 못지않게 장을 관리하는 일도 매우 중요하게 생각했다. 빙허각 이씨는 『규합총서』에서 장독이 더러우면 맛이 좋지 않으므로, 하루에 두 번씩 행주로 깨끗이 장독을 닦아주라고 했다. 그리고 장을 담고서도 세 이레(21일)가 지나기 전까지는 초상난 집에 가는 것을 삼가고, 아이 낳은 집과 월경(月經)하는 여인 그리고 낯선 잡인(雜人)을 가까이 들어서는 안 된다고 하였다. 서유구 또한 『임원경제지』에서 장독대를 조성하고 관리하는 방법에 대해 자세히 설명하였다. 동네 어린아이들이 열매를 따먹기 위해 기와조각을 던지다가 독을 깰 수도 있으니 장독대 근처에는 과실나무를 심지 말며, 담장이 무너져 독이 깨질까 염려하여 담장 가까이 장독대를 두지 말라고 했다. 또한 뱀과 벌레들이 장독대로 들어와 숨는 것을 방지하기 위해 잡목과 잡초를 제거해야 한다고도 하였다.

분류 : 음식
색인어 : 장(醬), 규합총서, 임원경제지, 박해통고
참고문헌 : 빙허각 이씨, 『규합총서』(한국전통지식포탈); 서유구 저, 이효지 외, 『임원경제지』(교문사, 2007); 작자 미상, 『박해통고』(한국전통지식포탈)
필자 : 양미경

장 만드는 법(『임원경제지』)

조선시대 문헌 중에서 장 담그는 과정을 가장 소상히 기록한 것은 서유구(徐有榘: 1764-1845)가 쓴 『임원경제지(林園經濟志)』라고 할 것이다. 이 책에서 서유구는 '동국장법(東國醬法)'의 여섯 단계를 소개하였다. 여기서 '동국(東國)'이라고 하는 것은 당시의 조선, 즉 우리나라를 뜻하는 것이므로, 동국장법은 '우리나라 장 만드는 법'이라고 봐도 무방할 것이다.

서유구에 따르면, 장 만드는 법 여섯 단계는 ①비옹(備甕: 독 준비) → ②택염(擇鹽: 소금 고르기) → ③간수(揀水: 물 택하기) → ④조말장(造末醬: 메주 만들기) → ⑤침장(沈醬: 장 담그기) → ⑥취장(取醬: 장 뜨기)의 순서로 진행된다.

비옹(備甕)은 장독을 준비하는 단계이다. 독(항아리)은 되도록 7월에 빚은 온전하고 두꺼우며 주둥이가 큰 독을 고른다. 이때 모랫구멍이 있는지를 살펴서 모랫구멍이 있는 독은 되도록 쓰지 말라고 하였다. 모랫구멍의 유무를 살피는 좋은 방법으로는 장독을 땅에 엎어서 볏짚에 불을 지펴 독 안에 넣어보면 된다. 이때, 연기가 바로 스며 나오면 모랫구멍이 있는 것이므로 쓰지 않는 편이 좋다.

다음으로는 택염(擇鹽)이라고 해서 소금을 고르는 단계이다. 쇠솥에 구운 소금이나 넓은 바닷물을 끓인 소금은 피하고, 반드시 서남부 해변의 긴 포구에서 깊숙이 들어간 물을 끓인 소금을 골라서 쓰라고 하였다. 이렇게 소금이 골라지면, 어두운 창고 속에 소금 가마니를 괴어서 간수를 뺀다.

그러고 나면 간수(揀水)라고 하여 물을 택하는 단계이다. 장맛의 좋고 나쁨은 오로지 물의 품질에 달려있다. 그러므로 반드시 '단 샘(甘泉)'이나 강 중앙의 물을 길어다가 팔팔 끓여서 소금을 섞어 식혀서 쓰거나, 눈 녹인 물인 납설수(臘雪水)를 쓰라고 권했다. 특히, 납설수로 장을 담그면 벌레가 생기지 않고, 장맛도 좋다고 한다.

네 번째 단계는 말장, 즉 메주를 만드는 조말장(造末醬)의 단계이다. 구덩이 안쪽의 빈 구덩이 위에 메주를 비스듬히 놓고, 그 위에 빈 가마나 띠풀로 두텁게 덮어 바람이 통하지 않고 비가 새지 않도록 한다. 습기가 차서 곰팡이가 생기면 덮개를 열고 한 번 뒤집어준 후 다시 덮는다. 이와 같은 과정을 8-9차례 하면 자연히 수십 일이 지나서 메주가 거의 다 마른다. 그러면 이때 꺼내어 볕에 말려 쓰면 된다.

이렇게 독, 소금, 간수, 메주가 모두 준비되고 나면 드디어 침장(沈醬)이라고 하여 장을 담근다. 메주를 깨끗이 씻어서 먼저 독 안에 넣고 소금물을 붓는다. 이 때 분량은 말장 1말, 소금 6-7되, 물 1통의 비율로 한 다. 가을·겨울에는 소금이 적어도 괜찮고 봄·여름에 는 소금이 많아야 좋은데, 소금물은 말장보다 약간 높 게 부으며 뚜껑을 덮지 않고 볕에 쪼인다. 흐리고 비 가 오면 바로 뚜껑을 덮어 빗물이 한 방울도 스며들지 못하게 한다. 독을 살펴서 소금물이 줄어들면 다시 소 금물을 더 붓는다. 그러므로 미리 작은 독에 소금물을 담아서 장독 곁에 두고 필요할 때 쓰면 요긴하다. 바 짝 마른 메주를 장독 입구까지 차도록 채우면, 메주가 젖어서 부풀어오르면서 장물이 독을 넘게 된다. 그러 므로 장을 담글 때에는 독 입구까지 메주를 가득 채우 지 말고, 또 대나무로 독의 배 위아래로 테를 둘러주 는 것이 좋다.

마지막 단계는 취장(取醬), 즉 장을 뜨는 단계이다. 작 은 독을 장독 곁에 두고 장이 충분히 익으면 손으로 장독 안을 파서 한가운데 굴을 만든다. 자루가 긴 놋 쇠 복자로 맑은 장을 떠내어 작은 독 안에 담고 볕에 쪼인다. 따로 끓는 물에 적량의 소금을 섞어 큰 독 안 에 부으면 얼마 되지 않아 다시 맑은 장이 된다고 하 였다.

이처럼, 장을 뜨고 나면, 그동안 장독 안에서 한 몸처럼 존재했던 메주와 소금물이 분리되기에 이른다. 그러 면 메주가 우러난 소금물은 간장이 되고, 메주를 꺼내 서 반죽하면 된장이 된다. 그러므로 간장과 된장은 한 몸에서 나고 자란 쌍둥이와도 같은 존재라 할 것이다.

분류 : 음식
색인어 : 醬(장), 장 담그기, 서유구(徐有), 임원경제지(林園經濟志), 동 국장법(東國醬法), 비옹(備甕), 택염(擇鹽), 간수(揀水), 조말장(造末 醬), 침장(沈醬), 취장(取醬), 간장, 된장
참고문헌 : 서유구 저, 이효지 외 번, 『임원경제지』(교문사, 2007)역
필자 : 양미경

즙장

메줏가루, 고춧가루, 찹쌀 풀 등을 섞은 것에 갖은 채 소를 함께 버무려 단기 숙성시켜 먹는 장으로 집장이 라고도 한다. 고문헌에 즙장은 즙저(汁菹,『산가요록

(山家要錄)』), 조즙(造汁,『수운잡방(需雲雜方)』), 즙 디히[汁醬,『주방문(酒方文)』], 즙장(『음식방문』,『온 주법(醞酒法)』), 즙지이(『규합총서(閨閤叢書)』) 등으 로 기록되어 있고, 19세기 『주식시의(酒食是儀)』,『주 식방문』에는 집장으로 기록되어 있는 것으로 보아 즙 장이 집장으로 변화된 것으로 여겨진다. 즙장은 주로 여름철에 담가 먹으며 겨울철에는 단기 숙성시키기 위해 장독을 거름더미 또는 등겨더미 속에 파묻고 겻 불을 피우기도 한다. 경상도에서는 거름더미에 넣어 숙성시킨다고 해서 '거름장', '걸금장'이라고도 하며 별미로 만들어 먹는 된장류이다(안일광, 2010).

즙장에는 오이, 가지, 호박 등의 채소를 활용한다. 조 선 초기 전순의(全循義: ?-?)의 『산가요록』에는 오이 를 반나절 동안 햇볕에 말려 세 갈래로 칼집을 낸 다 음 그 속에 생마늘, 향유, 분디 잎을 넣어 장에 담가 하 룻밤 숙성시켜 먹는 오이즙장법이 소개되어 있다. 김 유(金綏: 1491-1552)의 『수운잡방』에는 메줏가루 1말 에 소금 2되를 섞은 것에 가지 지를 담그고, 이를 독에 담아 말똥이나 풀 더미 속에서 숙성시킨다고 한다.

이규경(李圭景: 1788-1863)이 쓴 『오주연문장전산고 (五洲衍文長箋散稿)』에서도 여름철 즙장 만드는 법 이 소개되어 있는데, 감장 1사발을 체에 걸러 즙을 취 하고 밀기울 4홉을 섞은 다음 푸른 오이를 씻어 말린 뒤에 섞어 그 항아리를 말똥 속에 묻어서 27일간 숙성 시킨다고 했다.

안동의 퇴계(退溪) 이황(李滉: 1501-1570) 종가에서 는 접빈용 칠첩반상에 집장을 올린다. 만드는 방법은 무, 가지, 표고버섯, 양파 등의 채소를 소금에 절여 물 엿, 소고기, 간장을 넣어 간을 한 다음 메줏가루와 섞 어 단지에 담아 겻불에 숙성시키는 것인데, 최근에는 큰 밥솥에 넣어 삭히고 하루 뒤에 먹는다고 한다(배 영동, 2009). 안동의 성성재(惺惺齋) 금난수(琴蘭秀; 1530-1604) 종가에서도 집장을 항상 마련해 두었다가 손님상에 올린다. 집장은 메줏가루에 무말랭이, 말린 고추, 말린 호박, 말린 가지 등을 소금이나 간장으로 간을 하여 항아리에 담아 겻불에 묻어 24시간 삭히는

것인데, 최근 육포를 절인 부추와 청국장 가루에 넣어 가스레인지의 약한 불로 졸이면서 삭히기도 한다(배영동, 2009).

분류 : 음식
참고문헌 : 전순의,『산가요록(山家要錄)』; 김유,『수운잡방(需雲雜方)』;『주방문(酒方文)』;『음식방문』;『온주법(蘊酒法)』; 빙허각 이씨,『규합총서(閨閣叢書)』; 이규경,『오주연문장전산고(五洲衍文長箋散稿)』; 안일국,「전통적 된장 담그기의 전승지식과 전승양상-안동시 풍산읍 소산 1리를 중심으로-」(안동대학교 민속학과 석사학위논문, 2010); 배영동,「경북의 술과 음식문화」『경북의 민속문화』(국립민속박물관, 2009).
필자 : 박선미

천리찬

천리찬(千里饌)은 다진 고기를 양념하여 바짝 볶아서 물기가 없도록 만든 것이다. 고기를 볶아서 조리는 조리법이 장똑똑이, 똑똑이자반과 유사하다. '천리를 가는 반찬'이라는 의미의 이름에서도 확인할 수 있듯이 천리찬은 장기보존을 위한 보존식으로 일종의 장조림이라고 할 수 있다. 홍선표(洪選杓: 1872-?)는 천리찬에 대해 옛날 조선에서 청국으로 갔던 사신이 여러 날 동안 썩지 않고 천리길을 가도록 먹게 만들었다고 해서 천리찬이라는 이름이 생긴 모양이라고 하였다(〈동아일보〉 1937년 12월 31일자).

옛 문헌을 살펴보면 1835년경 편찬된 서유구(徐有榘: 1764-1845)의 『임원경제지(林園十六志)』에 東國肉醬法(동국육장법)이라는 이름으로 고기를 장에 조려 만드는 세 가지 음식을 소개하고 있다. 이중 마지막 조리법에 천리찬이라는 용어가 나온다. 이 조리법에서는 『옹찬잡지』를 인용한 것이라고 밝히며 살코기를 가루가 되도록 이겨서 기름과 꿀을 넣고 볶아서 만드는 음식을 소개하고 있는데 오랫동안 저장할 수 있기 때문에 이를 "천리찬(千里饌)"이라고 부르기도 한다고 하였다.

1800년대 말 작자 미상의 조리서인 『시의전서(是議全書)』의 천리찬 만드는 법은 다음과 같다. 다진 소고기를 물을 조금 넣고 볶은 뒤 다시 곱게 다진다. 볶을 때 생긴 물에 진간장과 파, 마늘, 꿀, 깨소금, 후춧가루를 섞어 다시 물기가 없도록 볶는다. 한편, 『시의전서』에서는 '만나지법'이라는 음식도 소개하고 있는데 잘게 썬 소고기를 삶은 뒤 천리찬과 같은 방법으로 만든다고 하였다. 『시의전서』의 찬합 넣는 법의 구성품 중 천리찬도 포함되어 있다.

1921년 방신영(方信榮: 1890-1977)의 『조선요리제법(朝鮮料理製法)』에도 다른 조리서들과 유사한 조리법의 천리찬이 나오는데 이 책은 천리찬을 알쌈과 어만두 등 다른 음식에도 활용하도록 하고 있다. 알쌈과 어만두는 각각 부친 달걀과 생선살을 만두피 대신 사용한 만두 형태의 음식이다. 이 책의 알쌈과 어만두는 별도로 소를 만들지 않고 천리찬을 소로 넣도록 하고 있다.

분류 : 음식
참고문헌 : 서유구,『임원경제지』; 작자 미상,『시의전서』; 방신영,『조선요리제법』(광익서관, 1921);「흔이먹어보지못하든 반찬두세가지」,〈동아일보〉 1937년 12월 31일
필자 : 서모란

토장국

1936년 3월 5일자 〈동아일보〉의 지면에는 아주 자극적인 제목의 기사가 눈에 띈다. 중국요리를 소개하는 내용을 다룬 이 기사에는 전혀 상관이 없는 '김치 토장국에 진저리 나셨지요'라는 제목에 '색다른 것 좀 해 잡수십시다'라는 부제가 붙어있다(〈동아일보〉 1936년 3월 5일자). 이처럼 토장국은 김치와 함께 한국인의 식단 중에 가장 평범한 음식을 상징하였다.

토장국의 토장(土醬)은 된장을 뜻한다. 즉 토장국은 된장국의 다른 이름이다. 따라서 재료가 어떤 것이 되었든 된장으로 간을 맞추면 토장국이 된다. 토장국에 많이 사용되는 재료로는 연한 배추, 냉이, 시래기, 시금치, 무, 근대, 아욱 등이 있는데 주로 제철에 나는 나물이나 채소를 사용하는 것이 보통이다. 국물은 그냥 된장만 풀어 끓이기도 하고 국물에 구수한 맛을 더하기 위해 쌀뜨물을 더하기도 한다. 또, 소고기나 멸치를 이용해 육수를 내서 사용하기도 한다. 된장만을 사용해 끓이기도 하지만 된장을 주로 하되 고추장을 섞

여러 재료를 넣은 토장국ⓒ하응백

어 맛을 더하기도 한다.

방신영(方信榮: 1890-1977)의 『조선요리제법(朝鮮料理製法)』(1934)은 된장과 고추장을 섞어서 사용하는 방법의 토장국을 소개하고 있다. 이때 된장과 고추장의 비율은 된장 한 종자에 고추장이 반 종자, 즉 2:1의 비율로 된장이 더 많이 들어간다. 재료는 솎음배추, 즉 배추를 기르는 과정에서 솎아낸 작은 배추나 배추 속대를 사용하는데, 솎음배추는 그냥 쓰지만 배추속대는 끓는 물에 살짝 데쳐서 쓴다. 물에 된장과 고추장을 풀어 넣고 얇게 저민 소고기를 넣고 끓이다가 배추를 넣고 끓인다.

분류 : 음식
참고문헌 : 방신영, 『조선요리제법』(한성도서, 1934); 「김치토장국에 진저리나섯지오」, 〈동아일보〉 1936년 3월 5일
필자 : 서모란

적

적(炙)은 고기를 구운 음식이나 꼬챙이에 꿰어 구운 음식을 가리킨다. 장에 조리거나 다진 고기를 양념하여 납작하게 모양을 만들어 석쇠에 구워 꼬치에 꿴 산적(散炙, 筭炙), 얇게 썬 소고기를 간장 등으로 양념하여 구운 너비아니, 고기와 채소를 꼬치에 꿰어 구운 꼬치(串) 등이 모두 '적'에 들어가는 음식이다. 『조선무쌍신식요리제법(朝鮮無雙新式料理製法)』에서는

"구이라는 것은 진한 장에 양념을 잘할 뿐 아니라 모닥불에 굽기를 잘하여야 하는 것"이라고 했다. 『시의전서』의 '탕반(湯飯), 장국밥'에서는 "좋은 백미 정히 씻어 밥을 잘 짓고 장국은 무를 넣어 잘 끓인다. 국을 말 때는 훌훌하게 말고 그 위에 나물을 갖추어 얹는다. 약산적도 만들어 위에 얹고 후춧가루와 고춧가루를 뿌린다."고 한 것으로 미루어보아 산적의 용도가 다양하여 국밥의 웃기로도 쓰였음을 알 수 있다.

분류 : 음식
색인어 : 소고기, 제사음식
참고문헌 : 『조선무쌍신식요리제법』; 김명길, 『낙선재 주변』(〈중앙일보〉 1977); 한희순 외, 『이조궁정요리통고』(학총사, 1957)
필자 : 주영하

너비아니

너비아니는 얇게 썬 소고기를 간장 등으로 양념하여 구운 음식으로 소고기를 너붓너붓(납작하게) 썰었다고 하여 너비아니라는 이름이 붙었다고 한다. 1957년 한희순(韓熙順: 1889-1972) 등의 『이조궁정요리통고(李朝宮廷料理通攷)』에서도 너비아니를 소개하고 있는데 안심이나 등심 등의 연한 고기를 최대한 얇게 썰어서 양념에 재워두었다가 식사하기 직전에 구워 낸다고 하였다.

1800년대 후반의 작자 미상의 조리서 『시의전서(是議全書)』에는 너븨안이(너비아니) 조리법이 나오는데 연한 소고기를 얇게 저며 자근자근 칼집을 넣어 양념에 재워서 굽는다고 하였다.

1924년 『조선무쌍신식요리제법(朝鮮無雙新式料理製法)』도 역시 비슷한 표기법의 너뷔안이(너비아니) 조리법을 소개하고 있는데 너비아니가 곧 '쟁인고기' 즉, 양념에 재운 고기라고 하였다. 1946년 방신영(方信榮: 1890-1977)의 『조선음식 만드는 법』에는 우육구이를 곧 너비아니라고 하였다. 이러한 조리법과 음식 용어를 토대로 살펴보면 대체로 양념하여 구운 소고기를 너비아니라는 이름으로 불렀던 것으로 보인다.

너비아니는 음식을 뜻하기도 하였지만 깍두기처럼 써는 모양을 뜻하는 '깍둑썰기'처럼 고기를 써는 모양새

를 이르기도 하였다. 때문에 『시의전서』는 생선이나 염통 등 다른 재료를 썰 때도 '너비아니'처럼 써는 것이라고 설명하고 있다. 1939년 조자호가 기고한 〈동아일보〉의 요리법에서도 생선을 '너비아니 뜨듯' 저미는 것이라고 하였으며 돼지고기 구이를 만들 때는 '너비아니로 떠서' 라고 표현하였다(〈동아일보〉 1939년 6월 14일, 7월 26일자).

한편, 너비아니는 현대 음식 중 불고기와 가장 유사하다. 『한국음식대관』에서도 너비아니를 요즈음 말로 불고기라고 한다고 하였으며 1950년대 문헌들에서도 불고기를 너비아니의 속칭으로 여기고 있었다. 불고기라는 용어가 퍼지기 시작한 1950년대경에는 불고기와 너비아니를 비슷한 의미로 사용했던 것으로 보이나 이후 불고기 조리법이 너비아니와 달라지면서 현재는 두 음식은 양념과 재료는 비슷하지만 형태는 다른 음식이 되었다.

분류 : 음식
참고문헌 : 작자 미상, 『시의전서』; 이용기, 『조선무쌍신식요리제법』(영창서관, 1924); 방신영, 『조선음식 만드는 법』(대양공사, 1946); 한희순 외, 『이조궁정요리통고』(학총사, 1957); 한국문화재보호재단 편, 『한국음식대관 6』(한림출판사, 2002);「오늘저녁엔 이런 반찬을」,〈동아일보〉1939년 6월 14일
필자 : 서모란

설하멱적

설하멱적(雪下覓炙)은 저민 소고기를 양념하여 구운 음식으로 설하멱(雪下覓), 설야멱(雪夜覓)이라고도 하는데 문자 그대로 눈 아래서 혹은 눈 오는 밤 찾는 음식이라는 뜻이다.

홍만선(洪萬選: 1643-1715)의 『산림경제(山林經濟)』에 나와 있는 설하멱적 조리법은 다음과 같다. 소고기를 칼등으로 저며 연하게 만든 뒤 꼬챙이에 꿰어 기름과 소금으로 양념하여 재워둔다. 양념이 스며들면 뭉근한 불로 굽는데, 이때 물에 담갔다가 다시 꺼내 굽기를 세 번 반복한다. 참기름을 한 번 더 바른 뒤 굽는다. 『산림경제』의 조리법은 중국의 『서원방(西原方)』을 인용하였다고 했으며 이 조리법은 이후 문헌인 『해동농서(海東農書)』, 『규합총서(閨閤叢書)』, 『임원경제지(林園經濟志)』등에도 유사하게 기록되어 있다.

『증보산림경제(增補山林經濟)』의 설하멱적 조리법은 더욱 자세하다. 소고기 등심살을 너비 2치, 길이 6-7치 정도, 손바닥 두께로 썰고 칼등이나 칼날로 두들긴 뒤 꼬챙이에 끼운다. 기름과 소금과 장으로 양념하여 불에 굽는다. 이때, 불이 세면 탈 수 있으므로 불에 재를 약간 뿌려 온도를 낮춘다. 『산림경제』처럼 고기를 찬물에 담갔다 굽기를 세 차례 반복한다. 다음에 기름과 들깨를 발라 굽는다. 다른 방법으로는 밀가루와 기름, 장, 물을 섞어 죽처럼 만든 다음 고기에 발라서 앞의 방법처럼 굽는다. 또 마늘즙을 곁들이면 좋지만 마늘냄새를 싫어하는 사람도 있다고 덧붙였다.

설하멱적은 조리법에 있어서 고구려 시대 맥족이 먹었던 숯불구이인 맥적(貊炙)과 유사한 음식으로 보는 견해가 있으며, 설하멱적을 조선시대의 너비아니의 원형으로 보기도 한다. 때문에 설하멱적은 불고기의 원형으로 불리기도 한다. 『시의전서(是議全書)』의 너비아니 조리법을 살펴보면 연한 소고기를 얇게 저미며 잔칼질을 한 뒤 갖은 양념에 재워 굽는 음식이다. 『시의전서』에는 너비아니에 어떤 양념을 쓰는지 나와 있지 않다. 그러나 이후 문헌들은 너비아니 양념에 주로 간장을 사용한다.

분류 : 음식
색인어 : 설하멱, 설야멱, 불고기, 맥적, 너비아니, 산림경제, 증부산림경제, 규합총서, 임원경제지, 시의전서
참고문헌 : 홍만선, 『산림경제(山林經濟)』; 유중림 저, 이강자 외 역, 『증보 산림경제(국역)』(신광출판사, 2003); 이효지 외, 『시의전서(우리음식 지킴이가 재현한 조선시대 조상의 손맛)』(신광출판사, 2004)
필자 : 서모란

섭산적

섭산적(攝散炙)은 다진 소고기를 양념하여 넓적하게 빚어 석쇠에 구운 것이다. 소고기 외에 두부나 생선살을 섞어 만들기도 한다. 섭산적과 만드는 법이 유사한 음식으로는 장산적과 떡갈비가 있다. 장산적은 섭산적을 잘라서 다시 장에 졸인 음식이다. 떡갈비는 갈빗살을 사용한다는 점에서 섭산적과 다르지만 고기를 다져서 양념한 뒤 다시 빚어 굽는다는 점에서 조리법

이 동일하다.

섭산적은 고기를 주재료로 만드는 조리법과 고기 외에 두부 등의 부재료를 함께 섞어 빚어 만드는 방법 두 가지로 나뉜다. 다진 소고기에 양념만을 더해 만드는 섭산적 조리법은『조선요리제법(朝鮮料理製法)』과『우리음식』등의 조리서에서 나타난다.

방신영(方信榮: 1890-1977)의『조선요리제법』(1921)에서는 섭산적 제법을 소개하고 있는데 연한 고기를 잘게 이겨서 간장, 기름, 깨소금, 후춧가루, 다진 파를 넣고 한참 주물러서 반대기 모양을 만들어 기름과 깨소금을 치고 굽는다고 하였다. 1948년 손정규(孫貞圭: 1896-1955?)의『우리음식』(1948)은 섭산적의 재료가 너비아니와 같다고 하였는데 고기가 좀 질길 때 다져서 만든다고 하였다.

반면, 1957년 한희순(韓熙順: 1889-1972) 등이 집필한『이조궁정요리통고(李朝宮廷料理通考)』는 소고기와 함께 두부, 생선을 함께 다져 넣어 섭산적을 빚었다. 또, 송이버섯이 나는 철에는 송이버섯을 다져 넣어도 좋다고 하였다.

이렇게 만든 섭산적은 그대로 술안주나 반찬으로 즐겼다. 또한, 상추쌈에 곁들이는 음식으로 제격이었다. 조자호(趙慈鎬: 1912-1976)의『조선요리법(朝鮮料理法)』(1939)은 '상추쌈 절차'라 하여 상추쌈에 곁들이는 다양한 음식을 소개하였는데 이 중 섭산적도 있다. 섭산적을 다른 요리에 고명으로 사용하기도 하였다. 1934년『조선요리제법』에는 섭산적을 고명으로 사용한 음식들이 많은데, 우선 섭산적을 썰어서 그대로 얹는 요리에는 떡국과 비빔밥이 있다. 또한 밀국수와 냉면에는 구운 섭산적을 다시 으깨서 고명으로 쓰도록 되어있다.

섭산적은 고기를 잘게 다져서 빚어 구운 음식을 뜻했기 때문에 소고기가 아닌 다른 재료를 쓰더라도 섭산적이라는 이름이 붙기도 하였다. 1958년〈동아일보〉의 기사에는 꿩고기로 만드는 생치 섭산적을 소개하고 있다(〈동아일보〉1958년 12월 23일자). 1978년〈동아일보〉에는 수도여자사범대학부설 한국전통음식연구소에서 전통음식 시식회를 개최한다는 기사가 실렸는데, 여기서 함경도 음식으로 닭고기 섭산적이 기록되어있다(〈동아일보〉1978년 4월 13일자). 북한에서 출간된 요리책인『조선료리전집』에는 함경도 지방 음식으로 닭고기 섭산적이 소개되어 있는데 간 닭고기를 소금, 간장, 조청, 파, 마늘, 생강, 참깨, 후춧가루로 양념하여 구운 뒤 오이, 토마토를 함께 곁들여 먹는다고 하였다.

한편 섭산적은 고기가 거의 으깨지도록 잘게 다져 만들기 때문에 물건이 뭉그러지거나 곤죽이 된 것을 빗대어 '섭산적 같다'라는 표현이 사용되기도 하였다.

분류 : 음식
참고문헌 : 방신영,『조선요리제법』(광익서관, 1921); 방신영,『조선요리제법』(한성도서, 1934); 한희순 외,『이조궁정요리통고』(학총사, 1957); 손정규,『우리음식』(삼중당, 1948);『조선료리전집 6 지방료리편(조선료리협회 전국리사회, 2000); 「색다른『떡국』만들기」,〈동아일보〉1958년 12월 23일; 「전통음식 試食會(시식회) 각고장의맛 음미」,〈동아일보〉1978년 4월 13일
필자 : 서모란

장산적

장산적(醬散炙, 醬篹炙)은 크게 두 종류로 나뉜다. 첫째로, 문자 그대로 고기구이인 산적을 장에 조린 것을 뜻하는데, 이는 조선 후기 문헌에서 많이 발견되는 방식이다. 두 번째는 다진 고기를 양념하여 납작하게 모양을 잡아 석쇠에 구운 것, 즉, 섭산적을 다시 양념에 조린 것을 뜻한다. 주로 1900년대 조리서에서 나타난다.

장에 조린 산적이라는 의미의 장산적은 조선시대 문헌인『임원경제지』와『증보산림경제』등에서 확인할 수 있다. 1835년경 편찬된 것으로 알려진 서유구(徐有榘: 1764-1845)의『임원경제지[林園十六志]』는『경도잡지』를 인용하여 소고기로 만든 산적과 소의 내장으로 만든 잡산적을 소개하면서 구운 뒤 달인 좋은 장에 담그면 장산적(醬篹炙)이 된다고 하였다. 1766년의 유중림(柳重臨: 1705-1771)의『증보산림경제(增補山林經濟)』의 장산적 만드는 법은 소고기 및 내장으로 만든 산적을 기름장으로 구워 볕에 바싹 말린 다음 포도즙과 같은 감청장에 만초(蠻椒) 천초(川

椒)를 넣고 졸인다. 1830년경 최한기(崔漢綺: 1803-1877)가 편찬한 것으로 알려진 『농정회요(農政會要)』도 같은 조리법을 소개하고 있다. 1800년대 초 작자 미상의 문헌인 『주찬(酒饌)』의 장산적(醬散炙)은 연한 살코기를 부춧잎처럼 얇게 저며 꼬챙이에 꿰어 칼등으로 두드려 서로 붙게 한 다음 구워서 바짝 말려서 쓴다고 하였다.

조선시대 마지막 왕인 순종과 윤비를 모시던 상궁 김명길(金命吉: 1894-1983)은 본인의 저서 『낙선재 주변』(1977)에서 수라상에 들어가는 음식들을 열거하였는데 이 중에 장산적이 포함되어 있다. 김 상궁은 장산적에 대해 "고기를 잘게 썰어 양념을 해서 구워 조린 것"이라고 하였다. 김 상궁의 정의만 보아서는 섭산적을 양념하여 조린 것인지, 아니면 구운 산적을 다시 양념에 조린 것인지 알 수 없다.

1900년대 이후 조리서들은 대부분 장산적은 섭산적을 이용해 만드는 것으로 보고 있다.

다양한 산적요리를 소개한 1931년 〈동아일보〉 기사에서는 장산적에 대해 별도로 만드는 것이 아니라 섭산적을 만들어 바짝 구워 네모지게 잘라 진장(진한 간장)에 넣었다가 먹는 것이라고 하였다〈동아일보〉 1931년 11월 27일자). 1934년 『조선요리제법(朝鮮料理製法)』에서도 장산적은 섭산적을 만들어 5푼 너비, 7푼 길이로 썰어 진한 간장과 설탕을 넣고 오래 졸이

장산적ⓒ수원문화재단

는 음식이라고 하였으며 찬합의 반찬으로 쓴다고 하였다.

1924년 이용기(李用基: 1870-1933)는 『조선무쌍신식요리제법(朝鮮無雙新式料理製法)』은 섭산적으로 만드는 장산적과 『증보산림경제』 등의 방법을 모두 소개하고 있는데 『증보산림경제』와 같이 만드는 장산적 방법에 대해 옛날 방법이라 잘 알지 못하고 만들어 먹어보지 못하여 포도즙을 왜 넣는지 알 수 없다고 하였다.

분류 : 음식
참고문헌 : 서유구, 『임원경제지』; 유중림, 『증보산림경제』; 최한기, 『농정회요』; 작자 미상, 『주찬』; 방신영, 『조선요리제법』(한성도서, 1934); 이용기, 『조선무쌍신식요리제법』(영창서관, 1924); 김명길, 『낙선재 주변』(〈중앙일보〉, 1977); 「산적」, 〈동아일보〉 1931년 11월 27일
필자 : 서모란

적(『대동야승』)

문안공(文安公) 이사철(李思哲)은 몸집이 커서 음식을 남보다 유달리 많이 먹었는데, 항상 큰 그릇의 밥 한 그릇과 찐 닭 두 마리와 술 한 병을 먹었다. 등에 종기가 나서 거의 죽게 되었는데, 의원이 적육(炙肉: 구운 고기)과 독주(毒酒)를 금해야 한다고 말하니, 공이 말하기를 "먹지 아니하고 사는 것보다 차라리 먹고 죽는 것이 낫지 않을까?" 하면서 여전히 술을 마시고 적육을 먹어도 마침내 병이 나으니, 사람들이 말하기를 "부귀를 누리는 사람은 음식 먹는 것도 보통사람과 다르다" 하였다.

공이 젊어서 여러 벗들과 삼각산의 절에서 놀 때에 각각 술 한 병씩을 가졌으나 술잔이 없었다. 그때 권지(權枝) 선생이 새로 만든 말 가죽신을 신었었는데, 문안공이 먼저 그 신에 술을 따라 마시니 여러 벗들도 차례로 마셨다. 그리고는 서로 보며 크게 웃고 말하기를 "가죽신을 술잔으로 삼은 것이 우리들로부터 고사(故事)가 되었으니, 이 또한 좋지 않은가?" 하였다. 뒤에 문안공이 귀하게 되어 권지에게 말하기를 "오늘 금 술잔의 술맛이 전에 산놀이 할 때의 가죽신 술잔보다 못하구려" 하였다.

위 이야기는 조선 초기 서거정(徐居正: 1420-1488)이 저술한『필원잡기』에 실려 있는 것으로서, 편자 미상의『대동야승』에도 전재되어 있다. 먹는 것으로써 병을 치료하고, 가죽신을 잔으로 삼아 술을 마시는 광경이 매우 흥미롭다. 문안공 이사철은 태종-세조 때의 문신으로서, 도승지, 판서, 좌의정 등을 역임한 문신이었다. 그러나 외형은 몸집이 크고 엄청난 대식가의 장사 같은 호방한 인물이었다.

분류 : 문학
색인어 : 불고기, 술, 필원잡기, 대동야승
참고문헌 : 민족문화추진회 편,『대동야승 1』(간행위원회, 1971)
필자 : 차충환

적기(제기)

적기(炙器)는 적이나 떡을 올려놓는 직사각형의 제기이다. 산릉제례의 사시속절제(四時俗節祭) 때 적(炙)이나 떡[餠]을 올려놓는 직사각형의 제기이다. 적은 어육·채소 따위를 양념하여 대꼬챙이에 꿰어 굽거나 번철에 지진 음식이다. 적기는 이러한 적을 담는 데 사용되는 그릇이다. 적기(炙器)는 적을 담아 올리는 제기로 '적틀' 또는 '적대'라 부른다.

보통 넓직한 방형판 아래에 원통형의 굽을 하고, 상판에 비해 굽의 너비가 비교적 넓고, 높이가 낮은 편이다. 적기는 유기, 자기, 나무로 제작된다.

적기, 높이 9.6cm, 가로 18cm, 조선, 국립고궁박물관

분류 : 미술
색인어 : 제사, 제기
참고문헌 : 한국학중앙연구원,『한국민족문화대백과사전』
필자 : 구혜인

평양 명물 불고기

일제 강점기 불고기는 평양을 대표하는 음식 중 하나였다. 이는 일제 강점기 다양한 신문 기사를 통해 확인할 수 있다.

1935년〈동아일보〉기사는 불고기를 평양 모란대(牡丹臺) 근방의 명물로 소개하고 있다. 이 기사에 따르면 이 당시 모란대 근방에서 불고기를 얼마나 많이 구워 먹었던지, 불고기 굽는 연기 때문에 소나무가 마르고 있으며 고기 굽는 냄새가 산보객들에게 불편을 주고 있었다고 한다. 이와 같은 이유로 모란대 근방에서 고기 굽기를 금한다는 것이 이 기사의 주요 내용이다(〈동아일보〉1935년 5월 5일자).

평양에서 불고기를 즐겨 먹었다는 기록은 다른 기사에서도 확인할 수 있다.〈매일신보〉의 1941년 10월 23일자 기사 역시 평양의 명물로 소고기와 소고기 요리인 불고기, 스키야키, 갈비 등을 소개하고 있는데 재미있는 것은 소고기 물량이 부족한 것이 평양에서 소고기를 너무 많이 먹기 때문이라고 주장하고 있는 것이다. 따라서 식당에서는 불고기를 일인당 1근 2량(562.5g)으로 제한하여 팔아야 한다.'는 것이 이 기사의 핵심이다(〈매일신보〉1941년 10월 23일자). 평양 불고기가 인기를 끌자 관련업자들이 불고기 가격을 올리기 위해 합심하여 '평양서 경제계'에 진정을 올리기도 하였다는 내용도 지면에 등장한다(〈매일신보〉1941년 7월 30일자).

한편, 불고기라는 이름이 평양의 지방어를 넘어 좀 더 대중적으로 쓰였다는 점은 1932년〈동아일보〉기사에서 확인할 수 있다. 여러 식품에 들어 있는 단백질과 칼로리를 분석하였는데, 이중 불고기의 한 점의 단백질 함량(15g)과 칼로리(96)를 기록해 두었다(〈동아일보〉1932년 3월 20일자). 불고기 한 점의 양이 얼마인지는 알 수 없으나 불고기와 함께 나온 우육 1인분이 단백질 15g, 100칼로리인 것으로 보아 이에 상응하는 양이었을 것으로 보인다.

이처럼 불고기라는 단어는 1950년대 이전에도 한강 이북의 평양과 평안도를 중심으로 사용하고 있었던 것으로 보인다. 북한에서 발간된 민속 백과사전인 『조선의 민속전통』은 "평양과 평안도의 고기반찬"으로 순안불고기가 유명하다고 하였다. 역시 북한에서 발간된 『조선료리전집 6 지방료리 편』에는 순안불고기 만드는 법이 나오는데 간장, 배즙, 소금, 참기름, 흰 포도술(백포도주), 사탕가루(설탕), 다진 파, 다진 마늘, 후춧가루로 양념을 만들고 두터운 편으로 썬 소고기를 두드려 양념에 재운 다음 숯불에 구워 오이와 마늘, 양념간장을 곁들인다고 하였다.

현대어에서의 불고기의 의미는 소고기 등의 고기를 얇게 저며 간장, 설탕, 파, 마늘 등의 양념에 재웠다가 불에 구운 음식이다. 최근에는 석쇠에 구운 고기뿐 아니라 국물 자작하도록 볶은 것도 불고기라고 한다. 또한 소고기가 아닌 다른 짐승의 고기를 사용했을 경우 짐승이나 생선의 이름에 불고기라는 단어를 붙여 사용하기도 하는데 예를 들어 돼지불고기, 오리불고기, 염소불고기, 복불고기(복어불고기) 등이 있다. 근래에 남한에서 유명한 지역 불고기로는 광양불고기와 언양불고기, 그리고 서울식불고기가 있다.

두껍게 썬 소고기를 두드려 양념해서 그대로 굽거나 꼬지에 꿰어 구운 산적(散炙)은 사전에서 정의하는 불고기와 조리법이 유사하다. 서명응(徐命膺: 1716-1787)의 『고사십이집(攷事十二集)』 등의 문헌에는 燒肉(소육)이라는 표현이 나오는데, 문자 그대로 구운 고기를 뜻한다. 『고사십이집』의 조리법에 따르면 대나무 꼬챙이에 끼운 고기를 숯불에서 굽다가 기름과 장, 술, 초, 밀가루를 섞은 양념을 얇게 발라서 굽는데, 먹을 때는 겉 표면에 굳은 밀가루 껍질을 벗겨내고 먹는다고 하였다. 이 역시도 산적의 일종으로 분류할 수 있다.

불고기와 직접적으로 관련이 있는 조선시대 음식으로는 너비아니가 있다. 현재까지의 연구결과로는 불고기라는 단어가 사전과 조리서 등의 문헌에 등장한 것은 주로 1950년대경으로 본다. 방신영은 1955년 『고등가사교본 요리실습 편』에서 너비아니의 조리법을 소개하면서 참고사항에 다음과 같이 적어두었

다 "표준어로는 너비아니라고 하든지 또는 고기구이라고 한다. 속칭 불고기라고 하지만 촌스러운 부름이다." 이 내용 중 '촌스러운 부름'이라는 부분은 이 책의 개정판인 1958년 『고등요리실습』에서 '상스러운 부름'이라고 수정된다. 이를 통해 1950년대 시각에서는 너비아니와 곧 고기구이는 같은 뜻이었으며 속칭은 불고기였던 것을 알 수 있다.

분류 : 음식
참고문헌 : 서명응, 『고사십이집』; 방신영, 『고등가사교본 요리실습 편』(금룡도서주식회사, 1955); 방신영, 『고등요리실습』(장충도서출판사, 1958); 이성우, 『한국요리문화사』(교문사, 1985); 조선의 민속전통 편찬위원회, 『조선의 민속전통 1 (식생활풍습)』(과학백과사전종합출판사, 1994); 조선료리전집편찬위원회, 『조선료리전집 1-10』(조선료리협회 전국리사회, 1994-2013); 이규진, 「근대 이후 100년간 한국 육류구이 문화의 변화」(이화여자대학교 대학원 박사학위청구논문, 2010); 「平壤 名物 불고기 價格의 引上을 陳情」, 〈매일신보〉1941년 7월 30일; 「기호, 습관을 떠나 보건식품을 취하라 二」, 〈동아일보〉1932년 3월 20일; 「牡丹臺名物(모란대명물) "불고기"禁止(금지)」, 〈동아일보〉1935년 5월 5일; 「肉食에 制限令」, 〈매일신보〉1941년 10월 23일
필자 : 서모란

화양적(궁중음식)

궁중 연회 상차림에 오른 음식 중에는 꽃처럼 아름답고 빛난다는 의미를 지닌 화양적(花陽炙, 華樣炙)이라는 음식이 있다. 화양적은 육류, 해산물, 채소, 버섯 등 재료를 익힌 다음 색을 맞추어 꼬치에 끼운 음식이다. 의궤에는 '花陽炙(화양적)'이라는 명칭을 많이 쓰

화양적ⓒ수원문화재단

고, 음식발기에는 '華樣炙(화양적)'이라 적혀 있다.

진찬의궤나 진연의궤에 기록된 화양적의 재료는 우둔이나 생육과 도라지, 파, 표고, 석이 등의 채소와 달걀, 잣, 밀가루가 쓰였고, 양념으로 간장, 소금, 후춧가루, 참기름, 파, 생강, 마늘, 깨소금 등이 쓰였다. 화양적은 주재료에 따라 다양한 이름이 있다.

1829년(순조 29) 효명세자(孝明世子: 1809-1830)가 아버지인 순조(純祖: 재위 1800-1834)의 보령 40세와 즉위 30주년을 경축하기 위하여 베푼 진찬에는 다양한 화양적이 등장하였다.

천엽과 꿩, 닭고기, 표고를 같이 꼬치에 꿴 천엽화양적(千葉花陽炙), 천엽 대신 양이 들어간 양화양적(胖花陽炙), 오리알을 넣은 압란화양적(鴨卵花陽炙), 낙지가 들어간 낙제화양적(絡蹄花陽炙), 전복과 소고기, 돼지고기, 표고, 도라지, 파를 같이 꼬치에 꿴 생복화양적(生鰒花陽炙), 숭어살을 넣은 어화양적(魚花陽炙), 그리고 여러 가지 재료로 만든 적을 한 접시에 담은 각색화양적(各色花陽炙) 등이다.

특히 1829년 진찬에 올린 화양적에는 삼색지(三色紙)도 쓰였다. 색지는 화양적을 그릇에 담을 때 적꼬치 장식하는 데 쓴다.

한 그릇에 화양적만 담기도 했지만 다른 음식과 함께 담기도 했다. 순종(純宗: 1907-1910)의 관례와 가례에 쓰인 상차림과 음식내용을 적은 음식발기에는 화양적이 전복초 또는 홍합초와 함께 한 그릇에 담은 기록이 나온다.

분류 : 음식
색인어 : 화양적, 천엽화양적, 압란화양적, 생복화양적, 전복초, 홍합초
참고문헌 : 『[기축]진찬의궤([己丑]進饌儀軌)』;『임오 정월 천만세 동궁마마 가례시 어상기(壬午 正月 千萬世 東宮 嘉禮時 御床記)』;『임오 정월 이십일일 천만세 동궁마마 관례시 사찬상 발기(壬午 正月 二十一日 千萬歲 東宮 冠禮時 賜饌床 件記)』; 황혜성 외 공저,『한국음식대관 6권-궁중의 식생활』(한국문화재재단, 1997)
필자 : 이소영

전

전(煎)은 재료를 얇게 썰어 밀가루나 녹두가루에 달

걀을 묻혀 기름에 지진 음식으로 생선을 지진 전을 전유어(煎油魚), 고기를 지진 전을 간남(肝南)이라고 부른다.『조선무쌍신식요리제법(朝鮮無雙新式料理製法)』에서는 "전유어는 아니 쓰는 데가 없나니 온갖 잔치에 혼인과 상사(喪事: 상장례)와 제사와 생일이나 큰 연회나 여럿이 술 마시는 데와 심지어 밥상까지라도 이것이 없고는 할 수 없는 것이라."고 했다. 또 고급은 계란을 묻혀 녹말가루나 밀가루에 지져 만든 것이고, 중간급은 계란에 물을 타고 치자 물을 치고 여기에 밀가루에 지져 만든 것이고, 하급은 계란도 안 쓰고 녹두가루를 묻혀 들기름이나 돼지기름에 지져 쓰는 것이라고 했다. 먹는 방법도 이 책에 나오는데, 더운 김에 초장이나 진장을 찍어 먹되, 전유어는 소금을 찍어 먹으면 맛이 고소하고 알맞다고 하였다. 이외에 전병·빈대떡·화전 등도 넓은 의미에서 전의 일종이다.

분류 : 음식
색인어 : 소고기, 제사음식, 화전
참고문헌 :『조선무쌍신식요리제법』; 한희순 외,『이조궁정요리통고』(학총사, 1957)
필자 : 주영하

해물파전

해물파전은 파와 해물을 주재료로 하여 기름을 두르고 지지는 전류이다. 전(煎)은 '지지다'의 뜻을 지니고 있는데, 조선 중기 궁중에서는 전을 전유화(煎油花)라고 적고, '전유어', '전유아'라고 읽으며, 민간에서는 전야, 저냐, 전, 부침개, 지짐이라고 불렀다. 주로 밀가루 반죽에 채소류, 어류, 육류 등의 재료를 얇게 썰어 넣고 번철에 기름을 두르고 양면을 지진다. 해물파전은 밀가루 반죽에 쪽파를 올리고 그 위에 해물을 얹어 굽기도 하고, 해물과 쪽파를 섞어서 기름에 부치기도 한다.

1600년대까지 문헌을 보면 여러 전의 종류가 기록되어 있지만, 해물을 이용한 전은 쉽게 찾아볼 수가 없다. 1609년의『영접도감의궤(迎接都監儀軌)』에서도 어육전이 있고, 1670년경 장계향(張桂香: 1598-1680)이 저술한『음식디미방』에도 어전법이 있지만 해물

파전 ⓒ수원문화재단

보다는 생선을 저며서 부친 것이다. 온전한 해물전은 1795년의 『원행을묘정리의궤(園幸乙卯整理儀軌)』에서 해삼전, 전복전 등을 볼 수 있고, 1892년과 1901년의 『진찬의궤(進饌儀軌)』에서 석화전, 홍합전, 해삼전 등이 있어 해산물을 이용한 전의 형태를 볼 수 있다.

1900년대 조리서에는 더 다양한 해물전이 있지만 파를 함께 넣은 것은 없고, 1946년의 방신영(方信榮: 1890-1977)이 쓴 『조선음식 만드는 법』에서 비로소 파전이 등장한다. 이때 파전은 밀가루에 계란을 풀고 소금으로 간을 맞춘 다음 썰어 둔 파를 넣어 번철에 부치는 것이다. 한국전쟁 이후 미국으로부터 도입된 잉여농산물이 식생활에 큰 변화를 주었는데(강인희, 1996), 대표적인 것이 밀이다. 파전도 밀 보급량 증가에 따라 밀로 만든 음식이 보편화된 것과 관계가 있을 것으로 짐작된다.

오늘날 알려진 대표적인 해물파전으로는 부산지역의 '동래파전'이 있다. 동래파전은 찹쌀가루와 멥쌀가루를 반죽으로 쓰고, 쪽파·대합·홍합·조갯살·굴·새우 등을 풍성하게 넣어 기름에 부치는데 마지막에 계란을 풀어 얹고 냄비 뚜껑을 덮어 해물과 파의 향이 날아가지 않도록 하는 것이 특징이다(이지은, 2009). 또한 동래파전은 다른 전류와 달리 간장이 아닌 초장에 찍어 먹는다.

동래파전의 유래는 두 가지 설이 있는데 조선 시대 동

래부사가 삼짇날에 임금께 진상한 음식으로 이후 삼짇날에 먹었다는 이야기(〈서울신문〉, 2009), 숙종 때 산성의 중성(中城) 축성 부역꾼의 새참음식으로 먹었다는 이야기가 구전된다(이지은, 2009). 일제 강점기에는 동래의 '진주관'에서 동래기생들이 손님상에 동래파전을 올리면서 유명해졌다고 전해진다(이지은, 2009). 해물파전에 대한 조리서의 기록은 거의 없지만 동래파전을 통해 그 기원을 짐작해 볼 수 있다.

분류 : 음식
참고문헌: 『영접도감의궤(迎接都監儀軌)』; 『진찬의궤(進饌儀軌)』; 장계향, 『음식디미방』; 방신영, 『조선음식 만드는 법』; 강인희, 『한국식생활사』(삼영사, 1996); 이지은, 「부산 '동래파전'의 유명세 확보와 확산과정」(2009년 한국민속학자대회 대학(원)생 현상 공모 수상 논문, 2009); 「부산 동래파전」(〈서울신문〉, 2009)
필자 : 박선미

전복

조선시대에 전복(全鰒)은 복어(鰒魚), 전복어(全鰒魚), 포(鮑) 같은 이름으로 불렸다. 『본초강목(本草綱目)』에는 이외에도 석결명(石決明), 천리공(千里孔), 구공라(九孔螺)와 같은 별칭이 더 언급되고 있다. 우리나라에서는 전복이 주로 남해안에서 생산되었다. 『세종실록(世宗實錄)』 「지리지」의 기록을 보면 전라도 영암·강진·순천·제주도 지역과 강원도 강릉·양양·삼척·울진 지역에서 전복을 공납했다는 기사가 보인다. 그러나 그중에서도 가장 많은 생산량을 담당했던 곳은 단연 제주였다.

전복은 가공 상태에 따라 생복(生鰒: 생전복)과 건복(乾鰒), 그리고 추복(搥鰒)으로 구분한다. 생복은 살아있는 전복으로, 생포(生鮑) 혹은 전포(全鮑)라고도 한다. 살과 껍데기를 분리하지 않고 얼음을 채워서 유통하며, 회나 죽을 쑬 때 사용한다. 반면, 건복은 껍데기를 벗겨낸 후 전복 살을 햇볕에 말려 10마리씩 대꼬챙이에 꿴 것을 말하는데, 찜, 탕, 구이, 조림, 초, 포 등을 만들 때 쓴다. 그리고 추복은 얇게 다져서 종잇장처럼 펴낸 것으로, 장복(長鰒)이라고도 한다. 술안주로 매우 좋다(서유구, 『난호어목지(蘭湖漁牧志)』).

전복을 재료로 한 음식ⓒ하응백

전복은 회, 죽, 포, 초, 젓갈, 찜 등 매우 다양한 음식에 쓰였다. 특히 정약전(丁若銓: 1758-1816)은 전복의 살코기는 맛이 달아서 날로 먹어도 좋고 익혀 먹어도 좋지만, 가장 좋은 방법은 말려서 포를 만들어 먹는 방법이라고 했다(『자산어보(玆山魚譜)』). 또한 전복의 장은 익혀 먹어도 좋고, 젓갈을 담아 먹어도 좋으며, 종기 치료에도 효험이 있다고도 했다. 귀한 식재료였던 만큼, 전복을 이용해 매우 특별한 음식들이 만들어지기도 했다. 궁중에서는 연회를 베풀 때 전복초라는 음식을 만들어 먹었고, 어른을 모시고 사는 집에서는 이가 안 좋은 노인을 위해 전복다식을 만들기도 했다. 또한 전복 내장을 소금에 절여 숙성시킨 전복젓갈, 전복을 얇게 저미서 주머니처럼 만든 다음 그 안에 갖은 재료를 넣고 소금물을 부어 익힌 전복김치도 있다(홍만선, 『산림경제(山林經濟)』; 방신영, 『조선요리제법(朝鮮料理製法)』).

분류 : 식재료
색인어 : 다식, 김치, 자산어보, 조선요리제법
참고문헌 : 『세종실록』; 홍만선, 『산림경제』(한국전통지식포탈); 정약전, 『자산어보』(정명현 역, 서해문집, 2016); 서유구 저, 이두순 평역, 강우규 도판, 『평역 난호어명고』(수산경제연구원BOOKS·블루&노트, 2015); 방신영, 『조선요리제법』(한성도서주식회사, 1934)
필자 : 양미경

도전복(『소문사설』)

『소문사설(謏聞事說)』에는 반쯤 말린 전복과 잣으로 만든 도전복(饀全鰒)이라는 음식이 있다. 도전복은 소를 넣은 전복이라는 뜻으로 전복포, 혹은 전복소라고도 부른다.

『소문사설』의 도전복 조리법은 다음과 같다. 반 건조된 전복의 배를 가르고 잣을 이겨서 그 속에 채운다. 전복을 베로 감싸고 판자로 눌러 잣의 향이 전복에 스며들게 한다. 반쯤 마르면 썰어서 먹는다.

이와 유사한 음식으로는 전복쌈이 있다. 전복쌈은 말린 전복을 물에 불린 뒤 썰어서 잣을 넣어 송편 모양처럼 만든 음식으로 재료는 유사하나 짓이긴 잣이 아닌 통잣을 사용한다. 『규곤요람(閨壺要覽)』, 『조선요리제법(朝鮮料理製法)』, 『조선무쌍신식요리제법(朝鮮無雙新式料理製法)』, 『조선요리법(朝鮮料理法)』, 『사계의 조선요리』 등에 기록되어 있다.

분류 : 음식
색인어 : 도전복, 전복쌈, 전복, 소문사설
참고문헌 : 이시필 저, 백승호 외 역, 『소문사설, 조선의 실용지식 연구노트(18세기 생활문화 백과사전)』(휴머니스트, 2011); 조자호 저, 정양완 역, 『조선요리법』(책미래, 2014)
필자 : 서모란

복적(강빈옥사)

강빈(姜嬪: ?-1646)은 소현세자의 빈(嬪)으로, 당대에 명망이 높았던 우의정 강석기(姜碩期: 1580-1643)의 딸이다. 1627년 소현세자와 가례를 올려 세자빈에 책봉되었으나, 조선이 병자호란에 패하는 바람에 1637년 소현세자와 함께 당시 청나라 수도였던 중국 심양(瀋陽)으로 끌려갔다가 9년 만에야 조선에 돌아올 수 있었다. 그러나 귀국한 지 두 달 만에 소현세자가 갑자기 사망하게 되었고, 인조는 소현세자의 장남 대신 소현세자의 동생인 봉림대군을 세자로 책봉하였다. 이 일로 조정 안팎에서는 대신들의 반대가 거세게 일었고, 강빈 또한 크게 반발하였다.

그러던 중 1646년 1월 인조의 수라상에 올라온 전복구이에서 독이 발견되었다. 평소 강빈을 탐탁하지 않게 여겼던 인조는 사건의 배후로 강빈을 지목하고는 그녀를 폐출시킨 뒤 사사하였다. 뿐만 아니라 보위를 물려받지 못한 소현세자의 장남을 포함한 세 아들을 모두 제주로 유배 보내고, 강빈의 친정 식구들까지 처

전복구이ⓒ하응백

형하였다.

그러나 독약사건이 발생하기 전부터 인조는 강빈을 몹시 미워하여 그녀와 말을 섞는 자에게는 죄를 묻겠노라고 엄포를 놓았다. 따라서 철저히 고립되어 있던 강빈이 임금의 수라상에 독을 넣는 것은 '형세상 할 수 없는 일'인데, 그럼에도 인조가 이와 같이 믿었던 것은 강빈과 대립하였던 인조의 후궁 소원 조씨가 모함했기 때문이라고 『인조실록』은 적고 있다. 이는 그 진실 여부를 떠나서 정적(政敵)을 처리하기 위한 한 수단으로써 복적(鰒炙)이라는 음식이 사용되었고, 그로 인해 강빈옥사라는 비극을 몰고 온 사건으로 기록되고 있다.

분류 : 음식
색인어 : 복적(전복구이), 강빈, 소현세자, 인조, 소원 조씨, 강빈옥사(姜嬪獄事)
참고문헌 : 『인조실록』
필자 : 양미경

왕실의 전복음식

전복은 궁중 연회나 제사 등 의례음식으로 많이 사용되었다. 『진찬의궤(進饌儀軌)』, 『진연의궤(進宴儀軌)』 등에 기록된 전복을 이용한 음식은 생복찜[生鰒蒸], 생복탕(生鰒湯), 전복초(全鰒炒), 생복회(生鰒膾), 전복숙(全鰒熟), 전복적[生鰒醷], 전복절(全鰒折: 전복오림) 등이다. 이와 같이 전복이 주재료로서 다양한 조리법으로 사용되기도 했지만 잡탕(雜湯), 계증(鷄蒸: 닭찜), 숭어찜[秀魚蒸], 해삼탕(海蔘湯) 등 많은 음식에 전복이 부재료로 들어간다. 전복은 궁중의 중요한 식재료로서 연회 음식에 이용되었다.

조선시대 영조-정조시기에 전국 각도별로 바치는 공물의 물종과 수량이 적혀 있는 『공선정례(貢膳定例)』라는 책에는 각 지역에서 궁궐로 공상된 전복을 살펴볼 수 있다.

전복은 충청도, 전라도, 제주도 지역에서 궁궐로 보내졌다. 충청도에서는 매월 초하루에 임금께 바치는 특산물인 삭선(朔膳)으로 정월(음력 1월)에는 껍질이 있는 생전복[有匣全鰒]을 300개를 보내고, 음력 8월에는 생복(生鰒) 300개를 궁궐로 보냈다. 전라도에서는 음력 5월, 6월, 8월 10-12월에는 월마다 전복 3접을 공상하였다. 충청도와 전라도에서 생전복이 궁궐로 보내졌다.

제주도의 경우 전복의 명산지로 알려졌지만 궁궐로 보낸 전복은 생복이 아닌 가공품 형태였다. 제주도에서는 음력 2월부터 9월까지 궁궐로 올려보낸 것은 추복(槌鰒), 인복(引鰒), 조복(條鰒)이다. 이것은 모두 전복을 말린 형태이다. 추복(槌鰒)은 전복을 말려서 망치로 두들겨서 건오징어포처럼 만든 것이다. 인복(引鰒)은 말린 전복을 길게 잡아 늘인 것으로 긴 것은 '장인복', 짧은 것은 '단인복'으로 부른다. 조복(條鰒)은 말려서 가닥가닥 만든 것으로 추측된다.

전복 건조품이나 이를 이용하여 만든 음식은 왕의 하사품으로도 쓰였다. 윤선도(尹善道: 1587-1671)는 효종(孝宗: 1619-1659)으로부터 1629년 6월 21일에는 추복탕(槌鰒湯)을, 1652년 7월 2일에는 추복 10첩(貼), 장인복 10줄기[注之]를 하사받았다.

1829년(순조 29)의 연회를 기록한 『[기축]진찬의궤[己丑]進饌儀軌]』에 추복탕(槌鰒湯)은 추복(槌鰒) 10첩, 연계(軟鷄) 1마리, 실깨[實荏子] 5홉, 잣[實柏子] 3작, 소금[鹽] 5작이 사용되었다. 추복을 불려 닭살과 함께 깨와 소금으로 양념하여 닭국물에 끓여 잣을 띄운다.

분류 : 음식
색인어 : 전복, 추복, 인복, 조복, 추복탕, 공상, 공선정례, 전복음식

참고문헌 : 『[기축]진찬의궤([己丑]進饌儀軌)』; 『공선정례(貢膳定例)』; 윤선도 은사장(尹善道 恩賜状)-1629년 6월 21일, 1652년 7월 2일
필자 : 이소영

전복(『금계필담』)

조선 숙종 때의 문신인 윤지완(尹趾完)은 사옹원(司饔院: 왕의 식사나 궁중의 음식 공급에 관한 일을 맡아보던 관청)을 관장하는 벼슬을 살고 있었는데, 어느 날 임금의 부름을 받아 한림원에서 아침식사를 하고 있었다. 그때 그의 사위이자 국척이었던 민진원(閔鎭遠)도 궁에서 아침식사를 하고 있었다. 윤지완은 자신의 밥상에 올라와 있는 생전복을 민진원에게 보내면서, "이것은 별미이니 가히 새로운 것을 맛보도록 하라"고 하였다. 그러자 민진원은 "저의 밥상에도 또한 생전복이 올라 있습니다. 그러니 돌려드립니다"라고 하였다.

이에 윤지완은 생전복을 임금이 사사로이 민진원에게 준 것으로 판단하고, 경연(經筵) 자리에서 임금에게 아뢰기를, "저는 바야흐로 사옹원의 책임을 맡고 있는 사람인데, 어느 날 아침을 먹다가 사위 민진원이 마침 한림원의 숙직을 하고 있던 까닭으로 저의 밥상에 놓인 생전복을 보내어 좋은 맛을 보게 하였더니, 그의 밥상에도 또한 생전복이 올라 있었습니다. 사옹원의 일을 총괄하는 사람으로서, 사사로이 국척을 먹이려고 한 일을 막지 못한 죄가 큽니다. 청하건대 저의 벼슬을 깎아 법도를 엄정히 하십시오" 하니, 임금이 허락하였다. 이후로부터 임금이라도 식사제도를 엄격히 준수하게 되었다.

위 이야기는 조선 후기 서유영(徐有英: 1801-1874)이 편찬한 야담집 『금계필담』에 실려 있는 것으로서, 고위관리가 전복을 먹은 일로 벼슬에서 자진 사퇴한 이야기이다.

전복은 영양가가 매우 높은 해산물로서, 조개류의 황제로 불릴 정도로 예로부터 귀한 음식으로 대접을 받았다. 회, 찜, 죽, 국 등 다양한 방법으로 요리를 한다. 허균(許筠: 1569-1618)의 음식품평서인 『도문대작(屠

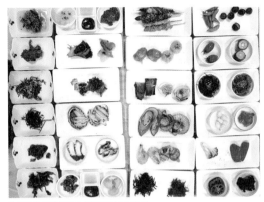

전복회와 함께 차려진 여러 음식 ⓒ하응백

門大嚼)』에는 '큰전복[大鰒魚]은 제주에서 나는 것이 가장 크다. 맛은 작은 것보다는 못하지만 중국 사람들이 매우 귀히 여긴다. 경북 해변 사람들은 전복을 따서 꽃 모양으로 썰어서 상을 장식하는데 이를 꽃전복[花鰒]이라고 한다.'라고 기록되어 있다.

분류 : 문학
색인어 : 전복, 금계필담, 야담
참고문헌 : 송정민 외 역, 『금계필담』(명문당, 1985)
필자 : 차충환

전복(1474년 성종)

1474년 9월 11일 집의 이형원(李亨元: ?-1479)이 성종에게 자신이 상례를 치르는 동안 전라도에 있으면서 들은 이야기를 보고했다. 이형원이 들은 이야기는 광양, 낙안, 순천 등의 지역에서는 세인복(細引鰒)을 공물로 바쳐야 하는데 가까운 지역에는 큰 전복이 없어서 멀리 있는 외딴 섬에 들어가서 큰 전복을 구한다는 것이다. 그런데 멀리 떨어져 있는 섬에는 조선인들만 들어가는 것이 아니라 일본에서 고기잡이를 위해 건너온 사람들이 있어 조선인과 일본인들 사이에 분쟁이 있다는 것이다. 그런데 지방관리들은 공물을 올려야 하기에 이러한 분쟁에는 크게 신경 쓰지 않아 이를 해결하기 위해선 먼 곳에서 전복을 캐지 않도록 하고 전라도 여러 지역에 부과된 세인복의 양을 줄이도록 하는 것이 필요하다고 주장했다.

성종은 이형원의 말이 옳다고 평하긴 했지만 세인복은 천신하는 물건이기에 전부 줄이는 것은 어렵다고 대답

해녀들, 석남 송석하 선생의 현지 조사 사진, 국립민속박물관

해녀들과 조사하는 장면, 국립민속박물관−송석하를 비롯하여 미 군정관 크네즈 박사 및 조사단 일행이 제주도에서 해녀들을 중심으로 민속 조사를 하고 있는 장면.

조선 조정은 대체로 중국 사신들의 접대를 위해 제주 백성들에게 수천 첩의 전복을 요구하였다. 그리고 그것도 모자라 간혹 전복을 더 구해오라는 명이 내려지기도 했는데, 이럴 경우 제주 백성들 중에는 목을 매어 죽으려는 사람이 속출할 정도였다고 한다(『포저집(浦渚集)』). 그래서 제주 목사를 역임했던 기건(奇虔: ?-1460)은 제주 백성들이 전복을 잡느라 고생하는 것을 목격한 뒤로는 평생토록 전복을 차마 먹지 못했다고 한다(『월사집(月沙集)』).

분류 : 식재료
색인어 : 전복, 공납(貢納), 진상(進上), 중국 진헌물목, 기건(奇虔)
참고문헌 : 『성종실록』; 『선조실록』; 조익 저, 이상현 역, 『포저집』(한국고전번역원, 2004); 이정구 저, 이상하 역, 『월사집』(한국고전번역원, 2001); 허균 저, 신승운 역, 『도문대작』(한국고전번역원, 1984); 정약전 저, 정명현 역, 『자산어보』(서해문집, 2016)
필자 : 양미경

전복과 소고기(『용재총화』)

재추 기건(奇虔)은 평생 전복을 먹지 않았다. 사람들이 그 이유를 물으니 기건이 말하기를 "내가 일찍이 제주 목사가 되었을 때 백성들이 전복을 고생하며 잡는 것을 보았소. 그래서 먹지 않소"라고 했다.

김승경(金升卿)은 소고기를 먹지 않았다. 동료들이 "예전에는 어째서 먹었고, 지금은 어째서 먹지 않소?"라고 물으니, 김승경이 말하기를 "봉상시정 시절에 술자리 때문에 벌을 받은 적이 있는데 그 뒤로 소고기를 먹지 않소"라고 했다. 이것은 비록 사람으로서 하기 어려운 일이기는 하지만, 잘못을 바로잡으려다 너무 지나친 폐단을 면치 못한 것이다.

위 이야기는 두 관리가 자신들의 공적, 사적 경험 한 번으로 전복과 소고기 먹는 것을 금하는 것에 대해, 절제하는 삶이 너무 지나치다고 비판하는 내용이다. 성현(成俔:1439-1504)의 『용재총화』에 실려 있는데, 성현의 입장에서는 두 사람이 여유와 융통성은 없고 너무 경직된 것으로 판단한 것이다. 김승경은 그래서 그런지 몸이 몹시 마르고 볼품이 없었다고 한다. 그래서 친구인 어세공(魚世恭)은 늘 놀리곤 했는데, 한번은 이렇게 놀린 적이 있다. 김승경이 서장관으로 연경에 간 적이 있는데, 도중에 그가 죽었다는 오보가 전해져서 온 집안이 통곡하고, 특히 종 하나는 가슴을 치고 발을 구르며 통곡하면서 대감의 용모가 너무 아깝다고 했다고 한다. 그에 대해 어세공은 짐짓 김승경에게 '그 종이 무슨 마음으로 김 공의 용모를 잘생겼다고 했는지 모르겠다.' 하니, 주위 사람들이 크게 웃었다고 한다.

또 김승경이 도승지가 되어 임금으로부터 금띠를 받았는데, 사람이 너무 말라서 허리에 띠를 둘러도 띠가 흘러내릴 정도였다. 이에 대해 어세공은 금띠를 잘 보관하여 후세에 물려주어야만 후세 자손들이 '우리 조상은 풍채가 좋았을 것이다.'라고 할 것이라고 하니, 주위 사람들이 포복절도 했다고 한다.

분류 : 문학
색인어 : 전복, 소고기, 용재총화
참고문헌 : 성현 저, 김남이·전지원 외 역, 『용재총화』(휴머니스트, 2015)
필자 : 차충환

전약

전약(煎藥)은 조선시대 명나라와 청나라에 가장 널리 알려진 조선의 약이다. 전약은 대추·생강·정향·후추 등과 같이 몸을 따뜻하게 데워주는 재료만 모아 만들어졌다. 1613년에 간행된 『동의보감(東醫寶鑑)』에는 전약 만드는 방법이 다음과 같이 적혀 있다. "백강 5냥, 계심 1냥, 정향과 후추 각 1냥 반을 각각 가루로 만든다. 큰 대추를 쪄서 씨를 발라내고, 살만 취해서 진득진득하게 고아 여섯 되 정도 만든다. 아교와 꿀을 달인 것도 각각 아홉 되 정도를 준비한다. 먼저 아교를 녹이고, 다음에 대추의 살과 꿀을 넣어 충분히 달인다. 체에 밭쳐서 내린 후에 그릇에 담아둔다. 덩어리가 되기를 기다렸다가 쓰면 매우 좋다."

『동의보감』의 전약 만드는 방법을 보고서 왜 아교가 재료로 쓰였는지 의구심이 들지도 모르겠다. 아교는 짐승의 가죽이나 힘줄 혹은 뼈 따위를 진하게 고아서 굳힌 끈끈한 물질을 가리킨다. 아교는 각종 약재와 대추 그리고 꿀과 같은 부드러운 성질의 재료를 딱딱한 형태가 되도록 만드는 데 결정적인 역할을 한다. 보통 아교를 만드는 데는 소가죽이 많이 쓰였다.

1769년(영조 45) 4월 25일에 영조는 의관들에게 전약의 아교에 대해서 물었다. "내국에서는 아교 달이는 일을 일 년에 몇 차례 하는가?" 그러자 장무관(掌務官)이 봄과 가을에 두 차례 한다고 답했다. 영조가 아교는 무엇에 사용하는지 묻자 전약에 들어간다는 답이 돌아왔다. 혹시 전약의 폐단은 없냐고 묻자 장무관은 대단하지 않다고 했다. 하지만 실제로 소를 희생하여 그 가죽으로 전약의 아교를 만들었기 때문에 폐단이 없지 않았다.

조선 시대 정향과 후추는 수입에 의지해야 했기 때문에 매우 귀했다. 그러니 보통 사람들은 이것을 쉽게 구하기가 어려웠고, 임금을 위해 마련하는 음식에만 주로 쓰였다. 전약은 동지 즈음에 임금의 기운을 북돋아주기 위해서 개발된 음식이다. 향신료로 들어가는 정향·육계·후추 등이 모두 몸속의 기운을 데워주는 약리 작용을 하였다. 더욱이 오랫동안 저장하기도 좋아서 조선을 다녀간 청나라와 일본 사신들 사이에서도 전약은 대단한 인기를 누렸다. 청나라에 사절로 가는 조선 사신들 짐 속에도 반드시 전약이 들어 있었다. 전약으로 그들의 환심을 얻을 수 있기 때문이었다. 그러니 조선의 관리들이 임금으로부터 추운 겨울에 전약을 선물 받으면 대단한 은혜를 입은 것으로 여겼다. 전약의 인기가 날로 높아지면서 찾는 사람 또한 갈수록 많아졌다. 그로 인해 값비싼 향신료를 구하기는 더욱 어려워졌다. 결국은 들어가는 재료를 바꾸는 수밖에 없었다. 18세기 중엽 이후 집집마다 양봉을 하면서 꿀 생산량이 많아지자, 대추를 고아 넣는 대신에 꿀이 많이 들어갔다. 육계도 품질이 좋은 계심보다는 값싸면서도 향이 강한 관계(官桂)를 많이 넣었다. 물론 정향이나 후추의 양도 줄어들었다.

19세기 중반이 되면 단맛과 계피 맛만이 강한 음식으로 전약이 쇠락하였다. 홍경모(洪敬謨)의 『기사지(耆社志)』(1849)에도 전약에 관한 내용이 나온다. 기로소에 든 기로들에게 정기적으로 제공하였다. 여기에 나오는 전약도 꿀이 많이 들어가고 관계를 넣은 전약이었을 가능성이 높다.

기로소에 들 나이는 아니었지만, 영조에게는 동지에 반드시 전약이 바쳐졌다. 영조의 나이 35세 때인 1728년(영조 4) 11월 21일에 전약이 올려졌다. "권익순(權益淳)이 보고하기를 내의원 장무관(掌務官)이 말하기를 오늘 동지절일(冬至節日)이라 새벽에 전약을 올리겠다고 합니다. 세 명의 제조가 아직 그 글을 확인하지 못했으니 결코 거행하시면 안 됩니다." 그러자 영조는 대비전에도 올려야 하는데 시간이 없다고 하면서 어제 왜 그런 보고를 하지 않았냐고 나무랐다. 그리고 바로 전약을 올리라고 지시하였다. 영조는 초가을에도 전약을 복용하였다. 전약 외에도 타락죽·제호탕(醍醐湯)·납약(臘藥) 곧 내의원에서 만든 청심원(淸心元), 안신원(安神元), 소합원(蘇合元), 우황청심원(牛黃淸心元) 등이 겨울에 조선 왕실의 건강을 지킨 약제였다.

분류 : 음식
색인어 : 인삼, 타락죽, 효도음식
참고문헌 : 『동의보감(東醫寶鑑)』; 『기사지(耆社志)』; 『승정원일기』; 김호, 「조선 왕실의 藥膳 '煎藥' 연구」(『진단학보』100집, 2005); 주영하, 『장수한 영조의 식생활』(한국학중앙연구원출판부, 2014)
필자 : 주영하

전약(1653년 청나라 사신)

조선 후기의 전약과 관련된 여러 자료들을 보면 전약은 외국 사신들을 접대할 때 종종 쓰였음을 알 수 있다. 대표적인 예가 『승정원일기』 1653년 11월 20일자 기사에 기록되어 있다. 이날 청나라 사신을 맞이하고 있던 영접도감에서 효종에게 상소문을 보낸다. 그 내용인즉 청나라의 아역(衙譯) 유견(尹堅: ?-?)이란 자가 조선에서 전약을 얻어 청나라 칙사에게 바쳤다. 전약을 먹은 칙사는 전약이 아주 달고 맛있다고 평가하면서 청나라의 수도에서 먹을 수 없다는 것이 한스럽다고 말했다고 한다. 이후 전약의 맛에 빠진 청나라 칙사가 조선 측에 전약을 다시 얻고 싶다고 기별을 보냈다는 것이다.

당시까지만 해도 전약은 매우 희귀한 음식으로 내의원에서만 만들었기에 쉽게 구할 수 없었다. 그래서 아무리 청나라 사신이라고 할지라도 조선 측의 도움이 없으면 구할 수 없었던 것이다. 대국(大國)인 청나라의 사신이 요청한 바를 웬만하면 수용해야 하는 영접도감에서는 어쩔 수 없이 효종의 재가를 얻어 내의원으로부터 전약을 구해 청나라 사신에게 보내자고 효종에게 건의했다. 효종 역시 별다른 말을 하지 않고 영접도감의 요청을 수락해 전약을 만들어 사신에게 보내도록 지시를 함으로써 마무리된다.

분류 : 음식
색인어 : 전약, 효종, 유견, 칙사, 내의원, 영접도감, 소가죽, 동의보감, 동국세시기
참고문헌 : 『승정원일기』; 홍석모, 『동국세시기』; 허준, 『동의보감』
필자 : 이민재

전어

청어목 청어과에 속하는 바닷물고기이다.

전어는 한자 표기로 전어(錢魚) 또는 전어(箭魚)이다. 서유구는 『난호어목지(蘭湖漁牧志)』에 "살에 잔가시가 많지만 부드러워 목에 걸리지 않으며 씹으면 기름지고 맛이 좋다. 상인들이 소금에 절여 서울에다 파는데 귀천을 가릴 것 없이 모두 진귀하게 여긴다. 그 맛이 좋아서 사는 사람들이 가격을 따지지 않기 때문에 전어(錢魚)라고 한다."고 했다.

전어는 서해와 남해에서 많이 잡힌다. 가을에는 내만 항구에서 낚시로도 잘 잡히는 어종이다. 전어는 8월 정도부터 먹기 시작하며, 특히 가을에 전국 차원에서 많이 먹는 생선이 되었다. 전어는 어부들이 잡은 뒤 물간에 넣고 살려서 신속히 항구로 이동시키고, 항구에서는 연락을 기다리는 전국의 물차들이 대기한 상태에서 바로 싣고 소비지로 운반한다. 소비지에서는 수족관에 넣어 보관하기 때문에 도시 지역 소비자들도 활어 상태의 전어를 쉽게 만날 수 있다. 이러한 시스템은 소도시 이상이면 전국에 완비되어 있다. 전어는 자연산인 경우 활어 상태에서 2, 3일 정도밖에 못 살기 때문에 가을 전어 수송은 군사작전을 방불케 한다. 양식 전어인 경우 좀 더 오래 산다.

전어회 ⓒ하응백

전어는 회, 회무침, 구이, 회덮밥, 찜으로 먹는다. 회는 머리, 내장, 꼬리를 제거한 다음 비늘을 잘 벗겨내어 뼈째 써는 것이 특징이다. 통째 먹는 곳도 있고, 얇게 저미기도 하는데 취향이나 지방에 따라 그 두께는 조금씩 다르다. 초고추장보다는 보통 양념한 된장에 찍어 먹는다. 깻잎 등에 싸서 먹기도 한다. 회무침은 뼈째 얇게 썬 회에 갖은 채소를 넣고 초고추장에 버무린 것이다. 8월과 9월경의 전어는 뼈가 억세지 않아 회로 먹기에 적합하다. 가을이 깊어갈수록 뼈가 억세진다.

전어는 회로도 먹지만 구이로도 많이 먹는다. 구이는 비늘을 잘 긁어내고 굵은 소금을 뿌려서 통째로 노릇노릇하게 구워 낸다. 고소한 맛이 있어서 '전어 머리에는 참깨가 서 말'이라는 말이 있을 정도이다. 싱싱한 전어로 구웠을 때는 머리부터 내장과 꼬리까지 다 먹을 수 있다. 작은 전어인 경우 뼈가 억세지 않아 통째 먹을 수 있고, 큰 전어는 몸통만 발라 먹어도 된다.

전어는 2000년경부터 서해안에서 양식에 성공하여 전국에 유통된다. 자연산과 양식산 구분하기 어렵지만 꼬리지느러미가 뭉툭하고 가지런하면 대개 양식이다. 꼬리쪽 색깔이 노란빛을 띠고 꼬리지느러미가 갈라져서 날카로워 보이면 자연산이다. 하지만 자연산과 양식의 맛 차이는 전문가도 구분하기 어렵다.

전어는 젓갈로도 담가 먹는다. 전어 새끼로 담근 것은 엽삭젓 혹은 뒈미젓이라 하고, 전어 내장 중에서도 위장만을 모아 담은 것을 돔배젓 혹은 전어밤젓이라 한다. 완두콩만 한 동글동글한 모양의 전어 위장 부분(전어밤)을 따로 모아 잘 씻어서 물기를 뺀 후 굵은 소금을 뿌려 삭힌 뒤 갖은양념을 하여 먹는 젓갈이다. 양이 적어 귀한 젓갈에 속한다.

전어는 8월부터 10월까지 전국 여러 곳에서 전어축제가 벌어질 정도로 2000년경부터 가을을 대표하는 생선이 되었다. 전국 어느 곳이나 맛은 대동소이하다.

전어에는 칼슘을 비롯해 불포화지방산인 EPA, DHA와 뼈째로 먹을 경우 칼슘이 풍부하다. 각종 비타민도 많은 편이다. 특히 늦여름부터 가을까지 전어회와 전어구이는 수많은 사람이 찾는 가을철 대표 별미 생선에 해당한다.

분류 : 식재료
색인어 : 전어
참고문헌 : 서유구, 이두순 역, 『평역난호어명고』(수산경제연구원북스, 2015); 정문기, 『한국어도보』(일지사, 1977); 이태원, 『현산어보를 찾아서 3』(청어람미디어, 2013)
필자 : 하응백

전어(역사)

전어는 현재는 서해, 남해, 동해에서 모두 잡히는 바닷물고기인데, 조선시대에도 마찬가지였다. 『신증동국여지승람(新增東國輿地勝覽)』를 보아도, 조선시대에 전어는 경기의 남양도호부·인천도호부·안산군, 충청도의 홍주목·서천군·서산군·태안군·면천군·비인현·남포현·결성현·보령현, 경상도의 울산군·동래현·영일현·기장현, 전라도의 옥구현, 함경도의 정평도호부의 토산물이어서 주로 서해에서 많이 잡혔지만 남해와 동해에서도 잡혔음을 알 수 있다. 또한 말린 전어(錢魚)는 경상도에서 3월 초에 신물(新物)이라 하여 왕실에 바쳤던 어물이기도 하다(『승정원일기(承政院日記)』인조 26년 1648년 2월 30일자 기사).

이러한 전어를 서유구(徐有榘: 1764-1845)는 『난호어목지(蘭湖漁牧志)』「어명고(魚名攷)」에서 돈 전(錢)자를 쓰는 '錢魚(전어)'로 표기하였다. 그러면서 전어에 대하여 서해와 남해에서 나는데 살에 잔가시가 많지만 부드러워 목에 걸리지 않으며 씹으면 기름지고 맛이 좋다고 소개하였다. 아울러 상인들이 소금에 절여 서울에다 파는데 그 맛이 좋아서 귀천을 가릴 것 없이 모두 진귀하게 여겨서, 사는 사람들이 가격을 따지지 않기 때문에 전어(錢魚)라는 이름이 붙었다고 설명하였다(서유구 저, 이두순 평역, 2015: 188쪽). 이와 달리 정약전(丁若銓: 1758-1816)은 『자산어보(玆山魚譜)』에서 전어를 '箭魚(전어)'라 하여 화살 전(箭)자를 썼는데(정약전 저, 이두순 역, 2016: 121쪽), 전어(錢魚)와 전어(箭魚)는 문헌에 따라 혼용되었다.

특히 가을 전어는 전어 굽는 냄새에 집 나갔던 며느리가 다시 돌아온다는 속담이 있을 정도로 맛이 좋다고 하는데, 유중림(柳重臨: 1705-1771)도『증보산림경제(增補山林經濟)』에서 전어(箭魚)는 탕, 구이 모두 그 맛이 대단히 좋다고 하였다. 이 밖에도 전어로는 전어회나 전어회무침, 전어섞박지, 전어찌개, 전어조림을 만들어 먹었는데, 전어를 생으로 쓰기도 하고 소금에 절였다가 꾸덕꾸덕하게 말린 자반으로 조리하기도 했다.

다만 자반전어는 1800년대 말의 한글 조리서인『시의전서(是議全書)』에 따르면, 다른 방식으로는 조리하지 않고 오직 구이로만 해 먹는다고 했다. 이용기(李用基: 1870-1933) 역시『조선무쌍신식요리제법(朝鮮無雙新式料理製法)』(1936)에서, 자반전어는 구워서만 먹는데, 속까지 바싹 구워 따뜻할 때 먹으면 고소하고 아주 맛이 좋다고 하였다. 그러나 방신영(方信榮 1890-1977)이『우리나라 음식 만드는 법』(1954)에서 자반전어는 기름을 발라 굽거나, 찌개도 만들고 채소를 넣어 지지미도 만들면 좋다고 한 것으로 보아 꼭 구워 먹기만 했던 것은 아니다.

또한 전어로는 엽삭젓, 전어창젓, 돔배젓 등도 담갔는데, 세 가지 모두 전라남도의 향토음식이기도 하다. 엽삭젓은 전어의 새끼를 소금에 버무려 두세 달 두었다가 먹을 때 꺼내서 갖은 양념을 해서 무쳐 먹는 음식이다. 전어창젓은 '전어속젓'이라고도 하는데, 깨끗이 씻어 물기를 뺀 전어의 창자를 찹쌀풀, 청각, 고춧가루, 다진 마늘, 다진 생강을 고루 섞어 볶은 소금과 켜켜이 번갈아 담아 서늘한 곳에서 숙성시킨 젓갈이다. 또한 독특한 맛이 나는 돔배젓은 '전어밤젓'을 말하는데, 전어의 내장 중에서도 밤 모양의 단단한 위로 담근다(농촌진흥청, 2008: 332-333, 351-352쪽).

분류 : 식재료
색인어 : 시의전서, 자반
참고문헌 :『승정원일기』;『신증동국여지승람』; 서유구 저, 이두순 평역, 강우규 도판,『평역 난호어명고』(수산경제연구원BOOKS·블루&노트, 2015); 정약전 원저, 이두순 글, 강우규 그림,『신역 자산어보』(목근통, 2016); 유중림,『증보산림경제』; 농촌진흥청 농업과학기술원 농촌자원개발연구소,『한국의 전통향토음식 7-전라남도』(교문사, 2008); 작자 미상,『시의전서』; 방신영,『우리나라 음식 만드는 법』(청구문화사, 1954)
필자 : 김혜숙

점심의 유래

오늘날 한국인의 끼니는 대개 아침, 점심, 저녁으로 구성된다. 여기서 아침, 점심, 저녁은 시간대별 끼니를 의미하는 것으로, 한자어로 조반(朝飯, 혹은 朝食), 오찬(午餐, 혹은 中食), 석반(夕飯, 혹은 夕食)으로도 불린다.

그런데 오늘날 오찬, 즉 '낮에 먹는 끼니'라는 의미를 갖는 점심(點心)은 원래는 전혀 다른 의미로 사용되었다. 점심은 본래 불교에서의 수행을 의미하는데, 허기질 때 마치 마음에 점을 찍듯이 소량의 곡물을 간단히 챙겨먹음으로써 허기를 누르고 마음에 불을 붙이는 것을 의미했다(『오주연문장전산고(五洲衍文長箋散稿)』). 따라서 점심은 새벽부터 밤까지, 아무 때나 먹을 수 있었다. 실제로 16세기 중엽에 이문건(李文健: 1494-1567)이 쓴『묵재일기(默齋日記)』에는 새벽점심, 아침점심, 낮점심, 저녁점심, 밤점심과 같이 다양한 시간대에 먹은 점심들이 등장하고 있다. 이익(李瀷: 1681-1763) 또한『성호사설(星湖僿說)』에서 소식점심(小食點心)에 대해 논한 적이 있는데, 여기서 그는 당나라 정삼(鄭傪)과 그 부인의 일화를 소개하면

김홍도, 「점심」,『단원풍속도첩』, 지본담채, 28×23.9cm, 국립중앙박물관, 보물527호

서 이른 새벽에 소식(小食: 적게 먹는 것)하는 것을 점심으로 삼았다고 하였다.

그런데 이처럼 시간대와 상관없이 소량의 곡물을 챙겨 먹는 것을 의미하는 점심이라는 용어가 후대로 오면서 '낮에 먹는 끼니'를 뜻하는 말로 굳어지게 되었다. 조선시대 사람들은 오늘날과 달리, 대체로 아침과 저녁식사를 기본으로 하는 하루 두 끼 식사를 관례로 삼았다(『청장관전서(靑莊館全書)』). 그러나 경제적 사정이 허락할 경우 봄에서 가을까지 낮이 길어지는 시기나 힘든 노동을 한 때에는 아침과 저녁식사 중간에 소량의 곡물을 챙겨먹었고, 이를 낮에 먹는 점심이라 하여 '낮점심'으로 불렀다.

그러나 성호 이익이 살았던 18세기 무렵이 되면 점심이라는 말이 아예 오찬(午餐)의 의미로 변용되었고, 식사량도 마음에 점을 찍는 소식(小食)의 수준에서 대식(大食)으로 변화되었다. 점심이 더 이상 점심(點心)이 아니게 된 것이다. 그리하여 이익은『성호사설』에서 점심은 소식하는 것을 의미하는데, 낮에 대식을 하면서도 점심이라 한다며 이러한 세태를 꼬집었다. 이와 같은 비판적 시선의 기저에는 배고픔을 견디지 못하는 것에 대한 우려와 함께 검박한 생활을 추구했던 유학자의 삶의 자세가 자리하고 있었다.

분류 : 의례
색인어 : 끼니, 점심(點心), 소식(小食), 오찬(午餐), 정삼(鄭), 묵재일기, 성호사설
참고문헌 : 이문건,『묵재일기』(민속원, 2018); 이익 저, 전백찬 역,『성호사설』(한국고전번역원, 2013); 이덕무 저, 이재수 역,『청장관전서』(한국고전번역원, 1981); 이규경 저, 성백호, 김신호 공역,『오주연문장전산고』(한국고전번역원, 1979);; 정연식,「조선시대의 끼니」,『한국사연구(112)』(한국사연구회, 2001)
필자 : 양미경

'제'가 쓰여진 백자 청화 제기 접시, 높이 6.9cm, 조선, 국립중앙박물관

'진해인수부'가 새겨진 분청사기 인화문접시, 높이 3.3cm, 조선, 국립중앙박물관

족접시라 한다. 조선 후기 풍속화나 기록화 중에서 잔치나 제사 장면의 상차림에서 고족접시가 그려져 있다. 또 반상기 중에서 뚜껑을 갖춘 접시를 특별히 쟁첩이라 하여, 쟁첩수로 3첩, 5첩, 7첩 등으로 첩반상기를 구분하기도 하였다.

분류 : 미술
색인어 : 그릇, 쟁첩
참고문헌 : 한국학중앙연구원,『한국민족문화대백과사전』;『한민족역사문화도감 식생활: 국립민속박물관 소장품』(국립민속박물관, 2007)
필자 : 구혜인

제기

제기(祭器)는 제례에 사용되는 각종 도구들로, 주로 제찬과 제주를 담는 용기를 제기라 부른다. 제례가 신들에게 각종 음식과 음악을 봉헌하여 신들을 즐겁게 하는 절차이므로, 찬탁과 준소상에 차려진 다채로운 제례음식과 향기로운 제주 그리고 아름답고 정갈한 제기들은 제례 의식을 풍요롭고 성대하게 빛나게 해주는 필수 구성 요소들이었다.

『곡례(曲禮)』에 의하면 군자는 가난할지라도 제기를 일상생활에 사용하지 말 것이며, 남에게 빌려서 사용

접시

접시(楪匙)는 식기 중 윗면이 편평한 그릇으로 반찬, 과일, 과자 등 다양한 음식을 담는다. 재질은 금속, 도기, 자기, 칠기 등 다양하다. 접시 중 의례에 사용하는 접시는 특별히 다리를 높인 접시를 사용하였는데 고

하지 말 것이며, 제기를 먼저 마련하지 않고서는 연기(燕器: 일상생활에 사용하는 그릇)를 장만하지 말라고 하였다. 또한 제기를 못 쓰게 되면 땅에 파묻으며 아무것이나 제기로 대용하지 못한다고 하였다.

한국 제기의 원형은 중국에서 찾을 수 있으며, 중국의 제기와 의례서가 국내 제기의 제작에 큰 영향을 주었다. 삼국시대부터 제기로 사용되었을 것으로 추정되는 많은 고족기(高足器)들이 출토되었다. 고려시대에는 송(宋)의 예제를 수용하여 예제 개혁을 이루었고 성종대에는 유교식 예제를 중시하여 각종 제의를 시행하고 도식을 들여왔다. 또 예종 대에는 예의상정소(禮儀詳定所)를 설치하였고, 의종 대에는 『상정고금례(詳定古今禮)』를 완성하여 고려의 예제를 완성하였다. 또 고려에서는 제기 수급을 담당할 관서인 제기도감을 설치하였고, 제기 제작을 위해 송의 제기를 참고하였다. 기록상 송에서 직접 제기가 유입된 사실도 확인되는데, 예를 들어 송사에서는 휘종년대인 1117년(정화 7)에 변두(籩豆)·보궤(簠簋)·준뢰(尊罍) 등의 제기를 고려 사신을 통해 보낸 내용이 기록되어 있다. 이와 같은 기록은 『해동역사』에서도 확인할 수 있다. 이처럼 고려시대에 송대의 제기들이 유입되고 다양한 제기들이 제작되었다는 것은 분명한 사실이나 진설도 등이 현전하고 있지 않아 종류와 진설체계를 구체적으로 확인하기는 어렵다.

조선의 제사 체계는 관을 중심으로 한 공공제례와 개인 집단을 중심으로 한 사사제례(私事祭禮)로 나눌 수 있다. 관을 중심으로 한 공공제례(公共祭禮)에는 왕가와 종묘, 관가와 대성전(大成殿) 및 향교, 그리고 유림(儒林)과 서원 등의 제례가 포함된다. 공공제례의 경우 지배계급의 권위를 나타내 보이기 위하여 그 절차가 매우 복잡하고 정교하게 구성되어 있다. 반면에 사사로운 집단을 중심으로 한 사사제례에는 일반적인 조상숭배의 제례가 포함된다. 사사제례의 경우 권위보다는 엄숙한 분위기 속에서 조상을 추모하거나 애경하는 성격이 강하기 때문에 비교적 단순한 절차로 구성되어 있다. 제기는 용도에 따라 술과 물을 다루는 데 쓰이는 제기, 제물이나 제찬과 같은 제수(祭需)를 담는 제기, 그리고 그 밖의 것으로 크게 세 가지로 나눌 수 있다. 공공제례의 경우 제기의 형태가 다양하고 가짓수도 많은 데 비하여, 사사제례의 경우 간단하면서도 형태가 몇 가지 안 된다.

공공제례의 제기는 왕가의 종묘제례의 것으로 대표된다. 종묘제례에 쓰이는 제기 가운데, 제수를 담는 제기는 보(簠), 궤(簋), 등(㽅), 형(鉶), 조(俎), 변(籩), 두(豆), 모혈반(毛血槃) 등이 있다. 다음으로 술과 물을 다루는 제기로는 작(爵)·계이(雞彝)·조이(鳥彝)·가이(斝彝)·황이(黃彝)·희준(犧尊)·상준(象尊)·산뢰(山罍)·착준(著尊)·호준(壺尊)·용찬(龍瓚) 등이 있다. 제수를 담는 제기, 물과 술을 담는 제기 외에도 등잔·촛대·향로·향합·축점(祝坫)·관지통(灌地筒)·비(篚)·필(畢)·비(匕)·난도(鑾刀)·용작(龍勺) 등의 제기가 있다.

분류 : 미술
색인어 : 제사, 제기, 몽묘제례, 보, 궤, 등, 형, 조, 변, 두, 모혈반, 작, 이, 준, 뢰, 찬, 관지통, 난도, 용작
참고문헌 : 『세종실록(世宗實錄)』;『상례비요(喪禮備要)』;『사례편람(四禮便覽)』;『가례의절(家禮儀節)』;『종묘제기』(문화재관리국, 1976)
필자 : 구혜인

종묘 제기

오향대제(五享大祭)는 종묘에서 지내는 큰 제사로 매년 지내는 사시제와 납일의 다섯 제향을 말한다. 이는 종묘에서 가장 큰 제사이기 때문에, 대제(大祭)라 칭하였다. 사시제의 날짜는 사계절 첫 달의 상순으로 길일을 점쳐서 정하였다. 제사음식은 12변(籩) 12두(豆)이며, 제사 절차는 참신-신관례-궤식-초헌례-아헌례-종헌례-음복례-사신-철변두-망예의 순서로 거행되었다. 오향대제는 각 능전(陵殿)에서 거행하는 큰 제향을 칭하기도 하였다.

「오향친제찬실도」는 국립고궁박물관 소장의 종묘친제규제도설병풍 중 5폭에 위치한 그림이다. 상단에는 「찬실도」가 하단에는 「준소제기도」가 배치되어 있다. 「오향친제찬실도」와 「준소제기도」에 그려진 제물은 『세종실록오례』와 동일하다.

「종묘친제규제도설병풍」, 각 48.8×141cm, 19세기 후반, 국립고궁박물관

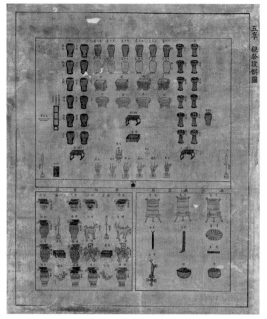

「오향친제설찬도」, 「종묘친제규제도설병풍」 중 한 폭

「준소제기도」에는 계절에 따라 사용하는 준과 이의 종류가 구분되어 그려져 있다. 그림의 우측 상단에는 봄여름에 사용하는 조이와 계이가 나란히 있고 각각 울창과 명수란 글자가 쓰여 있다. 조이와 계이 위에는 멱이 덮이고 용찬이 얹혀 있다. 우측 하단으로 내려오면서 좌우로 예제와 명수를 담은 희준 2개, 앙제와 명수를 담은 상준 2개, 청주와 현주를 담은 산뢰 2개가 3줄을 이루며 진설되었고 그 가운데 공간에 촛대, 폐비, 용찬이 배치되었다. 그림의 좌측 상단에는 가을, 겨울, 납일에 사용하는 황이와 가이가 나란히 있고 각각 울창과 명수란 글자가 쓰여 있다. 좌측 하단으로 내려오면서 좌우로 예제와 명수를 담은 호준 2개, 앙

제와 명수를 담은 상준 2개, 청주와 법주를 담은 산뢰 2개가 3줄을 이루며 진설되었는데, 모두 입구에 멱과 덮고 용찬을 얹었다. 그리고 사이에는 촛대, 폐비, 용찬이 일렬로 배치되어 있다. 그림은 전체적으로 계절, 용도, 제기의 종류에 따라 좌우 대칭을 이루며 구성되어 있다. 이는 국가제사의 규범과 규칙을 이해하기 쉽도록 잘 전달하며 제의를 준비하는 관부들이 누구라도 실수 없이 준소상을 준비할 수 있도록 하기 위한 목적으로 그려진 것이라 하겠다.

그렇다면 「오향친제찬실도」와 「준소제기도」에 그려진 제물은 실제로 그대로 차려졌을까? 조선시대 기록에서는 똑같이 차려내지 않았다는 것을 알 수 있는 기록들이 많다. 오례의의 도식과 다르게 진설하는 것에 대해 오례의의 제향도식은 다 주례 가운데에서 가려내어 만들었는데, 중간에 이처럼 대용하는 것은 오례의 주 가운데 '무릇 신명에게 제사하는 물건 중에서 그때에 없는 것은 그때에 있는 물건으로 대신하고, 외방(外方)에서는 또 토산물이 아니면 비슷한 것으로 채운다.'고 하였으므로 수시로 변통하는 이유를 밝혔다. 조선시대에 봉행된 제사는 수십 종류가 넘는데, 중·소의 제사들 중에서도 종묘나 경모궁, 육상궁, 저경궁 등의 제사와 같이 소수의 큰 제사들만이 1년에 봄, 여름, 가을, 겨울 및 납일의 다섯 차례의 정기 제사(오향제)를 올렸고, 중간 규모의 제사들은 봄과 가을, 혹은 봄, 가을, 납일의 2-3차례 정기 제사만을 올렸으며, 다수의 소규모 제사들은 1년에 한 차례의 정기 제사만을 올렸다. 따라서 위와 같이 계절별로 4종류의 준을 모

두 사용한 제사는 소수에 불과하였다. 1년에 1-3차례의 제사만을 올리는 중간 규모 내지 소규모의 제사에서는 1-2종의 준만이 사용되었는데, 4종류의 준 중 어떤 준이 사용되었는지는 제사에 따라 조금씩 달랐다.

분류 : 미술
색인어 : 제사, 제기, 오향대제, 종묘, 병풍
참고문헌 : 『세종실록오례의 찬실도설(世宗實錄五禮儀 饌實圖說)』; 『석존의(釋尊儀)』; 임민혁, '오향대제',『한국민족문화대백과사전』
필자 : 구혜인

제사음식

유학과 성리학을 가장 중요한 철학으로 여겼던 조선시대 선비들은 효(孝)의 실천으로 조상을 기리는 제사를 매우 중요하게 여겼다. 조선 후기에 이르면 양반뿐 아니라 일반 백성들도 집집마다 제사를 지냈다. 살림이 넉넉한 양반은 집 안에 사당을 따로 마련하여 조상의 위패를 모셨다. 위패는 돌아가신 분의 혼을 대신하는 것으로 돌아가신 분의 이름과 돌아가신 날짜를 적은 나무패로 신주라고 부른다. 계절이 바뀔 때마다 제철 음식으로 제사상을 차려 조상에게 제사를 지내고, 설날·한식·단오·추석 같은 명절에도 제사를 드렸다. 돌아가신 날에도 제사를 지내는데 이를 기제사라고 부른다. 기제사의 제사 담당자는 집안의 종손이다. 이 종손은 자신을 기준으로 그의 돌아가신 부모·조부모·증조부모·고조부모의 기제사를 반드시 모셨다. 그 윗대의 조상은 10월에 묘소로 가서 제사를 올렸다. 높은 벼슬에 올랐다가 돌아가신 분에게는 후손들에게 계속 제사를 모시라고 나라에서 토지를 주기도 했다. 이러한 분들의 제사는 불천위 제사라고 불렀다.

조선 중기의 유희춘(柳希春: 1513-1577)이 쓴 『미암일기(眉巖日記)』를 보면 증조부 제사를 지내는데 전라도 진도 군수가 도와주었다고 했다. 관청에서 개인의 조상 제사에 들어가는 경비를 지원해준 것이다. 일기에 나오는 제사음식은 정과·산자·약과를 비롯하여 떡·과일·고기·전유어·전복·계란·국수·물김치·무김치·술 등이다. 꽃꽂이와 촛대도 한 쌍씩 올라갔다.

제사의 제물은 돌아가신 분에게 올리는 음식이지만 보통 사람이 먹는 것과 다르지 않았다. 생전에 먹던 음식을 기본으로 차렸다. 그래서 조상의 위패 바로 앞에 밥과 국, 수저를 놓는다. 밥과 국 앞에는 고기와 생선으로 만든 음식을 차렸다. 잘 차린 잔칫상을 조상에게 올리는 셈이다. 간장과 김치, 젓갈류와 나물도 빠뜨리지 않았다. 물론 김치는 고춧가루를 넣지 않은 것이었다. 맨 앞줄에는 과일과 과자, 떡을 높이 쌓아올렸다. 혼령이 식사를 하면서 술을 마시고 숭늉으로 입가심을 하도록 술과 숭늉도 올렸다. 주자(朱子)의『가례(家禮)』와 이재(李縡: 1680-1746)의『사례편람(四禮便覽)』에 제사음식의 상차림 도식이 나온다. 이 도식이 기준이지만 집안마다 제사음식의 종류와 상차림 방식은 조금씩 다르다.

제사를 모시고 나면 참석자들은 제사음식을 나누어 먹었다. 이것을 음복(飮福)이라 부른다. 음복을 통해서 제사에 참석한 사람들은 제사에서 모신 조상과 연결된다. 17세기까지만 해도 남녀 후손들이 번갈아가며 제사를 모셨다. 올해 큰숙부 집에서 제사를 모시면, 내년에는 큰고모 집에서 제사를 모시는 식이었다. 당연히 유산도 남녀 후손들이 골고루 나누었다. 하지만 18세기 이후가 되면 오직 집안의 맏아들에서 맏아들로 내려오는 종손만이 제사를 모시게 되었다. 제사에 드는 비용도 만만치 않아서 집안의 제사를 책임진 종손이 토지와 돈을 관리하였다.

분류 : 의례
색인어 : 두(제기), 소고기, 적, 전
참고문헌 : 『미암일기(眉巖日記)』; 『가례(家禮)』; 『사례편람(四禮便覽)』; 주영하, 『음식인문학』(휴머니스트, 2011); 주영하, 『밥상을 차리다』(보림출판사, 2013)
필자 : 주영하

국[갱]

갱(羹)은 국의 한자어로, 고기나 생선, 채소 등에 물을 많이 붓고 끓인 음식을 말한다. 다른 말로 갱국, 메탕, 메탕국이라고도 한다.

갱이라는 용어는 일상식과 의례식에서 두루 사용되

었다. 일상음식으로서의 갱은 국을 이르는 다른 표현으로, 밥을 의미하는 반(飯)과 더불어 한국 밥상의 기본을 이루고 있다(주영하, 『음식인문학』). 돌아가신 조상들에게 제사상을 올릴 때에도 반과 갱을 진설한다. 이때의 갱은 반과 더불어 진설하는 맑은 고깃국을 의미한다. 다만, 제사상에는 '서반동갱(西飯東羹)'이라 하여 밥과 국을 서로 반대 위치에 올리는데, 이는 조상신과 인간이 서로 다른 존재임을 드러내기 위한 상징적 장치이다.

왕실제사에 쓰인 갱은 다소 복잡한 형식을 띠었다. 『숙종실록(肅宗實錄)』에 의하면, 왕실제사상에 올리는 갱은 조리법과 그것을 담는 제기(祭器)에 따라 대갱(大羹)과 화갱(和羹)으로 구분된다고 한다. 대갱은 간을 하지 않은 고깃국으로, 익힌 고기를 쓰며, 등(鐙)이라는 그릇에 담기 때문에 등갱(鐙羹)이라는 이름으로도 불린다. 반면, 화갱은 오미를 고루 갖춘 고깃국으로, 소금과 매실로 간을 하고, 여기에 규(葵)·환(荁)·모(芼)와 같은 푸성귀를 더하면 맛이 더욱 부드럽다고 한다(『현종개수실록』). 또한 화갱은 형(鉶)이라는 그릇에 담아내기 때문에 형갱(鉶羹)이라고도 불렸다. 대갱과 화갱을 합쳐서 양갱(兩羹)이라 하였고, 소·양·돼지를 각각 넣고 끓여서 세 그릇씩의 갱을 진설하였다. 하지만 조선에서 고대 중국을 그대로 재현해내기란 쉽지 않았다. 고대 중국의 예법은 대부분 책을 통해서 전승되었는데, 문자와 간단한 도식만으로는 그 전모를 이해하는 데 한계가 따랐다. 앞서 살핀 바와 같이 예법에서는 화갱은 오미를 고루 갖추고 규·환·모를 넣어 부드럽게 한다고 했는데, 실제 상황은 그렇지 못했다. 그래서 제사를 관장하는 예조(禮曹)조차도 오미는 어떤 물건을 써야 하는지 모르겠고, 환이 무슨 나물인지 모르겠다며 답답한 심경을 토로할 정도였다(『숙종실록』).

또한 조선은 고대 중국과 전혀 다른 풍토를 가지고 있었다. 그래서 국가의례의 의범(儀範)이 되었던 『국조오례의(國朝五禮儀)』는 주(注)에 "무릇 신명에게 제사하는 물건 중에서 그때에 없는 것은 그때에 있는 물

건으로 대신하고, 외방(外方)에서는 토산물이 아니면 비슷한 것으로 채운다."라고 적어서 대용(代用)의 가능성을 열어 두었다. 그래서 앞에서 언급했던 화갱의 경우에도 무슨 나물인지 도무지 알 수 없는 규·환·모 대신에 조선에서 쉽게 구할 수 있는 미나리와 무에 육편을 섞어서 만들어 올리곤 했다. 결국 중국의 갱이 현지화의 길을 걷게 된 셈이다.

분류 : 음식
참고문헌 : 『현종개수실록』(조명근 역, 한국고전번역원, 1991); 『숙종실록』(정연탁 역, 세종대왕기념사업회, 1989); 『국조오례의』; 주영하, 『음식인문학』(휴머니스트, 2011)
필자 : 양미경

소대상 제사하는 모양(김준근)

「소대상 제사하는 모양」은 조선 후기 개항장에서 활동한 기산(箕山) 김준근(金俊根)이 그린 풍속화로, 상례 중 소상과 대상 때 제사하는 모습을 그린 그림이다. 보통 사람이 죽으면 3년상을 치른다. 3년 동안 아침 저녁으로 상식을 올리지만, 의미 있는 날에는 제사를 크게 지내기도 한다. 대표적으로 소상, 대상, 담제가 있는데 소상은 초상으로부터 13개월째 되는 날 지내는 제사이고, 대상은 초상으로부터 25개월째 되는 날 지내는 제사이다. 보통 대상이 끝나면 사당이 있는 경우, 신주는 사당에 안치하고 영좌는 철거한다. 담제를 따로 지내지 않는 경우는 이날 바로 탈상하고 상기(喪期)를 끝내기도 한다.

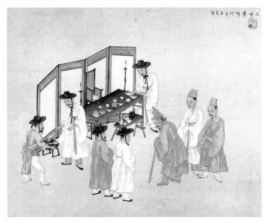

김준근, 「소대상 제사하는 모양」, 크기 미상, 종이에 채색, 19세기 말, 독일 함부르크민족학박물관

성리학에서 귀신은 눈에 보이지 않는 기운이지만 귀신도 지각이 있어 사람의 기운과 서로 통한다고 보았다. 특히 선조와 후손은 같은 기운을 공유하며 교감이 가능하기 때문에 제사를 지낼 때 귀찮은 내색을 하거나 엉뚱한 음식을 차려놓으면 조상 귀신이 가버린다고 하였다. 그래서 제사를 정성껏 잘 지내는 일은 조상을 모시는 일 중 가장 중요한 일이었다.

이 그림의 오른쪽 상단에 원제목인 '소디상 제사 흐는 모양'이라는 한글 화제(畵題)가 적혀 있어 상례 중 소대상(소상과 대상)때 제사 지내는 장면을 그린 그림이라는 것을 알 수 있다. 소대상은 하루 전날 상주를 비롯한 복인(服人: 일년 안 되게 상복을 입은 사람)들이 모두 목욕을 한 뒤 제기를 진설하고 찬을 준비한다. 그리고 소대상 당일에 채소, 과일, 술, 안주 등을 올려 제사상을 차린다. 이 그림에서는 병풍을 놓는 방향을 사선으로 함으로써 제사 공간을 정면이 아닌 측면으로 바라보게 하였다. 이러한 구도를 통해 공간의 깊이감이 부여되고 참여자들의 역할과 동작들이 실제 지켜보듯이 실감나게 전달된다.

우선 화면의 내용이 좌우로 구분되는데, 좌측은 제사상을 차리는 장면이고 우측은 상주를 비롯한 문상객들이 제사상을 바라보고 있다. 좌측 상단에 놓인 영좌와 제사상 주변에는 세 명의 남성이 제사상을 차리고 있다. 한 남성은 음식이 담긴 백자 제기를 상 위에 놓아 제사상을 차리고 있고, 다른 남성은 다른 남자가 들고 오는 상을 건네받으려 두 손을 뻗고 있다. 엄숙하고 차분한 와중에 경건하게 제사상을 차리고 모습이 잘 표현되어 있다. 영좌(靈座)에 신주가 놓여 있고, 제사상에는 양쪽에 촛대를 놓고 과일, 포 등의 제물을 올려놓았다. 제물들은 굽이 높은 접시에 담겨 있는데, 조선 후기 백자 중에는 그림과 동일한 굽이 높은 백자접시(고족접시, 高足楪匙)들이 많이 현전하고 있다. 그림에서처럼 제사상을 차리는 일에 제수만큼이나 많은 수량의 제기들이 사용되었다는 것을 알 수 있다. 제사상 아래에는 향로, 백자 병, 퇴주잔이 올려진 향안(香案)이 있다. 보통 제주병은 장식이 없는 백자

를 쓴다고 알려져 있으나 여기서는 대나무가 그려진 청화백자병을 쓰고 있다는 것을 알 수 있다. 우측에는 상주로 보이는 남성과 후손들을 비롯하여 문상객들이 서 있다.

분류 : 미술
색인어 : 제사, 제사상, 고족접시, 소상, 대상
참고문헌 : 신병주, 노대환, 『고전소설 속 역사여행』(돌베개, 2005); 한식재단, 한식아카이브 DB
필자 : 구혜인

숭늉

숭늉은 밥을 짓고 난 솥에서 밥을 다 푸고 난 뒤, 바닥에 눌어붙은 누룽지에 물을 붓고 끓여서 만드는 음료이다. 한자로는 '熟冷(숙냉)', '炊湯(취탕)', '飯湯(반탕)', '熟水(숙수)', '熟湯(숙탕)'이라고도 했다.

조선시대나 지금이나 숭늉은 대개 밥을 먹고 나서 마시기 때문에, 이덕무(李德懋: 1741-1793)는 「사소절(士小節)」에서 식사를 끝내고 숭늉을 마신 뒤에는 다시 반찬을 집어 먹지 말라고 강조하였다. 여하튼 숭늉을 빠뜨리지 않고 마시는 풍습으로 인해 숭늉은 제사상에까지 오르게 되었다. 이에 대하여, 이익(李瀷: 1681-1763)은 『성호전집(星湖全集)』제42권 「잡저(雜著)」에서 우리나라 사람들은 밥을 먹을 때마다 반드시 숭늉을 마시니까 묘제(墓祭)의 절차에 차를 올린다는 '점다(點茶)'가 없더라도 반드시 탕수(湯水)를 올려야 한다고 주장하였다.

사실 묘제의 절차에는 보이지 않더라도, 기제(忌祭)와 시제(時祭) 등의 절차에는 국그릇을 내리고 그 자리에 '봉다(奉茶)', '헌다(獻茶)', '점다(點茶)', '진다(進茶)'라 하여 차를 올리도록 되어 있다. 하지만 실제로는 조선시대나 지금이나 이 절차는 차를 대신하여 숭늉을 올리는 것으로 바꾼 집안이 많다. 흔히 마시는 숭늉을 끓여서 올리는 게 아니라, 물이 담긴 그릇을 따로 마련하여 거기에 밥그릇에서 세 숟가락의 밥을 떠서 말아 올리면 이것으로 숭늉을 드렸다고 간주하였다.

이렇게 밥을 물에 마는 문제를 두고 유치경(俞致敬: 1848-1901)은 스승인 유중교(柳重敎: 1832-1893)에게

질문을 하였는데, 그 대답이 『성재집(省齋集)』에 보인다. 그 내용을 보면, 유치경은 예서에 따라 차를 올리는 일을 '봉(奉)', '헌(獻)', '점(點)'과 같이 다른 글자를 쓰는데 각각 그 의미는 무엇인지 궁금해 했고, 우리나라 풍속의 '삼초반(三抄飯)'은 예법에 어긋나는 일이 아닌지 물었다. 제자의 질문을 들은 유중교는 먼저 옛날 사람들이 차를 끓여 마시는 방법과 차를 만들어 올리는 예법을 유치경에게 차근차근 설명하며, '봉', '헌', '점'의 차이를 알려주었다. 그러고 나서 제사를 지내며 그 자리에서 숟가락으로 밥을 세 번 떠서 물그릇에 넣어 숭늉을 만드는 일을 지칭하는 삼초반에 대해서도 답변하였다. 그에 따르면, 우리나라 풍속에 차를 마시지 않으므로 제사 때 차 대신 숭늉을 올리는데, 삼초반은 예법을 지키는 집안에서는 행하지 않는다고 알려주었다.

하지만 성호 이익이 기제나 시제는 물론이고 진다(進茶)의 절차가 없는 묘제 때에도 식후에 숭늉을 마시는 한국인의 관습을 고려하여 숭늉을 올려야 한다고 주장했듯이, 다른 한국인들 역시 조상이 살아계실 때처럼 제사상에 오른 음식을 잘 드시고 숭늉으로 마무리하기를 원한 듯하다. 현재 제사를 지내는 집에서는 숭늉을 올리는 삼초반이라는 절차는 대부분 실행되는 중요한 절차로 자리잡고 있기 때문이다.

분류 : 의례
참고문헌 : 이덕무, 「사소절」, 『청장관전서』; 이익 저, 홍기은 역, 『성호전집』(한국고전번역원, 2015); 유중교 저, 박해당·김정기·이상돈 공역, 『성재집』(한림대학교 태동고전연구소, 2014)
필자 : 김혜숙

제사(임진왜란 피난 중의 제사)

높은 학식과 돈독한 행실로 존경받던 장현광(張顯光: 1554-1637)은 과거에 뜻을 두지 않고 학문에 힘썼던 인물로, 17세기 영남학파를 대표하는 유학자이다. 그는 생전에 1592년 임진왜란, 1597년 정유재란, 1627년 정묘호란, 1636년 병자호란 등 여러 번의 전쟁을 겪었다. 병자호란 때는 팔십이 넘는 노구를 이끌고 의병과 군량의 조달에 힘썼다. 그러나 조선은 전쟁에서

졌고, 인조(仁祖: 재위 1623-1649)는 삼전도에서 청나라에 항복하였다. 그 소식을 들은 장현광은 입암산에 들어가 세상을 떴다.

그런 그가 임진왜란 때 금오산으로 피난한 적이 있는데, 1594년(선조 27)에는 자신의 경험을 떠올리며 어려운 전란(戰亂)의 상황에서도 조상께 제사를 지내는 의식을 『여헌집(旅軒集)』에 남겼다. 조상의 신위나 제기를 제대로 챙기지 못하고, 제수로 쓸 식재료를 구하기도 어려운 피난 때에 제사를 어찌하면 좋은지 아래와 같이 소상하게 설명하였다.

자손 된 사람으로서 먼 곳에 피난해 있다면 조상의 산소에서 묘제(墓祭)는 지낼 수 없겠지만 기제사는 지나쳐서는 안 된다. 제사를 지내기 위한 제물(祭物)은 그릇 수와 맛보다는 정성과 정결함을 지극하게 하는 게 가장 중요하다. 객지에서 제물을 마련하기 어려우니 어물과 육류, 채소, 과일, 밥, 국, 술, 젓갈은 준비되는 대로 제사상에 올린다. 술은 찹쌀 몇 되와 누룩가루 몇 홉을 장만하여, 임시로 밥 짓는 그릇에 술을 빚어 두고 하룻밤만 지나면 간편하게 술을 얻을 수 있다. 설사 제물을 제대로 갖추지 못했다 하더라도 제사를 지내지 않는 것보다 나으니 거친 밥, 나물 국, 채소를 쓰더라도 정성이 극진하다면 조상의 영혼도 기꺼이 제사를 받을 것이다.

지방(紙榜)이 없고 향불과 모사(茅沙)가 없을 경우에는 신위(神位)와 제물만 진설하고 제사를 지낸다. 신위를 진설할 때는 왕골자리가 없으면 없는 대로 지내고, 음식을 차릴 때도 제상과 소반이 없으면 상 위에 기름종이[油紙]나 깨끗한 새 삼베를 잘 펴서 덮는다. 이마저 없으면 새 띠 풀이나 깨끗한 짚을 사용한다. 제기(祭器)도 놋그릇이나 사기그릇을 구하려 하지 말고, 버들고리를 써도 된다. 장현광 자신은 큰 대나무를 구해 마디를 잘라 술잔을 만들려고 했지만, 마침 피난한 곳에 대나무가 없어 만들지 못했다고 한다. 그러면서 장현광은 제물을 줄이고 예를 줄이는 것이 온당한 일은 아니지만, 전란을 맞아 이리저리 도망 다니고 피난하여 숨어 있는 상황에서는 약간의 종이와 향

마저 구하기 어려우니, 제사에 필요한 기물과 제수가 없다고 제사를 지낼 시기를 놓쳐서는 안 된다고 강조하였다.

분류 : 의례
참고문헌 : 장현광 저, 성백효 역,『여헌선생속집』제7권(한국고전번역원, 1999); 송찬식,「장현광」,『한국민족문화대백과사전』(한국학중앙연구원, 1998)
필자 : 김혜숙

제사에 대추, 밤, 감을 올리는 의미

제사상에는 대개 '조율이시(棗栗梨柿)'라 하여, 대추, 밤, 배, 감을 올린다. 이 가운데 배를 제외한 대추, 밤, 감은 날것이 나오는 때는 날것을 올리지만, 구하기 쉽지 않으면 말린 대추[乾棗], 말린 밤[乾栗], 곶감[乾柿]을 쓰기도 한다. 이러한 과실을 제사상에 올리는 의미를 알려주는 설화가『한국구비문학대계』를 보면 경상남도 진양군 미천면에 전한다.

그 내용에 따르면, 대추는 씨가 하나이고 대추의 살깊숙이 박혀 있으므로, 구중궁궐(九重宮闕)에 혼자 계신 임금님을 뜻한다. 밤은 알맹이가 밤송이, 겉껍질, 속껍질의 세 꺼풀로 싸여 있으므로 영의정, 좌의정, 우의정의 삼정승(三政丞)을 가리킨다. 감은 겉모양을 보면 골이 다섯 골이어서 볼록한 등이 여섯 부분이라 이조, 호조, 예조, 병조, 형조, 공조의 우두머리인 육판서(六判書)를 말한다.

한편『한시어사전』을 보면, 밤, 배, 감에 대해서는 다른 해석도 있는데, 밤은 한 송이에 세 톨이 들어 있으므로 삼정승을, 배는 씨가 6개가 있으므로 육판서를, 감은 씨가 8개라 조선팔도(朝鮮八道)를 상징한다는 속설이다.

분류 : 의례
참고문헌 : 박시원 제보(경상남도 진양군 미천면 채록),「대추, 밤, 감」,『한국구비문학대계』(한국학중앙연구원, 1980); '조율이시[棗栗梨]',『한시어사전』(국학자료원, 2007)
필자 : 김혜숙

제사음식에 뱀이 들어앉았구나

조상에게 올리는 제사음식은 정성과 정갈함을 중요하게 여기며, 제사음식을 만들고 차릴 때에 이 사실을 명심하도록 하는 설화는 많이 내려온다. 대개는 제사를 받는 조상이 제사상에 오른 제수를 불만족스러워하는 내용이다. 그중에서도 머리카락은 가장 큰 금기여서,『한국구비문학대계』에는 밥, 나물, 탕에 들어간 머리카락을 뱀이나 구렁이로 표현한 이야기가 전한다.

제주도 제주시의 설화를 보면, 옛날 전라도 어느 고을 사람이 산골을 넘어가다가 해가 져서 아는 사람의 묘에서 잠이 들었다. 자는데 문득 묘의 문이 열리더니, 묘 주인에게 그 남편이 제사를 먹고 돌아와 말하는 소리가 들렸다. 남편은 제사에 가보니까 뱀이 있어서, 아이를 밀어 손을 데게 만들었다고 했다. 그 말을 들은 아내는 손을 덴 데는 행주를 참기름에 불 태워서 붙이면 낫는다며 안타까워했다. 이튿날 아침, 지인의 집을 찾은 사람은 어제 저녁에 제사가 있었는지 물었다. 그랬더니 제사 지내다 아이가 뜨거운 국에 손을 담가서 난리가 났다고 했다. 그 소리를 들은 손님은 어젯밤 묘에서 들은 이야기를 들려주었고, 제사 지내고 놓아둔 메밥을 헤쳐보니 역시나 아이 머리카락이 빙빙 서려 있었다.

충청남도 보령군 청소면의 이야기도 제주도 설화와 비슷하다. 옛날 소금장수가 날은 저물었지만 인가가 없어 깨끗한 묘 옆에서 잠을 청했는데, 묘 주인들끼리 이야기를 나누는 소리가 들렸다. 이웃 묘의 주인은 소금장수가 누워 있는 묘 주인에게 오늘이 자기 제삿날이니 같이 가서 먹자고 청하였다. 묘 주인은 자기는 손님이 와서 못 간다며 사양했다. 한참 있다가 이웃 묘 주인이 돌아와 하는 말이 제사라고 갔더니 부정하게 차려서, 아장아장 걸어 다니는 손자를 화롯불에다 집어넣고 온다고 했다. 무엇이 부정했냐고 묻자, 녹두나물에 구렁이가 서리서리 들어앉아 있더라는 것이다. 그 얘길 듣고, 묘 주인이 그렇게 덴 데는 무엇을 발라야 낫는지 물었더니, 이웃한 묘 주인은 밀가루 풀만 쑤어 붙이면 바로 낫는다고 알려주었다.

다음 날 아침 소금장수는 인근의 동네로 가서 소금을 사라고 돌아다녔다. 그러다 큰 집에 들렀는데, 그 집

하인이 어제 어린애가 데서 지금 죽게 생겼다며 소금이고 뭐고 정신이 없다며 돌아가라고 했다. 그 말을 들은 소금장수는 주인을 만나, 어제 저녁에 제사를 지냈는지 물었다. 그렇다는 주인의 대답에, 소금장수는 제사를 부정하게 지냈다며 어제 올렸던 녹두나물을 다먹었는지 물었다. 어제 난리가 나서 음복도 제대로 못했고, 녹두나물도 아직 못 먹었다고 하니, 소금장수는 그걸 가져오라고 하여 뒤적거렸다. 그랬더니 기다란 머리카락이 안에 들어 있었다. 소금장수는 이게 귀신 눈에는 구렁이로 보인다며, 자기가 들은 대로 밀가루 풀을 쒀서 붙이는 처방을 일러 주었다. 밀가루 풀을 되직하게 쑤어 몇 번 붙인 손자는 바로 나았는데, 비록 부정하게 차린 제사음식에 화가 나 손자를 화로에 던졌지만 소금장수에게 낫는 법을 일러 주어 두 번 다시 같은 일이 일어나지 않도록 경계했다는 이야기이다.

끝으로 전라북도 옥구군 서수면에 내려오는 설화다. 옛날 어느 대감이 죽은 뒤, 자신의 제사를 먹으러 가는 길에 주막에 들렀다. 대감의 혼(魂)인지라 남의 눈에 보였던 그는 지금 목이 컬컬해 죽겠다며 술 한 잔을 청해 시원하게 마시고, 주모에게 잘 먹었다는 인사까지 하고 집으로 갔다. 집에 도착해보니, 제사상을 차리긴 잘 차려놓았으나 탕국에 구렁이 한 마리가 보였다. 머리카락이 들어 있었던 것이다. 대감은 제사음식에 손도 대지 않고, 돌아오는 길에 다시 주막에 들렀다.

그러면서 주모에게 자신에게 술 한 잔만 더 주고 술값은 내일 우리 자식들한테 받으라고 일렀다. 술을 마시고 대감이 떠나자, 이상하게 여긴 주모가 바로 대감 집으로 쫓아갔다. 마침 아직 제사상을 거두기 전이었다. 주모는 내가 어르신을 오늘 만났는데, 구렁이 때문에 제사음식을 못 잡수시고 그냥 가신다고 하더라고 전했다. 그래서 제사상을 잘 둘러보니 긴 머리카락이 하나 들어 있었다. 그 이야기를 들은 자식들은 주모에게 술값을 후하게 내주고, 다시 제삿날을 받아 제사를 지냈다고 한다.

분류 : 의례

참고문헌 : 문영헌 제보(제주도 제주시 노형동 채록),「메밥의 머리털은 뱀」,『한국구비문학대계』(한국학중앙연구원, 1980); 김재성 제보(충청남도 보령군 청소면 채록),「제사 잘 못 지내서 손자가 화로에 빠지다」,『한국구비문학대계』(한국학중앙연구원, 1981); 최흥령 제보(전라북도 옥구군 서수면 채록),「제사음식의 머리카락」,『한국구비문학대계』(한국학중앙연구원, 1982)
필자 : 김혜숙

제사음식에 손댄 아이

조상에게 올릴 제사음식을 마련할 때 가장 중요하게 여기는 것은 정성스러움과 정갈함이다. 후손들은 제사음식 안에 돌이나 머리카락이 들어 있으면 조상에게는 바위와 뱀으로 보인다 하여 무척 조심하였고, 조상님께 올리기 전에 제사음식을 감히 후손이 먼저 맛볼 수 없다 하여 함부로 먹지도 먹이지도 않았다. 무엇보다 정갈함과 정성을 중시하는 제사음식이기에 신중하게 준비하고 삼가지 않으면 조상님이 화를 낼거라 믿었기 때문이다.

이러한 일이 생기지 않도록 어른에 비해 조심성이나 자제력이 적은 아이들은 아예 제사음식을 준비할 때는 되도록 멀리 있도록 하였다. 자칫하면 아무 생각 없이 제사음식을 먼저 집어 먹는 일을 미연에 방지한 것이다.

이와 관련한 일화가 조선시대 이유원(李裕元: 1814-1888)의 『임하필기(林下筆記)』제26권「춘명일사(春明逸史)」에 전한다. 이에 따르면, 당시 제사를 지낼 때 인가(人家)에서는 아이들을 가까이 오지 못하게 하는 것이 일반적이었는데 이태영(李泰永: 1744-미상)과 서기순(徐箕淳: 1791-1854)은 제사음식에 손댄 아이에 대한 대처가 달랐다고 한다. 일찍이 이태영은 제수를 준비하는데 아이들이 좀 집어 먹어도 뭐라 하지 않고, 만약 조상님이 보셨더라도 틀림없이 이 녀석들에게 음식을 나눠주셨을 것이라며 너그러이 넘겼다고 한다. 반면 서기순은 어린 외아들이 제물에 손을 댔다고 해서 담뱃대로 매를 때렸고, 그것이 원인이 되어 결국 외아들이 병이 나 죽고 말았다고 한다. 문제는 이태영은 자손이 많았지만, 안타깝게도 서기순은 외아들을 잃은 이후로도 다시 아들을 얻지 못하였다는 것이다.

서기순이 살았던 조선 후기에 대를 이을 아들이 없다는 것은 조상에게는 크나큰 불효이고, 본인이나 집안에게도 아주 불행한 일이었다. 조상을 제대로 모시고자 하는 마음에서 제사음식에 손댄 아들을 엄격히 가르친다는 것이 도리어 조상을 모실 자손을 잃게 된 것이다. 이태영 못지않게 서기순 역시 어질다고 널리 알려졌던 인물이었지만, 조상께 올린 제사음식에 대해서는 다른 태도를 지녔던 것이다.

사실 서기순의 집안은 증조부가 영의정 서지수(徐志修: 1714-1768), 조부가 대사헌 서유신(徐有臣: 1735-1800), 부친이 대제학 서영보(徐榮輔: 1759-1816)로 서기순 본인을 포함해 5대에 걸쳐서 정승 셋과 대제학 넷을 배출한 대단한 명문이었다(홍순만, 1997). 그럼에도 서지수는 청백리(淸白吏)로서 평생을 매우 가난하게 살았다고 한다. 그의 청렴함에 대한 일화는 마찬가지로 『임하필기』 제27권에 나오는데, 어느 날 그의 초가집에 초가 다 떨어져 불을 켤 수가 없었다. 그래서 어두운 채로 앉아 있었는데, 마침 공문을 전달하고자 찾아온 사람이 있었다. 그는 서기순의 모습이 안타까워 일단 초 한 자루를 사다가 불을 붙였는데, 다음날 아침에도 초가 여전히 남아있는 것을 본 서기순은 왜 초를 돌려주지 않았냐면서 깜짝 놀랐다고 한다. 그러고 나서는 다 타서 1치[寸], 즉 한 마디 남짓밖에 되지 않는 토막 초를 돌려주었다는 것이다. 이와 같이 스스로에게 엄격했던 서기순이었기에 제사음식에 손을 댄 자식을 더욱 엄하게 꾸짖은 것은 아닌가 한다.

분류 : 의례
참고문헌 : 이유원 저, 김동주 역, 『임하필기』(한국고전번역원, 2000); 홍순만, 「서기순」, 『한국민족문화대백과사전』(한국학중앙연구원, 1997)
필자 : 김혜숙

제삿밥(「출생기」)

검정 포대기 같은 까마귀 울음소리 고을에 떠나지 않고
밤이면 부엉이 괴괴히 울어

남쪽 먼 포구의 백성의 순탄한 마음에도
상서롭지 못한 세대의 어둔 바람이 불어오던
융희(隆熙) 2년!

그래도 계절만은 천년을 다채(多彩)하여
지붕에 박넌출 남풍에 자라고
푸른 하늘엔 석류꽃 피 뱉은 듯 피어
나를 잉태한 어머니는
짐짓 어진 생각만을 다듬어 지니셨고
젊은 의원인 아버지는
밤마다 사랑에서 저릉저릉 글 읽으셨다

왕고못댁 제삿날 밤 열나흘 새벽 달빛을 밟고
유월이가 이고 온 제삿밥을 먹고 나서
희미한 등잔불 장지 안에
번문욕례(煩文辱禮) 사대주의의 욕된 후예로 세상에 떨어졌나니

신월(新月)같이 슬픈 제 족속의 태반을 보고
내 스스로 고고(呱呱)의 곡성(哭聲)을 지른 것이 아니련만
명이나 길라 하여 할머니는 돌메라 이름 지었다오

유치환(柳致環: 1908-1967)의 시집 『생명의 서』 (1947)에 수록된 시 「출생기(出生記)」이다. 유치환은 삶의 본질과 존재의 운명을 탐구하는 관념적인 시를 써서 뚜렷한 개성을 드러낸 시인이다. 1931년 『문예월간』에 시 「정적」을 발표하여 시인으로 출발했다. 관념적 경향의 시를 주로 썼지만 때로는 애틋한 사연의 연가를 발표하여 대중의 사랑을 받았다. 「깃발」, 「생명의 서」, 「바위」, 「그리움」, 「행복」, 「뜨거운 노래는 땅에 묻는다」 등의 작품이 널리 알려져 있다. 시집으로는 『청마시초』, 『생명의 서』, 『울릉도』, 『보병과 더불어』 등이 있으며, 그 외에 수상록 『예루살렘의 닭』 등을 간행했다.

이 시는 시인 유치환이 자신이 태어난 시대의 비극적

제사상 ⓒ하응백

현실과 출생의 내력을 사실적인 배경 속에 서술한 작품이다. 자신의 고향인 남쪽 먼 포구까지 영향을 미친 억압의 그림자와 그러한 시대적 여건 속에서도 순박하게 살아가는 가족을 대비함으로써 식민지 민족의 비극적 상황을 그려냈다. 한자어를 많이 사용하여 전통적 분위기를 나타내는 유치환의 시풍이 잘 나타나 있다. 이 시에 소재로 사용된 제삿밥은 옛 풍습을 알려주는 음식이다. 예부터 제사에 보통 귀한 쌀밥을 올리기 때문에 제사를 지내면 제삿밥을 친척이나 이웃들과 나누어 먹는 풍습이 있었다.

분류 : 문학
색인어 : 출생기, 유치환, 박년출(박넝쿨), 석류꽃, 제삿밥
참고문헌 : 유치환,『생명의 서』(행문사, 1947)
필자 : 이숭원

제전(「제전」)

백오동풍(百五東風)에 절일(節日)을 당(當)하여 임의 분묘(墳墓)를 찾아가서
분묘 앞에 황토(黃土)요 황토 우에다 제석(祭席) 깔고
제석 우에다 조조반(祖祖盤)을 놓고 조조반 우에다 좌면지(座面紙) 펴고
좌면지 우에다 상간지(上簡紙) 펴고 차려간 음식을 벌이울제
우병좌면(右餠左麵) 어동육서(魚東肉西) 홍동백서(紅東白西)에 오기탕(五器湯) 실과(實果)를 전자후준(前煮後樽)으로

좌르르르 벌이울 제 염통산적(散炙) 양볶이 녹두(綠豆)떡 살치찜이며
인삼(人蔘) 녹용(鹿茸) 도라지채(菜)며 고비 고사리 두릅채며
왕십리(往十里) 미나리채며 먹기 좋은 녹두(綠豆)나물 쪼개쪼개
콩나물 놓고 신계곡산(新溪谷山) 무인처(無人處)에 머루 다래 곁들여놓고
함종(咸從)의 약률(藥栗)이며 연안(延安) 백천(白川)의 황밤[黃栗] 대추도 놓고
경상도(慶尙道) 풍기(豊基) 준시 수원(水原)의 홍시(紅柿)며
능라도(綾羅島)를 썩 건너서 참모퉁이
둥글둥글 청(靑)수박을 대모장도(玳瑁粧刀) 드는 칼로 웃꼭지를
스르르르 돌리어 떼고 강릉(江陵) 생청(生淸)을 주루룩 부어
은(銀)동글반(盤) 수복저(壽福箸)로다 씨만 송송 골라내여 한 그릇에
한 그릇은 갱(羹)이로구나
술이라 하니 이백(李白)의 기경포도주(騎鯨葡萄酒)며 뚝 떨어졌다 낙화주(落花酒)며
산림처사(山林處士)의 송엽주(松葉酒)로다
도연명(陶淵明)의 국화주(菊花酒)며 마고선녀(麻姑仙女) 천일주(千日酒)며 맛 좋은
감홍로(甘紅露) 빛 좋은 홍소주(紅燒酒) 청소주(靑燒酒)로 왼갖 술은 다 그만두고
청명(淸明)한 약주(藥酒) 술로 노자작(鸕鶿酌) 앵무배(鸚鵡杯)에 첫잔 부어 산제(山祭)하고
두 잔 부니 첨작(添酌)이요 석 잔 부어 분상묘전(墳上墓前)에 퇴배(退盃) 연후(然後)에
옷은 벗어 남게 걸고 그냥 그 자리에 되는 대로 주저앉아
오열장탄(嗚咽長嘆)에 애곡(哀哭)을 할 뿐이지 뒤따를 친구가 전혀 없구려
잔디를 뜯어 모진 광풍(狂風)에 흩날리며

왜 죽었소 왜 죽었소 옥(玉) 같은 날 여기 두고 왜 죽었
단 말이오
선영(先塋)에 풀이 긴들 절초(折草) 할 이 뉘 있으며
한식명절(寒食名節)이 돌아와도 잔 드릴 사람이 전혀
없구려
일부황분(一抔荒墳)이 가련하구나
천지(天地)로다 집을 삼고 황토(黃土)로다 포단(布
團)을 삼고
금잔디로다 이불을 삼고 산천초목(山川草木)으로 울
을 삼아
두견(杜鵑) 접동이 벗이로구나
「심야공산(深夜空山) 다 저문 밤에 홀로 누워 있기가
무섭지도 않단 말이오 임 죽은 혼백(魂魄)이라도 있
거든 나 다려만 가려마」

제전(祭奠)은 제사를
일컫는 말이며 서도좌
창 「제전」도 같은 뜻
이다. 노래 제목으로
는 드물게 제사라는 뜻
을 가진 「제전」은 북망
산에 묻힌 임의 무덤을
찾아가 제사를 지내면
서 인생의 무상함을 읊
은 노래이다. 가사의
내용으로 보면 표면적
으로는 젊은 미망인이

서도좌창을 부르고 있는 중요무형
문화재 제29호 보유자 김정연 명창
(1913-1987)ⓒ하응백

남편을 잃고 자식도 없이 살아가야 하는 처지를 한탄
하고 있지만, 더 깊게 들여다보면 제사지내는 행위 그
자체의 격식과 절차에 무게중심이 실린 노래라 할 수
있다. 때문에 이 노래는 우리 민요 중에서 가장 구체
적으로 음식상을 차리는 방법이나 식재료의 산지(産
地)를 잘 나타내고 있어 음식 문화사 측면에서 소중한
자료라고 할 수 있다.
이 노래의 첫째 대목은 제물(祭物) 고이는 법을 풀이
하고, 둘째 대목에서는 제상(祭床)에 차려진 산해진

미의 이름을 든 다음 초헌(初獻)·아헌(亞獻)·종헌(終
獻)의 절차를 그리고, 셋째 대목에서는 결국 한줌 흙
으로 돌아가고야 마는 인생의 무상함을 한탄하는 내
용으로 맺고 있다. 조선 말기의 가사는 좀 더 장황했
지만 현재의 가사는 1910년대의 가사를 압축한 내용
이다.
'백오동풍(百五東風)'은 한식(寒食)날을 말한다. 한식
은 동지로부터 105일째 되는 날이고 대개 동풍이 분
다 해서 이 말이 생겼다. '우병좌면(右餠左麵)'은 제수
를 진설할 때 오른쪽엔 떡을 놓고 왼쪽에는 국수를 놓
는다는 뜻. '함종(咸從)의 약률(藥栗)'은 평안남도 강
서군 함종면 일대에서 생산되는 약밤을 말한다. 이곳
에서 생산되는 밤은 예로부터 품질이 좋아 약용으로
사용되었고, '평양밤'으로 유명했다.

분류 : 문학
색인어 : 제사, 제전, 서도좌창, 제물(祭物), 제상(祭床), 염통산적, 양볶
기, 살치찜, 약률, 황밤, 준시, 생청
참고문헌 : 하응백, 『창악집성』(휴먼앤북스, 2011)
필자 : 하응백

탕

오늘날 탕(湯)은 대체로 건더기가 많은 국물음식을
말한다. 그러나 조선시대에는 더욱 포괄적인 의미로
탕이 사용되었다. 예를 들어, 서유구(徐有榘: 1764-
1845)가 쓴 『임원경제지(林園經濟志)』에서는 향약
(香藥)을 끓여서 마시는 것도 '탕'이라고 적었다. 그
러므로 서유구가 생각했던 탕은 국물음식이라기보
다는, 오히려 음료처럼 마실 수 있는 음청류(飮淸類)
에 가까웠다. 실제로 그는 『임원경제지』에서 탕을 차
(茶), 숙수(熟水: 약재 등을 끓인 물에 우려낸 음료),
갈수(渴水: 약재와 꿀을 넣고 달인 음료) 등과 함께 음
청류로 분류하기도 하였다.
한편, 장계향(張桂香: 1598-1680)이 쓴 『음식디미방』
이라는 고조리서에서는 탕을 국물음식으로 분류하였
다. 이 책에서는 모시조개탕, 가막조개탕, 자라로 만
드는 별탕, 고기를 석류알만큼씩 빚어 장국에 넣어 끓
인 석류탕, 난탕, 계란탕과 같이 건더기가 많이 들어

탕기(湯器), 조선 백자, 국립민속박물관-제사 때 진설할 음식을 담는 그릇

간 음식을 탕이라고 보았다. 이와 같은 기록으로 유추해보건대, 조선시대에는 음청류(飮淸類)로서의 탕과 국물음식으로서의 탕이 혼용되었음을 알 수 있다.

하지만 조선 후기에 유교식 제사가 일반화되는 과정에서 국물음식으로서의 탕이 더욱 강화되었다. 그 이유는 유교식 제사상에는 반드시 3탕이라고 하여 육탕·어탕·소탕, 혹은 육탕·어탕·계탕을 올렸기 때문이다. 또한 국가나 사회에 큰 공을 세워 불천위(不遷位)로 인정받은 조상의 제사는 훨씬 성대하게 치렀으므로 3탕이 아닌 5탕을 올리기도 하였다.

제사상에 진설하는 탕은 대개 한꺼번에 만든다. 3탕혹은 5탕의 재료를 한꺼번에 넣고 푹 끓여서 국물이 우러나면, 각각의 탕기 안쪽에 무를 깔고 그 위에 주재료를 얹는 방식으로 진설한다. 2005년도에 국립문화재연구소에서 조사한 서애 류성룡의 불천위 제사를 중심으로 이에 대해 좀 더 자세히 살펴보면 다음과 같다. 서애 류성룡의 불천위 제사에는 계탕(닭), 소탕(다시마), 어탕(명태), 육탕(소고기), 해물탕(오징어), 이렇게 5기의 탕을 올린다. 탕을 만들기 위해 먼저 재료를 손질한 다음, 커다란 냄비에 닭, 다시마, 명태, 소고기, 무를 먹기 좋은 크기로 썰어 넣고 물을 붓고 끓인다. 국물이 한소끔 끓으면 오징어를 넣고 국간장으로 간을 한다. 그런 다음, 무를 건져 탕기에 담고, 그 위에 각각 닭고기, 다시마, 명태, 소고기, 오징어를 담아서 진설하였다(국립문화재연구소, 『종가의 제례와 음식 8』).

분류 : 음식

참고문헌 : 장계향, 『음식디미방』(한국전통지식포탈); 서유구, 『임원경제지』(한국전통지식포탈); 국립문화재연구소, 『종가의 제례와 음식 8』(월인, 2005); 주영하, 「음식의 유교적 질서와 일상화」, 『유교민속의 연구시각』(민속원, 2006)
필자 : 양미경

헛제삿밥(안동헛제삿밥)(경북)

안동 지역에서는 제사를 지내지 않고 먹는 제삿밥을 헛제삿밥이라고 한다. 1980년대에 안동시의 고가옥 관리를 위한 정책으로 헛제삿밥을 판매하는 전문점이 생기면서 '안동헛제삿밥'이라는 이름이 생겼고, 소비자들이 돈을 주고 제삿밥을 사먹는 현상이 생겼다. 현재 상품화된 헛제삿밥의 상차림은 쌀밥·비빔나물·탕·간장이 기본 차림이고, 묵·물김치·조기·산적·약밥·문어숙회·육회·간고등어 등이 추가 차림이다. 헛제삿밥 음식점의 기본 차림은 모두 같지만 추가 차림의 종류는 조금씩 다르다. 추가 차림에서도 상차림이 두 가지로 나뉘며 음식의 구성과 가격대가 다르다.

헛제삿밥이라는 이름에 대해서는 몇 가지 전해오는 이야기가 있다. 안동에서는 야간에 배가 고플 때 먹기 위해서 제삿밥처럼 잘 차린 음식을 '헛신위밥', '허신지밥'이라고 한 사례가 있으며, 쌀밥을 거의 먹지 못했던 유생들이 거짓제사를 지내고 먹는 밥을 '신지밥', '헛밥'이라고 했다고 한다(배영동, 2018).

헛제삿밥 상차림에서 비빔나물이 있는 것은 실제 제삿밥을 음복할 때 나물비빔밥을 먹는 것처럼 비빔밥으로 먹기 위해서다. 수많은 참제원들이 음복할 때 나물비빔밥을 먹는 것은 조리하는 사람의 측면에서 아주 실용적이라고 할 수 있다. 고문헌에 비빔밥이 처음 등장한 것은 1800년대 말 작자 미상의 『시의전서(是議全書)』인데, 한자로는 '골동반(骨董飯)'이라고 하고 한글로 '부뷤밥'이라고 썼다. 『시의전서』의 비빔밥은 고기·전·나물·다시마튀각·고춧가루·깨소금·기름·달걀지단·고기 완자 등을 얹어 비벼 먹는 것이다. 그리고 비빔밥상에는 장국을 함께 놓는다고 한다. 1921년에 방신영(方信榮: 1890-1977)이 쓴 『조선요리제법(朝鮮料理製法)』의 비빔밥은 고기 완자는 넣지 않고 누르미·산적·전유어를 잘게 썰어 올렸다. 1591-1592년에 걸쳐 이 두 문헌보다 일찍 쓰인 박동량(朴東亮: 1569-1635)의 『기재잡기(寄齋雜記)』에는 비빔밥을 '혼돈반(混沌飯)'이라고 하여 밥에 생선과 채소를 섞어 먹었다고 했다. 제삿밥 또는 헛제삿밥의 비빔밥에는 주로 나물이 올라가고 나머지 음식은 반찬처럼 곁들여 먹었던 반면에 고조리서의 비빔밥에는 어류와 육류를 한꺼번에 얹어 비벼 먹었던 점이 다르다.

이와 같이 헛제삿밥이 일반 비빔밥과 차이가 있듯이 헛제삿밥은 제삿밥과도 문화적 맥락과 속성에서 차이가 있다(배영동, 2018). 헛제삿밥은 안동문화와 유교문화가 결합된 것으로서 관광객에게 판매되는 음식인 동시에 유교적 조상숭배 이미지를 재현한 음식이며, 잘 차린 음식의 이미지는 갖고 있지만 세월이 흐를수록 평범한 음식으로 변화되었다(배영동, 2018). 제삿밥이 유교적 조상숭배 사상이 작동한 음식이면서 실제 조상에게 바치는 정성스러운 음식이고, 후손이 이를 음복한다는 점에서 구별된다(배영동, 2018).

분류 : 의례
참고문헌 : 박동량, 『기재잡기(寄齋雜記)』; 『시의전서(是議全書)』; 방신영, 『조선요리제법(朝鮮料理製法)』; 배영동, 「안동 헛제삿밥으로 본 제사음식의 관광상품화와 의미 변화」, 『한국민속학』 67(2018)
필자 : 박선미

제육

"제육은 여러 가지가 편육으로 쓰나니 대가리가 으뜸이 되는 것은 껍질과 귀와 코가 다 각각 맛이 좋고 그 다음에는 유통이 좋고 발목은 팔진미에 든다 하고 좋아하나 질긴 심줄이 발목에는 있고 발목 하나에 뼈가 녹두반짜개(녹두를 반으로 짜갠 것) 같은 것이 다 있어서 수효가 스물여섯 개가 된다고 하며 맛도 별양 좋지 못하고 먹기에도 괴롭고 도리어 갈비가 맛이 좋으니 도야지를 시루에 쪄야 맛이 좋으니라." 이 글은 1924년 판 『조선무쌍신식요리제법(朝鮮無雙新式料理製法)』에 나온다. 이 글에서 제육은 본래 저육(猪肉)이다. 저육을 발음하기 어려워서 '제육'이라고 소리 냈다. 요사이도 인기 있는 메뉴인 제육볶음은 본래 '저육볶음'이고, 더 풀어서 쓰면 '돼지고기볶음'이다.

돼지는 멧돼지과에 속하는 잡식성 포유동물이다. 소나 양이 풀을 먹고 자라는 데 비해서 돼지는 사람과 식성이 같다. 이러니 돼지를 집에 키우려면 사람이 먹고 남길 정도로 음식이 풍부해야 한다. 조선시대만 해도 '집돼지[家猪]'와 '산돼지[山猪]'를 구분하여 고기로 이용했다. 집돼지를 기르는 경우는 주로 관아에서였다. 국가제사에 올리는 희생 제물로 소·돼지·염소가 으뜸이었기 때문에 그랬다. 하지만 일반 가정에서는 돼지를 잘 사육하지 않았다. 번식력이 어떤 가축보다 좋은 돼지를 잘못 기르다가 사람이 먹을 양식도 부족할 수 있었기 때문이다. 다만 제주도에서는 화장실 아래에 가두어 돼지를 길러 문제가 되지 않았다.

정조 때만 해도 국가제향에 사용할 돼지고기를 확보하기 위해서 백성들을 동원하여 산돼지를 잡도록 했다. 그만큼 집돼지로 잡은 고기가 풍족하지 않았다. 그런데 프랑스 출신의 가톨릭 선교사 클로드 샤를 달레(Claude Charles Dallet, 1829-1878)는 『조선교회사』(1847)에서 조선에 돼지가 매우 많다고 적었다. 19세기 이후 주막과 술집이 번성을 하면서 돼지고기의 수요가 늘어났다. 당연히 돼지를 기르는 곳도 많아졌다. 이맘때쯤에 쓰인 문헌에 돼지고기가 들어간 음식이 많이 나오는 이유도 이 때문이다.

홍석모(洪錫謨: 1781-1857)가 한문으로 쓴 『동국세시

삶은 돼지고기 ©하응백

기(東國歲時記)』에는 11월에 계절음식으로 먹는 냉면에 메밀국수와 무절임, 배추절임, 돼지고기가 들어간다고 했다. 비빔면인 골동면(骨董麵)에도 온갖 채소와 함께 채 썬 돼지고기가 들어갔다. 개성 사람들이 '편수'라고 부르는 만두에도 돼지고기가 소고기·꿩고기와 함께 소로 쓰였다. 심지어 서울 사람들이 음력 10월에 즐겨 먹었던 신선로탕도 소고기와 함께 돼지고기를 주재료로 하여 만들었다. 탕평채에도 돼지고기를 채 썬 것이 빠지지 않았다. 편육도 소고기로 한 것과 돼지고기로 한 것이 있었다.

그런데 앞에서 소개한 음식들 대부분이 이북 사람들이 즐겨 먹었던 것들이다. 소설가 마해송(馬海松: 1905-1966)은 음식 맛에도 상당한 지식이 있어서 글도 많이 남겼다. 그는 1965년 12월호『신동아』의 '내 고장 식도락'이란 글에서 자기 고향인 개성에는 돼지고기 요리가 매우 많다고 했다. 그가 적은 돼지고기 요리만 해도 제육구이·제육두부·제육무침·제육저냐·제육조림·제육볶음·제육지짐이·제육젓·제육포 등이다. 알고 보면 돼지순대도 이북 사람들이 잘 만들었다. 유명한 '아바이순대'도 함경도 사람들이 만들어 먹던 음식이다. 식민지시기에 경성여자고등보통학교 교사를 했던 손정규(孫貞圭: 1896년-?)는 일본어로 쓴『조선요리(朝鮮料理)』(1940)란 책에서 한자로 돈장탕(豚腸湯), 한글로 '순대국'이란 음식의 요리법을 적어두었다.

"돼지 창자에 소금을 치고 주물러 연하게 하여 씻고, 가운데를 뒤집어서 몇 번을 헹굽니다. 두부도 으깨고 숙주나물을 데치고 돼지고기를 잘게 썰고 파와 마늘의 다진 것과 간장·후추·고춧가루 등을 넣고 뒤섞어서 창자 중에 가득 채워서 단단히 한 후 양 끝을 실로 묶습니다. 냄비에 물을 끓이고 소금과 간장 약간, 아지노모토를 치고, 창자를 넣고 잘 익힌 다음 꺼내서 2-3센티로 단면이 둥글게 썹니다. 국물 안에 다시 넣어도 먹고, 순대를 초간장에 찍어서도 먹습니다." 이북 사람들이 즐겨 먹었던 돼지순대가 서울로 진출한 증거이다. 이후 돼지순대는 순대의 대표주자가 되었다.

한국전쟁 이후 이북 사람들이 월남하여 돼지족발로 편육을 만들어 팔았다. 하지만 남한 사람들로부터 큰 인기를 얻지 못했다. 남한 사람들은 고기하면 소고기를 최고로 쳤다. 돼지고기 그 자체를 그다지 좋아하지 않았던 남한 사람들에게 족발이나 편육에 젓가락이 자주 갔을 리 없다. 왜 그랬을까? 1966년 7월 28일자 〈동아일보〉에서는 한약을 먹으면서 돼지고기를 먹으면 머리카락이 희어진다는 소문이나 돼지고기에 기생충이 있어 잘못 먹으면 죽게 된다는 속설이 남한 사람들이 돼지고기를 기피했던 이유라고 보았다. 또 남한 사람 사이에 "소음(少陰)이 많아서 돼지고기를 받지 않는다는 설도" 있다고 했다.

그 진실 여부를 가리기 어렵지만, 실제로 이렇게 생각하는 남한 사람들이 그 시절에 많았다. 그러다보니 돼지고기를 이용한 요리법이 많지 않았다. 남한 사람들은 "편육이나 순대고 때로 김치찌개에 돼지고기 몇 점을 넣는 것이 고작이라고 말할 수밖에는 없다."라고 앞의 〈동아일보〉 기자는 강조했다. 이 기사의 목적은 당시 돼지 값이 폭락한 이유를 밝히는 데 있었다. 기자는 "미국 잉여농산물의 도입량이 줄어들어 밀기울 값이 올랐기 때문"에 더 이상 돼지를 키울 수 없어 사육 농가에서 한꺼번에 시장에 내놓는 바람에 돼지 값이 폭락했다고 하며, 그동안 돼지 사육만 장려했지 사료도 시장도 확보해주지 않았다고 성토했다. 그러면서 돼지 수요를 늘리기 위해서는 돼지고기 요리법이 연구되고 발달되어야 한다는 점도 강조했다.

당시 정부의 입장에서 가장 골칫거리는 소고기 값이 돼지고기 값보다 몇 배나 하는 점이었다. 결국 정부는 소고기 값의 폭등을 막기 위해 1970년대 초반 이후 식품학자와 조리학자까지 동원하여 끊임없이 돼지고기의 영양학적 가치와 조리법을 홍보했다. 1976년 1월 28일자 〈매일경제〉에서는 구정을 맞이하여 한국식생활개발연구회의 왕준련 씨가 마련한 구정 상차림 요리를 소개했다.

그가 소개한 다섯 가지 음식 중에서 수정과를 뺀 떡만두국·떡갈비찜·김치잎화양적·편육 이 네 가지에 모두 돼지고기가 재료로 들어갔다. 떡만두국에는 정부혼합곡으로 가래떡을 만들어도 쫄깃쫄깃하다고 하면서 소고기와 돼지고기를 만두 소의 재료로 제시했다. 떡갈비찜에도 돼지갈비를 사용했으며, 김치잎화양적에도 김치줄기와 함께 돼지고기가 주재료로 제시되었다. 그다음에 제시된 편육 또한 돼지고기 삼겹살로 만들 것을 제안했다. 왕준련의 구정 상차림 요리 기사가 사람들에게 얼마나 영향을 미쳤는지는 알 수 없다. 하지만 정부가 주도한 이러한 돼지고기 소비 촉진 활동은 남한 사람들의 식성을 점차 바꾸어놓았다.

1980년대 들어서도 정부의 돼지고기 소비 촉진은 계속 이어졌다. 1986년 11월 19일 서울 여의도 대한생명빌딩에서는 수도요리학원과 대한양돈협회 주최로 전국 돼지고기 요리경연대회가 열렸다. 이 요리경연대회에서 돼지고기김치전골, 돼지고기쌈, 돼지고기생강장구이, 돼지갈비요리, 돼지족 불고기 등의 메뉴가 소개되었다. 마침내 1980년대 초반 이후 남한 사람들의 돼지고기 소비량이 소고기를 넘어섰다. 이 무렵 '보쌈집'이 유행하기 시작했다. 삼겹살 구이가 사람들의 입맛을 사로잡기 시작한 때도 그즈음이었다.

분류 : 식재료
색인어 : 동국세시기, 조선무쌍신식요리제법, 소고기, 순대
참고문헌 : 『정조실록』; 『동국세시기(東國歲時記)』; 『조선교회사』; 『조선무쌍신식요리제법(朝鮮無雙新式料理製法)』; 『조선요리(朝鮮料理)』(1940); 마해송, 「내 고장 식도락」(『신동아』 1965년 12월호); 〈동아일보〉 1966년 7월 28일; 〈매일경제〉 1976년 1월 28일
필자 : 주영하

납저육(1781년)

『정조실록(正祖實錄)』에 따르면 1781년 12월 21일 정조가 춘당대에 나아가 왕의 측근에서 왕명을 받아서 전달하고 군무처리 등을 맡던 선전관(宣傳官)과 선천금군(宣薦禁軍)을 불러 시강(試講)하였다. 시강을 하는 날의 날씨가 매우 춥고 눈이 많이 내리고 있었는데 군사들을 보던 정조가 당시 훈련대장이었던 구선복(具善復: 1718-1786)에게 한 해가 끝나가고 경치가 아름다우니 군사들에게 꿩을 굽게 하고 시강에 참여한 대신과 호위를 서던 무관들에게 음식을 나눠

주라고 명령한다.

정조의 명령에 병사들은 장교에서부터 일반 병사들까지 대오를 갖춰 앉은 후 계급에 따라 꿩을 받아 구워 먹으면서 술도 한잔씩 먹었다. 그리고 음악을 들으며 정조가 나눠준 다른 음식들도 함께 먹었다. 이날 정조가 병사들에게도 준 음식 중 하나가 납저육(臘猪肉)으로 정조는 납저육을 6개의 큰 소반에 담아 나눠주었다.

일반적으로 납육(臘肉)이라 하면 동지(冬至) 이후 셋째 미일(未日)에 조종(祖宗)의 신위에 희생제물을 바치고 한 해 동안 일어난 농사와 그 외의 일들을 알리는 제사인 납향(臘享) 때 쓰이는 짐승의 날고기를 가리킨다. 납육의 종류는 돼지만 아니라 노루·꿩·사슴의 고기도 포함하고 그 가운데 납저육이라 하면 납향에 바치는 돼지 날고기를 뜻한다.

그런데 『산림경제(山林經濟)』에서는 납육을 생고기가 아닌 요리된 음식으로 기록하고 있다. 이 책에 기록된 납육 만드는 법은 크게 3가지로 악부납육(岳府臘肉) 만드는 법 두 가지, 사시납육(四時臘肉) 만드는 법 한 가지이다. 이 납육 조리법들은 모두 『거가필용(居家必用)』과 『신은지(神隱志)』에서 인용했다고 밝히고 있다. 여기에서는 악부납육 만드는 법 한 가지와 사시납육 만드는 법 한 가지를 살펴보겠다.

악부납육을 만드는 방식 중 하나를 살펴보면 신선한 돼지고기를 토막 내어 밀을 삶은 물에 넣었다가 꺼내 물기를 제거한다. 그리고 돼지고기 한 근에 소금 한 냥의 비율로 비빈 후 독 안에 넣고 2-3일에 한 번씩 뒤집어준다. 그렇게 15일을 뒀다가 지게미에 다시 절인 뒤 2-3일 후 꺼낸다. 꺼낸 돼지고기를 절였던 물에 깨끗이 씻은 후 연기가 나지 않는 방에 20여 일간 매달아두면 절반쯤 건조된다. 이때 건조시킨 납육을 큰 독에 잿물을 거른 재를 이용해 고기를 한 겹씩 쟁여두면 1년이 지나서도 신선하다고 했다.

『산림경제』에서는 이 방법으로 납육을 만들 때 가장 핵심적인 사항은 일찍 고기를 절이는 점이라고 했다. 그 이유는 납육을 만들 때는 섣달의 기운에 맞춰야 하

기 때문으로 반드시 섣달이 되기 10일 전에 해야 한다는 것이다. 그리고 돼지고기 이외에도 소·양·말고기 등도 이 방법으로 납육을 만든다고 기록되어 있다.

납육을 삶을 때는 약 30분간 쌀뜨물에 넣었다가 씻은 후 맑은 물이 든 솥에 넣고 뭉근하게 끓인다. 물이 끓으면 바로 불을 빼고 다시 30여 분 멈췄다가 한 번 더 불을 넣어 오랫동안 끓인 후 먹는다.

사시납육법(四時臘肉法)은 먼저 뼈를 제거한 돼지고기에 두께는 손가락 세 개 정도, 너비는 5촌쯤으로 하여 토막을 낸 후 소금과 양념가루에 반나절 절인다. 그리고 돼지고기 한 근에 소금 4냥의 비율을 맞춰 납설수에 이틀간 넣어둔다. 그리고 삶을 때는 우선 맑은 쌀뜨물에 소금 두 냥을 넣은 후 한두 번 끓이고 난 후 다시 물을 갈고 삶는다.

분류 : 음식
색인어 : 납육, 납저육, 정조, 사시납육, 악부납육, 거가필용, 신은지, 산림경제, 시강, 찜
참고문헌 : 『정조실록』; 홍만선, 『산림경제』; 「납육」, 『조선왕조실록사전』
필자 : 이민재

돼지편육

고려시대에도 조선시대에도 돼지고기는 왕실이나 민간을 막론하고 그다지 즐기는 육류가 아니었다. 그나마 돼지고기를 먹는다 해도 집에서 키운 돼지가 아니라 주로 사냥하여 잡은 멧돼지고기[野猪肉]였다. 돼지를 가축으로 키우기 위해서는 음식찌꺼기는 물론 콩과 밀기울[麥麩], 술지게미 등이 많이 들었는데, 사람 먹을 것도 없는 상황에서 돼지를 키우는 것은 상당한 부담이었기 때문이다. 그러나 각종 잔치와 중국 사신의 접대, 크고 작은 제사 때에 돼지고기는 빠뜨릴 수 없는 식재료였다.

제사 때에는 생돼지고기나 저육탕(猪肉湯)을 제수로 쓰기도 하지만, 삶은 돼지머리가 상에 오르는 경우도 있다. 이러한 돼지머리로 만드는 수육은 '저두숙육(猪頭熟肉)', '저두편[猪頭片]'이라고 하였는데, 돼지고기로 만드는 수육[猪肉熟肉]이나 편육[猪肉片], 쇠머리편육과도 색다른 맛이 있어 궁중에서도 잔치 등에 즐

겨 사용하였다.

돼지머리로 만든 편육을 최한기(崔漢綺: 1803-1877)의 『농정회요(農政會要)』에서는 '저두(猪頭)'라 하고 있다. 편육을 만드는 방법은 일단 돼지머리를 물에다 넣고 삶아서 익힌 후 잘게 썰어서 설탕[砂糖], 장(醬), 분디[花椒] 등을 고루 섞고 중탕으로 푹 무르도록 쪘다. 그런 다음에 뼈를 제거하고 한 덩어리로 만들어 단단히 묶고 큰 돌로 눌러서 돼지머리 편육을 만들라고 하였다. 손정규(孫貞圭: 1896-1955)의 『우리음식』에도 '돼지대가리편육'이라 하여 돼지머리 편육을 소개하였는데, 여기에서는 돼지머리를 양념이나 중탕하는 일 없이 그저 흐물흐물하게 삶아서 뼈를 골라내고 보자기에 싸서 눌러두었다가 썰어 내었다. 또한 쇠머리편육도 이렇게 만들지만, 소머리보다 돼지머리 편육이 연하고 좋다고 하였다

한희순 등의 『이조궁정요리통고(李朝宮廷料理通攷)』(1957)를 보면, 제육편육은 돼지고기 삼겹살을 삶아서 보자기에 싸서 도마 같은 것으로 눌러 단단하게 만든 후 얇게 썰어 초장, 겨자, 새우젓과 곁들여 먹는데, 삶은 돼지곱창을 썰어 고명으로 쓴다고 했다. 그러면서 편육은 국수로 차리는 면상(麵床)에는 반드시 있어야 하는 음식이라고 하였다.

이렇게 면상에 편육을 함께 올리기 때문에, 이용기(李用基: 1870-1933)의 『조선무쌍신식요리제법(朝鮮無雙新式料理製法)』(1936)을 보면 사람들이 국수로 대접받으면 밥보다 잘 대접받았다고 여기는데, 상에 편육 한 접시라도 올리기 때문에 그런 것이니 국수 대접은 손님 대접 중에서 나은 것이라 하였다. 또한 돼지고기나 쇠머리편육을 올릴 때에는 새우젓을 꼭 짜서 체에 거른 것에 식초와 고춧가루를 넣어 만든 초젓국에 찍어 먹으라고 하였다.

한편 돼지 족으로 만드는 족편(足片)도 있다. 대부분 족편은 우족(牛足)으로 만들지만 돼지 족으로 만든 족편이 조선 고종(高宗: 재위 1863-1907) 때에 지어졌다는 작자 미상의 『음식방문』에 보인다. 만드는 법은 우족편을 만드는 법과 거의 동일한데, 돼지 족을 살짝

끓여서 건져내어 털을 깎고 깨끗이 씻은 다음, 물을 많이 붓고 끓이다 물이 반 정도가 남으면 닭, 꿩, 돼지고기도 같이 넣고 엉길 때까지 곤다. 그런 다음 돼지족을 건져 잘게 자르고 생강, 후춧가루, 파로 양념한다. 족과 양념이 닭, 꿩, 돼지고기와 서로 잘 엉기게 한 소금 끓인 후 그릇에 담고, 여기에 가늘게 채 썬 계란 지단과 잣가루를 넣고 저은 후 찬 곳에 두었다가 굳으면 썰어서 초간장과 같이 내라고 하였다.

분류 : 음식
참고문헌 : 최한기 저, 고농서국역총서 12-『농정회요 III』(농촌진흥청, 2007); 작자 미상, 『음식방문』; 이용기, 『조선무쌍신식요리제법』(영창서관, 1936); 손정규, 『우리음식』(삼중당, 1948); 한희순·황혜성·이혜경, 『이조궁정요리통고』(학총사, 1957)
필자 : 김혜숙

애저찜[兒猪蒸]

애저찜은 새끼 돼지를 각종 재료와 함께 쩌서 만든 음식이며, 한글로는 '아제찜', 한자로는 '아저증(兒猪蒸)' 또는 '애저증(哀猪蒸)'이라고 한다.
대한제국의 황제였던 고종(高宗: 재위 1863-1907)은 즉위한 지 40주년이 되었음을 기념하고, 아울러 '망육(望六)'이라 하여 60세를 바라보는 51세를 맞아 1902년에 잔치를 벌였다. 이 잔치에는 애저찜[兒猪蒸]이 한 그릇[器] 쓰였는데, 당시의 상황을 기록한 『진연의궤(進宴儀軌)』를 보면 애저찜의 재료를 확인할 수 있다. 먼저 돼지고기[猪肉] 2조각, 묵은 닭[陳鷄] 1마리, 표고버섯[蔈古] 3홉[合], 해삼 10개, 계란 10개, 전복 1개, 목이버섯 1냥[兩], 황화(黃花) 1냥, 녹두가루 2되, 녹두나물 2되, 참기름, 잣, 간장, 소금, 후춧가루 등이 들어갔다. 여기에서 보듯이, 이름은 애저찜이라 해도 반드시 새끼 돼지를 쓴 것은 아니며 돼지고기로 만들기도 했다.
이러한 애저찜은 연한 맛도 일품이지만, 위에서 보듯이 재료도 상당히 고급스러운 음식이었다. 현재는 전라북도 진안의 향토음식으로 알려져 있어 '애저찜[哀猪蒸]'이라 표기하는 경우도 많고 어린 것을 잡아먹자니 가련한 마음이 들어서 '哀(애)' 자를 쓴 것이라는 풀

이도 있다(이영숙, 향토문화전자대전). 하지만 대부분의 조선시대의 문헌에서는 '哀猪(애저)'가 아니라 어린 새끼라는 뜻에서 '兒(아)' 자를 써서 '아저찜(兒猪蒸)'으로 표기하였다.
애저찜을 만드는 방법은 크게 두 가지로 나눌 수 있는데 빙허각 이씨(憑虛閣 李氏: 1759-1824)의 『규합총서(閨閤叢書)』에 나오는 애저찜과 같이 어미 배 속에 든 새끼 돼지로 만드는 법, 그리고 홍만선(洪萬選: 1643-1715)의 『산림경제(山林經濟)』 등에 나오는 것처럼 태어나서 몇 개월이 안 된 새끼 돼지를 애저찜의 재료로 쓰는 법이 있다.
『규합총서』에서 소개한 애저찜을 만드는 법은 『시의전서(是議全書)』의 '아저찜[兒猪]'과 내용상 유사한데, 족편을 만드는 법과 크게 다르지 않다. 『규합총서』에 따르면, 새끼 밴 돼지를 잡았는데 만약 새끼집 속에 쥐같이 생긴 새끼가 들었다면, 그 새끼 돼지를 깨끗이 씻어 통째로 큰 솥에다 삶아 뼈를 제거하고 살을 찢어 파, 미나리, 순무, 전복, 해삼, 표고, 박고지, 생강, 파의 흰 뿌리, 기름장, 깨소금을 넣어 다시 익힌 후채 친 달걀지단, 후추, 잣가루를 뿌려 겨자를 곁들여 먹으면 더 없이 맛있다고 하였다. 하지만 이러한 새끼는 얻기가 어려우므로, 그냥 새끼 돼지로 만들어도 된다는 것이다. 또한 새끼 돼지뿐만 아니라, 돼지의 새끼집을 무르게 삶아서 찜을 만들기도 했다.
사실 일부러 어미돼지를 잡아 배 속의 새끼를 꺼내 애저찜을 만드는 일은 거의 없고, 대개는 돼지의 새끼집(새끼보)를 조리하는 과정에서 그 안의 새끼를 발견한 경우에나 그것을 쓰고 아니면 사산(死産)한 새끼 돼지나 어린 새끼 돼지를 가지고 만드는 음식이었다. 어린 새끼 돼지의 배를 갈라서 그 안에 양념한 속을 채운 뒤 쩌서 만드는 애저찜이 『산림경제』에 나온다. 이 애저찜은 6, 7개월 정도 키운 돼지로 만드는데, 배를 갈라 배 속에다 닭이나 꿩, 두부, 익힌 무를 다진 것과 기름·장·파·마늘·후추 등을 섞어서 반죽한 덩어리를 채운 뒤 실로 꿰맸다. 그것을 물을 부은 솥 안에 걸친 대나무 위에 올려놓는다. 그런 다음 솥 입구에는 물을

채운 동이를 올려놓고 황토로 주위를 잘 봉하여, 볏짚으로 천천히 불을 때서 개고기 삶듯 뭉그러지게 익혀서 초장과 함께 낸다고 하였다.

『산림경제』와 마찬가지로, 현재 향토음식으로 유명한 전라북도 진안의 애저찜도 고기가 귀한 시절에 어미 돼지가 출산할 때 잘못된 새끼 돼지를 푹 쪄서 먹던 데서 유래했다고는 하지만, 대개는 생후 1개월 미만의 어미젖을 떼기 직전의 새끼 돼지로 애저찜을 한다. 다만, 진안의 애저는 돼지의 배를 가르지 않고 통째로 무르게 삶아 만들었다(농촌진흥청, 2008a: 162-163쪽). 한편 제주도에서는 '돗새끼회'라 하여 암퇘지를 잡았을 때 배 속에 있는 보통 1개월 반부터 2개월쯤 자란 새끼 돼지로 회를 만들어 먹었다. 형체는 다 갖추어졌지만 아직 뼈가 굳지 않고 털이 생기지 않아, 회를 만들어 주로 술안주로 먹었고, 돼지새끼보로도 회나 죽, 삶아서 먹었는데 이는 주로 보신용으로 먹었다고 한다(농촌진흥청, 2008b: 65, 189쪽).

분류 : 음식
참고문헌 : 『진연의궤』; 빙허각 이씨, 『규합총서』; 홍만선, 『산림경제』(한국전통지식포탈); 작자 미상, 『시의전서』; 이영숙, 「애저」, 디지털 진안문화대전; 농촌진흥청 농업과학기술원 농촌자원개발연구소, 『한국의 전통향토음식 6-전라북도』(교문사, 2008a); 농촌진흥청 농업과학기술원 농촌자원개발연구소, 『한국의 전통향토음식 10-제주도』(교문사, 2008b)
필자 : 김혜숙

제육(『흥부전』)

이때 상제들이 나오는데, 참 상제가 아니라 삯 받고 오는 상제였다. 벙어리 상제, 소경 상제, 곱사등이 상제, 언청이 상제, 다 나오며 울음 울 제, 저의 울고 싶은 대로 다 각기 멋대로 울던 것이었다. 한 놈은 시조로 울고, 한 놈은 매화타령으로 울고, 또 한 놈은 내다르며,
"제미를 붙고 발겨갈 놈, 울음도 내 똥같이 운다."
이놈은 풍월(風月)로 울고, 그 곁에 한 놈이 나오며 좌우를 살펴보니 제육 장사 제육을 가지고 앉았으니,
"애고, 그 제육 먹음직하다. 좀 쓸어다 내 양 옷소매에 넣어주오. 돈은 내 꽁무니에 있으니 빼어 가게."

제육 장사 기수 밝아 선뜻 갖다 넣어주고 돈 서너 냥 빼어 가지니 이놈 소매 속을 가끔 보며 웃음을 세게 웃어,
"그놈 눈치 빠르다. 장래 제육 장사 잘하여 먹겠다."
고기를 먹을새, 울음 젖잖게 가만히 실컷 울고 먹던 것이었다.

『흥부전』을 보면, 흥부가 박을 타서 부자가 되자, 놀부도 일명 보수표(報讐瓢), 즉 원수를 갚는 박을 얻고는 좋아라고 박을 타는데, 그 박 속에서 온갖 잡것들이 나와 놀부를 패가망신시킨다. 위에서 인용한 것은 놀부가 탄 박 속에서 나온 상제(喪制)들을 묘사한 대목이다.

『흥부전』은 판소리계 소설로 널리 알려진 작품이다. 판소리 「흥보가」가 전승되는 과정에서 그 사설이 소설적으로 윤색되어 정착된 것이 소설 『흥부전』이다. 판소리 「흥보가」는 현재에도 전승되고 있으며, 소설본도 필사본, 판본, 활자본 등 다양한 매체로 전승되고 있다. 위 대목에 나오는 '제육'은 한자어 '저육(猪肉)'에서 변한 말인데, 돼지고기를 말한다.

분류 : 문학
색인어 : 제육, 저육, 흥부전
참고문헌 : 김진영·김현주 역주, 『흥보전』(박이정, 1997)
필자 : 차충환

제육과 돈육

돼지는 소목 멧돼지과, 돼지속에 속하는 동물로 소, 말과 함께 한반도에서 오랫동안 가축으로 길러왔던 동물이다. 돼지고기는 한자어로 돈육(豚肉) 혹은 제육이라고 한다. 제육이라는 용어는 저육(猪肉)이라는 용어의 발음이 변화한 것으로 시간이 지남에 따라 저육보다 발음하기 쉬운 '제육'으로 바뀐 것으로 보인다. 조선시대와 그 이후의 문헌을 기준으로 보면 돈육보다 저육 혹은 제육이라는 단어가 더 많이 사용된 것을 확인할 수 있다.

장계향(張桂香: 1598-1680)의 『음식디미방』에서는 돼지고기, 즉 제육을 집돼지인 가뎨육[가제육, 家猪

肉]과 멧돼지인 야제육[야제육, 野猪肉] 두 가지로 구분하고 있다. 이 책은 멧돼지고기인 야제육은 불에 그을려 털을 없앤 뒤 칼로 긁어 털을 없애고 깨끗이 씻어 약한 불에 무르도록 익힌다고 한 반면, 가제육은 집돼지로 만든 돼지고기 볶음 요리로 설명하고 있다. 최남선(崔南善: 1890-1957)은 1946년 『조선상식문답(朝鮮常識問答)』에서 여러 지방의 이름난 음식들을 나열하였는데, 여기에 개성 지역의 음식으로 꼽힌 것이 엿과 제육이다. 1925년 〈동아일보〉의 기사에서도 평양과 함께 개성을 제육의 명산지로 들고 있다(〈동아일보〉 1925년 1월 28일자).

돼지고기로 만든 음식은 볶음, 구이, 전 등 다양한데, 거의 음식명 앞에 제육을 붙여 제육볶음, 제육구이, 제육전유어라고 불렀다. 1957년 한희순(韓熙順: 1889-1972) 등이 집필한 『이조궁정요리통고(李朝宮廷料理通攷)』에는 돼지고기와 소고기 혹은 꿩, 노루고기를 사용한 돈육전골이라는 음식과 돼지고기 양념구이인 돈육구이라는 음식이 나오지만 이 책 외에 돈육이라는 단어는 음식용어로 별로 사용하지 않는 것으로 보인다.

한편, 제육은 '삶은 돼지고기 요리'를 뜻하는 단어로도 쓰였다. 1948년 손정규(孫貞圭: 1896-1955?)의 『우리음식』의 '제육'은 삶은 돼지고기를 저며서 젓국에 찍어 먹는 음식을 뜻한다. 젓국말고도 간장이나 초장을 사용하기도 하는데 맛과 소화에는 젓국을 쓰는 것이 낫다고 하였다. 한편 이 책은 시중에서 판매하는 음식으로서의 제육의 비위생적인 면에 대해서도 지적하

굿에서 제물로 사용한 돼지 ⓒ하응백

고 있는데 '서울에서는 제육을 삶아서 팔고 있는데 위생적이지 못하니 끓는 물을 끼얹고 나서 썰어 먹어야 한다.'고 했다.

분류 : 음식
참고문헌 : 장계향 저, 백두현 역, 『음식디미방 주해』(글누림, 2006); 최남선, 『조선상식문답』(동명사, 1946); 손정규, 『우리음식』(삼중당, 1948); 「猪(저)」, 한희순 외, 『이조궁정요리통고』(학총사, 1957); 〈동아일보〉 1925년 1월 28일
필자 : 서모란

제육볶음

제육볶음은 얇게 썬 제육, 즉 돼지고기를 양념하여 볶아낸 음식이다. 돼지고기볶음이라고도 한다. 한자어로는 猪肉炒(저육초)라고 한다. 황재(黃梓)가 1751년 편찬한 것으로 알려진 『경오연행록(庚午燕行錄)』과 작자 미상의 연행록인 1828년 『부연일기(赴燕日記)』 등 조선시대 청나라 연행기록 중에서 청나라에서 먹어본 음식 이름에 저육초라는 음식이 기록되어 있다.

장계향(張桂香: 1598-1680)의 『음식디미방』에는 가제육[家猪肉]이라는 음식의 조리법이 나타난다. 이를 글자 그대로 해석하자면 '집돼지'로 같은 책에 나타난 용어인 야제육[野猪肉: 멧돼지]에 반대되는 용어지만 이 책에서는 야제육은 삶은 멧돼지고기, 가제육은 집돼지고기볶음이라는 의미로 썼다. 『음식디미방』의 돼지고기볶음 조리법은 다음과 같다. 산적의 반 정도 되는 두께로 썬 돼지고기를 기름지령, 즉, 기름, 간장으로 양념해 재운 뒤 밀가루(진가루)를 뽀얗게 묻힌다. 다시 간장, 기름을 쳐서 볶아서 익힌 뒤 후춧가루로 양념한다.

일제 강점기에 출판된 요리책들에서는 제육볶음이라는 음식명과 함께 조리법을 확인할 수 있는데 최근의 제육볶음에 고춧가루나 고추장을 사용하는 것과 달리 간장을 사용해 양념한 것이 특징이다. 1934년 방신영(方信榮: 1890-1977)의 『조선요리제법(朝鮮料理製法)』에는 비슷한 방법의 두 가지 제육볶음 조리법이 나타난다. 첫 번째 방법을 기준으로 하면 『조선요리제법』의 제육볶음은 채 썬 돼지고기와 표고버섯을

간장, 설탕, 후추, 파, 생강 등으로 양념하여 볶은 음식이다. 간장 대신 새우젓국에 볶으면 더 좋다고 하였다. 화학조미료 아지노모도의 판매촉진을 위해 제작된 요리책인 1935년 『사계의 조선요리(四季의 朝鮮料理)』에도 재료 중에 아지노모도가 포함된 것을 제외하고는 『조선요리제법』과 같은 방법의 제육볶음 조리법이 나타나있다. 1924년 이용기(李用基: 1870-1933)의 『조선무쌍신식요리제법(朝鮮無雙新式料理製法)』의 제육볶음은 조금 다른데, 조리법은 다음과 같다. 껍질째 잘게 썬 돼지고기에 장, 파, 설탕, 후춧가루를 넣어 양념하여 볶는다. 부추를 한 치 길이로 썰어 넣고 볶은 다음 후춧가루를 뿌려 먹는다. 『조선무쌍신식요리제법』은 부추 대신에 껍질째 파는 강낭콩[隱元豆]을 넣거나 두부를 넣어도 좋다고 하였다. 다만, 부추, 콩, 두부 중 한 가지만 넣어야 한다고 했다. 고명으로는 석이버섯이나 달걀지단을 채 쳐서 얹어도 좋다고 하였다.

제육볶음에 고추장이나 고추, 고춧가루 등의 매운 양념을 사용하는 것은 1940년대 이후의 조리서에서 나타난다. 방신영은 1934년 『조선요리제법』에서 간장을 사용한 제육볶음 조리법을 기술한 것과 달리 1946년 『조선음식 만드는 법』에서 고추장과 고추를 넣은 제육볶음 조리법을 소개하였다. 『조선음식 만드는 법』의 제육볶음은 간장, 고추장, 파, 마늘, 생강으로 양념하며 볶는데, 다 될 때 쯤 볶은 고추를 이겨서(으깨서) 넣고 잠깐 뜸을 들인다고 하였다. 다 된 제육볶음은 접시에 담아 채 친 알고명(달걀지단)을 얹어서 낸다. 이를 시작으로 1950년대 이후 많은 수의 요리책에서는 제육볶음 양념에 고추장, 고춧가루 등이 포함되기 시작하였으며 간장으로 맛을 낸 제육볶음 조리법은 점차 자취를 감췄다. 이에 따라 현재의 제육볶음은 고추와 고춧가루, 고추장 등 매운 양념을 넣어 매콤하게 볶은 것을 뜻하게 되었다.

분류 : 음식
참고문헌 : 장계향 저, 백두현 역, 『음식디미방 주해』(글누림, 2006); 이용기, 『조선무쌍신식요리제법』(영창서관, 1924); 방신영, 『조선요리제법』(한성도서, 1934); 『사계의 조선요리』(스즈키 상점, 1935); 방신영, 『조선음식 만드는 법』(1946)
필자 : 서모란

족볶이(『조선요리제법』)

방신영(方信榮: 1890-1977)의 『조선요리제법(朝鮮料理製法)』(1921)에 족볶이라는 요리가 등장한다. 족볶이는 다른 말로 주저탕이라고도 한다.

조리법을 보면 볶음이라기보다는 국물이 되직한 탕에 가깝다. 조리법을 살펴보면 1921년 판 『조선요리제법』의 족볶이 조리법은 잘게 썬 족을 솥에 넣고 푹 삶은 뒤 곰국에 넣는 것처럼 납작하고 네모지게 썬 무와 함께 밀가루를 넣어 묽은 죽처럼 만든다. 한편 이 책의 개정판이 나올 때마다 '족볶이'의 조리법에 조금씩 변화가 생긴다. 1934년 『조선요리제법』의 조리법에는 양념으로 후추와 간장이 추가되었으며 1952년 『우리나라 음식 만드는 법』에서는 음식의 이름이 '족볶음'으로 변경되었으며 재료도 더욱 화려해진다. 『우리나라 음식 만드는 법』(1952)의 족볶음 조리법에는 1934년 『조선요리제법』의 조리법에는 없었던 재료인 소고기, 석이, 표고, 생강이 추가되었으며 고명으로 달걀지단도 올라간다.

분류 : 음식
색인어 : 조선요리제법, 우리나라 음식 만드는 법, 방신영, 족볶이, 족볶음, 주저탕
참고문헌 : 방신영, 『조선요리제법』(광익서관, 1921); 방신영, 『조선요리제법』(1934년 판); 방신영, 『우리나라 음식 만드는 법』(청구문화사, 1952)
필자 : 서모란

제호탕

제호탕은 여름철에 마시는 전통음료로, 갈증을 풀어주며 소화를 돕는 효능이 있다고 알려져 있다. 허준(許浚: 1539-1615)이 쓴 『동의보감(東醫寶鑑)』에 의하면 해서열(解暑熱)의 효능이 있어 더위를 먹어 생긴 열(熱)을 풀고 번갈(煩渴: 가슴이 답답하고 갈증이 나는 것)을 멎게 하는 처방이라고 되어있다. 백단향(白檀香), 봉밀(蜂蜜), 오매육(烏梅肉), 초과(草果), 축

사(縮砂)를 재료로 사용한다. 백단향은 나무인데 식욕을 증진시키고 소화기능을 돕는 작용이 있는 것으로 알려져 있다. 또 다른 재료인 오매라는 것은 매실이 채 익지 않아 푸른 것의 과육을 불에 그슬려서 말린 것이다. 그 빛이 검어서 오매로 불리며, 한방에서는 더위를 물리치고 위장 기능을 튼튼하게 한다고 되어 있다. 수정과와 같이 향기가 좋을 뿐 아니라 가슴 속이 시원하고 위장에도 좋다.

제호탕을 만들 때는 위 약재들을 부드럽게 가루로 내어 봉밀에 넣고 약간 끓인 다음 고루 저어서 자기(磁器) 그릇에 담아 둔다. 이 청량음료는 단오(端午) 때에 만들어 두었다가 삼복더위 때 음용한다는 풍습이 기록되어 있는데, 여름 내내 마시면 더위를 타지 않는다고 알려져 있다. 마실 때는 찬물을 타거나 얼음을 띄워서 먹는다. 조선시대, 얼음은 나라에서 빙고(氷庫)를 열고 나누어주는 것으로 그 양이 대단히 적었으므로 매우 귀한 것이었다. 그러므로 여름철에 제호탕과 같이 얼음을 띄워 마시는 음료를 맛볼 수 있는 사람 또한 신분이 높은 사람이었다.

제호탕은 조선 후기 우리 조상들의 계절별 행사를 기록한 대표적인 세시풍속서, 홍석모(洪錫謨: 1781-1857)의 『동국세시기(東國歲時記)』에 등장한다. 문헌에 의하면, 단옷날에 궁중 안의 약을 관장하는 내의원에서 제호탕을 만들어 임금에게 진상하면 임금이 이것을 받아 기로소(耆老所: 조선시대에 70세가 넘는 정이품 이상의 문관들을 예우하기 위해 설치한 기구)에 하사하여 여름을 잘 지내게 하였다는 기록이 있다.

제호탕과 관련해서, 오늘날까지 전해지는 많은 이야기의 주인공 '오성(鰲城)과 한음(漢陰)' 중 오성 이항복(李恒福: 1556-1618)의 일화가 전해지고 있다. 그는 조선 제14대 왕 선조(宣祖) 시절, 창덕궁을 수리하는 감역관(監役官) 역할을 맡았다. 일을 마치고 해가 저물어서야 궁에서 나왔는데 찌는 듯한 삼복더위에 갈증을 느껴 문득 제호탕이 마시고 싶어졌다. 그래서 대궐 가까이에 두고 있던 소실의 집으로 들어섰는데 이항복이 말을 꺼내기도 전에 소실이 제호탕을 내어 온

것이었다. 이것을 마시고 이항복은 곧 갈증을 풀었으나, 어찌된 이유인지 그 이후로 첩의 집에는 발을 끊어버렸다. 얼마 후, 영문을 모르고 궁금해 하는 소첩을 대신하여 한음 이덕형(李德馨: 1561-1613)이 그 이유를 물어보았다. 그러자 이항복은 그날 제호탕을 마시고 싶다고 생각하며 소첩의 집으로 갔는데 마치 그 마음을 알고 있었다는 듯이 미리 준비해 두었다가 바로 제호탕을 내어오는 그 소첩이 너무나 영리해서 안 되겠다는 말을 하였다고 한다. 즉, 나랏일이 중요한 시기에 한 여인에게 마음을 빼앗기어 일을 그르쳐서는 안 된다는 생각에 이덕형은 소실과 절연을 결심하였던 것이다. 이후, 이항복은 평생 걱정 없이 살 만큼의 재산을 그 여인에게 주고 다시는 찾지 않았다고 한다는 이야기가 전해진다.

제호탕은 연암 박지원(朴趾源: 1737-1805)이 쓴 『열하일기(熱河日記)』 중에도 등장한다. 연암은 청나라 건륭제(乾隆帝)의 70세 만수절(萬壽節)에 사절단 일행과 함께 연경(燕京)으로 가게 되었다. 그런데 도중에 삼복더위와 노독에 지쳐 그만 더위를 먹었다고 한다. 배앓이와 찌는 더위에 기력을 잃고 매우 지친 연암은 양매차(楊梅茶)라는 것을 한 사발 사서 겨우 목을 축였다. 그는 그 맛에 대하여 '달고 신맛이 우리나라의 시원한 제호탕과 비슷하기는 하다.'고 하였다.

분류 : 음식
참고문헌 : 홍석모, 『동국세시기』; 허준, 『동의보감』; 홍문화, 「신석(新釋) 동의보감(東醫寶鑑) 〈144〉 제호탕(醍醐湯)」, 〈매일경제〉 1982년 8월 13일; 「여름 그 속의 한국적(韓國的) 유머 〈3〉 제호탕(醍醐湯)」, 〈동아일보〉 1970년 8월 5일
필자 : 박경희

조

조는 외떡잎식물 벼목 화본과의 한해살이풀로서 한자로는 속(粟)으로 표기한다. 원산지가 중국인만큼 농경이 시작된 초창기부터 재배되었다고 알려지고 신농씨(神農氏) 설화에도 등장한다. 한반도에도 조 재배는 일찍부터 기원전 3,000년 이전부터 재배가 되

었기에 신석기시대 유적에서도 발견되는 곡물이다 (복천박물관, 2005). 조선시대 출간된 농서들에서는 조를 음력 3월 - 4월 사이에 파종하고 조를 수확할 때는 충분히 익은 후 베어야 하지만 되도록 빨리 베어야 조의 알곡들이 떨어지지 않을 것이라고 했다.

조선시대에 들어와서도 조는 중요한 곡식이고 한반도 북부 등에서는 핵심적 작물이었지만 중·남부 지역에서 벼·보리 등이 중심이었기 때문에 조는 가뭄과 같은 자연재해가 들었을 때 대체작물로서 역할을 담당했다.

한 예로 『태종실록』 1415년 음력 8월 29일자 기사에 따르면 충청도 관찰사 우희열(禹希烈: ?-1420)이 구황하는 한 방법으로 청량속(靑粱粟)이라는 조를 보고했고 충청도 내 백성들이 굶주리니 청량속을 이용해 구황할 것을 건의하였는데 대언(代言)들이 이전에는 풍년이라고 보고하고 지금에 와서야 구황할 것을 청하는 것이 무슨 까닭이냐면서 그를 비판했다. 여기서 청량속은 조선시대 농서에서 조의 품종을 소개할 때 자주 등장하는 품종으로 『산림경제』에 따르면 생동찰[生動秥], 생동차조 등으로 불리는 품종으로 우선 토지 비옥도를 가리지 않고 심을 수 있다. 형태는 까끄라기가 짧고 대가 붉으며 익기 시작하면 회색이 되며 음력 7월이면 익는다고 한다.

조를 이용하는 기본적 방식은 역시 밥으로 먹는 것이지만 쌀밥에 비해 소박한 밥 혹은 가난한 이들의 밥으로 인식되었다. 조선을 건국한 태조 이성계(李成桂: 1335-1408)는 큰 인연을 맺었다. 『태조실록』에 따르면 이성계가 동북면 지방에 갔다가 화살 하나로 비둘기 2마리를 떨어뜨리니 길가에서 김을 매던 2명이 감탄을 하였고 태조는 맞춘 비둘기를 2명에게 줬다. 그러자 김을 매던 이 2명이 조밥을 준비해 대접했는데 이미 높은 자리에 있던 이성계가 이를 불평 없이 먹었다는 내용이다. 태조에게 조밥을 대접했던 2명의 사람들은 한충(韓忠: ?-?)과 김인찬(金仁贊: ?-1392)으로 그날 이후 태조를 따라다니게 됐고 훗날 개국공신이 되었다. 그러나 조를 넣은 밥이 항상 천대받지는 않았다.

『농정회요』에서는 좁쌀, 기장(稷米), 멥쌀 각 2되에 청량조 5홉, 팥 7홉, 큰 검은 콩 1홉을 섞어 밥을 지으면 밥이 달고 향기로우며 그 숭늉까지 맛있다고 했다.

조를 이용하는 또 다른 방법으로는 죽 형태가 있다. 『경종실록』 1724년 음력 8월 23일자 기사에는 경종이 설사를 계속하여 피곤하니 탕약 대신 인삼속미음(人蔘粟米飮)을 올렸다는 기록이 있다. 경종 이후 『조선왕조실록』에는 인삼속미음과 관련된 기사가 종종 보이는데 『순조실록』 1815년 음력 12월 14일자 기사에서 혜경궁 홍씨(惠慶宮 洪氏: 1735-1815)가 먹을 한 냥 분량의 인삼속미음을 달여 올리라는 기사가 보인다. 금리산인(錦里散人)이라는 작자 미상의 사람이 지은 『의휘(宜彙)』에서는 음식을 토하여 진기가 다 소진되었을 때 인삼속미음을 2-3차례 달여 복용한다고 기록했다. 이외에도 조선시대에는 조를 주재료로 하여 속미면(粟米麵), 소주(燒酒) 등을 만들었다.

조는 근대에 들어와 더욱 더 주목을 받는 곡물이 된다. 조가 주목을 받게 된 계기는 개항 이후 시작된 쌀의 이출(移出)이 식민지시기에 들어와서 본격화되고 이출량이 급속도로 증가함에 따라 많은 조선 농민들이 부족한 식량을 쌀 이외에 다른 곡물 그중에서도 만주에서도 들여오는 조, 소위 만주조[滿洲粟]를 사서 먹었기 때문이다. 조선총독부 농림국에 발행한 『조선에 있어서 식용전작물[朝鮮に於ける食用田作物]』에 따르면 1910년에 만주에서 들여오는 조는 그 양이 많지 않았지만 1919년 큰 가뭄을 계기로 그 양이 폭발적으로 늘어난 후 1927년 현재에는 250여 만 석을 수입한다고 기록되어 있다. 만주조의 수입과 가난한 농민들이 이를 사서 먹는 구조는 식민지시기 중요한 식량 유통통로였다.

분류 : 식재료
색인어 : 보리, 미음
참고문헌 : 『경종실록』; 홍만선 저·장재한·김주희 역, 『산림경제』; 복천박물관, 『선사·고대의 요리』(세한기획, 2005); 작자 미상, 『의휘(宜彙)』; 『태종실록』; 朝鮮總督府 農林局, 『朝鮮に於ける食用田作物』 (1936)
필자 : 이민재

깡조밥(「또 하나 다른 태양」)

강동지와 조밥을 곰방술로 퍼먹고 자라던 그때부터
봉선화 씨를 퉁기는 너의 힘을 나는 알아왔다

그리고 네가 물 위에 흙과 흙 밑에 물과 또 짜고 습습
한 바람과 더불어 나의 피를 빚어주기에 무한한 노력
을 한 것도 잘 안다.

애초에 인간이 스스로의 이마를 쪼아서 뚫어 발견한
창같이 석류 열매가 또한 스스로의 세계의 개벽(開
闢)을 가르는 것을 볼 때마다
그리고 밤송아리 터질 때마다
나는 그들의 뒤에 누워 있는 너의 권위에 습복(褶服)
하였다

그러나 무자비한 태양이여
나는 너의 평등에
항시 불평이었다

네가 억울하고 무자비하였기에
네가 태울 것을 태우지 않고 사를 것을 사르지 않았기에
허영을 질투를 그리고 증오를 나는 숭상하지 않을 수
없었다.

그러므로 네가 매운 강동지와 깡조밥을 빚어
가장 수고로이 부어줄 때에도 그 잔(盞)은
마시면 내 혀는 나를 속이기만 하였다
그리하여 피는 슬프게도 생명에서 유리되고 말았다
피는 슬프게도 짐승에게로 가까이 흘렀다

다시 말하거니와
무자비한 태양이여
나는 네가 임금(林檎)을 시굴게 또 달게 그리고 또 떨
어뜨리는 권력을 가지고 있는 것도 잘 알았다 하나
나는 네가 네 자신밖에 태우지 못하는 슬픔인 줄은 몰
랐다

내 눈앞에서 또 한 개의 임금(林檎)이 떨어진다 그러나
죽음으로밖에 떨어질 데 없는 나의 육체는
떨어지지도 않으면서 심히 무겁구나 무엇이 들어찼
느냐 과연 그러나

이젠 모든 실오라기와
너의 지난 세월의 나의 긴 누더기를 벗어버리고
버렸던 탯줄을 찾아 찾은 배꼽을 네 얼굴에 비비련다
그러면 또 하나 다른 태양
나의 가능한 아내 속에

과연 자비는 원형을 들어내어
너에게로부터
나에게로 옮겨다 맡길 것이냐

설정식(薛貞植: 1912-1953)의 시집 『종』(1947)에 수록된 「또 하나 다른 태양」이다. 설정식은 해방공간에서 활동한 시인이자 소설가이다. 1932년 『동광』에 시 「거리에서 들려주는 노래」를 발표하면서 등단했

시인 설정식

다. 1937년 연희전문학교 문과를 졸업하고 미국으로 건너가 마운트 유니온 대학교를 졸업한 후 컬럼비아 대학교에서 영문학을 수학했다. 해방 후 미 군정청 여론국장과 과도입법의원 부비서장으로 일했다. 이 무렵 조선문학가동맹 외국문학부 위원장으로도 활동했다. 한국전쟁이 일어나자 인민군 문화훈련국에 들어가 활동하였고 휴전회담 때 북한 쪽 통역관으로 참여했으나 1953년 남로당 숙청 때 사형당했다. 주요 작품으로는 시집으로 『종(鐘)』, 『포도』, 『제신(諸神)의 분노』 등이 있으며, 소설로 『청춘』, 『해방』 등이 있다.
이 시는 해방기에 창작된 작품으로 식민지 시대에 겪

었던 불합리한 권력구조를 부정하고 해방기 미군정 하의 상황도 비판하면서 비참한 현실의 아픔을 그려 내고 있다. 절대권력을 가진 태양의 힘을 거부하면서 또 하나의 태양을 찾아 비참한 현실에서 벗어나려는 소망을 표현했다. 조밥은 좁쌀로 지은 밥으로 보통 멥 쌀을 섞어 짓는데 깡조밥은 좁쌀만으로 지은 밥을 말 한다. 이 시의 깡조밥은 빈곤한 하층민의 생활상을 알 려주는 음식이다.

분류 : 문학
색인어 : 또 하나 다른 태양, 설정식, 조밥, 곰방술, 밤송아리, 깡조밥
참고문헌 : 김용직, 『해방기 한국 시문학사』(한학문화사, 1999)
필자 : 이숭원

조차떡(『북간도』)

이곳 비봉촌(飛鳳村)은 단오놀이를 크게 해 내려왔다.
씨름도 안기고 밤이면 사자놀이, 줄타기도 하고….
그러나 금년은 청국 사람과의 옥신각신 때문에 단오 놀이를 전폐하고 말았다.

(중략)

그러나 도시락은 별 게 아니었다. 쌀밥은 드물고 보 니, 단오에 해 먹고 남은 조차떡을 싸가지고 온 것밖 에 없었다. 창윤이는 지게에 매놓은, 어머니가 싸준 도시락을 풀었다.

"너 어째서 머리를 깎지 않니?"

도시락을 푸는 창윤이의 머리는 땋아 드리워 검정 댕 기까지 매고 있었다. 그걸 보면서 머리를 빡빡 깎은 현도가 물었다. 깎은 지 오래되지 않은 모양이었다. 가리마 자국이 아직도 또렷했다.

머리를 깎지 못하고 있는 걸 늘 꺼림칙하게 생각하던 창윤이의 얼굴이 화끈해지면서 대답했다.

"우리 큰아배(할아버지)가 못 깎게 한다."

1959년 『사상계』에서 연재를 시작하여 1967년에 완 성된 안수길의 장편소설 『북간도』이다. 모두 5부로 구성되어 있다. 안수길(安壽吉: 1911-1977)은 작가의 고향인 함경북도를 중심으로 한 북한 지역과 두만강 너머 북만주 지역에서 펼쳐졌던 한민족의 고난의 삶

을 단정한 간결체 문장으로 그린 소설가이다. 일제 강 점기에는 만주에 이주하여 용정에서 간행된 〈간도일 보〉와 신경에서 간행된 〈만선일보〉의 기자로 일하기 도 하였다. 대표작에 「벼」, 「목축기」, 「원각촌」, 「제3 인간형」, 「이라크에서 온 불온문서」, 「망명시인」 등의 중단편과 『북향보』, 『북간도』, 『통로』, 『성천강』 등의 장편이 있다.

대하소설 『북간도』의 줄거리는 인물 분류를 통해 간 추릴 수 있다. 연변 지역에 사는 조선족 문인들이 이 작품을 어떻게 이해하고 있는가를 살펴보는 것도 의 미 있는 일이라 여겨 인터넷 사이트 '연변 윤동주 연구 회'에 올라 있는 시인 장춘식의 글(「'북향보'에서 '북간 도'까지」 2)을 인용한다.

소설 속의 인물은 크게 세 개의 부류로 나뉘는데, 첫 째 부류는 이한복, 이장손, 이창윤, 이정수로 대표되 는 민족성 보존자들, 즉 정의의 화신이고 둘째 부류는 장치덕, 장현도로 대표되는 온건주의자 혹은 영합주 의자들이며 셋째 부류는 최칠성, 최삼봉, 박만호 등으 로 대표되는 얼되놈이나 친일파들, 비정의의 대표자 들이다. 이상의 인물유형들은 기본적으로 이한복, 장 치덕, 최칠성 등 세 개의 가족들로 표현되지만 이 세 가족들 중 더러는 색다른 변질을 보이기도 한다. 특히 이한복 일가에서는 이장손이 연약한 농민으로 나오 고 있고 얼되놈이고 이주민 지주로서의 최칠성 가족 에서도 최동규만은 얼되놈이나 친일파에서 분리되어 나와 정의의 편으로 전향한다.

적절한 요약이다. 이를 참고하여 조금 안쪽으로 들어 가 살펴보면 『북간도』의 서사를 이끄는 것이 이한복, 최칠성 두 사람에서 시작하여 각각 4대에까지 이어지 는 두 집안의 갈등 관계임을 알 수 있다. 장춘식이 '온 건주의자 혹은 영합주의자'로 분류한 장치덕 집안 사 람들은 청인들 사이에 살지만 민족문화를 지키려는 태도를 보인다는 점에서 이한복 집안 사람들에 가깝 다고 할 수 있다. 두 집안의 대립은 만주에 건너오기

전부터 이미 분명했다. 현실과의 타협 또는 굴복을 거부하고 정면으로 맞서는 이한복과 순응하는 최칠성의 대립은 아래 세대로 내려가며 더욱 뚜렷해진다. 두 집안의 대를 잇는 대립을 그리는 작가의 붓길 아래에는 이분법적 윤리관이 확고하다. 두 집안의 정신을 선악으로 가르는 작가의 이분법적 윤리관은 두 집안을 넘어 『북간도』에 등장하는 모든 인물들의 정신과 삶을 재는 제일 기준으로 자리잡고 있다. 위 인용문에 나오는 '얼되놈' '친일파' 등의 적대적인 용어에 담긴 윤리관도 이것일 터이다.

이들 세 집안의 3대에 해당하는 열다섯 살 세 소년이 한자리에 모였다. 자작나무 섶나무 등 두만강 근처의 산에 많이 자라는 나무들을 하러 온 길이다. 땀 흘리며 한참 일하니 배가 고프다. 도시락을 꺼냈다.

두만강 건너 낯선 곳에서 살고 있지만 조선인들은 고유의 풍속을 지켜 큰 명절인 단오를 크게 치렀다. 씨름, 사자놀이, 줄타기 등의 단오놀이를 즐기고 조차떡 등 평소에는 먹기 어려운 음식을 장만하여 나누어 먹었다. 조차떡은 차조의 가루로 만든 떡, 많이 했던지 아직 남았다. 세 소년의 점심도시락에 든 것은 단오 때 먹고 남은 조차떡, 굳어서 그냥 먹기 어렵다. 구워 먹기로 한다. 읽는 이의 입에 침을 돌게 하는 맛있는 묘사가 다음처럼 이어진다. "거죽이 연기와 숯으로 거멓게 그슬려지면서 속이 물씬하게 익은 떡조각! 허리를 끊으면 타서 굳을싸한 거죽 속에서 물씬한 것이 김을 풍기면서 갓 쉬놓은 풀같이 빼죽이 나온다. 그 한쪽을 입에 넣으면 입 안이 뜨거워 견딜 수 없으면서 알맞추 굳은 것과 연한 것이 싸각싸각 씹히는 맛! 맑은 날씨에 적당한 노동을 했것다, 왕성해진 식욕에 그것은 천하의 별미였다."

작가는 이 별미의 조차떡을 즐기는 장면에 이들 소년의 머리 모양을 넌지시 끌어들였다. 창윤은 할아버지 이한복의 엄명으로 여전히 땋아 길게 늘인 조선식 머리, 현도는 청나라식 변발을 하라는 청나라 관리의 강요에 반발한 할아버지 장치덕의 명에 따라 시원하게 깎은 빡빡머리. 『북간도』를 관류하는 가장 두드러진 주제인 '민족의식과 민족문화 지키기'가 등장인물의 머리 모양을 통해 또렷하게 드러났다.

분류 : 문학
색인어 : 북간도, 안수길, 조차떡, 만주, 두만강
참고문헌 : 김윤식, 『안수길연구』(정음사, 1986); 오양호, 『한국문학과 간도』(문예출판사, 1988); 한승옥, 『'북간도' 3부작 연구』(동서문학, 1990)
필자 : 정호웅

조개

조개는 한자로 합(蛤)·방(蚌)·방합(蚌蛤) 등으로 쓴다. 명나라의 『본초강목(本草綱目)』에서는 "방과 합은 같은 부류이면서 모양이 다르다. 긴 것을 모두 방이라 하고, 둥근 것을 모두 합이라 한다."라고 하였다. 『본초강목』의 이러한 분류는 조선 후기의 『물명고(物名攷)』·『재물보(才物譜)』·『자산어보(玆山魚譜)』 등에서도 이와 같은 분류를 하고 있다. 1924년 『조선무쌍신식요리제법(朝鮮無雙新式料理製法)』에서는 "조개는 보양도 하고 맛이 좋으니 큰 걸로 얻어서 혀와 내장을 빼내고 녹말 씌워 잠깐 데쳐서 다른 것을 아니 넣어도 좋으니라."고 했다. 『시의전서(是議全書)』에는 조개를 회로 먹을 때 찍어 먹는 초장의 조리법도 나온다. 즉 "초장에 고춧가루·파·생강 다져 넣고 쓰고 혹 계자도 쓰라."고 했다. 여기에서 초장은 지금의 초고추장이 아니라 간장에 식초를 넣은 것이다.

분류 : 식재료
색인어 : 탕·국, 조선무쌍신식요리제법
참고문헌 : 『물명고(物名攷)』; 『재물보(才物譜)』; 『자산어보(玆山魚譜)』; 『시의전서(是議全書)』; 『조선무쌍신식요리제법(朝鮮無雙新式料理製法)』
필자 : 주영하

경포호수의 조개

강원도 강릉시에 위치한 경포호(鏡浦湖)는 거울처럼 맑아 호수에 달이 비추는 모습이 절경으로 꼽히는 곳이다. 이 호수에서 나는 붕어와 조개에 대하여 조선시대의 미식가였던 허균(許筠: 1569-1618)은 『도문대작

(屠門大嚼)』에서 썼다. 그에 따르면, 강릉의 경포(鏡浦), 즉 경포호는 호수지만 바닷물과 통하기 때문에, 그곳의 붕어가 흙냄새가 안 나고 가장 맛있다. 또한 '제곡(齊穀)'으로 불리는 경포호의 작은 조개는 껍질이 자줏빛[紫色]이며, 흉년에는 이것을 먹으면 굶주림을 면할 수 있다 하여 곡식과 같다는 뜻에서 '제곡'이라는 이름이 붙었다고 했다.

이 민물조개와 관련된 설화가 이중환(李重煥: 1690-1756)이 『택리지(擇里志)』에 전한다. 그 내용을 보면, 경포대(鏡浦臺) 앞에는 둘레는 20리쯤 되고, 수심은 사람의 배꼽에 찰 정도의 호수가 있는데 세상 사람들의 얘기로는 옛날에 부자가 살던 곳이라고 한다. 이곳에 살던 부자는 어느 날 시주를 청하러 온 스님에게 쌀 대신 똥을 퍼주었다. 그러자 집터가 내려앉아 호수가 되고, 집에 쌓여 있던 곡식은 자잘한 조개로 변하였다는 것이다. 원래 곡식이었다는 이 조개는 맛이 달고 향긋하며 요기할 만한데, 흉년이 들면 많이 나고 풍년 때는 적게 나기 때문에 그 지방 사람들은 이것을 '적곡합(積穀蛤)'이라고 불렀다. 봄과 여름에는 조개를 머리에 이고 등에 진 사람들의 발길이 끊이질 않았고, 부잣집의 흔적인지 호수 바닥에는 아직도 기와 조각과 그릇이 있어 헤엄치다 가끔 줍기도 한다고 썼다(이익성 역, 1994: 179-180쪽).

이후 곡식이 변하여서, 그리고 흉년에는 곡식과 같다 하여 '제곡'이라 부른다던 이 조개의 이름은 어느 때인가 '제복'으로 변하였다. 1976년 3월 29일자 〈동아일보〉의 「고향의 봄(12) 강릉의 경포대」라는 기사를 보면, 경포호에서 나는 까만 줄이 있는 조개는 '제복'이라고 불리는데, 당시까지도 봄철이면 강릉에 제복을 파는 제복 장수가 돌아다녔다. 그리하여 강릉의 봄날 아침은 제복 장수의 발걸음, 그리고 제복 장수의 음성으로 시작되며 봄철 호수의 정취가 제복의 맛에 가득했다고 한다.

분류 : 식재료
참고문헌 : 〈동아일보〉; 허균 저, 신승운 역, 『도문대작』(한국고전번역원, 1984); 이중환 저, 이익성 역, 『택리지』(을유문화사, 1994)
필자 : 김혜숙

고둥찜(『관부연락선』)

간혹 맛이 있다고 느껴지는 것이 있으면 "아아 이 동김친 퍽 맛이 있는데요. 이렇게 담그자면 무슨 묘방이 있겠죠?" "이 고둥찜엔 특별한 양념이 들어 있는 모양인데 배워 가지고 가야 되겠는데요" 하며 말을 섞지만 그 말들이 도무지 수다스럽지가 않고 식사 시간의 단란함을 북돋우는 반주가 되기도 했다.

이 글은 1968년에서 1970년까지 『월간 중앙』에 연재된 이병주(李炳注: 1921-1992)의 장편소설 『관부연락선』에 나온다. 이병주는 엄청난 다작의 소설가로 많은 작품을 남겼다. 자신의 직접 경험을 바탕으로 일제 강점기 한국 지식인의 삶을 다룬 작품들과 해방 이후 비범한 인물들의 비범한 행로를 그린 작품들로 나눌 수 있는데 『관부연락선』은 두 경우 모두에 속한다. 대표작에 「소설 알렉산드리아」, 「마술사」, 「쥘부채」, 「에낭 풍물지」, 「인과」 등의 중단편과 『관부연락선』, 『지리산』, 『산하』, 『행복어사전』 등의 장편이 있다.

『관부연락선』은 1940년에서 1950년까지, 해방 전후 10년간을 다룬 역사소설이다. 특히 1930년대 후반에서 해방 전까지의 일본 유학생 체험, 학병 체험, 어느 한쪽의 선택이 강요되었던 해방에서 한국전쟁에 이르는 기간 중도적 지식인으로서 견뎌내야 했던 힘든 시간들에 대한 구체적 증언은, 그 체험을 바라보고 평가하는 소설 내 관점의 성격과는 상관없이 그 자체로 희귀한 것이니 거듭 평가되어야 한다.

『관부연락선』의 주인공은 유태림이다. 하동의 대지주 집안에서 태어난 수재로 일본에 유학하여 문학을 공부하였다. 그는 이 작품에 등장하는 청년 지식인들 가운데 단연 우뚝한 수재인데 해방 전후 역사의 거친 파도를 이기지 못하고 역사의 바다에 수장되고 말았다. 유태림은 이처럼 뛰어난 인재조차 그 재능을 충분히 꽃 피우지 못하고 스러져야 했으니 참으로 비정한 역사 전개임을 부각하는 데 효과적인 인물성격이라고 할 수 있을 것이다.

남성 주인공인 유태림의 옆에는 보통의 소설이라면

으레 있기 마련인 여성 주인공이라 할 만한 인물이 없다. 굳이 찾자면, 동경 유학 시절 유태림에게서 빌린 책 때문에 사상범으로 몰려 감옥살이를 해야 했던, 그러나 태림에 대한 애정으로 그 고난을 이겨낸 여성 서경애를 들 수 있다. 유태림을 향한 그녀의 사랑은 은근하고 깊었지만 여러 가지 장애에 막혀 분명히 표현된 적이 없다. 그런 그녀가 유태림을 찾아 진주를 방문했다. 대구 10·1 농민 봉기에 가담했다가 추적을 피해 피신했다고 말하지만 그것만은 아닐 것이다. 여러 가지 정황으로 미루어, '건국 운동 혁명 운동에 목숨을 바칠 각오를 단단히' 하고 혁명적 정치 투쟁의 전선으로 나아가기 전에 사랑했던 유태림을 마지막으로 만나보고 싶었던 것이 그녀가 진주를 찾은 가장 큰 이유인 것으로 보인다. 이렇게 보면 그녀의 진주 방문은 유태림과의 이별의식을 위한 것이었다고도 할 수 있을 것이다. 그녀는 유태림에게 남긴 편지에서 "저는 태림 씨를 사랑하고 있지도 않으며 앞으로도 그럴 것입니다. 그러니 어떠한 일이 있어도 마음에 부담 같은 것은 갖지 않으시길 바랍니다."라고 하여 그 이별의 의식을 냉정하게 마무리하였다.

오랫동안 마음에 품어온 사랑하는 사람과 이별의 의식을 치르고 혁명적 정치투쟁에 뛰어든 그녀는 얼마 뒤 지리산 빨치산 부대에 합류하기 위해 다시 진주를 찾았다. 그녀는 살아 돌아올 가능성이 거의 없는, 퇴로가 없는 길을 선택한 것이다. 그런 길을 떠나기 전 그녀 앞에 진주 지역 음식들이 차려진 소박한 음식상이 놓였다.

고둥은 물이 깊은 강의 바위틈에 서식하는 나선 모양의 껍데기를 가진 연체동물이다. 진주 지역에서는 고동이라 하기에 이 소설에서는 '고동찜'이라 하였다. 고둥찜은 "고사리, 콩나물, 고둥을 먼저 넣고 끓이다가 파, 방아(향초의 하나로 이 지역에서는 국, 찌개, 전 등에 넣는다.) 잎을 넣고 푹 끓인 후 찹쌀가루, 들깻가루, 고춧가루를 물에 잘 풀어 여기에 넣고 걸쭉하게 끓인 것"으로 고단백 음식이다. 이 귀한 음식이 오른 상 앞에 서경애가 앉았다. 그녀가 묵는 집 안노인의 따뜻한 정이 함께하고 있으니 가족이 둘러앉아 밥을 먹는 자리처럼 단란하다. 그녀를 연모하는 한 사나이의 은근한 눈길도 함께하고 있다. 이처럼 단란한 분위기의 식사 자리는 그녀의 삶에 다시는 없을지도 모른다. 죽음을 각오하고 혁명 투쟁의 전선으로 떠나겠다는 비장한 결단을 생각하면 마치 환각과도 같아 더욱 안타까운 단란함이다.

분류 : 문학
색인어 : 관부연락선, 이병주, 고둥찜, 진주
참고문헌 : 김종회 외,『역사의 그늘, 문학의 길』(한길사, 2008); 정호웅,「해방 전후 지식인의 행로와 그 의미」(현대소설연구, 2004)
필자 : 정호웅

모시조개탕(와각탕)

일명 '와각탕'이라고도 하는 모시조개탕은 모시조개만으로 끓인 탕이다.

바닷조개인 모시조개는 한글로는 '가무락조개', 한자로는 '苧蛤(저합)', '毛臬蛤(모시합)', '蜆(현)', '玄蛤(현합)', '黃蛤(황합)', '白蛤(백합)' 등이라고 한다. 이름에서 알 수 있듯이, 조선시대 문헌에서 모시조개를 지칭할 때는 껍질의 색을 가지고 검고, 희고, 누렇다고 하여 현합, 백합, 황합이라고 기재하거나, 모시조개라는 이름을 한자로 표현한 이름이 많다. 다만, 민물조개인 재첩도 한글로 '가막조개'라고 하고, 한자로 '蜆(현)'이라고 쓰기도 해서 모시조개와 혼동되는 경우도 종종 있었다.

서유구(徐有榘: 1764-1845)의『난호어목지(蘭湖漁牧志)』「어명고(魚名攷)」에 따르면, '白蛤(백합)'인 모시조개는 서해와 남해에서 나며, 크기는 작지만 껍데기가 옥처럼 희고 겉에 가는 가로결이 있는 모양이 마치 흰 모시의 실오라기와 같아 민간에서 '苧布蛤(저포합)', 즉 모시[苧布]조개라고 부른다고 하였다. 그러면서 모시조개는 껍데기째로 삶아서 술안주로 쓰기도 하고, 소금에 절여 젓갈을 담근다고 소개하였다(서유구 저, 이두순 평역, 2015: 297쪽).

비록 서유구는 모시조개를 백합이라 하고 껍데기가 흰 모시 같다고 하였지만, 모시조개는 껍질 색깔이 검다는 뜻을 지닌 이름으로 더 많이 불린다. 그리하여 모시조개라는 명칭 이외에 인천, 영광, 함평에서는 '까무락', 인천, 군산에서는 '까막조개', 장흥, 보성, 고성에서는 '백대롱' 혹은 '흑대롱', 군산에서는 '대동', 고창에서는 '다령', 보령, 서천, 홍성에서는 '검정조개', 서천에서는 '대롱', 서산, 태안에서는 '까막', 영덕에서는 '깜바구'라고 한다(이두순 평설, 2015: 298쪽).

모시조개는 봄의 미각을 살려주는 식품 중 하나로 알려져 있어 냉이나 쑥, 소루쟁이 등 봄나물과 함께 된장국을 끓이거나, 그 밖에 시금칫국이나 아욱국, 당귀국, 연배추탕에도 모시조개를 넣고는 했다. 또한 모시조개무침, 모시조개죽, 모시조개젓 등은 물론 와각탕이라고도 하는 모시조개탕도 모시조개로 만드는 음식이다.

장계향(張桂香: 1598-1680)의 『음식디미방』(1670년경)에 따르면, 와각탕은 모시조개나 가막조개를 껍질째 씻어서 맹물에 입이 벌어질 때까지 삶아 국물까지 함께 떠서 내는 탕이다. 모시조개를 가막조개라고 부르는 지역도 있지만, 둘을 구분하여 지칭한 것으로 보아 장계향이 말한 가막조개는 재첩으로 보인다.

이 음식은 홍만선(洪萬選: 1643-1715)이 쓴 『산림경제(山林經濟)』 '황합(黃蛤)'에도 나오는데, 국물이 술안주로 아주 좋다고 평하였다. 그러면서 모시조개탕을 만들 때는 음력 2월에 살아있는 모시조개를 잡아 껍질째 약간의 물과 함께 가마솥에서 끓이되, 너무 익으면 조갯살이 저절로 떨어져서 먹기에 좋지 않으니 80퍼센트쯤 익으면 먹으라고 했다.

한편 모시조개탕을 와각탕이라고 하는 이유는 김려(金鑢: 1766-1822)의 『우해이어보(牛海異魚譜)』(1803년)를 보면 알 수 있다. 이에 따르면, 일찍이 서울의 풍속을 보면 단옷날에 새로 모시조개[苧蛤]를 사서 껍질째 끓여서 탕을 만들어 먹었고, 이를 '와각탕(瓦殼湯)'이라고 불렀는데 그 이유는 조개를 씻을 때 와각와각 소리가 난다고 해서 그런 이름이 붙었다고 한다(김려 저, 최헌섭·박태성 역, 2017: 309쪽). 이와 같이 김려는 와각탕을 음력 5월 5일인 단오에 먹는다

고 했지만, 1800년대 말의 한글 조리서인 『시의전서(是議全書)』에는 모시조개를 물에 간장을 치고 끓인 탕을 음력 3월 3일, 즉 삼짇날에 만들어 먹으면 '외각탕'이라 한다고 썼다. 따라서 와각탕을 끓여 먹는 시기는 지역에 따라 달랐던 듯하다.

이렇게 세시음식으로 먹었던 모시조개탕이지만, 이 음식에 대해 이용기(李用基: 1870-1933)는 그다지 높이 평가하지는 않았다. 그가 쓴 『조선무쌍신식요리제법(朝鮮無雙新式料理製法)』(1936) '와가탕(조개탕, 蛤湯, 苧蛤湯)'을 보면, 이 탕은 대개 술 먹는 사람이 좋아하는 국이고, 제사에는 흔히 쓰이지만 평소에는 드물게 먹는 탕이라고 소개하였다. 다른 건더기나 고명도 넣지 않고 간도 하지 않고 그저 국물과 조갯살만 빼 먹는 음식이라 별맛이 없고 그저 배틀한 맛이 날 뿐이라고 하였다.

분류 : 음식
참고문헌 : 장계향, 『음식디미방』; 홍만선, 『산림경제』(한국전통지식포탈); 최헌섭·박태성, 『최초의 물고기 이야기-신우해이어보』(경상대학교출판부, 2017); 작자 미상, 『시의전서』; 이용기, 『조선무쌍신식요리제법』(영창서관, 1936); 서유구 저, 이두순 평역, 강우규 도판, 『평역 난호어명고』(수산경제연구원BOOKS·블루&노트, 2015)
필자 : 김혜숙

조개젓(「긴아리」)

조개는 잡아 젓 절이고, 가는 임 잡아 정(情) 들이자
쓰고 달고야 된장 먹디, 갈거이 새낭은 뭘하레 왔음나

평안도 민요 「긴아리」에 나오는 가사이다. 「긴아리」에서 '아리'는 아리랑과 거의 어원이 같은 것으로 보인다. 때문에 평안도 아리랑이라고 해도 좋을 것이다. 평안도 용강 강서 지방의 민요로서 일명 「용강긴아리」라고도 한다. 일종의 푸념과도 같으며 이 고장의 노동요라고도 할 수 있는 이 노래는 김을 맬 때 혹은 조개를 캘 때 불렀다고 한다. 서도소리 중에서는 보기 드문 노동요라고 할 수 있다. 「긴아리」는 「아리랑」처럼 분절 형식의 이러한 가사가 수십 개가 있고, 부르는 사람에 따라 얼마든지 변형이 가능하다.

가사는 민요가 대개 그렇듯이 지은이가 알려져 있지

않고 상황에 따라서 보태기도 하고 새롭게 창작되기도 한다. 그런데 알려져 있는 「긴아리」의 일부 가사는 함축적이며 시적(詩的)이다. 가령 "뒷문 밖에야 시라리 타레, 바람만 불어도 날 속이누나"를 보자. '시라리'는 '시래기'의 평안도 방언이다. 뒷문 밖에 시래기를 말리려고 매달아놓은 것이 '시라리 타레'이다. 그런데 바람이 조금만 불어도 이것이 사각거린다. 그 소리는 마치 임 오시는 소리 같은 착각을 불러일으키는 것이니 '나를 속이누나'라고 표현한 것이다. 임을 기다리는 애절한 마음이 절묘하게 표현되어 있다. 김소월(金素月: 1902-1934) 시인의 유명한 시 "뒷문 밖에는 갈잎의 노래/ 엄마야 누나야 강변 살자"라는 구절과 비교해보면 이 「긴아리」가 김소월 시의 원본임을 단번에 알 수 있다. 김소월의 고향이 평안도 영변이니, 아마도 김소월도 이 소리를 듣고 자랐을 것이다.

김소월 시집 「진달래꽃」 초판본을 영인했다. 2016년 이런 시집 초판 영인본이 대중들의 인기를 끌었다.

이처럼 「긴아리」, 「자진아리」, 「안주 애원성(물레타령)」등은 북한 지역의 가장 소박한 민요이면서도 그 지방 사람들의 애환과 생활상이 아주 잘 드러나는 우리 민요의 수작이라고 할 수 있다. 「자진아리」는 대개 「긴아리」 다음으로 부르며 도드리장단의 경쾌한 소리이다. 예전에는 큰 함지에 물을 넣고, 손바닥으로 치면서 장단을 맞추었다고 한다. 민간에서 발달한 순수한 노동요라고 할 수 있다. 가사는 「긴아리」와 서로 상통한다.

위의 가사 내용은 조개는 잡아서 젓갈을 만들어야 오래 먹을 수 있듯이 마찬가지로 가는 임을 잡아 정을 들여야 오래 사랑할 수 있다는 뜻이다. "쓰고 달고야 된장 먹디, 갈거이 새낭은 뭘하레 왔음나"는 쓰기도

하고 달기도 한 된장이나 먹지 왜 하필 갈거이('갈게'의 평안도 방언)를 새낭(사냥의 평안도 방언)해 왔냐는 뜻으로 빈정거리는 말투다. 뭔가 아내의 심사가 뒤틀려 있다. 요즘 식으로 표현하면 이렇다. 화가 잔뜩 나 있는 아내에게 남편이 퇴근할 때 아이스크림을 사 왔다고 하자. 그때 아내가 부아가 나서 뾰로통하게 한 마디한다. "밥이나 먹으면 되지, 무슨 생뚱맞게 아이스크림은." 이런 투의 평안도식 표현이다.

위 가사로 보면 평안도 지방에서도 조개를 잡아 젓갈을 담는 것이 보편화되어 있음을 알 수 있다. 또한 위의 가사는 친근하거나 익숙한 식재료로 자신의 감정을 표현하는 민요의 소박한 특징을 잘 보여준다고 할 수 있다.

분류 : 문학
색인어 : 조개젓, 민요, 서도소리, 긴아리, 자진아리, 김소월
참고문헌 : 하응백, 『창악집성』(휴먼앤북스, 2011)
필자 : 하응백

토화(『어우야담』)

만력(萬曆) 무술(戊戌: 1598)과 기해(己亥: 1599) 연간에 중국 장수가 경성에 많이 있었다. 남이신(南以信)이 우승지로 있었는데, 한 중국 장수가 하인을 시켜서 승정원에 고하도록 하였다.

"바야흐로 봄철로서 이 나라에는 긴맛이 많은데 맛이 무척 달고 비위에도 맞아 장군께서 맛보기를 원하십니다. 접대 도감에게 말했으나 도감께서 굳이 꺼리며 내주지 않으니, 청컨대 국왕께 계를 올려 알려주십시오."
남이신이 말했다.

"긴맛이란 것은 우리나라에 없는 물건인데 도감이 어디에서 찾아 올리겠느냐?"
그리고 나서 계를 올리려는 것을 막자, 하인이 크게 성내어 발을 구르며 말했다.

"이는 당신 나라에서 흔히 나는 물건인데 어찌 황당한 말을 하며 막으십니까?"
남이신이 말했다.

"만일 우리나라에서 나는 것이라면 어찌 감히 장수를 위해 작은 비용 쓰는 것을 아끼겠느냐? 단지 들어본

적이 없는 것이기에 사실대로 말하는 것이다.”
하인이 더욱 화를 내며 “저잣거리에 허다하게 있는데 당신은 어찌 이리 속입니까?” 하였다. 남이신은 그렇다면 빨리 가져와서 보여달라고 하였다. 하인이 즉시 저자로 달려가서 작은 물건 하나를 가지고 와서 “이것이 긴맛이 아니고 무엇입니까?” 라고 하여 보니, 다름 아닌 토화(土花)였다. 남이신이 크게 웃으며 “우리나라에서는 이것을 ‘토화’라고 하니, ‘긴맛’이라고 해서는 알 수 없지. 이것은 우리나라에 아주 흔한 산물이네”라고 말하고는 도감으로 하여금 양껏 보내도록 했다.

위의 이야기는 같은 물건인데 지칭하는 말이 달라서 생긴 에피소드를 기록한 것이다. ‘토화(土花)’는 바다 조개의 한 종류인데, 이것을 중국 사람들은 ‘긴맛’이라고 하니, 우승지도 그것을 몰랐던 것이다. 위의 내용은 유몽인(柳夢寅: 1559-1623)의 『어우야담』에 실려 있다.

분류 : 문학
색인어 : 토화, 긴맛, 유몽인, 어우야담
참고문헌 : 유몽인 저, 신익철 외 역, 『어우야담』(돌베개, 2006)
필자 : 차충환

홍합(동해부인 때문에 이가 상한 고종)

홍합(紅蛤)은 이칭이 많은 조개이다. 『사류박해(事類博解)』에 ‘海紅(해홍)’, ‘淡菜(담채)’, ‘殻菜(각채)’, ‘東海夫人(동해부인)’이라는 명칭이 나오고, 이외에도 『광재물보(廣才物譜)』에는 ‘海蛖(해폐)’라는 명칭도 보인다. 이 가운데 ‘담채’라 했던 이유는 『보감록』에 대부분의 해물이 짠맛이 나지만 홍합만은 싱거워서 붙은 이름이고, ‘동해부인’은 허균(許筠: 1569-1618)의 『도문대작(屠門大嚼)』에 따르면 중국인들이 홍합을 부르는 말이라 한다. ‘동해부인’이라고는 하지만, 홍만선(洪萬選: 1643-1715)의 『산림경제(山林經濟)』에서는 홍합은 붉은 살의 수컷과 흰 살의 암컷으로 나뉘고 수컷보다 암컷이 더 맛있다고 했다.

홍합은 음식을 만들 때 생홍합으로도 썼지만, 주로 말린 홍합을 보관하다가 쓰기에 앞서 물에 불려서 조리

하였다. 그렇다 보니 조선시대에는 홍합을 채취하여 말려서 파는 일이 활발하였고, 이 때문에 정약전(丁若銓: 1758-1816)은 『자산어보(玆山魚譜)』에서 홍합을 전복, 해삼과 더불어 ‘삼화(三貨)’라 한다고 하였다(정약전 원저, 이두순 글, 2016: 229쪽).

한편 홍합으로는 홍합죽은 물론이고 홍합회, 홍합초(紅蛤炒), 홍합구이, 홍합장과, 홍합장아찌, 홍합전, 홍합찜, 홍합탕, 홍합젓 등의 다양한 음식을 만들어 일상음식은 물론 제사나 잔치 때도 썼다. 특히 조선시대에는 홍합이 맛도 좋지만 병자나 허약한 사람의 치료나 보양에 유익하다고 여겨 더욱 즐겨 먹었다.

이런 홍합을 먹다가 이가 상한 사람이 있으니, 바로 고종(高宗: 재위 1863-1907)이다. 『고종실록(高宗實錄)』을 보면 1903년 수라상에 올린 생홍합 중에 모래가 들어간 것이 있었는데, 고종이 그것을 먹다가 이가 상했던 것이다. 이에 임금께 올릴 음식을 정갈하게 만들지 못한 책임을 물어, 담당자들에게 벌을 내렸다. 음식을 직접 조리한 숙수(熟手) 김원근(金元根)과 사환 김만춘(金萬春)은 막대기로 볼기를 때리는 태(笞) 100대와 징역 3년의 더 무거운 벌이 주어졌고, 숙수패장(熟手牌將)인 김완성(金完成)과 각감(閣監) 서윤택(徐潤宅)은 관리를 소홀히 하였으므로 태 90대에 징역 2년 반을 처하라고 법부대신 이재극(李載克: 1864-1927)이 청한 일이 있다(『고종실록』 고종 40년 11월 15일자 기사).

분류 : 식재료
참고문헌 : 『고종실록』; 이공, 『사류박해』; 편자 미상, 『광재물보』; 허균 저, 신승운 역, 『도문대작』(한국고전번역원, 1984); 홍만선, 『산림경제』(한국전통지식포털); 작자 미상, 『보감록』; 정약전 원저, 이두순 글, 강우규 그림, 『신역 자산어보』(목근통, 2016)
필자 : 김혜숙

홍합미음과 홍합수계탕

홍합(紅蛤)만큼 다채로운 이름을 가진 해산물이 또 있을까? 홍합은 색깔, 모양, 맛에 따라 각기 다른 이름을 가졌다. 우선, 홍합이라는 이름은 살이 붉다 하여 붙여진 이름이다. 그리고 홍합은 바다에서 나지만, 다

른 해산물과 달리 유독 맛이 싱겁다 하여 담채(淡菜), 혹은 담치라는 이름으로도 불린다(『규합총서(閨閤叢書)』). 또한 홍합은 동해부인(東海夫人)이라고도 하는데, 이는 홍합의 생김새가 여성의 성기를 닮았다 하여 붙여진 별칭이라고 한다. 허균(許筠: 1569-1618)은 『도문대작(屠門大嚼)』에서 동해부인은 주로 중국인들이 사용하는 명칭이라고 설명했다.

홍합은 대체로 늦겨울에서 초봄 사이가 제철이다. 그러므로 겨울에 채취한 홍합은 생으로 먹어도 좋다. 하지만 5-9월 사이에는 홍합에 독소가 있으므로 먹지 않는 편이 안전하다. 그 기간 사이에 만일 홍합이 필요하면 봄에 채취하여 말린 건홍합을 사용하는 것이 좋은데, 홍합은 말린 것이 사람에게 가장 좋다고 했던 정약전(丁若銓: 1758-1816)의 말을 참고해볼 만하다(『자산어보(玆山魚譜)』). 조선시대 선비들은 건홍합을 부담 없이 서로 주고받는 경우가 많아서 편지를 보내는 인편(人便)에 이를 함께 동봉하여 보내곤 했다. 건홍합이 탕국에 꼭 필요한 재료임을 감안하면, 제사를 중시했던 그 시대에는 건홍합이 실제로도 매우 유용한 선물이었을 것이다.

홍합은 비교적 쉽게 구할 수 있어서 죽·미음·찜·절임·볶음·초·전·젓갈·식해 등 다양한 음식에 두루 쓰였다. 특히, 생홍합은 맛이 감미로우므로 볶아서 국을 끓이거나 젓갈을 담기에 좋고, 건홍합은 주로 조림이나 탕감으로 사용되었다. 또한 홍합은 기운을 북돋워주고 간 기능을 보강시켜준다고 믿어져서 몸이 허한 노인이나 아픈 환자들을 위한 보양식으로 사랑받았다. 『승정원일기(承政院日記)』에는 돌아가신 대왕대비 생각에 영조(英祖: 1694-1776)가 수라를 들지 못하자, 도제조 이광좌(李光佐: 1674-1740)가 "여항의 효자 가운데는 병이 날 것을 염려하여 혹 홍합수계탕(紅蛤水鷄湯)을 먹고 나서야 슬픔으로 목숨을 잃는 일을 면하는 경우도 있는데, 그래도 사람들은 모두들 효자라고 칭송합니다. 이는 진실로 슬픈 감정을 억제하여 효를 온전히 하는 방도"라고 간언하는 대목이 나온다. 그리고 『일성록(日省錄)』에도 정조(正祖: 1752-1800)

가 "홍합미음(紅蛤米飮)이 꽤 효과가 있다."라고 말하자, 직제학 서호수(徐浩修: 1736-1799)가 "청담(淸淡)한 재료를 써서 몸을 보해 주는 처방이므로 효과가 있을 것"이라고 말하는 장면이 기록되어 있다.

이러한 기록들로 볼 때, 적어도 조선 왕실에서는 홍합을 이용하여 만든 홍합수계탕이나 홍합미음이 몸을 보하는 보양식으로 처방되었음을 알 수 있다. 그렇다면 이 음식들은 어떻게 만들까? 이에 대한 자세한 기록이 없어서 그 내용을 정확히 알 수는 없지만, 여러 문헌과 조리서에 나오는 음식들로 그 대강을 유추해 볼 수는 있을 것이다. 우선 『박해통고((博海通攷)』와 『시의전서(是議全書)』에는 '전복홍합우육죽법(全鰒紅蛤牛肉粥法)'과 '삼합미음(三合米飮)'이라는 음식이 각각 등장한다. 둘 다 노인·아이·병자에게 좋은 음식으로, 전복홍합우육죽은 주재료가 홍합, 전복, 소고기인 반면, '삼합미음(三合米飮)'은 홍합, 해삼, 소고기를 주재료로 사용했다. 홍합미음은 홍합과 이들 재료를 푹 고은 뒤 찹쌀을 넣어 미음으로 끓이고, 이를 다시 체로 곱게 걸러서 먹었을 것으로 여겨진다. 참고로, 직제학 서호수의 아들 서유구(徐有榘: 1764-1845)는 『임원경제지(林園經濟志)』에 '담채죽방(淡菜粥方)'이라 하여 홍합죽 끓이는 법을 기록한 바 있다.

한편, 이용기(李用基: 1875-1933)는 『조선무쌍신식요리제법(朝鮮無雙新式料理製法)』에 홍합탕 끓이는 법을 수록하였다. 그는 홍합은 살이 흰 암컷이 달고 맛있으니, 똥을 긁어내고 맑은 장에 끓여 먹으면 사람에게 대단히 이롭다고 적었다. 아마도 홍합수계탕은 홍합에 삶은 영계와 약재를 넣고 닭고기 국물을 넣어 끓인 음식으로 추정된다.

분류 : 음식
색인어 : 홍합(紅蛤), 담채(淡菜), 담치, 동해부인(東海夫人), 영조(英祖), 홍합수계탕(紅蛤水鷄湯), 정조(正祖), 홍합미음(紅蛤米飮)
참고문헌 : 『승정원일기』;『일성록』; 허균, 『도문대작』; 정약전, 『자산어보』; 빙허각 이씨, 『규합총서』; 서유구, 『임원경제지』; 작자 미상, 『박해통고』; 작자 미상, 『보감록』; 이용기, 『조선무쌍신식요리제법』(영창서관, 1936)
필자 : 양미경

조기

조기는 기운을 북돋워주는 고기라 하여 '助氣(조기)'라고 쓰기도 하고, 머리 속에 돌 같은 것이 들었다 하여 '石首魚(석수어)'라고도 부른다. 조기는 명태와 더불어 한국인이 가장 즐겨 먹어온 바다생선 중 하나로서, 일상음식은 물론이고 제사상이나 잔칫상에도 빠지지 않았다. 현재는 전라남도 영광의 법성포가 가장 유명한 조기 및 굴비의 산지이다.

조기와 관련된 표현으로는 사람의 눈이 적을 때 '조기 눈깔 같다'고 비유하였고, 쓸데없이 잔소리가 많은 사람을 두고 '조깃배에는 못가리라'는 말을 하였다. 이 말은 조깃배가 바다에서 조기를 잡을 때 배에 탄 사람이 수다스러우면 조기가 놀라서 달아난다는 데서 생긴 속담이다(〈동아일보〉 1958년 5월 9일자).

서유구(徐有榘: 1764-1845)의 『난호어목지(蘭湖漁牧志)』「어명고(魚名攷)」에 따르면, 조기는 동해에서는 나지 않고 오직 서해와 남해에서만 나는데, 곡우(穀雨)(양력 4월 20일 무렵)를 전후하여 떼를 지어 남해에서 서쪽으로 빙 돌아 올라온다. 그런 이유로 조기잡이는 전라도의 칠산(七山)에서 시작하여 황해도의 연평도(延平島) 바다에서 왕성하며 관서의 덕도(德島) 앞 먼 바다에서 끝난다고 하였다. 또한 조기 파시가 열리면, 상인들의 무리가 구름처럼 모여들어 배로 사방으로 실어 나르고, 소금에 절여 건어(乾魚)를 만들고 젓갈을 담근다. 이렇게 잡은 조기가 전국으로 흘러

조기의 주산지였던 영광 법성포 전경ⓒ하응백

참조기ⓒ하응백

부세조기와 백조기, 큰 것이 부세조기다. 백조기는 보구치라고도 한다.ⓒ하응백

넘치는데, 귀한 사람이나 천한 사람이나 모두 귀한 생선으로 여기니, 바닷고기 중에 가장 맛있고 많이 잡히는 생선이기 때문이라고 하였다(서유구 저, 이두순 평역, 2015: 143-144쪽).

이처럼 모든 사람에게 환영받는 조기이다보니, 정약용(丁若鏞: 1762-1836)은 『경세유표(經世遺表)』에서 "연평(延平) 바다에서 석수어(石首魚) 우는 소리가 우레처럼 은은하게 서울에 들려오면, 만(萬) 사람이 입맛을 다시며 추어(踏魚: 조기)를 생각한다."(이익성 역, 1977)고 하였다.

한편 정약전(丁若銓: 1758-1816)은 『자산어보(玆山魚譜)』에서 조기를 '曹機(조기)', '蝤水魚(추수어)'라고 하면서, 맛이 민어보다 더욱 담백하며 알로 조기알젓[石首魚醢]을 담근다고 하였다. 그러면서 전남 흥양(고흥) 외해의 섬에서는 해마다 춘분(양력 3월 20일 무렵) 이후에, 영광 칠산 앞바다에서는 한식(양력 4월 5일 무렵) 이후에, 황해도 해주 앞바다에서는 소만(양력 5월 20일 무렵) 이후에 그물로 잡는다고 썼다(정약

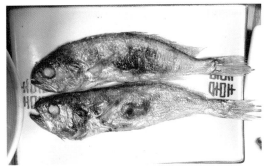

참조기구이ⓒ하응백

전 저, 이두순 역, 2016: 12-13쪽).

유중림(柳重臨: 1705-1771) 역시『증보산림경제(增補山林經濟)』에서 조기로 만든 탕과 구이가 모두 맛있으며, 소금을 쳐서 통째로 바싹 말리면 찢어 말리는 것보다 그 맛이 낮고 조기의 알로는 젓갈을 담그면 좋다고도 하였다. 유중림의 설명에서 통째로 말린 조기는 굴비를, 찢어서 말린 것은 가조기를 지칭하는 것인데, 굴비가 가조기보다 맛이 낮다는 평가가 일반적이다.

이러한 조기는 생으로 회를 뜨거나 익혀서 음식을 만들어 먹기도 하지만, 말리거나 젓갈을 담가 저장하다가 김치, 반찬이나 술안주를 만드는 데 이용하였다. 생조기나 굴비, 가조기로 만든 음식으로는 조기구이, 조깃국, 조기탕, 조기찜, 조기지짐, 조기조림, 조기찌개, 조기국수, 조기식해, 굴비장아찌 등이 있다.

분류 : 식재료
색인어 : 조선요리제법, 조선무쌍신식요리제법, 조선요리법, 규합총서, 시의전서, 도문대작, 김치
참고문헌 : 서유구 저, 이두순 평역, 강우규 도판,『평역 난호어명고』(수산경제연구원BOOKS·블루&노트, 2015); 정약용 지음, 이익성 역,『경세유표』(한국고전번역원, 1977); 정약전 원저, 이두순 글, 강우규 그림,『신역 자산어보』(목근통, 2016); 이응희 저, 이상하 역,『옥담시집』(전주이씨안양군파종사회, 2009); 유중림 저, 고농서국역총서 6-『증보산림경제 III』(농촌진흥청, 2004);「固有色辭典 石首魚」,〈동아일보〉1958년 5월 9일
필자 : 김혜숙

굴비

굴비는 조기를 소금에 절여 말린 어물이다. 한자로는 '屈非(굴비)', '鹽石首魚(염석수어)'라고 하며, 굴비장아찌, 굴비구이, 굴비찜, 굴비찌개 등을 만들어 밥반찬이나 술안주로 즐겨 먹었다.

방신영(方信榮: 1890-1977)의『조선음식 만드는 법』(1946) '굴비(여름철)'에 따르면, 일제 강점기까지는 영광(靈光)굴비, 부안(扶安)굴비, 연평(延平)굴비 등이 전국적으로 명성을 떨치며 널리 유통되었고 맛도 좋았다고 한다. 방신영이 설명한 조기로 굴비를 만드는 방법을 보면, 조기를 물에 넣고 아가미 밑으로 손가락을 넣어서 내장을 빼내고 아가미 속의 털 같은 것도 꺼내 버린다. 물에 잘 씻어 채반에 건져둔 조기의 물기가 빠지면, 소금을 아가미 속에 가득 넣고 앞뒤로 조기가 보이지 않을 만큼 소금을 잔뜩 뿌려서 햇볕에 말리면 굴비가 된다. 이러한 굴비는 마른반찬 중에서 아주 좋은 반찬인데, 여름철에 찬거리가 귀할 때에 더 좋으며, 반찬으로 할 때는 껍질을 벗기고 골패 쪽처럼 썰어 고추장을 찍어먹고, 굴비 알도 꺼내서 얄팍하게 썬 다음 초고추장이나 초장을 찍어 먹으라고 했다.

굴비의 알에 대해서는 이용기(李用基: 1870-1933)가『조선무쌍신식요리제법(朝鮮無雙新式料理製法)』(1936)에서 굴비는 알이 가장 맛이 있는데, 영광 굴비가 작기는 하지만 빛깔이 거뭇하고 알이 크며 맛도 아주 좋다고 하였다. 그러면서 모든 음식에는 먹는 때가 따로 있어서 매미 소리가 들리는 칠월 그믐 정도면 굴비의 머리가 떨어져 나가고 맛도 없어지고, 굴비를 오래 두면 기름이 나와 못 쓰게 되지만 가랑잎에 싸두면 오래 두고 먹을 수 있다고 했다. 굴비 기름이 나와 굴비의 맛을 버리지 않게 하려면 이용기가 설명한 것처

굴비구이ⓒ하응백

809

럼 보관하는 방법도 있지만, 아예 굴비를 말릴 때 예방하는 방법도 있다. 빙허각 이씨(憑虛閣 李氏: 1759-1824)의 『규합총서(閨閤叢書)』에 따르면, 조기가 반쯤 말랐을 때 다시 씻어서 말리면 굴비를 오래 두어도 기름이 배지 않는다는 것이다.

또한 굴비를 모양 있게 만들려면 조자호(趙慈鎬: 1912-1976)의 『조선요리법(朝鮮料理法)』(1943)에서 설명하였듯이, 소금에 절인 후 구부러지지 않게 차곡차곡 놓고 무거운 돌이나 맷돌 같은 것으로 꼭 눌러놓고 바싹 말려야 하는데, 그래야 조기 살이 쪽쪽 잘 일어나고 굴비의 모양이 구부러지지 않는다고 한다.

이와 같이 무거운 물건으로 눌러놓고 조기를 말리기도 하지만, 조기를 엮어 걸대에 걸어 말리기도 했다. 그리하여 1960년대까지도 조기 파시가 비교적 활발하였던 충청남도 논산시 강경읍의 사례를 보면, 강경에서는 조기가 쌀 때 대량으로 구입하여 조기를 말리는 일이 흔하여서 1970년대까지도 강경의 골목골목마다 걸대에 걸어두고 조기를 말리는 모습을 볼 수 있었고, 한 줄에 열 마리씩 두 줄, 즉 굴비 한 두름당 얼마씩 수고비를 받고 전문적으로 조기를 엮어주러 다니는 '엮기'라 불리는 사람들이 짚을 들고 읍내를 돌아다녔다고 한다(김혜숙, 2009: 119-120쪽).

눌러 말리든 엮어 말리든 굴비는 통째로 말려서 만들지만, 같은 조기라 해도 가조기는 만드는 방식이 달랐다. 『조선무쌍신식요리제법』에 따르면 가조기는 조기를 아예 반으로 갈라서 소금을 많이 치고 펴서 말리고

영광 법성포의 굴비정식 ©하응백

주로 찌개를 끓이거나 고아서 병든 사람에게 먹이기도 했다고 한다. 이렇게 만든 가조기는 굴비만은 맛이 못하지만, 가조기를 만들기 위해 조기의 내장을 꺼내기 때문에 그 내장으로 조기속젓을 만들 수도 있었다. 한편 반찬이나 술안주는 아니지만, 1930년대만 해도 굴비는 약수(藥水)를 먹는 데 없어서는 안 되는 존재였다. 〈동아일보〉 1963년 5월 24일자에 따르면, 1963년 당시에는 흔적도 없이 사라졌지만, 서울교도소 남쪽 뒷담 근처에 '약박골 물'이란 유명한 약수터가 있었고, 이 물을 먹으면 속병이 낫는다고 하여 삼복 철에 남녀노소가 몰려들어 줄을 지어 약수를 먹었는데, 조금이라도 더 물을 많이 먹기 위해 짜디짠 굴비를 쩝쩝 먹으며 물을 들이켰다고 한다. 이러한 한여름 풍경은 약수가 나는 곳에서는 어디서나 볼 수 있던 우리나라 특유의 모습이었다는 것이다.

분류 : 음식
참고문헌 : 방신영, 『조선음식 만드는 법』(대양공사, 1946); 이용기, 『조선무쌍신식요리제법』(영창서관, 1936); 조자호, 『조선요리법』(京城家政女塾, 1943); 빙허각 이씨, 『규합총서』; 〈동아일보〉; 김혜숙, 「1950-1970년대 江景 商人의 존재양상과 상거래 관행 연구」(한국학중앙연구원 한국학대학원, 2009); 「횡설수설」, 〈동아일보〉 1963년 5월 24일
필자 : 김혜숙

석수어(이응희)

비릿한 바람이 바다에 불어오면
노란 뱃살 조기가 어선에 가득하다네
노릇노릇 구워내면 맛난 반찬이 되고
진하게 탕으로 끓이면 맛이 좋다네
모습은 아름답지 못하지만
고기는 두루두루 쓰인다네
좋아라, 바짝 말린 후에
밥 먹을 때 가장 먼저 올린다네
腥風擁海口 黃腹滿魚船
爛炙知佳餐 濃湯作美鮮
形容雖不碩 爲物用無偏
最憐乾曝後 當食必登先

*이응희, 「조기[石首魚]」

이응희(李應禧: 1579-1651)는 자가 자수(子綏), 호가 옥담(玉潭)이며, 본관은 전주로, 연산군의 이복동생인 안양군(安陽君)의 고손자다. 안양의 수리산 아래 조용히 살다 간 인물이지만 그의 문집『옥담시집(玉潭詩集)』이 최근 소개되어 주목을 받았다. 세상만물을 두고 지은 연작시「만물편(萬物篇)」에서 가장 맛난 생선 중 하나인 조기를 빠뜨리지 않았다. 이 작품에서는 조기가 구이와 탕으로도 맛이 있지만 특히 말린 굴비가 최고라 하였다.

『산림경제(山林經濟)』에서는 조기가 머리 부분에 바둑돌만 한 돌이 있어 한자로 석수어(石首魚)라 하는데 순채와 함께 끓여 먹으면 맛이 좋고 특히 오래 묵은 것일수록 뛰어나다고 하였다. 이처럼 조기는 탕이든 구이든 말려서 먹는 것이 최고였다. 고려 말 이색(李穡: 1328-1396)도 법주(法酒)와 함께 조기를 선물로 받고 쓴 시에서 "잔 비늘의 물고기 석수어라 하는데, 맛난 술은 춘심을 채워주네. 거품 뜬 술은 향기가 막 풍기고, 말린 고기는 맛이 절로 깊구나[細鱗名石首 美酒實春心 浮蟻香初動 乾魚味自深]."라 하여 굴비를 먹는 즐거움을 노래한 바 있다.

그리고 500년이 지난 후 구한말의 문인 이건창(李建昌: 1852-1898)은「연평행(延平行)」을 지어 연평도(延平島)의 풍물을 노래하였는데 "비늘이 물에 나와 금빛으로 반짝반짝, 하나하나 머리에 돌을 박고 있다네. 신선한지 따질 것 없고 마른 것이 더욱 좋아, 커다란 민어나 숭어조차 상대가 안 된다네[鱗光出水金的爍 箇箇首中俱有石 鑫不可論鬐更美 鮸鯔雖大珍難敵]."라 하여, 연평도에서 잡아 말린 굴비가 최고임을 말하였다. 조선시대 조기는 연평도를 위시한 서해안 일대에서 매우 많이 잡혔다. 이유원(李裕元: 1814-1888)의『임하필기(林下筆記)』에 따르면 법성포(法聖浦)에서 칠산도(七山島)를 바라보면, 조기가 올라오는 철에 이를 잡으려는 배들이 바다 위에 늘어선 모습이 파리 떼가 벽에 달라붙은 것과 같아서 그 수효를 헤아릴 수 없을 정도였다고 한다.

이러니 조기가 그다지 귀한 생선은 아니었던 것이다.

임천상(任天常: 1754-1822)은 9월에 수확을 한 후 농가의 즐거움을 노래한 시에서 "이웃에서 절구 소리에 잠에서 깨어나니, 농가의 이른 아침 인시(寅時)에 먹는다네. 무김치에 호박전이 있는데, 최고의 음식은 여기에 조기를 더한 것이라네[隣舍春聲罷睡餘 農家飯早趁寅初 蕪菁沈菜南瓜炙 上饌添陳石首魚]."라 하였다. 최고의 반찬으로 조기가 농가에서도 먹을 만한 생선이었음을 짐작할 수 있다.

분류 : 문학
색인어 : 조기, 이응희, 이색, 이건창, 이규상, 임천상
참고문헌 : 이응희,『옥담시집』; 홍만선,『산림경제』; 이색,『목은고』; 이건창,『명미당집』; 이유원,『임하필기』; 임천상,『궁오집』
필자 : 이종묵

석어(『배비장전』)

중량 한 통, 세량 한 통, 탕건 한 죽, 우황 열 근, 인삼 열 근, 월자 서른 단, 마미 백 근, 장피 사십 장, 녹피 이십 장, 홍합·전복·해삼 백 개, 문어 열 개, 삼치 서 뭇, 석어 한 동, 대하 한 동, 장곽·소곽·다시마 한 동, 유자, 백자, 석류, 비자, 청피, 진피, 용, 얼레, 화류살쩍, 삼층 난간 용봉장, 이층문갑, 가께수리, 산유자, 궤와 뒤주 각 여섯 개, 걸음 좋은 제마 두 필, 총마 세 필, 안장이 두 켤레, 백목 한 동, 세포 세 필, 모시 다섯 필, 면주 세 필, 간지 열 축, 부채 열 병, 간필 한 동, 초필 한 동, 연적 열 개, 설대 열 개, 쌍수복 백통대 한 켤레, 서랍 하나, 남초 열 근, 생청 한 되, 숙청 한 되, 생률 한 되, 마늘 한 접, 생강 한 되, 나미 열 섬, 황육 열근, 후추 한 되, 아그배 한 접, 애랑 주며 방자 불러 이른 말이…

『춘향전』,『흥부전』등의 예에서 보듯이, 판소리계 소설에는 판소리의 영향을 받아 묘사가 풍부하고 사물의 나열이 많이 나타난다. 이러한 특징은『배비장전』도 마찬가지이다.『배비장전』은 판소리「배비장타령」이 소설로 전환된 작품이다. 조선 후기에 판소리 12마당이 연행되었을 때에는「배비장타령」도 판소리로 불리었으나, 지금은 판소리 창은 없어지고 소설본『배비장전』만이 필사본, 활자본의 형태로 전승되고

있다.

『배비장전』은 제주도 목사의 비장(裨將)으로 따라갔던 배비장이 여색에 초연한 정인군자(正人君子)로 자처하다가, 기생 애랑과 목사의 공모에 의해 그 호색한으로서의 성격과 평소의 위선이 적나라하게 폭로되는 이야기이다.

배비장이 제주도로 가기 전에, 정비장이란 사람이 애랑과 이별하는 장면도 매우 흥미롭다. 정비장은 임기를 마친 목사를 따라 다시 서울로 돌아가게 되었는데, 그때 애랑은 온갖 간계를 부려 정비장이 지니고 있던 값나가는 물건들을 모두 빼앗아낸다. 위에서 인용한 것은 그 장면에 묘사된 일부 내용이다.

사물의 나열이 한없이 이어지고, 어려운 말도 많이 등장한다. 물론 이러한 표현은 전적으로 과장된 것이다. 일개 비장이 임기를 마치고 자기 집으로 돌아가면서 이처럼 많은 물건을 가지고 간다는 것은 불가능하기 때문이다. 위의 예문에는 많은 음식 종류가 등장하는데, 그중에서 몇 가지를 살펴보면 '석어(石魚)'는 참조기, 보구치, 수조기 등 오늘날의 조기를 가리킨다. 또 '생청(生淸)'은 꿀을 뜰 때 열을 가하지 않은 꿀이고 '숙청(熟淸)'은 끓여서 찌꺼기를 말끔히 없앤 꿀이다. '아그배'는 아그배나무의 열매로서, 모양은 배와 비슷하나 아주 작고 맛이 시고 떫은 과일이다.

분류 : 문학
색인어 : 석어, 아그배, 배비장전
참고문헌 : 김창진 역, 『배비장전』(지식을만드는지식, 2008)
필자 : 차충환

조기(공상물품)

'석수어(石首魚)'라고 부르는 조기는 궁궐로 공상되던 식재료로 국을 끓이거나 구워 먹었다. 과일의 독을 치료하거나 식욕을 돋우고 원기를 회복하는 용도로 쓰일 만큼 궁중에서도 애용하던 식재료였다.

조선시대 영·정조시기에 전국 각도별로 바치는 공물의 물종과 수량이 적혀 있는 『공선정례(貢膳定例)』라는 책에는 각 지역에서 궁궐로 공상된 조기 즉 석수어를 살펴볼 수 있다.

석수어는 음력 3월에서 5월 사이에 경기도, 충청도, 전라도, 황해도 즉 서해안에 접해 있는 지역에서 궁궐로 공상되었다. 18세기 문헌 『증보산림경제(增補山林經濟)』에서도 석수어는 서해(西海)에서 산다고 하였다. 매월 정기적으로 공상되는 삭선(朔膳)물품인 석수어는 공상되어지는 형태가 조금씩 차이가 난다. 지역에 따라 월별로 공상된 석수어의 형태와 수량은 다음과 같다.

경기도는 3월에 황석수어(黃石首魚: 황조기) 200-300미(尾: 마리)를, 4월에는 적구비석수어(炙仇非石首魚) 25-50마리를 궁궐로 보냈다. '적구비석수어'란 구이용 굴비를 말한다. 굴비는 조기를 염장하여 말린 것이다. 9월에는 생석수어(生石首魚) 30-50마리를 공상하였다.

충청 지역은 4월에 황석수어 2-3두(斗)를 궁궐로 보냈다. 궁궐과 비교적 가까운 경기나 충청 지역은 생것의 형태로 공상되었다.

전라도는 3월에 세린석수어(洗鱗石首魚) 30-50속(束: 두름)을, 5월에는 구비석수어(仇非石首魚) 즉 말린 굴비 10-15속(束: 두름)을 궁궐로 보냈다. '세린석수어'란 비늘을 씻은 조기를 뜻한다. 생선은 씻기만 해도 씻지 않은 생선에 비해 보존기간을 늘릴 수 있다. 1815년 나온 『규합총서(閨閣叢書)』에 보면 석수어가 반쯤 마른 뒤 다시 씻어 말리면 오래 두어도 기름이 배지 않는다고 하였다. '세어법(洗魚法)'이라 하여 생선을 씻는 방법을 『규합총서(閨閣叢書)』를 비롯해 다른 고조리서에서도 소개할 정도이다. 생선을 다루는 데 생선 씻기는 중요했다. 먼 지역에서 오는 동안 상하지 않게 하기 위한 방법으로 조기를 씻어 보낸 것이다. 이 지역에서는 명일 물선으로 단오(端午) 때 석수어란해(石首魚卵醢: 조기알젓) 1-3두(斗)를 공상하였다.

황해도에서는 4월에 거린석수어(去鱗石首魚 30-50속(束)과 석수어란해(조기알젓) 1-3두(斗)를 공상하였다. '거린석수어'는 조기의 비늘을 제거한 것이다. 날씨가 따뜻해지면서 생선의 비늘을 벗겨 부패를 막기 위한 방법인 것으로 추측된다. 아울러 조기알은 소금을 넣어 저장성이 높은 젓갈을 만들어 공상하였다.

분류 : 식재료
색인어 : 조기, 석수어, 황석수어, 굴비, 세어법, 석수어란해, 공선정례
참고문헌 : 『공선정례(貢膳定例)』; 『동의보감(東醫寶鑑)』; 『산림경제(山林經濟)』; 『규합총서(閨閣叢書)』
필자 : 이소영

조기(「연평도난봉가」)

긴작시 강변에 아가씨나무, 바람만 불어도 다 쓰러진다네

황해도 민요 「연평도난봉가」에 나오는 가사이다. 「연평도난봉가」는 후렴구에 '나나니'를 붙이기 때문에 「나나니타령」이라고도 한다. 「연평도난봉가」의 가사는 분절 형식으로 다른 「난봉가」 계열의 가사와 서로 교류한다.

"긴작시 강변에 아가씨나무, 바람만 불어도 다 쓰러진다네"는 임경업(林慶業: 1594-1646) 장군의 전설이 숨어 있는 가사이다. 이 전설에는 조기잡이의 기원이 담겨 있다.

연평도의 전설에 따르면 조선조 인조(仁祖) 때 임경업 장군은 병자호란 이후 청나라에 대항하기 위해 뱃길로 중국 산둥반도로 가던 중 식수와 부식을 구하기 위해 연평도에 기항하였다. 이때 임경업 장군은 부하들을 시켜 간조 때 지금의 '당섬(堂島)' 남쪽 '안목'에 가시나무를 꽂아놓으라고 명령했다. 다음 간조 때 보니 이 가시나무에 조기가 무수히 걸려 있었고, 이것으로 임경업 장군은 군사들의 부식을 마련했다고 한다. 이 이후 연평도에서 조기잡이가 시작되었다고 한다.

임경업 장군을 모신 연평도 충민사 ⓒ하응백

지금까지 연평도의 어부들은 임경업 장군의 얼을 받들어 사당(충민사, 忠愍祠)을 짓고 해마다 음력 정월 대보름 무렵 풍어를 기원하는 제사를 지낸다.

이 가사에서 '긴작시'는 '긴 모래자갈밭'을 뜻하는 연평도의 실제 지명이다. 긴작시에 있는 가시나무가 바람만 불어도 쓰러진다는 뜻으로, 속뜻은 나쁜 날씨를 우려하거나 어떤 일이 잘 안될 것을 염려하는 것이다.

분류 : 문학
색인어 : 조기, 조기잡이, 연평도, 연평도난봉가, 긴작시, 임경업
참고문헌 : 하응백, 『창악집성』(휴먼앤북스, 2011)
필자 : 하응백

조기(「자진배따라기」)

연평(延平)바다 조기 많이 잡아
봉죽(鳳竹)을 받고서 선창에 닿는다누나(「자진배따라기」)

연평바다에 널린 조기
양주(兩主)만 남기고 다 잡아드려라(「배치기」)

서도 민요 「자진배따라기」와 「배치기」에 나오는 가사다. 봄철 서해 연안을 따라 북상하는 조기의 습성에 따라, 조기떼를 쫓아 수많은 배들이 전북 영광(칠산어장) 앞바다를 거쳐 연평도를 지나 평안도 해안 지역에까지 이르렀다. 예전에는 춘분(양력 3월 20일) 무렵에 칠산에서, 한 달 뒤인 곡우(4월 20일)에는 연평도에서 가장 많이 잡혔다고 한다. "곡우 때 잡은 산란 직전의 조기는 '곡우살 조기' 또는 '오사리 조기'라 하여 가장 좋은 일품(逸品)으로 치고 있으며, 이것으로 만든 굴비는 '곡우살 굴비' 또는 '오가재비 굴비'라 하여 특품으로 취급된다"(『한국민족문화대백과』).

조기가 한꺼번에 많이 잡히면 수많은 배들이 모였기에 연평도 등지에서 파시(波市)를 이루기도 했다. 조기는 젓갈을 담거나 굴비로 건조하여 보관했기에 보관이 용이했고, 이동성도 좋았다. 때문에 서해의 어부들에게 조기는 가장 중요한 어족 자원이었다. 서해안을 따라 발달한 뱃노래 계열의 노래에서 조기가 빈번

히 나타나는 이유도 바로 그 때문이다.

서해안의 무속에서 발생하여 민요화한 「자진배따라기」(「서도뱃노래」), 「배치기」 같은 황해도 민요는 조기잡이를 나간 배가 만선(滿船)을 이루고 무사히 귀항하라는 내용이 주를 이룬다. 뱃노래 계열의 노래는 고기를 따라 이동하며 생활하던 어부의 삶과 무관하지 않다. 즉 내륙에서 발달한 노래는 한 지역의 특성을 강하게 풍기는 반면 해안 지방의 노래는 상호 교류와 소통 속에서 전 지역이 유사성을 띠는 것이다. 전라북도 위도나 연평도에서도 「배치기」 노래를 풍어제 때 부르는데, 선율은 황해도 민요와 흡사하다.

위의 가사에서 '봉죽(鳳竹)을 받'는다는 것은 만선(滿船)을 표시한 대나무를 어선에 표시한다는 말이다. "만선으로 돌아오는 배에 꽂는 풍어기(豊漁旗)를 봉기(奉旗: 2-3미터 가량의 대나무를 여러 갈래로 쪼개어 가지마다 오색 종이꽃을 매단 깃대)라고 하는데, 재질이 대나무이기 때문에 흔히 봉죽(奉竹) 또는 봉죽(鳳竹)이라고 한다. 황해도와 경기도 일부 지역에서는 고기를 많이 잡으면 "봉죽 받았다"는 언어 전승이 전하고 있다(『한국세시풍속사전』)고 한다. 고기잡이를 하고 귀항할 때 어획량에 따라 깃대에 표시하는 방법이 달랐고, 봉죽을 받았다 함은 고기를 가득 잡았다는 표시인 것이다.

'양주(兩主)만 남기고 다 잡아드려라'란 말은 조기의 가장 어른 암수 한 쌍만 두고 많이 잡으라는 뜻인데, 양주를 남기는 이유는 양주가 알을 낳아 조기잡이가 그다음 해에도 이어지기를 바라기 때문이다.

분류 : 문학
색인어 : 조기, 굴비, 조기잡이, 배치기, 자진배따라기(서도뱃노래), 연평바다, 파시, 봉죽
참고문헌 : 하응백, 『창악집성』(휴먼앤북스, 2011); 국립민속박물관, 『한국세시풍속사전』; 한국학중앙연구원, 『한국민속문화대백과사전』
필자 : 하응백

조기젓, 조기속젓, 조기알젓

조기로 담근 젓에는 조기젓, 조기속젓, 조기알젓 등이 있다.

조기젓[石魚醢]은 '석어젓'이라고도 하는데, 반찬이나 주로 충청도, 경기도, 황해도 지역에서 김치를 담글 때 즐겨 썼다. 방신영(方信榮: 1890-1977)의 『조선음식 만드는 법』(1946)에 따르면 대개 5, 6월에 담가 두었다가 10월경부터 먹었다. 조기젓을 반찬으로 상에 올릴 때에는 잘게 썬 조기젓에 고춧가루와 초를 섞어 먹거나, 토막 친 조기젓에 파, 붉은 고추, 참기름을 넣고 쪄 먹었다.

조기젓을 담그는 방법은 여러 조리서에 보이지만, 방신영의 『조선요리제법(朝鮮料理製法)』(1934) '조기젓'의 제법과 내용이 거의 다 비슷하다. 이에 따르면, 조기젓을 담그기에 적당한 조기는 연평도 바다에서 잡히는 것으로, 이것이 젓국이 많이 난다. 굵고 성한 조기를 골라 조기젓을 담되, 물과 소금물에 대강 씻은 후 칼로 비늘을 긁고 내장도 꺼내고 다시 깨끗이 씻어 채반에 널어 물기를 뺀다. 물기가 다 빠진 조기의 아가리 속과 양편 아가미를 벌리고 그 안에 소금을 꽉 채워 넣고, 항아리에 조기 한 켜, 소금 한 켜를 번갈아 넣는다. 매 켜마다 조기가 보이지 않을 정도로 소금을 하얗게 뿌리고, 맨 위에는 더 많은 소금을 뿌린다. 그런 다음, 조기 비늘을 긁은 물을 솥에 붓고 펄펄 끓였다 식히고, 어느 정도 가라앉으면 물을 체에 거른 후, 조기항아리에 붓고 꼭 봉해두었다 두 달 쯤 지나면 먹는다.

이용기(李用基: 1870-1933)의 『조선무쌍신식요리제법(朝鮮無雙新式料理製法)』(1936)을 보아도, 조기젓용 조기는 칠산 앞바다에서 잡히는 것은 살이 들어붙고 젓국이 덜 나서 적합하지 않으니, 연평 조기라야 젓국이 많이 난다고 하였다. 아울러 냄새가 나거나 상한 것은 젓을 담가도 맛이 없으니 피해야 하며, 조기젓을 담글 때 조기에 물기가 남아있으면 구더기가 생기기 쉬우니 걱정이 되면 아예 물기를 대지 말고 비늘을 긁은 후에 마른 행주로 깨끗이 닦은 후 소금을 듬뿍 치라고 하였다. 그러면서 어떤 젓국이라도 조기젓국만큼 김치를 맛나게 하는 젓갈을 없다고 높이 평가하였다. 또한 이용기는 조기알젓은 알 밴 조기에서 알과

이리 등을 꺼내 소금에 절여서 만드는데 몇 달이 지나 먹으면, 조기알젓처럼 맛있는 것은 없다고 하였다.

한편 조기속젓은 조자호(趙慈鎬: 1912-1976)의 『조선요리법(朝鮮料理法)』(1943)에 제법이 보이는데, 조기를 갈라서 소금을 쳐서 말리는 가조기를 만들 때 빼낸 조기 내장을 소금과 고춧가루로 버무려 봉해두었다가 익으면 먹었다. 조자호는 조기의 내장말고 조기 대가리를 곱게 다진 것에 소금, 고춧가루를 섞어 두었다가 삭혀 먹어도 맛이 훌륭하다고 하였다.

분류 : 음식
참고문헌 : 방신영, 『조선요리제법』(한성도서주식회사, 1934); 이용기, 『조선무쌍신식요리제법』(영창서관, 1936); 방신영, 『조선음식 만드는 법』(대양공사, 1946); 조자호, 『조선요리법』(京城家政女塾, 1943)
필자 : 김혜숙

황석어

우리말로 '황강달이', '황새기', '참조기'라고도 부르는 황석어(黃石魚)는 한자로는 '黃石首魚(황석수어)', '黃花魚(황화어)', '黃靈魚(황령어)'라고 한다. 황석어로는 구이, 국, 찌개, 조림, 찜, 젓갈 등을 만들어 먹었다. 황석어는 특히 황석어젓으로 많이 소비하였는데, 서유구(徐有榘: 1764-1845)는 『난호어목지(蘭湖漁牧志)』「어명고(魚名攷)」에서 황석어는 수원과 평택 등지의 연해에서 나는데, 모양은 조기와 비슷하지만 크기가 작고 색깔은 짙은 황색이며, 알이 크고 맛이 좋다. 또한 소금에 절여 황석어젓갈을 만들어 북쪽으로 서울로 수송하는데, 부유한 이들의 좋은 반찬이 된다고 소개하였다(서유구 저, 이두순 평역, 2015: 146쪽). 1800년대 말의 한글 조리서인 『시의전서(是議全書)』에서는 황석어젓을 반찬으로 먹을 때는 식초를 치고 고추를 넣어서 쓰라고 하였으니 조선 후기에도 현재의 젓갈 무침과 크게 다르지 않았다.

이런 황석어젓을 두고, 일제 강점기의 이용기(李用基: 1870-1933)는 『조선무쌍신식요리제법(朝鮮無雙新式料理製法)』(1936) '황석어젓[黃石魚醢]'에서 참조기젓은 폭 삭으면 맛이 좋은데, 젓갈 중에서 이 정도로 맛있는 것은 드물며, 알도 맛이 좋고 쪄 먹으면 맛이 희한하게 좋다고 평하였다. 황석어젓은 경기도, 충청도, 전라도에서 다 담가 먹지만, 이 가운데 전라남도에서는 황석어젓(황새기젓)을 늦은 봄철에 싱싱한 것을 골라 담가서 가을 김장철에 생젓국을 떠서 김장을 담그는 데 이용하고, 반찬으로 먹을 때는 젓국물에서 황석어를 건져서 썰거나 살만 발라서 양념하여 무쳐 먹었다. 또한 김치를 담글 때는 생 젓국이 아니라 황석어젓에 물과 소금을 더 넣고 펄펄 끓여서 체에 거른 후 사용하였다(농촌진흥청, 2008: 353쪽).

한편 허균(許筠: 1569-1618)은 『도문대작(屠門大嚼)』에서 황석어는 서해에는 어디에나 있으며, 충청남도 아산(牙山)의 것이 가장 좋은데 삶으면 비린내가 안 난다고 하였다. 최한기(崔漢綺: 1803-1879) 역시 『농정회요(農政會要)』에서 충청도에서 나는 황석어로는 국을 끓여도 맛있고 구워도 맛있다고 했다. 이 황석어 국이 조선시대 영조(英祖: 재위 1724-1776)의 입맛에도 맞았던 듯한데, 이와 관련된 이야기가 이옥(李鈺: 1760-1815)의 「백운필(白雲筆)」에 나온다. 이에 따르면, 온천에 행차했다가 황석어 국을 처음 맛보았던 영조가 황석어 국이 너무 맛있어 한양에 계신 어머니[慈殿]께 보내드리고 싶었지만, 황석어의 맛이 너무 빨리 변하는 탓에 황석어로는 보내드리지 못하고 아예 국을 끓인 후 항아리에 담아 말에 실어 한양으로 보냈다는 것이다. 사실 어떻게 조리하여도 맛있다고 하지만 황석어는 맛이 아주 빨리 변하는 게 문제였다. 이 때문에 주로 젓갈로 만들거나 말려서 유통하였다. 황석어가 어느 정도 맛이 빨리 변하는지에 대해, 이옥은 「백운필」에서 바다의 진미(珍味)인 황석어는 살이 아주 무르기 때문에 쉬이 썩어버려서, 하루면 벌써 맛이 변하고, 이틀이면 맛이 없어지고, 사흘이면 먹을 수 없는 정도에 이른다고 하였다. 한번은 아침에 잡은 황석어로 낮이 지나서 국을 끓였는데, 이옥 자신은 황석어 국의 맛이 진하고 풍부하다 여겼지만 아는 사람 말이 황석어 맛의 반은 이미 날아갔다고 하더라는 것이다(이옥 저, 실시학사 고전문학연구회 편역, 2009: 119쪽).

분류 : 음식
참고문헌 : 서유구 저, 이두순 평역, 강우규 도판,『평역 난호어명고』
(수산경제연구원BOOKS·블루&노트, 2015); 작자 미상,『시의전서』;
허균 저, 신승운 역,『도문대작』(한국고전번역원, 1984); 최한기 저, 고
농서국역총서 12-『농정회요 Ⅲ』(농촌진흥청, 2007); 이옥 저, 실시학
사 고전문학연구회 편역, 「백운필」,『完譯 李鈺 全集3-벌레들의 괴롭
힘에 대하여』(휴머니스트, 2009); 농촌진흥청 농업과학기술원 농촌자
원개발연구소,『한국의 전통향토음식 7-전라남도』(교문사, 2008); 이
용기,『조선무쌍신식요리제법』(영창서관, 1936)
필자 : 김혜숙

조리(쌀을 이는 용구)

조리는 밥을 지을 때 물에 씻은 쌀을 이는 데 쓰는 용
구이다. 돌을 골라낸다고 해서 '석미추'라고도 한다.
그릇바닥에 처진 쌀에는 모래가 많이 섞여 있으므로
다른 그릇과 이남박을 번갈아 흔들면서 이남박 전에
걸려 처진 돌을 가려낸다. 물에 담근 쌀을 일정한 방
향으로 돌리면 가벼운 쌀알이 떠오르면서 조리 안에
남기고 무거운 돌은 밑으로 가라앉는다. 이 때 조리질
하는 방향은 복이 집안으로 들어오라는 의미에서 집
안쪽을 향했다.

조리는 주로 대나무나 싸리 등을 이용하여 국자처럼
모양을 내어 엮어 만들었다. 그러므로 물이 잘 빠져
쌀을 이는 데 적합하다. 또한 버들가지로 엮은 국수조
리는 낱알을 건지는 조리보다 크기도 훨씬 크고 올도
성기게 만들었다. 대나무를 쪼개어 하나씩 서로 교차
되게 엮었고 손잡이 부분에 마디가 있다.

본래 집집마다 두세 개씩은 갖추어 쓰던 부엌살림에
꼭 필요한 도구였으나, 지금은 돌을 일어낼 필요가 적
어지고 또 플라스틱 바가지가 조리의 역할을 대신하

조리, 길이 35cm, 조선, 국립민속박물관

면서 정월에 사두는 복조리 정도로 사용되고 있다. 나
쁜 것을 거르고 좋은 것을 꺼내기 때문에 옛날부터 사
람들은 자기 집에 복이 들기를 기원하여 조리를 쌍으
로 엇걸어 대청이나 안방 머리에 걸어놓고 이것을 '복
조리'라고 불렀다.

1924년대 신문 기사에는 섣달 그믐날 저녁부터 복조
리장수가 "복조리 사려!" 하고 새벽까지 외치고 다닌
다는 내용이 있다. 1976년 신문 기사에는 서울 서대문
구 아현동의 애오개 입구에 복조리를 파는 가게가 많
았다고 한다.

분류 : 미술
색인어 : 밥, 쌀, 조리
참고문헌 : 〈조선일보〉 1924년 1월 24일; 〈동아일보〉 1976년 3월 12일;
한국학중앙연구원,『한국민족문화대백과사전』;『한민족역사문화도
감 식생활: 국립민속박물관 소장품』(국립민속박물관, 2007)
필자 : 구혜인

조선무쌍신식요리제법

『조선무쌍신식요리제
법(朝鮮無雙新式料
理製法)』은 이용기(李
用基: 1870-1933?)가
1924년에 저술한 요리
책으로 알려져 있다.
『조선무쌍신식요리제
법』이라는 책 제목은
'조선에 둘도 없는 새
로운 음식 만드는 방
법'이라는 뜻이다.

이용기,『조선무쌍신식요리제법』(초
판) 표지, 크기 미상, 1924년, 궁중음
식연구원

이용기에 대한 기록은 많지 않다. 이용기는 1,400여
편의 조선시대 가요를 모은 책인『악부(樂府)』의 저
자이기도 하다. 다른 음식 관련 저작은 발견된 바 없
으나 방신영(方信榮: 1890-1977)의『조선요리제법(朝
鮮料理製法)』1917년 판 서문을 작성하였다.

『조선무쌍신식요리제법』은 1835년경 출간된 서유구
(徐有榘: 1764-1845)의『임원경제지(林園經濟志)』의

정조지 부분 등 기존의 문헌을 참고로 하고 거기에 음식의 유래나 저자의 의견을 덧붙인 형태로 작성되었다. 1924년 한흥서림에서 처음 출판되어 1930년 재판이 인쇄되었다. 이후 1936년 영창서관에서 증보판이 출간되었으며 1943년까지 4판이 인쇄되었다. 표지에는 신선로와 신선로에 사용된 재료들의 일러스트가 컬러로 표현되어 있다. 총 316쪽에 68항목의 790여 종의 음식 조리법이 실려 있다. 부록에는 양념 만드는 법과 함께 서양요리, 일본요리, 중국요리 조리법도 수록되어 있다.

분류 : 문헌
색인어 : 조선무쌍신식요리제법, 이용기, 임원경제지, 서유구
참고문헌 : 이용기, 『조선무쌍신식요리제법』(한흥서림, 1924); 주영하, 『식탁 위의 한국사』(휴머니스트, 2013); 한복려·한복진·이소영 공저, 『음식 고전: 옛 책에서 한국 음식의 뿌리를 찾다』(현암사, 2016)
필자 : 서모란

조선요리법

『조선요리법(朝鮮料理法)』은 조자호(趙慈鎬: 1912-1976)가 1939년에 저술한 요리책이다.

조자호는 조선 말기 영의정이었던 조두순(趙斗淳: 1796-1870)의 증손녀이자 대한제국의 마지막 황후였던 순정효황후(純貞孝皇后: 1894-1966)와 이종사촌

조자호 저, 정양완 역, 『조선요리법』 표지, 2014년, 책미래-75년 만에 복간한 책.

간이다. 때문에 어릴 적부터 궁궐에 자주 드나들었다. 명문가인 친정과 황후인 친척으로 인해 양반가의 음식과 궁중음식을 두루 익혔다. 또 1939년 일본 동경제과학교를 졸업하여 일본식 제과 제법을 익혔다.

박순천(朴順天: 1898-1983), 황신덕(黃信德: 1898-1984), 박승호(朴承浩) 등과 1940년에 경성가정여숙(京城家庭女塾)을 설립하고 교사로 재직하였으며

1953년에는 한식다과 전문점인 '호원당(好圓堂)'을 설립하였다.

『조선요리법』은 총 248쪽으로 구성되어 있으며 고명 만드는 법, 메주 쑤는 법, 장 담그는 법, 김치 담그는 법, 나물, 조림, 장아찌, 전유어, 생채, 장국, 회, 구이 등 425가지의 조리법과 함께 상차림법과 식사예법에 대해서도 설명한다. 한편, 『조선요리법』은 출간 이후에 쓰인 조자호의 원고와 함께 2014년 동명의 책으로 복간되었다.

분류 : 문헌
색인어 : 조선요리법, 조자호
참고문헌 : 조자호, 『조선요리법』(광한서림, 1939); 조자호 저, 정양완 역, 『조선 요리법(75년 전에 쓰인 한국 전통음식문화의 정수!)』(책미래, 2014)
필자 : 서모란

조선요리제법(1917년)

『조선요리제법(朝鮮料理製法)』은 방신영(方信榮: 1890-1977)이 저술한 요리책으로 1917년 초판이 발행된 이후 1943년까지 총 11판이 발행되었다. 해방 이후 책 제목을 『조선음식 만드는 법』으로 변경한 개정판을 출간하였으며, 1950년대에 들어 책 제목을 다시 『우리나라 음식 만드는 법』으로 변경하였다. 1917년 초판부터 1954년 기준 총 16판이 발행되었다. 한편 『조선요리제법』은 판본이 변경될 때마다 다른 출판사에서 출판되었으며 내용과 구성도 개정을 거쳤다.

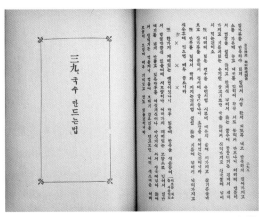

방신영, 『조선요리제법』, 15×22.1cm, 1917년, 국립중앙도서관ⓒ장명확

특히 1930년대부터는 중량이나 영양학적 해석도 포함되기 시작했다.

『조선요리제법』의 1917년 판의 서문은『조선무쌍신식요리제법(朝鮮無雙新式料理製法)』의 저자인 이용기(李用基: 1870-1933)가 썼는데, 이용기는 서문에서 재주가 없는 사람도 이 책이 있으면 솜씨가 좋아질 것이며 일등 음식을 만들어낼 것이라고 하였다. 책의 주요 내용은 식재료 다루는 법, 저장법, 양념과 고명 만드는 법을 비롯해 한국음식 전반의 내용을 포괄하여 다루고 있다. 전 이화여대 교수인 해리엇 모리스(Harriett Morris: 1894-?)가『조선요리제법』의 내용을 기본으로 수정과 번역을 거쳐 1945년『Korean Recipes(조선요리법)』라는 영문 조리서를 출간하기도 하였다.

저자 방신영은 1910년 경성여자상업고등학교를 졸업하고 광주 수피아 여학교, 경성정신여학교, 경성여자상업학교 등에서 교사로 재직하였으며 이후 이화여자대학교 가사과에 교수로 부임하여 정년까지 근무하였다. 또한 2년 동안 동경영양학교에서 유학한 경험을 바탕으로 근대적인 식생활을 전파하였다. 저서로는『조선요리제법』외에도『다른 나라 음식 만드는 법』(1957)과 가사 교과서인『고등가사교본 요리실습편』(1955),『중등가사교본 요리실습 편』(1955),『고등요리실습』(1958),『중등요리실습』(1958) 등이 있다.

분류 : 문헌
색인어 : 조선요리제법, 방신영, 조선무쌍신식요리제법, 이용기, 해리엇 모리스, Korean recipes
참고문헌 : 방신영,『우리나라 음식 만드는 법』(청구문화사, 1954); 주영하,『식탁 위의 한국사』(휴머니스트, 2013)
필자 : 서모란

조선요리학

『조선요리학(朝鮮料理學)』은 1940년 홍선표(洪選杓: 1872-?)가 지은 조리서이다. 출판 당시 출판사는 조광사(朝光社)이다.

저자 홍선표에 대한 기록은 많지 않으나 1930년대 신문 기사에 음식의 영양이나 조리법, 보관법에 대해 꾸준히 기고를 하거나 연재를 한 기록이 있다. 1937년〈동아일보〉기사에 따르면 홍선표는 "조선반찬 연구에 많은 힘을 쓰고" 있다.

홍선표 저, 『조선요리학』, 일제 강점기(1940년 6월 8일 발행), 양지, 18.7×12.9cm, 조광사 발행, 국립한글박물관

기록에 따르면 홍선표는 일제 강점기 반찬가게를 운영했던 것으로 알려져 있으며 개인 연구소를 운영하였다. 1938년〈동아일보〉에 따르면 이 시기 홍선표의 소속은 '조선찬연구소'였으며 해방 이후에는 '조선식품연구소 소장'이라는 직함을 사용했다.

『조선요리학』은 요리책이면서 동시에 음식에 대한 상식과 유래에 대해 자세히 서술한 책이기도 하다. 때문에 이 책은 음식의 유래를 설명할 때 자주 인용되며 특히 어리굴젓, 깍두기, 설렁탕, 개장국, 탕평채의 유래를 설명하는 글에 많이 등장한다. 총 265쪽으로 식재료, 요리, 식사법의 원칙으로 구성된 제1편, 영양, 고명, 양념, 신선로, 채소류와 젓갈류, 육류 등에 대해 자세히 서술한 제2편, 그리고 승기악탕(勝妓樂湯), 설렁탕(設農湯), 개장국(狗湯), 탕평채(蕩平菜) 등 독특한 음식의 유래를 다룬 제3편으로 구성되었다.

분류 : 문헌
색인어 : 조선요리학, 홍선표, 승기악탕, 설렁탕, 개고기, 탕평채, 깍두기
참고문헌 : 홍선표,『조선요리학』(조광사, 1940); 「가정요리 밀(小麥(소맥) 다루는 법」,〈경향신문〉1946년 11월 3일; 「지상김장강습 일년중 제일 큰 행사인 조선가정의 김장 (1)」,〈동아일보〉1937년 11월 9일; 「여름음식물로 독특한 밀수접이의 유래」,〈동아일보〉1938년 8월 15일
필자 : 서모란

조일통상장정 기념 연회도

1883년 한국과 일본 간에 통상조약을 체결하고 조약에 참여한 관계자들이 모인 연회의 장면을 그린 그림

안중식, 「한일통상조약 기념 연회도」, 35.5×53.9cm, 1883년, 숭실대학교 한국기독교박물관

이다. 기록화 성격의 이 그림은 도화서 화원인 안중식(安中植)이 그렸다고 알려져 있다. 연회에 참석한 사람을 그림에서 구체적으로 확인할 수 있는데, 한국 측 주요 인사는 식탁 왼쪽 모퉁이의 홍영식, 오른쪽 모퉁이의 민영익, 건너편 중앙의 김옥균 등이다. 건너편 왼쪽 끝에는 당시 외교 고문이었던 독일인 묄렌도르프(Möllendorff, 穆麟德)가, 앞줄 왼쪽 끝에는 일본 공사 다케조에[竹添進一郞]가 앉았다.

이 그림은 특히 우리나라에 서양식 상차림이 도입되었음을 알려주는 최초의 그림으로 주목된다. 식탁 위에는 전통 식기와 외국 식기가 함께 차려져 있다. 개인별로 주자, 각종 잔대, 스푼과 나이프, 양념콩 접시 등 다양한 외국 식기가 가지런히 세팅되어 있다. 식탁의 중심에는 전통 상차림이라고 할 수 있는 넓은 접시에 담긴 고임음식이 다섯 기 올려져 있고, 전통식으로 꽂꽂이한 화병이 중심에 놓여 있다. 그리고 양쪽에 세워진 촛대에 불꽃으로 보아서 저녁 만찬이었음을 짐작할 수 있다.

분류 : 미술
색인어 : 한일통상조약기념연회도, 양식기, 근대, 식탁
참고문헌 : 주영하, 「식탁 위의 근대 -1883년 조일통상조약 기념 연회도를 통해서」, 『사회와 역사』(한국사학사학회, 2004)
필자 : 구혜인

조피볼락(우럭)

쏨뱅이목 양볼락과에 속하는 바닷물고기이다.
조피볼락은 양볼락과 물고기이다. 우럭이라는 명칭으로 대중에게 더 잘 알려져 있다. 볼락과에는 조피볼락(우럭), 불볼락(열기), 황해볼락, 띠볼락 등 여러 물고기가 있다. 대개 낚시 대상 어종으로 인기가 높다. 볼락과 물고기는 대부분 바다의 해초밭, 여밭, 어초 등에 정착해서 사는 포식성 어류여서 그 맛이 뛰어나기 때문이다. 우럭은 서해, 남해, 동해 등 우리나라 전 연안에서 다 살지만 특히 서해 우럭이 잘 알려져 있다. 우럭은 수도권 낚시꾼들이 가장 좋아하는 낚시 대상이어서 인천에서 전라북도 격포항까지 수많은 낚싯배가 우럭 낚시를 전문으로 한다. 25cm 이하 크기는 포획이 금지돼 있다. 큰 우럭은 크기가 강아지만 하다고 해서 '개우럭'이라 부른다. 볼락류 중에서는 가장 크게 성장하는 어종으로, 최대 기록은 남해 고흥 앞바다에서 잡힌 73cm이다. 우럭의 주요 생산지는 태안 앞바다에서 옹도·궁시도·격렬비열도 부근, 보령 앞바다의 외연열도 일대, 군산 앞바다의 고군산군도·십이동파도·어청도 일대, 격포 앞바다의 왕등도 일대, 신안 홍도·흑산도·가거도 일대 등이다. 남해의 청산도나 거문도를 비롯한 여러 도서 지역에서도 우럭이 서식하지만 다른 어종에 비해 중요도가 떨어지는 편이다.

우럭은 볼락과 마찬가지로 특이하게 난태생(卵胎生)이다. 처음에는 노란색 알을 품고 있다가 시간이 갈수록 이것이 검어지며, 체내에서 부화하여 아주 작은 치어들을 낳는다. 치어들은 연안 가까운 바위 혹은 항구의 내만으로 이동하여 성장한다.

우럭은 넙치(광어)와 함께 일찍이 양식에 성공하여 한국인이 가장 많이 먹는 대중 횟감이다. 우럭은 회로 먹을 때 쫄깃한 식감을 좋아하는 한국인 입맛에 맞다. 질병에 강하고 성장 속도가 빨라 서해와 남해 연안 가두리에서 대규모 양식이 이루어진다. 자연산 우럭은 체색(體色)이 불규칙하며, 양식 우럭에 비해 회색에 가까운 편이다.

우럭은 횟감으로 가장 선호된다. 머리가 큰 편이라 회를 뜨면 전체 무게의 약 25-30%의 회가 나온다. 회를 뜨고 난 뒤의 머리와 등뼈 부분은 매운탕이나 맑은탕 재료로 활용된다. 이 탕의 국물 맛은 시원하면서도 기

름져서 탕을 더 좋아하는 애호가도 많다.

우럭은 회나 탕 외에도 말려서 찜이나 젓국으로 먹기도 한다. 우럭을 말릴 때는 등따기(고등어자반의 경우 배를 갈라 펼치고, 우럭의 경우 등을 따서 내장을 제거해 펼친다. 이렇게 말렸을 경우 생선이 더 깨끗하고 보기가 좋아 상품성이 높다.)를 해서 물간을 하거나 굵은 소금을 뿌린다. 손질하고 간이 된 우럭은 바람이 통하는 곳에 잘 말려서 두고두고 반찬으로 먹는다. 충청남도에서는 지역 음식으로 우럭젓국이라는 것을 즐겨 먹기도 한다. 우럭젓국은 쌀뜨물에 우럭포를 넣고 끓여 새우젓으로 간을 한 일종의 말린 생선국이다. 담백하고 시원한 맛이 난다. 백령도나 대청도와 같이 서해 도서 지역에서는 포를 뜨고 남은 내장으로 내장 볶음을 해 먹기도 한다. 쫄깃한 우럭 위(胃)의 식감이 뛰어나다.

우럭은 비린내가 적고 담백한 생선이어서 여러 형태의 요리가 가능하다. 강원도 강릉 지역에서는 우럭으로 미역국을 끓이기도 하는데 시원하고 담백하다. 큰 우럭은 뼈를 발라내고 닭백숙처럼 요리하기도 한다. 우럭은 저칼로리 고단백 식품으로 알려져 있다. 니아신과 비타민A 등 영양 성분도 풍부하게 함유하고 있다.

분류 : 식재료
색인어 : 조피볼락
참고문헌 : 하응백,『나는 낚시다』(휴먼앤북스, 2012); 황선도,『멸치 머리엔 블랙박스가 있다』(부키, 2013); 정문기,『한국어도보』(일지사, 1977); 이태원,『현산어보를 찾아서 2』(청어람미디어, 2013)
필자 : 하응백

종어(宗魚)

종어는 메기목 동자갯과에 속하는 민물고기로, 현재는 거의 멸종 상태이다. 조선시대에는 왕실과 고관에 대한 진상품으로 유명하였고, 한국산 민물고기 중 가장 맛있는 물고기라는 뜻에서 '종어'라는 이름이 붙었다고 한다(〈동아일보〉 1976년 3월 10일자).

이러한 종어에 대해서는 어류학자인 정문기(鄭文基: 1898-1995)가 1938년 7월 27일자 〈동아일보〉에 「조선담수산명어(朝鮮淡水産名魚)(4)」에서 자세히 다루었다. 이에 따르면, 종어는 한강에서도 나고 대동강에서도 나지만, 이것은 그다지 맛있다고 여겨지지 않고 금강(錦江)에서 나는 종어를 별미로 친다. 그리하여 조선시대 오백 년 동안 한양의 고관(高官)들의 미각을 가장 자극시킨 어류로 금강의 종어만한 것이 없고, 금강에서 나는 종어는 다른 어류에서 볼 수 없는 진미(珍味)를 가지고 있다고 소개하였다. 이 금강의 종어로는 회를 치든지, 소금이나 고춧가루, 마늘, 간장을 발라 굽든 어떤 방식으로 요리해도 맛있고, 그중에서 가장 맛있는 음식은 닭과 함께 만드는 용봉탕(龍鳳湯)을 들었다. 원래 이 음식은 닭과 잉어로 만들지만, 겨울에 금강의 종어가 봉진되면 잉어 대신 종어를 용봉탕에 썼다는 것이다. 그리하여 "은진(恩津), 임천(林川)은 종어가 옥당(玉堂)"이라는 말이 전해져오는데, 강경이 속한 은진 현감이나 임천 현감이 되어 종어를 잘 봉진하면 바로 옥당, 즉 홍문관(弘文館)으로 들어갈 수 있다 하여 젊은 관리들에게는 선망의 자리였다는 이야기가 금강을 끼고 있는 충청남도 논산군 강경 지역에서 전해진다고 한다.

강경의 종어는 일제 강점기 백인기(白寅基: 1882-1942)가 일부러 사다 먹던 물고기이기도 하다. 백인기는 조선 내에서 유명한 부자였다. 그는 아버지 백낙신(白樂信: 1860-1920)으로부터 막대한 유산을 상속받아 무려 5만 석(石)이 넘는 자산으로 불렸고, 한호농공은행과 한일은행, 조선식산은행의 임원, 일한가스주식회사, 경성전기, 동양척식주식회사의 임원, 전북기업주식회사의 사장 등을 역임하여 친일적 기업가로 평가되는 인물이다. 또한 한국 최초의 조선축구단을 창설하고, 〈중외일보(中外日報)〉(1926.11.15-1931.6.29)에 전액 출자하는 등 다양한 사회활동에도 힘을 쏟은 바 있다. 그는 자신의 부를 기반으로 당시 조선의 갑부였던 민영휘(閔泳徽: 1852-1935), 천도교 교주 손병희(孫秉熙: 1861-1922), 고종(高宗) 황제(재위 1863-1907)에 못지않은 사치스러운 생활을 영위하였다고 한다(이은영, 한국역대인물종합정보시스템).

그렇게 생활하는 그를 〈동아일보〉 1925년 1월 4일자 기사에서는 "세상에서 제일 귀하다는 황금과 명예를 조금도 부족 없이 다 가지고 있는 복 받은 백만장자"라고 평하면서, 그가 집에서 무엇을 먹고 생활하는지 취재하였는데 그중에 종어에 대한 내용이 보인다. 그는 매일 밤늦게까지 연회를 하고, 이튿날 아침 늦게 일어나 이불 속에서 송이와 인삼, 그 밖의 여러 가지 값나가는 재료로 만든 '의'(응이, 즉 미음으로 추정됨)를 마시면서 거북한 속을 달래고, 아침밥으로는 고기보다는 나물류를 즐겨 봄이나 여름밖에 나지 않는 나물이라 해도 동지섣달까지 반찬으로 상에 오르지 않는 때가 없고, 또한 종어를 즐겨하여 강경(江景) 지방에 일부러 사람을 보내 한 마리에 삼십 여 원씩 주고서 사 온다는 것이다.

그러나 1939년 무렵에는 금강의 종어는 자꾸 귀해지는데, 한강이나 대동강의 종어는 맛이 그만 못하니 금강의 종어 대신 백마강(白馬江)에서 나는 종어를 찾게 되었다. 이로 인해 '요멕이'라고 부르는 백마강의 종어 가격이 폭등하였다고 한다(〈동아일보〉 1939년 5월 6일자). 금강 중에서도 강경 인근에서 종어가 잘 잡히지 않자 같은 금강은 금강이지만 부여 근처를 흐르는 백마강의 종어로 대신한 것이다.

이후 환경오염으로 인해 1970년대 중반 금강에서 종어는 자취를 감추었다. 종어는 1979년 기준으로 최근 5년간 단 한 마리도 잡히지 않았는데, 그 이전에는 금강에서 "붕어 다섯 마리를 잡으면, 다음 한 마리는 종어"라고 할 정도로 많았으나 남획과 하천오염으로 멸종된 것이다(〈동아일보〉 1979년 12월 27일자).

분류 : 식재료
색인어 : 송이, 인삼, 용봉탕
참고문헌 : 이은영, 「백인기」, 한국역대인물종합정보시스템(한국학중앙연구원); 「霽壤二相(三) 十二樓 富豪의 飮食과 極貧者의 飮食」, 〈동아일보〉 1925년 1월 4일; 「조선담수산명어(朝鮮淡水産名魚)(4)」, 〈동아일보〉 1938년 7월 27일; 「珍味로 名聲 높던 鯮魚年年減産」, 〈동아일보〉 1939년 5월 6일; 「食品카르테(95) 메기」, 〈동아일보〉 1976년 3월 10일; 「公害·濫獲으로 찌든 自然 고장의 「名物(명물)」 사라져간다」, 〈동아일보〉 1979년 12월 27일
필자 : 김혜숙

종지

간장이나 고추장 등 장류를 담아내는 작은 잔 형태의 그릇을 종지라 한다. 다른 이름으로 종자, 종주라고도

백자종지, 높이 3.8cm, 조선, 국립민속박물관

부른다. 크기는 잔과 비슷하며 형태는 작은 보시기로 용량은 약 20-30cc이다. 뚜껑을 갖추는 경우도 있지만 없는 경우가 대다수이다. 재질은 주로 유기나 자기로 만든다. 일상생활에서는 '하찮다'라는 의미를 띠기도 하여, 속담 중 '사또 상의 간장종지'라는 말은 간장종지가 밥상의 한가운데 놓는다는 데서 변변치 아니한 것이 한가운데 중요한 자리를 차지하고 있음을 비유적으로 이르는 말이다.

분류 : 미술
색인어 : 장, 그릇, 종자
참고문헌 : 한국학중앙연구원, 『한국민족문화대백과사전』; 『한민족역사문화도감 식생활: 국립민속박물관 소장품』(국립민속박물관, 2007)
필자 : 구혜인

주걱

주걱은 밥 등을 그릇에 퍼 담을 때 쓰는 주방용구이다. 주걱을 다른 말로 '주개', '주번'이라고도 불렀고 한자어로는 '周朼'라고 썼다. 주걱의 형태는 음식을 젓거나 떠내는 부분인 넓고 둥그스름한 바탕과 긴 손잡이로 구분된다.

주걱의 용도는 다양하여 밥을 푸거나, 죽을 끓이거나 엿을 고을 때도 솥 안을 젓기 위해 주걱을 사용하였다. 주걱의 다양한 쓰임새만큼 그 크기, 생김새, 재질 등도 다양하다. 많은 양의 음식을 푸거나 저을 때, 뜨거운 솥의 음식을 저을 때에는 손잡이 자루가 긴 주걱을 쓰고, 밥그릇에 밥을 담는 정도의 일을 할 때에는 자루가 짧은 주걱을 쓴다. 일의 편의성에 맞추어 손잡

이의 길이를 다른 주걱을 선택하여 사용한다.

전통적으로 주걱은 나무나 놋쇠로 제작했고 현대에는 플라스틱으로도 제작한다. 밥을 푸는 주걱은 놋쇠나 대나무로 된 주걱을 사용하고, 고추장을 담을 때에는 나무로 만든 것을 사용한다. 또 솥 안의 밥을 주걱으로 풀 때는 집의 안쪽을 향해서 푸는 관습이 있었다. 이는 복이 집 밖으로 달아나지 못하게 하려는 뜻이 담겨 있다. 이렇게 안쪽으로 밥을 푸는 것을 '들이 푼다'라고 한다.

주걱에 관한 속담으로, '떡에 밥주걱'은 떡시루 앞에 밥주걱을 들고 덤빈다는 뜻으로 무슨 일을 도무지 모르는 사람을 두고 하는 말이다. 또 '밥 푸다 말고 주걱 남 주면 살림 빼앗긴다'는 속담은 일을 하다가 갑자기 엉뚱한 짓을 하지 않도록 경계하여 이르는 말이다.

분류 : 미술
색인어 : 밥, 주방
참고문헌 : 한국학중앙연구원, 『한국민족문화대백과사전』; 『한민족역사문화도감 식생활: 국립민속박물관 소장품』(국립민속박물관, 2007); 이성우, 『고려 이전 한국 식생활사 연구』(향문사, 1978)
필자 : 구혜인

주막

주막은 밥과 술을 판매하거나 잠을 잘 수 있는 전근대 시기의 술집 겸 음식점 혹은 이것을 겸한 숙소를 가리키는 말이다. 전근대 시기 주막의 한 형태는 주사(酒肆)·주가(酒家)·주포(酒舖) 등으로 불리던 곳으로 음식을 판매하면서 동시에 술과 안주를 제공한 곳이다. 이런 형태의 주막은 주로 서울·개성·평양 등 도시에 있었다. 조선 후기 서울의 주사·주가·주포의 모습은 신윤복(申潤福: 1758-?)의 그림 「주사거배(酒肆擧盃)」를 통해 추정할 수 있다. 대청마루에 부뚜막을 만들고, 주모가 손님에게 술과 안주를 판매했다. 18-19세기 문인들의 글에 서울의 청계천 근처에 있던 주사, 주가, 주포 묘사가 많이 나오는 것으로 보아 당시 서울의 주막이 성업했음을 알 수 있다.

주막의 다른 형태는 마을과 마을 사이의 길목에 위치하여 숙박을 목적으로 하면서 음식과 술을 제공한 곳이다. 이들 주막의 입구에는 깃발에 술 '주(酒)' 자를 쓴 주기(酒旗) 혹은 주패(酒旆)와 같은 표지판이 붙어 있었다. 교통 요지에 있던 주막은 16세기 중반까지 공무로 여행하는 사람들에게 숙식을 제공하기 위하여 주요 도로의 원(院)에 세워진 숙박업소 겸 음식점이었다. 임진왜란과 병자호란 이후 원이 여점(旅店), 야점(夜店), 점막(店幕), 여막(旅幕), 주막 등으로 불리는 사설 숙박업소 겸 음식점으로 대체되었다. 김홍도(金弘道: 1745-?)의 『행려풍속도병(行旅風俗圖屛)』 중에 나오는 '반촌점(飯村店)'이란 그림에는 마을과 마을 사이 길목에 있던 '점촌(店村)'의 주막 모습이 그려져 있다.

18세기 이래 장시(場市)가 활발하게 열리면서 읍치 바깥이나 대로(大路)의 교차로에는 주막 거리가 형성되었다. 주막 거리에는 밥집과 술집, 그리고 각종 장인들의 작업장과 상인들의 임시 점포인 가가(假家)가 자리를 잡았다. 읍치 바깥에서 열린 장시 근처에는 술집, 밥집, 숙소를 겸한 주막이 있었다.

1909년 12월 조선통감부 경시(警視)로 재직하고 있던 일본인 경찰 이마무라 도모에[今村鞆: 1870-1943]는 주막이 교통 요지, 시가지, 읍치, 선착장, 시장은 물론 산각벽지에도 있다고 밝혔다. 주막에서는 탁주, 밥, 반찬을 제공했다. 반드시 밥값과 술값은 받았지만 숙박료는 받지 않았다. 만약 손님이 음식이나 술을 먹지 않고 잠만 자겠다고 하면 공간이 있을 경우 무료로 재워 주었다.

주막의 운영자는 주모(酒母)라고 불리던 부인이었다. 주사·주가·주포같이 술집 전문의 주막 주모는 주로 현직에서 물러난 늙은 기생이었다. 그러나 경제 사정의 어려움 때문에 양반가 부인이 안채에서 음식과 안주를 만들어 하인을 시켜 바깥채에 내보는 방식의 내외주점(內外酒店)도 있었다.

분류 : 문학
색인어 : 김홍도, 술, 신윤복
참고문헌 : 今村鞆, 『朝鮮風俗集』(ウツボヤ書籍店, 1919); 김종헌, 「한국교통건설의 변천과 발달에 관한 연구」(고려대학교 박사학위논

문, 1997); 주영하, 『그림 속의 음식, 음식 속의 역사』(사계절, 2005); 주영하, 『음식인문학』(휴머니스트, 2011); 주영하, 『식탁 위의 한국사』(휴머니스트, 2013)
필자 : 주영하

내외주점

조선 후기부터 생겨나기 시작한 것으로 보이는 내외주점(內外酒店)이 서울 종로의 청진동 일대에서 열집 건너 한 집 꼴로 한참 번성했던 시절이 있었던 모양이다. 그래서 내외주점은 청진동 일대의 대표 명물로 당당히 입소문을 탔다. 1924년 7월 10일자 〈동아일보〉에 실린 기사를 통해서 당시 청진동의 명물로 자리한 내외주점의 모습을 엿볼 수 있다.

이 기사에 따르면, 내외주점은 처음에는 생활이 궁핍한 여염집 여인이 호구지책으로 직접 손님과 얼굴을 마주 대하지 않고 술상만 차려서 내주는 방식으로 영업을 하였다고 한다. 이처럼 내외(內外)를 착실히 하며 술을 파는 독특한 영업방식 때문에 이러한 술집에 내외주점, 혹은 내외술집이라는 재미난 이름이 붙여졌다. 또한 얼굴을 내놓지 않은 상태에서 중문만 열어 술상을 든 두 팔뚝만 뻗쳐 술을 판다고 하여 '팔뚝집'이라 부르기도 했다. 이름이야 어떻든 간에, 내외 분별이 엄격하던 시절에 몰락한 양반가의 여염집 여인이 외간남자와 말을 섞지 않고, 술을 취급하면서도 체면을 잃지 않으려고 애쓰는 면면이 잘 드러나는 대목이다.

그러다 보니 내외주점의 대화법은 매우 흥미로웠다. 보통은 주인이 술객을 맞이할 때 직접 대화를 하지 않고, 곁에서 심부름하는 여종을 통해 손님을 맞았다. 하지만 여종이 없을 경우에는 누군가를 통해서 말하는 것처럼 간접대화법을 사용했다고 한다. 예를 들어 보자. "이리 오너라."라며 술객 두 사람이 바깥대문을 밀고 들어온다. 심부름하는 아이가 없으면, 술객이 먼저 이런 사정을 고려하여 스스로 자리를 깔고 앉아 "객이 둘이니 지체 말고 술상을 내보내시라고 여쭈어라."라고 외친다. 그러면 중문 뒤에서 주인 여자가 "알았다고 여쭈어라."라고 말하고, 조금 뒤 상을 차려 중

문을 살짝 밀어 개다리소반을 내어놓고 문을 닫는다. 그러면 손님이 직접 상을 들어다 놓고 먹는 방식이다. 1901년부터 1904년까지 조선에 머물렀던 프랑스 출신 고고학자 에밀 부르다레(Emile Bourdaret)는 내외주점을 직접 가본 경험을 훗날 자신의 책에 기록하였다. 그가 느꼈던 내외주점의 가장 큰 특징은 안주인 여자가 모습을 보이지 않는다는 점이었다. 그래서 "집 입구에 있는 방에서 돗자리와 방석이 손님을 맞이하고, 하인을 불러 술과 음식을 주문하면 하인이 안으로 들어가 그것을 나른다."고 묘사하였는데, '돗자리와 방석이 손님을 맞이'한다는 표현이 무척 재미있다(에밀 부르다레 저, 정진국 역, 『대한제국 최후의 숨결』).

또한 그는 내외주점들은 작대기 끝에 버들개지 소쿠리를 걸어놓고, 초롱을 달지 않는다고 했다. 여러 기록에 의하면, 내외주점은 외형으로 보면 보통의 가정집처럼 보이지만, 에밀 부르다레가 본 것처럼 작대기 끝에 버들개지 소쿠리를 걸어두거나, 대문 옆에 '내외주가(內外酒家)'라고 써서 술병 모양으로 테를 둘러 붙여두는 방식으로 이곳이 술집임을 식별하도록 했다(「개화물결 타고 청진동 술집 번창」, 〈동아일보〉 1993년 8월 5일자). 또한 내외주점은 특유의 은밀한 속성 때문에 당시 일제에 쫓겨 다니던 독립투사들이 잠시라도 몸을 숨길 수 있는 곳이기도 했다.

하지만 후대로 오면서 내외주점은 어느새 색주가로 변질되어버린다. 초반에는 내외법이 없어지는가 싶었는데, 점차 술상 옆에 붙어 앉아 웃음과 노래를 팔더니, 결국 1920년대 무렵에는 매음(賣淫)까지 하게 되었다. 그래서 1920년대에 이르면 '내외주점' 하면 밀매음을 연상하게 되었다는 것이다. 내외주점에서 행해지는 밀매음 때문에 경찰서에서는 내외주점에 대한 허가를 내어주지 않았다. 때문에 열 집 건너 한 집 꼴로 성행했던 내외주점이 40호, 30호로 줄어들더니, 1924년 무렵에는 열한 집으로 줄어들었다고 한다(「淸進洞 內外酒店」, 〈동아일보〉 1924년 7월 10일자).

분류 : 의례
색인어 : 청진동, 내외주점(內外酒店), 내외술집, 팔뚝집, 색주가, 밀매

음(密賣淫), 에밀 부르다레(Emile Bourdaret)
참고문헌 : 「淸進洞 內外酒店」,〈동아일보〉1924년 7월 10일; 「개화물
결 타고 청진동 술집 번창」,〈동아일보〉1993년 8월 5일; 에밀 부르다
레 저, 정진국 역,『대한제국 최후의 숨결』(글항아리, 2009)
필자 : 양미경

주막가가(『화성능행도병풍』)

『화성능행도병풍』에는 여러 음식의 풍경을 볼 수 있
는 장면이 그려져 있다.『화성능행도병풍』은 1795년
(정조 19) 정조가 어머니 혜경궁 홍씨(惠慶宮 洪氏)의
회갑을 기념하기 위해 사도세자(思悼世子)의 묘소인
현륭원(顯隆園)이 있는 경기도 화성(華城)에서 개최
한 행사 장면을 그린 그림이다. 8폭으로 이루어진 그
림 중 7폭은 수원에서 한양으로 돌아오는 행렬을 그
린 「환어행렬도(還御行列圖)」이다. 그림 속 장소는
어가 행렬이 시흥을 지날 무렵이다.

세로로 긴 병풍식 화면에 혜경궁 홍씨와 임금이 행차
하는 장대한 행렬이 굽이지는 구도로 그려져 있다. 한
정된 화면에 굽이쳐 내려오는 긴 어가 행렬이 장대한
풍경을 연출한다. 행렬에서 가장 먼저 시야가 머무는
곳은 혜경궁 홍씨의 가교가 멈춘 화면의 상단이다. 가
마의 주변은 푸른 천으로 둘러져 있고 내인들과 장교
들이 겹겹이 시위하고 있다.

이 시점은 정조가 긴 원행길에 피로하실 어머니를 위
해 행렬을 멈추고 미음 다반을 올리는 장면이다. 임금
과 왕실친척은 함부로 그리지 않기 때문에 두 사람의
모습은 그림에서는 확인할 수 없다. 화면에서처럼 정
조는 행차 중에 종종 이동을 멈추고 혜경궁의 원기 회
복을 위해 직접 미음이나 대추차 등을 올렸으며, 숙소
에 다다르기 전에는 항상 먼저 가서 살폈다고 한다.
시위의 옆에는 음식을 실은 수라마차와 음식을 준비
하기 위한 막차도 설치되어 있다.

어가 행렬의 주변으로는 민초들이 촘촘히 채워져 있
다. 이들은 국왕이 거동할 때면 성 밖으로 구경 나오
는 '관광민인(觀光民人)'이라 지칭되는 존재들이다.
관광민인이 자유롭게 모여서 지켜보고 있는 와중에,
군데군데 차려져 있는 외식업 장면들이 주목된다. 긴

김득신·김홍도 등, 「환어행렬도」,『화성능행도병』, 66.4×151.5cm, 비단
에 채색, 1795년, 국립중앙박물관

행렬을 구경하기 위해 이른 시간부터 모여든 백성들
을 상대로 술을 비롯한 간단한 식사류, 엿 등의 군것
질거리를 파는 장면들을 통해 당시의 활기찬 분위기
를 확인할 수 있다.

행렬 중 주막들이 모여 있는 곳은 화면의 중반부에 혜
경궁 홍씨의 가교가 멈춘 부근이다. 우선, 가교를 둘
러싼 시위대의 좌측에 자리잡은 주막을 살펴보면, 가
가(假家) 건물로 이루어진 주막 2채가 있다. 주모가

안쪽에서 탁자 너머의 손님들에게 무언가를 건네고 있다. 손님들은 주모와 마주 보며 편안한 자세로 앉아 식사를 하면서 동시에 어가 행렬을 지켜보고 있다. 음식을 올려놓는 긴 탁자 위에는 그릇 몇 개가 올라가 있고 한 귀퉁이에는 수저 등을 담아두는 통처럼 보이는 작은 통이 자리잡고 있다. 벽이 없고 기둥만 세워진 주막이기는 하나 지붕을 갖추고 있었던 것을 보면 원래 그 자리에서 영업을 하던 주막이었을 가능성이 있다.

이에 비해 행렬을 기준으로 우측에 위치한 주막을 살펴보면 행사 당일에만 임시로 설치되어 장사를 하던 간이 주막을 확인할 수 있다. 행렬이 굽이지는 길목에 위치한 간이 주막은 네 개의 기둥에 천막만을 얹은 형태로 임시로 설치된 것으로 보인다. 주모가 좌판을 깔고 음식을 제공하고 있고 좌판 위에는 작은 그릇들이 올려져 있다. 주모의 뒤편에 음식들을 담아 놓았을 단지들과 술동이가 그려져 있다. 그 주변에도 아예 좌판만 놓아두고 장사를 하는 주모의 모습도 보이고, 목판을 목에다 걸고 엿을 비롯한 각종 군것질거리를 팔러 다니는 아이들의 모습이 6명가량 보인다. 열심히 간식을 팔러 다니다가도 고개를 돌려 화려한 행렬을 구경하는 데 여념이 없는 모습에서 장면의 생동감을 느낄 수 있다. 화면 속 외식 장면 속에는 팔고 있는 음식이나 먹는 장면이 구체적으로 그려지지는 않았지만, 다양한 외식 장면들은 왕실의 축제 속에서 백성들도 여민동락(백성들도 함께 즐김)을 위한 정조의 뜻을 시각화하는 데 효과적으로 일조하고 있다.

이처럼 「환어행렬도」는 긴 노정 속에서 어머니의 원기회복을 위해 따뜻한 미음을 올리는 아들의 효심과 백성들도 함께 축제를 즐길 수 있게 하는 인군으로서의 면모가 화폭 위에 함께 어우러져 있다.

분류 : 미술
색인어 : 주막, 원행을묘정리의궤, 환어행렬도, 혜경궁 홍씨, 정조, 미음, 엿, 술, 왕, 백성
참고문헌 : 『원행을묘정리의궤(園幸乙卯整理儀軌)』; 유재빈, 「정조의 환어행렬도_사실과 정교하게 편집된 기억 사이」, 『한국학, 그림을 그리다』(태학사, 2013)
필자 : 구혜인

주막도(김홍도)

김홍도(金弘道: 1745-?)의 호를 딴 『단원풍속도첩(檀園風俗圖帖)』에 있는 25점의 그림 중 하나인 「주막(酒幕)」이다. 주막은 끼니와 함께 술을 제공하는 음식점이다. 주막은 18세기 사람들의 상업적인 이동이 잦아지면서 본격적으로 자리잡았는데, 사람들이 외박을 하고 외식을 할 수 있는 전문적인 숙박과 외식업이 필요했기 때문이다. 연구에 따르면 어디까지나 주막의 본업은 술집이었고 음식은 술과 함께 딸려 나오는 음식이자 끼니라고 보고 있다.

김홍도의 주막 그림 속의 풍경도 마찬가지이다. 초가를 얹은 주막 아래에 부뚜막이 있고 그 주위로 주모와 손님들이 앉아 있다. 앞쪽의 풍경에는 역원근법을 적용해 화면 속으로 들어간 듯한 현실감을 살렸다. 이 그림 속의 등장인물은 총 4명으로, 왼편에는 술을 뜨는 주모가 있고 중심부에는 어미 곁을 맴도는 주모의 아이와 계산을 하려는 남자가 있다. 그리고 오른편에서 맛있게 식사를 마치고 있는 행인이 앉아 있다.

그림 속 주모는 한 손으로 백자 사발을 든 채 한 손으로는 국자로 막걸리를 뜨고 있다. 주모 앞의 부뚜막은 주모가 일을 하는 공간으로서 간소하지만 효율적

김홍도, 「주막」, 28×23.9cm, 조선 후기, 국립중앙박물관

으로 구성되어 있다. 부뚜막 위의 검은색 질항아리에서는 막걸리가 한가득 담겨 있다. 그 주변에는 백자로 만든 큰 사발이 층층이 포개져 있고 우측에는 숟가락이 꽂혀 있는 병이 놓여 있다. 술동이와 그릇들은 단출하지만 정갈하게 정리되어 있어 주모가 앉은 상태에서 손만 뻗으면 일을 효율적으로 할 수 있는 구조이다. 이런 공간은 신윤복의 「주사거배(酒肆擧盃)」의 주모의 작업 공간과 비슷하지만 신윤복의 주막이 음주와 유흥에 더 가깝다면 김홍도의 주막은 배고픈 이들이 값싸게 밥과 술을 해결하는 공공의 부엌과 같은 공간이다. 또한 아이의 어머니로서 생계를 이끌어가는 직업여성이 일하는 전문공간이다.

주모가 술을 떠내는 동안 어미 곁을 맴도는 아이의 모습이 있다. 그 옆에는 한 남자가 주모의 손에 들린 술사발의 값을 계산하려고 쌈지주머니를 열고 있다. 이 남자는 장죽을 물고 봇짐을 졌는데 주모가 주는 술 한 잔을 걸치고 가려는 모습이다. 화면의 오른편에 초립을 쓰고 걸터앉아 식사를 하는 남자의 모습에서 주막이 술과 음식을 함께 팔았다는 것을 알 수 있다. 주막에서의 식사는 소반 위에 큰 장국그릇과 낮은 접시와 종지를 올린 단출한 상이다. 시장했던 손님은 거의 다 먹은 장국 밥그릇을 기울여 남은 음식을 숟가락으로 뜨고 있다. 깨끗하게 비워져가는 사발과 엉거주춤 걸터앉은 모습에서 곧 이 행인 역시 제 갈 길을 바삐 갈 것이다.

분류 : 미술
색인어 : 주막, 단원, 김홍도, 소반, 그릇, 백자, 주모
참고문헌 : 주영하, 「주막'의 근대적 지속과 분화: 한국음식점의 근대성에 대한 일고(一考)」, 『실천민속학연구』 제11호(2008)
필자 : 구혜인

주사거배(신윤복)

「주사거배(酒肆擧盃: 술집에서 술잔을 들다)」는 조선 후기 대표적인 풍속화가인 신윤복(申潤福: 1758-?)이 그린 그림으로, 주막 마당에 설치된 부뚜막 주변에서 별감, 나장 등 하급 관리들과 양반들이 술을 마시면서 어울려 노는 풍경이 그려져 있다. 신윤복의 『혜원전

신윤복, 「주사거배」, 28.2×35.6cm, 종이에 채색, 18세기, 간송미술문화재단

신첩』(국보 제135호)에 수록된 30장면의 풍속화첩 중 하나이다. 『혜원전신첩』 안에서 이 그림은 「야금모행(夜禁冒行: 통행금지 시간에 몰래 다니다)」과 「유곽쟁웅(遊廓爭雄: 술집에서 싸우다)」의 사이에 위치해 있다. 즉 그림의 순서는 그믐달이 뜬 밤에 몰래 기방으로 가서 거나하게 술을 걸친 후, 종국에는 술집 문 앞에서 주먹다짐하면서 끝난다는 이야기이다.

이 화첩에는 당시 사람들의 향락적 유흥과 남녀 간의 춘정들이 생생하게 표현되어 있다. 이 화첩에 주요 인물들로 왈자와 기생들이 등장하는데, 그중 왈자는 기술직 중인, 말단 행정직, 대점 별감(別監), 군영 장교, 승정원 사령, 시정 상인들을 총칭하는 단어이다. 이들은 사회적 지위는 높지는 않지만, 경제력을 지녔기 때문에 새로운 문인문화의 핵심세력으로 크게 성장한 계층들이다. 특히 왈자패 중에서 별감과 군영 장교는 기녀의 의식주를 마련하고 유곽이 소란 없이 '영업'을 할 수 있도록 기방의 뒷배 역할을 했던 이른바 '기둥서방'이었다.

「주사거배」에는 주막내부 공간을 배경삼아 다양한 계층의 사람들이 모여 있다. 주모와 심부름꾼이 왼편에 등장하고 양반을 비롯하여 왈자패인 별감, 의금부 소속 나장(羅將) 등 손님 5명이 오른편에 서 있다. 도포나 중치막 차림의 선비도 보이지만 붉은색 덜렁과 노란 초립을 쓴 무예청 별감, 까치 등거리에 깔때기를 쓴 나장의 기세는 이 시대에 주사를 주름잡던 패들의

모습이다. 손님들은 대청에 오르지 않고 진달래꽃이 만발한 마당을 서성인다. 자유로운 주막의 풍경은 그림 오른쪽에 쓰인 '술잔을 들어 밝은 달을 맞이하고 술항아리 끌어안으며 맑은 바람 대한다[擧盃邀皓月 抱甕 對淸風].'라는 제시에서 더욱 고조된다.

이 주막은 조선 후기 주막 중 제법 규모를 갖춘 주막으로, 기와를 얹은 집 안에는 넓은 대청마루가 보이고 그 위로 갖은 세간살이를 올려놓은 목가구들이 있다. 또 부뚜막을 마당에 설치하여 중탕한 따뜻한 술을 손님들이 오가면서 마실 수 있게 하였다. 보통 부뚜막은 부엌에 있지만 이 그림처럼 마당에 설치해놓고 가마솥을 사용했다는 것은 당시 주막 공간의 특수한 성격이라 할 수 있다. 『원행을묘정리의궤』의 「환어행렬도」나 「대쾌도」의 간이 주막의 경우 길거리에 널판 하나를 놓고 술을 마시는 완전개방형이라면, 신윤복의 「주사거배」에서는 술 마시는 공간이 건물 안으로 들어와 폐쇄된 듯하지만 동시에 마당이란 공간을 통해 개방되어 있다.

트레머리를 한 주모는 유기국자에 술을 담아 들어올리고 있다. 주모 옆의 술을 담는 그릇은 항아리, 병, 대야, 사발로 다양한데 안에 무슨 술이 담겨 있길래 다양한 형태의 그릇들이 필요한지 궁금하다. 가마솥 주변으로 술과 안주를 담은 잔들과 접시들이 손님들의 모습처럼 흩어지듯 모여 있다. 손님들은 선 채로 무언가를 이야기하거나 젓가락질을 하는 모습이다. '그믐달 아래에서 술 항아리 끌어안고 맑은 바람 대하며' 행복했던 그들이 곧 웃통 젖히고 갓은 두 동강이 나는 싸움을 벌일지 누가 알았을까. 그림과 제시 속에서 술을 매개로 벌어지는 인간사를 비꼬듯 재미있게 담아낸 신윤복의 재치가 돋보인다.

분류 : 미술
색인어 : 주막, 신윤복, 혜원, 주사거배, 술, 부뚜막
참고문헌 : 송희경, 「한국미술산책」, 네이버캐스트; 간송미술관 홈페이지 유물설명
필자 : 구혜인

주방문

『주방문(酒方文)』은 연대 미상의 조리서로 저자도 밝혀진 바 없으나 책 말미의 낙서인 "하생원주방문책(河生員酒方文冊)"으로 미뤄 하씨 성을 가진 남성이 지었을 것으로 추측되고 있다. 이와 함께 구입한 날짜와 책의 가격으로 추정되는 '정월 27일 전 1냥'이라는 글이 쓰여

작자 미상, 『주방문』 표지, 31.5×16cm, 1811년 이후 필사, 1600년대 말 필사본, 서울대학교 규장각한국학연구원

있다. 식재료에 고추가 등장하지 않는 점과 한글로 작성된 설명의 국어사적 분석 등으로 미루어 1600년대 말경 쓰여진 것으로 추정된다. 제목이 『주방문』, 즉 술 만드는 방법인 것에 반해 78가지의 조리법 중 28가지가 술 제조법이며 장 담그는 법을 포함해 병과, 면, 병과, 떡, 찬물 등 46종의 조리법과 4종의 염색법이 수록되어 있다.

분류 : 문헌
색인어 : 주방문, 하생원, 장, 병과, 면, 떡, 찬물
참고문헌 : 한복려·한복진·이소영 공저, 『음식 고전: 옛 책에서 한국 음식의 뿌리를 찾다』(현암사, 2016); 작자 미상, 『주방문』
필자 : 서모란

주식시의

『주식시의(酒食是儀)』는 19세기 후반 저술된 한글 조리서로 은진 송씨(恩津 宋氏)인 동춘당(同春堂) 송준길(宋浚吉: 1606-1672) 가문의 조리법을 담고 있다. 저자는 연안 이씨(延安 李氏: 1804-1860)로 알려져 있다. 연안 이씨는 송준길의 후손인 송영로(宋永老: 1803-1881)의 부인으로『주식시의』는 연안 이씨가 시집 온 뒤 동춘당 가의 음식을 배워 기록한 것으로 추측된다. 술 부분은 『우음제방(禹飮諸方)』이라는 별도

의 책으로 정리되어
있다.

『주식시의』에는 승기
악탕, 변씨만두, 떡볶
이, 낙지볶이 등을 포
함해 총 90여 가지의
각종 음식과 떡, 술 만
드는 법이 실려 있다.
이 책에는 '상한 고기
삶는 법'도 기록되어
있다. 이 책에 따르면

연안 이씨, 『주식시의』, 24×16.3cm,
19세기, 대전역사박물관

껍질에 구멍을 여러 개 뚫은 호두 세 개를 고기와 함
께 삶으면 상한 맛이 호두 속에 들어가 맛이 멀쩡한
고기와 같다 하였다.

분류 : 문헌
색인어 : 주식시의, 우음제방, 승기악탕, 변씨만두, 떡볶이, 낙지볶이
참고문헌 : 연안 이씨, 『주식시의』
필자 : 서모란

주자

주자는 술이나 물을 담아 따르는 용기이고, 주전자는
주자 중에서 데우거나 끓일 수 있는 재질로 만든 용기
이다. 주자는 주로 자기, 은기, 목기로 제작되었고, 주
전자는 불에 견딜 수 있는 도기, 철기, 유기 등으로 제
작되었다.

일반적으로 주자의 몸체는 둥근 몸체에 입수구(入水
口), 출수구(出水口), 손잡이, 뚜껑으로 이루어진다. 주
자는 주로 술이나 차를 따르는 데 이용하였고, 금속 또

백자청화매화국화무늬 주자, 높이
18.3cm, 입지름 6.1cm, 국립중앙
박물관

주전자, 높이 18cm, 광복 이후, 국
립민속박물관

는 도자기로 만들었으며 특히 금속재료로 만든 것은
보온성이 뛰어나 술을 데우는 데 쓰거나 겨울철에 사
용되었다. 같은 용도로 액체를 담는 기종인 병은 소형
부터 대형까지 다양한 것에 비해서 주자는 소량의 술
이나 차 등을 담을 정도의 크기가 많고 대형은 드물다.

분류 : 미술
색인어 : 주자, 주전자, 술, 물, 병
참고문헌 : 한국학중앙연구원, 『한국민족문화대백과사전』; 『한민족역
사문화도감 식생활: 국립민속박물관 소장품』(국립민속박물관, 2007)
필자 : 구혜인

주정

주정(酒亭)은 조선시대 왕실 잔치에서 술항아리를 비
롯하여 술병과 술잔 등 각종 주기(酒器)를 올려놓는
목가구이다. 주로 왕실의 혼례나 진연(進宴) 및 진찬
(進饌) 등에서 사용된다. 주정에는 크기나 색상에 따
라 대주정(大酒亭), 소주정(小酒亭), 왜주홍칠대주정
(倭朱紅漆大酒亭), 왜주홍칠소주정(倭朱紅漆小酒
亭), 왜주홍칠주정(倭朱紅漆酒亭), 홍칠주정상(紅漆
酒亭牀) 등이 있다.

그중 대주정은 왕실의 혼례나 진연(進宴) 및 진찬(進
饌) 등에서 왕에게 올리던 술병과 술잔 및 술과 관련
한 기물을 올려놓던 탁자이다.

용도와 형태가 같은 대주정이라도 왕실 혼례에서는

주정, 『순조순원왕후가례도감의궤』 중, 1802년, 외규장각 의궤

대주정이라 부르고, 왕실의 진연진찬에서는 수주정(壽酒亭)이라고 불렀다. 이는 주로 진연진찬의 주인공이 왕이나 왕실의 어른들을 위한 잔치므로 그들의 만수무강을 기원하는 목적을 담아 주기를 담는 탁자를 대주정 대신에 목숨 수(壽) 자가 들어간 수주정이라 부른 것이라 여겨진다.

의궤의 주정은 직사각형의 천판(天板)에 정자(亭子)와 비슷한 형태로 난간을 두르고 호랑이 발[虎足] 모양의 긴 다리로 구성되어 있다. 대주정은 세로 3척 6촌, 가로 2척 1촌, 높이 2척 5촌이며, 4면에는 2층의 난간이 있다. 난간은 매 층의 높이가 2촌이다. 소주정은 대주정보다 높이가 2촌 5푼 낮다. 난간에는 통풍을 위해 풍혈(風穴: 바람구멍)을 내고 직사각형의 모양의 투조(透彫)인 허아(虛兒)가 있으며, 나용(羅冗)에는 연꽃잎 문양을 조각한다.

분류 : 미술
색인어 : 술, 주준, 주정, 대주정, 소주정
참고문헌 : 『순조순원왕후가례도감의궤(純祖純元王后嘉禮都監儀軌)』(下)(외규장각의궤, 1837)
필자 : 구혜인

죽

서유구(徐有榘: 1764-1845)의 『옹희잡지』에는 죽이라는 것은 쌀을 물에 넣고 죽죽(粥粥) 한다는 말이라고 했다. 그러면서 된 것을 전(饘)·미(糜), 묽거나 진 것을 죽이라고 부른다 하였다. 1924년 판 『조선무쌍신식요리제법(朝鮮無雙新式料理製法)』에서는 중국 청나라 원매(袁枚)의 『수원식단(隨園食單)』을 인용하여 "물만 보이고 쌀이 보이지 않아도 죽이 아니요, 쌀만 보이고 물이 보이지 않아도 죽이 아니다."고 하였다. 곧 물과 쌀이 조화를 잘 이루어야 죽이 된다는 말이다. 조선시대 사람들은 먹을거리가 부족하여 끓이는 죽과 노인의 보양식으로 마련하는 죽 두 가지를 구분하였다.

분류 : 음식
색인어 : 밥, 조선무쌍신식요리제법

참고문헌 : 『옹희잡지』; 『조선무쌍신식요리제법(朝鮮無雙新式料理製法)』
필자 : 주영하

방풍죽(『도문대작』)

교산(蛟山) 허균(許筠: 1569-1618)이 1611년 펴낸 『도문대작(屠門大嚼)』이란 책에는 '방풍죽(防風粥)'이라는 음식이 등장한다.

허균에 따르면 이는 허균의 외가인 강릉에서 즐겨 먹는 음식이다. 허균은 2월이 되면 강릉 사람들은 해가 뜨기 전에 방풍 싹을 딴다고 하였다. 곱게 찧은 쌀로 죽을 끓여 쌀이 반쯤 익었을 때 방풍의 싹을 넣고 다 익으면 차가운 사기그릇에 담아 먹는다. 허균은 방풍죽의 맛에 대해 "달콤한 향기가 입에 가득하여 삼 일 동안 가시지 않는다."고 평가하였다. 또한 현재의 요산(遼山), 즉 현재 황해북도 수안군에 있을 때 끓여 먹어보았지만 강릉의 것보다 훨씬 못하다고 하였다.

방풍죽은 『산림경제(山林經濟)』와 『증보산림경제(增補山林經濟)』, 『임원경제지(林園經濟志)』, 『해동농서(海東農書)』 등 18세기에 나온 여러 문헌에서도 그에 대한 설명을 찾아볼 수 있는데 허균의 개인적인 경험담을 제외하고는 『도문대작』의 내용과 거의 일치한다. 『해동농서』는 이 책을 허균의 형인 허성(許筬: 1548-1612)의 『허성문집』에서 인용하였다 하였고 『임원경제지』는 『허집』에서 인용하였다고 적고 있다.

데친 방풍나물ⓒ하응백

분류 : 음식
색인어 : 방풍죽, 방풍, 허균, 도문대작, 증보산림경제

참고문헌 : 허균 저, 장정룡 역, 『蛟山許筠先生文集(교산허균선생문집)』(강릉시, 2002); 유중림 저, 이강자 외 역, 『증보 산림경제 (국역)』(신광출판사, 2003); 서유구 저, 조신호 외 역, 『임원경제지 (정조지)』(교문사, 2007)
필자 : 서모란

수제비죽(「흰 종이수염」)

몰씬몰씬 김이 오르는 수제비죽… 동길이는 목젖이 튀어나오는 것 같았다. 후딱 숟가락을 들었다. 그리고 그 뜨끈뜨끈한 놈을 폭 한 숟갈 떠올리기가 무섭게 아가리를 짝 벌렸다. 아버지도 숟가락을 들었다. 왼쪽 손이었다. 없어진 팔이 하필이면 오른쪽이었던 것이다. 어머니는 그것을 보자 이마에 슬픈 주름을 잡으며 얼른 외면을 했다. (중략)
"아부지 팔이 하나 없어져서 참 큰일 났네. 저런! 오른쪽 팔이 없어졌구나. 우짜다가 저랬는고이?"
그리고 동길이는 남은 국물을 훌훌 마저 들이마셨다. 콧등에 맺힌 땀방울이 또로르 굴러 내린다.
"아아."
이제 좀 살겠다는 것이다.

1959년 『사상계』에 발표된 하근찬의 단편소설 「흰 종이수염」이다. 1957년 〈한국일보〉 신춘문예 당선작인 「수난이대」와 함께 중학교 국어 교과서에 자주 실린다. 하근찬(河瑾燦: 1931-2007)은 역사의 거친 물결에 휩쓸려 수난을 겪는 하층민의 삶을 증언하는 문학 세계를 일군 소설가이다. 대표작에 「수난이대」, 「흰 종이수염」, 「왕릉과 주둔군」, 「일본도」, 「임진강 오리 떼」 등의 단편과 『야호』, 『월례소전』, 『산에 들에』 등의 장편이 있다.

「흰 종이수염」의 무대는 작중인물들이 사용하는 방언으로 미루어 작가의 고향인 경북 영천 지방으로 추측된다. 중심인물은 「수난이대」와 마찬가지로 아버지와 아들 두 사람이다. 목공소에서 일하는 목수였던 아버지는 한국전쟁 때 노무자로 징용되었다가 팔 하나를 잃고 돌아왔다. 노무자는 한국전쟁 때 국가에 의해 징용되어 탄약과 식량 나르는 등의 일을 한 사람들

이다. 주로 지게로 물건을 날랐기에 지게부대로 불리기도 하였다. 정규 군인이 아니어서 군번도 없고 소속 부대도 일정하지 않아 공식 문서에 기록되지 않은 경우가 대부분이다. 많은 사람이 죽고 다쳤지만, 전쟁터에서 노무자로 일하다가 그런 피해를 입었다는 사실을 증명할 수 있는 경우는 거의 없다. 이 때문에 국가에 의해 징용되어 국가를 위해 희생했음에도 국가로부터 어떤 보상도 받지 못하는 불합리한 일이 무수히 생겼다.

이 작품의 아버지도 그런 사람 가운데 하나이다. 2년간 노무자로 전쟁터를 누비며 일하다가 "팔뚝을 하나 나라에 바쳤"지만 국가로부터 받은 것은 아무것도 없다. 다음은 불구가 되어 돌아온 그와 아들의 상봉 장면인데 그 가운데 수제비죽이 놓여 있다.

2년간 가장이 집을 비웠으니 오죽했으랴. 이제 겨우 초등학교 2학년, 굶주린 어린아이에겐 먹는 것이 먼저다. 김이 오르는 수제비죽을 보니 "목젖이 튀어나오는 것 같았다."라는 서술은 모든 것을 압축하고 있다.

이제 아버지에게 남은 것은 불구의 몸, 절망, 깊은 슬픔뿐이다. 그러나 가장이기에 주저앉아 있을 수는 없는 법, 이를 악물고 그 절망과 슬픔의 늪에서 몸을 일으켰다. 몸을 일으켰지만 가슴 깊은 곳에서 터져 나오는 울음을 막을 수는 없다. 극장 선전원이 되기로 한 날 술에 취해 들어와 누워 우는 그를 소설에서는 이렇게 묘사하였다. "그리고 잠시 후 아버지는 훌쭉훌쭉 느끼기 시작하는 것이었다. 두 눈에서 솟구친 눈물이 양쪽 귓전으로 추적추적 걷잡을 수 없이 흘러내렸다." 온 세상을 슬픔으로 가득 채우는 장면이다.

분류 : 문학
색인어 : 흰 종이수염, 하근찬, 수제비죽, 노무자
참고문헌 : 유종호, 「비극 추구의 민요시인」; 정창범, 「부성애의 심층-하근찬론」
필자 : 정호웅

어죽

어죽은 생선살과 쌀을 넣어 끓여 만든 별미음식으로, 노인의 보양음식도 되는 영양가 높은 죽이다. 민물고

기를 사용하기도 하나, 해안지역에서 갓 잡은 신선한 생선으로 만든 어죽이 특히 손꼽힌다.

유중림(柳重臨: 1705-1771)이 저술한『증보산림경제(增補山林經濟)』에 붕어죽을 만드는 법이 나와 있다. '커다란 붕어를 가져다가 창자를 빼버리고 비늘과 함께 푹 삶은 다음에 대나무 체에 쏟아 부어 고기를 걸러내고 껍질과 뼈를 없앤다. 이렇게 마련한 즙에다 멥쌀을 넣어서 죽을 쑤고 후추와 생강 따위의 양념을 넣어 먹는다.'라고 하며 노인들에게 좋다는 설명이 덧붙여져 있다. 1830년대에 저술된 작자 미상의 한글 조리서『역잡록(曆雜錄)』의 '듁 쓔난 법(죽 쑤는 법)'에도 위에서 언급한 조리법과 거의 유사한 내용으로 붕어죽 만드는 법이 게재되어 있다.

1926년 8월 24일자〈동아일보〉의 기사에 의하면 어죽은 평양 음식 중 명물로 꼽히는데, 어부들이 많이 먹었던, 소박한 음식으로 소개하고 있다. '대동강을 건너서 반월도(半月島)나 능라도(綾羅島)에서 해 먹는 것인데 … 거추장스럽지 않고 극히 간단하며 비용도 적게 드는 까닭으로 흔히 먹는' 음식이었다고 하였다. '대동강에서 어부들이 고기를 잡아 그 자리에서 술안주를 하며 물에 휘저어 고픈 배를 불리고자 그 국에 쌀을 넣어 죽을 쑤어 먹는 것이 어죽이라는 이름도 붙게 되고' 라는 설명을 하고 있다.

한편,「두고 온 여름」이라는 제목으로 대동강을 추억하는 1974년 8월 14일〈경향신문〉기사에서도 대동강 부근에서 먹은 어죽에 대한 기술이 나와 있다. '반월도나 능라도 근방에서 놀다가도 여울을 거슬러 주암산 밑까지 가서 어죽을 들면 이것이 바로 천하일미, 땀으로 뒤범벅된 가슴이 오히려 시원함을 느끼게 만들기도 했다.'라고 하며 대동강 인근 지역에서 어죽을 먹었던 기억을 묘사하고 있다.

어죽은 충청남도, 전라남도와 전라북도, 강원도 지역의 향토음식으로도 유명하다. 충청남도에서는 붕어 등 민물고기 외에 민물새우를 넣고 쌀과 함께 국수도 넣어 어죽을 만든다. 강원도 화천 지역의 강가, 호수 지역에서는 붕어나 산천어와 같은 민물고기를 이용

하고 그 뼈와 머리를 마치 곰탕과 같이 푹 고아서 그 물에 쌀을 넣는다. 원래 어촌 지방 특유의 구황식이었지만 최근에는 보양식으로 더 잘 알려져 있다. 쌀 대신 별미로 수제비나 국수를 넣어서 먹기도 한다.

전라남도에서는 천렵(川獵)놀이로 마을의 공동체의 식을 높이고 어죽을 끓여 보양식을 먹는다. 붕어, 잉어, 메기와 같은 민물고기를 쓰고 된장을 풀어서 간을 하는 점이 특징적이다. 전라북도에서도 민물고기를 재료로 쓰는데 밀가루 수제비를 넣는다는 점에서 강원도 지방의 어죽과 공통점이 있다.

최근에 와서는 어죽을 만드는 방법도 지역에 따라 다양해져서 멥쌀 대신 찹쌀을 넣거나 고춧가루로 맛을 내기도 한다. 국내 최대의 인삼 재배지 금산에서는 인삼을 넣은 인삼어죽이 향토요리로 개발되었다. 생선을 삶은 후 쌀과 국수를 넣은 후 중간에 인삼, 대추, 마늘, 파, 생강 등 다양한 재료를 사용해서 어죽을 만든다.

분류 : 음식
참고문헌 :『고농서국역총서 5-증보산림경제』(농촌진흥청, 2003);「해장에도 좋은 보양식 금산(錦山) 인삼어죽」,〈경향신문〉1994년 1월 14일;「두고 온 여름 (12) 대동강(大同江)」,〈경향신문〉1974년 8월 14일;「평양인상(平壤印象) (11) 어죽(魚粥)과 안주상(安酒床)」,〈동아일보〉1926년 8월 24일; 작자 미상,『역잡록』(183?);『한국의 전통향토음식 5-충청남도』(교문사, 2008);『한국의 전통향토음식 3-강원도』(교문사, 2008);『한국의 전통향토음식 7-전라남도』(교문사, 2008);『한국의 전통향토음식 6-전라북도』(교문사, 2008)
필자 : 박경희

연밥죽

연밥죽[蓮子粥, 蓮實粥]은 연밥으로 만든 죽이다.

연밥은 연꽃의 열매이며 연방(蓮房) 안에 들어 있다. 한자로는 '蓮子(연자)', '蓮實(연실)', '藕實(우실)', '澤芝(택지)'라고 하며, 조선 시대에는 식재료로도 쓰였지만 약재로도 많이 쓰였다. 연밥은 초여름에는 연하여 생으로 먹지만, 가을에 거둔 연밥은 껍질을 벗겨서 죽이나 밥, 차 또는 미숫가루 등을 만들었다.

따라서 조선시대에는 연밥이 연한 때인 7월에 종묘에 제철식품으로 천신되었다(『종묘의궤(宗廟儀軌)』). 종묘에 천신하는 연밥은 황해도 연안부(延安府)의 남대지(南大池)에서 나는 것을 썼다. 그런데 날씨의 영

향이나 남대지의 준설 등이 원인이 되어 연밥이 늦게 결실을 맺어 햇연밥[新蓮實]을 때맞춰 봉진하기 어려운 경우가 발생하였고, 이 때문에 고종(高宗: 재위 1863-1907) 때 황해 감사는 임금에게 죄를 청하는 장계를 올리기도 했다. 이와 같이 남대지의 햇연밥을 확보할 수 없는 경우에는 묵은 연밥이라도 모으거나 연안부 말고 황해도 내 다른 지역에서 연밥을 구하거나, 그것도 어려우면 아예 삼남(三南) 지방에서 부족분을 거두어 해결하였다(『승정원일기(承政院日記)』 고종 12년 7월 13일, 고종 15년 7월 13일, 고종 17년 7월 14일, 고종 28년 7월 14일, 고종 30년 7월 21일자 기사). 연밥으로 만든 음식 가운데 몸을 보양하는 데 효험을 인정받았던 것은 연밥죽이다. 조선 전기의 어의(御醫)였던 전순의(全循義: ?-?)의 『식료찬요(食療纂要)』(1460)에 따르면, 연밥죽을 먹어서 눈과 귀가 밝아지는 것을 돕고 속을 보하고 뜻이 강해지도록 하려면 껍질을 벗겨 잘게 자른 연한 연밥을 끓이고, 멥쌀로 죽을 쑤어 연밥과 고루 섞어 뜨거울 때 먹으라고 하였다. 이외에도 연밥을 만드는 법이 여러 문헌에 전하지만, 18세기 이후의 조리서인 『박해통고(博海通攷)』에 나오는 연밥죽은 껍질을 벗겨 곱게 가루 낸 연밥과 쌀가루를 섞어 죽을 쑤고, 여기에 꿀을 넣어 먹으면 장수(長壽)에 좋다고 하였다.

분류 : 음식
참고문헌 : 『종묘의궤』; 『승정원일기』; 전순의 저, 고농서국역총서9-『식료찬요』(농촌진흥청, 2004); 작자 미상, 『박해통고』(한국전통지식포탈)
필자 : 김혜숙

죽(1696년 숙종이 굶주린 백성을 위한 죽에 쓰이는 곡물량을 넉넉히 하라 명하다)

1695년 가을, 조선은 『숙종실록(肅宗實錄)』에 수확을 해야 할 곡식에 해를 끼칠 수 있는 재해가 일어나지 않은 것이 없을 정도였다고 평가될 만큼 심한 흉년을 겪는다. 1695년 흉년의 여파는 다음해인 1696년 1월에도 계속되었다. 이해 1월 1일에 숙종은 중앙관리들과 지방관리들에게 백성들을 구제할 것을 강조하고, 특히 지방관리들에게 주민들을 위로하고 진휼하는 데 힘쓸 것이며 부정부패가 발생하지 않도록 하라는 명령을 따로 내렸다.

수도 한양에도 굶주린 자들이 많았기에 숙종은 1696년 1월 6일에 동·서 활인서에 죽을 마련하여 굶주린 백성들에게 나눠주도록 했는데 굶주린 사람들이 계속 몰려들자 1월 19일에는 진휼청에서 동대문 밖에 죽을 나눠주는 설죽소(設粥所)를 설치하도록 했다. 1696년 1월 25일 숙종은 설죽소에서 만들어 나눠주는 죽에 이상(異常)이 있음을 말하고 설죽소에 죽을 만들 때 주의를 기울일 것을 명령했다. 궁궐 안에 있지만 숙종이 백성을 진휼하는 데 꾸준히 관심을 가지고 있었기에 가능한 일이었다. 사실 숙종은 이미 설죽소가 세워진 직후에 별감(別監)을 시켜 설죽소에서 나눠주는 죽을 직접 가져오게 했다. 처음 별감이 가져온 죽에는 쌀알이 넉넉히 들어 있었던 데 반해 이후에도 똑같이 나눠주는지 확인하기 위해 가져온 죽에는 곡물의 양도 적고 쌀알도 드물다는 사실을 확인했기 때문에 설죽소에 처음과 같이 죽을 만들라고 주의를 준 것이었다.

조선시대 죽은 구황식으로서 중요한 위치를 점하고 있었다. 『치생요람(治生要覽)』을 보면 솔가루 3홉과 쌀가루 1홉에 느릅나무 즙액 1되를 섞어 죽을 쑤어 먹으면 하루 정도의 굶기를 다스릴 수 있고, 칡뿌리를 절구에 찧어서 가루로 만든 뒤 쌀에 섞어서 밥이나 죽을 지어 먹으면 맛이 아주 좋다는 등의 이야기가 나온다. 『증보산림경제(增補山林經濟)』에는 구황법을 제시하면서 가난과 굶주림으로 죽을 지경에 이른 사람이 갑자기 밥을 먹거나 뜨거운 것을 먹으면 죽게 될 것이니 먼저 생간장을 물에 타준 다음 차고 묽은 죽을 주어 소생하기를 기다려 순서대로 죽과 밥을 주어야 한다고 제안한다. 그리고 냉이를 삶아서 죽을 쑤어 먹으면 피를 이끌어 간으로 돌아가게 하며 사람의 눈을 밝게 해준다고 적혀 있다.

분류 : 음식
색인어 : 죽, 설죽소, 숙종, 치생요람, 증보산림경제, 흉년

참고문헌 : 『숙종실록』; 강와, 『치생요람』; 유중림, 『증보산림경제』
필자 : 이민재

죽순

죽순(竹筍)은 대나무의 어린 순을 말한다. 대나무의 종류 중 왕대, 솜대, 죽순대 등의 죽순을 식용하는데 그중 죽순대의 죽순을 상품으로 친다. 죽순은 한의학에서는 죽순의 잎이나 죽력 등을 약으로 사용하였는데, 민간에서는 죽순을 식용으로 많이 활용하였다. 죽순은 봄에만 수확이 가능하므로 현대에는 생산량의 거의 대부분을 통조림으로 만든다. 하지만 통조림기술이 발달하기 훨씬 전부터 죽순은 다양한 방법으로 가공, 저장하여 활용되었다.

1450년경 어의 전순의(全循義: ?-?)가 지은 가장 오래된 음식책인 『산가요록(山家要錄)』에는 죽순을 말리는 방법[乾竹笋]에 대해 언급하였다. 죽순의 양쪽 끝을 잘라내고 3-4개의 편으로 썬 다음 항아리 안에 소금을 깐 후 죽순을 켜켜이 넣고 3-4일이 지나서 꺼낸 후 말린다. 담가 놓았던 소금물에 다시 담갔다가 꺼내 말리기를 반복하는데, 그 물이 모두 없어질 때 까지 반복한다고 하였다.

죽순은 궁중에 진상되는 식재료이기도 하였다. 『승정원일기(承政院日記)』 인조 6년(1628) 5월 17일자 기록에 따르면, 지체되어 부패한 생죽순을 가지고 온 사람을 수금하여 엄하게 치죄하도록 할 것 등을 청하는 사옹원의 계가 올라왔다. 사옹원에서 아뢰기를, "전라도에서 6월 초하루에 각 전(殿)에 진상(進上)하는 생죽순(生竹筍)이 태반이 부패하였으니, 반드시 가지고 온 사람이 중간에 지체하여 이렇게 된 것입니다. 봉(封)하여 올린 관원 또한 제대로 살피지 못한 잘못을 면하기 어려우니 추고하고, 가지고 온 사람은 유사(攸司)로 하여금 수금하여 엄하게 치죄하도록 하는 것이 어떻겠습니까?" 하니, 윤허한다고 전교하였다. 생죽순을 먹을 수 있는 기간은 정해져 있으니 가지고 올라오는 시간이 길어지면 어쩔 수 없이 상하게 되므

로 이러한 문제가 생긴 것이다.

분류 : 식재료
색인어 : 산가요록, 소금, 항아리
참고문헌 : 전순의, 『산가요록』; 『승정원일기』 인조 6년(1628) 5월 17일
필자 : 홍진임

죽순찜

죽순은 생것을 먹을 때는 단독으로 약불에 구워서 먹거나, 찜이나 채로 만들어 먹기도 하였고, 소금이나 누룩과 함께 절였다가 저장해서 먹기도 하였다. 죽순을 다른 재료와 함께 요리하여 먹기도 하였는데, 그 중 하나가 죽순찜이다.

작자 미상의 『시의전서(是議全書)』(1800년대 말)에는 '죽순찜'에 대해 설명하였다. 죽순을 얇게 썰고 데친 후에 물에 담갔다가 쓰는데, 죽순에 소고기와 꿩고기를 많이 다져 넣고, 밀가루를 조금 넣어 볶는다. 절여 두었던 죽순이면 하루 정도 물을 갈아주면서 담갔다가 우린 후 사용한다고 하였다. 재료가 다양하지 않고, 고기와 밀가루만 사용하였다.

하지만 1957년에 한희순, 황혜성, 이혜경 등이 발간한 궁중음식 조리서인 『이조궁정요리통고(李朝宮廷料理通考)』에서는 '죽순찜'에 더 많은 재료를 사용하였다. 죽순은 연한 것을 골라서 끓는 물에 데쳐, 칼로 반으로 갈라 사용한다. 소고기는 반은 채 썰어 양념하고, 나머지 반은 다져서 표고버섯과 석이버섯과 함께 양념하여 죽순의 빈곳에 채워 넣는다. 전골냄비에 무채와 소고기 재놓은 것, 속을 넣은 죽순을 넣고, 거기에 당근, 파, 미나리 등을 함께 넣어 맑은 장국을 넣고 함께 끓인다. 재료가 익으면 계란을 풀어 함께 먹는다. 찜이라기보다는 전골에 가깝다.

1946년 방신영(方信榮: 1890-1977)이 집필한 조리서 『조선음식 만드는 법』에서의 '죽순찜'은 조금 다른 방법으로 조리하였다. 죽순에 양념한 고기를 넣어 밀가루와 계란을 입혀 기름에 지지고, 볶은 오이와 데친 죽순, 표고버섯 볶은 것과 함께 냄비에 넣고 국물을 자작하게 넣고 끓이는데, 국물을 많이 넣지 말라고 당부하고 있다. 방신영의 『우리나라 음식 만드는 법』

(1954)의 '죽순찜'도『조선음식 만드는 법』의 조리법에 파와 마늘을 더하여 조리하는 방법을 설명하고 있다. 죽순은 생산철에는 생죽순을 사용하여 음식을 만들 수 있지만 제철이 아닐 때에는 통조림으로 만들어진 것을 사용한다. 죽순을 썰 때는 빗살모양을 살려서 썰어야 다른 재료와는 다른 독특한 죽순만의 매력을 한층 더할 수 있다.

분류 : 음식
참고문헌 : 작자 미상,『시의전서』; 한희순, 황혜성, 이혜경,『이조궁정요리통고』; 방신영,『조선음식 만드는 법』; 방신영,『우리나라 음식 만드는 법』
필자 : 홍진임

죽순채

죽순을 모양을 살려 얇게 썰어 고기 등과 함께 볶아서 조리한 것을 죽순채라 한다. 빙허각 이씨(憑虛閣 李氏: 1759-1824)가 지은『규합총서(閨閤叢書)』(1809)에서는 '듁슌치'라 하여 죽순을 얇게 저며 데쳐서 담갔다가 소고기와 꿩고기 등을 많이 다져 넣고, 표고버섯, 석이버섯 등에 양념하여 기름을 많이 치고 밀가루 약간 넣어서 볶아서 쓴다. 절였다 쓰는 죽순은 물을 갈아가며 하루 정도 짠맛을 우려낸 뒤에 쓰라고 하였다. 대전 지역의 은진 송씨가의 며느리인 연안 이씨가 편찬하기 시작한『주식시의(酒食是儀)』(19세기 후반)의 '듁슌치'에서도 같은 방법으로 조리하였다. 방신영(方信榮: 1890-1977)의『조선요리제법(朝鮮料理製法)』(1921)에서는 '죽순치'에 기존의 재료에 고추와

죽순채와 홍시소스 ©수원문화재단

파를 추가하여 조리하였다. 식초를 가미하여 초무침으로 조리하는 방법도 있었다. 최한기(崔漢綺: 1803-1877)가 편찬한『농정회요(農政會要)』(1830년경)에서는 '죽순초무침[竹筍醋菜]'을 설명하였다. 죽순은 잿불에 굽거나 삶아서 껍질을 벗긴 후 얇게 편으로 썰어 식초를 넣어 나물을 무치는데, 석이버섯[石耳], 표고버섯[蘑菰], 생강, 파, 후추, 잣 등을 함께 쓴다고 하였다.

조자호(趙慈鎬: 1912-1976)의『조선요리법(朝鮮料理法)』(1943)에서부터는 고기를 다지지 않고 편육으로 만들어 사용하고, 양념에도 식초뿐 아니라 겨자즙을 사용하였다. 이후에는 고기를 다져서 새우 등의 해물도 함께 넣어 초무침을 하였다. 이후 방신영의『우리나라 음식 만드는 법』(1954)의 '죽순채'에서는 죽순과 고기 외에 오이, 당근, 숙주, 배, 새우 등을 사용하였다. 1957년에 한희순, 황혜성, 이혜경 등이 발간한 궁중음식 조리서인『이조궁정요리통고(李朝宮廷料理通考)』의 '죽순채'에서는 죽순, 미나리, 당근, 숙주, 소고기, 새우, 잣 등을 사용하였다. 다 같은 죽순채이지만 시간이 지나면서 죽순 외에 다양한 부재료가 가미되었고, 양념도 조금씩 달라져서 현재의 죽순채가 되었다.

분류 : 음식
참고문헌 : 빙허각 이씨,『규합총서』; 연안 이씨,『주식시의』; 방신영,『조선요리제법』(신문관, 1917); 최한기,『농정회요』; 조자호,『조선요리법』(광한서림, 1939); 방신영,『조선음식 만드는 법』; 방신영,『우리나라 음식 만드는 법』; 한희순, 황혜성, 이혜경,『이조궁정요리통고』
필자 : 홍진임

죽실

죽실은 대나무의 열매를 말한다. 조릿대, 갓대, 이대 등의 산죽(山竹)이 꽃이 핀 후에 맺은 열매이다. 왕대의 경우는 꽃이 피어도 열매를 맺지 않는다. 조릿대는 5년 주기로, 왕대와 솜대는 60년을 주기로 꽃이 피는데 보통은 꽃이 피면 모죽(母竹)은 말라죽는다. 그래서 대나무의 열매인 죽실은 매우 상서로운 것으로 여겨지며, 봉황이 먹는 음식이라고 전해진다.

허준(許浚: 1539-1615)의 『동의보감(東醫寶鑑)·외형편(外形篇)』(1610)에는 눈과 관련된 질환치료를 위해 죽실에 대한 설명을 하고 있다. 죽실(竹實)은 대나무 숲이 무성하고 밀집한 곳에서 자라며, 크기는 계란만 하고 댓잎으로 층층이 싸여 있다고 하였다. 맛은 달고, 신명과 통하게 한다고 하였고, 가슴을 시원하게 하고 몸을 가볍게 하며 기를 보한다고 하였다. 생김새는 밀같이 생겼고 밥을 지어서 먹을 수 있다고도 하였다.

허균(許筠: 1569-1618)의 『도문대작(屠門大嚼)』(1611)에서는 죽실(竹實)에 대해 지리산에서 많이 나는 것으로, 낭주(浪州)에 있을 때 노사(老師: 스님)인 선수(善修)가 제자들을 시켜 보냈는데, 감과 밤의 가루와 섞어서 만든 것이라 하였다. 몇 숟갈을 먹었는데 종일 든든하였고, 참으로 신선들이 먹는 음식이라고 하였다. 죽실을 노스님이 보내 준 귀한 음식으로, 먹으면 속이 든든하고, 신선이 먹는 귀한 음식으로 평하고 있다.

죽실(竹實)은 『조선왕조실록(朝鮮王朝實錄)』에서도 여러 번 언급되고 있다. 경상도 지리산에 대[竹]가 열매를 많이 맺어, 사람들이 다투어 채취한 것이 혹은 20여 석 혹은 10여 석이었다. 이를 말려서 가루를 만들어서 떡을 만드니, 메밀가루와 다름이 없었다. 또 서울의 삼각산(三角山)에 대[竹]가 많이 열매를 맺어, 성안의 사람들이 많이 가서 따서 먹었다는 기록이 있다. 또 강원도(江原道) 대령산(大嶺山)에서도 대나무[竹]에 열매가 열렸다. 관찰사(觀察使) 송인(宋因)이 아뢰기를, "강릉부 대령산의 대나무에 열매가 열어 보리와 함께 익었는데, 이삭은 기장[黍]과 같고, 열매는 보리[麥]와 같고, 차지기는 율무[薏苡]와 같으며, 그 맛은 당서(唐黍)와 같았습니다. 백성들이 이것을 따서 먹이를 삼고 또는 술을 만드는데, 오곡(五穀)과 다름이 없습니다. 성인 한 사람이 하루에 5, 6두(斗) 혹은 10두를 수확하여, 백성들이 모두 7, 8석(石)씩 저축하여 조석(朝夕) 끼니를 마련하였습니다."라 하였다. 또 『조선왕조실록·경종실록』경종 3년(1723) 7월 4일자 기사에서는 제주에 죽실이 났다는 기록이 있다.

'제주(濟州)에 죽실(竹實)이 났는데, 한라산에는 전부터 분죽(紛竹)이 숲을 이루었다. 잎은 크고 줄기는 뾰족하여 노죽(蘆竹)이라 이름하였는데, 예로부터 씨를 맺지 않았었는데, 4월 이후로 온 산의 대나무가 갑자기 다 열매를 맺어 모양이 구맥(瞿麥)과 같았다. 이때 제주도의 세 고을이 몹시 가물어서 보리농사가 흉작이었는데, 백성들이 굶주림에 시달리고 있었다. 이때 이것을 따서 전죽(饘粥)을 만들어 먹고 살아난 자가 많았으니, 도신(道臣)이 장문(狀聞)한 것이다.'라 하였다. 대나무의 열매가 흔하게 열리지 않는데, 흉작이 들어 곡식이 없을 때, 때마침 죽실(竹實)이 열려 식량으로 활용할 수 있었던 것이다.

분류 : 식재료
색인어 : 기장, 꿀, 떡, 밥, 보리, 술
참고문헌 : 허준, 『동의보감·외형편』; 허균, 『도문대작』; 『조선왕조실록·경종실록』경종 3년(1723) 7월 4일
필자 : 홍진임

봉황이 먹었던 죽실

조선 중기의 문신이며 조선 중기의 사대가(四大家)로 불리웠던 장유(張維: 1587-1638)의 『계곡선생집』(1643) 제 25권에 기암자에게 화답한 감흥 14수[感興十四首 和畸庵子] 중 죽실(竹實)에 대한 이야기가 나온다.

봉황새 한 마리 단산(丹山)을 출발하여
오색찬란하게 날개 빛 번득이며
하늘 가 떠돌다 구주를 바라보곤
단서(丹書)를 물고 내려와 춤추려 하였도다
그가 먹을 것은 대나무 열매
그가 깃들 곳은 오동나무 가지
그런데 인간 세상 참혹하기 그지없어
하늘이고 땅이고 온통 덫과 그물
자기 새끼 목숨도 보장할 수 없으니
슬프다 장차 어디로 가야 할꼬
가세 가세 저 멀리 곤륜산(崑崙山)으로
소요하고 즐기며 배고픔 잊으리라

威鳳出丹穴　五采光陸離
浮游覽九州　銜圖欲來儀
竹實可以食　梧桐可以栖
人寰正慘黷　罔羅連雲霓
鷇卵不自保　怊悵將安歸
去去崑山岑　消遙樂忘飢

여기서 봉황새 한 마리가 먹을 것은 대나무 열매(竹實)라고 하여, 죽실(竹實)을 봉황새가 먹을 수 있는 유일한 먹이로 표현하였다. 이는 죽실과 봉황새와의 전설과 관련이 있다. 서조(瑞鳥)인 봉황새는 성인(聖人)이 세상에 나와서 천하가 태평할 때에 나타난다고 하는데, 그 새는 남해(南海)에서 태어나 북해(北海)로 날고 오동나무가 아니면 앉지 않으며 죽실만 먹고 생초(生草)를 밟지 않는다는 내용이 그것이다. 봉황새는 중국 최초의 황제인 황제(黃帝) 때에 나타났다고 하는데, 황제가 남원(南園)에서 하늘에 제사를 지내는데, 이때 뜰에 있는 오동나무에 봉황이 죽실을 입에 물고서 내려앉았다고 한다. 이와 같이 봉황새는 앞으로 나타날 성인을 위해 나타나고, 이때 대나무는 꽃을 피우고 열매를 맺어 곧 나타날 봉황새를 맞이할 채비를 한다는 것이다.

『계곡선생집』제27권에도 눈 내리는 날 한 쌍의 학이 늪가를 배회하는 것을 보고[雪中見雙鶴徘徊澤畔] 쓴 오언율시(五言律詩)에 죽실(竹實)에 관한 이야기가 나온다.

저녁나절 참담한 교외의 들판
아스라이 한기(寒氣) 도는 바닷가 개펄
어디서 왔을꼬 한 쌍의 백학
바다 끝 이곳까지 홀연히 날아왔네
푸른 이끼 눈에 덮여 꽁꽁 얼어붙고
바람도 시들해서 날갯짓도 못할 테니
곤산이나 현포나 어디든 날아가서
낭간 쪼아 먹는 것이 훨씬 나으리라
慘淡郊原暮　蒼茫浦漵寒

何來雙白鶴　忽下海雲端
雪覆靑苔凍　風凋玉羽殘
崑山與玄圃　好去啄琅玕

여기서 곤산은 곤륜산(崑崙山), 현포는 선인(仙人)이 사는 곳을 말하고, '낭간(琅玕)'은 봉황이 쪼아 먹는다는 죽실(竹實) 또는 경실(瓊實)을 말하는데, 한 쌍의 백학이 봉황이 먹는다는 죽실(竹實)을 먹는 것이 낫겠다고 하여, 죽실(竹實)을 봉황이나 학과 같은 고고한 존재가 먹는 먹이로 표현하고 있다.

분류 : 식재료
참고문헌 : 장유 저, 이상현 역, 『계곡선생집』(한국고전번역원, 1996)
필자 : 홍진임

준뢰

준(罇)과 뢰(罍)는 국가제례에서 술과 물을 담는 용도로 사용된 제기이다. 술에는 오제삼주(五齊三酒)가 있는데 신령에게 진헌되는 오제(범제, 예제, 앙제, 체제, 침제)는 준에 담기고, 인간들이 마시는 삼주(사주, 석주, 청주)는 뢰에 담긴다. 그리고 오제삼주는 명수(明水), 현주(玄酒)와 함께 진설되는데 명수와 현주는 술과는 달리 진헌되지는 않지만 무색무미(無色無味)하여 5가지 맛의 근본으로 귀하게 여겨졌기 때문에 함께 진설되었다.

국내에서는 세종 대의 『세종실록오례(世宗實錄五禮)』에 준뢰의 용례와 각각의 준뢰에 담는 술과 물의 종류가 기록되어 있다. 조선에서는 봄·여름 제례에는 희준, 상준을 쓰고 가을 겨울 제례에서는 착준과 호준을 짝으로 썼다. 희준은 소 형태의 제기로 예제와 명수를 담았다. 『예서(禮書)』에 이르기를 소는 큰 희생이고 기름[膏]에 향내가 나므로 봄의 형상에 적합하다고 하였다. 상준은 코끼리 형태의 제기로 앙제와 명수를 담았다. 코끼리는 큰 짐승으로 남쪽 나라인 남월(南越)에서 생산되므로 여름에 적합하다고 하였다. 착준은 몸체 표면에 양기가 위로부터 차츰차츰 내려와 서서히 땅에 닿는 모습을 상징하는 문양을 새긴 항아리로 예제와 명수를 담았다. 호준은 음기가 사방을 둘러싸서 만물을 품고 간직하는 모습을 상징하는 문양을 새긴 항아리로 앙제와 명수를 담았다. 이처럼 4종의 준을 계절별로 사용하되 1종당 2개씩 사용하여 1개에 현주 또는 명수를 담고, 다른 1개에는 오제 중의 하나를 담았다. 한편 산뢰는 몸체에 산에 구름이 낀 형세와 뇌문을 새기거나 그려 넣은 항아리로 음복례에 쓰이는 청주(淸酒)와 현주(玄酒)를 담았다. 뇌문은 구름과 우레가 널리 혜택을 베풀어 인군(人君)이 은혜를 여러 신하에게 미치게 하는 것을 형상화한 것이다. 조선 후기에는 청주를 대신하여 예주를 쓰기도 하였다. 산뢰에 대해서는 산준이 후일 산뢰로 바뀌었다는 설과 산준과 산뢰는 별개의 술항아리라는 설이 있다.

오제삼주를 구분하는 기준은 술을 빚어서 익히는 시간의 장단 및 그에 따른 청탁(淸濁)의 정도에 따른 것이다. 오제 중 범제는 오제 가운데 가장 빨리 익어 찌꺼기가 둥둥 떠 있는 탁한 술, 예제는 오제 중 두 번째로 빨리 익어 즙과 찌꺼기가 섞여 있는 비교적 탁한 술, 앙제는 세 번째로 익은 엷은 푸른빛을 띤 비교적 맑은 술, 체제는 네 번째로 익은 붉은빛을 띤 상당히 맑은 술, 침제는 오제 중에서 가장 늦게 익어 찌꺼

산뢰, 높이 27cm, 조선 후기, 국립고궁박물관

기가 완전히 가라앉은 가장 맑은 술을 지칭한다고 설명하였다. 또한 삼주 중의 사주는 제례의 일을 담당한 사람들끼리 나눠 마시는 술, 석주는 오래된 술로서 겨울에 빚어 봄에 익은 맑은 술, 청주는 겨울에 빚어서 여름에 익은 가장 맑은 술이라고 설명하였다. 한편 명수와 현주는 맑은 물로, 명수는 달밤에 거울로 달을 비춰 맺힌 이슬을 모아 만든 물이고, 현주는 첫 새벽에 올린 정화수이다. 이 중 조선시대에는 주로 예제, 앙제, 명수, 현주, 청주가 쓰였다.

그렇다면 위의 제조법을 지켜 제사용 술과 물을 만들었을까? 반드시 그렇지 않다는 것을 조선시대 기록들에서 확인할 수 있다. 예를 들어 숙종 대 기록에는 이미 예제와 앙제는 명수로 대체하고 청주는 현주로 대체하여 왔는데 이제는 아예 빈 뇌(罍)만을 쓴다면서, 명수는 달밤에 거울로 달을 비춰 맺힌 이슬을 모아 만드는('月中'에서 '陰鑑'으로 취한) 방법이 아니더라도 정화수로 대용하여 올려야 한다는 내용이 있다.

분류 : 미술
색인어 : 제사, 제기, 술, 물
참고문헌 : 『고공기(考工記)』; 『석존의(釋尊儀)』; 『세종실록오례의 길례서례 준뢰도설(世宗實錄五禮儀 吉禮序例 圖說)』; 『숙종실록(肅宗實錄)』1771년(숙종 43) 6월 21일; 박봉주, 「조선시대 국가 제례와 준뢰의 사용」, 『조선시대사학보』58호
필자 : 구혜인

준치

우리 속담에 '뭉그러져도 준치요 썩어도 잉어' 또는 '썩어도 준치'라는 말이 있다. 썩었다 해도 준치의 좋은 맛이 달라지지 않는 것처럼 본래 훌륭한 것은 좀 상한다 해도 본질이 크게 변하지 않음을 나타낼 때 주로 쓴다.

이 속담의 '준치'는 문헌에서 발음 그대로 '俊魚(준어)' 또는 '鱒魚(준어)'라고도 썼으나, 『광재물보(廣才物譜)』에서는 '鰣魚(시어)', '當魱(당호)', '肋魚(늑어)', 『사류박해(事類博解)』에서는 '鱭魚(제어)', '鱍魚(늑어)', '肋魚(조어)', '眞魚(진어)' 등 다양한 명칭을 가진 청어과의 바닷물고기이다. 맛이 유달리 좋기로 유

명하지만, 기름기가 많고 상당히 비린 편이다. 그렇다 해도 준치로는 준칫국, 준치만두, 준치조림, 준치젓, 준치회, 준치조림, 준치매운탕, 준치양념구이 등 다양한 음식을 해 먹었다.

준치의 이름에 대해 서유구(徐有榘: 1764-1845)는 『난호어목지(蘭湖漁牧志)』「어명고(魚名攷)」에서, '준치', 즉 '鰣魚(시어)'는 오는 것에 정해진 때가 있으니, 매년 4-5월에 오기 때문에 때 '時(시)' 자가 들어간 것이며 우리나라에서 흔히 '眞魚(진어)'라 한다고 소개하였다(서유구 저, 이두순 평역, 2015: 153쪽). 이렇게 준치가 나오는 철에 맞춰, 조선시대에는 4월에 종묘에 죽순, 오징어와 함께 천신하던 것이 준치였다(『종묘의궤(宗廟儀軌)』제4책 「천신(天神)」). 또한 일제 강점기까지도 민간에서는 5월 단오가 되면 사당이 있는 집에서는 앵두와 함께 준치를 천신하였다(〈동아일보〉 1921년 6월 10일자).

이러한 준치는 조선시대의 대표적 미식가로 알려진 허균(許筠: 1569-1618)도 탐냈을 정도로 가장 맛있는 생선이다. 『성소부부고(惺所覆瓿藁)』제21권에는 그가 함산(현재의 전라북도 함열) 원님에게 1611년 3월에 쓴 편지가 보인다. 그는 함열에 작은 방어와 준치가 많이 난다고 해서 자신의 '입맛'을 위해 함열을 유배지로 원했는데, 올봄에는 전혀 나오지 않는다며 자신의 박복함을 한탄하였다.

준치 때문에 유배로 함열을 원할 만큼 맛이 있다고는 하나, 준치는 유난히 가시가 많다는 단점이 있었다. 이 때문에 아무리 뛰어난 것에도 단점이 있음을 말할 때, 꼭 준치를 예로 들곤 했다. 송나라의 팽연재(彭淵材: ?-?)의 오한(五恨)을 인용한 것으로, 송준길(宋浚吉: 1606-1672)의 『동춘당집(同春堂集)』에는 그가 1669년(현종 10) 1월 6일의 경연에서 오한에 비유하며 임금에게 인재를 등용하는 일에 대해 아뢴 바가 있다. 오한, 즉 다섯 가지 한스러운 것 가운데 첫 번째로 꼽은 것이 바로 준치[鰣魚]에 가시가 많은 것이고, 그 밖에 금귤(金橘)이 너무 신 것, 순채(蓴菜)의 성질이 너무 찬 것, 모란꽃[牧丹]에 향기가 없는 것, 증자고

(曾子固)가 시(詩)에 능하지 못한 것이 오한에 들어 있다. 그러면서 송준길은 어떤 사람에게든 단점이 있으니, 임금이 사람을 쓸 때도 한 사람에게 모든 것을 갖추기를 구하지 말아야 하며 사람은 윗사람이 장단점을 헤아려 쓰기에 달렸다고 말하였다. 아울러 해동청(海東靑: 보라매)은 천하에 가장 훌륭한 매이지만 새벽에 우는 일을 맡기면 늙은 닭보다 못하고, 한혈구(汗血駒: 천리마)는 역시 가장 좋은 말이지만 쥐 잡는 일을 시키면 늙은 고양이보다 못하다는 이지함(李之菡: 1517-1578)의 말을 덧붙였다.

이렇게 준치의 가시가 많아진 까닭에 대해 〈동아일보〉 1920년 8월 2일자에는 '망중한'이라는 필명을 쓰는 인물의 「고기의 내력」이라는 재미있는 동화가 실려 있다. 그 내용을 보면, 원래 준치는 뼈가 없었다고 한다. 그래서 용왕님을 찾아가, 다른 수중동물들은 다 뼈가 있는데 나만 없어서 업신여김을 당하고 있으니, 부디 저를 가엾이 여기시어 뼈를 붙여 달라고 읍소하였다는 것이다. 그의 요청을 들은 용왕은 바닷속의 백성들을 모아놓고 뼈 하나씩 빼서 준치에게 주라고 명하였다. 그러자 각자 한 개씩 뼈를 뽑아 준치의 머리부터 꽂았는데, 물고기의 수가 너무 많다 보니 전부 꽂기가 어려워 결국 남은 뼈는 꼬리 근처에 꽂았다고 한다. 그래서 준치는 꼬리 근처에 쓸데없는 뼈가 많다는 것이다.

분류 : 식재료
색인어 : 조선무쌍신식요리제법, 시의전서, 방어, 잉어
참고문헌 : 서유구 저, 이두순 평역, 강우규 도판, 『평역 난호어명고』(수산경제연구원BOOKS·블루&노트, 2015); 작자 미상, 『광재물보』; 이공, 『사류박해』; 『종묘의궤』; 〈동아일보〉; 허균 저, 박석무 역, 『성소부부고』(한국고전번역원, 1984); 송준길 저, 정태현 역, 『동춘당집』(한국고전번역원, 2006)
필자 : 김혜숙

준치 음식

17세기 조선의 시인이었던 옥담 이응희(李應禧: 1579-1651년)는 준치를 두고 아래와 같은 시를 지어 『옥담시집(玉潭詩集)』에 실었다. 그는 이 시를 통해 가시가 많은 준치로는 탕도 좋고 회도 좋으며, 맛이

좋기로는 손에 꼽는다고 평하였다.

해산물이 강가 시장에 가득해
준치가 밥반찬으로 올라 기쁘구나
많은 가시는 둥근 은실 모양이고
흰 비늘은 색이 차갑고 작아라
솥에 넣어 탕을 끓여도 좋고
회를 쳐서 쟁반에 올려도 좋지
만약 맛이 좋기로 말한다면
응당 팔진미의 반열에 들리라
海族塡江市　眞魚喜入粲
亂鯁銀絲細　圓鱗雪色寒
可下燒湯鼎　宜登設膾盤
若論佳味勝　應列八珍間

*이상하 역, 「준치[眞魚]」, 『옥담시집』(전주이씨안양군
파종사회, 2009)

이와 같이 팔진미(八珍味)에 들 정도로 맛이 좋다는 준치는 가시가 많아 먹기가 힘들었다. 이 때문에 아예 가시를 제거하여 준치를 조리하는 방법이 여러 문헌에 나온다. 먼저 홍만선(洪萬選: 1643-1715)의 『산림경제(山林經濟)』를 보면, 두 가지 방법이 나온다. 하나는 손질한 준치를 가로로 2치씩 잘라 도마 위에 거꾸로 세워 삼베나 모시수건으로 양끝을 잡고 힘껏 눌러서 가시가 수건 밖으로 저절로 빠져나오면 뽑아내는 방법이고, 또 다른 방법은 토막 낸 준치를 푹 삶은 다음 체에 담아 뭉개서 가시는 남기고 살만 밑으로 빠지게 하는 방법이다.

또한 1800년대 한글 필사본 조리서인 『시의전서(昰議全書)』'각색젓갈'에는 준치의 비늘을 긁은 다음에 잘 드는 칼로 머리털같이 잘게 찧어 구우면 가시가 없다고 하였다. 조선 고종(高宗: 재위 1863-1907) 때에 지어졌다는 『음식방문』에는 밥반찬과 술안주로 모두 좋다는 '준치찜'을 만들면서 가시를 제거하였는데, 먼저 신선한 준치를 쪄서 반쯤 익힌 후 가시를 빼내고, 만두소처럼 만들어 동그랗게 빚어 녹말을 묻힌 것을

고깃국에 넣고 각종 양념하여 찜을 만들었다.

이렇게 미리 가시를 빼서 조리하는 방법을 쓰기도 하지만, 그렇게 하지 않고 그냥 조리하는 경우도 많았다. 가시를 바르는 수고를 감당할 만큼 준치의 맛이 좋았기 때문에, 준치로는 준칫국, 준치만두, 준치젓, 준치회, 준치조림, 준치매운탕, 준치양념구이 등 다양한 음식을 해 먹었고, 섞박지를 담글 때에도 넣었다.

이용기(李用基: 1870-1933)의 『조선무쌍신식요리제법(朝鮮無雙新式料理製法)』(1936)에는 굽거나 쪄서 먹으면 자반 중에 최고라는 자반준치, 단오 무렵 먹는 고소한 맛의 준치회, 조기젓만은 못하지만 담갔다가 늦가을에 먹으면 단단하지 않고 맛이 좋다는 준치젓, 그 밖에 맑은 장국에 끓이는 준칫국, 자반준치찌개까지 준치 요리가 다섯 가지나 나온다. 특히 자반준치는 홍주(현재의 충청남도 홍성)의 매음재 준치가 가장 좋은데, 배를 열면 단내가 난다고 했다. 그러면서 여러 생선 중에 제일 맛이 좋은 것이 준치이지만 가시가 많아 먹기에 불편한데, 만약 준치에 가시가 없었다면 천한 사람들의 입에는 들어가기 어려웠을 것이라는 평을 달았다. 이렇게 보면 준치에 가시가 많은 게 한인지 다행인지 알 수 없는 일이다.

분류 : 음식
참고문헌 : 홍만선, 『산림경제』(한국전통지식포탈); 이용기, 『조선무쌍신식요리제법』(영창서관, 1936); 작자 미상, 『시의전서』; 작자 미상, 『음식방문』; 이응희 저, 이상하 역, 『옥담시집』(전주이씨안양군파종사회, 2009)
필자 : 김혜숙

쥐치

복어목 쥐칫과의 바닷물고기이다.

쥐치는 『난호어목지(蘭湖漁牧志)』에 서어(鼠魚)라 표기하고 한글로 쥐치라고 하였다. 쥐치는 지역에 따라 쥐치, 쥐고기, 객주리, 가치라고 불린다. 여러 종이 있지만 주로 잡히는 것은 쥐치와 말쥐치이다. 쥐치는 몸이 둥근 편이고, 말쥐치는 타원형으로 쥐치보다 대형 종이다. '쥐'라는 말이 붙은 것은 입 모양과 넓적하

고 끝이 뾰족한 이빨이 쥐를 닮아서 붙여진 이름이다. 쥐치와 말쥐치 모두 날카로운 등가시가 있다.

서유구는 『난호어목지』에서 "어부들이 잡으면 비린내가 나서 먹지 않고, 다만 그 껍질을 취하여 화살대를 문질러 갈아내는 데 사용한다."고 했다. 『우해이어보(牛海異魚譜)』에서는 "껍질과 내장, 머리와 꼬리는 버리고 살코기만 불에 구워 먹는다."고 했다. 이들 기록을 종합하면 쥐치는 맛있는 어류로 취급받지 못했다는 것이다. 현대에 와서도 쥐치는 어부들에게 환영받지 못하는 바닷물고기였다. 동해 어부들의 증언에 의하면 1970년대 이전에는 쥐치가 그물에 잡히면 밭에 거름으로 썼다고 한다.

쥐치가 일반인에게 널리 알려지게 된 것은 쥐치포 때문이다. 1970년대부터 쥐치는 삼천포를 비롯한 남해 항구 도시에서 쥐치포로 가공되었다. 처음에는 껍질과 내장과 머리를 제거하고 양쪽으로 포를 떠서 약간의 소금 간을 하여 말리던 것이었지만 가공 기법이 점점 진화되어 설탕을 비롯한 여러 조미료를 첨가해서 달짝지근한 맛으로 변화해 갔다. 또한 쥐치포 수요가 늘면서 작은 쥐치 여러 마리를 겹쳐 한 장의 쥐치포를 만드는 방식으로 가공 방법도 달라졌다. 과거와 같은 맛을 찾는 소비자를 위해서는 '옛날쥐포' 혹은 '알쥐포'라는 이름으로 소량 공급되고 있다. 하지만 가격은 일반 쥐치포에 비해 월등히 비싸다. 쥐치포 소비가 늘면서 국내 쥐치 자원이 점점 고갈되자 쥐치포 생산이나 가공은 국외, 특히 베트남으로 많이 옮겨갔다.

2000년대 이후 쥐치는 고급 어종으로 취급받는다. 회는 광어회와 비슷한 맛이지만 식감은 무르되 단맛이 돈다고 미식가들은 말한다. 작은 쥐치는 뼈회로 먹기도 한다. 제주도에서는 '객주리조림'이 별미음식으로 유명하다. 손질한 쥐치에 무 등을 넣고 매콤하게 조린 음식이다. 객주리는 쥐치의 제주 방언이다.

쥐치는 바다에 떠다니면서 많은 피해를 주는 해파리 독에 내성이 있어 해파리를 먹이로 하는 습성이 있다. 이러한 천적 관계가 알려지면서 2010년대 이후에는 쥐치 방류 사업도 진행되고 있다. 특히 여름철 해수욕장에서 사람에게 피해를 주는 해파리를 퇴치하기 위해 부산, 창원, 군산 등 지역에서 많은 치어를 방류하고 있다. 물론 이 치어 방류 사업은 해파리 퇴치와 함께 어족 자원 증대에도 기여한다.

쥐치는 자연산과 함께 양식 쥐치도 소비자에게 횟감용으로 공급되고 있다. 맛 차이는 크게 나지 않는다고 한다. 쥐치는 열량이 낮은 고단백 식품이며, 쥐치로 가공한 쥐치포는 간식이나 술안주용으로 많이 소비되기 때문에 국내산으로 수요를 감당하기 어려워 베트남 등 동남아에서 수입하여 국내에서 가공하는 실정이다. 쥐치의 지질을 구성하는 불포화 지방산에는 고혈압, 동맥경화 등을 예방할 수 있는 성분이 다량 함유되어 있다.

분류 : 식재료
색인어 : 쥐치
참고문헌 : 최현섭·박태성, 『최초의 물고기 이야기』(경성대학교출판부, 2017); 서유구, 이두순 역, 『평역난호어명고』(수산경제연구원북스, 2015); 정문기, 『한국어도보』(일지사, 1977)
필자 : 하응백

쥐치포

쥐치포는 '바다쥐포' 또는 '쥐포'라고도 하는데, 쥐치어를 말려서 만든 어포(魚脯)이다. 간식이나 술안주로 구워 먹기도 하지만, 찢어서 기름에 볶거나 조려서 마른반찬을 만들기도 한다.

〈동아일보〉 1979년 5월 23일자를 보면, 이해 5월 22일, 여자 무기수 열여덟 명이 대전교도소장으로부터 외출을 허락받아 하루 종일 바깥 구경을 한 기사가 실려 있다. 이날 여느 관광객처럼 놀이공원 등에서 하루를 즐긴 그들이 처음 보고 신기해했던 것이 바로 당시 시중에서 많이 팔리고 있던 쥐치포였다.

한국에서 쥐치포가 본격적으로 식용된 것이 1970년대 중반 이후의 일이니, 무기수인 이들이 쥐치포를 처음 본 것은 당연하다. 아마도 그들이 사회에서 생활했던 시기에는 쥐치포가 시중에서 판매되지 않았을 것이다. 그들이 특별히 외출했던 1979년에서 불과 5년 전인 1974년만 해도 한국부인회에서 발표한 불량식품 가운데 "바다쥐 등 식용으로 쓰지 않는 어류로 만든 어포"라 하여 쥐치포가 포함되어 있었다(〈경향신문〉 1974년 8월 28일자). 이 시기만 해도 바다쥐, 즉 쥐치는 사람이 식용하지 않는 어류로 인식되었던 것이다.

조선시대에도 쥐치는 식용하지 않았는데, 서유구(徐有榘: 1764-1845)의 『난호어목지(蘭湖漁牧志)』 「어명고(魚名攷)」를 보면 '鼠魚(서어)'라고 하는 쥐치는 서해와 남해에서 나는데 어부들이 잡으면 살이 비린내가 나서 먹지 않고, 다만 그 껍질을 취해서 화살대를 문질러 갈아내는 데 사용한다고 하였다. 서유구가 설명한 바와 같이, 나무를 가는 데 쥐치를 쓴 것은 쥐치의 표피가 거칠거칠하여 사포와 같이 이용할 수 있기 때문이었다(서유구 저, 이두순 평역, 2015: 252-253쪽).

사실 어지간히 맛이 없는 생선이 아니고서야, 바닷가의 어민들은 육지에서 먹지 않는 생선도 갓 잡아 신선한 맛에 먹고는 했다. 그런데 쥐치는 그런 생선에도 끼지 못했던 것이다. 맛이야 그렇다 치더라도, 쥐치의 이름 또한 '쥐[鼠]'가 들어가서 먹는 생선으로는 적합하지 않은 느낌을 주었다. 그리하여 1978년 당시 최규하 국무총리가 당시 쥐치를 잡아 연간 수천 만 원의 수입을 올리는 전라남도 고흥 출신의 새마을 지도자를 초청해 그들의 노고를 치하하는 자리에서 쥐치의 이름이 미학적으로 문제가 있다면서, 다른 좋은 이름이 없는지 어류학자에게 물어보라고 했다고 한다(〈동아일보〉 1978년 11월 3일자).

1960년대까지만 해도 쥐치는 껍질이 두껍고 생김새가 흉해서 어민들이 잡았다가도 도로 버릴 만큼 인기가 없던 생선이었고, 1970년대 초반까지만 해도 사료와 비료로 주로 사용되었다. 하지만 천덕꾸러기였던 쥐치는 1970년대 중반부터 일본 수출도 활발해지고, 오징어 값이 폭등하면서 국내에서도 오징어의 대용품으로 각광받게 되었다. 때로는 술집에서 대구포로 속여 파는 일까지 발생하였다. 쥐치를 잡아 배를 갈라 펼친 후 소금, 설탕, 인공감미료 등을 섞어 버무린 후 말리는 가공과정을 거쳐서 탄생한 쥐치는 새로운 맛으로 한국인들에게 다가갔고, 술안주나 군것질거리로 선풍적인 인기를 누리기 시작했다. 이 과정에서 국내 쥐치포의 최대공급처로 급부상하여 수년간 크게 호황을 누린 곳이 바로 경상남도 삼천포였다(〈동아일보〉 1976년 11월 10일, 1979년 5월 21일자; 〈매일경제〉 1980년 10월 3일자).

워낙 인기가 없는 어종이다 보니 쥐치가 우리나라 어종별 수산통계에 오른 것은 1975년 이후이다. 그 이전에도 쥐치가 전혀 잡히지 않은 것은 아니지만 수요가 없어서, 어부들은 쥐치를 잡으면 재수가 없다며 외면하여 통계에 끼지 못했던 것이다. 그러나 가공을 한 쥐치포가 술안주로 크게 인기를 끌면서 국내 수요가 늘고, 아울러 일본에 수출도 하게 되면서 어민들이 쥐치고기 잡기에 너도나도 뛰어들었다. 그 결과, 1978년 한국의 연근해에서 잡힌 57종의 바닷고기 중 어획량이 가장 많은 고기는 19만 8천 1백 86톤이 잡힌 쥐치가 되었다. 쥐치의 인기가 상승하면서 어획량도 폭발적으로 증가하여, 1975년 이후 줄곧 어획량 1위 자리를 차지하던 멸치를 제치고 쥐치가 1위가 된 것이다. 이와 같이 쥐치가 최다어획 어종이 된 것은 한국의 수산통계가 정리되기 시작한 1930년 이후 처음 있는 일이라고 한다. 쥐치의 인기는 1980년대 전반기까지도 계속되어, 1978년에 이어 1979년부터 1986년까지도 어획량 순위에서 줄곧 1위 자리를 다른 어종에게 내주지 않았다(〈경향신문〉 1979년 2월 6일, 1980년 3월 27일, 1982년 2월 20일자; 〈매일경제〉 1986년 4월 16일자).

이렇게 쥐치가 인기를 끌던 1980년대 전반, 쥐치와 관련된 재미있는 사건이 일어났다. 1984년 미국 LA 올림픽에 참가 중인 한국의 여자 조정 선수들이 뱀을 구워 먹었다는 기사가 〈LA타임즈〉에 실려 화제가 된 적이 있다. 당시 산타바바라 선수촌 숙소에서 여자 조정 대표선수들이 간식으로 쥐포를 구워 먹고 있었는데, 옆방 선수들이 선수촌에 신고를 한 것이다. 이때 마침 이 일로 한국의 조정 선수들에게 달려온 사람은

LA 타임즈의 정보원을 하고 있던 자원봉사자였다. 무엇을 먹고 있는지 묻는 그에게 한국 선수들은 '스낵(snack)'이라고 대답했다. '스네이크(snake)'라고 알아들은 자원봉사자는 정말 스네이크인지 거듭 확인하였지만, 선수들의 대답은 한결같이 '예스'였다. 결국 다음날 〈LA타임즈〉에는 한국의 조정 여자대표 선수들이 뱀 고기를 구워 먹었다는 기사가 실렸고, 이 때문에 한 차례 오보 소동을 겪었다(〈동아일보〉 1984년 7월 24일자; 〈매일경제〉 1995년 4월 6일자). 아마 그 자원봉사자는 한국의 여자 선수들이 좋은 성적을 낼 목적으로 몸을 보양하고자 뱀고기도 마다 않고 먹는 것이라 추측했을지도 모른다.

이렇게 미국 로스앤젤리스까지 간식으로 싸 갈 정도로 인기가 높았던 쥐치는 1980년대 중반에 인기가 절정을 이루다가, 이후 점차 쥐치가 잡히지 않으면서 자연스레 소비도 감소하게 되었다.

분류 : 음식
색인어 : 오징어, 대구, 멸치, 오징어
참고문헌 : 서유구 저, 이두순 평역, 강우규 도판, 『평역 난호어명고』(수산경제연구원BOOKS·블루&노트, 2015); 「不良商品엔 5개 類型있다」, 〈경향신문〉 1974년 8월 28일; 〈동아일보〉 1976년 11월 10일; 「쥐치고기 좋은 이름 없는지 學界에 물어보라」, 〈동아일보〉 1978년 11월 3일; 「바다고기 漁獲 랭킹 異變 챔피언에 쥐치」, 〈경향신문〉 1979년 2월 6일; 「落後 탈피에 안간힘 「미니市」 三千浦市民」, 〈동아일보〉 1979년 5월 21일; 「여자無期囚들 바깥나들이 平服입고 自由롭게 觀光즐겨」, 〈동아일보〉 1979년 5월 23일; 「쥐치, 또 漁獲 챔피언」, 〈경향신문〉 1980년 3월 27일; 「改善되어야할 食生活 크고 작은 問題點을 찾아본다(8) 有害食品」, 〈매일경제〉 1980년 10월 3일; 「멸치挑戰받는 4年 챔피언쥐치」, 〈경향신문〉 1982년 2월 20일; 「쥐포를 「뱀고기」 誤報…LA타임즈 訂正약속」, 〈동아일보〉 1984년 7월 24일; 「쥐치·멸치·갈치順」, 〈매일경제〉 1986년 4월 16일; 「몸에만 좋다면」, 〈매일경제〉 1995년 4월 6일
필자 : 김혜숙

지짐이·찌개·조치

1924년 『조선무쌍신식요리제법(朝鮮無雙新式料理製法)』에서는 "대체로 국보다 지짐이가 맛이 좋고 지짐이보다 찌개가 맛이 좋은 것은 적게 만들고 양념을 잘하는 까닭이다. 적은 냄비나 뚝배기에 무슨 찌개든지 만들어 먼저 밥에 떠내어 모닥불에 다시 끓여 바특하게 끓인 후에 그릇째 접시에 받쳐 소반에 놓고 먹나니. 만일에 큰 냄비나 큰 뚝배기에 끓여서 보시기에 여러 군데 떠내어 먹는 것은 찌개라 할 수 없고 지짐이라 할 것이니라."고 했다.

따라서 국물이 가장 적은 음식이 찌개이고, 찌개보다 국물이 조금 더 많은 음식이 '지짐이'라는 뜻이다. 이 말에 근거하면 오늘날의 찌개는 '지짐이'라고 불려야 한다. 그러나 1960년대 싼값의 미국산 밀을 제분한 밀가루가 풍부하게 공급되면서 식용유에 지진 '전'을 '지짐이'라고 부르기 시작하면서 찌개로 통합되어 갔다.

조치는 바특하게 만든 찌개나 찜을 부르는 다른 이름이다. 『시의전서(是議全書)』에는 생선조치 조리법이 나온다. "생선 토막 내어 자르고 소고기 다져 넣고 파 썰어 표고·석이·느타리 썰어 넣고 초장에 맞추어 기름 치고 끓여 쓰라."고 적혀 있다. 그러면서 간장을 넣고 간을 맞춘 것을 맑은 조치라고 한다면서 젓국찌개도 맑은 조치의 한 종류라고 하였다. 고추장과 된장으로 간을 하고 속뜨물을 넣어 만든 것을 장조치라고 한다고도 했다. 조치는 뚜껑이 있는 보시기에 담지 않고 뚜껑이 없는 '조치보'에 담는다.

분류 : 음식
색인어 : 식기, 조선무쌍신식요리제법
참고문헌 : 『시의전서(是議全書)』; 『조선무쌍신식요리제법(朝鮮無雙新式料理製法)』
필자 : 주영하

장찌개(「소찬」)

오늘 나의 밥상에는
냉잇국 한 그릇.
풋나물 무침에
신태(新苔).
미나리 김치.
투박한 보시기에 끓는 장찌개.

실보다 가는 목숨이 타고난 복록(福祿)을.
가난한 자의 성찬(盛饌)을.
묵도(默禱)를 드리고

젓가락을 잡으니
혀에 그득한
자연의 쓰고도 향깃한 것이여.
경건한 봄의 말씀의 맛이여.

박목월(朴木月: 1915-
1978)의 시집 『난·기
타』(1959)에 수록된
작품 「소찬」이다. 박
목월은 초기에 향토
적 서정성을 바탕으
로 민요조를 개성 있
게 수용하여 재창조
한 시인으로 평가받
았다. 그러나 중기 이
후 서민들의 생활 현

**2006년 초판 『청록집』을 영인하여 재
간한 시집 표지**

장과 다채로운 삶의 국면에 관심을 가지면서 시세계
의 변화를 보였고, 말년에는 존재의 문제를 탐구하는
지적인 성찰의 자세를 보였다. 1939년 『문장』지에 「길
처럼」, 「그것은 연륜이다」, 「산그늘」 등이 추천되어
시단에 등단했다. 한양대 국문학과 교수로 있던 1978
년 3월 고혈압으로 타계했다. 시집으로 『청록집』(3인
시집), 『산도화』, 『난·기타』, 『청담(晴曇)』, 『경상도의
가랑잎』, 『무순(無順)』 등이 있으며, 수필집으로 『보
라빛 소묘』, 『밤에 쓴 인생론』 등이 있다.

이 시는 밥상에 오른 봄나물을 소재로 하여 보잘것없
는 소박한 반찬에서 만족을 얻고 기쁨을 느끼는 삶의
태도를 노래한 작품이다. 봄에 쉽게 구할 수 있는 냉
이로 국을 끓이고 미나리로 김치를 담그고, 새로 나온
김과 풋나물 무침에 장찌개가 식탁에 올랐다. 장찌개
란 간장이나 된장만으로 맛을 낸 찌개다. 이러한 간소
한 상차림에서 오히려 봄의 향기를 맡고 감사의 기도
를 올리며 신의 섭리를 찾으려는 시인의 경건한 자세
가 돋보인다. 가을에는 무나 배추로 김치를 담그지만
봄에는 미나리나 돌나물로 김치를 담갔다.

분류 : 문학

색인어 : 소찬, 박목월, 밥상, 냉잇국, 풋나물 무침, 신태(新苔), 미나리
김치, 장찌개
참고문헌 : 박목월, 『난·기타』(신구문화사, 1959)
필자 : 이숭원

절미된장조치(『이조궁정요리통고』)

절미된장조치는 궁중요리 중 하나로 된장찌개와 비
슷한 음식이다. 1957년 출간된 조리서 『이조궁정요리
통고(李朝宮廷料理通攷)』의 설명에 따르면 조치는
재료를 뚝배기에 담아 된장, 고추장, 새우젓 등으로
양념하고 중탕한 뒤 다시 화로에 잠깐 끓여낸 음식으
로 찌개를 이르는 궁중용어이다.

절미된장이란 절메주로 담근 된장을 여러 해 묵혀서
밑바닥에 눌어붙은 진한 된장을 뜻한다. 『이조궁정요
리통고』의 절미된장조치에 들어가는 주요재료는 이
절미된장과 함께 소고기, 표고버섯으로 비교적 단출한
편이다. 소고기 양념은 생강, 파, 마늘로 한다. 특이한
점은 표고버섯과 양념한 소고기를 뚝배기에 담은 뒤
체에 거른 절미된장과 함께 참기름, 꿀이 들어간다는
점이다. 여기에 파를 썰어 넣고 "밥솥에 두서너 번 쪄
서 반상에 놓는다."고 하였으며 "찐 것을 다시 한 번 화
로에 놓고 잠깐 끓여서 놓으면 더욱 좋다."고 하였다.
『이조궁정요리통고』에 소개된 또 다른 조치류로는
깍두기나 배추김치로 만드는 김치조치, 새우젓으로
양념한 무조치, 간장으로 양념한 깻잎조치가 있는데
조치류는 모두 밥솥에 찐 다음 화로에 놓고 다시 끓여
내는 방식의 조리법을 사용하고 있다.

분류 : 음식
색인어 : 절미된장조치, 된장찌개, 이조궁정요리통고, 한희순, 황혜성,
궁중요리, 조치, 된장
참고문헌 : 한희순·황혜성·이혜경 공저, 『이조궁정요리통고』(학총사,
1957)
필자 : 서모란

진상단자

진상(進上)이란 혼례, 생신 등과 같은 국가의 경사나
천신(薦新) 또는 제사의 제물로 왕이나 대왕대비, 대

비 등 윗사람에게 물건을 바치는 일이다. 육조(六曹), 의정부(議政府), 관찰사(觀察使), 통제사(統制使), 수군절도사(水軍節道使) 등 중앙 또는 지방의 책임자가 토산물을 왕이나 왕족에게 보내기도 한다. 물품과 함께 물품의 목

「경상도 관찰사겸도순찰사 친군남영외사 조 진상단자」, 29×44cm, 1894년, 서울대학교 규장각한국학연구원

록을 적어 보내는 것이 진상단자(進上單子)이다. 보내고 받는 대상, 진상 물품 목록과 수량이 적혀 있어 진상의 대상, 목적, 그리고 선물용 음식과 식재료를 파악할 수 있다.

1894년(고종 31) 10월 경상도 관찰사 조병호(趙秉鎬: 1847-1910)는 경모궁(景慕宮)의 천신(薦新)의 명목으로 생청어(生靑魚) 8미(尾)와 추가로 1미(尾)를 더 진상한다는 내용을 진상단자에 적어 물건과 함께 보냈다. 경모궁(景慕宮)은 장조(莊祖: 1735-1762)와 비 헌경왕후(獻敬王后: 1735-1815)의 사당이며, 천신(薦新)은 첫 생산된 곡식이나 과일로 지내는 제사이다.

1877년(고종 14) 11월 경상좌도 수군절도사(慶尙左道水軍節道使) 박정화(朴鼎和: 1823-?)가 대비전(大妃殿)에 청어(靑魚) 32두름[冬音]을 진상했다. 『고종실록』에 의하면, 박정화는 1877년 6월 13일 경상좌도 수군도사(慶尙左道水軍節度使)가 되었다. 대비전은 신정왕후 조씨(神貞王后 趙氏: 1808-1890)이며, 1877년에 칠순을 맞아 12월에 연회를 베풀었다. 대비의 칠순을 축하하기 위해 청어 선물을 보낸 것으로 짐작된다.

의정부(議政府)와 육조(六曹)에서 익종(翼宗)과 신정왕후(神貞王后)의 존호(尊號)를 추상(追上)한 것과, 대전(大殿)과 왕대비전(王大妃殿)의 존호(尊號)를 가상(加上)한 것을 경하(慶賀)하기 위해 많은 물품을 진

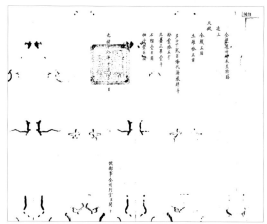

「전라도 가도사 전주판관 민 진상 단자」, 서울대학교 규장각한국학연구원

상하였다. 진상한 물품은 생리(生梨: 배) 1반(盤) 50개(箇), 생률(生栗: 밤) 2반(盤) 대신 임금(林檎: 사과종류) 2반(盤)(매 1반(盤) 3두(斗)), 호도(胡桃) 2반(盤)(매 1반(盤) 3두(斗)), 백자(柏子: 잣) 2반(盤)(매 1반(盤) 2두(斗)), 홍시자(紅柿子: 홍시) 2반(盤) 대신 백자(柏子) 2반(盤)(매 1반(盤) 2두(斗)), 생치(生稚: 꿩) 30수(首) 대신 활계(活鷄: 닭) 30수(首), 생선(生鮮) 30미(尾) 대신 활계(活鷄) 30수(首)였다.

1892년(고종 29) 10월 13일에 전주판관(全州判官) 민영승(閔泳昇: 1850-?)이 8전(殿)에 진상한 물품은 전복(全鰒) 5첩(貼), 생치(生雉: 꿩) 15수(首), 해삼(海蔘) 4두(斗), 분(粉) 15근(斤), 생강정과(生薑正果) 1두(斗), 석류(石榴) 100개(箇), 유자(柚子) 100개(箇)이다. 진상 명목은 적혀 있지 않다.

1885년(乙酉: 고종 13) 10월 17일 이응준(李應俊)은 '극상품 작안차(極上品 雀眼茶) 20갑(匣)'을 진상하였다. 이 중 2갑은 대청(大廳)에 바쳤으며, 2갑은 내입(內入)하였다. 이응준이 어떤 이유로 진상을 했는지는 알 수 없지만, 재주관에 임명되어 북경을 오가며 활발히 역관의 임무를 수행하던 때로서, 업무와 관련한 진상이었을 것으로 추정된다.

분류 : 문헌
색인어 : 진상단자, 진상품
참고문헌 : 『경상도 관찰사겸도순찰사 친군남영외사 조 진상 단자(慶尙道 觀察使兼都巡察使 親軍南營外使 趙 進上 單子)』; 『경상좌도 수군절도사 박 진상 단자(慶尙左道 水軍節度使 朴 進上 單子)』; 『전라

도 가도사 전주판관 민 진상 단자(全羅道 假都事 全州判官 閔 進上 單子)』;『의정부 육조 진상 단자(議政府 六曹 進上 單子)』;『을유 시월 십칠일 이응준 진상 단자(乙酉 十月 十七日 李應俊 進上 單子)』
필자 : 이소영

진연·진찬

왕이나 왕실어른의 생신, 세자의 탄생과 책봉, 혼례 등은 궁중의 경사스러운 날로 잔치가 성대히 벌어졌다. 왕과 왕비 또는 왕대비의 생신이나 사순(四旬)·망오(望五: 41세)·오순(五旬)·육순(六旬) 등 중요한 생신을 맞이하여 효(孝)를 실천하고 왕실의 위엄을 세우기 위해 잔치가 열렸다. 이런 잔치를 진풍정(進豊呈), 진연(進宴), 진찬(進饌), 진작(進爵), 수작(受爵) 등으로 불렀다. 진풍정(進豊呈)은 왕이나 왕실 어른에게 풍정(豊呈)을 올리는 것으로 풍정이란 음식과 술을 풍성하게 올리는 것을 말한다. 잔치 명칭으로 풍정, 찬(饌), 작(爵) 등 음식이나 술의 의미가 담긴 글자를 쓸 만큼 궁중의 잔치에는 술과 음식이 마련하여 잘 차려냈다.

의식이나 규모에 따라 잔치의 명칭을 달리 불렀다. 진연은 진찬, 진작, 수작보다 규모가 크며 격식을 갖춘 잔치를 가리킨다. 이에 비해 진찬, 수작 등은 절차와 의식이 간단한 잔치이다.

이러한 잔치는 한 번으로 끝나지 않았다. 예를 들어 진찬의 경우 내진찬(內進饌)과 외진찬(外進饌)으로 구분되었다. 내진찬에는 임금과 그 일가친척이 주로 참석하였으며, 외진찬은 대신들이 참석하여 열렸다. 내진찬은 왕과 왕세자가 각각 주빈이 되어 이들에 걸쳐 연회를 베풀었다. 왕이 주빈으로 하는 내진찬은 아침 일찍 열리는 정일진찬(正日進饌)과 밤에 열리는 야진찬(夜進饌: 야연)으로 나뉘었다. 결국 진찬은 한 번이 아닌 적어도 며칠간 3-5차례 걸쳐 연회를 베풀게 된다. 이렇게 궁중 연회가 베풀어지면 문안 제신, 왕족의 친인척이 참석하고 이 잔치를 준비하는 관리, 내관, 숙수, 궁녀, 군관, 여령, 악공 등 많은 사람들이 동원된다.

「무신년진찬도」(부분, 통명전진찬도), 조선 1848년, 견본채색, 141.5×49.5cm, 국립중앙박물관-1848년(헌종14) 순원왕후 육순 진찬례 모습

「무신년진찬도」(통명전진찬도), 부분 확대

잔치가 결정되면 수개월 전부터 임시관청인 도감(都監)을 설치하여 절차를 의논하고 물자를 구입하고 잔칫날의 의식순서, 무용, 노래, 음식 등을 준비하였다. 날짜가 다가오면 연습도 하며 특히 음식은 연회의 일자에 맞추어 상차림의 크기, 그릇수, 음식내용을 정하고, 찬안(饌案) 또는 찬품단자(饌品單子)를 만들어 그것대로 마련하였다.

참석자들이 모두 모여 연회가 시작되면 주빈인 왕족에게 치사(致詞: 축사)와 꽃을 올리는 진화(進花), 술잔을 올리는 진작(進爵) 등 중요한 의례절차가 있다. 그때마다 악공(樂工)이 음악을 연주하고, 여령(女伶)과 무동(舞童)이 정재(呈才: 무용과 노래)를 시연한다. 특히 진작은 주빈인 왕 또는 대비에게 그 이하의 왕세자, 문무백관, 종친, 의빈 등 지위나 직급에 따라 순서를 정하여 술을 올리는 의식이다. 연회마다 조금씩 차이는 있지만 3작, 5작, 7작, 9작이라 하여 3-9번의 술잔과 미수(味數)라는 음식상을 함께 올리며, 그 의식과 함께 정재가 펼쳐진다.

궁중의 연회상차림에는 종류도 다양하다. 음식을 높게 고여 그 위에 종이로 만든 꽃(상화)를 꽂은 고임상인 찬안(饌案)을 비롯하여 민가의 입맷상에 해당하는 별찬안(別饌案) 또는 소별미 (小別味), 술과 함께 오르는 미수상, 대선(大膳)과 소선(小膳), 만두(진만두, 進饅頭), 탕(진탕, 進湯), 차(진다, 進茶), 야연에 차린 전철안(煎鐵案: 전골상), 찬합에 담은 진어과합(進御果榼) 등이다.

이 같은 내용은 진찬의궤(進饌儀軌), 진연의궤(進宴儀軌), 등록(謄錄), 음식발기(飮食件記) 등에 잘 나타난다. 음식을 받는 대상, 상차림명, 사용한 기물, 음식명, 고임의 높이, 재료와 분량 등이 자세히 적혀 있다. 조선시대 궁중 연회식 의궤 20종과 등록은 7종이 전해진다. 두루마리 형태의 문서인 음식발기류는 500여점에 이른다.

분류 : 의례
색인어 : 진만두, 대선.소선, 진다, 진어과합
참고문헌 : 박정혜, 『조선시대 궁중 기록화 연구』(일지사, 2000); 한국학중앙연구원, 『조선 후기 궁중연향문화 1』(민속원, 2003); 한복진, 『조선시대 궁중의 식생활문화』(서울대학교출판부, 2005); 황혜성 외, 『한국음식대관 6권-궁중의 식생활』(한국문화재단, 1997); 주영하, 「조선왕조 궁중음식 관련 고문헌 자료 소개」(장서각30, 한국학중앙연구원, 2013)
필자 : 이소영

진어과합(1868년)

1868년(고종 5) 대왕대비인 신정왕후(神貞王后: 1808-1890)의 회갑을 축하하기 위한 진찬을 베풀었다. 대왕대비에게 올린 음식 중에는 상차림이 아닌 찬합에 담아 제공한 음식이 있다. 이것을 진어과합(眞御果榼)이라고 한다. 대왕대비 외에도 왕, 왕비에게도 올렸으며, 다른 진연이나 진찬에서도 등장한다.

신정왕후가 받은 진어과합은 4층으로 된 왜찬합(倭饌榼)에 다식과·만두과(茶食果·饅頭果), 각색다식(各色茶食), 각색당(各色糖), 각색절육(各色截肉)을 한 층씩 담은 것이다.

왜찬합은 일본에서 들어온 찬합이다. 합을 3-4층으로 차곡차곡 올려놓고 이것을 다시 나무로 된 궤에 넣어 운반이나 휴대할 수 있는 형태이다.

다식과와 만두과의 재료는 밀가루, 참기름, 꿀, 황률(말린 밤), 대추, 후춧가루, 계핏가루이다. 1924년 발간된 요리책인 『조선무쌍신식요리제법(朝鮮無雙新式料理製法)』에서 약과와 같은 방법으로 하는데, 다식판에 박아 만들면 다식과이며, 대추를 꿀 넣고 졸여 만든 조란을 소로 하여 계핏가루를 섞어서 송편 빚듯이 하여 만들면 만두과라고 하였다.

각색다식은 녹말, 황율, 송화, 흑임자가루, 오미자, 연지, 백청이 재료로 들어갔다. 오미자녹말다식, 황율다식, 송화다식, 흑임자다식으로 4가지 종류의 다식으로 담긴 것으로 여겨진다.

각색당은 이포(梨脯: 배 말린 포), 밀조(蜜棗: 꿀대추), 옥춘당(玉春糖), 빙당(氷糖), 오화당(五花糖), 4색의 팔보탕(八寶糖)이며, 각색절육에는 광어와 문어, 전복, 황포 등 여러 가지 포가 담겼다.

분류 : 의례
색인어 : 진어과합, 왜찬합, 다식과, 만두과, 다식, 각색당, 절육
참고문헌 : 『[무진]진찬의궤([戊辰]進饌儀軌)』; 『조선무쌍신식요리제법(朝鮮無雙新式料理製法)』
필자 : 이소영

진연도

「진연도(進宴圖)」는 왕실의 진연 풍경을 그리거나 목판으로 인쇄한 그림이다. 조선 왕실에서는 진연·진찬이 열리면 이를 기록하기 위해 의궤나 병풍을 제작하였다.

『임인진연의궤(壬寅進宴儀軌)』는 고종이 1902년 5

월 4일 기로소(耆老所)에 들어간 것을 기념하기 위해 임인년에 거행한 진연을 기록한 의궤이다. 1902년은 고종 황제가 51세가 되어 기로소(耆老所)에 들어간 해이다. 숙종과 영조가 기로소에 입소한 뒤 연향을 베푼 예에 따라 4월 23일 외진연, 4월 24일 내진연, 4월 24일 야진연, 4월 25일 익일회작, 4월 25일 익일야연을 거행하였다.

그중 「함녕전 내진연도(咸寧殿內進宴圖)」는 1902년(고종 39) 4월 24일 함녕전에서 거행된 예연(禮宴)인 내진연 연향(宴饗)을 그린 부분이다. 외진연이 군신 관계의 남자들만의 공적인 연향이라면, 내진연은 왕실 집안의 사적인 연향을 가리킨다. 「함녕전 외진연도」의 내용은 크게 황제를 둘러싼 부분, 황태자 부분, 참연 제신 부분, 시위 제신 부분, 정재 부분으로 나뉜다. 북·동·서·남의 순서로 상석(上席)을 정하여 북쪽에는 남향하여 용교의(龍交椅)와 답장(踏掌)을 어탑(御榻) 위에 설치하였다. 이들 뒤에는 웅장한 일월오봉병풍이 둘러쳐졌고, 어탑 아래에 황칠고족진작탁(黃漆高足進爵卓)이 있다. 진작탁 앞에는 황색의 명주보를 덮은 12좌로 구성된 황칠고족어찬안(黃漆高足御饌案)이 있다. 그 앞에는 9잔의 술을 올리는 진작위(進爵位)가 있는데 진작위를 중심으로 머리에 꽃을 꽂은 6명의 제신이 서로 마주하여 부복하고 있다. 다정(茶亭)과 수주정(壽酒亭)이 나란히 전(殿)의 서쪽문 옆에 왕과 마주하여 놓여 있고, 수주정에는 받침을 갖춘 술잔과 술병이 올려 있으며, 다정에는 찻잔과 주전자가 놓여 있다. 「함녕전 내진연도」는 바로 외진연을 치른 이튿날에 거행된 내진연을 기념하기 위해 예전(禮典)에 규정된 '의주(儀註)'를 시각화하여 제작한 그림이다. 내진연에서 연향상을 받은 사람은 고종 황제·황태자·황태자비·영친왕·연원군부인·내입(內入) 2명·별찬안 2명·별상상 2명·상상 300명·상반기 325명·내외빈상상 53명·진연청당랑상상 11명·전선사당랑상상 5명을 합하여 705명, 이 밖에 반사(頒賜)상이 468명으로 총 1,173명이다. 북·동·서·남의 순서로 상석(上席)을 정하여 북쪽에는 남향하여 황색의 용교의

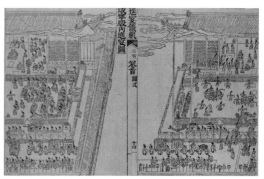

「함녕전 내진연도」, 『[임인]진연의궤』, 1902년, 서울대학교 규장각한국학연구원

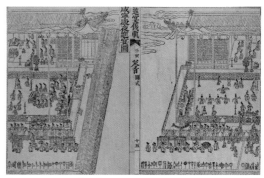

「함녕전 야진연도」, 『[임인]진연의궤』, 1902년, 서울대학교 규장각한국학연구원

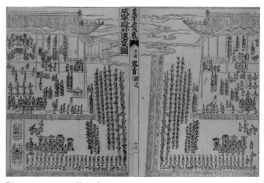

「함녕전 외진연도」, 『[임인]진연의궤』, 1902년, 서울대학교 규장각한국학연구원

(龍交椅)와 답장(踏掌)이 어탑(御榻) 위에 설치되어 있다. 이들 뒤에는 웅장한 일월오봉병풍이 둘러쳐 있으며, 어탑 주변에는 머리에 꽃을 꽂은 여관들이 시위하고 있다.

의궤의 진연도에는 화면 속에서는 색이 칠해지지 않았지만 각 기명들의 물목에서는 색이 병기되어 있어 황제와 관련된 어탑·답장·교의·진작탁·찬안·수주정·다정·향안 등은 모두 황색으로 채색하였다는 것을 알

수 있다. 이는 고종이 대한제국 선포를 통해 황제가 되었기 때문에 왕의 색인 붉은색 대신에 황제의 색인 황색으로 기물의 색을 바꾼 까닭이다. 이는 국립국악원 소장 『임인진연도병(壬寅進宴圖屛)』에서 확인할 수 있다.

분류 : 미술
색인어 : 진연, 잔치, 대한제국, 고종, 기로소, 임인진연의궤, 황색
참고문헌 : 한국학중앙연구원, 『조선 후기 궁중연향문화 권3』(민속원, 1995); 한식문화재단, 한식아카이브 DB
필자 : 구혜인

진연의궤(1744년)

『[갑자]진연의궤』, 1744년, 서울대학교 규장각한국학연구원

1744년(영조 20) 10월 영조(英祖: 1694-1776)가 51세가 된 해로서 기로소(耆老所)에 들어가게 된 것과 숙종비(肅宗妃)이자 대왕대비인 인원왕후 김씨(仁元王后 金氏: 1687-1757)의 58번째 생일을 축하하기 위해 연회인 진연(進宴)을 베풀었다.

왕실의 연회는 생신, 즉위 기념, 왕의 기로소 입소 등 잔치를 베풀며. '진연(進宴)', '진찬(進饌)', '진작(進爵)' 등으로 지칭된다. '진연(進宴)'이 가장 큰 규모의 연향이며, 행사를 잘 치룰 수 있도록 별도의 준비기관인 도감을 설치하였다. '진작(進爵)'은 '수작(受爵)'이라 표현하기도 한다. 진작은 규모가 작은 연회이기에 준비를 담당하는 관청을 따로 설치하지 않는 경우도 있다. 같은 '진연'이나 '진찬'이더라도 그 규모가 항상 꼭 같은 것은 아니며, 상황에 따라 조금씩 다르다.

10월 4일에는 경덕궁(敬德宮: 지금의 경희궁) 의 내전인 관명전(光明殿)에서 대왕대비전을 위해 진연을 베풀었다. 여자들만이 초대받는 이 잔치를 내연(內宴)이라고도 불렀다. 7일에는 영조를 위한 진연 즉 경덕

궁 숭정전(崇政殿)에서 왕세자, 종신, 의빈(儀賓: 임금의 사위), 우수 등 신하들이 참석한 외연(外宴)이 열렸다.

영조의 기로소 입소를 기념하여 거행된 이 해의 진연은 경인년(1710년, 숙종 35년)의 예를 따르면서도 비용을 아끼기 위해 노력했다. 쌀의 사용량을 줄이고, 잔칫상에 인삼정과를 없애거나 음식수를 적게 하는 등 구하기 어렵거나 값비싼 식재료들은 쉽게 구할 수 있는 저렴한 식재료로 대체하였다.

광명전에서 거행된 내연에는 대왕대비전, 대전, 중궁전, 세자궁, 세자빈궁, 현빈궁 왕과 왕실 가족을 위한 상차림을 마련했다. 대왕대비전을 위해서는 과일과 과자를 고여 차린 과상(果床), 탕·찜·전유어·적 등 음식을 높게 고여 차린 찬안상(饌案床)과 따로 먹을 수 있도록 차린 별행과상(別行果床), 술과 함께 오르는 미수(味數)상은 일곱 번 순서대로 올라갔다. 여러 가지 고기음식으로만 차리는 대선(大膳), 소선(小膳)을 준비했다. 다만 왕의 명령에 따라 왕과 왕비의 과상과 대선을 없애고, 세자와 세자빈, 현빈궁의 과상, 대선과 소선 상차림을 없앴다.

그 외의 사람들에게 제공된 내선상(內宣床: 내명부에 내리는 상) 50상은 음식수가 더 적었다.

진연을 준비하기 위해 잔치음식을 담당하던 기관인 사옹원(司饔院), 관련 부서인 내자시(內資寺), 내섬시(內贍寺: 쌀·술·기름·과일 등 물품 관장), 예빈시(禮賓寺: 연향음식 관장), 사축서(司畜署: 가축 기르는 일 관장)에서 사용한 물종은 서울에서 마련하거나 각 지방에 분담하여 보내도록 했다. 강원도, 평안도, 황해도에서는 백청(白淸), 청밀(淸蜜) 등의 꿀을 올려보냈다. 전라도는 유자와 석류, 전복오림[鳳全卜]을, 경상도는 유자, 석류, 대전복을 보냈다. 생전복 등 바다에서 올라오는 생물 어패류가 많았으므로 이를 보관하기 위해 빙고에서 얼음을 매일 공급하도록 했다.

이와 같이 연회의 진행 과정, 참석자들의 상차림과 음식수, 담당기관 및 비용 등을 자세히 기록하여 의궤(儀軌)로 편찬하였다. 이것이 2권의 책으로 된 『[갑자]

진연의궤([甲子]進宴儀軌)』이며, 잔칫상 관련 내용은 '이방의궤'라는 부분에서 주로 확인할 수 있다.

분류 : 문헌
색인어 : 진연의궤, 기로소, 숙종, 연회, 진연
참고문헌 : 『[갑자]진연의궤([甲子]進宴儀軌)』; 한영우 저, 『조선왕조 의궤, 국가의례와 그 기록』(일지사, 2005)
필자 : 이소영

진연의궤(1902년)

『[임인]진연의궤([壬寅]進宴儀軌)』는 1902년(고종 39) 4월과 11월에 설행된 진연의 전말을 기록한 의궤이다. 4월에는 고종(高宗: 재위 1863-1907)이 51세를 맞아 기로소에 들어가면서 연회를 베풀었으며, 11월에는 즉위 40주년을 경축하

『[임인]진연의궤』 표지, 1902년, 서울대학교 규장각한국학연구원

기 위한 진연을 베풀었다.

진연의 규모는 황제 의식에 맞도록 구성되었다. 우선 복식부터 익선관과 황색 곤룡포를 입었으며, 산호도 천세(千歲)가 아닌 만세(萬歲)를 불렀다.

상차림의 경우에도 황제의식에 맞추어 상의 형태나 색상이 달라졌다. 대전은 황칠고족찬안(黃漆高足饌案), 황칠소원반(黃漆小圓盤)으로 황색으로 칠한 상

찬품 『[임인]진연의궤』

을 사용하였으며, 황태자는 주칠저족찬안(朱漆低足饌案)을 썼다. 종전의 진연에서 왕은 주칠, 왕세자는 흑칠을 사용한 것에 반해 대한제국 시기에는 한 단계 격상된 것이다.

11월에 열린 진연은 황제가 중심이 되는 외진연(外進宴), 내진연(內進宴), 야진연(夜進宴)과 황태자가 중심이 되는 회작(會酌), 야연(夜讌)으로 구분되어 진행되었다. 진연은 다섯 차례 잔치를 베풀었다. 중화전외진연(中和殿外進宴), 관명전내진연(觀明殿內進宴), 관명전야진연(觀明殿夜進宴), 관명전익일회작(觀明殿翌日會酌), 관명전익일야연(觀明殿翌日夜讌)이다. 황제를 위한 외진연은 1902년 11월 4일 손시(巽時: 오전 9시)에 경운궁(慶運宮) 중화전에서, 내진연은 같은 달 8일 손시에 경운궁 관명전에서, 야진연은 같은 날 해시(亥時: 밤 9시에서 11시)에 관명전에서, 황태자를 위한 회작은 내진연 하루 뒤인 9일 손시에 관명전에서, 야연은 같은 날 해시에 관명전에서 설행하였다.

외진연은 황제와 황태자, 종친, 진작대신이 참석하는 남성 중심의 잔치였다. 대전 고종에게 대탁찬안(大卓饌案), 찬안(饌案), 별행과(別行果), 미수(味數), 염수(鹽水), 소선(小膳), 대선(大膳), 탕(湯), 만두(饅頭), 차(茶)를 올렸고, 황태자궁인 순종에게 대탁찬안을 제외한 나머지 상차림을 올렸다. 그리고 잔치에 참석하는 사람들에게도 연상(宴床)을 준비하였다.

내진연은 황태자 내외와 종친, 척신과 내외 명부 등 주로 황실 가족 중심의 잔치였는데, 외부인으로는 행사 진행을 총괄하는 진연청의 당상과 낭청 등이 참석하였다. 이때, 대전과 황태자궁, 황태자비궁에게 찬안, 소반과(小盤果), 과합(果榼)을 올렸고, 영친왕에게 찬탁(饌卓)을, 연원군부인(延原郡夫人)에게 찬상(饌床)을 올렸다.

야진연은 황제와 황태자 등이 참석하여 술 한 잔씩 마시고 탕을 들고 차를 마신 뒤에 끝내는 간단한 연회이다. 야진연 때에는 대전과 황태자궁을 위한 찬안, 내입찬안과 내입별상상, 진연청 당상과 낭청 및 제신을

위한 상상(上床)을 마련하였다.

회작은 황태자를 중심으로 명부, 진연청 당상과 낭청이 참여하여 황태자를 위로하는 잔치이고, 야연은 황태자, 진연청 당상과 낭청만이 참석하는 잔치로 연회 뒤풀이의 성격을 띤다. 회작과 야연을 설행할 때에는 대전에게 올리는 찬안, 황태자궁에게 올리는 찬안과 별반과(別盤果)를 준비하였다.

외진연, 내진연, 회작, 야연의 음식 종류는 대한제국 이전 시기의 진연에서 베푼 잔치음식과 대동소이하게 나타난다. 복식이나 상의 형태 등 외관, 의전 등에서는 황제와 왕 즉 조선과 대한제국 의식의 차이를 두었지만 음식의 종류나 내용에 있어서는 전통적인 왕실 잔치의 면모를 보여준다.

분류 : 문헌
색인어 : 진연의궤, 대한제국, 고종 황제, 외진연, 내진연
참고문헌 : 『[임인]진연의궤([壬寅]進宴儀軌)』; 박소동 역, 『국역 진연의궤』(민족문화추진회, 2005); 한영우 저, 『조선왕조 의궤, 국가의례와 그 기록』(일지사, 2005)
필자 : 이소영

진찬의궤(1887년)

『[정해]진찬의궤』 표지, 1887년, 서울대학교 규장각한국학연구원

1887년(고종 24) 대왕대비인 익종비(翼宗妃) 신정왕후 조씨(神貞王后 趙氏: 1808-1890)의 팔순(八旬)을 경축하기 위해 경복궁(景福宮) 만경전(萬慶殿)에서 1월 27일부터 1월 29일까지 진찬을 거행했다. 진찬의 날짜는 천문관측과 점성을 담당한 관원을 통해 길일(吉日)이라고 한 1월 27일로 정하였고 1877년(고종 14) 정축년(丁丑年)에 설행된 진찬의 예에 따랐다.

연회음식을 만드는 내숙설소(內熟設所)는 만세문(萬

찬품 『[정해]진찬의궤』

歲門) 안에 166칸을 설치하고 1886년 10월 20일부터 일을 시작하였다. 주원(廚院)의 숙설소(熟設所)는 사정문(思政門) 안에 설치하고, 찬품을 중탕할 장소는 만세문(萬歲門) 밖에 차일(遮日)을 설치하여 마련하였다.

진찬에 사용할 재료 중 유자 250개는 전라도에, 석류 250개는 경상도에, 생복은 경상도와 황해도에 각각 650마리를, 충청수영에 700마리를 나누어 정하고 11월 보름, 즉 행사 2-3개월 전에 상납하도록 조처하였다. 이후, 생복 일부에 문제가 있어 사용할 수 없게 되어 다시 황해감영과 충청수영에 생복 100마리를 1월 상순 전에 보내라고 지시하였다.

진찬 의식은 1887년 1월 27일부터 29일까지 하루에 아침 저녁으로 두 차례 3일에 걸쳐 총 6차례 설행되었다. 27일 오전 7시 만경전에서 '대왕대비전내진찬(大王大妃殿內進饌)'을, 같은 날 밤 9시에는 '야진찬(夜進饌)'이 설행되었다. 다음날인 28일에는 고종(高宗: 1863-1907)이 주빈이 되어 '대전회작(大殿會酌)'과 '야연(夜讌)'을 만경전에서 베풀었다. 29일에는 왕세자 즉 순종(純宗: 재위 1907-1910)이 주빈이 되어 '왕세자회작(王世子會酌)'과 '야연'을 같은 장소에서 설행하였다.

1월 27일 진시 초각에 설행된 '만경전진찬의'의 주빈은 신정왕후이고, 왕과 왕비, 왕세자와 왕세자빈, 내외빈, 제신, 의빈 등이 참석하였다. 총 6차례의 진찬 중 가장 많은 음식이 차려졌다.

이날 차린 상은 대왕대비·왕·왕비·왕세자·왕세자빈을 위한 찬안(饌案)과 내외빈과 제신들을 위한 연상 352상, 여관·내시·장관·장교·원역·악공·여령 등에게 내려

주는 반기[盤只: 다리가 없는 쟁반모양의 밥상]와 우판기[隅板只: 사각반] 334좌, 숙수와 군병들에게 내리는 궤찬 673명분 등이다.

진찬이 진행되는 동안 대왕대비는 떡, 과자, 탕, 적 등 47그릇을 차린 찬안상, 21그릇의 별찬안, 20그릇의 별행과(別行果), 3그릇씩 올린 미수(味數)상 다섯 번, 고기음식으로 차린 소선(小膳)과 대선(大膳), 염수(鹽水), 진탕(進湯), 진만두(進饅頭), 진다(進茶)를 받았다. 왕·왕비·왕세자·왕세자빈의 경우 찬안상, 별찬안, 별행과, 미수상은 대왕대비 상차림보다 그릇 수 또는 횟수를 적게 하여 차렸고, 소선과 대선, 염수는 제공되지 않았다. 상을 받는 사람의 신분에 따라 그릇 수[器數]를 감하거나 고임의 높이를 낮추는 방식으로 서열을 드러내었다.

연향이 끝난 후 수고한 사람들에게 상전을 내렸다. 대부분 귀한 물품을 내려 노고를 치하하지만, 물품 이외에 벼슬을 올려주거나 면천해주는 경우도 있었다.

분류 : 문헌
색인어 : 신정왕후 조씨, 팔순잔치, 진찬, 진찬의궤, 숙설소, 찬안
참고문헌 : 『[정해]진찬의궤([丁亥]進饌儀軌)』; 이성미 외 12인, 『장서각소장의궤해제』(한국학중앙연구원, 2002); 이효지·한복려·정길자 저, 『고종 정해년 진찬의궤 1·2』(한국문화재보호재단, 2009)
필자 : 이소영

풍정도감의궤(1630년)

『풍정도감의궤(豊呈都監儀軌)』는 1630년(인조 8) 3월 22일에 인조(仁祖: 1623-1649)가 대왕대비 인목왕후 김씨(仁穆王后 金氏: 1584-1632)를 위해 인경궁(仁慶宮)에서 열린 연향을 기록한 의궤이다. 이

『풍정도감의궤』, 44.8×35.7×2cm, 1630년, 국립중앙박물관 외규장각의궤

의궤는 외규장각의궤로 지금까지 전해지는 궁중 잔치를 기록한 의궤 중 가장 오래된 것이며, 2011년 프랑스로부터 반환되었다.

풍정(豊呈)은 임금에게 술과 음식[酒食]을 올리는 예로 진연(進宴), 진찬(進饌), 진작(進爵) 등과 비슷하다. 이 의궤에서 인조, 인목왕후 등이 받은 상차림과 음식내용을 살펴볼 수 있다.

삼전(三殿: 대왕대비·왕·왕비)에게 연상(宴床)·좌협상(左挾床)·우협상(右挾床)·찬안상(饌案床)을 차려 올렸다. 연상은 4행으로 되어 있으며 1행은 중박계(中朴桂) 4그릇, 2행은 홍산자(紅散子) 2그릇과 백산자 3그릇, 3행은 소홍마조(小紅亇條) 3그릇와 유사마조(油沙亇條) 2그릇, 4행에는 실백자(實柏子: 잣), 실진자(實榛子), 실비자(實榧子), 건시자(乾柿子), 대추[大棗], 황률(黃栗) 각각 1그릇씩이다. 연상 좌우에 있는 좌협상과 우협상에는 연상과 마찬가지로 4행으로 되어 있으며, 망구소(望口消), 백다식(白茶食), 미자(味子), 마조(亇條), 산자(散子), 첨빙(添氷), 운빙(雲氷) 등 과자와 사탕류로 차려졌다.

찬안상에는 1행은 채(菜) 4그릇으로 어떤 종류의 채소음식인지 알기 어렵다. 2행에는 정향포(丁香脯), 백조포(白條脯), 건문어(乾文魚), 건상어[乾沙漁], 건대하(乾大蝦)로 어육 5그릇, 3행에는 계란, 숙전복 등 건남(乾南) 5그릇, 4행에는 압자[鴨子: 오리], 양간(羊肝), 생선(生鮮), 산구(山鳩: 산비둘기), 도비(都飛: 텃새)의 전유화 5그릇으로 구성되었다.

삼전에 올린 상차림들은 같은 행(行) 내에서는 음식의 높이가 같으며, 제1행이 가장 높고 제4행으로 갈수록 차츰차츰 낮아져서 음식이 모두 잘 보이도록 진설하였다. 양궁(兩宮: 왕세자와 빈궁)의 연상·면협상(面挾床)을 삼전의 상차림보다 적은 3행으로 차렸다.

진풍정의 상차림은 1800년대 진찬이나 진연에 오른 상차림과 비교했을 때 음식의 구성에 있어서 상당한 차이가 있다. 마조(亇條), 망구소(望口消), 미자(味子), 백조포(白條脯) 등은 고조리서에서도 쉽게 볼 수 없는 음식으로 만드는 방법을 정확히 알기 어렵다.

분류 : 문헌
색인어 : 풍정도감의궤, 진풍정, 진연, 진찬, 연상, 찬안상

참고문헌 : 『풍정도감의궤(豊呈都監儀軌)』; 송방송·고방자 외 공저, 『國譯 豊呈都監儀軌』(민속원, 1999)
필자 : 이소영

참고문헌 : 송시열 저, 세종대왕기념사업회 편집부 역, 「이산해」, 국역 『국조인물고』(세종대왕기념사업회, 1999)
필자 : 김혜숙

진휼(굶지 않는 것도 다행인데 어찌 배부름을 구할까)

이산보(李山甫: 1539-1594)는 『국조인물고(國朝人物考)』권50에 따르면 1592년 임진왜란 때 선조(宣祖: 재위 1567-1608)를 모시고 피난하였고, 당시 명나라 원군(援軍)이 요동에서 움직이지 않자 임금의 명령을 받아 명나라 장군 이여송(李如松: 1549-1598)을 찾아가 눈물을 쏟으며 간절하게 설득한 끝에 명나라 군대가 강을 건너 조선에 들어오게 한 사람이었다. 또한 왜군과 대치하던 명나라 군사가 부족한 군량미를 이유로 퇴군하려 하자, 임금의 명을 받고 나가 그를 깊이 신뢰하는 백성들의 도움을 받아 전란을 겪는 힘겨운 상황에서도 군량을 많이 모으는 데 성공한 인물이다. 그런 그를 정작 죽음에 이르게 한 것은 전쟁이 아니라 기근이었다. 1594년 흉년에 굶주린 백성들을 구휼하다가 병이 들었던 것이다. 이해 큰 흉년이 들어 그의 집에는 가난하여 끼니를 해결할 수 없는 일가친척들이 노소를 불문하고 찾아들었다. 그때마다 이산보는 자신의 녹봉을 나누어주며 도왔고, 밥상을 받았다가도 그들에게 내주기 일쑤였다. 그래서 한 번도 배불리 밥을 먹어본 적이 없었던 그에게 자제들은 자신의 몸을 생각해 조금이라도 더 음식을 들라고 청하였다. 그러자 이산보가 한숨을 쉬며 말하길, 지금이 어떤 때인데 감히 배불리 먹는 것을 바라겠느냐며, 밥을 먹을 수 있는 것만도 다행이라고 하였다.

그러다 그는 굶주린 백성을 구제하라는 명을 받았고, 밥 먹는 것도 잊어버릴 정도로 노심초사하며 아침부터 해가 저물도록 진휼에 헌신하였다. 백성들에게 먹일 죽을 끓이는 데 나아가는 등 쉬지 않고 애쓰던 그는 결국 병이 들었고 56세의 나이로 세상을 떴다.

분류 : 의례
색인어 : 밥상, 죽

질경이

질경이는 사람들이 지나다니는 길가에서도 자랄 만큼 생육환경이 까다롭지 않아 전국에 분포되어 있는 나물이다. 질경이의 이름은 여러 가지가 있다. 허준(許浚: 1539-1615)의 『동의보감(東醫寶鑑)』에서는 질경이를 '차전초(車前草)', '길경이', '뵈빵이'라고 했는데, 길경이는 차전초와 비슷한 의미로 쓴 것으로 보이고, 뵈빵이는 순우리말로 보인다. 또한 『동의보감』을 비롯하여 이시진(李時珍: 1518-1593)이 엮은 『본초강목(本草綱目)』 등에서 질경이의 씨를 차전자(車前子)라고 했으며, 1433년에 간행된 『향약집성방(鄕藥集成方)』에서는 질경이 잎을 차전엽(車前葉)이라고 했다. 이 밖에도 차과로초(車過路草), 부이(芣苢/芣苡) 등이 있는데, 모두 길에서 잘 자란다는 의미에서 붙여진 이름이다. 길의 가장자리에 있는 질경이가 말라 죽으면 그해 큰 가뭄이 든다고 미리 점쳤고, 산중에서 길을 잃었을 때 질경이를 발견하면 인가가 가깝다는 것을 알 수 있었다고 한다(농촌진흥청 외, 2008).

질경이는 식용과 약재로 많이 쓰인다. 질경이 잎은 나물로 먹는데, 잎을 데친 후 간장, 들기름, 깨소금 등으로 무쳐서 살짝 볶는다. 그리고 질경이를 살짝 데친 후 꾸덕한 상태로 말린 다음 고추장 단지 속에 넣어두고 그대로 꺼내 먹기도 하고, 여기에 양념을 다시 해서 먹기도 한다(농촌진흥청 영양개선연수원, 1994). 충청남도 지역에서는 질경이를 말려두었다가 쌀뜨물에 불린 후 부드러워지도록 삶아 찬물에 헹궈 국간장, 들기름, 다진 파, 다진 마늘 등으로 양념하여 볶아 먹는다(농촌진흥청 외a, 2008). 강원도 지역에서는 식량이 부족할 때 나물죽에 질경이를 넣고 오래도록 끓여 먹기도 했다(농촌진흥청 외b, 2008).

약재로 쓸 때는 주로 질경이 씨를 복용한다. 1835년경 서유구(徐有榘: 1764-1845)가 지은 『임원경제지(林

園十六志)』에는 질경이 씨 5홉을 보자기에 싸서 물 2
되로 달여 1되 반 즙을 취해 청량미 3홉을 넣고 끓여
만들어 공복에 하루 두 번 복용하면 열독을 제거해 준
다고 했다. 전순의(全循義: ?-?)의 『식료찬요(食療纂
要)』에서는 혈뇨에 질경이잎을 쓰면 좋다고도 했다.
이처럼 질경이는 씨앗부터 줄기, 잎까지 다용도로 활
용되는 나물이다.

분류 : 식재료
색인어 : 임원경제지, 고추장
참고문헌 : 허준, 『동의보감(東醫寶鑑)』; 이시진, 『본초강목(本草綱
目)』; 서유구, 『임원경제지(林園十六志)』; 전순의, 『식료찬요(食療纂
要)』; 농촌진흥청 영양개선연수원, 『한국의 향토음식』(1994); 농촌진
흥청 외a, 『한국의 전통향토음식 5-충청남도』(교문사, 2008); 농촌진
흥청 외b, 『한국의 전통향토음식 3-강원도』(교문사, 2008)
필자 : 박선미

차

윌리엄 그리피스(William E. Griffis: 1843-1928)는
『조선, 은자의 나라(Corea: The Hermit Nation)』
(1882)에 이렇게 적어 놓았다. "이상스럽게 보일는지
모르지만 조선의 농민들은 세계 양대 차 생산국인 일
본과 중국의 중간에 살고 있는 동시에 위도상으로도
차 생산권에 살고 있으면서도 차의 맛을 거의 모르고
있다. 향초(香草: 차)는 거의 사용되지 않는데, 이는
일본에서 커피를 마시지 않는 것과 정도가 같다. ……
조선인들이 가장 즐겨 마시는 것은 숭늉이다. 말린 인
삼과 귤 껍질 또는 새앙[생강]을 섞어서 끓인 차는 잔
치 때나 마시며, 이것을 만들 수 없을 때는 꿀을 쓴다.
그러나 전형적인 아일랜드인과 마찬가지로 조선인들
이 말하는 '차'는 무엇을 섞어서 달인 것을 의미한다."
한반도를 한 번도 방문한 적이 없었던 윌리엄 그리피
스이지만, 이 글은 적어도 19세기 말 조선의 차에 대
한 정확한 묘사이다. 그러나 오류도 보인다. 그중 하
나가 바로 한반도를 두고 중국과 일본의 중간 지역이
고 위도상으로 차의 생산지라고 한 것이다. 중국 대륙
에서 차나무가 자라는 북방 한계선은 북위 38선인 산
둥 반도다. 일본 열도의 경우에는 북위 42도선인 아
오모리현[青森縣]의 구로이시시[黑石市]까지 차나무
가 자란다. 만약 일본 열도와 마찬가지로 한반도에서
북위 42도선까지 차나무가 자란다면 백두산 이남에
서는 모두 차를 생산할 수 있다. 그러나 한반도의 경
우 일본 열도와 달리 겨울에는 대륙성 한류의 영향으
로 기온이 매우 낮고 봄에는 건조하고 서리도 내리며
비가 적게 온다. 1985년에 실시된 한국 차나무 분포지

조사 결과에 따르면 전라북도 익산군 웅포면 봉화산
남서쪽(북위 36도 3분)에 차나무가 야생하고 있다는
사실이 밝혀졌다.

그렇다고 차가 많이 생산된 것은 아니다. 차나무는 크
게 온대지방에서 자라는 소엽종(중국)과 열대지방에
서 자라는 대엽종(아삼)으로 나뉜다. 근대 이전 한반
도에서 자란 차나무는 소엽종이었다. 차나무가 차나
뭇과(Theaceae)에 속하는 아열대성 상록식물이라는
데 주목할 필요가 있다. 차나무는 온도가 영하 5℃ 밑
으로 내려가면 얼어 죽는다. 10℃에서 15℃ 사이의 지
역에서는 뿌리는 자라지만 잎이 자라지 못한다. 결국
온도가 15℃ 이상을 유지하는 곳에서만 찻잎을 수확
할 수 있다. 북위 36도선까지 차나무가 자란다고 하더
라도 한반도의 남해안 연안을 제외한 다른 지역에서
는 좋은 찻잎을 구할 수가 없다.

서긍(徐兢)은 『선화봉사고려도경(宣和奉使高麗圖
經)』에서 "고려에서 나는 차는 맛이 쓰고 떫어서 입에
넣을 수가 없다. 오직 중국의 납다(臘茶)와 용봉사단
(龍鳳賜團)만을 좋은 차라고 여긴다. 황제가 하사해
준 것 외에도 상인들 역시 중국에서 가져다 팔기 때문
에 최근에는 차 마시기를 매우 좋아하게 되었다."고
적었다. 고려시대 한반도의 남해안 일대에 차나무를
심었지만, 양도 적고 품질도 좋지 않아 중국에서 수
입했다는 말이다. 조선시대에 들어와서 왕실에서 불
교를 억압하면서 차나무에 공물제도도 폐지하자 차
를 마실 기회가 많지 않았다. 1809년 정약용(丁若鏞:
1762-1836)은 중국 문헌에 기대어 떡차를 만들고 있
었다. 초의선사(草衣禪師: 1786-1866)는 차에 대한 공
부를 하며 제다법(製茶法)을 익혔다. 1830년경 초의

선사는 정약용으로부터 배운 떡차 만드는 법을 응용하여 초의차(草衣茶)를 만들어 친한 사람들에게 선물로 주었다.

그러나 찻잎을 구하기가 쉽지 않아서 이를 대용할 만한 여러 종류의 차가 등장했다. 즉, 조선 후기부터 찻잎을 넣지 않은 유사차가 유행한 것이다. 19세기 초에 쓰인 『규합총서(閨閣叢書)』의 '다품(茶品)'에는 찻잎을 우려 만든 차는 하나도 나오지 않는다. 그 대신에 도기 병에 꿀과 계핏가루를 넣고 얼음물을 부은 후 일곱 장의 기름종이로 병의 입구를 단단히 막고 보관한 다음에 하루에 한 장 씩 벗겨서 이레째에 마시는 계장(桂漿), 당귀를 달인 물에 녹각교, 생강가루, 계심(육계나무 열매), 꿀 등을 차례로 섞은 후 두었다가 마시는 귀계장(歸桂漿), 그리고 매화차·포도차·매실차·국화차 등이 나온다. 찻잎이 들어가지 않은 이 음료에는 꿀을 넣어서 단맛을 냈다. 귀계장에도 꼭 꿀을 타서 마셨는데, 특히 겨울에는 빈속에 반잔씩 마시면 기운과 피를 아울러 보하기 때문에 '성약(聖藥: 효력이 매우 좋은 약)'이라고 부를 정도였다. 이와 같이 약재를 넣은 차는 반드시 꿀을 타서 마셔야 그 쓴맛을 없앨 수 있었다. 차나무를 거의 재배하지 않고, 조선 중기 이후 차 마시는 일이 거의 사라진 한반도에서 '차'라는 이름만이 살아남아 유사차의 나라가 되었다.

분류 : 음식
색인어 : 술, 제사음식
참고문헌 : 『조선, 은자의 나라(Corea: The Hermit Nation)』(1882); 이형석, 「우리나라 차나무 분포에 관한 연구」(『차 연구회 소식』); 정민, 『새로 쓰는 조선의 차 문화: 다산 추사 초의가 빚은 아름다운 차의 시대』(김영사, 2011); 주영하, 「한반도 사람들은 왜 차를 마시지 않았을까?」(『차의 지구사』, 휴머니스트, 2015)
필자 : 주영하

인동차(「인동차」)

노주인(老主人)의 장벽(腸壁)에
무시(無時)로 인동(忍冬) 삼긴 물이 내린다.

자작나무 덩그럭 불이
도로 피어 붉고,

구석에 그늘지어
무가 순 돋아 파릇하고,

흙냄새 훈훈히 김도 서리다가
바깥 풍설(風雪) 소리에 잠착하다.

산중(山中)에 책력(册曆)도 없이
삼동(三冬)이 하이얗다.

정지용(鄭芝溶: 1902-1950)의 시집 『백록담』(1941)에 수록된 시 「인동차」이다. 정지용은 휘문고보를 졸업하고 일본으로 건너가 교토의 도시샤대학[同志社大學] 영문과에 재학 중이던 1926년 6월 유학생 잡지인 『학조(學潮)』에 시 「카페 프랑쓰」, 「슬픈 인상화」 등을 발표하면서 본격적인 작품활동을 시작했다. 1930년 김영랑, 박용철 등과 『시문학』 동인으로 활동했으며, 1933년 『가톨릭청년』 편집주간을 맡았다. 서구적 감각의 시로 출발하여 정결한 정신 추구의 자연시로 전환하면서 일제 강점기 최고의 시인으로 평가되었다. 해방 후 이화여전 교수, 〈경향신문〉 주필을 역임하였으나 1950년 6·25전쟁 중 북한공산군에 끌려간 뒤 행방불명되었다. 시집으로 『정지용 시집』, 『백록담』, 『지용시선』 등이 있으며, 산문집으로 『지용문학독본』, 『산문』 등이 있다.

이 시는 겨울철 깊은 산중에서 홀로 인동차를 마시며 눈 덮인 겨울을 초연하게 견뎌내고 있는 노주인의 삶의 모습을 그린 작품이다. 속세와 멀어져 풍설 소리에 흔들림 없이 무시로 인동차를 마시는 노주인의 모습에서 바깥 세상에 초연한 채 정신적 고결함을 지키고자 하는 의지를 엿볼 수 있다. 이 시에 소재로 등장하는 인동차는 인동(忍冬) 다린 물을 뜻하는 것으로 인동차를 마시는 행위는 암담한 현실을 초연하게 견뎌내고자 하는 의지를 연상시킨다.

분류 : 문학
색인어 : 인동차, 정지용, 무
참고문헌 : 이숭원, 『정지용 시의 심층적 탐구』(태학사, 1999)
필자 : 이숭원

진다(작설차)

진연이나 진찬 등 연회에서 대왕대비, 왕, 왕비 등에게 차를 올리는데, 이 의식을 진다(進茶)라고 한다. 1868년(고종 5)에 베푼 진찬에서 회갑을 맞은 대왕대비인 신정왕후(神貞王后: 1808-1890)는 진다를 받았다. 붉은색 칠을 한 둥근 상인 주칠소원반(朱漆小圓盤) 위에 은다관(銀茶罐: 은으로 된 차 주전자)과 은다종(銀茶鐘: 은으로 된 찻잔)을 놓았으며, 차 종류는 작설차(雀舌茶)였다.

연회 준비과정을 기록한 관문서인 등록(謄錄)에 보면 진다에 올리는 차를 내국(內局) 또는 태의원(太醫院)에서 준비한다고 하였다. 내국은 내의원(內醫院)의 별칭이며, 태의원 역시 대한제국 시기에 내의원을 개칭한 것이다. 내의원에서는 약재 외에도 차와 탕 품목들도 관리하였다.

진다의식에 올린 차는 대부분 작설차였다. 작설차는 절기상 우수(雨水: 2월 중순)나 곡우(穀雨: 4월 중순) 사이를 전후로 딴 어린 잎으로 만든 차이다. 『세종실록지리지』에 따르면 궁중에서 쓰이는 작설차는 울산·진주·고성·하동 등 경상도 지역과 나주·고창·무안·구례·담양·낙안 등 전라도 지역에서 진공되었다.

은주전자(은다관), 조선시대, 은, 국립민속박물관

1766년 의관 유중림이 쓴 『증보산림경제(增補山林經濟)』에는 작설차에 대해 조선에서 이름난 차는 없지만 작설차가 제일 좋다고 하였다. 그리고 작설차 끓이는 방법을 자세히 소개하였다. 차에 물을 붓고 반드시 활활 타는 숯불에 끓이다가 냉수를 조금 붓고 다시 끓어오르면 또 냉수를 부어준다. 이렇게 세 차례를 반복하면 맛과 빛깔이 훨씬 좋다고 하였다. 물은 너무 오래 끓이면 차맛이 쓰게 되니 물 끓는 소리가 산골 물 소리나 솔바람 소리와 같아야 한다. 차를 급히 끓여서는 안 되니 끓이는 다기를 옮겨 불을 제거하고 잠깐 끓이는 것이 바람직하다고 하였다.

분류 : 음식
색인어 : 진다, 차, 작설차, 증보산림경제, 내의원
참고문헌 : 『[무진]진찬의궤([戊辰]進饌儀軌)』; 『[정해]진찬등록([丁亥]進饌謄錄)』; 『내외진연등록(內外進宴謄錄)』; 『세종실록지리지』; 『증보산림경제(增補山林經濟)』
필자 : 이소영

홀로 있는 밤(신정)

그믐 되자 매화꽃이 사람을 보고 웃기에
등불 아래 온 마음으로 가까이 한다네
찬 서재에서 눈 녹인 물로 차를 끓여 마시는 맛
금을 새긴 비단 휘장 속의 봄인들 이를 당하랴
近臘梅花咲向人 盡情燈火共相親
寒齋雪水烹茶興 何似銷金帳裏春

*신정, 「홀로 있는 밤[獨夜]」

신정(申晸: 1628-1687)은 본관이 평산(平山)이고 자는 백동(伯東), 호는 분애(汾厓)이며 문집 『분애유고(汾厓遺稿)』가 전한다. 영의정을 지낸 신흠(申欽)의 손자이지만 맑은 차를 마시며 매화를 감상하는 은자의 삶을 동경하였다. 눈 녹인 물로 차를 끓여 마시면서 은은한 등불 아래 매화를 감상하는 일은 세상에서 가장 고상한 일일 것이다.

이덕무(李德懋: 1741-1793)가 세상에서 가장 운치 있는 풍경 중 하나로 "오른편에는 일제히 꽃봉오리를 터뜨린 매화가 보이고 왼편에는 솔바람과 회화나무에 떨어지는 빗소리처럼 보글보글 차 끓는 소리가 들린다."라 한 운치가 이 시에서 보인다. 또 고려 말의 학자 이색(李穡: 1328-1396)은 사계절 운치 있는 삶을 두고 "비단 같은 봄꽃은 내가 꺾고자 하는 것, 강물 같은 가을 달은 내가 좋아하는 것. 얼음덩이 깔아놓은 대자리는 내가 앉고 싶은 곳, 눈 녹인 물로 끓인 차는 내가 마시고 싶은 것[春花如錦我所折 秋月如波我所悅 氷峯竹簟我所坐 雪水茶甌我所啜]."이라 하였다. 겨울에는 역시 눈 녹인 물로 차를 끓여 마시는 것이 최고의 운치다. 대학자 이황(李滉: 1501-1570)도 깡깡 언 개울이나 눈 내린 산속의 집에서 화로를 끼고 향을 피운 뒤 조용히 벗과 마주 앉아 아침저녁 시간을 보내면서 담화를 나누는 흥취야말로 형언할 수 없다고 한 바 있다. 조선 중기의 시인 이순인(李純仁: 1533-1592)도 눈 속에 피는 매화를 갖추고 벗을 불러 함께 노변정담을 나누고자 하였다. "삭풍이 눈보라를 휘날려 창문을 치는데, 갈옷 입고 화로 끼고 앉아 차를 달인다. '초가삼간이라 선물 갖추지 못했지만, 자네 이곳에 와서 매화를 보지 않겠는가[朔風回雪侵窓紗 被褐擁爐坐煎茶 茅屋本無留客物 請君來此看梅花].'" 조선시대의 운치 있는 문인들은 화분에 매화를 옮겨 심고 방 안의 감실에 넣어 잘 관리하여 눈 속에서 꽃을 피우도록 하고는 벗들을 불러 매화음(梅花飮)을 즐겼다. "창 밖에 눈바람 몰아치는데, 화로 끼고 술동이 열어젖히노라[窓外正風雪, 擁爐開酒缸]."라고 한 당나라 시인 두목(杜牧)의 운치처럼 바깥에는 펑펑 눈이 내리는데 따뜻한 방 안에서 활짝 핀 매화를 감상하면서 술 한 잔 한다는 것은 참으로 즐거운 일이 될 것이다.

이정주(李廷柱: 1673-1732)도 차를 마시는 운치를 시에 담았다. "호젓한 곳에서 선잠을 자다 막 깨어나, 작은 화로의 스러지는 불에 차를 달인다. 풀 속의 벌레 울음과 소나무 사이 뜬 달이, 어우러져 한밤 산속의 가을 풍경을 만드네[短夢初醒境絶幽 小爐殘火試茶甌 草間蟲語松間月 幷作山家半夜秋]."라 한 것도 마음을 끈다. 호젓한 산속의 집에서 졸다 깨어나니 오싹

한 기운이 들었다. 불기가 죽은 화로를 뒤적여 차를 한 잔 끓여 마신다. 밖을 내다보니 소나무 위에 둥근 달이 뜨고 어디선가 풀벌레 소리가 들린다. 멋진 풍경이다.

분류 : 문학
색인어 : 차, 매화음, 신정, 이덕무, 이색, 이황, 이순인, 이정주
참고문헌 : 신정, 『분애유고』; 이덕무, 『청장관전서』; 이색, 『목은고』; 이황, 『퇴계집』; 이순인, 『고담일고』; 이정주, 『몽관시고』; 이종묵, 『한시마중』(태학사, 2012)
필자 : 이종묵

찬

찬(瓚)은 신을 부르는 절차인 신관례(晨祼禮) 때 울금 향의 술[울창주(鬱鬯酒)]을 붓는 도구이다. 종묘 제향 절차는 참신(參神)-신관례(神祼禮, 降神)-삼헌(三獻)-사신(辭神)의 순서로 이루어졌다. 그중 신관례는 조상의 혼령을 부르는 의식으로, 먼저 세 번 향을 사르는 의절인 삼상향(三上香)을 행하고 나서, 향이 독특한 울금초로 빚은 울창주[울주(鬱酒)]를 찬에 담고 신실 바닥에 뚫린 관지통(灌地筒)에 붓는 의식인 관창(祼鬯)을 행한다. 이때 찬을 통해 흘러나오는 울창주는 강신을 위한 술이다. 『주례 교특생(周禮 郊特牲)』에서 '(전략) 주나라 사람은 냄새를 숭상해서 술을 따르는데 울창의 냄새를 가지고 있다고 하였다. 울창초[鬱金草]를 울창에 합치고, 땅에까지 냄새가 가게 하여 연천(淵泉)에 다다르게 한다. (후략)'라고 하였다. 또 『산림경제(山林經濟)』에서는 '모양이 매미의 배 같고 좋은 것은 향이 심하지 않고 가벼우며 양(揚)해

찬, 높이 5.8cm, 가로 41.5cm, 조선, 국립고궁박물관

서 울금주는 능히 고원(高遠)까지도 술의 기운이 달하므로 강신(降神)에 사용한다.'고 할 만큼 향이 깊고 진한 술이다.

찬은 용머리가 달렸다고 해서 '용찬(龍瓚)' 또는 '규찬(圭瓚)'이라고도 한다. 찬은 넓적하고 낮은 형태의 잔에 용머리와 손잡이를 양쪽으로 부착하였는데 용머리에는 잔으로부터 이어진 구멍이 뚫리어 술이 흘러 나오도록 제작되었다. 접시형의 받침대인 찬반(瓚盤)과 한 쌍을 이룬다.

분류 : 미술
색인어 : 제사, 제기
참고문헌 : 『주례 교특생(周禮 郊特牲)』; 『산림경제(山林經濟)』; 『세종실록오례의 길례서례 준뢰도설(世宗實錄五禮儀 吉禮序例 圖說)』
필자 : 구혜인

찬장

찬장(饌欌)은 주방용 식기 및 음식물을 넣어두는 저장용 가구이다. 주로 찬방이나 대청 한편에 놓여 여러 종류의 그릇과 음식을 보관한다.

찬장은 각(閣)이라고도 불렸다. 『예기』 「단궁 상(檀弓上)」에 "처음 죽었을 때의 전물은 찬장에 남아 있는 음식을 쓰면 될 것이다[始死之奠 其餘閣也]."라고 하였다. 그 주에 "각(閣)이란 음식물을 놓아두는 찬장으로, 살았을 때 찬장 위에 남겨 두었던 포해(脯醢)로 제전(祭奠)을 올린다는 것이다."라고 하였다. 즉 찬장은 기본적으로 음식을 담아두는 기능을 하는 가구이며, 상을 당했을 때 망자에게 올리는 첫 음식을 찬장에 아직 남아있는 평소의 음식으로 올린다는 의미이다.

찬장의 주재료는 놋그릇이나 사기그릇과 같은 그릇의 무게를 감당하고 벌레를 막기 위해 주로 습기에 강하고 단단한 소나무 골재와 무늬가 좋은 느티나무 판재를 사용하였다.

단층 뒤주장으로부터 2층 또는 3층 찬장으로 분류되는데, 단층 뒤주장은 양곡을 저장하는 주방가구로서 간혹 2층으로 된 것이 있다. 뒤주의 구조는 상부에 뚜껑이 있고 하부는 상자식으로 되어 고정된 양을 많이

저장할 수 있게 된 것이 상례이다.

그 짜임의 특색은 뚜껑을 받치는 쇠목(두 기둥 사이에 가로 건너지르는 나무)과 기둥이 서로 엇갈린 사개물림을 내물림으로써 튼튼하고 독특한 구조를 가지고 있다는 점이다. 보통 치수는 높이 40-98cm, 앞면 너비 42-120cm, 옆면 너비 30-90cm인데, 같은 형태라도 매우 큰 치수를 가진 것이 있고, 작은 치수로 콩·좁쌀 등의 잡곡을 저장하는 팥뒤주·깨뒤주 등이 있다.

2층 뒤주장인 경우는, 상단을 뒤주형으로 만들고 하단은 여닫이문을 달아 식기 등을 넣고 쓰게 되어 있다. 대개 이러한 뒤주장들은 느티나무·소나무로 만드는데 마른 나무의 숨결이 통풍이 잘 된다는 데서 곡식이 잘 변하지 않아 널리 애용되었다.

갖가지 음식을 넣어두는 가구이므로 깨끗하게 관리하는 방법이 신문에 소개되기도 했다. 〈조선일보〉 1934년 기사에 '댁 찬장은 깨끗합니까'라는 제목과 함께 장마철 찬장 관리법이 실려있다. 장마철에 찬장 속이 곰팡이와 냄새가 심하다면서, 그릇을 전부 내놓고 걸레로 말끔하게 닦아야 한다고 하였다. 그리고 닦을 때에도 맹물로 닦지 않고 뜨거운 물에 소다를 풀어서

찬장, 높이 146.5cm, 조선 후기, 국립중앙박물관

닦으면 말끔하다고 하였다. 찬장 속뿐만 아니라 찬장 문틀의 홈까지 잘 닦아야 하며, 이때 창을 여닫을 때 편리하도록 초를 발라두는 것이 좋다고 한다면서 찬 장이 더러우면 그 주부의 성격까지도 의심하게 되니 깨끗이 청소하자고 권하고 있다.

분류 : 미술
색인어 : 주방, 식기, 음식, 저장, 찬장, 뒤주장, 찬탁
참고문헌 : 〈조선일보〉 1934년 6월 1일;『예기』「단궁 상(檀弓 上)」;국립중앙박물관 홈페이지 유물설명; 한국학중앙연구원,『한국민족문화대백과사전』
필자 : 구혜인

찬합

찬합(饌盒)은 그릇을 여러 층으로 포개어 쌓은 형태의 운반용구이자 식사용구이다. 기본적으로 찬합은 같은 크기와 모양으로 된 그릇을 층층이 쌓아올리는 구조이지만, 너비가 같은 다양한 종류의 그릇(예: 주병, 잔, 찬통 등)을 조립하는 구조도 있다. 높이는 1층인 단층찬합과 2개 이상 쌓는 다층찬합으로 나뉜다. 다층찬합의 경우 보통 3-5층이지만 10층까지 쌓는 경우도 있다.

찬합의 종류는 다양한데 쌓아 놓은 모습에서 사각기둥형, 팔각기둥형, 원기둥형 등으로 나뉘고, 쌓는 방식에 따라 서랍형, 누층형으로 나뉜다. 서랍형의 경우 다시 목궤에 집어넣어 손잡이를 달아 운반하기에 용이하게 했다. 재질은 목기가 가장 일반적이고 은, 백동, 유기, 도자, 짚으로도 제작되었다.

목제찬합은 물기 있는 음식의 수분이 침투되는 것을 방지하기 위해 주로 옻칠을 한다. 옻칠이란 옻나무 표피에 상처를 내어 나오는 천연수지를 정제해 만든 유성도료로, 옻칠을 하면 방수성이 탁월해진다.

찬합이란 기형은 중국으로부터 전래된 것이다. 국내에서 확인되는 유물을 기준으로 하더라도 목제찬합이 신라시대 유적인 천마총과 안압지 등에서 출토되어 삼국시대부터 이미 고급 기종으로 사용되었다는 사실을 알 수 있다.

조선 후기 실학자 서유구(徐有榘: 1764-1845)가 저술한『임원경제지』에서 명승지 여행을 갈 때 필요한 행장의 하나로 찬합[提盒]을 설명하였다. 중국 명나라의『준생팔전(遵生八牋)』에서 인용한 내용이라고 밝히면서 6명을 위한 음식과 식사도구들을 휴대할 수 있는 찬합에 대한 내용을 자세히 소개하고 있다.

조선 후기에는 일본산 왜찬합이 수입되기도 하고 제작 기술이 전래되기도 한다. 조선 후기 왕실의 연향의궤 속 饌品(찬품)과 器用條(기용조)에서도 찬합이 자주 등장하는데, 예를 들어『헌종무신진찬의궤』(1848),『고종무진진찬의궤』(1868) 등 여러 연향의궤에서 왕을 비롯한 왕의 직계가족의 상에는 사층왜찬합(四層倭饌榼)을 올렸다.

이외에도 왕이 신하들에게 음식을 내릴 때[賜饌]에도 찬합을 이용하였다. 예를 들어 철인왕후의 산릉도감을 조성과정에서 작성된「산능도감당낭사찬찬합발긔」(1878)에는 사층찬합 5좌와 삼층찬합 15좌에 담긴 음식 종류가 기록되어 있다. 예를 들어 사층찬합의 한 층에는 포, 장볏그니, 북어므리니, 콩자반, 감락자반, 해의자반을 담고, 다른 한 층에는 민어, 석어, 약포, 편포를 담고, 나머지 두 층에는 초약과, 초만두, 홍매화

찬합, 높이 24cm, 조선, 국립민속박물관

연사과, 백매화연사과, 말백자강정, 전복초, 광어, 황포, 문어국화를 담았다. 이외에도 다른 발기에서도 낭상, 도청낭상의 관리에게는 4층찬합을 내리고, 그 아래 직급의 관리에게는 삼층찬합을 내려 관직에 따라 찬합의 층수를 구분해 제공했다는 것을 알 수 있다.

분류 : 미술
색인어 : 찬합, 주병, 잔, 찬통
참고문헌 : 『준생팔전』; 『헌종무신진찬의궤』; 『고종무진진찬의궤』; 「산능도감당낭사찬찬합발긔」(1878); 한국학중앙연구원, 『한국민족문화대백과사전』; 남소라, 「조선 후기·근대 목기·자기 찬합연구」(이화여자대학교 석사학위 논문, 2016)
필자 : 구혜인

참기름

참기름은 참깨를 볶아서 압착하여 기름을 추출한 압착유이다. 생으로 짜면 기름이 별로 많이 나오지 않지만, 볶을수록 고소하면서 많은 기름이 나온다. 하지만 볶을수록 영양소의 파괴는 많아지게 된다. 참기름은 기름 중에서도 항산화성분이 풍부하여, 육포 등을 만들 때 참기름을 발라 보관하게 되면 도리어 보관기간을 늘릴 수 있다.

참기름은 우리나라 음식에서는 빼놓을 수 없는 양념 중 하나인데, 특히 콩을 추출하여 만든 콩기름 일명 식용유가 사용되기 이전에 기름으로 지지는 음식의 대부분은 참기름을 사용하였다. 특히 양반가에서 자주 먹었던 약과의 경우 반죽에 기름이 들어가고, 튀길 때도 기름이 사용되었는데, 이런 경우 기름은 주로 '마유(麻油)' 또는 '진유(眞油)'라고 하여 참기름이 사용되었다.

이용기(李用基: 1870-1933)의 『조선무쌍신식요리제법(朝鮮無雙新式料理製法)』(1924)에는 참기름에 대한 좀 더 자세한 설명이 있다. 참깨 흰 것을 돗자리 위에 얇게 펴서 놓고 하루 동안 이슬이나 서리를 맞힌 후에 가마에 넣고 익도록 볶아 흠뻑 찧는다. 성긴 배 보자기에 싸서 기름을 짜는데, 다 나오거든 또 볶아서 또 짜고 깨가 껍질만 남고 바싹 마를 때까지 기름을 짠다고 하였다. 기름이 오래되면 향내도 없어지고 이

를 이용하여 불을 켜도 꺼진다고 하면서 그래서 기름을 자주 짜서 쓰는 것이 좋다고 하였다. 겨울에 몹시 추운 날 기름을 짜면 기름이 적게 난다고 하여 실생활에 꼭 필요한 정보들을 제공하고 있다.

1942년 6월 8일자 〈매일신보(每日申報)〉의 「家庭과 文化」에는 홍선표(洪善杓)의 '참기름 廚房漫話(주방만화)'에 대한 글이 실려 있다. 조선(朝鮮)에서는 진유(眞油) 혹은 향유(香油)라 하지만 내지(內地)에서는 백호마유(白胡麻油), 호마유(胡麻油)라고 하고 지방에서는 호마유(胡麻油), 향유(香油), 지마유(芝麻油)라 하며 사용방법에 있어 조선과 달라 내지나 지방에서는 기름에 지져내는 기름은 대개 값이 싼 다른 기름을 쓰며 또 조선같이 모든 음식에 기름을 치는 것이 아니라 몇 가지 음식에 한하여 극히 적은 분량을 사용하였다고 하였다.

이 글이 쓰여진 당시는 일본의 지배를 받았던 시기였기 때문에 여기서 말하는 내지(內地)는 식민지의 본국인 일본을 말한다. 다시 말해 일본에서는 참기름을 귀하게 썼지만 조선에서는 모든 기름을 참기름으로 사용하고 있었다는 것을 알 수 있다. 또한 기사에서는 지져내는(덴뿌라) 음식도 콩기름이나 돼지기름에 만든 음식보다 참기름에 지져내면 음식은 느끼한 까닭으로 많이 먹지 못할 뿐 아니라 참기름이 음식에 많이 들어가면 도리어 참맛을 잃어버리는 일이 적지 아니하다고 하면서 참기름의 지나친 사용에 대해 안 좋은 견해를 피력하고 있다. 그러면서도 참기름의 장점을 설명하였다. 참기름은 특이하게 고소한 냄새가 있을 뿐 아니라 살균제로 효력이 있다고 하였고, 곡류 중 제일 좋고 제일 귀한 것으로 인식하여, 깨의 별명을 거승(巨勝)이라 한 것은 곡류 중 가장 으뜸이며 또한 귀하다는 뜻이라 설명하였다.

또 참기름은 다른 기름과 달리 아무리 오래 두어도 잘 썩지 않는 기름이며 또한 다른 곡류들보다 기름이 많이 나는 것이 특징이다. 깨 1두(斗) 이면 10분의 1분량의 기름인 1승이 생산한다는 것을 보더라도 다른 기름에 비해 월등히 좋은 기름이라고 평가하였다. 참기

름이 함유하고 있는 항산화 물질로 인해서 참기름이 다른 기름에 비해 오래 보관이 가능한 부분까지 설명하고 있어서 경험상 참기름이 좋은 기름이라는 것을 너무나도 잘 알고 있었다.

분류 : 식재료
색인어 : 깨, 약과, 조선무쌍신식요리제법, 콩
참고문헌 : 이용기, 『조선무쌍신식요리제법』(영창서관, 1936); 「家庭과 文化」,〈매일신보〉1942년 6월 8일
필자 : 홍진임

참새

참새는 몸집이 작은 갈색의 텃새이다. 한자 명칭은 일반적으로는 '雀(작)'이라고 하며, 그 밖의 명칭은 유희(柳僖: 1773-1837)의 『물명고(物名考)』권1 「우충(羽蟲)」조를 보면, '毛雀(모작)', '賓雀(빈작)', '嘉賓(가빈)', '麻雀(마작)', '黃雀(황작)', '雀蘇(작소)', '白丁香(백정향)', '靑丹(청단)'이 있다.

그물이나 활, 총을 써서 잡는 참새는 민간은 물론 왕실에서도 식용하였는데, 참새로 국은 끓이지 않았고 주로 참새구이, 참새자반, 참새전유어(참새전), 참새죽, 참새젓갈, 참새만두 등을 만들어 먹었다. 참새 음식은 겨울이 제철이라고 여겼는데, 겨울에는 잡은 참새를 그대로 조리해 먹을 수 있었기 때문이다. 홍만선(洪萬選: 1643-1715)의 『산림경제(山林經濟)』에서도 참새는 10월부터 이듬해 정월까지 먹을 수 있다고 하였다. 그 이유는 빙허각 이씨(憑虛閣 李氏: 1759-1824)의 『규합총서(閨閤叢書)』에 따르면, 10월에서 정월을 제외한 나머지 기간에는 참새가 독한 버러지를 먹고 살고, 어미를 잡으면 갓 태어난 새끼들이 굶주려 죽기 때문이라고 한다.

그렇다 해도 겨울이 아닌 시기에 참새를 전혀 먹지 않았던 것은 아니다. 미리 말려둔 참새자반을 꺼내 음식을 만들거나, 참새를 술에 씻어 말렸다가 젓갈을 담가두면 제철이 아니어도 참새를 맛볼 수 있었다. 참새자반[雀佐飯]을 만드는 법은 여러 문헌에 보이는데, 17세기 후반의 『요록(要錄)』에 따르면 참새의 깃털을 제

거하고 깨끗하게 씻은 후 뼈가 없어질 때까지 잘 다져서 감장(甘醬)을 넣어 치댄 후 동전[錢]만 하게 편을 만들어 햇볕에 말려서 저장하였다가 쓸 때 기름에 지져서 먹으라고 했다. 또 간장과 함께 밀가루, 천초가루를 함께 섞어서 반죽하면 그 맛이 아주 좋다고 하였다. 자반을 만드는 방법과 비슷하지만 햇볕에 말리지 않고 그대로 기름에 지지면 참새전유어가 된다. 참새전유어는 잘 다진 참새고기를 찹쌀가루와 섞어서 기름에 지지는 방법(『요록』)도 있고, 1800년대 말의 한글 조리서인 『시의전서(是議全書)』에 보이듯이 지금의 동그랑땡처럼 참새고기와 소고기를 다지고 양념한 것을 화전 모양으로 만든 뒤 밀가루를 약간 묻히고 달걀을 씌워 지져서 만드는 방법도 있다.

또한 참새를 잘 다듬고 소금과 기름으로 양념한 것을 꼬치에 꿰어 숯불에 굽는 참새구이와 마찬가지로, 유중림(柳重臨: 1705-1771)의 『증보산림경제(增補山林經濟)』에서는 참새를 다듬고 양념한 것을 뒤집은 솥뚜껑에 기름을 넉넉히 붓고 지지는 조리법도 나오는데, 이때 참새 껍질을 아예 벗겨서 쓰거나, 녹말과 섞어 지져도 좋다고 했다.

분류 : 식재료
색인어 : 부인필지, 규합총서, 동국세시기, 시의전서, 자반
참고문헌 : 유희, 『물명고』; 홍만선, 『산림경제』(한국전통지식포탈); 작자 미상, 『요록』; 작자 미상, 『시의전서』; 유중림 저, 고농서국역총서 6『증보산림경제III』(농촌진흥청, 2004); 빙허각 이씨, 『규합총서』
필자 : 김혜숙

참새구이

조선 후기 실학자인 안정복(安鼎福: 1712-1791)이 쓴 『동사강목(東史綱目)』에는 고려 우왕(禑王: 재위 1374-1388)이 1380년(우왕 6) 임견미(林堅味: ?-1388)의 아들인 임치(林淄: ?-?)와 함께 참새를 잡은 뒤, 그 참새를 꿰어서 담장 밑에서 구워 먹은 일이 나온다. 이와 같이 참새를 꼬챙이에 꿰어서 구워 먹는 방법은 참새를 먹을 때 가장 즐겨 쓰던 조리법이다.

홍만선(洪萬選: 1643-1715)의 『산림경제(山林經濟)』에 따르면, 참새[麻雀]를 구울 때는 털을 뽑고 내장과

쓸개를 제거한 뒤, 칼등으로 고루 두드려 평평하게 만든다. 그런 다음에 기름과 소금을 발라 재워 두었다가, 간이 배면 꼬챙이에 꿰어 굽는다고 하였다. 또한 『부인필지(婦人必知)』에는 참새는 10월부터 1월까지 먹는데, 참새를 구울 때 간장[醬]을 바르면 맛이 없으니까 소금을 발라서 누렇게 타도록 구우라고 했다.

이렇게 숯불에다 굽는 참새구이는 집에서도 해 먹었지만, 1950년대 이후에는 주로 선술집이나 포장마차의 단골 메뉴였다. 술꾼들은 참새고기도 고기지만 뼈까지 아작아작 씹어 먹는 맛을 별미로 쳤다. 참새구이는 참새구이 전문집까지 있어서, 늦가을부터 겨울까지 흔히 '정종(正宗)'이라 부르던 일본식 청주를 따끈하게 데워 마실 때 곁들이는 안주로 참새구이가 손꼽혔다. 하지만 1960년대 후반부터 조류보호법의 시행과 불법수렵 단속으로 인해, 참새 판매가 금지되면서 참새구이도 술집에서 사라졌다. 당시 문제가 되었던 것은 참새구이의 재료로 쓰이는 참새를 잡으면서 참새만 잡지 않았다는 점이다.

〈동아일보〉 1969년 11월 14일자를 보면, 겨울이라 한창 성수기인 참새구이 집에서 팔리는 참새구이 중 진짜 참새는 10%에 불과하고, 나머지 90%는 쑥새, 멧새, 촉새 등과 같이 포획이 금지된 보호조였고 1년간 전국 참새구이 집에서 희생되는 보호조의 숫자가 약 3백만 마리로 추계될 정도였다.

이에 따라 정부의 조류 보호 조치의 필요성이 제기되었고, 1972년 8월 1일부터 내무부의 금렵조치가 시행되었다. 이 조치로 인해 참새를 잡을 수 없게 되자, 참새구이 안주도 도시에서 모습을 감추었다. 그러나 참새를 잡지 않으면서 농작물 피해가 커지자, 정부는 1977년 10월 17일 내무부령 제240호로 금렵 조치를 일부 해제하였다. 참새를 다시 잡게 되면서, 참새가 유통되기 시작하였고 참새구이 장사도 재개되었다. 이후 전국적으로 참새 포획이 확대된 것은 1987년 7월 18일이었다(〈경향신문〉 1977년 11월 23일, 1987년 7월 18일자).

한편 현대에는 참새구이가 주로 어른의 술안주로 여겨지지만, 조선시대에는 아이도 먹는 밥반찬이었다. 장복추(張福樞: 1815-1900)의 『사미헌집(四未軒集)』 「용계실기서(龍溪實紀序)」에는 그가 군자에 비유한 심이문(沈以汶: 1599-1671)의 어린 시절 일화가 나온다. 심이문은 어려서 참새구이를 좋아하여 매일 먹었다고 한다. 그러던 어느 날 참새구이를 준비하는 종들을 따라가 보고, 그동안 자신이 먹었던 참새구이가 알을 품거나 새끼를 키우는 어미 참새를 잡아 마련한 것이었음을 알게 된다. 이에 심이문은 차마 생명을 해칠 수 없다면서, 그 후로 다시는 참새구이를 입에 대지 않았다고 한다.

분류 : 음식
참고문헌 : 안정복 저, 이동환·이정섭 공역, 『동사강목』(한국고전번역원, 1979); 홍만선, 『산림경제』(한국전통지식식포털); 빙허각 이씨, 『부인필지』; 장복추 저, 송희준 역, 『사미헌집』(경북대학교 영남문화연구원, 2014); 「鳥類受難 꿩 등濫獲으로 滅種危機」, 〈동아일보〉 1969년 11월 14일; 「5년 만에 참새구이 등장 港都釜山 포장마차집에」, 〈경향신문〉 1977년 11월 23일; 「全國 어디서나 참새잡이 허용」, 〈경향신문〉 1987년 7월 18일
필자 : 김혜숙

참새와 어린아이

송시열(宋時烈: 1607-1689)의 문집인 『송자대전(宋子大全)』에는 충청도 관찰사 임의백(任義伯: 1605-1667)에게 1665년 12월 24일 보낸 편지가 들어 있다. 송시열은 임의백이 보내 준 납육(臘肉)에 감사를 표하며, 역병[疫]을 치르지 않은 아이들에게 좋은 것이니 너무도 기쁘다고 썼다. 여기에서 송시열이 말한 납육이란 납일(臘日), 즉 동지(冬至) 후 세 번째 미일(未日)에 잡은 고기를 말하는데, 멧돼지, 산토끼, 참새고기 등이 있으나 "역병을 치르지 않은 아이들에게 좋은 것"이라는 내용으로 보아 납일에 잡은 참새를 말한다. 참새가 역병 예방에 효과가 있다는 믿음은 조선시대 널리 퍼져있었다. 조운종(趙雲從: 1783-1820)이 쓴 『면암집(勉菴集)』의 「세시기속(歲時記俗)」을 보면, 납일에 잡은 참새고기를 먹으면 역병에 걸리지 않으며, 아이들에게 먹이면 더욱 좋다고 했다. 그리하여 이날은 참새를 잡으려고 활과 총을 들고 다니는 아이

들로 마을이 떠들썩해진다고 했다(국립민속박물관, 2003: 127쪽). 홍석모(洪錫謨: 1781-1857)의 『동국세시기(東國歲時記)』를 보아도, 이날 참새를 잡기 위해 항간에서는 그물을 치거나 활을 쏘았고, 평소 나라에서 금지하였던 총으로 참새를 잡는 것도 이날만은 허가되었다고 한다.

이렇게 잡은 참새는 주로 참새구이를 해 먹은 듯하다. 조운종과 비슷한 시기의 인물인 권용정(權用正: 1801-?)의 「한양세시기(漢陽歲時記)」에 따르면, 납일에는 참새구이를 먹는다고 하였기 때문이다(국립민속박물관, 2003: 179-180쪽).

이렇듯 어린아이에게 좋다는 참새는 홍만선(洪萬選: 1643-1715)의 『산림경제(山林經濟)』에서 보듯이, 남자들 역시 자양강장(滋養强壯)에 좋다 하여 보양식으로 먹었다. 하지만 임산부는 먹는 것이 금지되었다고 한다. 구체적인 금지 이유는 조선시대 어의(御醫)였던 양예수(楊禮壽: ?-1597)가 편찬한 『의림촬요(醫林撮要)』 제11권 '식기(食忌)'에 보인다. 이에 따르면, 임산부가 참새고기와 콩장[豆醬]을 같이 먹으면 아이의 얼굴에 참새 알처럼 얼룩이 끼고, 참새고기를 안주삼아 술을 마시면 아이가 음탕하고 수치스러운 것을 모르게 되며, 참새의 골을 먹으면 아이에게 야맹증(夜盲症)이 생기니 먹어서는 안 된다는 것이다.

조선시대 사람들은 참새고기는 어린아이에게는 역병을 무난히 넘기는 데 도움이 되지만, 배 속의 아이에게는 좋지 않다고 여겼던 것이다.

분류 : 식재료
참고문헌 : 송시열 저, 이식 역, 『송자대전』 제42권(한국고전번역원, 1984); 이창희·최순권 역주, 『조선대세시기 I 』(국립민속박물관, 2003); 홍석모, 『동국세시기』; 홍만선, 『산림경제』(한국전통지식포탈); 양예수 외 편, 엄동명 역, 『의림촬요』(세종대왕기념사업회, 2016)
필자 : 김혜숙

참외

참외는 박과의 1년생 덩굴식물로, 수박과 더불어 한국인이 여름에 가장 즐겨 먹는 과일이다.

조선시대에는 '眞瓜(진과)' 이외에 다양한 한자어로 표기되었던 참외는 『광재물보(廣才物譜)』에 따르면, '甛瓜(첨과)', '甘瓜(감과)', '果瓜(과과)', '玉瓜(옥과)', '鼻達(비달)'이라고도 했는데, '첨과'의 한국어식 발음이 바로 '참외'이다. 또한 조선 후기 문필가인 이옥(李鈺: 1760-1815)은 당시 조선에는 꾀꼬리처럼 노란색의 꾀꼬리참외[黓甛瓜], 껍질 색깔이 검푸르고 개구리 등 같다는 개구리참외[蝦錄甛瓜], 소의 뿔처럼 생겼다는 쇠뿔참외[牛角甛瓜], 수청참외[水靑甛瓜] 등 다양한 종류의 참외가 있었고, 각기 형태, 색, 맛이 달랐다고 소개하였다(이옥 저, 실시학사 고전문학연구회 편역, 2009: 315쪽).

이후 1900년대 초까지만 해도 미꾸라지참외, 사탕참외, 쇠뿔참외, 줄참외, 호박참외, 홍참외, 열골참외, 노랑참외, 곶감참외, 감참외, 수통참외 등 지역마다 품종이 다른 30여 종의 참외가 재배되었지만, 1960년대 이후 신품종의 보급으로 재래종 참외는 자취를 감춘 상황이다. 노지에서 재배되던 재래종 참외는 현재의 노란 참외에 비해 크기가 크고 향미가 뛰어났다. 또한 껍질은 물론이고 과육의 색깔도 다양했다(〈한겨레〉 1999년 9월 23일자).

현재와 같이 노란색 참외가 대부분을 차지하게 된 것은 1960년대 이후이다. 1957년 일본에서 도입된 '은천' 참외가 인기가 높아 재배면적이 늘어났고, 이후 1970년대 중반 '신은천', 1980년대 중반 '금싸라기 은천' 등이 등장하여 널리 보급되면서 참외하면 겉은 노랗고 속은 하얀 아삭아삭한 과일로 거의 통일되었다(〈경북일보〉 2014년 7월 21일자; 〈경남일보〉 2018년 8월 30일자).

한편 참외의 재배 지역으로 유명했던 곳으로 조선시대의 미식가로 알려진 허균(許筠: 1569-1618)은 『도문대작(屠門大嚼)』에서 참외[甛瓜]는 평안북도 의주(義州)에서 나는 것이 좋은데, 크기는 작지만 씨가 가늘고 맛은 매우 달다고 평했다. 이러한 의주참외 이외에 지역명이 붙거나 지역 특산으로 알려진 참외를 몇 개 들면, 충청남도 천안 지방의 개구리참외, 즉 성환참외, 경기도 여주군의 사과참외, 경기도 이천의 이천참외, 평안남도의 강서참외, 경상북도 청송의 깐치참외, 경상남도의 울산참외 등이 있다(〈동아일보〉 1923년 5월 26일, 1936년 8월 25일자; 〈한겨레〉 1999년 9월 23일자). 현재는 참외의 주산지로서 전국적으로 명성이 높은 지역은 경상북도 성주군이다. 2017년 기준으로 이곳에서 생산하는 '성주참외'는 전국 참외 생산량의 70% 이상을 차지하고, 전국 참외 재배면적의 75%에 달한다(〈경북매일〉 2018년 1월 11일자; 〈서울경제〉 2018년 5월 18일자).

한편 참외를 먹을 때도 지켜야 할 것이 있으니 이덕무(李德懋: 1741-1793)는 「사소절(士小節)」에서 참외는 껍질을 먹지 말고 반드시 칼로 조각을 내서 먹어야 하며, 물이 튀지 않도록 먹으라고 했다. 이러한 참외는 지금은 대개 껍질을 깎아 후식이나 간식으로 먹지만, 일제 강점기까지만 해도 여름이면 참외로 끼니를 대신하는 사람도 적지 않았다. 그리하여 〈동아일보〉 1934년 8월 2일자를 보면, 참외는 조선의 과일 중 가장 대중적인 것이고 여름이 되면 참외가 거리와 시장에 산더미처럼 쌓여 있으며, 참외의 출하시기에는 쌀값이 떨어진다고 할 만큼 대량으로 소비되었다고 한다. 아동문학가이자 수필가였던 마해송(馬海松: 1905-1966)도 자신이 어렸을 적의 복날 풍경을 떠올리며, 지금 생각하면 아무리 대가족이지만 그때는 그 많은 참외를 어떻게 다 먹었을까 싶다고 회고하였다. 그의 집에는 복날이면, 새끼로 뜬 망태에 참외 50개 또는 100개가 든 꾸러미가 먼저 들어왔는데, 예닐곱 식구가 하루면 그 참외를 다 먹어치웠다고 한다. 어릴 때 먹던 참외는 파랗다 못해 먹물이 뚝뚝 흐를 것 같은 먹참외였는데, 1957년 당시 나오던 싱거운 참외와는 비교도 안 될 정도로 연하고 달았다고 한다(〈경향신문〉 1957년 7월 17일자).

마해송의 집에서 한번에 구입했다는 참외의 개수는 50개, 반접이거나 100개, 한 접이었다고 하는데, 당시 과일을 살 때 접 단위로 사면 장사꾼은 상한 과일이 섞였을 가능성을 감안하여 당연히 10%를 '우수'라 하여 얹어주는 게 관행이었다. 따라서 실제로는 55개나 110개나 되는 참외를 하루에 다 먹었다는 이야기이다. 이것은 마해송의 집안이 유난히 대식가여서라기보다는 당시 참외가 여름철에는 과일 이상의 의미를 지녔음을 보여준다.

이렇게 참외가 대량으로 소비될 수 있었던 것은 참외 값이 저렴하고 몇 개만 먹어도 배가 차고 달콤한 맛에 물기도 많아 땀을 많이 흘리는 여름에 적합한 과일이었기 때문이다. 그래서 참외를 너무 먹어서 배탈이 나거나, 속이 곯은 참외를 잘못 먹고 사망하는 사건까지 종종 발생하여 신문에는 이를 주의해야 한다는 기사가 여름마다 등장하고는 했다.

간식이나 끼니뿐 아니라 참외로는 참외장아찌, 참외지짐이, 외무름탕, 참외탕 등과 같은 반찬은 물론 시루떡도 해 먹었다. 이 가운데 '외무름탕'은 1800년대 말의 한글 조리서인 『시의전서(是議全書)』에 따르면, 참외를 토막 쳐서 껍질을 벗기고 속을 꺼내고 지져서, 위아래 마구리에 녹말을 묻혀 삶아 만든 음식인데 수단, 골무편, 연계탕과 함께 음력 6월 15일 유두(流頭)에 명절 음식으로 먹었다. 또한 참외탕은 한희순(韓熙順: 1889-1971) 등이 지은 『이조궁정요리통고(李朝宮廷料理通攷)』(1957)를 보면, 양념한 소고기와 함께 쌀뜨물에 토장과 고추장을 풀어서 끓이다 달걀을 풀어 넣어 만들었다. 19세기의 한글조리서인 『음식책(飮食冊)』을 보면, 참외시루떡을 만드는 법이 나오는데 시루떡을 만들되 무나 호박 대신 참외를 쓰는 방식이다. 먼저 참외의 속을 다 도려내고 넓적하고 얄팍하게 썰고, 미리 타 놓은 소금물에 참외 썬 것을 담갔다가 쌀가루에 묻혀 팥과 켜켜이 시루에 안쳐서 쪄낸 음식이다. 이렇게 찐 참외시루떡을 제사나 고사에 쓰려면 멥쌀가루만 묻히고, 노인이나 양반이 먹도록 질게 만들려면 찹쌀가루를 좀 섞으라고 하였다.

분류 : 식재료
색인어 : 엿, 도문대작, 이조궁정요리통고, 시의전서, 시루떡, 무, 호박
참고문헌 : 이옥 저, 실시학사 고전문학연구회 편역, 「백운필」, 『完譯 李鈺 全集 3-벌레들의 괴롭힘에 대하여』(휴머니스트, 2009); 작자 미상, 『광재물보』; 허균 저, 신승운 역, 『도문대작』(한국고전번역

원, 1984); 한희순·황혜성·이혜경 공저, 『이조궁정요리통고』(학총사, 1957); 이덕무 저, 김동주 역, 「사소절」,『청장관전서』(한국고전번역원, 1980); 작자 미상, 『시의전서』; 단양댁, 『음식책』; 「家庭으로부터 鄕土에」, 〈동아일보〉 1923년 5월 26일; 「내故鄕의 名産을 찾아서 果中之王 成歡참외」, 〈동아일보〉 1934년 8월 2일; 「蔚山 '참외' 豊作」, 〈동아일보〉 1936년 8월 25일; 「삼복식성」, 〈경향신문〉 1957년 7월 17일; 「깐치 참외·먹참외… 사라진 옛 맛 살린다」, 〈한겨레〉 1999년 9월 23일; 「성주참외, 지구촌 입맛 사로잡은 '황금빛 보석'」, 〈경북일보〉 2014년 7월 21일; 「성주 참외의 힘찬 출발」, 〈경북매일〉 2018년 1월 11일; 「성주참외 수출시장 확대로 연수입 1조원 목표」, 〈서울경제〉 2018년 5월 18일; 「[경일칼럼] 제철 과채류 참외 사랑」, 〈경남일보〉 2018년 8월 30일
필자: 김혜숙

성환참외

성환참외[成歡甜瓜]는 충청남도 천안시 성환(成歡) 지역의 특산물이다. 이 참외는 과육은 담황색이지만 겉껍질이 개구리 등처럼 오톨도톨하고 녹색 바탕에 검은색 반점이 줄무늬를 이루고 있어서 '개구리참외'라고도 불렸다.

성환참외의 유래는 정확하지 않다. '디지털천안문화대전' '성환 개구리참외' 항목에 따르면, 일제 강점기 성환목장의 주인 카호시 데쓰마[赤成鐵馬]라는 일본인이 조선의 재래종과 일본종을 교배시켜서 개량하여 만든 것이 성환참외라고 한다. 하지만 이보다 빠른 시기부터 재배되었다는 주장도 있다. 1936년 1월 1일자 〈동아일보〉에서 「특산(特産) 조선(朝鮮)의 이모저모」를 특집으로 다루면서 '성환참외'를 소개하였는데, 성환의 지역민들이 '왜참외'라 부르는 성환참외를 재배하기 시작한 것은 기록이 없어 그 내력은 분명하지 않으나 청일전쟁(淸日戰爭: 1894-1895년)이 성환평야를 중심으로 발발한 직후부터였으니 아마도 평택항을 출입하던 청나라 상인이나 군인을 통해 들어왔으리라 추정하는 기사가 보이기 때문이다.

청일전쟁 이후에 중국을 통해서 들어왔는지, 일제 강점기 일본인 농장주가 개발한 것인지는 알 수 없으나, 신문 기사를 통해 확인한 바로는 성환참외가 조선 전역에 널리 이름을 날리며 전성기를 누렸던 것은 1920년대 이후 일제 강점기였다. 성환참외는 당시 나오는 다른 참외에 비해 세 배가량 크고 과즙도 풍부한 데다

맛이 향긋하여 무척 인기가 좋았다. 그리하여 여름철에 경부선을 타고 수원역을 지나면 기차 안은 성환참외 이야기로 여기저기 수선거리기 시작하고, 참외 생각에 침을 삼키던 승객들은 성환역과 천안역을 도착할 때에는 자신이 먹거나 선물용으로 쓰기 위해 서로 먼저 성환참외를 수십 개 씩 사려고 분주했다고 한다. 남다른 크기와 풍미에 힘입어 1930년대 중반에는 성환참외는 서울, 대전, 이리, 부산은 물론 도쿄, 오사카, 신경(新京)으로까지 판매되었다. 그러자 다른 지역에서도 성환참외를 따라 심기 시작했는데, 성환과는 토질이 달라서 겉모습은 비슷하지만 향미가 떨어지는 참외가 나왔다고 한다. 이러한 가짜 성환참외가 시장에 퍼져 진짜 성환참외의 명성이 떨어지지 않도록, 성환농회에서는 1928년부터 검사를 실시하는 등 품질 관리에 힘을 기울였다(〈동아일보〉 1934년 8월 2일, 1936년 1월 1일자).

하지만 해방 이후에도 시장에 꾸준히 출시되던 성환참외는 1960년대 이후 일본품종인 은천참외에 밀려 점차 자취를 감추게 되었다. 8월 말이 최대 수확철인 성환참외는 은천참외에 비해 수확량은 절반도 못 미치고 수확시기도 늦어서 수익성이 떨어졌기 때문이다(〈동아일보〉 1975년 8월 27일자). 현재는 성환 지역의 극히 일부 농가에서 재배되며 겨우 명맥을 잇고 있을 뿐이다.

분류 : 식재료
참고문헌 : 김성열, 「성환 개구리참외」, 〈디지털천안문화대전〉(한국학중앙연구원); 「내 故鄕의 名産을 찾아서 果中之王 成歡참외」, 〈동아일보〉 1934년 8월 2일; 「特産 朝鮮의 이모저모」, 〈동아일보〉 1936년 1월 1일; 「개구리참외 滅種됐다지만」, 〈동아일보〉 1975년 8월 27일
필자: 김혜숙

참외(이재의)

아침에 따놓은 것 한낮에 꼭지가 마르려기에
샘에다 막 씻어놓으니 물방울에 한기가 엉기네
소반에 푸른 옥을 담았는지 이처럼 맑으니
답답한 가슴에 솟구치는 열기를 씻어내겠네
朝摘經晡蔕欲乾　新泉洗出露凝寒

盈盤碧玉清如許 掃却煩胷熱氣干

*이재의,「참외 절구[甘瓜絶句]」

이재의(李載毅: 1772-1839)는 본관이 전주(全州)고 자는 여홍(汝弘), 호는 문산(文山) 혹은 약암(約菴)이다. 벼슬에 나아가지 않고 강학의 여가에 벗들과 시회를 열고 여행을 즐겼던 문인이며 문집 『문산집(文山集)』이 있다. 이 작품은 한여름 시원한 샘물에 담가둔 참외를 먹어 가슴속에 치미는 열기를 다스린다고 한 칠언절구다.

이재의는 참외를 먹으면서 뜻과 같지 못한 세사에 대한 분노를 푼다고 하였지만, 보통은 참외가 더위를 피하는 피서의 음식으로 환영받았다. 조선 중기의 문인 허균(許筠: 1569-1618)은 벗 이재영(李再榮)에게 이런 초대장을 보냈다. "처마의 빗물이 졸졸 떨어지고 향로의 향내음이 살살 풍기는데 지금 두서너 친구들과 소매를 걷고 맨발로 서안(書案)에 기대어 하얀 연꽃을 보며 참외를 쪼개 먹으면서 번뇌를 씻어볼까 하네. 이런 때에 우리 여인(汝仁: 이재영)이 없어서는 안 될 걸세. 자네 집의 늙은 암사자가 으르렁대며 자네의 얼굴을 고양이 상판으로 만들겠지만, 늙었다고 두려워 위축된 꼴을 보이지는 말게나. 문에서 기다리는 하인이 우산을 가지고 갔으니, 가랑비를 피하기에는 족할 것일세. 빨리 오시게." 허균 역시 더위와 함께 답답한 세상사의 고민을 씻고자 벗과 함께 참외를 먹자고 한 것이다.

조선시대 참외는 여름철 가장 흔하게 먹던 과일이다. 박윤묵(朴允默: 1771-1849)은 같은 집안 사람이 참외를 보내주자 감사의 뜻으로 지은 시에서 "바구니 안에 푸른 과실 가득 채워 보냈으니, 성남 사는 분께서 빗속에 사랑을 듬뿍 보내셨네. 겉을 자르니 푸른 살이 윤기가 번드레하고, 가운데 수북한 속은 옥빛 진액이 맑구나. 아이들 마구 씹어 먹으니 질릴 리 있겠냐마는, 나 역시 새로 맛을 보니 숙취가 깨겠구나. 어찌하면 선물 주고받는 옛 예절을 지키랴. 주머니 비어 좋은 것 답하지 못하여 부끄럽구나[筠籠靑顆十分盈 多愛南城雨裏情 外面斫來綠肌潤 中心貯處玉津清 兒皆亂嚼寧嫌飽 我亦新甞可解醒 來往何能修古禮 囊空慳愧未投瓊]."라 하였다. 참외는 아이들의 입에게 맛난 간식거리지만 어른들의 숙취 해소에 도움이 되는 좋은 약이었다.

그런데 참외는 다양한 이름으로 불렸다. 참외는 달다고 하여 감과(甘瓜) 혹은 첨과(話瓜)라 하고 우리말 그대로 진과(眞瓜)라고도 적었다. 또 조선 중기의 문인 이응희(李應禧: 1579-1651)는 "참외란 그 이름 뜻이 있으니, 그 이치를 내 궁구할 수 있다네. 몸통 짧은 것은 당종이라 하고, 몸통 긴 것은 수통이라 부른다네. 가르면 황금빛 씨가 흩어지고, 쪼개 먹으면 살이 꿀처럼 달다네. 품종이 모두 이와 같으니, 서과란 말도 뜻이 같겠지[名眞意有在 其理我能窮 短體稱唐種 長身號水筒 剖分金子散 條折蜜肌濃 品格渾如此 西瓜語必同]."라 하였다. 중국에서 들어온 몸통이 짧은 품종은 당종(唐種)이라 학고, 몸통이 길고 과즙이 많은 것은 수통(水筒)이라 부른다고 하였다.

분류 : 문학
색인어 : 참외, 감과, 첨과, 진과, 당종, 수통, 서과, 이재의, 허균, 박윤묵, 이응희
참고문헌 : 이재의,『문산집』; 허균,『성소부부고』; 박윤묵,『존재집』; 이응희,『옥담시집』
필자 : 이종묵

참외치기와 참외내기

하얀 가래엿을 골라 딱 하고 꺾어 입에 대고 후 하고 불면 엿가락에 구멍이 나타난다. 이 때 누가 고른 엿가락의 구멍이 큰가를 비교하여 큰 쪽이 이기고 진 쪽이 엿장수에게 엿 값을 전부 내는 내기를 '엿치기'라 한다. 조선시대에는 이러한 엿이 아니라 참외로도 내기를 했는데, 이를 '참외치기[打話瓜]'라고 불렀다.

이런 참외치기 이야기가 정조(正祖) 대 문필가인 이옥(李鈺: 1760-1815)의 「백운필(白雲筆)」에 나온다. 그가 글을 쓸 당시에는 사라졌지만, 자신이 어려서는 참외치기가 행해졌다면서 기억을 더듬어 기록한 것

이다. 이옥이 보았던 참외치기는 참외 가게에 한 무리의 사람들이 모여서 참외의 냄새를 맡아보고 잘 익은 것을 각자 고른 후, 참외를 쪼개 서로 비교하여 가장 단 참외를 고른 사람이 승자가 되는 방식인데, 내기에 진 사람은 내기에 참여한 사람이 고른 참외 값 전부를 가게에 냈다고 한다(이옥 저, 실시학사 고전문학연구회 편역, 2009: 316쪽).

한편 참외로는 참외치기보다 참외 먹기 내기도 많이 하였다. 특히 땀을 흘려 갈증은 나고 마침 참외 철이라 참외 값도 싸지는 여름철에는 누가 참외를 많이 먹나 내기를 하다 배탈이 나는 경우도 종종 있었다. 이 때문에 1939년 7월 2일자 〈동아일보〉에는 어린 학생들을 상대로 여름철에 친구들과 위험한 물놀이는 삼가고, 참외 같은 걸로 누가 더 먹나 먹기 내기 같은 쓸데없는 짓은 절대로 하지 말라는 훈계가 실렸다.

이런 내기를 소재로 소설가 유현종(劉賢鍾: 1939년생)은 「참외내기」라는 짧은 콩트를 1978년 8월 12일자 〈경향신문〉에 실었다. 그 내용을 보면, 주인공인 '나'는 열서너 살 쯤 되는 남자아이인데, 동네에 새로 이사 온 같은 또래 '쟁비'의 기를 죽이기 위해 씨름판을 벌였다. 하지만 제일 힘이 좋은 배나무집 판식이조차 쟁비를 당하지 못하자, 힘으로는 어렵겠다 판단하고 한여름이고 하니 이번에는 참외 먹기 시합을 제안하였다. 그래서 평소에 참외서리를 하던 동네 개천가 참외밭에 동네 아이들과 다 같이 몰려갔다. 주인공과 쟁비는 시간은 무제한으로 하고 노랑참외를 많이 먹는 쪽이 이기는 시합을 했고, 내기에 지는 쪽이 참외 값을 전부 물기로 했다. 하지만 주인공은 열두 개째를 다 먹지 못하였고, 쟁비는 연신 자기 팔뚝에 입을 씻어가며 참외를 열여덟 개나 먹는 신기록을 세웠다. 결국 친구들에게 업혀 집으로 돌아온 주인공은 소금 한 주먹을 먹고 나서야 정신을 차렸고, 주인공의 어머니는 아이들이 먹은 참외 값을 전부 치러야 했다. 나중에 들으니, 쟁비는 시합을 하기 전에 집에서 미리 소금물을 만들어 양쪽 팔뚝에 바르고 갔고, 시합 중에는 참외 한 입 먹고 팔뚝의 소금기를 핥아 먹기를 반복하였던 것

이다. 참외는 소금기만 닿으면 물이 되니까, 그렇게 하여 그토록 많이 먹을 수 있었다는 이야기이다.

이 글에서 참외로 속이 거북한 주인공, 그리고 참외를 조금이라도 더 먹으려고 한 쟁비는 둘 다 '소금'을 먹었다. 참외에 소금기가 닿으면 녹는다고 믿었기 때문인데, 이와 관련된 내용이 최한기(崔漢綺: 1803-1879)의 『농정회요(農政會要)』 '첨과(甛瓜)'에 나온다. 이에 따르면, 참외를 너무 많이 먹었을 때에 약간의 소금을 먹으면 바로 소화가 된다고 하였다.

분류 : 식재료
참고문헌 : 이옥 저, 실시학사 고전문학연구회 편역, 「백운필」, 『完譯 李鈺 全集 3-벌레들의 괴롭힘에 대하여』(휴머니스트, 2009); 최한기 저, 고농서국역총서 12-『농정회요 III』(농촌진흥청, 2007); 「여름은 무서운 철 쓸데없는 내기는 맙시다」, 〈동아일보〉 1939년 7월 2일; 「참외내기」, 〈경향신문〉 1978년 8월 12일
필자 : 김혜숙

채반

채반은 곡물이나 음식을 담는 용기로 싸리나 댓가지로 둥글넓적하게 결어 만든 채그릇이다. '채반'의 '채'는 싸리를 가리킨다. 채반은 큰 원형으로 만들며 둘레에 낮게 전을 올리는 것이 일반적인 형태이다. 7월경에 싸리를 베어 껍질을 벗겨낸 후 이 껍질로 채반을 만든다. 채반에는 주로 전이나 부침개를 펼쳐놓기도 하며, 국수사리나 음식재료를 건져 물기를 빼거나 술을 거를 때도 쓴다. 술이나 장을 거를 때 쓰는 도구인 용수는 둥글고 긴 통모양으로 채반과 모양이 다르다. 채반에 음식을 올려두면 공기가 잘 통하고 기름도

채반, 높이 19.9cm, 광복 이후, 국립민속박물관

잘 빠져서 음식이 덜 상한다. 김장 때에는 갖은 양념을 썰어 담아놓고 갓 씻은 미나리, 갓 등과 같이 얹어서 물기를 빼기도 한다. 흰 꽃이 피는 쪽싸리의 껍질로 만든 채반은 빛깔이 희고 매끄러워 잘 더러워지지 않으며 솔로 씻기도 편해서 한 집에서도 여러 개를 갖추어놓고 쓴다.

채반은 상례에서 망자를 데리러 온 사자에게 사잣밥을 차려 줄 때 사용하기도 한다. 사잣밥은 찬이 없는 밥 세 그릇, 짚신 세 켤레, 동전 세 닢으로 차리는데, 이것들을 채반이나 소반에 담아서 발인 때까지 문밖 또는 담 옆에 놓아둔다.

다용도로 사용되던 채반은 전통적으로 싸리나 대오리를 재료로 하여 담양 등지에서 주로 만들어졌다. 현대에는 플라스틱이나 스테인리스 스틸로도 제작되고 있다.

속담 중 '채반이 용수가 되게 우긴다'는 말은 사리가 맞지 아니하는 의견을 끝까지 주장하는 경우를 비꼬아 이르는 말이다.

분류 : 미술
색인어 : 접시, 채
참고문헌 : 한국학중앙연구원, 『한국민족문화대백과사전』; 『한민족역사문화도감 식생활: 국립민속박물관 소장품』(국립민속박물관, 2007)
필자 : 구혜인

천초

천초(川椒)는 귤과에 속하는 낙엽성 작은키 나무인 산초나무의 성숙한 과피(果皮)를 말한다. 한의학에서는 중초(中焦)를 따뜻하게 하고 한사(寒邪)를 흩어지게 하며 습(濕)을 제거하고 통증을 감소시키며 살충(殺蟲)하고 물고기 독을 푸는 효능을 가진 약재로 쓰인다. 수로 민물생선을 먹을 때 양념으로 사용하는데, 특히 추어탕을 먹을 때 빼놓지 않고 넣는 양념이다. 천초가 가지는 살충효과와 물고기 독을 푸는 효능 때문이다. 산초장아찌는 강원도, 충청도, 경기 가평, 충북 제천, 경남 하동의 향토음식이다. 황해도 해주에서는 산초를 분지라 하여 분지절임, 분지장아찌라고도

부르는데, 분지절임을 만들 때 며칠 동안 물을 갈아주며 독을 뺀 후 진간장과 묽은 간장을 끓이지 않고 반씩 섞어서 붓고, 하룻밤 두었다가 간장을 따라 끓여서 식혀 다시 붓기를 두어 번 해서 사용한다.

허준(許浚: 1539-1615)이 편찬한 『동의보감(東醫寶鑑)·탕액편(湯液篇)』(1610)에서는 '촉초(蜀椒)'에 대해 설명하고 있는데 이것이 '쵸피나모여름'이라 불리우는 산초나무 열매, 초피나무 열매이다. 그 성질은 뜨겁고 맛은 매우며 독이 있다. 속을 데우고, 죽은 피부와 추위와 습기로 인한 팔다리 저림 증상에 주로 쓴다. 뜨거운 기운으로 냉한 기운을 없애고 독이 약간 있어 도리어 고독(蠱毒)이나 벌레, 물고기의 독을 없애는 효과가 있다. 방부효과나 통증을 없애주는 효과도 있어서 치통을 없애고 양기를 북돋우며, 음한(陰汗)을 멎게 하고 허리와 무릎을 따뜻하게 하며, 소변을 줄이고 기를 내린다고 하였다.

곳곳에 있는데, 수유와 비슷하나 조금 작고 가시가 있다고 하였다. 잎은 단단하고 미끌미끌하며, 꽃은 없고 4월에 열매를 맺는데, 잎 사이에서 팥알만 한 크기로 둥글게 자라며 그 껍질은 적자색이라고 설명하였다. 8월에 열매를 따서 그늘에 말린다고 하였다. 다른 이름으로는 천초(川椒), 파초(巴椒), 한초(漢椒)라고도 한다.

천초(川椒)라는 이름은 역사적인 이야기와 관련이 있다. 『동의보감』에서 '촉초(蜀椒)'라고 부르는데, '촉(蜀)'은 중국의 촉나라 지방을 의미하며, '촉초'는 촉나라 지방에서 나는 매운 열매를 의미한다. '촉'은 쓰촨성[四川省]을 가리키는데, 유비와 제갈량의 촉나라에서 유래하는 것이다. '촉' 대신 '천(川)'이라고도 쓰였기 때문에 '촉초'를 '천초(川椒)'라고도 한다고 하였다. 또 『동의보감』은 촉초는 껍질과 살이 두텁고 속이 희며, 기미가 진하고 강렬한데, 초목(椒目)이나 입이 벌어지지 않은 것은 쓰지 말아야 한다고 하였다. 입이 벌어지지 않은 것은 사람을 죽일 수 있기 때문이다. 약한 불로 볶아 진을 빼내면 효과가 좋다.

그래서인지 사찰에서 천초를 식재료로 사용할 때 파

랗게 덜 익었을 때 채취하여 장아찌를 만드는데, 그 강렬한 기운을 빼기 위해 끓는 물에 데치고, 하룻밤 우려내는 과정을 거쳐서 독성을 완화시킨다. 그리고 나서 간장에 넣고 장아찌를 담는데, 그래도 남아있을 독에 대비하여 한번 섭취할 때 많이 먹지 않도록 꼭 주의를 준다. 하지만 기운을 잘 돌려주고, 속을 따뜻하게 해 주는 효능 때문에 장아찌로 활용하는 듯하다.

다 익은 열매의 껍질은 빻아서 추어탕 등에 먹는 산초가루로 사용된다. 산초가루는 방부효과가 있어 고춧가루가 들어오기 이전에는 김치나 요리 등에 매운 맛을 낼 때 이 산초가루를 많이 사용하였다.

'산초'는 이름은 재래의 산초와 함께 20세기 이후 한반도 남부 지역에 퍼진 일본의 '샨쇼(山椒)'와 혼용되어 쓰이고 있다. 엄밀히 말하면 천초는 초피나무의 열매이고, 산쇼는 산초나무의 열매와 잎을 가리킨다. 일부 지역에서는 둘을 구분하여 일본의 산쇼를 제피라고 부른다. 둘의 모양이 비슷하여 헷갈려 하지만 산초의 잎은 매끈하고, 제피의 잎은 가장자리가 뾰족한 것으로 구분할 수 있다.

다 익으면 벌어진 열매의 까만 씨를 『동의보감(東醫寶鑑)』에서는 '초목(椒目)'이라고 하는데 우리말로는 '천쵸씨 초목'라 하고 이것이 초피나무 열매의 씨이다. 성질이 차고 맛을 쓰며 독은 없거나 조금 있다고 하는데, 12가지 수기를 치료한다고 하는데, 수기를 운행시켜 소변을 잘 나오게 한다고 하였다. 이것은 다만 수기를 소변으로 잘 빼낼 뿐, 대변이 잘 나오게 하지는 않는다. 따라서 수기를 내려보내는 데 가장 빠르고, 사용할 때는 약간 볶아 쓴다고 하였다. 민간에서는 산초열매의 까만 씨를 모아 약간 볶아서 기름을 짜는데 우리나라 일부 지역에서는 아직도 이 산초기름으로 두부를 부쳐 먹는 것을 별미로 즐기고 있다.

1450년경 어의 전순의(全循義: ?-?)가 지은 가장 오래된 음식책인 『산가요록(山家要錄)』에는 '건천초(乾川椒)' 만드는 방법이 나온다. 천초가 짙은 붉은색이 된 것 중 입이 벌어진 것을 골라 좋은 간장에 담그는데, 간장에서 건져낸 후에 기왓장 위에 종이를 펴고 볶으면서 자주 젓는다. 마르면 꺼내어 색이 검지 않게 한다. 이렇게 가공해서 사용하면 그 맵기가 보통보다 배가 된다고 하였다. 또 껍질을 청주에 담갔다가 말려 가루를 만들어 쓰기도 한다고 하였다. 이렇게 갈무리하여 두고 매운맛이 필요한 요리에 사용했을 것으로 생각된다.

천초를 양념으로만 사용한 것은 아닌 듯하다. 유과를 만들 때 그 고명으로 사용한 기록이 최한기(崔漢綺: 1803-1877)가 편찬한 종합 농업기술서인 『농정회요(農政會要)』(1830년경)에 나온다. '전천초법(煎川椒法)'은 찹쌀을 가루로 하여 반죽을 만들 때 산초가루를 섞어서 반죽을 하기도 하고, 씨를 뺀 통 산초 1알을 주사위 크기의 떡 조각에 끼우고 햇볕에 말렸다가 기름에 지져서 부풀어 오르게 하였다. 요즘같이 과자가 흔하던 시절이 아니었던 시기에 이러한 다양한 재료를 넣은 유과와 같은 음식은 다과로 애용되었으리라 생각된다.

분류 : 식재료
색인어 : 간장, 두부, 떡, 추어탕
참고문헌 : 허준, 『동의보감·탕액편』; 주영하, 「한국 향신료의 오래된 역사를 찾아서」, 『향신료의 지구사』(휴머니스트, 2014); 전순의, 『산가요록』; 최한기, 『농정회요』
필자 : 홍진임

청귤

조선시대에 청귤(靑橘)은 전라도 제주목, 즉 오늘날 제주도의 귀한 특산물이었다. 제주도에서는 황감(黃柑), 금귤(金橘), 유감(乳柑), 동정귤(洞庭橘), 감자(柑子), 유자(柚子), 산귤(山橘), 왜귤(倭橘) 등 여러 종류의 감귤이 났고, 철이 되면 각각 거두어 육지로 보냈다. 이 가운데 청귤은 감자와 함께 금귤, 유감, 동정귤보다는 못하지만, 유자나 산귤보다는 맛이 좋다고 평가되는 종류였다(『세조실록(世祖實錄)』 세조 1년 1455년 12월 25일자 기사).

청귤은 비록 색이 푸르고 쭈글쭈글해서 덜 익은 것으로 오해받기도 하지만, 시기에 따라서는 맛이 아주 좋은 과일이었다. 청귤은 다른 감귤류와는 맛이 좋아지는 시기가 달랐다.『신증동국여지승람(新增東國輿地勝覽)』에 따르면 제주목의 청귤은 열매를 맺어 봄이 되어서야 익고, 때가 지나면 다시 말랐다가 때가 되면 다시 익는다고 하였다.

좀 더 구체적인 맛의 변화는 이익(李瀷: 1681-1763)의『성호사설(星湖僿說)』에 나온다. 이에 따르면, 청귤은 가을과 겨울에는 너무 시어서 먹을 수 없고 2, 3월 봄이 되면 신맛이 조금 가시고, 5-6월에는 묵은 열매와 새 열매가 한 나뭇가지에 달리는데 묵은 열매는 새콤달콤하며 7월까지는 계속 단맛이 난다고 한다. 8-9월이 지나 겨울이 되면 묵은 열매가 다시 푸르게 되는데, 맛은 신맛이 난다. 그리고 이러한 청귤은 처음 신맛이 생길 때는 사람들이 모두 천하게 여기고 먹지 않는다고 설명하였다.

「감귤」 창간호, 제주감귤협동조합 월간지, 1977년, 국립민속박물관

분류 : 식재료
색인어 : 유자, 감귤
참고문헌 :『세조실록』; 이행 저, 이식 역,『신증동국여지승람』(한국고전번역원, 1970); 이익 저, 김철희 역,『성호사설』(한국고전번역원, 1976)
필자 : 김혜숙

청귤(『용재총화』)

참판 안초(安超)가 일찍이 전라도관찰사가 되어 나주에 가서 순찰사 김상국(金相國)과 만났다. 그때 제주목사가 아직 익지 않은 청귤(靑橘) 한 바구니를 보내왔다. 안 공은 귤의 색깔이 파랗고 껍질이 쭈글쭈글한 것을 보고는 먹지 못하는 것이라고 생각했다. 그래서 "제주목사가 무엇 때문에 수고롭게 멀리서 익지도 않은 작은 귤을 보냈는고?" 하고는 기생들에게 나누어 주었다. 한 기생이 귤을 순찰사 김상국의 방으로 가지고 갔다. 순찰사가 "귤이 어디서 났느냐?" 하고 물으니 기생이 사실대로 말했다. 순찰사는 아직 나누어주지 않은 나머지 귤을 가지고 와서 안 공과 앉아 귤을 먹으며 "감사께서는 싫다고 버리셨지만 저는 이것을 정말 좋아합니다"라고 했다. 안 공도 귤 하나를 가져다 먹어보고는 그제야 그 맛을 알게 되었다.

위 내용은 성현(成俔: 1439-1504)이 편찬한『용재총화』에 실려 있다.

이 내용은 성현이 직접 경험한 것이 아니라, 안초와 김상국으로부터 전해 들은 것을 기록한 것으로 보인다. 이처럼 간접적으로 전해 들은 것이든 실제로 목격한 것이든, 실제로 있었던 일이나 사건을 자유로운 문체로 기록한 것을 '필기(筆記)'라고 하는데,『용재총화』에는 이러한 필기류의 글이 특히 많이 실려 있어서, 당대의 문화나 풍속을 살피는 데 많은 도움을 준다. '청귤'은 일반적으로 아직 익지 않은 푸른 귤을 말하는데, 위 내용에 등장하는 청귤은 다른 감귤과는 달리 꽃이 핀 이듬해 2월까지 과피(果皮)가 푸르며, 3-4월쯤 황색으로 익는, 종류가 다른 과일이다.『세종실록지리지』나『탐라지』등에도 그 명칭이 등장하는 것으로 보아, 예로부터 널리 먹었던 과일임을 알 수 있다. 특히『탐라지』에는 '청귤은 크기는 산귤과 같고, 가을에서 겨울에 색깔이 파랗고 맛이 시어서 2-3월에 이르면 산이 적당하고, 5-6월이 되면 묵은 열매는 노랗게 익고, 새 열매는 파랗게 변하고, 파란 새순과 한 나뭇가지에 매달려 있으니 참으로 절경이다. 이때에 이르면 단맛이 꿀과 초를 조화시킨 것 같다. 7월이 되면 열매 속이 모두 물이 되어 맛이 달다. 8-9월에 열매는 다시 푸르다.'라고 자세히 기록되어 있다. 요즘에도 면역력을 높여 주는 등, 건강에 유익한 효능이 있다고 알려져 차, 즙 등으로 만들어 먹는다.

분류 : 문학
색인어 : 청귤, 성현, 용재총화
참고문헌 : 성현 저, 김남이·전지원 외 역,『용재총화』(휴머니스트, 2015)
필자 : 차충환

청어

청어목 청어과에 속하는 바닷물고기이다.

청어는 조선시대 이전부터 우리나라의 주요한 수산자원이었다. 『세종실록지리지』, 『신동국여지승람』, 『난호어목지(蘭湖漁牧志)』, 『자산어보(玆山魚譜)』 등 여러 고서에 청어 이야기가 나온다. 이순신 장군의 『난중일기(亂中日記)』에도 군사들이 청어를 잡아 군량으로 바꾸었다는 기록이 나올 정도다. 청어는 20세기에도 그렇지만 일정하게 많은 양이 잡힌 것은 아니고 어획량이 불규칙하게 증감(增感)을 되풀이한 것으로 보인다. 정약전은 『자산어보』에서 "청어는 국·구이·젓갈·포에 모두 좋다. 정월이 되면 알을 낳기 위해 해안 가까이 몰려드는데, 수억 마리가 떼를 지어 바다를 덮는다. 청어 떼는 석달 간의 산란을 마치면 물러가는데, 그 다음에는 길이 서너 치 정도의 새끼들이 그물에 잡힌다. 1750년 이후 10여 년 동안은 풍어였지만, 그 후 뜸해졌다가 1802년에 다시 대풍을 맞이했으며, 1805년 이후에는 또 다시 쇠퇴하기를 반복했다."고 하고 있다.

청어는 자원의 증감이 있긴 해도 예부터 값이 싼 생선이어서 소금에 절인 상태로 전국에 유통되어 서민들 밥반찬이 되었다. 청어는 조선조에 '비웃'이라는 다른 이름으로도 불렸다. 황필수(1842-1914)는 각종 사물 명칭을 고증한 『명물기략(名物紀略)』이란 책에서 비웃의 유래를 한자어로 비유어(肥儒魚: 선비를 살찌게 해 주는 물고기)에서 왔다고 하며, 청어가 값싸고 맛이 있어 가난한 선비들을 살찌게 해서 그런 이름이 붙었다고 설명한다. 사실과 상관없이 청어는 값싸고 맛이 있어 누구나 먹던 생선인 것으로 풀이된다.

청어는 회, 구이, 과메기, 찌개, 젓 등으로 많이 먹는다. 청어회나 청어회무침은 주로 동해안 산지에서 활어 상태로 많이 먹는다. 청어 제철인 겨울에 강원도나 경상북도 동해안 지역에서 주로 먹는다. 청어 음식 중 일반 형태는 청어구이다. 가시가 많은 것이 흠이기는 하지만 굵은 소금을 뿌려 노릇노릇 구워 내는 청어의 고소한 맛을 즐기는 사람이 많다. 꽁치와 함께 과메기로 가공된 청어 역시 찾는 사람이 많다. 드물기는 하지만 경상북도 지역에서는 청어를 찌개로 먹기도 한다. 청어의 비린 맛을 없애기 위해 된장을 듬뿍 풀어 보글보글 끓여 먹는다. 청어과메기는 꽁치과메기에 비해 기름기가 더 많고 비린 것으로 알려져 있지만 살이 두툼하고 기름기가 많아 더 고소한 맛이라 일부러 찾는 사람도 있다.

청어젓의 경우 드물지만 17세기 중엽 한글로 된 최초의 음식 조리서 『음식디미방』에는 "청어를 물에 씻으면 못쓰게 되니, 가져온 그대로 자연스럽게 닦아버려라. 백 마리에 소금을 두 되씩 넣되, 날물기(끓이지 않은 물기)는 절대 금하고 독을 마르고 단단한 땅에 묻으면 제철이 돌아오도록 쓰느니라."라고 하고 있다. 청어알을 꺼내 담은 청어알젓은 요즘도 많이 먹는 젓갈 중 하나이다.

청어에는 뛰어난 영양 성분이 있다. 양질의 단백질과 필수아미노산을 고루 함유하고 있어 동맥경화와 심장병에 탁월한 효능이 있다. 특히 청어에 많은 메티오닌은 간 해독제로 이용된다고 한다. 비타민B1, B2도 많은 편이다.

속초 중앙시장 좌판의 청어ⓒ하응백

분류 : 식재료
색인어 : 청어
참고문헌 : 황선도, 『멸치 머리엔 블랙박스가 있다』(부키, 2013); 정문기, 『한국어도보』(일지사, 1977); 이태원, 『현산어보를 찾아서 3』(청어람미디어, 2003)
필자 : 하응백

청어(가난한 유생의 생선)

조선시대에 청어는 대체로 흔한 생선이었고, 그만큼 만들어 먹던 음식도 다양하다. 청어는 생으로 쓰거나 자반을 만들어서 청어구이, 청어조림, 청어찜, 청어젓, 청어선, 청어전유어, 청어순댓국, 비웃조치(청어찌개), 청어식해 등으로 조리하였다. 또한 굵고 좋은 청어는 '관목'이라 하여 말려 두었다가 먹을 때 껍질을 벗겨 초고추장에 찍어 먹기도 했다.

이옥(李鈺: 1760-1815)의 『백운필(白雲筆)』을 보면, 그가 글을 쓰던 때로부터 40, 50년 전만 해도 청어가 아주 흔하여 당시 열 마리에 1전(錢)일 정도로 값이 엄청나게 쌌다고 한다. 그리하여 해주(海州)로부터 배에 실려 들어오는 청어 때문에 한강의 여러 포구에 비린내가 가득해지면, 너무도 가난한 탓에 평소 고기나 생선을 먹지 못하고 채식을 일삼던 유생들도 비로소 생선 맛을 볼 수 있었다고 한다. 이와 같이 유생의 채식을 끝내주는 생선이라 하여 청어는 '유어(儒魚)'라는 별칭이 붙었다. 하지만 그렇게 넘쳐났던 청어가 이후 몇 년 동안은 점차 잡히지 않아서, 가난한 유생은커녕 부잣집에서도 세 토막으로 나눠 접시에 올릴 정도로 청어 가격이 폭등하였다가 다시 청어가 많이 잡히면서 가격도 싸졌다고 한다(이옥 저, 실시학사 고전문학연구회 편역, 2009: 117-118쪽).

한편 이옥과 비슷한 시기에 살았으나 나중에 영의정까지 올랐던 한용귀(韓用龜: 1747-1828)는 가난한 유생은 아니지만 청어를 아주 좋아하던 사람이다. 이유원(李裕元: 1814-1888)의 『임하필기(林下筆記)』에 따르면, 한용귀는 청어를 즐긴 나머지 반드시 매끼니 밥상에 청어를 올리게 하였다. 이에 하인의 우두머리가 반찬 담당 종을 꾸짖기를 재상의 밥상에 청어만 올린다면서, 볼기를 때려 죄를 묻겠다고 하였다. 그 말을 들은 한용귀는 청어를 먹지 못하게 하려는 것이라면서 웃었는데, 당시에는 청어 값이 아주 싸서 미천한 사람들이 먹었기 때문이다. 하지만 이유원이 이 글을 쓸 즈음에는 중국 선박이 서해안에 가득 몰려다니면서 우리나라 사람들이 잡은 생선을 높은 가격으로 사

가지고 가는 바람에, 청어가 드물어져서 존귀한 사람들마저 청어를 먹기 어려울 정도가 되었다고 한다.

분류 : 식재료
참고문헌 : 이유원 저, 김동주 역, 『임하필기』(한국고전번역원, 2000); 이옥 저, 실시학사 고전문학연구회 편역, 「백운필」, 『完譯 李鈺 全集 3·벌레들의 괴롭힘에 대하여』(휴머니스트, 2009)
필자 : 김혜숙

청어(김정희)

배에 실려온 청어 도성에 가득하니
살구꽃 봄비 속에 장사꾼 외치는 소리
구워 보니 해마다 먹던 맛 그대로건만
새 철이라 눈이 끌려 특별히 정이 가네

海舶靑魚滿一城 杏花春雨販夫聲
炙來不過常年味 眼逐時新別有情

*김정희, 「청어(靑魚)」

조선 후기 최고의 학자로 평가되는 김정희(金正喜: 1786-1856)의 작품이다. 김정희는 본관이 경주고, 자는 원춘(元春), 호는 추사(秋史)와 완당(阮堂)이 널리 알려져 있다. 경학(經學)과 불교(佛敎) 외에도 금석(金石)과 서화(書畵)에도 뛰어났다. 문집 『완당전집(阮堂全集)』이 있다. 이 작품은 청어를 두고 쓴 칠언절구인데, 19세기 당시 도성에 청어를 파는 상인이 돌아다녔음을 알 수 있다. 청어가 흔한 생선이라 새로울 것이 없지만 봄을 맞아 다시 구워 먹어보니 더욱 별미라고 하였다.

조선 중기의 문인 이응희(李應禧: 1579-1651) 역시 "남해에서 잡힌 청어가, 천 척 배에 실려 강으로 들어오네. 알은 황금빛 좁쌀과 같고, 창자는 백설 같은 기름이 엉긴 듯. 구우면 밥반찬이 되고, 말리면 술안주로 좋다지. 귀하기가 이와 같으니, 평소 값 오를까만 걱정이라[靑鮮南海産 江口入千艘 卵抱黃金粟 腸凝白雪膏 炙宜餤美飯 乾可飮香醪 品貴能如此 偏憂素價高]."라 하였다. 황금처럼 노란 알과 백설같이 흰 창자를 가진 청어는 구워서도 먹고 말려서도 먹었으며 밥반찬과 술안주로 매우 사랑받았음을 알 수 있다.

그런데 이유원(李裕元: 1814-1888)은 『임하필기(林下筆記)』에서 한용귀(韓用龜)가 끼니 때마다 밥상에 청어를 올리게 하였는데 이는 청어가 서너 푼밖에 하지 않아 가난한 사람들이 먹는 음식이었기 때문이라 하였다. 청렴한 관리가 매일 먹는 생선이었으니 청어가 서민들의 가장 대표적인 먹거리였음을 알 수 있다. 그런데 이유원은 중국 선박이 서해에 몰려다니면서 높은 값에 사서 가져가기 때문에 신분이 존귀한 자라도 먹을 수가 없게 되었다고 한탄하였다. 김윤식(金允植: 1835-1922)도 「벽어탄(碧魚歎)」을 지어 청어가 사라진 현실을 개탄하였다. "서해의 청어 많고도 맛있기에, 예전부터 가난한 집 반찬으로 전해왔다지. 봄이면 비린 바람이 시장에 가득하여, 곳곳마다 언덕과 산처럼 쌓였다지. 심산유곡이라 할지라도 모두 실컷 먹었기에, 싱싱하지 않은 것은 종종 값도 치지 않았다지. 이십 년 사이에 홀연 자취 없어졌으니, 후세 사람이 어찌 이름과 모양을 알리오[西海靑魚多且珍 古俗相傳貧家餐 春來腥風滿城市 處處堆積如邱山 深山窮谷皆厭飫 往往餒敗不論錢 二十年來忽無迹 後生那由名貌識]."라 하였다. 1901년 서남해의 지도(智島)에 유배되어 있을 무렵의 작품이니, 이 무렵에 청어가 거의 사라졌던 모양이다. 그가 우려한 대로 지금 근해에서 청어가 잘 잡히지 않으니, 반찬거리로도 잘 올라오지 않는다.

분류 : 문학
색인어 : 청어, 김정희, 이색, 이응희, 이유원, 김윤식
참고문헌 : 김정희, 『완당전집』; 이응희, 『옥담시집』; 이유원, 『임하필기』; 김윤식, 『운양집』
필자 : 이종묵

청어(나이 든 학사가 이식했던 청어)

송나라 때 소동파(蘇東坡: 1036-1101)와 관련하여 '견양저육(汧陽猪肉)'이라는 고사가 있다. 당시 견양 지방의 돼지고기는 다른 지방의 돼지고기와는 비교가 안 될 정도로 맛이 각별하다는 소문이 있었다. 하인을 돼지를 사오도록 견양으로 보낸 소동파는 견양 돼지로 잔치를 하겠다는 초대장을 돌렸다. 그런데 견양에서 돼지를 사오던 하인이 술에 취해 돼지를 잃어버리는 바람에 다른 지방의 돼지로 잔치를 치렀다. 견양 돼지라고 생각한 손님들은 이렇게 맛있는 돼지고기는 난생처음이라며 입을 모아 칭찬을 했다. 그 얘기 들은 소동파가 잔치를 끝내며 손님들에게 맛있게 드셔주니 고마우나 지금 여러분이 드신 고기는 견양의 돼지가 아니라 이웃 고깃간에서 사온 것이라고 밝혔다. 이 잔치의 손님들처럼 혀가 아니라 귀로 음식을 먹는 것을 '이식(耳食)'이라 한다(정민, 2014).

이와 유사한 사례를 이옥(李鈺: 1760-1815)의 『백운필(白雲筆)』에서 볼 수 있다. 그는 음식은 맛으로 취해야 하지만, 세상 사람들이 다들 음식의 명성에 현혹되어 '귀로 먹는다'[耳食]며 비판하였고, 그 예로 자신이 서울에 살 때 이웃의 나이 든 학사(學士) 이야기를 했다. 어느 날 손님과 청어국을 먹던 학사는 진짜 해주(海州) 청어라서 역시 맛이 다른 생선과는 비교할 수 없다며 자랑하였다. 아직 해주에서 배가 들어올 때가 아니라는 사실을 아는 손님은 그 말을 의심하였는데, 여종에게 물어보니 과연 해주가 아니라 북도(北道: 함경도)에서 인마(人馬)로 운반해온 청어였다. 그 말을 들은 학사는 자기도 실은 국 맛이 탁하다고 생각했다며, 못 먹겠다고 국그릇을 밥상 아래에 내려놓아 비웃음을 샀다는 이야기이다(이옥 저, 실시학사 고전문학연구회 편역, 2009: 113쪽).

이 일화를 보면, 당시 서울 사람들 사이에서는 해주산 청어가 북도산 청어보다 맛이 좋기로 정평이 났던 듯하다. '비웃'이라고도 하는 청어는 색이 푸르다 하여 '청어'인데, 이익(李瀷: 1681-1763)의 『성호사설(星湖僿說)』과 허균(許筠: 1569-1618)의 『도문대작』에 따르면 조선시대에는 해마다 가을철이 되면 함경도부터 청어잡이를 시작하였다. 이때 잡히는 청어는 배가 희고 크기가 컸다. 이어 겨울이 되면 동해안을 따라 내려오면서 경상도에서 잡히는데 등이 검고 배가 붉은 청어였다. 점차 전라도와 충청도를 거쳐 황해도까지 올라가는 청어를 따라가며 잡는데, 서쪽으로 갈수록 점차 크기가 작아졌고, 2월에 해주(海州)에서 잡히

는 청어의 맛이 매우 좋았다고 한다.

같은 청어라 해도 동해안, 남해안, 서해안에서 잡히는 청어의 맛은 조금씩 달랐다. 홍만선(洪萬選: 1643-1715)의 『산림경제(山林經濟)』를 보면, 북도산 청어는 껍질이 두꺼운 데다 기름지고 냄새가 나서 맛이 좋지 않았고, 남쪽에서 나는 것은 굽기에 적합하여 반쯤 말려서 먹으면 맛이 좋으며, 서해산은 국을 끓여 먹으면 맛이 아주 좋다고 한다. 따라서 해주에서 들여온 청어는 국을 끓여 먹기에 적당하고, 그 맛도 자랑할 만하였을 것이다. 이에 비해 북도산 청어는 크기는 커도 맛이 뒤떨어진다고 알려져 있으므로, 그 얘기를 들은 이웃집 학사는 귀로 청어를 먹었기에 기껏 맛있게 먹던 국을 물렸던 것이다.

분류 : 식재료
참고문헌 : 이익 저, 김철희 역, 『성호사설』 제6권(한국고전번역원, 1976); 허균 저, 신승운 역, 『도문대작』(한국고전번역원, 1984); 홍만선, 『산림경제』(한국전통지식포탈); 정민, 「견양저육」, 『조심』(김영사, 2014); 이옥 저, 실시학사 고전문학연구회 편역, 「백운필」, 『完譯 李鈺 全集 3-벌레들의 괴롭힘에 대하여』(휴머니스트, 2009)
필자 : 김혜숙

청어(『대동야승』)

정승 유정현(柳廷顯)의 종이 빗쟁이와 싸우다가 그 빗쟁이를 죽였다. 이에 유정현은 급히 의산군(宜山郡)에 사는 남은(南誾)의 집으로 도망하여 평소 알고 지내던 망금(亡金)을 찾았다. 망금은 남은이 사랑하는 계집종이었다. 유정현은 망금의 방으로 들어가 숨었다가 들키자 "내가 살인죄로 사형을 당하게 되어 숨을 데가 없기에 이제 여기 와서 살길을 찾고 있는 것이다." 하였다. 이 말을 들은 망금은 애처롭게 여겨 남은에게 "소인이 죽을죄가 있습니다." 하였다. 남은이 "무슨 말이냐?" 하니, 망금은 "유정현이 지금 저의 자리에 누워서 살려 달라고 하옵는데, 이것이 저의 죽을죄입니다." 하였다. 남은은 놀라면서 "그 사람은 이미 사람을 죽였으니 죽어 마땅하고, 너도 숨겨 주기로 허락하였으니, 스스로 그 죄가 있다. 어찌하면 좋단 말이냐?" 했다.

남은이 이날 밤 대궐을 지키는데 망금이 따라 들어갔다. 남은은 임금에게 "망금이 죽을죄가 있사오니 마땅히 속히 죽이옵소서. 이제 살인자 유정현이 현재 망금의 처소에 와 있다 하옵니다." 하니, 임금이 망금을 돌아보며, "어찌하여 죄인을 숨겼는가?" 하자, 망금은 그동안의 일을 낱낱이 말씀드리니, 임금은 특별히 유정현을 용서하였다. 유정현이 다시 살아난 은혜를 고맙게 여겨, 황금 한 덩이를 몰래 소매 속에 숨겼다가 망금에게 주어 남은에게 바치게 하였으나, 남은이 크게 노하여 망금을 책망하고 금을 돌려보냈다.

무인년 사변에 남은이 패하고 유정현은 마침 진주목사가 되었다. 망금이 영남에 가서 장사하다가 진주에 들렀다. 고을 청사에서 말린 청어[碧魚]가 수백 동이나 쌓여 있음을 보았는데, 마침 기생 10명이 그 앞을 지나가고 있기에 망금은 10여 명의 기생들에게 농담을 던지기를 "너희들이 이 고기를 먹고자 한다면 마땅히 각각 한 동이씩을 주겠다." 하니, 기생들은 모두 웃으면서 "손님께서 한 사람에게 고기 대가리 하나씩만 줄 수 있다면, 우리들도 각각 술 한 잔씩을 드리겠습니다." 하고 서로 약속하였다. 망금이 목사를 뵙고 "저, 망금입니다." 하니, 유정현은 바야흐로 관사에 앉아 일을 보다가, 자기도 모르게 놀라 일어나 손을 잡고 끌어당겨 앉혔다. 망금이 굳이 사양하고 앉지 않으니, 곧 술자리를 마련하여 앉게 하고 수륙의 음식을 나열하여 술잔을 돌리기 한이 없었다. 술이 얼근하여 말하기를 "소인이 청어 열 동을 쓰고자 합니다만." 하니, "네 쓰고 싶은 대로 써라. 어찌 열 동이뿐이겠느냐." 하였다.

술자리가 끝나 망금이 자기 처소로 돌아가 10여 명의 기생에게 각각 청어 한 동이씩을 주니, 기생들이 모두 놀라 "우리 목사님은 성격이 인색하셔서 비록 한 마리의 대가리라도 오히려 낭비하지 않으시는데, 어찌하여 손님에게는 이토록 관대하실까요." 하였다. 그 후 유정현은 마침내 정승이 되어 나라의 중신(重臣)이 되었고, 망금 또한 나이 80이 넘었는데도 늘 남들과 이 이야기를 하였다 한다.

위 이야기는 살인에 연루된 죄로 죽게 된 관리가 평소 알고 지내던 여자 종의 도움을 받아 살아난 뒤, 후에 그 종의 청을 받아줌으로써 은혜를 갚았다는 내용과, 여자 종이 관청에 보관되어 있던 청어를 기생들에게 나눠주도록 주선한 내용으로 구성되어 있다. 특히 죽음을 무릅쓰고 지인을 숨겨준 일과, 관의 물품을 희사하도록 한 여자 종의 통 큰 품성이 잘 표현된 이야기이다. 위 내용은 조선 초기 이륙(李陸: 1438-1498)이 편찬한 『청파극담』에 실려 있는 것으로, 『대동야승』에도 전재되어 있다. 『대동야승』은 조선시대 각종 야사와 잡록을 집성한 전집으로, 조선 초기 성현(成俔: 1439-1504)의 『용재총화』에서부터 인조 때 김시양(金時讓: 1581-1643)의 『부계기문』에 이르기까지 모두 59종의 책이 연대순에 따라 실려 있다.

분류 : 문학
색인어 : 청어, 청파극담, 대동야승
참고문헌: 민족문화추진회 편, 『대동야승』2(간행위원회, 1971)
필자 : 차충환

청어(역사)

청어(靑魚)는 물고기의 표면이 푸른색을 띠고 있다 하여 붙여진 이름이다. 예전에는 우리나라 인근 수역에서 많이 포획되었기 때문에 누구나 쉽게 청어를 구해 먹을 수 있었다. 그런데 바로 이러한 점 때문에 청어에게는 '비유어(肥儒魚)'라고 하는, 아주 재미난 별칭(別稱)이 붙었다. 황필수(黃泌秀: ?-?)는 『명물기략(名物紀略)』에서 청어는 값은 매우 저렴하나 맛이 좋고, 빈한한 선비들이 사 먹을 수 있으니 비유어라 부른다고 적었다. 비유어란 문자 그대로 '선비를 살찌게 하는 생선'을 뜻하는데, 청어를 이르는 또 다른 명칭인 '비웃' 또한 여기서 파생된 것으로 보인다. 그러나 일제 강점기의 어류학자 정문기(鄭文基: 1898-1995)는 화명벽어(華名壁魚)라 하여, 청어를 벽어(壁魚)라고도 부르는데 이 벽어를 부르는 중국음이 '비유이'인 까닭에 비웃이란 명칭이 생긴 것이라고 보았다(정문기, 「조선중요수산물(10) 청어」, 〈동아일보〉 1939년 5월 9일자).

청어를 즐길 수 있는 시기는 겨울에서 이른 봄까지다. 대개 청어는 음력 11월 무렵에 처음 포획되기 시작하여 봄철에 절정을 이룬다. 그중에서도 음력 11월에 잡힌 청어는 '신물(新物: 그해 처음으로 나온 물품)'이라 하여 종묘제사에 천신하였다. 우리나라에서는 해주에서 나는 청어를 최고로 쳤는데, 이는 청어가 서해를 돌아 황해도의 해주 앞바다에 이르면 더욱 살이 찌고 맛이 있기 때문이다. 청어는 천 마리가 무리를 지어 조수를 따라 휩쓸려 다니는 습성이 있는데, 3월이 되어서야 그친다고 한다.

살구꽃이 피는 이른 봄에 잡힌 청어는 가난한 선비들의 배 속을 기름지게 했다. 이런 고마움 때문일까? 고려에서 조선시대에 이르기까지 문인들은 유독 청어에 대한 기록을 많이 남겼는데, 그 면면을 살펴보면 다음과 같다. 추사(秋史) 김정희(金正喜: 1786-1856)는 살구꽃이 필 무렵이면 청어를 실은 배가 강어귀에 도착하여 온 성(城)이 청어로 가득했다고 하였다(『완당전집(阮堂全集)』). 조선 후기의 문신 김윤식(金允植: 1835-1922)도 "봄 되자 비린 바람 성시(城市)에 가득하니 곳곳마다 언덕과 산처럼 쌓였다네."라고 하여 청어가 지천으로 널려 있는 풍경을 시로 읊었다(『운양집(雲養集)』). 청어를 실은 배가 강에 와 닿으면 생선장수들의 발걸음 또한 바빠졌다. 19세기 초반 서울의 풍속을 기록한 홍석모(洪錫謨: 1781-1857)에 따르면, 청어 배가 한강에 들어오면 생선장수들이 거리를 누비며 청어를 사라고 외치며 다녔다고 한다(『동국세시기(東國歲時記)』). 그 덕분에 깊고 외진 산골에 사는 사람들도 모두 청어를 실컷 먹을 수 있었고, 때로 싱싱하지 않은 것은 값도 치지 않았다고 한다(『운양집』). 이처럼, 부담 없이 즐길 수 있었기에 선비들의 정월 선물로는 달력과 청어만 한 게 없었다. 목은(牧隱) 이색(李穡: 1328-1396)은 김공립(金恭立)이라는 사람에게서 달력과 청어를 선물로 받고서는 "맛없는 아침밥 입맛을 돋워주는 청어로다. 청어를 먹으면 내장에 원기가 충만하리라."고 읊조렸다.

분류 : 식재료

색인어 : 동국세시기
참고문헌 : 이색 저, 이상현 역,『목은집』(한국고전번역원, 2003); 김정희 저, 신호열 역,『완당전집』(한국고전번역원, 1986); 홍석모 저, 최대림 역,『동국세시기』(홍신문화사, 2006); 황필수,『명물기략』; 김윤식 저, 이지양 역,『운양집』(연세대학교 국학연구원, 2013); 서유구 저, 이두순 평역, 강우규 도판,『평역 난호어명고』(수산경제연구원BOOKS·블루&노트, 2015); 정문기,「조선중요수산물(10) 청어」,〈동아일보〉1939년 5월 9일
필자 : 양미경

청어와 과메기

과메기는 동해안 지역에서 즐기는 겨울철 별미로, 지역어로 과미기라고도 부른다. 과메기라는 말의 어원은 한자어 '관목(貫目: 지역 방언으로 '관묵'이라고도 함)'에서 유래한 것이라고 하는데, 관목을 어떻게 풀이하느냐에 따라 전혀 다른 의미를 갖는다. 먼저, 관목이란 '꼬챙이로 눈을 꿰었다.'라는 뜻이라고 보는 견해도 있다. 이는 관목이라는 의미를 청어를 건조하는 방식으로 해석한 것이다.

반면,『규합총서(閨閤叢書)』를 쓴 빙허각 이씨(憑虛閣 李氏: 1759-1824)는 "청어 말린 것을 세상에서 흔히들 관목이라 하나 잘못 하는 말이다. 정작 관목은 청어를 들고 비쳐 보아 두 눈이 서로 통하여 말갛게 마주 비치는 것을 말려 쓰면 그 맛이 좋은 것으로, 청어 한 동에서 이 관목 한 마리 얻기가 어렵다."고 했다. 즉, 빙허각 이씨는 관목이라는 의미를 '두 눈이 말갛게 비칠 정도로 신선한 청어'로 보았고, 한 동이에서 관목 한 마리 얻기가 어려울 정도로 귀하다고 하였다. 그러므로 이처럼 쉽게 구할 수 없는 관목청어는 주로 왕실에 진상하였을 것이다. 실제로 1798년(정조

22) 10월에 경주부윤 오정원(吳鼎源: 1741-?)이 올린 상소나 같은 해 같은 달에 영일현감 정만석(鄭晩錫: 1758-1834)이 올린 상소에 지역 토산품으로 각각 청어관목(靑魚貫目)과 관목청어(貫目靑魚)가 기재되어 있다(『정조실록』). 청어 철이 아닌 10월에 봉진한 점, 그리고 건대구, 건문어 등과 나란히 적혀 있는 것으로 볼 때, 관목청어(혹은 청어관목)는 '좋은 청어를 골라 건조한 것'으로 이해된다.

그런데 과메기의 주산지인 경북 구룡포에서는 '목'을 '메기', 혹은 '미기'로 발음하였다고 한다. 그래서 훗날 관목이 관메기가 되고, 다시 과메기, 혹은 과미기로 변이되었다는 것이다. 이에 대한 고증은 어렵지만, 실제로 1970년대 신문 기사에서 '관메기'라는 용어를 사용하고 있는 것으로 보아 어느 정도 개연성은 있으리라고 짐작된다(「입맛 돋워주는 토속요리」,〈경향신문〉 1971년 3월 18일자;「문화재 지정후보 고유음식 갖가지, 팔도맛-강원도 막국수에서 평안도 순대까지」,〈경향신문〉1978년 4월 17일자).

관목, 즉 과메기란 청어를 말린 것을 의미한다. 1946년에 출판된『조선음식 만드는 법』에서 방신영(方信榮: 1890-1977)은 과메기 만드는 법을 다음과 같이 기록하였다. 먼저, 갓 잡은 신선한 청어의 아가미 밑으로 내장을 빼내고, 깨끗이 씻어 물기를 제거한다. 그런 다음, 소금을 약간 뿌리고 무거운 돌로 눌러서 한참 두었다가 볕에 말린다. 청어가 꾸덕꾸덕해지면 소쿠리에 올려두거나 매달아둔다. 과메기를 먹을 때는 껍질을 벗기고 얄팍하게 썰어서 초고추장에 찍어 먹

해풍에 과메기를 말리는 모습ⓒ권선희

청어를 말려 과메기로ⓒ권선희

과메기 손질 모습ⓒ권선희

는다고 적었다. 또한 일제 강점기에 조선총독부 식산
국 수산과에 근무했던 정문기(鄭文基: 1898-1995)는
경상북도 영일과 대구 지역에서는 "소건(素乾)한 청
어를 '과미기'라고 칭한다."고 하면서, "이 '과미기'를
짚불에다 구워가지고 어피(魚皮)를 벗기여버리면 별
미(別味)를 가진 선적색어육(鮮赤色魚肉: 선명한 붉
은색 어육)이 나오는데, 이 '과미기' 요리 중에는 '과미
기 쑥국'이 제일 미미(美味: 맛있다)하다."고 하였다.
이처럼 과메기는 완전히 건조한 것이 아닌, 꾸덕꾸덕
하게 소건(素乾)한 상태로 말리는 것이 특징이다. 경
북 구룡포에서는 청어가 많이 잡히기 시작하는 겨울
철에 밤낮의 일교차를 이용하여 자연건조를 시키는
데, 이렇게 해야 밤낮으로 냉동과 해동을 반복해가며
과메기가 숙성되기 때문이다. 과메기를 먹는 방식에
는 두 가지가 있다. 하나는 과메기 그 자체를 즐기는
방식으로, 주로 초고추장에 찍어 술안주로 먹는다. 그
리고 또 다른 방식으로는 과메기를 생선 어육처럼 음
식의 재료로 사용하는 것이다. 위에서 정문기가 말한
'과미기쑥국'이나 김동리·윤서석이 언급한 냉이·쑥·
콩나물을 넣어 쑨 과메기죽이 이에 해당된다.
그러나 1960년대 이후 청어가 우리나라 수역에서 자
취를 감추면서 청어로 만든 과메기 또한 "이름만 남고
남한에서는 보기 힘들"게 되었다(「입맛 돋워주는 토
속요리」, 〈경향신문〉 1971년 3월 18일자). 이에 과메
기 맛을 그리워하는 사람들이 한동안 청어 대신 꽁치
로 과메기를 만들어 먹으며 헛헛함을 달랬다. 다행히
지금은 청어 떼의 귀환으로 청어과메기를 맛볼 수 있

다고 하니, 천만다행한 일이 아닐 수 없다.

분류 : 음식
색인어 : 청어(靑魚), 관목(貫目), 관묵, 관메기, 과메기, 과미기, 소건
(素乾), 꽁치
참고문헌 :『정조실록』; 빙허각 이씨,『규합총서』; 방신영,『조선음식
만드는 법』(대양공사, 1946); 정문기, 「조선중요수산물(10) 청어」,〈동
아일보〉1939년 5월 9일; 김동리, 「관메기와 육개장: 나의 식도락(食
道樂)」,〈신동아〉1967년 6월; 윤서석, 「입맛 돋워주는 토속요리」,〈경
향신문〉1971년 3월 18일; 「문화재 지정후보 고유음식 갖가지, 팔도
맛-강원도 막국수에서 평안도 순대까지」,〈경향신문〉1978년 4월 17
일; 주영하,『식탁 위의 한국사』(휴머니스트, 2013)
필자 : 양미경

청어의 지역 조리법

지역별로 청어(靑魚)를 조리해 먹는 방식이 매우 달
랐다. 그중에서도 전남 지역과 경북 지역에서 전승되
는 조리법이 매우 특이하였는데, 전남 지역에서는 한
꺼번에 청어를 많이 먹을 수 있는 방법이 고안되었고,
경북 지역에서는 과메기를 넣고 끓인 '과미기쑥국'이
시절음식으로 사랑받았다.
약간의 편차는 존재하지만, 조선시대에 청어는 우리
나라 전 수역에서 생산되었고, 또 포획량이 많아서 비
교적 쉽게 구해 먹을 수 있었다. 그러다 보니, 청어는
구이·자반·조림·찜·전유어·찌개·국·죽·젓갈·식해 등
과 같이 다채로운 음식에 두루 활용되었다. 더욱이 흥
미로운 점은, 청어를 이용해 만들어 먹는 음식이 지역
별로 서로 다른 색채를 띠고 있었다는 점이다. 그중에
서도 전라남도와 경상북도 지역에서 청어를 조리해
먹는 방식이 매우 재밌고 특이하다. 정문기(鄭文基:
1898-1995)가 1939년 5월 9일자 〈동아일보〉에 실은
글을 통해 자세히 살펴보면 다음과 같다.
전남 지역에서는 한꺼번에 청어를 많이 먹고자 할 때
이를 효과적으로 조리하는 방법이 전승되어 오고 있
었다. 사실 청어는 기름이 많아서 한번에 많이 먹기가
힘들다. 하지만 기름기를 제거하게 되면, 한꺼번에 많
은 양을 먹을 수 있다. 이를 위해 먼저, 가마솥에 물을
붓고 그 위에 죽렴(竹簾)처럼 생긴 대나무 발을 설치
한다. 그리고 대나무 발에 청어를 올려놓고 쪄서 익힌
다. 이렇게 열탕(熱湯)을 하게 되면 청어의 기름이 용

해되어 밑으로 빠지고, 딱 먹기 좋을 만큼의 지방만 남게 된다. 이렇게 지방을 뺀 청어를 고추장에 찍어 먹으면 별미일 뿐 아니라, 한꺼번에 많은 양을 먹을 수 있어서 그간에 부족했던 영양분을 보충할 수 있었다.

한편, 청어 다산지인 경북 지역에서는 오래 전부터 과메기(혹은 지역어로 '과미기'라고도 함)와 과메기를 넣고 끓인 '과미기쑥국'이 전해 내려오고 있었다. 과메기란 청어를 약간 말려서(素乾) 짚불에 구워 가죽을 벗겨 만든, 일종의 건청어(乾靑魚)를 말한다. 그런데 쑥국을 끓일 때 과메기, 즉 말린 청어를 넣고 끓이면 제일 미미(美味: 맛있다)하다고 정문기는 설명했다.

오늘날 '과미기쑥국'의 흔적을 찾기란 쉽지 않지만, 쑥을 넣고 끓인 것으로 보아 이 음식은 봄철에 먹던 경북 지역의 시절음식[時食]이었을 것으로 추정된다. 특이한 것은 쑥국을 끓일 때, 지역의 특산물인 과메기를 넣었다는 점이다. 경북 안동 출신의 장계향(張桂香: 1598-1680)이 살았던 17세기에도 과미기쑥국이 존재했을 가능성이 높다. 그는 『음식디미방』에 "음력 1-2월에 쑥을 뜯어 간장국을 끓이고, 여기에 잘게 다져서 빚은 꿩고기 완자와 말린 청어를 잘게 뜯어 넣고 끓이면 매우 좋다."고 적었다.

'과미기쑥국' 외에도, 봄철에는 과메기에 쑥, 콩나물을 넣고 죽을 쑤어 먹기도 했다. 경북 경주가 고향인 소설가 김동리(金東里: 1913-1995)는 "관메기를 칼로 토막 내어 냉이와 쑥과 콩나물 따위를 섞어 죽을 쑤어 놓으면 이것이 또한 진미이다. 이런 것은 안 먹어본 사람에게는 내가 아무리 강조하여도 헛수고에 지나지 않는다."고 강조하였다(「관메기와 육개장: 나의 식도락(食道樂)」, 『신동아』 1967년 6월). 또한 1971년 3월 18일자 〈경향신문〉에 실린 「입맛 돋워주는 토속요리」에도 경주의 토속음식으로 이 음식이 소개되었다. 이 글을 쓴 윤서석은 이 음식을 '희한한 맛'이라 평하면서, 남한에서는 이제 이 음식을 먹는 집이 거의 없다고 적었다.

분류 : 식재료
색인어 : 청어(靑魚), 청어 요리, 지역색, 전라남도, 경상북도, 과미기, 과메기, 과메기쑥국, 과미기쑥국, 장계향, 음식디미방, 정문기, 김동리
참고문헌 : 정문기, 「조선중요수산물(10) 청어」, 〈동아일보〉 1939년 5월 9일; 김동리, 「관메기와 육개장: 나의 식도락(食道樂)」, 『신동아』 1967년 6월; 윤서석, 「입맛 돋워주는 토속요리」, 〈경향신문〉 1971년 3월 18일
필자 : 양미경

청어의 회유

청어(靑魚)는 냉수성 어족(魚族)으로, 물의 온도 변화에 따라 옮겨다니며 서식한다. 그러다 보니, 지역에 따라 포획시기도 다르게 나타난다. 일제 강점기에 조선총독부 식산국 수산과에 근무했던 정문기(鄭文基: 1898-1995)에 따르면, 경남 울산 지역에서는 12월부터 청어가 잡히기 시작하여 1-2월에 가장 성(盛)하고, 3월이 되면 청어 떼가 사라진다고 한다. 경북 연해 지역은 12월에 청어가 등장하기 시작하여 1-3월에 성기(盛期)를 이루고 4월에 종기(終期)가 되는 반면, 그보다 위쪽인 강원도는 5월까지 청어가 잡힌다. 한편, 함남 지역은 4월에 가장 성하고, 함북 지역은 5월이 성기라고 하였다(「조선중요수산물(10) 청어」, 〈동아일보〉 1939년 5월 9일).

성호(星湖) 이익(李瀷: 1681-1763)이 살았던 조선 중기에도 수온의 변화에 따른 청어의 회유(回遊)는 계속되었던 모양이다. 이익은 『성호사설(星湖僿說)』에 "청어는 북도(北道)에서 처음 보이기 시작하여, 강원도의 동해변을 따라 내려와서 11월에 경상도 울산·장기 지역에서 잡"힌다고 기록하였다. 이처럼, 청어는 물이 차가워지는 겨울이 되면 함경도 인근에서 경상도 연해까지 서서히 남하하고, 수온이 따뜻해지는 봄이 오면 다시 북상하여 함경도 지역으로 돌아가는 회유로(洄游路)를 따랐다. 그러므로 청어의 주요 생산지는 청어의 회유로와 아주 밀접하게 연관되어 있었다. 실제로, 정문기는 청어가 생산되는 주요 어장으로 경북 영일만, 경남 울산만, 강원도 장전만, 함남 원산만, 함북 경성만과 조산만을 꼽았는데, 이는 청어의 회유로와 정확히 일치하고 있음을 알 수 있다.

하지만 조선시대에 기록된 문헌을 좀 더 자세히 들여다보면, 이와 매우 다른 양상을 확인할 수 있다. 우선,

『세종실록』「지리지」에서는 청어가 전라도, 충청도, 전라도, 황해도, 함길도에서 나는 토산물이라고 하였다. 또한 조선 중기의 미식가 허균(許筠: 1569-1618)은 『도문대작(屠門大嚼)』에서 청어에는 북도(함경도), 경상도, 전라도, 황해도 해주에서 생산되는 네 종류가 존재한다고 설명하였다. 뿐만 아니라 성호 이익도 "봄이 되면 차츰 전라도와 충청도로 옮겨간다. 봄과 여름 사이에는 황해도에서 생산되는데, 차츰 서쪽으로 옮겨짐에 따라 점점 잘아져서 천해지기 때문에 사람마다 먹지 않는 이가 없다."라고 했다. 이러한 기록들로 미루어 볼 때, 실제로는 청어가 우리나라 바다 전역에서 생산되었음을 알 수 있다.

그렇다면, 이와 같은 기록의 편차는 왜 생겨나는 것일까? 사실 이는 청어 자원의 급격한 변화 때문으로, 성호 이익의 말을 빌려 말하면 "이 물고기 따위는 매양 시대의 풍토와 기후를 따라다니기 때문"일 것이다(『성호사설』). 기록에 의하면, 조선시대에도 청어 자원은 수시로 변동되었던 것 같다. 전라도 위도는 "청청청어 엮자. 위도 군산 청어 엮자."라는 소리가 강강수월래에도 등장할 만큼 청어가 많이 잡히는 지역이었다. 하지만 1511년(중종 6)에는 위도에서 청어 떼가 모두 사라져버려서 어전이 황폐해졌다(『중종실록』). 그리고 이수광(李睟光: 1563-1628)도 봄철에 서해와 남해에서 넘쳐나던 청어가 1570년(선조 3) 이후에는 전혀 잡히지 않는다고 『지봉유설(芝峯類說)』에 적었다. 그래서 1629년(인조 7) 3월 5일 황해감사 이경용(李景容: 1580-1635)이 황해도 강령 바다에서 잡은 청어를 임금에게 봉진하였는데, 『인조실록』은 "청어는 본래 서해에서 잡히지 않고 또 정공(正供)도 아니었다. 그런데 감사 이경용이 처음으로 봉진하였다."는 기록을 남겼다. 조선 후기 사람 김윤식(金允植: 1835-1922)이 살았던 시대에도 청어는 나타났다 사라지기를 반복했다. 그는 『운양집(雲養集)』에 옛날에는 서해에서 청어가 많이 생산되어 가난한 집의 밥반찬으로 쓰였는데, 20년간 홀연히 자취를 감추는 바람에 후세 사람이 그 이름과 모양을 알 수 없는 지경에 이르렀다고 하였다.

이처럼, 청어는 일정한 시간을 두고서 나타났다가 사라지기를 반복해왔다. 그래서 사람들에게 값싼 생선으로 낙인이 찍힐 무렵이면, 어느새 자취를 감추고 귀하신 몸이 되었다. 그리하여 어느 해에는 쌀 한 말에 50마리 남짓 주던 것이 또 어느 해에는 쌀 한 말에 20마리로 가격이 껑충 올랐다. 그러던 것이 1960년대 이후, 청어가 한반도 수역에서 아예 자취를 감추게 되었다. 그래서 청어로 만들던 과메기가 한동안 꽁치 과메기로 대체되는 일도 벌어졌다. 최근의 연구에 의하면, 17-18세기 소빙기로 인해서 청어가 한반도의 서해·동해·남해로 이동했음이 밝혀졌다.

분류 : 식재료
색인어 : 청어(靑魚), 냉수성 어족, 서식지
참고문헌 : 『중종실록』; 『인조실록』; 이수광, 『지봉유설』; 허균, 『도문대작』; 이익, 『성호사설』; 김윤식, 『운양집』; 정문기, 「조선중요수산물 (10) 청어」, 〈동아일보〉 1939년 5월 9일; 김문기, 「소빙기의 성찬: 근세 동아시아의 청어어업」(『역사와 경계』 96. 2015)
필자 : 양미경

청주

청주는 누룩가루를 물이 담긴 독에 넣은 다음에 여기에 찹쌀가루로 찐 떡을 넣어 밑술을 만든 뒤 다시 멥쌀과 누룩, 그리고 물을 넣어 빚은 술이다. 술독에 용수를 박아 맑은 술을 떠낸다. 갈색을 띤 연노랑의 투명한 술이지만, 아주 투명하지는 않다. 알코올 도수는 12-20% 정도이다. 보통 '맑은 술'이라고 불린다. 한반도의 중부 지역 이남에서 쌀이 많이 생산되기 때문에 이 지역에서 청주가 고급술로 여겨졌다. 제법에 따라 특정의 약재를 넣어 빚기도 한다. 이 술을 약이 된다고 하여 약주(藥酒)라고 불렀다.

청주는 맑은 술 전체를 부르는 통칭으로도 쓰였다. 주로 순향주(醇香酒)·삼해주(三亥酒)·이화주(梨花酒)·송화주(松花酒)·소국주(小麴酒) 등이 모두 청주의 한 계통이다. 청주는 단맛에 비해서 알코올 도수가 높아 민간에서는 '앉은뱅이 술'이라고 불리기도 했다. 마실 때는 달아서 좋지만 몇 잔 마신 후에 일어날 수 없을 정도로 급하게 취하기 때문에 생긴 말이다. 조선초기에는 종묘와 사직에 제사 지낼 때 예법에서 구분했던 다섯 가지의 술인 오제(五齊)를 모두 청주(淸酒)로 사용하였다. 이런 관습으로 인해서 왕실 제향이나 민간의 제례에서 청주는 제주(祭酒)로 쓰였다. 왕실에서도 신하들의 노고를 치하할 때는 청주를 선물로 내렸다. 민간에서도 손님이 올 때 접빈(接賓)의 술로 집집마다 빚은 가양주(家釀酒)로 대접을 하였다.

『주례(周禮)·천관(天官)·주정(酒正)』에서는 "삼주의 종류로는 사주, 석주, 청주가 있다."고 했다. 삼주는 제향에 참석한 사람들에게 마시도록 하는 술인데 비해서, 오제(五齊)는 신령에게 바치는 술이라고 했다. 그래서 삼주는 잘 익은 술이지만, 오제는 아직 덜 익은 술이다.

『선화봉사고려도경(宣和奉使高麗圖經)』에서는 "나라에는 찹쌀이 없다. 멥쌀을 누룩에 섞어서 술을 만든다. 술의 빛깔이 짙고 맛이 독해 쉽게 취하지만 빨리 깬다. 왕이 마시는 술을 양온(良醞)이라고 부른다. 궁궐의 좌고(左庫)에는 청주(淸酒)와 법주(法酒)의 두 종류 술이 있다. 옹기로 만든 술독에 담아서 황견(黃絹)으로 봉해 둔다."고 했다. 이로 미루어 고려시대부터 왕실에서는 청주를 만들어 마셨던 것으로 추정된다. 『동국이상국집(東國李相國集)』에서 "두보(杜甫)가 본래 궁했던 사람이라 역시 그 습관으로 인하여 말한 것인지도 모를 일이다."고 하면서 자신은 탁주보다 청주가 더 맛있다고 했다. 그는 "내가 예전에 젊었을 때 백주(白酒: 탁주) 마시기를 좋아한 것은, 맑은 술을 만나기가 드물어 늘 막걸리를 마셨기 때문이었는데, 높은 벼슬을 거치는 동안에 늘 청주를 마시게 되매 또 막걸리를 좋아하지 않았으니, 습관이 되었기 때문인가. 요새는 벼슬에서 물러나 녹이 준 때문에 맑은 술이 계속되지 못하는 때가 있어 하는 수 없이 막걸리를 마시는데, 금방 엊혀서 기분이 나쁘다."고 밝혔다.

조선시대에도 개성 이남에서는 쌀로 빚은 청주를 가장 으뜸으로 여겼다. 그중에서도 청명주는 양반의 집안에서 항상 빚었던 술이다. 청명주는 24절기의 하나인 청명(淸明) 때 담그는 술이라 하여 이름이 붙여진 것이다. 왕실에서는 청주를 제향의 제주로 삼았다. 관에서도 매번 지내는 여러 제향에서 청주가 제주로 쓰였다. 그래서 왕실과 관에서는 계절에 맞는 여러 가지 청주를 매번 빚었다. 왕은 신하들의 노고를 치하할 때 청주를 선물로 내렸다. 일본 쓰시마에도 청주가 선물로 하사되었다. 청주는 양반들 사이에서도 선물로 주고받았다. 그만큼 청주가 고급술이었기 때문이다.

『음식디미방』에 나오는 여러 가지 청주 중에서 찹쌀을 많이 넣어 단맛이 강한 술이라는 뜻인 점감청주(粘甘淸酒)는 이렇게 만든다. "찹쌀 한 말을 깨끗이 씻어 죽을 쑤어 식지 않아서 좋은 누룩 두 되를 냉수에 섞어 또 죽에 풀어 핫것(솜을 두어 지은 옷이나 이불 따위)으로 두껍게 싸서 하룻밤 재워 익거든 짜서 쓴다."고 했다. 20세기 이후 주세법의 발효와 일본식 청주의 대량 생산으로 인해서 조선시대 청주가 많이 사라졌다.

분류 : 음식
색인어 : 막걸리, 소주, 술, 제사음식
참고문헌 : 『周禮』; 『東國李相國集』; 『宣和奉使高麗圖經』; 『음식디미방』
필자 : 주영하

두견주(면천두견주)

진달래술을 말하며, 줄여서 두주(杜酒)라고도 한다. 봄철에 진달래꽃을 마련해두었다가 정월 해일(亥日)에 담가 먹곤 했는데, 술빛이 곱고 맛이 기이하여 술 중에 으뜸이라는 평을 받았다(작자 미상, 『주식시의(酒食是儀)』).

두견주를 언제부터 빚어 먹었는지에 대해서는 정확히 알 수 없다. 다만, 두견주에 얽힌 전설이 전해 내려오므로 이에 기대어 그 역사를 추정해볼 수 있을 뿐이다. 전승되는 이야기에 의하면, 두견주는 고려의 개국공신 복지겸(卜智謙: ?-?) 및 그의 딸 영랑과 관련이 있다고 한다. 복지겸이 중병에 걸려 갖은 약을 써도 낫지 않자, 면천 지역으로 내려와 요양을 하며 지내고 있었다. 그에게는 열일곱 살 먹은 영랑이라는 딸이 있었는데, 아버지의 병세가 나날이 악화되자 영랑은 아미산에 올라 정성껏 기도를 올렸다. 영랑의 지극한 정성에 감복한 신령이 100일째 되던 날 그녀의 꿈에 나타나서 계시를 내려주었는데, 아버지의 병을 고치려면 면천 지역에 활짝 핀 진달래꽃을 따서 술을 빚되 반드시 안샘의 물을 쓰고 100일이 지나서 마셔야 한다는 것이었다. 그리고 뜰에 두 그루의 은행나무를 심어 정성껏 보살피라는 내용이었다. 영랑이 신의 계시대로 했더니, 복지겸의 병이 나았다. 이후 면천 지역 사람들은 해마다 봄철이면 두견주를 빚어 마시며 영랑의 지극한 효성을 기렸다고 한다.

이 전설의 진위 여부는 알 수 없으나, 중요한 것은 두견주가 면천 지역 사람들에게 술 이상의 의미를 지닌다는 점이다. 전설에 등장하는 아미산과 안샘, 그리고 영랑이 심었다는 은행나무가 실존하고 있고, 또 봄철이면 면천 지역 사람들이 너나 할 것 없이 지천에 핀 진달래꽃을 따서 두견주를 담아온 것은 부인할 수 없는 사실이기 때문이다. 이러한 점을 인정받아 면천두견주는 1986년 국가무형문화재 제86-2호로 지정되었다. 그리고 보유자도 특정 개인이 아닌 두견주를 빚을 수 있는 면천 지역 사람들로 인정하였다.

면천 지역에서 두견주를 만드는 방법은 다음과 같다. 봄철에 진달래꽃을 채취하여 즉시 꽃술을 제거한 후 서늘한 곳에서 건조한다. 찹쌀고두밥을 지어서 차게 식힌 후 물과 누룩을 섞어 밑술을 만들어서 일주일 정도 익힌다. 그런 다음, 덧술용 찹쌀고두밥을 지어 차게 식힌 후 밑술에 고두밥, 누룩, 진달래꽃, 물을 넣고 버무려서 덧술을 빚는다. 이때 진달래꽃이 너무 많이 들어가지 않게 주의해야 한다. 꽃잎이 지나치게 많이 들어가면 술 빛깔이 붉고 쓴 맛이 나기 때문이다. 술이 익기를 기다려 90일 이후에 용수를 박아 떠낸다.

술 가운데 으뜸으로 정평이 난 술이었던 만큼, 『규합총서(閨閤叢書)』·『주찬(酒饌)』·『시의전서(是議全書)』·『주식시의(酒食是儀)』 등 여러 조선시대 문헌에 두견주 담그는 법이 기록되어 전한다. 이들 조리법은 큰 틀에서는 면천 지역의 두견주 빚는 법과 거의 대동소이하지만, 고두밥을 지을 때 찹쌀과 멥쌀을 섞어 쓰거나 밑술을 만들 때 범벅법을 사용하는 것과 같이 세

밀한 부분에 있어서의 차이가 존재한다.

분류 : 음식
참고문헌 : 빙허각 이씨, 『규합총서』(한국전통지식포탈); 작자 미상, 『시의전서』(한국전통지식포탈); 작자 미상, 『주찬』(한국전통지식포탈); 작자 미상, 『주식시의』(『조선사대부가의 상차림』, 대전역사박물관, 2012); 국립문화재연구소, 『면천두견주』(민속원, 2009)
필자 : 양미경

법주(경주교동법주)

교동법주는 경상북도 경주 지역의 경주 최씨(慶州 崔氏) 사성공예파(司成公派) 문중에서 전승되는 가양주다. 이 집에서 법주를 담기 시작한 것은 최국선(崔國璿: 1631-1682) 때의 일로, 그는 조선조 숙종임금 때 궁중음식을 감독하는 사용원 참봉이라는 직책을 맡고 있었다. 이후 벼슬을 그만두고 고향인 경주로 낙향하면서 법주를 빚게 되었다고 전한다. 그래서 일각에서는 이 술이 궁중에서 유래한 것이라고 보는 시각도 있다.

법주(法酒)는 법칙에 맞춰 빚은 술을 뜻한다. 고려 인종 때(1123년)에 고려에 사신으로 왔던 서긍(徐兢)은 『고려도경(高麗圖經)』에 "왕이 마시는 것을 양온(良醞)이라고 하는데 좌고(左庫)의 맑은 법주(法酒)이다."라고 적었다. 고려시대에는 양온서(良醞署)라 하여 술과 감주를 관장하던 관서가 있었는데, 이 중 좌고라고 하는 창고에서 법주를 빚었다. 물론 이 법주가 조선왕실로 전승되고, 또 경주 최씨 집안에까지 전해진 것인지는 알 수 없다.

그리고 교동(校洞)은 동리 명으로, 예로부터 향교가 위치한 곳을 교동이라 했다. 경주 최씨는 18세기 말-19세 초 무렵에 월성군 이조리에서 경주 교동으로 이거(移居)해왔는데, 이때 집 안마당에 우물을 팠다고 한다. 경주 최씨 집안에서는 대대로 술을 빚을 때 반드시 이 우물물을 사용해왔다. 이 우물은 가뭄이나 계절을 타지 않고, 사시사철 수온이 일정해 술을 빚기에 매우 적합하다고 여겼기 때문이다.

교동법주는 밑술과 덧술을 만들어 두 번의 발효과정을 거치는 이양주다. 대개 날씨가 서늘해지는 9월부

터 이듬해 4월 사이에 빚어야 술이 상하지 않는다. 술을 빚기 위해 밀이 생산되는 6월경에 통밀로 누룩을 만들어 미리 띄워둔다. 그리고 9월경에 찹쌀로 죽('찰죽'이라고 부른다)을 쑤어 완전히 식힌 후 누룩가루와 버무려 물을 넣고 10일간 익힌다. 밑술이 익어갈 즈음 찹쌀로 고두밥을 지어서 밑술과 섞고, 누룩가루와 물을 버무려 덧술을 만들어서 약 60여 일간 발효시킨다. 그런 다음 용수를 박아 술을 거른다. 그리고 한 달 간 더 숙성시키면 교동법주가 완성된다.

교동법주는 1986년 국가무형문화재 제86-3호로 지정되었다. 지정 당시에는 배영신(裵永信: 1971-2014)이 보유자로 인정되었으나 고령으로 인해 2005년에 인정이 해제되었고, 현재는 보유자인 배영신의 장남 최경(崔梗)과 그의 부인 서정애(徐貞愛)가 전승을 이어가고 있다.

분류 : 음식
참고문헌 : 서긍 저, 차주환 역, 『고려도경』(한국고전번역원, 1994); 예능민속연구실, 『경주교동법주』(국립문화재연구소, 1998)
필자 : 양미경

소곡주(한산소곡주)

소곡주는 한자로 '少麴酒' 또는 '素麴酒'라고 쓴다. 한자 그대로 풀이하면 '누룩을 적게 사용하여 빚은 술'이라는 뜻이다. 옛 조리서에는 '쇼곡주', '소국쥬', '쇼국주', '쇼국듀' 등으로 표기되어 있다. 또한 며느리가 술맛을 본답시고 젓가락을 빨다보면 자신도 모르게 취해버려 일어서지도 못한 채 앉은뱅이처럼 엉금엉금 기어다닌다고 하여 '앉은뱅이술'이라 부르기도 한다(「독특한 香과 맛에 군침도는 傳來의 술 어떤 것이 있나」, 〈동아일보〉 1977년 11월 11일자).

소곡주를 언제부터 빚어서 마셨는지는 정확히 알 수 없다. 다만, 전승되는 구전설화에 따르면, 백제가 멸망한 뒤 당나라로 끌려간 의자왕이 울적한 마음을 달래고자 술을 마시며 '술맛이 한산소곡주와 같다.'고 했다고도 하고, 마의태자가 개골산에 들어가 나라 잃은 슬픔을 소곡주로 풀었다는 이야기도 전한다. 또한 백제유민들이 나라 잃은 슬픔을 잊기 위해 술을 빚어 마

셨는데, 그 술이 소곡주였다는 이야기도 있다. 진위 여부는 알 수 없으나, 소곡주와 관련된 이야기들이 대부분 백제의 멸망과 연관되어 있다는 점이 흥미롭다. 그런 점에서 소곡주가 유독 한산 지역에서 전승되고 있는 점이 주목을 끈다. 가양주 문화가 거의 사라져버린 오늘날, 한산 지역 농가에서는 주민들이 직접 집에서 술을 빚고 있다. 이러한 지역적·문화적 전통이 인정되어 한산소곡주는 1979년에 충청남도 무형문화재 제3호로 지정되었다. 현재 한산소곡주 보유자로는 우희열 씨가 인정되고 있으나, 지역주민들도 영농조합법인을 꾸려 직접 소곡주를 생산·판매하고 있다.

소곡주 만드는 법은 『수운잡방(需雲雜方)』을 비롯해서 『음식디미방』, 『산림경제(山林經濟)』, 『규합총서(閨閣叢書)』, 『임원경제지(林園經濟志)』 등과 같은 문헌에 두루 기록되어 있다. 그중 장계향(張桂香: 1598-1680)이 쓴 『음식디미방』에 소개된 제조법을 살펴보면 다음과 같다. 먼저, 쌀을 깨끗이 씻고 물에 불려서 가루를 낸 후, 더운 물로 죽을 쑤어 식힌다. 그런 다음, 여기에 누룩과 밀가루, 물을 섞어 넣어 밑술을 만든다. 밑술이 익으면 차게 식힌 고두밥과 누룩, 그리고 밑술을 섞어 넣고 익힌다. 특이한 점은 밑술을 만들 때 멥쌀로 고두밥이 아닌 무리떡을 만들어 사용한다는 점이다.

하지만 한산 지역 주민들의 소곡주 제조법이 꼭 이와 같지는 않고, 개인의 경험과 솜씨에 따라 제각각 다르다. 다만, 술을 숙성시키는 기간은 대체로 100일을 엄수하는 편이다. 한산 지역 주민들에게 소곡주가 '백일주'로 통하는 이유다. 술은 대개 추수가 끝나는 9월에 담가서 정초 설날에 뚜껑을 열어 마신다(「脈을 잇는다(26) 소곡주 전승자 김영신 씨」, 〈동아일보〉 1990년 12월 1일자).

분류 : 음식
참고문헌 : 김유, 『수운잡방』(한국전통지식포탈); 장계향, 『음식디미방』(한국전통지식포탈); 「독특한 香과 맛에 군침도는 傳來의 술 어떤 것이 있나」, 〈동아일보〉 1977년 11월 11일; 「脈을 잇는다(26) 소곡주 전승자 김영신 씨」, 〈동아일보〉 1990년 12월 1일
필자 : 양미경

소국주(『규합총서』)

『규합총서(閨閤叢書)』의 소국주(小菊酒)는 누룩(菊)을 적게 사용해서 담근 술이라는 뜻이다. 소국주는 『산가요록(山家要錄: 1450)』을 비롯한 다양한 조리서에 빠짐없이 등장한다. 『규합총서』는 소국주가 "술이 유달리 아름답고 빛이 냉수와 같아 취하기도 덜하다."고 하였다.

음력 1월 첫 해일(亥日), 즉 돼지의 날 냉수 8되를 붓고 섬누룩 7홉을 물에 담근다. 3일 뒤에 누룩을 체에 밭친다. 하얗게 정미한 멥쌀 5되를 가루 내어 백설기처럼 찐다. 누룩 걸러낸 물에 백설기를 잘 섞는다. 3일 후 '동쪽으로 뻗은 복숭아나무 가지'로 저어 덮어 두었다 2월쯤에 다시 하얗게 정미한 멥쌀 한 말을 씻어 하룻밤 불렸다가 술밥을 찐다. 술밥과 밑술을 섞어서 다시 복숭아나무 가지로 잘 저어서 익힌 뒤 21일 후면 완성된다. 한편 『규합총서』는 항아리의 크기가 적당해야 소국주가 잘 된다고 하였다. 너무 크면 군내가 나고 작으면 술이 발효될 때 넘쳐버린다는 것이다.

술맛이 좋아 일어날 수 없을 정도로 취한다 하여 '앉은뱅이술'이라는 별명을 가진 소국주(素穀酒)와 소국주를 동일한 것으로 보는 경우도 있다. 소곡주(素穀酒)는 백제의 멸망을 슬퍼하며 소복을 입고 이 술을 마셨다 하여 이름이 지어졌다는 설이 있으며 이와 함께 소곡주(素穀酒)와 소국주와 마찬가지로 누룩이 적게 쓰였다는 뜻의 소곡주(小麴酒)라고 불리기도 한다고 하였다. 만드는 방법도 백설기로 밑술을 만들고 나중에 고두밥을 넣어 발효시키는 유사한 방법을 사용하고 있다.

분류 : 음식
색인어 : 『규합총서』, 소곡주, 소국주
참고문헌 : 빙허각 이씨 저, 이민수 역, 『규합총서』(기린원, 1988); 빙허각 이씨 저, 정양완 역, 『규합총서』(보진재, 2008)
필자 : 서모란

청명주(이익)

성호(星湖) 이익(李瀷: 1681-1763)은 『성호사설(星湖僿說)』에서 자신은 평생 청명주(淸明酒)를 가장 좋아한다고 밝혔다. 그러면서 같은 책에 청명주 빚는 법을 아주 소상히 적어놓았다. 또한 그는 글의 말미에 이 청명주 만드는 법을 사촌인 양계처사 이진(李)에게서 배웠고, 혹 잊어버릴까 두려운 마음에 기록해둔다고 덧붙이고 있다.

그렇다면, 이익이 평생 동안 가장 좋아했던 청명주는 과연 어떤 술일까? 우선, 청명주는 24절기 중 하나인 청명(淸明)에 빚어 단오에 마시는 술이다(『주방문초(酒方文鈔)』). 청명은 춘분과 곡우 사이에 드는데, 대개 한식 하루 전날이거나 한식과 같은 날인 4월 5일에 든다. 청명은 하늘이 점차 맑아진다는 뜻으로, 이 무렵에는 날씨가 따뜻해지고 생명력이 왕성해져서 한 해 농사를 본격적으로 준비하는 때이다. 오죽하면 청명에는 부지깽이를 꽂아도 싹이 난다는 말이 있을까? 이익에 의하면 청명주를 담는 법은 다음과 같다. 먼저, 청명절에 찹쌀 두 말을 깨끗이 씻어서 사흘 동안 물에 담가둔다. 그리고 찹쌀 두 되를 다시 물에 불려 두었다가 건져서 가루로 만들어 죽을 끓인다. 죽이 식기를 기다려 누룩가루 한 되와 밀가루 두 되를 넣고 섞어서 사흘 동안 덮어둔다. 이렇게 밑술이 만들어지면 찌꺼기를 체로 거른 다음, 술독에 넣는다. 그리고 사흘 동안 물에 담가둔 찹쌀 두 말을 건져서 고두밥을 지어 식기 전에 술독에 넣는다. 너무 춥거나 햇볕이 잘 드는 곳을 피해 서늘한 곳에서 21일간 술을 익힌다. 그러나 때로는 청명주를 청명절이 아닌 더운 여름철에 담그기도 하는데, 이 경우에는 고두밥을 완전히 식혀서 항아리에 넣는 것이 좋다고 하였다.

이익의 『성호사설』 외에도, 조선시대 여러 문헌들은

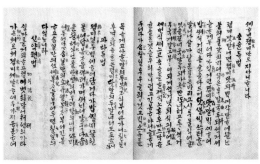

『양조법서』, 일제 강점기, 지본, 21.4×20.5cm, 국립중앙박물관

청명주 빚는 법을 자세히 기록하였다. 대표적인 것으로 『주방문(酒方文)』, 『주방문초(酒方文鈔)』, 『임원경제지(林園經濟志)』, 『우음제방(禹飮諸方)』, 『술 만드는 법』, 『주식방문』등을 들 수 있다. 흥미로운 점은 이들 조리서가 재료와 분량, 조리법 면에서 미세한 차이가 존재하기는 하지만, 찹쌀가루에 밀가루와 누룩을 섞어 밑술을 만들고 여기에 다시 고두밥을 지어 덧술을 해 넣는다는 점에서는 공통점을 지닌다는 사실이다.

분류 : 음식
색인어 : 술, 청명주(淸明酒), 절기주(節氣酒), 성호 이익(李瀷), 성호사설(星湖僿說)
참고문헌 : 이익, 『성호사설』; 작자 미상, 『주방문』; 작자 미상, 『주방문초』; 서유구, 『임원경제지』; 연안이씨, 『우음 제방』; 작자 미상, 『술 만드는 법』; 작자 미상, 『주식방문』
필자 : 양미경

청성탁현

조선시대 선비들은 종종 술을 성인(聖人)과 현인(賢人)에 비유하곤 했는데, 이는 중국 위(魏)나라 서막(徐邈: 172-249)의 고사에서 따온 것이다. 서막은 조조가 위나라를 처음 건국했을 때 상서랑(尙書郞)이라는 높은 벼슬에 올랐다. 술을 너무나 좋아했던 그는 조조(曹操: 155-220)가 금주령을 내린 와중에도 혼자서 술에 취해 있기 일쑤였다.

어느 날 조달(趙達)이 감찰을 나왔는데, 서막은 "내가 성인에 들어가 있다(中聖人)."라며 농담을 건넸다. 이 말을 전해들은 조조는 크게 진노하였다. 그러자 선우보(鮮于輔)라는 장군이 "취객들은 청주(淸酒)를 성인(聖人)이라 하고 탁주(濁酒)를 현인(賢人)이라 하는데, 서막이 우연히 취해서 실수로 한 말입니다."라고 진언하여 화를 모면할 수 있었다(『목은집(牧隱集)』, 『무명자집((無名子集)』). 이 일이 있은 후 애주가들은 금주령이 내려질 때면 술이라는 말 대신 청주는 성인으로, 탁주는 현인으로 비유하여 불렀다. 즉, 성인과 현인이 청주와 탁주를 이르는 별칭으로 사용되었던 것이다. 청성탁현(淸聖濁賢)이라는 고사성어는 바로 여기서 비롯된 것이다.

분류 : 음식
색인어 : 술, 서막(徐邈), 선우보(鮮于輔), 청성탁현(淸聖濁賢)
참고문헌 : 이색, 『목은집』; 윤기, 『무명자집』
필자 : 양미경

청주와 탁주(퍼시벌 로웰)

퍼시벌 로웰(Percival Lawrence Lowell: 1855-1916)은 1886년에 쓴 『내 기억 속의 조선, 조선 사람들(Choson; The Land of the Morning Calm)』을 통해 조선의 술에 대해 직접 경험한 이야기와 들은 이야기를 풀어놓았다.

로웰은 도(道) 행정관의 초대를 받아 참석한 잔치에서 경험한 한국의 술에 대해 서술하였는데 조선의 술은 쌀을 발효시키거나 증류시켜서 만든 것으로 만드는 법에 따라 맥주나 위스키와 유사하다고 하였다. 또한 맛은 셰리주(Sherry Wine)나 진(Gin)과 비슷하다고 했다. 또한 보통 조선의 술은 아주 순하나, 이날 날씨가 추운 탓에 로웰은 독한 술을 마셨다고 하였다. 로웰은 일본의 술과 조선의 술을 비교하면서 일본의 사케는 맑은 술이지만 조선의 술은 불투명하다고 하였다. 또한 조선에 맑은 술이 있긴 하지만 "값이 비싸서 흔히 먹을 수 없다."고 하였다.

술통(막걸리통, 양조장 술통), 광복 이후, 나무, 국립민속박물관

분류 : 음식
색인어 : 퍼시벌 로웰, 청주, 탁주, 술
참고문헌 : Percival Lowell, 『Choso..n, the land of the morning calm; a sketch of Korea』(Ticknor and company, 1886); 퍼시벌 로

웰 저, 조경철 역, 『내 기억 속의 조선, 조선 사람들』(예담, 2001)
필자 : 서모란

총탕맥반도(김홍도)

1800년 정초에 정조(正祖: 재위 1777-1800)는 자신이 각별히 아끼던 천재화가 단원 김홍도(金弘道: 1745-?)로부터 「주부자시의도(朱夫子詩意圖)」라는 8폭의 병풍을 받았다. 주자(朱子)의 시와 김홍도의 그림이 한 폭 한 폭 어우러진 이 병풍에는 「총탕맥반도(蔥湯麥飯圖)」라는 그림이 한 폭을 차지하였다.

이 그림의 소재가 된 주자의 시는 「채씨부가(蔡氏婦家)」라 하여 팟국과 보리밥을 소재로 한 것인데, 소박한 밥상의 소중함을 찬미하고 굶주리는 백성을 불쌍히 여기는 마음을 읊은 것이다. 이 「총탕맥반도」와 주자의 시가 담긴 병풍을 본 정조는 이에 화답시를 지었다. 이 시는 정조의 시문(詩文)을 편찬한 『홍재전서(弘齋全書)』에 실려 있다.

먼저 주자가 쓴 「채씨부가」를 소개하면 아래와 같은 내용이다.

팟국과 보리밥은 둘이 서로 잘 어울리니
파는 단전을 기르고 보리는 허기를 채워주네
이 음식에는 맛과 영양이 적다고 말하지 마소
앞마을에는 밥을 짓지 못 하는 때마저 있으니
蔥湯麥飯兩相宜 蔥養丹田麥療飢
莫道此中滋味薄 前村猶有未炊時

*주자, 「채씨부가」, 『홍재전서』(임정기 역, 1988)

이 시를 보면서, 정조는 주자가 실제로 팟국과 보리밥을 얼마나 먹어 보았겠느냐마는 굶주린 백성들의 생활을 본 듯이 썼으니, 왕이 주자와 같이 이런 마음을 지닌다면 농사가 잘되어 그 백성들이 추위에 떨거나 굶주리지 않을 것이라는 뜻의 시를 지어 화답하였다.

제때의 비바람은 농사에 크게 좋으니
큰 상서는 백성이 굶주리지 않음일세
가난한 집 생활을 눈으로 본 듯하거니
회옹은 팟국 보리밥인들 얼마나 먹었으랴
一風一雨與農宜 上瑞黎民不阻飢
䢴屋生涯如在眼 晦翁蔥麥幾多時

*정조, 「삼가 주 부자(朱夫子)의 시에 화답하다」, 『홍재전서』(임정기 역, 1988)

주자학의 나라 조선에서 파로 끓인 '팟국'과 보리로 지은 '보리밥'은 청빈한 선비의 음식을 표현할 때 흔히 언급되는 음식이었다. 보리밥은 다산(茶山) 정약용(丁若鏞: 1762-1836)이 자손들에게 남긴 시를 보아도, 당시 보리밥이 거친 음식으로 받아들여졌음을 알 수 있다.

보리밥을 단단하여 맛없다 마라
앞마을에는 밥을 짓지 못한 집도 있다
삼베옷을 거칠다고 말하지 마라
저 사람은 그것도 없어 붉은 살이 보인다
아 나의 여러 아들과 나의 여러 며느리들아
공경히 나의 이 말을 들어서 허물이 있지 않게 할지어다
毋曰麥硬 前村未炊 毋曰麻麤 視彼赤肌
嗟我諸男 及我諸婦 敬聽台言 毋俾有咎

*정약용, 「사잠(奢箴)」, 『다산시문집(茶山詩文集)』 제12권(윤태순·양홍렬·이정섭 공역, 1983)

보리밥은 보리를 하루 전부터 물에 불리거나 쌀과 섞어서 밥을 지을 때에는 미리 삶아서 같이 밥을 짓기도 하고, 뜸도 멥쌀밥보다 오래 들여야 그나마 먹을 만해지는 밥이어서 먹기에 껄끄러운 밥이었다. 그래서 보리밥보다는 멥쌀밥을 더 귀하게 여겨온 것이다. 팟국 역시 귀한 음식은 아니었다.

이러한 보리밥과 파로 만드는 팟국[蔥湯]에 대해서는 이용기(李用基: 1870-1933)의 『조선무쌍신식요리제법(朝鮮無雙新式料理製法)』(1936)에 자세하다. 그에 따르면, 보리쌀로 밥을 짓는 것은 다른 밥을 짓는 것

보다 힘이 많이 든다. 보리를 여러 번 깨끗이 찧고 씻어서 오래 삶아야 하므로 나무가 많이 들고 시간도 많이 들 뿐만 아니라 밥을 다 지어도 모양이 없고 맛도 쌀밥만 못하다.

또한 팟국을 만드는 방법에 대해, 이용기는 파는 1년 내내 구할 수 있는 재료여서 팟국 역시 사시사철 끓일 수 있다. 팟국에는 어떤 종류의 파를 써도 관계없지만, 겨울에는 데치지 않고 그냥 쓸 수 있는 움파로 끓이는 게 가장 맛이 좋다. 여름 파나 묵은 파는 일단 살짝 데친 다음에 국을 끓여야, 파를 키울 때 거름을 많이 줘서 생긴 지린내가 없어진다. 파 이외에 곱게 썰어 장과 후추로 양념한 고기, 달걀, 모시조개를 넣어 끓이는 팟국은 감기에 걸렸을 때 좋은데, 먹으면 땀이 나서 감기가 빨리 낫는다고 한다.

분류 : 미술
색인어 : 조선무쌍신식요리제법, 보리, 파, 조개
참고문헌 : 정조 지음, 임정기 역,『홍재전서』(한국고전번역원, 1998); 정약용 지음, 윤태순·양홍렬·이정섭 공역,『다산시문집』(한국고전번역원, 1983); 이용기,『조선무쌍신식요리제법』(영창서관, 1936)
필자 : 김혜숙

중추절과 전쟁

오늘날 추석이 우리나라 최대의 명절이라는 데에는 이론(異論)이 없을 것이다. 근대 이후 설과 추석이 공휴일로 지정되고 교육과 매스미디어의 영향으로, 한국인은 대체로 표준화된 모습으로 설과 추석을 보내고 있다. 지난 시절 설은 양력설과 음력설 사이에서 이중과세(二重過歲) 논란으로 갈등과 혼란을 겪었던 반면, 추석은 단 한 번도 이러한 논란에 휩싸인 적 없이 '민족 최대의 명절'이라는 지위를 굳건히 지켜왔다. 근현대시기 언론인이자 수필가인 조풍연(趙豊衍: 1914-1991)이 쓴『서울잡학사전』에 따르면, 일제 강점기까지만 해도 도시와 농촌에서의 추석 풍경이 사뭇 달랐던 것으로 보인다. 본디 추석은 일 년 농사를 갈무리하고 햇곡식과 햇과일을 수확하는 추수감사제적 성격이 강하다 보니, 실제로 이를 행하는 농촌 지역에서는 매우 중요한 의미를 지녔다. 반면, 서울과 같은 도시 지역에서는 관습상 성묘는 다녀오지만, 그저 "'달 밝은 가을 밤'을 술 취해 향락"하는 정도의 의미가 있었다고 한다.

그런데 서울 사람들이 추석을 중요한 명절로 여기게 된 결정적인 사건이 있었으니, 바로 전쟁이었다. 먼저, 태평양전쟁을 치르는 동안 식량이 동나서 서울 사람들은 "눈이 쑥 들어갈 지경으로" 굶주림에 시달렸다. 그러던 중, 추석이 돌아왔다. 추석에는 시골 인심이 후하다는 것을 알고 있었던 서울 사람들이 쌀밥을 얻어먹으러 시골을 찾았다가 고기며 음식을 한 짐씩 들고 서울로 돌아왔다. 그리고 한국전쟁 중에 남쪽으로 피난을 갔던 서울 사람들은 그곳에서 또다시 추석의 참맛을 알게 되었다고 한다. 이후 산업화의 여파로 시골 사람들이 일터를 찾아 서울로 이주하면서, 추석은 이제 움직일 수 없는 민족 고유의 명절로 자리잡게 되었다. 이처럼, 시대에 따라 사람들이 변하고 사람이 변하면 풍속도 변화하는 게 세상 이치인가 보다.

분류 : 의례
색인어 : 추석(秋夕), 태평양전쟁, 한국전쟁, 조풍연(趙豊衍), 서울잡학사전
참고문헌 : 조풍연,『서울잡학사전』(정동출판사, 1989)
필자 : 양미경

중추절사(옷은 시집올 때처럼, 음식은 한가위처럼)

중추(中秋)는 음력 팔월 대보름을 말한다. 속칭 추석(秋夕), 가배일, 혹은 한가위라고도 한다. 이 무렵에는 곡식과 채소, 과일이 새로 익는 때인 만큼 먹을 것이 풍성하였다. 그래서 민간에서는 중추를 가절(佳節: 좋은 시절)이라고 하여 매우 중요하게 생각하였고, 아무리 가난한 집안에서도 이날만큼은 쌀로 술을 빚고 닭을 잡아 고기반찬도 만들고 과일을 풍성하게 차려 먹었다(『열양세시기(洌陽歲時記)』,『동국세시기(東國歲時記)』). 오죽하면, '옷은 시집올 때처럼, 음식은 한가위처럼' 하라는 말이 있을 정도였다.

또한 추석에는 조상의 묘소를 찾아 음식을 차려놓고 제사를 지내는 풍속이 있었는데, 이를 중추절사(中秋

節祀)라고 한다. 집안의 전통과 경제적 형편에 따라 다소 편차가 있기는 하지만, 묘제는 대개 한식과 추석에 가장 성행하였다. 그런데 추석에는 음식이 풍성하여 매우 성대하게 묘제(墓祭)를 치렀다고 한다(『열양세시기』). '더도 말고 덜도 말고 늘 가윗날만 같아라'는 속담은 산 사람과 죽은 사람, 모두에게 해당되는 말이 아니었을까?

분류 : 의례
색인어 : 중추(中秋), 추석(秋夕), 가배일, 한가위, 중추절사(中秋節祀), 묘제(墓祭)
참고문헌 : 김매순, 『열양세시기』; 홍석모, 『동국세시기』
필자 : 양미경

추어탕ⓒ하응백

추어탕

추어탕(鰍魚湯)은 미꾸라지로 끓인 국을 뜻한다. 추탕(鰍湯)이라고도 하는데 1900년대 중반까지는 주로 추어탕이 아닌 추탕이라고 불렸다. 현대의 추어탕은 통째로 끓이는 것과 삶은 미꾸라지를 갈아서 끓인 것 두 가지로 구분하는데, 주로 서울식 추어탕이라고 하면 통째로 끓이는 것을 뜻하며 전라도나 경상도의 추어탕은 갈아서 끓이는 것으로 알려져 있다.

'미꾸라지로 끓인 국'이라는 현대의 정의와 달리, 처음부터 추어탕에 미꾸라지만 사용되었던 것은 아니었다. 미꾸라지와 비슷한 '미꾸리'라는 민물생선도 추어탕 재료로 사용되었다. 둘의 차이점을 구분하자면 우선, 미꾸라지는 얕은 강에서 서식하는 한편 미꾸리는 진흙 속에서 산다. 형태를 보면 미꾸리에 비해 미꾸라지가 색이 진하고 크기가 큰 편이다. 1920년대까지만 해도 추탕집의 경우는 미꾸라지와 미꾸리를 구별하여 사용하는 경우도 있었다. 그러나 대부분 일반 가정에서는 야생에서 잡은 미꾸리와 미꾸라지를 가리지 않고 사용하였다. 그러다 1970년대 중반 이후 일본에서 전래된 미꾸라지 양식법이 한국의 농가에 보급되면서 이후에는 양식 미꾸라지를 사용한 지금의 추어탕을 먹게 된 것이다(주영하, 2013).

중국 송나라의 사신 서긍(徐兢: 1091-1153)이 1123년 고려 개경에서 한 달간의 체류한 경험을 바탕을 썼다고 알려진 『고려도경(高麗圖經)』은 고려의 가난한 백성들이 해산물을 많이 먹는다고 하며 해산물의 이름을 열거하였는데, 그중 鰌(미꾸라지 추), 즉 추어가 있다.

미꾸라지는 주로 논이나 늪처럼 진흙이 있는 곳에서 서식하는데 서식 환경과 그 모양새 때문에 고급 식재료로 취급받지는 않은 것으로 여겨진다. 특히 조선시대 문헌에서 미꾸라지는 하찮은 사람이나 물건, 혹은 간신과 같은 비열한 인물 등을 비유할 때 사용하였다. 『조선왕조실록』「숙종실록」숙종 6년(1680년) 2월 25일의 내용에 이와 관련한 내용이 나온다. 대사간(大司諫) 이하진(李夏鎭: 1628-1682)이 버슬자리에서 물러나 은둔하고 있는 우찬성(右贊成) 윤휴(尹鑴: 1617-1680)의 복직을 청하는 상소문을 올렸는데, 이때 아첨을 하거나 간교한 행동을 하는 인물을 미꾸라지와 드렁허리[鱓: 민물고기의 일종] 등으로 빗대었다. 이에 대해 숙종은 이 표현이 조정 신하를 능멸하는 말이라고 하여 이하진을 대사간(大司諫)에서 진주목사로 강등시켰다.

미꾸라지 조리법에 대한 기록으로는 이규경(李圭景: 1788-1863)의 『오주연문장전산고(五洲衍文長箋散稿)』는 煮鰍(자추), 즉 미꾸라지 삶는 법이 있다. 이 책은 미꾸라지를 삶을 때 등심초[燈心: 골풀]을 쓰면 좋다고 하였다. 또 점액질이 있는 물고기[鮎魚]는 미끌거리고 비린내가 심하기 때문에 지느러미를 자르고 머리가 아래로 향하게 매달아 놓아 진흙과 침이 저절로 흘러나오게 해야 하는데, 이렇게 하면 비린내가 없어진다고 하였다.

현대에는 통으로 끓이는 추어탕을 주로 서울식 추어탕이라고 한다. 서울의 3대 추탕집으로 알려진 용금옥, 곰보추탕집, 형제추탕(현 형제추어탕) 등의 추어탕도 미꾸라지가 통으로 들어 있는 추어탕을 기본으로 한다.

통으로 끓이는 추어탕의 자세한 조리법은 1924년 출판된 이용기(李用基: 1870-1933)의 『조선무쌍신식요리제법(朝鮮無雙新式料理製法)』에서 확인할 수 있다. 『조선무쌍신식요리제법』의 추탕(鰍湯), 미꾸라짓국 끓이는 법은 다음과 같다. 미꾸라지에 물과 소금을 넣어 해감한다. 업진이나 사태를 푹 끓여 고기는 건져내고 국물에 밀가루를 풀어 걸쭉하게 만든다. 두부, 다진 생강, 씨를 빼고 다진 고추, 다진 파, 고사리, 표고버섯, 송이버섯, 삶은 곱창과 양 등을 밀가루를 풀어 넣은 국물에 넣고 저어가며 끓인다. 해감한 미꾸라지를 넣어 끓이다가 다 익으면 달걀을 넣는다. 먹을 때는 후춧가루와 계핏가루를 치고 국수를 말아 먹으면 좋다. 1948년 손정규(孫貞圭: 1896-1955?)의 『우리음식』도 추탕(鰍湯) 조리법을 설명하고 있는데 고기와 파로 끓인 장국에 서너 번 물을 갈아가며 씻어둔 미꾸라지를 산 채로 넣어 끓인다. 두부를 썰어 넣고 고춧가루, 간장으로 양념한다.

반면 조자호(趙慈鎬: 1912-1976)는 삶은 미꾸라지의 뼈를 발라내고 고아내는 방식의 조리법을 소개하고 있다. 조자호의 1939년 『조선요리법(朝鮮料理法)』의 조리법은 다음과 같다. 소금을 뿌려 미꾸라지의 해감을 토하게 한 미꾸라지를 소금을 쳐서 문질러 씻은 다음 푹 곤다. 다 익으면 건져서 대가리를 살살 잡아당겨서 뼈를 빼고 살은 도로 국물에다 넣는다. 두부는 지져서 썰어 넣고, 표고와 석이도 손질해서 넣는다. 다진 마늘, 다진 생강, 간장으로 양념하고 달걀을 풀어 위에 붓고 통고추를 썰어서 넣는다. 조자호는 추탕이 자양분이 많아 약한 사람이나 어린아이에게 좋다

고 하였다. 이처럼 뼈를 제거하고 끓여 미꾸라지의 형태가 없도록 조리한 이유는 미꾸라지의 형태를 거북하게 여기는 사람들을 위한 것이었던 것으로 보인다. 조자호는 같은 조리법을 〈동아일보〉 1938년 7월 22일자 지면에서 소개하고 있는데 이러한 방법으로 끓이면 '보통 생선국 같고 보기에도 추탕인지 모른다.'고 덧붙였다(〈동아일보〉 1938년 7월 22일자).

분류 : 음식
색인어 : 고추, 고사리, 두부, 석이버섯, 조선무쌍신식요리제법, 조선요리법, 조선요리학, 우리음식
참고문헌 : 서긍 저, 김동욱 역, 『고려도경』(한국고전번역원, 1994); 전헌식 역, 「숙종 6년 경신(1680, 강희)」, 『숙종실록』(세종대왕기념사업회, 1987); 이규경, 『오주연문장전산고』; 이용기, 『조선무쌍신식요리제법』(영창서관, 1924); 조자호, 『조선요리법』(광한서림, 1939); 손정규, 『우리음식』(삼중당, 1948); 주영하, 『식탁 위의 한국사』(휴머니스트, 2013); 「주부의 자랑이 되는 여름철조선요리 경제되고 제조법도 간단합니다 (中)」, 〈동아일보〉 1938년 7월 22일
필자 : 서모란

추어두부

추어두부는 미꾸라지가 들어 있는 두부를 뜻한다. 한자로는 鰍豆腐(추두부)라고도 한다. 문헌에 따르면 미꾸라지를 두부 속에 넣는 방법은 두 가지가 있다. 첫 번째는 살아있는 미꾸라지와 두부를 함께 끓여 뜨거운 물 속에 미꾸라지가 차가운 두부 속으로 파고들어가게 하는 방법이다. 두 번째는 순두부를 미꾸라지를 섞어 눌러 단단한 형태의 두부로 만드는 방법이다. 첫 번째 방법은 조선 후기 학자인 이규경(李圭景: 1788-?)이 19세기에 쓴 『오주연문장전산고(五洲衍文長箋散稿)』에 처음 등장한 것으로 알려져 있다. 이규경은 이를 鰍豆腐湯(추두부탕)이라 하였는데, 미꾸라지와 두부를 함께 끓여 두부 속에 미꾸라지가 박혀 있는 추두부를 만든 다음 이것을 참기름에 지져 국을 끓여 먹는다고 하였다. 또한 이 조리법이 경성의 반인(泮人)들 사이의 조리법이라고 하였다.

홍선표(洪選杓: 1872-?)의 1940년 『조선요리학(朝鮮料理學)』은 두부 한 모를 네 토막으로 잘라서 살아있는 미꾸라지와 함께 끓이면 국이 점점 뜨거워 견디지 못한 미꾸라지가 찬 두부 속으로 파고들어가 몸을 감

추게 되는데, 이 상태로 익어버리면 미꾸라지 소를 넣은 것과 같은 '이상적인 음식'인 추탕두붓국(鰍湯豆腐)이 된다고 하였다.

방신영(方信榮: 1890-1977)의 1946년『조선음식 만드는 법』은 가을철 음식으로 추탕(鰍湯)을 소개하고 있는데, 이는 일반적인 추탕이 아니라 바로 추어두붓국이다. 만드는 법은 다음과 같다. 소고기로 장국을 끓여 약간 식어서 따뜻할 때 두부를 통으로 국에다 넣고 해감한 미꾸라지를 함께 넣는다. 그러면 미꾸라지가 찬 두부 속으로 기어들어간다고 하였다. 국에 밀가루를 풀어 넣고 풋고추와 생강을 채 쳐서 한참 더 끓인다고 하였다.

1948년 손정규(孫貞圭: 1896-1955?)의『우리음식』의 추탕도『조선음식 만드는 법』과 비슷하다. 장국에 두부를 반으로 잘라 넣고 살아있는 미꾸라지를 넣는다. 두부는 나중에 꺼내서 적당히 썰어 넣고 고춧가루도 넣는다. 손정규는 "산 채로 국에 넣으면 두부 속으로 미꾸라지가 들어가기도 한다."라고 하였는데 미꾸라지가 두부 속으로 들어갈 것이라고 확신했던 다른 조리법 저자들보다는 자신이 없어 보인다.

두부를 만드는 과정에서 미꾸라지를 넣어 만드는 추어두부는『조선무쌍신식요리제법(朝鮮無雙新式料理製法)』에 나온다.

이용기(李用基: 1870-1933)는『조선무쌍신식요리제법』(1924)에서 추어탕 별법, 즉 '별추탕' 조리법을 소개하였다. 별추탕은 미꾸라지를 두부와 합쳐 썰어 끓인 국으로 추어두부탕과 같은 의미라고 할 수 있다. 조리법을 살펴보면 우선 해감한 미꾸라지를 두부와 함께 큰 보자기에 싸서 누른다. 그 다음 굵게 썰어 국물에 넣고 끓여 먹는다.

1981년〈매일경제〉는 지역별 추어탕에 대한 기사를 게재하였는데 이 중 순두부에 미꾸라지를 넣고 압착하여 두부를 만들어 썬 다음 생강, 후추를 넣고 밀가루를 풀어 걸쭉하게 끓인 것을 '정안(廷安)곰국'이라 하였다(〈매일경제〉 1981년 10월 5일자).

한편, 이용기는 별추탕 말미에 이규경, 홍선표, 방신영 등이 소개한 추어두부 조리법에 대한 비판을 덧붙인다. 사람들이 두부와 살아 있는 미꾸라지를 함께 넣어 끓이면 미꾸라지가 뜨거운 물을 피해 찬 두부 속으로 파고 들어간다고 하는데, 물이 뜨거워지면 곧 미꾸라지가 죽어버리니 두부 속에 들어갈 새가 없다는 것이다. 저자는 이를 "우스운 일"이라고 표현한다. 이용기의 지적처럼 두부 속에 미꾸라지가 알아서 파고들어간 '추어두부' 만들기에 성공했다는 사례는 현재까지 나타나지 않았다.

분류 : 음식
참고문헌 : 이규경,『오주연문장전산고』; 홍선표,『조선요리학』(조광사, 1940); 방신영,『조선음식 만드는 법』(대양공사, 1946); 손정규,『우리음식』(삼중당, 1948);「그윽한 맛-가을 時節(시절)음식 조상의 멋과 맛이 어우러져-」,〈매일경제〉 1981년 10월 5일
필자 : 서모란

추탕(「김유정」)

"김형! 우리 소리합시다" 하고 그 척척 붙어 올라올 것 같은 끈적끈적한 목소리로 강원도 아리랑 팔만구암자(八萬九庵子)를 내뽑는다. 이유정의 강원도 아리랑은 바야흐로 천하일품의 경지다.

나는 소독 젓가락으로 사기 추탕(鰍湯) 보시깃전을 갈기면서 장단을 맞춰 좋아하는데 가만히 보니까 한쪽에서 S군과 B군이 불화다. 취중 문학담(文學談)이 자연 아마 그리 된 모양인데 부전부전하게 유정이 또 거기 가 한몫 끼이는 것이다. 나는 술들이나 먹지 저 왜들 저러누, 하고 서서 보고만 있자니까 유정이 예의 그 벙거지를 떡 벗어 던지더니 두루마기 마고자 저고리를 차례로 벗어젖히고는 S군과 맞달라붙는 것이 아닌가.

싸움의 테마는 아마 춘원의 문학적 가치 운운이던 모양인데 어쨌든 피차 어지간히들 취중이라 문학은 저리 집어치우고 인제 문제는 체력이다. 뺨도 치고 제법 태견도들 한다.

1939년『청색지』에 발표된 이상의 단편소설「김유정」이다. 이상(李箱: 1910-1937)은 한국 모더니즘 문

학의 개척자로 평가받는 소설가이자 시인이다. 본명은 김해경으로 김유정, 박태원, 정지용, 김기림 등의 구인회 문인들과 친하게 어울렸다. 새로운 공부와 동경 문단 진출의 큰 꿈을 품고 현해탄을 건넜으나 폐결핵을 이기지 못하고 동경에서 죽었다. 대표작에 「날개」, 「종생기」, 「봉별기」 등의 단편, 장편 『십이월 십이일』과 「오감도」 등의 시가 있다.

단편소설 「김유정」에는 '소설체로 쓴 김유정론'이란 부제가 달려 있다. 이상은 구인회 동료 가운데 그가 '시인 가운데 쌍벽과 소설가 중 쌍벽'이라고 한 김기림, 정지용, 박태원, 김유정 네 사람을 골라 '네 분을 각각 주인으로 하는 네 편의 소설'을 쓸 계획을 세웠다. "작품 이외의 이분들의 일을 적확히 묘파해서 써내 비교교우학(比較交友學)을 결정적으로 여실히 하겠다는 비장(悲壯)한 복안(腹案)"을 품었던 것이다. 소설 「김유정」은 그 첫 번째 작품이다. 위 인용문은 잘 알려져 있지 않은 김유정의 개성, 이상과 어울렸던 젊은 문인들의 생활상을 구체적으로 그리고 있어 흥미롭다.

김유정은 어릴 때부터 말을 더듬었다고 한다. 서울에서 학교를 다니던 때 말더듬이 교정을 받아 나아졌지만 별로 말이 없는 과묵한 습성은 크게 달라지지 않았다고 전한다. 그런 김유정이지만 술에 취하면 저처럼 고향 강원도의 민요인 강원도 아리랑을 멋들어지게 불러젖히곤 하였던 것이다. 이상은 「김유정」에서 "엔간해서 술이 잘 안 취하는데 취하기만 하면 딴 사람이 되고 만다. 그것은 무엇을 보고 아느냐 하면-보통으로 주먹을 쥐고 쓱 둘째손가락만 쪽 펴면 사람 가리키는 신호가 되는데 이래 가지고는 그 벙거지 차양 밑을 우벼 파면서 나사못 박는 흉내를 내는 것이다. 하릴없이 젖먹이 곤지곤지 형용에 틀림없다."라고 김유정의 남다른 술버릇을 소개하기도 했는데, 신체적 열등감, 병, 가정사, 시대고 등에 짓눌린 김유정에게 술은 닫힌 입을 열어주는 약이었던 모양이다.

술은 또 김유정의 몸에 갇힌 격정을 풀어 분출하게 하는 역할도 하였으니, 당시의 젊은 문인들에게 한편으로는 좇아야 할 모범으로 다른 한편으로는 물리쳐야 할 부정의 대상으로 인식되었던 이광수 문학의 가치를 둘러싼 논쟁이 벌어졌을 때, 그는 저처럼 몸으로 자신의 생각을 드러내었던 것이다.

이상, 김유정을 비롯한 1930년대 젊은 문인들의 술자리 안주 가운데 하나는 추탕이었던 모양이다. 서울에서는 추탕이라 했는데, 삶은 미꾸라지를 갈아 넣고 끓인 추어탕과는 달리 미꾸라지를 통으로 넣고 끓인 것이었다. 가난한 청년 문사들의 술안주는 이처럼 소박하였다. 미꾸라지를 넣고 끓인 추탕 또는 추어탕은 '추호탕'이라 일컫기도 하였다. 현진건의 「운수 좋은 날」에서는 주인공 김첨지가 들른 선술집 큰 솥에서 끓고 있는 것을 "추호탕을 끓이는 솥뚜껑을 열 적마다 뭉게뭉게 떠오르는 흰 김"이라 하여 '추호탕'이라 하였다.

분류 : 문학
색인어 : 김유정, 이상, 추탕, 이광수
참고문헌 : 김윤식, 『이상 연구』(문학사상사, 1987); 권영민, 『이상문학 연구 60년』(문학사상사, 1998)
필자 : 정호웅

추탕(「미명계」)

자즌닭이 울어서 술국을 끓이는 듯한 추탕(鰍湯) 집의 부엌은 뜨스할 것같이 불이 뿌연히 밝다

초롱이 희근하니 물지게꾼이 우물로 가며
별 사이에 바라보는 그믐달은 눈물이 어리었다

행길에는 선장 대어가는 장꾼들의 종이 등에 나귀 눈이 빛났다
어데서 서러웁게 목탁을 뚜드리는 집이 있다

백석(白石: 1912-1996)의 시집 『사슴』(1936)에 수록된 작품 「미명계」이다. 백석은 자신이 성장한 고향의 풍속과 자신이 체험한 생활의 풍물을 토속적 언어에 바탕을 둔 지극히 개성적인 시어와 표현으로 형상화한 시인이다. 그의 독특한 시세계는 후대의 많은 시인

함흥 영생고보 영어 교사를 지내던 시절(1936.4-1938.12)의 백석. 이 시절 백석은 자야라는 기생과 사랑에 빠졌다.

들에게 영향을 끼쳤다. 1912년 평안북도 정주에서 태어나 오산고등보통학교를 마치고 일본으로 건너가 1934년 아오야마학원[青山學院] 전문부 영어사범과를 졸업하였다. 1930년 〈조선일보〉 '신년현상문예 공모'에 소설 「그 모(母)와 아들」이 당선되었고, 1935년 〈조선일보〉에 시 「정주성」을 발표하면서 등단했다. 첫 시집 『사슴』을 출간하여 문단의 주목을 받았고 그 이후 함흥과 만주에서 발표한 작품들도 지속적인 관심의 대상이 되었다. 광복 후 평양에 정착하여 분단 이후에도 활동하다가 1959년 양강도 삼수군의 농장으로 축출되어 농사꾼으로 살다가 타계했다.

'미명계(未明界)'란 아직 밝지 않은 새벽의 공간을 의미한다. 이른 새벽부터 활동하는 사람들의 모습을 통해 삶의 애잔함을 드러낸 작품이다. 먹고 살기 위해 남보다 먼저 일어나 움직이는 사람들이 있는가 하면 다른 쪽에서는 또 다른 무엇인가를 위해 새벽부터 목탁을 두드리는 사람이 있다 이것은 인생의 축도를 함축한다. 이 시에 소재로 등장하는 추탕은 술국의 하나로 선술집에서 서민들이 즐겨 먹던 대중적인 음식이다.

분류 : 문학
색인어 : 미명계, 백석, 술국, 추탕(추어탕)
참고문헌 : 이숭원, 『백석을 만나다』(태학사, 2008)
필자 : 이숭원

추탕(서울명물 형제주점)

식민지시기였던 1920년대 말 동대문 밖 신설동 경마장 옆인 숭인동 199번지에 선산 김씨 다섯 형제가 가게를 열기 시작한 것이 형제주점의 시작이었다. 처음에는 상호도 없이 청계천 지류 미나리깡에서 미꾸리를 잡아다 만든 추탕이 유명해져서 상호 역시 '유명추탕'이 되었고 동시에 술과 안주도 팔게 되면서 '형제주점'이라는 상호도 같이 내게 되었다(주영하, 2011).

형제주점은 추어탕집으로서뿐 아니라 서민들의 술집으로서도 매우 각광 받았기에 신문 기사 등에도 주변에서 어떤 일이 생길 경우 형제주점 주변이라는 표현을 쓸 만큼 동대문 주변의 랜드마크였다. 그리고 해방 이후에도 그 명성을 이어갔다.

그래서 많은 사람이 서울의 유명 술집으로 형제주점을 떠올렸다. 서울대학교 약학대학 초대 학장을 지낸 한구동(韓龜东: 1908-2000)도 〈경향신문〉에 일본에서 내빈으로 초대한 학자와 함께 형제주점에 갔던 기억을 기고했다. 한구동의 기억에 따르면 당시 형제주점은 갖은 양념으로 재운 고기, 생선을 이용한 안주가 얼마든지 있었다. 그리고 1인당 1원에 술만 사면 안주는 무제한으로 먹을 수 있어 만취할 때까지 맛있는 안주를 숯불에 직접 구워 먹을 수 있었다고 한다.

형제주점은 가게가 유명했던 만큼 지역에 재해가 있을 때 기부활동도 펼쳤다. 예를 들면 형제주점은 1938년 8월 중랑천 하천의 범람으로 청량리 일대가 물난리가 났을 때 조선중앙일보 경동지국과 협력하여 쌀 3섬을 가지고 이재민들에게 밥을 나눠줬다. 또 1958년 9월 당시 물난리를 겪고 초등학교에 있던 이재민들에게 전달하도록 도시락 1,100개를 경향신문사로 보내기도 했다.

일찍부터 지역에서 명성과 덕망을 쌓아서였을까. 다섯 형제 중 누구의 아들인지 알 수는 없지만 "형제주점의 둘째 아들"이라는 김수길(金壽吉)이 민주당 소속으로 1956년 8월 첫 지방자치선거에 서울시 시의원으로 출마한다. 비슷한 시기인 동대문경찰서에서 1956년 8월 2일 형제주점에 대해 30일간 영업정지 처분내리는데 그 이유가 밥에 20% 이상 잡곡을 섞지 않았고 생선을 보관하는 데 쓰인 얼음이 천연빙이었으며 종업원들이 위생복을 입고 있지 않았다는 점을 문제 삼은 것이다. 이에 김수길은 경찰의 처분이 공정하지 못함을 지적하면서 다시금 행정처분을 문제 삼았고 각 신문에서도 김수길이 당시 야당인 민주당 출신 후보자여서 영업정지를 내린 것이 아니냐고 문제를 제기했다. 결국 며칠 뒤인 8월 7일 형제주점에 대한 영업정지 기간이 10일 간으로 단축되었다. 이후 김수길은 4·19혁명 이후 경기도 산업국장까지 지냈으나 5·16 군사쿠데타 이후 정계를 떠났다고 한다.

1963년 서울의 명물이라 불리던 형제주점 역시 건물을 판다는 기사가 나왔고 얼마 뒤 실제로 문을 닫는다. 형제주점의 막내가 1989년 미아삼거리 뒷골목에 사라져가는 서울식 추탕을 계승하기 위해 다시금 추탕집을 냈다.

분류 : 음식
참고문헌 : 「智能的干涉인가 營業停止處分當한 「兄弟酒店」, 〈경향신문〉 1956년 8월 6일; 「그 추탕 어디로-서울 名物 兄弟酒店 팔릴 듯」, 〈경향신문〉; 「老教授와 캠퍼스와 學生(155) 韓亀東(4) 朝鮮藥學會의 활약」, 〈경향신문〉 1974년 3월 28일; 「兄弟酒店의 特志」, 〈조선중앙일보〉 1935년 8월 14일; 주영하, 『식탁 위의 한국사』(휴머니스트, 2011).
필자 : 이민재

추탕집(『별건곤』)

1927년 10월 1일에 발간된 『별건곤(別乾坤)』 제9호에는 「변장출동 임시 OO이 되어본 記_추탕(鰍湯)집 머슴으로 이틀 동안의 더부살이」라는 기사가 실렸다. 이 기사는 B기자라는 인물이 이틀 동안 경성에서 유명한 회동의 H추탕집, 현재어 표기로 하면 추어탕가게에서 이틀

『별건곤』 7월호 제2권 제5호, 1927년, 22.5×15.1cm, 국립한글박물관

동안 임시고용원으로 일하면서 관찰한 바를 기사로 적은 것이다. 기사 속 B기자의 눈을 따라가다 보면 식민지시기 외식업계에서 추어탕의 면모를 알 수 있다. 기자가 추어탕가게에 잠입한 때는 가을의 기운을 느낄 수 있던 팔월로 당시에 H추어탕집은 여름에는 가게를 닫았다가 가을부터 다시 문을 여는 방식으로 운영했다고 한다. 당대의 추어탕가게는 지금과 같이 추어탕만을 전문적으로 하는 음식점은 아니었던 것 같다. 당시 구직난이 심하였지만 기자가 선술집이 유행하여 어렵지 않게 추어탕가게에서 일할 수 있었다는 말 속에서 짐작할 수 있듯이 추어탕가게 역시 끼니를 해결하는 식당의 면모와 함께 술을 먹는 선술집의 성격도 동시에 지니고 있었다. 그래서 추어탕집에는 추어탕 이외의 메뉴들도 많았다. 기사에 따르면 추어탕이 중심이 되긴 하지만 숯불에 구운 고기나 제육과 같은 술안주와 과일도 준비하였고, 아침에는 뼈다귀로 만든 해장국 등 다양한 음식들을 만들고 준비했다.

H추탕집에는 각양각색의 손님들이 드나들었다고 한다. 기자의 관찰에 따르면 말쑥한 양복을 입고 오는 신사, 저고리 입고 오는 교사도 있으며 직공, 노인 등 귀하고 천한지 아니면 젊고 늙은지 상관없이 "한 부엌에서 젓가락을 들고 돌아다니며 먹고 마시고 놀며 이야기"하는 곳이 바로 추어탕가게라고 표현했다. 그래서 기사 속 한 교사가 "조선의 설렁탕과 선술집은 세계적으로 명물이 될 만하다. 아주 민중적이오. 민중의 일 바쁜 표시를 보이는 현상이 좋다."라고 평가하기도 했다.

많은 사람들이 즐기던 추어탕가게지만 일하는 사람은 고단했다. 이틀 동안 추어탕가게 종업원으로 일한 기자는 주인의 비위와 손님들의 환심을 맞춰야만 하는 자신의 처지를 힘들어했다. 늦은 저녁에는 내일 아침에 팔 음식들 재료준비를 해야 하고 아침이 되면 그날 팔 추어탕을 끓여야 하며 손님들이 오면 각종 심부름은 물론 식당에 재료들을 주는 장사꾼들을 맞이해야 하는 등 매우 일이 바쁘다고 표현했다. 거기에 어질러놓은 바닥을 청소하는 일이나 껄끄러운 음식값

계산까지 해야 해서 기자의 표현에 따르면 "여간해가 지고 할 직업 같지는 않이 했습니다."라고 할 정도로 힘든 일이었다.

『조선무쌍신식요리제법(朝鮮無雙新式料理製法)』에서도 추어탕은 추탕이라고 표기되어 있고 다른 이름으로 미꾸라지국이라고도 적혀 있다. 『조선무쌍신식요리제법』의 추어탕 조리법은 다음과 같다. 먼저 미꾸라지에 물을 넣고 소금을 조금 쳐 2분 동안 가만히 둔 후 물을 2번 정도 부어 해감을 한다. 그러고 나서 맹물에 업진이나 사태 부위를 녹도록 끓인 후 고기는 꺼내어 식힌다.

다음으로 밀가루를 풀고 길쭉하고 납작하게 두부를 자르고 생강, 씨 뺀 고추, 파를 다지고 고사리, 표고버섯, 송이버섯은 굵게 찢어서 넣는다. 곱창과 양도 재료로 쓰는데 이때는 우선 삶은 후 썰어 넣어서 눋지 않게 휘저어가며 끓인다. 그리고 장만한 미꾸라지를 국에 쏟아 넣은 후 뚜껑을 얼른 닫고 미꾸라지가 다 익으면 마지막으로 달걀을 넣어 푸는 것으로 조리를 마친다.

분류 : 음식
색인어 : 추어탕, 추탕, 회동, 별건곤, 해장국, 민중, 종업원, 미꾸라지국
참고문헌 : 『별건곤』; 이용기, 『조선무쌍신식요리제법』(영창서관, 1936); 주영하, 『식탁 위의 한국사』(휴머니스트, 2013)
필자 : 이민재

취

취(翠)는 산이나 들에서 자라는 다년생 식물로 향과 맛이 좋아, 한국인들이 즐겨 먹는 나물이다. 참취, 곰취, 수리취, 미역취 등 여러 종류가 있으나 흔히 '산취'로 통칭된다.

유난히 나물을 좋아했던 조선 후기 문필가 이옥(李鈺: 1760-1815)은 『백운필(白雲筆)』에서, 향긋하고 기름진 맛의 취는 삶아서 나물로 무쳐도, 국을 끓여도 절품(絶品)이라고 높이 평가하였다. 그러면서 취나물은 깊은 산에서 나는 것일수록 더욱 좋지만, 용문산은 취가 자라기에 매우 알맞아, 용문산 산색이 드리우는 땅에서 난 취는 모두 맛이 좋다고 한다고 했다(이옥 저, 실시학사 고전문학연구회 편역, 2009: 306쪽).

이옥이 말한 경기도 양평의 용문산 취는 조선시대는 물론이고 현재까지도 줄곧 명성이 높은데, 일제 강점기만 해도 용문사 취와 함께 강원도 석왕사 설봉의 취가 좋기로 첫손에 꼽혔다. 이용기(李用基: 1870-1933)의 『조선무쌍신식요리제법(朝鮮無雙新式料理製法)』(1936) '취쌈(羊蹄菜包)'을 보면, 취는 한자어로 '양제채(羊蹄菜)'라고 하는데 생취가 가장 향취도 좋고 맛도 좋다. 생취 중에서 곰취가 제일이지만 나무취, 국취, 참취 등 여러 가지가 많고, 곰취는 용문산 산취와 석왕사 설봉 산취가 제일 좋다고 했다. 또한 가을에 삶아가지고 서울에 들어와 파는 것은 그리 좋지 못하다면서, 말린 취에 머위[欵冬] 잎사귀를 많이 섞어 파는 것은 취 맛이 없으니 잘 살핀 후 사라고 했다. 그러면서 취쌈은 취를 삶은 것으로 쌈을 싸 먹어도 되고, 그냥 고추장에 찍어 먹으라고 했다.

현재는 참취를 무치거나 볶아서 많이 먹지만, 조선시대에는 취라고 하면 쌈을 싸 먹는 곰취를 먼저 떠올렸다. 곰취는 흔히 '熊翠(웅취)'라고 썼는데, 『광재물보(廣才物譜)』에는 '杜衡(두형)', '杜葵(두규)', '土細辛(토세신)', '馬蹄香(마제향)'이라는 명칭도 나온다. '馬蹄'가 들어가는 명칭은 서호수(徐浩修: 1736-1799)의 『해동농서(海東農書)』에도 보이는데, 곰취를 '熊蔬(웅소)'라 하면서 산속에서 저절로 자라는 나물로, 모양이 말발굽[馬蹄] 같고 잎이 크고 둥글어서 '馬蹄蔬(마제소)'라고 부른다고 했다.

취나물은 생취로 먹기도 하고, 삶아서 말려 두었다가 필요할 때 물에 불렸다가 조리하기도 하지만, 봄에 물에 담가 항아리에 넣어두었다가 겨울에 꺼내 먹기도 했다. 홍만선(洪萬選: 1643-1715)의 『산림경제(山林經濟)』를 보면, 4월 하순에 곰취를 채취하여 차곡차곡 포개 바가지에 담아 즙을 빼낸 뒤 항아리에 담아 물을 붓고 무거운 돌로 눌러두면서 물을 자주 채워준다. 그렇게 겨울까지 두면 곰취가 누런 빛깔의 아주 연한 곰취가 되어 밥을 싸 먹기에 아주 좋다고 한다.

또한 취 중에 '수리취'라는 것이 있다. 떡 만들 때 쓰기 때문에 '떡취'라고도 하는데, 한자로는 이의봉(李義鳳: 1733-1801)의 『고금석림(古今釋林)』에서 '狗舌草(구설초)'라 했다. 단오에 특히 절식(節食)으로 쑥떡과 함께 수리취떡을 해 먹기도 하며, 현재도 지역에 따라서는 쌀가루에 수리취를 섞어서 수리취떡, 수리취인절미, 수리취개피떡, 감자취떡 등을 만든다.

분류 : 식재료
색인어 : 조선무쌍신식요리제법, 쌈, 나물, 떡
참고문헌 : 이옥 저, 실시학사 고전문학연구회 편역, 「백운필」, 『完譯 李鈺 全集3-벌레들의 괴롭힘에 대하여』(휴머니스트, 2009); ; 이용기, 『조선무쌍신식요리제법』(영창서관, 1936); 작자 미상, 『광재물보』; 서호수 저, 고농서국역총서14 『해동농서Ⅱ』(농촌진흥청, 2008); 홍만선, 『산림경제』(한국전통지식포탈); 이의봉, 『고금석림』
필자 : 김혜숙

곰취(「망향」)

언제든 가리
마지막엔 돌아가리라
목화꽃이 고운 내 고향으로—

아이들이 하눌타리 따는 길 머리론
학림사(鶴林寺) 가는 달구지가 조을며 지나가고
대낮에 잔나비가 우는 산골

등잔 밑에서
딸에게 편지 쓰는 어머니도 있었다

둥굴레산에 올라 무릇을 캐고
접중화 싱아 뻐꾹채 장구채 범부채 마주재 기룩이
도라지 체니 곰방대 곰취 참두릅 개두릅을 뜯던 소녀들은
말끝마다 '꽈' 소리를 찾고
개암 살을 까며 소년들은
금방망이 놓고 간 도깨비 얘길 즐겼다

목사가 없는 교회당
회당지기 전도사가 강도상을 치며 설교하던 촌

그 마을이 문득 그리워
아라비아서 온 반마(斑馬)처럼 향수에 잠기는 날이 있다

언제든 가리
나중엔 고향 가 살다 죽으리

모밀꽃이 하이얗게 피는 곳
나뭇짐에 함박꽃을 꺾어 오던 총각들
서울 구경이 소원이더니
차를 타보지 못한 채 마을을 지키겠네

꿈이면 보는 낯익은 동리
우거진 덤불에서
찔레 순을 꺾다 나면 꿈이었다

노천명(盧天命: 1912-1957)의 시집 『창변』(1945)에 수록된 시 「망향」이다. 노천명은 섬세한 감각과 절제된 감수성으로 다양한 영역을 시로 표현하여 한국 여성시의 독자적 위상을 개척한 시인이다. 1911년 황해도 장연에서 출생하여 진명보통학교와 진명여자고등보통학교를 거쳐 이화여전 영문과를 졸업했다. 1932년 이화여전 재학 당시 『신동아』에 「밤의 찬미」를 발표했고, 1935년 『시원』에 「내 청춘의 배는」을 발표하여 정식으로 등단했다. 시집으로 『산호림』, 『창변』, 『별을 쳐다보며』 등이 있고, 수필집으로 『산딸기』, 『나의 생활백서』 등을 간행하였다.

이 시는 고향에 대한 그리움을 표현한 작품으로 토속적인 고향의 풍물과 그것을 나타내는 모국어에 대한 노천명의 애정이 담겨 있다. 고향의 정경을 떠올리고 들과 산에서 채취하던 여러 나물들의 이름을 하나하나 열거하면서 어린 날로 돌아가 고향의 품 안에서 살고 싶은 향수의 심정을 드러냈다. 이 시에 나오는 여러 토종 산나물들은 고향의 정취를 그대로 환기하는 전통적이고 원형적인 소재다. 그중 곰취나 참두릅은 지금도 우리 식탁에 올라 담백한 맛을 전해주는 음식

이다.

분류 : 문학
색인어 : 망향, 노천명, 무릇, 도라지, 곰취, 참두릅, 개두릅
참고문헌 : 이숭원, 『노천명』(건국대학교출판부, 2000)
필자 : 이숭원

칡(술 깨는 데는 칡)

조선시대에 칡은 주독(酒毒)을 막거나 숙취를 풀어주는 데 효험이 있다고 여겨졌다. 허준(許浚: 1539-1615)의 『동의보감(東醫寶鑑)』에는 가루 낸 칡꽃[葛花]을 약재로 삼아 술을 먹어도 취하지 않게 하는 갈화산(葛花散)과 쌍화산(雙花山) 등의 처방이 나온다. 홍만선(洪萬選: 1643-1715)의 『산림경제(山林經濟)』에도 8월에 피는 칡꽃뿐 아니라 칡뿌리[葛根]도 주독 해소에 효험이 있으므로, 소주를 너무 마셔서 중독이 되었을 때는 칡뿌리를 짓찧어 즙을 내 먹이라고 하였다.

이옥(李鈺: 1760-1815)의 『백운필(白雲筆)』에는 술을 즐기는 사람들이 칡꽃과 칡뿌리를 이용하여 음식을 만들어 먹던 이야기가 나온다. 어느 날 술을 좋아하던 그의 친구가 어린 종에게 칡꽃을 따오라고 시켰다. 그 모습을 본 아버지는 칡꽃이 필요한 이유를 물었고, 대답하기가 곤란했던 친구는 약에 쓸 거라고 둘러댔다. 아버지는 무슨 약이냐며 다시 물었고, 어쩔 수 없이 술병을 낫게 하는 약이라고 대답했다. 그 얘기를 들은 아버지는 아들에게 더욱 묘한 약이 있다며, 술을 마시지 않으면 된다고 했다.

이어 이옥은 칡을 이용해 술병을 다스린 이로 친지의 이야기도 한다. 그 친지는 칡뿌리 가루[葛粉]를 산골에서 얻어 두었다가 술 마신 다음에는 항상 죽을 쑤어먹으며 술을 깼다. 그러던 어느 날 집에 칡뿌리 가루가 떨어져 더 이상 갈근죽을 쑬 수 없게 된 부인은 남편 몰래 칡 대신 율무가루로 죽을 쑤어주었다. 나중에야 자신이 먹은 게 갈근죽이 아니라 응이죽(薏苡粥), 즉 율무죽이었음을 알게 된 남편은 어쩐지 요즘에는 술이 빨리 깨지 않아 이상했다고 말하였다고 한다(이옥 저, 실시학사 고전문학연구회 편역, 2009: 362-363쪽).

사실 칡이 전국에 산재한다고는 하지만 갈근죽은 칡뿌리를 부셔서 바로 쑬 수 있는 음식은 아니다. 짓찧은 칡뿌리를 물에 담가 전분을 걸러내 말린 가루, 즉 갈분을 먼저 만들어야 했다. 이러한 갈분으로 만드는 갈분죽에 대해서는 18세기 이후의 조리서로 추정되는 『박해통고(博海通攷)』에도 나오는데, 갈분에다 부드러운 멥쌀가루를 조금 섞어 같이 죽을 끓인 후 꿀을 섞어 먹으면 숙취를 풀 수 있다는 내용이다.

분류 : 식재료
색인어 : 죽, 술
참고문헌 : 허준, 『동의보감』(한국전통지식포탈); 홍만선, 『산림경제』(한국전통지식포탈); 작자 미상, 『박해통고』(한국전통지식포탈); 이옥 저, 실시학사 고전문학연구회 편역, 「백운필」, 『完譯 李鈺 全集 3-벌레들의 괴롭힘에 대하여』(휴머니스트, 2009)
필자 : 김혜숙

칼

칼은 식재료를 자르는 가공용구이자, 식생활에 없어서는 안 되는 필수도구이다. 부엌에서 쓰는 칼은 주로 육류와 생선, 채소를 썰고 자르는 데 쓰인다. 부엌칼은 무쇠로 만든 것이 대부분이며 식칼, 식도라고도 불리고 한자어는 도자(刀子)이다. 부엌칼은 외날로 되어있는데 등과 날이 칼 끝으로 향하면서 곡선을 이룬다. 칼자루와 손잡이 부분에는 쇠로 테를 둘러 칼자루가 망가

칼, 전체 길이 33cm, 광복 이후, 국립민속박물관

지는 것을 방지하였다. 숫돌을 이용하여 날을 세워서 썼다.

칼은 부엌의 위생과 직결되기도 했다. 1975년 〈매일경제〉 기사의 부엌도구 관리하는 법에는 '부엌칼을 쓰고나서 물에 씻은 후 물기를 잘 닦아두지 않으면 차츰 녹이 슨다.'라고 하면서 이를 막으려면 사용한 후 뜨거운 물로 씻어두라는 내용이 있다. 특히 1970년대 신문 기사에서는 여름에 식중독이 발생하는 것을 막기 위해 칼과 도마 소독을 강조하면서 열탕소독이 주로 권장되었다.

칼은 일상적으로 사용되는 도구인만큼 관련된 속담이 많다. 예를 들어 '칼을 품다'는 살의를 품다는 의미이고, '칼을 빼들다'는 문제 따위를 해결하려고 하다는 의미이다. 또 '칼을 갈다'는 싸움이나 침략 따위를 준비하거나 복수를 준비한다는 의미이고, '객줏집 칼도마 같다'는 말은 객줏집에서 손님을 치르느라고 칼도마를 많이 써서 가운데 부분이 움푹 패었다는 뜻으로 이마와 턱이 나오고 눈 아래가 움푹 들어간 얼굴을 놀림조로 이르는 말이다. '도마 위의 고기가 칼을 무서워하랴'는 죽음을 이미 각오한 사람이 무엇이 무섭겠다는 뜻이고, '부러질 칼자루에 옻칠하기'는 쓸데없는 일에 힘을 쓰는 경우를 비유적으로 이르는 말이다.

분류 : 미술
색인어 : 자르다, 조리, 조리도구
참고문헌 : 한국학중앙연구원, 『한국민족문화대백과사전』; 『한민족역사문화도감 식생활: 국립민속박물관 소장품』(국립민속박물관, 2007); 〈매일경제〉 1975년 6월 6일
필자 : 구혜인

칼국수

밀가루를 반죽하여 칼로 가늘게 썰어서 만든 국수 또는 그 국수를 소고기장국이나 닭고기장국 등에 넣고 끓인 음식을 가리킨다.

면을 썰어 국수를 만드는 조리법은 장계향(張桂香: 1598-1680)이 조선 중기인 1670년경 지은 한글 조리서 『음식디미방(飮食知味方)』에 '절면(切麵)'이라는 명칭으로 등장한다. 여기서는 주재료로 메밀가루를 쓰고 밀가루를 연결제로 섞고 있다. 1600년대 말에 저술된 것으로 추정되는 『주방문(酒方文)』에서도 밀가루가 아닌, 메밀가루를 찹쌀 끓인 물로 반죽하였다는 내용이 있다. 즉, 조선시대의 칼국수는 메밀가루를 주

로 사용하였던 것이다. 당시, 밀가루가 귀했던 탓에 밀가루 칼국수는 양반가에서나 해 먹던 귀한 음식이었다.

1800년대 말엽에 나온 작자 미상의 『시의전서(是議全書)』에는 '밀국수'라는 음식명으로 조리법이 나와 있다. '밀가루를 찻되로 4되 반죽하려면 달걀을 8-9개 넣고 반죽을 하되 밀가루를 가는체에 곱게 쳐서 사용한다. 물은 보아가면서 반죽이 무르지도 되지도 않게 넣고 많이 주무른 다음 얇게 민다. 얇게 민 것을 실같이 썰어서 물이 팔팔 끓을 때 털어 넣고 삶는다. 조리 자루로 곱게 가만히 저어 주고 솥뚜껑을 잠깐 덮는다. 물이 넘으려고 하면 솥뚜껑을 열고 냉수를 조금씩 치고 건져내어 냉수에 2-3번 씻은 다음 사리를 주먹만하게 쥐어 놓는다. 백숙을 고아 뼈는 추려내고 고기는 찢어서 파나 부추를 넣고 양념하여 간을 맞추어 잘 끓여 닭국에 밀국수를 만다. 오이와 호박 채 쳐 볶은 것과 달걀 얇게 부친 것, 석이, 고추를 모두 채 쳐서 위에 얹는다. 국수반죽은 물을 넣지 않고 달걀만으로 하는 것이 좋다. 날콩가루를 곱게 쳐서 같이 반죽을 하기도 하는데 많이 넣으면 냄새가 나서 좋지 않다.'고 되어 있다.

1921년 발간된 방신영(方信榮: 1890-1977)의 『조선요리제법(朝鮮料理製法)』에도 '밀국슈'가 등장하는데 '밀가루를 물에 반죽하여 오랫동안 주무르고 쳐서 반죽을 매우 되게 잘 한다. 그리고 방망이로 얇게 밀어서 잘게 썰어가지고 끓는 물에 삶아내어 물을 다 빼버리고 그릇에 담는다. 그런 후에 맑은 장국을 끓여서 붓고 국수장국에 얹는 고명을 얹는다 (밀가루에 생콩가루를 절반씩 섞어서 하면 좋다).'라고 하였다. 1934년 이석만(李奭萬)이 저술한 『간편조선요리제법(簡便朝鮮料理製法)』에도 위 『조선요리제법(朝鮮料理製法)』과 거의 동일한 내용이 보인다.

이용기(李用基: 1870-1933)가 1936년 출판한 『조선무쌍신식요리제법(朝鮮無雙新式料理製法)』에는 '밀국수[小麥麵]'라는 이름으로 등장한다. '양밀가루를 물에 반죽할 때에 장을 조금 쳐서 주무르고 여러 번 친

뒤에 방망이로 얇게 밀어 잘게 썬다. 밀가루를 뿌려 한데 붙지 않도록 한 뒤에 끓는 물에 삶아내어 물을 다 빼버리고 그릇에 담은 뒤에 맑은장국을 끓여 붓고 국수장국에 얹는 고명을 얹는다. 밀가루와 생콩가루를 반반 섞어 만들어도 좋다. 여름에는 깻국이나 콩국에 말아 먹으면 시원하고 좋다.'고 칼국수 만드는 법을 설명하고 있다.

한반도에서는 밀의 수확량이 많지 않았기 때문에 예전에는 국수가 특별한 날에 먹는 음식이었다. 그러므로 밀 수확이 끝나는 무렵인 음력 6월 15일 유두에 햇밀로 칼국수와 부침을 만들어 이웃과 나누어 먹던 풍습이 있었다.

칼국수가 서민들의 일상 음식으로 자리잡게 된 배경에는 한국전쟁 이후 구호품으로 도입된 미국산 밀가루가 있었다. 이 밀가루를 재료로 한 라면, 수제비 등 많은 음식이 급격히 보급되기 시작하였는데 칼국수도 그중 하나였다. 정부의 분식 장려 정책에 따라 그때까지 절대적으로 쌀에 의존하던 한국의 주식은 밀가루 음식으로 바뀌기 시작하였고 1970년대에는 소위 '분식의 시대'가 펼쳐졌다. 그리하여 그전까지는 귀한 음식으로만 여겨져 왔던 칼국수는 싼값으로 한 끼 식사를 해결할 수 있는 분식집의 대표 메뉴가 되었다. 원조밀의 도입은 칼국수와 같은 귀했던 음식이 서민들의 일상 식탁에 오를 수 있는 배경이 되었다.

분류 : 음식
색인어 : 국·탕, 음식디미방, 메밀, 주방문, 시의전서, 간편조선요리제법, 조선요리제법, 조선무쌍신식요리제법, 국수, 콩
참고문헌 : 방신영, 『조선요리제법』; 이석만, 『간편조선요리제법』(삼문사, 1934); 이용기, 『조선무쌍신식요리제법』(영창서관, 1936); 작자 미상, 『시의전서』; 한식재단, 한식스토리, 「칼국수」; 주영하,『식탁위의 한국사』(휴머니스트, 2013);『한국의 전통향토음식 7-전라남도』(교문사, 2008); 한국의 전통향토음식 3-강원도』(교문사, 2008)
필자 : 박경희

건진국수(안동칼국수)

건진국수는 면을 미리 삶아 익힌 다음 찬물에 담갔다가 건져내어 국물을 붓고 고명을 얹은 후 양념간장으로 간을 맞추어 먹는 국수다. 즉 "건져냈다"는 말에서 유래

한 건진국수는 기일제사 때 국물 없이 주발에 담아 제상에 올렸다. 경북 안동 지역의 건진국수는 밀가루에 콩가루를 섞어 면을 만든다는 점이 특징적인데, 콩가루를 섞은 건진국수는 콩 특유의 구수한 맛을 낸다.

밀가루에 콩가루를 섞어 되직하게 반죽하여 암반 위에 두고, 반죽이 최대한 얇게 퍼지면서 큰 원형이 될 때까지 홍두깨로 민다. 이때 반죽이 얇아지면서 뜯어지지 않도록 밀가루를 반죽에 묻혀 가며 민다. 둥글고 얇게 퍼진 반죽을 몇 차례 접어 먹기 좋은 크기로 잘라 칼로 썰어서 국물에 넣어 삶는데, 국수 면을 칼로 썬다고 해서 '칼국수'라고도 했다.

안동 사람들은 국수 외에도 채소나 시래기에 콩가루를 묻혀서 끓는 물에 넣고 국이나 찌개를 만들어 먹었으며, 찜을 할 때는 채소에 콩가루를 묻혀 밥솥 위에 올리거나 별도로 쪄서 간을 해서 무쳤다(배영동, 2004). 콩의 생산량이 많았던 산간 내륙 지역인 안동에서는 콩가루를 활용한 음식이 발달되었다.

국수의 긴 면은 길한 의미와 장수의 의미를 지니고 있어 혼례, 생일 등에 즐겨 먹는 잔치음식이다. 특히 안동 지역에서는 혼례와 같이 대접할 손님이 많을 때는 건진국수를 만들었다. 국수 면을 미리 준비해 두었다가 잔칫날 끓여만 내면 되기 때문에 잔치음식으로서는 아주 실용적이며, 반찬이 많이 필요하지 않은 한 그릇 요리이다. 또한, 잔치 전날 국수 면을 미는 일은 이웃과 혈연관계에서 품앗이로 이루어졌다(박선미, 2016).

안동 지역의 건진국수는 1970년대 중후반 안동시의 관광정책과 안동민속촌 관리와 관련해서 상품화된 것이다. 그러나 상품화된 안동 건진국수는 다소 특색 있는 국수였다 할지라도 관광지의 독특한 음식문화로 평가되기에는 한 끼 식사로서 부실하다는 평가를 받으면서 큰 호응을 얻지 못했다(배영동, 2004). 건진국수는 제조과정에 특이성이 있고, 그것을 만들어 먹는 사회적 상황에 의미가 있었던 것이기 때문이다(배영동, 2004).

현재 안동 수졸당에서는 유두차사에 건진국수를 만들어 올린다. 그러나 안동 건진국수를 판매하는 집은 칼국수를 판매하는 집보다 그 수가 훨씬 적고 제사와 같은 의례에서나 간혹 올리고 있다.

분류 : 음식
참고문헌 : 배영동, 「안동지역 전통음식의 탈맥락화와 상품화-1970년대 이후를 중심으로-」《사회와 역사》(한국사회사학회, 2004); 박선미, 「동성마을 잔치음식의 구성과 의미-경북 영양군 감천마을의 혼례와 회갑례 음식을 중심으로-」(안동대학교 민속학과 박사학위논문, 2016)
필자 : 박선미

바지락칼국수

바지락칼국수는 충청남도 서해안 어촌의 향토음식으로 유명하다. 북어, 양파, 대파, 다시마를 우려낸 뜨거운 육수에 해감을 한 바지락과 각종 야채와 칼국수를 넣고 끓인다.

바지락 칼국수는 비교적 최근에 와서 새로이 개발된 음식의 하나이다. 음식의 출현은 자연환경의 변화 및 그에 따른 식량자원 확보와 연관이 있다. 충청남도 당진의 한진리 바닷가에서는 1970년대 초반부터 바지락과 같은 패류 채취가 늘어났다. 이는 인근에 복수의 방조제가 만들어지면서 조류의 흐름이 달라졌기 때문이다. 채취량이 풍부한 바지락을 활용해서 낸 칼국수 국물은 당진 시민들에게 큰 인기를 모으게 되었다. 현재는 갯벌의 면적이 축소되어 바지락 채취량은 절정기에 비교하여 감소했으나, 당진 지역의 향토음식으로 변함없는 인기를 누리고 있다.

20세기 후반, 식량 원조를 계기로 한국에 대량 유입된 미국산 밀가루도 칼국수와 같은 음식 다양화의 중요한 배경이 되었다. 제2차 세계대전 이전, 미국 농촌에서는 농산물의 대량 생산 체제가 확립되어 있었고 이 시스템은 대량소비를 전제로 구축된 것이었다. 전쟁 중에는 이 농산물이 군용으로 소비되었고 전후에는 서유럽의 국가들에게 수출되었지만 점차 그 수출량이 줄어들고 미국에서는 잉여농산물 문제가 대두되었다. 때마침 1950년에 발발한 6·25 전쟁은 이러한 미국 농산물의 중요한 소비처가 되었다. 휴전 이후에는 한국의 전후 복구를 위한 원조식량이라는 명목으로 엄청난 양의 미국산 밀가루가 유·무상으로 도입되었다. 농산물 도입은 주로 PL-480 (Public Law 480)호에 근거한 것으로, 이 법은 미국산 잉여농산물 처분과 해외 농산물 시장 확대를 목적으로 1954년 미국 의회에서 제정된 법이었다. 그리하여 한국의 초등학교에서는 원조밀가루로 만든 급식 빵이 제공되었고 한국 산업계는 밀가루, 설탕, 면직물이라는 소위 삼백산업(三白産業)이 중심이 되었다. 정부는 당시 부족했던 쌀 소비를 억제하고 값싼 미국산 밀가루 소비를 위해 강력한 분식장려 정책을 시행하였다. 1960년대, 인스턴트 라면, 인스턴트 칼국수 등 다양한 밀가루 음식이 등장한 것은 이러한 시대적 배경을 바탕으로 한 것이었다(주영하 2013).

안산시 대부도의 '방아머리' 지역에는 바지락 칼국수 전문 식당이 많이 있다. 이 지역에서는 원래 밀로 만든 국수를 많이 먹지 않았었는데 1960년대 이후 원조 밀가루가 한국에 대량 유통되면서 국수를 먹게 되었다. 이때 자신들이 채취한 바지락을 넣어 만든 것이 바지락칼국수였던 것이다. 당시 그 지역에서는 염전 사업이 활발히 전개되고 있었다. 염전에서 일을 하던 인부들 사이에서 이 바지락칼국수는 한 끼 식사로 인기를 모았고 이후, 바지락 칼국수는 음식점 메뉴가 되어 유명해졌다. 염전이 모두 문을 닫은 후 이 지역의 바지락칼국수는 관광객들을 위한 지역의 명물음식이 되었다(주영하 2013).

분류 : 음식
참고문헌 : 『한국의 전통향토음식 5-충청남도』(교문사 2008); 한국학중앙연구원,『한국향토문화전자대전』,「바지락 칼국수」; 주영하,『식탁 위의 한국사』(휴머니스트, 2013)
필자 : 박경희

코리안 레시피스

『Korean Recipes(조선요리법)』는 전 이화여대 교수인 해리엇 모리스(Harriett Morris: 1894-?)가 쓴 영문 한국요리책이다.

해리엇 모리스 교수는 캔자스 주립대학을 졸업한 뒤

해리엇 모리스, 「코리안 레시피스」, 9.5 ×17cm, 1945년, 개인 소장

1921년부터 이화여자대학교의 전신인 이화전문학교 가사과 교수로 재직한 뒤 미국으로 돌아가 뉴욕 컬럼비아대학에서 석사학위를 취득하였다. 1956년부터 1959년까지 이화여자대학교 가정학과 교수로 재직했다. 저서로는 앞서 이야기한 『Korean Recipes(조선요리법)』(1945) 외에도 『서양요리』(1930), 『한국에 맞는 서양요리』(1958), 『Art of Korean Cooking』(1959) 등이 있다.

책표지에는 'Korean Recipes'라는 영문 책 제목과 함께 '조선요리법'이라고 한글로 병기되어 있으며, 책의 서두에 "한국 여성 교육에 바침(Dedicated to The Education of Korean Women)."이라는 문구가 적혀 있다.

『Korean Recipes』에 실려 있는 요리법은 총 98가지로 목차는 곡물류(Cereals), 김치(Keem-chee), 국(Soup), 채소요리(Vegetables), 육류와 생선, 조개요리(Meat, Poultry, Fish, Shell fish), 후식(Desserts)로 분류된다. 곡물류 항목에는 흰밥, 콩나물밥 등 각종 밥과 함께 숭늉과 밀국수가 포함되어 있다. 김치로는 봄김치, 겨울김치, 무김치, 장김치, 오이김치가 소개되어 있다. 국으로는 콩나물, 배추, 감자, 달걀, 굴, 완자로 만든 국이 소개되어 있으며 신선로를 포함해 전, 찜, 구이 등 다양한 요리가 소개되어 있다. 또 콩나물 기르는 법, 깨소금 만드는 법, 초간장 만드는 법도 소개하고 있다.

이 책의 음식명을 영어로 번역한 용어와 한국어 발음을 영문으로 표기한 것을 병기하고 있다. 예를 들어 완자국의 경우 'Beef ball Soup'와 'Wan-ja Kook'이라는 단어가 병기되어 있고 통김치의 경우 'Winter

Keem-chee'와 'Tong Keem-chee'라는 단어가 모두 쓰여 있다.

한편, 이 책은 모리스가 방신영의 『조선요리제법(朝鮮料理製法)』을 토대로 저술한 책으로 알려져 있으나 『조선요리제법』에 비해 재료가 비교적 간단한 것이 특징이다. 예를 들어 『조선요리제법』 1937년 판의 통김치 제법에 사용된 미나리, 청갓, 갓이 'Korean Recipes'에는 사용되지 않았다. 이는 미국 현지에서 구할 수 없는 재료라 제외한 것으로 보이며, 이를 통해 해리엇 모리스 교수가 단순히 조선요리제법을 번역한 것에 그친 것이 아니라 미국 현지에서 사용할 수 있도록 요리법을 수정하여 저술한 것을 알 수 있다.

분류 : 문헌
색인어 : 김치, 조선요리제법, 조선요리법, 완자탕
참고문헌 : Harriett Morris, 『Korean Recipes』(Cooperative Recreation Service, 1945); 방신영, 『조선요리제법』(열화당, 2011)
필자 : 서모란

콩

"콩을 밭에다 심으니, 가지와 잎이 가득 펼쳐졌네. 이슬 내린 꽃은 붉은 옥과 같고, 서리 맞은 잎은 노란 구슬 머금은 듯하다. 자미(子美)의 밥상은 넉넉해졌고, 애공(哀公)은 콩밥 짓는 일을 도왔네. 곡물 중에서 콩이 가장 힘을 많이 가지고 있으니, 마구간의 말도 잘 기를 수 있네." 이 글은 조선시대 학자 이응희(李應禧: 1579-1651)가 쓴 「대두(大豆)」라는 제목의 한시이다. 대두는 콩의 한자이다.

이 시에 나오는 자미는 중국 당나라 때의 시인 두보(杜甫: 712-770)를 가리킨다. 두보가 54세에 정치적 아픔을 겪고 고향으로 가던 중에 산골짜기에 은둔을 했다. 20년 만에 친구 위팔(衛八)이 찾아오자 두보는 늘 먹던 콩밥을 그에게 주었지만, 친구는 거들떠보지도 않았다. 왜냐하면 콩밥은 맛이 없었기 때문이다. 이 시에 나오는 또 다른 인물은 애공(哀公: ?-서기전 468)이다. 그는 공자의 나라 노나라의 군주였다. 공자의 조언을 듣지 않았던 애공은 정치를 잘못하여 쫓겨

나는 신세가 되었다. 그러다 보니 나라 사정이 엉망이 되어 백성들은 콩밥을 먹을 수밖에 없었다. 『전국책(戰國策)·한책(韓策)』이란 책에서는 "백성들이 먹는 것은 대체로 두반(豆飯)과 곽갱(藿羹)이다."고 했다. 지배자들이 육식을 주로 먹은 데 비해서 가난한 백성들을 콩밥과 채소로 끓인 국을 먹었다. 그래서 백성을 두고 '곽식자(藿食者)'라 부르기도 했다.

가난한 백성의 주식이었던 콩은 알고 보면 고기에 들어 있는 단백질을 가장 많이 품고 있는 식물이다. 비록 고기를 씹을 때의 즐거움을 주지는 않지만, 근육의 힘을 세게 해준다. 이런 콩은 본래 오직 동북아시아에만 존재했다. 서양의 학자 중에는 콩을 중국산이라고 굳게 믿고 있는 사람도 많다. 심지어 일본산으로 잘못 알고 있는 학자도 있다. 하지만 콩의 원산지는 한반도를 비롯하여 중국의 동북 지역이다. 최근에 한반도의 남해안에서 콩의 야생종 중 하나인 돌콩이 너무나 많이 발견되어 한반도가 콩의 원산지일 가능성이 제기되고 있다.

당연히 역사 시기 이전의 한반도에 살았던 사람들은 그들의 생활터전에 콩을 많이 남겨두었다. 지금도 그렇지만 콩은 한반도에 살았던 사람들에게 매우 중요한 식재료였다. 특히 음식의 기본 맛을 내는 간장과 된장은 콩이 없으면 만들 수 없다.

간장이나 된장 말고도 콩을 주재료 만드는 두부는 가장 맛있는 음식에 들었다. 고려후기 학자 이색(李穡: 1328-1396)은 "채소 국에 입맛을 잃은 지 오래된 지라, 두부를 저며 보니 기름진 비계같이 새롭구나. 더욱이 다시 보니 치아가 드물어도 좋은 듯하니, 참말로 노신(老身)을 보양하는 데 좋겠구나."라고 했다. 그야말로 두부에 대한 최고의 찬사이다. 조선시대 왕실에서는 제사에 반드시 두부를 올렸다. 이 두부는 고려후기부터 절에서 잘 만들었다. 이런 이유로 서울 주변의 절에서 두부를 만들어 왕실에 바쳤다. 두부의 다른 말인 '포(泡)'를 써서 이들 절을 '조포사(造泡寺)'라고 불렀다.

20세기 초반 서울에는 일본인이 거의 3만 명이 넘게

살았다. 일본인 두부 장사가 100명이 넘었다. 새벽에 종을 들고 "두부 사려." 했던 장면도 알고 보면 일본인 두부 장사들이 만들어낸 장사 방식이었다. 그래도 1980년대까지만 해도 두부는 매우 한국적이었다. 늦가을 수확이 끝난 논두렁에서 추수를 기다리던 콩은 이제 5%에 지나지 않는다. 나머지 95%는 인천항만의 곡물 사이로(silo)에 내려지는 수입 콩이다.

분류 : 식재료
색인어 : 두부, 밥, 제사음식
참고문헌 : 『전국책(戰國策)·한책(韓策)』; 『목은시집(牧隱詩集)』; 『옥담사집(玉潭私集)』; 주영하, 『식탁 위의 한국사』(휴머니스트, 2013)
필자 : 주영하

두죽(구치용)

흙바닥은 불 지피면 족하고
콩죽은 맛이 도리어 좋아라
배에서 봄이 생겨남을 알겠으니
눈이 집에 가득한 것도 모두 잊겠네
土床燃正足 豆粥味還嘉
斗覺春生腹 渾忘雪滿家

*구치용, 「두죽을 먹고[喫豆粥]」

구치용(具致用: 1590-1666)은 본관이 능성(綾城)이고 자는 기지(器之), 호는 우교당(于郊堂) 또는 고산(高山)이라 하였다. 벼슬보다는 학문에 힘을 쏟았고 『주서연의(朱書演義)』, 『우교당유고(于郊堂遺稿)』 등의 저술을 남겼지만 전하지 않고 문집 『우교당유고(于郊堂遺稿)』가 남아 있어 전한다. 이 작품은 이 작품은 그의 맑은 삶을 잘 보여주는 오언절구다. 대충 흙을 바른 방이지만 군불을 때면 추위를 감당할 만하다. 게다가 따끈한 두죽(豆粥: 콩죽)이 있으니 몸이 절로 훈훈하다. 산 속의 집은 온통 눈에 가득하지만, 콩죽 한 그릇에 배에서 봄이 생겨난다.

김육(金堉: 1580-1658)은 자신의 집 이름을 배동와(排冬窩), 곧 겨울을 물리치는 집이라 하고 비슷한 뜻의 시를 붙였다. "눈 수북한 산속에 구름이 어둑하기에, 솜이불에 콩죽으로 집 안 깊이 박혀 있다네. 동장군이 맹렬하게 한기를 몰아다가, 곧장 창 앞에 이르러선 들어오지 못하네[雪滿山中雲正陰 綿衾豆粥一窩深 玄冥凜烈驅寒氣 直到窓前不敢侵]."라 하였다. 광해군 시절 가평의 잠곡(潛谷)에 들어가 직접 나무를 하고 농사를 짓고 살았으니 시골집이 변변했을 리 없다. 사방 산은 온통 눈으로 뒤덮이고 하늘은 찌뿌듯하니 답답한 시인의 마음을 닮았다. 특별한 일이 있는 것도 아니니, 콩죽 한 사발 끓여 먹고 솜이불 끼고 집 안에 콕 박혀 있다. 겨울의 신이 추위라는 병사를 몰아 산중의 집으로 들이닥쳤지만 감히 집 문턱을 넘어서지 못한다. 겨울을 밀어내는 집 배동와라는 이름과 함께 따끈한 콩죽도 추위를 막는 데 힘을 보태었다.

콩죽과 따뜻한 온돌방은 가난한 학자나 시인에게 추운 겨울을 나게 하는 데 위안 거리가 된다. 조선 후기를 호령한 대학자 송시열(宋時烈: 1607-1689)은 "콩죽에 온돌방이면 책을 보기에 충분하다[豆粥溫突, 足可觀書]."라 하였고 가난한 위항의 시인 박윤묵(朴允默: 1771-1849)은 "상강(霜降)에 날이 매우 추워 콩죽과 막걸리를 가지고서 집안 식구들과 취하도록 마시고 배부르도록 먹었다. 또 이웃의 여러 사람에게 나누어주었다. 마음이 매우 흡족하여 추운 날씨가 힘든 줄도 몰랐다. 마침내 이 시를 지어 기록한다."라는 시를 지은 바 있다.

그리고 고려의 대문호 이색은 「새벽에 일찍 일어나[早興]」라는 시에서 "늙은 처 내 술독에 빠졌다 욕하면서도, 감초까지 넣어서 흑두탕을 끓여주네. 깊은 밤 곤히 잠드니 몸이 절로 편안하여, 새벽에 천천히 일어나니 입속이 향긋하다[老妻嗔我酒膏肓, 甘草加煎黑豆湯. 夜永困眠身自穩, 曉寒徐起齒猶香]."라 하였다. 흑두탕이라 하였으니 검은콩으로 만든 죽이었겠다. 이것이 해장에 좋았던 모양이다.

분류 : 문학
색인어 : 콩죽, 흑두탕, 구치용, 김육, 박윤묵, 이색
참고문헌 : 구치용, 『우교당유고』; 김육, 『잠곡유고』; 송시열, 『송자대전』; 박윤묵, 『존재집』; 이응희, 『옥담시집』; 이색, 『목은고』; 이종묵, 『한시마중』(태학사, 2012)
필자 : 이종묵

두탕(1452년 문종)

문종은 이미 세자 시절부터 종기로 인해 많은 고통을 받고 있었다. 1449년 10월 25일 『세종실록(世宗實錄)』에선 세종이 당시 세자였던 문종에게 생긴 배저(背疽)라 불리는 종기를 낫게 하기 위해 여러 신하를 전국 각지에 보내 기도를 올리도록 명령했고 같은 해 11월 1일에는 죄인들을 사면하게끔 했다.

당시 문종에게 생긴 배저라는 종기는 등쪽에 나타난 종기로 뿌리가 깊은 화농성 종기로 보이는데 결국 같은 해 11월 15일에 종기의 뿌리까지 뽑아 문종의 병세가 호전되어 세종이 매우 기뻐했다. 그러나 얼마 지나지 않아 문종의 몸에 다시 종기가 재발하였고 엎친 데 덮친 격으로 결국 1450년 2월 세종이 승하하면서 문종은 종기를 다 치료하지 못한 채 세종의 장례를 치러야만 했다.

종기는 문종을 끈덕지게 괴롭혔고 1452년 5월에 다시금 종기로 인해 문종의 건강은 급속히 악화되어 1452년 5월 4일 문종의 회복을 위해 안평대군(安平大君: 1418-1453)을 대자암(大慈庵)이란 암자에 보내 기도를 드리게 할 정도였다. 그렇게 왕실과 신하들이 문종의 건강을 염려하고 있던 중 1452년 5월 5일 문종을 치료하던 내의 전순의(全循義: ?-?)가 진료를 마치고 나오면서 문종의 병세가 조금 나았다고 문종에게 두탕(豆湯)을 올렸더니 문종이 "음식의 맛을 조금 알겠다."라고 말하며 기뻐했다고 보고했다. 그러나 문종의 병세는 나아지지 않았고 결국 1452년 5월 14일 치료를 받다가 승하한다.

이색의 『목은집(牧隱集)』에 실린 「두죽(豆粥)」이란 시에서 더위에 찌든 자신을 표현하면서 위의 독을 풀어보았자 소나무 아래에 물 흐르는 집보다 못하다고 표현한 후 푸른 사발에 두탕을 담아 꿀과 섞어 마시니 서늘한 기운을 느낄 수 있었다고도 표현했다. 서거정은 『사가집(四佳集)』에 실린 「하일(夏日)」이란 시에서 여름날 처마 밑에서 느끼는 감흥을 노래했는데 두탕의 맛을 달다고 묘사했다.

분류 : 음식

색인어 : 종기, 두탕, 두죽, 사가집, 전순의, 세종, 안평대군
참고문헌 : 『목은집』; 『사가집』; 『문종실록』; 방성혜, 『조선, 종기와 사투를 벌이다』(시대의창, 2012)
필자 : 이민재

콩깻묵밥(「엄마의 말뚝」)

2차대전이 막바지에 접어들자 우리들 콩깻묵밥 안 먹이려고 자주 송도 왕래를 해야 했다. 기차간에서의 쌀 수색이 심해지자 엄마는 빈 몸으로 갔다가 빈 몸으로 돌아왔다. 달라진 게 있다면 호리호리한 엄마가 대보름만 하게 뚱뚱해져 돌아오는 거였다. 대개 밤기차를 탔기 때문에 자정 못 미쳐 돌아온 엄마가 등화관제용 갓이 내려진 어두운 전등 밑에 쭈그리고 앉아 배나 허리, 젖가슴, 정강이 등 여기저기서 올망졸망한 쌀자루를 꺼내 양동이에 쏟아붓는 걸 실눈 뜨고 보고 있으면 절망과 슬픔이 목구멍까지 괴어와서 이를 악물곤 했다.

1979년 『문학사상』에 발표된 박완서의 중편소설 「엄마의 말뚝」이다. 박완서(朴婉緖: 1931-2011)는 1970년 장편 『나목』이 『여성동아』 장편 공모에 당선되어 등단하였다. 이후 세상을 뜨기까지 40년 넘게 줄기차게 소설을 창작하여 거대한 '박완서 문학'을 일구었다. 일제 강점기를 다룬 역사소설, 한국전쟁과 이후 분단 현실을 다룬 분단소설, 산업화 시대 도시 중산층의 허위의식을 비판적으로 성찰한 소설 등을 주로 썼다. 대표작에 「엄마의 말뚝」(1-3), 「해산바가지」, 「환각의 나비」, 「저문 날의 삽화」 연작 등의 중단편과 『나목』, 『그해 겨울은 따뜻했네』, 『미망』, 『그 많던 싱아는 누가 다 먹었을까』, 『그 산이 정말 거기 있었을까』 등이 있다.

「엄마의 말뚝」은 3편으로 이루어진 연작소설이다. 주인공은 서술자 '나'의 어머니인 홍기숙(작가의 실제 모친 성함도 홍기숙이니 이것은 이 연작이 자전적 소설임을 드러낸다). 이 연작은 그녀가 시집에서 나와 서울에서 살다가 아흔 가까운 나이로 세상을 뜨기까지 60년 넘는 세월을 엮는다. 그녀의 평생은 두 번의 큰 불행으로 깊이 상처 입었다. 젊은 나이에 남편이

병으로 죽었고, 한국전쟁 때는 하나뿐인 아들이 비명에 죽었다. 특히 아들의 죽음 때문에 입은 상처는 그녀의 몸과 정신 깊은 곳에 자리잡아 세월이 흘러도 치유되지 않는다.

그러나 다른 한편, 그녀의 평생은 앞을 가로막는 것들을 싸워 물리치며 어기차게 나아가는 투쟁의 열정으로 팽팽하게 긴장된, 그러므로 주체적 능동의 활기로 생동하는 것이기도 하였다. 출신에 대한 자부, 품에 안은 자식들과 함께 비정의 세계와 맞싸워 이기겠다는 억척 모성 등이 그녀의 평생을 끌고 밀었다.

1931년에 일어난 만주사변 이래 식민지 조선은 내내 전시상태였다. 통제로 인한 자유의 구속도 괴로웠지만 식량 부족으로 인한 굶주림은 견디기 힘들었다. 한국인들의 고통은 일본이 1937년의 중일전쟁을 거쳐 마침내 1941년 독일, 이탈리아와 손잡고 2차 세계대전에 뛰어듦으로써 최고도에 이르렀다. 콩에서 기름을 짜내고 남은 찌끼인 콩깻묵은 가축의 사료나 비료로 쓰는 것인데 그것을 넣어 지은 밥을 먹어야 했다. 식생활이 짐승 수준으로 떨어진 것이다. 콩깻묵밥은 그런 시대를 압축해놓은 상징이다.

그러나 「엄마의 말뚝」 연작의 중심에 자리한 억척 모성은 물러서지 않는다. 자식에게 콩깻묵밥을 먹일 수는 없는 것, 송도 시댁에서 쌀을 구해 나른다. "일본 순사가 뚱뚱한 여자만 보면 창으로 찔러본다는 소문이 파다했"던 시절, 밖의 위험과 내면의 두려움에 굴복하지 않고 저처럼 그녀는 용감하게 나아갔던 것이다.

분류 : 문학
색인어 : 엄마의 말뚝, 박완서, 콩깻묵밥, 송도
참고문헌 : 이남호, 「'말뚝'의 사회적 의미」(민음사, 1990); 김경연, 「개성 1931-서울 1991」『작가세계』(1991)
필자 : 정호웅

콩밥(이규상)

콩밥에 뜨물국 봄처럼 따스한데
여리고 허연 무로 김치 새로 담았네
시골살이 늦은 저녁밥이 꿀처럼 달기에
인간세상 산해진미 알 것 없다네

豆飯泔漿暖似春 菁根軟白作菹新
田家晚食甘如蜜 不識人間有八珍

*이규상, 「시골살이 노래[村謠]」

이규상(李奎象: 1727-1799)이 시골살이의 즐거움을 노래한 칠언절구다. 이규상은 초명이 벽상(璧祥)이고 자는 상지(像之), 호는 유유재(悠悠齋) 혹은 일몽(一夢)이다. 본관은 한산(韓山)으로 이사질(李思質)의 장남이다. 조선 후기 문화사를 정리한 『병세재언록(幷世才彦錄)』이 공개되면서 알려진 인물로 문집 『일몽고(一夢稿)』가 전한다. 평생 시만큼 좋아하는 것이 없었기에 시를 보면 배 큰 사내가 음식을 마주하고 있는 것과 같고 목마른 천리마가 샘으로 달려가는 형상이라 한 시인이다. 스스로 시인으로 자처하면서 18세기 농어촌의 풍경을 흐릿한 흑백사진처럼 시에 담는 데 능하였다. 「서호죽지사(西湖竹枝歌)」, 「인천의 노래[仁州謠]」와 「인천의 노래 속편[續仁州謠]」 등을 통해 마포와 인천의 풍물을 노래한 작품이 주목된다. 또 「시골의 노래[村謠]」와 「농가의 노래[田家行]」 등에서는 당시 농촌의 풍물을 담았는데 이 작품 역시 그중 한 수다.

한시는 잊고 있던 기억을 떠올리게 한다. 쌀이 귀하여 콩을 섞어 밥을 짓고, 국이라고 해야 쌀뜨물 끓인 것뿐이요, 반찬 역시 무를 절인 김치 하나뿐이다. 그래도 농사일을 마치고 느지막이 가족들과 둘러앉아 먹는 밥을 꿀맛이다. 꿀꺽꿀꺽, 아삭아삭, 밥 먹는 소리가 절로 들릴 듯하다. 이것이 시골에 사는 즐거움이다.

콩밥은 안빈낙도(安貧樂道)의 상징이다. 장유(張維: 1587-1638)는 한적한 생활을 노래한 작품에서 "명아주국 콩밥에 다리 부러진 솥, 짚방석에 함께 둘러앉으니 다툴 사람 없다네[藜羹豆飯折脚鐺 蒲團一座無人爭]."라 하였고, 성문준(成文濬: 1559-1626) 역시 "나락은 잎이 말라 불 지펴 콩밥을 짓고, 목면은 꽃이 져서 겨울옷 장만하게 하네[金稻葉乾炊豆飯 木綿花盡獻功裝]."라 하였다. 자신의 맑은 삶을 자랑하면서 콩밥을 상징으로 넣은 것이다. 조선시대 문인들이 많이 본 『학림옥로(鶴林玉露)』라는 책에서 "매번 나물국에 콩밥을 먹고, 쓴 차 한 잔 마신다[每菜羹豆飯 啜苦茗一杯]."라는 구절을 벽에 걸고 늘 읊조리며 즐거움으로 삼았다고 하니, 이러한 운치를 배운 듯하다.

그리고 이규상이 콩밥과 함께 먹는다고 한 뜨물국 역시 청빈(淸貧)의 상징이다. 조선 중기의 문인 하진(河溍: 1597-1658)이 "아침과 저녁에 밥 한 사발, 밥 먹은 후 뜨물국을 마시고. 배 두드리며 세월을 보내니, 신세는 맑고도 맑다네[朝夕飯一盂 飯後飲蕩汩 叩腸任偃仰 身世淸且淡]."라고 하였다. 그러니 뜨물국 한 사발에 콩밥과 김치가 있다면 족하지 않겠는가!

콩밥과 뜨물국의 효과는 더 있다. 조선 중기의 문인 조임도(趙任道: 1585-1664)는 부친상을 당한 후 음식을 옳게 먹지 못하여 눈이 잘 보이지 않는데 콩밥과 뜨물국, 아욱국 등을 먹어 병든 입맛을 돋우어 몸을 보전하게 되었다고 하였으니, 콩밥에 뜨물국은 쇠약한 내장을 다스리는 데도 도움이 되었던 모양이다.

분류 : 문학
색인어 : 콩밥, 뜨물국, 무김치, 아욱국, 명아주국, 이규상, 장유, 성문준, 하진, 조임도
참고문헌 : 이규상, 『일몽고』; 장유, 『계곡집』; 성문준, 『창랑집』; 하진, 『태계집』; 조임도, 『간송집』; 이종묵, 『한시마중』(태학사, 2012)
필자 : 이종묵

콩잎과 콩잎국

조선시대에 명아주나물과 콩잎으로 만든 반찬은 '여곽(藜藿)'이라 하여 가난한 이의 보잘것없는 밥상을 표상하였다. 게다가 콩잎은 흉년이 들면 도토리나 솔잎 등과 함께 백성들이 연명하기 위해서 어쩔 수 없이 먹던 음식이었다. 오래 굶다가 누렇게 뜨고 붓는 병에 걸리지 않으려면 나물죽[糜]이라도 배불리 먹어야 하는데, 그 주재료가 바로 콩잎과 콩깍지였다. 콩잎과 콩깍지를 말려서 가루 낸 것에 곡식가루를 섞어서 끓였던 것이다.

이러한 콩잎으로 만든 국[藿菜羹]을 재상의 자리에 있으면서도 매 끼니 먹었던 이가 있다. 우의정과 좌의정을 역임하고 뒤에 청백리(淸白吏)로 인정받았던 안현(安玹: 1501-1560)이다. 그의 청렴함과 검소함은 유명하였는데, 『국조인물고(國朝人物考)』에 따르면 옛 친구나 지인이 채소 한 묶음을 보내도 받지 않았고 거친 음식과 소박한 차림은 지위가 낮았을 때나 높아졌을 때나 평생 한결같았다고 한다.

이익(李瀷: 1681-1763)의 『성호사설(星湖僿說)』에 따르면, 어느 날 손님이 안현을 찾아갔는데 밥상을 내온 것을 보니 반찬이 콩잎국뿐이었다. 안현이 맛도 보지 않고 밥을 마는 모습을 보고, 콩잎국이 맛없으면 어쩌려고 바로 밥을 마느냐고 손님이 물었다. 그러자 안현은 국 맛이 좋지 않은들 밥을 안 먹을 수는 없지 않느냐고 대답하였다. 이 이야기를 보면, 안현이 벼슬에 나아가기 전이나 후나 달라지지 않았다는 평가가 어떤 의미인지를 짐작할 수 있다. 대개 콩잎국을 먹는 사람이라고 하면 일반 백성을 의미하는데, 그는 재상이 된 이후에도 맛도 따지지 않고 콩잎국을 계속 먹었던 것이다.

한편 식재료가 풍부해진 현대에도 여전히 콩잎은 콩잎김치나 콩잎장아찌, 콩잎쌈 등으로 조리한다. 또는 콩잎을 따서 잘 말려 보관하다가 겨울에 묵은 나물로 먹거나, 묽게 쑨 찹쌀 풀에 소금 간을 하고 깨를 넣은 것을 콩잎에 발라 말려서 부각을 만들어 먹는다. 그런데 콩잎이 푸를 때 잎을 많이 따버리면 콩의 수확량이 줄어들기 때문에(〈동아일보〉 1975년 7월 28일자), 콩잎은 주로 누렇게 변한 다음에 따서 식용한다.

경상북도에서는 누렇게 변한 콩잎을 노랗게 단풍이 들었다 하여 '단풍콩잎'이라고 부르는데, 이것을 따서 깨끗이 씻은 후 된장에 박거나 항아리에 넣은 후 소금물을 부어 1달 정도 삭혀두었다가 양념장에 버무려 먹는다. 또는 체에 거른 된장을 밀가루 풀에 섞은 것을 콩잎에 끼얹어 만드는 콩잎물김치도 만든다(농촌진흥청, 2008a: 170-171쪽). 경상남도에서도 콩잎물김치를 만들어 먹지만 소금으로 간을 하고, 콩잎을 삭혀 장아찌를 만들 때는 경상북도와 달리 멸치액젓을 이용하기도 한다(농촌진흥청, 2008b: 189, 403쪽).

분류 : 음식

참고문헌 : 소세양 지음, 세종대왕기념사업회 편집부, 「안현」, 『국역 국조인물고 2』(세종대왕기념사업회, 1999); 이익 저, 정지상 역, 『성호사설』 제15권(한국고전번역원, 1978); 농촌진흥청 농업과학기술원 농촌자원개발연구소 편, 『한국의 전통향토음식 8-경상북도』(교문사, 2008a); 농촌진흥청 농업과학기술원 농촌자원개발연구소 편, 『한국의 전통향토음식 9-경상남도』(교문사, 2008b); 「농사敎室」, 〈동아일보〉 1975년 7월 28일
필자 : 김혜숙

콩나물

콩나물은 한반도에 살아온 사람들이 오래전부터 매우 즐겨 먹어온 부식물이다. 다만 그러한 사실이 너무나 당연했던지 조선시대 문헌에서 콩나물에 대한 글이 많이 나오지 않는다. 오히려 식민지시기에 일본인 가미타 쓰네이치[上田常一]가 콩나물에 대한 글을 자세히 써서 남겼다. 가미타 쓰네이치는 경성사범학교 생물학 담당 교사로 한반도의 각종 생물에 대한 조사와 표본을 수집한 인물이었다. 그는 조선총독부 산하 조선교육회(朝鮮敎育會)에서 발간한 잡지 『문교의 조선[文敎の朝鮮]』 1932년 1월호에 「조선의 콩나물[朝鮮の豆芽]」이라는 글을 게재하였다.

가미타 쓰네이치는 일본 열도에도 지방에 따라 콩이나 밀을 그늘에서 발아시킨 식품인 모야시(もやし)를 볼 수 있지만, 조선에서는 때와 장소를 가리지 않고 콩나물을 항상 먹는다는 점이 진귀하여 관심을 갖게 되었다고 밝혔다. 그는 "조선에는 보통 두 종류의 모야시가 있다. 하나는 콩나물이라 부르며, 다른 하나는 숙주나물 또는 녹두나물이라고 부른다. 전자는 가장

콩나물ⓒ하응백

많이 식용하는 것으로 서목대두(鼠目大豆) 흔히 서두(鼠豆)로 불리는 낱알이 작은 콩으로 만든 것이다."라고 하였다.

또 시루를 그림으로 그리고 그 명칭도 표기해두었다. 시루를 사용하지 않고 동이로 만드는 것도 있다고 하면서 역시 그림으로 그려놓았다. 그는 동이를 이용하는 방법에 대해서 이렇게 설명했다. "이것[동이]을 '모야시[콩나물 혹은 숙주나물]'용으로 하려면 그릇의 가장 아랫부분의 곁 한 곳을 골라서 거기에만 여러 개의 작은 구멍을 뚫는다. 한 번 구멍을 뚫어도 새벽에 물을 긷는 데는 지장이 없기 때문에 콩나물과 숙주나물을 키우는 데도 사용한다."고 하였다.

가미타 쓰네이치는 동이를 이용한 재배 방법은 주로 콩나물이나 숙주나물을 전문적으로 판매하는 사람이 사용한다고 밝혔다. 가미타 쓰네이치는 생물학 교사답게 콩나물 재배 과정을 매우 자세하게 묘사했다. "모야시[콩나물 혹은 숙주나물]가 이렇게 다 자라는 데는 봄과 가을에는 약 1주간, 여름에는 약 5일간, 겨울에는 약 10일 혹은 그 이상의 시간이 걸린다. 겨울에 모야시를 만드는 데는 별도로 옷감으로 덮개를 만들어 덮어두기도 한다."고 하였다. 이 글은 일본인이지만, 콩나물에 대한 매우 구체적인 묘사이다.

분류 : 식재료
색인어 : 국·탕, 국수, 콩
참고문헌 : 『文敎の朝鮮』(1932년 1월호); 주영하, 『식탁 위의 한국사』(휴머니스트, 2013)
필자 : 주영하

콩나물 기르는 법(『코리안 레시피스』)

해리엇 모리스(Harriett Morris: 1894-?)가 1945년 쓴 영문 한식 요리책인 『Korean Recipes(조선요리법)』에는 콩나물을 기르는 방법에 대한 설명이 나온다. '콩에서 싹을 틔우는 법(Directions for sprouting beans)'이라는 제목의 글에 따르면 콩나물은 녹두와 대두 두 가지 종류의 콩으로 만들 수 있다. 녹두로 키운 것은 숙주나물, 대두로 키우는 것은 콩나물이라고 부르지만 영어로는 모두 'bean sprout'라고 부른다.

이 글에 따르면 마른 콩 한 컵으로 2-3컵의 콩나물을 수확할 수 있다.

콩나물 기르는 법은 다음과 같다. 오래되거나 부서진 콩은 싹이 나지 않으므로 골라낸다. 고른 콩을 넓은 항아리에 물을 담고 12시간 불린다. 물을 따라버린 후 항아리를 옆으로 눕혀 놓는다. 항아리의 밑바닥을 몇 인치 정도 올려 항아리가 기울어 물이 잘 빠지도록 만든다. 콩에 싹이 틀 때까지 항아리를 이처럼 두어야 한다. 밤에는 콩에 붓는 물에 클로르석회(chlorinated lime)를 약간 넣는다. 하루 세 번 미온수를 콩에 붓고 물기를 빼는 것을 반복한다. 항아리는 어둡고 공기가 잘 통하는 곳에 둔다. 콩나물을 수확할 때까지 겨울이면 3-5일, 여름이면 2-3일이 소요된다. 콩나물이 다 자라면 껍질과 머리카락 같은 끝부분을 제거한 뒤 조리법에 따라 조리한다.

『Korean Recipes』에 나오는 콩나물 요리로는 콩나물밥, 콩나물국, 콩나물(무침)이 있다. 콩나물밥은 잘 씻은 콩나물을 쌀과 함께 안쳐 지은 밥이다. 콩나물국은 콩나물과 소고기로 끓인 것으로 양념으로는 파, 마늘, 깨소금, 간장, 소금, 고춧가루가 들어간다. 콩나물무침은 삶은 콩나물을 간장, 소금, 고춧가루, 깨소금, 파 등의 양념으로 무친 것이다.

분류 : 음식
색인어 : 콩나물, 콩나물국, 콩나물밥, Korean Recipes, 해리엇 모리스
참고문헌 : Harriett Morris, 『Korean Recipes』(Cooperative Recreation Service, 1945)
필자 : 서모란

탁백이국(『별건곤』)

1929년 12월 1일자 『별건곤』 잡지에 '진품·명품·천하명식 팔도명식물예찬(珍品·名品·天下名食 物禮讚)'이라는 재미난 기사가 실렸다. 이는 평양·개성·전주·진주 등 조선팔도의 유명한 음식을 소개한 특집기사인데, 여기서 '다가정인(多佳亭人)'이라는 필명을 쓰는 사람은 전주지역의 명식물로 '탁백이국'을 소개하였다.

'탁백이'란 뚝배기의 사투리이다. 위의 글을 쓴 다가정인은 "탁백이국은 원료가 단지 콩나물일 뿐"이고, "콩나물을 솥에 넣고 (시래기도 조금 넣기도 한다.) 그대로 푹푹 삶아서 마늘양념이나 조금 넣는 둥 마는 둥한다. 간장은 설렁탕과 마찬가지로 넣으면 안 되고, 소금을 쳐서 휘휘 둘러놓으면 그만"인데도, "그와 같이 맛이 있다."며 신통해했다. 더불어 값이 저렴하면서도 맛이 구수하고 숙취가 잘 풀리는 것을 보면, "어복장국이나 설렁탕과 어깨를 견줄 만한 명물의 자격이 충분하다."고 덧붙였다. 그러면서 어복장국이나 설렁탕은 고기라도 들어가지만, 탁백이국은 재료가 단지 콩나물과 소금뿐임에도 그처럼 훌륭한 맛이 나니 오히려 어복장국이나 설렁탕보다도 더 낫다고 하였다. 행간에서 필자의 대단한 자부심이 읽힌다. 이것으로 볼 때, 이 글을 쓴 다가정인이라는 사람은 아마도 전주 다가동(多佳洞)에 사는 지역주민이거나 전주 다가동 출신의 출향인사일 가능성이 높아 보인다.

이미 여러 곳에서 단서가 제시된 것처럼, 탁백이국이란 지금의 콩나물국밥을 말한다. 그런데 이 콩나물국밥이라는 명칭은 1970년대 이후에서야 일반화된 것이고, 그 이전의 전주지역에서는 이를 '탁백이국', '술국', '해장국', '콩나물해장국'과 같은 다양한 이름으로 불렀다. 이 명칭들은 서로 다른 이름을 쓰고 있지만, 실제로는 모두 술과 관련이 있다. 그래서 탁백이국이란 술을 마신 이튿날, 속을 푼다는 명목하에 또다시 술과 함께 곁들여 먹는 국물음식이었던 것이다.

다가정인은 앞의 글에서 국밥집 풍경과 자신이 직접 탁백이국을 먹는 모습을 묘사하였다. 탁백이국은 "아

탁백이국의 후신인 전주 콩나물국밥 ⓒ하응백

침 식전에, 그렇지 않으면 자정(子正) 이후 일찌감치 일어나서 쌀쌀한 찬 기운에 목을 웅숭거리고 탁백이국을 찾아간다.”고 했다. 구수한 냄새와 더운 김이 푼근하게 쏟아져 나오는 선술집 같은 곳 안쪽으로 들어가면, 개다리상처럼 생긴 걸상이 놓여 있었다. 걸상에 걸터앉아 “텁텁한 탁백이 한 잔을 벌컥벌컥 들이키고는 탁백이국 그놈 한 주발에 밥 한 술을 놓아 훌훌 마시는 맛은 산해의 진미와도 바꿀 수 없이 구수하고 속이 후련하였다.” 게다가 그 전날 술을 많이 마셔서 속이 몹시 쓰릴 때에는 탁백이국 외에는 먹을 것이 없다고도 하였다.

들어가는 주재료와 부르는 명칭은 다를지라도, 어느 지역, 어느 곳에서나 과음을 한 뒷날 숙취를 푸는 해장국은 존재했었다. 그런데 전주 사람들은 아주 오래 전부터 콩나물을 넣고 끓인 해장국을 선호해왔다. 그 뿐인가? 전주 지역에서는 콩나물비빔밥(지금은 ‘전주 비빔밥’이라는 이름으로 불린다.), 콩나물잡채 등과 같이 유독 콩나물을 이용한 음식을 즐겨 먹었다. 이는 전주 사람들이 그만큼 콩나물을 많이 길러 먹었음을 의미한다. 앞에서 다가정인은 “물로 기르는데 맛이 그렇게 달다면 결국 전주의 물이 좋다고 하지 않을 수 없다.”며 나름의 이유를 설명하였다. 하지만 실제로는 더 실질적인 이유가 있었다. 전주 토박이들에 의하면, 전주는 예로부터 토질(土疾)이 심해서 해수병과 같은 풍토병을 앓았다고 한다(최승범, 『남원의 향기』). 그런데 콩나물을 먹으면 풍토병을 예방할 수 있다고 믿어서 집집마다 콩나물을 기르고 또 콩나물이 들어간 음식을 해 먹었다고 한다. 다가정인 또한 글의 말미(末尾)에 “전주에는 토질이 몹시 심한데 콩나물국을 먹음으로써 그것을 예방한다.”고 언급하였다.

전주 지역에 전승되는 콩나물국밥은 ‘말아주는 국밥’과 ‘끓여주는 국밥’, 이렇게 두 가지 방식의 콩나물국밥이 공존하고 있다. 말아주는 국밥은 주로 남부시장을 중심으로 형성되었는데, 식은 밥에 따뜻한 국물을 계속 토렴함으로써 따뜻하게 덥혀주는 방식이었다. 말아주는 국밥은 전주 완산교 인근에 있었던 도

래파와 김제파라고 하는 국밥집이 유명했는데, 소금물을 넣고 끓인 콩나물에 마늘과 파를 썰어 담근 깍두기, 해묵은 겹장을 넣은 다음, 참깨를 한 수저 넣고 부뚜막에 말린 붉은 고추를 수저로 깨뜨려 넣으면 그만이었다(〈경향신문〉 1977년 11월 5일). 반면, 끓여주는 국밥은 객사 뒤쪽에 위치한 ‘삼백집’이라고 하는 국밥집에서 처음 시작했는데, 뚝배기에 밥, 콩나물, 묵은 배추김치, 양념을 모두 넣고 보글보글 끓여주는 방식이었다.

그 옛날 전주 사람들의 쓰린 속을 달래주던 탁백이국이 지금은 배고픔을 달래주는 한 끼 식사로 자리잡았다. 그러나 그때나 지금이나 변함없는 사실은 오늘날에도 전주 사람들의 사랑을 듬뿍 받고 있다는 점과 여전히 전주의 명물(名物)이라는 점일 것이다.

분류 : 음식
색인어 : 콩나물국밥, 탁백이국, 전주(全州), 술국, 해장국, 콩나물해장국, 별건곤, 진품·명품·천하명식 팔도명식물예찬(珍品·名品·天下名食 八道名食物禮讚), 다가정인(多佳亭人)
참고문헌 : 「진품·명품·천하명식 팔도명식물예찬(珍品·名品·天下名食 八道名食物禮讚)」,『별건곤』1929년 12월 1일; 「전주 콩나물국밥」, 〈경향신문〉 1977년 11월 5일; 최승범, 『남원의 향기』(범우사, 2005)
필자 : 양미경

타락죽

타락죽은 쌀가루와 우유로 쑨 죽을 뜻한다. 한자어로는 駝酪粥(타락죽), 駝駱粥(타락죽), 駱粥(낙죽)이라고도 한다.

죽은 쌀의 형태에 따라 종류가 나뉘는데 타락죽의 경우 쌀을 갈아서 쑤기 때문에 쌀가루(무리)로 만들었다고 해서 무리죽, 비단같이 곱다고 하여 '비단죽'이라고도 부른다.

타락죽의 주재료인 우유는 조선시대에는 널리 사용된 식재료가 아니었으며 궁중에서 약으로 취급되었다. 따라서 타락죽은 왕의 식사를 준비하는 수라간이 아닌 내의원(內醫院)이나 사복시(司僕寺)의 타락장(駝酪匠)이 담당하였다. 타락죽은 궁중에서 왕의 하루 중 첫 식사인 초조반(初朝飯)으로 오르는 여러 죽, 미음 종류 중 하나였다. 초조반은 조반(朝飯)보다 앞선다 하여 초조반이라 하며 새벽 5-6시 사이에 제공되는 가벼운 식사를 뜻한다.

흔하지 않은 음식인 만큼 먹을 수 있는 사람도 한정되어 있었다. 타락죽을 먹을 수 있는 사람은 주로 왕이나 왕족이었다. 물론, 왕족이 아닌 사람들이 타락죽을 먹는 경우도 있었다. 왕이 신하들에게 하사하기도 하였으며 중국에서 온 사신에게 대접하기도 하였다. 또, 왕의 승은을 입은 궁녀나 기생이 타락죽을 맛보았다는 이야기도 전해진다. 이는 왕의 성은을 입은 기생을 뜻하는 '분락기(分駱妓)'라는 단어를 통해서도 확인할 수 있다. 분락기는 문자 그대로 타락죽을 나눠 먹은 기생이라는 뜻이다.

타락죽과 관련하여 자주 언급되는 사람으로는 조선왕조의 역사 중 가장 장수한 왕으로 알려진 영조(英祖: 1694-1776)가 있다. 영조는 타락죽을 즐겨 먹었던 것으로 알려져 있는 반면, 1753년에는 송아지가 젖을 굶게 되어 불쌍하다는 연유로, 1770년에는 농사의 근본인 소의 중요성을 강조하면서 타락죽을 금하도록 하는 명을 내리기도 했다.

영조와 타락죽에 관한 이야기는 이외에도 더 있다. 조선시대에 타락죽 제조를 전담하는 사람을 타락장(駝酪匠)이라고 하였다. 영조의 재위 초기에 타락죽을 잘 쑤기로 유명한 타락장 두 사람이 있었는데 바로 유동이(劉同伊)와 박개궁지(朴介宮只)이다. 원래 타락죽을 제조하는 곳은 사복시가 맡았는데, 간혹 봉상시에서 타락장들을 숙수로 차출하기도 하였다. 이 때문에 사복시와 봉상시가 갈등을 겪었으며 이를 해결하기 위해 번갈아 영조에게 상소를 올렸다. 결국 영조는 봉상시의 손을 들어주었고 두 명의 타락장들은 단오와 추석 같은 명절을 제외하고는 봉상시에서 근무하게 되었다. 주영하는 이에 대해 타락죽을 만드는 업무보다 종묘사직에 제사를 지낼 제물을 만드는 일을 더 중히 여겼기 때문으로 해석하였다(주영하, 2014).

타락죽 조리법은 조선 후기와 일제 강점기 요리책에서 확인할 수 있다. 빙허각 이씨(憑虛閣 李氏: 1759-1824)의 『부인필지(婦人必知)』(1908)의 타락죽 만드는 법은 불린 쌀을 갈아서 우유 1사발과 물 1사발을 넣고 끓이다가 반쯤 익으면 다시 우유를 넣어 끓인다고 하였다. 1921년 방신영(方信榮: 1890-1977)의 『조선요리제법(朝鮮料理製法)』에도 비슷한 방법이 소개되어 있다. 한희순(韓熙順: 1889-1972) 등이 집필한 『이조궁정요리통고(李朝宮廷料理通攷)』(1957)에도 타락죽 조리법이 나타나 있는데 설탕을 첨가하여 단 맛을 낸 것이 특징이다.

분류 : 음식
색인어 : 쌀, 수라상, 임원경제지, 규합총서, 조선요리제제법, 이조궁정요리통고
참고문헌 : 서유규,『임원경제지』; 빙허각 이씨,『부인필지』; 방신영, 『조선요리제법』(광익서관, 1921); 한희순·황혜성·이혜경 공저,『이조궁정요리통고』(학총사, 1957); 주영하,『장수한 영조의 식생활』(한국학중앙연구원, 2014)
필자 : 서모란

타락(『수운잡방』)

1500년대 초반에 나온『수운잡방(需雲雜方)』에는 현대의 요구르트와 유사한 '타락(駝駱)'이라는 음식이 나온다. 타락을 문자 그대로 해석하면 낙타의 젖이라는 뜻인데 조선시대에 소의 젖, 즉 우유를 뜻하는 용어로 사용되었다.『수운잡방』의 타락은 발효시킨 우유를 뜻한다.

『수운잡방』의 타락 만드는 방법은 다음과 같다. 암소의 유방을 깨끗이 씻고 반 사발에서 한 사발가량의 우유를 받는다. 우유를 세 차례 체로 거른 뒤 끓인다. 끓인 우유를 식혀 항아리에 담고 끓이지 않은 우유를 작은 종지만큼 섞어 따뜻한 곳에 두고 이불로 항아리를 감싼다. 이때 좋은 식초를 조금 같이 넣어주면 좋다. 밤중에 나무막대를 꽂았을 때 누런색 물이 솟아나면 항아리를 시원한 곳으로 옮긴다. 생우유가 없을 경우 탁주를 넣어도 된다.

1680년경 나온『요록(要錄)』에도 동일한 이름의 조리법이 나온다. 이 책은 사기항아리에 담은 우유를 한 번 끓인 후 찌꺼기를 버린 뒤 좋은 식초에 물을 조금 타서 넣고 숟가락으로 젓는다. 따뜻한 온돌 위에 두고 옷으로 두껍게 덮어서 식게 둔다. 15분 후에 보면 엉겨 있다. 이때 생긴 액체는 다음에 타락을 만들 때 다시 사용한다. 1835년경 나온『임원경제지(林園經濟志)』에서는 6세기 문헌『제민요술(齊民要術)』을 인용하여 당나귀젖과 말젖을 함께 섞어서 응고시키는 마락효방(馬酪酵方)이라는 조리법을 소개하고 있으며 또 한편 1400년대 문헌『구선신은서(臞仙神隱書)』를

탁청정(『수운잡방』 저자인 김유의 정자)ⓒ최혜인

인용하여 끓인 우유에 간장을 넣어 응고시킨 조유단법(造乳團法)을 소개하고 있다.

분류 : 음식
색인어 : 타락, 요구르트, 우유, 수운잡방, 요록, 임원경제지
참고문헌 : 작자 미상,『요록』; 김유 저, 한국국학진흥원 역,『수운잡방』(글항아리, 2015); 서유구 저, 조신호 외 역,『임원경제지(정조지)』(교문사, 2007); 유중림 저, 이강자 외 역,『증보 산림경제(국역)』(신광출판사, 2003)
필자 : 서모란

타락죽(박윤묵)

백옥과 백설을 끓여 만든 죽을
먹노라면 어찌 질릴 일이 있겠는가?
늙음을 부지하는 공효가 크고
원기를 돋우는 품질이 비상하다네
절로 빛나고 부드럽게 만들어졌지만
또한 시고 짠 맛에서 나온 것이라네
싹싹 긁어 먹어 그릇에 남지 않으니
잘못 흘려 적삼을 더럽힐 일 어찌 있겠나!
貢來凝玉雪 飽啜豈嫌饞
扶老功爲大 調元品不凡
自能成潤滑 亦復出酸醎
盡器無餘瀝 何曾汚兩衫

*박윤묵,「타락죽(駝酪粥)」

조선 후기의 문인 박윤묵(朴允默: 1771-1849)이 타락죽을 먹은 소감을 적은 오언율시다. 박윤묵은 본관이 밀양(密陽)이고 초명은 지묵(趾默)이며, 자는 사집(士

909

執), 호는 존재(存齋)다. 규장각에서 교정 등의 일을 맡은 서리(書吏)라는 하급 관리로 중인의 신분이었지만 시로 명성을 날렸다. 문집 『존재집(存齋集)』이 전한다.

타락은 우유를 정제하여 만든 식품인데 이를 찹쌀 등과 함께 끓여 타락죽을 만들었다. 백옥이나 백설처럼 하얀 데다 부드러워 이빨이 없는 노인들이 보양식으로 애용하였다. 박윤묵은 국물 한 방울도 남기지 않고 그릇 바닥까지 알뜰하게 긁어 먹었다고까지 하였거니와, 타락죽은 왕실에서나 먹을 수 있는 최고급 음식이었고, 주로 임금이 늙은 신하에게 내리는 고급스러운 선물이기도 하였다.

임적(任適: 1685-1728)이 「내의원의 타락죽은 그 맛이 사가에서 만든 것보다 낫기에 짧은 시를 지어 내암(耐庵) 홍태유(洪泰猷)에게 답을 구한다[內院酪粥, 味優私賣, 短述乞和於耐庵]」라는 시에서 "눈과 얼음처럼 희고 기름처럼 미끈한데, 차면 엉길 듯 따스하면 흘러내릴 듯. 인간세상 조리 중에 이런 것이 없으리니, 신선의 솥에서나 구하여야 할 것이라[白如氷雪滑如油 寒欲凝堅煖欲流 不應烟火人間有 定向神仙鼎裏求]."라 찬미한 것도 타락죽이 이처럼 귀하고 맛난 데다 보양에 탁월한 음식이었기 때문이다.

타락죽이 윤기가 나고 부드럽지만 신산(辛酸)의 고통에서 나온 것이라 한 박윤묵의 말은, 좋은 먹을 것을 앞에 두고서도 기억할 만하다. 숙종이 8세에 세자로 있을 때 타락을 만들기 위해 우유를 짜는데 어린 송아지가 따라와 이상한 소리를 내면서 울었다. 그 송아지 주둥이에 망을 쳐서 어미 소의 젖을 빨아먹지 못하게 한 것이었다. 이에 숙종은 다시는 타락죽을 먹지 않게 되었다는 기사가 안정복(安鼎福)의 글에 보인다. 또 『영조실록』에도 영조가 타락죽을 올리지 못하게 하고 그 어미 소와 함께 송아지를 놓아주게 한 기사가 실려 있다. "소는 사람을 위하여 일생 동안 수고하였음에도 사람은 그 노고는 알아주지 않고 도살하니, 이것이 과연 인술(仁術)인가?"라 하였다.

분류 : 문학

색인어 : 타락, 타락죽, 박윤묵, 임적, 안정복, 숙종, 영조
참고문헌 : 박윤묵, 『존재집』; 임적, 『노은집』; 안정복, 『순암집』; 『영조실록』
필자 : 이종묵

타락죽(송아지가 불쌍하니 타락죽을 올리지 말라)

'낙죽(駱粥)'이라고도 했던 타락죽(駝駱粥)은 우유(牛乳)를 주재료로 끓인 죽이어서 '우유죽(牛乳粥)'이라고도 불렀다. 그 맛이 부드럽고 영양이 좋아, 노약자나 환자를 위한 보양식으로 쓰였고 외국 사신의 접대에도 이용된 바 있다. 이런 타락죽은 우유를 쓰는 음식이다 보니 아무나 먹기 어려웠고, 주로 궁중에서 왕이나 왕비, 세자 등을 위해 만들거나 나이 든 대신을 위해 기로소(耆老所)에서 대접했던 음식이다.

조선시대 왕실의 타락죽과 관련된 일화가 안정복(安鼎福: 1712-1791)의 『순암집(順菴集)』에 보인다. 1668년의 이야기로, 그 주인공은 뒷날 숙종(肅宗: 재위 1674-1720)이 되는 8살 먹은 왕세자였다. 현종(顯宗: 재위 1659-1674)의 외아들이었던 숙종은 어려서부터 남달리 총명하였다고 한다. 그가 하루는 송아지가 우는 소리를 듣고, 환관에게 무슨 소리인지 물었다. 이에 환관은 우유를 짜서 타락(酡酪)을 만들려고 하니, 어미를 따라 그 새끼가 따라와서 우는 것이라고 대답하였다. 그때까지 소를 한 번도 본 적이 없는 세자는 소를 끌고 오라고 일렀다. 끌려온 송아지의 입에 망이 쳐져 있어서, 그 이유를 물었더니 송아지가 어미의 젖을 빨지 못하도록 입을 막은 것이라 하였다. 그 말을 들은 세자는 이 모습을 보니 차마 타락죽을 먹을 수가 없다면서, 앞으로는 자신에게 타락죽을 올리지 말라고 명하였다.

『영조실록(英祖實錄)』을 보면, 숙종의 아들인 영조(英祖: 재위 1724-1776) 역시 1753년 7월 비록 짐승이기는 하지만 타락죽을 만들기 위해 송아지가 젖을 굶게 하는 것은 어질지 못하다면서 젖소[酪牛]의 수를 줄이도록 명하였고(영조 29년 7월 9일 기사), 이후 영조는 1770년에 "나라는 백성에 의지하고, 백성은 농사에 의지하는데 농사의 가장 긴요한 것이 소"라면서

내의원(內醫院)과 기로소에 타락죽을 그만 올리고 어미 소와 송아지를 함께 놓아주라고 명하였다(영조 46년 1월 25일 기사). 송아지를 불쌍히 여기는 마음과 백성과 농사를 중시하며 어진 정치를 펴고자 하는 영조의 마음이 타락죽의 봉진을 멈춘 것이다.

분류 : 음식
참고문헌 :『영조실록』; 안정복 저, 양홍렬 역,『순암집』제5권(한국고전번역원, 1996)
필자 : 김혜숙

타락죽(1719년 숙종)

기로소(耆老所)란 조선시대 나이 든 고위 문신들을 예우해주고 이들 간의 친목을 다지기 위해 만들어진 관청이다. 하지만 드물게 왕들 역시 오랫동안 재위를 하고 나이가 들었다고 여겨지면 기로소에 들어가는 경우가 있었다. 대표적인 예가 태조 이성계(李成桂: 1335-1408)로 태조가 60세가 되던 해에 기로소에 들어갔고 숙종이 59세, 영조와 고종이 51세에 기로소에 들어간 기록이 있다.

숙종이 기로소에 들어갔을 때는 태조 이후 무려 300여 년 만에 왕이 기로소에 들어가는 것이어서 신하들에게는 기뻐해야만 하는 일임과 동시에 신경을 많이 써야 하는 큰 행사였다. 하지만 숙종은 태조가 기로소에 들어갔을 때의 행사가 실록에 기록되어 있지 않음을 들어 행사를 진행하지 말도록 명하였다. 그런 숙종을 설득하기 위해 왕자들과 왕족들이 상소를 올려 겨우 다시 행사를 진행할 수 있게 되었고 영의정 김창집(金昌集: 1648-1722)과 예조판서 민진후(閔鎭厚: 1659-1720)가 1719년 1월 27일 직접 숙종을 대면하여 기로소에 들어가는 행사와 관련한 이야기를 나누었다.

이 자리에서 민진후는 숙종이 기로소에 들어가는 것과 관련하여 해야 할 여러 가지 행사들에 대해 말하였고, 그중에서 진찬(進饌)보다 큰 규모의 궁중잔치인 진연(進宴)을 열 것을 강조하였다. 그리고 진연을 베풀기 전에 기로소에 있는 신하들에게 잔치를 베풀 것을 청하였다. 김창집 역시 진연을 베풀어야 한다는 민진후의 의견에 동조하였다.

그러나 숙종은 자신이 기로소에 들어가는 것은 정말 좋은 일이지만 현재 백성들이 기근에 빠져 있고 전염병마저 돌고 있는 상황에서 진연을 베푸는 것은 마음이 좋지 않다고 했다. 또한 당시 숙종 자신이 눈병을 앓고 있었기에 잘 보이지도 않아 진연을 베풀어도 즐길 수 없다고 했다. 다만 기로소에 있는 여러 신하들에게 잔치를 베풀어주는 청에 대해선 옳게 여긴다고 답한다.

이렇게 숙종이 진연을 거절하자 김창집은 기근과 전염병을 겪고 있는 황해도, 평안도 지역 백성들을 곡식 5천 석으로 구휼할 것을 청하면서 동시에 낙죽(酪粥)·전약(煎藥)·제호탕(醍醐湯)을 기로소의 신하들에게 주도록 청하였다. 숙종은 그러한 김창집의 청을 허락했다.

기로소에 내려진 세 가지 음식인 낙죽과 전약 그리고 제호탕은 모두 조선시대에 약처럼 쓰이던 귀한 음식들이었다. 그중 낙죽이란 곧 타락죽(駝酪粥)을 가리키는 것으로 17세기 말 지어진 것으로 전해지는『요록(要錄)』에선 타락죽을 만드는 방법으로 두 가지를 들고 있다.

먼저, 우유를 사기항아리에 넣고 한 번 끓인 후 찌꺼기를 버리고 다시 식초를 넣어 젓는다. 그 후 사기함에 담아 온돌 위에 올려두면 약 15분 뒤엔 엉겨붙어 있는 것이 생기는데 이것을 락(駱)이라고 한다고 했다. 락 위에 있던 물은 따로 모아두어 다음에 타락을 만들 때 식초 대신 이용한다고 했다. 타락을 만드는 다른 방법으로는 우유즙 한 되에 물에 가라앉힌 쌀 앙금 조금을 끓여 죽으로 쑤어 익히는 방식이 있다고 했다.『요록』에서는 타락죽을 계속 복용하면 노인에게 가장 좋다고 이야기하고 있다.

분류 : 음식
색인어 : 숙종, 진연, 낙죽, 전약, 제호탕, 기로소, 김창집, 요록, 타락죽, 우유, 민진후
참고문헌 :『숙종실록』; 작자 미상,『요록』
필자 : 이민재

토란

토란은 연잎과 비슷하게 생긴 잎, 굵직한 대, 땅속의 동그란 뿌리, 즉 덩이줄기를 먹는 식물이다. 토란의 잎과 줄기는 말려서 쌈이나 나물, 절임, 국을 해 먹고, 토란의 뿌리는 가루로 만들기도 하고 굽거나 삶아서 먹고 조림, 장아찌, 국 또는 탕, 떡, 밥, 죽, 만두 등으로 조리한다.

토란의 한자 명칭은 문헌에 따라 다양한데, 유희(柳僖: 1773-1837)의 『물명고(物名考)』 권3과 이공(李公: ?-?)의 『사류박해(事類博解)』 초목부에 따르면, 토란은 '芋(우)', '土芝(토지)', '蹲鴟(준치)', '芋魁(우괴)', '芋頭(우두)', '芋子(우자)', '旱芋(한우)', '水芋(수우)', '芋區(우구)', '芋嬭(우내)'. '土蓮(토련)', '土卵(토란)'이라고 하였다. 그 밖에 최한기(崔漢綺: 1803-1877)의 『농정회요(農政會要)』에서는 '土芋(토우)', '黃獨(황독)', '土豆(토두)'라는 명칭도 보인다.

토란은 추운 지방에서는 키우기 어려운데, 조선 중기의 허균(許筠: 1569-1618)은 『도문대작(屠門大嚼)』에서 토란은 호남과 영남 지방에서 난 것이 아주 크고 좋으며, 서울에서 나는 것은 맛은 좋지만 크기가 작다고 평가하였다. 서울에서 토란이 잘 되는 곳은 허균보다 백여 년 정도 앞선 시기에 살았던 성현(成俔: 1439-1504)의 『용재총화(慵齋叢話)』 제7권을 보면 알 수 있는데, 서울의 청파(靑坡)와 노원(蘆原) 두 지역이 토란이 잘된다고 꼽았다.

저장법을 보면, 토란의 잎과 줄기는 말려서 저장하지만, 토란의 뿌리는 조선 전기에 어의(御醫)를 지낸 전순의(全循義: ?-?)의 『산가요록(山家要錄)』(1450)에 따르면 토란의 뿌리를 그늘에 말려서 모래를 깐 항아리에 모래와 번갈아 가득 채워 입구를 베보자기로 싸매 덥지도 차지도 않은 방 안에 두라고 하였고, 유중림(柳重臨: 1705-1771)은 『증보산림경제(增補山林經濟)』에서 10월에 캔 토란 뿌리를 움에 넣어서 얼지 않도록 저장하라고 하였다. 얼게 되면 바로 물크러져서 이듬해에 심을 수도 먹을 수도 없기 때문이다.

한편 토란은 일상음식으로는 주로 국이나 나물로 먹지만, 특히 정월 대보름의 묵은 나물 가운데 토란대 나물이 들어 있고, 8월 대보름, 즉 추석에는 토란탕을 먹어 왔기 때문에 명절음식의 재료로 한국인에게 익숙하다. 그런데 조선시대 문헌을 보면, 토란으로 떡, 밥, 죽과 같은 끼니를 대신할 수 있는 음식을 많이 만들어 먹었던 점이 눈에 띈다. 특히 토란의 뿌리, 즉 덩이줄기는 전분을 많이 포함하고 있어서, 그냥 익혀 먹어도 끼니가 되고, 말려서 가루로 만들어 두면 떡을 찔 수도 있어 구황식품으로 적합하였다. 이에 조선 후기의 서명응(徐命膺: 1716-1787)은 『고사신서(攷事新書)』에서 토란을 삶아 먹으면 식량이 되어 흉년을 넘길 수 있다고 하였다.

분류 : 식재료
색인어 : 떡, 꿀, 도문대작, 산가요록, 시의전서, 조선무쌍신식요리제법, 우리음식, 규합총서, 주식시의, 조선요리제법, 나물
참고문헌 : 유희, 『물명고』; 이공, 『사류박해』; 최한기 저, 고농서국역총서 12-『농정회요 III』(농촌진흥청, 2007); 허균 저, 신승운 역, 『도문대작』(한국고전번역원, 1984); 성현 저, 권오돈·김용국·이지형 공역, 『용재총화』(한국고전번역원, 1971); 전순의, 『산가요록』(한국전통지식포탈); 유중림 저, 고농서국역총서 6-『증보산림경제 III』(농촌진흥청, 2004); 서명응, 『고사신서』(한국전통지식포탈)
필자 : 김혜숙

토란국(윤선도)

정갈하게 씻어 무친 무나물에
잘 익혀 끓여낸 토란국이라
그래도 먹을 것 없다고 하시니
주인장 인정이 고맙기도 하여라
淨洗蘿菖菜　爛煮土蓮羹
猶言無饌物　深感主人情

*윤선도, 「저물녘 광나루 마을에 투숙하여 우연히 읊조리다[暮投廣津村偶吟]」

1610년 윤선도(尹善道: 1587-1671)가 쓴 오언절구다. 윤선도는 본관이 해남(海南)이고 자는 약이(約而), 호는 고산(孤山)이다. 당쟁에서 물러나 해남과 보길도에 은거하면서 「어부사시사(漁父四時詞)」, 「산중신곡(山中新曲)」 등 우리말로 지은 시가 유명하다. 문집

『고산유고(孤山遺稿)』가 전한다. 윤선도는 광나루의 시골 마을에 들러 하루를 유숙할 때 주인이 무나물에다 토란국을 내어놓으면서 차린 것이 변변치 않다고 하자 이 시를 지어 감사의 뜻을 표하였다.

토란국은 콩밥과 함께 가난한 사람의 음식이었지만 그 맛이 무척 좋았다. 조선 중기의 문인 이안눌(李安訥: 1571-1637)이 사신으로 중국에 가면서 지은 시에서 "돌아가고 싶은 마음 고기반찬 없어서가 아니니, 절로 마른 창자라 야채가 익숙하기 때문이라. 산속의 집 특별한 풍미가 기억나니, 토란국 막 끓여 무김치와 먹었지[憶歸非爲食無魚 自是枯腸習野蔬 記得山居風味別 芋羹新煮配菁菹]."라 하였다. 그의 집이 광나루 대산(臺山)에 있었는데 젊은 시절 그곳에서 먹던 토란국이 그리워 이런 시를 지은 것이다.

토란국은 가난한 사람이 평소에 먹던 가장 흔한 음식이었다. 이헌경(李獻慶: 1719-1791)은 「토란에 대하여[土蓮說]」라는 글을 지었는데 잎이 연꽃과 비슷하여 토련(土蓮)이라 부른다고 하였다. 특히 토란은 여린 잎을 국으로 끓여 먹고 계란처럼 생기는 뿌리는 맛이 달고 부드러워 굶주림을 채워주는 미덕이 있다고 하면서, 백성의 굶주림을 구제한다는 점에서 군자의 짝이 될 만하다고 높게 평가하였다. 또 토란은 웅크리고 있는 올빼미를 닮았다 하여 준치(蹲鴟)라고도 하는데 『사기(史記)』 따르면 문산(汶山)의 비옥한 들판에 토란이 자라 평생 굶주리지 않는다 하였다. 토란은 구황식품으로 오랜 역사에 등장하기도 한다.

토란으로 만든 음식 중에는 옥삼갱(玉糝羹)이 특히 명성이 높았다. 송나라의 대문호인 소식(蘇軾)이 좋아하던 음식으로, 토란에 쌀가루를 넣어 끓인 죽인데 부드럽고 맛이 좋았다고 한다. 조선 초기의 문인 성현(成俔: 1439-1504)은 「화분에 토란을 심고서[盆中種芋]」라는 시에서 "화분에다 토란을 심고, 아침마다 흠뻑 물을 주었네. 바람에 흔들리는 잎을 보고, 옥구슬처럼 구르는 빗방울 다시 사랑스럽네. 생기 충만함을 즐길 뿐이라, 잎새 하나 기이한 것 꼭 있어야 하나. 옥삼갱을 만들기에 가장 좋으니, 맛난 맛을 이제 알게 되었네[盆裏種蹲鴟 朝朝灑水滋 旣看風葉颭 復愛雨珠馳 只翫生生意 何須朶朶奇 最宜羹玉糝 佳味得今知]."라 한 바 있다. 지금과 달리 토란은 뿌리만 먹는 것이 아니라 연잎 같은 잎도 선비의 귀를 맑게 한 것이다.

분류 : 문학
색인어 : 토란, 옥삼갱, 준치, 무나물, 콩밥, 무김치, 윤선도, 이안눌, 이헌경, 성현
참고문헌 : 윤선도, 『고산유고』; 이안눌, 『동악집』; 이헌경, 『간옹집』; 성현, 『허백당집』; 이종묵, 『한시마중』(태학사, 2012)
필자 : 이종묵

토란떡

마나 감자와 비슷한 토란의 뿌리, 즉 덩이줄기로는 반찬뿐만 아니라 기름에 지진 떡, 송편, 단자, 편, 잡과병 등의 떡을 만들었다. 이 가운데 토란송편이나 토란단자는 추석 때 만들어 먹기도 했다.

기름에 지진 토란떡은 조선 전기의 어의(御醫)였던 전순의(全循義: ?-?)가 지은 『산가요록(山家要錄)』에 '우자박(芋紫朴)'이라는 이름으로 나온다. 이 떡은 무르게 삶은 토란과 찹쌀을 섞어서 익힌 후에 잘 찧어서 빚은 다음 기름에 지져서 먹는다. 이 방법은 빙허각 이씨(憑虛閣 李氏: 1759-1824)의 『규합총서(閨閤叢書)』(1815)의 '토란병', 서유구(徐有榘: 1764-1845)의 『임원경제지(林園經濟志)』(1835년경)의 '토지병방(土芝餅方)', 연안 이씨의 『주식시의(酒食是儀)』(19세기 후반)의 '토란단자', 방신영(方信榮: 1890-1977)의 『조선요리제법(朝鮮料理製法)』(1921)의 '토란병'에도 보이는데, 내용은 거의 동일하고 찹쌀이 아니라 찹쌀가루를 섞는다는 점이 다르다.

또한 1800년대 중엽의 『역주방문』에는 찹쌀을 섞지 않고 토란만 쪄서 체에 거른 것과 꿀을 반죽하여, 절편 모양으로 만들고 위에는 각종 고명을 얹어 기름에 지져 먹는 '토란전(土卵煎)'이 보이는데, 이 역시 일종의 지진 떡이라 할 수 있다. 주로 웃기떡으로 쓰는 주악도 지져서 만드는 떡인데, 『윤씨음식법(尹氏飮食法)』(1854)에서는 당귀주악을 설명하면서 토란주악도 다

루었다. 이에 따르면, 토란주악은 가을에 생토란의 껍질을 벗기고 갈아서 생으로 반죽하여 만드는데, 주악의 빛이 희고 맑으며, 부드럽고 연하기는 녹는 듯하여 참으로 노인을 위한 음식이라고 소개하였다.

토란단자는 밤단자 등의 다른 단자를 만드는 법과 비슷하다. 그 조리법을 보면, 『윤씨음식법』(1854)에서는 삶은 토란을 으깬 후 굵은체에 거른 것을 꿀을 묻힌 손으로 뭉치고, 그 속에는 밤에 꿀을 섞어 만든 소를 넣고, 겉에는 밤을 체에 거른 것을 묻히라고 했다. 이 방법과 유사하지만, 『술 만드는 법』(1800년대 말)에는 토란단자를 만들 때 삶아서 거른 토란 이외에 찹쌀가루를 더 넣어 함께 떡 반죽을 하고, 삶은 밤으로 소를 만들어 떡 안에 넣은 뒤 겉에는 꿀을 묻힌 후 잣가루를 뿌리거나, 잣가루가 없으면 밤가루를 쓰라고 했다.

토란단자와 겉보기에는 비슷하지만, 소를 넣지 않고 만드는 토란떡이 이시필(李時弼: 1657-1724)의 『소문사설(謏聞事說)』, 빙허각 이씨의 『규합총서』에 나온다. 갓 캐어 연한 토란을 골라, 푹 무르게 삶아 바로 꿀 속에 넣어 꼬챙이로 마구 찔러 꿀이 스며들게 한 뒤에 고물로 잣가루나 밤 가루를 묻히는 토란병이다.

한편 밤, 대추, 곶감, 잣 등의 과일을 섞어서 찐 잡과병(雜果餠), 토란송편, 토란편은 말린 토란 가루를 이용해 만든 떡이다. 방신영의 『조선요리제법』(1934)의 '토란병'을 보면, 껍질을 벗긴 토란을 얇게 저미며 햇볕에 바싹 말린 후 찧어 체에 곱게 쳐서 가루를 만들고, 이 가루로 송편을 만들거나 과일을 섞어 잡과병을 찐다고 하였다.

분류 : 음식
참고문헌 : 전순의, 『산가요록』(한국전통지식포탈); 빙허각 이씨, 『규합총서』; 서유구, 『임원경제지』; 여안 이씨, 『주식시의』; 방신영, 『조선요리제법』(광익서관, 1921); 방신영, 『조선요리제법』(한성도서주식회사, 1934); 작자 미상, 『역주방문』; 작자 미상, 『윤씨음식법』; 작자 미상, 『술 만드는 법』; 이시필, 『소문사설』(한국전통지식포탈)
필자 : 김혜숙

토란탕

토란탕(土卵湯)은 우탕(芋湯)이라고도 하며 토란으로 끓인 국이어서 토련갱(土蓮羹), 우갱(芋羹)이라고도 한다. 토란탕은 송편과 함께 음력 8월 15일 추석에 먹는 대표적인 음식이다. 조선시대는 물론이고 일제 강점기에도 그러하였는데, 1927년 10월 21일자 〈동아일보〉를 보면 추석 무렵이 되면 조선에서는 토란국을 많이 먹어서 서울 장안에서도 어느 집을 막론하고 대개 다들 토란국을 끓여 먹는다고 하였다.

추석을 전후하여 맛있는 토란국, 즉 토란탕을 끓이기 위해서는 먼저 토란을 잘 골라야 하는데, 〈매일신보〉 1938년 9월 20일자를 보면 토란 뿌리의 모양이 길쭉한 것보다는 둥근 것을 사야 국 맛이 좋고, 붉은 빛이 도는 것은 오래 물에 담가 둔 것이니 절대 사지 말고 되도록 흙이 붙은 것을 사라고 하였다.

토란탕은 토장국, 맑은 장국, 곰탕(곰국) 등으로 다양하게 끓인다. 맑은 장국으로 끓이는 법은 1800년대 말의 한글 조리서인 『시의전서(是議全書)』에 따르면 깨끗이 씻은 토란을 힘줄이나 근육 사이에 박힌 흘떼기 고기, 무와 함께 푹 끓이다가 간장으로 간을 하여 만들며, 닭을 넣으면 더욱 맛있다고 하였다. 『시의전서』에는 보이지 않으나, 다른 조리서를 보면 토란탕을 끓일 때는 대개 다시마가 조금씩 들어가고는 했다.

한편 토란탕은 껍질을 깐 토란을 국에 바로 넣고 끓이기도 하지만 일단 한 번 살짝 삶은 것을 헹궈내어 끓이는 경우가 많다. 이렇게 하면 토란의 떫은맛과 미끌거림이 없어져서 토란국의 맛이 더 좋아지기 때문이다. 토란을 삶지 않고 기름에 볶다가 토란탕을 만들기도 하는데, 손정규(孫貞圭: 1896-1955)의 『우리음식』(1948)에서 보듯이 토란, 소고기, 다시마, 무를 함께 기름에 볶다가 물을 붓고 탕을 끓이다가 간장으로 간을 하는 방법이다.

토란탕에는 주로 소고기를 쓰지만, 완자를 만들면 좀 더 정성스럽다 하여 완자를 빚어 넣기도 했다. 이용기(李用基: 1870-1933)의 『조선무쌍신식요리제법(朝鮮無雙新式料理製法)』(1936)에는 토란국을 끓이는 세 가지 방법이 나오는데, 그중 토란을 삶아 체에 거른 것에 소고기 다진 것을 많이 넣어 완자를 빚어서 밀가

루를 묻히고 달걀을 씌워 지져서 곰국이나 토장국에
넣으면 좋고, 맑은 장국에 넣으면 담백하다고 했다.

분류 : 음식
참고문헌 : 「菜蔬의 營養價値」, 〈동아일보〉 1927년 10월 21일; 「토란
고르는 법」, 〈매일신보〉 1938년 9월 20일; 작자 미상, 『시의전서』; 이
용기, 『조선무쌍신식요리제법』(영창서관, 1936); 손정규, 『우리음식』
(삼중당, 1948)
필자 : 김혜숙

파

한자로 파는 '葱(총)', 쪽파는 '胡葱(호총)'이라고 하고, 움파는 '葱芽(총아)', 파의 흰 부분은 '葱白(총백)'이라고 불렀다.

파는 전국 어디에서나 집안 마당에서도 쉽게 키울 수 있는 채소였고, 한국 음식을 만들 때 마늘이나 생강과 함께 거의 빠지지 않는 양념으로 사용되었다. 파를 가지고는 파국, 파김치, 파나물, 파산적, 파장아찌, 파강회, 파전 등의 음식도 만들었다. 하지만 파는 냄새가 강하고 음욕(淫慾)을 불러일으킨다는 오신채(五辛菜)의 하나여서, 제사를 앞두고 재계하는 제관(祭官)이나 상(喪)을 당한 가족, 왕을 모시는 내관(內官)은 먹어서는 안 되는 금기(禁忌) 식품이었다.

한편 오신채의 하나인 파는 입춘(立春) 때가 되면 임금님께 진상되는 식품이기도 했다. 입춘에 포천, 연천, 적성, 양근, 삭녕, 마전 등 경기도의 여섯 고을에서는 움파, 이른 봄에 눈이 녹을 무렵 산속에서 자생하는 산겨자[山芥], 움집에서 키운 당귀(當歸)의 싹인 승검초[辛甘菜] 등을 진상하였기 때문이다(홍석모 지음, 정승모 역, 2009: 42쪽).

유중림(柳重臨: 1705-1771)도 『증보산림경제(增補山林經濟)』에서, 캐지 않고 둔 파를 겨울을 지낸 후 움에 넣어두면 저절로 노란 싹이 나는데, 이 움파를 입춘 때 먹으면 달고 부드럽고 냄새도 없다고 하였다. 이와 같이 움파는 냄새가 없고 깔끔한 맛이 특징인데, 이용기(李用基: 1870-1933)는 『조선무쌍신식요리제법(朝鮮無雙新式料理製法)』(1936)에서 파를 키울 때 워낙 거름을 많이 주기 때문에 다른 시기의 파를 자칫 잘못 요리하면 지린내가 나기도 해서 파국 역시 움파로 끓

이는 게 제일 좋다고 하였다. 또한 유중림은 『증보산림경제』에서 움에서 키운 파를 대꼬챙이에 끼우고, 칼등으로 두드려 평평하게 만든 뒤, 기름과 장, 밀가루를 섞은 것을 꼬치에 발라 구워 먹으면 그 맛이 아주 신선한다고 하였다. 그러면서 여름과 가을의 파를 가지고는 구이를 만들어도 맛이 없다고 덧붙였다.

한편 파강회는 미나리강회, 어채, 애탕(艾湯) 등과 함께 봄의 미각을 돋우는 계절 음식으로 여겨졌다. 파강회를 만드는 법은 미나리강회와 같은데 미나리 대신 파를 쓰고 안에 무엇을 넣느냐만 차이가 있을 뿐 대체로 비슷하다. 손정규(孫貞圭: 1896-1955)의 『우리음식』(1948)에서 파강회를 보면, 파강회는 봄철에 어리고 연한 파를 끓은 물에 살짝 데친 후 물기를 짜서 편육 주위를 돌돌 감아 만들어 초고추장에 찍어 먹는다.

분류 : 식재료
색인어 : 총탕맥반도, 동국세시기, 조선무쌍신식요리제법, 우리음식, 미나리, 돼지편육
참고문헌 : 홍석모 지음, 정승모 역, 『동국세시기』(풀빛, 2009); 유중림 저, 고농서국역총서 6 『증보산림경제 Ⅲ』(농촌진흥청, 2004); 이용기, 『조선무쌍신식요리제법』(영창서관, 1936); 손정규, 『우리음식』(삼중당, 1948)
필자 : 김혜숙

파래

파래는 얕은 바다에서 자라며 푸른빛을 띠는 바닷말로, 겨울철에 주로 채취되기 때문에 이때가 가장 맛이 좋다. 우리나라 속담에 '섬사람들은 밥상에 파래가 12접시'라는 말이 있다. 이 말은 밥상을 잘 차린다고 차렸으나 결국 파래 반찬만 상에 가득하다는 말인데(〈매일경제〉 1967년 8월 30일자), 섬마을의 보잘것없는 밥상을 의미하기도 하지만 그만큼 파래가 많이 식

용되었음을 보여준다.

19세기 후반에 편찬된 것으로 추정되는 『명물기략(名物紀略)』이라는 어휘사전에 따르면, 한자로는 '波衣', 한글로는 '파의'라 표기하면서 바다에서 나는 이끼[水苔] 가운데 먹을 수 있는 것이라고 하고, 속칭으로는 '파릐'라 소개하였다. 또한 이 책에는 '甘苔(감태)'는 '감틔' 또는 '乾苔(건태)'이고, '青苔'는 '청틔' 또는 '重錢(중전)'이라 하여 파래와는 구분해 놓았다. 또 『광재물보(廣才物譜)』에서 파래를 '苔脯(태포)', '苔餅(태병)', '甘苔(감태)'라 하고, 『사류박해(事類博解)』에서는 파래를 '海苔(해태)'라 하여, 조선시대에 파래의 명칭은 문헌에 따라 다른 바닷말과 섞여 명확히 구분되지는 않았던 듯하다. 다만, 파래의 명칭에는 공통적으로 한자어 '苔(태)'가 공통적임을 알 수 있다.

다만, 『세종실록(世宗實錄)』「지리지(地理志)」의 전라도의 공물 중에 김을 '海衣(해의)', 파래를 '甘苔(감태)', 매생이를 '莓山伊(매산이)'로 기록하였고, 허균(許筠: 1569-1618) 역시 『도문대작(屠門大嚼)』에서 파래를 '甘苔(감태)'라 하였으니, 한자로는 '甘苔'가 가장 보편적인 명칭이었던 것 같다. 하지만 현재는 파래의 색 때문에 '青苔(청태)'라는 용어가 더 일반적으로 사용되고 있다.

한편 조선시대의 미식가로 알려진 허균은 『도문대작』에는 파래[甘苔]를 품평하였는데, 파래는 호남에서 나며, 함평, 무안, 나주에서 나는 파래가 엿처럼 달고 맛이 좋다고 하였다. 예나 지금이나 사실 파래는 고급 식재료가 아니다. 하지만 특유의 향과 맛이 있어 즐겨 먹어왔는데, 파래 김으로 말리거나 국이나 냉국, 자반, 무침, 장아찌, 죽, 전 등을 만들기도 하고 파래가루를 백편과 같은 떡을 만들 때에 위에 얹어 푸른색을 내는 고명으로도 썼다.

분류 : 식재료
색인어 : 매생이, 김, 도문대작, 엿
참고문헌 : 「이것이 서울이다(8) 菜蔬」, 〈매일경제〉 1967년 8월 30일; 작자 미상, 『명물기략』; 『세종실록』「지리지」; 작자 미상, 『광재물보』; 허균 저, 신승운 역, 『도문대작』(한국고전번역원, 1984); 이공, 『사류박해』
필자 : 김혜숙

팥죽

고려후기 이색(李穡: 1328-1396)은 「두죽(豆粥)」이란 한시를 지었다. "우리나라 풍속에 동짓날 팥죽을 진하게 쑤어, 비취색 사발에 가득 담으면 그 색이 하늘로 날아오르네. 낭떠러지에서 구한 꿀을 여기에 타서 목구멍으로 적셔 내리면, 사악한 기운을 모두 씻고 배 속까지 적시네. 마을 하늘은 고요하여 새벽빛이 여전히 짙은데, 어린 계집은 머리 빗어 붉게 화장을 하네. 집집마다 서로 보내는 게 풍속이 되어, 백발의 여윈 늙은이에게도 그 즐거움을 보내주네. 문 닫고 깊이 들어 앉아 먹어보니 맛도 진하여, 백자(百紫)와 천홍(千紅)과 같은 꽃이 배 속에서 만발하는 중이로세. 다만 평소에도 조용히 무자맥질하듯이 살아야 하네, 왜냐하면 천지가 원래 고요한 가운데서 나왔기에."

여기에서 두죽은 팥죽이다. '백자'는 새알심을 천홍은 '팥죽'을 가리키는 것이다. 팥죽은 팥을 삶아 으깨어 거른 물에 쌀을 넣고 쑨 죽이다. 옛 문헌에서는 한자로 두죽과 함께 두탕(豆湯) 혹은 두탕적두(豆湯赤豆)라고 적었다. 중국 창강(長江) 중류에 있던 형초(荊楚) 지방에서 행해진 7세기경 연중행사를 기록한 『형초세시기(荊楚歲時記)』가 팥죽에 대해 적은 가장 오래된 한자 문헌이다. 그 책에 의하면, "공공씨(共工氏)에게 바보 아들이 하나 있었는데 그 아들이 동짓날에 죽어 역질 귀신이 되었다. 그 아들이 생전에 팥을

팥죽ⓒ하응백

두려워했으므로 동짓날 팥죽을 쑤어 물리친다.”고 했다. 역질은 온갖 전염병으로 옛날 사람들에게 가장 무서운 것이었다. 그래서 동지 때가 되면 가정에서 팥죽을 쑤어 대문과 함께 집 곳곳에 뿌렸다.

하지만 이색은 그러한 사정보다는 동지에 초점을 맞추어 팥죽이란 제목의 시를 지었다. 동지는 일 년 중에서 밤이 가장 긴 날이다. 음양(陰陽)으로 따지면, 동지는 음의 날인 셈이다. 하지만 음이 가장 세다는 의미 속에는 동지 이후 양이 조금씩 일어난다는 뜻이 숨겨져 있다. 그러니 복지부동(伏地不動) 하는 마음가짐으로 동지를 보내야 한다. 그래야 숨어 있는 양기(陽氣)에 몸과 마음을 다치지 않는다. 이색은 이런 생각을 품고서 이 시를 지었다. 그런데 더 아름다운 정경도 이 시에는 담겼다. 곧 “비취색 사발에 가득 담”은 팥죽이다. 고려청자에 담긴 붉은 빛의 팥죽을 다소곳이 든 화장한 어린 여자아이를 생각해보라.

19세기 초반 한양에 살았던 홍석모(洪錫謨: 1781-1857)는 『동국세시기(東國歲時記)』에서 당시의 동짓날 모습을 다음과 같이 적었다. “동짓날은 작은설이라고 부른다. 팥죽을 쑤며 찹쌀가루로 새알 모양을 만든 떡을 죽 속에 넣어 심(心)을 삼는다. 여기에 꿀을 타서 명절음식으로 먹고, 사당에도 바친다. 팥죽 국물을 문짝에 뿌려 좋지 않은 일을 없앤다.” 19세기 때의 이런 풍속은 적어도 1960년대까지 이어졌다. 비록 팥죽 국물을 문짝에 뿌리는 일은 사라졌어도 시골에서는 1970년대만 해도 동짓날에 새알심 든 팥죽을 먹고 마치 떡국 먹듯이 몇 그릇 먹었는지를 가족끼리 묻곤 했다. 하지만 1980년대가 되자 어느새 동짓날 팥죽 먹기는 역사 책 속의 일이 되고 말았다.

분류 : 음식
색인어 : 밥, 죽
참고문헌 : 『형초세시기(荊楚歲時記)』; 『목은시집(牧隱詩集)』; 『옥담시집(玉潭詩集)』; 주영하, 『식탁 위의 한국사』(휴머니스트, 2013)
필자 : 주영하

동지 팥죽

동지(冬至)는 일 년 중, 밤이 가장 길고 낮이 가장 짧아지는 날이다. 이날은 음(陰)의 기운이 극도에 이르게 되어, 그동안 위축되었던 양(陽)의 기운이 다시 부활하는 시기이다. 그래서 예로부터 동지는 ‘작은 봄’이라는 뜻의 소춘절(小春節), 혹은 ‘작은 설’이라는 뜻의 소신정(小新正), 아세(亞歲) 등으로 불렸다(『서울잡학사전』).

설날에 떡국을 먹듯이, 사람들은 동짓날에 절식(節食)으로 팥죽을 쑤어 먹었다. 동짓날 먹는 팥죽에는 찹쌀가루로 새알 모양의 새알심을 만들어 넣고 꿀을 타서 먹었다. 그래서 다른 때 쑤어 먹는 팥죽과 구분하여 이를 특별히 ‘동지 팥죽’이라고 불렀다.

이처럼, 동짓날 팥죽을 쑤어 먹는 풍습은 아마도 중국에서 전래되었을 가능성이 높다. 종늠(宗懍)이 쓴 『형초세시기(荊楚歲時記)』에는 공공씨(共工氏)의 못난 아들에 관한 전설이 전해 내려오고 있다. 이 전설에 따르면 공공씨에게는 못난 아들이 있었는데, 그 아들이 동짓날 죽어 역귀(疫鬼: 전염병을 일으키는 귀신)가 되었다고 한다. 그런데 그 아들이 살아생전에 붉은 팥죽을 무서워해서 동짓날 팥죽을 쑤어 각 방과 장독간, 헛간 등의 문짝에 뿌려 역귀의 침범을 물리쳤다는 것이다(『동국세시기(東國歲時記)』).

하지만 팥죽을 문짝에 뿌리는 행위가 때로는 사람들의 눈살을 찌푸리게도 했던 모양이다. 『영조실록』에는 동짓날 팥죽을 문에 뿌리는 행위가 그 정도가 지나쳐서 영조가 이를 엄격히 금했다는 기사가 발견된다. 그럼에도 이후에 나온 문헌에서 이 같은 행위가 반복적으로 관찰되는 것으로 보아, 항간에서는 팥죽을 문에 뿌리는 풍습이 여전히 전승되었던 것으로 보인다. 조풍연(趙豊衍: 1914-1991)이 쓴 『서울잡학사전』에도 이러한 광경이 묘사되어 있다. 그는 동짓날 사람들이 팥죽, 북어포, 청주 혹은 탁주를 차려놓고 터줏대감에게 싹싹 비는 모습을 그려내면서 이를 ‘동지 고사(告祀)’라 한다고 적었다. 또한 동짓날이면 어느 집에서나 팥죽을 쑤었는데, 그렇게 정성 들여 만든 팥죽을 대문에 ‘액막이’로 끼얹어서 팥죽이 벌겋게 얼어붙은 광경이 과히 좋아 보이지는 않는다고 술회하였다. 지금은 이런 행위를 찾아보기 어렵게 되었지만, 조풍연이 살았던 근현대시기에도 이 같은 행위가 쉽게 근절되지 못했던 것은 팥죽을 뿌리는 행위가 담고 있는 벽사적 의미, 혹은 상징 때문이었으리라고 여겨진다.

어쨌거나 동짓날에는 대부분의 사람들이 팥죽으로 한 끼를 삼았다 해도 과언이 아닐 것이다. 고려 후기 학자 목은 이색(牧隱 李穡: 1328-1396)은 특히 팥죽을 좋아해서 『목은집(牧隱集)』에만도 팥죽에 관한 시를 여러 편 남겼다. 어느 동짓날 동지 팥죽에 꿀을 타서 먹고 난 목은 선생은 팥죽은 음사를 다 씻고 배 속도 윤택하게 해준다며 매우 흡족해했다. 그러면서 팥죽을 먹으면 오장을 깨끗이 씻어내고 혈기가 조화를 이루어 평온해진다고 적었다. 또한 팥죽은 부드럽고 감미로운 맛 때문에 종종 우유나 연유에 비유되기도 했다(『상촌집(象村集)』). 똑같은 두죽(豆粥)이라 해도, '자기 자식에게는 팥죽 주고 의붓자식에겐 콩죽 준다'는 속담이 괜히 생겨나지는 않았을 터.

조풍연이 살았던 시대에도 동짓날에는 대부분 동지 팥죽을 먹었다. 만일 집이 아주 가난하여 팥죽을 못 쑤는 사람에게는 형편이 좀 나은 집에서 팥죽을 쒀서 덜어 보내는 관습이 있었다고도 한다. 또한 그즈음에는 서울에 붙박이로 팥죽만 쑤어 파는 집이 많았는데, 특히 종로 5가 동대문시장에 있는 팥죽집이 언제나 사람들로 성황을 이루었던 모양이다. 하지만 그 무렵에는 서울 인심이 박해져서 새알심 값을 따로 받는 경우도 있었다. 그리고 새알심 대신 인절미를 넣은 팥죽을 팔기도 하고, '단팥죽'이라 하여 일본식 팥죽이 청소년들 사이에서 인기를 얻었다고 하였다(『서울잡학사전』).

분류 : 의례
색인어 : 팥죽, 동지, 소춘절, 아세, 새알심, 형초세시기, 공공씨, 역귀(疫鬼), 동지 고사, 액막이, 이색, 조풍연
참고문헌 : 『영조실록』; 이색, 『목은집』; 신흠, 『상촌집』; 홍석모, 『동국세시기』; 조풍연, 『서울잡학사전』(정동출판사, 1989)
필자 : 양미경

팥죽(복죽)

일 년 중 가장 덥다고 하는 복날에는 더위를 피하기 위한 갖가지 음식이 마련되었는데, 그중 하나가 팥죽이다. 홍석모(洪錫謨: 1781-1857)는 『동국세시기(東國歲時記)』에서 초복·중복·말복에 모두 팥을 삶아 죽을 쑤어 먹는다고 하였는데, 이처럼 복날 먹는 팥죽을 복죽(伏粥)이라 하였다. 잘 알다시피 팥죽은 팥즙에 쌀을 넣고 쑨 죽으로, 뜨겁게 먹어야 제 맛이 난다. 그런데 일 년 중 가장 무덥다고 하는 복날에 왜 뜨거운 팥죽을 먹었을까? 거기에는 다음과 같은 이유가 있었다. 우선, 이열치열의 효과다. 유만공(柳晚恭: 1793-1869)은 『세시풍요(歲時風謠)』에서 복날 팥죽을 쑤어 먹으면 더위를 타지 않는다고 하였다. 그리고 예로부터 팥죽의 붉은색은 귀신을 쫓는다고 믿어 왔다. 그래서 사람들은 복날 팥죽을 쑤어 먹으며 염병을 물리치기를 기원해왔다(『열양세시기(洌陽歲時記)』). 홍석모 또한 『도하세시기속시(都下歲時紀俗詩)』에서 복죽을 노래하였는데, 여기서 그는 복날 붉은 팥죽을 먹음으로써 동지 이후 세 번째로 귀신을 물리친다고 적었다. 복날 먹는 팥죽이 세 번째인 까닭은 동지, 정월 대보름에 이미 절식(節食)으로 팥죽을 먹었기 때문일 것으로 추정된다. 이처럼, 복날 먹는 팥죽은 더위를 먹지도 않고 병에 걸리지도 않는 '퇴서피사(退暑避邪)'의 의미를 지니고 있었다.

분류 : 의례
색인어 : 팥죽, 복죽, 삼복, 퇴서피사(退暑避邪)
참고문헌 : 유만공, 『세시풍요』; 김매순, 『열양세시기』; 홍석모, 『도하세시기속시』; 홍석모, 『동국세시기』
필자 : 양미경

팥죽(상가에 팥죽을 쑤어 가는 풍속의 유래)

근대시기 서울의 풍속을 기록한 조풍연(趙豊衍: 1914-1991)의 『서울잡학사전』에는 상가(喪家)에 팥죽을 쑤어서 부조하는 이야기가 실려 있다. 상제(喪制)는 비통한 나머지 상을 치르는 동안 식음을 전폐하다시피 하고, 또 곡을 하느라 목이 칼칼해서 밥을 넘기기가 어렵다. 이를 안타깝게 여긴 이웃사람이 팥죽을 쑤어 동이째 날라다 주었고, 상제가 이를 먹고서 겨우 몸을 추스렸다고 한다. 이웃집은 이렇게 팥죽으

로 부조를 한 셈이다. 그 후 상사(喪事)가 나면 상갓집에 죽을 쑤어 가는 풍속이 생겨났는데, 흰죽, 콩죽 등은 안 하고 꼭 팥죽을 했다고 한다.

이러한 풍속과 관련하여 또 다른 전설이 전해진다. 옛날 어느 마을에 아주 몰염치한 영감이 살고 있었는데, 그는 마을에 상사가 나기만 하면 득달같이 달려가서 차려놓은 음식을 죄다 먹어치우곤 했다. 때문에 마을 사람들은 이 영감 때문에 골치를 앓고 있었다. 그러던 어느 날 한 상갓집에서 팥죽을 쑤었는데, 그 영감이 팥죽을 보고서는 "붉은색 팥죽을 어떻게 먹겠느냐."며 그냥 나가버렸다. 알고 보니 그 영감은 사람이 아니라 '멍청이귓것'이었다. 게다가 이 멍청이귓것은 사람들에게 감기를 전염시키는 역귀(疫鬼)였다. 그 뒤로 마을사람들은 역귀의 침입을 막기 위해서 상사가 있을 때마다 팥죽을 쑀고, 감기에 걸리지 않기 위해 동짓날이면 동지 팥죽을 쑤어 먹었다고 한다.

분류 : 음식
색인어 : 팥죽, 상가(喪家), 상사(常事), 멍청이귓것
참고문헌 : 조풍연, 『서울잡학사전』; 국립민속박물관 민속연구과, 『한국세시풍속사전』(국립민속박물관, 2008)
필자 : 양미경

팥죽(장유)

산해진미 기름진 음식 실컷 먹고
술에 듬뿍 취하니 입이 껄끄러웠지
가장 좋은 것은 맑은 아침 세수한 뒤
연유처럼 부드러운 팥죽 한 사발 먹는 일
珍窮陸海飫羶胹 醉飽居然厲爽俱
爭似淸晨盥漱罷 一甌豆粥軟如酥

  *장유, 「아침에 일어나 팥죽을 먹고서[晨起喫豆粥漫吟]」

조선 중기의 문인 장유(張維: 1587-1638)가 아침에 일어나 팥죽을 먹은 소감을 적은 칠언절구다. 장유(1587-1638)는 자가 지국(持國)이고 호가 계곡(谿谷)이며 본관은 덕수(德水)다. 효종의 비 인선왕후(仁宣王后)의 부친으로, 벼슬은 판서를 지냈다. 조선 중기 대표적인 문장가로 알려져 있다. 문집 『계곡집(谿谷

集)』외에 『계곡만필(谿谷漫筆)』이 그의 대표적인 저술이다.

요즘은 직접 팥죽을 끓이는 집이 많지 않지만 예전 시골에서는 집집마다 팥죽을 끓여 서로 이웃에 돌렸다. 또 고래로 동짓날 팥죽을 쑤어 먼저 사당(祠堂)에 올리고, 방과 장독대, 헛간 등 집안 여러 곳에 놓아두었다. 그리고 나서 팥죽이 식으면 식구들과 모여서 먹었다. 팥의 적색이 양(陽)을 상징하므로 음귀(陰鬼)를 몰아낸다고 믿었기 때문에 이런 풍속이 생긴 것이다.

기름진 안주에 과음하고 나면 아침에 속이 더부룩하다. 이때 몸을 씻고 시원한 팥죽 한 사발 먹으면 속이 편안해진다. 장유는 이 시의 첫째 수에서 "서리 내린 아침에 꿀을 탄 팥죽 한 사발에, 위가 따뜻해 풀어지고 몸이 절로 편안해지네[霜朝一盌調崖蜜, 煖胃和中體自安]."라고 하였으니, 팥죽이 해장용으로 인기가 있었던 모양이다.

고려 말의 문인 이색(李穡: 1328-1396)도 팥죽을 좋아하여 여러 편의 시를 지은 바 있다. "동짓날 시골이라 팥죽을 뻑뻑하게 쑤어다가, 푸른 사발 가득 담으니 붉은빛이 허공에 어리네. 달싹하게 꿀을 타서 목구멍을 흘려 넣으면, 나쁜 기운 다 씻어내고 배 속까지 윤이 난다네[冬至鄕風豆粥濃 盈盈翠鉢色浮空 調來崖蜜流喉吻 洗盡陰邪潤腹中]."라 하였다. 속이 더부룩한 사람에게 팥죽을 권할 만하다. 또 「동지(冬至)」에서는 "연유 같은 팥죽이 푸른 사발에 가득하네[豆粥如酥翠鉢深]."라 하고 "맑은 새벽 팥죽 먹어 몸이 절로 편안하네[豆粥淸晨體自平]."라 하였다. 「동짓날 팥죽[冬至豆粥]」에서는 "팥죽은 오장을 깨끗이 하고, 혈기를 편하게 조절한다네[豆粥澡五內, 血氣調以平]."라고 하였다. 이런 구절을 보면 팥죽은 다채로운 약효가 있는 모양이다.

그뿐 아니다. 팥죽은 피서용 음식이기도 하였다. 이색은 「팥죽(豆粥)」에서 "뜨거운 구름 찌는 햇살 불같이 뜨거워서, 줄줄 흐르는 땀방울에 두 눈이 캄캄하네. 바로 팥죽 가져다 더위 독을 풀어본댔자, 소나무 아래 물 흐르는 집만은 못하겠네[火雲蒸日熾如焚 潘汗交

流兩眼昏 直把豆湯消暑毒 不如松下水流門].”라 하였다. 또 그 두 번째 작품에서 “푸른 사발 팥죽에 꿀을 타서 마시니, 얼음 같은 한기가 살갗에 와닿은 줄 알겠네[豆湯翠鉢調崖蜜, 便覺氷寒欲透肌].”라 하였으니 찬 팥죽을 꿀에 타서 먹으면 얼음처럼 속이 시원하였음도 확인할 수 있다.

분류 : 문학
색인어 : 팥죽, 장유, 이색
참고문헌 : 장유, 『계곡집』; 이색, 『목은고』; 이종묵, 『한시마중』(태학사, 2012)
필자 : 이종묵

포도

포도나무의 열매로 서기전 3000-5000년 전에 중앙아시아에서 재배된 것으로 알려진다. 서기 전후에 서역(西域)으로부터 중국대륙에 유입된 이후 한반도에도 전해진 것으로 보인다. 명나라의 『본초강목(本草綱目)』에서는 포도가 술을 만들기 좋아서 ‘포(酺)’라고도 적었으며, 마시면 바로 크게 취하기 때문에 ‘도(醄)’라고 하다가 포도(葡萄)라는 글자가 생겼다고 주장했다. 그러나 이러한 주장의 근거는 없지만 한자 ‘포도’의 어원에 대한 별도의 주장도 아직은 없다.

세조는 1456년 3월 5일에 모든 읍치의 수령이 승려들에게 종이와 부채를 만들도록 강요하고, 포도·송균(松菌: 송이)·송화(松花: 소나무 꽃가루)를 채취하는 등의 모든 잡사(雜事)로 노역을 시키는 일이 도를 넘었다고 하면서 그것을 금하라고 명령을 내렸다. 포도나무를 재배하지 않았던 당시의 사정을 짐작할 수 있다. 오늘날의 한국 포도 대부분은 미국종과 유럽종이다. 1906년 설립된 서울의 뚝섬 원예모범장에서 외래종의 포도나무를 재배하기 시작하였다. 이후 전국에 퍼진 포도의 70% 정도는 미국종인 ‘캠벨 얼리’ 포도이다. 안성포도는 몇 안 되는 프랑스 원산의 포도종이다. 프랑스 포도종의 재배는 20세기 초반 프랑스 가톨릭 신부 공베르가 ‘머스캣 베일리’라는 품종을 경기도 안성의 삼덕(三德)에 심으면서 비롯되었다.

분류 : 식재료
색인어 : 두(제기), 제사음식
참고문헌 : 유희, 『물명고(物名攷)』
필자 : 주영하

청포도(「청포도」)

내 고장 칠월은
청포도가 익어가는 시절

이 마을 전설이 주저리주저리 열리고
먼 데 하늘이 꿈꾸며 알알이 들어와 박혀

하늘 밑 푸른 바다가 가슴을 열고
흰 돛단배가 곱게 밀려서 오면

내가 바라는 손님은 고달픈 몸으로
청포(靑袍)를 입고 찾아온다고 했으니

내 그를 맞아 이 포도를 따 먹으면
두 손은 함뿍 적셔도 좋으련

아이야 우리 식탁엔 은 쟁반에
하이얀 모시 수건을 마련해두렴

1939년 8월 『문장』지에 발표된 이육사(李陸史: 1904-1944)의 시 「청포도」이다. 이육사는 독립운동가이자 저항 시인이다. 1933년 육사란 이름으로 시 「황혼(黃昏)」을 『신조선』에 발표하여 등단했는데, 육사란 필명은 그가 대구 형무소에 수감되었을 때 수인번호 264를 딴 것이다. 1937년 신석초, 김광균 등과 함께 시 동인지 『자오선(子午線)』을 간행했고, 1941년까지 작품을 발표했다. 독립운동을 하다 열일곱 번 이상 투옥된 것으로 알려졌고, 1943년 6월에 일본 경찰에 체포되어 북경으로 압송된 후 1944년 1월 그곳에서 옥사하였다. 대표작으로는 시 「청포도」, 「절정」, 「교목」, 「광야」 등이 있다. 광복 이후인 1946년 동생 이원조가 작품을 수합하여 『육사시집』을 간행했다.

경북 포항시 동해면에 있는 육사의 「청포도」 시비. 육사는 감옥생활로 인한 지병을 치료하기 위해 동해면 도구리에서 요양하면서 「청포도」의 시상을 떠올렸다.ⓒ권선희

이 시는 일제 강점기의 암담한 시기에 '청포도'라는 소재를 통해 이상적 세계가 찾아오리라는 희망을 밝고 환한 색감으로 표현한 작품이다. 청포도는 마을의 전설과 푸른 하늘을 간직하고 있는 대상이다. 그 손님과 함께 잘 익은 포도를 먹으며 두 손을 함뿍 적시어도 좋겠다고 소망하며 그러한 시간을 맞이할 준비를 해야 한다고 말한다. 이 부드러운 소망의 말씨에는 이육사의 강인한 의지가 담겨 있다. 이 시에 소재로 사용된 포도는 여름에 익어가는 과일로, 푸른 하늘, 푸른 바다, 푸른 도포와 호응하기 위해 청포도라고 한 것이다.

분류 : 문학
색인어 : 청포도, 이육사, 포도
필자 : 이숭원

포도(「달밤」)

그런데 요 며칠 전이었다. 밤인데 달포 만에 수건이가 우리 집을 찾아왔다. 웬 포도를 큰 것으로 대여섯 송이를 종이에 싸지도 않고 맨손에 들고 들어왔다. 그는 벙긋거리며, "선생님 잡수라고 사왔습죠" 하는 때였다. 웬 사람 하나가 날쌔게 그의 뒤를 따라 들어오더니 다짜고짜로 수건이의 멱살을 움켜쥐고 끌고 나갔다. 수건이는 그 우둔한 얼굴이 새하얗게 질리며 꼼짝 못하고 끌려 나갔다.

나는 수건이가 포도원에서 포도를 훔쳐온 것을 직각하였다. 쫓아나가 매를 말리고 포도 값을 물어주었다. 포도 값을 물어주고 보니 수건이는 어느 틈에 사라지고 보이지 않았다. 나는 그 다섯 송이의 포도를 탁자 위에 얹어놓고 오래 바라보며 아껴 먹었다. 그의 은근한 순정의 열매를 먹듯 한 알을 가지고도 오래 입 안에 굴려보며 먹었다.

1933년 월간 종합지 『중앙』에 발표된 이태준의 단편소설 「달밤」이다. 이태준(李泰俊: 1904-?)은 1930-1940년대 단편소설 작가를 대표하는 소설가이다. 해방 직후 월북하여 소련 기행문인 『소련기행』, 소설집 『첫 전투』와 『고향길』 등을 내었으나 한국전쟁 후 남로당 숙청의 바람에 휩쓸려 역사 저쪽으로 행방불명되고 말았다. 1988년 납·월북 문인의 공식 해금 조치에 따라 우리 독자들도 이태준의 문학을 자유롭게 만날 수 있게 되었다. 지금은 중고등학교 국어과 교과서에도 「달밤」, 「패강랭」, 「돌다리」 등 이태준의 작품이 여러 편 실려 있다.

대표작에 「달밤」, 「가마귀」, 「패강랭」, 「복덕방」, 「돌다리」, 「해방전후」 등의 중단편과 『제2의 운명』, 『화관』, 『청춘무성』, 『사상의 월야』 등의 장편, 이후 큰 영향을 끼친 문장론 「문장강화」가 있다.

만주사변(1931)-중일전쟁(1937)-태평양전쟁(1941)으로 이어지는 역사의 격랑 속에서 식민지 조선은 일제의 전체주의적 통제 아래 억눌려 잿빛 무기력에 갇혔다. 문학도 마찬가지였는데 많은 소설가가 신변사를 다루는 수필과도 같은 소설 곧 신변소설로, 먼 과거의 이야기를 그리는 역사소설로 도피하였다. 이태준도 그러하였으니 신변소설과 역사소설이 이후의 이태준 작품 연보를 채우게 된다. 「달밤」은 그 신변소설의 하나이다. 작품은 "성북동(城北洞)으로 이사 나와서 한 대엿새 되었을까, 그날 밤 나는 보던 신문을 머리맡에 밀어 던지고 누워 새삼스럽게, 여기도 정말 시골이로군! 하였다"로 시작하는데 1933년에 지은 성북동의 수연산방에 이사한 직후 작가가 겪은 일을 그린 신변소설임을 이로써 드러내고 있다.

「달밤」의 주인공은 조금 모자란 황수건이라는 사나이, 이른바 바보형 인물이다. 모자라니 대인관계를 비롯하여 온갖 세상살이에 서투른 것은 당연한 일, 바라는 일마다 어긋나고 하는 일마다 실패한다. 운도 그의 편이 아니다. 과일 장사는 장마 때문에 망하고, 아내는 손윗동서 그러니까 황수건의 형수가 구박하는 바람에 달아나버렸다. 황수건은 이처럼 세상 사람들 심지어는 운조차도 멀리하는 불쌍한 인간인데 놀랍게도 도리를 알아 은혜를 잊지 않으며 매우 따뜻하고 도타운 심성을 갖고 있다.

황수건이 포도를 훔쳐 가져온 것은 '내'가 과일 장사 밑천 하라고 '삼 원'을 준 것에 감사하는 마음의 표현이다. 그는 은혜를 갚아야 한다는 생각에 사로잡혀, 남의 포도를 훔치면 안 되며 걸리면 자신이 처벌받게 된다는 사실을 돌아보지 않고 법의 경계를 넘었다. 이런 생각과 행동은 그가 모자란 사람이기 때문에 하게 된 것이지만 또 한편으로는 그가 도리를 아는 사람이기 때문에 하게 된 것이기도 하다. 서술자가 그 포도알을 '은근한 순정의 열매'라 여겨 "오래 바라보며 아껴 먹"는 것은 황수건의 그런 마음에 깊이 감동받았기 때문이다. 「달밤」의 포도는 '은근한 순정'의 표상으로 달밤 아래 고즈넉이 아름답게 빛난다.

분류 : 문학
색인어 : 달밤, 이태준, 포도, 바보형 인물
참고문헌 : 유종호, 『인간사전을 보는 재미 - 이태준의 단편』(한길사, 1990); 상허문학연구회, 『이태준 문학연구』(깊은샘, 1993)
필자 : 정호웅

포도주(「포도주」)

가을 바람과 아침 볕에 마치맞게 익은 향기로운 포도를 따서 술을 빚었습니다. 그 술 고이는 향기는 가을 하늘을 물들입니다.
님이여, 그 술을 연잎 잔에 가득히 부어서 님에게 드리겠습니다.
님이여, 떨리는 손을 거쳐서 타오르는 입술을 축이셔요.

님이여, 그 술은 한밤을 지나면 눈물이 됩니다.
아아 한밤을 지나면 포도주가 눈물이 되지마는, 또 한밤을 지나면 나의 눈물이 다른 포도주가 됩니다. 오오 님이여.

한용운(韓龍雲: 1879-1944)의 시집 『님의 침묵』(1926)에 수록된 작품 「포도주」이다. 한용운은 불교 지도자, 독립운동가, 시인 등 다양한 활동을 벌인 승려다. 1919년 3·1운동을 주도하여 민족 대표 33인의 한 사람으로 참여했으며, 이때 일본 경찰에 체포되어 3년형을 받았다. 출옥 후에도 민족운동을 지속적으로 전개하여 1944년 타계할 때까지 일제의 감시를 받았다. 1918년 대중 계몽을 염두에 두고 불교잡지 『유심』을 간행했으며, 1926년 시집 『님의 침묵』을 펴내 대중에게 전하려는 자신의 뜻을 연애시의 형식으로 담아냈다. 대표작으로 시 「님의 침묵」, 「알 수 없어요」, 「나룻배와 행인」, 「당신을 보았습니다」 등이 있다.

이 시는 정성을 다해 빚은 술을 임에게 바치고자 하는 화자의 의지를 형상화하고 있는 작품이다. 임에 대한 간절한 호명과 경어체 어미를 사용하여 임을 향한 화자의 경건한 헌신의 자세를 나타냈다. 자신이 포도를 따서 빚은 술이 포도주인데, 그 포도주가 한밤이 지나면 눈물이 되고 눈물이 한밤이 지나면 다시 포도주가 된다는 발상이 독특하다. 임에게 바치는 포도주에 자신의 슬픈 마음이 담겨 있고 그 마음은 영원히 변함없이 이어진다는 사실을 표현한 것이다. 따라서 이 시에 소재로 사용된 포도주는 단순한 술이 아니라 자신의 눈물로 빚은 영원한 마음의 상징임을 알 수 있다.

분류 : 문학
색인어 : 포도주, 한용운, 포도, 술
참고문헌 : 김재홍, 『한용운 문학 연구』(일지사, 1982)
필자 : 이숭원

푸성귀(「푸성귀」)

수질(水質) 좋은 경상도에,
연한 푸성귀

나와

나의 형제와

마디 고운 수너리 반죽(斑竹).

사람 사는 세상에

완전 낙토(完全樂土)야 있으랴마는

목기(木器) 같은 사투리에

푸짐한 시루떡.

처녀얘.

처녀얘.

통하는 처녀얘.

니 마음의 잔물결과

햇살 싸라기.

박목월(朴木月: 1915-1978)의 시집 『경상도의 가랑잎』(1968)에 수록된 작품 「푸성귀」이다. 박목월은 초기에 향토적 서정성을 바탕으로 민요조를 개성 있게 수용하여 재창조한 시인으로 평가받았다. 그러나 중기 이후 서민들의 생활 현장과 다채로운 삶의 국면에 관심을 가지면서 시세계의 변화를 보였고, 말년에는 존재의 문제를 탐구하는 지적인 성찰의 자세를 보였다. 1939년 『문장』지에 「길처럼」, 「그것은 연륜이다」, 「산그늘」 등이 추천되어 시단에 등단했다. 한양대 국문학과 교수로 있던 1978년 3월 고혈압으로 타계했다. 시집으로 『청록집』(3인시집), 『산도화』, 『난·기타』, 『청담(晴曇)』, 『경상도의 가랑잎』, 『무순(無順)』 등이 있으며, 수필집으로 『보라빛 소묘』, 『밤에 쓴 인생론』 등이 있다.

이 시는 박목월 시인이 자신의 고향 경상도를 배경으로 토속적 사물의 특징을 다양하게 나타낸 작품이다. 경상도는 수질이 좋아 채소도 연하고 수너리라는 곳에서는 아롱진 검은 무늬가 있는 반죽이 자라기도 한다. 순정한 처녀의 소박한 사투리와 사람들의 정겨운 마음이 푸짐한 시루떡과 조화를 이룬 곳이 자신의 고향이라고 노래하고 있다. 이 시에서 시루떡은 고향의 푸짐한 인정을 나타내는 음식으로 설정되었다. 마지막 행의 '햇살 싸라기'에서 '싸라기'는 부스러진 쌀알

이라는 뜻이다. 햇살이 쌀알이 부서져 흩어지듯 고운 입자처럼 흩어진다는 표현이다. 경상도에서는 '햅쌀'을 '햇살'이라고 하는데 경상북도 경주가 고향인 시인은 그러한 음의 유사성에서 '싸라기'라는 말을 연상했던 것 같다.

분류 : 문학
색인어 : 푸성귀, 박목월, 시루떡, 싸라기
참고문헌 : 박목월, 『경상도의 가랑잎』(민중서관, 1968)
필자 : 이숭원

푼주

푼주는 큰 대접으로 많은 용량을 담을 수 있는 저장용구이자 조리용구이다. 다른 명칭으로는 분자, 푼자라고 하였고, 한자로는 '盆子'라 하였다. 『조선어표준말모음』에서는 동의어로 푼주의 한자명칭을 사분(砂盆), 푼자라고 하였다. 입부분의 직경이 굽의 직경보다 넓어 측면이 사선을 이룬다. 식생활분야에서 푼주는 주로 음식물을 담아 두거나, 재료들을 버무리거나 무칠 때 사용하였다. 그러나 그 외에도 다양한 용도로 사용되었다. 재질은 유기, 자기, 목기, 도기 푼주가 제작되었다.

푼주, 최대 지름 23.7cm, 높이 8.3cm, 조선 후기, 국립민속박물관

분류 : 미술
색인어 : 푼주, 대접, 그릇, 분자, 푼자, 저장
참고문헌 : 〈조선일보〉 1936년 11월 11일 『조선어표준말모음』 기사; 한국학중앙연구원, 『한국민족문화대백과사전』
필자 : 구혜인

한식절사

한식(寒食)은 동지로부터 105일째 되는 날로, 대개 양력 4월 5일경이다(『규합총서(閨閤叢書)』). 우리나라는 설날·한식·단오·추석을 중요한 명절로 여겨 이날 산소에 올라 술·과일·포(脯)·식혜·떡·국수·고깃국·산적 등의 음식을 차려놓고 제사를 지냈다. 집안의 전통과 형편에 따라 편차가 있기는 하지만, 대개 한식과 추석에 가장 성행하여 이날 사방 교외에서는 남녀의 행렬이 길게 이어져 끊이지 않았다고 한다(『경도잡지(京都雜誌)』, 『동국세시기(東國歲時記)』). 이처럼, 한식날 조상 묘소에 가서 제사 지내는 것을 한식절사(寒食節祀)라고 하는데, 이는 한식차례(寒食茶禮), 한식제사(寒食祭祀), 한식성묘(寒食省墓) 등의 명칭으로도 두루 쓰였다.

『동국세시기(東國歲時記)』를 쓴 홍석모(洪錫謨: 1781-1857)는 한식절사는 당나라에서 기인한 것으로, 진나라 문공 때 사람 개자추라는 충신이 억울하게 불에 타 죽었기 때문에 그의 죽음을 조문하는 유풍(遺風)에서 비롯되었다고 하였다. 그래서 이날은 불 없이 지내며 찬 음식을 먹고, 조상의 묘소를 돌보면서 하루를 보냈다. 또한 홍만선(洪萬選: 1643-1715)은 『산림경제(山林經濟)』에서 조상의 무덤을 고치거나 옮기는 일, 비석을 세우거나 무덤에 떼를 입히는 일과 같이, 평소 같으면 택일을 하여 처리해야 할 일도 한식날에는 택일 없이 행할 수 있다고 하였다.

분류 : 의례
색인어 : 한식(寒食), 한식절사(寒食節祀), 한식차례(寒食茶禮), 한식제사(寒食祭祀), 한식성묘(寒食省墓), 개자추
참고문헌 : 홍만선, 『산림경제』; 빙허각 이씨, 『규합총서』; 유득공, 『경도잡지』; 홍석모, 『동국세시기』
필자 : 양미경

함지(정약용이 서울에서 사온 황주 토산품)

다산 정약용(丁若鏞: 1762-1836)의 『목민심서(牧民心書)』에는 그가 황해도의 곡산부사(谷山府使)로 일하던 때의 일화가 나온다. 1797년(정조 21) 곡산부사로 임명받아 2년쯤 지났을 무렵, 중국에서 칙사(勅使) 장승훈(張承勛)이 왔다. 장승훈은 황주(黃州)에 이르자 황해도 관찰사 조윤대(曺允大: 1748-1813)에게 토산품인 주반(朱槃), 즉 '함지(函支)'를 구해달라고 청하였다. 함지는 원래 떡이나 김치를 버무리는 등 음식을 만들거나 담아서 운반할 때 흔히 이용되는 그릇으로, 나무로 만든 것은 대를 물려 사용할 정도로 튼튼한 용기였다. 특히 황주의 나무 함지는 물이 열 동이나 들어갈 정도로 크고 좋았다고 한다.

이처럼 중국 칙사가 함지를 부탁하게 된 것은 황주산 함지를 써왔던 아내의 요청을 들어주기 위해서였다. 그의 아내가 함지를 알게 된 계기는 친정아버지 때문이었다. 오래 전 조선에 칙사로 왔던 장승훈의 장인은 황주에서 만든 함지를 받아 장승훈의 아내인 딸에게 주었던 것이다. 딸이 그 함지를 잘 사용하였으나 오랜 세월 사용하다 보니 함지가 부서져 아쉬워하던 참이었다. 그러던 중 마침 남편이 조선에 칙사로 간다는 얘기를 듣고 다시 가져다주면 좋겠다고 부탁한 것이다. 이 얘기를 들은 황해도 관찰사 조윤대는 뒷날까지 폐단이 될 우려가 있다고 보고 장승훈의 요구를 거절하였다. 아마도 그는 칙사의 개인적 요구를 들어주는

926

선례를 남기면, 이후 조선에 오는 칙사들이 개인적으로 무엇을 요구하게 될지 몰라서 거절한 듯하다.

그런데 나중에 그 일을 알게 된 정조(正祖: 재위 1776-1800)가 대단한 물건도 아닌데 칙사의 요구를 거절할 수는 없다며, 밤을 새워서라도 만들어 주라고 명하였다. 이에 황해도 관찰사는 정약용이 부사로 있던 황해도 곡산부(谷山府)에다 서둘러 함지를 만들라고 독촉하였다. 하지만 나무를 구할 수 있는 곳은 역참에서 3백 리나 떨어져 있고, 칙사가 돌아갈 날은 3일밖에 남지 않은 어려운 상황이라 담당 아전은 울부짖으며 목을 매 죽으려고까지 하였다.

그 모습을 보다 못한 정약용이 도저히 시간 내에 함지를 만들 수는 없다고 판단하고, 서울로 몰래 사람을 보내서 주반을 사오라고 시켰다. 그렇게 서울에서 마련한 황주 함지를 칙사 장승훈에게 제때 바치자, 칙사가 돌아가는 길을 배웅하기 위해 동행한 반송사(伴送使) 김사목(金思穆: 1740-1829)과 황해도 관찰사 조윤대는 서울에서 사온 줄은 상상도 못하고 깜짝 놀라며 귀신같다고 칭찬하였다고 한다.

분류 : 미술
색인어 : 떡, 김치
참고문헌 : 정약용 저, 이정섭 역, 『목민심서』(한국고전번역원, 1986)
필자 : 김혜숙

합

합(盒)은 몸체 위에 뚜껑을 갖춘 그릇을 통칭해서 부르는 용어이다. 합은 고대시대부터 식사용구부터 저장용구까지 다양하게 사용되었다. 합의 크기, 모양, 용도는 다양하다. 예를 들어 합을 단층으로 만들어 쓰기도 하고, 크기가 다른 합들을 한 조로 만들어 크기별로 포개어 담아 가장 큰 합에 넣어 쓰기도 하고, 크기가 서로 같은 그릇을 쌓아올리고 맨 위에 뚜껑을 얹어 쓰기도 하였다. 작은 합은 음식을 담는 식기로 사용되고, 크기가 커질수록 음식이나 다양한 물건을 저장이나 보관을 위한 용도로 사용되었다.

사료에는 합의 용도에 따라 음식을 담은 찬합(饌盒),

합, 높이 16.5cm, 광복 이후, 국립민속박물관

찻잎을 담은 다합(茶盒), 향을 담은 향합(香盒), 약을 담은 약합(藥盒), 담배잎을 담은 연초합(煙草盒), 인주를 담은 인주합(印朱盒), 등이 확인된다. 또 합의 재료나 형태에 따라 금합(金盒), 은합(銀盒), 사합(砂盒), 주합(朱盒), 나전 소합(螺鈿小盒)을 비롯해 삼층 높이의 삼중합(三重盒), 팔각형태의 팔면대은합(八面大銀盒) 등 다양한 명칭으로 불리기도 하였다.

과거에는 가마솥에 밥을 한 뒤 밥통이라고 불리는 합에 갓 지은 밥을 담아 따뜻한 아랫목에 이불을 덮어 보온을 유지하였다. 오늘날에는 이 기능을 전기보온 밥솥이 대신하고 있다. 현대에도 뚜껑이 있는 그릇인 합을 여러 재질로 제작해 다양하게 사용한다.

분류 : 미술
색인어 : 합, 뚜껑, 그릇, 저장
참고문헌 : 김장생, 『사계전서』; 김창업, 『연행일기』; 박지원 『열하일기』; 윤선도, 『고산유고』; 이유원, 『임하필기』; 이헌영 『일사집략』; 『한민족역사문화도감 식생활: 국립민속박물관 소장품』(국립민속박물관, 2007)
필자 : 구혜인

해삼

바다에서 나지만 표면이 오톨도톨하여 오이와 같이 생겼다고 하는 해삼(海蔘)은 우리말로는 1802년 편찬된 어휘집 『물보(物譜)』에 따르면 '뮈', 19세기 말의 『시의전서(是議全書)』에는 '믜'라 하였고, 한자로는 『사류박해(事類博解)』를 보면 '海男子(해남자)'라 한다고 하였다.

생해삼은 깨끗이 다듬어 생으로 먹지만 조리를 하여 음식을 만들기도 했다. 해삼을 주재료로 한 음식을 조선시대 문헌에서 찾으면, 주로 왕실의 잔치와 제사 때 상에 올렸던 해삼찜[海蔘蒸], 해삼어음탕(海蔘於音湯), 해삼전(海蔘煎), 해삼적(海蔘炙) 등이 있다. 그 밖에 일제 강점기까지도 조리서에는 해삼회, 해삼소(海蔘䐁: 못소), 해삼초(海蔘炒), 해삼탕(海蔘湯), 미쌈, 해삼메탕 등도 보인다.

이러한 음식을 만들 때 쓰던 해삼은 생해삼도 있지만 대부분 건해삼(乾海蔘), 즉 말린 해삼이었다. 바닷가 사람이 아니라면 생해삼을 먹는 건 고사하고 보기도 어려웠기 때문이다. 『봉성문여(鳳城文餘)』를 보면, 조선 후기의 선비 이옥(李鈺: 1760-1815)이 말린 해삼만 알다가 경상남도 합천군 삼기(三歧)에서 생전 처음으로 생해삼을 본 경험이 나온다.

그에 따르면, 해삼은 따뜻한 방에 하룻밤만 두어도 녹아 물이 된다는데, 자신이 보기에 큰 놈은 갓 태어난 돼지새끼랑 비슷하며, 색깔은 검푸른 데에 옅은 누른 빛이 돌고, 육질은 우무보다는 좀 단단하지만 아주 물렀다. 홍로주(紅露酒)를 마시면서 안주 삼아 회를 친 생해삼을 처음 먹어봤는데, 한 접시도 채 먹기 전에 배가 꽉 찬 느낌이 들어서 맛은 없지만 정력을 보해주는 것 같다는 이야기였다(이옥 저, 실시학사 고전문학연구회 편역, 2009: 120쪽).

생해삼을 신선한 상태로 유통시키기 어려웠던 조선시대에는 해삼을 주로 말려두었다 필요할 때마다 손질해서 음식을 만들었다. 서유구(徐有榘: 1764-1845)의 『난호어목지(蘭湖漁牧志)』「어명고(魚名攷)」에 따르면, 해삼을 잡아서 볶아 소금 즙을 제거하고 햇볕에 말리면 색깔이 그을린 것 같은 검은색이 되는데 대나무 꼬챙이 하나에 10마리를 꿰어서 사방으로 판다고 하였다. 그러면서 해삼은 바다에서 나는 어족(魚族) 중에 가장 건강에 도움이 되는데 동해에서 나는 해삼이 살이 두터워 품질이 우수하고, 서해와 남해에서 나는 것은 살이 얇고 효능이 떨어진다고 하였다(서유구 저, 이두순 평역, 2015: 281쪽).

이렇게 말린 건해삼은 중국에서도 인기가 높고 사방으로 팔려 나갔는데, 이 때문에 정약전(丁若銓: 1758-1816)은 『자산어보(玆山魚譜)』에서 해삼을 전복, 홍합과 더불어 '삼화(三貨)'라 한다고 하였다(정약전 원저, 이두순 글, 2016: 229쪽).

건해삼을 손질하는 법은 대체로 비슷한데, 오랫동안 물을 갈아가며 불려서 쓰거나 일단 물에 불렸다가 삶은 다음 배를 갈라 모래나 내장을 제거하면 된다고 하였다. 이때 흥미로운 점은 볏짚의 이용이다. 이용기(李用基: 1870-1933)는 『조선무쌍신식요리제법(朝鮮無雙新式料理製法)』(1936)에서 해삼초의 조리법을 설명하면서, 생해삼을 새끼줄로 동여매면 해삼이 다 물러진다고 하였는데, 새끼줄의 재료가 바로 볏짚이다. 예로부터 볏짚에 닿은 해삼은 물러서 결국 녹아 없어진다고 하는데, 이러한 성질을 이용하여 『음식디미방』에서 장계향(張桂香: 1598-1680)은 해삼을 삶을 때 볏짚을 썰어 함께 넣으면 더 잘 무른다고 써두었다. 한편 『역주방문(歷酒方文)』에서는 큰 건해삼을 삶을 때 볏짚으로 찔러서 들어갈 정도로 삶으면 알맞다고 하여, 해삼을 삶을 때 볏짚이 여러 용도로 사용되었음을 알 수 있다.

한편 『음식디미방』에는 함경도 사람들은 해삼을 맑은 잿물에 삶아서 쓰는데, 잿물에 삶은 해삼은 물에 충분히 담가서 우려내야지 그렇지 않으면 사람에게 위험하다고 하였다. 사실 함경도에서 해삼을 삶을 때 썼다는 잿물은 짚이나 콩깍지, 뽕나무 등을 태워서 만들었는데, 주로 세탁할 때 썼지만 음식을 조리할 때도 종종 이용하였다. 그중 일부를 예로 들면, 강와(强窩)의 『치생요람(治生要覽)』에서는 토란과 미나리를 데칠 때, 『요록(要錄)』에서는 쑥절편을 만들 때 쓸 쑥잎을 삶을 때나 송피떡을 만들기 위해 소나무 껍질을 삶을 때에 잿물을 썼는데, 특히 쑥잎이나 미나리는 잿물에 삶으면 푸른색이 살아난다고 하였다.

분류 : 식재료
색인어 : 시의전서, 음식디미방, 조선무쌍신식요리제법, 전복, 조개, 떡, 오이
참고문헌 : 서유구 저, 이두순 평역, 강우규 도판, 『평역 난호어명고』(수산경제연구원BOOKS·블루&노트, 2015); 이가환·이재위 공저, 『물보』; 이공, 『사류박해』; 작자 미상, 『시의전서』; 장계향, 『음식디미방』; 작자 미상, 『역주방문』; 강와, 『치생요람』(한국전통지식포탈); 작자

미상, 『요록』; 이옥 저, 실시학사 고전문학연구회 편역, 「봉성문여」, 『完譯 李鈺 全集 2-그물을 찢어버린 어부』(휴머니스트, 2009); 이용기, 『조선무쌍신식요리제법』(영창서관, 1936); 정약전 원저, 이두순 글, 강우규 그림, 『신역 자산어보』(목근통, 2016)

필자 : 김혜숙

해삼(1734년 청나라 어민)

숙종 이후부터 청나라인들 중에서 해로를 잘 알고 있는 자들이 해삼을 채취하기 위해서 황해도로 왔다. 해마다 조선으로 넘어오는 배들이 늘어 영조 대에 이르면 몇 백 척에 달하였다고 한다. 지방의 수령들이 이들을 축출하려고 했지만 워낙 숫자가 많아 쫓아내기가 어려워지자 울며 겨자 먹기로 몰래 술과 양식을 주어 그들을 달래어 돌아가게 하는 일들이 종종 일어났다. 상황이 이러하다 보니 조선에 출몰한 청나라 선박을 제대로 쫓아내지 못했음에도 거짓 보고하여 관리가 파직당하는 일도 있었다. 1733년에 황해도 병사(兵使)였던 민사연(閔思淵: ?-?)이 청나라 배가 옹진(甕津)에 와서 정박하자 장교(將校)를 보내 그들을 쫓아내려고 했으나, 오히려 중국인들에게 두들겨 맞고 무기까지 빼앗기는 일이 발생했다. 민사연은 이를 숨기고 관아에 거짓으로 보고하였는데, 이후 관찰사 유척기(兪拓基: 1691-1767)가 이를 발각해 민사연을 죄줄 것을 청하여 결국 파직당하였다.

해삼 채취를 위해 넘어오는 청나라 배들은 끊이지 않았던 것 같다. 1742년 10월 5일 황해수사(黃海水使)의 보고에 따르면 해삼을 채취하기 위해 매번 여름과 가을 계절이 바뀔 때 넘어오는 청나라 배와 해안의 백성들이 서로 알게 되고 상거래도 한다고 했다.

중국 음식문화에서 해삼은 중요한 식재료로 18세기 후반부터 세계 해삼 무역의 중심에는 청나라가 있었고 현재에도 이러한 경향은 크게 다르지 않다. 그래서 조선과 청나라의 무역에서도 해삼은 거래품목에 들어갔는데 『일성록(日省錄)』1799년 7월 26일자 기사에 따르면 화성유수 서유린(徐有隣: 1738-1802)이 연경에 가져가는 물품 중 인삼 외에도 해삼 500칭(秤)을 보내자고 정조에게 제안하기도 했다.

조선에서도 해삼은 식재료로서 각광받는 음식으로 함흥을 중심으로 전국의 해안가에서 진상을 받았고 궁중의 진찬·진연에서도 쓰였다. 『일성록』1797년 윤6월 18일 혜경궁 홍씨를 위해 베푼 진찬(進饌)에서 해삼초(海蔘炒)를 올렸다는 기록이 나와 있다. 100여 년 뒤이긴 하지만 1882년 1월 18일 순종의 가례를 위한 재간택이 이루어졌을 때 올린 음식을 기록한 「임오 정월 십팔일 재간택 진어상 빈상 처자상 발기」를 보면 해삼적(海蔘炙)이란 음식이 올라갔음을 알 수 있다.

식민지시기의 자료이긴 하나 1936년 판 『조선요리제법(朝鮮料理製法)』에서는 해삼초를 만드는 법을 기록하고 있다. 그 방법은 다음과 같다. 우선 해삼 10개, 물 4홉, 간장 2홉, 기름 1숟가락, 설탕 2숟가락, 고기 30문, 파 1개, 깨소금 1숟가락, 후추 조금, 잣 1숟가락을 준비한다.

재료를 준비한 후 해삼을 2일 정도 불린 후 4조각으로 잘라 물을 붓고 오래 끓인다. 끓이는 도중 물이 절반으로 졸면 간장과 설탕, 이긴 파, 깨소금, 기름 등을 다 넣고 잘게 이긴 고기까지 넣어 졸인다. 졸여서 국물과 건더기가 반반이 되면 퍼서 그릇에 붓고 잣가루를 뿌린다고 했다.

분류 : 식재료
색인어 : 해삼, 해삼초, 해삼적, 민사연, 유척기, 서유린
참고문헌 : 『영조실록』; 『일성록』; 「임오 정월 십팔일 재간택 진어상 빈상 처자상 발기」; 방신영, 『조선요리제법』(영창서관, 1936)
필자 : 이민재

해주 최씨 음식방문

16세기 후반의 문헌인 『해주 최씨 음식방문』은 조선 중기의 문신이자 장흥부사를 역임한 신창 맹씨 맹세형(孟世衡: 1588-1656)의 처 해주 최씨(海州 崔氏: ?-?)가 저술한 것으로 알려진 한글 조리서이다. 이는 신창 맹씨 집안의 여성들이 7대에 걸쳐 기록한 책인 『자손보전(子孫寶傳)』의 일부로, 『최씨 음식법』이라고도 한다.

해주 최씨에 대해서는 많은 기록이 남아 있는 편은 아

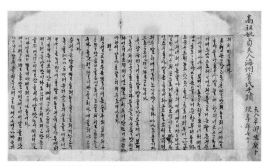

해주 최씨, 「해주 최씨 음식방문」 본문

해주 최씨, 「해주 최씨 음식방문」, 크기 미상, 1600년대 이전, 숙명여자대학교박물관

니지만 남편인 맹세형의 묘비에 쓰여진 글에 따르면 부인 최씨는 단정하고 정숙한 성품이었으며 시어머니를 잘 섬기고 남편을 잘 내조하였다고 한다. 『해주 최씨 음식방문』에는 조청과 흑탕, 정과, 떡, 만두, 국수, 김치, 젓갈, 찜 등 20여 종의 음식이 실려 있다. 이중 김치는 다섯 종류나 기록되어 있는데, 무김치, 파김치, 오이김치, 가지김치, 토란김치가 그것이다. 더불어 달걀국수, 게젓 담는 법과 개고기찜을 만드는 법도 실려 있다.

분류 : 문헌
색인어 : 김치, 최씨 음식법, 해주 최씨
참고문헌 : 해주 최씨, 『해주 최씨 음식방문』; 한복려·한복진·이소영 공저, 『음식 고전: 옛 책에서 한국 음식의 뿌리를 찾다』(현암사, 2016)
필자 : 서모란

향온주

궁중 연회에서 술을 올리는 진작(進爵)은 매우 중요한 의식이었다. 연회의 명칭 중에는 진작(進爵), 수작(受爵)이라 하여 술을 올리거나 내려주는 의미를 가지고 있는 연회도 있었다.

진작 시 올린 술로 향온주(香醞酒)가 많이 등장한다.

고조리서에 보면, 향온주의 조리법은 내국법온(內局法醞) 또는 내국법(內局法)이라고 하였다. 내국은 궁궐 내의원을 의미한다. 다시 말해 향온주는 궁중에서 제조되어 왔던 술로 유명했다.

1744년(영조 20)에 10월 영조(英祖: 1694-1776)가 51세가 된 해로서 기로소(耆老所)에 들어가게 된 것과 숙종비(肅宗妃)이자 대왕대비인 인원왕후(仁元王后: 1687-1757) 김씨(金氏)의 58번째 생일을 축하하기 위해 연회인 진연(進宴)에서 대왕대비, 왕, 왕비, 세자, 세자빈 등에게 술이 올려졌다. 이 술은 향온주(香醞酒)로 내주방(內酒房)에서 만들었다. 술을 담는 큰 통인 주준(酒樽)은 사옹원(司饔院)에서 마련했다. 술을 올릴 때 사용하는 은병(銀瓶)과 술잔[爵]은 대내(大內) 즉 왕실 가족들이 거처하던 공간에서 마련하였다. 향온주는 왕실 가족만 마실 수 있던 술은 아니며, 궁중 혼례가 있을 때는 각 의례를 수행하는 관리들에게도 음식상인 선온상(宣醞床)과 함께 1잔씩 내려졌다.

향온주의 제조법을 1450년경 어의(御醫) 전순의(全循義)가 쓴 『산가요록(山家要錄)』에서 볼 수 있다. '향온주 빚는 법(香醞酒造醸式)'에 보면 '멥쌀[白米] 1섬을 쪄내어 멥쌀 1말당 물 1병 2선(鐥: 복자)을 부어 담가놓는다. 누룩[麴] 1되 5홉과 본주(本酒: 미리 떠낸 밑술) 5되를 보통 방법대로 같이 섞어 빚어 익힌다. 잘 익으면 술항아리에 용수[上槽]로 걸러 술이 맑아지면 쓴다.'고 했다.

이 향온주는 소주로 증류하는 과정에서 붉은색의 지초를 이용하여 소주에 붉은색을 띠게 하여 만든 홍로주의 밑술이 되기도 하였다. 실학자 서유구(徐有榘: 1764-1845)가 쓴 『임원경제지(林園十六志)』에는 '내국홍로방(內局紅露方)'이라는 홍로주 궁중비법이 나온다. '향온주를 빚는 것처럼 빚는다. 누룩은 2말을 기준으로 한다. 향온주 3병으로 소주 2복자가 나온다. 소주를 받을 때 지초[紫草] 1냥을 잘게 썰어 병 주둥이에 놓으면 붉은색이 아주 짙어진다. 또한 내국(內局: 내의원)에서는 청주(淸酒: 맑은 술)를 은그릇을 사용하여 술을 고아내는 까닭에 다른 지역의 소주와는 다르다.'라 했다.

분류 : 음식
색인어 : 향온주, 내국법, 내국법온, 진연, 가례, 선온상, 산가요록
참고문헌 : 『갑자진연의궤([甲子]進宴儀軌]』; 『가례도감의궤(嘉禮都監儀軌)』; 『임원경제지(林園十六志)』; 전순의 저, 한복려 역, 『다시 보고 배우는 산가요록(山家要錄)』(궁중음식연구원, 2007)
필자 : 이소영

향온주(1593년 유성룡)

임진왜란이 발발하고 1년여가 흘렀을 때인 1593년 8월 명나라와 일본 사이에는 휴전협상이 진행되고 있었다. 명나라 병사들의 힘을 빌리고 있던 조선의 입장에서 명나라가 어떤 생각을 가지고 있는지는 매우 중요한 문제였다. 그래서일까 1593년 윤11월 12일 영의정이었던 유성룡(柳成龍: 1542-1607)이 직접 명나라 사신을 만나고 그와 술자리를 가진 과정까지 상세히 선조에게 보고한다.

선조에게 보고한 내용 중 향온주에 관한 이야기도 나온다. 그 내용은 유성룡이 명나라 사신을 대접하기 위해서 술자리에 향온주(香醞酒)를 가지고 가서 대접했지만 향온주의 맛이 너무 강렬하여 명나라 사신은 3잔만을 마신 뒤 자신이 가지고 온 술을 술자리가 파할 때까지 마셨다고 보고했다.

그리고 유성룡은 명나라 사신과 손님을 접대할 때의 자리 배치에 관한 이야기도 같이 보고했다. 유성룡이 조선에서는 손님과 주인의 위치가 동과 서인데 반해 명나라는 남과 북으로 앉는 것이 맞는지 물어본 것이다. 명나라 사신은 유성룡의 질문에 높은 지위의 사람들도 손님을 대접할 때 주인과 손님의 자리 배치를 남북으로 앉는다고 했다. 이 같은 명나라 사신의 대답에 유성룡은 실망감을 드러내면서 마음속으로 옛날 예법을 함부로 바꾸면 안 된다고 생각했다고 선조에게 보고한다.

분류 : 음식
색인어 : 향온주, 유성룡, 임진왜란
참고문헌 : 『선조실록』
필자 : 이민재

허참례

조선시대에 과거에 합격하여 벼슬길에 나선 신임 관원은 '신래(新來)'라 불렸다. 신래는 배속받은 관서의 선임자들을 위해 술과 음식을 차리고, 악공과 기생을 불러 연회(宴會)를 벌여야 했다. '허참례(許參禮)' 또는 '면신례(免新禮)', '벌례(罰禮)'라고도 하는 잔치였다. 이 잔치는 비록 고려 말부터 시작되어 오래도록 관례로서 지속해 왔다고 해도 폐해가 너무 컸다. 이에 따라 금지시키려고도 하였으나, 철폐되기는커녕 오히려 관서나 군문(軍門), 하위관리, 하인들에게까지 더 널리 퍼지면서 계속되었다.

성현(成俔: 1439-1504)의 『용재총화(慵齋叢話)』 제1권에 따르면, '허참'과 '면신'은 차이가 있었다. 허참은 처음으로 관청에 나가는 것이고, 열흘쯤 지나 선임자와 자리를 함께 앉을 수 있게 되는 것이 면신이다. 원래는 성균관, 예문관, 승문관, 교서관의 사관(四館)에서 행하였으나 15세기 말에 이르면 충의위, 내금위 등 여러 위(衛)의 군사와 이전(吏典)의 노비들까지도 신입자에게 갖은 귀한 음식을 끝없이 바치게 하고 기생과 악공을 부르는 연회를 베풀게 하였다. 만약 만족스럽지 않으면 한 달이 지나도 자리에 앉지도 못하게 하며 신입자를 괴롭혔다. 또한 '용봉성현(龍鳳聖賢)'이라 하여, 바치는 음식이 물고기면 '용(龍)', 닭이면 '봉황[鳳]', 술은 청주(淸酒)면 '성(聖)', 탁주(濁酒)면 '현(賢)'이라 불렀다. 이같이 고된 과정을 거침으로써, 신입자들의 기개를 꺾어 상하의 분수를 구별하고 규칙을 따르게 하려는 의도였다.

신임 관리는 잔치의 개최뿐만 아니라 인사도 다녀야 했다. 이긍익(李肯翊: 1736-1806)의 『연려실기술(燃藜室記述)』별집 제10권을 보면, 사관에 예속된 신임 관리는 허참되기 이전에 밤이면 소속 관서의 선배의 집을 찾아가 인사를 드리며 돌아다녔는데, 이것을 '회자(回刺)'라 하였다. 이때 신입자의 복장이 너무 괴상하여 새 귀신[新鬼]이라고 놀림을 받을 정도였는데, 회자 때는 선배 관리가 학대를 하거나 모욕을 주어도

참고 견뎌야 했다.

『성종실록(成宗實錄)』에는 사관 중의 승문관에서 이루어지는 면신례의 사례가 보인다. 새롭게 승문관으로 배속된 관리에게는 선배 관원들이 물건을 바치도록 요구하는데 이것을 '징구(徵求)'라고 불렀다. 징구는 3에서 시작하는데, 청주가 3병이면 생선이 3마리, 고기도 3마리, 과일과 나물도 3반(盤), 이런 식으로 온갖 음식과 술을 여기에 맞춰 준비해야 하는데, 만약 제대로 갖추지 못하면 문책을 받았다. 이렇게 3에 맞추기를 다섯 번 하고 나면, 다시 5의 수가 시작된다. 3에서 한 것처럼 술과 음식 등을 모두 5에 맞춰서 마련하기를 세 번 하고 나면, 이번에는 7의 수로 시작하여 반복하고, 9의 수까지 술과 음식을 바친 이후에야 끝이 났다. 이러한 일은 승문관만이 아니라 성균관, 교서관, 예문관이 모두 그러하고, 이 네 관 가운데 가장 심한 곳이 예문관이라 하였다. 승문관에 비하면 예문관은 신임자에게 거두는 물품이 두 배는 되고, 허참연과 면신연의 규모도 갑절이며, 다른 곳에는 없는 '중일연(中日宴)'까지 있어서 막대한 비용이 들었기 때문이다(성종 18년 1487년 1월 23일자 기사).

『연산군일기(燕山君日記)』를 보아도, 조선시대 신임 관리에 대한 학대가 가장 심한 곳은 육조(六曹)에서는 이조(吏曹)와 병조(兵曹), 사관 중에서는 예문관이었다(연산군 6년 1500년 8월 29일자 기사). 사정이 이렇다 보니, 허참례와 면신례의 부담 때문에 파산하거나, 아예 벼슬에 나아가기를 포기하는 이마저 생겨났다.

『중종실록(中宗實錄)』을 보면, 신진 관리가 허참, 면신을 치르기 위해 필요한 비용이 수만 냥[兩]에 달하기 때문에, 논밭·노비·집까지 팔면서 재산을 모두 소진하거나 스스로 그 돈을 마련하기 어려운 사람은 빚을 냈고 심지어는 부유한 장사치의 데릴사위로 들어가기도 했다는 것이다. 돈도 돈이지만, 신진 관리들은 육체적 고통과 정신적 수치심과 모멸감도 견뎌야 했다. 선배 관원들은 겨울철에 신임 관원을 물에 집어넣거나 한여름에 뙤약볕을 쐬게 하고, 온몸에 진흙을 바르고, 얼굴 전체에 오물을 칠하는 등 되도록 가혹하고 각박하게 대했으며 심지어는 매질까지 했기 때문이다(중종 36년 1541년 12월 10일자 기사).

분류 : 의례
색인어 : 술, 막걸리
참고문헌 : 『성종실록』; 『연산군일기』; 『중종실록』; 성현 저, 권오돈·김용국·이지형 공역, 『용재총화』(한국고전번역원, 1971); 이긍익 저, 임창재 역, 『연려실기술』(한국고전번역원, 1967)
필자 : 김혜숙

호두

호두는 가래나무과의 낙엽교목 호두나무의 열매이다. 겉껍질을 까고 그대로 먹거나, 제사용으로, 과자로, 술안주나 요리에도 이용한다. 호두 기름은 식용 이외에 화장품이나 향료의 혼합물로도 활용된다.

호두는 견과류의 일종으로 양질의 지방을 함유하고 있기 때문에 한번에 많이 먹는 것이 좋지 않지만 꼭 필요한 지방질을 함유하고 있으므로 적당량을 섭취하는 것은 건강에 매우 유익한 일이다. 우리 조상들은 예부터 이러한 호두를 이용한 다양한 음식을 만들어 먹었다. 전통 병과류에서 호두를 재료로 하여 만든 것으로는 호두를 소로 넣은 곶감쌈, 호두강정, 호두엿강정, 호두엿, 호두과자 등이 있다. 곶감쌈의 주재료는 제목에서 알 수 있듯이 곶감이지만 또 하나의 주요 재료가 바로 호두이다. 곶감의 꼭지와 씨를 제거한 후, 속껍질을 벗겨낸 호두를 안에 넣고 말아서 감싼 후, 썰어주면 안쪽에 하얀 호두의 속살이 보이면서 겉으로는 불그스름한 곶감의 살이 둘러싸고 있는 달콤하면서도 고소한 곶감쌈이 완성된다. 구절판이나 설 즈음에 손님상에 빠지지 않는 음식으로 손은 많이 가지만 맛도 좋고 정갈한 고급 음식이다.

최한기(崔漢綺: 1803-1877)가 편찬한 종합 농업기술서인 『농정회요(農政會要)』(1830년경)에는 '복로소병법(復爐燒餅法)'이라 하여 호두를 이용한 병과를 만들었는데, 현대의 호두과자와 매우 유사하다. 껍질을 깐 호두 1근을 잘게 부셔서 꿀 1근을 넣고, 화로에서 구운 소유병(酥油餅) 1근을 가루를 내어 앞서 준비한 호두와 함께 골고루 섞어서 반죽하여 동그랗게 작은 덩어리를 만든다. 소유병 반죽으로 덩어리를 싸서 떡을 만들고 그것을 화로 안에 넣어 구워 익힌다고 하였다. 물론 현대의 천안 명물 호두과자에는 팥소가 들어가고, 『농정회요』의 호두과자에는 꿀이 들어가듯이 재료나 식감이나 모양은 다르겠지만 호두를 안에 넣어 만들었다는 점에 있어서 그 고소한 맛은 동일할 듯하다.

반찬이나 일품요리로도 호두를 다양하게 이용하였는데, 호두장아찌, 호두조림, 호두튀김, 호두즙 냉채, 호두만두, 호두구이 등을 만들어 먹었다. 음료로는 호두차, 청천백석차, 봉수탕 등이 있다.

호두에 대한 손질법은 작자 미상의 『시의전서(是議全書)』(1800년대 말)에 '호도(손질법)'에 소개되어 있다. 호두의 겉껍질을 까서 물에 불린 후 속껍질을 벗기고 바싹 말려서 다진다. 잣가루 대신 사용해도 괜찮다고 하였다.

1450년경 어의 전순의(全循義: ?-?)가 지은 『산가요록(山家要錄)』에는 호두의 재미있는 활용법이 나온다. 냉장시설이 부족하던 시기 밀가루 안에 고기를 보관하였는데, 오래두면 냄새가 나고 상하게 되는데, 이때 껍질이 있는 호두와 함께 삶으면 냄새와 상한 기운이 호두 안으로 들어간다고 하였다. 호두[唐楸子]에 구멍 3-4개를 뚫고, 고기 덩어리가 1말만 한 크기면 호두 3-4개를 같이 넣고 삶았다고 한다.

허준(許浚: 1539-1615)의 『동의보감(東醫寶鑑)·탕액편』(1610)에서는 '호두[胡桃, 당츄ᄌᆞ]'라 하여 설명하고 있는데, 성질이 평(平)하고 또는 뜨겁다고도 하고, 맛은 달며 독이 없다고 하였다. 경맥을 통하게 하고 혈맥을 적셔 주며, 모발을 검게 하고 살지고 튼튼하게 한다고 하였다. 성질이 평하다고 하였지만 혹자는 뜨겁다고 하는데, 그래서 많이 먹으면 안 된다고 하였다. 많이 먹게 되면 눈썹이 빠지고 풍이 동하기 때문인데, 같은 이유로 여름에는 먹으면 안 된다고 하였다. 호두는 양질의 영양분으로 살을 찌우지만 동시에 풍을 동하게 하기 때문이다.

또한 『동의보감』에서는 호두 속살은 주름진 모양이 폐와 비슷하게 생겼다고 하여 호두가 폐와 관련되었다고 설명하고 있다. 호두는 폐를 수렴하는데, 폐기로 숨이 가쁜 것을 치료할 수 있다고 하였고, 또한 신(腎)을 보하여 허리가 아픈 것을 치료한다 하였다. 이름의 유래에 대한 설명도 있는데, 호두는 본래 오랑캐 땅[胡地]에서 났고, 생것일 때는 파란색 껍질이 싸고 있는 것이 복숭아와 비슷하기 때문에 호두[胡桃]라고 한다 하였다.

분류 : 식재료
색인어 : 구절판, 곶감, 꿀, 산가요록, 시의전서, 잣, 차
참고문헌 : 허준, 『동의보감·탕액편』; 최한기, 『농정회요』; 작자 미상, 『시의전서』; 전순의, 『산가요록』
필자 : 홍진임

호박

호박[胡瓜]은 아메리카 대륙이 원산지인 1년생 식물이다. 한자로는 '胡匏(호포)', '南瓜(남과)', '南苽(남과)', '倭瓜(왜과)', '倭苽(왜과)', '南黃(남황)', '陰瓜(음과)', '唐胡瓜(당호과)'라고 한다(『광재물보(廣才物譜)』; 『명물기략(名物紀略)』; 『사류박해(事類博解)』). 조선시대에 키우던 호박은 수박처럼 둥근 모양으로 처음에는 푸른색이다가 익으면서 누렇게 변하는 종이다. 호박은 호박밭을 크게 조성하여 재배했다기보다는 봄이 되면 집집마다 울타리 밑 같은 곳에 구덩이를 파고 조금씩 심어 키우다 덩굴이 무성해진 여름부터는 애호박, 호박잎을 따서 그때그때 반찬을 만들어 먹었다. 가을에는 애호박을 납작하게 썰어 호박고지를

호박ⓒ하응백

만들거나 늙은 호박을 길쭉하게 썰어 햇볕에 말려서 호박오가리를 만들어 두었다가 썼다. 애호박고지는 주로 호박나물을 만들고, 호박고지라고도 하는 호박오가리로는 호박죽, 호박떡, 호박나물 등을 만들었다. 늙은 호박은 대개 서리가 내린 뒤에 따는데, 서리 맞은 늙은 호박을 보고 조선 후기의 문인 윤기(尹愭: 1741-1826)는 『무명자집(無名子集)』제5책 종과설(種瓜說)에서 남다른 감회를 밝히기도 했다. 그는 호박을 인재(人材)에 비유하여 설명하였다. 어느 해 그의 집 여종이 집 근처 밭두둑의 덤불숲 아래에 호박을 심었는데, 호박이 덩굴을 뻗어 덤불숲 위를 덮고 자라나 열매를 맺었다. 호박이 눈에 잘 띄는 곳에 달리자 사람들이 전부 따 갔고, 정작 윤기의 집에서는 호박을 얻을 수 없었다. 그래도 남은 것이 있는지 우거진 덤불을 헤쳐고 살펴보았지만 하나도 구하지 못하였다. 시간이 지나 서리가 내려, 호박 덩굴이 시들고 덤불의 낙엽이 지자 무성한 덩굴과 덤불 속에 감춰져 있던 커다란 호박 하나가 비로소 모습을 드러냈다. 그 이야기를 들은 윤기는 탄식하며 말하길, 덤불 밖으로 드러나 사람들이 너도나도 따간 호박을 가문이 좋거나 재주를 자랑하는 사람과 같다고 하고, 천하에 인재가 없다고 하는 사람은 덤불을 헤치고 호박을 찾아보고도 호박이 없다고 말하는 사람이고, 가을이 되어 낙엽이 진 뒤에 드러난 늙은 호박은 초야에 묻혀 잡된 무리와 섞여 있던 선비와 같아서 세상이 혼란해지고 나서야 그 커다란 존재가 드러나는 것이라고 풀이하였다.

조선시대에 호박은 무, 오이, 가지와 함께 가장 흔하게 심어 먹는 채소 중 하나였다. 호박을 심어 주로 해 먹던 음식을 보면 호박나물, 호박지짐이, 호박찌개, 호박찜, 호박전, 호박김치, 호박죽, 호박범벅, 호박떡, 호박문주, 호박선 등을 들 수 있다. 이 밖에도 호박은 국이나 조림 등의 다른 음식을 만들 때도 부재료로 많이 쓰였다. 이 가운데 호박나물은 애호박, 늙은 호박, 호박오가리로 각각 만들어 반찬이나 술안주로 썼는데, 애호박으로 만들 때만 새우젓으로 간하여 볶았다.

분류 : 식재료

색인어 : 이조궁정요리통고, 규합총서, 조선요리제법, 조선무쌍신식요리제법, 시의전서, 조선요리법, 죽, 추어탕, 떡
참고문헌 : 작자 미상, 『광재물보』; 작자 미상, 『명물기략』; 이공, 『사류박해』; 윤기 지음, 강민정 역, 『무명자집』(성균관대학교 대동문화연구원, 2013)
필자 : 김혜숙

월과채(『규합총서』)

『규합총서(閨閤叢書)』에는 '월과채(越瓜菜)' 만드는 방법이 나온다. 여기서 월과는 호박을 뜻한다. 월과채는 호박을 눈썹 모양으로 썰었다고 하여 눈썹나물이라고도 불린다.

『규합총서』의 월과채 만드는 법은 다음과 같다. 연한 애호박을 따서 적당한 두께로 썬다. 저민 돼지고기, 다진 소고기, 파, 고추, 석이버섯과 함께 기름에 볶은 뒤 깨소금을 뿌린다. 술안주로 쓸 때는 찰전병을 조그맣게 지져서 넣는다. 월과채 조리법은 20세기 조리서인 『부인필지(婦人必知)』, 『조선요리제법(朝鮮料理製法)』, 『사계의 조선요리(四季의 朝鮮料理)』 등에도 기록되어 있다.

월과채와 비슷한 음식으로는 '호박나물'이 있다. 호박나물의 조리법은 『시의전서(是議全書)』, 『주식시의(酒食是儀)』, 『조선요리제법(朝鮮料理製法)』, 『조선무쌍신식요리제법(朝鮮無雙新式料理製法)』 등에 기록되어 있는데 기본적으로 새우젓으로 양념하여 볶은 애호박을 뜻하는 것이며 월과채에 들어가는 전병도 넣지 않는다.

분류 : 음식
색인어 : 규합총서, 월과채, 애호박, 눈썹나물, 호박나물, 시의전서, 주식시의, 조선요리제법, 조선무쌍신식요리제법, 부인필지, 사계의 조선요리
참고문헌 : 빙허각 이씨 저, 이민수 역, 『규합총서』(기린원, 1988); 연안 이씨, 『주식시의』; 이효지 외, 『시의전서(우리음식 지킴이가 재현한 조선시대 조상의 손맛)』(신광출판사, 2004)
필자 : 서모란

호박(이면백)

마른 울타리에 높다랗게 자란 호박이
질동이인양 커다랗게 열매를 맺었네
일년 배 채울 일 이것이 반이니

가난한 집 먹을 것 없을 때 밭에서 가져오지
넝쿨과 잎을 밀치고 누워 있는 것 보고서
어린 여종이 문으로 달려와 기뻐 소리치네
어린 것은 파랗고 늙은 것은 누런데
도마 위에 올려놓으니 빛이 난다네
가련타 늙고 병든 가난한 선비의 아내여
평생 살진 고기 다듬을 줄을 모르더니
부드러운 박 뼈가 없어 손에 익다 자랑하고
작은 칼 휘둘러 이리저리 잘도 발라내는구나
들쑥날쑥 가는 조각은 황금 빛이 떨어지듯
차곡차곡 무더기는 얼음수레 이가 빠진 듯
소복하게 사발에 담겨 가운데가 높다란데
수저 들자 푹 익어 향긋하고 부드럽네
씹어 보면 온갖 음악소리 두루 나게 되니
용 고기 맛나다는 헛소리보다 훨씬 낫네

磊磊落落枯欄間　南瓜結子如瓦盆
一年充腸此物半　貧家無求食諸園
撞蔓排葉逢偃臥　小婢告喜顚於門
少者靑靑老者黃　加之凡俎生光揮
可憐瘦細寒儒妻　平生不解宰鮮肥
軟實無骨誇手熟　小刀縱橫看看揮
細片差差金梳落　黸塊疊疊冰輪缺
一盂兀然中盤高　脆香隨箸濛濛熱
嚼出宮商角徵羽　絶勝龍肉徒虛說

*이면백, 「호박[南瓜]을 먹고서」

조선 후기의 문인 이면백(李勉伯: 1767-1830)이 호박을 두고 쓴 칠언고시다. 이면백은 자가 백분(伯奮), 호는 대연(岱淵)이며, 본관이 전주(全州)로 이충익(李忠翊)의 아들이다. 문집 『대연유고(岱淵遺稿)』가 있다. 평생 벼슬길에 나아가지 않고 강학에 몰두한 학자의 삶이 잘 그려져 있는 칠언고시다. 가난한 살림에 반찬거리가 없어 고민을 하던 중 어린 여종이 밭에 나갔다가 호박이 열린 것을 보고 기뻐 소리치며 따랐다. 가난한 아내는 고기를 썰어보지 못하여 칼질이 서툴지만 물렁한 호박은 쉽게 손질이 된다. 잘 익혀 소반에

담아내어 오니 절로 젓가락이 간다. 이를 씹는 소리가 절로 음악이 된다고 하였으니, 용의 고기 맛있다는 허황한 말이 다 필요가 없다.

호박은 김창업(金昌業: 1658-1721)의 시에서부터 보이기 시작하는데 "남과는 색이 누렇고 푸른데, 호박은 민간에서 일컫는 말(南瓜色黃綠 琥珀俗名是)."이라 하였다. 한자로는 남과(南瓜) 혹은 호호(胡瓠), 호과(胡瓜)로 적었다. 이익(李瀷)의 『성호사설(星湖僿說)』에서 "빛은 푸르고 모양은 둥글며 익으면 빛이 누르게 된다. 큰 것은 길이가 한 자쯤 되고 잎은 박[瓠]과 같으며 꽃은 누르고 맛은 약간 달콤하다. 우리나라에는 옛날에 없다가 요즘 생겨났다. 농가와 사찰에서 흔히들 심는데, 열매가 많이 열리기 때문이다. 요즘은 사대부들도 호박을 심는 이가 많다."라 하였으므로 이 무렵 조선에 들어온 것이 분명하다.

19세기의 문인 이학규(李學逵: 1770-1835)는 『동사일지(東事日知)』에서 호박을 자세히 소개하였다. 우리말로 호박(好朴)이라 하는데 서울과 지방에서 두루 좋아하지만 제사음식으로는 올리지 않는다고 하고, 호박이 들어온 것은 명나라 말기, 조선에서는 인조 이후이므로 조상이 먹어보지 못한 것이기 때문이라고 하였다. 그리고 "울타리 두루 뒤덮고 뻗은 호박은, 나물로 먹고 국으로 끓여먹어 물리지 않는다네. 마을에 가득한 것 도리어 한여름 풍경이라, 아침 햇살을 쬐고 나면 노란 꽃이 곱다네[沒籬沒屋遍南瓜 菜茹羹湯豎不奢 還有滿邨炎夏景 朝陽一霎嫩黃花]."라 하였다. 이 시만으로도 호박의 맛을 느끼겠고 여기에 더하여 햇살에 활짝 핀 호박꽃도 구경할 수 있겠다.

분류 : 문학
색인어 : 호박, 남과, 호호, 호과, 이면백, 이학규, 김창업, 이익
참고문헌 : 이면백, 『대연유고』; 김창업, 『노가재집』; 이학규, 『낙하생고』; 이익, 『성호사설』
필자 : 이종묵

호박꽃탕

흔히 '호박꽃도 꽃이냐'는 말을 써서 인물이 없는 여성을 가리키거나, 젊어서 고왔던 얼굴이 늙어버린 것

을 두고 '시든 호박꽃'이 되었다고 표현한다. 하지만 1960년대까지도 초가지붕이나 싸리 울타리에 핀 노란 호박꽃은 농촌의 풍경을 이루며 사람들로부터 친근하게 여겨지며 사랑받았다.

비록 호박꽃의 외양을 두고 말이 많지만, 조선시대의 어떤 농부는 유학자 이항로(李恒老: 1796-1868)가 가지꽃과 고추꽃을 두고 했던 말에 덧붙여 호박꽃을 평가하였다. 허전(許傳: 1797-1886)의 『성재집(性齋集)』 제43권 「화서선생어록(華西先生語錄)」에 따르면, 이항로가 밭을 보고 말하길, 채소 중에 열매를 맺지 않는 헛꽃을 피우는 것이 많지만 가지와 고추는 헛꽃이 없다. 가지와 고추의 꽃이 피는 7월은 백성의 생활이 어렵고 곤궁한 때라 어진 하늘이 차마 헛꽃을 피워 열매를 기다리는 백성을 속일 수 없었던 까닭이라고 풀이하였다. 이 말을 들은 농부는 호박도 7월에 먹는 채소이고 그때 헛꽃을 피우기는 하지만, 열매 맺는 꽃과 혼동하지 않도록 피니 호박 또한 사람을 속인 적이 없다고 하였다.

농부가 이렇게 말한 것은 호박이 호박 열매를 맺지 않는 수꽃과 열매가 달리는 암꽃을 따로 피우기 때문이다. 다만, 암꽃은 애초에 작은 호박을 달고 나와서 누구라도 헛꽃인 수꽃과는 바로 구별할 수 있어서 사람을 속이지 않는다고 말한 것이다.

이러한 호박꽃으로는 나물을 무치거나 전을 부쳐 먹기도 하지만, 조선왕실에서는 호박꽃탕을 만들었다. 호박과 달리 호박꽃은 저장성이 없으므로 호박꽃이 피는 철에만 해 먹을 수 있는 시절음식이라 할 수 있다. 호박꽃탕의 조리법은 대한제국 마지막 주방 상궁이자 조선왕조 궁중음식 무형문화재였던 한희순(韓熙順: 1889-1972)이 황혜성, 이혜경과 함께 펴낸 『이조궁정요리통고(李朝宮中料理通攷)』(1957)에 자세하다. 호박꽃탕을 만들려면 먼저 소고기 반은 양념하여 장국을 끓이고, 나머지 반은 다져서 채 썬 표고버섯과 석이버섯, 양념과 섞어 속을 만든다. 호박꽃은 겉껍질을 벗기고 꽃술을 떼어낸 후 꽃 안에 미리 만들어 두었던 속을 채우고, 데친 미나리로 호박꽃의 끝을

묶는다. 이렇게 동여맨 호박꽃에 밀가루를 묻히고, 달걀을 씌운 후 소고기장국에 넣어 한소끔 끓인 뒤 그릇에 담는다.

분류 : 음식
참고문헌 : 허전 지음, 하영휘·김정기 공역, 『성재집』(한림대학교 태동고전연구소, 2015); 한희순·황혜성·이혜경, 『이조궁정요리통고』(학총사, 1957)
필자 : 김혜숙

호박떡

한자로 '남과병(南瓜餅)'이라고 하는 호박떡은 쌀가루에 호박을 섞어서 쪄낸 떡으로, 주로 초겨울부터 이듬해 봄까지 많이 해 먹는다. 늙은 호박을 길쭉하게 썰어 햇볕에 말린 호박오가리를 넣어 만드는 호박떡과 늙은 호박을 생으로 썰어 쌀가루와 함께 쪄내는 물호박떡이 있다. 또한 충청도에서는 멥쌀가루에 호박오가리를 빻은 가루를 섞어 호박송편을 빚기도 한다(농촌진흥청, 2008a: 225쪽; 농촌진흥청, 2008b: 256쪽)

물호박떡을 만드는 법은 1800년대 말의 한글 조리서인 『시의전서(是議全書)』 '호박떡'에 보인다. 이에 따르면, 달고 좋은 호박을 골라 껍질을 벗겨낸 다음 잘게 썬다. 그리고 이것에다 찹쌀가루와 멥쌀가루를 반반씩 섞은 것을 잘 버무린 후, 미리 준비해 둔 팥고물과 한 켜씩 번갈아 두껍게 깔고 푹 찌면 호박떡이 된다. 일제 강점기의 조자호(趙慈鎬: 1912-1976) 또한 『조선요리법(朝鮮料理法)』(1939)에서 물호박떡의 제법을 소개하였는데, 여기에서는 시루에다 거피하여 찐 팥을 소금과 섞어 으깬 뒤 굵은체에 거른 팥고물 한 켜를 깔고, 얇고 납작하게 썬 늙은 호박, 설탕, 멥쌀가루를 버무린 것 한 켜를 두껍지도 얇지도 않은 두께로 번갈아 깔아 시루에 쪄내되, 고물을 보통떡보다 더 많이 넣으라고 했다.

『시의전서』와 『조선요리법』은 같은 물호박떡이어도 멥쌀가루에 찹쌀가루를 섞는지, 아니면 멥쌀가루로만 하는지가 달랐다. 이로 인해 떡을 찔 때에도 쌀가루를 까는 두께를 『시의전서』에서는 두껍게 하라고 하고, 『조선요리법』에서는 두껍지도 얇지도 않게 하

라고 하였다. 찹쌀이 들어가면 시루에 떡을 찐 다음에 떡의 두께가 얇아지기 때문에, 찹쌀가루를 넣는 호박찰떡은 멥쌀가루만 쓴 떡보다 떡가루를 두껍게 잡았던 것이다.

한편 호박오가리로 호박떡을 만드는 법은 물호박떡을 만들 때와 같지만, 생호박 대신에 호박오가리를 물에 살짝 불린 뒤 썰어서 물기를 꼭 짜낸 뒤 쌀가루와 섞는다는 점이 다르다. 이렇게 햇볕에 말린 호박오가리를 쓰면 늙은 생호박을 넣는 것보다 단맛이 더 강해진다는 장점이 있다. 그리하여 조선시대부터 호박떡은 단맛이 강한 떡으로 인식되어 왔다.

분류 : 음식
참고문헌 : 작자 미상, 『시의전서』; 조자호, 『조선요리법』(광한서림, 1939); 농촌진흥청 농업과학기술원 농촌자원개발연구소, 『한국의 전통향토음식 4-충청북도』(교문사, 2008a); 농촌진흥청 농업과학기술원 농촌자원개발연구소, 『한국의 전통향토음식 5-충청남도』(교문사, 2008b)
필자 : 김혜숙

호박떡(「우리의 거리」)

아버지도 어머니도
젊어서 한창땐
우라지오로 다니는 밀수꾼

눈보라에 숨어 국경을 넘나들 때
어머니의 등곬에 파묻힌 나는
모든 가난한 사람들의 젖먹이와 다름없이
얼마나 성가스런 짐짝이었을까

오늘도 행길을 동무들의 행렬이 지나는데
뒤이어 뒤를 이어 물결치는
어깨와 어깨에 빛 빛 찬란한데

여러 해 만에 서울로 떠나가는 이 아들이
길에서 요기할 호박떡을 빚으며
어머니는 얼어붙은 우라지오의 바다를
채쭉쳐 달리는 이즈보즈의 마차며 트로이카며
좋은 하늘 못 보고

타향서 돌아가신 아버지의 이야길 하시고

피로 물든 우리의 거리가
폐허에서 새로이 부르짖는
우라아
우라아 ××××

이용악(李庸岳: 1914-1971)의 시집 『이용악집』(1949)에 수록된 작품 「우리의 거리」이다. 이용악은 일본 도쿄 조치대학[上智大學] 신문학과 재학 중 1935년 『신인문학』에 시 「패배자의 소원」을 발표하여 등단했고, 재학시절 김종한과 동

2015년 새롭게 발간된 『이용악 전집』

인지 『이인(二人)』을 발간하기도 했다. 1939년 귀국해 『인문평론』 편집기자로 근무했다. 일제 강점기의 척박한 상황 속에서 고생하며 살아가던 민중의 모습을 사실적인 어법으로 그려내면서 삶의 애환을 표현했다. 8·15 광복 후 '조선문학가동맹'에서 활동하였고, 1950년 6·25전쟁 때 월북했다. 시집으로 『분수령』, 『낡은 집』, 『오랑캐꽃』, 『이용악집』 등이 있다.

이 시는 식민지시대 일제의 횡포로 고향을 떠나 러시아를 떠돌며 고난의 삶을 살다가 해방 후 귀향한 유랑민의 참담한 현실을 보여주면서 그들의 일원인 화자가 새로운 일을 벌이기 위해 길을 떠나며 다지는 마음의 결의를 표현한 작품이다. '우라지오'는 러시아의 블라디보스토크를 말하며 '이즈보즈'는 그 주변의 지역 이름이고 트로이카는 말 세 마리가 끄는 삼두마차를 뜻한다. '우라아'는 만세라는 뜻이고 마지막 글자는 당시 검열로 삭제되었다. 이러한 외래어의 사용은 현실감을 높이는 기능을 한다. 이 시에 소재로 등장하는 호박떡은 당시 서민들의 곤궁한 생활상을 암시하는

음식이다.

분류 : 문학
색인어 : 우리의 거리, 이용악, 호박떡
참고문헌 : 이용악, 『이용악집』(동지사, 1949)
필자 : 이숭원

호박잎

털이 있고 넓적한 모양의 호박잎으로는 호박잎쌈, 찌개나 국, 호박잎수제비, 호박잎전 등을 만들었다. 고추장이나 풋고추 넣어 찐 된장에 밥을 싸서 먹는 호박잎쌈은 호박잎 중에서도 잎사귀 바닥에 거센 털이 없고 연한 것을 고른다. 그것을 따서 깨끗이 씻어 물기를 닦아낸 후 줄거리를 조금 꺾어 질긴 힘줄을 당겨서 빼낸다. 그런 다음 밥솥에 얹어서 찌든지 솥뚜껑에 달아맨 받침 위에 얹어 쪄 낸다(방신영, 1934; 이용기, 1936; 손정규, 1948의 '호박잎쌈').

이러한 호박잎쌈을 준비할 때처럼 다듬은 호박잎으로 전라남도에서는 멸치된장국을 끓여 먹는데, 호박잎 외에 애호박이나 파란 늙은 호박을 넣고 같이 끓이기도 한다(농촌진흥청, 2008b: 149쪽). 호박잎 국은 전국적으로 흔히 만들어 먹던 음식이라 전라남도와 마찬가지로 경상남도에서도 호박잎 된장국도 끓이는데, 경상남도에서는 호박잎에 들깨즙이나 고추장을 넣고 호박잎 국을 만들기도 한다. 아울러 호박잎을 간장으로 간한 밀가루 반죽에 묻혀 기름에 지져낸 호박잎 전을 만들거나, 호박잎을 넣어 끓인 호박잎 수제비도 해 먹는다(농촌진흥청, 2008c: 108, 172, 292쪽). 충청북도에서도 호박잎 수제비를 만드는데 밀가루 수제비를 만들 때 으깬 호박잎과 반달썰기 한 애호박을 넣는다. 호박잎은 미꾸라지로 추어탕을 끓일 때에도 고사리, 애호박과 함께 넣고 푹 끓이고는 했다(농촌진흥청, 2008a: 83, 113쪽).

한편 호박잎은 표면이 꺼끌꺼끌하여 음식을 조리할 때도 이용하였다. 빙허각 이씨(憑虛閣 李氏: 1759-1824)의 『규합총서(閨閤叢書)』를 보면, 메기를 끓이는 물에 데치기에 앞서 호박잎으로 문지르면 검고 미끄러운 것이 없어진다고 했다. 이와 유사하게 경상남도에서는 미꾸라지로 추어탕을 끓일 때 미꾸라지에 소금을 뿌리고 호박잎으로 문질러 미끄러운 해감을 벗긴다(농촌진흥청, 2008c: 167쪽). 또한 호박잎은 조선시대에 야외에 나가 송이를 구워 먹을 때도 썼다. 홍만선(洪萬選: 1643-1715)의 『산림경제(山林經濟)』의 '산에 놀러가서 송이를 익혀 먹는 방법[遊山蒸松茸方]'을 보면, 상수리 잎으로 하든가 아니면 호박잎으로 송이를 깨끗이 털어 낸 다음에 호박잎으로 송이를 잘 싸고 그 겉에 다시 진흙을 발라 불에 구워 먹으라고 했다.

분류 : 음식
참고문헌 : 빙허각 이씨, 『규합총서』; 홍만선, 『산림경제』(한국전통지식포탈); 방신영, 『조선요리제법』(한성도서주식회사, 1934); 이용기, 『조선무쌍신식요리제법』(영창서관, 1936); 손정규, 『우리 음식』(삼중당, 1948); 농촌진흥청 농업과학기술원 농촌자원개발연구소, 『한국의 전통향토음식 4-충청북도』(교문사, 2008a); 농촌진흥청 농업과학기술원 농촌자원개발연구소, 『한국의 전통향토음식 7-전라남도』(교문사, 2008b); 농촌진흥청 농업과학기술원 농촌자원개발연구소, 『한국의 전통향토음식 9-경상남도』(교문사, 2008c)
필자 : 김혜숙

호박죽

호박죽은 호박으로 쑨 죽이다. 특히 늙은 호박으로 만든 호박죽은 지역과 계층은 막론하고 주로 겨울철에 끼니나 간식으로 즐겨 먹던 음식이다. 여름 내내 키운 커다란 늙은 호박을 거둬, 마루나 방에 쌓아두었다가 호박죽이나 호박범벅 등을 해 먹었던 것이다. 껍질이 단단하고 두꺼운 호박은 저장성이 높아, 서늘한 곳에 두고 겨우내 하나씩 꺼내 먹기에 적합하였다. 호박죽에는 호박 이외에 팥, 강낭콩, 밤, 쌀이나 찹쌀가루, 찹쌀 새알심을 넣어 끓이기도 한다.

늙은 호박죽은 전국 어디서나 쑤어 먹는데, 조리법은 대개 비슷하다. 충청남도를 기준으로 보면, 먼저 호박죽을 쑤려면 늙은 호박의 꼭지를 도려내고 반으로 갈라 숟가락으로 호박의 속을 긁어낸다. 그런 다음 껍질을 벗기고 적당하게 썰어 물과 함께 푹 무르게 삶아 덩어리가 없도록 한다. 여기에 소금을 넣고 삶은 팥, 소금과 물을 넣고 뭉친 찹쌀가루를 호박죽 안에 넣고 조금 더 끓인 뒤 설탕을 넣어 먹는다. 또한 충청남도

호박죽ⓒ수원문화재단

에서는 호박죽과 비슷하게 늙은 호박과 강낭콩을 넣고 끓인 것에 찹쌀가루 대신 물에 불린 한천을 넣어 굳힌 호박묵을 만들기도 한다(농촌진흥청, 2008: 69, 207쪽).

이와 같이 호박죽이라고 하면 흔히 늙은 호박으로 쑨 죽을 떠올리지만, 충청남도에서는 애호박으로도 죽을 쑨다. 가을에 서리가 내릴 즈음에 호박 줄기를 걷어내고 나온 호박을 가져다, 칼을 쓰지 말고 깨뜨려서 호박잎과 호박순은 껍질을 벗겨 손으로 뚝뚝 끊는다. 쌀뜨물을 받아 먼저 된장과 간장으로 간을 하여 끓이다가, 씻어놓은 쌀과 호박, 호박잎 등을 넣어 다시 죽을 끓이는데 이때 된장은 조금만 넣어야 떫지 않다. 애호박죽은 호박국에 밥을 말아 먹는 느낌으로 먹는 죽인데, 맛이 담백하여 예부터 "영감 내쫓고 혼자 먹는 죽"이라고 했다고 한다(〈경향신문〉, 1978년 5월 2일자).

분류 : 음식
참고문헌 : 임순교, 「한국의 맛 토속식(完) 충청도 호박죽」, 〈경향신문〉, 1978년 5월 2일; 농촌진흥청 농업과학기술원 농촌자원개발연구소, 『한국의 전통향토음식 5-충청남도』(교문사, 2008)
필자 : 김혜숙

홍어

홍어(洪魚)는 이름이 굉장히 많다. 홍어(紅魚), 공어(魟魚), 공어(鯕魚), 분어(鱝魚), 태양어(邰陽魚) 등

이 모두 홍어를 일컫는 명칭이다. 이 중에서 홍어라는 이름이 가장 널리 알려져 있지만, 『자산어보(玆山魚譜)』를 쓴 정약전(丁若銓: 1760-1816)은 분어(鱝魚)가 원명(原名)이고, 홍어(洪魚)는 속명(俗名)이라고 적었다. 그리고 홍어는 마름모꼴 모양으로 납작하게 생겼는데, 그 생김새가 소반이나 연잎을 연상시킨다 하여 하어(荷魚)라는 이름으로도 불렸다. 또한 가시를 박고서 교미하는 모습이 참으로 괴상하게 여겨져서 해음어(海淫魚)라는 별칭도 붙었다.

홍어는 생김새와 습성이 너무나 특이해서 많은 사람들로부터 주목을 받아왔다. 그중 홍어를 가장 세밀하게 관찰한 사람은 정약전이다. 정약전은 『자산어보』에 홍어의 생김새, 교미와 산란 방식, 기호에 따른 식용 방식, 효능 등에 대해 매우 자세한 기록을 남겼다. 그의 기록에 의하면, 홍어는 겨울과 이른 봄이 제철이다. 특히, 입춘 전후 무렵이 되면 홍어에 살이 오르고 맛이 깊어져서 이때 홍어를 먹어야 제 맛을 즐길 수 있다고 한다. 그러나 음력 2-4월이 되면 몸이 마르고 맛이 떨어지므로, 진달래꽃이 피기 전에 홍어를 먹는 것이 좋다고 하였다. 정약전 외에도 홍만선(洪萬選: 1643-1715), 최한기(崔漢綺: 1803-1877) 등도 진달래가 필 무렵이면 이미 홍어를 먹을 수 없다고 적고 있다(『산림경제(山林經濟)』, 『농정회요(農政會要)』). 이응희(李應禧: 1579-1651) 또한 홍어에 대해 매우 인상적인 기록을 남기고 있다. 그는 『옥담사집(玉潭私集)』에서 홍어는 모습이 다른 어패류와 다르고 형용(形容) 또한 다른 생선들과 다르다고 하면서, 몸이 커서 움직이기 어렵고 몸이 무거워 잘 다니지 못한다고 적었다.

특이한 생김새와 기괴한 습성을 갖춘 만큼, 홍어는 독특한 식감과 맛을 자랑한다. 우선, 홍어는 살뿐 아니라 뼈를 통째 먹을 수 있다. 그리고 생긴 모습과 달리, 어육이 몹시 부드러워서 이응희의 평에 따르면 "부드러운 살은 씹기가 좋고, 넉넉한 살은 국 끓이기에 좋"다고 하였다.

홍어는 회·구이·국·포 등과 같은 다양한 음식에 사용

된다. 요즘에는 홍어하면 으레 삭힌 홍어를 떠올리기 쉽지만, 원래 홍어가 많이 잡히는 흑산도 일대와 서해안 지역에서는 바로 잡은 싱싱한 홍어를 즐겨 먹었다고 한다. 싱싱한 것은 대개 회를 떠서 먹고, 말린 것은 찜이나 포를 만들어 먹었다. 그런데 동력도 없고 얼음도 귀했던 시절, 홍어를 잡아서 나주 영산포 지역까지 이동하다 보면 더 이상 싱싱한 홍어를 먹을 수가 없었다. 그래서 영산포 지역에서는 아예 홍어를 삭혀서 먹는 방식이 발달하게 되었는데, 정약전이 "나주 고을 사람들은 홍어를 썩혀서 먹는 것을 좋아한다."고 기록한 것으로 보아 그가 살던 시대에도 이미 나주지역에서는 홍어를 삭혀서 먹는 것이 통용되고 있었던 모양이다.

홍어를 삭히는 방법은 다음과 같다. 먼저, 홍어 내장을 제거하고 깨끗이 손질한다. 홍어는 물로 씻으면 맛이 떨어지므로, 물 대신 깨끗한 면포를 이용해 손질한다. 그런 다음, 항아리에 볏짚을 깔고 홍어를 통째로 넣고 밀봉한다. 날이 따뜻할 때에는 2-3일, 추울 때에는 1주일 정도 숙성시킨 후, 꺼내서 다시 면포로 표면을 깨끗이 닦아낸다. 이렇게 삭힌 홍어로 회를 쳐서 먹거나 탕을 만들어 먹으면, 비록 냄새는 고약해도 맛은 일품이었다. 특히, 배에 복결병(復結炳)이 있거나 주기(酒氣)가 있는 사람이 삭힌 홍어로 끓인 국을 먹으면, 더러운 것이 제거되고 술기운을 없애는 데에도 매우 효과가 있다고 하였다(『자산어보』). 그리고 홍어 내장에 연한 보리순을 넣어 애탕을 끓여 먹으면 봄철에만 즐길 수 있는 특별한 맛을 맛볼 수 있었다.

그러나 삭힌 홍어는 그것이 가진 독특한 맛과 향 때문에 이를 접해보지 못한 다른 지역 사람들에게는 아주 낯설고 괴이한 음식으로 각인되었다. 그런데 1960년대 이후 일자리를 찾아 다른 지역으로 이주한 전라도 사람들 사이에서 삭힌 홍어가 '고향음식'으로 향유되면서, 삭힌 홍어는 전라도를 상징하는 문화적 상징으로 자리매김하게 되었다. 그리고 1990년대 무렵 삭힌 홍어와 삶은 돼지고기, 묵은 김치를 곁들여 먹는 '홍어삼합'이 도시민들에게 회자되면서 홍어가 전국화

되기에 이르렀다.

분류 : 식재료
색인어 : 홍어(洪魚), 홍어(紅魚), 공어(魚), 공어(魚), 분어(魚), 태양어(邰陽魚), 하어(荷魚), 해음어(海淫魚), 정약전(丁若銓), 자산어보(玆山魚譜), 이응희(李應禧), 옥담사집(玉潭私集), 흑산도, 영산포, 삭힌 홍어, 전라도
참고문헌 : 이응희, 『옥담사집』; 홍만선, 『산림경제』; 정약전, 『자산어보』; 최한기, 『농정회요』
필자 : 양미경

홍어(『어우야담』)

진사 유극신(柳克新)의 친구가 유극신에게 말했다.
"내가 들으니 자네는 홍어의 후손이라 하던데 정말인가?"
유극신이 웃으며 말했다.
"우리 외가에 예로부터 그런 말이 있으니 터무니없는 말만은 아닐세. 옛날 현조(玄祖: 5대조) 이전에 팔십 넘은 할머니가 계셨는데, 병이 깊어 한 달이 넘도록 누워 계셨다네. 하루는 자손과 시비에게 말씀하시길 '내가 오랫동안 병으로 누워 있자니 무척 답답하고 괴로워 목욕을 하고 싶구나. 조용한 방에 목욕물을 갖추어 주려무나. 온 집안에 경계하여 삼가 엿보지 말라고 하거라. 만일 엿보면 불길한 일이 생길 것이다'라고 하셨네. 그래서 목욕 도구와 향기로운 목욕물을 준비해 별실에 두고는 문을 굳게 닫고 다른 방에서 기다렸다네. 첨벙대며 출렁이는 물소리가 한 시각이 지나도록 그치지 않아서 온 집안 식구들은 할머니가 다치실까 걱정되었다네. 그래서 들어가보려고 하면 할머니가 들어오지 말라고 꾸짖으셨다네. 한참 후에 문을 밀치고 들어가 보니 할머니의 온몸이 거의 홍어로 변해 있었다는걸세. 그래서 집안 사람들이 모여서 상의하길 '비록 이물(異物)이 되었지만 아직 생기가 남아 있는데 염하여 장사 지내는 것은 편치 않은 일이다'라고 하며, 완전히 변하기를 기다린 후에 바다에 놓아주었다 하네."

위 이야기는 유몽인(柳夢寅: 1559-1623)의 『어우야담』에 실려 있는 것이다. 이 이야기는 특정 집안의 시

조를 신화적으로 윤색한 시조(始祖) 신화 같기도 하고, 우렁이나 구렁이가 사람으로 변신하는 변신 설화 같기도 하다. 그런데 시조의 내력을 설명하든 변신의 주체로 설정하든, 그 소재가 '홍어'로 나타나는 이야기는 매우 드물다.

분류 : 문학
색인어 : 홍어, 어우야담, 해동잡록
참고문헌 : 유몽인 저, 신익철 외 역, 『어우야담』(돌베개, 2006)
필자 : 차충환

화전

화전(花煎)은 찹쌀가루를 반죽하여 둥글고 납작하게 빚은 후 기름에 지져내고, 꽃을 얹어 장식한 음식을 말한다. 화전에 쓰이는 꽃은 계절에 따라 다른데, 봄철에는 진달래꽃, 초여름철에는 장미꽃, 그리고 가을철에는 국화꽃이 주로 사용되었다. 화전의 이름 또한 장식하는 꽃에 따라 진달래화전, 장미화전, 국화전으로 불렸다. 이외에도 국화잎이나 옥잠화 등이 사용되기도 했다.

화전을 만들어 먹는 전통은 중국에서 전래된 것이지만, 우리나라에서도 오래전부터 세시풍속으로 전승되어 왔다. 옛 사람들은 삼월 삼짇날(3.3)과 구양절(9.9)처럼 양수가 겹치는 날을 길일로 여겨서, 이날만큼은 실컷 꽃구경을 하고 화전이라고 하는 특별한 음식을 만들어 먹으며 하루를 즐겼다.

화전을 만드는 방법은 여러 조리서에 기록되어 전하는데, 조리서에 따라 조리법이 약간씩 다르다. 『음식디미방』을 쓴 장계향(張桂香: 1598-1680)은 '전화법'에서 찹쌀가루와 메밀가루 반죽에 두견화, 장미화, 출단화 등의 꽃잎을 함께 넣고 반죽하여 바삭하게 지져내라고 하였다. 한편 조자호(趙慈鎬: 1912-1976)는 『조선요리법(朝鮮料理法)』에서 화전 만드는 비결 중 가장 중요한 것은, 기름이 끓는 온도에서 화전을 지져낸 후 뜨거울 때 설탕을 뿌리는 것이라고 했다. 이렇게 해야 설탕이 녹아서 물러지고 납작해진다고 했다. 그리고 만일 화전을 약주 안주로 삼고자 하면 설탕 대신 소금을 뿌리라고 조언하였다.

이처럼, 화전은 절일(節日)에 꽃을 완상하며 만들어 먹는 절식 중 하나였지만, 의례가 행해질 때는 편 위에 웃기떡으로 올려 장식하기도 했다. 또 조자호의 언급처럼 부잣집에서는 약주 안주로 쓰이기도 했다.

분류 : 음식
색인어 : 음식디미방, 조선요리법, 떡
참고문헌 : 장계향, 『음식디미방』(한국전통지식포탈); 조자호, 『조선요리법』(광한서림, 1943)
필자 : 양미경

국화전(『경도잡지』)

음력 9월 9일은 양수(陽數)인 9자가 겹치는 날이라 하여 중양절(重陽節), 혹은 중구절(中九節)이라고 한다. 예로부터 중양절은 양기가 충만하다고 하여 길일(吉日)로 여겨서, 조정에서는 노인 대신들을 초대하여 삼월 삼짇날과 마찬가지로 기로연(耆老宴)을 베풀었다(『성종실록』). 그리고 이날은 수유주머니를 차고 높은 곳을 올라가는 등고(登高)라는 풍속과 일 년 중 마지막에 피어나는 국화꽃을 감상하는 상국(賞菊)이라는 풍습이 행하여졌다(『조선상식(朝鮮常識)』).

조선의 세시풍속을 기록한 『경도잡지(京都雜誌)』와 『동국세시기(東國歲時記)』에서는 중양절에 노란 국화를 따다가 찹쌀로 전을 만들어 먹는다고 기록하고 있다. 이를 국화전(菊花煎), 혹은 국화떡이라고 하는데, 가을철에 먹는 대표적인 시절음식(時食)이자 절식(節食)이라 할 것이다.

국화전 만드는 법은 진달래화전이나 장미화전을 만드는 것과 같아서 역시 화전(花煎)이라고 부른다. 『오주연문장전산고(五洲衍文長箋散稿)』에 국화전 만드는 법이 기록되어 전한다. 국화전을 만들려면, 먼저, 국화를 따서 꼭지와 꽃술을 제거하고 물을 뿌려 촉촉하게 한다. 그런 다음, 국화꽃에 찹쌀가루를 입혀서 기름을 두른 번철에 지져낸다. 먹을 때 꿀을 찍어 먹으면 더욱 향이 좋다고 한다.

분류 : 음식
색인어 : 화전(花煎), 국화전(菊花煎), 중양절(重陽節), 중구절(中九

絶), 절식(節食)
참고문헌 : 『성종실록』; 유득공, 『경도잡지』; 이규경, 『오주연문장전산고』; 홍석모, 『동국세시기』; 최남선, 『조선상식』(동명사, 1948)
필자 : 양미경

국화전(김영행)

동쪽 울타리 아래 국화전을 부쳐
마을에 사는 이를 불러 모았지
산천에는 할 일 없는 나그네
시골에서 돌아가지 못한 이 신세
흐드러져 배반이 낭자한 이 모임에
껄껄 웃고 떠드는 소리가 참되다네
이렇게 노니는 일 이어가야 할 터
섣달의 봄날 매화를 붙들어야 하겠네

煮菊東籬下　招邀洞裡人

溪山無事客　江海未歸身

艸艸盃盤會　欣欣笑語眞

玆遊宜更續　留待臘梅春

*김영행, 「자국회를 열고 백욱, 일원, 자평 등과 시를 짓다[設煮菊會, 與伯勖一源子平同賦]」

김영행(金令行: 1673-1755)은 자가 자유(子裕)고 호는 필운(弼雲)이며 문집 『필운유고(弼雲遺稿)』가 전한다. 안동 김씨 명문가의 후손으로, 이병연(李秉淵), 이병성(李秉成) 등 이름난 문인들과 자주 어울렸다. 이 작품은 자국회(煮菊會)에서 지은 오언율시다. 조선시대 문인들은 음력 9월 9일 중양절(重陽節)에 국화로 꽃지짐을 해서 먹는 모임을 가졌는데 이를 자국회라 불렀다.

자국회에서 먹던 국화전은 이규경(李圭景)의 『오주연문장전산고(五洲衍文長箋散稿)』에 그 제조법이 소개되어 있다. 늦가을 감국을 채취하여 꽃받침과 꽃술을 제거한 다음 물을 뿌려 축축하게 하고 쌀가루를 묻혀 전을 부치면 되는데 꽃잎이 뭉치지 않도록 하여야 한다. 꿀에 담갔다 꺼내어 말려두었다가 겨울이나 봄, 여름까지 먹을 수 있다고 하였다.

국화전은 부침개이면서 떡이기도 하므로 국병(菊餠)

이라고도 불렀다. 강백년(姜栢年: 1603-1681)의 「떡에 대하여[餠子說]」에 따르면 화전은 분고(粉餻), 화고(花餻), 수고(繡餻)라고도 하는데 음식 중에 제일 맛난 것으로 중양절에 가장 알맞다고 하였다. 18세기 남인을 대표하는 문인 채제공(蔡濟恭: 1720-1799)은 「명덕동기(明德洞記)」에서 "3월 삼짇날이나 9월 중양절이면 바람이 자고 따스한 날을 골라 집안의 부녀자들을 이끌고 솥을 가지고 가서 벼랑의 바위에 앉히고, 돌 틈의 들꽃이나 국화를 꺾어 전을 만들어 먹고 쑥국을 끓여 반찬으로 삼았다. 희희낙락하면서 아침부터 저녁까지 즐거움이 끝이 없었다."라 한 바 있다. 국화가 피지 않아 꽃이 없으면 잎으로도 국화전을 만들어 먹었는데 이덕무(李德懋)는 「관독일기(觀讀日記)」에서 자신의 집에서는 그렇게 먹는다고 하였다.

식용으로 사용하는 국화는 감국(甘菊)이다. 감국으로 만든 음식 중에 황화채(黃花菜)가 있는데 『오주연문장전산고』에 그 조리법이 소개되어 있다. 가을에 감국의 꽃을 따서 꽃받침과 꽃술을 제거한 다음 나무로 된 소반에 늘어놓고 깨끗한 물로 살짝 씻은 다음, 송엽주(松葉酒)를 살짝 적시고 녹두가루를 꽃 위에 뿌리고 냄비에 물을 부어 약한 열기로 데쳐서 건져내는데 덩어리가 지지 않도록 한다. 그리고 꽃잎을 일일이 찬물에 담갔다가 건져내어 식초와 간장을 뿌려 먹는다고 하였다. 글로 보아도 별미일 듯하다.

분류 : 문학
색인어 : 국화전, 국병, 황화채, 자국회, 송엽주, 김영행, 이덕무
참고문헌 : 김영행, 『필운고』; 이규경, 『오주연문장전산고』; 강백년, 『설봉유고』; 채제공, 『번암집』; 이덕무, 『청장관전서』; 이종묵, 『한시마중』(태학사, 2012)
필자 : 이종묵

장미전(이명오)

장미꽃 부침개 한 조각
고운 빛깔 웃는 모습 펼쳐지네
꿀 찾는 벌이 먼저 몰려들고
꽃을 찾는 나비가 갑자기 오네
목구멍은 풍미가 오래 느껴지는데

시는 조물주의 재촉을 받는다네
부침개라는 글자 누가 사용하였던가,
백거이(白居易)와 내가 함께 쓴다네
薔薇煎一捻 芳色笑容開
索蜜蜂先集 探花蝶忽來
嚼因情味久 詩被化工催
糕字誰能用 香山與我裁

*이명오,「이이습이 장미전을 보내주기에 시로써 사례
하다(李而習送薔薇糕以詩謝之)」

이명오(李明五: 1750-1836)는 본관이 전주이고, 자
는 사위(士緯), 호는 박옹(泊翁) 혹은 서오(書娛) 등을
사용하였다. 서얼의 신분이었지만 부친 이봉환(李鳳
煥), 아들 이만용(李晚用)과 함께 삼대가 시에 능하였
으며, 홍낙임(洪樂任), 김이교(金履喬), 김조순(金祖
淳), 김노경(金魯敬) 등 당대 명사들과 널리 교유한 시
인이다. 감각적인 시로 일시를 울렸다. 문집『박옹시
초(泊翁詩鈔)』가 전한다.
이명오는 이학로(李學魯)라는 벗이 보내준 장미전을
먹고 사례하였다. 장미꽃의 형상이 그대로 남아 있는
장미전을 두고 고운 빛깔로 웃는다고 하였다. 그리고
전으로 부쳤지만 장미꽃의 풍미가 남아 있어 벌과 나
비가 찾는다 하였다. 한 입 먹으니 맛과 향이 오래 남
기에 절로 시흥이 인다. 당(唐)의 시인 유몽득(劉夢
得)은 중구일(重九日)에 시를 지으면서 '고(糕)' 자를
시어로 쓰려고 하였지만 경서(經書)에 이 글자가 없
어 끝내 쓰지 못하였다는 고사가 있다. 후에 송(宋)의
송기(宋祁)가 "유랑이 감히 '고' 자를 쓰지 못하였으
니, 한세상 시의 호령이란 말 헛되이 저버렸네[劉郎不
敢題糕字 虛負詩中一世豪]."라 하였다. 유몽득은 '고'
자를 사용하지 않았지만 백거이(白居易)는 중양절의
잔치에서 쓴 시에서 "자리 옮겨 국화 떨기 있는 곳으
로 가니, 전과 술이 앞에 벌려져 있네[移座就菊叢 餻
酒前羅列]."라 하였기에, 이명오는 백거이와 자신이
'고' 자 가지고 멋진 시를 지었다고 자부하였다.
장미전이 지금은 낯설지만 허균(許筠)은『도문대작

(屠門大嚼)』에서 한양의 여름철 별미로 소개한 바 있
다. 그리 흔하지는 않지만 가끔 조선 문인의 글에 이
장미전이 등장한다. 19세기 후반의 문인으로, 여러 곳
의 지방관을 지내면서 지리와 풍속 등을 기록한『총
쇄록(叢瑣錄)』을 남긴 오횡묵(吳宖默)이 장미전을 먹
고 쓴 시에서 "생것도 먹을 만한데 지진 것임에랴, 기
름과 쌀가루 고루 묻히고 엿까지 발랐네. 음악소리 교
대로 입안에서 울려 퍼지니, 고량진미도 놀라 창자에
게 자리를 양보하리. 눈에 보이면 바로 삼켜 마음이
푸근해지고, 입에 넣자 침이 줄줄 흘러 향기가 퍼지
네. 고맙소, 그대에서 멋진 요리 솜씨 있으니, 동쪽 마
을에서 굳이 묘방을 익힐 것 없겠구려[生亦堪餐煎況
良 勻停油粉更和餳 宮商迭作鳴牙頰 梁肉翻驚讓肺
腸 眼到吞咽情始釋 口經漱滌氣猶香 謝公徒有調梅
手 不向東墩透妙方]."라 한 바 있다. 쌀가루, 엿 등의
재료를 쓴 장미전을 먹는 즐거움을 해학적으로 기록
한 이 작품이다. 장미전은 장미꽃을 따서 쌀가루에 섞
어 기름에 부친 음식인데 여기에 엿까지 가미하였음
을 알 수 있다.
그런데 이규보(李奎報: 1168-1241)가 장미를 읊은 시
에서 "짙푸른 녹음 사이 농염하고 찬란한 꽃, 금가루
로 화장한 듯 아리따운 얼굴이라[穠艶煌煌綠暗間 巧
粧金粉媚嬌顔]."라고 한 데서 알 수 있는 것처럼, 고
려나 조선의 장미는 노란빛이 일반적이었다. 당연히
장미전은 붉은빛이 아니라 노란빛이었음을 알아두어
야 할 것이다.
또 조선시대 화전은 그 종류가 무척 다양하였다.『도
문대작』에 따르면 17세기 한양에서 먹는 별미로 장미
외에도 진달래, 배꽃, 국화 등으로도 화전을 부쳐 먹
었다고 하였다. 이화전(梨花煎), 곧 배꽃을 부친 전은
18세기 문인 이인상(李麟祥: 1710-1760)의 시에 보이
는데 "오늘 햇살이 뜨거워 꽃이 지려 하기에, 조각 조
각 떨어진 꽃잎 새 소리 시름겹다. 꽃을 따서 부친 전
은 먹을 만한데, 꽃을 두면 가을숲에 열매 맺힌 것 보
겠네[今日日烘芳欲歇 片片落英愁鳴禽 摘花煎糕嘉
可餐 留花結實看秋林]."라 한 바 있다. 꽃은 눈으로만

즐긴 것이 아니라 입으로도 즐겼던 것이다.

분류 : 문학
색인어 : 장미전, 이화전, 이명오, 오횡묵, 이인상
참고문헌 : 이명오, 『박옹시초』; 허균, 『성소부부고』; 오횡묵, 『총쇄록』; 이규보, 『동국이상국집』
필자 : 이종묵

장미화전(4월 시식)

장미화전은 음력 4월에 즐기는 대표적인 시절음식(時食)으로, 삼짇날 먹는 진달래화전과 재료만 다를 뿐 만드는 법이 거의 유사하다.

음력 4월은 지천으로 장미꽃이 피어나는 계절이다. 옛 사람들은 4월이면 노란 장미꽃을 따다가 떡을 만들어 기름에 지져 먹으며 계절을 즐기곤 했다. 이를 장미화전, 혹은 장미전이라고 하는데, 늦은 봄날(혹은 초여름)의 대표적인 시절음식(時食)이라 할 것이다(『도문대작(屠門大嚼)』, 『동국세시기(東國歲時記)』). 장미화전 만드는 법은 재료만 바뀌었을 뿐, 진달래화전 조리법과 거의 대동소이하다. 우선 장미꽃잎을 따서 찹쌀가루와 섞어 반죽하여 둥글게 떡을 빚는다. 그런 다음, 번철에 기름을 두르고 떡을 올린 후, 얇고 넓게 튀기듯 지져낸다. 기름에 튀기다시피 지져내므로, 서유구(徐有榘: 1764-1845)는 『임원경제지(林園經濟志)』에서 화전을 유전병(油煎餅), 혹은 화전고(花煎糕)라고 기록하였다.

분류 : 의례
색인어 : 시절음식(時食), 장미화전, 장미전, 화전(花煎), 화전고(花煎), 유전병(油煎餅)
참고문헌 : 허균, 『도문대작』; 서유구, 『임원경제지』; 홍석모, 『동국세시기』
필자 : 양미경

진달래전(양응정)

작은 개울가에 돌을 받쳐 솥뚜껑을 걸고
흰 쌀가루 맑은 기름으로 진달래를 부치네
대젓가락으로 찍어 먹으니 향이 입에 가득하니
한 해 봄이 온 뜻이 배 속에 흠뻑 전해지네
鼎冠撑石小溪邊 白粉清油煮杜鵑
雙竹引來香滿口 一年春意腹中傳

　*양응정, 「꽃을 부쳐 먹으면서[煮花]」

양응정(梁應鼎: 1519-1581)은 본관이 제주고 자는 공섭(公燮), 호는 송천(松川)이다. 벼슬은 대사성을 지냈으며 문집 『송천유집(松川遺集)』이 있다. 진달래로 만든 화전을 먹는 즐거움과 운치가 이 작품에 잘 드러난다. 봄날 진달래꽃을 따서 쌀가루를 묻히고 솥에다 들기름을 둘러 진달래 꽃지짐을 부쳤다. 대젓가락으로 먹으니 입에 향이 가득하여 배 속에 봄이 온 듯하다.

조선에서는 삼짇날에 진달래로 꽃지짐을 부쳐 먹는 것이 별미였다. 조선 중기의 문인 조우인(曺友仁: 1561-1625)은 「꽃지짐을 읊조리다(詠煎花)」에서 "구름 낀 산 아득하게 서쪽 개울에 막혔는데, 천고의 원통한 혼이 두견새가 되었구나. 피를 토해 꽃을 물들이고도 한이 남아서, 기름불에 던져져 절로 지짐이 되었다네[雲山渺渺隔西川 千古寃魂化杜鵑 泣血染花消未得 剩投膏火自相煎]."라 하였다. 진달래는 두견화(杜鵑花)라 하는데 촉(蜀)의 임금이 죽어 두견새가 되었고 두견새가 피를 토하며 울어 붉게 물들인 꽃이 진달래가 되었다는 전설이 있다. 조우인은 여기에서 한 걸음 더 나아가 그 원한이 그래도 풀리지 않아 기름 위에 구워져 진달래 꽃지짐이 되었다는 기발한 발상을 하였다.

진달래 꽃지짐은 봄날의 맛난 음식이면서도 비감이 서려 있기도 하였다. 불우한 시인 김려(金鑢: 1766-1728)는 함경도 부령(富寧)에 유배가 있던 시절 사귄 연희(蓮姬)라는 여인을 잊지 못하여 「사유악부(思牖樂府)」를 지었는데, "묻노니 네 그리운 것 무엇이냐, 그리운 것 북쪽 바닷가에 있다네. 가리곡에 춘삼월에 와서, 천 그루 진달래가 흐드러지게 피면, 연희는 벌써 꽃지짐을 마련하여, 고운 종이에다 편지 보내 높은 곳에 오르자 재촉했었지[問汝何所思 所思北海湄 嘉涮谷中春三月 千樹杜鵑花亂發 蓮姬已辦煎花糕 葵牋尺牘催登高]."라는 애틋한 사연을 담았다.

그리고 진달래는 꽃지짐뿐만 아니라 차로도 마셨다.

이규경(李圭景)의 『오주연문장전산고(五洲衍文長箋散稿)』를 보면 진달래국수라는 뜻의 두견화면(杜鵑花麵)도 있었다. 꽃잎이 크고 온전한 진달래꽃을 따서 꽃잎이 상하지 않게 꽃술과 꽃받침을 제거하고 잘 말려 보관하다가 한겨울이나 초봄에 꺼내어 물에 담가 불리면 꽃잎이 붙어나 꽃이 핀 것처럼 된다. 꽃잎의 물기를 촉촉할 정도로만 뺀 다음 녹말가루를 뿌리고 끓는 물에 살짝 데쳐 찬물에 이를 띄워 차로 마시기도 한다. 또는 국수처럼 잘게 썰어 오미자차와 꿀물에 적신 뒤 다시 진달래를 띄우는데, 계핏가루나 잣을 조금 뿌리면 그 빛이 매우 곱고 맛이 시원하다. 이 조리법을 따라 진달래국수를 만들고 진달래전을 부쳐 봄을 맞을 만하다.

분류 : 문학
색인어 : 진달래전, 진달래국수, 양응정, 조우인, 김려
참고문헌 : 양응정, 『송천유집』; 조우인, 『이재집』; 김려, 『담정유고』; 이규경, 『오주문장전산고』; 이종묵, 『한시마중』(태학사, 2012)
필자 : 이종묵

진달래화전(삼월 삼짇날)

삼월 삼짇날이라 불리는 음력 3월 3일은 양수(陽數)인 3자가 겹치는 날이라 하여 길일로 여겼다. 삼짇날은 삼질, 상사(上巳), 상사절(上巳節), 중삼절(重三節)과 같은 명칭으로 불렸고, 또 들에 나가 봄을 즐긴다 하여 답청절(踏靑節)이라고도 했다.

『조선상식(朝鮮常識)』에서 최남선(崔南善: 1890-1957)은 삼짇날은 만물이 봄기운으로 말미암아 해방을 즐기는 명절로, 깨끗한 물에 가서 때를 씻어내거나 들에 나가 푸른 풀을 밟으며 대지의 새 생명에 접촉하거나 풍류객들은 구불구불 흐르는 물에 모여 유상곡수를 즐긴

최남선, 『조선상식문답』, 1946년, 동명사 발행, 국립한글박물관

다고 했다. 성종 또한 양수가 겹치는 3월 3일과 9월 9일은 노는 것이 사치가 아니니, 국가에 일이 있으면 어쩔 수 없으나 일이 없을 때에는 하루를 즐기라며 독려하였다(『성종실록』).

이 같은 날 절식(節食)이 빠질 리 만무하다. 사람들은 지천에 널린 진달래꽃을 따다가 화전(花煎)을 지져 먹으며 입 안 가득 봄기운을 만끽했다. 화전은 말 그대로 꽃을 기름에 지져 만든 꽃지지미(혹은 꽃부꾸미)로, 찹쌀가루에 꽃잎을 얹어 지지거나 꽃잎이 없을 경우에는 꽃모양으로 장식하기 때문에 화전이라 하였다. 따라서 화전은 계절에 따라 다양한 제철 꽃이 사용되었는데, 삼짇날에는 진달래 꽃잎으로 두견화전(杜鵑花煎)을 만들어 먹었다.

유득공(柳得恭: 1749-1807)의 『경도잡지(京都雜誌)』와 홍석모(洪錫謨: 1781-1857)의 『동국세시기(東國歲時記)』는 두견화전 만드는 법을 자세히 기술하고 있다. 이들에 따르면, 진달래꽃을 따서 찹쌀가루와 반죽하여 둥글게 떡을 만든다. 그런 다음, 번철에 참기름을 두르고 둥글게 빚은 떡을 올린 후, 얇고 넓게 지져낸다.

이외에도 조선시대와 근대시기에 나온 여러 조리서에서도 화전 만드는 법이 전해지는데, 조리서에 따라 화전 만드는 방법이 약간씩 다르게 나타난다. 여성이 쓴 가장 오래된 조리서인 장계향(張桂香: 1598-1680)의 『음식디미방』에서는 『경도잡지』, 『동국세시기』와 같이 꽃잎을 반죽에 넣어 지지는 방식을 소개한 반면, 홍만선(洪萬選: 1643-1715)의 『산림경제(山林經濟)』는 밤소를 만들어 넣은 화전법을 소개하고 있다. 또한 근대시기에 쓰인 이용기(李用基: 1875-1933)의 『조선무쌍신식요리제법(朝鮮無雙新式料理製法)』은 작은 밤톨만큼씩 떼어 둥글게 빚은 화전 가운데에 구멍을 파서 꽃봉오리 모양으로 만들 수도 있다고 하였다. 이처럼, 화전 만드는 방법이 다양하게 나타난다는 것은 화전이 그만큼 대중적인 음식이자 사람들로부터 사랑받는 절식(節食)이었음을 반증해주는 것이라 하겠다.

분류 : 의례

색인어 : 화전(花煎), 꽃지지미, 꽃부꾸미, 두견화전(杜鵑花煎), 삼진날, 삼질, 상사(上巳), 상사절(上巳節), 중삼절(重三節), 답청절(踏靑節), 절식(節食)
참고문헌 : 『성종실록』; 홍만선, 『산림경제』; 장계향, 『음식디미방』; 유득공, 『경도잡지』; 홍석모, 『동국세시기』; 이용기, 『조선무쌍신식요리제법』(영창서관, 1936); 최남선, 『조선상식』(동명사, 1948)
필자 : 양미경

화전(가사문학)

(전략) 아이 종 급히 불러 앞뒷집 서로 일러 소식하고 가사이다, 노소 없이 다 모이어 차차로 달아나니 응장성식 찬란하다, 원산 같은 눈썹을랑 아미로 다스리고, 횡운 같은 귀밑을랑 선빈으로 꾸미도다, 동해에 고운 명주 진줄지어 누벼 입고, 추양에 바랜 베를 연반물 들여 입고, 선명하게 나와 서서 좋은 풍경 보려 하고, 가려강산 찾았으되 용산을 가려느냐 매봉으로 가려느냐, 산명수려 좋은 곳은 소학산이 제일이라, 어서 가자 바삐 가자, 앞에 서고 뒤에 서고 태산 같은 고봉준령, 허위허위 올라가서 승지에 다다랐다, 좌우풍경 둘러보니 수양 같은 금오산, 충신이 멀었거늘 어찌 저리 푸르렀으며, 황하 같은 낙동강은 성인이 나시련가 어찌저리 맑아 있노, 구경을 그만하고 화전 터로 내려와서, 빈천이야 정관이야 시냇가에 걸어놓고, 청유라 백분이라 화전을 지져놓고, 화간에 재종숙질 웃으며 불렀으되, 어서 오소 어서 오소, 집에 앉아 수륙진미 보기는 하려니와, 우리 일실 동환하기 이에서 더할소냐 (후략)

화전(花煎)은 꽃잎을 붙여 부친 부꾸미를 말하는데, 옛날 여인들은 봄이 오면 모처럼 경치 좋은 곳을 찾아가 화전을 부쳐 먹으며 즐기는 풍속이 있었다. 그것을 화전놀이라고 하는데, 이때 미리 지어서 가거나 아니면 즉석에서 가사를 지어서 돌아가면서 낭송을 하고, 자기 차례에도 낭송을 하지 못하면 벌주를 먹거나 춤을 추는 등의 놀이를 하였다. 그때 부른 가사를 '화전가(花煎歌)'라고 한다. 현재 한글 필사본으로 전해지는 화전가는 대개 경북 북부 지방에서 전해지고 있고 그 양도 대단히 많다. 그리고 대부분 작자 미상이다.

내용도 배경은 대체로 동일하지만 구체적인 표현이나 분량은 천차만별이다. 위에서 인용한 것은 그중의 일부이다.

위 내용을 보면 재종, 숙질 등 문중 구성원들이 서로 연락을 하여 경치 좋은 곳으로 올라가 먼저 경치를 완상한 뒤, 화전 터로 내려와 화전을 부쳐 먹으면서 서로 즐기는 모습을 볼 수 있다. 이를 통해 시집살이를 하는 동안 쌓였던 스트레스를 풀고, 한 가문의 여성들로서 서로 우의를 도모하였다. 대개 중년 여성들이 주도하는데, 이때는 며느리들이 자유롭게 춘경을 즐길 수 있도록 시어머니는 참여하지 않았다고 한다.

분류 : 문학
색인어 : 화전, 화전가, 화전놀이
참고문헌 : 김성배·박노춘 외 편저, 『주해 가사문학전집』(정연사, 1961)
필자 : 차충환

효성스런 마음에 종신토록 차마 입에 넣지 못하니

조선시대에 효(孝)는 충(忠)보다 앞서는 가장 중요한 덕목이었다. 효가 권장되는 사회적 분위기 속에서 효자, 효녀의 이야기는 미담으로서 회자되었다. 음식과 관련된 효행 이야기는 대개 철이 아니거나 구하기 무척 어려운 식품을 깊은 효심 덕분에 구할 수 있었다로 끝을 맺지만 현실에서는 그렇지 못한 경우도 많았다. 그리하여 효심이 깊은 이들은 생전에 부모가 먹고 싶어 한 것을 드리지 못했으면, 그 음식을 남은 평생 차마 입에 대지 못했고 죽은 이후에도 자신의 제사상에 올리지 말라고 금지하기도 하였다.

이의현(李宜顯: 1669-1745)의 『도곡집(陶谷集)』에는 어머니가 병환으로 위독하실 때 배를 먹고 싶어 하셨는데도 미처 구해드리지 못하여 어머니가 돌아가신 이후로 다시는 배를 먹지 않은 이만직(李萬稷: 1654-1727)의 이야기가 나온다. 이의현과 그 아버지 이세백(李世白: 1635-1703)은 함께 부자가 정승에 오른 것으로 유명하였는데, 평소에 누구를 인정하는 일이 드물었던 이세백이 아들에게 '나라의 그릇[國器]'이라고 평하며 기억해두라고 당부한 인물이 바로 이만직이었다. 그리하여 이의현은 1725년(영조 원년)에 이조를 맡게 되자 이만직을 제일 먼저 강원도 관찰사로 임명하였고, 청렴한 이만직의 공덕을 흠모한 백성들은 그의 공덕이 인멸되지 않도록 쇠를 녹여 비석을 만들어 세웠다고 한다.

부모가 먹고 싶어 하는데도 제철이 아니어서 구해드리지 못하고 애태우던 효자는 이만직만은 아니었다. 신흠(申欽: 1566-1628)의 『상촌집(象村集)』에는 세종의 다섯째 아들인 광평대군(廣平大君: 1425-1444)의 5대손 이의건(李義健: 1533-1621)의 이야기가 전한다. 왕실의 후예인 이의건의 집안은 재물이 넉넉하였고, 그는 어머니가 살아 계실 적이나 돌아가신 뒤에나 효도와 관계되는 일은 무엇이라도 정성을 다하여 조금도 미진하게 한 적이 없는 인물이었다. 음식도 달고 맛있게 해드리고자 항상 힘쓰면서, 어머니를 효성스럽게 모셨다. 그런데 어머니가 위독하셨을 때 은어(銀魚)를 드시고 싶어 했지만 철이 일러 도저히 구할 수 없었다. 결국 어머니는 은어를 맛보지 못한 채 돌아가셨고, 이후 그는 은어를 볼 때마다 어머니 생각에 눈물을 흘리며 평생 동안 은어를 입에 대지 않았다고 한다.

제철이어서 구할 수 있는 데도, 너무 가난하여 드시고 싶어 하는 음식을 사드리지 못한 효자도 있다. 황현(黃玹: 1855-1910)의 『매천집(梅泉集)』에는 박광기(朴光夔: 1708-1761)의 일화가 나온다. 그는 향시(鄕試)에서는 세 번이나 장원을 했지만, 결국 본과에서 모두 낙방하여 관직에 나아가지 못한 인물이다. 이로 인해 도토리를 주워 끼니를 때울 정도로 형편이 어려웠지만, 두 살 때 여읜 아버지는 모시지 못하였어도 어머니는 모실 수 있다면서 어머니께 거르지 않고 맛있는 음식을 드리고자 애썼다. 그렇게 모신 어머니가 병이 나셨는데, 돈이 없어 청어를 사드리지 못한 것이다. 시기가 마침 청어(靑魚) 철이었는데도 청어를 상에 올리지 못한 박광기는 죽을 때까지 청어를 먹지 않은 것은 물론 자신의 제사에서조차 청어를 쓰지 말라는 유언을 남겼다. 조선시대에 청어는 싸고 맛도 좋아서 서민들이 즐겨 먹었는데, 특히 청어 철이면 평소 생선을 맛보지 못하던 가난한 유생도 비린 음식을 먹게 된다고 할 정도로 저렴해지는 생선이었다. 그런 청어를 돈이 없어 사드리지 못했으니, 효심이 깊은 박광기에게는 평생의 한이 되었을 것이다.

한편 김낙행(金樂行: 1708-1766)의 『구사당집(九思堂集)』을 보면 부모님께서 드시고 싶은 음식을 구해드릴 수 있지만 혹시나 몸에 해로울까 싶은 염려에서 결국 올리지 못한 유인(孺人) 김씨의 이야기가 나온다. 효성이 지극했던 그는 1737년(영조 13) 아버지 김민행(金敏行)이 위독해지자 밤낮으로 모든 수발을 들고 손수 약을 지어 드렸다. 좌우에 모시는 사람이 많았지만, 아버지의 뜻을 맞출 수 있는 것은 오직 딸인 유인 김씨뿐이었다. 마침 여름이어서 아버지가 참외를 먹고 싶어 했지만, 주위 사람들이 참외가 병에 해로울 수도 있다고 하자 김씨는 걱정스런 마음에 참외를 드리지 못하였다. 그러다 아버지가 끝내 참외를 먹지 못하고 돌아가시자, 이후 유인 김씨는 죽을 때까지 참외를 먹지 않았다고 한다.

분류 : 의례
색인어 : 청어, 참외, 배, 은어
참고문헌 : 이의현 저, 이정은·사경화·류재성·김창효 공역, 「강원도관찰사이공묘갈명병서(江原道觀察使李公墓碣銘幷序)」, 『도곡집』 제14권(성신여자대학교 고전연구소·해동경사연구소, 2014); 김낙행 저, 송희준 역, 「유인김씨행록(孺人金氏行錄)」, 『구사당집』 제3권(경북대학교 영남문화연구원, 2015); 황현 저, 이기찬 역, 「압구헌박공행장(狎鷗軒朴公行狀)」, 『매천집』 제7권(한국고전번역원, 2010); 신흠 저, 송기채 역, 「동은이공묘갈명(峒隱李公墓碣銘)」, 『상촌집』 제26권(한국고전번역원, 1990)
필자 : 김혜숙

후추

후추의 원산지는 인도이다. 기원전 100년쯤에 힌두교를 믿던 인도인들이 동남아시아의 자와섬에 정착하면서 후추는 자와섬에서도 재배되기 시작했다. 『태조실록』과 『태종실록』에는 이 자와섬에서 온 진언상(陳彦祥)이란 인물에 대해 다섯 번에 걸쳐서 언급하고 있다. 그중 태종 때인 1406년 8월 11일의 기록에 그가 후추를 배에 싣고 왔다는 내용도 나온다.

"남번(南蕃)의 조와국(爪哇國) 사신 진언상(陳彦祥)이 전라도 군산도(群山島)에 이르러 왜구에게 약탈을 당했다. 배 속에 실렸던 화계(火雞: 타조)·공작(孔雀)·앵무(鸚鵡)·앵가(鸚哥: 잉꼬)·침향(沈香)·용뇌(龍腦)·호초(胡椒)·소목(蘇木)·향(香) 등 여러 가지 약재와 번포(蕃布)를 모두 겁탈당하고, 포로가 된 자가 60인, 전사자가 21인이었으며, 오직 남녀를 합해 40인만이 죽음을 면하여 해안으로 올라왔다. 진언상은 일찍이 갑술년에 봉사(奉使)로 내빙(來聘)하였는데, 우리나라에서 조봉대부(朝奉大夫) 서운부정(書雲副正)을 제수하였던 자이다."

진언상은 인도네시아 자와섬의 마자파힛(Majapahit) 왕국에서 조선으로 온 무역 상인으로 보인다. 그는 본래 자와섬의 한 화상(華商)이었다. 진언상이 처음 조선에 온 때는 1394년 여름으로 태국[暹羅斛]의 장사도(張思道)와 함께였다. 그래서 『태조실록』 1394년 8월 7일자 기사에서는 "섬라곡 사람 장사도를 예빈경(禮賓卿), 진언상을 서운부정(書雲副正)으로 임명하다."는 내용이 나온다. 조흥국은 이 기사에 근거하여 진언상은 1393년 말에서 1394년 여름 사이에 일본에서 장사도를 만났고 1394년 장사도의 조선행에 동행했을 것으로 보았다.

1406년 음력 8월 11일자 『태종실록』에서는 진언상을 자와섬의 사신으로 보았다. 비록 본인이 직접 오지는 않았지만, 손자를 보내서 여러 가지 물품을 보낸 1412년 4월 21일자 『태종실록』에서는 진언상을 자와 왕국의 아열(亞列)로 지칭했다. 진언상이 처음에 장사도와 함께 조선에 올 때만 해도 단순한 무역상이었지만, 1406년에 여름에 올 때는 사신, 그리고 1412년 초여름에 자신은 일본에 머물면서 손자를 보낼 때는 마자파힛 왕국의 고위급 관료였음을 추정할 수 있다.

하지만 조선 왕실에서는 진언상이 마자파힛 왕국의 물품을 가지고 온 후추에 대해 별로 큰 관심을 보이지 않았다. 이런 사정은 고려시대에도 마찬가지였다.

『고려사』의 창왕(昌王: 1380-1389, 재위 1388-1389)의 재위 시기인 1389년 8월에 "유구국 중산왕(中山王) 찰도(察度)가 옥지(玉之)를 파견하여 글을 올려 신하로서 자칭하였으며 왜적에게 포로당하여 간 우리나라 사람들을 귀환시키고 그 지방의 산물인 유황 3백 근, 소목(蘇木) 6백 근, 후추 3백 근, 갑옷 20벌을 바쳤다."고 했다. 이에 창왕이 "유구국에서 바친 소목과 호초를 여러 궁중에서 사용코자" 하였으나 유백유(柳伯濡)가 간하기를 "옛날 충숙왕이 궁중에 젓갈 항아리를 둔 것을 사관이 기록하여 전하였으므로 웃음거리로 되었다."라고 하면서 말렸다. 그러나 창왕은 그 말을 듣지 않고 소목과 후추를 여러 궁에 나누어주었다는 것이다.

이 대목에서도 알 수 있듯이 후추는 고려 말 왕실에서도 그다지 큰 쓸모가 있던 것은 아니었다. 『성종실록』 1488년 6월 15일자 기사에 이런 내용이 나온다. 당시 호조판서(戶曹判書) 정난종(鄭蘭宗: 1433-1489)은 다음과 같은 주장을 펼쳤다. "지금 여름 석 달 동안 왜인이 바친 것에 대하여 답사(答賜)한 포백(布帛)을 헤아려 보니 무려 10여 만 필(匹)이고, 사섬시(司贍寺)에 남아 있는 것은 단지 80여 만 필뿐입니다. 석 달의 비용(費用)이 이와 같이 많다면, 국가의 유한한 재물로 잇대기가 어려울 듯합니다. 저들이 와서 바치는 물건으로 오매목(烏梅木)·소목(蘇木) 등의 물건은 공사 간에 쓰이는 것이지만, 속향(束香)·정향(丁香)·백단향(白檀香)·후추 등의 물건은 모두 긴요하게 쓰이는 것이 아니고, 값만 몹시 비싼 것입니다. 더욱이 후추는 의영고(義盈庫)에 쌓아둔 것이 6백여 근(斤)이나 되어 나라의 소용(所用)에 여분이 있습니다. 단지 저 사람들의 욕심을 형편상 물리치기 어려우니, 마땅히 임시로 말하기를, '너희 무리가 바친 물건은 소용되는 것이 긴요하지 않고 값만 매우 비싼데, 만약 값을 깎아서 받는다면 일일이 답사하겠지만, 그렇지 않으면 너희가 원하는 바에 따르기가 어려울 것 같다.'라고 타이르고, 그 거취를 살펴보는 것이 어떠하겠습니까?"

실제로 조선 초기에 쓰시마 섬에서는 수시로 후추·정향·백단향 따위를 조선왕실에 보내면서 삼베와 비단은 물론이고 쌀·범종·불경 등을 요구하였다. 그들이 조선왕실에 보낸 물품 중 대부분은 자신들의 토산품이 아니라 동남아시아에서 구한 것들이었다. 앞에서도 밝혔듯이 후추는 조선 초기만 해도 음식에 들어가는 식재료이기 보다는 약재로 더 많이 쓰였다. 『동의보감·탕액편』에서는 "성질은 몹시 따뜻하며 맛은 맵고 독이 없으며 기를 내리고 속을 따뜻하게 하며 담을 삭이고 장부의 풍과 냉을 없애며 곽란과 명치 밑에 냉이 있어 아픈 것과 냉리(冷痢: 몸을 차고 습하게 함으로써 생기는 병)를 낫게 한다. 또한 모든 생선과 고기, 그리고 버섯독을 풀어 준다. 원산지는 남방이며 생김새는 우엉씨와 비슷하며 양념으로 쓴다. 양지쪽으로 향하여 자란 것이 후추인데 가루 내어 약으로 쓰며 일명 부초(浮椒)라고도 부른다."고 했다. 이로 인해서 여름에 더위를 물리치려 차가운 것을 많이 먹었을 때 후추가 약으로 쓰였다.

『음식디미방』에서 후추는 주로 고기와 생선을 주재료로 한 데서 쓰였다. 그 횟수나 양도 많은 것으로 보아 17세기가 되면 고기와 생선의 비린내를 잡는 데 후추는 천초와 생강과 함께 매우 효과적으로 쓰인 것으로 보인다. 그렇다고 오로지 음식의 맛을 잡는 데만 후추가 쓰이지는 않았다. 이숙(梨熟: 배숙)이란 음료수가 조선 후기 궁중 잔치에 자주 쓰였다. 이숙은 후추 알갱이를 배에 박아서 뜨거운 물에 우려낸 음료수이다.

가령 1827년(순조 27) 음력 9월 10일에 효명세자(孝明世子)가 대리청정을 시작하면서 부왕인 순조 왕비인 순원왕후(純元王后)에게 존호(尊號)를 올리고 이를 기념하기 위해 거행한 연향인 '자경전진작(慈慶殿進爵)'에서 이숙은 배 30개, 후추 2합(合), 백청(白淸: 꿀) 2승(升), 생강 3합으로 만들어졌다. 또 1829년(순조 29)에 효명세자(孝明世子)가 아버지인 순조의 보령 40세와 즉위 30주년을 경축하기 위하여 베푼 연향인 기축년 '진찬(進饌)'에서는 음력 2월 12일에 자경

전에서 차려진 내진찬연 상에 생강 25개, 실백자(實柏子: 잣) 1합, 후춧가루 1합, 생강 5합, 백청 2승으로 이숙을 마련하였다. 이숙은 후추를 약재로 활용한 대표적인 사례이다.

분류 : 식재료
색인어 : 고추, 붕어, 적
참고문헌 : 『고려사』; 『태조실록』; 『태종실록』; 『성종실록』; 『음식디미방』; 조흥국, 「조선왕조 초기 한국과 인도네시아의 마자파힛 왕국 간 접촉」(『동아연구』55권, 2008); 주영하, 「한국 향신료의 역사」(『향신료의 지구사』, 휴머니스트, 2014)
필자 : 주영하

후추 종자(1481년 성종)

1481년 8월 26일 경연을 끝낸 후 여러 사안에 대해 논의하던 도중 이파(李坡: 1434-1486)가 음력 2·5·8·11월을 뜻하는 중월(仲月)에 공신들에게 잔치를 열어주는 것이 예전부터 내려오던 행사라고 하면서 이 잔치에 왜국(倭國) 사신을 초청할 것을 청했다.

이파의 건의에 성종은 옳은 의견이라고 하면서 후추가 약을 제조하는 데 필요하니 사신으로 온 왜인들에게 후추 종자를 요청하라고 명령한다. 후추 종자를 구하라는 성종의 명령에 이파는 궁중에서 쓰는 기름·꿀·과일을 보관하고 관리하는 의영고(義盈庫)에 왜인들이 가져온 후추가 많이 있으니 굳이 후추 종자를 구할 필요가 없다고 주장했다. 그러나 성종은 왜인들과 조선 사이에 외교적 문제가 발생한다면 후추의 거래가 이뤄지지 않을 수도 있음을 들어 후추 종자를 구해야 하는 당위성을 역설했다.

1482년 4월 17일 예조(禮曹)에서 성종의 명령을 받아 후추 종자를 구한 결과를 보고했다. 예조의 보고에 따르면 일본의 사신들과 연회를 할 때 후추 종자를 구해서 보내줄 것을 요청했으나 구하기 어렵다는 답변을 들었다는 보고를 했다. 그 이유는 일본 사신들 역시 후추를 구하기 위해서는 현재의 오키나와 일대인 류큐국[琉球國]을 통해서만 구할 수 있는데 그곳에서 생산되는 것이 아니라 남만(南蠻: 동남아시아) 지역에서 들어오기 때문에 얻기가 힘들다는 것이다. 하지만 성종은 여러 단계를 거쳐서라도 후추 종자를 구

해 올 것을 명령했고 외교문서에도 기록하도록 조치했다. 다음해인 1483년 9월 23일에는 중국사신에게도 후추 종자를 구해달라고 요청하라는 명을 내리기도 했다.

1485년 3월 26일 왜인들이 후추 1,000근을 가져와 바쳤다. 이에 성종은 왜인들이 바치는 후추의 양이 많은 것으로 보아 분명 후추가 왜인들 땅에서 나는 것이라고 생각하게 됐다. 그래서 한 번 더 왜인들에게 후추 종자를 구해오라는 외교문서를 보내는 일에 대해 예조의 의견을 묻는다. 예조에서는 3년 전 일본국 사신들이 후추 종자를 구하기 어려운 이유를 다시 상기시키면서 성종에게 요구하지 않는 것이 어떻겠느냐는 간언을 한다. 이러한 예조의 주장에도 성종은 그 뜻을 굽히지 않고 외교문서를 통해 대마도주에게 류큐국에서 후추 종자를 구해달라고 하면 구해줄 수도 있다고 주장했다. 결국 대마도주에게 후추 종자를 구해달라는 외교문서를 보냈으나 1년 후 1486년 4월 7일 대마도주는 사신을 통해 예전부터 후추가 생산되지 않는다고 답했다.

후추는 오래전부터 전 세계적으로 이용되던 향신료였지만 열대지방에서 주로 생산되었기 때문에 오랫동안 무역의 주된 물품이었다. 특히 후추는 중세 유럽에서 큰 인기를 끌었고 왕가와 귀족들 사이에선 후추를 얼마나 가지고 있고 이용할 수 있는지가 곧 개인의 부와 권위를 나타내기까지 했다. 더 나아가 후추는 세계사의 맥락을 변화시키는 촉매제 역할도 했다. 유럽 상인과 지배층들이 이슬람 상인들을 통해 들여오던 후추를 직접 들여오기 위해 발 벗고 나선 것이 소위 말하는 대항해시대를 여는 계기가 되었기 때문이다.

조선에서 쓰이던 후추는 주로 일본·중국·류큐 등을 통해 들여왔다. 후추는 중세 유럽만큼은 아니지만 조선에서도 매우 귀한 향신료이자 약재로 16세기 초 저술된 『수운잡방(需雲雜方)』에서 고기를 양념하는 재료로 쓰였고 『동의보감(東醫寶鑑)』에서도 각종 약재의 재료로 쓰였음을 알 수 있다.

분류 : 식재료

색인어 : 성종, 후추, 일본, 후추 종자, 대마도주, 류큐국
참고문헌 : 『성종실록』; 김유, 『수운잡방』; 허준, 『동의보감』
필자 : 이민재

흙을 먹으며 흉년을 넘기고

1960년대까지도 한국 농촌에서는 보릿고개에 시달리며 굶주림을 견디지 못해 초근목피로 연명하는 사람이 존재하였다. 그런데 일시적 보릿고개가 아니라 흉년이 들면, 식량 사정은 훨씬 열악해지고는 했다. 조선시대에도 이처럼 어려운 상황은 다르지 않아서, 흉년이 되어 굶주리는 백성들은 필사적으로 산으로, 들로 먹을 것을 찾아 나섰다. 먹을 수 있는 것은 무엇이든 먹었고, 초근목피로 겨우겨우 버티다 그마저도 떨어지면 흙을 먹는 지역마저 있었다.

물론 흙이라 해서 아무 흙이나 먹을 수 있는 것은 아니었고, 주로 백토(白土)나 백적토(白赤土)와 같은 종류였다. 이러한 흙으로는 떡을 찌거나 죽을 끓였는데, 사람들은 흙에 쌀가루와 같은 것을 섞어 양을 늘렸고, 이것을 먹으며 기근을 견뎠다.

흙을 먹으며 굶주림을 면했던 이야기가 정동유(鄭東愈: 1744-1808)의 『주영편(晝永編)』에 나온다. 이 책은 정조대의 학자인 정동유가 "낮이 긴 여름철[晝永]의 무료함을 달래고자" 1805년과 1806년에 썼다고 한다. 그는 총 202개 항목의 다양한 주제를 설명, 고증, 비판하였는데, '먹을 수 있는 흙'에 대해서는 다음과 같이 소개하였다. 태종(太宗: 재위 1400-1418) 때 함경도 화주(和州: 현재의 영흥)에 황랍(黃蠟), 즉 밀랍과 같은 흙이 있어서, 사람들이 그 흙으로 떡과 죽을 만들어 먹고 굶주림을 면하였다는 것이다. 이에 대한 내용은 이긍익(李肯翊: 1736-1806)의 『연려실기술(燃藜室記述)』 별집 제15권에도 보이는데, 화주의 흙은 마치 묵과 같은 맛이 나서 태종 때 굶주린 사람들이 그 흙을 파다가 떡과 밥을 해 먹었다는 내용이다.

또한 1594년(선조 27) 관서 일대에 흉년이 들었을 때도 평양의 잡약산 아래에 연한 녹색과 연한 황색을 띤 부드러운 흙이 있어서 그것으로 떡을 만들어 먹었는

데, 그 맛이 달지도 쓰지도 않았다고 한다. 이 해에는 봉산에서도 밀가루 같은 흙이 나와서 흙 7-8푼[分]과 쌀가루 2-3푼을 섞어 떡을 만들어 먹고 굶주린 백성들이 기력을 회복하였다. 이어 1755년(영조 31)과 1762년(영조 38) 흉년이 들었을 때도 영남에서 쌀가루같이 흰 빛깔의 흙으로 떡을 쪄 먹으며 주린 채를 채웠는데, 가을에 곡식이 여물 무렵이 되자 마침내 그 흙이 다 떨어졌다고 한다.

이러한 기록은『주영편』에만 있는 것은 아니다.『조선왕조실록(朝鮮王朝實錄)』에도 백성들이 흙을 먹었다는 기록이 보인다. 1423년(세종 5)에는 함경도 화주의 밀랍과 같은 흙을 굶주린 백성들이 파서 떡과 죽을 만들어 먹고 굶주림을 면했는데, 그 맛이 메밀[蕎麥] 음식과 비슷하다고 하였다(『세종실록』세종 5년 3월 13일자 기사).『연려실기술』에서 화주의 흙 맛이 묵 맛과 같다 하였으니 아마도 메밀묵의 맛과 비슷했던 듯하다.

또한 이해에 황해도에서는 봉산(鳳山) 서면(西面)의 백토(白土)와 서흥(瑞興)의 남산 백적토(白赤土)가 단맛[甘味]이 있다고 해서, 굶주린 백성들이 파서 쌀가루와 섞어 먹었다고 한다(『세종실록』세종 5년 1423년 4월 21일자 기사). 이 기사로 보아 먹을 수 있는 흙은 대체로 부드럽지만 특별한 맛은 없어서, 쌀가루와 섞어 먹는 데 큰 거부감이 없었던 듯하다.

그런데 백성들은 먹을 수 있는 흙이 근처에 있다 해도 언제든 마음껏 배불리 먹을 수는 없었다. 영남의 사례에서 보듯이 양도 제한적이었지만, 곡기(穀氣) 없이 흙만 먹을 수는 없는 일이었기 때문이다. 게다가 주린 배를 움켜쥐고 겨우 힘을 내려고 해도, 오랜 굶주림에 기력이 쇠한 상태라 땅에서 흙을 퍼내는 게 쉽지 않았다. 심지어 1444년(세종 26)에 흉년이 든 황해도 장연현(長淵縣)에서 흙을 먹기 위해 파내다가 흙이 무너져 두 사람이 깔려 죽는 일이 발생한 적도 있다(『세종실록』세종 26년 4월 24일자 기사).

분류 : 의례
색인어 : 메밀, 떡, 죽

참고문헌 :『세종실록』; 정동유 저, 안대회·서한석 외 공역,『주영편』(휴머니스트, 2016); 이긍익,『연려실기술』
필자 : 김혜숙

주제어별 색인

분류별 색인

문학

식재료

의례